北京市教育委员会科技创新平台建设项目阶段性成果

北京联合大学台湾研究院文库第九辑

| 政论篇（上） |

台海风云见证录

陈雲林 二〇一一年冬

九州出版社 JIUZHOUPRESS | 全国百佳图书出版单位

图书在版编目（CIP）数据

台海风云见证录 / 徐博东 著. -- 北京 : 九州出版社，2012.6

ISBN 978-7-5108-1494-5

Ⅰ. ①台… Ⅱ. ①徐… Ⅲ. ①台湾问题－文集 Ⅳ. ①D618-53

中国版本图书馆CIP数据核字(2012)第101648号

台海风云见证录

作　　者　徐博东 著
出版发行　九州出版社
出 版 人　徐尚定
地　　址　北京市西城区阜外大街甲35号（100037）
发行电话　（010）68992190/2/3/5/6
网　　址　www.jiuzhoupress.com
电子信箱　jiuzhou@jiuzhoupress.com
印　　刷　涿州市星河印刷有限公司
开　　本　720毫米×1020毫米　16开
印　　张　143.25　插页　1.75
字　　数　2193千字
版　　次　2012年6月第1版
印　　次　2012年6月第1次印刷
书　　号　ISBN 978-7-5108-1494-5
定　　价　360.00元

《台海风云见证录》不仅是博东教授个人学术生涯的总结，也从一个侧面反映了二十多年来两岸关系发展的历史轨迹，具有重要学术价值和现实意义。相信它的出版会受到海峡两岸各界的欢迎。

王毅

二〇一二年二月八日

中共中央台办、国务院台办主任王毅为本书题词

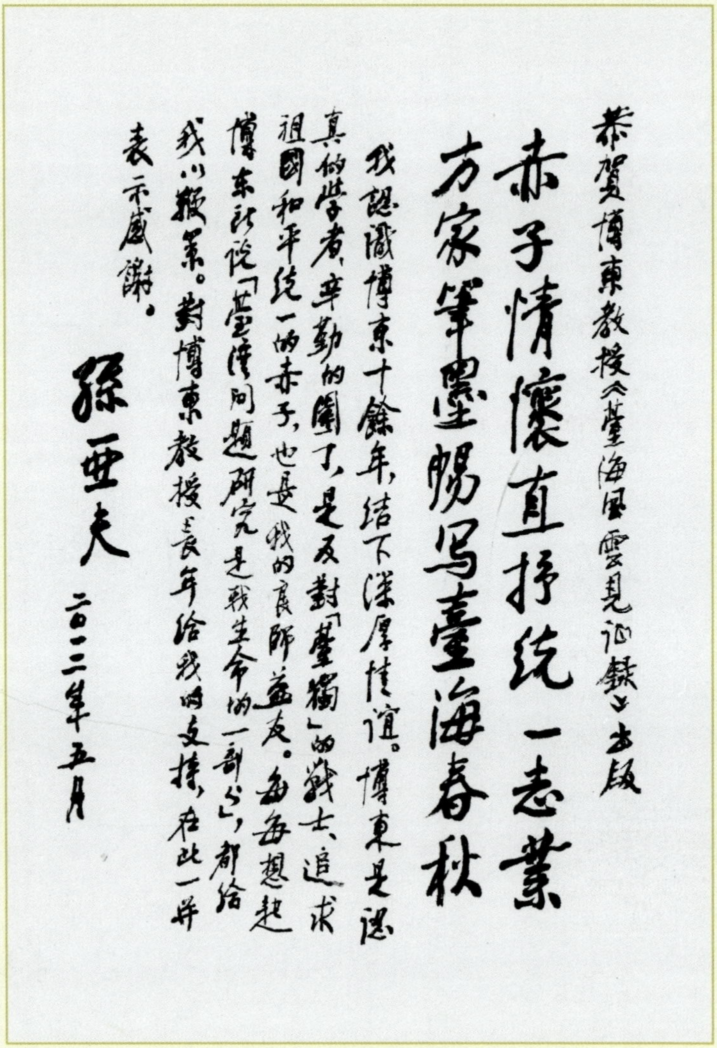
恭賀博東教授《臺海風雲見證錄》出版

赤子情懷直抒統一志業
方家筆墨暢寫臺海春秋

我認識博東十餘年，结下深厚情誼。博東是認真的學者，辛勤的園丁，是反對「臺獨」的戰士，追求祖國和平統一的赤子，也是我的良師益友。每每想起博東所說「臺灣問題研究是我生命的一部分」，都給我以鞭策。對博東教授長年給我的支持，在此一併表示感謝。

孫亞夫
二〇一二年五月

中共中央台办、国务院台办副主任、
海峡两岸关系研究中心主任孙亚夫为本书题词

《台海风云见证录》集中反映了傅乐教授近二十年来從事台湾问题研究、特别是对民进党研究的学術成果。它的出版，不仅对大陸研台湾问题学者，而且对台湾研究两岸关係的专家，都具有重要意義和獨特的作用。

王在希

二〇一二年四月廿九日

中共中央台办、国务院台办前副主任、
海峡两岸关系协会副会长王在希为本书题词

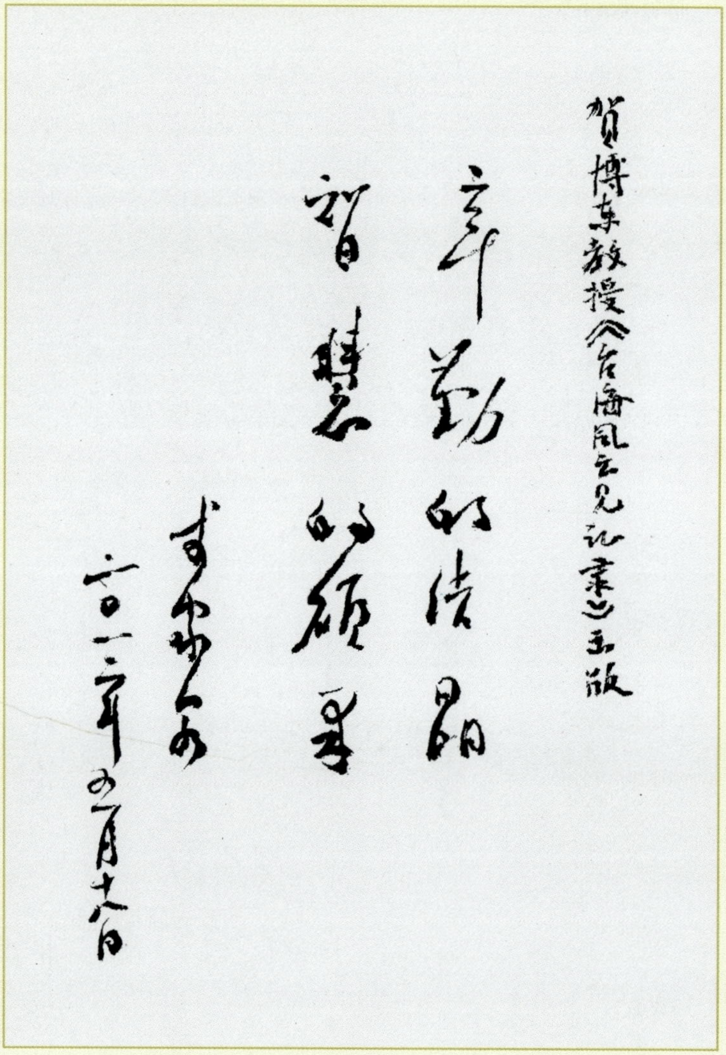

李家泉教授为本书题词

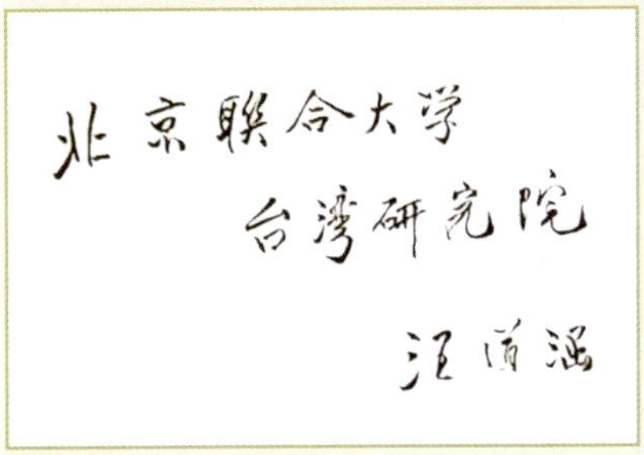

1	2
3	4
5	6

1、“千山我健行”（摄于玉山脚下）

2、徐博东部分著述

3、汪道涵会长为北联大台研院题写院名

4、2005年1月25日与汪老合影于上海瑞金医院

5、北联大台研院建院揭牌仪式

6、受托向“客家之友”许嘉璐副委员长致赠客家围龙屋瓷板画

1	2
3	4
5	6

1、受托向国台办主任王毅致赠客家围龙屋瓷板画

2、受托向海协会会长陈云林致赠客家围龙屋瓷板画

3、与许嘉璐和饶颖奇先生在首届海峡两岸客家高峰论坛上交谈

4、在博鳌与时任国台办主任陈云林合影

5、与国台办副主任孙亚夫合影

6、与中国国民党荣誉主席连战合影

1	2
3	4
5	6

1、与中国国民党荣誉主席吴伯雄合影

2、向王金平“院长”致赠台研院院旗

3、拜访时任中国国民党副主席兼秘书长吴敦义

4、与新党主席郁慕明合影

5、与亲民党主席宋楚瑜亲切交谈（右为唐树备）

6、与亲民党秘书长秦京生合影

序一

祝《台海风云见证录》出版

国务院台湾事务办公室原副主任　唐树备

徐博东教授的涉台文集——《台海风云见证录》，即将由九州出版社出版面世，可喜可贺！

自2008年5月以来，大陆海协和台湾海基会在“九二共识”的基础上恢复了中断九年的协商谈判，达成了一系列协议。台海两岸实现了全面直接“三通”和大陆游客赴台旅游。两岸签署了两岸经济合作框架协议（ECFA）。台通过早收清单，已为两岸同胞带来了实实在在的利益，并为两岸经济关系的正常化、制度化和规范化，确定了方向和步骤。

这是两岸关系在坚持一中原则、反对“台独”斗争取得阶段性胜利的基础上所取得的又一重大进展。

回望30多年来两岸关系的发展路程，跌宕起伏、风云变幻，上述成就的取得，可谓来之不易。能够取得这样的进步与成果，是与台海两岸各界人士的不懈努力分不开的。

徐博东教授从20世纪80年代开始，就涉入对台研究，发表了许多研究成果，为祖国的统一辛勤探索、献计献策。我在任职中央台办和国务院台办副主任、海协常务副会长、海峡两岸关系研究中心主任期间，他是被我经常咨询意见的台湾问题专家之一。

他还以民间学者的身份，接受海内外新闻媒体的采访，解读大陆的对台方针政策，无情地抨击“台独”言行，站在“反独促统”的第一线，为促进两岸关系发展不断发声，发表了大量的涉台言论，使他成为海内外媒体采访两岸热点新闻的重要对象。

徐教授在民进党研究方面，也涉入较深，他的见解和研判，使他成为声播台海两岸的大陆方面的民进党研究专家。

诚如该文集的书名《台海风云见证录》所揭示的那样，徐教授名副其实的是两岸关系20多年来发展历程的亲历者、见证者和推动者之一。

近来，徐教授把20多年来所撰写的政论文章、时事评论及接受媒体的采访报道共579篇、160余万字汇集成文集，这是徐教授本人涉台研究的集大成之作。

通览文集，博东教授笔触所及、言论所指，无不是当时两岸关系发展中的热点、难点与要点问题。既有关于祖国统一历史必然性、制定《反分裂国家法》必要性等重大问题的长篇论述，也有针砭台湾政局和政坛人物的犀利短评，从两岸关系、中美关系到台湾政局，从历史到现实，从台湾经济、政治问题到文化、军事、涉外关系，几乎无不涉猎。内容互相补充、相互佐证。它将成为后人研究两岸关系发展史的重要参考材料，相信它的出版将会受到各方面的重视和欢迎。

两岸关系已经步入以和平统一为最终目标的和平发展阶段。由于历史和现实的原因，两岸关系的和平发展决不会一帆风顺。徐博东教授虽然已经离职退休，但我期望他趁身体尚健，以文集的出版为新的起点，在台湾问题研究方面继续发挥余热，为推动两岸关系和平发展与祖国和平统一大业，做出新的贡献。

是为序。

2011年11月15日　于北京

序二

徐博东教授：大陆对台“民间发言人”

——欣闻《台海风云见证录》即将出版

海峡两岸关系协会副会长　张铭清

博东教授的个人文集《台海风云见证录》就要出版了，这是大陆涉台研究界值得庆贺的一件事。博东兄是对台工作战线上的知名老专家，从事对台研究二十余年，亲身经历、参与和见证了两岸关系发展史上的诸多大事。如今他把自己这二十余年来的研究成果结集出版，这不仅是对他个人学术生涯的一个总结，也可以让我们从一个侧面了解回顾二十余年来两岸关系发展演进的历史轨迹，给今后的对台工作以某种启迪。因此，这部文集的出版，我以为具有重要的学术价值和现实意义。

这部文集共分三个部分：政论篇（上、下册）、时事评论篇和采访报道篇。共计579篇，160余万字。这是一份沉甸甸的学术成果，它充分反映出博东教授二十余年来为学之勤、探研之精。博东兄是我的良师益友，我在台办、海协工作期间，经常向他请益，受惠良多，今天品味他的这些呕心沥血的结晶，大有“字句挟风雷、声落点金石”之感，因为他由情而文，读来则由文生情，历历往事又浮现在眼前，可谓感触良多，格外亲切。相信他的这些力作，必将在两岸关系发展史上，留下浓墨重彩的一页。

综览文集，我觉得有如下三个鲜明的特色：

其一是它的全面性和系统性。这主要体现在“政论篇”部分。可以看出，博东教授的研究领域十分广泛，包括台湾政局、两岸关系、中美关系、国际格局、大陆对台战略、政策与策略等，正是透过这种全方位多视角的深入研究，博东教授对台湾问题的把握分析才能做到如此精准和到位，蔚然成为大家。然而格外应当指出的是，博东兄的对台研究，其最重要的贡献并不在于他涉及的“面”很广，而在于他对“点”的长期追踪和探索，也即两

岸各界都一致公认的他对民进党研究的系统与深入。在“政论篇”中，约有三分之二以上的篇什是研究民进党的论文。正因为如此，博东兄的对台研究颇具特色，他不仅是著名的台湾问题专家，同时更是民进党研究专家。

其二是它的连续性和前瞻性。博东教授从八十年代末开始涉入对台现状研究，二十多年来无论遇到何种困难与挫折，他都一往无前、无怨无悔，始终保持着对台湾问题研究的高度热情和关注，承担了大量的涉台调研课题，长期笔耕不辍，因此这部文集保持了较好的时间连续性。通读文集，读者从中可以很清晰地把握近二十余年来台湾政局以及两岸关系的发展脉络。同时，博东兄的研究成果还具有较强的前瞻性，如他较早地预见到李登辉的“台独”倾向、民进党在台湾政坛上可能扮演的角色，并且在 1999 年就已经预见到民进党上台执政的可能性，以及它上台执政后对台湾政局和两岸关系可能带来的影响。在民进党 2008 年下台后，又较早地预见到民进党重新崛起、卷土重来的可能性等等。

其三是它的政策性和实践性。博东教授的学术研究不是书斋式的，而是充满实践性。台湾问题是热点问题，多年来，博东兄作为两岸知名的台湾问题专家和国台办所倚重的智囊学者，一直以自己研究成果积极为国家对台工作献计献策，并经常出席各种内部召开的咨询会议，从对台战略到政策策略，多方提供决策建言，为两岸关系的发展和祖国的和平统一做出了突出贡献。不仅如此，作为一个民间学者，他始终站在“反独促统”的第一线，每逢台海发生重大事件，博东教授往往在第一时间接受海内外媒体的采访，发言发声，并紧跟形势的发展，撰写了大量文笔犀利、发人深省的时事评论文章，针砭时势，抨击“台独”言行，解读大陆对台方针政策。因此，他被台湾媒体称之为大陆的“发言学者”，记得我也曾在私下半开玩笑地讲过，徐教授是大陆对台“民间发言人”。从这部文集的“采访报道篇”及“时事评论篇”中可以看出，这并非虚言。

博东兄对台研究能够取得这样的成就不是偶然的，除了理论功底扎实之外，再有就是他的刻苦与勤奋。台湾《中国时报》执行副总编杨宪村说：“徐教授的对台研究工作相当敬业，一直令我留下极为深刻的印象。作为一位研究民进党问题的先行者，徐博东多次来台从事交流访问，我看着他由

‘中央’到基层，由城市到乡村，不厌其烦，深入其境，想方设法与民进党人士接触，从不放过任何机会。我常因代他安排而被烦得不堪其扰，但他这种治学态度和求知的精神则令我感动……”另一位台湾知名学者尹章义教授也说：“能够像徐教授这样，案头功夫和实际调查研究都如此精深的人，可谓‘凤毛麟角’”。正因为如此，博东教授才能够比较准确地把握台湾的政情发展和社会脉动，尹章义说他的文章“灿然可观”，不少预测都相当精准，“民进党取得政权的过程、执政后的表现和给台湾所带来的严重伤害，不幸都被徐博东这个大陆学者一一料中了”，陈水扁和他的团队“只是照着徐博东事先写好的剧本表演罢了”。就此而言，博东教授的这种兢业精神是很值得年轻学者学习和传承的。

据我所知，博东兄的学术成果并没有完全体现在这部文集之中，如他对于台湾历史文化，特别是对近代台湾省籍著名反割台爱国抗日志士丘逢甲的研究，具有很高的学术价值。二十多年前他与人合著的大陆出版的第一部《丘逢甲传》，至今未有能出其右者。这部传记已先后在海峡两岸出版了四种版本，博东教授也因此被两岸史学界公认为丘逢甲研究专家。此外，博东兄还是两岸民间交流的重要平台——“海峡两岸客家高峰论坛”大陆方面的发起人，他对于客家学的研究以及推动两岸客家交流方面也做出了积极贡献。但文集中这些内容并没有能完整地反映出来。

博东兄作为一名民间学者，能够在大陆台湾研究界占有一席之地，并成为一方领军人物，是很不容易的。众所周知，台湾研究具有很强的特殊性，是一项政策性、理论性、实践性很强的工作，特别是在上世纪的八、九十年代，资料收集有很大的困难度和局限性。因此，要想在台湾研究领域取得成就，没有一点牺牲奉献精神是很难的。博东兄却知难而上，选择台湾研究作为自己的学术志业，并始终坚持不懈，孜孜以求，终有所成，这种毅力和精神确实令人感佩。而且特别值得一提的是，由他一手创建的北京联合大学台湾研究院，从无到有，从小到大，不断发展壮大，成为大陆涉台研究的重镇，一批颇具潜力的年轻研究人才已经开始崭露头角。博东教授退休之后仍然十分活跃，频繁出席各种会议，接受媒体采访，笔耕不辍，我注意到文集中有不少文章都是在他 2008 年退休之后完成的。我们衷心希望，博东兄能

够永葆学术青春，为台湾研究做出更多更大的贡献。

是为之序。

2011 年 11 月 20 日　于厦门大学

序三

从路边摊到大饭店

——写在《台海风云见证录》的前面

台湾世新大学教授　王晓波

博东兄的涉台文集《台海风云见证录》即将出版，要我写序，序不敢当，以我跟博东的交情不写又不敢，只得在他大著出版之前说几句祝贺的话。但我又一生“乌鸦嘴”，没学会说“好话”，只得实话实说，也借此留下我与博东兄订交的记录。

1987 年 11 月，台湾解除戒严，开放大陆探亲，我们“台湾史研究会”即决定举办研讨会，并去函大陆中国社科院台湾研究所和厦门大学台湾研究所，请他们推荐学者来台出席会议。当时，厦大台研所推荐的是陈孔立教授，社科院台研所推荐的则是徐博东教授。但台湾当局不予批准，二人均未能成行，至为遗憾。当时我是台史会的理事长。

之后，我们“台湾史研究会”决定在 1988 年暑假期间，组织学术访问团访问大陆，并在厦大台研所和社科院台研所各举办一场学术研讨会。

1988 年寒假期间，我到南昌探亲，在香港转机，见到了陈孔立教授，讨论了台史会访问团的问题。南昌探亲毕，又到北京，也到社科院商讨台史会访问团的事宜，但在社科院台研所，并未见到博东兄。

台史会的大陆访问团遭台湾当局批驳，只准“探亲”，不准“学术访问”，所以，我们只好化整为零，各别申请“探亲”，然后机场集合行动，所以，我们的访问团变成了“不是团”。虽然如此，我还是受到禁止出境一年的处罚。

学术研讨会在北京友谊宾馆举办，众多初次见面的大陆学者中，博东兄是其中之一。90 年代后，有台湾研究会、社科院台研所和全国台联共同举办的“两岸关系学术研讨会”，到北京开会的次数多了，才和博东兄熟悉起来。

初次见面后才知道，博东兄根本不任职于社科院台研所，而是在北京联合大学任教，其本人毕业于北大历史系。他是广东客家人，其父在抗战时期，追随丘念台参加广东东区服务队从事抗日救亡活动。博东兄还写过一本《丘逢甲传》。我们台史会的信到社科院台研所，台研所学者多政治、经济专长，而无史学专业，故由李家泉副所长推荐博东兄出席我们台史会的研讨会，而挂了一个“特约研究员”的名义，以代表社科院台研所。所以，1988 年寒假到社科院台研所未能见到博东兄。

后来还知道，台湾光复后，博东兄的父母跟随丘念台到台湾，博东则留在大陆广东梅州蕉岭家乡由祖母哺养，准备父母在台湾的工作稳定下来后，祖孙二人再到台湾团聚。不料，后来博东兄的祖母病重，他的父亲只好从台湾赶回广东家乡探病。谁知这一去就没能回来，1949 年后两岸分裂，不得往来，从此家庭破裂，骨肉离散，博东和他的父亲、祖母在大陆，而母亲和三个在台湾出生的弟弟却留在了台湾。

我则是 1948 年，外婆带着我们随爸爸来台训练新兵，后来母亲来台团聚，1952 年牺牲于“白色恐怖”，父亲也以“知情不报”判处徒刑七年。我们全家五口顿时失去生活来源，而经朋友介绍，到台中育幼院，把我和大妹列名为院外生，每个月可领十几块生活补助金。意想不到，博东兄的母亲就是台中市育幼院的会计，而我和大妹每个月的生活补助金就是向她领的。

因此，我和博东兄都是国共内战、两岸分裂的受害者。博东兄是家庭离散，骨肉不得相见；我家则是相见不如不见，为了家人团聚，而在“白色恐怖”中牺牲了母亲。

我从“自觉运动”（1963）开始探索中国前途；从保钓的“台大民族主义座谈会”（1972）后，开始研究台湾近现代史和中国统一问题。

博东兄则是由李家泉推荐参加台史会开始研究台湾问题，起始博东兄只不过是联合大学的一个“单干户”；后来，成立了联大的“台湾研究室”，接着愈搞愈大，而有“台湾研究所”、“台湾研究院”。博东兄一直是推动者，也是领导者，直到退休。所以，我戏称博东兄的台湾研究是“从路边摊到大排档再到大饭店”。除了徐博东因台湾研究而扬名两岸外，北京联大

也因台湾研究而名闻两岸。

老实说，今天大陆的台湾研究是为中国统一服务的，我的台湾史研究，也是为祖国和平统一服务的。我和博东兄同为国共内战的受害人，偶然的两代交情，必然的两岸殊途，却又共同地为中国统一奋斗。

从 1988 年至今已经 23 年了，博东兄已自联大届龄荣退，但仍担任顾问，且为大陆对台工作所倚重。我也青丝成白发，从台大退休了。联大、台大的教职，只是我们的“职业”，但祖国统一却是我们的“志业”。职业需要退休，但不到中国实现统一的一天，我们的志业是永远不言退的！

博东兄，您说是吗？

2011 年 11 月 28 日　于台北

序四

徐博东教授：比民进党还了解民进党的大陆学者

台湾贤德惜福文教基金会董事长　周　荃

“徐博东先生跟我一样误入歧途，都写了一本书，书名叫做《民进党研究》。我已经放弃研究民进党了，我觉得太无聊了，可是徐博东先生还在继续研究，我要恭喜他!”李敖大师在北京联合大学台湾研究所“改所建院”的时候这么说徐老师。

中国大陆只有两个“院”级的台湾研究机构，一个在南方，是与台湾一水之隔、历史悠久的福建厦门大学台研院。另一个在京城，2005 年 4 月 22 日才成立的北京联合大学台研院。祖籍广东梅州的徐老师从 1987 年起穷尽 30 年时间写台湾，他的成名之作是《丘逢甲传》。客家人的他，又从 1988 年 1 月在李家泉教授牵线下，因缘际会花了 22 年时间研究民进党，至今不坠。多年的孜孜不倦努力探索，我们仔细观察，无论大陆领导人的谈话或对台政策的许多深刻内涵，都有许多徐老师历来提出论述的影子，例如：

一、钱其琛关于一中“新三段论”的说法；

二、两岸“三通”是“战略”而非“策略”问题、界定为“经济”议题而非“政治”议题的提法；

三、“九二共识”这个用语，其实徐博东早于苏起之前即已提出。2000 年 4 月初抵台参访的他，在与民进党人士交流时即提出了“九二共识”的说法，当时他还跟 TVBS 记者约好，其事先录制好的亦即提及“九二共识”一说的个人专访，得在他月底离台前再播出；

四、2008 年 3 月马英九胜选后，徐老师更是率先提出发展两岸关系“先经后政、先易后难”说法的学者。

作为一个学者，没有比自己提出的论述、说法被政府采纳、被他人引用更令人欣慰的了。“积久功深自有得”，正贴切的形容这位出身北大历史系，

父母亲在他出生后不久即赴台，三个胞弟都生在台湾，而只留下他在大陆“打拼”的学者风范。

没有徐博东就不会有北京高校第一个台湾研究室、所、院的成立。当时更是因为徐博东决定选择较不被人重视但显然很有研究价值的“台独与民进党问题”作为主要的研究方向。我就是在他“校长兼撞钟”的时候认识他的。那时，他已是大陆上颇有见地与知名度的研究民进党的少数“特殊”学者专家。说他“特殊”实乃当时的北联大台研所基本上只是“一人所”；再者，从党外时期到创党再到2000年，连阿扁自己都不相信会完成台湾首次政党轮替。试想，一个没有人看好有一天会执政的政党，花工夫去研究它，也太没有前景了吧？

然而，事实证明，两岸关系从李登辉“两国论”、戒急用忍，陈水扁的“四不一没有”到后来的“烽火外交”，再到如今马英九签定ECFA、十五项协议……，徐老师是无役不与，一直是大陆涉台学界指标性人物，是国台办倚重的对象。

许多人研究台湾问题，往往只会简单地从蓝、绿板块移动观之，缺少对民进党的深刻了解与认识，结果不仅是对两岸问题分析不到位，当然对台湾内部问题的解读就更有缺陷。而更多人的研究工作，又因台湾“人脉”的有限与欠缺，就只能从报章杂志、电子媒体“纸上研究”做分析。正因为徐博东是：（1）学历史出身；（2）搞民进党研究的学者；（3）更不同于他人的地方是，他得从自己不可分割、无法切断的家庭历史看两岸。命运让徐老师不得不选择、更不须掩饰，他得既爱台湾也爱大陆。他思考时如此，下笔时当然更会如此。他从史观纵轴、从统独面向、从两岸高度……，也就是说，无论任何事情徐老师都必须提炼出、必须站在两岸“共同有利”的高度去思考解决的方案才成！而我的背景与徐老师即缘于此，并很自然的成了要好的朋友。

在台湾，尤其需要政治正确的台湾政坛，我都做过三届“立委”了，仍被认定为“外省第二代”。但我却是母亲台湾人（福建迁台第11代），父亲浙江人。在大陆，再好再亲的朋友与亲戚总把我归类为：“你们台湾人”。唉！还真尝尽了“两边不是人”的滋味。

看哪！多年来徐老师在台湾蓝、绿阵营里面所经营的人脉，总是“无私”的与年轻一辈分享，见他提携后进不遗余力，很令人感动。其实，谁能规定我“只能爱爸爸，不能爱妈妈”呢？我选择让自己走既爱台湾，也爱大陆的道路。这些年来我以“贤德惜福文教基金会”的名义公益两岸，行走多年，我深深体验出“无私”另一番有趣的人生，更倍觉豁达、开朗后的喜悦其味无穷！

1983年徐老师获颁“北京市教育系统先进工作者”、2004年“北京市教育系统百名优秀教师”、2005年被授予“北京市先进工作者”称号、2006年被评为“北京市有突出贡献的科学技术管理专家”，还有“北京市第八届哲社科研成果二等奖”等各种奖项30多项。徐老师不仅治学严谨，更是获奖无数，著作等身，听说九州出版社要帮他整理出版《徐博东文集》，可见他“大家”的地位。

我积极建议徐老师将他的政治类书籍，尤其是《透析台湾民进党》、《近十年来民进党大陆政策大事记》等分送给蓝、绿各阵营，甚至2012刚刚当选的113位“立法委员”，还有台湾各大学图书馆，特别是有大陆问题研究系所的学校。让台湾人了解大陆人是怎么看台湾的，让政治人物去体会大陆人眼中的两岸关系，更让民进党认识到大陆学者比你民进党还了解民进党。

近年来徐老师总是说：依照毛主席的理论，大陆对于台湾的政治势力应该划分为依靠对象、团结对象、争取对象、打击对象四个层次，不能“非友即敌”，只有两个层次。而我要说，日本侵华、英法德……八国联军侵略中国，生民涂炭、国仇家恨，如今也没见共产党不与他们往来啊！绿营就算还不能“依靠”，怎还没团结、还没争取就直接跳到“打击”对象去了呢？包括民进党在内，绿营人士就是因为不认识共产党、不了解大陆。有句话说：“不知者无罪”！绿营及支持绿营的人同样是中国人，怎么就不能往来呢？有来往、有沟通，才能有感情、有认识、有了解嘛！共产党与民进党、台联党有啥历史仇恨么？国、共内战还打了好几年哪。国民党播迁台湾，“万恶共匪”的“恐共”、“仇共”政策宣传了半个世纪，2300万台湾同胞恐怕还有1800万人没来过大陆。殊不知早先绿营支持者只是一群恨国民党、

反国民党的势力，但国民党执政及民进党 8 年政党轮替，何以 60 多年来如今还是有 45% 的选民支持绿营？说到底正是“恐共”、“仇共”这条主线贯穿嘛！而万勿以为“恐共”、“仇共”只是绿营的专利，蓝营更是“恐共”、“仇共”，过去还“反共”呢！再进一步说，绿营支持者原本与大陆共产党无冤无仇，他们“恐共”、“仇共”乃至“反共”，其实都是当年国民党教的，并不是他们生来就有的。

我就认为，化解台湾人民的“恐共”、“仇共”，唯有共产党自己去直接面对，尤其绿营人士。应该让绿营人士到大陆多走走、多看看，该“恐”的是绿营，不敢面对共产党，怎有共产党面对绿营还“恐”呢？阿扁不是也说过：“台独不可能”吗？大陆对自己要有信心，只要你是“太阳”，太阳出来了，站在旁边的“烛光”还能怎么着啊！

我以为，2012 是大陆共产党十八大换届年，未来两年内台湾方面也没有选举的复杂因素干扰，而 2012 却是两岸达成“九二共识”二十周年，2013“辜汪会谈”二十周年，因此国、共两党应该趁此机会好好缕一下这段历史。共产党也可趁此机缘建立共、民两党沟通管道，让共、民能“共鸣”，好好“倾听”绿营的声音，深入了解绿营何以会从当年的反国民党路线走到后来的“台独”路线？绿营不要“九二共识”，不要“一国两制”，那你到底要啥呢？

“倾听”是相互沟通的第一步，存在才有价值，尊重对方的存在，让双方都有机会说明。让徐老师更忙一点！哈哈……

以上是我写给徐老师的文集不能算是“序”的“序”吧！

2012 年 1 月 27 日　于台北

序五

博东，从一只孤鸟起飞

中国评论通讯社社长　郭伟峰

博东兄要我为他的巨著作序，几乎是命令式的，我也没有什么遁词，只好说，一定会写感言。浏览他电邮过来的稿目，十分感慨。敏捷于思想，勤奋于著作，《台海风云见证录》这部文集共分三个部分：政论篇（上、下册）、时事评论篇和采访报道篇。共计579篇，160余万字。煌煌巨著，硕硕精华，着实令人惊叹。

掰着手指算一算，与博东兄相交相识也有20多年了，只见博东在两岸关系及台湾问题上的研究越来越起劲，成果越来越多，涉及面越来越广，像一只孤鸟，却又带回一群大雁，在海峡两岸来来回回，不知疲倦。

记得是在1988年初，我刚从香港调职回北京，博东兄来我们编辑部见一位老记者，带着他和黄志平教授历时4年合作撰写的大陆第一部《丘逢甲传》，经介绍认识之后，他把这本书送给我。我一读之下就被深深打动了。因为我也是梅州的客家人，对丘逢甲知其名，但对其生平及历史地位知之甚少，读完《丘逢甲传》之后，我深为梅州客家人出了这么一个抗日英雄而自豪。于是我安排部属全力报道博东兄与该书。从此开启了我为他打传播工长达23年的历史。

23年来，博东兄很多思想火花，都是在我服务的媒体平台点燃的。他的很多文章，我是第一个读者。1989年5月8日，他创办了北京联合大学的台湾研究室。他一开始就啃硬骨头，全力研究民进党这个冷门领域，在当时是十分吃力不讨好的。须知，在上世纪90年代，几乎没有人会相信民进党也有执政的一天，同时大陆各界对“台独”深恶痛绝，对民进党也是一样，谁与民进党接触，谁就可能有问题。记得博东兄还曾经对我说，连他在台湾的母亲后来知道他在研究主张“台独”的民进党，都很不以为然。但

是，博东兄十足的客家人硬颈精神作怪，硬是要钻下去。后来当然很成功，博东成了知名的民进党问题专家。由我主持的《中国评论》首次称之为“南林北徐”，南林是指厦门大学的林劲教授，北徐就是指博东兄了。这么大的大陆，当时真正对民进党进行学术分析与研究的学者，就这两个人。这个称呼，很快就打响了，传诵一时。

今天翻阅博东兄的《台海风云见证录》目录，我们可以看到，其中很多精彩的篇章，都是涉及民进党的。从 1991 年到 1999 年，他都认真地撰写民进党一年来活动言行的述评，为两岸留下了极其珍贵的分析史料。大陆系统地认识民进党，说博东兄是先行者和引路人，并不为过。

博东兄的成就来之不易！他最初的日子过得很苦，除了资料匮乏之外，经费是折磨他的主因。如同当时几乎所有的学术研究机构一样，经费欠缺。博东创建的机构更是缺乏资金，需要化缘。据我所知，有好几次论文都写好了，却没有钱买火车票去出席外地召开的学术会议，只好“文到人不到”。博东兄是很善于杀熟的人，他创办研究所后，很多朋友都为他解囊相助，每次我与他见面，他都要伸出手来：“咱俩合作搞一个研讨活动，掏钱请大家吃饭就由你负责！”那个时候，我离开了原来长期服务的新闻媒体，甚至推辞了中央机构的重要职务的安排，在大家都不理解的情况下，听从汪道涵会长的召唤，到香港创办《中国评论》月刊，因为没有政府拨款，靠一点一滴经营起步，实在艰难。但是，对博东兄的要求，我是尽量满足的。所幸，博东兄也知道我的苦衷，每次的开支都还负担得起。当然，因为博东很多新的思想与意见都在《中国评论》月刊发表，影响很大，真正赚到的是我们。

资金匮乏可能不算是最大的问题，思想的超前，意见的尖锐，可能更加难容于平庸的氛围。记得有一次他过境香港赴台湾开会，为了省钱，舍不得住酒店，在我的宿舍挤了一个晚上，我们聊天到天色放亮，刚要入睡，窗外一只大鸟不断在啼鸣。我说，博东、博东，你研究台湾问题是孤军作战，以个人之力、个人之见打天下，实属罕见。我则在香港办一份两岸都不理解、不支持的杂志。你是孤鸟，我也是孤鸟啊！博东兄，这番话可曾记得？

2000 年冬天的一个晚上，博东兄在北京约我见面，从不喜欢喝酒的他却要喝酒。我这才知道，他正在着手准备把台湾研究室扩展为台湾研究所。

对此我是拼命打气的。因为我知道，如果北京联合大学台湾研究所能够建立起来，一定会成为大陆对民进党乃至台湾问题研究的重镇。当年12月3日，台湾研究所成立了，虽然人不多，实力有限，但却进入了新的轨道，引起了海峡两岸各界的关注。再过了4年多，2005年4月23日，台湾研究所又升格为台湾研究院，引进了一批年轻人，分了好几个研究所，经费也充足了，接连举办了好几场大型的学术活动，一派蓬勃气象。作为老朋友的我，为此而格外高兴！

忽然有一年，记得是在2008年北京奥运会后，博东兄告诉我，他要退休了，语气之中，有很多无奈，也有很多遗憾。我吃了一惊，担心他会因此生病。于是我带着自己最爱的珍藏，一只树根包着石头的骆驼根雕，到他的复式新居聊天，希望以骨头硬、不会垮的寓意来激励他。虽然退休了，但不要放弃自己的最爱，一个人与两岸关系融为一体了，就没有因为退休了就放弃的理由。我对博东兄说，你看李家泉先生高龄80有几了，至今还在为中评网撰写评论文章呢，你算什么老啊？

一个人赤手空拳、从无到有创办了一所台湾问题研究的重镇，所有的心血、岁月都在其中，如何割舍得了？人同此心，我与同事们用了15年的时间，创办了《中国评论》月刊和中国评论通讯社、中评网、中国评论学术出版社等传媒机构，今天看来，它就是我的人生最大价值，是血肉相连的共同体。博东兄之于台湾研究院，又何尝不是？但是，退休是自然规律、也是制度，看得开，束缚更加小，天地之宽阔，任君翱翔。

博东兄在他的《自序》“感言与铭谢”中这样说：2008年10月，本人于64岁超龄退休。回顾我30年来的学术生涯，为推动两岸关系发展和祖国统一大业作出了自己力所能及的微薄贡献。人生一世何所求，个人的力量是渺小的，然而，我为自己能与祖国统一和中华民族复兴的伟大事业紧紧地联系在一起，发光发热，感到无尚荣光、死而无憾矣！晓波兄应本人之邀为拙著撰写“序言”，末尾的一句话令我感动不已。他说，“联大、台大的教职，只是我们的‘职业’，但祖国统一却是我们的‘志业’。职业需要退休，但不到中国实现统一的一天，我们的志业是永不言退的！”这句话充分表达了我俩的共同心声。或许，我和晓波兄都不一定能够亲眼看到祖国实现统一的

那一天，但我们坚信，我们的志业是符合历史潮流的，而符合历史潮流的志业不仅是“永不言退”的，而且最终是必胜的！

见此，我的忧虑释然，博东兄，从一只孤鸟起飞，带回一群大雁，有了人生与祖国统一关系的感悟，那就不是一只平凡的鸟了。《庄子·逍遥游》说：“北冥有鱼，其名为鲲。鲲之大，不知其几千里也。化而为鸟，其名为鹏。鹏之背，不知其几千里也。怒而飞，其翼若垂天之云。是鸟也，海运则将徙于南溟。南溟者，天池也。”博东兄与两岸的有志推动两岸关系和平发展、追求最终实现祖国统一的专家学者们，他们就是怀有鲲鹏之志的必胜者！翻阅《台海风云见证录》的稿目，我要说：博东、博东，你在两岸关系找到了自己的历史定位，已经拥有了自己最大的思想财富，夫复何求？

2012年2月18日　写于北京

自序

祖国统一志业，永不言退

在众多朋友、同仁和我的学生们的鼓励、支持和大力协助下，陆陆续续花了大半年的时间，终于把我个人的文集给编辑出来了。大概是因为我受益于历史专业训练的缘故，30 年来我一向比较有意识地收集、保存自己学术活动的相关资料，否则编辑这套文集根本无从谈起。但是，毕竟由于时间跨度太长，涉及的面太广，特别是在上世纪八、九十年代个人电脑尚未普及、互联网尚未出现的那段时间，许多纸质资料都早已散失，无从寻觅了。因此，尽管我的几个学生花了很大气力到处帮我搜寻，仍难免有遗漏之憾。不过，作为我个人的文集，能够编成现在这个样子，已经是很不容易很让我释然了。

我的 30 年学术生涯

光阴荏苒，掐指算来，我的学术研究活动如果从 1979 年底我由外地调回北京到高校任教算起，迄今已逾 32 载。而我也从当年 35 岁的中年人，转眼间到今天已是退休 3 年、年近七旬的“老贼”（孔子有云：“老而不死是为贼”）了。在这 32 年中，前两年忙于教学，先是回北大进修，撰写讲稿，“站稳讲台”，所以真正开始搞科研，实际上是 1982 年以后的事情。也就是说，我的学术生涯到今年整整 30 年。

最初的科研是为了配合我讲授的中国近代史课程教学，从写一些“豆腐块”的普及性小文章求着人家发表开始，再逐步向有一定学术价值的论文发展。当尝到“甜头”之后，对科研的兴趣也就愈来愈浓而一发不可收拾了。这一阶段大约持续了将近 6、7 年的时间，直到 1988 年我碰到台湾学者王晓波。

在此期间，最值得回味而且可以聊以自慰的研究成果主要有以下两项：

一是对蔡锷是否参加过进步党，并由此而延伸出来的蔡锷在民国初年政治立场的研究（见《徐博东文选·历史篇》），在近代人物研究方面作出了小小的贡献，相关考证和观点在史学界恐怕至今无人可以推翻。

二是对近代台湾省籍反割台抗日爱国志士丘逢甲的研究。我和黄志平教授历时4年合作撰写的大陆第一部《丘逢甲传》（相关副产品见《徐博东文选·历史篇》），还历史本来面目，一举推翻了长期以来大陆史学界在左的错误路线影响下对丘逢甲先生的污蔑不实之词，受到史学界的高度肯定，并由此而奠定了我在史学界一定的学术地位。从1987年至今，《丘逢甲传》在海峡两岸已经出版了4个版本。

更重要的是，因为《丘逢甲传》的出版，从此改变了我的学术研究方向。

由于《丘逢甲传》的出版受到学术界包括大陆台湾研究界的关注，当时主持中国社科院台湾研究所工作的李家泉先生极力延揽我到该所工作。但因为我一向在学校“闲散”惯了，去每天都要坐班的台研所工作意愿实在不高，故最终没能去成。

1987年，台湾当局解除戒严，开放大陆探亲。台湾学者王晓波、尹章义教授有感于台湾史遭到“台独”的严重歪曲，牵头在台北成立“台湾史研究会”，并于是年冬，分别邀请大陆厦门大学台湾研究所和北京中国社科院台湾研究所各派一名学者，于次年1月赴台北出席由该会主办的首届“台湾史学术研讨会”，意图冲破海峡两岸学术交流的人为藩篱，挑战台湾当局保守僵化的大陆政策。但在当时的时空环境下，作为官方涉台研究机构的中国社科院台研所不可能派人入岛赴会，于是李家泉先生便推荐我以“中国社会科学院台湾研究所特邀研究员”的身份，代表该所与时任厦大台研所所长的陈孔立教授一起，应邀赴台出席是次研讨会。由于台湾当局的阻挠，“文到人不到”，孔立教授和我最终都没能去成（此事见《台海风云见证录·采访报道篇》）。但我却因此而有幸结识了于当年暑假来大陆参访的晓波兄和章义兄等一批台湾学术界朋友。

与晓波兄和章义兄的接触交流，使我对当代台湾问题研究产生了浓厚兴趣。于是从1989年开始，我陆续发表了几篇论述“台独”与祖国统一问题

的小文章。这几篇小文现在看来显然十分生涩和肤浅，却是我涉入当代台湾问题研究的值得纪念的“处女作”。

1988 年初蒋经国辞世、李登辉上台主政后，台湾当局保守僵化的大陆政策已难以为继，两岸关系的坚冰开始解冻，大陆台湾问题研究逐步升温。1989 年 5 月，在学校同仁的一再鼓励和学校领导的支持下，由我牵头成立起了北京高校的第一个台湾研究室。考虑到当时的研究条件，我们决定选择较为不被人重视但显然很有研究价值的“台独与民进党问题”作为突破口和主攻方向。从此，我的科研方向转向了当代台湾问题研究领域，直至今日。

众所周知，当代台湾问题研究意义重大，但由于理论性、政策性极强，问题复杂而敏感，涉及面很广，故这一领域的研究也极具挑战性。作为一个民间学者，要想在这一研究领域取得一点成绩可谓困难重重。特别是在上世纪八、九十年代，研究经费无着尚在其次，当时两岸双向学术交流尚未开启，资料的获得更是十分不易。在刚刚起步的头几年时间里，我只能靠着一部收音机每天大清早起来收听台湾广播，了解最新台情。想要写篇像样点儿的文章，不管春夏秋冬，那就得骑着自行车大老远跑到北京图书馆港台阅览室，或到全国台联、全国台研会等涉台单位，去借阅台湾出版的书报杂志，才能解决问题。这种情况直到九十年代中期以后才逐渐有所改善。如今研究条件之优越，与当年真是不可同日而语。

我开始涉入当代台湾问题研究，也恰好是李登辉主政台湾之始。其后 22 年来，台湾政局风云变幻，两岸关系跌宕起伏，经过了令人难忘的曲折历程，而我则以一个大陆民间学者的身份，有幸投入其中，亲身经历和见证了这一演变发展的全过程。期间，我先后 16 次入岛参访，撰写涉台调研报告和研究论文，发表时事评论文章，接受过海内外新闻媒体数不清的采访，针砭台湾时政，抨击“台独”，解读大陆对台方针政策；同时，创建和主持学校的台湾研究机构，出席和主办过大大小小数不清的研讨会、座谈会和内部咨询会议，给大陆涉台部门提供决策建言，在反“独”促统的伟大斗争中冲锋陷阵、发言发声，留下了大量的历史记录。

总括而言，30 年来我的学术生涯大致可以划分为前后两个时期：1982

年至1989年的8年间，我的科研主要是在中国近代史领域，其重点是甲午战后台湾人民的反割台斗争与丘逢甲研究；1989年以后至今的22年间，我的学术活动转而全部聚焦在当代热点问题——台湾问题研究，而重点则是民进党研究。

“文集”的编辑框架与主要内容

根据出版社的意见，“文集”的编辑分为两套丛书：一套是汇集我的所有有关当代台湾问题研究的文章以及海内外媒体对我的采访报道，并依照文章的类别编辑成《政论篇》、《时事评论篇》和《采访报道篇》，统称为《台海风云见证录》；另一套是从《台海风云见证录》各篇中挑选出较具代表性的文章，再加上我的历史研究论文，编辑成《徐博东文选》。这种编辑框架我总觉得有点怪怪的，因为后一套的“文选”肯定会和前一套的“见证录”内容大量重复。但出版社也有他们的道理，认为这样编辑既可突显当前的热点问题——当代台湾问题研究，又能体现我的主要研究成果，同时兼顾到“点”和“面”。因此，我也就只好听从出版社的意见了。按照这种编辑框架，重复的内容不计算在内，两套丛书总计收文600余篇、190余万字。

至于各篇中的具体编辑方式，两套丛书则有所不同。《台海风云见证录》是按照文章发表的时间先后顺序排列的。之所以采取这种编辑方式有两个目的：一是保持时间的连续性和内容的系统性，便于读者从一个侧面把握20多年来台湾政局和两岸关系演变发展的大致脉络；二是从中也可窥见本人在当代台湾研究方面从初期的幼稚生涩，到中后期逐步趋向较为成熟的成长过程。而《徐博东文选》则是按照文章的类别编辑的，以反映本人在某一研究领域的主要学术成果。

以下就上述两套丛书的主要内容分别作一简介：

一、《台海风云见证录》，共收文579篇，160余万字，凡4册。

《政论篇》（上、下）：收文97篇，约82万字。该篇汇集了我自1989年以来发表的能够收集到的有关台湾问题的全部研究论文和重要调研报告

（不含“对策建议”部分）。其中三分之二以上的篇幅属于民进党研究论文和调研报告，它集中体现了20多年来我在对台研究方面的主攻方向和主要成果。该篇约有半数文章曾收入到我2003年出版的首部论文集《透析台湾民进党》（台版《大陆学者眼中的民进党》）一书中。需要说明的是，其中有部分成果是与他人合作完成的，这只能在文章的末尾注明了。

《时事评论篇》：收文178篇，约37万字。该篇汇集了我自1989年以来发表的能够收集到的对台湾政局、两岸关系、中（大陆）美台关系、大陆对台方针政策等各类时事评论性短文。这些短文有别于“政论篇”中学术性较强的大块头文章，其特点是短平快，紧跟台湾政局和台海形势发展，一事一议，表达当时我对某一事件的观察、体会和看法。

《采访报道篇》：收文304篇，约40万字。该篇汇集了自1989年以来海内外媒体对我的采访报道。由于境外媒体的报道收集不易，遗漏肯定很多。特别是外国媒体的报道，除了极少数主动反馈给本人的之外，其余的只能一概弃录。再有，多年来海内外电视台、广播电台对我的采访报道为数也很不少，但因难以收录，大都作罢。已经收集到的也因篇幅所限而未能全部收录。另外还需说明的是，已经收录到该篇中的报道，有一部分是两人甚至是多人同时接受媒体采访，因无法一一征询当事人的意见，同时也是为了压缩篇幅，故收录时仅保留对本人采访的部分，他人的言论则一概删去不录。

如前所述，《台海风云见证录》各篇中收录的文章和采访报道，均按时间先后顺序排列，它们互为补充，相互印证，较为完整地体现了我20多年来的对台研究成果，从一个侧面较为清晰地反映了台湾政局和两岸关系演变发展的线索。为尊重历史，编辑时所有收录的文章和新闻报道均保持“原汁原味”，尽管今天看来其中的一些观点显然有些偏颇甚至谬误，不少论述失之肤浅而欠全面深刻，但都保留原貌，和盘托出，以完整保存历史记录，供后人研究参考。

二、《徐博东文选》（上、下），共收文155篇，约80万字，凡2卷。

该“文选”分别从“见证录”的《政论篇》中挑选了40篇、《时事评论篇》中挑选了63篇、《采访报道篇》中挑选了24篇，再加上历史类的文章28篇，总计收文155篇，约80万字，采取分类编辑的方式，编辑成上、

下两卷。应当说，该“文选”汇集了我30年来最主要的研究成果，集中体现了我的研究水平。虽然收入的文章数量不能算少，但真正满意的实在不多。

感言与铭谢

2008年10月，本人于64岁超龄退休。回顾我30年来的学术生涯，为推动两岸关系发展和祖国统一大业作出了自己力所能及的微薄贡献。人生一世何所求，个人的力量是渺小的，然而，我为自己能与祖国统一和中华民族复兴的伟大事业紧紧地联系在一起，发光发热，感到无尚荣光、死而无憾矣！晓波兄应本人之邀为拙著撰写“序言”，末尾的一句话令我感动不已。他说：“联大、台大的教职，只是我们的‘职业’，但祖国统一却是我们的‘志业’。职业需要退休，但不到中国实现统一的一天，我们的志业是永不言退的！”这句话充分表达了我俩的共同心声。或许，我和晓波兄都不一定能够亲眼看到祖国实现统一的那一天，但我们坚信，我们的志业是符合历史潮流的，而符合历史潮流的志业不仅是“永不言退”的，而且最终是必胜的！

十分可喜的是，由本人一手创建的北京联合大学台湾研究院，经过多年来的艰苦努力，一批颇具潜力的年轻研究人员正在茁壮成长，并在大陆台湾研究界开始崭露头角。联大台研院传承了民进党研究的特色，但研究的领域更加广泛和深入，每年完成的调研课题和发表的研究成果，无论数量和质量都在稳步提高。所有这些，都不是我当年“单打独斗”时能够比拟的。吾道不孤，台湾研究和祖国统一的志业后继有人，这是格外令我为之骄傲和欣慰的！

在我的30年的学术生涯中，有太多的领导、同仁和亲友给予我热忱的扶持、鼓励和帮助。特别是动过两次心脏大手术、一直体弱多病的我的老伴张明华，数十年来与我风雨同舟，同甘共苦，全心全意地支持协助我的科研工作，不仅几乎包揽了全部家务劳动，让我“饭来张口，衣来伸手”，心无旁骛地集中全副精力从事科研工作，而且早些年还要协助我搜集资料，甚至

彻夜为我打印稿件。她常常是我的研究成果的第一读者同时也是最称职的“审稿人”。如果说我的30年的学术生涯还算取得了一点成绩的话，那么一半的功劳实在应当记在她的名下。

本人这两套丛书的编辑出版花费了许多人的心血。我的几个学生郭庆全、费洪伟、徐晓宇、栗琰，想尽办法帮我搜寻到许多散失的文稿和海内外新闻媒体的采访报道，还花了大量时间帮我把纸质文稿一篇一篇打成电子稿；北联大台研院的同仁胡文生博士、陈星博士和李振广博士也为此帮过我不少忙，付出过很大的心力。如果没有他们的鼓励和协助，说实话我根本没有信心编辑这两套丛书。

再有，王毅主任、陈云林会长、孙亚夫副主任、王在希副会长、李家泉教授俯允为拙著题词、题写书名，年逾八旬的唐树备主任和工作极其繁忙的铭清、晓波、伟峰三位仁兄以及周荃董事长，欣然分别为拙著撰写序言，可谓“拉大旗做虎皮”，使拙著增色不少。他们对我的悉心爱护和鼓励，我将铭记于心；此外，北联大台研院谭文丛、刘文忠两位现任院领导，对编辑出版本人的文集高度重视与鼎力支持。我的“小老乡”——广东梅县围龙屋实业有限公司黄文献总经理慷慨解囊，资助本文集的出版。在本丛书即将出版之际，一并对他们表示衷心的感谢！

最后，还要感谢九州出版社的领导徐尚定、王杰、张万兴和具体负责编辑工作的李勇、王守兵、祝松、吴捷、习欣、郝军启、石增银，对本丛书编辑出版的重视和所付出的辛劳。

徐博东

2011年12月3日　于京北温泉花园

目　　录

（上　册）

（下　册）

对当前“台独”问题的几个看法

“台独”势力发展的根本原因

近年来，岛内外“台独”势力急剧发展，这已是有目共睹没有人可以否认的事实。究其原因，从国际背景来说，是由于美国政府对华实行“双轨政策”，竭力培植、支持“台独”势力所造成的恶果；从岛内背景来说，是由于台湾执政当局姑息、纵容的结果，对此大陆学者已有一致的看法。

问题是：李登辉为首的台湾执政当局，为什么要姑息、纵容“台独”势力的发展？其根本原因究竟是什么？对此，大陆各方似乎仍存在分歧。

一种看法认为，今年是台湾的选举年，国民党当局为避免引起政局的动荡，破坏岛内“安定祥和”的气氛，影响“国际观瞻”；同时也不愿意得罪一部分“台湾意识”较为浓厚的选民，失去这部分支持国民党的选票。所以，有意低调处理“台独”问题，淡化“统独”之争，以便全力赢得选举。持这种观点的人预测，一旦选举结束，国民党稳定了政局，必将对“台独”采取严厉的制裁措施。我们不妨称这种观点为“选举需要论”或曰“秋后算账论”。

还有人认为，“台独”势力原本就不小，只不过以往国民党当局对“台独”采取严厉镇压的态度，使相当一部分原本就持有“台独”理念的人不敢公开主张“台独”。台湾宣布“解严”之后，解除了“党禁”、“报禁”，推行“民主化”、“本土化”等一系列政策，政治气候发生了重大变化，从而使岛内许多原本赞成“台独”、但慑于国民党淫威而不敢公开鼓吹“台独”的人解除了顾虑，开始明目张胆地支持、鼓吹“台独”了，故而一时间显得“台独”势力急剧膨胀，气焰格外嚣张。我们称这种看法为“顾虑解除论”或曰“公权力下降论”。

另外还有一种观点，认为国民党当局放纵“台独”是有意向大陆和美国“炫耀”它有能力控制台湾政局。这种观点可以称之为“炫耀控制能力论”。

我以为上述几种看法都值得商榷。持这些观点的人关键是对李登辉执政当局推行的政策在认识上发生了偏差。或者说，对李登辉上台之后台湾当局内外政策的重大变化缺乏本质的了解。

事实上，台湾当局对“台独”由原来的严厉镇压态度，变为近年来的“姑息”、“纵容”态度，并不是仅仅出于“策略”上的权宜之计，而是在政策上发生了根本性的转变。

这里显然涉及到对李登辉政权的评估问题。

李登辉上台之后究竟是“继承”还是“背离”了蒋经国的政策？如果说在李登辉刚刚上台后的一段比较短暂的时间里，我们对这个问题还不可能看得准的话，那么经过这一年多来的观察，我们应该可以有一个较为准确的评估和认识了。

从宏观上来观察，从基本政策上来看，李登辉上台之后，继续坚持了蒋经国时代“反共拒和”的基本“国策”。就此而言，李登辉的确“继承”了蒋经国的政策，这一点没有变化，是事实。从历史的角度来考查，一般来说，代表同一阶级根本利益的不同政治势力“换马”，其基本国策总是不变的，具有“连续性”的，这是普遍规律。除非是一个阶级取代另一个阶级上台执政，才会在基本国策上发生根本性的变化。但是，由于在同一阶级内部，往往存在着代表不同集团利益的政治势力，因此，当代表另一集团利益的政治势力取代原来旧的政治势力上升为“主流派”时，在许多具体政策上势必发生重大调整，这同样也是普遍规律，不足为怪。

我认为，李登辉的上台，实际上就是国民党内民族意识相对淡薄的本土“亲美、日派”政治势力，取代了原来的以蒋经国为代表的民族意识比较浓厚的大陆籍“元老派”或曰“法统派”的政治势力，占据了当权的主导地位，逐渐上升为“主流派”。因此，李登辉上台之后，虽然在“反共拒和”这一基本“国策”上没有发生变化，但是在许多具体政策、措施上却作了重大的、根本性的调整。这主要表现在以下几个方面：

对　美：蒋经国：“既靠又防”。

　　　　李登辉：“只靠不防”。

对大陆：蒋经国：“立足台湾，统一中国”。
李登辉：“立足台湾，分而两立”。
对　外：蒋经国：“实质外交，汉贼不两立”。
李登辉：“弹性外交，汉贼可两立”。
对岛内：蒋经国：实行“本土化、台湾化”，目的是“以台制台”。
李登辉：实行“本土化、台湾化”，目的是“以台治台”。

正是由于李登辉上台之后，在对内对外政策上发生了上述重大变化，从而使台湾当局模糊了与“台独”的界限，这就不仅遭到岛内有识之士的严厉批判，引起国民党“元老派”的强烈不满，内部斗争加剧，同时也不可能理直气壮地反制“台独”，遏止“台独”思潮的泛滥。道理至明，李登辉推行的内外政策虽然不能说就是“台独”政策，但两者却“异曲同工”，表面上似有区别，但却“殊途同归”，本质上是一样的。这就是为什么李登辉主导下的台湾当局对“台独”实行“光打雷不下雨”、采取姑息、宽容态度的一个重要原因。

但这还不是最根本的原因，更进一步分析，与其说李登辉对“台独”“无力反制”，不能“理直气壮”地取缔“台独”势力，还不如说他在一定程度上、在一定范围内也乐意看到“台独”势力有所发展，因为这样可以减轻来自岛内外各方对他的施政方针不满所产生的压力：

其一，“台独”势力适当发展，可以证明他推行政治、经济改革的必要性和紧迫性，用以说服国民党内部的“保守派”特别是大陆籍的“元老派”，减轻来自党内的压力。

其二，“台独”势力适当发展，还可以减轻来自大陆对他的压力，因为在“两害取其轻”的情况下，大陆方面应当看到我李登辉搞“一国两府”、搞“弹性外交”，总比“台独”人士搞“台湾独立”要好得多吧？

其三，“台独”势力适当发展，符合美国扶植“台独”势力、“以独制台，以台制中”的对华“双轨政策”，可以取悦于美国，加强对他的支持。

这便是李登辉纵容“台独”所打的如意算盘，也是“台独”势力近年来之所以急剧膨胀发展、气焰日趋嚣张的根本原因。

李登辉对待“台独”的这种蓄意纵容的政策，是一种十分危险的“走钢丝政策”，业已带来了严重后果。目前，国民党当局对“台独”势力的发展已是“剿抚两难”、“骑虎难下”，局面难以控制，绝对不是什么“炫耀”它的控制能力的问题。

事实上，只要李登辉的上述内外政策继续推行，台湾当局对“台独”的这种放纵态度就不会有实质上的改变，即或它有时抓一、两个“台独”分子，偶尔对“台独”言论加以斥责，也不过是一种表面文章，是做做样子给大陆和岛内反“台独”的人士看的。

“台独”的可能走向及其对岛内政局的影响

经过多年来的苦心经营，目前“台独”确已聚集了相当力量，影响日益扩大，通过这次“三项选举”，可以说已渐成气候，不可小视。

今后“台独”的发展方向，有如下两种可能性：

第一种可能：鉴于以往高雄事件的教训，“台独”在取得这次选举的胜利之后，采取“渐进策略”，在言行上适当收敛，尽量减少对反“台独”各方的刺激，以缓和矛盾，减轻压力，在巩固已有成果的基础上，谋求在国民党执政当局能够容忍的范围内，有限度地、稳步地发展势力。

第二种可能：“台独”人士被这次选举的胜利冲昏头脑，过高估计自己的实力，言行无所顾忌，气焰愈加嚣张，采取盲目的冒进政策，以图尽快实现“台湾独立”。

从目前情况来看，“台独”采取第一种策略的可能性较大。

“台独”如果采取上述“渐进策略”，台湾政局无非维持在“小乱”的范围之内，不致出现太大、太剧烈的动荡局面，而两岸的统一问题也必将拖延一个比较长的时间才能得到解决。

由于国民党内大陆籍“元老派”重新上台主政的可能性不大，今后岛内政局最有可能出现如下情况：

“台独”势力不断稳步发展，在“国会”及地方政权中“台独”分子不断增加，势必引起“国会”内部、地方政权内部以及地方政权与“中央”政权之间的争斗不断加剧，同时也引起国民党内部派系间的争斗不断加剧。

大陆籍“元老派”虽然不能重新上台主政，但它们实力犹存，将会给李登辉“主流派”以巨大压力。故此，台湾当局有时也不能不被迫对“台独”势力实行有限度的“打压”政策，但基本上仍将会采取姑息放纵态度。如此一来，势将造成台湾当局公权力、公信力的继续下降，两岸关系紧张、岛内社会动荡不安，暴力事件不断发生，投资环境持续恶化，外资缩手，台资外逃，经济成长率大幅度下降。如果这一时期大陆政局能够继续保持稳定，经济和政治改革顺利进行，那么两岸经济发展水平将会逐渐缩小。假以时日，台湾民心势必发生变化，向往大陆、要求统一的呼声势必不断升高，从而迫使台湾当局最终不得不走向两岸和平统一的谈判桌来，与大陆共商祖国统一问题。

如果上述分析没有太大的失误，是否可以得出如下几点基本结论：

一、在今后相当长的一段时间里，岛内“台独”势力仍将会继续发展。

二、“台独”势力的不断发展，必将引起岛内各种矛盾的进一步激化和两岸关系的恶化，以及台湾政局的持续动荡和经济的逐步衰退，从而增强台湾民众对祖国大陆的向心力。

三、居于以上两点，我认为：“台独”势力的发展，虽然会给祖国和平统一事业带来一定的隐忧，其本身当然是坏事，但在一定条件下，坏事可以转化为好事，经过海峡两岸同胞的携手努力，或许“台独”势力的发展，反倒可以加速推进祖国的和平统一大业。

（在全国台研会座谈会上的发言，1989/12/21）

论祖国统一的历史必然性

台湾海峡两岸紧张关系近年来有所缓和，各项交流有所发展，然而由于外国势力的干涉和国民党当局顽固坚持“反共拒和”的政策，不但统一难以预期，而且“台独”势力日渐猖獗，分离主义甚嚣尘上。这股逆流业已严重危害海峡两岸本已逐渐缓和的政治形势，给祖国和平统一的前景蒙上了阴影。

然而，历史潮流是任何力量都无法阻挡的，海内外有识之士无不认识到：尽管还会有曲折和斗争，但目前中国分裂的局面终有一天要结束，这是历史的必然！从宏观的历史的角度来考查，造成中国分裂的最根本的因素——中国的贫穷落后，已经发生了历史性的转变。从具体的、造成台湾与祖国大陆分离的主客观因素来看，情况也已发生并正在发生着重大变化：

首先，造成台湾分离的外因主要是美国的对华政策，即所谓“以独制台，以台制共”，这是美国远东战略利益之所在。美国的远东战略利益又是为其全球战略利益服务的。美国的对华政策并不是一成不变的，势必依据国际政治格局的演变而不断有所调整和修正，以适应其全球战略利益的需要。台湾国民党当局也好，“台独”势力也好，在美国人看来，都只不过是它战略天平上的一个砝码而已。五六十年代，美国曾不惜一切代价扶植、支持台湾国民党政权；曾几何时，到了七十年代，却不得不同台湾当局保持距离，转而与中国大陆建交，废除了美蒋《共同防御条约》。美国对华政策的上述变化，都是从其全球战略利益的需要考虑的。

在这种国际背景下，又由于近十年来中国大陆实行改革开放政策，经济发展迅速，目前，国民生产总值已上升到世界第八位，在国际政治舞台上的影响力日益增大。因此，不难预料，在台湾问题上，今后美国的立场会随着中国大陆国力的增强和国际地位的提升而不断变化，很难设想它会甘冒与中国大陆失和、损害其全球战略利益的风险，而公然支持“台湾独立”，脱离中国。充其量继续采取目前这种不体面的方式，如纵容指使某些政客或所谓

“学术机构”，或明或暗地支持“台独”势力。其目的无非是利用“台独”以牵制台湾国民党当局和中国政府。一箭双雕，以维持目前海峡两岸这种“不战不和，不统不独”的状态，为其远东战略利益服务。同样“台独”人士妄图借助美国的支持以实现“台湾独立”的计划，也只不过是一厢情愿的幻想。

其次，以造成台湾分裂的内因而言，是由于海峡两岸同胞长期隔绝，并造成两岸经济发展和生活水平的差距，但这种局面近些年来也已发生了根本性的转变。

自中共十二届三中全会以来，大陆各方面已取得了举世瞩目的成就。可以预见，经过经济的治理整顿，发展速度势必进一步加快；而反观台湾经济，则因受到种种因素的影响，困难重重，目前发展势头已趋缓慢。因此，随着时间的推移，海峡两岸的经济发展和生活水平的差距也将逐步缩小。

由于国际形势的演变和海峡两岸同胞的长期斗争，近些年来，台湾当局不得不逐步调整了它的大陆政策，海峡两岸关系有所改善，探亲、通讯、观光旅游，以及经贸、体育、学术文化等项交流日益频繁。事态的发展，一方面，加深了广大台胞对大陆的认识和了解，使岛内民众长期以来由于国民党当局反共、仇共宣传造成的“恐共症”得以逐步减轻，从而加强了对大陆的认同感和向心力；另一方面，由于两岸经济领域的合作与互补关系的不断发展和加深，又势必先于政治而形成有机的纽带；加之文化、学术等方面的互相交融，必将使海峡两岸日渐变成不可分割的整体。

由此观之，台湾分离的内部因素虽然目前尚未完全消除，但也正在逐步消失之中。

以岛内而言，“台独”也面临着难以解决的三大矛盾：即所谓省籍矛盾、阶级利益和政治目标的矛盾。这些矛盾已使“台独”赖以生存和发展的社会、阶级基础日渐薄弱。

总之，无论从何种角度来考察，目前中国分裂的局面必将结束，统一已是人心所向、大势所趋。但由于造成台湾分离的内外因素目前尚未完全消除，仍在一定程度上起作用，因此，在实现统一的前进道路上，今后还会有这样那样的曲折和斗争，不可能一蹴而就。但是祖国统一的大方向已不可逆转，是任何政治势力都无法阻遏的历史潮流。

鉴于此，我们奉劝台湾当局和少数“台独”人士，不要再继续执迷不悟。最近，台湾学者王晓波先生语重心长地指出：“面对着必然统一的中国历史，难道我们非要在美国政客分裂中国的阴谋鼓动下，再一次以同胞相残的台海战争来完成祖国的统一吗？或者我们非要在台湾经济、政治走投无路之际，再来被大陆统一吗？为什么在台湾的二千万中国人，不可以光荣的、平等的和大陆同胞携手共同完成祖国的和平统一呢？”

当然，统一的最终目的是振兴中华。那么，实现祖国和平统一于国于民益在何处呢？对此，海内外有识之士已多有所论，我们不妨也概述数端：

有利于促进中华民族经济的腾飞

目前，大陆与台湾，经济发展都取得了显著的成就，但双方的经济各有优势，又各有困难和问题亟待解决。就大陆而言，固然地大物博，人口众多，自然资源和人力资源都十分丰富，消费市场广阔，又有比较完整的重工业体系和高科技，具有发展经济的雄厚潜力。但是，大陆资金缺少，劳动力过剩，加之缺乏企业组织管理人才和国际行销网络和经验，因而经济发展速度受到一定程度的制约。反观台湾方面，资金较为充裕、轻纺工业比较发达，应用技术较为成熟，又有丰富的企业管理经验和国际行销网络和经验。但是，台湾经济的发展目前也遇到许多难以克服的困难，例如自然资源贫乏，生产所需的原材料如煤、原油等绝大部分甚至几乎全部都要依赖进口，容易受制于人；市场十分狭小，产品主要依赖外销，出口贸易依存度极高，已遭到国际贸易保护主义的沉重打击；再者，台湾缺乏高科技，加之近年来消费水平上升，劳工短缺，又兼资金过剩，投资乏路，游资充斥，投机行业勃起，社会秩序混乱，环境污染严重等因素，致使产业升级的欲望不但迟迟难以实现，且已呈现产业空洞化和经济衰退的迹象。

海峡两岸若能尽快实现和平统一，两岸精诚合作，互通有无，即可互补互利。就台湾来说，即可将剩余资本向大陆转移，享受种种优惠，利用大陆的廉价原料和劳动力，就地生产，就地销售，投放国际市场，也必将大大提高竞争能力；同时又可充分利用大陆的高科技，促使台湾工业升级、技术升级、工资提升，并扩大服务业的就业人口，使台湾经济摆脱困境，保持稳定繁荣、高速发展的势头，就大陆而言，则可纾解资金不足、劳动力过剩以及组织管理技术等方面的困难，加速社会主义建设。这样，如果再把香港即将归还中国的因素加进去，届时，大陆、台湾、香港三方面的经济优势联成一体，中国的经济实力势必大大增强，在世界上必将起到举足轻重的作用。

有利于解除“台独”动乱的危机

海峡两岸的长期对峙，不仅使中华民族的经济腾飞蒙受重大损失，也给两岸同胞制造了数不清的人间悲剧，同时也为“台独”势力的生存和发展提供了温床。如果海峡两岸能早日宣布结束对峙状态，达成和平统一的共识，那么，大陆与台湾不仅在经济上可以取长补短，互通有无，加快发展的步伐，单就两岸以对峙状态所设计的军费预算负担也即可大大减轻，节省下来的这笔巨大的军费开支，便可移作增加社会福利、公共设施和发展科技文化教育等投资，促进社会进步和科学文化繁荣。此外，结束敌对状态，确定两岸的和平统一，两岸同胞便可自由往来，各项交流活动得以充分开展。这样，海峡两岸同胞不断增进了解，政治、经济、文化纽带不断增强，民族认同感日益加深，就从根本上解除了滋生分离主义的土壤。到那时，海内外形形色色的“台独”阴谋和主张也就丧失了市场，无以售其奸，从而使岛内“台独”动乱的危机迎刃而解，消灭于无形之中。而台湾政局的稳定，又势必促进台湾社会的安定和经济文化的繁荣。

有利于远东和世界和平

中国是占世界人口五分之一的大国，在国际政治舞台上举足轻重，中国若能早日实现和平统一，结束长期以来纷争对立的分裂局面，其本身就是对远东和世界和平的一大贡献。同时，由于中国的统一，政局的稳定和经济文化的繁荣，又势必大大增强世界爱好和平的力量，并对人类进步事业做出更多更大的贡献。

统一祖国，振兴中华，这一光荣而艰巨的历史使命已经落在我们每一个中国人的肩上，当代每一个有历史责任感的中国人，都应当努力争取做一个掌握自己命运的历史主人，为我中华民族的振兴与腾飞做出贡献。

（人民日报·海外版，1990/01/30）

论民进党在台湾政坛中的作用、局限性及其未来走向

一九八九年九月，台湾党外势力冲破国民党长期实行的党禁桎梏，率先成立民主进步党（简称民进党），使台湾政治转型进入了一个新的发展阶段。四年来，民进党的活动及其发展，已使它成为岛内对国民党统治具有一定制衡作用的不可忽视的政治力量。但同时，由于种种原因，民进党也暴露出了它本身相当大的局限性。客观地评估民进党在台湾政坛中的作用和局限性，预测其可能的发展走向，对于我们把握台湾政坛和社会的发展趋势，无疑具有重要的参考作用。

一、对民进党评估的基点

综观台湾政局演变的过程可以看出，民进党的崛起和发展，是与其拥有以下两项政治资本分不开的：一是反对国民党的专制独裁统治，要求实现民主政治；二是迎合部分人的“分离意识”而提出的“住民自决”或“台湾独立”主张。这两个本无必然联系的问题在民进党内发生偶合，有其一定的历史必然性。这是因为在台湾这种特定的历史环境中，二者很容易成为党外运动中众多人士共同的诉求目标。多年来，党外势力利用上述诉求不断得以聚集和发展，民进党成立后大体继续沿袭这些资本来壮大自己。在一九八九年底台湾的三项公职人员选举中，民进党获得了六个县市长、二十一个“立委”、三十个省市议员的席位。三项选举的总得票率达百分之二十九点七；当选席位占总席位的百分之二十二点二，成绩相当可观。特别是二十一个“立委”席位，使民进党今后已具有了“法定提案权”，从而增强了向国民党当局挑战的政治资本，使其在台湾政坛中的地位得以进一步提升。

但是，人们不难看到，民进党所拥有的政治资本是在一定历史条件下的产物，两者的形成及其联系并不是凝固不变的，一旦促其形成的内外因素发生变化以至不复存在，两者自身的作用及其相互之间的联系就会淡化以至消

失，回顾四年来民进党曲折的发展历程，可以看出，正是这两点构成了民进党在台湾政坛中的作用及其局限性的主导因素，而这两个因素的任何变化亦将对该党的未来走向构成强烈影响。反对国民党的专制独裁，推动了台湾"政治革新"和"政治民主化"的进程，同时也为"分离意识"和"台独"势力的发展提供了借助力量；而"分离意识"和"台独"势力的发展、台湾政治革新的进行，又同时降低了反国民党的政治意义和民主政治目标的层次。以此为基点，我们可以把这两个问题放在不同层面上，对民进党的发展过程及其走向进行历史唯物主义的评估。

二、民进党在台湾政坛中的积极作用

综观民进党四年来的活动，它在台湾政坛中的正面作用大致可归纳出如下四点：

（一）加快台湾"政治转型"的步伐。早在蒋经国一九七二年出任台湾"行政院长"前后，由于受尼克松访华和中美、中日建交的强烈震撼，岛内外形势业已发生了重大变化。进入八十年代之后，国民党政权更处于内外交困的险恶局面，再想以旧有的专制独裁体制来维持其统治地位已经不可能了。于是在一九八六年三月召开的国民党十二届三中全会上，蒋经国提出了"革新"的口号，并开始着手研拟"政治革新"的议程。但从其改革的过程来看，实际进行的步骤显然要比最初设计的程序快了许多。这种差异的出现与党外运动的冲击，特别是民进党的成立有很大关系。

国民党"三中全会"前，会议主要议题组曾认为："组党及戒严问题，目前不宜扩大讨论"，会上，国民党确定的改革议题主要是："充实中央民意代表机构"和"强固地方自治"。会后，尽管蒋经国"指示"将戒严令及党禁问题列入研拟范围，但实际上国民党上层并未对这两项议题达成"共识"，两个多月内，改革方案并无实质性进展。

然而，正当国民党当局对"改革"尚在犹豫不决之际，一九八六年九月二十八日，以"公政会"和"编联会"为主干的党外人士，却冲破了国民党的党禁桎梏，以集体签名的方式突然宣告成立"民主进步党"。

民进党的成立，迫使国民党当局不得不优先考虑解除戒严和党禁问题，一周之后的十月五日，蒋经国发表重要讲话称："时代在变，环境在变，潮流也在变。因应这些变迁，执政党必须以新的观念、新的作法，在民主宪政的基础上，推动革新措施。"十月十五日，国民党中常会终于通过了"解除戒严令"和"修改人团法"这两项改革方案，说明国民党当局已被迫承认了民进党成立这一既成事实。

民进党对党禁的突破，以及一九八七年七月国民党正式宣布解除戒严令，造成了当年下半年以来的组党热潮，截止到一九九〇年六月，岛内成立的"合法"政党已达五十三个，另有数个已经备案或正在筹组的政党，使原来国民党的"一党独裁"变成今日"两党（国民党与民进党）竞争、多党制衡"的政治局面。可见，民进党的率先成立，对于台湾政治多元化的发展，的确起到了一定的推动作用。

（二）冲破了国民党"一党专制"的政治局面。四年来，民进党及其他在野势力的活跃和发展，对国民党的专制独裁统治构成了严重的威胁和冲击。在台湾当局有关政务的决策与执行过程中，国民党对政局的控制显得愈来愈不能得心应手，以往那种一手遮天、随心所欲地垄断政坛的局面已一去不返。在实际政治运作中，则表现为各项政策和法案的制定、修改与通过，总因民进党的掣肘而不得不一再妥协；在历次选举中，亦总在民进党咄咄逼人的进攻面前被搞得手忙脚乱，甚或败下阵来。

民进党成立后，即在当年底的选举中以十二席"立委"、十一席"国代"的选绩进入政坛。随即在街头运动的配合下，在"立法院"和"国民大会"中，对诸如"国安法"草案、"国防"预算等法案的通过等重大问题上，向国民党展开激烈的"杯葛"，迫使国民党当局不得不一再做出让步。例如，在"立法院"迫使国民党对"国安法"十个拟议条文中的七条做出重大修改；"国防"预算则首次被删去三百余万元，及至在今年三月的"总统"选举中大闹会场、删改代表誓词、鼓动街头运动、殴伤"资深国代"等等。所有这些，国民党都不得不做出忍让。

（三）提升了台湾民众的政治参与意识。民进党活动的一个显著特点，是发动文宣攻势、组织民众运动。以一九八六年底的"桃园机场事件"为开端，台湾社会掀起了一股股前所未有的“街头热”，各种形式的街头示威请愿运动一波接一波、一浪高过一浪地蓬勃兴起。据台湾有关当局公布的数字，仅在解严后的短短一年时间里，岛内共发生各种游行活动一千九百多起，平均每天超过五起。而民进党则是这些活动的主要策划者和参与者之一。通过这些活动，使台湾民众看到了自己的力量，提高了对自己权益的认识，增强了对政治多元化、民主化的认同。与此同时，以民进党为首的在野势力还积极创办报刊、著书立说，利用新闻媒介，大力宣传民主自由理念，抨击揭露国民党当局专制独裁的种种劣行。所有这些，无疑都对台湾民众政治参与意识的提升产生了重要影响。

（四）民进党的崛起，对台湾政权结构的冲击也不可忽视。国民党“国家党有”的政治垄断被打破后，台湾当局的政权组织形式随之动摇。“总统”和省、市长直选、地方自治的落实、“国会”的全面改造等问题，一直是继“党禁”开放后民进党的主要诉求目标。而不久前召开的“国是会议”，说明政体的改革已提到了议事日程。尽管对于国民党当局能够走多远，人们还在拭目以待，但台湾当局必将在民进党等在野势力的强大压力下一步步做出妥协则是确定无疑的。

总之，从历史的角度来看，可以这样说，民进党的崛起是对国民党四十年来在台湾实行专制独裁统治所引起的带有必然性的反弹；从政治学角度来看，民进党在台湾政坛上述作用的发挥，则是这个基本上代表台湾新兴的资产阶级——中产阶级利益的党，强烈追求西方民主政治，反对封建专制独裁，要求分享政权欲望的反映。

台湾的中产阶级，是台湾资本主义化的必然产物。迄今已发展成为台湾经济的“支柱”。然而，这个新兴阶级的经济实力却与它在政治上的无权地位形成了鲜明的对照。在台湾，代表大资产阶级利益的国民党长期以来实行“一党专制”，在政治上、经济上排挤中产阶级，这就不能不激起中产阶级的强烈不满和反抗，它们要求获得与其经济实力相适应的政治权利。民进党则正是扮演了台湾中产阶级政治代表的角色。它在政治上主张“还政于民”，实行民主政治，要求开放党禁、报禁，主张“总统”、省、市长民选和全面改造“国会”等等；经济上主张“还财于民”、“机会均等”，反对垄断，要求实行“官营企业民营化”，“尊重私有财产”等等。民进党的这些主张大体上反映了台湾中产阶级的政治经济要求，在当前台湾的特定历史条件下是有其一定的进步意义的。

三、民进党的局限性及其消极影响

然而，民进党作为台湾中产阶级的政党，其局限性也是显而易见的。由于其“先天不足”和“后天失调”，该党无论在政治上、组织上还是在斗争策略等方面，都暴露出严重的“劣根性’，从而使它在台湾政坛上发挥某些积极作用的同时，也不可避免地产生了很大的消极影响。

（一）“分离意识”和“台独”倾向制约了该党的发展，助长了狭隘的“岛民意识”泛滥。民进党党纲中公开载明：“台湾前途应由全体住民自决”；该党“二大”公然通过了“人民有主张台湾独立的自由”的决议；去年又提出“以独立政治实体为考量的准两国两府模式”的现阶段大陆政策；最近，该党四届二全大会又通过所谓台湾“事实主权案”。尽管民进党内各派系在台湾前途问题上的主张和策略考虑不尽相同，但该党的“分离意识”和一部分人的“台独”主张却是显而易见、人所共知的。[1]

浓厚的“分离意识”和“台独”倾向既极大地局限了该党的战略发展，同时也降低了它的政治理念层次，反映出该党领导层政治上的短视和严重脱离政治现实的狭隘地方主义观念。且不说中国政府和大陆同胞坚决反对“台独”，任何企图实现“台湾独立”的实际步骤都不可能有成功的希望；单就岛内而言，近几年来的历次民意调查都无不显示，绝大多数台湾民众也反对“台湾独立”或“自决”主张。[2]美国《华盛顿邮报》记者观察台湾选举后报道说：“许多选民似乎对交通和环境污染问题比‘自决’的敏感政治更为关切”；“号召‘自决’的吸引力不若过去强。”[3]就连民进党的许多基层党员对该党头面人物花费大量精力从事“统独”之争也颇为反感，认为这是“违背民意”的无聊之举，说如果再这样搞下去，“民进党就完蛋了”！[4]特别是大批台湾厂商涌向大陆进行投资经商、两岸经贸关系日趋密切的情况下，民进党的“台独”主张势必会恶化海峡两岸本已逐渐和缓的政治气氛，损害向大陆投资经商者的主体——台湾中小企业主的经济利益，从而使民进党失去自己的主要阶级基础——台湾中产阶级的同情与支持。该党秘书长张俊宏就曾披露说：有许多人向他反映，“民进党搞台独不仅会引起外省人、国民党和整个社会的不安，还可能搞坏多数人民的个人事业、经济基础”。[5]

由于“分离意识”和“台独”诉求得不到社会大众的普遍认同，使民进党的发展空间受到极大的局限，该党建党四年来才不过发展两万党员，有些对民进党“台独”倾向不满的党员，甚至因此而宣布退出民进党。而与此形成鲜明对照的，则是海外各类“台独”组织及其骨干分子纷纷返台，将台湾政坛搞得沸沸扬扬，似乎台湾要民主就首先要“独立”，将台湾政治民主化的进程搞得更为复杂、曲折。而这又恰恰迎合了国民党当局的所谓“政治实体”、“一国两府”、敌视中国政府、抗拒祖国和平统一的策略主张。总之，“分离意识”和“台独’理念，不仅局限了民进党的发展与作为，同时对台湾政坛产生了极大的消极影响。

（二）派系纷争模糊了民进党的理想与目标，削弱了该党自身的力量。民进党的前身“党外势力”原本就是“彩虹式”组织，组党后吸收了党外时期的基本力量，但同时也把党外的种种弊端带进了民进党。加之组党以来一直未能有效地进行内部整顿，因而造成民进党内山头林立、组织松散、思想歧异、矛盾重重、内斗不休。目前，民进党领导层主要分为“新潮流”和“美丽岛”两大派系。前者以专职党工、编辑为主，他们人数虽然不多，但能量很大，影响不小；后者以“美丽岛事件”受刑人及其家属为主，目前在民进党内实力最强，被称为“主流派”。该党成立四年来，两派之间无论在政治目标、斗争策略、建党原则、大陆政策还是在领导权等方面，都存在着尖锐的矛盾和分歧，经常发生剧烈争吵。目前两大派观点相距甚远。“新潮流系”对党内以“美丽岛系”为首的不同意见者“动辄以无情的批判”，搞得党内关系十分紧张，以至“党部运作瘫痪，无力对外发展，使得社会大众的期待逐渐剥蚀，原有的政治空间日益萎缩”。[6]

民进党的派系纷争，不仅极大地损害了它的社会形象，也严重地削弱了自身的战斗力。这一政治现象既暴露出该党内部在理念、纲领、策略上的歧异；同时也反映出民进党主要阶级基础台湾中产阶级的特征。众所周知，在台湾这种特定的政治、经济环境中，中小企业生存发展十分艰难，不少人全凭“单枪匹马闯天下”，在激烈的竞争中一窝蜂“打烂仗”，自相残杀，缺少联合。因而反映在民进党身上，便是组织松散、缺乏群体意识和组织观念，动辄互相火并。如今，如何整合其内部纷争，仍然是民进党领导层面临的重大难题之一。

（三）忽视劳工权益使民进党逐渐丧失更广泛的社会基础。民进党的主要阶级基础是中小企业主，然而它反国民党独裁的性格却赢得了劳工阶级的支持。在历次竞选中，劳工投票给民进党者为数最多。但是，占台湾人口将近半数的广大劳工，在台湾中小企业中的福利最差、劳动条件最坏、受剥削也最重，与资本家之间存在着不可调和的阶级矛盾。而民进党既是资产阶级性质的政党，就决定了它必然忽视劳工权益，不可能真心实意地为广大劳工阶级谋福利。事实上，在涉及有关劳工问题时，民进党常常是鼠首两端：既不敢得罪资本家老板，又不愿得罪劳工选民而失去票源，采取“鸵鸟政策”。比较一下一九八九年底在三项公职选举中民进党与劳动党提出的有关“政见”，[7] 人们便可一目了然：

政纲类别＼党别	民进党	劳动党
政治	1. “国会”全面改造。 2. “总统”、省市长直选。	1. 按就业比例订定“民代”名额、依例改善“国会”结构。 2. 各级议会应有适当原住民代表，并具对有关议案最后否决权。
经济	公营事业的开放民营为原则。	反对公营企业开放民营，主张交由员工依民主程序经营。
农工政策	改善工作条件和环境，提高劳动保护基准，确保劳工结社、罢工和集体交涉权。	修改“劳基法”、“工会法”、“劳工安全卫生法”，以保障劳工工作权、团结、争议和交涉权；立法保障不分种族、性别，提高劳工文化技术。 反对外国农产品进口倾销，确立粮食自给自足政策，抢救农村生态环境。
住屋政策	兴建低价住宅，抑制房价炒作投机。	落实都市土地涨价归公，严禁都市土地炒作，人民直接投票决定都市计划及公共设施规划，反对住宅商品化，房租应管制，非自用住宅及空屋课重税。

民进党对农工权益的漠然态度，已越来越引起基层党员的不满，指责他们不了解“百姓的苦处”。可以预见，随着台湾劳工阶级的觉醒，民进党与劳工阶级之间的关系势必逐渐疏远，使其丧失更广泛的社会基础。尽管民进党目前已开始积极介入劳工运动并极力宣扬民进党是所谓“全民政党”，力图缓和与劳工阶级之间的矛盾，但很难相信他们有能力从根本上解决这个问题。

（四）民进党的阶级性质决定了它的摇摆性和妥协性。这是因为：台湾的中小企业一般都资金少，规模小，设备差，技术落后，经营管理困难很多，一遇风吹草动很容易破产倒闭，稳定性差；另外，台湾的中小企业一般多属中、下游企业，对资金雄厚，技术先进的上游大企业财团具有明显的依附性。台湾中产阶级这种先天的软弱性决定了它的政治代言人——民进党的摇摆性和妥协性。由于民进党自感力量不足，难以和代表台湾大资产阶级利益的国民党雄厚势力真正抗衡，因此，它的主要领导人很容易随着岛内外政治气候的变化而不断地调整、修改自己的立场。仅从今年三月“总统”选举期间民进党的反常表现，以及围绕着“国是会议”的召开该党领导人的一系列言论行动观察，民进党原本所具有的那种激烈的“反国民党性格”，显然已逐渐衰退。民进党的这种阶级属性，也是造成该党内部涣散、缺乏凝聚力和向心力、难以发展壮大的重要原因之一。

民进党的局限性和它在台湾政坛上的消极影响当然还不止这些，诸如参政素质差、对美依赖等问题，限于篇幅，不再一一赘述。特别需要指出的是，面对飞速发展的世界以及民族和解和团结统一的历史潮流，民进党不但缺乏应有的战略远见，反而囿于狭隘的“岛民意识”，一味幻想不切实际的所谓“自决”、“独立”，如不尽快纠正这种不识时务的短视政策，很难设想它今后在台湾政坛上会有多大作为。

四、民进党的未来走向

目前，人们最为关注的是民进党的未来走向问题。在海峡两岸关系和美台、中美关系没有重大变化的前提下，影响民进党未来走向的因素主要有以下四点：

（一）台湾当局政治体制改革的幅度与速度。今年七月，台湾当局召开“国是会议”，虽就“动员戡乱时期”的终止、“国会”的改造、“总统”民选、地方自治法制化等问题达成某些“共识”，但对于“修宪”还是“制宪”、“总统制”还是“内阁制”、“五权”还是“三权”等问题尚存歧见。由于上述所有问题对于国民党和民进党的今后战略、策略至关重要，究竟能在多大程度上被国民党当局付诸实施，将直接影响民进党的未来走向。

（二）国民党内部矛盾的激化程度。在年初的“总统”选举中，国民党内部明显地形成了“主流派”和“非主流派”两大派别。“主流派”虽然在选举中获胜，但“非主流派”实力犹存，不可等闲视之。以李登辉为首的“主流派”为了战胜对手，已经并将继续向民进党作一定程度的妥协以换取其支持。双方在“国是会议”期间的合作和默契即是突出的表现。故国民党内部矛盾斗争及其结果，也势必会影响民进党的未来发展。

（三）岛内其他在野势力的发展演变。据《中国时报》七月份的调查表明，台湾目前“合法”政党已达53个。除国民党、民进党之外，其他政党已出现组合趋势，成立了两个松散的组合体：台湾“政党联合会”和“中国在野党国是会”。它们虽属党派组合雏形，但其发展如何，不能不对民进党在台湾政坛中的地位、作用及其自身的策略制定与组织发展产生相当影响。

（四）民进党内部的整合及策略的调整。这是决定民进党未来发展的最重要因素。近日围绕反制国民党成立“国统会”及通过“事实主权案”问题，使民进党内部“美丽岛系”与“新潮流系”的矛盾有所缓和，但根本矛盾并没有解决。特别是如何适应新形势，调整该党的战略与策略，包括是否摈弃狭隘的“岛民意识”，从国家统一中找到自己的适当位置，这更是决定其未来走向的关键。

从上述四种因素的发展变化及相互作用看，民进党的未来走向不外有以下三种可能：（1）通过调整战略、策略，整合内部分歧，赢得下届“总统”选举，走上执政之路；（2）基本维持现状，内部继续争吵不休，提不出什么具有开创性的纲领和政策，在台湾政治发展中无多大作为；（3）在激烈的内斗中发生分裂，部分“激进派”与岛内外台独势力，结合成为死硬的“台独”团体，部分“温和派”或者充当国民党的“忠实反对党”角色，或者与其他包括国民党在内的一些政见相近的“本土”人士重新组合，从而改变目前台湾政党格局。

从目前岛内外政局发展的态势来看，在可见的一个时期内，第一种的可能性不大，第二、三种可能性与民进党的情况似乎更为接近。其根本原因，当然是本文前述的民进党阶级局限性所致。

【注释】

[1] 转引自李筱峰：《台湾民主运动四十年》第二四二页。

[2] 据台湾报纸统计，近几年来民意调查显示，台湾民众反对“台独”者高达80%以上，赞成者最高时为15%，最低时还不到4%。

[3] 转引自《台湾研究》一九九八年第三期第十页。

[4] 《党员有话要说》，见台湾《前进周刊》一九八八年第十六期。

[5] 台湾《中国时报》一九八九年八月二十九日。

[6] 朱高正：《民进党健全发展的危机》。

[7] 转引自台湾《自立晚报》一九八九年九月二十日。

（1990年4月首届“全国台研会年会”论文，收入《转型期的台湾》，并在《台湾研究》1990年第4期上发表，与何磊合撰）

“戡乱”时期终止后民进党的可能走向

问题的提出

当二十一世纪进入最后十年的时候，整个世界的政治、经济、军事力量对比发生了重大变化。在这种纷纭复杂的国际形势的催化下，台湾岛内的政治转型也进入了一个关键时期。去年十一月五日国民党“宪政改革策划小组”作出决定：在一九九三年二月一日以前办理第二届“立、监委员”选举，一九九一年底办理第二届“国大代表”选举[1]。十二月二十五日，李登辉宣布：“在明年（一九九一年）五月间宣告终止动员戡乱时期，同时也将在后年年中完成宪政改革。”[2]倘若政局完全按照台湾当局策划的时间表发展，台湾将于一九九三年步入资产阶级政党政治的体制。而完成这一转型的最后关键，则是“动员戡乱时期临时条款”的废止和“宪法”的修正或重新制定。

不言而喻，“动员戡乱时期”的终止，对台湾政坛的几乎各个方面都将产生广泛而深刻的影响，特别是对岛内各在野势力来说，将获得更大的活动空间，更多的参政机会。事实上，自去年七月“国是会议”结束后，台湾的一些主要在野党团就已密锣紧鼓地行动起来，纷纷着眼于“戡乱时期”终止后的政局，制定相应的战略、战术规划，准备迎接今年底的“第二届国代”的选战。对于台湾政局而言，除了大陆和美国以外，岛内影响政坛走向的主要政治势力，一是执政的国民党，一是在野的民进党。可以肯定，从今年四月的“国大”临时会议到年底的“修宪国大”的选举，从“修宪”的程序到“立法院”院会的议题，都将成为国民党与民进党较量的一场场战役。或许，经过这些“战役”的冶炼，台湾会逐渐步入资产阶级政党政治的“正轨”；抑或由于一场场的争斗，将台湾政坛引入无聊的政治游戏的泥坑，重演民国初年政党政争的闹剧。其中的关键，显然要看“戡乱”时期终止后，国、民两党的政策取向。比较而言，目前国民党的组织、人事、规划、政策诸要素较之民进党稳定，但五月以后岛内政局的发展在很大程度上将会受到民进党动态的强烈影响。那么，民进党能否有效地利用新的政治环境不断发展壮大，并进而走上执政之路呢？民进党的“自决”、“独立”路线在新的形势下将会发生那些变化？民进党能否提出一套较为完整、系统而又切实可行的政经纲领并受到民众的拥护呢？能否更加成熟地运用“政党政治”的手段与国民党抗争？它的内部派系之争、它的“大陆政策”又会有何发展变化？所有这些，都是海内外每一个关心岛内政局、关心祖国统一前途的人士十分注目的关键问题。本文拟对“动员戡乱时期”终止后民进党在上述重要问题上的可能走向作一初步探讨。

“宪政改革”中将与国民党展开激烈角逐

反对国民党的一党独裁、追求民主“宪政”，一直是民进党成立以来的主要诉求之一。台湾政治铁幕被打破，“党禁”、“报禁”、“戒严”的相继解除，与民进党的激烈抗争有很大关系。如今，民进党梦寐以求的“宪改”已拉开帷幕，它势必会使出全身解数，影响“宪改”走向，使其今后更有利于该党的发展，争取早日走上执政之路。而对于国民党来说，实行“宪改”虽属迫不得已，但出于其巩固执政地位、排斥党内异己、因应岛内外变局等多方面策略考虑，也正在积极部署，加紧谋划，意欲稳操胜券。双方均已摆出一副“背水一战”的架势，激烈的角逐已在所难免。

实际上这场角逐早在去年“国是会议”结束后即已开始。双方就“制宪”还是“修宪”的问题争吵不休。民进党竭力鼓吹“制宪”，而国民党则成立“宪改策划小组”，提出“一机构二阶段”的“修宪”方案，但立即遭到民进党的激烈反对。国民党置民进党的反对声浪于不顾，于十二月二十八日由李登辉指示国民党“国大党团”着手筹办“国大临时会议”。同日，以民进党为主的十八名参加“国是会议”的成员宣布成立“保卫台湾委员会”，明确声明要“推动总统直接民选，反对资深国代修宪，积极参与监督国统会、陆委会、海基会三机构”。[3]表面上看，双方在“修宪”还是“制宪”问题上争得不可开交，但实质上斗争的焦点是争夺“宪改”的主控权。

其结果，民进党阻碍“修宪”的抗争未能奏效，今年二月二十六日，李登辉颁布了于四月八日召开“国大临时会”的召集令，从而宣告了国民党第一回合交锋中的胜利。民进党败阵后转而全力以赴准备年底“国代”的选战，以期争取更多的席位，夺回“宪改”的主控权。

今年年底的“国代”选举，是民进党在“宪改”后确立地位的关键，可以预料，它势必不遗余力地投入角逐，从而使其对国民党的抗争进入高峰。去年年初，民进党就已开始着手组办选举训练班，培训干部，甄拔参选人员。国民党亦着手强化其基层组织，设法增强党员的向心力，以迎接民进党的挑战。双方并开始制造舆论：去年十一月，国民党组工会主任陈金让表示，在选举中“执政党可以赢取八成以上的席次”，“执政党人才济济，人选绝对没有问题。”[4]而黄信介则针锋相对地指出：“民进党人才济济，在每次选举中除了输国民党‘三票’（军票、购票、做票）外，国民党根本不是民进党的对手。”“国民党梦想拿八成以上的席次，我真不懂国民党的票在哪里”，并表示有信心“至少可以拿到五成以上的席次。”[5]双方谈吐，虽有心理战的因素在内，但剑拔弩张之势已隐然可见。台湾选举历来沸沸扬扬、混乱不堪，三七〇余席次空前规模的选举，是对两党实力的切实检验，争斗之激烈不难设想。

可以意料，双方斗争的焦点将集中在“宪改”涉及的主要内容——“总统”产生的方式、政体的确定以及地方自治权等方面。

“动员戡乱时期临时条款”废止后，“行政院”的权力将进一步膨胀，这对于和郝柏村素有积怨的民进党来说，无疑是一种威胁。同时民进党历来认为，若能实现“总统直选”，是其走上执政之路的“快捷方式”。因此，民进党在去年“国是会议”上，便力主“总统直选”。不难意料，在今后的“修宪”过程中，无论民进党的“国代”席次有多少，均会与郝柏村为代表的国民党非主流派展开激烈交锋。如能争取到规定“总统”直选，意味着民进党争取到未来竞选“总统”的有利条件和地位，同时也意味着未来的台湾政体将逐步纳入“总统制”轨道，而“行政院”的权力则将受到很大的限制。民进党在这方面的角逐，将会使“府、院之争”在“国大”的角斗场上显得更为复杂、激烈。

民进党“地方包围中央”的策略早已是“司马昭之心，路人皆知”。一九八九年底的地方“公职”选举中他们颇有斩获，因此在“地方自治”问题上必定是民进党在“宪改”中的主攻目标之一。对此，国民党方面当然不会轻易让步，否则等于为民进党实现其“地方包围中央”大开方便之门，可以断言，两党在这一关键问题上也会各持一端，剧烈争斗。

事实上，民进党早已发现，他们在“国是会议”上的“成就”并非如一开始想象的那样“辉煌”。半年多来，除了“动员戡乱时期”的终止外，民进党在“国是会议”上的胜利成果并没有得到真正落实。“国统会”、“陆委会”、“海基会”的相继成立，“修宪”原则的确定，“国大临时会”的召集和最近所谓“国统纲领”的制定与通过，所有这些均与民进党在“国是会议”上的诉求相佐。相反，民进党却不得不让国民党策划的“宪改”时间表牵着鼻子走，尽管他们不时地抗争，但都无济于事。这种情况使民进党大为恼火，在未来的“宪改”中为实现其预定“目标”，势必“浴血奋战”、猛打猛冲，而这恰恰是民进党人的性格。

随着“宪改”的深入进行和民进党街头路线向议会路线的转变，“立法院”势必成为双方争斗的“主战场”。这种态势从去年下半年开始已十分明显，民进党组织的街头运动虽已减少，但代之而起的则是“立法院”院会上出现一幕幕空前火爆的场面。“立法院”八六期院会一片混乱，虽经延期，拟议中的五十二件法案仍仅通过了二十四件。在院会中，民进党“立委”强烈“杯葛”不断，扯麦克风、摔茶杯、扔椅子直至扭打，造成六名警员受伤，议事陷于停顿。这种畸形方式的“抗争”，在“动员戡乱时期”终止后势将更加频繁、激烈。去年“国代”选战结束后，民进党政治抗争目标将集中在两个方面：一是阻挠“修宪”，要求“制宪”；二是进一步逼退“资深立委”，以为明年的第二届“立、监委”选举进行铺垫。而对于台湾当局的日常行政来说，“立法院”的作用甚至高于“国大”，因为它直接制约“政府”的日常政务运作。因此可以预料，今后国、民两党在“立法院”争斗的激烈程度决不会亚于“国代”选举和“修宪”之争。

总之，在今后的“宪改”中，民进党必将与国民党展开空前激烈的角逐。

在“台独”诉求方面将进一步升级

“动员戡乱时期”终止后，海峡两岸的关系将出现新的变数。一方面，随着“戡乱”的终止，两岸的经贸往来、文化交流将日趋频繁；另一方面，对台湾当局而言，在法律层面上将出现一个如何重新定位两岸关系的过渡时期。这两项变数的发展变化，无论其取向如何，都将刺激民进党内“台独”声浪的进一步升级。而在今后为同国民党争夺“宪改”主控权，“台独”诉求也将继续是民进党的一种抗争手段和筹码。这种趋势从去年下半年已明显地表现出来。此外，随着海湾危机的结束和国际政治格局的变化，美国势必进一步介入东亚事务、岛内外的“台独”势力将会从国际反华势力特别是美国方面得到更多的鼓励和支持，这也将增加民进党向国民党讨价还价的“外国资本”。

一九八九年六月以后，国民党当局为配合美国制裁中国的政策，曾一再声称要冷却“大陆热”，但实际情况却恰恰相反，“大陆热”持续升温。去年，来大陆探亲、旅游、经商的台胞约九十万人次，比一九八九年的五十四万人次有了大幅度增加。两岸贸易从一九八九年的三十五亿美元增加四十亿美元以上。据台湾报纸估计，“目前洽商贷款有意往大陆投资的金额总数可能逾百亿元（新台币）”。[6]这种趋势在“戡乱”时期终止后，将会获得新的动力。台湾“国统会”、“陆委会”已完成设立的法律程序，海基会在三月份已开始运作。三月二日，台湾“经济部”宣布“接受直接赴大陆投资者的合法登记”。[7]“大陆热”不可能被“冷却”，就连台湾当局也心知肚明，加紧做因应准备。最近据香港报纸披露，台湾“行政院”经建会在其六年计划中已做出了“直接和大陆进行空中及海上联系的规定”，“并指定台南安平港为将来与大陆直接进行海上联系的港口”。[8]所有这些迹象均表明，“戡乱”结束后，两岸交往将日益紧密，甚至大陆人士赴台的禁忌亦将逐步放宽，“双向交流”已势不可挡。两岸关系的日趋热络，使得民进党内的“台独”人士愈来愈感到，“台独”的口号正失去对民众的吸引力，于是他们势必提高调门，继续鼓吹“台独”。因为统一不仅将使他们在同国民党的较量中彻底失败，还将意味着他们“小国寡民”幻想的破产。因此，两岸的关系越是密切，统一的趋势越是明朗化，民进党内的“台独”人士越是火急火燎、一蹦三尺高，以表示他们的存在。这种反弹在今年五月以后的相当长一段时间里，将会成为民进党活动的一大特点。

虽然“戡乱”时期的终止，将会促进两岸的交流，但在政治和法律层面，却使台湾当局面临着如何重新定位大陆政权的难题。仍视为“叛乱团体”乎？“敌对政权”乎？抑或称所谓“政治实体”、“大陆管辖当局”？既要符合台湾的所谓“宪法体制’，又需顾及大陆和国际社会的反应，实在是左右为难，十分棘手。一年来，国民党高层人士一再施放试探气球，要求大陆的“善意回应”，以便定夺，但他们开出的价码无非是要中共“不阻挠军售”、“允许台湾重返国际社会”、“不贬低台湾为地方政府”之类。[9]这些原则问题，大陆方面当然不可能接受，这就使台湾当局的政法决策将会在此问题上出现一段时间的“空洞”或举棋不定、难下决心。这种情况对于鼓吹“自决”、“独立”的民进党来说无疑是一个绝好的活动空间。

从表面上来看，民进党内两派在台湾前途问题上素有分歧，但实质上是一致的。“美丽岛系”的头面人物张俊宏就曾坦率地说：“从地方自治到住民自决，再从住民自决到主权独立，其间必然是一个水到渠成的实力积累过程。”[10]在新的形势面前，“美丽岛系”抛弃“温和”的面纱，改变“渐进”的策略，并不会出人意料。人们不会忘记：去年十月两派联手签署“事实主权独立文”；十一月十四日，民进党又成立所谓“台湾主权独立运动委员会”，以落实“事实主权独立文”的“政治主张”。次日台湾《联合报》评论说：“民进党中常会昨天决定成立台湾主权独立运动委员会，与新潮流系最近的运作有密切关系，酝酿过程十分匆促。”[11]显然，民进党要抓住“宪改”的机会，不再“以时间换空间”，目的当然是要影响两岸关系的定位。

实际上，“动员戡乱时期”终止后，所谓“自决”、“独立”的诉求只剩下了最后的机会。如果在“修宪”和“定位”的过程中，民进党不加紧发动攻势，一旦“修宪”完成，“定位”获致结论，民进党的“自决”、“独立”诉求遭到否决，那么今后民进党的这些主张就将完全丧失活动空间。因此，从“戡乱”时期结束到“修宪”完成之前的这段时间里，民进党的“自决”、“独立”声浪将不断高涨，当在意料之中。

“台独”活动的升级，还不能不考虑到国际因素的作用和影响。台湾学者王晓波教授曾一针见血地指出：战后“台独”运动的主导者正是美日两国。[12]其实国民党也好，民进党也好，都不过是美国在台政策的“代理人”。美国扶植民进党用以制衡国民党，又用国民党来制衡民进党，使国、民两党共同为其对华政策效劳卖力。当初在美国的支持与庇护下，民进党得以在岛内突破“党禁”；同样还是美国的支持，民进党才能同国民党大唱对台戏而安然无恙、不被绞杀。“六·四”事件后美国带头制裁中国，民进党和岛内外“台独”势力显得异常活跃；去年底美国在海湾问题上欲谋求中国的支持，于是岛内的“台独”分子黄华、陈婉真便相继被捕。而民进党的“主独会”十一月成立后也未见有更大动作。据报导，当时美国前任“北美事务协调会”主席丁大卫曾警告“台独”人士：“如果台湾因宣布独立而招致中共之武力攻击，美国与其他西方国家不但不会支持台独，还将追究台独破坏东亚和平的责任。”[13]于是海湾战争期间，虽有台湾当局神经过敏的“戒备状态”，但民进党和“台独”人士却相对要“安静”一些，未见过于激烈的推波助澜的言论和行动。

海湾战争结束后，为了牵制中苏接近，也为了美国未来在东亚的利益和地位，同时企图迫使中国的政经改革按照美国希望的方向发展，于是在台湾问题上美国又开始大做文章：三月一日，美国前任国防部长温伯格访台并会见李登辉、郝柏村等要人，大谈“军售”问题；三月八日，台湾报纸报道说：“一向扮演美国对台政策试探气球”的前美国国务院中国科科长费浩伟公开声称：“美国将放弃一个中国，转而承认海峡两岸分裂事实的理论。”[14]与此同时，以民进党为主于去年十二月十七日成立的“保卫台湾委员会”召开召集人会议，公布了192人的正式成员名单，并责成张俊宏、吴丰山、黄煌雄三人起草“保卫台湾纲领”。“动员戡乱时期”的终止、“宪政改革”的实施，是台湾政治转型的关键时刻，当然也是美国继续操纵台湾事务、以维护其远东战略利益的一个重要关节点，继续维护海峡两岸“不战不和、不统不独”的局面对美国有利。因此可以意料，民进党在美国的支持与怂恿之下，再度掀起“台独”声浪，以制衡终止“戡乱”后的两岸关系的发展，这也是必然之事。

此外，随着台湾当局“宪政改革”的步步推进，使民进党日益失去其原有的诉求目标。继“党禁”、“报禁”、“戒严”相继解除后，“动员戡乱时期”终止、“总统”选举、“民意机关”的改造、地方自治的落实等，正按国民党的“宪政”计划逐步实施。民进党除了在“宪政”的速度、程度方面继续向国民党不断施压外，始终提不出更进一步、更为明确的政经诉求。如今，“自决”、“独立”已成为他们反国民党的最重要的诉求和主张，同时也是民进党同国民党抗争并以此吸引民众、壮大声势的一种主要策略手段。

总而言之，随着岛内外局势的演变，“戡乱时期”终止后，民进党的“台独”取向将会变得更加激烈。当然，这并不意味着台湾民众要求独立的意愿增强，而是上述诸种主客观因素交互作用的结果。“自决”、“独立”的鼓噪不可能扭转两岸走向统一的总趋势，只能使民进党自身陷入深深的泥潭。

在“大陆政策”方面将举棋不定

民进党在“自决”、“独立”的问题上步步升级，口号越喊越响，但是包括“新潮流系”在内的所有民进党人都很清楚，解决台湾前途问题，无论是“统”是“独”，不和大陆接触是不可能的，然而正是由于民进党内日益激烈的“台独”主张，使其大陆政策的决策陷于异常矛盾的境地。尽管他们一再声称要在“自决”、“独立”的前提下与大陆“友好往来”，但至今不但拿不出一套相应明确、系统和稳定的大陆政策，就连组团访问大陆都无法形成党内“共识”，一再宣告流产。“戡乱时期”终止后，两岸关系面临重新定位，这给民进党“自决”、“独立”幻想带来了新的希望。然而明摆着的是，在“自决”、“独立”的前提下，只能恶化两岸关系而不会有别的结果。尽管民进党一再声称其大陆政策的原则是所谓“和平、平等、共存、互惠”，[15]但究竟如何落实，就连民进党头面人物自己也说不清楚。

随着两岸交往的日益密切，国民党当局不断地调整政策，以因应局势的发展变化，使其大陆政策日臻成熟完备。反观民进党，却不识时务，因循守旧，不思进取，使自己在两岸关系问题上越来越被动。参与、影响两岸的交流，实际上是参与、影响台湾未来前途的决策，民进党人虽然完全懂得这一点，但"自决"、"独立"的诉求，使他们作茧自缚，使自己在两岸交流与对话中，摆在一个十分尴尬的地位。

对于民进党来说，台湾前途问题的参与权，当然不能轻易交给国民党。所以他们一方面反对统一进程，另一方面又急欲寻求与大陆对话的渠道。去年四月，张俊宏赴港与新华社香港分社接触，商讨民进党组团访问大陆事宜，不料返台后即遭"新潮流系"的群起围攻，指责他"无聊"、向北京"晋见朝贡"。张俊宏在党内反对意见的压力下，为免作"台奸"而只好作罢。[16]"国是会议"结束后，黄信介再次准备率团访问大陆，却又因中沙建交，民进党为表"抗议"姿态而主动取消。[17]及至九月，李登辉筹建"国统会"，并将三位副主委的席位之一留给黄信介。黄信介本已应允，但在党内的压力下又提出："国统会"必须更名为"和平民主统一委员会"；增加五名民进党籍委员；保证实施"国是会议"所获之共识（走"台独"路线）等三条件。国民党不以置理，毫不客气地干脆取消了黄信介的名额，代之以高玉树，并另外延揽康宁祥加入。[18]九月十七日，"新潮流系"的头面人物邱义仁又提出大陆政策三原则："平等原则、抵抗原则、人道原则"，比民进党以前提出的"和平、平等、共存、互惠"的政策反而后退。总之，在"自决"、"独立"路线的困扰下，民进党一方面急欲争取两岸关系的参预权，却又常常自动放弃这种参预权，而完全割舍心又有所不甘，于是左顾右盼、摇摆不定，使其大陆政策始终无法理顺。"戡乱"时期结束后，困扰民进党大陆政策的因素不但没有丝毫减弱，相反将愈加突出，在这一关键问题上，民进党何去何从，将面临新的严峻考验。

影响民进党大陆政策的另一重要因素，是民进党的主要阶级基础台湾中小企业主的态度。在国民党开放两岸交流之前，民进党为反对国民党的独裁专制，曾竭力主张缓和两岸关系，发展两岸经贸往来，然而事态的演变却使他们发现，海峡两岸日益密切的经贸关系正在吞食着"台独"的根基，于是转而采取保守态度。如今台湾中小企业同大陆的经济关系已密不可分，这给民进党制订大陆政策进一步增加了难度：继续采取保守政策，不符合中小企业主的利益，势必会逐渐失去他们的支持；而转采积极政策，又有违其“自决”、“独立”宗旨和反国民党的性格。这种左右为难的心态，也将使民进党的大陆政策在相当长的一段时间里处于一种举棋不定的状态。

民进党内部的派系之争，是造成该党大陆政策混淆不清的又一重要原因。尽管在去年民进党四届二全会议上，“美丽岛”和“新潮流”表现出联手的趋势，但党内派系的争权夺利远未消除。“统”、“独”问题、大陆政策在很大程度上成为两派争权的筹码。“美丽岛系”较为积极的大陆政策构想遭到“新潮流系”的攻击。为保住领导权，“美丽岛系”不得不做出让步，从而造成民进党很难提得出较为积极务实的大陆政策出来。从民进党目前的发展趋势看，党内两派将长期共存又互相龃龉，大陆政策仍将是两派的主要分歧和矛盾焦点之一。

总的来看，民进党的大陆政策正面临抉择。今年初许信良以“私人身份”访问大陆，民进党的县市党部主委访问团亦曾访问大陆，说明民进党已意识到大陆政策已经到了非正视和调整不可的时候了。这正如台湾报纸评论的那样：形势的发展，“使大陆政策与两岸事务成为政治上的重量级焦点，也是民众极为关心之所在”，“由于民进党党纲主张台湾前途由全体住民自决，加上党内台独声浪于最近更趋高涨，更使民进党在大陆政策上处处受牵制，不但落在政经形势发展之后，更陷于落在国民党之后追着跑的困境”。许信良认为，民进党“只有主动出击，掌握机先，才能符合台湾人民的利益与要求，也才有执政的可能”。[19]因此许信良才会在民进党尚受制于党内对大陆政策的反对意见时，率先以主流派重量级人物的身份进入大陆访问。许信良返台后表示，“应该撇开政治问题，一意发展双方互惠的经济”，“最主要的当务之急是解决三通问题”。[20]但能否解决前述三种矛盾，是民进党大陆政策能否转趋积极、明朗的关键。从目前情况来看，至少在“戡乱”时期终止后到“宪政改革”完成前的这段时间里，民进党的大陆政策仍将继续处于摇摆不定的含混状态。在此期间，许信良办公室在两派之间的作用，究竟能在多大程度上对民进党的大陆政策产生影响力，人们正在拭目以待。

走上“执政之路”前途渺茫

尽管民进党在一九八九年底的三项“公职”选举中颇有斩获；尽管对于今年底“国会”改选黄信介信誓旦旦要拿“五成席次”；尽管“宪政改革”给民进党的执政理想带来了很大的机会和希望，但从目前民进党的状态来看，在可预见的将来，其“走上执政之路”前途渺茫。这是因为：

（一）缺乏成熟、完整、系统和切实可行的政经纲领，使民进党难以掌握“宪改”主导权。

一九八六年，民进党冲破“党禁”，撕开了台湾的政治铁幕。它的成立与发展，迫使国民党加速走上改革之路。在四年多的拼搏中，民进党确曾使国民党常常处在十分狼狈、被动应付的局面。然而在政治转型的过程中，国民党不断地调整策略，逐渐地从被动地位中摆脱出来并控制住了转型的主导权。反观民进党，却在胜利面前沾沾自喜、冲昏头脑，加之种种因素的制约，始终提不出更成熟、可行的政经纲领和更高层次的诉求目标，从而逐渐变主动为被动。从目前民进党的抗争活动看，仅停留在和国民党在“宪改”时间表上讨价还价的低层次。具有丰富政治斗争经验的国民党十分狡猾，它一方面假意向民进党做出“协调”的种种姿态，另一方面却不动声色按部就班地实施着自己的既定计划，民进党则只好在抗争无效后被迫服从国民党的种种安排。

（二）激烈的“台独”主张使民进党难以发展组织、争取更多的支持。

尽管民进党鼓吹“台独”，把台湾政坛搞得“鸡飞狗跳”、沸沸扬扬，但民意测验的结果却一再显示，民众对“台独”的支持率一般只在10%以下，从未高过15%。随着海峡两岸关系的日益紧密，台湾民众对所谓“自决”、“独立”的主张已愈来愈不感兴趣。民进党的政治活动空间和它对民众的号召力正日趋缩小和减弱。如果黄信介的“五成席次”是寄托于“自决”、“独立”活动的声势，试图重温1989年底三项“公职”选举时的旧梦，几乎可以肯定民进党要遭到失败。最近就连远在美国的一位“台独”理论家也指出：“民进党当前的急务，在于如何争取民心，推展台湾的民主政治，并要设法加入国民党主导大陆事务的团体，以争取对大陆事务的发言权，这样才能使民进党对台湾的未来发挥影响力，而中共也不可能完全忽视民进党的本土力量与地位，不料民进党不此之图，却天天在‘台独！台独’的虚幻之境梦游而完全与现实脱节，所以搞了三四年，仍停留在只有几千党员的阶段而无法发展了。”[21]民进党的头面人物正应了中国的一句俗话：“身在庐山，不识庐山真面目”！

（三）参政素质的低劣，极大地损害了民进党的形象，削弱了该党对民众的号召力。

民进党曾以敢打敢拼的反抗精神博得了台湾民众的喝彩与支持。但政治家毕竟要讲“风度”，过强的“作秀”欲使民进党的干将乃至领袖人物，一再不分地点、不分场合、不讲分寸，动辄拳脚施为、恶语伤人、撒野逞凶，使人们逐渐对民进党的参政能力产生很大疑问。特别是在“立法院”的辩论中，民进党人士不问议案内容如何，只要是国民党方面提出的，便无休止地“杯葛”，一味地“抗争”，不惜故意制造“肢体冲突”甚至“流血事件”，使“立法院”成为两党打群架的场所。这种恶劣形象已经在台湾民众中产生了很坏的影响，引起岛内舆论的普遍不满和反感，甚至被国际社会传为笑谈。如“立法院”八六会期所发生的一连串打斗闹剧，便被国际新闻界评为一九九〇年的“世界十大笑料”之一，日本广播协会（NHK）则称之为“世界独一无二的笑柄”。[22]然而民进党似乎至今仍“我行我素”，不知反省，这对民进党在未来选举中的获票率势必产生相当大的副作用。

（四）人才资源缺乏，使民进党难以掌握“国家机器”。

民进党现有的人才资源，相距执政所需甚远。按正常的“政党政治”惯例，民进党目前恐怕连“影子内阁”都难以组织起来，更何况民进党人大都没有行政管理经验，即便通过“总统直选”夺取了“总统”宝座，能否顺利组阁？能否在“议会”的制约下有效行政？颇令人怀疑。从民进党籍县、市长一年来的情况看，大都政绩平平，处理不好同议会之间的关系，或表现出过强的独断色彩，或因行政经验欠缺而不能有条不紊地处理政务，总的舆论评价是“缺乏行政管理能力”。管理地方尚且如此，更遑论职掌如此复杂纷繁的全台政局了。

财力不足，难以赢得竞选

台湾当局虽然鼓吹实行“民主政治”，但实际情况是典型的“金钱政治”，没有充足的资金为后盾，“竞选”免谈！去年5月黄信介就曾因经费问题而萌生退意，一年来虽奔走海外，四处乞援，但民进党的支持者除海外“台独”人士外，岛内主要是中小企业主。以此和财力雄厚的国民党竞争，仅“买票”一项，民进党就将输掉不少，更何况竞选中搞文宣、造舆论，哪一项不得大把大把花钱？因此，民进党与国民党之争，在财力方面也相当悬殊，不成比例，难占上风。

基于上述五个方面的主客观因素，在可以预见的将来，民进党欲“走上执政之路”，十分渺茫。

九十年代是解决中国统一问题的关键十年，港、澳回归祖国怀抱后，势必对台湾政局产生重大影响，海峡两岸的发展变化，不仅对目前在台湾岛内执政的国民党是个考验，同时对于曾经在台湾政坛上发挥过积极作用的主要在野党民进党来说，也是一个严峻的考验。民进党如欲在祖国统一的伟大变局中发挥作用，有所作为，唯一的出路，只能是大幅度调整它的一系列缺乏远见的、不合时宜的路线、政策和策略。

【注释】

[1] 台湾《中国时报》一九九〇年十一月六日。

[2] 台湾“中央社”一九九〇年十二月二十五日。

[3] 台湾《中国时报》一九九〇年十二月二十八日。

[4] 台湾《联合报》一九九〇年十一月六日报道。

[5] 台湾《中国时报》一九九〇年十一月六日报道。

[6] 台湾《经济日报》一九九一年三月十六日。

[7] 台湾《联合报》一九九一年三月三日。

[8] 香港《南华早报》一九九一年三月十九日。

[9] 见台湾《联合报》一九九一年三月六日《专访》。

[10] 张俊宏:《到执政之路》，台湾南方出版社一九八九年六月出版。

[11] 台湾《联合报》一九九〇年十一月十五日。

[12] 参见台湾《海峡评论》一九九一年第十二期。

[13] 台湾《中华杂志》一九九一年第十二期。

[14] 台湾《民众日报》一九九一年三月八日。

[15] 民进党:《民主大宪章草案》，台湾“中央社”一九九〇年六月二十一日。

[16] 台湾《中国时报》一九九〇年五月报道。

[17] 台湾《台湾时报》一九九〇年七月十五日。

[18] 台湾《联合报》一九九〇年九月九日；台湾《中华杂志》一九九〇年第十二期。

[19] 台湾《中国时报》一九九一年一月二十四日。

[20] 台湾《中国时报》一九九一年二月三日。

[21] 台湾《中华杂志》一九九〇年第十二期。

[22] 转引自《港台信息报》一九九一年二月。

（1991 年 4 月“全国台研会”学术研讨会论文，
《海峡评论》1991 年第 7 期上发表，与何磊合撰）

从“国统纲领”看台湾当局大陆政策的实质

从表面上看，《国家统一纲领》的确包涵一些值得欢迎和肯定的积极因素，例如：

1. 明确宣示“大陆与台湾均是中国的领上，促进国家的统一，应是中国人共同的责任”；中国的统一，“是海内外中国人共同的愿望”；并表示要与大陆“共同重建一个统一的中国”。

2. 具体地设计了推动国家和平统一的进程，即分为：“交流互惠”（近程）→“互信合作”（中程）→“协商统一”（远程）三个阶段，以及各个阶段应当实施的具体内容和构想。

3. 主张“以交流促进了解，以互惠化解敌意”；“逐步放宽各项限制，扩大两岸民间交流，以促进双方社会繁荣”；“两岸应摒除敌对状态，并在一个中国的原则下，以和平方式解决一切争端”；“开放两岸直接通邮、通航、通商”；“推动两岸高层人士互访，以创造协商统一的有利条件”等等。

台湾当局的上述宣示和主张，客观上反映了海内外同胞要求祖国和平统一的强烈愿望，在一定程度上将有助于抑制岛内外“台独”势力的发展和蔓延，对于岛内的统派势力来说，也有一定的鼓舞作用，同时为今后海峡两岸敌对关系的进一步缓和以及各项交流的进一步开展，也将创造较为宽松的气氛和条件。

然而，问题在于：“国统纲领”所内涵的大陆政策的实质究竟是什么？它是否真的表明台湾当局决心今后要“尊重海内外中国人的共同愿望”，诚心诚意地搞“统一”了呢？只要我们对“纲领”的内容及其内在的逻辑结构稍作深一层的剖析，再联系近年来特别是“纲领”公布以来合湾当局的一系列言论及其所实施的各项具体政策、措施，不能不指出，“纲领”中有不少具体主张与它所宣示的“一个中国”的原则立场是互相抵触的，其核心实质上仍然是坚持和推行“一国两府”的理念，其长远目标仍是“三民主义统一中国”。因此，笔者认为，与其说台湾当局的“国家统一纲领”具有“两重性”，倒不如说它更具有明显的“虚伪性”、“迷惑性”、“空想性”和“危险性”。

首先，既然“纲领”承认中国的统一“是海内外中国人共同的愿望”，“促进国家的统一，应是中国人共同的责任”，那么促进统一的当务之急是什么？海内外有识之士认为：一是尽快开放两岸的直接“三通”和双向交流；二是尽早实现两岸高层人士的直接接触谈判。为此，大陆方面一再向台湾当局发出呼吁，表示出极大的诚意。可是在“国统纲领”中，这两项并不难做到的“当务之急”，却被很不适当地限定在遥不可及的“中程阶段”上。

这种规定用意何在？台湾当局的高层人士直言不讳地说：“我们的近程阶段有若干项目中共你做不做嘛！如果你不做，那我为什么要答应你直接三通？”[1]“两岸要开放直接‘三通’，须通过互惠中不否定对方为政治实体，在大陆经济改革、政治民主、摒弃对我敌对状态、在国际间相互尊重等，才能进入中程互信合作阶段，并开放直接通邮、通航、通商。”“我们和中共为什么不能政治接触？是我们不愿意被贬为地方政府，而去跟他接触谈判。”[2]显然，台湾当局故意拖延“三通”与谈判，是把它们当作政治交易讨价还价的筹码，用以诱迫大陆方面承诺一系列明知不可能接受的苛刻条件。

台湾当局口口声声要“首重台湾二千万人民的权益与福祉”，那么台湾的“民意”究竟如何？据台湾报纸报道：民意调查显示，台湾民众对“两岸官方接触，透露出高度的期待”，“超出五成的受访者同意‘党对党’对谈”，“更有高达七成二的受访者相当赞成‘台湾高层人士’赴大陆访问，以了解大陆实情”，另外，对于“开放两岸直接通商的意愿也颇为强烈，高达六成七的受访者赞成台海两岸直接通商，反对者仅占一成七左右”[3]。对此，台湾另一家报纸评论说：“但是政府却仍在拒绝直接‘三通’与谈判……它显示了政府与民间对于大陆政策的制定，以及如何推展两岸交流缺乏足够的交流与共识。”[4]再说“权益与福祉”，仅举一例足以说明问题。自1957年11月开放探亲以来，台湾来大陆者已超过200万人次，而大陆赴台湾者仅有1.5万人次，就直航的需要而言，“台湾同胞远甚于大陆同胞”，从台北——福州，若直航往返仅需30分钟，机票约1700元新台币，而今绕道香港，至少要花半天、一天时间，往返机票约1.8万元。加上在香港停留的额外花销以及往返多耗的时间折换成金钱。据台湾报纸估算，“3年来，台湾同胞因为转机而增加的支出超过1500亿元新台币”[5]。至于转机过程中的诸多不便和劳顿，则更不必说了。可是台湾当局对于来自岛内外强烈要求开放直接“三通”与谈判的呼声充耳不闻，不久前台湾“行政院副院长”、前“陆委会主委”施启扬斩钉截铁地说：“我们的立场非常确定，没有进入中程阶段，绝不考虑直接‘三通’。”[6]致使目前海峡两岸的“三通”和接触交流仅停留在间接、单向、民间的低层次、低水平之上。这不仅严重地损害了海峡两岸人民特别是台湾人民的“权益”与“福祉”，同时也极大地阻碍了祖国和平统一的进程。

其二，“纲领”中虽然没有明确提出诸如“一国两府”、“一国两区”或“一国两席”、“双重承认”这一类有悖于“一个中国”的概念，但实际上却变相地坚持了这些概念。

十分引人注目的是，在这篇不足千字的“纲领”中，有三处强调海峡两岸的所谓“对等”地位，并提出海峡两岸“不否认对方为政治实体”，“在国际间相互尊重、互不排斥”，“协力互助，参加国际组织与活动”等等。

何谓“对等”？如果说“对等”是指国共两党，当然没有任何异议。为了照顾到台湾当局要求“对等”的立场，而又不致损害国家民族的根本利益，中共方面才诚心诚意地提出了关于国共两党对等谈判的主张。但是“纲领”中所说的“对等”，却是台湾当局高层人士近年来所一再提出的海峡两岸“政府与政府”之间的所谓“对等”。什么是政府？政府是政权的象征和代表，它们管辖统治的是领土和人民。国民党在大陆的统治已于1949年被人民革命所推翻，其法统早已不复存在。按照国际法准则，一个国家只能有一个主权政府作为它的合法代表，不能设想在国际上有两个或两个以上的“对等”政府同时代表一个国家。国土可能暂时分裂，但主权绝不允许分割，这是事关国家民族根本利益的大是大非问题，没有丝毫讨价还价的余地。中华人民共和国是联合国的5个常任理事国之一，世界上的绝大多数国家都承认它为代表中国的唯一合法政府，台湾只是中国的一部分。“国统纲领”一再强调两岸政府之间的所谓“对等”地位，岂不是和“纲领”所宣示的“一个中国”的立场自相矛盾了吗？就连台湾当局的“立法院长”梁肃戎都说：“如以政府对政府谈判，无异于宣布台湾独立。”

再说所谓“不否认对方为政治实体”，这与上述“对等”的概念实际上是一脉相承的，何谓“政治实体”？台湾当局的高层人士最近一再强调：“政治实体，在概念上应该是一个地区行使主权的国家”、“中华民国是一个独立主权国家”、“中华民国的主权及于大陆”，并说“我们不愿意被贬为地方政府而去跟它（指大陆）接触谈判”[7]。可见，“国统纲领”中所说的“不否认对方为政治实体”，其实就是“不否认对方为主权国家”或“不否认对方为中央政府”的另一种说法。其实质仍然是搞“两个中国”或“一中一台”。

台湾当局是这样想的，这样说的，也是这样做的。最近，台湾当局的“立法院”不是通过议案，要求“行政院”在“适当时机申请重新加入联合国”吗？“行政院”的新闻局不是以所谓“国家”的名义，在美国《纽约时报》等刊物上公然刊登宣传台湾“务实外交”的政治广告吗？该广告赫然宣称：“台北愿意接受暂时性的双重承认。”台湾报纸揭露说，支持刊登该广告的不是别人，“就是我们的李登辉先生”，并评论道：“虽然在表面上，我们的执政党当局反对台独分子的过度活动，但是，我们从很多执政党高层本身的言论就可以看出他们嘴上讲的一套，并不一定就是他们真正的意图，尤其是李登辉先生，他在急欲主导的外交政策上和中共的关系上，甚至在内政的运作上，都无一不表露出了希望以一中一台苟安下去的心态。他所表达的统一意愿，并不是积极而真切的，但是他所表达的‘独台’意识却是鲜明而强烈。”[8]

其三，从表面上看，“国统纲领”并没有公开要求大陆放弃“一国两制”和“四个坚持”，也没有露骨地向人们推销所谓“台湾经验”和“三民主义统一中国”，更没有扬言对大陆进行“政治反攻”、“经济反攻”和“文化反攻”等等，而是正面提出所谓海峡两岸应“建立民主、自由、均富的共识”，“大陆地区应积极推动经济改革、逐步开放舆论、实行民主法治”，“秉持政治民主、经济自由、社会公平及军队国家化的原则、共商统一大业，研订宪政体制，以建立民主、自由、均富的中国。”似乎较为理性和务实，但其实质内涵则是完全相同的。

台湾当局“行政院研考会主任委员”、前“陆委会”发言人马英九毫不掩饰地说：“中共一定要改变他们的作法与制度，两岸关系才能朝对等、互惠、和平、理性的方向发展，促进国家在自由、民主、均富的原则下统一。”[9]李登辉则强调说：“将来有一天国家会统一，最重要的就是我们要把三民主义的台湾经验送往大陆，让两岸统一于一个民主、自由、均富的中国之下，”[10]并说，我“不相信中共能不改变!”说来说去，所谓“建立民主、自由、均富的共识”就是要大陆放弃“四个坚持”，要求大陆“积极推动”政经改革，原来就是要用“台湾经验”“和平转变大陆”，实现其“三民主义统一中国”的最终目标，按照“台湾模式”来统一中国。这正如台湾《联合报》社论指出的那样：“‘国家统一纲领’的大战略构想，乃是建立在一个基本的预设之上，即预设中共终究要放弃‘四个坚持’。”《世界论坛报》的署名文章也认为，“纲领”中的一些条文，意思都等于“要求中共放弃‘四个坚持’。”对于这种“预设”和“要求”，《世界论坛报》的文章评论说：台湾当局“太本位主义，太一厢情愿，完全一副‘君临天下’的架势”，台当局“究竟握有什么样的筹码，敢如此君临天下”。

台湾当局的上述构想的确是太脱离实际。在社会主义制度下已经生活了40多年的大陆人民要走的是具有中国特色的社会主义道路。因此，从这一角度来说，台湾当局的“国统纲领”又具有明显的“空想性”。“国统纲领”的空想性根源于台湾当局某些人士的“自大症”（即所谓“君临天下”者）。他们总以为台湾比大陆有钱，有钱就能使大陆人民会向他们靠拢。这种想法未免太天真，说明他们太不了解大陆，太不了解共产党教导下的大陆人民！台湾著名学者李敖曾在美国《侨报》上发表过一篇文章，题为《台湾的夜郎症》。文中列举了大量事实，嘲笑一些国民党人士：“在失国以后，犹能在台湾表演‘台湾自大症’”，并说：“古代夜郎的自大，在于交通不便，因而不知别人之大和自己之小，现代夜郎的自大，却是狂妄无知，抹杀别人之大和膨胀自己之小。世之比夜郎还夜郎者’，吾于台湾见之。”这段文字或许尖酸刻薄了些，确也一语道破了台湾当局某些人士目前的心态。他们成天盘算着如何向大陆推销“台湾经验”，幻想着“和平转变大陆”，达到“巴蛇吞象”的目的，其症结正在于此。

不过李登辉也知道，要中共放弃“四个坚持”并不简单，“和平转变大陆”也非易事。那么怎么办？他说：“本人认为，现在最重要的问题就是要等，要忍耐，等到（中共）有善意回应……（我）还有5年总统的期间可以等他。我们下任谁来做总统不知道，可能还会继续等。10年、20年都可以等。我认为很重要的就是等。”短短的一段话，一连用了6个“等”字。“等”者，“拖”也，李登辉说：“时间站在我们这一边”，我“不相信中共能不改变。”也就是说，要“以拖待变”。当然，这种“拖”不是消极被动的，而是积极进取的，即“国统纲领”中提出的“逐步放宽各项限制，扩大两岸民间交流”。交流的目的，“最重要的就是我们要把三民主义的台湾经验送往大陆，让两岸统一于一个民主、自由、均富的中国之下”。这便是李登辉目前的心态，也是台湾当局“国家统一纲领”所内涵的“大陆政策”的实质之所在。

【注释】

[1]《联合报》1991年5月9日。

[2]《中央日报》1991年5月4日。

[3]《联合报》1991年4月7日。

[4]《工商时报》1991年4月8日。

[5]《中国时报》1991年4月27日。

[6][7]《中央日报》1991年5月4日。

[8]《世界论坛报》1991年7月15日。

[9]《中央日报》1991年4月21日。

[10]《台湾新生报》1991年6月18日。

[11]《自立晚报》1991年6月15日。

[12]《世界论坛报》1991年3月15日。

[13]《侨报》1991年4月6日至12日，转引自李家泉：《“一国两制”与国民党政权》。

[14]《中央日报》1991年5月1日。

[15]《自立晚报》1991年6月15日。

（台湾研究集刊，1991/第4期）

论民进党的质变

——过程、原因及其影响

一九九一年以来，特别是台湾当局宣布终止“戡乱时期”之后，岛内的“台独”声浪急剧升温，大有愈演愈烈之势。仅八月下旬以来的一、两个月内，“台独”人士召集所谓“人民制宪会议”，通过明列“台湾共和国”国名的“台湾宪法草案”；九月七日至八日，连续两天组织上万人参加的所谓“公民投票进入联合国”大游行；九月中旬，又派出所谓“台湾加入联合国宣达团”到美国大肆活动……其活动频率之密集、言论行动之激烈，实属前所未有。民进党在这股“台独”浪潮中，一改以往相对“温和”的姿态，充当了主要的推动者和组织者的角色。更有甚者，民进党继追认“台湾宪法草案”之后，又于九月二十八日发表声明，宣称“民进党就是台独党”，紧接着又在十月十三日该党“五全”大会上决议将“台湾共和国”条款纳入党纲。民进党这一连串异乎寻常的运作和宣示，意味着该党的政治方向业已发生了根本性的转变，即从原来以反对国民党的专制独裁统治、追求政治民主为现阶段的主要诉求目标，转而着手具体推动落实建立“台湾共和国”的虚幻构想。事实说明：民进党业已质变！

那么，民进党的质变是如何完成的？原因何在？它对该党、对台湾政坛今后的走向及对海峡两岸关系的发展将会产生什么影响？本文拟对上述问题作一粗浅探讨。

一、民进党质变的“四步曲”

任何事物的质变都不是一朝一夕完成的。回顾民进党建党五年来的全部历史，不难看到，该党的质变同样有一个渐进发展的过程。大体上说，它经过了“住民自决论”→“有条件主张台独论”→“事实主权独立论”→“台湾共和国”这四个层层递进、不断明朗深化的四步曲；而这一渐进过程每一阶段的完成，均与民进党的选举造势活动、与岛内外政局的演变发展有着密切的关联；其具体表现形式，则是通过民进党内部的两大主要派系——"美丽岛系"与"新潮流系"之间不断的内斗而又相互妥协、相互适应并最终实现某种程度的合流。与此同时，民进党在其政治运作过程中，逐步排斥、自然淘汰了它内部的少数"统派"同盟者，一步步提高了该党在台湾前途问题理念、诉求以及政策策略上的同质性（或曰"纯洁度"），从而最终实现了自身的质变。

以下是民进党质变"四步曲"的大致轮廓：

（一）"住民自决论"阶段：众所周知，岛内的"台独"思潮早于五十年代初即已暗流涌动，时有冒头，但在国民党戒严体制的严厉打压之下，这股思潮无法在岛内立足，少数主张"台独"的头面人物只好亡命海外，在国际反华势力的支持下勉强生存；而潜伏在岛内的"台独"人士则改头换面、韬光养晦、等待时机。进入八十年代以后，随着国民党当局"政治革新"的开展，岛内政治活动空间稍有宽松，于是独派人士开始活跃，借口"政治民主"、"言论自由"，公开喊出"自决"的口号。一九八三年党外反对派竞选公职，谢长廷等人首次把"自决"列入共同政见参与竞选。自此之后，"自决"诉求开始与选举相结合，成为独派人士为竞选造势、争取选票的一种手段，而"台独"思潮也因之逐步扩散。

一九八六年九月二十八日，民进党宣布成立。当时参与建党工作的大多数党员，是为因应当年年底"立委"和"国代"选举而筹组的"党外选举后援会"的反对派人士。他们之所以选择那个时候建党，在很大程度上也是为竞选造势。由于新成立的民进党几乎囊括了党外所有反国民党的在野势力，而这些人虽然在反对国民党专制独裁统治方面政见一致，但在有关台湾前途这一重大问题上的理念、诉求或策略思想上颇有歧异。其中既有"急进"独派，也有"温和"独派，甚至还有一小部分"统派"人士。因此为避免矛盾分歧，在制定党纲党章时便有意回避了急进"台独"主张，而改采"住民自决"这种较为温和、含混的提法作为替代，甚至"为了避免中国与台湾的纠结"，连党名也刻意回避使用"台湾"二字而直呼"民主进步党"。[1]然而，将"住民自决"诉求公开列入党纲，其本身就足以说明，民进党从它成立伊始，即已显露出该党存在着浓厚的“分离意识”和“台独”倾向，而这种“意识”和“倾向”，正是日后民进党逐步质变的土壤和基础。

（二）“有条件主张台独论”阶段：“住民自决论”尽管一直保留在民进党的党纲中，但事实上它仅维持了大约一年半左右的时间，即被一九八八年四月召开的该党临时全代会上通过的“有条件主张台独论”所取代。一九八七年十月，蔡有全、许曹德因在当年八月成立的“台湾政治受难者联谊会”上公开主张将“台湾应该独立”的条款列入该会章程而被台湾当局拘押，随即台湾当局以“涉嫌台独叛乱罪”提起公诉。这是“解严”后台湾“高等法院”审理的第一桩“台独叛乱”案，同时也使民进党内部首次受到“台独”主张的试炼。当时，党内的急进独派“新潮流”鼓动民众走上街头，高喊“台独万岁”等口号，并要求在党纲中增列“人民有主张台湾独立自由”的条款，声援蔡、许俩人，从而引发了岛内政治、社会层面的轩然大波。一时间，不仅使朝野对峙情势陡然升高，同时也引起了民进党内“美丽岛系”与“新潮流系”两大派系之间因路线分歧而发生空前激烈的争吵。以前“立委”费希平为首的党内“统派”人士更为不满，竟以退党相威胁，几乎使刚刚成立一年的民进党发生分裂。后经民进党内高层人士的多方协商、沟通，才将该提案提交一九八八年四月召开的临时全代会上予以讨论，并由泛“美丽岛系”的陈水扁出面，提出“四个如果”作为附带条件，勉强通过该提案，作为单独的“决议”而不列入党纲。此即曾经轰动一时的所谓“四·一七决议文”，也即“有条件主张台独论”的正式出笼。“四·一七决议文”的通过，说明民进党的“台独”倾向已较前更趋明朗。

（三）“事实主权独立论”阶段：一九八九年底的“三项公职选举”是“解严”后的第一次大选，朝野双方从当年初即开始竭尽全力为竞选造势。以民进党内的“新潮流系”为主组成的“新国家联线”，公然以“新国家、新宪法、新国会”为诉求积极造势，而海外“台独”人士如郭倍宏等人则纷纷闯关返台，公开现身，为岛内“台独”势力呐喊助威。一时间，“台独”声浪骤然升高。而台湾当局却一味宽纵放任，反制乏力。选举结果，民进党取得突破性进展，得票率由上届的百分之二十上升到百分之三十；县市长席位由原来的一席猛增到六席；在“增额立委”方面，由上届的十二席增加到二十一席。其中有不少“新国家联线”的急进“台独”人士以高票当选，进入台湾政坛。这种选举结果实出“美丽岛系”人士的意料之外，更给岛内外的“台独”人士以极大的鼓舞。由此，急进独派“新潮流系”在民进党内的地位和影响力大为提升，活动愈加积极。此后人们看到，在台湾政坛上温和派“台独”“美丽岛系”往往充当“白脸独派”的角色，而“红脸独派”则由“新潮流系”来扮演。两派表面上存在分歧，势如水火，互相攻讦，实则相互配合，共同与执政的国民党相周旋。及至一九九〇年十月间召开的四全二次大会上，两派联手，通过台湾“事实主权不及于中国大陆和外蒙古”的决议案，也即所谓“事实主权独立文”（又称“一〇・〇七决议文”）。十一月十四日，民进党又成立所谓“台湾主权独立运动委员会”，以具体落实推动“事实主权独立文”的政治主张。显然，民进党在“新潮流”的策动下，已向“台独党”的质变方向迈出了一大步。在此期间，民进党内的“统派”人士对民进党的“台独”走向日益反感和不满，费希平、朱高正等人相继退出民进党。

（四）“台湾共和国”阶段：今年年底的二届“国代”选举，是民进党在“宪改”后确定地位的关键，成败与否直接关系到民进党今后在台湾政坛上的前途命运。因此从去年“国是会议”结束之后，民进党与国民党均密锣紧鼓地进行谋划，意欲拼死一搏，夺取“宪改”的主控权。由于“戡乱”的终止，政治活动空间的进一步开放，加之外部各种因素的刺激，民进党内的“台独”势力再度挑起岛内的统独之争，为年底的竞选造势。而海外“台独联盟”也积极奔走，酝酿返台，试图“下山摘桃”，争得在台湾政坛上的一席之地。于是乎各种型号的“台独”竞相作秀，拼命争夺“台独”运动的主导权。今年四月“独台会事件”后，痛感“民进党内已没有不主张台独自由”的“党外长子”林正杰，也不得不恋恋不舍地宣布退出了民进党。林正杰的退党是一个明显的信号，它意味着民进党事实上已经走上了“台独党”的不归路。

在党内外急进“台独”势力的裹挟之下，骨子里原本就是“台独”的“美丽岛”人士当然不甘大权旁落，充当配角。八月下旬，在民进党纠集召开的所谓“人民制宪会议”上，当表决通过明列“台湾共和国”为国名的

“台湾宪法草案”时，尽管“美丽岛”人士如黄信介、张俊宏、许信良等人均举手反对，但事后却妄称“不能无视民意”，很快在民进党中常会上将“台独”草案“照单全收”，予以“追认”。九月二十八日，又公然以中央党部的名义发表声明，声称“民进党就是台独党”；并不顾海内外同胞的强烈抨击和警告，于十月十三日在该党五全大会上通过决议，在党纲中增列“台湾共和国”条款。至此，经过五年来的一步步演变发展，民进党最终完成了它质变的“四步曲”。

二、民进党质变的内外原因

民进党的质变不是偶然的，而是由深刻、复杂的内外因素所促成。

任何事物的发展变化，根本原因是内因，民进党蜕变为“台独党”，首先是由于该党原本就存在着浓厚的“分离意识”和“台独”倾向。众所周知，资本主义的商品生产带来了自由、平等的经济竞争原则，当这种商品经济发展到一定水平的时候，便会在政治领域中以政党竞争的方式体现这一原则，相对于封建的专制独裁统治而言，这是一种历史的进步。一九八六年九月，党外人士率先冲破“党禁”，宣告成立“民主进步党”，正是反映了台湾政坛的这种进步趋势。然而，当人们满怀希望地注视着这个新兴政党出现在台湾政坛，并给予充分同情与支持的时候，也不无忧虑地看到，它的政治宣示和政治行为中，带着强烈的非理性色彩和狭隘的岛民意识。如果说在民进党成立之初，人们对这种因长期高压之下刚刚挣脱桎梏时所出现的反弹尚能谅解的话，那么五年后的今天，越来越多的人已对民进党深感失望。人们痛心地看到，它的活动，它的参与，它的政治取向正在背离它的名称——“民主进步”。

按照矛盾运动推动事物发展变化的辩证唯物主义观点来看，我们认为，自始至终存在于民进党内部的几组矛盾的相互作用，乃是导致民进党质变的基本动因。

（一）政治纲领中的相悖取向，使民进党的政治目标始终不能稳定。

尽管在民进党成立之前，党外组党的活动已酝酿多时，但一九八六年九月民进党的成立却并非是经过充分准备、水到渠成，而是带有很大的仓促性和盲目性的。因而对于党的纲领、党的组织、党的路线、党的目标等重大问题并未深思熟虑。在这种情况下所制定的党纲，其考量的准则主要是侧重于如何整合各派势力，求取多方接受。当时参与党纲草拟工作的邱义仁即指出："民进党党纲是折衷妥协下的产物，不为人人皆满意，却是最能被各方所接受者。"[2]正因如此，民进党的党纲不可避免地存在着诸多矛盾，其中较为明显者，即体现在对"民主"与"自决"的诉求上。

追求民主，理应是民进党最为紧迫和鲜明的取向，而这一取向与"自决"、"独立"本无必然联系。换言之，"自决"与"独立"并非是民主的必要前提，而民主也决非"自决"与"独立"的必然结果，台湾即便"独立"，仍然可以是不民主的独裁统治。将"自决"、"独立"，和"民主进步"相提并论，其本身就是一种矛盾，它使民进党的政纲从一开始便陷入不伦不类的含混境地。此外，从有关"自决"的内容在民进党政纲中的位置来看，也显得似是而非。民进党的五项纲领：民主自由的法政秩序；成长均衡的经济财政；公平开放的福利社会；创新进步的教育文化；和平独立的国防外交。"自决"的内容反映在"和平独立的国防外交"之中。其实，无论是"自决"还是"独立"，都不仅仅是"国防"和"外交"问题，更何况民进党人始终将其视为民主的前提而大肆宣扬。显然，在制定政纲的过程中，就连民进党人自己也无法摆平民主与"自决"或"独立"的关系。民进党成立后不久，江鹏坚在接受日本记者采访时曾经谈到："简单来讲，我们提'自决'只是一种手段，经过这样的手段，来达到我们参与政治的目的。"[3]将手段、策略混入纲领之中，自然使该党的政治目标模糊不清，从而降低了民进党所追求的政治目标的层次。

一个政党的纲领，决定着该党的性质，反映了这个党的利益倾向和阶级属性，同时也是指导该党政治行为的一面旗帜。民进党纲领中存在的上述矛盾，对于其日后的发展影响至深。从该党成立五年来对民主和"台独"的追求来看，九十年代以后，民进党的性质日趋明显地转向"台独"。

由于前述民进党政纲中的矛盾取向降低了该党对民主的追求层次，使民进党人对民主的追求又停留在形式和程序方面，不能深入地探寻台湾政治的深层症结，于是当浅层的政治诉求得以逐步实现的时候，反而迷失方向、不知所措了。回顾民进党五年来的发展历程，不难发现，台湾的“政治革新”刚刚起步、独裁专制局面尚未打破之时，民进党对民主追求的上升趋势一直高于它对“台独”的追求，而每当其民主诉求实现一项，其“台独”倾向亦随之加强一分。党禁、报禁开放后，民进党即有“四·一七决议文”的出现；“国是会议”在“宪改”等重要政治诉求方面达成结论后，民进党则有“一〇·〇七事实主权独立文”的出笼；“国会”全面改选的日程确定，则更出现了将“台独”条款公然纳入党纲的重大事件。总之，随着台湾当局“政治革新”的不断深化，民进党逐渐失去了它的民主诉求目标，而纲领中的“台独”诉求却日益突显出来，成为民进党人的主要诉求。当然，民进党政纲的变化并非一帆风顺，相反，由于党内派系林立、理念和策略思想歧异，使每一次标志其政纲变化的纲领性文件的通过，都要经历党内激烈的争吵，以至于在文件中均不得不写明分歧，如“四·一七决议文”中即明确写道：“各地同志虽对是否将之（指“有条件主张台独”）列入党纲，意见分歧……”。并且每一次决议的通过，几乎都包含着对党内急进“台独”势力“新潮流”的妥协，这就更加说明民进党政纲中的这对矛盾，实际上长期困扰着它，使它始终无法稳定在一个基点上运作。纲领的不稳定，必然导致决策方向和政治目标的不稳定，当这种不稳定性的发展超过一定限度的时候，政党的性质便会发生根本性的重大变化。因此，民进党的质变首先可以从该党的政纲中探究出其深刻的内在原因。

（二）政治联盟与派系山头的矛盾，使民进党的组织运作始终不能稳定。

根据政治学原理，我们知道，政党组织是政党在政治生活中发挥其作用的前提条件。政党通过自己的组织使政党能在政治生活中作为一支独立的力量统一行动，影响政治过程。然而严格地说起来，在一九八六年“党外选举联盟”的基础上匆忙建立起来的民进党，实际上并不是一个具有严密组织和统一意志的“政党”，充其量只能算是一个岛内反对势力的“政治联盟”。参加这个“政治联盟”的各派势力其共同之处在于反对执政的国民党的独裁统治，而在政治理念、政治路线和利益取向等重要方面，都存在着严重的分歧。因此，从成立伊始，民进党在组织上即面临着强化整合与派系纷争的矛盾。江鹏坚在出任首任党主席后不久曾讲道："在党存在的基础上，尽可能的不要有派系。如果再没有办法，因为人的本性以及一些历史问题造成的派系斗争始终会发生的话，我们也希望它慢一点出现，不要一年就出现了权力的斗争。"[4]但实际上江鹏坚之所以能当上民进党的首任主席，其本身就是派系互争的结果。在民进党成立后的五年之中，派系纷争始终不曾间断，先有"康系"与"新潮流"的对立，尔后便是"美丽岛系"同"新潮流系"的争权，大派系之外还有小派系和中间人物、地方山头等等。这种派系之争，使民进党中央始终不能形成强有力的集中统一的领导，从而统一全党的意志，有效地进行政治资源的动员。民进党成立后不久的一九八七年初，该党中央曾决定以"罢选监委"来抵制国民党"监委"选举中所出现的贿选污染的严重问题，但一月十日，民进党的十三名省、市议员却无视党的"罢选"决议，仍出席投票，从而引起党内关系的紧张。一九八八年十二月，黄信介宣布"费希平将是第一位退职的老立委"，并宣称民进党中常会"保证通过费希平提出的三条件，否则我将从十八层楼跳下来"。结果中常会却一边倒地否决了费希平的退职三条件，致使费希平愤而宣布"退党不退职"。[5]这种派系纷杂、理念互异的状况严重影响了民进党的组织运作。各派系成员的不同诉求所导致的政治行为的不稳定，也严重影响着党的性质的稳定性。不仅如此，民进党内的派系矛盾还造成党内各派系之间对决策领导权的激烈争夺。由于民进党是在选举团体的基础上组建起来的，其主要领导人大都是从选战中脱颖而出的政治精英，这些人物的个人"作秀"欲很强，又十分熟悉利用选举取得权力地位的手腕，因此在争权的过程中，也将党外选战的一套方略引入党内竞争，极大地淡化了政治理念的色彩，从而使这些派系领袖在很大程度上成为不讲原则、不讲理念、只顾争名逐利的政客型人物，始终没有能产生出一名真正像样点的政治活动家和全党众望所归的领袖。这些政客型人物为了获得各派系的支持，稳固自己的地位，往往可以喊出自己并不赞成的口号，讲出自己并不信奉的信条。在别的问题上如此，在"台独"问题上也同样如此。比较而言，"美丽岛系"领袖人物的政客色彩较之"新潮流系"领袖更为浓厚，这也正是民进党逐步被"新潮流"引向恶质化道路的重要原因之一。

此外，从民进党的组织系统构成来看，五年来一直没有健全或完善专业化的分工结构，决策、指挥、执行、监督、反馈、研究等系统虽已粗具形式，但实际上并不能有效地控制与运用。至于相对于政权建设方面的专业化分工结构则几乎没有建立，这就使得民进党的政纲和诉求目标难以得到深入的阐释和具体的贯彻落实，使工业、农业、商业、外交、外贸等方面的政见不能在党的主张上具体地体现出来。由于民进党中央很少对这类问题进行专门的深入研究，只能由公职党员在政务活动中依自己的理念零星地提出，因而既不系统也不可能深刻。这种组织结构上的缺失，极大地影响了该党功能的发挥，乃至造成民进党的短视，使它极易迷失方向。尽管民进党幻想着早日“走上执政之路”，但事实上目前它连一个“影子内阁”也无力建立起来。如果我们再留意一下民进党籍的几位县、市长的作为，他们的政绩又体现了多少民进党政纲中的追求呢？从民意调查的资料来看，实在是令人失望。因此，民进党在组织结构和运作方式上的严重弊端，也是促使该党走入“台独”歧途的又一重要内因。

（三）“柔性政党”和“刚性政党”的矛盾，使民进党中央对党的发展方向控制乏力。

每一政党都需要建立一定的纪律作为对其成员行为的约束，这是政党在政治生活中活动能力和有效地控制政治过程的一种保证。政党的政纲确定了政党的性质、目标和利益取向，而政纲又须通过全体党员在政治过程中的政治行为表现出来，因此，能否有效地控制和约束党员的行为，对党的性质的确定及变化影响很大。民进党成立后，基本上沿袭了以前党外重视个人、实力取向的特点，即虽然实行中央主导的原则，但并不刻意强调意识形态或主义，而侧重于对现实问题的诉求；不太严密的组织，对成员没有严格的要求；将原有党外的现状形式化等“柔性政党”的组织形态。这种组织形态固然省略了许多理论争辩，也避开了派系分化的问题，在建党之初起到了有效整合在野势力的作用，但是由于党内派系繁复，理念互异，内斗不断，严重影响了民进党自身的发展，使其在实际斗争中愈来愈感到加强党纪建设的紧迫性，然而由于种种原因，民进党始终没有也不可能解决这一矛盾。建党初期以公职人员为主的“康系”和以后的“泛美丽岛系”均习惯于“柔性”，而以年轻党工为核心的“新潮流系”则强调“刚性”；在民进党的组织运作中，“美丽岛系”人士明显地表现出较为软弱，他们主要是依靠个人的声望地位造势；而“新潮流系”则整体性较强，较为注重发挥组织的力量。因此，“新潮流”的人数虽少，但能量却很大，对民进党的整体形象、目标、取向产生强有力的影响，使得民进党内各派势力不得不时时向其妥协，以委曲求全，避免党的分裂。民进党组团访问大陆数度搁浅，其原因盖出于此。众所周知，“新潮流系”是民进党内的急进独派，向“新潮流”妥协，实际上就是向急进“台独”势力让步。建党五年来，民进党就是在这样的一步步向“新潮流”的不断妥协退让中，蜕变演化成了“台独党”。

再者，由于民进党的党纪、党规十分松弛，对党员的约束甚少，因而民进党党员的跨党现象普遍存在，使得其他势力有充分的空间向民进党渗透。基督教长老教会、“台独联盟”等急进“台独”势力，正是依靠这种渗透强烈影响民进党的政治行为。“台独联盟”向民进党渗透始于九十年代初，事隔不过两年的五全大会上，便堂而皇之地进入了民进党中央，使得在该党的决策层中，“新潮流”与“独盟”人物在数量上超过“美丽岛系”，“首次出现明显的权力替换”，[6]控制了党的主导权。人们稍加留意便不难发现，民进党的质变正是和急进“台独”势力的不断渗透同步进行的。

此外，民进党中央对地方党部的控制亦显得异常乏力。民进党的地方组织与中央之间的责任关系和国民党不同。国民党是靠自上而下地任命地方组织的领导来加强中央对地方的控制力；而民进党的地方党部组委则是由自下而上的方式选举产生。地方山头势力本就很强的民进党，采用这种方式产生地方组织的领导，势必更加模糊了中央与地方之间的责任关系，加之纪律松弛的“柔性”组织路线，使得民进党的整体政治行为极易脱轨。

总之，党的纲领、党的组织、党的纪律这三个方面所存在的矛盾及其运动，从内部推动着民进党的性质一步步地演变和转化。民进党从成立伊始便带有很强“草根性”，党员的“本土意识”十分浓厚，虽然存在着温和的“自决”和急进的“独立”之间的差别，但在前述三对矛盾的运动当中，这种狭隘的“本土意识”很容易被“台独”意识所同化和裹挟，从而将民进党拉入“台独”的泥潭。而这种内在的动因在外部条件、环境的催化下，更加速了它质变的过程。

那么，促使民进党质变的外部因素又主要有哪些呢？

（一）国民党当局的姑息纵容。

民进党的质变是伴随着岛内“台独”思潮的泛滥和“台独”势力的发展而逐步完成的；而“台独”思潮和“台独”势力的泛滥发展，则是国民党当局姑息纵容的必然结果。

民进党成立时，国民党当局的所谓“政治革新”尚处于酝酿起步阶段。其时，“戒严”尚未解除，“党禁”、“报禁”尚未开放，“戡乱”远未终止，台湾当局对“台独”仍实行严厉打压的政策。因此，“台独”活动的空间十分狭小，基本上还处在潜伏状态，他们未敢轻易造次，公开亮出“台独”旗号。民进党党纲中的“住民自决”主张，正是在这种特定历史背景下的折衷产物。随着“政治革新”的逐步推进，一九八七年以后，解严、开禁，岛内的政治环境日渐宽松，“台独”活动空间不断扩展，他们打着“政治民主”、“言论自由”的幌子，开始兴风作浪。特别是一九八八年初蒋经国病逝后，国民党内以李登辉为代表的本土派势力崛起，上升为主流派，他们从思想感情到政治倾向都与“台独”主张十分接近。因此，在“政治多元化”口号的掩盖下，一改以往对“台独”严厉打压的政策，开始对“台独”势力采取宽纵的态度。一九八八年四月民进党“二大”临时全会通过“有条件主张台独”决议文时，国民党当局不仅不加谴责，相反还公然称赞“其务实路线可以肯定”，这给“台独”分子以莫大鼓舞，从此“台独”思潮在岛内逐步蔓延泛滥。及至发展到一九八九年，岛内外“台独”势力已公开合流，其活动已从海外走向岛内，从隐秘走向公开。围绕着当年底台湾举行的“三项公职选举”，他们密切配合，积极造势，掀起了一波波前所未有的“台独”声浪，而台湾当局并未采取任何有力措施予以制止，以致使不少“台独”人士高票当选，进入台湾政坛。海内外“台独”人士欣喜若狂，弹冠相庆。此后，“台独”势力日见活跃，活动愈加肆无忌惮。

国民党当局对“台独”改采宽纵态度不是偶然的，究其原因主要有以下三点：其一，自李登辉主政后，事实上台湾当局的内外政策已发生了根本性变化。在对外关系上，公开推行所谓“弹性外交”、“双重承认”，企图以此谋求“台湾的独立国际人格”、“重返国际社会”，这实际上是制造“两个中国”或“一中一台”。在两岸关系上，则公开提出并坚持实行所谓以“一国两府”为中心内容的新大陆政策，继续对抗统一。台湾当局推行的这一系列内外政策具有浓厚的“独台”倾向，与“台独”主张异曲而同工，难怪民进党内的“台独”人士评论说：国民党当局虽然口头上强调“台湾前途绝不能独立于统一的中国之外”，但他们“以正式建交的形式来确定台湾海峡两岸为两个主权的事实”，“突显台湾地区的独立性”，正充分显示了“台湾的前途是能够独立于统一的中国之外的”。正因如此，台湾当局便很自然地丧失了反制“台独”的政策依据和道德依据，只能宽纵“台独”，任其蔓延泛滥。其二，国民党主流派企图利用“台独”声浪的升温，一方面和大陆打“台独牌”，用作拖延对抗统一的筹码；另一方面又可借以凝聚团结党内的非主流派势力，一箭双雕，因而故意宽纵“台独”。其三，台湾当局为标榜其“政治民主”、“言论自由”的虚假形象，以迎合西方国家，支持其“拓展外交空间”，“重返国际社会”，于是“投鼠忌器”、顾虑重重，不敢采取有力措施反制“台独”。诚如新加坡《联合早报》所说：“台湾的国际处境仍然十分困难，外交活动空间狭小。台湾当局若以任何断然措施对付台独活动，都有可能损害其国际形象，令其外交活动空间进一步缩小。”[7]显然，台湾当局对抗统一，推行“独台”路线，是“台独”蔓延泛滥的总根源。

去年初李登辉正式当选“总统”后，一方面变本加厉地推行“独台”路线，继续拖延对抗统一；另一方面对“台独”进一步采取放任政策，不仅以“特赦”名义，释放了一大批“台独”骨干，而且公开延请包括彭明敏、蔡同荣在内的一批海内外著名“台独”领袖为“国是会议”的座上宾。于是，在台湾当局的姑息纵容和急进“台独”势力的裹挟之下，民进党内的“美丽岛”人士开始撕下“温和独派”的面纱。“国是会议”前夕，曾一再宣称“现在讲台独还不到时候”、“当务之急是宪政改革”的黄信介、张俊宏等人，在数月之后的民进党四届二全会议上却一反常态，摇身一变，公然与“新潮流”联手签署“事实主权独立文”，尔后又成立所谓“台湾主权独立运动委员会”，具体着手推动“台湾独立建国运动”，从而把“台独”从“不能说只能做”推向了“既做亦说”的新阶段。

今年以来，随着“宪政改革”进入关键性阶段，“戡乱”时期的终止、“惩治叛乱条例”的废除，岛内的政治环境进一步宽松，“台独”分子更加无所顾忌。加之苏联、东欧政局剧变的强刺激，更为因应今年底二届“国代”选举和明春即将进行的“修制宪”之争，民进党遂孤注一掷，明目张胆地将“台独”条款纳入党纲。

从以上简单的回顾，我们不难得出结论：国民党当局为适应其内外政策的需要，姑息纵容“台独”，是促使民进党质变的一个十分重要的外部因素。正如台湾劳动党对民进党台独条款的《紧急声明》中所指出的：“台独是由于国民党的‘独台’政策所促成，这一年来‘台独’‘独台’互为表里，朝野在分离中国的作为上互相呼应已是有目共睹，因此此次台独案国民党应负最大责任！”[8]

（二）外国势力主要是美国反华势力的煽动、支持。

台湾问题说到底是中美关系问题。过去三十多年来，美国某些反华势力始终在不遗余力地采用各种不同方式扶植支持“台独”活动，不仅充当海外“台独”分子的“保护伞”，还通过各种渠道支持岛内一些具有分离倾向的党外反对势力向国民党当局施压，促使其实行所谓“民主政治”，向他们“开放政权”。一九七一年六月，美国中央情报局在一份报告中曾明确强调：美国的“基本政策就是，首先要推出一个‘得到美国充分支持的、逐渐的、循序渐进的台湾化计划’，通过‘台湾政权台湾化’的途径，建立一个‘台湾人控制的代议制’政府，而台湾政权‘一旦掌握在台湾人手里’，美国就可运用它‘设法就台湾的最终法律地位问题与中国对话’，或者是‘台湾人接受在中国范围内某种形式的自治地位’，或者是‘造成一种政治局势，使中国人同意一个友好的台湾独立’”。[9]三十年来，尽管国际风云变幻，海峡两岸的关系也已发生了重大变化，但事实证明，美国一直都在“循序渐进”地推行着上述政策，始终未曾动摇。事实上，当初民进党得以在岛内突破国民党的“党禁”而建立，如果没有美国势力的支持和庇护，那是不可想象的；同样，还是由于美国的庇护和支持，五年来民进党才敢于同国民党大唱对台戏而安然无恙。“台独”也好，“独台”也罢，其实都是美国对台政策的产物、分裂中国的政治工具。

远的不必说，只要我们稍稍留意一下近几年来岛内“台独”活动的特点，便会发现，每一次“台独”声浪的升温，都和美国的一些政客有着密切的关系。就拿一九八九年台湾“三项公职选举”来说，美国某些势力公开露骨地支持“台独”主张，拼命为民进党内的“台独”人士竞选撑腰打气。早在当年四月，美国参议院外委会主席佩尔，公然将“台独”分子蔡武雄的一封所谓“台湾前途由岛上住民决定”致布什的公开信列入国会记录；七月八日，佩尔又在一次研讨会上鼓吹：“台湾终将有一天真正民主、独立”，并指责“国民党的强硬派结合军人仍是潜在的压制力量”；七月十九日，美参议院通过“和平解决台湾前途修正案”，有人公然宣称：“台湾人民有追求台湾独立的政治权利”；八月十八日，美参众两院议员佩尔、索拉兹、肯尼迪、李伯曼联名致函李登辉，要求台湾当局为江世益等“台独”分子减刑；选举前夕，美国官员又公开发表谈话劝告台湾当局“不应拒绝旅美‘台独’分子返台”参加竞选；美国众议院外委会亚太小组主席索拉兹，甚至亲自率团飞往台湾“观察选情”。在接受记者采访时他公开鼓吹：“台湾独立与否应由台湾人民决定”，并扬言“若发生兵变，美会派兵援助。”[10]于是，在美国政客的煽动、支持之下，整个一九八九年，“台独”活动十分猖獗，气焰极其嚣张，这是当年底民进党内不少“台独”人士在“三项公职”竞选中以高票当选的重要因素之一。

今年以来，随着海峡两岸关系的发展和国际政治格局的演变，为了牵制中国大陆，阻挠中国的和平统一，海湾战争结束后，美国朝野某些反华势力又开始大作“台独”文章。三月八日，台湾报纸报导说：“一向扮演美国对台政策试探气球”的前美国国务院中国科科长费浩伟公开宣称：“美国将放弃一个中国（的立场），转而承认海峡两岸分裂事实的理论。”[11]七月十六日，在美国宾州大学举办的一个研讨会上，索拉兹致词时表示：“应支持《旧金山和约》对台湾主权的规定，亦即台湾人有自决的权利。”另一与会者哈特尔更鼓吹：“不但支持自决的权利，台湾人若选择独立，也应全力支持。”美国在台协会理事主席白乐崎则强调：“台湾的分离身份本来就已经很明显了……政府将必须以更有责任、更有回应的态度面对全体选民。”[12]而前任美驻华大使李洁明更大放厥词，攻击中共领导人的“国家主权观念已经过时”。九月中旬，民进党策动组织的所谓“台湾加入联合国宣达团”抵美大肆活动，一些美国朝野政客纷纷接见，公开表示“支持台湾加入联合国”。美国前司法部长克拉克甚至不远万里，亲自跑到台湾参加“台独”大游行，公开在台北街头发表演说，煽动“台独”分子分裂祖国……

上述事实说明，“台独”势力的嚣张和民进党的质变，与美国反华政客的煽动、支持有着直接的关联。

（三）苏联、东欧政局剧变的刺激。

任何违背历史潮流的政治势力都是唯心主义者，他们总是错误地判断形势，过高地估计自己的力量，“台独”人士正是这样一批唯心主义者。在他们看来，当今的世界潮流不是趋向整合，而是走向新的分裂，东欧政局的剧变、南斯拉夫的民族冲突、特别是苏联的解体、波罗的海三国的独立，极大地刺激了他们的“独立”幻梦。他们认为，这势必引发社会主义国家的“骨牌效应”，中国大陆将“自顾不暇”、“自身难保”，公开扬言“目前的局势对台湾很有利”，“此刻正是建立‘台湾共和国’的最恰当时机”。陈昭南即说：“如果苏联、东欧可以瓦解，则中共版图内的种族和文化冲突又未尝不会因为资本主义的侵入所带动的经济发展而崩解？”[13]苏联八月政变失败后，民进党前主席姚嘉文在接受记者专访时说：“苏联的情势，助长独立概念”，“建国是世界潮流，是正常发育”，“我对建国运动抱持相当乐观的态度”。[14]“新潮流”骨干洪奇昌则声称：“坚持统一是昧于国际形势”，“东欧共产国家经民主浪潮席卷后，纷纷追求独立，朝民族国家方向发展，可见台湾应该独立。”[15]就连以往一再苦劝“新潮流”人士“台独现在只能做，不能说”的时任民进党主席黄信介亦一改往日态度，宣扬“就苏联政变失败的国际局势发展来看，独立已是世界潮流”。[16]“9·18”“台独”大游行的组织者，甚至公然在报纸上刊登大幅政治广告，以煽动性的语言说：“苏联人民怒吼了！台湾人民觉醒吧！波海三小国经冗长抗争终能独立，并且即将加入联合国，台湾人呢？”

可见，东欧和苏联的政局剧变，的确是刺激民进党质变的又一个十分重要的外部因素。

（四）对海峡两岸关系不断发展的反弹。

考查民进党的质变过程，我们还可以发现另一个重要规律和特点，即民进党“台独”主张的逐步升级，是和海峡岸关系的不断改善、祖国和平统一潮流的向前发展逆向而行的。换句话说，海峡两岸的关系每向前发展一步，民进党的“台独”声浪便升高一格。

人们应还记得，当五年前的一九八六年九月民进党刚刚成立时，海峡两岸尚处于紧张对峙、互不往来的僵持状态。当时民进党基于其反国民党专制独裁统治的性格，曾极力主张缓和两岸关系，提出“以积极、主动、开放的精神”，“开展学术、文化交流，乃至通商、通邮、通航”的大陆政策。[17]蒋经国去世后，国民党当局迫于海内外同胞的强大压力，开始淡化“三不”政策。于是民进党即通过所谓“四·一七决议文”，扬言“如果国共片面和谈、如果国民党出卖台湾人民之利益、如果中共统一台湾、如果国民党不实施真正的民主宪政，则本党主张台湾应该独立”。这“四个如果”的根本要害，就是妄图堵截“中共统一台湾”，阻挠和平统一祖国的历史潮流。该决议还宣称：“台湾国际主权独立，不属于以北京为首都之中华人民共和国。”很明显，民进党的大陆政策是企图把海峡两岸的交往规范在“国家与国家”之间的所谓“平等”关系之上的。一九八八年以后，随着国民党当局新大陆政策的陆续出台和实施，海峡两岸的学术、文化、体育、经贸等各方面的交流日益热络和紧密，民进党内的“台独”人士愈来愈感到，这种势头再继续发展下去，将会从各种不同的层面瓦解和吞食“台独”的根基。于是民进党的大陆政策开始日趋转向保守，“台独”声浪也随之日见升温。一九九〇年二月，民进党中常会通过《现阶段中国大陆政策》文件，将该党大陆政策的指导方针修改为：“自决原则，人道精神，平等立场，和平方式”，并公然要求谋取台湾“主权国家”、“独立国际人格”地位，主张两岸当局互相承认，和平共处，这显然比建党初期的大陆政策大大后退了一步。同年六月，在“国是会议”前夕，为达到牵制国民党大陆政策的目的，民进党又炮制出所谓《民主大宪章》，鼓吹“台湾与中国大陆应以和平、平等、共存、互惠的原则，相互尊重双方国民主权与各该辖区内统治权之完整”，声称“台湾大陆政府间，应依国际法及惯例处理一切事务”。及至九月份，李登辉筹建“国统会”，组织起草《国家统一纲领》，尽管明摆着这是李登辉搞的“假统一”把戏，但民进党还是大为光火，不但拒不参加“国统会”，还针锋相对地于十月间在民进党四届二全会上，公然通过了鼓吹“我国事实主权不及中国大陆及外蒙古”的所谓“一〇·〇七决议文”，尔后又成立“台湾主权独立运动委员会”，和国民党对抗。张俊宏明确表示，民进党之所以“在一致的共识下通过有关主权的决议文”，乃是由于国民党“违反了国是会议的共识”（指“国统会”的成立）。[18]今年三、四月间，当台湾当局完成“国统会”、“陆委会”设立的法律程序，正式公布《国家统一纲领》，海基会也开始运作，并组织“赴大陆访问团”，前往北京与中共商谈两岸交流事宜时，民进党进一步加强抗争，联合海内外“台独”势力成立“保台会”，制订“保卫台湾纲领”，把“台独”声浪升上了新的高度，并在台湾当局宣布终止“戡乱”时期、废除“惩治叛乱条例”之后，将“台独”条款纳入党纲。

从以上所述，可以看出，民进党的质变确实不是偶然的，是由其深刻的内因和复杂的外因交相作用，促进而成。

三、民进党质变的影响

民进党经过五年来的发展，已蜕变为一个货真价实的“台独党”。岛内第一大反对党的这种质变，引起了台湾政坛的轩然大波，尽管年底的二届“国代”选举在即，结果如何有待分晓，因此台湾政坛的变数目前尚未完全明了，然而民进党的质变，对岛内的几乎各个方面都已经或正在产生着重大而深远的影响。

（一）对民进党本身：民进党的质变，首当其冲受影响最大的其实是民进党自身。民进党作此决策，在很大程度上是企图以此吸引台湾民众，赢得今年底的选战，然而现在看来，却是事与愿违，弄巧成拙。何以言之？

民进党“五全”大会前夕，许信良等人都错误地估计形势，认为“俄共垮台，对国际社会及中国大陆有很大影响，民进党此时提出这项提案，将比过去更容易得到国内人民和国际社会的支持，且人民的疑虑也可减少很多”，“建立主权独立国家已是整个社会的共识”云云。[19]但实际情况却使他们大感意外，十月十三日，当民进党一意孤行决议将“台独”条款正式纳入党纲的消息一经传出，立即引起了岛内外的强烈震撼，台湾朝野各界纷纷群起而愤怒谴责，要求台湾当局“依法严惩”，诚如香港一家报纸所形容的那样：民进党简直成了“过街老鼠”，人人喊打。就连民进党寄于最大希望的美国，也赶紧发表声明，和民进党“划清界限”，声称“我们继续认知中国人的立场：中国只有一个，台湾是中国的一部分”。“美国期望台湾问题由中国人自己和平解决”。并否认美国曾就“与台湾关系法”是否适用于宣告“独立”后的台湾这一问题上“发表过任何正式声明”[20]，这无疑给头脑发昏的民进党人泼了一大盆凉水。十月十五日，台湾《联合报》报道说：“本报最新民意调查发现，民进党把由公民投票决定制定‘新宪法’和‘独立建国’的主张列入党纲，对民进党的形象显然有负面影响”，“今年九月上旬的民意调查，二成六觉得民进党可信赖，这次只有一成三还信赖民进党；认为民进党不可信赖的，由四成四增加至五成一”，“民众对于民进党是否可信赖的形象评价，比今年九月上旬明显下降。”[21]面对来自各方面的强大舆论压力，民进党内的“台独”人士，才感到事态发展对他们不妙。谢长廷沮丧地说：“通过台独党纲时，大家都认为不会怎么样，结果‘台建’组织因此瓦解，返台的台独联盟领导人现不了身，民进党更是自顾不暇，反对力量被分散了，谁也支持不了谁，朝野攻守关系完全易位。”“新潮流”骨干邱义仁也承认：“民进党的许多支持者因此感到困惑，无所适从。”就连“五全”大会召开前夕，曾拍着胸脯宣称民进党把“台独”案款列入党纲“这没有什么！反而有平衡作用”的黄信介，这时也慌了神，面对民进党遭解散的困境，心烦意乱地说：“这个问题我想都不敢想，一想到此事，头就痛死了！”[22]

为因应乱局，渡过危机，使五年来苦心积累起来的政治资源尽量减少损失，民进党经过一番谋划，采取了一系列措施：表面上“以攻为守”，于十月二十一日召开的“扩大紧急会议”上，作出六项“提高抗争”的决议，宣布成立“紧急应变处理小组”，发表了一份措辞强硬的“声明”，摆出一副“背水一战”、“满不在乎”的架势，并如期于十月二十五日在高雄发动上万人走上街头，举行“台独”大游行。而事实上民进党却明显地采取“转进”策略：（1）主动要求和郝柏村沟通，借此缓和与反“台独”最为坚决的国民党非主流派之间的紧张关系；（2）对国民党当局逮捕“台建”组织和“台独联盟”骨干、驱逐海外“台独”分子的严厉打压行动，采取低姿态，暂不作激烈抗争；（3）对向“党审会”要求报审党纲一事，作“技术上的弹性处理”，尽量拖延敷衍；（4）由新任党主席许信良出面，降低“台独”调门，宣称将“台独”条款列入党纲“只是表达一种政治信仰，并不一定就要这样做，即使以后执政，也并不必然会推动‘台独’”；（5）“立委”党团在“立法院”总质询时，“停止所有程序性杯葛”等等。台湾报纸评论道：“民进党的敷衍回应策略则较为消极，眼前它的社会形象就如同一个做错事的顽皮孩子一样，被定位在‘留校察看’阶段；它是否会面临解散？是要遭到‘开除’或‘退学’都非自己所能掌握，民进党唯有顶着台独招牌寄望选民，这个险注定是要冒下去了。”[23]

那么，目前选民的心态如何呢？台湾《联合报》十月二十八日报道说：“根据执政党委托一家民意调查公司所作的民意测验结果显示：如果台湾明天宣布独立，有百分之四十七的受访者会感到‘很害怕’，只有百分之五点三‘很高兴’。至于如果台湾明天宣布与大陆统一，有百分之二十六点九的受访者感到‘很害怕’，百分之二十二点一‘很高兴’。调查同时指出，受访者中，一半的民众认为台湾维持现在‘不统不独’的情况最好。”[24]台湾民众持这种心态投票，民进党是输是赢，已经是“不投自明”了。

现在的问题是，民进党会输到什么程度？一九八九年“三项公职”选举，民进党的得票率约百分之三十，这次大选倘若下降为百分之二十五左右甚至更低，人们并不会感到意外（注：本文定稿后不久，选举揭晓，民进党得票率为百分之二十三点九四）。如果这种预测不谬，那么，民进党今后的走向有以下三种可能：一是坚持“台独”党纲，被强制“解散”；二是内部发生分裂，重新组合（这等于是自动“解散”）；三是承认失败，修改党纲，改变形象，以待将来。从目前情况分析，前两种可能性不能说没有，但似乎较小，第三种可能性较大。这是因为：

从民进党内部因素来看：（1）民进党的质变并未解决前述该党内部存在的诸项矛盾（最近因秘书长选举而出现的党内危机即为最好证明），这些矛盾决定了民进党的质变并不稳定。民进党是个很不成熟的、投机色彩很浓的政党，它的许多决策是服务于选举的，这次孤注一掷地通过“台独”党纲，便在很大程度上是意在选战，带有强烈的非理性赌徒心态。因此，当外部环境发生变化时，民进党的性质有可能会再次发生变化；（2）急进独派势力虽然在新当选的中常委中占据了多数，但在中执委中并未取得主控权。温和独派“美丽岛系”虽然在急进独派的裹挟之下，为保住本派系的利益而不得不附和急进独派的主张，但他们在党内仍有举足轻重的影响力。而“美丽岛系”原本是一批以所谓“务实”著称的政客型人物，在民进党生死存亡的危急之秋，发挥其影响力使民进党从危机中拯救出来当属可能；（3）民进党以往曾几次出现分裂危机，但都能化险为夷，原因之一是党内有像陈水扁之类的所谓“安全阀”在起作用。从这次因应“台独”党纲风波和秘书长选举危机的情况看，民进党领导层处理危机的能力已更趋老练成熟。此外，党内新涌现出的以施明德、谢长廷为首的所谓“中间派”，在这次“报送党纲”问题上所起的作用，表明他们在关键时刻也可充当党内“缓冲剂”或“调解人”的特殊角色；（4）新任党主席许信良处事圆滑，作风稳健，较有随机应变和笼络人心的政客手腕。另外，他作为“美丽岛系”人物，却与“新潮流”骨干邱义仁等私交甚笃，邱曾表示：“新潮流”和许信良之间虽然理念、路线颇有差异，但许是个“听得懂新潮流在讲什么，新潮流也听得懂他在讲什么的人。”由许信良当党主席，较易化解党内的派系冲突；（5）更为重要的是，民进党人不会不明白，分裂也好，解散也罢，实际上是意味着向国民党彻底低头认输，从此“台独”势力必将一盘散沙，被国民党各个击破，这和民进党人的性格不符，非到万不得已之时，民进党人绝不会作出这种痛苦的选择。

再从外部因素来看：无论是美国方面还是国民党方面，都不会愿意看到岛内的这一最大反对党从此在台湾政坛上消失。因为道理很简单，“台独”既是他们对付中共和平统一的筹码，同时也是他们标榜台湾所谓“民主”、“自由”，实行“政党政治”，向大陆进行“和平演变”所展示的招牌。因此，他们虽然不允许民进党无法无天，闹得太不像话，从而搅乱台湾政局，破坏海峡两岸目前这种“不战不和、不统不独”、在他们看来最为有利的局面，但也决不会真心实意地制裁“台独”，置民进党于死地。

民进党通过“台独党纲”，本意是为竞选造势，夺取“宪改”的主导权，而今却适得其反，陷入“秋后待决”的被动地位。

（二）对国民党方面：民进党一意孤行地通过了“台独”党纲，如同丢给国民党当局一块“烫手山药”，使国民党当局处于“骑虎难下”、“剿抚两难”的境地：（1）岛内外舆论在强烈谴责民进党的同时，也纷纷抨击国民党当局，一针见血地指出：“国民党与台独合跳探戈”，“一方面打着以中国统一为职志的旗帜，一方面却将队伍悄悄地拉上走向台独之路”[25]，说“台独”势力发展到今天如此嚣张的地步，完全是国民党当局“一味放任、姑息纵容的恶果”，这实际上无异于把国民党当局和民进党一起推上了“舆论法庭”的被告席一同受审。国民党当局如若再徘徊观望、犹豫不决，不仅无法向二千万台湾民众交代，也无法向十二亿大陆同胞和所有海外爱国华人交代；（2）十月十一日，在民进党“五全”大会召开前夕，宋楚瑜、洪玉钦、黄正一等国民党要员曾纷纷出动和民进党人士紧急沟通，“反复分析其可能引起的严重后果，希望民进党能勿将‘台独’条款列入党纲”，“并重申政府在此事一旦成真后依法必须严正处理的态度”，甚至明确指出：“执政当局有可能宣布民进党为非法政党，届时如果因而逮捕民进党人士，必将造成社会的动乱，使四十年来台湾地区社会安定、经济繁荣的成果毁于一旦”。[26]几乎可以说是哀求又威胁，软硬兼施了。然而民进党内的“台独”人士却一条道走到黑，把所有来自各方的规劝和警告一概当作“耳旁风”，硬是把“台独”条款纳入了党纲。这不仅是对海内外所有中国人的挑战，同时也是对国民党当局统治权威的公然蔑视。俗话说：“一言既出，驷马难追”，国民党当局“严正处理”的话早已说出了口，如何好再收回来?!（3）众所周知，国民党内部自去年初“总统选举”风波以来，一直存在着以李登辉为首的“主流派”和以郝柏村为首的“非主流派”之间的矛盾和斗争。一年多来，人们看得很清楚，在对待“台独”的问题上，主要代表本土势力的“总统府”主流派，态度暧昧，力主“化解”；而主要代表外省籍势力的“行政院”非主流派，则态度坚决，力主“严办”。如今民进党将“台独”条款公然纳入党纲，势必加剧国民党内部的这一矛盾和对立。事实上，早在民进党导演“人民制宪会议”、通过所谓“台湾共和国宪法草案”之后，这种矛盾和对立已开始表面化。九月二十三日，国民党非主流派重要人物、“立法院长”梁肃戎便毫不客气地向主流派发难，他在接受记者专访时直言不讳地说：“我其实谈过很多次，现在的情况非常混乱，执政党方面连复国、建国目标都不谈了。统独纷争未解，台独声浪甚嚣尘上，自觉是政治实体，这是非常危险的事。我知道说这些话，很多人不爱听，但是我还是要说，现在的人只看到眼前，没想到长远，我们是要对历史负责的。”并说：“立法院真正的困难在派系斗争，本来派系过去也有斗争的，但不会像现在这样和民进党勾结，如果执政党的派系立场竟然和民进党一样，我们怎么整合？怎么配合在国会推动重大政策？”十月三日，梁肃戎再次发表“惊人之语”，矛头直指李登辉，他说：“上面的人”不支持，“郝院长可能快干不下去了！”公开宣扬：“这些日子来加入联合国问题、独台会案，行政院和总统府意见常有出入”。[27]梁肃戎的上述动作，当然不会是一时心血来潮。“台独党纲”事件发生后，国民党非主流派深恶痛绝，极力主张“依法严办、快办”，在十月十六日国民党中常会上，谢东闵“咬牙切齿强调一定要严办民进党”，郝柏村则表示，“如果依法处置之后，造成社会动荡不安，政府有信心及能力，掌握大局，恢复社会安定”，并“暗责李登辉纵容”民进党，批评中常会起草的声明指民进党将“台独”纳入党纲是“不负责任的行为”，态度太软弱无力，“不足以表达执政党支持行政部门‘严惩’的决心”，因而要求加上“祸国殃民”四字。[28]

面对海内外前所未有的强大舆论压力、“台独”浪潮的进逼以及党内非主流派的强烈反弹，李登辉如果再不采取行动，“国民党将可能立即面临内部危机”。于是第一步，“宋楚瑜便在李总统授命之下，开始寻求党内意见整合，商讨具体制裁之道”，并表示“将依法严办”的决心，[29]借以平息舆论的指责，安抚党内非主流派的反弹。但是第二步，在如何具体制裁民进党的措施上，李登辉却犯了难：按照“人团法”的规定，处分只有“警告”和“解散”两种，如果声称“严办”而只对民进党施以行政上的“警告”，难以逃脱“重重提起，轻轻放下”的舆论抨击，也必然会引起非主流派的不满；如果真的“严办”，以“快刀斩乱麻”的手段下令“解散”民进党，起诉民进党有关人士，又担心因此而将已经出现的政治动荡全面扩大到社会各层面，十多年前的“美丽岛事件”、四十多年前的“二·二八事件”，至今无法祛除其伤痕和阴影，这次如何处理民进党？国民党着实是左右为难，正应了中国的一句俗话：“搬起石头砸自己的脚”。但国民党毕竟是个具有丰富统治经验的政党，于是，便演出了上述“留校察看”的把戏，把处分民进党的责任一股脑儿地推给了台湾的全体选民，而国民党自己却“黄花鱼溜边”！据透露，十月中旬当宋楚瑜邀请党内大老征询对民进党的处理意见时，林洋港出了个点子，说“解铃还须系铃人”，给民进党三个月的“缓冲期”，让它自行修改党纲，在此期间内将要举行二届“国代”选举，无须“政府”下令解散，选民就会先制裁民进党。届时民进党如仍不知自省，坚持“台独”，执政党再解散它，就不必付出太大的政治代价了。显然，最近的事态发展表明，国民党执政当局正是按照林洋港的主意行事的。

现在看来，在这场政治风波中，国民党不仅暂时渡过了危机，且显然占了上风，处在选战前的主动有利地位，如不出意外，赢得这场选举，一雪两年前“三项公职”选举时的惨败之耻，是很有可能的。但也应看到，经过这场风波，国民党内部派系矛盾进一步加深，“府院”之争将更趋表面化，随着年底资深“国代”的全面退职，“立法院”的即将改组，政治生态如何平衡？各派系如何整合？关系非常微妙。国民党新生代势力划分为两派，“立法院”中强烈主张“国民党台湾化”的集思会与其他次级团体之间正在较劲，抢夺政治资源，国民党“立委”之间已经陷入争战。此外，民进党问题如何处理？其他“台独”组织问题又如何解决？大陆政策如何调整？……因此，对于国民党而言，关键问题在于：今后怎么办？只要它一天不肯放弃“独台”路线，政治危机便一天也不会消失，唯有真心实意地和中共一起，共谋祖国和平统一之道，从根本上铲除产生危机的根源，才有光明的前途。

（三）对台湾政坛方面：从近年来民进党策略运用的特点来看，它采取了街头运动和议会抗争双管齐下、全面出击的方式来强化“台独”宣传，推动“台独”运动，即便是在“台独”党纲通过后遭到海内外舆论的强烈谴责，面临国民党执政当局“依法严惩”的不利形势下，也照常组织了上万人的“高雄示威游行”活动，同时在“立法院”的总质询中，唇枪舌剑地和郝柏村等激辩。这样发展下去，势必激化统独矛盾，逼迫台湾各派政治势力和岛内民众在统独问题上做最后的摊牌。因此，尽管“最近台北的天空宁静得出人意料”[30]，然而这恐怕是大战前的宁静。可以预料，无论年底的二届“国代”选举结果如何，未来“国大”和“立法院”的会场都将更加火爆。假设民进党在选战中获得较佳战绩，不必说，“台独”势力“一夕之间猛然高涨（如超过四成），选票反映了其社会客观基础”，民进党及其他“台独”势力必将更加不可一世，台湾政坛的变量将更难预测。倘若其选战果真失利，按照民进党人的一贯性格，恐怕也不会轻易认输，它势必利用已经聚集起来的政治资源，继续加强对执政党的抗争，为明年底“立委”、“监委”以及一九九三年的省长、县市长改选，乃至往后的“立委”和“总统”选举积极造势，以图东山再起，争取早日“走上执政之路”。因此，明年春的“国大”修宪以及往后的“国大”、“立法院”议场，势将继续成为民进党“武林高手”们“切磋武功”的好去处。即便民进党人会接受教训，自尊自重，尽量减少“肢体冲突”，以改变其在台湾民众心目中的形象，但“语言冲突”的火爆场面肯定会是“家常便饭”。总之，台湾政坛上的乱象将会持续相当长的一段时间，距离比较成熟、正常的“政党政治”尚远，何况在此过渡时期，还很难预料会不会出现其他意想不到的变数。

在另一个更大的角斗场——街头，民进党也必定会进一步加强攻势，借以配合“国大”和“立法院”内对国民党当局的杯葛，进一步制造“台独”声势，积累政治资源。如果民进党选战得势，街头抑或可望稍得平和；假若失利，街头运动势必成为民进党人首选的武器，从而把台湾社会搅得鸡飞狗跳，更无宁日。

预测台湾政坛今后的走向，还须考虑到：由于民进党的质变，加之台湾当局“宪政改革”的不断深化，在未来几年之内有可能出现新的较有影响力的在野党。作此推测的理由是：（1）从政治学的观点来看，目前岛内小党林立的情况，乃是台湾由原来专制独裁体制向“政党政治”的过渡期所必然出现的正常现象。经过一段时间的政治运作，在内外因素的影响刺激之下，各派政治势力势必重新分化组合，汇集成几个较大的政党。在中国历史上，民国初年即曾出现过类似情况。因民进党通过“台独”党纲而挑起的这场激烈的统独之争，正是一种强刺激，它将迫使岛内的各派政治势力必须在统独问题上明确表态，作出自己的抉择，从而导致它们的重新分化组合。此外，“宪政”的一步步推进，也将拓宽它们的政治视野，引导它们打破现有的狭隘天地，调整自己的利益取向和政治诉求目标，寻找新的合作伙伴，进行新的更大规模的组织和政治运作，从而出现新的较有影响力的政党；(2) 从岛内民心向背来看，一九八九年的“三项公职”选举，民进党大约获得30%的选票，然而近几年来的历次民意测验却无不一再显示，支持“台独”的台湾民众一般都在10%以下。也就是说，在投票给民进党的这30%的选民之中，绝大多数并非出于支持民进党搞“台独”，而是对国民党长期以来实行专制独裁统治的一种情绪上的反弹。他们之所以投票给民进党，是赞赏民进党人反国民党的勇敢无畏，希望它能制衡国民党，更把改革岛内政治、经济、社会等种种严重弊端的希望，寄托在这个新兴的反对党身上。然而，近几年来民进党的表现却愈来愈使他们感到失望。种种迹象表明，有相当数量的台湾民众已开始转而寻找新的真正能表达他们内心愿望、代表他们的利益的政治势力。去年十一月，岛内“民主基金会”曾委托美国盖洛普市场调查公司搞过一次民意调查，结果显示，有四成三的受访民众表示有可能在两年后的“增额立委”和县市长选举中，要把票投给国民党和民进党以外的第三党候选人，这反映出社会大众对民进党的许多政治诉求和运作强烈不满和反感。如今，民进党一意孤行地通过“台独”党纲，引起岛内政局的剧烈动荡，台湾民众对民进党的这种不满和反感，势必又有新的发展。而这种社会心理的演变，正是产生新的、较有影响力的反对党的基础和推动力。这种情况如果出现，又将会给台湾政坛带来新的变数。（注：本文脱稿后仅过了两年，岛内第三在野党“新党”成立，证实了笔者的预测）

（四）对台湾经济方面：台湾经济之所以有今日的发展和繁荣，与四十年来台湾海峡的相对平静和岛内政局的相对稳定息息相关。然而，近几年来，由于“台独”势力的发展和“台独”活动的猖獗所引发的岛内政局动荡、社会民心不安以及两岸关系的不稳定，已严重影响了台湾经济的发展和成长。投资意愿的低落、资金的大量外移和产业升级的迟迟无法实现，均与此相关。据台湾工商建研会委托《商业周刊》对第二代青壮企业领袖进行的一项调查指出：“有九成二的人认为台独运动最影响国内的经济发展，有八成八的人认为如果台湾主张独立，并以具体行动推动台湾独立，中共可能以此为借口武力犯台。”[31]

民进党的质变，将“台独”活动推向了新的高峰，立即在经济层面产生强烈反响。据报道，十月十四日，民进党通过“台独”党纲的第二天，岛内的“股市投资者一片恐慌”，“台湾股市加权指数重挫二六九点一七点，为近五个月来最大的一次跌幅。外汇市场也笼罩在资金可能大量外移的气氛之中，新台币对美元汇率大幅贬值九分”，“前往外汇银行将新台币定存解约转存美元的企业与个人，较平时多出二、三倍。”[32]《台湾新生报》十月二十八日报道中也透露：“受民进党台独主张的影响，台湾大笔资金近来移转香港。据初步计算，台资最近在香港股票市场上的比例，平均占总成交额的一成。”台湾当局的经济主管机关惊呼：“许多事实及迹象显示，现在厂商已出现‘台独阴影症候群’了，目前许多企业因恐台独导致政局不稳定，对国内投资计划已出现观望态度，长此下去，投资意愿将更为恶化”，“台独事件所导致的政治不安全，必须设法迅速稳定，否则厂商纷纷出走，产业空洞化的危险，对经济成长的威胁就太大了。”[33]连日来，台湾企业界人士如商业总会理事长赵仲三、丰群投资集团董事长张国安、工业总会理事长许胜发以及许多台湾经济学家均纷纷发表谈话，撰写文章，强烈谴责民进党的“台独”主张，表示对台湾经济发展的“深切忧虑”。[34]台湾报纸说：“许多企业及个人目前正观察台湾当局对民进党将台独条款纳入党纲的态度”[35]，以决定今后的行动。不难设想，由于台湾当局无意也无力制止“台独”势力的发展和泛滥，今后岛内政坛和社会的动荡，仍将是影响台湾经济成长发展的一个致命因素。

（五）对两岸关系发展方面：“台独”是阻碍中国统一、破坏海峡两岸关系正常稳定发展的严重障碍，这乃是不言自明的。然而，由于台湾民众绝大多数不支持“台独”，因此，“回顾过去数年，统独之争显露出一个形态，即‘台独’声浪愈高，反而在民间产生了更强烈要求统一之反弹”。[36]事实的确如此，这次民进党公然挑起岛内剧烈的统独之争，掀起空前规模的“台独”声浪，造成两岸关系的紧张气氛，但与此同时，却也立即激起岛内统派势力的强烈反弹，并出现了前所未见的在野统派大联合的新趋势。据报道，民进党通过“台独”党纲之后不久，六十多个在野党发表联合声明，一致声讨民进党的“台独”行径；继十月二十日二千四百多位各大学院校教授联名支持知识界成立“反台独大联盟”之后，十一月十七日，另一个成员更为广泛的民间统派政治团体“中国人反独护国大同盟”，也在台北宣告成立，“约400人当场办理入盟手续，会场充满热烈的爱国精神”。该盟宣称：“以维护中华民族文化、保护中国国土不分裂为宗旨”，并表示其“组织的存在期限，系根据‘台独’之消长等客观情势而定”，该盟的成立得到美国、香港等地的中国人民间团体的“积极响应与支持”。[37]此外，许多有识之士也纷纷发表政见，要求台湾当局加快发展两岸关系，从根本上消除“台独”势力的泛滥。例如在十月二十九日“立法院”质询中，林正杰呼吁说：“与其成天在台湾高喊‘反台独’，倒不如以具体行动大步开展与大陆关系的构想。”[38]

在岛内在野统派势力这股强大声势的影响刺激下，国民党内的非主流派也公开表示出对李登辉主导下的大陆政策的不满情绪。十月二十九日，郝柏村在“立法院”回答“立委”林正杰等人有关两岸关系问题时，以异乎寻常的口吻抨击“政府”现阶段对两岸交流所采取的行动，说：“政府、情治单位总是以台湾安全、中共惯用统战手法等理由，来看待两岸交流，在‘杯弓蛇影’心态下，使大陆政策趋于谨慎、保守”，“谨慎是谨慎了，却过于保守、缓慢！”对于林正杰的呼吁，则表示“值得慎重研究。”[39]此后，尽管国民党当局的一些显要人物纷纷出动，在不同场合委婉地表示不能同意郝柏村对“政府”大陆政策的批评，而郝柏村也自知“失言”，赶紧改口称：“‘不急不缓’是大陆政策的基本原则”[40]，但在事实上，台湾当局为缓和来自各方面的压力，最近一个时期以来，明显地正在调整它的大陆政策，加快了两岸交流的实际步伐：十一月一日，马英九表示，“两岸不要经由第三地区直接通话，可望率先突破三通限制，毋需等到国统纲领中程阶段才予实施”[41]；十一月三日，“海基会代表团”抵达北京，就两岸合作打击犯罪程序性问题与大陆有关单位展开协商；十一月八日，台“经济部”宣布，“近期将开放十五项大陆农工原料间接进口”[42]；并表示，“‘大陆出口、台湾押汇’预定12月6日正式开始实施”[43]；十一月二十一日，台湾《工商时报》又报道，“交通部同意开放部分汽车服务业赴大陆投资”。十一月二十三日，“国统会”首度讨论落实“国统纲领”近程计划，“三通问题意外成为焦点话题”。林洋港、余纪忠、辜振甫、梁肃戎、高玉树等纷纷在会上发表意见，或主张开放“通航”，或主张开放“通话”等等，并通过三十八项两岸交流计划。李登辉最后表示：文教类的交流活动可优先实施，行政部门应研究处理中共官员及共产党员的入境问题，同时指示：“台湾地区与大陆地区人民关系条例”尽速完成立法。[44]

可见，事物的发展变化是复杂的，民进党的质变、“台独”活动的升级，本身是件坏事，但经过人们的努力和斗争，却可以变成好事，促使其向主持者所希望的反面不断演变和发展，这就是历史的辩证法！

【注释】

[1] 李筱峰：《台湾民主运动四十年》第二四〇页。

[2] 徐策：《九十年代台湾主导人物·民进党篇》第三十四页。

[3] 李达：《台湾党外领袖人物》第一集第五十四页。

[4] 李达：《台湾党外领袖人物》第一集第五十三页。

[5] 徐策：《九十年代台湾主导人物·民进党篇》第六十一页。

[6] 台湾《台湾时报》一九九一年十月十三日。

[7] 新加坡《联合早报》一九九一年九月十二日。

[8] 台湾《海峡评论》一九九一年十一月号。

[9] 转引自《人民日报》（海外版）一九八九年十二月十五日。

[10] 转引自《人民日报》（海外版）一九八九年十二月十七日。

[11] 台湾《民众日报》一九九一年三月八日。

[12] 台湾《海峡评论》一九九一年八月号。

[13] 台湾《台湾时报》一九九〇年十月十五日。
[14] 台湾《自立早报》一九九一年八月二十九日。
[15] 台湾《自立早报》一九九一年八月二十九日。
[16] 台湾《联合报》一九九一年八月二十九日。
[17] 一九八七年十一月民进党二全大会宣言。
[18] 台湾《中国时报》一九九一年十月八日。
[19] 台湾《联合报》一九九一年九月二十七日。
[20] 台湾《中国时报》一九九一年十月二十七日。
[21] 台湾《联合报》一九九一年十月十五日。
[22] 台湾《中国时报》一九九一年十一月八日。
[23] 香港《明报》一九九一年十月二十七日。
[24] 台湾《中国时报》一九九一年十一月十二日。
[25] 台湾《联合报》一九九一年九月七日。
[26] 台湾《中国时报》一九九一年十月十二日。
[27] 台湾《台湾时报》一九九一年十月四日。
[28] 香港《天天日报》一九九一年十月十七日。
[29] 台湾《自由时报》一九九一年十月十八日。
[30] 台湾《中国时报》一九九一年十一月十二日。
[31] 台湾《自立晚报》一九九一年十一月四日。
[32] 新华社香港一九九一年十月十五日电。
[33] 台湾《世界论坛报》一九九一年十一月八日。
[34] 香港《大公报》一九九一年十月十四日。
[35] 台湾《中华杂志》九月号。
[36] 台湾《台湾日报》一九九一年十一月十八日。
[37] 台湾《工商时报》一九九一年十月三十日。
[38] 同上。
[39] 台湾《工商时报》一九九一年十月三十日。
[40] 台湾《台湾时报》一九九一年十一月二日。
[41] 台湾《工商时报》一九九一年十一月二日。
[42] 台湾《中国时报》一九九一年十一月九日。
[43] 台湾《中国时报》一九九一年十一月二十四日。
[44] 台湾《中国时报》一九九一年十一月九日。

（收入《当代台湾研究》，1991年12月完稿，与何磊合撰）

一九九一年"台独"问题综述

一九九一年是台湾政局、两岸关系及国际形势发生重大而深刻变化的一年，同时也是"台独"势力急剧发展、活动空前频繁而又遭受严重挫折、失败的一年。

一、"台独"活动的主要特点

台湾学者说：一九九一年"可以说是台湾的'台独运动年'，一切主要政治议题都围绕着台独打转"。[1]事实的确如此，如果说，一九八九年是"台独"活动的第一次高潮，那么可以说，一九九一年则是"台独"活动的第二次高潮，而这次较之上次活动频率更为密集，言论行动更加无所顾忌，所造成的影响也更为广泛深远，实属前所未见，已达到无以复加的地步。

综观一九九一年的"台独"活动，大致可以归纳出如下几个方面的主要特点：

（一）海外"台独"组织的活动重心已完成向岛内的转移，海内外"台独"势力业已合流，使岛内的"台独"活动进一步升级。

八十年代以前，由于台湾当局对"台独"活动严厉打压，"台独"势力难以在岛内立足，因此活动重心始终都在海外。八十年代以后，随着台湾的政治转型，岛内政治气候的变化，海外"台独"势力不断向岛内渗透。在一九八九年的"三项公职"选举中，海外"台独"人士纷纷闯关返台，为岛内"台独"势力的竞选积极造势，从而在岛内掀起空前规模的一波又一波的"台独"声浪，这是海外"台独"活动重心向岛内转移的开始。经过近两年来的不断发展，到一九九一年的下半年，这种重心的转移业已基本完成，其主要标志即是"台独联盟"的迁台。

一九八九年底岛内"台独"人士在"三项公职"选举中获胜，使海外"台独"分子倍受鼓舞，但同时也感受到极大的压力。特别是历史最长、实力最为雄厚的“台独联盟”，一向以“台独正宗”自居。他们强烈地意识到，如果再继续脱离台湾这个“台独”运动的“主战场”，其保持了三十多年的“盟主”地位势必为岛内的“台独”组织所取代，于是选举结束后，他们加紧了对岛内的渗透和活动，秘密发展成员，与岛内其他“台独”势力抢夺政治资源，并积极进行迁盟回台的筹备工作，计划在一九九一年底实现“迁盟回台的愿望”。一九九〇年五月，由岛内基督教长老教会、政治受难者联盟总会、政治受难者北部基金会和部分民进党成员所组成的“新国家联盟”，被认为是“台独联盟”迁台的“先遣部队”。同年八月，海内外“台独”骨干分子在美国洛杉矶举行“台湾政局讨论会”，重点讨论了“台独联盟”的迁台问题，双方达成共识：“互为利用资源，结合彼此力量，以具体行动共同追求台湾独立”，并决定联合组成“政权过渡策略小组”和“建国蓝图小组”，具体负责研究和规划如何夺取政权以及未来建设台湾的实施方案。一九九一年三月，“台独联盟”和岛内各主要“台独”组织的头面人物在菲律宾马尼拉再度召开“独派联席恳谈会”，共同声称：“以台湾独立为主导进行制宪运动，分阶段达成独立建国目标；参加年底的二届‘国代’选举”；“支持由民进党主导的台湾反对运动”，“协助民进党发展组织”，使其“成为台独运动的主力”，支持“台独联盟”迁盟返台等。这两次会议所达成的协议，实际上是海内外“台独”势力公开合流的“宣言书”和行动纲领。马尼拉会议后，“台独联盟”加紧部署迁盟工作。五月十六日，由陈婉真等人筹组的“台湾建国运动组织”在台中市正式宣布成立并“挂牌营业”，公开宣称该组织为“台独联盟台湾本部办公室”。六月六日，由“台独联盟”美国本部主席郭倍宏率领的二十多名“台独联盟”成员返回台北，并将一面该盟盟旗带进台湾。当天下午，他们公然将盟旗悬挂在台中市“台湾建国运动组织”（即“台独联盟”台湾本部）的办公楼顶上。陈婉真等人在讲话中宣称：“今天挂旗象征着‘台独联盟’已成功登陆台湾。”其后，“台独联盟”分子在岛内的活动日趋频繁，不仅公然高举盟旗参加街头示威，召开所谓“盟员现身茶话会”，举行该组织台湾本部的成立大会，公开向国民党当局挑战，甚至成立所谓“敢死队”，自制装甲“战车”、爆破器材等武器，砸毁警车，殴伤警员，袭击国民党台湾省党部等等，制造了一连串的恶性暴力事件。一时间，岛内的“台独”活动陡然升级，气氛十分紧张。

海外“台独”活动虽然以“台独联盟”迁台为标志完成了重心的转移，实现了海内外“台独”势力的合流，但是由于台湾当局迫于海内外爱国同胞的压力，对“台独联盟”在岛内的非法活动采取了较为强硬的措施，并先后逮捕、通缉了一批潜回台湾的该组织的首要人物如郭倍宏（美国本部主席）、李应元（总本部副主席）、林永生（“台湾建国运动组织”总干事、“台独联盟”台湾本部中央委员）、许龙俊（台湾本部中央委员）、邹武鉴（台湾本部中央委员）、江世益（台湾本部中央委员）、王康陆（“台独联盟”秘书长）、郭正光（美国本部中常委，被遣返出境）、张灿洪（“台独联盟”主席）、陈婉真（台湾本部中央委员、“台建”首领，次年二月被捕）、陈南天（总本部中央委员，被通缉）、陈荣芳（总本部中央委员，被通缉）、许世楷（日本本部委员长，被通缉）等人，使该组织企图在一九九一年底将其总本部迁回台湾的预定计划遭受到严重挫折。

（二）进一步追求组织上的“整合”，加强协商沟通，弥合矛盾，统一行动。

一九九一年是台湾“宪改”关键性的一年，年底举行的二届“国代”选举，不仅关系到台湾政坛的权力再分配，同时将对“台湾前途”产生重大影响；加之近两年来两岸关系不断发展，使海内外“台独”人士产生一种无可名状的“危机感”，他们认为以往“反对运动长期以来缺乏组合，各搞各的，削弱了自己的力量”，痛感有组织“整合”、“团结合作”的必要性。早于一九九〇年六月，在美国召开的有四十多个独派团体参加的“台湾前途讨论会民众大会”上通过的决议中就提出：“台湾人正处于存亡绝续的关键时刻，我们呼吁全体台湾人必须团结起来，建立新而独立的国家。”

基于以上认识，海内外“台独”势力近一、两年来不断拼凑新组织，或搞各种形式、花样翻新的双边或多边“结盟”，由原来各自为政的分散活动向组织化的方向发展。例如，继一九九〇年五月“新国家联盟”成立后，岛内一小撮打着“学运”旗号的学生又于同年十月组成“台湾新生代主权运动联盟”；十一月，“台独联盟”前主席蔡同荣又纠集部分长老会头目、民进党领导人以及一些“自由派”学者、原住民和企业主，成立所谓“公民投票促进会”；随后，一批以“台独理论家”自居的所谓“自由派”教授又拼凑起一个“台湾教授协会”。随着岛内统独之争情势的不断发展，进入一九九一年之后，“台独”势力进一步趋向“整合”，新的“台独”组织继续不断出现，如“打破黑名单返乡运动协调中心”、“台湾人黑名单处理小组”、“保卫台湾委员会”、“台湾学生教授制宪联盟”、“台湾独立建国联盟”、“台独联盟学生总本部”、“台湾建国运动组织”（即“台独联盟”台湾本部）……其中以一九九一年四月份正式成立的“保卫台湾委员会”涵盖面最为广泛，它以民进党的“美丽岛系”与海外“台独”组织“台湾人公共事务会”和“亚太民主协会”的一些头面人物为主导，集合了一批海内外同情、支持他们的著名学者和无党籍人士，声称要在“宪改”和“两岸政策”上与国民党抗争。此外，“台湾学生教授制宪联盟”和“台独联盟学生总本部”的建立，表明了在台湾知识界的“台独”势力有了新的发展，值得重视。当然，新的“台独”组织虽然名目繁多，令人眼花缭乱，其实他们人数有限，人员互相重叠，在一定程度上带有“虚张声势”的成分。

除了组织上的“整合”之外，一九九一年“台独”势力在协商沟通、弥合矛盾、消除分歧、统一行动方面也有较大的进展。自一九九〇年十二月至一九九一年六月的短短半年时间里，海内外“台独”组织连续召开了四次“沟通会议”。一次在海外（即马尼拉“独派恳谈会”），三次在岛内。其中在台中平原兴农山庄举行的岛内独派第二次“沟通会”（一九九一年三月十六至十七日），三十多名台湾各“台独”组织的头面人物均到场参加，会议就“台独”组织的体制改革、“新宪法”主张、“台独”运动的开展进行了“热烈的讨论”，对今后“台独”运动的分工、组织整合等达成了一定的“共识”，并决定成立岛内“台独”组织的“联系协调中心”。此后，人们看到，海内外“台独”组织果然在“台独联盟”迁台、“独台会案”、“人民制宪会议”、“公民投票进入联合国”、民进党“台独党纲案”等一连串“台独”事件中互相配合，互相支持，协调统一行动，掀起了空前规模的“台独”声浪。

民进党是岛内“台独”运动的主要“策源地”。以往该党内部的“美丽岛系”和“新潮流系”因路线和策略等方面的分歧，经常势同水火，不断发生争斗，严重影响了该党的发展和战斗力的发挥。然而一年多以来，民进党内两派系间已比较注意讲究相互妥协、沟通和合作，表示“要创造一种党内不同派系间的良性竞争又分工合作的互动文化”，就连一向热衷于搞派斗的“新潮流系”领导人也表示：“几年下来，学会了党内不同意见如何合作”。一九九〇年十月民进党四届二全大会“事实主权独立文”（即“一〇·〇七”决议文）的通过和随后“台湾主权独立运动委员会”的成立，便是这种“妥协”和“合作”的产物。面对来自岛内外反“台独”的强大压力，当年十二月七日，“美丽岛系”和“新潮流系”在当时代主席陈永兴的主持下，举行了“首度聚会”，检讨了几年来两大派之争，达成了先搞民主，后搞独立，以缓和社会批评的“共识”，并决定像这样的聚会今后要经常地、不定期地举行。进入一九九一年以后，这种沟通、合作的趋势进一步发展。例如“四·一七”行动前，两派意见尖锐对立，但最终还是互相妥协，联手走上街头，连“新潮流”的核心人物也承认：“美丽岛系抛弃成见，全力参与动员，是‘四·一七’活动成功的最大关键之一。”又如八月“人民制宪会议”通过“台湾宪法草案”时，十月该党五全大会讨论是否将“台独”条款纳入党纲时，以及在随后发生的“秘书长选举风波”中，两派的矛盾分歧都十分尖锐对立，但当提案表决通过后，少数持不同意见者均能服从，并以一致口径对外讲话，这表明民进党内派系之间已能互相适应，在维护内部团结、避免分裂方面已较前成熟，有所长进。

当然，前述“台独”势力的所谓“整合”和沟通合作是相对而言的。由于海内外各“台独”组织以及各“台独”组织内部的派系之间，在理念、路线、策略思想等各个方面都存在着深刻的分歧，再加上各自有不同的社会政治背景和领导者之间的私人恩怨等等复杂原因，因此，它们之间的争斗不仅是难以避免的，而且有时是十分剧烈的。一九九一年上半年，海内外各“台独”组织之间之所以如此频繁地进行沟通、协商和“恳谈”，固然说明“台独”势力已注意组织上的“整合”和行动上的“合作”，但同时也正反映出它们之间存在着严重分歧、矛盾和隔阂，需要“捐弃前嫌”，一致对外。然而事实上在“整合”、“沟通”的背后，却往往是钩心斗角、各打算盘，其最终目的是为了争夺“台独”运动的主导权，在台湾政坛上占一席之地。例如，一向与“台独联盟”矛盾很深的民进党内“新潮流系”，表面上支持“独盟”迁台，因为他们唯恐得罪了“独盟”而断了海外金脉，同时也需要借助“独盟”的势力以壮大自己的声势；但对“独盟”迁台其实骨子里却是相当消极冷淡，至少是十分矛盾复杂的，因为他们更惧怕其迁盟成功后抢夺自己在岛内苦心经营的政治资源，挖它的墙角（事实上果真如此）。于是“新潮流系”便与“美丽岛系”联手，做出民进党“有条件支持独盟迁台”的决议，要求“独盟”公开宣布放弃一贯坚持的“暴力革命路线”。又如，围绕着五全大会的召开，民进党内各派系间在新任党主席人选和中常委、中执委改选以及随后在关于张俊宏是否留任秘书长等重大问题上，均展开了空前剧烈的明争暗斗，目的就在于争夺民进党中央的主控权。而争夺民进党的主控权，实质上也正是为了夺取“台独”运动的主导权，以提升本派势力在台湾政坛上的地位和影响。

（三）民进党蜕变为“台独党”，“台独”势力开始以政党面貌公开运作，实力和影响大为增强。

一九八九年九月成立的民进党，是到目前为止唯一能与执政的国民党抗衡的岛内最大的反对党。这个党尽管在它成立伊始即暴露出浓厚的分离意识和“台独”倾向，但几年来它毕竟在反对国民党的专制独裁统治、追求民主政治、改善两岸关系等方面做出了一定的贡献，因而受到海内外爱国同胞和进步舆论的注目，并在制衡国民党方面抱以热切的期望。然而令人痛心的是，随着岛内政治转型的向前推进，“宪政改革”的不断深化，以及两岸关系的逐步改善和国际政治格局的急剧变化，在上述诸多因素的影响刺激下，经过五年来的发展，民进党内的分离意识和“台独”倾向不断膨胀，它的运作、它的政治取向一步步背离了它的名称——民主进步，终于蜕变为一个以建立所谓“台湾共和国”的虚幻构想为主要诉求目标的不折不扣的“台独党”。而民进党质变的标志，即是一九九一年十月在该党五全大会上公然将明列“台湾共和国”国名的“台独”条款纳入党纲。

事实上，从一九九一年四月“独台会事件”后，民进党就已经走上了“台独党”的不归路，该党内部核心人物中唯一反对“台独”、主张统一的林正杰毅然宣布退出民进党，这便是一个明显的信号。林正杰退党时沉痛地说：“民进党内已没有不主张台独的自由。”其后，岛内发生的一连串“台独”事件，如“五·二〇”大游行、“人民制宪会议”通过所谓“台湾共和国宪法草案”、“台湾加入联合国赴美宣达团”、“九·八”公民投票进入联合国大游行、“一〇〇行动联盟”反制阅兵、十月二十五日高雄“公民投票进入联合国”大游行……或由民进党主导，或有民进党积极参与、配合，把台湾社会搅得鸡飞狗跳，岛内的统独之争空前白热化。毋庸置疑，民进党已堕落成岛内“台独”运动的大本营和主要策源地，其最终的质变已是势所难免。

民进党蜕变为“台独党”，是一九九一年岛内发生的重大政治事件之一。它对台湾政治、经济、社会等各个层面乃至两岸关系的发展均已产生并正在产生着重大而深远的影响。由于民进党的质变，使岛内外“台独”运动不再仅仅是以分散的、一个个像“马铃薯”式的单独的“台独”团体进行“单打独斗”，而是聚集在民进党“台独”党纲的旗帜下，以政党的“合法”面貌公开在台湾政坛上运作，目标一致地与国民党抗争。再者，经过五全大会中央机构的改选，民进党内的急进独派“新潮流系”和“台独联盟”势力，已取代温和独派“美丽岛系”上升为主流派，主控了民进党的决策权。这意味着今后岛内“台独”运动的主导权已为急进独派所掌握，从而给台湾政局的未来发展带来新的变数。

然而，“台独”势力的发展和活动的日趋频繁嚣张，毕竟和台湾民众普遍要求社会安定、政局稳定、经济繁荣发展的愿望背道而驰。民进党将“台独”条款公然纳入党纲，挑起岛内剧烈的统独之争，原本在很大程度上是企图以此吸引台湾民众，赢得年底二届“国代”的选战，然而却事与愿违、弄巧成拙，引起了台湾民众对民进党的反感和对“台独”势力发展的疑惧。正因为不顾民意，热衷于搞“台独”，民进党在年底的二届“国代”选举中惨遭失败，获票率由一九八九年三项“公职”选举时的30%猛跌至这次的23.9%。再者，由于将“台独”条款纳入党纲，明显违犯了“人团法”，使民进党陷入了面临遭到解散的困境。这不能不说是一九九一年“台独”运动遭受严重挫折、失败的最为重要的标志。

（四）已由言论鼓噪发展到具体落实推动所谓“独立建国”的新阶段，斗争的焦点是与国民党争夺“宪改”的主导权。

八十年代以来，岛内的“台独”运动大体上经过了以下四个不同的发展阶段：(1) 一九八七年以前，是潜伏、隐蔽阶段，鉴于当时的政治气候，一九八六年民进党成立时，也只能以所谓“住民自决论”把自己的“台独”面目包装起来；(2) 一九八七年十月发生的蔡有全、许曹德公开主张“台独”的事件，标志着岛内“台独”运动进入“公开化”阶段，急进独派人士鼓动民众走上街头，首次公开喊出了“台湾独立万岁”的口号。而民进党一九八八年四月抛出“有条件主张台独论”（即“四·一七”决议文），即是该党“台独”面目的大暴露；(3) 一九八九年以后，“台独”运动开始“纲领化”，具体表现为各种纲领性文件纷纷出笼，如三个不同版本的所谓“台湾共和国宪法草案”、“民主大宪章草案”、“中国关系法”、“现阶段中国大陆政策”以及一九九〇年十月民进党四全二次会上通过的台湾“事实主权不及于中国大陆和外蒙古”决议案（即“一〇·〇七”决议文）等等，抛出了“台湾国际主权独立论”、“台湾事实主权独立论”，妄图将台湾与大陆定位为两个互不相属的“独立政治实体”，目的是为下一阶段与国民党争夺“宪政改革”主导权、推动所谓“独立建国”打基础；(4) 如果说，上述几个阶段尚属“言论鼓噪”，即为了传播“台独”理念、扩散“台独”思潮的话，那么，一九九一年三月海内外独派人士在马尼拉沟通会上提出“制宪建国”口号，则使“台独”运动开始“实践化”，也即进入具体落实推动台湾“独立建国”的新阶段。正如前民进党主席姚嘉文所称：“‘人民制宪会议’提出‘台湾共和国’国号是落实‘制宪建国’口号，而整个建国运动现在才刚刚开始而已”，并直言不讳地说：“国民党说民进党是‘台独党’，其实这种说法已经落伍了，民进党现在应该是‘建国党’才对。‘台湾共和国’国号正式提出后，整个台独运动已经进入了建国运动的阶段。”[2]

事实也确实如此，回顾一九九一年的“台独”运动，都无不围绕着“制宪建国”这一根本主旨在有计划有预谋地推进，而斗争的焦点，则是与国民党当局争夺“宪改”的主导权。“台独”人士认定，年底的二届“国代”选举，是夺取“宪改”主导权的关键一战。因为根据台湾当局的“宪法”规定，须有“国代”总额1/5提议、3/4出席代表通过，才能修改“宪法”。也就是说，起码要赢得3/4以上的席位，才能主导“修宪”。台湾当局的所谓“宪法”，乃是国民党赖以维护其统治的“命根子”，当然要竭尽全力拼死维护。而以民进党为代表的“台独”势力，却视之为眼中钉、肉中刺，认为唯有从根本上否定台湾当局的“宪法”，打破国民党“法统”的合法性，才能夺取政权，实现“独立建国”的最终目标，因而极力主张“制订新宪法”，铆足了劲欲与国民党一搏。许信良声称：此次选举“关系台湾历史的转变”，“是民进党夺取政权的第一战”，务必要“全力取得胜利”。黄信介则扬言，“有信心至少可以拿到五成以上席次，提前迈向执政之路”。为此，民进党于年初即成立了“制宪运动委员会”，随后又联合其他独派团体，成立“台湾建国研讨会”，负责统筹“宪改”事宜，研拟选举策略，规划人才，整合“台独”资源。此后，所谓“两阶段诉求”、“分进合击”、“高额提名”等竞选策略相继提出并具体贯彻实施；“人民制宪会议”按期开场，所谓“台湾宪法草案”出笼；“总统直选”、“反对老贼修宪”、“新国家”、“新宪法”、“公民投票加入联合国”等等口号纷纷提出；以“制宪建国”为宗旨而拼凑起来的形形色色的“台独”联盟，如“保卫台湾委员会”、“新宪法联盟”、“新国家联盟”、“公民投票促进会”、“在野改革联盟”等组织和团体空前活跃，在全岛各地举办各种形式的座谈会、演讲会、说明会，极力向台湾民众鼓吹“制宪”主张；并组织发动了好几起规模空前的“台独”大游行。民进党的“立院”党团，则利用“合法”地位，在“立法院”议场不断提出“台独”议案和质询，统独之争愈炒愈热，从而把“台独”运动推向了登峰造极的地步。

（五）调整斗争方式，讲究斗争策略。

除上述几方面主要特点之外，一九九一年“台独”运动在斗争方式、斗争策略方面也有新的变化。这主要表现在：

1. 街头运动与议会抗争双管齐下，相互配合。一九八九年以前，岛内“台独”运动以剧烈的街头运动为主，“台独”人士动辄发动群众走上街头，游行示威、呼喊“台独”口号，是他们表达诉求、与国民党抗争的主要手段。一九八九年底三项“公职”选举后，由于“台独”势力在“立法院”、省、市、县各级议会中的实力大增；再有，以往街头运动过于频繁，往往出现失控现象，不仅牵扯了“台独”人士过多的精力，而且影响了社会安定，引起民众的普遍不满和反感，从而引起不少独派人士的反思；加上国民党当局有意进一步推进西方式的“议会政治’。基于上述种种主客观原因，一九九〇年岛内“台独”势力将主要注意力转向了各级议场，加强议会抗争，而街头运动则相对大为减少。然而，随着“宪政改革”的实施和深化，“台独”人士愈来愈强烈地感到，任何单一的抗争方式，都难以进一步扩大“台独”运动的影响，更快地累积起“台独”资源，动摇乃至推翻国民党的统治，早日走上执政之路。因此，进入一九九一年之后，他们重新调整了斗争方式，采取了街头运动与议会抗争双管齐下、互相配合的新策略，向国民党施压，为年底的二届“国代”选举造势。例如，四月上旬，独派人士在“国大”和“立法院”和国民党激烈抗争后，借故退出“立法院”，随后便组织了“四·一七”大游行。一个月后，独派“立委”重返“立法院”议场，并在以后的“立法院”八八会期中就是否废除刑法100条的问题与国民党激辩、抗争。而与此同时，“台独”势力则相继组织了“五·二〇”、“九·七”、“九·八”、“一〇·二五”等一连串的“台独”大游行，形成议场内外“台独”声浪互相激荡、互相支持的态势，从而给国民党当局造成了巨大的压力。

2. 保持与国民党当局沟通、对话渠道，借以缓和“朝野”紧张对峙的局面。一九九〇年，民进党利用“三月学运”给国民党造成的强大压力，促使李登辉放下“总统”架子，首度恭请黄信介、张俊宏进“总统府”喝茶，实现了“朝野两党”高层领导人的沟通，并因此堂而皇之地走进了“国是会议”殿堂，与国民党在“总统直选”等重要政治诉求方面“达成共识”。特别是由于这次“沟通”的成功，使黄信介、张俊宏、许信良、施明德等人获得复权和释放，这等于是给“美丽岛事件”公开平反，正面肯定了过去反对派人士从事的“民主运动”，民进党因此而声势大增。独派人士首次尝到了与国民党“沟通”的甜头，进入一九九一年之后，更加自觉地把它当作一种与国民党当局斗争的手段来加以运用。以后人们不难发现，无论双方如何对峙，关系如何紧张，但沟通、对话的渠道始终畅通，并确实起到了化解危机、缓和局势的效果。比较重要的沟通对话至少有如下四次：四月，民进党“立院”党团退出“立法院”之后；十月，“一〇〇行动联盟”反制阅兵事件；民进党“五全大会”通过“台独党纲”前夕；民进党面临“党审会”解散困境之时。其中十一月四日下午，民进党“立委”与“行政院长”郝柏村的对话最为重要。当时，民进党因“台独党纲事件”处于四面楚歌、面临遭“解散”危机，被迫主动要求与国民党内非主流派头面人物、反“台独”最为坚决的“行政院长”郝柏村单独“对话”，借以缓和矛盾，度过危机。沟通结果，“双方达成两项共识：（1）行政院政党审议委员会若决定解散民进党，将造成社会的冲突与不安，双方皆应避免发生两极化现象；（2）党审会在十一月一日针对民进党党纲所做成的限期改正决议乃行政指导，而非行政处分。”同时认为：“中共是我们目前最大的威胁”，“朝野的争议应避免让中共从中获利”等等。[3]事后，民进党人喜形于色地宣称：这次晤谈“在台湾政治史上是向前迈进了一大步”，“对朝野沟通是一次突破”。[4]

3. 加强对知识界的渗透，以拓展政治资源、壮大“台独’声势。一九九〇年的“三月学运”，显示了知识界的实力，促成了国民党当局召开“国是会议”，因此而大获“渔翁之利”的民进党及其它独派人士，从此对知识界刮目相看，开始注意加强对其影响和渗透。一九九一年，这种倾向显得格外突出，四、五月间，在知识界联盟组织发动的一系列社会运动中，如“四·一七”游行示威、部分学生绝食抗议、“五·九”“独台会案”、“五·二〇”“台独”大游行等，“民进党一直扮演着支持与配合的角色”。[5]在民进党主导的所谓“人民制宪会议”上，一批学术界、文化界、宗教界、社运团体的代表应邀参加，“而民进党人士则有意抑制自己的意见，让应邀与会学者充分发言，使得较无选举包袱的学者意见成为会中较强烈的意见”[6]，从而通过了明列“台湾共和国”国名的所谓“台湾宪法草案”。事后，民进党中央便打着“不能违背民意”的幌子“照单全收”，很快追认“台湾宪法草案”，并将其纳入党纲。事实上，由台大教授陈师孟、林山田等出面组织的所谓“一〇〇行动联盟”，也是在民进党和其他独派组织的支持、配合之下拼凑起来的。陈、林二人，即是民进党刚刚在“人民制宪会议”前夕拉入党的学者。这些知名学者的入党及参与“台独活动”，在青年学生和知识界确实产生了比较大的反响，壮大了“台独”声势。台湾报纸说：“就民进党的立场而言，此时如果能够结合一切可以团结的力量，包括学术界、教育界、新闻界、文艺界以及其它各种文化界人士，借以开展党务、拓展势力、培植羽翼，甚至将之纳入党的组织体系，用来和执政党对抗竞争，那是再理想不过的了。毕竟创党不久的反对党确实亟待更多的知识分子投入，才能扭转颓势，发挥更大的功能。”民进党代主席陈永兴即说：“未来民进党将进入开创期之后的转型阶段，大量吸收知识界人士参加制订公共政策，领导执政，并强化反对党问政品质，成为相当重要的工作。”

4. 妄图将“台湾前途”问题“国际化”，争取国际社会的同情与支持。“台湾问题国际化”，长期以来一直是“台独”人士努力追求的目标。谢长廷即毫不讳言地说：“台湾的生存是愈多朋友愈好，把民主、人权这些国际问题加以延伸，使得台湾的生存变成国际问题，那便不须恐惧中共的犯台恫吓，而加入联合国正是一个目标。”[7]一九九一年，“台独”势力在这方面下的力气格外多。九月中旬，独派人士一行四十六人组成所谓“台湾加入联合国宣达团”，到美国纽约活动了整整一周；蔡同荣惨淡经营组织起来的所谓“公民投票促进会”及其发动的“九·七”、“九·八”、“一〇·二五”大游行，其目的也在于此。台湾报纸评论说：依据蔡同荣的理论，“公民投票对外可带来国际舆论压力，对内则人民会选择台湾独立的投票结果，这是解决台湾前途最佳和平手段。”[8]为了“提升民进党国际地位与舞台”，该党还积极参与联合国以外的组织，一九九一年二月以台湾之名，加入“无联合国席次国家及人民国际组织”，并于八月初参加了该组织在荷兰海牙召开的第二次会议。海外“台独”分子也密切配合，如在美国的“台湾人公共事务会”主席王桂荣即挟其财力，利用各种手段向台湾当局施压，欲迫其接受公民投票。并透过美国众议院亚太小组主席索拉兹，在国会提案要求其通过一项“决定台湾前途时，应经过公民投票的有效民主方式，以尊重台湾住民意愿”的决议。整个一九九一年，美国朝野的一批反华政客十分活跃，明目张胆地支持“台独”，既向国民党当局施压，又攻击中共领导人“主权观已经过时”，有的甚至亲自跑到台湾参加“台独”大游行。然而事实上“台独”人士在这方面的努力收效甚微，公开支持“台独”的国家和人士仍然是“寥若晨星”，屈指可数。

二、“台独”运动的可能走向

众所周知，“台独”运动的产生和发展既有深刻的社会历史根源，又有复杂的国际国内背景，只要这些因素继续存在，“台独”运动便仍然有生存发展的空间而不会自动退出历史舞台。因此，在可预见的一个比较长的时间内，“台独”运动仍将会有较大的发展，并继续成为台湾社会、政坛的主要乱源和实现祖国和平统一的重要障碍。在目前一两年内，它的可能发展趋势是：

（一）民进党虽已蜕变为“台独党”，目前仍未摆脱被解散的危机，但经过朝、野两党的沟通、对话，很有可能双方做出让步，各下台阶，不了了之。即使万一沟通失败，双方无法达成妥协，民进党遭到解散，但“台独”人士绝不会甘心失败，势必改头换面，另组新的政党，重新集结岛内“台独”势力，继续与国民党抗争。但从目前情势看，对民进党的所谓“处分”已经延期，随着时间的推移、政局的不断发展演变，这一问题很可能自行消失。而民进党则以时间换空间，总结经验教训，不断调整其斗争策略，变换手法，重振旗鼓，整合内部，联合其他在野势力，争取在一九九二年底的“立、监委”选举、第二年的省市县长选举中击败国民党，取得较大的进展。但由于民进党事实上已经走上了“台独党”的不归路，台湾学者说，它“是个不走到台独党的终点不会死心的政党，也只有走到这个再也走不下去的终点，它才可能回头去找它真正应该站住的地点”。[9]因此，无论它如何更换“包装”，都不可能获得大多数台湾民众的拥护和支持，实现其所谓“独立建国”目标。

（二）在未来一两年内，“台独”势力仍将继续采取街头运动与议会抗争双管齐下、交替使用的策略，并视情势发展的需要在一个时期而有所侧重，台北的街头和议场仍将会沸沸扬扬、动荡不安。但由于“台独”人士或许会接受以往的经验教训，为争取民心，改变形象而尽量减少激烈的“肢体冲突”。当然也不排除在个别情况下出现失控的局面。但总体上来说，将会逐渐使各种形式的抗争纳入“法律允许的范围内”运作而不至发生动乱。

（三）“台独”势力为壮大声势，积累政治资源，仍将会继续加强对知识界的影响、渗透，并争取和其他各种在野势力结成名目繁多的“联盟”，以因应即将到来的各种选战；同时将会较以前重视研究公共政策，提出一些民众关心的诉求与国民党当局抗争，以笼络中产阶级和广大民众，争取他们的同情与支持；与此同时，将采取各种方式和手段，继续向台湾各阶层民众散播“台独”思潮和理念，以扩张“台独”的社会基础，逐渐使“台独”思潮“社会化”。有迹象表明，“台独”分子已决定“鼓励台湾子弟”投考军校，让他们成为未来从事“独立建国”的武力后盾。当然，争取国际社会对“台独”运动的重视、同情与支持，力图将台湾前途问题“国际化”，仍将是“台独”势力今后努力的重要目标。

（四）“台独”与“独台”是美国对台政策的一对“双生子”。二者既有矛盾，又有明显的同质性。近年来的许多事实说明，“台独”与“独台”这两股分裂中国的势力，虽然时常发生这样那样的争斗，但合流的趋势正在逐步形成。在未来几年之内，这种趋势是否会随着台湾“宪政改革”的深化、中美关系的互动、两岸关系的变化而继续发展，成为实现祖国和平统一大业前进道路上的强大阻力，值得我们认真探讨，提出相应的行之有效的对策。

【注释】

［1］ 马来西亚《星洲日报》一九九一年十一月七日。

［2］ 台湾《自立早报》一九九一年八月二十九日。

［3］ 香港《香港时报》一九九一年十一月五日。

［4］ 台湾《中国时报》一九九一年六月二日。

[5] 台湾《中国时报》一九九一年六月二日。
[6] 台湾《自立早报》一九九一年八月二十九日。
[7] 台湾《民众日报》一九九一年十一月二十日。
[8] 台湾《自立早报》一九九一年九月八日。
[9] 马来西亚《星洲日报》一九九一年十一月七日。

（收入《台湾一九九一》，中国友谊出版公司 1992 年 6 月出版）

简评台湾当局的“台湾地区与大陆地区人民关系条例”

经过3年半之久的延宕，7月16日台湾当局“立法院”终于三读通过了“台湾地区与大陆地区人民关系条例”（以下简称“两岸条例”）。这是继去年“国统纲领”公布后，台湾当局所采取的又一次与两岸交流有重大关系的综合性“立法”行动。两岸关系发展到今天这样的深度和广度，客观形势的确已迫切需要制定出相关的法律与法规，调整并建立两岸人民关系之法律秩序，以便解决在两岸交往中不断衍生的许多法律问题。当然，这类性质的法规，若能事先经过两岸有关部门心平气和的谈判协商再来制定，当更为完满。但是考虑到在目前两岸官方关系尚处于特殊环境和阶段的情况之下，笔者对台湾当局单方面制定该“条例”，仍持“乐观其成”的欢迎态度。

由于该“条例”将成为台湾当局今后相当长一段时间内处理两岸交往的基本规范，势必对两岸关系的发展走向产生重大影响，因此，对于该“条例”的制定与公布，海内外一切关心祖国和平统一的人士，理所当然地格外注目。

一、“条例”有灵活务实的积极面，客观上有助于两岸关系的发展

在海内外同胞的长期不懈努力奋斗之下，近十年来，海峡两岸关系已取得了重大进展。经贸关系日益密切，人员往来不断扩大，各项交流活动与日俱增。特别是近一年来，在许多方面已冲破台湾当局苦心设置的重重障碍，正以不可阻遏之势向两岸交流的纵深发展。“形势比人强”，台湾当局保守僵化的大陆政策越来越不得人心，不断遭到岛内外进步舆论的抨击和诟病。正是迫于这种两岸关系迅速发展的新形势，迫于进步舆论的强大压力，台湾当局才不得不煞费苦心，制定出这样一个“两岸关系条例”，试图以此规

范、主导两岸关系向对其有利的方向发展。

该“条例”共分六章凡九十六条。细读完全部条文，笔者感到，平心而论，其中确有不少值得肯定的积极因素。相对于台湾当局以往的大陆政策，确实有所进步。

主要表现在：

（一）在两岸交流方面，解除了一些民间往来的不合时宜的禁令。如有条件地开放通讯、通航、投资、贸易、劳务、技术合作及金融、保险往来；许可文物及出版、影视等文化交流；许可共产党员入台；按照所谓对等原则，许可大陆法人、团体或其他机构在台设立分支机构等等。

（二）在民事领域部分，具体详细地规范了两岸人民之间在婚姻、继承、收养、监护、认领、契约、物权以及无因管理、侵权行为等方面的法律冲突与法律适用问题。

（三）在对待大陆法律方面，原则上承认大陆的民事法律，有条件地认可大陆司法机关民事判决的效力、仲裁判断得强制执行及大陆制作和文书有效等等。

（四）为因应两岸关系主客观形势不断发展演变的需要，一些重要条文（如“三通”问题）采取“委任立法”的方式，以便行政主管机关能审时度势，随时补充、修订有关法规，适时调整大陆政策。

总之，“条例”进一步放宽了对两岸交流的某些方面（主要是具体事务尤其是民事领域部分）的限制，解除了一些落后于现实的禁令，这在客观上有利于两岸交流的进一步发展，有助于解决两岸间日益增多的民事纠纷，保障两岸民众在民事领域中的一些正当权益，因而值得肯定。

二、“条例”凸显了台湾当局谋求“对等政治实体”即“一国两府”的政治意图

1991 年 2 月“国统纲领”的公布与实施以及 5 月宣布“动员戡乱时期”的终止，标志着台湾当局的新大陆政策业已成熟。这一政策的基本框架是：（一）在维护旧“法统”的前提下，承认大陆是一个“政治实体”，“中华

民国治权实际上不及于大陆”；（二）以“一国两区”的概念和以所谓“区际冲突”的理论来处理海峡两岸的关系、解决两岸交往中衍生的法律纠纷；（三）按“国统纲领”的“三阶段论”来主导两岸关系“循序渐进”地向前发展；（四）除非中共承认台湾为“对等的政治实体”，坚持“不接触、不谈判、不妥协”的僵硬立场，坚持拒绝开放直接“三通”。显然，台湾当局新大陆政策的核心仍是“一国两府”，其实质是“两个中国”或“一中一台”。

综观“两岸关系条例”全文，不难发现，该“条例”的基本宗旨实质上是具体贯彻推行上述台湾当局的大陆政策。例如：

（一）台湾当局将该“条例”定名为“台湾地区与大陆地区人民关系条例”；其本身即在凸显台湾当局的所谓“一国两区”的概念；又在第一章“总则”中刻意界定：“台湾地区指台湾、澎湖、金门、马祖及政府统治权所及之其他地区”，“大陆地区指台湾地区以外之中华民国领土”。借以表明“中华民国主权及于大陆”，而“治权实际上不及于大陆”。

（二）该“条例”中，自始至终着意强调台湾与大陆之间的所谓“对等原则”，处处都企图体现出台湾当局标榜的所谓“法律主权”，借以凸现海峡两岸为两个“对等”的“政治实体”。如“总则”第六条规定：“行政院得依对等原则，许可大陆地区之法人、团体或其他机构在台湾地区设立分支机构”，宣称如违反台湾当局的“法令”如何如何、“非经”台湾当局的“主管机关许可”又如何如何……此类条款充斥全文，不胜枚举。

（三）该“条例”第四章七十七条规定：“大陆地区人民在台湾地区以外之地区，犯内乱罪、外患罪，经许可进入台湾地区，而以申请时据实申报者，免于追诉、处罚，其进入台湾地区参加主管机关核准举办之会议或活动，经专案许可免于申报者，亦同。”这项规定，实际上是针对中共党员入台而特意设置的，它虽声称“据实申报者，免于追诉、处罚”，但其认定中共党员犯有“原罪”，乃是对中国共产党及其所属四千六百多万党员的一种莫大污辱，它充分暴露了台湾当局“恐共”、“防共”的反共立场；此外，从“立法”的角度来讲，该条文也前后自相矛盾，因为台湾当局既认定所有中共党员均犯有“原罪”，何以又许可一部分党员“免于申报”？这岂非以“双重标准”“立法”？再则，在台湾当局对入台的大陆同胞无法准确查证其真实身份的情况下，这种规定岂不是给某些不法之徒陷害入台的大陆同胞提供了便利条件？众所周知，自开放大陆探亲以来，台湾国民党员进入大陆者不知凡几，大陆政府从未刁难过他们，而张口闭口标榜两岸“对等原则”的台湾当局，却蓄意作出这项不合情理的规定，恰恰说明台湾当局最不讲“对等”！

（四）该“条例”密切配合台湾当局“国统纲领”“近程阶段”有关反对两岸直接“三通”的错误政策，从第二章第二十八条至第三十二条、第三十五条、三十六条以及第五章第八十条、八十一条、八十六条等条款，作出一系列严格而繁杂的规定：无论台湾、大陆或外国之船舶、航空器及其他运输工具，“未经主管机关许可”，均不得直航于两岸港口、机场之间；台湾地区人民、法人、团体以及其他机构，“非经主管机关许可”，均不得在大陆地区从事投资、技术合作、贸易以及其他商业行为；甚至连在台湾地区以外的国家或地区设立的分支机构，也不得与大陆地区之法人、团体、其他机构或其在大陆地区以外国家或地区设立之分支机构有业务上之直接往来。违反上述各项规定者，视情节分别处以三年以下有期徒刑、拘役或科或并科新台币100万元以上至1500万元以下罚金以及其他各种名目繁多的处罚。企图以这种严厉手段限制海峡两岸日趋密切的经贸活动和人员往来，继续将两岸交流严格控制在单向、间接、民间这种低层次、低水平之上，并以此作为讨价还价的政治筹码，迫使大陆承认台湾为“对等政治实体”、放弃“对台使用武力”、允许其“拓展国际生存空间”即搞“两个中国”或“一中一台”。

总之，从总体上来说，很明显，台湾当局制定“两岸关系条例”的“立法”目的，并非重在解决海峡两岸交往中所衍生的法律纠纷，推动两岸关系向前发展，而是继续以僵化保守的“政治考量”出发，企图通过单方面的立法行动，强迫对方在重大原则问题上让步，获取狭隘的政治利益。

三、“条例”践踏“平等”原则肆意歧视、限制大陆人民

“两岸关系条例”除存在上述严重问题之外，还打着“确保台湾地区安全与民众福祉”的幌子，肆意歧视、排斥、限制大陆人民。许多条款（主要在民事和刑事法律关系方面）作了不近情理的规定，损害了大陆同胞应有的权益。这种明显践踏“平等”立法原则的作法，无助于化解敌意、增进感情，促进两岸关系的正常发展。例如：

（一）“条例”第三章第六十六条规定：“大陆地区人民继承台湾地区人民之遗产，应以继承开始起两年内以书面向被继承人住所地之法院为继承之表示，逾期视为抛弃其继承权。”第六十七条又规定：“被继承人在台湾地区之遗产，由大陆地区人民依法继承者，其所得财产总额，每人不得逾新台币二百万元。超过部分，归属台湾地区同为继承人；台湾地区无同为继承之人者，归属台湾地区后顺序之继承人；台湾地区无继承人者，归属国库”。并规定“财产遗赠大陆地区人民、法人团体或其他机构者，其总额不得逾新台币二百万元”及不动产“大陆地区继承人不得继承之”等等。总之，从申请继承的期限、继承的数额以及到继承的内容、方式等方面，都明显地表现了偏袒台湾一方，严重地损害了大陆人民的感情和应享有的基本权益。

（二）除继承权之外，该“条例”对于大陆人民的其他权利也一概漠视。如第三章第五十条规定：“侵权行为依损害发生地之规定，但台湾地区之法律不认其为侵权行为者，不适用之。”也即说，衡量是否有“侵权行为”，可以不管大陆方面的法律如何认定，一切以台湾当局制定的法律为唯一“准绳”。而在第四章第七十八条中却规定：“大陆地区人民之著作权或其他权利在台湾地区受侵害者，其告诉或自诉之权利，以台湾地区人民得在大陆地区享有同等诉讼权利者为限。”也就是说，即便依照台湾当局的法律，大陆人民的权利在台湾受到了侵害，其诉讼权也不一定受到应有的保障。这种规定实在是蛮横不讲道理！

（三）“条例”第二章第三十三条、第三十四条、第三十七条以及第二章第十一条、第十二条、第二十一条等许多条款，在谋职、结社、出版、发

行、劳务、保险及其他各个方面设置重重障碍，限制两岸人民和团体之间的交往联系，歧视、排斥大陆同胞。这反映了台湾当局既不了解大陆同胞，也对台湾民众缺乏应有的信任。诚如台湾学者朱新民教授所言：这些条文“有很深的‘恐共情结’，而且犯了‘泛统战病”。

总之，台湾当局的“两岸关系条例”严重违背两岸人民应当“平等对待”的“立法”原则，笔者相信，这些不近情理的条款不仅大陆人民坚决反对，广大台湾同胞也不会赞同。

结　语

从以上对台湾当局“两岸关系条例”的粗略剖析，似可得出如下几点结论：

（一）“条例”具有明显的两面性：一方面，有部分条款反映了台湾当局迫于形势和海内外同胞强大舆论的压力，不得不对两岸交流的限制有所放宽，表现出一定程度的灵活与务实，因而客观上对两岸关系的发展有一定的积极作用；但由于台湾当局囿于不切实际的政治幻想，至今未能摆脱历史阴影和摒弃畛域成见，因此“条例”中有许多重要的条款明显落后于两岸关系发展的客观现实，阻碍两岸交流向更高的层次和水平发展，并不近情理地歧视、敌对大陆同胞，表明台湾当局仍不肯抛弃早已过时的保守僵化的大陆政策，具有明显的落后性、消极性和不平等性，如果强制施行，势必使两岸关系的主要方面停滞不前甚至倒退。

（二）该“条例”制定的政治、法律基础既然是台湾当局的伪“法统”和“国家统一纲领”，因而“条例”自始至终都贯穿着这样一条主线，即处处强调所谓“一国两区”、海峡两岸为“对等政治实体”和台湾当局的所谓“法律主权”等概念，以具体的法律条文来兜售、体现台湾当局所坚持的“一国两府”即事实上的“两个中国”或“一中一台”，因而该条例又具有典型的分裂性。

（三）由于该“条例”逆时悖理，违反民意，违背国家民族和海峡两岸人民的根本利益，因而其大部分不合时宜、不近情理的条款，势必在现实政治运作中难以得到贯彻实施，它所设置的阻碍两岸关系向前发展的重重障碍，终将会被历史潮流所冲垮，徒增中国立法史上的又一个不光彩的污点而已！

（1992年8月第二届“海峡两岸关系学术研讨会”论文）

一九九二年民进党透视

经历了一九九一年“台独”党纲风波和在二届“国代”选举中惨败的民进党，在一九九二年中经过不断调整策略、整合力量、组织运作，终于在今年底的二届“立委”选战中取得了前所未有的最佳战绩，以百分之三十六点零九的得票率获得了一六一席“立委”中的五十个席位。这一胜利，不仅使民进党度过了“台独党纲案”所造成的严重危机，进一步巩固了它在台湾政坛上第一大反对党的地位，而且在很大程度上改变了台湾政坛的力量对比，从而势将对今后岛内政局的走向、两岸关系的发展等产生重大而深远的影响。

一、民进党活动的主要特点

概括地说，民进党在一九九二年中的发展变化可以划分为以下三个阶段：

一月至五月民进党五届二全会议之前为第一阶段。在这一阶段中，民进党处于“台独”党纲风波和二届“国代”选战失败后的气馁、混乱和盲目挣扎之中。

第二阶段为民进党五届二全会议召开至八月底止。在这一阶段中，民进党开始总结、反省、整合组织、调解内部矛盾，并逐渐形成新的抗争策略，酝酿新的诉求重点。

九月以后为第三阶段。在这一阶段中，民进党经过调适，以新的姿态重新登上政治竞技场，并推出了一系列新的政策策略诉求和竞选政见，全力投入二届“立委”选举，最终如愿以偿，实现了预定目标，取得了较佳战绩。

考察民进党一九九二年的活动，有以下几个特点：

（一）诉求重点由“台独”转向“公共政策”。

海内外舆论普遍认为，民进党之所以在二届“国代”选举中失利，主因于“台独”党纲和激烈的“台独”诉求不得人心，吓跑了许多中间选民。面对残酷的政治现实，民进党不得不改变策略。进入一九九二年以后，他们降低了“台独”声调，开始寻求新的诉求目标。就连“急独”的“新潮流”也声称：今后“要注重执政与建国的‘公共政策’，特别是社会性、经济性与文化性议题。”[1]五月初民进党退出“国大临时会”后，开始着手研究年底二届“立委”的宣战策略。五月九日，“一位民进党中央党部的党工表示，在国内政治结构逐渐走向合理化之际，过去选战惯用的高度政治性诉求，如国会全面改选、台湾独立等，已不再适用于今年的选情，年底选举将是以公共政策为主的竞争”。[2]五月中旬召开五届二全大会后，党内对年底选举改打“公共政策”、“财经牌”已达成共识，开始全力投入选战准备。六月十四日，前党主席黄信介表示：“年底立委选举，民进党候选人不能停留在批评国民党的阶段，选民们听这些批评都麻木了，民进党一定要以公共政策为主要诉求，才能赢得选举。”[3]中间派系以邱连辉、陈水扁为首的“正义联线”七月三十日也提出：“民进党的政治努力应由以往纯意识形态的民族问题和以反对、抗争为主的民权问题诉求，转化成落实经济建设，为维护人民实利的民生问题而努力。年底选战，民进党应加强公共政策议题，并以‘财经牌’为论证焦点。”[4]八月十五日，党主席许信良正式对外宣布：“财经与六年国建等公共政策问题，将是民进党在年底立委选举的诉求重点，”[5]八月底，许信良再次宣布：“民进党将在十月下旬推出一套以财经为主的政策白皮书与执政蓝图”，并宣称，该党在此次选战中如得票率未达百分之三十，他将辞职以示负责。十月下旬，民进党陆续推出了“经济发展纲领草案”、“劳动政策纲领草案”以及“外交政策纲领草案”和所谓“现阶段两岸关系与对中国政策”等一系列“政策白皮书”。这套白皮书涵盖面相当广泛，涉及经济发展、“六年国建”、劳工政策、社会福利、“国土规划”、“国家安全”、“外交策略”、选举文化、文化发展，社会运动、教育制度以及两岸经贸等重要议题。这是民进党成立六年来所制定的一套较为系统的以公共政策为主体的政策性文件。这套白皮书的公布，标志着民进党的诉求重点已开始转变。

众所周知，制定一套真正切中时弊而又符合实际、行之有效的公共政策，乃是一项极其复杂的系统工程，并非是轻而易举的事情。然而民进党在以往“从未运用组织能力主动规划财经立委人选，更谈不上有系统性的财经趋向选战策略”[6]的情况下，居然在如此短促的时间内便拼凑出这样一套庞大的、包罗万象的政策性文件，其草率和投机性是显而易见的。这些政策纲领既非源于对岛内外环境全面、正确的掌握与研判，亦没有可靠、周到的可行性分析评估，更缺乏对信息反馈的调控余地。它所涉及的经济、劳动、文化等方面的政策内容十分笼统、空泛，甚至自相矛盾，而所谓“外交”、大陆政策以及经济、劳动纲领中的政治性议题却十分明确、具体和不厌其详，其特点是：“台独”货色充斥其中，反国民党的性格一览无遗。可见，民进党制定这套文件其着眼点仍重在反对统一、反对国民党，而非真正放眼于岛内的经济、社会和文化建设、关心台湾二千万民众的福祉。尽管如此，它说明统独问题已不再是民进党“立委”竞选的主调，从某种角度来看，对于改变民进党的形象确实起到了一定作用。

在推出“政策白皮书”的同时，民进党又抓住国民党若干受社会广泛抨击的弊案，如高速公路十八标工程、捷运三〇一标案及军品采购弊案以及中韩建交等议题，针锋相对地提出了“三反三要”（反军权、反特权、反金权、要主权、要直选、要减税），并搭配“一台一中”等十七项诉求，作为二届“立委”候选人的共同政见，向国民党发起第一波竞选文宣攻势。

第二波文宣攻势，原计划主打“一台一中”主张，但当广告文稿交给党主席许信良审阅时，许信良坚决反对，要求文宣幕僚人员继续坚持打“财经牌”，“当场指示第二张政党广告主题——‘减税’。后再经幕僚人员研商修正，改为批判近年来发生的受人瞩目的舞弊案”。[7]许信良分析说：“民进党通过台独党纲及国代选举，‘台湾共和国’意识形态主张的宣扬，台独意识形态的‘铁票’已经巩固，不必要再去加强，民进党应该加强中间选民的吸收，这是民进党选举胜负的关键。”[8]

可见，经历了“台独”党纲的风波和二届“国代”选举的挫败，民进党确已“痛定思痛”，将诉求重点由“台独”转向了“公共政策”。

（二）“台独”诉求的隐形化。

民进党迫于形势在转变诉求重点的同时，对“台独”的主张也实行淡化处理。一九九二年上半年，民进党几乎停止了所有赤裸裸的“台独”宣传。就连六月十四日成立的“新台湾重建委员会”，亦未明确打出“台独”旗号。但事实上民进党从未放弃过“台独”的基本立场，六月份，民进党代理秘书长陈师孟即声称：“民进党内部现在对‘中国问题’的歧见已经不大。”《中国时报》记者杨宪村也评论说：“该党自去年通过台独自决党纲后，本质为台独主张的自决论已成为党的指导思想，党内的台独倾向已相当一致。”[9]也就是说，经历“台独党纲”风波之后，使民进党内各派在“台独”诉求上原本存在的分歧变小，并找到了共同能接受的“交汇点”。其具体表现即是六月以后“台独”诉求策略的隐形处理。

六月十二日民进党成立了“对中国政策研拟小组”，专门负责收集大陆方面的信息和两岸关系发展变化的动向，研究因应策略。八月下旬中韩建交后，民进党抓住机会再度掀起“台独”声浪，所不同的是这次他们给“台独”更换了新的包装，不再露骨地称“台湾共和国”而改以较为含混的“一台一中”的口号代之。八月二十七日，民进党“国大”党团举行记者会，公开发表“确定一台一中、反对国共对谈”的声明，攻击“一个中国”政策，并扬言将在下期“国大”临时会上提出“变更国号”的“修宪案”。由此，“一台一中”、“反对统一”成为民进党在竞选文宣中大肆渲染的新的“台独”诉求。同公共政策诉求比较起来，民进党显然更精于此道。十月八日，民进党公布了在九月份“草案”基础上修订的“现阶段两岸关系与对中国政策”文件。该文件分为政治、国防、外交、两岸关系专责机构、两岸经贸投资、两岸社会、文化交流几个部分。前三部分的内容重弹了民进党的“台独”老调，值得注意的是后几个部分的内容。在“专责机构”部分中，民进党主张裁撤“国统会”，改组“陆委会”，监督“海基会”，筹设“独立运作之中国大陆政策研究暨资料中心”，表现出民进党要介入两岸事务的强烈企图。在“经贸投资”部分，主张严格管束投向大陆的资金，强调以“两国”方式进行贸易往来。在“社会、文化交流”方面，虽有“促进”交流的条款，但均以“依循准用国际间的法律、规定或惯例来处理相关事务”为前提。很明显，民进党正在将其一贯鼓吹的“两国两府”的“台独”理论进一步具体化、细致化、政策化，并试图积极介入两岸事务，影响和阻挠两岸关系发展的势头。在稍后公布的该党政策白皮书中，上述主张亦被融入该党制定的劳动、外交、经济发展等相关的政策条文之中。十月四日，民进党又积极参加了“一台一中行动联盟”组织的“台独”大游行，把其“反对一个中国”、主张“一台一中”的新的“台独”纲领推向了煽动群众情绪的实际行动阶段。与此同时，民进党“立委”则在“立法院”中轮番上台向郝柏村发难，竭力反对“一个中国”政策，鼓吹“一台一中”，从而形成了街头、议场内外配合的态势。

耐人寻味的是，在“立法院”总质询中，国民党籍“立委”、“集思会”干将吴梓、陈哲男也赤膊上阵参与“围剿”郝柏村，和民进党“立委”一唱一和，指称“一个中国”政策将把台湾两千万人“带向死胡同”，主张将“国家定位问题应采行“一台一中”或“两个中国”之政策。可见，“一台一中”这一经过包装的新的“台独”主张，不仅使民进党内各派系有了共同的“交汇点”，而且与国民党内的“独台”势力也找到了共同的“交汇点”，从而促成了岛内政坛上这两股分裂势力的进一步趋向合流。

（三）抗争策略开始转变。

岛内外进步舆论早就指出，民进党之所以难有发展，除“台独”诉求不得人心之外，过多的街头运动、议场上蓄意制造剧烈的“肢体冲突”也严重地损害了民进党的社会形象。但民进党领导层中的大部分人却不肯正视现实，直到一九九二年初党中央检讨“国代”选战失利的原因时，还认为在策略上主要是“配票失当，组织经营不力”，[10]并不认为以往的街头运动和议场上的肢体抗争有何值得反省、检讨之处。“新潮流”的洪奇昌在一月十九日发表的声明中仍然宣称：“在群众路线方面，新潮流体会到，经过多年的实践经验，群众路线必须再提升。”[11]因此，民进党在一九九二年的上半年，仍沿袭惯常手段与国民党抗争。例如，三月二十日“国大”临时会召开后，民进党一如既往，先是以无休止的“程序杯葛”向国民党发难，既而抢话筒、砸会场，造成“国大”议场殴斗的火爆场面。由于只占24%的少数席位使其无法在“国大”议案的表决中成势，于是民进党再次诉诸大规模的街头运动。四月中旬，民进党决定发动以“总统直选”为主要诉求的“四·一九”大游行。然而社会舆论却颇不以为然。游行开始后，民进党才发现民众的响应程度远比他们预估的要冷淡得多。几经动员，参加人数仍不足一万，坚持到最后的不过八百六十九人而已。拖延长达六天之久的大游行，使台北交通堵塞，许多商店被迫歇业，广大民众怨声载道，舆论一致谴责民进党“不顾民众生活，扰乱社会秩序，牺牲民众利益以求自逞”的不负责行为。这次街头运动，民进党不但没有能收到预期效果，反而使它的形象再次受到严重损害。紧接着，民进党“国代”又于五月五日借故集体退出“国大临时会”，企图以此赢得民众的同情与支持，迫使国民党在“修宪”问题上作出让步，但最终仍是一无所获，不得不又重返议场，这是民进党继一九九一年底“国代”选战失利后遭受的又一重大挫折。

经历了上半年的连续挫折之后，面对年底二届“立委”选举的日益临近，民进党人才开始冷静下来，认真思考抗争策略的转变问题。于是人们看到，自五月下旬五届二全大会闭幕后的半年多时间里，民进党已不再动辄发动大规模的街头运动造势，议场上的抗争也较以往“文雅”、克制了许多，包括一向迷信街头运动的“新潮流”和“独盟”在内，也都基本上转向选举路线，把主要精力投入到年底的选战工作。

但是由于民进党抗争策略的转变并非源于对以往经验教训自觉、深刻的反思，因而带有很大的盲目性和不稳定性。故此，民进党仍积极组织和参与了十月四日的“一台一中”大游行。在“立法院”总质询中，民进党“立委”的问政态度依然十分强悍激烈，虽未挑起“肢体冲突”，但“语言冲突”仍充满“火药味”。应当看到，民进党长期以来在台湾政坛上所处的弱势地位，以及该党骨干人物狭隘、偏激、好斗的性格和低劣的政治素养，都决定了它在与国民党抗争的策略运用上不可能是单一的、高水平的。总之，民进党距离现代的成熟政党还有很长的路要走。

（四）派系争斗的多极化。

“国代”选举的惨败，“台独党纲案”所引发的危机，加之五全大会后中央权力核心的重组，“新潮流”势力的急增以及秘书长改选风波等等因素的刺激，使民进党内“美丽岛系”和“新潮流系”两派的矛盾冲突愈演愈烈。一九九一年底至一九九二年初，两派大有分道扬镳之势。当时黄信介扬言：“万一民进党真的被解散也没关系，民进党趁机可以整顿内部问题，过去不和的趁此机会分开，一党叫‘民主党’，一党叫‘进步党’。”[12]这种情况使夹在两派之间的“泛”字号人物如谢长廷、陈水扁、江鹏坚、邱连辉等人顿生“危机感”。他们不甘心受两大派系的裹挟，开始串联组合，垒积自己的“山头”。一月下旬，谢长廷、江鹏坚、张俊雄、李庆雄等积极运作，酝酿成立第三派系。台湾报纸说：“由美丽岛系与新潮流系之外的人士所结合的第三派系，将可能定名为‘非派系联盟’”；“据核心人士表示，‘非派系联盟’势将在六月前成立，借由立委选举的部署完成整合。”[13]其实这些人早在一九九一年“国代”选举时就已私下串联频仍，只因后来受到党内舆论的压力才稍有收敛。与此同时，在“国代”选战中由陈水扁、邱连辉为首组成的“正义联线”亦加强了组织化运作，形成了党内新的次级团体。一月三十一日，该联线提出“十大制宪宣言”，内容虽无新意，但其代表派系观点的用意则是很明显的。在以后几个月的发展中，“正义联线的成员不仅越来越多，声势上也是水涨船高，俨然有党内第三派系的架势”。[14]然而“正义联线”的不断发展却又触动了“谢系”的利益，尤其是当陈水扁将谢长廷的密友江鹏坚也拉入“正义联线”之后，谢长廷大为恼怒。于是九月上旬，谢长廷如法炮制，也纠集了一批人组织起一个“台湾福利国联线”，公开与“正义联线”争夺区域“立委”候选人。台湾报纸报道说：“某位党中央干部表示，谢长廷、陈水扁各组联线表示要对外开拓票源的本意，在目的末达成之前，就先造成党内同志的紧张关系，其较劲意味，远远超过对外竞争的用意。”[15]

新的派系产生后，立即沿袭了民进党的内斗恶习，而原有两大派系在互斗过程中，内部亦出现了新的分化迹象，从而使民进党内的派系争斗愈加变得错综复杂。“美丽岛系”自一九九一年五全大会上痛失中常会主控权和秘书长职位后，几乎将一切希望都寄托在党主席许信良身上。而许信良为寻求党内派系的平衡，又不得不几次置“美丽岛系”的利益于不顾，因而引起“系内人士的强烈不满”。这样，在“美丽岛系”内部就逐渐形成了以许信良为一方，以黄信介、张俊宏为另一方的两个核心。九月份，“美丽岛系”十一位“立委”候选人组成的“政治家联线”中，“几位中坚干部皆对外宣称‘我们已经不是美丽岛系’”。[16]而“美丽岛系”内部的新生代亦在此时产生离心倾向。例如在九月份民进党内的政党比例及侨选“立委”候选人的预选中，“美丽岛系”的新生代推出陈昭南公开与许信良、黄信介瞩意的张旭成抗衡，即显示出这一动态。至于“新潮流”方面，其内部矛盾与分歧亦已公开化。由于“新潮流”从运动路线向选举路线转变，引起派系内部的剧烈争吵，其“刚性”组织路线因此而受到动摇，“出现第二代向领导班子决策表示异议的反常现象”，“小弟争相出头的战国时代即将到来”。[17]此外，“独盟”势力的介入，也使得“新潮流”岛内急进“台独”的领袖地位大受威胁。一方面他们需要和“独盟”联手与“美丽岛系”争夺党内的主控权，另一方面又要防范“独盟”蚕食其苦心积累起来的岛内政治资源，这给“新潮流”带来了很大的困扰。

特别值得注意的是，一九九一年角逐党主席落败而尚未加盟任何一派的重量级人物施明德，也于一九九二年六月十四日主控成立了一个“新台湾重建委员会”，并公开表示他不能只定位在“中常委”的身份上，摆出了一副有朝一日要取党主席许信良而代之的架势。如果考虑到施明德的长老教会的背景和与文化、学术界的渊源，他不无可能成为新的一派领袖，并在未来民进党内的权力之争中扮演举足轻重的角色。

总之，一九九二年民进党的派系之争明显呈多极化，诚如台湾《中国时报》六月十四日的一篇报道中所指出：“最近一年来，由于内外因素并发，民进党派系出现分化发展，民进党派系生态结构已从春秋时代进入战国时代。”二届“立委”选举的胜利，暂时缓和了民进党内派系分合的紧张情势，但矛盾并未因此消除，裂痕依旧存在，可以预见，随着岛内政局的演变，民进党今后仍将面临复杂的派系斗争，

（五）加强“政党外交”，寻求美国支持。

民进党的生存与发展，在很大程度上是仰仗美国的撑腰。人们不难发现，每当民进党处境不妙时，总要向美国寻求某种保护和支持，并美其名曰：“政党外交”。二届“国代”选举失利后，处在内外交困中的民进党于年内连续两次由党主席许信良亲自率团赴美乞援，可谓异乎寻常。

第一次是一九九二年三月，这是民进党成立六年来首次由党主席带队赴美作正式公开访问。行前，当年“党外四人行”主角之一的黄煌雄接受记

者采访时宣称："民进党作为台湾最大的反对党，有责任也有义务寻求美国的了解，让国际知道民进党的诉求。"[18]剥开这段话的外交辞令，不啻是说：在当前民进党面临遭国民党解散的危机之际，有必要寻求美国的保护和支持。许信良到美后除继续鼓吹"台独"外，更以美国的在台利益相引诱。他说："国民党多年来一直在排阻外人参与台湾快速的经济发展"，此举等于"拒绝给予美国及其它外商得利于我们经济成长的机会"，"这种情形尤其存在于保险、银行、证券交易、电讯、信息、公共建设等方面"。"而这些也正是美商保有高度竞争力的部门"。[19]并满口承诺民进党将致力于消除关税及非关税贸易障碍。台湾报刊评论说："民进党主事者在进行这种尝试时，最好别以为经贸外交像基本民主政治理念那么简单，人人可无师自通，要知道，经贸外交如果玩得不好，不但可能搬石头砸自己的脚，也可能使自己的角色扮演发生错乱。"[20]民进党发动的'四·一九'游行开始后，美国参院外委会主席佩尔风尘仆仆远道赶来助阵，民进党人感激涕零，倍受鼓舞。当台湾当局在美国"三〇一条款"威胁之下赶忙向"立法院"送交"著作权法修正案"时，民进党"立委"一反以往对国民党各种提案一概杯葛反对的常态，在"立法院"卖力护航，使该提案得以很快顺利通过。据台湾报刊揭露，该提案提交"立法院"辩论时，民进党籍"立委"魏耀乾竟然将美国称之为台湾的"宗主国"。[21]不难想象，民进党一旦执政，台湾一旦真的"独立"，那么这种所谓的"独立"将意味着什么！

第二次访美是七月份。当时正值民进党内因"贿选"风波发生严重危机，许信良不顾党内许多人反对党主席此时出国访问的呼声，执意应邀率团赴美，出席美国民主党年会。当布什不顾中国政府的强烈反对公然宣布"对台军售案"之后，一向主张减少"国防预算"的民进党再次一反常态，对美此举表示热烈欢迎、衷心感谢！并趁此机会又一次掀起"台独"波澜，毒化两岸气氛。

二、民进党二届"立委"选举获胜之原因分析

二届"立委"选举，国民党受挫，仅获得53.02%的选票及一六一席次

中的九十六席；民进党则取得了突破性的进展，获得31.03%的选票及五十席“立委”，首度接近三分之一的席次。究其原因，主要有以下主客观两个方面。

从客观方面来说：

（一）国民党内斗空前激烈，削弱了自身力量，使民进党“坐收渔翁之利”。

二届“立委”选举是近几年来岛内最重要的一次选举，它不仅关系到国、民两党在台湾政坛上的实力消长，同时也直接影响到国民党内部“主流派”与“非主流派”之间权力再分配的关键之战。因此进入一九九二年后，国民党内的两大派就展开了愈来愈激烈的明争暗斗。选举作业开始后，以李登辉为首的“主流派”利用主控党中央的有利地位，采用限制提名人数、控制辅选系统等手段，极力压制以郝柏村为首的“非主流派”，企图通过这次选举尽量削弱“非主流派”在未来“立法院”中的实力，以为一九九三年初“行政院”改组时除掉郝柏村，并为在随后召开的国民党“十四大”上全面扫荡“非主流派”势力奠定基础；而处在“生死存亡”之秋的“非主流派”当然不甘任人宰割、自动退出历史舞台，于是利用一切机会向“主流派”反击。一九九二年中，在台湾社会、政坛上曾引起强烈震撼的一连串事件，如所谓“十八标工程关说案”、“土地增值税案”、“证交税调降案”、“一中一台违纪案”等等，实际上都是国民党内两派势力较劲的具体反映。“财政部长”王建煊，特别是“环保署长”赵少康毅然辞去公职，自行参选，典型地反映了“非主流派”强烈的危机感和不惜“背水一战”的决心。竞选拉开序幕后，两派“立委”候选人互相攻讦，互挖墙脚，使国民党的选战布局一片混乱，文宣攻势顿挫，票源大为分散，无法发挥整体作战的优势，大大削弱了自身的力量。其结果，虽然有一批“非主流派”战将以高票当选，但许多“主流派”瞩意的候选人却纷纷落马，败在民进党人手里。李登辉本想借这次选举之机铲除党内异己，结果却事与愿违，反而让民进党大获“渔翁之利”。

（二）广大民众对国民党腐败统治强烈不满，期望建立制衡体制，由于“第三势力”难成气候，民进党遂成为这种民众意愿的受益者。

台湾的政治转型已初步上轨，广大民众在二届“国代”选举中虽然承认了国民党统治的“执政地位”，但并不希望重新出现“一党独裁专制”的局面。特别是在一九九二年春召开的“国大临时会”上，国民党籍“国代”利用他们掌握“修宪”主导权的地位，争权牟利，将原本“无给职”的“国代”改为“高给职”等等，引起广大民众的强烈不满。尔后又出现一连串的如“十八标工程关说案”和“土地增值税案”、“证交税案”等，“金权政治”愈演愈烈，内斗不息，广大民众深感失望，竞选的大气候本已对国民党十分不利。然而国民党高层人士却仍陶醉于二届“国代”选举获胜而罔顾民情，在“立委”候选人提名时反其道而行之，九十八名候选人之中，“金牛型”的人物竟然多达三十六人。加之竞选期间国民党籍的候选人“贿选”空前猖獗，花样翻新，更招致选民的极大反感，普遍期望有一个强大的反对党来制衡国民党。而目前在台湾政坛上，“第三势力”势单力薄，在这次选举中虽然分别推出一百多人参选，但大都不具知名度，且一盘散沙，难成气候，在选民心目中，唯有民进党有能力充当制衡国民党的角色，因此有相当数量的中间选票流向了民进党。

从主观方面来说：

(1) 民进党文宣造势较为成功，抓住了国民党的弱点，争取到不少中间选票。

民进党吸取了上一年二届“国代”选举失败的教训，在这次选举中刻意淡化“台独”主张，转变诉求重点，调整抗争策略，在一定程度上使民进党不良的社会形象得以改善。特别是文宣攻势坚持打“财经牌”，并迎合选民心理，抓住国民党“贿选”、“金权政治”等要害集中火力猛攻，“三反三要”的口号明确、尖锐，引起选民的强烈反响，收效很大。台湾报纸评论说：“国民党李登辉曾经对于三反与三要提出反驳，可是相当缺乏说服力”[22]，民进党以公共政策争取选民认同，“虽然部分内容引起诸多争议，也未能在一夕之间赢得民众对民进党具执政能力的信任，但对民进党外在形象的提升，确有极大助益。”[23]与二届“国代”选战时相反，这次“立委”选举，国、民两党文宣攻防位置完全改变，国民党始终被动挨打，而民进党则咄咄逼人。

（2）民进党“一台一中”的主张模糊了“台独”诉求的急进性，对欺骗部分选民、拓展中间票源有一定作用。

一九九一年底二届“国代”选举的结果，反映出大多数台湾民众求稳怕乱、反对“台独”的心态。这次选举民进党改变策略，重新拉起温和的面纱，在中韩建交后，利用台湾当局“外交”挫败之机，提出“一台一中”这一含义较为模糊的“台独”诉求，并将这种诉求隐藏于该党提出的一整套公共政策之中。由于“一台一中”的主张很难与国民党“主流派”推行的“独台”政策划清界限，具有相当的迷惑性、欺骗性和可接受性。诚如台湾学者说：“民进党今年的一台一中主张，系与外交政策、大陆政策衔接讨论，人民的排斥率降低”[24]，因而也吸引了一部分中间选民，拓展了民进党的票源。

（3）民进党“精锐尽出”，取“名人效应’；加强组织运作，发挥“整体作战”优势，提高了得票率。

今年二届“立委”选举是岛内近几年来首次具有政权转移可能的一次最重要的选举，虽然民进党目前尚无问鼎实力，但选举结果对以后几年举行的省、市、县长及“立委”乃至“总统”选举都将产生重大的影响则是不言而喻的；而且“立法院”是未来台湾政坛上的重镇和最重要的“角斗场”，一切重要议案均需“立法院”审议通过。因此，民进党“视此次选举为‘台湾民主成败的关键’”之战，较二届“国代”选战更为重视。于是它充分利用了台湾民众“选人不选党”的选举心理，全力推出党内最具知名度、最有社会影响的“明星级”人物参选，如姚嘉文、黄信介、张俊宏、施明德、谢长廷、陈水扁、吕秀莲、邱连辉、彭百显、邱垂贞、林浊水、卢修一、洪奇昌、颜锦福、陈婉真……这些都是经常在媒体曝光，台湾民众“耳熟能详”、“家喻户晓”的民进党各派系龙头。台湾报纸说，这次民进党是“全党菁英尽出”，“几乎在每个选区都有强棒，气势大有别于去年的第二届国代选举”。[25]民进党由这批“重量级人物”牵头，组成所谓“政治家工作室”、“福利国联线”、“正义联线”等各种名目的“联线”或派系山头、次级团体，强化了组织运作和辅选，发挥了“整体作战”的优势。选举结果证明，民进党的上述策略对于吸引选民、提高得票率和当选率确实起到了重要作用。

三、民进党的未来走向

由于这次二届“立委”选举的胜利，民进党在今后台湾政坛上的实力和影响大为增长，党内各派系对于通过“议会选举道路”击败国民党、走上执政之路，将进一步达成共识，信心大为增强。该党的近期目标，将全力转入一九九三年底的县、市长选举，以期夺取尽可能多的席位，形成所谓“地方包围中央”的态势；远期目标，则是赢得“总统”选举或谋取三届“立委”超过半数以上的席位，取代国民党的执政地位；而最终目标，则是谋求台湾脱离中国而独立。

为达成上述目标，民进党在今后几年内的可能走向是：

1. 鉴于二届“国代”选举惨败和二届“立委”选举获胜这正、反两方面的经验教训，今后民进党将会继续淡化“台独”诉求，关注公共政策，减少街头群众运动和议场上的“肢体抗争”，以图进一步改善社会形象，迎合台湾民众的心态，在今后的选举中获取更高的得票率和当选率。

2. 由于民进党“立委”席位已增到五十席，“立法院”内的十二个专业委员会中民进党籍“立委”将占据相当数量的“召集委员”。而且仅差四票民进党即可在“立法院”否决国民党的各种提案。可以预料，今后民进党必将进一步在“立法院”加强对国民党的抗争，以扩展其在台湾政坛和社会上的影响力。所谓开放电子传媒，“总统”和省、市长直选、军队“国家化”、打破国民党党营事业垄断经营以及各种人事任免、预决算审查、大陆政策等方面，都将是民进党杯葛国民党的主要议题。另外，也不排除民进党在某种情况下拉笼无党籍乃至少数国民党籍“立委”，形成暂时的多数，否决国民党执政当局的一些重大决策性提案。因此，在未来的“立法院”中，两党的斗争将愈加剧烈和复杂，沟通将愈加重要和频繁，但同时也将会愈加困难。

3. 为加强“问政”能力，并为日后的执政奠定基础，民进党将利用现有的人才组建“影子内阁”；同时将加紧向知识界、学术界、工商企业界渗透，尽可能多地吸收具有专业知识和素养的人才人党，加强公共政策研究，为“影子内阁”提供问政和决策咨询，并为日后执政储备人才。

4. 淡化“台独”诉求只是民进党的策略调整，并不意味着它已放弃了“台独”主张。因此这种所谓的“淡化”是有限度的、不稳定的。由于民进党在“立法院”中的实力大幅提升，可以预料，今后民进党“立院”党团一方面将极力杯葛任何有利于两岸关系发展的政策性法案，致使这类法案难以顺利通过或久拖不决；另一方面将以该党制定的所谓“现阶段两岸关系及对中国政策”为蓝本，在“立法院”中提出各种提案或质询，竭力推销其“两国两府”为中心内容的“大陆政策”。

5. 二届“立委”选战的胜利，暂时缓和了民进党内各派系间的矛盾冲突，加之县、市长选举在即，亟需一致对外，故在短期内不致发生组织分裂的危机。但矛盾的暂时缓和并不等于分歧的解决，相反，由于民进党各个派系的代表人物均已进入“立法院”，特别是“中间派系”获得了超过“美丽岛系”和“新潮流系”的多数席位而蹿升为民进党“立院”党团中的“主流派”，因此，民进党各派系在未来的“立法院”中，立场的协调统一将会愈加困难，内部矛盾将进一步多极化、复杂化，一有风吹草动，新的派系争斗乃至分裂危机仍有可能发生。

6. 由于民进党在台湾政坛上的地位和实力大为提升，从而增强了进行“政党外交”和介入两岸事务的信心和资本。可以预料，今后民进党一方面将会进一步拉拢美国和西方政界中的反华势力，争取尽可能多的国际同情，扩大其国际影响，妄图将台湾问题“国际化”。以“台湾”名义进入联合国，将是民进党今后努力奋斗的既定目标。另一方面，为争取台湾工商企业界的支持，影响两岸关系发展，民进党有可能进一步采取步骤，试探与中共的接触与交往。

【注释】

[1] 台湾《民众日报》一九九二年一月二十日。

[2] 台湾《经济日报》一九九二年五月十日。

[3] 台湾《中国时报》一九九二年六月十五日。

[4] 台湾《中国时报》一九九二年七月三十一日。

[5] 台湾《中国时报》一九九二年八月十六日。

[6] 台湾《中国时报》一九九二年七月三十一日。

[7] 台湾《中国时报》一九九二年十一月九日。

[8] 台湾《中国时报》一九九二年六月十三日。

[9] 台湾《中国时报》一九九二年六月十三日。

[10] 台湾《中国时报》一九九二年一月七日。

[11] 台湾《中国时报》一九九二年一月二十日。

[12] 台湾《中国时报》一九九二年二月十一日。

[13] 台湾《中国时报》一九九二年一月二十一日。

[14] 台湾《民众日报》一九九二年九月十二日。

[15] 同上。

[16] 同上。

[17] 台湾《中时晚报》一九九二年六月十四日。

[18] 台湾《民众日报》一九九二年二月十四日。

[19] 台湾《经济杂志周刊》一九九二年三月十五日。

[20] 同上。

[21] 台湾《海峡评论》一九九二年第六期第八十四页。

[22] 台湾《台湾时报》一九九二年十月二十七日。

[23] 台湾《中国时报》一九九二年十一月九日。

[24] 台湾《台湾时报》一九九二年十月二十七日。

[25] 台湾《中国时报周刊》一九九二年九月十九日。

（1993年1月撰写，收入《台湾一九九二》，1993年8月出版，与何磊合撰）

台湾地方意识与国民党当局的“宪政改革”

始于九十年代的台湾“宪政改革”是国民党当局“政治革新”的重大步骤。它将实现国民党政权的台湾化，对中国政治和两岸关系产生重大影响。那么台湾的“宪政改革”何以能够推行？广大民众在这个过程中表现出何种意向与特点？这种意向和特点又将对今后两岸关系产生什么影响？笔者就上述问题试作如下粗浅分析。

（一）

七十年代以后，随着台湾经济的发展，地方财团迅速崛起，中产阶级和知识分子阶层迅速壮大，台湾社会阶级结构出现了重大变动。为了维护自身利益，这些新兴的社会阶层和集团强烈要求参与台湾地方政治。他们这种因经济实力的变化而产生的政治需求，又通过以认同台湾为聚居地，要求掌握自己的命运，维护岛内稳定与发展这种台湾地方意识而强烈表现出来。

所谓“地方意识”主要是指人们对于其生活、居住地域的认同。从中国历史的发展历程看，千百年来人们以农耕为生，由于每家耕种面积小，需要水利，为了安全，以及中国宗法制度下的财产继承制度，使人口在一个地方一代一代地聚居起来，并形成大小不等的村落。世代定居成为生活在这些村落中的人们的常态。因而，他们在活动范围方面有地域上的限制，加之交通不便，区域间接触往往相对较少，村落与村落之间相对隔离，各自保持着相对孤立的社会圈子。每当遇到天灾、战乱，部分农民便背井离乡另谋生路，这样便出现了基层人口的流动。对于处在迁徙中的农民来说，“同村”是相互信任、帮助、认同的最小地域单位。由此推及，在本乡与外乡，本县与外县，本省与外省，本国与外国的人员交往中，人们首先信任和认同的是本村、本乡、本县、本省、本国的人。所谓“河北人”、“广东人”；所谓“乡里”、“乡亲”；所谓“月是故乡明”、“低头思故乡”等等，就是这种地方意识（或曰地域意识）的反映。就生活在台湾地区的人们而言，其独特的地理环境与历史际遇，又使得这种地方意识带有不同于大陆其他地区的鲜明特点，即具有相对牢固的地域认同感，强烈要求主宰自己的命运，并愿为此而奋勇抗争，流血牺牲。

七十年代以来，伴随着台湾经济的发展而急剧膨胀起来的台湾地方意识，以强烈要求参与台湾地区的政治生活为其重要特征。这给国民党政权的统治造成了强烈冲击。为了适应这一变化，以巩固国民党在台湾的统治地位，自 1986 年起，国民党当局开始实行所谓"政治革新"。此后，解除"戒严"，开放"党禁"、"报禁"等等。使得在国民党三十多年高压统治下所造成的民间积怨得以表达。台湾地方意识迅速公开抬头。

所谓"公开抬头"，这里主要是想强调，战后，特别是 1947 年"二·二八"事变后，台湾地方意识作为台湾民众的一种地域认同观念，它一直十分浓厚。1949 年国民党政权退据台湾后，将其在大陆建立的那一套专制独裁统治体制移植到台湾。这一政权在政治上偏安一隅，却又妄称"代表全中国"；它依靠军、警、宪、特和高压手段维护自己的统治，与台湾民众尖锐对立；它片面追求经济上的发展，却罔顾劳工利益，漠视环境保护与消费大众的权益；致使台湾在经济高速发展的同时，付出了巨大的社会成本。因此三十多年间台湾地方意识便在一定程度上通过对所谓"外来"的国民党政权的不满与反抗这一政治问题，以省籍矛盾的形式曲折地表现出来。尽管在国民党当局的"戒严"体制下，台湾民众的这种不满与反抗情绪遭到压抑，但却在不断地积蓄。于是，当台湾当局解除"戒严"、开放"党禁"、"报禁"后，台湾民众久蓄于胸的这种对国民党政权的不满与反抗情绪便犹如开闸之水，夹带着泡沫和泥沙奔流而出了。

一时间，政治受难者人权运动、原住民人权运动、老兵福利自救与返乡运动、反污染自力救济运动、妇女运动、劳工运动、教师人权运动、校园自治运动等等，此起彼伏，一浪高过一浪，使得沉寂多年的台湾社会喧嚣不已。从这些运动所提出的纲领、口号与斗争目标来看，尽管有些运动提出了带有明显或若明若暗的分离主义倾向的纲领或口号，但这并不是八十年代中期以来台湾社会运动的主流。这一时期台湾社会运动的共同特点是：坚决维护自身权益，强烈要求主宰自己的命运，以改变其现有的不尽合理的生存环境或方式。这体现了台湾地方意识的基本特征。

如果说台湾当局“政治革新”的推行，使得台湾地方意识迅速公开抬头的话，那么，台湾地方意识的抬头又推动着台湾当局的“政治革新”不断向纵深发展，并在一定程度上规定和影响着其发展的进程与方向。

例如在台湾政治权力的整合方面，继国民党当局调整所谓“中央民意机构”，采取强制“退职”办法，迅速减少“立法院”、“监察院”和“国民大会”中大陆籍“资深代表”名额，大幅调整台籍与年轻“增额民意代表”的比重后，1990 年 1 月台湾“立法院”通过“第一届资深民意代表退职条例”；同年 4 月，国民党中常会通过“党籍资深立委二年三阶段退职”办法，要求“资深立委”两年内全部退职；1991 年 4 月“国大临时会”召开，制定“宪法增修条文”，授给第二届“国大”以必要的“法源”；1991 年底举行二届“国大代表”选举；1992 年初召开二届“国大临时会”；1992 年底对“立法院”进行迁台四十多年后的首次全面改选……

经过这样一番整合，台湾政治权力机构发生了两个重大变化：

第一，台湾政治权力机构中，省籍结构由过去以大陆籍人士为主体变成以台籍人士为主体；政党结构由过去国民党“一党独大”变为民进党与国民党在“立法院”中席位渐次接近；年龄结构则由老一代“资深民意代表”和“资深立委”占绝对优势变为在台湾政治权力机构中以中壮年为主导。

第二，进入台湾政治权力机构的年轻一代，普遍接受过西方式的民主教育。其知识化、专业化程度高，独立性强，对台湾地区有较深的地域认同感。同时，他们经过竞选而步入政权机构，因此在今后的问政、参政、行使职权过程中，他们为了塑造自己的形象，争取选民，保证连任，将会较多顾及民意反应。

这样，在未来台湾政局的变化中，在海峡两岸关系的发展方面，普遍存在于台湾民众之中的台湾地方意识，又将作为一种潜在的力量，起着推动或制约的作用。

（二）

既然台湾地方意识将对未来台湾政局和两岸关系发生重要影响，我们就有必要对现阶段，特别是对台湾当局所推行的“宪政改革”期间台湾地方意识的具体表现进行分析。

根据台湾各传播媒介在“宪政改革”期间所做的民意调查、“国代”、“立委”候选人在竞选过程中所发表的演讲，以及报刊刊登的有关报道，我们似可对台湾地方意识在目前的具体表现做如下概括：

第一，强烈要求参与台湾地区的政治生活。

在1991年底二届“国代”选举期间，台湾报刊登载了“二届国代”候选人财经背景扫描的文章。这些文章说，在台湾北部，台北市的“国代”选情与财团挂钩较不明显，但仍可看出端倪；台北县和桃园县则深为地方派系财团所把持。在台湾南部，高雄市选情受各大企业变数影响，高雄县则以派系为基础，做辐射状展延。文章将这种现象称之为“台湾工商界的政治投资学”，认为工商界之所以公开投资这些政治代言人，是因为“期望透过政治角力斗场上的胜利，来保证他们的商业资源”。[1]

不仅工商界，台湾学界也积极投入选战。《新新闻》周刊第247期曾以《学长学姊打选战，学弟学妹来帮忙》为题，报道了台湾学运成员大举投入选举参选及助选的情况。据作者统计，台大、政大、辅仁大学、东吴大学、中兴大学等校学生社团的学生，担任候选人的“文宣策划”，或担任候选人的“助理”，或管理候选人的“行政事务”，或帮助候选人收集、分析政见。此外，还有不少知名学生为候选人助讲。学生们认为，候选人之所以来找他们，主要是因为近一两年学运引起大家注目，选民觉得大学生形象好、新鲜，所以想听大学生演讲。而他们之所以愿意去助讲，除理念认同外，都因为与该候选人认识或有合作运动的经验。

这种参与意识在选民中较明显地表现为“选人不选党”。据《新新闻》周刊制作的“台湾当前主要问题”问卷调查，民众对于“如果现在举行任何一种选举，有下列几个政党的候选人参选，你比较愿意投票给哪一党的候选人”这一问题，回答“视候选人而定者”，1990年为66.4%，1991年为57.8%，1992年为62.4%。[2]

民众的参与意识在候选人方面则反馈为他们大多在竞选过程中强调自己将作为民众的代言人。例如，台北县第一选区候选人简省三在其竞选广告中这样说：“中央要有基层的心声，方知土城的需求，简省三，咱们下情、上达的代言人！”南投县第一选区候选人林光演表示：要“为弱势农业争生存”，“要以民意为依归，与民共甘苦，民之所恶恶之，民之所好好之”。高雄县第四选区候选人陈子钦则以做过河卒子自勉，表示要“为客家文化的延续发展，开创契机，为台湾前途的开展，创造生机”。

民众的参与意识与候选人的反馈二者之间互动的结果往往对选举产生影响。例如，在二届“立委”选举中，国民党的魏镛选前并不看好，但选举结果却名列前茅。民进党的沈富雄因台北南区很多选民看中他是留美医学博士而高票当选。至于民进党的其他一些候选人，由于选民投票时首先考量的是其本人而非其政党属性，也因此能够当选。

由此可见，存在于民众之中的强烈的参与意识，一方面推动着他们积极参与台湾地区的政治生活，一方面又促使他们根据自己的利益与价值取向去选择台湾政界人物。这预示着，经由选举而步入政界的人将不得不在一定程度上兑现自己在竞选中的承诺。于是台湾地方意识便将作为一种长期起作用的因素，对今后台湾政局和台湾当政者的政策走向产生影响。

第二，对国民党的统治体制与统治方式不满。

《新新闻》周刊自1990年9月起，连续三年制作的《台湾当前主要问题》抽样问卷调查中，有五个题目从一个侧面反映出这方面的情况。这就是：

40%以上的受访民众“非常同意”、“相当同意”或“有点同意”“法院不公正”这个看法。

60%以上的受访民众“非常同意”、“相当同意”或“有点同意”“民意代表只为自己牟利，没有反映民意”这个看法。

近20%的受访民众“非常同意”、“相当同意”或“有点同意”“目前我们的国家缺乏好的领导”这一观点。

40%以上的受访民众“非常同意”、“相当同意”或“有点同意”“高层政府人物忙于权力斗争，而不重视民意”的看法。

23%的受访民众对国民党上半年的执政表现“有点不满意”、“相当不满意”或“非常不满意”。[3]

民进党在“宪政改革”中充分利用了台湾民众的这一心态。例如他们在为竞选“国代”而制作的电视宣传片中有这样一段解说词：“四十年来，我们只能有一种想法、一个方向、一条道路”。“除此之外，你就会被扭曲、抹黑甚至消灭”。“你愿意让我们的孩子，也在同样的道路上，走向一个模糊的终点吗?”“我们相信你是一个有独立思考能力的人”。“你能够创建更多的想法、更多的方向和更多的道路，独立思考，自主选择，现在正是时候”。

国民党则针对民众心态以“您的老朋友”的身份走上银屏，强调自己“有处理危机的能力”，表示自己执政，“政治要革新”、“社会要安定”、“经济要繁荣”。

候选人亦毫无例外地针对台湾民众的上述心态提出各自的竞选口号。例如，在二届“国代”竞选期间，高雄县第二选区候选人简茂松提出“要官意符合民意”，“要人权不要特权”。台北市的陈安邦、台中市的林俊义、台南市的唐碧娥、台北县的陈忠作、桃园县的郑宝清等19人号召选民“请与我们一同拒绝贿选”。他们说：“酱油味精不会使自由更美味，肥皂牙膏不会使政治更干净。花钱买票就是要台湾没有出头天!”

九个月后，当69.1%的台湾民众认为“民意代表只为自己牟利，没有反映民意”时，[4]来自国民党和民进党方面参加二届“立委”竞选的60位候选人以“中秋明月，鉴我清心”为题联合发出誓言：“我等铭誓，于壬申年底，立委大选，必当杜绝贿选、暴力、诬告、谩骂、人身攻击等不当之行为，并行监督检举之义务，务使大选公正于天下。天日昭昭，明月鉴我清心。如违誓言，有如天狗食月化为乌有。”[5]

如果说上述材料还只是间接折射出台湾民众对于现实政治不满的话，那么在1992年底所进行的二届“立委”选举中，许多“金牛级”候选人纷纷落马的事实就直接反映了台湾民众“要清流，不要主流、非主流”态度。

第三，自身利益与本岛利益第一。

生活在台湾地区的民众，希望自己的生活环境稳定，既有利益不受损害。因而他们十分关心岛内涉及其社会生活各个层面的问题的解决。至于岛内政争、海峡两岸关系问题，也都以不造成社会动荡为前提。这个特点在“宪政改革”期间表现得十分明显。

首先，在“国代”、“立委”的竞选中，“要福利社会不要暴力社会”、“要人民当家不要强人当政”、“要竞争不要政争”、“要环保不要太保”、“要建国不要滥建”的竞选纲领折射出台湾民众关心涉及自己切身利益问题的心态。

例如，台北市第三选区“国代”候选人陈鸿基在竞选过程中列举台北市施工、地下管道、垃圾、绿地、饮用水水质等9个直接影响市民生活的问题，并一一提出对策，表示自己“不仅关心宪政大业，更关心您的生活”。桃园县第一选区“国代”候选人徐振兴则在自己的政见中表示，“力求安定，促进社会和谐。提供安居乐业的生活环境”；“加强沟通，改善劳资关系，促进劳资合作，提高生产效率”；“发展科技，培养经济发展高级人力资源，推动工业升级”；“善尽言责，探求民隐，反映民意，促使政府加速国家建设”；“健全金融法规，促进基层金融蓬勃发展”。台北市第三选区“国代”候选人廖书雯更以“这就是我们喝的水吗?”作为自己竞选广告的标题，以吸引选民。

其次，与关心其切身利益诸问题相联系，台湾民众“求稳”的心态也是显而易见的。这不仅表现为只要台湾地方政坛一有风吹草动，股票立刻暴跌，资金开始外移，而且表现为台湾大部分民众对“台独”主张不认同。

例如，在二届“国代”竞选过程中，民进党公开提出了建立“台湾共和国”的主张，这使它的得票率从1989年台湾“区域立委”选举时的27.3%下降为23.9%；其得票数为2，036，271张，是国民党得票数6，053，366张的33.6%。

例如，在二届“立委”选举过程中，台湾朝野两党为赢得选举的胜利，使出浑身解数。国民党方面不仅提出了20条竞选“共同主张”，采取对候选人员足额提名与实行小选区等策略，而且动员了包括李登辉在内自上而下有组织的强大宣传攻势。但是，其所获席次和得票率都比预计的低。而其高票当选者的一大特色则是坚持“一个中国”，反对“台独”的候选人，如赵少康、王建煊、郁慕明、关中、李庆华、魏镛等。

如果我们进一步分析这些高票当选者的竞选纲领，那么可以再次印证广泛存在于台湾民众之中的本岛利益第一的价值取向。例如，李庆华在竞选演说中，抨击金权政治扼杀社会正义，揭示“一中一台”祸害；宣传直航有理。他认为两岸直航有利于台湾人民，可以省时、省力、省钱；两岸交流的目的在于维持两岸和平。唯有两岸和平，台湾才能继续安定、繁荣、进步。他指出，真正爱台湾的人必须要把两岸和平放在最优先的地位。他说自己不是“急统派”，而是“热爱中华民国的‘民主统一派’”。他呼吁人们“捍卫中华民国，反对一中一台”。这一“捍卫中华民国的战将”的形象，使他以高票当选为二届“立委”。

同一时期，民进党在二届“立委”选战中之所以获胜，主要原因之一也是因为它吸取了二届“国代”选战惨败的教训，刻意淡化“台独”诉求，改打“公共政策”、“财经”牌，因而才吸引了不少中间选票。

上述现象的出现，正如台湾报刊所评论：“台湾已经是一个稳定和要求稳定的社会，意识形态游戏的空间将会缩小，务实改革者的空间将会增大”，“以‘理想’、‘崇高’等虚妄的事务已不能吸引选民，选民要求的是比较负责、比较用功、比较有见识和有担当的政党及政治人物。”[6]可以预见，这种现象势必在1993年底县市长选举以及今后的一系列选举中愈加清楚地显现出来。

通过以上分析我们可以看出，当前普遍存在于台湾民众之中的地方意识，在保持其地域认同和要求主宰自己命运等基本特征的同时，还带有台湾战后历史发展的特殊印记。这就是：对国民党的统治方式与政策的不满，特别是对国民党政权在台湾工业化过程中直接损害部分地区民众利益的做法强烈不满。这种不满和对居住地域的认同，使他们在参与台湾地方政治生活时，首先关注的是其自身利益、本岛利益不受损害。因而求稳怕乱。同时，他们在保持其既得利益的前提下，又希望进一步扩大这些利益。于是求安定、求和平、求发展便成为他们考量涉及岛内各种问题的出发点。

（三）

展望未来台湾地方意识对台湾政局和两岸关系的影响。可作以下推断；

第一，从“宪政改革”期间，特别是竞选过程中，台湾各派政治势力相互斗争的状况来看，岛内党派斗争已开始由过去以国民党或民进党划线，表现为候选人的政治观点、施政主张能否为民众所接受。这不仅表现为在二届“国代”选举前有57.8%的受访民众表示要根据候选人而决定自己的投票行为；[7]在二届“立委”选举前又有62.4%的受访民众表示要视候选人而决定自己的投票行为，[8]而且表现为台湾地区的受访民众认为，他们选“总统”、“行政院长”，首先考虑的因素不是其省籍，而是其本人的政治主张、行政能力和是否体察民情。由此我们可以看出，尽管目前在岛内不同省籍的人们对于政治生活的感受尚不尽相同，对朝野两党的支持率亦有差异，但随着时间的推移，省籍问题将会逐渐淡化。

第二，随着岛内“宪政改革”的逐步完成，台湾政坛目前围绕“宪政改革”而进行的政治斗争，将逐渐围绕公共政策而展开。这在“国代”、“立委”竞选的文宣攻势中已初露端倪。而《新新闻》周刊所进行的问卷调查中，1992年有57.9%的民众认为其生活没有什么改变，11.6%的民众认为其生活变差的答案，[9]又从另一个角度为人们提供了未来台湾政治斗争内容变化的社会心理征兆。由此可以预见，在这样的社会背景之下，国民党为了维护其统治地位，将有可能大幅度调整其统治政策和统治方法。

第三，就两岸关系而言，台湾地区的民众从维护其自身利益出发，将会更加积极地参与其间。为求发展，他们将倾向于海峡两岸在祥和的气氛下，扩大各项交流；为求稳定，在今后一个时期内，他们对两岸统一的要求不会很急迫；同时，他们也不会赞成建立“台湾共和国”，以避免“刺激中共”，致使两岸紧张、岛内动荡。

这将使得民进党在与国民党争夺对台湾地区的执政权的斗争中，将会利用现阶段台湾地方意识中对国民党政权的统治方式与政策的不满情绪，给国民党的统治造成更大的压力与冲击。但与此同时，迫于民众的压力，民进党为走上执政之路也不得不对其“台独”主张的宣传与推行有所收敛。并以更加积极的态度介入两岸事务，以争取选民的认同。

这对国民党当局来说，在制定和执行其大陆政策时，将不得不顾及大多数民众的意愿。1993 年 5 月号台湾《远见》杂志所刊登的系列报道《三面高雄》可作为一个特证。这篇报道说，由于国民党政权多年来实行“重北轻南”政策，高雄地区的政治人物和群众对此愤愤不平。他们反对“大台北主义”和“大中国意识”。其地域观念、本土意识如怒涛拍岸，这使得李登辉几度研拟重大决策时（如，“总统”选举方式、土地增值税方案）。在亲自或委人南下巡访后，每每政策大转向。高雄市市长吴敦义也表示，“统一”在台北获得支持度如果是“10”，那么愈往南部则愈淡漠。我们从这里可以看出，今后上述状况将会成为制约国民党当局突破两岸关系现状的一个因素；同时也使他们有可能在未来两岸关系中与大陆、在台湾地方政治中与民进党打“民意牌”。

因此，既反“急统”又反“急独”将成为一个时期国民党大陆政策的特点之一。而从求稳定求发展出发，不“统”不“独”，不仅将成为一个较长时期内台湾地方意识在海峡两岸关系问题上的主要表现，而且将成为大部分民众认同国民党当局“一个中国”、“一国两府”、“拓展国际生存空间”等项政策的社会心理基础。

第四，在中国和平统一过程中，台湾地方意识既有可能被分离主义意识所利用，又有可能抑制岛内的分离主义倾向。

目前在台湾地区存在于一般民众之中的台湾地方意识，与部分人士所鼓吹的分离主义意识交织并存。后者甚至时常以前者的面目来包装其分离主义企图。这种状况，容易使人们误认为台湾地方意识的抬头就是分离主义意识的抬头。其实二者是不能等同的。

通过前面的叙述我们可以看出，地方意识主要是指人们对于其生活、居住地域的认同。而分离主义意识则是地方意识的无限膨胀，以至于将本地区的利益放在全民族的利益之上，并由此主张该地区与其所属国相分离。

就台湾地方意识而言，它具有相对牢固的地域认同感。这使它与台湾分离主义意识中对台湾地区的认同有相同之处，也是后者得以借前者来鼓吹其分离主张的原因所在。

而分离主义意识之所以能够在台湾地区传播，又与台湾地区人民近百年来的特殊历史境遇密切相关。以战后台湾地区的历史发展过程为例。光复之初国民党政权的所作所为辜负了台湾地区人民脱离日本殖民统治，回到祖国怀抱后的深切期望。“二·二八”事变的发生反映了台湾民众对国民党统治的强烈不满。其后不久，国民党政权在大陆的统治崩溃退至台湾，它不仅带来了其政权机构，军、警、宪、特组织，而且带来了高压统治政策，从而同台湾地区广大人民更加深了统治与被统治的阶级对立关系。然而，对认同台湾为其生活地域的一般民众而言，国民党政权是以外省籍人士为主导，从大陆败退而来、并强加给自己的统治机构。它不能代表或保障自己的利益。这样，在台湾地方意识里省际交往中认同本省的因素开始发挥作用。对广大下层民众而言，国民党政权对台湾人民反抗斗争的镇压，是外省人镇压本省人；而具有阶级斗争性质的反抗国民党政权的斗争，在下层民众看来又无异于反抗外省人。于是省籍矛盾——这个存在于台湾地区的非常敏感而特殊的矛盾，便在一定意义上掩盖了台湾地区的阶级矛盾。在这样的社会氛围中，相当数量的下层民众不难与“外来政权都是殖民主义政权”、“反抗殖民压迫、争取民族独立”等分离主义主张发生某种程度的共鸣。于是，台湾分离主义意识便夹带着“反抗外来统治”的雨丝洒向民间。

尽管在台湾地方意识中，认同本省的特点能够在特定条件下与台湾分离主义意识中地域观念的无限膨胀产生共振，但是台湾地方意识作为中国的地方意识，又有在国际交往中认同中国这个基本特点。这是它与台湾分离主义意识的本质区别。

“宪政改革”期间，大部分台湾民众之所以不同意民进党的“台独”纲领，固然与其求稳怕乱的心态有关，但若究其社会心理的深层原因就能看到，是台湾地方意识中认同中国的这个特点在起作用。可以为此提供例证的是，在1992年9月20日－26日《新新闻》周刊所刊登的问卷调查结果中，尽管有36.1%的受访民众害怕战争；有31.6%的受访民众认为台湾与大陆关系发展的速度过快；有50.6%的受访民众认为目前台湾治安问题严重；48%的民众认为“高层政治人物忙于权力竞争，而不重视民意”，但却有

69.6%的受访民众表示“如果有能力、有机会可以移民”，自己“绝对不会移民”；有6.3%的受访民众表示“会考虑，但不太可能移民”。

这75.9%的数字向我们提出了一个严肃的课题——今后如何发挥台湾地方意识中认同中国这一特点的积极作用，以抑制岛内的分离主义意识，促进中国的和平统一？这需要我们进行认真的思考和回答。

结　论

通过以上考察我们可以得出这样的结论：台湾地方意识是带有自己鲜明特色的地方意识。它推动着国民党当局的“宪政改革”，并在一定程度上影响着“宪政改革”的深度与方向。现阶段台湾地方意识主要表现为台湾地区的民众对国民党政权的统治政策与方式的不满；强烈要求参与该地区的政治生活；为使自身利益不受损害，他们求稳怕乱，在处理有关岛内外各种问题时，本岛利益第一是其价值指向。这体现了台湾地方意识中认同自己的生活地域、处理省际关系时认同本省的特点。虽然这一特点与台湾分离主义意识中的地域认同观念有相同之处，但是，台湾意识作为中国的地方意识又具有在国际交往中认同中国的基本特征。这是它与台湾分离主义意识的本质区别。目前正确认识和评价台湾地方意识中认同中国的特点，充分发挥其抑制岛内分离主义倾向的作用，对于促进中国的和平统一有重要意义。

【注释】

[1]《新新闻》周刊，1991年12月9日－12月15日。

[2][3]《新新闻》周刊，1990年9月24日－30日、23日－29日、20日－26日。

[4][8][9]《新新闻》周刊，1992年9月20日－26日。

[5]《新新闻》周刊，1992年9月6日－12日。

[6]《新新闻》周刊，1991年12月23日－29日。

[7]《新新闻》周刊，1991年9月23日－29日。

（台湾研究会第三届学术年会论文，1993/07，与周大计合撰）

一九九三年民进党政策与策略的调整

一、民进党活动的主要特点及问题

综观民进党一九九三年的全部活动，不难看出该党无论在政策、策略上，还是在党的体质、组织发展等方面均发生了许多变化。这些变化可以概括为如下几个主要特点：

（一）以“公共政策”为诉求重点，向选民展示其执政能力。

由于国民党当局“宪政改革”的不断深化，使民进党以往赖以和国民党抗争的大多数政治诉求失去了着力点，而一九九一年底“国代”选举民进党惨遭失败，则充分证明激烈的“台独”诉求严重脱离社会现实而不断给党造成巨大伤害。诚如台湾学者所言：“现阶段台湾政治民主化运动已走到终点，相对的，主权独立运动也迈向终点。”[1]客观政治环境终于迫使民进党内各派达成共识，体认到要想获得选民的支持，就必须将诉求重点转向公共政策。该党“立委”陈水扁即指出：“民进党要以福利、财经、环保等议题为重点，不能再停留在过去的意识形态。”[2]基于上述认识，一九九二年十月“立委”选举前夕，民进党曾首度尝试推出“公共政策白皮书”，并在竞选文宣中刻意淡化“台独”主张，改打“财经牌”，这对于改善民进党的社会形象，赢得二届“立委”选战的胜利，无疑起到了重要作用。为争取更多选民的认同与支持，早日实现梦寐以求的执政目标，进入一九九三年之后，民进党更着力于公共政策的研究，相继推出了一系列的公共政策纲领和主张，竭力向台湾民众展现其执政能力，并以此为诉求重点，和国民党展开激烈竞争。新年伊始，民进党即发表“国是建言”，就两岸关系、“国家”定位、“六年国建”、“宪政改革”、地方自治、社会福利等各个方面，系统详尽地阐明了该党的政策主张，被视为民进党的“执政蓝图”；二月，民进党“立院党团”在会见李登辉时又代表反对党提出十五项政策主张及诉求，内容包括“开放电子媒体经营”、“推行福利国观念，增设福利部、保障弱势及全民福利”、“如期办理老人及农民年金制度”、“全民健保如期办理”、“成立农业部及劳工部”、“全面检讨六年国建”等；六月中旬，又推出“台湾经济发展蓝图”，从国际关系、产业结构、“国土”规划、资本市场到金融政策、人才政策、福利政策以及政府决策、行政改革等七个方面进行了深入的探讨，提出了相当具体的主张。与此同时，该党“立委”许添财和彭百显还公布了“经济振业替代方案”，对“行政院经建会”版本的振兴经济方案提出“修正”。七月底，民进党在台北举办建党以来的首次大型文化研讨会，以所谓“捧起台湾的泥土”为主题，分别就历史、文学、美术、电影、电视等议题进行了为期四天的讨论，回顾和反思了战后的台湾文化政策，并提出未来的发展方向，意图改变以往民进党“只谈政治不谈文化”的形象。八月二十七日，民进党创党七年来的第一个“劳动政策纲领”出炉，基本内容是：反对引进外籍劳工、公营事业民营化时要保障员工权益、制订基本工资标准、依劳工生活成本调整工资以及开办失业保险等。十月，该党又陆续推出“新台湾地图——迈向二十一世纪的国土规划”、“乡村发展策略”以及年底县市长选举的九项“共同政见”等，内容也全都是涉及“国计民生”的公共政策具体主张和诉求。

然而，岛内有关专家学者在肯定民进党这一转变的同时，也纷纷指出：民进党的政策建议“多半仍停留于理念层次或较笼统的观念上”，在技术执行及目标设定的深化研究方面，“仍有许多复杂的困难需要面对”，而且有些政策诉求明显自相矛盾而缺乏可行性，确实是“只为吸引媒体注意和讨好选民而出发的”[3]，因此，带有很大的投机性和作秀成分在内。

（二）改变斗争策略，转换党的体质，发挥体制内强力制衡作用。

考查民进党建党七年来的发展历程，可以看出该党的斗争策略发生了很大变化。创党初期，民进党动辄发动群众走上街头，以激烈的抗争手段来突显其政治诉求和主张，给国民党施加压力，甚至不惜制造流血事件，借以壮大声势，争取民众的同情和支持，累积政治资源。进入九十年代以后，随着国民党“宪政改革”的推展，岛内政治环境发生变化，民进党在政坛上的势力有所增长，于是斗争策略也开始调整。到一九九二年五月该党五届二全大会召开之前，民进党基本上实行的是体制内的议场抗争和体制外的街头运动双管齐下、互相配合的所谓“双轨”策略，即利用街头运动的声势来弥补议场内抗争实力的不足，迫使国民党向其让步。故此，民进党在成立之初的二、三年时间里，从街头到议场，从社会到政坛，刻意制造了一个接一个的火爆殴斗冲突场面，搅得岛内不得安宁，朝野关系十分紧张，民进党也因之付出了巨大的社会成本。然而，自五届二全大会后，特别是从一九九二年底“立委”选举后的一年多时间里，人们发现，民进党的斗争策略发生了很大变化：不仅大规模的街头造势运动已基本放弃，而且议场上的抗争也较以往理性了许多，就连一向热衷于街头群众运动的“新潮流”和“独盟”在内，也都基本上转向了体制内的选举路线。总之，选举路线已成为民进党内各派系的共识，占据了主导地位。如今，民进党的一切运作，包括政治运作和组织运作，均已完全转向“选举”，试图通过赢得一次次选战，最终打败国民党而走上执政。陈水扁所谓“三阶段执政论”的提出，标志着民进党这一基本路线的确立。与此同时，随着斗争策略的改变，民进党的体质也随之逐渐发生变化，即由原来具有“革命”属性的政党，开始向现代竞争性的“民主”政党方向转换。

民进党斗争策略的改变和体质的转换不是偶然的，它与岛内政治环境的丕变和民进党自身政治势力的壮大发展直接相关：（1）经过一九九一年底二届“国代”和一九九二年底二届“立委”选举，“国会”的全面改造业已基本完成，国民党政权已经“本土化”，民进党再从体制外进行抗争已失去了它的“合法性”和“正当性”；（2）民进党在岛内政坛上的实力和地位得到大幅提升，从而增强了它在体制内向国民党抗争和制衡国民党的资本与信心；（3）伴随着岛内政党政治格局的初步形成，台湾已进入所谓“选举时代”，选票将决定一切，在野势力要想在政坛上占有一席之地并最终夺取政权，唯有通过体制内的理性问政和公共政策竞争，争取选民，赢得选举，才能不断发展壮大，有所作为。民进党内有许多人已体认到：“经过终年征战的倥偬岁月，打出了半片江山，现在是应该脱下戎装，好好静下来研究发展公共政策了。”许信良即说：“民进党在去年选举胜利后，目前最重要的挑战是如何努力扮演好一个有纪律、能团结的现代化国家反对党角色，争取老百姓的信任”，“以便能在本世纪结束前，达成执政的愿望”，而

“不应该再采取肢体语言这类激烈的方式”。一九九三年“国大”临时会上，民进党籍“国代”张川田掌掴“考试院长”提名人邱创焕，便遭到民进党党内的同声谴责并作公开道歉，由此可以看出该党的斗争策略确已发生变化。

民进党斗争策略的改变和体质的转换在“立法院”中表现得尤为明显。在一九九三年“立法院”长达五个月的第一会期中，民进党的五十一位“立委”表现出很强的“内聚力”和相当的问政素质，可以说和往日相比不可同日而语。他们基本上能一致对外，协作行动，既大力宣传了该党的政见，充分展示了自己的公共政策，又与其他党派（包括国民党“非主流派”）合纵连横，以主动进攻的姿态抑制住了国民党“主流派”为代表的政治对手，“激进”但不失态。仅占“立法院”总席位百分之三十一点六的“少数党”，却成为主导议事的“多数党”。结果使一些代表国民党“主流派”意志的重要提案遭到否决，例如一九九四年度总预算被删除四百二十亿元；而针对国民党“主流派”的一些重要提案，如“阳光法中的四大强制原则”、“有线电视法”、删除“华山迁建预算案”、删除“高速铁路预算案”等却被通过，较为充分地发挥了反对党的强力制衡作用。

然而，由于历史的和现实的原因，民进党斗争策略的改变和体质的转换仍面临诸多矛盾和问题。首先，选举总路线的确立，使民进党与广大劳工和弱势族群原本存在的阶级矛盾更显突出。民进党虽一向标榜其为“全民党”，但实际上只要考查一下该党的纲领主张以及它成立七年来所提出的政见诉求，便不难看出，该党主要是反映台湾中产阶级（特别是本省籍中产阶级）的利益、要求和愿望，使得昔日与之并肩战斗过的并曾给予过它巨大支持的许多基层社运团体的关系已日渐疏远，使其逐渐丧失了对社会运动的主导地位。尤其是近些年来，民进党为早日走上执政，更频频向大、中企业和官僚资本招手靠拢，比以往更漠视广大劳工和弱势族群的切身利益，有不少人甚至认为民进党事实上正在“国民党化”。一九九三年五月，由民进党邀集的包括岛内环保、劳工、人权、农民、妇女、原住民和政治受难者等数十个社运团体参加的座谈会上，与会代表对民进党当前政策主张的诸项缺失提出了严厉的质疑，便清楚地表露出下层民众对该党的不满情绪，发展下去势将对民进党今后巩固和开拓社会资源十分不利。如何解决这一问题？民进党内始终存在着不同声音。县市长选举落败后，有人公开主张民进党仍应兼顾群众路线，关注弱势团体，坚持“体制内外相辅相成的理论”。[4]然而众所周知，政党乃是阶级利益的代表者，所谓“全民党”在事实上根本就不存在，民进党不可能既为资产阶级而同时又为广大劳工谋利益。因此可以预见，民进党无法在两者之间找到平衡点而真正解决这一矛盾。其次，党内日趋严重的腐败现象已逐渐侵蚀党的机体，损害党的形象。诸如党员从政品德逐渐败坏，许多公职人员明显卷入政治交易的问政模式，并开始利用职权搞特殊化，有些甚至已涉入各种不当“关说”、弊案、丑闻或绯闻；大量花钱搞“贿选”的情事也已出现并有日渐加剧现象；“党内对以‘人头党员’作为初选标准的恶质化运作问题仍乐此不疲，且未见有任何改善的迹象”等等。台湾报纸评论说：这“尽管只是个别的或局部的现象，但不能排除它在将来会慢慢变成整体的现象”。[5]在这方面，民进党的“国民党化”恐怕也只是时间早晚的问题，这无疑将严重损害民进党的社会形象，为其今后的发展带来隐忧。再次，从组织发展的角度上看，民进党的基层组织过于薄弱、党员人数与选票之间不成比例以及“人头党员”泛滥、人才严重缺乏等诸多弊端，也将会严重制约民进党的体质转换，给日后执政预伏危机。

（三）调整大陆政策，积极介入两岸事务。

民进党建党伊始便存在浓厚的“分离意识”和“台独”倾向，一九九一年十月公然将“台独”条款纳入党纲后，更蜕变为货真价实的“台独党”。因此，从总体上、根本上说，民进党的大陆政策不可能是积极的、进步的、符合时代潮流的。但相对而言，民进党建党七年来的大陆政策主张及其动作，前后比较，仍可明显地看出其不同的发展阶段和特点：建党初期，民进党以很大的勇气，率先冲破国民党的政治禁忌，公开主张放弃“反攻大陆”，终止两岸对抗，以和平方式谋求两岸关系的解决；要求开放探亲、旅游，并“以积极、主动、开放的精神”，开展两岸学术、文化、体育和科技交流，“乃至通商、通邮、通航的沟通”。[6]客观地说，这一时期民进党的大陆政策是比较积极进取的。但由于民进党提出上述大陆政策诉求乃是出于其反国民党的性格，并非源于对祖国统一的关切。于是，当国民党当局迫于岛内外同胞的压力，为维护自己的统治而不得不采取一系列实际步骤缓和及改善与大陆的关系之后，民进党的大陆政策便很快地转向保守和倒退。从一九八八年四月该党临时会开始到一九九二年年底二届“立委”选举前夕，民进党通过了一系列的政策性文件（如“四·一七”决议文、“一〇·〇七”决议文、“现阶段中国大陆政策”、“民主大宪章”、“保卫台湾纲领”、“台湾宪法草案”、“两岸关系与对中国大陆政策”等），成立所谓“台湾主权独立运动委员会”、“保卫台湾委员会”、“一台一中行动联盟”等，公然鼓吹“台湾主权独立”，主张两岸政府间“互相承认，和平共处”，“依国际法及惯例处理一切事务”，要求国民党“废除一个中国政策”，反对所谓“国共片面和谈”，防止“中共吞并台湾”等等，矛头不仅针对国民党，更针对大陆，甚至在党纲中增列“台独”条款，掀起一波又一波的“台独”声浪，成为岛内阻挠两岸关系发展、反对祖国和平统一的主要分裂势力。然而，二届“立委”选举后，民进党在隐蔽“台独”诉求、改变斗争策略的同时，大陆政策也随之重新作出调整，开始积极介入两岸事务，并主动寻求与大陆改善关系。一年来在这方面的主要动作有：

1. 加强对大陆的接触了解，主动寻求与大陆改善关系。以往民进党曾几次试图组团访问大陆，但都因党内意见分歧而未能成行，该党前秘书长张俊宏还曾因此遭到“新潮流”的群起围攻。但二届“立委”选举后情况发生了很大变化，民进党内部在与大陆接触并建立联系上已达成共识。一九九三年三月中旬，张俊宏主动赴深圳要求与大陆有关部门负责人接触，返台后即向该党中央建议，组团在第三地与中共举行两党会谈，随后，“立委”张旭成也提出由民进党“立委”和党工组团赴大陆访问。党内许多头面人物如许信良、黄信介、谢长廷等均表赞成，认为民进党应当改变以往的被动做法，建立“与中国充分沟通的管道”。“新潮流”和“独盟”也改变了态度，虽反对与中共“党对党谈判”，但对组团访问大陆了解情况及党员以个人名义赴大陆也表赞同。一九九三年中，除张俊宏先后两次访问大陆外，该党其他高层人士如谢长廷、姚嘉文、蔡同荣及陈水扁“助理访问团”，也分别组团赴大陆进行了首次考查。由谢、姚率领的“福利国联线”访问团，七月十九日至二十八日考察了深圳、厦门、上海、北京等地。返台后在记者会上称：“此行突破了民进党公职人员以个人身份前往中国的限制，收获甚丰”，“不但有利于民进党大陆政策的形成，并且有助于今后两岸经贸互补”，同时还就两岸关系发表五点呼吁，主张“降低两岸的猜疑与敌意”，加强学术、科技、文化交流，为台商在大陆提供“应有的奥援与保护”等，被台湾媒体视为民进党“在两岸关系上历来少见的新主张”。

2. 开始重视对“大陆政策”的研究与规划，向国民党当局提出新的“大陆政策”诉求和主张。民进党创党以来，实际上从未真正认真研究和规划过大陆政策，其大陆政策诉求与主张和急剧发展着的两岸关系早已严重脱节，因而一再受到岛内舆论的严厉批评和工商界特别是中小企业的压力。一九九三年中，该党中央和“国大”党团分别成立了专门负责具体研商大陆政策的“两岸关系政策小组”和“对中国政策小组”，广泛收集资料并吸收与大陆关系密切的专家学者为其出谋划策。同时，民进党还邀集相关学者举行了一系列的“中国政策研讨会”，检讨该党对两岸关系的策略，研究如何在坚持“基本原则”的条件下形成一套新的具体、务实、可行的大陆政策。在此基础上，三月二十二日民进党“国大”党团公布了两岸关系和大陆政策的研究结论。有关两岸关系，主张由“总统”在最短期内召开两岸关系的“国是会议”；废除“国统会”，由“国安会”及“陆委会”、“海基会”分层负责对两岸关系政策及大方针的厘定与推行；考虑加速两岸通航。并提出大陆政策的所谓“四项基本原则”：(1)“一台一中”的台湾法律主权独立原则；(2)“台湾安全”的优先原则；(3)“平等互惠”的实质原则；(4)“和平共存”的善意原则。根据上述原则，又提出了数项大陆政策的具体“要点”，要求国民党当局采纳施行：“应尽速寻求参与亚太市场共同集体防卫体系，以保卫台海及西太平洋的安全与安定”；“对外经贸应朝‘多元化’市场方向发展，以免过分倚重大陆市场而陷入中共‘以商促政’的统战阴谋”；“不可引进大陆劳工或让大陆‘流民’大量偷渡来台，以免造成台湾社会的不安定及治安上的忧虑”；“在‘台湾安全’能够确保的考量下，可以考虑加速两岸文化体育交流”。

3. 积极要求参与国民党当局大陆政策的决策过程和介入两岸谈判事务。

几年前国民党当局相继成立“国统会”、“陆委会”和“海基会”三机构，分别负责大陆政策的咨询、决策和执行。对此，民进党始终抱持冷漠、批判和拒不参与的消极态度。进入一九九三年之后，民进党却一反常态，向国民党当局主动要求加入“陆委会”和“海基会”，声称今后要以积极的态度介入对大陆事务的决策过程，在体制内发挥在野党的“监督”作用，防止“黑箱作业”。此外，民进党还提出在“立法院”增设“两岸事务特别委员会”作为常设机构，民进党依政党比例参与其中，以便能利用这一“法制化管道”监督国民党当局大陆政策的决策与执行。迫于民进党的压力，“国统会”聘请了民进党四位人士出任咨询委员，“陆委会”也同意吸纳该党人士作为制定大陆政策的咨询对象，以示让步。

对于两岸四十多年来首次高层次接触的“汪辜会谈”，民进党格外关注，反应十分强烈，会谈尚在规划阶段，民进党即公开表示反对，宣称两岸关系的解冻“不能躁进”、不能“急于一时”、“国民党在国统纲领预设了统一立场的前提下会谈，将一步步走入中共的陷阱”，认为会谈“既无必要也不合时宜”。三月十八日“陆委会”公布《辜汪会谈背景说明书》当天，民进党“立院”党团总召集人施明德发表谈话，对会谈是否涉及政治性问题提出质疑，要求与国民党共组“立委观察团”赴新加坡监督“会谈”，以使“会谈”透明化，“减轻人民对国共和谈的疑虑，防止出卖台湾”。随后，该党秘书长江鹏坚拜会“陆委会主委”黄昆辉，提出由民进党派人以“海基会”随行人员或顾问的名义参与“汪辜会谈”的要求，并推荐“台教会”会长林山田以学者身份代表民进党担任海基会顾问。民进党声称：“辜汪会谈是重大涉外事务，民进党作为最大的反对党，没理由不介入，替人民监督。”当一切努力均告失败后，民进党气急败坏，大骂辜振甫是“台奸”，发表声明要求停止会谈，甚至不顾一切，自行组织了一个所谓“辜汪会谈监督团”，跑到新加坡大闹会场，引起国际舆论的侧目。

民进党调整大陆政策、积极介入两岸事务是岛内政治形势和两岸关系发展所促成的。随着“宪政改革”的大致完成，岛内的政治问题已基本得到解决，国、民两党争夺台湾政局主导权的斗争焦点已转移到有关台湾前途和两岸关系的问题上面。民进党一方面担心由于“两岸关系的迅速发展造成有利‘台湾被统一’的政经环境”，从而使其发展空间大大压缩；另一方面又怀疑李登辉真的有意“逐鹿中原”而有朝一日会“出卖台湾”。因而民进党急欲调整大陆政策，积极介入两岸事务，与国民党争夺岛内政局发展的主导权，并借此监督国民党，防止台湾被“出卖”。其次，二届“立委”选举获胜后，民进党实力大增，执政前景看好，但同时也因此而给该党消极僵化的大陆政策造成愈来愈大的压力。民进党体认到：不管他们主观上是否情愿，两岸关系问题是无法回避的，“必须做好有朝一日派代表与中共谈判的准备”，如果“对中国事务没有经验的累积及了解，是非常危险的”。因此，民进党改弦更张，试图通过介入两岸事务，加强与大陆的接触交往，逐步积累经验，培养人才，以因应两岸关系的发展，并为日后一旦执政与大陆打交道预作准备。

（四）调整“台独”诉求，积极配合国民党主流派推行“独台”路线。

近年来，随着国民党的“台湾化”、国民党政权的“本土化”以及李登辉在党内的领导地位日益巩固，国民党主流派在有关台湾前途的重大问题上已从“一个中国”的立场严重倒退，其“独台”真面目已日趋暴露出来，就连民进党“新潮流”系的核心人物邱义仁都说：双方“在对外关系上，并不是那么容易区分的。”进入一九九三年以后，由于“李连体制”的建立，特别是通过十四大的召开，李登辉为首的国民党主流派已在党内流派斗争中取得了全面的、压倒性的胜利，于是更加放心大胆、无所顾忌地推行其“独台”路线。对此，民进党人心领神会，对国民党主流派的“独台”言论和举措，不仅大加赞赏，及时给予鼓励和声援，同时还不失时机地调整其“台独”诉求与策略，在具体行动上积极予以配合。“台独”与“独台”，这两股分裂中国的势力事实上已经合流，其中最为典型的事例，莫过于两党联手推动“加入联合国”。

一九九三年九、十月间，国民党主流派利用联合国召开四十八届年会之机，用金钱买通中美洲七小国，企图将台湾加入联合国的非法提案塞进大会议程，造成“台湾问题国际化”的既成事实。对于国民党主流派这一新举措，民进党大表欢迎并予全力支持。围绕着所谓“参与联合国”问题，国、民两党一唱一和，互相呼应，密切配合。首先，在加入联合国的名称和方式上，两党各作让步，求同存异。国民党原本坚持以“中华民国”名称“重返联合国”，而民进党则主张以“台湾共和国”名称申请“加入联合国”。一九九三年，国民党主流派改用“中华民国在台湾”的名称申请“参与联合国”。对此，民进党相应作出让步，表示如果台湾能被接纳为联合国成员，“我们愿意接受任何称谓”，并公开声称要与国民党在国际间扮演黑白脸的角色，“推动国民党不便说，不便做的事情”。其次，民进党密锣紧鼓替国民党主流派大造声势，进行各种辅助活动。例如，二月间由民进党新科“立委”吕秀莲筹组的“台湾加入联合国促进会”在台北成立，随后发起了长达三个月之久的签名运动，于五月二十日将签名呈交给李登辉，要求国民党当局加快进军联合国的步伐；六月，国、民两党又联手成立所谓“全国各界支持参与联合国行动委员会”，共同推动加入联合国的行动；与此同时，民进党中央与“立院”党团还分别设立加入联合国的相关组织；九月联大召开期间，许信良和黄信介等一大批民进党高层领导亲自出马，分赴欧洲、美国等地进行游说活动，寻求国际社会支持，与国民党主流派的活动遥相呼应。上述事实表明，两党在拓展台湾所谓“国际生存空间”、试图将“台湾问题国际化”方面，已经步调一致，不再遮遮掩掩了。

（五）加强内部整合，营造团结气氛，大力发展组织。

民进党内历来山头林立，内部矛盾和流派之争并不亚于国民党。二届“立委”选举后，党内派系势力重新分化组合，形成了“美丽岛”、“新潮流”、“福利国联线”、“正义联线”和“台独联盟”五大派系，使情况更为复杂。而且各派系的龙头人物大都当选“立委”，进入了“立法院”。于是，如何求同存异，加强党内团结，在“立法院”运作中一致对外，发挥整体作战的优势，制衡国民党，争取民进党的最大利益，成为当务之急。针对这种情况，民进党中央一方面强调团结的重要性和迫切性，指出：“选举奏捷，首先应归功于党的团结”，“团结是民进党获得台湾人民支持的关键”，要求党籍“立委”团结一致，勉力问政，取得具体成效，共同树立“理想、团结、有力”的反对党形象。另一方面，又从组织上采取措施，预防流派之争。一九九三年一月中旬，民进党“立院”党团修改了组织规程，决定增设四位副干事长及十位“立法院”各委员会负责人，并规定党团设“合议制干部会议”，以加强内部团结，推动党团运作。其后，在党团“三长”（总召集人、副总召集人、干事长）人事竞逐中，各派系经过多次台面下的协商，最后采取提前决定后两年“三长”人选的办法，圆满完成整合。从“立法院”第一会期该党“立院”党团的表现以及年底县市长选举的情况来看，民进党内各派系的确能基本上顾全大局，团结一致，共同对外，体现出该党历年来少见的团结气氛，甚至在竞选中打出“团结的民进党对抗分裂的国民党”的旗号，以争取选民的认同与支持，这对转变民进党的社会形象，提高得票率，起了一定作用。

一九九三年中，民进党在组织发展方面也大有起色。首先，在党员人数方面，由二届“立委”选举前的四万余人猛增至年底的五万多人，增幅在百分之三十左右；其次，社会基础进一步扩大，党员素质有所提高。据报道，新加入民进党的党员中，既有中小企业主和颇有知名度的商业社团成员，也有政府公职人员及乡县级“民意代表”，还有不少知识分子。截至一九九三年六月底，民进党已拥有大专文化程度以上学历者二千余人，其中有九十七个博士、一百四十六个硕士。由此看来，经过一年来的大力经营，民进党在组织发展方面确有显著起色，使其抗衡国民党的实力进一步增强。

但是，对于民进党的上述变化也不可评估过高，因为：（1）从党内团结方面来说，一年来党内各派系只是由于二届“立委”选举获胜，在体认即将走上执政的虚幻前景的鼓舞刺激之下，才表现得格外克制，呈现出空前团结的局面。其实，这种“团结”的局面在很大程度上只不过是暂时的假像，各派系间的矛盾和分歧事实上从未得到根本上的解决，一遇适宜的气候，势必会重新萌发，导致新的一轮派系之争，从而使党内关系再度紧张；（2）组织建设方面，党员数量虽有大幅增加，素质也有相当程度的提高，但从总体上来说，与国民党比较，民进党的基层组织仍甚为薄弱，人才严重不足，不仅“人头党员”充斥，且投机钻营者不乏其人。正如台湾报纸所言：“加入民进党的组成份子更趋复杂化，也有着浓厚机会主义性格，想循着民进党管道谋取职位（如不分区‘立委’、‘国代’）的人愈来愈多，不仅商人有投资意愿，连一些所谓学者、新闻工作者也都不乏兴趣。”[7] 至于人才匮乏问题，就连民进党高层人士都坦诚：假如国民党很快将政权交给民进党，就民进党现有人才，恐怕很难有效执政。上述问题，势必对民进党未来的发展壮大带来许多难以解决的问题。

二、民进党的可能走向及对岛内政局的影响

年底县市长选举前，民进党气势如虹，声称要夺取半数以上的席位，为“三年内走上执政”迈出第一步。选举结果，民进党虽获票率提升，但在席位方面却大失所望。不仅未能实现预期的目标，反而比原有的七席减少一席，使其提早“走上执政”的咄咄逼人的气势顿挫。面对这种形势和即将到来的一连串重要选举，民进党将会在政策、策略上作何调整？在岛内政坛上将会如何运作？其可能的发展趋势及对岛内政局和两岸关系的发展将产生何种影响？

（一）在“修宪”问题上将与国民党展开新的较量。

一九九四年四月，台湾“国大”临时会将要进行第三阶段的“修宪”。核心议题一是决定“总统”选举方式以及是否提前直选和提前到何时？二是确定“中央”政体究竟采取何种形式？由于上述“修宪”内容不仅涉及未来台湾整个上层权力体制结构的设计与调整，且将连带牵动到今明两年内即将举行的省市长选举和“立委”、“国代”选举的日程安排，这对于朝野各方的政权攻防以及今后在政坛上的实力消长，都将产生重大而深远的影响。因此，国、民两党随着“修宪”日期的日益临近，势将展开激烈的较量。斗争焦点有可能集中在未来台湾“中央”政体结构设计（如“国大”的存废、“国大”与“立法院”的地位、权限、“总统”与“行政院长”的权限等等），以及提前直选“总统”的时机上面。但由于民进党在“国大”中仅占四分之一的席位，势必难以扭转国民党主导“修宪”这一总的趋势。

（二）在党的“体质转换”和“路线选择”方面，有可能会作适度调整。

县市长选举失利后，许信良获准辞去党主席职务，其着力推行的所谓“内造化”议会选举路线受到党内其他派系的否定和质疑。有人认为，“根

据现有的朝野竞争态势，民进党还必须兼顾群众运动路线，不能急于以选举路线挂帅”。谢长廷更是直截了当地说：“此次选举，民进党‘地方包围中央’的政策显然受挫，党中央必须再重新定位。民进党因历史背景、现况也已有群众政党的性质，要完全朝内造化政党转变有困难”，主张“走出议场，回到群众路线”。施明德接替党主席职后，立即重新调整中央领导班子，并提出，“强化民进党与社运团体的关系”，是该党未来发展方向之一。由于民进党内主张加强“体制外”抗争的意见重新抬头并占了上风，而民进党在议场上特别是在“国大”与国民党抗衡的实力又确实明显不足，因此民进党有可能今后在“体质转换”和“路线选择”方面会作适度调整，选择适当时机，重新走上街头。但考虑到社会成本，在频率和形式上会尽量克制，不致因此而完全恢复到原来的激进街头路线上去。

（三）与国民党主流派的矛盾将不断加剧，并与各派政治势力形成复杂多变的互动关系。

由于岛内政坛已进入“三党多派”的战国时代，今后民进党将要面对比以往更加复杂的局面。自国民党十四大之后，国民党“台湾化”已基本完成，民进党与国民党主流派之间的矛盾已转变为岛内政坛上的主要矛盾，具有强烈执政企图心的民进党，已开始检讨党内的所谓“李登辉情结”。可以预见，在即将进行的“修宪”和未来的一连串重要选举中，民进党与国民党主流派之间争夺政权的斗争势必会愈演愈烈，矛盾将不断加深。但也应看到，由于国民党内以林洋港为代表的“本土派”结合大陆籍的“元老派”所组成的“非主流派”仍有相当实力，再加上新成立的一再声称要“制衡”国、民两党的新党，这两派反对“台独”、主张“大中华理念”的政治势力，无疑将是今后民进党和国民党主流派共同的、不可忽视的竞争对手。故而，民进党与国民党主流派今后在如何打压新党的发展、阻挠林洋港当选“总统”以及反对“一个中国”、拓展所谓“国际生存空间”、共同对抗大陆等这样一些重要问题上，仍然需要互相利用和合作。因此，民进党内的“李登辉情结”不可能完全消失。但另一方面，民进党在与国民党争夺政权的斗争中，又需要借助新党及其他政治势力的支持。这样，台湾政坛上各派政治势力之间的互动关系，必将呈现出前所未见的“朝秦暮楚”、“合纵连横”、复杂多变的新特点。

（四）加强基层组织建设，改进提名制度，积极培养人才，争取未来选举的胜利。

县市长选举后民进党检讨失利原因，认为“基层组织薄弱”、“提名全靠党内初选确定候选人”以及“后备人才严重不足”，是其中三个重要原因。为此，民进党中常会决定成立“党务强化工作小组”，以革新党务，强化党的基层组织。此外，各县市党部主委会议也已决议，将改革地方党部机构，改善与当地民众的关系。但鉴于国民党统治台湾四十多年来业已在地方上培植起与之利益相结合的、盘根错节、根深蒂固的强大地方派系山头，因此，民进党欲加强地方基层组织的发展并非易事。可以预见，在未来几年内的各项选举中，国民党在“组织战”方面仍将占优势。为杜绝“人头党员”充斥的现状，“党务强化小组”已作出决定，拟建立“预备党员”及“党籍与户籍合一制”的方法，但效果如何还有待观察。至于“人才不足”的问题，陈水扁等人也提出“建立党的‘人才库’”、“举办各种理论、实践研习班进行培训”以及“协助、鼓励新生代参选地方公职加以磨炼”等措施，以培养各种后备人才。但人才的培养与成长非一日之功，因此，在未来几年内，民进党在与国民党的竞争中仍将会受到这方面的很大局限和制约。

（五）党内意见分歧和派系争权将转趋激烈。

如前所述，民进党内的派系矛盾和分歧并未从根本上得到解决，县市长选举落败后，在有关党的“体质转换”和“路线选择”的重大问题上已经产生分歧意见。另外，在“修宪”议题上，党内高层也出现不同声音。如许信良即公开表示他不同意民进党通过的“台湾宪法草案”所主张的“总统制”；陈水扁对民进党推动“总统”提前直选也表异议，至于未来将要举行的省市长选举、“总统”直选以及一九九四年五月党主席的换届选举，民进党各派系龙头都“情有所钟”，无不瞄准其中一席，摩拳擦掌，志在必得。根据以往经验，民进党处理派系之争和党内权力分配问题已较为成熟，估计还不至于发展到不可收拾的地步。不过如此激烈的内斗对该党的形象和未来的发展将造成严重损害，则是不言而喻的。

（六）“台独”诉求将继续隐形化，大陆政策不致倒退。

由于“美丽岛”系影响力的式微，在今后相当长的一段时间内，急进或比较急进的“台独”势力将主控民进党中央。但是，“形势比人强”，政治是现实的，只要民进党还想争取到更多选民的认同与支持，不断发展壮大并最终从国民党手中夺取政权，那么，不论哪一派势力在民进党内掌权，都不能不顾及目前岛内的政治环境和民众的心态，不能不考虑大陆的强大政治影响力以及民进党的“后台老板”美国的对华政策。因此，笔者认为，今后民进党仍将会继续少谈“台独”诉求而着重在岛内公共政策上与国民党展开竞争，其大陆政策也不致倒退，仍将会积极要求参与两岸事务，与国民党争夺大陆政策的主导权，谋求与大陆接触，改变形象、争取选民的支持。当然，也不能排除在某种内外因素的刺激下，其“台独”诉求和大陆政策会出现一定幅度的摇摆，而时时露出其“台独党”的真面目，重新掀起“台独”声浪，毒化两岸气氛。

（七）有可能“走上执政”，但不是“单独执政”。

依据以上分析，笔者认为，随着岛内政局的发展演变，在未来几年内民进党的政治实力有可能会进一步发展壮大，而国民党的实力则将不可避免地继续下滑。但是，由于国民党目前在岛内仍占据着大部分的政治、经济、社会资源，其推行的政策又得到美国的赞同与支持，因此，在可预见的将来，国、民两大党在“政权攻防战”的较量中，民进党仍将继续处于相对的劣势地位；此外，民进党自身所具有的诸多缺失和严重局限性，其中特别是“台独”痼疾难以医治，极大地制约了它的进一步发展；再者，新党及其它第三势力经过一段时间的苦心经营，有可能会逐步提升其实力，成为民进党的又一竞争对手。因此，笔者预测，民进党今后有可能“走上执政”，但难以“单独执政”，充其量只能与其他党派（主要是国民党）分享政权而已。

【注释】

[1] 台湾《中国论坛》一九九二年八月一日。

[2] 台湾《中国时报》一九九三年九月二十七日。

［3］ 台湾《中国时报》一九九三年十月一日。

［4］ 台湾《中国时报》一九九三年九月二十八日。

［5］ 同上。

［6］ 一九八七年十一月，民进党二全大会宣言。

［7］ 台湾《中国时报》一九九三年九月二十八日。

（1994 年 1 月撰写，收入《台湾一九九三》，中国友谊出版公司 1994 年 8 月出版）

“分裂国家模式”与两岸关系和中国统一问题

——评台湾当局的《台海两岸关系说明书》

自80年代大陆方面提出“和平统一、一国两制”解决台湾问题的构想以来，台湾当局一直在处心积虑地寻找一个能够有效地反制这一科学构想的“模式”和理论架构，以抗拒统一潮流、摆脱内外交困的处境。李登辉主政后，先是提出“一国两府”，继而鼓吹“一国两区”，去年11月又在西雅图会议后公然抛出所谓“阶段性的两个中国政策”等等，但由于这些“理论”与“模式”都明显地违背了一个中国原则，理所当然地遭到了大陆方面的严厉批评和海内外爱国同胞包括岛内有识之士的强烈质疑，不仅未能摆脱困境，反而平添了许多困扰。于是在经过了近几年来的不断摸索与试探、调整与摇摆之后，台湾当局终于从东西德统一中得到启发，找到了一个它自认为较为满意的、能够抗衡中共“一国两制”的理想“模式”，即所谓“分裂国家模式”，并在实践中不断加以系统化、完善化而逐步形成了一整套的理论架构。今年7月5日，台湾当局“陆委会”对外公布的所谓“台海两岸关系说明书”（俗称“大陆政策白皮书”），正是在这一理论架构下的典型产物。

一、发展与演变

如前所述，所谓“分裂国家模式”的理论架构源自于“东西德模式”，并有一个不断演变发展和逐步系统化、完善化的过程。

据大陆已故台湾问题专家李水旺先生的查证，“最先提出‘德国模式’的是美国乔治大学战略研究中心主任克莱恩。”[1]1976年，克莱恩在美国国会作征时，首次提出了所谓“德国模式”，试图以此“妥善解决”中美建交后台湾当局在国际上的地位问题。同年9月，马里兰大学教授丘宏达发表文章，进一步阐述了“德国模式”的具体内容：（1）双方不放弃统一的目标，“唯一的限制是不得使用武力达到统一目的”；（2）在最终达成统一之前，“双方独立的宪政体制”维持不变；（3）“双方都可与各国建立大使级外交关系；（4）双方均可成为联合国会员国”。[2]很显然，当时提出所谓“德国模式”，其主要着眼点并非要解决中国的统一问题，而是企图使台湾国民党政权在被逐出联合国后，能继续获得“国际法人”的资格，以摆脱“外交”困境。

进入80年代以后，随着中美建交，以及大陆方面对台方针政策的调整，“一国两制”构想的提出和香港、澳门问题的相继得到圆满解决，台湾当局日益感受到来自岛内外爱国同胞要求祖国早日和平统一的强大压力，台湾前途问题日形凸显出来。于是，台湾朝野的一批“有识”之士绞尽脑汁提出了形形色色不下数十种的各种不同“方案”或“模式”，纷纷向台湾当局献计献策，以图解决台湾的出路问题。其中，“东西德模式”是常被提出来讨论的几种主要“模式”之一。

1990年，西德以“和平演变”方式一举合并东德完成德国统一之后，岛内主张以“德国模式”处理两岸关系、解决中国统一问题的论调，显然一下子占了上风。不仅在台湾学者中鼓吹“德国模式”的言论陡然增多，声势日高，甚至连台湾当局的某些高层人士也开始公开宣扬“德国经验”具有“启示性”和“借鉴意义”。1991年2月，在《中国论坛》杂志上发表的台湾“国策中心”研究员张五岳先生的一篇署名文章，在鼓吹这一“模式”方面最具系统性、理论性和代表性。

该文题为《寻求两岸关系最佳模式——分裂国家的出路》，首次将“德国模式”称为“分裂国家模式”，把统一前的东西德作为分裂国家的典型代表，并将两德间的政治互动关系视为所有分裂国家应当效法的“范例”。其主要论点是：

（一）“分裂国家模式”有以下六个方面的特征：（1）双方正视国家分裂状态；（2）双方遵守联合国宪章揭示的和平解决争端的原则；（3）双方相互承认在有效管辖领土上拥有主权；（4）双方承认与尊重对方的对等地位；（5）双方在外交上接受双重承认；（6）在上述基础上，双方致力于关系的正常化。

（二）“分裂国家模式”适用于海峡两岸。

（三）以“分裂国家模式”处理两岸关系能同时给两岸带来利益。就台湾而言，有利于寻求正当的国际参与、拓展国际生存空间；就大陆而言，有利于“三通”的推行。

（四）采取“分裂国家模式”并不必然走向国家永远分裂的道路。[3]

从以上内容可以看出，至此，所谓“分裂国家模式”（也即“德国模式”），已基本上形成了一套完整的理论架构。台湾当局不仅全盘接受了这一理论，而且在事实上始终不断地试探和实践着这一理论。然而，由于海峡两岸的关系与东西德之间的关系有着本质上的区别，而这一“模式”和理论制造“两个中国”又太过露骨，在实践过程中一再引起岛内外舆论的质疑和反弹，大陆方面也决不会接受，因此为了能自圆其说，在新近公布的“大陆政策白皮书”中，台湾当局已不得不对“分裂国家模式”的基本内容作出调整，重新加以包装。其要点大致可以归纳出以下几个方面：

（一）“中华民国”政府坚决主张“一个中国”，反对“两个中国”与“一中一台”，“坚持追求中国统一的目标”。

（二）以“一个中国，两个对等政治实体”作为两岸关系定位的架构，所谓“一个中国”，是指“历史上、地理上、文化上、血缘上的中国”；所谓“政治实体”，可以指“一个国家、一个政府或一个政治组织”。

（三）现阶段两岸应“暂搁置主权争议”，“双方应充分体认各自享有统治权，以及在国际间为并存之两个国际法人的事实”，“在国际上互相尊重而非彼此排斥，以及双方放弃以武力作为实现统一的手段。”

（四）解决中国统一问题的关键“在中国大陆制度的更张”，“加速大陆地区政治、经济、社会的现代化发展，进而完成在民主、自由、均富下统一中国的神圣使命。”

显然，所谓“分裂国家模式”经过台湾当局的一番精心包装之后，其理论架构已变得更加系统和完善了。

二、特点与实质

然而“万变不离其宗”，只需稍加剖析，便可发现，“白皮书”仍坚持和鼓吹的“分裂国家模式”具有如下四个方面的鲜明特点：

（一）矛盾性：由于台湾当局所面对的政治环境极为复杂，其大陆政策的制定与实施受到来自各个方面不同政治势力的影响与牵制，既强烈感受到中共方面对台方针政策的巨大影响力，和西方国家主要是美、日两国对华政策的牵制，同时也不能不顾及岛内主要反对党——主张“台独”的民进党以及国民党内部主张统一、反对“台独”的非主流派乃至海外广大爱国同胞的反弹，因此，缺乏真正的独立性和自主性。于是，“为了取悦于所有的人，台湾国民党继续采取他们相互矛盾的立场：台湾既没有独立，也不是共产党统治下的中国的一部分，然而仍然是中国”，“他们希望与北京保持目前的关系，同时又希望得到外界更多的注意”，“因此大陆政策报告不得不既强调一个中国的主张而同时也强调分离。”[4]企图用这种“模棱两可”、“自相矛盾”、“暧昧不明”的折衷手法，“设法做到安抚岛内的持不同政见者，而又不致激怒北京”，[5]难怪路透社记者就台湾当局的“大陆政策白皮书”发表新闻分析时说：“台湾开始与中国玩一种复杂的游戏！”[6]

事实也正是这样：“白皮书”重申台湾当局“追求中国统一的目标”，“坚决主张‘一个中国’，反对‘两个中国’与‘一中一台’，这是说给大陆和海内外爱国同胞听的；而强调中国目前的政治现实是所谓“分裂分治”，鼓吹海峡两岸为“对等的政治实体”、“在国际间为并存之两个国际法人”，要求允许其“加入联合国”等等，则显然主要是国民党主流派和民进党的主张；宣称“中华民国自公元一九一二年创立以来，在国际间始终是一个具独立主权的国家”，兜售所谓“以和平方式追求自由、民主、均富”制度的统一（也即“以三民主义统一中国”），则主要是反映了国民党内大陆籍非主流派的观点；而整个“分裂国家模式”（或曰“大陆政策”）的理论架构所内涵的“不战不和、不统不独”的战略设计，又与美国政府现阶段奉行的对华政策完全吻合。总而言之，在“白皮书”中，各种不同甚至自相矛盾的主张和观点杂陈其间，令人眼花缭乱。

（二）分裂性：尽管“白皮书”各种观点杂陈、“各类货色俱全”，然而众所周知，主导台湾当局“大陆政策”的是主张“缓独”的国民党李登辉主流派，因此，其所贩卖的主要货色，当然只能是“分裂主义”。请看“白皮书”中的如下逻辑结构：（1）目前中国的“政治现实”是“分裂分治”，传统观念的中国现已分裂为“中华民国政府与中共政权两个本质上完全对等的政治实体”，（2）所谓“政治实体”，“可以指一个国家、一个政府或一个政治组织”；（3）“中华民国自公元一九一二年创立以来，在国际间始终是一个具独立主权的国家”。按照这种逻辑，只能得出如下结论：传统观念的“一个中国”，现已分裂为“两个本质上完全对等”的政府和两个具有“独立主权”的国家，即“中华民国”和“中共政权”。这是不折不扣的“两个中国”。同时，“白皮书”还鼓吹：“在两岸分裂分治的历史和政治现实下，双方应充分体认各自享有的统治权，以及在国际间为并存之两个国际法人的事实”，“双方在国际上互相尊重而非彼此排斥”等等，并指责中共“百般阻挠”其“寻求参与联合国”，说什么“东西德统一的经验显示，分裂国家共同参与国际社会，并不会妨害统一的推展”云云。人所共知，按照国际法准则，一个主权国家在国际上只能有一个国际法人代表，联合国及其所属机构，是主权国家才能参加的国际组织，而东西德之所以能“共同参与国际社会”，那是因为德国统一前，东德和西德乃是国际社会普遍承认的互不相属的两个独立主权国家，这显然与海峡两岸的关系有着本质上的不同，台湾当局的上述说词，恰恰暴露了他们企图制造“两个中国”的分裂阴谋。怪不得“白皮书”发表后，台湾当局“外交部”官员拍手称快，不加掩饰地宣称：“这就是一个中国概念下的两个中国”，[7]真所谓“不打自招”！如果再联系对李登辉先生指称国民党是“外来政权”以及以“摩西”自喻，率领台湾人“出埃及记”的言论，和近些年来台湾当局鼓吹“双重承认”、“阶段性的两个中国”、“统一只是浪漫的憧憬”等，那么，我们对“白皮书”的“分裂性”将会有更加深刻的认识。

（三）虚伪性：“白皮书”的“虚伪性”根源于它的“分裂性”和“矛盾性”。因为台湾当局既要坚持分裂中国的政策，而又担心因此而触怒大陆，遭到海内外同胞的反对，于是乎就不得不乞求于权术，大要两面派手法：或言不由衷，想的一套说的一套；或声东击西，顾左右而言他。试举几例：“白皮书”一方面信誓旦旦，表示“坚决主张‘一个中国’，反对‘两个中国’与‘一中一台’，而另一方面又说什么‘一个中国’是指历史上、地理上、文化上、血缘上的中国”。原来，这“一个中国”是看不见、摸不着的，充其量只不过是个历史、地理名词而已！相反，据说"中华民国"的存在却是"不容否认的事实"。又如关于"主权"，一方面宣称"现阶段两岸的互动，唯有暂搁置'主权争议'的问题，才能解开四十年的结"，而另一方面却又妄称"中华民国自公元一九一二年创立以来，在国际间始终是一个具独立主权的国家"。再如"白皮书"声称"任何一方并无法在对方地区行使治权，也不应该将其意志假主权之名强加于另一方"，但又说，"中华民国始终认为，彻底解决中国问题的关键在中国大陆制度的更张"，主张"统一中国唯一的道路是在全中国实行三民主义"，这不是将台湾当局的意志强加于大陆吗？在"白皮书"中，台湾当局用尽了各种冠冕堂皇的词句，诸如"理性"、"诚意"、"互信互惠"、"降低双方敌意"等等。然而台湾当局又是怎么做的呢？至今仍将大陆视为所谓"具有敌意"的、"对抗性"的"政治实体"，继续顽固坚持"反共国策"。李登辉在"千岛湖事件"发生后，不问青红皂白，大骂中共是"土匪"，甚至在出访中美洲时，在外国人面前恶毒攻击"中共政权没有存在的必要"。"白皮书"甚至对中国政府和人民反抗外敌入侵、保卫祖国领土主权的完整和悍卫民族尊严的正义斗争，也一概加以全盘否定，说什么"中国大陆人民又何其不幸，在中共不断对外进行武装冲突，对内夺权整肃，实行共产主义统治之下，经济落后，民生凋敝"，这些难道就是台湾当局所标榜的所谓"理性"、"诚意"和"降低双方敌意"吗？再说早日实现海峡两岸的"三通"和官方高层人物的接触谈判，乃是加深两岸官方和人民的相互了解，消除敌意、促进祖国和平统一的当务之急，而至今台湾当局仍顶着不办，对两岸同胞的强烈呼吁装聋作哑、充耳不闻，这难道也是台湾当局对"谋求国家的富强与民族长远的发展"的"诚意"？加强两岸的经贸往来、人员互访以及文化、科技等各方面的交流，这是为祖国和平统一大业打基础的重要一环，而台湾当局却以"安全"为借口，频踩刹车，给台湾的"大陆热"降温，制定了数不清的清规戒律，加以种种不合情理的人为限制，这样做难道也是为"促进"统一目标的实现？至于谈到"平等相待"和"民族情谊"，应该好好反省改进的正是台湾当局自己。大陆各级政府和大陆人民是如何善待来大陆投资、经商、探亲、旅游、避风的台湾同胞的，台湾同胞感同身受，心里最清楚。台湾当局又是如何对待大陆同胞的呢？它所制定的所谓“两岸人民往来条例”，就连岛内舆论也认为“明显歧视大陆人民”。“千岛湖事件”不幸发生后，台湾当局大做文章，蓄意挑拨两岸人民的感情，制造对立情绪；而人们也不会忘记，前几年的“闽狮渔号”、“闽平渔号”等事件以及最近宜兰外海的“海上旅馆”事件是如何发生的？惨案发生后，台湾当局又是如何“平等对待”大陆同胞的？有舆论愤怒抨击台湾当局“本是同根生，却无手足情”。所以，台湾当局愈是冠冕堂皇、花言巧语，愈在世人面前突显它的“虚伪”面目。我们真诚希望台湾当局在两岸关系和祖国统一问题上，少说漂亮话，踏踏实实地多做些实事、好事。

（四）空想性：“白皮书”中，要求大陆方面对其大陆政策“能积极善意的回应”，说唯有这样，才能“使两岸关系能良性互动，为中国的和平民主统一创造有利的条件”。所谓“善意回应”，还是那三条：（1）承认台湾与大陆是“对等的政治实体”；（2）承认台湾与大陆“在国际间为并存之两个国际法人”，并允许其“参与联合国各项组织与活动”；（3）承诺“放弃对台使用武力”。大陆方面和海内外许多有识之士早已一再指出，台湾当局的上述要求明显背离了“一个中国”原则，假如答应了台湾当局的这些条件，势必将严重损害中国的主权和包括台湾人民在内的中华民族的根本利益，无异于鼓励岛内的分裂势力放心大胆、无所顾忌地搞“台独”。一旦出现外国侵略势力染指台湾的严重事态，中国政府将自缚手脚，面临十分被动的局面，因而理所当然地遭到大陆方面的拒绝和海内外爱国同胞的反对。如今，台湾当局重弹旧调，如果不是有意制造借口，为统一设置障碍，至少也表明他们存在着不切实际的幻想。

关于“国际空间”的问题，事实上大陆方面所反对的只是台湾与外国发展官方关系，但考虑到台湾经济发展的需要和台湾同胞的实际利益，对台湾同外国的民间经济、文化往来，从未表示异议。1993 年，台湾进出口贸易高达 1600 多亿美元，为世界第 14 大贸易区，可见台湾的对外经济联系并未受到影响。

特别应当指出的是，“白皮书”中，台湾当局对其根本行不通的错误政策不仅不思反省，反而说什么中共“只知用高压手段在国际上排挤中华民国”，徒然“消耗了彼此许多宝贵的资源及精力”，刺激了台湾的分裂意识，“阻碍了国家统一的进程”。这是典型的倒打一耙。“两个中国”政策是“白皮书”的基本政策，却嫁祸于中共，替“台独”张目，这只能起到助长“台独”气焰的恶劣作用。

“以民主、自由、均富统一中国”（也即“以三民主义统一中国”），这是台湾当局的又一个更大的幻想。众所周知，所谓“以三民主义统一中国”这一“政治神话”，乃是冷战后期蒋经国时代的产物，是早该进入博物馆里的东西了。如今台湾当局何以重新鼓吹宣扬这一“政治神话”？显然不是没有原因的。概括言之，一方面由于他们头脑膨胀，沾沾自喜于台湾40多年来的经济发展和所谓的政治“民主化”、“自由化”，过高地估计了“中华民国在中共改革开放过程中所能发挥的作用。”另一方面，他们又把苏联、东欧政局的剧变、国际共产主义运动和社会主义事业暂时受到的挫折，错误地看成是“马列共产制度的彻底失败”，把中国大陆在改革开放前进道路上遇到的暂时困难和问题，错误地认为是不可克服的矛盾，终有一天大陆会像苏联、东欧一样，和平演变、土崩瓦解。届时，他们便可卷土重来，收拾残局，实现“以小吃大”的梦想。“时间站在他们一边”，“我不相信中共能不改变。”[8]我们要提醒台湾当局：中共非苏共，大陆非苏联；台湾非西德，大陆也非东德。事态的发展，很可能会和你们所希望的相反；时间并不见得对你们有利，“拖”的结果，首先受到损害的是包括台湾人民在内的全体中华民族的整体利益，而你们自己则将会成为真正的民族和历史的罪人而载入中国史册！

三、影响与危害

如前所述，所谓“分裂国家模式”，乃是台湾当局这几年来经过不断摸索、试探，在实践中总结出来，用以对抗大陆“一国两制”统一攻势的“新思维”。不能不看到，这一“新思维”在当前的政治气候下确有其生存的土壤和推行的客观条件。

首先从岛内来看，这一“模式”的内容既反映了以民进党为代表的

“台独”势力所提出的相当一部分政治诉求，同时也给反对“台独”的其他政治势力预留了“统一”的空间；此外，还迎合了目前大多数台湾民众普遍希望海峡两岸“维持现状”和要求开拓台湾“国际生存空间”的心态。也就是说，这一“模式”的欺骗性和迷惑性在一段时间内仍将会起作用，在这一理论架构下所制定的台湾当局大陆政策，在岛内还有相当的“民意”基础和市场。

其次，从国际因素来说，一个统一的、强大的中国的崛起，并不符合以美国为首的西方国家的根本利益。他们乐于见到的是海峡两岸继续保持目前这种“不战不和、不统不独”的分裂状态。同时，以美国为首的西方国家，更希望通过扶植台湾国民党政权，作为西方民主制度的政治橱窗，以促使中国大陆早晚像苏联、东欧一样和平演变，放弃走社会主义道路。因此，美国等西方国家从其全球战略利益考虑，势必会全力支持台湾当局推行分裂中国的政策，以牵制和影响中国大陆。近些年美国朝野的一批政客一再发表十分露骨的反华言论（以李洁明为最），以及最近美国国会频频动作，如通过“与台湾关系法”修正案，要求美国行政部门支持台湾加入联合国等等，均充分说明了这一点。

再次，就大陆而言，尽管10多年来的改革开放，经济发展取得了举世瞩目的伟大成就，前途一片光明，但同时也确实存在着这样那样的困难和问题，不可能在短时间内得到解决。因此，只要中国大陆还不够富强，人民的生活水平还不够高，台湾当局的欺骗宣传就将还会在台湾民众中起一定作用，以美国为首的西方大国就还敢欺侮我们。

鉴于以上情况，不难意料，今后台湾当局势必会继续顽固坚持其所谓的“分裂国家模式”，并在两岸互动和外交斗争中，进一步具体贯彻落实“白皮书”中所制定的那一套分裂中国的大陆政策和“外交”政策，从而给岛内政局和海峡两岸关系的发展、祖国的和平统一事业，带来严重的危害和影响。

（一）两岸关系在相当长时间内将难以有新的较大的突破。由于台湾当局大陆政策的核心是企图制造“两个中国”或“一中一台”，因此在与大陆的一切接触交往中包括事务性谈判在内，都将设法突显其所谓的“独立管辖权”，以“准国家关系”处处要求“对等”，坚持大陆方面要有“善意回应”。因而不可能建立起真正互谅互信的良性互动关系，目前的政治僵局将会继续维持相当长一段时间而难以打破。但迫于海内外进步舆论的压力，同时也为解决两岸各项交流中迫切需要解决的许多具体问题，并借以表示其“统一的诚意”。在某些功能性、事务性的议题上，台湾当局也有可能会作一些有限度的妥协和让步而与大陆达成某些共识和协议。如此一来，两岸关系的发展，将会呈现出时松时紧、时好时坏、曲曲折折、摇摆不定和错综复杂、波浪式向前发展的态势。这种十分脆弱和不稳定的关系，势将难以经受住任何风吹草动和大风大浪的考验。

（二）在国际舞台上，两岸的外交斗争将日趋剧烈化、复杂化。由于台湾当局事实上已放弃了“一个中国”的立场，千方百计地妄图将台湾问题“国际化”，打着开拓“国际生存空间”的幌子，收买拉拢一些国家支持其加入联合国及其附属机构，企图制造“一国两席”、“双重承认”，实际上是制造“两个中国”和“一中一台”，并妄图以此作为与大陆长期抗衡的筹码，以实现其“拖以待变”的既定战略构想。因此，外交领域的斗争，势必直接影响到两岸关系的正常发展，成为今后两岸互动中的重要表现形式和特点。

（三）岛内政局仍将持续动荡不安，经济发展严重受损。道理至明：由于海峡两岸关系对岛内政局的发展和经济的成长有着至关重要的影响，既然在今后相当长时间内，两岸关系难以形成真正良性互动，那么岛内各派政治势力之间围绕着台湾前途问题上的矛盾和斗争就仍将继续存在，并有可能随着时间的推移而日趋剧烈，从而引起岛内政局的持续动荡；而动荡的政局和不稳定的两岸关系，又势必会严重影响到台湾经济的成长和发展。

【注释】

［1］ 李水旺：《“东西德模式”与海峡两岸关系》，见《台湾研究》1992 年第 4 期。

［2］ 丘宏达：《我们走哪条路》，见台湾《黄河》第 67 期。

［3］ 张五岳：《寻求两岸关系的最佳模式》，转引自陈炜：《分裂国家模式、与九十年代两岸关

系》，见《九十年代之台湾》，台湾研究会编，中国友谊出版公司出版。

[4][5][6]《台湾开始与中国玩复杂游戏》，路透社台北1994年7月6日电。

[7] 转引自柳风《滑向“两个中国”政策的说帖》，见香港《文汇报》1994、年7月8日。

[8] 台湾《自立晚报》，1991年6月15日。

(1994年8月第四届“海峡两岸关系研讨会”论文，与萧敬合撰)

对新党发展前景及岛内政局走向的观察与思考

一

新国民党连线从国民党内分裂出来另组“新党”后，海内外舆论对第三势力在岛内是否有生存发展空间？新党会不会像当年从民进党分裂出来的工党、社民党一样难成气候？一直众说纷纭、莫衷一是。年底县、市长选举揭晓，新党“制衡联盟”全军覆没，未能获取席位，于是悲观论者一时占了上风，但笔者对此不敢苟同，现试做粗浅分析，以便共同探讨。

笔者以为，预测岛内政党政治的发展前景，首先，既要从“宏观”也要从“微观”角度进行综合考查；其次，不能被一时的、表面的现象所迷惑，而要从长远的、发展的观点作深入细致的分析。

从宏观角度来看，不能否认，岛内第三势力的生存发展空间不仅客观存在，而且相当广阔。据 1990 年 11 月美国盖洛普市场调查公司的民意调查显示：有四成三的受访民众表示，他们有可能在未来的选举中，把票投给国民党和民进党以外的第三党候选人。这反映出有相当多的台湾民众对国民党和民进党均强烈不满，他们“投国民党票不甘心，投民进党票又不放心”，希望出现一个既反对国民党搞特权，又反对民进党搞“台湾独立”，而真正能够代表他们的切身利益，反映他们内心愿望的、比较强势的第三党在野势力。然而，近几年来的几次选举，包括社民党在内的第三势力，无论得票率和当选率都相当低，并未能“填补”这一空间。这一现象又表明，广大中间选民对第三势力“没信心”。原因何在？这就涉及到“微观”方面的问题了。

从微观方面而言，在新党成立之前，国、民两大党以外的第三势力如工党、劳动党、社民党等等，虽为数众多，但一盘散沙，各不相谋；其领导层除个别人物之外，大都是素质较差，缺乏知名度，每次选举所推举的候选人，一般都不被选民所认同，这在台湾社会“选人不选党”的选举心理支配下，自然难有斩获。就拿社民党来说，朱高正当年从民进党出走时，单枪匹马，势孤力单、尽管他个人知名度颇高，能量亦大，素质相当不错，但无奈手下缺少一批得力干部；加之其本身也难免有这样那样的弱点和局限，故此，几年来虽惨淡经营，左冲右突，但在国、民两大党的联合夹杀之下，始终不见起色。于是，在经历了二届“国代”和“立委”这两次选战的连续挫败之后，元气大伤，从此一蹶不振，组织逐步涣散，难有作为也就势所必然，不足为怪了。

然而新党与社民党不同。首先，“新连线”的出走，乃是“群体性”的出走。这一“群体”几乎囊括了国民党非主流派第二代中的佼佼者，组成了新党的领导核心。这一核心的成员不仅受过高等教育，自身素质好，形象清新，且有较长时间的从政经验和很强的问政能力。他们大都已连任“立委”，有的原任国民党的中央委员，有的甚至在“行政院”和党中央担任过“部”一级的主管，经历过多次政治风浪的考验和磨炼，活动能力强，知名度相当高，不仅与台湾上层有深厚的渊源和密切联系，熟稔他们的运作方式等，而且在民众中有相当广泛的基础。例如，1992 年底二届“立委”选举，赵少康，王建煊等人在未获国民党中央提名而自行参选的不利情况下，仍然以最高票当选，便是明证。台湾报刊评论说：“我们从新党的发起人来看，赵少康、王建煊都是明星级的‘立委’，郁慕明是‘立委’中数一数二的议场斗争高手，李胜峰也曾是国民党在‘立法院’的重量级战将，而周荃、陈癸淼、李庆华等人的口才都不弱。这一组人马在议场中的战斗力和运用媒体的能力，绝不输给民进党明星级‘立委’……单凭发起人的这项特色，就能让新党在国人心目中占有一席之地。”[1] 众所周知，“政治路线确立之后，干部就是决定因素”，新党由这样一批人马组成领导核心，绝不至于和工党、劳动党和社民党一样，无声无息，无所作为。其次，新党的前身“新国民党连线”早已在国民党自成一派，6 名“立委”的政治地位和影响力已非其他第三势力可比，如今由于朱高正、谢启大加入新党，使新党在“立法院”中的席位增至 8 席，随着岛内政局的演变，新党“立委”的席位还有可能会继续增加，成为“立法院”中的“关键少数”。事实上，在“立法院”第一会期中，仅有 6 名“立委”的“新连线”已经展现了若干“关键少数”的制衡效应。例如在行使“阁揆同意权”、“阳光法案”、“迁建华山车站”以及“高速铁路”等重大提案的表决上，“新国民党连线都是在‘不等边三角形’的实力运作中，发挥了‘两边之和大于第三边’的作用”。[2]由此可见，至少在下一届“立委”改选之前，新党仍将会在台湾政坛上继续发挥这种制衡功能，而不会是个毫无政治影响力的“泡沫党”，这是确定无疑的。诚然，台湾社会目前已进入所谓“选举时代”，任何政治势力的生存与发展，主要取决于它是否能够赢得选民的认同与支持，以及这种认同与支持的程度如何。新党自不例外，如果仅凭少数几个明星级的人物在台湾政坛上苦斗，而缺乏一定的社会基础作为后盾，势必会昙花一现，难有发展。

如前所述，岛内第三势力的生存发展空间乃是客观存在，但问题的关键是新党是否有能力争取到这些中间选民的认同与支持而“填补”这一空间，不断发展壮大？这就涉及以下两个方面的问题：一是目前新党在台湾民众中的形象如何？也即它是否有继续生存发展的社会基础？二是新党的领导层是否有足够的政治智慧？所采取的政策、策略是否得当？比较而言，后者显然是根本的，它将对前者起着决定性的作用。

有人认为，由于新党所具有的“外省人政党”的强烈色彩，因而新党的发展空间极为有限。表面看来，这种观点似乎有其道理，但事实并非如此，因为它过低估计了台湾选民的成熟度而片面地夸大了一般民众的“省籍情结”。据《联合报》报道：新党在台北区的支持率达四成四，在高雄地区为三成六；从省籍看，新党分别获大陆籍四成、本省籍三成四的支持。这一调查结果显示：台湾民众对新党的支持，“既无明显的南北差距，也无严重的省籍情结”。[3]另据《海峡评论》报道：新党于8月22日下午在台北县板桥市举办首场群众大会，“估计约有两万人参加，现场气氛热烈。当台上手持麦克风的主持人大声问道：‘有人说新党是外省人的党，在座是本省籍的请举手！’现场五分之四以上的人举手，主持人又接着问道：‘在座年龄四十岁以下的请举手！’又有三分之二以上的人举手”[4]。可见，新党在相当数量的台湾民众（包括“本省籍”民众）尤其是年轻选民中的形象是好的，而这也正是新党今后赖以生存和发展的社会基础。当然，所谓“外省人政党”的不利舆论，可能会在一定程度上对新党的发展产生负面影响，但这并非“关键”因素，否则又如何解释主要由“本省人”组成的工党、劳动党、社民党都难以发展、难成气候呢？随着时间的推移，只要新党的政策和策略符合台湾民众的利益，能够反映他们内心的愿望，那么“新党可以不须澄清，本身的行动与作法便可证明一切”[5]，使所谓“外省人政党”的不利形象逐步消失。

诚然，生存空间的客观存在并不等于就是“选票”。由于经历历次选举，台湾选民的投票趋向已形成相对的“习惯性”，也即“稳定性”，认同和支持新党的理念和主张，但选举时并不一定就会将选票投给新党。因此，如何将选民对新党的“认同率”和“支持率”转变成具有实际意义的“得票率”，还需要新党领导人有足够的政治智慧，要有相当长一段时间的艰苦努力和积累过程，不可能在短时间内看出成效。从新党成立以来的一系列政治运作来看，笔者认为，在这方面基本上是成功的，已为今后的发展奠定了一定的基础。主要表现在：

首先，从新党的成立“宣言”来看，它明确自我定位为“小老百姓代言人”的政党，以“革新政治、安定政局、制衡两党”为目标，宣称认同孙中山的政治理念，并具体提出了八大基本主张：（一）以保障台海安全为最高准则；（二）积极与中共展开谈判；（三）确立权责相符、受“国会”监督的直选民选“总统制”，避免独裁；（四）各族群一律平等，保障人权；（五）主张改征兵制为募兵制；（六）设立直属“行政院”的廉政总署，反贪污，反腐败，反特权；（七）反金权，不反商，全力支持中小企业；（八）照顾弱势团体，保障小老百姓的生活。其中特别是在“大陆政策”方面，主张“开放两岸直航，促进全面交流”；“保障台商权益，争取大陆市场”；“建立互利共生的大中华经济圈”[6]。该党公开宣称：其主要任务，一是不让国民党再腐败下去；二是阻止民进党执政，防止台湾走上“独立”道路，引发台湾危机。笔者认为，新党的上述理念和主张，击中了国、民两党的要害，抓住了当前广大台湾民众尤其是中间选民的心理，符合他们的切身利益和愿望，有利于争取中间选票。

此外，新党采取所谓“柔性政党”的组织形式，“以国会为中心，以民意为导向，以选举为手段”，不设党主席和党的中央机构，只设“召集人”；参加新党只需登记，不必宣誓，不用缴纳党费和开小组会议，并随时可以退出，允许跨党，凡不便登记入党但认同、支持新党者，为新党的“精神党员”等等。这种组织设计，一方面避开了权利义务关系，符合台湾民众追求民主自由的心态，另一方面也有利于吸纳那些因感情上或工作职务上（现实的政治、经济利益）的关系而不便加入新党的相当一部分国民党员认同和支持新党，成为新党的“精神党员”。此外，也因党的机构比较简单精干，从而大大减轻了财政支出，适应了新党目前财源匮乏的现状。据报道，新党着手登记党员的半个月内，填表入党者就多达 4 万余人（尚不包括来不及处理的一大批党员登记表）。而建党已达 7 年之久的民进党，目前党员人数也才不过 5 万余人而已。对此，民进党前主席许信良也不得不承认，“新党已有基础，不敢小看它”[7]。

其次，从新党“立委”在“立法院”第二会期总质询中的表现来看，确能具体落实贯彻“宣言”中提出的理念和主张。赵少康、王建煊、李庆华、陈癸淼、周荃、郁慕明等人，以密集的“炮火”，分别就肃贪、环保、医疗卫生、教育、财政、两岸谈判、直航与文化交流、“金钱外交”——许多为“小老百姓”所普遍关心的问题，向国民党执政当局发动了一连串的凌厉攻势，展现了“小老百姓代言人”的姿态，民众反应颇佳。

再次，积极整合第三势力，并已初步取得进展。新党成立前，国、民两大党以外的第三党势力如工党、劳动党、社民党等，由于主客观条件的制约，正面临着发展瓶颈而苦无良策；而台湾社会中日益滋长的对国、民两党的不满情绪正呼唤着较为强势的第三势力的出现。显然，第三势力的整合已具备了客观上的条件和可能。新党的出现恰好起到了某种“催化剂”的作用，促进第三势力整合的客观社会环境得以迅速趋于成熟化。于是经过赵少康、王建煊、朱正高、林正杰等人的积极奔走串联，11 月初，新党、社民党、劳动党的主要领导人正式会商，决议共同推动第三势力的整合大计。1993 年 11 月中旬，新党与社民党宣布决定合并，组成新的“新党”。劳动党和工党也酝酿着稍后“跟进”，目前则以“合作”形式出现。新党与社民党合并后，确立三大理念；（一）大中华理念；（二）结合工、农、老兵、小市民等弱势团体；（三）反对独裁，并决定成立劳工、青年、中小企业及妇女委员会从事社会各阶层的组织工作。同时强调，将在1994年6月30日前，选择全省10个县、市，指定5个“立委”负责发展地方基层组织工作。两党合并后，虽然政治力量和基础力量仍很薄弱，但却意义重大，影响深远。因为这不仅初步打破了为媒体所渲染的所谓新党是“外省人党”、“台北党”的形象，同时也标志着第三势力的联合终于迈出了可喜的第一步，为今后第三势力的进一步整合打下了基础。台湾报纸评论说：“第三势力一旦完成整合，一个目前约拥有百分之十政治势力，阶级属性涵盖知识分子、小市民、农民、劳工，并兼顾省籍与南北地域均衡性的全新政党即告诞生，不但可以弥补新党在省籍及城乡地域上的不足，更将成为号称全民政党的国民党与民进党的挑战对手”[8]。

第四，参与县、市长选举达到了“热身”的目的。1993年底县、市长选举揭晓，新党未能获取席位，得票率也仅达成3.08%。于是不少舆论认为，第三势力没有发展空间，新党前途堪虞。笔者对此议论不敢苟同。事实上，新党对参加这次选举从未抱过高希望。该党成立时即已明确定出未来三年的发展目标：即1993年底县、市长选举先“热身”；1994年县、市议员选举则是培养各地接棒的优秀人才，并与两大党争省、市长席位；而真正展现实力是两年后1995年底的第三届“立委”选举，力争攻下二成以上席次，成为制衡国、民两大党的“关键少数”。按照上述设计，客观地说，新党参加这次县、市长选举基本上达到了预定的目的。因为通过选举的“造势”活动，宣传了新党的理念和主张，扩大了新党的影响，并展现了一定的实力，为今后的发展奠定了一定的基础：（一）竞选期间，新党制造了一连串的轰动事件。首先，新党选择在国民党十四大召开前夕宣布出走另立门户，立即引起了岛内外的轰动；其后，新党与数位因“违纪参选”而被国民党开除党籍的县、市长候选人结成“制衡联盟”，在各地召开了一系列的竞选说明会、演讲会，并将“立委”谢启大吸纳入党；接着是与朱高正社民党合并，投票前夕，又策动国民党元老许历农“反正”成功。在整个竞选期间，新党始终是台湾新闻媒体关注的焦点，竞相报道的对象，岛内外舆论的重要话题。（二）若单从新党在台北县、新竹市参选地区来看，得票率高达16%，这是第三势力在历次参选中获票率最高的一次，并使得国民党在这两地的总获票仅为38%和45%，未逾半数。就连国民党高层也有人不得不承认，这次选举国民党志在必得的“沦陷区”台北县，之所以未能从民进党手中“收复”，与新党候选人李胜峰的“搅局”有很大关系。台湾报纸说：“仓促成军的新党在这次选举中的表现正如预期，未爆冷门，但也不可小觑，……不少人认为，新党的初啼并不惊人，但在未来几年的后势却不可低估”[9]。显然，这一评论还是比较客观的。

除上述主客观条件以外，新党生存发展的有利因素至少还可列举如下几点：(一) 国民党内“非主流派”人士（包括本省籍在内）的同情与支持；(二) 海外华侨社团（如国民党“海外兴中会”）的同情与支持；(三) 以美国为首的西方国家出于其在台湾推行西方式所谓“民主政治”的考虑，也乐见一个有能力制衡国、民两党的第三势力的出现，以利于岛内“政党政治”的开展，并对中国大陆产生他们所希望出现的“橱窗效应”，这显然符合美国等西方国家的利益。

总之，笔者认为，岛内第三势力的生存发展空间乃是客观存在，尽管新党甫建，目前实力单薄，但已为今后的进一步发展壮大打下了一定的基础，从长远来看，不仅不至于成为“泡沫党”，且有可能发展成为在台湾政坛上有能力制衡国、民两党的举足轻重的第三大党。

当然，我们也应看到，在当前台湾现实政治环境中，新党的成长发展所面临的困难也显而易见不可能是一帆风顺的，主要表现在：

(一) 将面临来自国、民两大党联合夹杀的巨大压力。政党竞争，是理念和政策主张的竞争，但说到底是权力之争，政治、经济利益的分配之争。由于新党在一系列重大问题上的理念、政策和主张与国、民两党均存在深刻分歧，在争夺岛内政治、经济资源上新党与它们将不可避免的产生剧烈的矛盾冲突。毫无疑问，无论是目前在岛内政坛上占据优势地位的执政的国民党主流派，还是一心谋求早日走上执政的民进党，都不会愿意看到新党的势力不断发展壮大，从而在未来争抢岛内权力大饼中增加又一强有力的竞争对手。故此，国、民两党势必在明里暗里联合起来，共同封杀抑制新党的发展。事实上新党成立伊始，这种压力便接踵而来，从未间断。国、民两党一些头面人物的有关言论及其所影响控制下的媒体对新党冷嘲热讽的态度等等，均已说明问题。所谓新党是“外省人政党”、“台北党”和“急统派”的舆论，在很大程度上正是他们刻意渲染制造出来的用以挑拨本省籍民众与新党关系、企图封杀新党成长发展的诸多阴谋手段之一。一些民进党“立委”甚至别有用心地散布新党是“中共代言人”的论调，发表“声明”，“促请新党应与中国共产党绝对划清界限”[10]。可以预见，随着岛内政局的演变发展，新党势力将面临更大的压力。处于弱势地位的新党，如何冲破这种压力，在两大党的夹缝中求得生存与发展，将是对新党的一个严峻考验。

（二）基层力量太过单薄，与其他第三势力的整合存在着实际上的困难与问题，将严重制约新党的壮大发展。新党“立委”大都是“吃国民党奶水长大”，如今骤然断了“奶水”，失去了原有可资利用的国民党所拥有的庞大政治、经济资源，一切均须白手起家，从头做起，其困难程度可想而知。且不说财源匮乏，经济拮据，没有了媒体的协助造势，更为重要的是失去了国民党基层组织强有力的支持。国民党统治台湾 40 多年，业已在岛内各县、市培植起了强大的地方势力，就连“草根性”很强的民进党苦心经营 7 年之久，其基层势力的发展尚且有限，何况原本新党“立委”的政治影响力主要在都市区（且主要在台北地区），向来与台湾地方势力没有渊源，恐更难在基层扩展其势力。尽管这种局限或可通过与本省籍为主的其他第三势力如社民党、劳动党、工党的整合而得到某种程度的弥补，但由于历史和现实的原因，新党与上述各党在一些重要问题上也存在着这样那样的分歧和隔阂，整合起来并非易事，即便能整合成功，也可能会“貌合神离”，不断出现矛盾而导致内耗；加之新党采取“柔性政党”的组织形式，不免会带来负面后果，即在基层没有真正强有力的地方组织，因此在未来的一系列重大选举中，新党势必在组织战方面很难与国、民两大党抗衡。这次县、市长选举，新党及其“制衡联盟”未能有所斩获，其原因盖出于此。

（三）主观方面而言，新党领导人潜意识中存在的“国民党情结”和“省籍意识”若不能尽早消除，也将影响其进一步壮大发展。新党开拓票源应将目光主要投向何方？岛内有识之士认为，应是“中层、年轻，智识层的选民，较无省籍成见，也有两岸、国际的宏观想法，他们才是新党要争取的对象"[11]。对此，新党领导人心知肚明，采取了相应的策略和具体措施，并已初见成效。但若考查一下新党自成立以来所提出的一些口号和采取的某些做法，仍有不少可议之处。例如，该党从一开始便不适当地提出所谓"毁党、造党"的口号；尔后又有所谓新党为"正统国民党"之说；尤其是把大量精力用以游说国民党员（其中包括党龄在50年以上的国民党元老）加入新党，赵少康甚至宣称许历农加入新党"胜于百万雄兵"，均自觉不自觉地反映出新党领导人在潜意识中确实存在着"国民党情结"和"省籍意识"。岛内舆论认为，新党"甚至是以外省族群的危机意识作为发展策略的构思起点"[12]。如果这样"情结"和"意识"不能尽早抛弃，势必恰中国、民两党的下怀，使新党难以真正融入台湾本土社会之中，从而严重地制约其今后的壮大发展。

综合以上主客观方面的有利和不利因素，不难得出结论：新党的实力今后将会有所提升，但不可过于乐观；它将发展成为有能力制衡国、民两党的"关键少数"，但难以形成"三党鼎足"之势。台湾政党政治的发展前景，将会在相当长的一段时间内维持在国民党——民进党——新党大、中、小"三党竞争"的格局。

二

新党的成立以及由此而出现的第三势力的整合，对岛内的政治生态、政党政治格局已经并正在产生重大影响，给台湾政局和两岸关系的发展增添了新的变数。

（一）国民党内部的流派之争将因此而进一步加剧，有可能再次发生分裂。

"李连体制"的建立，特别是通过十四大的召开和年底的县、市长选举，李登辉主流派已在党内的流派斗争中取得了全面的、压倒性的胜利，李登辉的领导地位空前巩固。但是，非主流派在党内和"立法院"仍有相当实力，特别是以林洋港为代表的本土籍非主流派，在台湾民众中的影响力仍不可小视。新党的成立及其实力的不断提升，无异于在精神上是对他们的一大鼓舞，使他们感到在与主流派的斗争中更无后顾之忧，大不了步许历农的后尘，加入新党。因此可以预见，在未来诸如“修宪”、“总统”选举以及大陆政策等一系列重大问题上，郝柏村、林洋港等非主流派头面人物以及“立法院”中的非主流派“立委”，将会与主流派展开剧烈的较量，从而对主流派的政治运作起某种程度的牵制作用。事实上人们已经看到，这种较量目前已经拉开序幕。但总体而言，非主流派已不是主流派的对手，故而随着岛内政局的演变，在党内流派争斗中落败的一部分非主流派人物有可能会陆续脱离国民党，或加入新党，或另一树一帜，从而使国民党再次发生组织分裂，实力进一步削弱。

（二）国民党在“立法院”中的优势地位已经动摇，并潜伏着随时有丧失主导权的严重危机。

本届“立法院”161 席中，国民党原本占有 102 席的相当大的优势，尔后，病逝和声明脱党者 2 席，如今新党 6 名“立委”出走，仅剩 94 席，实力已大为下降，但比过半数的 18 席仍多出 13 席，表面看来，似乎仍有一定优势。然而这种“优势”已经动摇：这是因为，国民党十四大以后，由于党内权力结构的调整无法完全满足党籍“立委”的愿望而引起强烈反弹，“立法院”内国民党的一些次级团体如高育仁主导的“民意会”，已明确表示将加强“自主性”，不再完全配合党团运作；而非主流派“立委”则因理念上的差异，原本就具有很强的自主性；此外，地方派系和财团背景的“立委”，也以各自的利益为取向；加之国民党籍“立委”往往出席率不高，凡此种种，均使国民党目前所拥有的 94 席多数地位，随时有低于 81 席过半数的可能，这是国民党“在台湾执政 40 多年的历史中前所未有的”[13]。在新党成立之前的“立法院”第一会期中，国民党提出的议案就已经有多项被否决的记录，因而被台湾报纸讥为“多数在野党”。如今“立法院”已形成“三党五派”的复杂局面，往后执政当局的许多重大施政措施势必更加难以通过。此外，倘若国民党真的再次发生组织分裂，那么将不排除其“立委”席位减少到不足半数而完全丧失在“立法院”主导权的可能。届时，国民党不待下届“立委”选举就将不得不拱手交出政权，被迫与民进党或新党合组新的联合政府。

（三）第三势力的进一步趋向整合，新党实力的逐步提升，将成为制约民进党“走上执政”的关键因素。

新党成立之初，不少舆论认为，民进党将“坐收渔翁之利”而提早“走上执政”。民进党人也喜不自禁，宣称“乐观其成”。但笔者认为，从长远来看，问题并非那么简单。在第三势力不成气候的情况下，为求制衡日益腐败的国民党，有不少选票流向了民进党，因而近几年来的选举，民进党的获票率有不断提升的趋势。然而，新党成立后，使这部分中间选民有了更大的选择空间。可以预见，随着新党实力的不断提升，中间选民对新党的信心和向心力将逐步增强，在未来的选举中，势必会有不少选票改变流向而使民进党得票率和当选率受到相当程度的制约。现成的例子，莫过于日本自民党分裂后，最大的反对党社会党不仅没有捞到任何好处，相反却流失了大量选票便是明证。为防止这一事态的发生，民进党今后势必会采取各种措施与新党争夺中间选民，甚至不惜与国民党勾结，共同夹杀新党的发展成长，从而使新党面临困难处境，造成朝野三党之间关系的紧张。

（四）“两党政治”的局面已被打破，“三党竞争”、合纵连横的政党政治新格局已经形成。

新党的成立，事实上已经打破了二届“立委”选举以来刚刚初步形成的“两党政治”的局面，向着国民党—民进党—新党大、中、小“三党竞争”的新的政党政治格局演变发展。如果新党整合第三势力的努力进一步取得成功，那么，即便国民党不再发生新的组织上的分裂，新党在下届“立委”选举时仍有可能实现夺取15% –20%左右得票率和当选率的预定战略目标。届时，国、民两大党都将难以获得半数以上的席位和选票而无法单独执政，由此，台湾将进入多党联合执政的时代。由于三党在许多政策主张，特别是国家认同理念上存在着颇大差异甚至是根本对立，因此，在这种基础上建立起来的无论哪两党组成的联合政府，都势必不可能保持和谐的合作与长久的稳定，从而使岛内政局有可能会呈现出持续动荡的局面。

（五）“统派”势力趋向整合，“统独”之争呈现出新的特点，有利于两岸关系的发展。

从另一角度来观察，人们不难发现，新党的出现以及随之而来的第三势力的趋向整合，其实是对近年来岛内“台独”与“独台”这两股分裂中国的势力公开合流的一种带有必然性的反弹。岛内分裂势力在合流、在发展，统派势力同时也在聚集、在发展，并呈现出“统独”阵营日趋分明的态势。新党公开表明“大中华意识”，追求民族统一，反对台湾独立，并明确主张“积极与中共谈判”和“开放两岸直航，促进全面交流”及“建立互利共生的大中华经济圈”等等。由于新党在“立法院”中拥有比以往任何时候的第三势力都要多的席位，加之有非主流派“立委”的奥援，势必使“立法院”中主张统一、反对“台独”，要求积极推动两岸关系发展的呼声增强。倘若第三势力进一步整合，新党在下届“立委”选举中果能达到预期目标，那么岛内统派在台湾政坛上的实力和地位势将进一步提升。显然，这对抑制岛内分裂势力，改善两岸关系，促进祖国和平统一是有利的。当然，也不排除由于统派势力的不断提升，在政坛上的地位不断增强以及两岸关系的进一步发展，岛内的急进“台独”势力因此而产生日益严重的危机感，从而寻找借口，蓄意制造事端，挑起剧烈的“统独之争”，掀起新的“台独”声浪，从而造成岛内局势的紧张和两岸关系的恶化。

【注释】

[1] [2] [5] [6] [11] [12]《海峡评论》，1993 年第 33 期。

[3]《联合报》，1993 年 8 月 1 日。

[4]《海峡评论》，1993 年第 34 期。

[7]《联合报》，1993 年 8 月 8 日。

[8]《中国时报》，1993 年 11 月 14 日。

[9]《联合报》，1993 年 11 月 28 日。

[10]《中国时报》，1993 年 8 月 2 日。

[13]《中国时报》，1993 年 9 月 3 日。

（收入《当代台湾研究》（三），华艺出版社 1994 年 10 月出版）

一九九四年民进党主要活动及其特点

一九九四年，民进党接受上年底县市长选举失利的教训，大力整顿组织、调整政策策略，通过年初的乡镇长和县市议员选举特别是年底的省市长选举，在与国民党争夺执政权的较量中，取得了突破性的进展。

主要活动和特点

回顾和考查民进党一九九四年的主要活动，大致可以归纳出以下几个方面的特点：

（一）着力推行“党务革新”。

县市长选举后民进党领导层检讨失利原因，认为基层组织薄弱、提名全靠党内初选确定候选人以及后备人才严重不足，是其中三个重要原因。为此，一九九三年底刚刚接替许信良出任民进党主席的施明德，便立即着手推动党务改革，并专门成立了一个“党务强化工作小组”，强化党的基层组织。该小组经过五次会议，于一月十三日拟定出了“党务强化工作方案”，其主要内容有：（1）订定党员预备制度。规定党员入党须经“预备期间两年”，预备党员在预备期中至少要参加两次训练和两次党务活动；（2）办理党籍检查；（3）整顿地方党部；（4）公职候选人提名办法之修订；（5）强化党纪评议制度。该方案出炉后，曾引起党内个别派系的强烈质疑和部分“明星级”人物的反弹，但经过修改后，终于在二月十五日召开的临时中常会上首先通过了其中的“公职人员初选提名办法”。新的公职提名办法决定采用两阶段：即第一阶段由党员、干部投票，各占百分之五十；经第一阶段初选后，若经协商仍无法产生提名人选，则举行第二阶段选民投票；前述两项投票结果，各占全部提名人选的百分之五十。并规定了七条具体的实施方案和细则。随后，在五月一日闭幕的民进党第六届全代会上，又通过了多项党务改革案。当然，由于民进党自建党以来组织上和思想上均一贯涣散，上述党务改革方案在实际运作中能否真正得到贯彻落实，仍不无疑问，但俗话说："没有规矩，不成方圆"，有这些"规矩"总比没有这些"规矩"要好。其中新的提名办法在年底举行的省市长及省市议员选举中首次实施，的确对缓和党内纷争、减轻内耗、改善党的形象，起到了积极作用。张俊宏、谢长廷两人在省长和台北市长的第一阶段党内初选中分别输给了各自的竞争对手陈定南和陈水扁之后，即自动宣布退出第二阶段初选。

一九九四年民进党在整肃党纪、纯洁队伍方面也有一定起色。近几年来，民进党为能早日"走上执政"，不惜采取"招降纳叛"的组织发展路线，大量接纳国民党的"叛将"，积极拉拢"策反"地方派系势力，以争取选举的胜利。这种做法虽然有助于民进党地方力量的壮大和选举得票率的增长，但却使党的队伍日益不纯，鱼龙混杂。此外由于民进党在台湾政坛上的实力大增，不少民进党人士经不起喝彩捧场和金权、利益的诱惑而逐渐腐化变质。居功自傲我行我素者有之，以权谋私作奸犯科者有之，涉嫌不当"关说"、弊案、丑闻或绯闻以及大量花钱搞"贿选"者也有之，且大有愈演愈烈之势。岛内舆论早已对此议论纷纷，指称民进党正在日趋走向"国民党化"。

进入一九九四年之后，民进党便开始整肃党纪，其中最引人注目者是三月间开展的大规模"查贿行动"。在这次"查贿"中，民进党决定对在县市议长选举中涉嫌贿选的四十五名党籍县市议员进行严厉处分。开除了二十二人的党籍并移送法办，其余二十三人分别处于"停止党权"及"公开警告"的处分。受处分的人数约占民进党县市议员总数九十二人的一半。另一事例，是十月间民进党籍"立委"侯海熊在洪福事件中，涉嫌为当事人——华隆集团老板翁大铭说情并妨碍警方调查公务。事发后，舆论大哗，民进党中评会不顾党内强烈反弹，毅然决定开除侯海熊党籍。民进党的这些举动得到了岛内舆论的肯定与支持，"党务革新"收到了一定的成效。

（二）加强与工商企业界的沟通与联系。

近年来，随着岛内政局的演变和民进党在政坛上的地位不断提升，"选举总路线"开始在党内确立。为争取早日"走上执政"，民进党逐渐恢复了原先刻意隐藏起来的资产阶级政党的本来面貌。一方面尽量减少街头群众运动，逐渐疏远昔日与之并肩战斗的基层弱势团体；另一方面又调整公共政策诉求，频频向工商企业界示好，积极拉拢广大中产阶级，为赢得选举而努力开发新的“票源”和“财源”。

事实上，早在两年前许信良任党主席时，民进党就曾因中央财务困难而向大企业募款，据说“颇有收获”。一九九三年底施明德接掌党主席后，更积极地、有计划地联络岛内工商企业界人士，争取他们的支持。为此，民进党专门成立了一个“发展委员会”，负责这方面的具体工作。一九九四年一月一日，该党首次邀集岛内多家企业负责人举行了“一九九四年台湾经济展望”恳谈会。与会者多为岛内举足轻重的企业界头面人物。施明德亲率一大批民进党的重要干部，认真听取了企业界人士的意见和建议，并在会上表示：民进党“只是在经济上反对政治、经济的特权，绝非有反商的情结”，“希望借此增进与工商界的互相了解”。十一月二十四日，省市长选举投票在即，民进党又特意举办了一场针对中小企业的大型募款餐会。这场名为“祥和繁荣之夜”的募款餐会，当场募得新台币五百万元。餐会上，民进党副秘书长邱义仁向中小企业主分析了民进党三位候选人的选情，恳请中小企业主“尽量支持民进党的省长候选人”，并保证：“民进党即使拿下三个省市长席位，台湾自然也不会有太大的变化，影响不了李登辉的大政方针。”同一天，民进党还公布了题为“再创台湾中小企业活力”、“民主进步党的中小企业发展策略”说帖，具体详尽地提出了该党对中小企业的“五大政策方向”和“十二项实践策略”，极力拉拢中小企业主。十二月十八日，投票刚刚结束，民进党又立刻邀请岛内的十三家重要企业负责人座谈，请他们对民进党此次选战及未来发展提供建言。出席者“来头”皆不小，有银行董事长、前任“经济部次长”、大型金属工业负责人，甚至还包括亲李登辉的重要企业领袖以及国民党籍的重量级人物。施明德在次日举行的记者会上表示：“民进党绝不是反商、暴力政党”，所以他“特别在昨天听取企业界前辈的意见”，“以作为民进党未来策略及方向参考”。新当选的台北市长陈水扁则指出：“民进党非但不反商”，未来他还会“将建设台北成为国际工商都市列为施政重点”。[1]此外，该党还将责成各级议会党团协助企业解决问题，以争取今后工商企业界对民进党的更大支持。[2]

上述民进党的政策策略的变化及其运作，已经并正在对国民党构成相当大的压力。

（三）争夺执政权取得突破性进展。

一九九四年底举行的台湾首次省市长民选，是台“总统”直选前的一次重要选举，这不仅对于“一党专政”执政了四十多年的国民党来说是一个重大考验，同时对于急欲早日“走上执政”的民进党也是一次重大考验。为此，民进党志在必得，背水一战，与国民党开展了一场空前规模的“生死大搏斗”。选举结果，民进党虽然输掉了省长和高雄市长，但陈水扁却一举夺得台北市长的宝座，并创下了省市一级政权政党轮替执政的先例。民进党夺得台北市后，加上原由该党执政的其它六个县（即台北县、宜兰县、高雄县、新竹县、台南县、澎湖县），执政地区人口已达到台湾总人口的半数，在国民生产毛额方面，亦已占全台湾的一半以上。而且，陈水扁作为“首善之区”的台北市长，成为该党第一位有资格进入台“行政院院会”并获得发言权的人；再加上“省县自治法”和“直辖市自治法”的实施，这种情况标志着民进党对国民党的制衡作用进入了新的阶段：即由原来的以“国会”“立法制衡”为主，转变为“立法制衡”与在行政系统的“行政制衡”双管齐下、相互配合的态势。表明了国民党的统治基础已从“量”的动摇进入了“质”的动摇，丧失执政权的危险性已大为增加。

造成这种选举结果原因是多方面的，政党的政经总体实力固然是关键，但策略的运用、诉求被选民认同的程度以及候选人的个人形象等诸多因素，也是成败的重要原因。

对年底的省市长选战，民进党思想上高度重视，准备工作做得较早，也较充分。一九九三年县市长选战的硝烟尚未完全消散，他们便“人不卸甲，马不下鞍”，立即投入了一九九四年初举行的乡镇市长和县市议员选举。这场选举虽属层级较低的基层选举，但却攸关台湾地方政治势力的重组，被视为新政治链中的“桩脚”，实际上是年底省市长民选及日后“总统”直选的“前哨战”。民进党历来基层组织比较薄弱，但在危机意识的驱动下，全党动员，四面出击，大挖国民党的“墙脚”，策反成功了不少历来支持国民党的地方派系势力，壮大了自己的基层力量。选举揭晓，民进党取得了自其参加基层选举以来的最大胜利，乡镇市长和县市议员席位，分别由上届的六席和四十七席猛增到二十三席和九十二席，分别增长了三倍多和约一倍，从而一扫一九九三年底县市长选举失利的阴霾，鼓舞了民进党全党的士气，增强了年底省市长和省市议员选举获胜的信心。

七月，朝野各党中民进党率先完成了省市长和省市议员的候选人提名，随即转入密锣紧鼓的选战准备工作。他们吸取了县市长选举受挫的教训，在党中央成立了“一九九四年省市长及省市议员选战指挥中心”，由前党主席许信良任总指挥，同时改组了“选举对策委员会”，施明德亲自挂帅。

在这次选举中，应该说民进党中央对省长候选人陈定南的辅选工作下的力气最大，助选阵容也最为庞大、精锐。然而选举结果陈定南却输给了国民党候选人宋楚瑜将近一百五十万张选票。

究其原因，是民进党根深蒂固的“台独”理念及其追随者的“劣根性”给陈定南帮了倒忙！选战结束后，民进党邀请岛内企业界人士商谈时，在座企业界代表即指出：民进党“在选战文宣中必须了解台湾人追求安定的个性，此次台湾省长选举中打出‘变天牌’令人有危机感，连带影响选举结果。”[3]

反观陈水扁，其所以能在台北市胜选，关键在于诉求策略的得当而吸纳了相当多的游离票：首先在政见方面，陈水扁抓住广大台北市民最为头痛和关心的交通与环保等主要问题，把诉求主题标榜为：“走出悲情，达向希望”，强调“族群融合”，赞成“百分之百的言论自由”，反对“任何形式的暴力”，主张把台北建成“快乐的城市，希望的城市”，并称：当选后若两年之内不能解决交通问题，他将“主动辞职”以示负责。其次，在“台独”问题上，陈水扁则极力回避，甚至连竞选使用的旗帜，也一改民进党传统绿色旗而换成橘黄色旗，可谓用心良苦！当施明德提出“金马撤军论”使陈水扁的选情陡然逆转、支持率大幅下降时，他一方面公开表态不同意施明德的主张，另一方面又专程跑到金、马等地区“消毒”，尽力将消极影响减至最低点。但最能说明问题的是，作为民进党战将的陈水扁竟然在投票前两天，公开在台北街头接受了林正杰赠送的“中华民国国旗”，并共同签署声明，表示愿意保证维持台湾未来二十年的安定，除非经过公民投票，现在使用的“国号”、“国旗”二十年不变等。陈水扁还声明，若能当选，他将把“中华民国”带进市政府。陈水扁的竞选策略，显然比较符合台北市选民的心理，其胜选不是偶然的。当然，陈水扁个人所具有的魅力，特别是他在“立委”任上所表现出来的很强的问政素质、敬业精神也颇获选民的肯定和好评。此外，国、新两党“鹬蚌相争”，同样给他提供了绝好的机会，所有这些，也都是促成陈水扁胜选的重要因素。

这次省市长选举的结果表明，台湾民众可以将“地方”一级政权交给民进党人治理来“试试看”，但对更高一级（特别是“中央”）的政权交给民进党则仍不“放心”。可见，民众的心态并非民进党刻意渲染的什么“求新求变”，而是“既求新更怕乱”。这种心理同样在台北市议员选举中得到印证：民进党虽然夺取了市长的宝座，但在议员席位方面，朝野三党却均未能超过半数。也就是说，民众要求制衡国民党。但同样，在民进党执政的县市，民众也希望能制衡民进党。

（四）调整“台独”策略，强化台湾“实质独立内涵”。

民进党的“台独”主张与目标从未有所改变，但迫于岛内外的政治现实，该党在一九九一年底“国代”选举惨败后，即已开始淡化“台独”诉求，着手调整其激进的“台独”主张。经过近两年来党内的剧烈辩论以及实践中的不断摸索，到一九九三年底县市长选举时，民进党内各派系已基本达成共识，并逐步形成了一整套新的“台独”政策和策略。这套新的政策和策略似可概括为以下几个要点：（1）坚持“台独”的最高理想，但也不能脱离台湾现实；先通过体制内的选举夺取政权，再经由“住民自决”实现台湾的“法理独立”。（2）现阶段的中心任务是：倾力与国民党争夺执政权。（3）现阶段的主要目标是：采取各种手段不断充实和强化目前台湾“实质独立”的内涵；推行“一台一中”为核心的大陆政策，防止国共“片面和谈”；将台湾问题引向“国际化”，阻挡中共“吞并”台湾。（4）实现“台独”的基础工作是：深入持久地推展“新台湾运动”，向台湾民众灌输“台独意识”，以营造“台独”的文化、心理、社会环境。人们不难看到，近些年来，民进党的一切运作，都无不围绕着上述设计在不遗余力地向前推进。一九九四年，民进党在这方面的主要做法是：

1. 力争在年底的省市长及省市议员选举中有所突破，为日后赢得“立委”和“总统”选举，实现全面夺权和“台湾独立”创造条件。

2. 利用第三阶段“修宪”之机，推动“实质制宪”，即在事实上废除“中华民国宪法”。一九九四年五月，台二届“国大”第四次临时会进行最后阶段“修宪”，民进党打着“全面修宪”的幌子，以该党一九九一年制定的所谓“台湾宪法草案”为蓝本，一连抛出三十多项“修宪”案，其中包括“单一国会”、“总统直选”、“更改国旗、国号、国歌”等；另外又提出“拒绝统一条款”、“新宪法条款”、“台湾正名条款”等十五项“修正案”，极力推销“台独”主张，企图达到“实质制宪”的目的，从法理上否认“中华民国”的存在，以充实和强化目前台湾所谓“实质独立”的内涵，造成事实上的“两个中国”或“一中一台”。为配合民进党“国大”党团在议场内的抗争，“台独”人士在民进党的鼓动和积极参与下，还在场外召开所谓“第二次人民制宪会议”，公然征集“新国旗、国歌”。当民进党的提案几乎被国民党全部封杀后，民进党恼羞成怒，愤然宣布退出“国大”临时会以示抗议，并发誓民进党今后仍将为实现“制宪”而进行不懈斗争。

3. 推出“一台一中”为核心的大陆政策纲领，干扰破坏两岸事务性谈判，阻挠两岸关系的正常发展。“宪改”基本完成后，有关台湾前途和两岸关系问题已成为国、民两党争夺岛内政局主导权的斗争焦点。进入一九九四年以后，围绕着两岸展开的事务性谈判，民进党频频运作，与国民党进行了剧烈的较量，极力牵制、破坏两岸关系的正常发展。二月初，首次“唐焦会谈”在北京举行。会前，民进党中央“中国事务部”专门召开会议商讨对策，“要求焦唐会谈延期举行”，企图阻挠两岸事务性商谈。“唐焦会谈”结束后，沈富雄等六名民进党籍“立委”于二月八日又抛出了一个“大陆政策政治纲领”，宣称要“拆穿焦唐会谈双赢的谎言”。该“纲领”提出了大陆政策的“五大进程目标、五大立法行动、十大法制主张”，要求台湾当局废除“国统会”和“国统纲领”，另设“超党派的‘中国关系委员会’主管两岸谈判事务”，制定“中国关系基本法”、“两岸缔约法”或“两岸协议处理条例”、“海基会监督条例”等；宣称“台湾事实上领土与主权均不可侵犯，台湾的前途由台湾人民自决决定”等等。[4]三月三十一日，大陆千岛湖意外事件不幸发生后，民进党借机推波助澜、火上加油，煽动敌视大陆的情绪；反对发展两岸关系，甚至坚请李登辉“毅然宣布台湾独立”。[5]八月四日至七日，第二次“唐焦会谈”在台北举行，民进党更趁机干扰破坏。在唐树备抵达台北及与焦仁和会谈期间，民进党接连组织了两次极富挑衅性的“示威抗议”活动，甚至公然焚烧五星红旗。民进党“立委”吕秀莲还发表公开信给唐树备，要求“承认台湾已非中国领土的事实”。此外，民进党又分别于八月二日和七日，在会谈地点国际会议中心连续举行了两次记者会，公布了题为“在“台湾是台湾，中国是中国”的基础上重构两岸秩序”的“大陆政策说明书”，大肆宣扬“台独”主张。

4. 积极支持、配合台湾当局“参加联合国”的活动。台湾当局近年来在有关台湾前途问题上，打着“拓展国际生存空间”的幌子，积极谋求“加入联合国”及其他国际组织，以突显所谓两岸“分裂分治”的“事实”。一九九四年，民进党与国民党再次联手，大炒“参加联合国热”。九月间，朝野合组的“全民推动加入联合国行动委员会”、民进党中央“联合国宣达团”等七个团体纷纷赴美，组织各种类型的研讨会、记者招待会、示威及游说活动，试图以此对联合国施加影响。施明德在华盛顿举行的一次午餐会上即席演说，呼吁美国会支持台湾加入联合国的运动，并宣布民进党将设立“驻美办事处”，任命与美政界关系密切的该党“立委”张旭成出任首任驻美代表。民进党“立委”姚嘉文在美国举行的一次记者会上则宣称：民进党推动“参与联合国”运动的“主要目的有三：（1）激起台湾人的建国意识。（2）打击国民党的大中国思想。（3）在国际上争取台湾的一席之地。”他认为“这项运动的前两项目的已达到，第三项则已成为国际注意的议题”。[6]有“台独之父”之称的彭明敏更是一语道破了国、民两党大炒“参加联合国热”的玄机。他说：“每年向联合国申请，造成‘联合国一开会，台湾问题就会来’的势头，台湾问题一旦炒成国际问题，就会有希望!”

5. 大力开展所谓“新台湾运动”，为公民投票决定台湾前途预作准备。近几年来，岛内举行的多项选举及民意测验无不显示，反对“台湾独立”，主张“维持现状”的台湾民众占绝大多数。这种情况对于侈谈“民意”、动辄主张“住民自决”决定台湾前途的民进党来说，不仅是极大的讽刺，同时也令他们颇感忧心。张灿洪曾赤裸裸地宣称：台湾能否独立，不在国民党，不在民进党，也不在中共，而在台湾民众！因此他主张“多在民间，透过运动，将目前已十分普遍的‘台湾意识’转化为支持‘台湾主权独立’的政治意识，为未来进行‘住民自决’铺路”。为此，近些年来民进党大力推展所谓“新台湾运动”，采取各种方法和手段，不遗余力地向台湾民众灌输“台独意识”。前述民进党大肆宣扬各种“台独理论”、大炒“参加联合国热”、召开所谓“人民制宪会议”、征集所谓“新国旗、国号、国歌”，以及将“台独”诉求千方百计渗透到“宪政”条文及大陆政策和公共政策之中等等，均是其推展的所谓“新台湾运动”在政治层面的重要举措。但是，“新台湾运动”的主事者们在思想文化层面所开展的种种活动，则显然更具阴险性：他们打着“本土化”和“主体性”的幌子，歪曲篡改台湾历史，声称要“清除中华文化”、“建立台湾文化”，主张以“台语”为“国语”，刻意制造所谓“台湾人命运共同体”的社会、文化、心理大环境。例如，一九九四年底，台“立法院教育委员会”在民进党“立委”主导下，通过了名为“台湾史应成为本国正统历史”的临时提案，要求“教育部”予以贯彻。在讨论该提案的过程中，民进党“立委”主张历史教材“应分为台湾史、外国史”，并“以台湾史为主体”，改变过去教科书中把台湾论述成“中国化、正统化、工具化、典范化”的状况，建立“以台湾为主体的历史观”。

（五）派系争斗空前剧烈，实力消长呈现新格局。

民进党派系之争其来有自，一向十分剧烈。即便是在一九九二年底“立委”选举获胜后，在“即将走上执政”的虚幻前景鼓舞刺激下，曾经一时表现出格外克制的假象，但也从未停歇。进入一九九四年以后，伴随着党内外一连串的选举和党务革新的推展，在争夺权力大饼的私利驱动下，民进党内派系之间的争斗旧态复萌。

第一波规模较大的争斗是围绕着五月间党中央权力机构的改选而引起的。由于能否猎取党主席的宝座不仅对本派系实力的消长影响极大，且对个人日后的政治前途也关系甚巨，因而使这一次的“党座”换届选举，出现了前所未有的“五路诸侯”（即美丽岛、新潮流、正义联线、福利国联线和独盟）合纵连横、明争暗斗、剧烈厮杀的新景观；居于同样的原因，中执委、中常委、中评委席位的争夺，也呈现白热化的情景；而中央机构席位的争夺，又连带着牵动地方基层组织在党代表产生的过程中也出现一场场“煮豆燃豆萁式”的恶斗。几经波折和反复较量，由“新潮流”支持的施明德最终击败了由“美丽岛”和“独盟”推出的余陈月瑛而当选新一届的党主席。而在新的权力结构中，则出现了多元化的生态分布，各个派系在中常委、中执委和中评委内均有自己的代表人物，“各路人马各占一方”，没有哪一派占据优势，使民进党内的派系实力消长呈现出新的格局，这又为今后的争斗埋下了伏笔。

第二波大争斗，则是围绕着党内省市长候选人的提名而展开。由“美丽岛系”的张俊宏出马与无派系色彩实际上得到“新潮流”支持的陈定南角逐省长候选人；而争抢台北市长候选人提名者，则是“正义联线”的龙头陈水扁与“福利国联线”的“大哥大”谢长廷，双方各不相让。幸亏有六全大会刚刚获得通过的新的“游戏规则”——“公职人员初选提名办法”，于是经过派系之间的紧张沟通、整合，才终于化解矛盾，使候选人的提名得以确定下来。

此外，前文所述三月间因惩处涉嫌贿选违纪的党籍县市议员，也曾一度引发党内的强烈反弹；因开除侯海熊党籍，还导致一千多名基层党员宣布集体退党，这些事件其实都带有派系争斗、较劲的浓厚色彩。

除了权力之争外，民进党内派系间理念、政策和策略方面的分歧依然存在，远未得到解决，原本属于急进“独派”的“新潮流”和“独盟”人士，并未忘情于街头运动、暴力抗争和急进的“台独”口号与诉求。一九九四年中引起岛内动荡的几次规模较大、影响较为恶劣的暴力事件（如“九·二五”高雄事件、围攻大陆海协代表团成员的示威抗议事件等）以及所谓“人民制宪会议”，征集“新国旗、国号、国歌”等等，均为民进党内的这批人所为。省市长选举结束后，“美丽岛系”的张俊宏等曾务实地提出修改“台独党纲”的建议，但却遭到“新潮流”和“独盟”人士的群起围攻，就连党主席施明德也扬言：“民进党若放弃台独党纲”，他将辞去党主席一职”。[7]此外，在大陆政策方面，民进党内部也存在明显的歧见。例如该党中常委邱连辉在八月十日的中执会上，提出“不必回避与中共接触”的主张。邱的主张得到秘书长苏贞昌、文宣部主任陈芳明等多人的支持。

未来发展趋势

依据以上回顾和分析，民进党今后的可能走向是：

（一）努力耕耘目前已经夺取的“半壁江山”，特别是所谓“首善之区”台北市，向广大台湾选民展现其执政能力，并在此基础上，累积和扩展其政治、经济资源，大力培养执政能力，筹组“影子内阁”，为日后全面夺取台湾政权，“走上执政”预作准备。

（二）加速推动“党务改革”步伐，改善党的体质，加强从中央到地方的组织建设和思想建设，努力解决“人头党员”问题，大量吸收具有高素质的专门人才入党。但在党务改革中，估计会遇到来自党内派系山头的强烈反弹，从而引发内斗。

（三）加强对公共政策的深入研究，提高“立院党团”的问政能力；尽量减少街头群众运动，维护民进党执政下的台北市的社会秩序；加强与工商企业界的沟通联系，积极争取其支持。

（四）继续坚持“台独”的既定主张，但不刻意强调“台独”口号；积极支持、配合台湾当局的“务实外交”活动，借以“彰显台湾是一个主权独立国家”，凝聚台湾人的“主体意识”、营造“台独”的社会氛围，为今后“住民自决”创造条件。

（五）加强“政党外交”，争取美、日等国对民进党的支持；适度调整大陆政策，为日后同大陆打交道积累经验。

（六）全力投入一九九五年底的三届“立委”选举，力争超过半数席位或形成国、民、新三党皆不过半的局面，如有可能将争取组织某种形式的“联合政府”，为一九九六年夺取“总统”民选的胜利，实现“全面夺权”创造条件。

【注释】

[1]［2］［3］ 台湾《工商时报》一九九四年十二月十九日。

[4] 台湾《工商时报》一九九四年二月九日。

[5] 台湾《工商时报》一九九四年四月七日。

[6] 台湾《工商时报》一九九四年九月二十二日。

[7] 台湾《自立晚报》一九九四年十二月十三日。

（收入《台湾一九九四》，北京出版社1995年8月出版）

李登辉“独台”与民进党“台独”之比较

近些年来，海内外一切关心祖国统一前途命运的有识之士愈来愈清楚地看到，随着岛内政局的演变发展和国民党内以李登辉为首的主流派权力的不断巩固，其“独台”面目也日益暴露，在分裂中国的错误道路上愈走愈远。可以说，以李登辉访美为标志，台湾国民党执政当局在“一个中国”的原则立场上，已经走完了从动摇—后退—抛弃的三步曲，不仅与民进党“台独”势力同流合污，而且实际上已经取代民进党成为主导岛内“台独”活动，勾结国际反华势力，搞“两个中国”或“一中一台”、从事分裂中国阴谋活动的大本营和主要政治势力。

以李登辉为首的国民党内“独台派”的出现不是偶然的，既有复杂的历史原因，也有深刻的现实政治背景，而美国为实现其称霸世界的野心，战后一贯顽固推行分裂中国的政策，则是诸多因素之中最主要的国际背景。可以这样说，李登辉是长期以来美国推行其“循序渐进”的对台“和平演变”政策的产物，是由美国一手精心挑选、精心培植起来的为其分裂中国政策服务的忠实代理人。随着苏联的解体，冷战的结束，美国对华政策的调整和李登辉羽翼的逐渐丰满，这一忠实代理人终于派上了用场！

事实证明，以李登辉为代表的“独台派”，虽然他们嘴里也不时高唱“统一”、坚持“一个中国”、反对“台独”云云，但“听其言而观其行”，其实他们骨子里原本就是“台独”。“台独”与“独台”，其本质和共通之处就在一个“独”字，所不同者，前者赤裸裸一丝不挂，而后者则身披一件薄薄的轻纱，让人难以分辨其“性别”，故而更具有迷惑性、欺骗性，因而也就更具危险性。

李登辉“独台派”其所以更具危险性，除了让善良的人们难以分辨其真实面目而容易上当受骗之外，更因为他们是岛内的当权派，手中握有政治、经济、军事等各方面的大权，在很大程度上主导着台湾的政治发展方向，是一群决定台湾当局内外施政政策的头面人物，他们的政策导向，关系着2100万台湾民众的命运福祉，影响到海峡两岸关系的发展走向。

试想，如果没有李登辉的蓄意姑息、纵容，岛内“台独”势力能成气候并发展到今天如此猖獗的地步吗？如果不是李登辉的刻意排挤、打击，岛内的“统派”势力会是今天这样处境艰难吗？如果不是李登辉一意孤行推行其一整套的“独台”路线，海峡两岸关系和祖国和平统一的前景会像今日这样令人忧心忡忡吗？

回顾近几年来李登辉的言论行动、所作所为，不难发现，民进党“台独”分子提出的一系列“台独”理念和“台独”主张，现在除了“住民自决”、“制定台湾共和国宪法”、更改“国旗、国号、国歌”、公开宣布成立“台湾共和国”之外，还有哪一条李登辉没有接过来加以具体推动实施呢？

——民进党说：“台湾主权不隶属于中华人民共和国”；

李登辉说：“台湾主权不属于中共”，目前中国的政治现实是“分裂分治”。

——民进党说：“台湾人命运共同体”；

李登辉说：“台湾人生命共同体”。

——民进党说：台湾与大陆是“两国两府”、“一台一中”；李登辉说：海峡两岸是“一国两府”、“对等政治实体”、“阶段性的两个中国”。

——民进党说：“国民党是外来政权’”；

李登辉也说：“国民党是外来政权”。

——民进党说：“台湾是台湾人的国家”；李登辉说：“台湾不是中华人民共和国的一部分”，“我们的国号叫‘中华民国在台湾’”。

——民进党宣称：“台湾具有国际独立主权”；

李登辉则说：“‘中华民国在台湾’是拥有独立主权的国家”。

……

可谓举不胜举！李登辉与“台独”人士的言论有何实质的区别呢？

至于所谓“申请加入联合国”、“突破外交孤立”、“开拓国际生存空间”、“台湾问题国际化”等等，这些都是民进党的一贯主张，但他们手中没有权，喊了多年而没有取得任何进展。而李登辉近些年来，正是花费了台湾民众大笔大笔的金钱，动用一切能够动用的政经力量，全力推动所谓

“务实外交”，妄图在国际社会制造“双重承认”、“阶段性两个中国”的局面。

在岛内，李登辉打着“主权在民”的幌子，全盘接受了民进党竭力推动的“总统直选”的主张，借此取代民进党太过露骨而更具风险的“住民自决”的“台独”主张，以便为其今后推行“独台”路线披上一件“合法”的“民意”外衣。格外值得注意的是，为培养分离意识，李登辉还接受了民进党“台独”人士的主张，一改40多年来国民党一贯推行的文化教育政策，修改历史教科书，提倡讲“台湾话”，强调台湾“本土性”、“主体性”，以强化所谓“台湾人意识”和所谓“生命共同体意识”，并一有机会就恶意攻击污蔑大陆，蓄意挑拨两岸人民的对立情绪，误导台湾民众，营造分离气氛，厚植“台独”的社会基础。

总之，民进党“台独”人士想做而做不到的事情，假李登辉“独台派”之手做到了或正在卖力地做，一旦时机成熟，丢掉“中华民国”的招牌，台湾也就成了“台湾共和国”。目前李登辉之所以还声称他主张“统一”、反对“台独”，唯一的顾忌是大陆“不放弃使用武力”。李登辉的如意算盘是：只要我不宣布“台独”，那么中共就没有借口对台动武。有位台湾学者一针见血地指出：如果说民进党推行的是“暴力边缘政策”，那么李登辉实施的则是“战争边缘政策”。李登辉的这种政策，是以2100万台湾民众的生命财产作赌注，全体中国人民不可不高度警惕，予以彻底揭露。

（在全国台研会座谈会上的发言，1995/06/21）

美国对台政策的演变与国民党政权和“台独”

——从“开罗宣言”到美蒋“共同防御条约”的历史考查

前　言

许多有识之士早已指出：“台独”势力的产生和发展，既有复杂的国内因素，也有深刻的国际背景，从国际背景而言，战后美国推行的对台政策则是具有无可置疑的关键作用。

回顾战后半个世纪以来美国的对台政策，给人印象最为深刻的一个显著特点是“反复无常、变化多端”。但无论如何变化，却“万变不离其宗”。其变化的依据是美国称霸世界全球战略利益的需要；其基本目标，则是妄图分裂中国。而在美国眼中，国民党政权也好，“台独”势力也罢，统统都不过是他们战略棋盘上的一颗“棋子”、分裂中国的工具。投靠外人、仰人鼻息的结果，只能丧失其独立性和自主性，其命运也不能不随着美国对台政策的不断调整的演变而时好时坏、跌宕起伏。

因篇幅所限，本文仅就1943年《开罗宣言》发表到1954年美蒋《共同防御条约》签订这一段历史，对美国对台政策的演变及其与国民党政权和“台独”之关系，作一粗浅考查。

一、“从远东战略小组”的预谋谈起

美国觊觎台湾的野心由来已久，有案可稽者，最早可以上溯到19世纪的50年代。1853年，美国商人奈伊曾写信给美国驻华代办巴驾，建议美国政府出兵占领台湾南部的红头屿，以为经营太平洋航线的基地。巴驾将此建议转报美国政府后，1854年美国东方舰队司令贝里即受命派遣两艘军舰马其顿号和供应号由阿波特上校率领前往台湾，实地调查台湾各方面的情况。

随后根据阿波特的报告，写成了《有力的美国人》一文，极力主张占领台湾。他说：从地理位置上看，台湾“可以和中国、日本、琉球、交趾支那、柬埔寨、暹罗、菲律宾以及附近所有岛屿建立交通。它能够提供丰富的燃煤。”“它在海路军事上占有优越的地位，……它不但可以瞰视而且能够控制这些商埠和中国海面东北方的入口”。同时，他还提出应该占领琉球和小笠原群岛，使之与台湾连成一片，作为美国在东方建立基地网的第一步。[1]同年，美国驻宁波领事哈里斯也写了一份长达一百多页的意见书寄给美国国务卿麦塞，主张用钱购买台湾。此后，美国的一些冒险家如前述奈伊之流，纷纷潜入台湾进行秘密活动。1857 年的第二次鸦片战争期间，美国新任驻华公使巴驾又向美国国务院提出建议，力主出兵占领台湾，变台湾为美国的直接殖民地。并特别强调，这样做是以争霸太平洋为目标。1867 年 4 月，美国驻香港领事阿伦又建议美国政府以“罗佛号”事件为借口，派兵夺取台湾。而另一位美国驻厦门领事李仙得，则多次深入台湾各部落地区活动，调查情况，此人后来投入日本帝国主义门下，在 1874 年日本武装入侵台湾南部琅峤之役中，充当向导、出谋划策、为虎作伥。1895 年，在甲午战争中惨败的清政府被迫与日本进行马关谈判。由一个叫科士达（一译福世德）的美国前国务卿担任法律与外交顾问。谈判中，这位“顾问”却吃里扒外，自始至终帮助日本“规劝”李鸿章接受日本提出的丧权辱国条款，后来赶到北京催促清政府尽快批准《马关条约》，随后又“不辞辛劳”陪同李经方赴台办理割台手续。50 年后，同样在台湾问题上扮演了极不光彩角色的美国国务卿杜勒斯，就是科士达的孙子，这恐怕不能认为是偶然的巧合！

台湾沦为日本的独占殖民地后，美国并未忘情于台湾。1941 年 12 月太平洋战争爆发后，美国五角大楼即调集了一批熟悉远东事务的战略问题专家，成立了一个“远东战略小组”，专门负责为制定远东战略计划出谋划策。次年春，该小组的重要成员之一，曾任美国驻台北领事馆海军情报官乔治·克尔提出一份“备忘录”，“呼吁华府当局确立一明确的‘台湾政策’”。克尔声称：台湾“这个海岛潜在上太重要了”基于美国的远东战略利益，“难许我们轻易将台湾交给中国人控制”，因此他极力主张战后由美国“托管”台湾并在美军控制下，“举行公民投票，决定他们的最后政治命运。”[2]与此同时，美国军方已决定从海上攻占台湾，然后在台湾成立“军事临时政府”，对台湾实行“托管”。为此，美国陆军部曾派飞机对台湾全岛进行战略测量；而海军部则“制定了十二套相当完备的民政手册，打算作为登陆后军政人员行动的原则。”可见，早在台湾光复前好几年，美国即有策动“台独”的预谋。而后来美国一小撮右翼反华和“台独”人士所竭力宣扬鼓吹的所谓“台湾托管论”、“住民自决论”，始作俑者正是乔治·克尔的这份“备忘录”。

二、美国签署《开罗宣言》并非出于诚意

1943 年 11 月，美国总统罗斯福、英国首相丘吉尔和中国当时的领导人蒋介石在埃及的开罗举行会谈，就对日作战及战后对日有关问题交换意见。11 月 23 日，罗斯福同蒋介石签署了一份《会谈纪要》，宣布“日本以武力夺取的东北四省、台湾和澎湖列岛战后必须归还中国。”当时英国对此尚有保留，主张在《开罗宣言》中不就台澎主权归还中国问题表明态度，采取一笔带过的含混写法，但遭到中国方面的强烈反对，而美国则支持了中国。于是，1943 年 12 月 1 日，中、美、英三国首脑终于正式签署了《开罗宣言》。宣言中明确规定：“三国之宗旨在剥夺日本自 1914 年第一次世界大战开始以后在太平洋所夺得或占领之一岛屿，在使日本所窃取于中国之领土，例如满洲、台湾、澎湖列岛等，归还中国。”

然而，美国之所以作此承诺却另有其用意。据克尔透露，美国政府的真实考量是：（一）担心已经“疲于困乏”且内部严重不稳的蒋介石政府退出战争、单独与日本媾和，使美国在太平洋战争中本已相当困难的处境“将益困危”，因而需要以此稳住蒋介石，让其继续与日本人打仗；（二）这种承诺在美国看来“仅是一种表意宣言”，因为《开罗宣言》中虽然答应战后重划日本占有的领土，但事实上“在当时没有一地是在联军手里”，同时也“没有人知道战局会发展到何方去。”[3]也就是说，美国作此承诺只不过是一时的权宜之计，从未准备兑现。事实也确实如此，《开罗宣言》公布后美国军方并未停止实施占领和“托管”台湾的计划，而美国政府则根据“远东

战略小组”的建议，从1943年12月至1944年11月，一直都在加紧培训一批准备将来负责接收台湾的行政人员。乔治·克尔本人就是参与这项培训工作的“主管”之一。后来在八、九十年代布什政府时期担任美国参议院外委会主席、被“台独”人士称之为“可靠盟友”的佩尔，以及“台独”的“开山鼻祖”汉奸廖文毅，就是接受培训的这批人员之中的两个。但是“天有不测风云”，美军尚未来得及进攻台湾，日本就已宣布投降；而且在1945年7月由中、美、英、苏四国签署的《波尔坦公告》中，又重申“《开罗宣言》之条款必须实施”。于是按照《开罗宣言》和《波茨坦公告》的有关规定，中国政府接收了台湾，致使美国企图单独占领台湾，策动台湾脱离中国的阴谋未能得逞。

三、蒋介石差一点去不了台湾

台湾光复后，美国的一批右翼反华分子并未就此死心。例如，前述乔治·克尔于1946年初被任命为美国驻台湾副领事后，即到处散布“《开罗宣言》无效论”；美国驻台新闻处长卡度，也宣称《开罗宣言》和《波茨坦公告》“无法律效力”、“台湾主权归属在对日和约签署前尚未解决”云云；而美国驻台湾陆军情报组组长摩根，则派人四处调查台湾的资源、港口、军事设施、工业布局、水文气象等各方面的情报资料等等。1946年夏，克尔、摩根等人还在台湾搞了一次非法的所谓“民意测验”，得出结论说：“台湾人不愿中国管而愿受美国管”。1947年“二·二八”事件发生后，美国驻台官员十分活跃，公然鼓动少数“台独”分子宣布“台湾独立”，表示：“台湾如愿脱离中国的统治，美国可以帮忙。”[4]同年8月中旬，美国特使魏德迈到台湾考察，在其后递交给美国国务院的报告中声称：“我们看到一些迹象，就是台湾人愿意接受美国的领导和联合国的托管。”[5]

到1948年11月，此时辽沈战役已胜利结束，淮海、平津战役正酣，国民党政权处于风雨飘摇之中，为因应远东时局的剧变，适时制定出符合美国利益的对台政策，当时美国代理国务卿罗维特要求军方，就台湾一旦落入中共之手对美国“安全”有何战略影响做出评估。很快，11月24日美国海军上将、联合国军事幕僚长李海就密函美国国家安全会议，他认为："台湾及其邻近岛屿一旦落入不友善政府之手，其战略意义更为重大，……一旦战争爆发，敌方将可掌握日本至马来西亚的海路；届时敌势大张，更可能将其势力延伸至琉球、菲律宾。果真如此，将对我国安全产生极其不利的战略影响。""基于上述评估，参谋首长联席会议认为，如果能够运用适当的外交及经济措施，确保台湾当局对美友好，将对我们的国家安全利益，最具价值。"[6]

一个多月后，淮海战役结束，北平即将解放，国民党政权在大陆的失败已势不可挽。1月14日，罗维特依据李海上将的上述评估，向杜鲁门总统呈递了一份"备忘录"。建议："如果台湾要免于沦陷于共党控制，或许美国必须采取军事行动"，但"基于政治之理由，美国必须尽力避免片面干预，……它或许仍有可能鼓励中国人成立一个非共的地方政府，自己促成台湾免于沦陷于共党控制。"即使美国不得不以武力干预，也"不宜公然以美国的战略利益为基础，而宜以国际上可受支持之原则，即台湾人民自决之原则，进行干预。"并说："如果岛上中国政府明显地已无法阻止台湾陷共，则台湾自主运动即可全面发动。"[7]

仅仅过了5天，1月19日，美国国家安全委员会即向白宫交了一份《美国对福摩萨的立场报告》，该报告公然违反《开罗宣言》和《波茨坦公告》，否定中国对台湾的主权，妄称："台湾和澎湖目前的法律地位是，它们系日本帝国之一部分，有待和平条约之最后处置。"并假造"民意"，宣称"台湾本地人有强烈的地方自主意识，……台湾人既反华，亦反日，将欢迎在美国或联合国保护之下独立"。该报告明确提出："美国的基本目标是不让台澎落入共党控制。现阶段欲达成此一目标，最可行的办法是，将台澎与中国大陆隔绝。"同时主张"美国应即谋求发展与支持一个地方性的非华人政权，我们亦应运用吾人一切影响力，制止大陆人继续涌入台湾，美国亦应谨慎谋求台籍领袖维持接触，俾使一旦时机成熟，有利于美国国家利益时，即可利用台湾自主运动。"[8]

这份报告出笼后，美国朝野政客便开始大肆活动，妄图实现分裂中国的阴谋：

1949年2月，美国驻华使馆参赞莫成德飞往台北，代表美国政府企图游说当时的台湾省主席陈诚和在台负责新军训练的陆军副总司令孙立人联手，宣布脱离蒋介石而在台湾另立政权，结果遭到陈、孙两人的拒绝。[9]

3月，麦克阿瑟（美国驻日远东军总司令兼盟军总司令）在东京发表声明，声称：“在对日和约签订之前，台湾仍属于盟军总部”。

4月，美国国务院发言人麦克德莫亦宣称：“台湾之最后处置，须俟缔结对日和约后再定。”

6月，麦克阿瑟正式向国民党政府建议，将台湾交盟国和联合国代管。

10月，美国国务院向总统杜鲁门建议，由美国施加压力，以使国民党军队移驻海南岛，台湾则交联合国托管。[10]

上述情况表明，在国民党政府逃台前夕，美国为了确保其在远东的战略利益，防止中国人民解放军趁胜挥师东渡解放台湾、统一祖国，真是绞尽脑汁、费尽心机，甚至企图不惜采取“两岸隔绝”政策，抛弃它长期以来曾经全力支持过的国民党政府，阻挠蒋介石逃往台湾。

四、廖文毅之流的“托管”闹剧

如前所述，在二战结束至国民党逃台前夕，美国一直都在违反《开罗宣言》和《波茨坦公告》，千方百计图谋实现台湾脱离中国。正是在这种背景下，战后“台独”的“开山鼻祖”廖文毅主导下的“台湾托管”闹剧粉墨登场，风光热闹了好一阵子。

廖文毅出生在台湾中南部的一个富有的地主家庭，可说是日据时代的“高等台人”，受日本殖民者的“皇民化教育”影响甚深。由于廖的父母笃信基督教，于是在20年代，他与其兄廖文奎双双被父母送往美国留学，后兄弟二人分别获得政治学博士学位和化工博士学位。因此，和“22岁以前一直是日本人”、后又到美国康奈尔大学读书“深受美国自由民主价值观影响”的李登辉一样，廖文毅既有日本背景，更有美国背景。

前文提到，二战结束前夕，美国为了准备托管台湾而培训了一批行政人员，廖文毅即是其中之一，从此与美国右翼反华分子、时任该培训主任

“主管”之一的乔治·克尔建立密切关系。台湾光复后，廖文毅在克尔（美驻台副领事）的授意下，打着从事“公共政治教育运动”的幌子，周游全台，到处鼓吹“台湾法律地位未定”的谬论，竭力主张“台湾应交给美国托管”。1946 年 9 月，廖氏兄弟还合伙创办英文刊物《台湾杂志》，以所谓“台湾人”的名义游说国际社会，鼓吹“台独”诉求。前文还提到，同年夏天，克尔、摩根等人在台搞非法的所谓“民意调查”，得出结论说：“台湾人不愿受中国管而愿受美国管”，实际上被测的对象不是别人正是廖文毅及其同伙。

1947 年“二·二八”起义爆发后，“台独”分子亦趁机混迹其中，企图浑水摸鱼，公然纠集一小撮人在美国驻台领事馆召开所谓“台湾人民代表大会”，勾结美国驻台官员，企图宣布“台湾独立”。后在递交给马歇尔的长篇请愿书中，宣称“台湾地位未定”，要求“全部依靠联合国在台湾的联合行政”也即“联合国托管”，十足是一副美国右翼反华分子应声虫的丑恶嘴脸！

“二·二八”起义被国民党血腥镇压下去之后，廖文毅在上海与廖文奎会合。同年 8 月，廖氏兄弟在上海晋见美国特使魏德迈，向其递交一份所谓《台湾问题处理意见书》，要求台湾脱离中国，转交给“联合国托管”。此即后来魏德迈向美国政府报告说：“台湾人愿意接受美国的领导和联合国的托管”的主要依据。随后，廖文毅就在美国的怂恿支持之下，纠集了若干在上海的台湾人组织了一个所谓“台湾再解放同盟”（后迁往香港），胡说“台湾人民系混血种，与其任何邻近国家并无必然联系”，鼓吹“决定台湾前途的民主方法为由联合国监督举行公民投票。”[11]接着，廖文毅派其侄廖史豪返台湾发展“台独”组织。

1948 年 5 月，“台独”组织“台湾民众联盟”在香港成立，廖文毅被推荐为主席。该盟的基本纲领公开宣称：“推翻蒋政权在台的反动统治，建立代表台湾各阶层人民利益的民主独立政府，待整个中国政治已走向民主轨道之时，依人民投票之联邦之一单位加入中国民主同盟。”[12]

1948 年底，因鼓吹“台独”遭到港人鄙视而难以在港立足的廖文毅一伙，被迫转往日本，继续从事“台独”活动。从 1948 年底到 1949 年秋，正当美国右翼反华势力“托管台湾”的阴谋活动甚嚣尘上之际，廖文毅之流密切配合，频频向有关各方（如美国驻日远东军总司令麦克阿瑟、美国国务卿艾奇逊、美国会议员塔夫脱、联合国秘书长赖伊、印度总理尼赫鲁等）又是“请愿”，又是写信，要求联合国“托管台湾”，举行所谓“公民投票”以决定“台湾未来的主权归属”等等，掀起一股空前的“台独”恶浪。美国反华分子如获至宝，不仅在幕后极力鼓动廖文毅之流从事上述“台独”活动，还妄图把廖文毅装扮成“台人代表”，让他出席联合国大会，申述“台独”要求和“理由”。而廖文毅之流也忘乎所以，利令智昏，于1949年底宣布组成一支所谓“台湾解放军”，以为很快便可以跟在美国洋主子的屁股后边打回台湾去了。

可见，战后初期廖文毅之流的“台独”闹剧，完全是为适应美国妄图分裂中国政策的需要，由美国一手导演出来的。

五、艾奇逊“以共制苏”的战略构想

然而，廖文毅之流错估了形势，高兴得太早，1949年10月1日中华人民共和国的成立和国民党政府的败退台湾，从根本上改变了世界政治版图和力量对比，不能不促使美国政府决策圈中对于其全球战略的思考发生重大变化，随之，美国的对台政策也相应进行调整。这就是艾奇逊所谓的“以共制苏”政策的提出与实施。

1949年10月26日至27日，在新任国务卿艾奇逊亲自主持下召开的远东政策讨论会上，作出了如下三项重要决定：（一）取消对国民党政府及军队的一切军事援助；（二）莫斯科与北京之间紧张局势对美国有利，美国宜加意扩大而利用之，但只宜引其自然发展，勿过牵强、炫露痕迹，转生中共摆脱苏联控制之困难；（三）放弃以外交承认猎取中共让步之办法，放弃以武力占领台湾之企图，亦放弃以台湾民族自决为由，向联合国申请托管之提议，但如他国作此建议，美国亦可赞同。[13]

同年12月23日，美国国家安全会议的一份重要文件中亦说：“苏俄是威胁美国安全的对象，……欲遏制苏俄，须先夺取中共于苏俄之手。”并预言："苏俄与倘用其对待东欧卫星国之方法，榨取中共之资源，中共与苏俄之间，不久必生冲突。""亚洲的人力与资源，自为美苏斗争中所必争取，……然非美国一国所能，故利用本地之民族心理反对苏俄榨取，乃为上策，美国自亦使用适当之政治的、心理的一切办法，造出苏俄与中共间的冲突，……"[14]

同一天，美国国务院向各驻外使馆发出了一份《关于台湾的政策宣传指示》（史称"第28号密令"）。该密令说："台湾在政治上、地理上和战略上都是中国的一部分，它一点也不特别出色或者重要。""大家都预料该岛将陷落，在国民党的统治下，那里的民政和军事情况已趋恶化，这种情况更加强了这种估计。"该密令还解释了为什么美国不能"在台湾取得基地，派军队去、供应武器、派海军船只去，或者采取任何类似的行动。"因为："（一）这种不能给国民党政权带来实际的好处；（二）这将使美国卷入长期的冒险中，弄得不好，可能卷入公开战争；（三）这将使美国遭受中国人民的敌视；（四）这将证实苏联的宣传，分散美国的力量，从而合乎苏联的利益。"最后，密令指示各有关部门："在对中国的宣传中，强调台湾在国民党统治下的糟糕情况"，以使人们明白"国民党为什么在那里像在其他地方一样容易攻破。"[15]

12月29日，美国国家安全会议讨论台湾当局的协防要求，参谋总长布莱德雷代表军方主张美国应介入台湾防务，而国务卿艾奇逊则表示反对，艾奇逊说：对于中共与苏联之间的关系，"我们必须有长期观点，不能只看六至十二个月，而是要看六至十二年。……除非为了特别重要的战略目的，否则我们决不采取某种行动，使我们代替苏联成为对中国的帝国主义威胁。"[16]

以艾奇逊为代表的美国国务院的观点得到杜鲁门的首肯。于是，1950年1月5日，杜鲁门公开发表了关于台湾问题的重要声明，重申美国政府遵守《开罗宣言》和《波茨坦公告》中关于台湾问题的承诺，宣称："过去4年来，美国及其他盟国亦承认中国对该岛行使主权。……美国对台湾或中国其他领土从无掠夺的野心。现在美国无意在台湾获取特别权利或特权或建立军事基地。美国亦不拟使用武装部队干预其现在的局势。美国政府不拟遵循任何足以把美国卷入中国斗争的途径。同样地美国政府也不拟对在台湾的中国军队提供军事援助和提供意见。”[17]

显然，由于国际政治格局的演变，从“以共制苏”争霸世界的全球战略需要出发；加之此时美国对台湾国民党已深感失望，估计它难以守住台湾，而美国不能“因小失大”，在台湾问题上触怒中国，因此，杜鲁门政府在“两害相权取其轻”的情况下，遂决定“弃蒋”而准备接受“台湾落入中共之手”这一可能即将发生的事实。

美国对台政策的急剧转向，使得仰人鼻息的台湾国民党当局和在日本的廖文毅之流立即陷入困境。1949 年 9 月 23 日，美国国会曾经通过法案，答应援助国民党政府 7500 万美元，但实际上直到 1950 年 6 月朝鲜战争爆发前，国民党政府 1 美元也没有得到，这使本已极度困难的台湾财政更是雪上加霜，难以为继，面临崩溃的危险局面。不仅如此，1950 年 5 月 26 日，美国国务院甚至密令驻台“大使馆”，准备“在紧急情况下，应有秩序地撤出台湾”。与此同时，美国政府与菲律宾政府进行秘密磋商，要求菲律宾允许蒋介石及其政府要员在必要时到菲“政治避难”。但是 1950 年 6 月 2 日，美国国务院得到驻菲律宾大使迈伦·考温的报告说：“菲律宾总统不欢迎蒋介石”。菲外长罗慕洛则说：“如果蒋介石到菲律宾，他必须在 24 小时内离境。”[18]而廖文毅之流的处境更为悲惨，驻日美军当局突然翻脸，以“非法入境”的罪名拘捕了廖文毅，并将其投入鸭巢监狱。昔日的“掌上明珠”，一夜之间竟成了同一个主人的“阶下囚”！

美国政府翻手为云、覆手为雨、背信弃义的帝国主义面目，真是令人叹为观止！

事实证明：挟洋自重、仰人鼻息，出卖国家民族利益，是不会有什么好结果的！

六、风云突变，美国改“弃蒋”为“扶蒋”

但是前文已述，美国的“弃蒋”政策，其出发点是“以共制苏”，并不表明美国有爱于中共，更不表明美国已准备“痛改前非”，彻底放弃干涉中国内政，真心实意尊重中国主权，相反，却处处留有余地，保留其对台政策的“选择性”。例如，在远东政策讨论会上作出的三项决定中，虽然决定“放弃以台湾民族自决为由，向联合国申请托管之提议”，但又说：“如他国作此建议，美国亦可赞同，”这便露出了狐狸尾巴！又如，美国国家安全会议的重要文件中亦说：“亚洲的人力与资源，自为美苏斗争中所必争取”，而亚洲的“人力与资源”，最充沛、最值得美国去“争取”的，自然是中国。再如，艾奇逊说：“除非为了特别重要的战略目的，否则，我们绝不采取某种行动，使我们代替苏联成为对中国的帝国主义威胁”。换言之，假如美国认为有“特别重要的战略目的”，它仍然是要“采取某种行动”而不考虑什么“对中国的帝国主义威胁”的。其实呢，就在1月5日杜鲁门的声明之中，在动听辞藻的背后，同样也有“弦外之音”。他说：“现在美国无意在台湾获取特别权利或建立军事基地。”也就是说，美国的承诺只管“现在”，至于“将来”如何，将来再说！

于是没过多久，杜鲁门的“将来”就到了！

艾奇逊发明的“以共制苏”的“弃蒋”政策从一开始就遭到美国国内右翼反华势力的强烈反对。首先发难的是前总统胡佛，1949年12月31日，他写信给参议员娄兰德，主张美国必须继续支持国民党政府，如果必要，应派海军保护美国在该地区的利益。紧接着，一批共和党参议员纷纷跳出来公开攻击杜鲁门政府的对台政策。他们说：“台湾是世界上唯一百分之百反共的地方，是世界上最热爱美国人的地方，台湾亲美比美国人自己还亲美国”，“抛弃对美国友好的国民党政府是不名誉的行为”，[19]继续大肆鼓吹“《开罗宣言》无效论”、“台湾地位未定论”，极力主张美国必须支持国民党政权，并派兵占领台湾，进行托管。娄兰德还扬言要追究国务院对美国“丢失”中国大陆的责任，甚至要求追查美国对台政策的制定者。

在右翼反华势力的压力下，加之1950年2月4日《中苏友好互助同盟条约》签订，使艾奇逊“以共制苏”的战略遭到沉重打击，于是杜鲁门政府的“弃蒋”政策遂开始动摇。1950年5月25日，美国国防委员会批准了对台军援；5月30日，国务院助理次官腊斯克提出修改美国对台政策的意见，主张支持台湾，得到美国政府的同意。但是，促使杜鲁门政府对台政策迅速右转的关键因素，则是朝鲜战争的爆发。

1950年6月25日，朝鲜战争正式大规模爆发，远东局势丕变。在美国看来，这是苏联对外进行“共产主义扩张”的重大步骤，于是“为了特别重要的战略目的”，美国果然不惜“代替苏联成为对中国的帝国主义威胁”而采取“某种行动”了。6月27日，朝鲜战争爆发后仅两天，杜鲁门就自食其言，背信弃义，公开发表了与他在不到半年前（1月5日）的声明内容截然相反的谈话，公然否定台湾是中国的领土，宣称“台湾未来地位的决定，必须等待太平洋安全的恢复、对日和约的签订或经由联合国的考虑”云云[20]，同时悍然宣布派遣美国第七舰队入侵台湾海峡，以武力干涉中国的内政，从而再一次暴露出美国帝国主义的狰狞面目。

如此一来，在台湾的国民党政府和在日本的廖文毅之流，又“时来运转”了。美国改“弃蒋”为“扶蒋”，开始大力援助台湾。据透露，从1950年8月到1951年4月24日，美国国防部派遣了500到600名军事顾问到台湾协助训练蒋军；从1951年到1953年的三个财政年度里，美国对台军援高达4亿7千8百万美元，[21]使国民党政府很快渡过了难关。而廖文毅则在美国第七舰队入侵台湾海峡不久，即被释放出狱。台湾国民党当局曾试图引渡廖回台治罪，遭到美国拒绝。美国还主动对廖表示，欢迎他赴美定居。但醉心于“台独”的廖文毅考虑到“台独”骨干大多侨居日本，最终还是决定留居日本。1951年，廖文毅终于又纠集了一批“台独”分子，在东京拼凑起一个新的“台独”组织——“台湾独立党”，重操旧业，鼓吹在台湾实行“在联合国托管下的高度自治”，并进而建立所谓“独立、中立的台湾国”。[22]

美国之所以既支持蒋介石同时又继续保护廖文毅，目的无他，仍然是为了保留其对台政策的“选择性”。

七、“旧金山和约”——“台湾地位未定论”正式出笼

美国改“弃蒋”为“扶蒋”，派第七舰队入侵台湾海峡，目的并非要支持蒋介石反攻大陆，而是为既阻挠中共进攻台湾，统一祖国，同时也阻止台

湾向中国大陆发动进攻。

1950年10月30日，杜鲁门批准的一份国家安全委员会的文件（题为《国家安全的基本政策》）中说：美国要采取一切必要措施防止中国解放台湾，即使“冒战争危险也在所不惜”，但出于各种考虑，美国又不能直接出兵占领台湾。同时又不能支持国民党反攻大陆，因为中共军力强大，国民党的残兵败将不是中共的对手。美国认为，国民党打回大陆的前提条件是大陆的人民暴动，配合国民党军队反攻大陆。然而据美国掌握的情报，中共深受大陆人民的拥护，根本不存在发生大规模人民暴动的可能。[23]

因此，美国派遣第七舰队入侵台湾海峡实际上是实行“两岸隔绝”政策，美国则美其名曰：“台湾海峡中立化”政策，这是明目张胆地以武力干涉中国内政的行径。为了“师出有名”，于是美国又开始大肆贩卖其“台湾地位未定论”的谬论。1950年9月，美国曾试图将所谓“台湾地位”问题的提案塞进联合国大会进行讨论，因遭到中国政府的强烈反对，许多主持正义的国家也不予支持而未能得逞。一计未成，又生一计。1951年9月，美国又利用旧金山召开对日和会的机会，操纵会议，在排斥中国政府出席会议的情况下，非法签订了一个涉及中国台澎地区主权这一重大原则性问题的所谓《旧金山和约》。该和约蓄意回避台澎地区的主权归属，别有用心地只写明：“日本放弃台湾及澎湖列岛及南沙群岛及西沙群岛的一切权利、名义与要求”。其后，美国又指使日本与台湾当局非法签署所谓“中日和约”，同样别有用心地在和约中将台澎地区称为“现在中华民国政府控制下的土地”，这等于不承认中国对台澎地区拥有主权。从此“台独”分子就以“旧金山和约”和“中（台湾当局）日和约”为“依据”，宣扬鼓吹“台湾地位未定”论、“台湾无主之地”论、“台湾主权不属于中国”论，从事分裂祖国的阴谋活动；而美国则以此为借口，赖在台湾不肯撤走，以武力支持台湾国民党当局偏安自保，甘当人妾，对抗统一。

八、美蒋“共同防御条约”——“两个中国”政策的定型

美国政府悍然宣布派遣第七舰队的强盗行径，不仅中国政府和中国人民

强烈抗议，也引起世界上许多主持正义的国家甚至包括美国的盟国英国的反对，因而杜鲁门不得不表示：第七舰队进驻台湾海峡只是“保护在朝鲜作战的联合国军的侧翼行动”，战争一旦结束，“第七舰队当然没有留在台湾海峡的必要”了。[24]可是，1953 年 7 月 27 日，朝鲜停战协定签字、战争已经结束，美国却自食其言，拒绝将第七舰队撤出台湾海峡，而台湾国民党当局也害怕第七舰队真的撤走，势将难以抵挡大陆的武力统一，于是美台一拍即合，狼狈为奸，于 1954 年 12 月 2 日在华盛顿签署了一个所谓“中美协防条约”（即美蒋“共同防御条约”），为美国武力霸占台湾制造新的借口。

该条约规定：“中华民国政府给予、美利坚合众国接受，依共同协议之决定在台湾、澎湖及其附近为其防卫所需要而部属美国陆、海、空军之权利”。并说明：“本条约所使用的所有‘领土’等辞，就中华民国而言，应指台湾和澎湖。”[25]这样，台湾和澎湖的“法律地位”似乎“定”下来了，美国承认其为“中华民国”的“领土”，而“中华民国”也就成了“主权国家”，美国在台驻军便有了“正当”的理由。但是，其后美国参议院在批准条约时却特意做如下解释：本条约只适用于外部的进攻，美国不允许台湾进攻大陆。同时声称：“本条约不得被解释为对本条约适用领土的法律地位或主权的影响与修改。”[26]意思是说台澎地区的法律地位仍然“未定”，这样又否定了中华人民共和国对台澎的主权。因此，该条约实际上是在制造“两个中国”，暴露了美国的最终目标是妄图把台湾从中国版图永远分离出去。

事实上，美国制造“两个中国”的阴谋，早在 1953 年 4 月 2 日把 1949 年以来驻台北的“临时代办处”升格为“大使馆”，就已露出端倪。美蒋“共同防御条约”的签订则使“两个中国”的政策定型。1954 年，美国政府在制定从 1954 年到 1956 年的对台政策时，明确强调：这一时期要“保持国民党政府的存在，并宣布其为中国的合法政府；发展为一个在台湾的中国国家。这个国家将日益强大并成为有吸引力的反共基地”。[27]而且，美国认为，这个“反共基地”变得日益强大之后，国民党及其政权就会有信心逐步推进“本土化”、“台湾化”，而最终的结果是台湾脱离中国而独立。对此，美国国家安全委员会的一份绝密文件说得很清楚。该文件说“国民党将来在台湾的作用会减少。除了其他原因外，一个重要的原因是国民党会日益关心台湾本省事务而不关心打回大陆。到那时，美国政府就难以再向全世界宣布谁是代表中国的政府了，因此它断言：“台湾一定会成为独立的国家。”[28]

此后人们发现，美国对台政策的重心果然开始发生变化，从原来推动“联合国托管”、“台湾独立”，转而全力扶植国民党政权，制造“两个中国”。不仅从政治上，更从军事上、经济上为国民党当局输血打气，同时又从意识形态方面加强对台湾的渗透和影响，一步一步为实现这一分裂中国的新阴谋而努力。实际上李登辉的上台、国民党内“独台”派的出现及其津津乐道的所谓“宁静革命”，正是美国推行这一政策的“阶段性成果”，这距离美国最终追求的目标——“台湾独立”只差一步之遥了！

在大力扶植国民党政权对抗大陆武力统一台湾的同时，为防止国民党与大陆和谈统一，美国又将“台独”作为“备用方案”，继续支持海内外的“台独”势力，以牵制国民党。在这种背景下，50年代中期以后，廖文毅之流的“台独”活动再度活跃起来。1955年9月，廖文毅一伙在日本的神户召开所谓的“台湾共和国临时国民会议”，接着又拼凑所谓的“台湾共和国临时政府”。60年代以后，各种牌号的“台独”组织在美国纷纷成立，活动日趋猖獗，并取代日本成为“台独”势力的大本营和活动中心。到了90年代，随着台湾的政治转型，“台独”活动的中心又从美国转向岛内，并达到今日如此猖獗的地步。

此外，不能不说当年艾奇逊确有“先见之明”：从60年代开始，中苏关系果然急剧恶化，且愈演愈烈。于是50年代艾奇逊提出“以共制苏”的“弃蒋”政策再次成为美国对华政策的主导思想。乃至1971年中华人民共和国取代台湾当局进入联合国、美国总统尼克松访华，中美两国先是互设“代办处”，1979年两国正式建交，美台断交并废除“共同防御条约”，但与此同时，美国又却制定了一个所谓“与台湾关系法”，继续支持台湾国民党政权和海内外“台独”势力，干涉中国内政，阻挠中国统一，这充分说明它并未真正放弃分裂中国的目标。这就是台湾学者王晓波教授概括的美国对台政策的连环套：“以独制台”—“以台制共”—“以共制苏”，乃至90

年代初苏联解体，冷战结束之后，美国认为：中国大陆的战略价值已大大下降，于是克林顿政府再次尝试调整对华政策就成为顺理成章、毫不奇怪的事情了。最近李登辉访美事件的发生，正是基于这种背景。

历史是一面镜子，回顾战后初期美国对台政策的演变及其与国民党政权和“台独”的恩恩怨怨、风风雨雨，我们应该从中得到什么样的历史启迪和教训呢？值此关键时刻，海峡两岸的所有中国人（特别是以李登辉为首的国民党“独台派”和以民进党为代表的“台独派”人士）都应该深长思之！

【注释】

[1] 转引自陈碧笙：《台湾地方史》。

[2][3] 乔治·克尔：《被出卖的台湾》。

[4] 朱天顺：《中国国民党与中国统一》，《台湾研究集刊》1986年第4期。

[5][8][11][12][15][21][22][24][25][26] 转引自黄嘉树：《台湾能独立吗》，1994年南海出版公司出版。

[6][9][13][14] 转引自王晓波：《台湾前途论集》，台湾帕米尔书店1989年版。

[7][10] 见梁敬錞：《中美关系论集》，台北出版。

[18][19][20][23][27][28] 转引自李世安：《1945年至1954年间美国对台政策的变化》，《中国社会科学》，1994年第5期。

（本文为1995年8月在江西庐山举行的“台湾史学术研讨会”论文）

民进党“七大”后未来发展趋势刍议

一、从民进党“七大”谈起

引人注目的民进党七届“全代会”已于近日落幕。由于是次党代会民进党内各派系忙于争权夺位、勾心斗角，未能面对党的发展危机，透过此次大会认真进行内部检讨，以开创新局，故而岛内社会各界颇感失望，普遍认为民进党是次党代会“一事无成”、“乏善可陈”，挞伐之声不绝于耳。但依笔者看来，对于民进党而言，这种评论其实也并不尽然。民进党是次党代会有两个主题任务：一是高层权力结构改组；二是党章研修。在这两个主题任务中，至少“高层权力结构改组”顺利完成。从已选出的11名中常委、11名中评委及31名中执委的情况看，进一步确定了“务实独派”在党内的绝对主控地位，“台独基本教义派”已完全丧失了对该党权力核心的影响力；而“美丽岛系”的龙头许信良以建党以来历届党主席选举中从未有过的压倒性高票重新当选党主席，则意味着民进党经过多年来的风风雨雨，终于涌现出一位全党众望所归、实力超群的领袖人物。岛内舆论普遍认为，许信良素负“大志”，善于谋略，在民进党内的各派系间关系良好，具有无人可与之相比的调和、鼎鼐能力。他的东山再起，对于处在困境之中的民进党来说，或许能带来一番新的气象。

二、几个重要的观察点

由于民进党“七大”在党章研修方面，除了废除公职人员提名中的干部评鉴制度一案获得通过外，其他一系列重大建议案均遭否决或搁置，至于社会各界格外关注的“台独”党纲的修正问题更未触及，因此仅从该次大会来探研民进党的未来发展走向，颇为困难。不过，从“总统”大选后至该党“七大”开幕期间，民进党重要人物如许信良、张俊宏、邱义仁等对外发表的一系列言论，以及党内“新世代”所发动的围绕着党的路线、体质转换等问题开展的不寻常的“大辩论”和稍后公布的“新台独纲领”等，这些仍不失为考查民进党未来发展趋势的重要观察点。

（一）新的战略构想——许信良的“政党重组论”

“总统”大选前后，岛内新闻媒体的热门话题之一是所谓“政党重组论”。而这一论调的“源头”即出自民进党内的“美丽岛系”，更准确地说是出自“美丽岛系”的龙头许信良。3 月 27 日，也即“大选”后的第 4 天，《自由时报》刊登的记者对许信良的“专访”，披露了许信良所鼓吹的“政党重组论”的具体内容。许信良认为：由于台湾是个“外有中共武力威胁，内有族群问题”的典型的“危机社会”，因此“人民希望现任领袖、执政党来保持安全”；在这种情况下，“下次就算国民党派连战出来（竞选‘总统’），民进党也一样会输。”如果民进党再和国民党斗争，“只会造成社会不安的感觉，不会像过去一样得到人民的支持。”从这种观点出发，许信良提出了民进党今后的发展策略与步骤：短期内，经由“大联合”和“联合执政”，使国民党丧失“执政优势”。当然，“主导权”在李登辉手中，国民党也不会“自动缴械”，但必须说服国民党，只有与民进党“合组强有力的执政联盟，才能摆脱黑金势力的要挟”；同时民进党要“以实力让李登辉了解，他不可能为所欲为”，“二月政改”（即今年 2 月“立法院”正副院长竞选和行使“阁揆同意权”之争）即是很好的例子。而远期目标，则是由民进党与国民党这两个同质性的政党“合组”为一个新的“台湾党”（就如同战后日本“危机社会”一样，自由党与民主党这两个性质相同的政党合并成“自民党”），“以确保台湾社会的民主与发展，并且有足够的力量来包容新党等主张统一的声音”（即让主张统一的“中国党”——新党永远处于“在野地位”）。据许信良说，只有这样做，才能使台湾政坛走上所谓“韩国模式”，而“这对民进党反而有利”，就像卢泰愚结合金泳三组党后，“反而是金泳三取得优势。”

很显然，这是许信良面对新的形势，经过一番“深思熟虑”之后提出来的“新思考”、“新理论”和民进党未来发展的“新战略构想”。许信良一心想当台湾“金泳三”，这便是他何以不惜与相交了 30 余年的老战友张俊宏“割袍断义，各奔东西”，执意竞选党主席，并宣称“大位不以智取，大责当仁不让”的真意。

然而，许信良的上述“构想”要真正付诸实施并非易事。首先，许信良欲当“金泳三”而不等于李登辉也想当“卢泰愚”。要李登辉国民党在这一重大问题上与之达成共识并愿意下决心推动，至少需要具备以下三个前提条件：一是民进党及其他在野势力要有足够实力，对国民党的执政地位构成严重的威胁，而仅仅“让李登辉了解，他不可能为所欲为”还是不够的；二是民进党需要修正其太过露骨的“台独”党纲，在台湾前途问题上与国民党的“独台”路线“接轨”；三是许信良需要说服党内其他派系及党内外的支持者跟着他走。从目前情况来看，上述主客观条件尚不具备。但作为长远的“战略构想”，许信良不会轻易放弃，势必依据客观形势的变化，伺机推动实施。

（二）新的发展策略——张俊宏的“政党联合论”

4 月初，代理党主席张俊宏接受媒体“专访”，就“民进党未来发展策略”发表谈话，他说：民进党“单独壮大的机会几近于零”，若独行独往，只会“单独凋敝”，所以只有与他党联合。他认为，民进党的“上策”是与国民党、新党组成三党“大联合政府”，以一致对抗中共；“中策”是与国民党联合执政，建立稳定多数的政局；而“下策”则是与新党组成针对国民党的“制衡联盟”。同时，张俊宏还对党内的“台独基本教义派”提出批评，他说：“台独”是民进党的利器，但应该在遇到最危险的时候才拿出来用，不宜动不动就喊“台独”，如果平时经常随便使用，“只会使利器受损”。实际上是主张将“台独”党纲“打入冷宫”、束之高阁。张俊宏的论调与许信良的“政党重组论”如出一辙，只是他“三党大联合”的主张比起许信良“两党联合”的主张更进了一步，但却更具“空想性”。

（三）“台独”新取向——“新世代”的“台独新纲领”：

从 4 月上旬开始，一群自称“反对运动新世代工作者”的民进党新生代人士，在“务实台独派”大老们的支持鼓动下，在党内发起了一场针对民进党危机及未来党的路线与体质问题的大辩论，矛头直指党内“台独基本教义派”。经过激烈辩论后，5 月 7 日，“新世代”发表了“台湾独立运动的新世代纲领”，对民进党的“台独”路线及未来发展走向作出了新的全面阐释。

该“纲领”将“台独”区分为新旧两种，说“旧世代”（即“台独基本教义派”）是为过去、悲情、民族而主张“台独”，而“新世代”则是为未来、希望、民主而主张“台独”。为此，“新世代”提出十大政治纲领，作为与“旧世代”相区隔的“新台独”主张：

（1）“台湾独立”不是什么神圣的使命，而是务实的政治主张；（2）“台湾独立”不是因为台湾人四百年来受到外来政权的压迫，也不是基于台湾人对中国的仇恨恐惧，“台独”不是对过去的反弹，而是对未来的展望；（3）“台湾独立”不是最优先的政治目标，而是为了实现社会改革理想的途径；（4）“台湾独立”不一定“以台湾为国家的名称”，“国号、国旗、国歌”的变更不是“台独运动”的目的；（5）“台独运动”没有正统性之争，只有阶段性的区别；（6）“台湾独立运动”不再是反对运动，而是“国家”的整体目标；（7）“台湾独立”可以在民进党或“台独运动”团体的手中达成，“台独运动”的成功与否，与民进党的执政与否，没有必然的关联；（8）“台湾独立运动”以凝聚两千多万人民的“国民”意识与认同为基础、为优先目标，因此应该推行社会的大和解，没有大和解，就没有“台独运动”；（9）“台独运动”是一个团结的运动，不是分化、打击的工具；（10）“台独”不是民进党或任何团体党派的私产，而是台湾人民的公共财产。

从以上内容不难看出，“新台独纲领”所反映的乃是不折不扣的“务实台独派”的观点和主张，这些观点和主张与国民党李登辉推行的“独台”路线已相当吻合，难分彼此。这场大辩论和“新台独纲领”的出笼，实际上是“务实台独派”对“台独基本教义派”的大对决、大摊牌。说明民进党内的新生代在台湾前途问题上的务实态度，他们对激进、僵硬的“台独”纲领和主张强烈不满，要求“台独运动”无论在内涵还是方式上都要进行重新解释与调整，以适应岛内外客观形势的变化，摆脱民进党目前的困境和发展危机。因此该“纲领”出笼后，立即受到“美丽岛系”及其他“务实台独派”大老们的拍手叫好，而遭到以彭明敏为首的激进“台独”分子的仇视与攻击。

（四）新方向的勾勒——民进党头面人物“七大”期间的言论：

代理党主席张俊宏在民进党“七大”开幕致词时表示：民进党的发展方向面临三大挑战：“第一挑战是如何制定新的中国政策”。他说，透过“总统”直选的完成，“台湾主权已经实质独立，在明年香港九七之前，制定新的中国政策已经站在关键的位置”。“第二个挑战是如何打赢明年的县市长选战，以扳回民进党这段期间的困境和颓势”。“第三个挑战是如何制衡新时代的新强人李登辉”。他说，国民党在“立法院”和“国大”都未具实质过半数，“民进党应该开辟新战场”，利用“国会”力量来制衡李登辉的“违宪”行为。与此同时，秘书长邱义仁在报告中也指出：“台湾已经走向三党政治，目前国民党和民进党都在调整，谁调整得快，谁较能符合整个国际及国内的政治局势，谁就能在未来赢得台湾人民的信任及主导政局的力量。”邱义仁乃是“新潮流系”的龙头，尽管其报告内容与“美丽岛系”龙头张俊宏的开幕词侧重面有所不同，但对形势的分析以及基本路线的主张并无多大差异，特别是民进党面对新的形势必须加速“调整”步伐这点上，更与“美丽岛系”有高度共识。

民进党“七大”党主席改选投票前夕，许信良、蔡同荣两位参选人分别发表竞选政见，从中可以看出他俩在一些重大问题上存在严重分歧。“公投会”主席、“福利国连线”的蔡同荣宣称，未来民进党将面临以下三大问题，即所谓“台湾安全及国际地位问题，与社运界关系、党财务问题等”，并明确反对和国民党组“联合政府”，他抨击这种主张是“失败主义和投降主义”。而许信良则表示，“新时代必须有新的作法”，“在对手已做调整和改变之际，如果民进党不做改变，将只会渐渐衰颓”，“民进党如果不能执政，就什么都不是了”。投票结果，许信良以 284 票对蔡同荣的 172 票高出 112 票的高票当选。这种投票结果在一定意义上显示了许的主张得到党内多数的赞同，当然也有将近三分之一的党代表并不认同和支持许信良的主张，这预示着未来许信良欲推行他的主张不能不打折扣。

三、未来可能发展趋势

综合以上几个重要的观察点，不难预测民进党未来几年之内的可能发展走向：

（一）民进党“独台化”的趋势已不可逆转，再次“质变”，由“台独党”变为“独台党”将成为事实。随着岛内外政治环境的变化，“务实台独派”在党内占据绝对主控地位。以及党内要求调整“台独”路线的呼声日益高涨，民进党在台湾前途问题上“独台化”将日趋明显并不可逆转，民进党公开修改激进“台独”党纲的时机正日渐成熟，再次“质变”，由“台独党”变为“独台党”将成为事实。由此可能产生以下两个结果：一是“台独基本教义派”由对民进党的不满与失望转而在组织上与民进党公开决裂，另谋发展；二是民进党与国民党在台湾前途问题上有可能会从目前的“思想合流”和“行动合流”逐步向“组织合流”的方向发展（长远更有可能建立某种“执政联盟”、“联合政府”，甚至不排除建立“政党联盟”乃至两党合并之可能）。这样，“台独”势力将更为猖獗，使岛内主张统一的势力遭受更大的困难和压力，同时也将给两岸关系的发展带来更多的变数。

（二）民进党将会继续联合新党及其他岛内第三势力，在“立法院”和“国大”利用一切可以利用的政治议题和民生议题，不断杯葛、制衡国民党，给国民党李登辉施加压力、制造种种“麻烦”，以展现其实力而争取民心，并引导台湾政局向有利于民进党的方向发展。

（三）改采较为务实、积极的大陆政策，加强与大陆的联系与沟通。在改善和发展两岸关系的问题上与实行保守、僵化大陆政策的国民党竞争，以收揽岛内民心特别是争取工商企业界的支持，为夺取未来选战的胜利而努力开拓票源。

（四）继续沿着选举路线加快执政步伐。近期目标是力争在明年底县市长选举夺取半数席位，动摇国民党的统治地位，提升民进党士气，扳回民进党目前的颓势，并乘胜追击，力图在下一届“立委”选举中击败国民党，即令不可能单独执政，也要对国民党的执政地位造成严重威胁，从而迫使其不得不接受民进党“大和解”、建立“联合政府”的主张，进而在可能情况下实现所谓“政党重组”，从根本上改变台湾的政治版图，共同对付大陆，抗拒统一。

（五）由于权力核心中无一派系占据优势，因此，“派系共治”现象仍将继续存在，并更加明显；内斗仍不可避免，但随着“台独基本教义派”的分裂出走，党内派系间的矛盾与争斗将由原来的以理念分歧和路线斗争为主逐步转变为策略上的分歧乃至纯以无原则的争权夺利为主要特点，这势必给该党造成严重危害，但民进党不致因此而分裂。

总之，民进党有可能通过一段时间的路线、政策和策略调整、改革（今年11月间的“临全会”将是一个重要的观察点），逐渐走出困境和危机，继续在台湾政坛上有所发展。

【注释】

[1] 台湾《自由时报》，1996年3月27日。

[2] 台湾《中国时报》，1996年6月17日。

[3] 台湾《民众日报》，1996年4月4日。

[4] 台湾《民众日报》，1996年5月8日7。

[5][6] 台湾《中国时报》，1996年6月6日。

（台湾研究论坛，1996/06）

一九九六年民进党活动综述

一九九六年是民进党建党十周年。一年来，围绕着岛内的政治发展，民进党表现得十分活跃。然而总的来说，它给予人最为深刻的印象，却是在失败和危机中苦苦挣扎。上半年参选“总统”的惨败和下半年“建国党”的分裂出走，突出地反映了民进党所面临的困境。但作为岛内最大的反对党，一年来民进党在挑战国民党执政地位的较量中，仍显示出相当的实力。年底“国发会”的召开，开启了国、民两党“合作”的新时期，民进党因此而有可能摆脱困境，变危机为转机，上升为未来台湾政坛上仅次于国民党的“主流政党”。

现将一年来民进党的主要活动综述如下：

一、参选“总统”惨败，败在“台独”诉求

“总统”直接民选，是一九九六年岛内最大的政治事件。人们不会忘记，“总统”直选，乃是民进党最先提出来的“宪改”诉求。当初民进党之所以竭力鼓吹这一主张，除了“台独”考量之外，另一重要目的，即企图以此作为其从国民党手中夺取政权、早日“走上执政”的一条“快捷方式”。岂料选举结果，民进党却遭受了空前的惨败：朝野三党、四组候选人经过半年多的激烈较量，三月二十三日选举揭晓，代表民进党参选的彭明敏、谢长廷获票率仅有百分之二十一点一三，创近几年来民进党参选各项公职的最低纪录。一般估计，选票流失率在百分之十四左右。

民进党参选“总统”的惨败，原因是多方面的：

（一）选举事实上的不公平。由于国民党候选人李、连配处在执政党的有利地位，其他三组候选人无论哪方面都难以与之匹敌。

首先，在政治上，李、连配几乎垄断了岛内所有的政治资源，党、政、军、情、特、财经、金融以及新闻媒体等各个方面均在国民党的控制之下。

李、连充分利用这些资源，组成了自上而下的强有力的庞大辅选架构，为其有效地拓展票源空间。仅散布在全岛各个县市的“民间后援会”就达一千多个、“辅选活动据点”一万二千个。此外还有政大“国关中心”、“国策中心”、经济研究院、综合研究院、“国安会”咨询小组等党、政建制化的智囊机构，随时为其出谋划策。而情治部门则利用其特权，以“保护”候选人安全为名，公开或暗中监控、打压对手，限制其他候选人与选民接触，并无孔不入地收集对手情报，为其制定竞选策略提供可靠依据；甚至指示军方政战部门，要求所有军官写保证书向李、连“效忠”等等。而其他三组候选人则相形见绌，虽然也成立有各自的辅选机构，但无论其规模、人员数量还是动员能力等各个方面，均无法与李、连配相提并论。

其次，从经济上看，李、连配拥有雄厚的财力为后盾。据透露，李、连通过各种渠道聚敛的竞选资金高达九百亿新台币，其中仅国民党党营企业提供的资金就至少有一百五十亿。其他三组候选人的竞选经费却捉襟见肘，根本不能与李、连同日而语。彭、谢配的竞选预算开支仅三亿元，主要靠发送纪念币、举办筹款餐会等方式来筹集。其所依靠的民进党，三千多万元的“家底”，两日内即已耗尽。三月中旬，正当“竞选”进入白热化之际，竟一度出现“断炊”而不得已推迟发薪的尴尬局面。

上述情况表明，当前台湾的政治现实，使处在在野地位的候选人，不可能与执政党候选人进行真正“公平、公正”的竞争。

（二）林、郝配和陈、王配的参选，吸走了一部分原本支持民进党的中间票源。

以往岛内的历次公职选举，主要是国、民两党之争，广大选民在没有更多选择余地的情况之下，有相当部分不满国民党的中间选票流向了民进党。而这次“总统”选举，在野阵营同时有三组候选人参与竞争，广大中间选民有了更多的选择余地，从而使不少“既不满国民党，也不喜欢民进党”的选票，流向了林、郝配或陈、王配。据悉，在陈、王配百分之十的获票率中，即有很大一部分是属于政治色彩较为淡薄的妇女和宗教信徒投的票。这种情况，自然也使得彭、谢配的获票率明显下降。

（三）从个人因素来看，彭明敏长期生活在海外，在岛内特别是在中下层民众中，知名度远不及李登辉；其温文尔雅的学者形象，也不若李登辉善于蛊惑人心而更具政治魅力。

（四）彭、谢配急进的“台独”诉求，是惨败的主因。

前述三方面因素决定了彭、谢配不可能“胜选”，但还不致“惨败”。彭、谢配“惨败”的主要原因，在于其坚持急进的“台独”主张，不仅吓跑了许多希望“维持现状”的中间选民，同时也造成了民进党内部的意见分歧和步调不一，从而使原本处于弱势的力量更形分散。

民进党内的“务实独派”与“急进独派”（又称“台独基本教义派”），在如何打好一九九六年“总统”选战的问题上，从一开始就存在尖锐分歧。鉴于一九九四年底省市长选举陈水扁和陈定南这一正一反两个典型的经验教训，“务实独派”主张在未来“大选”中，“民进党一定要扬弃炒作意识形态的做法。不能以政治诉求的模式来打‘总统’选战，更不能谈‘台独’议题”。而“急进独派”却荒谬地认为，“台独”诉求之所以不被多数选民所认同，乃是因为平日民进党对“台独党纲”“宣传解释不力”，因此他们坚持主张将独统议题作为这次“大选”的主要政见诉求。彭明敏即认为，“台湾的国家地位其实尚未明朗，‘一台一中’理念尚未深植人心”，因此他主张要“继续阐明国家定位理念”，甚至认为“再谈四十年也不为过”。

一九九五年九月底，彭明敏在党内初选中击败许信良被确定为民进党的“总统”候选人，这说明“急进独派”在民进党内一时占了上风，但同时也使“务实独派”从此对“总统”选举心灰意冷、兴趣缺缺。十月间，陈水扁即在两次不同场合的演讲中，以“阿婆生子”相比附，公开预言彭明敏胜选希望渺茫。以施明德为首的由“务实独派”主控的民进党中央，则热衷于与新党“喝咖啡”、“大和解”，而对彭、谢竞选“总统”的辅选工作则虚以应付，从而激起了“急进独派”的强烈不满和反弹。“总统”选战尚未打响，民进党内已是炮声隆隆，硝烟弥漫。

当年底的三届“立委”选举，“激进独派”人士纷纷落马，再次证实了在竞选中炒作“台独”诉求不会有好的结果。但“激进独派”仍闭眼不顾现实，“总统”选战打响后，面对大陆发动的空前规模的反“台独”反分裂的强大声势和台湾民众强烈要求缓和两岸关系的呼声，就连“独台派”李、连阵营都祭出反“台独”、主张改善两岸关系的旗号以欺骗选民，唯独彭、谢阵营利令智昏，依然不断鼓吹“台独”滥调，企图以此吸引选民，拉台声势。

与彭、谢阵营的主观愿望相反，岛内媒体几次公布选情调查结果，彭、谢配的支持率始终低迷不振，甚至曾一度落在林、郝配之后而位居第三。但民进党中央并未及时采取强有力措施为彭、谢助选，而将主要精力用于在新一届“立法院”中和国民党争夺执政权。随着选战的白热化，在大陆坚决反对“台独”的坚定立场和针对岛内“台独”所进行的军事演习的强大压力下，“台独”市场进一步萎缩。“李登辉情结”在民进党支持者中开始“发酵”并迅速蔓延，“弃彭保李”现象终于浮上台面。关键时刻，竟接连发生好几起民进党籍县市长公开替李、连站台助选的轰动事件，从而更突显了民进党内部的矛盾与分歧。据选前一周调查，民进党内支持李、连的比例竟高达百分之四十。

总之，民进党参选“总统”的惨败原因固然很多，但关键在于急进的“台独”诉求吓跑了中间选民。诚如《中国时报》社论所言：选举结果，说明台湾选民“对于彭、谢过于冒进的台独主张显然有所保留。”[1]因此，民进党参选“总统”的惨败，其实更确切地说是“台独基本教义派”的惨败。它说明大陆发动的反“台独”反分裂斗争取得了预期效果，急进“台独”主张不得人心。“大选”后，民进党士气大挫，内部矛盾进一步激化，面临建党以来最大的发展危机。

二、与新党结盟，挑战国民党执政地位“功败垂成”

与参选“总统”惨败相比，一九九六年民进党“立院”党团在新一届“立法院”中的表现却是“可圈可点”，令人刮目相看。

由于在新的一届“立法院”中，国民党仅以三席的微弱多数勉强过半，且因种种原因，其中部分“立委”党团无法掌控，关键时刻随时都有可能反戈一击，倒向在野党。民、新两党充分利用了国民党在“立法院”中这种“实质不过半”的有利形势，暂时搁置意识形态之争，通过“喝咖啡”

而实现了“大和解”，结成“在野制衡联盟”。上半年，在“立法院”先后联手发动了“二月政争”和“六月政改”等一连串凌厉攻势，挑战国民党的执政地位，使“立法院”议场几度险象环生，搞得国民党疲于奔命，焦头烂额。

（一）“二月政争”：所谓“二月政争”又称“二月政改”，是指新一届“立法院正、副院长”竞选和行使“阁揆同意权”之争。民、新两党“大和解”后，随即锁定在二月一日“立法院”选举正、副“院长”时联合对抗国民党作为短期目标。两党频繁活动，分头对部分国民党“立委”进行秘密策反，最后以“副院长”一职为代价，公开拉走国民党的二名原住民不分区“立委”，并推出施明德、蔡中涵搭档，与国民党推出的刘松藩、王金平竞争。为确保施、蔡二人上垒，民、新两党的几乎所有“立委”均按事前约定，以“亮票”方式投票。结果，施明德以八十票对八十票战平刘松藩。经紧急研商后，第二轮投票时，原本坚决反对在野党“亮票”的国民党，也不得不以“人盯人”的变相“亮票”方式投票。这才使刘松藩以一票之差险胜施明德，当选为“一票院长”。王金平则趁势击败蔡中涵，也仅以五票优势当选为“副院长”。

事后岛内媒体纷纷发表评论，惊呼这场选举实质上是“一项在野党联盟主导的几乎成真的‘政治夺权计划’。过程千钧一发，令人胆战心惊，距离国民党丢失政权只差一线之隔”，“足令国民党中央吓出一身冷汗”。[2]不过，在这场政权攻防战中，在野党毕竟实力不逮，故而功亏一篑；而国民党几乎翻船，主因是疏忽大意，因而有惊无险。

二月二十三日，朝野双方又针对行使“阁揆同意权”问题，展开了第二波更为剧烈的政权攻防战。依照“宪法”规定，新一届“立法院”组成后，由“总统”李登辉提名的继任“行政院长”人选连战，须经“立法院”行使“阁揆同意权”方能继续执政。民、新两党决定继续合作，将连战拉下马来，迫使国民党交出政权或与在野党合组“联合政府”。“立法院”开议前几日，民、新两党即密集串联，志在必得；而国民党鉴于上次在“立法院”选举中几乎阴沟翻船的教训，这次格外小心谨慎，高层召开专门会议，成立了专门机构，负责协助“立院”党团进行固票工作，采取了一系列严密措施，务必全力护送连战过关。是日，“立法院”气氛极为紧张，在野党阵营先是坚决反对连战只做“书面审查”，甚至要求“立法院”退回“总统”咨文以示抗议。后经紧急协商，双方在没有必胜把握的情况下各让一步：国民党同意连战接受“立法院”口头审查，而在野党则同意将审查时间缩短为六个小时。由于国民党事先准备周全，固票成功，而在野党扩展票源效果不佳，投票结果，低空掠过半数，“立法院”同意连战继任“阁揆”。民、新两党再次功败垂成。

（二）“六月政改”：所谓“六月政改”，实际上是“二月政争”的延续和发展，朝野双方争执的焦点依然是“阁揆同意权”，以及由此而衍生出来的“立法院长改选案”、“核四案”等一连串的政治风波。

众所周知，“大选”期间，李登辉及连战本人都信誓旦旦，公开表示当选后“副总统”不会兼任“阁揆”。岂料李登辉当选连任后，竟公然自食其言，再次提名连战以“副总统”身份兼任“行政院长”，并以一纸“着毋庸议”的批示，企图遏止岛内各界的强烈质疑和反弹，从而引发在野党再次联手，发动了一连串的“倒连”运动。六月十一日，由民、新两党主导并在国民党部分“立委”的倒戈相助下，“立法院”以悬殊票数顺利通过了在野党提出的“咨请总统尽速重新提名行政院长，并咨请立法院行使同意权案”。李登辉竟不以置理。民、新两党愤怒抨击李登辉“藐视立法院同意权”，并以“切断与行政院的对话”、“无限期停止总质询及各部会首长的施政报告”，甚至以“不惜走上街头抗争”等激烈手段相威胁。[3]在野党的抗争得到大多数民众的同情，并已冲击到“最高当局”在民众心目中的形象。民调显示：百分之五十七的民众赞成“立法院”通过的提案，反对的只有百分之十七；李登辉的声望一周内“滑落了九个百分点”，首度下滑到只有百分之六十二。而认为连战适任“阁揆”的人也只剩下百分之三十八。[4]可是一向标榜“主权在民”的李登辉却“老神在在”，抱定“着毋庸议”的顽固态度拒不妥协。

于是，民、新两党决定拉长战线，提案要求改选“立法院正、副院长”，向李登辉进一步施加压力。但由于各种因素的制约，加之国民党全力固票。六月二十九日，“立法院”虽经多次表决，形势跌宕起伏，但在野党仍以一票之差惨遭败北。

“六月政改”落败后，民、新两党并未停止抗争，又先后在“审查国营事业预算”、“部会首长施政报告”、“国大会议李登辉国是报告”以及“考、监人事案”、“核四复议案”和连战“施政报告总质询”等一系列问题上，进行强力杯葛，形成了长达数月之久的“宪政”僵局。最后只好诉诸“大法官会议”“释宪”。但“大法官”乃是由李登辉一手圈定的，于是“释宪案”也就如同“泥牛入海”，杳无音讯。直到年底“国发会”召开，国、民两党达成“宪改”共识，“大法官会议”再公布所谓“释宪”结论时，已纯属毫无意义之举了。

从以上简单回顾可以看出：（一）由于国民党实力的大幅下滑，其在岛内的执政地位确已严重动摇，岌岌可危，国民党主导政局的能力已面临严峻考验；（二）在野党的实力虽已今非昔比，但毕竟还没有扩展到足以撼动国民党的统治根基并取而代之的地步。故而，朝野双方的较量，尽管表面上看起来如惊涛骇浪、扣人心弦，但每一次的较量又都以国民党的有惊无险而作结。

三、“大和解”引来了“大分裂”——“建国党”出走

正当“在野联盟”在“立法院”中和国民党斗得不可开交之际，民进党的后院却着起了大火——经一番密锣紧鼓的谋划之后，十月六日，一百多名原本支持民进党的“急进独派”人士云集高雄，举行记者会，宣布正式成立新的“台独党”——“建国党”，从而造成了岛内“台独”势力的大分裂。

（一）“建国党”成立的背景与过程：

“建国党”的出走、“台独”势力的分裂不是偶然的，是长期以来民进党内部路线之争和岛内政治发展的必然结果。

众所周知，民进党内历来存在“急进独派”和“务实独派”两种不同的政治派别。两者虽然在夺取国民党政权、谋求“台湾独立”的根本问题上理念一致，但对于如何夺取政权、通过何种手段实现“台湾独立”，却一

直存在尖锐分歧。近几年来，随着政治环境的丕变，原本属于“急独派”的“新潮流系”已逐渐世俗化，与“务实独派”“美丽岛系”逐渐靠拢，并主控了民进党中央。然而岛内知识界和宗教界中的独派团体如台教会、基督教长老教会和万佛会等及其代表人物，仍顽固地坚持急进“台独”主张。他们麇集在彭明敏周围，形成民进党的压力团体，人数虽然不多，但能量颇大，影响着民进党的政策走向。这批死硬“台独”分子又被称为“台独基本教义派”。

近年来，两派之间的关系不断恶化。一九九五年九月施明德在访美时公开表示，“即使民进党执政，不会也不必要宣布台湾独立”；随后又提出“大和解”和“大联合政府”的主张，均遭到“台独基本教义派”的强烈质疑和反弹。他们抨击民进党中央与主张统一的新党“大和解”，实际上是放弃“台独”，违反了民进党党纲与建党精神；提出“大联合政府”主张则是想与国民党“分赃政权”，丧失了道德与理想。如前所述，进入一九九六年后，民进党与新党结成“在野联盟”，在“立法院”频频合作，而对于彭明敏竞选“总统”则未倾力予以支持，双方矛盾加深。二月四日，彭明敏“另起炉灶”，纠集了一批“急进独派”团体的部分成员，成立了“台湾建国阵线”，为其开拓票源，与民进党互别苗头。“大选”惨败后，两派互相指责。四月九日，心怀不满的彭明敏亲自出马，宣布成立由他出任会长的“建国会”，公开表示“台湾要独立建国，不能寄望于民进党”，声称“建国会”的成立是对民进党的“抗议与出走”。随后，“建国会”又在各地设立分会，吸收会员，与民进党分庭抗礼。至此，一个新的急进“台独党”实际上已呼之欲出了。

两派的矛盾由于民进党新生代的介入更趋恶化。从四月上旬开始，在“务实独派”大佬们的支持下，一批民进党内的新生代人士发起了一场所谓“反对路线大辩论”，攻击矛头直指“台独基本教义派”。五月七日，新生代又发表了“台湾独立运动的新世代纲领”。该纲领将“台独”划分为新旧两种，指称“旧世代”（即“台独基本教义派”）是为过去、悲情、民族而主张“台独”，而“新世代”（即“务实独派”）则是为未来、希望、民主而主张“台独”，并具体提出了十大政纲作为与“旧世代”相区隔的“新台独”主张。这场大辩论和“新台独纲领”的出笼，实际上是“务实独派”对“台独基本教义派”的大对决、大摊牌。“台独基本教义派”气急败坏，抨击“新台独纲领”“首先贬低台独、模糊台独、俗化台独，甚至丑化台独，然后脱下台独旧衫”，“实际上就是‘反台独宣言’”。

最终导致两派分裂的是民进党“七大”。六月份，民进党“七大”要改选党主席，“台独基本教义派”企图将“台独”色彩强烈的蔡同荣拥上党主席宝座，进而控制党中央，扭转民进党的政策走向。然而选举结果，“务实独派”龙头许信良以绝对优势击败蔡同荣而当选。不仅如此，从新选出的党中央权力核心来看，“台独基本教义派”几乎已完全丧失了影响力。加之党主席许信良上任当晚，便“夜奔敌营”，与李登辉密谈“政党合作”等事宜，并一再鼓吹“大联合政府”。“台独基本教义派”的幻想至此已彻底破灭，于是加快了组党步伐。十月六日，“建国党”宣布成立，岛内“台独”势力的大分裂终成事实。

（二）“建国党”出走的影响：

“建国党”的出走、“台独”势力的分裂，势将对民进党、对台湾政局和两岸关系产生重大影响：

（1）对民进党而言，并非全然负面影响。一方面，急进“台独”势力的出走，固然拉走了一部分民进党的重要骨干，分散了“台独”资源，从而削弱了民进党作为岛内第一大反对党的实力，今后随着政局的演变和党内派系间的争斗，目前仍留在党内的“急独派”和一部分失意政客仍有可能陆续投靠“建国党”，使民进党遭到更大的损失，实力进一步下滑。但另一方面，由于“急进独派”的出走，又有利于改变民进党在台湾民众中长期形成的“暴力党”、“台独党”的不良形象，同时又可使“务实独派”减少党内阻力，从此可以放开手脚调整策略，转变党的体质，进一步将民进党引向“独台化”道路，从而有利于争取中间选民的认同与支持，突破发展瓶颈，壮大实力。但究竟是利大于弊还是弊大于利？尚有待观察。

（2）将使岛内政党政治格局发生新的变化。一般估计，“建国党”在未来的竞选中有实力获得百分之五的门槛选票，成为岛内政坛上的第四大党。如此，目前“两党对抗、三党鼎立”的政党政治格局势将演变成“二大、二小”的局面。而且，随着民进党的进一步“独台化”，不排除国、民两党“合并”重组之可能，若果如此，岛内政党政治最终将会演变成为“一大二小”的新格局。再者，“新党”和“建国党”将形成“统”“独”两极，在未来政坛上势将重新爆发剧烈的独统之争，从而造成岛内政坛和社会的动荡不安。

（3）对两岸关系的发展也将产生重大影响。民进党的“独台化”，将使国、民两大党在制定大陆政策方面比以往更易达成共识，台湾当局将变本加厉地推行其“中华民国式‘台独’”，以对抗大陆的和平统一攻势，从而使未来两岸关系更为复杂，斗争更为剧烈。

四、参与“国发会”——“台独”与“独台”大合流

一九九六年民进党活动中的另一件大事，是在年底积极参与了由李登辉一手导演的所谓“国家发展会议”。在短短的五天时间里，国、民两党就“宪政体制与政党政治”、“经济发展”和“两岸关系”三项议题，达成了总共一百九十二项共识。由于新党的中途退出，这场所谓的“国家发展会议”实际上就成了国、民两大党的“政治分赃会议”、“台独”与“独台”大合流的会议。

（一）“国发会”召开的背景：

所谓“国发会”，其实是“体制外”的一次政党协商会议。其所以在这个时候会召开这种性质的会议，是因为：

（1）从国民党方面来看：由于一九九五年三届“立委”选举后，国民党在“立法院”中的席位面临“实质不过半”的严重局面，一年来使其在“体制内”无法顺畅施政，吃尽了在野党杯葛的苦头，主导政局的自信心已经动摇，因而不得不放下身段，试图通过这种“体制外”的政党协商方式，寻求今后在野党在“体制内”的合作，以便能顺利完成下一步的“宪改”目标，继续维持其在岛内的统治地位。

（2）从民进党方面而言：一年来与新党等在野势力结盟，尝试挑战国民党的执政地位均告失败，自感实力不足；加之“总统”选战的惨败和

“建国党”的分裂出走，民进党已面临建党十年来最严重的发展危机，故而也希望通过与国民党的妥协与合作，摆脱困境，早日走上执政。

（3）至于实力弱小的新党，对参加“国发会”态度犹豫，先是参加，后又退出，则典型地反映了该党不得不在国、民两大党的夹缝中求生存的复杂心态和尴尬处境。

（二）一年来政党互动关系的变化：

要进一步理解“国发会”召开的背景，还需简要回顾一下一年来岛内政坛三党之间的互动情况。

稍稍留意一下便不难发现，以民进党“七大”为分界线，一年来岛内三党之间的互动关系，上半年与下半年呈现出明显不同的特点：一九九六年的上半年，“政党合作”的主角是民、新两党；主导两党合作的是实力占优的民进党；其主要代表人物是时任党主席的施明德、秘书长邱义仁和“立院”党团召集人张俊宏（“大选”后曾出任代理党主席）。民进党“七大”之后，情况发生了重大变化，“政党合作”的主角变成了国、民两党；政党合作的主导地位让位于国民党李登辉；而民进党的领军者则由新任党主席许信良所取代。

何以会发生如此重大变化？

从表面上看，一九九六年的上半年，民、新两党合作无间，与国民党势同水火，在“立法院”中斗得不亦乐乎。诚然，民进党“务实派”与新党合作，也有想一举扳倒国民党的侥幸心理，但他们骨子里真正感兴趣的其实是与国民党的合作，以便能直接分享政权。也就是说，民进党与新党的合作，只不过是出于某种阶段性的策略考量，是企图利用新党迫使国民党让步，其最终目标是要实现国、民两党的“合作”。四月初，代理党主席张俊宏在接受媒体采访时就曾一语道破天机，他说：民进党“单独壮大的机会几近于零”，若独行独往，只会“单独凋敝”，所以只有与他党联合。他认为，民进党与他党合作，“上策”是与国民党、新党组成三党“大联合政府”，一致对抗中共；“中策”是与国民党联合执政，建立稳定多数的政局；而“下策”则是与新党组成针对国民党的“制衡联盟”。[5]可见，在民进党“务实派”的心目中，与新党的合作只不过是民进党的“下策”，在“上策”不可能实现的情况下，自然“中策”（即与国民党合作）也就成了民进党为之追求的奋斗目标了。

在这一重大问题上，许信良更有其独到眼光。他进一步提出了所谓“政党重组”的新理论和新思维。许信良认为：台湾是个“典型的危机社会”，人民希望现任领袖、执政党来保持安全。因此，“下次就算国民党派连战出来（竞选‘总统’），民进党也一样会输”。如果民进党再和国民党斗争，“只会造成社会不安的感觉，不会像过去一样得到人民的支持”。从这种观点出发，许信良提出了民进党今后的发展策略：短期内，经由“大联合”和“联合执政”，使国民党丧失“执政优势”；远期目标，则是由民进党与国民党这两个同质性的政党“合组”为一个新的“台湾党”，“以确保台湾社会的民主与发展，并且有足够的力量来包容新党等主张统一的声音”（即让新党永远处于在野地位）。许信良说，只有这样，才能使台湾政坛走上所谓“韩国模式”，而“这对民进党反而有利”，就像卢泰愚结合金泳三组党后，“反而是金泳三取得优势”。[6]许信良的“政党重组”概念，显然只包括国、民两党，而将新党排除在外。

李登辉看穿了民进党人急于与国民党分享政权的心态。为瓦解“在野联盟”，稳定政局，早在“大选”前，即通过各种渠道频频放出要吸纳民进党菁英“入阁”的风向球。李登辉当选连任后，又公开表示要重新“调整政治生态”，“不分党派延揽人才”。但民进党中央担心被国民党分化、收编，坚持两党合作必须是以“党对党”的方式组成三党或两党的“联合政府”，甚至作出决议：“以个人身份接受延揽者予以开除党籍处分”。眼见民进党不肯上当，加之受到党内中生代卡位战的牵制，因此李登辉最后圈定的新“内阁”名单，依然是清一色的国民党人马。所谓“调整政治生态”、“不分党派延揽人才”，只不过是聘请了几位民进党人士出任“总统府资政”、“国策顾问”和“考、监委员”而已。这说明，此时国、民两党的“合作”，时机尚未成熟。

民进党“七大”许信良出任党主席后，情况开始发生微妙变化。许信良当选的当天，即通过媒体向国民党喊话，宣称“政党合作势在必行”。他说，“民进党不可能无条件支持国民党执政”，如果政党合作，就一定要筹组“联合政府”，“这其中包括政策、人事的合作”。并预言，“在今后的十二年，没有政党合作，就没有政府，联合政府是必然的趋势”。与此同时，许信良又向党内喊话，说：“如果国民党了解无法一党有效执政，愿意诚心诚意寻求党对党的合作，民进党就要认真思考如何面对这个问题。如果民进党拒绝，无政府状态持续下去，人民是不能接受的，到时候民进党会受伤。”[7]这里，许信良虽然没有提他的“政党重组论”，但他所强调的“政党合作”对象，已由新党转向国民党。

李登辉显然注意到了民进党“七大”后的这种新动向，并立即作出积极的响应。六月十八日，在会见民进党“国大”党团时表示：“为了凝聚社会各界对当前国是的共识”，他准备在九月“广邀各界领袖与代表，召开一次跨党派的朝野会议”，以化解目前存在的“宪政”僵局。[8]李登辉所说的“跨党派朝野会议”，就是后来在年底召开的“国家发展会议”。

七月一日晚，也即许信良宣誓就职民进党主席的当晚，李登辉突然异乎寻常地邀请许信良赴其官邸晤谈了近一个小时，“就政党合作、宪政改革、两岸关系、国防、外交等交换意见”。事后，许披露说：尤其论及政党合作，“总统本人展现出极高的兴致”，李登辉还特意告诉他：“我有一本厚厚的‘政党合作规划’，都还未向部会首长提及，将来政党合作时将逐次展开。”[9]以此为标志，岛内政坛的政党互动关系进入了新的阶段。

此后，李登辉在不同场合一再指示国民党要“转变观念”，强调“政党间的互动，必须有新的定位和新的做法”，并指示将“扩大朝野协商、推动政党合作”列为国民党十四届四中全会的重要议题。于是，国、民两党的合作开始提到议事日程。“建国党”成立后，两党的合作步伐加快，并终于促成了年底“国发会”的召开和一九二项“共识”的达成。当然，这只是李登辉那本“厚厚的‘政党合作规划’”戏码的“序幕”，真正的好戏可能还在后头。

（三）“国发会”后民进党的可能走向：

如上所述，“国发会”的召开，乃是岛内政党政治发展的必然产物。尽管岛内舆论并不乐观，认为“国发会”上达成的这些共识“能否落实还有待观察”，“更多的挑战与险阻横在前面”，“修宪是否依‘国发会’结论进行，国人不敢抱以厚望”。[10]然而，无论如何，“国发会”召开本身，即意味着国、民两党的“合作”已正式启动，“台独”与“独台”已正式合流。由此，岛内政坛的政党互动关系进入了一个全新的历史时期；国民党在岛内的执政地位在今后一段时间里将得以相对稳定；而民进党则有可能因此变危机为转机，摆脱目前困境，上升为在台湾政坛上仅次于国民党的“主流政党”。

在可预见的将来，民进党的可能走向是：

（1）近期内，将尽力整合党内不同意见，协助李登辉顺利完成“修宪”工程，以落实“国发会”共识，实现国、民两党“政策上的合作”，从而使民进党“独台化”、“国民党化”的趋势进一步加快。

（2）在“政策合作”的基础上，不排除今年内国、民两党通过“内阁”改组，步入更高一级的“人事合作”阶段，即建立国、民两党的“联合政府”，从而实现民进党梦寐以求的“走上执政”的愿望。

（3）为增强在“联合政府”中的政治地位和发言权，一方面，民进党将改采更加积极、务实的大陆政策，重视两岸关系的改善与发展，加强与大陆的联系与沟通，以争取更多中间选民尤其是岛内工商企业界的认同与支持；另一方面，将努力调整党的体质，加强基层建设，稳定原有的支持队伍并开拓新的票源，力争打赢九七年底的县市长选战，以争取更多的地方执政权，累积尽可能多的政治资源。

（4）经过一段时间的“磨合”之后，国、民两党既有可能因“貌合神离”、“同床异梦”而分道扬镳，不欢而散，从而引发岛内政局的动荡；也不排除因政治利益的驱动而两党合并“重组”，从而在岛内出现一个新的对抗祖国和平统一的“独台党”。

（5）在上述党的重大路线、政策、策略的调整与转换中，党内不同派系之间将不可避免地产生各种矛盾与分歧。因此，民进党的内斗不会因“建国党”的出走而自然消失，相反，有时甚至会愈加剧烈；如若处理失当，不排除会导致新的一轮组织分裂。

【注释】

[1] 台湾《中国时报》一九九六年三月二十四日社论。

[2] 台湾《联合报》、《中国时报》一九九六年二月二日报道。

[3] 台湾《联合报》一九九六年六月二十日报道。

[4] 台湾《联合报》一九九六年六月十四日报道。

[5] 台湾《民众日报》一九九六年四月四日报道。

[6] 台湾《自由时报》一九九六年三月二十七日报道。

[7] 台湾《联合报》一九九六年六月十八日报道。

[8] 台湾《中国时报》一九九六年六月十九日报道。

[9] 据“中央社”一九九六年七月二日台北报道。

[10] 见台湾《联合报》、《中国时报》、《台湾时报》一九九六年十二月二十六日至二十九日报道。

（收入《台湾一九九六》，九洲图书出版社1997年7月出版）

香港回归对两岸关系的影响

举世瞩目的香港回归中国的盛典已圆满落幕，历经150多年英国殖民主义统治的香港终于回到祖国的怀抱，成为中华人民共和国中央人民政府直接管辖下的一个特别行政区。香港的顺利回归，是自80年代初邓小平为解决台湾问题提出“一国两制”构想以来，首先在解决香港问题上进行的成功实践，不仅具有深远的历史意义，同时也具有重大的现实意义。

本文拟就香港回归后对海峡两岸关系发展和解决台湾问题可能产生的影响，作一粗浅的探讨。

一、香港回归后，将更好地发挥其在两岸间的协调和缓冲功能，有助于促进两岸的政治接触与交往

众所周知，“九七”前，香港因其特殊的政治环境和地理条件，成为海峡两岸关系特殊的交集点。香港既与内地同时也与台湾保持着密切的联系。港台关系乃是一种特殊形式的两岸关系，在缺少直接沟通渠道的情况下，海峡两岸利用香港这一特殊和理想的场所，进行间接的接触和交往。因此，长期以来，香港作为两岸关系的纽带，发挥了重要的缓冲作用。在80年代以前东西方冷战格局下，香港既是国共双方进行剧烈政治角力的场所，同时双方也通过香港这个特殊的地方，保持某种形式的必要的秘密接触与联系。80年代中期以后，随着冷战格局的逐渐瓦解，海峡两岸关系的逐步缓和与发展，香港在两岸关系中的这种缓冲功能表现得尤为明显。例如，1986年5月发生的、曾轰动一时的“华航货机事件”以及其他一些事件，之所以能得到比较圆满的解决，其中一个重要因素，就是充分利用了香港这一缓冲作用，降低了两岸官方或半官方事务性接触谈判的政治敏感性。更为突出的事例是，在台湾当局坚持“三不”政策，拒绝开放两岸直接“三通”的情况下，两岸通过香港“第三地”才得以绕过台湾当局设置的重要政策障碍，

进行间接“三通”，从而使两岸的经贸往来和各项交流活动，不断推向前进。

不过，“九七”前，香港在两岸关系中的缓冲功能有很大的局限性。道理很简单，因为香港在英国的殖民统治下，港英政府的对台政策乃是英国对华政策的一个组成部分，港英当局在处理台湾事务时，必须遵循英国政府对华政策的基本原则，即只承认中华人民共和国政府是中国的唯一合法政府，不与台湾发生任何官方关系。因此，香港虽与海峡两岸均保持密切联系，但就港台关系而言，仅具民间性；而就两岸关系而言，则由于中间横隔着英国这一外国因素，使得香港在两岸关系中不仅具有前述的“缓冲”功能，同时又具有某种程度的“制约”作用。这种“制约”作用，显然不利于两岸的直接接触与交往。

“九七”香港回归后，随着香港成为大陆的一部分，港台之间的关系在性质上发生了根本变化。英国这一外国因素已不复存在，大陆成为港台关系的主导因素。但由于在“一国两制”的框架内香港是在中央政府管辖下由港人高度自治的特别行政区，因此港台关系是在两岸关系中的“特殊组成部分”。这种关系有别于大陆其他省区与台湾的关系。1995 年 6 月国务院制定的《中央人民政府确定的处理“九七”后香港涉台问题的基本原则和政策》(即“钱七条”）中明文规定：“台湾现有在香港的机构及人员可继续留存。”[1]台湾当局出于其在香港的利益所在，也已在 1997 年 3 月“立法院”三读通过“香港澳门关系条例”中规定：“行政院得在港澳设立或指定机构或委托民间团体，处理台港澳往来的有关事务。”[2]目前，台湾当局已在“行政院”大陆委员会下设立“香港事务局”，负责统筹其所有驻港机构，台湾当局及其驻港机构的负责人一再表示，其驻港机构及其有关人员会尊重和遵守香港《基本法》和香港有关法律。如此，意味着在中华人民共和国中央人民政府的有效管辖范围内——香港特别行政区，首次出现台湾当局派驻的机构。这样，香港回归后将为两岸政治和事务性接触与交往，创造更为直接和便利的条件。

另外，根据“钱七条”的规定：“香港特别行政区与台湾地区之间以各种名义进行的官方接触往来、商谈、签署协议和设立机构，须报请中央人民政府批准，或经中央人民政府具体授权，由特别行政区行政长官批准。”[3]而台湾当局制定的“港澳关系条例”也规定：“行政院得许可香港和澳门政府或其授权之民间团体在台湾地区设立机构并派驻代表，处理台湾地区与香港或澳门之交流事务。”这又意味着，在一定条件和前提下，港台之间可以建立某种形式的官方关系，进行必要的直接接触往来、商谈、签署协议和互设代表机构。7 月 3 日，董建华与辜振甫在香港会晤时，港台双方已确定沟通渠道的具体人选（叶国华、郑安国）。而所有这些，“九七”前都是不被允许的。很显然，香港回归后港台之间的关系将提升到一个全新的、更高一级的层次，其发展空间更形扩大。

总之，香港回归后，港台关系更为密切，香港作为大陆的特别行政区，将会更好地发挥其在两岸关系中的协调和缓冲功能。例如，许多政治敏感性较强、一时不便在两岸间进行直接接触商谈的议题，可以先在香港进行；两岸间一些难度较大、较为复杂的交流合作事宜，也可以在香港先行探索、试行，从而有助于增进双方互信、促进海峡两岸关系的良性互动。

二、香港回归后，其在两岸间的中介地位进一步加强，有利于两岸的经济文化交流与合作

80 年代以来，海峡两岸的经济文化交流和人员往来，虽然由于台湾当局的政策限制，不能直接进行，但依然保持了逐年大幅度扩大增长的势头，其主要原因，就在于有香港这块宝地作为“中介”。众所周知，香港是国际贸易、金融、航运和信息中心，又兼地处海峡两岸的中间地带，有其他地方无法取代的得天独厚的优势条件。因此很自然地，香港成为两岸间接贸易的“转运站”、台商投资大陆的“跳板”、两岸人员往来的“中转站”。

贸易方面：香港是台湾这些年来贸易顺差的主要来源。以 1996 年为例，据资料显示，台对港贸易顺差额为 250.8 亿美元，约等于其对美贸易顺差额 68.9 亿美元的 3.6 倍和其对外贸易总顺差额 135 亿美元的 1.9 倍。其中台湾通过香港转口到大陆所得的贸易顺差为 81 亿美元，约等于台湾对香港贸易顺差额的 32%强。也就是说，台湾对香港贸易的巨额出超中，约有三分之

一是对大陆转口贸易的出超。[4]

投资方面：目前台商在大陆的投资约3万多家，协议投资金额已超过300亿美元，实际投资额约150亿美元，其中有相当部分的台商与两岸间接贸易一样，是透过香港这一“中介地”转往大陆投资的。为符合台湾当局有关间接投资的政策，许多台商还在香港设立公司，以作为进军大陆的“跳板”，而香港则为投资大陆的台商提供金融、信息、航运等方面的服务，从而使台湾、香港和大陆经济关系日趋密切，互补互惠。

人员往来方面：据资料统计，自1987年台湾当局开放大陆探亲以来，到大陆探亲、旅游、经商及从事文化学术交流的台湾民众，到1996年底总计已近一千万人次。大陆民众近几年赴台探亲及从事各种交流活动的人数也与日俱增。而两岸人员的往来也都是经过香港中转的。

金融方面：近年来随着两岸经贸活动的日益扩大，台湾金融界也纷纷在香港设立分支机构，作为进军大陆的据点，为两岸经贸活动提供服务。

香港回归后，其国际贸易、金融、航运、信息中心的地位丝毫没有改变，它仍然是两岸从事经贸和交流活动可资利用的最理想的“中介地”。“钱七条”明确表示：香港回归后，“港台两地现有的各种民间交流交往关系，包括经济文化交流、人员往来等，基本不变”；“鼓励欢迎台湾居民和台湾资本到香港从事投资、贸易和其他工商活动”。其在香港的正当权益“依法受到保护”；港台间的海、空航运交通“按‘地区特殊航线’管理”，并依“双向互惠原则进行”；台湾居民“可根据香港特别行政区法律进出香港地区，或在当地就学、就业、定居”；香港的各类民间团体和宗教组织，“在互不隶属、互不干涉和互相尊重的原则基础上，可与台湾地区的有关民间团体和组织保持和发展关系”。[5]迄今为止，香港回归已届40多天，人们看到，海峡两岸经香港进行的各项交流活动一如往常，并更加便捷、更为热络。

更为值得注意的是：“九七”之后，随着内地与香港经济关系的进一步紧密，中小企业在香港的进一步发展，台湾与中资在香港将会有更多的合作机会。再者，台湾当局对具有一定中资比例的香港企业赴台投资的限制已逐步放宽，假以时日，中资进入台湾投资的比例也势必增加。如此，海峡两岸经过香港“中介”所进行的经济双向交流与合作，将会得到较快的发展，这不仅有利于促进两岸经济的共同繁荣，而且将推动两岸关系向更高层次发展。

不过话又说回来，香港在两岸经贸文化交流中的“中介”作用固然值得肯定，但这毕竟是在台湾当局保守、僵化的大陆政策设限下不得已而为之的非正常状态。多年来，海峡两岸同胞（尤其是岛内工商企业界）因台湾当局至今拒绝开放两岸直接“三通”，阻碍两岸经贸交流与合作向深度和广度发展，延缓了整个中华民族经济文化的振兴与腾飞。特别是自去年8月以来，台湾当局出于其政治需要，违背经济规律，漠视广大台商的利益，强制推行所谓以“戒急用忍”为核心的限制两岸经贸发展的倒退政策，并试图择地取代香港为两岸经贸交流的中介地，事实将会证明，这样做是不可能行得通的。

三、“一国两制”在香港的成功实践，将对台湾当局的分裂政策构成强烈冲击，有助于促进祖国和平统一的历史进程

“一国两制”构想实际上最初是为解决台湾问题提出的。只是因为香港问题要提前解决，所以首先被用之于香港。世人将会看到，回归后的香港和某些别有用心的人的蛊惑宣传恰恰相反，将会更加稳定繁荣，这颗“东方之珠”不仅不会黯然失色，反而会愈加璀璨明亮。“一国两制”在香港的成功实践，势必对台湾问题的解决产生强烈的冲击，从而有助于促进祖国和平统一的历史进程。

香港回归后，台湾当局至少在以下几个方面将面临巨大压力：

首先是岛内社会民心转变的压力。台湾当局现行的拖延对抗统一的分裂主义政策之所以暂时还能推行下去，日子尚能勉强支撑，关键在于这种政策在岛内还有相当的民意基础。这是长期以来台湾当局不遗余力推行反共教育、对“一国两制”方针蓄意歪曲宣传的结果。香港回归后，“马照跑、舞照跳、股照抄”，人心安定，社会稳定，经济持续繁荣发展，这一活生生的看得见摸得着的事实，不仅将使台湾当局的歪曲宣传不攻自破，而且将与台

湾社会脱序、政局动荡、黑道猖獗、绑票杀人等恶性案件层出不穷、民众普遍缺乏安全感形成鲜明对照，对台湾当局的歪曲宣传产生反感和排斥心理，增强对“一国两制”的认同感。这样，海峡两岸在争取岛内民心这一关键问题上，台湾当局势必陷入被动局面，面临要求尽快突破政治僵局、改善发展两岸关系，并最终以“一国两制”模式解决两岸和平统一问题的巨大社会压力。

当然，这种社会民心的转变是渐进的、缓慢的、不知不觉之中进行的。由于两岸关系的好坏直接影响到岛内工商企业界的切身经济利益。因此可以预料，在这股社会压力下，台湾广大工商企业界将会扮演最重要的角色。事实上，在香港回归前后，人们已经可以隐约感受到岛内民心变化的某种征兆。

其次是大陆方面的压力。如前所述，香港回归后，港台之间的关系在性质上业已发生了根本变化。港台关系成为两岸关系中的一个“特殊组成部分”，大陆是港台关系的主导因素，“一个中国”是港台关系的基本原则，“一国两制”是港台关系的基本内容。众所周知，台湾在香港有难以割舍的巨大的经济利益：资料显示，除巨额贸易顺差之外，在投资方面，台商在香港设立的大小公司超过3000家，投资总额约达60亿美元。更不用说香港还是台湾赖以和大陆乃至世界经济联系的重要纽带，港台关系一旦受损，台湾当局将陷入作茧自缚的困境，岛内经济会受到严重影响，社会稳定也将堪虞。因此，为维系港台间的正常关系，台湾当局今后在处理与香港的事务时，势必难以回避“一个中国”的基本原则。也就是说，为因应“一国两制”框架下的新的港台关系，台湾当局不得不对其现行的大陆政策中许多违背“一个中国”原则的错误政策进行一系列的调整。事实上，“港澳关系条例”的制定与实施，港台间航运协定谈判的达成共识、两岸“定点直航”的开通以及最近台当局驻港机构的调整等，均是这种发展趋势的具体体现。

香港的顺利回归，极大地激发了大陆12亿人民的民族自豪感，要求早日解决台湾问题、实现祖国统一和民族振兴的呼声日益升高；而“一国两制”在香港的成功实践，则增强了中共领导人以“一国两制”方针解决台湾问题的自信心。可以预料，随着香港澳门问题的解决，经济实力的不断增长，中国大陆从中央到地方，势必集中力量加强对台工作的力度，台湾当局如不改弦更张，将会感受到来自海峡对岸大陆的愈来愈大的压力。

再次是海外华人社会的压力。生活在世界各地的海外华人数千万众，历来有光荣的爱国传统。香港回归前后，华人社会中的各种社团，无论其政治倾向如何，无不欢天喜地举办各种形式的活动，隆重庆祝香港回归这一百年盛事，表现出炽热的爱国感情。随着港澳问题的解决，以“一国两制”方针解决台湾问题的认同感必定会在海外华人华侨中进一步增强，要求两岸和平统一、早日实现民族腾飞与富强的愿望必将日益强烈。这样，台湾当局在海外华人社会中的政治影响力势必进一步削弱，其分裂祖国的活动会愈来愈不得人心，失去原本不多的市场。众所周知，海外亲台华人势力的支持是台湾当局赖以生存的重要因素之一，对于来自这方面的压力，台湾当局恐怕不能无动于衷。

最后是国际社会的压力。香港是一个国际性的大都市，不仅有中国人的利益，同时也有国际社会尤其是欧美、日本等世界主要强国巨大的经济利益。有报道说，在港英资有1000家，金额约400亿美元。截至1996年6月底，香港设有分支机构的外国大公司、大企业和银行总数有4523家，比1995年同期增加12%。[6]除投资外，还有巨额的贸易利益。因此，国际社会并不希望香港动乱。香港回归后，仍将保持稳定繁荣，作为世界的金融中心、航运中心、贸易中心和中国内地与国际经济贸易界的桥梁和纽带，仍将发挥重要作用。如此，国际社会将会逐步体认到“一国两制”给香港以及世界带来的巨大好处。除极少数别有用心者外，一些原本对“一国两制”缺乏认识、持怀疑观望态度的国际人士将会转而认同“一国两制”，国际舆论势必将会愈来愈支持中国以“一国两制”模式和平解决台湾问题。在这种情况下，倘若台湾当局仍然一味坚持拒绝接受“一国两制”，势将在国际社会日益陷入孤立境地，承受国际舆论愈来愈大的压力。事实上，南非宣布将与台湾“断交”，转而承认中国大陆，以及巴拿马国际运河会议因李登辉出席而“变质”等等，均是香港回归的“效应”。台湾当局所谓“务实外交”，总有一天会到山穷水尽的地步。人们看到，在香港回归前后的短时间内，台湾高层领导人又是发表“声明”，又是密集接受国际媒体“采访”，不厌其烦地一再宣称："香港是香港，台湾是台湾"，"台湾是主权独立国家，绝不接受'一国两制'"。显然，他们已经感受到情况有些不妙了。

诚然，解决台湾问题最重要的国际因素是美国，然而，海峡两岸的统一唯有两条路："战争"抑或"和平"。美国当然希望选择"和平"。美国学者黎安友（Andren Nathan）即曾说过："我认为，和平解决台湾问题对美国而言绝非口号，而是具有实际的利益。美国在台湾具有重大的利益，如果此一问题可以和平解决，则许多利益将可以保持，而且和平解决台湾问题本身就是一项重大的利益。"[7]而选择"和平"，除采取"一国两制"模式外，别无良策。众所周知，台湾问题说到底是中美关系问题，是中美之间的实力较量问题。就如同香港问题的解决，实际上是中英两国的实力较量一样。可以预言，随着香港的回归，中国大陆改革开放的进一步深化，国家总体经济实力的大幅提升，中美两国的实力对比势必此消彼长、逐渐缩小差距。人们不禁会问：目前台湾当局"挟美自重"、仰仗美国干涉中国内政的"与台湾关系法"拖延对抗统一的错误政策，究竟还能维持多久？支持"台湾独立"意味着战争；选择和平则唯有"一国两制"；而企图永远维持所谓"实质独立"的现状，中国政府和全体中国人民决不答应，同样意味着战争。因此，权衡利弊的结果，美国出于自身利益，调整其对台政策，转而支持中国政府以"一国两制"模式和平解决台湾问题的可能性是客观存在，并非天方夜谭。其实，"台湾人接受在中国范围内某种形式的自治地位"，本来就是美国中央情报局就台湾问题给美国总统的报告中所提供选择的模式之一。[8]因此，台湾当局不应该对美国有任何不切实际的幻想。

总之，"形势比人强"，香港回归后，两岸关系的改善和发展是客观趋势；以"一国两制"方针解决海峡两岸的和平统一问题，尽管会有曲折的过程，剧烈的较量，但我们有理由相信，这一伟大构想终将变为现实。

【注释】

[1] 转引自《台湾一九九五》，姜殿铭主编，九州图书出版社，1996年，第418页。

[2] 中央社1997年3月18日子台北报道，转引自《台港澳情况》，1997年第13期，第2页。

［3］ 转引自《台湾一九九五》，姜殿铭主编，九州图书出版社，1996年，第418页。

［4］ 以上资料来源：《台湾一九九六》，姜殿铭主编，九州图书出版社，1997年。

［5］ 转引自《台湾一九九五》，姜殿铭主编，九州图书出版社，1996年，第418页。

［6］ 以上资料转引自李家泉：《香港回归与两岸关系》，见《台湾研究》，1997年第2期。

［7］ 台《中国时报》，1987年1月4日报道，转引自王晓波：《台湾史与台湾人》，第213页，台湾东大出版公司，1988年12月出版。

［8］ 1971年6月，美国中央情报局给美国总统提出报告，建议“首先要推出一个得到美国充分支持的、循序渐进的台湾化计划，建立一个由台湾人控制的代议制政府，进而美国运用这个政府，设法就台湾的最终法律地位问题与中国对话，造成一种政治局势，使中国人同意一个友好的台湾独立，或台湾人接受在中国范围内某种形式的自治地位。”转引自王晓波：《台湾前途论集》，台湾帕米尔书店1989年版。

（1997年8月在台北举行的“开创与前瞻：后九七两岸关系论坛”学术研讨会论文，《海峡评论》1997年11月号上发表）

一九九七年民进党活动综述

一九九七年是民进党历史上具有决定意义的一年。一年来，该党在党主席许信良的强势领导下，依靠党内两大主流派系“美丽岛系”和“新潮流系”的密切配合，积极推动党的路线、政策和策略的转型，与执政的国民党既“合作”又“竞争”，在年中的第四次“修宪”和年底的县市长选举中取得了该党历史上前所未有的丰硕成果，从而不仅一举摆脱了因一九九六年“总统”大选的惨败和“建国党”的分裂出走给该党造成的严重危机和困扰，而且使其在岛内政坛上的实力骤然增长，提升到“准执政党”的地位。但围绕着党的转型和面临“即将走上执政”的新形势，党内的路线与权力之争依然十分剧烈，并呈现出新的特点，派系互动关系出现新的变化，“台独”痼疾等诸多负面因素仍严重制约着该党的进一步发展。在新的一年中，面对新一届“立委”和北、高两市选举，民进党能否在迈向执政的道路上有新的突破，在很大程度上仍将取决于民进党自身的运作。

主要活动及其特点

与执政的国民党既“合作”又“竞争”，是一九九七年民进党活动中最为显著的特点。而无论是“合作”还是“竞争”，其根本目标都是为夺取岛内的执政权。

一、与国民党主流派联手勾结，强制实行第四次“修宪”。

一九九七年七月十八日，在国、民两党主流派的操控下，台湾当局三届“国大”二次会议历经两个多月的激烈争吵、讨价还价之后，第四次“修宪”终告完成。这次“修宪”以两党在九六年底“国发会”上达成的二十二项“宪改共识”为基础，不顾新党和岛内各界许多有识之士的强烈反弹，对“宪法”中原十条增修条文的大部分都作了修改，并增列为十一条。其核心内容，一是调整“中央政府体制”：规定“行政院长”由“总统”任命，取消“立法院”的倒阁权；“行政院”对“立法院”法案的要求限期复议权等。二是“冻结台湾省级选举”：规定自本届任期结束起，“省主席和省府委员、省谘议员”由“行政院长”提请“总统”任命。其他重要条文还有：取消“行政院长”的副署权；“立法委员”增额为225人；“司法院”设“大法官”并由“总统”提名经“国民大会”同意任命，正副“院长”由“大法官”兼任；“司法院”预算独立等。七月二十四日晚，两党代表又签署协议，同意将其他未能“入宪”的内容及争议较大的“总统”选制、“公投入宪”和停止“国代”、乡镇长、乡镇市民代表三项选举等内容留待下阶段再修。

全面评价台湾当局的第四次“修宪”并非本文主题，这里仅从民进党的角度，粗略剖析其何以和国民党主流派联手“修宪”。

1. 从根本上来说，是民进党推行“台独”路线的需要。

众所周知，“中华民国宪法”旧法统，是国民党迁台后赖以维持其在岛内统治的权力支柱和“看家法宝”，但同时也是岛内一切分裂势力从事分裂中国活动的一道障碍。民进党成立后，即以废除“中华民国宪法”为己任，曾先后提出所谓“民主大宪章”、“台湾共和国宪法草案”等，不遗余力地推动“制宪运动”。而国民党方面则自李登辉上台后，逐步抛弃了“一个中国”的原则立场，推行所谓“中华民国在台湾”的“独台”分裂路线。这种路线实际上是对民进党“台独”主张的一种“变通”，更具虚伪性、迷惑性和欺骗性。具体表现在对待“中华民国宪法”的态度上，李登辉与露骨的民进党人不同，所采取的是一种“偷梁换柱”的手法，即以“修宪”为名，行“制宪”之实。为此，在李登辉的强势主导之下，国民党执政当局打着所谓“政治民主化”的幌子，从一九九一年到一九九四年短短的四年时间里，接连进行了三次“修宪”。这三次“修宪”，集中解决了与“中华民国在台湾”相适应的“中央政府”的产生方式问题。如“全面改造中央民意代表”、“总统”直选、省市长直选等；同时，将“中华民国的实际统治区域”限定在台澎金马地区，从而初步确立起了所谓“中华民国在台湾”的实质独立的“宪政架构”。

三次“修宪”下来，民进党人惊喜地发现，他们多年梦寐以求的“制宪”目标，假李登辉的“修宪”之手正在一个个得以实现。此后人们看到，台湾政坛上曾喧闹一时的朝野两大党的“修宪”与“制宪”之争渐趋平息。特别是近几年来，随着岛内外政局的演变发展，民进党在“台独”主张上进行“务实转型”，逐步接受了李登辉国民党“中华民国在台湾”的“独台”路线，国、民两党在解决台湾前途问题上的理念和政策日益趋同。于是，两党相互勾结、联手强制实行第四次“修宪”，便告登场。

与前三次“修宪”不同，第四次“修宪”的重点是调整“中央政府体制”，即集中解决“中央”权力的分配问题；此外是落实“国发会”上达成的另一项关于“冻结台湾省级选举”的重要共识。众所周知，“五权分立”的“中央政府体制”和“台湾省建制”，是“中华民国宪法”旧法统的象征。然而从前述“修宪”结论来看，通过这次“修宪”，“五权分立”体制已面目全非、名存实亡；而台湾省级选举的被“冻结”，则意味着判处了“台湾省建制”的死刑，实现了民进党多年来要求对“台湾国家定位”进行“国土规划”的“台独”主张，其目的是企图从“宪法层次”否定“台湾为中国一个省”的事实。所以，经过第四次“修宪”后，实际上“中华民国宪法”已基本终结，国、民两党主流派所追求的“台湾实质独立”的“国家政权新体制”得以确立。无怪乎“修宪”落幕后，岛内分裂势力弹冠相庆：李登辉宣称这次“修宪”“创下了朝野合作的先例”，“为巩固民主建设留下亮丽的一笔”。[1]许信良则认为这次“修宪”成功“虽只是台湾宪改的一小步，却是历史的一大步”。更有少数“台独”人士狂妄地叫嚣“台独万岁”，其内心的喜悦之情丝毫不加掩饰。

2. 是民进党推动“政党合作”、实现“转型”、与国民党争夺执政权的需要。

所谓“政党合作”肇端于施明德担任党主席时期。早于一九九五年下半年，以施明德为首的民进党中央为打赢当年底的“立委”选战，积极推动民进党的“策略转型”，提出“大和解”、“大联合政府”的主张，并通过“喝咖啡”，首先与新党实现了“大和解”，进而在新一届“立法院”中组成“在野制衡联盟”，挑战国民党的执政地位。然而，民进党与新党合作，只不过是利用新党作为筹码，迫使国民党让步，最终实现国、民两党合作的一种阶段性的策略手段而已。

果然，许信良接掌党主席后，国、民两党的合作很快便提上了议事日程。如果说，七月一日许信良在宣誓就任党主席的当晚“夜奔敌营”，与李登辉密谈近一小时，是国、民两党合作的前奏；那么，当年底“国发会”的召开和一九二项“共识”的达成，则是两党在体制外合作的正式启动；而一九九七年国、民两党联手“修宪”则是两党合作在体制内的发展和具体落实。于是人们看到，整个一九九七年中，围绕着“修宪”等问题，许信良在党内外各种不同场合一再不厌其烦地推销他的“危机社会说”和“政党合作论”，并将其与民进党的“转型”、追求所谓“台湾社会主流价值”和“执政”目标相联系。许信良说，由于台湾属于“危机社会”，民进党唯有通过“政党合作”，进而实现和国民党的“联合执政”，才能逐步解除民众对“民进党执政可能危及国家安全”的疑虑，并透过“联合执政”的方式，展现民进党的执政能力，积累执政经验，为民进党最终实现单独执政创造条件。

国、民两党联手“修宪”，正是李登辉、许信良联袂导演的一出“政党合作”的重头戏。除“台独”考量外，按照许信良等民进党主流派的如意算盘，是企图借“修宪”之机推动民进党的转型，实现“联合执政”，以改变民进党在民众中的不良形象，为其最终夺取岛内的执政权架桥铺路、扫清障碍。正因为许信良等民进党主流派将这次“修宪”视为迈上执政的必经之路和千载难逢的良机，因此人们也就不难理解，当“修宪”正处在关键时刻，发生震惊岛内外的“白晓燕命案”，并由此引发岛内一场声势浩大的“倒连”政治风潮之时，民进党何以一反常态，不惜模糊反对党的角色立场，表现得如此消极和被动了。

3. 从修改“宪法”条文入手，为民进党争夺岛内执政权奠定基础。

国、民两党相互勾结、联手“修宪”，双方在谋求分裂祖国的问题上密切合作，表现出高度的共识，但在涉及各自政党现实政治利益的“执政”问题上却势同水火、各不相让。整个“修宪”过程充斥着国、民两党的“权谋较劲”和“利益交换”。竞争结果，民进党虽然这次未能如愿争取到“总统”选举相对多数选制、停止乡镇市级选举以及“公投”等三项重要条款“入宪”，但“冻省”条款的“入宪”，却成为民进党此次“修宪”的最大斩获。因为该条款的通过，不仅实际上实现了民进党多年来要求“废省”的“台独”主张，而且对国民党政权造成了巨大冲击，从而有利于民进党早日迈上执政之路。这是因为：

（1）“冻省”造成了国民党中生代的严重分裂，如果矛盾不能及早解决，斗争继续恶化，势必为两年后的“总统”败选种下祸根。

（2）停止省级议员选举，势必使一大批在地方上具有雄厚实力的国民党省议员被迫转换“跑道”，投入县市长或“立委”选战，造成国民党票源分散。

（3）搅乱了地方派系的政治生态，削弱了国民党对地方基层的控制能力，这等于拔掉了国民党的选举“桩脚”。

一九九七年底县市长选举民进党大获全胜，在很大程度上正是拜“冻省”效应之赐。

二、在县市长选举中与国民党展开空前激烈的较量，并取得历史性的突破。

一九九七年十一月二十九日，“修宪冻省”后的台湾新一届县市长选举宣告落幕。在这次被朝野各党视为一九九八年“立委”和北、高两市市长选举和未来“总统”选举“前哨战”的重要选举中，民进党击败国民党，取得了历史上从未有过的重大胜利。包括金门、连江在内的二十三个县市长席位中，民进党获得十二席，首次超过了半数，国民党仅获八席，且多为离岛及边穷县市，无党籍三席。民进党席卷了绝大部分的精华县市，主政县市的总人口、预算、税收（含台北市）分别占全岛的百分之七十一点五三、百分之六十九点二四、百分之八十三点一二。得票率也首次以百分之四十三点三比百分之四十二点一超出国民党一点二个百分点，成为地方政权的第一大执政党。

民进党之所以能获得如此空前胜利，是由如下主客观因素互动作用造成的。

从主观因素来说：

1. 近几年来致力于政党“转型”取得了阶段性的成果。民进党的“转型”实际上从一九九一年“台独党纲风波”之后即已开始，迄今为止业已经历了如下三个阶段：许信良首任党主席时期为第一阶段，其“转型”的主要内容是“淡化台独”，将诉求重点转向公共政策；第二阶段是在施明德担任党主席时期，其“转型”的主要特点是与新党实行“大和解”，并首次公开宣称“台湾已经是主权独立的国家”，民进党若执政，“不必要也不会宣布台湾独立”；第三阶段即为近两年的许信良再任党主席时期，其“转型”的主要特点则是转向与执政的国民党进行“政党合作”，追求所谓“台湾社会的主流价值”，并谋求与国民党的“联合执政”。

上述民进党的转型是一个逐步发展深化的过程，并已取得了以下几方面的显著成果：（1）“激进独派”“新潮流系”已逐渐转向“务实独派”，并与“美丽岛系”结盟，主控了民进党中央，从而保证了转型大方向始终未曾改变；（2）“建国党”的分裂出走和“台独基本教义派”在党内影响力的全面式微；（3）形成了一整套新的较为温和、隐蔽的“台独”政策和策略；（4）改造了党的体质，增强了党的凝聚力和竞争力；（5）“台独党”、“暴力党”、“反商情结”、“缺乏执政能力”等不良的政党形象有所改观。所有这些，均使民进党一步步拉近了与民众的距离，认同和支持民进党的选民逐年稳步增长，以致在这次县市长选举中使民进党的获票率首次超过了国民党。

2. 执政县市的良好政绩发挥了“示范”作用。近几年来，国民党执政的县市不断发生贪污舞弊等恶性案件：台中县长廖了以、台南市长施治明、彰化县长阮刚猛、屏东县长伍泽元等多名国民党籍县市长均因涉案被判刑，桃园县长刘邦友死于非命显然也与黑金有关，而台中市长林柏榕则因卫尔康西餐厅火灾惨剧而被停职。据统计，从一九九四年以来的各项选举中，国民党籍的县市长或议员、乡镇市长等，因贿选或贪污被判刑者竟多达五百七十八人；自一九九六年九月至一九九七年十一月，因“治平扫黑”被检肃到案的三十二名“民意代表”中，国民党籍就占了二十二名，国民党“扫黑”的结果是“愈扫愈黑”，岛内民众对此深恶痛绝。

与此形成鲜明对照的是，民进党执政的县市一般政绩均较为良好，清廉、清新、勤政的作风普遍受到民众的肯定。据岛内《远见》杂志选前所作的民意调查显示，施政满意度前三名的县市皆为民进党执政的县市。尤其是陈水扁主政的台北市，其“亲民”、“高效率”的外在形象对国民党执政县市的选民产生了相当大的吸引力和辐射力。这些实实在在的东西，比国民党任何花言巧语和华而不实的竞选文宣都起作用。

3. 竞选策略务实得当，文宣抓住了民心、击中了国民党的要害。首先，民进党推出的县市长候选人大都有较高知名度和从政经历，且形象清新、有较强的问政或执政能力；其次，竞选文宣一反以往的“悲情”诉求和以“反”为主的高亢口号，大都以“快乐”、“希望”、“安全”、“繁荣”等迎合选民心理期望的口号诉诸选民。民进党中央还适时推出以“营造适宜生活环境”为主轴的“县政改革白皮书”，提出各种与民众日常生活息息相关的举措，同时大力宣扬民进党执政县市的“政绩”，突出所谓“绿色执政、品质保证”。尤其以陈水扁领衔自组的“宝岛希望助选团”，巡回全岛，重点助选，现身说法，大力宣扬所谓“绿色执政经验”，充分发挥了“阿扁效应”；三是大打“青年牌”、“妇女牌”。针对青年和妇女选票超过六成以上的选民结构，以及“白晓燕命案”、“彭婉茹血案”等诸多侵害妇女的恶性治安事件的实际情况，一方面，民进党组织“酷哥辣妹助选团”，以“青春活力”为号召，赢得了不少年轻选民的支持。另一方面又提出妇女人身安全、托儿所等与妇女有关的各项具体政策，争取妇女选票；四是针对国民党的黑金形象，推出以“国民党执政，贪污保证”为口号的文宣广告带，揭露国民党的公职人员及“民意代表”涉嫌贪污舞弊案件及与黑道勾结的种种丑行。并着重抨击李登辉为国民党黑金政治背书，从而在很大程度上破解了广大选民中长期存在的“李登辉情结”；五是加强对“建国党”等“独派”团体的攻势，与“台独基本教义派”划清界限。所有这些措施都不同程度地拓展了民进党的票源，扩大了民进党候选人的支持率。

从客观方面来说：

1. 李登辉的内外政策背离民意，执政当局政绩不彰。近几年来，李登辉疏于内政，置岛内民众要求安居乐业、提高生活品质的强烈愿望于不顾，一心热衷于从事分裂祖国的“务实外交”，推行“戒急用忍”政策，拒绝开放“三通”，致使两岸关系持续低迷，岛内社会治安急剧恶化，黑金腐败现象日趋严重，加之股市重挫、台币大幅贬值、金融风暴频传……如此等等，使望治心切的岛内民众对国民党执政普遍丧失信心，“换党换人做做看”的情绪普遍发酵蔓延，于是便用选票来发泄他们对国民党执政的强烈不满。诚如《中国时报》评论：“国民党的败选，关键在于背离民意”。[2]

2. “修宪冻省”造成了国民党的严重内伤，削弱了国民党的整体竞争实力。如前文所述，“修宪冻省”不仅造成了国民党中生代的分裂，更严重的是使地方派系势力离心离德，动摇了国民党基层选举的传统“桩脚”，不少人违纪或脱党参选，更有阵前倒戈、“带枪投靠”民进党者。国民党“鹬蚌相争”、同室操戈使民进党“渔翁得利”、坐收胜果。据岛内媒体报道，这次选举国民党比民进党少得九万三千张选票，但如果加上违纪参选的选票，实际上“国民党仍有百分之五十点三的支持率”。[3]其中台北县、基隆市、新竹县、台中县、台南市五个县市均因党内违纪或脱党参选，致使票源分散，国民党候选人以极小差距而拱手白送给了民进党，苗栗县则为国民党违纪参选者胜选。因此，有人评论此次选举是“国民党打败了国民党”。

3. 新党内讧，形象受损，实力下滑，使部分原本支持新党的中间选票流向民进党。

上述主客观因素的互动，使国、民两党的整体竞争实力“此消彼长”，民进党大胜、国民党惨败，势所必然。实际上，在年初桃园县长补选中，吕秀莲大败方力修，已是年底县市长选战这种结局的明显征兆。

三、党内的路线与权力之争依然十分激烈，并呈现出新的特点，派系互动关系正在变化。

民进党内的路线与权力之争由来已久，并未因“建国党”的分裂出走而稍有减弱。一九九七年围绕着党的转型、与国民党合作“修宪”和县市长选战等，派系之间的斗争异常激烈。

（一）“务实独派”与“基教派”的路线斗争。

民进党内的“台独基本教义派”自一九九六年十月分裂出走另组“建国党”后，其在党内的影响力已全面式微。但由于种种原因，尚有部分“基教派”如“建国会”、“独盟”中的部分骨干成员并未脱离民进党。他们以彭明敏为首，继续在民进党内兴风作浪，不时挑起党内的路线斗争，搅得民进党颇不安宁。

“基教派”对于“务实派”近年来积极推动党的转型，与国民党搞“政党合作”、主张“联合政府”、联手召开“国发会”、“修宪”等等恨之入骨，无一不强烈反弹。彭明敏猛烈抨击许信良一再主张与国民党合组“联合政府”，“是放弃基本路线，把自己的角色模糊，失去监督政府的忠实反对党角色”。认为“与国民党合组联合政府并不是执政，只可以解决部分人的个人出路”。为表达对“国发会”的不满，二月中下旬，“立委”彭百显、陈永兴先后宣布退出民进党“立院党团”，并与早先已退党的另三名原民进党“立委”陈光复（建国党）、许添财（无党籍）、陈文辉（建国党）在“立法院”另行组建了一个所谓“建立新国家阵线立院办公室”，宣布以“认同台湾主权独立理念、建立台湾新文化、新社会、新国家”为宗旨，[4]与党内的“基教派”里应外合、互相呼应。其后，彭百显、许添财二人以无党籍身份分别参选南投县长和台南市长，给这两地的民进党籍候选人林宗男、张灿鍙在年底的县市长选战中造成了相当大的压力，林宗男因此而高票落选。

在上半年的“修宪”过程中，“基教派”的反弹更为激烈。彭明敏抨击许信良与国民党联手“修宪”是“贬低台独、模糊台独、俗化台独，甚至丑化台独”，并一再扬言要另组新党。而“立委”叶菊兰、李应元及“国代”陈婉真等人则指责许信良与国民党合作是“放弃台独理念”，“只是为了从国民党那里要官”。“建国会”、“ 台独联盟”等还召开所谓“台湾共和国发起大会”，攻击“务实派”与国民党联手“修宪”只是“延续中华民国体制”，与党中央大唱对台戏。该党顾问、台大历史系教授张忠栋为表示不满和抗议，宣布退出了民进党。而另一位顾问林义雄则发起罢免党主席许信良的党内连署签名活动。加上“务实派”内部的矛盾和斗争，在整个“修宪”期间，民进党内简直是状况百出，无一日安宁。

更为严重的是，十一月五日，县市长选战正酣之际，彭明敏突然公开跳出来煞有介事地指控许信良早已“通共”，有“卖台之嫌”，因此许的大陆政策“毫无价值，应立即停止发言”。指称许信良认为时间对台湾不利，台应积极与中共谈判，以免国际把台视为“麻烦制造者”的看法完全是“胡说八道”，是“自己关在屋子里的空想、梦想”。并指责民进党已悖离过去的原则与理想，而非所谓的“转型成功”，号召选民投票时应“选人不选党”，“无须完全支持民进党提名的候选人”等等。另一位因在“修宪”中实在闹得太不像话而被民进党开除党籍的陈婉真也跳出来，以所谓“见证人”的身份，证实彭对许“曾在美国与唐树备秘密会面”的指控。彭明敏这番异乎寻常的动作，犹如一颗重磅炸弹，立即引起了岛内政坛的轩然大波，一时间不仅对许信良本人造成了很大伤害，而且给民进党的县市长选情带来了相当大的冲击。在整个竞选期间，彭明敏、叶菊兰、李应元等多位党内“基教派”知名人士均卖力为民进党脱党参选者或“建国党”提名人站台助选，公开与民进党候选人争夺“台独”铁票。

（二）“务实独派”内部的权力与路线之争。

相对于“务实独派”与“基教派”之间单纯路线斗争而言，民进党内“务实独派”之间的矛盾与争斗愈加显得复杂和激烈。派系与派系之间，乃至个人之间的矛盾分歧以及历史恩怨互相纠缠，其中虽也有一定程度的理念、路线和策略之争，但更多的实际上是在理念、路线和策略斗争掩盖之下的权力之争与权谋较劲。许信良与陈水扁之间的矛盾与争斗，大体上就属于这种情况。

人所共知，陈水扁在“正义联线”成立之前是属于“泛美丽岛系”成员，在“台独”主张上一向以理性、务实而著称，与许信良并无太多太大的矛盾与分歧。然而人们发现，自一九九六年许信良再次接掌党主席以来，陈水扁却几乎事事都和许信良对着干。在“台独”主张、两岸政策、政党合作、“修宪”、执政路线、产业政策等一系列问题上，陈水扁均一反往日“温和”“务实”的常态，屡屡发表与许信良相左的言论，显然有意要和许信良有所区隔。个中缘由何在？分析家大都认为，关键在于许 、陈二人均已瞄准了“总统”宝座，眼前的一切明争暗斗，实际上都是在为日后党内“总统”候选人的初选中击败对手而提前卡位布桩、积累资源。

在整个一九九七年中，许、陈之间的“较劲”愈演愈烈。许信良不仅要对付前述“基教派”的明枪暗箭，还要不断应付和破解来自陈水扁阵营的一波波责难与反弹，在党内可说是身处“两面作战”的困难境地：

一九九六年接任党主席后，许信良积极推动民进党转型，追求所谓“台湾社会的主流价值”；而陈水扁则对此颇不以为然，公开批判许信良的“主流价值”只不过是“国民党借长期执政的优势通过各种媒体建构起来、并以自己的权威加诸于人的东西”。

在一九九七年六、七月间的“修宪”过程中，陈水扁采取一连串幕前幕后动作，几乎使国、民两党联手“修宪”的努力化为泡影：早在“修宪”之初，民进党内争论“总统制”与“双首长制”孰优孰劣，形成两派尖锐对立。林义雄、施明德、谢长廷、叶菊兰等人坚持“总统制”，遭到许信良、邱义仁等人的反对。林义雄愤而发动党员连署，要求罢免党主席许信良，叶菊兰甚至公开表示“可以另立党中央”。[5]其实，主张“总统制”的最大幕后支持者不是别人正是陈水扁。其后，陈水扁又提出“两阶段修宪”主张，遭到否决后又指使市府官员陈哲男、张富美等人以及“正义联线”成员，向许信良发难作梗。国、民两党六月下旬达成以“总统选举绝对多数制”和“双首长制”为实质内容的“十四项共识”后，陈水扁又指使“正义联线”与“福利国联线”组成“总统制联盟”，公开向党中央挑战。“正义联线”会长沈富雄甚至威胁要在“修宪”投票表决时“造反”；而陈则自己跳出来坚决反对“总统”选举绝对多数制，并迫使民进党中央成立九人“修宪”小组，提出两阶段“修宪”主张，以改变“总统”选制为筹码，换取国民党接受“公投入宪”，以此作为第二阶段“修宪”重点。许、陈之间一度关系十分紧张。

在年底县市长选举中，陈水扁拒绝参加许信良组织的“中央助选团”而自组“宝岛希望助选团”，故意与许互别苗头，率领“陈家班”巡回全岛，为民进党候选人助选造势，出尽风头，意在拉抬他个人的声势，为日后竞选“总统”累积人脉。

县市长选举民进党大获全胜，执政前景看好，为争夺党中央主导权，选举刚结束，许、陈二人又在一系列攸关民进党未来发展的重要问题上展开了空前激烈的争论：

(1) 在大陆政策上，许信良主张“大胆西进”并尽早进行“三通谈判”。陈水扁则认为，目前谈判时机不成熟，应该“先交流接触”，再进行

“对话”，再往后才可以谈判。并反对“大胆西进”，认为“三通”是台湾的唯一“筹码”，不到最后时刻不能开放两岸“三通”。

（2）在如何对待“台独党纲”上，许信良称“台独党纲是历史文献”，“公投台独”会使台受到伤害。陈水扁则表示，“公民投票决定台湾前途”是民进党党纲的明文规定，“至今没有废除”，民进党执政后将通过公投“建立新而独立的国家”。

（3）在执政路线上，许信良认为民进党只有与国民党建立“联合内阁”，才能逐步消除民众对民进党的疑虑，进而迈上“单独执政”。陈水扁则认为，“现在两党组联合内阁只会延长国民党的执政寿命，影响民进党迈向执政之路”，表示坚决反对这种“长敌人威风，灭自己志气”的做法，抨击许信良“联合内阁”的言论是“悲观论调”、“匪夷所思”。[6]

（4）在产业政策上，许信良反对新当选的民进党籍台中县长廖永来以“公投”方式处理“拜耳投资案”，担心此举会被视为“反商”，不利于民进党的“转型”，并主张应借机召开“公听会”，由党中央尽快制定出一套务实的产业政策，彻底改变民进党的“反商”形象，实现“经济转型”。而陈水扁则公开表态支持新潮流系邱义仁等赞同廖永来“拜耳案公投”的立场，并认为“党中央无权干涉地方行政”。

在这场斗争中，许信良显然位居下风，其他派系不必说，就连与许合作经年的以邱义仁为龙头的新潮流系，也公开扬言要和许信良“分道扬镳”。新潮流原本在大陆政策方面与许存在分歧，对许信良在县市长选举中一再鼓吹“大胆西进”和“三通谈判”十分不满。选举结束后，两派又因“拜耳投资案”发生争吵。于是洪奇昌公开宣称“不再支持许信良连任党主席”，邱义仁甚至以请辞秘书长职以表示对许信良的不满，大有“割袍断义”的味道。表面看来，这一波斗争似乎是路线之争，其实更主要的是“党权”之争。诚如岛内媒体评论：这场争议，实际是“民进党酝酿新一波权力重组的前奏”。[7]在县市长选战中，陈水扁营造起来的无人可与之相匹的“人气”，及其在台北市庞大的行政资源，都决定了至少在可预见的一段时间内，民进党内的“主流价值”在陈水扁一边而不在许信良一边，“西瓜偎大边”的心态显然起了决定作用。于是一时间“拥扁”声浪在民进党内日益高涨。十二月二十六日，当陈水扁在日本公开表态将“慎重考虑”参选党主席后，刚刚率领民进党打赢了“世纪选战”而自己却被本党同志打得满头是包的党主席许信良，也不得不公开表态“不参选九八年的任何党职和公职”。

综观一年来民进党内的派系之争，可以看出如下几个特点：

（一）“建国党”分裂出走后，残存在民进党内的“台独基本教义派”虽仍不断反弹，但已不具实际影响力；党内的主要矛盾已发生实质性变化，从过去的“务实独派”与“急进独派”之间的路线之争，转变成“务实独派”之间的权力之争和政策、策略之争。

（二）党内两大主流派系美丽岛系和新潮流系的合作关系已出现严重裂痕；原有的政治生态和派系互动关系正在发生变化；新的派系组合隐然成型。

（三）许信良等老一代民进党领导人的影响力下滑，以陈水扁为代表的第二代民进党领袖在斗争中逐步成熟，影响力急剧攀升并急于接班，新的权力中心正在形成。

可能发展趋势

从上述对民进党一年来主要活动及其特点的回顾与分析，可大致预估该党近期内可能的发展走向：

一、民进党的“转型”已不可逆转，但速度将会趋缓并有可能出现曲折。由于岛内外主客观形势所迫，加之在一九九七年底的县市长选举中尝到了很大的“甜头”，因此，民进党内对于政党“转型”虽仍有杂音，但已基本上达成共识，未来无论哪一派主控党中央，势将继续推动该党的“转型”。但由于在一系列具体政策和策略上各派系仍存在不同程度的分歧，特别是在如何对待“台独党纲”的关键问题上难有交集，加之许信良为首的美丽岛系在党内影响力已经减弱，因此，“转型”总趋势虽不会改变，但可能会出现曲折，速度将会趋缓，难度也将愈来愈大，何时能从目前的“策略转型”进入实质性的“路线转型”尚难预料。然而，只要民进党的“台独”

转型未获成功，便难以消除岛内民众的疑虑，国、民两党的总体实力对比便不会发生根本性变化。因此，一九九八年的“立委”选举乃至二〇〇〇年“总统”大选，民进党的前景其实并不乐观，即使因国民党自身存在的问题而使民进党侥幸夺取了“中央政权”，暂时走上执政，但也势必难以稳定政局，并长久维持其执政地位。

二、民进党县市长选举的胜利已从根本上改变了台湾地方政权的政治版图，随着九八年底实施“冻省”，县市政府的位阶将大幅提升，势必使未来“中央”与地方的互动关系发生重大变化。从选战刚刚落幕民进党籍县市长便接连聚会、研拟对策，并联合向“中央”要求扩张人事权、财权、警权，要求出席“行政院会”等动向来看，“地方包围中央”的态势事实上正在形成，并将与民进党在“国会”中的势力相呼应，形成对国民党“中央政权”的强大制衡力量，从而对台湾当局内外政策产生比以往大得多的影响力，国民党的施政势将面临重大挑战，岛内政局有可能出现持续动荡的局面。

三、由于民进党实力的急剧蹿升，其对大陆政策的“发言权”和“参与权”也随之提升，这对未来两岸关系发展将会产生正面与负面的双重影响：一方面，由于民进党在“台独”问题上的转型以及与国民党争夺执政权的需要，有可能会在大陆政策方面转趋理性、务实，与国民党争夺大陆政策的主导权，果真如此的话，这对缓和发展两岸关系有正面效果；但另一方面，由于“台独”与“独台”的同质性，国、民两党在与大陆打交道时，又很可能会互为奥援，分别扮演黑、白脸角色，共同与大陆对抗周旋，从而增加未来两岸协商谈判的难度和复杂性。

四、民进党内围绕着党中央的主控权以及未来“总统”候选人的争夺战已提前登场。伴随着一九九八年五月党中央领导机构的换届选举和年底的“立委”、北、高两市长选举，党内政治生态将会发生新的变化，新的派系组合有可能形成，斗争依然会十分剧烈。

【注释】

[1] 台湾《中央日报》一九九七年七月二十二日。

［2］ 台湾《中国时报》一九九七年十一月三十日。

［3］ 中央社一九九七年十二月三日台北报道。

［4］ 中央社一九九七年二月二十三、二十四日台北报道；台湾《民众日报》一九九七年二月二十五日。

［5］ 台湾《中国时报》一九九七年六月五日。

［6］ 中央社一九九七年十二月五日台北报道；

［7］ 台湾《中国时报》一九九七年十二月十五日。

（收入《台湾一九九七》，九洲图书出版社1998年6月出版）

民进党“台独”转型已不可逆转

香港《中国评论》编者按：大陆学界中研究台湾民进党的学者堪称凤毛麟角，而“南林北徐”是其中之佼佼者。“南林者”，厦门的林劲教授也。“北徐者”，即本文作者徐博东。徐博东教授自一九八九年开始，专攻民进党研究，其研究不仅是资料研究，更多的是与民进党人士的交流接触的实际研究，所以，他的体会尤为深刻，思考也就能突破框框。

“台独”转型至为关键

民进党的“转型”问题，是近年来关注台湾政局发展的海内外人士谈论较多的问题之一。一九九七年底民进党在县市长选举中取得了前所未有的历史性胜利，该党主席许信良将之归功于民进党的“转型成功”。尽管海内外舆论对这次民进党胜选原因的分析见仁见智，说法不一，但都不否认民进党近些年来致力于各方面的转型确已收到了成效，而这次选举的胜利则正是这些成效的具体体现。因此，平心而论，许信良所言确有其一定的真实性，并非虚妄之词。

依笔者观察认为，所谓民进党的“转型”包涵了以下四方面主要内容：

（一）在政治理念上，淡化“台独”诉求，重新解释“台独”党纲，以改变“台独党”形象。

（二）在斗争策略上，放弃街头抗争和在“国会”议场上的“肢体冲突”，以改变“暴力党”形象。

（三）在产业政策上，向工商企业界靠拢而与劳工和弱势团体渐行渐远，以改变“反商”形象。

（四）在组织发展上，推行党务革新，加强基层组织建设和内部团结，以提高党的竞争力。

其“转型”的根本目的，是收揽岛内民心，扩展票源，通过赢得一次次选举，不断蚕食国民党政权，由量变到质变，由地方包围中央，直至实现全面夺权，取国民党而代之。

在民进党上述四个方面的转型中，由于“台独”问题的转型是影响全局的结构性转型，因而至为关键。然而正因为它是影响全局的结构性转型，所以也最为困难。客观而言，时至今日，民进党的“台独”转型虽已取得了阶段性成果，但“转型尚未成功，同志仍须努力！”

“台独”党纲出笼之日，正是“台独”转型之始

民进党“台独”转型始于何时？长期追踪观察民进党走向的岛内外人士不难发现，其实，“台独”党纲出笼之日，正是民进党“台独”转型之始。

人们应还记得，一九九一年十月，民进党在各种内外因素的交相刺激下，不顾各方的强烈反对，公然在该党召开的“五全”大会上通过决议，将“台湾共和国”条款纳入党纲，从而立即引发了一场自该党成立以来岛内政坛上最大的政治风波。当时，新任党主席许信良为平息来自海内外各方的强烈反弹，曾出面宣称：将“台独”条款列入党纲，“只是表达一种政治信仰，并不一定就要这样做，即使以后执政，也并不必然会推动‘台独’”。尽管国民党当局出于各种现实政治利益的考量，最终未按“人团法”的规定强制解散民进党，“台独党纲案”不了了之，但在当年底举行的二届“国代”选举中，台湾民众却用手中的选票狠狠地教训了一下头脑发昏的民进党。而且十分有趣的是，这种“教训”几乎每隔一段时间便来一次，于是台湾选举便有了所谓“钟摆效应”之说。

此后人们看到，面对残酷的政治现实，民进党开始淡化“台独”诉求，无论在“国会”议场抑或在街头，民进党人均已不再赤裸裸的叫嚣“台湾共和国”，而改以较为含混的“一台一中”口号代之。在其后连续几年岛内举行的各项选举中，除一部分冥顽不化的“台独基本教义派”之外，竞选公职的民进党人大都将竞选文宣的诉求重点由“台独”转向了公共政策，而将“台独”诉求隐藏于该党制定的各项公共政策的相关条文之中，以争

取中间选民的同情与支持（其中最为典型也是最成功的，莫过于“正义联线”的龙头老大陈水扁）。而在内政、“外交”和两岸关系等问题上，民进党则往往“退居二线”，转而鼓励、推动和配合国民党主流派推行“独台”路线（如“国发会”、“修宪冻省”、大炒“参与联合国热”和“务实外交”等）。于是岛内政坛上不时出现“台独”和“独台”同流合污、一唱一和、密切配合，共同演出分裂祖国、对抗和平统一的一出出闹剧。民进党因此而获得了最大的政治利益，但却不必承担太多的政治责任和政治风险。

“台独”转型并非一帆风顺

当然，民进党的“台独”转型并非一帆风顺。由于其转型在很大程度上并非源于民进党人对现实政治的理性思维，而是出于客观形势所迫。也就是说，这种转型充其量只能算是“策略”转型而非“理念”转型；加之民进党内派系复杂，权力与理念、策略之争互相纠葛。因此，民进党的“台独”转型不免带有很大的盲目性和不稳定性，一遇适当气候，一有风吹草动，党内的“台独基本教义派”便趁机兴风作浪，向转型挑战，从而使转型不断出现摇摆，充满坎坷和剧烈斗争。

回顾近几年来民进党“台独”转型的过程，人们不难发现，这种摇摆和争斗往往在以下几种情况时发生：

（一）两岸关系明显改善或恶化时（如“汪辜会谈”、“唐焦会谈”、大陆军事演习期间）。

（二）中美关系恶化时（如“李登辉访美”前后）。

（三）岛内“中央政权”选举时（如“总统”、“国代”、“立委”选举期间）。

（四）民进党内“务实独派”提出务实主张时（如施明德提出“大和解、大联合政府”，张俊宏建议修改“台独”党纲，许信良主张“大胆西进”、“政党合作”、开放“三通”等）。

（五）发生突发事件时（如“千岛湖意外事件”发生时）。

每当上述情况出现，“台独基本教义派”必定掀起一阵“台独”浊浪，或引发民进党内的一场剧烈辩论，从而使“台独”转型面临严峻考验。但由于在民进党中央权力机构中，“务实独派”的势力始终占优，因而尽管“基教派”不时向转型发起挑战，但一般而言，斗争的结果大都以“基教派”的落败而告结束，“转型”虽出现摇摆，但总趋势始终未曾改变。一九九六年三月“彭谢配”在大选中惨败、“建国党”分裂出走，标志着“基教派”在民进党内的影响力已全面式微。由此，民进党的“台独”转型速度明显加快。于是才有了许信良“夜奔敌营”与李登辉密商“政党合作”，以及其后国、民两党主导的所谓“国发会”的召开，和“修宪冻省”等一系列的“台独”与“独台”的合跳探戈。

“台独”转型已不可逆转

经过六年来党内的剧烈辩论，和在实践中的不断摸索总结，目前民进党内各派系在“台独”主张上虽仍存在某些分歧，但在一些大的原则问题上已基本达成共识，并形成了一整套新的“台独”政策和策略。其要点似可概括为以下几个方面：

（一）坚持“台独”党纲，但民进党若执政，将“不必也不会宣布台湾独立”。

（二）现阶段的中心任务：是通过体制内的选举，全力与国民党争夺执政权。

（三）现阶段的主要目标：是采取各种手段不断充实和强化目前台湾的“实质独立”内涵；推行“一台一中”为核心的大陆政策，与国民党主流派合作，共同对抗“一国两制、和平统一”；将台湾问题引向“国际化”，以阻挡中共“吞并”台湾。

（四）现阶段的基础工作：是深入持久地推行“新台湾运动”，从政治、思想、文化、教育等各个层面，向台湾民众灌输“台湾人命运共同体意识”即“台独”意识。以营造“台独”的文化、心理、社会大环境。

近些年来，民进党的一切运作，都无不围绕着上述这套新的“台独”政策和策略在不遗余力地推进。显然，这套“台独”政策和策略，距离许信良所说的“反映台湾社会主流价值”相去甚远，“转型”远未成功。然而我们有理由相信，民进党的“台独”转型已不可逆转，岛内外主客观形势将迫使其不得不继续前行，因为道理至明：

（一）从岛内因素来看，大多数台湾民众不赞成“台独”。

历来岛内的民意调查无不显示，大多数台湾民众主张“维持现状”而不赞成“台独”。日前，据《中国时报》报道，台湾当局“陆委会”最新民意调查结果，主张“维持现状以后再独立”的民众，只有百分之六点七，呈下降趋势。可以预料，随着香港澳门的回归，“一国两制”在港澳的成功实践，以及祖国大陆改革开放的顺利进行和海峡两岸各项交流的进一步深入发展，假以时日，岛内民心势必逐渐发生变化，赞成祖国和平统一的台湾民众势将日益增多，无论“台独”还是“独台”，在岛内的社会基础将日趋剥蚀，生存空间逐渐萎缩，难以为继。

（二）从大陆方面来看，中国政府和中国人民决不允许台湾永远分离。

未来国与国之间的竞争是经济实力的竞争、科技的竞争。一百多年来饱受列强欺凌的中华民族，目前正面临着近代历史上从未有过的发展机遇。全体中国人包括海外华人都亟盼祖国早日走上富强腾飞之路，不会容忍海峡两岸长期对峙、继续纷争下去，因内耗而削弱自己的竞争实力。港澳回归之后，要求早日解决台湾问题、振兴中华的呼声将日益高涨。中国政府势必要顺应民意，加强对台工作的强度和力度。不难想象，随着时间的推移，岛内“台独”或“独台”势力，将会感受到来自海峡对岸和海外华人世界愈来愈强大的压力。

（三）从国际因素来看，“台独”和“独台”愈来愈没有市场。

近几年来，岛内“台独”和“独台”势力相互联手、密切配合，又是大炒“参加联合国热”，又是风尘仆仆奔走于分裂祖国的所谓“务实外交”，妄图将台湾问题“国际化”，以对抗大陆的和平统一攻势，然而却到处碰壁，收效甚微。近日南非与中国大陆的正式建交，实际上已宣告“务实外交”的彻底破产，走上了穷途末路。众所周知，美国的扶植与支持，乃是“台独”与“独台”赖以生存的主要国际因素。人们只需稍加留意，便会发现：“台独”也好，“独台”也罢，其一切运作均与美国对华政策的动向有着密切的关联；实际上民进党当年质变为“台独党”，以及近年来在“台独”问题上的“转型”，大体上是和美国对华政策的调整同步进行的。然而一九九七年中美高峰会谈，美国克林顿政府公开承诺恪守中美间三个联合公报，实行不支持“一中一台”、不支持“台湾独立”、不支持台湾加入联合国的“三不政策”，宣布中美两国致力于建立“建设性的战略伙伴关系”。环顾全球，就连许信良也不得不哀叹“国际现实的冷酷”！因此，唯美国马首是瞻的民进党，势必会随着美国对华政策的调整而加速其“台独”问题的转型，以适应美国战略利益的需要。近日许信良美国之行的一系列言论，便是明证。

（四）从民进党本身来看，党内存在着“台独”转型的内在动因。

外因只是民进党“台独”转型的条件，内因则是这种“转型”的基础。民进党是个投机性很强的政党，它的一切政治运作无不以选举为取向，以夺取政权为目标；对于大多数民进党头面人物而言，“台独”与其说是一种“理念”、一种“信仰”，毋宁说只是他们手中的一种“工具”而已。既然只是“工具”，自然，这种“工具”一旦失去功效也就成了“包袱”。如今，在多数民进党领导人的心目中，“台独”这个工具虽然已经不大好使（所以需要“转型”），但毕竟还有些许效用（因为还能吸引一部分“台独”铁票），因此还不舍得丢弃。不过，“形势比人强”，随着前述客观形势的继续演变发展，终有那么一天，将迫使民进党丢掉这个“包袱”。而一旦丢掉这个“包袱”，民进党便可轻装前进。

国民党在县市长选举中的惨败，已为民进党前车之鉴。近十年来，李登辉国民党疏于内政，热衷于所谓“务实外交”，与大陆对抗，致使岛内治安败坏，黑金横行无忌，经济低迷不振，人心思治，殷殷若渴，这才是国民党败选的真正主因。对此，民进党人士心知肚明，他们若想从国民党手中夺取政权，并在夺取政权之后能长久保住政权，想必会从李登辉国民党身上得到某种有益的启迪。

应该承认，民进党内部的民主机制，较之民粹强人李登辉主导下的国民党来说，要健全得多也有效得多。根据近几年来的经验，民进党内部每经历一次大的政策辩论，转型便会向前迈进一步。县市长选举结束后，围绕着所谓“拜耳投资案”等问题所引发的派系之争，实际上在民进党内部已开始了新的一轮包括“台独”转型问题在内的大辩论。人们寄望民进党通过自身民主机制的运作，在“台独”转型这一关乎该党政治前途的重大问题上，能“更上一层楼”，有新的进步。九七年县市长选战落幕后，台湾《联合报》的一篇社论说：“当民进党越接近接掌政权的关头，可能也就是越接近台独问题得以完成‘转型’的时机；或许，当民进党真正接掌政权之日，也就是民进党真正‘转型’成功之日。”果能如是，则台湾幸甚！国家民族幸甚！

（《中国评论》1998年第3期、《台湾研究论坛》1998年第1期，摘发于《中国时报》1998年2月12日）

评民进党的“中国政策”大辩论

一、辩论有重要参考价值

广受海内外各界注目的民进党“中国政策”大辩论，已于2月15日落幕。民进党人将“大陆政策”称之为“中国政策”，其本身已向世人标明了该党的“台独”本质；而从辩论的情况看，所谓的党内“四大派系”参与辩论，其实唱主角的只是“美丽岛系”和“新潮流系”这两大主流派系，另两个派系“正义连线”和“福利国连线”充其量只不过是美、新两派的“陪衬”而已。这种情况，典型地反映出目前民进党内各派系实力的落差，同时也说明各派系平日对国际局势的研判、对两岸关系演变的观察以及对大陆政策的研究，其用心程度相差甚远。

民进党的这次政策大辩论之所以受到各界的广泛关注，除了它选择的时机耐人寻味、辩论的主题和辩论的形式令人感兴趣之外，更因为该党的实力派人物除了正义连线的龙头老大台北市长陈水扁缺席之外，几乎全部到场；而且按照规定，参与辩论者人人都必须提交论文、事先作认真准备，这就和以往三言两语的即席发言或街头演讲作秀显然有很大不同，可以真实、系统、全面地反映出民进党内各派系及其重量级人物对大陆政策的观点。无疑，这对评估民进党未来大陆政策的走向、该党未来的发展及其对岛内政局和两岸关系的影响，具有重要的参考价值。

二、辩论的背景分析

民进党内之所以会在这个时候引发这场大陆政策大辩论，有其深刻的内外背景。

首先，从国际因素来看：1997年10月中美高峰会谈后，中美关系明显改善，随之，美国对台政策出现微妙变化：克林顿政府除首次明确表态不支持“两个中国”、“一中一台”，不支持“台湾独立”，不支持台湾加入联合国的“三不政策”之外，还一改以往所谓对两岸谈判“不介入”的姿态，上至克林顿本人，下至国务院发言人、国防部长科恩以及前国防部长佩里等，或是公开发表声明，或是风尘仆仆地往来穿梭于海峡两岸，不断表达希望两岸尽快恢复对话的强烈意向，而且是“愈快愈好”。中美台三角关系的这种微妙变化，不仅使台湾当局感受到了前所未有的压力，同时也很自然地触发民进党内一部分较具政治头脑的人物如许信良等对“台独”前途命运问题的战略性思考。民进党究竟应该推出什么样的“大陆政策”，方能适应美国战略利益的需要，使民进党能继续得到“山姆大叔”的青睐与支持?这个至关重要的问题已突出地摆在了民进党人的面前。

其次，从大陆因素来看：近几年来，中国大陆改革开放和现代化建设事业取得新的重大进展，综合国力进一步增强；香港顺利回归并经受住了东南亚金融危机的冲击而继续保持稳定繁荣，标志着“一国两制”构想取得了巨大成功；外交战线不断取得新的胜利，国际地位不断提高，“一个中国”原则进一步得到国际社会和绝大多数国家的确认。所有这些，都极大地增强了中共领导人的自信心，为解决台湾问题创造了新的有利条件。于是人们看到，以去年9月江泽民总书记在中共十五大报告中首次将台湾问题列为专章详加阐述为标志，大陆明显地加强了对台工作的力度。江泽民访美归来后，随即以政治谈判为主轴，向台湾当局发起了新的一轮和平统一攻势。面对这一攻势，内外交困的台湾当局显然缺乏自信，决策混乱，进退失据，而作为“命运共同体”的民进党人也自感难以置身事外，不能不亟谋因应之策，为国民党“独台”势力分忧解难，共同对抗大陆。

再次，从岛内因素而言：自1997年底赢得县市长选举后，民进党在岛内政坛上的地位骤然提升，成为所谓“跨世纪的准执政党”。然而，面临着1998年底的新一届“立委”和北、高两市选举，民进党能否“更上一层楼”，并进而乘胜追击，打赢2000年的“总统”大选，实现梦寐以求的全面执政？显然，日益复杂难测的两岸问题，已成为对民进党的最严峻考验。这是因为：一方面，民进党长期以来专注于和国民党争夺执政权，甚少有人真正下工夫研究两岸问题，大多数民进党头面人物可说对大陆一知半解甚或茫然无知，使该党面临信息有限、人才严重匮乏等诸多难题，更遑论在行政部门参与大陆问题决策、操作的务实经验，使得岛内民众对民进党一旦主政后能否提出务实、灵活的两岸策略不无疑问；另一方面，广大选民对民进党在“台独”党纲大纛下，主政后能否稳定两岸关系，也一直心存不放心、不信任的观感。因此，民进党如欲在岛内争夺执政权的政党竞争中占据有利地位，也不能不在大陆政策上尽快给岛内选民予明确的交代。

此外，从民进党内部的派系矛盾来看：众所周知，“美丽岛系”向为民进党内的“务实独派”，而“新潮流”则原本属于党内的“急进独派”势力，只是在1992年经历“台独党纲”风波之后，该派迫于岛内外的政治现实，才逐步向“务实独派”转变。于是此后才会出现美、新两派合作主控民进党中央的局面。然而，新潮流的转变其实并不彻底，始终留有“急独派”的尾巴，尤其在两岸问题上与美系仍一直存在分歧。不过，由于近些年来民进党所面对的急迫解决的主要是岛内问题，即除了与国民党争夺执政权外，在推动“台独”方面则是积极配合业已“独台化”的国民党主流派完成“修宪”工程，以确立所谓“台湾实质独立”的“宪政架构”。在上述问题上，美、新两派自然是情投意合、合作无间，然而两派在两岸问题上的矛盾分歧却因此而被暂时掩盖下来。当1997年“修宪冻省”大功告成、县市长选举大获全胜后，民进党已面临“即将走向执政”的前景，于是美、新两派在如何面对大陆的重要问题上的矛盾分歧便日益凸现出来，再也无法回避和掩盖下去了，两派之间的一场大陆政策大辩论于焉爆发。

总之，民进党内的这场大陆政策大辩论不是偶然发生的，乃是岛内外主客观诸多因素交相刺激、推拥与催逼的结果。

三、辩论的焦点和达成的共识

这场大辩论以“美丽岛系”为甲方，“新潮流系”、“正义连线”、“福利国连线”为乙方，并按派系分为A、B、C三组，历经3天共9场，分别就所谓“后冷战时期国际新秩序对台、中关系的影响”、“台、中双边协商与互动关系的策略规划”、“两岸经贸关系发展与加入世界贸易组织的挑战与因应对策”这三大议题展开激烈辩论。

（一）关于“国际新秩序”议题，双方争论的焦点在于“国际新秩序是否已经形成?”以及“是否存在国际对台‘促谈’压力?”。

许信良说：“所谓‘国际新秩序’，即指国际社会正以集体强制力量来积极维护现有政经体系”。他认为，“在国际新秩序下，台湾面对愈来愈强的国际促谈压力，台湾不能灵活回应的话，将对台湾愈来愈不利”。郭正亮、陈忠信也称：“国际新秩序”确已形成，“对方正用国际包围台湾，使我方处境艰困，台湾不能再敷衍推托”、流失筹码。他们抨击“新潮流”主张“强本渐进”，“根本是李登辉‘戒急用忍’的另一种说词”，所谓“以拖待变”，是“忽视国际情势的演变，根本是‘坐以待毙’!”而“新潮流系”的林浊水、刘进兴等人，则从根本上质疑许信良的“国际新秩序”之说，他们针锋相对地批评美系人士“误判国际情势，看不清美国与中共‘既交往，又围堵’的两手策略”。他们认为，美国的促谈压力是对双方的，并非单独对台湾，“国际情势基本仍然对台湾有利”，“虽然美方表示不支持台独的三不政策，但台湾仍应审慎地寻求台独”。至于“福利国连线”的蔡同荣等人更认为，“美国对台湾的态度并没有改变，更没有压迫台湾上谈判桌”，“美国对中国仍然是围堵重于交往”，抨击许信良的观点是“危言耸听”。[1]

显而易见，在对后冷战时期国际局势的研判及其对两岸关系影响的看法上，“美丽岛系”与党内其他派系可谓南辕北辙，相去甚远。

（二）关于两岸“协商与互动关系的策略规划”议题，双方争论的焦点，曾一度集中在“美丽岛系”的“全方位谈判”策略，与“新潮流系”的“从哪里中断就从哪里开始”即“事务性谈判”策略，这两种观点的对立。

中美高峰会谈后，许信良曾极力推销其“三通谈判”主张，遭到党内其他派系的质疑和反对；辩论开始前，许信良将“三通谈判论”修改为“三通”及“事务性议题”相结合的所谓“混合谈判策略”；辩论开始后，许信良再次进行调整，提出“以经贸谈判和社会交流为主轴，同时兼顾事务性议题”的“全方位谈判策略”。至于涉及“主权”争议的政治议题，许信良则认为“完全可以回避”。他说，这样可以“确保谈判长期进行下去”，以转移国际对台促谈的压力，又可以这种“交往”的策略，“促成中国的和平演变”。郭正亮也认为，“国际新局势虽有二元，但仍有主次之分，时间对台湾不利，有经贸谈判双方才能有正常化的可能”。而“新潮流”的观点则基本上与国民党主流派的观点相似。邱义仁、林浊水等人称，“国际有两股势力在拉扯，身为小国必须特别灵活、弹性”。他们认为“辜汪会谈应重新开始，‘从哪里断，就从哪里开始’”。这实际上仍主张从“事务性议题”谈起，但又表示欢迎美系将“三通谈判论”修正为“全方位谈判”，并认为这种观点与“新潮流”的看法“极为相近”，“新潮流”主张“除了主权没得谈之外，什么议题都可以谈”。而“正义连线”和“福利国连线”也认为，两岸应该谈判，并基本同意美系提出的“全方位谈判策略”，但沈富雄等少数人却对回避“主权”争议，仍表示异议。[2]

由上观之，经过辩论，在两岸谈判策略方面，双方虽仍存在分歧，但已大同小异，逐渐趋于整合。

（三）关于两岸“经贸发展的因应之策”议题，是凸显民进党不同路线的关键，也是双方争论得最激烈的问题。争论的焦点主要集中在“美丽岛系”的“大胆西进”与“新潮流系”的“强本渐进”这两种观点的根本对立。

许信良认为：中国未来一、二十年将维持灿烂的发展，面对这样一个“广大新市场，各国企业家无不对之投以关注的目光，民间企业界更主张利用大陆发展台湾”；“大胆西进”、扩大对大陆投资，“既接近台湾企业家的立场，又可使两岸形成世界共同市场”。因此他认为，台湾应勇敢地“西进”并有“掠侵”中国市场的计划。唯有“西进”，才能“固本”。郭正亮则抨击新潮流的“强本渐进”和李登辉的“戒急用忍”一样，“不但与市场逻辑乖违，也和台湾的经济现实脱节，导致台湾自我设限逐渐流失机会”，因此是“完全错误”。而其他派系却对与大陆的交往，特别是经贸往来，持保守态度。邱义仁等“新潮流”代表抨击“大胆西进”忽略了“台湾安全”因素，认为期待中国的经济发展会带动台湾经济的快速成长与转型，是“过分乐观”，因此，主张采取“强本渐进”方式发展两岸经贸。苏焕智也批评“大胆西进”是对市场机能的“盲目崇拜”。[3]

经过激烈辩论，双方最后各让一步，归纳为“强本西进”的新提法，作为民进党各派对两岸经贸政策的一致共识。但在“强本”与“西进”孰先孰后、孰主孰次的问题上双方仍有争议。

综合三天的辩论情况，出乎各界事先意料之外，与会各方虽然在许多重要问题上仍存在分歧，但在以下几个方面已基本达成共识：

关于两岸谈判问题：主张（1）两岸应该谈判；（2）谈判内容：除了“主权”议题以外，“什么问题都可以谈”；（3）谈判方式：实行“政府对政府谈判”，反对“党对党谈判”；（4）谈判前提：“不接受‘一个中国’政策”；（5）谈判手段：“可没完没了谈下去，即使中断也无所谓”。

关于两岸经贸往来问题：主张实行“强本西进”政策。

四、对辩论的观察与评析

综观民进党的这场大陆政策大辩论，笔者有如下初步观察与评析：

（一）应该说，对国际局势的感受和研判不同，乃是美、新两派对两岸问题有不同思考的最根本也是最原始的歧异点。首日辩论结果表明，双方对后冷战时期国际情势的观察研判仍各持一端、并无交集。然而令人意外的是，3 天辩论下来，双方竟能在有关两岸政策的一些具体问题上达成不少共识，原因何在？其实，人们只要稍加分析便不难发现，所谓“双方各让一步”，并不是对等的，美系的让步是属于实质性的让步，而新潮流的让步乃是虚的让步。换句话说，主要是美系向新系的主张靠拢而不是相反。平心而论，许信良对国际局势的研判更符合事实，他所持的大陆政策主张，无论是“三通谈判”还是“大胆西进”，相比较而言，显然均要比“新潮流”及其他派系的主张更具前瞻性和务实性，当然也更符合岛内民众的切身利益，同时对推动民进党的“转型”也更具意义。然而，这些主张却被其他派系指称为“不切实际”、“危言耸听”，而难以成为党内主流意见。政治现实迫使许信良不能不对自己的“在党内超前”主张作出所谓“务实”的调整和修正，以避免自己和“美丽岛系”在党内陷于孤立而更难有所作为。这既是许信良的“无奈”，也是许信良的“聪明”之处。事实上，由于派系共治的政治生态所决定，民进党以往的所有政策主张基本上都是党内各派系经过剧烈斗争后相互妥协折中的产物，民进党历来的大陆政策主张同样如此。这次大辩论虽然暂时缓解了党内的矛盾，但仅仅经过一次大辩论没有也不可能消除所有分歧。可以预计，今后，这些矛盾分歧一遇适当气候仍会再次尖锐激化，从而导致新的一轮党内路线之争。

（二）这次民进党内的大陆政策大辩论，在很大程度上仍然脱不出为因应选举而蓄意“作秀”的投机成分，而且所达成的诸多共识仍嫌模糊、零碎而不成系统，但毕竟给世人勾勒出了民进党未来大陆政策的一个大致轮廓。从这一轮廓不难看出，民进党即将出炉的新大陆政策，从总体上说，仍不折不扣地反映了该党的“台独”本质，其政策核心依然是其一贯坚持的“一台一中”理念。它实际上是以“在‘一台一中’前提下，什么问题都可以谈”的一种策略手段。其分裂性和保守性与国民党当局现行的大陆政策如出一辙，并无二致。由此也可说明，民进党的“台独”沉疴甚难医治，转型远未成功。这种政策主张，仍难以消除岛内大多数选民对民进党上台执政后的疑虑，当然更无助于两岸关系的稳定发展和祖国和平统一。这是民进党新大陆政策主要的、本质的一面。

然而我们也应看到，民进党的新大陆政策较之该党以往“不接触、不谈判”的两岸政策主张毕竟有了明显进步，即使与国民党当局现行的大陆政策比较，至少从字面上来看，也略显积极、务实，有可资肯定的成分。如主张“两岸应当谈判”、“什么问题都可以谈”，总比台湾当局一味坚持恢复“事务性商谈”，阻挠、拖延两岸政治谈判要相对“务实”；又如“强本西进”，也比李登辉根本不提“西进”的“戒急用忍”政策明显“积极”。事实上，民进党的这场大辩论，业已对台湾当局保守僵化的大陆政策造成了一定的压力和冲击，对打破目前两岸僵局，重开协商谈判有正面影响。辩论结束当日（2 月 15 日），“行政院长”萧万长即一方面诡称：民进党辩论后的结论“与政府目前做法相去不远”，另一方面不得不承认：“民进党的这些共识对未来两岸协商有好处”；次日，“陆委会主委”张京育也急忙表示：“为因应未来两岸谈判的需要，正积极规划超党派的大陆政策”。2 月 20 日，萧万长在台“立法院”答询时又辩称：民进党辩论获致的“强本西进”结论，“和现在政府的大陆政策是一致的”，并称，“唯有国内达成政策共识，才能与大陆谈协商的事”云云，[4]企图以此纾解来自岛内外各方的压力。近日，台湾当局对两岸协商谈判似乎表现出较前务实积极的姿态，这恐怕与民进党的这场大辩论不无关系。

（三）民进党的这场大辩论，标志着由国民党当局完全掌控大陆政策的局面已经严重动摇，朝野协商、共同规划和主导大陆政策的时代即将来临。因为道理至明：这场大辩论所达成的共识，将不仅有助于民进党制定出一套党内各派均能接受的大陆政策纲领，同时民进党必定会以此为筹码，进一步向台湾当局要求提升其在制定大陆政策时的“发言权”以及在未来两岸谈判中的“参与权”。也就是说，民进党今后对台湾当局规划大陆政策的影响力将会大为提升，而未来大陆所面对的谈判对手，也将不仅仅是原来的单纯国民党一方。事实上，这种情况目前正在发生：辩论结束后，许信良已数度公开呼吁，希望台湾当局尽快设立由朝野人士组成的“两岸政策最高咨询机构”：郭正亮也表示：“未来政府大陆政策决策体系应该相应调整，陆委会应该考虑加入政党代表”；2 月 19 日，许信良还“主动出击”，拜会海基会董事长辜振甫，要求多让民进党“参与未来两岸谈判事务”；林浊水则更进一步建议拜会李登辉，以“凝聚朝野共识”。而国民党当局也已作出了积极正面回应：辩论结束后，“陆委会”即称，“未来的大陆政策将超越任何党派”；海基会高层也表示，“为因应两岸政治谈判的最新情势，以及在野党逐步要求参与谈判决策的压力，决策部门研究在海基会之下成立一个‘谈判咨询小组’，广纳各党派人士进入谈判体系，借以凝聚谈判时的共识。”许惠祐对此称，“今后谈判队伍将不排斥邀请有关人士参与，并将依议题组团，一切依功能性而弹性组合。”[5]不难预料，今后国、民两党在共同对抗大陆方面将会互为奥援，分别扮演黑、白脸角色。如此一来，势必会增加两岸谈判的复杂性和难度，不过从好的一面来说，谈判一旦达成某种共识，其权威性和可行性也将随之相应提高。

（四）民进党首次在岛内运用大辩论这种民主方式来处理党内分歧，凝聚共识，调整自己的政策主张，尽管仍有“作秀”之嫌，而且在未来处理两岸关系的具体运作中该党究竟表现如何，仍有待观察，但不管怎样，这场辩论确已使它收到了“一箭三雕”的效应：一方面，使该党在岛内民众心目中树立了一个“民主”、“透明”的良好政党形象；同时反过来又凸显了其主要竞争对手李登辉国民党决策机制的独裁、不民主；另一方面还因这场大辩论引起了外国驻台机构和新闻媒体的高度关注，纷纷派人到场旁听、采访，从而扩大了该党的国际知名度和影响力。这些都无疑会有助于促进民进党的进一步“转型”，并对其在1998年底的“立委”选举乃至往后的“总统”选举赢得更多选民的支持产生正面效果。辩论会召开首日，有人便在《中时晚报》上发表“时论”称：“至于国民党，不要说辩论，连讨论都嫌费力气，万一口沫横飞辩论出一套和大老板迥然不同的说法，八九不离十会被打入冷宫！”[6]次日，国民党中央委员魏镛也发表现场旁听观感：“透过这种辩论形式，也让外界看到民进党不是一个只会骂人的政党，他们的表现的确比以前更稳健，已经是一个可以和国民党竞争执政的政党”，并表示“对国民党内部未能有类似的政策辩论感到遗憾”。另一位新党的重量级人物姚立明，更对民进党各派系“有风度公开辩论党内的歧见，感到高度佩服”，并认为民进党“在中国政策上的确已有明显的改变，即使这样的转变是为了选票，新党也乐见民进党能以更务实的态度处理两岸问题”。[7]辩论结束后，岛内媒体纷纷发表社论表示肯定：《联合报》认为，“民进党能以如此高度民主的研讨会来探究高度敏感而高难度的议题，本身即是一个极为重大的民主成就”，“本次会议后，民进党的社会形象显然又有进益”；《台湾新生报》也认为，民进党勇于面对内部的冲突，是“成熟的表现”；《中国时报》更称赞民进党此举“不能不说是令人刮目相看的历史性创举”。由此可见，大辩论在岛内确已产生了相当大的影响。这种政治气氛势必对国、新两党的高层造成一定程度的心理压力，从而有可能推动国、新两党内部的决策机制向民主化方向转型。近日，新党首脑王建煊已表示，将仿照民进党大辩论的模式，解决因部分新党人士倡言所谓“一中两国”所引发的党内纷争，便是明证。因此有人预言：1998年将会成为岛内的“大陆政策辩论年”。实际上，这场大辩论现在才刚刚开始，领头的是民进党，新党即将跟进，国民党将如何动作？人们正拭目以待。

（五）民进党这场大陆政策大辩论对于人们观察、预测民进党内未来的派系互动关系和政治生态的走向，也不失为一个重要的难得的机会和指标。众所周知，1997年县市长选举结束后，“新潮流系”因对许信良一再推销其“大胆西进”和“三通谈判”论强烈不满，公开宣言要与美系“分道扬镳”，不再继续合作；并表示不再支持许信良继任党主席，邱义仁甚至以请辞秘书长职的强硬态度表达自己的立场。当时，两派势同水火、形同陌路，人们普遍认为，美、新两派“割袍断义”已难挽回，两年来许、邱亲密合作主控民进党中央的“蜜月期”已成历史。然而，经过这场硬碰硬的政策大辩论，人们发现，美、新两派的灵魂人物包括许、邱等人互相吹捧、叠手言欢，邱义仁还向媒体记者表示：将考虑收回秘书长辞呈。由此观之，美、新两派已重新建立起合作基础，近期内是否真的会“分道扬镳”？显然已不无疑问。不过，经过3月底党内的“立委”初选和5月底中央机构的换届选举，以及年底的“立委”选举，民进党内的派系互动和政治生态有可能会重新分化组合，出现新的变化。至于党主席一职，经过一番激烈竞争，拥戴出像林义雄那样的派系色彩相对较淡而又能为各派接受的中性人物出任党魁可能性最大。

（六）在这次所谓“世纪大辩论”中，最大的输家无疑是陈水扁。近年来，陈水扁在岛内的一系列政治角力中屡出败招：“国发会”他判断失误，表现消极；“修宪”他采取与美、新两大派不合作态度，差点坏了李登辉和许信良的“好事”。这两件事下来，陈水扁已引起党内外的侧目。只是因为他在97年底的县市长选举中为民进党候选人卖力助选立下大功，才使其“人气”大旺，在民进党内的影响力如日中天、无人可比。但由此也助长了他的自负与傲慢。这次如此重要的党内政策大辩论，他居然拒绝出席，自然引起岛内舆论的议论纷纷：有人揣测他有意问鼎下届“总统”，不愿过早在选民面前公开暴露其两岸政策的真实主张而处于不利地位；有人认为他显然对这次大辩论的意义再次作了“误判”，预料不会辩出什么结果而懒得出席；更有其党内同志干脆认为他对两岸问题毫无研究心得可言，根本没有勇气也拿不出像样的货色，在众目睽睽之下走上真刀真枪的辩论台……总之，陈水扁的形象已大受其损。然而依笔者看来，陈水扁近年来一再鼓吹“公投入宪”、顽固坚持民进党“台独”党纲、反对两岸“三通”和政治谈判，甚至声称自己甘愿做李登辉的“马前卒”，不惜与祖国和平统一潮流相对抗，这才是他的最大“失策”和对政局演变发展的严重“误判”。尽管目前陈水扁看似声望正隆，大有“舍我其谁”之慨，但俗话说：“风水轮流转”，现在距离2000年岛内“总统”大选尚有两年光景。在这两年时间里，岛内外政治风云瞬息万变、复杂难料，即使聪明如陈水扁者，如不能审时度势、妥善因应，也难保不“马前失足”；何况“人气”如流水，随着时光的流逝，“人气”也难保不会流失和转移。由此观之，陈水扁的仕途是否真的如现在这样看好？恐怕还有得瞧！

【注释】

[1][7]《中国时报》1998年2月14日。

[2]《中国时报》1998年2月15日。

[3]《中时晚报》1998年2月12日、《中国时报》1998年2月16日。

[4]“中央社”台北1998年2月20日电。

[5]“中央社”台北1998年2月21、22日自台北报道。

[6]《中时晚报》1998年2月13日。

（台湾研究论坛，1998年第2期）

民进党“台独”转型“五阶段论”

——回顾与前瞻

一九九七年底县市长选举获胜后，民进党在岛内已成为名副其实的地方政权的第一大执政党。然而，客观而言，民进党欲夺取“中央政权”，取代国民党而走上“全面执政”，仍面临着诸多亟待解决的问题；民进党近几年来着力推动的所谓“政党转型”，虽已取得了令人注目的“阶段性成果”，但还远谈不上已经“成功”。岛内外有识之士咸认为，在民进党需要面对而亟待解决的诸多问题之中，影响全局的具有关键意义的是如何务实地面对两岸关系和妥善处理“台独”党纲问题，也即如何最终实现该党在“台独”问题上的“转型”问题。本文拟对民进党在这一重大问题上的演变发展轨迹作一粗浅的回顾与前瞻，试图以此探讨民进党的未来发展前景及其走上“全面执政”的可能性。

一、民进党的两次“台独”转型

今年是民进党建党十二周年。在民进党十二年的历史中，事实上该党“台独”主张业已经历过两次性质完全不同的“转型”。

毋庸置疑，民进党建党之初即已暴露出浓厚的“分离意识”和“台独”倾向。在该党成立后不久制定的“基本纲领”中，最突出的主张即是公开宣布“台湾前途应由台湾全体人民决定”。不过平心而论，民进党在其成立后的头几年时间里，反对国民党的专制独裁统治、追求政治民主，仍是其主要政治诉求和政治运作。也正因为如此，民进党在台湾政坛上确曾起过相当程度的积极作用。然而随着政局的演变，在岛内外各种因素的交相刺激下，民进党内的“台独”倾向日益膨胀扩展，并终于在一九九一年十月该党召开的“五全大会”上，公然将“台湾共和国”条款纳入党纲，从而蜕变为货真价实的“台独党”。“台独党纲”的出笼，实际上就是民进党在“台独”主张上的第一次“转型”。

回顾民进党“台独”第一次转型，不难发现其具有以下四个方面的显著特点：

（一）转型乃是一个缓慢的、渐进的过程。它始于民进党建党之初，完成于一九九一年该党的“五全大会”，中经六年时间，大体上经过了“住民自决论”（一九八六年十一月“基本纲领”）→“有条件主张台独论”（一九八八年四月临时全代会“四·一七决议文”）→“事实主权独立论”（一九九〇年十月四届二全大会“一〇·〇七决议文”）→“台湾独立建国论”（一九九一年十月五全大会“台独党纲”），这层层递进、不断明朗深化的“四步曲”。

（二）转型每一阶段的完成，均与民进党的选举造势活动有关；更与岛内外政局的演变发展（其中包括国民党的“本土化”和“独台化”进程、苏联东欧政局的剧变和美国对华政策的调整，以及两岸关系的发展等）有着密切的关联。其投机性、分裂性与反国民党专制垄断等特点表露得格外突出。

（三）转型的具体表现形式，是党内的两大派系“温和独派”“美丽岛系”与“激进独派”“新潮流系”之间的不断内斗而又相互妥协（妥协的主要一方为“美丽岛系”）、相互适应并最终实现某种程度的“合流”。

（四）在转型过程中，民进党逐步排斥、淘汰了党内的少数“统派”同盟者（如费希平、朱高正、林正杰等人），一步步提高了该党在台湾前途问题上的理念、诉求和政策策略上的纯洁度。

关于民进党“台独”问题上的第一次“转型”，七年前笔者在拙著《论民进党的质变》一文中已有详细论述[1]，这里不再赘述。

那么，民进党第二次“台独”转型又始于何时并经历了哪几个发展阶段呢？其未来走向又可能如何呢？对此，各方面的意见并不一致，依笔者的观察研判认为：一九九一年十月“台独党纲”出笼之日，正是民进党第二次“台独”转型之始。至今大体上经过了三个不同的发展阶段，转型虽已取得令人注目的阶段性成果，但还远未成功。而且笔者认为，民进党如欲实现第二次“台独”转型的最终成功，仍须至少经历两个必不可少的发展阶段，这也就是本文的命题：《民进党“台独”转型“五阶段论”——回顾与前瞻》之由来。另外，应该说明的是，为论述方便起见，本文以下所称民进党的“台独”转型，系指该党“台独”的第二次转型。

二、回顾：民进党“台独”转型的前三个阶段

迄今为止，民进党“台独”再次转型大致可以划分为以下三个阶段：

第一阶段为“淡化台独党纲”阶段，大体上是在许信良首任党主席时期（一九九一年十月至一九九三年底）：这一阶段转型的主要内容和特点是“淡化和隐蔽台独”，将诉求重点转向公共政策。

一九九一年十月“台独党纲”的出笼，意味着民进党已将“台独”主张推进到最高阶段。从而立即引发了岛内外政坛、社会和舆论界的强烈震撼。一时间，民进党的处境几乎到了“过街老鼠，人人喊打”的地步。为缓和来自各方的强烈反弹，当时刚刚出任党主席的许信良不得不出面宣称：将“台独”条款纳入党纲，“只是表达一种政治信仰，并不一定就要这样做，即使以后执政，也并不必然会推动‘台独’”。[2]影响所及，民进党面临被国民党当局按“人团法”规定强制解散的严重威胁，并使该党在当年底举行的二届“国代”选举中惨败，获票率仅有百分之二十三点九四，较之一九八九年“三项公职”选举的百分之三十整整下滑了六个百分点。

残酷的政治现实深刻地教训了民进党领导人，于是“台独”主张的再次转型也由此而肇端。进入一九九二年之后，民进党明显地降低了“台独”声调，开始对“台独”党纲实行“淡化处理”。人们看到，无论在“国会”议场抑或在街头，民进党人均已不再露骨地宣扬“台湾共和国”，而将“台独”诉求隐藏于公共政策之中。在当年底举行的二届“立委”选战中，文宣攻势也不再以统独议题为主调而提出所谓“三反三要”（反军权、反特权、反金权；要主权、要直选、要减税）等项诉求，作为该党“立委”候选人的共同政见。可见，其诉求重点已由“台独”转向公共政策。

由于民进党改变策略，重新拉起“温和”面纱，有助于吸引选票，加上其他因素的作用，终于赢得了二届“立委”选战的胜利，以百分之三十

六点零九的获票率夺取了一百六十一席“立委”中的五十一个席位。

正反两方面的经验教训，既坚定了党内以“美丽岛系”为代表的“务实独派”对“台独”转型的信心和决心，同时更具意义的是促使原本为“激进独派”的“新潮流系”开始向“务实独派”转变。由此，淡化“台独”主张、将诉求重点转向公共政策，逐渐成为民进党内各派系的主流意见。

第二阶段为强化“实质独立内涵”阶段，大体上是在施明德出任党主席（后期由张俊宏代理三个月）时期（一九九四年初至一九九六年六月）：这一阶段转型的主要内容和特点是，充实和强化台湾所谓“实质独立”内涵，提出“大和解”、“大联合政府”的主张，同时首次明确宣称，民进党若执政，“不必要也不会宣布台独”。

施明德接任许信良出任党主席后，经过近两年党内的剧烈辩论和在实践中的不断摸索，逐步形成了一整套新的“台独”政策和策略。其要点可以概括为：（1）坚持“台独”的最高理想，但也不能脱离台湾现实；先通过体制内的选举夺取政权，再经由“住民自决”实现台湾的“法理独立”。（2）现阶段的中心任务是倾力与国民党争夺执政权。（3）现阶段的主要目标是采取各种手段不断充实和强化目前台湾的“实质独立”内涵；推行“一台一中”为核心的大陆政策，防止国共“片面和谈”；将台湾问题引向“国际化”，阻挡中共“吞并”台湾。（4）实现“台独”的基础工作是：深入持久地推行“新台湾运动”，从政治、思想、文化、教育等各个层面向台湾民众灌输“台湾人命运共同体意识”也即“台独意识”，以营造“台独”的文化、心理、社会大环境。之后，民进党的一切运作，均无不围绕着这套新的“台独”政策和策略在不遗余力地推进。及至一九九五年九月，施明德在美国公开宣称：台湾是主权独立国家，民进党若执政，“不必也不会宣布台湾独立”。在当年底的“立委”改选中，又提出“大和解、大联合政府”主张，并在选战结束后，首先与新党领导人“喝咖啡”，实现了“大和解”，而在一九九六年三月“总统”选举中则继续淡化“台独”诉求。而所有这一切均遭到党内外“台独基本教义派”的强烈反对。双方围绕上述一系列重大问题，展开了激烈的斗争。以致彭明敏在一九九六年四月成立“建国会”，摆出一副“另起炉灶”的架势。在张俊宏代理党主席期间，双方的矛盾斗争达到白热化。从而使“台独”转型经历了严峻考验，并出现了一定程度的摇摆。但由于党中央掌控在“务实独派”手中，转型的总趋势始终未曾改变。随着“彭（明敏）、谢（长廷）配”在大选中的惨败和以发表“台湾独立运动的新世代纲领”为标志的党内新生代的成长与崛起，“基教派”在民进党内的影响力已全面式微。

第三阶段为追求所谓“台湾社会主流价值”阶段，大体上是在许信良再次出任党主席时期（一九九六年七月至一九九八年六月）：这一阶段转型的主要内容和特点是，民进党将“政党合作”的对象由新党转向了执政的国民党，以追求所谓“台湾社会的主流价值”为党的政策与策略取向，并谋求与国民党的“联合执政”。

一九九六年六月民进党中央换届选举，许信良以压倒优势击败“基教派”瞩意的蔡同荣，再次当选党主席。在新选出的党中央权力核心中，“基教派”几乎完全丧失影响力。同年十月，党内外的“基教派”与民进党分道扬镳，另立“建国党”。由此，民进党“台独”转型的速度明显加快，并显现出新的特点。

许信良向为民进党“台独”转型的倡导者和推动者。面对大陆对台发动“两反斗争”（反“台独”分裂斗争）和民进党“总统”大选惨败之后出现的新形势，许信良在施明德“大和解”、“大联合政府”的基础上，一度提出所谓“政党重组”的新思维和新理论。许认为，台湾是个“典型的危机社会”，人们希望现任领袖、执政党来保持安全，因此，如果民进党再和国民党斗争，“只会造成社会不安的感觉，不会像过去一样得到人民的支持”。从这种观点出发，许信良提出了民进党的发展策略：短期内经由“大联合”和“联合执政”，使国民党丧失执政优势；远期目标，则是由民进党与国民党这两个同质性的政党“合组”为一个新的“台湾党”，以确保台湾社会的民主发展。[3]

许信良“政党重组论”出笼后遭到党内外的普遍质疑，尔后遂调整为“政党合作”的新提法继续加以鼓吹。许信良当选党主席当天，即向国民党喊话，宣称“政党合作势在必行”，如果政党合作就一定要筹组“联合政府”，“这其中包括政策、人事的合作”。同时又向党内喊话：“如果国民党了解无法一党有效执政，愿意诚心诚意寻求党对党合作，民进党就要认真思考如何面对这个问题。如果民进党拒绝，无政府状态持续下去，人民是不能接受的，到时候民进党会受伤”云云。[4]许信良将他的这一主张，称之为“追求台湾社会的主流价值”。

果然，许信良接掌党主席后，国、民两党的合作便很快提上了议事日程。如果说，七月一日许信良在宣誓就任党主席的当晚，“夜奔敌营”与李登辉密谈近一个小时，是国、民两党合作的前奏；那么，当年底“国发会”的召开和一九二项“共识”的达成，则是两党在体制外合作的正式启动；而一九九七年上半年国、民两党联手“修宪”，则是两党合作在体制内的发展和具体落实。于是人们看到，整个一九九六年下半年和一九九七年中，围绕着“国发会”、“修宪”等问题，许信良在党内外各种场合，一再不厌其烦地推销他的“危机社会说”和“政党合作论”，并将其与民进党的“转型”、追求所谓“台湾社会主流价值”和“执政”目标相联系。许信良认为，由于台湾属于“危机社会”，民进党唯有通过“政党合作”，进而实现和国民党的“联合执政”，才能逐步解除民众对“民进党执政可能危及国家安全”的疑虑，并透过“联合执政”的方式，展现民进党的执政能力，积累执政经验，为民进党最终单独执政创造条件。很明显，民进党近年来积极参与“国发会”、与国民党联手“修宪”，其重要目标之一正是试图透过这种所谓“政党合作”的方式推动民进党的“转型”，进而实现“联合执政”，以改变和消除民进党在民众中的不良形象与疑虑，为其最终夺取岛内的执政权扫清道路。

调整大陆政策，是民进党“台独”转型的重要内容之一。面对一九九六年“总统”大选以来两岸关系持续低迷、台湾民众特别是工商企业界迫切要求缓和和发展两岸关系的强烈愿望，以及江泽民访美后美国调整对华政策的现实情况，民进党中央也适时地相应调整其保守的大陆政策，加强对大陆的沟通联系和政策研判。针对岛内民众对台湾当局顽固拒绝两岸协商谈判和开放“三通”、坚持实行“戒急用忍”政策日益不满的情绪，许信良针锋相对地提出尽早进行两岸“三通谈判”，并一再宣扬早于一九九五年即已提出的“大胆西进”的主张。县市长选举结束后，民进党中央又组织了党内各派系参加的“中国政策”公开大辩论，达成了“两岸应该谈判”、“强本西进”等一系列重要共识，在岛内外产生了重大影响，对国民党当局的现行大陆政策造成了一定程度的冲击。尤为值得注意的是，县市长选举结束后，许信良在访美期间公开宣称“台独党纲”只是民进党的“历史文献”。[5]

显然，在许信良再任党主席时期，民进党的“台独”转型已进入了一个新的重要发展阶段。

然而，许信良对“台独”转型的强势领导，同时也引发了党内空前剧烈的矛盾争斗。首先，残存在党内的以彭明敏为首的少数“基教派”人士仍不断挑起路线斗争。彭明敏攻击许信良主张与国民党合组“联合政府”，“是放弃基本路线，把自己的角色模糊，失去监督政府的忠实反对党角色”。认为“与国民党合组联合政府并不是执政，只可以解决部分人的个人出路”。为表达对“国发会”的不满，一九九七年二月，彭百显、陈永兴宣布退出民进党“立院党团”，并与早先退出民进党的三名“立委”另行组建了一个所谓“建立新国家阵线立院办公室”，宣布以“认同台湾主权独立理念、建立台湾新文化、新社会、新国家”为宗旨[6]，与党内的“基教派”里应外合、互相呼应。在“修宪”过程中，“基教派”的反弹更为激烈。例如，彭明敏抨击许信良与国民党联手“修宪”是“贬低台独、模糊台独，俗化台独，甚至丑化台独”，并一再扬言要另组新党。相对于“务实独派”与“基教派”之间的单纯路线斗争而言，民进党内“务实独派”之间的矛盾与争斗愈加显得复杂和激烈。派系与派系之间，乃至个人之间的矛盾分歧以及历史恩怨互相纠缠，其中虽也有一定程度的理念、路线与政策策略之争，但更多的实际上是在理念、路线和政策策略斗争掩盖之下的权力之争与权谋较劲。许信良与陈水扁之间的矛盾与争斗，大体上就属于这种情况。

由上可知，民进党的“台独”转型是何等地艰难。然而，回顾七年来民进党在“台独”问题上三个阶段缓慢而又艰苦的转型，笔者认为，至少已取得了以下几方面的阶段性成果：（1）民进党由原来“体制外抗争型”的政党，转变成“体制内改革型”的政党；（2）促使“激进独派”“新潮流系”转向“务实独派”，并与一向务实的“美丽岛系”结盟，主控了民进党中央，从而保证了“台独”转型的大方向始终未曾改变；（3）“台独”

理论和诉求的逐步“务实化”，迫使“台独基本教义派”分裂出走，从而减少了民进党日后在“台独”问题上进一步转型的阻力。党内的主要矛盾已从过去的“务实独派”与“激进独派”之间的路线斗争，转变为“务实独派”内部的权利与政策策略之争；（4）民进党在台湾民众中的“政党形象”有所改观，认同和支持民进党的选民呈逐年上升趋势。笔者认为，从一定程度上说，一九九七年底民进党之所以在县市长选举中取得如此战绩，可以视为台湾民众用选票表达了他们对民进党近几年来致力于政党转型的某种肯定与鼓励。

三、两次“台独”转型之异同

根据以上回顾与分析，如果我们对民进党的两次“台独”转型稍作比较，便不难发现，两者既有共同特点，更有其明显差异。

从共同特点来说：

1. 转型皆为缓慢的、渐进的、逐步发展深化的过程，绝非一朝一夕之功。

2. 转型既与岛内政局发展息息相关，同时也与国际政治格局特别是与中美关系的演变发展紧密相联。实际上民进党当年质变为“台独党”，以及近年来在“台独”问题上的再次“转型”，大体上是和美国对华政策的两次调整同步进行的。

3. 转型的每一阶段均伴随着一波波剧烈的党内斗争，并有一批重量级人物分裂出走。

从差异方面而言：

1. 两次转型的性质和大方向恰好相反。第一次转型愈“转”愈“独”，而第二次转型则是逐步“淡化‘台独’”。

2. 第一次转型过程中，分裂出走的皆为党内的少数“统派”人士；而第二次转型分裂出走的则是一批死硬“台独基本教义派”或某些失意政客。这种现象显然与两次“台独”转型的性质和方向恰好相反直接相关。

3. 第一次转型是“务实独派”“美丽岛系”向“激进独派”“新潮流

系”不断妥协，而第二次转型则是“激进独派”“新潮流系”逐步向“务实独派”转变。这种现象也恰好说明了两次转型不同的性质与方向。

4. 第二次转型显然比第一次转型更为艰难曲折，斗争更加尖锐激烈甚至充满“痛苦”（郭正亮语）。迄今为止转型已愈七年之久，但还远未成功，目前仍处于“策略转型”（或曰“形象转型”）的低级阶段，而尚未进入更高一级的“理念转型”（或曰“实质转型”）。且种种迹象表明，随着许信良的下台，进一步转型已面临困境。

5. 第一次转型每一阶段的完成，皆先经过党内的激烈辩论，尔后再以党的正式决议的形式以体现党内各派系的“共识”，从而形成全党一致的行动，因而具有较为牢固的基础；而第二次转型则多由党的极少数政治领袖抛出突破性的理念或作为，“既未发展成党的长期议程，也未形成党的正式决议”[7]，在很大程度上属于民进党领袖的单纯的“个人行为”，并未形成全党的共识和共同行动，因而转型基础十分脆弱。这一特点正是转型出现摇摆和斗争格外剧烈的重要原因之一。

四、前瞻：“转型”成功仍须经历两个必不可少的阶段

民进党在一九九七年底的县市长选举中取得了前所未有的历史性胜利。表面上看来，民进党气势逼人，似乎问鼎“中央”、走上“全面执政”已是指日可待。然而冷静思之，事情似乎并非如此简单。以往岛内的历次选举均已证明，对于“中央政权”和“地方政权”这两个层级不同的选举，台湾选民的投票取向显然有很大差别。从“中央”一级的选举来看，一九九六年“总统”选举民进党惨败自不必说，历次“国代”、“立委”选举，民进党的获票率始终无法突破百分之四十的瓶颈，一九九二年二届“立委”选举为百分之三十六点零九、一九九五年三届“立委”选举为百分之三十三点一七、一九九六“国代”选举仅为百分之二十九点八五。而在地方选举中，民进党的获票率却一向超过百分之四十：一九九三年县市长选举为百分之四十一点零三、一九九四年陈水扁胜选台北市长获票率为百分之四十三点六七、一九九七年县市长选举为百分之四十三点零三，首次超过国民党一点

二个百分点。在“中央”一级（实际上还包括“省级”）选举中，民进党始终不能战胜国民党。原因何在？岛内外有识之士均认为：关键就在于民进党的“台独”党纲难以让台湾民众放心。

近几年来，民进党虽然致力于推动“台独”转型，并确已取得了不少阶段性成果。然而，如前所述，这种“转型”充其量只能算是“策略转型”。这种转型并非源于民进党人对现实政治的理性思维，更何况并无任何民进党的正式决议加以肯定和认可，因而带有很大的投机性和不稳定性。显然，这种性质的“转型”根本无法取信于广大台湾选民。因此可以设想：如果民进党不下决心妥善处理其“台独党纲”，并在实际政治运作中调整其一系列“台独”政策与策略而最终实现真正意义上的“实质转型”，那么，民进党人就难以实现其梦寐以求的“全面执政”。即便因为国民党“自毁长城”、太不争气（如一九九七年底的县市长选举）而将政权拱手相让，使民进党侥幸上台，那也势必难以稳定政局、有效施政并长久维持其执政地位。

那么，民进党最终实现“台独”实质转型的可能性如何呢？如果这种可能性确乎存在的话，民进党“台独”转型还将经历哪些发展阶段呢？要回答这一问题，需要对民进党“台独”进一步转型的主客观条件作一大致的分析。

应该承认，如前所述，种种迹象表明，“台独”的进一步转型目前已面临困境：

首先，有“转型发动机”之称的许信良的被迫黯然下台，而“台独”色彩相对浓厚的林义雄却被拥上党主席宝座，这从某种意义上意味着民进党内大多数人对许信良前一阶段急于推动“台独”实质转型的反弹与否定。说明在“台独”转型的认识上，许信良等少数民进党精英与广大民进党员之间，存在着相当大的落差。“台独党纲”已俨然成为民进党的“图腾”，很少有人敢去碰它。不难意料，在新任党主席林义雄的引领之下，民进党的“台独”转型势必会受到相当程度的影响。

其次，近几年来民进党“台独”转型的主要推动力来自于党内两大主要派系——“美丽岛系”与“新潮流系”的结盟。然而实践证明，原本属于“激独派”的“新潮流系”其转变并不彻底，始终留有“激独派”的尾巴。因此，在“策略转型”阶段，美、新两派尚且能够精诚合作，而当许信良欲将转型推进到关键性的“实质转型”阶段时，两派的矛盾分歧便立即突显出来，合作基础已发生动摇。美、新两派联盟的瓦解，使最具“务实”色彩的“美丽岛系”目前在党内已陷于孤立，从而使民进党的“台独”转型顿失原本相对雄厚的推动力。

再次，陈水扁从本质上来说毋庸置疑是典型的“务实独派”，但与许信良相比较，显然格局过小，更缺乏应有的国际观和两岸观。陈水扁在民进党内地位和影响力的急速蹿升，取代许信良而成为民进党内的“主流价值”，也势必会对民进党“台独”的进一步转型产生负面影响。

由上观之，显然目前民进党尚未具备推动“台独”实质转型的思想基础和组织基础。因此，转型有可能在一段时间内将停滞不前，甚至会受到一定程度的挫折。但笔者认为，从长远来看，民进党进一步转型的可能性仍客观存在：

首先，从民进党本身来看，虽然存在上述诸多对“台独”进一步转型的不利因素，但同时也应看到：（1）民进党是个投机性很强的政党，它的一切政治运作无不以选举为取向，以夺取政权为目标；对于绝大多数民进党头面人物（其中陈水扁尤为典型）而言，“台独”与其说是“信仰”，毋宁说只是他们手中猎取政治利益的“工具”。一旦这种“工具”失去效用甚或成为“包袱”，他们势必将之弃之如敝屣。(2）应当承认，民进党的民主机制较之目前李登辉主控下的国民党要健全得多，假以时日，随着政局的演变，党内以许信良、施明德等为代表的一批较具政治头脑的领袖人物，仍有可能通过民主机制的运作而重新崛起，主控引领民进党继续推动“台独”向实质转型方向发展。(3）民进党内一批更具理性、“务实”色彩的新生代的成长，其影响力也不可忽视。

其次，从岛内因素来看，大多数台湾民众主张“维持现状”，对“台独”心存戒备和恐惧，迫切要求缓和和改善两岸关系。在“选票决定一切”的现实政治面前，除非民进党人不想上台执政，否则台湾选民势必迫使民进党不得不在“台独”转型问题上继续前行。此外，随着“后李登辉时代”的到来，国民党中生代面对即将丧失政权的可能性，“危机意识”势必促使他们摆脱李登辉的阴影，捐弃前嫌，一致对敌（如此次马英九在关键时刻毅然重新出山、宣布竞选台北市长即为一例)。如此一来，民进党若在“台独”转型问题上停滞不前，势将在未来的岛内政党竞争中继续处在弱势地位而难有更大作为。

再次，从大陆因素来看，随着港澳问题的顺利解决，势必进一步加强对台工作的强度和力度。综合国力日益增强的祖国大陆，是“台独”不可逾越的障碍，只要民进党一天不肯放弃“台独”（或变相“台独”），中国政府和中国人民便不会停止对民进党的批评并保持对民进党一旦上台执政后可能恶化两岸关系的高度警惕。面对来自中国大陆日益强大的压力，民进党也不能不在“台独”问题上三思而后行。

最后，从国际因素来看，随着克林顿的首次访华，中美关系的进一步改善、“建设性的战略伙伴关系”的逐步建立，将使民进党“台独”诉求的国际生存空间进一步萎缩。如果民进党不改弦更张，在“台独”主张上实行“实质转型”，继续充当海峡两岸“麻烦制造者”的角色，势必损害美国的战略利益而失去其在国际上最主要的靠山。

如此观之，急于早日踏上执政之路的民进党，除了继续推动“台独”进一步转型这条路之外，已别无它路可走。

诚然，正如郭正亮所说，民进党的转型是“痛苦”的，也是漫长的。笔者预测，民进党如欲“台独”转型成功，至少仍须经历以下两个必不可少的发展阶段。即：

第四阶段：“搁置‘台独党纲’”阶段。可能的选择方案有：(1) 公开宣布“‘台独党纲’只是民进党的历史文献”，但必须是以民进党正式决议的形式才有可能取信于民；(2) 通过某种决议案，以取代党纲中的“台独”条款。

笔者认为，民进党只有将“台独”转型推进到这一阶段，才有可能在“立委”选举中击败国民党，主控“立法院”。但在这一阶段，民进党尚难“单独执政”，势必如许信良所言，要与国民党或其他党派合组“联合政府”，通过联合执政方式进一步取信于民，并获得足够的执政经验，为日后过渡到“全面执政”打下基础，准备必要条件。

第五阶段：“修改‘台独党纲’”阶段。“台独”转型的第四阶段，已可视为民进党的“台独”转型业已进入“实质转型”，但这显然并不彻底。

笔者认为，民进党只有痛下决心修改“台独”党纲，公开放弃“台独”诉求，并在具体的实际政治运作中调整其一整套“台独”政策和策略（尤其是大陆政策），才能使各方对民进党真正“放心”。如此，民进党才有可能真正代表台湾社会的“主流价值”而最终走上“全面执政”。

俗话说得好：“解铃还须系铃人”，民进党“台独”转型愈往前推进难度亦愈大，能否成功，端看民进党人的勇气、智慧与判断，没有人可以给它“打保票”。笔者认为：“困难与希望同在，成功与失败并存”；“形势比人强”，或许聪明的民进党人再经过一两次大的跌跤之后，才会真正“痛定思痛”、“浪子回头”！诚如台湾《联合报》社论所言：“当民进党越接近掌握政权的关头，可能也就是越接近‘台独’问题得以完成‘转型’的时机；或许，当民进党真正接掌政权之日，也就是民进党真正‘转型’成功之日；从另一个角度来看，在民进党的‘转型’未能真正取信于台湾民众之前，则民进党取得政权的时机也许就未必会实现。”因此，民进党如若不完成真正意义上的“台独”转型，该党距离“走上执政”尽管看起来似乎仅差“一步之遥”，但实际上恐怕仍然是“咫尺天涯”、可望而不可及！即或依靠国民党自身的分裂而“渔翁得利”，侥幸夺取了政权，也势必难以稳定政局，长久保持其执政地位。

【注释】

［1］ 见《当代台湾研究》（一），姜殿铭主编，华艺出版社 一九九二年十一月出版。

［2］ 香港《明报》一九九一年十月二十七日。

［3］ 台湾《自由时报》一九九六年三月二十七日。

［4］ 台湾《联合报》一九九六年六月十八日。

［5］ 台湾《联合报》一九九七年十二月七日。

［6］ 台湾《民众日报》一九九七年二月五日。

［7］ 郭正亮：《民进党转型之痛》第二二九页。

（《台湾研究》1998 年第 3 期、《现代台湾研究》1998 年第 2 期，收入全国台联《第七届台湾民情研讨会论文集》）

论民进党“台独”转型之困

民进党致力于“政党转型”，如果从许信良首任党主席时期开始算起的话，至今已有七个年头了。七年来，随着岛内外政局的演变发展，民进党的“台独”理论不断进行调整，“台独”诉求逐步趋向“务实”。民进党已从原来“体制外抗争型”的政党，转变成“体制内改革型”的政党。在台湾民众心目中，其“台独党”、“暴力党”的不良形象已大有改观，认同和支持民进党的选民在逐年增多。一九九七年底民进党在县市长选举中之所以能一举战胜国民党，成为岛内地方政权名副其实的第一大执政党，从一定程度而言，可以视为台湾民众用选票表达了他们对民进党近几年来致力于“政党转型”的某种肯定与鼓励。

然而，地方选举的胜利，并不表明民进党已有足够的实力夺取“中央政权”。分析家大都指出，民进党近几年来致力于政党转型虽已取得了令人注目的阶段性成果，但还远谈不上“成功”。民进党仍面临着诸多亟待解决的困难问题，而其中影响全局的具有关键指标意义的是如何妥善处理“台独党纲”问题，也即如何最终实现该党在“台独”问题上的“实质转型”问题。因为道理至明：如果不妥善处理“台独党纲”，民进党就不可能真正务实地面对两岸关系，从根本上改变“台独党”的刻板形象，消除岛内民众对民进党执政的恐惧和疑虑。那么，民进党梦寐以求的“全面执政”，恐怕就只能永远停留在梦境之中。诚如《台湾时报》的一篇社论所言：“民进党所最不能为人民放心的，非执政的能力或人才的形象，而是所谓的台独党纲。”[1]就连民进党主席许信良也坦承：县市长选举获胜，“证明台湾人民已放心把地方政府交给民进党，但人民还不放心把中央政府交给民进党，因为只要一旦涉及国家安全问题，人民对民进党就不放心。”[2]然而，面对一九九八年底的“三合一”选举和二〇〇〇年的“总统”大选，民进党显然并未从政治上、思想上、组织上做好必要的准备，种种迹象表明，在攸关该党未来发展前途的“台独”转型问题上，目前已陷入困境，至少存在以下四大矛盾难以解决。

困境之一："台独"转型与民进党支持者的矛盾

所谓"民进党支持者"，包括民进党党员以及岛内认同、支持民进党的一般民众。从历次选举民进党的获票率来看，这部分民众大约占岛内选民的百分之三十五至四十之间。诚然，在投民进党票的民众中，有相当一部分是出于对国民党执政的不满，并非认同民进党的"台独"主张，但至少有半数以上的民进党支持者具有不同程度的"台独意识"，其中有约百分之十的支持者"台独意识"极其强烈，是民进党"台独党纲"最忠实、最死硬的拥护者。毋庸置疑，对于大多数认同"台独"的民进党支持者而言，"台独意识"其实只不过是台湾"乡土意识"的一种"异化"而已。其"乡土意识"之所以会异化为"国家认同"问题，国民党治台政策的失当固然是主要原因，但同时也不可否认，长期以来民进党人为推行其"台独"路线，扩大"台独"的社会基础，营造"台独"的文化、心理、社会大环境，采取了一切可能采取的手段，从政治、思想、历史、文化、教育等各个层面，极力向台湾民众灌输所谓"台湾人命运共同体意识"也即"台独意识"，不能不说这也是其中的一个十分重要的原因。为此，民进党人甚至不惜诉诸"大福佬沙文主义"，煽动、挑拨台湾社会族群间的对立情绪。因此，从某种角度上可以说，这一大批"台独"的死硬支持者正是由民进党精英们一手培养造就出来的。这批民进党的坚定支持者，视民进党的"台独党纲"为他们心目中神圣不可侵犯的"精神牌位"，和幻想中未来"台湾国"的象征与希望，任何人敢于触碰它，都会被视为"大逆不道"而激起他们的强烈反弹。

事实的确如此。人们应还记得，早于四年前一九九五年省市长选战结束后，鉴于分别代表民进党参选省、市长的陈定南（竞选台湾省长失败）、陈水扁（竞选台北市长成功）一正一反的经验教训，张俊宏即曾务实地提出过修改"台独党纲"的建议，但立即遭到党内的群起围攻；三年前施明德在访美期间首次宣称："民进党若执政，不必也不会宣布台湾独立"，也被指称为违背民进党的“建党精神”而在党内引起普遍反弹；去年县市长选战获胜后，许信良在美国宣称：“台独党纲”已是民进党的“历史文献”，同样引起党内的强烈质疑。迫于压力，返台后许信良不得不违心地改称他只讲过“台独党纲”是民进党的“历史性文献”云云。很明显，近几年来民进党精英们在“台独”主张上虽然已纷纷进行务实转型，但民进党的社会基础却并没有随之而同步转型，两者之间在认知上存在着相当大的落差。于是人们看到，民进党内真正较具国际宏观视野的领导人，大都难以在党内得到普遍认同。例如，素有“转型发动机”之称的许信良，即因其在“台独”转型问题上不断提出大异于其他民进党人的“超前”主张而在党内备受争议。三年前，在“总统”候选人的党内初选中，惨败于“台独基本教义派”大佬彭明敏手下自不必说，去年底当许信良率领民进党打赢了“跨世纪选战”后，竟也不得不在党内的强大压力下，黯然宣布一九九八年他将“不竞选任何党职和公职”。而“台独”色彩相对浓厚得多、且并无任何党务经验的林义雄，却以绝对优势战胜党内的另一位“务实独派”代表人物张俊宏，被拥上党主席的宝座。民进党转型的另一部“发动机”——前任党主席施明德，则在年初举行的党内“立委”初选中“敬陪末座”，险些出局。而深知“台独是票房毒药”但却工于权术、最具投机性的陈水扁则不同。他一方面反对修改“台独党纲”，另一方面又一再强调“台独党纲”的所谓“公投”原则以及“公投”的时机与议题，声称不会“拿台湾2100万人民的生命财产开玩笑”，既不得罪广大中间选民，又可免于民进党支持者的反弹，首鼠两端。于是加之其他各种因素，陈水扁的政治声望和地位急速蹿升，取代许信良等多位美丽岛时代的领导人，成为民进党内的“主流价值”。

作为岛内的一股社会思潮，民进党支持者的“台独意识”不是一朝一夕形成的，当然也不会轻易退潮而具有相对的稳定性。因此不难意料，民进党精英与其支持者之间在“台独”转型问题上存在的这种认知上的落差，还会持续相当长一段时间。如何尽快摆脱这一困境，将直接关系到民进党的发展和“台独”转型的成败。

困境之二："台独"转型与民进党体质的矛盾

政党转型乃是一项艰巨而复杂的系统工程，需要有坚强的领导和全党上下的通力合作、密切配合方能克尽其功，而民进党政党体质的先天不足和后天失调，却给该党的"台独"转型设置了重重障碍，造成了诸多难以克服的困扰。

首先是缺乏领导权威和全党众望所归的领袖。众所周知，目前民进党领导精英主要由以下两部分人组成：一是以许信良、施明德为代表的美丽岛时代的政治人物；二是后来崛起的以陈水扁、谢长廷为代表的党外律师群。由于所处的岛内政治环境不同，比较而言，美丽岛时代的民进党精英长于思考，较具宏观战略眼光，但却往往"眼高手低，徒具理想而缺乏步骤，动辄造成曲高和寡、寸步难行的领导窘境"。[3]后来崛起的第二代民进党精英，则精于战术攻防和媒体造势，而缺乏宏观战略头脑，显得格局过小，喜欢追求急功近利。当然，两代民进党精英若能取长补短，精诚合作，或许有可能在斗争中逐渐形成坚强有力的领导核心，率领民进党不断绕过暗礁险滩，早日迈上执政。然而情况并非如此，由于民进党内历来缺乏正常有效的沟通机制，加之派系和个人私利所驱动，因而不仅不同世代精英之间经常因见解相左造成不必要的误解而势同水火，即便在同代精英之间也是矛盾重重，难以整合。因此，民进党建党十二年来，时至今日，始终无法形成党的坚强领导核心，也难以涌现出一个全党众望所归的领袖人物。"施明德复出时的道德光环，历经'大和解'和建国会的冲撞，早已消失殆尽。许信良回台时的群众魅力，历经台独转型和中国政策的冲击，早已消失无踪。"本应是最受全党尊崇的民进党主席，却成了"全台湾最容易挨骂的职业，因为党内各说各话到了最后，总会以党主席当作共同的出气筒"。[4]

民进党根深蒂固的"反权威"情结及其相应的党中央权力体制设计，是造成民进党难以涌现出全党众望所归的领袖人物的另一个重要原因。民进党是在戒严时期岛内专制独裁高压下破茧而出的，以追求西方式的所谓"民主"、"自由"为最高价值，历来对"权威"有一种感同身受的逆反心理。建党之初在制定党章时，在党的权力结构设计上力图防范“独裁”和“权威”的出现，从党主席的任期、职权到中常会、中执会的构成等各个方面，作了许多不近情理、脱离实际的严格限制。例如，规定党主席一任一年，不得连任；党中央权力机构采“合议制”，党主席职权除了任命党的秘书长和一级主管外，和其他中常委完全相同等等。这种权力体制的设计，显然是“把民主等同于制衡，只着重对权力集中的消极防弊，却忽略了领导权威在积极推动政务上的必要性”。[5]其结果造成党主席的频繁异动，职权过小，党中央代表性明显不足，政治整合能力有限，党的政策缺乏必要的连续性和权威性等诸多弊端。

近几年来，民进党虽然在这方面不断进行调整改革（如党主席的任期延至二年，可连任一次等），但并未从根本上解决问题。由于缺乏领导权威和全党众望所归的领袖，民进党如同一盘散沙，缺少凝聚力，从而使转型显得格外费力。

其次是权力结构的分散化。由于历史的原因，民进党内向来派系林立，山头主义盛行。几经分化组合，目前党内主要有美丽岛、新潮流、正义联线和福利国联线这四大派系，另有进步联线、“台独联盟”两个较小的派系。这些大大小小的派系成为民进党最重要的构成单位和利益集团，而民进党精英则大多分布于这些大小派系之中，成为各派系的龙头老大。大家共同瓜分民进党有限的政治资源，形同“诸侯割据”的局面，造成民进党权力结构的严重分散化。而且，为了争取本派系的最大政治利益，这些大小派系又往往结成派系联盟，争夺党中央的主控权。更有甚者，近几年来随着民进党政治版图的扩大，党籍“立委”和县市长席次的不断增加，具有很大影响力的“立院”党团和手中握有行政资源的县市长，又分别形成各自的利益集团，从而使民进党权利结构的分散化更趋严重。由于“台独”转型乃是影响全局的结构性转变，不仅牵涉到党的政治信仰、政治目标和党的路线、政策、策略取向，而且还直接影响到各个派系、各个利益集团的生存发展、利益再分配，以至领导精英个人在政坛上的生涯规划等切身利益问题，故而，他们对转型的态度，往往取决于对本派系或个人是否有利为转移，很少甚至根本不考虑党的整体利益，更遑论他们平日口口声声挂在嘴边的所谓

“2100 万台湾人民的利益”！因此，民进党内的整合愈加困难，常常政出多门，朝令夕改，“一人一把号，各吹各的调”。

以近年来民进党推动的所谓朝野“政党合作”为例，即令人眼花缭乱：一九九五年施明德任党主席初期，在“立委”选举中民进党与国民党联手痛批新党；到了一九九六年初，民进党却又改与新党“大和解”，鼓吹“大联合政府”，与新党联手发动“二月政争”和“六月政改”，挑战国民党的执政地位；一九九六年七月许信良接任党主席后，民进党又改与国民党联手召开“国发会”和推动“修宪”，主张“联合政府”。从联合国民党到联合新党，又从联合新党到联合国民党，最后又被陈水扁的“单独执政”所推翻，民进党如此朝秦暮楚，“确实造成了不少选民的困惑”[6]，从而极大地损害了民进党自身的形象。其中最为典型的莫过于一九九七年“修宪”，民进党内部分裂成以许信良为首的“内阁制派”和以陈水扁为代表的“总统制派”，双方各不相让，斗得不可开交。由于内部无法整合，最后民进党不得不向“国民大会”同时提出两个“修宪”版本，闹出了世界政党政治发展史上难得一见的大笑话。

从表面上看，民进党内的“修宪”之争是出于对“宪政体制”的不同思考和选择，但骨子里实际上是不同派系和个人之间的权力角逐。正义联线之所以坚持“总统制”，乃是因为该派系龙头陈水扁已跃居为民进党的超级政治明星，未来最有希望成为该党的“总统”候选人；而与许信良一起力主“内阁制”的新潮流，“则与新潮流一贯强调集体领导，不鼓励超级明星，不认同民粹政治有关”。[7]

人们看到，近年来民进党内部的流派之争并没有因为“台独基本教义派”的分裂出走、另组“建国党”而稍有缓和，相反却有愈演愈烈之势。其中许信良与陈水扁之间的矛盾与争斗，则格外引人注目。人所共知，陈水扁原本在“台独”主张上一向以理性、务实而著称，和许信良并无太多的矛盾与分歧。然而奇怪的是，自从一九九六年许信良再次接掌党主席后，陈水扁却几乎事事都和许信良对着干。在“台独”主张、政党合作、“国发会”、“修宪”、两岸政策、执政路线、产业政策等一系列重大问题上，陈水扁均一反往日温和、务实的常态，屡屡发表与许信良相左的言论，明显蓄意要和许信良有所区隔，并最终迫使许信良放弃竞选连任党主席，向其变相交出“党权”。其所以如此，原因无它，关键在于许、陈二人均已瞄准了“总统”宝座，眼前的一切明争暗斗，实际上都是在为日后“总统”候选人的党内初选中击败对手而提前卡位布桩、累积资源。至于党的整体利益，则对不起，非我陈某所虑之事！诚如郭正亮所言：“群雄并起的骚动，不但造成民进党的决策困顿，同时也造成同志伦理的荡然无存。影响所及，领导精英不再受尊重，同侪精英难以形成团队，世代精英也不再互相礼让……。”[8]目前，这种状况还看不出有任何改善的迹象。

民进党体质与转型的矛盾当然还远不止这些，例如人头党员问题、基层组织松弛涣散问题、部分精英腐败堕落问题、与社会弱势团体渐行渐远问题……都无不对民进党的“台独”转型造成程度不同的困扰。而上述诸多问题又都不是一朝一夕可以轻易解决的。

困境之三：坚持“台独党纲”与破解国民党“安定牌”的矛盾

郭正亮在其新近出版的《民进党转型之痛》一书中说：“国民党的安定牌本质上即灵活操纵民进党的台独论，使国民党得以在对内选举和对外谈判的两种竞争中左右逢源。在对内选举竞争中，国民党痛批民进党的台独论，指控将挑衅中共武力犯台，以此煽起台湾人民的恐惧不安。因此即使黑金弊端积重难返，人民仍因为恐惧中共武力而无奈支持国民党。但在对外谈判竞争中，国民党却诉诸民进党的台独论，表示将难以向国内在野势力交代，以此作为协商破裂的挡箭牌。因此即使两岸僵局持续无解，国民党仍可将部分责任推到民进党的不顾现实。”郭正亮指出，民进党为了突破上述困局，近两年来采取了四种因应策略：即“重新诠释台独”、“淡化冲突取向”、“重组安定选民”和“柔化政党形象”。特别是一九九八年二月民进党“中国政策”大辩论所达成的“积极面对两岸谈判，展开有条件的正面交往”共识，有力地回应了国民党“安定牌”的最大质疑：“主张台独的民进党，如何避免中共武力犯台？如何与中共正面交往？”认为从此可以破解国民党安定牌“内外有别”的两手策略，并使两岸事务“从此不再是朝野斗争的政党本位议题，而是朝野团结、一致对外的台湾本位议题”。[8]

郭正亮的上述论述前半段甚为中肯深刻，但对于民进党破解国民党“安定牌”的说法则显然过于乐观，以目前民进党的作为，真的足以破解国民党的“安定牌”吗？恐怕未必！

诚然，应当承认，近几年来民进党的“台独”主张和两岸政策经过不断调整确已较前理性、务实，毫无疑问，这对争取岛内选民的认同和改善民进党与大陆的关系确有正面效果。然而，这种充其量只能算是低层次的“策略性”的调整，没有也不可能从根本上消除岛内民众对民进党“台独”的恐惧与疑虑，当然也难以实现民进党与大陆的“正常交往”。因为这种性质的“转型”，就连郭正亮本人也坦承“相当脆弱”，其“政治声势远超过政治实质”[10]，因而具有明显的随意性和不稳定性。这是因为：

其一、既是“策略”转型，便可随时依据主客观形势的变化而不断调整、改变“策略”，并带有某种“权谋”的味道。

其二、民进党近几年来抛出的各种形形色色的所谓“新台独论”，无论是施明德的“不必也不会宣布台独论”、林浊水的“台湾主权已经独立论”，还是许信良的“台独党纲历史文献论”、新世代的“新台独运动纲领”等等，正如郭正亮自已所说：均不过是“喧腾一时的短期事件”，“既未发展成党的长期议程，也未形成党的正式决议；既未凝聚党的共同愿景，也未深化党的基层运动”。[11]也就是说，在很大程度上属于“个人行为”，缺乏必要的严肃性和权威性。

其三、种种迹象表明，经过民进党“八全大会”的换届选举，即便是这种低层次的“策略”转型会不会“回潮”，也已有待观察。岛内有评论说：“台独”色彩浓厚的林义雄，以高票当选党主席，“使得民进党又回归到该党的基本面，间接否定了所谓‘民进党转型成功’的说法”，打赢县市长选战后的民进党，“反而在党内掀起一股逼迫许信良下台的强大压力，似乎又在告诉人们，民进党内确有相当大的反对转型的势力存在，……民进党要想完全让台湾人民放心，显然还有待努力。”[12]果然，林义雄刚刚当选，便在接受日本《产经新闻》记者专访时公开宣称：“台湾独立建国必须由公民投票决定。”[13]摆出一副坚持“台独党纲”的架势。更值得关注的是，最有望成为下届民进党“总统”候选人的陈水扁，不仅近年来一再鼓吹“公投台独党纲”，反对两岸谈判和直接“三通”，而且近日在一次研讨会上公开表示，他与“建国党”的“理想目标一致，要实现‘台湾中国，一边一国’”，并称，“年底选举后，民进党主导建立联合内阁，对象是建国党并不是国民党、新党”[14]云云。

如此观之，认为目前民进党“台独”转型已足以破解国民党的“安定牌”，确实有盲目乐观之嫌。对于民进党的“台独”转型究竟该打多少分？广大台湾选民心中有一把尺，而大陆方面也非可以轻易蒙骗。可以意料，只要民进党一天不痛下决心妥善处理“台独党纲”问题，并调整其一整套具体的“台独”政策和策略，那么民进党便难以真正取信于民，而民进党欲与大陆进行“正面交往”也不可能。至于所谓“朝野团结、一致对外”，恐怕更是一厢情愿。因为道理很清楚，只要民进党仍不肯放弃“台独”立场和主张，岛内的统独争议便不可能停止，而且在未来的岛内政党竞争中，特别是在争夺大陆政策主导权方面，民进党仍将继续处于不利地位。

年底的“三合一”选举在即，二〇〇〇年的“大选”也已为期不远，民进党能否走出怪圈，有效地破解国民党的“安定牌”，将是对民进党的严峻考验。

困境之四：坚持“台独党纲”与美国“三不政策”的矛盾

民进党不光是被国民党李登辉的“奶水”喂大的，其实同时也是被美国山姆大叔的洋面包养大的。在今年六月北京中美高峰会谈中，美国总统克林顿亲口向江泽民主席重申“三不政策”。即“不支持台湾独立，不支持‘一中一台’或‘两个中国’，不支持台湾取得以国家身份加入的国际组织的会籍”。其中第三条较去年美国政府宣布的“不支持台湾加入联合国”显然更进了一步，因此被外界称之为克林顿政府的“新三不政策”。再有，白宫国家安全顾问伯杰在记者会上更间接指出：美国不支持台湾民选“政府”宣布“台独”，亦不支持台湾经“公民投票”尝试“台独”。台湾《联合报》社论说：“如此一来，所谓‘三不支持’，俨然已经变成‘五不支持’。

而这五个‘不支持’，每一点都等于‘不支持’民进党的基本政策。”[15]因此，克林顿的“金口”一开，立即对民进党产生了强烈震撼，有香港媒体评论说，美国出于其全球战略利益，已经结束了它近几年来那种徘徊于“围堵”与“接触”之间的对华外交混乱，“让美中关系不但走回常轨，甚至更有开创性”[16]。那么，长期以来民进党以美国为最大“保护伞”的考量下所演绎出来的种种“台独”理论和两岸政策，顷刻之间便都成了“无源之水”和“无本之木”。民进党将如何自处？是继续顽固坚守“台独党纲”？抑或加速“台独”转型？这一攸关民进党生存发展的重大问题，已急迫地摆在了民进党人面前，必须尽快抉择。

对此，民进党内部显然有不同回应。许信良公开表示，民进党已“面对国际社会期待民进党修改‘台独党纲’的压力”，并认为民进党不能随便举行公投，因为“任意公投等于是向中国宣战”。[17]郭正亮也认为大陆的“一个中国”已成为国际趋势，台方应放弃“主权牌”的“外交语言”，改用“国际主流语言”。民进党中常会则发表了三项声明，要求在“总统府”设立跨党派的“两岸事务咨询委员会”，作为整合岛内共识的机制；加强对美关系多元化；全方位与大陆对话，建立“平等”互动关系。这一声明看来还较为理性、务实。然而候任党主席林义雄却宣称：美国和大陆的交往，不能影响台湾的利益，台湾所有的事，也绝不能任由美国和大陆说要怎样处理就怎么处理。而陈水扁对美的“新三不”则另有解读，竟称：“‘不支持’不等于‘反对’，台湾的未来，不在于美国的立场，中共的原则，而是台湾住民自己决定”[18]云云。对于陈水扁的这种阿Q式的说法，台大教授张麟徵女士无可奈何地发表评论说：“真是无可救药！”[19]

从以上四个方面的粗浅分析看来，民进党在“台独”转型的困境中还须痛苦地挣扎相当长的一段时间——如果还不是真的“不可救药”的话。

【注释】

[1] 台湾《台湾时报》一九九八年二月十四日。

[2] 台湾《中国时报》一九九七年十二月八日。

［3］ 郭正亮：《民进党转型之痛》第一五七页。

［4］ 郭正亮：《民进党转型之痛》第一五三页。

［5］ 郭正亮：《民进党转型之痛》第 一六一页。

［6］ 郭正亮：《民进党转型之痛》第一五四三页。

［7］ 郭正亮：《民进党转型之痛》第一七八页。

［8］ 郭正亮：《民进党转型之痛》第一五四页。

［9］ 郭正亮：《民进党转型之痛》第一四七至一四九页。

［10］ 郭正亮：《民进党转型之痛》第二二九至二三〇页。

［11］ 郭正亮：《民进党转型之痛》第二二九页。

［12］ 台湾《独家报道》周刊，一九九八年第五一四期。

［13］ 台湾《自由时报》一九九八年六月十九日。

［14］ 台湾“中央社”一九九八年六月二十日报道。

［15］ 台湾《联合报》一九九八年六月二十九日。

［16］ 香港《亚洲周刊》一九九八年七月十二日。

［17］ 台湾《中国时报》一九九八年七月二日。

［18］ 台湾《中国时报》一九九八年七月一日。

［19］ 台湾《海峡评论》一九九八年六月号。

（“第七届海峡两岸关系学术研讨会”论文，发表于《台湾研究论坛》1998 年第 4 期，摘发于《台港澳情况》1998 年第 45 期）

民进党执政之可能性及其对两岸关系的影响

一、民进党能否执政将取决于三大因素的互动

民进党在一九九七年底举行的新一届县市长选举中击败国民党，取得了该党成立十一年来从未有过的重大胜利。包括金门、连江在内的二十三个县市长席位中，民进党获得十二席，首次超过了半数。国民党仅获八席，且多为离岛及边穷县市；民进党席卷了大部分精华县市，加上台北市，执政总人口、预算、税收分别占全岛的百分之七十一点五三、百分之六十九点二四、百分之八十三点一二；得票率亦创新高，首次以百分之四十三点三比百分之四十二点一超出国民党一点二个百分点，成为岛内名副其实的地方政权的第一大执政党。

通过这次选举，使国民党长期以来对台湾地方政治、经济的传统支配地位已然成为历史，而民进党所掌握的地方政经资源则急剧膨胀。没有人可以否认，国民党的执政危机已经显现，民进党上台执政的可能性业已大增。

然而，执政“可能性”的大增并不等于执政的“现实”很快就会到来。岛内外舆论大都认为，国民党之所以在这次选举中惨败，“主要还是败在自己手上”，“国民党摧枯拉朽，是因为国民党自己涣散了”。客观而论，岛内朝野两大党的实力对比，并没有因为这次地方选举而发生实质性的逆转。“民进党的获胜，一时之间尚不足以影响国民党中央的执政地位”。[1]其根本原因，乃是因为地方政权的选举，主要是围绕着地方建设和民生福利等公共政策议题进行竞争，选民比较注重候选人的个人形象、操守和能力，所谓“选人不选党”。由于长期以来处于执政地位的国民党早已腐败不堪，积重难返，因而面对选民久蓄于心、普遍希望“换人做做看”的投票心态，国民党自然愈来愈处于下风。加之“修宪冻省”造成了国民党的严重内伤，削弱了国民党的整体竞争实力，因而，其败选势所必然。而“中央政权”的选举则有很大不同，由于台湾政党政治所具有的特殊性，统独问题也即国

家认同问题始终成为政党竞争中无法回避的核心议题。公共政策固然十分重要，但民意的依归主要取决于哪一个政党较能维护台湾社会的安全、安定和繁荣。因而各政党的获票率，较为客观真实地反映出该党的政治实力和在岛内所拥有的民意基础。

九十年代以来岛内的历次选举结果，证明了上述判断之不谬。在地方政权选举中，民进党的获票率一向超过百分之四十：一九九三年县市长选举为百分之四十一点零三，一九九四年陈水扁胜选台北市长获票率为百分之四十三点六七，一九九七年县市长选举为百分之四十三点三。而在“中央”层级的选举中，一九九六年“总统”选举民进党惨败自不必说，历次“国代”、“立委”选举，民进党的获票率始终都无法突破百分之四十的瓶颈：一九九一年“国代”选举为百分之二十三点九四，一九九二年二届“立委”选举为百分之三十六点零九，一九九五年三届“立委”选举为百分之三十三点一七，一九九六年“国代”选举则仅为百分之二十九点八五。上述事实不仅表明，对于“地方政权”和“中央政权”这两个不同层级的选举，岛内民众的投票取向的确有很大差别，同时也反映出国、民两党的获票率虽有浮动，但已相对稳定。如果岛内政坛的政治生态和政党的政治取向不出现实质性的变化，国、民两党所拥有的政治实力和社会基础发生戏剧性突变的可能性不大。

盱衡岛内政局的演变发展，笔者认为，民进党能否突破目前台湾政坛的这种“动态平衡”，早日实现梦寐以求的全面执政，将主要取决于以下三个方面主客观因素的互动：

（一）民进党自身的“政党转型”能否成功。

（二）国民党是否致力于改革，以及中生代是否成功整合。

（三）新党能否摆脱困境，在日后的政党竞争中继续起“关键少数”的作用。

在上述三方面因素中，主观因素也即民进党自身“政党转型”能否成功，将起决定性作用。

二、民进党“政党转型”已面临瓶颈

民进党致力于“政党转型”已有经年，其主要内容包括以下四个方面：

（一）在政治理念上，淡化“台独”诉求，重新解释“台独党纲”，调整大陆政策，以图改变“台独党”形象。

（二）在斗争策略上，放弃街头抗争和在“国会”议场上的“肢体冲突”，实行“政党合作”，缓和族群矛盾，以图改变“暴力党”形象。

（三）在产业政策上，向工商企业界靠拢而与劳工和弱势团体渐行渐远，推出一整套发展经济的政策诉求，以改变“反商”形象。

（四）在组织发展上，推行党务革新，制定党内“游戏规则”，以加强党内团结，提高党的凝聚力和竞争力。

平心而论，民进党上述四个方面的转型确已收到了不同程度的正面效果。一九九七年底县市长选举民进党取得胜利，即表明了岛内民众对民进党近几年来致力于“政党转型”的某种肯定与鼓励。然而岛内外有识之士也无不指出，民进党的转型尚处在低级阶段，还远谈不上已经成功，距离许信良的所谓台湾社会“主流价值”还相去甚远。其中特别是影响全局、牵涉到民进党结构性转变的“台独”转型，也即如何妥善处理“台独党纲”这一重大问题，种种迹象表明，目前已面临瓶颈，短时间内难望突破：

迹象之一：自从四年前张俊宏鉴于陈定南、陈水扁参选省、市长一正一反的经验教训，务实地提出修改“台独党纲”的建议遭到党内的群起围攻之后，民进党内就再也没有人敢于触碰“台独党纲”。一九九七年县市长胜选后不久许信良出访美国，只不过宣称“台独党纲”已是民进党的“历史文献”，便立即引起党内的强烈反弹。迫于压力，返台后许信良不得不违心地改称他只讲过“台独党纲”是民进党的“历史性文献”云云。

迹象之二：有“转型发动机”之称、率领民进党打赢了一九九七县市长“跨世纪选战”的党主席许信良，不仅未能得到全党上下的一致肯定和拥戴，相反，却在党内的强大压力下，不得不黯然宣布一九九八年他将“不参选任何党职和公职”。而“台独”色彩相对浓厚得多、且在民进党

“转型”过程中几乎事事都和许信良对着干的林义雄，却以绝对优势击败党内的另一位“务实独派”代表人物张俊宏，被拥上党主席宝座。此外，民进党“转型”的另一部“发动机”——前任党主席施明德，则在年初举行的党内“立委”初选中“敬陪末座”，险些出局。

迹象之三：二月中旬曾经轰动一时的民进党“中国政策”大辩论，虽然最终达成了“强本西进”、“全方位谈判”等多项共识，但在五月中旬的民进党中常会上，这些共识并未被通过而形成该党的政策，仅仅作为大陆政策的“参考性”文件而已。再有，七月下旬秘书长邱义仁的首次大陆之行计划曝光之后，“各方‘关切’电话不断，有人委婉相劝，有人破口大骂”[2]，党内责难之声不绝于耳，使邱义仁备受困扰。更有甚者，不久前“林滴娟事件”发生后，民进党竟然大作“政治文章”，要求大陆方面作出各种不切实际的承诺，“否则将降低与大陆文化、体育交流层次”，甚至有人扬言要与大陆“全面断流”。

迹象之四：林义雄刚刚当选党主席，便在接受日本《产经新闻》记者专访时公开宣称：“台湾独立建国必须由公民投票决定。”[3]摆出一副与前任党主席许信良迥然相左、坚持“台独党纲”的架势。并在八月一日新旧党主席交接典礼上，声称民进党应“对台湾和中国的关系保持高度谨慎”，鼓动“所有居住在台湾的人民……共同创造一个属于自己的国家”。[4]更为值得关注的是，最有望成为下届民进党“总统”候选人的陈水扁，不仅近年来一再鼓吹“公投台独党纲”，反对两岸谈判和直接“三通”，更于近日在一次研讨会上公然表示，他与“建国党”的“理想目标一致”，要实现“台湾中国，一边一国”，并称，“年底选举后，民进党主导建立联合内阁，对象是建国党并不是国民党、新党”[5]云云。

迹象之五：今年六月下旬克林顿在上海重申美国“新三不”政策后，民进党内反弹强烈，林义雄宣称：美国和大陆的交往，不能影响台湾的利益，台湾所有的事，也绝不能任由美国和大陆说要怎样处理就怎么处理。而陈水扁竟称：“‘不支持’不等于‘反对’，台湾的未来，不在美国的立场、中共的原则，而是台湾住民自己决定。”[6]仍顽固坚持“住民自决”的“台独”主张。

上述情况表明，近几年来民进党精英在“台独”主张上虽然已纷纷进行务实转型，但民进党的社会基础并未随之而同步转型，两者之间在认知上存在着相当大的落差，党内反对转型的保守势力仍相当强大。而民进党内各派系和精英之间，在“台独”转型的具体政策、策略考量上，也存在着程度不同的分歧。加之派系之间乃至个人之间的利益之争相互纠缠，造成内斗不休、步调不一，从而使转型大打折扣。因此，可以预料，民进党在短期内难望其妥善处理“台独党纲”，实现“台独”主张的实质性转型。

岛内舆论早已指出，民进党是否放弃“台独”立场，已成为该党能否走上执政的关键。《中国时报》社论说：“民进党愈接近执政，愈须对两岸关系和大陆政策做出负责任的政策定位，这一关亦是民进党突破执政框限的主要因素。”[7]《台湾时报》社论也说：“民进党所最不能为人民放心的，非执政的能力或人才的形象，而是所谓的台独党纲，虽然此一台独党纲有公民投票的前提，但国民党乃至中共或美、日等国莫不视‘台独’为台海和平威胁的‘引信’”，虽然“各派系龙头均已多次宣示‘民进党执政不会也不必再宣布台湾独立’，但这些宣示并未化解上述的台独疑虑。”[8]就连许信良也坦承：县市长选举民进党获胜，“证明台湾人民已放心把地方政府交给民进党，但人民还不放心把中央政府交给民进党，因为只要一旦涉及国家安全问题，人民对民进党就不放心。”[9]因此，如果从这一角度来看，民进党在短期内难以获得岛内多数民众的认同和支持而走上全面执政。

三、国民党的改革和中生代的整合不容乐观

民进党能否走上执政的另一重要观察指标是，国民党面对执政危机是否能真正痛下决心、洗心革面、重整再造，以及中生代能否成功整合。

众所周知，国民党由于长期执政而背负着十分沉重的“包袱”。所谓“包袱”，即国民党在执政过程中的诸多失误所造成的在内政、“外交”、两岸关系等各个方面的种种弊端。在激烈的政权攻防战中，所有这些失误和弊端，都将不可避免地成为在野党攻击的“箭靶”，而使执政的国民党处于不利地位。但是，国民党更有其令在野党无法望其项背的优势，也即正因为国

民党长期执政，使其累积起了庞大的政治、经济资源。国民党若能善用这些资源优势，同时又能审时度势，调整其错误政策，锐意革新，并凝聚全党力量，那么按理说，尚未完成“政党转型”的民进党，是难以在短期内从根本上撼动国民党的执政地位的。

然而，在李登辉主控下的国民党实际情况并非如此。面对日益严重的执政危机，李登辉虽然也一再高喊“改革”，但李登辉的所谓“改革”，只不过是其用来排斥异己、任人唯亲、巩固权力的代名词而已。近年来，李登辉主导下的最大胆的“改革”措施，莫过于强行“修宪冻省”，其结果却造成了国民党中生代的分裂和基层“桩脚”的严重分化、离心离德。近几年来，李登辉内政不修，致使岛内金权政治日盛一日，扫黑“愈扫愈黑”，恶性治安事件层出不穷，人心惶惶，经济低迷不振，环保问题日趋严重，行政效率不彰，民众怨声载道，不满情绪日增。李登辉一心热衷于所谓“务实外交”，声称要“向不可能的事物挑战”，其结果却造成了海峡局势的急剧动荡，“外交”空间日趋萎缩，被国际社会视为亚洲地区的“麻烦制造者”。在两岸关系方面，则顽固坚持倒行逆施的“戒急用忍”经贸政策，拒绝“三通”和政治谈判，致使两岸关系持续僵化、难以突破。

如前所述，一九九七年县市长选战国民党之所以惨败，主因并不在于民进党有多强，而在于国民党自己的失策与涣散。然而时至今日，面对年底的“三合一”选举和二〇〇〇年“总统”大选，人们看到，李登辉国民党却依然故我，毫无长进。如此，尚未转型成功的民进党短时期内虽然在“理论上”难以走上执政，但在“实践上”却并非没有趁虚而入、捡国民党“便宜”而夺取政权之可能。

在危机意识的驱动下，原本“不知为何而战”、于去年退出政坛的马英九，在最后时刻宣布“重披战袍”，出马竞选台北市长。而对李登辉满腔怨恨、正在犹豫不决的吴敦义，因此也随之跟进宣布参选连任高雄市长。这“北马南吴”最佳搭配的最终形成，一时间着实使国民党低迷的选情为之大振，而给民进党造成了相当大的冲击。然而，种种迹象均表明，马、吴二人宣布出山，并不表明国民党的裂痕已得到弥补、中生代已停止争斗整合成功。况且，从岛内最新民调分析，马英九胜选的前景并不十分看好，而吴敦义虽有一定优势，但欲击败谢长廷也难免会有一番苦战。

影响全局的关键性战役是台北之战。倘若陈水扁败选，民进党势必士气顿挫，二○○○年“总统”大选可以说基本上已提前出局，因为届时民进党无论推出任何一组人马，恐怕都已不是国民党的对手。相反，假若马英九真的败下阵来，国民党前景则极其不妙：因为按照目前态势，很明显届时国民党唯有推出宋楚瑜才有望击败陈水扁而保住政权。但李登辉会支持宋楚瑜吗？国民党党内的“拥连派”会善罢甘休、轻易退选吗？答案显然是否定的。如此一来，国民党“总统”候选人的党内初选定会有一番你死我活的恶斗，其结果中生代极有可能发生公开分裂。如同一九九六年“大选”时那样，国民党系统分别拥出两组乃至两组以上人马参与“大选”。鹬蚌相争的结果，国民党原本占有优势的票源，将会分散流失，而民进党则势将坐收渔翁之利，恐怕不仅不会再重演一九九六年“大选”时李登辉高票当选的结局，而只能将政权拱手让给民进党了。

不过，“塞翁失马，焉知非福？”如果从另一角度来思考，或许年底的“三合一”选举正是促使国、民两党失败的一方痛下决心进行政党转型改革的契机：倘若国民党失利，届时在“覆巢之下无完卵”的危机意识下，也可能会促使中生代捐弃前嫌，携手合作，共御大敌，并设法尽早摆脱李登辉阴影，逐步调整内外政策，推动国民党的重整再造。那么，即便暂时丢失政权，也有望早日重新夺回。而民进党如若败选，则将对其坚持的“台独”主张产生强烈冲击，或许届时才有可能迫使该党重新思考、真正认真严肃面对“台独党纲”问题。否则，民进党靠国民党的腐败而暂时捞到“便宜”，只会延缓其处理“台独党纲”，从长远来看，这对民进党自身的发展并没有任何好处。

四、新党面临困境但不致变成“无用少数”

由于国、民两党的联手夹杀，以及近年来党内持续不断的严重内讧，目前新党的生存发展已面临困境。一九九七年县市长选举这一重振新党雄风的大好时机已经痛失，如今面对年底的“三合一”选举，尽管赵少康等重新出山，苦心孤旨，奋力经营，但迄今为止，各种指标均无不显示：新党未战而败局已定，充其量只是败多败少、败得是否太难看的问题。

不过话又说回来，新党虽面临困境，但并不等于已失去“关键少数”的作用。举一个现成的例子：如果年底王建煊在关键时刻宣布退选台北市长，那么，陈水扁就必定败在“小马哥”手下无疑！而今马英九之所以选情不被看好，在很大程度上便是因为王建煊的坚不退选。岛内舆论普遍预测，陈、马二人，胜败之间仅差几万张票而已。

据各方评估，年底选举新党仍有望得到百分之四至九的获票率。何况未来岛内外政局变量仍多，新党精英若能痛定思痛、全党一心、锐意改革，也并非全然没有重新崛起的机会，至少在短期内还不致沦为“泡沫党”而变成所谓的“无用少数”。因此，在未来的新一届“立法院”中，以及在二〇〇〇年“大选”中，新党与国、民两党的互动关系仍不可忽视。就发展趋势而言，随着后李登辉时代的到来，国、新两党之间的矛盾分歧有可能会趋于缓和乃至逐渐减弱，从而使两党的合作空间增大。而由于民进党在短时间内难望其放弃“台独”诉求，主张统一的新党在国家认同问题上仍将与民进党存在难以调和的根本矛盾与对立。因此，民、新两党未来合作的空间相对较小。从这一角度来说，新党的存在与发展对民进党谋求走上执政显然弊大于利。

综合以上三方面主客观因素及其互动，似可得出结论：民进党虽然“理论上”在短期内走上全面执政的可能性较小，但从“实践上”来看并非完全没有可能；一九九八年底的“立委”和北、高两市长选举将是关键的观察指标，目前的任何预测似乎都还言之过早。

五、民进党执政对两岸关系的影响

由上所述，“理论上”民进党短期内难望走上执政，但“实践上”民进党却有可能侥幸取得胜利，那么，坚持“台独”主张的民进党一旦上台执政，将对两岸关系产生何种影响？这是近年来海内外各方十分关注的问题。对此，笔者有如下初步观察与评析：

（一）主导和影响两岸关系演变的关键因素是什么？一是中国大陆的稳定与发展；二是台湾民众求稳怕乱、反对“台独”、要求“维持现状”的普遍心态；三是国际社会特别是美、日等国对“一个中国”立场的支持。只要上述三方面因素所营造的大环境没有变化，则无论岛内哪一个政党上台执政，也不论何人登上“总统”宝座，尽管可能会有曲折和斗争，但两岸关系的缓和发展、祖国和平统一的总趋势是不可能逆转的。事实上，近几年来民进党在“台独”主张上不得不进行“务实”转型，正是居于这一大的背景。而且可以预料，只要民进党仍想上台执政，或侥幸夺取政权后欲稳固其执政地位，今后该党的“台独”转型就必须继续前行。

（二）有舆论认为，“主张台独的民进党绝对比主张统一的李登辉要容易沟通得多”[10]，“民进党的大陆政策更为合理，也更具弹性”。[11]表面看来此论似乎有其一定道理，但稍加思量却未免失之偏颇。因为：

其一，民进党近年来调整大陆政策，主张“强本西进”和“全方位谈判”，各派系龙头纷纷访问大陆，在缓和和发展两岸关系以及谋求与大陆接触沟通方面，确实表现出较前“灵活”、“务实”和“积极”的姿态。应当承认，这对国民党保守僵化的大陆政策也确实是造成了一定的冲击，对两岸关系的发展有正面效果，值得欢迎和肯定。但同时也应当看到，只要民进党仍然坚持“台独党纲”，其大陆政策从本质上来说就不可能是真正“积极”的、“务实”的，更不能说是“合理”的。民进党人将“大陆政策”称之为“中国政策”，其本身即已标明该党将两岸关系定位为所谓“国与国”之间的关系。试想，如果民进党一旦上台执政，势必在“台湾主权独立”方面比国民党更无转圜空间，两岸间的谈判和接触交流，必定比目前更难有实质进展和突破。那么，民进党在上台执政之前为讨好选民、与国民党争夺执政权所制定的大陆政策，无论是“强本西进”、“全方位谈判”也好、“三通”也罢，都会因缺乏“操作性”而变成一纸空文，难以贯彻实施。

其二，目前两岸僵局固然与李登辉个人刚愎自用的性格有直接关系，但李登辉的僵化的大陆政策之所以得以推行至今，关键在于这种政策在岛内还有相当的社会基础，否则恐怕它一天也难以维持。因此，如果推行这种政策的社会基础不发生根本上的变化，即便换了另外一个党或另外一个人主政，两岸关系表面上或许会有所改善，但可以预料，总体上、实质上却难望有重大突破。这也正是祖国和平统一何以要“更寄希望于广大台湾民众”，而不是寄希望于某个政党或“贤人智者”的道理之所在。

（三）民进党是个“草根性”很强的台湾本土政党，大多数民进党领导人“岛民意识”浓厚，格局过小，眼光短浅，容易偏激走极端。加之长期接受国民党的反共仇共教育而又缺乏大陆经验，对大陆一知半解、心存偏见，更谈不上处理两岸关系的实际经验，政治上还很不成熟而又坚持“台独”。因此，民进党如上台执政，在与大陆打交道的过程中难免对形势研判错误、处置失当，从而人为地给两岸关系带来负面影响。此次民进党在处理“林滴娟事件”过程中所表现出来的“手法简单、过分、目的不良”[12]，便是明证。

（四）十多年来，民进党为落实“台独”理念，始终不遗余力地推行所谓“新台湾运动”，从政治、思想、文化、教育等各个层面向台湾民众拼命灌输“台湾人命运共同体”意识也即“台独”意识，企图以此割断海峡两岸血肉相连的中华文化脐带，营造“台独”的文化、心理、社会大环境，扩大“台独”的社会基础。试想，如果民进党全面执政，势必会利用他们手中掌握的公权力，采用各种行政手段，愈加肆无忌惮地继续推行其“新台湾运动”，从而不仅会引起岛内统派势力的强烈反弹，加剧台湾内部的统独之争，同时也难免恶化两岸气氛，造成台海局势的紧张。

总之，倘若民进党在“台独”转型尚未成功的情况下侥幸上台执政，尽管两岸关系缓和发展的总趋势不致发生逆转，但势必会增加变数，平添曲折，从而使两岸关系愈加呈现出复杂性和不稳定性，这决非两岸同胞之福。

【注释】

［1］ 台湾《中国时报》一九九七年十一月三十日。

［2］ 台湾《中国时报》一九九八年七月十七日。

［3］ 台湾《自由时报》一九九八年六月十九日。

［4］ 台湾《民众日报》一九九八年八月二日报道。

［5］ 台湾“中央社”一九九八年六月二十日报道。

［6］ 台湾《中国时报》一九九八年七月一日。

［7］ 台湾《中国时报》一九九七年十一月三十日。

［8］《台湾时报》一九九八年二月十四日。

［9］ 台湾《中国时报》一九九七年十二月八日报道。

［10］ 台湾《自由时报》一九九七年十二月七日。

［11］ 台湾《世界论坛报》一九九八年二月十七日社论。

［12］ 台湾《自立早报》文章。

（1998 年 8 月台湾夏潮基金会在台北举办的“一个中国面面观”学术研讨会论文，收入该研讨会论文集，发表于《台湾研究论坛》1998 年第 4 期，摘发于《台港澳情况》1998 年第 40 期）

一九九八年民进党述评

打赢了一九九七年底县市长选战的民进党，以“跨世纪准执政党”自许，满怀信心地跨入一九九八年。一年来，民进党为早日迈上执政，相继出台了一系列引人注目的政党转型新举措；经过中央权力机构的换届选举，党内的政治生态、派系互动及权力分配等各个方面均发生了重大变化；然而在年底“三合一选举”的关键一战中，民进党却遭受严重挫败，从而使该党“迈上执政”的势头顿挫。由此，民进党进入其发展的“盘整期”。

一、“政党转型”举措引人注目，但“治标”不“治本”实质效果有限

“政党转型”是民进党一九九八年活动中的重要内容，一年来该党相继推出了一系列引人注目的新举措。

（一）“中国政策”大辩论

进入一九九八年后，民进党活动中的头一件大事，即于二月十三日至十五日举办了该党成立十二年来的首场“中国政策”大辩论。

民进党选择这个时候举行“中国政策”大辩论有其深刻的内外背景：从岛内因素来看，是为打赢年底的“三合一选举”，试图破解国民党“大陆政策安定牌”、夺取岛内执政权的需要；从党内因素来看，是面临执政前景、急欲整合派系矛盾的需要。同时也是党主席许信良与台北市长陈水扁争夺党内主导权的反映；从国际因素来看，是为因应一九九七年十月江泽民访美后美国调整两岸政策、以适应美国战略利益的需要；而从大陆因素来看，则是为配合国民党“独台”势力、对抗中共十五大后新的和平统一攻势的需要。

这场大辩论以“美丽岛系”为甲方，“新潮流系”、“正义联线”、“福利国联线”为乙方，分别就所谓“后冷战时期国际新秩序对台、中关系的

影响”、“ 台、中双边协商与互动关系的策略规划”、“两岸经贸关系发展与加入世界贸易组织的挑战与因应对策”，这三大议题展开了为期三天的激烈辩论。

辩论结果，双方达成以下四项基本共识：（1）两岸应该谈判，但不能将“主权”作为谈判标的；（2）采取“全方位谈判”策略；（3）实行“政府对政府谈判”，反对“党对党谈判”；（4）两岸经贸往来实行“强本西进”政策。

这场大辩论受到岛内外的普遍关注和好评，达到了预期目的：

1. 民进党开岛内政坛之“先河”，首次运用这种公开大辩论的方式来处理党内分歧，收到了“一箭三雕”的效应：一方面使该党在岛内民众心目中树立起了“理性、务实、民主”的良好政党形象；同时反过来又突显其主要竞争对手国民党决策机制的独裁与不民主；另一方面还因这场大辩论吸引了不少外国驻台机构和新闻媒体到场旁听采访，从而扩大了民进党的国际知名度。会后，岛内媒体纷纷发表评论表示肯定，认为：“民进党能以如此高度民主的研讨会来探究高度敏感而高难度的议题，本身即是一个极为重大的民主成就。”[1]称赞民进党勇于面对内部冲突，是“成熟的表现”，“是令人刮目相看的历史性创举”。[2]

2. 民进党内各派系间长期以来在两岸政策主张上的矛盾分歧，经过这场为期三天的坦诚激烈的正面交锋和理性沟通与探讨，互相启发、互相补充修正，最终达成了多项重要“共识”，使该党的大陆政策主张得以初步整合，从而暂时修补了裂痕，加强了党内团结。

3. 辩论达成的多项“共识”，较之民进党以往消极的两岸政策主张有了明显进步，从而对国民党当局保守僵化的大陆政策造成了一定的压力和冲击；同时也有助于民进党以此为筹码，向台湾当局进一步要求提升其在制定大陆政策时的“发言权”和在两岸事务中的“参与权”。

然而，这场大辩论的严重局限性也是显而易见的：

1. 辩论是在丝毫不触动海内外舆论最为关注的“台独党纲”的前提下进行的。也就是说，它所取得的多项“共识”，无论是“全方位谈判”也好、“强本西进”也罢，都不过是为了对抗祖国大陆的和平统一攻势、应付国际社会的“促谈”压力以及岛内民众迫切要求缓和、发展两岸关系的压力所作出的一种策略性的调整而已。其政策核心仍然是该党一贯坚持的“一台一中”理念，因而具有典型的分裂性和保守性。

2. 这场大辩论虽暂时缓解了党内矛盾，但没有也不可能从根本上消除在两岸问题上派系间长期以来存在的严重分歧。加之因党内最具影响力的台北市长、正义联线龙头陈水扁拒绝出席，而其他党籍民选地方首长也未与会，使这场辩论会所达成的“共识”大打折扣。因此，辩论会所达成的“共识”在会后不久召开的民进党中常会上，并未形成党中央的正式决议而仅仅作为“政策参考”。

（二）产业政策研讨会

一九九八年民进党推动“政党转型”的又一项重大举措，是在四月二十四日至二十六日举办了另一场大型的重要会议——“产业政策研讨会”。不言而喻，如果说民进党举办“中国政策”大辩论是意在消除外在对民进党“没有大陆政策”的刻板印象、以破解国民党的“大陆政策安定牌”，那么，举办“产业政策研讨会”，则是为了扭转岛内工商企业界长期形成的民进党“没有产业政策”和“反商”不良形象所做的努力。

平心而论，自从民进党致力于政党转型并将诉求重点转向公共政策之后，对于和工商企业界的沟通以及产业政策的研究与制定，一直比较重视。而且事实上在民进党执政的县市，大都比较重视鼓励工商投资，维护工商企业界的利益。因此，简单地质疑民进党“反商”，说该党“没有产业政策”，其实并不公允。然而问题在于：“民进党可以无争议地订定产业基本主张，但落实到具体个案时却出现争议。”[3]也就是说，尽管民进党主观上很重视制定产业政策，但一遇到具体的产业问题时却往往意见分歧，从而使民进党的“反商”形象始终挥之不去，难以取得岛内工商企业界对其执政的信任。一九九七年县市长选举民进党获胜后的第一个星期一，台湾股市暴跌，即典型地反映了岛内民众的这种心态。而随后不久，因“滨南开发案”和“拜耳投资案”所引发的民进党内的剧烈争议，更进一步强化了工商企业界对民进党执政的疑惧。于是，平息党内纷争、凝聚党内共识、制定出一套能够被工商企业界普遍认同的产业政策，特别是在处理具体产业问题上的行之有效的方法，显然已成为民进党走向执政必须严肃面对并亟待解决的问题。

与“中国政策”大辩论不同，出席这场研讨会的人员范围很广，不仅有民进党中央领导人、各派系头面人物、党籍“立委”和县市长，而且还特别邀请了岛内工商企业界和学术界人士参加。会议主要就“台湾的经贸走向”、“台湾产业升级”和所谓“国土规划及产业政策”这三大议题进行了为期三天的辩论和研讨。

会议最终达成以下九项共识：关于“台湾经贸走向”：（1）“国家”在产业政策中扮演重要角色；（2）台湾发展为亚太市场整合者，是现阶段对台湾高科技及中小企业的最佳策略；（3）解除特许及“国营”事业的垄断局面，使台湾服务业得以迅速升级。关于“台湾产业升级”：（1）民进党将推动“环评法”的修正；（2）以市场公平竞争机制促进产业升级转型；（3）创造新的经济诱因以追求高附加值低污染低耗能的产业为台湾未来产业发展的主轴。关于“国土规划及产业政策”：（1）“国土”规划不是为了配合产业发展；（2）民进党主张建立规划与发展的总责机构。建构“国土”的总体政策，以整合制度法令的规划与执行；（3）落实城乡均衡发展。

会议召开首日，许信良宣称：举办是次研讨会的目的，是“终结反商情结，确立务实产业政策”。[4]然而会议结果表明，民进党并未达到预期目的：

1. 对于民进党举办的这场研讨会，岛内工商企业界反应冷淡，大多数重量级人物并未到场，党内各方面人士出席也不踊跃，个别场次甚至出现“媒体记者比与会者还多”的怪现象，与两个月前召开的“中国政策”大辩论那种热烈情景不可同日而语。岛内媒体对于研讨会的报道也兴趣缺缺，因此未能引起社会各界的广泛关注而形成研讨会组织者所希望达到的“轰动效应”。

2. 尽管提交研讨会的论文或书面报告数量不少，但真正有分量的为数不多，大都空喊口号或重复国民党当局以往宣示过而因种种原因尚未实施的产业政策而已。为期三天的研讨会既未对当前台湾经济发展中存在的诸多弊端及其产生的原因，以及面临的挑战与机遇进行深入的探讨和系统的分析，更未提出一套真正切中时弊而行之有效的对策性建议。会议本身及其所达成的共识，更多的是给人予空泛的“政策宣示”和作秀之感。难怪岛内媒体评论说：“迄今为止民进党似乎还没有准备好执政，拿不出具体的产业政策。”[5]

不过，民进党通过举办此次研讨会也有所收获：

1. 研讨会召开本身及其所达成的诸多共识，向岛内民众特别是工商企业界表明了民进党对产业发展的重视，这对于扭转该党“反商”、“没有产业政策”的不良形象确有一定的积极作用。

2. 研讨会的召开加强了民进党与工商企业界的交流、沟通、了解与联系，有助于促进民进党内部各派系对产业政策的重视与研究，给该党未来凝聚共识，制定出一套能得到工商企业界普遍认同与支持的“产业政策”打下了基础。

（三）“七一声明”

一九九八年中民进党在“政党转型”方面更值得重视的乃是该党发表的“七一声明”。

六月下旬，克林顿访华期间在上海公开重申美国政府的对台“三不政策”，即：“不支持‘台湾独立’，不支持‘两个中国’或‘一中一台’，不支持台湾取得以国家身份加入的国际组织会籍。”美国政府的这一宣示犹如一颗重磅炸弹，立即在台湾政坛特别是对民进党造成了强烈震撼。为因应这一重大变局，七月一日民进党召开中常会并随即发表声明，其要点为：（1）台湾为独立主权国家的事实有利于台湾的生存发展，必须建立共识，努力维持；（2）任何改变“台湾独立”现状的要求都必须经由台湾全体住民以公投方式认可；（3）民进党将继续推动台湾加入联合国及附属国际组织活动；（4）“一国两制”根本不适用于台湾；（5）尽快在“总统府”下成立跨党派的两岸事务咨询委员会作为整合“国内”共识的机制；（6）全力加强美台关系；（7）全方位与“中国”展开对话，建立平等互动关系，民进党应充分参与对话。

民进党的“七一声明”之所以值得高度重视，乃因为：

1. 该文件以民进党中常会的名义对外公开发表，它系统全面地反映了民进党内各派系对台湾前途及两岸关系政策主张上的“共识”，这和以往民进党领导人“自说自话”、片言只语地解释“台独党纲”或单方面表达个人对两岸关系的政策主张有本质上的区别。因此，该文件更具权威性和严肃性。

2. 七点声明中最值得注意的核心主张是其第二点，即所谓“任何改变台湾独立现状的要求都必须经由台湾全体住民以公投方式认可”。该主张认定“台湾独立”已是“现状”，“维持现状”就是“维持台独”。也就是说“民进党已不必也不会宣布台独”，这等于将前主席施明德三年前提出的并曾在党内引起强烈质疑的有关主张予以肯定并提升为党的共识。再者，该主张认为要“改变台湾独立现状”才需要“公投”，这种提法已和民进党党纲中的“台独”条款——“建立主权独立自主的台湾共和国暨制定新宪法，应交由台湾人民以公民投票方式选择决定”，有着实质上的差异。实际上表明民进党已由“党纲”中的“台独公投”转向“统一公投”。即由“破坏现状”转变为“维持现状”；由“进攻”转为“防御”。

诚然，民进党的“统一公投”主张冲淡了原有的“台独公投”诉求的“激进性”，但从本质上来说并未真正抛弃其一贯坚持的“台独”理念，因此，对其改变“台独党”的形象、争取岛内民众的认同与支持仍效果有限。

（四）加强与大陆的接触交流

“中国政策”大辩论之后，民进党即已开始加强与大陆的接触与交流。二月中旬，该党“中国事务部”主任颜万进随海基会副秘书长李庆平率领的法政代表团赴大陆参访。四月，陈水扁市府团队重要幕僚罗文嘉也访问了北京、西安、上海等地。“七一声明”发表后，面对新的形势，民进党内主张与大陆全面接触已成为共识，公职与派系大佬纷纷走访大陆。七月上旬，新潮流总干事、曾参与起草“台独党纲”并一向反对公职人员访问大陆的党籍“立委”吴乃仁、洪奇昌等来大陆参访。七月下旬，党中央秘书长邱义仁等一行七人又力排众议，应邀赴厦门参加两岸经贸问题研讨会。由于邱义仁是近五十年来台湾朝野政党中访问大陆的“现任党职最高人员”，更是民进党创党近十二年来访问大陆的“最高层级主管”，因此引起了海内外舆论的普遍关注，台湾媒体称之为“历史性的突破”。此外，党主席许信良、文宣部主任陈文茜也表示卸任后将参访大陆。而台北市长陈水扁则通过各种渠道，多次表达访问大陆的意愿。就连候任党主席林义雄也表示赞成党内人士以私人身份访问大陆，并称如中常会决议，他也愿在任内率团往访。辜振甫参访大陆确定后，民进党中常会作出决议，向台湾当局表达了参加“汪辜会晤”的强烈意愿。

上述情况表明，民进党已不甘心在两岸事务中继续充当消极的“缺席者”，正摆开积极的姿态与国民党竞争。

然而，民进党毕竟是政治上很不成熟的政党，在短时间内欲摆脱意识形态的束缚并消弭党内派系乃至精英之间对策略认知上的歧异与恶性竞争更非易事。因此，七月下旬当民进党籍高雄市议员林滴娟在大陆遇害事件发生后，刚刚决定要与大陆展开“全方位交流”的民进党，竟然在党内精英之间又引发了一场是否要与大陆“全面断流”的争论，从而突显了民进党内在“中国政策”上的“共识”极其脆弱。再有，十二月五日，民进党籍台南市长张灿鍙在该市举行的“立委”选举投票中，公然以“是否赞成被中华人民共和国统治”为题，同步进行非法的所谓“公民投票”。该事件虽然影响有限，但却典型地反映了民进党内确实存在着一股抵制转型的逆流。

由以上叙述可知，民进党在一九九八年中推出的一系列转型举措虽然引人注目，但由于“治标”不“治本”，存在很大的局限性，因而实质效果有限。

二、党中央权力机构换届选举，党内政治生态、派系互动与权力分配发生重大变化

民进党一九九八年活动中的另一件大事，是党中央权力机构的换届选举。

（一）党主席争夺战空前激烈，林义雄高票当选

在派系林立的民进党中，党主席一职历来是各派系及实力人物觊觎的目标。特别是近几年来，随着民进党在岛内政治版图中的势力范围日趋扩展，执政前景看好，各派系及实力人物猎取党主席宝座的欲望也随之“水涨船高”。党主席宝座的争夺战已俨然成为党内重量级人物之间通向“总统之

路”的“前哨战”。近年来许信良与陈水扁之间的明争暗斗，其源盖出于此。

一九九七年底县市长选举民进党获胜后，陈水扁为达到掌控党机器的目的并为日后竞选“总统”铺路，不惜采取各种手段终于迫使许信良宣布退出下届党主席竞选。此后，他又采用“模糊战略”，始终不肯明确表态究竟是否参选党主席，而将党内其他有意角逐党主席的蔡同荣、张俊宏等人玩于股掌之中，以至引起党内外的侧目。一直拖到二月二十五日，陈水扁才正式对外表态“不参选党主席”，但却转而全力支持林义雄参与角逐党主席，以达到日后间接掌控党中央的目的。

经过反复折冲之后，最终正式登记参选党主席者计有林义雄、张俊宏、颜锦福、吕秀莲、陈文茜和黄富六人。但其中真正有实力问鼎者其实只有林、张二人。在其后举办的三场候选人电视辩论会上和在整个竞选过程中，各候选人一方面违心地“推崇”对方，以虚伪的“君子风度”包装自己；另一方面又自吹自擂，向党员极力推销自己是党主席的“最佳人选”。而各派系龙头虽宣称“尊重党员的自主意识，不支持特定人选”；实际上却互揭伤疤、明里暗里支持自己瞩意的特定候选人，从而使这场权力争夺战呈现出“外表冷漠，内心狂热”的奇异景观。

五月二十四日投票日，民进党内选举恶质化的本性终于原形毕露：一些地方派系头目，或一人拿着数十人的党证代他人投票；或花钱买票，甚至传出以五百万元买“团体票”的丑闻；更有人在短时间内连换几套衣服多次投票，以至选战重镇高雄市引发了一起砸毁票箱的恶性事件。民进党中常会不得不作出决定：由中央党部直接操作，于六月七日在高雄市重新投票。

六月七日，历经半年之久的激烈较量，民进党第八届党主席直选终于尘埃落定：林义雄以三万一千六百七十四票对张俊宏一万四千九百七十三票的绝对优势胜选。

（二）召开“八全大会”，改组中央领导机构

七月十八日至十九日，民进党接着又举行了为期两天的第八届党代表大会。会议的重头戏是改组党中央权力核心，选举下任中执委、中常委、中评委。这次共计六十六人抢攻三十席中执委，再由中执委选举产生十席中常

委。各派系实力人物经过一番紧张的固票、拉票、换票之后，权力核心顺利改组。十位中常委中，美系有张俊宏、林丰喜、邱仪莹；正义联线有陈水扁、余政宪、陈哲男；新系有刘世芳、吴乃仁；福利国联线有蔡同荣、张俊雄。加上直选出的党主席林义雄，民进党第八届中央领导机构的换届选举至此宣告完成，并于八月一日正式就职。

（三）对中央权力机构改选的观察与评析

1、民进党将党主席选举方式由历届的党代表间接选举改由全体党员直选，本意是想借此树立该党民主、公平、公正、透明、团结的良好政党形象，为年底的“三合一选举”造势，结果却事与愿违、弄巧成拙，反而使民进党的形象受到严重损害：(1) 在投票过程中发生的“人头党员”、“贿选”等丑闻，使民进党一向自我标榜的所谓“反贿选”、“清新”、“干净参选”的神话不攻自破；(2) 高雄市发生的“砸票箱事件”，使民进党近几年来一直致力于改变该党“暴力党”形象的种种努力一夕之间几乎尽付东流；(3) 竞选过程中各派系及实力人物之间的明争暗斗所造成的诸多后遗症，使民进党内原本存在的矛盾与裂痕雪上加霜。“许陈之争”的负面影响自不必说，张俊宏与许信良之间在上届党主席竞选时就已留下很深的心结，此次许信良对张俊宏角逐党主席又态度冷漠、未予支持，终于促使张俊宏败选后另立山头，正式与许分道扬镳。总之，此次党主席选举进一步暴露出民进党内的“民主”素质仍相当低下。加之在民进党“立委”初选中爆发了台北市议员“廖彬良涉嫌伪造身份证案”以及其它“贿选”及人头问题，在很大程度上抵消了该党通过“中国政策”大辩论和“产业政策研讨会”才好不容易树立起来的良好形象。

2. 众所周知，新任党主席林义雄一向以“台独”色彩浓厚著称。远的不说，在近几年来民进党的转型过程中，林义雄始终都持反对立场：他认为与新党合作是“与狼共舞”，与国民党合作是“政治分赃”，而国、民“两党联手修宪”则是放弃了民进党的一贯理念，因此在党内发动连署主张罢免党主席许信良。在这次竞选党主席的公开辩论中，林义雄仍声称应以“台独党纲”及相关决议来处理两岸关系，因而被“台独基本教义派”视为目前民进党内少数坚持“台独”基本理念的“人格者”。林义雄以高票当选党主席，而有民进党转型“发动机”之称的许信良却被撵下台。这一上一下，实际上是反映了民进党内反转型势力的抬头，预示着民进党将在相当程度上调整“许信良路线”。果然，林义雄刚刚当选，便立即登门拜访“建国党”，寻求改善两党关系；并在接受日本媒体专访时宣称：“台湾独立建国必须由公民投票决定。”[6]摆出一副坚持“台独党纲”的架势。

3. 中央权力机构改组后，民进党内的政治生态、权力分配和派系互动关系发生了重大变化：首先，党主席从本届起虽改由全体党员直选产生，较具党意基础，但基本上仍以每周三的中常会决议为主。而中常会采“合议制”，党主席的权力仍然有限，再加上林义雄凡事讲求“尊重中常会决议”，与前任许信良、施明德的强势领导风格迥然不同。因此，中常会的重要性更形加大。其次，新一届中常会虽仍然维持原有的“派系共治”局面，表面上看，美系和正义联线各占三席，似乎势均力敌、平起平坐，但其实不然，这是因为：（1）陈水扁头顶台北市长光环，在中常会中的发言有举足轻重的分量；（2）党主席林义雄是“当然”的中常委，而他之所以胜选在很大程度上是得益于陈水扁的鼎力支持，日后在流派斗争中林义雄恐怕很难保持“中立”；（3）新系的刘世芳被陈水扁延揽为台北市府的环保局局长。因此，在新一届中央权力核心中，主流意见显然已从上届的“美、新联盟”变成正义联线，而其他派系仅能起制衡作用。

由以上分析可知，中央权力机构改组后，民进党内派系斗争仍将会十分激烈，转型势将受到相当程度的影响，这显然不利于年底民进党的“三合一选举”乃至该党早日“迈上执政”。

三、“三合一选举”铩羽而归，“迈上执政”气势顿挫

一九九八年民进党活动中最重要的一件大事，是倾全力冲刺年底的“三合一选举”。然而，在这场被民进党人视为“迈上执政”的关键一战中，民进党遭受重挫。

（一）选举结果

首先，台北市长“保卫战 ”被民进党视为是此次选举中具有指标意义

的最重要一战，选前党主席林义雄、秘书长邱义仁均表示："立委"席次增加几个并不关键，主要是台北市，台北市输了，就是输。选举结果，陈水扁果然以近八万票之差，被马英九拉下马来。虽然谢长廷以四千五百票的微弱多数"奇迹"般地险胜现任市长吴敦义而荣登高雄市长宝座，但也远远不能消民进党人丢失台北市长的心头之疼！其次，在"立委"选举方面，民进党原本规划要夺取八十席，冀望成为"立法院"中的多数党，俾主导"联合内阁"，但结果仅得七十席。而国民党夺得一百二十三席，实质过半，民进党"联合内阁"的幻影破灭。至于得票率仅百分之二十九点五六，是建党十二年来参加四次"立委"选举中次低的一次；席次比率也由上届的百分之三十二点九二降为百分之三十一点一一。至于在市议员选举方面，也未能达到选前的预定目标。

（二）失败原因分析

首先，从外部因素来看，无论岛内外的大环境均对民进党不利：

1. 中美关系的改善，中国政府反"台独"的坚定立场，以及美国克林顿政府公开宣示对台"三不"政策，对岛内以民进党为代表的"台独"势力造成了巨大的压力和冲击，使台湾民众认识到要想"维持现状"，维护岛内政经稳定和发展，只有拒绝"台独"，发展两岸关系。正如日本媒体所言："美国明确地宣布奉行'三不政策'，中国国家主席江泽民在访日时强调'对台独不能放弃使用武力'，这些都巧妙地给台独派以打击"；[7] 台湾"多数居民认为，在把'执政的权力'委托给致力于'台湾独立'的民进党的情况下，台湾内政和台湾同大陆关系的'稳定'就都有可能遭到破坏"。[8]

2. 辜振甫先生成功访问大陆，僵持了两年多的两岸关系得以缓和与改善，使民众感到在岛内政坛中有能力主导大陆政策、有办法稳定两岸关系并给台湾带来安全的，仍然是国民党而不是民进党。选民的这种心态，对民进党的选情也造成了负面影响。

3. 国民党一九九七年县市长选战丢失了大半江山，沦为地方政权的"少数党"，在"覆巢之下无完卵"的危机意识的驱动下，无论是主流派或非主流派，还是从"中央"到地方，都暂时搁置了他们彼此间的矛盾与心结，团结一致，共同对敌，充分发挥了国民党在岛内政经、人才资源上的整体优势，使实力相对弱小得多的民进党难以匹敌。

4.“修宪冻省”后遗症持续发酵，一大批具有雄厚地方实力的国民党籍省议员转换跑道，角逐“立委”，给民进党造成始料不及的强大压力。诚如《联合报》社论所说：“民进党与国民党合谋修宪，结果竟使国民党的‘二军’涌入立法院，恢复了多数党的地位。民进党尔今回顾修宪种种，实属毁宪也毁了自己”。[9]据岛内媒体报道，此次由省议会转攻“立法院”成功的国民党籍新科“立委”竟多达四十四人。

5. 从经济层面而言，一年多来亚洲金融风暴对东南亚乃至韩国、日本均造成了剧烈的冲击，而台湾竟能在逆境中勉力维持经济百分之五左右的稳定成长，这“无疑巩固了民众对执政党的信心，也让在野党无法对施政提出有力的抨击”。[10]

其次，从内部因素来看，既有“结构性”问题，也有“技术性”原因：

1. 所谓“结构性”问题，一是“台独党”的形象使民进党难以消除民众的疑惧而扩展票源。例如台北市长选举，选后民调显示，有百分之七十九的新党支持者选择了“尊王保马”，对马英九的胜选起了关键作用，其主因即在于此。这正如香港媒体所分析的：“马英九的当选并不全然是国民党的胜利，而是台湾都市中产阶级对民进党的‘台独’诉求抱持强烈的质疑；而在这个问题上，陈水扁又无法给他们中间相当比重的外省籍族群以足够的安全感。”[11]二是民进党原本人才匮乏，加之一九九七年县市长选举民进党的一批精英已当选地方首长，此次“立委”选战只好七拼八凑，所谓“低额提名”策略，实乃有不得已之苦衷，这和国民党人才济济，帐下“猛将如云”不可同日而语。

2. 所谓“技术性”原因：（1）与国民党“团结一致，共同对外”形成鲜明对照，实力原本不济的民进党在这场至关重要的选战中，竟各自为战、互不相统。党主席林义雄本不稳选战，而党内四员最有经验的选举战将，其中陈水扁、谢长廷均因各自选情吃紧，自顾不暇，无法腾出手来替其他候选人助选，而另两位许信良、张俊宏则各自率领“助选团”实际上是为自家人马助选。所谓“北扁南长”、互相呼应拉台选情的构想，变成了被国民党

“分割包围”的态势。至于其他候选人只好“听天由命”、“自求多福”了。难怪岛内有评论说：和一九九七年县市长选战恰好相反，这次“三合一选举”是“团结的国民党打败分裂的民进党”；（2）竞选策略失当，最典型的是陈水扁。马英九的突然参选，使陈水扁阵营方寸大乱，一改四年前“快乐、希望”的文宣诉求，祭出“省籍情结”险招：一面大造陈水扁与李登辉有所谓“特殊关系”的舆论；另一面又攻击马英九是“新卖台集团”，鼓吹台北市长选举是所谓“两个中国人打击一个台湾人”、“不要让中国人入主台北市”，公然煽动族群分裂，从而激起了台北市外省族群强烈的危机意识。在最后关头又诉诸“悲情牌”，不料却被李登辉抛出“新台湾人论”杀了个“回马枪”。岛内《工商时报》选后对此发表社论说：“目前民进党几已全面掌握地方政权，是地方的强势执政者，早就不是弱势政治团体，但是民进党公职候选人在选情危急时，往往打的还是传统的悲情牌，以被压迫者的姿态作为诉求，这样狭隘的思维逻辑及自我退缩的政治格局，如何能够获得更广泛选民的认同？如何能够开拓更宽广的空间呢？”[12]（3）陈水扁本人平日施政风格粗糙、行事专横，致使不少下层支持者大量流失。同时与省议会的关系也十分紧张，甚至连多数民进党市议员也对其心存芥蒂。又兼选战紧急关头掀起“澳门风波”，并相继传出马永成“喝花酒丑闻”和发生罗文嘉“撕《联合报》事件”，使陈水扁阵营的形象大受其损。而其竞争对手、被香港媒体称为国民党“镇山之宝”的马英九则形象、操守、政绩俱佳，“无可挑剔”，相形之下陈水扁自然也不免吃亏。

所有这些内部和外部因素相互影响、相互作用，民进党输掉这场选战也就毫不足怪了。

四、未来发展趋势

从选后种种迹象观察，在可预见的时间内，民进党的可能走向是：

（一）有可能着手处理“台独党纲”问题。近几年来，民进党每经历一次重大选举的挫败，党内都会引发一场有关是否修改“台独党纲”的争论；而每一次争论过后，“台独党纲”虽然仍被原封不动地保留下来，但民进党在有关台湾前途问题和两岸政策的具体主张上，都会做某些务实的调整，从而使该党的“台独”转型艰难地向前迈进一步。此次“三合一选举”落败后，党内再次掀起新的一轮修改“台独党纲”的争论。陈水扁阵营率先提出修改“台独党纲案”，而新潮流则坚持一贯立场，反对修改“台独党纲”。争论结果，该党“党纲、党章研修小组”实际上接受了美丽岛系的折中方案，即不直接修改“台独党纲”，但在“台独党纲”之外，以“解释文”方式重新加以解读。究竟如何？一九九九年五月即将召开的党代会将见分晓。笔者预测，该“解释文”的基本内容很可能会参照“七一声明”，即将“台独公投”转向“统一公投”。若果真如此，虽然民进党的“台独”转型会向前迈进一步，但如前所述，这依然是“治标”不“治本”，难以从根本上消除多数台湾民众对民进党上台执政的疑惧。

（二）“三合一选举”后，党内最大派系美丽岛系由于张俊宏、周伯伦连手拉走部分“立委”，另立“新世纪办公室”，实力已大为削弱；新潮流则因邱义仁辞去党秘书长职，在中央权力机构中的影响力下降；而福利国则因谢长廷当选高雄市长，依党章规定可列席中常会而实力提升；至于正义联线，陈水扁虽已失去公职，但其“超人气”并未因此而减弱，加之其“政治同盟”林义雄仍留任党主席职，而“扁系”大将游锡堃接替邱义仁任秘书长职等因素，因此正义联线在党内的实力仍首屈一指。目前，围绕着“总统”候选人的党内初选，“许、陈之争”已重新登场并将逐渐进入白热化，但如不出意外其结局将会是“陈胜而许败”。陈水扁代表民进党角逐下届“总统”是否有机会胜出，笔者认为，关键要看国民党中生代的整合成功与否。

（三）鉴于“三合一选举”挫败的沉痛教训，为因应二〇〇〇年“总统”大选，民进党势将进一步推动“政党转型”。除了“台独党纲”之外，大陆政策和产业政策的研究与制定将会优先受到重视；与工商企业界的接触、沟通与交流将会进一步加强；此外，党的体质改造将提上议事日程。诸如党主席扩权问题、中央权力体制设计问题、基层组织问题、人头党员问题以及党的组织纪律等一系列与党的体质相关的重要问题，有可能会在五月份召开的党代会上得到广泛讨论并着手研究解决，以图增强党的竞争力。总之，民进党已进入其“盘整期”。但由于上述诸多问题已积重难返，民进党在短期内恐怕不可能顺利解决这些难题。

（四）在“立法院”议场，由于民进党等在野势力在“立法院”中的席次比率下滑，制衡实力已非上届可比；加之不少民进党籍新科“立委”进入“立法院”后将会急以表现自己的“问政”能力等因，民进党将会加强对国民党“法案”的杯葛，“肢体语言”有可能会重新使用，不排除“立法院”议场重现往日的火爆场面。不过随着民进党的转型，为扭转“暴力党”的不良形象，民进党人也可能会尽量约束自己；此外，由于国民党籍新科“立委”中有一大批地方实力派代表人物，他们涌入“立法院”后将形成大大小小的利益团体，这势必使“立法院”中的“党际分野”弱化，从而使民进党仍有可能采用“合纵连横”的策略在某些议题上与国民党周旋并获得成功。

在“国大”议场，民进党将会充分利用李登辉急欲完成第五阶段“修宪”的心态，在“总统”选制、“单一国会”和“公投条款”这三个重要议题上与国民党讨价还价，进行激烈的较量。

（五）民进党将进一步加强与美国、日本及其他国家的所谓“政党外交”，以争取国际社会的了解、同情与支持。

总之，迫于政治现实，败选后的民进党将会重新启动转型步伐，调整路线、政策和策略，试图逐步向“中间路线”靠拢。但由于民进党意识形态包袱沉重，又兼党内派系利益和实力人物之间的权力之争互相牵制，致使其转型步伐仍将会十分艰难。这样，除非国民党中生代整合失败而发生分裂，使当前台湾政党政治生态相对稳定的情况发生重大变化，否则民进党在“中央”层级的重大选举中将很难战胜国民党而走上执政；冀望国民党的分裂而不是依靠自身的实力取得执政权，即使梦想成真，也难以稳定执政。

【注释】

［1］ 台湾《联合报》一九九八年二月十七日。

［2］ 台湾《联合报》一九九八年二月十七日。

[3] 台湾《联合报》一九九八年二月十六日。

[4] 台湾《联合报》一九九八年四月二十五日。

[5] 台湾《中国时报》一九九八年四月二十五日。

[6] 台湾《自由时报》一九九八年六月十九日。

[7] 日本《东京新闻》一九九八年十二月六日。

[8] 日本《读卖新闻》一九九八年十二月六日。

[9] 台湾《联合报》一九九八年十二月六日。

[10] 台湾《工商时报》一九九八年十二月七日。

[11] 香港《信报》一九九八年十二月八日。

[11] 香港《信报》一九九八年十二月八日。

[12] 台湾《工商时报》一九九八年十二月七日。

（收入《台湾一九九八》，九洲图书出版社1998年6月出版）

析“台独”产生与发展的历史根源

1999年7月，李登辉提出分裂中国的“两国论”，猖狂挑衅两岸关系现状，引起了台海局势的剧烈动荡，使大陆人民对“台独”分裂势力有了真切的感受。但大多数人还是有些困惑：海峡两岸都是中国人，为什么非要闹到如此箭拔帑张、几乎兵戎相见的地步？“台独”究竟是什么东西？它是如何产生和发展起来的？闹分裂的都是些什么样的人？他们为什么连自己是中国人都不愿意承认？

“台独”意识的产生和“台独”思潮的形成与发展不是偶然的，是台湾特殊的历史遭遇，特殊的政治、经济、文化发展的必然产物。

“台独”：中华民族贫弱时代的产物

1945年10月台湾光复之前，台湾岛内并不存在“台独”思潮和“台独”组织。但是应该承认，“台湾是台湾人的台湾”，这种居于“地域观念”而产生的具有主体性的“台湾意识”却早已形成，并且在少数台湾同胞中出现了某种“异化”现象。

作为一般意义上的也即地方观念的“台湾意识”，它的产生与形成可以上溯到更久远的历史时期——应该说早在数百年前大陆人民东渡台湾、开发宝岛之初就已经开始产生与形成。这种一般意义上的“地方观念”或者说“地方意识”是很正常的、自然而然的现象。

所谓具有“主体性”的台湾意识，产生于1895年甲午战败、马关割台。当时，腐败无能的清政府无力抵抗外国侵略，被迫把台湾割让给日本，使台湾同胞背负了中国近代国弱民贫的恶果。不甘当亡国奴的台湾人民“无天可吁，无主可依”、“无人肯援”，仅凭台湾一岛之力，抗拒日本侵略者的武装割占，其悲愤无助之情，可想而知。当时，由于人们还不可能把“卖国政府”与“祖国”的观念加以科学的区分，难免使一部分台湾同胞对祖国产生某种怨恨情绪。

此后，日本对台湾实行了长达半个世纪之久的残酷的殖民统治。“二等公民”的悲惨生活，使台胞很自然地形成了一种与日本殖民者相对立的、带有强烈主体性的“台湾意识”。

再有，台胞在长达半个世纪之久的艰苦的反抗日本殖民统治的斗争中，由于当时祖国大陆尚处于分裂割据状态，内忧外患、自顾不暇，没有也不可能给予台湾同胞应有的支持和援助。由此，也很自然地发展和强化了“台湾意识”的主体性。

客观来说，这种带有主体性的“台湾意识”具有两重性：一方面，从主流来看，对外有反抗日本殖民统治的积极的正面的意义，应该给予充分的肯定和赞扬；但另一方面，这种带有主体性的“台湾意识”，同时又隐含有对祖国失望乃至怨恨的消极成份在内。如若处置失当，这种消极成份很容易转化为“分离意识”。当然，在尚未转化之前，这种意识毕竟仍属于“地方观念”中的消极因素而已，这和“分离意识”、“台独意识”有着本质上的区别，不能相提并论、等同视之。

事实也确实如此，在台湾光复之前，在广大台胞中，占主导地位的意识始终是“中国意识”：

甲午战败、马关割台后，台湾民众悲愤欲绝，强烈的祖国感情难以割舍，声称：“台湾属倭，万姓不服，如赤子之失父母”，他们不计成败，自立临时性的抗日保台政权——“台湾民主国”，纷纷组织义军，奋起反抗日本的入侵，并电奏清廷，表示“永戴圣清”；在其后日本统治台湾的半个世纪里，台湾人民从来没有停止过反抗，从来也没有忘记自己是中国人。持续五十年的反抗斗争，台湾同胞牺牲了65万人；30－40年代，在日本侵略中国大陆期间，有相当数量的台湾同胞冒着生命危险，内渡祖国大陆，投身于抗日阵营；1945年日本投降、台湾光复，台湾同胞奔走相告、焚香祭祖，兴奋之情无以言表。所有这些，都是明证。

不过，我们也不应忽视，五十年之久的日本殖民教育，特别是后期推行的“皇民化运动”，日本统治者在一定程度上成功地“分化”了台湾社会，培养出了一批认同日本、祖国意识和民族意识已严重“弱化”乃至“异化”

的“皇民”。如今在台湾政坛上仍然十分活跃的死硬“台独”份子如李登辉、辜宽敏、金美龄之流，正是其中最典型的代表。这批民族败类大都是日本殖民统治时期的“既得利益者”，他们人数虽然不多，但却是“台湾意识”最早“异化”的一批人，而且能量很大，影响十分恶劣。

早期“台独”：日据时代的既得利益者

如前所述，在整个日据时代，在广大台胞中，占主导地位的意识始终是“中国意识”；台湾光复之前，并不存在“台独”思潮和“台独”组织。然而，台湾光复后不久，“台独”却随之产生，并不断发展壮大，原因何在?

首先，从国际背景来看，“台独”是战后觊觎台湾的外国反华势力推行分裂中国政策的产物。

1945 年 8 月 15 日日本宣布无条件投降后，日本军国主义势力不甘心失败。当时，一小撮日本驻台少壮派军人以中宫梧郎、牧泽义夫为首，暗中勾结少数日据时代的台湾败类和既得利益者，图谋对抗天皇的投降诏书，发动“台独”活动。但日本慑于国际舆论，这一图谋还没有来得及付诸实施，就被当时的驻台日军司令兼台湾总督安藤利吉下令取缔而胎死腹中。此后，流亡日本的辜宽敏之流，勾结日本右翼政客组织所谓“台湾青年独立联盟”，自任“委员长”，继续从事分裂祖国的活动，这是日本系统的“台独”活动，也是战后台湾最早的“台独”活动。它反映了一小撮不甘心战败的日本军国主义势力，妄图以“台湾独立”的形式，继续维持日本在台湾的殖民利益的野心。我们之所以称之为“活动”而不称之为“运动”，乃因为它并不具备必要的群众基础或者说社会基础。

当然，应该特别指出的是，战后六十年来，随着经济的发展，日本财阀势力不断向台湾渗透扩张，俨然把台湾变成了它的“经济殖民地”。为维护其在台湾的经济利益，同时更为了保护其南下获取能源的对外通道，日本某些财阀很不情愿看到中国的统一，而日本军国主义残余势力也在不断复活，他们从未忘情于台湾，企图卷土重来。有种种证据表明，它们采取各种手段，或明或暗地怂恿、支持岛内外的“台独”分裂势力，对抗大陆，阻挠中国的统一。而且近些年来，日本右翼保守势力抬头，对“台独”的支持愈来愈变本加厉、明目张胆。

不过，战后“台独”运动的产生和发展，更主要的国际因素是美国反华势力的鼓动和扶植。

事实上，早在台湾光复前好几年，美国就有策动“台独”的预谋。1941 年 12 月太平洋战争爆发后没多久，美国政府就搜罗了一批熟悉远东事务的战略问题专家，成立了一个所谓“远东战略小组”，负责为美国政府制定远东战略出谋划策。次年春，这个小组成员之一的柯乔治提出了一份“备忘录”，声称：台湾这个海岛“潜在战略上太重要了”，基于美国的远东战略利益，“难许我们轻易将台湾交给中国人控制”，因此，他极力主张战后由美国“托管”台湾，并且在美军的控制之下进行所谓“台湾民族自决”，成立“台湾共和国”。

1943 年 11 月《开罗宣言》发表后，由于这一“备忘录”所提出的主张与美国在《开罗宣言》中所宣示的承诺相违背，于是“远东战略小组”不得不重新制定计划，主张立即以军事手段从日本人手中夺取台湾，战后再经过“民族自决”，实现台湾“独立”。为预作准备，美国政府还着手培训了一批将来负责接管台湾的行政人员，可是美军还没来得及进攻台湾，日本就宣布投降了，并且按照《开罗宣言》的规定，中国政府接收了台湾，使美国的图谋再一次落空。

但美国并未就此罢休，台湾光复后，转而鼓动留学美国的台湾士绅廖文奎、廖文毅兄弟从事“台湾托管运动”。1947 年“二·二八”事件后不久，廖氏兄弟跑到上海晋见美国将军魏德迈，迎合美国的对华政策，提出所谓“台湾问题处理意见书”，主张“台湾独立”。次年二月，廖文毅就在美国的怂恿支持之下，在香港成立所谓“台湾再解放同盟”，随后派他的侄子廖史豪返回台湾发展“台独”组织。后来，廖文毅又转往日本，组织“台湾民主独立党”，宣布成立所谓“台湾共和国临时政府”，自封为“大统领”，掀起了一股“台独”恶浪。这是战后初期美国一手导演的“台独”活动。

“台独”：美国遏制新中国的仆从

国民党政府败退台湾后，美国不肯放弃其远东战略利益，继续奉行分裂中国的政策。早在1949年1月，美国眼见蒋介石军队在大陆节节溃退，为防止中国人民解放军乘胜挥师东渡，解放台湾，美国国家安全委员会提出了一份《美国对福摩萨的立场报告》。该报告宣称：“美国的基本目标是不让福摩萨和佩斯卡多尔群岛（即台湾和澎湖列岛）落入共产党手中，为达此目标，目前最实际可行的办法就是把这些岛屿与中国大陆隔离开来”。这份报告还主张，美国应该采取支持“台湾自治”的政策。事实证明，此后美国的历届政府一直都在不遗余力地奉行这一报告确立的基本方针。于是，各种形形色色分裂中国的论调和“方案”，诸如“台湾地位未定”、“台湾中立化”、“联合国托管”、“划峡而治”以及“两个中国”、“一中一台”等等便相继出笼、甚嚣尘上。“为达此目标”，美国竭力推行对台“双轨政策”，即一方面支持国民党当局与中国大陆对抗，另一方面又扶植台湾本土包括“台独”人士在内的“反对势力”牵制国民党，防止国共和解，以维持海峡两岸一种“不战不和、不统不独”的分裂局面。美国始终认为，这种局面最符合其“国家利益”。

美国对“台独”势力的支持是全方位、多层次的：在美国本土，为“台独”分子提供活动基地、资金和讲坛。于是从六十年代开始，海外“台独”活动的中心从日本转向美国，各种品牌的“台独”组织如“台独联盟”、“台湾建国委员会”、“世界台湾人同乡会”等等纷纷在美国成立，招摇过市，十分活跃。美国名副其实的成了海外“台独”分子的大本营和庇护所。在台湾岛内，则通过各种渠道或明或暗地支持一些具有分离倾向的党外反对势力，打着要求“民主”、“自由”、“人权”的旗号向国民党施压，以促使台湾政权向美国所希望的方向“转型”。

七十年代初联合国恢复中国的合法地位后，美国更加紧推行其上述政策。1971年6月，美国中央情报局给美国总统提出报告，建议“首先要推出一个得到美国充分支持的、循序渐进的台湾化计划，建立一个由台湾人控制的代议制政府，进而美国运用这个政府，设法就台湾的最终法律地位问题与中国对话，造成一种政治局势，使中国人同意一个友好的台湾独立，或台湾人接受在中国范围内某种形式的自治地位”。三十多年来，美国始终都在“循序渐进”地推行这一“台湾化计划”，不放过任何一次机会插手干涉台湾的内部事务。即使在中美正式建交后，美国仍制定了一个“与台湾关系法”，以美国国内法的形式继续支持台湾当局和海内外“台独”势力，阻挠中国的统一。而八十年代末李登辉的上台及国民党内“独台派”的出现和得势，以及主张“台独”的民进党不断发展壮大并最终取代国民党上台执政，其实就是美国长期以来推行“台湾化计划”的结果。

上述事实充分说明，国际反华势力特别是美国分裂中国的政策，是战后“台独”运动产生与发展的总根源和总后台。

“台独”的产生：国民党难辞其咎

从岛内背景来说，“台独”则是蒋介石、蒋经国父子主导下的国民党长期以来在台湾实行专制独裁统治、推行反共拒和偏安政策的必然结果。

如前已述，台湾社会原本没有滋生“台独”的土壤，但在日据时代逐步形成的具有主体性的“台湾意识”，却隐含有某种对祖国失望乃至怨恨的消极成份在内，假如处置失当，这种具有主体性的“台湾意识”很容易转化为“分离意识”。很不幸的是，国民党接收台湾之后，恰恰在一系列治台政策方面严重“失当”，从而极大地催化和刺激了“台独”的产生与发展。

光复之初，台湾人民欢呼雀跃、张灯结彩、箪食壶浆迎来的“国军”却纪律败坏。国民党陈仪政府的各级官吏横征暴敛，把在大陆统治人民的那一套手段全都搬到台湾并且有过之而无不及，致使物价飞涨，民不聊生。台胞对国民党政权由盼望到失望，由失望到绝望，短短不到一年半时间便激起了震惊中外的“二·二八”事件。国民党当局对事件采取血腥镇压政策，许多同胞遇害，从而更激化了国民党政权与台湾人民之间本已相当尖锐的矛盾。由此，“台湾意识”的异化现象在部分台胞中迅速发酵，有美、日背景并具有一定社会基础的“台独”分离运动因之产生。

1949年国民党从大陆败退台湾后，为巩固其在岛内的统治，更打着所谓“动员戡乱”的幌子，在台湾强制实行了古今中外绝无仅有的长达38年之久的“戒严令”。在整个戒严时期，台湾当局制造了数不清的政治事件和政治冤案。仅在五十年代的头5年时间里，被处死的所谓“共党”份子便多达2000人左右，关押达3000人左右，重要的是，在被杀害、关押的“政治犯”当中，有许多是日据时代的抗日爱国志士（如李友邦等人）。他们的牺牲或入狱，使台湾人民的抗日斗争史成了台湾政治上的禁忌，得不到应有的肯定和褒扬，“无法哺育下一代台湾青年的民族精神”，使台湾的爱国传承在一定程度上出现了某种“断层”现象。而与此形成鲜明对照的是，前述日据时代的民族败类和既得利益者，这批“台湾意识”最早异化的“皇民”，不仅没有得到应有的惩罚和打击，相反却有不少被国民党奉为座上宾甚至成为依靠势力而委以重任。

更为严重的是，国民党当局人为地断绝了海峡两岸同胞的任何往来长达近40年之久，而且这种断绝无论从深度和广度来说都较之日据时代更加彻底。这无异于“割断了台湾与大陆母体联系的脐带”，从而使战后成长起来的台湾年轻一代对祖国大陆产生日益严重的“疏离感”。另一方面，在冷战格局下，由于台湾全面倒向以美国为首的西方阵营，使西方文化大举入侵台湾，新的价值观、人文观渐浸盈于台湾青年的头脑，他们往往唯美国马首是瞻，言必称美国。

与此同时，国民党当局则极力向台湾民众进行无所不用其极的反共、恐共、仇共宣传教育。把中国大陆称为“匪区”，大陆的消息称为“匪情”，大陆的书籍、货品称为“匪书”、“匪货”，“匪谍就在你身边”的标语口号随处可见，小孩子哭闹时大人们则以“共匪来了”相恐吓……如此不一而足，简直把中国大陆丑化为“人间魔窟”，使台湾民众“谈共色变”。久而久之，似乎“中共”等同于“中国”，“反共”即等同于“反中国”。

再者，台湾当局实际上视大陆为“外国”，动辄称台湾一省为“我国”。如称“我国位于西太平洋链岛防线的中央环节”、“我国人口2000万”、“我国被迫退出联合国”云云，并将台湾一省的体育运动成绩称之为“国家纪录”……

如此数十年宣传教育下来，潜移默化，使相当一部分台湾民众特别是年轻一代“中国意识”不知不觉地逐渐弱化、淡化，而具有主体性的“台湾意识”则不断强化、异化。由此，“台独”的社会基础得以扩展，一遇适当气候，便迅速滋生、蔓延开来。而李登辉上台后推行一系列分裂中国的“台独”路线和政策，正是为“台独”的滋生、蔓延和发展提供了最适宜的气候与温床。

就此而言，“台独”的产生与发展，两蒋时期的国民党也难辞其咎！

李登辉：“台独”泛滥的罪魁祸首

虽说两蒋时期的国民党对“台独”的产生与发展难辞其咎，但它毕竟还坚持一个中国立场，对“台独”始终都采取严厉打压的政策。因此，“台独”思潮虽然早在五十年代初就已暗流涌动、时有冒头，但却在岛内无法立足。部分主张“台独”的人士只好亡命海外，在国际反华势力的卵翼下苟延残喘，勉强生存；而潜伏在岛内的“台独”人士则改头换面，韬光养晦，等待时机。

进入八十年代之后，随着国民党“政治革新”的开展，岛内政治活动的空间稍有宽松，于是独派人士便开始活跃起来。他们打着“政治民主”、“言论自由”的幌子，公开喊出“自决”的口号。1983 年党外反对派竞选公职，首次把“自决”列入共同政见参与竞选。从此，“自决”诉求开始与选举相结合，成为独派人士竞选造势、争取选票的一种重要手段。

不过，八十年代中期前后国民党的“政治革新”尚处于酝酿起步阶段，“戒严”还没有解除，“党禁”、“报禁”也还没有开放，所谓“戡乱时期”更没有宣布终止，国民党当局仍然对“台独”实行严厉打压政策。因此，“台独”在岛内的活动空间十分狭小。他们未敢轻易造次，公开亮出“台独”的旗号。1986 年 9 月民进党成立，在稍后所制定的党纲党章中便刻意回避了急进“台独”的主张，而改以“住民自决”这种较为温和、含混的提法作为替代，就连党名也刻意回避使用“台湾”还是“中国”二字而直呼“民主进步党”。这种情况典型地反映出当时台湾的政治气候。

1988年初蒋经国病逝、李登辉上台主政后，情况开始发生变化。李登辉以“政治多元化”为借口，改变了两蒋时代对“台独”严厉打压的政策，对“台独”势力采取姑息、纵容的态度。1988年4月民进党“二大”临时全会通过“有条件主张台独”决议文，李登辉主导下的国民党当局不仅不加遣责，相反还公然称赞其“务实路线可以肯定”。这给“台独”人士以莫大的鼓舞。从此“台独”思潮逐步在岛内蔓延泛滥。海外“台独”组织和“台独”人士纷纷闯关返台，及至发展到1989年，岛内外“台独”势力已经公开合流，其活动重心从海外转向岛内，从隐蔽走向公开。当年底台湾举行“三项公职选举”，他们密切配合，积极造势，掀起了一股空前的“台独”恶浪，而李登辉当局并没有采取任何有力措施予以制止，以致使不少“台独”人士高票当选。海内外“台独”份子欣喜若狂，弹冠相庆。此后，“台独”在岛内从非法变成了“合法”，从社会走上了政坛，活动愈加肆无忌惮。

李登辉上台后何以对“台独”改采宽纵政策？如果说十年前人们还难以作出准确判断的话，那么现在事情已经十分清楚明了——李登辉原本就是一个暗藏在国民党内部的不折不扣的“台独”份子。事实上早在李登辉上台主政后不久，国民党当局的内外政策就已经开始发生根本性的变化：在对外关系上，公开推行所谓“弹性外交”、“双重承认”，企图以此谋求“台湾的独立国际人格”、“重返国际社会”，这实际上就是制造“两个中国”或“一中一台”；在两岸关系上，则公开提出并坚持实行所谓以“一国两府”为中心内容的新大陆政策，对抗大陆，抗拒统一；而在岛内，则是加紧推行所谓“宪政改革”，图谋从宪法层面建构两岸主权分裂的“法律框架”等等。

李登辉推行的上述一系列内外政策具有浓厚的“独台”倾向，与“台独”异曲而同工。就连民进党内的“台独”人士也评论说：国民党当局虽然口头上强调“台湾前途不能独立于统一的中国之外”，但他们“以正式建交的形式来确定台湾海峡两岸为两个主权的事实”，“突显台湾地区的独立性”，正充分显示了“台湾的前途是能够独立于统一的中国之外的”。

1991年初李登辉正式当选“总统”后所做的第一件大事，就是以“特赦”的名义释放了一大批“台独”骨干，并且还公开延揽包括彭明敏、蔡同荣在内的一批流亡海外的著名“台独”领袖为“国是会议”的座上宾。于是在李登辉国民党的“奶水”喂养之下，“台独”势力得以不断壮大，气焰日趋嚣张。1991年10月13日，“台独”人士在民进党“五全大会”上公然通过决议，明目张胆地把“台湾共和国”条款纳入党纲。当时，台湾统派团体——劳动党发表《紧急声明》，一针见血地指出：“‘台独’是由于国民党的‘独台’政策所促成，这一年来‘台独’与‘独台’互为表里，朝野在分离中国的作为上互相呼应已是有目共睹……”。

不过，李登辉在刚刚上台之初，自知权力尚未稳固，所以不敢过于造次，而是采用两面派的手法：一方面他悄悄地、不动声色地调整两蒋时期的内外政策，“只做不说”；另一方面却又信誓旦旦地一再宣称他“反对台独”，并曾多次在重要场合表示：“中华民国的国策就是一个中国政策，而没有两个中国的政策”，“一个中国是最高原则”。1991年2月，李登辉还成立了“国家统一委员会”，主持制定了《国家统一纲领》，装出一副真的有心要追求国家统一的样子。然而，当他采用各种阴谋手段排除了党内异己、逐步巩固了权力之后，其分裂主义的真面目便日益暴露了出来。

1993年以后，李登辉制造“两个中国”、“一中一台”的分裂活动达到了高潮。他一再强调，以后不能再盲目坚持“一个中国”，否则将掉入“中共设置的陷阱”。当年二月，李登辉公开扯谎，说他“主张中华民国在台湾，从来没有讲过一个中国”。此后，“中华民国在台湾”成了他的“口头禅”，几乎到了“天天讲、月月讲”的地步。同年六月，李登辉当局接受了“台独”人士多年来坚持的主张，决定开始争取“参与联合国”，宣称即使一时无法达成这一目标，也要争取加入联合国的下属机构，并图谋参加亚太经合组织领导人的非正式会议。十一月二十一日，台“经济部长”在美国召开的亚太经合组织会议期间公然声称：“中华民国和中华人民共和国是两个互不隶属的主权国家。台北是以‘一个中国’为指向的阶段性的两个中国政策”。至此，李登辉试图制造“两个中国”的底牌终于大白于天下。

此后，李登辉的分裂言行愈来愈肆无忌惮。1994年3月，他在与日本右翼作家司马辽太郎的对谈中，说什么“中国这个词也是含糊不清的”，把国民党说成是“外来政权”，声称“台湾必须是台湾人的东西”等等。

同年7月，台湾当局发表“台海两岸关系说明书”，把两岸关系说成是“两个对等且互不隶属的政治实体”，“在国际上互为两个平行的国际法人”，也就是说，海峡两岸是“两个互不相干的国家”。

1995年6月，李登辉访美，在他的母校康奈尔大学发表演讲，利用美国提供的讲坛大放厥词，公开挑战一个中国，鼓吹“中华民国在台湾”，宣称要“向不可能的事物挑战”，把他上台执政后在国际上制造“两个中国”的分裂活动推向了高峰，从而引发了1979年中美建交以来两国关系的严重倒退和自1949年以来的第三次“台海危机”，正在筹备中的第二次“汪辜会谈”也因此遭到破坏。

及至1999年7月9日，李登辉在台北接受“德国之声”记者采访时，抛出“两国论”，公然声称海峡两岸为“国家与国家，至少是特殊的国与国的关系”，再次掀起轩然大波，酿成了第四次的“台海危机”。

就这样，十多年来，李登辉从所谓的“阶段性两个中国”，到不伦不类的“中华民国在台湾”，再到赤裸裸一丝不挂的“两国论”，走完了他从“暗独”到“明独”的全过程。

为了阻挠两岸统一，达到分裂中国的目的，在这一过程中，李登辉主要采取了以下一系列阴谋手段：

其一，打着“民主化”的旗号，加紧推行“宪政改革”，实行所谓“宁静革命”，打造“中华民国在台湾”的法律框架，为“台独”夺权搭桥铺路。如“总统”直选、省市长直选、“中华民国”实际统治区域的限定、修改“选罢法”、冻结台湾省级选举等等。

其二，推行以“去中国化”为中心内容的“文化台独政策”。如修改历史教科书、提倡讲“台湾话”，强调所谓台湾的“本土性”、“主体性”等等。

其三，蓄意制造两岸对立，煽动仇恨大陆的民粹情绪。如要求加入联合国等国际组织、推行“务实外交”，在国际上制造“两个中国”，营造所谓“大陆打压台湾”的社会氛围；利用诸如“千岛湖事件”等，挑拨台湾民众对大陆的不满与对立，以强化所谓“台湾人意识”和“台湾生命共同体意识”。

其四，极力限制、阻挠和破坏两岸交流。如拖延开放两岸直接“三通”、实行“戒急用忍”的两岸经贸政策、拒不采认大陆学历、破坏海协海基两会的协商谈判等等。

其五，打击岛内统派势力，千方百计分化国民党。例如逼迫新党出走、逼迫宋楚瑜退党参选“总统”等。

应该特别强调的是，李登辉上述所有这些阴谋手段的推行与实施，都是在和民进党“台独”势力里应外合、相互勾结之下进行的。于是在李登辉国民党奶水的喂养下，民进党为代表的“台独”势力不断发展壮大，并通过岛内一次次大大小小的选举，无孔不入地大肆宣传“台独”主张，毒化台湾社会，误导台湾民众，扩大“台独”的社会基础，蚕食国民党政权。

1994 年，陈水扁在李登辉的暗中帮助下，击败新党的赵少康当选台北市长。使民进党在全台 23 个县市中执政的县市达到 7 个，执政地区人口占台湾总人口的一半，国民生产毛额也占全台湾的一半以上；1997 年，民进党在新一届的县市长选举中进一步击败国民党，获得 12 个席位，首次超过国民党，而且绝大多数是精华县市；而国民党仅获 8 席，而且多数是离岛和边穷县市；得票率也首次超过国民党，提升为地方政权的第一大党；1998 年，民进党虽然在“三合一选举”中失利，但经过十多年的发展，“台独”势力已具备了“问鼎中央”、取代国民党在台湾执政的实力。

事实充分证明，李登辉主政后与“台独”势力相勾结，推行对抗统一的分裂路线，是造成“台独”恶性发展、蔓延泛滥的总根源和罪魁祸首。

结　语

从以上的叙述和分析不难得出结论：战后“台独”运动的产生与发展，既与甲午中国战败、清廷割台及其后日本对台实行五十年的殖民统治有关；也与二战结束后国际反华势力特别是美国妄图分裂中国的图谋有关；同时也与国共内战、国民党败退台湾后在台湾实行专制独裁统治和反共偏安政策有关；更与李登辉上台执政后推行一整套的“台独”分裂路线有关。总之，既有深刻的历史根源，也有复杂的国际、国内背景。

然而，不论台湾人在中华民族积弱之时受过什么样的委屈，不论本在大陆就统治腐败的国民党败踞台湾后给台湾人带来多么大的苦痛，也不论当今海峡两岸的意识形态和政治制度有何差别，都构不成分裂中国的所谓“理由”。因为台湾属于台湾人，更属于全体中国人。在中华民族致力于富强复兴的今天，如果把一岛之利和一党一己之私看得高于一切，乃至借重外国反华势力图谋分裂中国，因此而重新撕开十三亿中国人的百年民族创伤，那么将没有谁会获得饶恕！

（《视点》，1999/第 11 期，后有增补并重新发表）

一九九九年民进党活动综述

一九九九年是台湾政局和两岸关系剧烈动荡的一年，同时也是民进党在各个方面发生重大变化的一年。一年来，民进党的主要政治运作无不围绕着二〇〇〇年即将举行的岛内“总统”大选而展开。上半年，民进党集中精力调整党的路线、政策和策略，重新诠释“台独”党纲，加大了“台独”转型的幅度与力度，并与李登辉的“两国论”相呼应，完成了国、民两党在分裂中国路线上的全面合流；而许信良与陈水扁之间，则为争夺“总统”候选人的党内提名展开了空前激烈的较量，并最终以许信良的退党参选而落幕，从而造成了民进党自建党以来最为严重的一次分裂危机。经过剧烈争斗和艰苦调适之后，下半年民进党各派系重新整合力量，倾全力投入“总统”大选。为争取更多中间选民的认同与支持，代表民进党参选“总统”的陈水扁标榜所谓“新中间路线”，相继推出了一整套新的内外政策纲领和施政蓝图，在新世纪即将来临之际，向国民党的执政地位发起了又一次猛烈冲击。在这场关系到民进党自身生存发展乃至台湾前途命运的“世纪之战”中，民进党能否抓住千载难逢的机遇，利用国民党中生代的严重分裂而“渔翁得利”、一举扳倒“百年老店”国民党而圆执政之梦？人们正拭目以待。

“台独”转型幅度加大，国、民两党“两独”全面合流

一九九九年民进党活动中最为引人注目的是加大了“台独”转型和政策诉求调整的幅度与力度，通过重新诠释“台独”党纲，并由“总统”参选人陈水扁推出所谓“以国家安全为主轴”的“新中间路线”，向国民党李登辉的“中华民国式台独”靠拢；而与之相对应，行将退出历史舞台的李登辉，则因担心卸任后其分裂中国的路线难以为继，公然抛出“两国论”，并企图将这一分裂路线不仅明朗化，而且固定化、法律化，这实际上则是向

民进党的“台独”路线靠拢。于是，国、民两党主流派在分裂中国的道路上达成了前所未有的高度共识与交集。两党“两独”全面合流，联手共同推动“台独”，挑战中国主权，便成为一九九九年台湾政治发展中格外突出的现象，严重地冲击着两岸关系。

（一）“台湾前途决议文”的提出

1. 提出背景与经过：

一九九八年底民进党在“三合一“选举中受挫，证明了近几年来该党在“台独”主张上的策略性转型未能取信于民，于是选后再次引发了党内对是否需要修改“台独”党纲的激烈争辩。甫从台北市长选战中败北而有意角逐下届“总统”宝座的陈水扁，暗中授意本派系龙头正义联线会长沈富雄，率先提出修改“台独”党纲的主张，并得到前民进党政策执行长郭正亮的支持。然而，这一主张却遭到当年“台独”党纲的主要起草人新潮流系的骨干林浊水和民进党前秘书长邱义仁等人的坚决反对。经过一段时间的争论，“反修派”逐渐占据了上风，新潮流系和福利国联线决议反对，美丽岛系和新成立的新世纪办公室也大多持反对意见，而陈水扁、沈富雄所在的正义联线内部也难以达成共识。最后，民进党党纲研修小组决定采纳许信良、陈文茜等人提出的折衷方案，即不直接修改“台独”党纲条文，但在“台独”党纲之外，以“解释文”的方式对台湾现状和民进党的主张重新加以解释。此后，经过数月之久的反复酝酿修改，在一九九九年五月八日民进党召开的八届二全大会上终于通过了一份所谓“台湾前途决议文”，正式对外公布，重新诠释“台独”党纲。

2. 主要内容评析

作为全代会正式通过的文件，该“决议文”具有现阶段民进党政治纲领的性质，其权威性和重要性不言而喻。与“台独”党纲相比较，“决议文”关于“台湾前途”的主张主要有以下三点变化引人注目：

（1）从原来拒绝接受“中华民国国号”、主张建立“台湾共和国”，调整为阶段性地间接承认了“中华民国国号”。决议文称：“台湾，固然依目前宪法称为中华民国，但与中华人民共和国互不隶属”。这是在民进党正式发布的文件中首次公开承认所谓“中华民国”称号。这显然是具有重大象征意义的转变。

（2）对“公民投票”的功能与取向重新作了界定。决议文称：“台湾是一主权独立国家，任何有关独立现状的更动，必须经由台湾全体住民以公民投票的方式决定”。这表明该党已由原来“台独”党纲中追求“独立建国”的进攻性的“台独公投”，调整为维护所谓“独立现状”的防御性的“统一公投”。

（3）在大陆政策方面，主张两岸进行“全方位对话”。决议文称：“台湾与中国应透过全方位对话，寻求深切相互了解与经贸互惠合作，建立和平架构，以其达成双方长期的稳定与和平”；“创造共生共荣、互信互利的美好前景”[1]云云。

可以看出，上述三点变化除第一点外，其余二、三两点实际上是对一九九八年民进党中常会发表的“七一声明”中有关内容的肯定与背书。应当承认，这些变化说明了民进党迫于内外形势的压力，为因应即将举行的大选争取中间选民的需要，在“台独”转型方面又迈出了一大步。

不过，更为重要的是，与上述三点变化相对应，决议文却有以下三点明显的“不变”：

（1）“台独”的基本理念和最终目标没有变。首先，决议文虽然承认了所谓“中华民国”的称号，但这种承认是以认定“台湾是一主权独立国家”为前提的；其次，决议文界定所谓“中华民国”的主权领域“仅及于台澎金马及其附近岛屿，以及符合国际法规定之领海与邻接水域”，这显然也与所谓“中华民国宪法”规定的领土主权涵盖中国大陆与外蒙古的范围有很大差别；再有，决议文对“中华民国”称号的承认语义模糊、闪烁其词，明显地预留了将来重新解释的空间。例如，决议文称：“台湾，固然依目前宪法称为中华民国”，并称，“台湾应尽速完成公民投票的法制化工程，以落实直接民权，并于必要时籍以凝聚国民共识，表达全民意志”[2]云云。何谓“依目前宪法”？“必要时”要借公民投票方式“凝聚”何种“国民共识”？“表达”什么样的“全民意志”？弦外之音，无非就是要等待时机成熟，利用“公民投票”方式修改“目前宪法”，最终实现台湾法理上的独立。

（2）以“一台一中”为核心的分裂中国的大陆政策没有变。决议文视两岸为“两国”，通篇用语均称“台湾与中国”如何如何，将两岸关系的改善与发展定位在台湾与中国“两个国家”的框架之下。虽然提出了所谓“全方位对话”和寻求两岸“互惠合作”这种表面上看起来较为务实积极的主张，但却又声称“台湾应扬弃‘一个中国’的主张”，号召“台湾朝野各界应不分党派，在对外政策上建立共识，整合有限资源，以面对中国的打压及野心”，也即团结起来共同对抗大陆。

（3）图谋“台湾问题国际化”的目标没有变。决议文公开主张“台湾应广泛参与国际社会，并以寻求国际承认、加入联合国及其它国际组织为奋斗努力的目标”。[3]

3. 目的与性质：

从以上分析可以看出，决议文的提出虽然表明民进党在“台独”转型上确实前进了一步，但却仍然只是治标不治本的策略性的调整而已。其主要考量，一是为改善“台独党”的不良形象，为二〇〇〇年“总统”大选中争取中间选民的认同和支持、破解国民党的“安定牌”预作准备；二是试图借机向大陆以及美日等国际社会做出某种姿态，以降低其对民进党上台执政的疑虑。而实际上民进党的“台独”立场并没有改变，民进党仍然是一个货真价实的“台独党”。对此，该党主席林义雄也不否认，他在大会致词中坦承：“台湾的独立，是民主进步党长期坚持的目标”，“我们的目标绝不因外在环境而稍有更易”。决议文通过后，多位民进党头面人物也一再强调：“民进党提出决议文只是陈述事实，并非放弃台独基本主张与建国理想”，“台独党纲仍然是民进党的基本立场”。[4]既然如此，民进党恐怕很难达到它抛出“决议文”所欲达到的目的。诚如岛内媒体所评论的：“民进党企图透过决议文方式，回避该党政治路线与主流民意的落差，正好说明了该党依旧停留在转型的困境中”，“在这种情况下，人们会轻信万变不离‘台独党纲’宗旨的‘决议文’吗？”[5]

（二）“新中间路线”的提出

一九九九年，民进党在“台独”转型方面另一个值得重视的，是该党“总统”参选人陈水扁所提出的所谓“新中间路线”。

1. 提出背景：

陈水扁在岛内历来以“善变”而著称。民进党成立之初，陈水扁作为“泛美丽岛系”的成员，在党内与当时急进独派新潮流系的“台独”论战中，长期扮演着温和、务实独派的角色，特别是在一九九四年竞选台北市长时，更是刻意表现出认同“中华民国”的态度，曾引起党内外急进独派的强烈不满与反弹。但是，此后为了与党主席许信良争夺民进党的主控权，竞争第二届“总统”直选候选人的党内提名，陈水扁却一反常态，站到温和独派的对立面，竭力反对许信良主导下的民进党的“台独”转型，从而博得党内外急进独派的喝彩和拥戴，并最终迫使许信良不得不宣布放弃竞选连任下届党主席。一九九八年底，陈水扁在竞选台北市长落败后，曾以所谓“学习、反省”之名沉潜了一段时间，实际上是为角逐下届“总统”宝座、扭转其“急独”形象、调整其政策主张进行过渡和作舆论上的准备。果然，经过一番“学习、反省”之后，一九九九年三月十九日，陈水扁首次向新闻界提出他的所谓“新中间路线”，重新把自己乔装打扮成温和、务实独派的代表。

2. 主要内容：

(1) 由来、内涵与目的：

近几年来，不少西方国家的左派执政党为因应西方社会政治经济演变发展的新形势，巩固其执政地位，往往注重吸收在野右派政党的政见，兼采改良主义与保守主义、自由主义与社会主义的许多政策主张，标榜所谓“中间路线”或“第三条道路”。陈水扁认为，西方的这股政治思潮已然成为世纪末的“主流思考”，台湾不可以自外于这一世界“主流价值”；民进党如欲取得二〇〇〇年年“总统”大选的胜利，顺利走上执政，就必须有“超越党派”的思考，走所谓“新中间路线”，使选举成为一种“社会运动”。

经过“学习、反省”之后陈水扁宣称，“新中间路线”是一种新思维、新潮流、新方向，其重点在于“新”而不在“中间”两字。也即“包容多元、尊重多数、突破创新、追求进步”，“化解对立、异中求同”。具体到台湾社会而言，陈水扁说，台湾“新国民意识”虽已出现，但“我们的社会还没有百分百地达成共识。统独问题依然存在，社会矛盾还没有百分之百化解。”针对这一问题，他主张以“新中间路线”来解决。陈水扁说，“新中间”并不单纯的“中间”，“它不是要在国家认同与定位的问题上摆荡”。他承认，“国家认同与定位是没有‘中间’的”，因为它是“基本价值”。但他认为，“在如何实践价值的方法上却可以有中间，因而存在着中间策略，我们才可以求取公约数，这个公约数就是‘国家安全’”他说，“不论主张统一或独立，都要以台湾的安全为前提。只有这样，不同立场的人才有对话空间，不同的族群才能共处，才不会无限上纲为价值冲突。这就是‘新中间路线’的真义”。陈水扁特别强调：“国家安全”是“新中间路线”的主轴，其最高原则是亚太区域的“战略安全”；“新中间”不是无目的、无方向的“中间”。而是有基础、有原则的“中间”，“它站在台湾是主权独立国家的基础上，努力追求社会和谐、经济繁荣与国家发展”。[6]此外，陈水扁还不断解释他的“新中间路线”有所谓“三个角点”、“三个面向”、“五大政治哲学”等等，洋洋洒洒。

（2）核心内容与具体政策主张：

陈水扁的“新中间路线”尽管内容庞杂，涉及面很广，但核心内容实际上主要集中在台湾前途与两岸关系方面，而具体的政策主张则主要体现在其正式宣布参选后发布的“跨世纪中国政策白皮书”和其他与两岸政策相关的所谓“宪政”、“国防”、“外交”、“两岸经贸”等一系列白皮书以及在各种不同场合发表的演说中。

关于两岸定位和台湾前途的主张：一九九八年底，陈水扁在台北市长卸职演说中提出两岸是“两个华人国家”的主张，引起各方的普遍关注；一九九九年四月下旬赴美访问期间，陈水扁再次重申这一立场，并公开承认自己是“中华民国国民”，主张海峡两岸“未来应寻求发展出一种新的国家特殊关系”。陈的上述宣示，实际上为五月上旬民进党“台湾前途决议文”的提出定下了基调。七月九日李登辉抛出“两国论”后，民进党中常会随即发表声明，吹捧李此举是所谓“务实的作法”；陈水扁则举行记者会，声称李登辉的“两国论”与民进党和他本人的长期主张“不谋而合”。进而主张废除“国统纲领”，并将“两国论”“入宪”。十一月十五日，陈水扁发表“跨世纪中国政策白皮书”，依循“决议文”的基本立场和观点，宣称“台湾是一个主权独立的国家，依目前宪法称为中华民国”；将两岸关系定位为“两个国家的特殊关系”，与李登辉的“两国论”相呼应；并重申“任何有关独立现状的更动，必须经由台湾全体住民的公民投票的方式决定”[7]。十二月上旬，陈水扁在访英期间宣称，“‘两国论’不能收回，不能让步”。十二月二十日，陈水扁发表所谓“宪政白皮书”，再次明确主张将“两国论”和“公投”条款纳入“宪法”，声称：“未来宪法应确立台湾主权独立，明确规定中华民国领土包括台澎金马及其附属岛屿以及其它国家权力所及之地区；同时，台湾主权独立状态之变更应经台湾人民公投决定”[8]云云。

关于两岸对话、谈判的主张：九月二十日，陈水扁在党内发表题为“年轻新台湾，正常新关系”的重要演说，首度提出了完整的两岸政策。其中有关两岸对话、谈判，陈水扁提出：欢迎并接受任何议题、包括政治性议题进行谈判；希望建立制度性的互访与对话；希望以军事互信机制来降低军事冲突的风险；两岸在大陆承认台湾的对等国家地位、和平解决争端、不预设未来走向等三项前提下，签订基础条约或和平条约；表示他当选后就职前愿率团访问大陆[9]。

在十一月十五日发布的“跨世纪中国政策白皮书”中，陈水扁对上述主张作了进一步的具体补充与阐述，提出了四项具体主张：（一）积极展开对话与协商：台湾应积极与中国展开对话与协商；目标在于培养互信，进而达成关系正常化；国家主权不应成为谈判标的；谈判结果应获得“国会”或人民同意。（二）议题的开放性：打破事务性协商和政治性协商的区隔；各项双边经贸事宜、军事信心建立措施、和平条约等议题均可纳入协商谈判范畴；攸关双方人民权益的事项应优先进行协商谈判；新一轮对话不一定要从“辜汪会谈”重新开始，也不需要接续其未完的议题；两岸应尽早就“信心建立措施”展开协商，并可以就签订和平协议的可行性进行长期对话。（三）沟通管道的多元化：积极与中国内部各种组织与团体对话；正式协商谈判必须由政府主导；推动双方正式协商管道，从两会体制迈向官方参与；以第二轨道强化双边对话机能，设立各类“专业论坛”等等。（四）鼓励中国政治民主化。[10]可谓包罗万象。

关于两岸经贸关系的主张：陈水扁在九月二十日的演说中即曾提出

“在不危害国家安全的前提下，依市场、比例、互惠、对待原则，开放通航、通商、投资的限制”。十一月七日，陈又在民进党主办的“二十一世纪的中国”研讨会上发表题为“跨世纪的两岸经贸关系”的专题演讲，具体阐述了他的两岸经贸政策主张。他认为，两岸经贸不是只有“戒急用忍”或“大胆西进”可供选择；主张以“经贸安全发展战略”来兼顾“经济利益”和“国家安全”两大目标，并作为具体落实民进党“强本西进”共识的政策措施；其原则是，用“发展”来解消“风险”，用“发展”来巩固安全；并提出“在国家安全与对等互惠的前提下，与大陆就航运议题展开协商”。海运方面，台湾开放高雄、基隆两大国际港口，大陆开放广州、大连、上海、青岛、天津等国际港，“以双方直航、权宜轮先行为原则”。空运方面，由台湾航空公司负责经营，利润“双方共享”等等。[11] 在其后发表的“跨世纪中国政策白皮书”中，陈水扁更进一步地对上述所谓“经济安全发展战略”作了详尽的论述与规划，并增列了有关如何“妥善因应中资来台问题”的内容。

3. 实质与效果评析

从以上介绍不难看出，陈水扁“新中间路线”标榜所谓“新思维、新潮流、新方向”并不是什么新东西，只不过是其在坚持“台独”基本理念和立场的前提下，为因应“大选”骗取选票所玩弄的一种“新权谋、新手法、新策略”。其主要特点有三：

（1）分裂性：

其实，陈水扁自己说得很清楚：作为“基本价值”观念的“国家认同与定位”是没有“中间的”，“新中间”并不是“要在国家认同与定位的问题上摆荡”。那么，陈水扁不能“摆荡”的“国家认同与定位”是什么呢？即他一再宣扬的“台湾是一个主权独立的国家”、海峡两岸是“两个华人国家”、两岸关系是“两个国家的特殊关系”。陈水扁说，这是他的“新中间路线”的“基础”和“原则”，说白了就是“台独”基本理念和立场。

然而，陈水扁认为，“基本价值”上虽没有中间，但在“如何实践价值的方法上”却可以有中间，可以有“中间策略”。这个“中间策略”不是别的，就是陈水扁一再强调的“新中间路线”的主轴——“国家安全”，也即

“求取”和借助台湾社会内部统独、族群对立矛盾各方的所谓最大公约数“国家安全”，来凝聚共识，团结起来，共同对抗大陆，以维护其“基本价值”——“台湾主权独立国家”的地位。而且，陈水扁自知台湾一隅实力不济，难以抗衡大陆，于是他又宣扬“国家安全”的最高原则是所谓“亚太区域的战略安全”，试图引进外国势力来共同“遏制中国”。可见，陈水扁鼓吹的所谓“中间策略”，说穿了就是“台独策略”，其分裂性昭然若揭，难以掩饰。

（2）虚伪性：陈水扁为表示其“路线”确已走向“中间”，于是在两岸谈判和经贸议题上提出了一大堆五花八门表面上看似颇具“创意”和“善意”的改善发展两岸关系的政策主张。但“透过现象看本质”，其“台独”马脚便一览无遗，不仅不具有任何可行性，而且极其虚伪。例如，他表面上承认“中华民国国号”，承认自己是“中华民国国民”，但他所说的“中华民国”，其领土范围仅及“台澎金马”，并不涵盖“中国大陆与外蒙古”。可见陈水扁的心目中，所谓“中华民国”只不过是“台湾共和国”的代名词和同义语而已；他承认自己是“中华民国国民”，但从不承认自己是“中国人”，而只是“台湾人”或“华人”。又如，陈水扁表示“欢迎并接受任何议题包括政治性议题的谈判”，甚至主张和大陆“签订基础条约或和平协议”，但陈水扁说得很清楚，他主张两岸对话谈判是有三个前提条件的：（一）“对等国家地位”（即要大陆承认两岸是“两国”，“台湾是一主权独立国家”）；（二）“和平解决争端”（即大陆必须承诺放弃对台使用武力）；（三）“不预设未来走向”（即不能把统一当作唯一选项）。有此三项前提条件，可以预计，两岸对话谈判根本不可能启动，陈水扁的一切所谓的“善意”和“创意”便都成了一纸空文而不具任何实际意义。可见这种政策主张十分虚伪。

（3）欺骗性：陈水扁的“台独”理念虽然丝毫未变，但应当看到，他所提出的一系列洋洋洒洒的具体政策主张，也确实在一定程度上迎合了岛内民众要求扩大两岸交流、改善发展两岸关系的愿望；同时还响应了大陆要求两岸进行政治性对话谈判以及以美国为首的国际社会希望稳定台海局势的主张，因此不能不说它具有相当大的欺骗性。然而，陈水扁的“善变”却使其效果大打折扣。在此次大选中陈水扁的“善变”可谓表演得淋漓尽致！他可以在不同的时间地点、不同的场合、面对不同的听众讲出完全不相同的话，反复无常，前后矛盾，唯一的目的，就是迷惑世人，捞取选票。例如，他在竞选文中宣称要和大陆“善意和解、积极合作、永久和平”；表示要“打拼不打仗、开放不开战、竞争不斗争”。[12]但面对“台独基本教义派”的场合，他却又高喊“台湾独立万岁万万岁”，劝说他们“要忍耐”，“等民进党执政，才有可能慢慢达到理想”；并反复强调他和独派团体的“理想和目标都一致”，只是“达到目标的手段有些地方不一样”[13]而已。

由以上分析可知，陈水扁所标榜的“新中间路线”其本质仍是“旧台独路线”；他的两岸政策主张，其基本逻辑思维仍不脱民进党的“台独党纲”；陈水扁宣称要走“新中间路线”，恰恰说明了民进党所走的并不是“中间路线”。正如许信良所说：“虽然陈水扁的说法对他本人或许是一大进步，但观其实际内容，却可得知民进党以模糊、取巧方式，端出漂亮的宣传菜单，内容却完全空洞，无法落实”。难怪岛内媒体评论说：如今的民进党已经“走向了‘附庸化’、‘边缘化’、‘权谋化’，这不但是民进党的挫折，也是台湾民主政治的莫大伤痛。”[14]由此可以肯定，无论这次“总统”大选陈水扁是输是赢，他的所谓“新中间路线”都不可能引领民进党步入正途，也非台湾人民之福。

（三）与国民党联手通过“国代延任案”

在分裂中国的道路上，李登辉国民党向前“迈进一步”，公然抛出“两国论”，向民进党靠拢；而陈水扁民进党则暂时“后退一步”，承认“中华民国”，标榜“新中间路线”，向国民党靠拢。于是国、民两党“两独”全面合流，勾结起来共同推动“台独”。最典型的事例，莫过于两党联手推动第五次“修宪”，并合谋通过“国代延任案”。

九月四日凌晨，在国、民两党“国代”党团的强势运作下，“国大”第五次“修宪”三读通过“宪法增修条文”，悍然通过了备受朝野各方争议的“国代延任案”。按照该“增修条文”规定，本届“国代”将延任两年一个月。消息传出，全岛哗然，立即引发了一场空前规模的政治风暴。该案表决时为表抗议而退席的新党发起大游行，揭露这是由李登辉幕后导演的“台独”阴谋，声称要为民众讨回公道。舆论强烈谴责国、民两党“国代自肥”、是强奸民意的“政治流氓”的行径，呼吁罢免“国代”。面对舆论的强大压力，国、民两党相互“检举”，互相推诿责任。国民党一方面归罪于“国大议长”苏南成“自作主张”，另一方面又称“延任案”是民进党提出的版本，民进党应负主要责任；而民进党则称这全是李登辉的意思。两党中央党务系统表示要严肃处理“失控国代”；而“国代”则又称这全都是为本党“总统”候选人更好地辅选云云。至于李登辉本人，则保持沉默，仅由“近侧人士”放话称李对此事“全不知情”。最后为平民愤，国民党被迫开除了苏南成的党籍。

种种迹象表明，“国代延任案”绝非单纯的“国代自肥案”，而是国、民两党主流派试图利用“国大”第五次“修宪”之机，从法理上分裂中国的整个“台独”阴谋的重要一环。

证据之一：事实上早于五月间，李登辉即在其出版的新作《台湾的主张》一书中宣称：“为确立台湾的存在……更必须在法理上奠定无可辩驳的论据。因此，我希望在卸下总统职务之前，能集国际法学者之力，就台湾的国家定位问题，提出更完整的解释。”[15]在这本书中，李登辉明目张胆地主张把中国分成“七块”。

证据之二：据岛内媒体透露，六月间，李登辉曾授意国民党“国大”党团书记长陈明仁向民进党传话，提醒民进党把“修宪”的格局放大一点，包括总纲都可以修，甚至可以参考“两德模式”制定基本法。

证据之三：七月九日，李登辉在接受“德国之声”记者专访时公然将两岸关系定位为“国家与国家的关系，至少是特殊的国与国的关系”。此论一出，民进党立即随声附和，主张“台湾应以‘两个国家的特殊关系’界定台湾海峡的现况”。陈水扁等人进而公开要求将李登辉的“两国论”纳入“宪法”。另据岛内媒体披露，七月间，张俊宏和苏南成曾私下达成共识，“让本届国代延任至二〇〇二年，让延任国代推动制定‘台湾基本法’，彻底完成宪政改革”。

证据之四：据因“延任案”而名声大噪的民进党“国大党团”干事长刘一德事后披露，八月间他从苏南成处获悉，国民党“上面那边”非常支持这一构想（注：指张、苏二人达成的“国代延任”共识），李登辉的智囊田弘茂也亲口对他提过这件事，他相信苏、田二人不会假传“圣旨”。而新党“国代”李炳南也证实，苏南成曾向他们证实，李登辉赞成“国会改革”方向朝向“总统”、“立委”、“国代”同时延任规划。

证据之五：九月四日凌晨，“国大”三读通过“国代延任案”后，张俊宏欣喜莫名，称“这和新世纪规划的方向完全一致”，“现在可以开始推动‘台湾基本法’的事了”。六日，当岛内舆论谴责“延任案”风头正劲之时，苏南成竟还敢顶风而上，强词夺理地为“延任案”辩解，说可让“延任国代”利用两年多的时间整理出一套可“长治久安”的“根本大法”，检讨“国家定位”与“国家制度”。而民进党则应声“接招”，宣称要利用“国代”制定“基本法”，创造“中华民国第二共和”。邱义仁甚至表示：“修宪”确定“中华民国第二共和”，这比明年谁当选更重要。幕前或幕后推动“延任案”的国、民两党要员均异口同声宣称，“国代延任”是所谓“宪政改革”的“必要之恶”。他们认为，现实环境中，唯有“国代”延任才能有机会推动最后一波“修宪”，若“国代”不延任，明年三月后，一则新科“国代”难以驾驭，二则可能有相当程度的宋系人马涌入，时机稍纵即逝。

可见，“国代延任案”的确暗藏玄机，并不单纯，乃是国、民两党“两独”联手勾结承包“新台湾修宪工程”、欲将李登辉的“两国论”纳入所谓“根本大法”、从法理层次确立“台湾主权国家”地位这一“台独”阴谋的重要一环。然而“机关算尽太聪敏”，在国内外的强大压力下，国、民两党毕竟难售其奸。于是李登辉被迫暂时改变原定计划，退而求其次，在八月底召开的国民党十五次二全会上将“两国论”强制写进了“决议文”。

许、陈“总统”候选人提名之争，造成党的严重内伤

许信良与陈水扁之间为争夺“总统”候选人的党内提名，早于一年多前即已开始了明争暗斗。进入一九九九年之后，两人之间的争斗更进入公开化、白热化的阶段，并由此而引发了党内派系间的激烈冲突。斗争结果陈胜许败，许信良被迫黯然宣布退党参选，从而给民进党造成了严重的伤害。

（一）斗争过程及其结局

在当今台湾政坛上，许信良可说是命运多舛。他从不讳言自己自幼便想当“总统”，而且一生都在为当“总统”做准备。然而现实政治却对他如此残酷无情：一九九六年台湾首届“总统”直接民选，他在争取党内提名的竞争中，偏偏碰上了刚刚从海外归来正值炙手可热的“台独教父”彭明敏而败下阵来。四年后他的对手却又换了个人气正旺的“台独”后起之秀陈水扁。许信良虽然打七十年代开始就是台湾党外运动的领袖人物，论辈份、论资历比八十年代初才涉入政治的陈水扁要老得多；论对台湾主客观环境的观察与思考，陈水扁则更难望其项背。但是，陈水扁却擅长利用媒体造势，并在其四年的台北市长任上累积起了丰沛的人脉，集结了一支颇具活力的年轻市府团队，营造出超人气的政治声望，而这些却又都是许信良所望尘莫及的。陈水扁正是利用他的这种优势，在一九九七年底县市长选举后迫使许信良放弃竞选连任党主席。而且，陈水扁的旺盛人气并未因在一九九八年底的台北市长选举中落败而减退，相反却在党内外持续发酵，并逐渐形成一种舆论，似乎民进党的下届“总统”候选人非陈莫属。然而，许信良从其个人政治生涯规划考量，此番大选不论胜败如何都将“义无反顾”，决不可能退让。显然，许、陈之间的角逐已势不可免。有趣的是，许、陈之间的争斗在相当长的一段时间里两人并没有进行面对面的交锋，而只是通过党内派系之间的放话过招、利用媒体大肆炒作；而争论的焦点则是围绕着“四年条款”的存废问题而展开。

所谓“四年条款”，是指一九九七年许信良尚在党主席任上时，利用其掌控党机器之便所通过的“公职提名条例”第七条。该条款规定：四年内民进党员只能就“总统”、“副总统”、省长、直辖市长择一参选。按此规定，陈水扁因一九九八年底已代表民进党参选台北市长，因而自动丧失了参加这届党内“总统”初选的资格。可见，许信良及其亲信为防止陈水扁“包山包海，搞三位一体”，与他竞争党内“总统”候选人提名，早已埋下了伏笔。

可是时过境迁，“人算不如天算”，陈水扁虽然以高票落选台北市长，但超人气势不坠，再加上由陈水扁的“政治盟友”林义雄、游锡堃等人主控的党中央有意偏袒陈水扁，全党上下形成拥陈态势，要求修改“四年条款”、为陈水扁参选“总统”扫除障碍的声音日渐增强。为挽回逐渐失去的优势，许信良转守为攻。一九九九年一月中旬，他在一个私下场合放话说：“陈水扁的格局已定，台北市长一役败选就是明证”，“陈水扁目前没有时间争取游离票，民众对他的刻板印象已形成，虽然他尝试修正其性格与主张，但对结果影响不大”，“陈水扁绝对不会当选下届‘总统’”。[16]此言一出，立即引起民进党内的强烈震撼，使原本已暗潮汹涌的许、陈之争公开化、表面化。党内五大派系除许信良为龙头的“美丽岛系”之外，其余各派系都纷纷表态主张修改“四年条款”，支持陈水扁参选。

二月底，“新潮流系”负责人、“总统胜选小组”召集人吴乃仁公开放话说，许信良如争取党内提名失败，将会脱党参选“总统”，更激起民进党内的轩然大波。“美丽岛系”要求吴公开向许道歉，并在中常会上提议惩处吴乃仁，后经许信良出面制止，这场风波才算平息。

进入三月份后，许、陈之争进一步升级。三月二日，许信良的亲信陈忠信、许丕龙公开表示反对修改“四年条款”，主张以协调的政治手段“来处理”，否则“一切后果应由党中央负责”。陈阵营则攻击许阵营反对修改“四年条款”一是为了拖延时间，营造对自己有利的态势，二是增加许日后脱党参选的正当性。三月五日，陈水扁一改此前幕后操纵的低调作风，亲自披挂上阵，公开指责许信良把“总统”只当作“权位”在争取，未免“格局太小了点”。三月七日，双方人马在民视电视台举办的系列辩论会中进行唇枪舌剑式的激辩，使民进党的形象大受其损。三月十日，支持陈水扁的“新潮流系”与“正义联线”强力运作，促使民进党中执会通过决议，决定将原定于七月份才召开的“全代会”提前于五月八日在高雄举行，试图以此破解许信良的拖延战术，使修改“四年条款”的可能性相应提前。三月中旬，党内大老黄信介曾两度出面安排许、陈会面，居间调停，但陈、许两人都只是坦率表达各自立场，互不相让。面对这种不利局面，许信良深感失望，于三月十五日公开表示：“我已经做了断送自己政治前途的完全准备”，“透过参选的过程，传递台湾迈向新世纪的强烈讯息，就是我参选的最大意义”。实际上这已暗示他将不惜退党参选到底。及至三月二十八日，许信良的亲信、前文宣部主任陈文茜突然宣布退党，声称她对民进党转型失败感到失望，并批评陈水扁“一直在冲突的焦点上，不是价值的整合者”，再次引起党内的强烈震动。事后有人认为，陈文茜的退党，实际上是许信良在下决心脱党参选之前所施放的一个“试探气球”。

在许、陈之争的整个过程中的另一个有趣现象是，陈水扁自始至终并未公开表态自己究竟是否参选。他一方面挟其“超人气”的优势，诱使急于走上执政的民进党自动修改“四年条款”为其解套，对于来自各方的协调努力置之不理，一一化解，摆出一副不逼退许信良誓不罢休的姿态；另一方面则又密锣紧鼓地加紧他的参选部署工作。三月十九日，他抛出酝酿已久的所谓“新中间路线”作为他未来参选的文宣主轴，并先后出访日本、韩国、蒙古和美国，进行所谓“沟通之旅”，大造参选舆论。陈水扁的权谋手段和“鸭霸”作风，逐渐引起民众的反感，陈的支持率开始出现下滑的趋势。于是陈水扁自美返台后，突然提出不修改“四年条款”的主张，并煞有介事地建议党代会推荐许信良参选下届“总统”。但他并没有采取推举许信良的连署行动，而且回避表态自己是否退出“总统”提名竞争，这显然是一种“以退为进”逼退许信良的狠招。眼见事态已无转圜余地，许信良可说对民进党已万念俱灰，彻底丧失了信心。于是在经过一番追随妈祖的“宗教之旅”和“闭关”的痛苦挣扎之后，五月七日，在民进党八届二全大会召开前夕，终于被迫正式宣布退党参选。经过长达半年之久的剧烈的许、陈之争，于焉落幕。

五月八日，民进党八届二全大会在高雄如期举行，大会表决通过了“二〇〇〇年总统、副总统候选人提名条例”。规定：是届“总统”党内提名改采推荐、党员投票制度；凡现任党主席、中执委、中评委、“立委”、“国代”、直辖市长、县市长均可推荐一名候选人；必须有四十人以上推荐才能成为候选人；没有人推荐时由中央征召；如被推荐人只有一名，可不必举行党员投票初选，并经党代表二分之一出席并有五分之三同意，即正式成为候选人。这一明显为陈水扁参选解套的“提名条例”，尽管在讨论时遭到部分党代表的猛烈抨击，质疑其为陈水扁“量身定做”、“有辱党的民主精神”，[17]但已大势所趋、于事无补。

截止于五月二十六日，陈水扁在有资格参与连署的一百九十九人中获得一百六十八人连署。次日，陈水扁正式宣布接受党的推荐参选。七月十日，民进党召开临时全代会，以三百九十一票全数通过提名陈水扁为党的“总统”候选人。

（二）对许、陈之争及许信良退党参选的评析

许信良和陈水扁为争夺民进党的“总统”候选人提名，进行了一场空前激烈和残酷的斗争。党内、岛内一时间吵得沸沸扬扬，路人皆知。最后，民进党虽然如愿推出了“超人气”的陈水扁，但也导致了许信良退党参选，留下了许多后遗症，对民进党未来的发展产生了极其不利的影响。

首先，许、陈之间的斗争反映了民进党内权力斗争的恶质化，双方为争权夺利不择手段，无情打击，吃相难看，舆论哗然，损害了民进党的社会形象。许信良历任两届民进党主席，为民进党的转型，为民进党赢得一九九七年县市长的选举和迈向全面执政奠定了基础，做出了重大贡献。然而，许信良不但得不到党内应有的尊重和礼遇，反而遭到党内各派系的围剿和攻击，在任内就被迫宣布不再竞选党主席的职位。如今，为了阻止他出来竞选“总统”，捧出陈水扁而不惜破坏原有的制度，并为其个人修改党内制定的游戏规则，反映了民进党内缺乏起码的行政伦理和政治道德，使其支持者为之心寒。

其次，曾经两任民进党主席的许信良被迫退党，对民进党产生了巨大的震动和冲击，使民进党面临分裂的危机。民进党基隆市长李进勇说：“在民进党即将迈入执政之际，元老级前辈突然退党，令人遗憾，对民进党伤害影响很大、也很深远。”高雄市长谢长廷也表示：“许信良参选下届总统，对民进党的伤害不在他得票数的多寡，而在他对民进党动员、号召支持者的影响程度”。一般评估，许信良的出走，尤其对桃、竹、苗等客籍票集中的地区，将会有较大影响。

再次，许信良在民进党内终无立足之地，也表明了民进党内对于许信良较具前瞻性、务实性的观念不但难以接受，而且是极端排斥。因此，许信良的出走，实际上意味着许信良推动“台独”实质转型路线的重大挫折，说明了民进党的“台独”本质很难改变。

陈水扁胜选之可能性分析

在确定由陈水扁为二〇〇〇年台湾“总统”候选人后，民进党便全面投入了辅选工作。

全台湾的“阿扁之友会”早在年初就已经开始启动，这类团体极多，数不胜数。陈水扁确定参选之后，马上由他的原台北市府亲信及正义联线的人马组成了竞选班子。八月，民进党中央成立“选战指挥中心”，党主席林义雄为总指挥，张俊雄为总干事，邱义仁为执行总干事，各地方党部也陆续成立了竞选总部。经过一番曲折，年底，陈水扁正式宣布吕秀莲为他的“副总统”搭档，民进党也展开百日决战大行动，在各县市举办二十多场的所谓“告别黑金，飞跃两千”的造势晚会。民进党中央还要求民进党籍的县市长辞去各县市选委会的职务，全力辅选。在各大专院校组织“阿扁同学会”，在各个行业也成立了后援会。

尽管民进党上上下下团结一致，使出浑身解数，但在宋楚瑜的“兴票案”爆发之前，陈水扁的声势始终低迷不振。各种民调显示，陈水扁的支持率虽然略高于连战，但却远远落在宋楚瑜的后面，看好率更一直是倒数第一，甚至一度被判定已提前出局。及至“兴票案”爆发之后，选情出现重大逆转，宋楚瑜气势急剧下降，陈水扁的气势才开始上扬。直到近期以来，民意调查显示其支持率已与宋楚瑜不相上下，连战的支持率则变化不大。那么陈水扁的胜算如何呢?

回顾一下近十年来岛内的历次重大选举，可以发现：尽管从总体发展趋势来看，国民党的实力在不断下滑，而民进党的实力在不断攀升，但在“中央”层级的选举中，民进党总也难以突破三成左右获票率的瓶颈。

民进党之所以在“中央”层级难有突破，不外乎有以下两点原因：

首先是实力。从政治和经济的角度来看，国民党和民进党的实力相差悬殊。在政治上，国民党拥有现任的优势：“行政院”是国民党的一统天下；在“立法院”，国民党与民进党的“立法委员”的比例是110∶70；在“国民大会”，两党的比例是180∶99。在地方，国民党和民进党的县市长比例是

7:12，民进党占优势，但地方派系大多数支持国民党或宋楚瑜，国民党和宋楚瑜阵营掌握着绝大多数的乡镇长，民进党的乡镇长则寥寥无几。连战的竞选团队包罗了国民党在各个政权机构中的主要人物，正是刻意突显其在政治上的实力。在经济上，两党的差距更大。国民党拥有上千亿的党产，对于选举，可以说有取之不尽用之不绝的经济资源。反之，民进党只有区区几千万的资产，确实难以和国民党相抗衡。同时，国民党作为大资产阶级的利益代表，与台湾的大资本家、大财团有着十分紧密的联系，连战本身就是大资本家。台湾的三大工商团体都先后表态支持连战。所有的民意调查显示，在"谁最能发展台湾经济"的问题中，连战总是名列前茅，陈水扁则总是垫后。正是这种实力对比的差距太大，所以民进党自成立以来的十几年中，屡次向国民党的"中央政权"挑战，欲寻求取代国民党而执政，但总是以失败而告终。台湾的政治转型持续发展，民进党却始终与台湾的"中央政权"无缘。

其次是"台独"。自从民进党于一九九一年通过"台独"党纲之后，堕落成为"台独党"，从此背上了沉重的"台独"包袱。"台独"不见容于国际社会，不见容于两岸关系，不见容于台湾社会。对于大多数台湾民众来说，不管对统独有何看法，都希望台湾社会与两岸关系能够和平、稳定和发展。然而"台独"必然引起两岸之间的战争，因此，对"台独"的恐惧使台湾民众一直无法放心让民进党执政，这是民进党难以在台湾"中央"层级的选举中获胜的主要原因。在"谁最有能力稳定两岸关系"的各种民调中，民进党历来是敬陪末座。正因为如此，许信良把台湾社会称为"危机社会"。每到选举，民进党都要大张旗鼓地来一次"台独""转型"，千方百计地淡化"台独"，以解除台湾民众对民进党执政的不安和疑虑。

从以上的分析可以看出，就民进党和陈水扁自身而言，其实并无足够实力挑战国民党的"中央政权"。然而这一次却和以往不同，外在环境的变化为陈水扁提供了千载难逢的机会。

其一是国民党中最具民望的宋楚瑜从国民党出走，使国民党从上到下出现了和以往性质完全不同的大分裂，实力大大地被削弱了。代表国民党参选的连战却像是扶不起来的阿斗，气势一直无法抬高。而且，"兴票案"所揭示出来的国民党黑金政治，使宋楚瑜和连战两败俱伤，一些中间选民开始向个人形象比较清新、被视为反黑金旗帜的陈水扁移动，使陈水扁的民意调查支持率迅速上升。种种迹象表明，这次大选民进党突破其固有的实力瓶颈是完全有可能的。

其二是陈水扁此次尽量淡化自身的“台独”色彩。如民进党通过了“台湾前途决议文”，首次承认“中华民国”。陈水扁则大肆鼓吹其所谓以“台湾安全”为主轴发展两岸关系的政策主张，如调整“戒急用忍”政策、尽快实现“三通”、让“中资”入岛等，极力标榜他的所谓“新中间路线”，淡化台湾民众对“台独”的疑虑，这对中间选民有一定的欺骗作用。而且，这些年来，李登辉采取渐进的办法，逐步推行他的分裂政策，直到最后提出“两国论”，“台独”与“独台”全面合流，也逐步降低了台湾民众对“台独”的疑虑。国民党打“安定牌”对台湾民众已经没有太大的说服力。

外在环境的变化为本无胜选可能的陈水扁带来了生机，但生机要想转化为胜机，还需要有更多的条件配合。如美国的因素，以及在关键时刻李登辉是否会引发“弃保效应”等等。总之变数仍多，不到最后时刻，恐怕没有人可以断定谁输谁赢。

【注释】

[1][2][3][4] 台湾“中央社”一九九九年五月八日自高雄报道。

[5] 台湾《中央日报》社论，一九九九年五月九日。

[6][9] 台湾《联合报》，一九九九年九月二十一日报道。

[7][10] 台湾中央社，一九九九年十一月十五日自台北报道。

[8] 台湾《中国时报》，一九九九年十二月二十一日报道。

[11] 台湾中央社，一九九九年十一月七日自台北报道。

[12] 香港《东方日报》、《苹果日报》，一九九九年十一月二十八日。

[13] 香港《东方日报》、《苹果日报》，一九九九年六月十六日自台北报道。

[14] 台湾《联合报》，一九九九年十月八日社论。

[15] 李登辉《台湾的主张》第二四〇页。

［16］ 台湾《联合报》，一九九九年一月十四日自台北报道。

［17］ 台湾中央社，一九九九年五月九日自高雄报道。

（收入《台湾一九九九》，与杨毅周合撰）

陈水扁当选之可能性及其对岛内政局和两岸关系的影响

距二〇〇〇年台湾"总统"大选尚有近三个月的时间，但各组候选人之间的激烈竞争已呈白热化的程度。由于备受争议的李登辉时代行将寿终正寝、退出历史舞台，广大台湾民众对新人新政寄望甚殷；兼之连、陈、宋三强鼎立、各具优劣，使这次大选与一九九六年的大选完全不同，充满了悬念和不确定性，究竟"鹿死谁手"，恐怕不到最后关头没有谁敢断定；更为重要的是，由于连、陈、宋三强各具不同的政治背景和政策理念，施政风格也迥异，究竟由哪一位最终胜出，势将对未来岛内政局的演变和两岸关系的发展，分别产生很不相同的影响。可以说，这场选战结局如何，在很大程度上将事关台湾的前途命运。故此，海内外各方人士格外关注。

那么，"三强"之一、代表民进党参选的陈水扁有机会胜出吗？倘若陈水扁真的胜选，将对台湾政局和两岸关系产生何种影响？本文拟对上述问题作一粗浅探讨。

一、"历史的经验值得注意"

预测二〇〇〇年台湾"总统"大选，有必要回溯一下过去十年来岛内历届重大选举的结果，并从中总结出某些带有规律性的东西出来。请见下表：

年份	内容	获票率		
		国民党	民进党	其他
1989	"立委"、县市长	59.1%	30.2%	10.1%
1991	"国代"	71.2%	23.9%	5%
1992	"立委"	53%	31%	16%
1993	县市长	47.5%	41.1%	3.1%

续表

年份	内容	获票率		
		国民党	民进党	其他
1994	省市长	47.3%	41.2%	11%
1995	“立委”	46%	33%	21%
1996	“国代”	50%	30%	20%
	“总统”	54（李连配）%	21（彭谢配）%	25（林郝配+陈王配）%
1997	县市长	42%	44%	14%
1998	“立委”、北高市长	46.4%	29.6%	20.5%

从上表不难看到，十年来岛内重大选举呈现出以下基本特点和发展趋势：

从总体趋势来看，国民党的实力不断下滑，而民进党等在野势力挑战国民党政权的实力则不断攀升。

在地方层级的选举中，民进党获票率均超过百分之四十，其中特别是一九九七年的县市长选举，获票率高达百分之四十四，首次超越国民党两个百分点，成为名副其实的地方政权的第一大党。然而在“中央”层级的选举中，民进党却远不是国民党的对手，最高获票率仅为百分之三十三（一九九五年“立委”选举），而一九九六年“总统”大选获票率更是退至仅有二成的超低水平。

总的来说，国、民两党的民意支持率大约分别为百分之四十五和百分之三十左右，而其他政党及无党籍的支持率则很不稳定，最好的年份也才只有百分之二十左右。这说明国民党的实力仍相对雄厚；民进党虽有三成选票的基础，但却难以突破三成选票的瓶颈；在一般正常情况下，其他政党或超越党派诉求的参选人，在“总统”选举中难有突破政党封锁之可能。

环顾国际政治，其他众多从“权威体制”向“民主制度”转型的国家，在野反对势力一般经过三、五年的时间积蓄力量，便可一举夺取政权、走上执政。唯独台湾的民进党，迄今已整整奋斗了十三年时间，却尚未能走上全面执政。人们不免会问：民进党何以在争夺执政权的道路上会如此艰辛？究其原因固然很多，但其中最根本的原因就连包括陈水扁在内的民进党领导人也不讳言："台独"主张是民进党的"票房毒药"。为此，曾任民进党两届党主席的许信良早就提出台湾是所谓"危机社会"的理论，并在其任上竭力淡化"台独"，主导民进党转型，试图消除台湾民众对民进党执政的疑惧，引领民进党早日圆执政之梦。然而，"尽管推动转型的旗手，提出正确的转型问题，同时也指出合理的转型方向，但由于只付诸少数讨论和媒体政治，因此并未凝聚出共同的转型愿景，也未形成强大的转型团队，更未发展成全面的转型运动"。[1]民进党精英们的转型理论无法取得民进党基层支持者的认同和呼应，加之党内派系利益和个人恩怨的纠葛，激烈的路线斗争的结果，使民进党在其转型道路上如鹅行鸭步、一步三摇，虽有缓慢进展，但却始终无法突破瓶颈，实现实质性的转型。最终，就连有民进党"转型发动机"之称的许信良也深感失望，不得不黯然宣布退出民进党，另谋出路。

一九九八年底"三合一"选举民进党的重大挫败，再次引发了民进党内有关如何处理"台独"党纲问题的剧烈争论。但从一九九九年五月抛出的"台湾前途决议文"，到年底出笼的所谓"跨世纪中国政策白皮书"，却明白无误地告诉人们：民进党仍然顽固坚持其既定的"台独"立场；陈水扁标榜的所谓"新中间路线"，只是骗人的口号而已；"放不下左边，走不向中间"，"台独"问题仍将是民进党二〇〇〇年"总统"大选中的最大罩门。

然而，上述结论是就一般正常情况下而言的。也就是说，如果二〇〇〇年"总统"大选依然是以国、民两党对决为基本态势的话，那么，相信国民党仍将稳居不败之地，而民进党将毫无机会胜出。但由于种种因素的作用，此番大选却出现了迥然不同于以往的态势：

低人气的国民党候选人连战；

超人气的民进党候选人陈水扁；

不仅超人气，且超政党、超族群的国民党"叛逆者"无党籍候选人宋楚瑜。

国、民两党对决的局面不复存在，这种全新而微妙的态势，是否预示着台湾政局在新千年来临之际，注定不可避免地会发生重大变动？李登辉主政十二年后，真的成了葬送国民党政权的"台湾戈尔巴乔夫"？而充当"台湾叶利钦”者，会是宋楚瑜抑或陈水扁？人们正在拭目以待。

二、“生机”并不等于“胜机”

由于李登辉刚愎自用，国民党中生代整合失败，分裂为连、宋两个对立阵营投入此次大选，使国民党相对雄厚的票源因此而一分为二，这给原本因陷入转型困境、毫无胜选希望的民进党候选人陈水扁带来了一线生机，加之“中兴票券案”对宋楚瑜选情所造成的强烈冲击，使其成为“三强”鼎立之中的一强。但“生机”并不就等于“胜机”，陈水扁能否胜选，笔者以为，以下三方面的因素将起关键作用：

（一）政党政治能否发挥作用，使宋楚瑜难以突破国、民两党的联合夹杀？

在西方较为成熟完善的政党政治制度下，相对而言，竞争较为公平、公正、公开，因此无党籍参选人能够发挥的空间很小，很难脱颖而出。但是，台湾的政党政治刚刚起步，远还未达到成熟的阶段，不仅漏洞百出、弊端丛生，且带有威权时代强人政治的浓厚色彩，因而政党功能相对弱化，给无党籍参选人预留下很大的挥洒空间。

具体表现在：

首先，经李登辉几次强制主导“修宪”后，台湾的宪政体制已逐渐变成了“半总统制”，“总统”有权无责，在政治体制中的角色日益突出而政党功能却相对弱化；而且，“总统”选举采“相对多数制”，没有规定“总统”当选的门槛，这使得类似像宋楚瑜这样，虽没有强大政党奥援却有竞争实力的独立参选人，大大降低了当选的难度，从而增加了他们胜选的信心和机会。

其次，台湾的所谓“民主选举”实施才不过十年，广大选民对两蒋时代“强人政治”的依赖与需求心理还远未彻底消除，在政党与个人权威、能力、魅力之间，他们往往更看重后者而不是前者，特别是最高层级的“总统”选举，情况更是如此。于是，所谓“选人不选党”，便成了台湾选举文化中经常出现的突出现象。

再次，由于台湾政党内部尚未真正形成一套民主、公正、公开的决策机制和竞争机制，特别是李登辉强势主导下的国民党，以党主席的好恶为好恶，党内颇具民意基础和竞争实力的宋楚瑜一再遭到打压，难有出头之日，而超低人气的连战却被钦定为“总统”接班人，这不仅使宋楚瑜及其追随者无法心服口服，分裂出走具有“逼上梁山”无可非议的“正当性”，而且还博得了党内外普遍的同情与支持，一时间形成了台湾政坛和社会上特有的所谓“宋楚瑜现象”——脱党参选、无任何政党奥援的宋楚瑜，民调支持率遥遥领先、一枝独秀，最高时竟达五成以上，相当于国、民两党候选人连、陈二人民意支持率的总和。

面对“宋楚瑜现象”的强烈冲击，国、民两党主流派曾采取各种手段，对宋阵营实施联合“围剿”：

先是李登辉抛出分裂中国的“两国论”，目的之一就是企图逼宋楚瑜对两岸定位和统独问题提前表态，以此搅乱其难以掌控的选情，达到重新洗牌、使选战向对国民党有利的方向发展。

继而李登辉亲自披挂上阵，痛斥宋是“背离分子”，“选民若不注意，台湾被卖掉了还不知道”；针对宋以无党籍身份参选和提出的“超党派”政治理念，国民党则危言耸听地指控其一旦当选，将导致政党政治的崩解，“极权政治将再起”，台湾政局将立即陷入大乱。而陈水扁也不甘落后，与李登辉国民党一唱一和，指责宋心目中没有政党轮替的民主政治理念，将个人放在政党之上，要牺牲政党，搞随时都可以“落跑”不负责任的“一人政治和跑单帮政治”云云；并质疑宋楚瑜在两岸关系上“态度暧昧、模糊不清”，言下之意有“卖台之嫌”，[2]试图以“安定牌”、“民主牌”和“统独牌”挑拨广大选民与宋划清界限。

“九·二一”大地震发生后，国民党趁机“冷冻”宋楚瑜，打着“救灾”的幌子，大肆进行“政策绑桩”，收揽人心，挖宋阵营的墙脚，竭力拉台连战低迷的选情。紧接着，国民党又祭出“党纪”大棒，宣布开除宋楚瑜及其核心幕僚和一批拥宋“立委”、“国代”的党籍，“杀鸡给猴看”，企图吓阻更多的国民党公职拥宋。

然而，所有这一切似乎效果都不明显，直至十二月初“中兴票券案”

爆发之前，宋的民意支持率虽有波动且小幅下滑，但仍居高不下，以三成以上遥遥领先于陈、连的二成左右而稳居第一名。其间，当宋宣布选择张昭雄为其竞选搭档后，支持率甚至一度蹿升至接近四成。这是否表明，在目前台湾选举中，“政党政治”尚难以发挥作用、有效封杀虽没有任何政党奥援但确具有实力的独立参选人？

举一个现成的例子：十一月初云林县长的补选，虽然与二〇〇〇年的“总统”大选不可同日而语、等量齐观，但国、民两党几乎顷全党之力为各自推出的候选人辅选，其结果却都出乎意料地败在了无党籍参选人张荣味的手下。这至少验证了在今日台湾，政党的影响力和组织动员力并非灵丹妙药、包治百病，独立参选人在没有政党凭借的不利情况下仍然有很大的发挥空间。更何况，“总统”大选乃是全岛范围内的大规模选举，不若地方层级的选战，政党能够着力之处甚少，既无法对散居于广大农业区和边远山区为数众多的选民普遍进行买票、绑桩，在选民集中而文化素养较高的都会区，则更是难以采用类似非法的辅选手段来扩张票源。

如此观之，在政党政治尚不成熟健全的今日台湾，不是凭借候选人的综合实力，而企图仅仅仰仗政党资源优势的辅选，恐怕难以侥幸取胜。只要策略得当，宋楚瑜依靠个人实力突破国、民两党的联合封锁而战胜连、陈，赢得大选，并非天方夜谭。

（二）“兴票案”会否持续发酵，使宋楚瑜业已大幅下滑的支持率难以回升？

如果说，突如其来的“九·二一”大地震曾给选情低迷的国民党候选人连战提供了一个绝好的摆脱困境的天赐良机，只是由于李连阵营的表演太过拙劣，未能抓住机会而被轻易丧失。那么，十二月初“中兴票券案”的突然爆发，则人为地给同样低迷的民进党候选人陈水扁的选情，适时地注入了一剂不可多得的强心剂，从而使整个选情带来了很大的变量。

的确，“兴票案”给宋楚瑜造成了严重内伤，使其赖以维持高民意支持率的主要资本——清廉、反黑金、诚信等良好的道德形象在一夕之间几乎荡然无存，受到质疑。截止于一九九九年十二月底，多项民调显示，宋张配一枝独秀、遥遥领先的态势已被打破，宋的民意支持率已急速下滑至百分之二十五上下；而陈吕配的支持率则小幅爬升，接近甚至有超越宋张配之势，形成“双雄并峙”的局面。至于连萧配却并未从“兴票案”中得到任何好处，民调支持率仍在百分之二十上下徘徊而继续敬陪末座，这或许是该案的幕后主导者李登辉所始料未及的。然而道理至明：在广大台湾选民的心目中，国民党原本就是台湾黑金、腐败政治的始作俑者和大本营；如果把曾任国民党秘书长的宋楚瑜说成是“贼”，那么长期担任国民党党主席、副主席的李登辉、连战岂不是不折不扣的“老贼”和“大贼”？故此，鹬蚌相争，必然是“扁”翁得利。

那么，“兴票案”的发展趋势将会如何？会不会持续发酵，使宋阵营从此一蹶不振甚至全面崩盘？而陈吕配能否趁机脱颖而出、变“生机”为“胜机”？对此，笔者有以下几点观察与分析：

首先，从近日多家民调来看，“兴票案”对宋阵营的确造成了严重伤害，使宋张配已流失了大约一成左右的支持票源，但目前似已到达谷底，百分之二十五上下的支持率仍居三强之前列，并可视为今后不致轻易动摇的“铁票”。而且在流失的一成左右的票源中，仅有少部分转向支持陈吕配，其余大部分则变成了“观望票”，随着下一步选情的变化，这部分观望票仍有部分回流之可能。人们不禁会问：具有如此震撼力的“兴票案”竟然未能一举摧毁宋阵营，原因何在？这除了宋阵营因应较为得当（如将“兴票案”与国民党李登辉挂钩、主动向选民认错道歉，以及请出颇具公信力的新党“立委”谢启大出面为其摆平等措施）之外，关键还在于支持宋阵营的选民结构相对稳定，分布较为理想。根据一九九九年八月下旬的各种民调显示：宋楚瑜的支持者就政党倾向来看，国民党的传统票源分裂为拥连与拥宋两派，二人各瓜分约百分之五十的选票；而民进党的支持者有百分之六十以上是陈水扁的铁票，但也有二成左右倒戈支持宋楚瑜。至于新党的支持者挺宋的比例则高达百分之八十。政党倾向不明显者，百分之六十支持宋，百分之二十支持陈，拥连者仅百分之十五。从年龄结构而言，宋在各个年龄段的支持者相当均匀，特别是在二十九岁以上至六十岁以下各年龄段中，支持者的比例经常接近百分之五十；陈水扁在六十岁以上的支持者最弱，约有百分之二十，而年轻选票最强，占百分之四十；至于连战的支持者，六十岁以上的老年人最多，占百分之四十以上，三十九岁以下的支持者较弱，仅占百分之十五左右。再有，以族群分布来看，外省族群（占总人口约百分之十三）表态支持宋楚瑜者超过百分之七十，连战获得百分之二十多的认同，而表示支持陈水扁的则微乎其微；在闽南族群方面（占总人口约百分之七十五点五），宋、陈二人各获得近百分之四十的支持，连战则只有百分之二十多的支持率；客家族群（占总人口约百分之十点八），拥宋者占百分之四十左右，拥连者百分之三十，挺陈者约百分之二十。以上统计数字表明，宋楚瑜的民意支持率几乎在各个选项上都全面领先于连、陈二人。这种相对稳定的选民结构和较为理想的选民分布，对选情的变化显然起到了某种程度的抑制作用，从而使“兴票案”对宋阵营的冲击力减至最低点。进一步而言，宋楚瑜这种跨党派、跨族群且较被中壮年选民认同的选民结构与分布，也有利于争取目前尚未表态的约三成以上的中间票源，从而有可能在稳定铁票的基础上，进一步扩大支持率。相反，连、陈二人的选民分布则过于集中，结构也不够理想，因而稳定性相对较差，争取中间选票的能力也较弱。

其次，由于前一阶段宋张配气势如虹，民调支持率居高不下，而连阵营的选情却始终低迷不振，眼见国民党内部人心浮动、严重不稳，使李登辉产生了强烈的危机感，因而不顾一切，提前引爆了“兴票案”。但事实证明，“兴票案”的提前引爆对宋阵营来说既是坏事却同时也是幸事。何以言之?说是“坏事”已如前所述；说是“幸事”乃因为提前引爆，使宋阵营得以有充足的时间从容应对而逐步摆脱困境。经住这次严峻考验后，宋阵营的“抗压力”势必大大增强。而对于李连阵营来说，拿国民党自身最经不起检验的“黑金”议题做文章来攻击宋阵营，事实证明实属不智。因此国民党方面在下一步的选战中有可能会接受教训，在类似这种会伤及国民党自身的议题上或许会投鼠忌器、谨慎从事，试图与宋阵营心照不宣地保持某种微妙的“恐怖平衡”。至于陈水扁阵营，则显然处于两难境地：一方面，因担心宋阵营会恢复元气、支持率回升，希望看到连、宋阵营继续自相残杀、两败俱伤，以便坐收渔翁之利；但另一方面也担心宋阵营会因此而崩盘，使国民党的传统票源向连阵营全面回流，又重新回到国、民两党对决的不利局面。因此，在“打宋”的问题上，陈水扁阵营必须掌握分寸、仔细拿捏，方能使自己立于不败之地。如此高难度的竞选技巧，陈水扁要能够运用自如实属不易。

再次，可以预料，选战的下一阶段势必会转入涉及台湾民众切身利益的国计民生的政策议题辩论。而在这一领域宋阵营显然具有优势。因为宋阵营既无须背负执政党因长期执政所带来的沉重包袱，也不若民进党陈吕配必须面对其他各组候选人对其“台独”主张所提出的质疑。因此，宋阵营必然会转守为攻，设法尽快摆脱“兴票案”的阴影，重新拉抬自己的选情。事实上，宋楚瑜的支持率之所以会长时间居高不下，甚至在“兴票案”发生后仍能在“三强”之中保持前列的位置而不坠，在很大程度上正因为他兼具“改革”与“安定”的双重形象，这与当前台湾社会普遍存在的“稳中求变、变中求稳”的主流民意是相吻合的。诚如陈水扁阵营的重要幕僚郭正亮所分析的：“国民党传统的安定牌，主攻民进党的台独诉求；民进党传统的改革牌，则主攻国民党的黑金政治，但在脱党过程的重新包装后，宋夹处在安定（求安）与改革（求变）的拉锯之中，却逐渐形成双重的比较优势。他没有台独包袱，也较少黑金包袱；他比民进党安定，比国民党改革。”[3]那么，连萧配有能力有魄力摆脱李登辉路线的桎梏、提出一套让台湾民众满意的改革内政和改善两岸关系的政策主张吗？陈吕配有决心有办法从“台独”怪圈中挣脱出来、消除广大选民对民进党执政的普遍疑惧吗？如果不能，连、陈阵营势必会在即将到来的政策议题的激烈较量中难以占上风而继续处于不利地位。更何况，另两组代表新党参选的李敖和独立参选人许朱配，在这类议题的辩论中显然是宋张配的“同盟军”。尤其当“安全”问题一旦成为选战的主轴时，则将对陈吕配格外不利。

根据以上分析，如不出意料，宋阵营有望从“兴票案”中脱困，使已经下滑的支持率止跌回升，不致因此一蹶不振，更不会全面崩溃。

（三）关键时刻会不会出现有利于陈吕配的“弃保效应”？

“弃保效应”是台湾选举文化中的“特产”，根源于选民中普遍存在的统独对立和族群矛盾。本届大选，民进党自知实力不济，于是陈水扁阵营从一开始就为自己设计了以下竞选策略：选战后期，力争民调支持率紧随宋楚瑜之后保持“老二”位置，给选民造成连战已提前出局的强烈印象；然后利用省籍情结，制造“弃保效应”，一举战胜宋楚瑜，重温一九九四年台北市长选举“弃黄保陈”的旧梦。

陈水扁真的能如愿以偿吗？试作以下分析：

其一，“弃保效应”必须是在参选人的民调支持率前两名十分接近，而第三名与第一名差距又较大，已无望胜选的情况下才有可能发生。如果“三强鼎立”，民调支持率相差不多，谁都有希望胜选，那么各自的支持选民势必会“死拼到底”，不可能出现所谓的“弃保效应”。而据最新民调显示，宋、陈、连三位候选人的民意支持率仅差三、二个百分点；而且，连萧配虽然支持率敬陪末座，但“看好率”却在绝大多数的民调中始终保持三成以上而高居榜首，陈吕配却一直不到二成而敬陪末座。假如照目前情势发展下去，陈阵营所盼望的“弃连保陈”效应恐怕很难出现。更何况随着选战的白热化，陈、吕二人的“台独”立场势必成为各组候选人的主攻目标，“台湾安全”议题一旦突显出来，中间选民会投向何方？陈吕配还能不能稳坐民调支持率“老二”的位置？尚不无疑问。陈吕配一旦垫后，且相距第一名较远的话，可以想象，无论连、宋谁居首位，被弃者就恐怕不是别人而恰恰是陈水扁自己了。

其二，退一步说，即使如陈水扁所愿，到选战后期，果然民调支持率宋一陈二且十分接近，连被甩在后面而笃定败选，那么支持连萧配的选民是不是就一定会“弃连保陈”呢？恐怕也未必！因为据民调显示，连萧配的支持者大多数是国民党的传统票源，中间选民并不多；而国民党的传统支持者具有很强的“中华民国情结”且大都敌视主张“台独”的民进党。如果连战已无望胜选，究竟会“弃连保陈”还是“弃连保宋”都还很难说。至于宋张配，按其实力断不致垫后而沦为被弃对象，故略去不再讨论。

其三，宋楚瑜毕竟不是当年的赵少康，“省籍情结牌”对其是否有效也不无疑问。对此，郭正亮也有如下分析：“历经李登辉在台北市长选战中标举‘新台湾人’，以及宋楚瑜四年的勤走基层，宋即使身为外省人，在不少本省人心目中，他早已比不知民间疾苦的连战更加可亲。事实上，宋的本土化程度，恐怕还高于连，连战投入本土化攻势的结果，不但可能徒劳无功，甚至还可能适得其反。”[4] 连战如此，陈水扁恐怕也难如愿。不过，宋阵营显然并未放松警惕，为防止对手利用“省籍情结”蓄意制造“弃保效应”，采取了一系列的相应对策：如积极呼应李登辉的“新台湾人主义”，特意将自己的竞选班子冠名为“新台湾人服务团队”；选择本省籍的医界名流并和民进党陈水扁关系密切的张昭雄为其“副总统”搭档；参选基调则始终不脱“尊李肃奸”，亦即不正面批李和与李发生直接冲突，而把党内对自己的打压归因于“小人当道”，以尽量避免触动本省人的“李登辉情结”，积极争取本省人的认同与支持，等等。应当承认，宋阵营的这些措施已收到相当成效，其中特别是选择张昭雄加盟，并委其专责研拟大陆政策，确是一出高招，使日后无论任何竞争对手试图以“卖台”来攻击抹黑宋阵营，都将显得苍白无力、大打折扣。

如此看来，陈阵营寄望于“弃保效应”赢得大选，显然也不可靠。

综合以上几方面的分析，似可得出如下结论：由于国民党的分裂和“兴票案”对选情的冲击，使原本笃定败选的民进党候选人陈水扁渔翁得利、绝处逢生，当选的可能性已大为增加。但随着选举进入决战阶段，选情有可能会发生新的变化，民进党的“台独”包袱，势将成为制约陈阵营争取中间选民、进一步扩张票源的致命弱点。故此，在本届大选中，“宋、陈对决”的态势已定，陈水扁最终胜选的机率不小，但并无十足的把握。

三、陈水扁胜选对岛内政局和两岸关系的可能影响

既然陈水扁有胜选的可能性，那么他一旦当选，将会对岛内政局的演变和两岸关系的发展产生何种影响？我们不能不预作评估。

（一）台湾政坛有可能会逐渐步入国、民两党“轮替执政”的新阶段。

目前在台湾，包括台北市、高雄市和金门、马祖地区在内的二十五个地方政权中，非国民党籍已掌握十七个席位（民进党十三席，无党籍四席），国民党仅占八席，陈水扁一旦当选，等于非国民党势力已同时握有从“中央”到地方的执政权，意味着台湾的在野反对势力经过多年的奋斗，终于将“百年老店”国民党政权扳倒，首次出现“政党轮替执政”，可以想见，这势必引起岛内政局的重大质变：

首先，由于民进党缺乏执政人才，陈水扁将不得不落实竞选承诺，设法结合国民党及无党籍人士，在民进党主导下组织跨党派的“联合政府”。民进党虽然在“立法院”中不占多数席位，但由于“总统”无须经“立法院”同意即可任免“行政院长”，更何况陈水扁很可能会任命一位非民进党籍“阁揆”，再加上“西瓜偎大边”效应，国民党、无党籍“立委”中以利益取向、见风使舵者颇多，故陈水扁组成“联合政府”应不会有太大困难。但新党则可能拒绝参加。

其次，陈水扁一旦当选，台湾政权全面转移，国、民两党主客易位，民进党势必士气大振，“台独”气焰必将空前嚣张，加入民进党的人数将会剧增，民进党的资源迅速膨胀，将取代国民党成为台湾政坛社会的主流政党。而民进党的“台独”转型也将就此打住，其“实质转型”的前景将变得更加渺茫。相反，遭受败选重挫的国民党，将会因追究败选责任而展开党内新一轮的剧烈争斗，并有可能会因此而发生严重分裂，实力进一步削弱。党内的改革派则可能趁机崛起，抛弃李登辉路线，锐意改革，重整再造。而以新党为代表的统派反李势力，则有可能会在强烈危机感的促使下重新整合，并与国民党改革派和宋阵营合作，甚至不排除重返国民党阵营，或与国民党改革派以及宋阵营另组新党。当然，也不排除岛内统派势力会因此而士气顿挫，从此愈加一盘散沙、处境愈加艰难。由此，岛内的政治生态和政党实力将作重大调整，各党内部派系势必重新分化组合，而岛内的统独矛盾与斗争也将进入新的发展阶段。

再次，由于国、民两党实力的一升一降，势必拉近两党的实力差距，这为今后台湾政坛逐渐过渡到国、民两党对峙竞雄、互有胜负、轮替执政的较为成熟稳定的政党政治新时期打下了基础。但这一成熟稳定的政党政治新局面不会很快形成，仍须有一个剧烈较量的过程。由于民进党政治上还很不成熟，有可能在胜利面前冲昏头脑，兼之缺乏执政经验，“台独”痼疾难除，在民进党主导下的跨党派“联合政府”，很可能会因内部矛盾重重，“一人一把号，各吹各的调”，难以正常有效运转；再加上“立法院”内也将会因政治生态的变化，而使矛盾变得愈加错综复杂，斗争愈加剧烈，致使岛内政局混乱，族群矛盾重新激化，两岸僵局难解，经济形势恶化，社会动荡不安，民进党无法继续稳定执政，国民党得以趁机东山再起，重新夺回丢失的政权。

（二）两岸政治关系难望有突破性进展，不排除持续僵化乃至恶化之可能。

一九九八年底“三合一”选举受挫后，为因应本届大选，民进党及其参选人陈水扁相继抛出“台湾前途决议文”、“跨世纪两岸经贸关系白皮书”、“跨世纪中国政策白皮书”、“国防政策白皮书”、“外交政策白皮书”、“宪政白皮书”等一系列涉及台湾前途和两岸政策的宣示性文件。此外，一年来民进党头面人物林义雄、陈水扁等人在不同场合也发表过不少相关言论。从上述文件、言论内容来看，恐怕没有人可以否认，民进党的“台独”转型仍然停留在低层次的“策略转型”阶段打转，其“台独”的基本立场和主张丝毫也没有改变。那么，坚持“台独”的陈水扁一旦当选，民进党全面执政，两岸关系势必会面临新的严峻考验：

首先，陈水扁上台后为展现其处理两岸关系的能力，与大陆争夺两岸关系的主导权，很可能会采取攻势，争取主动，不断提出各种五花八门的比李登辉有弹性得多的两岸政策主张。例如适度调整“戒急用忍”政策，有条件分阶段开放两岸直接“三通”，宣称要和大陆共建“关税同盟”、“自由贸易区”甚至“共同市场”；施放恢复两岸政治对话甚至政治谈判的“气球”、要求赴大陆进行所谓“和平之旅”、甚至要与大陆签订和平条约或基础条约等等，频频向大陆表达所谓“善意”和“诚意”，以缓和岛内民众迫切要求改善发展两岸关系的压力，并对美国为首的国际社会的期待有所交代。然而，陈水扁的上述政策主张和宣示，表面上虽十分热闹，但却不仅毫无实际意义而且十分虚伪。这是因为：（1）事实上李登辉的“戒急用忍”和阻挠两岸直接“三通”的错误政策，因严重损伤了岛内工商企业界的切身利益和岛内经济的发展而受到各方诟病，早已不是台湾当局的什么“筹码”；而且两岸加入 WTO 之后，这类问题理应顺理成章地得到解决，并非是台湾方面对大陆的妥协和让步。（2）民进党陈水扁坚持“台独”立场，反对“一个中国”，宣称“台湾是主权独立国家”、海峡两岸是所谓“两个国家的特殊关系”，主张在“不预设未来走向”（即统一走向）等前提下发展两岸关系，实际上比李登辉的“两国论”还“两国论”。既然如此，两岸的“政治对话”也好，“政治谈判”也罢，便都不可能启动；所谓“和平之旅”、“关税同盟”之类，也将无从谈起，变成一句空话。这样，两岸的政治关系仍将会僵持无解，难望有实质进展和突破。

其次，由于民进党政治上很不成熟而又坚持“台独”，大多数民进党领导人格局过小，眼光短浅，容易偏激走极端，加之对大陆一知半解而又往往心存偏见，缺乏应有的国际观和两岸观，更谈不上处理两岸事务的实际经验，一旦上台执政，难免对日愈复杂的两岸情势研判错误，处置失当，人为地给两岸关系带来新的变量和冲击。

再次，陈水扁一旦当选，民进党全面执政，势必会充分利用其手中掌握的公权力，采取各种手段，从政治、思想、文化、教育等各个层面加强向台湾民众灌输“台独”意识，以图进一步营造和扩大对抗大陆和平统一攻势、从事“台独”分裂活动的“民意”基础和社会氛围。此外，还有可能会宣布废除《国家统一纲领》、解散“国统会”、修改“两岸关系条例”、裁撤“蒙藏委员会”、研制或要求加入战区导弹防御系统、发展中、短程导弹等，甚至不排除从金、马地区撤军。再有，“务实外交”、加入联合国等图谋“台湾问题国际化”的活动也将会愈加猖獗。所有这些，都势必会毒化和恶化两岸气氛，进一步破坏两岸互信，严重损伤两岸关系。更有甚者，还不能完全排除民进党人在他们认为形势对其有利时，公然将“公投”条款和“两国论”入“宪”、入法，挑战中国主权，破坏东亚和世界和平。

总之，坚持“台独”的陈水扁如果真的胜选，民进党上台执政，无论对岛内政局或两岸关系都将会产生结构性的重大影响。尤其是对两岸关系，尽管在经贸和“三通”等方面可能会有所突破，但政治关系在可预见的时间内仍将会持续僵化甚至恶化。由于变量增加，将会使台海局势愈加呈现出复杂性和不稳定性，甚至还增加了大陆方面不得不采用非和平手段解决台湾问题的危险性和可能性。对此，我们不能不保持高度警惕，做好充分的应变准备。

（国台办1999年度对台调研课题，完稿于2000年1月8日，《中国评论》2000年3月号以《台湾“大选”鹿死谁手》为题详摘本文）

陈水扁的“就职演说”与未来两岸关系展望

三种信息，一个主意

陈水扁在五·二〇正式上任之前的两个月时间里，面对来自各方的压力，曾先后向外界施放出以下三种不同的信息：

起初他强调说：对五·二〇“就职演说”不要有“过高的期待”，“国民党五十年、李‘总统’十二年未能解决的问题，不能寄望阿扁的一篇演说就能解决”。显然，此时陈水扁尚未找到应付大陆、摆脱两岸关系危机的办法，心中无数，缺乏信心。但他这样说，却也透露出他将会延续李登辉的既定路线，并不想在两岸关系问题上有任何作为。

不久之后，陈水扁却信心满满地向外界宣示：他的五·二〇“就职演说”“保证让美国满意，国际社会肯定，中共虽不满意但找不到借口”。这说明经过他的谋士们一番冥思苦想、精心策划之后，已为他的演说定下了基调，并自以为找到了对付大陆的“万全之策”。

由于陈水扁的上述宣示遭到岛内外进步舆论的强烈批评，于是在临近五·二〇之际他又施放出新的信息，改口称他的“就职演说”会对大陆表示出最大的“善意”和“诚意”，并信誓旦旦地宣称：五·二〇之后两岸关系将会“柳暗花明”云云。

然而事实说明，陈水扁的所谓“柳暗花明”之说，完全是一种言不由衷的欺骗宣传。

不必讳言，大陆方面对具有浓厚“台独”色彩的陈水扁怀有强烈的不信任感，对其当选后是否会推动“台独”保持着高度的警惕，故有“听其言，观其行”、“拭目以待”的提出。三·一八之后，大陆曾通过各种方式一再向陈水扁传递坚定而明确的信息：唯有接受和承认一个中国原则，两岸的紧张关系才有可能得到缓和。对此，陈水扁心知肚明。但他既已打定主意延续李登辉路线，拒绝正面响应一个中国原则（即不会让中共满意，不要有“过高的期待”)，却又企图推卸由此可能带来的两岸关系持续紧张的后果，于是他便向外界施放出乐观信息，抛出所谓“柳暗花明”之说。可见，陈水扁玩弄政客手腕确已达到了炉火纯青的地步。

一个要害，三种手法

在海峡两岸同胞和国际社会注目之下，陈水扁的五·二〇“就职演说”如期登场。综观陈水扁这篇长达四千五百字的演说，就有关两岸关系部分，其本质与特点可以概括为简单的一句话：“一个要害，三种手法”。

如前所述，五·二〇之前，大陆方面曾一再向台湾新领导人传递坚定而明确的信息：两岸关系能否缓和发展，端看台湾方面是否接受和承认一个中国原则。那么，陈水扁的这篇演说对一个中国原则究竟抱持什么态度呢?

从表面上来看，陈水扁的这篇演说语气温和、用词谨慎，尽量不用“台独”语言刺激大陆，但在一个中国原则这一关键问题上却采取极力回避、模糊的态度，暴露出他一再表示的要和大陆“善意和解”缺乏起码的诚意。这篇演说洋洋洒洒数千言，通篇不脱李登辉“两国论”的基调，说明他仍在顽固坚持“台独”理念和立场，这就是陈水扁五·二〇“就职演说”的要害。如果要说与李登辉有何不同，那就是李登辉是“硬独”而陈水扁是典型的“软独”。然而，“软独”、“硬独”都是“独”，而且“软独”比“硬独”更具迷惑性和欺骗性，因而也更具危险性。

既要坚持“台独”，又想蒙骗世人，于是在五·二〇演说中，陈水扁及其谋士们展现出他们高度的“智慧”，玩弄起以下三种手法：

一曰：“软中带硬、话中有话、绵里藏针”。

例如，他说什么“两千三百万人民以无比坚定的意志，用爱弭平敌意，以希望克服威胁，用信心战胜了恐惧”，“勇敢地站起来”！说什么“威权和武力只能让人一时屈服，民主自由才是永垂不朽的价值”云云，拐弯抹角、含沙射影地攻击污蔑海内外同胞反“台独”、反分裂的正义斗争，企图挑拨两岸同胞之间的民族感情。

演说中所承诺的“五不”：“不会宣布独立，不会更改国号，不会推动两国论入宪，不会推动改变现状的统独公投，也没有废除国统纲领与国统会的问题，”最被某些人士所称道，认为是陈水扁对大陆的最大“善意”与“让步”。其实稍作剖析便不难真相大白：

（1）人们往往忽视了在这长长的“五不”前面，陈水扁预设了一个文字虽短但却极其关键的前提条件，即所谓“只要中共无意对台动武”。言下之意，只有大陆方面放弃对台使用武力，他这“五不”才会生效，否则一概作废。其实大陆说得再清楚不过：搞“台独”，大陆才会动武。也就是说，“独”是因，“武”是果，道理至明。陈水扁蓄意倒因为果，不仅不合逻辑，更表明其为日后时机成熟时废弃“五不”、实行“五要”预留了回旋余地和政策调整空间。

（2）不说“我要做什么”而光说“我不会做什么”，难以取信于人。李登辉是最典型的例子。他从未宣布过要搞“台独”，甚至据他自己说还讲过一百三十多次的“反台独”，他也没有更改“国号”，也没有敢公然将“两国论”入宪，更没有推动过“统独公投”，甚至“国统纲领”和“国统会”还是在他上台执政后由他亲自主持制定和设立的，但是李登辉却从未真心实意地搞统一，而一心一意地搞分裂、搞“台独 ”。因此，陈水扁承诺“五不”，并不表明其不会搞“台独”。

（3）假若进一步深究，“五不”绝大部分并非陈水扁的权力所能为，更非他这位弱势“总统”（包括他所在的民进党）所能说了算的。

从以上简要分析可知，陈水扁的“五不”承诺，只不过是一叠并不准备兑现的、不具任何实际意义的空头支票而已。请问，这是一种什么样的“善意”和“让步”呢？

再举一例：演说中陈水扁说：“海峡两岸人民源自于相同的血缘、文化和历史背景”，呼吁双方“秉持民主对等的原则，在既有的基础之上，……共同来处理未来‘一个中国’的问题”。这段话寓意深刻。首先，陈水扁回避了海峡两岸之间的政治和法律关系，只承认双方有“相同的血缘、文化和历史背景”，等于间接地否定了“一个中国”；其次，何谓“民主对等”原则？陈水扁没有明说，但证诸他以往的一贯主张和说法，这里所说的“民主”、“对等”，实际上就是“任何台湾独立现状的改变，都必须经由全体台湾人民以公投方式决定”，以及要大陆方面承认台湾“对等国家地位”这两项“台独原则”的缩写语。至于“在既有的基础之上”究竟所指为何？陈水扁也含糊其辞不肯明说，但从前后文联系起来看，只能解读为“在‘两国论’或曰‘两个华人国家’的基础之上”。而“一个中国”则是过去没有，现在没有，至于将来有没有还是一个需要双方共同来“处理”的“问题”（即需要讨论的“议题”）。这种表面模糊实则话中有话、绵里藏针的宣示，不是“台独”又是什么？

二曰：“李代桃僵，偷梁换柱”。

演说中，陈水扁不仅极力回避“一个中国”原则，甚至不承认自己是“中国人”，否认台湾文化是中华文化的一部分。

例如，他说：“台湾人民用民主的选票完成了历史性的政党轮替。这不仅是中华民国历史上的第一次，更是全体华人社会划时代的里程碑”；声称“我们多么希望海内外的华人都能亲身体验、共同分享这一刻的动人情景”；并称要“让立足台湾的本土文化与华人文化、世界文化自然接轨”云云。这里，除了“台湾人”、“台湾文化 ”就是“华人”、“华人文化”。在陈水扁的心目中，台湾人显然不是“中国人”，而只是和生活在新加坡、泰国、马来西亚、印度尼西亚以及全世界各地的华人、华侨一样，与大陆人民有着“相同的血缘、文化和历史背景”的“华人”而已。台湾的本土文化也不是“中华文化”的一部分，而是和中华文化、世界文化相并列的“华人文化”。这不是陈水扁两岸是“两个华人国家”的“台独”主张又是什么？

在通篇演说中，陈水扁只有一处提到“中国”，但那只是和“台湾”并列的“互不隶属”的中国。他说：“过去一百多年来，中国曾经遭受帝国主义的侵略，留下难以磨灭的历史伤痕。台湾的命运更加坎坷，曾经先后遭受到强权的欺凌和殖民政权的统治。”也只有一处提到“中国人”，即所谓“中国人强调王霸之分，相信行仁义必能使‘近者悦、远者来’、‘远人不服，则修文德以来之’的道理。这些中国人的智慧即使到了下一个世纪，仍然是放诸四海皆准的至理名言”。这段话让人听后误以为是从外国人嘴里讲出来的，并不能感觉到他所说的“中国”包括“台湾”、“中国人”也包括“台湾人”。其花言巧语、玩弄辞藻至此，令人叹为观止！这充分说明陈水扁只有强烈的“台湾心”而并无丝毫的“中国情”。

三曰：“打民主、自由、人权牌”。

读罢演说全文，给人予一个十分强烈和深刻的印象，即通篇贯穿着这样一个主轴：宣扬西方的民主、自由、人权的价值观。

例如，宣称“中华民国第十位总统选举的过程让全世界清楚地看到，自由民主的果实如此得来不易”；“我们用神圣的选票向全世界证明，自由民主是颠扑不灭的普世价值”；并称“中华民国不能也不会自外于世界人权的潮流”，表示要“在台湾设立独立运作的国家人权委员会”，制定“台湾人权法典”，邀请国际法律人权委员会和国际特赦组织“协助我们落实各项人权保护的措施”；并说什么“不论目的何在，理由多么冠冕堂皇，战争都是对自由、民主、人权的最大伤害”等等。陈水扁高唱“民主”、“自由”、“人权”，固然反映出他所推崇、信仰的意识形态，但他“醉翁之意不在酒”，目的在于讨好以美国为首的西方社会，意思是说我们台湾和我陈水扁本人是西方价值观最忠实的捍卫者和实践者，以博得他们的同情、赞扬和支持（即所谓“让美国满意，国际社会肯定”）。把两岸的“统独之争”歪曲为“意识形态之争”、“制度之争”，企图将台湾问题引向“国际化”，用以对抗祖国大陆的统一攻势，这实在是一种“引狼入室”的不明智之举。

总之，陈水扁的五·二〇“就职演说”，绝非某些舆论所吹捧的那样，是什么对大陆的最大“善意”和“让步”，只不过是迫于各方压力，耍小聪明、玩小权术，用花言巧语对其“台独”理念和主张进行策略性的包装而已。

回避“一中”原则，何来“柳暗花明”

台湾“大选”揭晓后，大陆方面发表声明，严正指出：“和平统一是以一个中国为前提的，任何形式的‘台独’都是绝对不允许的，对台湾新领导人我们将听其言、观其行，对他将把两岸关系引向何方，拭目以待。”

上述宣示，表达了大陆捍卫一个中国原则的坚定立场，反映出大陆方面对陈水扁的当选、民进党的上台怀有强烈的不信任感，保持着高度的警惕。

显然，两岸关系已面临着新的十字路口。不言而喻，两岸关系的缓和、改善与发展，必须在一个中国的前提下重建两岸互信。大陆方面提出“听其言、观其行”、“拭目以待”，正是理性务实地为重建两岸互信提供了条件，给陈水扁一个宝贵的“观察期”。然而，事实证明，陈水扁的新政府团队并不珍惜这样的机会，相反，视大陆的忍让为软弱可欺，并不打算做丝毫的妥协与让步。

例如，自三·一八以来，当选“副总统”吕秀莲一再口出狂言，变本加厉地鼓吹“台独”，挑战中国主权；而李登辉时代的一些亲信幕僚则纷纷被陈水扁选入“内阁”，出掌要职，摆出一副要延续李登辉路线的架势。其中特别是“两国论”的主要炮制者蔡英文，被内定为“陆委会主委”之后，在接受媒体采访时一再放言为“两国论”辩解。这些都已使大陆方面对陈水扁的戒心有增无减。如今，在最具指标性意义的五·二〇“就职演说”中，陈水扁又对大陆玩弄权术、大耍花枪，在一个中国原则的关键问题上拒绝做出明确的正面回应，实际上已错失了在“言论上”与大陆重建互信的绝好机会。五·二〇当天，大陆“两办”再次发表声明称：台湾当局新领导人的讲话，“在接受一个中国原则这个关键问题上采取了回避、模糊的态度。显然，他的‘善意和解’是缺乏诚意的”。同时再次重申：“一个中国原则是两岸关系和平稳定发展的基础……是否接受一个中国原则，是检验台湾当局领导人是维护国家主权与领土完整，还是继续顽固推行‘台独’分裂政策的试金石。”并严正指出：“我们注意到，台湾当局还有人顽固坚持所谓‘台湾是主权独立国家’的分裂立场，……如果有人胆敢把台湾从中国分割出去，重新挑起中国的内战，他们必须对此承担历史的罪责。”警告陈水扁：“我们有最大诚意争取和平统一的前景，也有坚决阻止‘台独’及一切分裂活动的坚定决心和必要准备。”

“两办”的声明表达了大陆方面对陈水扁的强烈不满，五·二〇之后两岸关系依然处于紧绷的危机状态，何来陈水扁所预言的“柳暗花明”？事实上，既然陈水扁从一开始就为自己的“就职演说”定下了“让中共虽不满意但找不到借口”的基调，那么人们也就不能奢望五·二〇之后两岸紧张关系会有实质性的缓和。

“听其言”的良机已被陈水扁轻易错过，这是陈水扁主观上根深蒂固的“台独”理念使然，同时也是错综复杂的客观政治环境所致。实际上，大陆方面对此也从未抱过不切实际的幻想。如今新当局已正式就职运作，更重要的“观其行”阶段已经开始，陈水扁新当局将会如何表现？两岸关系将被引向何方？对此，我们实在难表乐观。

这是因为，既然两岸关系的缓和发展必须在一个中国原则的前提下重建两岸互信。然而，欲使陈水扁明确正面响应一个中国原则，势必需要形成以下三种强大压力：

（一）在岛内形成一股强烈要求陈水扁接受和承认一个中国的主流民意。这是最重要的条件。

（二）以美国为首的国际社会的压力。

（三）中国大陆的压力。

上述三种压力交互作用，互相影响。目前这三方面的压力如何呢？从岛内来看，主流舆论对陈水扁当选后处理两岸关系问题的做法，肯定远多于批评，支持更甚于否定，这是十二年来李登辉蓄意误导台湾民众所造成的恶果，绝非轻易可以转变的结构性问题。而美国方面，则不问“一中”，只问“对话”；不问“统一”，只问“和平”，不仅一再表扬陈水扁“理性、务实”，对两岸问题有“建设性善意”，甚至进一步加强对台军售，这实际上是姑息纵容陈水扁坚持“台独”立场。至于大陆方面的压力虽然客观存在，但却被某些舆论错误地解读为“纸老虎”。正因为如此，陈水扁、吕秀莲才会有恃无恐，不肯改弦更张，放弃“台独”立场。

居于上述分析，如果不出现重大变数，可以预见，陈水扁当局在短期内不会采取实质性步骤来缓和、改善两岸关系。海峡两岸之间的政治僵局难以打破，仍将会持续相当长一段时间。由于不稳定因素大为增加，两岸不排除发生军事对抗乃至武装冲突之可能。总之，台湾海峡已无宁日，除非前述三项条件的前两项发生根本性的变化。

（2000 年 5 月下旬香港《文汇报》在京举办的座谈会上发言稿，《统一论坛》2000 年第 3 期上发表）

评陈水扁的“新中间路线”

陈水扁在竞选连任台北市长落败后，经过一番潜心“学习、反省”，于一九九九年三月十九日首次向新闻界提出了他的所谓“新思维、新潮流、新方向”，也即“新中间路线”。

一年多来，陈水扁不断地为他的“新中间路线”加以补充和诠释，逐步丰富其内涵，试图建构其理论框架。竞选过程中，“新中间路线”是陈水扁阵营的文宣主轴；大选获胜后，“新中间路线”更常常挂在陈水扁的嘴边，成为他“治国立政”特别是处理两岸关系问题的政策出发点。诚如陈水扁所言：“新中间路线”是他的“政治哲学与政治理念”，可见其重要性。因此，欲了解陈水扁的政治路线特别是其推行的大陆政策的实质，准确把握其未来走向，有必要对陈水扁的“新中间路线”作一认真的探研。

一、“新中间路线”的由来与内涵

所谓“新中间路线”源自于西方，并非陈水扁首创。

众所周知，近几年来，不少西方国家的左派执政党为因应西方社会政治经济演变发展的客观形势，巩固其执政地位，往往注重吸纳在野右派政党提出的许多政见，兼采改良主义与保守主义、自由主义与社会主义的政策主张，标榜所谓“中间路线”或曰“第三条道路”，如美国总统克林顿的“中间路线”、英国首相布莱尔的“第三条道路”和德国总理施罗德的“新中间路线”等等，形成一股不大不小的新的政治思潮。

在这股西方新的政治思潮的启迪下，甫从台北市长选战败退下来的陈水扁，总结检讨了败选的经验教训，并结合台湾现实的内外政治环境进行反思之后，照猫画虎地提出了他的台湾版的所谓“新中间路线”，试图用以解决岛内长期存在的社会政治问题，使民进党早日走上执政。

陈水扁认为，西方的这股政治思潮已然成为世纪末的“主流思考”与价值，台湾不可以自外于这一世界“主流潮流”；民进党如欲取得二〇〇〇年“总统”大选的胜利，顺利走上执政，就必须有“超越党派”的思考，走所谓“新中间路线”，使选举成为一种“社会运动”。可见，陈水扁的“新中间路线”确实源于西方，是陈水扁试图“洋为台用”的产物。正如民进党正义联线秘书长陈其迈所说：“新中间路线”是在总结美、英、德“新政策”后提出来的。

那么，陈水扁的“新中间路线”内涵为何？

陈水扁称：“新中间路线”是一种“新思维”，是有别于国民党与过去民进党的传统模式的新路线，是寻求社会主流价值的第三个定位坐标；“新中间路线”的重点在于新思维、新潮流、新方向的“新”字，而不在“中间”两字；“新中间路线”就是“包容多元、尊重多数、突破创新、追求进步”；就是采取“化解对立、异中求同”来因应挑战。

具体到台湾而言，陈水扁说，台湾“新国民意识”虽已出现，但“我们的社会还没有百分之百地达成共识。统独问题依然存在，社会矛盾还没有百分之百地化解”。针对这种情况，他主张用“新中间路线”来解决。陈水扁说，“新中间路线”强调以全新的眼光建立“政治中间派”，以多元、包容的观点来建立新思维，不再走任何极端，而是在左右之间（台湾虽不存在左派与右派的冲突，但却有省籍、族群、政党、统独的矛盾），寻找出另一条通道。

陈水扁强调说：“新中间”并不单纯的“中间”，“它不是要在国家认同与定位的问题上摆荡”。他承认，“国家认同与定位是没有所谓中间”的，因为它是“基本价值”。但他认为“在如何实践价值的方法上却可以有中间，因而存在着中间策略，我们才可以求取公约数，这个公约数就是‘国家安全’”。他说，“不论主张统一或独立，都要以台湾的安全为前提。只有这样，不同立场的人才有对话空间，不同的族群才能共处，才不会无限上纲为价值冲突。这就是‘新中间路线’的真义”。

陈水扁还指出：“新中间”不是无目的、无方向的“中间”，而是有基础、有原则的“中间”；其基础与原则就是，“它站在台湾是主权独立国家的基础上，努力追求社会和谐、经济繁荣与国家发展”。[2]

陈水扁特别强调：“国家安全”是“新中间路线”的主轴。而所谓“国家安全”，包括国防、政治、社会、能源等方面的安全。最高原则则是亚太区域的“战略安全”。

为增强“新中间路线”的学术性和理论色彩，陈水扁解释他的“新中间路线”是一种所谓“新三角关系”，还包括了“五大政治哲学”。

何谓“新三角关系”？陈水扁说，就是“跳脱传统的两极思维而站在三角的顶端看统独、意识形态和政党关系”。他说这是一种“立体思考”，目的是为“化解以往统独、党派、族群和意识形态的冲突”。其内涵是：以“国家安全”为主轴；以“责任政治”、“人民信赖”、“国家愿景”为三个角点；以“公民社会”、“市场经济”、“民主政治”为三个面向。而“公民社会”是由人文台湾、知识台湾、志工台湾所组成；“市场经济”是终结黑金、金融改革、振兴经济；“民主政治”则是建立全民政治与全民政府。并称，他的这个“三个面向”是所谓“基础工程”，要与对岸（指大陆）建立“信心建立措施”，与军方建立“信心对话措施”，使台湾在“安全、尊严”下迈向二十一世纪。陈水扁还说，“新三角关系”代表了新的领导力。并特别指出：在亚太区域安全方面，“新三角关系”就是台湾、日本与韩国；“国际战略”就是台、日、美三国关系。

那么，“五大政治哲学”又是什么呢？即：（1）无责任就无权利；（2）无民主就无真正的公权力；（3）有自由就必须有自律；（4）尊重多元主义；（5）强调社会正义。总括起来，就是责任、民主、自律、容忍和公义。在政经上，必须实践国家安全、经济安全和社会安全，建立伙伴关系、希望产业和绿色硅岛，等等。

三·一八胜选后，陈水扁对他的“新中间路线”更一再提及，并在原有的内容和意涵上又有所发展。例如：

五月二十三日，他在会见泰国“阿扁之友会”成员时说，“台湾是多元民主的社会，对于两岸问题的看法也最分歧”，“不偏不倚、不走旁门左道”的“新中间路线”是他的“政治哲学与政治理念”，也就是“以中道原则，找出符合全体台湾人民最大利益的‘第三条路’来”。他一再强调“国家的整体安全极为重要，包括国家安全、社会治安，乃至整个亚太地区的安全都必须严肃面对，尤其是台海和平”，因为“有安定的环境才有稳定的经济，有稳定的政局，才能从事改革”，“安全中推动改革，稳定中循序渐进”，是他处理“国政”的基本方针。[3]

六月六日，陈水扁在会见访问台湾的美国战略和国际问题研究中心新任会长何慕礼时重申，新政府“未来将走‘新中间路线’的政治”。他说：“在多元民主社会下，大家对很多问题看法未必一致，但我们要在众多利益冲突之中，寻求共同的利益及意见的交集，为国家的长远发展，大家应超越意识形态及政党考量，以找到可接受的方案。”[4]

六月十四日，陈水扁在“接见”世界台湾商会联合总会重要干部时说：在“尊严、民主、善意”的大前提下，“以柔软胜刚强”，这就是他处理两岸事务的基本思维。他强调，他所谓的“新中间路线”，为的就是要“维护台湾的安全与利益”，而他的使命是“维持台海安全与永久和平”。所以他向大陆“伸出友谊的手”，他是“以柔软但坚定的态度”来处理。但“柔软不代表投降，更不代表软弱，而是有智慧、有创意、有理性，决不会轻启战端”。[5]

同日，陈水扁在出席“无邦交国家”驻台代表致贺宴会时又称：他将以“新中间利益”为主轴，处理两岸事务，为维护台湾“主权、尊严与安全”而努力。[6]

从以上介绍可知，陈水扁所倡导的“新中间路线”内容庞杂，涉及面很广，但其意图概括起来只有简单的一句话：化解矛盾，凝聚共识，团结一致，对抗大陆（所谓“柔软胜刚强”），以维护台湾的“主权独立”地位（所谓“国家安全”）和追求台湾的经济繁荣与“国家”发展。

二、“新中间路线”下的大陆政策及其实践

陈水扁的“新中间路线”尽管涉及面很广，但其核心内容却侧重在台湾前途和两岸关系方面。而具体的政策主张，则体现在其竞选过程中对外发布的一系列政策白皮书以及一年多来他在各种不同场合发表的重要演讲之中。五·二〇之后，陈水扁新当局正式运转，其中有些政策主张已开始进入

实践阶段。另外，由于现实政治环境等因素的制约和影响，我们也发现，陈水扁的许多政策主张往往摇摆不定，忽左忽右，若明若暗，前后并不一致。

以下我们仅就陈水扁“新中间路线”下的大陆政策，从三个层面对其具体政策主张及其演变情况作一概述与回顾：

（一）关于两岸关系定位和台湾前途的主张

一九九八年底，陈水扁在台北市长卸职演说中首次提出“两个华人国家”的主张，引起各方的普遍关注。一九九九年四月下旬赴美访问期间，陈水扁再次重申这一立场，并公开承认自己是“中华民国国民”，主张海峡两岸“未来应寻求发展出一种新的国家特殊关系”。陈的上述宣示，与五月上旬民进党通过的“台湾前途决议文”调子相符，这显然与一九九八年六月美国总统克林顿访华，在上海公开提出对华“三不政策”有直接关联。美国“三不政策”的提出，对民进党的“台独 ”立场产生了很大的冲击。“七一声明”的发表，标志着民进党各派系对党的路线从原来进攻性的“台独公投”转向防御性的“统一公投”已达成共识，维护台湾的所谓“独立主权现状”，已成为民进党内的主流价值。“三合一选举”后，陈水扁阵营的骨干人物沈富雄率先提出修改“台独党纲案”，引发了党内新一波的激烈争辩，并最终以在党的八届二全大会上通过“台湾前途决议文”的折衷方式收场。“决议文”在肯定“七一声明”的基础上更往前迈进了一大步，首次公开承认了“中华民国国号”，这显然是具有重大象征意义的转变——尽管民进党对“中华民国”领土范围的界定与国民党有很大差别，而且这种承认语义模糊，明显地预留了将来重新解释的空间。

一九九九年七月九日李登辉抛出“两国论”后，民进党中常会随即发表声明，肯定李此举是所谓“务实的作法”。陈水扁则声称李登辉的“两国论”与民进党和他本人的一贯主张“不谋而合”，是对他宣布参选“总统”的“最好礼物”，并进而主张废除“国统纲领”，将“两国论”入宪。

十一月十五日，陈水扁发表“跨世纪中国政策白皮书”，依循“决议文”的基本立场和观点，重申“台湾是一个主权独立的国家，依目前宪法称为中华民国”；将两岸关系定位为“两个国家的特殊关系”，与李登辉的“两国论”相呼应，并再次强调“任何有关独立现状的更动，必须经由台湾全体住民以公民投票的方式决定”。[7]

十二月上旬，陈水扁在访英期间宣称：“‘两国论’不能收回，不能让步。”

十二月二十日，陈水扁发表“宪政白皮书”，公开主张“未来宪法应确立台湾主权独立，明确规定中华民国领土包括台澎金马及其附近岛屿以及其他国家权力所及之地区；同时，台湾主权独立状态之变更应经台湾人民公投决定”。[8]这份“白皮书”发表后，遭到大陆《解放军报》评论员文章的严词抨击，称之为“实质上是‘台独’的宣言书”。

二〇〇〇年一月二十八日，钱其琛副总理在纪念“江八点”发表五周年座谈会上发表讲话，严厉警告“台湾独立只能意味着两岸之间的战争”；国台办主任陈云林更针对陈水扁的“台独”言论进行了“不点名的点名”批评。为减缓其对自己选情所造成的冲击，一月三十日，陈水扁发表“新春谈话”，提出两岸关系的七项主张予以回应，除了仍坚称台湾是“主权独立国家”外，首度表明他当选后“没有宣告独立或变更国号的问题，也没有‘两国论’入宪的问题”，并将原有的“公投入宪”诉求，修改为“任何有关现状的改变都必须由全体台湾人民来共同决定”。[9]选战后期，上述宣示更被概括为所谓“四不”承诺：即不宣布“台独”、不将“两国论入宪”、不更改“国号”、不搞“公投入宪”。

在三·一八“当选感言”中，陈水扁面对来自各方的压力，对台湾前途和两岸关系定位问题回避正面表述，改用曲折、隐晦的手法，表达其海峡两岸只是两个有“血缘和文化”特殊关系的“华人国家”的“台独”立场。

三月二十日，陈水扁向大陆喊话，首次表示只要一个中国不是前提，不是原则，一个中国的议题，也可以坐下来讨论。

五·二〇就职演说，陈水扁虽然重申了“四不”承诺，并表示在他的任期内“没有废除国统纲领和国统会的问题”，但对一个中国原则却采取回避、模糊的态度，声称“在既有的基础上”，双方共同来“处理”“未来一个中国”的问题，继续坚持其“一个中国议题论”。在新政府就职满月举行的六·二〇记者会上，陈水扁更公开否认海协、海基两会一九九二年达成的各自以口头方式表述“海峡两岸均坚持一个中国原则”的共识，宣称这是“没有共识的共识”，故意混淆一个中国“原则”与一个中国“涵义”的概念。关于未来两岸关系走向，陈水扁在讲话中重申其“开放性”的立场，称“我们没有预设立场，也没有预设前提，也没有预设结论”，并称：“所谓邦联，只是对未来海峡两岸的关系可能发展方案中的一个基本思维。到底可行不可行”，“最后是听人民的。只有台湾人民才有权利决定台湾未来的最后走向”。六月二十七日，陈水扁首次表示愿意接受所谓一九九二年两会达成的“一个中国、各自表述”的“共识”，但当晚便由蔡英文出面加以否认。

（二）关于两岸对话、谈判的主张

一九九九年九月二十日，陈水扁在党内发表题为“年轻台湾，正常新关系”的重要演说，首度提出了完整的两岸政策。其中有关两岸对话、谈判，陈水扁提出：“欢迎就任何议题进行谈判”；“希望建立制度性的互访与对话”；“希望以军事互信机制来降低军事冲突的风险”；“主张在中国承认台湾的对等国家地位、遵守联合国‘和平解决争端’原则、不预设未来走向等三项前提下，与中国签订和平条约或基础条约，作为暂时规范两岸关系的架构”。并表示他当选后就职前愿“前往中国访问”，[10]以谋求两岸关系的正常化。

在十一月五日发布的“跨世纪中国政策白皮书”中，陈水扁对上述主张作了进一步的补充与阐述，提出了四项具体主张：（1）积极开展对话与协商：台湾应积极与中国展开对话与协商；目标在于培养互信，进而达成关系正常化；国家主权不应成为谈判标的；谈判结果应获得“国会”或人民同意。（2）议题的开放性：打破事务性协商和政治协商的区隔；各项双边经贸事宜、军事信心建立措施、和平条约等议题均可纳入协商谈判范畴；攸关双方人民权益的事项应优先进行协商谈判；新一轮对话不一定要从“辜汪会谈”重新开始，也不需要接续其未完的议题；两岸应尽早就“信心建立措施”展开协商，并可以就签定和平协议的可行性进行长期对话。（3）沟通管道的多元化：积极与中国内部各种组织与团体对话；正式协商谈判必须由政府主导；推动双方正式协商管道，从两会体制迈向官方参与；

以第二轨道强化双边对话机能，设立各类“专业论坛”等等。（4）鼓励中国政治民主化。[11]内容极其具体细致，可见确实是动了很多脑筋。

在二〇〇〇年一月三十日发表的所谓“陈七项”中，陈水扁为了拉抬自己低迷的选情，除了重申主张“推动两岸关系全面正常化，建立全方位互动机制”，呼吁“双方尽快恢复制度性的互访与对话”，表示愿意当选后“积极推动两岸领导人互访”之外，还将前述“宪政白皮书”中有关两岸进行协商对话、签订和平条约的三个前提条件模糊化地缩写为“在和平解决、平等对待的前提下……”，并删去了“不预设未来走向”的这一前提条件。

在三·一八“当选感言”中，陈水扁再次表示“愿意以最大的善意与决心”，与大陆“进行全方位、建设性的沟通与对话”，并表示“诚挚的欢迎”江泽民、朱镕基、汪道涵等大陆领导人访问台湾，而他和吕秀莲也愿意在就职前“前往中国大陆进行和解与沟通之旅”。此后，他在三·二〇、五·二〇等一系列讲话中一再向大陆喊话，重申上述类似主张，特别是在五·二〇演讲中，他表示要以南北韩领导人为“学习的榜样和效法的对象”，呼吁江泽民“不拘形式、不限地点、也不设前提”和他坐下来“握手和解”，共同“改写历史、创造历史”。[12]

（三）关于两岸经贸关系的主张

在一九九九年九月二十日的演讲中，陈水扁即曾提出“在不危害国家安全的前提下，依市场、比例、互惠、对等原则，开放通航、通商、投资的限制”。十一月七日，陈又在民进党主办的“二十一世纪的中国”研讨会上发表题为“跨世纪的两岸经贸关系”的专题演讲，具体阐述了他的两岸经贸政策主张。他认为，两岸经贸不是只有“戒急用忍”或“大胆西进”可供选择；主张以“经贸安全发展战略”来兼顾“经济利益”和“国家安全”两大目标，并作为具体落实民进党“强本西进”共识的政策措施；其原则是用“发展”来解消“风险”，用“发展”来巩固“安全”；并提出“在国家安全与对等互惠的前提下，与大陆就航运议题展开协商”。海运方面，台湾开放高雄、基隆两大国际港口，大陆开放广州、大连、上海、青岛、天津等国际港，“以双方直航、权宜轮先行为原则”。空运方面，由台湾航空公司负责经营，利润“双方共享”[13]等等，即所谓“单向直航，利润共享”的构想。在稍后发表的“跨世纪中国政策白皮书”中，陈水扁更进一步地对上述所谓“经济安全发展战略”作了详尽的论述与规划，并增列了有关如何“妥善因应中资来台问题”的内容。在二〇〇〇年一月三十日发表的七项主张中，陈水扁呼吁对“有关两岸经贸往来所衍生的问题，例如台商生命财产安全的保障、有关三通的具体协议等等，尽快展开协商，谋求解决。”

三月二十日即当选后的第三天，陈水扁召开记者会再次重申，“愿依比例互惠原则，检讨目前僵化不合理的三通政策”，表示他正式就职后，将设立由李远哲主导下的“两岸跨党派小组”，“凝聚朝野共识，立即与‘中国’展开包括三通议题协商、谈判，特别是在直接通航、通商、投资都是协商重点”。[14]此后他又多次谈到开放两岸三通问题。但出乎意料的是，在五·二〇就职演说中，陈水扁却对三通问题只字未提。由于受到岛内外的强烈质疑，陈水扁在六·二〇记者会中解释说：三通的议题，“在国家安全可以确保的大前提下，我们愿依市场法则的比例原则与互惠原则，来作全面的检讨与推动。五·二〇就职演说为什么不提三通呢？主要是因为我知道三通也好，甚至小三通也好，如果两岸没有接触，没有对话，没有协商，就不可能有小三通，遑论大三通”[15]云云。而事实上，自从陈水扁宣布由李登辉“两国论”的主要幕僚蔡英文出任“陆委会主委”之后，他在对外讲话中便已开始对开放“三通 ”和调整“戒急用忍”政策悄悄降温，不再多提了。此后人们发现，陈水扁新当局无论对“宗教直航”风波的处理还是有关“小三通”的规划，均采取保守僵化的态度，与李登辉的政策如出一辙，并无二致。

三、“新中间路线”的本质与特点

从以上介绍可以看出，陈水扁虽然自诩他的“新中间路线”是所谓“新思维、新潮流、新方向”，但其实只不过是在坚持“台独”基本理念和立场的前提之下，为了在选前获取选票、选后为稳定两岸关系和岛内政局、巩固其执政地位所设计的一种“新权谋、新手法、新策略”而已。其本质和特点可以概为以下几个方面：

（一）分裂性：陈水扁说得很清楚："'新中间路线'并不是单纯的'中间'，它不是要在国家认同的问题上摆荡。国家认同是没有'中间'的。为什么？因为它是基本价值。你只能认同这个国家，或是认同那个国家，不可能有双重认同，也不可能都不认同"。[16]那么，陈水扁不能"摆荡"的"基本价值"也即"国家认同"是什么呢？即"台湾是一主权独立国家"、"台湾就是台湾，台湾是一个独立的国家"，[17]而海峡两岸是"两个华人国家"，两岸关系只是有"相同血缘、文化和历史背景"的"两个国家的特殊关系"，台湾人并不是"中国人"。两岸同胞只是和世界各地的华人、华侨一样，是"远亲近邻"的关系（注："远亲近邻论"的发明权并非吕秀莲而是陈水扁，早于二〇〇〇年一月三十日，陈水扁在其发表的"亚太和平新世纪，两岸欢喜看未来"新春谈话中，即宣称："两岸经历了各自发展的一百年，尽管政治与经济的发展截然不同，仍然无法割断海峡两岸作为'远亲近邻'的紧密关系。"）陈水扁说，这一"基本价值"是他的"新中间路线"的"基础"和"原则"，因此是不可动摇的。故而，当选后陈水扁尽管承受的压力不可谓不大，但是始终拒绝承认和接受一个中国原则，乃是意料中的事。

可是，陈水扁又说虽然"在基本价值上"没有中间，但在如何"实践价值的方法上"却可以有中间，可以有很多"中间策略"。正因为存在着"中间策略"，才可以求取"公约数"——"国家安全"。说白了，就是"求取"和借助台湾社会内部统独、族群、省籍、政党等对立矛盾各方的所谓"公约数"——"国家安全"，来凝聚共识、"一致对外"（对抗大陆的统一攻势）。而且，陈水扁自知仅靠台湾一隅的实力难以和大陆抗衡，于是他又宣扬"国家安全"的最高原则是所谓"亚太区域的战略安全"、"国际战略"是台、日、美的"三国关系"，试图引进外国势力来共同"遏制中国"，这也就是陈水扁为什么要把他五·二〇就职演说的基调界定在"保证让美国满意、国际社会肯定，中共虽不满意但找不到借口"，并且在演说中大打"民主牌"、"自由牌"、"人权牌"，将海峡两岸的统独之争，歪曲为"意识形态之争"、"制度之争"的根本原因之所在。可见，陈水扁提倡的

“新中间路线”，与李登辉倡导的“新台湾人主义”和“东亚安全体系”，实有异曲同工之妙。所谓“中间策略”，其实就是“台独策略”，其分裂性是不言而喻的。

（二）权谋性：陈水扁为让外界感受到其“路线”确已走向“中间”，当选之后他一方面在两岸定位和台湾前途问题上“暂退一步”，向李登辉的“两国论”即“中华民国式台独”靠拢，宣誓“遵守中华民国宪法”，承认“中华民国国号”，甚至高呼“中华民国万岁”、“三民主义万岁”；不再露骨地宣称“台湾是一主权独立国家”；公开承诺在其任期内保证“五不”；并调整其以往一贯坚持的“国家主权不能做为谈判标的”的立场，表示愿意把“一个中国”当作“议题”谈谈看，称在“既有的基础上”，与大陆共同“处理未来‘一个中国’的问题”等等。对大陆的称谓也加以适度调整，不再像以前一样称大陆为“中国”而改称“中国大陆”。其目的就在于试图“化解”岛内的统独、族群、省籍、政党之间的矛盾冲突，以求取“国家安全”这一最大的公约数，稳定其在岛内的执政地位。而陈水扁授权李远哲筹组“两岸跨党派小组”，则是为其日后推动两岸政策背书。

另一方面，在两岸谈判和经贸议题上则“暂进一步”，在大选过程中，让他的谋士们展开想象的翅膀，提出了许多颇具“创意”的两岸政策主张；三·一八陈水扁当选之后，更一再伸出“橄榄枝”向大陆频频示好，释放出一个接一个缓和两岸关系的充满“善意”的气球（如领导人“高峰会”倡议、支持北京申办二〇〇八年奥运）等等，表现出格外“柔软”的身段和“委曲求全”的姿态。但“透过现象看本质”，陈水扁“退一步”也好，“进一步”也罢，都充满了浓厚的“权谋”味道。试举几例：

其一，他表面上接受了“中华民国国号”，承认自己是“中华民国国民”，但他所说的“中华民国”按其“宪政白皮书”所界定，其“领土”范围仅涵盖“台澎金马及其附属岛屿以及其它国家权力所及之地区”；他承认自己是“中华民国国民”，但却不承认自己是“中国人”而仅仅是“福摩萨子民”、“台湾之子”或曰与大陆同胞是“远亲近邻”关系的“华人”而已。可见在陈水扁的心目中，所谓“中华民国”只不过是“台湾共和国”的代名词而已。

其二，他承诺“五不”值得肯定，但却预设了“只要中共无意对台动武”的前提条件，不仅倒因为果，不合逻辑，同时也为其日后调整政策预留了空间；更何况，按陈水扁等民进党人士所说：“台湾事实主权已经独立”，当然“不必也不会”宣布“台独”；更无须自找麻烦，去推动“改变台湾独立现状”的“公投”；至于“国统纲领”和“国统会”，将之束之高阁、打入冷宫可也，并不妨碍其推动“实质台独”，又何必“废除”、自寻烦恼“招惹”大陆呢？故而，陈水扁的“五不”不具任何实际意义。

其三，陈水扁一再呼吁两岸重启对话谈判，这比他在台北市长任内反对两岸对话谈判的僵硬立场前进了一步。但由于他极力回避一个中国原则，那么两岸对话也好，谈判也罢，便都失去了基础，无法启动。陈水扁明知大陆领导人不可能在“不设前提”的情况下和他会晤，协助他在国际间制造“两国论”，但他仍一再发出类似呼吁，其目的无非是企图推卸两岸关系无法缓和和改善的责任。

陈水扁耍这种小聪明，不仅于事无补，而且只能给两岸关系带来更大危害，诚如许信良所言：“两岸关系的严重性并未因陈水扁总统的善意言论而缓解，陈水扁不应把两岸问题当成表演政治，这不但解决不了问题，还可能加深两岸的误解。”并说，“在两岸关系上，陈水扁其实都是说些人民爱听的话，这与解决两岸僵局是两回事”。[18]宋楚瑜也评论说：“新当局的大陆政策必须摒除旧思维，不能再沉迷于‘政治表演’或‘选举语言’中，‘以理想要求别人，以现实原谅自己’”，希望他“拿出具体可行的办法”出来。[19]

（三）迷惑性：陈水扁的“基本价值”——“台独”理念和立场虽然从未“摆荡”，但不可否认他在实践其价值的“方法上”所施展的上述种种权谋手段却也的确迷惑了不少人，在很大程度上收到了他预期的效果。

例如，他为了化解岛内矛盾、稳定政局，三·一八当选后，他出人意料地任命原“国防部长”国民党籍的唐飞出任“行政院长”，筹组所谓“跨党派的全民政府”。声称他是“全民总统”不是“民进党总统”，表示他绝对会把“全民的利益”和“国家利益”放在政党利益和个人利益之上。为此，他特意辞去民进党中常委，宣布今后不再参与民进党的活动。同时，他密集拜访各党派各界“大佬”级人物，向他们“请益”，甚至对曾经被他“修理”过的前“行政院长”郝柏村“诚恳道歉”，一改往日“鸭霸”作风，摆出一副“礼贤下士”的谦恭姿态。

又如，在竞选过程中，陈水扁极力淡化、模糊其“台独”色彩，提出了一整套改善发展两岸关系的具体政策主张，也在相当程度上扭转了长期以来在台湾民众心目中陈水扁缺乏“两岸观”、民进党“没有大陆政策”的不良形象。一时间岛内舆论纷纷评述，认为连、宋、扁三强的大陆政策“大同小异”，没有多大区别。三·一八之后，陈水扁更一改李登辉对大陆强硬对抗的态度，在对外发言中尽量不在言辞上刺激大陆，采取所谓“以柔软胜刚强”的策略，频频向大陆喊话，呼吁尽快恢复两岸对话谈判，表示愿与中共领导人“握手和解”等等。

上述种种姿态，的确迎合了岛内民众求和平、求安定、求发展的普遍愿望。不仅有助于暂时缓解民众对民进党上台执政的疑惧（最新民调显示，台湾民众对陈水扁上台执政后的“满意度”高达七成以上），而且还得到以美国为首的西方社会的赞许，认为陈水扁比预料的要“理性”、“务实”，称赞他的五·二〇演说充满了“建设性的善意”。然而，不是用扎扎实实的政绩，而主要是用权谋手段获取的高满意度是很不可靠也不会持久的，正如许信良所说：“陈水扁政府还在享受民众给他们的蜜月期，但问题还等着他”。虽然多数人认为陈水扁处理两岸问题很小心，也释出了不少“善意”，“但小心谨慎解决不了问题，要解决问题，就必须对两岸的发展有正确的历史观”。[20]美国中国问题专家何汉理则认为：“我想，现在华府才开始了解两岸问题的根本已出现了变化”，“美国与中共关系的基础是上海公报，是奠定于我们认知两岸都秉持一个中国的原则。如果台湾不愿接受一个中国的原则，那问题才刚刚开始”；“美国现在才逐渐了解这个问题的复杂性，有关一个中国的共识正在瓦解”。[21]可以预料，一旦陈水扁新当局与台湾民众的“蜜月期”一过，一旦美国发现他的对华政策的基础已经遭到陈水扁的破坏而发生动摇，那么，陈水扁的真正麻烦也就到来了。

（四）摇摆性：陈水扁声言：他的“新中间路线”在如何实践价值的方法上是可以“摆荡”的。于是人们发现，一年多来，陈水扁在策略上的

“摆荡”的确幅度很大，选前为争取选票，选后为稳定岛内政局和两岸关系，他可以在不同的时空、环境，面对不同的对象讲出完全不相同的话，喊出完全相反的口号，其政策主张缺乏应有的稳定性，往往给人以反复无常、前后矛盾的强烈印象。总之，“利益和需要就是一切”。试举几例：

在“大选”期间，他在中间选民居多的场合，信誓旦旦地保证一旦当选“不会宣布台独”，但面对“台独基本教义派”时，陈水扁却又高呼“台湾独立万岁万万岁”；五·二〇就职演说，他宣誓效忠“中华民国”、遵守“中华民国宪法”，但却喊“台湾站起来了”，不承认自己是“中国人”而仅仅是“华人”，因而遭到岛内外舆论的质疑。几天之后，他在军方场合即改口高呼“中华民国万岁”、“三民主义万岁”；他在“大选”关键时刻为拉抬选情，承诺当选后“四不”，但胜选后，在五·二〇就职演说中重申“四不”时，却又加上一个倒因为果、明知大陆无法接受的前提条件；在选前选后他一再主张开放两岸三通、调整“戒急用忍”经贸政策，但新当局开始运作后，却连“小三通”和“宗教直航”都加以阻挠；在一个中国原则问题上，他时而宣称是“议题”而不是“前提”，时而又称一个中国是“未来”需要双方“共同处理”的“问题”；最为典型的是对于一九九二年两岸两会达成的口头共识，陈水扁在六·二〇讲话中刚加以否认，说是“没有共识的共识”，转眼间却又表示他愿意接受一九九二年达成的所谓“一个中国，各自表述”的共识。当遭到民进党内反弹之后，他又立即指使蔡英文出面加以否认。如此反反复复，难怪宋楚瑜在“大选”中曾讽刺陈水扁的两岸主张是“忽而台独，忽而中间路线，根本就是‘摇摆如一’的‘随便总统’”。[22]

结　论

综上所述，可得出如下结论：

（一）“新中间路线”不仅是陈水扁阵营在“大选”期间的文宣主轴，而且是陈水扁胜选后“治国立政”特别是处理两岸关系问题的政策出发点，因而不可忽视。

（二）陈水扁倡导所谓“新中间路线”的目的，在于化解岛内矛盾、凝聚共识、团结一致、共同对抗大陆的统一攻势，以维护台湾的所谓“主权独立”地位，追求经济繁荣与“国家”发展。但由于“新中间路线”并非真正的“中间”，从本质上来说仍然是“旧台独路线”，其基本逻辑思维仍不脱民进党的“台独党纲”，因而它不可能实现其倡导者所欲达到的目标，为台湾开创真正美好的未来。

（三）就“新中间路线”的倡导者陈水扁“个人”而言，一方面由于他有相对坚持的“台独”基本价值，又善要权谋，颇具迷惑性和欺骗性，因而也就具有相当大的危险性；但另一方面也应看到，陈水扁毕竟是个“使命感”相对较弱的“政客”，而“利益和需要就是一切”的政客心态和律师性格，又决定了他的政治行为具有典型的摇摆性，当岛内外政治环境的演变发展对其不利时，有可能会被迫调整其政策主张，甚至在一定程度上不得不松动其固有的理念和立场，因而又具有明显的可塑性。“危险性”与“可塑性”，这就是台湾新领导人陈水扁的突出特点。而这一特点，显然与其前任李登辉有很大不同。对其“危险性”保持高度的警惕，进行必要的揭露与斗争；同时又对其“可塑性”善加引导和利用，势必有助于两岸关系的缓和、改善与发展，有利于祖国的和平统一。

【注释】

[1]［3］ 郭正亮：《民进党转型之痛》第二三〇页。

[2]［10］［16］［17］ 参见一九九九年十一月十六日至十二月一日台湾《中国时报》、《联合报》等。

[3] 转引自夏珍：《造反时代》第六页。

[4] 转引自夏珍：《造反时代》第九页。

[5] 台湾“中央社”，二〇〇〇年六月十五日报道。

[6] 台湾《中央日报》，二〇〇〇年六月十四日报道。

[7]［11］ 台湾“中央社”，一九九九年十一月十五日报道。

[8] 《中国时报》，一九九九年十二月二十一日报道。

[9] 台湾“中央社”，二〇〇〇年一月三十日报道。

[12] [15]　台湾《中国时报》，二〇〇〇年六月二十一日报道。

[13]　台湾“中央社”，一九九九年十一月七日报道。

[14]　台湾“中央社”，二〇〇〇年三月二十日报道。

[18] [20]　台湾《中国时报》，二〇〇〇年六月二十三日报道。

[19]　台湾《联合报》，二〇〇〇年六月二十六日报道。

[21]　台湾《联合报》，二〇〇〇年六月十八日报道。

[22]　台湾《自由时报》，二〇〇〇年一月三十一日报道。

（2000 年 7 月“第九届海峡两岸关系学术研讨会”论文，刊发于民进党中央机关刊物《中国事务季刊》创刊号和福建省社科院《现代台湾研究》）

评李远哲的“九·二”讲话

由“中央研究院院长”李远哲领军、共有二十五名成员、被定位为“总统府咨询机构”的“两岸跨党派小组”，于九月二日在台北召开第一次会议。台湾新领导人陈水扁亲临讲话，强调“跨党派小组”与“国统会”的功能并行不悖，并呼吁在野党捐弃政治成见，握手言和，“共商国是”。担任跨党派小组召集人的李远哲，作了题为“从当家作主到和平繁荣民主的未来”的专题演讲。这篇长达五千字的演讲稿，重点描述台湾政治生态的历史背景、台湾与大陆的历史渊源、台湾同胞当家作主的愿望、当前两岸问题的症结所在与解决之道等。从字里行间可以看出，李远哲对中国与中华文化有相当程度的认同感，更强调两岸应以一九九二年的共识为基础进行复谈，进而展开两岸之间的合作与互补。然而，李远哲在讲话中又强调台湾应有“国际尊严”，并将国家统一与政治制度、经济水平对立起来，更漠视中共一贯同情支持台湾同胞反抗国民党专制独裁统治的事实。平心而论，李远哲的这番说辞，尽管有值得肯定的积极因素，但他在一些重大问题上显然认知混乱、存在误区，他所扮演的角色，他所传递的信息真实意图究竟为何？都还有待人们进一步的观察与分析。

承认自己是中国人，认同中华文化

李远哲在今年“总统”大选的最后关键时刻，公开表态支持民进党的“总统”候选人陈水扁，对陈水扁的胜选起了关键作用。从政治学的一般概念来分析，李远哲在作了政治表态之后，外界都认为李、陈政治理念志同道合，在事关台海安全、台湾社会安定繁荣的大陆政策上应有相当的默契。不过，李远哲九月二日在“两岸跨党派小组”上的讲话，却表明其在大陆政策与国家认同上与陈水扁有明显不同。李远哲表示，“两岸的中国人，都受过帝国主义的压迫、侵略，百年来也都希望在自己的土地上站起来”，“二次世界大战后，经历战争的劫难与五十年殖民统治痛苦的台湾人民终于回归祖国怀抱，这样的前景带给台湾人民极大的兴奋与期待”，“在台湾这块土地上，除了原住民之外，大多数居民或他们的祖先都来自中国大陆，因此血缘文化如出一辙，只不过移民有先后之别罢了”[1]。而陈水扁至今不承认自己是“中国人”而仅仅是“华人”，并将台湾本土文化说成是与“中华文化”并列的“华人文化”。两相比较，很明显，李远哲还有“两岸都是中国人”的中国情怀，也即他认同中国，认同中华文化。

正因为对中国与中华文化有相当程度的认同感，李远哲对台湾历史发展与异族入侵，和一向美化日本殖民统治的台湾当局前领导人李登辉也有很大距离。他说，“一八九五年，台湾被清廷割让给日本，在日本的殖民统治下，台湾人民深感异族统治的痛苦，受人压迫、歧视与机会的不平等，使台湾人民心灵深处共同渴望‘赶走外来统治者’。当年，日本统治者在台湾厉行‘皇民化’，台湾本土的语言与文化受到相当的压制。台湾的原住民文化以及明末清初从大陆移民到台湾的闽南、客家族群文化都受到抑制，也因此留下深刻的文化伤痕”。

此外，对于近年来有部分政治人物为达到个人的政治目的，不断挑起族群矛盾，特别是以“外省人”与“本省人”来划界，李远哲亦持批判态度。他在演说中说，“老百姓之间并没有族群之分，只有‘好人’与‘坏人’之别”，“多年来少数政治人物并没有体会族群对抗的危险及不幸，反而在选举竞争中激化族群摩擦，使得台湾的民主化过程出现尖锐的对抗”，他呼吁“台湾所有的人民都必须超越族群摩擦的痛苦历史。”李远哲的上述认识值得充分肯定。

两岸以“九二共识”为基础展开复谈

自“三·一八”陈水扁当选以来，大陆除表示要对陈水扁“听其言、观其行”之外，中台办和国台办又于五月二十日授权发表声明，强调两岸可以“在一个中国原则基础上进行对话与谈判，实现双方高层互访”，“当前，只要台湾当局明确承诺不搞‘两国论’，明确承诺坚持海协会与台湾海基会一九九二年达成的各自以口头方式表述‘海峡两岸均坚持一个中国原则’的共识，我们愿意授权海协与台湾方面授权的团体或人士接触对话”[2]。大陆领导人多次表示，只要承认一个中国原则，“两岸什么都可以谈”。

然而，政党轮替后的台湾当局表现如何呢？尽管新领导人陈水扁在五月二十日的“就职演说”中表示，不会宣布“台湾独立”，也不会搞“两国论入宪与台湾前途的公投”，也没有废除“国统会”与《国统纲领》的问题，而且强调了两岸进行“全方位、建设性的沟通与对话”的重要性，选前宣称要以“善意”与“诚意”改善两岸关系，维持台海和平与稳定。可是，对于一个中国原则与“九二共识”，陈水扁却极力回避、模糊。如先是在“就职演说”中刻意否认两岸曾有的“一中”共识，说两岸两会一九九二年没有达成任何共识，继而又说是“没有共识的共识”，后来又提出“九二年精神：交流对话、搁置争议”；更有甚者，公开宣称“统一不是两岸的唯一选项”。联系到台湾新领导人不就任“国统会主委”，矮化“国统会”功能，透过“总统府发言人”表示要修改《国统纲领》，并将一个中国描述成“未来”需要讨论的“议题”等等说辞，可以看出台湾当局试图通过各种方式抛弃一个中国原则、在两岸主权分裂的前提下与大陆进行和谈的用心。台湾方面的这种立场与做法，大陆方面当然不可能接受，两岸僵局自然无法化解。

面对陈水扁回避、弃置一个中国以及两岸僵局的持续，曾经表示要为两岸的和平而努力的李远哲，表现出与他支持者明显的落差。李远哲在两岸跨党派小组会议的致辞中明确表示，“我一直认为，台湾应该继续表达和平的善意与决心。在尊重台湾两千三百万人民的国际尊严与根本利益的前提下，我们应该回到一九九二年‘各自以口头声明的方式表述一个中国原则’的共识，承认在此共识下达成的协定与结论，并在既有基础上恢复协商”。他还强调，“在不久的将来，海峡两岸的人民都要面对能否永续发展的严峻考验，大家必须也应该共同合作，寻找一条出路。许多问题，如能源的有效使用与生态环境的维护、农业的改革、知识经济的发展等等，将愈来愈迫切地影响两岸人民的生活。目前，两岸应该尊重、承认历史与现实，放下政治上不易厘清的部分，开始交流对话”。

相对于陈水扁相继提出的“没有共识”、“没有共识的共识”和一个中国“议题论”，以及“九二精神”等定调说法，应该承认，李远哲在如何处理“一个中国”的敏感问题上，显然要比陈水扁理性务实得多。如果台湾决策层能够接受李远哲的上述建议，两岸政治僵局自当化解，恢复协商与谈判可望在即。

在“统”与“独”立场上仍呈现矛盾

李远哲在血缘、历史、文化等方面的国家认同上，表现出与“台独”人士明显不同的一面，也与新执政的陈水扁政权有相当的区隔；特别是他主张“两岸应回到九二年共识，在既有基础上恢复协商，共同建设一个和平、繁荣、民主的中国”，应该说对两岸关系的发展颇具积极意义。然而，不能不指出，李远哲“九·二”讲话在下述几个重大问题上的认知却明显存在误区。

其一，将中共主张实行“国共谈判”与昔日执政的国民党协商统一的做法，说成等同于中共支持国民党专制独裁统治，支持暴政，显然违背事实，没有任何根据。他在演讲词中说，“大陆政权开始对仍在实施戒严的国民党政权招手，企图进行所谓‘国共第二次合作’，更使许多长期被压迫的台湾老百姓大失所望。当年大陆对国民党政权提出的‘回归祖国’，被认为只是中共对台湾高压统治者的片面召唤。中共似乎不在意台湾当权派永远维持他们的威权统治，继续主宰台湾人民。而当时台湾的高官的确也在利用‘大陆’与‘统一’来维持他们的既得利益”。李远哲的这种说法，至少是对历史的无知。事实上，中共一贯同情与支持台湾人民的正义斗争，谴责国民党在台湾的专制独裁统治，无论是四〇年代的“二·二八事件”、五〇年代的“白色恐怖”，抑或七〇年代发生的“高雄事件”，中共都公开站在台湾同胞一边，声援台湾人民。例如，一九四七年“二·二八事件”发生仅数日（三月八日），中共中央即通过延安电台发表了题为《支持台湾人民的地方自治运动》的长篇广播。三月二十日又在《解放日报》上发表社论称：

“台湾的自治运动是完全合理的、合法的、和平的，它的所以变成武装斗争，完全是由于蒋介石逼出来的”，“台湾人民的武装自卫，因此乃是被迫的，是必要的，是正义的，是正确的”，并称：“你们的斗争就是我们的斗争，你们的胜利就是我们的胜利，解放区军民必定以自己的奋斗来声援你们，帮助你们！”对台湾人民的“二·二八”给予了充分的同情支持和高度的评价。“高雄事件”发生时，中共也曾发表声明，表示对国民党镇压“党外”人士“决不坐视”。事实上，当年在“二·二八”起义中，还有不少中共党员与广大台湾民众并肩战斗，并在此后反抗国民党黑暗统治的斗争中起到了中坚骨干作用，许多中共党员为此而献出了自己宝贵的生命。李远哲先生在讲话中对上述历史事实不仅只字不提，还不顾事实，说什么“中共似乎不在意台湾当权派永远维持他们的威权统治，继续主宰台湾人民”，这决不是一位科学家所应有的科学态度。再者，国民党的专制独裁统治确曾给台湾同胞造成了数不清的苦难，但在国民党执政台湾时期，中共既然要以和平的方式谋求国家统一，那么，请问李远哲先生，不与执政的国民党打交道又该和谁打交道呢?

其二，将国家的统一与制度的差异、经济水平的高低对立起来。李远哲在演讲词中指出，“虽然在血缘、文化、历史传承上，我与许多台湾人民一样，自认为是个不折不扣的中国人，但这并不表示我们会因而对自由民主的期待有任何妥协”，“如果民主自由的发展也能伴随着大陆经济而提升，到那个时候，两岸的统一也才会有实质的意义”。诚然，两岸的确在政治制度与经济发展水平上存在差异，但这并不能成为不能统一的借口，更不能作为“台湾独立”的理由。香港和澳门同样与内地存在政治制度与经济水平上的差异，但“一国两制”模式不是很成功地解决了这些矛盾与差异吗?为什么李远哲先生视而不见呢?

其三，把台湾同胞要求当家作主与“台湾独立”搅混一团。李远哲演讲时表示，“当家作主是台湾人民的心愿”，“台湾人民虽然脱离了异族的统治，可是他们并没有机会自己当家作主”，“在扭曲的历史环境里，许多台湾的老百姓开始警觉：如果在这种情况下，‘统一’似乎等于是‘被压迫’的延续，那么‘独立’就成了能够苦海翻身、追求生存自保的机会”，“如果有人对台湾人民有不必要的偏见，不认真了解问题的症结，以为用片面的威胁，或以为只要诉诸爱国主义与民族情感，而不追求社会的理想与两岸人民最大的幸福，就能够迫使台湾人民一步一步屈服，放弃我们追求自由、民主、均富的理想与坚持，那就未免太低估百年来台湾人想当家作主的历史感与志气了"，并称，"目前，'统一'的社会基础在台湾其实是非常薄弱的"。不错，我们也一向认为，"当家作主"应该是包括台湾民众在内所有中国人的共同愿望，但无论怎样辩解，它不应该成为某一个地区、某一群体另立国家的借口。事实上，中共方面一再强调，充分尊重台湾人民"当家作主"的愿望，以"一国两制"模式解决台湾问题，正是中共和大陆方面尊重台湾人民的选择，不将大陆的制度强加于台湾人民。在此，我们也需要对李远哲先生不客气地讲：如果台湾有人以追求所谓"自由、民主、均富"为借口，坚持分裂祖国，以为大陆政府和人民会忍气吞声、坐视不管，那么同样也未必太低估了大陆政府与大陆人民维护祖国统一的"历史感"与"志气"了！

其四，混淆全球化与国家之间的关系。李远哲致词时指出，"世界经济全球化之后，国家政治界限的概念自然会变得愈来愈淡薄。世界共通的网络与贸易，将会逐渐使全球人民有更多共同的地方。不同地区的人民或不同国家之间，相互依赖的程度定会加深，而地球村的理想在不同层面也将慢慢展现"。所谓"地球村"观念，李远哲在"大选"期间表态支持陈水扁时也曾提及，也的确属于十分现代、比较时髦的社会学观点。但它并不能取代当前国际法中的国家与民族分际，当然也就不能解决两岸之间的政治分歧。所谓"地球村"的概念与美好幻想，事实上早已被美国等西方霸权主义的侵略行径击得粉碎了！

另外，李远哲在承认"九二共识"的情况下，又提出了两岸复谈的前提条件之一，即尊重台湾的"国际尊严"，这也是他无法解决的矛盾之一。我们很难理解，承认一九九二年的"一中共识"，究竟与"尊重台湾的'国际尊严'"有何必然联系？

李远哲的角色有待进一步厘清

李远哲以“两岸跨党派小组召集人”身份作以上宣示，但他究竟在多大程度上代表台湾官方的意见？“跨党派小组”会作出怎样的结论？他作这种表态的意图又是如何？这些疑问，都有待李远哲与台湾决策层作出进一步的厘清，特别是解决这些问题的另一要角大陆也还要作深入的观察与分析。

陈水扁在“跨党派小组”第一次会议致词时强调，“国统会与跨党派小组可以互补，并行不悖”，隐含之意，除了提升“跨党派小组”的地位、矮化“国统会”功能之外，还包括借“跨党派小组”未来达成的所谓“全民共识”来替自己的大陆政策解套。因为，陈水扁在是否接受“九二共识”和“一个中国原则”问题上已陷入两难境地。因此，被他本人视为广泛代表性的“跨党派小组”就成为陈水扁未来作出适当选择的有力凭借，如果“跨党派小组”像李远哲那样作出接受“九二共识”的结论，陈水扁就好向支持他的独派势力作出交代了。对此，新党全委会召集人郝龙斌表示，为了安抚民进党内反弹与压力，陈水扁目前只需要一个台阶下，李远哲的说法将为陈水扁解套，作为在野党愿意支持这样的和解。

然而，不知何故，李远哲发表谈话后，“总统府”方面当天就作出反应，声称“李远哲在（跨党派小组）第一次会议的致词，应只是提出建立共识的方式，并不是跨党派小组的共识”、“李远哲的相关认知不能代表跨党派小组的整体立场”。“跨党派小组”发言人之一的萧新煌教授也强调，这是“李院长个人意见或期望”，在小组讨论做成“共识”前，不能说是小组的研议基调。两方面的反应表明，李远哲在台湾当局的大陆政策决策中到底充当何种角色，一时还难以判定。

李远哲对“一个中国”敏感问题没有回避，能务实地面对两岸政治症结，或许表明了他有意使“跨党派小组”摆脱作为陈水扁政权大陆政策“橡皮图章”的嘲讽。然而，人们也很难排除他与陈水扁唱双簧的可能。因为毕竟李、陈二人以往有过相当程度的默契，陈水扁在当选后的政权筹组与就职后的施政中倚重李远哲甚多，在两岸僵局难解的困境下，两人完全有可能在大陆政策上以不同的角色再次合演政治戏码。如果这种猜测属实，那么陈水扁与李远哲就是在以不同的身份与不同的方式试探大陆。难怪有人评论说，李远哲的讲话试探意味浓厚，可信度却不高。

对于李远哲“九·二”讲话所传递的信息，大陆方面肯定会做审慎评估，因为他毕竟对“中国人”与“九二共识”作出了正面和积极的回应。但可以断言，两岸关系并不会因为李远哲的这次讲话而出现戏剧性的突破，大陆方面更看重的是台湾当局的具体行动。

【注释】

[1] 台湾《中国时报》9月6日。

[2]《人民日报》5月20日。

（《海峡评论》，2000/10/01，与朱显龙合撰）

陈水扁两岸政策的困境与出路

五·二〇前夕，陈水扁曾信誓旦旦地向台湾民众公开承诺：新政府就职后，两岸关系将会“柳暗花明”云云。人们原以为，陈水扁如此信心满满，似乎对未来两岸关系的缓和和改善有十足的把握，上台执政之后，或许会真的以二千三百万台湾民众的福祉为念，改弦更张，在两岸政策上会做出像样的调整，比其前任有所作为，有所突破。

然而，时至今日，陈水扁新政府上台执政业已过去整整五个月的时间了，“听其言、观其行”的结果，使善良的人们愈来愈感到失望。人们看到，陈水扁除了采取所谓“以柔软胜刚强”这种他自以为得计的新策略，在言辞上、身段上表现得比其前任李登辉要谨慎、克制和柔软之外，其他一切照旧，甚至有过之而无不及，在分裂中国、对抗统一的本质上并没有什么不同。所谓“一中无心、台独无胆、依美抗统、掩以待变”，推行“没有李登辉的李登辉路线”，乃是陈水扁新政府执政五个月来在两岸政策上的最大特点。正因如此，两岸危机不但未能解除，反而在表面的平静中聚集着愈来愈大的冲突能量。

将两岸问题当政治表演

事实上，两岸关系之所以会发展到今天这种地步势所必然，因为道理至明：既然陈水扁在其就职之前就已为他的两岸政策方向预设了“让中共虽不满意，但找不到借口”的基本思路，那么人们也就不应奢望他上台之后会在两岸问题上做出什么实质性的让步和突破。进一步而言，陈水扁“让中共虽不满意，但找不到借口”的两岸政策，说穿了，其实就是“走钢丝政策”，或曰“战争边缘政策”，推行这种政策的危险性，并不亚于李登辉的“两国论”。

对此，对两岸关系发展观察细微、颇有见地的前民进党主席许信良，早在六月下旬就有如下评论，他说：“在两岸关系上，陈水扁其实都是说些人民爱听的话，这与解决两岸僵局是两回事”，“两岸关系的严重性并未因陈水扁总统的善意言论而缓解。陈水扁不应把两岸问题当成表演政治，这不但解决不了问题，还可能加深两岸的误解”。并预言：“陈水扁政府还在享受民众给他们的蜜月期，但问题还在等着他。”果然，伴随着“八掌溪事件”的发生，陈水扁政府与台湾民众之间的“蜜月期”提前结束，于是所有原本存在的问题便都一一浮现出来，并愈演愈烈而一发不可收拾。

自陈水扁上台以来发生的以下几件事，突出地反映出陈水扁新政府的两岸政策业已陷入左右为难、进退维谷的困境：一是由陈水扁授权李远哲出面主导的所谓“跨党派两岸小组”的难产与变质，以及李远哲的讲话所反映出来的陈、李二人在国家、民族认同与两岸政策上的矛盾分歧的表面化。可以预期，随着时间的推移，如果陈水扁仍然顽固坚持其“台独”立场，不肯调整其分裂的两岸政策，李远哲势必会因难以自处而不得不和陈水扁渐行渐远甚至分道扬镳；其次是朝野各党派围绕着陈水扁本人应不应该接掌“国统会主委”一职，以及“国统纲领”要不要修改，乃至九二年两岸两会究竟有没有达成过“一中”口头共识的激烈争辩；三是陈水扁与谢长廷之间先是关于谢要不要参访厦门，尔后是有关所谓“统一选项”问题的不同说法所引发的民进党内部派系之间的激烈过招和政治风波。至于核四厂续建问题造成唐飞的去职和所谓“全民政府”的垮台，以及近期股市的暴跌等等岛内政经局势的动荡和混乱，表面上看来是台湾的“内政”问题，但从深层次分析，都无不与两岸问题有着直接或间接的关联。总之，依照笔者的观察研判，目前陈水扁两岸政策的困境，可以概括归纳为以下“五不”，即：“独不敢、统不愿、拖不成、谈不了、憋不住”。

不敢公开搞“台独”

所谓“独不敢”，是指其迫于来自岛内外各方的强大压力，不敢冒天下之大不韪，明目张胆地公开搞“台独”，从而挑起台海战争。众所周知，陈水扁虽然属于民进党内的“温和独派”，但是一位不折不扣的“台独”分子则是确定无疑的。直到这次“大选”，陈水扁还多次在公开场合露骨地高呼“台独万万岁”，声称他的“理想”与“台独基本教义派”一样，只是在如何实现“理想”的“方法”上和他们“不完全一样”而已，并公开抛出所谓“宪政白皮书”，主张“未来宪法应确立台湾主权独立；明确规定中华民国领土包括台澎金马及其附近岛屿以及其它国家权力所及之地区；同时，台湾主权独立现状之变更应经台湾人民公投决定”等等，其“台独”面目一目了然。然而，陈水扁在胜选后的五·二〇就职演说中，却一改往日露骨的“台独”论调，不仅只字不提“台湾主权独立”和“台湾前途公投”等主张，而且公开向世人承诺所谓“四不一没有”，暂时藏起了他的“台独”尾巴。原因无他，只因大陆曾一再发出严正警告：“台独”即战争，分裂没和平。于是面对一触即发的台海危机，为了“让美国满意，国际社会肯定”，同时也为了消除多数台湾民众对其上台执政的恐惧，稳定岛内政局，陈水扁才不能不强抑其“台独”理念和主张，暂时向政治现实低头。这也足以说明，“台独”是何等地虚弱，何等地不得人心和昧于政治现实。

“台独”本性根深蒂固

所谓“统不愿”，是说陈水扁虽然不敢公开露骨地搞“台独”，但并不等于他愿意和大陆搞“统一”，相反，出于其内心深处根深蒂固的“台独”本性，同时也担心失去其权力基础——至今仍死抱着“台独”党纲不肯放弃的民进党及其“台独基本教义派”的支持，因而他对于两岸统一，可说是一百个不情愿也不感兴趣，势必千方百计地软拖硬抗。人们应还记得，在这次“大选”后期，在连、宋、陈“三强鼎立”、选情胶着的关键时刻，陈水扁为骗取选票，拉抬选情，曾大谈他的所谓“台湾心、中国情”，并曾呼吁两岸“中国人不打中国人”，甚至授意其亲信把他与当年打破中美关系坚冰的美国前总统尼克松相比拟，似乎唯有陈水扁胜选，两岸僵局才有望打破、统一可期。然而一旦他当选之后却立即变脸，时至今日，他不仅拒绝承认一九九二年的“一中”共识，说是“没有共识的共识”，甚至连自己是“中国人”都不肯承认，把台湾同胞说成是和生活在世界各地的华人、华侨一样，仅仅与大陆人民“历史上、血缘上和文化上”有相同背景的“华人”而已。一个中国也只是“未来”海峡两岸需要“处理”和“讨论”的“议题”而不是“前提”，更不是“原则”。至于两岸的“统一”，也只不过是台湾前途的诸多“选项之一”，而不是“唯一的选项”。当然，以统一为唯一选项的“国统纲领”和为此而设置的“国统会”，也就成了陈水扁政府的眼中钉、肉中刺，虽然不敢公开予以“废除”，但却被他指称为“不是不可以修改的神圣图腾”。为此，陈水扁在体制外另设“跨党派两岸小组”，并至今拒绝出任“国统会主委”和拖延改组、召开“国统会”，企图利用李远哲的声望，利用这一御用的“跨党派小组”制造假“民意”，为其日后推行分裂的两岸政策鸣锣开道，从而达到对抗统一的目的，其“司马昭之心”，可谓“路人皆知”矣！

越拖延筹码越少

那么，何谓“拖不成”？陈水扁既不敢“独”又不愿“统”，唯一的办法当然就只有“拖”，拖一天算一天，能拖多久拖多久，“拖以待变”。“变”者何？一是期待大陆“变”，变得“政治民主化”之后，大陆自上而下的“民族主义情绪”会逐渐“淡化”，会允许一个“友好的台湾独立”，或者是“变着变着”，大陆会发生内乱，自顾不暇，而“台独”也就可趁机而起；二是幻想着大陆经济发展富裕起来之后，“变”得怕打仗，怕丧失好不容易才取得的经济建设成果，从而会容忍台湾“独立”或海峡两岸永远“维持现状”；三是盼着以美国为首的国际社会有一天早上会“变”得放弃一个中国政策，转而支持台湾脱离中国。

的确，无论台湾、中国大陆还是国际社会，无时无刻不在“变”，但是不是朝陈水扁民进党人士所企盼的方向变，则是另一回事。事实上，大凡头脑还算清醒的人都不否认：时间并不站在“台独”人士一边，越拖下去对“台独”、对民进党越不利。拖的结果，台湾筹码尽失，路愈走愈窄。

不过，“台独”人士却有另类思维，近日岛内传来消息，民进党中央某位高层主管宣称：“时间是站在台湾这一边”，其理由是“过去没有一中的原则，还不是撑了那么久”，甚至断言：“只要台湾不主动挑衅，相信美国会维持东亚地区的和平与安全，不会发生战争”云云。此言差矣！不要忘记，过去在国民党执政时期，尽管大陆方面对李登辉主流派推行“明统暗独”的分裂路线十分不满，并进行了必要而严肃的斗争，但不管怎么说，国民党毕竟还搞了个“国统会”和“国统纲领”，而且从未敢否认“九二年共识”和排除两岸未来的“统一前景”。因此，不可讳言，大陆方面总还对国民党抱有某种程度的期待。而如今民进党有什么呢？有的只是“台独”党纲，中共领导人耳边所听到的，尽是民进党人一波接一波的“台独”鼓噪；大陆人民所看到的，只是陈水扁新政府在“一中”原则和“九二共识”上在不断玩弄文字游戏。

人所共知，大陆方面原本就对民进党陈水扁无任何信任度可言，而今可说是“雪上加霜”。再者，识者无不看到，近年来大陆人民的民族主义情绪，已因美国轰炸中国驻南使馆事件以及坚持“台独”立场的陈水扁上台执政，受到了强烈的刺激而空前高涨。要求中共领导层采取强硬措施，早日解决台湾问题，完成国家统一的呼声从未像今天这样强烈和急迫。民进党人士须知：企图无限期地拖延两岸统一谈判，就是对中国主权的挑战，就是搞“台独”。大陆人民在美国人面前从来不是“软脚蟹”，美国也决不会为保卫“台独”而战，民进党人士切不要以为有美国人的撑腰就可以有恃无恐、高枕无忧。近来，中共领导人一再发出警告：“台湾问题不能久拖不决！”此话涵意甚深，决非戏言，岛内“台独”人士万不可误判形势，铸成大错。

民进党政权日子难混

至于“谈不了”，则不言自明。五·二〇中共中央台办和国务院台办曾受权发表声明强调：两岸可以“在一个中国原则基础上进行对话与谈判，实现双方高层互访”，“当前，只要台湾当局明确承诺不搞‘两国论’，明确承诺坚持海协会与台湾海基会一九九二年达成的各自以口头方式表述‘海峡两岸均坚持一个中国原则’的共识，我们愿意授权海协会与台湾方面授权的团体或人士接触对话。”大陆领导人多次表示：只要承认一个中国原则，“两岸什么问题都可以谈”。大陆方面对于恢复两岸对话谈判的立场和态度是十分坚定和明确的。

然而时至今日，尽管陈水扁一再向大陆呼吁，希望尽快恢复两岸的对话谈判，甚至表示要以南北朝鲜领导人为“学习的榜样和效法的对象”，呼吁中共领导人江泽民和他坐下来“握手和解”，共同“改写历史、创造历史”云云。但空话说了一遍又一遍，却偏偏回避了“一个中国”原则这一关键问题，矢口否认两岸两会一九九二年曾达成过“一中”的口头共识，而一味侈谈什么“九二年精神”等等；虽然承诺不会将“两国论”入“宪”，但事实上却仍在顽固推行不说“两国论”的“两国论”分裂路线和政策。在这种情况下，恢复两岸的接触对话和协商谈判，当然也就无从谈起。近日，就连国民党陆工会主任张荣恭也说：李远哲主导下的跨党派小组在执政者推翻“九二共识”的政治指导下，只能就陈水扁“总统”所谓“九二精神”进行阐述，难有创意空间，小组虽然可协助政府短期性地拖延两岸问题，但无助两岸重启复谈。不过，前述民进党的那位高层主管却一语道破了天机。十月十七日他在接受媒体采访时声称：“我方不断呼吁中共恢复对话是‘做给美国人看的’，但民进党的基本态度是：中共要谈，很好；不谈，也无所谓。”“不谈”真的是“也无所谓”吗？我们倒要看看，两岸僵局持续无解，对话遥遥无期，民进党政府如何稳定岛内政局、安定民心？民进党政府还能混得了多久？

已到“尿裤子”临界线

最后是“憋不住”。何谓“憋不住”？对于目前海峡两岸的这种政治僵持状态，台湾王晓波教授曾发明一种所谓“憋尿理论”来加以形容。其大意是说：两岸官方互不妥协、中断接触对话和协商谈判，如同实行“憋尿政策”，看谁的膀胱大，谁就憋得住，谁的膀胱小，谁就“尿裤子”（即最终不得不向现实低头，调整政策）。王晓波教授的这一比喻虽不太雅，但却颇为生动形象。事实上，自一九九九年七月李登辉抛出“两国论”以来，两岸便已进入了“憋尿”阶段，迄今已达一年多时间了。陈水扁新政府上台之后，并未履行竞选承诺，只知空喊政治口号，不仅未采取任何实际步骤来缓和改善两岸关系，相反仍罔顾台湾主流民意，坚守“台独”立场，做“民进党的总统”而不是“全民总统”，致使僵局依旧，“憋尿”继续，而且随着时间的推移已愈“憋”愈“急”。台湾的“膀胱”毕竟比大陆的“膀胱”小得太多，以十月初唐飞的突然去职，所谓“全民政府”的垮台为标志，海内外有识之士均已预感到台北新政府已经快“憋不住”了。近几个月来，台北股市一路下跌，十月十九日已暴跌至接近五千点大关，演出了全面崩盘的走势，则预示着民进党少数政府已面临“尿裤子”的临界点。一向自视甚高的陈水扁近日已不得不放下身段，邀请在野党党首，密集召开“圆桌会议”，开始寻求与在野党的合作，并紧急约见李远哲，寄望于李远哲的“跨党派小组”早日达成某种“共识”，为其已走入死胡同的两岸政策解套。

“执政”毕竟与在野时代的“政治作秀”有本质上的不同，它是实实在在的东西，来不得半点浮夸、投机和虚妄。面对目前岛内仍在急剧恶化的政经乱局，陈水扁政府已是焦头烂额，尝尽了甜酸苦辣的滋味，上台之初在八成左右民意支持度下的那种沾沾自喜和狂傲已经荡然无存，但从目前岛内传来的信息看，陈水扁仍在歧路上踯躅徘徊。“放不下两边，则走不向中间”，陈水扁政府唯一的出路，就是真正趋从台湾的主流民意，放弃脱离现实的“台独”立场，尽快改弦更张，毫不含糊地承认九二年两岸两会达成的“一中共识”，重启两岸对话谈判大门。若果如此，两岸关系自当“柳暗花明”，岛内政经乱象也才有可能一扫阴霾，步入稳定发展的正常轨道。被陈水扁错过的机会已经太多了，现在已到了真正考验陈水扁及其亲信幕僚们政治智慧和勇气的关键时刻了。

（《文汇报》，2000/10/24）

“绿色执政，品质没保证”

——民进党执政一周年总评

到5月20日，民进党上台执政已整整届满一周年了。人们不会忘记，当年民进党为和国民党争夺岛内执政权，争取选民的认同与支持，叫得最响的一个口号是：“绿色执政，品质保证”。如今民进党执政一年过去了，结论如何？就连民进党人恐怕都无法否认：“绿色执政，品质没保证!”

一年来，台湾在民进党的“绿色执政”之下，可做如下概括性的总体评估：政局混乱、两岸关系持续紧张、经济大幅滑坡、社会动荡不安，台湾不仅没有“往上提升”，反而在不断“向下沉沦”。

一年前新政府成立之初，陈水扁以所谓“全民总统”、“全民政府”和“新中间路线”相标榜，选用国民党籍的前“国防部长”而且是“外省人”的唐飞当“行政院长”，并放下身段密集地拜访各界大老，摆出一副“礼贤下士”、“以全民利益为依归”的假象；而对于民众最不放心的两岸问题，则采取“以柔软胜刚强”的策略，一再释出诸如“四不一没有”、“握手和解”、“对话交流”、“积极合作”等等所谓的“善意”和诚意，着实是蒙蔽了许多人。一时间，陈水扁骗得了民意满意度高达八成以上，就连“李摩西”（登辉）对自己选中的这位“约书亚”也甚表赞赏，声称“阿扁比我做得好”！不过还是许信良最了解陈水扁。6月下旬，新政府刚刚上台满月，正当阿扁沉醉在高民意支持度而沾沾自喜之际，许信良却一针见血地指出：“不应把两岸问题当成表演政治”，“陈水扁政府还在享受民众给他们的蜜月期，但问题还在等着他”。

政局混乱，无力主导

果然，许信良的话音刚落，7月22日震动全岛的“八掌溪事件”发生。以此为标志，扁政府与台湾民众之间的“蜜月期”提前结束。此后，台湾政坛、社会早已存在的各种固有矛盾和问题在新的政治环境下接二连三地爆发出来。朝野之间，乃至执政党与行政部门之间以及执政党内部，始终政争不断，一波未平，一波又起。据有人不完全统计，一年来涉及“内政”问题的政争就有12次以上，有关两岸政策的争吵也不下10次之多，几乎到了“无事不吵，遇事必争”的恶质化地步。搞得政坛、社会鸡飞狗跳，扁政府焦头烂额，穷于应付，根本无暇问政。其中争吵时间最长、朝野对抗最烈、所造成的损失和影响最为惨重、恶劣者，莫过于“核四厂工程”停续建案。因为这一事件，造成了“行政院长”唐飞的被迫辞职、“全民政府”的垮台、“新中间路线”的破产；导致“连宋合作”，促成了国、亲、新三党共组“在野联盟”共同对抗民进党，并在“立法院”提出“倒阁案”、“罢免总统、副总统案”，连带着还扯出了“总统府绯闻案”、“吕秀莲状告《新新闻》诽谤案”等等政坛风波。这场政争持续时间长达3个多月，仅账面上可估计的经济损失就高达数千亿元新台币，至于在社会心理、国际形象等层面所造成的负面影响，则更是无法用金钱来计算。可以说，“核四”之争，是使民进党“绿色执政”伤筋动骨的带有全局性、转折性恶劣影响的最重大的政治风波。由此，扁政府一蹶不振，台湾急剧“向下沉沦”。

在政治风暴的强烈冲击下，一年来扁政府曾先后被迫进行过一次“行政院副院长”的异动和两次“内阁”改组；决策机制也曾进行过重大调整(唐飞下台后有所谓“九人小组”的设立)。但由于种种原因，民进党中央与扁政府之间以及“总统府”、“行政院”与“立法院”之间的互动关系始终无法理顺；决策始终摇摆不定，朝令夕改、政出多门、杂乱无章；不要说扁政府始终无法有效控制政局，就连“九人小组”内部也矛盾重重、难以整合，“各唱各的调，各吹各的号”。致使施政管道严重梗阻，政令几乎不出“总统府”和“行政院”。执政当局在“立法院”提出的各种法案和行政命令，往往被“在野联盟”强力杯葛而难以通过。据岛内媒体统计，到今年4月上旬，民进党“立院党团”和“行政院”提出的法案和行政命令，在“立法院”程序委员会连续16次被封杀；有112件法案被“立法院”搁置和积压；至于未获“立法院”查照的行政命令竟有350件之多。近日“立法院”会，“在野联盟”又一次封杀民进党当局的法案200多件，真是

“情何以堪”！难怪有位民进党的重量级人士哀叹：“民进党有执政之名，并无执政之实！”试想，无法主导政局，如何有效行政？又怎么可能拿得出漂亮的执政成绩单？

两岸关系，持续低迷紧张

两岸关系自李登辉访美特别是他抛出臭名昭著的“两国论”之后，一直处于紧张、僵持、极不稳定的状态。去年3月18日，主张“台独”的陈水扁当选后，台湾民众心存恐惧，而大陆方面则提出了“听其言、观其行”的因应对策，期待他上台后能迷途知返，抛弃李登辉的分裂路线，接受一中原则，承认“九二”共识，重启两岸对话谈判，缓和发展两岸关系。然而一年过去了，两岸僵局依旧、危机未解，根本原因是陈水扁继续奉行李登辉“两国论”的分裂路线，把两岸问题当作政治表演。

五·二〇之前，陈水扁曾向台湾民众承诺，说他上台之后两岸关系将会“柳暗花明”，并宣称新政府的两岸政策方向是“让美国满意、国际社会肯定，让中共虽不满意但找不到借口”；其策略是所谓“以柔软胜刚强”。实际上，设定这样的“政策方向”，采取这种“策略”，就足以表明陈水扁根本没有诚意缓和改善两岸关系，也不可能会有什么“柳暗花明”。诚如许信良所言：“在两岸关系上，陈水扁其实都是说些人民爱听的话，这与解决两岸僵局是两回事。”

事实的确如此。一年来，陈水扁虽然一再向大陆呼吁希望尽快恢复两岸对话谈判，表示要以南北朝鲜领导人为“学习的榜样和效法的对象”，与大陆领导人“握手和解”、“共同改写历史、创造历史”云云。空话说了一大堆，却偏偏在一个中国原则的关键问题上始终采取回避、模糊甚至否定的态度。时而说一个中国是“议题”而不是“前提”，是“未来”双方需要处理的“问题”；时而又称一个中国“原本并不是问题”（言下之意现在是“问题”）。至于1992年两岸两会达成的各自以口头方式表述“海峡两岸均坚持一个中国原则”的共识，陈水扁更是矢口否认，一会儿说“是没有共识的共识”，一会儿又侈谈什么“对话、交流、搁置争议”的所谓“九二精神”，和大陆大玩文字游戏，要小聪明。扁政府不承认一中原则、否认“九二共识”，两岸对话谈判当然也就失去了政治基础，一切无从谈起。

在五·二〇就职演说中，陈水扁虽然表示“没有废除‘国统纲领’与‘国统会’的问题”，但他至今拒绝召开“国统会”，拒绝接任“国统会主委”，甚至公然表示“统一不是台湾的唯一选项”，“国统纲领也不是不可以修改的神圣图腾”；虽然他表示“不会推动‘两国论入宪’”，但他却任用当年“两国论”炮制者之一的蔡英文出掌新政府的“陆委会”。蔡一上台，就多次公开为“两国论”辩护，甚至声言“两国论现在不说，但仍是事实”。近日有台湾学者指称陈水扁政府是“两国论只做不说”，可谓一语中的。

是否兑现调整“戒急用忍”、开放两岸直接“三通”、开放中资入岛等竞选承诺，这是检视陈水扁有无真正诚意缓和发展两岸关系的又一重要指标。然而迄今为止，一年已经过去，这些“承诺”统统跳票，无一兑现。相反，对两岸民间的各项交流日趋热络、间接经贸往来迅速发展，扁政府却一再大泼冷水。动辄以“国家安全”、“根留台湾”等借口阻挠台商前往大陆投资，甚至扬言要征收“国安捐”。两岸城市交流、宗教直航、各界人士参访大陆，扁政府也怕得要死，极力反对阻挠。去年 7 月陈水扁公开站出来放话说：“国人对大陆热过了头”，“应有忧患意识，敌我意识”云云。凡此种种，在在都说明扁政府并无诚意推动两岸关系的发展。

与此形成鲜明对照的是，陈水扁政府却不遗余力地与岛内外的各种分裂中国的势力相勾结。一方面，纵容诸如金美龄之类的海外死硬“台独”分子返台，与岛内“台独”势力纠集在一起，召开所谓“世台大会”，大造“台独”声势。陈水扁亲自到会致词，声称自己是“台湾总统”，鼓吹“台湾人站起来，走出去”；批准长期从事分裂祖国活动的西藏“流亡分子”达赖喇嘛以“弘法”为名访台，进行“两独交流”。另一方面，又与美、日右翼反华势力眉来眼去，投怀送抱，密切勾结，大搞所谓“实质外交”、“过境外交”、“人权外交”，近日又与李登辉合谋发明了“医疗外交”，挑战中国主权，制造两岸敌意；更应引起人们高度警惕的是，为了与大陆对抗，扁政府继续推行“以武拒统”路线，声称要“决战境外”，向美国订购大批先进武器，积极配合美国全球战略的调整，甘当国际反华势力“遏制”中国的马前卒。

民进党当局推行上述“不说两国论的两国论”分裂路线，使原本不多的两岸互信已荡然无存；两岸恢复对话谈判愈加渺茫、遥遥无期；台海局势愈加严峻、充满变量。然而近期以来，陈水扁却大肆渲染“两岸关系已经稳定”，并吹嘘这是他执政一年来的主要政绩之一，“令人非常欣慰”，这完全是自欺欺人之谈！

经济大幅滑坡，社会动荡不安

再来看“绿色执政”一年来台湾的经济和社会状况。

由于政局的混乱，政治风暴层出不穷，以及政策的摇摆不定和施政管道严重梗阻；加之两岸关系持续紧张、僵局无解，扁政府顽固坚持“戒急用忍”、阻挠拖延两岸直接“三通”等错误的大陆政策，一年来台湾的投资环境迅速恶化，股市大跌、外资缩手、金融危机时隐时现、大批产业倒闭外移，造成失业率和民生痛苦指数节节攀升，经济大幅衰退下滑，整个台湾社会普遍弥漫着严重的信心危机。于是抢劫成风、自杀成潮、杀人纵火等恶性案件频频发生，社会日趋动荡不安。

以下统计数字令人触目惊心！

去年大选期间，陈水扁为骗取选票，曾吹牛说“选阿扁，股市万点”。其实在大选前一个月（2 月 18 日），台湾股市确曾创下 10393 点的高纪录。3 月 18 日陈水扁当选后到上台前的一段时间里，台湾股市仍维持在 9000 多点的高位。但 5 月 20 日扁政府正式上台后，股市即开始一路下跌，一发不可收拾，半年后竟跌破 5000 点心理关卡，最低时仅 4500 点，几近崩盘，至今仍在 5100 点上下徘徊。据统计，到今年 3 月底，台湾“国安基金”和其他四大基金因护盘亏损已高达 1400 亿新台币。一年来因股市暴跌，台湾民众人均财富较去年 2 月份缩水 25 万元新台币以上。许多人多年的积蓄，就这样不明不白地没有了。岛内有民众悲愤地说：“全台湾这一年损失了多少财富，就是一张一张地烧钱，也没这么快烧完！”更有人形象地打比方说：

“简直是元宝变成了水饺。”

长期以来台湾经济的增长主要靠进出口贸易，但据官方统计，今年4月出口值比去年同期减少了11.3%，进口减少了13.5%，预计全年出口值将比去年减少5%，进口值将萎缩7%。另外，金融机构的逾放比率却一再升高，出现大批的呆账坏账。去年一季度台湾的经济增长率高达7.92%，而今年一季度据“中华经济研究院”测出的增长率仅为3.69%，跌幅惊人！

由于经济形势持续恶化，在过去的一年里，倒闭的厂商多达5000多家，而今年第一季度就已超过2100家。失业率因此而急剧攀升。据官方公布，去年5月新政府上台时失业率为2.7%，到今年2月份飙升至3.7%，4月底已突破4%，失业人口达40万人以上，这是台湾26年来失业率首次超过经济增长率。但民间认为，实际失业率远高于官方公布的数字，应在8%－10%之间，连带受影响的人口高达数百万人。民调还显示，现在有工作的人，也有近7成担心自己会失业而心生惶恐。

经济的大幅衰退滑坡、失业人口剧增，使许多家庭丧失生计、嗷嗷待哺，以至民怨沸腾，日甚一日。一年来街头抗议、示威事件明显增加；抢劫、杀人、纵火泄愤、自杀的案件剧增。据报道，扁政府执政以来的一年间，全岛自杀的人数达2600人，平均每天7人，创9年来之最，而自杀的原因大多是因为失业。

民进党和陈水扁一向标榜“为2100万台湾人民谋福祉”，张口闭口“爱台湾”、“台湾优先”、“经济发展优先”。然而。政党轮替一周年了，“绿色执政”给台湾人民带来些什么呢？就连吕秀莲也哀叹说：“执政一年来，我的心情愈来愈沉重，现在已经笑不出来了！”面对事实她不得不承认：“绿色执政”的结果，造成了“信心、伦理、忠诚、财经、安全五大危机”。近日岛内有民调显示，有4成过去支持阿扁的民众表示，“将来不会再投票给他”。

“绿色执政”何以失败

民进党执政一年来台湾何以会如此乱象丛生，急剧向下沉沦？原因是多方面的。

从客观方面讲：一是国民党长期执政，特别是李登辉主政12年来，台湾在政治、经济、社会各个方面累积了大量的结构性矛盾（如“宪政”体制矛盾、统独矛盾、族群对立、黑金问题、泡沫经济问题等等），政党轮替后由于权力的再分配，使原本存在的这些矛盾在新的政治环境下迅速被激化而爆发出来；二是台湾的政治、经济和社会的转型尚处于初级阶段，远未完成，特别是政党政治远未成熟，旧的制度已被破坏而新的游戏规则、新的规范尚未真正完备建立，即使已经建立起来的也未受到应有的尊重而缺乏权威性，虚有所谓“民主制度”而政治人物却缺乏“民主素养”，骤然的政党轮替必然会导致剧烈的政经和社会动荡。

从主观方面讲，民进党自身的因素是执政失败的主要原因：首先，民进党并不是靠自己的本事而主要是靠国民党的分裂取得执政权的；再有就是靠淡化、包装“台独”骗取一部分中间选票而以微弱多数胜选。这就造成了以下两方面的问题：一方面它在心理上、体制上、人才上并未做好执政准备便仓促走上执政，不是什么“新手上路、跌跌撞撞”，而是“不良少年飚车，乱冲乱撞”，自然使台湾社会不免蒙受重大损失。另一方面，由于民进党的“台独”理念和主张尚未完成实质性的转型便走上执政，因此民进党执政的社会基础相对薄弱，执政后又由于意识形态的局限使它没有能力趁势利用手中掌握的资源来扩大民意基础。少数民意支持的“总统”（39.3%）、少数席位的“立法院党团”（不足30%）、少数人认同的“台独”主张（约20%）；即使在民进党内部，陈水扁所在的派系正义联线也居少数。因此，扁政府不仅无法反映、主导、利用民意，壮大执政声势，甚至连民进党也非举党一致地拥戴陈水扁、支持陈水扁，相反还不断制造麻烦，掣肘其执政。如此“少数执政”，自然内外交困，难以政通人和。

其次，陈水扁格局有限，缺乏担当“大任”的能力。鉴于上述主客观因素，陈水扁上台后的正确策略理应是：（1）让出部分权力给在野党，共组“联合政府”，实行党对党的合作；（2）真正走“中间路线”，抛弃只有少数民众认同和支持的意识形态，争取主流民意的支持。然而陈水扁却正道不走偏走旁门左道：舍“联合政府”不搞而搞骗人的所谓“全民政府”，企图“包山包海”、独揽大权；舍“中间路线”不走而顽固坚持“台独路线”、“反核路线”，死抱着民进党的这两块“神主牌”不放，以权谋“治国”和意识形态“治国”。其结果，只能是使自己孤立起来。故此，扁政府执政一年来内外交困、焦头烂额，拿不出像样的成绩单向台湾人民交代，这完全是咎由自取，势所必然。

然而令人遗憾的是，从近些日子台湾媒体报导的消息来看，包括陈水扁在内的大多数民进党人士至今仍执迷不悟，不肯改弦更张，把一年来执政失败的责任要么推给在野党捣乱，要么归因于国际经济大环境不好，千错万错，唯独自己没有错，毫无自省能力。而一个缺乏自省能力的政党或个人，是决不会有光明前途的！

（《文汇报》，2001/05/19）

对台湾年底“立委”与县市长选举的预测评估

二〇 〇一年十二月一日即将举行的台湾新一届“立法委员”与县市长选举，是去年政党轮替民进党上台执政后岛内举行的首次选举。这场选举至关重要，不仅关系到选后台湾政治版图的重新划分、朝野各政党的实力消长，以及岛内政局能否稳定，而且直接牵涉到两年之后的“总统”选举，对未来两岸关系的发展也势必产生重大影响。因而岛内外各方对这场选举格外关注。

一、目前选情分析

这场选举呈现出与往届不同的特点：

其一，往届岛内的“立委”与县市长选举，主要是国民党与民进党两党的竞争和对决，选情相对单纯；而此番选举选情要复杂得多，除了国民党、民进党这两大主要政党的激烈竞争之外，又添了一个实力不可小视的亲民党。至于新党和刚刚成立的“台联党”，实力虽然弱小，但这两个政党的“爆发力”和“搅局力”均足以影响选情发生变化。而且，以理念和政策主张相近而组成的所谓“泛蓝军”和“泛绿军”，各自内部既相互奥援，又互相排挤，使选情愈加显得错综复杂。

其二，参选人数创新高、当选率创新低。据岛内媒体报道，选举候选人登记于10月11日截止，总计有多达90人角逐23个县市长宝座，458人角逐总数168席区域“立委”和8席原住民“立委”。当选率分别仅有25%（县市长）和38%（“立委”），不仅参选人数创下历史纪录，当选率也将是历史新低。

以下是岛内各主要政治势力参选的分布情况和竞争态势：

（一）县市长选举方面：国民党维持该党历来的选举传统，是唯一在23个县市都推荐候选人的政党；本届赢得过半县市长席次的民进党，这次则推出22人参选，仅连江县因实力不足而弃选；亲民党推荐6人，新党、绿党则各推荐1人；连同政党属性尚有争议有待确认的台北县长参选人王建煊（登记国、亲、新三党推荐）在内，无党籍参选人多达37人。

23个县市长席次的竞争战况最混沌的首推南投县，出现“七抢一”的乱局；彰化县、台南市、金门县各有6人出马角逐：新竹市、嘉义县市和花莲县则各有5人参选；4人争斗的选区也有台北、宜兰、苗栗、台东等4县。“如以选举人数区分，台北县、桃园县、台中县、彰化县、高雄县、台南县等逾百万人口的6县市选情，仍颇受各方瞩目。其次，基隆市、新竹市、台中市、嘉义市、台南市等五大都会核心，若不是延续传统民、国两党对决的形态（如基隆市），就是俨如‘三国鼎立’（台中市）、‘春秋五霸’（嘉义市）及‘战国七雄’（台南市）的战况”。（台湾《中国时报》10月12日报道）

（二）“立委”选举方面：在合计应选176席的区域暨原住民“立委”部分，各主要政党推荐参选人数依多寡次序如下：国民党98人、民进党83人、亲民党61人、“台联党”39人、新党33人。另有其他小党及无党籍144人，总计458人。

区域“立委”选举，台湾省部分参选最爆炸者首推台北县第三选区，有27人角逐9席；台中市应选7席，参选人数多达20人，当选率都只有三分之一。桃园县应选13席，有26人登记；台北县第一选区、桃园县、彰化县及台南县参选人数都超过20人，当选率仅过半。而台东、澎湖、金门应选名额均只有1席，却各有5人参选。“直辖市”部分，台北市仍然是战况剧烈的超级选区，第一、二选区各有22人、37人抢夺各应选的10席，当选率还不到三分之一；高雄市第一、二选区应选名额分别为6席、5席，参选人数也多达各为17人和19人，呈现出“僧多粥少”的局面。

由以上可知，这届“立委”与县市长选举的确选情十分复杂、竞争空前剧烈，变数很多，这就给我们预测评估选举结果增加了难度。

不过，依据目前所能掌握的情况来看，这场选举的基本态势已渐趋明朗，各主要政党以及所谓“泛蓝军”和“泛绿军”的整体表现、利弊得失也已一一呈现出来。以下分别作一剖析：

（一）国民党选情依然严峻，但近来气势有所上升，仍有望保住第一大党地位。

这届选举国民党的不利因素主要在于：（1）去年大选落败后“革新再造”效果不彰，未能从根本上扭转广大选民对国民党腐败、黑金等刻板印象；（2）经过去年大选宋楚瑜的出走以及政党轮替后，一些地方派系和基层桩脚改换门庭不再支持国民党，有些传统支持国民党的大财团或鼠首两端或转而投靠执政的民进党；（3）缺少年轻、活力和具有广泛民意基础的本土政治明星，对青年、妇女和本省籍民众仍然缺乏吸引力；（4）国、亲两党合作破局，票源严重分散；（5）“台联党”的成立和投入选战以及撤销李登辉的党籍，流失了一部分本省籍亲李选票；（6）民进党攻击国民党“逢扁必反”、“在野党捣乱”造成台湾政局混乱、经济下滑对部分民众有煽动性；（7）经济衰退、股市暴跌使国民党党产大幅缩水，竞选经费不如往日充裕。由于上述诸多不利因素，这届选举国民党的“立委”席次肯定会大幅减少，铁定已不可能过半。

不过岛内外舆论普遍认为，“瘦死的骆驼比马大”，国民党在这届选举中仍有望保住第一大党的地位。这是因为：（1）民进党执政一年半不仅乏善可陈，拿不出像样的成绩单，更使台湾经济急速衰退、治安日趋恶化、两岸关系僵持无解，以致民心思治，不少民众怀念国民党执政时期政经局势的相对稳定与繁荣，认为“新政府不如旧政府”；（2）国民党人才济济，不少高知名度的原政务官转换跑道参选；推荐的98名区域“立委”候选人中有现任“立委”66人，是各党候选人中最多的，他们的高知名度在今年选情相对冷清的情况下有利于出线；（3）大多数传统的地方派系和基层桩脚仍然支持国民党，而且国民党近千亿元新台币的庞大党产仍是其他政党难以匹敌的，“组织战”仍然是国民党的优势；（4）李登辉背叛国民党转而攻击国民党、为“台联党”站台，虽然拉走了一部分亲李的本土票源，却也因李登辉过度伤害国民党，促使国民党内大多数原本与李登辉关系密切的本土派势力与李关系逐渐疏远，并进而与连战的关系贴近，从而增强了国民党的凝聚力。同时，还使一些过去因对李登辉不满而出走、脱党的政治精英和不少忠贞党员大量回流，8月份国民党党员总数已突破一百万人，而且数量还在增加。（5）党主席连战经过一年多的历练和彻底摆脱李登辉的阴影后已渐入角色，其言谈举止尽管仍嫌刚性不足，但给人予忠厚老实、稳重可靠的良好印象，不像扁、宋二人那样擅于权谋。

整体上来看，最近国民党的元气有所恢复，气势有所上升，目前台湾政治、经济、社会以及两岸关系等方面出现的种种问题，在一定程度上对国民党的选情造成有利形势。正因为如此，连战的行事风格近来明显发生变化，信心增加，开始变得强硬起来，站台助选的鼓动性和魅力都在提升。

（二）民进党有喜有忧，欲击败国民党夺取"立法院"第一大党的地位有相当大的难度。

此番选战，对民进党而言，有利与不利因素都很明显。从有利因素来看：（1）"中央"执政权和半数以上的地方执政权均掌握在民进党手中，庞大的执政资源使该党占据了选举的有利地位，这是民进党成立10多年来所不曾具备的优势，当然要善加利用；（2）民进党执政以来尽管面临着严重的政、经和社会等问题，使岛内民众对该党的执政能力的信任度明显降低，但多数本省籍的民众（其中特别是中南部的中下层民众）仍然愿意支持陈水扁和民进党，他们从"本土意识"出发，认为台湾人做"总统"总比外省人做"总统"要好，"阿扁做得再不好也还是我们台湾人的总统"，即使平时他们对阿扁、对民进党不满意，但仍能谅解他们，一到选举时，多数人还是会把票投给民进党；（3）民进党擅长打文宣战。这个党虽然执政人才缺乏，治"国"无方，但却一向擅长打选战。早在一年前民进党就开始反复宣传，把其执政绩效不彰以及种种政策上的失误和弊端，要么归因于在野党捣乱，"逢扁必反"，民进党在"立法院"不占多数，难以顺利施政；要么就是推给国民党旧政府，说是国民党留下的烂摊子民进党再有天大本事也不可能在短时间内扭转过来；要么把台湾经济的恶化，说成是国际经济大环境不好拖累的结果，即使其他政党执政也不见得搞得好等等。这些宣传具有相当的迷惑性，在一定程度上减轻了执政无能对民进党选情的负面影响。

从不利因素来看：（1）民进党执政以来台湾经济急剧下滑衰退，失业率和犯罪率不断攀升，民生痛苦指数创新高，使民进党背负沉重包袱，部分过去支持民进党的中间选票可能流失，"非台独票"部分缩水；（2）民进党执政后快速腐败，派系之间争权夺利日趋剧烈，“清廉”、“团结”形象已大打折扣，也将使部分对民进党失望的选票流失；（3）“台联党”以李登辉为精神领袖，吸纳了两股势力，一股是“台独基本教义派”（包括“建国党”、“建国阵线”）等激进“台独”势力；一股是亲李登辉的本土势力。前者过去主要支持民进党，现在绝大多数转而支持“台联党”，使民进党的“台独”铁票受到一定程度的冲击；（4）由于受到经济不景气低迷的影响，传统上支持民进党的许多中小企业自顾不暇，民进党筹集竞选经费格外困难。

综合以上有利和不利因素，民进党欲冲击“立法院”第一大党地位，难度的确不小。近些日子来，阿扁又是出书大肆攻击岛内所有政敌，又是以强硬姿态，公开否定“一中原则”和“九二共识”，并利用上海 APEC 领导人非正式会议，在代表人选上与大陆较劲，试图转移选战主轴，掩盖其执政的种种缺失，但弄巧成拙，不仅未能扭转民进党的不利选情，相反给在野党提供了难得的攻击民进党和阿扁政府的箭靶。到目前为止，民进党在这场选战中始终处于被动挨打的守势，与在野时期咄咄逼人的气势不可同日而语。

（三）亲民党压力倍增，气势减弱，难以实现预期目标。

亲民党在去年大选过后及该党成立之初，由于宋楚瑜高票落选的政治光环和国民党的内讧，亲民党声势日隆，力量不断壮大，被舆论普遍看好为有可能发展成为与国民党、民进党三足鼎立的大政党，有人甚至认为亲民党未来有可能取代传统国民党的角色，成为与民进党争锋的主要政治力量。然而一年下来，事实并非如此乐观：（1）宋楚瑜大选中所拥有的 460 万张选票，无法全部转移给党籍候选人。亲民党一直被外界定位为宋楚瑜的“一人党”。该党资源有限，组织松散不完善，人才难觅，内部矛盾重重难以摆平，竞选经费严重不足，候选人知名度普遍不高，这些都是亲民党十分不利的因素；（2）随着国民党扬弃李登辉路线，连战摆脱李登辉阴影，国民党内部的凝聚力增强，传统支持国民党的票源大量回流，国民党气势有所提升，亲民党的角色开始变得模糊，气势有所下降；（3）宋楚瑜过于“权谋”，特别是在处理“扁宋密会”的问题上前后说法不一，加上“兴票案”的后遗症，使宋在民众中的形象受到严重伤害，对其信任感减少；（4）“泛蓝军”合作破局，相互间产生排挤效应，而李登辉及“台联党”、陈水扁及民进党重批宋楚瑜，对宋与亲民党的伤害也较大。亲民党处于国、民两大党的夹缝中，面临巨大压力，目前气势有所减弱，显得后劲不足。不过亲民党上升势头减弱，却有利于国民党保住“立法院”第一大党的地位。

（四）“台联党”声势不小但实力不足，仅能迈过5%政党门槛

“台联党”挟李登辉余威，强化“本土化”政策，纠集了一批“台独基本教义派”和亲李登辉的本土派势力，表面上一时声势如虹，但选情并不乐观，这是因为：(1)“台联党”虽有李登辉的强力站台助选，但该党所推出的候选人大多为知名度不高、缺乏竞争力的二、三流选手，大有“重在参与”的味道，出线的机率不大；（2）李登辉的光环毕竟已大为褪色，其政治影响力已十分有限。另外，李蓄意煽动省籍矛盾，挑起统独冲突，以及对他昔日所领导的国民党和刻意栽培的连战恶意攻击谩骂的恶劣作法，也不被多数选民所认同；（3）选举经费不足，仓促成军，缺乏组织等。因此，“台联党”难有作为，但该党有可能超过5%政党门槛。

（五）新党仍面临生存危机，能否迈过5%政党门槛令人存疑

自亲民党成立以来，新党就面临泡沫化的严重危机，即能否过5%政党门槛的危机。为了过门槛，新党在这届“立委”选举中采取高额提名的策略，目标不在席次多寡而在尽量冲高得票率，并希望借重王建煊代表“泛蓝军”出马竞选台北县长来带动“立委”选情，以图最大限度地吸纳选票，保持该党在未来“立法院”中发挥“关键少数”的作用和地位。但是，由于新党自身基础薄弱，以及始终无法摆脱“外省党”的阴影：如今再加入“泛蓝军”之间的排挤效应，不少原本支持新党的票源被国、亲两党吸走，因而这次“立委”选举新党欲迈过5%的政党门槛难度相当大。新党最终的泡沫化已在所难免。

（六）“泛蓝军”整合失败，但整体实力仍将超过“泛绿军”

由国民党、亲民党、新党组成的“泛蓝军”，即认同一个中国原则、反对“台独”与民进党政权的“在野党联盟”，虽然它们对抗民进党目标一致，但出于各自政党利益的考虑，又各有盘算，三党在年底这次选举中力量的整合与协调基本失败。“立委”选举部分各自为战；县市长选举部分，也只有台北县和桃园县整合成功，分别共同推出王建煊和朱立伦参选。三党的

同根、同质，加之高额提名带来的互相排挤效应，对三党的“立委”选情，尤其是亲民党的选情造成冲击，而冲击更大的是“泛蓝军”的县市长选举。至于由民进党和刚成立的“台联党”所组成的“泛绿军”，同样也有因同质性而票源重叠、相互排挤的效应，但比较而言，“泛蓝军”排挤效应的严重性要高于“泛绿军”。不过，综合评估，“泛蓝军”的整体实力，仍然要超过“泛绿军”。

（七）今年底选举投票率有可能降低

近10年来，台湾的历届选举投票率均相当高，这反映了台湾民众一旦摆脱了国民党长期独裁统治的桎梏所释放出来的高昂的参与政治的热情，以及他们“出头天”的强烈愿望和“民主意识”的提升。然而今年底的新一届“立委”与县市长选举，投票率却有可能会比以往偏低。主要原因是：

（1）民进党上台执政后的表现实在太差，特别是经济大幅衰退滑坡，民众财富大幅缩水，失业率、犯罪率大幅提升，使许多“本土意识”较强、原本期望政党轮替民进党执政后能彻底扫除国民党黑金政治、腐败现象的本省籍民众大失所望，对他们所一向热情支持的民进党产生失落感、不稳定与不安全感。但他们长期形成的对国民党（包括整个“泛蓝军”阵营）所谓“外来政权”的反感、不满与不信任，又使他们不愿意把自己手中的选票投给“泛蓝军”中的任何一个党，于是这部分选民在彷徨之后有可能选择放弃投票。

（2）近几年来台湾政坛上各政党之间以及政客之间的恶斗早已使台湾民众日生反感，特别是去年政党轮替民进党执政之后，这种恶斗愈演愈烈，一发不可收拾：“退而不休”的李登辉翻手为云、覆手为雨、陈水扁与宋楚瑜玩弄权谋及他们之间的黑幕交易、钩心斗角以及其他政治人物之间的互揭丑闻、绯闻，“立法院”的上演“全武行”竞选造势时的帽子满天飞和口水大战，政客们只知一党一己之私，全然不顾民众疾苦，致使许多选民对这种畸形的所谓“政党政治”心生厌恶而有可能在这次选举中放弃投票。

总投票率下降，将形成由选票取向比较明确的选民来决定选举结果的态势，这对各政党的选情都会造成冲击，但从造成投票率降低的上述两方面原因来分析，很显然，总的来说对民进党的负面影响会比较大。当然，也可能会出现另外一种情况，即使部分原本支持特定政党的票源流向无党籍，从而使以无党籍身份参选的候选人当选的机率增大。这样，势必会强化“三党不过半”和选后政党纷争、合纵连横的格局。

二、选举结果预测与分析

综合以上选情分析，年底“立委”与县市长选举可能出现以下结果：

（一）“立法委员”部分：

1. “泛蓝军”：115－127 席（不算无党籍）

    国民党：80－85 席

    亲民党：30－35 席

    新　党：5－7 席

2. “泛绿军”：82－90 席（不算无党籍）

    民进党：75－80 席

    “台联党”：7－10 席

3. 无党籍：10－15 席（其中分属“泛蓝军”或“泛绿军”及“中立”者）

如果上述预测不出太大意外，可知：（1）国民党为“立法院”第一大党，民进党为第二大党，亲民党属老三，“台联党”和新党实力相对弱小，未来在“立法院”呈现出“两大一中二小”的新的政治格局；（2）国民党与民进党实力在伯仲之间，席次相差在 5 席以内，且都未能超过半数，无法单独主导“立法院”议事；（3）“泛蓝军”实力明显超过“泛绿军”，且“泛蓝军”席位肯定可以超过半数，而“泛绿军”即使选得再好，席位也难以超过 100 席。（加上无党籍部分）（4）“泛蓝军”中的新党和无党籍“立委”席次虽然不多，但假若国民党、亲民党在这届选举中所得席次偏低，两党席次相加不能超过半数，那么它们仍可起到“关键少数”的作用。

（二）县市长部分：

由于目前民进党主政的县市政绩大都受到肯定，有掌握行政资源的现任优势，再加上“泛蓝军”除了在台北县、桃园县整合成功，胜选把握较大之外，其他县市的整合均告失败，各自推出候选人参选，形成“自相残杀”的不利局面。因此，县市长选举“泛蓝军”颇不乐观，民进党占据优势，有望保住10上县市长的席位，国民党难以实现重新夺回“地方政权”第一大党的位置。但如果“泛蓝军”能够一举收复台北县，势必士气大振，在县市长选举这部分战绩也还算差强人意。而且台北县若被“泛蓝军”收复，具有重要指标意义，因为它有助于激发“泛蓝军”基层的整合，并对两年后下一届的“总统”大选“泛蓝军”的进一步合作创造有利气氛。

三、选举结果对岛内政局及两岸关系的影响

基于“泛蓝军”有望超过半数，“泛绿军”无法获得稳定多数，加上各政党及各政党领袖之间的恶质对立，以及陈水扁的强硬态度，选后台湾政局及陈水扁政权的大陆政策可能出现如下态势：

（一）朝野政党围绕“组阁权”问题争执不休，台湾政局持续动荡。首先，挟“总统”而执政的民进党，其在选后与国民党，或与亲民党合组“执政联盟”的可能性大为降低。这是因为，李登辉在选后将会继续搅局，而国民党有相对多数的优势，特别是民进党与国民党在竞选过程中呈现高强度对抗，因此民进党及陈水扁所期望的选后民进党与国民党合作将难以实现。另一方面，陈水扁与宋楚瑜撕破脸，以及李登辉从中作梗，民进党与亲民党未来难做权力交易，两党合组“联合政府”可能性亦大大降低。

其次，国民党坚持由多数党及多数政党联盟“组阁”，民进党与陈水扁只好死拗。因为有相对多数与同质在野党超过半数的优势，再加上彻底摆脱李登辉的束缚和有了新民意的本钱，国民党有很大可能坚持由最大政党与多数党联盟“组阁”，并有可能放开手脚与民进党在“立法院”进行政治对抗。另一方面，民进党与陈水扁除了“台联党”及部分无党籍力量之外，无法结合其他在野党力量组成“多数执政联盟”。但陈水扁与民进党像过去一样，不愿将“组阁权”交给在野党，它们将利用“台联党”及亲民进党的无党籍力量组成“少数执政联盟”进行死拗。

在以上情况下，台湾政局不仅会继续动荡不安，而且有可能比过去

更乱。

（二）民进党的“台独”立场很难改变，陈水扁接受“一中”与承认“九二共识”的可能性更低，但也不排除在政权难保的情况下陈水扁调整大陆政策的可能性。由于在野党整体实力超过执政党，陈水扁与民进党不敢动“台独党纲”这块神主牌，否则它们不仅无法争取中间选票，无法稳定“台独”铁票，也无法凝聚民进党内部共识。而陈水扁的接受一中原则与“九二共识”是“出卖台湾”的讲话，将其大陆政策回旋余地缩小，台湾当局在一中原则下与大陆复谈的可能性减少。在这种情况下，两岸关系难有好转。

不过，选后如果出现超过多数的在野党联盟强力阻止民进党执政、台湾经济恶化至崩溃边缘、台湾社会发生动荡等局面；如果台海形势趋于高度紧张，民进党无法保住执政地位，陈水扁可能被迫调整包括大陆政策在内的内外政策，接受一中原则与“九二共识”、与大陆进行政治谈判或可成为其缓和内外矛盾、保住执政权的唯一途径。

（2001 年度北京市台办调研课题，2001/11/02，与朱显龙合撰）

“九·一一”事件对中美关系及两岸关系的可能影响

“9.11”恐怖袭击事件，改变了美国同时也改变了世界。经过“9.11”事件的强烈冲击，美国的政治、经济乃至社会、文化生活等各个方面均受到了深刻影响。其中冲击影响最大的莫过于美国的国家安全发展战略、全球军事战略和外交政策。而美国对华政策作为其全球战略的一个重要组成部分，势必又面临新的调整。随之，作为中美关系中最敏感神经的海峡两岸关系，也或迟或早将发生微妙变化。诚然，“9.11”事件才刚刚过去一个月，目前小布什政府正倾全力忙于应付对阿富汗发动的所谓“反恐战争”，无暇它顾，事态的发展尚未完全明朗，今后中美关系究竟会如何变化？对两岸关系的影响如何？现在下定论似乎还嫌过早，但种种迹象均已清楚地表明了发生这种变化的现实可能性。本文试图就上述问题作一粗浅探讨。

一、“9.11”事件发生前小布什政府的对华政策

美国的对华政策向来十分灵活，它根据其全球战略变化的需要，以维护美国的国家利益为最高原则，适时地、不断地进行调整。70－80年代冷战时期，美国为与苏联争霸世界，利用中苏之间的矛盾裂痕，不惜抛弃它多年的“老朋友”台湾国民党政权而转与大陆建交，改采所谓“联中制苏”的对华政策。90年代初苏联崩溃、冷战结束后，依照美国的思维逻辑，“联中制苏”既已成为历史，中国在美国全球战略上的利用价值已大大下降；与此同时，因推行邓小平倡导的改革开放路线而迅速崛起的中国，却大有后来居上发展成为取代前苏联阻碍其独霸世界的最大障碍之可能。于是自老布什执政后期及至两届克林顿政府时期，美国的对华政策即已着手进行策略性的局部调整。这就是为什么在整个90年代，在美国的主流媒体上“中国威胁论”甚嚣尘上，以及中美两国之间在诸如台湾问题、贸易最惠国待遇问题、武器扩散问题、人权问题、西藏问题等等一系列重大问题上争执不休、摩擦

不断的最根本原因。今年初小布什上台、共和党取代民主党再次走上执政后，在各种主客观因素的交相刺激影响下，更促使美国对华政策的调整加快了步伐。小布什政府对华政策的调整是全方位的：

首先，在中美两国战略关系定位上，将克林顿时期确立的致力于与中国建立“建设性的战略伙伴关系”，重新定位为在政治上是所谓“战略性的竞争对手”，在经济上则是“建设性的合作伙伴关系”，试图将中美两国的战略关系分割为政治与经济两个不同的层面区别处理。既要在政治上、军事上遏制中国，又想从中国的经济发展中继续捞取实惠。

其次，在全球军事战略方面，决定把战略重心从欧洲转向亚洲，并拉拢日、韩、印度等国和台湾，共同“围堵”中国，摆出一副在必要时不惜与中国进行军事对抗的架势。

再次，在国家安全发展战略方面，不顾各方反对，图谋单方面退出《反弹道导弹条约》，坚持大力研发导弹防御系统，企图抑制和削弱中、俄两国对美国的“核威慑”。

第四，调整对华外交战略，不再承认中国的“大国地位”，将中美关系置于与其盟国的关系之后，蓄意在外交日程安排和派遣外交人员等方面“冷落”中国甚至“羞辱”中国。

第五，调整台海政策的倾斜方向，以“战略清晰政策”取代自中美建交以来历届美国政府一贯奉行的“战略模糊政策”，公开宣称“竭尽所能”协防台湾；“虚化”一个中国政策，却大幅提升美台实质关系，在对台军售、美台军事合作、安排台湾领导人“过境”以及支持台湾加入国际组织等各个方面均明显地转而倾向台湾。

此外，为配合上述五个方面对华政策的战略性调整，小布什政府还利用人权、法轮功和西藏问题等加强对中国的施压力度，试图“妖魔化”中国，为其“围堵”和“遏制”中国制造舆论以及“合理性”和“合法性”。

总之，在“9.11”事件爆发之前，种种事实无不表明，以“围堵”和“遏制”中国为基本目标的美国对华政策的结构性调整，正在密锣紧鼓中进行；中美关系正面临新的严峻挑战与考验。以4月初发生的中美军机擦撞事件为标志，两国关系曾一度跌入谷底，呈现出空前紧张的态势。“9.11”事件发生前小布什政府对华政策的结构性调整，既是冷战结束后美国谋求独霸世界的全球战略调整的一个重要组成部分和合符逻辑的延伸与发展，同时也是小布什共和党执政团队“冷战思维”、“军人性格”和迷信“实力外交”的典型反映。这种政策主要代表了美国军人、军火工业集团的利益。其特点是唯我独尊、我行我素的“单边主义”和蛮不讲理、咄咄逼人的“西部牛仔”作风。其思维盲点则是“美国万能”、理应“主宰世界”。由于这种政策严重脱离国际政治现实，因而不免在实践过程中处处碰壁、自食恶果。

二、“9.11”事件后小布什政府对华政策可能重新调整

“9.11”恐怖袭击事件，其实说到底是冷战结束后美国谋求独霸世界的全球战略的必然产物。而如果仅从中美关系的角度而言，这一惊爆全球的惨痛事件则至少可以使人们从中得到以下几个方面的深刻启迪：

其一，正在崛起中的中国并不必然是美国的“潜在敌人”或所谓“战略性的竞争对手”。诚如美国有识之士所言：对于一个正在快速发展的中国，“你要使它成为美国的敌人，它就将成为美国的敌人”。也就是说，未来的中国会不会成为美国的敌人，端看美国推行何种对华政策。“围堵”、“遏制”中国不会成功，只能把中国推向不得不与美国对抗的道路，不会有别的结果。而中国的崛起则是历史的必然，是任何力量也无法“围堵”和“遏制”得了的。“9.11”事件恰恰证明，至少在当前，美国的头号敌人不是中国而是恐怖主义。相反，中国一贯反对各种形形色色的恐怖主义活动，在反对恐怖主义方面，中美两国有着共同的立场和利益，完全可以结成“战略性合作伙伴关系”。

其二，号称世界“超级强权”的美国，恐怖分子用非常规的、最简单、原始的方式，在其金融、政治和军事心脏狠狠地戳了一刀，搞得美国如此狼狈不堪。美国不仅事前毫无觉察防范，而且事后面对恐怖分子再次以“炭疽生化战”相威胁仍一筹莫展、束手无策，成为“最不安全”的国度，充分暴露出美国“超级强权”极其虚弱的一面，戳穿了“美国万能”的神话，说明拒绝国际合作的“单边主义”此路不通。中国是联合国的常任理事国，

而且是世界上最大的正在崛起的发展中国家，在反对恐怖主义、维护地区与世界和平等国际事务中发挥着不可替代的重要作用。中国的“大国地位”不容忽视，中美关系是当今世界最重要的国际关系之一。一个稳定良好的中美关系不仅符合中美两国的根本利益，同时也有利于世界的稳定、繁荣与和平。美国小布什政府将其全球军事战略重心转向亚洲，矛头对准中国，并试图和中国搞对抗，“9.11”事件证明，美国这样做显然是把劲用错了地方，所推行的乃是一种很不明智的短视政策。

其三，美国小布什政府打着防范“流氓无赖国家”的幌子，坚持大力研发部署导弹防御系统（NMD 或 TMD），骨子里实际上是把中、俄两国的长程洲际导弹视作为美国国家安全的最大威胁，以为花大钱搞起了 NMD 或 TMD 之类的东西，美国便可安全无虞，放心大胆地在世界各地横冲直撞、欺小凌弱、谋求霸权而不受惩罚。如今不对了！“9.11”事件表明，这种“御敌于国门之外”的国家安全发展战略已经过时，未来战争的概念已完全改观；恐怖主义的非常规手段较之长程洲际导弹更具威慑力和破坏作用；任何绝对优势的武力也难起支配作用；再强大的武力也不可能使自己绝对安全；为所欲为的霸权主义行径必将付出惨重代价。“9.11”惨剧发生已经过去一个月了，至今美国朝野上下仍沉浸在报复本·拉丹恐怖主义的亢奋之中，小布什政府在对阿富汗发动的所谓“反恐怖战争”中的作为，仍有不少可议之处。但种种迹象表明，美国面对这场惨痛事件，正在吸取教训，重新审视评估其全球战略。其中在涉及对华政策方面，我们也不难发现其正在进行适度调整的一些蛛丝马迹。中国领导人十分敏锐地抓住机会，迅速作出反应，以配合和促成小布什政府对华政策任何可能出现的积极转变。

9 月 12 日，江泽民主席应约与小布什通话，表示中国强烈谴责发生在华盛顿和纽约的恐怖活动，指出这“不仅给美国人民带来了灾难，也是对世界人民向往和平的真诚愿望的挑战。”并表示愿意协助救援工作，愿意与美国与国际社会“加强对话、开展合作”，打击“一切恐怖主义暴力活动”。而小布什则感谢江主席的慰问和哀悼，并说他期待与江主席和世界上其他领导人一起，加强合作，共同打击恐怖主义。当日，美国国务卿鲍威尔也说，美国希望在全世界范围内展开合作，联手打击“恐怖活动”，这一合作不仅包括北约国家、俄罗斯和中国，还包括穆斯林国家。对此，香港《明报》发表评论认为，“今年4月中美军机相撞事件发生后，国家主席江泽民和美国总统布什是到了事件要解决的最后时刻才通了电话，显示当时的中美关系相当冷。但此次美国遭遇恐怖袭击两人则不然，可见中美关系确实是明显改善了。”美国《基督教科学箴言报》也发文说：“恐怖袭击发生过后，中国人已经表明，这场大灾难可能为美国同中国之间加强合作提供一条途径。这两个国家此前一直不和。”此后几日，中美两国领导人又数次通话，表达双方加强合作的诚意。其后证实，小布什表示他将如期出席10月在上海举行的APEC会议，透露出美国在恐怖袭击事件后对维持和改善与中国关系的重视。

9月21日，中国外长唐家璇到访白宫，会晤小布什并与鲍威尔举行会谈，就中美两国合作打击恐怖主义具体交换意见。会后美国官员表示，“在以本·拉丹为头号疑犯的反恐怖主义战争中，中国可以证明是一个有益的朋友”。9月25日，根据唐家璇和鲍威尔日前在华盛顿会谈达成的协议，中国情报和执法专家组成的代表团抵达华盛顿，与美国各机构的情报和执法人员进行磋商。双方就情报、执法和恐怖分子团体的财务活动交换资讯。此前，中国并已从金融、情报等领域采取步骤，切断恐怖分子同中国所属银行的关系，以实际行动配合美国的反恐怖主义斗争。

10月8日，日本首相小泉纯一郎访问中国，就日本的侵略历史正式向中国道歉，使一度紧张的中日关系得到缓和。据日本《产经新闻》透露：小泉纯一郎是“在美国政府的强烈要求下”才决定访问中韩两国的。并说，“在美国核心机构遭到一系列恐怖袭击后，对美国来说，除了需要获得日本和中国等国的支持外，还需要加强东亚地区的稳定。”

10月9日，中美两国在华盛顿恢复了自1999年美国轰炸中国驻南斯拉夫大使馆中止的人权对话。10月18日，美国总统小布什在对阿战争烽烟正紧之际，仍如期抵达上海出席APEC高峰会议。行前小布什在白宫接受中、日、韩三国新闻媒体的采访时说：“中国是一个非常重要的国家”，“我希望我们之间建立良好的关系”，并明确表示：“我支持一个中国政策”。

在此期间，美国媒体一反“9.11”之前的舆论主流，刊发了不少美国智库撰写的主张调整对华政策的文章。试举两例：9 月 15 日，美国战略预测公司网站发表题为《中美关系被重新定义》的文章称：中国提出愿意帮助美国对付恐怖主义，“这为华盛顿和北京这对在东南亚争夺政治和经济影响的对手创造了协作机会。这样的合作——即把中国重新定义为一个地区合作伙伴，而非竞争对手——也许有助于改造中美关系”。9 月 21 日，美国《国际先驱论坛报》发表题为《布什应该抓住机会重新安排美中关系》的署名长文，为小布什政府献计献策。该文写道：“就在布什总统为他下月的第一次亚洲之行做准备的时候，他应该抓住机会使美国同中国的关系建立在一个新的基础之上，纽约和华盛顿发生的破坏袭击已经使这一点变得更为重要，因为两国在打击恐怖主义方面有着共同的利害关系，而且同这个亚洲人口最多，可能也是最强大的国家保持强有力的合作关系也是必要的”。文章批驳了“中国是一个战略对手”，“有实现它自己在地区的，甚至全球的野心”的观点，主张“布什总统首先应把强权政治的说法放在一边，并建议制定一项计划，逐步实行谋求同中国建立相互信任关系的措施。这些措施首先应该是共同打击恐怖主义”；“同时，两国应该恢复早些时候在朝鲜半岛问题上的合作，并共同探索为弹道导弹的预警问题制定一项联合行动计划”；并建议“尽早开始（同中国）就减少对台湾的导弹威胁举行武器控制会谈”等等。

从上述并不完整的信息，透露出“9.11”之后美国小布什政府确实正在酝酿调整对华政策。中国古语云：“祸兮福所倚”，“9.11”惨剧的发生，竟成为中美关系缓和改善的契机和转机。这是人们始料未及的。

诚然，在小布什政府中抱持冷战思维的保守派仍具有相当大的影响力，中美之间在一系列原则问题上的分歧，并不会因“9.11”事件的发生在一夜之间便告烟消云散。今后中美关系仍将会在曲折中发展，不可盲目乐观。据媒体 10 月 2 日报道，美国国防部 10 月 1 日发表的四年一度的修改国防计划的报告中，其主要特点即是“针对中国军事力量的抬头，把加强西太平洋地区的战力作为核心内容之一”。报告中虽然没有指名，但宣称“在亚洲地区可能出现有强大资源基础的军事竞争者”，这明显是在影射中国，“表明对中国的警惕”。又据香港《太阳报》10 月 3 日报道，近日美台军方正密切磋商，一旦两岸发生战争，“美国将开放其太平洋关岛空军基地予台湾空军”，允许台 F－16 战机借驻关岛。

三、“9.11”事件对两岸关系的可能影响

目前从表面上看，由于台北陈水扁政府仍拒绝承认一中原则和回归“九二共识”，海峡两岸关系依然僵持难解，恢复对话谈判仍遥遥无期。但“9.11”事件发生以来国际大环境的巨大变化，特别是美国对华政策的可能调整、中美关系的改善，则或迟或早将对两岸关系产生微妙而重大的影响。这是因为：

（一）从政治层面来看，由于美国至少在未来几年内将倾全力对付国际恐怖主义，为了争取中国的支持与合作，一方面它势必把在人权等问题上与中国的分歧暂时置于次要地位，以避免造成中美关系的再度紧张与恶化。另一方面，在中美关系中最敏感、最关键的台湾问题上，美国也不能不对北京有所交代，以进一步缓和与中国的关系；同时也不希望台北当局值此关键时刻向大陆挑衅，给它增添不必要的麻烦，而有可能会在明里暗里设法敦促台北回应一个中国原则，早日与北京恢复对话谈判，缓和两岸目前令人担忧的僵持局面。诚如台湾张麟徵教授所预测的，美国为了争取北京支持其反制及消灭恐怖主义，“如果体会到中共对台海问题的立场，则美国现行明显偏向台湾的两岸政策天平，可能也会受到修正”。香港《明报》也发表署名文章认为：虽然美国国务卿鲍威尔日前表示，“美中合作对抗恐怖主义，绝不会以牺牲台湾为代价，台海安全也不会受影响。这似乎排除了美国在台湾问题上与北京做交易，以换取北京全力支持其反恐怖行动的任何可能”，但“只要中国始终对美国的反恐怖行动采取支持立场，且在实际行动中予以配合，美国回报中国也是迟早的事。”

10 月中旬在上海召开的 APEC 会议，可说提供了一个十分难得的观察点。在这次重要的国际场合，台北当局为达到某种政治目的，在出席领导人非正式会议代表人选的问题上大做文章，蓄意与大陆较劲。但台北的小动作，并未得到包括美国在内的其他成员国的同情与支持。泰国《亚洲时报》

评论说：北京拒绝接受台北的代表，"如果是在过去，这样一场纠纷本来是会使所有其它问题黯然失色的，然而，这一次美国一句话都没有讲，因为它更关心的是取得对一项反恐怖声明的一致支持。"香港《东方日报》则说：台湾被迫缺席 APEC 领导人非正式会议，"身为台湾长期支持者的美国却没有为台湾抱不平，只派出国务院发言人包润石说了几句无关疼痒的话，显示美国需要大陆时，台湾便没有立足之地"。

（二）从经济层面来看，"9.11"事件爆发之前，美国经济即已开始衰退，包括台湾在内的全球经济均受到相当严重的影响而欲振乏力。只有中国大陆的经济发展保持强劲势头，所受到的影响最小。"9.11"事件发生后，美国经济遭受空前重创，不仅景气复苏势必推迟，甚至已出现衰退迹象，连带使世界经济包括台湾经济因此而雪上加霜。据联合国在"9·11"事件后进行的预测说：2001 年世界经济将增长百分之一点四，比原来预期的百分之二点四减少一个百分点。其中美国将从百分之一点八下降到百分之一、欧盟将从百分之二点七下降到百分之一点八、日本从百分之零点七下降到百分之零点五。至于台湾经济，根据英国《金融时报》的预测，其经济增长将从去年的百分之五点九下降到今年的百分之二左右。由于全球科技产品的需求剧降以及美国经济的萎缩，仅 9 月份台湾的海外订单就剧减了百分之二十六点八，反映出"9·11"之后台湾的经济前景正在迅速恶化。而中国大陆今年的经济增长仍将超过百分之七的高水准。目前，"一枝独秀"的中国大陆市场被视为国际资本的避难所，加上加入 WTO、举办奥运以及西部大开发取得阶段性成果等，中国的经济势必跃上一个新的台阶，将成为亚洲乃至世界经济复苏的强大推动力。

在上述世界经济的大环境下，势必产生以下两方面的连带效应：

一方面，诚如台湾媒体所言，"由于'9·11'事件，美国景气复苏势头延缓，因而极赖外在市场扩张出口来刺激景气复苏，这时，中国大陆广大市场便提供了最大的希望。大陆市场无限的商机对于美国诱惑无穷……，而其中的若干利益交换将提供北京当局许多政治操作空间。台湾处在两强过招之中，自是一番挣扎"。在这种情况下，台北当局目前"以拖待变"的两岸政策还能够维持多久，显然不无问题。

另一方面，由于台湾经济的继续恶化，势必愈加依赖大陆市场寻找出路；而正在处于内外交困之中的陈水扁政府，已难以阻挡台湾工商企业界日益高涨的“大陆投资热”。不出数年，两岸经济势必融为一体。届时，台湾民进党执政当局如果仍再死抱僵硬的意识形态立场，坚持与大陆对抗，将难以稳定岛内政局，继续维持其执政地位。

总之，“形势比人强”，尽管目前台湾陈水扁政府仍在“硬拗”，但恐怕已经拗不了太久了。海峡两岸关系的改善与发展乃至中国的最终统一，毕竟是由两岸绝大多数中国人的意志为转移的。

（《中国评论》，2001/12 月号，后经作者补充修改）

民进党发展趋势及执政前景展望

二〇〇〇年三月十八日，只有十四年党龄的民进党以微弱多数击败在台湾有五十年执政历史的国民党，成为台湾政权的执政党，台湾政治出现了首次政党轮替。在二〇〇一年十二月三日的“第五届立法委员”选举中，民进党再次打败国民党，成为“立法院”中的第一大政党，民进党政权趋以稳定。依据目前岛内政局发展初步研判，二〇〇四年的下届“总统”大选，如不出现重大变数，陈水扁连任的可能性较大，亦即民进党将有可能至少连续执政到二〇〇八年；当然，也不能排除国民党与亲民党在下届大选中合作打败民进党的可能。影响民进党能否保住执政党地位的因素包括国、亲两党是否能真诚合作、台湾经济与社会形势的变化、两岸关系和国际因素特别是中美关系的变化等。民进党执政后，仍然坚守“台独党纲”，至今也没有调整“台独”立场的迹象，而且民进党在二〇〇四年“总统”大选前也不可能修改“台独党纲”。如果陈水扁能够成功连任，其动向我们研判维持现状继续“拖以待变”的可能性较大。

一、民进党执政后的基本状况

二〇〇〇年五月二十日，靠获得“总统”选举胜利而取得执政地位的民进党，正式接管台湾当局的权力部门，台湾政治步入了新的历史阶段。近两年来，民进党政权跌跌撞撞，经历了不少风雨，但总体来说是逐步走向稳定。变换角色后的民进党，党内仍然维持“派系共治”也即派阀体制，但派系生态发生变化，党政关系和决策模式正在摸索中酝酿调整。主张“台独”的民进党迫于政治现实，上台后不敢宣布“台湾独立”，但依然坚守“台独党纲”，拒不承认“一中原则”和“九二共识”，并加快脚步推行渐进式“台独”，致使两岸政治僵局依旧，至今看不出有可能打破的迹象。

（一）政权逐步稳固，但不稳定因素仍然存在

民进党上台后至二〇〇一年十二月“立法院”改选期间，其执政地位危机四伏。民进党好不容易取得政权，却又命运多舛，日子难熬。其根本原因是“少数执政”。陈水扁只获得了百分之三十九的选票，是弱势“总统”；由执政变为在野的国民党在“立法院”中仍拥有半数以上的席位，而民进党在“立法院”则只有不足百分之三十的席位，是弱势“党团”。这种政治生态决定新政权权力基础脆弱，施政面临巨大阻力；而民进党与陈水扁施政经验不足，缺乏圆融的政治手腕，更促成在野党结盟，形成更强大的政敌。标榜“全民政府”的唐飞“内阁”，因民进党少数党的政治生态和缺乏施政经验，不仅政出多门，政策摇摆不定，政绩平平，受到在野政党及社会各界的批评，而且因“核四”问题只存在了四个多月就被迫下台。民进党于二〇〇〇年十月四日组成张俊雄新“内阁”而单独执政后，朝野政党又围绕“行政院”停建“核四”问题展开了权力攻防战，在野党不仅结盟提案要罢免陈水扁、吕秀莲，而且要求实行“双首长制”，实际上就是要分权，而“大法官”的“核四释宪”明显对民进党不利，民进党方寸大乱。

由于政治前景不明朗，政策多变，加之两岸僵局难解，民众对新政权信心严重不足，经济问题重重，社会动荡不安，致使台湾股市从“总统”大选前的一万点一度惨跌到二〇〇一年七月十九日的四千一百九十点。股市急挫，导致股民财富大量缩水，台币贬值，进而引发许多企业经营陷入困境甚至破产，外资和民间投资大幅减少，失业人口大增，本土性金融危机若隐若现。经济形势的恶化，加上对政治前景发展不看好，岛内产业与民众只好外移，以致兴起新的一波大陆投资热和移民潮。

政经情势的恶化，特别是切身利益得不到保障，使那些支持政党轮替与民主政治、对新政权寄以希望的众多选民变成失望，导致陈水扁及其班底的民意支持度由上任初期的百分之八十，急挫至二〇〇〇年十二月底的百分之四十，吕秀莲只有百分之二十，张俊雄只有百分之三十多。民意支持度的大幅滑落，助长在野党向新政权发难，“总统罢免案”、“双首长制”、承认“九二共识”、两岸“三通”等相继提出，民进党政权面临巨大冲击。

民进党拿不出良策，只好在惶恐状态中苦撑。好在李登辉出面支持陈水

扁及民进党政权，国民党的内讧削弱了该党对民进党政权的压力以及国、亲两党为了各自利益未能真诚合作，再加上美国背后为民进党政权撑腰和僵持但未升级的两岸关系使陈水扁得到喘息机会，民进党的“少数政府”才硬撑到了二〇〇一年十二月的“立法院”改选。

二〇〇一年十二月三日，台湾举行“政党轮替”后的第一次“立法院”改选，结果原为第二大政党的民进党从原来的七十席增加到八十七席，占二百二十五个总席位中的百分之三十八点七，比上届多了十七个席位和七点六个百分点，成为台湾政坛第一大政党，掌握了“组阁”主导权。加之奉李登辉精神领袖的“台联党”站在民进党一边，以及部分无党籍“立委”或倾向于民进党、或倒向陈水扁，执政的民进党可掌控一百零五席左右的“立委”，接近二百二十五席的“半数”，比过去七十多席的被动局面有很大程度的改善。正因为如此，在野党已不能轻言“倒阁”和“罢免总统”，国民党也不再提“双首长制”，民进党的执政地位基本得到稳固，陈水扁的日子比过去好过得多了。

不过，民进党政权的处境并未因该党成长为第一大党而彻底改观。

首先，由民进党、“台联党”组成的“泛绿军”总共只一百席，加上无党籍“立委”及后来投入“绿军”阵营的国民党“立委”，“泛绿军”也只能掌握一百零五席左右，离一百一十三席的半数优势尚有一段距离。

其次，由国民党、亲民党与新党组成的“泛蓝军”，尽管有两名国民党“立委”在选后退出了国民党，但有两名无党籍“立委”加入亲民党，“泛蓝军”仍然保持一百一十五席总席位，若加上倾向“泛蓝”的个别无党籍“立委”，“泛蓝军”在“立法院”的席位至少在一百一十六席以上，超过了半数，理论上控制了“立法院”的议事。

再次，“立委”选举过后，国民党、亲民党与新党等在野党展开密集协商与合作，共同制衡执政的民进党。正因为如此，陈水扁未能组成旨在分裂在野党阵营和稳定民进党政权的“多数党执政联盟”，被迫由民进党组成单一的“少数政府”，民进党政权仍如履薄冰。如在“立法院”的正、副院长选举中，民进党被团结、合作的“泛蓝军”打败。另外，陈水扁在“立委”选举过程中说了许多过头的话，不利其与连战、宋楚瑜的和解，台湾政坛将继续陷于政党之间、政治领袖之间的口水战。当然，更为重要的是“泛蓝”与“泛绿”两大阵营之间在“统独”等意识形态方面存在难以调和的严重分歧，再加上李登辉等台独势力蓄意挑动省籍情结等原因，因此，可以意料，今后台湾政局仍难以保持稳定。

台湾“宪政体制”规定“行政院长”由“总统”提名，无需“立法院”同意；“立法院”罢免“总统”提案需有三分之二“立委”投票赞成。因此，无论在野党怎样团结，仍然无法扳倒执政的民进党。何况在野党在“立法院”的多数只是一种微弱优势，容易被执政党以利益作为交换条件来瓦解，如近日“行政院”提出的“财划法”复议案，“泛绿军”战胜了“泛蓝军”即是明证。不过，毕竟在野党在“立法院”占有相对优势，民进党的施政受到在野党的诸多牵制，民进党的任何政策均须与在野党沟通、协商。如果协商不成，朝野政党之间的对立与对抗无可避免，台湾政局也将因此动荡不安。

（二）整体实力继续上升，党内开始新的世代交替

民进党于一九八六年九月宣布成立后，通过参加历届选举，整体实力不断提升。到一九九七年底的县市长选举结束后，民进党的实力已大幅成长，构成了对国民党政权的严重威胁。在这次岛内的重大选举中，民进党击败国民党，取得了历史上从未有过的重大胜利：包括金门、连江在内的二十三个县市长席位中，民进党获得十二席，首次超过半数，国民党仅获八席，而且民进党主政地区绝大部分为重要县市，其总人口、预算税收（含台北市）分别占全岛的百分之七十一点五三、百分之六十九点二四、百分之八十三点一二，得票率也首次以百分之四十三点三比百分之四十二点一超出国民党一点二个百分点，成为地方政权的第一大政党。由于取得了绝大多数的基层政权，民进党不仅党员人数增加，而且掌握了地方政治、经济与社会资源，为其二〇〇〇年“总统”大选打下了坚实基础。

在一九九九年春即已展开的第十届“总统”角逐战中，除了李登辉暗中支持民进党外，一批大财团与中小企业主也转向陈水扁，特别是台湾中南部的民众普遍同情、支持本土色彩浓厚的民进党及陈水扁，再加上连战与宋楚瑜的分票效应，特别是“兴票案”所产生的对宋楚瑜的杀伤力，使陈水

扁最终得以百分之三十九得票率的微弱多数当选台湾新领导人，民进党则取代国民党，成为台湾当局的执政党。民进党取得“总统”大选的胜利，使党内士气大振，同时其资源剧增，涌现了一股入党风潮。一个多月内，有五万人完成入党程序，其中年轻人占大多数，主要在中南部县市。选后加入民进党的还有部分国民党籍人士，其中不少是乡镇市长，“西瓜偎大边”的效应在各地基层发酵。到二〇〇〇年底，民进党党员已急增到三十多万人。

由于长于选举的民进党文宣得力、配票成功，而“泛蓝军”提名过多，内部失和等因，民进党在二〇〇一年十二月举行的“第五届立法委员”选举中再次获胜，首次成长为台湾政坛的第一大政党。“立委”选举的胜利，不仅使民进党的政权趋以稳固，而且使其对台湾政治、经济、社会的控制进一步加强。目前民进党的党员人数已突破四十万，不少工商企业界人士、地方派系势力也纷纷靠向民进党，民进党的整体实力继续上升。

从投入政坛的时代特点与个性特点来分析，民进党的政治人物大致经历了三代。第一代主要指一九七九年“美丽岛事件”前便投入党外活动的党内元老，主要包括两大部分：一是岛内部分知识分子因不满国民党统治而投身政治反对运动，成为党外理论家与组织者，如黄信介、施明德、姚嘉文、林义雄、张俊宏、吕秀莲、陈菊等；一部分是通过各项选举，突破国民党政治夹杀后崛起的政治人物，其中最重要的一次是一九七七年台湾“五项公职”选举，当时党外势力取得重大胜利，包括许信良、余陈月瑛等人。第二代是民进党的中生代，主要有三类人物：一是以为“美丽岛事件”被起诉人辩护的律师团为代表，如陈水扁、谢长廷、苏贞昌等人；二是以党外“编联会”为主体的当年反对运动的追随者，如邱义仁、吴乃仁、林浊水、洪奇昌等人；三是早年为党外活跃分子助选起家的一批成员，包括游锡堃、萧裕珍、范巽绿等人。第三代指民进党成立前后由社运、学运起家的新生代，包括罗文嘉、马永成、邱议滢、郭正亮、李逸洋、游盈隆、陈其迈、李文忠、陈明通、颜万进、萧美琴等人。

随着时间的推移，民进党第一代元老已脱离权力核心，如黄信介已病故，施明德、许信良已退出民进党，余陈月瑛、姚嘉文、林义雄任“总统府资政”，吕秀莲担任的是有名无实的“副总统”，张俊宏屈就“不分区立委”，现任民进党十一位中常委已没有一位大老。民进党的第二代在该党取得二〇〇〇年三月“总统”大选胜利和同年七月的第九次党代表大会后，全面掌控党、政大权，如陈水扁为“总统”，谢长廷任党主席，游锡堃任“行政院长”，吴乃仁任中央党部秘书长，邱义仁任“国安会”秘书长，苏贞昌为台北县长等，民进党现任中常委三分之二为中生代人物。不过二〇〇一年十二月的“第五届立法委员”选举过后，民进党的新生代，即第三代纷纷跃上政治舞台，如罗文嘉、陈其迈、李文忠、郭正亮、萧美琴、王雪峰、卓荣泰、段宜康、周雅淑、赖劲麟、陈金德、陈宗义、张学舜、魏明谷、蔡煌琅、赖清德、唐碧娥、叶宜津、李俊毅、林岱桦、余政道、邱议滢、刘世芳、高志鹏、郑贵莲等二十多位六十年代出生的新生代成为“新科立委”。在民进党政权中，马永成、李逸洋、游盈隆、陈明通、颜万进等新生代也位居要津。新生代的崛起，表明民进党已开始新的世代交替。

（三）党内派系生态发生变化，决策模式酝酿调整

民进党是由多个派系组成的政党，长期以来形成了“派系共治”体制，带有明显的派阀政治色彩。民进党在党外时期就存在派系纷争。民进党成立后至一九九九年该党推出“总统”候选人之前，民进党的派系变化可分为两个阶段。第一阶段是从“新潮流系”与“康系”势均力敌到“美丽岛系”和“新潮流系”平分天下。第二阶段派系走向多元化，五大派系共存。这五大派系分别为“美丽岛系”、“新潮流系”、“正义联线”、“福利国联线”、“台独联盟”，其中以“美丽岛系”和“新潮流系”实力最强，“美丽岛系”长期把持党主席席位，“新潮流系”则控制民进党中央党部。

一九九九年初，“美丽岛系”的龙头许信良在争取党内“总统”候选人提名失利后，愤然退出民进党，加之张俊宏早于一九九八年底另外成立“新世纪办公室”脱离“美丽岛系”，以及黄信介于当年十一月去世，部分成员转投实力不断壮大的“正义联线”，致使“美丽岛系”已名存实亡，而“台独联盟”则在激进“台独”势力于一九九六年成立“建国党”后，其在民进党内的影响力亦日渐下降。

民进党于二〇〇年三月取得“总统”大选胜利成为执政党后，党内的派系实力又开始了新的消长。“正义联线”因其领袖陈水扁当选“总统”并

掌握全部行政资源与部分经济、社会资源而坐大，许多原属“美丽岛系”的成员，以及部分无派系背景的党员纷纷靠向陈水扁，“正义联线”发展成为民进党的最大派系；长期控制民进党党务系统的“新潮流系”则继续操纵党机器，而且在二〇〇一年底的“立委”选举中成为最大赢家；“福利国联线”在民进党执政后，由其大家长、现任高雄市长谢长廷于二〇〇〇年七月出任党主席，另一代表人物张俊雄则于二〇〇〇年十月出任“行政院长”，也算是民进党打完“总统”选战胜利后的获益者，但其气势显然不如“正义联线”和“新潮流系”；部分“美丽岛系”的成员在民进党第九次全代会后又成立了“新动力办公室”，至此该派系已不复存在；“台独联盟”则因不少激进“台独”势力加入李登辉的“台联党”，在民进党内已显得势单力薄、名存实亡。

民进党长期处于派系共治的局面，其重大决策与政策的出台，既反映最大派系的意志，又是各大派系妥协的结果。民进党的这种派阀政治，一方面有利于党内的民主决策，防止专权，但另一方面也往往引发内斗，削弱党的整体实力，给党的发展带来许多负面影响。特别是民进党执政后，“总统”、党主席、秘书长分属于不同派系，上下不协调、党务与政务脱节甚至相互掣肘的现象十分严重。唐飞“内阁”垮台后，虽然在“总统府”内成立“九人决策小组”，但一年多来的实践表明，党政之间的协调仍无法顺畅。为了适应新的形势，民进党于二〇〇二年初开始酝酿党务改革，三月拟定改革方案，五月提交第九次党代会讨论和通过。民进党党务改革的大方向为：重新调整“党政关系”，由“总统”兼任党主席，秘书长由党主席任命，党主席可指定部分中常委。这实际上是实行“党政合一”或曰“以政领党”，回到当年国民党的老路。这种模式能否解决目前存在的问题，尚待观察。

（四）坚守“台独党纲”，推行渐进式“台独”政策

尽管民进党绝大多数精英早就认识到激进“台独”诉求不利于该党开拓选票，有碍该党走上执政舞台，因而自九十年代初期起就开始所谓大陆政策的转型。然而，民进党的大陆政策转型，只是对“台独党纲”进行淡化、修饰、包装而已，并没有从根本上解决问题，即没有切掉“台独党纲”这块毒瘤。即使有部分党员在民进党执政之前多次提出修改“台独党纲”，但

因党内多数成员反对而只好作罢。民进党取得政权后，其“台独党纲”不仅明显与“中华民国宪法”相抵触，而且也阻碍其与大陆展开直接的互动。这就决定了民进党修改“台独党纲”较之以往更具有现实性和紧迫性。因此，在二〇〇〇年三月大选之后，民进党内又有人提出修改“台独党纲”的动议，民进党第九次全代会前亦有人提出过类似议案，但都遭到党内“台独基本教义派”的强烈反对而使修改“台独党纲”的主张每一次都无疾而终。至今“台独条款”已然成为无人敢以触碰的民进党的“神主牌”。

作为民进党主要代表的陈水扁，为了赢得权力宝座，在“总统”竞选期间以“新中间路线”来淡化自己的“台独”色彩，欺骗了不少选民。当选后，为了控制和稳定政权，也为了取得美国人的欢心与支持，陈水扁在“就职典礼”中宣示遵守“中华民国宪法”，宣称任内不会宣布台湾独立，不会更改“国号”，不搞“两国论入宪”，不搞台湾前途公投，也没有废除“国统会”与“国统纲领”的问题。

然而，陈水扁在标榜改善两岸关系、缓和两岸局势的同时，又拒不承认“一个中国”原则和否认“九二共识”，并处心积虑地推行“渐进式台独”政策。陈水扁当选后就在“一个中国”问题上做文章，提出“两岸对一个中国是原则或是内涵，并没有共识”，但可将“一个中国”作为两岸谈判的“议题”。在“5·20就职讲话”中，陈水扁不仅回避、模糊“一个中国”，而且将“一个中国”说成是“未来处理的问题”；而台“陆委会”更是将“一个中国”解释为“一个虚拟的中国”。在二〇〇〇年六月二十日的记者会上，陈水扁公开否认“九二共识”，说“两岸从来没有就一个中国原则有过共识”，“所谓九二年共识，是各说各话，是各自表述，所谓海峡两岸均坚持一个中国的原则是大陆单方面的诠释，是大陆创造的东西”。同年八月十日，陈水扁又将“九二年共识”解释成“搁置一中争议的精神”，借以打破和取代“一个中国原则”。八月十七日，他在接受记者采访时说，“国统纲领”是否必须以统一为唯一及最后选项，也值得进一步探讨。后来他又在多种场合一再强调“统一并不是唯一选项”。二〇〇一年十月二十一日，陈水扁在花莲为民进党“立委”候选人助选时又宣称，台湾绝对不能接受“一个中国”，说承认“九二共识”等于否定“中华民国”、否定“台湾主权独立”，就是“出卖台湾”。

在否认“一个中国”原则的同时，陈水扁及民进党政权还在政治上、思想上、文化教育上大搞“去中国化”，企图采用打一锤、进一尺的渐进式手法，一步步走向“台湾独立”。其具体做法为：陈水扁及一些民进党党政高层人物不承认自己是中国人而仅仅是“华人”；推行“台语”教育，拼凑“通用拼音”，拒绝国际通行的“汉语拼音”；歪曲历史，声称台湾“四百年以前是无主之地”，将郑成功收复台湾和日本强占台湾同样归类为“进取台湾”；对台北故宫博物院进行“三化一改造”，即所谓“去蒋介石化”、“去国民党化”、“去政治化”和“改造成为‘台湾共和国’的文化标志”；开展“正名运动”，清除凡是象征中国和“中华民国”的各种口号、标记、符号、特征、图案和名称，如“新闻局”的局徽由原来带有中国版图和“中华民国国旗”的图样改为 GIO（GOVERNMENT INFORMATION OFFICE），在“护照”上加注英文“台湾”，一些外事场合由“梅花”图形取代“国徽”，变相将“台币”变为“国币”，新钞上不印孙中山与蒋介石头像，“驻外使领馆”与办事处的“中华民国”或“台北”头衔改为“台湾”等；加速军队本土化，清除军营中“反台独，要统一”的口号、标语、宣传栏，对军人展开“敌视大陆”教育，还声称要对大陆“决战境外”等等。陈水扁及台湾当局的上述种种做法，其目的就是要在无法公开宣布台湾独立的情况下，采取迂回前进、小步快跑、步步为营的办法，以“母鸡孵蛋”的方式，以时间换取“台独空间”，积“量变”为“质变”，积“小独”为“大独”，等待时机、“破壳而出”。

二、民进党面临的挑战

民进党执政后，不仅控制了行政系统，而且官营企业、事业单位以及行业组织也快速绿化，不少地方派系势力、民营企业家也倒向民进党。尽管丢失政权后的国民党未能阻止组织分裂、实力下滑的态势，而且至今仍看不到下滑的谷底；尽管亲民党肩扛“外省人政党”的包袱，其发展前景并不十分乐观，然而由于在野党的整体实力超过执政党，加上民进党自身存在的诸多弊端以及岛内外形势的变化，民进党目前和今后仍有众多必须面对和加以解决的难题与困扰，其中包括该党内部关系与政策走向不确定、政治体制与政局错乱、经济与社会不稳、大陆政策走向、大陆促统压力、国际环境变化等方面的问题。

（一）民进党由在野转为执政后，众多前臣后将争食执政利益大饼，已抢到食物者为得多得少而吵嚷不均，未抢到食物者忿忿不平，加上陈水扁重用亲信和部分“正义联线”的人马，原属于“党外”中生代和民进党建党功臣的“美丽岛系”及其他派系人马获利甚微，甚至连掌控党务系统的党内第一大派系“新潮流系”以及非核心的“正义联线”成员也受到排挤，再加上陈水扁因当选“总统”而成为民进党的实际最高领导人，并形成以他为中心的决策核心后，党内其他政治人物的权力空间被相对压缩，从而使民进党内反扁情绪有所发展。这次为参选“立法院副院长”，蔡同荣、许荣淑、沈富雄等多位党内大老有意参选，但陈水扁为安抚“新潮流系”而支持洪奇昌为党团提名人，结果引起党内反弹声浪大起，洪奇昌仅以一票险胜蔡同荣，这是党内反扁情绪的第一次公开表现。接着在“立院党团”三长选举中，反扁情绪再次爆发。陈水扁的子弟兵居然一半跑票，结果使陈水扁属意的“正义联线”核心骨干陈其迈意外落选，目前离党中央权力机构改选还有几个月的时间，但党主席谢长廷就已对党务工作“兴趣缺缺”，使党中央提前进入“看守”状态；至于一向以对外发言犀利著称、曾被外界讥评为“民进党实际党主席”的秘书长吴乃仁，近期以来更是“噤若寒蝉”，不再轻易对外发言，并公开表示无意再出任秘书长一职。再有，以第一高票当选“立院党团”书记长的许荣淑，则公开把攻击矛头指向扁系人马，声称权力“不该被少数自以为是嫡系人马的人把持”。

由于陈水扁独揽行政资源，只重用亲信人马，这不但引起了党内的反扁声浪，同时也使党中央和“立院党团”争夺权力大饼的矛盾争斗加剧。例如，“立院党团”好不容易才投票选出的“三长”许荣淑、柯建铭、王拓，紧接着又为争夺“总召”一职而僵持不下、互相攻击。最后不得不由三人互相投票指定职务，才确定柯建铭出任“总召”，许荣淑当场拂袖而去，不欢而散。又如，谢长廷虽为民进党赢得去年十二月“立法委员”选举立下战功，但他的党主席宝座却岌岌可危，“总统府资政”姚嘉文、福利国大老颜锦福、新潮流要角洪奇昌等党内元老都纷纷跳出来表示有意角逐党主席宝座，甚至在党内多数意见已倾向由陈水扁兼任党主席的情况下，他们也无意退选。

总之，民进党内部的矛盾与争斗正在加剧，如果处理不当，势必影响民进党的形象和党的整体发展，同时也会对民进党政权的施政造成负面影响。

（二）政治多元化与民进党自身实力不足，使陈水扁难以成为蒋经国、李登辉式的政治强人，民进党也难有昔日国民党的一党独大，加之政治体制中固有的“府院”（“总统府”与“行政院”）、“府会”（“总统府”与“国会”）、“院会”（“行政院”与“国会”）责权冲突、“总统制”与“双首长制”的“宪体之争”、“中央”与地方的权力之争，以及“泛蓝军”仍然拥有“立法院”的些微多数等原因，民进党掌权下的台湾政局仍将会长期处于对抗与不稳定状态。本为一体的国民党与亲民党在民进党取得政权后结成“在野党联盟”，共同对抗执政的民进党；国民党“立委”选举的再次挫败以及民进党成长为第一大政党，使国民党、亲民党危机意识陡然增强，体认到“泛蓝军”必须团结合作才有出路，这次两党合作取得了“立法院正、副院长”选举的胜利，更激励了他们今后进一步合作的信心；国民党仍然有比较扎实的基层力量，如在今年年初的乡镇市长及县市议员、县市议长选举中，国民党继续占有绝对优势；在野党在“立法院”的发难，使民进党无法集中精力施政，导致民进党政治理念难以实现，政绩难以显现，政党形象受损；政局长期动荡，施政难以展开，必然影响台湾经济发展与社会稳定，造成选民对民进党与陈水扁的信心不足，加上政权变天后民众对民进党的同情心相应减少。上述种种状况，都势必会对民进党的执政地位构成严重挑战。

（三）两岸关系不仅是台湾政局稳定与经济发展的关键，同时也是民进党政权能否稳固的重要因素，因此处理和稳定两岸关系是民进党无法回避的头等大事。陈水扁及民进党高层均深知两岸自一九九九年七月以来的持续政治僵局与关系紧张，是造成目前岛内政经乱象的主要原因，因此陈水扁一上台便宣布“四不一没有”，尔后又有限度地开放“小三通”，抛出“统合论”等，试图欺骗岛内民众和国际社会，为其大陆政策解套。但由于大陆方面坚守一个中国原则，要求扁政府承认“九二共识”，以及台湾各界强烈要求开放两岸“三通”、松绑“戒急用忍”政策、台湾民众接受“一国两制”的比例持续上升，民进党政权面临来自岛内外的巨大压力。可以预见，随着大陆整体实力逐年增强，对台综合实力优势不断扩大，对“台独”军事威慑明显加重，加上大陆国际地位逐步提高，民进党将面临来自大陆的愈来愈强大的反“独”促统以及岛内在野党迫其明确承认“一中”原则、回归“九二共识”的压力。但另一方面，民进党和陈水扁在没有信心和把握争取到更多中间选民的情况下，又不想丢失“台独”铁票的支持，从而矛盾重重，难以稳定两岸关系，与大陆展开良性互动。

（四）经济的好坏与社会的稳定与否，是关系到民进党政权能否稳定的又一重要因素。如前所述，民进党上台后，台湾经济出现明显下滑，台湾民众对陈水扁及民进党的满意度从其上台初期的百分之八十左右，直线下滑到百分之四十左右，且长期不见好转，特别是民进党在南部的基本票源受到了相当程度的冲击。陈水扁政府和民进党如果长期无法解决经济下滑、失业增多、生活品质下降的困局，将很难再以“全球经济衰退”、“在野党对抗”等借口来推卸自己执政无能的责任。

三、民进党未来发展趋势

民进党的未来发展，取决于民进党自身演变、在野党能否合作、岛内经济的好坏、两岸关系会否和缓、国际形势变化等众多因素。但一般估计二〇〇四年陈水扁连任、民进党继续执政的可能性较大。

（一）陈水扁绝对有意寻求连任下届“总统”，民进党也笃定会推陈水扁参选。

从执政优势角度来看，陈水扁在二〇〇四年的“总统”大选中有连任的有利条件。但这并不是绝对条件，陈最终能否连任，还要看岛内局势、两岸关系与国际形势的变化。

第一，从岛内局势来看，主要是民进党能否稳定政、经局势，以及国民党与亲民党能否精诚合作。

在民进党方面，为了维护执政地位和既得利益，在下次“总统”大选中，各派系必定会团结一致，尽全力替陈水扁助选拉票。在“泛蓝军”的合作方面，本为一体的国民党与亲民党确有合作空间。痛失执政权的国民党和以微弱劣势败给陈水扁、对国民党还有一份眷情的宋楚瑜，在不涉及根本利益冲突时还是有可能走到一起共同对敌的。例如，二〇〇〇年十月，在陈水扁误判和战术错误的情形下，“行政院”强行宣布停建“核四”，促使连战、宋楚瑜不计前嫌握手言和，组成“在野党联盟”，刮起了阵阵旋风，使民进党政权受到很大冲击；二〇〇二年一月，国、亲两党合作取得了“立法院正、副院长”选举的胜利。在二〇〇二年年底的台北、高雄市长与市议员选举中，国、亲两党仍然有可能合作。但是，对涉及两党根本利益的二〇〇四年“总统”大选，两党能否精诚合作则就很难说了。因为国民党尽管其实力已大不如往昔，但作为岛内政坛的第一大在野党，该党不会放弃四年才有一次的重新夺回执政权的机会，势必拼死一搏；而善于权谋的亲民党主席宋楚瑜，对二〇〇〇年这次大选仅以二点五个百分点惜败于陈水扁更不甘心，败选后之所以成立亲民党，目的就是瞄准二〇〇四年的大选而来。宋楚瑜自认为是“泛蓝”阵营中最具民意基础、最有实力挑战陈水扁的“不二人选”。且陈水扁上台后的台湾政、经乱象对己有利，因而宋楚瑜也要做最后一搏。因此两党在二〇〇四年大选中合推一组“总统”候选人的困难度相当大。除非两党的基层支持者呼声强烈，要求他们必须整合，否则有可能仍然是分裂的“泛蓝军”对抗“保皇卫权”的团结的“泛绿军”。进一步而言，即使届时“泛蓝军”能够整合成功，共推一组人马出战，整体形势也与上届大选时有很大不同，并无必然胜算，充其量五五波有一搏而已。

第二，从两岸关系与国际形势的变化来看，陈水扁与民进党必须面对我反独促统和国际社会要求台海和平的压力。

在两岸关系方面，到二〇〇四年，大陆随着经济体制改革的深化，各种经济关系基本理顺，沿海经济跨上新的台阶，西部开发也取得阶段性成果，加上加入 WTO 和北京申办奥运成功等诸多有利因素的强刺激，经济将继续保持高速发展的良好势头，国民生产总值和国民生活水平将会进一步提升，综合国力将进一步增强；伴随经济的快速发展，大陆在高科技领域将取得长足进步，军事力量也会有明显增强，对台军事斗争准备也更为充分。总之，随着大陆整体经济实力的增强，两岸力量对比将会进一步朝有利于大陆的方向转化，台湾在经济、科技等方面的优势不再；而且大陆经济与科技快速发展，势将对台商及台湾民众形成愈来愈大的“磁吸效应”，要求改善两岸关系、开放两岸直接“三通”的呼声将会愈加强烈。在这种形势下，不排除陈水扁民进党为“拼选举”而不得不在坚持“台独”立场的基础上适度调整其大陆政策，特别是在两岸经贸交流方面适度放宽限制，同时也不排除与大陆进行民间性质的“三通”谈判。若能如此，两岸关系将得到一定程度的缓和，陈水扁将会得到较多台湾中间选民的支持，进而利用执政优势获得连任。

在国际方面，随着中国经济实力的增长和军事力量的增强，中国大国地位不断提高，国际影响力不断提升，加之在反恐以及在朝鲜半岛等问题上美国有求于中国，美国和日本目前倾向台北的不明智之举有可能会适度调整，从而对陈水扁及民进党的现行大陆政策构成压力，迫使扁政府不得不在缓和两岸关系方面采取某些实际步骤。

（二）陈水扁若能在二〇〇四年的“总统”大选中获得连任，民进党政权将进入相对稳定时期，其大陆政策仍有可能是“拖以待变”。

有人预测，陈水扁连任后，民进党政权处于相对稳定状态，陈水扁会如同李登辉主政后期一样，以强势作为，在大陆政策、“外交”政策、台湾前途等方面表现出强硬姿态。特别是有可能利用二〇〇八年北京举办奥运之机进行“台独”冒险，公开挑战中国主权，从而引起台海局势的急剧动荡。从陈水扁及民进党的“台独”本性来分析，当然不排除这种可能。但笔者更认为，陈水扁及民进党在两岸问题上仍将会采取“软拖策略”。这是因为：第一，陈水扁没有李登辉当年那样的实力，特别是受到强大在野党的牵制；第二，届时中国大陆的国际地位乃至经济、军事实力已非昔日可比；第三，台湾主流民意将发生有利于统一的变化；第四，美国及国际社会不会允许其公开向大陆挑衅，破坏台海和平，破坏北京奥运。因此，陈水扁在处理两岸关系问题上没有强硬的本钱，必不敢轻举妄动，仍将采取“拖以待变”

的策略与大陆继续周旋。当然，也不要幻想陈水扁会轻易放弃“台独”立场，和大陆谈统一，因为他既没有这种勇气和魄力，更不具备这种格局与情怀。

（三）如果陈水扁仍推行“拖以待变”的错误路线，二〇〇八年“总统”大选，民进党有可能会丢失执政权。

这是因为：（1）陈水扁长达八年的主政，造成民进党新人才难以浮出台面，谢长廷、游锡堃、吴乃仁、邱义仁等实力型人物均与陈水扁同代，他们或曝光过久，或已六十多岁的高龄，不能让选民有清新、活力的感觉；相反，在野党因发挥监督角色、强调公平竞争，将会产生出重量级政治明星。从目前来看，台北市长马英九，已成为民进党保权的最大威胁；（2）由于长期执政，民进党“卫主保权”意识将会逐渐淡化，党内的权力、派系、路线斗争激化，不排除发生内讧与分裂。更重要的是，民进党执政八年后，台湾本省人“出头天”的意识和“省籍情结”也已逐渐淡化，省籍矛盾趋于缓和，民众不再对该党同情，反而会因其缺乏政绩、腐败日甚而心生反感与失望；（3）除非民进党放弃“台独”立场，否则陈水扁及民进党没有能力处理好两岸关系，这势必引起台湾民众的普遍不满而要求民进党下台反省。届时，政党轮替将会成为台湾民意主流。因此可以预料，即使二〇〇四年民进党能够勉强保住执政权，但在二〇〇八年的“总统”大选中也势将处于被动局面，鞠躬下台、再次沦为在野党的可能性比较大。

（2001 年度国台办调研课题，2002 年 1 月完稿，与朱显龙合撰）

析民进党人在两岸问题上的思考盲点和认识误区

致力于中国统一，才会有台海和平

北京“和平统一、一国两制”的对台方针，自二十世纪七十年代末、八十年代初提出并正式实施以来，二十年过去了，海峡两岸同胞都已习惯于过和平安稳的日子，以为战争已然成为历史，和平乃是天经地义的常态，很少有人会体认到两岸的内战状态实际上并未结束；更少有人去思考过这种和平得以维持的真正原因究竟是什么。事实上，这二十年的台海和平之所以得以维持是有条件的、有前提的。这个条件和前提不是别的，那就是海峡两岸都承认“一个中国”，两岸人民都承认自己是“中国人”，两岸当局都承诺要致力于未来“中国的统一”。台湾方面一九九一年制订的《国家统一纲领》，和两岸两会一九九二年达成的“一中共识”，均清楚地表明了这一点。正因为存在这一前提条件，两岸才构筑起了和平的基础和框架，北京方面也才始终坚持“和平统一”的政策，九十年代的汪辜会谈和海协与海基两会一系列的事务性协商谈判才得以进行。因此，平心而论，这二十年的台海和平，两岸双方都做出了各自的努力和贡献，都承担了应有的责任和义务，并非只是北京的功劳。

然而在李登辉主政的最后几年，台湾方面却逐渐背离乃至抛弃了一个中国原则。一九九四年李登辉与日本右翼作家司马辽太郎的谈话、一九九五年李登辉在美国康奈尔大学的演讲，公开挑战一个中国原则。北京方面一再提出严重警告，甚至不惜以军事演习和导弹试射来表达自己捍卫“一中原则”的决心和意志，但李登辉却置若罔闻，坚持“向不可能的事物挑战”，在危险的道路上愈走愈远。及至一九九九年七月九日，公然抛出“两国论”，彻底暴露了他分裂主义的真面目。台海和平的基础遭到了台北当局单方面的粗暴践踏和破坏，这也就是何以在李登辉主政中后期，两岸对话谈判数度中断搁浅，关系日趋紧张恶化的根本原因之所在。

李登辉搞“台独”，是其本性使然

一直以来都有一种说法，说是李登辉搞“台独”“是被中共逼出来的”。诚然，北京与李登辉打交道十多年，的确有不少经验教训值得总结和反省，但至于说李登辉搞“台独”是被中共“逼”出来的，则未免罔顾事实。只需回顾一下十多年来两岸关系演变发展的曲折历程，人们便不难发现，每一次海峡两岸关系的紧张，无一例外都是李登辉主动出招挑战一中原则在前，北京则是为维护一中原则而被动反弹在后，怎么可以倒因为果，说李登辉搞“台独”是被中共“逼”出来的呢?再说，李登辉下台之后退而不休，组织“台联党”，迫不及待地公开跳出来，与死硬“台独”分子金美龄、彭明敏之流沆瀣一气，变本加厉、肆无忌惮地从事“台独”活动，煽动台湾民众对抗大陆，那么请问这又是被谁“逼”出来的呢?“景阳冈上的老虎，你打它要吃人，不打它也要吃人”（毛泽东语），李登辉搞“台独”，乃是其本性使然，不让他搞也难。近年来李登辉相继推出的几本书，已经把他仇视中国、追求“台独”的心迹表露无遗，难怪他主政期间讲了一百三十多次“反台独”的假话没有多少人相信。坦白地说，李登辉的分裂行径，假若不是遭到北京方面的强烈反弹和海内外同胞的同声谴责，以及国际社会的普遍反对而不得不有所收敛的话，那么海峡两岸恐怕早已是战火熊熊、后果不堪设想了！当然，中国的统一或许也早已在两岸同胞付出惨痛代价之后就此达成。因此，从这一角度而言，李登辉“急独派”其实才是真正的“急统派”，——是迫使北京不得不调整和平统一方针，采取断然措施，以武力完成国家统一的“急统派”。

民进党否认“一中原则”，台海和平堪忧

时序进入二〇〇〇年，台湾政权终于在李登辉的强力主导下有计划、有步骤地从国民党手中“和平转移”给了主张“台独”的民进党。陈水扁上台执政后，面对一触即发的台海危机，为稳住阵脚，他采取所谓“以柔软

胜刚强”的策略，表面上一改以往李登辉对大陆的强硬姿态，释出种种所谓“善意”和“诚意”，但骨子里却坚守“台独”立场毫不动摇。执政两年了，至今不仅拒不接受“一中原则”，否认“九二共识”，声称“统一并非唯一选项”，甚至不肯承认自己是中国人，推行只做不说的李登辉“两国论”路线。致使两岸僵局无解，互信荡然无存，和平统一的基础进一步坍塌，台海上空的战争阴霾愈聚愈浓，有识之士为此忧心如焚。然而陈水扁却自以为得计，在他执政一周年的感言中声称，他的大陆政策“虽没有得分但也没有失分”，并把所谓“两岸关系的稳定”说成是他执政一年来的“主要政绩”之一，表示“令人非常欣慰”。某位民进党高层主管更认为，“时间站在台湾一边，中共愿意谈很好，不谈也无所谓”。呜呼！这就是民进党和陈水扁极其危险的“两岸观”。

看来，陈水扁和民进党过于自信，他们并不真正了解，对于民进党这样一个标举“台独”党纲的政党和陈水扁这样一个长期从事“台独”活动的人，一旦夺取台湾政权上台执政，北京方面究竟作何感受；同时，对于台湾政局的这种剧变，究竟会对两岸关系造成何种程度的冲击和影响，显然也缺乏足够的估计和认识。

毋庸讳言，二〇〇〇年三月台湾大选，北京最不愿意看到的结果正是主张“台独”的陈水扁胜选和民进党的上台。这种选举结果，对于近几年来一直致力于领导全球华人进行“反分裂、反台独”斗争的北京而言，无疑是一种挫败；而挫败过后所产生出来的那种无奈感与挫折感便可想而知；而这种无奈感和挫折感在很短的时间内更转化为早日解决台湾问题的危机感和紧迫感。百感交集的北京高层虽然出于种种因素的考量，很快作出了对陈水扁“听其言，观其行”的因应对策，给了陈水扁一个宝贵的“观察期”，也即政策调整的时间和空间。但实际上在大陆内部，无论是政府涉台工作部门抑或台湾研究界，要不要全面检讨乃至调整业已贯彻执行了二十年之久的“和平统一”方针，一时间已然成为无可回避的热门话题和争论的焦点。而且随着时间的推移，在陈水扁和民进党执政当局坚守“台独”立场、拒绝调整政策的僵硬态度日趋明朗化、甚至变本加厉地搞“去中国化”之后，坦白地说，这种争论已经没有多大意义了。道理至明：既然台北民进党政府坚持拒不承认“一中原则”，否定“九二共识”，试图打破两岸关系原有的基本框架而重新建构所谓两岸为“国与国”关系的新的框架，那么，实际上就是台湾方面要改变对自己原有的定位和国家的认同。换句话说，台北当局意图单方面推翻两岸原有的游戏规则，取消“和平统一”的必要前提条件，在两岸战争与和平这一重大原则问题上，自觉不自觉地、愚蠢地选择了“战争”。“天要下雨，娘要嫁人”，面对这种剧变，坚持国家必须统一的北京，也就不得不相应地作出自己新的选择，调整自己的国家统一政策——这只是时间早晚的问题了。除非台北方面有一天幡然醒悟，改弦更张，浪子回头!

民进党人的思考盲点与认识误区

十多年来，本人一直致力于对民进党的跟踪研究，并曾先后五次访台，接触过不少民进党各派系的精英，老一代的新世代的都有。他们之中不乏具有专业素养、头脑灵活、勤于思考、能言善辩的十分优秀的人物。但不客气地说，由于自身的局限，他们大都缺乏对大陆、对中共乃至对国际问题真正深入透彻的了解。在两岸问题上他们往往一厢情愿，视野偏于台湾一隅，存在着许多思考盲点和认识上的误区。这是他们误判形势，盲目乐观，难以调整不切实际的“台独”立场与主张的症结所在。

误区与盲点之一：认为中共是“纸老虎”，舍不得放弃经济建设的成果，更怕美国的介入，如今北京又申奥成功，因而“不愿、不敢也不会”攻打台湾。

首先，“台独”人士须知，在“经济建设”和“中国统一”这两大问题上，中共历来都是把“中国统一”视为国家民族的最高利益而放在首位，中国的领土主权一旦受到威胁和侵犯，宁肯推迟“经济建设”，也要维护国家领土主权的统一与完整。这一坚定的立场，乃是中共建党立政的根本，并不会因时空的变化而有所动摇。远的暂且不说，回顾自一九四九年中共建国以来，先有抗美援朝，尔后有中印边界、中苏边界和中越边界等一系列的“自卫反击战”，都是明证。这也是中共执政半个多世纪以来，尽管施政上多有失误，但仍然能够得到大陆人民衷心拥戴与支持而立于不败之地的诸多因素之一。可以肯定，如果“台独”人士执迷不悟，敢于公开挑战中国主权，或以种种借口拒绝接受一个中国原则，企图无限期拖延两岸统一谈判，那么大陆必定不会手软。同理，在举办奥运与制止“台独”这两件事情上，倘若发生冲突，自不待言，“举办奥运”必定要让位于“制止‘台独’”，这是确定无疑的。试想，假如台湾跑掉了，举办奥运还有何意义？所以，举办奥运并没有给“台独”买下“保险单”，陈水扁与所有的“台独”人士切不可有任何幻想和误判。

至于说到美国的军事介入，美国真的会为支持“台独”而不惜与中国打一仗吗？恐怕连“台独”人士也不敢说有把握！退一步说，即使美国真的帮助“台独”而与中国为敌，那么中国大陆断不是南联盟，更不是阿富汗和伊拉克，不会任人宰割而毫无反击之力；亚洲也不是欧洲，不存在愿意充当美国打手的北约；中国和美国曾数度交手，朝鲜战争和越南战争，这两场战争美国人应该不会不记取必要的教训。说白了，美国支持台湾对抗大陆，挑拨海峡两岸保持适度的紧张关系，目的无非是向台湾推销他们的剩余军火物资，并以此牵制中国的经济发展和中华民族的统一富强而已，并非真的有爱于台湾也。历史上有太多的事例都充分证明美国并不可靠。

误区与盲点之二：认为中国大陆经济发展富强起来特别是“民主化”之后，“民族主义情绪”自然会逐渐“淡化”，从而会允许一个“友好的台湾独立”。这是一种天真的期待。

从历史的角度而言，中国的“民族主义情绪”何以会如此强烈？这正是帝国主义列强一百多年来欺凌中国的结果。香港、澳门回归之后，近代中国历史上因为帝国主义侵略、干涉所遗留下来的重大问题中只剩下一个“台湾问题”尚未得到解决。而台湾问题一天不解决，中华民族的屈辱就一天得不到真正彻底的洗雪；中国人民的这块“心病”在真正彻底医治之前，中国的所谓“民族主义情绪”便不可能“淡化”。

从现实的角度来说，台湾问题何以会久拖不决？乃是由于以美国为首的国际反华势力插手、干涉的结果。诚如香港问题的解决，是中英之间实力较量的结果一样，台湾问题能否解决以及何时得以解决，说到底是中美两国的实力较量问题。中国富强的标志是什么？其中一个不可或缺的重要“标志”，就是看中国是否有能力排除外国势力的干涉，妥善解决台湾问题，最终实现国家的完全统一。换言之，如果连台湾主权都没有能力捍卫，那么中国又谈何“富强”？至于说到大陆“民主化”之后“民族主义情绪”会不会“淡化”？请看当今世界，美国算是够“富强”了吧？而且按照西方的标准，美国也够“民主化”了吧？但我们看到，“九·一一”恐怖袭击事件发生之后，美国的“民族主义情绪”是多么的强烈！试想，假设现在世界上有哪一个国家试图煽动夏威夷人民和美国本土闹独立，并且制定一个《与夏威夷关系法》，大量售武给“夏独”人士，后果将会如何？

再者，未来世界的竞争是科技的竞争，是尚待开发的“处女地”——广阔的海洋资源之争。台湾是中国大陆面向海洋的必经通道，战略地位极其重要，它不仅攸关中国的国家安全，而且是未来中华民族生存、发展的生命线。台湾一旦从中国分离出去，可想而知，中国在未来世界的激烈竞争中必将受到极大的制约，处于一种十分不利的战略地位。这对于拥有十多亿庞大人口而耕地面积又相对狭小、资源相对贫乏的中国来说，其生存发展影响至巨。因此，从地缘政治、经济的战略角度而言，中国也绝对不会允许台湾分离出去。

由上观之，中国大陆的任何一个政党和任何一届国家领导人，都无法承担丧失台湾领土主权的历史责任。谁丢掉了台湾，谁也就丧失了统治和领导中国人民的正当性和资格，谁就是现代的“李鸿章”，成为中华民族千夫所指的历史罪人。同样，台湾的任何一个政党和任何一届领导人，如果想维持其在岛内的执政地位，也就不能挑战中国对台湾的主权，否则也势必江山不保，成为中华民族的千古罪人。

误区与盲点之三：认为台湾已是“民主社会”，台湾人民“有权力”通过“公民投票”的民主方式来决定台湾要不要与大陆统一。这是一种似是而非的荒谬说法。

首先，中国对台湾拥有主权，这不仅是历史事实，同时国际法上也有明确定位，《开罗宣言》和《波茨坦公告》即清楚地证明了这一点。一九四五年日本战败投降后，当时的中华民国政府已从日本国手中完整地收回了自一八九五年清政府被迫签订《马关条约》割让给日本的台湾领土主权；即使目前仍在台湾适用的、而且陈水扁上台时也曾经举手宣誓要效忠的所谓“中华民国宪法”中，也明确规定台湾是中国固有领土不可分割的一部分。而且，世界上所有的国家（实际上也包括与台北“建交”的国家），也都无不承认台湾是中国的一部分。大陆与台湾同属于一个中国，是无可辩驳的事实，这与台湾是不是“民主社会”毫无关系；就如同八年抗日战争时期，中共治理下的“陕甘宁边区”实行与“蒋管区”不同的民主制度，但并不能否定“陕甘宁边区”是当时中华民国领土不可分割的一部分一样。因为民主本身并不能“创造出”主权，它只能改变一个国家或地区的“生活方式”；即使台湾社会再“民主”，也无法改变“台湾是中国不可分割的一部分”这一事实。

其次，关于“公投”与行使“民主”权力的问题。诚然，我们应当充分尊重台湾人民当家作主的愿望和民主权力的行使，但任何民主方式和民主权力的行使，都必须以确保国家领土主权的完整为前提，否则就必然会走向民主的反面而侵犯大多数人民的根本利益。众所周知，台湾是海峡两岸同胞世世代代共同开发、建设和保卫的神圣领土。远的不说，一九四五年台湾的光复便是两岸同胞共同浴血奋战的结果。台湾同胞为反抗日本的殖民统治，“五十年间，牺牲了六十五万人”（据“台湾革命同盟会”一九四五年四月十七日发表的《马关条约》五十周年纪念宣言）。而大陆同胞在八年抗日战争中也蒙受了巨大的损失，军民伤亡达二千一百万人，财产损失和战争消耗约一千亿美元。所以，就如同大陆不仅仅是十三亿大陆人民的大陆，同时也是二千三百万台湾人民的大陆一样，台湾不仅是二千三百万台湾人民的台湾，同时也是十三亿大陆人民的台湾，台湾的领土主权属于海峡两岸全体中国人民所共同拥有。退一步说，即使要体现“民主”而对台湾的地位与前途问题举行“公投”，那么也必须在海峡两岸所有的中国人中进行，而不能只是在二千三百万台湾人民中进行，不然的话，就等于剥夺了大陆十三亿人民的“民主权力”，反而变成了无视绝大多数中国人意志的“反民主”之举了。

承认“一中原则”，重建两岸和平架构

陈水扁和其他民进党人士关于两岸问题上的思考盲点和认识误区还可以举出许多，限于篇幅不可能一一加以讨论。问题的严重性在于：陈水扁已非一个仅仅治理台北市的“市长”，民进党也已不是一个只能在“立法院”打打闹闹、杯葛国民党施政的“在野党”了。经过多年的打拼，陈水扁和民进党诸公如今已如愿以偿地从国民党手中夺取了台湾政权，上升为二千三百万台湾人民的统治者，而且经过去年底的“立委”换届选举，民进党已成为台湾政坛的第一大党。也就是说，民进党政府实行什么样的两岸政策事涉重大，不仅关乎着二千三百万台湾人民的切身利益，同时也势必对中华民族的振兴与腾飞产生重大影响。然而令人担忧的是，陈水扁和民进党执政两年来，在两岸问题上仍无法摆脱意识形态的迷思，至今仍在“台独”的泥潭中打转而难以自拔。我们要诚恳地奉劝民进党朋友们，两岸形势依然严峻，时乎已迫，美国人是绝对靠不住的，“拖以待变”也决非良策，唯有认清形势，早日抛弃“台独”立场，重新建构两岸和平基础——承认一个中国原则、回归“九二共识”，才有可能重启两岸对话谈判，避免两岸同胞骨肉相残，只有这样，才是真正的“爱台湾”、真正的“台湾优先”。

海内外同胞携起手来，共铸中华民族新的辉煌！

（《世纪交峰——民进党如何与共产党打交道》序言，2002/01）

邓小平“和平统一、一国两制”的基本内容和实践意义

在2000年3月的台湾大选中，标举台独党纲的民进党夺取了台湾的执政权，统治台湾长达半个多世纪之久的国民党政权一夕垮台，具有浓厚台独色彩的陈水扁成为台湾首次政党轮替后的新一届领导人。台湾政局的骤变，使海峡对岸的中共执行了20年之久的和平统一解决台湾问题的方针政策，受到了前所未有的强烈冲击，两岸关系也因之进入了一个扑朔迷离、捉摸不定的新阶段，中国统一的前景平添了更多更大的变数。

迄今，民进党上台执政已届两年。两年来台海局势表面平静，波澜不兴，实则暗潮汹涌，潜伏着令人不安的深刻危机。两岸围绕着要不要坚持一个中国、要不要最终走向统一这一重大原则问题上进行剧烈的较量。这一较量目前仍在继续着，政治僵局至今仍看不到一丝打破的曙光，结果将会如何？中共和平统一的对台政策会不会重新作出调整？两岸关系将被引向何方？所有这些都已成为海内外各界人士普遍关注的焦点。

一、“和平统一、一国两制”是新时期中共对台基本政策

古语有云：“温故而后知新”，要探讨上述问题，有必要首先对中共自建国以来的对台方针政策的演变发展，作一简要的回顾与概述。

众所周知，中共自1949年建国以来，始终都把实现台湾与大陆的统一，作为自己神圣的历史使命，并依据国内外形势的发展变化，适时地制定、实施和调整对台方针政策。半个多世纪以来，中共对台方针政策的发展脉络，大致可以划分为“武力解放台湾”——“和平解放台湾”——“和平统一、一国两制”这三个相互衔接的历史阶段。

（一）“武力解放台湾”阶段（40年代末—50年代中）

1946年6月，国共内战爆发。及至1949年1月，经过辽沈、淮海、平

津三大战役的战略决战，国民党最后失败的命运已成定局。此时，中共中央已预见到国民党势必退踞台湾，遂开始抓紧对解放台湾的战略部署。1949年3月15日，中共新华社发表题为《中国人民一定要解放台湾》的时评，首次公开提出“解放台湾”的口号。时评强调指出：美国妄图“攫取中国的一块领土——台湾作为将来对中国大陆发动侵略战争的跳板”；“以蒋介石为首的国民党反动派，也梦想托庇于美国帝国主义的军事保护下，把台湾作为最后挣扎的根据地”；同时还特别提到，祖国不统一，“台独”势力就会猖獗。中共明确表示：“中国人民解放斗争的任务，就是解放全中国，直到解放台湾、海南岛和属于中国的最后一寸土地为止。”

1949年7月，刘少奇访问苏联，在同斯大林商谈建国问题时，首次披露了武力解放台湾的时间表。他说：“人民解放军在1949年夏秋两季，可以基本上结束对国民党的战争。剩下台湾、海南岛、新疆和西藏。西藏用政治方式解决，台湾、海南岛与新疆待明年解放。”这说明，此时中共中央已经拟定了武力解放台湾、统一全中国的战略部署。

此后，中共一方面通过各种方式一再表明解放台湾的决心，另一方面开始着手进行武力解放台湾的实际准备。

1949年10月1日中华人民共和国成立后，中共更抓紧了解放台湾的军事部署，并成立了由粟裕任总指挥的“前线指挥部”。12月31日，中共中央发表了《为祝贺新年告前线将士和全国同胞书》，提出：中国人民解放军和中国人民在1950年的战斗任务，就是“解放海南岛、台湾和西藏，全歼蒋介石集团的最后残余势力。”这是中共建国后明确提出“武力解放台湾”的方针。次日，《人民日报》又发表元旦社论，把“肃清中国境内的一切残余敌人，解放台湾、西藏、海南岛，完成统一全中国的大业”，作为中国人民在1950年要完成的四项任务中的头一项。这标志着中共建国后，“武力解放台湾”的方针至此已经形成。

随着战争向东南沿海的顺利推进，到1950年6月，人民解放军渡海攻台已是箭在弦上、蓄势待发。坐困台北的蒋介石如惊弓之鸟，随时准备逃离台湾。值此关键时刻，6月25日，朝鲜战争爆发。27日，美国第七舰队开进台湾海峡，空军第十三航空队进驻台湾。不久，美国又向越南派去军事顾问团。面对形势的突变，中共盱衡自身的实力，为避免同时在三个战场上与美国作战，遂决定将人民解放军的战略重点由东南沿海转向东北，集中力量在朝鲜同美军较量。10月19日，中国人民志愿军入朝作战，由此，武力解放台湾的方针被迫暂时搁置下来。

朝鲜战争的爆发，对台湾问题的解决产生了深远的影响。从此，美国正式介入台海冲突，对台政策也由“弃蒋”转向“扶蒋”，国民党当局因此而绝处逢生，不仅在台湾站稳了脚跟，而且形成与大陆长期隔海对峙的严重局面。此后，美国开始鼓吹“台湾地位未定论”、“台湾中立化”、“两个中国”、“划峡而治”等各种分裂中国的论调。从而极大地增加了解决台湾问题的复杂性、长期性、曲折性和艰巨性。

1953年7月，朝鲜战争结束，美国继续从军事上、经济上、外交上全方位支持台湾当局，阻挠中国的统一。鉴于此，1954年7月，中共再次提出“解放台湾”的口号，并于9月间两次炮击金门，以军事行动表示不能承认美国的军事干涉和对台湾的占领，此即所谓“第一次台海危机”。12月2日，美国无视中共的强烈反对，与台湾当局签订了酝酿多时的《共同防御条约》，正式把台湾置于它的军事“保护伞”之下。对此，12月8日，中共发表声明，指出该条约“根本是非法的、无效的”，表示中国人民一定要解放台湾，完成国家完全统一。此后，中共采取了一系列“武力解放台湾”的实际行动，并于1955年1、2月间发动了渡海战役，先后攻占了一江山岛和大陈岛。

大陈岛的攻占，标志着东南沿海的海岛争夺战已基本结束，国共两党内战、海峡两岸的武力对抗有所缓和。伴随着国内外局势的变化，中共适时地调整政策，提出了“和平解放台湾”的新的对台方针。

（二）“和平解放台湾”阶段（50年代中—70年代末）

“和平解放台湾”的方针，是在50年代中期，中共根据国际国内形势的变化而确立的。

从国际形势来说，1953年7月《朝鲜停战协议》的签订、朝鲜战争的结束，使中国的国际地位得到提升，大国的形象得以确立。1954年4月，中华人民共和国首次以五大国（中、美、苏、法、英）之一的身份和地位，应邀出席在日内瓦召开的以讨论朝鲜问题和印度支那问题为内容的国际会议。

同年7月，印度支那停战协议在日内瓦签订，中国南部边陲的安全得到了巩固，打乱了美国企图从朝鲜、台湾到越南三条战线上包围中国、威胁中共政权的战略部署。

1955年4月，亚非会议在印度尼西亚万隆成功召开，这标志着亚非国家开始登上国际政治舞台，成为二战结束后维护世界和平的一支重要力量，同时也预示着国际紧张局势开始趋向缓和。

就国内形势而言，1953年中共开始实施发展国民经济的第一个五年计划，经济建设成为整个国家生活中压倒一切的中心任务。大规模的经济建设，一方面需要有一个和平安定的国际国内环境作为保证；另一方面，也需要调动国内外一切积极因素，甚至化消极因素为积极因素，团结一切可以团结的力量，为社会主义建设服务。

鉴于上述国际国内形势的变化，中共决定调整对台方针政策，采取灵活措施，以冲破美国为首的西方反华势力的封锁包围，积极争取一个有利于中国经济建设的国际国内环境。

此外，值得注意的是，50年代中期，台湾海峡局势也发生了微妙变化。美台虽然签订了《共同防御条约》，但却各有盘算。美国只想控制台湾，“划峡而治”，制造“两个中国”或“一中一台”，最终使台湾从中国分裂出去，并不想助蒋反攻大陆，使自己过深地卷入与中共对抗，损害美国的国家利益；而台湾国民党当局则坚持“汉贼不两立”的“一个中国”立场，一心想“反攻复国”，对美国图谋“台湾问题国际化”，限制其反攻大陆，搞“两个中国”极度不满。双方矛盾分歧十分尖锐，不断发生摩擦。在此期间岛内先后发生的吴国桢、王世杰、孙立人等事件，典型地反映了美蒋之间的这种矛盾和争斗。中共中央洞悉上述情况，认为既然国共两党均坚持“一个中国”的原则立场，反对“两个中国”或“一中一台”，那么就有可能利用美蒋矛盾，在维护国家统一的前提下求同存异，以和平方式解决台湾问题。

基于上述分析，中共首先调整了对美政策，敦促美国政府就解决台湾问题与中国谈判。1955 年 4 月，万隆会议（即亚非会议）召开期间，周恩来总理发表声明指出：“中国人民同美国人民是友好的。中国人民不要同美国打仗。中国政府愿意同美国政府坐下来谈判，讨论缓和远东紧张局势问题，特别是缓和台湾地区紧张局势问题。”这一声明得到美国政府的响应，当年 8 月 1 日，中美大使级会谈在日内瓦（后改在华沙）举行。一直到 1970 年，历时 15 年之久，谈判达 136 次，核心议题即为台湾问题。中美大使级会谈虽然未能取得多少具体成果，但却为以后改善中美两国关系以及和平解决台湾问题营造了气氛，创造了条件。

在调整对美政策的同时，中共正式向台湾国民党当局提出“和平解放台湾”的倡议。1955 年 5 月 31 日，周恩来总理在全国人大常委会第 15 次会议上明确宣布：“中国人民解放台湾有两种可能的方式，即战争方式和和平的方式。中国人民愿意在可能的条件下，争取用和平的方式解放台湾。”这是中共第一次公开正式提出“和平解放台湾”的对台方针，标志着中共对台政策开始转变。

不过，按照中共最初的说法，两岸和谈解决台湾问题，是属于“中央政府同地方当局之间的协商”。在此基础上，1956 年这一年，中共领导人毛泽东、周恩来等又在各种不同的场合进一步阐明了和平解决台湾问题的一系列具体方针政策，从而逐步形成并提出了实行第三次国共合作的主张。这一主张的提出，是中共“和平解放台湾”对台方针的进一步概括和发展。这些具体方针政策，归纳起来主要有如下数端：

（一）“省亲会友，来去自由”。为了缓和海峡两岸紧张对峙的局面，为“和平解放台湾”创造良好的气氛，中共领导人一再表示充分理解家在大陆、身在台湾的国民党军政人员早日与家人团聚的愿望，他们可以同大陆上的亲友通讯，也可以回到大陆省亲会友，各级人民政府保证他们“来去自由”，并提供“各种方便和协助”。

（二）“既往不咎、立功受奖”。凡是愿意走和平解放台湾道路的，不论何人，不论他们过去犯过多大罪过，不论先后，一律宽大对待，不咎既往，立功受奖。凡是通过和平途径投向大陆的，都将安置适当的工作。

（三）“对等谈判，高度自治”。希望台湾当局在他们认为“适当的时机”、“适当的地点”，派出代表，由国共两党通过对等谈判，协商和平解放台湾的具体步骤和条件；台湾成为中央政府管辖下的自治区，实行高度自治；台湾的政务仍由蒋介石领导，共产党不派人前往干预；当然，作为主权统一的标志，外国军事力量必须撤离台湾海峡。

为加强对台工作，统一领导，1956 年 7 月，中共中央发出“关于加强和平解放台湾工作”的党内指示，并成立了由周恩来直接领导的对台工作办公室。同年 9 月，中共召开第八次全国代表大会，在大会通过的政治报告中，“和平解放台湾”的对台方针，作为党的决议被肯定下来，成为全党的共识。此后，全党和各级政府统一步调，为贯彻落实这一方针展开了全面工作，并取得了一定的成效。但由于台湾当局并无谈判诚意，再加上 1957 年 6 月以后，大陆方面开展了严重扩大化的反右派斗争，给对台工作造成了消极影响，致使“和平解放台湾”、实行第三次国共合作的新的对台方针，未能达到预期目标。在 1957 年 10 月召开的国民党八大会议上，蒋介石再次强调坚持“反共复国”的既定政策。

应该着重指出的是，中共在处理台湾问题时，格外注意把海峡两岸中国人之间的矛盾和中美两国之间的矛盾加以区别对待，坚决反对任何外国势力干预和插手台湾问题。1954 年 9 月间发生的第一次台海危机，即是中共用炮击金门的军事动作，表达了对美国插手台湾问题 、干涉中国内政的强烈不满。中共调整对台政策、提出“和平解放台湾”的新的对台方针后，引起美国的不安。此后，美国不断施加压力，试图逼迫蒋介石下令从金门、马祖撤军，以制造海峡两岸“划峡而治”，形成事实上“两个中国”的分裂局面。但蒋介石不肯就范，始终念念不忘“反共复国”。为了挫败美国分裂中国的阴谋，中共决定利用美蒋之间的矛盾，适时地提出了“联蒋抵美”策略。于是从 1958 年 8 月下旬开始，毛泽东下令人民解放军以猛烈炮火轰击金门，这就是当时震惊世界的“第二次台海危机”。炮击金门持续了一个多月的时间，表面上是军事斗争，但实质上是中、美、台三方围绕着要不要坚持“一个中国”所展开的一场剧烈的政治角力。然而有趣的是，这一回合的斗争，乃是海峡两岸的宿敌——国共两党之间“似打实合”、默契配合，共同挫败了美国策划的“划峡而治”、分裂中国的图谋。这一高超的斗争艺术，堪称是世界政治、军事史上前所未闻的奇特景观。同年10月23日，美国不得不在公开发表的美台“联合公报”中，承认“金门、马祖与台湾、澎湖在防卫上有密切关联。”

此后，海峡两岸双方的政策都进行了调整，由过去激烈的军事对抗，转而以政治对抗为主、军事对抗为辅的冷战对峙局面。台湾方面，逐步放弃了“反攻大陆”的口号，将主要精力用以经营建设台湾，实行“反共偏安政策”；大陆方面，则对解决台湾问题作进一步的思考，相继提出了许多新的重要原则。1963年，周恩来将这些重要原则简明扼要地归纳为“一纲四目”方案。“一纲”即台湾必须统一于中国。“四目”即：（1）台湾统一于祖国后，除外交必须统一于中央外，台湾之军政大权、人事安排等悉委于蒋介石；（2）台湾所有军政及经济建设一切费用不足之数，悉由中央政府拨付（当时台湾经济困难，每年赤字约8亿美元）；（3）台湾的社会改革可以从缓，必俟条件成熟并尊重蒋的意见，协商决定后进行；（4）双方互不派特务，不做破坏对方团结之举。毛泽东一再表示，台湾当局只要一天守住台湾，不使台湾从中国分裂出去，大陆就不改变目前的对台关系。

“一纲四目”的提出，进一步丰富和完善了“和平解放台湾”的方针，使这一方针更加理论化和具体化，同时也更具操作性。从其内容来看，它实际上是70年代末邓小平提出的“和平统一、一国两制”新的对台政策的源头，后者显然是前者合乎逻辑的延伸和发展。

在“一纲四目”对台方针的指引下，经过各方的通力合作，60年代中期中共对台工作正在取得可喜的进展。但很可惜，这一良好的发展势头未能持续下去，1966年5月至1976年10月长达10年之久的“文化大革命”，中共的对台工作遭到了林彪、四人帮和极左思潮的严重干扰和破坏。特别是在“文革”前期，中共实际上放弃了50年代中期以来实行的“和平解放台湾”的政策，恢复了建国初期“武力解放台湾”的强硬做法，致使国共两党联系中断，海峡两岸关系一度处于十分紧张的对峙状态。所幸从70年代初开始出现了新的转机，在毛泽东、周恩来的推动下，联合国恢复了中国的合法席位，中美、中日关系先后实现了正常化。这一系列重大事件的发生，对两岸关系的发展产生了积极和深远的影响，为最终解决台湾问题创造了不可或缺的前提条件。也正是在这种新的形势下，70 年代末，中共适时地提出了“和平统一、一国两制”新的对台方针政策。

（三）“和平统一、一国两制”阶段（70 年代末——）

70 年代末，国际国内形势发生了新的重大变化。

国际方面，1978 年 12 月 16 日，中美两国经过多次曲折复杂的谈判，发表了建交联合公报。这样，自 1972 年尼克松访华以来开始启动的中美两国关系正常化进程，终于取得了突破性的进展。联合公报明确宣布：中美两国“自 1979 年 1 月 1 日起互相承认并建立外交关系”，美国“承认中华人民共和国是中国唯一合法政府”，只同台湾“保持文化、商务和其他非官方关系”，强调美国“承认中国的立场，即只有一个中国，台湾是中国的一部分。”中美建交意义重大，它不仅标志着中美两国关系从此进入了一个新的发展阶段，同时在一定程度上消除了解决台湾问题的最主要的国际障碍，从而为中共提出并确立和平统一祖国的方针营造了良好的国际氛围，创造了重要的国际条件。

国内方面，自 1976 年 10 月粉碎“四人帮”、结束了长达 10 年之久的“文化大革命”之后，中共采取了一系列措施，在各个领域进行了卓有成效的“拨乱反正”的整顿工作。特别是 1978 年 5 月，通过关于“实践是检验真理的唯一标准”的大讨论，冲破了个人迷信和“两个凡是”的思想束缚。在此基础上，1978 年 12 月召开了中共十一届三中全会。全会果断停止使用“以阶级斗争为纲”、“无产阶级专政下继续革命”等“左”的口号，决定从 1979 年起把党和国家的工作重心转移到社会主义现代化建设上来。这是中共建国以来具有深远意义的伟大战略转折，不仅为中国的现代化建设指明了正确方向，同时也为中共和平解决台湾问题的新的对台方针政策的出台奠定了基础。

正是在上述国际国内的背景下，70 年末、80 年代初，以邓小平为核心的中共第二代领导集体，在毛泽东、周恩来关于争取“和平解放台湾”思想的基础上，进一步创造性地提出了“和平统一、一国两制”的新的对台方针。

“和平统一、一国两制”的新的对台方针政策有一个逐步形成和发展的过程。早在 1978 年 10 月 8 日，即中共十一届三中全会召开之前，邓小平在会见日本著名文艺评论家江藤淳时就说：“如果实现祖国统一，我们在台湾的政策将根据台湾的现实来处理。比如说，美国在台湾有大量的投资，日本在那里也有大量的投资，我们正视这个现实。”表明了在解决台湾问题时要实事求是、尊重台湾现实的思想。11 月 14 日，邓小平在会见缅甸总统吴奈温时又进一步说：“在解决台湾问题时，我们会尊重台湾的现实。比如，台湾的某些制度可以不动，美日在台湾的投资可以不动，那边的生活方式可以不动。但是要统一。”及至 12 月中共十一届三中全会发表的公报中，在提及台湾问题时，首次以“台湾回到祖国怀抱，实现统一大业”，取代了以往“解放台湾”的一贯提法，实际上这已清楚地表明了中共的对台政策将发生重大调整。

1979 年元旦，全国人大常委会发表《告台湾同胞书》，首次公开宣布了关于台湾回归祖国、实现国家统一的大政方针，标志着中共对台方针政策的重大转变。该文告要点有：（1）强调在解决统一问题时，“一定要考虑台湾的现实情况”，“尊重台湾的现状和台湾各界人士的意见，采取合情合理的方法，不使台湾人民蒙受损失”；（2）提出“我们寄希望于台湾 1700 万人民，也寄希望于台湾当局”，并肯定“台湾当局一贯坚持一个中国的立场，反对台湾独立，这就是我们共同的立场，合作的基础”；（3）提出“首先应当通过中华人民共和国政府和台湾当局之间的商谈，结束这种军事对峙状态”；（4）提出“双方尽快实现通航通邮”，“发展贸易，互通有无，进行经济交流”（该内容后来被概括为“三通”）。这一具有重要意义的文献，为后来系统地形成“和平统一、一国两制”方针奠定了基础。

继《告台湾同胞书》发表之后，另一份具有重要意义的文献，是 1981 年 9 月 30 日国庆前夕，全国人大常委会委员长叶剑英就台湾问题向新华社记者发表的谈话。该谈话进一步阐明了关于台湾与大陆实现和平统一的方针政策，具体内容共有九条（后来被称为“叶九条”），其要点是：（1）建议举行国共两党的对等谈判，实行第三次国共合作；（2）提出“通邮、通商、通航、探亲、旅游以及开展学术、文化、体育交流”的主张；（3）提出国家统一后，“台湾可作为特别行政区，享有高度的自治权，并可保留军队”，

“台湾现行社会、经济制度不变，生活方式不变，同外国的经济、文化关系不变、私人财产、房屋、土地、企业所有权、合法继承权和外国投资不受侵犯”；（4）提出“台湾当局和各界代表人士，可担任全国政权机构的领导职务，参与国家管理”。

如果说《告台湾同胞书》确定了新时期中共“和平统一”的大政方针的话，那么可以说“叶九条”则是对这一大政方针的具体化，其中的一些重要内容已经形成了完成国家统一的根本方针——“一国两制”的基本构想，这表明“和平统一”已成为中共解决台湾问题的重大决策，决非权宜之计，更不是“统战阴谋”。1982 年 1 月 11 日，邓小平在一次谈话中说：“九条方针是以叶剑英名义提出来，实际上就是‘一个国家，两种制度’。”这是邓小平第一次提出“一个国家，两种制度”的概念。

1982 年 12 月，五届人大五次会议通过《中华人民共和国宪法》，其中第 31 条规定：“国家在必要时得设立特别行政区。在特别行政区实行的制度按照具体情况由全国人民代表大会以法律规定”。所谓“建立特别行政区”，指的就是实行“一国两制”。由此，“一国两制”已正式纳入中国的根本大法，从而实行“一国两制”有了宪法的保证。

1983 年 6 月 26 日，邓小平在会见美国西东大学教授杨立宇时，进一步阐明了“和平统一、一国两制”的构想（后被称为“邓六条”）。其要点是：（1）台湾问题的核心是祖国统一。和平统一已成为国共两党的共同语言，从而构成了第三次国共合作的基础；（2）坚持一个中国，制度可以不同，但在国际上代表中国的只能是中华人民共和国；（3）不赞成“完全自治”的提法，“完全自治”就是“两个中国”。自治应有一定的限度，条件是不能损害统一的国家利益；（4）统一后，台湾作为特别行政区，可以实行与大陆不同的制度，可以有其他省市自治区所没有而为自己所独有的某些权力。拥有立法权和司法权，终审权不须到北京。台湾还可以有自己的军队，只是不能构成对大陆的威胁。大陆不派人去台，不仅军队不去，行政人员也不去。台湾的党政军等系统都由台湾自己来管。中央还要给台湾留出名额；（5）和平统一不是大陆把台湾吃掉，也不是台湾把大陆吃掉，所谓“三民主义统一中国”是不现实的；（6）实现统一的适当方式是举行国共两党平等会谈，实行第三次国共合作，不提中央与地方谈判，双方达成协议以后，可以正式宣布，但不允许外国势力插手。

显然，“邓六条”的提出使“和平统一、一国两制”解决台湾问题的构想更加充实和完善、更加具体化和系统化了。

与此同时，中共采取了一系列有利于缓和两岸关系的实际步骤，例如停止炮击金门和对台湾外缘岛屿的海漂、空漂宣传、撤销福建军区、削减了福建前线的军事力量等。此外，在落实台胞、台属和原国民党起义投诚人员政策方面，中共中央发出了多项指示要求全党和各级政府严格执行，并对有关历史事件与国民党的著名人物重新进行客观公正的评价、邀请台湾当局和各界人士来大陆参观、访问。在两岸通讯、通邮、体育比赛交流等各个方面均制定和公布了许多具体的政策措施。所有这些，都对两岸关系的缓和发展起到了积极的作用。

1989 年 6 月，中共十三届四中全会产生了以江泽民为核心的新的中央领导集体。全会公报郑重宣布：“中国共产党十一届三中全会以后，提出了和平统一祖国的方针和一个国家、两种制度的构想，这是我们的基本政策”。

1995 年 1 月 30 日，江泽民总书记发表了题为《为促进祖国统一大业的完成而继续奋斗》的重要讲话，精辟地阐述了邓小平“和平统一、一国两制”思想的深刻内涵，提出了现阶段发展两岸关系、推进祖国和平统一进程的八项主张（后被称为“江八点”）。这篇重要讲话不仅充分体现了中共对台方针政策的一贯性和连续性，同时也是在新的形势下中共对台方针的重大发展，成为今后相当长时期内解决台湾问题的纲领性文献。

1997 年 9 月，中共第十五次全国代表大会重申了“和平统一、一国两制”解决台湾问题的基本立场、方针和原则。

1999 年 7 月 9 日，李登辉抛出“两国论”。7 月 18 日晚，应美国总统克林顿的要求，江泽民同克林顿通了电话，在强烈谴责李登辉分裂言论的同时，重申了“我们解决台湾问题的基本方针，仍然是‘和平统一、一国两制’。”

2000 年元旦，江泽民在出席全国政协举行的新年茶话会上发表重要讲话，再次重申：“我们坚持‘和平统一、一国两制’的方针没有改变。我在五年前提出的发展两岸关系、推进祖国和平统一进程的八项主张没有改变。”尽管在当年的3月18日，标举“台独党纲”的民进党在台湾“大选”中以微弱多数胜选，取代国民党成为台湾政坛的执政党。面对岛内政局发生新的变化，中共认为：“两岸关系的基本格局和发展趋势没有改变，国际上普遍承认一个中国的基本框架是稳固的”，“求和平、求安定、求发展”仍然是台湾民意的主流。因此，近两年来在各种不同的场合，中共仍一再重申，将继续坚持“和平统一、一国两制”解决台湾问题的基本方针不变。

二、“一国两制”的基本内容及其实践意义

如前所述，“一国两制”是中共十一届三中全会以后由邓小平创造的和平解决台湾问题、完成国家统一的基本构想，是邓小平理论的重要组成部分，是中共对台工作的根本方针，决非权宜之计。因此，要想准确地理解中共的对台方针政策，就必须对“一国两制”的基本内容及其理论和实践意义，有比较深刻的认识和了解。

（一）“一国两制”的基本内容

所谓“一国两制”，是“一个国家，两种制度”的简称。自1982年1月邓小平首次提出这一概念之后，迄今已过去整整20年了。20年来，随着国内外形势的变化，经过中共领导人的一再阐述，“一国两制”的概念和内容不断丰富和发展，逐步形成了一套完整的体系。其基本内容大致可以用一句话来概括：即“一个中国，和平统一；两制并存，高度自治；长期不变，共同发展”。

（1）“一个中国，和平统一”。何谓“一个中国”？按照中共领导人近年来的最新提法，即“世界上只有一个中国，大陆和台湾同属一个中国，中国的主权和领土完整不容分割。”这是“一国两制”的基础。“和平统一”，则是“一国两制”的核心问题，也是海峡两岸共同的历史责任，即通过两岸的平等协商，用和平谈判的方式来完成祖国的统一大业。“在一个中国的前提下，什么问题都可以谈”，“包括台湾当局关心的各种问题”，大陆

方面应充分考虑台湾方面能接受的条件，设身处地地为对方着想。

（2）“两制并存，高度自治”。这是“一国两制”的最大特点。统一后，国家的主体部分（大陆）坚持社会主义制度，这是前提；台湾、香港、澳门作为特别行政区，保持原有的资本主义制度不变，生活方式不变，同外国的经济文化关系不变。私人财产、房屋、土地、企业所有权、合法继承权、华侨和外国人投资等，一律受法律保护。台湾除了同香港、澳门一样，实行“高度自治”，拥有特区的管理权、立法权、独立的司法权和终审权，同外国签订商务、文化等协议，享有一定的外事权，并可保持财政独立之外，“实行比港澳更宽松的政策”。例如，台湾可以有自己的军队，中央政府不派军队去；台湾的党、政、军系统都由自己来管，大陆不仅不派行政人员到台湾去，中央政府还要在全国性政权机构中留出一定比例的名额，让台湾各界人士参与国家管理。

（3）“长期不变，共同发展”。实行“一国两制”是最好的“维持现状”，“你不吃掉我，我不吃掉你”，两制长期共存，邓小平说“我经常说一百年、一千年，就是指长期，我们不会用强制的办法使它改变”。将来台湾实行什么样的制度，由台湾人民的意志决定。钱其琛副总理说，统一后，不仅“能避免‘台独’分裂势力挑起战争带来的灾难，永享太平”，而且“台湾经济将真正以祖国大陆为腹地，获得巨大的发展空间，实现经济结构的优化和长期繁荣”，同时也更有利于大陆发展社会主义的主体，两岸共同发展、振兴中华。

“一国两制”的构想，既是中共关于和平统一祖国战略方针的重大发展，又是这一战略方针的核心内容；既体现了中共实现祖国统一、维护国家主权的原则性，又充分考虑到台湾、香港、澳门的历史和现实，照顾到各方的利益，体现了高度的灵活性；这一构想，把中共和平统一祖国的方针政策提升到理论的高度，成为推进祖国和平统一大业的理论基础、指导思想，和切实可行、最合情合理的最佳方案。

当然，这一方案的许多具体内容还有待进一步充实和完善，而这也正是需要两岸双方坐下来平等协商、谈判才能济事的。

“一国两制”的科学构想原本是为和平解决台湾问题提出来的，但由于台湾方面并未积极响应，致使两岸统一迟迟未能取得进展，但却首先在解决香港、澳门回归的问题上进行了成功的实践，这就为今后台湾问题的最终解决产生了积极的影响，提供了很好的示范作用。

（二）“一国两制”的实践意义

“一国两制”构想的提出，是中共摒弃了“文革”时期的极“左”路线，重新回到解放思想、实事求是的思想路线，把马克思主义的普遍真理与解决中国统一问题的具体实践相结合的产物。其理论依据是辩证唯物主义和历史唯物主义的世界观和方法论。这一构想是对马克思列宁主义关于国家学说、科学社会主义学说以及和平共处思想、统一战线理论的新发展、新贡献，其理论意义是显而易见的。这里，我们着重要探讨的是这一构想的实践意义，也即用“一国两制”模式实现两岸的和平统一，对于各方究竟有哪些好处？

（1）避免同胞相残，增进民族团结。两岸同胞分离已久，原本存在隔阂，互不信任，若再兵戎相见，骨肉相残，即使实现了统一，也势必严重伤害两岸人民之间的感情，造成更大的民族裂痕。相反，如果通过平等协商谈判，以“一国两制”的和平方式实现统一，避免同胞相残，生灵涂炭，两岸人民是和平统一的最大受益者，有利于增进民族的和睦团结。

（2）消除战争隐患，永享安定太平。事实证明，只要两岸一天不统一，“台独”势力总是要时时跳出来顽强地表现他们自己，挑起台湾内部的统独之争，制造台海紧张局势。这种不稳定状况不改变，说不定哪一天就会“擦枪走火”，甚至引发两岸之间的战争，要想永远“维持现状”只是一种幻想。如果以“一国两制”的和平方式实现统一，就可以从根本上消除台湾内部的统独之争，解除海峡两岸的战争隐患，台湾民众不用再担惊受怕，可以安居乐业，永享太平。

（3）节省无谓开支，有利民生福祉。由于目前两岸处于敌对状态，双方都在加强军备，进行外交竞争，白白浪费了大量金钱。据台湾媒体报道，台湾每年仅用以采购武器装备的经费就高达 100 多亿美元；至于为“巩固邦交”或“增加邦交国”数目，台湾每年也不得不动辄花掉数亿美元纳税人的冤枉钱用以“经援”。仅 2000 年 8 月陈水扁出访中美洲和非洲 6 国，金援总额就高达2.5亿美元。当然不可否认，大陆方面在这些方面的花费也相当可观。试想，如果实现了统一，两岸不必进行军备竞赛，也不再进行外交竞争，可以节省多少无谓开支，转而用在经济建设和改善两岸人民的民生福祉，那该有多好！

（4）经济科技互补，共同振兴中华。二十一世纪是各国经济和科技剧烈竞争的时代。目前，海峡两岸的经济和科技发展各有长处和短处、优势和劣势。若以“一国两制”实现了统一，两岸的经济和科技合作清除了人为设置的障碍，可以真正按照市场法则运行，不断扩大合作领域和规模，并且向更高的层次发展，直至实现区域整合。届时，海峡两岸再加上香港、澳门，形成东亚地区庞大的经济实体，“中国人帮中国人”，共同制定国家可持续发展战略，以大陆广阔市场为腹地，各种物资、人才、科技、文化教育资源共享，互相协作、互补互利，大大提高国际竞争力，共同繁荣，振兴中华，何乐而不为?!

（5）真正当家作主，共享大国尊严。以“一国两制”实现统一，中国的综合国力必将大幅增强，国际地位大幅提升。一方面，台湾同胞将和大陆同胞一道，“充分地共享伟大祖国在国际上的尊严和荣誉”，对外活动空间大为扩展，不必再受他国“牵制”和“勒索”，看某些强国的脸色行事。无论走到世界上哪一个角落，都因为你是“中国人”而受到尊敬，不再受到歧视。另一方面，台湾不仅实行高度自治，“台湾同胞将真正实现当家作主的夙愿”，“充分行使选择社会制度和生活方式的权利。台湾被宰割、被殖民的历史将不会重演；违背台湾同胞意愿的专制政权将不会再现”，而且还可以“更加广泛、直接地参与管理国家大事，共同致力于国家的和平发展”，和大陆人民一起，共同维护中国的主权和领土完整。

（6）稳定台海局势，促进亚太和平。以“一国两制”的和平方式实现统一，两岸长期以来的政治僵局破解，台海局势得以稳定，战争隐患消弭于无形，有利于亚太地区的和平与合作，对世界和平也是重大贡献。

总之，以“一国两制”实现和平统一，利国利民，功在千秋。它的实践意义，它的好处当然远远不止上述几点，有许多无形资产是无法估量的。香港、澳门的回归，已经率先作出了垂范，“一国两制”的强大生命力，正在港、澳特区逐渐显现出来，假以时日，它的实践意义必定会被愈来愈多的人所认识和理解。近年来，台湾岛内的各种民调显示，赞同以“一国两制”模式实现两岸和平统一的台湾民众不断增加，便是明证。

三、“江八点”——邓小平“和平统一、一国两制”基本思想在新形势下的具体运用和重大发展

如前所述，江泽民总书记1995年1月30日在春节茶话会上发表的《为促进祖国统一大业的完成而继续奋斗》的重要讲话，提出了现阶段发展两岸关系、推进祖国统一进程的八项主张（又称“江八点”），不仅体现了中共对台方针政策的一贯性和连续性，同时也是在新形势下，中共第三代中央领导集体对邓小平“和平统一、一国两制”基本思想的具体运用和重大发展，是中共今后相当长时期内解决台湾问题的纲领性文献。因而只有对“江八点”有比较深刻的认识，才能准确把握现阶段中共的对台方针政策。

（一）“江八点”提出的背景

自70年代末、80年代初中共提出“和平统一、一国两制”新的对台方针后，各方面的情况发生了很大变化，到90年代中期，对台工作所面临的总体形势是：一方面，两岸关系的发展势头良好，有利于和平统一的因素在增长；另一方面，台湾岛内的分裂倾向也在发展，以美国为首的国际反华势力试图利用台湾问题牵制与遏制中国。

从有利因素来看：（1）中国大陆自70年代末开始推行的改革开放路线，取得了举世瞩目的成就。期间尽管发生过1989年春夏之交的政治风波，西方国家曾一度对中国进行经济制裁，但到90年代中期，大陆的改革开放已进入了以建设有中国特色的社会主义市场经济体制为目标的新阶段，经济建设速度明显加快，政局稳定，这就为继续推进对台工作创造了有利的内部条件。（2）两岸关系发生了历史性的重大变化。在海内外同胞的共同努力下，1987年11月台湾当局终于被迫开放台湾民众赴大陆探亲，从而结束了两岸同胞长期隔绝的状态。此后，两岸民间往来及各项交流渐次展开并日趋热络，两岸经贸迅速发展，间接“三通”出现。从1991年起，两岸开始了

事务性商谈，台湾当局长期坚持的“不接触、不谈判、不妥协”的“三不”政策被打破。及至1993年4月，“汪辜会谈”在新加坡举行，标志着两岸关系发展迈出了历史性的重要一步。随着两岸关系的深入发展，两岸政治谈判的紧迫性已日益突显出来，并成为现阶段全面推进两岸关系发展的关键。

从不利因素来说：（1）90年代初发生的“苏东波事件”，使国际政治格局急剧变化，自二战结束后美苏两强争霸世界的冷战局面以美国的胜利而告尘埃落定。在美国眼中，“联中制苏”既已成为历史，中国在美国全球战略棋盘上的地位和作用已大大降低。与此同时，中国大陆通过改革开放正在迅速崛起，并大有后来居上取代前苏联成为美国独霸世界的最大障碍之可能。于是，美国开始调整对华政策，“中国威胁论”开始出笼，国际反华势力加紧对中国实行“和平演变”，并利用台湾问题加强对中国牵制与遏制的力度。1992年9月，美国布什政府突破中美“八、一七”公报的限制，决定向台湾出售150架F－16战机。继而克林顿政府于1994年宣布调整对台政策，采取一系列措施提升与台湾的实质关系，事实上制造“两个中国”、“一中一台”。（2）国际局势的变化、美国对台政策的调整，无疑给台湾岛内的“台独”分裂势力予极大的鼓舞。以李登辉为代表的国民党主流派，逐步抛弃了“一个中国”立场，在国际上大力推行“务实外交”，谋求“双重承认”和“参与联合国”；在两岸关系方面，拒绝开放两岸直接“三通”、拖延政治谈判，试图利用两会事务性、经济性商谈，突显所谓两岸“分裂分治”和“对等政治实体”；在台湾内部，则加紧进行“宪政改革”，力图为其分裂活动制造法源依据。至于以民进党为代表的岛内“台独”势力，更在李登辉的纵容、扶植下急剧膨胀发展，在台湾政坛和社会上的影响力日益扩张。岛内这两股分裂中国的势力密切配合、互为奥援，再加上国际反华势力的撑腰，共同挑战“一个中国”，从而对两岸关系的发展和中国和平统一的前景，造成了严重的冲击。

正是在上述背景下，为突破两岸政治僵局，进一步加强两岸经济、文化交流，把和平统一进程推向一个崭新的阶段，江泽民不失时机地就台湾问题发表了重要讲话。

（二）“江八点”的主要内容及基本思想

江泽民的重要讲话，阐述了邓小平“和平统一、一国两制”的思想，回顾了自1979年以来两岸关系发展的基本情况，分析了台湾政局和国际形势的变化对中国统一的影响，在此基础上提出了颇具新意和创意的八项主张。其主要内容及基本思想是：

（1）坚持一个中国原则，是实现和平统一的基础和前提。这是“江八点”的核心内容，同时也是推动两岸关系健康发展的立足点。江泽民针对台湾岛内“台独”分裂势力的现实表现，明确提出：中国的主权和领土不容分割，任何制造“台湾独立”的言论和行动，以及主张“分裂分治”、“阶段性两个中国”等等，都违背一个中国原则，都应坚决反对。与此同时，江泽民的讲话还对台湾与外国的关系作了明确的界定与区分，指出：“对于台湾同外国发展民间性经济文化关系，我们不持异议”，但“反对台湾以搞‘两个中国’、‘一中一台’为目的的所谓‘扩大国际生存空间’的活动”。同时指出：只有实现和平统一后，台湾同胞才能与全国各族人民一道，真正充分地共享伟大祖国在国际上的尊严与荣誉。

（2）海峡两岸和平统一谈判可以分步骤进行。这是“江八点”中最具新意的内容之一。讲话中，江泽民除了重申建议双方就“正式结束两岸敌对状态、逐步实现和平统一”进行谈判之外，进一步提议：“作为第一步，双方可以先就‘在一个中国的原则下，正式结束两岸敌对状态’进行谈判，并达成协议。在此基础上，共同承担义务，维护中国的主权和领土完整，并对今后两岸关系的发展进行规划。”这是中共过去没有提出过的新的对台政策宣示和解决台湾问题的新思路。这也说明，中共对现实情况的把握比过去更加准确，已充分体认到和平统一不可能“一步到位”，需要分步骤进行，两岸统一谈判可以先不谈“统一”问题，作为第一步，可先就“在一个中国原则下，正式结束两岸敌状态进行谈判”，而谈判的目的，是两岸“共同承担义务，维护中国的主权和领土完整，并对今后两岸关系的发展进行规划”。显然这是一个极富创意的主张，这一主张既坚持了中共一贯的原则立场，又充分体现了中共对台政策的灵活性和务实精神。果真这样做的话，不仅可以满足广大台湾民众求安定、求和平、求发展的愿望，又可为下一步进入两岸实质性的统一谈判累积共识，增强互信，营造良好的气氛。

（3）欢迎台湾各党派、各界人士同我们交换有关两岸关系与和平统一的意见；在和平统一谈判的过程中，可以吸收两岸各党派、团体有代表性的人士参加。这一主张和以往的提法不同，不再提“国共谈判”、“国共合作”，这显然是针对近几年来台湾政治生态发生重大变化的实际情况所作出的重要调整，颇具创意。它向台湾各党派、各界人士发出强烈信息，表明除了极少数顽固坚持“台独”立场的人以外，中共愿意就“两岸关系与和平统一”问题，与各方面有代表性的人士进行接触，交换意见，进而实行“和平统一谈判”。这一新的提法，体现了中共在推动两岸关系发展与谋求和平统一的过程中，既有原则坚持，又善于捕捉新情况、新问题，及时调整过时的政策，以及“团结争取大多数，孤立打击一小撮”的一贯的策略思想。

（4）努力实现和平统一，但不承诺放弃使用武力。针对台湾某些别有用心的人污蔑大陆“鸭霸”，对台实行“霸权主义”，不肯放弃“武力犯台”的不实指控，江泽民在讲话中强调：“我们不承诺放弃使用武力，决不是针对台湾同胞，而是针对外国势力干涉中国统一和搞‘台湾独立’的图谋的”。讲话中，江泽民还第一次使用了“中国人不打中国人”的感性语言，充分表达了对台湾人民的同胞之爱。短短几句话，江泽民把“不承诺放弃使用武力”的道理讲得一清二楚。

（5）面向二十一世纪，大力发展两岸经济交流与合作。江泽民指出：面向二十一世纪世界经济的发展，要大力发展两岸经济交流与合作，以利于两岸经济共同繁荣，造福整个中华民族。江泽民第一次提出：“我们主张不以政治分歧去影响、干扰两岸经济合作”；“无论在什么情况下，我们都将切实维护台商的一切正当权益”。这是为适应两岸经贸发展的新形势提出来的新原则和新政策。江泽民呼吁尽早实现两岸直接“三通”，并郑重表示，“我们赞成在互惠互利的基础上，商谈并且签订保护台商投资权益的民间性协议”。这也是一项重要的新的政策宣示。

（6）两岸同胞要共同继承和发扬中华文化的优秀传统。针对“台独”分裂势力近些年来打着台湾“主体性”、“本土化”的幌子，任意夸大台湾文化的特殊性，否定台湾文化与中华文化的一致性，图谋割断两岸同胞精神纽带的种种言行。江泽民在讲话中强调指出：“中华各族儿女共同创造的五千年灿烂文化，始终是维系全体中国人的精神纽带，也是实现和平统一的一个重要基础。两岸同胞要共同继承和发扬中华文化的优秀传统。”这说明早在90年代中期，中共对台湾岛内的“文化台独”倾向已经有所警惕，在促进两岸关系发展、推动和平统一的进程中，十分重视两岸的文化交流，并把它视作维系两岸人民的“精神纽带”和实现和平统一的“重要基础”来加以推动。

（7）进一步落实“寄希望于台湾人民”的方针。江泽民在讲话中除了强调“要充分尊重台湾同胞的生活方式和当家作主的愿望，保护台湾同胞的一切正当权益”外，同时还进一步指示：“我们党和政府各有关部门，包括驻外机构，要加强与台湾同胞的联系，倾听他们的意见和要求，关心、照顾他们的利益，尽可能帮助他们解决困难”。这是对“寄希望于台湾人民”对台方针的进一步发展，使这一方针更加具体化了，内容更加丰富了。

（8）两岸领导人以适当身份互访。以往中共主张以“国共两党谈判”的方式解决两岸统一问题，因此曾表示“欢迎国民党中央负责人以及国民党中央授权的人士访问大陆”，中共代表也愿意应国民党的邀请前往台湾，共商国是。“江八点”对上述政策作了重大调整，首次使用了“我们欢迎台湾当局的领导人以适当身份前来大陆访问；我们也愿意接受台湾方面的邀请，前往台湾”的新提法。所谓“适当身份”，意指访问的身份应符合一个中国的原则。另外，针对台湾当局近年来多次提出两岸领导人在国际场合会面的主张，因为这一主张意在制造“两个中国”，因此江泽民在讲话中针锋相对地指出：“中国人的事我们自己办，不需要借助任何国际场合”。间接回应了台湾当局的错误主张。

从以上介绍和分析可知，“江八点”的确是在新形势下对邓小平“和平统一、一国两制”基本思想的具体运用和重大发展，体现了以江泽民为核心的中共第三代中央领导集体在推动两岸关系发展、谋求祖国和平统一的过程中，既坚持原则立场又与时俱进、灵活务实的科学态度。

江泽民的重要讲话发表后，引起海内外的强烈反响，舆论普遍认为，

“江八点”是继《告台湾同胞书》、“叶九条”、“邓六条”之后又一份系统阐述中共对台方针政策的纲领性文献。

迄今，“江八点”已发表了整整七周年，七年来，两岸关系走过了一段曲折而不平凡的历程。事实证明，“江八点”合乎民意，顺乎潮流，对促进两岸关系发展、推动祖国和平统一进程，发挥了重大的指导作用。

（摘自本人与杨宪村的合著：《世纪交峰——民进党如何与共产党打交道》一书，2002/05/13）

战后美国对华政策的回顾与展望

台湾是中国领土的一部分，台湾问题是第二次世界大战结束后国共内战遗留下来的问题，其本质是中国的内政问题。但台湾问题之所以延至今日尚未得到解决，关键因素则是由于美国等西方反华势力对台湾问题的介入和插手，于是围绕着台湾问题的互动，便形成了中（大陆）、美、台之间的三角关系。

大陆、台湾、与美国的三角关系，是当代国际关系中最重要也是最复杂的关系之一。三方任何一方政策的重大调整，不仅会打破三方之间的动态平衡，给三方的相互关系造成重大冲击，而且势必对亚洲乃至世界和平、稳定与繁荣产生深远影响。而美国的对华政策一向十分灵活，它根据其全球战略变化的需要，以维护美国的国家利益为最高准则，适时地、不断地进行调整。

台湾问题，说到底是中美关系问题，是中美两国之间的实力较量问题。因此，欲理解台湾问题，准确把握海峡两岸关系的走向，预测中国统一的前景，就必须对战后美国的对华政策及其未来发展趋势，有比较清楚的认识与了解。

一、50 多年来美国对华政策的演变

中共建国 5 0 多年来，美国对华政策的演变大致可以划分为以下三个不同的历史阶段：40 年代末至 70 年代初的“孤立与封锁”阶段；70 年代初至 90 年代初的“合作与遏制相结合”阶段；90 年代初至今的“接触与遏制交替使用”阶段。而每一历史阶段都有其不同的特点，并依据形势的发展，不断地进行微调。一旦其全球战略目标发生变化，则美国对华政策也随之进行重大调整。

第一阶段：“孤立与封锁”阶段（40 年代末—70 年代初）

1945年二战结束后，国共内战再起，美国出钱出枪，极力支持国民党政权，企图“尽一切力量阻止中共取胜”，以便使中国留在美国的势力范围之内。但1948年冬辽沈、平津、淮海三大战役渐次展开后，美国眼看国民党大势已去，遂把对华政策目标修改为“尽一切力量阻止中国成为苏联的附庸”。于是美国决定逐步从中国的内战中“脱身”，集中力量协助国民党固守台湾，以防台湾“落入中共之手”。

1949年10月1日中华人民共和国成立后，美国出于与中共意识形态的对立和世界冷战格局的战略需要，决定对华采取“孤立与封锁”政策，企图将人民政权扼杀于摇篮之中，或尽可能地抑制其成长壮大，成为西方阵营的威胁。其主要措施：一是大力扶植日本，使日本变成美国在东亚对付苏联和中国的遏制力量；二是加强对中国周边国家的军事和经济援助，唆使它们与中国为敌；三是大力扶植台湾国民党政权对抗大陆。朝鲜战争爆发后，派遣第七舰队进驻台湾海峡，阻止大陆进攻台湾。朝鲜战争结束后，又通过与台湾当局签订《共同防御条约》，将台湾置于美国的军事“保护伞”之下，直接插手台湾问题；四是操纵联合国表决机器，阻挠恢复中国在联合国的合法席位，并阻挠西方国家与中国大陆建交，在国际上孤立中国；五是对中国大陆实行经济制裁与封锁等等。

总之，敌视、孤立、围堵、封锁中国大陆，是这一时期美国对华政策的基本内容和政策目标。在这一历史阶段，中美关系处于相互隔绝和紧张对抗的非正常状态。

第二阶段：“合作与遏制相结合”阶段（70年代初—90年代初）

1971年9月基辛格秘密访华，翻开了中美关系史上的重要一页，它标志着美国对华政策的重大调整和中美关系正常化进程的开始。此后一直到90年代初，美国对华政策的主要特点是“合作与遏制相结合”。

促使美国对华政策进行重大调整的动因主要有以下三个因素：

其一，50—60年代美国推行的对华“孤立与封锁”政策未能达到预期效果，新中国不仅没有崩溃反而日益发展壮大，国际地位与国际影响力与日俱增，成为第三世界国家的领袖和维护世界和平的不可忽视的力量。

其二，在1971年10月即将举行的第26届联大会议上，眼看美国已无法阻挠中国恢复在联合国的合法席位。这意味着今后中国大陆将取代台湾成为联合国安理会五大常任理事国之一。美国不能不正视这一政治现实。

其三，也是最重要的一点，从 60 年代初开始，中苏交恶、关系紧张，而冷战以来一直与苏联争霸世界的美国，决定利用中苏矛盾，采取“联中制苏”的策略对付苏联。这样，中国大陆在美国全球战略棋盘上的地位和作用大大提升。

于是，1972 年 2 月 28 日，周恩来总理与首次访华的美国总统尼克松在上海签署了联合公报（即“上海公报”）。关于台湾问题，中方重申：（一）台湾问题是阻碍中美两国关系正常化的关键问题；（二）中华人民共和国政府是中国的唯一合法政府，台湾是中国的一个省，早已归还中国，解放台湾是中国的内政，别国无权干涉；（三）中国政府坚决反对任何旨在制造“一中一台”、“一个中国，两个政府”、“两个中国”、“台湾独立”和鼓吹“台湾地位未定”的活动。美方则表示：它认识到在台湾海峡两边的所有中国人都认为只有一个中国，台湾是中国的一部分，美国政府对这一立场不持异议。

尼克松的访华，打破了封冻多年的中美关系的坚冰；“上海公报”的签署，奠定了中美两国建交谈判的基石。此后不久，美国在北京设立了正式的外交机构“联络处”。

然而，中美两国的建交谈判却进展迟缓，并不顺利，历经美国的三届总统尼克松、福特，一直到卡特任上的 1978 年 12 月 16 日，两国才达成协议，发表建交公报，商定自 1979 年 1 月 1 日起，中美两国“互相承认并建立外交关系”。公报中美国明确宣布：“承认中华人民共和国政府是代表中国的唯一合法政府。在此范围内，美国人民将同台湾人民保持文化、商务和其他非官方关系”；美国政府“承认中国的立场，即只有一个中国，台湾是中国的一部分”。

在建交公报发表当日，中美两国政府分别发表声明。美方在声明中表示，在中美建交的同日，“即 1979 年 1 月 1 日，美利坚合众国将通知台湾，结束外交关系，美国和中华民国之间的共同防御条约也将按照条约的规定予以终止。”并承诺在 4 个月内从台湾撤出美国余留在台湾的军事人员。

中美建交后，美国虽然与台湾终止了外交关系，但并未改变其对台湾问题政策的本质。这主要表现在以下两个方面：（一）美国继续扶植和庇护“台独”势力。70年代“台独”势力在美国进一步整合，并有较大发展。中美建交后，“台独”组织在美国愈加活跃，活动愈加猖獗；（二）中美建交后仅三个月，美国参、众两院就先后通过了一个《与台湾关系法》，并于4月10日经美国总统签署生效。该法案背离中美建交公报原则，把台湾视为“外国和其他民族国家、政府或类似的实体”，声称：“外交关系与承认之不存在，不得影响到美国法律对台湾之适用，美国法律适用于台湾应与1979年1月1日以前相同”。这实际上是以美国国内法的形式，把台湾当作一个“国家”或政府性质的实体，使美台关系仍然具有官方性质的关系。该法案还称：任何“以非和平方式包括抵制或禁运来决定（台湾）前途的任何努力，都是对西太平洋地区的和平安全的威胁，并为美国严重关切之事”，表示今后美国仍将“向台湾提供防御性武器”。这等于仍然把台湾纳入美国西太平洋地区的战略体系，并为美国今后随时向台湾军售，插手台湾问题，阻挠中国统一提供了法律依据。

上述情况表明，中美建交后，美国虽然表示遵守中美建交公报，执行一个中国政策，但事实上并未放弃对“台独”势力和台湾国民党当局的支持，实行所谓对华的“双轨政策”。台湾学者王晓波曾形象地概括美国这一时期的政策目标是所谓“以独制台，以台制中，以中制苏”的连环套。也即通过扶植“台独”势力牵制台湾国民党政权，防止其与中共达成妥协，实现两岸统一；再通过扶植台湾国民党政权牵制中国大陆，不让其过分发展壮大，威胁美国；并通过与中共实现关系正常化，联合中国大陆共同对付美国的最主要敌人——苏联。所以，美国这一时期的对华政策，其主要特点是：既“合作”又“遏制”；既“利用”又“担心”；“合作”是为了“利用”；而“遏制”则是因为“担心”。“合作”除了为“利用”中共“遏制”苏联之外，更有深层次的战略考量，即和平演变中国大陆，使其政权变色。

美国推行这种自相矛盾的对华“双轨政策”，很自然地引起中国的强烈反弹。《与台湾关系法》出笼后，中国外交部照会美国政府提出抗议，进行了严正交涉。但美国置若罔闻，1981年1月，里根刚刚就任美国总统，中美建交仅仅一年，美国就急不可待地恢复向台湾出售价值28亿美元的所谓“防御性武器”，引起中方的强烈反应。此后，中美双方就美国售台武器问题多次进行谈判，终于在1982年8月17日发表了中美联合公报（即“八·一七”公报）。该公报重申了中美“上海公报”和建交公报中确认的各项原则，美方承诺：它不寻求执行一项长期向台湾出售武器的政策，它向台湾出售的武器，在性能和数量上将不超过中美建交后近几年供应的水平，它准备逐步减少对台湾的武器出售，并经过一段时间导致最后的解决。

“八·一七”公报使中美双方在解决两国建交遗留下来的美国对台军售问题方面，迈出了重要一步。按说，中美三个联合公报所确立的各项原则，已经构成了中美关系稳定发展的基础，但以后的事实证明，美国并未严格恪守这些原则，而且“八·一七”公报签署后，里根政府又另外对台作出“六项承诺”，其内容包括：（1）美国不同意订定终止对台军售的最终期限；（2）不同意就对台军售问题事先与北京磋商；（3）不在北京与台北之间担任调停人；（4）不同意修改《与台湾关系法》；（5）不改变对台湾主权问题的立场；（6）不对台湾施加压力逼台湾与北京谈判。这是中美两国之间日后经常发生摩擦，过一段时间就要引发一场严重外交危机的根本原因之所在。至今，台湾问题仍然是影响中美关系稳定发展的最重要、最敏感的问题。

第三阶段：“接触与遏制交替使用”阶段（90年代初—）

90年代初，美国对华政策再次进行调整，进入了“接触”与“遏制”两种政策交替使用的新阶段。这次调整的动因主要有二：

其一，国际政治格局发生了重大变化。90年代初苏联崩溃、东欧变天，自二战结束后美苏两强争霸世界的冷战局面以美国为首的西方阵营取得胜利而告结束。伴随着国际政治格局的变化，美国的全球战略也随之重新调整。在美国的眼中，“联中制苏”既已成为历史，中国大陆在美国全球战略棋盘上的地位和作用自然大大下降。

其二，中国大陆的崛起引起美国的不安。70年代末，中国开始推行邓小平倡导的改革开放路线，到90年代初，中国大陆的经济已取得了长足的进步、综合国力不断提升。这不仅使西方阵营原以为中国大陆有可能会随着

“苏东波事件”的发酵而面临崩溃的期盼落空，更使美国的一些死抱冷战思维不放的政客开始担心，中国的迅速崛起，将取代前苏联成为美国独霸世界的最大障碍。因而美国有必要采取措施，遏制中国大陆的发展势头。

于是人们看到，1989 年“天安门事件”发生后，以美国为首的西方国家开始把矛头针对中国大陆，先是对中国进行经济制裁，尔后是开始“妖魔化”中国，渲染所谓“中国威胁论”。当然，另有一些西方人士则认为“遏制”中国并不是好办法，而且也不可能达到目的，主张对中国采取“接触”政策。并通过“接触”，一方面从中国的经济发展中捞取实惠，另一方面促使中国的改革开放向美国所希望的方向发展。于是一时间西方主流媒体和美国智库沸沸扬扬，都在激烈辩论究竟应该采取何种手段来对付中国：遏制？接触？抑或兼而有之、交替使用？以后的事实说明，美国政府显然是采纳了后者，即对中国大陆实行“接触与遏制交替使用”的政策。而且随着中国大陆经济的不断发展、综合国力的不断提升，“遏制”政策似乎愈来愈成为美国对华政策的主调。小布什政府上台后，这种倾向变得愈加明显和露骨。

由于美国对华采取“接触与遏制”交替使用的两手政策，致使中美关系自 90 年代初以来始终处于一种很不稳定的状态。10 多年来，从共和党的老布什执政后期开始，及至民主党的两届克林顿政府时期，再到今日的共和党小布什政府，F－16 战机售台事件、银河号事件、提升美国“与台湾关系法”、反对北京申办 2000 年奥运、有关“知识产权”争执、所谓“武器扩散”问题、“复关问题”、李登辉访美事件、“美日安保新指针”问题、人权问题、西藏问题、“贸易最惠国待遇”问题、轰炸中国驻南使馆事件、“考克斯报告”事件、“导弹防御体系”问题、南海军机擦撞事件、大量售台先进武器问题等等事件和争执，接二连三地发生，中美两国摩擦不断，原本就潜在的矛盾和分歧日趋突显出来，关系时好时坏、时冷时热，时而风平浪静，时而雷电交加，这正是冷战结束后美国根据其全球战略变化的需要，不断调整其对华政策的必然反映。但总体而言，中美关系仍然在曲折中发展，双方既有冲突对抗，又保持合作交往；“非敌非友，亦敌亦友”：在“冲突对抗”与“合作交往”的矛盾运动中，两国关系逐渐趋向成熟。

二、小布什政府的对华政策及其未来发展趋势

（一）小布什上台之初的对华政策

事实上，自冷战结束以来，美国的对华政策始终摇摇摆摆，没有真正定型。面对苏联崩溃后国际政治格局的重大变化和中国大陆的迅速崛起，究竟应该采取何种对华政策才最符合美国利益？在美国国内，不同的利益集团始终存在分歧，主张对华“遏制”的强硬派和主张对华“接触”的温和派一直都在争论不休，争相影响美国政府的决策，并在白宫交替占据上风。因而反映在中美关系方面自然是时好时坏、时冷时热，始终很不稳定。也就是说，美国对华政策的不稳定性导致了中美关系的不稳定性。整个90年代，无论是共和党的老布什政府抑或两届民主党的克林顿政府，情况都如此，只是克林顿政府时期，美国对华政策的摇摆性显得更为突出。2001年1月，代表共和党重新上台执政的小布什政府，在“9·11”事件发生前的近半年多时间里，主张对华“遏制”的强硬派显然占了上风。于是人们发现，美国的对华政策开始进行大幅度的调整。这主要表现在以下几个方面：

首先，在中美两国战略关系定位上，将克林顿时期确定的致力于与中国建立“建设性的战略伙伴关系”，重新定位为在政治上是所谓“战略性的竞争对手”，在经济上则是“建设性的合作伙伴关系”，试图将中美两国的战略关系分割为政治与经济两个不同的层面区别处理。既要在政治上、军事上遏制中国，又想从中国的经济发展中继续捞取实惠，“鱼和熊掌兼得”。

其次，在全球军事战略方面，决定把战略重心从欧洲转向亚洲，并试图拉拢日、韩、印度等国和台湾，共同“围堵”中国，摆出一副在必要时不惜与中国进行军事对抗的架势。

再次，在国家安全发展战略方面，不顾各方反对，决定单方面退出《反弹道导弹条约》，坚持大力研发导弹防御系统，企图抑制和削弱中、俄两国对美国的“核威慑”。

第四，调整对华外交战略，不再承认中国的“大国地位”，将中美关系置于与其盟国的关系之后，蓄意在外交日程安排和派遣外交人员等方面

“冷落”中国甚至“羞辱”中国。

第五，调整台海政策的倾斜方向，以“战略清晰政策”取代自中美建交以来历届美国政府一贯奉行的“战略模糊政策”，公开宣称“竭尽所能”协防台湾；“虚化”一个中国政策，面对主张“台独”的陈水扁上台执政、台湾新政府拒不承认“一中”原则和“九二共识”，不仅不加反对，反而大幅提升美台实质关系，在对台军售、美台军事合作、安排台湾领导人“过境”以及支持台湾加入国际组织等各个方面均明显地转而倾向台湾。

此外，为配合上述五个方面对华政策的调整，小布什政府还继续利用人权、法轮功和西藏问题等加强对中国的施压力度，试图进一步“妖魔化”中国，为其推行“围堵”和“遏制”中国的政策制造舆论以及“合理性”和“合法性”。

小布什政府的上述作为，使中美关系面临新的严峻挑战与考验。以4月初发生的南海中美军机擦撞事件为标志，两国关系曾一度跌入谷底，呈现出空前紧张的态势。

小布什政府上台之初大幅调整对华政策不是偶然的，除了国际局势的演变和中国大陆综合国力不断增强这一客观背景的刺激之外，还可以从共和党和小布什身上找到以下几个方面的主观原因：

其一，从美国历届政府来看，共和党执政历来政策比较保守，尤其主张“实力外交”，并格外注重外交政策的变化和调整。尼克松政府如此，里根政府如此，老布什政府同样如此。老布什下台以后，共和党在野已长达8年之久，早已按捺不住对民主党政府的强烈不满，其保守派国会议员和代表极右势力的“思想库”，一有机会便跳出来抨击克林顿政府的内外政策。如今好不容易才险胜民主党的戈尔，将小布什扶上总统宝座代表共和党重新执政，小布什当然不能违反“党意”，而首先要在最令世人瞩目的外交领域特别是在对华外交方面“标新立异”，尽快干出一番“成绩”出来，以突显共和党比民主党高出一筹。

其二，从小布什政府主管外交和国防事务的班子来看，副总统切尼、国务卿鲍威尔、国防部长拉姆斯菲尔德、副国务卿阿米塔奇、国防部副部长沃夫维茨、副总统办公室主任利比等人，大都是冷战时期老布什政府的高官，其中有不少原本是军方领导人。他们的思维在很大程度上仍停留在冷战时代，并带有强悍的“军人性格”（国务卿鲍威尔除外）。若再进一步考察，还可发现他们之中有相当数量的“台湾之友”。多年来正是这些人在不断“妖魔化中国”，宣传“中国威胁论”，极力主张改采对华“战略清晰政策”，遏制中国大陆。例如沃夫维茨即曾在1999年11月间以学者身份在华盛顿发表演讲，宣称他并“不认为保卫台湾需要前提条件”，反对美国政府在台湾问题上“留下任何模棱两可的空间”；在去年美国大选期间，沃夫维茨还与阿米塔奇、利比等多位共和党外交政策智囊人物一起，联名签署了一封公开信，主张放弃对华“战略模糊政策”；至于国防部长拉姆斯菲尔德则更一向以对华强硬派的代表人物而著称。由这样一批幕僚整天包围着小布什，充当美国新政府外交和国防事务的主管，所做出的决策自然可想而知。

其三，小布什之所以能登上总统宝座，主要是靠军人和军火工业利益集团的鼎力支持。故而大选期间，小布什信誓旦旦地承诺他胜选后将加强军队建设和国防建设。胜选后，小布什自然要知恩图报、兑现诺言，为军人和军火巨头谋利益，以便下一次仍可竞选连任。而要为军人和军火巨头谋利益，就必须制造出一批“假想敌”和“竞争对手”。于是国防部长拉姆斯菲尔德便公开宣称俄罗斯仍然是“一个威胁”，总统国家安全事务助理赖斯在大选期间也曾撰文称中国是美国的“潜在威胁”，至于朝鲜、伊朗、伊拉克等国，则被指称为所谓“流氓国家”和“无赖国家”。一时间，“俄罗斯威胁论”、“中国威胁论”和“流氓无赖国家威胁论”，成为美国媒体广泛宣传的时髦理论。于是，废除《反弹道导弹条约》、研发部署导弹防御系统、向台湾出售大量先进武器，自然也就有了“正当”的理由；于是人们也才能理解小布什政府上台后何以一改克林顿政府的政策，对朝鲜半岛和中东地区的和平进程态度如此冷漠。据媒体报导，2001年2月小布什向国会提交了总额达3189亿美元的2002年财政年度国防预算，比2001年猛增了89亿美元；而导弹防御计划则至少需耗资600亿美元；至于向台湾出售的武器装备价值也高达数十亿美元。小布什上台之后，美国军人的地位、待遇果然节节升高，美国军火大亨更是财源滚滚乐开了怀。人们看到，军火工业已然成为目前美国经济新的增长点。

在“9·11”事件发生之前，可以发现小布什政府的对华政策有以下几个显著特点：

蛮横性：小布什上台后，一反克林顿时期以“接触”、“沟通”、“对话”为主轴解决中美争端的作法，代之于“对抗”、“斗争”、“遏制”为主调，表现出一种蛮横无理、咄咄逼人、我行我素、不顾一切的典型的“西部牛仔”作风。在4月初处理“中美军机擦撞事件”中，小布什的这种作风表演得可谓淋漓尽致。

矛盾性：小布什政府既然把中国定位为美国的“战略性竞争对手”，试图从政治上军事上“围堵”和“遏制”中国，而又说中国是美国的“建设性合作伙伴”，企图从中国大陆经济发展中继续捞取实惠，其理论本身就充满矛盾，难以自圆其说；在实践上则势必窒碍难行，处处碰壁。“鱼和熊掌兼得”，只能是一厢情愿的幻想。

摇摆性：由于蛮横无理必然引起中方的强烈反弹，充满矛盾又势必在实践中处处碰壁，于是小布什政府在与中国打交道的过程中，当面对客观政治现实时，其重大决策又不得不一再修改，调整之中再调整；再加上小布什政府内部以鲍威尔为首的“国务院派”（温和务实派），与以拉姆斯菲尔德为首的“国防部派”（激进强硬派）在对华政策方面原本存在矛盾和分歧，两派争相影响小布什的决策，尽管对华“强硬派”一时占了上风，但仍然可以看到“温和派”对决策的影响。因此，小布什政府上台之初，其对华政策往往给人以摇摆不定、朝令夕改的强烈印象和不确定感。例如处理“军机事件”过程中的前倨后恭、关于“协防台湾”发言的事后补充修正，以及声称“中断中美军事交流”后的矢口否认等等，都是典型事例。

（二）“9·11”事件后小布什政府重新调整对华政策

然而，中美军机擦撞事件发生后情况开始发生变化，小布什政府似乎从这场危机中得到了某种教训与启示，开始体认到中美两大国的关系非同小可，如果处理不当，势必酿成大祸，严重损害美国的国家利益。于是，此后美国在与中国打交道时显然较前谨慎理智了许多。例如美国宣布支持中国加入WTO和继续延长中国的正常贸易地位、宣布坚持“一中”政策和不支持“台湾独立”、对北京申办2008年奥运保持中立、在中美战略关系定位上不再强调“战略性竞争对手”，以及派国务卿鲍威尔来华为小布什访华与中方进行磋商等等。种种迹象表明，小布什政府中“温和派”的影响力开始提升，“强硬派”的影响力开始下降。

“9・11”恐怖袭击事件的发生，更对美国传统的国家安全观产生了前所未有的重大冲击，促使其调整国家安全发展战略，从而也为美国重新审视和调整其对华政策、改善发展中美关系带来了新的机遇。

冷战结束后，美国自恃是世界唯一超强，无人可与之匹敌，又兼地理位置优越，以为美国本土绝对安全无虞。“9・11”恐怖袭击事件彻底粉碎了美国传统的国家安全观，原来以为“固若金汤”的美国，竟然如此脆弱，成为目前世界上“最不安全”的国度；冷战后美国一直在渲染“中国威胁论”，把中国视为美国的“潜在威胁”，小布什甚至把中美两国的战略关系定位为“竞争对手”。“9・11”事件发生后才赫然发现，恐怖主义才是美国当前最大、最现实的威胁。伦敦国际战略研究所发表的《2001 年度国际力量对比》研究报告中说：“9・1 1”事件标志着“全球进入一个战略新纪元”，美国“必须对抗的敌人既非旧苏联，也不是潜在威胁的中国，而是国际恐怖分子”。

安全“观念”的变化势必带来安全“战略”的调整。“9・11”事件发生后，小布什一再表明美国政府压倒一切的当务之急是消灭国际恐怖主义。美国传统基金会会长、右翼保守派代表人物富尔也表示，美国正在对其安全战略进行反思，将把反对恐怖主义作为重要标准重新界定敌友。安全观念的变化和安全战略的调整，在一定程度上对小布什政府上台后所推行的“单边主义”带来了冲击。因为道理很简单，如果仅仅依靠美国的一国之力而没有国际的合作，是不可能取得反恐斗争的胜利的。而国际合作美国除了要进一步加强与其盟国的关系之外，还必须争取有重大国际影响力而且同样也遭受恐怖主义威胁的俄国和中国乃至众多阿拉伯国家的支持。这样，中美关系的改善和发展获得了一个难得的意想不到的契机。

“9・11”事件发生的第二天，江泽民应约与小布什通电话时，小布什一改往日的傲慢姿态，表示他期待与江主席和世界上其他领导人一起，加强合作，共同打击恐怖主义。当日，美国国务卿鲍威尔也说，美国希望在全世界范围内展开合作，联手打击“恐怖活动”。并说，这一合作不仅包括北约国家、俄罗斯和中国，还包括阿拉伯国家。

10 月中旬，小布什在阿富汗反恐战争正处于白热化之际，仍如期出席在上海举行的 APEC 会议，这明白地透露出美国在“9·11”恐怖袭击事件后对改善中美关系的重视。小布什宣称：“亚太经济合作组织在其他地方开会，我不会去，但在中国开，我一定来!”小布什在与江泽民的会谈中许诺，要和中国建立“坦率、建设性和合作”的关系。此后，小布什政府不再提“战略竞争对手”之类的话了，而代之于“建设性的合作关系”来重新界定中美两国的战略关系。东京《时事社》发表评论说：“江主席与布什总统的首次会谈是此次 APEC 会议的焦点。以出现‘共同敌人’为契机，中美实现了和解，双边关系得到了大幅改善，恐怖事件给中国以接近美国的机会，而 APEC 则为双方提供了上演亲密氛围的舞台”。香港《新岛时报》则认为：“几个月之前，新上台的布什还对外界宣布，中美之间的关系是‘战略竞争者’，但是，随着‘9·11’事件的发生，布什对中国的态度发生了 180 度的转变。美国终于明白了，中国不是他的敌人。”

2002 年 2 月，也即仅隔上海 APEC 会议 4 个月的时间，小布什再次访华并与江泽民举行高峰会。双方回顾了中美关系 30 年来的历程，深入讨论了双边关系和当前的国际形势，达成了许多重要共识，取得了多方面的积极成果。小布什强调，美国坚持一个中国政策，遵守中美三个联合公报。江泽民还接受了小布什的邀请，将于今年 10 月访问美国；而胡锦涛副主席则应切尼副总统的邀请，也已于 5 月成功访美。美国总统在不到半年的时间里两次访问中国，双方高层领导人如此密集的互访，这在中美关系史上是极其罕见的。这反映出中美两国领导人对改善、发展中美关系的高度重视。近期以来，中美之间各层级的官员互动频繁，交往广泛。从总体而言，“9·11”事件后，中美关系发展的势头趋向良好，美国政府中的对华“温和派”显然占据了上风。

（三）未来发展趋势

然而，客观而言，中美关系仍存在着许多不稳定的因素，不可盲目乐观。

首先，道理至明，中美关系的状况是由多种因素的互动决定的，反对恐怖主义只是给中美关系的改善和发展增添了一个重要因素而已。中美之间长期以来在一系列原则问题上，例如在国际安全、台湾问题、人权问题、武器扩散问题、导弹防御体系问题、宗教问题等等方面的矛盾与分歧，并没有也不可能因为“9·11”事件的发生、反恐斗争的合作而在一夜之间便告烟消云散、化为乌有。事实上，即使在反恐问题上中美双方在某些方面的观点和立场也存在分歧。例如，中国对美国将反恐斗争任意扩大化，企图打着“反恐”旗号，颠覆、侵略其他主权国家的做法就不能不加反对。

其次，在小布什的政府中和美国智库中，敌视中国、抱持冷战思维的强硬派，仍具有相当大的影响力。一有机会，他们还会跳出来兴风作浪，影响美国政府的决策，甚至仍有可能在一定时期占据上风，从而使中美关系再次受到挫折。

在中美两国之间存在的问题之中，台湾问题依然是最重要、最敏感的问题，同时也是最具爆炸性的问题。人们看到，小布什访华期间，在人民大会堂与江泽民共同召开的联合记者会上，以及在清华大学的演讲中，曾接连两次公开表示他将继续支持《与台湾关系法》，但却有意回避“一中”原则和中美三个公报，这决非偶然。小布什返国后没过多久，中美关系再起波澜，从美国把中国大陆列为动用核武的7个目标国之一、邀请台湾当局的“国防部长”汤曜明访美，举行美台军方高峰会并重申里根政府的对台“六项承诺”，到对大陆进口钢铁实施限制、美国国会支持台湾加入WHO等极不友善的动作接踵而来，引起中方的严正交涉和抗议，“为积极发展的中美关系浇了一头冷水”。不久前，小布什又在有关台湾定位问题上出现所谓“口误”，居然称台湾为“台湾共和国”，把海峡两岸称为“两国”。更有甚者，美国军方目前正在加紧进行西太平洋的新的军事部署，围堵和威慑中国的意图丝毫不加掩饰。近日，由美国国防部公布的所谓“中国军力年度报告”，再次鼓吹“中国威胁论”。套一句《纽约时报》对此评估报告的评语：该报告“更具鹰派色彩”。

上述事实无不证明，美国并未放弃围堵和遏制中国的长远战略目标，倾向台湾的政策也未改变，今后中美关系仍将会在一些重大原则问题上特别是在台湾问题上面临严峻的挑战和考验。“建设性的合作关系”还有待中美双方的共同努力才有可能真正建立起来。在可预见的未来，中美关系仍将维持在时好时坏、时冷时热，在曲折中发展的态势，甚至不排除在一定时期和一定情况下重新出现紧张和倒退。

（本文根据本人与杨宪村合著的《世纪交锋——民进党如何与共产党打交道》一书第三章修改而成，为提交2002年8月在美国洛杉矶召开的第七届“中华民族腾飞学术讨论会”论文）

北京市教育委员会科技创新平台建设项目阶段性成果

北京联合大学台湾研究院文库第九辑

|政论篇（下）|

台海风云见证录

陈雲林 二〇一一年冬

九州出版社 JIUZHOUPRESS | 全国百佳图书出版单位

1	2
3	4
5	6

1、出席博鳌两岸农业合作论坛

2、北联大台研院建院周年庆典

3、与许嘉璐副委员长、席文启书记、张妙弟校长合影

4、拜访台中市长胡志强

5、与“陆委会主委”赖幸媛合影于台北

6、与“陆委会副主委”张显耀摄于高雄世运会开幕式上

1	2
3	4
5	6

1、与台湾海基会副董事长兼秘书长高孔廉合影

2、在台北会见台“客委会主委”黄玉振

3、与许信良交流

4、与台湾海基会前董事长洪奇昌合影

5、与民进党中央前秘书长王拓交谈

6、与民进党中央前秘书长吴乃仁合影

1	2
3	4
5	6

1、与邱太三在高雄世运会开幕式上合影

2、与林浊水交谈

3、与罗文嘉交谈

4、与高雄市副市长李永得合影

5、与民进党前“立委”李文忠摄于敦煌

6、与民进党人士段宜康、梁文杰交流

目　　录

（下　册）

关于对重要战略机遇期两岸关系的思考与展望

解决台湾问题、完成祖国统一是进入新世纪全国各族人民的三大战略任务之一。综观全局，本世纪头二十年是我国必须紧紧抓住并且可以大有作为的重要战略机遇期。这一战略机遇期对解决台湾问题意味着什么？对完成祖国统一有哪些难得的机遇和严峻挑战？如何从战略高度上加以认识和应对？上述重要问题不能不引起人们的关切与思考。

和平统一的五大有利因素

二十年战略机遇期这个概念的提出，显示出中共对我国社会主义现代化建设越来越有信心，对早日解决台湾问题、完成祖国统一大业也越来越有信心。解决台湾问题不外有两种方式——和平的方式或武力的方式。自不待言，能以和平的方式解决台湾问题对国家对民族最为有利。

能否以和平的方式统一台湾，固然取决于多种因素的相互作用，但从根本上来说，在于祖国大陆是否有足够强大的综合国力，是否能对台湾民众产生足够强大的吸引力，是否足以抗衡国际反华势力主要是美国对台湾问题的干预。综合分析，笔者认为，有利于和平统一的因素在不断发展、增强，不利的因素仍然存在而且也在发展并很强大。但从总体上看，从二十年战略机遇期的发展趋势看，是在朝着越来越有利于和平统一的大方向发展。

具体而言，有利于和平统一主要有以下五大因素：

其一，中共高层领导对两岸关系的总体判断是科学的、准确的。十六大提出："两岸关系的基本格局和发展趋势没有改变。台湾同胞求和平、求安定、求发展的意愿日益增强。台湾分裂势力的分裂活动不得人心。"这个基本判断是符合实际的，两岸关系发展的大趋势并没有因近些年来的种种危机和风波而发生根本上的逆转。对形势科学的、准确的判断，乃是制定正确的对台方针政策的基础和前提条件。

其二，中共对台工作方针是正确的、富有成效的。中共领导人一再申明：坚持“和平统一、一国两制”的基本方针和现阶段发展两岸关系、推进祖国和平统一进程的“八项主张”，深入贯彻寄希望于台湾人民的方针，大力推动两岸直接“三通”，加强两岸人员往来和经济文化等领域的交流，不承诺放弃对台使用武力，坚决反对任何形式的“台独”分裂言论与行动。这些基本方针和政策，未来相当长时间内不会改变，扎扎实实地持续推进下去，必将取得更大成效。中共对台方针政策的正确，乃是和平统一台湾的基本保证。

其三，祖国大陆的综合国力将不断提升，这是最根本的因素。过去台湾当局提出两岸不能统一的一个重要借口，是两岸经济发展水平差距较大，大陆穷，统一后台湾会吃亏。这个借口现在站不住脚了。大陆经济已保持了多年持续快速稳定健康的发展，已成为世界瞩目的几大经济体之一，综合实力早已远远超过台湾。在战略机遇期的前十年，借 2008 年北京举办奥运会、2010 年上海举办世博会等重要契机，大陆经济必将继续保持强劲增长的势头，西部大开发的成效将日益彰显，国企改革等都将向好的方向发展，人民的生活水平将不断提高，各项社会事业将不断发展进步，我国的科技与国防实力也将不断提升，对“台独”分裂势力的威慑力将越来越强。与此相反，民进党上台执政后台湾经济却在日益沉沦，岛内政局混乱，政党恶斗，人民的痛苦指数不断升高。即使明年大选再次政党轮替，泛蓝阵营重新上台执政，台湾政坛、社会仍将难以避免持续动荡，从而影响经济发展。更重要的是，在两岸经济关系方面，台湾已越来越依赖大陆，台湾每年的贸易顺差主要取自大陆。从发展前途讲，台湾经济如果不与大陆更快更好地融合，不充分利用大陆这个越来越兴旺发展的巨大市场，它就没有出路，就势必会越来越边缘化。政治是经济的集中体现，两岸经济实力的此消彼长，以及两岸经济关系的日益紧密，必然对两岸政治关系的走向产生重大影响，成为两岸迈向和平统一的强大推动力。

其四、两岸交流融合的潮流势不可挡，“台独”赖以生存的社会基础将逐渐剥蚀。深入研究“台独”产生的根源，一个重要因素是过去两岸长期隔绝，台湾人民不了解祖国大陆。如今，两岸经济、文化、人员等方面的交往融合日益紧密，一百多万台商及其家属在大陆经营、生活，两岸经贸关系已达到前所未有的广度和深度，奥运会、世博会将对台商产生更强大的磁吸作用。由经贸关系带来的台湾对大陆的投资热、上海热、求学热、求职热、通婚热、定居热、旅游热方兴未艾，成为无法阻挡的潮流，“戒急用忍”已成为“不得人心”的代名词。两岸统一，寄希望于台湾人民、更寄希望于青年一代。现在两岸青少年的交流日趋热络，成果显著。台湾青少年到大陆来求学、求职、旅游观光比例逐年大幅增长，希望到大陆发展事业的台湾青少年越来越多。两岸同文同种，绝大多数台胞根在大陆。改革开放以来，已先后有三百多万台湾同胞到过大陆，他们饱览了祖国的大好河山，感受了中国历史文化的源远流长、博大精深。这些交往必然带来两岸人民在心理上、感情上的重大变化。假以时日，台湾同胞的文化认同感、民族认同感和自豪感势必逐步增强。值得强调的是，两岸交流融合的规模与水平，已使直接“三通”的实现到了临界点，就连台湾当局领导人陈水扁也不得不承认，“三通是必走之路”。可以毫不夸张地说：“三通”实现之日，将是“台独”走向终结之始。道理至明，“三通”将使两岸的交流与融合产生强大的加速度，使岛内“台独”分裂势力赖以生存的社会基础的剥蚀产生强大的加速度，进而对祖国的和平统一产生强大的加速度。因此，“三通”乃是“战略目标”，决非“策略手段”。

其五，国际政治格局和中美关系将逐步发生有利于中国和平统一的变化。台湾问题的核心是中美关系问题。假如没有国际反华势力撑腰，没有美国从中作梗，没有日本或明或暗的介入，台湾当局恐怕一天也撑不下去。台湾问题的最终解决，将取决于中美之间的实力较量和中美关系的根本变化。可以预期，中国大陆再经过十年、二十年的“卧薪尝胆”、埋头建设，中美之间的实力差距将大幅缩小。美国现在利用其世界唯一超强的地位，利用其强大的军事经济科技实力，大搞霸权主义、单边主义，在国际上恃强凌弱、四面树敌，已变得越来越孤立。其一意孤行地发动对伊战争，尽管战事已顺利结束，但却也播下了仇恨的种子，留下了许多日后需要穷于应付的后遗症，它与阿拉伯世界、伊斯兰国家、反战国家的裂痕将越来越大。美国继续在全球推行霸权战略，必将收到更大恶果，并迟早会走上衰落之路。与此同时，中国随着改革开放的顺利推进，综合国力越来越强大，国际地位稳步提升，作为联合国安理会常任理事国，在国际事务中的影响力、发言权将会越来越大，中美之间的共同利益会越来越多，美国有求于中国的时候也会越来越多，美国势必要调整其错误的对台政策以维护中美关系大局。随着时间的推移，美国内部主张遏制中国发展的鹰派将会逐渐失势，主张中美交往接触的声音势必增强。而且，随着中国的分量越来越大，美国想遏制中国也遏制不了，继续打“台湾牌”来牵制中国，会越来越不那么容易得逞了。值得注意的是，美国在台湾的利益也在发生变化。近期以来，美国已经开始在抱怨台湾拿不出更多的钱来买它的高科技武器。如果台湾经济继续沉沦，美国军火商的利益会进一步受损。而在台湾投资的美商为了维护其利益，更迫切希望早日开放两岸直接“三通”和改善两岸关系。美国也希望能从两岸“三通”获取航线、经贸上的巨大利益。不同利益集团施压的结果，使美国政府的对台政策现在就已显现出许多矛盾。总的来看，美国在相当长一个时期仍将会尽力维持两岸“不统不独、不战不和”的基本格局，以获取它的最大利益。从另一角度而言，美国的两岸政策，将会给中国大陆赢得宝贵的时间来发展壮大自己，使中美之间的实力消长发生有利于中国统一的变化。至于日本，这个当今世界最自私、最没有自省能力的国家，它当然最不愿意看到中国的统一和富强，但“落花有意，流水无情”，如今日本正在走下坡路，它在亚洲的“经济老大”的地位正在发生动摇，它干涉中国统一的能力也正在逐步减弱。随着时间的推移，中国逐步超越日本、接近美国，解决台湾问题将会水到而渠成。

总之，时间老人站在中国大陆一边，只要紧紧抓住本世纪头二十年这个千载难逢的战略机遇期，埋头建设，不断发展壮大自己，就会使这二十年也成为解决台湾问题的战略机遇期，使国内国际局势最终朝着有利于中国和平统一的大方向发展，任何悲观的论调、急躁的情绪和无所作为的观点都是错误的、不符合客观实际理应抛弃的。

和平统一可能面临的四大挑战

两岸关系涉及面甚广，牵涉到国内、国际许多长期复杂的因素，并非单纯的“两岸关系”而已。虽然从总体上、从发展趋势来看，两岸关系是朝着愈来愈有利于和平统一的大方向发展，但同样也应看到，不利因素不仅仍然存在而且也在发展，甚或相当强大，需要我们始终保持冷静头脑，不能盲目乐观。台湾问题不能无限期地拖延下去，话虽这样说，但真正解决起来难度却很大。我们当然希望两岸统一越快越好，但在条件尚不具备的情况下，欲速则不达。两岸的中国人都需要时间，需要耐心。我们在埋头发展综合实力，不断为和平统一创造、积累条件的同时，也要高度警惕那些不利于和平统一的因素和动向，随时准备迎接各种可能的严峻挑战。

其一，从大陆内部讲，我们是否能够始终保持平稳健康快速的发展。台湾问题能否早日顺利解决，说到底端看祖国大陆改革开放的发展前景如何。应当看到，大陆随着改革开放的深入发展，许多深层次的矛盾和困难不断显现：诸如保持经济发展速度、应对加入 WTO 后的挑战、解决“三农”问题、深化国企改革、扩大就业、消除地区和贫富差距、反对和防止腐败、维护政治和社会稳定、落实依法治国、建设政治文明等一系列难题都横亘在我们面前而亟待解决，更不用说还要应付象 SARS（非典）这一类突如其来、不可预测的天灾人祸了。因此，我们需要始终保持忧患意识、居安思危，始终坚持戒骄戒躁、艰苦奋斗，首先把自己的事情办好。

其二，从外部因素讲，我们仍然不能低估美国等外部势力利用台湾问题遏制中国崛起的战略图谋。国际反华势力绝不愿意看到中国的统一强大，势必千方百计破坏两岸关系的正常发展，阻挠中国的和平统一进程。香港问题的顺利解决，实质上是中英实力较量的结果。说白了，台湾问题最终也得靠中美实力的较量来解决。应该正视，我们同美国的实力还有很大差距，还难以与之真正抗衡，美国还能搞它的《与台湾关系法》，还能向台湾卖先进的武器装备，总之，美国还能欺侮我们。在发展中美关系的同时，不能低估美国不择手段遏制中国发展壮大的战略意图。特别要高度警惕美日强化军事同盟、美国图谋在台湾建立战区导弹防御系统（TMD）的问题。如果美国真的在台湾搞成 TMD，将意味着美台结成了实质上的准军事同盟，那么中国和平统一的难度将大为增加。真走到这一步，台海局势将发生突变而空前紧张，将逼使我们不得不采取有力措施予以应对，还能否以和平方式解决台湾问题，将面临严峻考验。近期以来的种种迹象表明，这种可能性并不能排除，应当引起我们的高度警觉。

其三，从岛内政局讲，我们应当从最坏处着想，做好民进党长期执政的心理准备。2004 年台湾地区领导人“大选”，泛蓝与泛绿对决的态势已经确定。从目前情况来看，双方的胜率在伯仲之间，谁也不敢说有必胜把握。如果反对“台独”的泛蓝阵营重新取得执政权，“三通”或许会快一点，大陆对“台独”的疑虑也会小一点，但囿于目前岛内的政治现实，短期内也不能奢望对方会跟你谈统一。而且“冰冻三尺，非一日之寒”，两岸的矛盾分歧仍然很大很深，即便泛蓝执政，斗争仍不可避免，且仍将会十分复杂尖锐。如果坚持“台独”的泛绿阵营的陈水扁继续执政，两岸关系将面临更多更严峻的挑战。民进党和陈水扁一向长于竞选造势，现在又拥有各种庞大的行政与社会资源来“拼选举”，兼之中南部选民非理性的“省籍情节”依然可资利用，故而尽管民进党执政三年政绩乏善可陈，但仍有可能赢得选举，继续保持其执政地位，明年台湾政权是否会政党轮替目前尚不明朗。假若陈水扁真的胜出，他推行的大陆政策无非有以下三种可能：

一是“急统”。有人认为，陈水扁胜选后没有连任包袱了，到 2008 年退下来才只有 53 岁的盛年，他有可能会通过与大陆谈统一来延续其政治生命，像董建华、何厚铧那样谋个“特首”的职位当当，说不定还可获得诺贝尔和平奖，成为在中国历史上值得一书的英雄人物。若能如此固然很好，但这只是一种善良的愿望，也可以说是一种幻想。须知，陈水扁是个长期从事“台独”活动的政客，尽管性格善变，但“台独”思想根深蒂固，又受到“台独基本教义派”的牵制，更何况他不能不听命于不愿意看到中国统一富强的美国。因此，寄望陈水扁走统一之路，无异于缘木求鱼。陈水扁既没有这种理想、情怀和格局，更不具备这种实力、魄力和能力。

二是“急独”。目前，位居要津的民进党领导人大都欠缺必要的国际观和两岸观，总容易过高地估计自己的力量，过低地估计大陆的决心，且又心胸狭窄容易走极端，因而不能排除他们会误判形势，冒天下之大不韪，公然挑战“一个中国原则”，比如推动“统独公投”，搞法理上的“台独”，逼迫大陆不得不采取断然措施，用非和平手段提前解决台湾问题。然而，“急独”将使中美面临武装冲突的摊牌，这并不符合美国的利益，美国将不乐意放任这种局面的出现；“求和平、求安定、求发展”是广大台湾民众的普遍愿望，岛内民众和反对“台独”的在野党将对急进“台独”势力发挥强大的牵制作用；综合国力日益增强的祖国大陆更对“台独”有强大的威慑力。因此，陈水扁搞“急独”同样也没有这种实力、魄力和能力。

三是“拖以待变”。就是在维持所谓“实质独立”现状的基础上继续搞渐进式“台独”，搞“去中国化”，通过教育、文化、宣传等各种手段在台湾营造所谓新的“国家认同”，营造“台独”的社会氛围，厚实和扩大“台独”的社会基础，幻想诱导台湾主流民意向“独立”方向转变，幻想国际局势和大陆政局发生有利于“台独”的变化，不是急于求成，而是耐心等待时机、以求一逞。从目前情况看，陈水扁采取这种策略的可能性最大。但拖的结果，时间上对大陆绝对有利，台湾一旦筹码尽失，无论何人主政，唯一可走之路，就是不得不走上谈判桌和大陆谈统一。

其四，从时间上讲，2008 年可能是两岸关系的一个重要关节点。2008 年祖国大陆将举办奥运会，2010 年将举办世博会，如果能顺利举办好这两大盛事，大陆的综合国力将发展到一个新的高峰，国际地位将进一步提高，国际形象将会更加高大，对台湾民众的吸引力也会更大，“台独”将越来越没有市场，越来越没戏可唱。“台独”人士也心知肚明，李登辉即公开宣称：2008 年将是台湾“独立建国”的关键点。因此，不能完全排除急进“台独”势力可能误判形势、利令智昏，以为 2008 年有机可乘，做出“台独公投”等“急独”动作，指望大陆为举办奥运而吞下苦果。这当然是“台独”势力的黄粱美梦。维护祖国统一事关中华民族的根本利益，无论是经济建设，还是举办奥运会、世博会，如果与解决台湾问题发生根本冲突，中国人民和中国政府将义无反顾地奋起捍卫国家主权和领土完整，绝不会坐视任何势力以任何形式把台湾从中国分割出去。为此，我们必须从最坏处着想，抓紧时间扎扎实实地做好一切必要的准备，包括军事上的准备。有备无患，未雨绸缪。

总之，解决台湾问题、完成祖国统一，总的趋势是乐观的，但过程将是艰难曲折的，将会充满了尖锐复杂的激烈斗争，对解决台湾问题的长期性、复杂性、艰巨性、曲折性一定要有清醒的认识，既要做好长期努力奋斗的准备，也要做好应付突发事变的准备。

落实对台工作方针的四大要点

机遇千载难逢，机遇稍纵即逝，大陆现在紧抓机遇，一心一意搞建设，聚精会神谋发展，在国际上不强出头，坚守原则而不失灵活性，韬光养晦，不骄不躁，埋头壮大自己的实力，这个基本战略应该持续坚持下去。在两岸关系方面，我们要继续坚持“和平统一、一国两制”的基本方针和现阶段发展两岸关系、推进祖国和平统一的八项主张。只要坚持这样做下去，假以时日，自见成效，我们就有可能避免两岸兵戎相见、骨肉相残，以和平的方式完成祖国的统一大业。

为此，笔者以为，今后我们的对台工作应该紧紧抓住以下四点不放松：

其一，从战略高度积极推动两岸早日实现直接“三通”。直接通邮、通航、通商符合两岸同胞的共同利益。“三通”对两岸人民交流融合并最终实现和平统一的意义，怎么估计都不会过高。“台独”势力也看到这一点，李登辉就讲：“‘三通’角力是一场无硝烟的战争”，“‘三通’等于投降”，极力反对开放两岸直接“三通”。台湾当局也看到这一点，能拖一天算一天，能挡一天是一天。但两岸“三通”是大势所趋，台湾当局已经很难阻挡，大陆方面要采取更加主动、灵活、务实的措施予以积极推动，争取早日全面实现两岸直接“三通”。

其二，从战略高度重视两岸青少年的交往工作。实现两岸统一，希望在青年一代。以往陈水扁和民进党的支持者青年所占比例较高，现在这种情况正在发生变化。由于陈水扁执政无能，台湾经济急速沉沦，许多青年学生毕业即失业，对民进党执政感到失望。很多青少年并不满足于呆在小岛上，他们看到两岸终将融合、统一的大趋势，愿意早一点来大陆了解情况，广交朋友，寻找发展机会。我们要看到这种变化，下大力气做好两岸青少年的交流交往工作，更好地满足台湾青少年来大陆求学、求职的要求，增强他们对祖国大陆的文化认同感、国家民族的认同感与自豪感。

其三，从战略高度重视争取台湾民心。由于长期受台湾当局和国际反华势力的教育与影响，不少台湾同胞对大陆还有敌意，还有反共情绪，对统一还有疑虑。我们要有耐心，要把对台工作的一切落脚点真正放在如何做好争取台湾人民的工作上来，采取一切可能采取的措施，积极推动两岸经济文化和人员往来等各方面的交流，多做有利于两岸同胞的实事，不断增进两岸同胞的相互了解，引导台湾主流民意向有利于和平统一的方向发展。特别应该强调的是，大陆要在经济不断发展的同时，积极推进政治改革，加强民主与法制，保障人权，使大陆的物质文明、政治文明和精神文明的建设都达到更高的水平，以增强对台湾同胞的吸引力和凝聚力。

其四，从战略高度重视国防和军队建设。我们以最大诚意、最大耐心、尽最大努力争取和平统一的前景，但决不承诺放弃使用武力。要确保我们能够粉碎外国势力干涉中国统一和台湾分裂势力的“台独”图谋，有效威慑、制止、挫败急进“台独”势力的可能冒险挑衅，不仅要有信心、有决心，更要有能力、有实力。只有敢战、能战才能避战、止战。我们要坚持国防建设与经济建设协调发展的方针，在经济发展的基础上推进国防和军队现代化，尽早做好维护国家主权和领土完整的一切必要准备。

实现祖国的完全统一，是海内外中华儿女的共同心愿，通过全体中华儿女的共同努力，台湾问题必定能早日解决，祖国的完全统一也必将变为现实。

（中国评论，2003/7 月号）

试析台湾选举政治中的中间选民

前　言

台湾2004年3月的“总统”选举，对海峡两岸关系具有重大深远的影响。两种选举结果导向两种迥然不同的发展局面：或者维持“一个中国”架构的现状，减缓两岸间发生突发性对抗事件的危险；或者台湾向“独立”之路大步迈进，进而引发两岸关系的不确定性甚至于导致被迫最后摊牌。同样，这个选举对台湾的政党政治的发展具有决定性的影响：不论蓝绿两大阵营是谁上台，将是台湾新一轮政治势力整合与较量的开始，既有分裂或分化甚至出现局部的解体或重组，又是代表不同利益的本土政经集团成为台湾政坛的主导势力。

明年的“总统”选战虽然尚未正式开打，但蓝绿两军缠斗激烈，选态混沌，都有希望却又都确无把握，呈五五态势。岛内多次民调表明，蓝绿双方的选民结构与支持基础差距不大，均不具备压倒性优势。泛滥阵营虽然在野三年半已经丧失了6:4的绝对优势，但尚存一成上下的相对优势。这次选战虽然是在景气长期衰退、收入缩水、失业率高、贫富差距拉大、政党恶斗、社会脱序的背景下进行，但随着选情升温，掌握行政资源和执政优势的绿营声势还会逐渐上扬，特别是随着经济回暖、利多政策的施放，选情会朝有利于选票结构处于劣势的民进党执政当局方向转化，泛蓝约一成的支持优势会很快下滑到个位数，呈现势均力敌的选态，甚至不排除泛蓝处于阶段性劣势的可能。

但是，台湾十多年的选举历史表明，政党具有全岛性的选民结构优势并不必然地转化成选票优势，而基本盘处于劣势的政党也可以通过策略运作，动员出己方的高投票率来缩小与对手的选票差距。同样，一个政党的执政优势和掌控的各种政经选举资源也不必然就一定反映出是选举优势或选票优势，特别是在政党支持率处于劣势的情况下。所以，对蓝绿两营而言，选举的成败固然在选战主轴的定位和选举议题即政见的操控，更重要的还要看投票率的高低，特别是对中间游离票的争夺，得到中间选票中占绝大多数的本省籍选民的认同与支持，这是胜选的关键。

中间选民的特性、心态与基本状况

何谓中间选民？简言之，在台湾现在的蓝绿两大阵营角力的选举政治生态中，不认同政党，完全没有政党属性或者虽有政党属性，但因各种主客观原因、内外在因素的影响，促使个人的政党忠诚度淡化，不属于蓝绿两营各自基本盘的选民。中间选民的特性是，其选票投向已完全不具有政党倾向，他们对政治尤其是选举政治较冷淡，投票意愿不高，是政治参与冷漠的一群。如果把岛内选民的架构绝对地划分为蓝占55%和绿占45%，则台湾的中间选民各占这个比例的约44%和40%。

事实上，中间选民不是纯粹地完全走中间、行中道。从政治态度光谱即以蓝绿区分中间选民，可细分为浅蓝、偏蓝、非蓝非绿、偏绿和浅绿，但中间选民的绝大多数是中间偏蓝、中间和中间偏绿这三类，即便是中间这一类，亦可区分为显性中间选民和隐性中间选民。依据政治学理论的“中间选民定律”，一般来说，对于“总统”选举这种一对一的选举，候选人制胜的竞选策略首先在于如何吸引中间选民的支持，其次才是分化对手阵营。中间选民的另一个特性是，在选举政治中他们是策略选民，是具有高危险性、强杀伤力、变数最多不可预知、不易掌控的选民群，他们在投票过程中产生的弃保效应足以决定胜负。所以当选情胶着绷紧时，中间选民是关键的选票群。换句话说，谁争取到中间选民的多数，谁就能赢得选举。台湾明年3月的“总统”选举情况就是这样，当选战高潮蓝绿两营旗鼓相当时，中间选民将成为决定胜负的关键，其选票投向将决定选举的最后结果。

既然蓝绿两营明年“总统”选举的胜选关键是争取摇摆的、游离的中间选民，则全力争取中间选票是两营选前近期和选举期间主攻的目标。对蓝营来讲，倾力争夺中南部选票、特别是争夺南部中间偏绿选民的投票取向，成了胜选策略运作的一个重头戏。这是因为在多元化和民主化的冲击下，国民党在南部地区的支持度与得票率长期处于劣势，而民进党则通过长期耕耘，构建了南部的绿色票仓，通过稳住泛绿、抑北扬南、搞乱对手、力拼中间的策略运作，捞足了南部地区的选票。对绿营来讲，民进党执政当局在设法遏制因施政无方出现的中间偏绿选民游离并促其回流的同时，重点放在对中间偏蓝选民的挖角。在当前蓝绿支持度相差一成左右的情况下，只要争取到6% ~8%的中间选票，选况就会大改观，从而有利于民进党的选情。

从基本心态上讲，台湾的中间选民多为温和、理性、不走极端。例如他们希望两岸和平、事业发展、社会安定。在选举期间，他们的选举心态大致上是厌倦朝野恶斗和政客的口水战，对现实的不满和对选举的冷淡会使他们缺乏投票的热情，因此对选举结果的期待值也不会高。他们在政治上意识形态不强，对政党的忠诚度低。例如他们对国、民、亲三个大党内有代表性或具指标性的政治人物，没有特殊的好恶倾向，对国家认同或统独认同态度冷漠不激烈。他们中不读书、不看报、不看电视的也有三成，因此受媒体导向的影响较小，有一种说法是，缺乏政治常识与知识的占到中间选民的约四分之一。

台湾自上个世纪八十年代后期解严后，历经十多年的高度选举动员，蓝绿两军已然壁垒分明。根据岛内多个媒体今年以来公开发布的多项民调资料的统计推估，目前岛内的选前态势是：泛蓝基本盘是3.5 ~4.5、泛绿基本盘是2.8 ~3.0、中间选票是2.5 ~3.3。这说明年春天选战尚未开打的现在，岛内未表态的中间选民约在三成左右（因议题不同在22% ~33%间浮动），一旦选情升温，中间选民会受到蓝绿两营的激烈挤压，由占选民总数的30%迅速减缩到20%甚至15%以下。根据以往的选况，临到投票日前夕，中间选民肯定会被蓝绿两军强力动员投票，中间选民则被剧烈挤压到个位数（约4% ~7%），争夺选票的惨烈会在明年的“总统”选战中更为突出和明显。

必须清醒地看到，首先，李登辉主政的12 年和陈水扁上台的这4 年，他们逐渐引导和扭曲了台湾社会的主流思维和主体价值，即模糊了国家与民族的认同，推动台湾本土认同的台湾主体论甚嚣尘上，与祖国大陆日渐疏离。台湾的中间选民受到执政的民进党及其盟友台联党等分裂势力关于

“外来政权复辟”、“统一卖台”等谎言铺天盖地的长期灌输，受到李登辉、陈水扁等“台独”分子挑动“一边一国”、“中国打压”等流言无孔不入的渗透所惑，许多人的是非观念起了变化，被“台独”分裂势力潜移默化地影响，改变了传统的意识，对个人的投票取向负面效应颇大。其次，现在的台湾政治生态已经民粹化，出现了政治禁区，例如在岛内不能谈统一，不能讲“一国两制”；出现了心态上的极度膨胀，例如必须以“台湾优先”、必须是“台湾第一”、必须把“台湾利益”为前提。在岛内，爱国主义、民族主义与理想主义已经被异化，政治只剩下政党对决的选举政治。随着每次全岛性选举的举行，岛内政治环境剧烈变动，政党的对立与岛内政局的不确定性随着选情发展而升高，权力的争夺通过对选票的争夺成为岛内一切政治活动的最终目的。这样的选举环境对台湾的中间选民来说，增加了选票投向选择中的困惑与无奈，对个人的投票取向无疑也是一个负面的效应。

中间选民的分布与类型

综合归纳和概括台湾今年以来多项民意调查的统计资料显示，中间选民的大致分布是：

从政党倾向看，在这些选举中支持谁尚未表态、选票投向尚未决定的中间选民中，八成没有政党倾向；有政党倾向的二成里，支持民进党的占10%，支持国民党的占8%，支持亲民党的占2%，这二成即是所谓的中间偏绿或中间偏蓝的选民；而在无党籍的选民中的中间选民占到了近三成。

从职业看，已经退休的中间选民占三成多，从事农林渔牧的中间选民有近三成，从事自由职业及失业民众中的中间选民也有二成多。

从族群看，中间选民里外省籍比例最高，其次是客家族群有一成四的中间选民，而闽南人与原住民中的中间选民比例最低。

从年龄上看，19－22岁取得选举权的新选民当中，他们对蓝绿的支持度相差8%，中间选民占17%；29岁以下的青年选民仅有7%的中间选民，50岁以上的中间选民占到了三成多，而60岁以上的却达到41.41%。这表明高龄的中间选民所占的比例较大。

从学历结构看，高中以上的高学历选民拥蓝多，国中以下的低学历多拥绿，且学历越高拥蓝比例越高，反之亦然；统计还表明，无论是高学历还是低学历，对政党支持不表态的中间选民的比例都颇高，大学学历的有57%，小学程度的也占到近半，具有国中学历的有二成。

从知识结构看，最近几年出现的数百万网民是无法轻忽的必争之票；高知识水准的选民多拥蓝，受教育程度较低，与知识经济相对脱节的选民拥绿多；在中间选民中有19%～25%是属于缺乏或没有政治知识的选民。

从性别看，目前支持蓝绿两营的男性相差13%，女性相差12%，与民调统计的政党支持度差别不大，但未表态的女性有32%多于未表态的男性（占21%），两者相差11个百分点，表明女性中的中间选民相对较多。

从地域看，都市地区的中间选民多为受教育程度较高，属于知识经济中生产力较高的主干群体中的部分选民，从数量上分析，经济发达的北部地区的中间选民总量多些；农村、山地与沿海等非都市地区的中间选民，多为受教育程度较低，从事传统产业例如农渔业、服务业及家庭手工业的选民。

从信仰看，虽然历次选举期间岛内各种宗教和民间信仰团体也被强力动员，但确有相当比例的教友信众不涉政事与选务、不谙时事与民间烟火，献身信仰或者以慈悲济世、人道关怀为信条，是一群不投票的中间选民。

从以上不够完整全面的统计资料可以看出，中间选民虽然分布在各县市、各族群和社会各个阶层，但在高龄选民、妇女选民、低学历选民、北部选民、都市选民当中所占比例相对高些。

台湾的中间选民可以分为以下六种类型：

都市型中间选民。在台湾的大中城市里，有数十万尚存改革理想、尚有选举热情、具有高教育素质、颇有主见的选民。他们对国民党有怨恨、没期待，对民进党很失望、不放心，认为国、民、亲三党已经同质化；他们或者无政党倾向，或者对政党的效忠不及于对理念的坚持；他们有理想、有是非，较少受到选举造势的影响或特定的政党操控，目光不短视，不为急功近利所诱，不被小恩小惠所惑；他们期待求新求变，呼唤理想主义，期盼新形象、新面孔，能够令人耳目一新，看到新希望，他们的选票，只要是新人就支持。然而明年春天的“总统”选举存在的结构性问题就在于：蓝绿双方都是老面孔间的再次对决，缺乏新鲜感，令他们颇感失望、挫折和愤懑。都市型的中间选民中还有一批是台湾社会的中间分子，即最具有经济活力和文化创造力的群体，他们对台湾现实充满了批判，但又苦无施政良策而苦闷、而彷徨。另有一批都市型中间选民可称作议题性选民，他们或者只对查弊案关心，或者只对除弊政有心，他们会以此为唯一因素思考和决定自己的选票投向，而民进党也正是利用这一点来拉拢这部分中间选民。

利益型中间选民。在台湾经济不够发达的县市，例如东部、南部和农业等传统产业地区，常常出现选票有偿交给地方选举桩脚操控的现象，这类选票及掌握这些选票的桩脚，往往是各政党贿买选票的对象。地方选举桩脚是指乡镇长及地方各级民意代表，还有各地的宗亲会、农渔会、水利会及信用合作社等掌握地方生产与生活资源的、与个人有切身利害关系的地方团体负责人，统称为地方实力派。他们的选举心态是两面投资与讨好、待价而沽、利中取大。他们的特点是没有太多的政治承诺和信用度，没有太多的意识形态框框和政党政治理念的束缚；他们唯利是图，着眼于最大的行政资源分配；作为桩脚极具现实性格，讲利益、要实惠、有奶就是娘，谁给的好处大、谁的承诺多、谁给的钱多就支持谁，就动员受控选票投给谁；他们擅长与执政当局（不管谁在台上）讨价还价，进行利益输送与交换，所以极易接受政策贿选、金钱买票。地方实力派系支持谁，对地方选举和选票凝聚具有决定性影响，所以他们是朝野政治势力极端重视、全力拉拢的对象。对蓝绿两营来讲，通过施舍利益、政策收编、分化策反与政经控制达到固桩目的，可以增强地方的助选功能，强化催票能力。所以地方实力派是一支靠不住的投票部队，其可怕与危险在于：他们在地方上的投票取向和产生的冲击效应对维持选票的优势至关重要，一旦他们确立了选边，在选战开打并升温后西瓜傍大边效应会迅速发酵。

新选民型中间选民。在台湾第一次有投票权的新选民是现年 19 - 22 岁的青年人，台湾每年新增选票 35 万 ~ 40 万张，故每届“总统”选举新增约 140 万张左右。这些新选民一方面对选举有热情，政党表态率较高，近期的民调显示，他们拥绿近半，拥蓝近四成，对绿蓝的支持度相差 8 个百分点；另一方面他们的选举心态多元活跃，不受媒体导向，选票投向以自我为中心，且历次选举资料表明，传统上他们的投票率较低，仅七成左右。这一届的青年新选民，适逢面临高学费、高失业率、个人收入和求职压力大，毕业就面对失业、负债的威胁，有42.9万人属于既未在学又未就业，青年失业率比全岛失业率5%还高出6个百分点，因此在求职时被迫压低求职条件，在只求有不求好的无奈中成为低薪的廉价劳力。这批新选民中有近二成（占17%）约30万张选票属于不表态的中间票，这些青年选票的流向值得关注。

批判型中间选民。这种类型选民以都市蓝领阶层为主，属弱势群体，以泛紫（公平正义）联盟为代表。是一群无论蓝绿谁执政都得不到关注与扶持的社会弱势群体、涵盖了劳工、妇女、老年人、智障人、残障人等社会底层的阶层，亦有动员数十万张选票的潜力。他们对台湾的政治、经济与社会持批判态度，对蓝绿两营都不抱期待，他们或者期待成长为一支独立的政治力量，或者不去投票，或者投废票，即便因为各种外因去投票，也是抱着两害相较取其轻的态度。以泛紫联盟为例，它虽不是一个政治性团体，但代表着弱势群体民众的利益，是社会底层勇敢走上街头抗争的一群。多年的社会运动实践使他们体认到：对国民党没期待，对民进党没信心。他们不谈统独，侧重百姓生计，建构社会福利，主张不投票或投废票，这种投票取向将拉低投票率，减少得票数，影响部分中间选民的投票取向，特别是对泛绿得票率的高低有相当的影响。此外，在都市的中产阶级的中下层、蓝领劳动者阶级特别是失业者阶层中间，还有不少的人整天为生存打拼，生活状况极不稳定，无暇也无心去关注选举，认为选上谁都一个样，与己无关。

情绪化型中间选民。每逢台湾选举期间，有不少中间选民用选票通过赌博押宝作为投机赚钱的手段；也有一些中间选民依据个人好恶、情绪冲动非理性地投票；还有些中间选民则是十分厌恶扰乱正常社会与生活秩序的选举活动，一年比一年厌烦有加，每到选举则采取赌烂票的态度；更有些中间选民，只要是选举就必然表现出平时不彰显的激情民粹。凡此种种，皆属台湾选民中的特殊群体——情绪化型选民。出现这种类型中间选民的原因是，在台湾，由于其选举政治未尽成熟与理性，又有颇具台湾地方特色的选举文化的推波助澜，再加上国民党专制统治期间的民怨厚重与历史上重北轻南的发展取向，这种种因素导致全岛不同的选举区域（包括地域、城乡、经济与教育发达程度、族群聚居密度等）的选民关注的重点不同，亲身体验感觉不同，造成直接或间接影响不同选举地域选民的选票投向的理性程度不同。

台商型中间选民。散布在世界各地具有投票权的台商总数比岛内有的县市的选举总人口还多。仅以大陆台商为例，最保守的估计也在50万人以上，他们对岛内的家族企业、相关企业和亲朋好友的投票取向有很大的影响力，至少影响到成倍选票的投向。近些年来台商对岛内政局、经济与社会的影响力日益扩大，使得明年的“总统”选举出现了一个新的因素，即台商成为蓝绿两营争夺选票的新焦点。于是，绿营频频用手中的行政资源和经济利益引诱台商，蓝营则采用政策许诺、人情攻势向台商招手，台商成了在选举中的胜选王牌之一，台商既是蓝绿两营最在意也是最头痛的选票“族群”，又是两营势在必争的中间票源。但是岛内历次选举的事实表明，在选举日花时间与精力、不计成本返回岛内投一票的海外、大陆台商少之又少，除非通过有组织的强力动员。即便如此，回岛投票的台商至多也仅占台商总数的几分之一甚至十几分之一，岛外台商的多数事实上成为不投票的中间选民，其中既包括了对岛内选举政治冷淡，对蓝绿两营持批判态度的中间选民，也包括了重事业、算成本的有政党倾向的选民。类似的情况也可同样套用在侨居、定居在欧美、日韩、中南美、澳新和东南亚等海外地区的台胞身上，他们同样因为身处岛外，而且事业与生活重心不在岛内，对选举没兴趣而多数置身事外，估计这类海外选票总数约在140万至180万张左右。由于这次岛内“总统”选举的选情绷得很紧，预估胜负在几十万票至百余万票之间，岛外的台胞与台商自然就成了岛内选战中的香饽饽，他们手中的选票的价值也随之看涨。

中间选民的投票行为特征

综合上面对中间选民基本心态、选举心态与类型的分析，台湾的中间选民的投票行为大致可归纳为：

选人不选党，投精英票；

被利益、实惠、好处收买，投贿买票；

受到各种周边因素的影响，投压力票；

在西瓜偎大边心态下弃保效应发酵，投选边票；

被政党政客煽情反弹，投情绪票；

报恩心态等传统的人际关系，投人情票；

逆反心态，关怀弱势，投同情票；

对现实不满，对政党不信任，投废票；

个人诉求得不到伸张，投弃权票；

批判选举政治，对选举态度冷淡，不投票。

事实上在全岛性的单一选举中，多数中间选民的投票取向或游离票的流向并不真正受到意识形态、统独立场或候选人政策诉求所左右，除固有的铁票是基本票源外，相当多的中间游离选民更会受到选举造势气氛和身处的选举地域特定的选举环境的影响。例如在“立委”选举中，对参选人的第一印象和周边的风评往往是把票投给谁的最终决定性因素；而在“总统”选举中，往往受到赌谁能赢、亲朋好友的人情拜托、个人恩怨好恶等非理性因素的左右。台湾选举的事实还表明，选前民调所反映的政党支持度不能准确充分地反映出政党得票率，也就是说不一定能转化成实际得票率。得票率的高低，一是决定于支持选票的动员程度和组织配票的成效。有相当比例的中间选民会在投票时接受内心倾向的候选方组织的配票，从而在投票一刻才表态支持谁。二是受到投票行为的制约。例如个人情绪与态度、投票积极性与意向以及刺激投票的贿买措施等等。此外，还受到投票当日的气候、投票站的远近、个人是否在岛内、当时能否去投票等内在与外来因素的制约和影响。应该说，中间选民受到上述因素的制约，投票行为是消极的、被动的。

当然，一场全岛性的选举，影响台湾选民的选票投向有诸多因素。从客观看，议题操控、选举献金、文宣造势、组织配票、策略运作、利益输送甚至弃保效应等等都会对选民的投票行为产生很大的影响。但是，选民是否会去投票以及把票投给谁，关键是选民个人主观上的认同感，这种认同是和台湾社会的基本矛盾、认知分歧与个人情结紧紧地联系在一起的。例如，国家认同与统独矛盾、族群认同与省籍矛盾、意识形态认同与现实矛盾、政党认同与精英情结、民族认同与本土情结、文化历史认同与台湾情结、利益认同与群体情结，甚至台湾社会存在的诸如政党政治分歧、宗教信仰分歧、产业导向分歧、劳资关系分歧等都会成为选民投票抉择的选项。而对台湾的中间选民来讲，其投票行为更多的是由议题（即政见）取向、精英取向、群体取向和利益取向所主导，同时还受到三个主客观因素的制约和影响：其一，受台湾选举文化的影响。例如，政党不择手段的买票与拉票，各种资讯媒体的煽情导向，使中间选民中对政治有兴趣的人决定其投票取向要早些，且不易改变，而对政治兴趣低的多数中间选民，其投票态度则相反。其二，是周边因素的制约。包括居住地、宗教信仰、亲友关系、人际关系、利益关系、利害关系、个人地位以及年龄、受教育程度、职业、族群所属等等。例如前已述及，中间选民的选票投向极易受到周围亲朋好友的投票取向和居住地的选举气势、投票氛围的影响。其三，是个人选择的偏好。这是由中间选民个人所处的经济社会地位决定了他对选举中关系到自身利益的选举政见的关注与认同程度，以及他在选票投向中要表达出的自主诉求的程度，而这种自主性在都市型中间选民中比例最高。

（2003 年度国台办委托调研课题不含“工作建议”部分，2003/10，主持人：徐博东，执笔人：李延）

增进同胞之爱是遏制“台独”的根本

自3·20台湾“大选”以来，岛内政局发生了重大变化，这些变化对两岸关系已经并正在产生深远影响，大陆为此发表“5·17”声明作出了相应的反应。经过陈水扁四年来的执政特别是经历这场“大选”，两岸互信已经荡然无存。目前，岛内“台独”势力在美国的支持下仍在继续发展并日趋嚣张，而大陆遏制“台独”的决心和力度也在不断加强，能力不断提高，台海局势依然严峻，令人担忧。这种严峻局面是否能够得到缓和，两岸关系能否发展，抑或出现新的危机乃至战争，最终取决于台湾当权者是否放弃“台独”路线，接受一个中国的原则。

岛内政局的发展对两岸关系的影响

陈水扁在第二个任期内没有了连任的压力，制定和推动其政策目标的顾忌相对较少，从5·20以来他的一系列做法来看，陈水扁在内政方面确实比上一任期表现出了强硬的姿态，而反对势力又难以整合，反制乏力，这自然会影响到两岸关系。具体来说，大致有以下几个方面：

一、陈水扁强势主导，台湾政权全面“绿化”。

陈水扁“连任”后，对人事安排的变更可说是民进党执政以来力度最大的一次。首先是在“内阁”改组方面，将与其关系较为不密切的官员一个个逐出了“内阁”，而安排进自己的亲信人马。事实上，民进党执政下的“内阁”已经成为名副其实的“陈水扁内阁”，成了他的橡皮图章。其次，对媒体进行操控，除了江霞出任“华视”总经理之外，其他如对国民党在其中影响较大的“中视”和“中广”则借换照之机，排挤国民党的势力，目的就是要全面掌控媒体。第三，安插亲信对金融机构加强控制。第四，擢用大批将领，对军队加强控制。第五，改组“国安部门”，加强对情治系统的控制等。

陈水扁的上述作为，尽管受到岛内各方的强烈质疑，但他充耳不闻、我行我素，仍利用其手中掌握的权力强势推动。其目的是要加强自己的实力，以便全面控制台湾社会，巩固和壮大民进党的力量，为年底的“立委”选举和民进党的长期执政扫清道路。

二、反对势力难以整合，无法对民进党形成有效制衡。

从“3·20”到“5·20”，岛内反扁势力进行了一波又一波声势浩大的剧烈抗争，突显了陈水扁连任的不公不正，但由于泛蓝领导层的软弱无能，不能因势利导，致使这场抗争功败垂成，目前已成强弩之末。“5·20”之后，国、亲内部对如何整合七嘴八舌，虽然谁都明白，不进行整合形势对他们极其不利，可是他们谁都不肯让步，放弃自己眼前的局部利益，对于是“合并”还是通过“大联盟”的方式进行整合，双方说法南辕北辙，甚至两党内部也很不一致，“一人一把号，各吹各的调”，始终难以达成共识。这种内耗造成了人心涣散，严重削弱了泛蓝阵营自身的整体实力。

正是这种反对力量的减弱，使得近期以来陈水扁在人事布局上的政治酬庸和“绿化”愈加无所顾忌。从目前的发展情况来看，年底的“立委”选举泛蓝阵营形势严峻，不容乐观。如果泛蓝再次败选，泛绿阵营在新一届“立法院”的席位首次过半，台湾政坛的力量对比将会失衡，民进党“一党独大”的局面有可能出现。而由于民进党在“行政”与“立法”两方面的全面执政，政权得以巩固，陈水扁推行其政策目标势必愈加放心大胆，遇到的阻力将会更少。

一旦这种情况出现，其后续效应必然是：一方面“台独”势力在岛内大行其道，泛绿阵营对台湾民众“台独”意识形态的引导将会愈加便利，成效也将愈加显著。而“台独”意识形态的影响不断扩大和深化，反过来又将迫使泛蓝阵营进一步向“台独”意识形态继续靠拢，不然的话，在台湾的现实政治环境下很难生存和发展。显然，这对两岸关系的影响将是长期的和深远的。另一方面，“台独”势力的进一步发展壮大，民进党政权得以巩固，陈水扁挑战两岸现状、对抗大陆的自信心势必增强，其挟持台湾的所谓“主流民意”，推行“急独”路线的危险性必然增加。

有一种观点认为，今年底“立委”选举泛绿阵营的席位若能过半，民进党政权得以稳固，陈水扁的实力和自信心增强，反而会有助于其松动乃至改变“台独”立场，重新引领和启动民进党的“台独”转型，使两岸关系由“危机”变“转机”。然而从目前陈水扁的种种作为来看，这只不过是一种善良愿望，找不到足以支撑这种观点的任何证据。陈水扁之流乃是一批唯心主义者，他们总是错估形势，总以为一旦民进党政权得以巩固，加上美国的撑腰，即使他仍然顽固坚持“台独”立场，推行“台独”路线，“中共也不得不接受政治现实”（陈水扁语），放弃“一中原则”和他打交道。因此，寄望陈水扁放弃“台独”立场，无异于“与虎谋皮”。

三、泛绿阵营“分工合作”，极力扩大“台独”基本盘。

“5·20”以来，与泛蓝阵营一盘散沙、进退失据形成鲜明对照，泛绿阵营分进合击，对夺取年底“立委”选举的胜利志在必得。由于执政的民进党受到来自各方特别是美国的强大压力，“3·20”之后被迫暂时搁置“急独”路线，在“5·20”演说中陈水扁刻意将“制宪”改为“宪改”，从表面上来看，民进党的两岸政策“向中间靠拢”，出现弹性调整空间。但与此同时，在野的李登辉“台联党”却继续拉高分贝大肆鼓噪“公投制宪”、“台湾正名”等“急独”主张。稍有头脑的人都能看出，这是为了因应年底“立委”选举扁李合谋的又一出戏码：“台联党”鼓吹“急独”路线，意在稳固“台独”基本盘，而民进党则以淡化“台独”来欺骗选民，开拓中间票源。正所谓“兄弟爬山，各自努力”，借以扩大泛绿阵营的基本盘，实现年底新一届“立法院”席位过半，以图全面主导台湾政局。

四、陈水扁的两岸政策乃是“战争边缘政策”

陈水扁为了竞选连任，“大选”期间抛出“台独时间表”，推动“公投立法”，执意搞“3·20公投”，把两岸关系推向了极其危险的战争边缘。然而选后陈水扁却又抛出新的两岸关系论述和政策，频频向大陆释出所谓“善意”和“诚意”：在“5·20”演说中，他不仅把“制宪”改为较为模糊、中性的“宪改”，还“建议”未来“宪改”不涉及主权、领土和统独议题；5月28日，新任“陆委会主委”吴钊燮主动邀请汪道涵访台，表示“什么议题都可以谈”；6月11日，吴钊燮又称，如果大陆回到“钱其琛立场”，两岸可以立即上谈判桌展开“三通”谈判等等，摆出一副急于缓和发展两岸关系的姿态。

其实，长期观察陈水扁两岸政策走向的人士都不难看出，这只不过是陈水扁四年前的故伎重演。且不说如岛内外进步舆论所揭露的那样，陈水扁“5·20”演说中有关两岸政策部分，表面上退缩，实则绵里藏针，埋下了许多日后重回“急独”路线的伏笔，就说他所公开宣示的两岸政策目标，也和四年前并无二致：四年前他说，他的两岸政策是要“让美国满意，国际社会肯定，中共虽不满意但找不到借口”；如今他则说，他的两岸政策是要“让多数国人满意，美国肯定，国际社会激赏，中共找不到借口”。就连遣词用字都相差无几、如出一辙。

陈水扁执政四年来的种种事实告诉我们：所谓让“美国满意、中共找不到借口”的两岸政策，就是“投靠美国、对抗大陆”的政策，说穿了是不折不扣的两岸“战争边缘政策”。这种政策何来“善意”、“诚意”之有？“5·20”之后，陈水扁当局执意要斥巨资6100亿新台币大肆采购美国的高科技进攻性武器装备；与美国结成“准军事同盟”，举行针对大陆的大规模“汉光”军事演习；抛出所谓“毒蝎计划”，与美国的“国防部报告”一唱一和，扬言要对大陆实施“先制打击”、攻击三峡大坝等等。在陈水扁当局施放“两岸和谈”的烟幕背后，人们所看到的却是实实在在的“以武拒统，以武谋独”。

“先软后硬，软硬兼施”，是证诸四年来陈水扁两岸政策的又一大特点。陈水扁明明知道，汪道涵访台也好，“三通”谈判也罢，只要他坚持两岸“一边一国”，一切都无从谈起。然而他之所以“明知不可为而为之”，坚持炒作这些议题，释出这些虚假的“善意”和“诚意”，除了为欺骗舆论和应付来自美国的压力之外，还在于为其日后重回“急独”路线制造借口、推脱责任。

陈水扁推行上述两岸政策，只会进一步破坏两岸互信，加深两岸裂痕，制造台海地区新的危机。

大陆的应对策略与政策走向

表面看来，大陆对台政策自去年以来变化很大。“大选”期间，大陆对于陈水扁的“急独”挑衅采取了十分克制的态度，直到选举揭晓后的一段时间内，这种情况仍在继续。其实大陆方面之所以采取这种克制态度，主要是居于以下两方面的原因：一是对台湾选情发展的评估。即在反对“台独”的连宋配民调支持度一路领先的形势下，大陆并不想过多的介入台湾的选举；二是美国出于其自身的利益对陈水扁的“急独”言行施加了一定程度的压力，大陆“促美压扁、拉美制独”的策略确实收到了一定的成效。然而自3·20之后，一方面大陆已不得不面对陈水扁的连任和民进党有可能长期执政的现实。另一方面由于陈水扁极力讨好美国，使一度恶化的美台关系得以很快修补，而美国也调整政策，反过来对大陆施压。面对这种新的严峻形势，大陆在坚持“和平统一、一国两制”对台基本方针不变的前提下，对某些具体的局部的政策作出了相应的调整。整体来说，大陆一方面加大了对“台独”的施压力度，另一方面也展现出了相当大的政策灵活性。“5·17”声明的发表及其所展示的内涵，集中地体现了这一政策的调整。

从目前的政策走向来看，大陆对台工作的重心显然是“遏独”重于“促统”。道理至明：对于两岸关系来说，“遏独”既是“促统”的题中之义，同时也是“促统”的基础和必要前提。在目前岛内“台独”势力坐大、两岸关系严峻的情况之下，这是大陆唯一的也是合乎逻辑的选择。当然，“遏独”并不等于一味的“强硬”，因此“5·17声明”既表达了大陆方面“不惜一切代价”制止“台独”的决心，而同时也指出了台湾当权者只要回归“一个中国”立场，两岸关系就能展现出“无限光明的前景”。

早日实现两岸直接“三通”、扩大两岸经贸和文化交流、扎扎实实地做好“寄希望于台湾人民”的工作，是遏制“台独”最为有效的途径和手段，在目前两岸僵局无法打开的情况下，大陆把经济交流作为两岸交流和两岸关系发展的一个主要渠道来加以推动，在5月24日召开的记者会上，国台办明确表示，大陆一如既往地欢迎广大台商前来投资，但是不欢迎在大陆赚了钱，又回到岛内支持“台独”的台商。“有区别才有政策”，大陆方面对极少数的“台独商人”提出“警告”乃至采取必要的“制裁”措施，正是对广大台商的一种公平和鼓励。至于两岸“三通”问题，针对吴钊燮的隔空喊话，国台办在6月30日的记者会上，再度重申了“钱其琛立场”，明确表示推动两岸“三通”的一贯政策不变。即把“三通”界定为“经济议题”，可以在“两岸航线”的定位下展开两岸行业间的“三通”谈判，这是在两岸关系无法打开僵局的情况下所作出的务实的、必要的让步。

由上可知，大陆对台政策的调整既坚持了原则性，又展现了政策的灵活性。所谓的“原则性”就是“一个中国”的底线，而政策的“灵活性”则表现在突破旧有的模式来进行两岸关系的新布局，从而牢牢地掌握两岸关系发展的主导权。

目前的情况表明，上述大陆对台政策的调整，已经并正在收到成效，岛内“台独”分裂势力虽然仍在继续发展并且十分嚣张，但毕竟受到了相当程度的遏制。而两岸民间的各项经济文化交流交往，则仍在持续发展和扩大，势头不减。

影响两岸关系发展的几个因素

除了大陆的对台政策，目前两岸的紧张关系能否得到缓和与发展，取决于多重因素的互动。

首先，两岸形势向哪个方向发展，关键取决于台湾当局。

事实上，台湾当局对两岸交流，一向都是从政治的角度进行考虑，“泛政治化”的不是别人正是台湾当权者。例如关于两岸“三通”问题，远的不必说，这次国台办明确表示，大陆坚持“钱其琛立场”，愿与台湾方面探寻早日开放两岸“三通”问题，但是几天前还在高唱谈判开放两岸“三通”调门的台湾“陆委会主委”吴钊燮，却立即改口说：“现在‘三通’议题还不到坐下来谈的地步”，表示“希望除了钱其琛的讲话，不要再衍生出其他的政治前提。”这种论调，事实上就是要大陆放弃“一个中国”原则，这显然还是陈水扁执政四年来的老招数：台湾方面先是释出假“善意”，一旦大陆作出正面回应，台湾当局就立即退缩；假设大陆置之不理，台湾当局就会大肆攻击大陆“没有善意回应”，于是它推动“台独”也就有了十足的“理由”和借口。

说白了，两岸关系僵持紧张的症结是台湾当权者顽固坚持“台独”立场，在这种情况下，两岸的任何接触谈判当然也就失去了应有的基础和前提条件。还是拿“三通”问题来说，尽管大陆一再作出让步，不断进行务实调整，但台湾方面仍然想尽各种办法一再阻挠、拖延。原因无它，李登辉说得再清楚不过，他说：两岸“三通”的较劲是一场“无硝烟的战争”，“三通”一通，等于台湾“投降”。陈水扁也早就说过：“‘三通’是台湾的最后筹码，不到最后时刻不能开放”。正因为如此，尽管压力很大，他仍然一拖再拖，决不轻易开放。而在一定时期，陈水扁迫于岛内主流民意的压力又往往需要炒作“三通”议题，但这只不过是把它当做欺骗舆论、捞取政治利益的工具而已。

因此，在可见的时间内，两岸“三通”的前景，并不如预期的那么乐观。

其次，在两岸关系的问题上，美国是又一个关键性的因素。

美国不愿意看到中国的统一强大，千方百计地要遏制中国的崛起，需要利用两岸的对立和对抗来谋取自己的最大利益。根据这一原则，美国在台海两岸争端中表面“中立”，实则鼠首两端，极尽挑拨离间之能事，以对“台独”的支持来达到扩大自己利益的目的，并非真的有爱于台湾。所谓“反对任何片面改变现状”，企图使海峡两岸永远维持目前“不战不和，不统不独”的分裂状态，其用心正在于此。对此，海峡两岸所有的中国人都必须有清楚的认识。陈水扁等岛内“台独”人士，整天把所谓“尊严”、“对等”、“主体性”等等挂在嘴边，然而为了对抗大陆，实现其分裂祖国的“台独”目标，却甘当美国遏制中国的“马前卒”，这乃是使美国得以售其奸的根本原因。所以，在两岸关系的问题上，美国是又一个关键性的因素，如果台湾当权者继续推行引狼入室的错误政策，海峡两岸难望太平。

第三，在两岸关系的发展中，两岸的“民意”走向是不可忽视的因素。陈水扁民进党历来把所谓“民意”作为其对付政敌和推动“台独”分裂活动的护身符，对挑动“民粹主义”情绪可谓不遗余力，这次“大选”更是变本加厉、不择手段。陈水扁胜选连任后，利用其手中掌握的权力极力“绿化”媒体，其目的就是要全面“绿化”台湾的意识形态，为其推动“台独”路线打造更加广泛、深厚的“民意”基础。长期以来，相当数量的台湾民众在“反共”和“台独”这两种意识形态的双重污染下，对大陆抱有相当程度的仇视，对大陆的对台方针政策难以理解和接受，这是影响两岸关系发展的一个重大障碍和不利因素。这种被刻意挑拨起来的民粹主义情绪是非理性的但同时也是我们所必须面对的。

对大陆方面来说，由于“台独”势力的发展与嚣张，民间反“台独”的声音也正在日趋高涨，并已经开始形成愈来愈大的舆论压力，影响到了官方对两岸关系的决策。此次张惠妹的杭州演出在大陆网民的反对下被迫取消，就是民间力量开始产生影响的先兆。而国台办“5·17声明”中的强硬措辞和紧接着“不欢迎支持‘台独’的台商”的表态，也多少有向大陆民众交代的意涵。尽管两岸民众的情绪在性质上根本不同，而且官方对这种事态的发展所采取的态度和做法也有本质上的区别，但大陆方面仍然需要保持高度警惕，并采取必要的举措加以引导，防止在大陆民众中滋生非理性的民粹主义情绪，从而形成两岸民众之间的严重对立。

总之，同胞之爱的弱化以至丧失，只会有利于“台独”。化解两岸民众的对立情绪，不断增进两岸同胞之爱，乃是遏制“台独”、缓和发展两岸关系和促进祖国统一大业的根本之途。

（华夏经纬网，2004/08/06，与陈星合撰）

民进党执政以来的大陆政策述评

在2004年3月举行的台湾“大选”中，民进党候选人陈水扁和吕秀莲以微弱多数取得了颇具争议的连选连任。陈、吕当选后，民进党占据了新一届政府中绝大部分的重要职位，可以利用的行政资源进一步增加。目前，民进党正在厉兵秣马，积极筹划年底的“立委”选战，与“台联党”分进合击，试图一举击溃泛蓝阵营，实现泛绿阵营在下一届“立法院”中席位过半的目标。从目前国、亲两党的整合态势来看，泛蓝阵营恐怕已很难形成对民进党政权的强有力制衡，这使得民进党在台湾政坛的优势持续扩大。

在两岸关系和台湾前途问题上，由于岛内的各派政治势力争议不断，难以达成共识，而以李登辉为首的“急独”势力又在不断发展，同时由于民进党执政四年来政绩乏善可陈，于是在这次“大选”中，陈水扁在连任的压力下，为转移民众视线、主导选战议题，与李登辉密切配合，不惜疯狂挑衅大陆，从而使民进党的大陆政策越来越向“急独”的方向发展。选后，尽管陈水扁“急独”的两岸政策在各方的强大压力下被迫在表面上有所收敛，重新向所谓“中间路线”靠拢，但种种事实表明，其“台独”的立场和本质并没有改变。陈水扁民进党推行的上述大陆政策，是造成当前两岸关系严峻局面的根本原因，而且根据各种因素预测，在可预见的将来，这种严峻局面难望好转。

民进党大陆政策的调整

2000年台湾政权首次“政党轮替”，标举“台独党纲”的民进党取得了执政地位。但是上台伊始，民进党一方面面临着大陆“听其言，观其行”的强大威慑和岛内“朝小野大”的不利局面，另一方面则又缺乏执政经验，再加上台湾社会对民进党“台独”主张的疑惧，因此民进党不得不淡化“台独”色彩，推行所谓“新中间路线”。从政策层面来分析，民进党的大陆政策经过了精心包装，尽力避免引发两岸关系的紧张，为权力的巩固争取时间。

为此，陈水扁在2000年当选后的“就职演说”中，提出了“四不一没有”的承诺，信誓旦旦的保证在他的任期内不会改变台海现状。接着，陈水扁在2001年的元旦祝词中又提出“统合论”，鼓吹两岸建立“政治统合新架构”。台湾“陆委会”解释说，两岸“统合论”提出的基础，“是在表达善意与弹性，这是新政府所跨出的相当大的一步。”2001年8月，台湾“经发会经济咨询委员会”又达成共识，宣布取消李登辉执政时期延续下来的“戒急用忍”用语，在两岸经贸政策方面改用“积极开放、有效管理”的新提法。

同时，民进党内部关于“台独党纲”的争论再次浮上台面。这些争论主要是牵涉“台独党纲”的处理问题，其实和民进党的“统独”理念和立场并无关联。其争论的背景在于，执政之后民进党在大陆政策上陷入了困局，受到“台独党纲”的很大束缚，因此“民进党内部出现了‘第二次政党转型’的呼声”。2001年10月民进党召开九届二次全代会，通过了“提升决议文位阶等同于党纲案”，并依照“后法优于先法”的解释，确立了“台湾前途决议文”取代“台独党纲”的现有指导地位，在一定程度上起到了为“台独党纲”解套的作用。

但是，民进党从来也没有放弃“台独”主张，拒不接受“一个中国”。2002年1月10日，陈水扁在接见美国大西洋理事会访问团时就宣称：“在台湾的中华民国是一个主权独立的国家”，“我们承认两岸有很多争议特别是政治上的争议无法在短时间内解决，双方唯有搁置争议，加强接触与对话，才能缓和两岸关系，也才能把争议、歧见降低，化解于无形”。民进党的这种立场和态度，当然不可能化解两岸僵局，而问题的关键，就在于陈水扁并没有改善发展两岸关系的真正诚意。诚如台湾民进党专家杨宪村所说：民进党一方面以“不独”来缓和北京对台湾即时动武的压力，同时以“不统”来化解台湾内部独派可能的反弹，“基本上维持一种对‘统独暂时妥协’的形式，这种折衷妥协的做法，既未引爆两岸僵局，也未化解两岸僵局”。

应该说，这是陈水扁在权力没有稳固之前的一种权宜之计，随着民进党政权的逐渐巩固，大陆政策也相应作出了调整。

2001 年 8 月，以李登辉为精神领袖的“急独”政党“台联党”成立。同年 12 月，民进党和“台联党”在新一届“立委”选战中获胜，民进党在“立法院”的席位首次超过国民党，从而上升为台湾政坛的第一大党，岛内“台独”势力大受鼓舞。2002 年 4 月，民进党召开九届二次临全会，通过了“政党同步”的议案，解决了“总统”与党互不统属、形同两个权力核心的矛盾，从而进一步扩大了陈水扁的政治权力和政治活动空间。陈水扁接任党主席后，党政大权一把抓，接着 7 月份就抛出了“走自己的路”的风向球，声称“《台湾前途决议文》是现阶段民进党中国政策的最高指导原则”，这是陈水扁即将抛弃所谓“新中间路线”、推行“急独”的两岸政策的先兆。果然到了 8 月初，陈水扁就公然抛出了比李登辉的“特殊两国论”还要“独”的“一边一国论”，致使两岸关系迅速恶化。

随后，陈水扁的“台独”言论日益升级，愈演愈烈，在各种不同场合一再宣称：“台湾是一个主权独立的国家，与中华人民共和国互不隶属”、“任何有关独立现状的更动，都必须经由台湾全体住民以公民投票的方式决定”、“民主进步党绝对不接受中国所主张的所谓‘一国两制’及‘一个中国’原则，绝对不能让台湾被矮化、被边缘化、被地方化”等等，气焰极其嚣张。

及至 2003 年“总统”选战开打以后，民进党的大陆政策更趋激进。先是公然声称即使没有法源也要搞“核四公投”、“加入 WHO 公投”。接着在蓝绿双方的拉锯战中，“公投立法”被提上了议事日程。虽然迫于来自大陆和美国的巨大压力，“公投法”在“立法院”表决时民进党最终未敢支持“急独”的蔡同荣版而通过了国亲版，然而由于泛蓝阵营的重大失策，该法第 17 条赋予“总统”在所谓“国家遭受外力威胁”时得以发动“公投”的权力，从而为陈水扁提供了可乘之机。“公投法”通过后的次日，陈水扁就不无得意地说：“公投法”只要有这一条，民进党就没有输，并称“那是民进党最想要的公投条文”。紧接着，他就利用这一条款抛出了猖狂挑衅大陆的所谓“防御性公投”（后改称“和平公投”）议题，并且不顾各方的强烈反对，把“公投”和“3·20大选”绑在一起，利用行政手段强力推动，企图以此来拉抬民进党的选情，最终达到连选连任的目的。“大选”期间，陈水扁民进党和李登辉“台联党”狼狈为奸、密切配合，先后组织发动了所谓“台湾正名”大游行、“公投制宪”大游行、“2·28手护台湾”大游行等等一系列的大规模造势活动，掀起了一波接一波的“台独”恶浪。更有甚者，陈水扁还公然抛出了2006年“公投制宪”、2008年“实施新宪”的“急独时间表”。陈水扁的上述“台独”挑衅活动，把两岸关系推向了空前危险的战争边缘，严重地威胁到台海地区的稳定与和平。

“3·20大选”后，在大陆的威慑和美国的压力下，陈水扁在“5·20就职演说”中被迫由原来的“公投制宪”立场上向后退缩，改称所谓“宪政改造”这种较为模糊、中性的新提法，并称“涉及国家主权、领土及统独的议题，不宜出现在此次宪改的范围内”，但是他仅是“以个人名义建议”，并仍坚持要“公投入宪”等，从而为日后打着“深化民主”、“尊重民意”的旗号推翻上述各项承诺、重归“急独”路线埋下了伏笔。而且，在是否要变更“国号”的问题上，陈水扁也没有明确作出说明。独派人士心领神会，说：陈水扁在“就职演说”中，“国号并不在负面表列之内，显示他仍努力做到尊重独派人士感受，并未完全排除在宪改过程中讨论国号问题，也为独派人士未来要求正名留下了空间”。

尽管陈水扁的“5·20就职演说”通篇隐藏着“一边一国”的内涵，然而他的有关两岸政策的宣示还是受到了一些“急独”派人士如辜宽敏之流的猛烈攻击。于是陈水扁不得不在5月22日向他们喊话，强调“理想应兼顾现实”，“恳求大家支持政府，支持‘5·20就职演说’。”

为了配合陈水扁的“就职演说”，表达缓和发展两岸关系的所谓“善意”和“诚意”，5·20之后民进党当局向大陆展开了新一轮的“柔性攻势”。“行政院长”游锡堃5月29日表示，欢迎大陆海协会会长汪道涵访台，声称大家可以“搁置争议”，“甚至可以谈一中议题，内涵和定义，只要对方愿意谈，不限议题、时间，除了台湾之外，中国也可以选择世界上任何地方”。不过他又强调说：“搁置争议不是搁置主权争议，因为台湾主权没有争议。”可见，民进党当局仍然顽固坚持“台湾是一个主权独立的国家”的“台独”立场，拒绝在“一个中国”的前提下恢复两岸的接触谈判。因此，前国民党的“陆委会主委”苏起指出：游锡堃的喊话“表明台湾不是中国的一部分，与中国的一中定义明显没有交集。”事实上，民进党当局的这种表态仅仅是作秀而已，目的既是为了应付美国为首的国际社会的压力，同时也为了消除岛内民众的疑惧，并无缓和发展两岸关系的真正诚意。陈水扁自己说得很明白，他说他的两岸政策目标是：“让多数国人满意，美国肯定，国际社会激赏，中共找不到借口”，这和他四年前的说法如出一辙。推行这样的两岸政策，人们当然不能对未来两岸关系的缓和发展抱持任何不切实际的幻想。

同样，在两岸“三通”的问题上，民进党当局也抱持同样的态度。6月份，新任“陆委会主委”吴钊燮提出，如果大陆回到“钱其琛立场”，台湾可以与大陆就有关“三通”问题展开谈判。但是当大陆国台办作出回应、表示在推动两岸“三通”的问题上大陆坚持“钱其琛立场”不变之后，台湾当局立即露出了马脚。吴钊燮改口说：“如果‘三通’议题或其他实质议题不受到政治因素的困扰，就可以立刻坐下来协商”，并表示两岸“三通”议题“目前还不到正式协商的时候”云云，这说明台湾当局的所谓“善意”，根本就是一种政治权谋。

民进党大陆政策的特征

大致来说，在民进党上台执政后的几年中，其大陆政策表现出了以下四个方面的主要特征：

一、坚持“台独”理念，拒不承认“一个中国”。民进党成立之初即已暴露出浓厚的分离倾向，及至1991年将“台独”条款纳入党纲，蜕变为货真价实的“台独党”。此后迫于岛内外的政治现实，为了早日谋取执政地位，在党主席许信良、施明德的引领下曾一度进行“台独”策略转型，但实际上“台独”理念始终都被民进党奉为圭臬而不肯放弃。及待许信良退出民进党、林义雄接任党主席，特别是2000年陈水扁上台执政后，民进党的“台独”转型也就中途夭折了。陈水扁全面承袭了李登辉的“两国论”

路线，李登辉时代参与两岸决策的重要人物如蔡英文等人，几乎都被陈水扁延揽至麾下。相较之下，民进党当局比之李登辉时代推行“台独”路线愈加变本加厉，这突出表现在对两岸关系重新定位的企图上。

2001 年，陈水扁成立“跨党派小组”，最终达成所谓“三个认知，四个建议”的共识。“三个认知”指：（一）两岸现状是历史推展演变的结果；（二）“中华民国”与“中华人民共和国”互不隶属、互不代表；（三）人民是国家的主体，国家的目的在于保障人民的安全与福祉。“四个建议”是：（一）依据“中华民国宪法”增进两岸关系，处理两岸争议及回应对岸一个中国的主张。（二）建立新机制或调整现有机制以持续整合“国内”各政党及社会各方对“国家发展”与两岸关系之意见。（三）呼吁中华人民共和国政府，尊重“中华民国”国际尊严与生存空间，放弃武力威胁，共商和平协议。（四）昭告世界，“中华民国政府”与人民坚持和平、民主、繁荣的信念，贡献国际社会；并基于同一信念，以最大诚意与耐心建构两岸新关系。另如前文所述，在此后民进党执政的四年中，陈水扁民进党始终都拒不接受“一中原则”，否认“九二共识”，在其政权得以稳固后，公然抛出“一边一国论”，一再宣称“台湾是个主权独立的国家”。在这次“大选”中，更是提出“公投制宪”的“急独时间表”。即或在连任后的“5·20 就职演说”中，陈水扁仍然叫嚣“中华民国在台澎金马存在、台湾在国际社会存在的事实，不容许任何人以任何方式否定”，声称在他卸任之前，“一定要给台湾人民留下一部合时、合身、合用的新‘宪法’”，使台湾成为“正常、民主、伟大的国家”云云。

上述种种事实，都无不表达了民进党企图改变两岸原有的法律框架、实现“法理台独”的强烈诉求。

二、在“中华民国”的名义下“借壳上市”，推进“渐进式台独”。民进党上台执政后，按照 1999 年民进党全代会通过的“台湾前途决议文”有关条款（“台湾是个主权独立国家，依照目前宪法，名字叫中华民国”），并未丢弃“中华民国”的招牌，只是将推动“台独”由原来的体制外转入了体制内。陈水扁在多个场合一再宣称“中华民国是一个主权独立的国家”。但与此同时，又不断刻意强化“台湾”这一名词的国家意涵。陈水扁的军师邱义仁更是直截了当地说："台湾已经是独立的国家"，"对我们来讲，这就是现状的维持，一边一国是事实。"在这个前提下，台湾当局不断推进实质性的"台独"，如在护照上加注"台湾"字样，修改历史教科书，将清朝以前的历史作为世界史等等，不一而足。

对于这种情况，杨宪村先生曾有过精辟的论述："在现时不急于解决台湾定位的策略考虑下，民进党或可全盘接受'中华民国'这块招牌，政权的合法性基础已获得选民投票认可，那就公开使用'中华民国'名称，政治上模糊回避一中原则，淡化、避谈却坚持台独的立场主张，推行所谓'不独而独'的政策理念。这种理念主张也符合大多数台湾民众希望维持现状、回避统独对立和统独选择的主流民意。"

换言之，民进党保留了"中华民国"的招牌，然后打着"深化民主"和"改革"的旗号，一方面加紧掏空其中的内容，另一方面则不断在里面填充"台独"的质料，最后"中华民国"只剩下空壳，一旦时机成熟，丢掉这块空壳招牌，换成"台湾共和国"的新招牌，"台独"也就大功告成——此即所谓"渐进式台独"。陈水扁民进党执政四年来的所作所为，以及近期以来竭力鼓吹的所谓"宪政改造工程"，其最终目标就在于此。

三、以大陆政策来区隔政治对手，服务于民进党政治斗争的需要。在政治斗争中，民进党一向很不负责任地把大陆政策当做煽动民粹、动员民众的政治工具来使用，并将"统独"争议用"卖台"还是"爱台"的简单二分法来加以区分。对于主张"台独"的绿营，自谓之"爱台湾"；而对于不赞同他们搞"台独"的蓝营，则诬之为"卖台集团"、"中共同路人"等，进而形成了亲、仇二分的政治思考。影响所及，一方面形成了今日台湾政坛上"只问立场，不问是非"、"非友即敌"的反常现象，政党不断恶斗，"民主"日趋恶质化，搅得鸡飞狗跳，民不聊生。另一方面，由于民进党的大陆政策包含有强烈的"本土化"取向，并且以"民主化"、"主体性"的面目出现，极力标榜其"正当性"和"合法化"，因而骗得了许多所谓"本省人"的认同与支持。再加上"卖台"、"爱台"的二元区分，因而在今日台湾，造成了"本省人"与"外省人"之间愈来愈严重的隔阂与对立，"非我族类，其心必异"的扭曲心态，使一个好端端的台湾社会，被一帮无耻的政客活生生的撕裂，而真正获利者，只有他们自己！

对于煽动民粹、族群动员的严重恶果，陈水扁民进党当然不会不知，但他们四年来饱尝了执政的甜头，缺乏政绩又要保住得来不易的政权，唯一的办法当然也就只能使出这一恶招才有望奏效，于是他们不顾一切，饮鸩止渴，把这场选战血淋淋地称之为“割喉战”。据民进党机密民调显示，这次“大选”连宋配刚形成时，陈水扁一度落后 14 个百分点以上。不过在宋楚瑜提出一中议题，并主导“大法官”提名延审，以及因亲民党“立委”高明见被大陆推荐为出席 WHO 代表酿成政坛风波之后，双方民调差距缩小到 8%，而在丢出“公投”议题后，双方差距更是基本拉平。这更加刺激了民进党进一步推行激进的大陆政策。

民进党将大陆政策工具化，利用“统独”议题进行族群动员的做法，反过来也逼迫蓝营在国家认同和台湾前途等重大原则问题上一步步地向绿营妥协和靠拢。选战初期，泛蓝阵营也曾一度主张回归“一中屋顶”和“九二共识”，借以谋求两岸关系的改善与发展。然而随着选战的不断白热化，被泛绿阵营刻意煽动起来的民粹情绪不断升温，为了保住基本盘不致松动，连宋只好跟在陈、吕的屁股后边“拿香跟着拜”，再也不敢提“一个中国”和“九二共识”了，更遑论“两岸统一”。国、亲两党原本极力反对“公投立法”，后来也被迫转向，放弃了长期坚持的立场。到了选战后期，泛蓝的主要操盘手“立法院长”王金平甚至公然表态未来“不排除独立选项”；而连宋则煞有介事地在竞选造势现场用“亲吻”台湾土地的作秀方式，以表示自己确实“爱台湾”、“认同台湾”。如此形成恶性循环，台湾的国家认同更加混乱，“台独”的空间不断扩大，民进党挟持“民意”对抗大陆、推动分裂中国的大陆政策更加放心大胆、肆无忌惮。

四、依靠美国，对抗大陆。美国不愿意看到中国的统一和崛起，美国认为，台湾海峡维持“不战不和、不统不独”的分裂状态最符合它的利益。这和民进党的“台独”目标有异曲同工之处和相互利用的价值。于是民进党当局积极配合美国的亚太战略，心甘情愿地充当美国遏制中国的马前卒，并将它作为对抗大陆的重要筹码。民进党当局虽然搞“台独”不遗余力，但是却声称自己“无意改变两岸现状”，甚至连“5·20 就职演说”的讲稿也要交由美国事先审查。5·20后民进党当局不断向大陆释出所谓“善意”，主要目的也无非是要寻求美国的肯定和支持。

而另一方面，民进党又极力要把美国绑在自己的“台独”战车上。不久前台湾“行政院”提出了高达6100多亿新台币的军购案，被台湾媒体讥为“交给美国的军事保险”。近几年来，美台之间的军事交流与互动日益频繁，层级不断提高，已经在实质上结成了对抗大陆的“准军事同盟”。台湾在积极争取加入美国的战略防御体系的同时，也在积极寻求和美国签署自由贸易协定，企图全面强化和美国的关系，作为推行“台独”的后盾。陈水扁民进党为了对抗大陆，推行分裂中国的大陆政策，早已走上了挟洋自重、引狼入室的歧途。

当然，考查陈水扁民进党执政以来的大陆政策特征，并不止上述几点，例如从推动的策略手法上来看，往往要弄所谓“先软后硬，软硬兼施”以及屡试不爽的所谓“冲突—妥协—进步”的权谋等等，因篇幅所限，这里不再赘述。

影响民进党大陆政策的因素分析

民进党的大陆政策自2000年上台以来几经反复，从开始时的“四不一没有”到后来的“统合论”，再到后来的“一边一国论”，及至这次大选中推动“公投立法”、“3·20公投”来为日后的“公投制宪”制造法源依据和“公投”先例等等，使两岸关系再度走向紧张。5·20以后，迫于各方压力，民进党的激进脚步表面上有所收敛，暂时避免了台海的立即危机，但由于陈水扁并未放弃“台独”立场和“台独”路线，因此两岸关系依然严峻，并且随时都有可能爆发新的危机。

陈水扁民进党推行的大陆政策受到多方面因素的制约和影响，总括起来主要有以下几个方面：

第一，台湾社会的政治文化发展对民进党大陆政策的影响。台湾在冲破国民党威权统治的过程中，早已存在于民间的“悲情意识”被大量释放出来，这种因台湾长期所处的特殊历史环境下所形成的悲情意识尽管有其合理性，但由于被某些政治势力刻意煽动和利用，因而很不幸地逐渐走上了歧路，阻碍了台湾社会内部理性化的形成。换言之，台湾社会充斥着一片“出头天”的声音，然而“出头天”之后台湾社会究竟向何处去？绝大多数的民众并不清楚而任由政客们摆布。在这种情况下，真正的民主理念难以找到生存的土壤。虽然部分有良知的学者呼吁社会的理性，可是毕竟人微言轻，正如律师王清峰所说，是“狗吠火车”，真正能着力的地方很少。更何况还有一大批的社会精英为了自保而选择“沉默”，甚至还有不少人为了自身的利益而“卖身求荣”，投靠新的权贵。这样，使得台湾社会的“中道力量”大为削弱，各种不良的社会思潮因此而大行其道。

这种异化了的“出头天”意识，加上在过去几十年中两岸长期隔绝的情况下国民党灌输给台湾民众的“反共”、“恐共”、“仇共”的意识根深蒂固，不可能在短期之内消除，于是反映到台湾民众的两岸关系认知上，就是对祖国大陆存在着相当程度的疑虑甚至敌意。再加上李登辉执政十二年的刻意误导，特别是民进党上台之后一方面利用公权力推行以“去中国化”为基本目标的“文化台独”政策；另一方面又千方百计地加强对大陆进行扭曲性的宣传，逐渐把“一个中国”、“一国两制”、“两岸统一”等一概加以罪恶化、妖魔化，使不少台湾民众对大陆的认识出现了很大的偏差。这些扭曲的概念和意象，通过台湾频繁的选举所展现出的政治社会化功能而不断被强化，使得台湾民众很难用理性的态度去审视两岸关系。“由于两岸关系恶化，对中国的仇恨在台湾社会被高度动员，这样的区分渐渐在主流舆论上经常出现，甚至出现在一般人民的工作场所、社交生活。”这是民进党何以能够挟持台湾民意，以强硬的大陆政策骗取相当一部分台湾民众支持的一个重要原因。

第二，民进党大陆政策的调整和民进党选举考虑密切相关。民进党大陆政策的调整，在很大程度上“不是取决于两岸关系的实际发展状况，而是根据岛内政治发展的需要而调整”。2004 年大选开跑以后，由于陈水扁当局的政绩乏善可陈，因此其支持率远远低于连宋。但是因为 90 年代中期民进党曾因为强烈的“台独”色彩而在选举中遭到沉重的打击，殷鉴不远，陈水扁并不敢贸然挑动统“独”议题。然而随着形势的发展，民进党却越来越发现“台独”议题所能动员的能量。特别是2003年9月6日李登辉主导下的所谓“台湾正名”运动，其所积聚的人气令民进党为之一振，并成为陈水扁决定挑衅大陆，抛出“急独时间表”，推动“公投立法”、“公投制宪”的重要转折，也因此才会有下达动员令支持10月25日“公投”大游行的决策。

第三，岛内“急独”势力对民进党大陆政策的影响。“台独”势力内部并不是铁板一块，应该说，属于“理念性台独”的死硬分子（又称“台独”基本教义派）只是极少数，而绝大部分的“台独”分子都属于“工具性台独”（又称务实“台独”派）。然则“理念性台独”分子人数虽然不多，能量却很大，对民进党大陆政策的影响不能低估。他们以极为激进的立场，主张“唯有建立独立的国家，台湾才有前途”，极力宣传“台独无害论”。毋庸讳言的是，随着民进党执政四年来台湾话语环境的急速丕变，“急独”势力日趋嚣张，在台湾民众中得到的同情与支持也在缓慢上升。民调显示，在政党轮替3年后，倾向于支持台湾“独立”的民众上升到22%。而且，从李登辉为精神领袖的“台联党”激进“台独”势力目前仍在发展的现实情况来看，这个比例还有进一步增加的趋势。

为了稳固政权，民进党在施政过程中不能不顾及“理念性台独”的情绪。道理很简单：失去“急独”势力的支持就意味着失去相当一部分传统的支持者，民进党政权的社会基础就有动摇之虞，而这也正是陈水扁民进党不会轻易松动“台独”立场、放弃“台独”路线的根本原因。

第四，反对势力对民进党大陆政策的强力制衡。与“急独”势力相反，岛内反对势力从“统独光谱”的另一端对陈水扁民进党的大陆政策发挥重要的制衡作用。

所谓“反对势力”，主要是指国、亲、新三个在野党（泛蓝阵营）以及从民进党中分化出来的以许信良为代表的反扁势力（近日成立了“民主学校”，决定投入年底“立委”选战），当然，也包括传统的以“中国统一联盟”为代表的“统派”人士等。上述各派虽然在台湾前途、两岸关系定位等许多方面理念并不完全一致，但他们的共同之处是与陈水扁、李登辉（不包括国民党内的所谓“本土派”）势不两立，程度不同地反对“台独”，主张改善发展两岸关系。其中实力较为雄厚的国、亲两党虽因这次“大选”再度落败而士气大挫，又因内部勾心斗角而整合困难，而且不排除在今年底的“立委”选战中继续败选，但从目前台湾的选民结构来看，尚不至于悲观到会“崩溃”的地步，预计在新一届“立法院”中仍将保持相当大的实力，如果再加上与其他反对势力合作，结成“在野联盟”，势必会继续对陈水扁民进党的大陆政策发挥强有力的制衡作用。

有人担心国、亲两党会进一步向“台独”靠拢，但从近期以来民调所透露出的信息来看，大多数台湾民众主张维持现状，并不认同和支持“台独”，因此退一步说，即便国、亲两党想向“台独”靠拢，泛蓝阵营的广大支持者恐怕也不会允许——只要国、亲两党还想继续生存发展。

另有一种观点则从逆向思考，认为国、亲实力的进一步下滑，民进党实力的进一步提升，陈水扁自信心增强，反而有助于其松动“台独”立场，调整激进的大陆政策。这种观点虽然从理论上来讲有其一定道理，但从实践上来看，至少在目前还找不到足以支撑上述观点的任何证据和迹象。恰恰相反，近几年来人们所看到的事实是，民进党的发展壮大，政权的进一步稳固，陈水扁反而愈加利令智昏，误判形势，在“台独”的道路上愈走愈远。

第五，大陆强大的威慑力是牵制民进党大陆政策的决定性因素。毋庸置疑，综合国力日益强大的祖国大陆是“台独”无法逾越的巨大障碍，同时也是牵制陈水扁民进党大陆政策的决定性因素。

3·20 陈水扁连选连任之后，大陆深入总结对台工作的经验教训，在继续坚持“和平统一、一国两制”基本方针和江泽民同志提出的“八项主张”的基础上，适时调整了对台工作重心以及某些不合时宜的具体政策和策略。近几个月来，大陆一方面主动出击，加大了遏制“台独”的强度和力度，“文攻武备”更加扎实有效；另一方面继续推动开放两岸“三通”，进一步促进两岸经济文化交流，努力做好争取台湾民众的“民心工程”等等。上述一系列措施，应该说已初见成效。在大陆的强大压力下，陈水扁的“台独”气焰有所收敛，在 5·20 演说中，其两岸政策宣示尽管埋下了许多“伏笔”，但也不得不暂时藏起了他的“急独时间表”。

事实证明，“台独”势力毕竟不能为所欲为，陈水扁民进党在制定和推动大陆政策的过程中，不能不把大陆方面的可能反应作为最主要的考虑因素。

第六，美国对台政策对民进党大陆政策的恶劣影响。民进党一向拒不承认“一个中国”，把大陆政策说成“中国政策”，视大陆政策为其“外交政策”的一部分，积极开拓所谓的“国际生存空间”，宣称“两岸关系与务实外交俱为‘国家’政策的工具，并没有孰轻孰重、孰高孰低之分；为了开拓台湾的生存空间，两岸关系与‘务实外交’互为杠杆。”而在“务实外交”中，美国显然是最重要的国家，因为台湾最主要的国际支持来自于美国，而民进党当局的大陆政策自然受美国的影响也就最大也最为关键。

总的来说，美国对陈水扁民进党大陆政策的影响具有双重性：既有纵容、支持的一面，同时又有牵制、控制的一面；纵容与支持是因为需要利用“台独”，打“台湾牌”来遏制中国大陆，而牵制与控制则是不能让“台独”走得太快太远，以致引发台海战争，把美国拉下水。总的原则是服务于美国的国家利益。由于美国的台海政策自相矛盾，而且其“双重性”实际上纵容、支持的一面是主要的一面，因此在实际操作中屁股总是坐在台湾一边，在两岸争端中“拉偏架”，起到了助纣为虐的恶劣作用。3·20台湾“大选”后，美国支持陈水扁民进党“台独”政权的动作频频，力度不断加强：先是无视岛内泛蓝阵营的抗争，公开承认陈、吕的“胜选”，并对陈水扁的5·20演说大加肯定和赞赏；再有就是在联合国人权会议中再度搞反华提案、在世界卫生组织大会上投票支持台湾以所谓“常设观察员”身份参加世界卫生组织；近日，美国众议院悍然通过所谓“重申《与台湾关系法》承诺”的两院决议案，声称“美国将毫不动摇地继续执行《与台湾关系法》”；与此同时，又向台湾出售总金额高达183亿美元的高精尖武器装备、并提前两个月发布所谓《中国军力报告》，散布“中国威胁论”……美国置中美三个建交公报和中美关系的大局于不顾，不断给“台独”发出错误信号，这是陈水扁民进党有恃无恐，一再挑衅大陆，造成今日台海局势空前紧张严峻的根本原因。

（中国网，2004/09/13，与陈星合撰）

论“台独”话语霸权的建构

众所周知，在上个世纪 50－80 年代两蒋统治下的威权时代，“台独”作为一种非法的社会政治思潮，一直受到国民党执政当局的严厉打压，在台湾岛内没有生存空间，“台独”人士大都亡命海外，或改头换面从事地下活动。自 80 年代中期以后，伴随着台湾政治民主化的发展和民进党的成立，特别是李登辉上台主政后，“台独”势力遂开始活跃起来。海外“台独”人士纷纷闯关返台，并与岛内“台独”势力相结合。“台独”活动从公开化到合法化，从社会走向政坛，活动重心也从海外转向岛内，并通过各种手段在岛内不遗余力地营造“台独”的话语环境与体系。2000 年台湾政党轮替、民进党上台执政后，“台独”势力全面掌控了岛内的政治行政资源，更是开始了系统的“台独”话语环境与体系的建构工作，经过多年来的不懈努力，可以说目前业已在台湾基本上营造起了“台独”的话语霸权。影响所及，昔日在台湾“一个中国”、“两岸统一”的社会共识已经被“污名化”乃至“妖魔化”，相反，原本被视为大逆不道的“台独”诉求与主张，则甚嚣尘上、大行其道，俨然成为今日台湾社会的“主流论述”。实际上，这也正是陈水扁何以在这次“大选”中敢于猖狂挑衅大陆，一反十年前之所为，把“台独”当做“票房补药”的根本原因。

那么，“台独”话语霸权得以建构的社会历史原因是什么？它又是如何一步步建构起来的？本文试图从以下三个层面对上述问题作一粗浅的剖析与探讨。

“台独”话语霸权得以形成的土壤

“台独”话语得以冲破政治禁忌，在台湾社会日渐流行，并逐步排挤其他话语而取得主流地位，是和台湾特殊的历史与文化背景分不开的。也就是说，台湾社会原本就存在着适宜“台独”话语生存发展的气候和土壤。

第一，异化的国家认同。自国民党1949年败退台湾以后，虽然它所保留的仍是整个“国家”的架构，并且一直坚持自己代表整个中国，但是却无法解决国民党的中国“法统”和其实际统治区域局限于中国东南一隅的现实矛盾。如果说在“反攻复国”的口号下，这个“法统”还可以勉强维持的话，那么随着“反攻复国”的日益无望，国民党当局所坚持的“法统神话”也就越来越难以为继了。而且，70年代以后，随着“中华民国”在国际上的地位不断被边缘化，也使得“中华民国”的认同很难和对整个中国的认同画上等号。“从这样的情感挣扎来看，部分台湾人发生国家认同的异化是必然的”。[1]而这种基于法理和现实的矛盾，则正好为“台独”分子制造“台独”话语提供了可资操作的空间。

第二，民主化与本土意识的纠缠。迫于政治民主化的压力和为了扩大统治基础、维持执政地位，国民党当局从上个世纪80年代中期开始推行本土化政策，向台湾本省籍精英开放高层政治权力系统，台湾开始由威权统治向民主化方向发展。但是，毕竟台湾本省籍精英进入政治高层的人数有限。同时，由于政治权力系统的有限开放，反而刺激了台湾本省籍精英的政治参与意识，从而形成了对国民党威权体制更大的民主化和本土化压力。在与国民党威权统治抗争的过程中，台湾本省籍精英往往诉诸本土化认同来争取台湾民众的支持。虽然这种诉求在台湾的民主化过程中起到了一定程度的正面作用，但是在这个诉求的下面，“国家认同（即台湾‘独立’）的诉求亦隐伏其中并逐渐取得超越的地位。”[2]简言之，已经出现异化的国家认同找到了一个宣泄的渠道，所谓的“台湾认同”被异化成虚幻的“国家认同”，有学者称之为“国家虚像的崇拜”。[3]

第三，在西方民主政治表象下，强固的中国传统政治文化的影响。台湾由于开放度相当高，加上出国留学的人相当多，外来政治文化的影响是十分明显而且是相当强势的，特别是以美国为代表的西方政治文化。不过应该指出的是，在中西政治文化的碰撞与激荡中，西方政治文化虽然在台湾取得了形式上的胜利，即实现了以西方国家为模式的选举制度和权力分配架构，但是中国传统政治文化在台湾仍然保持着相当大的影响，台湾的政治文化仍随处可见中国传统政治文化与西方政治文化的纠结。在台湾的选举中，理性的选择并没有占据主导地位，相反却充斥着中国传统政治文化中浓厚的人情化色彩。也正因为如此，在台湾的历次选举中，不仅贿选公行，屡禁不止，而且候选人往往是诉诸情绪的煽动而不是诉诸理性。

因此，在大多数情况下，台湾民众并没有系统的、清晰的政治认知，他们中的大部分人都是通过情感和利益来进行政治判断。这种不正常的情况为“台独”话语霸权的建构提供了必要的社会基础。诚如葛兰西所说：“当一个人没有清晰的理论意识和在口头上表达出的信仰与实际行为不相一致时”，他就会采纳精英阶层的世界观以作为其对现实的抽象理解。[4]原因无他，因为精英阶层的世界观是系统而清晰的。而且，“台独”精英们往往是在“悲情”的面纱下推销其“台独”理念，因而更能迷惑和欺骗相当一部分台湾民众。

第四，理性的缺失乃至沦丧。李登辉上台之后，基本上沿袭了两蒋时代强人政治的传统。但是，随着台湾政治民主化进程的推展，特别是民进党上台后，这种强人政治在台湾政坛上已不复存在。然而，台湾在突破了强人政治之后并没有将政治文化的发展导向理性的轨道；同时，由于强人统治下社会强力整合模式的消失，这就使得执政当局对社会的控制力大为弱化；而且，为了骗取选票，政治人物又往往千方百计地讨好选民，从而在很大程度上造成了权威的缺位。而台湾社会并没有在威权统治崩溃的过程中逐渐形成真正的民主社会所应该具有的社会理性。于是在这种情况下，执政当局和广大民众之间的互动模式发生了扭曲性的重大变化，出现了严重的无政府主义倾向。

理性的缺失与沦丧，不可避免地导致了台湾的政治文化向两个方向发展：其一是利益至上、诚信荡然，培养出了一大批大大小小的无耻政客。这些政客为了追逐一党一己之私，可以翻云覆雨、昨是今非。例如，民进党在野时期曾经大力抨击执政者滥用资源，而自己上台执政之后有候选人推出募款餐会，却要求“国营事业”热烈响应。“因为个人利害算计而对同样的人事产生双重标准，不是顺应时势或特立独行所能解释，而是在价值观上对社会欺瞒”。[5]问题的严重性还在于，这种情况对于政客们的政治生命并没有丝毫的负面影响。原因何在？或许能解释这种现象的是台湾政治文化的第二个发展面向，即台湾社会业已形成的所谓“选择性正义”。民进党和“台独”分子通过挑弄族群议题，在台湾内部人为地制造了一个“我群”与“他群”。在“我群”中，都是“自家人”，所作所为是否符合社会公平与正义一概不重要，只要能维护这个“我群”的利益，符合支持者的情感，就会得到无条件的支持，这就形成了所谓的“铁票”。于是我们常常看到，台湾政坛中的某位政客明明做了错事、坏事，群体内部也会有一大批死忠者出来替他辩解、圆谎，从而大事化小，小事化了。相反，对于对立阵营（即“他群”）的言行，则绳之以严格的社会正义标准，一旦被他们抓住辫子，便一拥而上，必欲置之死地而后快。“只有立场，没有是非”，目前台湾流行的这句政治俗语，典型地反映了这种极不正常的社会政治现象。民进党和“台联党”处于这个“我群”的顶端，是建构“台独”话语霸权的核心力量，而其控制下的“铁票”，则成了建构“台独”话语霸权最忠实的打手。他们人数虽然不多，但是凝聚力很强，情绪亢奋，手段激烈，兼之有官方作后盾，因而气势逼人，足以对“他群”构成强大的心理压迫。

“台独”话语中的逻辑陷阱

“台独”分子在建构“台独”话语霸权的过程中，提出了一系列的“台独”论述，企图证明“台湾自古以来就不是中国的领土”，台湾“主权独立”是台湾历史和现实发展的结果。这些论述的目的无非是为营造“台独”话语霸权寻求理论依据，使“台独”话语符合逻辑，具有“可信度”，既能骗人，又可骗己。

这些“逻辑陷阱”主要有如下数端：

其一是建构“台独”史观。“台独”分子所建构的“台独”史观，大致包括以下几个方面：（一）台湾四百年来一直受到外来殖民者的统治，从来没有自己当家作主；（二）台湾人四百年来的历史发展，已经形成了一个有别于中国人的“命运共同体”——“台湾民族”，并形成了有别于中国传统文化的“台湾本土文化”；（三）“台湾人”才是台湾这块土地的真正主人，“外省人”是强加在“台湾人”头上的“外来的统治者”。以史明的

《台湾人四百年史》为例，该书序言中明确无误地宣扬说：“要站在四百年来从事开拓、建设台湾而备受外来统治的台湾人的立场，来探索台湾民族的历史发展以及台湾人意识的形成过程，同时也希望透过台湾民族发展的历史过程，寻到一条我们1000万台湾同胞遵循的途径。”[6]然而，“台独”分子的进一步论述却不可避免地遇到了瓶颈。他们难以自圆其说的是：既然早期开发台湾的大陆移民都是中国人，那么这些从中国大陆东渡来台的“中国人”，是何时又是如何变成不是中国人的“台湾人”的？

于是“台独”人士便挖空心思，设法建构所谓台湾“土著化”理论。以陈其南为例，他宣称，“移民社会在经过一段时间之后即经土著化过程转化为土著社会…逐渐从大陆的祖籍社会孤立出来，而成为一个新的地缘社会”，[7]并以此作为台湾已经形成了一个和“中国大陆不同的社会”的依据。但是他同样忽略了一个基本问题：数千年来，中国大陆的发展本身就是一部不断移民的历史，中国东南部的发展就是北部中原移民和当地土著居民共同开发的结果。如果按照陈其南的逻辑，中国南部各省岂不都成了从北部中原“祖籍社会孤立出来”的“新的地缘社会”，从而变成了不是中华民族大家庭中的一部分了？其实从根本上来说，这种变化充其量只是个乡土认同层次上的问题，诚如学者所言：“从闽粤两省迁台的移民在相当长的时间里只有乡土认同的改变，而不存在所谓国家认同的变迁，更谈不上发展出新的国家意识。”[8]

其二是鼓吹“台湾认同”和“台湾主体意识”。“台独”分子用来与“他群”进行区隔的重要手段之一，就是鼓吹“台湾认同”和“台湾主体意识”。早在1979年《美丽岛》杂志社发起的游行中，党外就喊出了“台湾人要站起来”、“台湾是咱的土地”、“台湾人万岁”等口号。可以说这是公开煽动“台湾认同”和“台湾主体意识”的滥觞。此后10多年来，在不同的场合特别是选举的场合，民进党等“台独”人士不断宣扬“台湾是台湾人的台湾”、“台湾的主权属于全体台湾人民”、“台湾人民有权决定台湾的前途”、“任何有关台湾独立现状的更动，必须经由台湾全体住民以公民投票方式决定”……这一类似是而非的观念，于是“台湾认同”和“台湾主体意识”遂成为一个越来越时髦的口号而广泛流传开来。

其实，“台独”人士宣扬“台湾认同”和“台湾主体意识”隐含有以下四个方面不可告人的用心：

第一，将“中华民国认同”与“台湾认同”重叠起来，消解“中华民国”中所蕴含的中国意涵，并达到在“中华民国”的招牌下宣示“台湾已经是一个主权独立国家”的立场。例如“台湾之父”李登辉，在他主政时先是宣称“中华民国是个主权独立国家”；尔后转而宣扬“中华民国在台湾”；及至1999年再抛出“两国论”；如今则干脆一丝不挂地声称“中华民国早已不复存在”，必须尽快“正名”为“台湾共和国”。至于“台湾之子”陈水扁，则宣称，“中华民国的主权属于2300万台湾人民，中华民国就是台湾，台湾就是中华民国”、“台湾是个主权独立国家”、“台湾中国，一边一国”等等，“父子”二人基本上都是依循了这一逻辑与思路。

第二，本来，“台湾认同”与“中国认同”并不矛盾，就如同“福建认同”与“中国认同”并不矛盾是一样的道理，但是在“台独”分子的刻意扭曲下，台湾与中国大陆被人为地分割开来，并以“台湾认同”来否认“中国认同”，从而使“台湾认同”与“中国认同”对立起来，借以煽动台湾民众对大陆的仇恨情绪。

第三，制造族群对立，扩大“台独”的社会基础。“台独”分子通过“台湾认同”来博取占人口大多数的闽南族群的支持，同时对其他弱势族群形成强大的社会舆论压力，迫使他们不得不向“台湾认同”移动。具体到在实际的政治操作中，就是经常可以看到的“爱台湾”与“不爱台湾”的简单二元划分。这种表述已经成为今日台湾最为强势的话语，逼迫台湾的每一个人，不管他是否涉入政坛，都必须做出明确的表态。它事实上执行了极权主义下话语体系的一体化功能，即“拒绝承认事实背后的因素，因而拒绝承认事实、承认历史的内容”，从而割裂了事实和价值的联系，堕落为单向度的语言”，[9]成为抹黑、攻击“他群”、宣扬“台独”理念的重要载体。

第四，证明“住民自决论”的“合理性”。民进党人士历来坚持，“台湾的前途应该由全体台湾人民来决定”，并且不遗余力地推动“公投”。2004年“总统大选”中甚至将“公投”和“大选”捆绑在一起，运用行政手段强制推动实施，这种做法实际上和“台湾主体意识”的宣传是互为表里的。这些打着“民主”招牌的煽惑性的口号，“实质上都是为其‘住民自决论’张目，都是为了争取岛内民众认同与支持其‘台独意识形态’，以此来扩展社会基础。”[10]

其三是煽动和制造“大陆打压台湾”的悲情。在“台湾是一个主权独立国家”的思维下，“台独”分子将祖国大陆“反独促统”、为维护国家主权所做的努力，一概抹黑为“打压台湾”。近几年来，台湾当局一方面在国际上不断出招，蓄意挑战一个中国，除了继续指使少数被其收买的小国每年都向联合国大会提案要求接纳台湾之外，又一再要求加入只有主权国家才能加入的其他国际组织（例如 WHO），甚至利用奥运会、残奥会搞小动作，制造事端，以营造所谓“大陆打压台湾”的悲情气氛，煽动台湾民众对大陆的仇恨情绪。另一方面在两岸政策上，民进党当局则屡屡释出假“善意”，把自己打扮成似乎很有“诚意”缓和发展两岸关系的样子。例如不久前主动邀请汪道涵访台，表示“什么问题都可以谈”；近日陈水扁又在“双十讲话”中表示要在“九二年香港会谈”的基础上来推进两岸协商，并提出人货包机、开放两岸“三通”等主张，但是却故意回避一中原则和“九二共识”，十足暴露了台湾当局释出这些“善意”，目的只是要欺骗台湾民众和国际社会，把两岸关系无法缓和的责任推给大陆，并把大陆遏制“台独”的正义之举歪曲成是对台湾人民的威胁，以证明其推动“台独”的“合理性”，进一步营造“台独”的话语霸权。

“台独”话语霸权的推动手段——暴力运用

“台独”分子一方面为“台独”话语制造理论依据，另一方面则利用各种强势手段压制反对“台独”的声音，以推动“台独”话语霸权的建构。这些手段包括了语言暴力、肢体暴力和制度暴力。

（一）语言暴力。这一向是民进党人的性格，民进党上台执政后并没有多大改观。具体来说，语言暴力又可以分为三种类型：一是恐吓。如陈文茜脱离民进党后就一直是泛绿支持者最痛恨的对象之一，在今年的“总统大选”之前，她就不断接到恐吓电话和信件，投票日当天更有人放话要刺杀她，并火烧房屋，致使陈文茜在投票后立即到国外去避风头，回到台湾后又不得不雇用保镖。二是人身攻击和谩骂。台湾中南部的连宋支持者，被骂作“台奸”；著名电影导演侯孝贤因为反对民进党操弄族群议题，网络上就有人攻击他“出卖台湾”；甚至连民进党大老沈富雄，也因为在“陈由豪事件”中不愿替吴淑珍圆谎，而被指责为“施琅”、“民进党的叛徒”。三是通过大众传媒来控制民众的思想。民进党一向鼓吹党政军退出媒体，但上台执政后却采用各种手段绿化媒体，甚至利用中南部的地下电台来攻击抹黑对手，向民众灌输“台独”话语。这样做的目的，无非是要“通过选择那些能够产生希望中的共同行为的各种象征，和不断重复或是分散注意力的宣传手段”[11]，来影响误导民众的思想观念，扩大认同“台独”的社会基础。

（二）肢体暴力。这更是民进党“台独”人士的拿手好戏。在野时期，他们在街头、在议场，就不知道制造了多少次流血冲突事件。民进党执政后，当然更加有恃无恐。远的不必说了，这次3·20大选后，亲民党因为采取了较为剧烈的抗争路线，于是办公室就遭到汽油弹的攻击；而李昌钰在台南勘查“3.19枪击案”现场时，围观群众中有人只是表示了一下枪击案可疑，便立即遭到一大群绿营支持者的围殴……

美国政治学家罗伯特·达而说：“种族和宗教的亚文化之间的冲突很容易转变成为一种邪恶的、野蛮的‘非我’，他们的威胁刺激了人们的强暴和野蛮行为——这一向是全人常见的内部集团对外部集团的反应——并证明它们是正当的”。[12]台湾存在的虽然不是种族和宗教亚文化之间的冲突，而是夹杂着“统独”认同问题的族群亚文化之间的冲突，但“台独”分子及其支持者通过暴力的方式，“干扰被害人的正常作息，使其心生恐惧，而不再发表对掌权者不利的言论。”[13]从更深的层面来讲，“台独”分子及其支持者事实上是用暴力和野蛮的方式，强行建构“台独”的话语霸权，从而完成对台湾的社会观念价值系统和行为模式的整合。而且，通过民间支持者的非制度性暴力运用，更可以打着“民意”的幌子，为“台独”意识形态的强制和灌输提供某种“合理性”。

（三）制度性暴力。与以上所提到的非制度性暴力相比较，制度性暴力所呈现出来的暴力色彩并不是太鲜明，但正因为如此，它的欺骗性也更强，对“台独”话语霸权的建构所起的作用也更大。

自民进党上台以来，运用制度性暴力建构“台独”话语霸权大致有以下几个方面的做法：

1. 极力取消有中国意涵的名称和符号。早在民进党在野时期，民进党人就一直称大陆为“中国”，该党中央负责研拟大陆政策的部门称为“中国事务部”，将大陆政策称为“中国政策”，主张把台湾当局的“陆委会”并入“外交部”，设立“中国科”等等。在他们的心目中，从来都是“台湾中国，一边一国”。民进党上台执政后，旋即利用他们刚刚掌握的公权力，迫不及待地在各个层面搞“台湾正名”、推行“去中国化”运动：2000 年下半年，民进党当局通令“外交部”各单位，名牌、座位牌、菜单、客单、信纸及柬帖等上面所印制的官方标志避免使用“国徽”，而改用“国旗”替代，实在不行，改用“梅花”标志；2002 年 1 月 13 日，陈水扁在出席急独派组织“台湾人公共事务协会”年会时宣布，已批准在现行“护照”封面上加注英文的“台湾”字样，作为送给该会庆祝年会“最好的礼物”；今年“大选”后，先是吕秀莲在出访时宣布“国号”为“台湾中华民国”。接着，游锡堃在出访过境美国时又称“台湾·ROC”。8 月底陈水扁出访中南美时，更公开叫嚣“中华民国最好的简称就是台湾”……凡此种种，目的都是为了抹去台湾民众心目中的“中国认同”，进一步营造“台独”话语霸权。

2. 推行“文化台独”，强化“台湾主体性”的教育。“文化台独”的核心是历史教育。古人云：“欲灭其国，先灭其史”，可以说这是“台独”分子最毒的一招。早在十年前的 1994 年底，台“立法院教育委员会”即曾在民进党“立委”的主导之下，通过了一个名为《台湾史应成为本国正统历史》的临时提案，要求“教育部”予以贯彻。民进党“立委”在讨论该提案时，极力鼓吹历史教材“应分为台湾史、外国史”，并“以台湾史为主体”，改变过去教科书中把台湾历史论述成“中国化、正统化、工具化、典范化”的状况，建立所谓“以台湾为主体的历史观”云云。[14] 民进党上台执政后，立即着手在这方面大做文章：2001 年台“教育部”所属的“国立编译馆”推出了一套初中一年级新教科书《认识台湾》，宣扬“脱中国化意识”，鼓吹“台湾主体意识”；此后，诸如用通用拼音取代汉语拼音、公务员考试用闽南语出题、将国中历史中明朝以后的历史放进世界史教学等等一系列措施相继出笼；今年，新任“教育部长”杜正胜更表示，将削减中学历史教学中的中国史比例等等。这些措施都是图谋通过有计划、有目的地在教育领域推动“意识形态台湾化”，使台湾青少年忘记自己是“中国人”，培育以“台湾是一个主权独立国家”为核心的“历史观、文化观、民族观与国家观”，让好不容易才营造起来的“台独”话语霸权能够绵延不断、香火永续。

3. 利用各种政治运动，不断宣扬“台独”理念。这是“台独”人士的一贯伎俩。早在上个世纪的九十年代初，前“台独联盟”主席张灿鍙就曾经毫不掩饰地说过：台湾能否“独立”，不在国民党，不在民进党，也不在中共，而在于台湾民众。因而他主张“多在民间，透过运动，将目前已十分普遍的台湾意识转化为支持台湾主权独立的政治意识，为未来进行‘住民自决’铺路”。[15]为此，十多年来他们一直都在不遗余力地推展所谓“新台湾运动”（上台执政后更露骨地改称为“去中国化运动”）。例如在野时期的召开所谓“人民制宪会议”、征集所谓“新国旗、国号、国歌”、大炒“参加联合国热”等等。特别是每到选举，民进党必定要祭出“统独”议题来宣扬“台独”理念。上台执政后更是变本加厉，丝毫不加掩饰。通过这些运动，利用年复一年、一次又一次规模大小不等的竞选造势活动，民进党不断将“台独意识”和“台独主张”灌输给台湾民众，从而神不知鬼不觉渐渐改变了台湾社会的话语环境，完成了“台独”话语和“台独”理念的政治社会化过程。从效果来看，这种策略是相当成功的，即便是泛蓝阵营也没能逃过其影响。近来国民党提出的所谓“新论述”，公然声称“今天的中华民国已经和台湾合为一体，中华民国就是台湾民主、和平的最大保证”；个别国民党的头面人物甚至建议，“国民党两岸政策可考虑将独立选项纳入台湾未来选项之一”，这些都多多少少可以看到国民党在向“台独”妥协、靠拢的危险倾向。

从以上列举的事例来看，民进党为营造“台独”话语霸权所采用的手段可以分为软的和硬的两手、民间的和官方的相结合、意识形态的灌输和所谓的“国家正常化”政策相配合，对任何不赞同“台独”的声音逐步形成巨大的无形和有形的压力，将其生存空间尽量压缩到最小限度。

就这样，“台独”势力综合运用以上各种形式的暴力手段，经过长期的努力，目前已基本上完成了“台独”话语霸权的建构工程。其目标所指，就是要在台湾民众中形成一种“集体无意识”，在不自觉中失去鉴别、批判、抵制“台独”的能力，为其推动“台独”的政治路线和目标服务。

不过，“台独”分离主义在中华民族的发展史上毕竟是股逆流，是个怪胎，由于它违背海峡两岸同胞特别是台湾人民的根本利益，势必和中外历史上曾经猖獗一时的反动势力一样，到头来只能是土崩瓦解、灰飞烟灭，没有任何成功的希望。

【注释】

[1][3][8] 刘国深：《当代台湾政治分析》，九州出版社，2002年，74、76页。

[2] 沈宗瑞：《国家与社会——中华民国的经验分析》，（台湾）韦伯文化事业出版社，2001年，146页。

[4][9] 孙晶：《文化霸权理论研究》，社会科学文献出版社，2004年，28、156页。

[5] 田习如：《台湾七大病灶》，《财讯》，2001年11期，142页。

[6] 史明：《台湾人四百年史》，蓬岛文化公司，1980年，日文版序。

[7] 陈其南：《土著化与内地化：论清代台湾汉人社会的发展模式》，《中国海洋发展史论文集》，338页。

[10] 鞠海涛：《民进党社会基础研究》，九州出版社，2004年，116－117页。

[11] （美）哈罗德·D·拉斯韦尔：《政治学》，杨昌裕译，商务印书馆，2000年，25页。

[12] （美）罗伯特·达而：《多头政体－参与和反对》，谭君久、刘惠荣译，商务印书馆，2003年，121页。

[13] 黄智贤：《战栗的未来》，民主行动联盟出版，2004年，233页。

[14][15] 转引自徐博东：《透析台湾民进党》，台海出版社，2003年版，137页。

（全国台联2004年“台湾民情研讨会”论文，2004/11/11－13，与陈星合撰）

台海形势与中国国家发展战略

温家宝总理在国庆55周年招待会上讲话指出："本世纪的头20年是必须紧紧抓住并且可以大有作为的重要战略机遇期"。在这一机遇期里，"要把发展作为执政兴国的第一要务，要用发展的方法解决前进中的问题"。中国国家发展的战略目标是：和平发展，全面建设小康社会、实现中华民族的伟大复兴。在实现这一宏伟目标的道路上，解决台湾问题、实现祖国的完全统一不仅是我们的一项神圣使命，同时也是攸关中国国家发展战略目标能否实现的一个关键问题。而在实现两岸统一之前，台海形势的演变将直接对中国国家发展战略目标的实现产生重大影响。如何对台海形势演变中的各种因素进行准确的、实事求是的科学评估，并因势利导、化不利因素为有利因素，让台湾问题在中国的和平发展中得到圆满的解决，并在解决过程中服务于中国的和平发展与民族复兴这个主题和核心，这是一个值得我们认真研究的重要课题。

一、对影响台海形势发展要素的基本估计

众所周知，海峡两岸的政治与经济发展状况、国际社会特别是美国的对华政策乃是影响台海形势发展的主要因素。

（一）"台独"势力试图突破两岸关系现状，台海形势严峻

自上个世纪90年代初以来，对台海局势影响最大的负面因素莫过于"台独"势力的膨胀与发展。1989年蒋经国去世后，主政台湾的李登辉采用各种阴谋手段逐渐巩固了他的权力。台湾当局打着"政治民主化"和"台湾政权台湾化"的幌子，一改两蒋时期对"台独"活动严厉打压的政策，极力纵容"台独"，使"台独"活动由非法转为合法，海内外"台独"势力开始合流，活动重心从海外转向岛内，主张"台独"的民进党也从一个新兴的、实力有限的在野党逐步发展壮大，最终在李登辉或明或暗的协助下

于2000年通过“总统”选举取代国民党成为台湾的执政党。

主张“台独”的民进党上台执政，给两岸关系造成了重大的冲击，使台海形势的发展带来了诸多不稳定因素。陈水扁当局拒不承认“一个中国”原则，否认“九二共识”，甚至不承认自己是中国人，并利用他们手中掌握的公权力，花样翻新地推行以“文化台独”为基本内容的所谓“去中国化”政策，搞“渐进式台独”，抛出“一边一国论”，不断毒化两岸气氛，恶化两岸关系。在刚刚结束的新一届“总统”大选中，陈水扁为了胜选连任，更是不顾各方强烈反对，强制推动“公投立法”和“3·20公投”，公然提出2006年“公投制宪”、2008年“实行新宪”的“台独时间表”，猖狂挑衅大陆，煽动两岸对立情绪，制造两岸关系危机。选后在“5·20就职演说”中，陈水扁虽然在各方压力下被迫在“制宪”问题上表面上有所退缩，但近期以来的种种事实无不表明，陈水扁说一套做一套，不仅没有停止相反却进一步加快了推进“台独”的步伐：推动“公投入宪”、“国号”简称“台湾”、变相裁撤“陆委会”、执意斥巨额对美军购、举行针对大陆的大规模“汉光”军事演习、渲染两岸“准战争状态”、宣扬两岸“恐怖平衡”，对大陆进行战争叫嚣……台湾当权者试图突破两岸现状，在“以武谋独”的危险道路上愈走愈远。

显然，民进党推行“台独”路线是两岸关系发展中所面临的最严峻的挑战。诚如大陆两办受权发表的“5·17声明”中所说：“当前，两岸关系形势严峻。坚决制止旨在分裂中国的‘台湾独立’活动，维护台海和平稳定，是两岸同胞当前最紧迫的任务”。目前，台海形势依然严峻，并未得到缓解，而且不能排除“台独”势力误判形势，利令智昏，利用北京举办奥运之机搞“法理台独”，制造“台独”重大事变，挑动新一轮更加严重的台海危机。这种事态的发展，已经引起了新加坡、澳大利亚等周边国家乃至美国的高度警觉和深切忧虑。海内外有识之士指出，至少在陈水扁主政的未来几年间，台海局势难望太平，将始终处于高危险期。可以说，民进党当局的“台独”政策将在很大程度上影响台海形势的发展走向。

然而，“台独”势力的一时猖獗，并不表明它的强大而恰恰反映出它“时不我予”的虚弱与无奈，从长远的、发展的眼光来看，“台独”毕竟不能为所欲为，后陈水扁时代的民进党两岸政策及台海形势发展的大方向，将主要受两岸力量对比的消长、美国在台海问题上的利益与政策，以及台湾岛内各种政治力量相互制衡较量的制约。

（二）两岸力量对比的消长，决定了“台独”只是梦想

台海形势发展的最终结果主要取决于两岸实力的对比，大陆自身的发展与综合经济实力是左右台海局势发展的决定性因素。

经过改革开放以来20多年的经济高速发展，中国不仅融入了地区和世界经济之中，而且正在成长为世界性经济强国和世界经济增长的发动机。根据国际权威经济组织公布的资料，1990年我国经济总量在世界上排名第10位，在发展中国家排名第二。到2001年，我国经济总量已跃居世界第6位，在发展中国家排名第一，进入世界“重量级”阵容。2004年1月20日，国家统计局公布2003年我国国内生产总值（GDP）初步核算数据，我国GDP总量相当于1.4万多亿美元。根据中国海关统计，2003年中国外贸进出口总额达到8512亿美元，世界排名第4位，而与世界排名第3的日本相差无几（2003年日本外贸进出口总额为8549亿美元）。2004年1－8月中国外贸进出口总值已经达到7221.3亿美元，比去年同期增长了38.2%，全年外贸总额可望超过1万亿美元大关，跃居世界第3位。与之相对应的是，2003年台湾GDP总量只有3200亿美元，而台湾地区的外贸进出口世界排名为第15位。仅仅从经济实力而言，台海两岸的力量对比已经完全不在同一个等量级。以近几年来两岸经济发展的态势和速度，台海两岸综合经济实力之间的绝对差距将越来越大。

正是由于大陆的经济发展和实力的上升，台湾在经济上越来越依赖于大陆市场，甚至可以说台湾的经济前途系于大陆经济的发展。据商务部统计，2003年两岸贸易总额达674亿美元，比上一年增长31%，其中台湾地区向大陆出口584亿美元，从大陆进口90亿美元，顺差494亿美元，大陆是台湾的第一大贸易伙伴和顺差来源地。大陆经济已经成为台湾经济的晴雨表，大陆经济政策的任何重大调整都会对台湾经济产生直接的、压倒性的冲击和影响。例如，2004年4月底传出大陆要进行宏观经济调整的消息后，台湾股市“连日拉黑”，一路狂跌，加权股指数急掉456点，市值折损1.2兆元

台币，民众荷包平均缩水6万元。由此可见大陆经济发展状况对台湾经济的影响是何等的巨大。另外，近年来国际上区域经济整合的趋势逐渐加强，欧洲与美洲各国都在推动区域经济整合。随着中国大陆、日本与东盟磋商建立自由贸易区，东亚地区的这种区域经济整合也在加速形成，中国大陆将在其中发挥主导性角色。如果台湾当局执意推动“台独”路线，那么它就势必会因此而无法加入这一区域经济整合并被逐步边缘化。随着时间的推移，由于两岸关系持续紧张，“三通”不通，外资大量撤离，台资加速出逃，台湾经济将不仅“边缘化”还有可能会“空洞化”。

两岸之间的政治斗争最终取决于两岸之间的实力对比；两岸密切的经济联系是对“台独”势力的巨大制约。更为重要的是，大陆强大的经济实力以及在此基础上发展起来的军事实力，是“台独”不可逾越的障碍，决定了“台独”分子的梦想不可能实现。

当然，大陆的经济发展虽然势头良好，前景光明，但也应该看到，随着改革开放的深入，许多深层次的矛盾和问题不断出现：诸如经济过热问题、“三农”问题、腐败问题、加入WTO后的挑战、深化国企改革和扩大就业、地区和贫富差距、维护政治和社会稳定、落实依法治国、建设政治文明等一系列的难题都横亘在我们面前而亟待解决，至于像SARS（非典）这一类突如其来的天灾人祸，更是防不胜防、难以预测。因此，大陆也并非可以高枕无忧，需要居安思危，戒骄戒躁，艰苦奋斗，始终保持忧患意识和清醒的头脑，才能使改革开放的各项事业始终保持平稳、健康、快速的发展。不过话又说回来，大陆与台湾各自存在的问题乃是性质完全不同的问题，前者是前进中、发展中出现的问题，必将在发展中逐步得到解决，而后者则从根本上来说是路线问题、方向问题，如果台湾当局不改弦更张，继续顽固坚持走“台独”错误路线，逆历史潮流而动，一条道走到黑，绝对是死路一条。

（三）美国在台海问题上的利益与政策，不允许“台独”走得太远

台湾问题虽然是中国的内政，但从台湾问题形成以来长达五十多年的历史发展来看，美国的对台政策是导致台湾问题形成和发展的关键因素。美国在亚太地区的战略利益和美国的对华政策将从根本上决定台海形势的发展方向。

第二次世界大战中，美国在太平洋战场取得的绝对胜利使美国取代了日本成为远东太平洋地区的霸主。冷战开始后，美国在自己的控制范围内沿着西太平洋地区的日本列岛、朝鲜半岛、中国台湾、菲律宾这道巨大的弧形岛屿链构筑了一条反共防线。经过多年来的苦心经营，美国依靠这道战略防线建立了美国主导下的亚太安全架构。这一架构也是美国构建全球霸权的两大支柱之一。自 20 世纪 50 年代以来，中国的台湾一直是美国主导下亚太安全架构中的一个不可或缺的战略支点；台湾问题的发展，台海局势的演变，对美国在亚太地区的战略利益和霸主地位有着直接的影响。

作为亚太地区的霸主，美国在这一地区的最大利益是维护现状、维护美国霸主地位的稳定，并在此基础上不断扩大美国的利益。反映在台湾问题上就是维护台海“不战不和，不统不独”的分离现状、防止因台湾问题引发亚太地区地缘政治结构不利于美国的剧变。美国的这一利益决定了美国在台海问题上的政策和态度。

首先，因台海局势发生重大变化而改变亚太地缘政治格局、冲击美国的主导地位不符合美国的利益。如果台海形势的发展导致中国以武力统一台湾，那将引发亚太地区地缘政治结构的调整并在美国的西太平洋防线上打开一个缺口，从而打破美国主导下的亚太安全结构。因此，自 1972 年美国总统尼克松访华时的中美《上海公报》及后来的中美建交公报、《八一七公报》、美国的《与台湾关系法》，美国一直都在强调中国要以和平方式解决台湾问题，反对中国用武力统一台湾。近几年来，布什总统、美国国防部官员都曾不断威胁说，只要中国大陆以武力解决台湾问题，美国就会依照《与台湾关系法》而介入台海冲突。这表明，防止和反对以武力改变台海现状是美国台海政策的底线。美国的这种政策与态度，实际上成为台湾方面拒绝进行两岸统一谈判、长期维持两岸分离和追求“两个中国”、“一中一台”、“台湾独立”的保护伞。

其次，中国正在成长为亚太地区的政治、军事、经济大国，与中国这样一个正在崛起的大国进行对抗或发生军事冲突同样也不符合美国的利益。一方面，与中国发生直接的军事对抗美国没有必胜的把握。就二战后美国对外战争史而言，美国发动战争的对象几乎都是力量较弱的中小国家，如：朝鲜、越南、格林纳达、巴拿马、伊拉克、南斯拉夫、阿富汗等。其中，由于中国直接或间接的参与，美国没有能够在朝鲜战争和越南战争中取得胜利。通过这两场战争较量，显示出中国在军事上和战略上是一支令美国难以对付的力量。虽然美国已非往日的美国，同样，中国也不再是往日的中国。台湾问题涉及的是中国国家的核心利益，而台湾并非美国国家的核心利益，充其量只是美国的一般利益或较重要的利益。如果在台湾问题上中美发生了军事冲突，中国国家决策的决心和毅力肯定要远远超过美国。经验已经告诉美国人，决不能与中国这样的大国轻言开战。另一方面，利益权衡决定了美中关系对美国更重要。虽然美国在台湾有着重要的经济利益和一定的战略利益，但是，美国在中国大陆的经济利益远远超过美国在台湾的经济利益。中美之间有着巨额经贸联系，2003 年双边贸易额达到 1263 亿美元，2004 年头 8 个月达到了 1070.4 亿美元。美国的跨国公司也从中国获得巨额利润。据估计，美国在大陆的经济利益至少是美国在台利益的 10 倍，随着台湾经济逐渐边缘化，这一趋势还在不断扩大。对以商业立国的美国来说，巨大的经济利益将是左右美国台海政策的决定性因素。另外，由于中国的国际地位，美国在众多地区及全球问题上需要得到中国的支持或配合，如反恐、朝鲜半岛核问题、伊拉克问题等，美国与大陆保持良好关系所获得的经济、战略利益将远远高于美国在台湾所获得的有限利益。

第三，美国的利益和美国的台海政策由美国决定而不由台湾来决定。美国的台海政策当然是以美国的国家利益最大化为依归。而在相当长一段时间里，最能使美国在台海问题上获取最大利益的政策就是维持台海现状，维持台海地区的和平与稳定，最大程度地从与两岸间的关系中获取最大的经济、战略利益。至少当前一段时期，任何对台海现状的重大改变都不符合美国的国家利益最大化：台湾被武力统一将冲击美国在亚太地区霸权地位的稳定；“台独”将导致两岸战争，导致美国卷入与中国大陆的军事冲突。虽然大陆渴望早日实现与台湾的统一，但是并不急于用武力手段改变现状、实现统一。显然，在台海问题上，最希望尽快改变现状的是台湾的“台独”势力。许多“台独”分子认定，美国不会放弃用台湾在战略上与政治上对大陆进行牵制，也不会舍弃从售台军火中牟利。更为重要的是“台独”分子认为，与大陆最后一战并非坏事，“因为，无此一战，中国不会分裂，而中国分裂是台湾持久独立的保证。”中国的分裂显然对美国的霸权也是有利的。在这种战略思路的引导下，以陈水扁为主导的民进党、台联党等“台独”势力不断通过追求“台独”对大陆进行挑衅。他们认为，这不仅可以捞取部分选票，而且还可以引导美国介入台海冲突，作“台独”的保护伞。然而，美国的政策选择是由美国人决定的不是由台独分子决定的。包括美国总统布什在内的众多美国官员一再重申奉行一个中国政策，反对任何一方改变台海现状，不支持“台独”，认为“台独”是危险的和愚蠢的举动。美国在台协会台北办事处处长包道格曾警告台湾当局，不要把美国的支持当成空白支票。这表明，由于“台独”可能给美国带来的巨大风险以及美国在大陆的巨大经济利益和战略利益，美国不会为“台独”分子的冒险买单。

（四）“台独”的有限性及岛内各种政治力量的相互制衡

“台独”分离主义受到的限制不仅来自外部，同样也来自台湾内部以及“台独”本身。“台独”的工具性以及台湾岛内的各种理性政治力量对“台独”势力的牵制，都预示了“台独”发展的有限性。

首先，“台独”分离主义在当代台湾政治中的工具性，预示着它的前景是有限的。自“台独”作为一种理念或政治符号介入台湾社会的政治角逐以来，它所发挥的作用基本上是辅助性的和工具性的。在当代台湾，就“台独”与民进党的关系而言，双方只是相互利用，“台独”势力依靠民进党壮大声势，民进党则利用“台独”旗号吸引一部分选票。从20世纪90年代以来的民进党与“台独”关系发展史可以看出，“台独”只是民进党政治夺权的工具而非民进党的核心政治目标。每逢选举，民进党都要以“台独”为话题，不断对大陆采取言语刺激和挑逗的策略，以便从大陆的强硬反应中获得所希望获得的政治效果，宣传悲情意识，捞取选票，为民进党的选举服务。但是，也正是由于“台独”的这种工具性，使得“台独”政策在达到一定程度后便会产生反作用。通过考察台湾的政治发展史就会发现，从20世纪80年代中期以来，台湾在进行民主化改革的同时也进入了一个全社会性的政治情绪亢奋期。民进党正是利用了台湾部分民众的这种情绪亢奋、盲目与狂热，利用省籍意识、悲情意识狂捞选票。民进党是一个只会斗争，不会建设，擅长搞政治运动，不擅发展经济的政党。经过长达20余年的政治亢奋期之后，随着民进党执政给民众带来的民生痛苦指数的上升，在生活困苦的现实面前，台湾民众的政治情绪终究是要回归理性的。届时，日益理性的民众将对民进党的悲情手段逐渐麻木，追求“台独”、陷台湾于战争风险之中也就成了民进党的政治包袱。因此，可以肯定的是，作为民进党攫取政治资源的工具，“台独”的政治价值将变得越来越有限。

其次，在岛内政治权力斗争中，民进党、台联党等绿色党派的“台独”政策必然受到台湾社会中的广大泛蓝政治力量即国民党、亲民党、新党以及其他中道力量的制约。“台独”从本质上讲是民进党与其他政治力量争夺岛内政治资源和政治权力的一种工具。“台独”分离主义不仅是对大陆的挑衅，实际上也是对台湾其他政党利益的威胁。在决定台湾前途的重大问题上，“台独”分离主义并非可以为所欲为。民进党的“台独”诉求都会首先遭到岛内希望维持现状的主流民意的强烈反弹和泛蓝政党的制约。甚至民进党内部的某些政治力量也对“台独”分离主义形成一定的制约，因为，“台独”不仅威胁着台湾民众的整体安全与利益，而且也威胁着民进党的政治前途。现在，陈水扁可能凭着“台独”倾向吸引选票攫取政治权力，但到了将来，“台独”反而可能成为今后民进党人的政治包袱。另外，随着台海两岸经济联系密切，从两岸经贸联系中获益的群体也在不断扩大，现实的经济利益会使他们成为反“台独”斗争中一支越来越壮大的力量。当“台独”分离主义活动给台湾带来的经济、政治、安全风险越来越被民众所清醒认识的时候，这些力量对“台独”分离主义倾向的制约将会越来越大。

二、利用台海形势的发展推动中国国家战略的实现

在国际经济日趋全球化的今天，21世纪的头20年是我国实现和平崛起、建设小康社会和实现中华民族伟大复兴的重要战略机遇期。解决台湾问题虽然是我们的一项历史使命，但更为重要的是，我们的眼光和目标不能仅盯住台湾问题，而是要从实现中国和平崛起、建设小康社会和实现中华民族伟大复兴的大局来考虑台湾问题。在当今尚不能用和平手段或军事手段完成

统一的情况下，最大限度地利用台海形势的发展为中国的崛起服务应该是一个好的选择。只要中国能够顺利完成和平崛起，台湾问题的解决届时也将水到渠成。

从对影响台海形势发展的基本因素的分析可以看出，在台湾问题上，时间在大陆一边。而且重要的是，在当前的中美关系框架和两岸关系框架的双重制约下，台海形势的发展不会失去控制。这一点已经被台海五十多年来的历史，尤其是“台独”问题出现以来的两岸形势发展所证实。基于这一判断，我们认为，至少在两个方面我们可以把台湾问题从不利因素转化为有利因素，为实现我国的国家战略目标服务。

其一，利用反“台独”之机，大力推动军队建设，提高我军的现代化水平

历史虽然已经进入了21世纪，人类社会也已经进入了全球化时代，但是，国家的实力尤其是军事实力仍然是决定一个国家的国际地位及各种国际政治斗争结果的决定性因素，也是维护一个国家安全、稳定与发展的保障。对于中国而言，离开了军队现代化，中国的和平崛起只能是一句空话。“台独”现象的出现，使得反“台独”成为我们大力加强国防建设、推动我军的现代化的正当理由，也是我们在军事现代化方面追赶美国的一个重要途径。说到底，台湾问题是中美之间实力较量的问题。台湾问题之所以至今未能解决就是由于美国凭借其强大的军事实力进行介入和干预造成的。因此，要解决台湾问题就必须缩减中美之间的军事实力差距，只要中国能够在军事力量和军事技术上与美国形成某种平衡，我们就可以震慑美国，减少其介入台湾问题的可能，进而完成两岸统一。更为重要的是，与美国军事势力之间的差距是衡量中国未来国际地位的一个关键性指标，也是衡量中国是否崛起的关键因素。只有强大的经济实力，没有相应的军事实力，充其量也只能是一个二流强国。通过提高中国军队现代化水平来反“台独”，不仅可以缩小与美国在军事实力方面的差距，而且还将于无形中拉大中国与周边国家在军事实力上的差距，从而使中国成为真正的地区和世界性强国。

从历史的角度来看，欧洲的英、法、德等国之所以至今还是国际舞台上的重要国家，就在于它们在19世纪后期和20世纪早期大力提升国家的军事

实力，并把扩展军备与推动本国国际地位的提高密切地结合在一起，从而奠定了它们至今仍然能够成为世界大国的基础。美苏两国当年利用冷战展开军事竞赛、大力发展军事技术，结果把世界其他国家远远地甩在后面而成为世界超级大国；印度、巴基斯坦两国通过核竞赛，挤入核国家的行列，为它们未来的大国地位打下了基础。对于正在崛起中的中国而言，反“台独”正是提高我国军队现代化水平的一个可遇不可求的理由和机遇。如果我们能够运用得当，在21世纪前20年这一历史机遇期内充分利用反“台独”带来的机会大大提高国防建设，使之服务于中国的和平崛起和中华民族的伟大复兴，那么，我们就可以把“台独”这件坏事变成推动中国国家战略目标实现的好事。

其二，迎接台湾民主化的挑战，推动中华政治文明的发展

当今台海两岸之间的斗争包括多重含意，但其核心却正在演变成为中国传统政治价值观与西方式政治价值观之间的较量。两岸的政治制度差异成了“台独”分子拒绝统一的借口。“台独”分离主义试图从“民主”、“民意”、“主权在民”等西方式政治价值观中寻求合法性以对抗统一。由于中国大陆所面对的，是给“台独”活动提供了某种政治合法性的西方式政治价值观及其背后西方社会对台独理论的默认和支持，所以，两岸统一与分离之争，实际上也包含了东西方文明价值观之间的竞争。

一直以来，西方文明的扩张并未停止，以西方的政治价值及制度取代非西方式的政治价值与制度一直是西方主要国家的一种对外政策使命。很显然，当今中国所坚持的政治价值观与西方式政治价值观是截然不同的。如何对付并化解由西方政治价值包装起来的“台独”策略的政治合法性，回击西方文明的扩张成为中国实现国家统一和民族复兴过程中的一个最为棘手的挑战。大陆能否以传统的政治价值理念战胜“台独”分子所借用的西方式政治理念，不仅牵涉到大陆在两岸问题上的主动权和追求统一的政治合法性问题，而且也是涉及中国传统政治价值的命运及中华民族复兴的重大问题。

自19世纪末20世纪初以来，西方式的民主自由一直是中国知识分子追求的政治目标。当今台湾采行的西方式劣质民主使中国广大知识分子受到极大的震撼，在实际上减轻了中国推行西方式政治制度的压力，而中国的传统

政治价值也再次得到重视和发掘。这也是一个多世纪以来两种文明和两种政治价值观的较量中首次出现有利于发扬光大中华传统政治价值的转机。因此，我们必须充分利用台湾民主化带来的挑战，在融合西方文化某些合理价值的同时，用中国传统文化中最符合民本思想的政治价值，发展出一种超越西方式民主、适应本地区传统和现代社会需要的新的中华政治文明。

中国共产党提出“坚持立党为公、执政为民，”“牢记全心全意为人民服务的根本宗旨，”“坚持权为民所用、情为民所系、利为民所谋，实现好、维护好、发展好最广大人民的根本利益。”这些政治论述表明中国共产党已经提出了一套新的、完整的政治价值观，这种政治价值观结合了中华传统政治文化中以民为本的政治价值，而且也是对属于弱肉强食、利益分赃型的西方民主政治价值观的一种超越。

随着这种政治价值观的继续发展和完善，用这种新的、更具包容性的中华政治文明整合两岸在政治价值取向上的差异，不仅有利于从根本上化解“台独”分离主义，而且还将使中国传统文化获得新的发展动力，赢得这场文明之争，进而推动中华民族的伟大复兴、提高并巩固中华文明在未来世界文明格局中的地位。

三、正确认识解决台湾问题与实现中国国家发展战略之间的辩证关系

21 世纪头 20 年是中国完成和平崛起、实现中华民族伟大复兴的一个千载难逢、稍纵即逝的机遇期。台湾问题，尤其是“台独”分离主义问题也是我们在 21 世纪头 20 年战略机遇期内所面临的、最有可能对实现中国国家发展战略产生干扰和影响的问题。正确把握台湾问题与实现中国国家发展战略之间的辩证关系将有助于推动中国的和平崛起，最终实现国家统一。

首先，要从国际国内的战略全局出发，科学地判断两者之间的关系。认识到新世纪中国国家发展战略的实现是关系国家的未来命运和中华民族前途的大问题，相对而言，台湾问题属于局部问题。一旦中国崛起得以实现，国家统一也就一定能够实现。因此，在台湾问题上，只要台湾当局不跨过红线，对“台独”分子的一般性挑衅要做到：方寸不乱、理性应对，牢牢把

握台海形势发展的主导权，决不能让“台独”分子的挑衅影响了国家发展战略的大局。

其次，对于中国的和平崛起而言，“台独”分离主义的出现既是一种严峻挑战，但同时也是实现中国和平崛起过程中可以利用的一个因素。借反“台独”之机实现我军在现代化过程中质的飞跃，推动我们的政治文明建设，不仅有利于奠定我国作为世界大国的实力基础，而且还有利于我们赢得东西方文明之间的这场政治价值之争，恢复中华文明在世界文明中的崇高地位。

第三，要坚信时间站在我们这一边，坚持用发展来解决我们所面临的一切问题。只要我们能够抓住这20年的战略机遇期一心一意谋发展，我们现在所确定的国家发展战略到2020年左右一定能够实现。届时，要解决台湾问题，我们就能够凭借自身的实力、按照自己的意志、条件和构想，实现国家的完全统一。

（2004年10月在南京召开的“中国东部战略形势与国家安全”高层研讨会论文，发表于《现代台湾研究》2004年第6期，摘发于《瞭望》新闻周刊2004年第43期，与李振广合撰）

制定《反分裂法》已势在必行、刻不容缓

作者附言：《瞭望》新闻周刊不久前曾刊出笔者《应对台海形势，推动国家战略》一文，其中谈及制定《统一法》（或《反分裂法》）的问题，有幸引起各方关注。但因该文篇幅所限，对于这一重大议题笔者言犹未尽、骨鲠在喉，特补撰此文，以期引起进一步的重视与讨论。

当前，“台独”势力在台湾岛内掀起一波接一波的“台独”恶浪，海内外舆论大都认为，在陈水扁执政的未来几年间，台海局势将始终处于“高危险期”。“树欲静而风不止”，面对这种局势，遏制“台独”，维护国家领土主权的完整，防止“台独”干扰破坏我国现代化建设战略目标的实现，已然成为摆在我们面前的一项极其紧迫的任务。面对“台独”势力的嚣张气焰和猖狂挑衅，我们应该综合运用包括政治、经济、军事、外交、法律等在内的一切手段予以坚决打击。因此，制定《统一法》或《反分裂法》，自然也就成为我们遏制“台独”的一件十分重要的法律利器。

众所周知，美国早在上个世纪的70年代即已制定了一部《与台湾关系法》。一直以来，美国以这部国内法为借口，蛮横介入台海事务，阻挠两岸统一。民进党上台执政后，《与台湾关系法》实际上已成为“台独”势力对抗大陆、推动“台独”活动的精神支柱和最大“保护伞”。至于台湾方面，其“立法”机构更不顾各方反对，于2003年11月公然制定了一部“公投法”。这部非法的“公投法”，成了“台独”势力在岛内推动“台独”活动的所谓“法源依据”。陈水扁悍然发动挑衅大陆的“3·20公投”，正是利用了这部“公投法”。陈水扁胜选连任后，岛内“台独”势力愈加嚣张，不仅从政治、文化、教育等各个层面加快了“去中国化”的步伐，刻意误导台湾民众，塑造所谓新的“国家认同”，更扬言要修改“公投法”，并进而打着“民主”的旗号，要在2006年通过“公投”的方式，重新制定一部“合时、合身、合用的新宪法”，让台湾成为所谓“正常、完整、伟大的国

家”。

上述情况表明，无论是从反“台独”的现实需要出发，还是从遏制“台独”的策略考虑，制定《统一法》或《反分裂法》不仅是应该的、必要的，而且已成为我们刻不容缓的当务之急。

首先，制定《统一法》或《反分裂法》是国际法赋予我们的一项天然权力。有论者认为，我们不应该单方面制定《统一法》或《反分裂法》，甚至认为我们单方面制定这一未经台湾方面同意的法律是无效的。这是一种完全站不住脚的奇谈怪论！诚然，目前海峡两岸在政治上（治权）尚未统一，但是毋庸置疑，在国际法上中国是一个完整的国际法主体，台湾是中国的一部分。自1945年中国从日本殖民者手中收回台湾主权以来，台湾就再也没有从中国分裂出去，中国的主权是统一的，它属于海峡两岸13亿全体中国人民。这一结论不仅为台海两岸的现行法律所认定，而且也为联合国和世界绝大多数国家所承认。鉴于中国是一个主权独立的国家、台湾是中国领土的一部分、中华人民共和国政府是全中国主权的拥有者和代表者这一国际法和国际政治上的现实，根据现行的国际法，针对发生在中国领土上的任何分裂行为，中国政府当然有权力采用一切手段予以坚决制止和打击，而制定《统一法》或《反分裂法》，就是其中的重要举措之一。

不言而喻，在解决台湾问题上，若能采用“和平统一”的方式，自然需要两岸平等协商，双方达成共识。然而，如果“台独”势力执意分裂祖国，大陆在不得已的情况下被迫使用军事手段武力统一台湾，这是任何一个主权国家都拥有的主权行为，并不需要也不可能征求台湾方面的同意。制定《统一法》或《反分裂法》，同样也是如此。再进一步说，美国早已制定了干涉中国内政、支持“台独”的《与台湾关系法》，台湾当局更公然制定了为“台独”活动提供所谓“法源依据”的“公投法”，面对“台独”势力日趋猖獗、台海形势日益严峻的局面，作为中国主权拥有者和代表者的中国政府，当然有权力、同时也有责任尽快制定出一部遏制“台独”、维护国家领土主权所急需的《统一法》或《反分裂法》——“依法遏独”正是“依法治国”的题中之义和重要一环。

其次，制定《统一法》或《反分裂法》有利于我们对“台独”势力施加全方位的压力，有助于我们掌握反“台独”斗争的主动权，依法主动打击“台独”。当前，“台独”分子利用所掌握的话语霸权和行政资源宣传“台独”理念，推动法理“台独”，诱导普通民众的盲从与支持，推动“去中国化”，诽谤、污化“一国两制”和一个中国原则。当“台独”势力利用一切权力、手段、机会和可能推动“台独”、分裂国家的时候，我们更需要针锋相对、放开手脚，利用一切可以利用的手段从事反“台独”斗争。把我们的反“台独”斗争提升为包括政治、经济、军事、法律、心理、舆论等各种方式在内的全方位斗争。我们认为，制定《统一法》或《反分裂法》，明确宣告“台独”分裂为非法行为，是我们给“台独”分子带上的一道法律“紧箍咒”；制定《统一法》或《反分裂法》，是对“台独”分子推动以“公投制宪”为主的“法理台独”的最有效的反制。可以预言，一部专门的《统一法》或《反分裂法》，将比大陆现行法律中笼统、抽象的反分裂单一条款和宣示更具有针对性、可操作性和震撼性，其所产生的反“台独”、反分裂的效果也将更加明显。近些日子来，以陈水扁为代表的岛内“台独”势力一再攻击、诬蔑大陆制定《统一法》，这从另一个侧面说明了制定《统一法》或《反分裂法》的重要性和必要性。对于已经走火入魔的“台独”分子来说，用“民族大义”规劝他们无异于“对牛弹琴”；用利益诱惑或严词谴责也“无济于事”。事实必将证明，制定一部《统一法》或《反分裂法》，把反“台独”斗争提升到“法理斗争”的最高层次，并辅之以军事实力和军事斗争为后盾，给“台独”分子所带来的心理压力及其反“台独”效果，肯定要远远大于我们以往所惯用的任何方式与手段。

长期以来，我们在反分裂、反“台独”的斗争中不擅长主动出招，经常处于被动应付的不利局面，使得“台独”分子“食髓知味”、得意忘形，日趋嚣张。“魔高一尺，道高一丈”，《统一法》或《反分裂法》的制定，将有助于从根本上扭转这种被动局面，不仅可以从心理上对“台独”造成巨大震慑，而且“台独”分子如果胆敢冒险闯线，我们就可以利用《统一法》或《反分裂法》赋予我们的神圣权力，采取一切必要手段，主动出击，实施反分裂的正义行动，捍卫国家领土主权的完整。

再次，反对“台独”分裂必须坚决果断不留任何模糊空间，才能有效地防止“台独”分子的冒险。一些论者担心，制定《统一法》或《反分裂法》会压缩两岸关系中的弹性空间，会束缚住我们自己的手脚。我们认为，“台独”分子之所以屡试不爽，采用“切香肠式”的惯用伎俩推动“渐进式台独”，并往往使我们的反“台独”斗争陷于被动，在很大程度上就是由于我们对“台独”分裂行为缺乏明确的界定，或者说某些界定过于模糊和宽松。“台独”分子正是利用了我们对台政策中的这些模糊空间，投机取巧，得寸进尺，屡屡踩踏和试探大陆可以容忍的底线，推行“战争边缘政策”。多年来的实践证明，在反“台独”的斗争中，预留给我们自己的回旋余地，实际上也正是“台独”势力可资用来对付我们的空间。只要有这些模糊空间的存在，“台独”分子就会有机可乘、跃跃欲试、忘乎所以。如果有了一部《统一法》或《反分裂法》，那么我们就可以据此形成一套反分裂、反“台独”的有效机制，用明确的界定把“台独”分子的行为限定在一定的范围之内，就好像如来佛在手掌心上给孙悟空画了个圈圈，一旦“台独”跨过这些界限，反分裂机制就会自动启动，依据不同情况给于不同程度的打击。这样的一个反分裂机制可以让那些一向擅长投机钻营的“台独”分子明白：“法网恢恢”，在维护国家主权统一的重大原则问题上，是没有模糊空间和没有空子可钻的。在反“台独”问题上，我们越是意志坚决、行动果敢、说一不二、不留余地，也就越能够把《统一法》或《反分裂法》震慑“台独”、遏制“台独”、吓阻“台独”的法律效果发挥到极致，也就愈能够把“台独”分子的行为控制在可控的范围之内。这样，“台独”分子才不会心存侥幸，指望我们吞下国家分裂、台湾独立的苦果。换言之，只要我们在反“台独”问题上具有破釜沉舟、壮士断腕的勇气与气魄，依法反击“台独”，“台独”分子才会无机可乘、无计可施。

一些论者希望在反“台独”问题上留下模糊空间或回旋余地，无非是担心与“台独”分子过早摊牌，影响实现国家发展战略目标的大局。我们认为，恰恰相反，在反“台独”问题上，我们决不能有丝毫畏缩和害怕与“台独”分子过早摊牌的想法。只要我们积极营造出一个有利的反“台独”的国际环境，以两岸的实力对比而言，真正害怕摊牌的应该是“台独”而决不是大陆。经验告诉我们，在反“台独”问题上越是想避免战争，“台独”分子就越会铤而走险；只有“敢战”、“能战”才能“避战”、“止战”，越是“不怕鬼，不信邪”，就越能够在气势上压倒“台独”，使之知难而退，不敢冒险。更何况主动权操之在我，只要我们在制定和实施《统一法》或《反分裂法》的过程中，进行周密的可行性论证并作适当的技术性处理，完全不必担心会束缚住自己的手脚。

第四，从策略上考虑，我们认为用《反分裂法》而不是用《统一法》这一名称更有利于当前的反分裂斗争。其理由有三：

（1）更符合我们当前对台工作的中心任务——遏制“台独”的需要。中共中央台办、国务院台办在5·17声明中明确指出：“当前，两岸关系形势严峻。坚决制止旨在分裂中国的‘台湾独立’活动，维护台海和平稳定，是两岸同胞当前最紧迫的任务”。近一段时间以来，“台独”分子对大陆的严厉警告置若罔闻，变本加厉地鼓吹“台独”，推动“台湾正名”、“公投制宪”，加快步伐妄图从法律上分裂中国的国家主权，致使两岸关系形势愈加紧张严峻。

我们的终极目标是实现两岸统一，但是在推动统一的过程中不同时期有不同的工作重心。就现阶段来说，利用一切可以利用的力量遏制“台独”、打击“台独”的猖狂气焰，乃是当务之急、重中之重。我们只有首先取得反“台独”斗争的胜利，才谈得上两岸的和平统一；“遏独”本身就是最好的“促统”。《统一法》的重心在于“促进统一”，而《反分裂法》的重点则在“反对分裂”。而且，若从另一角度而言，更准确地说中国的主权本来就是统一的，并没有被分裂。因此，我们认为，制定《反分裂法》而不是《统一法》来推进当前的反“台独”斗争，无论从法理上还是从现实斗争的需要上来说都更加确切也更具有针对性，当然也能更好地服务于当前乃至今后相当长一段时间我们对台工作的中心任务。

（2）更有利于我们争取、团结一切可以争取、团结的力量反对“台独”，孤立“台独”分子，稳定台海局势，为中国的和平发展创造有利的环境。先从国际层面来看，无论是美国还是其他国家都从自身的利益出发，主张维持两岸现状，反对“台独”冒险，破坏台海和平；但同样，他们也从自身的利益出发，并不真心希望看到中国的统一和强大。制定《反分裂法》，其实质正在于“维护”两岸主权统一的法律现状，并不急于“改变”现状；而不像《统一法》那样，名称上就容易让国际社会产生不必要的误解，以为中国大陆急于追求实现主权和治权的完全统一、彻底“改变”两岸现状。因此，制定《反分裂法》而不是《统一法》，更有利于我们在舆论上占据主动，争取以美国为首的国际社会对我们当前反“台独”斗争的同情、理解与支持，有助于我们利用矛盾、化不利因素为有利因素，发展形成反“台独”斗争的国际同盟军。

再就岛内局势而言，各种民调都无不显示，目前绝大多数台湾民众也主张“维持现状”，既非“急独”，亦非“急统”。岛内民意主流如此，反对“台独”的在野党——泛蓝阵营亦然。显然，制定《反分裂法》而不是《统一法》，更有利于团结、争取广大台湾民众和反“台独”的在野党派的认同、理解与支持。道理很简单：在“一国两制”、“和平统一”的概念已经被民进党严重污名化了的今天，台湾岛内的反对势力和广大民众对“两岸统一”这一议题大都已噤若寒蝉，而制定《反分裂法》，反对“台独”分子片面改变两岸现状、制造台海危机，正是呼应了当前台湾的主流民意，完全符合岛内在野党派及广大民众的强烈愿望和切身利益，有利于孤立“台独”，扩大海峡两岸同胞的反“台独”国内同盟军。

长期以来，我们对“做台湾人民的工作”其内涵往往片面理解。实际上“做台湾人民的工作”应该是多层面、多角度的，而祖国大陆政府适时制定严肃的反“台独”法律框架，让广大台湾民众认清“台独”分裂活动对其切身利益的严重危害性，从而与“台独”划清界限，理应是其中十分重要的一环。因此从这一角度而言，制定《反分裂法》也为我们在反“台独”、反分裂的斗争中如何更好地落实“做台湾人民的工作”、“寄希望于台湾人民”开拓了新的思路，寻找到了一个重要的切入点。

（3）适用范围更为广泛，可以用以应对可能出现的其他分裂势力的挑战。在中国和平发展的过程中，除了“台独”势力之外，我国边疆地区的一些分裂势力如“藏独”、“疆独”（“东突独”）等也在蠢蠢欲动、十分活跃，不断制造麻烦与干扰，对此我们必须保持高度警惕，并应该有相应的准备。西藏和新疆地区与台湾毕竟不同，不仅“主权”就连“治权”也未被分割，并不存在统一不统一的问题，而只有反分裂的问题。如果制定《统一法》而不是《反分裂法》，将难以涵盖这些地区。然而，如果是制定《反分裂法》，其适用性将会更加广泛，不仅可以用以打击、遏制“台独”，而且也可以将“藏独”、“疆独”等具有相同或类似性质的分裂势力纳入依法治理、防范的范围之内，更有力地推动我们维护国家统一、打击恐怖主义和分裂势力的斗争。

总之，我们认为，启动立法机制，制定我国的《反分裂法》已经势在必行、刻不容缓！

（《瞭望》新闻周刊，2004/11/27，与李振广合撰）

析民进党当局在两岸“三通”问题上的立场

自民进党2000年上台以来，在两岸“三通”政策上进行了一定的调整，但是，台湾当局以“一边一国”定位两岸“三通”的立场没有改变，阻挠两岸直航、反对“全面、直接、双向”“三通”的图谋没有改变，依靠两岸交流获取最大经济利益的企图没有改变。针对这种情况，我们应该坚定地按照两岸“三通”是一个国家的内部事务、坚持实现全面“三通”的基本方针，采取务实、合情、合理的政策，早日推动两岸全面“三通”的实现。

一、民进党当局在两岸“三通”问题上的政策变化分析

民进党2000年上台以来，面对两岸经济交流不断扩大的现实和岛内外要求开放“三通”的强大压力，对两岸经贸政策进行了适应性调整，与此相配合的措施有：

（一）部分放宽台商投资大陆的限制。2001年5月30日，台“财政部”公布了岛内银行赴大陆设立办事处的条件，开放台资银行进入大陆。2001年8月，在岛内各界强烈要求开放业者赴大陆投资的情况下，民进党当局邀请多名经济界人士召开“经发会”，得出了“积极开放，有效管理”取代“戒急用忍”政策的结论，“行政院”11月7日通过“落实大陆投资积极开放有效管理执行计划”，正式为“戒急用忍”政策松绑。2002年2月，“财政部”又发布新规定，局部开放岛内银行与大陆银行进行直接通汇。3月，台当局同意两家“8吋晶圆厂赴大陆投资案”。2002年9月25日“行政院”通过“台湾地区与大陆地区人民关系条例部分条文修正草案”，整个“条例”的架构从立法之初的“原则禁止、例外许可”转为“原则许可，例外禁止”，修正范围包括两岸协商、人员往来、两岸通航、经贸交流等各个方面。2003年1月，台“证期会”代“财政部”发布“修正台湾地区与大陆

地区证券及期货业务往来许可办法”，开放证券商、证券投资信托事业、证券投资顾问事业、期货业申请直接赴大陆设立办事处，以增强其竞争力，扩大业务范围。2003年10月，台“立法院”通过“两岸关系条例”修正案，将台商登陆投资规范简化为“禁止类”及“一般类”。在开放陆资方面，则准用“外汇条例”，对于两岸直航，则改采“许可管理并行制”，授权行政部门订定管理办法。12月31日，“陆委会”又通过多项“两岸经贸法规”草案，这些法规草案主要内容包括：逐步放宽大陆人士赴台从事商务活动的范围，允许台湾民众携带少量（6000元）人民币进出台湾，台湾可直接引进大陆产业技术，并放宽了引进技术和产业项目的范围，放宽大陆科技人员留台年限，并允许大陆籍专业人士在台银行开户，参加健保，取得居留证。2004年1月2日，台湾“经济部”再次修正“大陆地区从事投资或技术合作审查原则”，对20万美元以下的赴大陆投资案采取事前登记的方式予以放行。但是从整体上说，民进党当局关于干扰两岸经贸和各项交流的主要障碍没有取消。

（二）放宽对大陆产品的进口限制。台“行政院”2002年1月16日通过决议，开放两岸贸易商直接交易、分阶段扩大开放大陆产品进口、调整大陆产品进口审查机制、强化大陆产品进口防御机制等两岸贸易调整事项。在此指导思想下，台当局宣布，从2月15日起开放大陆农工产品2126项。2月15日，台“经济部”公告，开放2058项大陆产品，如果加上已经开放的大陆产品，开放比例达到7成。2003年8月又开放173种钢产品和数位摄录机等9类产品。投资方面，2003年10月20日，台“立法院”通过的“台湾地区与大陆地区人民关系条例修正案”，准备有限度地开放大陆资金进入岛内投资房地产。但是，台湾当局对大陆产品和资本的开放是有限的，到现在为止，许多大陆有竞争力的产品都被排斥在外，大陆资本进入台湾也仍然存在巨大的障碍。

（三）通航方面。2000年10月2日，台“陆委会”完成两岸“小三通”评估及规划方向报告。12月11日，台湾“行政院”审查通过“试办金门、马祖与大陆地区通航实施办法”草案，允许福建省民众可申请到金门、马祖旅游，开放金门－厦门、马祖－福州的客货直航；开放两地之间的货物贸易等。2001 年 1 月 1 日，福建沿海的厦门港、马尾港与金门、马祖实现“变相海上直航”。此后，民进党当局不断扩大“小三通”的规模和适用范围。2002 年 6 月 19 日，“陆委会”通过提案，开放台湾本岛的“人”与“物”经“小三通”有限度地中转大陆。2004 年 2 月 19 日，台“陆委会”召开会议，通过“两岸关系条例”的四项修正子法，其中之一就是宣布自 3 月 1 日起调整实施金马“小三通”的适用范围，最引人注目的内容是允许在大陆各地的台商通过“小三通”往来两岸，并简化了相关证件手续，还将澎湖的大陆配偶及福建籍荣民及眷属纳入“小三通”的范畴，大大放宽了“小三通”原来的限制。2004 年 9 月 28 日，吴钊燮又宣布，将进一步扩大“小三通”，包括开放岛内大学前往金马开设 EMBA 及推广教育课程，除供台商进修外，并开放福建台企之大陆籍干部前往修课。其次，试办马祖旅台人士透过“小三通”渠道进出大陆；其三，研拟开放两岸专业交流与社会交流得透过“小三通”往来。

除了“小三通”以外，海运方面，根据台湾当局的政策，自 2001 年 8 月 6 日起，两岸试点直航的中转货物可以实行海空联运，大陆货物运抵高雄港后可以通过桃园国际机场转出口至国际市场。2002 年 9 月，台湾当局原则同意对未开放进口的大陆产品准许经由台湾通商口岸转口或转运出口。2003 年 4 月 19 日，台“经济部”公布新修正的“台湾地区与大陆地区贸易许可办法”，准许所有大陆产品经台湾从事三角贸易，转运至他地。在两岸航运界的长期合作中，摸索出了一种“转单不转运”的准直航模式，两岸间接通航只需绕航第三地而不必换船的口岸也不断增加。空运方面，目前两岸连接的主要方式“台澳中转”和“台港中转一机到底”模式已被称为空中的“准直航”。2003 年春节，台湾当局同意在“单向、绕通、特殊方式”的前提下，开放包机载运大陆地区台商返台过节。

（四）由于台湾当局的阻挠，两岸直航迟迟没有进展。随着两岸经贸交流的持续扩大，“三通”问题越来越触碰到其核心——直航问题，岛内要求直航的呼声也越来越高。因此，2003 年 8 月 13 日，陈水扁向媒体抛出“两岸直航三阶段”说法，宣称两岸直航分“准备、协商、实现”三个阶段，允诺在 2004 年底前推动落实。台“行政院”配合陈水扁的讲话，随即公布了“两岸直航评估报告”，一方面有意制造台当局推动直航的“诚意”，舒缓岛内工商界要求尽快“三通”的压力，另一方面又夸大直航的负面影响并提出大陆无法接受的协商谈判条件，拖延直航进程。2003 年 9 月 25 日，台“陆委会”公布实施“两岸间接货运包机措施”。在没有和大陆协商的情况下要单方面飞大陆，遭到了祖国大陆的拒绝。随后，台湾当局又于 2004 年推出了“海运”方面的“两岸海运便捷化”措施。但是和“两岸间接货运包机便捷化措施”一样，因台湾当局有将两岸航线变成国际航线的企图，因此失去了可行性。此后，台湾当局虽然一再在直航问题上做文章，要求两岸就这一问题进行谈判，但是，陈水扁当局却一再要求，在直航问题上的谈判“不能预设任何立场”，以政治立场阻挠直航谈判，致使两岸在直航问题上的协商一直无法启动。

二、民进党“三通”问题上的基本立场和策略判断

（一）坚持“一边一国”的政治立场。民进党当局的“三通”政策调整以所谓不危及其“政治安全”为底线。从民进党当局四年多来所作出的政策调整来看，其只限于技术层面而非政治层面。在政治立场上，民进党当局的立场一直相当顽固。民进党的重要同盟者李登辉就说，“三通一通，等于投降”；陈水扁也说，“三通是台湾的最后一张牌，不到最后关头不能轻易打出来。”显而易见，台湾当局所要的是“一边一国”立场下的“三通”和直航，具体表现为：

1. 在两岸协商问题上坚持公权力介入。陈水扁当局不断向大陆喊话，要求两岸展开“三通”协商，但是对于具体的协商方式则要求必须有两岸“政府对政府”的正式协商，并声称两岸“三通”问题“涉及公权力，不是民间协商可以取代的。”2003 年 10 月，民进党当局确定了“复委托条款”，该条款规定，某些事务性协商“必须由陆委会和主管机关授权”，以此来保证公权力的介入。2004 年 7 月 1 日邱太三说，“政府已在修订两岸条例时权衡两岸现状，纳入复委托的弹性方式，三通中的事务性、技术性问题，只要不涉及公权力，我们不排除授权民间团体来谈。但是，任何涉及公权力事

项，则都须先经过立法院同意。”

2. 鼓吹两岸谈判不设前提。2004 年 6 月 13 日，“陆委会”主委吴钊燮表示，“期待对岸能回到一年多前钱其琛所称“三通”的协商，”“可以不必谈一中，使两岸能够展开非政治性的协商。”陈水扁在今年 8 月 17 号在接见工商建研会代表的时候，提出只要将两岸“三通”定位为“两岸航线”，“三通”随时可以通。今年 11 月 10 日陈水扁的“十点裁示”抛出后，民进党当局仍是对今年的春节包机坚持“不设政治立场”的谈判原则，致使春节包机波澜迭起。通过这样的手段，民进党当局将两岸协商“不设前提”变成了前提，即要否定祖国大陆所提出的一中前提，在谈判中实现其“一边一国”的主张。

3. “立委”选举以后，民进党当局也不可能在“一边一国”的立场上退缩。在民进党内，一直有一种声音，即如果泛绿阵营全面执政，大陆不得不面对这个事实，在立场上可能会向后退缩，寻求妥协的方法来缓解两岸关系的紧张，当然也包括对“现状”的承认。所以陈水扁 2004 年 10 月下旬说，他有信心泛绿年底“立委”选举过半，“加上美国已完成总统大选，两岸在明年或后年将比较有机会复谈，因此，明年春暖花开时候，将有很好的复谈契机，可能会改写两岸关系的历史甚至是创造历史。”“立委”选举以后，泛绿抢攻“立法院”的目标没有达成，但是却没有在“台独”立场上退缩的迹象，12 月 16 日，吴钊燮也因此对记者表示，他对今年的春节包机持比较悲观的态度。

（二）民进党当局采取“政治上阻挠、经济上有限开放”的策略，最大程度获取经济上的利益。执政四年来，民进党当局出台过一些允许两岸交流的相关政策和法规，虽然有一定的限制性，但是客观上却使两岸的经贸交流不断扩大。2003 年两岸间接贸易总额一举突破 500 亿美元，祖国大陆首次取代美国成为台湾最大的贸易伙伴。截止到 2004 年 6 月底，两岸累计贸易总额达到 3403 亿美元，祖国大陆是台湾最大的顺差来源和贸易伙伴。在投资方面，截止 2004 年 3 月底，大陆累计批准台资企业 61100 多个，合同利用台资 723 亿美元，实际使用台资 372 亿美元。台商投资祖国大陆已经遍布各地并形成了珠江三角洲、长江三角洲两个投资集中地，投资规模越来越大，投资领域不断扩大、深入。两岸经济交流的实质性扩大，对台湾的经济发展起到了输血的作用，这也是台湾当局不断放宽局部“三通”之目的所在。

（三）以局部“三通”来缓解社会压力。台湾当局在“三通”问题上的压力来自以下几个方面：

1. 台商的压力。从经济利益来考量，两岸“三通”不通使台商承受了一定程度的损失，他们对台湾当局的“三通”政策早有微词，不管蓝、绿台商均是如此，即使是绿色台商色彩浓厚的许文龙也是积极鼓吹两岸“三通”。

2. 外资的压力。无论是欧洲商会还是美国商会，均对台湾当局的两岸“三通”政策表现出不耐烦。今年6月美国商会会长王吴小珍更是以台湾当局如果年底不能“三通”，则可能撤资相要挟，这对陈水扁的压力是相当大的。

3. 岛内对台湾经济边缘化的担忧。当前，亚洲经济区域化加速进行，在这个进程中，中国大陆扮演了重要的角色。中国大陆与东盟十国的《中国与东盟全面经济合作框架协议》已经于2003年7月1日生效，东盟与中日韩于2002年底在金边举办第六届“东盟加三”会议，发表共同声明，以13国为成员的“东亚共同体”之合作内容，除了经济、金融合作外，扩及政治、安全、环境、能源、文教等各个方面。2003年中国大陆又与东盟签署了“中国东盟和平与繁荣战略伙伴关系宣言”，“东亚共同体”建构的步伐越来越快。而这种政府主导型的区域经济合作组织必然会将台湾排斥在外，在这种背景下，台湾“外交”上难以突破，南进政策又屡屡受挫，实质开放“三通”，以大陆为腹地求得经济的发展是唯一的选择。

在这种情况下，民进党当局通过局部“三通”，一方面获取两岸交流的利益，另一方面则以这种间接的和局部的“三通”，使岛内企业和外资对其“三通”政策留有想象的空间，缓解来自社会的压力。当然，更重要的是还可以避免因全面“三通”而形成的两岸交流扩大对“台独”生存社会基础的威胁，在经济上加强与大陆联系的同时在政治与祖国大陆渐行渐远。

（四）不断打“善意”牌，欺骗台湾民众，将“三通”不通的责任推给祖国大陆。陈水扁当局在两岸“三通”问题上的重要一招，是不断推出“善意”建议，但是却没有开展谈判的诚意。2002年5月，陈水扁在金门发表“大胆讲话”，表示“三通”是必由之路，要授权民间谈“三通”事宜等等。随后台湾“陆委会”提出要在“强化统合机制、在既有协商经验的基础上，弹性动用民间协助和立法监督”等四个前提，可考虑民间参与协商两岸“三通”事宜。但是，在“台独”基本教义派的压力下，陈水扁随即表示“三通不是万灵丹”。全盘否定了前面的立场。陈水扁借助不正当的手段连任以后，2004年6月中旬，民进党当局提出“如果大陆回到钱其琛立场，可以重启两岸三通谈判”的建议后，6月30日国台办对此做出了正面回应，然而台湾当局立即向后退缩，吴钊燮表示，两岸“三通”谈判“还不到坐下来谈的时候”。随后，台湾当局提出两岸谈判“不应该预设任何政治前提”，即鼓吹“无条件的谈判”。2004年11月，陈水扁在“国安会议”上所作的“十项裁示”中提出，现阶段可以“台港航线协商模式”，立即与对岸就“双向、对飞、不中停第三地”等问题协商货运包机及春节包机的营运，为两岸直航开启契机。随后“陆委会”主委吴钊燮指出，“台港模式”主要有三个层面，并以二十四字作为此模式的内涵，“第一、搁置争议，不设前提；第二、相互尊重，实事求是；第三、政府主导、民间协助。”

但是，陈水扁当局数次抛出的“三通”协商建议均回避了一个中国原则，并要求公权力介入，从而使其根本没有实现的可行性。说穿了，民进党当局的做法主要是想在两岸“三通”问题上和大陆争夺舆论上的战略制高点。即知道大陆不可能放弃立场与之进行“三通”谈判，却仍是坚持“台独”立场不放松，而且将戏演得很逼真，这样做一方面可以用激进的“台独”立场来取得“台独”基本教义派的支持，另一方面则借此在岛内制造“大陆打压台湾”的舆论，博取同情。

三、结　论

从以上分析，我们可以得出如下结论：

（一）“三通”虽然取得了局部性的进展，但是在直航问题上却难以突破。从目前情况来看，两岸仍以间接通航为主要模式，间接通航的手续也越来越简化。但是，由于民进党当局以政治阻挠“三通”，在直航问题上仍会以政治挂帅，直航难有突破。

（二）台湾当局在直航问题上“一边一国”的政治立场难以改变。台湾当局在两岸直航和“三通”问题上不断提高价码，要求“不设任何前提”进行两岸谈判，这种情况一直没有改变。“立委”选举以后，民进党当局在其基本盘没有大的增加的情况下，会继续用“台独”理念来区隔泛蓝，所以很难期望其政治立场会有大的改变。

（三）实现“三通”的重大意义：

1.“三通”可以更加有利于我们做台湾人民的工作。直接“三通”可以方便两岸人民的往来，加深台湾民众对大陆的了解，可以在一定程度上影响民意，从而为破解台湾当局的“去中国化”政策提供了有利条件，从长远看将有助于逐渐松动“台独”的社会基础。

2. 有利于加强两岸的经贸联系与整合。由于大陆市场庞大，各种优势明显，台商对大陆投资贸易市场相当看好，两岸没有直航的确影响台湾与大陆的产业分工。我们有理由相信，“三通”以后，台商将会形成新一波的投资大陆热潮，从而使两岸经济交流与合作进一步扩大，台湾对大陆的经济依存度也将会加大。

3. 对大陆经济有实质促进作用。台商投资大陆可以对我经济形成比较明显的促进作用，特别是对沿海地区。有学者对台商投资大陆计量分析结果表明，台商直接投资是沿海地区经济增长的重要来源，对沿海具有显著的就业效应、进出口贸易效应与产业结构升级效应，当然，台商投资对大陆经济发展也存在一定的负面效应，但是积极效应是主要的。

（四）“三通”后可能出现的负面影响：

1. 两岸直接“三通”将会对香港和澳门的经济造成一定程度的冲击，并可能会衍生出一些意想不到的问题，不排除“一国两制”示范效应的减弱。

2. 两岸“三通”的实现必将使台湾经济的增长加速，从而减少台湾民众对民进党当局的压力。民进党当局一直以一个“只会拼选举不会拼经济”的政党而屡遭诟病，而“三通”后台湾经济的回升将为民进党加分，有利于民进党政权的稳固。

3. 由于台湾当局对大陆有竞争力的商品不能全面开放，“三通”以后两岸的贸易逆差将会进一步加大，从而为陈水扁搞“台独”提供了更多的资金。

【参考资料】

[1] 刘国奋：《陈水扁当局两岸三通政策的调整与策略运用》，《台湾研究》，2004 年第 5 期。

[2] “中央社”，台北 16 日电。

[3] 林涛、林长华：《台湾与东盟经济关系变化趋势》，《台湾研究集刊》，2004 年第 3 期

[4] http：//www. fzbz. com. cn/user/sfun/Article _ Show. asp？ ArticleID =272。

[5] 张传国：《台商直接投资对大陆沿海地区经济效应的实证分析》，《台湾研究集刊》，2003 年第 4 期。

（2004 年度商务部委托调研课题（不含“工作建议”部分），2005/01，主持人：徐博东，成员：陈星/朱松岭/刘红/王建民）

“立委”选举后台湾政局走势分析

2004年底的“立委”选举，基本上奠定了未来几年台湾政治力量对比的格局。总的说来，“蓝大绿小”的基本格局没有改变，台湾政坛上“朝小野大”的局面依然继续。面对各种压力，民进党当局的内外政策进行了策略性的调整。在各个政党内部，民进党面临着“后扁时代”的权力卡位问题，国民党内部也面临着“后连战时代”的党主席之争，而实力相对弱小的亲民党和台联党则极力为摆脱边缘化、泡沫化而战。各个政党为了实现自身利益的最大化，展开了新一轮的纵横捭阖。“扁宋会”后朝野各党之间的合纵连横将会愈加令人眼花缭乱，台湾政局势必依然动荡不安。

“立委”选后，蓝绿力量对比变化不大

在这次“立委”选举中，泛绿的民进党和台联党的得票率加在一起共有43.51%，而泛蓝国、亲、新三党的得票率加在一起是46.85%，如果把无党籍中倾向泛蓝“立委”的支持率加在一起，则大致为50%左右。和上届相比，泛绿两党的得票率增加了2.31个百分点，而泛蓝则减少了2.89个百分点。虽然泛蓝缓慢下滑和泛绿缓慢增长的趋势依然持续，但是，蓝绿两个阵营的基本盘并没有太大的变化，也就是说，台湾政坛蓝略大于绿的局面并没有大的改变。

这次“立委”选举具有多项指标性意义。

首先，族群撕裂的动员手段和效果已经达到了极限。去年底的“立委”选举中，泛绿阵营延续了过去的一贯做法，煽动族群对立，“卖台”与“爱台”的二元区隔依然是泛绿的主流诉求手段，政党竞争以彻底打垮反对党、实现全面执政、长期执政为首要目标。泛绿阵营以这种极不道德的方式来动员群众，凝聚选票。同时，陈水扁也需要以这种手段来赢得选举，摆脱“3.19枪击案”的阴影，以证明其当选的“正当性”。为此，选举中绿军甚

至喊出了对蓝军“割喉割到断”的血腥口号。从这个意义上说，这次“立委”选举其实是选民对民进党当局四年来利用族群矛盾进行政治动员效果的总体检验。选举结果，台湾民众用自己手中的选票否定了民进党当局这种不道德的做法。

其次，“求和平、求安定、求发展”和维持两岸关系现状是岛内的主流民意。在这次“立委”选举中，民进党仍然将作为重要诉求，大肆渲染所谓大陆的威胁，鼓动“台湾正名”、“制宪”、“建国”等，以“急独”诉求来煽动和强化选民的民粹情绪。这种挑战地区稳定和平的做法，不仅引起了岛内民众的强烈不满，造成了社会的极大不安，而且也触怒了美国，引起了周边国家的深切忧虑。从投票率上来看，本届“立委”选举的投票率比上届降低了 7 个百分点，比是年 3 月举行的“总统”大选投票率更是降低了近 21 个百分点。泛蓝阵营的胜利，其实更确切地说是反映出广大台湾民众希望出现一个强有力的反对党来制衡执政党，防止民进党当局在“台独”的道路上走得太远，引发两岸关系紧张。可以说，通过“国家认同”来进行选举动员的效果也已经达到了极限。不管陈水扁如何挑弄，民众的国家认同结构都难以改变，至少不会按照民进党、台联党的如意算盘向“台独”的方向大幅度倾斜。这说明尽管表面上“台独”势力十分嚣张，但“求和平、求安定、求发展”和维持两岸关系现状仍然是岛内的主流民意。

第三，“朝小野大”、“蓝略大于绿”的局面依然继续，“立法院”的蓝绿对立和对抗还会继续上演。新开张的第六届“立法院”会期，焦点议题有：“6108 亿军购案”、“公投法修改案”、“修宪案”以及公共政策、大陆政策等等，其中多项议题带有潜在的冲突因素。在协商沟通失效、无法达成共识的情况下，剧烈的朝野之争是可以预期的。

民进党当局政策的策略性调整

2004 年底“立委”选后台湾政坛所呈现的力量对比格局及台湾所处的外部环境，其实和 2000 年陈水扁刚刚上台时的情形极为相似。于是在各种内外压力下，陈水扁重演四年前的故伎，被迫调整策略，做出了整体政策将向中间移动的一系列柔软姿态。

一、“内阁”人事安排凸显“中道形象”。今年1月游锡堃“内阁”总辞后，经过一番争夺，民进党当局的权力布局大致尘埃落定，党政分别由苏、谢执掌，游锡堃则回任“总统府秘书长”。这种权力布局，有阿扁防止自己提前跛脚，加强党内相互制衡的意味，同时也有塑造“中道内阁”形象的意图。态度和立场强硬的游锡堃被从“内阁”首长的位子上撤下来，换上了比较理性和善于协调、沟通的谢长廷。“谢内阁”上任后，紧随阿扁的步调，鼓吹政党和解和理性执政，摆出了积极延揽在野党“入阁”的姿态，多次邀请江丙坤“入阁”，又多次强调要谦卑执政，“行政院”的决策要充分尊重在野党的意见等等柔性诉求，显示了和“游内阁”不同的执政风格，给人以阿扁向理性回归的想象空间。

二、极力促成“扁宋会”，营造朝野和解的气氛。“立委”选举以后，有关“民亲合作”的传闻就一直在炒作。甚至一度传出民进党打算用“行政院长”的位子来换取亲民党在“立法院”的支持。2月24日，陈水扁与宋楚瑜进行了会晤，达成了十点“共识”，陈水扁宣示“中华民国”是双方最大的“公约数”，从而给人以其政治路线将向“一中架构”移动的观感。

陈水扁的这种举动反映了其精明的政治利益的算计。首先，利用“民亲合作”裂解泛蓝阵营，争取关键少数的支持，破解泛蓝在“立法院”过半的优势；其次，应付美国的压力，修补台美关系。自去年以来，美国就不断对陈施加压力，要求恢复两岸谈判，缓解台海紧张局势；再次，营造“政党和解”气氛，缓和民众对政党恶斗的不满情绪；第四，假借对于“中华民国”的认同，隐藏自己的“台独”立场，以退为进，争取舆论同情，继续对抗大陆。其实，从“扁宋会”形成的十点结论来看，其有关两岸政策部分只是民进党“台湾前途决议文”的翻版，并不是亲民党所片面解读的所谓“陈水扁回到一中架构”。但是由于这种政治宣示是和泛蓝阵营的亲民党达成的“共识”，因而更加具有欺骗性。

三、党内又传出检讨“台独党纲”的声音。“立委”败选后，为了促进民亲合，响应亲民党提出的民进党必须放弃“台独党纲”的要求，民进党“新潮流系立委”李文忠公开主张民进党取消“台独党纲”，以“台湾前途决议文”的内容来取代。尽管李文忠的观点得到了民进党跨派系“60社”的支持，包括当时的“行政院发言人”陈其迈、“新潮流”总召段宜康，都表示认同李文忠的观点，认为这是民进党以后必走的方向。但是民进党的高层响应并不积极，不仅陈水扁未置可否，就连“新潮流”大老洪其昌也认为，除非经过公开的讨论，形成共识，现在不宜贸然提出废除“台独党纲”的问题。因此，这次关于“台独党纲”的讨论也和前几次一样，无疾而终。

四、大陆政策进入蛰伏期。通观陈水扁执政四年来的主要特点，在大陆政策上一贯推行“冲突－妥协－进步”和“先软后硬，软硬兼施”的策略，特别是在内外交困的局面下更是如此。陈水扁在这次“扁宋会”中，在不改变“台独”立场的情况下，重申“在两岸和平的前提下”，恪守“四不一没有”的承诺。同时，陈水扁本人在“立委”败选后也已数次向大陆喊话，一再表达自己的所谓“善意”，诸如建立“两岸和平稳定架构”、推动两岸“货运包机”等等，不一而足。相应地，一贯以“大嘴巴”著称的吕秀莲在两岸关系方面荒腔走板的论调也大为减少，这都在在显示了陈水扁的大陆政策上的策略性调整，即不再以激进的“台独”言论来挑衅两岸关系。然而经验告诉我们，一旦形势发生变化，他势必会故态复萌，重新露出其“台独”本来面目。

泛绿阵营的内部争斗将更加激烈

泛绿阵营内部的矛盾与争斗一直存在，从未停止。但这种矛盾与争斗在“立委”选举之后愈加显得剧烈。具体表现在以下两个方面：

一是民进党内的卡位战更加激烈。在陈水扁不能再连任的情况下，民进党内部2008“总统”提名卡位战已经提前开打，这在本次“内阁”改组的过程中表现得最为明显。党内呼声甚高的苏贞昌从“总统府秘书长”转任民进党主席，委以“辅选”重任但实际上并没有得到多少实权。外界普遍认为这是陈水扁出于对苏与“新潮流系”联合、势力过于强劲的疑虑，阿扁担心其形成尾大不掉之势，自己日后难以掌控。调谢长廷北上出掌“行政院”，掌握了丰沛的行政资源，一般认为谢在未来的卡位战中最具战略优势，行情看好。但是在陈水扁强力主导政局的情况下，谢长廷能够在多大程度上有所作为，实在令人怀疑。更有人认为，谢在目前内外交困的不利局面下接掌“行政院”，恐怕是“凶多吉少”，很可能是陈水扁“牺牲打”。一般人则认为，陈水扁将谢放在“行政院长”的位子上，无非是要苏谢互相牵制。

至于吕秀莲，深知自己在党内没有派系为奥援，所以早就另辟蹊径，不甘心做“深宫怨妇”，在阿扁第一任期内通过不断作秀的方法，提高曝光率，其后更是以“副总统”之尊成立“台湾心会”、“台湾 gogogo”联合办公室，鸭子划水般悄悄深入各地组织人马，为争夺在民进党内的有利位置可谓不遗余力。此外，游锡堃转回“总统府”等候时机，如果上述几人出现重大失误，也不是没有出线的机会。可以预见，未来党内的权力斗争将会更加激烈。

二是基本教义派对陈水扁“台独”路线策略性调整反弹强烈。“扁宋会”后，“独派”色彩浓厚的基督教长老会发表声明，宣称今后将不再支持民进党。而台联党则利用“立法院”开议第一天“国是论坛”的机会，对陈水扁群起攻击，痛批“扁宋会”结论“鬼话连篇”，“是向统派投降，向一中屈服，背叛台湾主体意识”。台联“立委”黄适卓声称“这是本土政权最大的失败”，并扬言台联未来会走自己的路。台联新科“立委”尹伶瑛甚至说要发起“罢免陈水扁”。更有“台独”大老辜宽敏、金美龄、黄昭堂等扬言要辞去“总统府资政”或“国策顾问”，以示抗议。李登辉甚至说，“是让陈水扁去谈和解，而不是让他去卖台”，攻击扁宋“十点共识”是“卖台契约”云云。“台独联盟”主席黄昭堂认为，扁当局已出现“结构上的变化”，扁当局的作为已进入“危险的状态”。

不仅如此，台联党已经在开始挖民进党的墙脚。台联中执会 2 日作出决议，放宽入党办法，并喊出“只要台联长大、台湾就有机会”口号，呼吁民进党员以“绿卡换金卡”加入台联党。台联的做法已经影响到了部分民进党员，民进党三重市党部主委董金兴退党加入台联，其他地方党部主委如林口乡党部主委林俊良等虽然没有跟进，却愿意公开表示支持。

“台独”基本教义派对民进党当局形成了强大的拉扯作用，陈水扁的所谓"中间路线"究竟能走多远，实在是不敢乐观。这种情况还反映了这样一个事实：即经过这么多年的族群撕裂、"统独"议题的炒作，"台独"已经成为泛绿阵营的一块神主牌，泛绿内部任何人都不能去碰，即使是策略性的调整也不被允许。"台独"已经失去了理性和柔性诉求的空间。陈水扁为了胜选连任，不惜抄短线，搞"急独"，终于"搬起石头砸自己的脚"。在这种背景下，民进党的政策，包括大陆政策和政党政策，必然会不断摆荡。只要民进党继续执政，岛内蓝绿对立的基本态势就将延续，台湾政局和两岸关系也难望真正缓和。

泛蓝阵营发展情势扑朔迷离

相对于泛绿阵营内部的路线和策略纷争，泛蓝阵营的整合和发展也出现了新的变数。

首先是国民党内部的世代交替问题。随着党主席选举日期的临近，两大热门人选马英九和王金平已经开始了具体的竞选运作。年前，马英九声称"自愿在诸先进之指导下为党承担更多之责任"，表达了角逐党主席的意愿。2 月 14 日，马英九在国民党新年团拜会后首次表态愿意参选下任国民党主席。随后，马团队制定出了周密的计划，准备"全台走透透"，举办说明会，直接与党员沟通，争取基层组织和党员的支持。

由于党内外的民调都显示马英九的支持度远超过王金平，因此王金平团队采用的战术和马团队完全不同。一方面，王金平提出支持连战连任，对连战进行了持续的劝进。在连战没有表态的情况下，王金平团队又提出"党主席延选案"以示"尊连"。王金平此举目的在于争取对连战有传统感情的党内大老的支持，消解马英九对他们施加的影响；同时，试图以这种高姿态，在战略上形成对马英九的压迫，后发制人。

这种策略已经收到了效果。岛内有评论说，王金平以静制动，党主席选战尚未正式开始，就已经显示出他的政治智慧远胜过马英九；国民党大老王作荣也认为马抢先宣布参选意愿，显得太急躁、不适当，不及王金平懂得尊重现任主席连战。这种情况一度使马英九相当被动。同时，双方的火药味越来越浓，特别是马英九的文胆林火旺发表“王金平胜算不大”、“有输不起的压力”的言论，被王金平批评为马英九“冲太快”，两人的较劲一度引起舆论侧目。

而且，迟迟到现在，连战并没有宣布不参选连任，这给未来的党主席之争增加了不少的变数。未来将由谁来出掌这个百年老店？这对国民党和泛蓝阵营的发展乃至岛内政局的发展都会产生重大影响。第一，决定了2008年“总统”选举的布局。按照国民党的习惯，以党主席之尊参选2008年“总统”是必然的；第二，由于马英九和宋楚瑜长期以来存在着“瑜亮情节”，与亲民党的关系难以协调，而王金平则与亲民党的关系较好，所以，由谁来出任党主席会在一定程度上影响未来的泛蓝合作；第三，对国民党内的政治理念的影响。由于王金平与李登辉关系密切，所以，如果由他出掌国民党的话，国民党的政治理念向哪个方向发展也令人担忧。

其次是国亲两党的合并出现了重大变数。在经过了“立委”选举后，亲民党对国民党的那种“老大心态”极为不满，这也是促成“扁宋会”的一个重要原因。宋楚瑜响应陈水扁“族群融合”、“政党和解”的呼吁，游走于蓝、绿之间，目的无非是要突显亲民党“关键少数”的作用，避免其被边缘化。同时，亲民党把与民进党首次合作的基调定在两岸议题上，首先这是美国交待下来的必须完成的任务；其次是想利用这一议题来争取泛蓝民众，减小泛蓝民众对其与民进党合作所产生的反弹；再有也要看到，宋楚瑜也是想利用这一难得的机会，维持其在台湾政坛上的声势于不坠，如有机会，再次问鼎2008年“总统”宝座也未可知。

当然，从根本上来说，亲民党不会也不可能脱离泛蓝阵营，这是因为其基本支持者是属于深蓝的民众，对于亲民党而言，如果放弃了反“台独”的基本立场而向民进党妥协靠拢，这无异于是政治自杀。正因为如此，泛蓝的整合扑朔迷离，后续发展有待观察。不过可以肯定的是，连战一旦交棒、国民党完成世代交替，无论王、马哪一位出任国民党主席，宋楚瑜都不会甘心回到国民党屈居“老二”，国亲合并的可能性可以说等于零。今后亲民党最有可能的情况是与国、民两党保持等距离，依照不同的议题选择“合作对象”，充分利用其在“立法院”“关键少数”的有利地位，争取政党利益的最大化。如此一来，今后台湾政坛势必愈加呈现出朝秦暮楚、合纵连横这种令人眼花缭乱的政党政治新局面。

（《瞭望》新闻周刊，2005/03/18，与陈星合撰）

《反分裂国家法》颁布后的两岸关系

2005年3月14日，全国人大十届三次会议史无前例地以没有反对票的高票通过了《反分裂国家法》。这个法律的制定与颁布实施，是大陆对台新的政策策略发展中的极其重要的一环，它既将大陆一贯宣示的对台政策提升到法律的高度，同时又成为两岸关系发展的一个新的起点。《反分裂国家法》通过与颁布后产生了重大反响，不仅直接促成了连、宋的相继“登陆”，影响到了台湾政治生态的变化，同时由于《反分裂国家法》的出台，中国大陆、美国、日本、台湾的战略关系也在发生改变，美国和日本在台海问题上策略走向如何，颇值得关注。

一、大陆对台政策策略的调整

大陆对台政策策略的调整肇端于去年的“5·17声明”，从那时起一直到现在，这种调整一直在持续进行。从战略上来讲，大陆的对台整体战略并没有改变，即决不容忍“台独”势力分裂祖国、坚持和平统一的方针不动摇，坚持寄希望于台湾人民的方针不动摇。但是，大陆在对台策略上却发生了重大变化，概括起来说，主要有以下几个方面的特征：

第一，进一步强化反“台独”的立场。

从“5·17声明”、贾庆林主席的讲话，到胡总书记的对台工作四点意见，均不断补强这一政策的强度和信度，而《反分裂国家法》可以说是这一政策调整过程中一个最重要的关节点，其作用一方面是用法律的形式强化反“台独”的刚性，更为重要的是，这是大陆对“台独”强硬态度的宣示，通过立法的形式将大陆长期坚持的对台政策上升为国家的意志和全民的意志，为反“独”工作提供了法律依据，展示了对“台独”决不容忍的决心和信心，以框束“台独”的冒险活动，压缩“台独”的活动空间。

第二，保持必要的清晰和模糊，为两岸关系的回旋留下转圆的空间。

《反分裂国家法》并没有突破以前的对台政策框架，既没有“统一时间表”，也没有将“台独”的概念进一步细化，刻意保持模糊。这不仅仅是为大陆保留把握台海局势的主导权，更是为两岸关系的发展留下了可以求同存异的灰色地带。

第三，“围三缺一”，迫使陈水扁当局向“中间路线”移动。

大陆目前的策略是以“反独”为基点，建构最广泛的国际国内“反独”统一战线，压迫陈水扁当局调整两岸政策，向“统独光谱”的中间地带移动，其主要做法不外有以下数端：

1. 加强反对“台独”的强度和力度，使越来越多的“台独”人士认识到“台独”是一条走不通的死路，是不可能实现的神话。

2. 充分利用美、台之间的矛盾，持续做以美国为首的国际社会的工作，建立国际“反独”统一战线，借助于国际社会的力量来约束“台独”势力，防止其铤而走险，破坏台海现状。

3. 争取岛内的反“台独”力量，在反对“台独”的共同立场上，形成与台湾在野党的“战略联盟”（或曰“国内‘反独’统一战线”）。这次连、宋相继访问大陆并达成了反对“台独”的高度共识，就是这一策略的重大成果。

4. 持续做台湾人民的工作，逐步减轻台湾民众对大陆的敌对情绪，消除“台独”生存的社会土壤，从根本上扭转台湾社会国家认同扭曲的局面。

上述措施结合在一起，沉重地打击了“台独”，有效地遏阻了“台独”势力恶性发展的势头。

与此同时，大陆对陈水扁当局并未“赶尽杀绝”，而是采取“给出路”的政策。一再申明：“只要承认一个中国原则，承认‘九二共识’，不管是什么人、什么政党，也不管他们过去说过什么、做过什么，我们都愿意同他们谈发展两岸关系、促进和平统一的问题”。在胡宋“会谈公报”中“两岸一中”新论述的提出，实际上就是为陈水扁留下了一个下台阶的机会。这个概念对“九二共识”进行了重新表述，但是对于“一中”的政治含义则仍然刻意保持模糊。如果陈水扁真有诚意“借坡下驴”的话，完全可以把“两岸一中”的概念和台湾的所谓“宪法一中”结合起来，或者与“九二香港会谈成果”的概念进行衔接，抑或是在扁宋会“十点共识”的基础上进行衔接，从而可以使陈水扁和民进党当局摆脱目前两岸政策的困境。

第四，准确把握台湾主流民意，做台湾人民的工作更能入岛、入耳、入心。

大陆在做台湾人民的工作的时候更加注意台湾岛内民意的特点和变化规律。一方面，在《反分裂国家法》出台之后，大陆从台湾人民的切身利益出发，提出了开放台湾农产品到大陆销售、开放大陆游客到台湾旅游等一系列具体措施，对台湾人民持续释放出善意。

另一方面，大陆在做台湾人民工作方面更加注重技巧性和细腻性，利用连宋来访形成的轰动效应，借助于台湾和国际媒体特别是电视直播，在连宋“登陆”的同时，大陆的领导人和大陆人民也实现了“登岛”。台湾民众充分感受到了大陆的善意和诚意，对大陆的正面印象不断增加，同样，大陆赠送台湾大熊猫也引起了台湾岛内的“熊猫热”，台北市甚至已经组成了“熊猫工作小组”，由副市长叶金川任召集人，准备迎接熊猫“迁台”[1]。相信在未来的一段时间内，“熊猫效应”还会持续发酵，大陆对台湾人民的善意也会持续被台湾民众所理解。

从《反分裂国家法》出台开始，大陆采取逆势操作与顺势操作相结合的措施，一举扭转了长期以来在台湾问题上的被动局面，已经将台海问题的主导权牢牢掌握在自己手中。

二、泛蓝阵营士气大振

《反分裂国家法》出台后，对岛内政坛、社会产生了前所未有的强烈冲击，直接影响了台湾的民意发展走向.

3月26日由民进党主导的所谓“反《反分裂国家法》游行”，是对台湾民众对《反分裂国家法》态度的一次大规模的民意测验。从游行情况来看，与民进党当局的期望相差甚远。虽然民进党当局使出了全身解数进行了强力动员，甚至出动了几千辆游览车载运外县市民众来台北“参加”游行，但是最后参加游行的人数也只有27.5万人[2]，与民进党当初所要达到的百万人目标有霄壤之别。事后吕秀莲更是抱怨说："如果今后游行可以做到不动员游览车，而是民众心甘情愿、自动参加会更好，不要花钱，游行的意义会更大。"[3]这说明不管台当局如何煽动，求和平、求安定和维持现状仍是台湾的主流民意。

"3·26 游行"反映出的台湾民意结构构筑了其后一系列两岸关系变化的基础。出于对主流民意有利于己的基本分析，国民党副主席江炳坤于 3 月 28 日毅然访问大陆，展开"破冰之旅"。这一举动的突破性意义主要有两个方面：首先，打开了两岸政党高层次交流的大门，为连宋访问大陆打下了基础；其次，反映出台湾政坛上的"卖台"迷思已经被打破，"台独"口号的动员力已大大削减。

连宋访问大陆得到了台湾人民的普遍认同与支持。民调显示，连战 2 月底时的满意度仅 3 成 1，访问大陆之后声望暴涨了 1 成 6，不但超过陈水扁，更写下了个人声望的新纪录。同样的情况也出现在宋楚瑜身上，虽然遭到陈水扁的批判，宋楚瑜的声望仍然是逆势上扬，满意度从早先的 2 成 9 上扬了 6 个百分点。而对于陈水扁批判连宋的言论，4 成 5 的民众不以为然[4]。连战和宋楚瑜在一夜之间成为台湾最红的政治明星，泛蓝阵营的士气为之大振，国、亲两党的支持度也因之而"水涨船高"。

借助于民意支持，国民党开始猛挖民进党的"票仓"。长期以来，民进党将农民特别是中南部的农民视为其最大的"票仓"。但是，民进党在农业政策上却存在着结构性的矛盾。一方面，民进党对农民的动员是建立在"本土化"理念的基础之上，而这个口号又是以两岸隔离为前提，即把台湾农民隔离于大陆市场之外，防止其形成对大陆市场的依赖和对大陆的好感。另一方面，台湾加入 WTO 之后，由于外来农产品的冲击，台湾农产品的销路日愈萎缩，农民的生活状况每况愈下，台湾农产品"登陆"，寻找出路已经是一个必然的趋势。所以，民进党当局在维持农民对"台独"的支持与开放农产品到大陆之间，一直难以抉择。

"夫兵有大要，知谋物之不谋之不禁也则得之也。"[5]国亲两党正是抓住了民进党的这一软肋，在江炳坤、连战和宋楚瑜的大陆之行中，与大陆积极协商，达成了开放台湾农产品进入大陆销售的协议，为农民带来了实实在在的利益。

泛蓝的努力取得了正面的效果，多数农民表示支持。在江炳坤访问大陆返台而陈水扁当局扬言要“法办”他时，遭到了台湾广大农民的强烈反弹，有的农会甚至要组织农民到台北去示威抗议。同时，在稍前的台湾农会理监事选举中，国民党已经全面夺回了对各级农会的领导权[6]，力量有不断扩张的趋势。这对于民进党来说无疑是一个相当大的警讯。

三、民进党当局两岸政策进退维谷

在民意变化的压力下，陈水扁当局在两岸政策上反复无常、进退失据。“法办”江炳坤一事不了了之后，对于连宋到大陆访问，陈水扁开始说“不合时宜”；但是4月23日却表示“他们或许带来第一手资讯，也有人视为是为两岸发展投石问路”，“我们可以给他们祝福”[7]；及至国、共两党签署了“新闻公报”后，陈水扁一反“陆委会”和“行政院”所定的调子，承认连战与大陆达成的共识“不牵涉公权力”[8]；5月3日，陈水扁又表示，“当前两岸关系确实出现了契机，如果这是一出戏，连宋‘登陆’就是序幕。”他强调，主戏还没上演，“相信时间不会太久就可以看到精彩的主戏上演”[9]从而表露了向中间靠拢的迹象。

但是，陈水扁的上述表态却遭到了来自民进党内部的强烈反弹。民进党“立院”党团书记长陈景峻大骂陈水扁，说自己为其护航却成了“猪头”；吕秀莲则态度强硬地强调：“谁没有坚持理想，谁就要下台！”民进党主席苏贞昌则形容这是一场“国家危机”[10]，并在陈水扁不知情的情况下擅自公布了民进党的支持度下滑9个百分点的内部民调[11]。这些动作的用意非常明显，就是要拉陈水扁回头。

台联党与民进党的裂痕也继续扩大。李登辉拉高分贝向陈水扁开炮说：“要你去相亲，没让你去上床”、“叫你去抓鬼，却被鬼抓去”，并企图逼陈水扁动用“公权力”阻止连宋“登陆”；台联党主席苏进强骂民进党“饿鬼假客气”、“卖友求荣”，未来“不屑与之为友”；台联党秘书长陈建铭则发表文章痛批陈水扁是“政坛陈世美”，“政治人格已经完全崩盘”[12]。

在绿营的强大压力下，陈水扁匆忙变脸。5 月 6 日晚，他将炮口转向连战和宋楚瑜，一再强调，对宋楚瑜在西安表示“台独不是台湾选项”和坚持“九二共识”表示不满，并称他不可能接受“九二共识”和“一个中国”，而是要坚持“中华民国主权独立”的立场绝不退缩。陈水扁甚至信誓旦旦的宣示：他“对台湾主体性的坚持从未改变，如果有所违背，下台都行!”。[13]

18 日，陈水扁在与民进党“立委”座谈时，又称“扁胡会也不是不可能”，但是仍强调不会放弃走具“台湾主体意识”的和解路线。[14]

陈水扁在两岸议题上的左右摆荡典型地反映了民进党当局在两岸政策上的结构性矛盾。

第一，长期的“台独”动员已经培养了一批激进的“台独”分子，化育了“台独”的话语霸权，毒化了台湾的政治文化，使“台独”在许多民进党的支持者心目中成了神圣不可侵犯的“神主牌”，从而大大压缩了民进党两岸政策调整的空间。正是这个原因，“台独”实际上已经成为民进党执政的一个包袱，使其在两岸政策上调整的余地越来越小。

第二，民进党的“台独”政策与客观现实的矛盾越来越突出。大陆《反分裂国家法》颁布实施后，就连陈水扁自己都说：“台独”绝对是不可能的，“做不到就是做不到”。但是，“台独”基本教义派却顽固坚持“台独”立场，形成了对民进党当局的强力牵制，而面对以美国为首的要求缓和两岸关系、维护台海现状的国际压力，使陈水扁当局在坚持“台独”路线和改善两岸关系之间左支右细、殊难取舍。

民进党在两岸政策上正在被“五马分尸”。这些力量主要是：

一是来自祖国大陆越来越强大的反“独”压力，这方面自不待言。

二是来自泛蓝阵营的强力制衡。宋楚瑜显然在继续寻求自己的政治定位，要求陈水扁遵守“扁宋会”的承诺，接受“胡宋会”的“六点共识”。不久前，感受到主流民意变化的国亲两党再次联手，在“立法院”关闭了政党协商的大门。至于陈水扁希望与连、宋会面，国亲两党均摆出了一副高姿态，提出了诸如陈水扁必须“道歉”、承诺推动落实访问大陆成果等前提条件。[15]再者，如果泛蓝阵营利用在“立法院”席位过半的优势，强行通过有利于两岸交流的法案，并要求“行政院”推动实施，则民进党当局在两岸议题上势将更加被动。

三是来自美国的压力。4月1日，新加坡内阁资政李光耀透露，“美国方面已通过一个非常高级别的渠道严正地照会陈水扁，布什总统不希望因为台湾一再挑战极限，而迫使他必须将注意力分散（到台海地区）”[16]。美国已经公开表态，肯定连、宋的大陆之行，并要求尽快恢复两岸协商谈判。

四是民进党内部的强力牵制。虽然陈水扁本人已经没有了选举的压力，但民进党内急于为2008年“大选”卡位的重量级人物，为争取绿营基层群众的认同与支持，却正在设法阻止陈水扁向中间路线靠拢。观察近期以来吕秀莲、苏贞昌等人的有关言行，便可一目了然。

五是泛绿阵营内部裂痕扩大。危机感日益强烈的李登辉“台联党”，已宣布和陈水扁“划清界线”、“分道扬镳”，拼命挖民进党的墙角，使民进党不得不有所顾忌和防范。

由于陈水扁的抗压性一直不强，因此在上述多种力量的拉扯之下，可以预见，在未来的三年中，陈水扁当局的两岸政策仍然会忽左忽右，摇摆不定。对此，我们应该有充分的认识。

四、中（大陆）、美、日、台战略关系的变化

美国是影响两岸关系发展的一个极为重要的因素。“台独”势力也一直把美国作为自己的最后一根救命稻草。所以，美国在《反分裂国家法》出台后的反应在某种程度上决定了两岸关系的发展走向。

从战略上说，美国和中国存在着客观上的竞争关系。中国的崛起不可避免会对美国构建的东亚秩序和世界格局形成挑战，对美国的利益造成一定程度的冲击。从根本上说，台湾问题是中国的核心利益与美国的重要利益之间的冲突与对抗。在“一中架构”难以改变的情况下，美国的台海政策就是保持两岸“不战不和、不统不独”的动态平衡，并在这种动态平衡中寻求自己的利益最大化。

因此，在当前中国大陆对台工作的主要任务是反对和遏制“台独”的

情况下，中、美双方在战术利益上出现了交集。对美国而言，要防止“台独”发展太快引发两岸紧张，将美国拖下水；对于中国而言，则是要维持两岸局势的稳定，抓住战略机遇期发展自己，实现民族的腾飞。

所以，《反分裂国家法》通过后，美国的反应并不如台当局预期中的强烈。白宫发言人麦克莱伦只是说：“我们认为中国通过《反分裂法》是不幸的，这对台海和平与稳定没有帮助。”美国国务院发言人包润石说，“他们（大陆和台湾）应该朝着和平对话的方向迈进”。同时，美国也警告台湾当局要谨慎行事。麦克莱伦指出：“我们不认为，台海任何一方应做出足以使台海紧张局势升级的单方行动或改变”，并重申：“我们不支持台湾独立”。[17]虽然3月16日美国众议院通过了歪曲《反分裂国家法》立法宗旨的议案，但是参院并没有随即跟上。没有国会两院共识的决议文件，根本就不具法律约束力，对美国官方的政策也影响不大。

稍后，对于连宋访问大陆，美国则表示欢迎。布什指出，连战访问中国大陆是“历史性的访问”[18]。另外，连宋到大陆访问之前，同美国方面进行了沟通，得到了美国的授意。这从连战访问大陆返台后，“立即备妥胡连会的相关背景资料，透过美国高阶官员转交给布什总统”一事就可见端倪[19]。美国此举的用意在于利用台湾岛内的在野党来牵制陈水扁当局，压制扁当局与大陆展开谈判，缓和两岸局势。

但是，美国另一方面则担心两岸关系发展过热而影响自己的利益。美国国务院29日承认，“目前两岸关系的发展已不在美国掌握中（It is not in our control now）。”[20]因此为了防止两岸关系发展太快，5月中旬美国又放出消息，将与日本在今年6月签订“周边有事作战计划”，“磋商过程讨论的议题将包括台湾一旦与大陆爆发冲突，日本如何支持美国作战。”[21]这种举措无疑是为“台独”分子撑腰打气，利用他们阻止两岸关系发展到美国完全失控的地步。可以预期，如果两岸关系进一步回暖，美国还会有更大的动作。

问题是，美国在多大程度上可以控制台北的决策，更何况，担心中国的崛起并把台湾问题视作其国家核心利益的日本，最不愿见到中国的和平统一，近年来愈加露骨地在台海问题上插上一只脚，极力怂恿美、台和中国大陆对抗，试图浑水摸鱼、火中取栗。一旦和以前一样，美国和日本的动作被台湾当局当成是对“台独”的默许与支持，不排除陈水扁又会旧态复萌，在“台独”道路上再次飙车。而大陆《反分裂国家法》的颁布实施，业已强化了中国政府反“台独”的刚性，如果出现上述情况，两岸关系形势又势必重现紧张。

简言之，海内外同胞反对“台独”的斗争依然任重道远，目前只是取得了阶段性的胜利，切不可盲目乐观，掉以轻心。

【注释】

[1] 台湾《中国时报》，2005年5月5日。

[2] 香港《大公报》，2005年3月27日。

[3] 台湾《中时电子报》，2005年3月28日.

[4] 台湾《中国时报》，2005年5月11日。

[5] 《吕氏春秋·论威》，中国华侨出版社，2002年版，70页。

[6] 澳门《新华澳报》，2005年5月4日。

[7] 台湾《中央日报》，2005年4月24日。

[8][20] 台湾《中国时报》，2005年5月2日。

[9] 台湾《中国时报》，2005年5月4日。

[10] http://www.people.com.cn/GB/news/37461/3382093.html。

[11][13][18][19] 《中国时报》，2005年5月7日。

[12] http://new.sina.com/c/2005-05-04/1240811160s.shtml。

[14] http://newssinacomcn/c/2005-05-19109355929770s.shtml。

[15] 台湾《中国时报》，2005年5月14日。

[16] 北京《环球时报》，2005年4月4日。

[17] 新加坡《联合早报》，2005年3月16日。

[21] http://www.chinataiwanorg/webportal/W3799218/A87872.html。

（《统一论坛》，2005/05）

制定《反分裂国家法》的战略与策略思考

《反分裂国家法》是国家专门针对台湾问题而制定的第一部法律。随着这部法律在全国人大会议上高票获得通过，围绕是否应制定一部遏制“台独”分裂、推动两岸和平统一的法律，以及应该制定《反分裂法》还是制定《统一法》的争论也就此尘埃落定。

我们认为，党和政府果断决定制定《反分裂国家法》，是对台海形势发展的特点、国际社会的反应以及岛内政治生态进行综合、缜密思考和评估后所做出的十分明智的战略选择。制定《反分裂国家法》而不是《统一法》，将更有利于围绕“反独”这一当前对台工作的核心任务，遏制少数“台独”分子的分裂活动，维护两岸同属一个中国的现状，维护台海地区的稳定和平，促进两岸最终走向完全统一。这主要表现在以下几个方面。

《反分裂国家法》更具有针对性和有效性

一、“台独”分裂活动已经威胁到国家的核心利益和中国的和平崛起，必须断然予以遏制。

众所周知，台湾问题是20世纪四五十年代中国内战遗留下来的问题。长期以来，一个中国原则是台海两岸的共识，虽然两岸政治制度以及意识形态都截然不同，但是，实现国家的完全统一却是两岸人民的共同愿望。尤其是在大陆决定实行改革开放，在祖国统一问题上实行“和平统一、一国两制”的政策之后，两岸关系得到空前的发展，和平统一的前景充满希望和光明。

然而，进入20世纪90年代中期以后，在国际上某些反华势力的怂恿和支持下，台湾地区领导人李登辉开始逐渐放弃一个中国原则，不断在国际社会制造“两个中国”或“一中一台”，并大力扶植“台独”势力的发展，最终把具有浓厚“台独”倾向的陈水扁和民进党推上台。

陈水扁上台以后，在分裂中国、推动“台独”方面越走越远。陈水扁上台几年来，不断鼓吹“一边一国”论，推动“去中国化”运动、台湾“正名运动”，最为险恶的就是企图通过所谓“公投制宪”，制造“法理台独”等分裂中国的重大事变。台湾当局的“立法”机构不顾各方反对，于2003年11月公然制定了一部“公投法”。这部非法的“公投法”成了“台独”势力在岛内推动“台独”活动的所谓“法源依据”。陈水扁悍然发动挑衅大陆的“3·20公投”，正是利用了这部“公投法”。2004年3月陈水扁胜选连任后，岛内“台独”势力愈加嚣张，不仅从政治、文化、教育等各个层面加快了“去中国化”的步伐，刻意误导台湾民众，塑造所谓新的“国家认同”，更扬言要修改“公投法”，并进而打着“民主”的旗号，要在2006年通过“公投”的方式，重新制定一部“合时、合身、合用的新宪法”，让台湾成为所谓“正常、完整、伟大的国家”，实现“法理台独”。

台湾当局大肆推动“台独”分裂活动可能造成的恶果，一方面是分裂中国的主权与领土完整；另一方面就是其所引发的分离主义多米诺骨牌效应，直接威胁着“中华人民共和国的生存安全”，而且“台独”还将“阻遏中国的民族复兴或崛起”。[1]显而易见，“台独”分裂势力日益升级的活动已经构成对中国国家核心利益的直接威胁，如果不采取断然措施予以遏制，国家主权和领土将被分裂，中国和平崛起的历史机遇就会遭到破坏，中华民族的根本利益就会受到严重损害。

二、制定《反分裂国家法》更具有针对性。

我们的终极目标是实现祖国完全统一，而“台独”分裂活动是祖国统一大业进程中出现的一股逆流，具有巨大的危险性和破坏性，我们只有对这股逆流采取针对性的措施才能有效遏制。

就当前乃至今后相当长一段时期的台海形势而言，利用一切可以利用的力量遏制“台独”分裂国家的行径、打击“台独”的嚣张气焰，维护国家的主权统一和领土完整，乃是当务之急、重中之重。我们只有依法遏制“台独”分裂，排除“台独”分裂势力对祖国和平统一进程的干扰，取得反“台独”斗争的胜利，才谈得上两岸和平统一问题。

《统一法》的重心在于“促统”，而《反分裂国家法》的重点则在“反独”。当前，对“台独”分子谈和平统一，无异于对牛弹琴，我们只有针对

“反独”这一主题制定《反分裂国家法》而不是《统一法》，才能对“台独”分子形成震慑，才能达到遏制“台独”分裂活动的预期效果。因此，以制定《反分裂国家法》来推进当前的反“台独”斗争、捍卫国家主权统一和领土完整，无论从法理上还是从现实斗争的需要上来说都更加确切、也更具有针对性。

三、《反分裂国家法》在反对和遏制“法理台独”方面效果更加明显。

从“台独”势力的发展脉络来看，“台独”势力之所以从90年代中后期崛起与国外某些反华势力有着密切的关系。这些外部势力企图通过扶植“台独”势力的发展来分化中国、遏制中国。而这些充当外国反华势力代理人的顽固“台独”分子为博取西方社会的同情和支持，往往借用经西方主流价值观念包装过的某种理念和政策，抗拒统一，为分裂中国制造借口。从所谓“民意”、“民主”、“主权在民”等西方式政治价值中寻找合法性根据。什么“公投”、“制宪”等追求“法理台独”等伎俩都属于这一类。

按照西方的某些政治观念，“台独”分子推动“法理台独”貌似有理，然而在中国的台湾地区推动“法理台独”却完全是非法的、无效的。

世界上只有一个中国，大陆和台湾同属一个中国，这既是历史事实和当今两岸关系的现实，也是国际社会的共识。正如胡锦涛主席所说：“中国是包括2300万台湾同胞在内的13亿中国人民的中国，大陆是包括2300万台湾同胞在内的13亿中国人民的大陆，台湾也是包括2300万台湾同胞在内的13亿中国人民的台湾。任何涉及中国主权和领土完整的问题，必须由全中国13亿人民共同决定。”[2]换言之，台湾的前途和命运不能由少数“台独”分子来决定，而必须由全体中国人来决定。

根据现行的国际法，台湾的前途和命运由全体中国人共同决定，这一点是无可置疑的。而在台湾问题上，代表绝大多数中国人意志的法律则具有至高无上的合法性。因此，基于这一点，有着最广泛民意基础的《反分裂国家法》就是“法理台独”的最大克星。《反分裂国家法》是“正法”、“大法”，是“合法”，而“台独分子”搞“法理台独”所依据的则是“歪法”、“小法”，是“非法”。这部以全中国最广大民意为基础的法律，对外可以化解“台独”分子在国际社会间标榜的所谓“法理台独”符合“民主”、“人权”的欺骗宣传，压缩“台独”分裂理论的国际市场；对内则可以赢得反对“法理台独”的先机，以“合法”、“正法”制约“台独”的“非法”、“歪法”，直捣“台独”的法理软肋。依靠这部“正法”、“大法”，我们就可以构筑起一道阻遏“法理台独”的铜墙铁壁，以正压邪，威慑“台独”势力，预防其制造分裂国家的重大事变。

事实上，《反分裂国家法》的这种有效性，已经被该法启动立法程序以来对“台独”所产生的强大震慑与遏制作用所充分证实。随着时间的推移，这种有效性还将被进一步证实和发挥。

制定《反分裂国家法》更有利于赢得国际社会的理解与支持

台湾问题虽属中国内政，但也掺杂着复杂的国际因素，牵动着一些世界大国主要是美国以及许多周边国家的切身利益。显然，我们在处理和解决这一问题时，争取国际社会的同情、理解与支持是十分必要的。鉴于“台独”分裂活动的特点与性质，以及现阶段我们对台工作的主要任务，制定《反分裂国家法》而不是《统一法》，更有利于我们在遏制“台独”分裂活动、维护国家主权统一与领土完整的斗争中赢得国际社会的理解与支持。

一、《反分裂国家法》旨在反对“台独”分裂活动，维护两岸同属一个中国的现状，维护台海及亚太地区和平，符合亚太地区各国的利益。

一方面，在经济一体化、全球化的推动下，亚太地区尤其是以中国为中心的东亚地区，正在成为一个在经济上相互依存的“命运共同体”。发生在这一地区的任何大规模冲突与动荡，都将在整个地区引起连锁反应，对本地区各个国家的经济与发展造成损害。因此，本地区绝大多数国家都不愿意看到因“台独”分裂而引发台海战争。中国制定《反分裂国家法》，旨在依法遏制“台独”，防止其发展蔓延，维护台海乃至亚太地区的稳定与和平，这完全符合本地区其他国家的利益。

另一方面，台海地区的和平与稳定已经维持多年，许多周边国家从自身的利益出发，不愿意看到这种地区平衡被打破。他们既不愿意看到“台独”分裂分子制造地区动荡，也没有做好两岸很快实现统一这种思想准备。因此，制定以“维护”台海现状为基本出发点的《反分裂国家法》而不是“改变”台海现状的《统一法》，更容易赢得亚太地区各国的同情、理解与支持。

二、依法反对分裂、捍卫国家主权与领土完整乃是国际社会的通例，制定《反分裂国家法》有利于赢得国际社会的普遍认同和支持。

环顾当代国际社会，分离主义是造成国家分裂、制造内战冲突、地区动荡的主要根源。许多国家曾经饱受分离主义和国家分裂之苦。北爱尔兰的分离主义运动、南斯拉夫内战、俄罗斯的车臣问题、印度尼西亚的“自由亚齐运动”、斯里兰卡的泰米尔猛虎组织等等，都给当事国带来了无尽的灾难。众多发展中国家是分离主义的主要受害者。因此他们也最能够理解与支持其他国家所采取的反分裂举措。中国的《反分裂国家法》通过前后，新加坡外交部发言人表示：“新加坡理解中国此时要通过这条法案的理由。”[3]其他如俄罗斯、白俄罗斯、泰国、埃及等许多国家和地区组织也都纷纷发表声明表示理解和支持。[4]这说明依法反对分裂、捍卫国家主权和维护地区稳定反映了广大发展中国家的共同心声。

毋庸置疑，世界上任何一个主权国家都有权利也有义务采取法律手段来制止分裂，维护统一，维护国家和地区稳定。依法反对分裂是国际社会的通例，许多国家的宪法和法律都明文规定了反对分裂国家的条款。虽然一些欧美国家对中国制定《反分裂国家法》暂时还不能理解，甚至还有某些疑虑，但无论从法理的角度还是从情理上，他们都无法否定《反分裂国家法》本身。道理很简单，既然他们都明确承认“世界上只有一个中国，台湾是中国的一部分”，台湾问题是中国内政，当然也就更清楚反对“台独”分裂、捍卫国家主权统一是中国政府的权利和义务。

三、制定《反分裂国家法》而不是《统一法》的一项更重要的原因是，可以最大限度地化解美国的反弹，争取美国对我国维护台海和平与稳定的理解与支持。

众所周知，美国的干涉是造成台湾问题迟迟不能解决的最主要的外部根源，美国因素是我们在解决台湾问题过程中不容回避的问题。为了维护其在亚太地区的霸权地位，美国在今后相当长一段时期内不会希望看到台海两岸实现统一。正如美国著名保守派“智库”——美国传统基金会亚太研究中心高级研究员哈韦·费尔德曼所言：美国应该“抵制试图解决两岸关系的诱惑，当前，台湾问题只能控制，而不能解决”[5]。可以认定，这种思想也是美国政府长期以来的基本态度。另一方面，美国的台海政策一直是维持现状，不愿意台湾问题失去控制，引发美中之间的直接对抗。毕竟，在地区安全、经济等方面与中国的交流与合作对于美国的利益而言意义重大，甚至可以说，在21世纪里，把中国当做对手还是合作伙伴，攸关美国在亚太地区乃至全球的战略利益。美国多次把李登辉、陈水扁斥为“麻烦制造者”，实际上就是不愿意因李、陈制造“台独”分裂使台海形势失去控制而引发美中直接对抗和冲突。

鉴于台湾问题上美国因素的现实性，显然，最大限度地利用美国因素服务于中国的国家利益乃是最明智的选择。国家决定制定《反分裂国家法》而不是《统一法》，就是这种明智选择的具体体现。诚然，追求两岸最终完全统一是我们的历史任务和神圣目标，然而我们也必须坦率地承认，完成这项历史任务我们还需要时间。如果我们用《统一法》来为这部法律定性、定名，势必会引起美国保守势力的危机感，反而会促使他们加强对岛内“台独”分裂势力的支持，不利于我们的反“台独”斗争。而把这部法律定性、定名为《反分裂国家法》则无论是于理、于法、于利美国都没有强烈反弹、抵触的道理，甚至有助于在反“台独”问题上赢得美国的配合。

从情理上讲，依法维护国家主权的统一、反对分裂行为是国际社会的公理，也是历史惯例。不讲别的国家，就美国而言，美国内战时代，北方曾经制定《反脱离联邦法》，并依法以“非和平的方式”打击南方奴隶主的分裂行为，最终维护了美国的统一。时至今日，反对分裂国家仍然是美国政府和公民最基本的政治信条和准则。美国在中美建交《联合公报》中明确承认“中国政府的立场，即只有一个中国，台湾是中国的一部分”[6]。中国政府和人民制定《反分裂国家法》，依法反对“台独”分裂，美国在情理上当然没有理由反对。

从法治的角度来看，制定《反分裂国家法》，把国家的台海政策法律化，符合法治精神。在国际社会中，法治是各国政府管理的主流发展趋势，更是美国和西方各国所极力鼓吹和推崇的一种政府治理理念。美国为了维护其在亚太地区的霸权利益，不顾中国的强烈反对而悍然制定一部干涉中国内政的《与台湾关系法》，那么，中国为了维护自己的主权和领土完整等合法利益，反而无权制定一部《反分裂国家法》，依法规范台海事务、反对“台独”分裂，天底下哪有这样的道理？中国的这一主权行为完全是正当的、合法的，它代表了当今中国最大的民意，对此，美国政府是不能否认和忽视的。

美国在台海地区的最大利益就是维护台海现状。中国制定《反分裂国家法》的核心目的也在于维护台海两岸同属一个中国的现状、维护台海和平与稳定。在这一问题上，虽然中美两国出发点不同，但是两国的现实利益是一致的，目标也是一致的。近几年来岛内“台独”势力，屡屡制造事端，威胁台海和平，有使美国陷于台海战火之虞。“台独”分子这些不受约束的行为，严重干扰了美国在亚太地区的近期与中长期外交政策的实施，因此，中国政府依法遏制“台独”，维持台海现状，与当前美国在亚太地区的战略利益是吻合的。

《反分裂国家法》出台前后，美国官方的反应较为温和与低调，无非说了一些反分裂法“对解决台湾问题没有帮助”之类无关痛痒的话（参见美国白宫发言人麦克莱伦答记者问）。美国众议院国际关系委员会亚太小组主席李奇甚至以少见的坦率言词警告陈水扁：“台湾领导人应了解中国的决心，以及自我约束不要以反复无常的行为招致冲突”；“如果台湾片面地以政治努力寻求独立，切断所有与中国的连结，将使美国在台湾关系法之下的承诺无法实行。”[7]这说明，美国在某种程度上尊重并理解中国大陆为依法威慑“台独”、维护台海和平与稳定所做出的努力。而美国在这一问题上的低调回应，甚至可以说是某种程度的“默许与配合”，使我们的反“台独”斗争收到了事半功倍的效果。

制定《反分裂国家法》有助于推动岛内反“台独”力量的重新崛起与壮大

就岛内社会现状及政治生态而言，《统一法》和《反分裂国家法》所产生的影响也是截然不同的。

由于历史的原因，海峡两岸虽然同属一个中国，但目前两岸经济发展水平、政治制度、价值观和社会心理等各个方面有着很大差别。多年来的各种民调显示，台湾岛内大多数民众的立场是，既不急于“独立”，也不急于“统一”，而是希望维持两岸现状。他们对“急独”和“急统”都没有充分的思想准备。也就是说，台湾社会多数人主张维持现状，他们可以不认同“台独”甚至反对“台独”，但是未必赞同“统一”更不要说支持“速统”。而制定《统一法》无疑会强化实现两岸统一的紧迫性，这无疑会使主张维持现状的广大台湾民众感到很大的压力。这种压力所带来的政治情绪和对抗心理很容易被“台独”势力所煽动和利用，从而使支持“台独”的群众基础得以进一步扩大。而原本反对“台独”的民众和政党，反而会在这种社会氛围和政治环境下处于更为被动和不利的地位。一种显而易见的可能是：如果制定《统一法》，不仅达不到我们所希望的遏制“台独”的预期效果，反而会给我们当前的对台工作重点——“寄希望于台湾人民”、反对“台独”的斗争带来某些不利的影响。

而《反分裂国家法》则不同。《反分裂国家法》把反对少数“台独”分子分裂国家、维护两岸同属一个中国的现状、维护台海和平当做核心目标。这与台湾社会求和平、求稳定、希望维持现状的主流民意相呼应。仅从字面上看，台湾民众从《反分裂国家法》中感受到的压力也会远远小于《统一法》所可能造成的疑虑。

不仅如此，《反分裂国家法》还将发挥《统一法》所难以达到的孤立“台独”势力、促进岛内反“台独”力量重新集结、发展壮大的作用。

一、制定《反分裂国家法》有助于孤立“台独”，从根本上动摇和削弱“台独”势力的社会基础。

长期以来，我们都说要“做台湾人民的工作”，而且要“入岛、入心”，要“晓之以理、动之以情”等等。其实，“做台湾人民的工作”是多层面、多角度的，并非仅仅局限在给台湾同胞多少“好处”，制定多少“优惠政策”。既然“统一”是以后的事，统一究竟有多少“好处”台湾同胞现在又见不着、摸不着。可是“台独”就在他们身边，“台独”的幽灵就在台湾社会的每一个角落游荡，并且与他们的生活、事业乃至子孙后代息息相关。一方面，《反分裂国家法》明确地把广大台湾人民与少数顽固“台独分子”区别开来，有助于促使广大民众与“台独”分子划清界限、保持距离；另一方面，《反分裂国家法》以庄严的法律形式清晰、明白地告诉广大台湾同胞：“台独”就是战争，分裂没有稳定。这将有助于广大台湾同胞深切认识到“台独”的现实危害性和危险性。一旦广大台湾同胞清醒地认识到这一点，以他们的智慧和现实利益需要，他们就会拒绝成为被绑在“台独”战车上的人质，更加主动积极地反对“台独”分裂活动。[8]尽管《反分裂国家法》出台后，由于“台独”势力和某些西方舆论的恶意误导，从岛内民调来看，的确多数台湾民众尚不理解。但可以肯定的是，随着《反分裂国家法》的生效，将会有越来越多的台湾同胞逐渐认识到，大陆制定《反分裂国家法》正是为了维护他们的切身利益，转而与“台独”划清界限，从根本上削弱“台独”势力的社会基础。

二、《反分裂国家法》有助于推动岛内反“台独”力量的整合与壮大。

一直以来，岛内的国民党、亲民党、新党及广大“泛蓝”群众都是反对“台独”的中坚力量，然而由于缺乏强有力的反制手段，他们在这一问题上一直处于被动，只能任由“台独”势力横冲直撞、不断坐大。《反分裂国家法》不仅是大陆人民反对“台独”的有力武器，同时也是对岛内反“台独”力量的巨大鼓舞。有了这部《反分裂国家法》，岛内反“台独”力量就可以挺直腰杆、理直气壮，扭转颓势、重拾信心，堂堂正正地号召、团结广大台湾民众共同来反对“台独”、维护自己的切身利益，从而壮大发展岛内的“反独”势力，根本上扭转因“台独”执政而被严重污染了的台湾社会和被扭曲了的两岸关系发展大方向。一个明显的例子就是：“台独”势力嚣张之时，甚至连中国国民党的一位副主席居然也说“不排除‘台独’也是选项之一”；曾几何时，《反分裂国家法》通过后，中国国民党主席连战、亲民党主席宋楚瑜，竟然不再怕被扣上“联共卖台”的红帽子，相继率团亲访大陆。面对国际媒体，连战还公开声称要“联共反独”。[9]

实际上《反分裂国家法》更重要的一面是促进两岸交流的内容。在遏制“台独”分裂的同时，积极推动两岸直接“三通”和经济、教育、科技、文化、卫生、体育交流，把广大台湾民众的利益、福祉乃至他们的人生事业同祖国大陆的经济社会发展紧密地联系在一起，把两岸变成一个相互依存、命运与共的利益共同体，势必有助于逐步缓解乃至消除彼此之间的误解与敌意，增进两岸同胞的民族情感，“台独”也就难以售其奸了。因此，促进两岸交流交往、密切两岸人民之间的血肉联系，才是反对和遏制“台独”的根本之途。难怪乎中台办宣布开放台湾农产品来大陆销售和大陆人民赴台观光旅游后，“台独”人士气急败坏，宣称这是要“挖”他们的“老根”！

总之，自《反分裂国家法》立法程序启动直至颁行、生效以来，我们看到，该法的出台已经对岛内“台独”势力产生了强大的威慑作用，初步遏制住了“台独”分裂势力的发展势头。连此前极力鼓吹“正名”、“制宪”的陈水扁也不得不承认“台独”“做不到就是做不到”。[10]在《反分裂国家法》的影响下，极端“台独”势力越来越孤立，台湾媒体评论说：“急独人士只是大声咆哮而不敢轻举妄动”。“台独”分子经过多年的努力，好不容易才营造起来的“话语霸权”[11]，一夕之间便告土崩瓦解、烟消云散。人们看到，岛内政治生态、社会氛围乃至两岸关系，已经出现了向积极方面转变的迹象。

通过上述分析，我们明显可以看出，制定《反分裂国家法》不仅可以将反“台独”、反分裂的作用发挥到最大，避免《统一法》可能带来的不利因素，而且还能够兼具《统一法》促进两岸交流与最终统一的作用，把两岸关系推向一个新的发展阶段。因此，在当前这场反对“台独”分裂的斗争中，制定《反分裂国家法》而不是《统一法》，无论是在战略上还是在策略上，都是最有效、最有利，也是最明智的选择。

【注释】

[1] 阎学通：《武力遏制台独法理独立的利弊分析》[J]，《战略与管理》，2004，(3)：1。

[2] 新华社：《胡锦涛就新形势下发展两岸关系提出四点意见》[EB/OL]，http：//www. xinhuanet. com，2005－03－04。

[3] 参见：《联合早报》，2005年3月10日。

［4］ 参见：中国外交部网站 http：//www. fmprc. gov. cn/chn/ziliao/wzzt/91gjf。

［5］ 哈维·费尔德曼：《两岸关系：美国对外政策的含义》［A］；吉姆·赫尔姆斯，詹姆斯·普里斯特：《外交与威慑：美国对华战略》［C］，北京：新华出版社，1998。

［6］ 冬梅：《中美关系资料选编》［Z］，北京：时事出版社，1982。

［7］ 参见：《自由时报》（台），2005 年 4 月 8 日。

［8］ 原著名绿色台商许文龙在《反分裂国家法》通过后发表反对“台独”、支持一中的《退休感言》，即为一典型。

［9］ 参见连战在北京大学的演讲。

［10］ 参见：《中国时报》（台），2005 年 3 月 2 日。

［11］ 参见：《经济日报》（台）社论：《善意的球要抛给谁》，2005 年 4 月 6 日。

（《北京联合大学学报》，2005/第 3 期，与李振广合撰）

《反分裂国家法》出台后两岸关系转化的四点启示

《反分裂国家法》出台后，两岸关系短时期内所发生的根本性变化，预示着和平统一事业新局的开启。20世纪50年代，毛泽东曾对来访者谈到自己成功的秘诀：我是靠总结经验吃饭的。在历史变化的关键点上，有什么样的总结就有什么样的命运。眼前，两岸关系令人鼓舞的转折尚属初期，能否巩固并继续向正面展开，取决于大陆主观上能否对这段实践及时作出科学的总结，否则会错失良机，徒增波折。

综观《反分裂国家法》出台后两岸局势的变化，启示颇多，本文仅谈如下几点浅识：

一、民意是“解扣化独”之本

但凡目睹连宋“登陆”过程的人，无不对胡锦涛总书记以静制动、气定神闲操掌大局的风范感佩不已。然而从深层透析可知，赋予其大自信、大格局扭动两岸僵局的根本钥匙，是其主政以来始终突出强调的“以民为本”理念。“民本”正是胡锦涛对台新思维的核心。笔者认为，这一核心，在实践中具有如下几点基本内涵：

其一：以民意为法宝，开掘逼退“台独”、推进和平统一的新动能与新空间。

近期以来的实践证明了这一法宝的四点效力：一能巩固政权基石，以民意支持为坚强后盾，获得主导和平统一大业的大动力与大自信；二能冲出自身思维上的拘谨之态，将发展两岸关系的谋划，从某人、某部分人或某党派的狭隘视野下解脱出来，真正落实在“寄希望于台湾人民”的战略基点上；三能凝聚岛内外各方和平统一力量，形成抗压性更强、更稳固的抑制“台独”的反“独”防“独”联合战线；四能直捣“台独”势力赖以生存的物质与精神巢穴，粉碎“台独”幻梦，从政治、经济、文化到情感等各个层面，把和平统一事业历史性地推向排“独”、化“独”、解“独”的新阶段。

民意高于天，政治家的所有谋略只有在这一底盘上运作，才能做出好的文章。回顾中国近代以来各个党派的兴衰史，无不证明了这一点。以“民本”理念应对“台独”势力所打的似是而非的假“民主牌”，才能逐步瓦解“台独”、逼退“台独”。“台独”嚣张之日也就是和平统一迈进之时。《反分裂国家法》出台后岛内泛绿营垒的分裂、顶级的绿色台商许文龙的临阵“脱绿宣示”说明了这一点；岛内民调对连战登陆的高支持率（50%）、对两岸和解交流的高期盼率（85%）、对陈水扁政权与大陆务实谈判的高希望率（60%），也充分说明了这一点。

第二：在大民意与小民意的辩证关系中，构造“一中原则”下具有不可抗拒的“破僵向统”的大趋势。

“寄希望于台湾人民”的对台方针原本是非常理性的战略决策，然而多年来岛内民调不断显示这样的残酷事实：两岸交流发展了，不承认自己是中国人的反而增多了！何以如此？原因固然很多，但一直以来大陆把“寄希望台湾人民”的文章作得过小、过窄，则恐怕是其中的一个重要原因。须知，“台湾人民”是中华民族大群体中的台湾人民，“台湾意识”是中华民族意识中的意识，如果台湾“小民意”失去了全体中国人“大民意”的支撑，甚至与全体中国人的“大民意”相悖离，自会发生向“独”的偏斜。胡锦涛以民本为核心的对台新思维，修正了这一点的不足。

首先重视大民意，树大民意之威，从而激活、制导小民意。多年来大陆对台争取民心的工作被某些岛内学者讥评为“把台湾人民当成瓷娃娃”[1]。然而辩证的事实是，不树大民意之威，小民意便无以正。无威无力的“示好”和“让利”，对台湾人民不仅无利反而有害。其实，明确全体中国人“反独”的坚定意志，引导台湾民众认知到身边“台独”之险，主动避险、化险，这原本就是大陆对台湾民众利益的最大爱护，同时也是争取台湾人民的最大前提。《反分裂国家法》在全国人大的高票通过，标志着全体中国人的“反独”意志被正式引入到解决台湾问题的变量中，并置于不可动摇的国家根本大法的历史高位，得到法律的保证、肯定与伸张。事实证明，这种铸大民意于刀锋之上的“硬”，比起以往单纯的导弹实验和宣言方式的白皮书都要有效得多，既当头截断“台独”势力向“法理台独”的疯狂冒险之路，又从根本上否定了任何外力借助其“国内法”或所谓“双边协定”插手台海事务的合理性，同时，让“寄希望于台湾人民”战略方针得到一个强有力的支撑点。正因为如此，岛内各党派、美日等国际社会，或振奋或震惊或恐慌或绝望，之后是对大陆主导两岸关系的权威、对全体中国人意志决心的正视、重视而不敢再蔑视、忽视。两岸政治僵冷之水由此才被反向激活，缓和台海紧张局势遂成为岛内外各方的共同诉求。尽管连宋“登陆”，双方刻意未提一句《反分裂国家法》，但客观事实已经证明：没有它重拳打出的岛内民众“避独求和”的小气候，与美日等外部力量“避独求稳”的大气候，连宋不仅无力走出自身思维、政治之网，也难以突围出“台独”围堵之网，更毋宁谈“登陆”成功了。

其次以大民意为前提、为后盾，但同时也重视小民意，做深耕细作式的基础民意的争取工作。今年以来，大陆积极促成春节包机、“双亚”赴台悼辜、江丙坤登陆等，注“情”于平和务实的理性中，一步步渐入台岛，吹起化冰的和风。至连宋“登陆”，更是抓住契机，实现跳跃性升华：大处，重整体布局，以勇气、魄力聚焦海内外、岛内外媒体，构造岛内民众与大陆民众跨越时空正面互动的大舞台。通过这个舞台，大陆民意与中共高层的正面形象首次成功地实现了大规模的“入岛、入户、入心”。包括台胞在内的全体中国人爆发出来的血脉情感、民族意志与和平渴望，首次生动地直面岛内外“台独”分裂势力，成为《反分裂国家法》正义性的最生动说明书；小处，重实质轻形式，在接待规格、细节之处，突显平等、尊重与情意。如：接触中刻意回避不合时宜的言辞与问题；沟通互动中，认真倾听、爽快接纳对方的合理要求，并及时加以推动落实。台湾水果零关税登陆、开放大陆人士去台观光、给予在大陆就读的台湾学生学费及奖学金的平等待遇、送国宝熊猫给台湾民众等一揽子“礼物”，标志着大陆将往日对“台商”的关怀，开始全方位地释放给岛内各个阶层的普通民众。其后，对台湾少数民族前往日本讨回祖灵的壮举、对受日本海上自卫队伤害的台湾渔民的抗争给予积极支持与关注等等，都无不表明了这种深层的、基础性争取工作的渐次展开。

第三，准确把握“寄希望于台湾人民”与台湾当局直接打交道的辩证关系，对台执政党、执政当局由保守回避变为积极回应、主动出击。从去年陈水扁就职演说前的“5·17声明”，到回应“扁宋会”，到连宋“登陆”中所把持的度，以及一再突出强调的“只要承认一个中国原则，承认‘九二共识’，不管什么人、什么政党，也不管他过去说过什么、做过什么，我们都愿意和他们谈发展两岸关系、促进和平统一的问题”，都显示出大陆方面对台湾当局积极主动的争取姿态。施压中释出引力，透出期待，谨防其“狗急跳墙”、“破罐破摔”。与握有“公权力”的执政者打交道，是最终解决问题的必由之路，问题在于采取何种有效策略，才能达到既定目标。目前岛内的政治生态，决定了民进党当局难以成为两岸关系的重大突破口，对它需要施以“外围破击术”。

事实已经证明，两岸关系的长期僵冷害莫大焉，它只会徒增互疑、养就偏激。两岸政治僵冷从1999年李登辉提出“两国论”伊始，延续至今，无法打破。对此，大陆方面以及岛内蓝绿各方，都有责任，需要检讨。坏事好事是矛盾一体。2004年选举前后，陈李“借选升独”、“疯玩台独”，从反向进一步突显出大陆对台海局势无法逃避的主导角色，也让大陆进一步深刻认知到“听言观行”的策略已经失去了它的积极意义。两岸关系与台岛政治的独特性，决定了对台政策和策略必须摒弃机械、单一、僵化保守型，转而采取灵活、多样、积极进攻型。

总之，大陆已从往日的教训中，学会以动态、发展、联系的目光，务实地面对岛内复杂的政治生态。世间无僵死不变之物，也无僵死不变之人。对“台独意识”、“台独理论”、“台独人物”，若不施以积极、正面的影响力，就等于施以消极、负面的影响力。采取积极、理性的态度，才能在与“台独”势力争夺民意的斗争中占据主动，才能有效破解“台独意识”，化云为雨、化险为夷。

二、建立两岸“反独”“战略同盟”意义重大

泛蓝阵营，是岛内“反独”势力的松散联合体，具有相对的稳定性与

不稳定性。大陆与这个营垒到底是什么关系？在岛内错综复杂的矛盾中，如何处理与这个营垒及营垒中左、中、右派的关系？这显然不是无足轻重的小事。

经验与教训让我们必须坚定如下三点逻辑体认：

第一，泛蓝阵营的生存态势、泛蓝与大陆的关系状况，与和平统一事业的成效具有指标性意义。

本质上说，泛蓝阵营与和平统一事业是一体存在的。泛蓝存，和平统一事业存；泛蓝长，和平统一事业长。泛蓝是全球华人反“独”促统联合战线中的关键部分，而大陆与泛蓝的合作状况，则是这一战线中的关键环节，从某种意义上来说，它决定着泛蓝的生存与发展，也决定着和平统一事业的兴衰。

民进党上台执政 5 年来，大陆与泛蓝阵营间有沟通有合作，但平心而论，总体上既少互信又少默契，并未形成合力，以至错失了不少推动两岸关系转折的良机，客观上给“台独”势力提供了进可攻、退可守的运转空间。“台独”阵营则从污蔑攻击大陆与泛蓝关系、妖魔化“中国意识”入手，分化离间两岸反“独”阵线，并取得了相当成功。至前年台湾地区领导人换届选举前数月，陈李合作，竟一改以往“渐进式台独”的小步舞，将“正名”、“公投”、“制宪”等三大工程一揽子推出，掀起席卷全岛的“台独”恶浪。泛蓝阵营在“台独”嚣张气焰的裹胁之下，大有视“一中”为包袱的态势，面对选战的压力，不再敢提“九二共识”，国民党高层人士甚至做出了“对两岸的未来不排除任何选项”[2]的妥协表示。

《反分裂国家法》的出台，直接促成了连宋的大陆之行。而连宋的相继“登陆”，则实现了两岸关系的一个鲜明的历史跨越。中共高层与国亲高层在海内外所有华人、国际社会面前，公开握手、并肩而立，在反对“台独”、共振中华上堂堂正正、光明磊落地站在一起。由此而宣告了“台独”手中那把斩断两岸反“独”战线、封杀泛蓝政治命脉、曾经锋利无比的“杀手锏”——“联共卖台”的红帽子，从此失灵。岛内民调对连宋“登陆”的高度认可，充分显示了只有合力，才能使蕴藏在台湾民众中反对“台独”的巨大能量得以释放出来。

20世纪50年代，毛泽东曾经断然收兵、对蒋示和，其中的一个重要战略思考，就是利用美蒋之间的矛盾，争取蒋氏成为在两岸隔绝的时空之下，抗拒美国分裂中国图谋、保卫中国主权的前沿卫士。而今天，巩固和壮大泛蓝阵营，促其成为岛内遏制“台独”的前沿营垒，维护台海地区的稳定和平，则同样是大陆方面不可推脱的重要战略任务。这一战略任务完成得如何，不仅是对大陆领导人智慧与能力的考验，更关乎两岸中国人的切身利益乃至整个中华民族的前途与命运。

第二，泛蓝阵营是大陆认识台湾政治的放大镜，是有效落实“寄希望于台湾人民”的桥梁。

岛内历经多次围绕统“独”议题的攻守阵地战，政治生态的本土化色彩已很浓，蓝绿阵营政治理念的交叉性已很强。辩证地看，这是在独特历史时空条件下台湾政治多元化的必然表现，也是两岸和平统一进程中的必经阶段。历史可能注定台湾要在多元化、本土化进程中逐渐实现对统“独”前途的再选择。或许也只有通过这个通道，台湾政治才会走出统“独”极端对立的危险地带，实现对和平统一前途的整体性认知。从这个角度来说，本土化、多元化不等于“台独”，台湾意识不等同于分裂意识；“台独”分子不等同于台湾人民；本土意识不等同于分裂意识（连战语）。在一定时期内两者内涵的重叠，势必给“求独”与“反独”都带来一定混乱。这种混乱只能在两岸经济、政治关系的深入融合中，由台湾人民自己去慢慢剥离。

这种客观状况，大陆方面一定要冷静应对。大智之选，当是重在宏观性、根本性的引导，而非小事小情的无谓纠缠；当然之策，应是与泛蓝阵营诚意、默契地合作，求同化异、放眼大局。正所谓：透蓝看绿，借蓝引绿，靠蓝促绿。争取台湾人民是一个历史的过程。这个过程可能会循这样的轨道：从中国情深厚的泛蓝营垒各部位有机切入，逐步立体探入其他群体的特殊心理与情感世界。如：以泛蓝台商了解、引导泛绿台商；以泛蓝党派了解、影响泛绿党派等等，逐步建设起本土派台胞的中国情和中国命运观。

连宋“登陆”，结出了让台胞能品尝、能感受、也能正面接受的实实在在的果实，这是两岸民意相合的初步成果。通过连宋，大陆确切了解到台湾人民的需求；又通过连宋，把大陆对台湾人民的这份诚意传递给台湾人民。

岛内民调所呈现的对连宋、对国亲的高支持率，充分显示了这种效果。只要坚持做下云，建筑于两岸民意基础上的这个果实，必将随着时间的推移持续发酵。

第三，对泛蓝的支持与引导，策略与战略的务实得当异常重要，否则势必适得其反。

回顾近20年的历史，可以看出，岛内政治向多元化选举政治演变的过程，同时也是大陆在挫折中逐步体认这种独特政治的复杂多变特征，并努力探索适应这种特征的政策与策略手段的过程。事实一再说明，对台岛局势的任何简单判断或简单行动都会对和平统一事业构成损害。大陆对台岛政治风云的主导力是推不掉的，关键是怎么做，才能产生正面的、健康的影响力，才能让台湾民众正确理解并区分大陆反“台独”与尊重台湾民意的决心和诚意，才能不被“台独”势力所利用，并有效抑制外力负面影响的发酵等等。如下两点教训应该牢记：必须以真正了解、体认台湾民意为基点，不能与泛蓝结成狭窄的党派关系；必须着眼于岛内政治全局与国际政治全局，对台政策不能有过于鲜明的颜色倾向性。如此才能真正帮助泛蓝、支持泛蓝，稳固阵地，壮大和平统一声势，争取更多人的转变。连宋“登陆”，两个公报，公开透明，既连接起了国共、亲共、国亲间共识共信的纽带，也打开了这个联合战线开放如流的通道。建立在有如此广泛的民意基础和豁达胸怀之上，而且是举世见证的反“独”联合阵线，自然有旺盛的生命力，具有更强的抗压力与吸纳力。

三、国民党依然是岛内和平统一力量的核心

以新观念诚心耕耘国共的新合作，是非常必要与必需的。毋庸讳言，在和平统一过程中，合作对象与合作性质的准确定位极为重要，直接决定着所有和平筹划的实效。必须与岛内真正能主导和平统一的关键政治力量打交道，这一点是确定无疑的。

和“两蒋时代”岛内一党威权统治的政治状况不同，今天的台岛已迈入多党并存、蓝绿对垒、竞选执政时期。国民党无论其地位、特质都已发生

了巨大变化，而且身负各种历史积习的折磨。大陆的对台方针重点也已适时地从“寄希望于台湾当局”，转向“寄希望于台湾人民”。尽管如此，今天，大陆依然要清醒地认识到，国民党无论在朝在野，都仍然是岛内和平统一力量的核心，国共两党的互动，依然是大陆必须要做好的重要文章。

第一，从实践经验判定，国民党依然具有自我改造、死境求生的内在生命力。

连战毅然决然的大陆“破冰之旅”，一举扭转了岛内蓝绿政治生态，使蓝营士气大振，凝聚力提升。不久前，连战以即将卸任的在野党主席的身份，却写出了主导台湾政局的大文章，找到了国民党于台湾政治体制中所独具的政治伸展空间。这位原本在世人眼中已经过气的政治人物，一夕之间居然成为超越陈水扁的政治明星。表面上似乎偶然，然而细细品味，实则是一种必然。

回顾国民党史，这次连战的“破冰之旅”，颇与当年“联共抗日”之举类似，都是在逆境中逼生出来的向外寻求生命源的大胆选择。它再次证明：尽管这个“百年老店”积弊甚深，老毛病不少，但只要不弃中山先生的创党理想和教诲，就总会在关键时刻有“置之死地而后生”的奇迹发生。

第二，就现实而言，也只有国民党才有能力聚集起岛内各种分散的统一力量，成为对抗“台独”的核心坚垒。

必须认识到，今天的国民党虽然不是“两蒋时代”的国民党，但也不是在一般西方民主制度下的在野党，而是在台湾独特的政治环境中生存的、拥有一定政治和经济资源的党。相对于岛内的其他党派，这个党人才济济，在“立法院”，在县市“议会”、行政部门中，在新闻媒体和各级民间团体里，保持着相当实力、制衡能力与舆论引导能力。可以肯定地说，国民党在岛内“反独求统”营垒中的核心地位，是岛内其他政治力量所无法替代的。随着国民党在连战主持下，逐步远离李登辉路线，在一个中国原则下重新出发，亲民党已经完成了它复兴国民党的阶段性使命，或回归或作为其外围组织已是必然，与国民党、民进党三分天下的希图是不可能实现的。特别是选制改为“单一选区两票制”之后，亲民党的生存发展空间必将进一步萎缩。平心而论，非宋楚瑜及其追随者无能，而是历史决定了他和他苦心经营的党，只能充当台湾政治舞台上的配角！

目前，国民党适应岛内民主政治需要，依然处于艰难的改造转型期，“国民党该向何处去?”这是国民党内的各派、新老人物，近年面对“台独”势力的挤压，始终在思考与试图回答的关键问题。在这个过程中，必不可免地受到“台独”及外部势力的左右，其政治路线和政治立场在某种情况下甚至会发生偏移，丝毫不值得奇怪。从大局出发，大陆当然不能置身度外，理应策略发挥自己正面的引导与支撑作用。

历史上，毛泽东曾经以“炮击金门”帮助蒋介石应对美国的压力。如今在两岸关系的新形势下，胡锦涛则是以制定《反分裂国家法》和邀请连宋登陆的新方式，巧妙而坚决地帮助国民党渡过了一个重大的生存发展危险期。本质上，国共的历史根脉是一体的，大陆有责任助其加强这种根脉。

第三，就历史与政治视野而言，解开两岸之扣、“台独”之扣，是国民党的当然责任。或者说，国民党具有民进党或亲民党所不具有的改善两岸关系的历史原动力。

众所周知，台湾问题是国共内战遗留下来的问题，“台独”则是这种特殊历史条件下的副产品。吊诡的是，历史却又将国共两党与这两党都十分痛恨的“台独”是如此难解难分地扭结在一起。始作俑者，应该说是从近代便被外人利用的致命弱点——合作素养的欠缺。

回顾历史，有一点可以肯定，“台独”发生在台湾刚刚回到母亲怀抱的蜜月期。这个母亲处在一种什么样的状态呢?即将步出百年灾难的前夜，在挫折、沉沦、苦难的抗争中，被历史选择出的形如兄弟般的国民党与共产党，在结束对日作战后，围绕“中国将向何处去”的大题，谈判难和，而处于全面决战状态。这对于一个刚刚归来，渴望“家”的温情、关爱、尊严的台胞而言，实在是太残酷。更残酷的是因为地理因素，台湾又成为垂死的国民党残余政权以绝死的悲情、独裁的意志刻意经营的最后据点。想来可笑，在国民党封锁台岛、隔绝两岸的环境下产生并成长起来的“台独”根苗，虽然不曾接触过中共，与之有过任何的恩怨与瓜葛，但却被国民党塑造成为既恨国民党又排斥共产党的“天性”。“台独”对共产党的“恨缘”是由国民党人为输送的。在这双重“怨恨”中长大的“台独”，注定具有偏执、脆弱、狭隘的心理与视野；这个抱持“台独纲领”的政党，注定具有难担大使命的局限。更明确地说，两岸之扣、“台独”之扣是抱持“台独纲领”的民进党单凭自身的力量所无法解开的。因为事实上，台湾从来不是仅放眼台湾的人所能爱的。真正爱台湾、有能力爱台湾的，不可能是眼睛只盯着台湾的人！

解铃还须系铃人。台湾问题与“台独”问题的解决，只能从国共结束内战状态、解决历史恩怨始。打开两岸僵局、破解“台独”危险，是国民党必须要做的“历史交代”。从1924年始，中国人之间的分合、中国命运的兴衰，一直是以国共关系为象征的。所以，连战登陆，胡连握手，所蕴涵的历史和现实的多层意义，所发挥的内外影响力，对包括台湾同胞在内的全体中国人的精神鼓舞，都是岛内其他党派所不能企及的。诚如外界所评：“是让台海两岸亿万人民荡气回肠的一个剧力万钧的高潮”，台湾当政者要推翻国共两党“这历史性的一步”，看来是“不容易”的[3]。历史早就告诉过我们，每次国共双方的手一握，就是一个历史新阶段的开启！从胡总书记的手在北京人民大会堂与连主席的手紧紧握在一起的那一刻开始，就预示着“台独”的危机已经真正到来。

第四，国共新的握手，既有现实动力，又有丰富的历史经验教训作借鉴，将为未来“一中”基础上两岸官方的直接对话沟通积累经验、探索途径。

历史循着这样的矛盾法则前进：国共合作，优势方执意在合作中获取单赢之果，这不仅给外人提供了“以华制华”的大好机会，也造就了内部“台独”这样的怪胎。而“台独”怪胎的不断成长，又最终积蓄起国共新时期重新握手的动能。当在国共对峙环境中成长起来的国民党新一代领袖，终于发现国民党再也无力单独与“台独”势力周旋时，才深刻体认到国共必须重新握手的重要意义，才体认到一直被泛绿阵营所拼命攻击的、自己也曾一度有意淡化的大陆“党脉”和“一中”观念，恰恰正是自己所应当坚持的独有的资产而非负债。破除两岸政治僵局，解除“台独”危险，是国民党的责任，更是国民党重新振兴的希望所在。

历史上的国共握手，有成功有经验更有教训。双方不仅仅有在大陆上的分合恩怨史，也有近20多年的互动沟通史。江李时期，直到李登辉误判形势、抛出“两国论”为止，可谓是两岸高层“密使互动的高潮”[4]。交往既久，相知已深。无论如何，再续前缘，在熟悉的棋盘上对弈，要比与生手重开棋局容易得多，也要简单安全得多，其稳定性与成功率会超越其他。正如曾经做过李登辉大陆密使、国民党秘书长的张荣恭在接受《亚洲周刊》专访时所指出的：“民进党会很清楚，两岸重要的事宜都要由国民党出面。”

四、和平统一事业的主导权必须掌握在大陆手中

从《反分裂国家法》出台到连宋成功“登陆”，台湾学者评论说：“北京防独不再依赖美国。”举世承认，与《反分裂国家法》同时树起的是以胡锦涛为核心的中共第四代领导集体主导和平统一的战略威势地位；而连宋“登陆”，作为两岸中国人在自己的土地上首次排除美国插手的公开直接对话，则是中共夺回两岸关系主导权的一个重要标志。美国国务院发言人所称的美“对两岸局势一直未能主控”确是事实。中共高层在世界面前一扫多年来在两岸问题上被动因应的形象，展现出了操控全局、运作大势的气魄与能力。陈水扁在手忙脚乱、穷于应付之余，也不得不哀叹胡锦涛为“厉害的对手”。

无论何时，海峡主导权不能错置！美国是海峡的重要角色，在重重矛盾压力中，大陆稍有不慎，极易出现主导权旁落于美国的情况。就台湾问题发生与存在的根源与现状而言，说白了实际上就是中美两国争夺台海局势主导权的过程。这个过程无可避免地包括“和台”（和平统一台湾）与“和美”（维护中美关系大局）两个关键战略环节。两者相连互动而原则上有别：不“和美”无以客观上“和台”，不“和台”无以主观上制美、排美。其原则的关键点是，“和美”是为促使台湾正视大陆的和平统一意志与诚意，是要在与美国的直接周旋较量中，逐步降低美国打“台湾牌”的分量，提升大陆在台湾人民心目中的威势地位，让解决台湾问题的主导权最终完全回归中国人自己手中。这个原则一旦错乱，客观上就会变成寄“遏独”希望于美国、而台湾对大陆打“美国牌”的分量就会上升，“台独”就会在心理上、

物质上更依附于美国而拒统，美国的“以华制华”心态就会在两岸中国人的不同期待中不断膨胀，台海局势就会出现美国主导的逆向运动，产生一个无法料知的恶果。历史证明的真理是：两岸都寄望于美国，两岸就永远不可能统一！回顾近十多年来两岸关系中的诸多波折，这该是一个深刻的教训。关键时刻，如果大陆回避直接面对岛内复杂多变的政局，过分看重美国总统说了什么、美国人会怎么做，徒增美国对我打“台湾牌”的分量，既难以达到“遏独”的目的，也使自己失掉了对台岛局势的正面影响力和应对空间。

总之，以往的所有经验与教训都证明，海峡这盘多方上阵、交错对弈的大棋，角色虽多，矛盾虽复杂多变，但归根结底，主要角色应该是两岸的中国人，主导角色则应是中国大陆，这是它的历史天职，也是一个铁定的核心条件。台湾问题的最终解决，如欲达到各方都有尊严的“多赢”结局，唯有是在大陆主导下的两岸中国人的和平统一。只有这样，海峡才会真正平静，两岸中国人才会真正安宁，而中美、中日之间也才会去掉一根刺，建立起真正正常的关系，东亚乃至世界才会太平。

那么，在海峡新形势下，该如何抓住解决问题的主导权呢？总结近期以来的实践，笔者以为有如下五点要素需要强调：

一为谋，以全局的视野、辩证的思维，高屋建瓴，抓主要矛盾、关键点、关键人、关键时机，加以运筹，谋势导势，推动整体态势发展；二为勇，既要看得准又要出手快，对岛内各党派内外的主要矛盾运作、对中美和中日关系中的尖锐矛盾，不能东躲西闪，也不能仅以教条式的喊话应对，要敢于正视，勇于直接交锋较量；三为威，要言必行，行必果，软硬兼施，恩威并用。硬，要硬得确实，说一不二，毫不含糊。软，要软得爽快，豁达大度，仁至义尽；四为实，务实是一切的灵魂，要始终保持务实前提下策略的灵活性和主动性，切勿为教条、主观的思维模式所束缚；五为稳，必须有信心、耐心和恒心。宏观上看，《反分裂国家法》的制定以及随后所采取的一系列具体的配套措施，反映出中共新一代领导人在处理台湾问题上已具备以上五种基本要素，因而收到了显著的效果。

实践让人们深刻地认知到：台湾问题放不得，但也急不得。解决台湾问题毕竟与解决港澳问题有很大的不同。港澳问题是如何从外人手中如期顺利收回自己国土的问题，而台湾问题则是分裂的中国人如何重归统一的问题。前者是“先统一后融合”，而后者则必须是“先融合后统一”——除非是万不得已采取“非和平手段”。和平统一的希望寄托在台湾人民身上，但历史与现实却造成了目前多数台湾民众对统一还不理解，还心存疑惧，维持现状仍是比较稳定的主流民意。对此，大陆方面只能是“慢工出细活”，做艰苦细致的争取台湾民众的工作，而切不可操之过急，否则将适得其反。

中国人民所追求的和平统一事业，是全球化浪潮下的中华民族伟大复兴的光荣事业。而富强、民主、统一三者相连，才是中华民族真正意义上的复兴。这是一个任重道远、持续奋斗的历史里程，是“前无古人”的艰巨事业。这一事业必须建筑在两岸中国人共同的利益基石之上，必须扫尽历史的悲情与隔阂，达至情感与灵魂的统一。唯有如此，才能经得住任何风浪的考验。据于此，积极的、渐进式的和平统一之路，理应是两岸中国人至上的选择与坚持。

【注释】

[1] 见《海峡评论》（台）2005 年 5 月第 173 期，台大政治系教授石之瑜文。

[2] 见《新明日报》2003 年 12 月 21 日新闻，《蓝中有绿，绿中有蓝》。

[3] 见新加坡《联合早报》2005 年 4 月 30 日社论。

[4] 见《海峡评论》（台）2005 年 6 月 1 日第 174 期，台湾世新大学历史教学小组召集人李功勤文。

（《现代台湾研究》，2005/第 5 期，与马淑明合撰）

论台湾政治制度转型对两岸关系的影响

从20世纪80年代中期起，台湾进入了政治转型期，开始从传统的国民党威权政治统治向西方式民主政治制度转型。当代台湾的政治制度转型不仅给台湾社会的政治生态带来巨大的冲击和影响，而且也给两岸关系带来诸多问题。因此，研究当代台湾政治制度转型问题，不仅是研究当代台湾政治的一个基础性问题，而且也是我们在研究如何推动两岸关系向和平统一方向发展过程中的一个不容回避必须面对的现实问题。我们应该认真探研台湾新政治制度的特点，并积极寻求对策，在台湾新政治生态下，设法避免和扭转对两岸和平统一不利的因素，鼓励和推动对两岸和平统一有利的因素，为未来两岸最终和平统一营造坚实的基础。

一、台湾政治制度转型与对抗大陆

从20世纪80年代中期开始的当代台湾政治制度转型，其主要根源，除了经济现代化带来民众政治参与意识膨胀，要求进行政治制度改革，扩大政治参与渠道，国民党的威权统治已经难以为继等方面的因素之外，还有当时的国民党当局为抗拒、拖延以大陆方面主导的中国统一进程而有意推动政治转型这一重要考虑。另外，台湾的政治制度转型也是在国际社会主要是美国的压力下进行的。美国迫使台湾国民党当局实行所谓政治民主化，一方面是为了改善美国自二战以来支持独裁政权的不良印象，另一方面也是为了把台湾改造成一个所谓“西方式民主的橱窗”，试图以此影响和促使中国大陆的和平演变，以期建立美国主导下的世界经济政治新秩序，其明显的意图也是针对中国大陆，阻挠两岸统一。

1. 推动政治制度转型以对抗大陆

自1949年国民党政府退居台湾开始，国共两党一直围绕着谁是中国的唯一合法代表问题进行激烈较量。然而，从70年代初开始，两岸之间这场法统之争的形势发生了根本性的变化：在国际上，中华人民共和国取代了台湾的国民党当局在联合国等世界主要国际机构的合法地位，尤其是受美国总统尼克松访华的带动和影响，许多原来承认国民党当局的国家纷纷与台湾断交，转而承认中华人民共和国为代表中国的唯一合法政府，国民党当局在国际上日趋孤立；在岛内，国民党当局一直鼓吹的“反攻大陆”，“三民主义统一中国”等政治神话也逐渐失去了吸引力和号召力。1979 年中华人民共和国与美国正式建立外交关系，大陆的经济改革与对外开放开始实施，大陆经济与社会发展开始步入腾飞的轨道。在这种历史大趋势下，在台海两岸之间的这场法统之争中，台湾当局逐渐落在下风，甚至完全失去了赢得这场斗争的可能性。如何扭转颓势，抗拒或拖延这种历史发展大趋势，便成为摆在国民党当局面前的一道难题。

在大陆时期，国共两党之间的斗争不仅是关于中国国家发展路线之争和两种不同的意识形态之争，而且也是一场涉及社会建设等方方面面的全面对抗与竞争；国民党退守台湾之后，这种斗争模式一直得以延续。

应该说经过战后近 30 年的发展，台湾地区到 70 年代末成功跻身于现代化的行列，成为亚洲四小龙之一，其傲人的经济社会发展成就的确曾经是台湾的国民党当局对抗大陆、拖延统一的重要筹码。然而，随着大陆改革开放政策的逐步实施，大陆的经济开始腾飞并成为 20 世纪 80、90 年代世界经济发展中的一大亮点，也是许多原属社会主义国家和第三世界发展中国家进行改革的学习榜样。大陆的经济发展成就和光明的现代化前景，使台湾的经济优越感逐渐失色。

面对两岸发展前景的这种大趋势，国民党当局有计划地顺应岛内政治生态的变化，推行所谓政治民主化转型，强化两岸之间的意识形态差异，成为其争取西方国家支持、用以对抗大陆的筹码，企图以建立当代国际社会流行的西方式民主政治制度来抢占两岸政治较量中的“道德”制高点与政治“合法性”制高点。而且，这一主线一直贯穿于 80 年代中期以来台湾政治制度转型的整个过程。

2. 美国希望把台湾打造成和平演变大陆的前沿阵地

历史在进入 20 世纪 80 年代之后，美苏两大阵营的冷战也发生了实质性的变化。在冷战初期，美国对社会主义阵营的冷战以“遏制”为主，双方在长期斗争中虽各有攻守，但遏制政策一直是美国对付社会主义国家的主线。在这一过程中，美国从杜勒斯时期就已经开始试图从社会主义阵营打开缺口，推动社会主义阵营的和平演变。到了 80 年代，随着社会主义国家的经济社会建设面临越来越多的问题，美国逐渐开始积极谋划社会主义国家的和平演变问题，在坚持与苏联进行军备竞赛和战略对抗的同时，和平演变成为美国对社会主义国家政策的主要特征。80 年代初，美国在波兰等东欧国家推行和平演变政策取得了初步效果，打乱了东欧社会主义阵营的阵脚，削弱了苏联对东欧的控制。

虽然自 1972 年开始中美关系已经有所改善，并于 1979 年两国建立正式外交关系，但是中国既然是一个重要的社会主义大国，美国的和平演变政策当然同样也适用于中国，即用和平演变政策替代赤裸裸的遏制、对抗，也是美国对华政策的一个重要组成部分。在这种国际时局与美国政策变动的大背景下，尤其是随着中美关系的缓和，台湾继续充当遏制中国大陆的军事战略前沿已经不再符合美中关系发展的大格局。为顺应对华战略的总体需要，美国必须改变台湾在其对华战略中的地位与角色：从对华冷战和军事遏制的前沿阵地，变成推动大陆和平演变的“橱窗”。而实现这一战略转移的根本前提，一是继续阻挠两岸的统一，二是推动台湾的政治制度转型，实现所谓西方式的政治民主。

据香港《明报》月刊透露，早在 1971 年 6 月美国准备接受“一个中国”与大陆建交前夕，中央情报局曾向白宫提出一份备忘录，“该份报告提出的基本政策是：首先推出一个‘得到美国充分支持的、逐渐的、循序渐进的台湾化计划’，通过‘台湾政权台湾化’的途径，建立一个‘由台湾人控制的代议制’政府，而台湾政权‘一旦掌握在台湾人手里’，美国就可以运用它‘设法就台湾的最终法律地位问题与中国对话’，或者是‘台湾人接受在中国范围内某种形式的自治地位’，或者是‘造成一种政治局势，使中国人同意一个友好的台湾独立’。”此后 30 多年来，人们看到，不管国际风云如何变幻，美国一直都在不遗余力、“循序渐进”地坚持推行这一所谓“台湾化计划”，而且现在离最终目标——“使中国人同意一个友好的台湾独立”，只差一步之遥了！

在80年代台湾政治制度转型过程中，美国因素的影响非常明显。美国不仅为台湾培养输送了大批的深受西方价值观影响的技术官僚和知识分子，而且美国还保护和支持岛内新兴的党外力量，并以“人权”、“民主”的名义对台湾当局施加压力，要求其进行彻底的政治改革，如废除戒严令、新闻自由、解除党禁、尊重人权等等。美国施加的巨大政治压力是促进台湾当局决定实行政治改革，走向政治制度转型的一个关键因素。

台湾政治制度转型的实现，使台湾从美国的反共盟友，转变成美国和平演变中国的马前卒。台湾所谓的“民主化”也使美国政府支持台湾的理由在美国政坛和社会更有市场、更具有说服力，这也是美国阻挠中国统一的新筹码。

二、台湾政治制度转型对两岸关系的挑战

虽然，当代台湾的政治制度转型只是台湾内部政治生态、制度运行模式发生变化，但是，其对两岸关系的挑战和影响却是巨大的，它为两岸关系的发展带来诸多变数和干扰。自90年代以来，两岸关系几度陷入危机固然有各种原因，但台湾政治制度转型所带来的负面影响，则是其中的一个极为重要的因素。

当代台湾政治制度转型对两岸关系的挑战与影响主要体现在以下几个方面：

1. 台湾政治制度转型使“台独”分子与“台独”活动公开化、合法化。

在台湾政治制度转型过程中与转型之后，“台独分子”与“台独”活动合法化是台湾政治制度转型给两岸关系造成的最大挑战与负面影响。这一挑战几乎动摇了两岸和平统一的基础，是两岸关系平稳、健康发展及两岸和平统一前景的最大破坏因素。

在两蒋时代，“台独”分子与“台独”活动都是非法的、隐蔽的，并一直都受到国民党当局的严厉打压，很难在岛内立足和生存。“台独”人士大

都亡命海外或改头换面转入地下活动，在美、日等国反华势力的卵翼下苟延残喘。然而，到了李登辉时期，随着台湾政治制度转型进程的发展，大量所谓“言论自由”、“新闻自由”、“人权”等西方价值观被引进台湾的政治生活中。尽管主张分裂国家的言论与行为在任何其他国家都毫无例外地被认为是非法的，但是在政治转型中的台湾社会，“台独”分裂言行却在“自由”、“民主”、“人权”的幌子下逐步被“除罪化”。尤其是李登辉出于权力斗争的需要，为了利用“台独”势力来打击党内主张国家统一并对李登辉的权力构成威胁的“外省籍”政治力量，更以“本土化”、“台湾化”为借口，蓄意解除对“台独”势力的政治压制与法律限制，进而拉拢和纵容“台独”，用奶水把主张“台独”的民进党喂养长大，为李登辉的权力斗争服务。这样，从90年代初开始，“台独”分子与“台独”活动就逐渐从隐蔽到公开、从非法到“合法，活动重心也从海外移入岛内，与岛内“台独”势力正式合流，并通过一次次的“民主选举”，从社会走上政坛，在李登辉的掩护和支持下逐渐壮大起来。在这一过程中，“台独”势力不仅与民进党相互利用，同时也与隐藏在国民党内的李登辉“台独派”相互勾结。因之，“台独”理念在台湾岛内被不断传播与放大，被其迷惑、污染的台湾民众越来越多，“台独”势力逐渐形成一股举足轻重的政治力量，并于2000年通过“总统”直选把国民党赶下了台，完成了李登辉一手导演的“宁静革命”。

随着民进党上台执政，“台独势力”越来越猖獗，陈水扁当局企图通过所谓“正名”、“公投”、“制宪”等方式公开追求“法理台独”。至此，在台湾政治制度转型过程中被“除罪化”、“合法化”的“台独”势力，最终发展成为阻挠两岸统一、威胁台海和平的主要政治势力。

由以上“台独”势力逐步发展壮大的过程可以看出，“台独”势力与“台独”活动的“合法化”，是台湾政治制度转型过程中给两岸关系发展所带来的最直接的、最主要的负面因素，同时也是迄今为止对台海地区和平与稳定的最主要威胁。

2. 台湾政治制度转型后，由于台湾政治制度结构与政治生态的变化，升高了两岸和平统一的难度。

其一，威权政治时期，台湾当局的政治意志就是台湾政治的最终选择，因此，两岸谈判的对象仅仅选择台湾当局即可，只要两岸当局达成和平统一的协议，即可实现国家最终统一。而今这一可能性已经不复存在。政治制度转型后，经过这些年的调整与发展，当今台湾的政治生态已十分复杂，蓝、绿两大政治板块实力相近、界限分明，各种政治力量相互牵制，勾心斗角，“只有立场，没有是非”，很难形成统一的政治意志。在当前台湾的政治制度下，尤其是在今后相当长一段时期内，岛内各派政治势力就两岸统一问题达成一致意见几乎成为不可能。对此我们必须做好进行长期工作与斗争的思想准备。

其二，台湾政治制度转型特别是民进党上台执政后，与“台独势力”发展态势形成明显对照的是岛内主张统一的民众与政治力量受到打压。“台独”分子不仅公开宣扬“台独”理念与“台独”诉求，而且利用他们掌握的公权力绿化媒体，在岛内逐渐形成“台独”的话语霸权，使反对“台独”的民众备受政治压抑，不得不噤若寒蝉、保持沉默。而“台独”势力则为所欲为，肆无忌惮。所谓“民主”、“自由”的台湾，一时间竟然成了“台独”分子的“一言堂”。这种政治高气压极大地制约了支持统一的民意基础的扩大。当然，从历史发展的角度来说，这种不正常的状况只是暂时的现象，但其负面影响则不可低估。

其三，提高了两岸和平统一的政治门槛。在台湾政治制度转型过程中及之后，李登辉、陈水扁之流自以为有了所谓西方式的“民主制度”就能占据两岸政治谈判的制高点，于是拒不承认“一个中国”，肆意污化“一国两制”，抬高两岸协商谈判的政治门槛。其中一个重要表现就是，为拖延两岸和平谈判与统一的进程，把两岸的“统独之争”歪曲成所谓“制度之争”，以大陆的“民主化”作为两岸未来统合的政治前提。台湾当局这种充当和平演变中国大陆马前卒的行为，名义上是为追求“民主”，实质上是为两岸和谈与统一制造障碍，为“台独”作政治和舆论准备。

3. 台湾当局以建立西方式的“民主制度”为政治资本，争取西方国家的同情与支持，企图将台湾问题引向国际化，借助外部力量阻挠国家的统一。

冷战虽然已经结束，但是西方式政治制度与非西方式政治制度之间的分野仍然十分清晰。一直以来，西方文明的扩张从未停止，以西方的政治价值及制度取代非西方式的政治价值与制度，向来都是西方主要国家的一种对外政策使命。冷战后，美国在前苏联东欧地区、东南亚、中东等地区，以和平的、非和平的，合法的与非法的等各种手段大力扩张西方“民主政治制度”的势力范围，任何地方只要采纳西方式政治制度，无论在战略上还是在心理上都是西方国家，是美国所乐见的和支持的。

因此，自90年代以来，从李登辉到陈水扁，除了在军事上依靠美国的保护外，台湾当局越来越倚重于运用所谓“民主”、“自由”、“人权”等西方流行的政治理念来包装“台独”，动辄宣称“主权在民”、“公民投票决定台湾前途”、要求“对等”、“尊严”等等，以获取美国为首的西方社会的同情和支持，对抗大陆的统一压力。

事实证明，经过西方政治理念包装过的“台独”格外具有迷惑性和欺骗性，这已经成为我们在实现国家统一过程中面临的一个非常棘手但却必须应对的挑战。

三、积极应对挑战，努力开创两岸关系新局面

当代台湾的政治转型的确给两岸关系的发展带来诸多负面影响。但任何事物都同时具有两面性。其实，台湾现行政治制度下所引发的政治生态变化，同样也有许多因素和机会可以被我们利用。就当前台湾政治制度而言，其实质就是“选票政治”，选票决定政策。只要我们善加利用，把对台工作做好，做到家，那么这一政治运行机制也可以用来推动台湾主流民意向有利于两岸和平统一的方向发展。

为了有效应对台湾政治转型带来的上述各种挑战，引导台湾主流民意向有利于两岸和平统一的方向发展，显然，做好以下几项工作不仅是必要的而且刻不容缓：

首先，要进一步加强对当前台湾政治制度运行机制的研究，以便寻找更好的影响岛内政治的切入点，使台湾的现行政治机制也能够为我所利用，以

推动反分裂、促统一的斗争。既然“台独”势力能够利用台湾现行政治制度来操弄、迷惑台湾民众，扭曲大陆对台政策的善意和诚意，鼓噪“台独”分裂，那么，随着两岸经济、文化、人员交流的日益密切，我们也应该而且能够“反其道而行之”，利用其一向标榜的所谓“新闻自由”，借助于各种现代传媒手段将大陆人民的真实声音、善意和诚意传播到岛内，破解和消除“台独”势力对台湾民众的种种欺骗宣传与愚弄，逐步扭转受蒙蔽民众对大陆的错误认识与态度。应该说，随着两岸经济一体化趋势的加强，这一前景是可以实现的。而对于如何实现这一目标，则需要我们的专家学者进一步加强对台湾政治制度运行规则的研究，并提出切实有效的办法。

其次，坚决贯彻落实胡锦涛同志提出的发展两岸关系的“四点意见”和《反分裂国家法》的各项政策规定。这既是我们当前应对台湾政治转型带来的各种挑战的有效办法，同时也是我们努力开创两岸关系新局面的基本保证。一方面，《反分裂国家法》充分而又严正地表达了大陆人民反对“台独”分裂活动的坚定立场和决不容忍的态度。对此，岛内许多民众虽然一时还有误解，但是这一法律颁布实施后已经发挥了明显的效果，台湾人民充分地感受到了“台独”的严重危害性，并正在通过台湾现行的政治机制来制约民进党当局的“台独”倾向。近期以来，连、宋相继访问大陆并在岛内掀起一股“大陆热”、“台独”势力的嚣张气焰受到沉重打击并有所收敛、要求缓和改善两岸关系成为台湾的主流民意等等，都与大陆制定《反分裂国家法》有着直接的关系。另一方面，胡锦涛同志的“四点意见”和《反分裂国家法》中有关促进两岸交流具体措施的落实，是我们强化两岸人民之间的感情联系和利益联系、利用台湾现有政治机制实现“寄希望于台湾人民”这一目标的有效办法。连、宋相继成功访问大陆以及大陆决定开放台湾农产品“登陆”、开放大陆游客赴台观光和赠送大熊猫给台湾，这几项有力举措，已经并正在对台湾的政治气氛和政治生态产生微妙而深远的影响。尽管民进党当局至今仍在寻找种种借口，试图阻挠、拖延推动落实连、宋访问大陆的成果，但如果考虑到民进党的选票的压力以及泛蓝阵营在“立法院”的优势，那么可以预期，随着时间的推移，这些影响势将通过台湾当前的政治运行机制而逐渐显现出来。

第三，应对台湾政治转型所带来的各种挑战，并最终实现国家的和平统一，还要靠大陆积极推进政治改革和经济与社会的现代化建设，努力实现国家发展的战略目标。俗话说："打铁还靠本身硬"，一个政治清明、经济发达、人民富裕、社会和谐、综合实力与国际影响力日益强大的中国大陆，必将有效应对和化解来自各个方面的任何挑战。

【参考书目】

1. "行政院新闻局"编印：《宁静革命》，台北，1994 年版。

2. Hung - Mao Tien, Taiwan's Electoral Politics and Democratic Transition——Riding the Third Wave,（M. E. Sharpe, Inc. 1996, New York）.

3. 黄小明：《再看台湾：政治、社会、经济和两岸关系》，香港社会科学出版社，1996 年版。

4. 姜南扬：《台湾政治转型之谜》，文津出版社，1993 年版。

5. 鞠海涛：《民进党社会基础研究》，九州岛出版社，2004 年版。

6. 林佳龙、邱泽奇主编：《两岸党团体制与民主发展》，台北，月旦出版社，1999 年版。

7. 美国国防大学战略研究所：《理清纷乱的世界——美国跨世纪全球战略评估》，国防大学出版社，2000 年版。

8. 许庆复主编：《迈向 21 世纪的台湾》，正中书局，1994 年版。

9. 姚礼明：《在东西方的结合点上——台湾政治体制变迁研究》，中国广播电视出版社，1994 年版。

10. 张京育主编：《中华民国民主化——过程、制度与影响》，国立政治大学国际关系研究中心，1992 年版。

11. 台湾《海峡评论》杂志，2005 年 6 月号"社论"。

（厦门大学台湾研究院"台湾研究的基础与前沿学术研讨会"论文，2005/07，与李振广合撰）

台湾当局推动“宪改”的可能走向

自民进党上台以来，一直坚持推进以“法理台独”为目标的所谓“宪政改造工程”。2005 年 5 月 14 日，陈水扁透过民进党主席苏贞昌宣布，开始推动第二阶段的“宪改工程”。2006 年元旦，陈水扁再一次提出“宪改”时间表，即在 2006 年提出“民间版”的“台湾新宪法草案”，2007 年举办“新宪公投”，2008 年为台湾催生“一部合时、合身、合用的‘新宪法’”。[1]陈水扁的“宪改”时间表，就是“法理台独”。可以预见，在未来两年内，反对和制止陈水扁当局通过“宪改”制造“法理台独”，将是我们反“台独”斗争中最为紧迫的任务。

一、陈水扁当局推动“宪改”的终极目标与阶段性目标

民进党自上台以来，通过各种方式推动其“台独”理念，其中最重要的途径就是所谓“宪改”。

陈水扁当局通过推动“宪改”实现“法理台独”是一个长期的过程，在这一过程中，既有终极目标，也有其阶段性目标。

（一）“宪改”的终极目标

陈水扁一再声称，要在 2008 年下台之前为台湾催生一部合时、合身、合用、属于台湾人民自己的“新宪法”，让台湾成为一个“正常、完整、伟大的国家”，并称“这是台湾国家的总目标”。[2]这已经非常明确地指明了陈水扁当局推动“宪改”的终极目标就是实现“台湾独立”。

（二）“宪改”的阶段性目标

然而，陈水扁也深知，要实现“台湾独立”这一终极目标，要受到各种因素的制约，不可能“一蹴而就”，需要一个长期的过程。于是，陈水扁当局又精心谋划了一套阶段性目标，有计划、分步骤地加以推进：

1. 摧毁“追求中国统一”的法律基础。通过“宪改”逐步肢解“中华

民国宪政体制”中的“一个中国”架构，“终结中国宪法”，从而使“追求国家统一”的政治诉求在岛内失去法律依据。也就是说，即使在陈水扁任期内无法达成“台湾独立”的最终目标，也要废去“统一”的法律基础，给未来“统一”增加难度，设置障碍。

2. 灌输“台独意识”、扩大“台独”的民意基础。“宪改”运动，实际上也是一场“台独”政治教育运动。陈水扁当局企图通过推动“宪改”运动，把与中国有关的法律符号全部清除，在台湾社会破除“大中国意识”，消除岛内民众对“一个中国”的认知，形成一种新的“国家认同”，即强行灌输“台湾是主权独立国家”、“台湾中国，一边一国”、“台湾主权属于2300万台湾人民”等“台独观念”和“台独意识”，扩大“台独”的民意基础。

3. 主导议题，赢得选举，维护民进党“台独”政权。未来两年岛内将举行三场至关重要的选举：06年底的北高市长选举、07年底的“立委”选举和08年春的“总统”大选。这三场重大选举关系到民进党政权的存亡绝续。然而，陈水扁执政六年来毫无政绩可言，执政团队颟顸无能、贪腐成性，致使民怨沸腾，民进党的支持率已跌至谷底。而唯有保住政权，才能维系“台独”路线，也才谈得上“台湾独立”的终极目标。于是面临困境的陈水扁当局不得不祭出险招，企图通过推动高政治敏感度的所谓“宪改工程”，制造两岸对立和岛内蓝绿对决，主导议题，转移民众视线，从而达到乱中取胜、维系民进党“台独”政权的目的。

当然，执政破产的陈水扁处心积虑地推动“宪改”，还有其“私心自用”的另一面：即向“台独”基本教义派交心输诚，与李登辉争夺“台独教父”的地位，为其下台后打造“铁卫军”和继续在台湾政坛发挥影响力作准备。

二、陈水扁当局第一阶段“宪改”及其成功的原因

（一）陈水扁当局推动“宪改”的主要途径

所谓“宪改”，即宪法改革或宪法改造，主要有制宪与修宪两种形式。

众所周知，自20世纪90年代以来，台湾地区已经进行过七次“修宪”，都是以制定或修改“宪法增修条文”的方式来实现的。民进党上台后推动的第一阶段“宪改”，也就是2005年通过的第七次“修宪”。而当前民进党当局正在酝酿、推动的第二阶段“宪改”，从其宣示的内容和方式来看，实际上是要制定一部“新宪法”。这已经不是什么“修宪”而是属于“制宪”的性质了。

（二）陈水扁当局第一阶段“宪改”及其成功的原因

2000年陈水扁上台后不久即开始着手推动“宪改”。“公投入宪”是陈水扁当局第一阶段“宪改”的核心目标。

1. “第一阶段宪改”的主要内容与基本过程

（1）预热阶段（2002年1月—2003年9月底）

陈水扁上任后第一次正式提出“修宪”是在2002年元旦的新年祝词中。面对当时“朝小野大”的政治格局以及两岸关系的困境，陈水扁提出了要进行“宪改”，并称“修宪”内容以“国会改造和政府改造”为限，其他有关“修宪”的提议不宜仓促进行。[3]

2003年8月3日，内外交困的陈水扁公开提出两岸“一边一国”。9月28日，陈水扁，在民进党十七周年党庆大会上提出，要在2006年催生“台湾新宪法”。9月30日陈水扁以民进党主席的身份提出“新宪公投”，即“新宪法”版本必须由公民投票的方式由人民直接决定。同时，陈水扁还划定了“新宪法”应该包括或需要决定的内容：“国会”席次减半、单一选区两票制、“总统”选制应为相对多数或绝对多数、“内阁制”或“总统制”、“阁揆”同意权的行使、“五权宪法”或三权分立、“政府”级层为二级或三级、18岁公民权、征兵或募兵制的调整等。[4]

（2）“公投立法”和第一次“公投”（2003年10月—2004年3月）

2003年10月6日陈水扁在接受华盛顿邮报专访时表示，“目前台湾的‘宪法’是在中国大陆制定的”，台湾人民没有一部真正属于自己的“宪法”，声称“这不是正常现象，也代表台湾不是真正完整的国家”。10月10日陈水扁在“双十节”讲话中声称要催生一部“新宪法”，通过“公投制宪”，让台湾成为“正常、完整、伟大的民主国家”。由于根据台湾现行

“法律”，制定“新宪法”必须先通过“立法院”四分之三多数同意这一门槛，这是陈水扁推动“制宪”的主要障碍。为此，陈水扁在10月底的两次讲话中，威胁要绕过“立法院”，直接由“公民投票来决定制定一部‘新宪法’”，要“毕其功于一役”。[5]与此同时，陈水扁与民进党借着为2004年“大选”造势的机会，把重心转向热炒“公投”这一话题，迫使国民党跟进，“拿香跟着拜”。

陈水扁利用炒作“公投法”议题，给国民党扣上一顶顶“反民主”、“反改革”、“联共卖台”等大帽子，使泛蓝在选战中陷于被动挨打的境地。为扭转这一不利局面，泛蓝阵营决定放弃曾经一直坚持的反对立场，转而支持“公投法”在“立法院”进行审议及表决。2003年11月27日，蓝绿两大阵营在“立法院”举行表决大战，最后，“立法院”三读通过了国亲版的“公投法”。此项“法律”虽然为日后推动“台独公投”设置了很高的门槛，但同时也为陈水扁利用“公投”制造两岸关系紧张、谋取一党一己之私，提供了法律基础。

“公投法”刚刚通过，陈水扁便拿来为自己拉抬选情、骗取选票，进行“公投绑大选”。毋庸置疑，2004年3月台湾地区领导人选举中，除了319那两颗来路不明的子弹外，“公投绑大选”也为陈水扁的连任发挥了重要作用。陈水扁以“宪改”、“公投”等手段谋取个人政治私利的丑陋嘴脸，通过这次选举暴露无遗。

（3）“公投入宪”阶段（2004年3月—2005年8月）

以不正当手段赢得大选的陈水扁，选后开始从激进“宪改”逐步向后退缩。2004年3月31日他在接受BBC专访时强调，“新宪和独统问题无关，也不会改变现状”，“宪政改革绝对不是台独时间表”。5月20日陈水扁在就职演说中公开声称，他将依循现行“宪法”规定，经由“国会”通过后，选出“任务型国代”，推动废除“国民大会”及“公投入宪”，“要在2008年卸任前，交给台湾人民一部合时、合身、合用的新宪法”。在各方压力下，他明确表示“国家主权、领土及统独议题不列入这次宪改范围。”[6]

陈水扁推出“公投入宪”这一议题之后，国民党为避免被动，决定将“国会改革”、“修宪”作为2004年年底“立委”选战的主导议题，推动

“国会改革修宪案”完成。8 月 23 日“立法院”召开第五届会期第一次临时会，在国民党、民进党两大主要政党的主导下，顺利表决通过了包括“立委”席次减半、单一选区两票制、废除任务型“国民大会”和“公投入宪”等议题在内的“宪法增修条文修正提案”。

2005 年 6 月 7 日 300 位“任务型国代”进行“复决宪法修正案”的投票，尽管有亲民党和台联党的共同反对，但在国民党、民进党的合作之下，复决同意票达到 249 票，超过 225 票的复决门槛通过了“宪法修正案”。

这次“修宪”是 1991 年以来台湾第七次“修宪”，也标志着陈水扁上台以来推动的第一阶段“宪改”的完成。

2. 第一阶段“宪改”成功的原因

在推动第一阶段“宪改”的过程中，尽管“公投法”和“公投入宪”最后通过的都是国民党提出的版本，但是陈水扁当局却从鼓噪这一议题中捞足了政治利益，并把这些“宪改”的成果当做自己的政治资本进行炫耀。陈水扁当局推动的第一阶段“宪改”之所以能够取得成功，其主要原因有以下几个方面：

（1）陈水扁的“宪改”战术发挥了作用。自 20 世纪 90 年代以来，“宪改”在台湾已经与“民主”、“改革”画上等号，推动“宪改”成了代表进步的象征。明明是陈水扁执政无能，但却归罪于“朝小野大”在野党捣乱，归罪于“宪政体制”，打着改革、民主的旗号，要求推动“宪改”。陈水扁抢占了“改革”、“民主”这一道义制高点。于是每当岛内重大选举来临之际，陈水扁就打出“宪改”这张牌，指责国民党“反民主、反改革”，甚至威胁要绕过泛蓝控制的“立法院”，诉诸直接公投来制定“新宪法”，而带着历史原罪的国民党一旦遇到这样的攻击便立刻气馁。陈水扁的这一招，往往都能起到拉高民调支持率的作用。选情压力迫使泛蓝穷于应付，不得不改变原有的立场，跟在陈水扁后面“拿香跟着拜”，鬼使神差地正中了陈水扁的圈套。

（2）国民党为短期利益而放弃了原则。实际上，按照台湾现行的制度和目前“立法院”的政治生态，只要泛蓝阵营坚持反对，民进党的任何“宪改”方案都不可能取得成功。陈水扁所谓第一阶段“宪改”所通过的

“公投法”、“公投入宪”其实都是国民党提出的版本。而国民党之所以改变最初的反对立场，根本原因就是顾及眼前利益，缺乏反制陈水扁“宪改”议题的有效手段。例如，自2003年9月28日陈水扁公开提出“公投制宪”后，有效地拉抬了他竞选的声势。岛内多家民调均显示，选情朝着有利于陈水扁的方向演变，而连、宋的民调支持度却急剧下挫。这一发展态势迫使连、宋不得不改变策略。11月15日，连战大幅调整了反对陈水扁“催生新宪法”的原则立场，公开提出激进的“新宪三部曲”和“十大原则”，其目的就是要阻止竞选声势进一步下滑。泛蓝阵营为了短期利益放弃原则立场，与陈水扁展开“宪改”飙车，其结果是陈水扁得到了梦寐以求的“公投法”，而国民党则落了个“竹篮打水一场空”！2004年下半年，国民党为赢得年底的“立委”选举，再次改变原有的立场，主动把“公投入宪”等议题当做竞选主轴，结果使民进党从在野时期就一直卖力推动而不可得的“公投入宪”诉求，也在它的政敌国民党的鼎力协助下得以顺利实现。

（3）政治环境对陈水扁推动“宪改”有利。陈水扁上台执政，台湾政权首次政党轮替，政党政治尚处于初级阶段，台湾民众有着强烈的改革热情和对西方民主制度的盲目迷信。而陈水扁执政的第一任期虽然政绩不良，但毕竟许多民众还能体谅他“新手上路，缺乏经验”，而且其执政团队的贪腐案件尚未揭发出来。因而，当陈水扁采取惯用伎俩，煽动民众的悲情意识，高喊“正名、制宪”、“民主、改革”的口号时，确实迷惑了不少台湾民众，同时也给统治了台湾五十多年的国民党压上了沉重的“专制、保守、反改革”的原罪。客观而言，在这种社会氛围下，民众的政治情绪很容易被擅长打选战的陈水扁所操弄，而尚未学会当在野党的国民党，则很容易昏了头，转了向。

三、第二阶段“宪改”及其可能走向

第一阶段的“宪改”已经完成，但“台独”目标尚未实现，而且，“宪改”议题对于陈水扁和民进党而言还有利用价值。于是，陈水扁迫不及待地宣布要推动第二阶段“宪改”。

（一）陈水扁当局推动第二阶段“宪改”的言论与措施

1. 陈水扁当局有关第二阶段“宪改”的主要言论：

2005 年 5 月 14 日，时任民进党主席的苏贞昌宣布，开始推动第二阶段“宪改工程”。根据民进党的主张，二次“宪改”主要涉及“中央政府”体制，包括采行“总统制”或“内阁制”，五权分立或三权分立等。

2005 年 6 月 25 日，陈水扁宣称，如果不抛弃“虚幻、僵化的‘大中国意识形态’，台湾就不可能成为一个主权独立、自由民主的正常国家。”“二阶段宪改，绝对不会比第一阶段宪改还要困难或艰辛”。[7]

2005 年 10 月 10 日，陈水扁强调，“未来宪政改造的推动必然是由下而上、由外而内、先民间而后政党，甚至由民间来主导，政府只扮演辅助的角色，协助规划民众能够普遍参与的程序与管道，激发社会各界对宪改议题的讨论，透过审议式的民主，逐步整合出具体的宪改方案，再经由立法院的提案与决议，最后交由人民做最后的决定。”“以全民共同的智能与力量，早日为台湾催生一部合时、合身、合用的新宪法。”[8]

2006 年 1 月 1 日，陈水扁在元旦讲话中提出，“乐见民间宪改运动的发展，更期许民间版‘台湾新宪法’草案在 2006 年能够诞生。如果台湾社会条件够成熟，2007 年举办‘新宪公投’”，“在 2008 年为台湾催生一部合时、合身、合用的新宪法。”并宣称这是“台湾国家”的总目标。[9]

2006 年 2 月 11 日，新任民进党主席游锡堃表示，最快在 6 月提出民进党版本的“新宪法”。[10] 15 日游锡堃公然表示，未来民进党的新宪版本，立场将“比较宽”，可能触及“国旗”、“国号”与“领土”议题。

2 月 27 日，陈水扁在宣布“终止国统纲领与国统会”的声明中承诺，“宪政改造工程之推动，必须要符合由下而上、由外而内、先民间后政党之精神，依循现行宪法程序，最后仍需立法院四分之三之同意，以及人民公投复决。任何不符合此种程序的主权议题，不仅无益现状的维持，也将不会被处理。”[11]

3 月 3 日，陈水扁在接受日本《读卖新闻》专访时称，台湾是一个充分言论自由、新闻自由的社会，任何个人、民间团体或者政治团体对于未来的“宪改”推动会有不同的主张跟版本，这是非常正常、也是非常自然的事情，但是不论怎么样的主张或版本，最后仍然必须要经由“立法院”四分之三高门槛的同意与人民公投复决。[12]

3 月 13 日、14 日，陈水扁在接受《华盛顿邮报》、德国《法兰克福广讯报》专访时保证，在催生台湾“新宪”过程，绝对不可能发生一党“修宪”，或者一人“修宪”，更不可能一党“制宪”，或者一人“制宪”。“如果没有先经过‘国会’四分之三的高门槛同意，纵使要改‘国号’、要变更‘领土’、要改‘国旗’，我们没有权利也没有资格将这些议题跳过‘国会’直接交给人民来公投。”陈水扁称，尽管“宪改”门槛很高，但“只要台湾社会条件够成熟、人民支持、国会同意，天底下没有不可能的事情。”[13]

2. 陈水扁当局推动第二阶段“宪改”已经采取的措施：

2005 年 6 月 9 日，民进党中常会决议成立“第二阶段宪政改造研议委员会”，支持陈水扁的“第二阶段宪改”。8 月 1 日正式成立“总统府宪改办公室”。10 月 10 日陈水扁提出“宪政改造”目标后，时任“行政院长”的谢长廷指示“行政院”积极协助推动“宪改”，并责成相关部门协助推动参与“宪改”小组、政府相关部门“宪改”研习推广、协助民间推动“宪改”讨论，培育“宪改”种子教师及办理国际研讨会等。[14]

“总统府宪改办公室”成立后，第一阶段的工作是积极与各民间团体接触、举办“宪改”座谈会。第二阶段从 2006 年 3 月份开始，主要是积极下乡，鼓吹全民对“宪法”进行广泛讨论，把各种议题找出来，以达到遍地开花的效果，催生各种民间“新宪”版本。“宪改办公室”还计划与民间团体合作，近期内推出广播宣导剧、下半年推出情境剧的宣导 DVD，并积极寻找合适的代言人，进行“宪改”宣传。其工作目标是，今年能促成各民间版本“宪法草案”出炉，于今年 9 月送“立法院”讨论；期盼“立法院”能在 2007 年 5 月通过“新宪”版本；与 2007 年 12 月份“立委”选举或 2008 年“大选”绑在一起进行公投。[15]

此外，陈水扁当局推动“宪改”的措施还包括：组织泛绿学者成立“民间宪改联盟”，提出“民间宪法版本”；举办一万场“宪改座谈”，举办各种“宪改”讨论会；鼓励各种社会团体和民众提出“宪改”意见等等。其最终目的就是把陈水扁一人、民进党一党之“宪改”，变成一场全民“普法”运动，把陈水扁的个人意志灌输给台湾人民，试图形成轰轰烈烈的“宪改”氛围，迫使泛蓝党派屈服于民进党一手营造起来的假“民意”，再一次“拿香跟着拜”，最终完成陈水扁第二阶段的“宪改”计划。

（二）第二阶段“宪改”的可能走向

根据民进党的规划，2006年9月之前各种所谓民间版本“新宪法草案”将纷纷出炉，然后交“立法院”讨论，争取于2007年5月通过，经半年时间的公告，再与2007年12月“立委”选举或2008年3月的“大选”捆绑在一起进行公投。从这些时间点上看，民进党又要故伎重演，把“宪改”作为2006年12月台北、高雄市长选举、2007年12月“立委”选举和2008年3月“大选”的主打议题，企图再次通过打“宪改牌”陷国民党于被动挨打的境地，顺势为选举造势捞分。显然，执政无能、诚信破产的陈水扁，已经把“宪改”当做他打选战、赢选票、维护民进党执政地位的救命稻草。

为配合上述选举时间点，陈水扁当局下一步可能采取的步骤是：

首先，把“宪改”这一民进党的独角戏变成泛绿大合唱，试图进一步变成全民运动，召开各种研讨会、座谈会，进行广泛宣传。民进党在今年12月北、高市长选举之前把“宪改”议题炒热。

其次，坚持“制宪”（制定新宪法）而不是“修宪”，鼓动泛绿阵营提出各种“台湾新宪法草案”，对台湾政坛和两岸关系发起强烈冲击，把“宪改”变成引起海内外关注的政治焦点和爆炸性话题。

第三，泛绿阵营提出的“新宪法”版本将会五花八门，其中既有台联党以及像北社、南社等所谓民间团体、学者提出的各类“急独”版本，也有相对“温和”一些的民进党版本。届时，绿营将会用“急独”版本打先锋，条件成熟时，再挟持泛蓝讨论民进党的“温和”版本，进行正式闯关。

第四，如果泛蓝不肯就范，不能排除陈水扁再次绕过“立法院”，将其“新宪”版本直接交由公投表决。尽管近些日子来陈水扁一再信誓旦旦地宣称将“依循现行宪法程序”推动“宪改”，但毫无诚信可言的陈水扁届时食言自肥、“破罐破摔”、铤而走险并不是不可能的。

第五，在“宪改”四处碰壁或国民党笃定赢得08年“大选”的情况下，陈水扁也有可能为了搅乱局势，在最后关头孤注一掷，重演“终统”伎俩，公开宣布有关“国号”、“领土”等规定“终止适用”，代之以“台湾”、“台澎金马”，制造危机。

第六，当然，陈水扁也为“新宪法”的可能闯关失败预留了后路：3月14日陈水扁在接受德国《法兰克福广讯报》专访时直言，“宪政改造是高难度政治工程，要在任期内完成是不可能的任务。”[16]3月16日民进党主席游锡堃也坦承，由于“修宪”门槛很高，也许陈水扁任内无法完成“修宪”，但“凡走过必留下痕迹，国民有制宪权，宪法的公民教育有利于未来新宪产生，不会白忙一场。”[17]由此观之，也不排除以下两种可能：（1）如果通过制定“新宪法”进行“宪改”失败，陈水扁当局从坚持“制宪”回到“修宪”，只对台湾现有“宪法”的内容、架构进行有限度的挖补、改造；（2）在外部压力到位、泛蓝拒绝配合、民众反应冷淡或者时间紧迫的情况下，陈水扁当局被迫放弃“宪改”，只把推动“宪改”当做其竞选造势的工具加以利用而已。

（三）第二阶段“宪改”的有利条件与制约因素

1. 陈水扁推动“宪改”的有利条件主要是：

首先，陈水扁掌握着庞大的行政资源，一方面有利于陈水扁推动“宪改”宣传、规划“宪改”时间表；另一方面，如果陈水扁采取非法手段推动“宪改”，台湾的现行制度、泛蓝政党、台湾社会缺乏制约陈水扁的有效手段。

其次，陈水扁推动“宪改”得到“急独”势力的大力支持。民进党内虽然有不同声音，但目前还难以形成统一的、足够有力的反制力量。

第三，在“民主”、“改革”等幌子的迷惑与煽动下，陈水扁的“宪改”议题在台湾社会中还有一定的市场。

第四，出于权力斗争等原因，对于陈水扁操弄“宪改”议题究竟应该如何因应，国民党内部也有分歧，例如王金平就对“宪改”表示某种程度的认同。如若处理不当，关键时刻极有可能被陈水扁所利用。

2. 陈水扁“宪改”的主要制约因素是：

首先，台湾社会民主激情的高峰期已经过去。陈水扁执政六年腐败无能，造成经济下滑、民生困苦的恶果已经开始发酵。近期民调一再显示，多数台湾民众对陈水扁罔顾民间疾苦，坚持炒作高敏感度的政治议题反应冷漠；陈水扁和民进党的支持度已跌至谷底，泛绿阵营的气势空前低迷。第二阶段“宪改”能否形成气候，已不无问题。

其次，国民党在马英九当选党主席特别是05年底三合一选举获胜后，声势日隆。陈水扁的“宪改牌”难以和马英九的“清廉牌”、“民生牌”争锋。陈水扁推动第二阶段“宪改”的“司马昭之心，路人皆知”。国民党再次陷入陈水扁的“宪改”陷阱，“拿香跟着拜”的可能性已经不大。

第三，第二阶段“宪改”基本上是陈水扁为自己巩固权位、寻求历史定位而设计的，从根本上来说并不符合民进党及其政治人物的政治利益。因此，民进党内对推动第二阶段“宪改”意见分歧，阳奉阴违、消极抵制甚至公开“呛声”者大有人在，难以形成合力。

第四，根据2005年新制定的“中华民国宪法增修条文”第12条，未来台湾地区要进行“修宪”，第一阶段需要有“立法院”四分之一的“立法委员”提案，四分之三出席以及出席“委员”四分之三之决议，提出“宪法修正案”；第二阶段就是在“立法院”通过后，进行公民复决。其门槛是：“经中华民国自由地区”选举人投票复决，有效同意票过选举人总额之半数，才能通过。按照2005年6月的数字，台湾的选举人总额为16750868人，其半数也就是8375434人。[18]也就是说，未来要通过“修宪”案必须要得到8375434人同意。现在，“立法院”“立委”总数为221人，其中泛蓝113席，除非得到泛蓝阵营的认可与配合，否则，“新宪法”根本过不了“立法院”这一关，更不用说“公投复决”了。

第五，国际舆论普遍反对，特别是美国对陈水扁的看管会越来越严。经过2004年的“公投绑大选”以及今年的“终统”事件，陈水扁在未来“宪改”问题上的一举一动都将受到美国的严密监控。

第六，大陆全国人大高票通过的《反分裂国家法》，已成为陈水扁推动第二阶段“宪改”、谋求“法理台独”的最大障碍。任何违背13亿中国人民意志的“台独”分裂活动，最终都不可能得逞。

四、陈水扁推动“宪改”的严重性和危险性

陈水扁当局可能采取的“宪改”动作，按其严重性可大致归纳如下：

（一）“制宪”

1. 怂恿台联党等“急独”势力提出“台独新宪法”版本进行闯关；

2. 民进党提出不涉及“国号”、“领土”等主权议题的“新宪法”版本，但是把“台湾是主权独立国家”、“台湾的主权属于台澎金马全体国民”等论断写入“新宪法”版本进行闯关；

3. 由其他团体或学者提出的、表面上不涉及“统独”议题的各类“新宪法”草案，交付“立法院”闯关。

（二）“修宪”

1. 制定明确的“台独”条款，如界定“中华民国现有的领土范围为台、澎、金、马及其附属岛屿与水域”等等；

2. 条款内容虽不涉及“国号”、“领土”等议题的“新宪法”，但暗含有“台湾是主权独立国家”、“台湾的主权属于全体台湾人民”等论断；

3. 删除现有“宪法”中所有有关“一个中国”、“国家统一”的界定；

4. 仅对“总统制”或“内阁制”，三权或五权分立，“立委名额”，兵役制度等进行重新规定；

（三）其他可能采取的挑衅举措：

1. 绕过“立法院”，将其中任何一种“新宪”版本直接交付公投；

2. 将一些单独的“台独”条款或议题直接交付公投；

3. 宣布现行“宪法”中有关“一个中国”、“国家统一”的界定“终止适用”。

制定宪法是主权国家的权利。陈水扁当局试图制定“新宪法”，无论提出什么样的版本，一旦获得通过就意味着台湾获得“独立主权国家的权利”，“台湾也就成为主权独立的国家”。无论从法理上或事实上来讲，台湾都是中国的一部分，因此，台湾当局无权制定“宪法”。如果台湾当局一意孤行强行制定“新宪法”，就是单方面改变现状，是不能容忍的“台独”重

大事变。

当然，台湾现行的“宪法”实际上是中国内战的遗留问题，鉴于现实以及岛内已有的“修宪”惯例，大陆或许可以默许其进行内容与主权无关的“修宪”，但决不可能容忍其任何涉及主权内容的假“修宪”、真“制宪”。

在制止陈水扁当局“台独”冒险的问题上，大陆除了采取直接的军事打击和经济制裁这两种手段之外，其他措施几乎都是间接的。但是如果大陆方面因应得当，调动一切有利因素进行有效牵制，完全有能力挫败陈水扁的图谋。遏制“台独”是一个系统工程，需要有长期战略与短期策略相结合。就当前而言，制止陈水扁当局通过“宪改”制造“法理台独”，挑衅两岸关系现状，破坏台海地区的和平与稳定，已然成为海内外同胞乃至东亚地区各国人民最紧迫的任务。

【注释】

[1]［2］《陈水扁元旦文告》，东森新闻网2006年1月1日。

[3] －［6］《扁宪改主张相关谈话》，联合新闻网2006年1月2日。

[7]《联合晚报》2005年6月25日。

[8] 联合新闻网2005年10月11日。

[9]《陈水扁元旦文告》，东森新闻网2006年1月1日。

[10]《台湾日报》2006年2月12日。

[11]《中时电子报》2006年2月28日。

[12] 转引自北大未名站（2006年03月05日01：24：54星期天）

[13] 东森新闻网2006年3月14日。

[14]《工商时报》焦点新闻/A2版，2005年10月12日。

[15]《台湾日报》2006年2月12日。

[16]《中时电子报》2006年3月15日。

[17]《中时电子报》2006年3月17日。

[18] 李安妮：《我真的很在意》，刊载于自由时报电子新闻网2005年6月6日。

（国家社科基金“十五”规划重点项目《大国格局变动中的两岸关系》子课题，2006/03/20，与李振广/朱松岭合撰）

未来两年陈水扁当局大陆政策的可能走向

2005年底的台湾县市长选举，民进党遭遇到了执政以来的最大一次选举失败，这一事件可以说是陈水扁未来大陆政策调整的一个重要拐点。随后，陈水扁在“元旦文告”中对两岸政策进行了调整，即由原来的“积极开放、有效管理”转变为“积极管理，有效开放”，释出了紧缩两岸关系的信号；2006年春节，又抛出了要“认真考虑”废除“国统会”及“国统纲领”、以“台湾”名义申请加入联合国以及2007年举办“新宪公投”等三个冲击两岸关系的震撼弹。2月27日，陈水扁不顾各方的强烈反对，悍然宣布“终统”，表明了陈水扁实质上已经在一步步地向“法理台独”方向逼近，未来两年陈水扁当局的大陆政策走向已日益明晰。

一、陈水扁大陆政策的功能面向分析

一直以来，民进党的大陆政策兼具双重性格：即“台独”理念价值性取向与选举功能性取向。具体而言，民进党一方面顽固坚持“台独”立场和“台独”路线，在岛内推行“台独”意识形态的教育和灌输；另一方面则充分利用大陆政策的动员功能，为自己骗取选票、夺取与巩固权力服务。

从民进党的发展历程来看，这两种性格经历了激烈的斗争，在各派系之间的相互妥协中不断向前推展。在上个世纪的90年代初期，以理念性“台独”为基本取向的大陆政策在民进党中曾一度取得了优势的地位，1991年“台独党纲”因之出笼。但是经历了90年代中后期的政党转型，主张“急独”的势力要么转向“务实台独”（如“新潮流系”），要么退出了民进党（如1996年“建国党”的出走）。而2001年李登辉“台联党”成立后，更成了“急独”势力的大本营。在这个过程中，民进党“台独”的理念性取向日益减弱，以选举动员为基本取向的功能性“台独”则日益加强。

民进党及陈水扁大陆政策的调整，根本的着眼点是自身的政治利益。

“自建党以后，民进党的大陆政策的改变，或者说对两岸关系立场的变化，主要不是取决于两岸关系的实际发展状况，而是根据台湾岛内政治发展的需要而调整。换言之，民进党的大陆政策的基本动机，是反映该党在岛内政治发展中的要求。”

也就是说，民进党及陈水扁的大陆政策向功能性“台独”方向的演进，取决于“台独”路线在岛内动员的有效性。民进党自成立以来，在大陆政策上经历了一系列的演化过程。90 年代中期，民进党的转型取得了一定的进展，“台独”色彩不断弱化；2000 年的“总统”选举中，民进党也在不断地淡化其“台独”立场；其后，陈水扁在“台独”立场上的态度，也在摇摆中前行。笔者认为，民进党“台独”挂帅的大陆政策定型于 2002 年的“一边一国论”。陈水扁经历了这一次冒险，成功地测试出了各方底线，也成功地测试出了“台独”理念在岛内的动员力及可能给自己和民进党带来的现实和潜在的政治利益，并在相当程度上掌控了以后两年两岸关系发展的话语主导权。也正是因为这样，民进党在 2004 年的“总统”选举中，族群议题和统“独”议题就成为主打议题。

民进党大陆政策变化与调整的背后，还反映了岛内民众在统“独”认同问题上的心理结构——对两岸关系的发展预期产生了比较重要的变化。应该说，以往多数台湾民众不支持“台独”的基本出发点是对战争的恐惧，但是民进党上台以来所推进的“台独挂帅”的大陆政策，一度使“台独无害论”在台湾社会大行其道，从而使支持“台独”或不反对“台独”的民众不断增加。而“台独”路线和“台独”理念所凝聚起来的人气，则又从反向推动了民进党两岸政策向激进“台独”恶性发展。

陈水扁当局的大陆政策在过去六年的发展过程中已经形成了一种比较固定的模式。即通过不断变动的口头宣示来制造烟幕，但在实质上却逐步向“台独”的目标推进。陈水扁的两岸政策前言不搭后语已经是人所共知的现象，一会儿是“三通是必走的路”，一会儿“两岸是一边一国”，忽而儿是“台独不可能就是不可能”，但是却在“台独”路线上不断飙车。如果认真分析一下陈水扁过去六年来的大陆政策，其核心内容一直没有发生太大的变化，按照陈水扁两岸政策的重要智囊陈明通的说法：“长久以来外界总是批评民进党政府的大陆政策‘变来变去’，其实民进党政府的大陆政策有一套很清楚的战略目标。而达到这项战略目标的战略规划可以说相当的缜密，逻辑严谨与前后一致，若有所改变是为因应外在情势环境所作的战术调整，而非外界所批评的‘变来变去’。”

概括而言，陈水扁大陆政策的基本面向可以作如下认定：以台湾是一个“主权独立的国家”，现在的名字叫“中华民国”为基本定位，以迈向一个“正常国家”为基本方向，在这样的战略考量下，谋求两岸关系的突破与发展。这就是陈水扁长期以来在两岸政策上“变”与“不变”的逻辑关系。

陈水扁在两岸政策上的目标分为战略和战术两个层面：

从战略上讲，民进党当局要追求“台独”基础上的“两岸关系正常化”。陈明通说：“我们需要怎样的正常化两岸关系？正如民进党在 1999 年通过的‘台湾前途决议文’中所确立的目标，两岸关系正常化是建立在台湾主权独立，依目前的宪法称为中华民国，但与中华人民共和国互不隶属，这项既是历史事实，也是现状的基础上。”这个战略目标从来没有改变。

在战术上来看，陈水扁则充分榨取两岸政策的动员功能。一是借助于“台独”路线凝聚内部共识，强化自身的权力基础。民进党内部在多数议题上都没有共识，但是在“台独”议题上却有共识，即在民进党内早已没有不主张“台独”的自由。这既是民进党及陈水扁推动激进“台独”路线的结果，也是重要原因；二是借刺激大陆作出激烈反应，结合族群议题，在台湾内部进行政治动员。其大陆政策运用的策略及运用的时机与力度，均与民进党及陈水扁在权力斗争中的需要而定。每当民进党特别是陈水扁遇到困境的时候，两岸政策的动员功能就会被充分发挥，这已经成为陈水扁当局摆脱困境的不二法门。

换言之，陈水扁的两岸政策在战略上一直是相当明晰的，而其“变”仅是策略上的变，是战术的而非战略的举措。

从战略和战术相协调的角度出发，陈水扁当局一直在追求统“独”面向（认同面向）、经济与安全的冲突（利益面向）之间的平衡点。连接这两个面向的关键点就是“选票极大化”的策略。在民进党及陈水扁两岸隔绝的政策下，形成了经济面向与统“独”面向分离的吊诡现象。近几年来，两岸交流不断加强和扩大，但台湾民众的统“独”立场并没有明显的改变，从2005年底县市长选举获票率来看，民进党的支持度也没有减少。从这个意义上说，民进党对大陆政策的功能性操作基本上是成功的。台湾民众对民进党执政的不满，主要的不在于两岸政策而在于执政团队的贪腐与无能。

二、影响陈水扁当局未来大陆政策走向的基本因素

民进党当局大陆政策的走向，受到多种力量综合作用的影响，除去大陆因素、国际环境（特别是美、日台海政策）的重大影响之外，就岛内而言，归纳起来大致有以下几个方面：

（一）陈水扁正在为自己两年后的下台作准备。没有了连任压力的陈水扁，其两岸政策所考虑的核心已转向对自己政治前途的设计。如何保证自己在下台后不被清算并继续在台湾政坛上发挥影响力？是这一问题的两个最关键的中心点。从目前来看，陈水扁向“急独”方向迈进，玩弄的完全是当年李登辉的一套权谋：一方面是要主导议题，借以压制内部的不同声音，防止提前跛脚；另一方面则是向“台独”基本教义派输诚，以便继承业已来日无多的李登辉的衣钵，使岛内“急独”势力成为他下台后的“铁卫军”和发挥政治影响力的平台。

（二）陈水扁政策议题的选择空间几乎已丧失殆尽。简言之，陈水扁不可能将政治诉求的主要目标锁定在公共政策及其绩效上面。这是民进党和陈水扁的软肋，其在“治国”方面的无能已经是有目共睹。一旦民众的视野由意识形态转向民生议题，则民进党立即失去了动员的着力点，顷刻之间便会陷于被动；从另一方面来看，两岸议题在台湾社会的政治动员功能尽管其边际效应已逐步递减但却依然客观存在。换言之，操弄两岸议题、争取政治利益最大化还存在着一定的空间，陈水扁过去六年来对两岸议题进行操控的固有模式并没有完全失去效用，特别是在陈水扁和民进党陷入政治危机的时刻，炒作这一高度敏感的政治议题不仅“廉价”和得心应手，而且已经成为其唯一的“救命稻草”。

（三）泛蓝整合将使民进党内两岸政策分歧表面化。目前，岛内的政党

政治格局正在向着两党制的方向发展，泛蓝的整合也正在经历着新的变化。马英九的光环持续发酵，一旦两党制的格局形成，泛蓝支持群众重新集结，陈水扁和民进党面临的选举压力将骤然升高。这种情况必将使民进党内部在两岸政策上的分歧日益突显。道理至明，陈水扁自身没有了选举的压力，但民进党的其他政治人物却有。而欲取得选举的胜利，仅靠“台独”基本教义派的支持显然是不够的，必须争取中间选民的支持。而欲争取中间选民的支持，则必须淡化“台独”意识形态。如此一来，随着时间的推移，民进党内部在两岸政策上的矛盾分歧将会逐渐表面化、公开化，要求检讨、调整陈水扁“急独”路线的声音有可能会增强，从而使民进党的两岸政策进入“各唱各的调、各吹各的号”的混乱时期。

（四）“单一选区两票制”的新选制将对“台独”路线造成冲击。根据新的选罢法，2007 年的台湾“立委”选举将实行单一选区两票制。这是继“总统”选举之实质单一选区两票制以来又一次朝向这个方向的重大改革。这种选制将对民进党“台独”意识形态挂帅的情况产生影响。在目前复数单记非让渡制的选制下，全台湾二十九个大选区中，每个选区产生多名“立法委员”，选民只可投一票，依照候选人获得票数多寡决定当选与否。由于部分地区候选人只需获得百分之三得票率就可当选，候选人容易走偏锋、搞派系，以极端路线争取和巩固足够数量的小部分群众即可当选，中间选民的重要性在相当一部分候选人身上体现不出来。但是在单一选区两票制下，则必须争取最大多数选民的支持才有可能当选，这对于走惯了极端路线的不少绿营候选人来说是相当不利的。可以想见，在此种效果的拉扯下，“台独”意识形态在台湾政坛的影响力可能会逐渐褪色。

综上所言，从长期来看，台湾政治的发展对“台独”路线的推行是不利的，但是从短期和陈水扁个人的因素来看，“台独”路线的推行又是必须进行的。因此在未来的两年中，两岸局势的发展将是一个难以预测的关键期。

三、对影响陈水扁大陆政策若干因素之重新思考

观察陈水扁的大陆政策，必须对影响其大陆政策的若干因素作进一步的

清理，才能正本清源，找到问题的关键所在。

（一）台湾社会族群议题的动员功能尚未释放完毕。从根本上说，民进党“台独”路线的坚持和推动是台湾社会族群议题发酵的一个折射。事实上，民进党的崛起和政治势力不断扩增的历程，其本身就是在本省族群经过大规模的动员后，成功进入政治体系的结果；从反向来说，民进党自其成立的那一刻起，就已经自觉或不自觉地肩负起了反映台湾社会的族群矛盾和消解这种社会矛盾的双重功能。当然，这种局面并不是一成不变的，民进党可能在其发展过程中不断调整其政策策略，使政策向迥异于政党成立初期的方向推进。但在目前条件下，台湾政坛显然还没有出现那样的条件。具体原因有三：(1) 民进党在长期的政治操作中已经形成了族群动员的惯性，在没有经历重大的选举挫折之前，不可能促其真正的反省并作根本性的改变；(2) 台湾政党政治的发展尚处于初级阶段，政党反映族群分歧的特征还相当明显，社会回归理性还需要一个相当长的过程；(3) 族群地位和关系的规范、国家认同等问题，均是台湾社会最基本的结构性矛盾的反映。可以说，只要统一问题不解决，这种矛盾和分歧就会一直存在下去。在今后一段时间内，族群问题与国家认同问题交织在一起，仍有相当的操作空间。而且一直以来，从层次上说，族群议题和国家认同议题的动员功能甚至远远超过了民生议题。其实，这也正是陈水扁民进党执政六年如此之烂，至今尚能维持不倒的根本原因之所在。而这种奇怪现象，则是在正常运转的西方国家的政党政治发展中不可想象的。不过，从近期以来陈水扁民进党的民调支持度不断下滑的情况来看，这种不正常的怪现象似乎正在缓慢地改变之中。

（二）对台湾民意应作进一步深入研究。这里有几个问题要说清楚：(1) 台湾民意是经由政党不断塑造和引导、然后又为特定政党服务的。所以，台湾民意的突出特征一是其分裂性，二是缺乏理性；(2) 台湾民意在价值取向上与利益取向上的层次是相当分明的，支持两岸经济交流不一定不支持“台独”。甚至更为吊诡的是，两岸关系的存在与台商利益及台湾人民的利益形成了捆绑式的困境，即没有两岸问题就没有台商，也没有大陆对台湾人民利益的照顾。在这种情况下，大陆做台湾人民工作、对台湾展现善意往往被曲解为“讨好”台湾人民，是所谓“统战”阴谋；(3) 台湾媒体公布出的民调结果相当部分是不可信的。其中有议题设定上的陷阱，诸如“台湾人”与“中国人”的选择、“统一”与“独立”的选择等，其实已经预设了立场。更有甚者，各个政党均有公布假民调借以牟利的记录；(4) 台湾民意中一些固有的深层次的东西，有待我们进一步深入挖掘与研究。

（三）台海局势形成了各方相互制约的博弈模式。在长期的两岸博弈过程中，各方都形成了自己的底线和对台海形势的基本期待，即大陆对“台独”走向能够容忍的底线及两岸缓和政策、陈水扁及民进党当局对“台独”立场的坚持及对两岸适度紧张的操弄、美国对海峡两岸“不战不和、不统不独”现状维持的基本态度等等。如此形成了目前基本稳定的处理问题构架。如果两岸三方的力量平衡不出现大的变化，任何一方想突破现有格局都很困难。换言之，两岸三方在这个问题上均在追求自身利益的最大化，但是同时也不得不承认，每一方只能在力量平衡基础上形成次优选择。从这种变动的观点出发，在两岸问题上，不应过分强调美国的因素。美国的因素在两岸问题上所起的作用有多大，从根本上说是取决于两岸当局特别是大陆的态度与决心。

（四）陈水扁将更加强化其权力分配体系的功能。随着 2008 年日益临近，执政无能、诚信破产的陈水扁对争取民意的支持已完全失去信心。为防止“跛脚”，维持其统治，其所仰仗的唯有以自己为中心形成的资源及权力分配体系。陈水扁以此来控制民进党及其执政团队，并进而利用民进党及其执政团队来控制台湾社会及台湾政坛。这种情况在今年的党主席选举中看得很清楚。选举结果，被外界认为亲陈水扁的游锡堃当选。更令人跌破眼镜的是，由前党主席、民进党内有“圣人”之称的林义雄支持的候选人翁金珠得票率仅有一成。至于一向被外界看好的民进党另一位“天王”级的政治明星苏贞昌，自当上“行政院长”之后也不敢稍有造次，只会随着陈水扁的魔棒起舞。这说明以陈水扁为中心所形成的权力分配格局对局势的操控能力还是相当强的。可以预见，陈水扁在 2008 年选举即将临近、自身权力越来越弱化的情况下，只会更加强化这一权力分配体系的功能。民进党整个党已经被陈水扁及其一小撮利益集团所绑架，未来两年内民进党是否有能力摆脱这种困境，还有待观察。

（五）对民进党的支持基础要进行客观分析。（1）陈水扁的支持度与民进党的支持度要区别看待。换句话说，不支持陈水扁未必意味着不支持民进党。这从去年底进行的县市长选举中已经看得很清楚，尽管陈水扁的支持度不断下滑，但是民进党的获票率还能基本维持不坠；（2）民进党当局执政六年来，不断向台湾社会灌输“台独”意识，已经产生了严重后果。诚如台湾学者邵宗海所言，“陈水扁有心借用教科史书的台湾化、国语拼音的通用化、本土文化的全面化、母语教学的政治化等做法，应是希望将‘台独’理念透由文化与教育的管道予以渐进实现。”这样的做法除在台湾内部形成“统独”意识不同的族群相互对立之外，还在于其“台独”观念潜移默化地不断社会化。我们固然经常说支持民进党的群众不一定都支持“台独”，但是民进党在民生议题上敬陪末座和在道德形象上不断滑坡的情况下，其支持度仍能维持不坠，却值得我们认真思考。

四、陈水扁大陆政策走向蠡测

综合以上分析可以看出，陈水扁的“台独”路线在岛内仍有相当的支持基础，对于其自身更有现实需要、在国际社会仍有生存环境，在两岸之间仍有操弄空间。可以预料的是，陈水扁的“台独”路线和“台独”政策一定还会接着搞下去。而且，根据形势的需要，强度和力度也会有所不同。对陈水扁的大陆政策，可以归纳出短期和长期两个分析面向：

从短期来看，陈水扁的大陆政策在经历了“元旦文告”对两岸政策的调整和“终统”风波的冲击后，暂时处于一种相对的蛰伏期。其近期的大陆政策目标是：（1）修补与美国的关系；（2）凝聚内部共识；（3）缓冲两岸紧张局面。总之，为争取时间、疗伤止痛。

就长期而言，陈水扁对台海形势的总体期望是保持两岸关系的适度紧张。这是陈水扁维系其政权及民进党论述和凝聚力的一个基本的前提和条件。在过去几年中，陈水扁事实上沿着一条“冲突－妥协－巩固－提升”的道路在“台独”路线上向前推展，冲撞大陆及美国的两岸政策底线与疗伤止痛交替进行。在未来对两岸政策的操作与运用上，陈水扁会采用其一贯作法，就是每隔一段时间就会在“台独”议题上展开适度的口头或实质的“台独”动作，维持两岸的适度紧张局面。具体来说，陈水扁会继续游走于“法理台独”的边缘，而“宪改公投”议题则将是其炒作的重点。

陈水扁大陆政策功能实现的基本支点在于刺激大陆，迫使大陆作出激烈反应，从而达到将两岸局势重新适度拉高的目的。如前文所述，“台独”既是目的，更是工具。值得注意的是，在我对台政策已经调整的情况下，我方尽量避免随陈水扁的脚步起舞。这种情况事实上压缩了民进党当局在“台独”议题的操弄空间。两岸关系出现质变的可能性增加。两岸之间的紧张不升高则已，一旦升高，和此前两岸关系紧张的性质可能会有质的不同，台海局势重新回到战争边缘状态是极有可能发生的事情。原因很简单：（1）陈水扁要想实现政策期望，只能不断加大“独药”的剂量，两岸关系的紧张程度会空前加大；（2）“台独”议题本身可以操弄的空间已经不大。经过几年的操弄，现在“台独”目标实现的外围阻碍已经被基本拔除，剩下的只有“法理台独”的最终一搏；（3）不排除陈水扁误判形势，低估大陆遏制“台独”的决心与能力，利用2008北京奥运，借操弄“宪改”挑衅大陆，制造“台独”重大事变之可能。

陈水扁当局一直在试探、寻求实现“和平独立”的可能性，也就是在寻求经济整合与政治对抗二者兼容的大陆政策策略。两岸交流历经有年，但是台湾民众对两岸关系的态度并没有向支持统一的方向发展。这种现象给了陈水扁及其幕僚很大的想象空间。于是人们可以看到，陈水扁当局这几年来的两岸政策在一些经济和民生问题上其实是不断开放的。例如调整“戒急用忍”的经贸政策、扩大“小三通”、开放台商“春节包机”等等。陈水扁的如意算盘是：（1）在坚守“台独”立场的前提下逐步扩大两岸经济交流与合作，从快速发展的大陆经济中获取利益，以增强自身对抗大陆的经济实力；（2）以两岸经济交流合作为诱饵，换取大陆放弃一个中国原则和他上谈判桌，制造“国与国”接触谈判的事实。然而，陈水扁的上述政策毕竟难以售其奸，于是他便恼羞成怒，祭出所谓“积极管理”的新的两岸经贸政策，全面紧缩两岸交流，既展示其依然“一言九鼎”、“不会跛脚”，又可向“急独派”交心讨好，一箭双雕。

民进党大陆政策的决策是政策决策系统中的子系统，它同时受到各种因素的影响。在未来两年内，陈水扁对台湾政局主导权的消退，并不会像一般媒体所预期的那样快速。而民进党内反扁力量的集结，看来也需要一个较长时间的能量蓄积过程。而且，即便民进党内形成了扁系与反扁系力量的对抗，也不见得能在近期内在大陆政策上向比较务实理性的中间路线靠拢。尽管不久前陈水扁又向美国信誓旦旦地表态：以后不会再有“意外”，但事实一再证明，陈水扁是个完全不守诚信且极具冒险性的政治赌徒，其权力地位越是受到威胁，其孤注一掷在“台独”道路上飙车的可能性就越大。从这一角度而言，未来两年两岸关系已经进入了高危险期。

（2005年度国台办委托课题，不含“对策建议”部分，2006/03，与陈星合撰）

台商对大陆投资与台湾产业空洞化问题研究

前　言

台湾产业外移特别是台商对大陆投资始于20世纪80年代中期。伴随产业外移而来的岛内经济结构与产业发展的变化，逐渐出现有关台湾产业空洞化问题的研究与争论。

80年代后期，台湾学者就开始关注与讨论台湾产业空洞化问题。1987年，姚明嘉发表了《台湾产业空洞化》一文。他根据台湾80年代后期由于外汇的开放、进口管制的放宽、环保和劳工意识的高涨等经济环境的变化，岛内部分制造业（主要是劳动密集型产业）企业出现关门、转业或转移岛外，提出台湾产业出现竞争力空洞化问题。此后，随着台湾岛内生产经营成本的逐年上涨和投资环境的持续恶化，大量劳动密集型产业纷纷外移，学界对台湾产业空洞化的研究越来越多，也出现了不同的观点。纵观这些研究，台湾产业是否出现空洞化，主要根据两个标准判断：

其一，以岛内制造业在整个经济体系中的地位进行判断。台湾产业空洞化的产业究竟指的是何种产业，研究者一般定义为制造业。蔡宗羲教授“把产业空洞化定性为制造业就业绝对量与相对量均呈减少的状态”。陈添枝教授认为产业空洞化必须具备下列两个条件：第一，岛内制造业在国民生产中的比重下降。第二，制造业的生产能力相对下降。该产业空洞化的定义和发生要件成了岛内学者检验台湾产业空洞化的重要指标，并围绕此一标准出现了不同的观点。一是周添城与吴惠林（1990）为代表的否定派。吴惠林（1997）根据陈添枝与苏显扬（1988）所设定衡量产业空洞化的条件，认为台湾并没有发生产业空洞化现象。二是以吴荣义等为代表的肯定派。台湾知名经济学者吴荣义（1990）以全体工业部门的成长率较国民生产的成长率慢，认为台湾出现产业空洞化。谢宽裕（1999）从对外投资净额、失业率、制造业产值在GDP的比重这三个指标进行研究后认为，台湾产生了产业空洞化，并且他把产业空洞化归因为台湾产业过度转移到大陆造成的。另外，陈月霞、张淑华（1994）则认为，台湾整体并无产业空洞化的现象，只是个别行业。

其二，以产业外移与新产业能否衔接来判断是否发生产业空洞化。大陆学者李仁桂（1997）、鲍小华（2002）、黄如良及黄家骅（2003）等认为，台湾新兴高科技产业迅速发展，及时填补了传统产业外移所释出的空间，台湾产业外移不会造成产业空洞化。

从现有研究文献资料判断，两岸学者对台湾是否存在产业空洞化问题，显然有截然不同的两种观点。根据上世纪 80 年代以来台湾经济、产业发展形势判断，台湾确实存在产业空洞化问题。产业空洞化主要指一个国家或地区在经济发展与产业结构调整过程中，制造业与生产活动大量外移，造成内部制造业产值比例、就业人口比例、失业率等明显下降，制造业生产竞争力下降，形成“外实内虚”的局面，并由此产生一些负面经济影响。

20 世纪 80 年代中期后，台湾产业大举外移，生产基地逐渐转向大陆等地，制造业产值比例与就业人口比例下降显著，出现明显的产业空洞化现象。同时，由于传统产业率先外移，特别是转移到生产要素低廉的大陆，为台湾高科技产业的迅速发展创造了条件，使得台湾产业结构转型升级较为顺利，从而将产业空洞化的负面影响降到最低，否则若不将不具竞争力的产业转移大陆，台湾产业与经济发展受到的冲击更大，产业难以顺利转型。可以说，台湾产业外移大陆与某种程度的产业空洞化是台湾经济发展的一种必然选择与客观规律，是岛屿型与外向型经济发展难以避免的趋势。

一、台湾产业外移与台商对大陆投资

产业外移是经济全球化发展与企业国际化发展的基本趋势，是产业在全球范围内分工的表现。产业外移主要是企业通过直接投资方式在海外投资设厂，将资本、设备、管理、技术和专业人才等移往海外，从事经营活动，以获取最大经济利益。台湾对外直接投资起步相对较早，但大量的产业外移则是始于上世纪 80 年代中期以后。

（一）台湾产业外移与对大陆投资发展特征

从上世纪60年代开始，台湾便接受美日等发达国家产业的外移，对台湾经济发展起到了积极作用，台湾也逐渐步上工业化发展道路，并取得成功，在70年代末一举成为新兴工业化地区。进入80年代后，由于岛内外经济环境的巨大变化，尤其是新台币迅速升值及岛内工资、土地等生产成本的大幅上升，岛内一些失去比较利益或竞争力的产业开始大规模向外转移，尤其以东南亚地区与中国大陆为最重要的外移地区。这一波台湾劳动密集型产业外转移过程大致可以分为五个阶段：第一阶段为1986—1991年，台湾对外投资主要流向东南亚地区；第二阶段为1992—1994年，主要流向大陆；第三阶段为1995—1997年，对大陆增加有所放慢，对东南亚地区投资有所上涨；第四阶段为1997年东南亚金融危机爆发后到2003年，台湾电子信息产业主要向大陆转移，而对东南亚地区投资显著减少；2004年后，台湾产业对大陆的转移放慢，对东南亚新兴地区如越南等地的投资明显加快。总体上看，台湾产业（主要是指制造业）外移大陆的比例越来越大，大陆成为台湾在海外最大的制造基地。

表1　台湾对外直接投资及大陆所占比重

单位；百万美元；( ) 内为所占比例%

年份	制造业		非制造业		合计
	大陆以外地区	中国大陆	大陆以外地区	中国大陆	
1991	894.7 (48.9)	173.1 (9.5)	762.7		1830.5
1992	379.2 (33.5)	246.4 (21.7)	508.7		1133.6
1993	882.3 (18.3)	2951.7 (61.1)	995.4		4829.4
1994	562.1 (21.8)	884.9 (34.3)	1131.9		2578.9
1995	588.9 (24.0)	993.6 (40.6)	768.0 (31.4)	99.2 (4)	2449.6 (100.0)
1996	652.1 (19.2)	1116.0 (32.9)	1513.3 (44.6)	113.3 (3.3)	3394.6 (100.0)

续表

年份	制造业		非制造业		合计
	大陆以外地区	中国大陆	大陆以外地区	中国大陆	
1997	968.9 (13.4)	3917.0 (54.2)	1925.0 (26.6)	417.4 (5.8)	7228.1 (100.0)
1998	1038.6 (19.5)	1833.6 (34.4)	2257.8 (42.4)	201.0 (3.8)	5331.9 (100.0)
1999	985.3 (21.2)	1166.1 (25.8)	2283.7 (50.5)	86.7 (1.9)	4521.8 (100.0)
2000	970.9 (12.6)	2389.8 (31.1)	4106.2 (53.4)	217.4 (2.8)	7684.2 (100.0)
2001	1772.9 (24.7)	2534.6 (35.30)	2618.8 (36.5)	249.6 (3.5)	7175.8 (100.0)
2002	866.2 (8.6)	6088.5 (60.3)	2503.8 (24.8)	634.5 (6.3)	10093.5 (100.0)
2003	749.0 (6.4)	6843.2 (58.6)	3219.6 (27.6)	855.6 (7.3)	11666.4 (100.0)
2004	1532.8 (17.4)	6301.8 (71.7)	1849.3 (21.0)	638.7 (7.3)	8789.9 (100.0)
2005	663.8 (7.9)	5313.2 (62.8)	1783.7 (21.1)	693.7 (8.2)	8454.4 (100.0)
合计	13507.7	42723.5		4207.1	87162.6

资料来源："台湾经济部投资审议委员会"，2005年12月。

从台湾对外直接投资数据分析，1991－2005年期间，台湾对外直接投资高达871.6亿美元，其中对大陆投资达469.3亿美元，占台湾对外总投资的53.8%。其中，台湾对大陆制造业投资呈波浪式上升状态，1993年出现第一个高峰，台湾对大陆制造业投资达29.5亿美元，占该年台湾对外投资总额的61.1%，1994年开始回落；1997年出现第二个高峰，该年台湾对大陆制造业投资高达39.2亿，占该年台湾对外投资总额的54.2%，1998年又开始回落；2002年出现第三个高峰，该年台湾对大陆投资达到了60.9亿美元，占台湾对外投资总额的60.3%。2002－2004年，台湾对大陆投资保持平稳状态，2005年投资金额有所回落，但仍占台湾对外投资总额的62.8%。

台商对大陆投资出现的三个高峰期与当时岛内外的政治、经济环境有直接关系。1992 年，邓小平南巡讲话，中国共产党第十四次代表大会召开，确立经济体制改革的目标，建立社会主义市场经济体制，大陆进入新一轮改革开放的发展时代，台商更加看好大陆市场发展前景，纷纷前往大陆投资，形成第一个高峰期。1997 年形成的第二个高峰期与该年香港顺利回归有直接关系。2001 年 12 月、2002 年 1 月，大陆和台湾先后加入世界贸易组织，为台商加快对大陆投资提供新的契机，于是出现了第三个高峰期。

台湾产业向大陆转移，主要集中在制造业领域，非制造业投资比重较低，2005 年仅占 8.2%；而对大陆以外地区投资则自 1992 年以来逐渐转向服务业，制造业投资比重日益减少，显示台湾产业外移主要是将制造业生产基地转移大陆。

台湾产业外移还表现出如下特征：

一是台湾对外投资地区结构随着外部环境而变化。80 年代初期以前，台湾对外投资以美国为主，后来，随着美国贸易保护主义的增强，台湾对美国出口产品受到限制，于是 80 年代中期起，台湾对外投资逐渐转向东南亚地区与中国大陆。1997 年亚洲金融危机爆发后，台湾对海外投资地区（大陆除外），再次从亚洲为主转向美洲为主。这主要是因为台商把英属中美洲的免税区作为资金的汇集点或中转站，以绕过台湾当局对大陆投资政策的限制，台湾输往海外的资金，尤其是对维尔京群岛、百慕大、香港等地的投资，相当一部分都转往大陆。进入 21 世纪以后，对大陆投资成为台湾对外投资最为重要的地区。2002 年起，台湾对大陆投资（含补办金额）已超过其对其他海外地区投资总和，占台湾总对外投资总额比重达 70% 左右。与此相反，台湾对大陆以外地区投资在 2000 年后一路下滑，2001 年负增长 13.5%，2002 年又再下降 23.3%，这种下降趋势直至 2003 年末才有所改变。可见，如果考虑大陆部分，则新世纪以来台湾对外投资呈现增长趋势，若不考虑大陆部分，则呈现下降趋势。

二是从上世纪 80 年代中期以来，台湾先后经历了两次大规模产业外移。第一次是 80 年代中后期与 90 年代初期，主要以传统产业为主。1988 - 1997 年，台湾对外投资累计达 148.68 亿美元，在制造业对外投资中仍以传统的

表 2　台湾制造业对外投资地区构成演变（1986－2001 年）

单位：百万美元；（）内为所占比例%

投资地区	1986－1991	1992－1994	1995－1997	1998－2001	合计
美国	898.22 （31.9）	420.43 （6.9）	527.93 （6.4）	2298.1 （14.33）	4190.52 （12.3）
欧洲	71.02 （2.5）	217.63 （3.6）	71.86 （0.9）	202.6 （1.26）	565.11 （1.7）
东南亚	1487.70 （52.8）	941.83 （15.5）	1170.20 （14.3）	1920.458 （12.0）	5576.128 （16.7）
中国大陆	173.06 （6.1）	4082.92 （67.1）	6011.75 （73.3）	8678.6 （54.23）	18946.83 （56.87）
其他	187.98 （6.7）	419.55 （6.9）	422.92 （5.2）	2935.24 （18.31）	4000.55 （12.0）
合计	2817.98 （100.0）	6082.37 （100.0）	8204.65 （100.0）	16034 （100.0）	33321.74 （100.00）

资料来源：1. 1959－1997 年数据根据台湾“经济部投审会”（1997 年 12 月）相关数据整理；2. 1998－2001 年数据根据《台湾外资投资与对外投资－日本贸易振兴委员会白皮书》整理，转引自李非：《台湾经济发展通论》，北京：九州出版社，2004 年 6 月版，378 页。

表 3　2000－2005 年台湾对外投资地区变化情况

（单位：百万美元%）

国别地区	2000 年		2001 年		2002 年		2003 年		2004 年		2005 年	
	金额	比重	金额	比重	金额	比重	金额	比重	金额	比重	金额	比重
美国	861.3	39.1	1092.7	30.0	577.8	21.0	466.6	12.4	557.0	18.0	314.6	13.7
英属中美洲地区	2248.1	10.2	1693.4	46.6	1575.1	57.3	1997.2	53.1	1155.2	37.40	1261.6	55.0
巴拿马	212.1	9.6	5.65	0.1	66.7	2.4	169.1	4.5	55.6	1.8		
日本	312.2	14.2	169.0	4.6	23.6	0.9	100.4	2.7	149.3	4.8	42.6	1.9
新加坡	219.5.	10.0	378.3	10.4	25.8	0.9	26.4	0.7	822.2	26.6	97.7	4.3
菲律宾	12.9	0.6	46.2	1.3	82.8	3.0	2.4	0.1	2.4	0.1	14.9	0.6
印尼	33.7	1.5	6.1	0.2	9.2	0.3	12.8	0.3	2.4	0.1	9.1	0.4
泰国	49.8	2.3	16.3	0.4	6.0	0.2	49.0	1.3	8.7	0.3	20.3	0.9
马来西亚	19.4	0.9	45.5	1.3	32.0	1.2	50.2	1.3	35.5	1.1	28.2	1.2
韩国	93.0	4.2	12.1	0.3	5.2	0.2	10.7	0.3	6.4	0.2	3.6	0.2

续表

国别地区	2000 年		2001 年		2002 年		2003 年		2004 年		2005 年	
	金额	比重	金额	比重	金额	比重	金额	比重	金额	比重	金额	比重
欧洲	62.2	2.8	45.6	1.3	123.4	4.5	77.4	2.0	62.1	2.0	299.4	13.1
越南	54.0	2.5	30.9	0.8	55.2	2.0	157.4	4.2	95.1	3.0	93.9	4.1
香港	47.5	2.2	94.9	2.6	167.1	6.0	641.3	17.1	139.7	4.5	107.6	4.7
合计 1	2202.4	100.0	3636.65	100.0	2749.9	100.0	3760.9	100.0	3091.6	100.0	2293.5	100.0
祖国大陆	2607.1	54.2	2784.1	43.4	6723.1	71.0	7698.8	67.2	6940.7	69.2	6006.9	71.8
合计 2	4809.5	100.	6420.75	100.0	9473.0	100.0	11459.7	100.0	10032.3	100.0	8360.4	100.0

资料来源：根据台湾“经济部投审会”（2005 年 12 月）资料整理而成。

注：合计 1 不含大陆部分；合计 2 大陆部分；大陆 1 为占合计 2 比重。

劳动密集产业为主，代表资本密集或技术密集产业的机械产业只占 2.38%，表明台湾的机械产业仍未失去比较利益而外移。在制造业对外直接投资中，电子电器产业占 25.85%，而且从 1995 年对外投资急速扩大，但多为中下游及在岛内失去优势的产业。台湾第二次大规模产业外移发生在 90 年代中后期。由于全球电子产业分工的深化发展以及国际跨国公司纷纷采取供应链管理模式，作为台湾制造业龙头的电脑周边产业也开始将生产基地外移。第二次产业外移以电子电器为主体的高科技产业为主。这一阶段，资讯电子产业的海外投资逐年上升。以电子电器业为例，1952 – 1990 年，台湾制造业的直接外商投资的资本净流入达 71.8 亿美元，其中电子电器产业为 21.4 亿美元，占制造业资本净流入的 29.8%。自 1993 年起，台湾制造业的直接投资除了 1995 年为净流入外，其余各年均为净流出，表示台湾地区的制造业的资本外移超过外部资本的流入，形成资本净流出的局面。1991 – 2003 年，制造业的直接投资净流出高达 236.3 亿美元，其中电子电器业直接投资净流出为 65.3 亿美元，2000 – 2005 年，台湾制造业 FDI 净流出为 260.1 亿美元，其中电子电器业 FDI 净流出为 115.9 亿美元。可见，近年来，在台湾制造业资本外移的大背景下，以电子电器为主体的高科技产业外移更加迅速。

三是台湾对外投资主体从中小企业主导转向大型企业主导。随着两岸经济交流与合作规模的不断扩大，先行一步的台湾中小企业，主要是中下游企

表5　台湾地区对外投资制造业概况

（单位：亿美元;%）

年份	侨外对台湾地区制造业投资金额（A）		台湾地区对外（含祖国大陆）投资制造业金额（B）			对祖国大陆投资制造业金额（D）				对外投资制造业净额（A－B）	
		电子与电器		电子与电器（C）	比率（C/B）		比率（D/B）	电子与电器（E）	比率（E/D）		电子与电器
1952－1990	94.1	31.4	22.4	9.9	44.2	—	—	—	—	71.8	21.4
1991	12.3	5.7	8.9	0.6	6.7	1.7	7.6	0.3	17.6	3.3	5.1
1992	7.4	3.2	5.0	0.7	14.0	2.5	50.0	0.3	12.0	2.4	2.5
1993	6.7	2.3	38.3	5.5	14.4	29.5	77.0	4.5	15.3	－31.6	－3.2
1994	9.2	3.0	14.4	4.7	32.6	8.8	61.1	1.6	18.2	－5.2	－1.5
1995	19.8	12.4	15.7	4.1	26.1	9.9	63.1	2.1	21.2	4.1	8.3
1996	8.9	4.4	17.6	5.3	30.1	11.2	63.6	2.8	25.0	－8.7	－0.9
1997	23.1	9.5	48.7	14.0	28.7	39.1	80.3	8.8	22.5	－25.6	－4.5
1998	18.5	12.1	28.7	12.7	44.3	18.3	63.7	7.6	41.5	－10.1	－0.7
1999	15.4	10.3	21.4	12.8	59.8	11.7	54.7	5.4	46.2	－6.0	－2.4
2000	16.7	10.9	32.6	21.1	64.5	23.0	70.6	14.6	63.5	－15.8	－10.1
2001	17.7	10.6	42.8	27.1	63.3	25.1	58.6	12.5	49.8	－25.1	－16.5
2002	12.3	6.6	69.4	31.5	45.5	60.8	87.6	26.2	43.1	－57.1	－24.9
2003	14.7	9.6	75.6	26.1	34.5	68.2	90.2	23.3	34.2	－60.9	－16.5
2004	21.2	13.2	78.3	41.9	53.5	63.0	80.5	30.4	48.3	－57.1	－28.7
2005	15.6	8.6	59.7	27.8	46.6	53.1	89.0	24.0	45.2	－44.1	－19.2
1991－2003	182.9	100.6	419.2	165.9	39.6	309.8	73.9	110.0	35.5	－236.3	－65.3
2000－2005	98.2	59.5	358.4	175.5	148.1	293.2	249.9	131	136.8	－260.1	－115.9

资料来源：1952－2003年数据，根据台湾行政主管部门主计处“国情统计通报”（2003年7月22日）的数字整理而成；2004－2005年数据，根据台湾“经济投审会”（2005年12月）相关数据整理而成。

业，拉动了对台湾生产原材料及半成品的需求，从而促进供应原材料的台湾中上游工业生产企业也前来大陆服务。在新一波的产业外移中，越来越多的大企业加入了外移生产的行列。台湾许多大型厂家已在大陆生产高技术产品，并带动相关配套企业形成产业链，从而形成大企业主导的新格局。

四是产业外移从个体投资转向群聚式投资。由于投资项目逐渐以资本、技术密集产业为主，投资形态从以往单纯的租用厂房、进口设备、原材料等进行简单装配加工制造的短期策略，转变为自拥资金、生产设备、购买厂房及土地使用权等“生根”式的长期营运方式，投资年限逐渐延长。在外移产业中，电子资讯业的产业群聚现象最为明显，目前台商在大陆地区的群聚投资区域主要是华南的“深圳—东莞—广州珠江三角洲产业带”和“上海—苏州—杭州长江三角洲产业带”。前者以劳动密集型产业、桌上型电脑以及手机零组件为主，后者以半导体、笔记本电脑等为核心，而其他电脑周边产品与零组建是两大区域皆有的产业群落。

（二）台湾传统产业外移与台湾产业结构转型升级的关系

从20世纪80年代中期起，已失去生存空间的台湾传统产业外移，台湾的产业资源得到了有效配置。传统产业充分利益大陆与海外资源继续发展，不断产生效益，同时台湾岛内则集中资源发展信息电子产业，并成为台湾的主导产业，顺利完成了产业的转型升级，台湾因此由过去的传统劳力密集型加工出口基地转变为国际重要的技术密集产品加工出口地。

根据美国哈佛大学弗农教授的产品生产周期理论，产品的成长过程可经历三大阶段：第一阶段为新产品时期，第二阶段为成熟产品时期，第三阶段为标准化产品时期。在新产品时期，厂商仍处于开拓本地市场阶段；到成熟时期，由于本地市场趋于饱和，厂商必须进行出口扩张，进入开拓海外市场阶段；一旦进入标准化产品时期后，该产品便进入海外直接投资阶段，以直接供应当地市场或利用当地廉价生产因素降低生产成本。以此观之，各国或地区的经济发展程度不同，所以进行进口替代及出口扩张的时间也就有先后之别。产业外移，若没有再创新产品，或引进新产品，以填补产业外移的缺口，有可能出现产业空洞化。反之，将产业外移的国家或地区，只要不断创造新产品或引进创新产品，不但不会发生产业空洞化，反而有利于产业结构转型升级。台湾第一阶段产业外移流出的资本以低技术资本居多，流入的以高技术资本为主。

台湾第一阶段产业外移期间，净流入台湾的资本集中在机械、化学和电子电器等技术密集度高的先进行业，净流出资本的却是食品、纺织等技术密集度低的行业。说明台湾一方面在接受先进国家转移出来的产业资本，另一方面向后进国家淘汰部分夕阳产业。根据资本流动的具体产业类别分析，台湾非但没有发生明显的产业空洞化问题，相反其产业结构正是在这种资本“优进劣出”中得到了优化。台湾第二阶段产业外移，1998－1999年期间，资本净流出的仍是技术密集度低的资本。技术密集度高的行业，如机械、化学、电子流入金额大于流出金额。然而，2000－2005年期间，无论是技术密集度低的行业，还是资本、技术密集度高的行业，台湾流出资本金额都大于流入金额。若从纵向角度看，只有化学这个行业，流入台湾的总额大于台湾流出的总额。

根据Porter（1990）《国家竞争优势》分析，一国或地区产业外移对本国（地区）竞争力的影响要视是何种产业外移转出而定。如果外移的是本国生产率较低的落后产业，则这种产业外移并不可怕。长远而言，落后产业外移是产业升级的必经之路。一国或地区经济的迅速发展一般都伴随着产业结构的快速更新与升级换代，那些产业结构不变甚至退化的国家反而是那些经济停滞不前甚至出现负增长的国家。相反的，如果移出的是本国的高生产率的优势产业，则产业外移会导致本国竞争力下降。

20世纪80年代中后期和90年代，在传统产业外移及岛外流入的高科技产业资本的推动下，台湾以资讯产业为主体的高科技产业快速发展，逐步成为经济发展和增长的主要推动力和增长点，推动了台湾高科技产业发展和产业结构升级，台湾产业空洞化问题并不严重。

台湾三大产业结构在不断优化。1952年台湾农业产值占GDP比重历年最高，三大产业产值各占32.2%、19.7%和48.1%；1986年工业比重达最高，三大产业分别占5.6%、47.1%和47.3%；1988年服务业产值首次超过农工业产值之和，并逐年上升，到1999年已达64.3%。由此可见，台湾农业和工业在国民经济中的产值比重在依次达到最高点后逐渐下降，服务业的比重则不断增加。1988－1998年间，台湾服务业的实际成长率年均高达10.3%，不但远高于6.8%的经济成长率，更为制造业成长率的2.4倍，显示服务业已成为产业发展的主流。说明台湾工业的部分产业资本外移，为服务业腾出了发展的更大空间，台湾产业结构得以向着“三、二、一”的方向不断优化，产业结构明显升级。

从按生产要素的密集度进行分类的产业类别上看，传统资源型和劳动密集型产业逐步被资金、技术密集型产业取代。从1987—1997年制造业22个行业的产值变动情况来看，传统产业产值比例已经从1987年的38.11%下降到1997年24.16%，而化学工业、金属基本工业、电力及电子器材工业和运输工具业等资本技术密集型产业的产值在制造业总产值中的比重已过半，达到51.83%，也说明该类产业已经取代劳动密集型产业成为经济持续增长的主力。进入90年代以后，电子工业等资本技术密集型更成为制造业增长的主力。根据台湾经济研究院资料，从1981年至1998年间，产值增长较快的制造业行业依次为：高技术中资金密集行业、中技术中资金密集行业、高技术高资金密集行业、高技术低资金密集行业、高资金中技术密集行业，增长下降的是“低资金、低技术密集行业”和“中资金、低技术密集行业”。可见，“高技术、中技术、高资本密集产业”发展最为迅速。到90年代末，台湾高技术密集型产业所占的产值比重占近40%，而劳动密集型产业的产值比重则下降至不到30%。产业结构由劳动密集型产业为中心逐步向资本密集型产业为中心，再向知识技术密集型产业为中心的方向转移。台湾逐步实现了经济转型和产业升级，确立了资讯产业的主导地位。不过，2000年下半年以来，全球电子信息产业生产和供应体系出现重大变化，台湾资讯产业步入新一波调整和升级时期，资讯产品生产线的大规模外移正是适应这一调整的需要。

（三）台湾高科技产业外移与产业空洞化

20世纪90年代中期以前，台湾IT产业已开始对外投资，但这时岛内科技厂商的对外投资主要集中于发达国家特别是美国，投资动机以获取技术与接近市场为导向，而非为成本节约。亚洲金融风暴后，台湾高科技产业大批到岛外寻找新的发展机遇，以提高产业竞争力。台湾IT产业开始大规模外移，其对外投资地区也转向东亚地区特别是大陆地区，而且转移速度呈加速趋势。

1. 台湾高科技产业对大陆及海外投资发展特征

台湾产业外移最受瞩目的首推电子及电器产业。1993年开始，台湾制造业的外商直接投资除了1995年呈现正值外，其余皆为负值。台湾对大陆电子及电器产业直接投资占台湾对大陆制造业外商直接投资的比率，也逐年波动增加，2000年高达61.4%，2001年开始回落。电子及电器产业是当今高科技产业重要的一环。90年代后期开始，台湾这些龙头产业的外商直接投资即呈现明显的净流出，其中对大陆直接投资净流出的情况更为显著。1992—2005年台湾对大陆电子电器产业投资达164.07亿美元，是台湾对大陆以外地区电子电器产业投资金额的近2.3倍。

表8　台湾电子及电器产业FDI流入与流出（1992－2005）

单位：亿美元

年度	外国对台湾	台湾对大陆以外地区	台湾对大陆	对外投资总额	对外投资净额	台湾电子业到大陆FDI占制造业比率*
(1)	(2)	(3)	(4)	(5)=(3)+(4)	(6)=(2)-(5)	(7)
1992	3.23	1.31	0.34	1.65	1.57	13.8
1993	2.26	1.04	4.45	5.49	-3.22	15.1
1994	2.96	2.89	1.57	4.46	-1.50	17.8
1995	12.41	1.95	2.14	4.09	8.31	21.6
1996	4.43	2.51	2.76	5.28	-0.85	24.8
1997	9.52	5.25	8.75	14.00	-4.48	22.4
1998	12.05	5.15	7.58	12.74	-0.68	41.4
1999	10.34	7.37	5.37	12.75	-2.41	46.1
2000	10.92	6.40	14.64	21.05	-10.12	61.4
2001	10.55	14.51	12.54	27.05	-16.50	49.9
2002	6.62	5.35	26.18	31.53	-16.5	43.0
2003	9.62	2.80	23.30	26.10	-16.48	34.0
2004	13.21	11.47	30.44	41.91	-28.70	48.3
2005	8.55	3.79	23.96	27.75	-19.20	45.1
合计	116.71	71.83	164.07	235.9	-110.78	38.6

*表示台湾对大陆电子及电器产业FDI占台湾对大陆制造业FDI的比率。

资料来源：1. 1992－2001的数据来自“台湾经济部投资审议委员会”编印华侨及外国人投资、对外投资、对大陆间接投资统计月报（2002年7月）第10－13、69－72、75－78页。

2. 2002－2005年的数据来自“台湾经济部投资审议委员会”编印华侨及外国人投资、对外投资、对大陆投资统计月报（2005年年12月）第44、62、82页。

1999 年开始，台湾电子电器业占台湾对外投资制造业比重就达到了 59.8%，2000 年、2002 年更达到了 64.5%、63.3%。此后，由于全球电子产业泡沫破灭加之继后复苏不如预期，2002、2003 年台湾对外投资电子电器比重有较大幅度下滑，分别降至 45.5% 和 34.4%，但仍占据台湾对外投资制造业绝对优势地位，在对祖国大陆投资中，电子电器业比重平均高达 42.6%，在对大陆以外地区投资中所占比重达 17.2%。

推动台湾电子产业对外投资迅速增加的主力，是 IT 产业，特别是电脑硬件产业。1994 年，台湾信息硬件产业的海内外总产值为 115.8 亿美元，其中海外生产产值为 30.03 亿美元，占整体产值的 20.6%；此后，台湾信息硬件产业的海外生产比重迅速上升，到 2000 年高达 51.8%，首次超过台湾岛内产值。其中在祖国大陆生产值所占比重由 1995 年的 14% 迅速增加到 2000 年的 38.6%，成为台湾信息硬件产业在海外最主要的生产基地。目前台湾信息硬件产业在大陆制造比重达到 80% 以上，岛内制造比重迅速下降 10% 以下。

如果说 90 年代中期以后台湾 IT 产品的外移更多的是体现在中下游产品，或是在岛内已趋成熟的产品的话，那么在步入 21 世纪之后，台湾 IT 产业的主力或核心产品也开始出现加速外移的趋向。笔记本电脑（NB）是台湾信息硬件产业在 90 年代后半期才确立的新的优势产品，其国际市场占有率在 1997 年仅 31.5%，但由于日本厂商大量释出代工订单，到 2000 年已迅速升高到 52.5%，其国际市场占有率排名自 1998 年起高居首位。在祖国大陆的生产值均已超过岛内产值。而另一重要核心产业半导体工业，在进入 21 世纪后，其赴祖国大陆投资势头也在加强。除了已在大陆投资的中芯国际、宏力、和舰等半导体制造厂商可见台商的影子外，台湾半导体产业的两大巨头台积电和联华电子，在台当局于 2002 年宣布“小规模、低度开放”8 英寸芯片制造业赴大陆投资后，也加紧在大陆进行投资布局。台积电在上海的 0.25 微米 8 英寸芯片投资案获台湾当局通过，正式开始了在大陆的投资。更为引人瞩目的是，岛内从 1999 年才开始崛起的 TFT－LCD 产业（液晶面板），已开始了向外尤其是向大陆转移的步伐。台湾“面板五虎”着眼于大陆市场、节省劳力成本及就近供应下游客户等因素，近年来纷纷将其面板生产的后段模块（LCD－LCM）Z组装移至大陆（参见表10）。同时，随着台湾笔记本电脑等相关产业的生产基地移向大陆，以及大陆液晶电视市场的不断扩大，大陆对台湾液晶面板产品的需求迅速上升，已成为台湾液晶面板产品出口的重要市场。

2. 高科技产业外移与“新产业空洞化”问题的出现

台湾IT产业的大规模外移，对岛内IT产业的发展生态将造成重大的影响。从台湾IT产业外移的形式来看，基本上仍是生产线的外移，即将原来以岛内为主的代工生产基地转移至祖国大陆等低成本地区。这种生产基地外移的直接结果就是，岛内生产量的相对减少和台湾IT产业高速增长时代的结束。随着低价电脑时代的来临，台湾信息硬件产业的利润也越来越低。产业增长的趋缓和利润的下降，岛内信息电子工业的投资意愿开始下降。据台“经济部”在2001年3月对岛内投资实况的调查，信息电子工业中只有28.8%的厂商表示将增加岛内投资，41.4%的厂商维持不变，29.8%的厂商表示将减少投资。厂商减少投资的原因，以营运和获利状况不佳（占40.65%）、劳动成本上涨（占32.37%）、同业竞争激烈（占30.58%）、目前设备已足够（占24.82%）最为主要。而实际上，2001年台湾经济大幅滑坡，岛内投资衰退局面更为严重，整个民间投资衰退幅度高达26.7%，占民间投资比重越来越高的信息电子工业投资也不例外。目前，岛内IT产业除了液晶显示器产业在兴建中的12英寸芯片制造业外，缺乏足以吸引民间进行大规模投资的新机会。同时，外商投资也大幅下滑。2000年以前，台湾的侨外投资大体上呈稳定的增长趋势，但自2000年出现79.8%的高增长后，随后的两年则是持续的大幅下滑，2001年负增长32.6%，2002年负增长36.2%。即使在全球经济景气复苏、投资活跃的2003年，外商投资也仅出现低基期基础上的小幅回升，升幅仅为9.3%，比照世界经济景气波动走势，台湾外商投资的衰退以及复苏乏力，远远超出合理性范围。

岛内IT产业的过快外移，未像传统产业外移那样给后起的电子产业提供从容的成长、适应空间。由于既有电子产业的主力大量外移，新的产业又未能及时成长壮大加以弥补，使整体制造业无论是产值增长率、投资增长率还是产值占GDP比重在90年代后期以来都在持续下滑。尤其在2000年到

2003年4年间，台湾制造业生产指数年均增长仅2.1%，远远低于90年代年均5.3%的增长率；其占岛内GDP的比重也由1997年的27.8%下降到2003年的25.5%。从台湾主要信息硬件产品的岛内生产量看，大部分产品由于生产基地的外移，其岛内生产量及出口值在90年代后半期均出现下滑趋势，像台式电脑、电脑终端机、扫描仪、监视器等产品，在2001年的岛内产量已降低至其生产量最高峰的一半以下；外移比例较大的监视器、终端机、资讯零组件等出口值均处于停滞或滑坡状况。同时，制造业提供的就业人数自90年代后半期也出现停滞甚至下降，制造业对外投资越来越集中于电子产业且呈现净流出，这使得产业空洞化的阴影再度笼罩台湾。

按照传统的产品生命周期理论，只有在一国或地区的某个产业的生命周期进入成熟和标准化阶段后，才会以直接投资的方式向外大量转移。上世纪80年代末到90年代初，大量外移的传统产业在岛内确实已步入成熟期，在岛内生命周期走向尽头。但对于90年才迅速崛起的台湾IT产业而言，其近年来加速外移的现象显然不足以用产品生命周期理论来解释。因为该产业的许多产品如笔记本电脑、液晶显示器等在90年代末期才刚刚兴起，在岛内是典型的新兴产品，远未走向成熟阶段。但国际电子产业分工的深化发展，却改变了这一轨迹。90年中期后，随着IT产品的低价化和生命周期的大大缩短，使得国际跨国公司大量采用供应链管理（Supply Chain Management）模式，即将产品的研发、制造、运输、存货、采购、配送、售后服务等各个环节加以细致的整合，将生产尽量推近市场，避免IT产品因运输周期或存货过剩，造成价值随着产品的生命周期结束而降低。过去以生命周期理论及雁行分工模式为依据的分工方式因此被打破。

在国际跨国公司采取供应链管理的形势下，以代工生产为主的台湾相关产业要想在全球经济分工中获得新的立足点，就要跟随跨国公司的全球战略转移，积极在低成本的亚太地区（尤其是中国大陆）投资布点。台湾制造业近年持续大量向祖国大陆和东南亚地区转移，借助从事代工生产的经验，发挥比较优势，在亚太地区产业分工中起到承上启下的中介作用。

随着跨国公司向中国大陆战略转移，跨国公司已将中国纳入其全球经营战略布局中，开始在中国大陆建立上游的研发中心和下游的销售中心，处于跨国公司经营链中的台湾支柱产业，也积极将其产业链向大陆延伸。以台湾信息产业为例，1995－1998 年，台湾信息产业相关产品的岛外产值占其全部产值的比例由 28% 上升到 52.9%，其信息产业相关产品的制造向大陆转移的速度最快，大陆产值所占比例最高。2003 年台湾信息硬件产值约为 521 亿美元，其中台湾本岛生产的产值由 2002 年的 173 亿美元下降为 137 亿美元，产值比例下降为 26%。同年，台资企业在大陆生产的产值增长到 307 亿美元，所占比例增至 59%

随着上世纪 90 年代台湾制造业的两大龙头——信息电子产业和半导体产业加快向大陆转移，台湾工业迫切需要新兴产业加以替代，否则会出现产业空洞化危机。为此，台湾当局在 2002 年制定《2002－2007 发展重点计划》中，提出以“两兆双星”产业（半导体、影像显示、数位内容、生物技术）作为未来重点发展产业，期望在 2007 年半导体和影像显示产业产值双双超过 1 兆元（1 万亿元）新台币，从而扮演台湾工业发展的龙头。近年，台湾当局又选定液晶面板产业上游的设备与材料作为新兴产业重点发展项目，期望发展出新的面板设备产业。近年来液晶面板产业的迅速崛起，使其产业规模正有与半导体产业拉近之势，以液晶面板产业为主的光电产业产值有望在 2006 年提前步入“兆元产业”之列，从而与半导体产业一起，成为支撑当今台湾高新技术产业发展的重要龙头。

虽然上世纪 90 年代台湾岛内资讯产业的迅速发展使台湾高科技产品在市场上处于优势地位，但是，资讯产品生命周期短，投资风险较大，产业发展容易呈现不稳定状态；加上台湾高科技产品结构单一，主要集中在个人电脑、集成电路、芯片代工等领域，生产方式无法摆脱“浅碟子经济”的模式，未能孕育出较为完善的上、中、下游产业体系，容易受到激烈竞争的国际市场影响。

综观台湾经济起飞以来的产业发展模式，无论是过去的劳动密集型产业还是信息电子产业，都未摆脱代工生产的宿命。在过去的相当一段时期里，代工生产模式较符合台湾的比较利益，成为台湾制造业成功发展的重要因素。但自 90 年代中后期开始，在全球电子产业分工深化及岛内产业环境变化影响下，这种代工模式却使台湾电子产业陷入产品价格下降——为维持利润进行产业外移——导致价值链缩短——附加价值下降这一恶性循环。目前台湾新兴的支柱产业液晶面板产业仍以代工生产为主，照此下去，未来也将难以走出这一宿命。

从发展趋势看，台湾的国际比较利益优势已难以长期扮演生产基地的角色，台湾欲提高产业竞争力和建立新兴的优势产业，必须摆脱过去以代工生产为导向的发展模式，除了以差异化、产业网络化、创造区域乃至全球品牌等方式继续提高现有产业竞争力外，更主要是应向研发、创新与发展增值型服务业方向升级。而在这个升级过程中，两岸经济关系的因素不可或缺，除了台湾产业在创造品牌上须借助大陆市场腹地外，欲吸引企业在台设立营运总部、将台建成研发、创新与高附加价值产业基地，也需要以大陆的生产基地为依托。正如台湾 IT 产业的领袖人物施振荣曾指出的，台湾下一波的核心竞争力是创新与整合，而创新就要有足够的市场规模才能承担风险，而大陆市场就是未来台湾创新的动力。

总之，产业外移是否会导致产业空洞化，关键要看产业升级与新旧产业是否能够衔接，以及整体产业与经济发展的结构是否合理。若产业升级滞缓，导致新老产业衔接不力，出现产业“断层”，就会出现产业空洞化。台湾早期在传统产业外移时，新兴电子产业迅速兴起，产业链得以延续，因此并没有出现明显的产业空洞化问题。然而，90 年代后期，台湾电子信息产业开始迅速外移后，因循“代工模式”，缺乏自主研发，技术升级缓慢，在产品附加值，品牌，服务方面都很薄弱，当较低层级的资讯硬件制造业为适应全球化信息产业“供应链管理”模式而外移寻求新的发展空间时，岛内高阶产品生产有限，新形态应用领域开发不足，产业空洞化问题较为明显。

解决台湾产业空洞化问题，一方面要从推动技术创新，增强产业核心竞争力着手，从根本上解决其产业升级问题。另一方面，台湾当局应反省对大陆的经贸政策，尽快开放海峡两岸直接“三通”，矫正海峡两岸经贸“制度型扭曲”，以借助海峡两岸经济互补优势的充分发挥促进其结构升级，实现经济区域化的合理布局，发挥优势，寻求经济的长远发展。

二、台湾产业空洞化的主要表现与发展现状

从上述分析可以看出，尽管学术界对台湾是否发生产业空洞化问题有不同看法与主张，但从80年代中后期以来台湾产业与经济发展观察，台湾出现了产业空洞化的现象，只是在第一波传统产业外移及台商对大陆投资发展时期，因岛内高科技产业兴起与发展，台湾产业空洞化问题已开始出现，但还不够明显，不严重；然而，但随着第二波高科技产业大规模向大陆转移，台湾产业空洞化问题就更加突出，其重要指标是制造业在台湾经济中的地位下降、生产基地外移、岛内制造业萎缩及服务业的过度扩张等。

（一）制造业在台湾经济中的地位大幅下降

制造业在台湾产业结构中的地位下降过快，是台湾产业空洞化的最重要表现。除了农业外，制造是创造社会物质财富的最大产业，也是一个国家或地区生产力与经济实力发展的重要标志。台湾经济过去的成功发展，出口大幅增加，许多产品在全球市场的占有率名列前茅，显示了台湾制造业的成功发展与实力。然而，上世纪80年代中期后，随着岛外经济环境的巨大变化与传统产业的迅速外移，台湾制造业的优势逐渐消失，制造业产值在产业结构中的地位大幅下降，从1986年的近40%（39.35%）降为1996年的不足30%（27.92%），再降到2005年的21.13%，预计三年之后降至20%以下。相反，台湾服务业发展迅速，产值比例大幅上升，接连突破50%（1988年）、60%（1996年）与70%（2005年），一举达到73.6%。台湾在制造业实力不够十分雄厚与强大的情况下率先进入“后工业化时代”或“服务业时代”，有某种程度的“后工业化早产”问题，其实就是典型的“产业空洞化”表现。

台湾制造业产值比例持续下降，制造业就业人口则非常稳定，变化不大，而服务业就业人数增长缓慢与其产值比例的迅速上升极不相称，是台湾产业空洞化的另一表现。过去十年来，台湾制造业的就业人数非常稳定，没有大的变化，1999年到2005年，制造业就业人数在25万至27万之间，占三大产业人数的比例则一直维持在27%左右，变化幅度不超过1%。服务业

表 1　制造业在产业结构中的比例变化（各产业占 GDP 的的比例%）

时间	农业	工业	制造业	服务业	合计
1981	7.74	44.34	35.21	47.92	100.00
1986	5.55	47.11	39.35	47.34	100.00
1991	3.79	41.07	33.34	55.14	100.00
1996	3.19	35.72	27.92	61.09	100.00
1997	2.55	35.31	27.80	62.14	100.00
1998	2.47	34.56	27.39	62.97	100.00
1999	2.56	33.18	26.59	64.26	100.00
2000	2.06	32.36	26.33	65.58	100.00
2001	1.95	31.09	25.57	66.96	100.00
2002	1.86	31.05	25.85	67.10	100.00
2003	1.79	30.54	25.67	67.67	100.00
2004	1.86	29.72	27.28	68.42	100.00
2005	1.80	24.64	21.31	73.56	100.00

资料来源：台湾《“中华民国”统计月报》，2006 年 3 月。

产值比重尽管增长迅速，1999 年到 2005 年增长加了 8 个百分点，但就业人数却增长相当缓慢，从 512 万人增加到 579 万人，就业比例同期仅增加了 4.27 个百分点，只有产值比例增加量的一半，显示服务业的发展并没有带来就业的同步增长。这与欧美发达国家服务业值与就业比例均普遍较高形成明显的反差，揭示了台湾具有明显的产业空洞化现象。

表　台湾三大产业就业比例（%）

时间	农业	工业	制造业	服务业	总计
1999	8.25	37.21	27.74	54.54	100.00
2000	7.87	37.23	29.94	54.99	100.00
2001	7.52	36.00	27.57	56.48	100.00
2002	7.50	35.24	27.11	57.25	100.00
2003	7.27	34.83	27.05	57.90	100.00
2004	6.56	35.21	27.30	58.23	100.00
2005	5.95	35.79	27.42	58.27	100.00

资料来源：台湾《人力资源统计月报》，2006 年 3 月，台湾“行政院主计处”编印。

（二）生产基地外移，台商在海外尤其在大陆的生产比重持续增加

台湾产业空洞化的第二大特征与表现是产业外移与生产基地的外移，大量生产活动转移岛外。不过，由于各产业外移程度不一，台湾产业空洞化在制造业内部的表现也有较大差异。在台湾制造业 24 个分类中，1995 年各产业产值占制造业总产值的比例分布比较均匀，没有一个产业的产值比重超过制造业总产值的 10%，而产值比重超过 5% 的则有 11 个产业，占了近一半，其中以电子零组件产业比重最高，达 9.17%。此后，由于制造业的持续外移，许多不具竞争力的产业外移规模更大，使得十年后，即到 2005 年，各产业在岛内制造业生产比重发生重要变化，产业集中度升高，电子零组件、金属基本工业、石油及煤制品业、化学材料等四大产业占岛内制造业产值的比例均超过 10%，合计达 49.12%，即这四大产业约占了制造业产值比例的一半。在四大产业中，电子零组件占的比例最高，为 17.37%，就是说台湾电子零组件产业产值占台湾制造产业产值的比例约为五分之一。在制造业生产中比例下降较大的产业主要为食品及饮料业、纺织业、塑胶制品业、运输工具业等，而这些产业正是对外投资或转移尤其是对大陆投资较为集中的产业。这一资料说明，这几大传统产业的空洞化程度较高，但并不表示产值进一步集中的四大产业空洞化程度低，如电子零组件产业产值尽管是制造业中第一大产业，但转移海外与大陆的规模也最大，产业空洞化的程度也相当高。

我们以近十年来台商对大陆投资与产业转移情况观察，尽管台商对大陆投资金额波动相当大，但台湾产业向大陆转移的趋势未变，大陆逐渐成为台商对外投资的重要地区，台商对大陆投资金额占对外投资总额的比重在经历了 90 年代后半期的低潮后，2002 年起呈现稳步上升趋势，2005 年，台商对大陆投资占了对境外投资总额的 71%。

台商对大陆投资的意义在于台湾产业对大陆转移以及两岸产业分工模式的不断变化或两岸产业链的形成。依笔者对台湾优势与支柱产业的研究与观察，台湾产业对大陆的转移呈现明显的阶梯性发展过程，如果以核心或代表产业观察，呈现制鞋与纺织—塑胶与食品—电子零组件—计算机—半导体—光电产业的演进过程。经过多年的产业转移，两岸的产业分工模式基本形

成，台湾逐渐成为台商的研发、设计、资金等运筹中心，大陆成为最重要的生产基地。其中两岸产业分工以 IT 产业最典型。十年来，台湾资讯硬件产业产值在岛内的生产比重迅速下降，而在大陆的生产比重大幅上升，大陆成为台湾最大的 IT 产业的生产基地。据台湾资策会市场情报中心（MIC）报告，1996 年到 2005 年，台湾资讯硬件产业岛内外产值（不包括通讯产业）从 250.4 亿美元增加到 770 亿美元，台湾岛内的生产产值所占比重从 67.9% 大幅下降为 6.8%，而在大陆的生产比重达则从 16.8% 上升到近 80%。整个海外生产比重达 93.2%，就是说台湾最大的支柱产业 IT 产业近 80% 的生产活动是在大陆完成或者说 93% 的生产活动是在海外完成，岛内生产比重已不足 7%，台湾 IT 产业存在较为严重的产业空洞化问题。这一现象可以从近年来台湾 IT 产业生产持续下降得到充分反映。2003 年到 2005 年，台湾计算机产值平均下降 37.5%，计算机终端装置业产值平均下降 29.9%，计算机零组件产值平均下降 10.5%。

表　台湾资讯硬件产值在海内外的生产产值比例（单位：亿美元）

年份	海内外总产值	台湾岛内产值与比重	大陆产值与比重	其他地区产值比重
1995	195.4	140.7（72.0%）	27.4（14.0%）	14.0%
1996	250.4	170.0（67.9%）	42.1（16.8%）	15.3%
1997	301.7	190.4（63.1%）	68.8（22.8%）	14.1%
1998	337.8	192.2（56.9%）	97.6（28.9%）	14.2%
1999	394.0	208.8（53.0%）	130.0（33.0%）	14.0%
2000	480.7	223.0（46.4%）	185.6（38.6%）	15.0%
2001	426.9	201.2（47.1%）	157.5（36.9%）	16.0%
2002	484.4	175.8（36.3%）	227.2（46.9%）	16.8%
2003	571.7	119.5（20.9%）	361.9（63.3%）	15.8%
2004	696.6	108.7（15.6%）	496.0（71.2%）	13.2%
2005	770.1	53.4（6.8%）	612.2（79.5%）	13.7%

资料来源：根据台湾《经济年鉴》（2001，第 64 页，台湾经济日报社编印）与台湾《工商时报》等媒体搜集整理而成。

（三）大陆及海外台商从台湾岛内采购原料与半成品的比例大幅下降

随着岛内产业外移更具体地讲主要是制造业的外移，尤其是对大陆的产业转移，台湾经济的运行模式或生产经营活动方式发生重要变化，逐渐由早期的“海外接单，岛内生产”转变为“海外接单，海外生产”或“大陆接单，大陆生产”。

90年代后期以来，台商在海外投资迅速扩张，生产基地逐渐转移到大陆、东南亚、欧洲与中南美地区，尤其以对大陆的投资规模与转移量最大，这些在大陆及海外台商从台湾岛内采购原料与半成品的比例下降，“投资带动贸易的联动效果”也相应下降。目前台商海外生产活动所需的原料与半成品由四部分组成，即台湾供应、海外台商供应、海外当地企业供应与其他国家进口。其中在原料部分，海外台商从台进货比率从2003年的42.49%降到2004年的38.82%；零组件和半成品从台进货比率从49.28%降为44.9%。相反，海外台商其他三种供货来源呈现增长趋势。依台湾“经济部”发表的最新调查，台商“海外接单”生产的比重从1999年的12.24%上升到2005年的39.88%。其中，“台湾接单，大陆生产”的比重从2001年的不足20%上升到2005年1－9月的41%。此外，台商海外经营生产活动逐渐由早期的加工组装向技术密集产业的生产活动发展，大量生产零组件与半成品。海外台商公司从事装配的比率从2002年的14.1%降至2005年的7.13%。依台湾“经济部”的分析，外销接单对台湾实际出口刺激的联动系数，由过去十年来平均0.95（1996年1月至2006年3月），降至最近三年的0.87（2004年1月至2006年3月）。这一现象表示，海外台商和台湾岛内的生产、经济相互依赖性及关联性逐渐递减。其中该报告分析发现，在大陆、东南亚投资的台商对台湾供货的依存度逐渐降低，而在欧美日投资的台商，对岛内供货的依存度相对较高。

特别是随着台资企业在大陆的发展，两岸产业链十年来发生了重要变化，台资企业的“本地化”有了很大发展，即台商从岛内购买原料与中间产品的比例迅速下降，而在大陆购买的比例持续上升。据台湾“经济部”公布的调查，台商从台购买原料的比例从1995年为52.5%，持续降至2004年的35.1%，十年减少了17.4个百分点；同期，台商从岛内购买零组件或半成品的比例从56.3%降为40.9%，十年减少了15.4个百分点。

三、台湾产业空洞化的成因、后果与影响

台湾产业空洞化的出现是随着岛内产业的外移尤其是对大陆投资的大幅增加而出现的。产业空洞化现象的出现对未来台湾经济的发展形成一种新的挑战与压力。

（一）台湾产业空洞化的成因

台湾产业外移与产业空洞化的出现，其原因是多方面的，既有客观因素，也有政策上的主观原因。

一是岛屿经济的特征。岛屿经济尤其是小型岛屿经济体的经济发展，本身受资源、市场等因素的限制，靠自身很难形成一个完整的生产与市场体系，必须与外部市场、资源相互联系及区域产业分工，才能维持经济的发展。在东亚地区，不仅香港存在产业空洞化问题，即使实力雄厚的日本也没能完全避免产业空洞化的隐忧，经济实力较强的韩国也存在产业空洞化的问题，而且均主要是因为产业外移及其造成严重的失业问题所引起。对台湾这样一个小岛屿经济体，在特殊背景下迅速发展起来具有一定制造能力的地区，在资源不足、市场有限与新的区域产业分工潮流下，企业外移是必然的，产业空洞化是难以避免的。

二是台湾高科技产业发展的“代工”特征，决定了产业空洞化会迟早发生。以电子信息产业为核心的台湾高科技产业发展，不是建立在自有技术或自身发展基础之上的，而是采取了为跨国公司的“代工”发展模式，实际上是较高层次的“来样加工”，所得到的附加价值低，而且市场在海外，并由跨国公司主导，其结果就是，台湾电子信息产业发展就像浮萍，没有根基，一旦有更具成本与生产优势的新经济体出现，跨国公司就会将订单转移，台湾的“代工”优势就会逐渐丧失，产业空洞化就会出现。80 年代后期以来，台湾产业空洞化的出现，与大陆与东南亚经济的崛起，跨国公司将订单逐渐转向这些地区有直接关系。尤其是不少跨国公司还直接向台湾原有的代工企业施压，要求将生产基地转移大陆或东南亚地区生产，以降低成本，否则不会下订单，而将订单转移大陆企业，也迫使台湾电子信息产业的

企业加速向大陆与东南亚地区的转移，又进一步加速了台湾产业空洞化的进程。

三是缺乏足够的基础研究与自主知识技术产权。台湾电子信息产业“代工”模式的形成，与台湾产业发展的基础研究落后、没有自主知识产权密切相关。尽管80年代中期后，台湾产业结构逐渐向科技产业转型，产业升级进展相对顺利，不断有新的优势产业诞生，如从消费性电子到电子零组件、到计算机产业、再到集成电路产业与光电产业，让目前台湾在不少产业领域仍保持一定的竞争优势，但这些所谓的高科技与优势产业获得较快发展，关键是抓住了市场机遇，拥有较强的生产能力与市场的应变能力，但还是没有自有技术，先进的生产设备几乎全靠进口，目前台湾最具市场竞争优势的集成电路产业与面板产业的设备自给率相当低。目前，台湾面板设备（以TFT－LCD为代表）的自给率只有21.9%，不到最大竞争对手韩国面板设备自给率50%的一半。

四是台湾经济环境发生重大变化，加速产业外移，导致产业空洞化的出现。上世纪80年代中期始，由于新台币汇率的大幅升值，岛内工资与土地价格大涨，让台湾大批中小企业发展面临困境，不得不将生产活动向大陆与东南亚地区转移。接着，自上世纪90年代初期开始，岛内“台独”势力兴起，台湾当局的大陆政策与两岸关系政策出现重大变化，台湾逐渐进入一个政治动荡与两岸关系紧张时代，直接影响到台湾的投资与营商环境，造成民间投资下降，企业逐渐转向寻找更具成本与发展优势的大陆与东南亚投资。据统计，台湾民间固定投资自90年代后期以来大幅下滑，尤其是2000年民进党上台执政后，成为民间固定投资增长转变的一个分水岭，此后五年间，民间固定投资只有两年为正增长，三年为负增长，年平均增长1.3%。同时政府投资与公营企业投资还出现不同程度的下降。外商对台投资也在2000年达到高潮后逐渐下降，而且主要集中在金融服务业的投资，而对制造业的投资大幅衰退，制造业投资的减少是产业外移与产业空洞化的重要原因之一。

台湾“经建会”企划处前处长张温波在发表的《当前总体经济问题之探讨》一文中，通过大量数据与模型分析，得出如下结论：“台湾经济应变能力脆弱，归根究底，产业科技水准相对落后，关键零组件自制能力相对不足，以及产业设计与品牌自创能力相对薄弱；影响所及，关键零组件依赖进口供应，出口商品与竞争对手同质性甚高，对外竞争力削弱。结果，对外贸易条件明显恶化，附加价值比率急降，经济成长活力减弱，超额储蓄率偏高。这些现象相互关联形成结构性问题，短期内难以促进景气复苏的货币与财政政策所能突破，必须采取有效创新措施，始能克服科技相对落后的问题”。这一结论，深刻揭示了台湾产业空洞化的原因所在，也是台湾经济发展面临的挑战所在。

（二）台湾产业空洞化的后果与影响

台湾产业大量外移与产业空洞化现象的出现，对台湾经济发展造成诸多不良后果与影响，包括经济发展速度下降，重化工业发展不足，未来发展缺乏后轻，经济发展对外依赖进一步增大，经济脆弱性上升。

一是经济发展速度放慢，吸引就业的能力下降。台湾经济曾以持续高速增长而被称为“经济奇迹”，而且经济规模跃居“四小龙”之首。不过，80年代中期后，随着经济环境的变化（更具体地讲是恶化）与产业外移，台湾经济增长率放慢。据统计，1970 年代到 1980 年代，台湾经济年平均增长约 9%，此后增长率呈现持续下降的趋势，1990 年到 1995 年年平均增长率降为 6.5%，1996 年到 2000 年平均增长率降为 5.7%，2001 年至 2005 年平均增长率降为 3.1%。经济增长的放慢以及产业的外移，影响到台湾就业人口的增长以及失业率的上升。近十年来，台湾就业人口增长甚慢，1995 年到 2005 年，就业总人数从 905 万人增加到 994 万人，十年增加不到 100 万人；台湾失业率的迅速上升始于 90 年代中期，此前近十年台湾失业率不超过 2%，此后失业率持续上升，接连突破 2%、3%、4%与 5%。

二是跨国公司与外商逐渐撤离台湾，台湾经济日趋边缘化。台湾岛内投资环境逆转，制造业投资的下降，加上两岸“三通”迟迟不能实现，外商不仅缩减对台投资，而且一些外商纷纷结束在台营业或缩减在台湾营运规模，一些跨国公司将设在台的亚太营运总部或“大中华区总部”移往大陆或香港，以求新的发展。2001 年，美国戴尔电脑公司宣布将“亚太地区国际采购总部（IPO）”移向香港，随后跨国公司或外商将营运总部从台湾搬到香港或大陆的情况陆续上演。同时，一些跨国企业在台经营困难增大，开始减少在台投资或结束在台经营活动。2001 年，世界知名快餐企业麦当劳宣布关闭在台多家分店，扩增大陆分店。作为台湾第一家连锁超市的外商万客隆，在台营业额从 2000 年的 138 亿元新台币降到 2002 年的 70 亿元，亏损严重，不得不结束在台营业，转往大陆发展。2004 年 12 月，法国阿尔卡特（ALCATEL）公司与大陆 TCL 公司合组新公司 TCL 阿尔卡特移动电话有限公司（T&L），资本额 1 亿美元，其中，TCL 占股权的 55%，阿尔卡特占 45%）后，将亚太地区总部设在香港，亚太区办公室设在深圳，并解散台湾阿尔卡特行动电话事业部，即停止在台行动电话业务，品牌手机改由东讯公司代理销售。2005 年 1 月底，瑞士知名企业百瑟公司（UNAXS）在台湾最大投资案叫停。百瑟公司是世界知名设备系统商，年营业额超过百亿瑞士法郎，是瑞士第二大企业。2004 年 6 月，百瑟公司决定投资 10 亿元新台币，在新竹科学园区竹南基地设立面板制造设备厂，并与台“经济部”签署了策略联盟合作协议，同时建立区域 TFT - LCD 制造设备供应中心。该公司还在上海投资 6000 万美元设立了光电设备厂。这次放弃在台投资的主要原因是百瑟公司在两岸布局中，更重视大陆市场及两岸关系前景不明朗等。

另外，两岸不能直航，已严重影响国际航运公司在台的营运，不少外商航运公司有意撤离台湾，或结束在台业务。2003 年，欧洲一家大型航运公司不满台湾当局延缓两岸“三通”，公开表示要撤离台湾。台有关部门大为紧张，担心引起链锁效应，积极沟通，并承诺提供诸多优惠与方便，这家跨国公司才暂时留了下来，但却不能保证未来不再撤出。同时，大陆经济的快速发展与台湾经济增长的减缓，外国航运企业在台湾业务大幅萎缩，甚至结束在台营运。包括法国达飞轮船公司、南美北亚轮船公司、丹麦麦司克轮船公司等在内的多家国际航运公司纷纷减少停靠台湾的航班。加拿大太平洋及运集团（CP）正式撤离台湾分公司，结束在台业务。另外，拥有对台航线的五家欧洲航空公司中的 4 家公司宣布中止与台湾之间的直飞航线。外商在台企业与人员更是大幅撤离台湾。据报道，台湾美国商会企业会员数从 2001 年初的 875 家减为 2002 年 8 月的 750 家，欧洲商会会员由 260 家减为 230 家，目前已下降了一半，在台外商人员也大幅减少，昔日在台商界活跃的外资企业繁荣景象已不复存在。2004 年 3 月，在薪资成本考虑下，全球第二大手机制造商摩托罗拉决定关闭台湾、新加坡、香港三地芯片设计中心，并裁减 50 名工员，并将原来的业务转移到中国、印度和澳大利亚。其中已关闭台湾与新加坡的芯片设计中心，而在苏州设立有芯片设计中心，在北京设立了一座研发中心。

随着外企的外移与岛内经济的衰落趋势发展，以及大陆经济的迅速崛起、大陆市场的持续开放，发展机会增多，台湾岛内的企业家、专业人士与科技人才等精英阶层也加快撤离台湾，希望在祖国大陆及海外寻求新的发展机会与安家立身之地。据报道，近年间，先后有 50 多万精英出走台湾，到祖国大陆、香港、新加坡、加拿大、澳洲等地谋职与生活。一项“高级人才赴大陆工作意愿调查”显示，有 58% 的受访者愿意到大陆工作。另一项对大陆台商调查显示，有 51% 的大陆台商考虑在未来一到三年内把家人接到大陆，计划在一年到三年内在大陆购屋置产的台商比例高达 70%。这些精英阶层的持续出走，可能加速台湾产业空洞化的发展。

三是“亚太营运中心”计划失败。90 年代初，为了适应台湾经济转型，发挥台湾区位优势，正确引导产业外移与实现区域产业分工，1995 年 1 月，台湾“行政院”第 2414 次会议通过“发展台湾成为亚太营运中心计划”，确立了台湾新的经济发展目标与区域角色定位。该计划主要包括了将台湾建成制造中心、金融中心、海运中心、空运中心、电信中心与媒体中心。当时，台湾当局提出这一计划的一个重要考虑是以祖国大陆为腹地建立台湾成为“亚太营运中心”。然而，在分裂道路上越走越远的李登辉却对此提出质疑，于 1996 年 8 月对以祖国大陆为腹地发展“亚太营运中心”大加批判，进而提出以“根留台湾，加强建设”、“戒急用忍，行稳致远”的政策口号，“亚太营运中心”的建设受到影响。民进党执政后，继承了李登辉反对以祖国大陆为腹地建立“亚太营运中心”的构想，逐渐放弃“亚太营运中心计划”，提出“全球运筹发展计划”，希望将台湾建成“全球运筹中心”。陈水扁上台后不久就表示，新世纪是知识经济的世纪，（竞争优势）不在传统劳动力，而在智慧、知识技术，“亚太营运中心”格局太小，提出“营造台湾成为全世界高科技制造服务中心”的经济发展构想。陈水扁认为，“亚太营运中心”以中国大陆为腹地，有很多盲点，因此主张应修正为把台湾营造成为“绿色矽岛”与全球高科技制造及服务中心即所谓的“全球运筹中心”，这样可以避免台湾经济的“大陆化”，从而增强与欧美高科技国家的经济联系。于是，民进党执政后不久，台湾“经建会”整合“经济部”原“AB 计划”（A 计划是鼓励大型国际电脑企业在台湾建立 B—TO—B 供应链，B 计划则是鼓励台湾资讯业者建立本身供应链）及正在规划的“CDE 计划”（C 资金，D 物资，E 研发设计协同作业），扩展为“全球运筹发展计划”，即建立示范性的全球运筹资讯共同交换平台，进一步强化台湾电子运筹全球竞争实力，达到“台湾接单，全球获利”目标。这一计划经过修正与完善后，2000 年 10 月起，台湾正式推动“全球运筹发展计划”。该计划旨在协助企业发展全球运筹管理，使台湾成为国际产业供应链的重要环节，运用台湾制造业优势，推动全球布局，建立竞争利基，全力提升台湾的物流、资讯流、金流效率，协助企业整合跨区域资源，发展高附加价值转运服务。2001 年 2 月 15 日，台湾“经建会”举行针对“亚太营运中心计划”的最后一次检讨会议。“经建会”副主任何美玥表示，该计划自 1995 年推动以来，已带动 1 万多亿元新台币的投资，未来将不再专门列管，尚未完成事项纳入“全球运筹发展计划”与“知识经济方案”。可见，台湾当局在政治因素考虑下，改变以大陆为腹地建立亚太营运中心的战略，最终让这一本来可以让台湾经济重新获得发展机遇的战略宣告失败。

四是台湾经济对大陆市场的依赖增强。由于台湾产业向大陆的持续转移，大陆不仅成为台湾的企业最重要的海外生产基地，并由此带动两岸贸易迅速扩张，台湾经济对大陆的依赖持续上升。特别是 90 年代中期后，两岸贸易呈现跳跃式的发展，贸易规模急剧扩大。依商务部统计，1996 - 2005 年，两岸贸易接连跨过 200 亿、300 亿、400 亿、500 亿、700 亿与 900 亿美元六个台阶，实现了历史上少见的跳跃式发展，两岸贸易总额累计达到 4958 亿美元，预计 2006 年两岸贸易总额将突破 1000 亿美元。尤其是过去十年间，台湾对外贸易总额从 2183 亿美元增加到 3811 亿美元，增加不到 1 倍；大陆对外贸易总额从 2809 亿美元增加到 14221 亿美元，增加了 5 倍。过去十年间，由贸易发展产生的两岸市场的相互依存度大幅上升。1996 年到2005年，台湾对大陆的贸易依存度从10.8%上升到20%，对大陆出口市场的依存度从17.6%上升到28.4%，均增长1倍左右；对大陆产品的进口依存度从不足3%上升到11%，增长近3倍。若将香港计算在内，台湾对大陆市场的依赖度更高，接近38%。台湾产品对大陆市场的依赖意味着，台湾岛内生产的大量产品需要出口到大陆，才能实现产品价值的转化，赚取外汇，维持岛内的生产活动，否则台湾岛内企业的生产经营会受到很大冲击。

四、台湾当局应对大陆“磁吸效应”与产业空洞化问题的政策措施

面对产业外移尤其是台商对大陆大规模投资以及所造成的台湾产业空洞化与经济边缘化问题，台湾当局在90年代中期后重新调整经济政策、产业政策与两岸经贸政策，一方面加大科技投入，加快产业转型，另一方面强力限制台商对大陆的投资、鼓励台商回台投资，以实现台湾经济的可持续发展。

（一）确立“深耕台湾，布局全球”与管制台商对大陆投资的总体经济发展战略

80年代中期后，随着两岸经贸关系的发展，大陆经贸政策就成为台湾当局总体经济政策的一环，甚至整个大政方针的重要组成部分。台湾当局一开始就对两岸的经贸往来持反对与排斥的立场，早期还提出所谓的“三不政策”，尽管在两岸贸易发展浪潮冲击下，不得不调整其限制政策，而且一度在两岸关系缓和时期采取一些制度性的建设。然而，90年代中期后，随着两岸关系从缓和走向对立与紧张，台湾当局的大陆经贸政策出现转折性的变化，并先后进行了三次重大调整，其基本原则是“政治优先于经济”，“台湾利益优先于大陆利益”，总体政策走向是“管制重于开放”。三次重要政策调整为：一是李登辉于1996年8月首次提出“亚太营运中心以大陆为腹地的论调必须加以检讨”，“对台商到大陆投资设一定的比例”，成为台当局大陆经贸政策从积极走向消极管理转变的重要讯号。9月14日，李登辉在台湾工业总会召开的“经营者大会”上，首次明确提出“因应当前两岸关系必须秉持‘戒急用忍’的大原则”，10月21日再次表示“大陆政策要

‘戒急用忍，行稳致远’”。可以说在两个月之内，李登辉的三次重要讲话确立了新的两岸经贸政策，成为日后十年来台湾大陆经贸政策的基本原则。1997年7月，台湾“经济部”公布《企业对大陆地区投资审查办法》，对台商赴大陆投资的行业、投资金额等做了具体规定。

民进党上台后，面临的一个重大挑战就是如何处理两岸经贸关系与台湾经济发展的定位问题。其基本考虑是希望两岸经贸关系的发展，既不影响台湾当局推动分裂路线，又能利用祖国大陆市场与资源发展台湾经济，还不能造成台湾经济对大陆的过度依赖。经过一番研究与评估，台湾当局终于提出一个新策略，即通过台湾经济地位的国际化，将大陆纳入台湾产业国际分工与经济全球化布局之中。台湾“经济部长”林信义在2001年“经发会”召开前发表《国家经济发展的新思维—台湾经济地位的国际化即是国家安全的最佳保障》的文章，提出台湾经济地位国际化政策远景，主张将中国大陆市场及资源纳入台湾产业全球化布局的一环，以达到优势互补的所谓“双赢”局面，并以全面推动产业技术升级为“经”，强化投资环境、广纳外资为“纬”，在21世纪再创台湾经济的另一高峰。2001年8月，陈水扁在“经发会”开幕大会上，将这一思想概括为“深耕台湾，布局全球”，并作为台湾新世纪的经济发展战略。这一战略的出发点主要是针对两岸经贸往来发展提出来的，就是要将两岸经贸往来纳入台湾经济的“全球布局”战略之中，建立新型的两岸产业分工体系。“经发会”最后达成了官方提出的“台湾优先，全球布局，互惠互利，风险管理”的两岸经贸关系发展基本原则，并在“全球布局，策略性开放”的原则下，以陈水扁在2000年12月“元旦跨世纪讲话”中提出的“积极开放，有效管理”取代“戒急用忍”政策。台湾有关政府部门在发表“落实大陆投资‘积极开放、有效管理’的政策说明”中指出，“台湾经济发展已进入转型阶段，面对全球化、科技化的新时代，以及两岸加入WTO后的新形势，我们必须建构总体经济新战略，本于‘台湾优先’原则，改善岛内投资环境，强化科技实力，并鼓励企业进行全球布局，向外延伸实力，厚植台湾作为全球化经营及资源整合者的条件。基于此一新经济战略，大陆投资将是企业力量向全球市场延伸的中继站，大陆市场也将成为企业生根台湾，布局全球的一部分”，并通过“策略性开放大陆投资，来扩大企业在两岸及全球运筹发展的新境界”。这一战略调整的核心是“全球布局”，即要充分掌握台湾在全球经济体系的关键地位，将两岸经贸往来作为台湾经济全球发展战略的一环，避免两岸经贸往来的过度密切及台湾经济对大陆的过度依赖。台湾官员一再表明，当局将两岸经贸纳入全球化市场的一环，从整合竞争优势及全球布局的观点来规划两岸产业分工的新模式，以改善岛内产业结构，提升台湾产业的国际竞争力。2002 年 3 月，“行政院副院长”林信义在一篇题为《新世纪、新思维、新经济》的演讲中对“深耕台湾，布局全球”这一战略作了进一步的阐述：“深耕台湾”就是在全球竞争中，突显台湾本土化的“独特性、主体性与不可取代性”，掌握比较利益，确立自己的角色，培植自有技术能力，建构研发、设计、制造、行销兼备的产业发展环境，跳脱以往代工模式，向上提升。“布局全球”就是在加入 WTO 后，面对全球竞争，必须具备全球宏观视野，善用本身既有之优势，整合区域及全球资讯，创造台湾独有的竞争利基；规章制度与企业经营环境，须与世界接轨，与全球同步发展。台湾“行政院”于 2002 年 5 月通过的“六年发展重点计划”，也是以“根留台湾，布局全球”这一战略进行台湾经济发展规划的。

民进党上台后，尽管确立了“积极开放，有效管理”的新大陆经贸政策，但在执行中却变为“严格管理”，未能“积极开放”，“经发会”达成的许多“开放共识”未能落实，而且多次采取行政与司法手段处罚所谓的“违规”台商，影响了两岸经贸的良性互动与健康发展。随着，陈水扁当局急于为台湾政治上“独立”创造条件的战略考虑下，再次调整大陆经贸政策。陈水扁于 2006 年元旦提出所谓“积极管理，有效开放”的大陆经贸政策新思维，标志着台湾当局大陆经贸政策更趋保守，进一步走向紧缩与管制。台湾行政部门在这一政策原则下，迅速于 3 月 22 日公布了详细的“两岸经贸‘积极管理、有效开放’配套机制”，提出一套完整的政策目标、执行规划以及具体做法。

分析 90 年代以来的台湾当局的大陆经贸政策与总体政策走向可以发现：大陆经贸政策服从于总体大陆政策与总体经济战略，也即“政治优先于经济”。在谋求“台湾独立”的战略下，台湾当局的大陆经贸政策必须服从于追求“台湾独立”的大战略，服从于总体大陆政策，服从于政治上的需要。在2006年初公布的“积极管理，有效开放”的配套机制中，政策目标就明确定为“确保台湾经济的主体性”与“降低对中国大陆经济的依赖”。

（二）发展以知识经济为主体的产业体系

为确保知识经济时代台湾产业的竞争优势，提高产品附加价值，推动产业的转型升级，台湾当局确定了新世纪产业发展策略，将“已建立的优势产业”、“能迅速创造出更高附加价值的产业”与“与其他国家有明确之策略区隔的产业”作为未来产业发展的三项原则。

一是发展知识经济。20世纪90年代以来，知识经济已成为当今世界经济发展潮流。经济合作发展组织（OECD）发表“知识经济报告（1996）”指出，知识经济是以知识资源的拥有、配置、生产和使用为最重要生产要素的经济形态，“知识为本”的经济将扭转新世纪全球经济发展形态。知识密集产业或知识经济逐渐成为许多国家或地区发展的重点。民进党执政后，更加强调知识经济。2001年8月30日，台湾“行政院”正式通过《知识经济发展方案》，其基本目标是在未来10年内：研发经费占GDP的比例达3%，技术进步对经济增长的贡献率达75%以上，知识密集型产值占GDP的比例达60%以上，宽频网路配置率及使用费用与美国相当。为推动知识经济的发展，台湾当局采取许多具体措施，主要包括建立创新与创业机制、扩大运用资讯科技及网际网络、培养与引进人才以缩小知识差距、全力发展创新及知识型的产业，重点发展半导体、资讯、通讯、光电、生物、医疗、能源、农业、纳米、环保等科技。

台湾“行政院”于2001年底通过由“行政院资讯通信发展小组”所规划的“国家资讯通信发展（NICI）方案”，将“数字台湾”（E台湾）作为发展远景，该方案已列入“六年发展重点计划”。台湾“行政院科技顾问组”已确立发展“数字台湾”的五大方向，即“六百万宽频到家”、E化生活、E化商务、E化政府及E化交通。计划投资363亿元新台币，在未来六年内创造2万个就业机会，创造千亿元的数字化服务业营业额，电子商务交易占GDP15%以上，宽频上网率占上网人口的70%以上，产业数字化率达到60%，台湾信息化社会指标达到全球前五名之内，政府信息化应用程度达到全球前五名，企业信息化应用程度达到全球前 10 名。同时已于 2002 年 6 月设立“数位内容学院”，加强人才培训，为建设数字化台湾创造条件。

二是建立“高附加价值制造中心”。2001 年 8 月 20 日，台湾“经济部”与“经建会”召开联合记者会，共同宣布为提升台湾产业竞争力，将发展台湾为“高附加价值制造中心”。台湾前“经济部长”林信义提出台湾产业政策前景与核心产业发展方向，宣称要将台湾建成“高附加价值的制造中心”，重点是发展最具国际竞争力优势地位的产业为“核心产业”，强调目前台湾要做的是摆脱以往的“代工模式”，培植自有技术能力，提升创新环境，向高附加价值制造中心发展，以建构台湾研发、设计、制造和行销并重的产业发展环境，创造新一波产业发展的动力。为此应以此高附加价值制造为核心，向外延伸建立创新研发体系、仓储转运枢纽、创业投资机制、供应链供应网络、高科技集资体制、金融附加价值服务系统等六个具独特性竞争力的关联产业体系，形成核心高附加价值制造业的支持体系。台湾“经济部”于 2001 年 10 月拟定“高附加价值产业推动方案”，“行政院”于 2002 年 4 月通过该草案，决定重点推动半导体、彩色影像显示、数字内容与生物技术等四项核心优势产业，并规划宽频暨无线通讯、资讯家电、设计产业、研发服务、技术交易服务、电子化服务、精密工具、半导体及平面显示器制造设备、轻金属、电动车辆、航空、高科技纺织及纳米技术关联产业等共计 17 项为高附加价值产业。计划在五年内将台湾转型为“区域高附加价值制造中心”，10 年内跻身世界十大“工业国”（10 年内制造业受雇员工人均所创造的附加价值由目前的 3 万美元增加至 7 万美元）。主要措施包括修改产业升级条例，提高研发费用投资抵减比率到 50%，大幅开放两岸经贸政策，让台商可以运用大中华经济圈市场，逐步建立自有品牌。

另外，加大研发投入与力度，提高自有技术与关键设备自给率。为了改变面板产业设备自给率偏低的问题，2006 年 6 月，台湾“经济部”将投入 16 亿元新台币，推动“具时效性平面显示器制程设备推动计划”，将面板设备与耗材零组件两大类列为主要辅导对象，希望将台湾面板设备自给率由目前的 20% 提高到 2009 年的 50%。同时，台湾面板设备企业也加大投资，预计2006年投资100亿元新台币，进行开发。

（三）确立产业阶梯性发展与优势产业发展战略

为缩小产业外移、提高制造业水平，台湾对制造业发展进行新的规划，提出发展优势产业的构想，并制定相关政策措施。

一是建立制造业金字塔发展战略。为了不断促进产业的技术更新与发展，台湾不断对制造业的发展提出规划。2005年9月，台湾“经济部工业局”提出“制造业发展策略与措施草案”初步规划，提出产业的多元化发展与群聚关联为核心的广度发展策略。主要是将原来仅有的半导体与面板等两个“兆元产业”扩大，将原本5000亿元产值的产业提高到“兆元产业”；将原本1000亿元以上产值的产业提高到每年5000亿元的“高成长产业”；将部分产业提高到每年产值1000亿元的“中坚产业”，从而形成一个“金字塔结构”的产业发展框架，以此带动台湾整体经济的发展。

二是确立“两兆双星”核心优势产业。台湾当局已确立新世纪初核心优势产业，即大力发展所谓的“两兆双星产业计划”。“两兆计划”是指发展并强化既有的半导体、影像显示优势产业，建立在世界上具关键影响力的产业，维持世界前三位的地位，使这两项产业到2006年产值达2兆（万亿）元新台币；“双星计划”则是以台湾已建立的良好科技与优质社会应用环境为基础，整合亚太与全球科技创新资源，将数字内容、生物技术作为两个主要新星产业，以创造新一波台湾经济增长。该计划已列入“六年发展重点计划”之内。

半导体产业。台湾自1988年投入半导体产业发展以来，经历多年努力，已建立较完整的产业分工环境，集成电路设计、代工生产、封装与测试的上中下游体系。2001年半导体总产值达5243亿元新台币，居全球第4位，其中芯片代工市场占全球的73%。未来半导体产业仍是信息产业发展的主体，涉及的领域更加广泛，仍被列为优势核心产业。预计到2006年，半导体产业产值可达15912亿元新台币。

影像显示产业（TFT－LCD）。随着数字化与IT产品的发展，影像显示产业仍是未来热门产业。目前，台湾当局正推动该产业由平面显示器相关产品向彩色液晶显示器（TFT－LCD）领域发展，并成立LCD技术共同研发联

台湾产业“金字塔结构”发展规划

	2004 年	2008 年	备注
兆元产业	半导体（1.10 兆元） 石化原料（1.07 兆元）	半导体（1.79 兆元） 石化原料（1.13 兆元） 影像显示（1.36 兆元） 钢铁产业（1.00 兆元） 通讯产业（1.00 兆元）	2004 年钢铁、石化等超过“兆元产业”
5000 亿以上产业	影像显示（6790 亿） 钢铁产业（8800 亿） 机构设备（5900 亿） 纺织产业（5269 亿）	数位硬件（6080 亿元） 汽车产业（5678 亿元） 机构设备（8060 亿元） 纺织产业（5098 亿元）	
1000 亿元以上产业	通讯产业（2764 亿元） 电子组件（3096 亿元） 资讯硬件（3600 亿元） 汽车产业（4338 亿元） 食品产业（4658 亿元） 数位内容（2185 亿元） 资讯服务（1861 亿元） 生技产业（1449 亿元） 电子材料（1300 亿元） 塑胶制品（2750 亿元） 机车自行车（1418 亿元） 金属制品（4514 亿元） 造纸产业（1189 亿元）	电子组件（2956 亿元） 资讯服务（3000 亿元） 食品产业（4844 亿元） 数位内容（3370 亿元） 生技产业（2027 亿元） 电子材料（2600 亿元） 塑胶制品（3100 亿元） 机车自行车（1266 亿元） 金属制品（4886 亿元） 造纸产业（1278 亿元） 光储媒体（1000 亿元）	

资料来源：蔡宏明：《台湾产业发展与两岸合作》”，台湾《产业杂志》，2006 年 2 月；

台湾“经济部”工业局：《制造业发展与措施》（草案），2005 年 9 月。

盟，合作发展新世代显示器技术与设备。当局将协助发展第五代 TFT－LCD 生产技术，进而建立上下游完整的产业体系，提高关键零组件自主比例。2001 年，该产业产值为 2900 亿元新台币，居世界第三位，预计 2006 年相关产值达到 13700 亿元新台币（其中平面显示器 7300 亿元，液晶显示器 6400 亿元）。

数字内容产业。主要包括软件、电子游戏、媒体、出版、音乐、动画与网络服务等在内的数字内容产业。该产业具有发展知识经济与数字经济的指标意义，可促进传统产业提升知识含量而转型为知识型经济，也是提高台湾整体产业竞争力的平台，希望通过相关措施的实施，使台湾成为亚太地区数字内容设计、开发与制作中心，进而带动周边衍生知识型产业的发展，预计该产业产值由2001年的1334亿元新台币增至2006年的3700亿元新台币。

生物技术产业。生物技术产业是台湾确立的重点推动的高附加价值与知识导向型产业。台湾生物技术与制药产业已有一定的科研与产业发展基础。2001年，台湾生物技术产业产值为1250亿元新台币，预计2006年达到2500亿元新台币；未来10年生技公司达到1500家，创造2万5千个就业机会。

三是提高产业技术水平，发展新兴产业。台湾当局积极推动提高产业技术水平，发展新兴产业。台湾“经济部”确定的新世纪重点发展产业包括：落实原有的“两大、两高、两低”重点策略性产业（资讯电子、无线通讯、光电、生技医药、技术服务业）；奖励新兴重要策略性产业（即3C工业、精密电子元件工业、精密机械设备工业、航太工业、生医及特化工业、绿色技术工业、高级材料工业、技术服务业）；探索未来新兴产业项目，初步提出包括纳米技术应用工业、半导体精密设计工业、车辆竞技产业、数字内容产业、彩色影像产业、技术交易服务产业、研发服务业、设计产业、废弃物资源化产业等十项未来深具发展潜力的新兴产业。目前重点发展数字内容、系统设计单晶片、半导体精密设计、生物科技、特殊材料、纳米技术产业化、设计服务及专业服务等8大新兴产业。2001年11月，台湾“经建会”等部门审查通过“新兴重要策略性产业属于制造业及技术服务业部分奖励办法”修正案，“行政院”于2002年1月核定通过，适用奖励办法的产品项目从原有的134项增为155项，其中包括新增智慧IC卡设备或系统等21项、局部修正数位监视系统等16项、研发服务及智慧财产服务业等10项。凡公司投资计划生产新兴重要产品或提供技术服务，均可享受股东投资抵减或五年免税二择一的租税奖励，其中个人股东抵减率于2002年起降为9%。为推动产业技术发展，“六年发展重点计划”选定研发的核心技术有系统单晶片、雷射或发光二极体、软体工程、平面显示器、光资讯、光通讯、第三代无线通讯、宽频网路、精密机械核心技术、微纳米机械、机能性纺织、药品研制测试、生物资讯、细胞及组织工程、中草药、医疗保健器、微机电、车辆智慧型系统、纳米技术、航电、半导体制程设备等。预计在六年计划完成后，台湾至少有 15 项产业或技术位居世界第一。同时还确立了“矽岛计划”（“晶片系统科技计划”）、“纳米科技计划”、“电信科技计划”、“生物科技计划”、“数位学习计划”、“资讯通讯技术（ICT）科技计划”等一系列重大产业科技研究计划。

（四）加快传统产业的转型升级

台湾将传统产业转型升级作为发展知识经济的重要组成部分。主要采取三种途径。第一，创造知识产出，将产业知识化。主要加强传统产业积极投入研发，提升技术水平，或提高产品附加价值，再造竞争优势。第二，加强创新知识的扩散，如将网际网路、电子商务、供应链管理导入传统产业，以降低成本，加快物流。第三，支持企业界加强设计能力，协助其推动品牌及行销网络的建立，以提升产品的附加价值。就传统产业的转型而言，台湾主要引导企业向三个领域扩展：一是跨入高附加价值领域。利用传统产业本身的产品或核心竞争力跨足高科技领域，或提供高科技产业所需的原料、半成品。台湾“经济部工业局”积极协助传统产业朝向高附加价值传统产业发展项目包括创新生活型产业、轻金属、电动车辆、高科技纺织、保健机能性食品、高级材料产业、光电电子用化学制品产业、化妆品及保养品产业等。二是转型为知识服务业。知识服务业即是提供技术或专利权为主，并以支持制造业发展或具技术背景的服务业。台湾可以结合制造和服务的优势，提高制造业的附加价值，提供多样化的配套服务。三是进行跨领域整合。科技的发展，产业整合越来越强，因此重点加强资讯电子技术与机械业的结合，运用资讯电子技术带动机械业的技术水平提高与增加附加价值。台湾“经济部”还成立“经济部传统产业辅导中心”，经由咨询、诊断、中介服务等提供厂商转型服务。2002 年 6 月，台湾“经济部”成立“振兴传统产业专案小组”，制订“传统工业新产品研发辅导办法”，引导传统产业加强新产品、新技术、新材料及新设计的研究开发，对凡是制造业及相关技术服务业，只要是属于传统产业企业都可申请补助，两个年度补助最高金额不超过500万元新台币。另外，还通过“辅导中小企业升级贷款”、“中小企业扎根贷款”与“振兴传统产业优惠贷款”、“提升传统产业竞争力方案”，协助传统产业的转型升级与发展。

2006年元月，台湾“行政院”再度出台“新传统产业振兴方案”，首次提出“新传统产业”的概念，主要是针对土地、资金与劳工等三方面提供优惠政策大力协助传统产业厂商回台投资，计划在两年内吸引500家到600家台商回流。同时，台湾当局也十分重视传统产业的发展与转型，主要是通过政策手段提高传统产业的附加价值。目前台湾当局已选定七项传统产业如高科技纺织、保健食品及保养品、高级材料、光电电子用化学品、轻金属、轻型高效率电动车辆、运动休闲等进行优先辅导，并通过“协助传统工业技术开发计划”，补助研发费，以及通过“科技专门计划”与研究机构，研发产业关键性及共通性技术，提高传统产业的技术水平与发展机会，预计到2007年，上述产业的产值达到12525亿元新台币。

“新传统产业振兴方案”

	主要内容
1	延长工业区“006688”方案，在区内投资提供税收等优惠措施
2	规划工业区土地投资入股
3	台商回台投资专案融资计划，总计提供2000亿元新台币融资额度
4	工业区申请改设为自由贸易港区，享受更多政策优惠
5	改善艰苦制程产业劳动环境与劳动力补充方案
6	办理第三次劳工“纾困贷款计划”，提供100亿元新台币的贷款额度

资料来源：董沛哲，《传统产业创新，注入经济新活力》，台湾《贸易杂志》，2006年2月。

（五）通过税收优惠鼓励在台设立营运总部或研发中心

为建立“全球运筹中心”及避免台商及在台跨国公司转移中国大陆，台湾当局通过税收优惠政策，鼓励企业在台设立营运总部。在“六年发展重点计划”中，台湾当局将建设营运总部列为重要内容，其主要规划包括了规划自由贸易港区、奖励企业营运总部、建设海空联港、无障碍通关与产业全球运筹电子化等。2001年11月，台湾“立法院”三读通过修正《促进产业升级条例》，2002 年 1 月 30 日公告该修正案，2 月 1 日起生效。该条例明订多项租税减免措施，包括外国企业在台设置物流配销中心可免征营利事业所得税、总部设在台湾的公司其外国关系企业管理的投资收益及处分利益等免征营利事业所得税等。2002 年 1 月初，台湾“经济部工业局”提出一项推动“企业营运总部行动方案”；4 月，“行政院”通过该方案，给予在台设立营运总部的企业，其海外子公司汇回台湾的权利金、研发管理服务费、投资收益等免缴营利所得税。6 月初，台湾“行政院”核定并公布《企业营运总部租税奖励实施办法》。依照规定，为鼓励公司运用全球资源进行国际营运布局，在台湾境内设立一定规模且具重大经济效益的营运总部，下列三种所得可免营利事业所得税：对海外关系企业提供管理服务或研究开发的所得；自海外关系企业获取的权利金所得；投资海外关系企业取得的投资收益及处分利益。设立营运总部的企业还必须符合如下条件：一是雇用岛内员工月平均达 100 人，其中大专毕业人员平均达 50 人；二是年营业收入净额达新台币 10 亿元；三是年营业费用达 5000 万元；四是营运范围包括统筹海外各国或地区关系企业经营策略、知识财产管理、财务管理、国际采购、市场行销、后勤支持、人才资源、研究设计与工程技术或高附加价值生产等营运活动；五是海外关系企业应在 2 个以上国家设立登记营业，且须有实质活动；六是海外关系企业的年营业收入净额合计达新台币 1 亿元以上。这项办法还针对祖国大陆台商订有特别条款，即将对大陆、香港与澳门投资视为“一个国家投资”，就是说台商在大陆及港澳投资外，还必须到其他国家投资才能在台设立营运总部与享受税收优惠；同时不承认在海外设立的“纸上公司”（主要是台商在第三地设立对大陆投资的控股公司），其实就是迫使台商分散投资，压制中小企业对大陆投资。随后，中小企业对此规定强烈反对，要求当局放宽企业申请设立营运总部的标准。因此，台湾“经济部”随即决定，新增“台商在台设立营运总部标准”，决定未来只要台商在祖国大陆投资并登记营业，即可享受租税减免优惠，以鼓励大陆台商“根留台湾”及资金回流台湾营运总部。依台湾“经济部”评估，现阶段潜在符合在台设立营运总部的企业超过 400 家，估计到 2011 年可推动 200 家企业在台设立“全球营运总部”，1000 家企业在台设立“区域营运总部”，可提供20万个就业机会。在“六年发展重点计划”中，除鼓励吸引跨国企业在台设置区域研发中心与奖励民间企业设置创新研发中心外，还以当局主导扩大或新建一批重大研发中心。其中包括基因体研究中心、行动通讯工程中心、纳米应用研发中心、南港软体园区设计研发中心、电信技术中心、中部精密机械创新研发社区、南部产业创新研发示范区等。

五、结论与建议

台湾产业外移主要始于80年代中期以后，外移初期以东南亚地区为主，随后逐渐转向大陆，尤其是90年代中期后电子信息产业的外移主要集中在大陆，大陆成为台湾最重要的海外生产基地。随着岛内产业的外移特别是台商对大陆大规模投资转移，台湾产业空洞化现象逐渐出现。在第一波传统产业外移或对外投资过程中，由于高科技产业的迅速兴起，在一定程度上填补了传统产业外移出现的空缺，台湾产业空洞化现象并不严重，台湾制造业、外贸出口、整体经济仍呈现中速增长。第二波高科技产业的外移，由于没有更为重要的一批新兴制造业的出现，台湾产业空洞化问题逐渐突显，主要表现在：制造业产值比重下降过快，目前仅占GDP的五分之一强；服务业“早熟”，在人均GDP刚达到15000美元时，服务业产值比重达到73%；服务业的快速发展，却没有带来就业的增加，服务业就业比例与产值比例有较大差距；台湾制造业企业的大量生产与经营活动转移大陆等海外地区，大陆成为台湾海外最大的生产基地，岛内只是台湾母公司的运筹中心；产业外移大陆，造成台资企业从大陆采购原料与零部件的比例增加，而从岛内进口供应原料或零部件的比例下降；台湾经济的运行模式从过去的“台湾接单，台湾生产”转变成“台湾接单，大陆生产”或“大陆接单，大陆生产”。

台湾产业空洞化现象的出现，与台湾岛屿型经济特征、代工模式以及缺乏自有技术等有着密切关系。

面对产业大量外移与产业空洞化问题的出现，台湾当局采取了一系列政策措施，一方面积极发展台湾优势产业或潜在的竞争力产业，协助传统产业升级；另一方面限制台湾优势产业与技术转移大陆，并以优惠政策吸引台资回流，希望岛内企业“根留台湾”。但总体政策效果有限，台湾产业外移大陆的趋势并没有改变，台湾产业发展优势仍在持续流失。虽然半导体与液晶面板产业等仍具一定竞争力，但集中度高，对外依赖大，看不到其他更具发展潜力的后续产业，加上岛屿经济特征，台湾难以从根本上解决产业外移与产业空洞化问题。

（商务部委托调研课题，不含“对策建议”部分，2006/05/31，主持人：徐博东，执笔人：王建民/孙兆慧/朱松岭）

未来两年民进党大陆政策前瞻

自今年初陈水扁宣布“终统”以来，台湾岛内的局势瞬息万变，令人目不暇接。受此影响，两岸关系也在明潮与暗流的交互激荡中蹒跚前行。由于陈水扁因贪腐弊案引发执政危机而被迫“放权”，以及随着2008年大选的日益临近，其对两岸政策的主导权已日渐式微，民进党大陆政策的调整已势所难免。

日前，台湾当局宣布，与中国大陆协商两岸客货运包机问题取得了重大进展，双方就客运包机节日化和开办专案包机达成共识，同意从即日起两岸实施“专案货运包机”、“节日客运包机机制化”、“紧急医疗包机”和“特定人道包机”；客运包机将从原来的春节包机，再增加清明、端午和中秋等三个传统节日。

紧接着，6月16日，在“行政院长”苏贞昌、“立法院长”王金平、中华经济研究院董事长萧万长的主持下，召开了为7月27、28日“台湾经济永续发展会议”进行布局的预备会议。苏贞昌在会中表示，未来台湾将在“全球市场与中国市场间寻求动态平衡”，并将开放大陆投资百分之四十上限比率、直航及大陆人士来台观光等议题，均纳入讨论提纲中。近日台湾当局在两岸政策上的这一连串举动显示，民进党大陆政策的调整已经拉开了帷幕。

民进党大陆政策的调整势在必行

过去六年来，陈水扁当局以“台独”意识形态挂帅的两岸政策已经走到了它的尽头。民进党为此所付出的代价，就是在两岸关系问题上的话语权和对两岸议题的主导权向泛蓝阵营拱手相让。因此，面对2008年关乎民进党存亡绝续的政权保卫战，如何寻找到新的两岸关系发展模式，对未来的两岸关系究应如何重新设计，摆脱被动，重拾民心，已经是摆在民进党人面前的新的重大课题。

民进党当局大陆政策的症结所在，就是以坚持“台独”立场为基本出发点的大陆政策决策，与两岸关系发展的现实状况差距太大。换句话说，“台独”痼疾使民进党的大陆政策违逆了两岸交流不断扩大的潮流，与台湾民众的切身利益及对两岸关系的期望南辕北辙。因而民进党的大陆政策早就陷入了困境，现在已经到了难以为继的尴尬地步。

两岸经贸往来经过20多年的发展，已经形成了越来越紧密的联系。在贸易方面，据最新统计，截至去年年底，两岸直接间接贸易总额累计已经达到五千亿美元左右，仅去年一年就达九百亿美元。大陆已经是台湾第一大出口市场和最大的顺差来源地；在投资方面，目前到大陆投资的台企已经超过五万家，直接投资额超过四百亿美元。两岸交流的趋势仍在不断加强，这个潮流绝不是任何个人和政党的力量所能阻挡得了的。

目前，海峡两岸已经形成了一个互补和互惠的双赢结构。对台湾而言，大陆的市场和劳动力是台湾企业发展必不可少的因素，而台湾的夕阳产业只有向大陆转移才有可能促进产业的升级换代；对大陆而言，台湾的资金、经验和管理技术对于起飞中的大陆经济至关重要，而台湾企业落户大陆，对大陆企业提高自身素质和竞争力、加速技术进步均会产生积极的影响。

两岸经济的整合已经影响到了台湾的民意结构。互惠互利的整合分工模式在客观上减少了两岸因历史恩怨所形成的对抗性色彩，真正体现出了两岸同胞血浓于水、休戚与共的紧密联系。这种变化是深层次的，其对两岸关系发展的影响也是长期性的和结构性的。过去十几年来的两岸关系发展，已经形成了要求开放两岸交流的民意结构。不管民进党人承不承认，中国大陆在台湾的未来发展中都会是一个具有决定性意义的影响因素。特别是在全球化的经济浪潮下，两岸的经济整合对台湾经济的未来发展更是至关重要。在中国与东盟自由贸易区正在加紧形成的情况下，台湾将如何自处？防止被排斥在这个主权国家组成的组织之外，从而导致边缘化，这对于台湾来说是一个相当紧迫的课题。

就大陆政策而言，民进党已经远远落后于形势。陈水扁上台执政六年来，其推行大陆政策的一个基本点就是坚守“台独”立场，并在选举时设法刺激大陆作出激烈反应，从而将两岸议题返销到岛内，作为选举动员的工具。但是2004年以来，由于中共新一代领导人胡锦涛主导下的对台政策和策略出现了新的重大调整，大陆不再轻易随台湾当局的魔棒起舞，从而使民进党对两岸政策的操作顿然失去了原有的着力点。正是因为如此，民进党也就失去了对两岸关系发展的主导权。

另一方面，中国大陆对台政策的软性议题不断释出，以及连宋访问大陆以来台湾民众对“红帽子”的迷思已被打破，进一步压缩了民进党当局在两岸议题上的操作空间。民进党当局一直抱着僵硬的闭关政策不放，使其意识形态挂帅的窘态毕露无遗。在这种情况下，民进党在两岸问题上的话语权不断流失，在两岸问题上也就越来越陷于被动。而以“第一家庭”为中心的贪腐弊案群的出现，则从根本上摧毁了陈水扁的道德形象，从而瓦解了其在两岸政策上的道德动员力。陈水扁道德形象的崩塌，对整个民进党产生了前所未有的重大冲击，选举一败再败，民调支持度急速下滑。如何突破这种困境？民进党内很多人忧心如焚，议论纷纷，急谋脱困对策。在这种情况下，民进党大陆政策的调整已经是基本教义派难以压制、可以预期的了。

民进党的权力盘整进程决定大陆政策走向

未来两年，民进党大陆政策的调整首先反映出来的将会是党内权力斗争的表面化，以及资源分配格局的重新盘整。

应该指出的是，在民进党内，长期以来对两岸政策的看法素有分歧。例如“新潮流系”就认为，民进党的两岸政策应该顺应两岸交流不断扩大的潮流，在当局无法阻挡的情况下，对两岸政策一味杯葛只会让自己背上不必要的包袱。然而陈水扁执政六年来，将两岸政策作为选举工具来操作，以其强势压制党内对两岸政策的不同声音，但是这种不同的声音从未消失。今年“元旦讲话”中，陈水扁作出了“积极管理、有效开放”的政策宣示，进一步紧缩两岸政策。而“新潮流系”马上反弹，针锋相对地提出了“积极定位、自信开放”的口号作为回应。

近期以来，陈水扁在连番弊案的冲击下，对整个局势的主控权已经开始弱化。这意味着民进党内部的权力交替已经展开，“后扁时代”已经提前来临。当此乱局，四大天王纷纷依托自己的班底，积极展开权力布局。与此相适应，民进党的大陆政策也显现出重大调整的迹象。这次两岸在节日包机问题上达成共识，以及将开放大陆人士赴台观光、直航等议题重新纳入协商讨论范畴，这固然是“行政院长”苏贞昌想在大陆政策上寻求突破，以图拉抬民意支持度；同时在某种程度上也意味着苏已公开和陈水扁僵化的两岸政策告别，开始主导两岸关系的决策。但是，苏的两岸政策能否继续推进，并形成比较稳定的政策沉淀，仍值得观察。其最大的变数，依然来自陈水扁。5 月 31 日，陈水扁虽然作出了“放权”的宣示，而且苏也确实随后在两岸政策上展现了新的气象，但是台湾政局的发展仍然扑朔迷离：

（1）陈水扁“放权”并不是“交权”，在目前体制下，权力可以“下放”，也可以“收回”。而且，扁也没有真心要将权力下放，只不过是设立停损点的一种策略而已。以陈水扁的个性，一旦捱过了目前的执政危机，不排除会重新考虑权力布局的问题。

（2）按扁的宣示，他要下放的只是“宪法赋予总统以外”的权力，而两岸、“国防”和“外交”，却是“宪法”赋予“总统”的权力范围，还在扁的掌控之中。所以苏能在多大程度上对两岸问题拥有主导权，仍取决于陈水扁。

（3）苏在两岸政策上的务实态度，反映了台湾民众要求开放两岸交流的主流民意的压力。然而，这种较为务实的态度，却是和民进党的“党意”有相当程度的落差，特别是和“台独”基本教义派的落差更大。尽管扁目前自顾不暇，不得不对“苏修路线”作出某种妥协，但是苏仍会顾虑来自党内的压力对自己政治前途的负面影响。

（4）从权力布局的考虑出发，苏现在采取的是“拉游尊扁”的策略，并防止吕秀莲坐大、谢长廷东山再起。在这种情况下，如何寻求“尊扁”与防止扁再度收回两岸关系主导权之间的平衡点，对苏来说是一个非常现实的考验。

总之，就目前民进党内的权力分配格局判断，大陆政策进人了调整时期，同时也进入了一个更加变动不定的时期。大致来说，可能出现两种情况：一是随着城头大王旗的不断变换，两岸政策也不断摆荡；二是未来的两岸政策将沿着两条主线进行，苏贞昌和陈水扁分工合作、各取所需：前者适度推动两岸交流的发展，以图争取民心，扩大中间票愿；而后者则在“宪改”等“台独”议题上继续炒作，以稳固“台独”基本盘。通过这种分工合作，扁、苏各自达成自身政治利益的最大化。相较之下，从目前来看，后者的可能性似乎要更大些。

“政经分离”仍是苏贞昌未来大陆政策的基本发展方向

苏贞昌所代表的是“新潮流”较为“务实开放”的两岸政策。即：在坚持“台湾主体性”的前提下，对两岸关系采取所谓“自信开放”态度。也就是说，如何通过技术层面的处理，减少因两岸交流的不断扩大对“台独”意识形态坚持所造成的冲击，甚至能以两岸交流的适度开放，来补强其对“台独”意识形态的坚持。这显然是一种处理两岸关系的新思维和新模式。它一方面放弃了六年来陈水扁以“台独”意识形态捆绑两岸政策的僵化思维，逐步将意识形态与两岸经济交流区隔开来；同时又设法在坚持“台独”基本路线与开放两岸交流之间寻找到平衡点，在不放弃基本意识形态坚持的情况下谋求最大的经济与政治利益。事实上，“新潮流”近几年来一直都在积极宣导这种处理两岸关系的新思维和新模式，但由于种种原因，始终不被陈水扁所采纳。而今苏的得势，使得“新潮流”的上述主张终于有可能一伸拳脚了。

其实，民进党大陆政策的调整方向，显示出了近期台海局势的发展变化：一是两岸民意对强化两岸交流的呼声越来越强烈；二是中国大陆对台政策调整已经显示出了效果；三是“台独”在国际社会的活动空间越来越小；四是在岛内执政党弊案层出不穷的情况下，民进党不得不考虑如何改善政绩、收揽民心、重塑形象。岛内经济的长期低迷和民进党道德操守的沦丧所引发的民众不满情绪，已经超越了蓝、绿意识形态对立，形成了民进党创党以来的最大危机。

因此，如何在短期内提升经济，稳住民进党的阵脚，并为 2008 年的

“总统”选举交出一份不敢说“亮丽”但至少还算说得过去的执政成绩单，显然是苏贞昌在未来两年中两岸政策上的主要着墨之处。对于苏贞昌来说，两岸关系的定位问题并不在他的许可权之内，同时更不是他想要触碰的问题。

不难预见，苏在两岸政策的调整中，对“台独”路线坚持的刚性可能会相对减弱，但是对“台湾主体性”的坚持则会加强。民进党在长期的“本土化”策略运作中，通过偷换概念的方式，将“本土”与“中国”对立，通过鼓吹“台湾主体性”，制造了两岸对抗的思维模式，这种政治上对抗与经济上的开放可以并行不悖，这也就构筑起了苏贞昌政治与经济分离的两岸关系处理模式的基础。对于台湾民众来说，“台湾主体性”更多的并不是诉诸政治理想，而是诉诸利益和地缘情感。“台独”理念和路线将会更多地通过所谓“台湾主体性”的模糊概念折射出来。

如果上述分析不谬，未来两岸关系发展的基本态势有可能是：在技术上可以操作、而又在实质上能得到利益的部分，台湾当局会优先开放。日前民进党当局对两岸包机的松绑就是一个例子。另外，大陆人民赴台观光乃至“直航”的实现都不是不可能。另一方面，两岸之间在“一个中国”问题上仍难以达成共识，两岸政治僵局仍难以打破，“台独”路线在新的条件下以新的形式继续操作。而两岸关系和台海局势，则会在交流不断扩大与政治对抗之间不断摆荡。

当然，台湾政局发展目前仍扑朔迷离、瞬息万变，如果因揭弊的进一步深入而使泛蓝阵营“倒扁”或“倒阁”成功，那么一切又将另当别论了。

（《中国评论》，2006/7 月号，与陈星合撰）

台湾政局发展及其对两岸关系的影响

自今年4月30日陈水扁宣布“放权”以来，台湾政局进入了新的转换期，民进党内政治生态出现了新的调整。从表面上看来，民进党是在沿着两个相悖的方向发展：苏系势力不断增强，陈水扁在权力结构中越来越边缘化；但是民进党在“全代会”上却又通过了解散派系的决议，从而显示出欲加强党内权威、改变民进党运作模式以维护权力中心的意图。从实质上说，民进党的这两种发展面向既反映了前一段时间党内政治生态演变的结果，同时也反映出民进党内权力结构的微妙变化。民进党内的“后扁时代”已经来临，但后扁时代的权力结构形态却尚未底定，“台独”路线在新的形势下正在进行调整。这种情况对台湾政局及未来两岸关系发展将产生何种影响，颇值得我们认真探讨。

一、民进党内的政治生态进入转换期

在民进党的诸位“天王”中，苏贞昌的位置已变得越来越重要。苏被认为是陈水扁4月30日宣示“放权”后的最大获益者。在扩大与各派系结盟的情况下，最后形成以苏贞昌为首的“泛苏系”（苏系+新潮流+绿色友谊联线）对决党内其他各不相谋小派系的态势，“泛苏系”在30席应选中执委中掌握17席，也握有过半中常委席次，已几近掌握民进党权力核心。在这种情况下，苏接班的态势似乎越来越明朗，民进党政治生态演变的路线也似乎越来越清晰。

但是苏贞昌的“总统”之路不可能一帆风顺。相较于陈水扁在1999年所形成的声势。苏贞昌并没有达到在党内众望所归的地步。在未来民进党内的权力结构演变中，姑且不说苏的势力提前集结已经打破了党内政治生态的平衡。俗话说，“枪打出头鸟”，这种状况其实已过早地将自己暴露在别人的枪口之下。就目前的情势而言，苏面临着几种势力的围剿，要想杀出重围，冒的风险很大。从四大天王的权力分布态势来说，由于谢长廷失去舞台，被迫参选胜选渺茫的台北市长，格局渐低，基本上已无力与苏竞争。但是吕秀莲与游锡堃决不甘心让苏贞昌势力坐大。如日益感到孤单的吕秀莲近期就动作频频，又是组“联盟”，又是搞“论坛”，自搭舞台，不断对外放话，试图结合朝野力量，趁陈水扁弊案缠身之机，开辟第二战场，争取有利地位。

而李登辉台联党近期的政治动作，对苏地位之巩固所产生的负面影响可能更超越吕、游、谢的影响。台联党目前所面临的问题，主要是如何在单一选区两票制下避免泡沫化的命运。台联党必须以实际行动求生存。从这个角度判断，台联党未来坚持“走自己的路”的取向已确定无疑，与民进党裂痕不断加大已势所难免。尽管2008年“总统”候选人一旦确定，台联党仍会支持民进党的候选人，但是为了维持自身的生存，台联党必定一如既往，采取强化“台独”立场上的策略，与民进党争夺深绿的选票。因此，台联党在今年底北、高两市选举、明年底“立委”选举中，以及在具体政策特别是在两岸政策方面，将对民进党和苏贞昌构成相当大的牵制。台湾媒体评论说：“李登辉为了争夺绿营主导权、维持台联党发展空间，都必须再强调‘戒急用忍’的两岸路线，事实上，为了修理苏，台联党更派了一整组人埋伏在经续会预备会议修理‘苏内阁’。”经续会后，李登辉亲自出马狠批“苏修路线”，这对于急于拼出政绩的苏贞昌来说，造成了不小的压力。更有甚者，近日传出李登辉透过接近吕秀莲的人士放话，如果吕承诺三条件：特赦扁、王金平接任“行政院长”、2008年不参选“总统”，将出手“倒扁”，支持吕上台。可见苏的地位并不稳固。

至于陈水扁与苏贞昌之间的关系更是微妙。一方面从体制上来说，苏的权力来源于扁，苏要对扁负责，这与以前历任“行政院长”所面临的问题是完全相同的，即权力小而责任大，一旦出现问题苏往往首先成为扁的替罪羊。至少在2008年“总统”候选人确定之前，苏在这个位置上必须仰陈水扁的鼻息而生存。另一方面，弊案缠身的陈水扁为了自保，又不得不宣布“放权”，而自己则向“台独”基本教义派靠拢。但这样一来对苏贞昌的压力也越来越大。道理很简单，“台独”基本教义派“保扁”是有条件的：一是扁必须坚持“本土路线”，以帮他摆脱困境的方式来换取陈水扁的“正名”、“制宪”，在“未来两年尽力推动，至少在历史上留下痕迹。”辜宽敏甚至公开在媒体上注销广告，宣称只给阿扁半年的观察期；二是扁必须看紧苏贞昌，严防苏在两岸经贸问题上偏离“积极管理”的政策。故而从近几个月陈水扁的有关言论来看，往往与苏、蔡有意推动的较为务实、开放的两岸政策很不同调。例如在“经续会”召开前夕，陈水扁在《阿扁电子报》中给“经续会”提出了四项建议。即：“要求对台湾整体投资的增加，而不是个别厂商对中国（大陆）投资的需要；重视台湾本地劳工就业的机会与薪资的水准，而不是对岸或其他国家低廉的劳动成本；坚持每一位国民都有权要求政府提供相同水准的公共服务，不因为生活在不同的县市，或身在本岛与离岛而有所不同；追求每一个人都能够享受进步的果实．而不是让愈来愈多的人被排除在赢者圈之外。”“经续会”后，面对李登辉台联党的强力反弹，陈水扁又在“世台会”年会等多个场合一再强调“积极管理”的两岸经贸政策不变。这反映了一个基本事实：碍于“急独派”的牵制，扁“下放”权力给苏是有限度的，苏、蔡所推动的两岸政策不能超越“急独派”所能容忍的程度。

同时，考虑到民进党内部权力的平衡，包括“泛苏系”在内的党内各派系目前采取“保扁”的策略，从而给了陈水扁喘息的时间，使身陷困境中的陈水扁，暂时成功地化解了在野党和亲绿学者的“倒扁”声浪。可以说，由于苏贞昌等人出于权力考虑而采取的“保扁”策略，不但使民进党内酝酿已久的“党政合议”机制胎死腹中，还通过了以维护权力中心为目标的解散派系决议。而且，在这次“全代会”上，陈水扁“权力下放，视同停权”的字眼也在最后一刻被删除。所以说，如果弊案无法继续发展、“倒扁风潮”不能构成对扁的致命打击，那么在一段时间内，在党内权力结构的转换中，陈水扁仍然可以发挥“余热”，继续扮演民进党“共主”的角色。

二、惯性思维与民进党的未来发展

在民进党的发展过程中，经过了长期的沉淀，已经形成了若干思维定势。这些思维定势既是台湾社会特有性格的表现，同时也掺杂有民进党与台湾社会的交互影响。这些定势一旦形成，往往会内化为民进党的思维模式的一部分。进而言之，它在一定程度上决定了民进党的权力结构、运作方式、整体路线的发展。归纳起来，这些思维定势大致有以下几种：

1. 族群诉求仍是政治动员的高阶手段。台湾是一个选举型的社会，各个政党都挖空心思进行政治动员，提出的诉求口号也五花八门。在众多的诉求中，依动员力的不同而形成了一个差序格局。其中最高端的应该是意识形态，其次是亲情，然后是政策理性。民进党的族群诉求就是建立在亲情基础上、掺杂有意识形态的动员方式。其突出的表现形式就是对“本土化”与“主体性”的构建。这种动员方式一般在低层级的选举如县市长、村镇里长选举中较少出现，而在高层级的选举、特别是最高领导人的选举中却屡见功效，不断泛滥。

族群诉求在2005年春连宋访问大陆时曾一度被认为已经失去了选举动员效果。但不久前围绕着“罢免案”的朝野攻防所反映出的事实却证明，恐怕不能作如是观。主要原因在于：2005年春民进党并没有选举的压力。不会将族群动员这一利器轻易搬出来使用，以防止其钝化。而最近陈水扁在面临“罢免案”危机之际，民进党又祭出了这一法宝。“一声‘中国人欺负台湾人总统’。立即打得国民党主席马英九弃戈曳甲，从此噤若寒蝉，仿佛之前那义正词严的总统罢免案还真是胡闹一场。”族群动员的长期存在在于其有效性和廉价性，只要这个工具依然有效，民进党决不会轻易放弃。正如困顿当中的陈水扁日前所说：“民进党是靠本土意识起家。才能获得那么多信仰本土的南部民众支持，尤其是‘台湾主体意识’这块神主牌，那是民进党的饭碗，不能给人抢走。”

2. 选举技术可以弥补执政能力与政治道德的缺失。民进党对选举技巧操作之精娴，是众议成同之事。而在民进党内，对选举技术甚至达到了迷信的程度。民进党人士甚至公开吹捧“阿扁是选举动物”。即使今年在连番弊案的冲击下，民进党面临着严重的执政危机，党籍“立委”林为洲宣布因对民进党失望而退党引起舆论大哗之后，陈水扁却骄傲地宣称，几年来他如何在各方看衰下，“一路过关斩将打赢一次又一次选战，引领民进党度过危机。”“在他眼里，选举就是治国，人民只是一张张的选票。”对选举技术的迷信，也是民进党在执政能力上少做追求的一个重要原因。同样的道理，对选举技术的迷信也是导致民进党政治操守快速滑坡的一个重要因素。从工具理性的角度来说，工具的有效性可以在一定程度上弥补执政能力的不足和道德价值的缺失。

3. 选择性正义和选择性批判依旧有效。选择性正义和选择性批判是族群分裂的必然恶果，同时反过来它又会对族群分裂起到强化作用。在民进党内，“我群”与“他群”的构建已经远远超越了政治道德的范畴，正所谓“只有‘立场’，没有‘是非’”。在这种背景下，所有的观念、政策、事物等都被分类成蓝绿两套尺码，而且绝对是立场先于一切。从高层政客到普通选民，均被罗织在这个结构当中。其中最突出的表现形式就是“肚子扁扁，票投阿扁”、“坏孩子也要疼”、“要教训阿扁，得由我们绿营自己来，轮不到泛蓝”……。最近泛绿学者和社运人士上演的要求陈水扁下台的“七·一五声明”，“之所以能够撼动民进党政府，原因在于‘亲绿定位’以及‘吁扁下台诉求’。”如果少掉这两项关键要素，其效果将大打折扣。然而，这种“自己对自己的检讨”，从过程来说往往是避重就轻，其动员力必定有限，结果自然也可想而知，并不能从根本上改变“我群”与“他群”的界限。绿营只需放出几条恶狗，给主事者扣上一顶“助蓝为虐”、“本土叛逆”的大帽子，一切又转归 OK。

从目前来看，民进党内部虽然有对贪渎行为检讨的声音，但是对上述影响民进党基本发展方向的惯性思维却没有多少反省，而外部环境显然也还没有形成足以让民进党被迫放弃这些惯性思维的客观条件和压力。所以说，民进党未来的发展，无论是岛内政策还是两岸政策，无论是对党内权力结构布局的调整还是选举动员方式的运用等各个方面，均不会有太大的改变。在岛内凝聚“台独”意识形态的共识、维护权力中心、在变动中寻求权力结构的新平衡，以实现民进党的继续执政，仍将是民进党未来政策的主要着力点。

三、“苏修路线”与两岸关系的近期走向

虽然在台湾当局的政策体系中，两岸政策其实处于相当边缘的地位，但

是也因为如此，它经常成为被操弄的工具。台湾政局发展的混沌，同时也增加了两岸关系发展走向的复杂性。

两岸政策走向对苏贞昌的政治前途而言，至关重要，也是对他的最大考验。具体来说，“两岸政策再不松绑，就别想在不到两年内提振台湾的经济，当然就拿不出成绩面对下次总统大选。”但是对两岸政策松绑的幅度太大，则又会引发“急独派”的反弹，而“急独派”的意向，“对只剩下死忠铁票的民进党又更加重要。”所以苏面临两难的处境，必须在两岸政策上有相当的技巧才能左右逢源。

大致而言，苏贞昌、蔡英文所代表的是新潮流“务实开放”的两岸政策。苏、蔡上任六个多月来的两岸政策可以用“台湾主体性、政策主动性”来概括．在两岸政策上有若干务实和小步幅开放的措施。继对两岸节日和专案包机的松绑之后，在日前结束的“经续会”上，在蔡英文的强势主导下，将台联党极力杯葛的两岸直航、放宽大陆投资上限以及开放银行赴大陆投资等主张，强行列入“其他意见”。近日又在放宽大陆商务人员赴台、推动大陆旅客入台观光等方面动作频频。苏、蔡主导的这些开放举措，幅度其实很小，象征意义大于实质意义，反映出“苏修路线”在两岸政策上开始探路、试水温。

从表面上来看，扁、苏在两岸政策上很不同调。但种种迹象表明，这条“苏修路线”如果不是得到扁的私下“首肯”，至少也得到扁的“默许”，甚至不排除是扁、苏共同谋划的一种“策略”，不然苏、蔡何以胆敢冒绿营之大不韪，公开修正陈水扁“积极管理”的两岸经贸政策？道理至明：在扁看来，要想像李登辉一样，保证自己下台后不被“清算”，并能在台湾政坛上继续发挥政治影响力，有两个必配的条件：一是倒向“急独派”，取代已来日无多的李登辉，成为“急独派”的“共主”；二是民进党必须继续执政。二者缺一不可。而他与有意竞逐2008年“总统”宝座的苏贞昌却正可“分工合作”、各取所需：即由扁负责炒作“急独”议题，蒙骗“急独派”，稳住“台独”基本盘；而苏则通过推动所谓“苏修路线”，负责拉拢工商企业界和中间选民，扩大支持票源，争取赢得2008年大选，保住民进党的执政地位。透过现象看本质，扁、苏表面上存在分歧，实则在唱双簧，扮演不同角色，目标一致，殊途同归。这就是为何陈水扁在“急独派”的场子一再叫嚣“积极管理”，而在经续会上致词时却闭口不提，仅只抽象地谈到坚持“本土路线”云云，并对苏、蔡近期以来更动财、经首长以及所推动的开放举措采取“睁只眼闭只眼”的宽纵态度。

“苏修路线”的实质就是：如何通过技术层面的处理，减少两岸交流不断扩大对意识形态坚持所造成的冲击，甚至能以两岸交流的适度开放补强其对“台独”意识形态的坚持。这是一种新的两岸关系处理模式。它一方面适度调整了以“台独”意识形态捆绑两岸政策的僵化思维，通过“政经分离”的方式，逐步将意识形态与两岸经济交流区隔开来，同时又要在坚持“台独”基本路线与开放两岸交流之间寻找平衡点，在不放弃基本意识形态坚持的情况下谋求最大的经济与政治利益。

苏贞昌两岸政策的这个调整方向其实显示出近期台海局势的发展变化：一是两岸民意对强化两岸交流的要求越来越强烈；二是大陆对台政策调整已经显示出了效果；三是国际社会“台独”的空间越来越小；四是在民进党弊案层出不穷的情况下，不得不考虑如何振衰起弊、改善政绩、重塑形象的问题。经济的长期低迷和民进党政治道德操守沦丧所引发的不满已经超越了意识形态，形成了民进党创党以来的最大危机。

因此，如何在短期内提升经济，稳住民进党的阵脚，既要争取“台独”基本教义派的支持，又要为2008年的“总统”选举交出亮丽的成绩单，将是苏贞昌在两岸政策上的主要着墨之处。对于苏贞昌来说，关系到两岸关系根本性定位的敏感问题既不在他的权限之内，同时也不是他想触碰的问题。

所以，苏在两岸政策的调整中，对“台独”路线坚持的刚性可能会相对减弱，但是对“台湾主体性”的坚持则会加强。民进党在长期的“本土化”策略运作中，通过偷换概念的方式，将“本土”与“中国”对立，通过鼓吹“台湾主体性”，制造了两岸对抗的思维模式。这种政治上对抗与经济上的开放可以并行不悖，也形成了苏贞昌政治与经济分离的两岸关系处理模式的基础。对于台湾民众来说，“台湾主体性”更多的并不是诉诸政治理想，而是诉诸利益和地缘情感。“台独”理念和路线将会更多的通过“台湾主体性”的概念折射出来。

这是一条有别于扁、李为代表的旧“台独”路线的新“台独”路线。这条路线以苏、蔡为代表，以党内包括“新潮流”在内的泛苏系为后盾，以工商企业界为奥援。“新潮流”含泪保扁，实则“保苏”，为保“新潮流”所主张的这条新“台独”路线得以贯彻实施。目前新、旧“台独”路线尚处在“战略相峙阶段”，苏暂时保持低调，小心翼翼，如履薄冰，不敢走得太快太远。但如果年底北、高两市选举绿营再度遭受惨败，至少到明年“苏、蔡配”确定为2008年“总统”候选人之后，苏、蔡的权力基础得以稳固，其所代表的这条新“台独”路线势必逐渐占踞上风，成为绿营的主流路线。当然，台湾政局充满变数，如果扁被迫提前辞职下台，或发生其他重大变故，那一切又另当别论了。

如果上述判断不谬，未来两岸关系发展的基本态势应该是：两岸经贸方面，在技术上可以操作、而又在实质上能得到利益的部分（如大陆民众赴台观光等），台湾当局会优先开放，甚至全面直接“三通”的实现都不是不可能；而在政治层面，不仅两岸之间在“一个中国”问题上仍难有交集，两岸政治僵局仍难以打破，而且扁、李所代表的旧“台独”路线不会退出历史舞台，仍会兴风作浪，并且不排除从体制外推动“正名”、“制宪”等“急独”步骤，挑战两岸关系，制造台海局势的紧张。总之，两岸局势仍会在交流不断扩大与政治对抗乖离中不断摆荡。

在这种情况下，我们必须破除的一个惯性思维就是：两岸交流的加强和台湾当局对两岸交流的日益开放并不一定意味着“台独”的空间越来越小，相反，“台独”势力会在新的形势下寻找到新的生存方式，如何因应台湾当局的这种政策调整，应该成为大陆未来对台政策研究的一个重要课题。

所以，两岸关系的发展从总体上来说虽然趋向缓和，但只要“台独”势力仍然掌握着岛内的执政权，这种缓和就只能是暂时的、不稳定的，潜伏的危机随时都有可能爆发。对此．我们不可掉以轻心，应保持高度警惕，作好因应准备。

（《现代台湾研究》，2006/第4期与陈星合撰）

海外华侨华人与中国统一

中国现代民族国家的建设是在应对外部世界的挑战中展开的。建设一个现代化的统一国家，实现中华民族的伟大复兴，不仅需要实现从传统到现代的转型，而且还需要克服国家分裂的局面。诚如中国改革开放的总设计师邓小平所指出的，华侨华人是中国发展的“特殊机遇”。在中国现代民族国家的建设过程中，因为中国人的国际移民活动而形成的华侨华人，发挥了而且正在发挥着不可替代的巨大作用。特别是由于华侨华人充分认识到统一是中华民族之福、分裂是中华民族之祸，自觉地站在反“独”促统的第一线，以共同的文化渊源、共同的民族感情、共同的民族利益为基础，积极构筑发展两岸关系的桥梁，不断推动两岸交流，坚决反对任何形式的“台独”分裂活动，成为促进祖国统一的一支重要力量。

台湾是中国领土不可分割的一部分。由于特殊的历史原因和国际政治原因，海峡两岸同胞骨肉分离已经超过半个世纪，这不仅是中国现代化民族国家建设的一大缺憾，也是包括海外华侨华人在内的全体炎黄子孙共同的苦痛。因此，诚如“华侨旗帜、民族光辉”陈嘉庚先生的临终遗言——“台湾必须回归中国”所示，祖国统一是海内外炎黄子孙的共同愿望。半个多世纪以来，华侨华人与两岸人民一起期盼祖国的统一，并为两岸的早日统一献计献策，奔走效劳。

华侨华人与大陆的统一政策

“一国两制”

改革开放后，大陆一直对处理两岸关系和国家统一问题采取积极的、主动的和稳健的态度，特别是通过全国人大的《告台湾同胞书》、“叶九条”和廖承志的《致蒋经国先生信》等逐步明确和平统一的方针。1983 年邓小平提出“一国两制”即“一个国家，两种制度”的科学构想，从此成为大陆解决两岸统一问题的基本政策框架。在“一国两制”构想从提出到完善的过程中，华侨华人发挥了积极的作用。众所周知，“一国两制”的构想，正是在邓小平会见外宾特别是会见华侨华人时提出来的，并通过他们迅速传播到海内外而产生了重大影响。

1983年6月26日，邓小平会见美国西东大学华人国际问题学者杨力宇教授，并畅谈两岸和平统一问题。杨力宇着重转述了台湾当局对于统一问题的观点，强调只有一个稳定的台湾才可能与大陆进行和平谈判，建议大陆采取更实际的立场，减少对台湾的压力，希望两岸减轻敌意，增加了解，培养互信，为营造和平气氛创造条件。邓小平耐心地倾听了杨力宇的观点，接着以真诚的态度阐述了和平统一台湾的设想，强调“祖国统一后，台湾特别行政区可以有自己的独立性，可以实行同大陆不同的制度。……台湾的党、政、军系统，都由台湾自己来管。”这次谈话是邓小平关于“一国两制”构想的全面论述。

邓小平“一国两制”的科学构想提出后，立即通过海外华侨华人迅速向外扩散，并通过他们传向台湾，引起强烈的震动。《北美日报》指出，邓小平这次谈话合情合理，现在球已经踢到台湾那边的场地，就要看台北统治者的诚意了；《中报》发表文章指出，邓小平提出的最新方案，可能预示着中国统一日程的逼近；《世界日报》发表社论指出，“一国两制”的思想是以科学社会主义为根据、结合中国实际善意提出的，是一种解决领土分裂和国家统一的新思想。美国著名华人学者翁绍裘撰文指出，“一国两制”的真谛在于“和平统一”，为了循和平途径实现统一，必须采取“一国两制”的主张。还有许多学者指出，实行“一国两制”统一祖国，其前提是加强两岸的合作与交流。此外，荷兰华侨华人发表《致蒋经国先生的一封公开信》，希望台湾当局回应大陆“共商祖国统一”和“一国两制”的倡议。

“江八点”

为了巩固改革开放后两岸关系发展的成果，阻止外国势力插手台湾问题，遏制“台独”分裂势力，推动祖国和平统一进程，1995年1月30日江泽民发表《为促进祖国统一大业的完成而继续奋斗》的重要讲话，就发展两岸关系，推动统一大业提出八项看法和主张，即“江八点”。

“江八点”引起海外华侨华人的普遍关注，各大华文报刊纷纷刊登评论和文章，学者专家和各界人士则举办各种形式的座谈会，阐述观点，发表意见。华侨华人普遍认为，“江八点”是中共第三代领导人对台政策的新思维，具有进步的意义。如美国许多关心中国统一的华侨华人专家学者接受《侨报》专访时表示，“江八点”是中共最高领导人对台政策的一次比较系统和完整的重要讲话；泰国《中华日报》和《京华中原》两大华文报纸指出，“江八点”是中共近年对台方针和政策的纲领性文件，对两岸的接触和谈判问题提出了更加具体可靠的建议，也为打破两岸的政治僵局、促进两岸经济及其他领域的全面交流与合作铺平了道路。特别是对于“江八点”明言“中国人不打中国人”，美国《世界日报》发表社论指出，这是中国人以和平方式解决自己的争论，提出了具有善意的宣示。法国的《欧洲时报》发表题为《两岸高层互访是诚恳实际的建议》的文章，认为“江八点”既重申了维护国家主权和领土完整，即“一个中国”原则，也提出了“发展现阶段两岸关系的具体建议”，“既表现了极大的诚意，又切合实际”，因此具有深远的意义，“如能实现当是中国人民之福”。

与此同时，华侨华人还敦促台湾当局从国家和民族的根本利益出发，以民族大义为重，抛弃以所谓“争取国际空间”为名，实际上搞“两个中国”、“一中一台”的分裂作法，以具体的和切实有效的措施回应“江八点”。如《欧洲时报》发表文章，希望台湾当局、各党派和各团体的热心人士认真回应，付诸行动，首先实现第一步，即摒弃两岸敌对意识，结束两岸敌对状态，为统一大业做出应有的贡献。

此后，华侨华人经常在“江八点”发表周年之际举办各种类型的纪念活动，如1996年1月27日美东地区50多个侨团组织以及纽约、华盛顿、费城等地的中国和平统一促进会、1996年3月24日全英华人社团纪念会总会的40多个组织先后举办纪念座谈会，这充分表现了华侨华人对于“江八点”所阐述的统一政策的拥护和支持，也体现了华侨华人为促进两岸交流和祖国统一所作的努力。

沟通协调两岸关系

海外华侨华人利用其特殊身份的优势，多方面、多渠道、全方位地沟通和协调海峡两岸关系，为推动两岸关系朝着健康的方向发展，促进中国和平统一大业的早日实现而进行了长期不懈的努力。这方面不仅有单枪匹马式的个人努力，更有许多集腋成裘的社团活动。

代表性个人：陈香梅女士

大陆改革开放后，两岸经济、科技、文化交流日益增多，海外华侨华人发挥了积极的作用。众所周知，许多华侨华人特别是台湾移民与台湾甚至台湾当局有着密切的联系，他们经常来往于大陆和台湾，在两岸之间穿针引线、铺路搭桥，促进了两岸的经贸合作和文化交流，成为两岸关系的使者。其中，陈香梅女士堪称是最具代表性的人物之一。

1987 年陈香梅率美国华裔杰出妇女访问团一行 20 人先后赴台湾和大陆访问，这是第一个美国华裔民间妇女访问团参访海峡两岸。其成员包括影星卢燕、教授李瑞芳、桥牌皇后杨小燕、州参议员邓稚风、美华妇女会总干事胡普霖等，其中不少成员是台湾移民，与台湾有着广泛的联系。访问团先于 8 月 9 日至 13 日访问台湾，拜访了俞国华等台湾政要；后于 14 日经香港进入大陆，先后访问上海、北京、西安等地，受到中国国家领导人的接见。此次访问不仅促进了美国与中国大陆和台湾的文化、教育、经济交流，也为两岸开展民间交往创造了条件。

此后，在 1989 年因政治风波西方国家纷纷“制裁”中国之际，陈香梅再次于同年 12 月率美国国际合作委员会经济贸易考察团访问中国。由于该团成员以台湾旅游、交通、纺织、机械等企业界人士为主体，故又称台湾工商界中国大陆投资考察访问团。考察团先后对北京、上海、厦门、福州、广州等五个城市进行访问考察，期间并受到江泽民总书记和李鹏总理的接见。此后，台商掀起了一股赴祖国大陆考察的热潮，包括 1990 年海峡两岸工商协调会会长张平沼率 700 余人组成的台湾工商代表团到北京参加“海峡两岸贸易投资研讨会”等。

不仅如此，据陈香梅在其自传《春秋岁月》透露，她曾当面向蒋经国和邓小平呼吁开放台湾老兵赴大陆探亲，最终促成了台湾到大陆探亲开放的结果。对于她在沟通两岸所起的桥梁作用，她表示："我在海峡两岸都受到礼遇，既然大家都信任我，我当然愿意尽个人的微力，做些对社会、对国家、对民族有裨益之事。"这无疑是其促进中国和平统一之心愿的真诚的告白。

代表性社团：海峡两岸交流会

海外华侨华人大都主张中国和平统一，他们期盼一个强大的统一的中国的早日出现，因此组成各种旨在推动两岸关系健康发展的社团，壮大了祖国和平统一的声势和力量。这类社团中最具代表性的无疑是海外"中国和平统一促进会"（容后专述），此外，纯粹由美籍华人组成的"海峡两岸交流会"也是其中的代表之一。

"海峡两岸交流会"于1985年6月4日在美国洛杉矶成立，其会员均为美籍华人，一半来自台湾，一半来自大陆和香港，会长为南加州大学东亚研究中心研究员李惠英。李惠英在成立大会上宣布："海峡两岸交流会纯粹是民间组织。我们的态度是敞开大门，广交朋友。只要是中华儿女，不论来自何方，不论背景如何，都欢迎加入本会。我们更希望在美国这个客观环境里，透过来自海峡两岸同胞的意见，能传达舆论信息，能产生些微政治影响，能早日达成和平统一的愿意。"该会成立后不久即邀请两岸学者举办"大陆的经济改革与台湾的经济发展"专题学术讨论会，为两岸学者搭起交流的平台。此后于1991年6月6日改组为"洛杉矶海峡两岸关系研讨会"，致力于研讨解决两岸对等交流的障碍，探讨推动两岸关系的良性发展，谋求结束两岸分裂局面。

该会成立后，已经举办上百次探讨两岸关系的座谈会和演讲会；还以聚餐会的方式，邀请中国外交官、美国参议员会晤，接待来自海峡两岸的民意访问团，为彼此沟通和增进了解创造条件。此外，李惠英还自费赴欧洲、南美等地作旅行演讲，阐述海外华侨华人盼望中国统一的良好愿望与观点主张。特别值得一提的是，1995年6月李登辉访美后，两岸关系紧张，两岸会谈中止，李惠英积极向大陆海协和台湾海基会献策，建议双方尽快成立一个“唐焦复会预备委员会”，为恢复两会会谈创造机会。

反对“台独”分裂活动

反对“台独”分裂活动是海外华侨华人促进中国统一活动的最重要形式，他们警惕任何“台独”分裂主义的动向，并对一切冒天下之大不韪的“台独”活动进行坚决的斗争。

抨击李登辉访问美国

1988 年李登辉上台后大肆推行国民党政权的本土化，不断与民进党“台独”势力合流，企图制造“两个中国”。1995 年 6 月美国悍然违背中美三个联合公报的原则，同意李登辉访问美国，两岸关系出现了严重倒退。

李登辉访美引起在美国乃至世界各国华侨华人的强烈不满，他们纷纷以各种形式抗议李登辉访美，抨击其分裂祖国的阴谋。早在李登辉访美之前，美国各地华侨华人纷纷举行活动，要求美国政府改变其允许李登辉访美的错误决定。例如，旧金山华人成立“反对李登辉访美委员会”，挂起“反对李登辉访美，反对制造‘一中一台’”的中英文横幅，举行抗议活动；华盛顿中国留学生公开致信美国总统克林顿，反对其允许李登辉访美；纽约 73 个侨团负责人联名致信克林顿，指出美国允许李登辉访美“阻碍了中国和平统一大业，也伤害了美国自己的利益”；并强调，李登辉访美“是制造‘一中一台’或‘两个中国’的实际步骤。对此凡是反对分裂祖国的海外中国人都应该坚决反对。”与此同时，加拿大、法国、马来西亚、澳大利亚等国的华侨华人也纷纷发表文章或举办活动，强烈抗议美国政府允许李登辉访美及李登辉的分裂阴谋。

在李登辉抵美后，抗议和抨击浪潮进一步加强。7 日李登辉抵达洛杉矶时，南加州的 30 多个华侨华人团体联合举行抗议活动。9 日芝加哥地区的华侨华人举行座谈会，谴责李登辉利用美国之行推行“两个中国”、“一中一台”的政治阴谋，抨击李登辉访美是以金钱铺路，以学术活动为幌子，以达到将中国永远分裂的政治目的。此前，在康奈尔大学，数十位留学生和学者致信康大校长，对康大邀请李登辉访美制造“两个中国”、“一中一台”

的政治活动表示强烈的抗议；并且要求：一是在李登辉来访期间不使用“中华民国”字眼；二是不使用“中华民国”的“国旗”和“国歌”；三是校方不造成台湾是“独立国家”的印象。9 日下午李登辉到康大并在其校友会演讲时，100 多名中国留学生在康大校园举行抗议活动。

谴责陈水扁“终统”

2006 年 2 月 27 日，陈水扁公然背弃其一再信誓旦旦承诺的“四不一没有”诺言，无视国际社会的强烈反对，悍然宣布“终统”，即终止“国统会”运作和终止“国家统一纲领”适用。陈水扁这一不顾中华民族的整体利益，不顾台湾同胞的切身利益，一意孤行的“台独”的行径，激起了包括台湾同胞在内的中国人民和海外华侨华人的强烈愤慨，世界各地的华侨华人纷纷举行座谈会或发表声明，表示坚决的反对和严厉的谴责。

在日本，华侨华人对陈水扁宣布“终统”表示强烈愤慨。针对陈水扁宣布“终统”后两岸关系的发展方向，90% 的华侨华人表示，两岸最终将完全统一。日本中华总商会会长、旅日台商黄耀庭指出，陈水扁“终统”的做法，是彻底违背目前台湾主流民意的。而作为在海外的华侨，应进一步加强大同团结，共同促进中国的和平统一。日本华侨华人联合总会会长曾德深和日本新华侨华人会会长吴智深联合发表声明，指出“陈水扁冒天下之大不韪，置台湾人民的安危福祉于不顾，置两岸同胞和海外侨胞的民族感情于不顾，置国际社会及世界和平发展于不顾，作出终止国统会的危险决定，在事关国家主权、民族认同的大是大非问题上，出尔反尔，背信弃义，充分暴露了他坚持台独分裂立场、为一己之私害天下苍生的可耻嘴脸。”

在美国，西雅图华人联会指出，陈水扁终止“国统会”和“国统纲领”，是将台湾从祖国分裂出去的行径。同时强调，陈水扁搞“台独”是白费心思，“陈水扁是搬起石头砸自己的脚，注定要失败的。”

在菲律宾，菲华联谊会理事长何安顿及各华社代表、各华校代表纷纷表示，正当海峡两岸关系中的积极因素不断增长之际，陈水扁宣布“终统”，目的是企图摆脱其在岛内日益孤立的处境。陈水扁不顾岛内外的强烈反对，一意孤行，顽固坚持“台独”，是对国际社会普遍坚持一个中国原则和台海和平稳定的严重挑衅。

此外，在欧洲、非洲、澳洲，华侨华人纷纷也以各种方式，强烈谴责陈水扁背弃“四不一没有”的承诺，执意为了一己一党的私利，置全体中国人的民族感情于不顾，企图把极少数“台独”分子的分裂图谋强加在2300万台湾人民头上，将严重损害全体台湾人民的根本利益。

与此同时，海外华侨华人还警告陈水扁“不要做民族千古罪人”、“一意孤行、变本加厉地推行‘台独’，只会危及台湾人民的安全和福祉，葬送台湾2300万人民的前程，其实也葬送了自己和民进党继续执政的道路。”呼吁其“立即停止在葬送两岸和平合作双赢的邪路上一意孤行，不要再给台湾同胞和两岸关系带来更大的危害。”并指出，经由十几年来两岸关系的发展，两岸同胞已经结成实实在在的“命运共同体”。“两岸关系继续和平稳定发展，再创合作互利双赢，是两岸同胞的共同愿望。”

海外中国和平统一促进会与《反分裂国家法》

近些年来，在华侨华人反“独”促统的活动中，海外“中国和平统一促进会”发挥着重要的作用。1982年，美国华盛顿的华侨华人深感“中国的和平统一虽然道路坎坷曲折，但势在必成。我们身为炎黄子孙，促进两岸和平统一，义不容辞，责无旁贷”，呼吁新老华侨华人齐心协力，团结奋斗，积极推进中国和平统一大业，决议成立“华府中国统一促进会”，成为世界上最早成立的“中国和平统一促进会”。（大陆的中国和平统一促进会成立于1988年。）此后，随着全球范围的华侨华人反“独”促统运动的风起云涌，中国和平统一呼声的日益高涨，世界各地华侨华人纷纷成立旨在促进中国和平统一的组织。据统计，截止2005年9月，全世界已有80多个国家和地区成立了170多个“中国和平统一促进会”或其他类似组织。这些组织一方面广泛联系大陆、台湾、香港、澳门和各国各界华人华侨人士及相关的民间团体，共同探索统一的途径，促进两岸对话、谈判，推动统一的进程；另一方面努力促进海峡两岸人民之间的探亲、旅游、经贸往来、科技、教育、学术、文化、艺术、体育等方面交流之发展，充分反映了华侨华人以及其他爱好和平人士的心声，对形形色色的“台独”势力和主张形成了强有力的遏制。

特别是自进入新世纪后，海外中国和平统一促进会纷纷举办洲际性甚至全球性的大会，形成声势浩大的反“独”促统浪潮。

重要的洲际性大会如：2001年3月中南美洲华侨华人促进中国和平统一大会在巴拿马城举行，呼吁台湾当局放弃“台独”立场，实现中国的和平统一；2002年1月全非洲中国和平统一促进会成立大会暨中国和平统一研讨会在约翰内斯堡举行，大会通过《全世界华侨华人推动中国和平统一大会约翰内斯堡宣言》，强烈呼吁台湾当局承认“九二共识”，停止分裂中国的活动，为恢复两岸对话与谈判做出实际努力；最近的一次，2006年5月中南美洲中国和平统一促进会智利大会暨圣地亚哥论坛在秘鲁举行，中南美洲“和统会”会长钟月钧表示，两岸和平统一是中华民族的夙愿，是21世纪中国要完成的三大任务之一。反“独”促统也是海外侨胞的崇高职责，只要两岸还没有统一，工作必将继续下去，直到两岸和平统一。

全球性大会则体现了华侨华人反“独”促统的大团结和大联合。至今已经举行的全球性反“独”促统大会包括：2000年8月柏林大会，来自世界60多个国家的华侨华人代表以及大陆和台港澳地区的代表共600多人出席；2000年11月华盛顿大会，来自世界各地的华侨华人代表以及大陆和台港澳地区的代表600余人参加；2001年7月东京大会，来自全球35个国家和地区的华侨华人代表及国内外媒体记者近700人与会；2002年2月悉尼大会，来自亚洲、非洲、欧洲、南北美洲和大洋洲70多个国家和地区的华侨华人代表参加；2002年6月圣保罗大会，来自五大洲30多个国家和两岸及港澳地区的400多名代表出席；2003年9月莫斯科大会，来自世界近60个国家和地区的600余名华侨华人代表出席；最近的是2005年8月维也纳大会，来自世界70多个国家和地区的约800名华侨华人领袖和代表出席。这些大会的宗旨都是促进中国完全统一，反对任何形式的“台独”阴谋，体现了华侨华人“团结起来，联合起来，为在新世纪早日实现中国的完全统一而努力奋斗”的决心，堪称反“独”促统的海外战线。

在海外中国和平统一促进会展开的反“独”促统活动中，尤其值得大书特书的是其积极呼吁中国政府通过立法遏制“台独”，坚决拥护《反分裂国家法》。早在中国人大讨论反分裂的立法之前，海外统促会已经广泛地呼吁中国政府通过立法反“台独”、反分裂，维护国家统一，英国统促会甚至直接向到访的温家宝总理当面提出建议，并得到温总理的充分肯定。2005年3月中国第十届全国人大三次会议以高票通过《反分裂国家法》，将中国政府关于解决台湾问题的方针政策以法律形式固定下来，充分体现了大陆以最大的诚意、尽最大的努力争取和平统一的主张，表明了全体中国人民维护国家主权和领土完整，决不允许“台独”分裂势力以任何名义、任何方式把台湾从中国分裂出去的共同意志和坚定决心。《反分裂国家法》的制定和颁布，在海外华侨华人中引起巨大的反响，世界各地的统促会纷纷发表声明或举办活动，表示坚决拥护中国人大通过《反分裂国家法》，愿意为早日实现祖国统一贡献力量。例如，欧洲统促会和英国、德国等国的统促会联合发表声明，指出《反分裂国家法》是海外华侨华人翘首盼望已久的一部特别大法，必将对促进两岸关系和祖国统一大业的发展，对维护亚太地区的和平与稳定，产生积极而深远的影响。俄罗斯统促会倡议发起“支持中国制定《反分裂国家法》”大游行。全美统促会联合会以及美国各地的统促会纷纷举办座谈会和研讨会，认为《反分裂国家法》充分体现了祖国大陆的善意和诚意，立法遏制“台独”是为了台湾人民的最大利益。此外，西班牙、荷兰、波兰、匈牙利、捷克、加拿大、莫桑比克、西非、马达加斯加、南非、尼日利亚、澳大利亚、新西兰、泰国、马来西亚、菲律宾等国家和地区的统促会也纷纷发表声明或举办活动，热烈庆贺《反分裂国家法》的诞生，强调该法是维护国家主权和领土完整、防止“台独”的法律依据，是以法律形式确定了中央政府对台湾问题的一贯政策，将有效地遏制“台独”分裂势力，不仅表示支持和拥护，而且还表示将结合当地实际，积极宣传《反分裂国家法》，开展民间外交，争取当地政府、舆论和人民的支持，粉碎“台独”分裂分子在海外争取所谓“国际生存空间”的阴谋。

当然，毋庸讳言，海外华侨华人对于中国统一的态度也不可能完全一致。由于近现代台湾特殊的历史发展，由于国民党的长期威权统治，加之国际反华势力的挑唆以及大陆现代化进程中的某些失误，一部分台湾移民出身的华侨华人在争取台湾民主化的过程中走上极端，蜕变成为“台独”分裂分子。在台湾政党轮替之后，他们继续呼应和配合民进党政权的“台独”分裂活动，积极地为台湾当局开展所谓“国民外交”、争取所谓“国际生存空间”效劳卖力。然而必须指出的是，在海外华侨华人中同情支持“台独”者只占极少部分，只是一股逆流，随着时代的进步，这股逆流必将被淹没在华侨华人支持中国统一的大潮之中。

总之，包括台湾移民在内的数千万海外华侨华人是中华民族的宝贵资源，是中国发展的“独特机遇”；解决台湾问题，实现祖国统一，是包括海外华侨华人在内的全体中华儿女的共同愿望和神圣使命。由于“侨中有台、台中有侨”的特性，依托血浓于水的亲情、乡情，以共同的文化渊源、共同的民族感情、共同的民族利益为出发，以侨为“桥”，海外华侨华人在促进中国的和平统一大业中已经并正在发挥不可替代的积极作用。

（“台湾问题的外部环境研讨会”论文，2006/08/09，陈文寿起草）

国民党的大陆政策及其近期走向

中国国民党是当前台湾地区最大的反对党。2000年民进党上台执政之前，国民党是台湾地区的执政党。其时，国民党的大陆政策等同于台湾当局的大陆政策。2000年陈水扁上台执政后，国民党变成了在野党，国民党的大陆政策影响力已大大削弱，尤其是在2000年到2005年之间相当长的一段时间里，更缺乏鲜明、有力的大陆政策论述与行动。台湾地区的大陆政策舆论与导向几乎完全被民进党的“台独”分裂论述所垄断。

2005年3月全国人大通过《反分裂国家法》，为岛内反对“台独”、主张发展两岸关系的党派、民众提供了坚强的法律和舆论后盾，也促使国民党坚定地跳出岛内狭小的政治格局，摆脱民进党“台独”分裂论述的干扰与垄断，提出自己明确的两岸关系政策，充分发挥了国民党的政治影响力，为两岸关系开拓出一个崭新的局面。

2005年4月连战率领中国国民党大陆参访团对大陆进行了历史性的访问，建立起了国共两党党际交流的新平台。两党携手打破了“台独”势力在两岸关系上制造的种种障碍，一步步地把两岸关系推向一个新的阶段。当前两岸关系的这些进展，与国民党大胆、务实地推进两岸政策有着密切的关系。

2006年12月马英九卸任台北市长专任国民党主席后，国民党大陆政策的马英九时代已经正式开启。面对北、高两市选举后岛内新的政治形势，以及随着2007年底新一届“立委”选举和2008年“大选”的日益临近，由马英九主导下的国民党大陆政策势必呈现出和以往有所不同的新的面貌，因而备受海内外注目。

本文拟就一年多来中国国民党的大陆政策及其影响，以及未来的可能走向作一分析与预测。

一、国民党大陆政策的基础

中国国民党的大陆政策基础也就是如何定位台海两岸之间的政治关系和法律关系。在李登辉主政后期，为阻挠两岸关系的发展，李登辉悍然提出了“两国论”，称两岸之间是“特殊的国与国关系”。2001 年 7 月 25 日，中国国民党主席连战在国民党中常会上讨论《国民党政策纲领草案》时指出，李登辉的“两国论”违背“国统纲领”和“九二共识”。

2001 年 7 月 29 日国民党召开“第十六次全国代表大会”通过了新修订的党章、党纲。新修订的党章称：“本党基于三民主义的理念，建设台湾为人本、安全、优质的社会，实现中华民国为自由、民主、均富和统一的国家”。这表明，国民党一方面强调自身已经“本土化”，要全力“建设台湾”，另一方面仍以“中华民国”为“国本”，不忘国家统一大业。该党章还表示国民党要“复兴中华文化，实行民主宪政，反对共产主义，反对分裂国土，共同为中华民族之整体利益而奋斗”。

国民党并在“十六全”通过题为《国家新蓝图，台湾新动力》的政策纲领。在两岸关系上，国民党坚持世界上只有一个中国，但主张“一个中国，各自表述”。国民党在新制定的“政纲”中强调，要在“九二共识”基础上，“追求两岸和平稳定关系，建立军事互信机制，建构台海和平区”，主张“两岸搁置政治争议，从事制度竞赛，进行全面政经建设，塑造政治民主、经济自由的现代化国家。积极恢复两岸制度化协商；加强全方位交流，推动城市交流、政党交流、高层互访。配合全球运筹中心，推动两岸经贸松绑；促进两岸资金、人员及资讯移动透明化，创造国际企业策略联盟的环境”。

2005 年 8 月中国国民党召开第十七次党员代表大会，大会将中国共产党总书记胡锦涛与中国国民党主席连战 2005 年 4 月 29 日共同发布的《两岸和平发展共同愿景》列入政纲，全力推动，以开创两岸的和平、稳定、发展。

胡锦涛总书记与连战主席共同提出这一愿景的核心是“三项体认”和

“五个促进”。

“三项体认”主要是：坚持“九二共识”，反对“台独”，谋求台海和平稳定，促进两岸关系发展，维护两岸同胞的利益；促进两岸同胞的交流与往来，共同发扬中华文化；和平与发展是21世纪的潮流，两岸关系和平发展符合两岸同胞的共同利益，也符合亚太地区和世界的利益。

“五个促进”即两党将共同促进以下五项工作：一、促进尽速恢复两岸谈判，共谋两岸人民福祉。促进两岸在“九二共识”的基础上尽速恢复平等协商，就双方共同关心和各自关心的问题进行讨论，推进两岸关系良性健康发展；二、促进终止敌对状态，达成和平协议。促进正式结束两岸敌对状态，达成和平协议，建构两岸关系和平稳定发展的架构，包括建立军事互信机制，避免两岸军事冲突；三、促进两岸经济全面交流，建立两岸经济合作机制。促进两岸开展全面的经济合作，建立密切的经贸合作关系，包括全面、直接、双向“三通”，开放海空直航，加强投资与贸易的往来与保障，进行农渔业合作，解决台湾农产品在大陆销售的问题，促进恢复两岸协商后优先讨论两岸共同市场的问题；四、促进协商台湾民众关心的参与国际活动的问题。促进恢复两岸协商后，将讨论台湾民众关心的参与国际活动的问题，包括优先讨论参与世界卫生组织活动的问题；五、建立党对党定期沟通平台。包括开展不同层级的党务人员互访，进行有关改善两岸关系议题的研讨，举行有关两岸同胞切身利益议题的磋商等。

上述政治文件的通过，表明国民党对两岸关系定位重新回到“一个中国”的基础之上，这是国民党指导其大陆政策的最高纲领，这些原则也就是国民党大陆政策的政治基础。

二、国民党大陆政策的主要体现

自2000年国民党丢失岛内执政权后至2005年之前，由于种种原因，国民党的大陆政策多是一种政策宣示、一种理论，未能真正付诸实施。自2005年上半年以来，随着连战到大陆参访，国民党制定的一系列大陆政策纲领才得以逐步付诸实践，并在实践中不断进行检验和调整。在国民党的大力推动下，其大陆政策架构已经明显地展露出来。那就是：在“九二共识”的基础上，加大国共两党、台海两岸民间经贸交流的力度，全力推动两岸关系向和平稳定方向发展。

主要体现在以下几个方面：

首先，确立国共高层交往模式，并以国共高层交往为平台解决两党交流乃至两岸交流中的重大原则问题，打破两党交流中的心理障碍、意识形态障碍。自国民党主席连战率团访问大陆以来，这种两党高层交往模式开始确立，并成为协商、解决两党关系以及两岸关系问题的重要渠道。此后，国民党高层领导连战、吴伯雄、江丙坤、萧万长、曾永权、张荣恭等多次赴大陆参访，与大陆领导人会见，就双方关心的事宜进行沟通、协商。国共两党高层之间的这种频繁交流是半个世纪以来所不曾有过的，长期以来国共交往中存在的心理障碍和意识形态障碍逐渐被打破，推动两岸关系从民间交流提升到政党高层间的交流，两岸关系的发展上了一个新的台阶。

其次，积极构建党际定期沟通平台。2006 年 4 月和 10 月国共两党共同举办了“两岸经贸论坛”和“两岸农业合作论坛”。两党人士、两岸企业界人士、专家学者、台商代表汇聚一堂，就两岸关系发展中的有关议题展开广泛而深入的研讨，并提出相应的建议，共谋两岸关系和平发展大计。

第三，积极推动国共两党之间的基层交流。2005 年 8 月下旬开始的首批交流活动中，中国国民党台中市、台南市、彰化县、新竹市、基隆市党部访问团，分别与中共厦门市委、深圳市委、青岛市委、苏州市委和宁波市委进行了工作会谈。2006 年 8 月中国国民党桃园县党部东莞交流团一行到广东东莞参访，与中共东莞市委开展交流。

第四，与民进党争夺大陆事务主导权。由于民进党当局拒绝承认“九二共识”，并设置各种障碍阻挠两岸关系的发展，这就为国民党争取大陆事务主导权提供了机会和便利。国民党利用其与中国共产党已经建立起来的各种管道和平台，就两岸关系中面临的各种问题与大陆方面积极展开研讨和协商，并提出许多解决方案或办法。在国民党的积极推动和大陆方面的配合下，民进党当局在两岸事务上的主导权已经逐渐被边缘化，国民党在大陆事务中的主导地位得以确立。

第五，为台商利益奔波，为台湾农民请命。国民党大陆政策的一个重要方面就是在两岸交流中为台商、台生权益而奔走，为台湾各阶层如台湾农民、渔民、律师、医务人员争取实际利益。台湾地区的政党政治生态促使国民党大陆政策的落脚点，一方面是贯彻国民党的大陆政策纲领，维护台海和平；另一方面就是为其参与台湾地区的政党竞争服务。国民党通过为台商、台生、台湾农民等各界民众争取利益，来提高其在岛内的民意支持度，为赢得各类选举尤其是重大选举服务。在国民党的努力争取下，大陆方面自2005年以来已经宣布并实施了数十项惠及台商和其他各界台胞的政策措施，这些举措对于国民党提高岛内民意支持度起到了重要作用。近年来岛内民调一再显示，大多数台湾民众认为国民党比民进党更有能力稳定两岸关系。

三、国民党大陆政策的影响

国民党积极的大陆政策通过一年多来的实施和推动，无论对台湾岛内还是对大陆、对两岸关系及台海和平，都产生了广泛和深远的影响。

第一，国民党主席连战率团访问大陆，与胡锦涛总书记进行会谈，标志着国共两党关系发展史翻开了新的一页，进入了一个新的发展阶段。众所周知，台湾问题是中国内战的遗留问题，实际上也是国共两党矛盾斗争的产物。长期以来，台海两岸之间的对抗，实际上也是国共两党矛盾斗争的一种体现。解决台湾问题首先要解决国共之间的矛盾，化解相互之间历史上的恩恩怨怨。2000年以来，尽管国民党已经成为台湾地区的在野党，但是它在岛内仍然有着重大的影响力和号召力。连战对大陆的成功访问，国共之间恩怨的化解，使得我们长期推行的和平统一战略，第一次在岛内有了落脚点和扎实的政治基础。尽管和平统一还会面临来自岛内“台独”势力的种种干扰和破坏，任重而道远，但是国共两党的和解和对两岸交流的积极推动，却为未来两岸的和平统一打下了基础，带来了实实在在的希望。

第二，国民党推行积极的大陆政策，有利于大陆推动国家现代化建设，实现国家发展战略。因为国共两党和两岸民间交流的全方位推进，使大陆人民看到了未来和平统一的可能性，更容易理解和平解决台湾问题的必要性，对中共“和平统一、一国两制”解决台湾问题的对台战略更具信心，从而有利于减缓大陆内部部分民众要求武力解决台湾问题的政治压力，有利于引导大陆人民紧紧抓住21世纪头20年的战略机遇期，一心一意谋发展，把主要精力放在推动国家现代化建设和中国和平崛起上来，实现国家的发展战略。

第三，国民党大陆政策的推行，使得以往国共两党隔海互不相谋、各自为战的反“台独”斗争统合起来，相互配合，形成统一战线，打击了“台独”势力的嚣张气焰，稳定了两岸关系大局。在连战访问大陆之前，“台独”分裂势力利用其执政地位，在岛内政治舞台上异常嚣张，变本加厉地推行“去中国化”，不断向大陆挑衅，制造台海紧张局势，并动辄给主张缓和发展两岸关系的政党和政治人物扣上“卖台”、“中共同路人”的红帽子。“台独”逐渐占据了岛内的“话语霸权”。连战毅然访问大陆，通过媒体的大量报道，使国共两党有关发展两岸关系的政策主张得以在岛内广泛传播，给台湾人民带来了安全、和平、繁荣、发展的新希望和新方向，两岸交流交往的话题在相当程度上占据了岛内舆论的焦点，从而冲破了自2000年民进党执政以来“台独”势力在岛内好不容易才营造起来的“话语霸权”。与此同时，国民党对两岸关系主导权的争夺，也迫使民进党当局为收揽民心而不得不对其保守僵化的两岸政策作出某种程度的让步和调整。两岸节日包机、扩大“小三通”适用范围、大陆民众赴台旅游以及人民币在岛内兑换等一系列问题的协商谈判取得进展，均与此不无关系。在国共两党两岸政策的牵制下，“台独”势力在两岸问题上制造麻烦的能力和机会已经大大下降。

第四，从经济角度来看。国民党积极推动两岸经贸交流的政策，一方面有利于我们利用台湾的资金、技术和管理经验推动大陆的建设与发展，另一方面也势必进一步加快台湾与大陆在经济上融为一体，形成命运共同体。两岸经济的一体化，使得台湾对大陆经济的依赖进一步加深。政治是经济的集中体现，这种结果必将为未来两岸和平统一打下坚实的经济基础。从另一角度而言，经济上卡住了“台独”的脖子，也就意味着切断了未来“台独”成功的任何可能。

当然，任何事物都有其两面性。从总体上来说，近几年来国民党的大陆政策是积极的，对两岸关系的缓和发展是有利的，但由于两岸的政治制度不同，意识形态各异，随着两岸交往的密切和相互了解的加深，国民党大陆政策的推进，也对大陆内部产生了一些负面的影响。这种负面影响主要是政治思想上的。其具体表现为：随着国共两党交流的日益加深，大陆民众对台湾社会、台湾政治的了解越来越具体深入，不可避免地会有部分民众被国民党鼓吹的西方式民主政治所吸引和迷惑。此外，大陆民众通过新闻媒体所看到的国民党领导人及其行为方式，与大陆的一些党员干部形象有着相当程度的差别，而这些差别也很容易被政治上别有用心的人所利用。

四、近期国民党大陆政策的可能走向

所谓“近期”主要是指从现在起到2008年台湾地区“大选”之前这一时段。

马英九从2005年8月起担任国民党主席，但是从那时起到2006年年底这一段时间里，马英九因忙于台北市市政，虽然也提出了一些两岸政策新论述（如“五不四要”等），但国民党大陆政策基本上还是延续连战开创和主导的政策方向来推动实施的。2006年年底，马英九卸任台北市市长职务，开始担任国民党的专职党主席，国民党大陆政策的马英九时代已经正式开启。

（一）马英九的大陆政策论述。

1. 关于国民党大陆政策原则。马英九较早之前就提出了“五不四要”：即不宣布“独立”、不变更“国号”、不将“两国论入宪”、不举办“统独公投”、不废除“国统会”的“五不”，以及要与对岸恢复协商、签订和平协议、扩大经贸往来、增进文化体育交流的“四要”主张。2006年7月，马英九在接受《时代周刊》亚洲版专访时，明确表示：在两岸关系问题上国民党不会追求法理上的“独立”，会以1992年在香港达成的“九二共识”为基础，恢复谈判，并加强经济交流以期达到共同市场的终极目标。对于他本人，马英九说：“我是台湾人，也是中国人。”

2. 在两岸政策上。马英九高度评价国民党荣誉主席连战推动国共合作的贡献，强调此举有助于区域稳定，对于连胡共识，他表示高度肯定。马英九认为，两岸一定要合作、和解，如能降低台海紧张，加强两岸合作，对台湾绝对有利。马英九在2006年年底发表的一篇题为《两岸经贸应走开放自主之路》的文章中，提出了他未来一年的两岸政策主轴：先经贸，再政治。

2006年12月29日中午，马英九在“台北市经营管理研究院即两岸经贸新展望论坛”开幕式上致词时表示：两岸贸易应该掌握“以台湾为主、对台湾有利”原则，走开放、自主的路；并提出四点具体建议：开放陆资来台投资；开放大陆人士来台观光；周末包机常态化；解除40%投资上限规定，并让台商回台湾上市。至于未来开放的方向，马英九说：“开放金融业登陆已刻不容缓。此外，两岸应尽速建立经济合作论坛，解决台商问题，最后则希望台湾和中国大陆建立共同市场”。

从马英九近年来有关两岸关系的言论可以看出，由他领导下的国民党大陆政策将会保持既有的连续性，由连战先生所开创的推动两岸关系朝和平、稳定、双赢方向发展的大陆政策方针将会延续下去，并将更加注重两岸关系中的具体政策层面，但同时也不可避免地会逐渐赋予马英九的个人风格与特色。

（二）国民党大陆政策的近期发展趋势。

从2007年年初到2008年台湾地区“大选”这一段时期是台湾政治生活中一个非常关键和特殊的时期。我们认为，鉴于台湾目前的政治生态和马英九本人的个性及政治利益选择，这一段时期国民党的大陆政策总体上会保持连续性，但也会出现一定程度的调整甚至收缩，国共两党的政治理念差异会进一步凸显，两党之间的原则性矛盾和冲突会逐步暴露。

主要表现有以下几个方面：

第一，国共中低层次的交流和两岸具体政策的磋商还将继续，但高层交流活动会被技术性搁置，两党关系停滞不前，甚至可能出现某种倒退。

第二，国民党的两岸政策论述会出现摇摆、混乱甚至颠倒。

第三，马英九和国民党会刻意凸显国共两党以及两岸之间的意识形态、政治制度差异。

比如马英九在2006年12月底的国民党中常会上宣称：“国民党与民进

党差距再大，也大不过我们与共产党的差距！蓝绿同在一条船上，二千三百万人民都是命运共同体”、“国民党将朝野和解的顺位优先于国共合作”等言论，有意贬低乃至抹煞国共合作的重大意义。

其原因有以下几个方面：

第一，由连战主席主导下所推动的国民党大陆政策维护了台海和平，促进了两岸交流，开创了国共两党关系史的新篇章，更为国民党在岛内重振声威、重新赢得政治主动权发挥了重要作用。这一政策大方向既符合台海两岸人民的利益，更符合国民党的政治原则与政治利益。因此，马英九没有任何理由会放弃尊重并延续连战所开创的这一大陆政策原则。

第二，2005、2006 两年间，在连战的主导下，国民党的大陆政策掀起了两岸关系发展史上的一个又一个高潮，国共关系也达到一个新的顶峰。经过两年的上升和发展高潮之后，国民党的大陆政策需要一段时间的缓冲和消化，并观察其政治效果，特别是 2006 年年底北、高两市选举结果国民党并未达到其预期目标，因此国民党两岸政策的热度有可能会相应地有所减弱。

第三，前两年，马英九主要忙于市政，国民党的大陆政策一直由连系人马主导，但随着马英九专任党主席以及国民党高层尤其是两岸政策部门的人事调整，连系人马势将逐渐淡出两岸政策的决策圈。而国民党内两岸政策主导权的转换，势必也会促使其两岸政策与策略相应地进行一些调整。

第四，国民党的大陆政策背景与政治目标已经发生变化。在连战时代，由于两次“大选”失败，美国明显支持陈水扁而不支持国民党。民进党把持政权，在岛内政治、经济发展各方面，国民党的舞台非常狭小，很难有所作为，国民党的发展与前途陷于困境。在这种政治环境下，前进大陆、推动两岸关系的缓和与发展，是国民党开创政治新天地、建功立业、重拾岛内民心的一个重大突破口。所有这些因素促使连战毅然决定访问大陆，开创了国共两党关系发展的新时代。当然，国民党这一政策选择也取得了意想不到的政治效果：国共两党关系历经半个世纪之后终于实现历史性的突破，而国共两党关系的改善也为两岸和平提供了一个坚实的基础。国民党这一政策抉择赢得了台湾主流民意的支持，摆脱了国民党在岛内的政治困境。民调显示，连战访问大陆后，国民党的政党支持度首度超过民进党，并且至今仍保持着领先地位。

随着马英九专任党主席以及2008年“大选”即将到来，这一时期国民党的政治总目标就是重新夺回执政权。近期，国民党一切政策选择都要为实现这一总目标服务。虽然从总体上看，国民党已经摆脱了两年前的困境，其政治声势要高于受各种弊案拖累的民进党，但国民党和泛蓝内部存在不少矛盾和问题，马英九的光环正在消退，北、高两市选举结果表明，2008年国民党能否重新夺回执政权还在未定之天，并无必胜把握。于是，为了争取岛内处于关键地位的中间选民，在两岸政策上，国民党有可能会采取“维持”甚至在一定程度上“收缩”其现有大陆政策的策略，而不急于寻求进一步的突破，从而避免被绿营攻击为“亲中”，吓走了中间选票。

第五，为了赢得美国的理解和支持，马英九和国民党也有可能适度放缓大陆政策的步伐。马英九和国民党深知，要想重新夺回执政权，除了争取岛内民心，美国的支持是又一大关键。而在两岸关系问题上，美国固然不愿意因台海局势的恶化与冲突把美国拖下水，但更加担心海峡两岸绕过美国实现和解。在美国看来，海峡两岸维持“不统不独、不战不和”的分裂局面最符合美国的利益。作为美国对华政策中的一个筹码，美国希望看到台海两岸的关系是对抗性的，而不是和解性的。国共关系过度密切，毫无疑问会引起美国的担心和忧虑。于是为了解除美国的疑虑，争取美国的支持，马英九及其领导下的国民党不仅有可能会适度降低国共两党关系的热度，甚至会在一定程度上展示其在意识形态上与大陆的分歧。马英九出任国民党主席后，对访问大陆兴趣缺缺，却急于出访美国和日本，争取美、日两国政界的支持，这一政治姿态颇能说明问题。

第六，马英九个人的政治理念和政治企图在一定程度上也将影响国民党今后一段时期的大陆政策。从马英九一贯的言论和行动中可以看出，他对于所谓的西方式民主、人权理念和价值观推崇备至，这一点使他在意识形态上与大陆格格不入，甚至针锋相对。出于其一向“反共”的心态和岛内现实政治斗争的需要，马英九会不断对大陆说三道四，诸如说出“一党独裁体制不改变，两岸不统一”这一类的言论，做出支持“法轮功”、支持大陆“异议人士”这一类的动作。马英九大陆政策的终极目标是谋求所谓“三民主义统一中国”，并且强调加强与美国的关系，借助国际力量推动大陆的“民主化”。这种政治理念与政策行为的负面作用，将会在马英九主导国民党甚或在其上台执政后逐渐凸现出来。

作为中国国民党主席和蒋经国的衣钵传人，马英九本人对于复兴国民党和“中华民国”有着很强的使命感。在两岸关系的大方向上，马英九在坚持“九二共识”的基础上，会更多地强调“各自表述”，凸现“中华民国”的现实与法律地位。“两个中国”的问题势必成为今后国共两党关系中的一个斗争焦点。而现阶段，在马英九看来，显示出与大陆之间的矛盾和一定程度的斗争与对抗，则至少在策略上有助于国民党争取岛内中间选民以及美国和日本的支持，打赢2008年的政权争夺战。

（《现代台湾研究》，2007/第1期，与李振广合撰）

论陈水扁执政失败的根源

陈水扁自2000年上台仅6年时间，台湾从一个希望之岛逐渐沦落为失望之岛。6年来，台湾经济衰退，人民生活的痛苦指数不断上升，台湾社会陷于分裂。就目前的形势发展而言，台湾社会短时期内很难摆脱这种困境，陈水扁执政失败已成定局。

一、陈水扁执政失败的主要表现

作为一个地区领导人或执政者，在执政期间必须“有所为，有所不为”。

所谓“有所为”主要是指执政者的能力层面。在现代社会尤其是政党政治条件下，执政者的有所作为在内政方面主要指成功地领导整个社会走向或维持经济繁荣，励精图治、维护社会稳定、和谐与健康发展。这是现代政党制度对执政党和执政者领导能力的最低要求。所谓“有所不为”是指执政者的道德层面，即不得贪污腐败、不得违反法律。这就要求执政者在遵守既有道德和法律方面作全民的表率，这也是对执政者最低的道德要求。

如果以上述两大标准来衡量的话，陈水扁的执政失败不是局部性的失败，而是全面性的失败。6年执政，不仅暴露出陈水扁缺乏领导和管理台湾向上提升、向前发展的能力，与此同时，陈水扁的亲信、家人贪腐成风，违法乱纪，说明陈水扁作为一个执政者在道德层面也是失败的。

1. 陈水扁执政6年，台湾经济走向衰落和沉沦。

无论是横向与其他亚洲“三小龙”相比还是纵向与两蒋、李登辉时代相比，都显示出自2000年至今陈水扁执政这段时期的台湾经济发展处于相对衰落之中。

首先，就总体经济发展状况而言，今天的台湾与其他共处相同的国际及区域经济发展环境的“三小龙”相比，已经处于明显的衰落与沉沦。众所周知，20世纪80、90年代的台湾曾经是“四小龙”中表现最为优异的经济体，多项经济指标名列第一。然而，在2000年到2006年民进党执政的这短短6年时间里，台湾经济却一路走向衰退，各项指标均为“四小龙”之末。

从经济增长速度来看，2001年到2005年，亚洲“四小龙”的平均经济成长分别为：新加坡8.4%、香港8.2%、韩国5.4%，台湾则只有3.24%，敬陪末座。

2000年陈水扁主政之初，台湾的人均所得为14114美元，是韩国的1.2倍，到了2005年，才上升为15676美元，而韩国却从10000美元增加到16291美元，新加坡从2.3万美元上升为2.6万美元，目前香港的人均所得则已经达到2.7万美元。台湾的人均所得在亚洲“四小龙”当中排名最后一位。

亚洲开发银行发表“东亚新兴经济体经济成长与展望”研究报告，预测2006年东亚经济体平均成长率为7.5%，但台湾地区2006年经济成长只有4.4%，已经在东亚列倒数第一。该报告还指出，东亚各国2006年第一季度固定投资稳定成长，其中，新加坡、香港地区及南韩分别成长10.2%、8.5%及3.9%，但只有台湾地区的固定投资金额，继2005年第4季大幅减少11.8%后，2006年第1季继续衰退，减幅为4.0%。

2006年5月瑞士国际管理学院所公布的2006年世界竞争力排名。在61个评比的经济体中，台湾排第18名，较去年滑落七名，而香港与新加坡近两年，分别保持第二与第三名，极为优异。台湾《经济日报》文章认为导致台湾全球竞争力排名倒退的一个重要因素就是6年来台湾经济表现太差。

其次，陈水扁执政6年的台湾经济与两蒋及李登辉时代相比，同样展现出一幅衰退和败落的景象。自1952至1987年的36年间为两蒋时代，平均每年经济成长率高达9.1%。自1988－1999年的12年间为李登辉时代，其每年经济成长率已降为6.8%；到2000－2005年的陈水扁时代更降为3.6%。而失业率，在蒋经国执政的20年（1968－1987）平均每年仅1.88%，到李登辉时代也不过1.98%，可是到陈水扁时代已跃升为4.38%，较过去超过一倍以上。尤其出口在全球排名的变化最为显著，台湾在蒋经国执政的最后一年（1987）是世界第11位，而且为“四小龙”之首；到李登辉执政的1999年，即退到全球第14名，并被香港及韩国超过，在“四小龙”中退居第3；到陈水扁执政的2005年，台湾出口全球排名再退到第16名，也被新加坡超越，沦为“四小龙”之末了。

由于受陈水扁当局执政不良的影响，台湾的失业人数大幅度增加。依据2005年台当局“行政院”主计处、“经济部”的统计，民进党五年执政失业率平均值达4.432%。民进党执政五年平均失业人数达44万人，国民党执政的九年平均为19万人。2005年6月台湾的失业率为4.22%，失业人数仍高达43万7千人。“劳委会”最新统计数据显示，2006年6月全台共有41万人失业，按照“行政院主计处”8月22日公布的资料，台湾2006年7月份失业率再次升破4%，攀升到4.05%。

第三，贫富差距扩大，生活的痛苦指数上升，民不聊生。据统计，2005年台湾的低收入者已经超过了8万户，大约20万人，这个数字比陈水扁开始执政的时候整整多了5万人。由于失业，穷人人数增加，台湾的痛苦指数也逐渐攀升，2005年台湾的痛苦指数将超过6%，甚至到7%，这是台湾24年来的最高峰。依据“主计处”调查报告，2005年台湾有720万多户家庭，若依可支配所得高低排列分为五组，最高所得组年家庭收入为186万元，最低所得组年家庭收入为25万元，差距高达7.45倍。显然，岛内贫富差距仍然严重。在这种环境下，台湾社会因贫穷而导致的烧焚、投海自杀事件层出不穷。陈水扁执政6年，岛内自杀死亡人数逐年攀高，2001年到2005年自杀人数高达16779人，是921地震死亡人数2415人的7倍（6.94）；2005年台全年自杀人数是4282人，与2000年陈水扁执政前的2471人相较，暴涨近2倍。

第四，台湾产业空洞化、经济边缘化日趋严重。近年来，随着全球化及区域经济整合的快速发展以及岛内生产成本的上升与投资环境的恶化，对于过度依赖代工制造生产模式的岛内产业带来强大的竞争压力，也迫使岛内企业逐渐将生产基地迁移到生产成本较低的岛外，尤其是大陆和东南亚地区，以维系国际竞争力。由此，台湾一度欣欣向荣的制造业基地迅速削弱，使台湾更加依赖低工资的服务业，以及逐渐萎缩的企业总部和跨国公司。尽管现在台湾还有石化、钢铁、半导体、光电等重要产业的支撑，但这些增长优势也在消失之中。另一方面，岛内投资环境快速恶化，导致产业转型升级迟缓，再加上当局财政恶化，公共投资大幅减少，以及人口出生率遽降及老年人口快速增加，进一步削弱投资意愿及消费信心，台湾产业空洞化、经济边缘化的趋势将越来越严重。

以上数据显示，陈水扁主政 6 年是台湾经济衰退和失血的 6 年。在周边地区经济突飞猛进地向前发展的时候，台湾经济却逐渐萎缩，陷入了产业空洞化和边缘化危机之中。

2. 屡屡制造两岸关系危机，阻碍两岸交流，断送台湾的发展机遇。

由于两岸关系的特殊性质，两岸关系的好坏直接影响着台湾社会经济的稳定与民众的安全。因而，对于台湾当局领导人来说，能否创造一个稳定的两岸关系环境不仅体现其是否顺应岛内求安定、求和平的主流民意问题，而且也是一个执政能力问题。良好的两岸关系不仅是台湾安全的保证，而且正在成为世界经济火车头的大陆也是处于经济、产业转型时期台湾经济发展的动力之源。然而，作为台湾社会稳定与经济发展的主要外部环境的两岸关系却被陈水扁的“台独冒进”严重践踏和破坏。

推动“台独”，制造两岸关系危机。自 2000 年上台以来，陈水扁为了赢得岛内极端“台独势力”的政治支持，不断制造事端，挑起两岸关系危机。从 2002 年起，陈水扁相继抛出“一边一国论”、公投、“正名制宪”、“去中国化”、“废统”等议题，推动“法理台独”，引发两岸关系一波又一波的危机。

否认两岸交流的政治基础，打压、丑化两岸民间及政党交流。陈水扁一直拒绝承认“九二共识”，更不承认一个中国原则，使得作为两岸交流桥梁的海协会和海基会无法恢复正常交流，两岸关系长期停滞不前。此外，陈水扁还对两岸之间的民间、政党间交流进行打压和丑化。2005 年 4、5 月间，应中国共产党的邀请，国民党主席连战、亲民党主席宋楚瑜相继来大陆参访，掀起了两岸民间、政党交流的热潮，陈水扁却诬称连战访问大陆是“联共制台”。

打压台商西进，扼杀台湾经济转型与增长的原动力。两岸经贸问题是“一个攸关台湾经济命脉的重要课题”。台商西进是台湾实现产业升级的一个重要契机和动力。两岸经贸交流朝扩大方向发展是必然的趋势，也是台湾不得不然的选择。“任何违逆潮流的决策与做法，除了自毁发展经贸的长城外，更将逼迫期待两岸经贸正面发展的企业与民众背弃台湾而去。”然而，陈水扁当局却正是这样倒行逆施的。6 年来，从继承李登辉的“戒急用忍”到提出“积极开放，有效管理”又到 2006 年元旦正式“积极管理，有效开放”，对台商企业到大陆投资建厂进行堵、卡、压，使台湾企业与台湾经济的优势不断流失。使两岸的经济关系无法全面发展，而台湾的产业和民众只好困守孤岛，贻误了无限商机，断了许多生路。

显而易见，陈水扁执政 6 年来，两岸经贸政策成为陈水扁和“台独”基本教义派谋取一己之私的牺牲品，台湾经济转型与发展的黄金时代也因此被蹉跎殆尽。这不能不说是陈水扁执政的一大失败。

3. 撕裂台湾社会，引发民怨沸腾

2000 年陈水扁侥幸上台，本身就是一个少数政权。陈水扁执政后不是优先考虑如何推动台湾经济发展、增加人民的福利，以便争取多数民众的理解、认可和支持，相反，尝到了从制造“悲情”、分裂选民中骗取选票甜头的陈水扁，看准了台湾复杂的社会生态可以利用，为了拼选举、拼选票，上台后变本加厉地炒作“独统”议题，挑拨族群对立，动辄用爱台、卖台、本省、外省制造族群对立，来争取个人、一党政治私利，撕裂族群和谐。利用自身作为少数政权的身份，塑造被打压的悲情，挑起其支持者与政治反对派群众之间的冲突与对抗。这样，陈水扁制造的“台独”悲情、台湾人被外省人“欺负”、被统派、“卖台集团”打压的悲情意识，经陈水扁大力鼓吹、放大，向岛内基层民众中扩散、普及。结果，陈水扁之流臆造出来的“独统”、省籍、族群等虚幻、空洞的概念逐渐被上升为一种引发台湾社会分裂、对抗的意识形态。族群、颜色、语言都成为划分敌我、检测忠诚的廉价符号，原本相对和谐的台湾社会被人为地分裂成各种界限鲜明、政治偏好迥异的政治群体。台湾民众政治诉求越来越情绪化、极端化，整个社会陷入一种狂热的政治对抗与斗争之中。陈水扁通过制造这种社会分裂与对抗，支持、拉拢其中一方，以撕裂台湾社会为代价，扩大自己的基本盘。

陈水扁不断挑起社会对立与政治恶斗，“导致社会秩序大乱、人心难安，严重破坏多年来好不容易创建的优良投资、生活与社会环境。不仅使经济向下沉沦，更让经济赖以成长的社会根基，包含文化、教育、伦理、法治精神及价值观等，遭受严重腐蚀。”台湾社会为此付出了的代价是沉重的和令人痛心的。

4. 陈水扁的另一大执政道德瑕疵就是贪污腐败。

自成立开始，民进党一直就把抨击国民党政权的贪污腐败、黑金，以及鼓吹民进党清廉、进步、改革作为争取民众支持的旗帜。陈水扁当年能够脱颖而出，首先是拜国民党分裂之赐，但他高唱改革，以“终结黑金，政党轮替”为号召，确实也打动了不少中产阶级的心。尽管2000年陈水扁侥幸上台，但是，台湾民众的确对陈水扁抱有很高的期望，陈水扁就任之初民调支持度高达78%。

然而，政党轮替之后，台湾不只没有向上提升，反而向下沉沦，黑金非但没有销声匿迹，反而更加猖獗。尤其可怕的是，原本满口改革，俨然正义化身的陈水扁及民进党，竟然涉及诸多贪渎弊案。从去年至今，相继被揭露出来的与陈水扁家人、亲信有关的各类弊案达30余件，牵涉到的陈水扁的妻子、女婿、办公室负责人、亲家等。陈水扁所谓的“一妻、二秘、三师、四亲家、五总管”等亲信几乎无人不贪、无钱不拿。陈水扁身边的团队已经形成赤裸裸的贪腐集团。就连当年力推陈水扁上台的李远哲也发表声明表示，“民主进步党执政以来，政绩有限，弊案不少。……本人深感痛心。”

2006年8月中旬，民进党中央最新内部民调显示，民进党政党支持度只在14%、15%之间。这表明，台湾人民对执政无能、贪腐成性、弊案缠身的陈水扁已经失去了基本的信任和尊重，陈水扁已经失去了执政的正当性、合法性，这是陈水扁执政的最大失败。而今，台湾岛内，从泛蓝、中间选民，到浅绿学者、浅绿选民，再到民进党前主席、元老纷纷与百万民众一起积极加入倒扁行列，就是陈水扁执政失败的最好证明。

二、陈水扁执政失败的主要原因

陈水扁的执政失败，从主观上讲，首先是陈水扁两次上台都纯属侥幸，第一次上台靠的是国民党的分裂，第二次靠的是两颗子弹，整个民进党及陈水扁本人对上台执政并没有充分的思想、组织准备。这样一个在心理上、组织上、体制上、人才上都还没有做好准备的，尤其是缺乏执政经验的团队仓促上台执政，这已经不是什么“新手上路，跌跌撞撞”，而是“不良少年飚车，乱冲乱撞”。

其次，陈水扁本人格局有限，缺乏担当“大任”的能力。

陈水扁缺乏大局观念，政治视野狭隘，只有小我，没有大局，贪权独断，口是心非，言而无信，得过且过。结果不仅在两岸问题上打不开局面，而且在与国民党、亲民党的关系问题上也没有取得任何进展，许多政策得不到他们的支持，也得不到主流民意的支持，也就更拿不出什么像样的政绩来。

除上述原因外，通观6年来陈水扁的执政历程，其执政失败更主要的还在于以下几个方面的原因：

第一，对“台独”意识形态的偏执，是陈水扁执政失败的首要根源。

陈水扁执政6年导致经济相对衰退、两岸关系停滞不前以及台湾社会被撕裂等等，几乎都与陈水扁坚持“台独”意识形态有着密切的关系。作为台湾地区领导人，陈水扁的“台独”意识形态偏执，使他对涉及台湾社会经济发展方向及两岸关系做出扭曲的、非理性的判断，导致整个施政方向逆潮流而动、走向邪路。

在台湾政治生活的光谱中，深绿选民和“台独大老”是陈水扁的铁杆选民，构成了民进党的基本盘，而“台独”就是陈水扁、民进党和深绿选民共同的意识形态。陈水扁执政期间，把“台独”意识形态凌驾于各项政策之上，以“台独”意识形态指导民进党的各项战略。

两岸政策深受“台独”意识形态影响。在政治上，陈水扁坚持“台独”，拒绝承认“九二共识”，使得海协会与海基会之间的正常交流无法恢复，而且还不断通过提出所谓“一边一国”、“制宪”等“台独”动作恶化两岸关系。经济上，从继承李登辉的“戒急用忍”到提出“积极开放，有效管理”又到“积极管理，有效开放”，陈水扁6年来的对大陆经贸政策始终陷于“台独”意识形态的桎梏之中，通过政治和意识形态手段干预市场、违反经济规律，致使台湾的经济优势也因此不断流失。

陈水扁的“台独”意识形态是分裂台湾社会的罪魁祸首。陈水扁通过鼓吹“台独”、“反共反中国”制造不同族群、省籍、阶层阶级之间的政治对立。在这种政治标签的胁迫下，许多民众不由自主地被卷入到民进党的选民队伍中来，扩大了民进党的群众基础。然而，台湾社会却因此被分裂。就连一向亲绿的《自由时报》也承认，“当前台湾社会安定的最大隐忧，是过度的泛政治化，任何事物变成只有政治立场的差异，没有客观的是非对错。”而陈水扁利用“台独”意识形态分裂台湾社会，就是造成“过度泛政治化”这一现象的主要根源。

第二，陈水扁执政始终以搞政治斗争为中心，台湾的经济建设与发展从来不是陈水扁执政的重点。民进党及陈水扁本人是以政治斗争起家，掀起和领导各种政治斗争是陈水扁与民进党捞取政治本钱的基本手段。进行各种政治斗争是民进党和陈水扁的强项和优势，这也是争夺政治权力过程中见效最快的手段。可谓是政治斗争，一抓就灵。陈水扁上台执政后，依然把民进党在野时期惯用的政治斗争手段作为执政重点和维系政权的主要方式。

陈水扁之所以把搞政治斗争作为执政的重点，一方面是由于他本人有这方面的丰富经验，可以说是轻车熟路、得心应手，也是现实政治的需要；另一方面，陈水扁和民进党缺乏规划和管理经济的经验与能力，对于经济建设一无所长，尤为重要的是，抓经济、搞建设对与陈水扁和民进党来说显效太慢，无法及时产生政治效益，因此，不为陈水扁所重视。然而，更主要的是其“台独”意识形态作怪使然！

我们看到，陈水扁上台至今把大量的时间、精力、人力、物力投入到争权夺利和勾心斗角之中，主要围绕“独统”、本土、省籍、族群、追讨国民党的党产、揪李登辉时期的弊案、“公投”、“宪改”、“去中国化”、爱台卖台、百万人手拉手护台湾等政治性议题，挑起各种政治纷争，制造政治争议，分化台湾社会和台湾选民，政治效益十分明显。陈水扁侥幸赢得连任。

陈水扁上台以来，在陈水扁的议事日程中，有关台湾经济建设的议题基本处于微不足道的地位。除了以选举为导向而提出各种拼经济的口号之外，经济建设没有任何长远、可行的发展路线与策略规划，没有中心思维，没有整体战略。所谓拼经济只是一种形式化的政治口号，煽动性强，朗朗上口，但内容却空洞无物。陈水扁上台以来，全台湾性质的或地方性质的公共建设纯粹是为了短期的政治选举考虑即政策买票，或者是为政商勾结掏空公共财产来安排规划和项目，三不五时来个“X年X百亿”、“新X大建设”，这些工程主要是为了政治绑桩、捞取选票，最终，不是盖一堆养蚊子工程，就是捅出一堆堆弊案。

第三，行政职位成为政治分赃的瓜分对象，行政系统难以有效运作。

国民党执政时代在台湾建立了完备的文官制度，培养了一大批素质良好、经验丰富、高度专业化的政务官，他们为维系行政系统的有效运作以及台湾经济发展与社会稳定，曾经发挥了重要的作用。

2000年陈水扁上台，民进党执政后，大批国民党执政时期的政务官丢掉了职位，数以千计的行政职位成为民进党的战利品。各方绿营支持者都得以论功行赏，一时间鸡犬升天，成为政坛新贵。随着大批非专业政务官进入行政官僚体系，台湾的文官制度遭到严重破坏。陈水扁执政6年，“最大症结就是不尊重专业，用人政治酬庸，视制度如敝屣”。在人事任命与安排上，只有政治权谋和政治酬庸，不尊重专业。结果，施政无方、用人不当，文官制度被严重破坏，政务官不再敬业，如何作出“‘政治正确’的选择并揣摩上意，便成为其生存之道。”

扁任免撤换“财政部长”从许嘉栋、颜庆章、李庸三、林全、吕桔诚到2006年7月刚刚上任的何志钦已经是第六任，而“经济部长”则从林信义、宗才怡、林义夫、何美玥、黄营杉到2006年8月初上任的陈瑞隆，不多不少也是六任。

仅就这些财经官员而言，除了少数滥竽充数者外，也不乏学有专精的经济学者，如许嘉栋、李庸三、林全，或行政经历丰富的技术官僚，如颜庆章、林义夫、何美玥；或事业有成的企业家林信义。他们不仅具有较强的能力，而且也有推动重大经济施政的强烈愿望，但最终都落了个有志难伸，英雄无用武之地。而“其关键即在于民进党政府，或更精确地说——陈水扁”。“当局将这些入阁的财经精华视为权力施惠，更以意识形态为这些首长设下了经济施政的框架，既不看重他们的能力，也未尊重他们的专业，让拼经济徒具形式，却无实质。”

台湾行政部门从上到下的这种状况，内行被排挤以及当这些“政治正确”但缺乏行政经验和技术专长的童子军、外行充斥行政部门和公营事业部门的时候，台湾行政系统的施政效果也就可想而知了，陈水扁执政失败也就更容易理解了。

第四，民进党与陈水扁丧失了理想和信仰，唯权是图、唯利是图，这是造成陈水扁及其家人亲信深陷腐败丑闻、身败名裂的主要原因。

作为执政者，如果无法带领社会走向经济繁荣，那可能是能力问题，其实，仅仅是无能并不可怕，因为就当代世界各地的情况而言，执政者无能是一个常见的现象。可怕的是，执政不仅无能而且还腐败，而贪污腐败则属于执政道德的问题。“执政的道理却很简单，就是干净、拒腐蚀、不贪不取、不搞关系、不搞特权、不搞钱。”在世界的任何一个地方，一个通行的政治原则就是为政应该清廉，这也是执政者应具备的最起码的政治道德。

然而，随着陈水扁上台执政，民进党人掌握了大批的资源，那种唯利是图、贪婪本性也就赤裸裸的暴露出来。6 年来，从陈水扁本人的公务机要费案、其夫人吴淑珍的炒股案、珠宝案、SOGO 礼券案，女婿赵建铭的台开案，陈水扁办公室副秘书长陈哲男、马永成炒股案，高捷案、秃鹰案等等，表明以陈水扁为核心的执政集团已经成为名副其实的贪污腐败集团。这反映出，“民进党不过是个帮派意识浓厚的权力集团。所有的崇高理念，都是外加的包装、口是心非的语汇或好用的工具，民进党对清廉、民主、人权、法治根本没信仰，自己人的利益才是核心价值，真正追求的目标只有一个：‘我们自己人掌权’。即使是清廉沦丧、民主倒退、经济凋敝，也无所谓。”

陈水扁执政失败表明，违逆历史潮流的“台独”意识形态偏执已经严重影响了台湾的经济发展与社会和谐，陈水扁集团唯权是图、唯利是图、贪污腐败，加速了台湾社会经济的沉沦。陈水扁执政 6 年已经让台湾人民和台湾的社会经济付出了沉重的代价。目前，台湾社会的“反贪、倒扁”运动风起云涌，证明台湾人民已经开始觉醒并进行反思。我们相信，陈水扁执政失败的教训将促使台湾人民在攸关台湾社会发展与前途的大是大非问题上最终做出明智的选择。

（《台声》，2007/第 1 期，与李振广合撰）

2006年民进党大陆政策调整变化及其影响的分析

2006年是大陆经济高速发展，两岸经贸联系越来越密切的一年。在台商、台资西进以及国共两党开拓的两岸交流新时代的推动和影响下，民进党当局的大陆政策也进行了一定的调整，发生了一些变化，两岸在节日包机等方面的协商谈判取得了一定的进展。但总体而言，由于陈水扁将“台独”意识形态凌驾于两岸政策之上，一直拒绝承认“九二共识”，不断宣扬“台湾是一个主权独立国家”，试图通过所谓“宪改”，进行“法理台独”冒险，对两岸关系产生了极为恶劣的影响。

为把握一年多来民进党大陆政策的基本发展脉络，我们对2006年以来民进党的大陆政策进行了初步梳理，以便于分析其发展趋势并提出切实可行的对策。

一、陈水扁主导下的民进党大陆政策论述

自2000年陈水扁上台以来，决定民进党两岸关系的只有陈水扁本人，民进党本身并没有提出更为明确的大陆政策规划，而只在政策原则的进一步定义，具体政策的落实等方面则完全取决于陈水扁的喜好和取舍。因此，陈水扁的大陆政策也就是民进党的大陆政策。总体而言，陈水扁从意识形态和政治高度掌握着民进党大陆政策的大方向，而台湾地区有关行政部门——“行政院”及“陆委会”作为当局大陆政策的具体实施机构，则是在陈水扁许可的范围内，根据两岸经贸关系发展的现实，负责制定和实施一些具体的两岸关系政策，比如开放节日包机、开放大陆游客赴台观光、开放晶圆低阶封测、小面板以及在一定条件下准许8吋晶圆0.18微米技术前往大陆投资等。而民进党内部其他派系或政治人物对民进党的大陆政策尽管有各种不同的看法，也提出各种不同的建议，但是他们对民进党的大陆政策的影响十分有限。

回顾2006 年以来陈水扁的大陆政策言行，其主要内容包括以下几个方面：

（一）两岸关系或大陆政策的政治原则层面

1. 把两岸视为两个国家。陈水扁曾经多次宣称台湾是“主权独立国家”。2006 年 1 月日陈水扁在元旦文告中再一次明确声称：“台湾是我们的国家，土地面积三万六千平方公里。台湾的国家主权属于两千三百万人民，并不隶属于中华人民共和国。台湾的前途只有两千三百万台湾人民才有权决定。”陈水扁提出“不论未来两岸关系如何发展，都必须符合‘主权、民主、和平、对等’的四大原则。”2006 年 1 月 3 日陈水扁再次重申，“台湾是主权独立的国家，与中国互不隶属”，陈水扁称，台海两岸“现状的维持就是台湾是一个主权独立的国家，不属于中华人民共和国”。5 月 12 日陈水扁在回应美国副国务卿佐立克所说“台湾挑战一个中国政策是撞墙”这一言论时，对台湾问题是中国内战遗留问题这一实质进行篡改和歪曲，谬称“中国与台湾，是两个互不隶属的主权国家，有各自的国旗、国号与国歌，也有各自的宪法、政府、军队与司法体系，是两个完全不同的国家。这就是维持了半个世纪之久的‘台海现状’、‘台海和平的现状’”。

2. 拒绝承认一个中国原则和“九二共识”。2006 年 6 月 20 日陈水扁发表电视讲话时，再一次表示“我们没办法接受所谓一个中国原则，没办法接受九二共识，这一些都是公开的事情，我没有骗大家，六年来我始终如一，未来的两年我还是不会改变，九二共识根本就不存在，一个中国就是要将台湾变成中华人民共和国的一部分，变成第二个香港，我们当然没办法接受。”

3. 视大陆为敌人。陈水扁声称，“中国对台湾而言，并非如一般的友好国家，而是充满敌意，终极目标就是要将台湾矮化成地方政府，成为中国的一部分，我们不能没有忧患与敌我意识。”

4. 希望在回避“九二共识”和一个中国原则前提下与大陆进行直接对话协商。2007 年 1 月 4 日陈水扁在会见英国人时，提出两岸要秉持‘主权、民主、和平、对等’四大原则，透过“政府对政府”的对话协商，以和平手段解决歧见。当他在说明对等原则时突然提出，希望在“九二香港会谈所达致的共识基础”之上，推动两岸政府的直接接触协商。但事后陈水扁办公室迅速出面否认陈水扁承认“九二共识”。

5. 极力铲除追求两岸统一的政治基础和法律基础。

铲除两岸统一的政治基础，集中体现在陈水扁废除“国统会”和“国统纲领”。“国统纲领”和“国统会”是国民党执政时代为谋求两岸良性互动而确立的政治纲领和追求统一的象征，这也是十多年来台海两岸能够保持相对稳定和平的重要政治基础。陈水扁自然把“国统会”和“国统纲领”视作眼中钉肉中刺，早欲除之而后快。虽然陈水扁声称，“未来两岸将发展任何形式的关系我们都不排除，只要不预设前提、结论，我们认为都应尊重人民最后的选择权利。”但他通过“废统”（后经大陆和美国的反对而被迫改为“终统”，但实质未变）事实上铲除了台湾方面追求两岸统一的政治象征和政治基础，为“台独”的发展扫除了一大障碍。

但这还不够，陈水扁还要进一步铲除存在于台湾现有法律规定中的追求两岸统一的法律基础。台湾地区的现有法律体系主要是在国民党执政时期形成的，包含了众多的与一个中国、国家统一有关的法律含义和规定，是所谓“一中框架”的法律体系。这些法律含义和法律规定是台湾方面坚持一个中国原则、追求国家统一的重要法律基础，同样也是“台独”分子阻挠两岸统一、追求“台独”过程中难以逾越的障碍。为此，陈水扁处心积虑要铲除这些法律。其主要手段就是通过“宪改”清除台湾现有法律中的“中国因素”，打碎其“一中框架”，实现“法理台独”。一旦陈水扁达到这一政治目标，那么也就意味着“台独”的最终实现。

在这一方面，陈水扁一年来进行了多次放话和试探。陈水扁在2006年元旦文告中再一次提出“宪改”时间表，即在2007年举办“新宪公投”，“在2008年为台湾催生一部合时、合身、合用的‘新宪法’”，并宣称这是“台湾国家的总目标，也是政党轮替最重大的意义所在”；2006年9月24日，身陷倒扁红潮困境的陈水扁在出席民进党的“宪政改造研讨会”时抛出“领土变更”议题；11月1日，陈水扁在接受英国《金融时报》采访时大谈“宪法”问题。他说台湾应该“冻结现有宪法，转而采用一部新宪法”，并称确定台湾“主权和领土范围”，是“极其严肃、复杂和敏感的事情，而且也是极其重要的”。他表示，他保证将把“修宪”作为其剩余任期内的中心工作来做。他说：“我必须致力推动三大行动，其中就包括制定一部真正适合台湾的新宪法。”并称：台湾应讨论“第二共和”的概念，在不激怒中国大陆的情况下，使台湾摆脱“荒谬而脱离现实的主权界定”。陈水扁表示：“在这样的观念下，现有的宪法应该被冻结，一部新的台湾宪法随之应该出台”。在各方压力下，陈水扁在2007年的元旦文告中虽然只字未提“新宪”、“正名”、“第二共和”、“以台湾之名加入联合国”等陈词滥调，但通篇都贯穿着要继续推动“法理台独”的意函。在元旦文告发表后不到一个月的时间里，陈水扁就两次公然发出推动“法理台独”的叫嚣：1月26日，陈水扁在出席一次会议时声称，“台湾催生一部合时、合身、合用新宪法的时机与条件都已经成熟，如何催生台湾新宪法是我们共同的志业，今天不做，明天会后悔，如果没有台湾新宪法，台湾绝对称不上是一个正常的、完整的、进步的新兴民主国家。”次日，陈水扁在接受美国CNN专访中进一步口头宣示，台湾的现状就是台湾是一个“独立”的“主权国家”，我们拥有36000平方公里的土地和2千3百万人，“领土、疆界”止于台湾、澎湖、金门、马祖。以口头的方式单方面界定其“领土疆界”，彻底割裂与“一个中国”的联系。

从今年以来陈水扁的一系列“台独”言行可以明显看出，随着其任期结束的临近以及贪腐案件审理压力的加大等因素的影响，陈水扁已有“时不我待”的紧迫感，其推动“法理台独”的冒险已呈现出加快速度和加大力度的态势。

（二）陈水扁在两岸关系或大陆政策的经济与事务性层面的主要言行

陈水扁在有关两岸关系的经济与事务性层面的言行，完全是上述“台独”理念指导下的产物。

1. 将两岸经贸政策原则从“积极开放、有效管理”调整为“积极管理、有效开放”。在2006年的元旦文告中，陈水扁明确宣示，2001年以来所推行的“积极开放、有效管理”的两岸经贸政策原则，修改为“积极管理、有效开放”。声称为“有效”降低“开放”的风险，当局必须“积极”负起“管理”的责任，扮演经济安全的守门人。把“积极管理、有效开放”

确定为未来两岸经贸政策的新思维，将以强化对大陆投资的管理来确保台湾的核心经济利益，来减低两岸经贸互动的政治风险。这一政策的出台，显示出陈水扁要强行违反市场经济的发展规律，紧缩两岸经贸政策，试图以此来减缓两岸经济一体化的速度，摆脱台湾经济对大陆经济的依赖。为达到这一目的，陈水扁甚至叫嚣："做不好积极管理，就宁可不开放"。

陈水扁认为，"台湾的经济如果过度向大陆倾斜，或者过度仰赖，台湾经济的主体性就会丧失"，"台独"也就更加没有可能。所以他提出，"必须要坚定台湾的经济主体性，台湾的经济不能成为中国的附庸。"在2007年的元旦文告中，陈水扁强调，台湾当局将继续坚持两岸经贸紧缩政策。

2. 把两岸无法实现全面直接"三通"归罪于大陆方面。2006年3月1日陈水扁在接受日本《读卖新闻》专访时提出，在"台湾不被矮化，不被边缘化，不被地方化，在主权、民主、对等、和平四大原则之下"，台湾方面愿意与大陆就两岸客货运包机直航的议题以及开放大陆观光客来台观光问题，进行对话协商。

3. 对于"行政院"在台商的压力下通过开放八吋晶圆〇·一八微米制程登陆、大陆观光客在台兑换人民币等政策，陈水扁强调，只有"台湾优先"的路线、只有"台湾主体意识"的路线，绝没有所谓"苏修"路线。

二、台湾行政主管部门的大陆政策轨迹

台湾行政主管部门的大陆政策几乎完全受制于陈水扁所确定的政策方针并负责落实和执行。在这一前提下，行政主管部门只有相当有限的权限和空间来制定具体的两岸经贸等方面的政策。例如，陈水扁2006年发表元旦文告之后，1月3日"行政院"便邀集陈水扁办公室、"金管会"、"经济部"及"陆委会"主管官员，召开"重要政策执行管控进度周报会议"，讨论落实陈水扁刚刚提出的"积极管理、有效开放"两岸经贸政策的方向及做法。会议报告指出，两岸经贸议题应透过务实协商，建立有效率的管理机制，循序落实有秩序的开放政策。台湾总体经济必须落实全球化、国际化，避免经济走向"中国化"。

当然，台湾行政主管部门在两岸政策的制定和执行方面也发挥了一定的主动作用。

首先，台湾行政主管部门在2006年4月27日宣布，基于台湾主体性及政策主动性之考虑，在已建立积极管理之配套下，经相关机关审慎评估后，认为有限度开放低阶半导体封测及小尺寸面板赴大陆投资之时机已趋成熟，因此，决定有条件开放低阶半导体封装测试及小尺寸（4吋以下）面板中段制程赴大陆投资，并由“经济部”公告申请之资格条件后，开始受理厂商申请案件。

其次，继续推进客货包机及大陆游客赴台观光问题的协商。目前已经完成货运、节日、医疗及人道四项项目包机的协商，并顺利执行。成立“财团法人台湾海峡两岸观光旅游协会”，作为与大陆方面对口单位的对话窗口，推动大陆人士来台观光议题的协商，并已进行频密的联系与数次的技术性磋商。

第三，在两岸人员往来问题上，研议在福建地区投资企业、商务交流及学术活动可以经“小三通”往返，增进澎湖民众经金马往来大陆地区之便利，并改善货品进出口便利等措施；放宽大陆人士来台从事商务活动的规定、通过许可10职等以下公务员申请前往大陆之作业、完成规划大陆人士来台观光之法令规范及配套措施、大幅放宽跨国企业邀请大陆籍员工来台名额限制等。

第四，台湾行政主管部门原本准备适度为台商赴大陆投资松绑，但在台联党和陈水扁的压力下不得不放弃。早在2006年6月“行政院副院长”蔡英文就曾表示，大陆经济崛起对台湾是机会、也是威胁；蔡英文说，台湾经历过去十年的纷扰与意见不同的过程后，至少两岸经贸内部差距已经相当程度缩小，代表两岸政策可以有一定扩展、调整的空间。在7月召开的台湾经济永续发展会议上，在各方面意见争执不下的情况下，蔡英文强行将金融业赴大陆投资以及40%投资上限列进财经组的“其他意见”，“交由‘政府’全权负责”。希望为台商赴大陆投资适当松绑。但由于台联党的极力反对和陈水扁的压力，“行政院长”苏贞昌不得不做出决定：台商“登陆”40%投资上限暂不松绑。

也正由于苏贞昌领导下的台湾行政部门大陆政策比较务实，因此，被深绿分子攻击为“苏修路线”而大加挞伐。

三、民进党主要领导人及主要派系的大陆政策言行

在民进党的大陆政策方面，民进党本身所发挥的作用其实是十分有限的，在相当程度上往往只是陈水扁大陆政策的解读者和辩护者。尽管有些民进党派系（如“新潮流”）或政治人物对陈水扁的大陆政策有不同看法，并对台湾当局行政主管部门制定具体的大陆政策产生一定影响，但总体而言，对陈水扁主导的大陆政策方向很难产生决定性的影响。

民进党党务系统、高层干部或民进党其他重要成员的大陆政策言行及作用主要体现在以下几个方面：

第一，为陈水扁的各类政策尤其是“台独”政策辩护，配合陈水扁的步调，营造气氛，推动“宪改”。在这一方面，前“行政院长”、现任民进党主席游锡堃表现得尤为突出。在所谓“宪改”问题上，游锡堃毫无保留地支持陈水扁，而且十分卖力地配合陈水扁的每一项“台独”政策。

北高市长选举落幕，民进党正式启动“宪改”的“新契约”运动。民进党为配合陈水扁的“宪改”，曾经讨论过多套“宪改”版本，拟交由民进党的“立法院”党团适时提出。在陈水扁提出所谓“第二共和”、冻结“宪法”的主张之后，民进党高层决定把“第二共和”作为民进党这次“修宪”的基本架构，即按照陈水扁的思路：“冻结”现有“宪法”，“再于新制订‘宪法’的‘前言’载入符合现况描述”，用这种偷梁换柱的方式来实现“法理台独”。游锡堃领导下的民进党中央决定在2007年1月抛出“政府体制”以及敏感的“第二共和”议题，重启“宪改”，炒热所谓“宪改”的讨论气氛。

第二，民进党在总体上是支持和配合陈水扁各项大陆政策的，但民进党内部的部分重要政治人物、派系也不时发出异声。例如，2006年元旦陈水扁提出“积极管理，有效开放”之后，民进党内的重要派系——新潮流系随即于1月3日召开记者会指出，陈水扁的两岸政策“保守了一点”，新潮

流系主张大陆政策应该是“积极定位，自信开放”；对于“宪改”议题，新潮流系提出应该“务实”，并认为推动“宪改”目前时机“不那么成熟”。新潮流系的这种较为务实的大陆政策主张对台湾行政主管部门在制定具体政策时有一定的影响。

对于陈水扁极力推动的“宪改”，民进党内部许多重量级人物都持不同的观点。2007 年 1 月 3 日，民进党中执会讨论“宪改”党版政府体制部分，包括“副总统”吕秀莲、前“行政院长”谢长廷都认为应再广征意见，不应急着现在决定。民进党中执委林耀文、萧美琴表示，民进党应该花多一点时间放在经济和民生上，“宪改”并非当务之急。民进党“立法院”党团总召集人柯建铭表示，民进党内部还有不同意见尚未整合，应要等时机成熟、营造出讨论“宪改”的气氛。此前，苏贞昌也曾表示，“宪政改造”必然有各方不同意见，或有主张极端者，但“宪改”门槛高，必须高度凝聚共识。这些人的意见虽然不足以扭转陈水扁推动“宪改”的政策方向，但却起到了延缓其进程和速度的作用。

第三，民进党内部的大陆政策分歧日趋严重。一年来，由于陈水扁家族弊案接连曝光，台湾社会掀起声势浩大的倒扁运动，陈水扁在台湾岛内、民进党内的影响和威望日益下降，陈水扁的领导权威及其挑衅大陆的“法理台独”政策也日益受到党内质疑。随着 2008 年日益临近，那些有意代表民进党参选的政治人物开始提出自己的大陆政策主张，使得民进党内部在有关大陆政策问题上的分歧更加明显。

例如，苏贞昌为追求政绩不得不顺应台湾企业界的要求，推行务实的两岸经贸政策，被“极独分子”攻击为“苏修路线”。2006 年 7 月底台湾经续会准备适度开放两岸经贸，吕秀莲即暗批苏贞昌主导下的适度开放政策。她认为，两岸经贸是否开放是相对的观念，现在台湾太过依赖大陆，“中国化”虽然难以抵挡，但更应致力于朝“全球化”发展。台湾不能成为中国大陆的一部分，否则台湾未来将只会变为另外一个澎湖。吕秀莲说，民进党政府执政，并未开放大陆经贸政策，但六年来对大陆投资比例就增加了一倍以上，如果开放，数字恐怕会更为惊人，对于岛内失业率、经济都会造成严重冲击。

民进党内另一大“天王”——谢长廷则提出，两岸关系和台湾人民生活的关系很大。他表示，两岸关系应是“和平共生”，并在和平基础上追求合作繁荣；追求共生双赢，既是价值也是策略。这一主张显然与陈水扁等人的大陆政策取向明显不同。在竞选台北市长期间，谢长廷在接受采访时表示，他坚持台湾“主体性”，但坚持主体不代表要锁岛，不代表就要保守，因此两岸政策他同时也主张“开放性”，要能跟上世界潮流，必须对大陆布局，取得“双赢”，他主张“共生和解”，对于两岸协商与交流，他当然不会拒绝。他进一步表示，愿意在当选台北市长后赴大陆访问。北高市长选举结束后，谢长廷在民进党内的地位大幅提升，参选2008的态势和可能性进一步升高。此时，谢长廷的两岸政策主张更加具有指标意义。2007年1月7日谢长廷表示，制定两岸经贸政策时台湾“主体性”是必要条件，但若因此就封闭、不开放，“反而会伤害主体性及政府公权力”；哪些具体项目应限制，要听专家、业者的意见，不能只从政治观点来看。主张“和解共生”的谢长廷重申这个理念同样适用于两岸关系。他说，两岸经贸政策的制定应求取台湾“主体性”与开放程度的平衡，主体性强调“主权”、利益与主导，但若封闭的政策造成很多人违法，“你的统治权及公权力都受伤害”，也会伤害“主体性”。“安全是个相对概念，政策太过、太紧张，也是不安全。”他明确提出，在两岸关系上“要有长期政策”。特别需要指出的是，谢长廷曾经提出的“宪法一中”，受到独派人士的质疑。2007年1月29日谢长廷在接受三立新闻采访时表示，“宪法一中”是对现状的描述，他不会改变这个说法。谢长廷说目前“宪法”的大架构还是“一中宪法”，“制宪”的理论是对的，一定要做，但现在局势对台湾不利，不会通过。

显然，谢长廷的大陆政策主张与陈水扁、游锡堃、吕秀莲等人有很大不同，而与苏贞昌较为接近，在民进党内部具有相当重要的指标意义。

四、民进党大陆政策调整变化的基本特征及其影响

通过考察一年多来民进党的大陆政策演变，我们可以明显的发现，民进党的大陆政策就像一辆多驾马车：陈水扁是居于核心的主导者，民进党是陈

水扁大陆政策的积极配合者，而台湾当局行政部门则是较为务实的执行者；一些民进党派系和所谓的“天王”则从自己的利益和理念出发，或者选择支持陈水扁，或者对陈水扁的大陆政策阳奉阴违，或吹凉风、拉倒车。在这多种因素的影响下，民进党的大陆政策呈现出一种复杂的格局。

总体而言，民进党的大陆政策调整呈现出以下特征：

第一，陈水扁主导下的民进党大陆政策，在政治上与大陆的对抗性越来越强，行为越来越冒险，陈水扁在最后一年多的任期内制造重大台海危机的风险越来越大。这是当前陈水扁大陆政策的一个最为显著的特征。

一年多来，陈水扁为摆脱自身面临的各种危机，不断以“台独”言论刺激大陆，他已经把所有最激烈的“台独”言论都毫无保留地表达出来，并寻求机会加以落实，显示出陈水扁在两岸关系问题上已下定决心要对抗到底，不再进行任何改善两岸关系的尝试。陈水扁所释放出的大量激进“台独”言论，使他在两岸关系上改弦易辙的机会和回旋空间已经完全丧失，两岸之间因陈水扁可能制造“台独”重大事变而陷入严重危机的风险已大幅升高。

2006 年年初，陈水扁不顾各方的强大压力，强行“终止”了“国统会”和“国统纲领”，开始以实际行动扫清其“法理台独”道路上的各种障碍，为实现“法理台独”做准备。2007 年年初，陈水扁再一次宣示要制定“新宪法”，并由民进党中央加紧推动，妄图付诸实施。纵观陈水扁上台以来的言与行之间的关系，我们可以明显发现：陈水扁每一次大胆的“台独”行为冒险，都会事先进行大规模的舆论宣传和鼓吹，然后再行推动落实。例如“公投入宪”、“公投绑大选”、“废统”等均是如此。目前，陈水扁大肆鼓吹冻结现有“宪法”、制定“新宪法”，提出“第二共和”等政策目标，预示着陈水扁在 2007 年极有可能将这一“法理台独”政策付诸实施。尽管从程序上，陈水扁很难实现这一目标，但是陈水扁在这一年多任期当中制造重大台海危机、推动“法理台独”的能力、能量及其危险性则是不容忽视的。不排除陈水扁在无法实现“宪改”目标的情况下，对台湾地区现有的含有强烈“两岸一中”含义的法律或规定（如“两岸关系条例”等）进行类似“废统”式的外科手术，予以废除、终止或修订。极有可能像当年李登辉在任期的最后阶段抛出“两国论”制造台海危机一样，利用所谓“宪改”或类似“终统”的方式制造两岸关系危机。对此须予以高度警惕。

第二，在民进党内部，虽然反扁声浪时隐时现，但在游锡堃主导下的民进党党务系统，则是陈水扁紧缩性大陆政策的主要辩护者，和推动落实“宪改”、“正名”等“台独”路线的主要帮手。这一角色在短期内不会改变。

自陈水扁提出“正名”、“制宪”等政策方向以来，民进党的党务系统一直积极配合，并按照陈水扁的授意，提出了各种不同的所谓“宪改”版本，举办了各种形式和规模不等的“宪改”讲座。可以肯定地说，随着2007年底“立委”选举的日愈临近，民进党势必将“宪改”议题愈炒愈热。

至于民进党内有关两岸政策的不同声音，尤其是一些要求以理性、务实的态度发展两岸关系的声音，虽然有可能会越来越强烈，并代表民进党内的一种新的思考与发展方向，但是这些声音不会在短期内对民进党的大陆政策产生直接的影响。换言之，民进党内部中道、理性的力量虽然在一定程度上对陈水扁的“台独”冒进会起到一定的牵制作用，但却难以在民进党大陆政策的大方向上发挥决定性的影响。

民进党党务系统在陈水扁大陆政策的推动与落实过程中所扮演的这种推波助澜的角色，升高了陈水扁铤而走险的可能性。

第三，由台湾地区行政部门负责的两岸经贸政策的主要特征是：在陈水扁“积极管理，有效开放”指导思想的钳制下，两岸经贸政策在紧缩中仍然有可能作小幅调整。

由于台湾地区现有权力结构的原因，“行政院长”的职务去留完全取决于陈水扁的个人喜好，因此就必须贯彻陈水扁设定的两岸政策总方向。在此基础上，行政部门才会根据台湾社会经济发展的需要和台湾工商企业等方面的压力以及行政部门负责人个人理念与政绩建设的需要，有选择地改善两岸关系，在一些具体的两岸事务上推行较为开放的政策。这也是一年多来尽管有陈水扁“有效管理，积极开放”这样的紧箍咒，苏贞昌领导下的“行政院”还是能够小步开放两岸经贸关系的主要原因。

鉴于“行政院长”职位的不稳定性，从现在起到2008年大选前这一段时间里，很难确定陈水扁又会在什么时候撤换“行政院长”，因人亡政息，而打破政策连续性。因此，今后一年多的时间里，台湾行政主管部门的大陆政策发展将充满不确定性。甚至，一旦陈水扁撤换现任的、也是较为务实的苏贞昌，而任命陈唐山、游锡堃等“台独”意识强烈的政治人物担任“行政院长”，台湾地区行政部门主导的大陆政策可能会在短期内出现大幅倒退。

陈水扁在2006年元旦宣布实行“积极管理，有效开放”的两岸经贸政策，单方面对台商、台资企业赴大陆投资、贸易进行管卡压，其主观意图在于通过单方面的管制收缩两岸经贸，减缓台湾经济与大陆经济一体化的速度。但由于当前两岸经贸联系之广，相互依存之深，两岸经济一体化的进程已呈不可逆转之势，陈水扁希望单方面为两岸经贸刹车，实际上只是一厢情愿。虽然在陈水扁的压制下，民进党当局的两岸经贸政策难以有大的突破，但两岸在客货包机、人道包机、大陆游客赴台旅游等具体事务上取得进展则是有可能的。重要的是，对两岸经贸其核心作用的是现代市场经济规律，是台湾地区广大台商、民众以及泛蓝党派的积极推动，陈水扁当局在两岸经贸问题上的控制能力越来越有限。这一点也就决定了无论民进党当局如何对两岸经贸关系进行限制，也无论“行政院长”换成什么人，但两岸经贸向前发展的滚滚浪潮却是无法阻挡的。

五、民进党大陆政策的可能走向

从现在起到2008年大选之前，是岛内政治斗争最为激烈的一个时期，民进党与国民党之间的斗争，民进党内部为争夺“总统”、“立委”候选人出线权的斗争，民进党参加2008年大选候选人确定后，其政治路线与陈水扁路线的关系问题等等，都将直接影响到民进党的大陆政策。民进党的大陆政策将成为这场斗争中的一个焦点。

综合一年多来民进党大陆政策变化调整的基本特征与未来一年多时间台湾政治的轴心与斗争焦点，我们认为，民进党大陆政策发展变化会有以下几种可能：

1. 无论成功与否，陈水扁和民进党都会大力推动“宪改”。在这一年多时间当中，陈水扁的两大政策主轴是：对内打着纪念2·28事件60周年的幌子，用长达一年的时间举办一系列的活动继续打击国民党，撕裂台湾社会，整合“台独”势力；对外则利用“宪改”来挑衅大陆，凝聚“台独”势力继续支持、保护陈水扁。这就决定了陈水扁在“宪改”问题上不会轻易放弃。现在看来，“宪改”既是陈水扁的一项政治目标，同时也是陈水扁凝聚深绿人心的一种手段。陈水扁明明知道，仅就程序而言“法理台独”根本不可能取得成功，但是陈水扁推动“宪改”要的是追求“法理台独”的过程，并通过这一过程主导选战议题，转移焦点，以便于民进党赢得2008年大选。保住了民进党的执政地位，陈水扁及其家人的安全也就有了保障。这应该是问题的核心所在。以牺牲两岸关系和台湾人民的福祉为代价，不惜玩弄“危机边缘”的冒险手法来维护自己及小集团的既得利益，将是陈水扁2007年大陆政策的指导思想。

2. 随着2008年大选的临近和陈水扁任期的结束，出于凝聚深绿支持者的需要，陈水扁当局将会推动越来越多的“去中国化”措施。当前，台湾教育部门修改教科书，进行“去中国化”教育仅仅是今年民进党推动的“去中国化”运动的开始。随着选举的临近，可以断言，民进党当局将会有更多的“去中国化”的动作出台。

2007年1月31日，民进党主席游锡堃在民进党中常会上做出两点决定：一、以“中国”为名的公营事业单位，如“华航”、“中船”、“中油”及“央行”CBC等单位，应尽速“修法”落实正名。其次，凡以“台湾省”为名的公营事业单位，如“台湾省自来水公司”，应直接更名为“台湾”，另外，如“中正纪念堂”等单位不须修法，台行政部门应尽速研议改善。显而易见，今年民进党的“去中国化”将会加速推行。从近些日子的事态发展来看，事实上民进党当局等不及立法部门“修法”，就已经迫不及待地违法将一些以“中国”、“中华”为名的公营事业单位强行“正名”了。

3. 两岸关系将成为民进党和陈水扁赢取2008年大选的首选牺牲品。因此，在未来一年多的时间里两岸关系趋于紧张乃至可能出现新一波的台海危机将是这一段时期的主要特征。以当前台湾的政治结构和政治氛围，无论是民进党内部“四大天王”围绕2008“总统”候选人出线权而进行的斗争，或候选人出线后与陈水扁之间的权力斗争，还是民进党候选人与国民党候选人进行竞争，两岸关系毫无疑问地将成为首选的牺牲品。

两岸之间或许能够在既有谈判的基础上达成开放大陆游客赴台观光以及适度扩大经贸交流等方面的协议，但很可能将仅止于此。鉴于这样一个岛内政治关键期和民进党基础选民的性质，无论是民进党、行政当局、陈水扁还是民进党的“总统”候选人，都将没有胆识也无暇顾及两岸关系中的这些务实的部分。由于选举高于一切，意识形态的激情往往战胜理性，以激情的选举语言鼓动民进党支持者的热情，巩固基本盘，以牺牲两岸关系，损害台湾民众利益的办法来捞取选票，仍将是民进党战胜对手、赢得选举的不二法门。

从民进党内最有可能代表民进党参加2008年大选的所谓的“四大天王”长期以来的言行来看，如果游锡堃或吕秀莲出线代表民进党参选，两岸关系将铁定成为他们吸引深绿选票的牺牲品；如果一向比较务实、理性的谢长廷或苏贞昌出线，则极有可能与掌握两岸关系主导权的陈水扁合演双簧，扮演黑白脸，牺牲的还是两岸关系。2007年1月21日，民进党主席游锡堃在主持民进党党工誓师仪式时曾叫嚣，为了“台独”，为了成为“正常化国家”，民进党“中途不能妥协，放弃愿景，不能和解，必须战到分出胜负”。近来，就连苏贞昌也表态支持杜正胜在修改教科书问题上的“去中国化”，明确表示支持“正名制宪”。

4. 陈水扁制造“台独”重大事变和台海危机的危险性很大，但他是否真的会选择这条死路则取决于岛内政治发展和大陆对台政策等因素。

我们必须清醒地认识到，陈水扁在两岸关系问题上左冲右突，发表危言耸听的“急独”言论，实际上是为了声东击西摆脱目前的困境，是为了寻求生路，而非为了自取灭亡。

从陈水扁上台以来制造各种事端的历史来看，陈水扁的每一个重大政治动作都与其关键的政治利益有关。陈水扁挑衅两岸关系总是通过打“擦边球”的方式赢得“台独分子”的喝彩，谋求一定的政治利益，并不敢真正踩“红线”。陈水扁对每一项政治动作的利弊得失计算得非常精准，弊大于利、失大于得的政治买卖从来不做。在两岸关系上也是如此，一旦陈水扁认为政治冒险的代价太高，他就会放弃。毕竟，在两岸关系大格局上最终的主导权和决定权在大陆手中而不是在陈水扁手中，只要大陆在这一问题上态度够坚决、措施够果断，使陈水扁切实感受到无法承受铤而走险所带来的巨大代价，他就会老实一点。

在陈水扁离任前这一段时间里，陈水扁最迫切关心的已经不是什么自己的“历史定位”问题，而是如何摆脱目前贪腐弊案的司法审判，顺利做完任期，并避免卸任后不被继任者追究和清算。现在，陈水扁大力推动“正名”、“制宪”，摆出一副不惜制造台海冲突事端、挑起台海紧张局势的架势，目的是为转移焦点，以此绑架民进党、绑架台湾人民来保护自己。陈水扁会否真的走上这条鱼死网破的道路，取决于他能否摆脱上述危机。如果陈水扁及其家人的贪腐弊案能够躲得过去，而 2008 年民进党赢得大选继续执政的前景可期，那么陈水扁铤而走险的可能性就会大大降低。当然反过来，如果陈水扁无法得到上述安全保障，那么陈水扁破罐破摔、铤而走险的可能性将大增。总之，无论陈水扁做出什么样的选择，都是以其自身在岛内的权力和利益为基本出发点的，其大陆政策或“台独”冒险只是他实现目标的工具，而非目标本身。作为一个典型的功利主义者和机会主义者，如今陈水扁所追求的是自保求生，而不是加速毁灭。非到万不得已，陈水扁不会轻易选择意味着自取灭亡的“法理台独”举措。从目前情况来看，陈水扁还没有真正制造重大“台独”事变、把两岸引向战争的迫切需要和足够的胆量。

（2006 年度北京市台办重点调研课题，不含“对策建议”部分，2007/02/14，与李振广合撰）

台海局势的演变趋势及其调控

二战结束以来，台海局势经历了复杂的嬗变过程。虽然台湾问题是中国的内政问题，但不可否认的是，台海局势也受到介入此一问题的各个国家及地区理性选择与利益博弈的影响。任何一方的力量变化及台海政策调整，都会或多或少地影响台海局势的发展。换言之，台海局势其实构成了一个动态平衡系统，影响台海局势的各个因素通过特定的机制相互啮合、相互影响，通过作用力与反作用力的交互推动，共同型塑了目前台海局势的基本态势。

一、中国大陆主导下的台海局势动态平衡系统

动态平衡态势是自然界和人类社会普遍存在的一种客观现象。它是指事物内部存在着的相关因素通过相互不断作用，使事物的状态处于不断的变化过程中，当诸因素彼此能够容纳时，便出现了动态平衡态势。也就是说，动态平衡态势是事物在运动过程中从表象看来所呈现的一种相对稳定状态。

作为系统理论的一个支系，动态平衡理论有两个基本设定：一、动态平衡态势形成的条件是内部各相关因素相互作用至彼此容纳；二、动态平衡是一个动态过程。前者强调把系统内部各相关因素看成是一个相互关联相互作用着的整体，这个整体是各相关因素彼此容纳的庞大动态平衡态势体系；后者明确指出了动态平衡态势的基本运作规则，即它在不断变化中形成平衡态势，[1]并且是新旧平衡不断交替变化的过程。

动态平衡态势所对应的结构是网络结构。系统内各个相关因素因其相关性而成为网络结构上的各个“结点”，又因为彼此的相互作用而将各个结点连接成一个具有相对稳定性的整体。[2]系统内各相关因素的相互作用必须满足诸因素都能有效伸缩的条件，也就是说整个系统必须保持必要的弹性。进而，这些结点的涨落和伸缩形成了网络有效运行的基本条件。所以，动态平衡网络结构的存在要件有两个：一是系统中的行为主体及其行为所指向的客

体，这是网络结构中结点得以形成和运行的物质载体，是网络结构中的“硬件”；二是各个行为主体之间的交往规则，也就是整个系统的啮合规则，网络结构系统的能量交换就是通过系统啮合规则所架构的能量传输机制才能实现有效传递，故而它形成了网络结构中的“软件”。

动态平衡态势的发展及其基本路径走向的变化依赖于动态平衡系统与系统环境的能量交换。按照现代系统论的一般定义，“系统是指由若干要素按特定结构方式相互联系成的具有特定功能的统一整体。每一系统都是由内部要素（子系统）构成，而该系统又成为更大系统的组成要素。”[3]进而言之，外部系统作为动态平衡系统的系统环境，它们之间的能量交换、特别是外部系统的能量输入成为动态平衡系统演变的主要推动因素。具体来说，系统环境的能量输入对动态平衡系统内部的各个结点会产生不同程度的影响，结点吸收能量的过程同时也是对系统环境作出反馈的过程。或者说，结点通过“震颤”完成与外部环境以及其他结点之间的能量交换。

依据上述理论来观察台海问题，正由于影响台湾海峡局势的各个因素的相互作用和相互影响，构成了一个相对平衡的动态系统。这一系统的形成有其历史原因，但也有相当部分的原因在于外国势力插手台海、干涉中国内政的结果。因此，围绕着台海局势的变动，各个行为主体及其台海政策形成了该动态平衡系统的各个结点，[4]各个行为主体均通过调整台海政策来完成动态平衡系统内部的能量交换，并竭力使其向有利于自己的方向发展。

应该提及的是，台海局势动态平衡态势网络结构中的各个结点存在着功能的差序性。一方面，各个结点对动态平衡态势的影响是不同的。自 1949 年以来，中国大陆在台海局势动态平衡态势的发展过程中一直起着关键性的主导作用，这是有目共睹的，而事实也已经证明，在中国大陆的努力下，该平衡态势一直在向着有利于中国统一的方向发展；另一方面，在这个系统中，除了台湾当局之外，各个结点的功能并非行为主体本身功能的全部，如中国和美国，台海政策仅是整体政策中的一个部分而已。而亚太国际关系格局乃至世界国际关系格局则形成了台海局势动态平衡的系统环境，担负了对台海局势动态平衡系统进行能量输入的功能。也正因为这样，在所有的结点中，台湾当局相对来说处于比较低阶的位置。

二、台海局势动态平衡的啮合规则[5]与能量交换机制

台海局势动态平衡的啮合规则主要包括两个方面的内容：

一是各个行为主体围绕台湾问题经过长期折冲后形成的具有相对约束力的成文规范和不成文原则。例如，中美三个联合公报中对台湾问题的处理、中日关系正常化过程中有关台湾问题的相关协议，以及中国在外交事务中所坚持的一个中国的基本原则等；美台之间的若干协议甚至包括法律，如美国的“与台湾关系法”以及 1980 年 10 月美台签订的“北美事务协调委员会及美国在台协会及豁免权协定”等；美国亚太战略布局中与台湾相关的部分，诸如美日同盟关于“日本周边有事条款涵盖台海冲突”等。这些规范未必对所有结点都有约束力，但是会通过能量传递对动态平衡的网络结构产生影响。

二是各个结点释放能量与吸收能量，寻求利益最大化的过程，这个过程既是各个行为主体对现有规则体系向有利于自身利益方向修改的博弈过程，也是各个结点相互作用、完成信息传递、能量交换的机制。由于国际社会的无政府状态，各个国家在外交上遵循的基本是理性主义原则，“在谋求权力与安全的时候，国家采取的是有目的的政策，或者说出于主观期望是按照功利原则或理性规则行事。面对不确定的国际环境，国家所要争取的是自身处境的最优和自身利益与权力的最大化。”[6] 台海局势动态平衡态势自然也不例外，各个行为主体的活动不断影响和改变着作为能量传输纽带的规则体系。

例如，90 年代以来的美国对台政策向着不断弱化三个联合公报的效力和加强与台湾实质性关系的方向发展，企图冲击旧有规则并型塑有利于自身的新规则的意图相当明显。2000 年 8 月，美国国家利益委员会推出了一份专门以《美国国家利益》为题的报告，将美国国家利益分成了核心国家利益、极其重要的国家利益、重要的国家利益、次要的国家利益四大类。其中美国的核心国家利益包括五点：一、防止、遏制及降低核武器、生物武器及化学武器对美国本土及其海外军事力量的攻击威胁。二、保证美国盟国的生

存以及它们能够促进美国繁荣的国际体系形成上的积极合作。三、预防敌对大国或在美国边境地区对抗性政府的出现。四、保证主要的全球体系（贸易、金融市场、能源供应和环境）的可持续性和稳定性。五、以有利于美国国家利益的方式与可能成为战略对手的国家（中国和俄罗斯）建立建设性关系。2001年9月30日，美国推出了第二份《四年防务评估报告》，虽然这份报告是美国经受了“9.11”恐怖袭击之后推出的，但是在美国国家利益的界定方面与前述报告几乎没有什么差别。[7]可以说，这两份报告的逻辑承递基本上反映出了美国台海政策的调整方向。而其调整的结果则作为系统环境的能量输入，对台海局势动态平衡态势的不断推展与演进产生了相当大的影响。

冷战结束后，日本的情况也大致相仿。随着国内右翼势力的抬头，日本越来越倾向于插手台湾问题，这一政策的变化也作为新的影响因素，在一定程度上影响了台海局势动态平衡态势的演进路径。

中国大陆自1978年以来，在两岸整合问题上的战略和策略选择也在发生重大的变化。当年开始的改革开放及其后在两岸政策上的变化，典型的政治意涵是，在内战尚未结束的情况下，对中国国家统一方式的认知发生了改变，即由原来对抗式的国家统一方式转为在防范国家分裂情况下以和平方式、或者说是以两岸协商的方式完成国家统一。同时，国家的发展问题被提到了比国家统一问题更加重要的地位，并且前者在一定程度上被定位为是台湾问题能够和平解决的一个重要前提条件。大陆对台政策的调整，概括起来说就是：决不放弃和平统一的努力，但是在“台独”势力猖獗的情况下，也不会承诺放弃使用武力，以保持政策的灵活性和主动性。

自李登辉上台后，台湾当局就开始了对两岸关系进行重新定位的努力。即：修改两岸之间同属一个中国的既有规则，为台湾走向“独立建国”制造“法源”和营造环境。李登辉在台上12年最恶劣也是最阴险的举措就是通过制度改造，企图在法理上全面割断台湾与大陆的联系；而民进党则不但要在制度和法理上、而且要在文化上和心理上全面斩断两岸的脐带。尽管李登辉和民进党均是从自身的利益出发进行政策选择，但是毋庸置疑，自上个世纪90年代以来，“台独”势力越来越猖獗的活动给台海局势动态平衡的相对稳定态势造成了越来越多的冲击。

由此可见，各个结点经过冲击——回应的选择模式，经由信息传递完成能量的交换，形成动态平衡态势不断向前发展的推动力。每次结点的涨落和伸缩均形成了对系统的冲击，并以网络震颤的形式将能量传递给其他结点。而其他结点通过回应与适应的过程，完成对本次能量传递的应对过程。以这样一种模式，台海局势动态平衡态势保持了动态前进的路径。但是在整个系统的运行过程中，如果冲击过大，导致震颤超过了系统本身所能承受的程度，将会导致系统崩溃。一旦出现这一情况，则意味着台海局势动态平衡态势被打破，系统进入突进性质变过程，平衡态势网络内部的各个要素将会重新调整，新的结点将会形成，而旧的结点功能减弱甚至消失。

三、台海局势动态平衡态势的基本特征

动态平衡态势的特征指系统在运行过程中所表现出来的内在规律性。不同的系统所显现出来的特征是不同的。就台海局势而言，动态平衡态势的维持和发展受到当前和长期视角下统一与反统一、“台独”与“反台独”斗争情况的影响。以此为出发点，该态势的基本特征大致可以作如下概括：

（一）相对稳定性

台海局势动态平衡态势的相对稳定性结构取决于其内部各个结点之间的相互制约作用，即：各个行为主体在相互制约的环境中调整台海政策，形成了对“台独”势力的约束，特别是中美两国在战术层面上对遏制“台独”的共识，从而使台海局势保持目前的相对稳定状态成为可能。

中国大陆的台海政策可以分为战略和战术两个层面。战略层面的终极目标指向国家统一，以及如何协调国家统一与国家战略实现的关系；而战术层面则是通过遏制与打击“台独”，寄希望于台湾人民，加强两岸交流与整合，为和平统一创造条件。中国政府提出的“和平统一、一国两制”解决台湾问题的基本方针，是战略与战术的有机结合。它包含了两层含意：一、在一个中国的前提下保持台海局势的基本稳定；二、中国的国家统一是一个渐进过程，也应该是一个双赢的过程。

中国大陆在对台政策上力推“三通”及加强经济交流的措施，其实反映了对统一不设时间表的基本心理准备。就美国来说，支持“台独”的声音一直存在，但是在中国政府强大的“反独”压力下，当前“不统不独”的台海态势对其较为有利，所以美国维护当前台海局势平衡态势的意图比较明显；另外，日本虽然增加了对台海局势介入的强度，但它不可能成为影响台海局势的决定性因素，日本的动向更多的还是要受制于中国和美国的台海政策。于是，台海局势动态平衡态势中两个关键行为主体中国和美国之间就出现了比较吊诡的现象：双方在台海问题上的战略目标是相反的，但在战术上的合作却是可能的。尽管双方在合作遏制“台独”的态度上有若干差异，但也存在若干共识和某种程度的默契。[8]中美在战术层面上的共识与举措使得民进党的“台独”冲动具有某种程度的可控性。为了防止两岸爆发冲突将自己拉下水，美国不会同意和支持台湾当局过度冲击台海局势动态平衡态势的任何行为，势必会对“台独”的过激行为有所约束。这种情况抵消了台湾当局的“台独”冒险对台海局势动态平衡态势所形成的不稳定影响，在一定程度上保持了台海动态平衡态势的相对稳定。

有两个方面的因素增加了相对稳定状态的维持的可能性。首先，中国大陆对“台独”的强力压制和坚持打击的态度是限制“台独”发展并将其约束在可控范围内的决定性因素，也是决定美国在多大程度上向“台独”施压的关键因素；其次，在美国的亚太战略布局中，中国的战略地位正在上升。导致这种变化的部分原因在于美国在东亚地区战略地位的变化，突出表现在美国在东亚地区的控制和影响力的下降趋势。“有两个因素对华盛顿在该地区角色变化的影响最巨”，一是中国在经济上和地缘政治地位上的崛起，二是日本的经济活力快速衰减以及由此带来的地区影响力的迅速消退，“它对美国的战略价值正在逐步减弱。”[9]中国战略地位增强以及在美国亚太政策天平上的砝码加重，有助于强化中美在遏制“台独”问题上进一步达成共识。

（二）平衡态势张力的有限性

台海局势动态平衡态势的相对稳定性揭示出的是各个结点间关系的短期特征。从长期看，动态平衡态势中各行为主体的战略选择差异形成的紧张与冲突将会日益显露出来。如上文所述，中国台海政策的终极目标是两岸走向统一，而台湾的民进党当局则苦心孤诣企图实现“台独”，美国和日本则力图保持目前“不统不独”态势，骨子里则希望台湾走向“独立”。不同的战略目标选择会产生不同的政策取向。这些相互矛盾的政策取向必然造成冲突，带来台海局势的紧张，特别是民进党当局越来越激进的“台独”冒险，将会对台海局势相对稳定产生越来越大的冲击。

自上个世纪90年代以来，台湾当局通过全方位的“去中国化”运动，在很大程度上已将“台独”在岛内的社会心理障碍扫除。民进党上台以来，在岛内刻意营造“台独”话语霸权和以“台湾主体性”为中心的“本土认同”，已经有取代中国认同而成为新的“国家认同”的危险。民进党当局通过对这种“认同”的刻意炒作，甚至诉诸民粹主义式的动员，在台湾社会产生了极其恶劣的影响。少数人主张“台独”的声音被无限放大，统一意识受到了越来越大的心理压力，可以说，目前在台湾基本上已经没有了主张“统一”的自由，谁主张两岸统一，谁就被“抹红”，就有被扣上“卖台”的危险。这是影响到台海动态平衡态势最具破坏性的因素，民进党当局挟“民意”推行“台独”的行为有了更具欺骗性的“正当理由”。而在这种民意改造下所进行的“公投”、“制宪”等政治操作，使民进党离“法理台独”越来越近，两岸冲突的风险也越来越大。

另一方面，中国大陆经济的稳定高速发展已经之有年。中国综合国力的快速提升作为能量输入已经影响到了动态平衡目前的基本态势。而经济发展过程出现的军事现代化等相关因素又补强了这种冲击。随着经济的发展和国际地位的持续提高，无论是从整个国家发展战略来看还是从民间社会对国家统一问题不断升高的关注程度来看，国家统一的问题越来越迫切地被提上议事日程，中国政府所面临的民间压力也越来越大。在这种情况下，关于“统独”的争议有可能异化为台湾当局鼓动的“台独”民粹主义，与大陆民众13亿人要求国家统一的大民意之间的冲突与对立。一旦出现这种情况，无论是民进党当局还是中国大陆领导人，对台海局势动态平衡态势的影响力和控制力都将会大幅减弱，而两岸对立冲突的危险性也会随之增加。

在大陆与台湾及美、日的力量对比格局变化的情况下，美国在两岸之间走钢丝、维持目前平衡态势的控制能力也在日益下降。对美国而言，最佳的政策选择就是“采取既阻止武力统一又保证大陆和台湾的重新统一作为一个选项而保留下来，才能最好地服务于美国的战略、政治和道德利益。”美国的这一政策应该取决于对中国政府台海政策的基本判断：中国政府对在台湾海峡动用武力反对“台独”原则的坚持，“其实就是要防止台湾当局和美国永久阻断（close off）台湾与中国大陆最终重新统一的可能性。”[10]正因为如此，美国一直在声称坚持一个中国政策的同时，却与台湾当局和“台独”势力暗通款曲。但问题是，如果民进党执政时间继续延长，“台独”的刚性越来越强，美国对台湾当局的影响力继续下降，“台独”冒险的可能性不断增加而又得不到有效控制，动态平衡崩溃的可能性就会越来越大。

（三）动态平衡态势演进的渐进性

台海局势动态平衡态势的短期相对稳定与长期张力有限性之间的矛盾决定了系统演进的渐进性路径。一般而言，动态平衡系统对内部的变化具有一定的包容性。当然，这种包容是有限度的，一旦超出了范围，动态平衡就会被打破，[11]出现所谓的突变性质变。动态平衡态势本身所具有的包容性特征也意味着，一般情况下系统本身的演进是渐进式的。突进性质变是以渐进性质变的不断积累为基础的。就台海局势动态平衡态势来说，决定系统能否按渐进性方式向前推进的主要因素在于“台独”势力对整个系统的冲撞程度及可控程度。从目前来看，各种因素均显示出对“台独”势力发展的不利情势。

对此，我们可以从以下两方面来考查：

一、除了前述中美两国在战术层面上遏制“台独”的共识对民进党当局及“台独”势力产生的限制作用外，从近期大陆的台海政策走向来看，在《反分裂国家法》出台后，北京“反独”的格局其实在不断拔高。《反分裂国家法》为“台独”划出了明确的红线，极大地压缩了“台独”的活动空间，为维持现有平衡态势的基本稳定和渐进式发展提供了重要支撑。在这种背景下，大陆不再与民进党胶着于“统独”意识形态的纠缠，而是将重点放在自身发展和做台湾人民工作上来。这种战略着眼于长远和两岸双赢，只要民进党不挑战目前平衡态势张力的极限，即推动“法理台独”，大陆方面都还可以容忍，台海局势动态平衡态势继续沿着渐进性的道路发展是完全可能的。从这个意义上说，中国大陆是维护目前台海局势动态平衡态势的最关键力量。

二、外部环境对“台独”势力的发展是不利的。总体上说，进入21世纪的大国关系会向越来越稳定的方向发展。大国关系虽然依旧包含着许多矛盾和摩擦，但是本质上已经不是水火不容的关系。“由于经济贸易的大大加强，人员往来的增加，全球化时代国家间关系的一个重要特点就是商贸气息软化了对抗的刚性，经济成分扩大了共识的基础。”[12]稳定的国际环境基本上阻绝了“台独”势力企图借助外部势力的介入与干涉而浑水摸鱼的可能。另外，就对台海局势影响最大的中美关系发展而言，尽管美国对中国的崛起怀有疑虑，然而“约束并将正在崛起的大国整合进（美国主导的）国际体系，保持东亚的和平稳定，”[13]却也是美国亚太布局中的明确政策取向。缺乏中国与其他大国刚性对抗的国际环境，“台独”势力铤而走险的成本是巨大的，成功的可能性等于零。这是约束“台独”冒险，同时也是有可能维护目前台海局势动态平衡态势的一个重要原因。

四、中国大陆主导下的台海局势动态平衡态势调控

台海局势动态平衡态势的调控应该主要包括以下几个方面：要素（结点）调控、环境调控和途径调控。[14]这三个方面其实是对系统得以维持和有效运行的基本要件进行调控，从而达到影响动态平衡态势的发展方向并为我所用之目的。

（一）结点调控

对台海局势动态平衡系统调控的主要标的一是台湾当局，二是美国。在当前各方实力对比不能在短时期内出现根本改变的情况下，应该强化自身在动态平衡态势中的作用，削弱其他结点对整个态势的影响。中国政府对系统调控的关键点在于：要清晰有效地传递对“台独”的可信威慑信息。美国学者亨利·基辛格（Henry Kissinger）认为，可信威慑必须具备以下三个要素：有效的信息传递、威慑力量与威慑决心。上述三个因素共同构成了可信

威慑，它不是三者的简单叠加，如果缺少其中的任何一项，威慑必然会失败。而另一位学者萨特里则提出了威慑声誉理论，认为有决心的威慑者为了获得在未来的争端中发出有效威慑的声誉，也会发出诚实的威胁信号，“而没有决心的威慑者可能因为虚张声势的声誉，影响到其未来发出威胁信号的真实性。”[15]

可信威慑的作用是通过对结点有效伸缩性的限制，减少结点有效伸缩对动态平衡态势的冲击，并使动态平衡态势向于我有利的方向发展。2005 年《反分裂国家法》的出台及“台独”势力的反应就典型地验证了这一结论。这部法律所反映的内容与现行的对台政策相比，其实并没有什么改变，所不同者，是该法将大陆对台政策提升到了法律的层次，强化了反“台独”的刚性，这本身是一种决心的宣示。其重要作用是使民进党及泛绿内部对“台独”路线的基本判断发生了改变，“台独有害论”已经为台湾人民及泛绿人士所接受并深信不疑。“北京的宣传说，反分裂法并非在为军事解决铺路，而是要将既有的对台政策规范化，故属和平统一的行动，台北不信，认为反分裂法就是为军事解决铺路。”[16]对于“独派”人士对《反分裂国家法》的激烈反应，台湾学者评论说，“《反分裂法》引起的台湾各界反应，揭穿了早先所谓‘中共是纸老虎’的判断，其实是基本教义派的自我安慰而已”，“所以一有蛛丝马迹显示中共不是纸老虎，他们的感受就激烈得不得了。”[17]可以说，《反分裂国家法》的制定与颁布对遏制“台独”、维护台海地区的和平与稳定，使两岸关系向有利于统一的方向发展产生了不可估量的重大影响。

对动态平衡态势中的各有关方而言，台湾问题事关各自利益，但是这些利益在不同国家利益格局图谱中呈现出并不相同的样态。对中国而言，事关国家的核心利益。邓小平在上个世纪 80 年代回答美国记者华莱士关于“台湾有什么必要同大陆统一”的问题时指出，这首先是个民族问题，民族情感的问题，凡是中华民族的子孙，都希望中国能统一，分裂状况是违背民族意志的；其次，台湾问题事关中国的领土主权问题，“只要台湾不同大陆统一，其作为中国领土的地位是没有保障的，不知哪一天又被别人拿走了。”[18]而对于美国来说，台湾问题充其量关涉到其重要利益。此外，台海局势动态平衡态势的变化与发展也很大程度上牵涉到日本的国家重要利益，但同样不是其核心利益。

正因为如此，美国和日本对台海局势的基本判断及其台海政策的调整，也与中国政府在台海问题上的信号清晰与否有关。

（二）环境调控

对系统环境进行调控其实就是要调节系统能量的输入，进而控制动态平衡态势的发展趋势。中国与世界其他大国关系的变化可能改变台海局势动态平衡态势的系统环境，影响其对系统的能量输入。如果说中国政府对“台独”发出清晰的可信威慑信号是对动态平衡态势调整之“硬”的一手的话，通过强化与国际社会的联结，优化和平统一的系统环境，则是调控动态平衡态势之“软”的一手。两者相辅相成，共同构成了压缩“台独”生存空间、促进国家统一的有效工具。

台海局势动态平衡态势的环境调整更多依靠的是日益增长的软权力。所谓“软权力（soft power）”，“又被称为第二种权力或同化权力（co - optive power），它与命令他者按照其意志行动的‘硬权力’或指令权力形成了对照。同化权力是一个国家造就一种情势、使其他国家仿效该国家发展倾向并界定其利益的能力，这一权力往往来自文化和意识形态吸引国、国际机制的规则和制度等资源。”[19]软权力的理论意义在于对利益相关性对国际关系的实际影响进入系统研究。随着中国大陆经济社会的发展和对外政策的调整，软权力也同步增加。这种情况为中国树立负责任的大国形象，在国际社会形成广泛的反“独”同盟具有重要的意义。

（三）途径调控

这是通过调控系统变化的方式来进行的，也就是说，是采取渐进式质变的方式还是突进式质变的方式。它反映了系统发展的多样性。众所周知，中国政府选择的是渐进式的统一之路，即一方面打击“台独”的发展，稳定两岸情势，一方面加速两岸的经济与文化融合，将国家统一事业整合进国家发展战略中去。只有通过这样的模式，才有可能实现两岸双赢，并且在国家统一的过程中实现国家的富强与民族的复兴。这也是自第一代领导集体以来一直孜孜以求的目标。这种渐进性的质变过程不打破原有的动态平衡态势，而是通过改变系统内部各个结点的位置和作用转换而形成动态平衡态势的调整，将系统推向更高层次的发展。这种调控由于其温和、渐进，系统可以保持相对稳定，从而也使得破坏性降低，损失也较小。

但是，系统调控的这种渐进性选择并不是一成不变的，而是动态发展的，这取决于“台独”势力对平衡态势冲击的强度，一旦系统的震动超出了动态平衡态势可以承受的范围，则会导致突进性质变。原因很简单，如果台湾实现“独立”，将是中华民族不能承受之重。有大陆学者认为，台湾之所以不能从中国分裂出去，主要是因为以下几个方面的原因：（1）“台湾独立”将诱发这个多民族国家内部的分裂势力的连锁反应，从而使中国彻底丧失稳定中求发展的机会；（2）它将造成难以预期的内部严重混乱甚至内战，造成政治的对立和民众对政治家的失望；（3）它同样可能给邻国带来大量的难民输出和失序行为，导致周边国家的不稳定，这是任何一个有头脑的政治家和军事家所不能允许的。[20]总之，台湾的“独立”将导致台海局势动态平衡态势的崩溃，如果出现这种情况，中国政府将不得不选择突进式质变的方式对系统施加影响。

由上述分析可以看出，影响台海局势动态平衡态势发展走向的基本因素：

其一，是各个行为主体的实力对比变化，平衡态势的“动态性”主要反映在各个行为主体之间通过力量投放而相互影响与相互制约。

其二，是在台海问题上的基本政策及实施政策的决心。决心本身就是威慑，它通过增加其他行为主体台海政策成本的方式迫使其改变政策走向。

所以说，台海局势的动态平衡态势是可控的。如何利用目前的动态平衡态势，实现我国的国家战略，使国家统一与发展结合起来，实现国家利益的最大化，是对该问题分析的要义之所在。

【注释】

[1] 谭长贵：《经济运行规则——动态平衡态势论》，《社会科学辑刊》，2001年1期。

[2] 谭长贵：《动态平衡的网络结构》，《自然辩证法研究》，2002年3期。

[3] 李愿：《试论现代系统论对整体与部分范畴的丰富与发展》，《中央民族大学学报》，1999 年 1 期。

[4] 台海动态平衡态势是一个开放的系统，在这个网络中，影响整个态势的结点很多，本文从分析的方便角度出发，对分析模型进行了简化，只对起关键作用的结点进行分析。

[5] 本文倾向于采用“规则”的概念而舍弃了“制度”的概念，主要原因，一方面在于制度概念的涵义太过于庞杂。大陆学者辛鸣曾对不同学科对制度的定义作了简单的分类，大致有以下五个方面：制度是一种规则；制度是一种习惯；制度是一种组织；制度是一种模式；制度是一个系统等（见辛鸣著：《制度论》，人民出版社，2005 年 10 月，39－44 页）。“规则”的概念相对来说比较简单，按照一般的定义，它分为广义和狭义两个层面，广义的层面系指“规范”，即对事物的运行有约束作用的“标准”，狭义的层面则指“就某一事项所制定的书面文件”（《辞海》，上海人民出版社，1999 年版（缩印本），1743 页）。本文取广义概念。其次，“制度”相对来说强调的是刚性原则和强制性约束，而在无政府主义的国际社会，刚性约束的实现相对较困难。而“规则”则更强调冲突妥协的过程。因此，笔者认为“规则”作为分析概念更适合作为台海局势动态平衡的分析工具。

[6] 李少军：《国际政治学概论》，上海人民出版社，2002 年，29－30 页。

[7] 谭宏庆：《防范与遏制：美国亚太战略布局与中国》，见中国现代国际关系研究院美欧研究中心编：《反恐背景下美国全球战略》，时事出版社，2004 年。

[8] 当然，这种共识与默契需要以中国政府强大的“反独”压力和决心为前提条件。

[9] Morton Abramowitz and Stephen Bosworth：Adjusting to the New Asia，Foreign Affairs，July/August，2003。

[10] Michael D. Swaine，Trouble in Taiwan，Foreign Affairs，March/April，2004。

[11] 谭长贵《社会发展－动态平衡态势论》，《湖南社会科学》，2001 年 2 期。

[12] 王逸舟：《全球政治和中国外交》，世界知识出版社，2003 年，216 页。

[13] Kurt · M · Campbell and Derek · J · Mitchell，Crisis in the Taiwan Straita Foreign Affairs，July/August 2001。

[14] 有学者认为对非线性系统的调控包括边界调控、要素调控、途径调控和环境调控四种方式。（谭长贵：《动态平衡态势的阶段可调控性》，《湘潭大学学报（哲学社会科学版）》，2006 年 3 期）由于台海动态平衡态势是国际关系、特别是大国关系的一部分，所以对整个系统的调控只能是通过间接的方式进行，而难以像其他可控系统一样实行全面的、直接的调控。因此，本文认为，对其调控的方式主要有三种，即结点调控、环境调控和途径调控。

[15] 向钢华、王永县：《当代西方基于博弈论方法的威慑理论综述》，《国外社会科学》，2006 年 3 期。

[16] 石之瑜：《台独与道德》，（台湾）海峡学术出版社，2005 年，5 页。

[17] 石之瑜：《台独与道德》，（台湾）海峡学术出版社，2005 年，2 页。

[18] 杨洁勉等：《世界格局中的台湾问题：变化与挑战》，上海人民出版社，2002 年，286 页。在同一篇讲话中，邓小平还指出，“我们采取‘一国两制’的方针统一台湾。”

[19] （美）约瑟夫·S·奈著、门洪华译：《硬权力与软权力》，北京大学出版社，2005 年，80 页。

[20] 王逸舟：《全球政治和中国外交》，世界知识出版社，2003 年，312 页。

（国家社科基金“十五”重点项目《大国格局变动中的两岸关系》子课题，2007/10，主持人徐博东，陈星执笔）

论祖国统一与中国国家战略的关系

中共十六大报告中，祖国统一问题被列为党和国家新世纪三大任务之一。这一论断是把解决台湾问题置入更大战略视野进行考察的结果。

众所周知，台湾问题并不仅仅局限于海峡两岸关系问题，它涉及方方面面，更与中国的整体国家战略紧密联系在一起。就中国的整体发展战略而言，要受到国际、国内等多重因素的影响。中国的战略目标和战略发展是一个复杂的系统工程，国家统一是其中的一个重要组成部分，与其他战略目标相互影响、相互关联，共同构筑了中国发展过程中必须面对的挑战。因此，对台湾问题的分析，必须要从国家在当前环境下的总体战略选择出发，探讨国家发展和统一的关系。

一、相关概念的简单厘清

关于中国国家战略的相关论述林林总总，难以尽述。而且，在诸多的论述中，对国家战略这一概念本身的解读也有若干差异：

有的学者认为，“国家战略是以国家为主体的、对国家未来目标和走向等所作出的、以求取得国家利益和安全有力保障的一种总体规划和设计的科学与艺术。”[1]

有的认为，“国家战略包括国家发展战略和国际战略两个部分，主要解决国家发展和生存的方略问题。”[2]

也有的学者将国家战略与国家发展战略换用，认为“中国作为一个正在经历起飞过程的发展中大国，在国内实施以经济建设为中心的国家发展战略，在国际上推行维护世界和平、促进共同发展的对外战略。”[3]

其他类似的观点还很多。尽管各个学者对国家战略的解读有不同的理论路径和相异的理论观照视角，但是对于国家战略的基本理论意涵还是有比较一致的共识。按照熊光楷的说法就是：“国家最顶层的战略有两个，一个是发展战略，一个是安全战略。”这两者既相互联系又有区别。从某种意义上讲，“国家发展战略是国家安全战略基础问题的战略运筹，国家安全战略是国家发展战略要达到目标的基本保证的战略运筹。”[4]也就是说，解决国家安全的根本途径在于发展。只有紧紧抓住经济建设这个中心不放松，使包括经济实力、科技实力、国防实力和民族凝聚力在内的综合国力大幅度地提升，才能从容不迫地解决国家安全所面临的各种问题。

如果从系统整体来看，中国的国家统一问题与中国国家战略中的各个子战略均有相当密切的关系。一方面，中国国家战略的实现，特别是发展战略的实现，既会改变海峡两岸实力的对比，从而对台湾产生压迫性的影响，也会对国际格局与大国关系形成结构性的重塑效果。中国作为一个世界大国的崛起会直接或间接地改变台湾在整个世界体系中的地缘战略地位，进而影响到中国国家统一的外部环境。这种效应与海峡两岸实力对比对国家统一的促进效应产生的效果是相同的，甚至更为重要。另一方面，台海局势的变化又会对国家战略产生反向的扰动作用。台海两岸在统一与分裂立场与政策上的博弈一旦超出可控范围，则中国国家战略的优先次序将会被迫作出某种程度的调整。因此，中国国家统一的过程，其实就是如何协调台湾问题与中国发展和安全的矛盾问题，并在互动的过程中实现中华民族的整体利益最大化。

二、台湾问题与中国发展战略

中国的统一问题归根结底是一个发展问题。中国现有的综合国力及潜在的发展程度，从根本上决定了目前中国在国际格局中的地位，也在一定程度上决定了中国统一过程中所能采取的战略和策略。发展才是硬道理，发展是解决中国统一问题的基础。

1978年中共十一届三中全会决定将工作重点转移到经济建设上来，邓小平根据中国的实际情况，设计了中国现代化分三步走的战略构想。1987年10月中共十三大正式确定了这一战略步骤，以经济发展为中心促进国家战略的全面实现的思想逐步确立并得到了全面实施。邓小平多次强调经济发展在国家发展和国家战略中的中心地位：“经济工作是当前最大的政治，经济问题是压倒一切的政治问题，不只是当前，恐怕以后长期的工作重点都要放在经济工作上面。”[5]进而，邓小平又反复强调了发展在整个国家战略中的前提作用：“我们党现阶段的政治路线，概括地说，就是一心一意地搞四个现代化。这件事情，任何时候都不要受到干扰，必须坚定不移地、一心一意地干下去，许多问题，不搞四个现代化解决不了。”[6]其中自然也包括国家的统一问题。

以江泽民同志为首的党的第三代中央领导集体，继承了邓小平的国家发展战略的思想与理论，在中共十六大报告中指出：“综观全局，21世纪头20年，对我国来说，是一个必须紧紧抓住并且可以大有作为的重要战略机遇期。”进一步确立了发展在整个国家战略中的中心地位。这里所谓的战略机遇期，指的是中国在21世纪最初20年有可能获得在较长时间较为有利的国际环境、较为充分的内外发展条件、综合国力较快增长的时期。[7]战略机遇期的提出，为未来的整个国家发展指明了基本的方向，也成为对台工作的基本指导方针。

以胡锦涛同志为首的第四代中央领导集体在前几代领导集体国家发展战略思想与理论的基础上，进一步提出了科学发展观的理论。与邓小平理论、“三个代表”重要思想一脉相承，科学发展观的主要支撑点是坚持发展、加快发展、实现又快又好地发展。胡锦涛总书记明确指出：“科学发展观是用来指导发展的，不能离开发展这个主题，离开了发展这个主题就没有意义。发展首先要抓好经济建设。”[8]科学发展观对过去的经济发展模式进行了系统反思，意味着中国经济发展模式由以前的粗放式经济全面转向集约化经营，开始迈入了全面可持续发展的轨道，这是中国经济发展模式的一个重大转变，对未来的发展会产生至关重要影响。这同时也说明，中国大陆的经济发展已经走出规模发展的阶段，向注重经济发展品质的方向拓展。相应地，对台工作这一时期也向深耕细作的方向发展。“胡四点”的提出，反映了科学发展观的基本思想。

中国的发展战略是一个系统工程。如果说经济发展是其“硬件建设”的话，那么随之而来的社会转型及社会价值重构，则是这一系统工程中的“软件建设”。比较而言，后者在发展过程中的地位可能更加重要，它既是经济发展成果的社会形式，也提供了进一步发展的文化起点。中国发展是比较典型的后发外生型现代化模式，中国的现代化是一个由外生模式向内生模式转化的过程。同时中国特色社会主义的探索本身，也是一个社会结构和社会价值重构的过程。与其他发展中国家所面临的问题一样，中国在进行艰苦的现代化摸索的同时，却又不得不处理现代化进程中所带来的各种社会问题，诸如经济制度调整、社会价值重建、政治体制改革等。由于中国正式的现代化过程时间极其短促，因而这些在西方国家具有历时性特征的矛盾在中国社会却具有共时性特征，国家的发展只能也必须依赖于各种矛盾的逐步解决。

从一般的意义上来说，如果依逻辑顺序进行判断，发展无疑应该是在统一前面。“从国家的总体战略上看，只有通过现代化建设完成中国崛起，才能迅速提高自己的综合国力和国际地位，也才能为解决台湾问题和实现国家统一奠定最重要的基础，提供最坚强有力的后盾。”[9]大陆的对台工作也一直立基于国家的发展战略之上并寻求平衡。在1998年5月举行的全国对台工作会议上，中央对未来的对台工作作出了明确规定，即对台政策的重点是将推动和平统一的基点放在提高综合国力上。会议要求“集中发展经济，增强综合实力，在此基础上，全面发展两岸关系，为最终解决台湾问题创造有利条件。”[10]

但是这种顺序并不是一成不变的。事实上，在处理发展与国家统一问题时中国政府仍不时面临着判断“发展与统一孰为优先”的决策困境。之所以如此，有以下两个方面的原因：

第一，大陆民众对国家统一问题越来越失去耐心，北京面临着来自民众的越来越大的压力。

随着经济的发展，大陆民众对国家统一的关注越来越多，要求两岸统一的呼声也越来越高。同时，由于台湾当局疯狂炒作民粹主义，挑动台湾民众对大陆的敌意，肆意推动“台独”政策，激起了大陆民众极大的反感，要求武力统一台湾的声音日趋强烈。应该说，大陆民众对国家统一的不耐烦情绪现在尚处于初步集结阶段，一旦被完全动员起来，将会形成与台湾民粹主义动员下的民众过激情绪产生直接对抗，国家统一柔性妥协的空间将会受到极大的压缩。另外，随着和平崛起的加速，大陆民众对国家统一的紧迫感也在逐步增强。在大陆民众看来，如果国家不能统一，中国在世界上崛起是不完全的。“没有统一的崛起是不完全不充分的崛起，是没有充分发挥出中华民族创造潜力的崛起，一个分离的台湾总会成为列强牵制中国崛起的棋子，中国的战略利益在国家分裂的状况下就得不到保障。”[11]相应地，民间要求尽快实现民族统一、解决两岸问题实现国家统一的呼声日益高涨。这种局面给大陆领导人增加了越来越大的压力，压缩了对台决策的弹性空间，从而使国家统一问题与国家发展目标在整个国家战略坐标上的位置有可能会被迫互换，统一方式也有向着刚性方式演进的可能。这是两岸关系未来不得不直接面对的问题。

第二，台湾问题可能对现代化进程产生反向的扰动作用，对现代化进程产生现实威胁。

首先，两岸问题一直作为一个最活跃的自变量，直接影响到中国国家发展战略实现的和平环境是否能够存在。第一，“台独”势力发展和活动所引发的台海局势紧张对整个东亚乃至世界和平都会产生相当大的威胁。对中国和平发展的国际环境自然也存在着潜在和现实的破坏作用，对此学者多有论述，此处不赘。第二，台海局势的恶化可能会打乱中国解决内部问题的节奏，不但将影响到经济发展的国内环境，甚至会有产生多米诺骨牌效应的危险，诱发各种矛盾的共时性爆发，并压缩解决问题的时间，降低有效反应的可能。有学者甚至认为，一旦台湾实现“独立”，极有可能引发整个中国的全面性政治动荡，甚至出现国家全面走向分裂的危险。“如果事情走到那一步，中国整个经济建设、民族崛起和现代化建设进程不仅仅是停滞的问题，而且将出现全面大倒退，这种威胁是中华民族无法承受的。”[12]

发展战略的实现关系到整个国家和民族前途和命运的核心利益，国家的主权和领土完整同样也事关国家的核心利益。一旦两岸之间的“统独矛盾”激化，台湾发生“台独”重大事变，企图脱离中国而“独立”，中国政府绝不会坐视不管，国家统一在整个国家战略中的位置就会被迫提前。

其次，随着中国大陆经济发展的加速和国家战略目标的不断实现，两岸力量对比的天平不断发生倾斜，“台独”势力的焦虑感增加，“台独”冲动加强，两岸不稳定状态将会加剧。“大陆对台湾民众的吸引力会越来越大，”“台独”越来越没有市场，“对此，‘台独’人士也心知肚明，李登辉即公开宣称：2008年将是台湾‘独立建国’的关键点。”因为随着2008年奥运会的举办，大陆的综合国力将会达到一个新的高峰。[13]焦虑之情溢于言表。民进党当局自2000年上台以来不断加强“主体性建构”，并在“宪改”等问题上不断加快步伐，反映的其实也是这种焦虑心情。可以预料，如果2008年选情告急，更不能排除民进党当局在走投无路情况下铤而走险的可能。因此，民进党当局的“台独”政策给两岸关系形成的压力会越来越大，国家统一问题也将会被迫推到中国国家战略实现的优先位置。

三、台湾问题与中国的安全战略

按照中国和平发展的总战略，中国国家安全战略和政策的总目标是：“要居安思危，始终把国家主权和安全放在第一位，进一步发展国家安定团结的政治局面，争取长期的国际和平环境和良好的周边环境，确保我国现代化建设第三步战略目标顺利实现。”[14]台湾问题的解决在中国国家安全战略中的地位至关重要。

台湾与大陆一衣带水，唇齿相依。首先，台湾扼南北交通要冲，居于东亚航运线的中央位置。台湾海峡是我国海上交通的咽喉要道，也是西太平洋的重要枢纽。从战略上说，台湾有着无可替代的战略价值，它是中国走向海洋的唯一可以控制的出口。

自明代以来，中国安全重心随着西方列强的侵犯而不断东移，台湾对中国安全的重要性也不断被认识。在传统社会，中国的安全威胁大都来自于西方和北方的游牧民族，由于航海技术不发达，东部海疆一直是安全的。所以说，当时中国的安全战略重心完全是放在西边和北边的。但是自进入近代以来，情势发生了巨大变化，随着航海技术的提高，西方列强从东方海上对中国发起了攻击，中国所面临的安全形势发生了逆转。这时台湾作为东南前哨，其重要性越来越突显出来。早在清代施琅收复台湾后给康熙帝的奏折中，就陈述了台湾对于东南海防的重要意义，认为台湾是沿海四省的前卫，如果不能有效防守，会对沿海安全造成很大威胁。对于当时存在的“弃守台湾”论调，施琅更是进行了驳斥，认为“弃之必酿成大祸，留之诚永固边圉”。[15]随着东南形势的严峻，清政府对台湾战略地位的重要性也有了越发清醒的认识。1874年，日本开始染指台湾，组织“征台军”进犯台岛，再一次给清政府敲响了警钟，也拉开了台湾近代化改革的序幕。中法战争之后，清朝政府作出了在台湾设省的决定，进一步加强了对台湾的建设。刘铭传改革，使台湾开始了领先于大陆的近代化历程。但是，这种近代化进程随着甲午战败、台湾被割让而中断，近代化的成果也被日本攫取。自1895年以后，日本割占台湾达50年之久。二战中，台湾成为日本进攻大陆与南下进攻的跳板，再度显示了台湾地缘战略地位的重要性。

二战以后，台湾与大陆因国共内战而再度分裂。随后而来的冷战则使台湾成为资本主义阵营封锁中国大陆第一岛链的一个重要支点。在相当长的一段时间里，中国一直处于西方国家以这条岛链为支点组织起来的新月形包围圈中。这种局面在很大程度上限制了中国国家利益的拓展。“中国的利益相关线能否突出这一岛链，能否改变几千年来内向型的国际形象与战略地位，在很大程度上取决于台湾的未来能否与中华复兴、经略海洋、走向世界的宏图大愿结合在一起。”[16]如果说在经济欠发达的传统时代，中国对于冲出岛链缺乏内在的驱动力，而随着中国的发展，走出大陆、面向海洋发展已经成为越来越迫切的内在要求。

同时，随着中国作为一个负责任的大国面目出现在世界舞台上，中国的海权问题也再一次被提上了日程。海权（sea power）理论是由阿尔弗雷德·塞耶·马汉（Alfred Thayer Mahan）在其名著《海权对历史的影响》（The Influence of Sea Power Upon History）中系统提出来的。马汉认为，海洋不仅是伟大的通道，而且关系到国家的安全和发展；强国地位的更替，实际上是海权的易手；海权的最终目的就是制海，而其必要的工具就是强大的舰队。[17]从这个基本定义上看，海权至少包括了两个最基本的要素，一是海洋权利，二是实现海洋权利的海上打击力量。相应地，就中国海权而言，它应该“是一种隶属于中国主权的海洋权利而非海洋权力，更非海上霸权。”要使法理上属于中国的海洋权利事实上属于中国，中国就必须拥有强大的海上力量。从这个意义上说，目前中国的海权，是目的和手段的统一。[18]

中国虽然是一个濒海大国，但是海权意识的发展却远远落后于西方。这一方面是由于中国传统社会一直是一个农业社会，发展重心一直在大陆而不在海洋。传统的大陆文明价值体系与海权意识所代表的海洋文明形成了某种扞格，甚至在某些学者看来是天然对立的。[19]这种情况在清代出现的“海防”与“塞防”之争中可以非常明显地看出来。可以说，长期以来，中国对海权是忽视甚至是漠视的。

近代以来，中国对海权的认识与保护力度取决于国家的整体发展状况。

其一，经济发展程度和技术进步程度决定了向海洋汲取资源的动力到底有多大。在自给自足的传统社会，海上运输和海洋资源的利用对整个国民经济的发展没有决定性的影响。但随着中国现代化的开展，这种情况发生了根本的改变。随着我国经济的发展，南北运输的压力也随之增大，煤炭、石油等都是必需的大宗南运物资，而目前铁路和公路等陆上交通尚不能完全承担这一重负，必须由海运加以分担。台湾海峡是我国石油、铁矿石进口和运输的必经之路，其对整个国民经济发展的重要性可以想见，非和平时期更是如此。此外，在经济建设过程中，海洋资源的汲取与利用对整个国民经济的发展具有越来越重要的意义与价值。所有这些因素都推动着中国海洋战略的加强。

其二，对于保护海权来说，与经济力量发展相适应的军事力量发展是一个必要条件，否则就会出现有心无力的情况。例如，在积贫积弱的近代，中国即使认识到海权的重要，却不能有效地维护海权。

所以，随着经济快速增长和国家发展战略目标的实现，中国在海洋上的权力也快速增加，海权问题在中国未来发展中的地位越来越重要。

中国的国家统一过程与实现海权的过程是相一致的。这首先表现在，在军事科技日益发达的现代，台湾对于中国的作用已经远远超出了东南七省屏障的地位，它以大陆为战略纵深，向北对山东半岛和辽东半岛形成了战略掩护，向南则可以与海南省一道，形成对南海诸岛的巨大的钳形保护。一旦台湾不保，则南海诸岛的处境就会相当危险。所以说，台湾问题是中国能否在南中国海实现海权的关键。就整个国家安全局势来看，台湾正好位于中国海防的中心环节，它与南海诸岛及山东半岛、辽东半岛一起，形成了中国前出太平洋的重要战略支点，也是中国实现海权无法绕行的障碍。

更为重要的是，台湾向西直面的是中国最发达的黄金地带，也是中国经济发展的重心。所以，如果台湾能顺利回归，则中国的发展和海权实现的障碍将会减少许多，最发达的沿海各省也会得到有效的保护，对中国未来的发展安全无疑是一个重大的促进。而台湾一旦落入他人之手，海上威胁就会直逼中国产值尤其是高技术产值增长的黄金地带，这事实上就等于扼住了中华民族的咽喉，对于中国未来发展是难以承受的重压。所以说，台湾问题其实牵涉到整个中国现代化的全局，是中国发展和安全中的重点问题，随着中国发展战略的实现，中国的安全战略问题更加突出，解决台湾问题、实现国家统一也越来越具有迫切性。

中国迈向海洋所必需的海军力量在统一过程中也可以得到发展。一个国家的海军战略决定该国家海权的成败。海军战略并不仅仅局限于海上军事力量的发展，而是一国统筹海军建设的方略。它从属于国家军事战略，在国家军事战略的指导下，依据海上战争规律，确立海军的建设和发展、海洋领域作战和军事行动的总任务和宏观指导。海军战略受多种因素制约，不可能一成不变，但无论怎样调整，其战略必须达到四个目的，即掌握制海权、战略威慑、力量投送和显示力量。[20]其实，包括海军在内的军事力量的发展随着中国海权的不断加强必须得到发展，这是中国未来走向海洋所必须，也是中国海洋战略的基本依侍力量。就目前情势而言，有学者提出，“台湾问题就是中国的海军问题，而在台湾问题上，中国的海军问题又实质是中国和平统一的问题：要实现台湾连同其合理的现代文明成果完整平顺地回归祖国，非海军大规模发展则不可能。”[21]

中国国家统一的过程，一方面是台湾作为一个安全隐患被清除的过程，同时也是中国强化国防力量、走向海洋军事大国的过程。“台独”势力分裂国家的行为恰恰为中国海军战略的实施提供了正当性，从维护国家主权和领土完整的角度出发，任何对中国发展海权妄加指责的行为都缺乏逻辑和道义支撑。因此，如果能够运用得当，“在 21 世纪前 20 年这一历史机遇期内”，大力加强国防建设、特别是推动海军战略的实现，“使之服务于中国的和平发展和中华民族的伟大复兴，我们就可以把反台独作为推动中国国家战略实现的某种机遇。”[22]孙子云：“水因地而制流，兵因敌而制胜，故兵无常势，水无常形。”[23]换言之，我们不能被“台独”势力牵制住手脚，而要采取积极主动的态度，从反面将其转化为有利于中国国家战略实现的积极因素。[24]

总之，台湾问题的解决对中国国家战略来说，是目的但同时也是手段，其直接诉求是中华民族的伟大复兴。两岸问题在中国国家发展战略中的位置是动态的，并非是一成不变的。从根本上说，处理台湾问题必须要与中国的整体国家战略相一致，或者说必须服务于中国的国家发展战略。这应该成为中国解决国家统一问题的基本出发点和立基点。

【注释】

[1] 张俊国：《略论国家战略》，《云南社会主义学院学报》，2006 年 3 期。

[2] 姜平：《邓小平国家战略的内在逻辑》，《理论前沿》，2006 年 15 期。

[3] 杨春贵等编：《竞争与安全：世界大变动中的中国发展战略》，中共中央党校出版社，2003 年 12 月，7 页。

[4][14] 熊光楷：《国际形势与安全战略》，清华大学出版社，2006 年，54 页。

[5] 《邓小平文选》第二卷，《关于经济工作的几点意见》，人民出版社，1994 年 10 月第二版，194 页。

[6] 《邓小平文选》第二卷，《坚持党的路线，改进工作方法》，人民出版社，1994 年 10 月第二版，276 页。

[7] 许开轶：《21 世纪初中国外交的战略思考》，《当代亚太》，2004 年第 6 期。

[8] 胡锦涛在中央人口资源环境工作座谈会上的讲话，《人民日报》，2004 年 4 月 5 日。

[9] 李义虎：《中国崛起与国家统一的外部环境》，《世界政治与经济论坛》，2006 年 5 期。

[10][11] 郝望：《中国和平崛起与台湾问题》，《台湾研究》，2005 年 1 期。

[12] 阎学通、漆海霞编：《国际形势与台湾问题预测》，北京大学出版社，2005 年，49 页。

[13] 徐博东：《透析台湾民进党》，台海出版社，2003 年，411 页。

[15] 施琅：《恭陈台湾弃留疏》，《靖海纪事》，下卷。

[16] 杨洁勉等著：《世界格局中的台湾问题》，上海人民出版社，2002 年，41 页。

[17][20] 刘新华、秦仪：《现代海权与国家海洋战略》，《社会科学》，2004 年 3 期。

[18][21] 张文木：《世界地缘政治中的中国国家安全利益分析》，山东人民出版社，2004 年，

230 页。

[19] 倪乐雄:《海权的昨天、今天和明天》,《中国图书评论》,2006 年 8 期。

[22] [24] 徐博东、李振广:《应对台海形势,推动国家战略》,《瞭望》新闻周刊,2004 年 10 月 25 日。

[23] 孙武:《孙子兵法·虚实篇》。

(国家社科基金“十五”重点项目《大国格局变动中的两岸关系》子课题,2007/10,主持人徐博东,陈星起草)

大国格局的变动与两岸关系

台湾问题的产生及其演变、发展，始终与国际政治大格局有着密切的关系。台湾问题的产生肇端于冷战，而世界主要大国之间力量对比与相互关系的变化，都对两岸关系的发展有着直接或间接的影响。自冷战结束以来，一种新的大国格局正在形成之中。在这一新的大国格局的形成过程当中，世界主要大国之间的关系将不断进行调整，当今世界发展过程中面临的主要议题都将以新的方式和新的模式来进行讨论和解决。中国的崛起不仅使中国成为新格局中的重要角色，而且也推动着新的大国格局的塑造。21 世纪初，大国格局的变动对于两岸关系的发展与台湾问题的最终解决，其影响是深远的。

中国的崛起与台湾问题国际环境的改善

在国际政治舞台上，中国的崛起成为进入 21 世纪以来世界格局最重要的结构性变化之一。中国在 21 世纪的崛起将是一件影响深远的事件，无论是对中国本身还是对整个世界都将是如此。当代中国的崛起不仅是经济上的，而且还是政治、文化、军事上的。中国的崛起不仅仅是在地区舞台上崛起，而是在世界舞台上崛起。中国的崛起正在逐步改变着当今世界的政治、经济格局，中国在国际事务中的影响力与日俱增。

就台湾问题而言，中国的崛起以及中国国际环境的巨大变化也对中国人民反对“台独”分裂、推动两岸和平统一构建出了一个良好的外部环境。

首先，中国的崛起在国际社会中最终营造出了“只承认一个中国，台湾是中国的一部分”的国际大环境、大气候，从根本上终结了“两个中国”、“一中一台”、“台湾独立”的发展空间。

在中国崛起的过程中，中国与世界各国的政治、经济、文化联系越来越密切，中国与各重要国际组织之间的关系日益紧密。当今世界上绝大多数国家和国际组织均在法律上承认“世界上只有一个中国，台湾是中国的一部分”这一事实。如果说在中国崛起之前，国际社会中部分国家还会在这一问题上左右摇摆的话，那么中国的崛起已大幅度减少并将从根本上终结这种摇摆，使“世界上只有一个中国、台湾是中国的一部分”这一法律认知，在国际社会中成为一种不可逆转的主流发展趋势。这种主流发展趋势，从国际法的角度增强了中国人民反对“台独”、追求国家统一的正当性与合法性，进一步夯实了中国实现国家统一的国际法基础。

其次，中国反对“台独”分裂、追求和平统一的政策得到国际社会的广泛同情、理解和支持。

在当今的国际社会中，无论是像联合国这样的国际组织，还是像欧盟、东盟等地区组织；无论是美国、法国、德国、俄罗斯这样的大国，还是亚非拉发展中国家；也无论其政治制度、意识形态如何，均公开表示不支持“台独”、反对“台独”，赞赏和支持中国以和平方式实现国家统一的政策。国际社会的这种态度，十分有利于中国大陆反对“台独”分裂，维护台海和平。

在台湾问题上，涉入最深态度也是最为关键的当属美国。“一个中国”政策，是美国从1972年以来五任共和党总统、两任民主党总统所一贯坚持的政策。近年来，布什总统本人多次表示美国坚持“一个中国”政策，不支持单方面改变台海现状，一再反对陈水扁的“台独”言行。前任美国国务卿鲍威尔曾明确表示：“我们不支持‘台独’，台湾‘独立’运动或替‘独立’运动说话的人不会得到美国的支持”。鲍威尔还进一步提出，希望台海两岸“寻求改进两岸对话的途径，推进实现和平统一我们希望看到这一天的到来”。2006年5月10日，美国副国务卿佐利克就陈水扁过境美国一事在国会作证时表示：“台湾不是一个国家，这是美国的官方政策”，美国必须慎重处理有关问题，美国不能助长“台独”倾向，因为“台湾独立就意味着战争”。近几年来，美国方面高度关注陈水扁当局在“台独”问题上的一言一行，一举一动，在关键时刻愈来愈直截了当地公开批评台湾当局的“台独”言行，例如在“公投、”“废统”等重大问题上。美国的这一态度，无疑对遏阻陈水扁的“台独”冒险起到了一定的作用。

可以肯定的是，随着中国的崛起和中国外交的不断努力，国际社会业已形成的这种反对“台独”、支持中国以和平方式解决台湾问题的氛围将会越来越浓厚，这势必有利于我们维护台海和平、推动两岸和平统一的实现。

第三，中国的崛起在台湾问题上所引起的负面影响，也必将随着中国的进一步崛起而化解。

不可否认，作为一个新崛起的世界性大国，中国崛起本身也引发了国际社会某些国家的疑虑。一些国家和地区从传统的国际政治思维模式出发，认为中国的崛起和发展本身就是对其本身地位和影响的削弱。美国、日本如此，欧盟如此，东南亚的一些国家何曾不是如此。

事实说明，化解这些国家和地区对中国崛起的疑虑，减少他们在台湾问题上对中国维护台海和平稳定所带来的负面因素，最终还是要靠中国崛起本身来解决。经过20多年的发展，如今，中国经济已经完全融入了全球经济，中国在各个方面与世界其他国家的联系越来越密不可分，已经形成你中有我、我中有你，一荣俱荣、一损俱损，相互依存的格局。中国与世界主要大国之间、与周边国家之间、与世界主要国际组织和地区组织之间、有更多更重要的问题需要合作，需要解决，中国有更多的国际责任需要去承担。国际社会越来越认识到这一点。美国不断强调中国的国际地位日益重要，希望中国在国际事务中发挥更为负责任的作用。欧盟也认为，中国应对全球发展承担更多的责任和义务。这说明对于任何一个国家来说，在台湾问题上给中国制造麻烦，既不明智也不符合该国的长远利益。在台湾问题上尊重中国的国家利益，与中国发展建设性的合作双赢关系，才是明智之举。可以肯定的是，在中国崛起过程中，随着中国和平外交政策的推行，和谐世界的理念越来越深入人心，其他国家和地区对中国崛起的疑虑以及对解决台湾问题产生的负面影响，将会逐步减少。

总之，中国的崛起为我们解决台湾问题、实现国家最终统一创造出了良好的国际环境。时间在我们这一边，而不在“台独”分裂势力一边。可以肯定的是，随着中国进一步发展和崛起，中国统一的内部条件与国际环境将会越来越好。

大国格局变动与台湾的选择

自冷战结束以来的大国格局变动对台湾的大陆政策选择也产生了巨大的冲击和影响。一方面是台湾当局自李登辉以来开始走上追求台湾“独立”的道路，对抗大陆，以期得到某些外国势力的支持，是这一时期台湾当局大陆政策走向的显著趋势。

而另一方面，进入21世纪以来，随着大国格局的变动，尤其是两岸经济、文化进一步整合，以国民党、亲民党、新党等泛蓝政治力量为主的在野党派及广大台商、民众，努力推动两岸政党和民间的交流交往，成为推动两岸关系发展、维护台海稳定的重要力量，也代表了两岸关系发展的方向。

台湾自2000年民进党执政以来，在推动“台独”问题上不遗余力。其主要手段是，企图通过“公投”、“宪改”等方式走“法理台独”路线；另一方面，通过各种“去中国化”的措施，强化所谓“台湾主体认同”。

陈水扁当局推动“法理台独”在大陆、台湾主流民意和国际社会的强烈反对和制约下，迄今尚未取得明显进展，但其危险性依然存在。然而也不能不看到，民进党操弄的所谓“本土认同”却获得了较大的进展。从政治操作的层面上讲，民进党的“本土性建构”就是企图将“本土认同”变成“国家认同”，与“中华民国是台湾”是同构的两个方面而已。从根本上说，民进党“本土性建构”其背后所隐藏的政治意涵直指统“独”对立。“本土建构”不但对传统的“中国认同”产生了瓦解的作用，同时也对民主的基本诉求产生了结构性作用。就目前形势而论，无论是谁，都难以有效掌控对民进党批判的话语权。深绿选民的“本土性”认知形成了一个厚厚的硬壳，成为陈水扁和民进党在关键时候的避难所。

民进党的“本土性建构”是和他的民主外衣包装下的“台独”诉求相一致的，其主要手法就是要营造出支持“台独”的民意基础，以民主之名对“台独”进行国际性行销，牟取西方国家的更大支持。所以说，在陈水扁和民进党诸多政治动作中，“本土性建构”和由此而引发的台湾社会价值系统的结构和重新建构，才是对两岸关系的国家统一危害最大的因素。

两岸之间密切的经贸交流与政党交流极大地压缩了“台独”势力兴风作浪的空间。在岛内主流民意要求两岸和平、稳定发展的情况下，“急独”主张越来越没有市场。粉碎了民进党“台独”意识形态挂帅的民粹政治，将在相当程度上瓦解民进党的“统独牌”，“抹红牌”的效用，把两岸关系引导到和解、合作的道路上来。

当然，我们也必须看到，由于“台独”分裂势力担心失去实现“台独”的最佳时机，也加快了推行“台独”的步伐，因此，两岸关系紧张根源并没有消除，台海地区出现爆炸性危机的可能性仍然存在。但是，在两岸同胞以及国际社会的共同努力下，我们完全有信心、有能力、也有办法遏制任何形式的“台独”重大事变，维护台海和平。

大陆牢牢掌握台海局势的主导权

进入21世纪以来，随着中国与相关大国之间关系的不断调整，尤其是中国的快速崛起，加之大陆对台政策的适时调整，大陆逐渐掌握了台海局势发展的主导权。

首先，维持一个中国框架下的台海现状、追求两岸和平统一得到国际社会的广泛理解。如前所述，中国的崛起与大国关系格局的调整，为中国政府维护台海稳定、追求两岸和平统一创造出一个良好的国际环境。世界主要大国以及中国周边国家和地区，都深刻认识到“台独”会对本地区乃至世界的经济发展带来巨大破坏。对于维护一个中国框架下的两岸关系现状有着高度的共识，他们均反对“台独”势力推动“台独”，制造台海危机。鉴于中国在当今世界经济与政治中的重要地位，以及世界经济一体化将各国紧密地联系在一起这样的事实，台海局势将牵动整个世界的神经。

第二，中国的崛起与发展，为反对“台独”、维护台海稳定提供了坚实的物质基础。中国经济的高速发展与中国经济、政治、军事势力的提升紧密地联系在一起。通过近30年来的改革开放，中国已经成为东亚地区乃至世界经济中的一个重要发动机。中国作为东亚地区的一个新兴的、高速成长的经济中心，不仅改善和提高了人民的生活水平，而且也为反对“台独”、维护台海和平、实现国家完全统一提供了坚实的物质基础。

第三,《反分裂国家法》的制定,开启了“以法制独”的新路径。大陆对台政策调整的一个重要特点,就是增强了对分离主义约束的刚性。制定《反分裂国家法》战略思维,就是利用法律的手段,保证两岸关系大格局的基本稳定。《反分裂国家法》的出台,既强化了对大陆反“台独”立场的约束,更是一种态度的宣示。[1] 利用法律手段震慑“台独”、约束“台独”的发展,这在大陆对台政策中尚属首次,它同时也为两岸关系的解决提供了一种新的思路并创造了两岸统合的新模式。更为重要的是,《反分裂国家法》的制定和颁布,实际上意味着“台独”的终结,台海局势发展的主导权也由此牢牢地掌握在大陆的手中。

第四,对台政策的战略与策略选择,进一步巩固了大陆对台海局势发展的主导权。

进入21世纪以来,在新的形势下,大陆对台政策进行了实质的调整,并已经取得明显的效果。《反分裂国家法》为“台独”划出了明确的红线,极大地压缩了“台独”的活动空间,为维持台海现有平衡态势的基本稳定提供了重要的支撑。在这种背景下,大陆不再与民进党胶着于“统独”意识形态的纠缠,而是将重点放在了谋求自身发展和推动两岸交流,扎扎实实地做台湾人民的工作上来。这种战略着眼于长远和两岸双赢,只要“台独”势力不利令智昏、误判形势,挑战目前两岸平衡态势张力的极限,即推动实质“法理台独”,那么台海动态平衡的态势沿着渐进的道路和平发展乃至最终实现和平统一是完全可能的。从这个意义上说,中国大陆是维护目前动态平衡态势的最主要力量。

主要做法有:

一、弱化“统独”争议,直指台湾民心。就目前形势而言,两岸在政治层面上几乎没有交集,政治认知上的扞格绝非短时间可以消除。在保持两岸局势基本稳定的前提下,大陆将“和平统一”和加强交流的诉求直接诉诸台湾民众,以争取民心的方式消解民进党分离主义的生存土壤,让台湾民众逐渐了解大陆的善意与和平解决两岸问题的诚意,降低台湾民众对大陆的敌意,为和平解决两岸问题、实现国家统一创造一个良好的环境。

二、积极主动，争夺两岸关系话语权、规则制定权。大陆对台政策调整的战略目标之一，就是要重整两岸局势中的规则系统与话语体系，掌握互动规则的制定权。自2004年以来的大陆对台政策调整，已经基本上实现了这一战略目标，使大陆在很大程度上主导了两岸关系发展的话语权和规则的制定权，通过各种渠道将影响力投送到岛内，并通过这样的方式来影响岛内政治力量的利益表达，进而影响岛内的政治版图逐步发生变化。

三、搭建政党交流平台，开创两岸交流新局面。中共中央主动向连战和宋楚瑜发出访问大陆的邀请，是对台政策调整的一个重大举措。连宋登陆成功，除了所产生的强力宣传效果之外，更重要的是使两岸关系发展的轨迹发生了根本上的变化。两岸政治交流的层级有了历史性的突破，从而开创了两岸交流的新局面。

四、利用美国，约束“台独”势力发展。“9·11事件”后，美国的对台政策虽有微调但并没有质的改变，即在维护美国首要地位的前提下，平衡两岸的力量，两边得利，最大限度地谋求美国的国家利益。一方面，小布什政府在对台政策上传达的信息更加清晰有力，尤其是进一步强化了与中国的分歧点，使中国在美国的压力之下，政策的灵活性空间受到更大压缩。但另一方面，则又防止“台独”走得太快太远，破坏台海现状，引起大陆的激烈反弹乃至引发两岸战争，把美国拖下水。大陆洞悉美国台海政策的这种两面性，于是针锋相对地采取了“既斗争又合作”的策略：既坚持一贯的原则立场，反对美国在台湾问题上干涉中国内政；又充分利用了美国不愿意看到台海现状遭到破坏，从而损害其国家利益的心态，“促美制独”，共同约束“台独”势力的冒险行径，收到了很好的效果。

综上所述，在一个中国原则和国家统一的终极目标下，大陆的对台政策调整越来越向理性、务实和高效的方向发展，在国家统一过程中，大陆的自信心和主动地位也越来越突显。

大国格局的变动与台海局势的演变

从目前来看，各种因素均显示出对“台独”势力发展的不利情势。

一、外部环境对“台独”势力发展不利。总体上说，经过一段时间的冲撞与磨合，进入21世纪的大国关系将会向越来越稳定的方向发展。大国关系虽然依然会有许多矛盾和冲突，但本质上已经不是冷战时期的那种水火不容的关系。“由于经济贸易的大大加强，人员往来的增加，全球化时代国家间关系的一个重要特点就是商贸气息软化了对抗的刚性，经济成分扩大了共识的基础”。[2]相对稳定的国际环境基本上阻绝了“台独”势力利用外部势力的干涉浑水摸鱼的可能。

就对台海局势影响重大的中美关系发展而言，尽管目前美国对中国的崛起仍然怀有疑虑，然而“约束并将正在崛起的大国整合进（美国主导的）国际体系，保持东亚的和平稳定”，[3]却也是美国亚太布局中的明确政策取向。缺乏中国与其他大国刚性对抗的国际环境，“台独”势力铤而走险的成本是巨大的，成功的可能性等于零。这是约束“台独”分子的一个重要因素，同时也是能够维持台海动态平衡态势的一个重要原因。

二、两岸关系新形势对“台独”势力的发展不利。2005年，以胡锦涛总书记提出的“新形势下发展两岸关系的四点意见”（即“胡四点”）和全国人大通过《反分裂国家法》为标志，两岸关系的发展进入到一个新的时期。

近年来两岸经贸往来一直保持持续增长的态势。两岸贸易增长加快，贸易依存度持续提高，台湾与大陆的贸易关系更加密切。在两岸贸易增长的带动下，两岸贸易依存度进一步提高。正如有学者所指出的，这两年来两岸的实质关系正处在1949年以来最密切的时期。两岸经贸、文化、人员的交流增进了两岸同胞的了解和感情，成为维系稳定发展的重要因素。

两岸交流的平台打开后，对于岛内的民意也产生了影响。以前，民进党在选举中总是善于操纵“统独牌”和“族群牌”。但是从2005年以来，“统独牌”在选战中的边际效应已经在递减，岛内多数民众关注的焦点已从意识形态议题转向当局的贪腐问题和民生问题。在2005年年底举行的“三合一”选举中，食髓知味的民进党故伎重演，主打“统独”议题，企图再次操弄“族群”，转移视线，骗取选票，结果遭受到自创党以来的最大挫败。事实证明，岛内的民意正在发生微妙的变化，这种变化虽然缓慢，但对于抑制“台独”势力的发展，净化两岸交流的气氛，促进两岸人民的彼此了解，显然是有积极意义的。

结论是：大国格局的变动与两岸关系的发展息息相关，时间站在海内外绝大多数反对“台独”、主张两岸和平统一的同胞一边；“台独”势力的猖獗，恰好说明了其所从事的事业已难以为继，面临困境。

【注释】

[1] 徐博东、陈星：《〈反分裂国家法〉通过后的两岸关系》，《当代台湾研究》，2005 年第 3 期。

[2] 王逸舟：《全球政治和中国外交》，世界知识出版社，2003 年，216 页。

[3] Kurt · M · Campbll and Derek · J · Mitchell . Crisis in the Taiwan Strait Foreign Affairs. July/August 2001。

（国家社会科学基金“十五”重点项目《大国格局变动中的两岸关系》子课题，发表于《中国评论》，2007/10 月号陈星起草）

回归前后香港同胞“国家认同”的变迁及其对解决台湾问题的启示

对于一个疆域明确、主权完整、历史文化传统有相当共识的社会而言，“国家认同”本不是一个问题。但是，对当前的中国来说，香港历经一百五十六年英国殖民统治后回归祖国不久，而台湾历经日本五十年殖民统治后继而因众所周知的原因至今仍与祖国大陆处于分离状态，港台两地同胞经历过如此特殊的历史际遇，和经历着如此特殊的现实生活后，原本归属于中国的强烈感情逐渐褪色乃至发生某种变异，便是可以理解的事情了。“国家认同”的整合问题决定着中国能否完成在21世纪实现中华民族伟大复兴的历史任务，对回归前后香港同胞“国家认同”的变化情况进行比较分析，并从中探寻出对解决台湾问题有参考价值的东西出来，并加以实践，以强化两地同胞的中国认同，无疑会有助于这一伟大历史任务的完成。

一、前　言

人类是社会性动物，作为社会个体的个人不仅需要在与他人的社会交往中建立起自己的身份，明确“我是谁”，更需要在有“他群”（the other groups）存在的情况下，建立起归属于社会群体的集体认同，明确“我们是谁”。在现实中个人常常同时归属于多重社会群体，由此身份认同存在多个层次，如一个人可能同时拥有家族认同、族群认同、姓氏认同、地域认同、宗教认同、阶级认同和国家认同等等。这些身份可能互不相关，但也可能存在重叠或隶属关系并因此产生冲突。一般来说，人们会对之加以协调。但是，当涉及国家这一认同对象时，问题就有所不同。人们在认可现代国家的过程中，首先得接受这样一种信仰，即国家是政治的首要单位，人们必须在他们的多重认同中确立国家认同的优先地位。

在现代社会中，国家认同是一个多层面的、可变的心理状态，除反映自己的主观态度外，也经常是外力作用的结果。因此，虽然人们的“国家认同”一旦形成便具有相对的稳定性，但也并非一成不变。事实上，认同总是一个动态的过程，在环境发生重大变化如社会面临重大转型的情况下，原有的认同会受到冲击和影响乃至发生变异。以此观察，可以发现港台两地同胞的中国“国家认同”原本不是个问题，但随着香港回归逐渐被提上议事日程以及港英殖民政府的刻意操作，台湾岛内自李登辉主政之后特别是民进党上台执政以来受到“台独”势力的长期污染，港台社会历经了重大的政治变局，“国家认同”逐渐成为港台两地同胞政治生活中的一个问题。如今，香港已经回归祖国整整十个年头，再次经历了重大变迁，而台湾与大陆目前虽然仍处于分离状态，但两岸之间的各项往来日益频繁、深入，考察香港同胞“国家认同”的现状，不仅能够检视“一国两制”在香港实践的效果，而且对未来解决台湾问题将起到某种有益的借鉴作用。

二、回归前后香港同胞“国家认同”的变化

政治身份的形成，有政治、经济、社会文化的历史背景，由历史演变而成。香港虽然“自古以来就是中国神圣的领土”，但历史并不是静止不变的，香港同胞的“国家认同”也随着政治社会环境的变迁而改变。

（一）回归前香港同胞的“国家认同”状况

香港本地近年来多次的调查报告表明，“香港人”与“中国人”是香港人的两个主要身份认同。香港在其特殊的殖民历史经验中，英国政府并未刻意强加给香港民众具政治意义的“英国认同”，很自然地，被视为创造了奇迹的“香港”，便成为主导性的本地化集体认同对象。但在文化与族群上，身为华人和中国人的历史背景也始终是另一个集体认同的对象。[1]但是，这两个身份的区分对象是不同的：“香港人”，主要以经济和现代化上的成就为分类标准，来区分香港人与内地的中国人；“中国人”，则主要以儒家文化传统和社会生活方式为分类标准，与世界上其他华人融合，并同时与非华人区隔。

对英国殖民时期的香港同胞来说，在绝大多数情况下，“香港人”的身份认同通常占据着首要位置。虽然90%以上的香港人口从族群和文化上说

都可以算是中国人，但受到英国殖民当局有意弱化香港同胞“国家认同”政策的影响，以及家族、乡土或族群认同在个人日常生活中往往占据着更为重要的地位，许多香港同胞对“国家认同”问题采取了相对漠视乃至回避的态度。以1997年的一份民意调查为例，在这次民意调查中，受访者中有55%的人自认为是“香港人”，14.3%的人认为自己既是“香港人”也是“中国人”，28.1%的人认为自己是“中国人”。结果显示香港本土认同高达五成以上，几乎是中国认同者的两倍，很明显，香港同胞的“国家认同”感相对缺乏。

（二）回归后香港同胞“国家认同”的变化

考查中外历史可知，公民的“国家认同”并非是静止不变的，在社会发生重大政治变迁的时候，人们的认同往往容易随之发生变化，只是时间早晚而已。在香港，自中英两国政府签署《中英联合声明》开始，经过十多年的过渡期后，1997年香港正式回归中国，由于中国政府不承认双重国籍，从法理上说，所有的香港居民，都从英国殖民治下的子民转变为香港特别行政区的中国公民。然而，从情感上说，有多少香港同胞真正认同中国呢？加上回归后的十年，随着香港与中国内地之间的关系更为密切，在这种情况下，香港同胞的“国家认同”是否已发生显著变化？

香港大学民意研究计划主任钟庭耀博士等人在2005年做的一项调查研究中，就香港同胞的认同进行问卷：“请问您觉得你自己是香港人、中国人，还是两者都是？”结果，自认为“香港人”的占16%，“中国人”的占28%，“两者都是”的有56%。与上面1997年的调查结果相比，可以发现其中的重大变化：虽然单一的“中国人”身份认同与回归前基本持平，但单一的“香港人”身份认同却大幅减少，而“既是香港人也是中国人”的双重身份认同则大幅增加。这一结果表明，回归后香港同胞的“中国人”认同意识在逐渐增长。

三、香港同胞“国家认同”变化的原因分析

诸多民意调查结果皆显示，香港同胞的中国“国家认同”意识比回归

前有较大幅度的增长。促使香港同胞中国认同增强的具体原因有以下几个方面：

第一，随着中国经济长期高速发展和综合国力的日益提升，以身为中国人为荣的香港同胞增多。

社会身份理论学者认为，社会身份的作用主要在于满足个人的自尊需要。[2]香港学者的研究结果也表明，当香港同胞自认为香港人时，他们主要是透过香港在经济和现代化上的成就来与内地的中国人作区隔，并借此感到自豪。[3]随着中国大陆改革开放的逐步展开，中国经济保持了长期高速发展的势头，大陆对香港的磁吸力越来越大。在大陆稳步发展的同时，香港经济却屡有波折，尤其是亚洲金融危机，严重冲击了香港同胞的自豪感。在这种情况下，香港同胞的两个主要身份认同自然会出现此消彼长的态势，中国认同也自然会得到增强。

第二，政治社会化的效用。

“国家认同”的形成，除了需要长时间的历史积累，更需要国家有意识的培养、灌输和塑造。为了达到整合国家和社会的目的，国家和政府需要利用手中掌握的权力和资源推行政治社会化，通过家庭、学校、社会组织、大众媒介等各种社会设置，使人们感受到由民族节日、共有的文化传统等体现出来的民族感情的感召，从而导引、灌输和塑造民众的“国家认同”。香港回归后，中国政府重新拥有对香港的治权，代表一个国家主权象征的国歌、国旗、国家领导人等国家符号名正言顺地在教育领域以及各种传媒上大量涌现。例如，从2004年国庆日开始，国民教育专责小组推出贯以国歌为音乐主旋律的《心系家国》电视宣传短片，在香港几家电视台新闻报道前的黄金时段播放，并在此后的三年中持续进行。诸如此类的做法，显然对香港同胞尤其是对香港年轻人的祖国意识以及对中国人身份的认同产生潜移默化的影响。

第三，中央政府对香港的政策。

身份认同的形成与发展，并非是单向的，而是双向乃至多向的，是互动的结果。国家政策在扭转和塑造公民的“国家认同”方面，发挥着极其重要的作用。对于回归后的香港，中央政府出台了一系列有利于香港繁荣稳定的政策措施。政治上，由于“一国两制”和基本法切实得到落实，香港同胞原有的生活方式，诸如自由、法治、公平等价值观不但没有削弱，反而拓展了增长空间。经济上，当香港面临亚洲金融危机的严重冲击时，中央政府果断出手相救；开放大陆民众赴香港旅游，则大大刺激了曾一度十分萧条的香港经济；而出台“更紧密经贸关系的安排”（CEPA）政策，使香港与内地的联系进一步加强，两地的经济双双受益，差距也在逐渐缩小。如果说，香港认同的形成是建立在香港与内地之间的文化疏离与经济优越感之上，那么随着香港对内地政治上依附、经济上依赖关系的不断加深，香港同胞的中国人身份认同意识的增强，也就是自然而然、毫不足怪了。

香港同胞的中国人身份认同感不断增强确是事实，但也不必讳言，仍有部分港人至今并不认同中国。究其原因，主要在以下数端：

（一）制度差异以及对“一国两制”能否真正贯彻落实心存疑虑。

从政治的角度来看，作为英国殖民治下的香港是英联邦的一环，基本上其制度的安排在不同地区虽有因地制宜的差别，但其法律与行政的架构却有相当的一致性。英国的殖民统治基本上有两大支柱：一是有效率的文官体系；二是以法律作为基础的法治社会。在这样的体制下，殖民统治的特权与不平等固然存在，诸多统治上的不合理也是事实，但却也提供给香港一个比较稳定的政治社会秩序。[4]在这百年间，香港已建立起较为完备的廉政制度、高效率的行政管理体系、稳健的文官制度、成熟的法治社会、以及和国际社会接轨的商业游戏规则等等，所有这些都已成为“香港人”身份认同中的重要组成部分。

当回归日期来临以及回归后较长一段时间内，一些香港同胞认为，由于香港的政治、经济、社会结构和内地有很大差别，回归后中央政府会否对香港事务进行干预，以及对原有的法律制度和社会制度能否得到维持感到忧虑，担心目前所拥有的生活环境会发生重大改变。而且，尽管香港与内地经济上的差距可以在短时间内缩小，但在政治体制、社会风气、法制意识等方面的差异，则将在相当长时间内继续存在。可以这样说，只要香港与内地的制度性差异没有发生根本性的改变，那么以香港认同作为主导性认同的土壤就将继续存在，不会完全消失。

（二）既有社会分类方式的影响。

根据社会身份理论，个人的社会身份一旦形成，就会对所属群体产生偏爱而对其他群体产生排斥。因为，社群间存在着权力及身份地位关系，自尊是群体认同的最基本动机，人们都较喜欢做有支配地位的群体的成员。[5]前面已经提到，“香港人”身份，主要是以经济和现代化上的成就为分类标准，来与内地的中国人相区隔的。在一些香港同胞的眼中，相较香港的发达、繁荣、先进、自由、廉洁而言，即使是改革开放多年后的大陆，也仍然被他们视为贫穷、落后、专制、保守、贪腐的代名词。在这种社会分类方式的支配下，这部分香港同胞往往以偏概全，难以对大陆形成客观、全面的观感与认识，从而对“中国人”的身份认同产生心理上的抗拒。香港学者近年来对香港青少年的认同问题进行的调查研究也证实：愈认同香港人身份的青少年愈对香港人有正面的观感，愈对内地人有负面的观感；但愈认同中国人身份的青少年却刚好相反，他们较倾向于对内地人有好感。[6]

（三）相对隔离的客观环境和英国殖民的后遗症。

上文的民调数据显示，已回归中国十年的香港社会中，部分香港同胞对母国的离心倾向仍然很强。造成这一现象的原因之一在于客观历史环境的影响，因为自1949年新中国成立一直到改革开放前，香港与内地各自走上了不同的发展道路，加之在相对隔离的情况下缺乏应有的接触和交流，部分香港同胞对内地的疏离感、陌生感甚至抗拒感逐渐增强，他们的中国认同则呈现相对减弱之势。但更重要的原因还在于英国对香港的殖民政策。其中特别是香港的历史教育，在弱化香港同胞中国认同意识上发挥着极其重要的作用。学校历史教科书对中国历史的漠视所造成的后遗症，以及香港的主流媒体长期以来标榜所谓“中立”、“客观”，在新闻表述中向来很少出现“我国”、“祖国”等字眼，对祖国大陆也很少做正面报道，从而使许多香港同胞从小就对内地有一种天然的陌生感和疏离感。

总的来说，身份认同的形成或改变都需要时间，不可能说变就变。由于香港与祖国大陆分隔日久，制度有别，加上生活水平上的差异等等历史与现实的因素，致使一部分香港同胞在今后相当长的时间内仍难以接受中国的“国家认同”，这是很正常的，也是完全可以理解的。然而，时间是世上医治心灵创伤的良药，接触、交流与合作，则是消除误解与隔阂的不二法门，可以预期，随着时间的推移，通过香港与内地日益广泛、深入的交流与合作，广大香港同胞对祖国的认同感必将进一步增强。

四、香港经验对解决台湾问题的借鉴意义

众所周知，台湾问题与香港问题性质上根本不同，但回归前的香港与台湾相比较，毕竟又存在不少相似之处，因此，对香港同胞“国家认同”变迁的研究，势必对解决台湾问题有某种意义上的“借鉴”作用。

第一，相似的历史经验。首先，台湾和香港都经历过殖民统治：台湾在1895年沦为日本的殖民地，香港则历经英国156年的殖民统治；其次，两地都分别经历了回归祖国的历史转折：1945年日本战败，台湾回归祖国，中国政府则在1997年正式对香港恢复行使主权；再次，两地都走上了不同于大陆的资本主义发展道路，且至今都存在着不同程度的“国家认同”问题：在“台独”势力的蓄意煽动下，台湾民众的“台湾认同”有日益被扭曲到所谓“国家认同”层次之势，在香港，则是香港同胞强烈的“香港认同”与“中国认同”的相对薄弱形成鲜明对比。

第二，中国意识的根深蒂固。日本对台湾长达五十年之久的残酷的殖民统治，不仅未能泯灭台湾同胞的中国意识，相反，却使广大台湾同胞愈加怀念祖国。台湾光复后，特别是国民党政府退踞台湾后，为了维持在台湾的统治和实现“反攻大陆”的目标，运用其所掌握的各种资源大力推广中华文化，通过政治社会化过程，“海峡两岸同属一个中国”的意识至今仍得以在大部分台湾同胞的心中蓄存。至于在香港，英国政府所实施的殖民政策，跟它在其他殖民地所施行的政策有很大不同，它从未试图将香港跟它的“母体”内地完全隔离——因为英国人原来的目标并不在香港，他们的愿望是要从整个中国攫取最大的利益。在英国人的心目中，香港只不过是一块打开中国大门的敲门砖。因此，香港跟中国大陆始终保持着较为密切的关系，许多居住在香港的中国人，不仅在血缘上而且在文化上、历史上乃至在情感上仍然认同中国。

第三，“国家认同”问题的人为操作。随着“反攻复国”梦想的破灭、70年代开始的“外交危机”对台湾当局所代表的“中华民国”的涵义造成极大冲击的效应日益显露，以及台湾本土化和民主化的不断发展，以台湾本土为集体认同对象的“台湾认同”成为反对势力倡导的一个具有高度竞争性的替代认同对象，台湾民众的中国认同逐渐遭遇挑战。80年代末李登辉开始主政台湾后，台湾当局在一个中国原则立场上不断后退，更打着“自由化”、“民主化”的幌子，蓄意纵容“台独”势力的发展和“台独”理念的鼓吹与泛滥，致使台湾社会原本不成问题的“国家认同”日趋混乱，不认同中国、不承认自己是“中国人”而只是“台湾人”的人比例愈来愈多。及至2000年主张“台独”的民进党上台执政后，更变本加厉地推行以“去中国化”为核心的“文化台独”政策，竭力营造“台独”话语霸权，刻意制造所谓“本土”与“非本土”、“台湾意识”与“中国意识”的对立，妖魔化中国的“国家认同”。而在香港，港英政府自20世纪60年代开始，也有计划有目的地推行一系列新的政策，培养一种所谓“香港意识”的形成。例如，推动议会选举、探索港人文化素质、鼓励香港研究等。历史学家认为，港英政府刻意培育香港人的香港意识，有着深远的政治阴谋，其用意是要抗衡来自中国大陆的影响。[7]因此，港英政府的政策调整使得香港虽然不是一个独立的民族国家，但“香港意识”却因“九七”而被人为地提升为一种近似于“国家意识”的意识形态，从而给回归后香港同胞中国认同的形成与巩固设置了障碍，增加了难度。

对香港同胞和台湾同胞来说，由于历史、地理、文化和种族等因素的影响，无论是正面或是负面的感受，中国大陆的影像在其意识中始终挥之不去，制约其身份认同的形成与发展。对中央政府来说，在引导和塑造台湾同胞的“国家认同”时，面临着与促进香港人心回归时的一个很大不同：即国民党政权迁台后，台湾在形式上仍拥有完备的“国家形态和国家机器”，因此在政治自主诉求方面，台湾明显地强过香港地区，要想使民众的“国家认同”发生转变，将会面临更大的挑战。此外，在台湾问题解决前，中央政府无法采取类似在香港的政治社会化手段来抵御“台独”势力“去中国化”的措施与图谋，以引导和促进中国认同的形成与巩固。尽管如此，鉴于港台两地存在如此多的共性，我们认为，上文所述的促进和引导香港同胞“国家认同”转变的种种举措，绝大部分仍可以适用于台湾。

【注释】

[1] 萧新煌、尹宝珊：《台湾与香港的集体认同：一九九七前的比较》[M]，香港：香港海峡两岸关系研究中心，1998.

[2] 赵志裕、康莹仪：《“我是香港人”：实证研究结果对香港策略性发展的启示》[J]，香港社会科学学报，2003，(3)：43 –58.

[3] 林瑞芳、刘绮文、赵志裕、康莹仪：《香港青少年的身份认同及其现代化概念》[J]，香港社会科学学报，1998，(11)：83 –99.

[4] 高承恕、陈介玄：《香港：文明的延续与断裂》[M]，台北：联经出版事业公司，1997.

[5] 刘绮文、林瑞芳、赵志裕、康莹仪：《香港青少年的社会身份认同》[J]，香港社会科学学报，2003，(26)：25 –41.

[6] 林瑞芳、刘绮文：《对地区和国家的双重认同：中港青少年的纵贯研究》[J]，香港社会科学学报，2003，(26)：1 –23.

[7] 王宏志：《历史的沉重：从香港看中国大陆的香港史论述》[M]，Oxford University Press，2000.

（《北京联合大学学报》，2007/第4期，与郭艳合撰）

二战后分裂国家的统一与统一国家的分裂

——越南、德国、苏联、南斯拉夫、朝鲜

分裂与统一不仅是人类历史发展的一条基本线索之一，而且是当代国家政治演变的一个重要现象。第二次世界大战结束后，分裂与统一的二重变奏依然是许多民族国家发展中难以回避的具有挑战性的课题，很大程度上影响着区域性乃至全球性的安全秩序和国际格局。战后初期国际政治环境的变化以及意识形态对立以及民族宗教分歧等国内因素的冲击，导致二战后第一波的民族国家分裂，形成南北越南、东西德国、南北朝鲜等分裂国家，此后争取统一成为这些国家发展的重大课题。与分裂国家越南和德国通过艰苦奋斗最终实现统一相异其趣，苏联和南斯拉夫等国于二十世纪末期解体，形成二战后第二波的国家分裂，这一波统一的社会主义国家的分裂除了国际因素的影响之外，深层次的和根源性的因素是意识形态、民族认同、国家认同的危机。

本文将采用个案研究的方法考察二战后分裂国家的统一和统一国家的分裂。其中第一部分探讨越南和德国从分裂实现统一的道路；第二部分分析苏联和南斯拉夫自统一走向分裂的原因；第三部分阐述朝鲜半岛形成分裂国家的过程以及南北双方的统一政策及其互动关系。

由于海岸两岸 1949 年后也因国共内战而形成两个政权长期隔海对峙的局面，虽然这种对峙的局面与上述分裂国家不同，中国的国家主权是完整的，海峡两岸同属“一个中国”始终获得广泛的国际承认，但由于治权尚未统一，实现国家治权的完全统一遂成为全体中国人责无旁贷而任重道远的民族使命。因此，本文第四部分即结语，将通过综合分析二战后上述国家分裂和统一的现象，归纳出处理海峡两岸关系可供借鉴和参考的意见。

分裂国家的统一：越南与德国

正如朝鲜似的，越南和德国也是二战后具有典型意义的分裂国家，但与

朝鲜半岛南北还为统一问题而奋斗不同，越南于1975年通过战争实现了统一，为20世纪国家统一史写上了最为悲壮的篇章；而德国则于1990年通过合并实现了统一，为分裂国家争取统一提供了可资借鉴的和平范式。

一、越南：悲剧性的武力统一

（一）南北分裂

第二次世界大战后越南的国家分裂是越南民族独立运动与大国介入和干涉越南事务之矛盾的结果。二战前越南为法国的殖民地，战争期间被日军占领并成为日本势力范围，但法国殖民统治机构仍然保留。1945年后日本在亚洲和太平洋战场节节败退，以戴高乐为首的法国抵抗政府派员潜入越南秘密组织抗日斗争，谋求在日本崩溃后重返印度支那，恢复殖民地统治。为了保住越南并消除后顾之忧，1945年3月日军解除法军武装，接管法国殖民统治机构，策划所谓“越南独立”的闹剧，抬出越南顺化朝廷皇帝保大，宣布越南脱离法国“保护”，恢复“独立”，随后组成亲日政府。保大政府废除越南与法国签订的条约，将法国直辖殖民地南圻、河内、海防等并入“帝国”之内，在名义上统一全国领土，同时宣布越南将与日本的“大东亚共荣圈”密切合作，成为日本独占的殖民地和军事基地。

与此同时，以胡志明为首的印度支那共产党和越盟总部领导越南人民展开艰苦卓绝的独立战争，特别是适应形势变化提出打倒日本法西斯和建立“人民革命政权”的目标。1945年4月越盟总部指示组建各级民族解放委员会，5月合并越南救国军和解放军宣传队等武装力量为越南解放军，6月统一高平、谅山等六省为越北解放区，8月宣布一个“新的越南国家诞生了，北部一部分地区实际上已置于革命政权的领导之下。”越南出现了北部革命政权与南部日伪政权之间对峙的局面，埋下了二战后国家分裂的伏笔。

二战末期盟国关于越南的占领安排和法国重返印度支那最终导致越南分裂的形成。1945年7月波茨坦会议决定以北纬16度线划分盟军作战和占领范围，以南属东南亚战区，以北属中国战区。9月英印军队进驻西贡，占领南越地区；中国军队入驻河内，接管北越地区。英国与中国的占领施政南辕北辙，英国军队拒绝承认在八月革命中建立的越南民主共和国，不仅释放被日军拘禁的2000个法国殖民军官兵，而且帮助法国政府向越南运送新的军队，法军因此重新控制以西贡为中心的南越；相反地，中国军队面对越南独立革命兴起和民主共和国成立的现实，阻止战时撤入中国境内的法军重返北越，承认以胡志明为首的政权。1946 年英国和中国分别撤军后，法国在美国支持下大量向越南派军，企图重建殖民统治的法国与争取独立统一的越南形成严重的对抗，战争一触即发。

1946 年 11 月法国撕毁《越法初步协定》（3 月）和《越法临时协定》（9 月）侵占海防，12 月越军突袭法军，法越战争（第一次印度支那战争）全面爆发。法军最初寻求“速战速决”，越南则以“长期抗战”和“焦土抗战”相对，战争陷入胶着状态。法国为推行所谓“以战养战”和“以越制越”的战略，重建南越政权，分裂越南。1948 年 6 月法国接回流亡香港的阮朝皇帝保大，宣布其为越南的“立宪皇帝”。1949 年 3 月与保大政权签订《法越协定》，承认“越南国”在法兰西联邦内的独立和统一，“越南国”拥有自己的军队和外交。6 月保大正式宣布复辟，在南越组建军队和政权。此后，1950 年 2 月英国和美国正式承认保大政权；5 月美国与法国签订《军事与财政援助协定》，开始给予法国援助；6 月朝鲜战争爆发，美国进一步介入越南事务，越南政策的总指挥权从巴黎转到华盛顿。如此，南部地区以美国为后盾的越南国政权进一步获得巩固。

北越地区以胡志明为领导的越南民主共和国针锋相对，一方面继续展开武装抗战，另一方面呼吁国际社会的支持。1950 年 1 月胡志明致函各国政府宣布越南民主共和国为越南唯一合法代表，愿意与一切尊重平等、领土完整和民族主权原则的各国政府建交。同月中华人民共和国首先承认越南民主共和国政府，两国正式建交；随后，苏联和其他东欧社会主义国家也承认并与越南民主共和国建交。此外，中国应越南民主共和国请求决定全面越援，派遣政治和军事顾问团入越协助和指导北越的政权建设和军事斗争。越南的分裂悲剧出现新的转折，开始卷入以美国为首的西方阵营和以苏联为首的东方阵营之间的冷战。

1950 年边界战役后战争局势向着有利于北越的方向发展，1951～1953 年法军逐渐被压缩到奠边府一隅。1953 年法国在美国支持下制定纳瓦尔计划，从朝鲜战争及其他殖民地调兵遣将，寻求重新掌握战场主动权。面对法军的强大攻势，北越实施 1953～1954 年冬春战略进攻计划，后于 1954 年 5 月攻克奠边府，全歼法军 1.6 万余人；接着乘胜前进，占领西北各省。奠边府战役后各方被迫走上谈判桌，最终于 1954 年 7 月在日内瓦签订《关于在印度支那停止敌对行动的协定》并发表《最后宣言》，除宣布停战之后，规定以北纬 17 度线为分界线，在北越军队集结到此线以北地区和法军集结在此线以南地区后，于 1956 年 7 月举行自由选举实现越南的统一。尽管北纬 17 度线只是一个暂时的规定，——因为它不是政治的或领土的边界，而只是临时性的军事分界线，但事实上已将越南一分为二，以北地区属于越南民主共和国，以南地区归属西贡政权，从而确定了国家分裂的状态。

（二）统一战争

越南的国家分裂状态没有因为奠边府战役的结束和日内瓦协定的签订而终结，相反的还因为美国的进一步介入而持续加剧，最后在经历十余年的战争（第二次印度支那战争）并在付出惨重的牺牲后，才最终于 1975 年实现悲剧性的统一。

美国认为 1954 年的日内瓦协议是一场“灾难”，拒绝在《最后宣言》上签字，艾森豪威尔总统从其“多米诺骨牌理论”出发，批准采取行动阻挠越南统一，以“防止共产主义在越南进一步扩张”。因此，美国一方面与英法菲泰等国缔结《东南亚集体防务条约》，组成东南亚军事集团并将南越划入其“保护”范围，另一方面在南越建立和强化亲美政权。1954 年 6 月美国强迫法国同意亲美的吴庭艳回国，出任保大政权总理。以美国为后盾，吴庭艳宣布日内瓦协议签字日为“国耻日”，拒不执行关于南北协商举行普选统一国家的协定。1955 年 10 月采用“公民投票”废黜“国家元首”保大，翌年 3 月在南越举行片面选举，召开国民议会，制定宪法，宣告成立“越南共和国”。1956 年 4 月法国被迫撤出后，美国从军事、政治和经济各方面直接向南越提供援助，甚至修筑军事基础和战备公路，将南越变成遏制所谓共产主义扩张的基地。吴庭艳政权一方面不断采取措施排除亲法势力，扮演美国扶持和利用的工具，另一方面以“反共”为国策，发动一系列“控共”、“灭共”战役，甚至不惜采取极端措施迫害主张和平协商实现国家统一的民主人士，成为“亚洲最残暴的统治制度之一”。

与南越拒绝日内瓦协议和依靠美国阻挠统一相反，北方的越南民主共和国则致力于贯彻日内瓦协议，为维护主权独立和国家统一而进行不懈的努力。1955 年 2 月北越政府发表关于恢复南北正常关系的声明，同年 6 月声明愿意与南越政权举行协商会议，充分探讨举行全国普选和实现国家统一问题。接着，1956 年 7 月胡志明发表《致全国同胞书》，建议恢复南北正常关系和自由往来，召开南北政权参加的协商会议，“讨论在日内瓦协议的基础上举行自由普选统一祖国的问题”。此后越南全国人民展开声势浩大的争取统一的集会和示威运动，如 1957 年南越西贡人民游行要求实现祖国和平统一，北越人民签名要求举行南北协商和全国普选。尽管如此，以美国为后盾的吴庭艳政权对任何统一建议一概置之不理，拒绝南北两个地区的人民自由往来以及互通邮电和贸易。1955 年底吴庭艳政权封锁北纬 17 度线，宣布南越处于战争状态，加紧扩军备战，镇压南方人民的反对斗争，进行“单方面的战争”，企图使越南分裂永久化。

南越政权的倒行逆施使越南人民尤其是经历了血雨腥风的南越人民深刻地认识到和平统一之路已被堵塞，只有通过战争才能实现国家的统一。1956 年越南劳动党南部地区党委提出“用武装力量进行革命，推翻美吴集团”；1960 年南部各民主党派和宗教团体等组成越南南方民族解放阵线，提出驱逐美帝国主义推翻独裁政权，建立独立、民主、和平中立的越南南方，进而实现国家和平统一的纲领；翌年 2 月南越各派反抗力量联合，建立统一的武装力量——越南南方人民解放武装力量，越南统一战争从此进入南北配合、蓬勃发展的阶段。

由于南越政府军面对民族解放阵线即“越共游击队”的进攻节节败退，美国决定进一步介入，战争不断升级。从 1961 年实施不宣而战的“特殊战争”（即“反游击战争”或“次有限战争”）到 1964 年将战争升级为南打北炸的“局部战争”，美军不断扩大介入规模，1965 年底达 18 万人，1968 年更达 54 万人，此外还有英、澳、韩等国军队近 6 万人；美军将战火从南部燃烧到北方，使用了除原子弹之外的全部新式武器，妄称要“把越南北方推回到石器时代”。面对史无前例的惨烈战争，越南统一立场毫不动摇，1966 年 7 月胡志明发表《告全国同胞书》，提出“决战决胜”的全民抗战策略，表示“战争可以延长五年、十年、二十年或者更长的时间，河内、海防和其他一些城市、企业可能被摧毁，但是越南人民是吓不倒的！没有什么比独立、自由更可贵。”在胡志明“决战决胜”精神的感召下，越南人民为保卫北方、解放南方、统一全国，全面展开了壮烈的抗美救国战争。

面对越南坚强不屈的斗争，美国不得不放弃战争升级政策，1968 年 3 月宣布部分停止对北越的轰炸并提出和谈。5 月越美和谈在巴黎开始，11 月美国宣布全面停止对北越的轰炸。1969 年 1 月尼克松提出从亚洲收缩力量的“新亚洲政策”，在越南战争问题推行“战争非美化”即“越南化”策略，实际上是重操“用越南人打越南人”的手段。此后，以坚定的战争意志和经常的战场胜利为支持，越南挫败美国反复玩弄的军事冒险和政治讹诈，在经历十多年战争和四年多谈判后，于 1973 年 1 月迫使美国签订《关于结束战争、恢复和平的协定》即《巴黎协定》，美国保证尊重越南的独立、主权、统一和领土完整；在 60 日内从越南南方全部撤出美国及其同盟国的军队和军事人员；承认南方人民的自决权；承认南方存在两个政权、两种军队、两种控制区。随后，12 个国家和政权的代表在巴黎举行会议并通过决议书，确认和保证《巴黎协定》将得到严格彻底的执行。越南统一战争获得了阶段性和决定性的胜利。

1973 年 3 月底美军完全撤出南越，此后虽然美国继续推行“战争越南化”政策并给予南越政权军事和经济支持，但是已经无法扭转局面，越南统一战争进入凯歌行进的时期。1975 年 3 月北越发动攻击，采取中间突破、先南后北的战略，连续发动西原、顺化、西贡三大战役。4 月美国大使及其他美国人撤出西贡，南越政权宣布投降。5 月南越全境解放，抗美战争胜利结束。1976 年 4 月越南举行全国普选，产生统一的国会。6 月越南统一国会第一次会议在河内举行，正式宣布南北统一，改国名为越南社会主义共和国。

（三）统一代价

从 1954 年日内瓦和会后分裂格局形成到 1975 年收复西贡终结分裂状态，在国家分裂为南北的二十余年时间里，尽管国家战祸不断，社会动荡不安，国民经济横遭破坏，但越南人民向往统一的理想始终不渝，最终通过武装斗争实现了国家的统一。从亚非拉民族独立运动、世界社会主义运动以及国际关系的角度看，越南统一战争影响深远：作为小国战胜大国的典范，鼓舞和推动了亚非拉民族争取独立解放的斗争；作为当代世界反帝反殖斗争的重要组成部分，严重打击了美国及西方阵营，特别是使美国经历了“历史上最悲惨的一章”。

尽管如此，从民族国家分裂与统一的视角看，作为通过战争终结分裂状态的武力统一模式，越南统一代价惨重，无疑只能是悲剧性的统一，特别是由于越南战争不只是简单的终结国家分裂状态的国内战争，而是冷战时期东西两大阵营全面介入、诸多国家直接参与的国际战争，越南及各参战国都付出了血腥的代价。越南的统一战争造成了二战后最大规模的战争伤亡，而牺牲最为惨重的首先是越南军民。据统计，越南人员伤亡情况为：南越军队阵亡约 23 万人，伤残约 50 万人；北越军队（包括南越游击队）阵亡约 110 万人，伤残约 60 万人；平民死亡超过 100 万人，即近 240 万越南人死亡，超过 100 万人伤残。而战前南越和北越人口合计约 3200 万人，由此可见超过 10% 的国民成为统一战争的牺牲品。概而言之，统一战争给统一的越南不只留下了一片满目疮痍的土地，而且还有数以百万计的孤儿和寡妇。

除越南之外，其他参战国的伤亡也相当惨重，其中美国军队阵亡 58209 人，伤残 153303 人；韩国军队阵亡约 5000 人，伤残 11000 人；澳大利亚军队阵亡 520 人，伤残 2400 人；泰国军队阵亡 350 人；新西兰军队阵亡 83 人。此外，中国军队阵亡约 1100 人，伤残约 4200 人；而苏联军队伤亡不足 10 人。

此外，1946～1954 年越南争取独立和统一的法越战争的牺牲也必须记录在案，在法越战争中，越南付出 30 万人死亡、50 万人伤残的代价，而法国付出了近 10 万人死亡、8 万人伤残的代价。

换言之，通过战争达成的越南统一为世人呈现了一幅惨烈的伤亡情景—近 300 万人死亡和近 200 万人伤残，越南的武力统一无疑是血腥的统一。

除惨重的人员伤亡之外，越南统一战争还导致战后最严重的人道主义灾难之一。由于越南南北双方缺乏交流和互动，加之南越政权长期的反共、仇共人员，南越民众对社会主义存在普遍的恐惧，随着越南统一战争的进展及其后社会主义改造的展开，特别是统一后越南推进的集体化、居民搬迁等极端措施，越南出现了当代世界史上最为悲惨的难民潮。数以百万计的越南民众扶老携少，驾驶或租用大小渔舟逃向怒浪冲天、遥远无际的南中国海，成为演唱难民悲歌的“船民”。许多难民或者在经历了围追堵截、敲诈勒索、强奸抢劫之后失去了生命；或者在南中国海风急浪重的死亡之旅中丧生鱼腹；或者在海盗横行、无水无食的煎熬中葬身大海；或者在东南亚诸国拒绝接纳的绝望之中成为亚洲国家冷漠人命传统的牺牲。从 1975 年至 1984 年南越 1000 多万人口中 200 多万人选择逃亡，其中死亡近 70 万人，大难不死的难民最终被欧美各国接纳，其中美国 82 万多人，加拿大和澳大利亚各约 13 万人，法国约 10 万人，德国和英国各约 2 万人。

无需赘言，越南统一战争的胜利是在社会主义国家和世界各国（包括美国）人民的广泛支持和同情下获得的，尤其是中国作为越南的“坚强后盾”和“可靠后方”付出了巨大的民族牺牲，不仅提供了总值 200 亿美元以上的援助，而且还给予大量的人员支持（最高时入越人员达 17 万人）。然而，统一后的越南却利令智昏，走上区域扩张的道路，先侵入柬埔寨并建立傀儡政权，后恩将仇报与中国交恶，1979 年将边境冲突激化为大规模的战争，再次付出了数以万计的牺牲。

二、德国：和平统一及其原因

（一）由分裂走向统一

随着战后冷战格局的出现和加剧，德国被分裂为两个国家——联邦德国和民主德国，成为两个对立的政治、经济体系和两大对立的军事集团的前沿地带。然而，毕竟这种“人为”的分裂并不能破坏德意志民族的完整性，割裂一个民族的骨肉关系和相互认同。因此，战后德国历史与其说是一部德国分裂史，毋宁说是一部德国走向统一的历史。这一历史的具体演进，可以划分为如下几个阶段：

1. 战后初期至 60 年代末：各说各的统一

自战后初期到 60 年代末，受冷战大环境的影响，两德关系可谓乏善可陈。分裂初期双方都做过统一的尝试，但双方所说的统一可谓各说各话，缺少对话的共同基础。50 年代双方在其宪法中都明确把“统一”定为国家目标，但在如何统一的问题上存在明显分歧，联邦德国阿登纳总理提出“单独代表要求”，拒不承认民主德国的合法地位，主张通过自由选举并在中立国的监督下组成一个全德政府并借此实现统一。1955年联邦德国进一步提出“哈尔斯坦主义”，不仅不承认民主德国，且不与同民主德国建交的任何国家（除苏联外）建立和保持外交关系。而民主德国则主张两德通过谈判实现统一，坚决反对自由选举，甚至提出建立邦联的建议。1955年联邦德国和民主德国分别加入华沙条约组织和北大西洋公约组织，进入长期对峙状态。1959年两德代表团首次同时出席日内瓦会议，各方最后一次谈论两德统一问题，此后两德统一问题从世界政治议事日程上消失。随着1961年柏林墙的筑造，两德隔墙对峙。1963年民主德国放弃统一的口号。60年代中后期冷战的缓和触发了东西方政治形势的变化，1967年联邦德国与罗马尼亚建交，宣告“哈尔斯坦主义”的终结，1969年勃兰特总理全面推行“新东方政策”预告两德关系的真正转折。此时，美国也在1969年尼克松政府上台后开始改变对苏和对华政策。

2. 60年代末至80年代初：“小步子”政策徐图统一

60年代末至80年代初两德关系处于“正常并存”阶段。“正常并存”局面的出现与1969年勃兰特政府推出的“新东方政策”密切相关。“新东方政策”旨在以和平协商的方式解决东西方争端，在两德关系上强调从维持德意志民族的同一性和民族感情出发，有条件地承认民主德国，主张建立“一个民族两个国家”的特殊关系，以加强双方交往，从而通过相互接近促其演变的办法实现统一。1970年3月两德领导人实现分裂二十年后的首次会晤。1972年12月双方签订《两德关系基础条约》，开启了两德关系正常化的进程。1973年9月两德同时加入联合国。此后两德在人员往来、家庭团聚、科技、交通、司法、邮电、卫生、环保、文化、体育等领域都有了广泛的合作和交流。即使在70年代末、尤其是80年代初美苏关系进入“第二次冷战的严冬”时期，两德关系依然呈现“小阳春”景象。70年代两德在两德关系及统一问题上的主要分歧表现在：联邦德国坚持把两德关系看作德意志内部的特殊关系，是“一个民族两个国家”，不放弃国家最终统一的目标；而民主德国坚持“两个民族两个国家”的理论，甚至在1974年修改宪法时删去关于“德意志民族”、“重新统一”等字眼。

3. 1982 年 10 月至 1989 年 10 月：大跨越促统一

1982 年到 1989 年 10 月两德统一的步子明显加大。1982 年科尔出任联邦德国总理后不满足于勃兰特的“小步子”政策，誓言要在其任期内促进两德的接近，其具体做法是：在经济上利用联邦德国的优势对民主德国慷慨贷款；在政治上积极邀请民主德国领导人昂纳克、辛德曼等访问联邦德国；在民间大力推动和扩大人员交往，加强双边文化和体育交流，以增强两国人民的“民族认同”。与此相应，80 年代民主德国对继续缓和发展两德关系也持积极态度，尽管其领导人仍持社会主义与资本主义水火不容的立场。1982 年至 1987 年民主德国有 1200 多万人到联邦德国探亲访友，而联邦德国到民主德国旅行探亲者更高达 2000 多万人。尤其是联邦德国政要纷纷出访民主德国，如仅 1984 年 3 月 11 日、12 日两天就有 80 名政治家到民主德国访问，被联邦德国媒体形容为“政治朝圣”。昂纳克甚至不顾苏联的压力，接见到访的联邦德国政治家，并于 1987 年首次访问联邦德国，受到联邦德国元首级接待。这一切为日后的德国统一提供了坚实的社会基础和有利的政治气氛。

4. 1989 年 11 月至 1990 年 10 月：凯歌猛进的统一

80 年代末东西方关系趋向缓和，戈尔巴乔夫的“新思维”使苏联内政外交发生巨变，波兰、匈牙利、捷克斯洛伐克等东欧国家政局动荡，这种外部环境变化直接引发民主德国的政治剧变。1989 年 11 月 9 日民主德国宣布开放柏林墙和两德边界，拉开两德统一的序幕。11 月民主德国部长会议主席莫德罗提议成立两德“条约共同体”，联邦德国总理科尔提出关于德国统一的“十点计划”，随后莫德罗于 1990 年 2 月提出德国统一方案（这是自 60 年代以来民主德国政府第一次明确提出的统一方案）。1990 年 3 月 18 日民主德国举行大选，人民直接选择依据联邦德国“基本法”第 23 条并入联邦德国。此后德梅齐埃上台组阁，两德正式谈判统一问题。5 月 18 日两德签署关于两德实现经济、货币统一的第一个国家条约，规定自 7 月 1 日起两德都使用联邦德国马克，民主德国在货币、经济和社会领域全面引入联邦德国的现行法律制度。8 月 31 日两德双方签订关于政治统一的第二个国家条约。9 月 12 日两德外长与美、苏、英、法四国外长签署最后解决德国问题的条约，两德统一获得前战胜国的同意。1990 年 10 月 3 日民主德国正式并入联邦德国，德国实现统一。

（二）统一的内在动因

德国统一的原因，除了研究者广泛探究的直接原因——如西方国家的“和平演变”政策、戈尔巴乔夫的“新思维”理论、东欧剧变提供的历史机遇、科尔政府的努力和政策主张，苏、美、英、法四国的态度等之外，还有其内在的深层原因，包括德国的民族主义、民主自由思想以及联邦德国经济的吸引力。

1. 民族主义

追根溯源，两德是同一民族，战后被“人为”分裂是希特勒悍然发动第二次世界大战所带来的灾难性后果。在四十余年的分裂时期中，尽管民主德国领导人有意识地向其人民灌输“两个国家两个民族”观念，企图完全割断两德作为同一民族的脐带，但终究无法改变两德人民在历史、文化、语言、传统、宗教乃至生活习俗等诸方面的共同历史渊源，也无法割裂“血溶于水”的民族感情，1989 年 10 月至 11 月民主德国大动荡期间人民高呼“我们是一个民族”的口号堪为最有力的佐证。实际上，民族主义在德国统一中起到了关键性作用。没有民族主义就没有“民族认同”，德国统一就是空谈。

民族主义是在历史上长期处于分裂状态的德意志民族的思想传统。在二战前的一千年历史中德国实现统一的时间仅有 75 年，即从 1870 年到 1945 年。对于一个长期处于分裂状态的民族而言，渴望统一乃民心所向。民族主义成为德国历史的一个重要的因素，对德国的崛起和衰落影响至深且巨，如德意志人之抗击拿破仑入侵以及俾斯麦之统一德国都体现了德国民族主义的重大历史作用。

二战后统一的德国被一分为二，一个沉重的命题——“德意志在哪里?”摆在了德国人的面前。战后前二十年联邦德国以完善民主自由制度和发展经济、创造繁荣富裕生活为主要目标，造就了德意志民族的骄傲；后二十年联邦德国不断推动和加强与民主德国人民的交流，促进两德人民的

“民族认同”，以此诱导民主德国归并联邦德国。80 年代所谓“两个德意志民族”的说法开始消退，取而代之的是“命运共同体”、“责任共同体”等超越两大联盟和两种社会制度的口号，这在很大程度上也折射出两德具有深刻的历史、文化和“民族认同”。这些深层次的共同点构成了两德走向最终统一的内在基础和两德统一从可能变为现实的桥梁。

2. 民主自由思想

与 1871 年德意志民族经过三次精心设计的血腥战争才在首次统一成一个国家形成鲜明的对照，1990 年两德统一已经没有在相当长的历史时期堪称德意志民族图腾的“铁”和“血”，而是通过和平方式实现的，充分体现了民主自由的精神。

二战后民主自由成为联邦德国“基本法”的立宪精神，民主自由观念日渐深入到联邦德国人民的心中。1949 年阿登纳总理在国内厉行民主宪政，对于统一问题始终坚持“自由先于统一”，甚至不惜放弃“中立下统一”的机会。阿登纳“自由先于统一”的政策方向在表面上似乎强化了德国的分裂状态，他也因此被称为“经济巨人、政治侏儒”，但从四十年后民主德国首次全民自由选举 50% 的选民支持尽速归并民主自由的联邦德国以及西方大国对德国统一“高抬贵手”的结果看，阿登纳的以退为进的用心不可谓不良苦。实际上，只有采行民主自由路线，方能消除西方各国的敌意与戒心，从而达成最终的统一。

相反地，民主德国无视国情，完全照搬苏联模式，上至党政体制，下至班组会议，“全盘苏化”，这在对俄国人素有偏见的德意志民族中引起了极大反感。在民主德国严格限制人民思想、言论、出版、旅行、迁移自由的同时，联邦德国的人民却享有充分的人权和自由。一墙之隔的两国呈现如此强烈的反差对民众的心理影响和冲击可想而知。加之联邦德国媒体素以“以和平自由达成德国统一”为己任，不遗余力对民主德国展开旷日持久的意识形态攻势，更使长期受制于苏联、缺乏民主自由的民主德国人民在不知不觉中向往民主化、自由化和资本主义化。在 1989 年秋天的示威中民主德国人民打出“民主、自由和人权”的旗帜，喊出“我们是人民”的口号，要求当局放宽出境旅游和对新闻媒体的限制，正是民主德国人民的“民主自觉”。

正是对民主自由的憧憬和渴望使民主德国人民不断寻机逃往联邦德国，最后也正是因为人民的大量出走，民主德国社会和经济，乃至党政机器全盘失序，最终不得不放弃社会主义道路。究根索蒂，以民主德国归并联邦德国的方式实现两德统一，是在自由民主思潮的冲击下，由民主德国人民主动要求两德政府，而美、英、法、苏四国也不得不予以配合而完成的自下而上的柔性革命。

3. 联邦德国经济的巨大吸引力

二战后联邦德国始终以自由经济、民生福祉为治国指针，推行自由竞争的市场经济。战后初期联邦德国借助“马歇尔计划”接受美国近16亿美元的援助，实现经济现代化；此后持续发展，成为仅次于美、日的世界第三大经济强国。

相比之下，虽然民主德国是社会主义阵营中经济发展最好的国家，60年代是世界十大工业国之一，80年代人均国民收入达6440美元，但由于支付苏联125亿多战争赔款，长期受制于斯大林模式等，其经济发展与联邦德国相距甚远。1950年至1988年民主德国国民生产总值增长7.3倍，而联邦德国增长20.5倍；民主德国职工月平均工资增长仅3.3倍（1949年至1988年），而联邦德国增长15.6倍。强烈的经济反差使联邦德国对民主德国民众产生了巨大的吸引力。

强大的经济实力使联邦德国能够对民主德国人民无限制开放边境，提供就学、就业、安养和其他经济上的赞助，甚至支付赎金“买回”政治犯等。为促进两德贸易，联邦德国从1968年起开始向民主德国提供无息贷款，规定贷款数额为上一年民主德国供货价值的25%，有效期到1975年。1974年又签订协议，规定联邦德国每年向民主德国提供8.5亿马克无息贷款，以弥补民主德国在与联邦德国贸易中的赤字。这一协议执行到1982年。不久又签订1983—1985年的无息透支贷款协议，三年总额超过20亿马克。从1987年9月1日起联邦德国政府把向入境探亲旅游的民主德国人发放的“欢迎费”从30马克提高到100马克，在联邦德国乘坐火车减价50%，乘坐其他公共交通工具和进入文娱场所实行免费和优惠。1989年12月民主德国物质供应严重不足，科尔政府特别赠送 10 亿马克作为“圣诞节赠礼”，此举更促使民主德国人民心向联邦德国。在迈向统一的关键时刻，联邦德国大打“经济牌”，允诺民主德国公民的东马克私人存款 1：1 兑换成西马克，并筹措“德国统一基金”1150 亿马克。另据戈尔巴乔夫在其所著《我与东西德的统一》透露，为了让苏联对“德国统一”点头，德国曾向前苏联和俄罗斯提供财政援助近 1000 亿马克。由此可见，联邦德国马克在两德统一中大显摧枯拉朽之神功。

（三）统一的国际因素

德国分裂的背景和两德关系的演变显示，德国统一不仅是两德自己的事，也不单纯取决于两德自身的努力。实际上，没有国际社会尤其是美苏两大国的默契与首肯，没有东西方关系的改善，两德关系的改善便无从谈起，德国的统一也将遥遥无期。

1. 苏联立场的变化是促使两德统一的重要因素

苏联在长期东西方对抗中不堪重负，80 年代中期戈尔巴乔夫执政后寻求终结与西方的冷战，其“新思维”政策促成了波、匈、捷等东欧国家的剧变，也直接动摇了民主德国政权的合法性。尽管苏联此时还驻兵民主德国，但已经逐渐放弃干预政策。1989 年 10 月戈尔巴乔夫在柏林庆祝民主德国成立四十周年的讲话中甚至表示“谁动作迟缓，谁就会遭受生活的惩罚”，鼓励民主德国加快改革进程。1989 年 11 月柏林墙的倒塌进一步将德国统一问题提上政治议程，苏联对两德统一的立场发生重大变化，具体表现在：（1）从反对德国统一到认可德国统一。此前，即使是在民主德国开放边界和科尔提出十项建议后，苏联仍表示德国统一根本不能提上议程。此后鉴于事态发展迅猛，苏联的立场开始松动，1990 年 1 月戈尔巴乔夫表示不反对德国统一。（2）从坚持德国统一是漫长渐进的过程到允许德国迅速统一。苏联最初坚持德国统一应该是和平的、渐进的演变过程，应是建立新的欧洲安全体制进程的一部分。尽管如此，民主德国国内形势不断恶化促使戈尔巴乔夫不得不重新考虑德国统一的方式。1990 年 2 月初先后与美国国务卿贝克和德国总理科尔进行谈判，终于在德国迅速统一问题上摁下确认键。（3）从要求统一后的德国中立到允许其加入北约。苏联在默许德国迅速统一后曾一再坚持统一后的德国不能留在北约，但此后其立场不断发生变化，由最初主张德国统一后实行中立，转而主张同属北约和华约，尔后提出采用“法国模式”即参加北约政治机构，不参加北约军事组织，最终同意在北约和华约进行改造的条件下让联邦德国成为两个组织的“联系成员国”。

苏联之所以对于德国统一问题尤其是对于统一后的德国加入北约问题的立场发生重大和快速的变化，是因为：（1）从国际因素看，美苏关系已经缓和；双方达成裁武谈判，不再以核武器相威胁；北约已由军事功能为重的组织变成政治功能日渐加强的机构；联邦德国已承诺不在前民主德国部署北约军队；统一后的德国的军事力量限制为 37 万人；联邦德国承诺给予苏联大量财政援助。（2）从国内因素看，此时苏联政治和经济局势急剧恶化，一方面，政局动荡不安，民族分离浪潮在各加盟共和国涌动，戈尔巴乔夫迫切需要西方的政治支持，以稳定国内局势；另一方面，国内经济改革陷入停滞，急需西方国家经济援助，以解燃眉之急。举目四望，此时能慷慨解囊者只有联邦德国。正是这些因素的综合作用最终促使苏联交出了打开德国统一大门的钥匙。

2. 美、法、英三国的支持促成德国的统一

正如苏联似的，美、法、英三国对于德国统一也经历了从反对或疑惧到最终不得不赞成的立场转变过程。

以美国而言，德国统一有利有弊，利在按联邦德国制度实现统一自然会促使华约解体，削弱苏联；弊在统一后北约军事战略的调整，将改变欧洲战后格局并影响美国既得利益。通过支持德国统一，建立新型的德美“特殊关系”，对于根据美国意图安排欧洲的新格局无疑只有好处。因此，美国从被动应付转为积极疏导，明确支持德国统一，同时坚持统一后的德国必须留在北约内，绝不让步。美国此举可谓一举多得：一则削弱苏联；二则确保美在欧利益；三则制约德国。

较之美国对统一后的德国存有远虑而言，英、法及其他欧共体成员国对于一个强大而统一的德国的重新出现则心怀近忧，格外担心德国统一对欧洲地缘格局及货币体系等可能产生的影响。其中，法国忧虑一个统一德国的崛起将直接威胁法国在欧洲的主导地位，因此法国总统密特朗与苏联领导人戈

尔巴乔夫达成一致，认为两德统一“为时过早”，“不支持德国的迅速统一”。与此同时，密特朗也清楚法国的反对意味着放弃他一直支持的法德轴心，而这种分手对他来说不能不说是一种痛苦。最后，由于联邦德国承诺对法国安全利益和经济利益给予保障，法国转而支持德国统一，法国态度的转变促成了苏联在德国问题上的让步。

英国在德国统一问题的反应比较审慎和消极。英国的传统是维护欧洲大陆均势，在英国首相撒切尔夫人看来，德国统一既是德国人自己的事，又不完全是德国人自己的事；德国统一应在东欧经济改革完成之后，而不是之前；德国统一尚未提上议程。因此，英国政府甚至寻求通过各种方式阻止德国的统一，决心让已经走上快车道的统一进程刹车。其后鉴于两德统一的步伐不可阻挡，英国不得不表示赞同。

此外，对于因德国统一可能产生的边界问题而心有余悸的波兰，1990年7月在巴黎第三次“2+4”外长会议确认，统一后的德国以奥德—尼斯河边界为德波永久边界，从而结束了二战后德波边界不稳定的历史，打消了波兰的疑虑，使波兰不再反对德国统一。

1990年5月5日起两德外长与美苏法英四国外长先后在波恩、东柏林、巴黎和莫斯科举行“2+4”会议，经反复协商于1990年9月12日在莫斯科签署最后解决德国问题的条约，对统一后的德国领土、权利与义务、军队、武器以及在德国的驻军等做了明确的规定，从国际法上解决了涉及德国统一的全部外部问题，为德国统一扫清了道路。1990年10月3日民主德国正式加入联邦德国，两德终结分裂状态，恢复国家统一。

统一国家的分裂：苏联与南斯拉夫

与越南和德国分别通过武装斗争和和平合并实现统一相反，具备数十年统一国家发展历史的世界第一个社会主义国家苏联和曾经比较发达的东欧社会主义国家南斯拉夫先后于1990年和1991年解体。这两个国家的分裂与二战后初期民族国家主要因国际环境和国内战争而走向分裂不同，其更深层次的根源在于意识形态、民族认同、国家认同的危机，它们的经历也为民族国家预防和遏制分裂提供了可资借鉴的教训。

一、苏联：意识形态、国家认同与国家解体

（一）苏联的解体

1917年十月革命后建立起来的苏联不仅结束了资本主义一统天下的局面，而且在与西方的竞争中逐渐改变了相对落后的社会状态，最终成为世界两大超级大国之一。90年代初这一超级大国在没有外敌入侵与内部暴乱的情况下和平解体。1991年12月21日苏联11个加盟共和国的领导人在阿拉木图签署关于独立国家联合体协议的议定书和《阿拉木图宣言》，宣告独联体成立。12月25日晚7时戈尔巴乔夫在克里姆林宫发表电视讲话，宣布辞去苏联总统职务。7时38分缀有镰刀和锤子图案的苏联红色国旗从克里姆林宫上空悄然降落，俄罗斯联邦的白、蓝、红三色国旗随即升起。至此，1922年在列宁倡导下创建的苏维埃社会主义共和国联盟作为一个国家和国家法主体停止存在，具有七十年波澜壮阔历史的苏联解体了。

（二）苏联国家认同的基础——意识形态

尽管苏联瓦解的速度之快超乎理论家与预言家的意料，但事实上自苏联形成那天起崩溃的因子即已种下，这些因子随着苏联社会主义建设事业的推进以及与西方资本主义的竞争逐渐生根发芽，直至将苏联彻底摧毁。众所周知，任何国家的存在都需要不断地在社会力量中寻找合法性以获得足够民众的忠诚支持，国家建立和巩固的过程就是该国人民国家认同感的形成与巩固的过程。深入剖析苏联从成立到解体的整个历史过程，可以发现马克思主义意识形态既是苏联民众国家认同形成的重要基础，也是苏联解体的深刻根源。

所谓“意识形态”，指关于某一社会制度和生活方式的一系列根本的政治、经济和社会的价值观念。狭义的意识形态主要是指政治意识形态，即涉及如何改变、革新和维持一种政治制度的实践手段的合理思想集合体。在苏联及其后所有社会主义国家合法性的确立与巩固过程中，马克思主义作为执政党的理论基础和官方意识形态占据着最为基础和关键的地位。国家的成立以及社会主义制度的建立首先来自于人们对马克思主义的向往和信仰，其他因素如政治绩效的取得等都是在共产主义的旗帜下进行的，不管这种政绩是否真正是共产主义的成就。

马克思主义之所以能在苏联成为占主导地位的意识形态，虽然受到诸如集体主义、平均主义和救世主义等传统思想的影响，但根本原因是苏联运用国家机器的力量，在超越民族、地域、宗教等传统地方性认同的基础上，通过政治建构起来的。十月革命前人们通过广泛的马克思主义政治宣传、参加政治运动接受和选择了马克思主义，并通过政治革命建立了第一个社会主义国家。革命胜利后苏维埃政权为了将马克思主义确立为主导的意识形态而采取如下措施：（1）展开声势浩大的政治宣传和教育运动；（2）控制以学校为主体的教育机构，开展系统、专门的马克思主义思想教育；（3）控制大众传媒，充分发挥传播媒体在思想政治教育中的作用。

在自上而下灌输马克思主义思想的同时，苏共还努力将这一意识形态的成果通过社会主义实践展现出来，使之更具说服力和吸引力。尤其是到斯大林时期，斯大林模式所创造的奇迹在普通老百姓眼里就是社会主义优越性的充分体现，从而极大地巩固了民众对现存政治制度和国家的认同。诚如霍布斯鲍姆所指出，“对数以百万计出生村野的人来说，即使在当年最艰苦的年代，苏联的发展之路也意味着新视野的开启，代表着由无知的昏昧走向光明先进的城市。至于个人的启迪、事业的开发，自然更不在话下。新社会证据确凿，不由得小民不信服。”

相形之下，同时期资本主义经济出现全面衰退乃至崩溃的迹象，1929—1933 年大危机几乎使资本主义面临灭顶之灾，鲜明的对比更确认了苏联对资本主义的否定性评价，并从反面证明了社会主义制度的优越性、合理性。尤其是在关系“苏维埃国家生死存亡”的卫国战争中，对纳粹的反抗都是在苏联的旗帜下被号召的。战争的胜利及 50 年代后期斯大林的恐怖政治被消灭、60 年代物质状况的改善，的确都使苏联民众产生了身为超级强国一份子的骄傲。可以说，此时苏联民众对马克思主义的信仰以及对苏联这一国家的认同已基本形成。因此，尽管自赫鲁晓夫到戈尔巴乔夫执政前期，苏联无论是意识形态还是政治体制都在不断演变之中，马克思主义遭到部分民众的质疑，但从总体上它仍然是整个社会的主流意识形态，也是整个国家赖以持续存在的基础。

（三）官方意识形态的逐渐削弱

苏联意识形态的削弱主要始于斯大林执政时期。高度集中的斯大林模式一方面通过政治力量巩固了民众的马克思主义信仰，但另一方面也使马克思主义信仰遭到了严重扭曲。实际上，苏联人对马克思主义的接受是在一种极端的封闭状态下形成并不断巩固的。这种封闭表现在两个方面：一是对外封闭。苏联自十月革命以来“几乎是一个同外界隔阻的社会，而自20世纪20年代下半期之后就变成了一个孤立于世界之外、几乎完全封闭的国家”。二是对内封闭。高度集中的体制剥夺了民众应有的经济和政治权力，民众没有知情权、参与权，只有被动地执行和服从并承受其一切后果。换言之，这种极端的封闭性是苏联人马克思主义信念形成和巩固的一个重要条件。

封闭局面的打破严重地动摇了人们对苏联社会主义的看法。对内封闭的打破使人们比较全面真实地了解了苏联国内所发生的一切，如1930年代的大饥荒、大清洗和大批判；对外封闭的打破使人们看到了苏联与欧洲生活水平的巨大反差，内外两方面信息的汇集给人们的思想带来了剧烈的振荡。现实与思想的巨大反差极易使人们走向极端，夸大国内的弊端和外国的成绩。从逻辑上讲，苏联社会危机的根源在于僵化的斯大林体制，而不是社会主义制度或国家本身，人们的思想危机应该是体制性危机而不应该是对社会主义制度的质疑和对国家的否定。但是，由于“斯大林模式等于社会主义，社会主义等于苏联”的观念根深蒂固，因此体制危机必然导致社会制度危机进而导致国家危机。

面对斯大林模式的巨大伤害，赫鲁晓夫在苏共二十大上对斯大林的个人崇拜进行批判，促成人们思想上的自主和解放，无疑是一场极为意义深远的思想解放运动，但同时也使苏联整个社会陷入极度的混乱状态。因为人们几十年来一直认为斯大林是伟大的马克思主义者、英明领袖，斯大林是苏联和社会主义的象征，否定斯大林就意味着否定社会主义和苏联。“赫鲁晓夫的报告改变了整个社会的运动方向，也改变了每个人的精神状态。”原有的信仰基础开始坍塌，人们对共产主义信仰产生危机，从而为资产阶级自由化思潮、民族主义等思想的兴起提供了条件。

赫鲁晓夫和勃列日涅夫时期，在苏联经济表面繁荣、政治稳定的表层下潜伏着深刻的社会危机。在经济上，经济发展的现实与官方所谓的发达社会主义的巨大反差引起人们对官方意识形态的信仰危机；在政治上，由于并未进行真正的政治体制改革，党内特殊利益集团的出现严重地损害了党的威信，恶化了党群关系，官方所灌输的国家利益至上的价值观遭到质疑。更重要的是，随着赫鲁晓夫时期苏联开始对西方敞开国门，苏联人对国外情况了解得越来越多。许多人已经看到或切身感受到苏联国内的实际状况与宣传的严重脱节，无论是生产还是生活同国外特别是同发达资本主义国家相比存在很大的差距，这为形形色色的资产阶级意识形态渗透提供了机会。加之西方和平演变渗透的不断深入，共产主义信仰建设形势越来越严峻，苏联的社会主义越来越失去吸引力。尽管如此，这一时期苏联意识形态危机尚未冲击到社会主义制度和国家的根本，人们对社会主义制度和苏联这一国家的认同还是占第一位的。

戈尔巴乔夫上台时苏联已是一个意识形态极为混乱的病态社会，对原有的体制进行改革，依靠成功的社会主义实践重建信仰是一个必然的选择。然而，随着戈尔巴乔夫“民主化”、“公开性”改革的展开，苏联从原来不讲民主和公开的极端走向了盲目相信群众的自发性和片面夸大民主作用的另一个极端，从而导致群众思想上的变化，“几乎所有的共产主义意识形态规则，这些规则是苏联制度合法化的基础，现在也遭到怀疑或公开诬蔑”（法国著名历史学家尼·维尔特），政治体制改革的进程逐步脱离苏共领导人的控制。由于改革初期加速发展战略的失败，戈尔巴乔夫等苏共领导人对现行政治体制的看法发生根本转变，以至于在改革的方向和指导思想上从“完善社会主义”逐步转向“人道的、民主的社会主义”。苏共作为一个整体抛弃马列主义原则和共产党人的理想和信仰，表明共产党自身正在进行自我否定，意味着在这种信仰基础上建起的苏联社会主义制度以及国家合法性也将不复存在，苏联社会制度的剧变和国家的解体已不可避免。到1990年作为共产主义政治象征如政治符号、政治标记等遭到破坏和抛弃，如各种各样的列宁塑像一夜间被推倒或被打碎，以象征着苏联社会主义革命和建设成就的人物或事件命名的城市、街道被改名。

苏联意识形态演变的历史表明，在建国初期政治宣传使普通群众对马克思主义有了一些认识，但这种认识是极其肤浅、表面的，不但普通群众即使一些知识分子对马克思主义的理解也很有限。人们总是自觉不自觉地用传统政治文化去理解共产主义信仰，使马克思主义信仰带有民族文化传统的特征。从某种程度上说，不少苏联民众思想的外层是以马克思主义信仰为“包装”，而在其精神世界的最深处依然是传统的政治价值观念，其演变的可能性始终以潜在的形式存在着。1953 年苏共“二十大”反斯大林可以说是在苏联的意识形态大堤上打开了一个小小的缺口，其后随着与西方关系的缓和，戈尔巴乔夫的“改革新思维”从“民主化、公开性、多元论”发展到所谓“人道的、民主的社会主义”，最终导致了意识形态的全面崩溃。现在，不只普通民众，而且苏共领导干部也全面倒戈，从否定历史到全盘自我否定，使意识形态发生质变，最终导致亡党亡国。

（四）国家认同危机与苏联解体

苏联是在落后的基础上进入社会主义的，其政权的基础在于意识形态的合法性，一旦意识形态合法性出现危机，苏联的政治存在就会失去合法性。这意味着，苏联马克思主义意识形态的形成、发展及演变的过程同时就是苏联民众国家认同感形成、巩固与丧失的过程，也是国家建立、巩固与解体的过程。这一过程，对苏共来说主要是一个意识形态的灌输问题；对民众来说主要是一个国家认同感形成或丧失的问题；对苏联来说主要是一个国家或存或废的问题。

苏联根据“国家可以自行建构国家认同”的理论并动用了人类历史上最周全的意识体系，寻求塑造新的国家认同。尽管如此，历时七十余年，苏联依然无法在改变民众的诸多传统思想，以其所倡导的马克思主义意识形态为基础建构新的国家认同，并满足人民的各种现实需要，相反地，随着苏联社会主义实践失误迭出，人们发现其实国王的新衣是谎言，建构新的认同需要依赖他们集合记忆中的基本组织：家庭、社区、乡村的历史、甚或宗教，而最重要的则是民族，“民族认同”填补了马克思意识形态危机所产生的精神空白。而在国家建设的实践中，作为以多民族为基础建构起来的国家，虽然在抵抗纳粹德国以及与美国对峙的过程中，各加盟共和国人民逐步建立起对苏联的国家认同，但这一认同太依赖于苏联自身实力的保持和增强，以及由于相对封闭而带来的对外界信息的缺乏。由于70年代以来第三次科技革命带来的信息技术迅猛发展，世界各国对外开放的日益深入，苏联国内民众对外部世界的了解加深，最终在经济全球化日益深入发展和西方和平演变攻势下，经济停滞成为巨大的冲击，摧毁了人们对苏联的国家认同，社会制度及国家的合法性遭到质疑，由此引发民族矛盾的全面爆发，最终导致苏联国家的瓦解。

二、南斯拉夫：民族认同、国家认同与国家分裂

（一）南斯拉夫国家的建立与分裂

南斯拉夫是一个统一历史短暂、民族结构复杂、民族问题尖锐的巴尔干国家。在南斯拉夫的国土上生活着塞尔维亚族、克罗地亚族、阿尔巴尼亚族、斯洛文尼亚族等众多民族。南斯拉夫以一个统一的民族国家共同体的形式出现在巴尔干半岛上只是近一个世纪的事情，即1918－1941年的南斯拉夫王国和1945－1991年的南斯拉夫联邦。

1918年一战结束后，属于战胜国阵营的塞尔维亚和黑山合并，同时吸收战败的奥匈帝国的几个以斯拉夫人为主要居民的行省，成立“塞尔维亚－克罗地亚－斯洛文尼亚”王国。1929年“塞尔维亚－克罗地亚－斯洛文尼亚”王国更名为南斯拉夫王国。1941年纳粹德国横扫南斯拉夫，宣布塞尔维亚为被占领土，在克罗地亚族和波斯尼亚族聚居区建立傀儡政权，南斯拉夫其余领土则为德国盟友瓜分。1945年以铁托为首的南斯拉夫共产党领导的反法西斯解放战争获得胜利，以联邦制重新建立南斯拉夫多民族统一的国家——南斯拉夫联邦人民共和国。1963年南斯拉夫联邦人民共和国更名为南斯拉夫社会主义联邦共和国。

尽管如此，这一多民族国家在80年代末90年代初的民族分离运动的潮流中逐渐走向解体。1991年继斯洛文尼亚、克罗地亚和马其顿宣布独立后，波斯尼亚和黑塞哥维那（波黑）也宣布成为主权国家，塞尔维亚和黑山在全民公决后组成南斯拉夫联盟共和国，南斯拉夫一分为五。作为南联邦的“继承者”，南斯拉夫联盟共和国因内部分歧难解，于2003年2月4日正式将国名改为“塞尔维亚和黑山”，南斯拉夫从世界版图上彻底消失。

（二）影响国家分裂的主要因素——民族认同对国家认同的冲击

国家建立的过程事实上就是国家认同形成的过程，国民的国家认同感是近代以来国家立于世界民族国家之林的重要基础，非外力因素造成国家分裂则是国民对国家认同感丧失的表现。南斯拉夫这一多民族统一的国家在如此短暂的时间内以分裂而告终，从根本上说是由于南斯拉夫这一多民族统一的国家共同体成立和存在的时间不长，而南斯拉夫境内各民族却具有其源远流长的历史，南斯拉夫各族人民对本民族的认同根深蒂固，即使在南斯拉夫国家成立以后，民族认同仍然占据民众政治认同的首位，各族成员对本民族的民族认同明显强于对统一的多民族国家共同体的认同，在内外环境的变动和刺激下国家很容易成为解构的对象，这是南斯拉夫分裂的最终根源所在。

6 世纪欧亚大陆民族大迁徙浪潮促使一部分斯拉夫人由东欧迁入巴尔干半岛，他们在征服同化当地居民过程中与当地居民融合，逐渐演化成斯洛文尼亚人、克罗地亚人、塞尔维亚人、马其顿人及保加利亚人等民族，并从 8—14 世纪由民族形成向建立国家的进程逐渐过渡。虽然他们在语系上均属南斯拉夫人，在民族形成渊源、历史发展道路等方面存在诸多共性，但几乎从民族形成伊始就受到东方拜占庭文化和西方拉丁文化的交互影响，分别皈依东正教和天主教，形成相对稳定的地域分野。而南斯拉夫地区复杂的地理条件又阻碍着南斯拉夫各族间的沟通与融合，导致产业结构和经济发展水平上的差异。因此，南斯拉夫各族在塑造他们各具特色的民族认同时，也造就其根深蒂固的社会文化和经济差异，导致南斯拉夫共同体认同根基的先天薄弱。

哈布斯堡王朝和奥斯曼帝国征服与统治南斯拉夫期间通常挑唆巴尔干各民族之间的冲突以达到其分而治之的目标，使南斯拉夫极为复杂的民族和宗教关系更加恶化，进一步加剧了各民族的本族认同以及对其他民族的仇恨。法国大革命和拿破仑战争使南斯拉夫人民燃起民族解放的希望之火，各族人民展开了形式多样的争取民族权利的运动和争取民族解放的斗争。但是，这并不意味着南斯拉夫地区各族人民的民族解放目标能够轻易地实现，因为“长时期的外国统治造成普遍的经济与社会落后状况，并显示出各地区之间发展的不平衡。民族的宗教的冲突使反抗外国压迫的斗争更加困难。这两种因素在一起就促成产生一种激烈的民族主义”。实际上，正是强烈的民族主义意识和情感的存在，极大地阻碍了大一统国家的形成与巩固。结果，在相当长的历史时期，尽管曾经出现过一些朝统一方向发展的方案，但很难付诸实施；有些方案即使付诸实施，也很难持久。

第一次世界大战是南斯拉夫建立统一国家的催化剂。1918 年 12 月“塞尔维亚 - 克罗地亚 - 斯洛文尼亚王国”宣布成立，一千多年来南斯拉夫各民族首次有了统一的独立国家。此时南斯拉夫已经具备一个国家应有的外在形式，但还没有在实际上形成具有凝聚力的多民族共同体，无论是从民族成分还是从语言、宗教结构意义上说，王国都只是一个“马赛克”而已，由强烈的民族认同导致的潜在民族冲突构成国家生存发展的最大威胁。1921 年 6 月王国通过《维多夫丹宪法》，实施“一个国家、一个国王、一个民族”的治国原则，寻求境内各民族的整合，但由于这一原则主要是建立在“大塞尔维亚民族主义”基础上的，最终收效甚微，民族仍然是人民效忠的首位。

1941 年德、意法西斯肢解南斯拉夫王国后利用南斯拉夫各民族之间的历史宿怨，扶植傀儡政权，加剧民族对抗，造成各民族相互残杀的悲剧。二战期间南斯拉夫共死亡 175 万人，约占人口的 11%，其中一半以上是民族相残的受难者。面对国土沦丧、同胞残杀的民族悲剧，以铁托为首的南共推行“兄弟团结与统一”的民族政策，在反法西斯解放战争获胜后于 1945 年以联邦制再建南斯拉夫多民族统一国家。战后初期民族矛盾和民族冲突一度得到缓解。然而随着自治社会主义的改革实践逐渐展开，民族矛盾从 60 年代中期开始再度激化，最终导致国家逐步解体。

事实上，虽然民族正如安德森所定义的是“一种想象的政治共同体”，但始终是人类历史中一种重要的共同体，成千上万的人为了民族的利益而远赴沙场互相厮杀。即使每个民族内部可能存在普遍的不平等与剥削，但在以民族为社会分类标准的情况下，民族被设想为一种深刻的，平等的同志爱，民族的个体与整体之间息息相关、休戚与共。正是这种想象使得民族拥有导致一个国家成立或者毁灭的巨大能量，而这种能量在南斯拉夫的分裂过程中得到充分的展现。虽然在南斯拉夫的历史上出现过以建立多民族统一的南斯拉夫国家为目标的思潮与运动，并且一度建立起多民族统一的南斯拉夫国家，但在南斯拉夫各族狭隘的民族利己主义的支配以及外部环境的影响下，普通民众对本民族的认同远远超过对“南斯拉夫”国家的认同和忠诚，这不仅使南斯拉夫国家共同体的建立极其不易，而且还使这种统一国家巩固的过程也很容易被内外环境打断。

（三）国家认同整合的失败——政治权力的负面效应

从全世界范围看，尽管国家在努力地建构民族，民族亦在努力地整合国家，但国家与民族之间存在完美和谐的只是少数。世界依旧呈现出一些通过共同的文化、语言和宗教团结在一起的人们在他们的国家中热切寻求民族意识并使其定型化的情形。与此同时，也存在一些国家，在其权限内部分国民没有被整合进民族的政治团体之中，这类国民在这些国家是少数，而在另一些国家则是多数。另外还有众多的国家，它们的居民并不组成一个民族。这几种不和谐的情况在南斯拉夫国境内几乎都存在，由此可见其民族问题复杂的程度和国家认同整合的难度。

这意味着，一个国家在存在多个民族、多种宗教和语言文化的情况下，建立起强大政府并在国内进行“整合式革命”无疑是一个正确的选择。事实上，现代民族国家的建构就是从各个方面打破国内各个地区、各个民族间的壁垒，建立和健全全国集中、统一的国家权力系统，建立和发展统一的国民经济体系和商品流通市场，在全国范围内推行和传播统一的语言以及能够促进社会、经济现代化的统一的文化模式。在南斯拉夫这样复杂的国家，政治体制的功效显然极其重要，但它却提供了一个因国家政治权力整合失败而导致国家分裂的典型例证。南斯拉夫不仅未能在制度初创期为建立一个适合国情的政治制度打好基础，在制度调整过程中也无法将制度导向正确的方向，相反地在错误的道路上越走越远，使得各民族精英以及普通大众的民族认同始终凌驾于国家认同之上，最终导致国家分裂的不可避免。

这种因政治权力整合失败而来的负面效应体现在以下几个方面：首先，南斯拉夫领导阶层对国家结构形式的选择不但没有起到促进国家认同的效果，反而强化了人们的民族认同，这是导致国家分裂的最主要因素。所谓国家结构形式是指处理国家整体与其组成部分之间关系的基本模式，即一个国家的各个部分以何种方式整合为一个国家，其两种基本类型为单一制与联邦制。国家结构形式的选择不但制约社会资源配置，规范政治发展的路径，而且在多民族国家中还具有影响民族关系乃至国家生存等突出的政治意义。1945 年 11 月南斯拉夫联邦人民共和国宣告成立，1946 年 1 月通过第一部宪法，其中第一条宣布："南斯拉夫联邦人民共和国是共和国形式的联邦人民国家，是享有平等权利各主权民族的公众集体，各民族根据民族自决的权利可以自愿地参加联邦或退出联邦。"

如前所述，南斯拉夫是一个由多民族组成的国家，从南斯拉夫国内复杂的民族关系看，在国家结构上建立单一制国家显然有很大的难度，选择联邦制是适合其国情的。但是，南斯拉夫的联邦制是建立在以民族划界、以民族区域自治实体为国家行政区划形式的基础上的，尤其重要的是，宪法规定各共和国拥有主权国家地位和自由退出联邦的权力。这种制度设计不仅人为地强化了民族认同，不利于国民国家认同感的培养，而且为各共和国日后的分裂活动提供了合法理由。

其次，南斯拉夫的民族政策在理论和实践上出现严重失误，刺激了民族认同的复兴，加速了国家的分裂。如前指出，南斯拉夫要将境内的各民族进行整合，存在着先天的不足：一是民族众多，无一民族人数超过全国总人口的半数；二是各民族合少离多，作为统一的国家只有 70 多年的历史；三是东正教、天主教、伊斯兰教三教鼎立。面对如此错综复杂的民族状况，铁托时期坚持"民族不论大小一律平等"的政策。这从理论上说无疑是正确的，但在具体执行的过程中出现了严重偏差，强调民族平等、民族利益有余，强调国家整体利益、民族团结、反对地方民族主义不足，并使之"极端化"和"绝对化"。

此外，铁托时期处理民族问题的一个重要指导思想是"弱塞则南强"。塞尔维亚是南斯拉夫最大的共和国，其面积和人口分别占总面积和总人口的 35% 和 40%。塞族在历史上曾经建立起短暂的帝国，加之在长期反对外来侵略和国家独立斗争中发挥了最大的作用，因此在塞族内部存在着一定程度的民族优越感。为了抑制塞族可能的"大塞尔维亚主义"乃至"帝国意识"，铁托提出了"弱塞则南强"的思想，即塞族是造成南民族问题的主要威胁，若全面弱化塞族，就会使其他民族免遭大民族主义的威胁，从而维护国家的统一。应该说，这种思想可以对优势民族进行一定程度的抑制，减少弱势民族的自卑感和相对被剥夺感，有利于民族融合。但是这一原则在实践中变成绝对平均主义和对塞族的压制，塞族的民族尊严与感情遭到极大伤害。铁托去世后这一情感便喷发出来，他们转而强调“塞强则南强”，歧视或压制其他民族，加剧了其他民族的离心倾向，最终导致联邦的解体。

再次，铁托时期对经济相对落后的民族地区采取“输血”的援助方式，不但未能缩小地区间经济发展的不平衡，反而进一步拉大，加深了固有的民族矛盾。在一定意义上，南斯拉夫的解体与其说是民族主义推动下的结果，还不如说由于经济发展在地域间的严重失衡，从而引发以地域为聚落单位的民族意识强化所带来的结果。1990 年南斯拉夫解体前夕，与奥地利、意大利接壤的斯洛文尼亚的人均收入是与阿尔巴尼亚接壤的科索沃地区的 8 倍。在科索沃地区的居民看来，该地区的落后是联邦政府的歧视政策造成的，地域间的不等价交换实际上是富裕地区对贫困地区变相的资源掠夺，这就造成了该地区对较富裕地区以及联邦政府的不满和敌意。而对斯洛文尼亚地区的居民而言，地区差距越大则意味着本地区要贡献更多的岁入援助落后地区，那将是更大的经济负担。这样，无论是最富的地区还是最穷的地区，都对共同体的维系失去兴趣和信心。

最后，南斯拉夫未能根据变化了的现实逐渐调整其政策和策略，于是也就成为国家分裂的催化剂。着眼于民族问题的解决，铁托领导下的南共政府在二战后建立的南斯拉夫新国家中选择实行联邦制。联邦制原是为了在国家的统一性与地方的多样性之间寻求一种恰当的平衡，其根本目标还在于加强国家各地区、各民族的团结，达到权力的相对集中。然而南斯拉夫联邦制的演变却滑入了绝对分权的误区，到上个世纪六七十年代，南斯拉夫在国家制度上的每一次改革都是以中央权威的让步为前提的。这加速了南斯拉夫联邦不断朝“邦联化”方向发展，失去权力制约的各共和国、自治省的地方分离主义和民族主义势力不断上升，联邦在“邦联化”畸变中最终不可避免地走向解体。

无需赘言，外部环境也是影响国家建立和巩固的一个重要因素。巴尔干半岛位于欧洲大陆东南部，连接亚、欧、非三大洲，濒临黑海、亚德里亚海，素有“欧洲十字路口”之称，地理位置十分重要。优越的地理位置使之成为兵家必争之地。不管是从前的奥斯曼帝国、奥匈帝国，还是后来的德、意法西斯，都曾经染指南斯拉夫，成为这一地区整合的重要障碍。因此，在国家建立和巩固的过程中南斯拉夫应该根据不断变化的国际与地区环境，对国家政策进行调整以适应形势的需要。但是，南斯拉夫的政策屡屡失当。随着冷战后期苏联国力的衰落以及与西方的缓和，德国等在巴尔干拥有传统影响的势力试图卷土重来。通常情况下，外部势力的插手大都起着负面的作用，但它有时也可以是一种积极因素。80 年代末斯洛文尼亚因要求在联邦内拥有更多的自由和权力而开始闹独立时，美国和除德国以外的欧洲国家为保持巴尔干地区的稳定和防止德国从中渔利，都明确反对南分裂。尽管如此，当时的领导人、塞族的米洛舍维奇却没能在修宪问题上对其他民族做出适当的让步和妥协，导致斯洛文尼亚与塞族之间的斗争，斯洛文尼亚率先宣布独立，敲响了南斯拉夫解体的丧钟。在科索沃问题上亦是如此，米洛舍维奇对其国际化的危害性估计不足，策略失当招致外部武装干涉，导致该地区进一步“巴尔干化”。

总的来说，受到历史和现实环境的制约，南斯拉夫国家认同的建立和巩固比大多数国家困难，但如果国家政策得当，对国家认同进行有效整合还是有可能的。然而，它的分裂表明，南斯拉夫国家在运用政治权力对国家认同进行整合上只提供了一个失败的案例而已。

统一路漫漫：南北朝鲜的统一政策与互动关系

与台湾海峡两岸对峙类似，朝鲜半岛南北分裂状态自形成以来始终没有变化，虽然南北双方均以终结民族分裂、追求国家统一为最高国策，但异质的政治、经济和社会制度以及对立的意识形态和国际环境无疑妨碍了南北的统一进程。尽管如此，南北双方因应国内外形势变化而提出的统一政策及其造就的相对稳定的和渐进式的互动关系，依然值得关注。

一、分裂格局

二战后朝鲜分裂格局的形成源于战时大国的亚太政策尤其是朝鲜半岛政策。1943 年 2 月美英两国举行华盛顿会议探讨建立战后世界安全保障及日本殖民地处理问题，认为满洲和台湾应归属中国，朝鲜则应由中美或其他国家委托统治。同年 11 月中美英三国举行开罗会议，最终将朝鲜独立问题列入《开罗宣言》，宣布“在适当的时间，朝鲜应成为自由和独立的国家”。在随后举行的美英苏德黑兰会议，苏联接受美国的委托统治案，而美英则接受苏联要求的一系列权益，从而对二战后亚太尤其是中国及朝鲜的形势发展产生巨大的影响。

1945 年 2 月美英苏三国举行雅尔塔会议讨论战后世界政治和军事问题以及建立国际和平机构问题，苏联同意在对德战争结束后对日本宣战，同时提出参战的代价，除在中国的权益之外还要求美、苏双方在朝鲜半岛以北纬 38 度线划分战区，以北为苏联战区，以南为美国战区，美、苏各自负责解除日军的武装。这项决定种下了朝鲜半岛南北分裂的祸根。欧战结束后，美军随即奉命准备进驻朝鲜并研拟美苏两军分区占领计划。

1945 年 8 月美国国务院、陆军部和海军部两次举行联席会议，针对朝鲜问题做出北纬 38 度线以北由苏联、以南由美国分别接受日军投降的方案，随即获得美国总统杜鲁门核准，中英苏三国亦无异议。9 月盟军总司令麦克阿瑟颁布“总命令第一号”，规定苏联接受北纬 38 度线以北日军投降，美国接受北纬 38 度线以南日军投降。随后，苏军和美军分别进驻朝鲜半岛北部和南部，各自建立占领军司令部，解除日军武装，接受日军投降。历史性的“三十八度线”应运而生。

尽管战时盟国已就朝鲜委托统治达成协议，但战争刚结束美苏即因欧洲问题陷入冷战状态，加之朝鲜人民反对，1945 年 12 月莫斯科会议的托管方案难以付诸实施，最终不得不将朝鲜问题提交联合国。1947 年 11 月第二届联合国大会通过“第 112 号决议”，决定成立朝鲜临时委员会处理朝鲜独立问题。然而，此前苏联为对抗美国，已于 1946 年 2 月支持金日成建立“北朝鲜临时人民委员会”，1947 年 11 月建立“临时宪法制定委员会”，1948 年初拒绝联合国朝鲜临时委员会进入北部并于 8 月策划选举产生“最高人民代表大会”，9 月公布宪法并任命金日成为首相，“朝鲜民主主义人民共和国”在平壤正式成立。与此同时，联合国朝鲜临时委员会在美国支持下于 1948 年 5 月在南部实施全面普选，7 月通过宪法并选举李承晚为总统，8 月“大韩民国”中央政府在汉城宣布成立。南北两个意识形态对立政府的成立标志着朝鲜分裂格局的初步形成。

由于美国和苏联两国的分割占领，加之朝鲜内部的分歧，战后初期朝鲜争取独立和统一的努力终成泡影。美苏两国各自将其政治制度强加给占领区，扶持建立依附于其国家利益并服务于其战略考虑的政权，特别是通过缔结政治军事条约及提供军事、经济、技术援助等方式，分别将南北政权纳入其主导的冷战阵营，因此朝鲜半岛南北不仅存在强烈的意识形态对立，而且不可避免地造成紧张的军事对峙。1950 年 6 月零星的冲突最终演变成大规模的战争——朝鲜战争，以美国为主导的联合国军和中国人民志愿军先后参战，在战争爆发的 38 度线地区形成相持不下的胶着状态。以惨烈的人员伤亡和惨重的物资消耗为代价，南北双方都不得不放弃武力统一的目标，经过两年谈判于 1953 年 7 月签订“停战协定”，以 38 度线为界的分裂格局继续维持并终告定型。

二、统一政策

自 1948 年朝鲜南北分裂格局初步形成并经三年血腥战争最终定型，边界冲突、武装颠覆、军事对抗……使朝鲜半岛成为战后东北亚最不稳定的地区。尽管如此，无论是南方的“大韩民国”（韩国）还是北方的“朝鲜民主主义人民共和国”（朝鲜），在近六十年的分裂对峙过程中都始终以“国土统一”和“朝鲜/韩国统一”为最高施政纲领，根据时代和形势的变化摸索并拟定不同内容的统一政策。

（一）韩国的统一政策

从 1948 年成立至今，韩国政府历经李承晚第一共和（1948 ~ 1960），张勉第二共和（1960 ~ 1961），朴正熙第三、四共和（1961 ~ 1979），全斗焕第五共和（1980 ~ 1988），卢泰愚第六共和（1989 ~ 1992），以及金泳三、金大中和卢武铉等文人政权（1993 ~ ），历任政府分别在“统一”的最高原则下提出内容大同小异的政策。

作为长期坚持独立斗争的民族主义者，李承晚是最强烈鼓吹武力统一的韩国总统，在 1948 年 8 月韩国政府成立之初即提出“武力北进统一论”，强调韩国是拥有朝鲜半岛全部主权的唯一合法政府，要求北部早日实施民主选举，并宣示韩国拥有以武力收复北部的权力。1949 年 2 月李承晚进一步发表声明，强调谋求国家统一的任何摸索都必须旨在维护韩国的存在，坚决拒绝任何意味着对北方政权之默认的协商。这实际上是拒绝对话，实行武装统一。

朝鲜战争的爆发及美军的参战为李承晚的“北进统一论”提供了契机，“北进统一论”甚嚣尘上，但战争进程显示如果没有美国的军事支持，韩国根本不可能达成北进统一的目标，因此，尽管韩国政府强烈反对停战，最后也不得不接受“停战协定”为既成事实，放弃武力统一政策。此后，1954 年李承晚访美表示韩国尊重《联合国宪章》及联合国大会关于朝鲜问题的决议，1957 年韩国国会通过国家统一决议，1957 年通过统一方案，韩国的政策转向“在联合国监督下实行普选”的吸收式统一。

1960 年“四一九学生革命”终结了李承晚的第一共和政权，韩国修宪改总统制为内阁制，张勉出任总理，是为第二共和。虽然第二共和为期不足一年，但各种社会力量纷纷利用宪法保障的言论、出版、集会和结社的自由，针对国家统一问题发表见解，百花齐放。如此，张勉上台伊始即在国会公开宣布放弃李承晚时期的“北进统一”和“在联合国监督下于北韩地区实施自由选举”的统一政策，提出“在联合国监督下于南北韩实施自由选举”的统一政策，这种比较弹性务实的方针对其后韩国政府提倡“和平统一”的政策产生深远的影响。

第二共和的统一政策获得北方的呼应，朝鲜也提出“联邦制”的统一主张并建议成立“最高民族会议”。由于张勉政权为期甚短，政局动荡，因此难以切实推行其和平统一政策并推进南北交流。1961 年 5 月朴正熙发动军事政变推翻文人政权，成立军事政府；1962 年经公民投票恢复宪法，翌年朴正熙高票当选总统，第三共和登台。及至 1979 年遇刺身亡，朴正熙统治韩国长达十八年之久。

朴正熙执政时期是韩国的历史转折期，也是韩国的现代化时期。朴正熙上台之初即提出“先建设后统一”的基本原则，认为现代化是南北统一的先决条件，只有在经济上领先北韩及在政治上迈向民主化，才能实现南北的统一。与此同时，朴正熙政权依然将反共作为基本国策，推行参加美国所领导的西方阵营的外交原则，强调为达成国家统一的民族大业必须集中一切力量培养实力，以对抗北韩的共产主义。因此，朴正熙执政前期推行的统一政策实际上是“胜共统一”的政策，即一方面采取一切必要手段公布反共法令并逮捕异议人士，限制政治活动自由以巩固政权；另一方面大力推进经济建设，实施两次经济发展五年计划，年均经济增长率达 8%，从而奠定了现代化的基础，扩大了与北方的经济差距。

进入 70 年代国际形势及朝鲜半岛周边形势发生巨变，特别是在 1972 年韩国通过新宪法进入第四共和，韩国开始摸索新的统一政策方向，即为了消除南北人为障碍、造成统一基础，建议以和平竞争方式验证究竟是民主主义还是共产主义更适应半岛人民的需要。1973 年 6 月朴正熙发表“和平统一外交政策声明”，宣布“和平统一为民族至上的课题”；1974 年 1 月提议南北双方签订“互不侵犯协定”，要求双方向全世界宣告并承诺永远不以武力侵犯对方，互不干涉对方内政；同年 8 月发表“和平统一三原则”，进一步提议南北双方“开放门户建立互信”，“加速进行南北对话及多方面的交流与合作”；此外，朴正熙还公开宣示愿在任何时间、任何地点，无条件地举行南北政府之间的对话，以缓和南北紧张形势并建立南北正常关系。随后，南北双方在对等的基础上展开接触和谈判，但因双方立场南辕北辙，南北协商陷入僵局。

1979 年朴正熙遇刺身亡后，总理崔圭夏继任总统未满一年即由全斗焕取而代之；1981 年全斗焕当选韩国第十二任总统，第五共和登台。全斗焕对南北统一问题采取一系列积极主动的措施，1981 年 1 月提议“南北韩最高当局互访”，寻求恢复南北民族之间的信赖，重开南北对话；同年 6 月提议“南北韩最高当局者直接会谈”，希望通过双方领导人会谈解决南北悬案和统一问题，并表示愿在板门店、第三国或朝鲜境内与金日成举行会晤；1982 年 1 月在国会发表国情咨文，提出综合性和系统性的统一方案——“民族和解民主统一方案”，强调统一问题不是任何个人或集团的事，更不应诉诸武力或其他暴力方式，而应通过和平方式，以民族自决为原则。全斗焕提议由南北双方互派代表团组成“民族统一协商会议”起草新宪法，经南北两地公民投票后作为统一后的基本法，届时根据新宪法举行大选，组成统一的国会及政府，完成国家的统一。此外，还提议南北双方在实现统一前缔结“基本关系协定”，“维持基于平等互惠的相互关系”，停止军事竞赛，互设联络处。同年2月韩国政府进一步进出二十项具体的示范措施，其内容是在维持现状的前提下，推进社会开放，发展合作与交流，重点是从民间一般性的交流开始，然后降低军事紧张态势，进而经由政治对话推进统一的实质性谈判。概言之，全斗焕政府的统一政策是通过南北公民投票实现统一，特别是不再主张联合国的介入，也不再强调南北按人口比例普选，与其前任的统一政策出现明显的差别。

1988年2月卢泰愚出任韩国第十三任总统，第六共和起航。卢泰愚执政时期继承全斗焕时期的原则并采取更加弹性务实的政策，在就职演说中宣布“南北对话合作时代”即将到来。卢泰愚于1988年7月发表“七七宣言”，内容包括南北开放门户，人员自由往来；离散家属通邮互访；相互贸易；外交合作；相互支持并协助友邦发展同对方的关系等。接着于1989年9月进一步提出“韩民族共同体统一方案”，建议在南北成为一个完全统一的民主共和国之前成立一个“共同体”，“形成一个民族共同生活圈，以求共同繁荣，恢复民族共同性，加速民族共同体的发展”。卢泰愚强调统一应基于自主、和平、民主的原则，由南北评议会起草新宪法，经南北两地公投表决，通过后定为统一后的基本法，届时据此举行大选，组成统一的国会和政府，从而完成最终的统一。

卢泰愚的统一方案是主张渐进式的统一，也因此在其执政时期极力推进“北方外交政策”，与苏东国家以及中国建交。1991年韩国和朝鲜同时加入联合国，南北关系进入一个新的调整时期。

1993年2月金泳三作为不具有军方色彩的文人总统宣誓就职，韩国军人专政时代宣告结束。金泳三政权在第六共和的统一方案基础上提出更加具体的渐进统一政策，即所谓“三阶段、三基调统一政策”，“三个阶段”是把国家统一视为一个历史过程，该过程分为三个阶段，即和解、合作阶段，南北联合阶段，统一国家阶段，各个阶段都有特定的内容和任务；“三个基调”是推进国家统一的三项宗旨，即民主协商、共存共荣、民族福祉。1994 年金泳三进一步将卢泰愚的“韩民族共同体统一方案”改称为“民族共同体统一方案”，突显南北同属一个民族的理念。于是，金泳三执政时期南北关系一度取得较大进展，但因金日成逝世，南北关系再次陷入僵局。

1998 年 2 月金大中政府成立后在继承历届政府政策的基础上努力寻求凝聚朝野共识，探索新的统一政策方向。作为对北方持宽容态度的元老政治家，金大中强调南北统一应坚持自主、和平、民主的原则；统一只能通过和平方式实现，排除“武力统一”、“吸收统一”或“工作统一”；主张统一分三个阶段进行：第一阶段是组成南北联合体，一个民族，两个国家，两个政府，和平共存，和平交流；第二阶段是实现联邦制；第三个阶段是完全统一。根据这种统一构想，金大中倡导发展南北关系的“阳光政策”（或称“包容政策”），即南北之间不搞武力挑衅，不搞吸收统一，促进对话、交流、合作，诱导北方开放。换言之，“阳光政策”是和平、和解与合作的政策，旨在将半岛南北从过去的对抗的结构转换成为和解与合作的结构，共同追求民族统一的最大利益。以此为背景，2000 年 6 月金大中与金正日举行历史性的南北首脑会谈并签署划时代的协议，决心排除外力干涉实现自主和平统一，开启了南北关系的新时代。

现任总统卢武铉在 2003 年 2 月就职演说中鉴于在野党和反对派对“阳光”字眼的反感和排斥，提出“和平与繁荣政策”取代“阳光政策”作为处理南北关系的根据，一方面延续“阳光政策”的原则精神，另一方面争取更广泛的支持，以此追求朝鲜半岛南北的统一和双方的共同繁荣。

（二）朝鲜的统一政策

相对而言，朝鲜民主主义人民共和国自 1948 年建政以来政局稳定，以 1994 年为界先后由金日成和金正日父子执政。朝鲜的统一政策随着时代变迁和国内外形势变化而具有不同的内容，但究其本质则是在一个朝鲜的原则下，以金日成的主体思想为指导，坚持革命路线，将朝鲜半岛建成共产主义社会，这也是朝鲜劳动党党章和共和国宪法关于统一政策基本原则的规定。

1948 年建国后金日成立即在最高人民会议第一次会议宣布朝鲜为半岛

唯一合法的政府，提出统一的条件是美苏同时撤军。随后，1949 年 6 月在平壤成立“祖国统一民主主义战线”，积极展开和平攻势，要求外国军队及联合国朝鲜委员会撤出，为建立统一政府举行普选，以完成国家的统一。

与此同时，朝鲜还准备通过革命和战争实现统一。在朝鲜战争爆发的 1950 年 6 月 25 日，金日成通过广播宣布：一定要在共和国的旗帜下实现国家统一，这次战争是为实现祖国统一、独立、自由和民主的正义战争。朝鲜战争于是被定性为“民族解放战争”。战争初期是朝鲜人民军的凯歌行进，随后因联合国以及美中诸大国介入而演变为相持不下的国际性战争，在付出惨重的代价后以一纸“停战协定”为南北双方的“武力统一”政策画上句号。

战后朝鲜为休养生息和重建经济，将政策方向从武力统一转向和平统一，特别是企求依靠以苏联和中国为代表的社会主义阵营的强大力量，实现和平统一的目标。1955 年 8 月金日成提出五点统一方案，基本原则是维持现状，内容包括：召开国际会议，保障朝鲜永久和平；撤退外国军队，南北缔结互不侵犯协定；南北裁军；召开南北代表者会议；规定代表全民的统一政府架构等。

进入 60 年代后半岛形势特别是南部形势发生巨变，朝鲜关于南北关系和国家统一的政策出现了新的变化和内容。1960 年 8 月金日成在庆祝解放十五周年大会首次提出“联邦制”的统一方案，主张如果不能实现南北普选，作为过渡实行南北联邦制，即南北维持现存的政治体制，保障双方政府的独自活动，并由双方政府代表组成一个最高民族委员会，指导南北经济、文化的发展和协调，对外采取一致行动，美军撤离半岛。同年 11 月进一步表示，最高民族委员会由南北政府等额代表组成，双方代表拥有同等权限。显而易见，“联邦制”的目的是确保南北对等地位，同时排斥联合国及美国的干涉，谋求通过统战实现统一。朝鲜一方面强化其经济和国防建设，巩固“北半部的革命基地”；另一方面实施“强化三大革命力量”的基本战略，包括提高南部人民的政治觉悟并巩固其团结，强化南部的革命力量。美国撤军、自主普选、实行联邦制成为 60 年代朝鲜统一政策的关键词。

70 年代后世界形势趋向和解，特别是受美国总统尼克松访华和中国恢复在联合国合法席位的影响，朝鲜南北双方也调整其统一政策，从对抗走向接触。1970 年 11 月朝鲜劳动党第五次大会再次确认 60 年代所提出的“联邦制”统一方案。1971 年 4 月外相许锬在最高人民会议进一步说明八项统一措施，包括：废除韩美共同防卫体制，撤退外国军队，南北裁军至 10 万人，南北实施自由选举，保障各政党和社会团体活动，释放政治犯，实行联邦制作为统一政权的过渡形式，实现南北多方面的交流，举行南北政治协商会议等。接着，1973 年 6 月金日成在“防止民族分裂，实现祖国统一”的讲话中提出“祖国和平统一五大纲领”，即：消除南北军事对抗，缓和紧张局势；在各领域进行合作与交流；召开各阶层各党派团体参加的大民族会议；以一个国家（“高丽联邦共和国”）的名义建立南北联邦；以单一国号加入联合国。为消除南北军事对抗及缓和紧张局势，朝鲜进一步提议南北停止军备竞赛；撤退所有外国军队；裁军至 10 万人以下；停止进口军备；签订和平协定。由此可见，70 年代朝鲜的统一政策是采取和平攻势，但由于预设了撤退外国军队等前提，加之发生诸如武装间谍船、停战区地下隧道、朴正熙被暗杀等事件，南北关系终无大的突破。

80 年代南北关系出现新的变化，韩国寻求在民族和睦的基础实现国家和体制的统一，提出“民族和解民主统一方案”，而朝鲜则进一步深化和发展“联邦制”统一方案。1980 年 10 月金日成在朝鲜劳动党六大演讲时呼吁与美国进行直接谈判缔结和平协定，要求美国从南部全部撤军并停止对朝鲜内政的干涉，同时进一步提出成立“高丽民主联邦共和国”的统一方案，主张“这个联邦共和国应该相互承认和容纳对方的思想和社会制度，成立双方以同等资格参加的民族统一政府，双方实行地区自治，对外采取中立政策，不加入任何政治、军事联盟或集团”，并具体提出“民主联邦共和国”的十项施政方针，包括：自主、民主、经济自主、南北合作交流、南北通航通邮、福利、统一军队、统一外交、护侨、和平外交政策等。金日成认为联邦制是成立统一的中央政府的过渡形式，南北双方的政治、军事、外交、经济和社会文化等领域的实际合作是联邦的先决条件。为了促成联邦制的成立，1984 年 1 月朝鲜向韩国和美国呼吁举行“三边会谈”，提议与美国缔结“和平协定”取代“停战协定”，要求美军从韩国撤军，然后南北签订“互不侵犯条约”，规定互不使用武力攻击对方，裁减军队和军费，消除军事对峙。此后，朝鲜还在80年代后期和90年代初多次提出关于分阶段撤军和结束军事对抗的和平方案。

进入90年代后朝鲜根据形势变化对“高丽民主联邦共和国”的统一方案进行调整和修正，金日成在1991年元旦祝辞中提出“一个民族、一个国家、两种制度、两个政府”的主张，强调“目前实际情况是存在着南北两个不同的制度”，统一“应该以谁也不吃掉谁、谁也不被谁吃掉为原则”。随后，1993年4月朝鲜最高人民会议通过“祖国统一全民族大团结十大纲领”，包括：建立自主、和平、中立的统一国家；在民族爱和自主精神基础上实现民族大团结；谋求共存、共荣、共利等。

1994年金日成逝世后朝鲜的内外政策基本没有变化，金日成的“主体思想”成为朝鲜的核心思想和世界观，成为朝鲜政治、外交、经济、军事、社会、文化等所有领域的唯一指导思想。在南北关系和统一政策方面，1997年8月金正日发表演说强调，金日成所提出的“祖国统一三大原则”、“高丽民主联邦共和国统一方案”、“祖国统一全民族大团结十大纲领”是统一的三大宪章和指导方针；1998年4月为纪念南北各政党、社会团结代表联席会议五十周年发表“全民族大团结实现祖国自主和平统一”的信函，表示实现朝鲜民族大团结和自主和平统一是刻不容缓的重要工作，呼吁坚持民主自主原则，尽快改善南北关系，反对外来势力的支配和干涉，特别是呼吁韩国政府尊重彼此的思想、制度和信仰，通过对话和协商自主和平地解决国家统一问题，希望南北各政党和社会团体在营造对话和协商的气氛中发挥积极带头作用。与朝鲜的提议相呼应，韩国发表声明表示愿意举行高峰会谈，最终2000年6月金正日与金大中在平壤举行历史性的会谈，开创了朝鲜半岛南北关系的新纪元。

三、互动关系

朝鲜战争结束后南北双方都被迫放弃武力统一政策，将施政重点转向巩固政权和发展经济，在统一问题上采取和平攻势，南北关系表现为缺乏互动和军事对峙的冷战状态。进入70年代后，随着大国格局变化及国际和解潮流的出现，特别是美国新亚洲政策的出笼以及半岛内部形势的变化，南北双方在政府主导下展开互动，包括政治谈判和接触以及经贸和文化交流。

（一）政治谈判

朝鲜南北会谈始于1971年南北红十字会代表郑洪镇与金得宪的秘密单独接触，此后通过11次秘密安排，韩国中央情报部长李厚洛秘访平壤并会见金日成等北方领导人，与朝鲜劳动党中央组织指导部长金英柱（金日成弟）举行正式谈判，会后发表《七四南北共同声明》，决议建立“南北协调委员会”作为“政府对政府”的协商与执行机构处理南北关系和统一问题，同时签订“汉城与平壤直通电话协议书”，以便双方建立迅捷的联系。南北关系进入对话时代。

“七四声明”发表后，朝鲜南北通过红十字会和南北协调委员会两个渠道，轮流在汉城和平壤举行会谈。至1973年7月南北协调委员会共举行三次正式会谈，主要协商解除军事对峙、建立联合办事处等军事安全和政治经济问题；红十字会也进行七次正式会谈，主要协商基于人道主义立场，解决战后一千万离散家族的团聚问题。后因1973年发生金大中被绑架等事件，朝鲜指责韩国将民族分裂永久化，宣布中断南北和谈。

80年代后朝鲜半岛形势趋向和缓，南北双方恢复经济会谈、红十字会谈、国会会谈、体育会谈和高级会谈等，尽管会谈因韩美联合军事演习导致南北关系紧张等原因而曾出现中断，但基本方向是对话和协商，并取得了一定成果。特别是总理级会谈作为70年代南北展开接触后最高层级的会谈，自1990年9月至1992年1月共举行了五次会谈，最终签署了《关于南北和解、互不侵犯和交流佳作协议》和《朝鲜半岛非核化宣言》，宣布南北关系不是国家之间的关系，而是走向统一过程中暂时形成的特殊关系，象征着南北关系的重大发展。正是这种和解气氛为南北双方于1991年同时加入联合国创造了条件。

进入新世纪后，南北关系进一步发展。2000年6月韩国总统金大中和朝鲜国防委员会委员长金正日在平壤举行高峰会谈，这是半岛分裂后南北领导人首次会晤，双方签订了《六一四共同宣言》，开启了南北和平、和解和合作并最终迈向统一的新纪元。此后，为落实高峰会谈达成的协议，南北双方建立多样化、机制化的会谈，特别是通过部长级会谈、国防部长会谈、红十字会谈等渠道进行务实性的协商，取得一定的成果，在缓和军事紧张、建立永久和平、消除战争威胁等方面达成基本共识。

（二）经贸交流

南北经贸交流始自上个世纪 80 年代，但基本上只是一种政治表态。1984 年 11 月至 1985 年 11 月南北为促进双方经贸合作与交流而举行五次经济会谈，确定了先贸易后合作等原则，但由于在工作原则、交换商品等细节意见不一及政治原因，未能达成具体的合作协议。

1988 年韩国总统卢泰愚发表特别宣言，宣布开放南北贸易；接着公布对北方经济开放措施，允许双方贸易和工商人士交流；1990 年进一步制定《南北经济交流促进法》，设立南北经济合作交流基金，南北经贸合作与交流正式展开。如在经济合作方面，双方达成 18 个协议，预计投资达 42 亿美元，包括一个年产 10 万辆汽车的和平汽车厂、南北合营电脑计划中心、金刚山旅游计划以及轻水反应炉等。在贸易方面，虽然贸易品种不断扩大，但总体上南方以输入原材料为主，如钢材、煤炭、电解铜、铅锌材料以及人参、中药材等，北方主要输入纺织品、化工产品和民生用品（三者合计占 80% 以上）等。

需要注意的是，在南北经贸交流中非商业性的贸易占相当大的比重。其一是委托加工贸易随着时间推移而急速增长，这种产品以纺织品占最大比例；其次是电机电子产品和农水加工品，1991 年这种贸易额仅 3.6 万美元，占双方贸易的 0.02%，而到 1996 年达 6032.8 万美元，占 24.8%，2000 年更达 11126 万美元，占 55.6%。其二是南方基于人道主义的援助，包括 KEDO 支持朝鲜的重油及其他物资、粮食等。

由于南北经济发展的不平衡，特别是南方在产业发展、科学技术、管理人才以及资金等方面占绝对优势，因此双方经贸合作和交流实际上呈一边倒的态势，即由南方提供资金和技术协助北方发展，在贸易上也是南方顺差。当然，由于政治文化以及制度观念差异等因素的影响，南北经济关系非常脆弱，政治关系的冷热直接影响经济交流的状态，经贸关系呈现浓厚的政治色彩。

（三）社会文化交流

社会文化交流主要是由民间推动的各种交流活动，涉及文化、艺术、体育、宗教、观光等领域。1989年韩国公布《南北交流合作指针》后双方开始进行民间交流活动，但由于政治因素影响，始终难以大幅度展开；1998年现代集团推进金刚山观光事业后双方民间交流活动趋向活跃，人员往来形成一定规模，如1998年11月至2000年11月赴北方观光的韩国民众达20万人次。

离散家族相聚是南北社会交流中值得注意的方面。国家分裂造成了成千上万家庭骨肉分享的悲剧，据韩国统计近800万人在北方有亲人，其中属于战前出生的达100余万人，因此离散家族相聚成为处理南北关系的紧迫问题和全民族的心愿。1985年9月南北举行第一次离散家族相聚，此后中断。2000年南北高峰会谈后重开，双方经红十字代表协商并签订协议，同意互派代表团前往汉城和平壤进行探亲，同年举行两次，第一次南方100人与北方218人相聚，第二次北方254人与南方770人相聚。

目前社会文化交流无疑还处在起步的阶段，而且呈不平衡的态势。以人员往来和离散家庭相聚为例，南方访北方者多为涉及金刚山观光和北方核电站建设的人员，纯粹的文化艺术、学术、传媒、宗教团体的人员不多，如在2000年访北方的6846人中前两类人分别占2152人（31%）和2085人（30%），另有753人是从事人道主义援助的人员，646人是文化交流工作者，400人是进行南北会谈的官员，纯粹的民间人士极少；北方访南方者的情形大同小异，在2000年的706人中336人是文化交流工作者，287人是离散家庭成员，68人是会谈官员。再者，南北双方互访不成比率，特别是北方访南方者人数很少，1993年只有6人，1994～1998年0人，1999年62人，2000年706人。即使是最为紧迫的离散家庭相聚问题，发展前景也不容乐观，如以每月100人的进度也需要近1000年的时间才能解决。由此可见，南北社会文化交流任重道远，需要双方政府和民间共同努力。

结语：他山之石，可以攻玉

一、关于二战后国家分裂与统一现象的基本看法

第一，二战后初期第一波的国家分裂与二十世纪末期第二波的国家分裂

在性质上是不相同的。对于第一波的国家——无论是已经恢复统一的越南、德国，还是依然处于分裂状态的朝鲜（在某种意义上还有两个政权隔海而治的中国）——而言，分裂是既成的民族国家发展过程中的曲折，这些国家在分裂前无论是在国民意识领域还是在政权结构方面都是一个完整的国家单位，分裂后对立的双方依然具有共同的历史、文化、语言，分享着长期的统一经验。实际上，这些国家的分裂无论是国际安排抑或国内战争所致，都是违背其民族意愿的被动接受；相反地，对于苏联和南斯拉夫等第二波的国家而言，分裂是在民族国家建构过程中出现的，这些国家只是凭借意识形态灌输和政治权力支持而具备了貌似完整和强大的国家面貌，但缺乏民族国家赖以存在的真正的民族认同以及国家认同（“国族认同”），只要意识形态或制度权力遭到冲击而走向瓦解，国家的解体就难以避免。事实上，这些国家的分裂尽管存在某些偶然，但无疑是其内部曾经被超越的民族的自觉选择。

第二，二战后国家分裂的根源和背景揭示，民族国家的分裂不只是内部因素或外部因素的独立作用的结果，因此简单地称之为“内战型分裂国家”或“国际型分裂国家”只能是以偏概全。实际上，民族国家的分裂是社会传统渊源、政治权力斗争等内部因素与国际政治格局、地缘战略利益等外部因素综合作用导致的，内外两种因素存在彼此影响的互动关系，而不是孤立地发生作用。以德国和朝鲜等第一波国家的分裂而言，固然美苏等大国的战后安排和战后初期东西方对抗的世界格局导致了其分裂格局并进一步巩固了其分裂状态，但分裂政权赖以建立的互为对立的意识形态及其为巩固各自政权而实施的政策，无疑进一步强化了分裂状态并使之长期化。再如第二波的国家——苏联和南斯拉夫，其解体固然可归因于其文化传统和民族渊源所导致的国家认同（国族认同）的薄弱和缺失，但若无冷战结束等国际秩序的变化以及全球化和信息化的冲击，假以时日，这些国家也可能发展成为真正的统一民族国家，而不是走向分裂。

第三，二战后国家分裂与统一的演变进程显示，尽管分裂国家因其指导思想和意识形态各异而走上不同的发展道路，形成异质的政治、经济和社会制度，从而强化了分裂状态，但无论如何分裂国家的双方或至少一方都不断地和明确地宣告其为国家惟一合法代表，并以终结国土分裂状态和恢复国家统一为基本国策，终极的统一诉求甚至在一定程度上成为分裂国家政权长期存在和维系的前提和条件之一。

第四，二战后终结国家分裂状态的基本方式至今只有两种选择，或者是诉诸流血的战争，以巨大的生命牺牲和资源消耗为代价实现国家的统一，其典型是 1975 年越南悲剧性的统一；或者是采取和平的合并，经过长期的和平发展和竞争之后，因应时代的变化由人民做出自主的抉择，其代表是 1990 年德国的和平统一。

第五，以终极统一为诉求并以和平竞赛为前提，二战后分裂国家是在相互尊重和彼此包容的基础上展开全方位的互动关系，尤其是以务实的精神、通过法制化的方式处理双方关系及其与国际社会的问题，尤其东西德国和南北朝鲜分别同时加入以主权国家为成员的联合国，充分体现了这些国家致力于争取和实现“双赢”的务实原则。实际上，只有通过细水长流式的和平互动，分裂国家人民的主体精神才能够最终演化为促进国家统一的动力，实现民族国家的复兴。

二、分裂国家模式与中国两岸关系

与其他分裂国家类似，二战后国共内战导致了中国海峡两岸两个意识形态对立政权的对峙，此后美苏对中国内部事务的积极干预及其对对立政权一方的片面支持，进一步强化了两岸的分治状态并使之定型，中国至今依然是一个尚未实现完全统一的主权国家。无需赘言，中国与德国、朝鲜等其他国家的分裂不能相提并论，这突出地表现在：

其一，中国两岸分治本质上是内战遗留下来的问题，领土主权始终是统一的，从未被分割，国际影响和介入的程度相对比较低。

其二，海峡两岸实力相差悬殊，国际社会普遍承认海峡两岸同属“一个中国”；中华人民共和国是代表中国的唯一合法政府。

其三，由于各种原因，战后台湾滋生出一股“台独”势力，妄图分裂中国。尤其是 2000 年台湾政党轮替、以“台独”为指向的民进党执政之后，中国的统一事业面临分裂主义新一轮的严峻挑战。

尽管如此，二战后分裂国家所推行的统一政策和互动关系模式，依然能够为处理两岸关系提供某些参考和借鉴：

第一，正视分治状态，尊重彼此地位，这是启动和展开和平互动的出发点和基本前提。

第二，不放弃武力，但力争和平统一。当前的分治状态并不意味国家的“永久分裂”，尽管必须具备强大的实力和坚定的意志以遏制“台独”，但决无必要为追求跳跃式的快速统一而诉诸武力，从而导致丧失国家发展机遇和付出重大民族牺牲的悲剧。

第三，基于务实精神，以力争双赢和共荣为目标，在正常化的基础上健全法制化和制度化的关系，规范经济、文化、社会以及政治、军事等各领域的互动。

第四，互动必须是全方位的，尤其需要克服“政冷经热”的现象，致力于推动和进行高级别的政治协商和军事交流，从根本上缓解紧张和对立局面。

第五，在国际社会给予合符其身份的尊重和礼遇，避免分治状态成为第三者操纵和渔利的工具。

此外，以20世纪末期苏联和南斯拉夫等社会主义国家的分裂为殷鉴，结合近年台湾以所谓“正名”为借口推进“去中国化”并建构“台湾主体意识”的实况以及两岸关系发展的实际，从意识形态和民族主义的视角可以得出如下结论：

第一，对任何现代国家而言，意识形态都发挥着政治合法性和政治团结的功能。苏联最后以从内部和平解体而告终，意味着苏联社会主义模式以及意识形态的失败。当前海峡两岸之所以无法在统一问题上达成共识，在很大程度上也是因为经过几十年的分隔，台湾与大陆分别走上社会主义道路和资本主义道路，不同的意识形态成为两岸民众的思维和认识的基础。在可见的未来，意识形态分歧仍是两岸统一最主要的障碍。而以“一国两制”的模式谋求国家的统一遂成为唯一最佳的方案。

第二，民族主义是一把双刃剑，它既能帮助建立一个国家，也能分裂一个国家。大陆一直强调以两岸同属中华民族为两岸统一的依据，而“台独”分离主义势力却一直企图通过各种“去中国化”行径建构一个所谓的“台湾民族共同体”。新创的“台湾民族主义”虽然带有明显的人为痕迹，但在某种程度上已经逐渐被台湾的政治民主化过程所强化和“合法化”。即使是在虚构的“民族主义”对立的支配下，未来两岸统一也将会面临越来越大的困难。

第三，民族主义并非国家统一的唯一条件，它还需要有合适的制度安排和民主自由等符合人类社会发展的实质内容。因此，对大陆而言，加快政治经济体制改革，创造出更多的物质财富，全方位提高人民的生活水平，不断提升综合国力，以增强大陆对台湾民众的吸引力，是首要任务所在。与此同时，还必须在现实两岸关系和统一问题上做出更有创意的安排，建立某种“一个中国”主权框架下的政治结构，使台湾民众的中国观念逐渐制度化。

【参考文献】

1. 阿登纳：《阿登纳回忆录》，上海：上海人民出版社，1973～1976 年。
2. 艾泽曼：《美国人眼中的越南战争》，北京：当代中国出版社，2006 年。
3. 比兰吉奇：《南斯拉夫社会主义联邦共和国史纲》，天津：天津人民出版社，1985 年。
4. 曹中屏等：《当代韩国史（1945～2000）》，天津：南开大学出版社，2005 年。
5. 陈之骅等主编：《苏联兴亡史纲》，北京：中国社会科学出版社，2004 年。
6. 郭恒钰、许琳菲等：《德国在哪里？联邦德国四十年：政治·经济篇》，台北：三民书局，1991 年。
7. 韩国国土统一院编：《统一白皮书》，首尔：国土统一院，2000 年。
8. 郝时远主编：《南斯拉夫联邦解体中的民族危机》，成都：四川民族出版社，1993 年。
9. 华庆昭：《从雅尔塔到板门店》，北京：中国社会科学出版社，1992 年。
10. 霍尔：《东南亚史》下册，北京：商务印书馆，1982 年。
11. 姜万吉：《韩国现代史》，北京：社会科学文献出版社，1997 年。
12. 金日成：《金日成回忆录》，北京：中国社会科学出版社，1994 年。
13. 金日成：《金日成著作集》，平壤：外国文出版社，1980～1998 年。
14. 金云泰等：《韩国政治论》，首尔：博英社，1991 年。
15. 柯洛齐：《苏联帝国兴衰史》，台北：智库股份有限公司，2003 年。
16. 李家忠：《中国——越南》，北京：五洲传播出版社，2004 年。
17. 李英明：《文化意识形态的危机：苏联、东欧、中共的转变》，台北：时报文化出版企业公司，1992 年。

18. 连玉如：《新世界政治与德国外交政策》，北京：北京大学出版社，2003 年。
19. 梁英明等：《近现代东南亚史（1511 ~ 1992）》，北京：北京大学出版社，1994 年。
20. 梁志明：《东南亚历史文化与现代化》，香港：香港社会科学出版社，2003 年。
21. 吕耀坤：《德国政治制度》，北京：时事出版社，1997 年。
22. 孟迎辉：《政治信仰与苏联剧变》，北京：中国社会科学出版社，2005 年。
23. 森山茂德：《韩国现代政治》，台北：五南图书出版有限公司，2005 年。
24. 沙尔夫：《民主德国的政治与变革》，北京：春秋出版社，1988 年。
25. 史丘钦格：世界知识出版社编：《德国统一纵横》，北京：世界知识出版社，1992 年。
26. 王绳祖等：《国际关系史》，北京：世界知识出版社，1995 年。
27. 吴友法：《当代德国：命运多舛的世界新秀》，贵阳：贵州人民出版社，2003 年。
28. 吴友法等主编：《德国资本主义发展史》，武汉：武汉大学出版社，2000 年。
29. 杨荫恩：《战后德国简史》，北京：外语教学与研究出版社，1995 年。
30. 余建华：《民族主义、国家结构与国际化：南斯拉夫民族问题研究》，北京：民族出版社，2004 年。
31. 张启雄：《海峡两岸在亚洲开发银行的中国代表权之争》，台北："中央研究院" 东北亚区域研究，2001 年。
32. 张伟恒等主编：《苏联兴亡和社会主义前景》，北京：新华出版社，1999 年。
33. 张锡镇：《当代东南亚政治》，南宁：广西人民出版社，1994 年。
34. 赵乃斌、汪丽敏主编：《南斯拉夫的变迁》，广州：广东人民出版社，2002 年。
35. 宗特海黩尔：《联邦德国政府与政治》，上海：复旦大学出版社，1985 年。
36. 左凤荣：《苏联走向衰落与解体的深层原因新探：以苏联的对外战略及其对国内发展的影响为视角》，北京：中共中央党校出版社，2002 年。
37. 齐世荣主编：《德国：从统一到分裂再到统一》，西安：三泰出版社，2005 年。
38. 萧汉森、黄正柏主编：《德国的分裂统一与国际关系》，武汉：华中师范大学出版社，1998 年。
39. 吴沧海：《德国的分裂与统一》，新店：志一出版社，1995 年。
40. 晏小宝主编：《德国的统一》，上海：上海远东出版社，1992 年。
41. 丁建弘、陆世澄、刘祺宝主编：《战后德国的分裂与统一》，北京：人民出版社，1996 年。
42. 米·谢·戈尔巴乔夫着、王尊贤译：《我与东西德统一》，北京：中央编译出版社，2006 年。
43. 刘洪潮主编：《西方和平演变社会主义国家的战略策略手法》，武汉：湖北人民出版社，1989 年。
44. 国家教委社会科学研究与艺术教育司：《东欧局势的演变与前景》，北京：高等教育出版社，1990 年。
45. 张炳杰：《德国的历史与两个德国的现状》，北京：北京旅游教育出版社，1988 年。

46. ［德］科尔著、葛放主译：《我要的是德国统一》，沈阳：辽宁人民出版社，1999 年。

47. 晏小宝：《社会市场经济与德国统一》，上海：三联书店上海分店，1993 年。

48. ［德］H·缪尔德斯着、姚先国译：《两德统一中的经济问题》，北京：科学技术文献出版社，1992 年。

49. Bleiker, Roland, DividedKorea:? toward a culture of reconciliation, Minneapolis, MN: University of Minnesota Press, 2005.

50. Gu, Weiqun, Conflicts of divided nations: the cases of China and Korea, .

51. Huh, Moon – Young, North Korea's negotiation behavior toward South Korea: continuities and changes in the post inter – Korean summit era, Seoul: Korea Institute for National Unification, 2006.

52. Kim, Hak – chun, etc. ed., New international order and future of divided nations,

53. Cho, Min, The establishment of peace on the Korean peninsula and the outlook for unification, Seoul: Korea Institute for National Unification, 2006

54. Son, Key-young, South Korean engagement policies and North Korea: identities, norms and the sunshine policy, London &? New York: Rout ledge, 2006.

（2007 年度国台办调研课题，2007/12，主持人：徐博东，执笔人：陈文寿/胡淑慧/郭艳）

2007年民进党大陆政策的调整及其影响

2007年两岸关系复杂多变。在这一年中，民进党的总体政策主轴仍然是围绕着“独统”、两岸关系展开。通过“宪改”追求“法理台独”、推动“入联”和“入联公投”、去中国化、挑衅大陆、阻碍两岸关系发展、制造两岸关系紧张依然是这一年陈水扁及民进党当局大陆政策的主要内容。当然，在台海两岸等各方面的共同努力下，民进党当局力图通过“宪改”实现“法理台独”的企图和努力遭到挫败，被迫放弃，这也是本年度我们反“台独”斗争取得的一个重大的阶段性胜利。

一、2007年民进党的大陆政策

在这一年当中，民进党当局的大陆政策以及与两岸关系有关的政策活动主要有：推动“宪改”，提出“第二共和宪法草案”，为奥运圣火入台制造政治障碍、继续推动去中国化，通过所谓“正常国家决议文”，大力推动“入联”和“入联公投”，阻挠两岸经贸关系的发展，在对外关系上到处点火，实行“烽火外交”。通过这些活动，民进党把“法理台独”进一步向前推进。虽然两岸在节日包机等方面取得了一些进展，但民进党当局在两岸政策上的这类调整属于低层次的、技术性的，而且这些进展基本上被陈水扁当局的一系列“台独”挑衅活动所淹没。尽管通过“宪改”制造“法理台独”被遏制，但是通过其他途径制造和引起两岸关系紧张的各类“台独”分裂活动仍然是一年来民进党大陆政策的主流。

（一）本年度陈水扁大陆政策的基本主张与计划

2007年是陈水扁加紧推动“台独”活动的关键一年，在任期即将结束、弊案缠身、台湾经济每况愈下而又面临08年“立委”和“总统”选举等各种压力的综合影响下，陈水扁大陆政策主张的“台独”本质更加鲜明、突出，越来越具有冒险性和进攻性，四面出击，伺机突破。

陈水扁在 2007 年元旦讲话中回顾了他在过去几年当中所作的“台独”成就，对于 2007 年，陈水扁称要“为凝聚并强化一个新的国家共同体意识”而努力，继续推动“台独”；在两岸关系上则把原来的“积极开放、有效管理”修改为“积极管理、有效开放”作为其两岸经贸政策的所谓“新思维与新作为”。陈水扁在这一讲话中基本勾勒出其在 2007 年的大陆政策的基本方针与施政方向。

3 月 5 日，陈水扁在台湾人公共事务会 FAPA 成员集会上，提出要“台独”、要“正名”、要“新宪”、要发展、没有左右，只有统独问题，人们称之为“新四要一没有”。

5 月 18 日，陈水扁在一篇文章中提出，在仅剩的一年任期中他要完成七大工作目标，其中涉及“台独”与两岸的就有：一、深化民主的内涵，完成“公民投票法”的修正，协助整合出一份“台湾新宪”的草案并交付“立法院”审议。二、强化台湾主体意识，持续推动指标性企业的“正名”，以“台湾”名义积极参与国际社会，包括以台湾的名义申请加入世界卫生组织和联合国。

2007 年 10 月 17 日陈水扁在就任民进党主席的仪式上，宣布他担任党主席的三大任务，其中一项就是所谓让“台湾加入联合国的公投过关”，大力推动“入联公投”。自此，在陈水扁的主导下，民进党加紧了在岛内展开“入联公投”联署活动与相关舆论宣传，完成“入联公投”的各种程序与准备，要在 3 月 22 日台湾地区领导人选举的同时举办“入联公投”。

一年来，陈水扁先后发表的相关言论与政治计划基本上勾勒出了民进党相关政策的轮廓，并在这一年当中不顾各方反对，加紧推行。

（二）“宪改”计划被迫取消

“宪改”是近年来民进党当局推动“法理台独”的主要手段和途径，也是最有可能威胁两岸关系现状的危险举动。但是，到了 2007 年情况发生了变化。

在 2007 年元旦文告当中，在各方面的压力下，陈水扁没有提到“宪改”问题。1 月 3 日民进党中执会再度讨论“修宪案”，虽然民进党主席游锡堃仍对推动“宪改”非常热情，但与会的民进党中执委大多数持质疑的态度。

民进党当局在2007年推动的最大的一次“宪改”攻击波，是由陈水扁的大陆政策智囊陈明通等人以民间学者的身份提出的“中华民国第二共和宪法”草案。陈明通在3月18日声称，2008年“总统”大选，不管最后的版本是什么，“修宪公投”一定上场。但在各方的共同反对和压力之下，5月24日，新任“陆委会主委”的陈明通在“立法院”接受质咨时表示，除非民进党政府把他担任教授期间所提出的“第二共和宪法”当成政策，否则，他不会在民进党内部、外部或其他场合推动“第二共和宪法”。基本上，民进党在2007年度推动的“宪改”运动到此为止，逐渐偃旗息鼓。。

在2008年实现“公投制宪”、完成“法理台独”的程序，是陈水扁的一大心愿和目标。为此，早在2003年年底，他就提出了“公投制宪时间表”，希望能在2006年由“立法院”提出“新宪文本”，2007年内实施“公投复决”，2008年5月20日新一任“总统”就职时实施“新宪”。鉴于到2007年夏民进党推动的“宪改”进程，根本不可能按“修宪”的日程表完成所有的程序。这样，就使陈水扁原先精心规划的在他卸任时实施“新宪”的梦想泡了汤。

民进党推动的“宪改”最终不了了之，标志着在陈水扁的任期内，以“公投制宪”方式推动“法理台独”，已经彻底失败。这是海内外同胞反“台独”斗争取得的一次重要的阶段性胜利。

（三）民进党提出并通过“正常国家决议文”

2007年5月6日，谢长廷在民进党内进行的“总统候选人”初选中脱颖而出，而强烈主张“台独”的游锡堃和苏贞昌却败选。不甘心失败的游锡堃等人为了个人以及少数“急独”分子的利益，试图在民进党内通过一份新的“台独决议文”——“正常国家决议文”来继续绑架、束缚谢长廷未来的政策路线。因此，“正常国家决议文”从一开始就与民进党内部争权夺利的斗争纠缠在一起。

初选失败后，游锡堃以民进党主席的身份正式启动“正常国家决议文”的起草工作，成立起草小组，找来了著名的“台独分子”蔡同荣任小组召集人。

在 5 月 30 日民进党“正常国家决议文”起草小组首次开会时，蔡同荣建议，“决议文”的内容包括，凡是外来政权遗留下来的“国旗”、“国歌”、“国父”等，都应由本土政权重新制定来取代。他还主张“国家”正名为“台湾”，并以“台湾”名义加入联合国、世界卫生组织等国际组织。蔡同荣版的“台湾国家正常化决议文”赤裸裸地暴露出其激进的“法理台独”本质。

8 月 1 日，民进党抛出了其政策会研拟的“正常国家决议文”草案。但这份内容十分露骨的激进“台独”决议文，在民进党内引起了广泛争议，也引起了担心冲击选情的谢长廷等人的质疑。后经修改，“正常国家决议文”正式出炉，并于 9 月 29 日的民进党全代会上获得通过。决议文主张：“应以台湾的名义申请加入联合国、世界卫生组织等国际组织，且早日完成台湾正名，制定新宪法，在适当时机举行公民投票，以彰显台湾为主权独立的国家”。这一妥协后的版本虽然相对于游锡堃、蔡同荣的版本“独”性有所淡化，“台独”时间表语焉不详、模糊不清，但它仍然是一份不折不扣的激进“台独”决议文。

随着 9 月下旬游锡堃辞去民进党主席职务以及“正常国家决议文”的通过，民进党内部游、谢之间的路线之争和权力之争暂时告一段落。

（四）“入联公投”成为推动“台独”的重头戏

以台湾的名义加入联合国，是陈水扁当局早在 2007 年年初就蓄谋推动的一场“台独”闹剧。在“宪改”受挫之后，陈水扁当局及时调整了推动“台独”的策略，于是“入联公投”就成为民进党当局 2007 年下半年推动“台独”的重头戏，并成为民进党因应选战的主打议题。

早于 1 月 26 日，陈水扁就抛出了“以台湾名义加入联合国”的议题，吹响了民进党在 2007 年围绕加入联合国问题推动“台独”的号角。为了制造舆论，同时也是为下一步推动“入联公投连署”制造所谓“悲情”和“正当性”，陈水扁先是亲自向联合国秘书长潘基文接连写信，一再提出“以台湾名义加入联合国”的无理要求。“入联”要求遭到碰壁后，紧接着民进党当局就在岛内发起“以台湾名义加入联合国”的公投联署，以期故伎重演，在 2008 年台湾地区领导人选举中实行“公投绑大选”。

民进党中常会4月12日通过“以台湾名义加入联合国公投连署”的连署书。4月16日，民进党代理党主席蔡同荣宣布，正式启动民进党的“公投绑大选”的列车。

10月11日上午陈水扁在回任民进党党主席时宣称，如何让“入联公投”过关，是接下来努力的目标与唯一重点。到10月底、11月初，民进党发动的“入联公投”联署已经超过200万份，为下一步实施“公投绑大选”打下了基础。

“入联公投”作为陈水扁和民进党维系执政地位的救命稻草和在政治上讨价还价的筹码，虽然遭到大陆和包括美国在内的国际社会的强烈反对，但迄今还没有要停下脚步的迹象。如果陈水扁民进党一意孤行，执意在2008年3月22日实行“入联公投”绑“大选”，势必对台海局势造成严重的冲击。

（五）阻挠奥运圣火入台

阻挠奥运圣火入台，这也是2007年民进党当局大陆政策一项具有指标意义的行为。

北京奥组委4月26日公布2008年北京奥运圣火传递路线图。奥运圣火经过台北的出入路线是：由越南胡志明市进入台北，而后由台北传递到香港。这一路线安排本来是北京奥组委与台湾有关方面共同协商后的结果，但在北京奥组委对外正式宣布后，台湾“体委会”及中华奥会却举行记者会宣称，圣火路线经台湾再传进香港再进中国境内，容易被中国大陆对外宣传为台湾是“国内路线”中的一站，不合台方预期，且有被“矮化”之嫌，而且大陆媒体都以“中国台北”来称呼，所以不能接受。公然推翻双方达成的共识，拒绝奥运圣火入境台湾。台湾此举创下了奥运史上奥委会成员拒绝圣火入境的首例。

后来，两岸有关方面就圣火路线问题经过了一个月的协商，台湾方面虽然表示同意接受已经公布的路线，但却不愿承诺保证遵守国际奥委会有关圣火传递过程的相关规定，导致无法最终签署协议，国际奥委会最后被迫取消了圣火入台计划。

圣火入台的最终取消，显示出民进党当局已经将体育高度政治化，在两岸问题上蓄意制造事端，制造所谓“悲情”，以骗取政治资本。

（六）继续大力进行“去中国化”与“去蒋化”

2007 年也是民进党当局大力推进“去中国化”的一年。民进党当局的“去中国化”行为是其走向“台独”的必要准备，与民进党的大陆政策有着密切的关系，也是其大陆政策走向的重要晴雨表。

在“去中国化”方面，民进党当局的主要动作有以下几个方面：

2007 年 1 月，台湾教育主管部门大幅修改高中历史课本，删去孙中山的“国父”称号。1 月 31 日，民进党中常会上，针对正名问题，民进党主席游锡堃在中常会上作出两点决定：一、以“中国”为名的公营事业单位，如“华航”、“中船”、“中油”及“央行”CBC 等单位，应尽速修法落实正名。其次，凡以“台湾省”为名的公营事业单位，如“台湾省自来水公司”，应直接更名为“台湾”。

民进党中常会后不久，在民进党的压力和推动下，新一轮“去中国化”运动在相关公营企业和机构渐次展开，台湾的“中国石油公司”和中华邮政均完成了改名。

为将“去中国化”推向深入，台湾行政主管部门加紧推动“去国语化”，制订所谓“国家语言发展法”草案，其主要目的在于去除“国语”及“方言”的概念，这也是民进党“去中国化”运动的一个重要组成部分。

2007 年下半年，是民进党开展“去蒋化”运动的重要阶段。继 2006 年开始在全岛范围拆除蒋介石铜像之后，中正纪念堂改名、拆围墙、慈湖、头寮两蒋陵寝撤卫兵等“去蒋化”运动，在民进党内部也早有共识，并决定一定要在 2008 年“总统”大选前完成。12 月初，民进党当局强行拆除了“大中至正”牌楼上的“大中至正”牌匾、将“中正纪念堂”改为“民主纪念馆”。紧接着，陈水扁宣布要撤出在慈湖、头寮两蒋陵寝值勤的卫兵，并在年底前正式完成。

（七）两岸关系事务方面的问题与有限进展

陈水扁在 2007 年的元旦讲话中，从根本上否定了苏贞昌期望的较为开放的两岸政策（所谓“苏修路线”），确定了“积极管理、有效开放”的原则。这也就意味着 2007 年度，台湾当局的两岸经贸交流等政策将不可能是开放性的，两岸交流在具体事务方面取得进展也是有限的。

政治障碍依然如故

台湾当局的两岸政策制定所以难以有较大进展，关键在于民进党当局的意识形态所构建的政治障碍造成的。在陈水扁执政的最后阶段，民进党当局依然不承认“九二共识”和一个中国原则，其核心实际上是依然对大陆保持着强烈的敌我意识，几乎所有两岸政策均从敌我斗争与对抗的角度进行思考与设计。民进党在岛内推动“台独”的同时，在两岸关系的具体事务上一直对大陆保持提防的心理，难以推行开放和大胆的大陆政策。

台湾方面一谈起两岸协商谈判，总是提出“希望大陆不要设定无谓的政治前提”，即“九二共识”和一个中国原则。然而，一旦两岸进行某些接触和协商之时，台湾方面又总是担心被“矮化”，担心被联想成为地方政府。这也说明，台湾方面虽宣称不要有所谓的政治前提，“不要有政治框架”。但是最在意这些政治前提，并把两岸协商推入僵局的正是台湾当局套上的一些“政治框架”。

有限的进展

在各种政治羁绊的影响下，2007 年两岸关系在具体事务上所取得的进展是十分有限的。主要有：

在媒体入台采访方面，1 月 5 日台湾“新闻局”上午发布新闻稿宣布，台湾“行政院新闻局”与“陆委员”会订定“港澳中资媒体来台驻点采访注意事项”，即日起开放港澳中资媒体申请赴台驻点。

按照两岸民间航空组织 2006 年 6 月做出的有关客运包机节日化的框架性安排，2007 年两岸包机由春节扩展到含清明、端午、中秋在内的四大传统节日。2007 年 3 月 30 日，台湾“中华航空”CI7957 航班由台北飞往上海，首次两岸清明包机由此“起飞”。这是 2007 年两岸关系进展中较为突出的一个方面。

2007 年上半年是两岸关系发展的一个窗口期，本年度两岸关系取得的进展主要发生在这一时期。进入下半年后，陈水扁当局开始大力推动所谓“正常国家决议文”和“入联公投”等“台独”活动，在这种恶劣的政治环境下，两岸在相关事务方面基本上停止了运作，当然也不可能取得任何突破性的进展。特别是台湾旅游业及其相关产业望眼欲穿的开放大陆游客入岛旅游问题，更是“只听楼梯响，不见人下来”，至今仍停留在“协商阶段”。

总体而言，2007年的民进党大陆政策的主要特征是：“台独”试探与冒进是主流，与大陆围绕“台独”问题进行意识形态斗争和对抗是其主要特色；在“积极管理，有效开放”原则下，台湾当局的两岸经贸政策的开放空间十分有限，两岸关系在具体事务上的进展也十分有限。总之，在民进党“台独”意识形态的钳制和影响下，其大陆政策不仅对两岸关系和台海和平带来了严重冲击，同时也给台湾经济民生造成了重大损失。

二、民进党大陆政策调整及其影响分析

（一）民进党大陆政策调整及其特点

从总体上看，一年来民进党的大陆政策仍顽固坚持“台独”路线，但在大陆和美国联手反“台独”以及岛内政治经济等因素的影响下，也进行了一些调整，发生了一些微妙的值得注意的变化。这主要表现为：“台独”冒险与政策调整并举，民进党内围绕着大陆政策问题斗争加剧。

第一，收紧两岸政策，推行所谓“积极管理，有效开放”政策。自2006年下半年起，民进党内以新潮流派系为代表提出了开放两岸经贸政策的主张，台湾行政主管部门负责人苏贞昌顺应了这一呼声，结果，被民进党内深绿派指责为“苏修路线”。在深绿和陈水扁的压力下，台湾行政主管部门在两岸经贸政策上又回到了陈水扁的老路。张俊雄回任“行政院长”后声称，“积极管理、有效开放”仍然是推动两岸经贸往来的最高指导方针。在陈水扁下台之前，这一政策已经看不到任何改变的可能性。除2007年上半年开始的两岸节日包机外，两岸关系没有取得任何较大的进展。

第二，变本加厉地推动“去中国化”和“去蒋化”。“去中国化”和“去蒋化”虽然与台湾岛内政治斗争密切相关，但其实同时也是民进党大陆政策的一个重要组成部分，是民进党推动“台独”的一个重要方面。与2006年相比，民进党的“去中国化”和“去蒋化”政策举动更加粗暴和粗糙，所谓“上杜下谢又连庄”的恶劣表演，对待蒋氏父子近乎“鞭尸”的

做法，颠覆了中国的传统文化和台湾社会普遍认同的价值观，在台湾民众中引起了强烈的不满与反感，并进而成为民进党2008年1月“立委”选举大败的重要原因之一。

第三，在反“台独”力量的压力下，不得不放弃通过“宪改”进行“法理台独”。进入2007年后，在岛内外反“台独”力量的强大压力下，民进党当局的“宪改”计划受阻，使之从时间上和现实上没有机会在陈水扁下台之前完成。尽管陈水扁的大陆政策智囊陈明通等人曾经抛出了一个所谓的“第二共和宪法草案”企图继续推动“台独”宪改，但最后也不了了之。陈水扁精心设计、鼓吹了多年的“公投制宪时间表”成了“镜中花、水中月”。“台独”势力企图通过“宪改”追求“法理台独”的阴谋失败，标志着反“台独”斗争取得了阶段性的重大胜利。

第四，不甘失败，“入联公投”更加冒进。民进党素有“遇到红灯绕道走”的习惯。“宪改”受阻后，民进党另辟蹊径，寻求以“入联公投”为突破口，继续推动“台独”，制造两岸关系紧张。与“宪改”相比，“入联公投”更具有现实危险性和可操作性。因此，自2007年下半年开始，作为主导议题、配合“立委”和“总统”选举造势活动的需要，以“入联公投”挑衅大陆、制造两岸关系紧张，便成为民进党当局的政策主轴。

第五，民进党内路线斗争加剧。鉴于大陆政策对台湾经济社会的巨大影响以及民进党内各派政治利益及其解读的不同，2007年年初以来，民进党内在有关大陆政策方面的斗争一直没有中断，甚至一度非常激烈。

其一，是民进党内新潮流所支持的较为理性、开放的大陆政策——“苏修路线”遭到深绿和陈水扁的反对，被迫停止，重新实行陈水扁的“积极管理，有效开放”政策。在民进党内残酷的政治斗争中，新潮流系被解散，并且在所谓“排蓝条款”的影响下，新潮流派系的主要政治人物——“十一寇”在民进党内“立委”候选人初选中大多惨败出局。

其二，以谢长廷为代表的温和、务实“台独”派与游锡堃代表的深绿、“极独”派，在“台独”路线问题上发生了激烈的冲突，其代表性事件就是双方围绕着“正常国家决议文”所进行的过招。最终，游锡堃代表的深绿派“激进台独”版本被否决。

其三，谢长廷与陈水扁的两岸政策不同调。在陈水扁大力推动“台独”、阻挠两岸关系发展的同时，谢长廷作为民进党 2008 年大选的“候选人”所发表的言论显示出，他在两岸政策方面相对较为温和、理性。比如，他坚持“宪法一中”，强调“宪法一中”是对台海现状最好的描述；他支持在对等谈判的前提下两岸“三通”；赞成两岸包机方式的常态化。他表示，他若当选，将全力促成两岸对话协商，他的大陆政策是兼顾“主体性”与“开放性”，包括对台湾有利的开放观光、陆资来台等，倾向立即开放，至于通航部分则以包机方式逐渐开放。关于“九二共识”谢长廷认为“九二共识”有争议的只是这四个字，但九二会谈达成的结果并没有争议，表明他承认“九二会谈结果”等等。而掌握着两岸政策主导权的陈水扁的两岸政策与谢长廷的主张南辕北辙。陈水扁一直宣称，绝不对大陆投资松绑，2008 年两岸也不可能直航，“积极管理，有效开放”两岸经贸政策不会有太大的改变，并被台湾行政部门奉为最高方针。陈水扁表示，民进党不论谁执政都要走“坚持台湾主体意识”路线。

（二）民进党政策调整的影响

2007 年民进党的大陆政策及其调整变化对台湾社会经济、两岸关系、美台关系等方面都产生了深刻的影响。

第一，陈水扁当局紧缩两岸经贸政策，阻碍两岸经贸交流的开放，无法建立对推动台湾经济转型和复苏有利的两岸经贸机制，进一步加速了台湾经济萧条和衰退。台湾当局不承认“九二共识”和一个中国原则，能够为台湾经济注入新鲜血液的大陆观光客入台、两岸直航、陆资入岛等均无法实现。这样，台湾经济还将在衰退中挣扎，台湾在亚太经济中的边缘化也在加速。

第二，“宪改”被迫放弃意味着陈水扁蓄谋已久的“法理台独”受到重大挫败，加上 2008 年 1 月台湾“立委”选举中反对“台独”的泛蓝阵营赢得四分之三的席位，在此情况下，“台独”势力从体制内推动和实现“法理台独”的危险性已经大大降低。这也意味着两岸“台独”与反“台独”斗争的主导权已完全掌握在大陆的手中，整体形势继续向有利于反“台独”的方面发展，一旦走出陈水扁的执政期，台海局势的稳定可期。

第三，民进党当局的“去中国化”、“去蒋化”以及“入联公投”等“台独”举措，已经开始引发与民进党当初意图相反的政治社会效应。“去中国化”、“去蒋化”触及到台湾社会价值的底线，引起台湾中产阶级的强烈反感。同样，民进党推动“入联公投”的政治伎俩也被台湾大多数民众看穿，包括“台联党”在内的大多数党派群起反对“入联公投”。“入联公投”也引起国际社会的强烈反对，美国、欧洲、日本、东南亚国家等均明确反对台湾当局推动“入联公投”，台湾当局面临的国际环境进一步恶化。这一切将大大有利于我们的反“台独”斗争。

第四，“台独”危险性依然存在。2007 年民进党制定和通过“正常国家决议文”，显示出民进党党内的“激独”势力的影响依然十分强大，“台独”依然是民进党今后相当一段时期的政治纲领和奋斗目标。民进党围绕这一政治目标通过各种方式推动“台独”的危险性依然存在，对此应有长期斗争的准备。

第五，民进党大陆政策转型的时机与条件已经开始浮现。尽管陈水扁依然坚持紧缩的两岸经贸政策，民进党内部有深绿派别的牵制，但是通过2007 年民进党内部激烈的路线斗争及其发展趋势来看，在强大的社会经济与政治选票的压力之下，民进党在两岸政策方面改弦易辙的时机开始呈现。民进党在“立委”选举中的大败表明，深绿路线已经严重制约民进党的政治发展，民进党内部在“正常国家决议文”制定过程中的斗争显示出，在未来新一波党内路线整合中，深绿势力有可能会被逐渐边缘化，温和势力主导大陆政策的机会大增。如果 3 月 22 日的“总统”大选再次惨败，民进党的路线调整与转型将势在必行。

（2007 年市台办调研课题，不含“工作建议”部分，2008/01，与李振广合撰）

民进党如继续执政其政策的可能走向

如果2008年民进党能够继续赢得执政机会，这势必与台湾当前的社会政治结构有着密切的关系，也与民进党2007年推行的各项政策尤其是大陆政策有着密切的关系。而且台湾当前的社会政治结构及民进党一年来大陆政策等基本形态，将对民进党继续执政后的政策走向产生巨大的约束和规范作用。

一、民进党继续执政的社会、政治基础分析

在2008年1月12日的“立委”选举中，民进党只赢得73席区域“立委”中的13席，加上因政党票而获得不分区“立委”14席，共计27席，而国民党则赢得全部113席中的81席。这次选举是民进党大败，国民党大胜，而且是绝对性的胜利。

如果民进党在如此惨败之后不久，仍然能够赢得3月22日“总统”选举的胜利，那将说明台湾现有的社会政治结构是民进党赢得选举最后胜利的基础，民进党有着较为坚实的民意基础，而所谓的钟摆效应、民进党候选人谢长廷等人鼓吹的防止国民党“一党独大”的宣传不过是发挥了临门一脚的作用而已。实际上也就是说，自2000年以来的台湾社会政治意识的两极分化奠定了民进党赢的主要基础，尤其是支持民进党的民意基础逐渐扩大并超过国民党的结果。在上述假定的前提下，民进党在“立委”选举中的失败也就可以看做民进党的技术性失败，是选举制度造成的结果。

所谓台湾社会政治意识的两极分化是指，2000年民进党上台以来，台湾社会的政治意识开始进入了一个重大的嬗变过程。其中，政治意识的两极化趋势相当明显，在此基础上出现的政治认同取向和政党支持取向的“M型”化则是政治意识变迁的重要特征。所谓“M型”化，是指在台湾社会的政党认同光谱上，民众的态度越来越向两端滑动，持中间立场的人数越来越少，整个社会的认同取向呈现出双众数分布的特点。例如，在“统独”

光谱上，民众的认知不断向两端滑动，主张“台独”的人数自李登辉上台以来一直呈现出缓慢增长的态势；在政党光谱上，民众的支持向大党滑动的趋势则相当明显。这些面向上的各种因素相互制约又相互影响，共同形塑了台湾社会政党支持取向的双峰格局。在这种格局中，民进党的政党支持在大选中全面显现。

如果民进党能够赢得3月22日的大选，那将是台湾主流社会对2007年以来，甚至是陈水扁上台以来执行的内外政策，尤其是大陆政策的肯定。如果台湾主流民意不认同、不支持民进党已经执行的政治路线，那么，他们就不可能支持民进党继续执政。

如果民进党赢得3月22日的大选，也标志着经过陈水扁多年的宣传鼓噪和熏陶之后，“台独”意识，反中、去中意识，俨然上升为台湾社会的主要思潮，陈水扁及民进党当局自2007年以来推动各种“台独”措施有效地助长了这种意识的巩固和在台湾社会的扩大，为民进党这次“总统”大选的胜利奠定了深厚的基础。

2007年是陈水扁加紧推动“台独”活动的关键一年，在任期即将结束、弊案缠身、台湾经济每况愈下等各种压力的综合影响下，陈水扁大陆政策主张的“台独”本质更加鲜明、突出，陈水扁在“台独”政策越来越具有冒险性和进攻性，四面出击，伺机突破。

在这一年中，民进党的总体政策主轴仍然是围绕着“独统”、两岸关系展开。追求“法理台独”、去中国化、阻碍两岸关系发展、制造两岸关系矛盾依然是这一年陈水扁及民进党当局大陆政策的主要内容。在这一年当中，民进党当局的大陆政策以及与两岸关系有关的政策活动主要有：推动“宪改”，提出“第二共和宪法草案”，为奥运圣火入台制造政治障碍、继续推动去中国化，通过“台独”决议文，大力推动“入联公投”，阻挠两岸经贸关系的发展，在对外关系上到处点火。通过这些政策活动，民进党把“法理台独”进一步向前推进。虽然两岸在节日包机等方面取得了一些进展，但民进党当局在两岸政策上的这类调整属于技术性的，而且这些进展基本上被陈水扁当局的一系列“台独”挑衅活动所淹没。制造和引起两岸关系紧张的各类“台独”分裂活动构成了一年来民进党大陆政策的主流。

如果3月22日民进党能够赢得继续执政，那么我们认为上述这些政策及其在大选中的政治效应将是民进党赢得继续执政的重要政策基础。虽然，民进党的大陆政策、去中国化政策等饱受岛内舆论的抨击，但可以看做政治意识趋向两极分化的台湾社会中反民进党一方的反应，而非民进党支持者的反应。这些举措可以被视作是凝聚和扩大民进党民意基础的重要支柱。民进党长期以来，尤其是近一年来的政策路线将与其继续执政后的内外政策走向有着密切的关系，也会对较长一段时期的民进党内外政策产生规范作用。

二、民进党继续执政的影响

如果民进党2008年赢得大选，继续执政，无疑将对台湾岛内政局及两岸关系、台海局势、美台关系等产生长远而深刻的影响。

首先，对于岛内政局而言，一个“朝小野大”的格局将继续持续四年，台湾岛内政治中的两党权力斗争与相互牵制将持续存在。依照民进党对权力的贪婪及独断，未来四年，国民党及其执政县市仍然无法分享民进党手中权力和政治资源，由此引发的两党缠斗与内耗将继续把台湾的经济社会推向萧条与衰退的深渊，加速台湾在亚太经济中的边缘化。或许，当选之初的民进党为了赢得暂时喘息的机会，仍会像2000年陈水扁启用国民党的唐飞担任“行政院长”那样利用国民党内部的分裂，进行分化利诱，但民进党对行政资源的实际控制权绝不会放手，不会任由国民党坐享。

其次，对于两岸关系而言，“法理台独”的危险性大大降低，但是“台独”的危险性和危害性依然不可轻忽。“立委”选举国民党大胜，泛蓝占据了“立法院”四分之三的多数，只要国民党坚持反对“台独”，将大大降低未来四年当中民进党通过正常法律途径实现“法理台独”的危险性。但是只要民进党继续执政，“台独”的危险性将依然存在，且其能量和危害绝不能轻视。陈水扁执政8年同样也是所谓的“朝小野大”，但陈水扁依然能够为了自己和民进党的政治利益大肆推进“台独”，引发台海局势动荡不安。前车之鉴，不可轻忽。

第三，对于美台、日台关系而言，民进党继续执政将最符合美日两国的国家利益，便于它们继续利用台湾问题牵制中国。美日两国最担心国民党一党独大后在两岸关系和国家统一问题上走得太快，民进党继续执政、掌握行政权，国民党控制立法权形成两党互相牵制，可以防止美日两国最担心的情况出现。在此基础上，美国将会继续加大售台武器等提高台湾当局对大陆进行对抗的能力。台湾问题将继续成为干扰和影响中美发展的一个严重问题。

第四，对两岸关系的未来发展而言，民进党继续执政意味着台湾主流意识对民进党“台独”意识形态的认同与支持，未来台湾社会思潮的走向在统一问题上，将与我们追求统一的目标渐行渐远。除非在民进党执政下台湾经济全面崩溃，民不聊生，让台湾民众深刻感受到“台独”对其生活实质性危害，否则，其对“台独”的向往及对民进党的支持很难回头。

第五，就两岸民间交流而言，台湾的台商、资本、技术管理人员将随着台湾政治内耗的发展而加快向大陆流动。两岸民间经贸、人员往来将进一步加速、扩大，台湾经济的空洞化将越来越明显。

三、民进党继续执政后的内外政策展望

2008 年如果民进党赢得继续执政的机会，民进党的内外政策也将进入谢长廷时代，这些政策将是谢长廷的政治理念与台湾新的岛内外环境相互作用下的综合产物。在此情景下，一个显而易见的趋势是，陈水扁 8 年来推动和炒作的族群、“法理台独”、“去中国化”等议题，将作为其政治遗产直接影响到谢长廷主导下的台湾当局的内外政策。

虽然谢长廷与陈水扁有着不同的个性和不完全相同的执政理念，但在谢长廷执政初期，在谢长廷的权位稳固之前，谢长廷的各项政策将很难摆脱陈水扁时代的窠臼。

就中长期而言，由于谢长廷赢得选举胜利的基础在于民进党 8 年来炒作族群、“台独”等政治性议题，获得台湾较多数民众的认同和支持。在这样一种社会政治基础之上，谢长廷的内外政策将很难偏离这一既有政治基础。为了应对今后的各类选举和继续执政，继续炒作岛内族群议题，继续推动各类形式的“台独”分裂活动，仍将在谢长廷时代的民进党内外政策中占据

主导地位。

虽然谢长廷在竞选期间发表的相关言论，听起来似乎较为理性，在“台独”等问题上也较为温和，尤其是谢长廷迄今依然坚持“宪法一中”论，但这并不代表民进党继续执政后的政策会是谢长廷目前描述的政策。谢长廷有机会坚持自己的政策理念，但胜选后民进党内及深绿阵营内部的政治气候与氛围，不会给谢长廷留下推行温和政策的空间。在台湾社会大的政治与民意氛围没有发生根本性转变的情况下，民进党内部、台湾社会尤其是绿营内部各种政治势力勾心斗角、相互牵制的结果，将会使谢长廷重蹈陈水扁当年的覆辙——从当初的貌似温和，最终走向“激进台独”。

民进党继续执政后的内外政策走向不外以下几个方面：

首先，鉴于“台独党纲”、“台湾前途决议文”依然是民进党的纲领性文件，其与2007年9月底民进党全代会通过的所谓“正常国家决议文”一起规定了民进党在未来相当长一段时期的政策方向。

民进党的这些纲领性文件把“建立台湾成为一个民主、进步的正常国家”，列为“民主进步党的核心目标与历史任务”。其中新近通过的“正常国家决议文”宣称目前台湾仍处在“国际关系不正常”、“宪政体制不正常”、“国家认同不正常”、“社会公义不正常”、“政党竞争不正常”状态之下，民进党提出“正常国家决议文”，就是要积极推动“正名”、“制宪”、“加入联合国”、“落实转型正义与建立台湾主体性”等作为，以实现台湾为正常“国家”，即实现“台独”。

既然“台独”是民进党追求的主要政治任务和核心政治目标，在可以预见的时间里，看不到民进党改弦易辙的可能性，而当政后的谢长廷也没有魄力和能力改变这一状况。在“台独”这一框架下，谢长廷的两岸开放政策将难以有所作为，谢长廷做出新的政策选择的可能性不大。当然，为了巩固权力基础，暂时缓和两岸关系，谢长廷也会在“台独”问题上推进较为温和的路线，可能不那么张狂、冒进，但公开放弃“台独”路线的可能性不大。

可以肯定的是，民进党继续执政后，无论推行什么样的政策，其核心绝不会脱离“台独”这一核心任务和目标。尤其到了下一选举前的一两年，还会紧紧围绕这一奋斗目标，主动地追求“台独”。所谓“正名”、“制宪”、“入联”、“台独公投”或其他什么形式的“台独”动作将会在实际政治需要时或时机成熟时相继推出，以便刺激选情升温。

其次，在民进党对内的社会政治政策层面，维持和扩展既有的族群撕裂的成果，继续清除大中国思想认同的影响，将主张统一的外省人在政治上彻底边缘化，巩固所谓“本省人”族群在台湾政治、经济、社会生活中的主导地位。民进党如果能够赢得继续执政的机会，在相当程度上是族群议题在选举中发挥关键作用的结果。民进党依靠占台湾人口70%左右“本省人”族群意识的高涨及其人口与选票的数量优势赢得权力。食髓知味，民进党继续执政后势必进一步加强对族群议题的炒作和运用，利用族群意识巩固既得权力，将“本省人”与“台独”牢牢地连结在一起。另外也会继续拉拢和培养外省人族群当中的“台独分子”。在文化教育方面，继续强调和培养青少年学生与普通民众的“台湾意识”、“独立意识”，继续推动“去中国化”、“去蒋化”等意识形态工作，从形式上也从思想上逐步根除任何以形式化状态存在于台湾社会的“中国象征”，尤其是那些把台湾连结为中国一部分的各种文字、图腾、符号，乃至法律。全面完成“去中国化”，切断“台湾意识”与“中国”的政治联系和文化联系，继续培植“台独意识”。通过撕裂族群灌输“台独”思想将会是民进党最阴险、最有效的手段。

第三，在经济政策方面，当前台湾经济的“空洞化”与“边缘化”危机日益突出，也是民进党执政以来面临的最大困境。面对这一问题，由于缺乏合理的经济规划和必要的政策环境，民进党仍将以得过且过、消极应对的方式去面对。鉴于台湾选举活动的频繁以及收买选票的需要，民进党继续执政后的经济政策，仍将以“利益分赃”、捞取政治献金及“政治布桩”、收买特定选民群体为主要特征的面子工程、短期工程为重点。为给民进党的金主及特定利益集团牟利而进行各种名目的所谓“经济改革”。至于推动台湾经济转型升级等对台湾经济社会发展具有长远影响规划与建设，因在短期内无法产生直接、现实的政治效益，将很难推动。

第四，民进党继续执政后的两岸关系仍将停滞不前，难以有较大突破。不承认以一个中国原则为核心国家的“九二共识”，继续推动“台独”将是民进党继续执政后两岸政策难以突破的主要政治障碍。

在两岸经贸政策开放方面，台湾产业空洞化与台商赴大陆设厂投资发展，的确有很大的关系。对于台湾经济而言，鉴于大陆经济与市场的巨大吸引力，经贸开放意味着台湾的资金、技术、人才快速流失，加速台湾经济的空洞化与边缘化，也将使台湾经济更加依赖于大陆。这是民进党当局拒不开放两岸经贸的主要忧虑所在。大陆经济的崛起实际上决定了台湾经济未来的命运与发展方向是“香港化”，将对大陆经济产生严重依赖。而台湾经济能否受惠于两岸经贸开放政策，则取决于大陆方面是否像对待香港那样，给予台湾必要的救济政策与措施，并重新定位台湾的经济地位与角色。台湾方面能否获得这些好处，其中一个绕不过去的前提是，必须承认“九二共识”、承认一个中国原则。而这对于民进党来说，短期内根本不可能接受。

虽然，谢长廷一直坚持“宪法一中”的观点，但绿营内部，尤其是深绿、“极独势力”对谢长廷的这一说法极为不满，一直要谢长廷说清楚。游锡堃在其提出的“正常国家决议文草案”中，曾专门提出要“破除宪法一中迷障”。如果民进党继续执政，深绿势力势必紧盯谢长廷的两岸政策言行，在各种政治势力的压力下，谢长廷很难做出与民进党现有社会政治基础不相容的、而且具有突破意义的两岸政策。就此而言，民进党继续执政后短期内不可能在两岸政策上改弦易辙。其经贸政策的轨迹也将依然延续“积极管理，有效开放”的老路前进。

当然，民进党继续执政后，新领导人上台肯定会对其两岸政策进行调整，但这些调整不会是根本性的，充其量也只是为满足部分群体利益的微调。但是，可以肯定地说，在民进党放弃“台独”纲领及民进党实质转型之前，无论是否执政，其两岸政策都不会有转折性的改变。

总之，民进党如继续执政，其内外政策虽然会有部分调整，但大的政策框架基本不会改变，两岸关系发展的政治障碍依然存在，尤其是在民进党顽固坚持追求“台独”的情况下，周期性的两岸关系紧张将是不可避免的。

（2007 年度国台办委托课题，不含“工作建议”部分，2008/01/20，与陈星/李振广合撰）

2008年台湾“总统”选举形势评估

在台湾，“总统”大选与“立委”选举，性质不同，选民的考量也不尽相同。相较“立委”选举中的人脉关系、派系以及基层组织能力等因素而言，在“总统”选举中，候选人自身、其所属政党以及竞选议题等是影响选民投票倾向的主要因素。从过去的选举结果看，“立委”和“总统”选举结果之间并不存在必然的相似性，但仍具有一定的参照作用。特别是今年的这两场重要选举相隔时间只有两个多月，其参照意义相对加大。因此，本文将在参照此次“立委”选举结果的基础上，从候选人个人形象和能力、政党认同、竞选议题、竞选策略和操作能力等可能影响选举结果的几个重要方面，对民进党和国民党在选举中的竞争态势及其可能的结果进行分析。

一、民进党与国民党在选举中的竞争态势

（一）候选人个人形象和能力

总体而言，谢长廷在促进和谐、提振经济、重视环保等方面的表现以及在两岸问题上的相对温和立场较受选民肯定，曾经提出的“宪法一中”主张更是凸显了其温和中间路线者的形象。尽管谢长廷不得不在“入联公投”议题上跟进、在前期反对通过“正常国家决议文”而后期逐渐妥协，但他在台湾定位和两岸政策上力求温和的形象仍然没有改变，因而比较能够获得中间选民的认同。而且，谢长廷从政的身段一直比较柔软，比较灵活务实，能够根据形势的变化，留出政治空间给对手，能够在一定程度上化解党内外的矛盾，获得必要的支持。

相较而言，马英九的一个重要特质是其温良恭俭让的形象和清廉不粘锅的特质，在马英九特别费案二审宣判无罪后，这一特质会成为其吸票的首要来源，也是马英九可能获胜的重要根源。虽然很多人认为马英九不会政治交换、与地方派系的联系和感情不够是他的致命伤，但他竞选党主席时在基层

获得的高支持率说明，政治人物过于向旧势力妥协、进行密室谈判和利益交换是一把双刃剑，它可以获得特定势力和团体的支持，但也可能失去更多期望出现清新廉洁政治人物的选票。随着台湾选民民主素养的日益提高，马英九等新型政治人物的生存空间会越来越大。但是，在执政能力方面，一些民众心中存在马英九能力不如谢长廷的印象。而且，相较谢长廷的本省人身份而言，马英九的外省籍色彩会成为民进党的箭靶，其在开放两岸经贸与保持台湾“主体”意识关系上的观点和论述，将成为被检视的对象，从而不利于扩展选票。

（二）政党认同

民进党自通过“台湾前途决议文”以来，在民众心中一直是一个改革的、中间偏左型政党。《远见》杂志民调中心多年来的民众政党倾向追踪分析结果显示，自 2005 年上半年连宋访问大陆后，民众对民进党的认同度不断下降，并在第一家庭弊案持续延烧时降到了最低点，达到 15% 以下，显示民进党只剩下深绿的支持。其后虽然有所回升，但迄今为止仍然落后于国民党十个百分点左右。此次“立委”选举中民进党获得将近 37% 的政党得票率，这一结果加上台联 3. 5% 的得票率，表明绿营的支持率即使已从谷底走出，但仍无法获得 40% 基本盘以外民众的认同。更为重要的是，从人口结构来看，种种迹象显示，民进党在年轻人心中的形象正在快速败坏，校园中的学生对民进党亦大半持负面及疏离的评价。

造成这一结果的主要原因在于：第一，民进党高层弊案的频频爆发导致自身清廉形象丧失，加上坚持意识形态挂帅，推进“台独”路线，蓄意制造蓝绿冲突，人为制造社会分裂，导致民进党形象江河日下，民进党在民众，尤其是中间选民，心中的形象日益下降。第二，民进党在权力的诱惑下继续支持贪腐的陈水扁，当初创党时的多元价值和理想几近丧失，使得民进党的改革决心和纠错能力受到极大质疑。第三，执政无能。民进党执政以来，岛内经济形势逐渐恶化，民众不满情绪日益增加。相较国民党执政时期的经济状况及其秉持的更为开放的经济政策，八年的执政绩效显示了民进党保守经济政策的不当和提高民生经济能力的缺乏，这是其失去大量选民认同和支持的重要原因。

相对民进党而言，国民党在民众心中的形象一直是稳定、保守的中间偏右型政党。除了过去威权统治时期的历史包袱以外，党内官僚气息浓厚导致整个党缺乏应有的活力，不管是黑金政党形象问题还是党产问题，都成为国民党沉重的历史包袱，使得近些年来国民党在民众心中的形象一直无法得到根本改善。这也是为什么民进党执政八年来台湾经济低迷和迅速腐败，民众对执政党的不满意度上升，国民党的支持率仍然没有得到大幅提升的原因。一些中间选民不认同国民党，是因为国民党的改革步伐太慢，部分中南部选民对国民党有疑虑，是因为国民党的历史“原罪”要得到完全化解还尚需时间。如果排除马英九个人因素的效应，国民党没有办法能证明它是比民进党更好的选择对象。而且，国民党虽然在“统独”问题上日益向中间靠拢，对民进党的立场造成重大冲击，但政党之间的区隔仍然存在，在一些民众心目中民进党仍牢牢地掌握着“本土政权代表”的位置。

因此，此次“立委”选举国民党虽然获得了51.2%的政党得票率，但从本质上说，国民党目前的优势在很大程度上不是自己做得足够好了，而是对手做得太差。民进党在执政无能、迅速腐败的大环境下仍能保住其近四成的基本盘表明，整个社会依然呈现出蓝绿两大群体对立的局面，国民党并未赢得社会上绝大多数人的认同。此外，在台湾，不同层次选举的投票率差别很大。此次“立委”选举投票率仅有五成八，主要原因之一在于许多以前支持民进党的选民没有出来投票。从以前两次“总统”投票率八成以上的平均率来看，这次“大选”即使届时选民的投票热情不高，估计至少也有七成以上的投票率，会比此次“立委”选举增加上百万选民，在增加的选民中投票支持民进党的人有可能会居多，这显然会对民进党有利。届时，国、民两党的差距即使存在也不会像“立委”选举结果显示得如此之大，民众对国民党的认同度会略高于民进党而已。

（三）竞选议题

在过去三次“总统”选举中，民进党主打的议题主要是：“统独”问题、腐败问题、社会福利问题等；国民党主打的议题主要是：两岸关系、执政能力、经济发展。民进党对过去胜选的经验总结是，对“统独”议题不同程度的强调是民进党制胜的法宝，而国民党则认为保持两岸稳定和经济发展是国民党获得胜利的不二法门。在正常状态下，国、民两党的 2008 年“总统”之争，从一定意义上说可以被视为一场议题之争，是经济议题还是与“统独”相关的议题占据主导地位，在很大程度上决定了选举结果。

此次“立委”选举结果显示，民进党的基本盘并未溃散，四成左右的铁票仍在，对民进党来说，如果要赢得此次选举，首先是稳固基本盘，并在此基础上抢攻中间选票，扩大盘面。具体来说：

由于巩固本土路线一直处在深绿人士政治考量的第一位，对民进党来说稳住基本盘的途径只有一条，即继续打与“统独”相关的议题，通过民粹式的动员挑动起选民的感性需求来获取选票。民进党会利用纪念“二·二八”、批判白色恐怖等活动，强化国民党早期统治台湾的负面遗产及其在部分选民心中的记忆；虽然“入联公投”等遭到美国和大陆方面的强烈反对、在现实上实践风险很大，但对民进党来说，它在一定程度上是部分台湾民众焦虑感及对国际空间需求的反应，因此可以成为民进党获取选票的极好方式；对于国民党提出的直航、三通等有利于改善民生和获得选票的两岸政策，民进党也会千方百计地将经济问题上升到“统独”的高度，在主打“政治统独”的同时，也兼打“经济统独”的选战。

与此同时，由于近来多项民意调查结果显示，台湾蓝绿政治版图相对稳固，在 2008 年“总统”选举中，两党竞争呈现势均力敌之态，谁能在保住基本盘的基础上赢得更多中间选民的支持，谁就能获得胜利。由于中间选民主要的关注点还在于民生问题，民进党在通过“入联公投”等途径固守基本盘的同时，为了在国民党擅长的经济战场上有所斩获，它会利用执政地位，在选前出台一系列有利民生的措施进行政策买票，而且谢长廷在最后阶段一定会继续宣扬其相对开放的两岸经贸政策和主张，模糊马英九的两岸政策，从而在一定程度上降低国民党在经济议题上的竞争力。

国民党则面临着与民进党完全不同的局面。现在的国民党仍然背负着威权时期“二·二八事件”和白色恐怖造成的历史“原罪”，导致国民党在“统独”议题上的竞争从起点上就不利，但它在经济议题上一直都占据着相对优势地位。国民党吸取上次从经济议题上游走而导致“总统”选举失败的教训，不再随民进党设定的议题起舞，将“总统”选战明确定调为主打经济议题，利用国民党在民众心中“稳定两岸关系”和“较强的经济发展能力”形象，提出改善台湾经济发展环境、提升台湾经济竞争力和台湾人民生活水平的愿景，呼吁台湾民众投票时将关注点从与统“独”相关的感性议题转移到理性的经济议题上来。在主打经济议题的同时，它也努力试图突破民进党在“台湾主体性”上的话语垄断权，在与“统独”相关的议题上进行全面防御乃至适当进攻。国民党通过“台湾论述”来推动政党的“本土化”，并以“返联公投”来稀释“入联公投”带来的影响，开拓本土选票。

二、形势评估

“立委”选后，国民党与民进党的实际支持率大致呈55%：45%之势。在此基础上，综合两党在候选人个人因素、政党认同、竞选议题等方面的竞争态势来看，在正常情况下，国民党胜选的可能性要略高于民进党，但民进党翻盘的机会也不能完全排除。最后这段时间两党的选战策略和操作能力会对最后的选举结果产生重大影响。

根据美国心理学家亚伯拉罕·马斯洛的观点，人的一切行动来源于动机，而动机来源于人的需要，在人的需要中，生理、安全等需要是最基本的，归属、自尊等则属高层次的精神需要。在台湾前三次“总统”选举中，由于台海两岸现状处于一种非正常状态，与“统独”相关的议题与人们的情感需求紧密相连而蕴藏着巨大的催票潜能，事实上成为了过去三次“总统”选举的主导议题。选民的选择使与“统独”相关的政治议题凌驾于经济议题之上，这可以说是台湾社会在一定阶段特有的现象，反映了台湾民众在精神层面的需要。但是，随着执政党迅速腐败、台湾经济持续低迷、社会治安恶化，民众最基本的需要得不到应有的满足时，“统独”议题的效力会逐渐减弱，现实的经济状况，让选民的关注点开始移向民生政策，第一次使经济议题脱颖而出成为了可能。

随着岛内经济发展停滞不前，民众生活品质下降，对民进党执政十分失望、泛绿阵营的选票有所松动的大环境下，国民党确立主打经济议题符合民众需要，其处理经济问题上的能力亦得到民众肯定，这将成为国民党能够赢得中间选民支持、获得胜选的主要有利因素。马英九深入走访乡镇，听取基层意见、亲近民众、参与乡土活动、提出一系列有利于民生的政策，并争取更多民间社团的支持，其“常住基层”的选战策略已经并将继续收到成效。马英九近期提出，他如果当选，会以“经济”为施政主轴，维持台湾政治安定、建构两岸和平繁荣、建立廉能“政府”、照顾弱势族群、发展爱台 12 项基础建设、发展教育塑造一流国民与人才、找回台湾核心价值。应该说，这些政策能帮助马英九争取浅绿、中间选民的票，确保优势。

总的来说，社会大环境和国民党的选举策略都极大增加了主打经济议题、主张两岸开放的国民党胜选的机会。尽管如此，民进党如果在最后阶段政策调整和策略运用成功，加上其一贯强大的议题操作能力，仍存在翻盘的可能性。理由有四：

第一，“立委”选举和“总统”选举层次不同，“立委”选举中选民更多的是关注地方事务，而“总统”选举则必然会涉及两岸政策、“统独”等问题。在台湾的主流民意中，“主权认同”、反对大陆的政治制度等皆属于高层次的政治认知，除非岛内经济严重恶化，那么在“总统”大选中，高层次政治议题很容易会压倒经济等低层次议题，成为部分民众投票时的主要考量。“总统”选举的性质不利于买票，反利于以“主体”意识等价值诉求争取选票，而这正是民进党最擅长的。

第二，在台湾，不同层次选举的投票率差别很大。台湾民众受传统政治文化的熏陶，对“总统”这一角色的重视程度要高于“立委”等其他角色，因此“总统”选举的投票率一向高于“立委”、县市长等其他选举。民进党在“总统”选举中获得的选票也通常要多于“立委”选举。民进党选民一直有强大的凝聚力，在大部分支持民进党的选民心目中，赢得选举、延续“本土政权”，是至高无上的终极目标，导致其投票倾向较为固定，使得民进党在“立委”选举的票绝大部分都能转化为“总统”选举中的选票。相较而言，国民党“立委”选举中的许多选票是基于“立委”候选人本身长期的经营或者靠桩脚买票而来，这些票不会完全转化为“总统”选举中的选票。据台大国发所周继祥教授估计，国民党在“立委”选举中所得的票只有七八成左右能够转化为“总统”选举中的选票。此次“立委”选举投票率仅有五成八，以“总统”投票率八成以上的平均率来计算，在未来增加的两百多万选民中投票支持民进党的人居多，这显然会对民进党有利。

第三，面对来自马英九人格特质及其开放的两岸政策等方面的巨大挑战，谢长廷除了不断释放有关开放两岸经贸政策、振兴岛内经济的政策主张以外，针对马英九的个人特质及其提倡的社会和谐主张，宣示“一要二不”，即未来选战会有三坚持，要维持清廉、不鼓动民粹、不挑起族群对立，要打一场塑造台湾政治文化的优质选举。由于台湾民众在“总统”选举中虽然既选人又选党，但总的来说，选人重于选党，不管谢长廷在事实上能否做到，但这与马英九一贯宣示的立场和观点基本上已经相去不远，从选战宣传的角度说，会在一定程度上起到模糊和削弱马英九政策主张和人格特质的效果。随着双方在经济议题以及选战策略上的主张和立场接近，民进党利用执政优势在经济上进行政策买票，就比较能够满足部分选民的理性需求。这一倾向在“立委”选举时就已开始，在“立委”选后显然会进一步推动，健保大赦就是最好的例证。

第四，尽管“统独”牌和悲情牌的效用已大大降低，但由于部分台湾民众的民主素养远未成熟，一些选民理性思辨成分不高，很容易受到投票前一阶段政治操弄的影响，因此在投票时激情胜过理智，撕裂族群、煽动悲情的动作只要以更为细腻的手法和表述进行操作，就仍然能够挑动起他们的感性情绪，从而不利于国民党票源的拓展。民进党“立委”选举大败后，谢长廷的竞选诉求之一就是要制衡国民党“一党独大”以挽救台湾“民主危机”。“民主危机说”是一种变相的、或者说是更为细腻的悲情牌，它在当前的台湾社会能够收到一定的效果。这是因为，民进党“立委”选举大败，会造成绿营选民危机意识和补偿心理，民进党强调国民党在“立院”一党独大，可以据此制造一种弱者形象、利用部分民众的同情心以及勾起他们对国民党威权统治的负面记忆，以“民进党当‘总统’顾主权，国民党掌行政权拼经济”为号召，激化选民担忧国民党独大专权的心理，促使他们将票投给民进党，使谢长廷获得某种“钟摆效应”的好处。

但是，对民进党来说，要在短短的两个月内扭转局面，还需要解决好面临的两难困境：台湾民众逐渐意识到要想经济好转，必须改善两岸关系，而民进党在意识形态上的主张给两岸关系的改善造成了很大障碍；谢长廷在两岸关系上的温和形象固然有助于其吸引中间选民，但同时也面临着有可能刺激深绿反弹的风险。

一方面，如何化解党内“台独”基本教义派的强力掣肘，是谢长廷在开拓经济战场的同时需要解决的问题。谢长廷需要尽快建构起一个逻辑体系，以及通过各种途径向党内基本教义派证明适度的开放两岸是符合“本土利益”的，并获得“独派大佬”的明确支持。另一方面，如何使“入联公投”等巩固本土和深绿的手段既发挥应有的效力，又不至于引起中间选民的反感，也是谢长廷需要面对的问题。由于诉求本土已基本内化为全民共识，它在选举时的吸票效应自然递减，加上美国在反对“入联公投”问题上的强硬表态，已使台湾民众认识到这一议题的不可行之处。对民进党来说，“入联公投”显然已经不能像上次的“防御性公投”一样，成为民进党胜选的助推器。尽管如此，它稳固基本盘和凸显台湾“主体”意识的作用仍是不言而喻的。针对国民党目前提出拟在“立法院”推动通过决议文，取代“入联公投”和“返联公投”，民进党内部评估，如果公投与大选脱钩处理，公投案通过的几率更低，因此公投与大选脱钩处理的可能性不大。

总体而言，照目前的形势评估，如果没有重大突发事件发生，国民党在选前不犯重大错误，可能会以 2 ~ 5% 的优势小胜。但谢长廷和民进党如果操作“钟摆效应”成功，仍然会有胜选的机会。以谢长廷目前的一系列动作来看，这种可能性有所增加。谢长廷在“立委”选后启动“黄金七天”整合行动，不断打出“制衡牌”、“弱势经济牌”、“悲情牌”与“团结牌”等，在鼓舞绿营军心士气以及扩展票源上的效应不容小觑。虽然政治人物的短线操作可能会在一定程度上影响选票的流向，但从根本上说，此次台湾“总统”选举可以被视为一场检验台湾选民素质和倾向的选举。选民是理性地选择拼经济还是继续受意识形态操弄，是选择真正的拼经济还是继续被名为拼经济实为拼政治所蒙蔽，基本上决定了选举结果。

（2007 年度北京市台办委托课题，不含“对策建议”部分，2008/01，与郭艳合撰）

在“儒学与海峡两岸文化根基学术研讨会”上的发言

尊敬的各位领导、嘉宾、各位专家、学者：

大家上午好！

首先，我代表北京联合大学台湾研究院，向前来参加“儒学与海峡两岸文化根基研讨会”的领导、嘉宾、专家、学者，表示热烈的欢迎！特别是来自台湾岛内以及大陆南方各省市的专家、学者，你们离开温暖的南方，前来数九寒冬的北国出席这次盛会，你们辛苦了！谢谢你们！

北京联合大学台湾研究院成立于2005年4月，其前身是1989年成立的北京联合大学文法学院台湾研究室、2000年成立的北京联合大学台湾研究所。与我院互动密切的台湾学者王晓波教授，曾经这样形容我院的成长史：由过去一两个人的“路边摊”，发展到后来三五个人的“大排挡”；再由三五个人的“大排档”，发展到现在二十多人的“五星级的大饭店”，成为北京地区研究台湾问题的“重镇”。不过，实事求是地说，我院在全国涉台学术研究机构中毕竟还属后起者，尤其是我院台湾历史文化研究所，科研人员不多，底子比较薄，这次由该所负责承办两岸专家学者参加的学术研讨会尚属首次，全仰赖于海峡两岸专家学者的大力支持。同时，举办这样一次学术研讨会，也是我院台湾历史文化研究所向海峡两岸专家学者学习、求教的大好机会。在此，我代表北京联合大学台湾研究院，真诚地向在百忙之中拨冗与会的海峡两岸专家学者，再次表示衷心的感谢！

各位专家、学者：

从历史上看，伴随着大陆移民的陆续涌入，中华传统文化逐渐在台湾各地拓展、承传并扎根下来。儒学在台湾的传播与发展，是台湾文化发展的一次巨大飞跃，促进了台湾文化的成熟，成为整体中国历史文化中的延伸和一个重要有机组成部分。海峡两岸同文同种，同宗同源，经过几个世纪的孕育与熏陶，中华传统文化潜移默化地渗入岛内政治、法律、道德、文学、史学、哲学及社会生活等各个方面，并渗入到台湾民众日常生活、言谈举止和思维模式之中，代代相传，生生不息。一言以蔽之，儒学已经成为海峡两岸人民共同的文化基础。

儒学，从本质上说是一种道德人文主义哲学，它有自强不息、厚德载物的进取精神与宽广胸怀，它在本质上是一种追求和平与发展的中庸哲学。目前，儒学是台湾社会文化的主流，中华传统文化与传统伦理对台湾社会的影响根深蒂固。近十年来，本人曾有机会 9 次访问台湾，我发现，在台湾，儒学的影响随处可见。不讲别的，台北市内的一些街道就是以“忠孝”、“仁爱”、“信义”、“和平”、“四维”、“八德”等命名的，至于“尊师重教”、“敬老爱幼”、“扶弱济贫”等良好的社会风气更是给人予十分深刻的印象。

至于儒学对台湾政治的影响，不必多说，就拿本月 12 日台湾地区刚刚举行的第七届“立法委员”选举为例，民进党何以会遭受如此惨败？原因可以找到千条万条，但本人以为，从根本上来说只有一条，那就是民进党颠覆了中国的传统文化，也即中国传统儒学的基本伦理道德，背离了台湾社会的核心价值。民进党执政以来，顽固坚持分裂国家的“台独”路线，违背了中华民族历来崇尚的“大一统”思想，自然无法获得多数台湾民众的认同，也难以搞好两岸关系；再有就是抛弃“民本思想”，无视民生经济，罔顾苍生疾苦；“立党为私”，权力利欲熏心，贪污腐败；挑动族群对立，制造政党恶斗；破坏制度，践踏司法公义；朝令夕改，谎话连篇，毫无诚信可言；推行以“文化台独”为核心内容的“去中国化”运动，其“去蒋化”之无所不用其极，已近乎“鞭尸”的地步。总之，民进党把“忠孝仁爱”、“礼义廉耻”、“诚信敦厚”、“温良恭俭让”等等中国传统儒学的基本伦理道德完全颠覆，抛诸九霄云外，其一意孤行，失道失民心，我以为这才是民进党执政失败、“台独”事业不可能获得成功的深层次的原因。

各位专家、学者：

儒学，毕竟是我们海峡两岸同胞的共同历史文化遗产和宝贵的精神财富。今天，对儒学怀有深厚感情的两岸学界同仁、专家学者聚会一堂，共同来研讨“儒学与海峡两岸文化根基”这一问题，具有十分重大的现实意义。我想，这不仅能进一步促进中华儒学的发扬光大，而且也有助于我们进一步认清“台独”反文化、反道德、反社会的本质，促进两岸关系的和平发展、中华民族的振兴与腾飞。

最后，预祝会议圆满成功！祝各位领导、嘉宾、专家学者生活愉快，身体健康！并在此给大家拜个早年，祝各位在新的一年里，事业有成，合家欢乐！

谢谢大家！

（2008 年 1 月 22 日）

国民党大陆政策走向及其影响

2007年是国民党大陆政策发展、调整的关键性一年。国民党为赢得2008年“总统”大选的需要，其大陆政策的政治基础与具体政策进行了部分调整。国民党中央出台的两岸政策和马英九有关两岸政策的论述大体上勾勒出了国民党大陆政策调整与发展走向的基本轮廓。国民党大陆政策调整的趋势表明，在当前台湾政党竞争机制之下，尤其是在民进党大力污化“统一”的大环境下，国民党为了赢得各种选举的胜利，通过修订党章等开始启动本土化进程，马英九在日本访问期间宣布当选后的两岸政策“三不”原则，所有这些都显示出，在具体的两岸政策方面，如开放陆客赴台观光、直航等问题上国民党和马英九将推行更为开放的政策，但在两岸未来统一等重大原则问题上，国民党的态度逐渐趋向模糊，国民党进一步所谓的“本土化”、“台湾化”倾向渐趋明显。

一、国民党大陆政策的基本定位及其修订

2007年国民党大陆政策的总体方向定位与修订主要体现在三个方面：通过国共论坛继续推进国共两党及两岸关系；修改党章落实国民党的“台湾化”、“本土化”，删除党章中部分关于追求“统一”的文字叙述；在国民党2008年中心任务中，有关两岸政策指导部分，删除了以往年度中心任务中惯有的“在国统纲领及九二共识的基础上”文字。这一举动与2007年6月国民党修改党章被视为国民党两岸政策更进一步朝“去统化”修正。2007年国民党内发生的与两岸关系有着密切关联的事件与问题，标示出国民党大陆政策纲领的微妙变化及其未来的基本发展方向。

1. 通过“国共论坛”继续推动两岸关系的发展

国共两党发起并连续举办的“国共论坛”实际上已经成为台海两岸政党交流的重要桥梁，也是国民党主导和推动大陆政策的重要舞台。2007年4

月底，国共两党在北京举办了第三届“国共论坛”。在民进党当局加紧推动“台独”、制造两岸关系紧张的关键时刻，国共论坛的连续举办尤为难能可贵，它为促进与深化两岸交流、遏制“台独”做出了重要贡献，为维护台海局势的和平与稳定营造了良好的氛围，充分显示出国民党努力打破民进党利用执政权力对两岸关系形成的垄断和破坏，以政党交流、民间交流的方式主导大陆政策，推动两岸关系良性发展的政策路线。当然，“国共论坛”这一平台及其成果也是国民党借以宣传、推动其两岸政策主张，争取台湾民众政治支持的重要途径。

国民党荣誉主席连战先生在此次国共论坛上提出，希望不久的将来两岸可以依据“九二共识”，相互尊重、平等地来协商，共同为两岸人民解决实际问题；希望两岸加快交流的脚步，开展交流合作，让台湾借助大陆腾飞的经济动力，使自己发展，希望大陆能够最大范围地利用台湾的资源，来加速大陆各方面经济的发展；提出台海两岸和谐相处、和解相处、和平共赢的双赢理念。这些观点和理念也就是国民党在处理两岸交流方面的基本路线。

2. 修改党章，推动国民党的本土化

在推进国民党的“台湾化”、“本土化”方向方面，2007 年上半年国民党修改党章所引发的争议最为引人注目。

5 月 22 日国民党中山会报高层会议通过党章修正草案，首次将“台湾”写入党章，宣示将“以台湾为主，对人民有利”作为该党的信念。此外，国民党还刻意在党章中关于大陆“精神党员”的内容，将志愿与本党共同致力于“国家统一”者，改成为志愿与本党共同致力于“国家和平发展者”，可成为精神党员，删除了原条文中的“国家统一”字眼，改以“和平发展”替代。

面对外界质疑国民党“去统”、“去中”的疑虑，国民党秘书长吴敦义表示，现在没有统一或独立的条件，未来要衡诸两岸关系发展及人民意志。

尽管国民党文传会主委杨渡指称，党章前言未动，修党章的目的也不是要“去统”，而是要符合时代潮流。但党章草案第七条修正案将“统一”删除，改为“和平发展”，显示出国民党对两岸中程目标的规划，是搁置了“统一”的前提。国民党在党章修改中正式将“台湾”写入党章，删除部分

“统一”字眼，尽管从表面上看是一种向台湾本土意识和选举政治现实的妥协，就其实际效果而言实际上也是一种“切香肠式”的“去统”，是国民党从坚定支持国家统一的政党向对统一持模棱两可态度转变的一个标志，这一本质是毋庸置疑的。

这次党章修改是国民党建党113年以来幅度最大、牵动最深远的党章修正案。虽然，“前言”仍保留中国国民党的创党宗旨与信仰，维持“统一”的目标，但首次将“台湾”写入党章，并以一种所谓不经意的方式用“和平发展”取代“国家统一”字眼，无论如何解释，这次党章修改，都形同宣示以台湾为主体的本土意识，在国民党内已经成为主流，显示出国民党在当代台湾的政治社会环境下走向“本土化”的政治用心。这种趋势是否会成为未来国民党大陆政策的政治发展方向，值得关注。

3. 年度中心任务删除“九二共识”

2007年国民党开始大步走向“台湾化”、“本土化”的重要标志就是在国民党2008年度中心任务有关两岸政策的指导方针删除“国统纲领和九二共识的基础上”这一段文字。

在以往，“在国统纲领和九二共识的基础上”开展两岸关系，一向是国民党的年度“中心任务”，然而，2007年10月底，国民党中常会通过的2008年度“中心任务”文件中有关两岸政策指导部分，删除了“在国统纲领及九二共识的基础上”文字。这是继六月党章修正案之后，国民党两岸政策更进一步朝“去统化”修正，也是全力走向“本土化”的明确信号。11月初，这一消息一经传出，即在台湾政坛引发风波，国民党名誉主席连战、亲民党主席宋楚瑜等均表达强烈反对意见，不少民众打电话到国民党中央党部抗议。

在众多泛蓝民众的反对和压力下，国民党中央不得不对该文件进行部分修改调整，但仍然坚持删除“国统纲领和九二共识的基础上”这一段文字。引起争议的中心任务第八条原文为：“两岸政策应秉持互利互惠原则，推动和平发展，松绑经贸往来限制，加强台商服务，维护台商权益，推动两岸直航，开放大陆观光客来台，协助台湾农产品销大陆，增加农民收入，促进百业繁荣。”修改后，为“两岸政策以本党‘党章’、‘政策纲领’为基础，秉持互利互惠原则，推动和平发展，松绑经贸往来限制，加强台商服务，维护台商权益，推动两岸直航，开放大陆观光客来台，协助台湾农产品销大陆，增加农民收入，促进百业繁荣。”

尽管，国民党高层一再强调，在党章和政策纲领中，国统纲领和九二共识的重要性不变，希望争议就此结束，但是，坚决拒绝把已经删除的“在国统纲领及九二共识的基础上”这句话加回去，也表明，国民党内部坚持走“本土化”以及为2008年大选选票考量的势力在国民党内占据了主导地位。据了解，国民党高层考虑2008年“立委与总统”选战，认为党的两岸政策必须“更弹性、更务实”，党内相关文件因而需配合修正，删除“国统纲领和九二共识”等文字就是在这一政策背景下发生的。按照国民党秘书长吴敦义的说法，一切都是幕僚的建议并没有误删的问题。这一事件的发生不仅与国民党未来政策方向有关，而且也与马英九、萧万长竞选团队坚持“本土化”策略有关。实际上也预示着，在党内本土派的操弄下，国民党原有的两岸政策的基石已经松动。而国民党此次调整中心任务有关两岸政策陈述内容，更被一些媒体解读为国民党准备转型成“本土化政党”。国民党的这一发展方向尤其值得关注。

总体而言，2007年国民党大陆政策的政治基础已经发生了微妙变化。一方面，国民党期望通过“国共论坛”这一平台继续主导大陆政策，在两岸事务上扮演积极的角色，以其两岸政策理念与发挥的作用来提升政党形象，争取台湾民众的支持和拥护；另一方面，为了因应未来的选举，重新夺回执政权，又不得不向岛内的政治现实妥协，加速“本土化”进程。可以预料，进一步“去统”或者搁置“统一”，有可能在国民党未来的两岸政策中成为主流发展方向。

二、马英九的两岸政策理念与主张

马英九作为代表国民党参加2008年台湾地区领导人选举的候选人，他的两岸政策主张与国民党中央的两岸政策路线相互呼应，互为补充，是国民党大陆政策中不可或缺的一部分，而且马英九的两岸政策理念和主张更代表着未来国民党大陆政策的发展方向。

自从马英九宣布参选2008年台湾地区领导人以来，虽然至今尚未提出一套完整的大陆政策白皮书，但已经在各种不同场合就两岸关系等提出了一系列的政策主张。综合而言，马英九的两岸政策主张可分为政治原则与指导方针论述和具体政策论述两大部分。其主要内容包括：

1. 马英九提出的两岸政策原则与规划

首先，马英九关于台海两岸的“独统关系”论述。从当年接任国民党主席到现在，马英九的两岸“独统关系”论述呈现出一个明显的变化摇摆曲线：即从当初提出“终极统一论”，遭到批评后又提出“台独选项论”；但在“台独选项论”再度遭到批评后，马英九虽然提出解释，但“终极统一论”却不再提起，改以“维持现状论”取代。2007年5月马英九在被提名为国民党2008年大选候选人之际强调，国民党的立场并不赞成“台独”，也不会选择“台独”选项，大多数台湾民众都认为要维持现状、拼经济。马英九不再提起“终极统一”，也回避了未来如果台湾大多数民众要求“独立”时国民党将采取何种立场。马英九还表示，“台独”不是国民党的选项，现在也不适合和中国大陆谈统一的问题。2007年6月马英九在印度访问时特别强调，除非中国大陆民主化及台湾人民同意统一，否则台湾将继续维持两岸现状。这种“以台湾人民的立场为立场”的统独论调，可称为“人民决定论”。

其次，马英九关于处理两岸政治关系的原则。2007年11月马英九访问日本期间提出“三不”原则。他在日本京都的一所大学发表题为《从台湾观点谈东亚和平与繁荣之愿景》专题演讲时提出，台湾希望成为东亚的和平缔造者，而非麻烦制造者，若国民党赢得政权，将致力让台海不再成为热点。他提出“三不”基本政策，就是在“不统”、“不独”和“不武”政策下追求台海和平。马英九在与日本众议院议长、议员们会晤时公开宣示，在他任内绝对不会讨论统一的议题，不支持“台湾独立”，反对任何以武力的方式处理台海关系。2008年1月中旬马英九再次强调，若能执政并获连任，则8年内“不会跟中国讨论两岸统一问题、不支持“台独”、不以非和平方式解决台海问题”。他的政策是维持“中华民国”现状，也反对大陆以武力方式处理台湾问题。马英九特别强调，对两岸东亚、对世界最好的方式就是两岸维持现状，不统、不独、不武，然后，各种事情透过协商解决，不搞单边主义，不要搞非和平方式，这就是最好的办法。

第三，马英九关于两岸协商谈判的政治基础：坚持“九二共识”，“一中各表”。在涉及到恢复两岸协商谈判时，马英九强调坚持遵循“九二共识”原则。希望在“九二共识”的基础上寻求与大陆重开对话的机会，谋求与大陆签定经济协议、和平协议，同时谋求与对岸达成拓展台湾国际空间的共识，即未来将在“经贸关系正常化”、“签订和平协议”、“台湾在国际社会空间”等三个议题上与大陆协商，改善两岸关系。当然，马英九也一再强调，他所坚持的“九二共识”，是“一个中国、各自表述”。马英九表示，结束两岸敌对状态、签署两岸和平协议是他长期的主张，也纳入了国民党的政纲。他认为两岸都应该同时回到“九二共识”即“一中各表”的立场，以此作为协商基础，用这样的协议来结束两岸敌对状态。马英九表示，现在两岸问题根本没有解决的可能，最好的办法就是控制住，就是“一个中国、各自表述”，对岸应该可以接受，而台方的“一个中国”就是“中华民国”，在此基础上谈判，台方也不失“国格”，包括三通、经济、和平协议问题都可谈。

第四，马英九的两岸经贸政策指导原则。2007 年 5 月 2 日，国民党中常会正式提名马英九为国民党参选 2008 年大选的候选人，马英九亲自到场并发表政见。马英九提出，如果 2008 年获得执政机会，他将坚持“以台湾为主，对人民有利”及“原则开放，例外管制”两项原则，来推动两岸经贸正常化。他主张台湾与大陆的经济关系正常化，但不开放大陆劳工来台以及部分大陆农产品输往台湾的限制等都将持续。

第五，马英九的两岸关系发展总体规划。2007 年 6 月，马英九首次完整提出当选后的两岸关系发展规划。他主张应由朝野政党组成跨党派委员会，共同监督两岸事务推展。这一规划分近程、中程、长程三个阶段。

马英九的政策一切从“两岸互不否认”开始。就近程两岸政策目标而言，就是 2008 年大选获胜后，将立即三管齐下，展开“三通”谈判、全面小三通、周末包机正常化等。

中程计划是，两岸应同时回到“九二共识”，恢复海基、海协两会功能，搭配议题，“让他们做本来就应该做的事情”。他以直航议题为例，海基会董事长、副董事长或秘书长，担任主谈代表，再搭配海基会顾问身份的民航局人员、业者、航空协会等，与对岸协商。

至于长程计划，马英九提出，两岸业务增多后，可仿照国际作法，组织“两岸架构”，以各领域专业人才共组联合委员会的方式，由专业幕僚处理经常性事务，不是为了某个议题，才组团谈判。马英九指出，联合委员会可能需要立法，或经由修改“两岸人民关系条例”而获得授权，当两岸业务多到一定程度，需要经常性机构，联合委员会就可发挥功能，并“培养一批真正熟悉两岸协商的人才”。他说，一定有很多问题不容易处理，但一开始由专业幕僚接手，“慢慢两岸关系就会上轨道”。

马英九说，两岸应“同时”回到九二共识，找出恢复协商的机制，不能只是片面做法，例如大陆只抓“一个中国”，台湾只抓“各自表述”，那两岸永远谈不拢。

2. 马英九就两岸关系提出的具体政策主张

执政后将立即处理两岸四大议题。第一，安全问题，将在“九二共识”基础上，与大陆协商签署和平协议，还有军事互信机制，结束两岸敌对状态。第二，与大陆改善经贸关系，希望经贸正常化，包括直航三通，开放金融业登陆。签订投资保障协定、避免双方课税协定。第三，推动成立两岸共同市场，大陆不想与台湾签 FTA（自由贸易协定），台湾不想签 CEPA（更紧密经贸安排），但可从经济合作协议开始。第四，马英九提出“活路模式”（modus vivendi），希望与对岸展开谈判，让台湾有国际空间。

马英九提出，进行“和平协议”前必须终止海峡两岸对立，他要求大陆撤除对准台湾的上千枚导弹，并建立军事互信机制，以避免冲突。

马英九提出两岸“互不否认”。2007 年 6 月马英九在访问印度期间表示，要让两岸相互承认是不可能的事，两岸还是要回到“九二共识”，先做到“互不否认”。他认为，根据双方的“宪法”不可能正式承认对方，所以用互不否认的方式，把这个议题暂时搁置，然后大家去解决更迫切更有实际意义的议题。至少让两岸先做到互不否认（mutual nondenial），先营造双方态度转变的氛围，以待更大空间的出现，并搁置政治争议，寻求经贸合作。马英九提出，两岸关系复杂且世界少见，国民党主张的“一中”是“中华民国”，不可能法律承认对岸的中华人民共和国。他并举过去“金门协议”与“特殊的两岸航线”为例指出，两岸间要获致双方都能接受的方案很难，双方都要更有想象力才行。

马英九和中国国民党主席吴伯雄肯定胡锦涛总书记所提出的两岸协商，正式结束两岸敌对状态，达成和平协议的讲法。他们称，国民党将坚持两岸对等原则，切实维护台湾的安全与尊严。

关于两岸“三通”。马英九说，民进党执政下政治不安定、政府不稳定、政策不确定等“三不定”，他上台后要排除此一状况，并在“九二共识”架构下开放两岸“三通”。马英九说，大小三通问题，一直是许多民众的期待，未来只要国民党执政，将立即展开两岸三通谈判，并在一年内完成。此外，还要同步推动全面小三通，让人人都可以小三通，不只是金门马祖和澎湖可以。第三项则是同步推动两岸节日包机常态化和正常化等三管齐下方式，来推动两岸事务与两岸关系。

马英九说，不开放两岸直航绝对不是好的政策。他主张两岸直航，不再绕道香港等第三地，以缩减两岸往来的时间，让大陆人民能深入了解台湾的友善与好客。针对开放直航问题，马英九表示，只要周末包机常态化后，将立即进行全面直航谈判。就任第一年就会与对岸进行开放班机直航谈判，希望在一年内就会解决。至于两岸直航航线的定义，他认为，既非国际也非国内，而是特殊航线，名称就叫“两岸航线”。

马英九说，台湾是世界贸易组织（WTO）会员，就要在世贸架构下进行全球化，他希望两岸在“人流、钱流、物流、资讯流”等方面都要流通。

关于两岸经贸和观光。马英九指出，两岸经济应该松绑，他举台积电为例，批评台湾企业到大陆投资，不能超过40%净值的规定，“对大陆无效，对台湾有害”；他说，若国民党执政，将合理控管技术，不会控管资金。马英九并主张应全面开放台商回台上市，吸引更多外资。不过，对于大陆农产品进口，不轻易开放。

在两岸观光方面。他认为，两岸观光应从目前的“单向消费”，改为

“双向互惠”，积极开放大陆观光客来台。马英九提出，如果当选“总统”，将立即把大陆客来台观光人数，由每天1000人次提高到3000人次，每年100万人。他并保证在四年任内，将把大陆客来台观光人数增加到每年300万人次，即每天一万人次。

防卫政策采“守势战略”。马英九提出为力促台湾安全与两岸稳定，他会采取“固若磐石”的防卫政策，以“守势战略”为指导原则；备战、不畏战而不求战，维持台海现状；台湾要有合理的军购，不发展核武以及会造成重大伤亡的武器，促进两岸和平；让台湾担扮演“和平的缔造者”，而非“麻烦的制造者”。

马英九提出“活路外交”。在“国际空间”问题上，马英九主张两岸未来应以灵活弹性的方式处理国际问题，而非零和游戏，他将之称为“活路外交”。马英九表示，2008年如果执政，将终结虚耗的“烽火外交”，并在兼顾尊严前提下，从共同利益出发，以“九二共识”为基础，在互不否认的情况下，与大陆展开务实协商，寻求彼此可以双赢的平衡点，也就是“活路模式”。他指出，将来不管在双边关系或国际组织的参与，两岸都不必冲撞，互相消耗资源，反而可以各尽所能，齐头并进，共同贡献国际社会；这是“三赢”的做法，不仅两岸得利，国际社会也均乐见。设法与中共沟通，与其他友好国家协调合作，争取加入国际组织，包括推动以“中华民国”名义重返联合国，重返“世界银行”、“国际货币基金”与“世界卫生组织”为首要目标；积极寻求参与其他与台湾经济发展有关的联合国专门机构与功能性国际组织，创造共同利益。马英九说，国民党较弹性，不会意识形态挂帅，硬要以“台湾”之名参与国际组织或发展“外交关系”，“中华台北”、“中华民国”都是可能选项。马英九提出，一旦国民党执政，在以“台湾为主对人民有利”的前提下，今后台湾将以非敌对性但有主体尊严的方式，一方面更积极、更务实地参与国际事务，一方面强化两岸的和平交往，并以两岸互信为基础，扩大台湾国际交往的空间。

在扩展台湾国际空间问题上，马英九的搭档萧万长重申马英九的“活路模式”，表示明年一旦胜选，将努力就台湾国际空间的问题与北京直接协商，让其他深受两岸政策所苦的其他国家，都能因此达到“三赢”的局面而获利。

主张两岸问题由两岸自己来解决。对于两岸关系是否也由多国参与讨论的问题，马英九表示，两岸的问题还是由双方来解决比较恰当，未来两岸协商不需要、更不必要美方介入，两岸可以自己解决自己的问题，当然欢迎朋友们提供宝贵的意见。他说，在2000年以前，两岸共协商了24次，1993年4月在新加坡辜汪会谈时，完成四项协议，两岸都有意愿及能力解决问题。

三、国民党大陆政策的特点与影响

综合而言，从国民党和马英九的大陆政策走向来看，虽然隐含着“去统化”、本土化的倾向，但承认“九二共识”，坚持“两岸一中”；其具体政策主张理性务实、开放。而且应该看到，国民党虽然尚未执政，但其大陆政策对两岸关系和台湾民意的变化仍然产生了积极的影响：

首先，国民党坚持“两岸一中”，促进两岸交流、反对“台独”的大陆政策立场，在台海两岸共同反对民进党“台独”冒险、维护台海和平与稳定的斗争中发挥了重要作用，有效地阻止了“台独”势力企图通过体制内“宪改”实现“法理台独”的图谋，成为岛内“反独”的主要依靠力量。

其次，以国民党主席连战访问大陆为契机所构建起来的、以“国共论坛”为主要互动模式的国共两党党际交流新平台，已发展成为大陆对台工作的重要立足点。通过这一重要平台，把大陆方面发展两岸关系的善意与诚意传达到岛内，对岛内民意、政治及舆论的影响力不可低估，“反独”斗争取得阶段性胜利发挥了重要作用。

第三，国民党利用“国共论坛”这一平台主导大陆政策，大力宣扬其两岸和平交流、主张开放的两岸政策，推动两岸关系的发展，向台湾民众提供了一种与民进党封闭政策截然不同的两岸政策选择，戳穿了民进党在两岸关系上的愚民宣传，冲击了民进党的“台独迷思”对台湾民众的误导和绑架，为未来两岸关系的开放与两岸交流进行了必要的舆论准备和思想准备。

第四，国民党的大陆政策实际上也是台湾民意对大陆态度的晴雨表。国民党和马英九之所以敢于大胆地提出理性、务实、开放的两岸政策，积极推动国共两党和解与交流，突出表明了民进党执政 8 年来所推行的敌视大陆、蓄意制造台海紧张局势的“台独”分裂路线，已经越来越不得人心。2008 年 1 月，支持两岸和平交流、反对“台独”的国民党以绝对优势赢得“立委”选举，就是这一政策获得岛内多数选民认同的一种证明。同时，这一选举结果，也使“台独”势力企图通过法理途径实现“台独”的可能性和危险性大大降低。

上述四点基本上属于国民党现有大陆政策带来的客观影响，而马英九的大陆政策论述则决定着未来国民党大陆政策走向，其能否贯彻落实还要取决于 2008 年 3 月大选的结果。不过，在此之前马英九的大陆政策论述已经开始在台湾内部为两岸关系走向开放与稳定营造出一种良好的社会氛围。资料显示，马英九的两岸政策论述不仅得到台湾工商界的广泛欢迎，而且也得到了广大普通民众的认同和支持。在马英九和国民党两岸政策论述的冲击下，民进党当局各种毒化两岸关系的言论和操作，其效应正在逐渐减弱。这种客观效果对两岸关系都是正面的，值得肯定的。

如果马英九不能赢得 2008 年这次大选，其在竞选期间发表的一系列两岸政策主张将没有落实的可能。而拿不到执政权的国民党随着内部新的人事调整和派系权力分配上的重新布局，马英九的两岸政策主张有可能被扬弃，而加速“去统化”和“本土化”进程，进一步向“脱中国化”转型，那么两岸关系的前景将更加复杂而难以意料。

相反，如果马英九赢得 2008 年 322 的大选，两岸关系必将柳暗花明，迎来光明的前景：

首先，国民党当前为因应选举所采取的“去统化”政策有可能会得到修正。马英九竞选团队某位高层人士曾经向本课题组成员表示，在大选之前国民党的大陆政策从“统”的立场向“中间”立场摆动，是为了赢得选举，一旦选举取得胜利，国民党在两岸关系上的立场就会重新向“统”的方向摆动。虽然这一说法尚需事实验证，但根据我们长期对马英九和国民党的观察研判，应该是可信的。

其次，马英九对发展两岸关系的政治基础“九二共识”态度明确，从未动摇，各种政策主张也较为理性、务实。马英九对大陆的政治制度虽抱有成见，双方存在意识形态上的分歧，但这并不会影响两岸交流。包括直接“三通”等在内的两岸具体事务上的协商谈判可望在“九二共识”的基础上渐次展开。

第三，随着两岸“三通”的开放，以及大陆各项惠台政策措施渐次得到落实，两岸关系中和平交流的一面将会大大加强，对抗的一面将会因民进党的下台而大幅降低和缓解，自陈水扁上台以来两岸关系的紧张状态可望很快解除。

第四，在和平交流累积起来的两岸互信增强的基础上，两岸可望通过平等协商谈判签订和平协议、建立军事互信和贸易互惠机制。

第五，鉴于马英九的“活路外交”主张在“九二共识”的基础上与大陆协商台湾的“国际空间”问题，两岸在国际间的对抗与外交争夺将会趋缓，大陆对外政策中的这一牵制因素可望发生部分性质转变，有助于增强大陆外交的主动性和灵活性。

第六，慢工出细活，假以时日，两岸关系将会从“量变”到“质变”，台湾民意主流势将向有利于统一的方向逐渐转变。

目前国民党的大陆政策虽然存在“去统化”的消极倾向，但总体上来说是积极的、务实的、理性的。而且，这种“去统化”以其说是国民党大陆政策的发展“趋势”，不如更确切地说是为因应2008年“总统”大选、重新夺回执政权被迫向岛内政治现实妥协所采取的一种“策略”。马英九若能赢得大选，国民党大陆政策“去统化”的消极倾向有可能消除，而积极、务实、理性的具体政策措施必能逐步得到落实，其对台海和平稳定及两岸关系的积极推动作用是不言而喻的。我们认为，无论国民党是否能重新上台执政，鼓励其积极面，牵制其“去统化”倾向，促使国民党的大陆政策向正确的方向推进，应是我们未来工作的重点。

（2007年市台办委托课题，不含“工作建议”部分，2008/02，与李振广合撰）

两岸关系八年来的回顾与展望

在刚刚过去的台湾地区最高领导人选举中，马英九、萧万长以58%的高得票率当选。在经过民进党八年民粹政治的操弄之后，马英九以“外省人”的身份而当选，这标志着台湾选民已经冲破族群政治的魔咒，向理性的公民社会迈进了一大步。无疑，这次大选的结果将对台湾政局造成极为深远的影响，同时，也为两岸关系的缓和与发展带来了新的契机。过去八年来，由于民进党当局肆意操弄“台独”意识形态，把两岸关系带入了死胡同，台海局势动荡不安，台湾人民也深受其害。台湾人民最终用选票终结了民进党的“台独”政权，为两岸关系的和平发展扫除了最大障碍。未来两岸如何抓住当前的有利时机，开创出和平发展的两岸关系新局面，这是两岸中国人共同期待并须努力达成的。

一、民进党大陆政策走进了死胡同

2000年3月，坚持“台独”的民进党利用国民党的分裂而取得了执政权。执政后的民进党如何处理好两岸关系成为其最大的软肋和挑战。由于早期的民进党走体制外街头抗争的群众运动路线，除了意识形态领域的“激进台独”路线外，谈不上对于两岸关系有什么严肃的思考，两岸关系只不过是其用来进行岛内政治斗争的工具。自上世纪九十年代初以来，民进党为了通过选举获得执政权，开始进行艰难的“政党转型”，以从体制外的群众运动路线向体制内的选举路线转变。这种转型主要体现在两个方面：

其一是对“台独党纲”的修正。经过激烈的路线斗争，最终在1999年5月，民进党党代会通过“台湾前途决议文”，对“台独党纲”作出重大修正，即由原先的“独立建国”立场，转而主张“台湾是个主权独立的国家，依目前宪法称为中华民国”，首次承认了“中华民国的国号”。此后，“台湾前途决议文”成为民进党诠释台湾现状的基本指导原则。

其二是对大陆政策的检讨。长期以来，民进党对于大陆政策并没有一个清晰的概念。1998 年 2 月，民进党举行党内“中国政策大辩论”。在这次辩论会上，有所谓“大胆西进”和“强本渐进”的路线之争，通过辩论，最终达成了“强本西进”的共识。该年 5 月，民进党中常会通过“中国政策研讨会共识”案，使这次辩论的共识成为民进党的指导性文件。1999 年 11 月，为了参加次年的“总统大选”，民进党又推出“跨世纪中国政策白皮书”，第一次系统地形成了民进党的大陆政策。这个“跨世纪中国政策白皮书”作为民进党大陆政策的第一次系统论述，在 2000 年民进党上台执政后，基本上以此为基础推行其大陆政策。

民进党的“政党转型”取得了初步的成果，一定程度上化解了岛内民众对民进党作为“台独”政党的疑虑，为 2000 年民进党上台执政创造了条件。但民进党成为执政党后，其大陆政策不仅要符合岛内民意的期待，同时也要接受美国以及中国大陆的严格检验。这是一个更高层次的挑战。但从陈水扁执政八年来两岸关系的僵持现状来看，民进党的大陆政策显然没有取得成功。其中最大的症结在于，民进党的“台独”意识形态与大陆的“一个中国”原则存在着根本冲突，没有调和的可能性。只要民进党不放弃其“台独”立场，无论在现实层面上释出多少“善意”，都不可能得到大陆的正面回应，这是民进党大陆政策失败的根本原因。

“台独”党纲作为民进党的神主牌，自然不可能轻易放弃，但两岸关系对于台湾生存发展的重要性不言而喻，民进党作为执政党，必须要能化解两岸政治僵局，而“台独”意识形态就成为民进党推动两岸政策的最大障碍。为此，民进党当局一方面在政策层面上执行比较宽松的两岸经贸政策，以回应岛内要求加强经贸交流的民意需求和两岸经济融合的客观现实；而在“统独”面向上，民进党则顽固坚持其“台独”立场，不断冲击大陆的一个中国原则底线，造成两岸关系的持续紧张。

在陈水扁上台之初，他就否定“九二共识”，随后又于 2002 年提出“一边一国”论，公然挑战一个中国原则的底线。他还在社会、文化等领域推行全方位的“去中国化”运动和台湾“正名”运动。在外交领域以“务实外交”、“过境外交”等方式，企图在国际上制造“一中一台”的事实。

在政治领域则于2006年3月宣布终止“国统会”和“国统纲领”运作，推翻其上台之初所做出的“四不一没有”承诺。2007年以来，陈水扁的“台独”分裂活动更加变本加厉。3月4日，他抛出“四要一没有”，公然主张“台湾要独立，要正名，要新宪……”。3月18日，指使其御用学者抛出所谓“第二共和国宪法草案”。6月18日，又抛出“以台湾名义加入联合国”的“公投绑大选”的台湾“正名”主张，图谋推动“法理独立”进程，直接对“一个中国”原则的底线提出挑战。9月2日，民进党中执会通过所谓“正常国家决议文”，宣称要在适当时间推动“正名制宪”、更改“中华民国国号”等，这表明民进党的两岸政策已经回归到上世纪九十年代初的激进“台独”路线。

从这八年来台湾政局发展的主线来看，陈水扁事实上通过“切香肠”的方式，一步步落实“台独时间表”。在陈水扁的一再操弄下，两岸关系已经走到了极其危险的边缘，就连美国也不得不公开站出来对其激进的“台独”行径加以约束，以避免台海局势失控。陈水扁政权刻意操弄两岸关系也给台湾社会造成了深重灾难。八年来，台湾社会陷入经济停滞、民生困苦、族群撕裂的严峻状态，其总根源在于民进党的“台独”意识形态及其对抗性的大陆政策。民进党也因此受到惩罚，遭到台湾选民的无情唾弃。如今，民进党重新沦为在野党，其未来如何检讨“台独”党纲及大陆政策，将决定民进党的发展前景和空间。

二、大陆构建和平发展两岸关系的努力及前景

2005年3月4日，胡锦涛总书记在看望参加全国政协十届三次会议民革、台盟、台联界委员时，提出新形势下发展两岸关系的四点意见：坚持一个中国原则决不动摇；争取和平统一的努力决不放弃；贯彻寄希望于台湾人民的方针决不改变；反对“台独”分裂活动决不妥协。这成为新时期大陆对台工作的基本方针。胡锦涛在阐述“四点意见”时说：“和平解决台湾问题、实现祖国和平统一，符合两岸同胞的根本利益，符合中华民族的根本利益，也符合当今世界和平与发展的潮流。”此后，胡锦涛总书记又相继就两

岸关系的和平发展问题提出了一系列新论述。

2005 年 4、5 月，国民党主席连战和亲民党主席宋楚瑜应邀先后访问大陆，并与中共中央总书记胡锦涛举行会谈，分别发表“胡连会公报”和“胡宋会公报”，其主旨是促进两岸关系的和平发展。为此，自 2005 年以来，大陆相继出台了一系列有利于增进台湾同胞福祉的政策措施，积极兑现承诺，同时加大促进两岸民间交流，使两岸关系得到很大程度的缓和。

陈水扁当局不愿看到两岸关系和缓的局面，2006 年元旦陈水扁宣布改采“积极管理、有效开放”的两岸经贸政策。3 月又宣布终止“国统会”和“国统纲领”的运作，并企图启动“正名制宪”的进程，制造台湾“法理独立”。面对陈水扁当局的挑衅，大陆一方面采取有效措施严厉打击“法理台独”活动，另一方面继续坚持推动两岸关系和平发展的局面。2006 年 4 月在会见参加两岸经贸论坛代表时，胡锦涛首次明确提出：“和平发展理应成为两岸关系发展的主题，成为两岸同胞为之奋斗的目标！”

2007 年 10 月，中共召开第十七次全国代表大会，当时台湾当局正推动以台湾名义加入联合国的“入联公投”，这是对“一个中国”原则的严重挑战。面对这一严峻局面，大陆同样一面采取各种有效措施加以反击，包括透过美国向台湾当局施压等，一方面仍然不放弃追求两岸关系和平发展的努力。在胡锦涛总书记所作的十七大报告中郑重呼吁，两岸“在一个中国原则的基础上，协商正式结束两岸敌对状态，达成和平协议，构建两岸关系和平发展框架，开创两岸关系和平发展新局面。”并重申“凡是对台湾同胞有利的事情，凡是对维护台海和平有利的事情，凡是对促进祖国和平统一有利的事情，我们都会尽最大努力做好。”对台湾同胞释放出了最大的善意。

2008 年 3 月 4 日，胡锦涛总书记在看望参加全国政协会议的民革、台盟、台联委员时发表对台重要讲话，再次呼吁，“两岸同胞团结起来，牢牢把握两岸关系和平发展的主题，共同开创两岸关系和平发展新局面，共同促进中华民族伟大复兴。”

可见，和平发展是新时期中共对台政策的主轴，大陆对于追求两岸关系和平发展的愿望是真诚的，对于实现两岸关系和平发展的努力是坚决的。从近几年两岸关系的走向来看，这一政策也是成功的。在任何时候，我们都牢牢把握和平发展这个主题，寄希望于台湾人民，不随“台独”势力的挑衅而起舞，从而极大地缓和了两岸关系，掌握了两岸关系发展的主导权。

2008 年 3 月 22 日，在台湾地区最高领导人的选举中，马英九、萧万长以 58% 的高票当选，而民进党遭到了惨败。使两岸关系和平发展获得了更为坚实的保证。由于马英九此前多次表示认同“九二共识”，并主张两岸在“九二共识”的基础上展开谈判。两岸在“九二共识”这一原则问题上取得了共识。2008 年 4 月 12 日，萧万长参加亚洲博鳌论坛，并与胡锦涛总书记会面。萧万长提出发展两岸关系要“正视现实、开创未来、搁置争议、追求双赢”。4 月 29 日，胡锦涛总书记在会见国民党荣誉主席连战时表示，两岸关系要“建立互信，求同存异，搁置争议，共创双赢”。可见，目前两岸正在积聚共识，逐步解冻已经冰封了八年的两岸关系。

三、国民党执政后两岸关系的未来走向

自 2000 年沦为在野党以来，国民党在前主席连战的主导下，抛弃过去李登辉的“两国论”路线，对国民党进行了一系列改造，包括政党体制、政策路线等。在大陆政策方面，国民党重新回到“九二共识”和“国统纲领”的基本立场。不仅如此，“连胡会”所达成的五点共识已写入国民党政策纲领，此后，马英九、吴伯雄都表示将遵循“连胡公报”推动两岸关系。

马英九未来所主导的大陆政策与国民党的大陆政策可能会有某些出入，但基本点是一致的，如坚持在“九二共识”的基础上两岸展开谈判等，这就为两岸良性互动提供了最为重要的政治基础。

目前，台湾百业待兴，人心思治，缓和发展两岸关系是台湾的主流民意。马、萧在竞选过程中坚持主打经济议题，开出了一大堆的经济支票，如开放两岸“三通”、开放大陆观光客来台等，而这些政策都需要大陆方面的配合才可能实现。台湾经过民进党八年的执政，已经使得台湾的经济活力丧失，被亚太市场严重边缘化。台湾要恢复经济活力，重新融入亚洲市场，必须透过与大陆的协商谈判才能实现。台湾亟需获得的国际空间问题，也必须要与大陆协商谈判才能解决。因此，民进党过去执行的与大陆严重对抗的政

策，给台湾造成了严重灾难，未来台湾当局必须要在这一问题上改弦易辙，这是任何人都违抗不了的。

大陆方面来说，本世纪头二十年是中国崛起的重要战略机遇期，我们正处于全面实现现代化的关键时期，自然不希望因为台湾问题而阻碍甚至破坏这一进程。因此，在一定时期内维持台海现状，对于我们抓住战略机遇期是十分有利的。这与马英九宣示的“不统、不独、不武”“维持台海现状”的政策有某种程度的交集。两岸抓住目前推进两岸关系的有利时机，各自发展，对于双方都是有利的，从全局而言，是有利于中华民族的整体利益的。

当然，两岸的分歧仍然存在，两岸民众还需要扩大交流、增进了解，消除彼此的隔阂。台湾人民在近代以来有其特殊的历史遭遇，从而形成了台湾人特有的悲情意识，对于这种意识，大陆人民也要充分了解。但台湾人民也要了解大陆人民对于今天发展局面来之不易之珍惜，要理解中华民族的全面复兴是全中国人民的愿望，这是谁也阻止不了的。为了中华民族的整体利益，中国人民不能允许台湾从中国分割出去，这种意志也是坚定的。双方如何在这之间找到平衡点，搁置分歧，寻求共识，共谋发展，这对于两岸人民都是有利的。

目前，两岸谈判已经势在必行，海基会、海协会的协商谈判机制又将重启，未来两岸事务性谈判都在这一平台上进行。目前需要解决的议题是实现“三通”和大陆观光客来台。这是马英九竞选时提出的重要政见，未来能不能落实，将对于马英九未来四年的执政造成重要影响。至于两岸政治谈判，签订和平协议，建立军事互信机制等，在未来都将逐步展开。两岸要抓住目前的有利时机，通过两岸谈判，逐步形成共识，建立互信，并最终构建两岸关系和平发展的稳定机制。相信这一战略目标能够在不远的将来得以实现。

（统一论坛，2008/05）

“化独维和”，努力开创两岸关系和平发展新局面

——在“香江论坛”上的主题演讲

主持人、各位嘉宾、

各位女士、先生、媒体朋友们：

大家下午好！承蒙江素惠女士的邀请，今天，我有机会再次出席香江论坛，就两岸关系问题，发表个人的一点浅见，就教于各位。

“台独”遭重创意义非凡

陈水扁、民进党执政八年，海内外全体中国人、包括爱国的华侨华人的“反独遏独”斗争也整整进行了八年。较量的结果，在今年1月举行的台湾新一届“立法委员”选举和3月的“总统”大选中，坚持“台独”的民进党连续两次遭到惨败，困扰台湾和两岸关系长达八年之久的民进党、陈水扁“台独”政权已经鞠躬下台，走入历史。“台独”势力遭到了空前沉重的打击，两岸人民的“反独遏独”斗争取得了阶段性的重大胜利，威胁台海和平的“台独火药桶”一夕之间被拔除了“引信”。

毫无疑问，2008年是台湾政局和两岸关系发生结构性积极变化的一年。对于2008年台湾岛内的这两场影响深远、具有转折性意义的选举，无论怎样评价都不会过分。或许过三、五年后再回过头来看，对于岛内这两场选举的重大转折性意义，我们才会有更深刻的体会和认识。

此刻，海内外关注台海形势发展的人们都在拭目以待：国民党、马英九重新上台执政后，在促进两岸关系发展方面究竟能走多远？面对新的形势，大陆方面将会如何应对？……

两岸关系进入和平发展“转换期”

自不待言，民进党的惨败、国民党的重新上台执政，使两岸关系进入了一个全新的发展阶段。那么，应该如何准确界定这一两岸关系发展的“新阶段”呢?

不少论者认为，以马英九的胜选、国民党的重新上台执政为开端，两岸关系已经进入了和平发展的新时期。但这一判断似乎不够准确，过于超前和乐观。

我以为，界定两岸关系是否已经进入了和平发展的新时期，最重要的“标志”，就是要看两岸和平发展的制度性框架是否已经建立起来了。两岸和平发展的制度性框架一天没有建立起来，两岸关系的发展就仍然存在许多不稳定的因素，两岸关系就仍然十分脆弱，经不起风吹草动，虽然已经“雨过天晴”，但随时都有可能“飘来几片乌云”。原因很简单，民进党的倒台、“台独”势力的式微，并没有也不可能使两岸之间原本存在的所有政治上的矛盾与分歧自然而然地消除，只不过是这种矛盾与分歧在性质上发生了变化。两岸能否真正做到“建立互信、搁置争议、求同存异、共创双赢”还有待在实践中进一步检验。而两岸和平发展制度性框架的建立，则有赖于在“九二共识”的基础上通过两岸的协商谈判，宣布“结束敌对状态”、建立“军事互信机制”、签订和平协议。而这一问题的解决，目前显然时机还不成熟。

因此我认为，准确地讲，目前两岸关系只能说已经进入了和平发展的“转换期”或称“转折期”、“过渡期”，并未真正进入稳定的和平发展的新时期。正因为如此，胡锦涛总书记说：我们要“努力开创两岸关系和平发展的新局面”。对于两岸关系新形势的判断是否清醒、准确，是否符合客观实际，至关重要，它将直接影响到两岸双方在处理两岸问题上的战略和战术决策。

对台工作重心应转向“化独维和”

台湾再次政党轮替，国民党重新上台执政，使大陆的对台工作获得了一个十分难得的机遇期。在新形势下大陆对台工作应该如何充分把握、紧紧抓住这一“机遇期”？关键要有新思维、新战略、新对策。我以为：

首先，对台工作重心应适时进行战略调整，从“反独遏独”转向“化独维和”。如果说，八年来面对“台独”势力的猖狂挑衅，大陆对台工作的重心和海内外同胞最紧迫的任务是“反独遏独”，那么随着民进党的下台、“台独”势力遭受重创，大陆对台工作的重心理应适时作出调整，从“反独遏独”转向“化独维和”。所谓“化独”，就是采取一切可能举措，以柔性的方式来“化解台独”；所谓“维和”，也即千方百计维护得来不易的两岸和平局面。

有学者主张重提“反独促统”，但我认为，重提“反独促统”既不策略也与当前大陆对台工作的阶段性目标不相符合。“反独”强调的是刚性举措，显然不如柔性的“化独”提法内涵更为丰富、更具人性化、更易达到成效。“反独”容易“化独”难，“化解台独”的工作做起来更为艰巨，要更加细致、更有耐心，也更考验我们的政治智慧；而“促统”的提法则超越了现阶段两岸关系和平发展的主题和大陆对台工作的阶段性目标，既难以被目前多数台湾民众所理解和认同，也容易引起美、日等国的疑虑，欲速而不达，反而无助于我战略目标的达成。

事实上，“化独维和”本身就是“促统”，“促统”是“化独维和”的题中之义。近日又有人提出“渐统”，我看连“渐统”都不必提，“化独维和”本身就是“渐统”。上世纪九十年代初，民进党前主席黄信介曾经说过：“‘台独’只能做，不能说”。同样，现阶段“促统”也好，“渐统”也罢，只宜做而不宜说。这是“阳谋”，不是“阴谋”。

其次，切实贯彻“建立互信、搁置争议、求同存异、共创双赢”的十六字方针。贯彻胡锦涛总书记提出的上述发展两岸关系的十六字方针，关键的第一步是“建立互信”。经过李登辉主政台湾十二年、陈水扁主政八年，两岸之间的互信已经荡然无存。缺乏互信，一切都无从谈起。而唯有“搁置争议、求同存异”才可能“建立互信”。不说别的，光是对“九二共识”的解读，两岸就存在“一中原则”还是“一中各表”的严重分歧。现在我们高兴地看到，双方在这一关键问题上已经能够“搁置争议”，求“一中”之同，存“各表”之异，建立起了“互信”，并在此基础上很快达成恢复两岸海协、海基两会中断了10年之久的制度性协商谈判的共识。

为“建立互信”、实现“化独维和”的阶段性目标，我认为，目前处理两岸问题应采取“先经后政、先易后难、不急不缓、循序渐进”的做法。当前大陆第一要务是协助马英九兑现竞选承诺，稳定岛内政局。因而，对于马英九竞选时开出的“周末包机直航”、“大陆观光客入岛”、“开放人民币兑换”、“取消投资大陆上限”等等“拼经济”的支票，大陆方面应积极配合，协助落实，促其早日兑现。上述举措都比较容易做到，而且很快就能见到成效。通过协助马英九兑现上述竞选承诺，台湾人民会深切地感受到：搞“台独”没有出路，不搞“台独”两岸关系就能缓和，台湾经济就能好转。试想，台湾经济活络了，逐渐摆脱了困境，和推行祸国殃民“锁岛”政策的陈水扁形成鲜明对照、强烈反差，台湾民众焉有不支持马英九之理！

至于两岸分歧较大、处理起来比较困难的问题，特别是涉及主权方面的敏感政治议题，则应区分轻、重、缓、急，掌握好节奏，逐步解决：有的操之在我，可以先做，主动让步，不必当做筹码；有的要抓紧研究，尽快拿出方案，通过协商谈判，妥善处理；有的则须暂时搁置，水到渠成之后再来解决。唯有采取这种聪明的做法，才能逐步“建立互信”，“共创双赢”。

当然，不少人对马英九不放心，甚至存有疑虑。一是马英九一向反共色彩鲜明，他支持“六四民运人士”、支持“法轮功”、反对大陆制定《反分裂国家法》、在西藏等问题上抨击大陆；二是马英九近年来不再谈两岸“终极统一”，只讲“维持现状”，当选后宣称在他任期内将推行“不统、不独、不武”的两岸政策，还有台湾媒体报道说他向李登辉承诺今后要“少提‘九二共识’，多讲‘一中各表’”，并挑选李登辉的亲信赖幸媛出任“陆委会主委”，担心他上台后在两岸政策上倒退；三是担心协助马英九发展台湾经济，腰杆硬了之后又有了对抗大陆的本钱，反而不利于两岸关系发展。但我认为，上述这些担心都是不必要的。

我们应该认识到，马英九毕竟自幼接受国民党的反共教育，学生时代又深受美国等西方价值观的熏陶和影响，在所谓自由、民主、人权以及台湾当局的政治定位等许多重大问题上与大陆存在分歧，这是很自然的事情，也是未来两岸有可能产生摩擦的地方。然而我们有理由相信，只要双方能够本着“搁置争议、求同存异”的精神去做，并加强对话和交流，不断增进相互之间的了解，就不难处理好这些问题。大陆方面从来不担心台湾是否“反共”，只在乎台湾是不是“反华”（分裂中国）。而马英九与陈水扁最根本的区别，恰恰就在于陈水扁既反共又反华，马英九则反共而不反华。不必多举例子，仅从马英九对中日两国在钓鱼岛主权争端中所持的鲜明立场与态度，就可知其“大中国意识”是毋庸置疑的。

至于马英九不再谈“终极统一”，宣称他的两岸政策“不统、不独、不武”，我以为，其实这正是一种“正视现实”的理性、务实政策，与大陆现阶段所主张的“和平发展是两岸关系的主题”相呼应，何可指摘和担心?! 马英九的任期只有 4 年，如能连任充其量也就 8 年。在这 8 年的时间内，马英九如能推动实现两岸直接“三通”和经贸关系正常化、结束敌对状态、建立军事互信机制、签订和平协议等竞选承诺，建构起两岸关系和平发展的制度性框架，特别是能把台湾民众“中华民族”的观念重新树立起来、被搞乱的“国家认同”意识重新扭转过来，那么其本身就是很好地完成了他的历史使命，为未来中国和平统一打下了坚实基础，立下了大功，在中国历史上可以大书一笔了。我们既不要过苛于古人，同样，我们也不能要求今人去做他做不到的事情。

马英九刻意挑选曾主张“台独”的前台联党籍“立委”赖幸媛出任“陆委会主委”，宣称要当“全民总统”、扩大其两岸政策的“社会基础”，其本意虽不能说不好，但却是“表面文章”，并无“实质意义”。实际上，世间从来不会有所谓“全民总统”，而欲扩大两岸政策的“社会基础”，关键并不在于用什么样的人，而在于是否推行符合时代潮流、符合台湾大多数人愿望和利益的两岸政策。想当年陈水扁用唐飞当“行政院长”，陈水扁就真的成了“全民总统”了吗？他的政策的“社会基础”就因此而扩大了吗？

答案显然是否定的！

说到“少提‘九二共识’，多讲‘一中各表’”，虽然遭到岛内外舆论强烈质疑后马英九否认有此承诺，但在媒体报导出来后在第一时间马并未立即出面亲自加以澄清，仍不免启人疑窦而显然留下了后遗症。不过，在“九二共识”这一关键问题上，马英九在“5·20就职演说”中虽然提到“一中各表”，但他更强调“在九二共识的基础上，尽早恢复协商”，“在中华民国宪法的框架下，维持台海现状”，称“两岸人民同属中华民族”，称大陆十三亿人民为“同胞”，这说明马英九的两岸政策理念并未受到李登辉的影响而有所动摇和倒退。况且退一步说，从“赖幸媛事件”和“九二共识事件”泛蓝阵营和岛内媒体的强烈反弹声浪来看，至少可以说明一点：马英九上任后即使想要在两岸政策上倒退恐怕也不那么容易。在社会舆论的强大压力下，赖幸媛被迫数度公开表态早已放弃“台独”立场，认同马、萧两岸政策，承认“一中各表的九二共识”等。整个事件也从另一个侧面给我们深刻启示：在一定条件下，认同“台独”的人士也不是不可以转化的。

再有谈到协助台湾发展经济，会不会不利于两岸关系发展的问题。有这种担心首先是缺乏自信。其次是显然违背了“共创双赢”、“建设好我们共同家园”的正确理念。我们不禁要问：大陆协助台湾发展经济、摆脱困境，两岸经济加速融为一体，这对建立两岸互信、争取台湾民心、促进政治上的整合究竟是有利还是不利？答案是肯定的。实际上，台湾经济的好坏与马英九推行什么样的两岸政策，两者之间并无必然联系。陈水扁民进党执政八年，把台湾经济搞得一塌糊涂，但并没有促使其放弃对抗大陆的“台独”立场。而马英九之所以能够胜选，正因为多数台湾选民相信他能缓和发展两岸关系、把台湾经济搞好。如果马英九在摆脱台湾经济困境后自以为腰杆硬了，有了和大陆叫板的资本，那也没什么了不起，他无非重蹈陈水扁覆辙，被台湾人民用选票赶下台。

再次，要把争取台湾民心、松动瓦解“台独”社会基础作为一切对台工作的根本出发点和落脚点。经过李登辉、陈水扁二十年的执政，台湾民众的国家认同意识已被搞乱，似是而非的所谓台湾“本土意识”已经上升为

“主流意识”，取代了原本在台湾社会十分强固的“中国意识”。即使陈水扁“台独”政权如此腐败无能、祸台乱政，但此次“大选”民进党候选人谢长廷仍然有高达500多万张票、百分之四十二的获票率，这说明民进党的基本盘还在，“台独”的社会基础还在（尽管这500多万张票并不都是支持“台独”）。已经被送进“加护病房”的民进党之所以至今仍不肯割弃“台独”毒瘤，进行像样的“反省”，其根本原因正在于此。因此，“化独维和”的任务十分艰巨。如何松动乃至瓦解“台独”的社会基础，使那部分支持民进党“台独”路线的台湾民众转向不支持、不赞成甚至反对民进党的“台独”路线，这应该是我们争取台湾民心的重中之重，同时也是我们一切对台工作的根本出发点和落脚点。我们应该提出这样一个命题：凡是有利于争取台湾民心、有利于松动瓦解“台独”社会基础的事我们都要积极努力去做；凡是不利于争取台湾民心、不利于松动瓦解“台独”社会基础的事我们则坚决不做。众所周知，政党政治就是“选票政治”，政党背后支持者态度的转变，必将影响和促使政党路线和政策的转变。试想，当“台独”已经被绝大多数台湾民众所唾弃、在台湾社会已经没有多少市场的时候，民进党如果还想继续生存、发展甚至重新上台执政，它还能再死抱住“台独神主牌”不放吗？当然，“化独”乃是争取民心的系统工程，慢功才能出细活，急，是无济于事的。

四川汶川大地震拉近了两岸同胞的骨肉亲情；国民党主席吴伯雄的成功访问大陆开启了国共两党在新形势下进一步交流合作的新篇章。“沉舟侧畔千帆过，病树前头万木春”，两岸关系的严冬已然过去，姹紫嫣红的春天还会远吗?!

谢谢各位！

（在“香江论坛”上的演讲稿，中评网，2008/06/02）

常驻北京台商社会群体研究

前　言

北京仅占中国大陆人口的1.2%、2007年国内生产总值的3.6%，常驻北京的台商无论是人口数量、投资资本额等在整个大陆所占比重都极小，单纯从数量上讲，研究常驻北京的台商远不如研究三个三角洲的常驻台商更具有代表性，更具有可操作性。但首都北京是中国大陆的政治、文化和国际交往中心，对大陆和台湾的影响不言而喻。随着经济全球化进程的加快及两岸政治、经济、文化交流的深度与广度不断扩展，两岸经济发展日益一体化，台胞到北京经商的人数日益增多，从而形成了北京市一个特殊的群体——“常驻北京台商社会群体”。

由于社会群体的互动性特点，常驻北京台商社会群体对北京乃至对整个大陆的社会群体的政治、经济、文化等诸多方面都有着一定程度的影响力，而北京的经济和文化环境又对常驻北京的台商群体产生影响，这一群体的变化又将影响到台湾岛内与他们互动的社会群体。因此，研究常驻北京的台商群体，对他们进行系统的分析与研究，无疑对国民党重新上台执政后如何进一步促进两岸交流、探索做台湾人民工作的新经验和新模式，以及维护中国大陆的政治、经济安全都有着十分重要的意义。

从严格意义上来说，海峡两岸社会群体的生成与融合还刚刚开始，社会群体的进一步动态发展还有一个很长的过程，在此过程中常驻大陆台商这一社会群体的功能释放和与其他社会团体的融合需要从理论层面加以考察。

社会群体又称社会团体，即处在社会关系中的一群个人的合成体。社会群体是指通过一定的社会互动和社会关系结合起来并共同活动的人群集合体。社会群体是构成社会的基本单位之一。社会群体的本质在于其内部具有一定的结构，即由规范、地位和角色所构成的社会关系体系。社会群体的基本特征主要有五：一定数量的人群；有联系的纽带，这是指社会群体赖以维系的社会关系；有共同的目标和活动；有群体规范。规范是群体成员互动和开展活动所遵循的准则。它除了包括社会所通行的一般准则之外，还有仅为本群体所特有的某种特殊的要求；有群体意识，这是指群体成员在长期的共同活动和彼此交往中形成的一种关心群体存在和发展、与群体荣辱与共的思想感情。社会群体按照群体内的人际关系，分为初级群体和次级群体即社会组织；按照群体的规模分为大型群体和小型群体；按照群体成员个人的归属感分为内群体与外群体；按照其他特征分为参照群体和相遇群体。群体的类型不同，其结构形式也不一样。有的社会群体结构严密，角色关系分工明确；有的社会群体结构松散，各个角色和地位之间没有明确的分工。

从地域角度看，常驻北京台商社会群体是常驻大陆台商社会群体的一个重要组成部分。北京作为中国大陆首善之区，常驻北京台商社会群体更多地被从政治或更深远的意义上被衡量，而其他地区的常驻台商则更多地被从经济角度衡量。常驻大陆台商社会群体的形成是随着1979年全国人大常委会告台湾同胞书颁布后，1987年蒋经国当局顺应民意，开放台湾同胞赴大陆探亲以来，随着台湾同胞到大陆投资的不断增加而发展壮大起来的一个社会群体。这个社会群体随着台湾同胞赴大陆投资的地域性变化而不断变化。

自1978年以来，在祖国大陆积极政策的推动下，两岸经济交流经历了从无到有、从小到大的发展历程。1978年两岸的贸易总额是0.5亿美元，到了2006年，两岸贸易总额已经达到了1078.4亿美元，而至2006年两岸的贸易累计额已经达到了6036.9亿美元，台湾对大陆的贸易顺差2006年达到了663.7亿美元，累计贸易顺差达到了3987.6亿美元。随着两岸交流的扩大，两岸之间不但经济依存度不断增加，两岸交流的层次和质量也得到全面的提升，经济合作已经迈向了全方位、多层次合作的新阶段。经济联系不断加强的同时，两岸文化和人员的交流和交往也日渐频繁。相关统计资料显示，台胞来大陆人数在1987年是46679人，2006年已经达到了4413238人，2007年一共有462万余人次赴大陆旅游，比去年同期增加4.86%，累计至2007年底，一共有4，703万余人次赴大陆旅游。在大陆居民赴台方面，2007年共有32万余人次赴台，成长率31.66%，截至2007年底止，共有186万余人次赴台。2008年12月两岸直接“三通”基本实现后，可以预料，两岸人民往来的数目将会大幅增加。而在此期间台胞赴大陆的累计人数已经达到了42407678人次。两岸宗教、文化、体育卫生、学术交流、教育科技交流也渐次展开，规模越来越大。这个群体发展迅速，与往来两岸的非常驻台胞群体互相转换，交相呼应，其作用不可低估。目前，常驻大陆台商的地域已经从珠江三角洲、漳泉厦三角地带、长江三角洲等地向大陆中部地区乃至西部地区转移。

根据现代经济学理论，经济发展受到资源、技术和制度的约束。约束限制了选择，不同的约束条件意味着不同的相对发展优势或劣势，在利用或创造相对优势基础上来选择发展路径就是发展的核心内涵。据课题组的调研发现，常驻北京台商从来源上看，有的直接从岛内来北京常驻；有的是从大陆其他地区的台商迁移而来。常驻北京台商的这种迁移的特性以及台湾同胞在投资过程中表现出来的特点，使得这个群体呈现出成分复杂、政治观点差异较大、投机性强、组织度高等社会学属性。对两岸关系及祖国大陆的政治、经济和社会发展已经产生并正在产生愈来愈大的影响。

常驻大陆台胞社会群体已经成为活跃于大陆的一支重要力量，成为两岸关系的重要粘合剂。常驻北京台商作为常驻大陆台胞社会群体的重要组成部分，对台湾当局两岸政策的影响力不容忽视。

善谋事者，攻心为上。和平统一的过程就是争取台湾民心的过程，它需要充分调动社会各界人士的积极性、主动性和创造性，最大范围地团结台湾社会各界各阶层民众。因此，深入开展调查研究，提出切实可行的相应政策措施，做好常驻大陆台胞社会群体包括常驻北京台商社会群体的工作，乃是做好台湾民众工作、贯彻落实“寄希望于台湾人民”方针的极其重要的一环，因此，应高度重视，不断总结经验，开拓思路，有所创新，在既有的基础上，把这项工作做得更好，更有成效。

一、常驻北京台胞社会群体调研情况

一年半来，课题组对常驻北京台胞群体做了较为细致的调查。经调查，北京市各区县共有台属7743户，其中东城区765户，西城区1100户，崇文区646户，宣武区700户，朝阳区715户，海淀区578户，丰台区254户，石景山区225户，门头沟区89户，房山区298户，顺义区325户，昌平区327户，通州区1300户，大兴区61户，怀柔区198户，平谷区24户，密云县58户，延庆县50户，开发区30户。

各区县常驻台商共有337人，其中东城区47人，西城区48人，崇文区4人，宣武区13人，朝阳区79人，海淀区9人，丰台区20人，石景山区7人，门头沟区1人，房山区4人，顺义区17人，昌平区11人，通州区30人，大兴区27人，怀柔区2人，平谷区3人，密云县9人，延庆县1人，开发区5人。

各区县常驻台籍员工共有794人，其中东城区55人，西城区45人，崇文区12人，宣武区13人，朝阳区34人，海淀区261人，丰台区84人，石景山区9人，门头沟区2人，房山区40人，顺义区23人，昌平区23人，通州区40人，大兴区2人，怀柔区16人，平谷区4人，密云县1人，延庆县0人，开发区130人。

各区县常驻台湾学生（中小学）共有746人，其中东城区61人，西城区38人，崇文区11人，宣武区7人，朝阳区440人，海淀区36人，丰台区45人，石景山区3人，门头沟区0人，房山区0人，顺义区6人，昌平区51人，通州区20人，大兴区1人，怀柔区2人，平谷区0人，密云县0人，延庆县0人，开发区25人。

各区县台资企业共有816家，其中东城区47家，西城区62家，崇文区12家，宣武区14家，朝阳区182家，海淀区200家，丰台区60家，石景山区16家，门头沟区6家，房山区24家，顺义区24家，昌平区34家，通州区63家，大兴区38家，怀柔区9家，平谷区4家，密云县5家，延庆县2家，开发区14家。（见表一、表二、图三，下述三表均系课题组调研究所得）

表一　常驻北京台胞基本情况统计

单位	常住台属户数	常住台商人数	常住台籍员工人数	常住台湾学生人数（中小学）	合计
东城区	765	47	55	61	928
西城区	1100	48	45	38	1231

续表

单位	常住台属户数	常住台商人数	常住台籍员工人数	常住台湾学生人数（中小学）	合计
崇文区	646	4	12	11	673
宣武区	700	13	13	7	733
朝阳区	715	79	34	440	1268
海淀区	578	9	261	36	884
丰台区	254	20	84	45	403
石景山区	225	7	9	3	244
门头沟区	89	1	2	0	92
房山区	298	4	40	0	342
顺义区	325	17	23	6	371
昌平区	327	11	23	51	412
通州区	1300	30	40	20	1390
大兴区	61	27	2	1	91
怀柔区	198	2	16	2	218
平谷区	24	3	4	0	31
密云县	58	9	1	0	68
延庆县	50	1	0	0	51
开发区	30	5	130	25	190
总计	7743	337	794	746	9620

表二　对台经济工作统计表

单位	区内台资企业数	在京经营企业的台商人数	备注
东城区	47	47	
西城区	62	48	
崇文区	12	4	
宣武区	14	13	
朝阳区	182	79	
海淀区	200	9	
丰台区	60	20	
石景山区	16	7	
门头沟区	6	1	
房山区	24	4	
顺义区	24	17	

续表

单位	区内台资企业数	在京经营企业的台商人数	备注
昌平区	34	11	
通州区	63	30	
大兴区	38	27	
怀柔区	9	2	
平谷区	4	3	
密云县	5	9	
延庆县	2	1	
开发区	14	5	
总计	816	337	

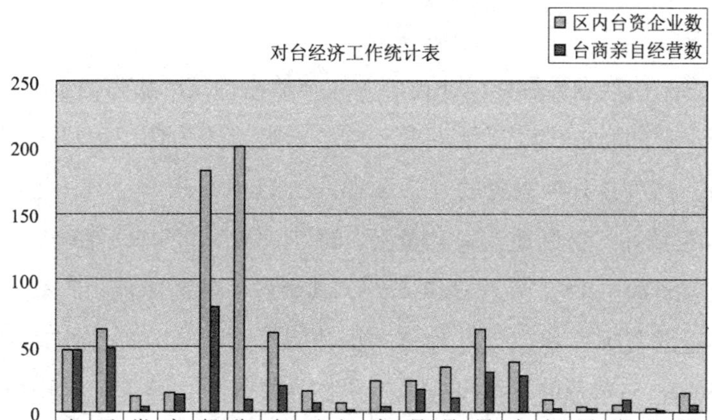

	东城区	西城区	崇文区	宣武区	朝阳区	海淀区	丰台区	石景山	门头沟	房山区	顺义区	昌平区	通州区	大兴区	怀柔区	平谷区	密云县	延庆县	开发区
区内台资企业数	47	62	12	14	182	200	60	16	6	24	24	34	63	38	9	4	5	2	14
台商亲自经营数	47	48	4	13	79	9	20	7	1	4	17	11	30	27	2	3	9	1	5

（图三）

二、常驻北京台商社会群体分析

（一）大陆社会变迁中的常驻北京台商社会群体

台商社会群体产生于大陆改革开放和对台政策调整之际。由于大陆的政策调整以及两岸的互动，从上世纪80年代中期以来，台湾先后经历了两次大规模产业外移，台商向大陆转移并开始形成常驻大陆的台商社会群体。也即常驻大陆台商社会群体的产生伴随着台湾产业的两次转移。

第一次是80年代中后期与90年代初期，主要以传统产业为主。1988—1997年，台湾对外投资累计达148.68亿美元，在制造业对外投资中仍以传统的劳动密集产业为主，代表资本密集或技术密集产业的机械产业只占2.38%，表明台湾的机械产业仍未失去比较利益而外移。在制造业对外直接投资中，电子电器产业占25.85%，而且从1995年对外投资急速扩大，但多为中下游及在岛内失去优势的产业。台湾第二次大规模产业外移发生在90年代中后期。由于全球电子产业分工的深化发展以及国际跨国公司纷纷采取供应链管理模式，作为台湾制造业龙头的电脑周边产业也开始将生产基地外移。

第二次产业外移以电子电器为主体的高科技产业为主。这一阶段，资讯电子产业的海外投资逐年上升，以电子电器业为例，1952—1990年，台湾制造业的直接外商投资的资本净流入达71.8亿美元，其中电子电器产业为21.4亿美元，占制造业资本净流入的29.8%。自1993年起，台湾制造业的直接投资除了1995年为净流入外，其余各年均为净流出，表示台湾地区的制造业的资本外移超过外部资本的流入，形成资本净流出的局面。1991—2003年，制造业的直接投资净流出高达236.3亿美元，其中电子电器业直接投资净流出为65.3亿美元。2000－2005年，台湾制造业FDI净流出为260.1亿美元，其中电子电器业FDI净流出为115.9亿美元。可见，近年来，在台湾制造业资本外移的大背景下，以电子电器为主体的高科技产业外移更加迅速。

台商社会群体最早出现在珠江三角洲地区。2000年以来，台商投资长江三角洲超越珠江三角洲，如对江苏的核准投资2005年1－5月占台湾核准赴大陆投资总额的56.6%，对广东的投资则仅占19.94%，并呈现出逐渐衰退的趋势。目前，台商在上海、昆山、苏州、南京、宁波一带，已形成台商群聚地区。2007年1－5月核准对中国大陆投资案件中，若以投资地区分，主要集中在江苏省（56.6%）、广东省（19.94%）及浙江省（7.43%）等地，合计约占本期核准中国大陆投资总额的 83.97%。京津冀鲁成为台商投资新的热点区域。随着环渤海区域的崛起，京津冀鲁已经成为台商投资的另一大热点区域。2007 年，台资企业以更加积极的姿态深入大陆的中西部地区，前三季度的数据显示，广西、贵州和重庆等西部省份吸收台资同比大幅度上升。这表明，随着大陆经济和国际经济形势的变动，大陆东部沿海发达地区的市场正趋于饱和，而西部大开发、中部崛起、东北工业基地振兴等则有助于台资向中西部扩张。台湾《中国时报》2007 年 9 月载文指出，"'西移''北扩'，成为近期台商圈中使用率最高的词汇。"

这个时期的台商社会群体以两岸的产业合作和台商的扩张为主。但是，此时期两岸合作产业单一，合作层次较低。目前两岸合作的产业仍处于制造业领域，金融服务业及高科技合作仍然不足。台商投资大陆 80% 以上处于制造业领域，而且处于制造业合作的较低层次，没有形成两岸合作研发、共创市场、合资入股的实质关系。台湾"经济部"2005 年调查显示，台资制造业对外投资多以独资和与其他的台湾企业或个人合资为主，两者占据 84.16%，与当地合作合资（当地本土企业、当地个人、当地外商企业和当地政府）合资仅占 15.96%。

据我有关部门统计，目前常住中国大陆台胞目前约有 100 万人，其中台商及其家属约 80 多万人，他们在祖国大陆事实上已形成一个重要的社会群体。

截至 2006 年 12 月，北京市累计批准台资企业 2170 家，合同台资 11.7 亿美元（不包括以第三地名义在京投资的台资），在对京投资外资中位居第四，仅次于香港、美国和日本。若加上"隐性台资"，则在京台资总额达 25 亿美元。台资主要集中于机械制造、电子、化工、纺织、食品餐饮、娱乐、金融、高科技研发等行业，其中，台湾银行、保险和证券业有 11 家在京设立了办事机构。从注册地来看，台资企业在地理分布上主要集中于东城、西城、朝阳、海淀、丰台以及通州等区县，近年来跨区县经营的现象逐渐增多。2006 年 1 至 10 月，两地贸易总额 17.8 亿美元。到目前为止，全市共有 486 家台商投资企业参加年检，聘用本地从业人员 1.9 万人，3 万名台湾同胞在京生活（其中包括在京求学的台湾学生 1357 人）。在京台商由初期的来大陆建立独资企业、以聘用台干为主、工作在大陆、家留在台湾，逐渐向或与大陆企业合作合资经营、或以聘用大陆本地员工为主的“本地化”、“根植化”转变，越来越多的台商家眷迁来北京居住，在京购买房产，成为北京常住居民。台资企业对北京经济社会发展做出了积极贡献，对促进京台两地交流合作以及两岸关系的发展发挥着重要作用。

（二）常驻北京台商社会群体的特点

1. 与中国社会变迁的伴生性

常驻北京台商社会群体与常驻大陆其他地区台商社会群体相同，具有和中国社会变迁的伴生性。即这一社会群体作为新兴社会群体，是中国社会变迁的产物与具体反映，对中国大陆政治、经济、文化有着一定程度的影响。应该说，改革开放的三十年与对台交流的三十年紧密相连，是中国原有社会阶层在新的社会环境下出现若干重要变化和发展的表现。通过对常驻北京台商社会群体的分析，可以发现整个大陆社会群体的演变和互动。这不单纯是政治史层面上的问题，也是其他研究范式下需要关注的问题。

常驻北京台商社会群体作为伴随社会变迁产生的新群体之一，发挥着群体主体效应。群体主体效应是群体主体性的外在表现，也是群体主体活动的客观效果。一个群体的主体行为是以自己的价值目标为导向的，群体的组织方式和活动方式都要以实现主体的目的为转移。群体在进行重大活动之前必须要反复考虑自己的目的，慎重地作出选择。从群体的活动与社会环境的关系来讲，群体的主体性效应可能是积极的、正面的，也可能是消极的、负面的，但是群体对所在的其他社会群体及整体社会状况的影响是存在的。如KTV行业就是随着改革开放和台商社会群体的产生和逐步形成，伴随着台商的足迹所至而在大陆遍地开花，长盛不衰，并成为整个大陆民众喜闻乐见的娱乐形式。文化作为一种生活方式，对整个社会政治、经济等有着深远的影响。上述举例只是台商社会群体与大陆社会群体互动之一斑，总体上需要检讨并提升经验教训之处更多，这都需要在深入了解常驻北京台商社会群体伴生性的基础上来展开研究。

2. 与北京社会分工变化相适应的新业态性

“文化大革命”之后到改革开放之前，大陆的社会分工相对稳定并在一定程度上处于停滞状态。而台湾经历了上世纪六十年代的经济起飞、七十年代的经济繁荣、八十年代的经济转型，极大地推动了台湾经济与世界经济的交流，社会分工的深化细化也走在大陆前面，比大陆更早一步地从容迈进了经济现代化进程。改革开放之后，北京作为大陆的政治、经济、文化中心，也面临着社会分工的进一步深化细化问题。面对着因改革开放而产生的社会各阶层变化的迁移和经济转型的需要，北京的文化产业等逐步兴起。台湾在北京的文化产业深化细化、高科技产业的发展等方面展现出新业态的适应性。随着海峡两岸人员的频繁互动，越来越多的台湾文化创意产业人士来到北京，将其优秀的人才、新鲜的创意、大量的资金和运作知识、管理经验带到北京，为首都文化创意产业理论和实践的发展提供了有益补充和完善。在京台湾文化创意产业社会群体主要从事台湾本岛的强势流行文化的制作、管理和运营等。他们主要从事影视艺术制作与娱乐节目的制作、音乐制作、卡拉 OK 厅经营、古玩贸易、数位休闲娱乐产业、艺术品收藏与贸易、婚纱影楼、体育休闲产业、图书版权贸易、广告策划、教育培训等。从业人员据业内人士保守估计总共约有 2000 人左右。从业人员及企业大多集中在朝阳区、海淀区。北京知名的卡拉 OK 厅如“钱柜”和“麦乐迪”等都和台湾岛内有着千丝万缕的联系。数位休闲娱乐产业多分布在中关村和上地，比如“大宇资讯”、“宏象网络”、“智冠电子”等。这些文化创意产业在北京的发展具有明显的新业态性，对刺激和带动北京创意文化产业的发展有着不可估量的作用。

3. 台商群体与北京社会群体的互动性

常驻北京台商社会群体作为一个相对封闭而又扩散的社会群体，在北京的社会生态中起到重要的作用。这一作用主要通过其与北京社会群体的互动实现的。

（1）经济层面的互动。在政治互动之外，京台两地最重要的交流无疑是经贸交流。自 1979 年以来，两地贸易额大幅上升，两岸贸易依存度也逐渐提高，而两地双边贸易的快速发展与台商赴大陆投资的行为密切关联。台商赴北京投资从试探性阶段、扩张性阶段到全面投资阶段，虽历经“戒急用忍”、东南亚金融风暴、SARS 及两岸关系紧张的影响，却仍难抵挡台商赴北京投资的脚步，不但投资产业趋向多元化，平均投资规模也不断扩大，投资形态也从个别办厂发展为水平整合、策略联盟、核心企业带动相关卫星企业一起到大陆投资，逐渐形成集团化的发展趋势。尤其在2001年底两岸先后加入WTO后，双边投资贸易及投资关系也日益密切。

当初，抱着企业求生存、个人谋发展目的前来祖国大陆投资的广大台商，他们的行动如今收到了意想不到的效果。这个特殊群体的共同行为在客观上已经在一定程度上将北京和台湾的经济发展紧紧地粘合在了一起。两地经济交流的现实表明，台商通过自己的投资行为，为京台两地双赢、为两岸交流做出了重要贡献。

台商投资北京也使台资企业自己获得了空前的发展。最先来北京投资的台商，他们的成功经验和良好的收益在岛内起到了很好的示范效应。台商们主动在岛内传播自己的成功经验，“以台引台”，把更多想要谋求发展的台湾企业介绍到北京来。良好的经营状况和丰厚的利润回报，令台商们的投资理念趋于理性化和长期化，打算在北京长期扎根的台商越来越多。随着台商在北京人数的不断增加，海峡两岸“你中有我，我中有你”，优势互补的良性互动更加紧密。包括广大台商在内的两地人民共同营造的两岸经济领域交流合作的良好局面，增进了两岸人民的相互了解，推动两岸经济的共同发展，为两岸关系健康稳定发展和祖国和平统一事业积累起了更多的积极因素。

（2）目前，数以万计的台商身在北京，心系两岸发展。他们最希望海峡两岸之间和平相处，最担心两岸发生战争冲突。由于前来祖国大陆投资的台商越来越多，已逐渐形成一支在两岸之间发挥独特作用的重要社会力量。

由于台商掌握了台湾经济所需的产业、人才和资金，所以台商的政经影响力，在社会上的发言地位，在两岸政治上是否产生“以商围政”的现象，使其行为倾向备受台湾当局关注。而且在大陆的台商人数渐多，2004年3月台湾地区领导人选举时，回台湾投票的台商人数就有12－15万人，他们可以影响到的亲友也不在少数，被认为是足以影响台湾选情的关键力量之一。多年来，台商在推动两岸直接“三通”、影响台湾地方选举、推动两岸直航等方面都发挥了积极的作用。而常驻北京台商群体由于地处大陆的政治文化中心，其在台商中的影响不言而喻。

三、常驻北京台商社会群体对两岸关系的影响及趋势

（一）常驻北京台商社会群体对两岸关系的影响

从大陆方面来看，在大陆对台政策措施的决策、实施过程中，大陆台商的影响力已不容忽视，常驻北京台商社会群体发挥的作用更是可圈可点。西进台商对其自身的物质利益以及政见主张，有可能透过组织及集体的形式加以伸张。台湾学者童振源甚至认为，在大陆的政治过程中，利益集团不仅存在，而且重要，而台商就是影响大陆政策决定的重要利益集团。他认为台商为大陆的经济发展做出了巨大贡献，所以包括“台资企业协会”成立，1995—1996 年的台海危机，1999—2000 年的“两国论”事件，大陆台商都能够在一定程度上影响大陆的政策。“台资企业协会”和大陆官员保持了一种非常紧密的关系，为了保护和发展台商的利益，“台资企业协会”在和大陆政府进行协商与沟通的过程中发挥了关键的作用，大陆政府也把“台资企业协会”看做是非常重要的实体，经常听取他们的意见和建议，不断改进对台工作。

就岛内而言，台商可以说是台湾内部最重要，最受关切的利益团体之一。一般而言，虽然台商很少就特定政治议题向台湾当局施加或表达他们的政治立场，但是多数台商希望两岸执政者都能维持两岸的稳定与和平，扩大两岸经贸交流。例如王永庆、张荣发、许文龙等知名企业家，都曾一再强烈呼吁台湾当局开放两岸直接“三通”。正是在台商多年的呼吁和压力下，台湾当局不得不修订《两岸人民关系条例》，制定两岸直航的“日程表”。两岸全面直接“三通”，在两岸人民包括大陆台商社会群体的不懈努力下，终于在 2008 年 12 月 15 日基本实现。

（二）常驻北京台商社会群体的发展趋势

1. 京台两地社会群体在服务业的合作加快

京台产业结构趋同，服务业是两地支柱性产业，发展各具优势，在未来新一波台商服务业向大陆转移的过程中，将为京台服务业的合作创造良好的

条件与机遇，合作前景十分广阔。

随着两岸“三通”基本实现，台商投资北京服务业的投资步伐加快，在总体台商投资中占有重要地位，显示出服务业逐渐成为台商进军北京的主流产业，预计下一个十年，京台在服务业领域的合作将获得迅速发展。发展服务业已成为北京经济发展的战略重点之一，也是台湾经济发展的方向与重要选择。在京台两地经济合作过程中，相较于制造业与农业的合作，服务业领域的合作更具资源要素优势，发展前景十分广阔。关键是北京要在新一轮台湾服务业向外转移中，抓住机会，结合北京服务业发展的战略，以新的思维，新的做法，进行积极务实的合作，将京台服务业的合作推向一个新的高度。

现阶段京台两地产业合作观察，台商对北京的投资与合作项目在各省市范围内总体上处于中游地位，北京吸引台资远落后于珠三角、长三角以及沿海主要城市，北京的经济优势没有发挥出来。这与过去台商投资以加工制造出口为主的产业特征密切相关，北京的内陆城市与相对较高的生产成本、经济环境无法与沿海地区相比，自然无法成为台商的首选。台商对北京服务业领域的投资也主要集中在传统服务业领域以及资讯服务业领域。据统计，目前台商对北京服务业的投资领域主要集中在餐饮服务、娱乐业、房地产业等行业，投资规模也不大。不过，北京庞大的服务市场与广阔的发展前景，以及以服务业为主的发展导向，将逐渐成为台商进入的下一个主要目标，从而为台商进入北京服务业领域以及京台服务业领域的合作提供了重要的发展基础。

目前台商的投资趋势已经发生新的变化，台湾制造业在经济中的地位大幅下降，其产值只占 GDP 的四分之一，而服务业产值达 73% 以上，揭示了台湾制造业外移基本完成，服务业向海外扩张将逐渐成为下一波台商对外投资的主流。

事实上，近年来台商对北京服务业的投资步伐已明显加快，在总体台商投资中占有重要地位。2005 年，台商对北京投资 45 项，投资金额 6349 万美元，其中服务业为 4696 万美元，占了 74%，显示台商对北京服务业投资成为投资的主要对象。2006 年 1 月，台商对北京的投资 733 万美元，没有一项属于制造业项目，除一件小额的建筑营造业投资项目外，其余为批发零售业与金融保险业。2006 年 6 月，台湾新光三越百货公司与北京华联集团合作，投资 7.5 亿元人民币，成立华联新光百货（北京）有限公司，是台湾现代商业进军北京服务业的重要行动。

这些投资活动，充分显示服务业逐渐成为台商进军北京的主流产业，预计双方在服务业领域的合作在下一个十年将获得迅速发展。服务业领域广阔，选择优势与具潜力的合作领域是北京市开展京台经济交流与合作的重要战略选择。

2. 京台社会群体在物流会展业合作前景广阔

随着两岸“三通”的实现以及台商的北移，尤其是京津地区将成为中国在未来相当一段时间内的经济增长极，京台两地在物流及会展业将会有非常辽阔的前景，两地同胞群体的融合也值得关注。

北京具有发展物流会展业的优越条件，如果能够在政策上加以引导，积极与台港开展合作，将会成为北京服务业领域的一大支柱性产业。北京是华北或渤海湾地区的经济中心之一，陆上与空中交通发达，又接近天津港口，可充分发挥物流中转的优势。目前国际物流业已积极在北京布局，但台商尚未大量进入。北京物流企业除少数国营的大企业外，民间物流企业规模小，管理落后，存在不当竞争现象，没有得到有效规范。如何实现规范与管理，加强京台物流业的合作，是目前面临的重要课题。

最近，中央政府在营造促进物流业发展方面进一步采取开放措施，为地方发展物流业创造了良好的政策环境。发改委、交通部等多个部委联合出台了《关于加强联运行业管理工作的通知》，取消了联运代理、铁路货运代理的审批或审核；商务部取消了国际货运代理企业经营资格审批；民航总局取消了民航客、货运代理的行政审批，实现了由行业协会按照有关制度来认定航空运输销售代理资格。海关税收政策署制订了对保税物流中心的暂行管理办法，简化、规范了跨区快速通关，这些都为台湾物流企业与内地尤其是北京进行物流合作创造了条件。

北京空港经济优势明显，京台航空物流与运输前景看好。北京作为全国与区域性航空枢纽中心，为京台航空货运合作提供了巨大发展潜力。首都国际机场连接了境内外181个城市，2008年扩建后，年客运量将达到6000万人次，年货运量将达到180万吨，步入世界十大机场行列。北京货车物流运输落后（整个大陆也是如此），缺乏足够的航空货运机。北京航空货运量占货物总量运力的比例只有0.2%，台湾则在航空货运方面运力充足，华航公司是全球第五大航空货运公司，目前拥有17架B747－400F全货机，每周有76个全货运航班，全货机量几乎相当于整个大陆。台湾航空企业人士指出，2005年岛内航空客运量下降10%，2006年年底高速铁路开通后，航空公司将流失30%的客运量，只有“三通”直航，才能救得了岛内航空公司。

在台湾出货量趋于减少、航空运输面临困难的情况下，急于到大陆寻找市场，北京应抓住这个机会。在北京本身没有出海港口的情况下，应大力发展航空货运物流业。特别是随着高科技产业产品的迅速增加与交货时间的缩短，航空货物运输发展前景十分广阔。同时，海鲜、鲜花、时令水果等成为航空运输量也在增加，尤其是在运能增加的情况下，巨型工业机械制造设备、建筑车辆、卫星等超重货物也成为航空运输物品。民航总局预测，到2010年，大陆的航空货运量将增加到470万吨，平均年增长10%，专家预计增长速度将超过15%。大陆的主要航空物流大企业集中在北京，如中国货运航空公司（东航控股70%，台湾中华航空拥有25%的股份）、中国国际货运航空公司、中国邮政航空公司等总部都在北京，有利于将北京建成全球特别是东亚地区航空物流中心之一。同时北京顺义区也在大力发展“临空经济”，应以此为目标。根据国际民航组织的最新统计，2005年，大陆航空运输总周转量在世界排名由第三位上升至第二位，超过德国，成为仅次于美国的世界第二航空运输大国。同年，大陆航空定期航班完成总周转量257.8亿吨公里，其中，客运完成2019.6亿吨，货运完成75.8亿吨公里，分别较上年增长14.6%与7.9%。相反，台湾航空运输业则面临着发展挑战。上世纪九十年代中期以来，台湾的航空客运量呈现持续下降趋势，岛内航线客运量从1996年的1860万人次降到2005年的965万人次，10年降了近一半。就目前岛内政局与两岸关系观察，两岸货运包机已经实现，其中北京将是重要的开放空港，这是一个合作的良机。

会展业是一个年产值不断增加的行业。北京是全国最大的会展中心，是带动北京旅游、展示、酒店、酒店、交通、消费的关联性行业。台湾会展业由于受经济发展迟缓的影响出现停滞现象，最近岛内重新启动会展业的发展。在2006年北京科博会上，由台北世界贸易中心主力的“台湾品牌馆”首次落户第九届北京国际科技产业博览会，也首次以团队的形式，展开台湾十大知名品牌，展示台湾企业的最具创新性的产品和设计理念。但多是临时的会展活动，未来应吸引台湾的企业与机构在北京开展长期性的或定期性的各种会展活动，将北京打造成海峡两岸的会展交流中心，重要的涉台贸易、产业、技术、商务、旅游、文化、体育等流动每年都能在北京举行，将北京发展成为东亚地区最重要的会展中心之一。

3. 京台社会群体在文化创意产业上的融合值得关注

北京与台湾均将文化创意产业作为未来服务业发展的重点项目。2005年，北京文化创意产业产值为960亿人民币，占北京市GDP的14%以上。北京市“十一五”规划首次提出了今后重点发展的六大文化创意产业包括文化演出、出版发行和版权贸易、影视节目制作和交易、动漫和网络游戏研发制作、文化节会展以及古玩艺术市场等。

北京目前已形成了海淀园中关村文化创意产业先导基地、石景山数字娱乐产业基地、琉璃厂文化产业园区等十个文化创意产业集聚区，另外计划再兴建八个文化创意产业聚集区。市政府投入5亿元，设立文化创意产业发展专项资金，推动文化创意产业的发展。按照目前北京市文化产业年平均增长15.1%计算，到2010年，北京市文化创意产业实现增加值将超过1，000亿元，占全市生产总值的比重超过10%。

不过，北京文化创意产业的优势并没有完全发挥，整个大陆的文化创意产业还处在发展初期，在全球所占地位不高，在诸多方面落后于台湾。据报道，目前全球动画片的直接发行收益是268亿美元，全球动漫市场的规模是750亿美元，年产量大约是18万分钟，全球近90%的动画是在亚洲地区加工生产的，而全球三分之一是在中国加工制造的。台商在电子游戏、动漫与视讯等方面远走在大陆前面，而且在北京市场也有所发展。

目前大陆文化产业发展迅速，在国家统计局日前首次发表的文化产业发展统计显示，2004年，大陆文化产业单位34.6万个，个体经营者36.2万户，总计从业人员996万人，当年实现增加值3，340亿元人民币，占GDP的2.2%。尤其是上海、深圳等地也在大力发展文化创意产业，与北京形成竞争关系。不过，北京应充分利用北京作为首都与文化中心这一优势，结合台湾、韩国在这方面的资源，将北京建成中国的文化创意产业重镇。

依北京市政府的资料，目前北京文化创意产业目前最需要两类人才，一是内容创意人才，二是将内容产业化和市场化的人才。要解决这个问题，有两种途径，一是在教育领域设立专业，培养人才；二是积极引进人才。同样，台湾也将文化创意产业作为未来发展的重点，为此采取在政策上采取支持措施，包括文化产业优惠贷款及研发贷款优惠政策；文化创意产业人才培训计划。因此，京台之间在文化创意产业方面进行人才培训、技术引进、内容交流等方面展开全方位的合作。

4. 京台两地最值得关注的是两地社会群体在金融领域的互动

金融本身是服务业的组成部分，金融是经济的核心。北京是大陆中央金融机构的总部所在地，这是大陆其他地方所没有的优势，自然会受到台商的关注。特别是面对当前国际性金融风暴，京台金融业的合作更具有现实的紧迫性和强劲的推动力。

目前台商在北京设立了两家银行为保险公司的代表处，与吸引台资集中的华南、华东地区的数量相当，而距离台湾甚近的福建省尚没有台商的银行与保险公司办事处，就足以证明，台湾金融保险企业看好北京金融保险业的发展前景，有利双方未来合作。

台湾的金融业目前在岛内发展受到新的制约，急于到大陆发展。台湾制造业的大量外移，尤其是将生产基地转移大陆，岛内金融机构（主要是银行）的生产性或企业性金融业务发展受到很大限制，希望能到大陆设点，服务台商，同时进入大陆发展。不过，受台湾当局政策的限制，迟迟不开放金融业特别是银行到大陆发展，加上两岸没有签署货币清算协定与金融合作监管备忘录，影响到两岸金融业的合作。然而，在新的形势下，台湾当局开始在两岸金融合作方面的态度转趋积极与务实，正在考虑开放。我们可以肯定地认为，两岸在金融领域的合作将在明年海协会与海基会会谈中出现并得以达成协议。如此，京台两地的金融合作将更加紧密。

北京中央级金融机构的总部优势、政策优势以及北京大力建设金融区域中心（金融街）优势等，将是台湾金融业的重要选择，合作前景看好。

依据上述分析，我们不难看到，自本课题立项以来，台海局势发生了巨大变化，两岸和平发展的新格局已经形成。京台两地的交流也将进一步加快，常驻北京台商社会群体势必进一步扩大，与北京其他社会群体的互动也将进一步加强。在这个基础上，两地人民的融合也将为两岸和平发展、国家走向未来统一做出重要贡献。

四、政策与工作建议

（一）利用两岸开放直接“三通”的机会和首都北京的优势，进一步扩大和提升京台交流的领域与层次。具体来说有两个方面：（1）扩大原有的品牌项目，如京台文化交流、京台科技交流项目等，拓展影响力，巩固与深化已有的京台交流合作的成果；（2）在新形势下寻找加速京台经济合作新的增长点。“三通”以后，两岸的产业结构将会出现新的调整，两岸经济联系将会更加紧密。京台经济合作也将会出现新的机遇，双方合作空间巨大，如金融业、服务业、物流业、会展业和文化创意产业的合作等，应该及早规划，迎接两岸大交流、大合作时代的来临。

（二）新形势下，应该突破原先已有的合作模式，将两岸合作的领域向岛内延伸。（1）从目前两岸形势的发展来看，台湾当局开放“陆资入岛”基本已成定局，北京作为全国的首都和科技文化中心，应该及早作因应准备，充分利用驻京台胞人脉丰沛的优势，在未来两岸经济合作和发展中做出自己的贡献，争取到自己的最大份额；（2）加强传统的工作方式，在两岸关系缓和的新形势下，充分利用驻京台胞在岛内的社会关系，将首都北京的影响（包括政治和经济影响）投射到岛内。

（三）两岸直接“三通”基本实现后，常驻北京台胞社会群体必将不断扩大，如何进一步加强对他们的工作，使其逐步融合到北京的社会生活乃至政治生活中来，让他们从思想感情上真正“认同北京”、“热爱北京”，成为地地道道的“北京人”，为首都北京的建设与发展作出更大贡献，这应是我们今后工作的重点。对此，我们提出以下建议：

1、加强调研与管理。由于驻京台胞基本人口众多、职业结构复杂、与我们的政府和社区的联系比较少，所以应该加强对驻京台胞的基本管理。我们在调研中发现，现在各级政府部门很少有驻京台胞具体、系统的统计资料，究竟有多少台胞在北京常驻都不十分准确，这对台胞的管理工作极为不利。为此，建议由市委、市政府出面，组成一个有权威、有效率的调研小组，近期内对“常驻北京台胞社会群体”的现状进行一次全面深入的调查，提出高质量的调研报告，供有关部门加强对台胞的管理工作提供参考。

2. 加强沟通。驻京台胞大多来京时间并不太长，所以对北京社会甚至是大陆社会有一种疏离感。他们应对这种情况的一个重要途径就是加强台湾人之间的联系，并形成了以小圈子和小团体，这种情况对他们融入大陆社会更加不利，所以相关部门应该加强与台胞的沟通与交流，使其能更好地了解大陆社会和祖国大陆的对台政策，消除疏离感。

3. 加强服务。驻京台胞到京时间长短不一，对北京的熟悉程度也各不相同，在生活中不可避免地会出现这样那样的困难，我们的相关部门要加强服务意识，真正使台湾同胞能够感受到祖国大陆政府的温暖，逐步增强驻京台胞对祖国大陆政府和人民的信任度和信赖感，为进一步做好台湾人民工作打下良好的基础。

4. 可考虑给常驻北京“新台胞”分配一定比例的人大、政协代表名额，吸收“新台胞”参加人大、政协的工作，使其在首都北京的政治生活中享有参与权。这可从区、县一级的人大、政协试点做起，再向市一级过渡。

5. 加强涉台教育，妥善处理涉台矛盾。驻京台胞分散在各个行业，在日常工作和生活中不可能不与大陆同胞发生矛盾和冲突。因此，（1）加强涉台教育工作。对有台湾同胞参与的活动和组织，对相关大陆同胞应该进行一定的涉台教育，尽量避免出现冲突与矛盾，或者使冲突与矛盾消失在萌芽状态；（2）矛盾产生后，应该及时、尽快、妥善处理，尽量不要给台湾媒体和“台独”势力形成可以炒作的话题。即尽量减少事件在政治面上的影响与对两岸关系形成的冲击，影响我对台工作的大局。

6. 处理好利益关系。（1）在各行业中，给台胞以国民待遇。随着两岸交流的扩大，给台胞的国民待遇会越来越多，例如部分职业，如律师、医师等职业可以在大陆执业等。在各行业中，理应给台胞以国民待遇，减少因待遇不一样出现的问题。（2）处理好个人利益、国家利益的关系，以两岸大局为重，以国家统一为重，在有利益冲突时尽量优先照顾到台湾同胞的利益。

7. 台湾当局采认大陆学历后，来京求学的“台生”人数势将不断增加，建议市教委在近期内召开市属市管学校对台工作会议，全面检查总结学校的对台工作，作好因应准备。

（2008 年度北京市对台调研课题，2008/12，主持人：徐博东，执笔人：朱松岭/陈星/徐留明/孙兆慧）

建构和谐世界　美国应承担责任

——在第八届“孙子兵法国际研讨会”上的发言

中评社北京11月6日电：北京联合大学台湾研究院徐博东教授，日前应邀出席在北京召开的第八届“孙子兵法国际研讨会”，这届研讨会以“孙子兵法与和谐世界”为主题。现将徐博东教授在小组研讨会上的发言整理成文稿，发表如下：

主持人、各位新老朋友，上午好！

我是北京联合大学台湾研究院创院院长、退休教授。首先，我要感谢主办单位中国人民解放军军事科学院和中国孙子兵法研究会对我的邀请，使我有机会出席这个重要的国际学术盛会。“孙子兵法国际研讨会”已经成功举办过七届，可我是第一次参加。虽然我毕业于北京大学历史系，是学历史出身，但本人不是研究孙子兵法的学者，对孙子虽然不能说懵然无知，但也知之不多，所以我是抱着学习的心情来参加会议的。

昨天英国朋友文菲尔德将军（原北约总部英国陆军准将）说，他已经退休了，没有了官方身份，可以畅所欲言，自由发表自己的看法，但还要听命于一个人，那就是他的老婆。我也是一位退休教授，但我比文菲尔德将军更自由，更能畅所欲言，因为我老婆从来都不管我！（哄堂大笑）按中国人的话说，文菲尔德将军患有严重的“气管炎”（妻管严），我很同情他！（再次哄堂大笑）

闲话少说，言归正传。刚才我已经声明，我不是研究孙子兵法的学者，我是抱着学习的态度来的。这一天半来我都没有讲话，很认真地聆听了各位专家的精彩发言，获益着实不小，同时也启发了我的思路，使我骨鲠在喉，有了发言的冲动。我想我这样做大概也是符合孙子兵法“知己知彼，百战不殆”和“后发制人”的原则吧！（笑）

听了各位专家的发言，很多观点我都非常赞成，但是也有个别观点我有不同的看法，有些观点我想有所补充。我想主要回应以下三个问题：

第一个问题。如果翻译没有翻错的话，昨天日本学者片原荣一先生（日本防卫研究所第一研究室室长）他明明说中国的崛起对日本是个“威胁”，在遭到中国学者质疑后，他改口说他没有说“威胁”而是说“挑战”。依我看，说“挑战”也好，“威胁”也罢，这两种说法都相差不多，都是旧的冷战思维。只不过他当着主人的面不好意思说“威胁”，而是用“挑战”这个比较隐晦和客气一点儿的词来表达他的观点罢了。

我想说的是，中国的和平崛起，对日本来说为什么不把它看成是一种“机遇”，而偏偏要把它视作“威胁”或者说是“挑战”呢？举例来说，我们都知道中国古代的盛唐，那个时候中国恐怕是世界上最强盛的国家，但“威胁”过日本吗？“威胁”过其他国家吗？都没有！相反，鉴真和尚历尽艰辛、出生入死东渡日本，给日本传去了中国的优秀文化，日本也派了许多留学生到长安来学习。可以这样说，日本的文化之根，跟唐朝跟鉴真和尚都有很大的关系。中国历史上，几千年来没有出兵侵略过别的国家，相反我们耳熟能详的是“和亲政策”，中国封建王朝把自己的公主远嫁到匈奴，嫁到西藏。这种“睦邻友好政策”，说是中国古代搞的“和谐社会”、“和谐世界”也不为过！中国的传统文化，孙子兵学也好，孔子的学说也好，主张“慎战”、主张“与人为善”、“和为贵”，核心都是“仁”。这种文化传统世世代代流淌在我们中国人的血液里，成为中国人的一种思维方式和行为模式。所以，中国人不会去欺负别人，去侵略别的国家。

可是日本呢？我们看到的是，日本明治维新之后强盛起来了，首先就来欺负它的邻国！明治政权一建立，就确立了以“武国”和扩张为其最高“国策”，声称要“开拓万里波涛，宣布国威于四方”，公开宣扬军国主义和武士道精神。为此，日本军国主义份子制定了征服中国和世界的所谓《大陆政策》。其计划分为五期：第一期征服中国台湾；第二期征服朝鲜；第三期征服中国东北；第四期征服全中国；第五期征服全世界。按照这一狂妄计划，从十八世纪七十年代开始，日本就不断入侵我国台湾和朝鲜，制造“琅峤事件”吞并了琉球，以武力胁迫朝鲜签订“江华条约”、“仁川条约”。为了征服中国，1887 年日本参谋本部还秘密拟订了一个《征讨清国策》，打算用武力打败中国之后，将中国的辽东半岛、山东半岛、舟山群岛、台湾岛、澎湖列岛和长江两岸十里左右的地方划归日本版图，同时将中国其余地方分割为东北、华北、江南、青藏、内外蒙、甘肃、准噶尔等七个小国，分别附属于日本。李登辉后来提出分裂中国的“七块论”，其实并不是他的发明，那是从日本军国主义那里鹦鹉学舌来的。1894 年日本发动甲午战争，打败了中国，强迫清政府把台湾割让给日本。上世纪三十年代，日本又挑起了对中国的全面侵略战争，都是在推行这一狂妄的侵略计划。八年抗日战争中，中国军民牺牲数千万人，财产损失更是难以数计！直到现在，中日之间还有不少历史遗留问题没有得到妥善解决。

所有这些，人们都还记忆犹新！但是日本历史上的这些污点并没有进行很好的反省。现在中国国力刚刚开始强盛起来，中国人民好容易才过上好一点的日子，日本某些人就倒打一耙，反过来鼓吹所谓“中国威胁论”。俗话说“做贼心虚”，日本总是威胁别人，所以它总怕别人也“威胁”自己！其实呢，只要日本不把中国视作敌人，并且真心诚意和中国合作，那么中国的和平崛起对日本来说绝对是个“机遇”！现在我们高兴地看到，日本新上台的鸠山内阁似乎有调整对华政策的迹象，并且还提出了“东亚共同体”这样的概念，这值得肯定和欢迎！但是“中日友好”也好，“东亚共同体”也好，我觉得日本首先要对历史问题有正确的认识，正确的态度，不然的话很难取信于亚洲各国人民，“东亚共同体”恐怕也只是个空中楼阁！这是我对昨天日本学者片源荣一先生发言的一个回应。

第二个要回应的问题，就是昨天台湾朋友左宗元将军，他提出了一个观点，认为不能够把孙子兵法中“不战而屈人之兵”捧得太高，甚至认为从一定意义上来说，它是负面的而不是正面的，因为“不战而屈人之兵”不是追求“双赢”而是“单赢”。

左将军的这个观点我认为值得商榷。我认为，“不战而屈人之兵”确实是用兵的最高境界和最高理想。相对于“战争”而言，不打仗而能够解决矛盾，维持和平局面，避免生灵涂炭，其本身就是“双赢”而不是“单赢”。“不战而屈人之兵”这一主张和理念，它的核心是“和平”，是崇尚“和平”而不是崇尚“战争”。也就是说，孙子主张尽最大可能用和平的方式而不是用打仗的方式来解决矛盾，解决分歧。所以“不战而屈人之兵”是一种和平的理念，是正面的而非负面的。举例来说，中国解放战争时期和平解放北平，避免了三朝古都北京遭受战火破坏，当时几百万的北京市民、几十万的国民党官兵和人民解放军，都因为北平和平解放而避免了生命财产的严重伤亡和损失。这从中华民族的角度来说，它就是“双赢”。对于傅作义将军个人来说，虽然他失去了原来的权势，但在历史上却留下了不可磨灭的功劳。所以我说，“不战而屈人之兵”追求的是“双赢”而不是“单赢”，关键是你从什么样的角度、站在什么样的立场来看待这个理念和主张。

当然，“不战而屈人之兵”作为用兵的最高理想和境界，在实践中很难做到。北平为什么能和平解放？如果不把张家口先打下来，把天津先攻下来，傅作义将军恐怕很难下决心在和平协议上签字；又比如康熙统一台湾，如果施琅不把澎湖先攻下来，郑克塽能够降清从而避免台湾本岛的生灵涂炭吗？所以，在实践中能够做到“小战而屈人之兵”已经是很不错了。“小战”比起“大战”来说毕竟损失要小得多。故此，即使我们做不到“不战而屈人之兵”，也尽可能要做到“以小战制止大战”，避免更大的伤亡和损失。

总之，我认为孙子主张“不战而屈人之兵”，是正面的，是双赢的，是值得肯定的。

第三个我要回应的是，昨天柴宇球将军（中国孙子兵法研究会副会长）还有高恒教授（中国社科院世界经济与政治研究所研究员）都谈到，当今世界之所以不安宁、不和谐，主要有三个因素：第一是霸权主义；第二是分离主义；第三是恐怖主义。我非常认同这样的分析，不过我觉得似乎还不够到位，需要作一点补充。

我认为，上面所说的三个因素不是“并列”的，应当明确指出，造成当今世界不太平、不和谐的根本原因或者说最重要的因素是“霸权主义”。因为我们看到，“分离主义”也好，“恐怖主义”也好，其实背后都有“霸权主义”在撑腰，所以根子还是在“霸权主义”。比如说“台独”，我们探讨一下“台独”的形成和发展，实际上美国起了决定性的作用。从上个世纪六十年代开始，“台独”势力的活动重心从日本转向美国。美国提供资金、提供讲坛，千方百计扶持“台独”势力，美国成了“台独”的大本营。如果没有美国的扶持，“台独”不可能生存和发展；同样，没有美国的撑腰，主张“台独”的民进党陈水扁也不可能在台湾执政八年。又比如说“藏独”和“疆独”，人所共知背后都是美国在撑腰，在指使，在煽动，在纵容。昨天高恒教授提到，媒体报道，有五个被关押在关塔那摩的“东突”恐怖分子，美国拒绝把他们引渡回中国，而是把他送到第三国帕劳，以逃避中国法律的制裁。对此我国外交部已经提出了强烈抗议。本来美国已经把“东突”列为恐怖主义组织，可是实际上背后还在支持“东突”。再说达赖，每年他都要窜访美国，去从事分裂中国的活动，美国总统都要寻找各种借口接见他，给他打气。最近达赖又要去美国，这次奥巴马因为很快就要访问中国，说“时机不宜”，不安排会见达赖。说不定访华完了，“时机”又“宜”了！另外“疆独”头目热比娅，同样也是有美国在背后撑腰。更不要说宾·拉登，大家都知道，宾·拉登其实是当年美国一手扶持起来用以对付苏联的，最后跟美国闹翻了。闹翻了之后反过来咬美国，宾·拉登是美国“搬起石头砸自己脚”的一个“杰作”！

所以我说，霸权主义、分离主义、恐怖主义这三股势力，其中霸权主义是造成当今世界不安宁、不和谐的最主要因素。不久前我写了一篇小文章说：“数不清的事实说明，美国是当今这个世界上最自私、最野蛮同时也是最无耻的国家”。美国的眼中只有自己的国家利益，漠视别国的权益，一向以“世界警察”自居，哪个地方它的手都要伸进去，以强凌弱，以势压人，蛮不讲理，制造矛盾，无事生非，连“黑道大哥”都不如！美国无视本国是疯牛症的疫区，利用手中掌握的筹码，强迫台湾开放进口连美国人自己都不吃的牛内脏，引起台湾岛内政坛社会大震荡，就是最新的一例。

不过我们看到，出席这次研讨会的美国学者麦利凯先生（美国东亚安全事务顾问、外国政治事务分析中心主任），他昨天的几次发言我觉得都还比较理性务实。他之所以比较理性务实，或许就是因为他研究孙子兵学。所以，昨天有学者建议奥巴马和他的国防战略的智囊们，应该好好地学习中国的孙子兵学，或许他们可以从中国的传统文化中得到某种启迪，和中国和世界各国一道，共同来建构一个和谐的世界。美国是首屈一指的世界强国，理应在构建和谐世界的伟大而艰难的工程中发挥更大的作用，承担更多的责任！当然，中国是孔子和孙子的故乡，中国率先提出了构建“和谐世界”的战略构想，自当身体力行，加倍努力，发挥中国人理应发挥的作用，贡献出中国人理应贡献的智慧和力量！

我的发言如有不当之处，请各位专家学者批评指正，谢谢！

（在北京召开的第八届“孙子兵法国际研讨会”的发言稿，中评社，2009/11/6）

文教交流是影响两岸关系的核心因素

——在全国政协“两岸民间文化交流座谈会”上的演讲

各位领导、各位朋友：

大家下午好！

早春的北京，冰雪消融，迎春花、桃花即将盛开。值此万物复苏的季节，来自海峡两岸的有识之士，欢集一堂，共商两岸关系和平发展大计，格外令人振奋！

首先，我要对远道而来的由饶颖奇先生率领的台湾代表团全体成员表示热烈欢迎！饶颖奇先生“退而不休”，多年来不顾七十多岁高龄，风尘仆仆奔波于海峡两岸、大江南北，致力于两岸关系和平发展，令人感佩！

其次，要感谢主办单位的邀请，让我有机会出席今天的盛会，聆听各位的高见，并很荣幸的安排我作大会发言，向各位讨教。我的发言题目是：《建立两岸文教交流合作机制，实现两岸文教交流正常化、制度化》。

2008年12月31日，胡锦涛总书记在纪念《告台湾同胞书》发表30周年座谈会上发表了重要讲话，全面系统地阐述了两岸关系和平发展的构想，提出了推动两岸关系和平发展的六点意见。其中第三点意见，专门就“弘扬中华文化，加强精神纽带”进行了深刻的论述，号召两岸同胞共同继承和弘扬中华文化优秀传统，以凝聚民族意识和共同意志，形成共谋中华民族伟大复兴的精神力量，并倡导协商两岸文化教育交流协议，推动两岸文化教育交流合作迈上范围更广、层次更高的新台阶。这是大陆方面谋求与台湾方面共同推动两岸文化教育交流合作的基本思路。

去年7月11日，全国政协主席贾庆林在湖南长沙召开的“第五届两岸经贸文化论坛”开幕式上发表讲话，更进一步指出：“文化是一个民族的灵魂，孕育着民族的生命力、凝聚力和创造力。文化与教育相伴而生，相随而长，文化给教育以社会价值，教育给文化以生机活力。纵观古今中外，文化的光大昌明莫不始于交流、基于教育。”并且说：“两岸文化事业的进步需要交流，两岸关系发展需要来自文教交流的动力，更需要强有力的文化认同、民族认同的支撑。开展两岸文化教育事业交流合作，对推动两岸关系发展具有基础性、全局性、长远性的重要作用。”贾庆林主席的讲话，精辟地论述了文化与教育的重要性、相互关联性以及推动两岸文教交流合作的重大战略性意义。

我们高兴地看到，在共同推动两岸文化教育交流合作这一重要议题上，国、共两党高层和海峡两岸各界同胞有着高度的共识。就在长沙举行的这届“两岸经贸文化论坛”上，国民党荣誉主席吴伯雄先生在开幕式上致辞时也说：“当我们重新审视两岸关系的未来时，我们意识到两岸关系是否能持续且长远地发展，是否能在不远的未来产生实质性的更大突破，文化平台上的沟通、往来与融合是问题解答的一个关键所在。”在与会的海峡两岸各界有识之士的共同努力下，这届“论坛”通过了题为《增进中华文化认同、中华民族认同，建设好我们共同的精神家园，推动两岸关系和平发展，促进中华民族伟大复兴》的“共同建议”。这一历史性文件共提出六个方面 29 条建议，凝聚了两岸同胞的共同认知与热切期盼。

回顾历史，海峡两岸的文教交流与合作其实早已开始，并且已经形成了相当规模。根据大陆方面的不完全统计，自 1991 年至 2008 年年底，仅大陆方面应邀赴台的文化交流项目就达 4500 多项、44000 多人次。截至 2008 年年底，大陆 298 所高校与台湾 108 所高校签署了校际交流与合作协议，约有 2 万名台湾学生来大陆就读。而同一时期，据台湾方面的粗略统计，两岸文化交流范围遍及文学、美术、音乐、戏剧、舞蹈、曲艺、杂技、文物、民俗、艺术教育和博物馆等各个领域，交流项目多达 5000 多个、50000 多人次。在文化产业方面，一大批杰出的台湾业者和艺人（如流行歌手），各自以独特的方式在大陆的文化市场上深耕，取得了丰硕的成果。仅 2008 年在厦门举办的“第一届两岸文化产业博览交易会”上，交易金额就多达 58 亿人民币，成功地达成了搭建两岸文化产业合作平台、共创双赢的目的。总之，近二十年来，两岸文教交流与合作从无到有，从单向发展到双向，形式多种多样，内容丰富多彩，规模日益扩大，领域不断拓宽，呈现出前所未有的喜人景象！

两岸文化教育交流与合作的蓬勃发展，有效地促进了中华文化在海峡两岸的传承与创新，对缓和两岸关系，增进两岸同胞的理解和感情，特别是对两岸青少年之间的心灵沟通，发挥了无可替代的重要作用。然而，我们也不必讳言，由于海峡两岸的长期阻隔，特别是近十多年来岛内某些政治势力出于其不可告人的政治目的，不遗余力地推行以“文化台独”为基本内容的所谓“去中国化”运动，严重污染了台湾社会，搞乱了部分台湾民众的国族认同，两岸同胞之间至今仍存在着许多的误解和隔阂。而现实情况是，关乎文化认同与民族认同的两岸文教交流与合作，相对于两岸经贸交流与合作来说，已经明显地滞后。有关专家指出，当前两岸文教交流与合作的“滞后”，主要表现在以下四个方面：

一是政策措施的不对等。多年来大陆方面采取了一系列的政策和措施，积极鼓励和推动两岸文教交流与合作；而台湾方面，虽然自两年前国民党重新执政以来，积极推行两岸开放政策，但由于岛内政治因素的干扰，李、扁执政时期沿袭下来的大量限制两岸文教交流的政策和措施，还有待进一步的检讨和调整。

二是交流规模的不对称。统计资料显示，大陆赴台文教交流的次数和项目，要远多于台湾来大陆的次数和项目。

三是交流领域的不平衡。统计资料同样显示，两岸文学艺术领域的交流，要远多于其他领域的交流。特别是两岸教育领域的交流，基本上还处在准单向交流的不正常状态。

四是尚未建立合作机制。相对于《两岸经济合作框架协议》正在密锣紧鼓地加紧协商谈判，并预定于今年五、六月间正式签署；而有关两岸文教交流合作协议的协商谈判，目前尚处在研究、探讨的阶段。

总之，两岸文教交流与合作虽然已经取得了很大进展，但除了少数领域，应该说大多数领域目前还远没有实现常态化，更谈不上制度化。

在海峡两岸同胞的共同努力下，当前，两岸关系和平发展的势头正猛，两岸同胞大交流、大合作的局面已然形成，可谓方兴未艾、势不可挡！毫无疑问，在两岸关系和平发展、两岸同胞大交流大合作的进程中，作为“经济基础”的经贸交流与合作，扮演了十分重要的角色。然而，文教交流与合作是影响两岸关系和平发展的“核心因素”，显然更加重要。因此，全面推进和深化两岸文教交流与合作，不仅是两岸同胞的共同愿望，更是两岸关系和平发展不断向纵深迈进的迫切需要。而协商签署两岸文教交流合作协议，建立两岸文教交流合作机制，则是推动实现两岸文教交流合作正常化和制度化的重中之重。

贾庆林主席在“第五届两岸经贸文化论坛”开幕式上的讲话中指出：“建立这样的机制，要考虑到两岸的实际情况，立足于两岸现实，既要适合台湾，又要适合大陆；既要面向两岸同胞、面向中华民族未来，又要面向世界。建立这样的机制，主要是订立制度规范和搭建稳固平台，商讨交流合作的重大问题，协调两岸双方之间的相关政策，以利于发挥各自优势、整合各种资源，实现两岸文化教育交流制度化、规范化、长期化。建立这样的机制，需要确立正确、长远的发展目标，规划切实可行的推进步骤。当前，两岸双方可以组织人员先就商签两岸文化教育交流协议进行研究和规划，就其具体内容、形式、步骤等问题提出建设性意见。如时机成熟，可将商签两岸文化教育交流协议纳入协商议题。”贾庆林主席的上述意见，为两岸商签文化教育交流协议指明了正确方向，提出了具体、务实和切实可行的步骤。

两岸关系的全面改善与发展，已经为拓展和深化两岸文教交流与合作营造了前所未有的良好环境和条件，这是十分难得的机遇！我们务必要紧紧抓住这一机遇，大力加强两岸文教交流与合作，逐步消除“文化台独”在岛内的恶劣影响，以增进两岸同胞中华文化和中华民族的认同，携手建设好两岸中国人的共同家园，持续推动两岸关系和平发展，促进中华民族的伟大复兴。

为此，本人愿借此次盛会的机会，呼吁海峡两岸各界有识之士、社会贤达，积极认真探讨加强两岸文教交流合作的相关事宜，以期进一步达成共识，敦促两岸当局尽快着手推动商签两岸文教交流合作协议，建立两岸文教交流合作机制，早日实现两岸文教交流合作的正常化和制度化，不断谱写两岸文教交流合作的新篇章！

（中评社，2010/03/18）

加强两岸客家文教交流与合作

——在龙岩“第四届海峡两岸客家高峰论坛”上的主题演讲

各位领导、各位客家乡亲，女士们、先生们，大家下午好！

今天，看到这么多海峡两岸的领导以及专家学者，与来自海峡两岸以及香港澳门及海外各地的客家乡亲，齐聚在龙岩这个闽西地区的客家人祖居地，参加“第四届海峡两岸客家高峰论坛”，我感到很欣慰，很高兴。

首先，我代表北京联合大学台湾研究院，对这届“论坛”的主办方邀请我们出席这一盛会并被荣幸地列为协办单位，表示衷心的感谢！

在当前两岸同胞大交流、大合作的浪潮中，无疑地，具有“五缘”优势的海西区，是两岸民间交流与合作的前沿地带，肩负着“先行先试”的重责大任。“海峡论坛”作为两岸民间交流与合作的重要平台，迄今为止已经成功举办了两届。“第四届海峡两岸客家高峰论坛”能够纳入第二届“海峡论坛”，成为本届“海峡论坛”的分会场，这不仅说明了两岸民间交流正在不断地向纵深发展，同时也显示出我们客家族群在推动两岸关系和平发展中所具有的重要地位。

本人作为一个出生于“世界客都”梅州的客家人，一个长期关注海峡两岸客家人发展与交流的学者，尤其是作为“海峡两岸客家高峰论坛”的发起人之一，看到经过短短几年的努力，“海峡两岸客家高峰论坛”已经发展成为当今两岸文经交流中的一个知名品牌，成长为两岸民间交流与合作百花园中一朵瑰丽的奇葩，我感到由衷的高兴！

“海峡两岸客家高峰论坛”自2006年11月创办以来，五年间先后在北京、厦门、台北、龙岩轮流举办了四届，为两岸客家文经交流与合作，为两岸关系和平发展发挥了重要的推动作用。回想当年，我院与饶颖奇先生合作，一起为两岸客家乡亲搭建的这个交流平台，不仅得到了两岸高层的重视和支持，受到两岸客家乡亲及海外客家乡亲的关注和支持，也引起了两岸重要媒体的广泛报道。如今，无论是从规模、规格，还是从实际效果来看，

“海峡两岸客家高峰论坛”都越办越好，影响也越来越大。尤其是随着两岸关系和平发展新阶段的到来，大陆各级地方政府都在积极谋划如何抓住这一难得的历史机遇，借助两岸关系和平发展的强劲东风，加强与台湾的经济文化联系，推动本地的经济社会发展，扩大本地的社会政治影响。“海峡两岸客家高峰论坛”正是提供了这样一个非常合适、非常重要的平台。从大陆各级客属地方政府积极、踊跃地要求主办这一“论坛”，就可以看出这一“论坛”的重要性。

俗话说，“吃水不忘挖井人”，“海峡两岸客家高峰论坛”之所以能够连续顺利举办四届，离不开两岸高层领导的大力支持，离不开两岸客家乡亲的大力支持和积极参与，离不开两岸各举办地政府的大力支持。在此，我提议各位与会代表以热烈的掌声向多年来支持、参与这一论坛的海峡两岸各级领导、各位专家学者、各位客家乡亲、两岸的媒体朋友，表示衷心的感谢！

不过，说到这里，我要特别提到我们大家都早已熟知的、对创建这一平台作出了卓越贡献的两位“大贤”：

一位是我们的客家乡贤——台湾“中华海峡两岸客家文经交流协会”的理事长饶颖奇先生。饶先生是“海峡两岸客家高峰论坛”的头号“推手”！如果没有饶颖奇先生，也就没有“海峡两岸客家高峰论坛”！可以这样说：饶先生是“海峡两岸客家高峰论坛”之父！饶颖奇先生一向热衷于两岸交流尤其是两岸客家人的交流与合作。多年来他“退而不休”，不顾七十多岁高龄，无论春夏秋冬，风尘仆仆不知疲倦地奔波于海峡两岸、大江南北，致力于两岸关系和平发展，贡献良多！我们为有这样杰出的客家乡贤感到十分骄傲与自豪！让我们以热烈掌声，表示衷心的感谢！

另一位我们要感谢的，是被称誉为“客家之友”的全国人大前副委员长许嘉璐先生。虽然许嘉璐先生不是我们客家人，但对两岸客家人的事他格外关心，格外热心，因此也就格外难得！四届“海峡两岸客家高峰论坛”，许副委员长无不鼎力支持，不论什么时候在什么地方召开，他再忙都要亲自参与筹划并亲自出席！许副委员长可说是“海峡两岸客家高峰论坛”的又一大“推手”！

各位客家乡亲，无论是在大陆还是在台湾，还是在世界各地，我们客家人以超强的生命力、创造力、亲和力和吸引力，和平创业，繁衍发展，在各行各业，客家人都精英辈出。俗话说："凡是有阳光照耀的地方都有中国人，凡是有中国人的地方就有客家人"。经过千年迁徙，当今有近一亿客家人遍布在全世界的每一个角落。其中在大陆约有五六千万人，而仅有二千三百万人口的台湾岛上，客家人也有四百五十万人之多。长期以来，两岸客家人在推动两岸文化经贸交流与合作方面扮演了十分重要的角色，为两岸关系发展做出了巨大贡献。

当前，两岸关系在实现历史性转折的基础上，形成了和平发展的良好局面。两岸文化、经贸交流与合作高潮迭起，处在一个承上启下、继往开来的重要历史阶段。两岸关系和平发展正在向更深、更广、更紧密的层次迈进。这也是两岸同胞密切交流，共商未来两岸经济、文化交流合作大计的关键时刻。在这样一个共创两岸合作发展新篇章的历史时代，我们客家人作为中华民族大家庭的重要成员，有着义不容辞的责任，而且，我们也有能力进一步发挥客家人举足轻重的影响力。因此，海峡两岸的客家人应该发挥我们的优势和强项，为两岸关系和平发展做出客家人独有的贡献。

然而，距离时代对我们的要求来说，两岸客家的交流与合作目前尚处于不能令人满意的低层次状态，特别是在文教交流合作方面，更是严重滞后。而这种"滞后"现象，与目前两岸文教交流的整体低水平是相一致的。有关专家指出，当前两岸文教交流合作的"滞后"，主要表现在以下四个方面：

第一，两岸的政策措施不对等。大陆方面多年来采取一系列的政策和措施，积极鼓励和推动两岸文教交流与合作；而台湾方面，虽然在国民党重新上台执政后积极推行两岸开放政策，但众所周知，由于岛内政治因素的干扰，李、扁执政时期沿袭下来的大量限制两岸文教交流合作的不合时宜的政策与措施，还有待排除干扰，抓紧时间进一步检讨和调整。

第二，交流与合作的规模不对称。由于政策措施不对等，造成了两岸交流与合作的规模不对称。统计资料显示，大陆赴台文教交流的次数和项目，要远多于台湾来大陆的次数和项目。

第三，交流与合作的领域和地域不平衡。统计资料同样显示，两岸文教交流与合作，文学艺术类的交流远多于其他领域的交流，特别是两岸教育领域的交流与合作，基本上还处在准单项交流的不正常状态；此外，在台湾，与大陆从事文教交流与合作主要是在北部和中部地区，南部则要相对少很多。

第四，尚未建立合作机制。相对于《两岸经济合作框架协议》（ECFA）即将正式签署，有关两岸文教交流合作协议的协商谈判至今尚未开展，目前仍处在研究和探讨的阶段。

总之，包括客家文教交流合作在内的两岸文教交流与合作，虽然已经取得了很大进展，但除了少数领域，应当说大多数领域目前还远没有实现常态化，更谈不上制度化。两岸客家文教交流与合作是两岸文教交流合作的重要组成部分，在座的所有客家乡亲，都有责任和义务为推动两岸客家文教交流合作更上一层楼献计献策。为此，本人愿借此次盛会的机会，提出如下几点不成熟的建议：

首先，两岸客家人、客家学研究者要以加强客家文化研究与交流为切入点，推动两岸客家学研究向纵深发展，挖掘客家文化的精髓，进一步丰富中华文化的内涵，强化两岸人民联系的精神纽带。

两岸同属中华民族，中华文化是我们共同的根，也是我们共同的资产，是凝聚两岸人民感情的精神纽带。当今这个时代是中华文化实现伟大复兴的时代。胡锦涛总书记在纪念告台湾同胞书发表30周年的讲话中明确指出，“中华文化源远流长、瑰丽灿烂，是两岸同胞共同的宝贵财富，是维系两岸同胞民族感情的重要纽带。”两岸同胞要共同继承和弘扬中华文化优秀传统，开展各种形式的文化交流，使中华文化薪火相传、发扬光大，以增强民族意识、凝聚共同意志，形成共谋中华民族伟大复兴的精神力量。”有着深厚文化底蕴的客家人正是千百年来中华文化传承的重要载体之一。我们保留了最纯正的中华文化精髓。弘扬客家文化就是弘扬中国的优秀传统文化。因此，我们肩负着弘扬中华文化的历史重任。这既是中华文化伟大复兴对我们提出的新要求，也是顺应两岸关系和平发展的时代需要对我们客家人提出的新要求。显而易见，研究客家文化是继承和弘扬中华文化优秀传统的一个重要组成部分。客家人在客家文化熏陶中成长，最了解客家文化，也最热爱客家文化。研究客家文化的专家学者也多为客家人，这是我们研究客家文化的先天优势。而客家文化中的崇文尚武、乐善好施、爱国爱乡、讲求实际、重伦理、讲礼节、敦亲族、敬祖先，尤其是在千百年的辗转迁徙中，客家人形成的开拓进取、志在四方的敢闯敢干、奋勇进取精神，都应该是我们深入挖掘、研究和弘扬的宝贵精神财富。

为鼓励客家学研究的进一步开展，加强客家文化的研究、交流与传播，本人特提出如下三点具体建议：一是广泛号召海峡两岸客属企业家发挥客家人“乐善好施”的精神，慷慨解囊，设立“海峡两岸客家研究与传播基金”。利用这一基金，资助有关客家研究著作、影视文艺作品、报刊的出版、摄制和发行。再有就是定期评审和奖励优秀的客家研究著作、影视文艺作品和报刊；二是加强两岸客家学研究机构、客家民俗博物馆、客家地区广播电台和电视台之间的合作与交流；三是建议大陆中央电视台增设“客家话专题节目”。

第二，要加强两岸客家青少年的教育和他们之间的交流，为两岸关系和平发展增添蓬勃活力，也为两岸下一代客家人之间增进感情、携手合作铺垫基础。

青年人代表着两岸的未来，两岸青年之间的交流、沟通、相互学习，对于推动两岸关系和平发展有着积极的意义。当今是一个物质产品日益丰富的时代，但同时也是青年人更容易迷失方向的时代。不可否认的是，在台湾，由于“台独”分裂分子的长期宣传误导，加上一些名利诱惑，不少人迷失自我，甚至数典忘祖，支持“台独”。如果两岸客家青年之间能够展开丰富多彩的交流、沟通活动，一方面可以让两岸更多的客家青年相互了解，有助于消除“台独”分子的误导；另一方面，也可以使两岸客家青年通过交流沟通建立感情、加强联系，为双方未来充分利用客家亲情这一取之不尽的资源开展合作与创业做准备。

为此，本人也提出如下五点具体建议：一是设立“海峡两岸客家教育基金”，资助两岸客家贫寒子弟分别到大陆和台湾就学深造；二是大力提倡两岸客属地区的中小学校、“客家学院”校际之间的教学合作与资源共享（例如教师和学生的交换等），加强客家青少年学生之间的互访和交流；三是从下届开始，建议“海峡两岸客家高峰论坛”增设“两岸客家青年论坛”，给两岸客家青年专门搭建一个交流平台；四是每年假期组织“台湾客家青少年大陆参访团”，安排台湾客家青少年到大陆客家地区寻根问祖；五是组织两岸客家青少年的客家知识竞赛、山歌比赛、作文绘画比赛等。

第三，要充分利用好“海峡两岸客家高峰论坛”这样的交流平台，使其常态化和机制化，增强广泛性，把两岸客家交流与合作推向新的阶段。

国台办副主任郑立中先生在北京召开的首届“海峡两岸客家高峰论坛”上的讲话中曾经明确提出：要通过两岸客家乡亲之间共有的亲情与乡情，构建两岸客家乡亲之间交流合作的新渠道、新平台。“海峡两岸客家高峰论坛”自 2006 年 11 月创办以来，一直都很好地发挥了这样的作用。在历次“论坛”中，我们都能看到两岸各界客家精英利用这一宝贵的平台，欢聚一堂，充分交流。类似这样的交流平台仍将是今后一段时期内两岸民间交流的重要形式之一。毋庸置疑，通过“海峡两岸客家高峰论坛”的多次成功举办，这一品牌已经在海峡两岸产生了巨大的影响，成为一张闪亮的金色名片。我们高兴地看到，历次“海峡两岸客家高峰论坛”的举办不仅吸引了众多客家名流，而且也引起了海峡两岸高层的高度关注和参与。这一活动在促进两岸客家乡亲文经交流的同时，也为举办地的经济社会发展和知名度的提高做出了很大贡献。这也是为什么两岸诸多客家聚居地政府争相要求主办“客家高峰论坛”的重要原因。单从这一论坛的品牌效应来说，每次论坛的召开都会吸引两岸主流媒体的广泛关注，其所产生的巨大广告效应，恐怕是花多少钱都买不来的。也就是说，“海峡两岸客家高峰论坛”连续举办到现在，其本身已经成为一份属于我们两岸客家人的无形的宝贵资产。毫无疑问，充分利用这一论坛对于两岸交流，对于承办者而言都是一种双赢的结果。

不仅大陆各界对“客家高峰论坛”高度关注，寄予厚望，而且台湾方面的高层领导同样也十分关注。记得在 2006 年举办第一届论坛之际，当时，中国国民党主席马英九、荣誉主席连战、副主席吴伯雄分别来函祝贺。马英九在贺函中说：此次“客家高峰论坛”及未来两岸客家之合作，必有助于五大愿景之推进；连战荣誉主席在贺函中对参与“论坛”的两岸客家精英子弟提出殷切期望，期望他们在论坛的平台下，集思广益，为客家文化的交流、维护、传承，为两岸的经贸发展与合作，找出具体可行的办法。为客家文化、中华文化的绵延传续，做出划时代的奉献；时任国民党副主席的吴伯雄先生表示："论坛"为两岸三地客家精英搭建了一个交流合作平台，对促进新一代客家子弟共创客家文化与中华文化之新局，实有莫大贡献！

经过短短几年的发展，我们不仅把"海峡两岸客家高峰论坛"打造成为郑立中副主任所说的"两岸客家合作交流的新渠道、新平台"，而且也初步实现了两岸高层领导当年的期待。不过，"海峡两岸客家高峰论坛"虽然已经举办了四届，取得了丰硕成果，但本人以为毕竟还有进一步提高的地方。例如："论坛"尚未真正形成机制化和常态化。因此，我建议本届"论坛"应当研究成立一个有代表性的、有权威的常设机构，专门负责日后"论坛"的筹划工作；另外，主办单位和参与交流的客家乡亲还不够广泛。比如说：大陆广东、广西、江西等客家主要聚居地区至今尚未主办过"论坛"，台湾方面也只是在台北市举行过一届；再有就是出席"论坛"的台湾代表中，来自中南部的特别是支持民进党的客家乡亲不多。因此，"论坛"的广泛性还有待进一步提高。

总之，如果我们能够继续充分利用好"客家高峰论坛"这一平台，把它愈办愈好，使两岸各界客家乡亲定期就文化与经贸等议题进行充分的沟通、交流，拓展合作途径，那么我相信，我们在增进两岸客家乡亲感情与福祉的同时，必定能够为两岸关系的和平发展，为中华民族的伟大复兴，更多更大的贡献出我们客家人的力量！

谢谢各位乡亲！谢谢！

（中评社，2010/06/22）

ECFA促两岸经济整合，实现两岸共同繁荣

台海两岸正式签署两岸经济合作架构协议（ECFA）后，除了部分绿营人士之外，大多数台湾民众和媒体，甚至包括美国、日本众多专家和媒体在内，都对ECFA的签署赞誉有加，充分肯定ECFA对台湾经济发展前景及区域经济的正面影响。马英九在就职两周年时提出要打造台湾经济发展的“黄金十年”。要实现这一宏大计划有赖于通过两岸签署ECFA，实现经济整合，为台湾经济新的腾飞创造条件和机会。很多台湾学者形象地说，两岸签署ECFA打通了全球化下台湾经济的任督二脉。在民进党执政时代，由于民进党不断搞“台独”冒险，让台湾失去了近十年的参与大陆经济发展的大好时机，导致台湾经济结构难以转型，经济发展徘徊不前，由亚洲“四小龙”之首失落为“四小龙”之尾。自2008年5月以来，随着两岸“三通”及各项协议的签署，尤其是ECFA的签署，逐渐为台湾经济发展注入了源头活水，带来了新的转机，不仅为增强台湾企业与产品的竞争力提供了宝贵的机会，而且也将是最终真正实现两岸经济关系正常化、制度化、贸易自由化的关键。在此基础上，两岸经贸关系将更趋紧密，更加相互依存，优势互补、互惠互利，合理分工，加快各自的产业升级转型，增强两岸产业的国际竞争力，共同应对经济全球化、区域一体化带来的各种冲击和挑战，构建两岸经济一体化的大格局，实现两岸经济社会发展的双赢。

对于两岸关系而言，ECFA签署也将开启两岸关系的新纪元，随着两岸经济的整合，也就是两岸经济一体化的加速和实现，两岸关系和平发展的经济基础将更加稳固。因此，有人认为，无论从政治或经济的角度来看，ECFA都是一个划时代的协议，两岸关系必将由此而进入崭新的发展阶段。

首先，ECFA明确保护台湾弱势产业，台湾中小企业普遍受益，将为台湾经济转型及两岸经济整合——经济一体化创造出良好的社会环境。

ECFA谈判是两岸双方通过展现诚意和善意而达成，也是两岸基于贸易比例原则进行的互利谈判，双方所达成的早期收获清单充分体现了互利这一

原则，特别是大陆充分理解和照顾到了台湾弱势产业和中小企业生存和发展的需要。根据台湾经济部门的评估，早期清单中台湾向大陆产品开放的项目大部分属于台湾出口竞争力强或者原材料不在台湾的产品，几乎对台湾现有产业、企业没什么冲击。开放大陆农产品是台湾中南部农民最为担心的。两岸签署经济合作架构协议（ECFA）后，台湾将继续管制未开放的830项大陆农产品，已开放的1415项不降税，因此，ECFA的签署对台湾农业也几乎没有任何负面的冲击。也就是说，台湾没有给予大陆任何一项农产品早收优惠。不仅如此，在两岸经济合作架构协议中，文心兰、茶叶、石斑鱼、虱目鱼等台湾农渔民关切且具有出口潜力的18项农渔产品列入台湾早期收获清单。大陆给予台湾这18项农渔产品零关税优惠，为台湾农渔产品打开了大陆市场。台湾出口至大陆农产品早收清单的主要产地都在台湾中南部，台湾中南部广大农渔民将因此而受益匪浅。

除此之外，根据台湾方面的估算，签订两岸经济合作架构协议（ECFA）后，可谓台湾净增加6万多个就业机会。两岸签署ECFA对台湾中小企业帮助很大，估计可能因此受益的台湾中小企业达22700家，受益中小企业聘雇员工数42万6千人。

不仅如此，为照顾台湾的中南部民众和中小企业及中低收入家庭，两岸将为台湾的弱势产业及台湾中小企业进行必要的保护。对于台湾不愿意参与降税的1300多项农工产品则启动保护机制，列入例外保留清单，依然不对大陆开放市场。未来十年间，不谈也不碰，即为这些产业争取10年以上的调适期。至于开放大陆农产品问题，自2008年5月以来，台湾未再开放任何大陆农产品，WTO也没有10年内必须开放9成农产品的规定，因此，台湾农渔民尽可放心。

显而易见，ECFA不仅扶持和保护了台湾的弱势产业，照顾到了台湾的中小企业，而且也考虑到了台湾弱势产业的未来安排，完全可以解除台湾中南部农渔民和台湾广大中小企业对两岸未来经济一体化的担忧。由此而言，ECFA的签署和最终落实，不仅不会对台湾中南部农渔民和台湾社会中低层产生不良冲击，反而将使其广泛受惠于两岸签署ECFA。面对ECFA生效后带来的实实在在的经济利益，有利于广大台湾民众理解和支持两岸经济一体化。从这一角度讲，ECFA 不仅为台湾经济发展，而且也将为两岸经济整合创造良好的社会环境。

其次，ECFA 签署后，可使台湾利用大陆开放市场的机会，把固有的优势产业做大做强，加速台湾产业结构调整和转型，确立台湾部分产业在未来两岸经济整合中的优势地位。用萧万长先生的话说，台湾经济将因 ECFA 签署而“转骨”，ECFA 就是提供台湾经济“转大人”的机会。也就是说，这次 ECFA 协商内容将带领台湾经济脱胎换骨，是实现台湾产业转型与升级的良机。

两岸签署 ECFA 后不久，台湾有关方面宣布为因应 ECFA 签署后带来的巨大商机，将成立全球招商专案小组和全球经济战略小组，以加强投资和全球布局，督导推动创新和招商工作。马英九在 7 月 1 日率领执政团队举行的“台湾新契机，亚洲新时代”记者会上明确提出，签 ECFA 让台湾跨出三大步，包括突破经济孤立、两岸经贸走向互惠合作、加速亚洲经济整合，也让台湾跨出黄金十年第一步，更为台湾未来经济社会发展铺开一幅壮丽的蓝图。

ECFA 生效后所带来的最明显的效益是，将帮助台湾现有的优势产业做大做强。以台湾媒体津津乐道的石斑鱼为例。石斑鱼是台湾闻名世界的产品，产量占全球四分之一，产值占 58%，可谓是台湾农渔产品中的优势产业。2007 年台湾石斑鱼外销的金额是 2，700 多万元新台币。开放台湾石斑鱼直航大陆后，在 2009 年石斑鱼外销金额增加到 14 亿元新台币，增加 50 倍。根据马英九的估计，2010 年台湾石斑鱼的外销量会成长 3 成左右，而 ECFA 生效后，台湾产石斑鱼的关税将最终减为零，光关税一年就可以省 2 亿元，这使得台湾石斑鱼生产将来成长的空间非常大。这一前景让台湾的石斑鱼业者看到了希望。如果台湾能够抓住这一机会真正把台湾打造成全球最大石斑鱼产地，那将成为台湾利用 ECFA 打造优势产业的一个成功案例。当然，这也只是台湾借助 ECFA 实现产业优化与升级的一部分。仅在农渔产品中，除了石斑鱼外，兰花业与茶叶也是台湾重要的优势产业，台湾的花农与茶农也对大陆开放市场寄予很高的希望。去年台湾销售到大陆的茶叶价值约 319.5 万美元，3 年后零关税，年出口值可望倍增至 700 万美元。而台湾著名的文心兰切花3年后出口到大陆的数量可望达到30万枝到50万枝的水平。届时，大陆将逐渐成为台湾文心兰切花的一个重要市场。

当然，对于台湾经济转型最重要的是新兴产业的崛起和发展。充分利用ECFA带来的战略机遇，重点扶持诸如生物科技、观光旅游、绿色能源、医疗照护、精致农业及文化创意产业，以及云端运算、智能型电动车、智慧绿建筑与发明专利产业化等。通过提升台湾产业创新能力、提升服务业的附加价值，推动新兴产业的壮大，实现轻重工业并重，软件、服务、文化等全面发展，台湾经济发展与成长也将由此获得新的动力。

借助ECFA，不仅可以使台湾部分传统优势产业做大做强，而且也给台湾发展新兴产业带来无限的机会和广阔的前景，促进台湾产业升级与经济结构转型，顺势把台湾打造成创意之岛、设计之岛和绿色产业之岛，将使台湾部分产业在未来两岸经济整合中占据较为有利的地位。

第三，ECFA将使台湾正式加入区域经济整合，摆脱被边缘化的命运，增强台湾企业与产品的国际竞争力。ECFA的签署使台湾借助于大陆之间的这一协议正式融入由东盟与大陆组成的自由贸易区，大大开拓台湾的国际贸易空间。2010年1月1日，中国—东盟自由贸易区正式全面建成，这一自贸区拥有19亿人口、接近6万亿美元年国内生产总值和4.5万亿美元的年贸易总额；双边90%的贸易产品实现零关税，相互开放服务贸易和投资市场。中国—东盟自由贸易区也是当今世界最大自由贸易区，这一自由贸易区的启动不仅标志着中国与东盟之间的经济联系已上升到新的历史水平，而且也将对亚太地区的经济贸易格局产生重大影响。此前，台湾缺乏加入这一自由贸易区的渠道。两岸签署ECFA后，台湾也就自然可以通过与大陆的这一协议获得与东盟产品在这一自由贸易区展开公平竞争的机会，这也为台湾参与这一区域整合打开了大门。而且，对于台湾而言，“除了可以取得与东协产品的公平竞争机会外，甚至也比对手取得捷足先登的机会。”因为，“和其他对手相比，台湾不但占有地理、文化上的优势，以及两岸产业结构的优势互补，相信ECFA可为台湾再创另一次的经济奇迹。”

在这个意义上，ECFA一方面使台湾避免了在未来东亚区域整合中被边缘化的命运，另一方面实际上也是台湾通过大陆连接世界的一个重要环节。

“由 ECFA 架构而起的经贸机制，让两岸的经济互动有了具体的方向及可循的轨迹，并将开启台湾进入区域经济整合的道路。”“以 ECFA 为中介平台，连结中国大陆和区域经济的网络一旦建构起来，将对外资与台商产生磁吸效应。由于未来两岸关系可稳定发展且具可预测性，有助台湾经营环境改善，不仅有利于台商进行全球布局，也有利于吸引外商在台布局规划、增加投资，进而改善推动台湾与他国家和地区洽签 FTA 的基础，使台湾更加深化参与全球经济活动。”“两岸三通直航的网络和机制不断发展，加上 ECFA 的签订，让台湾创造出连结中国大陆和世界经济体系的关键角色，那么台湾成为亚太经贸枢纽、台商营运总部是指日可待的。”有助于台湾成为外商进入大陆市场之优先合作伙伴与门户，取得领先进入大陆市场之优势。正如马英九所言，“自从两岸洽谈两岸经济合作架构协议，外商都提高了对台湾的兴趣，台湾可以成为跨国企业进入大陆的跳板。”这一战略地位的取得将对台湾未来经济发展带来无可限量的发展空间。

ECFA 生效后不仅大大缓解台湾产品在大陆市场上所面临的东盟国家产品的竞争压力，而且还会相应增强台湾企业和产品对日韩产品的竞争优势。在大陆同意对台湾降税的产品中，高达 20% 是台湾产品在大陆市场面临东盟国家激烈竞争或处于竞争劣势的产品，包括塑胶原料、塑胶制机器及仪器用零件、照相机模组等。另外，也包含不少的台湾相对东协国家具有竞争优势、但因高关税削弱台湾产品竞争力的产品：如石化原料氯乙烯（税率 5.5%）、正丁醇（税率 5.5%）、锂离子电池（税率 12.0%）等。一旦这些产品的关税降为零，那么其竞争优势将马上显现出来。此外，还有一些在大陆市场上台湾产品与日本、韩国产品相比原本就有相当的竞争优势，如自行车及其零组件、石化原料等。“在纳入 ECFA 早收后，有助此类产品提升在中国大陆市场的竞争力，夺取日韩等其他国家在中国大陆的市场占有率。”

第四，ECFA 的签署和生效将进一步强化两岸优势互补，加速两岸产业分工，推进两岸经济一体化进程。

ECFA 是架构性协议，其第一步是以早期收获清单的形式，通过部分货品关税减让等方式，逐步减让或消除双方货品和服务贸易的障碍。依协议条款，ECFA 明年初生效后，有关货品贸易、服务业贸易、投资保障和争端解决等四大议题，将在 ECFA 生效后六个月内启动后续协商，循序渐进地推动两岸贸易自由化。ECFA 生效后，台湾产品得以更加顺畅地进入庞大的大陆市场。从理论上讲，ECFA 对于两岸经济而言是一个双赢的结果。

ECFA 实施后，台湾许多产品将逐步实现零关税，有利于台湾企业增加业绩、加快升级转型、增加就业，加快台湾经济发展。对大陆来说，ECFA 生效后，可以扩大对台投资和出口，吸引更多台湾高新产业和服务业到大陆投资，加快大陆产业的升级转型。两岸经贸关系也将从单向投资变为双向投资，从单一形态变为多元化形态，从内回圈变为产业链的合作，两岸经贸关系将更加密切。对于两岸的产业结构而言，ECFA 有助于两岸产业以更好的形式展开布局，更有效的配置两岸经济资源及提升各自的竞争力，两岸依据各自的优势进一步明确产业分工，最大限度、全方位地实现两岸经济优势互补。在此基础上，两岸经济一体化和相互依存也将随之进一步深化。

目前，大陆是台湾最大的贸易伙伴，也是第一大出口和投资来源。而台湾则是大陆的第 7 大贸易伙伴及第 9 大出口市场，两岸经济合作已到了密不可分的地步。而台海两岸在不同领域各有优势和不足。在两岸经贸交流与发展的过程中，台海两岸根据在不同领域的优势，在竞争与合作中自然形成一种适应两岸经济发展现实的产业分工布局。而“两岸经济合作架构协议（ECFA）在两岸经济关系发展史上具有里程碑意义，不仅因相互减税可促进贸易，更重要的意义在于两岸产业的整合效应。”

大陆商务部副部长姜增伟曾分析指出，早期收获计划的很多产品，都是台湾上中游产业为大陆中下游企业提供的产品，在大陆加工后出口或内销，比如石化产品、汽车零组件、纺织原料等。“如果把两岸产业合作比作一条高速公路，这些产品的降税或免税就如同高速公路取消了收费站”，两岸相关产业就能形成更加完整和更低成本的产业链，在全球产业分工中占据更为有利的位置，使两岸发挥各自的产业优势，实现优势互补，共同迎接激烈的国际竞争。

两岸形成合理的产业分工，组建优势互补、互惠互利的产业价值链，不仅可以提高两岸产业的分工合作的效益，增强产品的国际竞争力，而且也可以给两岸消费者提供更优质的产品与服务，创造更多的就业机会，使两岸民众感受到两岸经济整合带来的实实在在的实惠。

总之，ECFA 的签署已经为促进两岸经济发展，增强两岸经济合作和提升经济竞争力提供了不可多得的机会，创造出前所未有的难得条件，这也必将成为推动两岸经济整合、实现两岸共同繁荣的一个巨大推动力。

（中评社，2010/08/02，与李振广合撰）

甲午战争以来台湾民众国家、民族意识的演变

国家、民族认同的异化与分裂是当前台湾社会所面临的最大危机，也是影响两岸最终走向统一的主要障碍之一。毋庸讳言，目前台湾民众在国家、民族认同问题上已经发生了严重混淆，表现得相当多元化。并且就趋势来看，所谓“台湾认同”已经越来越成为台湾社会的主流意识，而“中国认同”则越来越被边缘化。台湾民众的国家、民族认同为何会出现这种异化发展，这必须要结合台湾特定的历史发展阶段及政治结构演变来进行深入探讨。找出其中的根源，对于重新导正台湾民众的国家、民族认同，消解“台独”势力的社会民意基础，并最终实现两岸的和平统一，具有重大的理论与现实意义。

一、殖民地伤痕：台湾民众国家、民族认同问题的历史根源

探讨台湾民众国家、民族认同问题产生的根源，需要从台湾特定的历史经历及台湾政治的现实演变两方面来进行探讨。就历史层面而言，甲午战败割台及其随后五十年的被殖民统治是台湾民众国家、民族认同异化的历史根源。从政治结构层面而言，则主要是由于国民党在台统治政策的失误，以及美日等外来因素的推波助澜。

讨论台湾民众国家、民族认同的异化问题，首先必须要对甲午割台及日本殖民统治所造成的影响有清醒而深入的认识。只有由此出发，才能找出台湾民众国家、民族认同发生异化的真正根源。否则很容易形成认识误区。比如有一些台湾学者认为，清代台湾社会就存在着“土著化”的趋向，并逐步与中国本土社会发生疏离。一些“台独”学者甚至把当时台湾民众对台湾的“乡土认同”夸大为“国家认同”，并认为“台湾民主国”的成立就是这种“国家认同”的极端体现。这都是不符合历史真实的。

事实上，直到清朝乾嘉时期，台湾民众才基本形成乡土意义的“台湾

认同”。而在此之前，迁台移民还是以祖籍地作为认同标的。连基本的乡土认同都还未形成，又何来国家认同的疏离？至于“台湾民主国”，那更不是台湾民众国家认同异化的证明，恰恰相反，是台湾民众中国认同的明证。因为成立“台湾民主国”，是在甲午战败之后，割台已成定局的情况下，台湾人民不愿脱离中国，群起反抗的一种自救运动。“台湾民主国”以“永清”为年号，表达永属清朝之意。在“自立宣言”中也明确说明成立“台湾民主国”的原委在于：“今已无天可吁，无人可援，台民唯有自主，推拥贤者，权摄台政，事平之后，当再请命中朝，作何办理。”[1]可见成立“台湾民主国”是在当时特定的历史条件下的不得已之举，其中并没有像某些人所想象的台湾人的“国家意识”。因此，那种把日据以前台湾民众的“乡土意识”夸大为政治层面的“国家认同疏离”是荒谬的。

也有台湾学者认为，台湾民众国家、民族认同的异化始于“二二八事件”，[2]这种观点也有失偏颇。诚然，“二二八事件”是造成台湾民众国家、民族认同向恶质化方向发展的一个重要媒介，但如果仅仅以此来作为解释台湾民众国家、民族认同异化的原因显然不妥。因为它显然忽略了殖民统治给予台湾民众所造成的巨大伤害，而过分强调国民党政权在此问题上所应承担的责任，这是不公平的，也是不符合历史事实的。台湾民众国家认同问题的产生，其根源在于日本对台湾的殖民统治，如果没有这段被殖民的痛苦经历，也就没有所谓的台湾民众国家认同问题。因此如何清算殖民统治的罪恶，这是在讨论台湾民众国家、民族认同问题时不能忽略的问题。更何况，在日据时期，有少数接受“皇民化”思想的台湾民众，他们的国家、民族认同确实已经发生了异化，还有许多台湾民众心中存在的“亚细亚孤儿”的心态也是必须要面对的事实。

我们认为，台湾民众国家、民族认同的异化始于1895年之后。也即甲午战败割台及随后的五十年殖民统治是台湾民众国家、民族认同异化的历史根源。这一段被殖民经历究竟给台湾民众的国家、民族认同造成了多大的伤害？在回答这个问题之前，首先必须要弄清三个不同层面的概念：即“台湾意识”—“具有主体性的‘台湾意识’”—“异化了的‘台湾意识’”。这三个概念实际上包含着台湾自明郑以来的三个历史阶段：即清代——日据时期——国民政府统治时期。

台湾作为一个以汉族移民为主的社会，自明郑以来，逐步凝聚出一种对于台湾本土的认同，这种认同属于“乡土意识”的层面，它并不牵涉政治层面的国家、民族认同。随着甲午中国战败，台湾被清政府割让给日本，台湾社会由于受到外力的强烈冲击而开始逐步形成“具有主体性的‘台湾意识’”。这种动力来自于两个方面：一方面是由于对清政府执意割台的怨恨情绪，感觉自己被抛弃，因此对于母体产生了疏离感；另一方面是由于对日本殖民统治者的不满，不甘心做“二等公民”，而希望自己当家作主。这两种情绪促成了台湾社会逐步形成“具有主体性的‘台湾意识’”。老牌“台独”份子辜宽敏曾经说过，他的“台独”思想是在日据时代“被日本人打出来的”，这种说法不能不说多少有一些真实性。

台湾光复后，国民党统治者对于台湾社会已经形成的“具有主体性的‘台湾意识’”没有清醒的认识，漠视了台湾人民当家做主的愿望，并因为自己的统治失误而激出了官逼民反的“二二八事件”，国民党在处理这一事件的过程中采用了残酷镇压的方式，终于一发而不可收，造成了台湾民众的祖国认同发生了严重的变异。其后虽然由于国民党的白色恐怖统治而使得台湾民众心中的愤懑无法发泄，但随着国民党威权体制的瓦解，这种情绪也就如火山般爆发，成为国民党2000年下台的重要社会基础。

检视台湾民众国家、民族认同问题的历史演变逻辑应当如此。从这里我们看出，被殖民的痛苦经历，确实是台湾民众国家、民族认同问题产生的重要历史根源。

被殖民经历给台湾民众的国家、民族认同造成了至少如下几个方面的伤害：

首先，台湾被割占之后长期脱离于祖国母体之外，台湾和祖国大陆的历史联系被强行割断，并经历了长达五十年的分离。台湾民众对祖国大陆的变化无法及时了解和亲身参与，只能凭借想象和语言文字维持心中的祖国意识。当台湾重新回归祖国后，台湾民众想象中的祖国意识与真实的祖国形象发生了极大的落差，这是台湾光复后省籍及族群矛盾迅速激化的一个重要原因。

其次，台湾被割占的五十年中，也正是中华民族国家观念形成的关键时期，中国各民族在反对外来侵略、维护国家统一的斗争中逐步形成了中华民族这一国族认同。这种历史的共同记忆是中国人国家认同的重要心理基础，而台湾人民由于与祖国的长期分离，因此无法体会到中华民族国家观念所蕴含的深刻历史内涵，这对于台湾人民形成正确的国家认同同样造成了致命的伤害。

再次，虽然台湾人民从未放弃反对日本殖民统治的斗争，从乙未反割台斗争到台湾光复，台湾人民的抗日斗争可谓前仆后继，这其中所表现出的台湾人民的中国意识是不言而喻的。但是我们也应当看到，由于这一时期祖国大陆内忧外患、自顾不暇，无能也无力援助苦难的台湾同胞，两岸同胞基本上处于各自为战、互不相谋的非正常状态，从而失去了“命运共同体”的历史连接与记忆；此外，日本占领台湾后一直处心积虑地推行其殖民政策，对台湾人民实行“皇民化”教育，企图割断台湾人民对于中华文化的认同，日本的“皇民化”政策虽然遭到了台湾人民的坚决抵制，但不可否认，由于长时间的殖民统治，致使部分台湾民众在国家、民族民族认同上发生了畸变，转而认同殖民者的制度与文化，这部分民众的存在在近代台湾也的确是一种历史事实。这同样是造成台湾民众国家、民族民族认同混乱的历史根源。

台湾光复后，如何医治台湾民众心灵的创伤，防止台湾同胞基于特殊的历史经历而形成的“具有主体性的‘台湾意识’”向恶质化方向发展，这是国民党政府需要精心处理的一个重大课题。但很显然，国民党政府对于这一重大问题的处理是失败的[3]。

二、“两蒋”统治时期台湾民众国家、民族认同的异化

日据时期，虽然台湾社会形成了“具有主体性的‘台湾意识’”，甚至有部分民众的国家、民族认同已经发生了异化，但我们也应当认识到，这种“具有主体性的‘台湾意识’”并不必然就会向否定“中国认同”方向发展，如果引导得当，完全可以回复到乡土认同意义上的“台湾认同”层面

上去。更何况台湾绝大部分民众对于回归祖国是真心拥护的，这种民意基础极为有利。然而可惜的是，颟顸腐败的国民党政府对这一问题的处理完全失败。以陈仪为首的台湾行政当局，对接收工作的准备严重不足，许多政策的制定并没有充分考虑到台湾人民在经历被殖民统治后的复杂心态，接收过程也十分草率[4]，特别是在对台湾的管理过程中所发生的种种贪污腐败情形更是让台湾人民深恶痛绝。

台湾民众对于回归祖国的美好期待很快就被残酷的现实击得粉碎，化成了泡影。被光复的光芒所掩盖下的殖民伤口遂开始恶化、变质。此前已经形成的“具有主体性的‘台湾意识’”迅速向恶质化的方向发展。社会氛围也开始发生变化，“本省人”与“外省人”的对立情绪逐步蔓延开来。最终，这种情绪在“二二八事件”中来了一个总爆发。

“二二八事件”的发生可能还有其他一些更为复杂的原因，比如美国、日本因素的介入。但不可否认，以陈仪为首的台湾行政当局负有不可推卸的直接责任。更为严重的是，国民党政府在对于“二二八事件”的处理上采取了残酷镇压的方式，其后果是更加深了“本省人”与“外省人”的隔阂，并进一步强化了“本省人”的受压迫感。这种受压迫感后来成为一些台湾民众心中最难以消除的梦魇，“台湾人出头天”，就是这种情绪的典型反映。这种情绪后来被“台独”分子充分利用，成为“台独”分子追求“台独”的“民意基础”。“二二八事件”作为一种政治压迫的符号，成为国民党难以洗刷的原罪，在后来国民党在台执政的过程中，这一原罪让国民党付出了极为惨重的政治代价。

“二二八事件”的伤口还未愈合，1949 年之后，随着国民党政权的迁台，台湾又被卷入了国共隔海对峙内战的漩涡。为了继续其内战政策，一方面，国民党将大陆的共产党政权视为“叛乱政权”，而强调“中华民国”法统地位的正当性，并将他在大陆的统治机构整个地移植到台湾。另一方面，为了巩固对台湾的统治，国民党进行了大规模的政治肃清运动，在台湾制造白色恐怖，从而建立起一套威权体制。在这个过程中，大量的台籍人士被当做“共匪”遭到逮捕、枪杀，特别是一大批台湾抗日爱国志士像李友邦、杨逵、蒋渭水等，也受到了极不公正的“整肃”。这些做法，无疑对于台湾民众的中国意识都是严重的打击。

在国、共政权隔海对峙的总体格局下，台湾民众被强制纳入国民党反共体系中，台湾民众的民族国家认同被国民党以狭隘的意识形态所操控，在这种意识形态下，大陆共产党政权是邪恶的，在台湾的国民党政权才是代表中国的正统地位。反共、恐共、仇共成为一种基本的社会心理。虽然国民党也坚持“一个中国”政策，并采取许多措施来强化台湾民众的“大中国意识”，如在文化领域推行“中华文化复兴运动”，把自己打扮成中国传统文化的捍卫者和继承者等等。国民党以狭隘的意识形态来塑造台湾民众的国家、民族认同，虽然在一定程度上取得了成功，但这种靠政治高压维持和强化的国家、民族认同却存在着以下几个十分致命的缺陷：

首先，国民党以全中国的“合法”代表自居，并以“反攻大陆”的神话强化其统治的正当性。但当这个神话破灭的时候，国民党政权的合法性基础也必然会受到严重质疑。

其次，作为国民党政权“合法”统治基础的“中华民国宪法”和“国会”，与台湾的政治现实越来越脱离。特别是“国会”长期不改选，有所谓“万年国代”之讥。“国会”失去其代表性，维系台湾民众国家认同的“法统”也就被逐步虚幻化。

第三，国民党为了向民众灌输“大中国意识”，对台湾的本土文化等采取打压态度。如限制民众讲闽南语，限制歌仔戏、布袋戏的演出等等。这种错误做法，反而更强化了台湾民众的本土意识。

国民党政权所维持的“中华民国”国家图腾，迟早是会现出其原形的。一旦“中华民国”这一国家认同符号破灭，而由于国民党长期的“反共”教育，台湾人民又已失去了认同中华人民共和国的可能。台湾民众将陷入国家认同的真空状态。这就为“台独”意识形态的发展提供了可趁之机。

“台独思潮”的兴起，是在台湾光复之后才产生的。早期的“台独”有着明显的国际背景，特别是美、日两国在幕后起着十分重要的作用。日本不甘心失去对台湾的统治而支持“台独”活动，美国则利用台湾国民党政权来牵制新中国的成长壮大，阴谋制造“两个中国”或“一中一台”。但这种分裂中国的政策并没能得逞。国民党退据台湾之初，凭借其政治和军事高压建立起来的一整套威权体制，可以严密控制“台独”势力在岛内的发展。然而到了二十世纪七十年代以后，随着国民党威权统治的逐步瓦解，“台独”思潮开始与岛内的反对运动相结合，从而形成了岛内的“台独”运动。

“台独”运动兴起后，最先要攻击和瓦解的，就是国民党所代表和维系的“大中国”意识。而此前被刻意压制和掩盖的省籍和族群矛盾，便成为“台独”势力发展壮大的“肥沃”土壤。从另一方面来讲，早期党外运动为了反对国民党的专制统治，打击国民党所维持和代表的“大中国”意识，也是对国民党统治合法性的釜底抽薪。因此，“反中国”成为反国民党统治的一种政治策略。这其中并没有多少国家、民族认同的成分。从这里也可以看出“台湾意识”与“中国意识”对抗背后所隐藏的复杂内涵。

二十世纪七十年代，随着中华人民共和国取代“中华民国”在联合国的合法代表席位，以及尼克松访华、中日建交等一系列重大外交事件的强烈冲击，国民党政权被打回了原形。这种危机直接转化为国民党政权在岛内统治的合法性危机。在内外交困之下，由蒋经国主导启动了台湾本土化和民主化的进程。国民党企图以此来获得其统治的合法性基础，但这条路注定是充满着凶险的。因为自台湾光复以来，国民党在整个统治过程中积聚了太多的结构性矛盾：省籍矛盾、族群矛盾、中央和地方权力架构的矛盾等等，这些矛盾都需要找到渠道来宣泄。

按照美国学者鲁斯托（Dankwart A·Rustow）的观点，发展中国家进行民主转型的唯一前提条件是“国家统一”。因为只有一个国家的全体人民对其所从属的政治体制具有高度的认同感，这样才能保证一个国家在民主制度下“国家领土疆界的稳固和国民构成的延续性”。[5]可见，在后发现代化国家（或地区）实行民主化，全体人民对于其所从属的政治体制的高度认同感是一个必要条件，而台湾恰恰在这点上存在着先天不足。台湾民众的心灵伤痕一直没有得到很好的医治，并且通过省籍矛盾、族群矛盾表现出来，整个社会时刻都存在着分裂的严重危机。因此，台湾的政治民主化进程始终伴随着台湾民众在国家、民族认同问题上的严重纠葛。

我们不难发现，在台湾社会转型的过程中有一个十分诡异的现象，也即民主化、本土化与“台独化”形成了一种奇特的共生结构。民主化进程的推进也就意味着“台独”进程的加深，同时也就意味着对“中华民国”“国家符号”认同的越淡化。这一现象的产生确实是值得深思的问题。若林正丈认为，“70 年代的外交危机以后，蒋经国之所以推动‘台湾化’及‘十大建设’，并以民间的人脉及经贸力量展开实质外交，基本上都可视为体制本身在静悄悄地促进‘台湾图腾’的正统化。”[6]这说明了“中华民国”的“国家认同”与本土化进程确实存在着的一种反向关系。

为什么台湾的本土化和民主化进程要以牺牲台湾民众的国家、民族认同为前提呢?

首先，是由于“中华民国”的虚幻性。国民党的“中华民国政权”号称代表全中国，但这只是一种想象。在现实政治中“中华民国”在治权范围与其治下的台湾省高度重合，这种政治形态是十分荒谬的。因此如何从体制上处理“中华民国”和台湾省之间的关系，这确实是一个难题。而这种调整恰恰又会不断强化“台湾主体性意识”，从而诱发台湾向“独台化”方向发展。这一过程在李登辉时代表现得格外明显。

其次，是本土化和民主化运动向纵深发展的必然逻辑。“台独”运动的最终目标是“独立建国”，而这一目标对具有悲情意识和“出头天”意识的台湾民众来说，也具有很大的诱惑。因此如果不是外力的干预，“台湾主体意识”最终发展成为“台独意识”是必然的历史逻辑。

第三，这是本土政治力量向国民党威权统治进行政治斗争的现实需要。由于国民党宣称其代表全中国，反对势力就要打垮这一政治神话，从而挑战国民党的统治合法性，攫取更大的政治资源。在这里，“本土化”和“民主化”成为一种争权夺利的工具。而国民党政权由于其“外来”性质以及专制本质，其对于民主化与本土化进程缺乏应对的能力和资源。最初，反对势力还在体制内进行夺权斗争，但这种有限的权力分享无法满足党外势力的胃口，最终酿成了“美丽岛事件”的爆发。此后，国民党对党外运动失去控制，而党外势力也越来越以所谓“住民自决”的口号诉诸“台湾独立”，企图从根本上推翻国民党的统治。党外运动逐步蜕变为“台独运动”。1986 年，民进党宣布成立，党外运动进入了一个新的阶段。

三、李登辉、陈水扁执政时期台湾民众国家、民族认同的恶质化发展

在反对势力抓住“本土化”和“民主化”两大武器对国民党展开夺权斗争时，国民党自身也不得不进行一系列改革，以适应这一时代潮流。蒋经国在其当政以后，曾经推行一系列“政治革新”运动，企图以有限的开放来换取反对势力的妥协，并重新建立国民党统治的合法性基础。民进党突破党禁宣布成立之时，蒋经国采取了默认的态度，并在随后宣布开放党禁、报禁。但蒋经国对于“一个中国”政策仍然十分坚持，对于“台独”仍然保持高压政策。但随着1988年蒋经国的突然逝世，具有强烈“台独”意识和“皇民化”情结的李登辉被推上了国民党的权力巅峰。“台独”运动在国民党体制内找到了同盟军。李登辉主政台湾长达十二年之久，台湾政治急转直下，民进党从体制外，李登辉主导的国民党从体制内，一步步瓦解着“中华民国”的“法统”象征，全面确立起本土化路线，并成功地分裂了国民党。

2000年，主张“台独”的民进党在李登辉的协助下上台执政，“台独”势力迅速发展，甚嚣尘上，“台独意识”急剧膨胀。陈水扁执政八年，伴随着代表中国意识的“中华民国”被逐步淘空，“台独”意识形态日益普及和强化，台湾民众的国家、民族认同也变得异常混乱，在“中国认同”与“台湾认同”之间相互拉扯。由于公权力长期掌握在“台独”势力手中，这使得“台独”意识形态能够很快在社会上传播并取得了强势地位，短期内在岛内已经很难产生足以遏阻它的力量了。

2008年国民党重新上台执政后，“台独”运动的发展势头在一定程度上受到暂时遏制，但由于马英九当局的措施不力，台湾社会的大环境并没有从根本上得到改变，“台独”意识形态的强势地位仍然存在。因此，整体评估李登辉、陈水扁二十年执政在推进“台独”方面所采取的步骤及其影响，并采取有效对策以逐步化解具有独立性的“台湾主体意识”，重新进行“台湾意识”与“中国意识”的连接，乃是当前以及今后相当长一段时间内大陆对台工作所面临的迫切而重要的任务。

为进一步说明问题，我们有必要做以下简要的历史回顾。

检视台湾政局这二十年来的发展，可以说李登辉是推动“台独”势力不断发展壮大的不折不扣的罪魁祸首。李登辉上台之初并没能掌握实权，为了攫取国民党的最高权力，他利用国民党内的各种矛盾，网罗亲信，打击异己，制造国民党内“主流派”与“非主流派”的斗争。通过这种阴谋手段最终排挤掉了以李焕、郝柏村等外省籍国民党传统势力，成为国民党内的独裁者，为他利用国民党推动一系列“台独”政策扫清了障碍。李登辉在攫取国民党最高权力的过程中，与民进党形成了策略联盟，竭力鼓励和纵容民进党的“台独”行径。同时，透过民进党的力量来打击国民党内的外省籍传统势力，从而达到一箭双雕的目的。

李登辉鼓励和纵容“台独”的事实历历可数。还在李登辉接班继承“总统”大位之初，就以“政治多元化”为由，改变了“两蒋”时期对“台独”势力严厉打压的政策，为“台独”分子大开绿灯。海外“台独”分子感受到岛内政治气候的变化纷纷闯关回台，与岛内的“台独”势力公开合流。“台独”活动的重心从海外转向了岛内，造成此后“台独”势力的急速发展壮大。并透过一系列大大小小的公职选举活动，“台独”势力从社会走上了政坛，掌握了大量的行政资源，从而进入到体制内发展。

1990 年，“动员戡乱时期临时条款”宣布取消，从此民进党推动“台独”进程已经没有任何现实的和心理上的压力了。当年民进党四全二次会议通过了“台湾事实主权独立案”，宣布“我国（实指台湾）事实主权不及于中国大陆与外蒙古”。1991 年，李登辉主持召开“国是会议”，一大批“台独”分子如彭明敏、蔡同荣之流成为“国是会议”的座上宾。“台独”势力有了李登辉的撑腰，气焰更加嚣张。1991 年 10 月 13 日，民进党召开“五全大会”，公然把“建立主权独立的台湾共和国”条款纳入党纲，最终蜕变成赤裸裸的“台独党”。至此，民进党已经完全放弃了对于“中华民国”的“国家认同”。有台湾媒体评论说：“‘台独’是由于国民党的‘独台’政策所促成，这一年来‘台独’与‘独台’互为表里，朝野在分离中国的作为上互相呼应已是有目共睹……”。“台独”与“独台”合流，从体制内外联手瓦解“中华民国”体制，企图最终催生一个“台湾共和国”。

李登辉消解“中华民国”体制，逐步实现“独台”政治的方式主要有如下几个方面：

其一，透过“宪政改革”，实行所谓“宁静革命”，打造“中华民国在台湾”的法律框架，为“台独”夺权搭桥铺路。1990年5月，李登辉宣布开始“宪政改革”。从1991年4月，“第一届国民代表大会二次临时会议”进行第一次“修宪“开始，到2000年以前，一共经过了六次“修宪”，内容包括：终止“动员戡乱时期”（1990），“废除临时条款”（1991）；“总统”直接（1996）；实行“冻省”（1998）等等。透过这一系列“修宪”，完全改变了“中华民国”的权力来源基础，从法理上落实了“中华民国在台湾”的政治现实。

其二，全面推动国民党的“本土化”进程，企图将国民党改造成一个纯粹的本土政党，割断国民党与大陆之间的历史连接，为最终推动落实国民党政权的本土化创造条件。这一目标并没有完全得逞，反而造成了国民党的几次大分裂，如新党的出走、宋楚瑜的出走建立亲民党等。但李登辉却透过分裂瓦解国民党而将民进党送上了执政宝座，成为其“台独”政治衣钵的传人。李登辉的面目完全暴露后，国民党将他开除出党。清除了这个毒瘤之后，国民党才又获得新生，终于在八年后重新夺回执政权。

其三，重新定位两岸关系，逐步从“一个中国”的立场倒退，并最终提出两岸是“特殊的国与国关系”的“两国论”。同时采取种种政策限制、阻挠两岸交流、拖延两岸直接“三通”实行“戒急用忍”的两岸经贸政策、破坏海协海基两会协商谈判等。这些政策造成了两岸关系的严重动荡不安。

其四，推行以“去中国化”为中心内容的“文化台独政策”。如修改历史教科书、提倡讲“台湾话”等，以强化所谓“台湾主体性”意识，企图建立实行“台独”的社会文化基础。

其五，在国际上推动所谓“务实外交”，推动“重返联合国”，以“拓展国际生存空间”为名，企图在国际上制造“两个中国”。

透过这一系列政治操作，代表“大中国意识”的“中华民国”被完全掏空，这也使得台湾民众的“中国认同”失去了物质依托而逐步散落飘零。而“台湾主体意识”却在民进党的民粹操作下成为一个政治图腾，谁也不敢公开拂逆它。台湾民众的国家、民族认同开始变得更加混乱，呈现出所谓“多元化”的特征。据台湾政治大学选举研究中心的长期民调跟踪：台湾民众的台湾人/中国人认同，正是在上世纪九十年代中期发生逆转的。在1994年至1995年之间，台湾人认同与中国人认同发生交叉，此后则逆向发展，台湾人认同逐步攀升而中国人认同逐步降低。到1999年，台湾人认同达到一个相对高点（39.9%），中国人认同则从1994年的26.2%降为12.1%。在统独民意方面，上世纪九十年代倾向独立的民意也有较大上升。可见，九十年代台湾政治的发展演变对台湾民众国家、民族认同造成了重大影响，这一时期也是台湾民众国家、民族认同向恶质化发展的关键时期。

2000年“总统”选举，在李登辉的蓄意操纵下国民党发生严重分裂，宋楚瑜被迫出走，以无党籍身份参选，民进党“渔翁得利”，以相对多数赢得大选成为执政党。陈水扁上台之初虽然宣布“四不一没有”，但不久就在2002年8月发表“台湾跟对岸中国一边一国”的谈话，用“一边一国”定位两岸关系。民进党执政无能，但在推行“渐进台独”方面则不遗余力。在岛内极力推动以“文化台独”为基本内容的形形色色的“去中国化”运动。尤有甚者，陈水扁在其执政后期，为掩盖其家族的贪腐弊案，更一意孤行地推行“急独”路线。先是推动“公投入宪”（2004），继而发动“防御性公投”和“入联公投”，终止“国统会”和“国统纲领”运作（2006），甚至铤而走险，推动“正名制宪”，妄图实现“法理台独”。虽然迫于大陆及国际社会的压力而最终未敢跨越红线，但应当承认，陈水扁民进党执政八年，在型塑台湾民众的“台湾主体意识”方面确实取得了相当大的成功。如今，与“台独意识”只有一步之遥的所谓“台湾主体意识”，已经成为台湾社会的一种主流意识，如今主张“台独”的民进党尽管已经成为在野党，但它在很大程度上仍然掌握着台湾岛内的“话语权”，这是需要认真面对的一个客观现实。

由上可知，“台独意识”和“台湾主体意识”的发生发展，的确与台湾政治结构的演变息息相关。在这个过程中，“台独”政客李登辉、陈水扁之流起到了十分恶劣的作用。但这也从反向说明，随着台湾政治环境的逐步正常化，以及两岸关系的不断改善，台湾民众以中华民族为核心的国家、民族认同也是可以重新塑造的。2010 年 3 月《远见》杂志的一份民调表明，认同自己属于中华民族一分子的台湾民众，比率达到 79.6%，这是一个积极的现象。事实说明，台湾民众的国家、民族认同还有很大的发展空间，任何悲观失望或无所作为的观点，都是缺乏根据的。

【注释】

［1］ 连横《台湾通史·独立纪》。

［2］《文化多元主义与国家整合》，葛永光，台湾中正书局，1991 年 7 月。

［3］ 以上观点参见徐博东《“台独”是如何产生与发展起来的》，内部演讲稿。

［4］ 1944 年 3 月，蒋介石下令成立台湾调查委员会，为战后接受台湾进行准备工作，陈仪被指派为主任委员。台湾调查委员会成立后进行了大量的工作，包括编辑台湾资料，训练各类专业人才，制定接收后的统治政策等等。这些工作有些是成功的，但有些是比较脱离台湾实际情况的，特别是政策的制定方面，就没有充分考虑台湾社会的民意，这些政策设计的失误，成为“二二八”事件爆发的一大诱因。详见《简析抗战时期的台湾调查委员会》，《江海学刊》，2005 年第 1 期。

［5］ 转引自林震《论台湾民主化进程中的国家认同问题》，《台湾研究集刊》2001 年第 2 期。

［6］（日）若林正丈《分裂国家与民主化》，台湾月旦出版社，2000 年，第 8 页。

（2010 年度国台办课题，2010/08/23，与胡文生合撰）

全球炎黄子孙携手　共创中华新辉煌

——在南昌“第十届中华民族之腾飞研讨会”上的主题演讲

主持人、各位嘉宾、各位朋友：

大家上午好！

金秋九月，是收获的季节。今天，来自海峡两岸和全球的华人华侨代表，欢聚在古都南昌滕王阁下，共商两岸关系和平发展、中华民族复兴与腾飞之大计，令人欢欣鼓舞！倍感责任重大！

首先，我代表中华文化发展促进会，向来自海峡两岸和世界各地的各位领导，各位嘉宾和朋友们致以最崇高的敬意和最诚挚的问候！

自1995年至今，“中华民族之腾飞研讨会”已经举办过十届。正如大会主题所揭示的，这个研讨会是全球华人华侨包括海峡两岸同胞共商“中华民族之腾飞”的团结的盛会。这个盛会自举办以来，可以说见证了十多年来海峡两岸同胞和海外侨胞同心协力、从“反独促统”到推动“两岸关系和平发展”新阶段的历史发展脉络和风云变幻的时代轨迹，见证了中华民族和平崛起、复兴与腾飞的历史进程，成为全球华人华侨和海峡两岸中国人的重要交流平台和共同的政治资产，弥足珍贵！中华文化发展促进会作为主办单位之一，能有机会为这个盛会作出自己微薄的贡献，感到与有荣焉！

当前，中华民族的伟大复兴正处在一个关键的历史时刻。经过六十年的努力奋斗，我们的国家和民族正在以坚强的实力和无比的信心走向复兴之路。对于整个中华民族来说，未来的发展既有挑战，更充满机遇。促进中华民族的伟大复兴，是包括两岸同胞和全球华人华侨在内的全体炎黄子孙的共同责任。因此，在这样一个重要的历史时刻我们来举办研讨会，集思广益、凝聚共识、认真研讨如何团结全球华人华侨和两岸同胞为中华民族之伟大复兴而共同努力，显得非常及时，也非常必要。

各位嘉宾、各位朋友！

随着中国改革开放的深入发展和中国经济的腾飞，中国的崛起正在从经济、文化、政治等各个层面深刻地改变着自17、18世纪以来所形成的西方霸权主义主导下的全球历史格局。这不仅为中华民族和广大第三世界发展中国家的民族复兴带来希望，而且也为建立更加公平、公正、合理的世界新秩序，为建立一个更加和谐、更加富裕、也更加公正的社会制度理想带来了光明的前景。就此而言，中华民族的复兴，必将为当今世界的政治文明与物质文明建设带来更加广阔的空间。对于全世界的炎黄子孙来说，在中华民族发展的新的历史起点上，我们团结起来，携手为中华民族的复兴与腾飞贡献力量，将是一件前无古人、后无来者，推动世界历史发展，造福中华民族、造福全人类的伟大壮举！

各位嘉宾、各位朋友，中国的崛起不可阻挡！

没有人可以否认，经过30多年的改革开放，中国的经济腾飞，已经成为摆在我们每个人面前的活生生的现实。十年前，中国还只是世界的第七大经济体；2007年，中国的经济规模就超越了德国，成为世界第三大经济体；到了2009年底，中国的经济总量略低于日本；而到了今年8月，日本政府首次公开承认，日本的国民生产总值已经被中国超越。日本保持了长达40多年的“世界第二经济大国”的地位，不得不拱手让给了中国！

这是一个了不起的、令人激动的历史时刻！自1894年中日甲午战争以来，饱受屈辱的炎黄子孙，等待这样的历史时刻的到来已经足足有一百一十六个年头了！贫穷落后、任人欺负、任人宰割的旧中国已经一去不复返了！

美国摩根大通银行首席经济学家布鲁斯卡斯曼认为，中国跃升为世界第二大经济体，“对于全球经济而言是一个里程碑。”新加坡《联合早报》在一篇文章中指出，“中国能有今天的成就，不仅是改写中国历史的重要事项，也是修正世界发展史的一个重要章节”。尽管中国人均GDP只有3800美元，不到世界人均GDP的一半，但是中国经济总量的提升，为人民生活水平的提高提供了坚实的物质基础。从钢铁、煤炭，到纺织品、电视机等等，中国企业巨大的生产能力显示出，中国的崛起靠的是中国人民的辛勤劳动和公平贸易，而不是靠霸权和掠夺、殖民与奴役。中国人赚来的钱，干干净净、问心无愧！

也就是说，中国经济的发展，是靠自身生产力的解放，靠内部经济与社会活力的推动而实现的；与此同时，中国在实现自身经济发展的过程中，不仅不会损人利己，伤害别的国家，相反，也在推动世界其他国家和地区一道实现繁荣与发展。中国经济发展的这种路径和模式，堪称是当今世界和平发展的一个无与伦比的典范！

最近，美国正式宣布，美国经济已经从2009年6月走出长达18个月的衰退，结束了自二战以来最长的衰退期。毫无疑问的是，在美国走出经济衰退的过程中，中国经济的增长对于拉动世界经济增长，帮助美国经济摆脱困境，有着不可忽视的积极作用。近日，美国总统奥巴马也明确表示，中国经济快速增长对美国是有利的。当今，中国经济已经成为世界经济发展的火车头之一，中国经济的增长对于全球经济走出2007年以来这场罕见的世界性金融危机发挥了关键的作用。当然，对于这些成就和作用，我们不必沾沾自喜，也不能头脑发热，但是我们完全有理由对我们的成就感到自豪！更有理由对中国的和平崛起、对中华民族的伟大复兴与腾飞充满信心！

各位嘉宾、各位朋友，大陆的崛起，台湾同胞和海外侨胞功不可没！

中国大陆取得今天这样的成就，毫无疑问是大陆人民艰苦奋斗拼搏得来的，但是我们也不应该忘记，在大陆经济发展的过程中，台湾同胞和海外侨胞作出了不可磨灭的贡献。我以为，这种贡献至少有以下三点：

首先，20世纪6、70年代台湾经济腾飞成为亚洲“四小龙”之一，台湾经济发展与社会建设的经验为大陆改革开放提供了很好的启示和借鉴。应该说，大陆这条经济巨龙的腾飞，在一定程度上受益于台湾这条小龙的发展经验。台湾和大陆在经济上相继实现高速发展，并成长为世界主要经济体之一，毫不夸张地说，这在当今世界经济发展史上是一个惊人的奇迹。

其次，在大陆的经济发展与崛起过程中，台商、台资和台湾的技术管理经验发挥了巨大的作用。大陆改革开放三十多年来，大批台资台商不顾重重阻力，纷纷西进大陆，为大陆的经济发展注入了强劲的动力，可谓居功厥伟。资料显示，从1988年到2008年的二十年间，台湾对大陆投资1520亿美元，仅次于港澳，居外来资金第二；同时，台商在大陆的国际贸易总额为18053亿美元，占同时期大陆国际贸易总额的17.74%；台商还创造了1443万多个就业机会；并在大陆纳税1104多亿美元，占大陆税收的3.38%。因此说，大陆经济的快速发展，台商的贡献不可磨灭。当然，长期以来海外华人华侨对祖国大陆的投资也相当可观，同样对中国经济的发展作出了重大贡献。

第三，广大台湾同胞和海外侨胞是反对“台独”分裂势力、维护台海和平的重要力量。二十多年来，两岸同胞和海外侨胞在“反独促统”、维护台海和平的伟大斗争中同心协力，一次又一次地挫败了李登辉、陈水扁之流妄图分裂祖国的阴谋，为大陆抓住21世纪头20年这一战略机遇期创造了条件，发挥了关键作用，使大陆可以集中精力搞建设，一心一意谋发展。2008年5月，我们在反对“台独”分裂的斗争中取得了阶段性的重大胜利，开创了两岸关系和平发展的新局面。近两年来，两岸关系在实现历史性转折的新起点上持续改善发展，各个方面都发生了巨大而深刻的积极变化，受到国际社会的普遍欢迎和赞扬。而这一切，都是包括台湾同胞在内的全体中国人民和海外华人华侨多年来共同奋斗的结果。

各位嘉宾、各位朋友！

今年以来，两岸关系发展又实现了新的历史性的突破。其中最具有里程碑意义的是，两岸成功地签署了经济合作框架协议（ECFA）。这一协议的签订，意味着具有两岸特色的综合性经济合作机制的建立，意味着两岸经济关系正常化、制度化和自由化的方向已经明确，从而把两岸经济合作推进到了一个新的阶段和新的起点。随着经济合作框架协议（ECFA）的贯彻实施，两岸关系和平发展的经济基础必将进一步夯实，两岸携手合作、实现互利双赢的道路将会越走越宽广，两岸同胞同心同德为中华民族腾飞而共同奋斗打拼的条件必将日臻成熟。

国台办孙亚夫副主任近日在一次讲话中指出，当前两岸关系保持和平发展的良好势头，而最具有广泛意义的是形成了空前的大交流局面。两岸大规模的人员往来，密切的经济、文化、社会交往，是两岸关系60年来从未有过的。两岸交流已经日益遍及社会生活的各个领域，日益扩大到社会各界，日益深入到基层民众。两岸大交流必将产生重大而深远的影响，进而把两岸关系推向更高更新的境界。

台湾与大陆有着割不断的历史联系，正如胡锦涛总书记曾经说过的，

“两岸同胞是血脉相连的命运共同体。包括大陆和台湾在内的中国是两岸同胞的共同家园，两岸同胞有责任把她维护好、建设好。”

在两岸关系大发展的光明前景下，一场前所未有的历史机遇正摆在两岸同胞和海外侨胞的面前，促进民族昌盛，共创中华民族新辉煌的时代已经来临。实现中华民族的伟大复兴，是两岸同胞和海外侨胞的共同事业，需要两岸同胞和海外侨胞最广泛的参与。中华民族复兴的每一步征程，都包含着包括两岸同胞、海外侨胞在内的广大中华儿女、炎黄子孙的努力、心血与智慧。

各位嘉宾、各位朋友！

俗话说，“兄弟同心，其利断金”。面对当前的历史机遇，让我们两岸同胞和海外侨胞团结起来，携手努力，共创中华民族新的辉煌！

谢谢大家！

（中评社，2010/09/26）

纪念台湾光复65周年

——在全国台联等“纪念台湾光复65周年学术研讨会”上的主题发言

各位领导，各位朋友：

大家好！

在两岸关系和平发展不断迈向深入之际，今天，我们在这里隆重举行纪念台湾光复65周年学术研讨会，此时此刻，我的心情格外激动，难以平静！因为，台湾光复不仅是中华民族历史上值得大书特书的重大事件，同时，对于我的家庭的命运乃至于我本人的人生道路与事业都有着难以磨灭的影响。65年前，在台湾光复之初，我的父母就是跨海东渡、参加台湾接收与建设的那一代人。可以说，我的父母是抗日战争的亲历者，同时也是台湾光复与重建的见证者和实践者。而此后两岸的分离与对峙，也曾使我的家庭骨肉离散，隔海相望，无法团聚。然而，我更深切地体认到，浅浅的台湾海峡，虽然把我和对岸的亲人从地理上分割开来，但却割不断我们一家人之间的相思和亲情！就如同台湾和大陆的关系一样，两岸同文、同种、同属一个中国，无论是法理上还是事实上，都是不容分割和改变的，我们永远是一家人！

台湾光复是台湾为中国领土不可分割一部分的法理铁证

各位领导，各位朋友：

今天，我们纪念台湾光复65周年，实际上也是在重温台湾是中国不可分割一部分的历史铁证和法理铁证。

首先，1945年10月25日中国政府收复台湾、澎湖列岛，重新恢复对台湾行使主权，这一历史事件将永载史册。台湾光复，不仅向当时的全世界宣告了台湾回归中国，而且也是向今后千秋万代的炎黄子孙宣告：台湾是中国不可分割的一部分。

其次，台湾光复，是对台湾是中国不可分割的一部分的法理确认和实践。

1894年，日本帝国主义通过发动甲午战争，强迫清政府签订不平等的《马关条约》，强行霸占了台湾。

1941年2月，中国政府在《中国对日宣战布告》中昭告各国：中国废止包括《马关条约》在内的一切涉及中日关系的条约、协定、合同，并将收复台湾。

1943年12月，中美英三国政府发表的《开罗宣言》规定，日本应将所窃取于中国的包括东北、台湾、澎湖列岛等在内的土地，归还中国。

1945年，中美英三国共同签署的《波茨坦公告》规定："开罗宣言之条款必将实施。"

同年8月，日本在《日本投降条款》中承诺："忠诚履行波茨坦公告各项规定之义务"。

这一系列具有国际法约束力的宣言、公告和条款，是对"台湾是中国不可分割的一部分"这一论断的法理确认，而台湾光复，则是对这些国际法规定的法理落实。虽然，台海两岸在后来的岁月中因内战造成了长期的分离对峙和政治对立，但并不因此而改变台湾是中国一部分的法律地位。而且，时至今日，海峡两岸同属"一中"，仍然是两岸的法律框架和大多数同胞的基本共识，同时也是当前两岸关系和平发展的政治基础。

第三，在1945年10月25日台湾光复、中国重新收回台湾这一铁的事实面前，所谓"台湾地位未定论"、"台湾事实独立论"，以及"两个中国"、"一中一台"等等，都是没有任何法理依据、不堪一击的歪理邪说，是国际反华势力以及某些分裂主义分子妄图把台湾从中国分裂出去所制造的谬论，都是不可能得逞的。台湾是中国领土不可分割一部分的法理和事实不容改变。维护国家统一和领土完整，是每个主权国家的神圣权利，也是国际法的基本原则。随着中国的崛起和两岸关系和平发展不断迈向深入，分裂主义分子和外部敌对势力妄图分裂中国的图谋必将彻底破产，碰得头破血流！

台湾同胞具有光荣的爱国主义传统

各位领导，各位朋友：

我们纪念台湾光复，不是单纯的纪念台湾回归，同样也应该通过纪念台湾光复，来重温台湾同胞当年反抗日本殖民统治及其为全民族的抗战所做出的伟大贡献。1945 年 8 月，日本战败投降，中国人民的抗日战争赢得了最后胜利。我们深切地认识到，这一伟大胜利，不仅是大陆人民经过八年的流血牺牲、艰苦抗战换来的，同时，广大台湾同胞也为此而做出了巨大的贡献。台湾同胞在全民族抗战中的伟大作用和历史意义，值得我们永远铭记并广泛宣传。

首先，在中华民族与日本帝国主义、殖民主义的斗争史上，台湾同胞自 19 世纪末就开始了艰苦的反抗日本殖民侵略的斗争。从“台湾民主国”、云林事件、西来庵事件到雾社事件，从台湾文化协会、台湾民众党到台湾共产党、台湾农民组合，非法的与合法的、武装的与非武装的，进行了长达整整 50 年的反抗斗争，直到台湾光复，期间牺牲了 65 万人，坐牢者更不计其数，其时间跨度之长，斗争之残酷、牺牲之巨大，在中华民族反抗外来侵略和压迫的斗争史上都是仅见的。

其次，在全民族抗日战争爆发后，台湾同胞除了在岛内继续进行斗争之外，大批台胞西渡大陆，在各地组织起抗日救亡团体和抗日武装力量，从事各种抗日工作，以各种形式开展了轰轰烈烈的抗日活动，与大陆人民并肩战斗，为抗日战争的最后胜利做出了不可磨灭的贡献。其中较为突出的，如李友邦创建和领导的“台湾义勇队”、“台湾少年团”，转战于祖国的东南前线，屡立奇功；而由近代台湾反割台抗日先驱丘逢甲的公子丘念台所创建和领导的“东区服务队”，也在广东梅州、博罗、惠州等地做了大量的组织发动民众抗日救亡的工作。本人的父母，就是在丘念台领导的“东区服务队”里相识相知，结为伉俪的。而我的名字“博东”，“博”就是广东“博罗县”的“博”；“东”就是“东区服务队”的“东”。

第三，展示了台湾同胞的爱国主义光荣传统。无论在台湾，还是在大陆，当年台湾同胞不畏生死、义无反顾地展开反抗日本殖民统治的斗争，积极投身于全民族抗战的历史洪流，充分体现了台湾同胞炽热的爱国爱乡的伟大情怀和光荣的爱国传统。台湾同胞的这种爱国主义精神，是我们中华民族最可宝贵的精神财富。

两岸同胞携手努力，共创中华民族美好未来

各位领导，各位朋友：

历史昭示我们，两岸同胞是患难与共的命运共同体，海峡两岸是我们全体中国人的共同家园。当前，中华民族的复兴与腾飞面临着千载难逢的历史机遇，但同时也面临着严峻的挑战和日趋复杂的局面。今天，我们在这里纪念台湾光复65周年，在追思和怀念台湾同胞当年英勇奋斗反抗殖民统治的同时，也应当认真思考我们所肩负的历史使命：两岸同胞如何携起手来，大力推动两岸关系的和平发展，开创中华民族的美好未来。

众所周知，自从两年前台湾再次政党轮替、国民党重新执政以来，两岸关系进入了和平发展的新阶段。在新的历史起点上，两岸关系已经取得一系列的突破性进展。继2008年年底两岸直接“三通”实现之后，今年两岸又签署了ECFA并已于9月12日正式生效。从此，两岸的经贸交流与合作走上了正常化、制度化的正确轨道。两岸关系的和平发展，给两岸同胞带来了实实在在的利益。两岸同胞都应该加倍珍惜并共同维护这一来之不易的良好局面。现在，两岸关系和平发展已经成为两岸社会各界的普遍共识。两岸关系的持续改善与发展，不仅受到两岸同胞的认同和支持，而且也受到国际社会的广泛欢迎。

在经贸文化交流的带动下，两岸之间已经出现了规模空前的大交流局面。丰富多彩、规模宏大的两岸交流与合作，正在推动着两岸关系的各个方面发生巨大而深刻的积极变化，也必将把两岸关系推向更高、更新的阶段。

胡锦涛总书记在《纪念告台湾同胞书》发表30周年座谈会上的讲话中明确提出：“两岸统一是中华民族走向伟大复兴的历史必然。尽管前进道路上还会出现困难和阻碍，但只要我们坚定信心、不懈努力，紧紧依靠两岸同

胞，就一定能够开创两岸关系和平发展新局面，迎来中华民族伟大复兴的锦绣前程。”不久前刚刚召开的中国共产党十七届五中全会，为我们进一步指明了努力的方向和奋斗目标。

各位领导，各位朋友：

我们相信，只要两岸同胞携起手来，共同努力，这一目标就一定能够早日实现！

谢谢大家！

（中评社，2010/10/25）

民进党大陆政策的发展趋势

自 2008 年 3 月台湾政权再次政党轮替以来，岛内形势发生了巨大变化。一个基本的趋势就是马英九当局执政不力导致支持群众流失严重，民调支持度长期在低位徘徊，而民进党在蔡英文的带领下，逐步走出了陈水扁弊案的阴影，并取得了一系列选举的胜利，其重新崛起的势头十分迅猛。岛内政局已经演变为“绿攻蓝守”的态势，马英九连任之路险象环生，而绿营则步步进逼，并企图在 2012 年大选中重新夺回执政权。岛内政局的这一发展态势值得我们高度重视。

就岛内的政治生态而言，政党轮替已经成为常态，民进党在可预见的未来重新上台执政是可以预期的。但如果民进党在未调整其“台独”意识形态和对抗性的大陆政策之前过早上台，其对于两岸关系和平发展所造成的冲击也是可以预见的。而对于民进党而言，由于一系列选举的胜利及重新走向执政的前景可期，也在试图调整其不合时宜的僵化大陆政策。这一动向值得加以密切关注。那么民进党的大陆政策究竟会做出何种调整？这种调整的动机和目的何在？未来会如何发展？这些问题需要我们加以深入分析和把握。

一、民进党下台以来大陆政策调整的基本脉络

民进党下台之初，由于政权的丧失、党籍“立委”席次的大幅减少，加之陈水扁家族弊案不断被揭露，使民进党的实力大为削弱。社会舆论一般认为，民进党会接受失败的教训，痛定思痛，立即启动政党转型的进程。但现实的发展却大大出乎人们的预料，由于民进党内“基本教义派”的力量十分强大，加之蔡英文的个人权威不足，使得以蔡英文为首的“务实台独派”难以推动改革进程。蔡英文领导下的民进党一方面在对于陈水扁弊案的处理问题上采取“柔性切割”的策略；另一方面对于党内要求进行大陆

政策辩论的声浪也不做正面回应，而对于马英九两岸开放的大陆政策则采取非理性杯葛的策略。在马英九执政一年多的时间内，民进党就先后发动了“8·30”、“10·25”和“5·17”三次大规模的街头运动。特别是在2008年11月4日陈云林访台与江丙坤举行第二次“陈江会谈”期间，民进党发动支持群众制造了“台北围城”事件，影响极其恶劣。此外，民进党在“立法院”内虽然力量弱小，但也全力反对两岸交流相关法案的通过。

民进党强力反对两岸关系的改善，这恰恰坐实了民进党暴力党与“逢中必反”的指控，引起了台湾舆论的广泛批评，对于民进党的形象是一个很大损害。而民进党也无力改变两岸关系和平发展的大趋势，非理性的对抗反而造成民进党在两岸关系方面被日益边缘化，这显然对民进党的发展是不利的。为此，民进党又不得不提出一套有别于国民党的两岸政策论述，试图与国民党抢夺两岸政策论述的主导权。2008年4月18日，蔡英文在宣布参选民进党主席时表示，“未来10年到20年亚洲的情势会很不一样，会呈现出完全不同的风貌，在此情况下，台湾如何看待亚洲以及亚洲以外的世界，会影响台湾对中国大陆的定位以及关系，”“在不妨碍两岸经贸交流下，取得‘守护台湾主权’与‘发展新中国论述’的空间。”进入2009年，随着两岸大交流局面的展开，民进党在两岸政策上可谓进退失据，释放出相当混乱的讯息。比如民进党一方面制定种种规定限制党员参与两岸交流，许荣淑、范振宗等民进党创党元老在参加“国共论坛”之后，竟然遭到民进党中央开除党籍。而另一方面民进党对于党籍县市长纷纷登陆则采取模棱两可的态度，这也说明党中央的政策与实际情况严重脱节。

2009年底民进党在“三合一”选举中取得了超出预期的成绩，在2010年初的“立委”补选中再次大胜。这些胜利使民进党重新看到了夺取执政权的希望，民进党也加快了大陆政策调整的步伐。2010年元旦，蔡英文在致民进党的信中，声称要“做一个公开、透明、清廉、称职的反对党，用理性、务实、稳健、有效率的路线来重新取得人民的信任。”4月25日，蔡英文与马英九针对ECFA举行电视辩论，这场辩论受到台湾社会的高度重视，舆论认为这场辩论“开启台湾朝野两党主席理性辩论的开始，值得给予高度肯定。”蔡英文在辩论中指出，民进党与国民党两岸政策最大的不同是，“民进党是走向世界，再和世界一起走向中国；但国民党是走向中国，再透过中国走向世界。”

5 月 2 日，民进党举行“变动的国际情势与台湾全球战略”座谈会，蔡英文发表演讲，系统阐述了其关于两岸政策的主张，主要有如下几点内容：

“首先，对于台湾和中国的关系，我们一贯主张“互惠而非歧视、和平而非冲突、对等而非从属”的原则”；

“其次，我们也主张从全球战略平衡和区域安全的角度，来思考台湾与中国的关系，使台湾不陷于中国所设定的一中框架”；

“同时，我们更主张以民主原则，作为对外的防火墙、及对内的防腐剂，中国政策的制定与执行必须遵循民主程序，重大事项也必须由台湾人民以公投来决定；我们也绝不放弃坚守自由、民主与人权的价值，作为与中国最大的区隔，及外交的战略高点。”

在这次讲话中还有一个重要之点，即她首次明确提出，“我们不能让国际社会及中国，只透过国民党来理解台湾民意。我们也不排除在不预设政治前提的情况下，与中国进行直接并实质的对话，精准地传达台湾人民的观点。”

此后，民进党释放出要构建两岸交流平台的讯息。6 月，民进党发言人林右昌声称，已委托民间的智库和学者“规划设计一套两岸交流与对话的平台，未来将透过这个平台与大陆进行对话与交流。”

8 月，由蔡英文领导起草的“十年政纲”初稿正式完成，并在民进党中常会通过了“多元族群篇”，强调“战后大陆移民不应再被视为外来他者”。“十年政纲”是民进党全面检讨其内外政策的纲领性文件，其中涉及两岸关系的部分因为内容敏感延迟公布，估计在五都选举之后，会择时公布。

9 月，蔡英文在接受《苹果日报》专访时称：两岸最重要的是稳定，民进党若重新执政，“将会延续前朝政策”，不会“横柴入灶”。

可见，进入 2010 年，民进党明显加快了大陆政策调整的步伐。那么民进党调整大陆政策的动机和目的何在？应该如何客观评价民进党的这一举动？

二、民进党大陆政策调整的目的及其局限

民进党调整大陆政策有其复杂的主客观原因。

首先，两岸关系和平发展已经大势所趋，民进党无法扭转这一局面，只能被动适应。自从2005年4月，国民党、亲民党、新党三党主席相继访问大陆，并与胡锦涛总书记举行会谈，国共之间实现了历史性的和解。在胡锦涛总书记与国民党主席连战的会见中，双方提出要构建和平发展的两岸关系共同愿景。此后在双方共同努力下，2008年随着国民党的上台执政，两岸关系和平发展的共同愿景得以实现。可见，构建和平发展的两岸关系是有着深刻社会背景和社会基础的，也得到了大多数两岸民众的热烈拥护和赞成。面对这一历史潮流，民进党也无法加以阻挡，只能被动的改变其过时的大陆政策，以适应这一两岸关系新局面，否则必将在两岸关系中被日益边缘化。

其次，这是由于大陆和平崛起的势头以及国际格局特别是东亚安全格局的改变。祖国大陆改革开放30多年来取得了巨大的成就，综合国力大大提升，国际地位日益提高。特别是进入新世纪以来，这一发展势头更为迅猛。美国及西方强权国家都日益感受到这一事实。台湾的政治势力特别是民进党对此也是深有体会的。大陆的迅速崛起，也给民进党提出了重大挑战。蔡英文在许多重要场合的讲话中，一再提示“中国的崛起、并成为区域强权”，以及“台湾所面临的生存挑战”，充分说明了民进党面对此一状况的焦虑与不安。这种压力迫使民进党必须要制定切实有效的两岸政策。民进党内越来越多的人意识到，在民进党重新走向执政的过程中，与中国大陆打交道是一道无法绕过的习题，必须诚实面对。

其三，这是为了改变民进党在两岸关系互动中的被动地位和不利局面的需要。当前由国共两党和解而逐步构建形成的两岸关系和平发展已经成为大势所趋，民心所向。面对这一时代潮流，民进党在两岸关系中逐步失去了角色，面临被边缘化的危机。为了与国民党争夺两岸政策方面的主导权，民进党一方面拼命攻击马英九的大陆政策，将马英九的大陆政策诬蔑成“倾中卖台”，企图消解马英九在两岸政策方面所作的努力及取得的成绩。比如，

攻击马英九两岸和解的政策是对“中国软弱”，是弱化台湾的“主权”与“尊严”；攻击马英九的两岸经贸政策是要将“台湾锁在中国”。最为典型的是在 ECFA 议题上，虽然大陆做出了巨大让步，但在民进党看来这对于台湾经济仍然充满危险。总之，民进党“逢马必反”，尽一切努力抵毁马英九在两岸政策上所取得的成绩。另一方面，民进党又主动释出要与大陆对话的讯息，声称不能让国民党垄断台湾民意，要让大陆听到国民党之外的另外一种台湾民意的声音。这表明了民进党有直接与大陆对话的强烈意愿。

其四，这也是为了改变政党形象，争取中间选民的支持，打赢年底的“五都”选举及 2012 年大选的需要。蔡英文释放出要改变大陆政策的种种讯息，其真正用意为何？在民进党内部也存在着不同的理解。比如蔡英文提出要构建两岸交流平台，一些新潮流系人士就对此不以为然，认为这只是一种策略。但事实上，作为一种选举策略，民进党做出欲与大陆对话的姿态确实能获得许多利益。一方面这有利于改变民进党“逢中必反”的政党形象，塑造民进党理性务实的新形象，对于争取中间选民有利。另一方面做出这种姿态也试图将民进党长期无法与大陆对话的责任转嫁给大陆。可见，无论民进党的真实用意如何，其做出欲与大陆进行对话的姿态就已经在政治上得分，对于年底的“五都”选举以及未来的“总统”大选都是有利的。

从以上分析不难看出，民进党调整大陆政策的举动既有其策略性的一面，同时也有其战略性的考虑。民进党的大陆政策还在继续发展演变中，其最终结果必是多方利益博弈的结果。两岸和平发展局面的持续深化，大陆国力的继续跃升，在其中起着至关重要的作用。因此，一方面我们要积极作为，力争能够主动争取和引导民进党能够早日形成符合我们期待的大陆政策，并最终放弃其“台独”立场。另一方面，我们也要对于这一过程的艰巨性、复杂性有一个清醒的认识。毕竟让民进党放弃“台独”迷梦不会是一朝一夕之功，这必定是一个漫长的过程。就像“台独”运动的兴起一样，它的消亡也同样有一个过程。

具体而言，民进党进行大陆政策转型具有如下一些局限：

首先，这是由民进党的“台独”意识形态所决定的。“台独”党纲是民进党的神主牌，它对于民进党的生存发展具有十分重要的意义。在民进党内派系林立的政治生态中，“台独”是各派系最大的共识，也是民进党团结的最大保障，任何对“台独”神主牌的检讨都将可能造成民进党分裂甚至崩盘的严重后果。因此，民进党不到万不得已，不可能放弃其“台独”党纲。民进党的大陆政策总体而言是服务于其“台独”意识形态的。民进党在其执政过程中，一直操作“台湾——中国”，把二者割裂开来，以培养所谓的“台湾主体意识”。这种二分法和对抗意识是民进党大陆政策的核心思想，多年来民进党食髓知味，不断操作两岸的对立，制造冲突和紧张，试图以此凝聚“台独”的民意，实现“台独”图谋。这一套操作思维，民进党不会轻易放弃。在“台独”意识形态没有被民进党扬弃之前，任何大陆政策调整都只能是权宜之计，不会有根本性的变革。

其次，民进党的权力结构不利于民进党实现转型。当前民进党的权力结构还是所谓“派系共治”，虽然民进党在2006年游锡堃任党主席期间曾经做出过解散派系的政治决议，但派系政治事实上仍然存在着。目前就实力而言，新潮流系以及苏（贞昌）系及蔡英文所组成的三角同盟在民进党内居于主导地位，但扁系（正义连线）及谢（长廷）系、公妈派等派系实力也不容小觑。“基本教义派”的牵制和阻扰作用也很大。在这样一种权力结构中，民进党要进行像样的路线辩论，根本是不可能的。而从历史上看，民进党要进行路线调整，必定要经过激烈地派系辩论和斗争，比如1998民进党内发生的“中国政策大辩论”。目前民进党显然不具备这种辩论的条件。

第三，民进党内无法产生一个改革的主导力量和领袖。民进党转型必须要有一个强势的领袖及派系力量。上世纪九十年代中期民进党的转型，许信良、施明德等人的强势领导起了关键作用。许、施当年的权力基础和个人魅力都是蔡英文无法比拟的。蔡英文本来就与民进党渊源不深，虽然有苏、新系的支持，但她对民进党的影响毕竟有限。目前虽然蔡英文在党内地位已渐趋稳固，但还要经过“五都”选举等实战的检验。目前她根本无暇也无力去推动路线转型。

第四，民进党目前还心存幻想，不能面对现实，深刻检讨其失败的根本原因。民进党的失败，其根本原因是其“台独”意识形态和大陆政策造成的。但民进党在检讨其败选的原因，大都归结于陈水扁的贪腐和民进党的内斗，而不承认是民进党的“台独”路线和政策本身出了问题。相反，他们认为经过民进党八年执政，“台湾主体意识”已经成为台湾的主流思想，这正是“台独”的成功。更何况，2008 年大选民进党还有 42% 的选票，在民进党做得那么烂的情况下还有这个支持率，这更说明不是“台独”本身的问题。这种思考方式，使民进党无法真正认清其失败下台的根源。近两年来，民进党在自身没有做出像样改革的情况下在一系列的地方选举中仍能取得胜利，也使民进党失去了追求路线转型的动力和压力，从而阻碍了民进党推动路线转型的进程。

三、民进党大陆政策调整的可能趋向

民进党大陆政策的调整一方面有其现实的客观需求，另一方面却又面临着重重阻碍。在这二者之间如何求得平衡，并尽可能的“趋利避害”，以获得最大的政治利益，这是判定民进党大陆政策调整趋向的基本坐标。从目前看来，民进党的大陆政策调整还只是一种策略性调整而非战略性调整。其目的是为了应付台湾内外情势的变化，并获取选举利益。最终能否由量变到质变，彻底放弃“台独”立场，短期之内还看不到任何迹象。至于民进党大陆政策调整的具体趋向，我们试从以下几个方面进行分析：

其一，对于“中华民国”与台湾的政治定位问题。在“台湾前途决议文”中，民进党已经承认“台湾……依目前宪法称为中华民国”，把“中华民国”与台湾等同，也即所谓“中华民国是台湾”，试图借助“中华民国”的躯壳使台湾获得“主权实体”的地位。实际上是在台湾“独立建国”无望的情况下，所采取的以退为进的策略。蔡英文在对于“中华民国”和台湾的政治定位问题上，多次宣称“台湾前途决议文”是底线，这表明民进党从陈水扁执政后期的“正常国家决议文”的激进“台独”立场回到了“台湾前途决议文”的“务实台独”立场，但“台独”的本质没有变。对于“中华民国”与中国大陆的历史及法律连接，民进党则彻底否认，视“中华民国”为“外来政权”和“流亡政府”。此外，蔡英文还积极主张民进党应当发展新的“台湾论述”，“十年政纲”中有关台湾族群问题的论述体现了民进党在建构“台湾论述”方面的一些新思维，强调“战后大陆移民不应再被视为外来他者”，体现了民进党试图扬弃福佬沙文主义而建构多元族群融合的意图。

其二，关于两岸关系的政治定位问题。蔡英文拒不承认“九二共识”，这一立场甚至比陈水扁还坚定，在其任“陆委会主委”职务时，曾强势反对陈水扁有意承认“九二共识”和恢复“国统会”的意图，令人印象深刻。可见，蔡英文的“台独”立场是毋庸置疑的。但蔡英文在其任党主席以来，多次谈到对于两岸关系的最终归属持开放态度，即台湾前途由台湾2300万人“公投”决定。这一立场在民进党内颇有影响力，像许信良、洪奇昌等人都持这种立场。许信良甚至由此认为民进党不能叫“台独党”，而应叫“公投党”。公投决定台湾前途具有一定的欺骗性，但相较于赤裸裸的“台独建国”诉求来说，毕竟留下了一些可供讨论的空间。

其三，关于两岸经贸文教等方面的交流问题。在当前岛内两岸开放成为主流民意的情况下，民进党也担心被扣上“锁国”的帽子。蔡英文在与马英九ECFA的辩论中比较系统的阐述了民进党的两岸经贸政策，即民进党不反对两岸经贸交流，但主张台湾要“先走向世界，然后和世界一起走向中国”，反对将台湾经济“锁在中国”，以导致台湾“主权”的流失。因此，民进党的在两岸经贸政策方面是采取“政经分离”的原则，一方面要与大陆进行经济交流，牟取经济利益；一方面也要坚持其“主权”立场。民进党对于ECFA从一开始是极力反对，但在文本内容公布之后，面对大陆释放的巨大善意，民进党也难以坚持其反对立场。对于两岸文教等方面的交流，民进党最初反对的态度也十分激烈，但最终都被迫弃守立场。比如民进党最初在“立法院”以暴力手段阻挠“大陆学历认证”、“开放大陆学生来台”等条文修正草案的审议，但最后却都被迫接受事实。这表明民进党面对两岸关系和平发展的大势，也难以阻挡这种民意潮流。可见，民进党大陆政策在经贸文教等交流方面其实也有很大的投机性，是被时代潮流推着走的。

其四，关于与大陆接触对话的问题。在陈水扁执政时期，民进党采取的是“冲突——对抗”的两岸政策，民进党与大陆之间极端缺乏互信，难以建立起有效的沟通平台，这也导致两岸关系动荡不安。蔡英文担任党主席之后，在这方面进行了深刻的检讨，承认民进党执政时期处理两岸关系失败的事实，并意图在这方面有所改进。进入2010年以来，民进党在这方面所释放出的信息和强烈，蔡英文公开喊话，表示愿意在“不预设政治前提的情况下，与大陆进行对话”，随后又表示民进党在构建两岸交流平台，企图透过民间智库与大陆相关单位进行对话交流。“台湾新国策智库执行长”罗致政表示，民进党构建两岸交流平台，其目的主要有三：第一，民进党必须适应大环境变化，显示其有处理两岸关系的能力；第二，民进党必须让大陆更了解其所代表的另一半台湾民意；第三，民进党必须有一个收集大陆对台讯息的公共平台。不论民进党与大陆沟通的动机如何，这种沟通对于加强民进党与大陆之间的了解，最大可能的化除误解、降低敌意还是很有好处的。这也是我们推动对民进党工作的一个切入点。

总之，民进党大陆政策当前正处于演变过程中，并已经呈现出一些积极倾向，值得引起我们注意。相较于陈水扁执政时期“冲突－对抗”型的大陆政策，蔡英文主导下民进党的大陆政策变得较为理性务实，强调面对“中国崛起”的事实，务实处理两岸关系，改以“挑战－应对”的思维模式来寻找两岸关系的出路，同时在两岸交流中“守护台湾主权”。

（2010年度国台办课题，不含“工作建议”部分，2010/10，与胡文生合撰）

《海峡评论》代表台湾未来发展方向

——在《海峡评论》月刊创刊二十周年纪念大会上的演讲

各位前辈，各位嘉宾，各位女士，各位朋友：大家下午好！

今天，我很荣幸能够不远数千公里，跨越台湾海峡，从北京来到台北，出席我的好朋友王晓波教授、吴琼恩博士所创办主持的《海峡评论》月刊创刊二十周年纪念活动，感到格外亲切，格外激动！

首先，我要对《海峡评论》的二十岁生日表示热烈的祝贺！向《海峡评论》的编辑团队和全体社务委员表示由衷的钦佩！

台湾喜欢讲“基本盘”，我要说，我是《海峡评论》在大陆的“基本盘”！我们北京联合大学台湾研究院的全体同仁都是《海峡评论》的“基本盘”！而且是永远不会松动的“基本盘”！有人说，《海峡评论》是王晓波的“一人刊”，在台湾岛内势孤力单，没什么影响力，但我要说，从发展的眼光来看，从历史的长河来看，从整个中国和中华民族的角度而言，《海峡评论》是目前台湾岛内最有格调也是最有前途的刊物，因为凡是认同一个中国，主张未来两岸统一的所有中国人，都是《海峡评论》的“基本盘”！历史必将证明，我今天讲的这些话没有错！我之所以有这样的自信，乃是因为我认为《海峡评论》所代表的是目前台湾最进步的势力和台湾未来发展的方向！它的言论符合台湾人民的根本利益！符合中华民族的整体利益！

《海峡评论》创刊已经二十个年头了，它高举爱国主义大旗，致力于中华民族和平统一理论的建设，在斗争中诞生，在斗争中成长。它见证了二十年来台湾岛内和海峡两岸的风风雨雨，国际局势的风云变幻，为两岸关系的和平发展，为中华民族的伟大统一与复兴，倾注了自己的心血，作出了独特的贡献！本人作为《海峡评论》的大陆地区编辑顾问，与有荣焉！从它诞生的那一天开始，二十年来我一直陪伴着它，吸收它的丰富营养，和它一同成长！我常常思考这样一个问题：一个没有官方撑腰、没有财团支持的政治评论性刊物，仅凭着“一小撮”知识分子的奋斗，在台湾这样险恶的政治环境中，犹能生存整整二十个年头，始终屹立不倒，靠的是什么？它有哪些特殊的地方？我以为，《海峡评论》至少有以下三个重要特点：

第一，它“立意高远”，创办刊物的宗旨是“国族至上”，为中国，为中华民族，为海峡两岸的和平统一，为全体中国人谋取最大利益“鼓而呼”、建言献策、奔走呼号，而不是为某个政党，某个财团，为少数人谋私利，更不是为了媚俗，为了哗众取宠，为个人作秀，猎取个人或小集团的利益。

第二，它“只问是非，不分颜色”，对的就支持，就肯定，就表扬；错的就反对，就批评，就斗争，毫不留情！不管你是蓝、是绿、是橘、是红，是美国还是日本！因而它能够做到客观公允，直言不讳，言一般媒体之不愿言或不敢言，视野开阔，评论尖锐而中肯到位，一语中的，入木三分，发人深省，给人启迪！

第三，刊物是人办的，它之所以有上述两个重要特点，乃因为以王晓波为首的《海峡评论》领导层、编辑团队，继承发扬了中国传统知识分子的文化素养和优良品格，他们是中国优良传统文化的继承者和实践者。因而《海峡评论》有着深厚的哲学根基，严密的辩证逻辑思维。它集中体现了中国历代有良心的知识分子对国家、民族的深厚情感，和对人民大众切身利益的关切和人文关怀！“先天下之忧而忧，后天下之乐而乐”，不怕打压，不怕孤立，“威武不能屈，贫贱不能移”，不计个人荣辱，不为个人得失，正所谓“无欲则刚”！他们没有什么“选举语言”，“一路走来，始终如一”！立身立言，无可挑剔，他们才真正是“台湾之光”！台湾的骄傲！中华民族的脊梁！

《海峡评论》二十岁了，正值早晨八、九点钟的太阳，它代表的是台湾的前途，中华民族的未来。我深信，《海峡评论》功在千秋，它所代表的精神必将发扬光大！

祝《海峡评论》社运昌隆，愈办愈好，更上一层楼！

谢谢大家！

（中评社，2010/12/16）

“幸福客家”的意义、内涵及实践路径初探

——在梅州市“第五届海峡两岸客家高峰论坛”上的主题演讲

各位领导、各位客家乡亲：

本届客家高峰论坛提出“幸福客家”的概念，并作为大会主题进行探讨，这是一件具有重要理论和现实意义的大好事情。本人作为一名研究台湾问题的学者，同时也是在地出身的客家人，愿意在这里就相关问题谈一些浅见，就教于各位朋友、各位客家乡亲。

一、“幸福客家”的理论及实践意义

应当认识到，“幸福客家”概念的提出具有深刻的理论背景及时代特征。

首先，我们来谈谈“幸福客家”概念提出的理论背景。

谁都会同意，追求幸福是人类的天性，拥有幸福是每一个人向往的目标。人类对幸福的研究由来已久，由此衍生出来的问题也很多，主要包括幸福观、幸福感、幸福指数等等。幸福观属于哲学范畴，幸福感属于心理学范畴，幸福指数则属于政府治理范畴。我们在这里所要谈论的“幸福客家”概念，无疑属于政府治理的范畴，是一种施政理念。

幸福指数作为一种施政理念在近年来的兴起，源自于全世界范围内对GDP（国民生产总值）指标体系的质疑。长期以来，各国习惯于用GDP来衡量社会经济的发展水平。无可否认，GDP确实有利于政府从宏观上把握经济发展的全貌，并制定相应的经济政策，这一指标体系对于推动战后世界经济的发展曾经起到了重要而积极的作用。但不可否认，随着人类社会经济发展到一定水平，GDP发展取向的局限及弊端也逐渐暴露出来。人们发现，GDP的增长到了一定的时期并不与人类的幸福同步增长，相反，追求GDP增长所带来的自然环境污染及其他社会代价已经成为人类难以承受之重。正

因为如此，人类开始思考用一种新的指标模式来取代 GDP 指标体系。这一新的模式就是人类奋斗的终极目标——幸福指数。

2008 年 11 月，在全球金融危机爆发之后，全球几十位经济学家和政府官员翻山越岭来到喜马拉雅山南麓的小国不丹，去寻求一种新的发展模式，即所谓“不丹模式”。不丹模式就是注重物质和精神的平衡发展，将环境保护和传统文化的保护置于经济发展之上，用国民幸福总值（Gross National Hapiness，GNH），而不是 GDP，来作为衡量发展的标准。早在 1970 年代，不丹国王旺楚克就提出，政府的施政应该关注幸福，并应以实现幸福为目标。为此，不丹政府建立了一个由政府善治、经济增长、文化发展和环境保护四级组成的国民幸福总值指标体系。追求 GNH 的最大化成为不丹政府的最高目标。经过三十年的实践，不丹模式取得了良好的效果，并越来越引起世界的注意。目前全世界范围内，特别是西方发达国家都开始研究建立自己的幸福指标体系，如美国世界价值研究机构的“幸福指数”研究，英国的“国民发展指数”（MDP）研究，日本的“国民生活快乐指数”（GNC）研究等。用 GNH 取代 GDP 已经是世界发展模式变更的大势所趋。

毫无疑问，“幸福客家”概念的提出，是符合 GNH 发展取向的，这一概念的提出有着深刻的理论背景支撑。

其次，我们来谈谈“幸福客家”概念所具有的时代特色。

“幸福客家”的提出并不是一个孤立的事物，就广东省而言，它是“幸福广东”建设的一个重要环节。就全国范围内而言，它是贯彻落实科学发展观，构建社会主义和谐社会的一个具体实践。

改革开放三十多年来，我们国家所取得的成就有目共睹，这主要表现为以 GDP 为核心的综合国力的快速提升。但无需讳言，伴随着 GDP 的高速增长，也产生了一系列严重的社会问题，如贫富分化问题，道德失序问题，贪污腐败问题，就业、住房、医疗、教育等民生问题也十分突出。此外，环境的破坏和污染问题也十分严峻。这些问题的存在严重影响着老百姓的幸福感，GDP 的增长并没有与人民幸福感同步增长。

如何实现科学发展？如何让更广大的人民享受到改革开放的成果？如何让更广大的人民拥有更多的幸福感和尊严感？这是摆在党和政府面前的一个

迫切的时代课题。为此，以胡锦涛为总书记的新一代中央领导集体提出贯彻落实科学发展观，并提出构建社会主义和谐社会的伟大目标。

科学发展观的核心是以人为本，构建社会主义和谐社会是科学发展观的具体体现。“以人为本”必须要打破“以 GDP 为本”的经济发展模式，关注人的需求，而幸福无疑是人类所追求的最大目标。因此，研究幸福指数，构建以国民幸福总值（GNH）为核心的新的社会发展评价体系，是全面落实科学发展观的题中应有之义。

如何构建中国特色的国民幸福指标体系，并用以指导政府施政，正日益引起各级政府部门的重视。在这方面，广东无疑走在了前头。在今年 1 月召开的中共广东省委十届八次全会上，省委书记汪洋提出建设“幸福广东”的发展目标，率先明确以“幸福”作为政府施政的主要目标。此后，汪洋书记又通过撰文及记者会、读书会等方式，对于幸福的内涵、幸福观、实践幸福的路径等问题进行了深入阐述。“幸福广东”的建设对于推动落实科学发展观、构建社会主义和谐社会无疑具有重要的示范效应和实践意义。

此次在梅州召开的“第五届海峡两岸客家高峰论坛”，主办方梅州市委、市政府因地制宜，充分利用梅州作为“世界客都”的人文优势，提出构建“幸福客家”的概念，并作为本届大会的一个主题进行深入探讨，其意义是不言而喻的。它不仅有利于推动梅州的地方建设，也是对“幸福广东”概念的具体落实与深化。不仅如此，推而广之，如果从“大客家”的概念出发，“幸福客家”更应当涵盖海峡两岸的所有客家地区，这也就是具体贯彻落实胡锦涛总书记提出的“维护好，建设好两岸中国人的共同家园”的理念。所以，希望本届论坛能够在这方面进行深入探讨，并取得共识，为两岸客家乡亲的福祉贡献力量。

二、“幸福客家”的内涵及表征

那么何谓“幸福客家”？其内涵为何？其表征如何？

我们认为，要深刻把握“幸福客家”的内涵，还是要从 GNH 发展取向的全球背景和我国构建社会主义和谐社会的社会背景去考察。

首先，“幸福客家”作为社会主义和谐社会的一个具体实践，它必然要体现社会主义和谐社会的基本特征。胡总书记对于社会主义和谐社会的内涵曾做出过深入阐述，他指出，我们所建设的社会主义和谐社会，应该是民主法治、公平正义、诚实友爱、充满活力、安定有序、人与自然和谐相处的社会。这六个特征是对社会主义和谐社会的本质规定，牵涉到人与人、人与社会、人与自然等各个方面，既是社会主义和谐社会的科学内涵和总体特征，也是我们构建社会主义和谐社会的总体要求。“幸福客家”作为构建社会主义和谐社会的具体实践，理应体现社会主义和谐社会的基本特征。

其次，“幸福客家”作为一种 GNH 发展取向的执政理念，它要求摆脱以 GDP 为核心的单一发展模式，把人的幸福置于经济发展之上。经济的发展必须要关注人的幸福，并以此作为制定政策的依据和检验发展的尺度。GNH 发展取向其实就是“以人为本”的发展取向，它是科学发展观的应有之义。既然是“以人为本”，就要求我们在发展中要尊重群众，依靠群众，与群众共建，由群众共享。同时，“以人为本”也要求我们在发展中要加强对“人”的研究，要关注民众的感受和需求，以民众的幸福感作为施政的依据和前提。要尝试建构“幸福客家”的综合指标评价体系，并用以监督、指导政府的施政。

其三，“幸福客家”必须要体现客家的族群属性和地域属性。幸福是一个具有强烈主观性的概念，不同的人群、不同的地域，必然有不同的幸福观。我们所讲的“幸福客家”，必须要体现“客家”的族群属性和地域属性。要从客家地区的具体实际出发，从客家的族群特性出发。只有从这两个方面去入手，才能准确把握“幸福客家”的科学内涵。

其四，“幸福客家”是一个动态发展的过程，需要长期的艰苦努力，不可能一蹴而就。因此要克服形式主义的倾向和急功近利的思想。

其五，今天，我们在两岸客家论坛上谈“幸福客家”，应当是“大客家”的概念，这不仅是指广东客家、大陆客家，同时也应涵盖海峡两岸所有的客家地区。

结合以上五个方面，笔者试着对“幸福客家”的内涵进行科学定义。我们认为，“幸福客家”应该要包含以下六个方面的内容：即经济发展、社会和谐、政治清明、制度创新、保护环境、尊重传统。

经济发展。世界各国的实践表明，经济发展与人民的幸福是有很大关联的，调查显示，经济发达国家总体而言较不发达国家幸福感要强。特别是在发展中国家，经济发展与人民的幸福感是正相关的。就大陆而言，作为发展中国家，还必须要把发展放在首位。就粤东、闽西或赣南客家地区而言，作为欠发达山区，经济发展的空间更大。只有经济发展了，才能为建设“幸福客家”提供物质基础。当然，我们在发展经济的同时必须要关注人民的幸福观，要实现科学发展。

社会和谐。建构和谐社会必须要关注民生，要解决好一些重大的民生问题，如贫富分化问题、社会保障问题、教育问题、就业问题、医疗问题、交通问题、住房问题；此外，还要关注社会的公平、正义，在台湾还牵涉到族群矛盾问题、党派竞争、选举恩怨问题等等，这些问题是影响当前社会和谐的主要因素。解决了这些问题，必然能极大地提升人民的幸福感。

政治清明。一个廉洁、高效、透明的政府能够提升民众的归属感和认同感，也更能吸引民众的参与热情，从而调动更广大人民的积极性和创造性。研究表明，公民对政府的清明度、政治的参与度、决策的透明度等体制性因素对于民众的幸福感有很大影响。

制度创新。就广东而言，作为改革开放的排头兵，在全面建设小康社会的新时期，仍然要保持创新精神，勇于制度创新，探索一条科学发展的新路径。我们觉得，汪洋书记提出的“幸福广东”概念就是一种制度创新。同样，梅州提出“幸福客家”的概念也是一种制度创新。在本质上，它们都是构建社会主义和谐社会的具体实践。这些制度创新的推动和落实，必将极大地提升民众的幸福感。

保护环境。GNH 发展取向认为，环境保护是提升民众幸福指数的一个重要指标。环境保护应当置于经济发展之上，不能为了发展经济而牺牲环境。大陆客家地区大都位于欠发达的边远山区，有得天独厚的优美的自然资源，这是一笔巨大财富。我们不能走经济发达地区“先污染后治理”的老路，应当探索出一条新的经济发展之路。只有这样才能实现有效发展，永续发展，提升民众的幸福感。

尊重传统。对传统文化的保护在 GNH 发展取向中占有十分重要的地位。传统文化是精神之根，在经济全球化大潮的冲击下，传统文化是人们的精神皈依，对于维持人们心灵的和谐具有重要作用。客家作为一支源远流长的汉族民系，保持着许多有价值的文化传承，这些价值需要认真去进行发掘、保护。在这方面，台湾的客家乡亲做得比大陆好，值得我们借鉴学习。梅州是"世界客都"，闽西是"客家祖地"、赣南被尊称为"客家摇篮"，在保护客家文化方面有义不容辞的责任。就梅州而言，作为"世界客都"，保护客家文化不仅是建设"幸福客家"的需要，也是梅州对全世界客家所应承担的一份责任。

我以为，以上六个方面的内容是"幸福客家"的内涵，也是其表征。当然在这六个内容下面，又可以具体进行分类，细分出更小的项目，并由此而构建一个"幸福客家"的综合指标评价体系。因篇幅所限，我们在这里就不对此展开讨论了。

三、"幸福客家"的实践路径初探

上面我们讨论了"幸福客家"的具体内涵。内涵清晰之后，就是如何去操作和实践的问题了，也即如何具体构建"幸福客家"的问题。

无疑，构建"幸福客家"是一个长期的艰巨的系统工程，不可能一蹴而就，其中千头万绪，也非三言两语能够说清。本人作为一名客家子弟，自觉肩负着对于建设"幸福客家"的一份责任，因此愿意在此不避浅陋，谈谈我对于如何构建"幸福客家"的一些很不成熟的看法。

首先，我觉得客家地区的政府部门应该要尽快确立以"幸福客家"为核心的新的社会发展思路。"幸福客家"的提法很有理论意义和实践意义，具有鲜明的时代特色，符合世界发展的潮流和方向，也与构建社会主义和谐社会的基本要求相一致。因此，"幸福客家"应当要成为推动客家地区发展的指导方针和施政准则。我们相信，"幸福客家"施政理念的推动和落实，必将极大地提升客家地区民众的幸福感，就广东而言，也必将对"幸福广东"的建设，甚至对构建社会主义和谐社会，做出独特的贡献。

其次，要进一步加强对于“幸福客家”内涵的研究，构建“幸福客家”的综合指标评价体系。要加强对于幸福的理论研究，特别是对于影响幸福的因素要加强研究，千方百计地确立以民众幸福为核心的社会发展体系，从而提升民众的幸福度。

对于决定民众幸福的因素，一般认为主要包括五大类：一是“个性因素”，如年龄、性别、婚姻状况、教育程度、自尊、乐观、外向、精神健康等；二是“社会因素”，如社会的公平、正义等；三是“经济因素”，如个人收入、就业状况、通货膨胀等；四是“情形性因素”，如个人的工作条件、压力，于亲戚同事的人际关系、生活条件、健康状况等；五是“体制性因素”，如公民的政治参与度、政治决策的透明度等等。从这些因素入手，去建立“幸福指标体系”。在这方面也有成例可循，如近年来中国社会科学院定期发布《社会蓝皮书》和《中国居民生活质量调查报告》等，都有具体的指标考察体系。政府如果能够参照这些因素调整施政，对于提升民众的幸福感会有事半功倍的效果。此外，对于一些影响民众幸福感的重大民生问题，也要加大力度想办法解决，如贫富分化、社会保障、教育医疗、就业等等。这些方面的政绩也能够极大提升民众的幸福感。

其三，要把握好经济发展和“幸福指数”建设之间的关系。我们强调GNH发展取向，要在社会发展中更多的关注民众的幸福，但这不能否认经济发展的重要性。事实上没有经济的发展，要提升民众的幸福感也是无本之木，无源之水。特别是中国大陆作为发展中国家，当前仍然要做好发展这篇文章。科学发展观的第一要义就是发展，GNH施政取向并不是要否定经济发展的重要性。联系到大陆客家地区的具体实际，发展的任务还很艰巨，构建“幸福客家”的物质基础并不雄厚。因此，在实践中必须要将二者结合起来，不能用一个去否定另一个。这是我们在建设“幸福客家”时特别要注意的。

由于本人出身于梅州，对家乡多少还有一点了解，而对其他客家地区则一无所知，故不敢妄言。下面，我仅就梅州应当如何推动“幸福客家”的建设，谈谈自己的浅见。

我觉得，梅州要建设“幸福客家”有三张牌一定要打好，它们分别是：

“客家文化牌”、“生态/文化旅游牌”、“两岸交流牌”。

第一，打好“客家文化牌”。胡总书记在去年春节期间视察闽西土楼时曾作出过重要指示，要求对客家土楼“维护好、保护好和利用好”。梅州作为客家人南迁的最后一个落脚点和衍播四海的出发地，是全世界最有代表性的客家人聚居地，被誉为“世界客都”，在贯彻落实胡总书记指示精神，维护、保护和利用客家文化方面理应做得更好。据粗略统计，全世界客家总人口6700多万，其中约占台湾总人口13%（约460万）和海外华侨、华人1/3（约800万）的客家人，祖籍在梅州的就超过1/3。他们在台湾和世界各地影响力很大，在各个领域都表现得十分活跃和亮丽。梅州作为“世界客都”，是梅州人民的光荣，也是一笔宝贵的资产，但同时更是一份责任。我们应当要打好“世界客都”这张牌，这个名片一定要用好，加大对客家文化发掘、保护的力度，无愧于“世界客都”的称号，真正扮演好“世界客都”的角色。

我以为，打好“客家文化牌”有下面三大好处：

其一，可以提升本地客家民众的幸福感和归属感。我们在前面已经论述过，对文化的保护，是GNH发展取向的一个重要特征。传统文化能够为人们提供精神皈依和心灵寄托，在现代化高速发展的今天，传统文化有利于人们克服现代化的负面影响，维持健康的心灵，这对于提升民众的幸福感有着重要意义。

其二，客家文化的发掘、保护，还有利于增强对海外客家乡亲的吸引力和凝聚力，吸引更多的海外客家乡亲为家乡的社会经济发展做贡献。客家文化是客家乡亲的根，把精神家园守护好，自然会吸引海内外更多的客家人来到梅州，为建设梅州出力。

其三，客家文化本身就具有巨大的经济价值，值得去充分发掘和利用。客家文化具有鲜明的文化特色，具有广泛的影响力。在现代商品经济时代，特色就是价值，特色就有市场。应当要开发出一批具有客家特色的知名品牌，做大做强，其所蕴藏的经济价值无可估量。

第二，打好“生态/文化旅游牌”。环境保护也是GNH发展取向的一个重要内容，对于提升民众的幸福感有着很重要的意义。梅州要发展经济，不能走“先污染后治理”的老路，也不能走“先制造不幸福，然后再寻求幸福”的路子。梅州要加强经济发展，必须要探索一条经济发展与幸福指数提升相互促进的新路子，这既是科学发展观的本质要求，也是梅州经济发展的必由之路。

从梅州的具体实际来看，梅州地区拥有良好的生态资源，森林覆盖率达69·4%（我的家乡蕉岭县，更高达78·9%），山清水秀，景色宜人，是全国“十佳绿色环保标志城市”和“国家园林城市”。其中，总面积仅有188平方公里的梅县境内，国家AAAA级景区就有4个，这在全国都属罕见。这种良好的生态环境，是梅州人民所拥有的一笔巨大财富，一定要加大力度把它保护好。保护环境与发展经济并不是相违背的，可以相互依存、互相促进。比如梅州良好的生态环境，就可以大力发展休闲旅游业、生态农业等朝阳产业。这些产业是“无烟工业”，不仅能充分带动就业，也能创造巨大的经济价值，还不污染环境。倍受旅游业界瞩目的“雁南飞现象”，就是一个成功的案例。这样的发展，是真正可持续的发展，是环境友好型、资源节约型的发展，能够真正推动“幸福客家”的建设。

除了“休闲生态旅游”还应当发展“客家文化旅游”。举个例子，闽西土楼早已蜚声海内外，参观者络绎不绝，但知道梅州围龙屋的，不要说老外，就连中国人都很少。其实，围龙屋的客家文化内涵，一点也不亚于土楼，只是宣传不力，知名度不够，“藏在深山无人识”。不久前，我的两个朋友要去闽西看土楼，结果在我的极力鼓动下先到梅州来看围龙屋，她们转了两天，大为惊叹梅州居然还有这样神奇的客家民居建筑！但同时也对梅州围龙屋的维护不力和闽西土楼的过度开发、过度商业化表示十分遗憾和惋惜。梅州还有另一个优势，就是历史名人众多，黄遵宪、丘逢甲、罗福星、谢晋元、叶剑英等等，围龙屋和历史名人的故居都是不可多得的旅游资源，要善加保护和利用。至于客家特色的饮食、服饰，以及客家山歌、汉剧、汉乐、节日风情等非物质文化遗产，都独具特色，要进一步挖掘、传承，使之发扬光大。到那时，梅州展现给世界各地旅游者的，就不是所谓“与世界接轨”的各种“洋玩意儿”，而是受到精心保护的、原汁原味的客家本土文化资源。

这几年，梅州的交通已经有了极大改善，走出了闭塞的环境，即将建成的揭阳国际机场，以及高速公路、铁路的贯通，更将使梅州成为闽粤赣三省交界处的交通枢纽。交通便捷了，旅游业肯定会相应地快速发展，闽粤赣三省交界处势必形成其他地区所没有的、独具特色的“绿色休闲旅游走廊”和“客家文化旅游走廊”。现在的主要任务就是要大力宣传梅州，提升梅州的知名度和影响力，让更多的人认识梅州，喜欢梅州，这样就能吸引更多的人到梅州来观光旅游，甚至投资兴业。

总之，梅州“生态/文化旅游”这张牌大有可为，不能不为。

第三，打好“两岸交流牌”。有人可能会说，梅州地处山区，又不是北京上海，也不是厦门福州，怎么打两岸交流牌？其实，梅州的两岸交流牌不仅可以打，而且能打出特色，打出效益。

梅州作为“世界客都”，这就是推动两岸交流最大的资源。前面说到，客家人占台湾总人口的13%左右，具有重要的影响力，是台湾社会的一个重要的群体。在当前两岸大交流的大背景下，推动与台湾客家乡亲的交流与合作，是其中的一项重要内容。国务院台办决定将“海峡两岸交流基地”建在梅州，这是一项十分重要的战略举措，它标志着中央对于梅州在推动两岸客家交流方面所起作用的重视和认可。这一重要举措极大地提升了梅州在两岸交流中的政治地位，同时也大大提升了梅州的形象和知名度。梅州把两岸客家交流这张牌打好了，将成为广东省对台交流的一个重要品牌，甚至在大陆整个对台交流的布局中占据重要位置，所以任重而道远。我们知道，现在福建的对台交流如火如荼，有声有色，如海峡论坛、平潭经济开发区的建设等等。广东在历史上与台湾的联结也很深，在大陆移民迁台的过程中，粤东地区是重要的迁徙地。例如我的家乡蕉岭县，目前全县人口只有23万，而祖籍在蕉岭的台胞却有46万，整整超过一倍。所以，梅州应当当仁不让的担负起推动两岸客家交流的排头兵角色。可以学习福建的一些对台交流经验，如办交流论坛，办经济开发区等等。这次两岸客家高峰论坛在梅州召开，是一个很好的契机，这届论坛的人数达到了一千多人的规模，超过以往的任何一届，在规模上已经发生了质变。未来“两岸客家高峰论坛”能否实现常态化、机制化，像福建“海峡论坛”一样，在推动两岸交流中扮演重要角色，这是本届论坛值得认真探讨和思考的问题。

梅州人杰地灵，搞好对台交流不仅具有客家资源优势，同时也具有历史名人优势。前面提到的近现代涌现出的许多梅州籍的历史名人，如黄遵宪、丘逢甲、罗福星、谢晋元、叶剑英等等，其中很多人都与台湾有着很深的联系，这些都是重要的对台交流资源。总之，梅州在加强两岸精神和历史文化联结方面还大有可为。

搞好对台客家交流，还将带来良好的经济效益和社会效益。可以极大地提升梅州的知名度和能见度，吸引更多的观光客，能够使梅州的特色品牌更好的走出去，这对于梅州打好“生态/文化旅游牌”，对于创造梅州的客家品牌战略等，将会产生综合联动效应。

另外，推动两岸客家交流，还能够吸取台湾一些好的经济建设和社会管理经验，如台湾在农村建设方面就比较成功，对我们建设社会主义新农村有很好的参考价值。台湾的社区管理经验也值得我们去学习借鉴。两岸的经济发展阶段不同，两岸通过交流取长补短，这对于促进各自的经济社会发展、实现互利双赢是很有好处的。

上面，笔者仅就梅州如何建设“幸福客家”提出了一些粗浅的看法和建议，梅州地区的情况在大陆客家地区具有相当的普遍性，因此从一定意义上来说，谈梅州同样也适用于大陆其他客家地区。改革开放三十多年来，在历届梅州市委、市政府的领导下，梅州人民发扬客家人的艰苦打拼精神，已经在建设“幸福客家”方面取得了很大的成就，这是有目共睹的，这里我们所谈的其实是在现有基础上如何更上一层楼的问题。

建设“幸福客家”千头万绪，本人所论仅其万一，还需要广大客家乡亲群策群力，为建设“幸福客家”建言献策。本人身为客家的一分子，今天能够在大会上阐述我的一些不成熟的看法，感到莫大的光荣与幸福，也感觉是尽了自己的一份责任。讲得不好不对的地方，还望各位乡亲批评指正。

谢谢各位朋友、各位乡亲！

（中评社，2011/06/23）

加强两岸客家交流，推动客家文化的保护与传承

（提要）

首先我想谈两点意见：

第一，有两个概念先要厘清：即“文化产业”与“文化产业化”（又叫“文化商业化”或“文化市场化”）。

这两者的共同之处，都是用经商和办企业的方式，把文化变成有经济价值的“产业”或者说“商品”；而不同之处，则是前者强调对文化的适度开发和利用，其基本目标是要实现文化发展与经济发展两者之间的良性互动，达到双赢的效果。后者强调的是文化的全盘“产业化”或者说“商业化”、“市场化”，它打着“发展文化”的旗号，实际上追求经济利益是其主要的甚至是唯一的目的。

第二，就目前中国大陆来说，发展“文化产业”已经蔚然成风，所谓“文化搭台，经济唱戏”，许多地方政府努力挖掘地方文化宝藏，既搞活了地方经济，扩大了就业，又保存了传统文化，促进了文化的发展，搞得有声有色。但不可否认的是，一些地方在发展“文化产业”的过程中，有单纯追求经济利益，过度“商业化”、“市场化”的倾向，使发展“文化产业”变了调，走了味，有的甚至为此而走向了“谄媚化”、“庸俗化”的歪路（例如云南某地的“非遗旅游”、张家界的“乾坤柱”更名为“哈利路亚山”）；有些地方为了“申遗”成功，追求经济利益，任意窜改“非遗”（例如，河北井陉县的“拉花”秧歌改得不伦不类、侗族的“大歌”改成了美声唱法、梆子腔改成京剧、苗族舞蹈改成了现代霹雳舞……）。其结果失去了地方和民族特色。这是需要我们深自检讨、高度警惕的。

对保护客家文化的几点看法

我认为，客家文化的保护需要综合施策，从多方面入手。

首先，最重要的一点是要加快“立法”，除了全国人大制定颁布的《文物保护法》和《非遗保护法》之外，客家地区各级人大和政府行政部门还可以根据各地的实际情况，制定相应的更加具体可行的地方行政法令、法规，做到“令行禁止，有法可依”，这样才不会因为领导班子的调整，发展经济的思路发生了变化，朝令夕改，削弱了对文化保护的力度。

第二，在制定法令、法规之前，各客家地区县市的文保部门先要组织人力物力对所在地区的文物，包括非物质文化遗产进行细致的、拉网式的田野调查，然后再按类编册，区分轻、重、缓、急，该申报文保单位的抓紧申报，濒危的赶紧拨款抢救，不能有“等、靠、要”的思想，眼睁睁地看着珍贵文物消失。例如梅县松口的老街就亟待保护和开发。

第三，客家地区每个县、市要加大地方财政拨款，花大气力广泛收集文物（非遗可录音、录像），各级博物馆都必须辟出专门展室，展示当地客家文化特色。同时，发挥民间积极性，鼓励有实力的客属企业家建立私人的客家民俗博物馆。

第四，送出去、请进来，加强对文保单位人员的专业培训；对与保护、传承客家文化相关的文保单位、研究机构和文艺部门增加财政拨款；对从事客家学研究的学者和客家文化、文艺工作者在职称评聘、工资调整及福利待遇等方面进行政策倾斜。

第五，加强文物保护的宣传力度，提高客家地区干部群众的文物保护意识，形成保护文化遗产的浓厚社会氛围。从娃娃抓起，组织人力，编好乡土教材，中小学要加强对客家历史文化教育，从小培养对客家文化的自豪感。要加大执法力度，对保护文物有功的给予奖励，破坏文物的轻则批评教育，重则经济处罚乃至法律制裁。

第六，客家地区的院校要设立客家文化专业，或办进修班、培训班，培养客家文化研究、创作和表演人才。

第七，鼓励和提倡发展客家文化创意产业。客家地区的县市政府招待所、旅游宾馆提倡陈设客家文化创意产品。

第八，保护客家语言，客家地区提倡讲客家话。呼吁中央电视台、省电视台增设客家话栏目，提高客家话的社会政治地位。

如何加强两岸客家交流，推动客家文化保护和传承

对加强海峡两岸客家文化交流与合作，我有如下几点粗浅建议：

1. 缔结两岸客家姐妹县市、姐妹学校、姐妹宗亲社团、姐妹文保单位、姐妹研究单位等，进行对口交流；

2. 加强两岸客家研究学者的互访和学术交流，共同进行田野考查和课题研究。

3. 组织台湾客家青少年来大陆客家地区寻根问祖；大陆青少年去台湾客家县市采风；组织两岸客家青少年互访，进行山歌比赛、古村落绘画比赛等各种比赛。

4. 设立两岸客家青少年奖、助学基金和客家文化发展基金（用以客家题材著作的出版、奖励；影视文艺作品、报刊的资助和奖励等）。

5. 加强各客家姓氏族谱的修订工作，进行两岸客家族谱的对接。这一点龙岩的“族谱博物馆”已经走在各地的前面。

6. 共同创办《两岸客家》杂志。此事梅州“两岸交流基地”理应牵头。

梅州围龙屋、古村落如何进行保护性开发

梅州是公认的“世界客都”，围龙屋和古村落为数众多，资源极其丰富，亟待进行保护性开发利用。

1. 我提出“四句话、32 个字”：摸清家底，造册入档；评定等级，增拨专款；加强立法，严格执法；原汁原味，适度开发。

2. 挑选一批最有价值、最具代表性的围龙屋和古村落进行保护性开发；妥善规划旅游路线，发展“客家民俗风情旅游”。

几条具体建议：

（1）“开发”的主要目的是为了“保护”，不是单纯追求经济利益；建议派人到外地取经，吸取兄弟省市的经验教训。

（2）“修旧如旧”，内部可安装必要的现代化生活设施，但决不能搞假东西。

（3）围龙屋周边和古村落内不允许建与古建筑不协调的现代化建筑，已经建了的要坚决拆除。

（4）围龙屋内不允许设摊叫卖，在围龙屋外另设纪念品（如印有围龙屋的T恤衫）和当地客家土特产品的专卖店；围龙屋内陈设客家民俗实物或文化创意产品；导游和工作人员一律穿戴客家服饰；加强对导游和工作人员的专业培训和服务意识。

（5）对围龙屋和古村落周边的原始风貌，包括农田、山林、水系、道路等要加强保护，不得任意开发；停车场要建在与围龙屋和古村落有一定距离的地方，景点内可配备电瓶车、单车、轮椅载客，无论何人一视同仁。

3. 部分围龙屋经过修缮和内部改装增设现代设施、修通道路后，可作为接待游客的围龙屋旅游宾馆，或出租给客家研究机构、文艺团体，或辟为青少年或老年活动中心、客家民俗展览场所等。

4. 加强对梅州围龙屋和古村落的宣传力度。如拍摄《围龙屋传奇》、《围龙屋内的爱情故事》等等。

（“凤凰卫视”专题节目，2011/06/23 晚，在梅州）

民进党大陆政策主要幕僚群体研究

自2009年底“三合一”选举以来，民进党明显加快了大陆政策调整的步伐。一方面以制定“十年政纲”为核心，推动新的政策论述；一方面试图透过“民间智库及学者”，打开与大陆交流之门。应当说，民进党的这一系列大陆政策“攻势”给我们提出了新的挑战。因应之道，除了要对现阶段民进党大陆政策进行全面系统的定性分析之外，也要加强对于民进党大陆政策幕僚群体的研究。特别是在当前无法与民进党进行党对党交流的情况下，加强对民进党大陆政策幕僚群体的研究，对于因应2012年大选乃至推动对民进党工作的新局面，都有着格外重要的意义。

一、民进党大陆政策幕僚群体的构成及派系背景

民进党内对于大陆政策一向存在分歧和争议，并且这种分歧和争议往往又伴随着残酷的权力斗争，大陆政策在很多时候都被当做派系斗争的工具。各派系为了抢夺党内大陆政策的话语权和主导权，必须要强化各自的大陆政策论述，并培养和网罗相关人才，从而逐步形成了民进党内形形色色的大陆政策幕僚群体。

在民进党未执政之前，民进党的大陆政策主要由美丽岛系和新潮流系主导，因而这一时期民进党大陆政策方面的人才主要集中于这两大派系。前者如许信良、张俊宏、陈忠信、王拓、郭正亮、颜建发等，后者如邱义仁、吴乃仁、林浊水、洪奇昌、邱太三、颜万进等。双方在大陆政策上互有攻防，极大地影响了民进党大陆政策的发展。如1991年“台独”党纲的出笼与新潮流系的林浊水有很大关系，而在此后民进党为了淡化“台独”色彩而进行了长期的政党转型，在这一过程中美丽岛系特别是许信良发挥了重要作用。新、美两系还曾在1997年爆发了“中国政策大论战”，达成了“强本西进”的大陆政策共识，并直接导致了1999年民进党“台湾前途决议文”

的出台，使民进党成功转化为内造政党，事实上承认了“中华民国体制”，“台独”色彩得以淡化。这一时期民进党的大陆政策，实际上是这两大派系相互斗争后妥协下的产物，而在此过程中，原本主张“街头运动”的“急独派”新潮流系逐步向“务实独派”转变。

1999年，许信良为了参选“总统”而宣布退出民进党，美丽岛系因而解体，但美丽岛系的大陆政策人才并没有消失。像陈忠信在扁政府的两岸政策方面一直扮演着重要角色。民进党下台后，他又被蔡英文延揽为民进党“中国事务小组”召集人，是蔡英文大陆政策方面的核心智囊人物。王拓在美丽岛系解体后逐步转向了新潮流系（但始终未加入新系），蔡英文担任民进党主席之初，曾延揽他为民进党秘书长。许信良在2008年重回民进党，其主要目的是想改造民进党，他对于推动民进党的大陆政策转型起到了一定作用。前美丽岛系的大陆政策人才在蔡英文所主导下的民进党内受到重用，这也是一个值得注意的现象。

在2000年陈水扁上台执政后，新潮流系成为其在大陆政策方面的主要依靠力量，像邱义仁、吴乃仁、邱太三、洪奇昌、颜万进等人都扮演着重要角色。其中担任“国安会秘书长”的邱义仁为扁政权两岸政策方面的核心人士，邱太三曾任“陆委会”副主委、洪奇昌曾任海基会董事长，颜万进曾任海基会秘书长。新潮流系之所以能扮演如此重要的角色，这与该派系长期以来格外重视培养大陆政策人才有关，目前除老一辈之外，后起之秀也已崭露头角，像梁文杰、刘子琦、张国城、邱志伟等都经常与大陆学者交往，对大陆政策有较深涉入。因此，虽然新潮流系长期垄断大陆政策引起党内其他派系的不满和反弹，但面对新潮流系整体的人才梯队，其他派系也无可奈何。可以肯定，未来在相当长的时间内，新潮流系仍将在民进党的大陆政策方面扮演关键角色。

在新潮流系之外，其他派系也有一些大陆政策方面的人才，如郭正亮、赖怡忠、董立文等。郭正亮原属于美丽岛系，担任过民进党中央政策会执行长，美丽岛系解体后投靠扁系，曾负责撰写2000年陈水扁竞选纲领的两岸政策部分。蔡英文出任党主席后，郭正亮曾任民进党因应ECFA小组的成员兼发言人。赖怡忠、董立文在“扁朝”时期都曾担任过民进党“中国事务部”主任。值得一提的是，董立文属于苏系人马，是苏系阵营中少见的两岸政策人才。此外，学者背景出身的蔡英文、陈明通等，长期主管陈水扁当局的“陆委会”，深受陈水扁倚重。蔡英文担任扁政府“陆委会”主委达5年之久，而陈明通也长期在“陆委会”担任要职，在陈水扁执政后期，并曾受命起草“第二共和宪法草案”。蔡英文与陈明通在意识形态上“台独”色彩浓厚，这也是蔡英文目前在大陆政策方面重用陈明通的一个重要原因。

民进党其他派系在大陆政策方面其实都有自己的立场和观点，如谢系主张两岸“宪法一中”；游锡堃主张推动“制宪建国”，建立“正常国家”；苏贞昌在两岸政策方面缺乏人才，因此他只能谈“台湾前途决议文”的老调；吕秀莲则主张用所谓“九六共识”取代“九二共识”，即认为台湾1996年“总统”直选后已经是个“主权独立的国家”。但相较于新潮流系，这些派系缺乏两岸政策的系统论述和执行能力，既缺乏人才，也缺乏与大陆沟通的实践经验。但需要指出的是，就大陆政策的制定而言，并非新潮流系一直占据主导地位，在某些时候非新系反而占据了主动。最明显的例子，如在陈水扁执政前期推动“新中间路线”，当时谢长廷担任党主席，二人在两岸政策方面配合默契，在某些大陆政策的制定方面谢甚至扮演过关键角色。而在2006年红衫军街头运动之后，陈水扁开始执行急进的“台独”路线，新潮流系受到排挤，在党务系统方面由游锡堃所代表的“台独”基本教义派主导，推出了“台湾正常国家决议文”。可见，在民进党大陆政策制定方面，派系的政治博弈是至为关键的影响因素。

在占台湾选民40%左右的民进党的支持群众中，“台独”基本教义派约占8%～15%。“台独”基本教义派在组织上由以李登辉为精神领袖的“台联党”代表，这部分力量对民进党的大陆政策起着十分重要的牵制作用。“台独”基本教义派是“台独”理论的策源地，他们擅长进行“台独”理论论述。

以上是民进党（包括“台联党”）各派系在大陆政策博弈方面的一些基本情况。围绕着派系竞争和角力，各大派系及政治派别又会根据不同时空环境的政治需要，以及自身实力的强弱而成立所谓智库组织。这些智库名目繁多，成员互有重叠，但其背后都有特定的派系支持。曾有学者把民进党的各类智库区分为政党型智库、学者型智库、专业型智库、运动型智库，而其实真正细究起来，所有绿营的现有智库无不具有强烈的派系色彩，真正独立的智库组织并不存在。

下面我们对目前民进党内的各类智库及其派系背景作一简要介绍：

“台湾智库”：台湾智库是陈水扁于2001年成立的。其成立的目的，主要是陈水扁为自己延揽人才，同时提供决策咨询。台湾智库阵容十分庞大，网罗了大批绿营精英，下设8大论坛：财经论坛、科技论坛、农业论坛、政府改革论坛、大陆论坛、亚太论坛、WTO论坛、社会发展论坛。陈水扁自称“台湾智库”属于体制内智库，与李登辉主导的“群策会”互别苗头。民进党下台后，该智库的运作一度陷入低迷，但后来得到蔡英文的支持，成为推动民进党两岸政策调整的重要咨询机构。台湾智库现任董事长陈博志，财经专业背景，蔡英文的两岸经济政策颇为借重陈。智库执行长郑丽君（女，1969年生）也被蔡英文揽为心腹。台湾智库有一大批两岸政策方面的人才，如陈明通、苏进强、林佳龙、赖怡忠、张国城等。该智库曾一度被视为蔡英文大陆政策的首席智库。

“台湾产经建研社”：台湾产经建研社是海基会前董事长、新潮流系大佬洪奇昌于2002年成立的，属于新潮流系的次级团体。洪奇昌长期热心于两岸事务，曾多次到大陆参访交流，与大陆涉台研究机构来往密切。

“台湾新社会智库”：台湾新社会智库是在民进党决议解散派系之后，新系所成立的一个招牌机构，由吴乃仁担任董事长。新潮流系打着这个招牌继续进行派系活动，事实上就是新潮流系本身。智库之下设有“两岸国际组”，由陈文政负责，并办有《新社会评论》杂志，由梁文杰负责。

此外，具有派系色彩的智库还有“台湾管理学会”（游锡堃于2001年成立）、“台湾维新基金会”（谢长廷于2008年成立）、“国家展望文教基金会”（吕秀莲于1998年成立，今年3月吕宣布于基金会下设“大陆研究中心”。此外，吕秀莲还主办有《玉山周报》）。

“新境界文教基金会”（民进党智库）：新境界文教基金会是隶属于民进党中央的一个基金会。2010年底“五都”选举结束后，蔡英文用选举结余款2000万元在“新境界文教基金会”之下设立民进党智库。2011年2月23

日正式成立，下设“安全与战略研究中心”、“经济与社会研究中心”。智库执行长为吴乃仁，副执行长为萧美琴，陈水扁当权时期主管过大陆事务的重要官员如陈忠信、吴钊燮、陈明通、邱太三等都列名其中，可视为目前民进党内最重要的大陆政策智库。蔡英文宣称，民进党成立智库的主要目的是“强化处理大陆问题的能量”。这是蔡英文欲打开与大陆对话渠道的一个重要举措，也是蔡英文推动民进党大陆政策转型的重要一环。

“两岸关系小组”：最近媒体报道，陈菊在高雄市府成立了“两岸关系小组”。陈菊自任召集人，3 名副市长任副召集人，各局处首长为委员，另聘有 5 名专家学者，包括邱太三、陈明通、童振源等。“两岸工作小组”将定期召开会议。这个“小组”可视为陈菊个人的大陆政策智库组织，反映了陈菊在政治上的企图心，其后续发展值得注意。

“群策会”、“台湾教授协会”、台湾社等四大本土社团、“新台湾国策智库”：以上这些智库团体都属于“台独”基本教义派阵营。这些社团虽然不属于民进党内的智库，但掌握着“台独”论述的话语权，对民进党的大陆政策颇具影响力。

“群策会”是李登辉下台后于 2000 年 12 月成立的，其主要目的在于所谓“提升台湾民主，强化台湾主体意识”。

“台湾教授协会”、“台湾社”等四大本土社团都是有名的“独派”组织，其成员以高级知识分子为主。台湾教授协会成立于 1990 年。台湾北社、中社、南社、东社合称台湾四大本土社团，先后成立于 2001 年前后。

“新台湾国策智库”成立于 2010 年 1 月，董事长是“急独派”大佬辜宽敏，副董事长为“独派”要角吴荣义、陈师孟，执行长为罗致政。“新台湾国策智库”的“独派”色彩十分浓厚，辜宽敏成立该智库用以牵制蔡英文民进党大陆政策转型的意图十分明显。但令人意外的是，该智库的实际负责人罗致政却被蔡英文延揽为心腹，并曾委以穿梭两岸、牵线搭桥的重任，其背后透露出的讯息耐人寻味。再者，值得注意的是该智库利用新一届“立委”选举的机会，最近连续两波推出所谓“我们这一代”连线，大肆网罗绿营的年轻人才参选“立委”，以图扩大其影响力。除罗致政和现任“立委”刘建国外，绿营名嘴何博文、台北市议员简余晏、“台联党”前主席黄主文的儿子黄适卓、陈水扁的恩师李鸿禧的儿子李俊俋、民进党前“立委”蔡启芳的儿子蔡易余、南投县议员赖燕雪等都列名其中。

二、蔡英文大陆政策决策及运行的基本布局

那么，蔡英文作为民进党的新共主，她是怎样利用这些幕僚人才，而又是怎样布局她的大陆政策的呢?

众所周知，蔡英文与民进党的渊源并不深。她之所以能在短期之内确立民进党新共主的地位，除了时势造就之外，一个重要的原因就是她巧妙的利用了民进党内各派系之间的矛盾，并形成了各派系之间的恐怖平衡，而她却能超然于外，扮演仲裁者的角色，从中渔利。这说明，蔡英文确实是个玩弄权力平衡的政治高手。如她最初与新系、苏系结盟，从而巩固了自己在民进党内的地位；随后她又与谢系结盟，在党内初选中击败苏贞昌，当上了 2012 民进党的“总统”候选人；为赢得大选，最近她又开始拉拢扁系成员为其所用。这些政治手腕的操作都极为高明。

在大陆政策的布局方面，蔡英文同样考虑的是在各派系之间玩弄平衡游戏。比如，恢复设立“中国事务小组”是由新潮流系段宜康率先提出来的，蔡英文虽然接受此建议，却交由前美丽岛系的陈忠信来负责“中国事务小组”。“十年政纲”作为其重要的政策纲领，两岸关系部分却委任陈明通、吴钊燮撰写。事实上新潮流系对此是很介意的，新潮流系某位要角在私下提到“十年政纲”时就曾很不以为然地说：“几个书生关起门来写出来的东西能有什么意义?”当然，目前新潮流系在蔡英文的两岸政策布局中仍扮演着重要角色，民进党智库（新境界文教基金会）执行长吴乃仁、副执行长萧美琴都是新潮流系的要角，可见蔡对新系的依重。至于“急独派”在蔡英文大陆政策布局中占据何种地位?蔡英文在民进党智库（新境界文教基金会）未成立时，曾说要委托“民间智库及学者”构建民进党与大陆的交流平台，种种迹象表明，当时他所说的“民间智库及学者”正是“新台湾国策智库”的罗致政等人。前一段时间罗致政勤跑两岸，并多次就民进党与大陆构建交流平台的议题频频发言，其作为蔡英文委托者的身份十分明显。

不过，后来蔡英文参选新北市长时，罗致政出任蔡竞选总部的发言人，最近又被征召参选“立委”，可见罗在两岸关系方面的使命现已淡出。这从一个侧面说明，民进党智库（新境界文教基金会）成立之后，已经不需要再借重别的渠道，只有民进党智库（新境界文教基金会）才是蔡英文和民进党中央认定的、嫡系的两岸沟通的合法管道。

最近，辜宽敏等人已经明确表示将全力支持蔡英文，但这并不表明以“新台湾国策智库”为首的“台独”基本教义派对民进党大陆政策的制衡功能已经不复存在。一旦他们认定民进党的两岸政策调整“走过了头”，仍将会群起反弹，鸣鼓而攻之。

为进一步说明问题，我们可以推定民进党各大陆政策智囊人物在蔡英文大陆政策制定过程中所扮演的角色。

其一，在政策论述方面，陈明通、吴钊燮所起的作用似乎最大，特别是陈明通，他的许多“台独”理论都被蔡英文所接受。例如，陈明通在民进党举行的一次“十年政纲”座谈会议中提出了关于制定两岸政策所应遵循的五点基本方针：“第一，在全球网路中，重新定位与中国的关系；第二，台湾与中国维持稳定关系，并与周边国家合作，共同维持台海的稳定；第三，台湾应强化与中国及周边国家的对话与交往；第四，台湾内部对中国政策的制订、执行与互动，必须透明化并遵循民主程序，让全民参与监督；第五，坚持台湾是一个主权独立国家，任何有关独立现状的更动，必须经由台湾人民全体以公民投票的方式决定”。蔡英文近期以来的相关言论表明，这五点原则已经成为其大陆政策的核心论述。可见，陈明通在两岸政策方面的论述深受蔡英文的认同。此外，有“台独理论大师”之称的林浊水和海基会前董事长洪奇昌的有关论述与主张，对蔡的影响也不可小视。如林的“稳健台独论”和洪的“政经分离论”，显然都已被蔡英文所认同和接受。

其二，在具体的政策制定及形成过程中，蔡英文则在各派系之间寻找平衡。比如，在关于“修宪”、“制宪”的问题上，新系龙头吴乃仁曾向大陆学者私下表示，民进党如果重新执政不会再碰触此一敏感议题，而当辜宽敏等“急独派”人士公然叫嚣民进党若重新执政要完成“制宪”任务时，蔡英文却将上述两种意见“折中”，表示未来会依民意而推动“修宪”。再比如绿营内部对于ECFA的争议，“急独派”要求民进党执政后要废除ECFA，民进党内各派系则大多主张采取“拿来主义”，全盘接收马政府的两岸谈判成果，而蔡英文原本宣称执政后会继续“前朝”政策，最后却又提出将会把ECFA送交“立法院”逐项审议，修改对台湾不利的条款。可见，蔡英文的大陆政策仍难以摆脱绿营各派系的牵制，是各派观点折中后的产物，其本人并没有特别的坚持。这也正是其大陆政策到目前为止仍模糊不清、举棋不定、迟迟无法出台的一个重要原因。

其三，在大陆政策的具体实务上（包括开启与大陆交往、沟通的渠道等)，可以预料蔡英文在这方面会更多地借重新潮流。就民进党内各派系而言，大陆政策方面的经验、人才和人脉，无疑新潮流系最为丰沛，蔡英文急于打开与大陆沟通对话的大门，担此重任的当然非新系莫属。这也正是蔡为什么要选择新潮流要角吴乃仁、萧美琴出掌民进党智库（新境界文教基金会）的重要原因。

三、几点结论和工作建议

居于上述分析，我们有如下几点结论：

其一，蔡英文的大陆政策受“急独派”牵制很大，这一点可能是民进党历任党主席中最严重的。蔡英文与“急独派”关系密切，这首先和她与李登辉的特殊关系有关。这种关系既有利于她赢得“急独派”的支持，但同时也决定了她难以摆脱“急独派”的牵制。这种关系无疑对未来蔡英文处理两岸问题是一个严峻的挑战。

其二，蔡英文急欲打开与大陆对话交流的大门，这种想法是真实的，并不完全是为了选举所设计的权谋。为此她作了种种铺垫和试探，如派出亲信幕僚或批准一些民进党重要人士（包括执政的民进党籍县市长）赴大陆交流参访，以及成立民进党智库等。

其三，蔡英文的大陆政策是比较开放和多元的，它折中了绿营内部的各种意见，各派系的观点都得到了一定程度的体现。这种决策模式与陈水扁执政时期的独断专行有很大的不同。

其四，蔡英文的大陆政策虽然受到“急独派”的很大牵制，它折中了绿营内部的各种意见，但对其影响力最大的仍然是新潮流系。如目前民进党内占主流地位的所谓“稳健台独”路线和“政经分离”的大陆政策主张，就分别是新潮流系的两位大佬林浊水、洪奇昌多年来所鼓吹的理念和主张。而掌控民进党智库（新境界文教基金会）的也是新潮流的吴乃仁和萧美琴。

（2011 年度国台办调研课题，不含“工作建议”部分，2011/07/25，与胡文生合撰）

附录一：

《北京联合大学台湾研究院文库》（第一辑）序言

2006 年 4 月 23 日是北京联合大学台湾研究院建院一周年，在此之际，《北京联合大学台湾研究院文库》正式出版问世，本人甚感欣慰。

我院建院之初，为及时反映学术界及我院同仁在台湾问题方面的优秀科研成果，我们就决定把编辑出版系列“台湾研究院文库”作为我院发展规划中的长期工程之一。此次，我们将选编的五部“论文集”与两部“大事记”先行推出，作为《北京联合大学台湾研究院文库》的第一辑。

台湾问题自 20 世纪 90 年代中期以来逐渐成为大陆学术界研究的一个热点，涌现出了大量的优秀论著。尤其是随着民进党在 2000 年上台执政，岛内政局、两岸关系进入了一个新的历史时期，与此相对应，大陆台湾研究的重点也进入了一个新的阶段。这一时期，大陆台湾问题专家与青年学者针对台湾问题发展中出现的新情况、新问题进行了深入的探讨，发表了大量的高水平研究论文。台湾研究是综合性的研究，涉及多学科、多领域。为反映当前大陆台湾研究界的最新研究成果，我们决定按照台湾政治、经济、对外关系与军事、历史文化、两岸关系五大主题，对 2000 年以来大陆学者公开发表的优秀论文，经过精心挑选，并由担任相应分册主编的著名台湾问题专家严格把关，筛选、定稿，分类编纂成论文集，希望这套论文集能够反映当前大陆台湾研究界的最高学术水平，以便广大关心台湾问题的读者、涉台事务工作者和研究人员全面系统地了解近几年来台湾问题的发展状况以及大陆台湾研究界的最新研究成果。

台湾问题研究内容丰富、体裁多样。我们此次选编的论文集，只收录字数在 5000 字以上、符合学术规范的论文，时事评论性文章不在收录之列。此外，限于条件，肯定会有一些更优秀、更有创见的论文被遗漏，而且由于篇幅所限，即便我们已经收集到的一些优秀论文也不得不忍痛割爱。在此，尚望学界同仁予以谅解。

在选编这五部论文集的同时，我们还编辑了两部配套工具书，即《两岸关系大事记》和《台湾政局大事记》，分别对1979年1月~2005年12月这一时段之间两岸关系和台湾政治生活中发生的大事、要事逐一予以记录。透过这两部大事记，读者可以较为详尽地了解自1979年以来两岸关系和台湾政治发展的历史脉络。因此，这两部大事记无论是作为历史资料还是作为工具书，都具有较高的实用价值和收藏价值，希望能成为广大读者、涉台事务工作者和研究者必备的案头工具书。

此次出版的五部论文集与两部大事记是《北京联合大学台湾研究院文库》的第一辑。按计划，我们将以此为开端，把《北京联合大学台湾研究院文库》继续编纂出版下去。今后，文库的选题与编纂将逐步过渡到以我院学者的科研成果为主，凡我院科研人员参与重大课题研究的成果、学术专著都将列入文库出版计划。另外，我们还计划定期将我院同仁撰写的学术论文、研究报告以及时事评论文章，按专题汇集成集，以文库的形式出版。我们希望通过《北京联合大学台湾研究院文库》这个平台，及时展示我院的科研成果，促进我院青年学者的成长，从整体上提高我院的科研水平。同时，我们更希望通过这个平台，向海内外学术界朋友坦诚交流、虚心请教。

当然，我们这个平台理应是一个“开放性”的平台，本院客座教授以及其他海内外专家学者高水平的涉台研究论著和确有价值的资料汇编，也将纳入文库的出版视野，从而不断丰富我们这块共同的园地，进一步拓展和深化我们共同关注的台湾问题研究。

我院台湾研究文库的建设，从策划、启动到文库第一辑的顺利出版，得到了多方面的支持和帮助。我要特别感谢国台办和北京市台办、市教委以及北京联合大学领导对我院文库建设的指导和大力支持。这种支持是我们启动和实施文库建设计划的基础与保证。我院名誉院长唐树备先生，学术顾问李家泉教授、刘红教授，以及客座教授陶文钊研究员、王建民研究员、邓孔昭教授等著名台湾问题专家，长期以来关心、支持我院的发展与建设，更是《北京联合大学台湾研究院文库》计划的积极支持者，为文库建设提出了很多宝贵的建议，而且他们还欣然同意分别担任本文库的总顾问和本辑丛书的各分册主编，他们的支持和参与是文库质量的重要保证。此外，在本辑丛书的编纂过程中，众多台湾研究界的同行专家积极赐稿、荐稿，我谨代表文库编委会，表示衷心的感谢。

本辑丛书的编辑出版，还得到了台海出版社社长安然博士、责任编辑杨燕民先生等的鼎力支持，在此也一并表示诚挚的谢意！

徐博东　谨上

2006年2月16日

第一届《北京“台研论坛”论文集》序言

2006年4月23至25日来自大陆、台湾、香港、澳门的80余位专家学者，云集北京香山饭店，参加了由我们北京联合大学台湾研究院主办、台湾夏潮基金会协办的第一届《北京“台研论坛”》。

参加此次学术研讨会的专家学者可谓少长咸集、群贤毕至。与会专家当中，既有两岸关系发展的亲历者，如国台办原副主任唐树备、新党主席郁慕明、新同盟会会长许历农、新党元老陈癸淼、海峡两岸和平统一促进会会长郭俊次、亲民党中央政策研究中心主任张显耀，也有推动台湾岛内政党政治发展的亲身参与者，如台湾大学教授王晓波、民进党创党元老叶耀鹏；既有大陆老一代著名台湾问题专家姜殿铭、李家泉，以及台湾知名学者曾祥铎、杨开煌、张麟徵、邵宗海，也有黄嘉树、刘红、王建民、毛仲伟、严安林、林劲、周育仁、石之瑜、周世雄、潘锡堂、蔡玮、郑又平等两岸知名的中青年专家。

这次学术研讨会无论从规模、层次，还是从专业性上来说，均堪称为近年来两岸学术交流史上一次少有的盛会。巧合的是，此次学术研讨会的召开，恰逢中国共产党与中国国民党联合举办的第一届两岸经贸论坛刚刚圆满结束。这样的一个时机更赋予此次学术研讨会以特殊的地位和意义。

每年举办一届《北京“台研论坛”》这样的有较大影响和较大规模的学术讨论会，是我们北京联合大学台湾研究院的建院规划之一。从2005年10月起，我们就已经开始计划和筹备2006年第一届《北京“台研论坛”》，其间，我们的这项工作得到了国务院台办陈云林主任、孙亚夫副主任等同志的大力支持，孙亚夫副主任还曾亲临我院指导工作，对此次论坛的主题及参考选题提出了重要的修改意见，大大提升了这次研讨会的学术质量和现实价值。

值得我们高兴的是，此次论坛得到了两岸众多专家学者的积极响应和支持。各位专家不仅亲自与会，而且还紧紧围绕这次“论坛”的主题《台湾政党政治发展回顾与前瞻》，撰写并提交了一批高质量的研究论文，提出了很多具有建设性的观点和建议。本次论坛共收到论文52篇。为及时反映各位专家的研究成果，我们在征得各位作者的同意之后，决定将此次与会论文结集出版，这就是我们今天看到的这部论文集。

这次与会论文的选题，归结起来可分为以下五个大类：

首先是台湾政党政治研究。主要有夏潮基金会执行长毛铸伦的《西太平洋霸权对中战略下的台湾政党政治发展》，厦门大学台湾研究院教授林劲的《关于2005年底“三合一”选举之后台湾政党格局的几点观察》，广东省社会科学院范海泉的《台湾政党政治发展与前瞻》，台湾大学名誉教授张麟徵的《台湾政党生态面临重组》，中国社会科学院台湾研究所刘佳雁的《台“宪政改革”与政党政治的发展》，高雄科技大学通识中心徐家平、叶怡君的《“宪政改革”与台湾政党政治发展：兼论民进党执政与两岸政策的困境》等。

其次是关于台湾的“宪政改革”及相关研究。陈癸淼的《台湾的“修宪”与乱局》，台湾大学国家发展研究所教授兼所长李炳南、研究生蓝莉涵的《台湾地区的修宪动力、过程与内容》，台北大学公共行政暨政策学系教授兼主任周育仁《“国会改革”对台湾政党体系之影响》，上海台湾研究所常务副所长严安林的《试论民进党当局二阶段“宪政改造”之目的及其影响》、北京联合大学台湾研究院的徐博东、李振广、朱松岭合撰的《台湾当局推动“宪改”的可能走向》等论文对台湾地区的“宪改”问题进行了深入的分析。

第三，民进党与“台独运动”的崛起及发展趋势研究。现代国际关系研究院郭震远研究员的《民进党的由盛而衰及其发展前景》，淡江大学美国研究所教授陈一新的《李登辉的“两国论”与民进党的崛起》，厦门大学台湾研究院张文生副教授的《二十世纪八十年代台湾政治革新与民进党成立》，海研中心鞠海涛的《台湾政治转型与民进党成立》等文章对民进党的崛起、发展趋向进行了细致的研究。而曾祥铎教授的《论“台独”运动的兴起与没落》，中国社会科学院台湾研究所毛仲伟研究员的《试论“台独”两手策略的政策平台》，新华社资深记者范丽青的《从“建国台独”到“事实台独”民进党改变了什么?》，台湾育达商业技术学院通识教育中心助理教授柳金财的《民主进步党的主权论述：转型与困境》，上海社会科学院台湾研究中心杨剑的《统独困境与台湾政党意识形态指标》等论文则着重研究岛内“台独”势力的发展演变及其前景。

第四，民进党6年来的执政状况也是这次研讨会的重点议题。著名台湾问题专家姜殿铭先生的《走投无路与铤而走险——试论陈水扁的政治危机》，中国社会科学院台湾研究所刘红的《民进党执政趋势分析》，中兴大学国际政治研究所教授兼所长袁鹤龄的《民进党执政后的政府失灵》，台湾媒体资深评论人、作家黄智贤的《民进党执政下的台湾困局》，全国台研会杨立宪的《检视民进党当局的施政总路线——兼论当前陈水扁当局的执政困境及其根源》等论文，集中探讨了陈水扁和民进党的执政困境，此外，陈文寿、王蒂玲、朱松岭、周忠菲等学者还对民进党执政下的经济、侨务、对外关系等问题进行了研究。

第五，两岸关系仍然是与会专家学者最为关心的议题。北京联合大学台湾研究院名誉院长唐树备先生的《两岸在政治关系定位上的冲突和建立两岸和平、稳定的政治关系的前瞻》，李家泉教授的《两岸主要政党的“不等边三角”关系》以及王建民研究员的《海峡两岸三方对两岸关系问题的主张差异与互动模式变化》，主要研究了当前两岸关系的基本架构；北京台湾经济研究会李延的《民进党“中国政策”的历史沿革与调整变迁》，亲民党政策研究中心主任张显耀的《民进党两岸政策的发展与困境》，徐博东、陈星的《未来两年陈水扁当局大陆政策的可能走向》以及台湾淡江大学中国大陆研究所教授潘锡堂和香港中国问题观察家李风的文章，则分别对民进党的大陆政策演变与发展进行了分析和研究；台湾政治大学国际关系研究中心研究员蔡玮，台大政治系教授葛永光，国立高雄应用科技大学人文社会学院院长教授周世雄，以及台湾“和统会”会长郭俊次博士的论文，从“九二共识”或台湾政党政治发展与两岸关系发展的角度进行了研究，邵宗海教授则研究了“台湾本土意识与两岸谈判”之间的关系。

特别值得提出的是，东吴大学政治学系兼任教授杨开煌先生的《中共面对“中华民国议题”之研究》和台湾大学政治学系石之瑜教授的《作为东亚的台湾——从殖民地收编国家》是两篇非常优秀且广受赞誉的论文，但因与本论文集主题不符，未能收录，在此深表歉意。

毫无疑问，与会专家学者在研讨会上提出的众多具有建设性的观点与建议，为观察台湾问题提供了更为广阔的视角，也将为我们的研究工作提供十分有益的启示。

对于这次《北京“台研论坛”》的成功举办，我要首先感谢国台办陈云林主任、孙亚夫副主任等领导的关心、指导与大力支持，感谢北京市台办马玉萍主任高振生书记的指导和帮助。此外，北京联合大学席文启书记、张妙弟校长、高东副书记、冯虹副校长等党政领导的鼎力支持和学校各兄弟部门的大力协助是这次论坛成功的保证，在此，我对他们表示衷心的感谢！

台湾夏潮基金会作为此次论坛的协办单位与我们的合作融洽而愉快，在此，我要向宋东文董事长、毛铸伦执行长表达诚挚的谢意。

徐博东

2006年5月24日

《客家研究文集》序言

值此日新月异的时代，北京联合大学台湾研究院客家研究中心宣告成立，在全球客家研究领域开拓了一片自己的园地，为中国首都——北京的客家研究增加了新的学术阵地，同时也为海峡两岸搭建了一个新的民间学术交流的平台。

中华文化博大精深、源远流长；推动社会主义文化大发展大繁荣，要以中华优秀文化传统为根基。中央宣传部部长刘云山在《更加自觉、主动地推动文化大发展大繁荣》中强调："大力繁荣发展中国特色、中国风格、中国气派的优秀文化，不断增强中华文化的魅力和生命力。"客家文化正是这样一支优秀的颇具中国特色和风格的文化。有中国特色和风格的优秀文化，也是世界文化的瑰宝，因此，客家文化的研究与传播是中国乃至世界的大事，开展客家研究是为弘扬中华文化作贡献，同时也是为世界文化发展作贡献。

客家是汉民族的一个分支，她是古代中原汉人南迁到赣闽粤山区聚居而成的汉族族群。全世界客家人有1.3亿（一说7000万），分布在全国19个省、市、区以及世界五大洲80多个国家与地区。海外客家人约占客家的1/3，台湾客家人约有460万，是台湾第二大族群。台湾客家乡亲热爱祖国，是反对"台独"、推动两岸关系和平发展、促进祖国统一的重要力量。

台湾研究院下设的客家研究中心，以研究台湾客家为重点。台湾客家研究是国际客家研究的重要组成部分。若干个世纪以来，台湾客家自觉维护自己的文化传统，为保留客家文化传统也就是汉族的文化传统作出了积极贡献。因为他们远离祖籍，背井离乡，就更加珍惜自己的文化之根，更加自觉地维护自己的文化传统。客家有些文化传统，在大陆客家地区已经逐渐淡化乃至消失，但在台湾客家人的聚居地却得到了较好的传承与发展，这是十分令人欣喜的现象。所以，研究台湾客家具有不可低估的价值，它将为全球客家研究作出独特的贡献。

研究台湾客家离不开客家整体的研究，尤其是大陆的客家研究，因为大陆客家乃是全球客家包括台湾客家的原乡。提出这一命题，既标明了“点面结合”的重要性，同时更指出了“追本溯源”的关键性。研究台湾客家必须对客家整体尤其是大陆客家研究具有较好的把握，才能把台湾客家研究到位，才不会以偏概全，成为无源之水，无本之木；而研究台湾客家，以点促面，则有助于更好地开展对整体客家尤其是对大陆客家的研究。总之，我们以为，欲进一步深化客家研究，必须做到“点面结合，以点促面”，方能事半功倍，使整体客家研究更上一层楼。

然而，客家研究要做到“点面结合，以点促面”，唯一的途径就是要加强海峡两岸乃至全球各地客家乡亲和客家研究学者之间的交往与交流，共享资讯、互相切磋。正是出于这一初衷，本院与台湾客家大佬——饶颖奇先生为理事长的“中华海峡两岸客家文经交流协会”共同创办了“海峡两岸客家高峰论坛”，并已于2006年11月和2007年9月分别在北京、厦门成功地举行了两届，在海内外打响了名号，成为海峡两岸客家乡亲特别是客家研究学者进行民间学术交流的新平台。我院成立客家研究中心，目的就是要把这一平台打造得更好，成为两岸交流的知名品牌。客家研究中心成立伊始，我院“文库”将该中心骨干的客家研究学术成果结集出版，具有重要意义。其一，是给该中心的成立奉献一份厚礼；其二，这本论文集主要收入了研究整体客家的成果，它给该中心即将开展的区域客家研究——台湾客家的研究，奠定了学术基础；其三，一花引来万花香，这本论文集的出版，昭示着我院客家研究中心未来的台湾客家研究，必将会有丰硕的成果！

胡锦涛总书记在2006年全国文代会上说：中华民族的强大必将伴随着中华文化的复兴。在2007年中国共产党第17次代表大会上胡锦涛同志再次强调：“弘扬中华文化，建设中华民族共有精神家园……中华文化是中华民族生生不息、团结奋进的不竭动力……中华民族伟大复兴必然伴随中华文化繁荣兴盛。”愿客家研究中心走在时代的前列，引领客家文化研究潮流，积极推进客家文化大发展大繁荣，责无旁贷地担负起弘扬客家文化的历史重任，为增强中华文化的国际影响力作出积极贡献。

徐博东

2007年11月25日

《大国格局变动中的两岸关系》序言

从理论上讲，台湾问题纯属中国内政，是中国内战的遗留问题，然而这一问题的产生、存在及其发展与国际格局的变动，尤其是大国格局的变动息息相关。20世纪50年代初，台湾问题因冷战格局的形成，尤其是在由中美苏等大国之间关系构成的大国格局变动中而产生，并在这一格局的不断变动中向前演变发展。在此，我们可以预期，台湾问题也必将因中国崛起所引发的大国格局变动而得到最终解决。

台湾问题是特殊的中国国内问题，台海局势的发展又是大国博弈的结果，它直接影响到国际关系特别是大国关系的走向。大国格局的变动改变着台湾与大陆博弈的外部环境，并进而影响到各自的内部选择。所以说，中国的国家统一问题虽然主要焦点在台海两岸，但是其涉及的问题却远远延伸到台海之外。系统了解大国关系变化对台海局势及对中国国家统一战略所产生的影响，是我们所必须面临的一个重要课题。

台湾问题牵涉众多的国际因素，而随着台海局势的发展，对影响中国统一进程的国际因素进行系统分析的迫切性不断增加。2001年“9·11”恐怖袭击事件发生之后国际格局尤其是大国格局有了新的变量，“台独”势力也有了新的发展，两岸关系形势日趋复杂严峻。因此，一方面，对冷战以来台海局势的发展与两岸台海政策变化之间互动模式的分析和进一步深入探讨仍有其必要性；另一方面，台湾问题是关系到中国国家核心利益的一个重要问题，国家统一是整体国家发展战略之重要一环，与其他各个战略目标的关系异常密切。如何在实现战略目标的次序上达到最优化，寻求国家统一与国家发展总体目标的平衡，是我们目前面临的一个紧迫问题。这也是我们从事这项研究的意义所在。

从根源上说，台湾问题是雅尔塔体系的遗留问题之一。在冷战格局下，两大阵营的对抗直接导致了台海两岸对峙局面的形成，美国对台湾国民党当局的支持阻挠了中国人民解放台湾的步伐。台湾国民党当局依靠美国的援助，稳住了阵脚，恢复了元气，取得了与大陆抗衡的资本。但是在冷战结束以前，台海两岸的争执与对立基本上还是在一个中国的框架内进行。双方所不同者，是“谁能代表中国”的问题。影响所及，两岸在军事上的较量时断时续，在国际上的较量不绝如缕。

从 1949 年到冷战结束，台海两岸面临的国际格局经历了一个渐变的过程，这个过程与雅尔塔体系的结构演变密切相关。一方面，中国大陆随着经济政治地位的提高，在国际舞台上的声望日隆，活动空间大大增加。1971 年中华人民共和国在联合国合法席位的恢复，是大陆在外交斗争中取得的一个关键性胜利；另一方面，由于社会主义阵营的裂解，中美关系不断改善，台海局势也随之变化。1979 年的中美建交是两国关系发展史上的一个重要转折点，同时也成为两岸关系的一个重要转折，台海两岸在国际舞台上的角力以大陆取得决定性胜利而告终，台湾当局的国际活动空间遭到了前所未有的压缩。

由外及内，大陆和台湾的内外政策均发生了巨大变化。大陆的发展战略经历了一个调整的过程，其中以中共十一届三中全会以来推行的改革开放政策最为抢眼。与此相适应，大陆提出了“和平统一、一国两制”的国家统一模式，以谋求在发展过程中实现国家统一的双赢结局。而台湾则经历了一个反向发展过程。蒋经国加速推动“本土化”进程，国民党与台湾民间社会之间的张力也被发挥到了极限，“美丽岛事件”之后，国民党的威权统治开始弱化，台湾社会的统合能力大大减弱，“台独”势力的活动空间扩大。这种情形，直接形成了李登辉两岸政策的基础。国民党不但不能提出有效促进国家统一的方略，反而选择了分裂与分离的两岸政策。两岸也由“谁代表中国”的争执转变为“台湾要不要独立”的对立。

冷战格局的结束并没有给台湾问题提供最终解决的外部环境。冷战后，形成了以美国为首的“一超多强”的国际格局。这种不稳定的格局延续至今，并仍在不断发展变化之中。在这种国际背景下，美国的单边主义倾向加强，对大国关系的影响也日渐加深。就对台海局势的影响来说，美国亚太战略的调整显然是一个相当重要的方面。亚太地区在美国的全球战略中地位逐步上升，成为与欧洲同等重要的地区。相应地，美国的台海政策也有调整，利用“台独”来制衡中国大陆的意图更加明显，其力度也不断加大。美国不断突破中美三个联合公报的界限，对台军售一直在加码。另外需要提及的是，“9.11 事件”并没有从根本上改变国际格局和中美关系的结构，但它促使美国在亚太政策上进行了某种程度的调整，改变了其处理全球问题的优先次序。

另一方面，中美关系并没有回到二战结束后的对峙局面上去，而基本上保持了良性的竞争关系。从根本上说，这得益于中国的崛起。中国综合国力的加强与在世界上影响的扩展，或者概括地说“软实力”的增强，再加上中国推行的和平外交政策，使得中国和周边国家的利益相关性在逐渐加强。特别是中美关系的发展，更是如此。在国际社会，中美之间的合作与利益相关性使得两国形成大规模的对抗实际上已变得基本不可能。影响所及，中国统一问题因其敏感性与严重性而与各个国家的利益相关性也在不断增加。所以，中国在解决国家统一问题时所面临的国际环境其实面临着两个方面的发展方向：其一，是美国和日本不会放弃在台湾的利益，其利用台湾制衡中国大陆的意图也不会轻易改变，中国的统一要克服的国际困难依然存在；其二，中国经济的持续稳定高速发展，使得国家统一的外部环境不断改善，台海局势不断向有利国家统一的方向发展。目前，这两种趋势的胶着和角力依然存在。但总的来看，有利因素大于不利因素。

在新形势下，台海两岸围绕着分裂与统一的斗争生动地反映了国际格局变化的影响和渗透。这种斗争遍及各个领域，既有政治和经济方面的博弈，也有文化与外交上的争夺。随着形势的发展，两岸的台海政策均有大幅度的调整，在战略上和策略上的较量从来也没有停止。

在国际舞台上，两岸主要争夺的焦点首先集中在加入联合国与“邦交”问题上。作为激烈外交斗争的结果，台湾当局在国际上的生存空间越来越小，中国大陆取得了越来越多的外交承认和外部合法性，从而形成了对台湾当局的巨大压力。当然，台湾当局突破一个中国原则、凸显台湾“主权”的企图一直也没有放弃，企图加入主权国家才能加入的 WHO 等国际组织的“外交冲撞”也一直在进行，但大都收效甚微。其次，海峡两岸在经济领域的争夺相当激烈。台湾当局以经济促“外交”的策略也一直在执行，而现在有限的二十几个“邦交国”也基本上是以经济援助或是“银弹外交”为代价勉强维持下来的。随着中国大国地位的确立，各个国家对中国在国际社会的重要性有了越来越多的体认，台湾当局为凸显“主权”而进行的“外交”冲撞也越来越变得没有实质意义。这种局面是由当前国际格局的特点和内在规定性所决定的，而且随着中国的进一步崛起，这种局面只会愈来愈稳固。国际格局不变，目前两岸在国际舞台上的地位也不会有大的变化。

在两岸内部政策的博弈方面，大陆和台湾显然都在根据形势的变化不断调整自己的策略。台湾当局自李登辉主政以来一直推行减缓两岸交流的基本政策，企图达到“以拖谋独、以武拒统”的目的。但是在两岸民间经济文化交流大潮的冲击下，这种抱残守缺的政策越来越难以为继。民进党上台后，顽固推行“台独”路线，通过各种操作，在充分利用美日亚太政策、不断巩固美日台准军事同盟的前提下，将两岸“官方冷，民间热”、“政治冷，经济热”的局面维持下来，并不断制造台海局势的适度紧张来维持其选举动员的热度与效度。利用这种两岸关系的二元格局，民进党不断营造“本土认同”的氛围，将台湾民众的地方认同上升到“国家认同”的高度，对中国认同进行全面消解，并以此培植台湾民众对大陆的误解乃至仇视，扩大“台独”生存发展的社会氛围与基础。民进党当局的这种措施，显然是在国际环境对其不利、两岸交流趋势不可阻挡的情况下，试图摆脱困境、寻求“台独”势力生存发展空间的尝试与挣扎。基本途径就是：利用族群问题与“统独”问题，营造台湾岛内封闭的政治意识，扭曲政治认同，以撕裂台湾社会为代价，寻求政治利益。

大陆对台政策调整同样也是国际格局变化特别是大国关系变化的结果。以江泽民为首的中共第三代领导集体的对台政策，在坚持一个中国原则、坚决反对“台独”分裂势力的前提下，对邓小平倡导的“和平统一、一国两制”的国家统一模式多有创新，使其更具灵活性；而以胡锦涛为核心的中央第四代领导集体的对台政策，则更强调“以人为本”，突出了依靠台湾人民反对“台独”势力的坚定信念。第四代中共领导集体在台海政策上对国家统一的路径创新尤其引人注目。诸如搭建国共两党的政党交流平台、推出一系列惠台政策措施、扩大两岸民间交流、制定《反分裂国家法》开辟

“以法制独”的新途径等，所有这些都反映了大陆领导人在对台政策上的创新能力。就国际关系的影响而言，大陆对台政策的调整基于以下的基本判断：迫于形势的变化，美国的台海政策是“不统不独、维持现状”，而不是以前我们所认识的是要促使台湾永久“独立”；通过两岸经济上的融合促进两岸政治上的和平统一是可行的途径。从这个视角来看，和平统一路径的强化其实反映了中国的整体外交思考，也是中国如何处理发展中的对外关系之重要一环。正因为如此，大陆的对台政策并没有太多强调统一的急迫性，指出“遏独”是当前最为紧迫的任务，从而将“反独”与“促统”的阶段性进行了合理的务实的划分，表现出了很强的自信心。

进而言之，当前祖国大陆对台政策调整在很大程度上反映了国家在目前国际格局下中国各个战略目标的协调与平衡。国家统一问题、发展问题与其他重要问题一起，构成了中国国家发展的总体目标体系。在这个目标体系中，国家统一问题在整个体系谱系中的位置是动态的，它与中国的发展战略、安全战略是一种互相影响的关系。换言之，国家统一问题在国家战略目标体系中的位置，主要决定于台海局势的发展及其对中国的现代化进程产生的扰动作用。解决台湾问题的根本原则，必须以中国的整体发展路径最优化和中华民族利益最大化为基本出发点。“和平统一、一国两制”的国家统一模式，以及祖国大陆对这一统一模式进行的理论内涵的阐发和制度创新，均是这种战略目标平衡的结果。归结起来，中国大陆对台政策的基本目标应该是：“以我为主，为我所用”这八字方针。通过发展国家综合国力，进一步提升中国在国际社会中的地位，以增加干涉成本的方法，迫使外国势力退出台海角力；依托现有平台，在坚持原则立场的前提下，进一步扩大政策的包容性，推动两岸关系的和平发展，共创两岸双赢，突破两岸“官方冷，民间热”、“政治冷，经济热”的局面，重启两岸接触、沟通、谈判，提高两岸交流的位阶与层级，有效化解台湾人民对祖国大陆的敌意和误解，增加做台湾人民工作的有效性；依托文化认同，强化中国认同。有效破解民进党当局的“文化台独”政策及“去中国化”政策，使中国认同重新成为台湾民众的主流认同，为和平统一构建认同基础，从根本上封杀“台独”势力生存发展的空间。

总之，大国格局的变动对两岸关系的影响是多方面的，实现中国统一大业要考虑的问题同样也是复杂而多角度的。中国只有在大国博弈中占据主动才能更好地解决台湾问题。由此而言，大国格局的变动既是挑战又是机遇。本课题的主要学术价值就在于系统分析了台海问题和国家统一问题在中国整个国家发展战略中的坐标和具体位置，并深入分析了如何在发展中寻求各个战略目标的平衡，以及寻求在这个过程中实现国家利益最大化的有效途径。如何根据国际形势的变化，适度调整我们的对台政策，利用当前国际形势发展的特点，使我们的对台政策更具有创新性更加卓有成效，从而推动国家统一进程加速发展，这正是本课题研究的最终归宿。

相应地，本课题研究的主要价值在于从宏观视角和国家发展整体性方向上重新审视国家统一问题。通过对影响台海局势发展走向的各个因素的系统分析，找出了决定台海局势走向的根源性因素，并对台海局势的深层结构进行了比较系统的解析。在此基础上，充分认识大国格局变动中国际安全观转变和国际力量重新组合的新变量，以便于我们驾驭矛盾和利用矛盾，化不利因素为有利因素，为实现我国的国家发展战略目标服务；积极因应台海形势的发展，加强对台工作，使本世纪头 20 年国家发展的战略机遇期同时也能够成为解决台湾问题、实现国家完全统一的战略机遇期。

自《大国格局变动中的两岸关系》课题作为 2005 年度国家社科基金“十五”规划重点项目获得立项以来，来自北京联合大学台湾研究院、中国社科院台湾研究所、美国研究所的九名老、中、青三结合的专家学者所组成的课题组，经过两年多的通力合作、辛勤研究，围绕这一课题发表了近六十篇阶段性成果，并最终完成了这部研究论著。课题组成员及研究分工如下：徐博东：课题主持人、全书修改、统稿、序言撰稿；李振广：课题主持人助理、第一章第五节、第三章撰稿；陈星：第五章、第七章第一、二节撰稿；朱松岭：绪论、第七章第三节撰稿；郭艳：第二章撰稿；胡文生：第六章撰稿；刘红：第一章第一、二、三、四节撰稿；王建民：第四章撰稿；陶文钊：第二、三章修改。

在本课题的研究过程中，我院名誉院长唐树备、学术顾问李家泉教授对我们的研究工作给予了极大的关注和支持；我们的研究吸纳了台海两岸诸多专家学者的宝贵意见、建议和研究成果。在此，我代表课题组向众多关心、支持本课题研究的专家学者和朋友们致以诚挚的感谢。

徐博东

2007 年 12 月 1 日

《富权“两岸观察”评论选》（丛书）序

台湾问题自二十世纪九十年代中期以来，逐渐成为祖国大陆和港澳地区学术界研究及新闻界报道评论的一个热点，涌现出大量的优秀论著。尤其是随着民进党在二〇〇〇年上台执政，岛内政局、两岸关系进入了一个新的发展期，与此相对应，有关台湾研究和报导评论的重点也进入一个新的阶段。这一时期，大陆台湾问题专家和青年学者针对台湾问题发展中出现的新情况、新问题进行了深入的探讨，发表了大量的高水平的研究论文。而港澳特区的新闻工作者，亦凭借着其处于两岸关系纽带的优势地理位置及对两岸政治生态都十分熟悉的便利条件，对台湾瞬息万变的政情进行了认真深刻的观察分析，撰写了大量的报道和评论文章，成为祖国大陆研究台湾问题的一个重要分支，丰富了祖国大陆研究台湾问题的学术理论宝库。

本丛书作者林昶先生，就是这样默默耕耘中的佼佼者。他在澳门特区既是报社的社长，又是常年奔波在新闻第一线的媒体工作者。职业的敏锐和锲而不舍的追求，成就了他在海峡两岸之间“大陆通”、“台湾通”、“两岸通”的盛名。尤其可贵的是，林昶先生立足于澳门这个与宝岛素有渊源的蕞尔之地，用华夏赤子之心，守政治中立之见，为两岸关系、澳台关系的进步与发展，殚精竭虑，奋笔疾书，主持《两岸观察》专栏，形成了带研究性质的新闻评论的特色，对涉台工作具有重要的参考价值，经常为《参考消息》、《台港澳参考》、《台湾周刊》等公开或内部出版报刊所刊载，新华通讯社、中国新闻社、香港中国评论社、人民网、中国台湾网、华夏经纬网等也经常予以转载。他还经常应邀参加海峡两岸举办的两岸关系研讨会，积累了数百万字的评论作品。

林昶先生的台湾研究评论文章，收到相关部门的高度重视。海峡两岸关系研究中心特聘他为特约研究员。我院在研究生教学工作中，也将他的评论文章作为学生参考资料。为此，在我院成立一周年庆典上，特聘他为我院客座教授，并商定将其近年所撰写的新闻评论、学术论文，汇编成书，在澳门特区出版。这套《富权“两岸观察”评论选》丛书（共有《亦软亦硬对台策》、《浪奔浪流两岸潮》、《时蓝时青国民党》、《花开花落民进党》、《潮起潮伏选战情》、《如烟如雾台政情》、《忽东忽西迷航旅》等七个分册），既是林昶先生心血之结晶，也可视为《北京联合大学台湾研究院文库》的姊妹篇，作为我院研究生的学习参考资料。

北京联合大学台湾研究院的前身是一九八九年五月成立的北京联合大学文法学院（后合并为“应用文理学院”）台湾研究室、二〇〇〇年十二月成立的北京联合大学台湾研究所。二〇〇五年四月，为适应两岸关系形势发展的需要，在国台办及北京市台办、市教委的大力支持下，校党委作出决定，台湾研究所撤所建院，成为继厦门大学台湾研究院之后，在全国高校成立的第二家台湾研究院。

台湾研究院的成立为加强对台研究提供了一个新的、更好的平台。目前，我院已建立了比较合理完善的组织架构：“四所一室一中心”，即两岸关系研究所、台湾经济研究所、台湾文化历史研究所、涉台事务研究所和院办公室、信息资料中心。

其中两岸关系研究所的重要研究方向为台湾政局和两岸关系发展及中国大陆、美、日、台关系的走向，祖国大陆对台政策的演变及其特点等。在对上述问题研究的基础上，为政府相关部门提供政策和对策咨询服务；台湾经济研究所的主要研究重点为台湾经济的转型发展，两岸经贸交流开展及其对台湾和大陆经济的影响。在此基础上，探求如何利用经济交流，促进两岸关系的发展。同时，该所将从服务首都经济的思路出发，加强对京台经贸交流和合作的研究；台湾文化历史研究所的主要研究重点为台湾的历史文化、社会状况、民俗等。在此基础上，对台湾社会心理变化的深层次问题进行系统考察并提出，以提高政府相关部门对台决策的针对性和有效性；涉台事务研究所的主要研究方向是通过深入细致调查，对大陆对台工作部门的体制、运作模式、人员构成与素质等问题进行系统的研究和总结，提出调整和改进的意见，供政府部门参考。同时，该所还担负涉台事务干部及相关人员的培训任务，以图全面提高涉台部门干部及相关人员的素质，提高涉台事务工作的效率。

台湾研究院的成立既为加强对台研究提供了一个新的、更好的平台，但同时也对我院未来的研究工作提出了更高的要求。为此，经过全院人员的认真讨论，我院制定了“十一五”期间战略发展的具体目标：力争三年内把我院建设成为北京市的涉台“学术研究交流中心；政策与对策咨询中心；宣传、教育与培训中心”，为下一步建设成为国家级的涉台科研基地创造条件，打好基础。

我相信，有更多的客座教授出版台湾研究著作，对把台湾研究院打造成为高水平的涉台调研基地和学术研究中心，有极大的帮助，必能在不断提升北京联合大学台湾研究院的学术声誉和地位的同时，也为两岸关系的发展及祖国统一大业作出更大的贡献。

（本文为《新华澳报》社长兼主编林昶所著《富权“两岸观察”评论选》丛书所写的序言。该丛书 2008 年 2 月由澳门东望洋出版社出版）

附录二：

积久功深自有得

——推荐徐博东教授的民进党研究论文集

台湾辅仁大学历史系教授　尹章义

大陆学者徐博东教授积十多年之功的民进党研究论文集，近日在海峡两岸同时出版了（书名分别为：《民进党研究——大陆学者眼中的民进党》和《透析台湾民进党》）。据悉，这是大陆首次公开出版有关民进党研究的专著，其本身即很有意义。

博东教授可说是我第一个在大陆结交的好朋友。一九八八年八月，我以台湾史研究会大陆访问团副团长兼发言人身份，某日深夜到达北京，迎接我的不是高官显要，而是一位锲而不舍的学者和通宵达旦的论战：那就是徐博东教授和缠讼多年的“丘逢甲是抗日英雄还是不战而逃的诗人?”下榻的友谊宾馆充满了超越一切障碍的学术真诚与热情。这是我首次赴大陆参访，徐教授给我留下了深刻的印象。一九九三年我到清华大学古建筑研究所担任客座研究员，调查全国文物（古建筑、古董）相关法令和维护状况，同时编集《当代中国学术发展史——人文社会科学之部大陆篇》，我邀博东帮我策划并担任副主编。一九九四年离京之后，他就担任我的“驻京代理人”，直到公元两千年底该书在台北出版为止。

博东教授转攻台湾现况、专治民进党研究之后，由于我未兼行政职务，一向独来独往，缺乏行政和集团资源帮助他；却由于我的孑然独立，不受各方忌讳，反而能在博东来台做调查研究之时，陪他见他想见的人。一九九六年二、三月间，大选正值白热化，我就曾陪同他深夜拜访民进党新潮流办公室（据说从未曾有大陆学者去过）；也曾带他亲访陈王、林郝、李连、彭谢四大竞选总部，并在投票前一晚到竞选造势现场感受大选气氛，其他就不一一赘述了。

大陆学者一般都透过新闻媒体认识台湾，就像台湾人透过好莱坞表演认识美国；少数人能接触一些访问大陆、言不由衷的台湾各党派政治人物；极少数人能到台湾目睹耳闻；而能像徐教授这样，案头功夫和实际调查研究都如此精深的人，可谓“凤毛麟角”，不说绝无仅有，怕也是少之又少。因此，他的文章灿然可观，乃理所必至，不少预测也相当精准。

徐教授在本书收录了三十四篇文章，在时间上，贯穿了一九八九年至二〇〇三年，在题材上则以民进党、“台独”以及与民进党相应的李登辉国民党的政治与选举活动为主，旁及两岸和美国的三角关系和岛内政争，毫不夸张地说，该书可视为一九八九年以来的台湾政治史。笔者即将此书置诸案头，当做年表、大事记检索之用，获益匪浅。

人文社会学者研究过往、铺陈史实，绵密细致，固然呈现功夫，但能作深刻分析、掌握事物本质，能准确预见未来发展，才算得上是真正的科学研究、更显才学。

一九九一年十二月，徐博东发表《论民进党的质变——过程、原因及其影响》一文（载本书页44～81），这是徐教授研究民进党的开山奠基之作，在文中他说：

“由于民进党是在选举团体的基础上组建起来的，其主要领导人大都是从选战中脱颖而出的政治精英。这些人物的个人‘作秀’欲很强，又十分熟悉利用选举取得权力地位的手腕……这些派系领袖在很大程度上成为不讲原则、不讲理念、只顾争名逐利的政客型人物……这些政客型人物为了获得各派系的支持，稳固自己的地位，往往可以喊出自己并不赞成的口号，讲出自己并不信奉的信条……这也正是民进党逐步被‘新潮流’引向恶质化道路的重要原因之一”（页54）

这段鞭挞入微的文字，发表距今已近十三年，民进党及其领导人，似乎并没有丝毫改变。

一九九七年底，在《一九九七年民进党活动综述》一文（本书页78～195）中，他预言民进党可能的发展趋势：

“一九九八年的‘立委’选举乃至二〇〇〇年‘总统’大选，民进党的前景并不很乐观，即使因国民党自身存在的问题而使民进党侥幸夺取了

‘中央政权’，暂时走上执政，但也势必难以稳定政局，并长久维持其执政地位”（页 194）

在二〇〇〇年一月的《陈水扁当选之可能性及其对台湾政局和两岸关系的影响》一文（本书页 319 ~ 337）中预测说：

“陈水扁一旦当选……民进党势必士气大振，‘台独’气焰必将空前嚣张，加入民进党的人数将会剧增……而民进党‘台独’转型也将就此打住，其‘实质转型’的前景将变得更加渺茫……再加上‘立法院’内也将会因政治生态的变化，而使矛盾变得愈加错综复杂，斗争愈加剧烈，致使岛内政局混乱，族群矛盾重新激化，两岸僵局难解，经济形势恶化，社会动荡不安……”（页 334 ~ 335）

类似的预测，在徐教授这几年所写的文章中出现多次（如页 234、262、282 等），不再赘举。民进党执政至今三年余，民进党取得政权的过程、执政后的表现和给台湾所带来的严重伤害，不幸都被徐博东这个大陆学者一一料中了。

在二〇〇〇年一月所写的上述一文中，徐教授还预测说：

“陈水扁上台后为展现其处理两岸关系的能力，与大陆争夺两岸关系的主导权，很可能会采取攻势，争取主动，不断提出各种五花八门的比李登辉有弹性得多的两岸政策主张。例如适度调整‘戒急用忍’政策，有条件分阶段开放两岸直接‘三通’……频频向大陆表达所谓‘善意’和‘诚意’，以缓和岛内民众迫切要求改善发展两岸关系的压力，并对美国为首的国际社会有所交代。然而，陈水扁的上述政策主张和宣示，表面上虽十分热闹，但却不仅毫无实际意义而且十分虚伪。这是因为……民进党陈水扁坚持‘台独’立场，反对‘一中原则’……这样，两岸的政治关系仍将会僵持无解，难望有实质进展和突破。”（页 335）

“陈水扁一旦当选，民进党全面执政，势必会充分利用其手中掌握的公权力，采取各种手段，从政治、思想、文化、教育等各个层面加强向台湾民众灌输‘台独’意识，以图进一步营造和扩大对抗大陆和平统一攻势、从事‘台独’分裂活动的‘民意’基础和社会氛围。此外，还有可能会宣布废除《国家统一纲领》、解散‘国统会’、修改‘两岸关系条例’、裁撤

‘蒙藏委员会’、研制或要求加入战区导弹防御系统、发展中短程导弹等，甚至不排除从金、马地区撤军。再有，‘务实外交’、加入联合国等图谋‘台湾问题国际化’的活动将会愈加猖獗……甚至公然将‘公投’条款和‘两国论’入‘宪’、入法……”（页336）

细数陈水扁上台三年多来的所作所为，与徐文若合符节。徐博东已经为陈水扁事先写好了剧本，只是陈水扁和他的团队照着表演罢了。徐教授精彩的预言，读者细读原书，俯拾皆是，抄也抄不完，这里笔者只是摘要一二，以凸显“积久功深自有得”一语而已。

当然，囿于海峡两岸的环境略异，以及徐博东的意识形态，也有若干篇文章中预测失准之事和删去也无妨的文字和段落；也有些地方显然是把主观期待当成了客观分析，读者尽可自行检视。一九九六年大选前夕，我带着博东穿梭于各阵营之间，实际上帮“陈王配”并联合林郁方撮合“林陈配”的整合工作，我预测“李连配”得票率五成五，人多不信，博东兄似亦未反映在本书所收的文章中，反而是厦大几位学者采信了。

一九九五年六月，博东发表《李登辉‘独台’与民进党‘台独’之比较》一文（本书页155~158），在结论中他说：

“有位台湾学者一针见血地指出：如果说民进党推行的是‘暴力边缘政策’；那么李登辉实施的则是‘战争边缘政策’。李登辉的这种政策，是以二一〇〇万台湾民众的生命财产作赌注，全体中国人民不可不高度警惕，予以彻底揭露”（页158）

文中所说的那位“台湾学者”就是笔者。民进党在街头、议场行“暴力边缘政策”，两岸之间行“战争边缘政策”，并不因为“转型”的言辞包装和执政与否，在本质上有任何改变。在台湾做实际调查，必须在文章中详细注明访谈的对象、时间、地点、与会者和情境，这才算是严谨的人文社会科学实际调查研究；大陆学者和出版品似乎并不太讲求这些。不过幸好如此，否则台湾大多数的学者和政客们恐怕都会曝光于徐教授的大作之中了。徐教授这样做，或许也有其道理吧！

末了我要说一句：有意了解民进党发展史乃至当代台湾政治史的各路朋

友，大陆学者徐博东教授的这本民进党研究论文集，不可不读。

（台湾《海峡评论》，2003/09/01；香港《大公报》，2003/08/12、13，标题改为：《徐博东研究民进党有成》）

以台湾民众的福祉为念

——《透析台湾民进党》序一

国台办前副主任、海协会常务副会长　唐树备

北京联合大学台研所所长徐博东教授，是多年来从事台湾问题主要是民进党问题研究的祖国大陆知名学者。徐教授对民进党的研究起步早、持续时间长，而且他的研究力求全方位、多视角。除了综合性文章，多年来徐教授还发表了大量其他有关民进党的专题研究论文。这一类论文更充分反映出他对民进党冷静、理性和入微的观察与思辨，给人以启迪。

由于工作的关系，我和徐教授接触较多。给我留下的印象是，他善于捕捉问题的实质，对台情颇为熟稔，对岛内政局特别是对民进党的分析有不少独到见解。这和他多次赴台湾实地调研，广交台湾各界朋友（包括民进党人士），和他们进行坦诚交流、虚心听取意见，以及他克服困难、锲而不舍的工作精神，显然有直接关系。

我相信徐教授这本论文集的出版，必将有助于推动大陆台湾研究界民进党研究的进一步深入开展。

上个世纪80年代起，我在驻美外交领事机构工作期间，就开始与某些“党外”和民进党人士有所接触。在担任海协常务副会长期间，有机会与更多的以适当名义来大陆的民进党人士接触。借徐教授论文集在台湾出版的机会，我愿意向民进党的朋友们说几句话。

祖国大陆政府对主张“台独”的民进党的政策是一贯的、明确的。8年前，江泽民先生发表的《为促进祖国统一大业的完成而努力奋斗》重要讲话，提出了现阶段发展两岸关系、推进祖国和平统一进程的八项主张。《讲话》的第一点就开宗明义地重申了中国政府坚持反对“台独”的一贯立场，明确指出：“坚持一个中国原则是和平统一的基础和前提，中国的主权和领土决不容许分割。任何制造‘台湾独立’的言论和行动，都应坚决反对”。

毫无疑问，这一点主要就是针对标举“台独党纲”、主张建立“台湾共和国”的民进党而言的。但同时《讲话》也充分体现了中共第三代领导集体“更寄希望于台湾人民”的一贯主张，指出：台湾同胞“不论是台湾省籍还是其他省籍，都是中国人，都是骨肉同胞、手足兄弟”，“要加强与台湾同胞的联系，倾听他们的意见和要求”，“充分尊重台湾同胞的生活方式和当家作主的愿望，切实保护台湾同胞的一切正当权益”，并诚恳地呼吁台湾各党派、各界人士“以理性、前瞻和建设性的态度推动两岸关系发展”，欢迎他们“同我们交换有关两岸关系与和平统一的意见，也欢迎他们前来参观、访问”。这里所说的“台湾同胞”，当然也包括一般普通的民进党党员和支持民进党的台湾民众；这里所说的“台湾各党派、各界人士”，当然也包括民进党及其代表人士在内。

钱其琛副总理在2002年1月纪念“八项主张”发表七周年的重要讲话中，首次明确提出：要把“广大民进党成员”与“极少数顽固的台独分子”加以区别；把广大台湾同胞要求“当家作主”与极少数人搞“台独”加以区别；“本土化”与搞“台独”也加以区别。诚恳地呼吁民进党“应该更多地为台湾人民的福祉着想，彻底抛弃‘台独党纲’，以真诚的态度发展两岸关系”，并欢迎广大民进党党员“以适当身份”前来大陆参观、访问，增进了解，充分展现了中共对台政策的包容性和发展两岸关系的诚意。

祖国大陆政府的对台方针政策具有很强的连续性和稳定性，并不会因为领导人的更换而任意改变。在以胡锦涛为总书记的中共中央领导下，我们将进一步加强与台湾各党派、各界人士的接触、沟通。

我诚恳地呼吁民进党的朋友们能审时度势，真正以2300万台湾民众的福祉为念，以中华民族的长远利益为重，为改善和发展两岸关系做些实事，和祖国大陆共谋和平统一之道，切不可一误再误，错失了良机。

2003年4月15日　于北京

贺首部研究民进党的论文集出版

——《透析台湾民进党》序二

中国社科院台湾研究所前副所长　李家泉

尽管民进党已经执政，大陆有不少台湾研究学者顺势转向民进党研究，但由于长期以来对民进党研究重视不够，可资参考的系统研究民进党的书籍很少，故而许多人对民进党的了解仍若明若暗，知之不多，即使台湾岛内恐怕也是如此。

欣闻徐博东教授的民进党研究论文集即将在海峡两岸同时出版，据我所知，这是迄今为止首部较为系统的研究民进党的论文集出版问世，其本身就是一件很有意义的事情，在此我表示衷心的祝贺！

徐教授在他给这本论文集所写的《后记》中说，他涉入台湾研究，算是“误上贼船”，这自然是一句开玩笑的话，但这也正是他所说的，他之所以涉入对台研究确实与我李家泉有关。说起来这已经是快 20 年前的事了，当时我正主持中国社科院台湾研究所的工作，一次很偶然的机会，我从一位在出版社工作的老朋友那里得知有一本《丘逢甲传》即将出版，并且说书稿写得不错。当时社科院台研所刚组建不久，正在“招兵买马”，一向惜才的我立即通过关系与书稿的作者联系并见了面，后来还曾动员他调来我所工作。这位作者就是徐博东教授，那个时候他还只是个 40 岁刚出头、在大学里教中国近代史课的年轻讲师。但由于各种原因，最后没有调成，当时还颇有些遗憾。

事隔不久，即 1987 年秋冬，社科院台研所突然接到台湾王晓波教授主持成立的“台湾史研究会”的来函，邀请我所和厦大台研所各派一人，于次年 1 月下旬前往台北出席该会举办的首届“台湾史学术研讨会”。这种事现在当然已经是“家常便饭”，不足为奇，可在当时来说却是海内外注目的两岸关系的“大事”。经报上级慎重研究后我所决定接受邀请，但当时所里派不出合适的人选，考虑再三，我想出了个变通的办法，向新调来我所工作的陈忆村所长推荐，聘请刚刚提升为副教授的徐博东以我所“特邀研究员”的身份，代表我所与当时担任厦大台研所所长的陈孔立教授一起，应邀赴台出席研讨会。在当时的时空环境下，他俩都没有能去成，但论文还是发表了。由于他们提交给研讨会的论文是自1949年以来大陆学者首次在岛内公开发表的学术论文，曾引起了海内外不小的反响，对当时台湾当局保守僵化的大陆政策造成了一定的冲击。这是徐博东教授第一次介入台湾问题，也引起他对台湾问题研究的兴趣。还有一件事，这就是通过徐教授的推荐，他所属的文理学院亦聘请我为兼职教授，不时去他们那里作有关台湾形势和两岸关系的报告。这以后不久，文理学院成立了台湾研究室，徐教授兼任研究室主任，我与他的联系更多了。我们经常在一起出席各种会议，接触来往愈来愈多。

十几年来，我们俩人有不少互动。2000年12月，徐教授主持建立北京联合大学台湾研究所，又聘请我担任他的“名誉所长”。在开成立会那天，他说他搞台湾研究是我把他“拉下水”的。我笑着说：这一回，应该说是你把我“拉下水”的。在对台研究上，我是看着他一步步地成长起来的。如果说，他从事对台研究与我有关，而且还对我以“师”相称，那实在是“青出于蓝而胜于蓝”啊！

徐教授在当代台湾研究方面虽然起步稍晚，但由于他有扎实的史学基础，人又勤奋刻苦，善于独立思考问题，所以很快便进入角色并做出成绩。

囿于客观条件的限制，民间学者研究台湾现状问题困难可想而知，尤其是民进党研究，一向很少有人问津，可供参考的资料和研究成果少之又少，但徐教授却认准了这是一个很有研究价值的课题，于是知难而上，不怕坐“冷板凳”，毅然选择民进党研究作为他研究的“突破口”和切入点，10多年来一直孜孜以求，坚持不懈，终于“白手起家”开拓出一片天，成为海峡两岸学术界公认的为数不多的民进党研究专家。这本论文集，就是徐教授这10多年来研究民进党心血的结晶。

我以为，这本论文集主要有以下两方面的特点：

第一个特点是它的连续性和系统性。

从1991年开始，全国台湾研究会每年都要编辑出版一本带有“年鉴”性质的专书《台湾1991—》。这套丛书中有关对“台独”和民进党活动的综述与评析，几乎每一篇都是由徐博东教授执笔。这本论文集，把徐博东教授历年来撰写的有关民进党活动的综述性文章，和他发表在其他刊物上的民进党研究论文，按写作年代的先后顺序编辑在一起，时间跨度长达十几年，民进党成立以来的主要活动，论文集中都有较为详实的记述与评析，在一定程度上可以说，这本论文集实际上相当于一部民进党的发展史。读完徐教授的这本论文集，读者对民进党十多年来演变发展的基本轨迹与脉络，大体上会有一个比较清楚的了解；再者，由于民进党的演变发展是与岛内政局、两岸关系乃至国际形势的发展息息相关、密不可分的，因而，读完这本论文集，读者对岛内政局、两岸关系以及国际形势与民进党发展演变之间的互动关系，也会有一个大致的了解。无疑，这对于我们从总体上把握十多年来台湾的政治发展、预测其未来走向，以及总结我们的对台工作尤其是对民进党工作的经验教训，都是有某些参考价值的。

第二个特点是它的学术性与科学性。

李登辉自1988年初上台主政后，他的“台独”分裂主义面目有一个逐步暴露的过程，毋庸讳言，大陆对李登辉的认识也有一个逐步明朗、深化的过程。我们从这本论文集的第一篇文章中可以看到，早于1989年12月，也就是李登辉刚刚上台主政后不到两年时间，徐博东教授以一个刚刚从事对台研究还不久的新手，就已经敏锐地感觉到：李登辉上台之后，表面上虽然是“蒋规李随”，但在“反共拒和”调门中，却在两岸关系和大陆政策上进行了许多重大的、带根本性的调整。他认为，当时“李登辉推行的内外政策虽然不能说就是‘台独’政策，但两者却是‘异曲同工’，‘殊途同归’，本质上是一样的”。他并指出：这就是为什么李登辉主导下的台湾当局对“台独”实行“明批暗保”、“光打雷不下雨”、宽容有加的政策的一个重要原因。因此他判断：“在今后相当长的一段时间里，岛内‘台独’势力仍将会继续发展。”这就是他在对台研究上的科学预见性。

徐教授的这本论文集中有许多文章都是颇有见地的。例如《文集》中的第二篇论文：《论民进党在台湾政坛中的作用、局限性及其未来走向》，则是大陆台湾研究界最早较为全面、系统地评价民进党的文章。该文既从“分离意识”和“台独”倾向、派系纷争、社会基础、阶级性质等四个方面剖析了民进党的严重局限性和它在台湾政坛中的消极影响，但同时也从加快台湾“政治转型”、冲破国民党“一党专制”的政治局面、提升台湾民众政治参与意识以及对台湾政权结构的冲击等方面，正面地肯定了民进党成立后曾在台湾政坛中所起的某些积极作用。

又如，他在1991年底撰写的《论民进党的质变》一文，长达二万余字，资料详实、结构严谨，对民进党自建党以来如何一步步地走向“台独化”的全过程，以及它之所以走向“台独”的内因和外因做了全面系统的分析，特别是对民进党未来一段时间内的发展趋向，以及以李登辉为主席的国民党执政当局对民进党的政策也都作出了一些有预见性的分析和判断。还有，徐教授1998年8月撰写的《民进党执政之可能性及其对两岸关系的影响》一文，2000年1月台湾大选前夕发表的《陈水扁胜选之可能性及其对台湾政局和两岸关系的影响》一文，等等，其对当时形势所作的分析，都被后来的事实证明是有相当科学预见性的。

徐教授这本论文集，有三分之一以上的篇幅是民进党上台执政后近三年来所写的，其中也有多篇值得一读的力作。例如《评陈水扁的“新中间路线”》一文，撰写于陈水扁上台执政后仅一个月，该文全面、深入地剖析了陈水扁标榜的所谓“新中间路线”，揭露了“新中间路线”下陈水扁大陆政策的分裂性、权谋性、迷惑性和摇摆性，指出“其基本逻辑思维仍不脱民进党的‘台独党纲’，因而它不可能实现其倡导者所欲达到的目标”。该文所得出的结论，至今仍具有现实意义。其他如《陈水扁两岸政策的困境与出路》、《选战落幕后的台湾政局和两岸关系评析》、《析民进党人在两岸问题上的思考盲点和认识误区》、《民进党发展趋势及执政前景展望》等篇，其中也都不乏有见地的论述，限于篇幅，不再一一赘述。

徐博东教授正是靠他这一篇篇有影响的论文，奠定了他在大陆台湾研究界的学术地位，受到海峡两岸学术界的肯定与重视。

徐教授研究当代台湾问题的突出特点，是他特别注重实地考察，台湾学者称之为“田野调查”。他并不仅仅满足于收集现成的文字资料。迄今为止，他已 6 次赴台参访，据说加起来在岛内逗留的时间已超过半年以上（最长的一次为期三个月，两次是一个月），足迹几乎遍及全台各个县市，甚至还不辞辛劳地深入到农舍、果园、茶园等，结交了许多台湾各个阶层的朋友，其中包括不少民进党的精英乃至基层支持民众。徐教授经常与台湾朋友保持接触联系，和他们进行广泛深入的交流，这无疑有助于他更全面、准确地把握台湾政局的走向与社会的脉动，使他的研究工作建立在较为稳妥、扎实的基础之上。

当然，不可否认，徐博东教授这本论文集也有其明显的不足与缺憾，例如：缺少剖析“台独”与民进党社会基础的专题论文；没有专门评介民进党内部派系问题的文章；对民进党大陆政策的演变发展也没有专文加以论述。海外“台独”势力的生存与发展及其在 20 世纪 90 年代初重心向岛内的转移，是民进党赖以成立与发展壮大的重要基础和条件之一，论文集中虽有个别篇章有所涉及，但也没有专文加以介绍和评析。还有，对民进党执政后如何转换与调适它的角色缺少专篇加以评述；有部份篇章分析得还不够深刻、到位，某些地方用辞遣句认真推敲不够，个别预测也欠准确等等。这些不足与缺憾，使这本论文集的系统性、完整性和科学性多少受到了一些影响。而实际上，这些不足与缺憾，也在一定程度上反映了大陆台湾研究界在民进党研究方面还存在不少薄弱环节，亟待加强。不过，作为徐教授个人的论文集，也不可能要求它面面俱到、十全十美；而且“瑕不掩瑜”，徐博东教授在民进党研究方面所做出的努力与贡献是海峡两岸学术界所普遍公认的。可以预期，该论文集的出版，必定有助于推动大陆学术界民进党研究的进一步深入开展，同时对于大陆涉台工作部门了解民进党和与民进党人打交道，也会有相当的参考价值。

经过十多年的“打拼”，民进党已经取代国民党成为台湾的执政党和政坛上的第一大党，这是台湾岛内的一件大事，也是两岸关系发展上的一件大事。由于民进党是主张“台独”的，并制定有“台独党纲”，后来虽有“台湾前途决议文”代替“台独党纲”，但其“台独”本质未变，且有过之而无不及，这是两岸同胞和所有爱国的中国人都引以为忧的。

民进党的前身是台湾“党外运动”的重要组成部分，其反对原国民党的专制独裁、要求当家作主，是有其积极的历史意义，非常值得肯定的。但在诸种错纵复杂的历史背景下，终于走上“台独”道路，欲使台湾脱离祖国大家庭，则是一条违背初衷、脱离两岸最广大人民根本利益的错误道路。

民进党的最大问题在哪里？这就是不了解中国历史，并企图把台湾历史与中国历史割裂开来。而其实，台湾与中国大陆是不可分割的。历史上台湾乃两岸人民“共同开发”，汗水流在一起；两岸人民“共度艰辛”，泪水流在一起；两岸人民“共御外侮”，血水流在一起。就是说，海峡两岸的关系是两岸人民共同的“汗、泪、血”所浇灌的结晶，是多么不容易啊！台湾的光复是全体中国人民以鲜血换来的，八年抗战，大陆人民牺牲了3500万人，台湾人民为反抗日本帝国主义的侵略和殖民统治，也牺牲了65万人，真正是“一寸山河一寸血”啊！祖国大陆人民对台湾历史上的不幸遭遇感同身受。绝不可以把清朝政府对台湾的出卖与祖国大陆人民混同起来，也绝不可以把历代中国的反动统治者给台湾人民造成的伤害与祖国大陆同胞混同起来。台湾的历史悲情与整个中国的历史悲情是分不开的，不能脱离整个中国的“大悲情”来看待台湾局部的“小悲情”。这样就是忘记历史，这样就会把两岸中国人对立起来，就可能被外国势力所利用。尽管民进党中有些人不承认自已是中国人，但这并不能改变其本来就是中国人的事实。

我个人作为一个学者，在台湾问题上的感情是复杂的。提到“台独”，我愤怒，特别是对那些紧紧追随外国势力、背祖忘宗、把矛头死死对准自已同胞的极少数顽固分子，我奋笔疾书，不知写过多少篇批判性文章，有人对此称我为“鹰派”，我是引以为荣的。我至今仍然在担心，这些人在“爱台湾”的美丽辞藻下，会给台湾民众带来什么样的“害台湾”的后果。然而每提到台湾人，特别是历史上受苦受害最深的“本省籍”人，我又是另外一种感情，是充满着同情心的，曾经不止一次发自内心的为他们留下悲痛的眼泪，我不愿两岸兵戎相见，主张以和为贵，化解历史悲情，也为此写过不少文章。从这个意义上说，我又是地地道道的“鸽派”，我坚信，即使在民进党内部，真正死心踏地走“台独”道路的人，一定是少之又少。

徐教授这本论文集的出版，正好赶在台湾2004年大选前夕。目前岛内泛蓝泛绿两军，都已摆开阵势，战鼓隆隆地拉开竞选序幕，我不想预测这次大选中将是谁胜谁败，但可以肯定的是，未来不管是谁主政台湾，如果处理不好两岸关系，违背包括台湾在内的全体中国人民渴望祖国统一和中华民族伟大复兴的愿望，最终都一定会被历史前进的洪流所淹没！勿谓言之不预也。

“春风终解千层雪，海水犹连两岸心”、“山重水复疑无路，柳暗花明又一村”，我愿意借徐教授论文集在台湾公开出版的机会，奉劝民进党诸公能冷静思之。

（2003 年 4 月 8 日　于北京）

也算是篇《序》罢

——《透析台湾民进党》序三

台湾大学哲学系教授/《海峡评论》总编　王晓波

徐博东教授的书在海峡学术出版社要付印了，博东兄要我写篇序，书稿是我邀的，写序虽然不敢当，但也赖不掉，只好硬着头皮说两句。

博东兄大著中的论文，在这十几年来，我陆续都拜读过了，为了写这个“序”，也读了博东兄为这本大著写的《后记》——《愚者千虑，也有一得》。那就从这《后记》说起罢。

博东兄自称《愚者千虑，也有一得》，甚至自谦到把原文的“必有一得”改成了“也有一得”。若果如博东兄所言，这本大著是“愚者”著的，又是只“也有一得”而不是“必有一得”，我们海峡学术出版社出版这本书要卖给谁读啊？所以，必须纠正澄清之。

七九年元旦，中共发表《告台湾同胞书》后，中共的对台政策由“解放台湾”转而成为“和平统一”，有关的台湾研究原本为军方和安全部门的专业，也开始渐渐转向学界，有厦门大学台湾研究所和中国社科院台湾研究所的相继成立。但当时的“和平统一”主要是“寄希望于台湾当局”，其实就是寄希望于国民党当局，于是，学者们的研究多聚焦于国民党。

博东兄在《后记》中称，他“误上贼船”投入台湾现状研究还跟我有点关系，是八九年开始的。八九年，中共的对台政策还是在“寄希望于台湾当局”，唯博东兄不知是因“独具慧眼”，还是因为热门的国民党研究抢不过别人，竟然选择了冷门的民进党研究作为课题。这十几年来，大陆上台湾研究学者排排坐，长期来，相信博东兄只能坐“敬陪末座”的冷板凳。坐冷板凳当然“愚”，但不意博东兄民进党研究的冷灶烧成了热灶，二千年台湾“总统”大选，民进党成了执政党，变成了“台湾当局”。

从冷灶变成热灶，这证明了博东兄当年研究民进党的眼光长远和正确，以事后诸葛亮的观点来看，博东兄自称的“愚者”当为老子“大智若愚”的“愚”了。所以，“愚者千虑，也有一得”，当不是博东兄的自谦之辞，而是自负之言了。

博东兄在《后记》中一开始就说：“几年前，我的好朋友王晓波教授主持的海峡学术出版社就要给我出一本有关我研究民进党的论文集。”还说，我八八年率“台湾史研究会”的访问团赴北京访问后，他与我就“从此结下了深厚的友情”。我也愿在此作证，博东兄所言句句属实，但是，这些实说却可能引起误会，以为海峡学术出版社出版博东兄的大著只是因为“我的好朋友王晓波教授”，只是因为与王晓波“结下了深厚的友情”。这就不但是对博东兄大著学术价值的误会，也是对我主持“海峡学术出版社”的误会了，所以，也不得不有所澄清和说明。

我受命于海峡评论杂志社社委会担任《海峡评论》与海峡学术出版社总编辑，一向可是秉公行事，“六亲不认”，从来只是认稿不认人，甚至连社委都遭退稿过。海峡学术出版社之所以向博东兄邀稿，与“好朋友”或“深厚的友情”绝无关系。我们之所以向博东兄邀稿实基于博东兄对民进党研究的学术理由。

基于中共“寄希望于台湾当局”的政策，大陆学者的研究多放在国民党，而忽视民进党，大陆研究台湾的学者研究“台独”和民进党的人很少，尤其是有完整研究的更是少之又少。不仅大陆少，台湾也不多。

据我所知，研究“台独”和民进党的学者，在厦门大学台研所有林劲教授，海峡学术出版社出版过他的《台独研究论集》。虽然，博东兄的台湾研究起步稍晚，到八九年才开始，但由于他的勤奋和努力，甚至数度来台蹲点做田野调查的研究，故著述甚丰，并经常见人所不能见。他的学术成就，在大陆的“台独”或民进党研究中，已有“北徐（博东）南林（劲）”之称了。

博东兄首将大著交给“海峡学术出版社”出版，这是我们的荣幸。所以，博东兄大著的出版决不是“海峡学术出版社就要给我出一本有关我研究民进党的论文集”，而是“我（徐博东）就要给海峡学术出版社出一本有关我研究民进党的论文集”才是。

博东兄自称其大著“自感论文水平不高”，这也只能是他的“自感”，而不是别人的“他感”。除了“北徐南林”外，博东兄还有“自感”更高水平的研究，请推荐，我们也一定愿意出版。“自感论文水平不高”，这应该是博东兄要求自我超越的自勉之辞，当然，我们更愿意能为博东兄再出版一本水平更高的论文集，让我们拭目以待吧。

以上拉杂写来，似乎不像篇什么“序”，而像是我平时和博东兄见面时的“斗嘴”，也算是我为海峡学术出版社出版的博东兄大著做广告，轻松一下，也算是个“序”罢。

（2003 年 3 月 21 日　写于台大哲学系）

徐博东——一个务实的“鹰派”

——《透析台湾民进党》序四

台湾《中国时报》执行副总编　杨宪村

徐博东教授是一位研究民进党的杰出学者。长期以来，他严肃地关注两岸情势演变及民进党的发展动向，认真思考其中疑难辩证关系，并尝试提供各种解答，充分表述了一位大陆学者的观点和见解。如今，他把十多年来个人对民进党的追踪与纪录汇集成册，可说已为他钻研民进党学所付出的心血，留下了注记。

徐教授目前被台湾各界视为大陆的发言学者之一。他的论点相当程度反映了典型的中共官方立场，也代表了大陆各界对民进党的观感。有时，他甚至被归类为北京的“鹰派”人物；实则，我认识徐教授多年，知道他的亲人（母亲及弟弟）在台湾，本身研究台湾近现代史，对台湾有一份特殊的感情。由于他了解大陆官方政策，以致常实话实说，语重而心长。我与他经过十几年的交往、论辩、同游和合作，完全可以理解他爱护台湾的用心。

特别是徐教授的对台研究工作相当敬业用功，一直给我留下极为深刻的印象。作为一位研究民进党问题的先行者，徐博东多次来台从事交流访问，我看着他由“中央”到基层，由城市到乡村，不厌其烦，深入其境，想方设法与民进党人士接触，从不放过任何可以掌握信息的机会。我常因代他安排而被烦得不堪其扰，但他这种治学态度和求知的精神则令我感动；我认为这是理解民进党、台湾意识及台独思想重要的一步，徐教授无愧地应是目前大陆方面对民进党人物贴身采访下功夫最深的一位。透过这样的接触，从而使他获得了充分交流了解的机会，取得不少第一手的资料，更不断深化了他的论文和观点。由他书里各篇文章可以看出，他对民进党有着相当确切的认知，批评都很道地；这和一些放言高论、官腔官调、意识形态挂帅且充斥自以为是臆测的若干大陆学者是有着极大不同的。因此我觉得即使他是大陆的

“鹰派”，也算是“务实”的鹰派。

两岸关系在2003年之后，基本上仍维持着自1999年台湾前“总统”李登辉发表“两国论”以来的僵局，这主要是新执政的民进党与大陆共产党之间存在着根本的“统独”矛盾。民进党在执政前长期推动具有广泛群众性的民主运动，努力追求建构一个“独立的台湾本土政权”，从未表明认同“一个中国”；随着该党快速发展以及它对台湾未来前景无可低估的影响，90年代无疑是“台独”全面昌盛崛起的时代。

民进党上台执政以后，台湾成为大陆眼中“分离主义”运动的试验场。陈水扁所领导的政府继续以脱离中国为“国家的利益主轴”，争取独立于中国之外的主体地位。它全面摧毁中共及国民党时期所界定的一个中国原则，否定“九二共识”，矢力“去中国化”，不仅从未放弃或改变“台独”的理念目标，更且有意将“台独”作为跟大陆讨价还价的重要筹码；因之，台湾政府其实已旗正飘飘地朝着使其和大陆分离的现状永久化和合法化的“不归”路前进。值得注意的是：目前执政的民进党仍有长久执政的打算，且可能性极大；广大的台湾中产阶层民众似乎也已开始普遍接受“实质独立”作为一种温和路线的趋向。

今日之果，昨日之因。民进党的发展背景造就了海峡双方今日迥异心态下的对峙局面，陈水扁也许与李登辉一样，都因直接间接推动“台独”而成为中共所不乐见的人物，但他们却接连担任台湾的领导人，且已延续达十余年之久。目前中共仍以坚定的意志做基础，在最高领导层实现新老交替之后，似已放弃公开与民进党进行政治接触的主动性，改为“深入贯彻寄希望于台湾人民的方针”，继续通过加强两岸之间的经济和民间往来，对台北施加更具实质性的压力。北京这种“在经济上扩大交往，拖住台湾；在政治上冷静观察，以经促政”的态度和策略，看样子还会保持一段时期。

民进党追求“台独”所赖以奋斗的主要支持者是美国，美国一意孤行攻打伊拉克之后，已无法免于将进一步卷入与中东各国及北韩的纠扰之中，其维持两岸现状、要求两岸“不战、不统、不独”的期待将更为迫切，两岸的均势已有可能进一步向中共方面倾斜，民进党所代表的台湾还有多少时间与空间可以对抗一个中国，已值得密切关注。在这种情况下，美国担心的恐怕还是陈水扁政府贸然的“台独主权”宣告。当然，陈水扁仍是一位务实的“台独主义者”，他的大陆政策基本上以选战考量为依归，除非宣布“独立”确实证明有利于他的连任；否则，遵循美国对华战略，维持现况将会是现阶段执政党最高的战略。

徐博东教授确实是一位语重心长的学者，也是一位称职的民进党研究者。他与民进党所形成的上层建筑若干代表性人物有所涉猎接触，并多次反复地与他们既有的主张论点发生思想碰撞和交锋，大体上他已能把握住民进党的整体政策变化。他对两岸发展正一步步走进完全无法预料的暗潮中有着深刻的危机感，在书中他不断强调“台独”是一个无法实现的愿望，认为它与“中华民国”一样，都是海市蜃楼，并提醒指出台湾正逐渐丧失优势，进而呼吁民进党政府回到一个中国或“九二共识”框架内，敦促两岸尽快达成中长期的解决办法；他由一个纯大陆学者的角度，努力帮台湾作出现实理性的计算，思考如何为台湾争取最大的利益，并设法为民进党的迷惘，开出一扇天窗，正所谓“苦口婆心”、“逆耳忠言”。就这点而言，民进党及读者或可从中得到一些启发。

事实上，今天台湾的老百姓，大多期待台湾问题最终能获得和平解决，且无损于经济的持续繁荣和方兴未艾的民主政治运作。这样一个善良的愿望只有藉由两岸政治领导人勇于接受诤言，高屋建瓴地看清世局和两岸走向，相互妥协、各退一步才得为功。政治之事，其实如果退一步想，一旦解开心中意识形态的结，就好办多了，这也有赖于两岸当政者的成熟智慧与耐心，才能获得超越和克服。民进党领导诸君，也许应多参考此书，正确认识自己在追逐“独立建国”与“民族解放”运动中的位置与作用，全力防止战争出现，为自己与国人设计一个稳健正确的大陆政策，找出与共产党打交道的公约数，逐步化解两岸长期悬而不决的僵局，力避同胞像伊拉克人民那样，陷于生死两难的困境。如能达到这样的效果，这本书就更有价值了。

（2003年4月17日　写于台北）

北京市教育委员会科技创新平台建设项目阶段性成果
北京联合大学台湾研究院文库第九辑

| 时事评论篇 |

台海风云见证录

陈云林 二〇一一年冬

九州出版社 JIUZHOUPRESS | 全国百佳图书出版单位

1	2
3	4
5	6

1、参访维也纳
2、参观高雄六合夜市
3、第一届海峡两岸客家高峰论坛会场
4、花莲巨石落户奥运森林公园
5、与中评社联合举办研讨会
6、给北京市离退休干部作台情报告

1	2
3	4
5	6

1、北联大参访团拜访亲民党主席宋楚瑜合影留念

2、陪同唐树备名誉院长台湾之行

3、随校党委书记席文启参访台湾佛光山

4、2009年11月出席台北“两岸一甲子研讨会”

5、与王晓波教授合影

6、与周荃、郑又平亲切交谈

1	2
3	4
5	6

1、与张麟徵、江岷钦教授合影于香江

2、与杨开煌、邵宗海教授合影

3、与两岸学者杨开煌、邱太三、黄嘉树、郑固固等摄于内蒙阿尔山

4、与蔡玮、杨立宪合影于阳朔

5、与尹章义、郑固固摄于台北

6、与林劲、杨宪村摄于云南腾冲

序一

祝《台海风云见证录》出版

国务院台湾事务办公室原副主任　唐树备

徐博东教授的涉台文集——《台海风云见证录》，即将由九州出版社出版面世，可喜可贺！

自2008年5月以来，大陆海协和台湾海基会在“九二共识”的基础上恢复了中断九年的协商谈判，达成了一系列协议。台海两岸实现了全面直接“三通”和大陆游客赴台旅游。两岸签署了两岸经济合作框架协议（ECFA）。台通过早收清单，已为两岸同胞带来了实实在在的利益，并为两岸经济关系的正常化、制度化和规范化，确定了方向和步骤。

这是两岸关系在坚持一中原则、反对“台独”斗争取得阶段性胜利的基础上所取得的又一重大进展。

回望30多年来两岸关系的发展路程，跌宕起伏、风云变幻，上述成就的取得，可谓来之不易。能够取得这样的进步与成果，是与台海两岸各界人士的不懈努力分不开的。

徐博东教授从20世纪80年代开始，就涉入对台研究，发表了许多研究成果，为祖国的统一辛勤探索、献计献策。我在任职中央台办和国务院台办副主任、海协常务副会长、海峡两岸关系研究中心主任期间，他是被我经常咨询意见的台湾问题专家之一。

他还以民间学者的身份，接受海内外新闻媒体的采访，解读大陆的对台方针政策，无情地抨击“台独”言行，站在“反独促统”的第一线，为促进两岸关系发展不断发声，发表了大量的涉台言论，使他成为海内外媒体采访两岸热点新闻的重要对象。

徐教授在民进党研究方面，也涉入较深，他的见解和研判，使他成为声播台海两岸的大陆方面的民进党研究专家。

诚如该文集的书名《台海风云见证录》所揭示的那样，徐教授名副其实的是两岸关系20多年来发展历程的亲历者、见证者和推动者之一。

近来，徐教授把20多年来所撰写的政论文章、时事评论及接受媒体的采访报道共579篇、160余万字汇集成文集，这是徐教授本人涉台研究的集大成之作。

通览文集，博东教授笔触所及、言论所指，无不是当时两岸关系发展中的热点、难点与要点问题。既有关于祖国统一历史必然性、制定《反分裂国家法》必要性等重大问题的长篇论述，也有针砭台湾政局和政坛人物的犀利短评，从两岸关系、中美关系到台湾政局，从历史到现实，从台湾经济、政治问题到文化、军事、涉外关系，几乎无不涉猎。内容互相补充、相互佐证。它将成为后人研究两岸关系发展史的重要参考材料，相信它的出版将会受到各方面的重视和欢迎。

两岸关系已经步入以和平统一为最终目标的和平发展阶段。由于历史和现实的原因，两岸关系的和平发展决不会一帆风顺。徐博东教授虽然已经离职退休，但我期望他趁身体尚健，以文集的出版为新的起点，在台湾问题研究方面继续发挥余热，为推动两岸关系和平发展与祖国和平统一大业，做出新的贡献。

是为序。

2011年11月15日　于北京

序二

徐博东教授：大陆对台“民间发言人”

——欣闻《台海风云见证录》即将出版

海峡两岸关系协会副会长　张铭清

博东教授的个人文集《台海风云见证录》就要出版了，这是大陆涉台研究界值得庆贺的一件事。博东兄是对台工作战线上的知名老专家，从事对台研究二十余年，亲身经历、参与和见证了两岸关系发展史上的诸多大事。如今他把自己这二十余年来的研究成果结集出版，这不仅是对他个人学术生涯的一个总结，也可以让我们从一个侧面了解回顾二十余年来两岸关系发展演进的历史轨迹，给今后的对台工作以某种启迪。因此，这部文集的出版，我以为具有重要的学术价值和现实意义。

这部文集共分三个部分：政论篇（上、下册）、时事评论篇和采访报道篇。共计579篇，160余万字。这是一份沉甸甸的学术成果，它充分反映出博东教授二十余年来为学之勤、探研之精。博东兄是我的良师益友，我在台办、海协工作期间，经常向他请益，受惠良多，今天品味他的这些呕心沥血的结晶，大有“字句挟风雷、声落点金石”之感，因为他由情而文，读来则由文生情，历历往事又浮现在眼前，可谓感触良多，格外亲切。相信他的这些力作，必将在两岸关系发展史上，留下浓墨重彩的一页。

综览文集，我觉得有如下三个鲜明的特色：

其一是它的全面性和系统性。这主要体现在“政论篇”部分。可以看出，博东教授的研究领域十分广泛，包括台湾政局、两岸关系、中美关系、国际格局、大陆对台战略、政策与策略等，正是透过这种全方位多视角的深入研究，博东教授对台湾问题的把握分析才能做到如此精准和到位，蔚然成为大家。然而格外应当指出的是，博东兄的对台研究，其最重要的贡献并不在于他涉及的“面”很广，而在于他对“点”的长期追踪和探索，也即两

岸各界都一致公认的他对民进党研究的系统与深入。在“政论篇”中，约有三分之二以上的篇什是研究民进党的论文。正因为如此，博东兄的对台研究颇具特色，他不仅是著名的台湾问题专家，同时更是民进党研究专家。

其二是它的连续性和前瞻性。博东教授从八十年代末开始涉人对台现状研究，二十多年来无论遇到何种困难与挫折，他都一往无前、无怨无悔，始终保持着对台湾问题研究的高度热情和关注，承担了大量的涉台调研课题，长期笔耕不辍，因此这部文集保持了较好的时间连续性。通读文集，读者从中可以很清晰地把握近二十余年来台湾政局以及两岸关系的发展脉络。同时，博东兄的研究成果还具有较强的前瞻性，如他较早地预见到李登辉的“台独”倾向、民进党在台湾政坛上可能扮演的角色，并且在1999年就已经预见到民进党上台执政的可能性，以及它上台执政后对台湾政局和两岸关系可能带来的影响。在民进党2008年下台后，又较早地预见到民进党重新崛起、卷土重来的可能性等等。

其三是它的政策性和实践性。博东教授的学术研究不是书斋式的，而是充满实践性。台湾问题是热点问题，多年来，博东兄作为两岸知名的台湾问题专家和国台办所倚重的智囊学者，一直以自己研究成果积极为国家对台工作献计献策，并经常出席各种内部召开的咨询会议，从对台战略到政策策略，多方提供决策建言，为两岸关系的发展和祖国的和平统一做出了突出贡献。不仅如此，作为一个民间学者，他始终站在“反独促统”的第一线，每逢台海发生重大事件，博东教授往往在第一时间接受海内外媒体的采访，发言发声，并紧跟形势的发展，撰写了大量文笔犀利、发人深省的时事评论文章，针砭时势，抨击“台独”言行，解读大陆对台方针政策。因此，他被台湾媒体称之为大陆的“发言学者”，记得我也曾在私下半开玩笑地讲过，徐教授是大陆对台“民间发言人”。从这部文集的“采访报道篇”及“时事评论篇”中可以看出，这并非虚言。

博东兄对台研究能够取得这样的成就不是偶然的，除了理论功底扎实之外，再有就是他的刻苦与勤奋。台湾《中国时报》执行副总编杨宪村说：“徐教授的对台研究工作相当敬业，一直令我留下极为深刻的印象。作为一位研究民进党问题的先行者，徐博东多次来台从事交流访问，我看着他由

‘中央’到基层，由城市到乡村，不厌其烦，深入其境，想方设法与民进党人士接触，从不放过任何机会。我常因代他安排而被烦得不堪其扰，但他这种治学态度和求知的精神则令我感动……”另一位台湾知名学者尹章义教授也说：“能够像徐教授这样，案头功夫和实际调查研究都如此精深的人，可谓‘凤毛麟角’”。正因为如此，博东教授才能够比较准确地把握台湾的政情发展和社会脉动，尹章义说他的文章“灿然可观”，不少预测都相当精准，“民进党取得政权的过程、执政后的表现和给台湾所带来的严重伤害，不幸都被徐博东这个大陆学者一一料中了”，陈水扁和他的团队“只是照着徐博东事先写好的剧本表演罢了”。就此而言，博东教授的这种兢业精神是很值得年轻学者学习和传承的。

据我所知，博东兄的学术成果并没有完全体现在这部文集之中，如他对于台湾历史文化，特别是对近代台湾省籍著名反割台爱国抗日志士丘逢甲的研究，具有很高的学术价值。二十多年前他与人合著的大陆出版的第一部《丘逢甲传》，至今未有能出其右者。这部传记已先后在海峡两岸出版了四种版本，博东教授也因此被两岸史学界公认为丘逢甲研究专家。此外，博东兄还是两岸民间交流的重要平台——“海峡两岸客家高峰论坛”大陆方面的发起人，他对于客家学的研究以及推动两岸客家交流方面也做出了积极贡献。但文集中这些内容并没有能完整地反映出来。

博东兄作为一名民间学者，能够在大陆台湾研究界占有一席之地，并成为一方领军人物，是很不容易的。众所周知，台湾研究具有很强的特殊性，是一项政策性、理论性、实践性很强的工作，特别是在上世纪的八、九十年代，资料收集有很大的困难度和局限性。因此，要想在台湾研究领域取得成就，没有一点牺牲奉献精神是很难的。博东兄却知难而上，选择台湾研究作为自己的学术志业，并始终坚持不懈，孜孜以求，终有所成，这种毅力和精神确实令人感佩。而且特别值得一提的是，由他一手创建的北京联合大学台湾研究院，从无到有，从小到大，不断发展壮大，成为大陆涉台研究的重镇，一批颇具潜力的年轻研究人才已经开始崭露头角。博东教授退休之后仍然十分活跃，频繁出席各种会议，接受媒体采访，笔耕不辍，我注意到文集中有不少文章都是在他 2008 年退休之后完成的。我们衷心希望，博东兄能

够永葆学术青春，为台湾研究做出更多更大的贡献。

是为之序。

2011 年 11 月 20 日　于厦门大学

序三

从路边摊到大饭店

——写在《台海风云见证录》的前面

台湾世新大学教授　王晓波

博东兄的涉台文集《台海风云见证录》即将出版，要我写序，序不敢当，以我跟博东的交情不写又不敢，只得在他大著出版之前说几句祝贺的话。但我又一生“乌鸦嘴”，没学会说“好话”，只得实话实说，也借此留下我与博东兄订交的记录。

1987年11月，台湾解除戒严，开放大陆探亲，我们“台湾史研究会”即决定举办研讨会，并去函大陆中国社科院台湾研究所和厦门大学台湾研究所，请他们推荐学者来台出席会议。当时，厦大台研所推荐的是陈孔立教授，社科院台研所推荐的则是徐博东教授。但台湾当局不予批准，二人均未能成行，至为遗憾。当时我是台史会的理事长。

之后，我们“台湾史研究会”决定在1988年暑假期间，组织学术访问团访问大陆，并在厦大台研所和社科院台研所各举办一场学术研讨会。

1988年寒假期间，我到南昌探亲，在香港转机，见到了陈孔立教授，讨论了台史会访问团的问题。南昌探亲毕，又到北京，也到社科院商讨台史会访问团的事宜，但在社科院台研所，并未见到博东兄。

台史会的大陆访问团遭台湾当局批驳，只准“探亲”，不准“学术访问”，所以，我们只好化整为零，各别申请“探亲”，然后机场集合行动，所以，我们的访问团变成了“不是团”。虽然如此，我还是受到禁止出境一年的处罚。

学术研讨会在北京友谊宾馆举办，众多初次见面的大陆学者中，博东兄是其中之一。90年代后，有台湾研究会、社科院台研所和全国台联共同举办的“两岸关系学术研讨会”，到北京开会的次数多了，才和博东兄熟悉起来。

初次见面后才知道，博东兄根本不任职于社科院台研所，而是在北京联合大学任教，其本人毕业于北大历史系。他是广东客家人，其父在抗战时期，追随丘念台参加广东东区服务队从事抗日救亡活动。博东兄还写过一本《丘逢甲传》。我们台史会的信到社科院台研所，台研所学者多政治、经济专长，而无史学专业，故由李家泉副所长推荐博东兄出席我们台史会的研讨会，而挂了一个“特约研究员”的名义，以代表社科院台研所。所以，1988 年寒假到社科院台研所未能见到博东兄。

后来还知道，台湾光复后，博东兄的父母跟随丘念台到台湾，博东则留在大陆广东梅州蕉岭家乡由祖母哺养，准备父母在台湾的工作稳定下来后，祖孙二人再到台湾团聚。不料，后来博东兄的祖母病重，他的父亲只好从台湾赶回广东家乡探病。谁知这一去就没能回来，1949 年后两岸分裂，不得往来，从此家庭破裂，骨肉离散，博东和他的父亲、祖母在大陆，而母亲和三个在台湾出生的弟弟却留在了台湾。

我则是 1948 年，外婆带着我们随爸爸来台训练新兵，后来母亲来台团聚，1952 年牺牲于“白色恐怖”，父亲也以“知情不报”判处徒刑七年。我们全家五口顿时失去生活来源，而经朋友介绍，到台中育幼院，把我和大妹列名为院外生，每个月可领十几块生活补助金。意想不到，博东兄的母亲就是台中市育幼院的会计，而我和大妹每个月的生活补助金就是向她领的。

因此，我和博东兄都是国共内战、两岸分裂的受害者。博东兄是家庭离散，骨肉不得相见；我家则是相见不如不见，为了家人团聚，而在“白色恐怖”中牺牲了母亲。

我从“自觉运动”（1963）开始探索中国前途；从保钓的“台大民族主义座谈会”（1972）后，开始研究台湾近现代史和中国统一问题。

博东兄则是由李家泉推荐参加台史会开始研究台湾问题，起始博东兄只不过是联合大学的一个“单干户”；后来，成立了联大的“台湾研究室”，接着愈搞愈大，而有“台湾研究所”、“台湾研究院”。博东兄一直是推动者，也是领导者，直到退休。所以，我戏称博东兄的台湾研究是“从路边摊到大排档再到大饭店”。除了徐博东因台湾研究而扬名两岸外，北京联大

也因台湾研究而名闻两岸。

老实说，今天大陆的台湾研究是为中国统一服务的，我的台湾史研究，也是为祖国和平统一服务的。我和博东兄同为国共内战的受害人，偶然的两代交情，必然的两岸殊途，却又共同地为中国统一奋斗。

从 1988 年至今已经 23 年了，博东兄已自联大届龄荣退，但仍担任顾问，且为大陆对台工作所倚重。我也青丝成白发，从台大退休了。联大、台大的教职，只是我们的“职业”，但祖国统一却是我们的“志业”。职业需要退休，但不到中国实现统一的一天，我们的志业是永远不言退的！

博东兄，您说是吗？

2011 年 11 月 28 日　于台北

序四

徐博东教授：比民进党还了解民进党的大陆学者

台湾贤德惜福文教基金会董事长　周　荃

“徐博东先生跟我一样误入歧途，都写了一本书，书名叫做《民进党研究》。我已经放弃研究民进党了，我觉得太无聊了，可是徐博东先生还在继续研究，我要恭喜他！”李敖大师在北京联合大学台湾研究所“改所建院”的时候这么说徐老师。

中国大陆只有两个“院”级的台湾研究机构，一个在南方，是与台湾一水之隔、历史悠久的福建厦门大学台研院。另一个在京城，2005 年 4 月 22 日才成立的北京联合大学台研院。祖籍广东梅州的徐老师从 1987 年起穷尽 30 年时间写台湾，他的成名之作是《丘逢甲传》。客家人的他，又从 1988 年 1 月在李家泉教授牵线下，因缘际会花了 22 年时间研究民进党，至今不坠。多年的孜孜不倦努力探索，我们仔细观察，无论大陆领导人的谈话或对台政策的许多深刻内涵，都有许多徐老师历来提出论述的影子，例如：

一、钱其琛关于一中“新三段论”的说法；

二、两岸“三通”是“战略”而非“策略”问题、界定为“经济”议题而非“政治”议题的提法；

三、“九二共识”这个用语，其实徐博东早于苏起之前即已提出。2000 年 4 月初抵台参访的他，在与民进党人士交流时即提出了“九二共识”的说法，当时他还跟 TVBS 记者约好，其事先录制好的亦即提及“九二共识”一说的个人专访，得在他月底离台前再播出；

四、2008 年 3 月马英九胜选后，徐老师更是率先提出发展两岸关系“先经后政、先易后难”说法的学者。

作为一个学者，没有比自己提出的论述、说法被政府采纳、被他人引用更令人欣慰的了。“积久功深自有得”，正贴切的形容这位出身北大历史系，

父母亲在他出生后不久即赴台，三个胞弟都生在台湾，而只留下他在大陆“打拼”的学者风范。

没有徐博东就不会有北京高校第一个台湾研究室、所、院的成立。当时更是因为徐博东决定选择较不被人重视但显然很有研究价值的“台独与民进党问题”作为主要的研究方向。我就是在他“校长兼撞钟”的时候认识他的。那时，他已是大陆上颇有见地与知名度的研究民进党的少数“特殊”学者专家。说他“特殊”实乃当时的北联大台研所基本上只是“一人所”；再者，从党外时期到创党再到2000年，连阿扁自己都不相信会完成台湾首次政党轮替。试想，一个没有人看好有一天会执政的政党，花工夫去研究它，也太没有前景了吧？

然而，事实证明，两岸关系从李登辉“两国论”、戒急用忍，陈水扁的“四不一没有”到后来的“烽火外交”，再到如今马英九签定ECFA、十五项协议……，徐老师是无役不与，一直是大陆涉台学界指标性人物，是国台办倚重的对象。

许多人研究台湾问题，往往只会简单地从蓝、绿板块移动观之，缺少对民进党的深刻了解与认识，结果不仅是对两岸问题分析不到位，当然对台湾内部问题的解读就更有缺陷。而更多人的研究工作，又因台湾“人脉”的有限与欠缺，就只能从报章杂志、电子媒体“纸上研究”做分析。正因为徐博东是：（1）学历史出身；（2）搞民进党研究的学者；（3）更不同于他人的地方是，他得从自己不可分割、无法切断的家庭历史看两岸。命运让徐老师不得不选择、更不须掩饰，他得既爱台湾也爱大陆。他思考时如此，下笔时当然更会如此。他从史观纵轴、从统独面向、从两岸高度……，也就是说，无论任何事情徐老师都必须提炼出、必须站在两岸“共同有利”的高度去思考解决的方案才成！而我的背景与徐老师即缘于此，并很自然的成了要好的朋友。

在台湾，尤其需要政治正确的台湾政坛，我都做过三届“立委”了，仍被认定为“外省第二代”。但我却是母亲台湾人（福建迁台第11代），父亲浙江人。在大陆，再好再亲的朋友与亲戚总把我归类为：“你们台湾人”。唉！还真尝尽了“两边不是人”的滋味。

看哪！多年来徐老师在台湾蓝、绿阵营里面所经营的人脉，总是“无私”的与年轻一辈分享，见他提携后进不遗余力，很令人感动。其实，谁能规定我“只能爱爸爸，不能爱妈妈”呢？我选择让自己走既爱台湾，也爱大陆的道路。这些年来我以“贤德惜福文教基金会”的名义公益两岸，行走多年，我深深体验出“无私”另一番有趣的人生，更倍觉豁达、开朗后的喜悦其味无穷！

1983年徐老师获颁“北京市教育系统先进工作者”、2004年“北京市教育系统百名优秀教师”、2005年被授予“北京市先进工作者”称号、2006年被评为“北京市有突出贡献的科学技术管理专家”，还有“北京市第八届哲社科研成果二等奖”等各种奖项30多项。徐老师不仅治学严谨，更是获奖无数，著作等身，听说九州出版社要帮他整理出版《徐博东文集》，可见他“大家”的地位。

我积极建议徐老师将他的政治类书籍，尤其是《透析台湾民进党》、《近十年来民进党大陆政策大事记》等分送给蓝、绿各阵营，甚至2012刚刚当选的113位“立法委员”，还有台湾各大学图书馆，特别是有大陆问题研究系所的学校。让台湾人了解大陆人是怎么看台湾的，让政治人物去体会大陆人眼中的两岸关系，更让民进党认识到大陆学者比你民进党还了解民进党。

近年来徐老师总是说：依照毛主席的理论，大陆对于台湾的政治势力应该划分为依靠对象、团结对象、争取对象、打击对象四个层次，不能“非友即敌”，只有两个层次。而我要说，日本侵华、英法德……八国联军侵略中国，生民涂炭、国仇家恨，如今也没见共产党不与他们往来啊！绿营就算还不能“依靠”，怎还没团结、还没争取就直接跳到“打击”对象去了呢？包括民进党在内，绿营人士就是因为不认识共产党、不了解大陆。有句话说：“不知者无罪”！绿营及支持绿营的人同样是中国人，怎么就不能往来呢？有来往、有沟通，才能有感情、有认识、有了解嘛！共产党与民进党、台联党有啥历史仇恨么？国、共内战还打了好几年哪。国民党播迁台湾，“万恶共匪”的“恐共”、“仇共”政策宣传了半个世纪，2300万台湾同胞恐怕还有1800万人没来过大陆。殊不知早先绿营支持者只是一群恨国民党、

反国民党的势力，但国民党执政及民进党 8 年政党轮替，何以 60 多年来如今还是有 45% 的选民支持绿营？说到底正是“恐共”、“仇共”这条主线贯穿嘛！而万勿以为“恐共”、“仇共”只是绿营的专利，蓝营更是“恐共”、“仇共”，过去还“反共”呢！再进一步说，绿营支持者原本与大陆共产党无冤无仇，他们“恐共”、“仇共”乃至“反共”，其实都是当年国民党教的，并不是他们生来就有的。

我就认为，化解台湾人民的“恐共”、“仇共”，唯有共产党自己去直接面对，尤其绿营人士。应该让绿营人士到大陆多走走、多看看，该“恐”的是绿营，不敢面对共产党，怎有共产党面对绿营还“恐”呢？阿扁不是也说过：“台独不可能”吗？大陆对自己要有信心，只要你是“太阳”，太阳出来了，站在旁边的“烛光”还能怎么着啊！

我以为，2012 是大陆共产党十八大换届年，未来两年内台湾方面也没有选举的复杂因素干扰，而 2012 却是两岸达成“九二共识”二十周年，2013“辜汪会谈”二十周年，因此国、共两党应该趁此机会好好缕一下这段历史。共产党也可趁此机缘建立共、民两党沟通管道，让共、民能“共鸣”，好好“倾听”绿营的声音，深入了解绿营何以会从当年的反国民党路线走到后来的“台独”路线？绿营不要“九二共识”，不要“一国两制”，那你到底要啥呢？

“倾听”是相互沟通的第一步，存在才有价值，尊重对方的存在，让双方都有机会说明。让徐老师更忙一点！哈哈……

以上是我写给徐老师的文集不能算是“序”的“序”吧！

2012 年 1 月 27 日　于台北

序五

博东，从一只孤鸟起飞

中国评论通讯社社长　郭伟峰

博东兄要我为他的巨著作序，几乎是命令式的，我也没有什么遁词，只好说，一定会写感言。浏览他电邮过来的稿目，十分感慨。敏捷于思想，勤奋于著作，《台海风云见证录》这部文集共分三个部分：政论篇（上、下册）、时事评论篇和采访报道篇。共计579篇，160余万字。煌煌巨著，硕硕精华，着实令人惊叹。

掰着手指算一算，与博东兄相交相识也有20多年了，只见博东在两岸关系及台湾问题上的研究越来越起劲，成果越来越多，涉及面越来越广，像一只孤鸟，却又带回一群大雁，在海峡两岸来来回回，不知疲倦。

记得是在1988年初，我刚从香港调职回北京，博东兄来我们编辑部见一位老记者，带着他和黄志平教授历时4年合作撰写的大陆第一部《丘逢甲传》，经介绍认识之后，他把这本书送给我。我一读之下就被深深打动了。因为我也是梅州的客家人，对丘逢甲知其名，但对其生平及历史地位知之甚少，读完《丘逢甲传》之后，我深为梅州客家人出了这么一个抗日英雄而自豪。于是我安排部属全力报道博东兄与该书。从此开启了我为他打传播工长达23年的历史。

23年来，博东兄很多思想火花，都是在我服务的媒体平台点燃的。他的很多文章，我是第一个读者。1989年5月8日，他创办了北京联合大学的台湾研究室。他一开始就啃硬骨头，全力研究民进党这个冷门领域，在当时是十分吃力不讨好的。须知，在上世纪90年代，几乎没有人会相信民进党也有执政的一天，同时大陆各界对“台独”深恶痛绝，对民进党也是一样，谁与民进党接触，谁就可能有问题。记得博东兄还曾经对我说，连他在台湾的母亲后来知道他在研究主张“台独”的民进党，都很不以为然。但

是，博东兄十足的客家人硬颈精神作怪，硬是要钻下去。后来当然很成功，博东成了知名的民进党问题专家。由我主持的《中国评论》首次称之为“南林北徐”，南林是指厦门大学的林劲教授，北徐就是指博东兄了。这么大的大陆，当时真正对民进党进行学术分析与研究的学者，就这两个人。这个称呼，很快就打响了，传诵一时。

今天翻阅博东兄的《台海风云见证录》目录，我们可以看到，其中很多精彩的篇章，都是涉及民进党的。从 1991 年到 1999 年，他都认真地撰写民进党一年来活动言行的述评，为两岸留下了极其珍贵的分析史料。大陆系统地认识民进党，说博东兄是先行者和引路人，并不为过。

博东兄的成就来之不易！他最初的日子过得很苦，除了资料匮乏之外，经费是折磨他的主因。如同当时几乎所有的学术研究机构一样，经费欠缺。博东创建的机构更是缺乏资金，需要化缘。据我所知，有好几次论文都写好了，却没有钱买火车票去出席外地召开的学术会议，只好“文到人不到”。博东兄是很善于杀熟的人，他创办研究所后，很多朋友都为他解囊相助，每次我与他见面，他都要伸出手来：“咱俩合作搞一个研讨活动，掏钱请大家吃饭就由你负责！”那个时候，我离开了原来长期服务的新闻媒体，甚至推辞了中央机构的重要职务的安排，在大家都不理解的情况下，听从汪道涵会长的召唤，到香港创办《中国评论》月刊，因为没有政府拨款，靠一点一滴经营起步，实在艰难。但是，对博东兄的要求，我是尽量满足的。所幸，博东兄也知道我的苦衷，每次的开支都还负担得起。当然，因为博东很多新的思想与意见都在《中国评论》月刊发表，影响很大，真正赚到的是我们。

资金匮乏可能不算是最大的问题，思想的超前，意见的尖锐，可能更加难容于平庸的氛围。记得有一次他过境香港赴台湾开会，为了省钱，舍不得住酒店，在我的宿舍挤了一个晚上，我们聊天到天色放亮，刚要入睡，窗外一只大鸟不断在啼鸣。我说，博东、博东，你研究台湾问题是孤军作战，以个人之力、个人之见打天下，实属罕见。我则在香港办一份两岸都不理解、不支持的杂志。你是孤鸟，我也是孤鸟啊！博东兄，这番话可曾记得？

2000 年冬天的一个晚上，博东兄在北京约我见面，从不喜欢喝酒的他却要喝酒。我这才知道，他正在着手准备把台湾研究室扩展为台湾研究所。

对此我是拼命打气的。因为我知道，如果北京联合大学台湾研究所能够建立起来，一定会成为大陆对民进党乃至台湾问题研究的重镇。当年 12 月 3 日，台湾研究所成立了，虽然人不多，实力有限，但却进入了新的轨道，引起了海峡两岸各界的关注。再过了 4 年多，2005 年 4 月 23 日，台湾研究所又升格为台湾研究院，引进了一批年轻人，分了好几个研究所，经费也充足了，接连举办了好几场大型的学术活动，一派蓬勃气象。作为老朋友的我，为此而格外高兴！

忽然有一年，记得是在 2008 年北京奥运会后，博东兄告诉我，他要退休了，语气之中，有很多无奈，也有很多遗憾。我吃了一惊，担心他会因此生病。于是我带着自己最爱的珍藏，一只树根包着石头的骆驼根雕，到他的复式新居聊天，希望以骨头硬、不会垮的寓意来激励他。虽然退休了，但不要放弃自己的最爱，一个人与两岸关系融为一体了，就没有因为退休了就放弃的理由。我对博东兄说，你看李家泉先生高龄 80 有几了，至今还在为中评网撰写评论文章呢，你算什么老啊？

一个人赤手空拳、从无到有创办了一所台湾问题研究的重镇，所有的心血、岁月都在其中，如何割舍得了？人同此心，我与同事们用了 15 年的时间，创办了《中国评论》月刊和中国评论通讯社、中评网、中国评论学术出版社等传媒机构，今天看来，它就是我的人生最大价值，是血肉相连的共同体。博东兄之于台湾研究院，又何尝不是？但是，退休是自然规律、也是制度，看得开，束缚更加小，天地之宽阔，任君翱翔。

博东兄在他的《自序》“感言与铭谢”中这样说：2008 年 10 月，本人于 64 岁超龄退休。回顾我 30 年来的学术生涯，为推动两岸关系发展和祖国统一大业作出了自己力所能及的微薄贡献。人生一世何所求，个人的力量是渺小的，然而，我为自己能与祖国统一和中华民族复兴的伟大事业紧紧地联系在一起，发光发热，感到无尚荣光、死而无憾矣！晓波兄应本人之邀为拙著撰写“序言”，末尾的一句话令我感动不已。他说，“联大、台大的教职，只是我们的‘职业’，但祖国统一却是我们的‘志业’。职业需要退休，但不到中国实现统一的一天，我们的志业是永不言退的！”这句话充分表达了我俩的共同心声。或许，我和晓波兄都不一定能够亲眼看到祖国实现统一的

那一天，但我们坚信，我们的志业是符合历史潮流的，而符合历史潮流的志业不仅是“永不言退”的，而且最终是必胜的！

见此，我的忧虑释然，博东兄，从一只孤鸟起飞，带回一群大雁，有了人生与祖国统一关系的感悟，那就不是一只平凡的鸟了。《庄子·逍遥游》说：“北冥有鱼，其名为鲲。鲲之大，不知其几千里也。化而为鸟，其名为鹏。鹏之背，不知其几千里也。怒而飞，其翼若垂天之云。是鸟也，海运则将徙于南溟。南溟者，天池也。”博东兄与两岸的有志推动两岸关系和平发展、追求最终实现祖国统一的专家学者们，他们就是怀有鲲鹏之志的必胜者！翻阅《台海风云见证录》的稿目，我要说：博东、博东，你在两岸关系找到了自己的历史定位，已经拥有了自己最大的思想财富，夫复何求？

2012 年 2 月 18 日　写于北京

自序

祖国统一志业，永不言退

在众多朋友、同仁和我的学生们的鼓励、支持和大力协助下，陆陆续续花了大半年的时间，终于把我个人的文集给编辑出来了。大概是因为我受益于历史专业训练的缘故，30 年来我一向比较有意识地收集、保存自己学术活动的相关资料，否则编辑这套文集根本无从谈起。但是，毕竟由于时间跨度太长，涉及的面太广，特别是在上世纪八、九十年代个人电脑尚未普及、互联网尚未出现的那段时间，许多纸质资料都早已散失，无从寻觅了。因此，尽管我的几个学生花了很大气力到处帮我搜寻，仍难免有遗漏之憾。不过，作为我个人的文集，能够编成现在这个样子，已经是很不容易很让我释然了。

我的 30 年学术生涯

光阴荏苒，掐指算来，我的学术研究活动如果从 1979 年底我由外地调回北京到高校任教算起，迄今已逾 32 载。而我也从当年 35 岁的中年人，转眼间到今天已是退休 3 年、年近七旬的“老贼”（孔子有云：“老而不死是为贼”）了。在这 32 年中，前两年忙于教学，先是回北大进修，撰写讲稿，“站稳讲台”，所以真正开始搞科研，实际上是 1982 年以后的事情。也就是说，我的学术生涯到今年整整 30 年。

最初的科研是为了配合我讲授的中国近代史课程教学，从写一些“豆腐块”的普及性小文章求着人家发表开始，再逐步向有一定学术价值的论文发展。当尝到“甜头”之后，对科研的兴趣也就愈来愈浓而一发不可收拾了。这一阶段大约持续了将近 6、7 年的时间，直到 1988 年我碰到台湾学者王晓波。

在此期间，最值得回味而且可以聊以自慰的研究成果主要有以下两项：

一是对蔡锷是否参加过进步党，并由此而延伸出来的蔡锷在民国初年政治立场的研究（见《徐博东文选·历史篇》），在近代人物研究方面作出了小小的贡献，相关考证和观点在史学界恐怕至今无人可以推翻。

二是对近代台湾省籍反割台抗日爱国志士丘逢甲的研究。我和黄志平教授历时4年合作撰写的大陆第一部《丘逢甲传》（相关副产品见《徐博东文选·历史篇》），还历史本来面目，一举推翻了长期以来大陆史学界在左的错误路线影响下对丘逢甲先生的污蔑不实之词，受到史学界的高度肯定，并由此而奠定了我在史学界一定的学术地位。从1987年至今，《丘逢甲传》在海峡两岸已经出版了4个版本。

更重要的是，因为《丘逢甲传》的出版，从此改变了我的学术研究方向。

由于《丘逢甲传》的出版受到学术界包括大陆台湾研究界的关注，当时主持中国社科院台湾研究所工作的李家泉先生极力延揽我到该所工作。但因为我一向在学校“闲散”惯了，去每天都要坐班的台研所工作意愿实在不高，故最终没能去成。

1987年，台湾当局解除戒严，开放大陆探亲。台湾学者王晓波、尹章义教授有感于台湾史遭到“台独”的严重歪曲，牵头在台北成立“台湾史研究会”，并于是年冬，分别邀请大陆厦门大学台湾研究所和北京中国社科院台湾研究所各派一名学者，于次年1月赴台北出席由该会主办的首届“台湾史学术研讨会”，意图冲破海峡两岸学术交流的人为藩篱，挑战台湾当局保守僵化的大陆政策。但在当时的时空环境下，作为官方涉台研究机构的中国社科院台研所不可能派人入岛赴会，于是李家泉先生便推荐我以“中国社会科学院台湾研究所特邀研究员”的身份，代表该所与时任厦大台研所所长的陈孔立教授一起，应邀赴台出席是次研讨会。由于台湾当局的阻挠，“文到人不到”，孔立教授和我最终都没能去成（此事见《台海风云见证录·采访报道篇》）。但我却因此而有幸结识了于当年暑假来大陆参访的晓波兄和章义兄等一批台湾学术界朋友。

与晓波兄和章义兄的接触交流，使我对当代台湾问题研究产生了浓厚兴趣。于是从1989年开始，我陆续发表了几篇论述“台独”与祖国统一问题

的小文章。这几篇小文现在看来显然十分生涩和肤浅，却是我涉入当代台湾问题研究的值得纪念的“处女作”。

1988 年初蒋经国辞世、李登辉上台主政后，台湾当局保守僵化的大陆政策已难以为继，两岸关系的坚冰开始解冻，大陆台湾问题研究逐步升温。1989 年 5 月，在学校同仁的一再鼓励和学校领导的支持下，由我牵头成立起了北京高校的第一个台湾研究室。考虑到当时的研究条件，我们决定选择较为不被人重视但显然很有研究价值的“台独与民进党问题”作为突破口和主攻方向。从此，我的科研方向转向了当代台湾问题研究领域，直至今日。

众所周知，当代台湾问题研究意义重大，但由于理论性、政策性极强，问题复杂而敏感，涉及面很广，故这一领域的研究也极具挑战性。作为一个民间学者，要想在这一研究领域取得一点成绩可谓困难重重。特别是在上世纪八、九十年代，研究经费无着尚在其次，当时两岸双向学术交流尚未开启，资料的获得更是十分不易。在刚刚起步的头几年时间里，我只能靠着一部收音机每天大清早起来收听台湾广播，了解最新台情。想要写篇像样点儿的文章，不管春夏秋冬，那就得骑着自行车大老远跑到北京图书馆港台阅览室，或到全国台联、全国台研会等涉台单位，去借阅台湾出版的书报杂志，才能解决问题。这种情况直到九十年代中期以后才逐渐有所改善。如今研究条件之优越，与当年真是不可同日而语。

我开始涉入当代台湾问题研究，也恰好是李登辉主政台湾之始。其后 22 年来，台湾政局风云变幻，两岸关系跌宕起伏，经过了令人难忘的曲折历程，而我则以一个大陆民间学者的身份，有幸投入其中，亲身经历和见证了这一演变发展的全过程。期间，我先后 16 次入岛参访，撰写涉台调研报告和研究论文，发表时事评论文章，接受过海内外新闻媒体数不清的采访，针砭台湾时政，抨击“台独”，解读大陆对台方针政策；同时，创建和主持学校的台湾研究机构，出席和主办过大大小小数不清的研讨会、座谈会和内部咨询会议，给大陆涉台部门提供决策建言，在反“独”促统的伟大斗争中冲锋陷阵、发言发声，留下了大量的历史记录。

总括而言，30 年来我的学术生涯大致可以划分为前后两个时期：1982

年至1989年的8年间，我的科研主要是在中国近代史领域，其重点是甲午战后台湾人民的反割台斗争与丘逢甲研究；1989年以后至今的22年间，我的学术活动转而全部聚焦在当代热点问题——台湾问题研究，而重点则是民进党研究。

“文集”的编辑框架与主要内容

根据出版社的意见，“文集”的编辑分为两套丛书：一套是汇集我的所有有关当代台湾问题研究的文章以及海内外媒体对我的采访报道，并依照文章的类别编辑成《政论篇》、《时事评论篇》和《采访报道篇》，统称为《台海风云见证录》；另一套是从《台海风云见证录》各篇中挑选出较具代表性的文章，再加上我的历史研究论文，编辑成《徐博东文选》。这种编辑框架我总觉得有点怪怪的，因为后一套的“文选”肯定会和前一套的“见证录”内容大量重复。但出版社也有他们的道理，认为这样编辑既可突显当前的热点问题——当代台湾问题研究，又能体现我的主要研究成果，同时兼顾到“点”和“面”。因此，我也就只好听从出版社的意见了。按照这种编辑框架，重复的内容不计算在内，两套丛书总计收文600余篇、190余万字。

至于各篇中的具体编辑方式，两套丛书则有所不同。《台海风云见证录》是按照文章发表的时间先后顺序排列的。之所以采取这种编辑方式有两个目的：一是保持时间的连续性和内容的系统性，便于读者从一个侧面把握20多年来台湾政局和两岸关系演变发展的大致脉络；二是从中也可窥见本人在当代台湾研究方面从初期的幼稚生涩，到中后期逐步趋向较为成熟的成长过程。而《徐博东文选》则是按照文章的类别编辑的，以反映本人在某一研究领域的主要学术成果。

以下就上述两套丛书的主要内容分别作一简介：

一、《台海风云见证录》，共收文579篇，160余万字，凡4册。

《政论篇》（上、下）：收文97篇，约82万字。该篇汇集了我自1989年以来发表的能够收集到的有关台湾问题的全部研究论文和重要调研报告

（不含“对策建议”部分）。其中三分之二以上的篇幅属于民进党研究论文和调研报告，它集中体现了20多年来我在对台研究方面的主攻方向和主要成果。该篇约有半数文章曾收入到我2003年出版的首部论文集《透析台湾民进党》（台版《大陆学者眼中的民进党》）一书中。需要说明的是，其中有部分成果是与他人合作完成的，这只能在文章的末尾注明了。

《时事评论篇》：收文178篇，约37万字。该篇汇集了我自1989年以来发表的能够收集到的对台湾政局、两岸关系、中（大陆）美台关系、大陆对台方针政策等各类时事评论性短文。这些短文有别于“政论篇”中学术性较强的大块头文章，其特点是短平快，紧跟台湾政局和台海形势发展，一事一议，表达当时我对某一事件的观察、体会和看法。

《采访报道篇》：收文304篇，约40万字。该篇汇集了自1989年以来海内外媒体对我的采访报道。由于境外媒体的报道收集不易，遗漏肯定很多。特别是外国媒体的报道，除了极少数主动反馈给本人的之外，其余的只能一概弃录。再有，多年来海内外电视台、广播电台对我的采访报道为数也很不少，但因难以收录，大都作罢。已经收集到的也因篇幅所限而未能全部收录。另外还需说明的是，已经收录到该篇中的报道，有一部分是两人甚至是多人同时接受媒体采访，因无法一一征询当事人的意见，同时也是为了压缩篇幅，故收录时仅保留对本人采访的部分，他人的言论则一概删去不录。

如前所述，《台海风云见证录》各篇中收录的文章和采访报道，均按时间先后顺序排列，它们互为补充，相互印证，较为完整地体现了我20多年来的对台研究成果，从一个侧面较为清晰地反映了台湾政局和两岸关系演变发展的线索。为尊重历史，编辑时所有收录的文章和新闻报道均保持“原汁原味”，尽管今天看来其中的一些观点显然有些偏颇甚至谬误，不少论述失之肤浅而欠全面深刻，但都保留原貌，和盘托出，以完整保存历史记录，供后人研究参考。

二、《徐博东文选》（上、下），共收文155篇，约80万字，凡2卷。

该“文选”分别从“见证录”的《政论篇》中挑选了40篇、《时事评论篇》中挑选了63篇、《采访报道篇》中挑选了24篇，再加上历史类的文章28篇，总计收文155篇，约80万字，采取分类编辑的方式，编辑成上、

下两卷。应当说，该“文选”汇集了我30年来最主要的研究成果，集中体现了我的研究水平。虽然收入的文章数量不能算少，但真正满意的实在不多。

感言与铭谢

2008年10月，本人于64岁超龄退休。回顾我30年来的学术生涯，为推动两岸关系发展和祖国统一大业作出了自己力所能及的微薄贡献。人生一世何所求，个人的力量是渺小的，然而，我为自己能与祖国统一和中华民族复兴的伟大事业紧紧地联系在一起，发光发热，感到无尚荣光、死而无憾矣！晓波兄应本人之邀为拙著撰写“序言”，末尾的一句话令我感动不已。他说：“联大、台大的教职，只是我们的‘职业’，但祖国统一却是我们的‘志业’。职业需要退休，但不到中国实现统一的一天，我们的志业是永不言退的！”这句话充分表达了我俩的共同心声。或许，我和晓波兄都不一定能够亲眼看到祖国实现统一的那一天，但我们坚信，我们的志业是符合历史潮流的，而符合历史潮流的志业不仅是“永不言退”的，而且最终是必胜的！

十分可喜的是，由本人一手创建的北京联合大学台湾研究院，经过多年来的艰苦努力，一批颇具潜力的年轻研究人员正在茁壮成长，并在大陆台湾研究界开始崭露头角。联大台研院传承了民进党研究的特色，但研究的领域更加广泛和深入，每年完成的调研课题和发表的研究成果，无论数量和质量都在稳步提高。所有这些，都不是我当年“单打独斗”时能够比拟的。吾道不孤，台湾研究和祖国统一的志业后继有人，这是格外令我为之骄傲和欣慰的！

在我的30年的学术生涯中，有太多的领导、同仁和亲友给予我热忱的扶持、鼓励和帮助。特别是动过两次心脏大手术、一直体弱多病的我的老伴张明华，数十年来与我风雨同舟，同甘共苦，全心全意地支持协助我的科研工作，不仅几乎包揽了全部家务劳动，让我“饭来张口，衣来伸手”，心无旁骛地集中全副精力从事科研工作，而且早些年还要协助我搜集资料，甚至

彻夜为我打印稿件。她常常是我的研究成果的第一读者同时也是最称职的“审稿人”。如果说我的30年的学术生涯还算取得了一点成绩的话，那么一半的功劳实在应当记在她的名下。

本人这两套丛书的编辑出版花费了许多人的心血。我的几个学生郭庆全、费洪伟、徐晓宇、栗琰，想尽办法帮我搜寻到许多散失的文稿和海内外新闻媒体的采访报道，还花了大量时间帮我把纸质文稿一篇一篇打成电子稿；北联大台研院的同仁胡文生博士、陈星博士和李振广博士也为此帮过我不少忙，付出过很大的心力。如果没有他们的鼓励和协助，说实话我根本没有信心编辑这两套丛书。

再有，王毅主任、陈云林会长、孙亚夫副主任、王在希副会长、李家泉教授俯允为拙著题词、题写书名，年逾八旬的唐树备主任和工作极其繁忙的铭清、晓波、伟峰三位仁兄以及周荃董事长，欣然分别为拙著撰写序言，可谓“拉大旗做虎皮”，使拙著增色不少。他们对我的悉心爱护和鼓励，我将铭记于心；此外，北联大台研院谭文丛、刘文忠两位现任院领导，对编辑出版本人的文集高度重视与鼎力支持。我的“小老乡”——广东梅县围龙屋实业有限公司黄文献总经理慷慨解囊，资助本文集的出版。在本丛书即将出版之际，一并对他们表示衷心的感谢！

最后，还要感谢九州出版社的领导徐尚定、王杰、张万兴和具体负责编辑工作的李勇、王守兵、祝松、吴捷、刁欣、郝军启、石增银，对本丛书编辑出版的重视和所付出的辛劳。

徐博东

2011年12月3日　于京北温泉花园

目　录

“台独”思想产生的历史渊源

国民党当局迁台以后，始终都标榜自己是中国的“正统政权”，口口声声宣称完成统一中国是它的“神圣使命”，在实行“戒严法”的三十多年时间里，国民党当局始终对任何主张“台独”的思想言论严加禁止和取缔。

既然如此，为什么台湾还会产生“独立”问题？而且近些年来日益发展，以致今日蔓延、泛滥呢？

“台独”思潮的产生有其历史渊源和复杂的内外背景。台湾在光复之前，并无所谓“台独”思潮和“台独”组织，但应当看到，“台湾是台湾人的台湾”，这种居于“地域观念”而产生的所谓“台湾意识”，在广大台湾同胞中的确是普遍存在的。

“台湾意识”的形成固然可以上溯到久远的历史时期，但我认为主要的具有决定意义的因素是：甲午战败、《马关条约》的签订。腐败卖国的清政府可耻地出卖了台湾，使台湾背负了中国国弱民贫的恶果，单独地成了中国的“弃地”。

其次，日本对台湾实行了长达半个世纪之久的残酷的殖民统治，台湾同胞过着备受歧视凌辱的“二等公民”的悲惨生活，很自然地形成一种“与日本人对立的强烈的台湾人意识”。

此外，台湾同胞在长期的、艰苦的反抗日本殖民统治的斗争中，由于当时祖国大陆处于分裂割据的状态，内忧外患、自顾不暇，没有也不可能给予台湾同胞应有的支持和援助，因此，也发展出“祖国没有希望”、“台湾是台湾人的台湾”、“台湾人必须依靠自己解救自己”这种具有主体性的“台湾意识”。

对于这种由于上述历史原因长期养成的台湾同胞中普遍存在的“台湾意识”怎么看？以往一般研究者似乎否定者居多，而我则以为它具有以下两重性：

一、对外，台湾同胞的这种“台湾意识”具有反抗日本殖民统治的积极意义，应以肯定和赞扬。

二、对内，这种意识又有对祖国大陆失望以致怨恨的消极意义。如果处理不当，容易转化为“分离意识”和“独立倾向”。但是在尚未“转化”之前，这种意识毕竟还属于“地方观念”的一种表现，和“分离意识”和“台独思想”有着本质的区别，两者不能相提并论，同日而语。事实上，在广大台湾同胞中，占据主导地位的始终是“中国意识”。

事实也确实如此，尽管台湾被清政府可耻地出卖给了日本，但台湾同胞强烈的祖国感情仍然难以割舍，《马关条约》签订后，一再向清廷抗争，以武力反抗日本侵略者的割占，并且电奏清廷，表示“永戴圣清”。在日本统治台湾的半个世纪里，台湾人民从来没有停止过反抗，从来没有忘记自己是中国人。

日本对台湾的殖民统治，尽管使台湾与祖国大陆分离长达五十年之久，尽管培养起一种特殊的“台湾意识”，但台湾同胞并未产生要和祖国闹“独立”的分离主义意识，其“中国意识”依然根深蒂固，不可动摇。在日本侵略中国大陆期间，有相当数量的台湾同胞还冒着生命危险，内渡祖国大陆，投身抗日阵营；日本投降、台湾归回祖国，台湾同胞奔走相告，兴高采烈，夹道欢迎前来台湾“接收”的国军，这些都是明证。

但是，台湾光复以后不久，“台独”运动却随之产生，并不断发展壮大，以致今日这般嚣张，原因何在?

考查四十多年来“台独”产生、发展的历史，的确有其复杂的内外背景。

从国际背景来看，一九四五年日本投降后，日本军国主义势力对台湾归回中国心有不甘，不愿丢弃在台湾的利益；而美国则基于其远东战略利益的考虑，也妄图染指台湾。于是，美日反动势力便携起手来，扶植、支持“台独”势力，企图使台湾永远与中国分离，以达到其不可告人的目的。

“台独”的产生有一种观点认为是一九四九年“二·二八”事件以后的事情，其实，早在一九四五年八月日本宣布无条件投降后，台湾就出现了第一个“台独”组织。当时，日本一小撮少壮派军人不甘心失败，联合了一些在日据时代的台湾败类、既得利益者，妄图策动台湾“独立”运动，但未能成功。有史料证明，在此之前，美国也曾有支持“台湾独立”的意图。

也就是说，即使不发生“二·二八”事件，“台独”依然会发生，这是战后美日两国对华政策的必然产物，而且事实上在“二·二八”之后，“台独”运动也确实是在美国、日本反动势力的培植、卵翼下才得以生存和发展起来的。“台独”运动虽然首先兴起于香港，但很快便转往日本，六十年代中期后，其活动中心又逐步转到美国。时至今日，美国仍然是海外“台独”运动的大本营，如果不是美、日反动势力的扶植与支持，“台独”运动恐怕连一天也维持不了。

至于后来岛内“台独”运动的发展，以及海外与岛内“台独”势力的合流，也无不是美国对华政策的产物。在中美建交之前，它极力制造“两个中国”、“一中一台”，既支持国民党当局抗拒大陆人民政权的统一呼吁，又支持“台独”分子牵制国民党当局，使其放弃“反攻大陆”的梦想，转而实行“台湾化”、“本土化”政策。中美建交后，美国国会的少数政客和学术机构，甚至公开支持“台独”运动，为“台独”分子打气、撑腰。这些政策和行动，是“台独”势力近年来日益膨胀和发展的外部原因。

从国内背景来看，海峡两岸的长期分裂对立，给“台独”势力的生存和发展提供了温床。具体地说，我以为应当从以下两个方面来考查：

从台湾岛内来看：国民党逃台以后，实行专制独裁统治长达四十年之久，激起了广大台湾同胞的强烈不满，使一部分台湾同胞原本具有的带主体性的“台湾意识”更趋强烈。

蒋经国去世后，上层权力结构发生了重大变化，台湾当局加速推行所谓的“民主化”和“本土化”；一改原来对“台独”的严厉政策，对主张“台独”的言行采取“睁一只眼闭一只眼”的宽容态度，因而使“台独”势力逐步获得了生存空间。近年来，当局大力推行“两个中国”、“一中一台”，以图谋取“台湾的独立国际人格”、“重返国际社会”。这种政策与“台独”主张异曲同工，因此，从政策上就失去了驳斥和制裁“台独”的道德依据，只能助长“台独”思潮的发展。再加上国民党当局四十年来的“反共、仇共”宣传，使台湾同胞产生“恐惧症”。而这种长期以来形成的意识，并不是一朝一夕轻而易举便可以消除的。这一点也是不应忽视的问题和因素。

总之，“台独”思潮的产生和发展，的确有其深刻的历史渊源和复杂的内外背景。

（《人民日报·海外版》，1989/12/21）

试析“台独”运动的发展前景

近年来，“台独”势力急剧发展，目前在岛内已不仅仅是一般的社会思潮，业已成为一股掌握了一部分权力的不可忽视的政治势力。今后，“台独”运动的发展前途如何？台湾从中国分离出去的可能性究竟有多大？这是当前人们十分关注的一个问题。

对此，岛内外的“台独”人士总是对自己估计过高。“新国家连线”总召集人前民进党主席姚嘉文即宣称：“台湾独立建国只是时间问题”。有人甚至订出了在今后七至十年之内实现“台湾独立”的时间表，预言将在2000年之前解决台湾的所谓“建国”问题。

面对“台独”咄咄逼人的气势，和台湾国民党执政当局步步退让、姑息纵容的态度，海内外的一些爱国进步人士无不忧心忡忡。

我们认为，海内外爱国进步人士的忧国忧民之心是可以理解的，但过分“担心”和“疑虑”却是缺乏根据因而也是没有必要的。至于“台独”人士的“乐观”，则是他们对历史、对现实以及对未来昧于观察与思考。

不错，在今后可以预见的一段时间里，“台独”仍然存在一定的发展空闻，并可能在一定范围内得到相当程度的扩张，这是因为：

（一）从国际背景来看，不愿意看到中国统一富强的某些外国反动势力，还将采取种种方式继续给海内外的“台独”势力予同情支持和撑腰打气。尤其应当指出的是，美国政府继续实施的对华“双轨政策”，仍将是海内外“台独”势力赖于生存和发展的主要推动力和总根源。

（二）从岛内背景来看，由于国民党执政当局仍将继续适应美国对华政策的需要，对内实行所谓“民主化”、“自由化”，蓄意姑息纵容“台独”势力的发展；对外则将变本加厉地推行所谓“弹性外交”、“务实外交”，实质上制造“一国两府”即“两个中国”、“一中一台”。这样，势必模糊它与“台独”的界限，因此，在今后一段时间里，“台独”势力在岛内仍将具有相当程度的生存发展空间。

（三）由于海峡两岸的长期隔绝，加之国民党无孔不入的“反共、仇共”宣传，在台湾同胞中普遍形成了一种对祖国大陆的“隔膜感”和“恐惧感”。尽管近年来两岸敌对关系有所缓和，各项交流和联系日愈恢复和发展，这种不正常的“心态”有所减轻，但毕竟不可能在短时间内很快消除。而“六·四”天安门事件之后，国际反动势力掀起的反华逆流，以及岛内国民党当局对大陆的刻意丑化和歪曲宣传，又在一定程度上起到了“火上添油”的恶劣作用。台湾民众中的这种心态，对“台独”的生存和发展，也是有利因素。

（四）不能不看到，目前苏联和东欧政治局势的动荡，全球范围内社会主义事业所遭受到的暂时挫折和困难，以及由此带来的国际政治格局的可能演变，也势必对两岸关系的发展产生某种负面影响，并在一定程度上有利于“台独”的生存和发展。上述几点恐怕是“台独”人士之所以如此“乐观”，而某些爱国进步人士之所以“疑虑”的原因所在。

但是，如果我们从历史的角度来考查，从长远的观点看问题，稍作深一层的分析，便不难得出结论：上述主客观条件都是靠不住的，“台湾独立”，只不过是他们的幻想而已，道理何在？

从宏观的历史的角度来看，造成中国分裂局面的最根本因素——中国的贫穷落后、中央政府的腐败无能，已经发生了历史性的根本变化。在事关中华民族整体利益的原则问题上，中国政府是不可能作丝毫的让步的，对此，“台独”人士不可不察。

从微观的形成“台独”的主客观因素来看，情况也已发生并正在发生着重大变化。

首先，产生“台独”的外因主要是美国分裂中国的政策。美国从其远东战略利益出发，很不愿意看到中国实现统一，于是它一方面极力扶植台湾国民党当局，抗拒祖国大陆和平统一的呼吁，实行“反共拒和”的偏安政策。另方面，又培植、支持“台独”势力，以牵制国民党当局，即所谓“以台制共、以独制台”。但是，由于中国大陆在国际政治、经济上的作用举足轻重，因此，从美国的全球最高战略利益考虑，它又有求于中国，不能不和中国大陆保持一种相对的友好关系。因而在台湾问题上，美国也不能无视中国的立场，并势必依据其最高战略利益的需要，不断有其调整和修正。台湾国民党当局也好，“台独”势力也好，在美国人眼里，统统都不过是它战略天平的一个砝码而已，有用则视之如宠物，无用则弃之如敝屣。在国际交往中，美国所干下的这种勾当难道还算少吗?!

不难预料，随着中国大陆改革开放政策的进一步实施，国力的不断增强和国际地位的进一步提升，美国在台湾问题上的立场将不得不逐步后退，不可能甘冒与中国大陆冲突的风险，而公然支持“台湾独立”，脱离中国，从而损害其最高战略利益，充其量像目前这样，指使某些政客或所谓学术机构，打着“个人”或“民间团体”的幌子，采取一种不体面的方式，或明或暗地给“台独”势力予以支持。但这种支持是有一定限度的，一旦“台独”势力的发展突破了美国限定的范围，危及到它的战略利益，美国是决不会允许的。在迫不得已的情况下，美国为了维护自己的切身利益，公然抛弃“台独”势力，也绝非是不可能的。所以，“台独”人士不要过于天真。

其次，以形成“台独”的内因而言，是由于国民党当局实行“反共拒和”的大陆政策，两岸同胞骨肉分离，长期隔绝，并造成海峡两岸政经制度、文化发展、价值观念和生活水平等方面的很大差距、从而为“台独”的生存和发展提供了温床。正因为如此，目前尚不具备很快实现和平统一的成熟条件。但是，这种状况近些年来也正在发生着根本性的转变。

（一）由于大陆实行改革开放政策，近 10 年来各方面取得了长足的进步。可以预见，随着经济治理整顿的顺利进行，发展速度势必进一步加快。而台湾经济，则因政局动荡、社会秩序混乱、劳工短缺，投资环境恶化以及受到国际贸易保护主义的打击等因素的制约和影响，目前的发展势头已趋缓慢，甚至已呈现出经济衰退的种种迹象。因此，随着时间的推移，海峡两岸的经济发展和生活水准的差距必将逐步缩小。这样，国民党当局赖于拒绝和谈的借口也势必不复存在。

（二）由于近些年来台湾国民党当局不得不逐步调整它早已僵化了的大陆政策，两岸的敌对关系有所缓和，各项交流得以恢复并日益频繁，台湾同胞的“隔膜感”和“恐共症”逐步减轻以至消除，“民族认同感”将随之加强，“台独”主张在岛内民众中势必日益失去本来就不大的市场。

（三）由于两岸经济发展各有优势，正好形成一种“互补”形势。互相需要，互相吸引，近年来经贸关系已日益密切，合作日益广泛和深入。“政治是经济的集中表现”，这种经济关系继续发展下去，势必先于政治而形成有机的纽带，使海峡两岸逐渐变成不可分割的整体，从而促进祖国的和平统一大业最终实现。

再次，以岛内而言，“台独”赖以生存的社会基础和阶级基础也正在日益削弱。目前，“台独”势力已面临着以下难以解决的三大矛盾：

（一）首先是“省籍矛盾”：“台独”建国的精神认同是所谓“台湾民族论”，即宣扬“台湾人不是中国人”，台湾已形成一个独立的“台湾民族”。而这种“台湾民族论”是以闽南语系台胞为主体的，但今天的台湾人口构成，据资料统计，除闽南语系外、客家人占22%，外省人占15.8%，原住民占2%左右，三者相加，占去台湾总人口的将近40%。因此，“台独”人士鼓吹这种“民族论”，已经引起这部分台湾民众的反感和排斥。即使是闽南语系的绝大多数台胞，也从感情上很难接受。

另外，“台独”把外省人视为“异族”，把国民党政权视作“外来”的政权，宣传所谓“外省人压迫台湾人”，可是由于近几年来，国民党实行“本土化”、“台湾化”，许多台籍人士进入决策阶层和各级权力核心，连“总统”和国民党的主席都由台籍人士担任，目前，各地方议会的议员则几乎已是清一色的台湾人。这样，“台独”在这方面的“理论”也已不攻自破。

再者，从社会结构来看，外省人也已老早不是台湾的统治阶级，据1987年5月的统计资料显示：拥有生产资料的外省人只有16.3%，而本省人却相对有63.3%。如果按照“台独”人士的“理论”，究竟是外省人“压迫”、“剥削”本省人呢，还是本省人“压迫”、“剥削”外省人？很显然，宣扬所谓“省籍矛盾”已完全失去了意义。

（二）再说“政治目标矛盾”：支持台湾党外运动的社会基础主要是中小企业或中产阶级，因为这部分人历来在阶级利益上与代表大资产阶级利益的国民党当局有很深的矛盾。可是，由于台湾投资环境日益恶化，中小企业面临倒闭破产的命运，纷纷到海外寻找出路。目前，到大陆投资设厂、经商者愈来愈多、大有不可阻挡之势。最近王永庆的大陆之行，已在岛内造成了“轰动效应”。不难设想，一旦台湾经济与大陆连成一体，“台独”欲实现其“台湾独立”的政治目标，势必引发海峡两岸政局的剧烈动荡，从而危害到台湾中小企业的经济利益，那么，“台独”势力必将失去台湾工商界人士的同情和支持。

第三是“阶级利益矛盾”：在台湾，支持“台独”的虽然是一些中小企业者，但票源最多的还是受剥削、受压迫的广大劳工群众。目前，台湾的劳工阶级正在日益觉醒。面对这种形势，“台独”人士不可能做到左右逢源，既要保住票源，又不得罪资本家老板。不能不说这也是使“台独”人士左右为难的一大矛盾。

近些年来，“台独”人士不断修改他们业已漏洞百出、不能自圆其说的“理论体系”，正反映了他们内心的这种“苦衷”。

总之，从以上宏观与微观、历史与现实的综合分析，随着时间的推移，内外因素的不断发展变化，可以断言，“台独”运动势必日益丧失它赖以生存发展的凭籍，其最终的失败是命中注定了的。

（《台盟》，1990/02/28）

民进党“台独”声浪为何升温

统“独”成为争权的筹码

一九九〇年十月七日，民进党四届二全会议通过了“我国事实主权不及中国大陆及外蒙古”的决议案，即所谓“事实主权独立文”。以此为开端，岛内再次掀起了一股不大不小的“台独”声浪。与以前相比，可以发现这次“台独”活动的“升温”有几个显著特点：

1. 这次“台独”活动的主角，以民进党整体的面貌出现，与以前“新潮流系”独唱跛脚戏的局面显然大为不同。它标志着民进党内两大派系在此问题上的合流。

2. 在这次“台独”声浪中，岛内外“台独”组织公开、密切地配合，双方遥相呼应，在海内外引起了一定反响。这表明岛内出现了对“台独”活动相对宽松的政治环境。

3. 继“事实主权独立文”之后，民进党进而成立了“台湾主权独立运动委员会”。他们制订计划，研讨方略，并准备利用刚刚争得的议会提案权推动“台独”活动的发展。这反映了“台独”活动已从“只能说”的阶段向“亦说亦做”的方向转化。

4. 这次再度掀起的“台独”声浪的诉求方式，以所谓“合法”手段为主，没有出现大规模街头示威和暴力冲突，但舆论攻势显著加强。这表明民进党的“抗争”策略出现明显转变。

民进党内部份人士的极端“台独”主张由来已久，并非新闻。而其内部两大派系在“台独”的策略、步骤方面的分歧，亦为世人熟知。仅在数月之前的“国是会议”召开前夕，“美丽岛系”主要人物黄信介、张俊宏均曾表示：“现在讲台独还不是时候”、“当务之急是宪政改革”。但在数月之后的民进党四届二全会议上，两派突然如此一致地以一个腔调说话，确实令人瞩目。事实上，在“国是会议”以后，台湾岛内外的形势发生了很大变化。这种变化促使“台独”活动更趋复杂，统“独”问题已不仅仅再是一个两岸关系问题，在政党之间的权力、利益之争中，统“独”问题成了一种争权夺利的政治筹码。可以说，环境的变化促成了民进党内两大派系的合流，而这种合流是通过对所谓“我国事实主权不及中国大陆及外蒙古”的认同来完成的。具体地说，造成民进党此次“台独”活动升温的原因有以下几点：

1. 形势的变化使民进党失去了诉求目标。去年年底的三项公职选举中，民进党取得了不小的成绩。从表面上看，民进党的社会地位有了进一步的提高。但是，在这种胜利面前，民进党却正在失去同国民党抗争的主动性。民进党之所以能在台湾民众中建立起一定的影响，主要是由于它的反国民党独裁和追求民主的坚定不移。但是随着国民党统治策略的改变，民进党的这种优势则逐渐减弱。继开放党禁和报禁后，今年七月召开的“国是会议”，朝野双方就民进党的主要政治诉求达成了共识。会议结束后，国民党成立“宪改”规划小组，一步步地落实会议精神。李登辉宣布一年内终止“动员戡乱时期”；“中央民代”的全面改选、“省、市长”的民选、“总统”的直接民选、“宪法”的修改、“临时条款”的废止等等问题，均已开始策划实施步骤、程序。民进党的目标在一个个地实现，但实现以后怎么办？民进党显然准备得不充分，他们想不出更进一步的、更高层次的目标，只是泛泛地喊着“还政于民，还财于民”。特别是民进党缺乏经济管理和行政管理人才，所以在台湾经济与政务管理方面，他们拿不出有号召力的方案，只剩下在大陆政策上做做文章，以向民众表示其反国民党的角色不变，“台独”也就自然成为他们唯一的诉求目标了。

“台独”从“说”到“做”

2. 形势的变化迫使民进党整合内部矛盾。尽管民进党在去年的选举中收获颇多，但对比国、民两党的情况，不难发现，在选举结束后，特别是“国是会议”结束后，李登辉着力化解国民党内主流派与非主流派的矛盾，推动党务革新，强固基层组织，准备应付“宪政改革”。而民进党在“胜利”之后，却并不振作。朱高正、康宁祥、费希平等重要骨干相继脱党，黄信介亦一度萌生退意。“新潮流系”攻击“美丽岛系”出卖原则，民进党财务亦日见拮据。民进党的这种状态显然与迅速发展的台湾政局不相适应。九月十日，李登辉在会见黄信介与康宁祥时明确表示：“动员戡乱时期之终止将于一年内予以宣告”，“宪政改革策划小组”的法制分组的工作将于一九九一年一月底以前完成，工作分组的工作将于一九九一年四月结束。九月十二日，“宪改小组”的法制分组提出了一五〇种因“动员戡乱时期”的终止需要修订的法规。十月，“宪改小组”工作分组研议的有关省、市长民选、“省、市制度法制化”等议题获得结论。十一月五日，法制分组就第二届“中央民代”产生形成结论，决定于一九九一年底选举产生“国代”三七五人组成第二届“国大”；一九九三年二月一日以前办理第二届“立、监委”选举；一九九六年三月“总统”直选。显然，一五〇种法规的修正，将给“立委”提供充分的表演舞台，而第二届“民代”的选举是民进党梦寐以求地走上问政之路的良机，但是内部竞争激烈的状态是无法适应这种局势的变化的。所以，形势迫使民进党还须进行内部整合。意欲整合矛盾，双方必须多作让步。在“台独”问题上，两大派系本无实质的冲突，只是在策略、步骤上颇具歧见。故此，形势使然，一拍即合，黄信介、张俊宏等做出让步，通过“事实主权独立文”弥合“美丽岛系”与“新潮流系”的裂痕。作为回应，“新潮流系”也以配合的姿态使民进党中央党部于十月十二日通过了“尽量避免冲突运动”的决议，以迁就黄信介等主张的议会路线。这样，使民进党开始以整体的面貌和“合法”的手段掀起“台独”声浪，并进而成立“主权独立运动委员会”，将“台独”活动从“说”引向了“做”。

3. 美国势力的支持。北京“六·四”事件后，美国对中国开始实行“经济制裁”，意图以这种手段迫使中共屈服于西方压力。除此之外，为配合这一政策，美国又开始进一步支持岛内外的“台独”势力，以进一步威胁中共。一九八九年七月，美国参议院外委会主席佩尔等人签署的“台湾民主前途决议案”在参议院全数通过。此后，台湾国民党、民进党要人纷纷访美，一九九〇年以来，美、台间的接触进一步增加，其结果，在国民党方面是要“冷却大陆热”，在民进党方面，则是和以在美为主的海外“台独”组织公开结盟，遥相呼应。九月，美白宫国家安全会议亚洲事务专家包道格在会见台湾“立院”访问团成员时公开指出：“台湾可虑的一点是敌我意识消失”，煽动仇视大陆的情绪。十月，美国众院外委会亚太小组召集人索拉兹在众院举行“台湾近况会议”，公开支持“台湾前途以公民票决”。十一月，美国传出信息：以全新的F－18战斗攻击机或高性能F－16战斗机出售给台湾的方案正在拟议中；同时，美国参院亚太小组召集人穆拉尔斯基在访台时扬言，“美国政府支持台湾的住民自决”。美国的这种政策，无疑给岛内外的“台独”活动注射了一针兴奋剂。事实上，民进党之所以能够成立并活跃于台湾政坛，在很大程度上正是依赖于美国的暗中支持与庇护。因此，民进党的政策、策略的取向在很大程度上要受制于美国的对华、对台政策。离开美国的支持，民进党很难在台湾政坛上立足。

冷战结束后的重点

4. 国际形势变化的影响。戈尔巴乔夫的“新思维”推行以来，世界力量对比发生了巨大变化。两德宣告“统一”、冷战宣告结束、南北朝鲜关系缓和，特别是东欧集团放弃了社会主义制度。从表面上看，这种世界范围内的缓和趋势有利于中国的统一。但另一方面，这种趋势也给“台独”分子带来了幻想。两岸的统一，欧洲的缓和，共同体集团势力的强化，使美国在欧洲的影响力大为缩小；日本的崛起，使美国在亚洲的地位亦受到挑战。在这种情况下，台湾的地位自然要成为美国全球战略中的重点之一，这给民进党“台独”分子以很大的希望。另外，东欧国家在资本主义化以后，经济迅速恶化，四处寻求外援。台湾已和匈牙利、苏联等国迅速接触，这给“台独”势力争取国际认同也带来了巨大的幻想。在这种国际形势下，民进党自然要善加利用，以加强它在台湾政坛中的影响，并向国民党当局施压。

5. 国民党的纵容。蒋经国逝世后，国民党内本土派势力通过李登辉崛起上升为主流派。以李登辉为代表的主流派，无论从感情上还是政治倾向上，与“台独”主张都十分接近。故此，李登辉上台后，在“政治民主化”

的口号掩盖下，对“台独”势力采取了明显的宽容态度。事实上，李登辉本人亦有明显的“台独”倾向，李登辉主政后的“一国两府”、“弹性外交”与民进党的“主权独立”主张并没有本质区别。李登辉正式当选“总统”后，对“台独”势力采取进一步放任的政策，与这次“台独”活动的升温有直接影响。在去年的选举中“新国家联盟”活跃一时，海外“台独”人士返台“助选”，尽管台湾当局作了些表面文章，但事实上如果没有当局的默许，海外“台独”人士数度往返台湾是不可能的。李登辉当选后以“特赦”的名义，释放了大批“台独”骨干。四月，时任“外长”的连战公开表示要助彭明敏返台；五月，施明德在完成“特赦”手续的情况下出狱；六月，陈昭南返台在被捕关押四天后被“高检署”开释；七月，“台独联盟”表示两年内将“迁盟回台”，民进党人黄华拒绝因其“台独”言论出庭，并称“近几个月来我一直在公开场合活动”；八月，江鹏坚赴美，使民进党与海外“台独”组织建立起公开联系；九月，“台独联盟”在美召开十三届代表大会，部署迁盟回台，并称该组织主席李应元的返台“已使联盟返台踏出第一步”；十月，民进党“主权独立决议文”经与国民党沟通，增加“事实”二字安全过关；十一月，台湾“立院”讨论“台独”问题，《中国时报》称为“开启了直接、理性而务实地讨论台独问题的新纪元”；十一月十四日，民进党成立“台湾主权独立运动委员会”，准备推动“台独”活动，并表示“不在乎国民党对‘独委会’的态度”。从上述这些简单的回顾中可以看出，国民党的容忍，使岛内外“台独”活动步步升温。实际上，国民党利用“台独”势力打击党内反对派也以此要挟大陆，必要时又用“统一”来消弭党内反对声浪，也向美国讨价还价。一旦目的达到，“见好就收”，这就给民进党和“台独”活动提供了充分的活动空间。

（《海峡评论》，1991/2 月号，与何磊合撰）

台湾当局要的是什么“生存空间”

近来，台湾岛内一些人一再宣称：“中共在国际间不再继续孤立我们”，给台湾以“国际生存空间”，才是“善意回应”。我们来看看这里所说的“国际生存空间”是什么意思？他们要的是什么样的“善意回应”？

何谓“国际生存空间”

所谓“国际生存空间”是一个含义并不确定的概念，在政治学上很少有人使用。笔者理解，它基本上包括以下两个层面的意思：一是一个国家或地区在国际社会上的经济、文化、科技、体育等活动的领域；二是各国政府间国际的政治活动范围，前者是一种民间的、非官方性质的活动空间，而后者严格地说，应称为“外交活动空间”，即国家与国家之间的一种政治关系。在这种“空间”中，任何活动，都只能由代表国家主权的合法政府参与，这是世界各国共同遵守的被公认的一个重要国际关系准则。

台湾并不缺少应有的“生存空间”

很显然，按照上述对“国际生存空间”的理解，台湾作为中国的一个省，它并不缺少“生存空间”。在不违背“一个中国”的前提下，大陆从未阻挠过台湾的对外民间交流活动。相反，大陆希望台湾社会繁荣，人民生活富足，对于台湾在经济上所取得的进步，都表示由衷的高兴，这是真正的同胞情谊。对此，不抱政治偏见的海内外人士都有公论。最近一位台湾学者就曾指出：“平心而论，中国并未阻止台湾的对外经济、文化活动。”事实也确实如此。一九七一年联合国取消了台湾窃据的代表席位以后，台湾的对外贸易却从一九七一年开始出现顺差，并在以后的年代中一直维持外贸顺差，其平均值达到占“国民生产总值”毛额的百分之十，最高达到百分之二十。

到目前为止，台湾和世界上一百多个国家和地区保持着经济关系。据台湾有关单位统计，去年台湾进出口总额为一千二百一十九点三亿美元，其中出口总额为六百七十二点一亿美元，进口总额为五百四十七点二亿美元，顺差一百二十四点九亿美元。众所周知，台湾经济是外向型的海岛经济，对国际市场依赖极大，如果没有广阔的“国际生存空间”，不要说台湾当局所津津乐道的“经济奇迹”不可能出现，恐怕经济早已崩溃，日子早就混不下去了！

经济如此，在文化、科技、体育等方面情况也大抵相同。台湾与世界其他地区的联系与交流，只要不违反“一个中国”的原则，大陆方面同样不予干涉和阻挠。

事实证明，台湾作为中国的一个省，它并不缺乏应有的“国际生存空间”，而大陆也从未封杀台湾的“国际生存空间”，恰好相反，当台湾同胞在世界范围内遭遇到困难时，也总是出于“同胞之爱”，尽量设法予以保护和帮助。在去年海湾危机中，中国驻科威特使馆帮助台湾“中华工程公司”人员撤退一事，便是明证。所有这些，台湾当局并非不知。既然如此，台湾当局为什么仍抱怨大陆在国际间“孤立”台湾，不给台湾“国际生存空间”呢？显然，台湾当局要的是另一种“国际生存空间”，即在国际上制造事实上的“两个中国”和“一中一台”的“外交活动空间”。

外交空间当然不能给

按照国际法及有关国际惯例，一个国家只能有一个合法政府行使国家主权。中华人民共和国作为中国唯一的合法政府，有权力也有义务维护国家的主权与领土的完整，对于一切妄图分裂国家、分裂主权的阴谋活动，理所当然地要予以坚决反对和制止，对于台湾当局所要求的那种以分裂祖国为目的的所谓“国际生存空间”，中国政府当然不会也不可能同意。这是坚持统一还是容忍分裂的原则问题，不可能有丝毫讨价还价的余地。

应当指出的是，台湾当局一方面口口声声宣称它“坚持一个中国”，主张“中国必将统一”，另方面却要一味宣扬“重返国际社会”，积极推行“弹性外交”、“务实外交”，企图在国际间制造“两个中国”的局面。最近，还在“立法院”通过“重返联合国建议案”，又在美国媒体上刊载鼓吹“双重承认”的广告。凡此种种，表明台湾当局不顾国家民族利益，正在借“拓展国际生存空间”的名义，不折不扣地走着一条对抗统一、谋求“一国两府”进而制造“两个中国”的危险道路。

祖国统一是台湾的唯一出路

“分则两害，合则两利”。四十多年来海峡两岸分裂对立局面，已经给中华民族的振兴与腾飞造成了难以弥补的巨大损失，台湾今天所面临的种种难以解决的问题，归根结底其根本原因就出在这里。“亡羊补牢，犹未为晚”，台湾唯有尽快按照“一国两制”的方针与祖国大陆实现和平统一，才能拓展更大的“国际生存空间”，从根本上解决岛内所面临的各种困难；唯有实现统一，台湾人民才能和大陆人民一道共享中国人应有的尊严；也唯有实现统一，台湾才能真正摆脱受制于人、看人家脸色行事的屈辱地位，获得名副其实的“国际人格”。

“世界潮流浩浩荡荡，顺之者昌，逆之者亡”，台湾当局应当认清形势，丢掉一切不合实际的幻想，顺应历史发展潮流，响应中国共产党关于国共两党对等谈判的建议，为早日实现祖国的和平统一切切实实地多做一些实事。

（《人民日报·海外版》，1991/08/06，与何磊合撰）

实行国共谈判是促进祖国统一的最佳途径

实行国共两党的对等谈判，以解决祖国和平统一问题，是中共的一贯政策主张。这一建议早在八十年代初即已提出，其后又经邓小平、江泽民等中共领导人一再加以阐释。中共中央台办负责人在一九九一年六月七日谈话中再次授权重申："中国共产党和中国国民党派出代表进行接触，以便创造条件，就正式结束两岸敌对状态，逐步实现和平统一进行谈判。"我认为，中共这一建议是从海峡两岸和国共两党的实际情况出发的，是合情合理的，因而也是目前唯一能够打破僵局、促进祖国和平统一大业早日实现的最佳途径。

为什么这样说呢？这需要从历史与现实两个方面来考察。

首先，从历史的角度来看：

其一，中国何以会出现分裂的局面？海峡两岸同胞何以会长期蒙受骨肉分离之苦？究其原因，当然首先是由于战后美帝国主义为其远东战略利益的需要，干涉中国的内政，竭力推行分裂中国政策的结果。但这只是造成中国分裂的外部原因。外因是要通过内因才能起作用的。中国分裂的根本内因是什么？正是由于国共两党的争执和内战，才是外因得以有机可乘，从中渔利。而目前海峡两岸之所以仍然处于"敌对状态"，不能进行良性互动，归根结底，是由于历史上国共两党的内战所遗留下来的积怨与隔阂至今未能消除。中国有句俗话说得好："解铃还须系铃人"，理所当然应当由国共两党本着对历史、对民族负责的态度，心平气和地坐下来好好谈判，尽快消除分歧，进而携手共谋祖国的和平统一，别人是无法替国共两党"越俎代庖"、解决争端的。

其二，国共两党虽然纲领不同，对中国的发展道路有着不同的认识和主张，但是众所周知，在二十年代和三十年代的后半页，为了反对共同的敌人，国共两党曾经本着求同存异的原则，互作妥协和让步，通过和平谈判与协商，进行过两次成功的合作。因而团结和领导了全国人民取得了北伐和抗日战争的伟大胜利，为中华民族的生存和发展做出了卓越的贡献。今天，时代虽然完全不同了，但国共两党都一致主张“只有一个中国”、“中国必将统一”，都希望振兴中华，建设统一、富强、文明的新中国。也就是说，国共两党虽有矛盾和分歧，但仍然存在着再度合作的政治基础，只要两党具有诚意，以民族大义为重，那么，过去两次谈判与合作的丰富经验，必将会给两党的再度谈判与合作提供许多有益的启示和宝贵的借鉴作用。

其次，从现实情况来看：

其一，目前海峡两岸谁才有足够的力量来推动祖国的统一进程？谁也无法否认，唯有国共两党。因为国共两党是海峡两岸的执政党，分别领导着台湾和大陆这两块被人为分割成的中国国土，各自拥有任何其他党派所无法与之相比的雄厚的政治资源和社会经济资源，对海峡两岸的大政方针起着举足轻重的决定作用。这一政治现实，也决定了国共两党对国家民族的统一大业负有不可推卸的历史责任，责无旁贷地应当由这两个党率先出面举行和谈，在解决他们之间争端的基础之上，影响和团结海峡两岸的其他党派、团体以及全体同胞，共同为实现民族的和解与统一而奋斗。

其二，只有采取“党对党”谈判，才能打破目前海峡两岸在统一问题上的僵局。国民党当局虽然一再宣称他坚持“一个中国”、“中国必将统一”，但却要求大陆在承认台湾“对等政治实体”的前提下，实行“政府对政府”的对等谈判。台湾当局的这种主张不仅是不现实的，同时也是很荒谬的。因为道理很清楚：（一）中华人民共和国与台湾国民党当局事实上就不可能“对等”。什么是政府？政府是政权的象征和代表，他所管理统治的是领土和人民。且不说国民党在大陆的统治已于一九四九年被人民革命所推翻，其法统早已不复存在，单就目前它所占据的台湾省来说，其面积只不过是全国土地面积的二百七十八分之一，人口也只是全国总人口的五十五分之一，试问这如何能“对等”呢？海峡两岸的关系是同一个国家内部的关系，不是国与国之间的关系，不能套用“国家不论大小、强弱都一律平等”的国际法准则，这是常识。台湾当局硬要以事实上的地方政府与全国人民所承认的中华人民共和国中央政府争“对等”，要求“平起平坐”，这显然是一种不切实际的自我膨胀。（二）按照国际法准则，一个国家只能有一个主权政府作为他的合法代表，不能设想在国际上有两个“对等”的政府同时代表一个国家，国土可能分裂，但主权绝不可分割，这是事关国家民族根本利益的原则问题，没有丝毫调和的余地。人所共知，中华人民共和国是联合国五个常任理事国之一，世界上绝大多数国家都承认中华人民共和国政府是代表中国的唯一合法政府，台湾只是中国的一部分，这是国际现实。台湾当局采取“鸵鸟政策”，不肯正视这一现实，要求实行“政府对政府”的对等谈判，岂不是和他一再宣称的“一个中国”的立场自相矛盾吗？如果真的这样做，无异于公开制造“两个中国”或“一中一台”，这不是搞统一，而是搞分裂。就连国民党的中常委、“立法院长”梁肃戎都说：“如以政府对政府谈判，无异于宣布台湾独立。”因此，对于国民党当局的这一错误主张，不但中共不可能接受，海内外一切爱国进步人士也都不会同意，因而是根本行不通的。而实行中共提出的“党对党”谈判方式，则不存在上述问题，因为政党之间的关系不同，在同一个国家内可以同时存在许多政党，他们不论大党小党，执政党、参政党还是在野党，虽然在国家政治生活中政治地位和作用不同，但从法理上来讲都是完全平等的、独立的。因此，实行“党对党”谈判，既不会违背“一个中国”的原则，出现“一国两府”的局面，国民党当局又可以“对等”的地位参加和谈，不必担心被中共“矮化”，实在是打破目前僵局的两全之策。

其三，国共两党对等谈判的主张，不仅得到大陆同胞的一致拥护，而且随着时间的推移，已被愈来愈多的台湾同胞、海外侨胞所理解和支持，他们纷纷撰写文章或发表谈话，通过各种方式表达自己的意见，要求国共两党捐弃前嫌，尽快实现和谈，共谋国家统一大计，就连国民党内的一些有识之士也对中共的这一建议表示赞同。据台湾报纸报道，在一九九〇年六月台湾当局召开的“国是会议”上，以国民党中常委、“立法院长”梁肃戎为首，包括国民党“立委”张希哲、穆超、王大任等人都纷纷发表谈话，认为“现阶段海峡两岸的谈判，以党对党方式进行应为较可行的途径”，“党对党谈判国共两党都可以对自己的政策负责，两党谈判较为可行”。前国民党中常委余纪忠也说：“应考虑党对党的谈。”一些国民党籍的“增额立委”如赵少康、郁慕明也在不同场合表示：“党对党谈没有什么不好”，“我赞成大陆所提的党对党的谈判原则”。上述事实说明，实行国共两党的对等谈判，在海峡两岸已经有相当程度的社会基础，只要国民党当局真有诚意，不再固执己见，继续对中共的这一合理化建议加以歪曲，故意进行错误宣导（如攻击为“统战阴谋”啦、“容易被认为出卖台湾”啦等等），相反能予积极、善意的回应，那么可以相信，两岸的绝大多数同胞对此早日达成共识，并不是一件难事。

因此从历史到现实，无论从何种角度来说，中共所提出的国共两党谈判的建议都是最合情合理、切实可行的，它既维护了国家民族的根本利益，又照顾到了台湾当局要求“对等”的立场，是符合海峡两岸民心的顺时应势之举，充分表明了中国共产党对解决祖国和平统一问题的诚意。我们希望台湾国民党当局能够认真对待，不要再寻找借口予以搪塞，继续拖延和谈，早日接受中共的正确主张，实现两党谈判，为中华民族的统一与腾飞作出应有的贡献。

（《统一论坛》，1992/第 1 期）

一份难得的反面教材

——简评李登辉与司马辽太郎“对谈录”

据《朝日周刊》总编辑穴吹史士披露，李登辉与司马辽太郎的“对谈”长达6小时之久，有许多内容“没登出来”，对外也“不方便谈”。那些“没登出来”而又“不方便谈”的内容，究竟是些什么货色，我们自然是无从知晓，但是，仅从已经公开刊登出来的有限内容，就足以令世人大开眼界、大长见识了。如果说，在这之前，有人对李登辉的“台独”面目还多少拿捏不准，甚至抱有某种善良愿望和不切实际的幻想的话，那么，这篇“对谈录”的出笼，可谓是再好不过的反面教材了。

一、“对谈录”有助于认识李登辉“台独”面目

在这份“对谈录”中，我们完全闻不到一点李登辉作为一个“中国人”的气味！他除了表现出一付十足的“媚日”丑态，与司马辽太郎一唱一和、“合跳探戈”，肆意歪曲、篡改历史，替日本帝国主义侵略中国和对台湾实行残酷的殖民统治极力辩解与歌功颂德之外，再有就是他“台独”理念和“台独”心态的大曝露！他学着“台独”分子的腔调，声称“中国”这个词“含糊不清”、“主权这二字是危险的单字”，说他的“基本想法”是：“台湾必须是台湾人的东西”，攻击中共的统一主张“是奇怪的梦”；甚至挑衅中国各民族之间以及中国与亚洲各国之间的关系，说什么“大陆动不动就说民族主义。虽说是五族，中华民族也包括了新疆、西藏和蒙古。我认为如果北京想建立大中华民族或大中华帝国，则亚洲会很麻烦。”

众所周知，所谓“外来政权”的论调，“发明权”是“台独”祖师爷史明。史明在他的“台湾人四百年史”中，把在台湾历史上所建立的政权，包括郑成功政权、清统一台湾后在岛内建立的地方政权以及国民党政权，毫无例外地统统都说成是“外来政权”，都是对台湾人民实行“殖民统治和压

迫”。民进党头面人物及其他“台独”分子一向竭力鼓吹这种谬论。而李登辉身为国民党主席，竟然也拾史明的牙慧，声称：“到目前为止掌握台湾权力的全都是外来政权”，“就算是国民党也是外来政权，只是来统治台湾人的一个党”。

近几年来，民进党一直在不遗余力地宣扬“独立建国”，要为台湾脱离中国而“打拼”；而李登辉则在与司马辽太郎“对谈”的首尾，刻意大谈《旧约》圣经里的《出埃及记》，以率领以色列人穿越红海、经历艰难险阻、在“神”（耶和华）的帮助下、终于返回故土重建家园的“摩西”自比，说什么“摩西及人民今后都有得拼的”、“《出埃及记》这正是一个结论”。这实际上是李登辉版本的“独立建国”的公开对外宣示，而在李登辉的心目中，帮助他“重建家园”的“神”是谁呢？当然就是西方一小撮反华势力。

总之，“对谈录”是李登辉“台独”理念和“台独”心态难得的“自供状”。如果说，在许多场合，李登辉还闪烁其词，多少提一些有关两岸“统一”的空话、废话，企图蒙骗世人的话，那么，他这次与司马辽太郎的“对谈”，倒是显得异乎寻常的“直率”和“坦诚”。这为我们认识真正的李登辉、解读近几年来台湾当局所推行的一系列对内对外政策（其中也包括李登辉在“对话”中所提到的加强台湾本土历史、文化教育政策等）的真实意图和最终要达到的目的，颇具参考价值。

二、李登辉的“台独”理念其来有自

李登辉的“台独”理念和“台独”心态其来有自，并非始于今日，按照老牌“台独”分子辜宽敏的话来说，“应是他原来就有的，只是碍于一时的权宜措施而被掩盖”罢了。的确，回顾李登辉自 1988 年初主政以来的言论行动、所作所为，可以看出，他的“台独”真面目有一个逐步暴露的过程。这个过程可以划分为以下三个阶段：

1988 年初到 1990 年 3 月“总统”选举前为第一个阶段。这一阶段由于李登辉刚刚上台，还没有形成自己的一套内外政策策略，大体上还是承继了蒋经国遗留下来的东西，更主要的是他羽毛未丰，忙于巩固自己的地位，面对当时国民党内还相当强大的大陆籍传统势力，李登辉尚不敢轻举妄动。因此，这一阶段台湾当局在李登辉主持下基本上还能坚持“一个中国”政策，但在对待“台独”问题上，已经开始改变蒋氏父子时期严厉打击的政策，开始放纵姑息“台独”。这一阶段的后期，其“台独”面目已开始暴露，与大陆籍传统势力在政策和策略上已产生严重矛盾与分歧。

第二阶段是1990年3月李登辉当选“总统”后到1993年国民党十四大召开前。这一阶段中，李登辉版本的内外政策逐步形成，并在党内与大陆籍传统势力的剧烈较量中地位不断得到巩固，势力不断发展。为了安抚党内大陆籍反“台独”的传统势力，李登辉在这一阶段大耍两面派手法：一方面，制订“国统纲领”，宣称坚持“一个中国”原则，并成立了陆委会、海基会，放宽两岸交流，摆出一副好像真的有意搞“统一”的姿态，以减轻来自岛内外的压力；但实际上却通过所谓“宪政改革”和党内革新，全力推进国民党“本土化”、“台湾政权台湾化”，谋图“一国两府”、“对等政治实体”、“务实外交”、“双重承认”等等纷纷出笼。实际上这一阶段，台湾当局已从“一个中国”立场开始后退，民进党之所以胆敢将“台独”条款公然纳入党纲，正是因为他们已经摸透了李登辉的底牌，看准了李登辉和他们一样，都是在搞“台独”。

第三阶段，是从国民党十四大至今。李登辉“独台”势力与民进党“台独”势力实际上已经合流，台湾当局已从“一个中国”向所谓“阶段性的两个中国”政策转变，完全接受并竭力鼓吹所谓“分裂国家”的理论，打着“先独后统”的幌子，公开推行“台独”，处理两岸事务和对外关系上完全不再遮遮掩掩，“台独”真面目已经暴露无遗。

因此，“对谈录”在这个时候出笼绝对不是偶然的：一是因为，李登辉在国民党内的地位已空前巩固，不需要顾及大陆籍传统势力的反对；二是与民进党争旗帜企图吸纳民进党的资源，为未来的一系列选举造势，以维护和巩固国民党主流派的统治地位；三是发泄一下近些年来，他因为推行分裂政策受到大陆一再打压所受到的“窝囊气”，企图以此谋求大陆在一些原则问题上向其让步。

三、李登辉的“台独化”决非偶然

总之，李登辉的“台独”化不是偶然的，是岛内政治发展的必然结果，同时也是美国长期以来推行分裂中国政策的必然产物。1971 年 6 月，美国中央情报局给美国总统提出一份报告，建议“首先要推出一个得到美国充分支持的，循序渐进的‘台湾化’计划，建立一个由台湾人控制的代议制政府，进而美国利用这个政府，设法就台湾的最终法律地位问题与中国对话，造成一种政治局势，使中国人同意一个友好的台湾独立”。二十多年来，不管国际局势发生过什么变化，实际上，美国的历届政府始终都在“循序渐进”地推行这一“台湾化计划”，不放过任何机会插手干涉台湾的内部事务。现在的台湾国民党李登辉政权，已经完成了美国政府所希望的“和平演变”，建立起了一个所谓“由台湾人控制的代议制政府”，实现了“台湾政权台湾化”，剩下的最后目标就是“一个友好的台湾独立”了！

由于李登辉及其所代表的势力在相当长的时间内将主导台湾的政局，因此，台湾前途问题的解决不容乐观，未来的斗争势必十分复杂、剧烈。我们应密切注视事态的发展，加强预测和研判，制订出正确的斗争策略，最终挫败分裂中国的阴谋，完成祖国和平统一大业！

（在全国台研会座谈会上的发言，1994/06/02，未刊稿）

评李登辉的美国之行

美国政府背信弃义，不顾中国政府的强烈反对和严正交涉，允许李登辉赴美进行所谓“私人访问”，这是美国对中国主权的公然挑战，同时也是美台公开勾结、妄图分裂中国的新的严重步骤。对此，中国政府和中国人民，包括港、澳、台同胞、海外侨胞，不能不表示极大义愤并保持高度的警惕。

美不愿见中国强大

众所周知，美国出于其全球战略利益的需要，一贯顽固推行其分裂中国的政策。苏联解体、冷战结束后，美国更将中国视为它今后称霸世界的主要障碍和竞争对手，不愿意看见一个统一强大的中国出现在世界的东方。于是从九十年代初布什政府后期开始，美国的对华政策再次进行微妙而缓慢的调整。而克林顿政府入主白宫后，人们看到，这种政策调整的速度大为加快。近些年来，中美之间围绕着诸如所谓武器销售问题、人权问题、贸易最惠国待遇问题以及知识产权问题、西藏问题……所产生的摩擦与争端，说到底，其根本原因盖出于此。而“台湾问题”，则是中美关系的基础，也是最为敏感的问题。如果说，一九九二年九月布什政府决定向台湾出售一百五十架F－16战机，是美国政府重新调整对华政策的“信号”，说明其“一个中国”的政策立场已开始动摇的话，那么，一九九四年九月克林顿政府宣布提升美台关系，则是这一立场的开始后退；而这次美国政府不顾中国政府的强烈抗议，宣布取消对李登辉访美的禁令，则标志着其新的对华政策已基本成型。

无论美国政府如何狡辩，从它向李登辉签发赴美签证的那一刻起，即向世人宣示，其对华政策已严重偏离“一个中国”立场，转而奉行“两个中国”或“一中一台”。可以预料，随着美国政府这一重大举措的实施，中美关系以及海峡两岸关系必将遭到严重挫折。今后，中美两国之间和海峡两岸之间，各种麻烦与纷争势必接踵而来，不断出现，美国政府对此应负全部责任。

台当局难辞其咎

当然，我们也应看到，这种局面的出现，李登辉主导下的台湾国民党当局也难辞其咎！

李登辉上台以来，一改以往蒋氏父子“汉贼不两立”的对外政策和严厉打压“台独”势力的对内政策，打着“宪政改革”、“党内革新”、“开拓国际生存空间”等幌子，排斥岛内统一势力，蓄意纵容“台独”，推行以“一国两府”为基本内容的大陆政策，进而公开宣扬“阶段性的两个中国”、“对等政治实体”，鼓吹所谓两岸“分裂分治是政治现实”和“中华民国在台湾”、国民党是“外来政权”，推动“申请加入联合国”，“双重承认”，不惜用重金收买的手段，搞所谓“务实外交”、“度假外交”、“过境外交”，企图将台湾问题“国际化”等等，嘴里高喊“统一”，实际上是推行民进党提出的一整套“台独”政策和主张，为美国分裂中国的政策效劳卖命。

李登辉将成为罪人

因此，从表面上看来，美国政府是逼于其国内舆论和台湾当局的压力，不得不调整对华政策，允许李登辉访美，其实质却是美台公开勾结，妄图分裂中国。李登辉不惜出卖民族利益，挟洋自重，在美国一手导演的“台独”闹剧中扮演了一个十分不光彩的角色，尽管可能一时得意，但如不尽快迷途知返，悬崖勒马，到头来只能是“搬起石头砸自己的脚”，成为中华民族的千古罪人。

（《文汇报》，1995/06/11）

台湾当局为何策划达赖访台

“两独”相互勾结

台湾当局一意孤行，不顾中国政府的严正警告和海内外爱国正义人士的强烈反对，公然策划臭名昭著的民族分裂分子达赖喇嘛以所谓“宗教弘法”的名义访问台湾。事态表明，由李登辉主导下的台湾当局在分裂祖国的道路上的确已愈走愈远，为了对抗“一个中国”的原则，阻挠破坏祖国和平统一大业，已发展到不惜公开与“藏独”同流合污、相互勾结的地步。

众所周知，达赖并非一般的所谓“宗教人士”，而是一个不折不扣的民族分裂分子。一九五九年，他在西藏发动武装叛乱失败后，仓皇出逃印度，非法建立所谓“西藏流亡政府”。三十八年来，达赖在某些西方反华势力的豢养和支持下，披着宗教外衣，不遗余力地从事分裂祖国的活动。一方面，他风尘仆仆，跑遍世界各地，放肆地攻击污蔑祖国，充当西方反华势力的得力工具，并乞求西方国家的同情与支持，妄图将西藏问题国际化，以实现其“西藏独立”的图谋。

精心策划　一手导演

台湾当局为掩人耳目，一再声称：此次达赖访台“系由民间宗教团体邀请”，矢口否认与官方有关；并声称达赖此行“纯属宗教活动，与政治完全无涉”。真是“此地无银三百两”！事实上，台湾当局一直与达赖集团勾勾搭搭，眉来眼去。台湾媒体报道说：李登辉对达赖“心仪已久”，两人早有书信往来。关于此次达赖访台，据岛内最近披露出来的一份官方文件显示，台湾当局“内政部”的有关官员在内部讲话中称：“层峰指示本部全程参与”，“文宣工作一定要撇开政治，完全定位在弘法层面”，“如有困难再向内政部提出……转洽财政部协助”云云；而负责出面邀请达赖访台的

“中国佛教会理事长”净心长老在会上也说：“政府是幕后工作，不可对外说出，务必锁定‘民间团体主办’、‘纯属弘法活动’”。另据岛内报纸报道，在“中国佛教会”举行的一系列达赖来台的筹备会中，总有“内政部”官员、国民党代表端坐在众僧侣之中；并传官方拨专款五百万元新台币作为接待补助。由此可见，达赖访台这出闹剧，完全是由台湾当局幕后精心策划，一手导演出来的。

企图利用达赖的国际关系

台湾当局如此遮遮掩掩，然而却欲盖弥彰，其包藏的祸心是十分明显的。诚如香港进步舆论所指出：台湾当局之所以策划达赖访台，首先，是因为达赖的“藏独”理念与李登辉等人十分相似，台湾当局企图通过与达赖的勾结，把“藏独”势力作为“台独”势力的同盟军，以壮大自己的力量，与祖国大陆和平统一的努力相抗衡；其次，是企图利用达赖所具有的国际关系，推动台湾当局近来一再受到重挫的“务实外交”，以摆脱其四处碰壁的困境，拓展“台独”与“独台”的国际活动空间；第三，是迎合国际反华势力的需要，以利今后的进一步勾结。总之，台湾当局策划达赖访台，其目的，从根本上来说，是对抗“一个中国”的原则，妄图阻挠破坏祖国的和平统一大业。就连李登辉的喉舌《自由时报》也发表社论坦称：“达赖是西藏独立运动的推动者，即使访台之行被定位在弘法的层次，也无法掩盖其浓厚的政治色彩”。可见，台湾当局的拙劣伎俩，反而愈加暴露出其内心怀有不可告人的政治阴谋。

（《文汇报》，1997/03/30）

台湾当局为何拒绝我入境

应台湾夏潮基金会之邀，本人与李家泉等十三位大陆学者一起，原拟于八月二十九日至九月六日赴岛内进行学术交流活动，并出席该会在台北举办的“二十一世纪两岸关系展望——一个中国之面面观”学术研讨会。岂料近日从岛内传来消息证实，我们十三位大陆学者已被台湾“境管局”悉数拒绝入境，致使是次两岸民间学术交流活动横遭扼杀。对此，我大陆学者深感遗憾！这里我有以下三点质疑和评论。

为何“现阶段不宜研讨”

其一，台湾“境管局”有关文件称：之所以不同意大陆学者入境，乃因“现阶段研讨两岸问题恐将引发诸多政治性争议，尚属不宜”云云。显然，这个“理由”完全是站不住脚的！人们不禁要问：现阶段“不宜”研讨两岸问题，那么何时才适宜研讨两岸问题呢？难道要等到中国已经实现了和平统一、两岸业已消除了“政治性争议”之后再去研讨吗？其实这里必有“隐情”，只是台湾当局不便说罢了。

其二，这次学术研讨会的主题是“一个中国之面面观”，台湾当局无故加以封杀，大有“心虚”之嫌！人们感到奇怪的是：台湾当局不是口口声声说它反对“台独”、反对“两个中国”和“一中一台”吗？既然如此，又为何害怕讨论“一个中国”呢？何况这里所说的“一个中国”完全是中性名词，并未涉及其具体内涵，台湾当局为什么要如此忌讳呢？其三，人所共知，台湾当局一向把岛内主张统一的爱国进步团体和人士视为眼中钉、肉中刺。千方百计地封杀其在岛内的生存活动空间，长期以来动辄给他们扣上“卖台”、“中共代言人”的红帽子，对其举办的活动一律施之于新闻封锁，甚至不惜采用白色恐怖手段，对他们进行“政治侦防”，极尽迫害打击之能事。因此，作为岛内民间统派团体之一的夏潮基金会，遭到台湾当局的刻意打压，完全是意料中事。

“关键要看什么单位邀请”

事实上，夏潮基金会早于今年三月举办的另一场两岸学术研讨会，题为“认识台湾历史（一八九五——一九四五）”，即遭到台湾当局的扼杀。当时，应邀出席的十多位大陆学者同样被台湾方面拒绝入境（本人也为其中之一），只好“文到人不到”。事后本人在北京曾当面向率团来访的台湾海基会某副秘书长请教被拒原因，该副秘书长毫不掩饰地回答：“关键要看什么单位邀请的！”，并拍着站在一旁的民进党中央某部门主管的肩膀笑着说：“如果是他们邀请的那就另当别论了！”这就是说，他们可以允许主张“台独”的组织在台湾开会讨论“台独”问题，而不允许主张统一的人士在岛内开会讨论统一问题。两相比较，台湾当局的态度何等的鲜明。其真统还是假统，业已昭然若揭！再者，台湾当局一向标榜台湾社会的所谓“多元化”、“民主化”，声称海峡两岸之争是所谓“制度之争”，然而他们对待岛内统派的所作所为，也足以让他们的这些蛊惑人心的宣传不攻自破了。

错误政策还能维持多久

自今年六月克林顿访华以来，岛内进步舆论强烈呼吁台湾当局改弦易辙，采取积极步骤缓和发展两岸关系。据台湾《联合报》报道：最新民调显示，“有四成五民众不满意当前政府的大陆政策，是五年来比率最高的一次”，特别是所谓“戒急用忍”政策，更“有六成民众主张应该检讨修正”。然而，一向标榜“主权在民”、“以民意为依归”的台湾当局领导人却置若罔闻、我行我素，从近期以来宣布停止实施对大陆大专院校学历采认办法、将“政治侦防”扩及到与大陆来往密切的影视、出版界人士，以及屡屡拒绝大陆学者入境从事民间学术交流活动等等迹象来看，其“戒急用忍”政策已不仅适用于两岸经贸，实际上涵盖了两岸交流的各个层面。台湾当局嘴巴上高喊要“扩大两岸交流”、“降低敌意”、“求同化异”，实际上却采取各种措施阻塞两岸交流，制造新的敌意，扩大裂痕，这种违背民意、违背时代潮流、倒行逆施的错误政策究竟还能够维持多久？人们将拭目以待。

（《文汇报》，1998/08/30）

“汪辜会晤”与台湾“三合一选举”后两岸关系展望

（一）

1998 年 10 月汪辜上海会晤并达成四点共识，以及江主席和钱副总理在北京会见辜振甫先生，开启了自 1949 年以来，海峡两岸高层领导人在中国人自己的土地上进行面对面的直接政治性对话（台方称“建设性对话”），其本身即具有重要意义，这不仅在一定程度上改善了近几年来两岸紧绷的政治气氛，正式恢复了两岸两会高层的直接沟通交流渠道，同时也使两岸两会纯粹事务性、功能性的谈判阶段从此结束，成为历史。因此，可以说，这次“汪辜会晤”标志着两岸关系经过近几年来的风风雨雨之后，业已进入了一个新的更高一级的发展阶段，即“政治对话阶段”。

然而，从这次政治对话本身及随后台湾高层领导人的一系列言论、行动来看，双方政治分歧依然如故，台湾当局并未放弃其一贯坚持的分裂中国的错误政策，所谓“戒急用忍”照样实施、直接“三通”并无松动、“务实外交”亦看不出有丝毫调整的迹象，台湾当局的头面人物仍摆出一副高姿态，接二连三地发表对大陆很不友好的谈话，提出一系列改善、发展两岸关系的无理条件和要求。总之，“汪辜会晤”后，政治僵局并未打破，两岸关系并无实质性进展，海内外同胞期盼的两岸政治谈判仍遥遥无期。

究其原因，乃因台湾当局急以促成是次“汪辜会晤”，并非真有诚意要推动两岸关系的实质改善与发展，而纯属是迫不得已的一种策略性考虑：

其一，是为了应付中美高峰会谈后美国和大陆的“促谈”压力，企图通过“汪辜会晤”的成功举行，向国际社会表明台湾当局不是海峡两岸关系中的“麻烦制造者”。

其二，是为了缓解香港回归之后，岛内民众特别是工商企业界要求改善、发展两岸关系的压力，为年底“三合一选举”制造“利多”、骗取选票，度过执政危机，稳固其统治地位。

（二）

作为2000年“总统”大选“前哨战”的“三合一选举”，国民党大胜，民进党挫败，从总体而言，有利于两岸关系的稳定。这是因为：

其一，所谓“两害相权取其轻”，至今仍不肯放弃“台独党纲”，而在政治上又很不成熟、容易轻举妄动的民进党领导人一旦上台执政，势必增加两岸关系的变数，从而使台海局势平添复杂性和不稳定性。民进党在此次“三合一选举”中受挫，将使该党走向执政进一步推迟。

其二，民进党的挫败，有助于促使该党在“台独”主张上的进一步转型。显然，这对于抑制岛内“台独”势力和两岸关系的缓和、改善与发展，以及祖国和平统一的推进也具有正面意义。

然而，从另一角度来观察，由于国民党通过这次选举暂时缓解了在岛内的统治危机、稳定了执政地位，国民党有可能因此而“翘尾巴”、“好了伤疤忘了疼”。并以此为“本钱”，继续顽固坚持其保守、僵化的大陆政策，对抗大陆的和平统一攻势。选后的种种迹象表明，台湾当局并不打算调整其分裂政策，它急于促成汪道涵会长回访台湾，只不过是“故伎重演”，作为它夺取2000年“总统”大选胜利所施的“权宜之计”！因此，“三合一选举”国民党获胜、民进党挫败，虽有助于两岸关系的“稳定”，但并无助于两岸关系的“突破”，“以拖待变”仍然是台湾当局的基本策略，至少在李登辉尚能主导岛内政局时期，两岸关系不容乐观，难望有突破性的进展。

目前，台湾当局的以下策略已愈来愈清晰：即每当面对岛内重大选举时，即大打“大陆牌”、“安定牌”，以压制民进党，维护其执政地位；而当要对抗大陆的和平统一攻势时，它则大打“民意牌”、“民主牌”、“对等牌”，左右逢源、两面三刀。最近李登辉大谈“新台湾人主义”，引起岛内各界议论纷纷，其实，说一千道一万，李登辉提出“新台湾人主义”，其根本目的只有一句话：消弭族群隔阂、凝聚岛内共识，共同对抗大陆！

此外，预测台湾当局的大陆政策走向、展望两岸关系的发展前景，还必须准确把握美国对华政策走向。克林顿访华以来的事态表明，美国政府虽已公开宣示对台“三不政策”，但并未从实质上改变其干涉中国内政的对华“双轨政策”。海峡两岸“不战不和、不统不独、若即若离、不冷不热、维持现状”，仍然是美国政府所乐意看到并努力追求的政策目标。对此，唯美国马首是瞻的台湾当局自然心领神会，有恃无恐。居于此，在可预见的相当长一段时间内，台湾当局也不可能从根本上调整其分裂中国的大陆政策。因之，两岸关系也难望有实质性突破。

（华夏经纬网，1999/01/14）

评李登辉的“新台湾人主义”

去年12月1日，正值台湾“三合一选举”台北市长选情紧绷的关键时刻，李登辉突然抛出“新台湾人”的提法，一时间激起岛内政坛、社会的强烈反响，如今选战尘埃落定已经一个多月了，岛内社会各界对所谓“新台湾人论”仍在议论纷纷。可见，“新台湾人论”的效应已远远超出这次选举。这一概念，究竟会对台湾政局发展和两岸关系演变产生何种影响？颇值得观察。

岛内有人说，李登辉提出“新台湾人论”与统“独”无关，他只是想化解岛内省籍矛盾，促进族群融合而已。对这种说法，恐怕就连李登辉本人也不予认同。

事实上，曾经提出“新台湾人论”者不止李登辉一人，更非自李登辉始。而且，同样提出“新台湾人”这一概念，不同的人有不同的意涵，不同的人也有不同的目的。应该严格加以区别，不可混为一谈。

其实“新台湾人论”的源头，最早可以追溯到蒋经国主政时期。蒋经国在其晚年即曾公开宣称：“我是中国人，也是台湾人。”此话一出，曾一时引起反响。蒋先生讲这话当然不是无的放矢，是企图化解当时普遍存在于台湾社会的严重的省籍矛盾，无非表示像他这样从大陆来的“外省人”，已经在台湾生活、工作了几十年时间了，“吃台湾米、喝台湾水”，应该也是“台湾人”，不能再被视为“外省人”，大家应该消除隔阂，不应该彼此再有矛盾。这显然是积极的，具有正面意义的，这的确“与统独无关”。从政治层面而言，蒋经国作此宣示，意在破解当时党外反对势力所宣扬的所谓国民党是“外来政权”的说法，建立国民党政权的“正当性”，是为其正在大力推行的国民党“本土化”、台湾政权“台湾化”这一总的路线和目标服务的。不过，蒋经国先生的这一番苦心，看来并没有收到多大的效果。

大约在四、五年前，高希均、关中等几位“外省人”正式提出“新台湾人”这一概念。高希均先生还利用他创办的《远见》杂志，发起过一场

“新台湾人”的讨论。他们提出这一概念，是有感于李登辉主政后台湾社会的族群分裂愈演愈烈，对台湾的发展极为不利而忧心忡忡，希望通过“新台湾人论”的鼓吹，既表示他们这些“外省人”对台湾的认同，同时也试图获取“本省人”对他们的认同。另外，新党中具有“本省人”身份的“立委”杨泰顺、陈癸淼也曾鼓吹过“新台湾人”，陈癸淼还为此专门成立了一个“新台湾人办公室”。众所周知，新党成立后一直被民进党等“独派”人士抹黑为“外省人的党”极力加以打压，杨、陈二人以“本省人”身份提出“新台湾人”的概念，无非也是为了争取“本省人”对新党的认同，提高新党的支持率，扩充新党的票源。再有就是宋楚瑜，他在当选台湾省长的第一天，即公开宣扬“新台湾人主义”。宋楚瑜选择此时鼓吹“新台湾人主义”，则显然与他“外省人”的身份当台湾省长有关。要“本省人”放心，他这位“外省人省长”，绝对“认同台湾”，要与“本省人”一起为台湾“打拼”，同时也希望“本省人”支持他顺利执政。总之，无论高希均、关中也好，杨泰顺、陈癸淼也好，宋楚瑜也罢，他们提出“新台湾人”的概念，动机和目的都是无可非议的，也的确“与统独无关”，其共同特点是具有典型的“内敛性”和“保守性”。他们所标榜的“新台湾人”和“中国人”并无冲突。但他们的良苦用心，当时并没有引起包括李登辉在内的台湾“本省人”的呼应，呼吁了一阵子也就烟消云散了。

事实上，李登辉正是“省籍情结”的最大煽动者、鼓吹者。人们应还记得，李登辉在刚刚接掌政权之初，也曾说过：“我是台湾人，也是中国人。”尽管和蒋经国的话有所不同，他把“台湾人”放在前边，“中国人”放在后边，但不管怎么说，李登辉还自承自己是“中国人”。他这样讲，是因为他当时羽翼未丰，一批大陆籍国民党元老还占据要津，因此他需要“韬光养晦”，讲些大陆籍元老们中听的话，以骗取他们的信任与支持。然而一旦当他大权在握、权力巩固之后，其真实面目便暴露无遗了。从此他不再讲自己是“中国人”，并采取种种手段，甚至外联民进党为代表的岛内“独派”势力，大肆排挤、打击国民党内的外省精英，以致造成国民党的严重分裂——新党的出走。进而在 1994 年 4 月与司马辽太郎的“对谈”中，大谈所谓“生为台湾人的悲哀”，竟称由他担任“党主席”的国民党是“外来政权”，甚至说“‘中国’这个词也是含糊不清的”。并以“摩西”自况，宣称要带领台湾人“出埃及”，建立所谓“真正属于台湾人的国家”等等。从而不仅使台湾社会原本相当严重的省籍矛盾雪上加霜，同时也引起了两岸关系的紧张与倒退。

就这样，李登辉极力煽动并最大限度地利用了省籍情结，把国民党内的外省籍势力几乎“赶尽杀绝”，巩固了他的权力，为其当上“台湾人的民选总统”扫清了道路。

那么，李登辉为何在这次“三合一选举”中却一反常态，突然提出“新台湾人主义”，主张“走出悲情”、消除“省籍情结”呢？原因无它：

其一，当初他煽动、利用“省籍情结”虽然得到了很大甜头，却也造成了国民党的严重内斗和分裂。1997 年底县市长选战的惨败，国民党已经丢失了大半江山，如若再打输了这场“总统”选举的“前哨战”，2000 年“总统”宝座国民党必定难保，作为国民党主席如何交代？将来历史如何定位？他不能不三思而行。何况在投票前几日，李登辉据可靠消息评估，马英九极有可能胜选，以其如此，何不送个“顺水人情”？于是李登辉才抛出“新台湾人主义”，替马英九站台辅选。

诚然，过高评估李登辉的“新台湾人论”对台北市长选情的影响并不符合事实。实际上，马英九之所以能击败陈水扁，起关键作用的乃是新党支持者的“尊王保马”效应。不过也应当承认，以李登辉的特殊身份，在选战白热化的关键时刻提出“新台湾人论”，的确使企图依靠挑拨省籍情结开拓中间票源的陈水扁阵营处于十分尴尬的境地。

其二，更值得玩味的是：李登辉提出“新台湾人主义”其背后的真正动机究竟是什么？李登辉心目中的所谓“新台湾人”与“中国人”是何种关系？选战结束后不久，李登辉在“国大”的一席演讲，以及随后在接受日本《读卖新闻》记者采访时对“新台湾人主义”的进一步诠释，再清楚不过地为我们解答了上述问题。

李登辉说，他提出“新台湾人主义”，并“不是单纯在选举时为台北市长当选人马英九拉票的竞选策略”，他的“新台湾人主义”“不只是对内，对外也是”，“在新台湾人主义下，大家可以团结，也可以对大陆表明台湾的立场”，“台湾已拥有独立主权”，“大陆应该承认这个事实”。并说，“新台湾人主义可以当成国家认定和共识的开始”云云。显然，李登辉心目中的“新台湾人”已经不是“中国人”；他之所以要提出“新台湾人”这一概念，就是要引导“新台湾人”脱中国化、“出埃及”，重新凝聚“台湾独立主权国家的认定与共识”。其潜台词，是要在台澎金马的所有的“新台湾人”，不管先来后到，无论“本省人”、“外省人”，大家团结起来共同对抗大陆（所谓“对大陆表明台湾的立场”）。因此，李登辉所谓“新台湾人”的概念，实际上是独派人士所一贯宣扬的“新兴民族”的代名词、新的“台湾国国民”的代名词。无怪乎李登辉此论一出，岛内“独派”人士立即心领神会，同声叫好。

由此可知，李登辉的“新台湾人主义”并非是“内敛性”的、“保守性”的，而是“外向性”的、“进攻性”的。其真实用意显然与前述高希均等人完全不同，不仅与统“独”有关，而且是密切相关。该论的提出，或许在短时间内可以迷惑岛内的一部分民众，并在一定程度上起到缓解省籍矛盾的作用，但从本质看，从长远看，对于海峡两岸整个中华民族的整合却有百弊而无一利。如果真的这样，那将不仅仅是“新台湾人”的悲哀，同时也是海峡两岸全体中国人的共同悲哀，整个中华民族的悲哀！当然，李登辉的目的能否达到，那又另当别论了。

（《海峡评论》，1999/2 月号）

坚持“台独”绝对没有出路

——评民进党的“台湾前途决议文”

去年底民进党在台湾“三合一”选举失败，证明了该党近几年来在“台独”主张上的策略性转型无法取信于民后，五月八日，处在内外交困之中而又急于早日执政的民进党，为因应明年岛内即将举行的“总统”选举，通过了一份“台湾前途决议文”，试图在不触动“台独”党纲的前提下，用“决议文”的方式，对早已受到各界诟病的“台独”党纲进行策略性的诠释，以消除台湾选民对民进党执政的疑虑。

然而，民进党抛出这份“台湾前途决议文”，能够如愿以偿吗？只要对该“决议文”略加剖析，便不难找到答案。

“台独”本质丝毫未变

“决议文”虽然避而不提“台独”党纲中的建立“台湾共和国”条款，但却仍然顽固坚持“台独”立场，妄称“台湾是一主权独立国家，其主权领域仅及台澎金马与其附属岛屿，以及符合国际法规定之领海与邻接水域。台湾，固然依目前宪法称为中华民国，但与中华人民共和国互不隶属，任何有关独立现状的更动，都必须经由台湾全体住民以公民投票的方式决定”，并坚持主张“台湾应广泛参与国际社会，并以寻求国际承认、加入联合国及其国际组织为奋斗努力目标”云云。“决议文”的宣示表明，迫于岛内外主客观形势的变化，现阶段民进党的“台独”主张，只不过是将其侧重点从原来“台独”党纲中追求更改“国号”、建立“台湾共和国”的“积极性、进攻性公投”，转变为间接承认所谓“中华民国国号”、确保所谓“主权独立现状”的“消极性、防御性公投”而已，而其抗拒统一，挑战中国主权，妄图分裂祖国的“台独”本质，则丝毫也没有改变。

掩人耳目骗取选票

“决议文”也未真正放弃“台独”党纲中对“台湾共和国”的追求和台湾“法理独立”的主张。“决议文”宣称，“台湾应尽速完成公民投票的法制化工程，以落实直接民权，并于必要时藉以凝聚国民共识、表达全民意志”。何谓“必要时表达全民意志”？说穿了，就是企图推动“公投入宪”或“入法”，并等待适当时机，在他们认为条件成熟时，通过“公民投票”方式，更改“国旗、国号、国歌”，实现“法理上”的“台独”。诚如民进党头面人物所言：“台独党纲仍是民进党的基本立场”，“所谓‘任何改变台湾现况’的决定，即是针对‘中国以武力侵犯台湾’和‘台湾寻求在法理上独立’两大部分。台湾人民当有公投的权利。”由此可见，“决议文”不提所谓建立“台湾共和国”，用模糊语言修饰“台独”主张，只不过是民进党妄图掩人耳目，骗取台湾选民手中选票的一种策略性运用和权宜之计而已。

首鼠两端投机取巧

“决议文”一方面宣称“台湾应扬弃‘一个中国’的主张”，号召台湾“朝野各界应不分党派，在对外政策上建立共识，整合有限资源，以面对中国的打压及野心”。也就是说，要顽固坚持与大陆对抗，抗拒和平统一；但另方面，又不得不正视台湾民众迫切要求缓和改善两岸关系的普遍心态，提出“台湾与中国应透过全方位对话，寻求深切互相了解与经贸互惠合作，建立和平架构，以期达成双方长期的稳定与和平”。这显然是自相矛盾的自欺欺人之谈！事实证明，反对一个中国的原则，谋求“台湾独立”，对抗统一，只会引起海峡两岸关系的紧张和恶化，给台湾人民乃至整个中华民族带来灾难性的后果。因为道理至明，抛弃一个中国的原则立场，两岸便已丧失了“对话”和“相互了解”的互信基础，也就不会有实质意义上的“经贸互惠合作”，更不可能建立起海峡两岸所谓“长期稳定与和平的架构”。

总之，民进党的这份所谓“台湾前途决议文”，充斥着分裂性、虚伪性和矛盾性，它反映出民进党依然在转型的困境中挣扎，不肯放弃早已证明缺乏民意基础的“台独党纲”，试图在回避其“台独”路线与台湾主流民意落差的权谋之下，既稳住“台独基本教义派”的传统支持票源，又达到开拓主张“维持现状”的中间选民票源的目的。这种现象，正如台湾媒体所言：“纵使民进党在选举压力下，政治思维不得不往务实的方向改变，终究还是没有办法勇敢面对现实”，民进党如此首鼠两端、投机取巧，其结果，势必适得其反。

包装修饰无济于事

“台独”没有出路，民进党此次出笼“决议文”，被迫对其“台独”主张进行策略调整已充分说明这一点。香港已顺利回归，澳门也回归在即，祖国完全统一势不可挡，民进党人士只有审时度势，抛弃不切实际的幻想，放弃违背海峡两岸绝大多数同胞意愿的“台独”主张，才有可能摆脱困境，一切包装、修饰都无济于事，只能是自欺欺人。顽固坚持“台独”立场，最终只会被台湾人民彻底抛弃。

（《大公报》，1999/06/11）

“一国两制”适用于台湾

一九九九年十二月二十日，我国政府已对澳门恢复行使主权，这块被葡萄牙殖民者侵占了长达四个半世纪之久的中国神圣领土，重新回到了祖国母亲温暖的怀抱。这是在我国现代史上继香港回归后世纪之交的又一件举世瞩目的民族盛事。

澳门虽小，但澳门的回归与香港的回归同样意义重大：

首先，澳门的回归，敲响了西方在亚洲实行了四百多年的殖民主义的丧钟，标志着中华民族蒙受的屈辱终于得到了彻底的洗雪，从而进一步振奋了中华民族的民族精神，进一步提升了我国的国际地位。

澳回归对台当局构成压力

其次，澳门的回归，不仅有助于促进港澳地区与内地的共同繁荣与发展；同时，作为台湾与大陆往来接触的“缓冲区”和“中介地”，澳门和香港一样，回归之后，在两岸关系发展中将会发挥更大的作用。更由于澳门小，不若香港一举一动均引人注目，因而必将在未来两岸关系的发展中，起到包括香港在内的其他地方所无法取代的独特作用。

再次，澳门的回归，再一次证明了“一国两制”构想的科学性和现实可行性。这必将对台湾问题的解决进一步产生积极的示范作用，并对台湾当局现行的分裂政策构成愈来愈大的压力和冲击，有助于促进祖国和平统一的历史进程。这是因为：（一）随着时间的推移、“一国两制”在港澳地区的成功实践，台湾民众对以“一国两制”解决台湾问题的恐惧感和排斥心理将逐步消除，认同感逐步增强；同时，也将使一些原本对“一国两制”缺乏认识，持怀疑观望态度的国际人士，转而支持中国政府以“一国两制”模式和平解决台湾问题。（二）由于港澳的回归极大地激发了大陆十二亿人民以及广大海外华侨、华人的民族自豪感，要求早日解决台湾问题、实现祖国完全统一和民族振兴的呼声将日益强烈，而大陆领导人也会因港澳的顺利回归而增强以“一国两制”方针解决台湾问题的自信心和紧迫感。不难预料，随着中国大陆综合国力和国际地位的不断提升，从中央到地方，势必会集中力量加强对台工作的力度。

“一国两制”将有台湾模式

近年来，台湾当局欺骗民众，极力诋毁“一国两制”，一再宣扬什么“香港是香港，台湾是台湾”，台湾与港澳不同，“‘一国两制’绝不适用于台湾”云云。对此，我们不可不辩清楚。

诚然，台湾问题与港澳问题确有所区别，但两者却有一个最为根本的相同点：即台湾和港澳一样，都是中国领土不可分割的一部分，这才是台湾问题与港澳问题所共同具有的“本质”！这一本质，就决定了台湾问题与港澳问题一样，都必须在“一个中国”的原则下才能得到妥善解决；而“一国两制”则不仅是解决港澳问题同时也是和平解决台湾问题的唯一最佳模式，舍此别无他途。当然，也正是由于台湾问题与港澳问题有所不同，因此，祖国政府在解决台湾问题的过程中，政策将更为宽松，更具弹性。同样是“一国两制”，未来构想中的“台湾模式”势必与“港澳模式”有所不同。

我们有理由相信，假以时日，“和平统一、一国两制”的方针，必将被愈来愈多的台湾民众所理解和认同，中国的完全统一、中华民族的伟大振兴与腾飞必将成为现实。

（《文汇报》，2000/01/12）

陈水扁何去何从　人们正拭目以待

空前惨烈的台湾选举业已尘埃落定，标举“台独”党纲的民进党参选人陈水扁以微弱的相对多数侥幸获胜，使早已腐败不堪的“百年老店”国民党政权在一夕之间轰然崩塌；李登辉在使尽了阴谋诡计之后终于一时得逞，实现了他梦寐以求的将政权“和平转移”给民进党陈水扁的既定计划。由于陈水扁的当选，岛内“台独”势力全面掌控了台湾从“中央”到地方的执政权，却把两岸关系推向了一个新的十字路口，祖国“和平统一”的方针能否继续贯彻执行，已面临着现实的严峻考验与挑战。

当选感言露马脚

台湾选举揭晓后，中共中央台办和国务院台办联合发表声明，严正指出：“和平统一是以一个中国为前提的。任何形式的‘台独’都是绝对不允许的，对台湾新领导人我们将听其言观其行，对他将把两岸关系引向何方，拭目以待。”那么，截止于目前，陈水扁的言论行动如何呢？他对“一个中国”的前提和原则持何种态度呢？对此，人们实在难表乐观。

陈水扁当选后的第一个“言论行动”是发表了一个长达四千字的所谓“当选感言”。表面上看来，这篇“感言”用词谨慎、语气和缓，一改往日陈水扁在演说中咄咄逼人的“台独”陈词滥调，但稍作推敲，便不难发现，其字里行间仍不免露出“台独”马脚。试举几例：(1)“感言”一开头称：“中华民国第十任总统、副总统选举的结果已经揭晓”，似乎他承认了自己是所谓“中华民国”的当选“总统”。但是紧接着第二句，他就改口称：“陈水扁、吕秀莲正式当选台湾第二届民选的总统、副总统”。其后所有相关之处，皆一律改用“台湾”取代，如称“台湾的总统选举”、“台湾历史庄严而神圣的一刻”、“台湾为民主的发展写下新的一页”……全文使用“台湾”一词达二十处之多，“台湾共和国”的“国名”可说是已呼之欲出、跃然纸上。(2)“感言”中对大陆称“我们有相同的血缘和文化”，表示要和大陆“共同为华人社会开创一个和谐、喜乐的新世纪”。显然，这两句话的潜台词是：海峡两岸只是两个有“血缘和文化”关系的“互不隶属”的“华人国家”，是“两个国家的特殊关系”，这不是“两国论”又是什么？(3)“感言”宣称“愿意以最大的善意与决心”，与大陆“进行全方位、建设性的沟通与对话”，并表示“诚挚的欢迎”江泽民、朱镕基、汪道涵等大陆领导人访问台湾，而他自己与吕秀莲也愿意在就职之前，前往“中国大陆进行和解与沟通之旅”，但却闭口不提“一个中国”的原则，这不能不令人怀疑陈水扁此举究竟有多少诚意？其真实用意为何？

改变策略以攻为守

果然，当江泽民主席回应陈水扁必须在“承认一个中国的前提下”才有可能开启两岸对话、谈判和互访的谈话之后，陈水扁便露出了他的“庐山真面目”，声称“一个中国”只能作为协商谈判的“议题”而不能作为“前提”。众所周知，台湾是中国领土不可分割的一部分，这不仅是不容否认的历史事实，同时也是国际法和国际社会早已认定的政治现实。坚持“一个中国”原则或曰“前提”，正是表达了全体中国人民和海外华侨、华人誓死捍卫台湾领土主权的坚定不移的立场和意志，绝对不可动摇，更不容当作所谓“议题”。显然，陈水扁一再向大陆示好、“以攻为守”只不过是一种策略而已，其真实意图是将两岸关系日后无法缓和、改善的责任推向大陆，以纾解岛内外的强大压力。

是“前提”还是“议题”

众所周知，陈水扁素以“善变”而著称。陈水扁在一九九八年底竞选连任台北市长落败后，一再鼓吹所谓“新中间路线”，声称其作为“基本价值”观念的“国家认同与定位”没有“中间”，不能“摆荡”，但在“如何实践价值的方法上”却可以有“中间”和“中间策略”。他在竞选活动中向

“台独”基本教义派选民喊话说：其实阿扁和大家的“理想和目标都一致”，只是“达到目标的手段有些地方不一样”而已。他一再劝说急进“台独”人士要“忍耐”，要“等民进党执政，才有可能慢慢达到理想”（即“台独”）。如今民进党果然渔翁得利，趁国民党分裂的千载难逢之机赢得了此次“大选”，难道陈水扁会轻易放弃其日思夜梦为之奋斗多年的“台独目标”和“理想”吗？对此，人们实在不应抱有不切实际的幻想。四年前，百分之五十四的台湾选民选择了一个“不可预测的政客”李登辉，已经使全体台湾人民蒙受了巨大的损失。如今，近四成的台湾选民又选择了一个理念和性格酷似李登辉的陈水扁，会不会使全体台湾人民蒙受更加严重的后果？人们正在拭目以待。不过，笔者相信，“形势比人强”，不管“台独”势力玩弄什么花招，祖国统一的历史潮流势不可挡，只要海峡两岸同胞和全世界华侨、华人共同努力，必定会挫败任何分裂祖国的阴谋，“台独”人士只有改弦更张，“浪子回头”，才是唯一的出路！

（《文汇报》，2000/03/25）

李登辉在骂声中下台

从台湾岛内传来消息：台湾分裂势力的总代表、台湾海峡安定局面的破坏者、中美关系发展的绊脚石、亚太地区和平与稳定的麻烦制造者——李登辉，终于被迫交出了国民党主席的职位，很好！很好！

挑战人民身败名裂

李登辉曾经狂妄地叫嚣，他要“向不可能的事物挑战”。但是事实证明，“不可能的事物”还是“不可能”！历史潮流是不能挑战的，人民的力量是不容蔑视的。古今中外的历史早已证明了这样一个颠扑不灭的真理：不管你多么有权、有手腕、有权谋，也不管你如何曾经猖獗一时、不可一世，只要你违背了历史潮流，违反了大多数人民的意志，损害了国家和民族的根本利益，到头来也总是逃脱不了历史辩证法的惩罚，遭到人民的唾弃，落得个身败名裂、遗臭万年的可耻下场！李登辉不是很在乎他的“历史定位”吗？“中华民族的千古罪人”，这就是历史对李登辉最准确最公正的定位！

李登辉可说是台湾历史上，乃至中国历史上都是一位不可多得的反面教员。

回想在蒋经国时代，他韬光养晦，想尽办法把自己乔装打扮成毫无政治野心、没有任何权力欲望的“农经专家”、“技术官僚”的形象，骗得了蒋经国对他的信任和重用。

蒋经国辞世由他接掌台湾政权后，李登辉深知自己根基浅薄，没有班底，还不到他施展“台独”抱负的时候，于是他“戒急用忍”，信誓旦旦地宣称他会继承蒋经国的遗志，主张“一个中国”，反对“台独”。但实际上却大要两面手段：一方面他在国民党内表面上对“前朝”遗臣礼遇有加，毕恭毕敬，实际上却利用他们之间的矛盾，拉一派打一派，一步一步地削弱他们的权力，把他们一个个排挤出了国民党的权力核心，不管是外省籍的俞国华、李焕、郝柏村、陈履安，还是本省籍的林洋港、邱创焕。另方面，李登辉自知实力不足，于是他又打着“本土化”、“民主化”的幌子，蓄意姑息、纵容“台独”势力，用奶水把主张“台独”的民进党喂养大，还把海外大批“台独”分子请回台湾，致使“台独”势力剧烈发展膨胀，活动日趋猖獗，逐步从海外走进岛内，从隐蔽走向公开、从非法变成合法、从社会走向政坛。然后，李登辉就勾结“台独”势力，一个接一个地斗倒了国民党内反对“台独”、对他的权力和施展抱负有威胁的势力，从而逐步全面掌控了国民党的党、政、军、情、特大权，并与民进党联手进行走马灯式的“修宪”，把自己实际上变成一个大权在握而不受监督制衡的独裁“总统”。

不修内政大搞“台独”

随着李登辉权力的不断巩固，他的“台独”真面目也逐步暴露，所谓“对等政治实体”、“一国两府”、“阶段性两个中国”、“分裂分治”、“中华民国在台湾”等分裂中国的奇谈怪论相继出笼，一步步地在“一个中国”的原则立场上倒退，直至去年七月，公然冒天下之大不韪，抛出他臭名昭著的“两国论”。在这过程之中，一九九四年他与日本右翼作家司马辽太郎的谈话，正是他“台独”心迹的首度大曝光！

李登辉为挑战中国主权，推行分裂中国的路线，对抗祖国和平统一的历史潮流，主政十三年来，他内政不修，致使黑金泛滥，治安不断恶化，金融危机频生，搞得岛内人心惶惶，不可终日；他不惜花大把大把的金钱去买“外交”、买“军火”，致使“国库”空虚，各级政府财政困难，难以为继；他阻挠两岸直接“三通”，顽固推行“戒急用忍”的两岸经贸政策，致使岛内民众特别是工商企业界怨声载道；他一再挑战中国主权，破坏两岸政治对话与谈判，致使两岸关系持续僵化乃至恶化，台海局势动荡不安，亚太地区的和平受到严重威胁，中美关系也难以稳定发展……李登辉的恶行，真是罄竹难书！

蓄意交权陈水扁

此番“大选”，李登辉蓄意要将台湾政权“和平转移”给坚持“台独”立场的陈水扁，于是他蓄意使笃定能胜选的国民党“连宋配”破局，然后又暗中唆使亲信制造“兴票案”，企图迫使宋楚瑜提前出局。当其阴谋未能得逞，到选战后期“三强鼎立”之际，他又“兵分两路”，一面指使其亲信人马公开挺扁，而他自己则假装挺连，以防止出现“弃连保宋”效应。总之，为了打掉宋楚瑜，把能承继其政治香火的陈水扁扶上台，他不惜出卖国民党，要弄跟随他多年鞍前马后为他效愚忠的连战以及许许多多“忠贞”的国民党员。俗话说得好：“骗人可以一时，但不可能一世”。

陈应以李为鉴

李登辉搞“台独”，视人民为无物，视历史潮流为无物，硬是要“向不可能的事物挑战”，已经遭到人民的唾弃。殷鉴就在眼前，此时此刻，以继承“李摩西”未竟事业自居的台湾“约书亚”陈水扁，不知作何感想？历史已经把陈水扁推到了前台，给了他表演的机会，就看他如何表演了。

人民不会给他太多的时间表演，忍耐是有限度的，但愿他能好好把握这千载难逢的历史机遇！

（《文汇报》，2000/03/25）

对陈水扁当选后两岸关系的观察与思考

李远哲发挥关键作用

这次“总统”选举陈水扁当选，既有内因，亦有外因；有其必然性，也有偶然性。

从内因和必然性方面来说：一是由于国民党长期执政，特别是李登辉主政以来，造成严重的黑金政治、治安败坏，使岛内民众产生了强烈的不满情绪，要求改革弊端，换党、换人做做看。二是由于国民党中生代严重分裂，使民进党有可乘之机。

从外因和偶然性来说：美国方面若隐若现地插手台湾选举也起了重要作用。在“兴票案”爆发之前，美国方面很明显是支持宋楚瑜；在“兴票案”发生之后，特别是选战后期的关键时刻，美国方面表示只要是经由“民主程序”选举出来的台湾领导者，它都会接受，这也说明了美国实际上转而支持陈水扁。

最终影响台湾选情的主要因素是李远哲、许文龙等所谓“清流”人士，公开在关键时刻挺扁，对选情产生了重大影响。据事后民进党人士评估，由于李远哲等人的公开支持陈水扁，至少使陈、吕配增加了百分之五至八的选票。李远哲在选前去了一趟美国，选举后又立即赴美，这些举动很难使人相信与选举毫无关联。

由于陈水扁的当选，传统上主张“台独”的民进党取代国民党而走上执政，使得岛内的“台独”势力全面掌控了从“中央”到地方的执政权，而这也使得两岸关系的性质发生了根本性的变化，已面临关键的新的十字路口。

众所周知，在陈水扁当选之前，执政的国民党尽管在李登辉的主导下拖延统一谈判，实行保守、僵化的大陆政策，甚至在去年七月公开抛出“两国论”，造成台海局势的动荡不安……但是国民党毕竟还有一个“国统纲领”，毕竟还有一部以包括台、澎、金、马和整个中国大陆为其领土范围的所谓“中华民国宪法”；因此中共方面始终坚持“和平统一”解决台湾问题的方针。但是新上台的民进党陈水扁，仍然标举“台独党纲”，在竞选过程中，陈水扁所抛出来的“宪政白皮书”和“跨世纪中国政策白皮书”，表明其依旧坚持其“台独”理念和主张。

例如在“宪政白皮书”中公开主张要在未来的“宪法”中明确“台湾主权独立地位”，要将“中华民国”的领土范围界定在台、澎、金、马及其所属岛屿，以及任何改变“台湾独立”的现状都必须经由全体台湾人民公开投票来决定等等。对于这样的诉求与宣示，大陆方面认为这无异于“台独宣言书”。又如在“中国政策白皮书”中尽管提出许多所谓的善意与创意，例如主张两岸对话谈判、签订和平协议或基础条约等等……但却又提出了三个前提条件：一、承认台湾的“对等国家”地位；二、遵守联合国和平解决争端的原则；三、不预设两岸未来走向。显然这些诉求比“两国论”还“两国论”。

是“留校察看”非示弱

在整个竞选过程中陈水扁大玩“两面手法”：一方面向大陆频频示好，宣称要与大陆“善意和解、互信合作、永久和平”，并公开在香港媒体上刊出政治性广告，宣称两岸“竞争不斗争、打拼不打仗、开放不开战”；但却又在“台独基本教义派”的场合高喊“台独万岁万万岁”，声称“我和你们的理想目标是一致的，只不过是达到目标的方法不太一样”，并劝他们要“忍耐”，等民进党执政后才有可能达到理想与目标”。

大陆对李登辉与陈水扁的认知是有很大的差异与区别的。如果说当年李登辉刚上台执政之际，中共方面对其曾一度存有过幻想与期待的话：那么可以说中共对陈水扁从未曾抱存过任何冀望，有的只是高度的警惕与不信任，两者在起点上可谓相距甚远，不可同日而语。

选后中共方面提出对陈水扁“听其言，观其行”，对他将要把两岸关系引向何方“拭目以待”，有人认为这是中共方面示弱，但我更愿意将其解读为给一个坏学生“留校察看”，在正式开除校籍前做到“仁至义尽”。

当然这并不等于说中共方面对陈水扁存有期待或抱有不切实际的幻想，而是基于以下几方面的基本认识与考虑：

一、陈水扁和李登辉虽然都是政客，但却是不同类型的政客。李登辉是具有强烈使命感和武士道精神的政客，而陈水扁的一切言论行动都以捞取选票、夺取政权、坐稳江山为考虑。

二、他是以仅有近四成选票微弱胜选的弱势“总统”，却要面对六成以上并不支持其政策主张的多数台湾民众。即使在四成投他票的选民当中，真正支持其“台独”主张者，据一般评估也不过两成左右。也就是说台湾的绝大多数选民并不支持民进党和陈水扁的“台独”主张，他不能不考虑岛内的这一政治现实。

三、以美国为首的国际社会也不允许陈水扁和民进党因为推行其“台独”主张，而引起台海形势的骤然紧张，破坏亚洲与世界和平。

四、中国大陆的强大压力也是一项重要因素。

因此对陈水扁不抱幻想并不等于看不到他的善变性格，以及在各种压力面前缩手的可能性。因此对他“听其言，观其行”，给予其一定观察期原因就在于此，而非大陆示弱。

大陆有强烈危机感

以下就三个问题谈谈笔者的粗浅看法：

第一个问题是：当前岛内有些人有一种糊涂错误的认识，认为中共是一只“纸老虎”，舍不得放弃经济改革的成果，并惧怕美国的介入……而对台湾不敢打、不愿打、不会打，因而面临两岸的严重危机而不自知，仍然歌舞升平，我行我素，吕秀莲等人甚至还继续公开鼓吹“台独”主张。然而美国真的会为了捍卫台湾的“独立”而不惜与中国打一仗吗？退一步说，即使美国真的会帮助台湾，那么中国大陆也不会如南联盟一般任人宰割；亚洲也不是欧洲，不存在被美国利用、充当打手的北约。

实际上无论是大陆人民或政府在“经济建设”和“祖国统一”这两大

问题上，从来都是把“祖国统一”放在第一位，“经济建设”放在第二位，在涉及领土主权的大是大非问题上从来不会手软，并不会因为时空的变化而有所动摇。如果“台独”人士真的将其在野时期的“台独”主张在他们上台执政之后变成政策贯彻实施；或者以种种理由和借口拖延两岸统一和谈判，拒绝接受和承认一个中国原则，那么两岸关系的前途实在堪虞。可以预料，中共给予陈水扁的观察期绝对不会比李登辉长。更何况由于陈水扁的当选、主张“台独”的民进党上台，已使大陆方面产生强烈的危机感和紧迫感。

近几日来，台湾一家媒体正在组织票选所谓“两岸和平大使”；另外“副总统”当选人吕秀莲几天前口出狂言挑战中国主权之后引起大陆的强烈反应。而近两日，吕秀莲又倒打一耙，说五月二十号后中共可能会有不理性的动作，要求国际社会出面化解两岸危机，呼吁美国出面邀约两岸领导人在华府举行会谈云云……本人认为这都是本末倒置、颠倒因果的做法和言论。

事实上，目前的两岸危机能否化解就在“总统”当选人陈水扁的一念之间，只要陈水扁放弃台独立场和主张，不仅在言论而且在行动上接受“一个中国”原则，那么当前海峡两岸的危机自然烟消云散、消弭于无形之中。既不需要美国人出面化解，而两岸领导人也自然可以见面商谈，两岸关系必将柳暗花明、春暖花开，否则无论派什么人到大陆去也都是枉然。

列强曾将中国主权当议题谈

第二个问题是：关于“一个中国”是“前提”还是“议题”的争辩，虽然仅是两字之差，但却谬于千里。所谓“一个中国”实际上谈的是主权问题……也就是说中国对台湾是否拥有“主权”，或者说台湾是否已经“主权独立”。

笔者以为，就历史的角度和国际条约与国际社会早已认定的事实观之，“一个中国”早已尘埃落定，不属于“议题”范畴。既然是“主权”问题，便不可拿来谈判，作为谈判的标的。

就主权国家而言，在近现代中国历史上有没有将“主权”作为“议题”

而拿来谈判的事实呢？有！但那是在何种情况下才会发生呢？例如一八四二年中英鸦片战争，中国战败，签订《南京条约》，割让香港主权。一八九五年中日甲午战争，中国战败，签订《马关条约》，割让台澎及其附属岛屿。这就是把一部分中国领土主权当作“议题”来进行谈判，并被迫割让。

再有就是中印边界、中苏边界以及中越边界的谈判，而这些都是历史遗留问题，是互谅互让的谈判，但实际上也是经过一场战争之后双方才达成妥协的。是故，从未听说过在中国内部可以把国家的主权当作“议题”来进行分割谈判；也未曾听闻过在非中国战败却把中国领土主权当作“议题”来进行分割谈判的。所以，把一个中国当作“议题”是荒谬的，说白了是为拖延统一谈判的遁词与借口，实际上是坚持“台独”主张。

第三个问题是：目前岛内还有一部分“台独”人士存在着另一种幻想，认为中国大陆富强起来之后，特别是实现了所谓“民主化”之后，其民族主义的情绪将会淡化，从而允许一个友好的台湾“独立”，而这也是一种不切实际的期待。何以言之?

一、中国人民何以会有如此强烈的“民族主义情绪”，其实这正是帝国主义列强一百多年来欺凌中国的结果。如今香港、澳门虽已回归，但还剩下一个台湾问题没有解决；而台湾问题一天不解决，祖国一天未实现完全统一，中华民族一百多年来所遭受到的屈辱就不能说得到了彻底的洗雪：中国人民的这块心病在得不到真正彻底医治之前，中国的所谓“民族主义情绪”是不可能“淡化”的。

其实是中美实力较量的问题

二、众所周知，台湾问题之所以久拖不决，是由于美国为首的国际反华势力插手干涉的结果；台湾问题说到底其实是中美实力较量的问题。中国富强与中华民族重新振兴的标志是什么？其中一项重要的指标就是：中国有没有能力排除外国势力的干涉解决台湾问题，实现祖国的完全统一。换言之，如果连领土主权的完整都无力捍卫，中国谈何富强？在当今世界，美国算是够“富强”了吧？但美国的“民族主义”情绪何来“淡化”?

三、未来世界的竞争是科学技术之争，是广阔的海洋资源之争；如果台湾从中国分离出去，中国在未来世界的竞争中将会受到极大的制约，处在一种十分不利的境地。这对拥有世界五分之一人口的中华民族之生存与发展影响至巨，因此从地缘政治的角度来看，中国也绝对不会允许台湾从中国分离出去。

从上述粗略的分析，可知中国大陆的任何一个政党和任何一届领导人都无法承担丧失台湾领土主权的历史责任。也就是说谁丢掉了台湾，谁将会成为中华民族的罪人，他也就丧失了领导和统治中国人民的正当性与资格，这绝不是用一句所谓“鸭霸”或“霸权主义”来指责中共及其领导人就可以说明问题的。同样的情况，台湾的任何一个政党及其领导人如果想继续统治台湾，维持他在岛内的执政地位，就不能挑战或回避一个中国原则，阻挠、破坏祖国的统一大业，否则他也将会成为历史和民族的千古罪人，其中的道理实在不必赘言矣。

总之，由于陈水扁的当选、主张“台独”的民进党上台执政，两岸关系已经处在一个十分关键的历史时刻。中共方面是否会全面调整“和平统一”的方针，改而“以武促谈、以武促统”，甚至下决心以非和平手段早日解决台湾问题，端看台湾新当选的领导人能否改弦更张，放弃“台独”立场与主张。值此关键时刻，台湾新领导人万不可误判形势，一条道路走到底。而要做到这一点，笔者认为至少应满足以下三个条件：

一、台湾民众对新当选的领导人施加压力，形成岛内的反对“台独”、要求回到“一个中国”立场的强大舆论和民意诉求，这是最主要的部分。

二、以美国为首的国际社会，特别是美国政府的态度及其对台施压的力度。

三、中国大陆的强大压力。

两岸前景令人担忧

从目前情况来看，第一、第二种条件似乎都不具备；而第三个条件虽然存在，却被解读为“纸老虎”。由于岛内意见分歧，在“一个中国”的问题上，十二年来已被李登辉的蓄意引导而造成了严重的扭曲，形成了结构性的倾斜，一时积重难返。加之美国方面不但不施加压力，反而加紧销售新式武器给台湾，给主张“台独”的台湾新领导人撑腰打气，因而陈水扁至今不肯做实质性让步，吕秀莲等人还继续鼓吹“台独”。特别是从新“内阁”的人事布局来看，其两岸政策走向仍将会追随李登辉路线而不肯改弦更张。居于上述观察分析，笔者对未来两岸关系的发展前景十分担忧，能否峰回路转，将考验台湾新领导人是否有足够的政治勇气和政治智慧，是否真的把两千三百万台湾民众的福祉放在心上。

（《海峡评论》，2000/4 月号）

评陈水扁的“五不”

陈水扁的“就职演说”终于出笼了，其中在有关“两岸关系”部分有所谓“五不”的宣示，被某些舆论所津津乐道，认为是陈水扁对大陆最具“善意”的内容。

果真如此吗？

我们先来看这“五不”究竟是些什么货色？陈水扁说：“只要中共无意对台动武，本人保证在任期之内，不会宣布独立，不会更改国号，不会推动两国论入宪，不会推动改变现状的统独公投，也没有废除国统纲领与国统会的问题。”

首先，陈水扁对他的所谓“五不”规定了一个“前提”，即“只要中共无意对台动武”，也就是说，大陆必须“放弃对台使用武力”，他的“五不”才有效，否则将统统作废，这完全是一种倒因为果、本末倒置的诡辩说法。大陆方面说得很清楚，搞“台独”才会动武，“任何形式的台独都是不被允许的”。陈水扁为其“五不”设置了大陆“放弃对台动武”的前提，正说明他并无诚意放弃“台独”，为其日后时机成熟时实行“五要”预留了空间。

其次，再来具体分析其“五不”内容：

一为“不会宣布独立”。但按陈水扁及许多民进党人士的说法“台湾主权事实已经独立”，当然也就“不必也不会宣布台湾独立”了。这种话早在五年前民进党前主席施明德就已第一次说过，并不是什么新东西。何况，李登辉讲过一百三十多次“反对台独”，但他还不是在搞分裂、搞“台独”?!显然这“一不”不具什么实际意义。

二为“不会更改国号”。其实“国号”改不改并不是陈水扁的权力，只有台湾的“立法机关”才有权决定改不改“国号”。因此，陈水扁这句话是一句空话。何况，不改“国号”照样也可以搞“台独”——“中华民国式的台独”。

三为“不会推动两国论入宪”。“两国论”入不入“宪”也不是陈水扁一人能说了算的，同样是台湾“立法机关”的职权。因此这同样是一句空话，不具任何意义。

四为“不会推动改变现状的统独公投”。试问：台湾目前连“公投法”都还没有，陈水扁即使想“推动”公投也没有法源基础。更何况，同样的道理，“公投法”只有台湾“立法机关”才有权制定，也不是陈水扁个人能说了算的。因此，这又是一句不具任何实际意义的空话。

五为“没有废除国统纲领与国统会的问题”。请问：李登辉废除“国统纲领”和“国统会”了吗？没有！但李登辉却从未真心实意搞统一而一心一意搞分裂。陈水扁宣称“不废除”国统纲领与国统会，同样也不表明他一定不会搞“台独”。和李登辉一样，陈水扁很可能也会把“国统纲领”与“国统会”束之高阁、打入冷宫，收进其“总统府”的储藏室中。

总之，陈水扁的“就职演说”尽管闪烁其词，但既然在一个中国的原则问题上采取了完全回避的态度，那么，其他任何宣示也便都成了不具实际意义的空话，实际上暴露出他并无缓和改善两岸关系的诚意。如此而已，岂有它哉！

（《大公报》，2000/05/21）

回避“一中”原则，何来“柳暗花明”

——简评台湾当局新领导人的就职演说

五月二十日，中共中央台办和国务院台办受权发表声明，针对台湾当局新领导人在当日发表的首次政策演说迅速作出反应，旗帜鲜明地宣示了祖国政府处理两岸关系问题的立场，表达了坚决捍卫一个中国原则、坚决反“台独”、反分裂的坚强决心；重申了在一个中国原则的基础上进行两岸对话与谈判的一贯主张。“两办”的声明充分表达了海内外同胞的共同心声，我们表示衷心的拥护和坚决的支持。

五·二〇之前，台湾当局新领导人曾一再向外界施放乐观信息，表示要和大陆“善意和解、积极合作、永久和平”；并要台湾民众安心，说什么他五·二〇就职演说之后，两岸紧张关系将会“柳暗花明”，得以缓解云云。事实证明，这完全是欺骗宣传。

众所周知，祖国政府在处理两岸关系、解决台湾问题上的主张和立场是坚定的、一贯的、明确的。五·二〇之前，大陆方面曾一再向台湾新当选的领导人重申：两岸关系能否缓和、改善和发展，关键在于台湾方面是否承认和坚持一个中国的原则。那么，台湾新领导人的就职演说究竟对“一个中国”原则这个关键问题抱持何种态度呢？正如“两办”声明所指出的，完全是一种“回避”、“模糊”的态度，充分暴露出他的所谓“善意和解”缺乏起码诚意。而这正是台湾新领导人五·二〇就职演说的要害。

台湾新领导人的这篇就职演说，在涉及两岸关系的部分，表面上看起来语气和缓、用词谨慎，也不见赤裸裸的鼓吹“台独”的陈词滥调，但只要我们稍作认真阅读推敲便不难发现，在原则问题上他并没有做任何让步，仍然不脱“两国论”的基调，顽固坚持其“台独”立场。和李登辉的“硬独”不同，台湾当局新领导人是典型的“软独”。而“软独”比“硬独”更有迷惑性和欺骗性，因而也就更具危险性。

台湾新领导人既要坚持“台独”立场，又企图蒙骗世人，于是在这篇所谓“就职演说”中，他和他的谋士们绞尽脑汁采取了以下三种手法：

一曰“软中带硬，话中有话”。例如，他说什么：“两千三百万人民以无比坚定的意志，用爱弭平敌意，以希望克服威胁，用信心战胜了恐惧”；宣称这次选举“我们在举世瞩目的焦点中，一起超越了恐惧、威胁和压迫，勇敢地站起来!”说什么“威权和武力只能让人一时屈服，民主自由才是永垂不朽的真理”云云，拐弯抹角地污蔑攻击海内外同胞反“台独”、反分裂的斗争，企图挑拨台湾同胞与大陆同胞之间的民族感情。

又如，演说中所提到的“五不”：“不会宣布独立，不会更改国号，不会推动两国论入宪，不会推动改变现状的统独公投，也没有废除国统纲领与国统会的问题。”最被某些舆论叫好，认为是台湾新领导人对大陆最具“善意”的“让步”。但人们往往忽视了这长长的“五不”前面，预设了一个文字虽短却极其关键的前提条件，即所谓“只要中共无意对台动武”。换言之，只有大陆方面宣布放弃对台使用武力，他这“五不”才会有效，否则一概作废，这种说法不仅是本末倒置、倒因为果，更表明其为日后时机成熟时废弃“五不”、实行“五要”预留了回旋的余地和政策调整的空间。请问，这是一种什么样的“善意”和“让步”呢?

又如，他说“秉持民主对等的原则，在既有的基础之上，以善意营造合作的条件，共同来处理未来‘一个中国’的问题”。这里所说的“民主与对等”原则，实际上就是他以往一再强调的“台湾独立现状的改变，必须经由全体台湾住民以公民投票方式决定”，以及所谓“确立海峡两岸对等国家地位”原则的缩写语。至于“在既有的基础之上”究竟是什么涵意?他没有明说，但实际上显然是指在“两国论”的基础之上。而“一个中国”则是过去没有，现在没有，至于“未来”有没有，还是需要讨论的“问题”(改“议题”为“问题”)。这种表面模糊实则话中有话的宣示，不是“台独”又是什么?

二曰“李代桃僵，偷梁换柱”。台湾新领导人不仅极力回避“一个中国”原则，甚至不承认自己是“中国人”，否认台湾文化是中华文化的一部分。他说，“台湾人民用民主的选票完成了历史性的政党轮替。这不仅是中华民国历史上的第一次，更是全球华人社会划时代的里程碑”；声称“我们多么希望海内外的华人都能亲身体验、共同分享这一刻的动人情景”；并称要“让立足台湾的本土文化与华人文化、世界文化自然接轨”云云。在台湾新领导人的心目中，台湾人显然不是“中国人”，而只是和生活在新加坡、泰国、马来西亚、印度尼西亚以及全世界各地的华人、华侨一样，与大陆人民有“相同的血缘、文化和历史背景”的“华人”而已。台湾的本土文化也不是“中华文化”的一部分，而只是和中华文化、世界文化相并列的“华人文化”。这不是“两国论”又是什么？

在通篇演说中，台湾新领导人仅有一处提到“中国”，但那是和“台湾”并列的“互不隶属”的中国。他说：“过去一百多年来，中国曾经遭受帝国主义的侵略，留下难以磨灭的历史伤痕。台湾的命运更加坎坷，曾经先后受到了强权的欺凌和殖民政权的统治。”仅有一处提到“中国人”，即所谓“中国人强调王霸之分……”，但这并没有能让人感觉到他所说的“中国人”也包括“台湾人”。其花言巧语、玩弄辞藻至此，真是令人叹为观止！

三曰“打民主、自由、人权牌”。读罢“演说”全文，给予人一种极为强烈和深刻的印象，即通篇贯穿着一个主轴：宣扬西方社会的民主、自由、人权的价值观。例如，宣称“中华民国第十任总统选举的过程让全世界清楚地看到，自由民主的果实如此得来不易”；“我们用神圣的选票向全世界证明，自由民主是颠扑不灭的普世价值”；台湾“大选”的结果，是“人民的胜利，民主的胜利”；并称“中华民国不能也不会自外于世界人权的潮流”，表示要“在台湾设立独立运作的国家人权委员会”，邀请国际法律人委员会和国际特赦组织“协助我们落实各项人权保护的措施”，并说什么“不论目的何在，理由多么冠冕堂皇，战争都是对自由、民主、人权最大的伤害”云云。台湾新领导人在演说中高唱所谓“民主”、“自由”、“人权”滥调，固然反映了他所推崇、信仰的意识形态，但其意却是“醉翁之意不在酒”，目的在于讨好以美国为首的西方社会，意思是说我们台湾和我本人，是学习和运用西方价值观的最好学生，以博得他们的同情与支持，企图将两岸的“统独之争”歪曲为“意识形态之争”、“制度之争”，从而使台湾问题“国际化”，对抗祖国大陆的统一攻势。这实在是一种“引狼入室”的非明智之举！

总之，台湾新领导人的五·二〇就职演说，绝非某些岛内、海外媒体和人士所吹捧颂扬的那样，说什么对大陆方面做出了最“善意”的、最大的“让步”，而只不过是在迫于各方的强大压力下，要小聪明、玩小权术，充分利用了中国语言的丰富性和复杂性，对其“台独”理念和主张进行策略性的包装，试图以此蒙骗世人，蒙混过关。然而，假的就是假的，伪装应当剥去。台湾当局新领导人变幻手法，要弄新的花招，只能让海内外所有的炎黄子孙和世界舆论愈加认清台湾当局新领导人的“台独”本质，并对其可能造成的对台湾海峡乃至亚洲和世界和平的严重威胁保持高度的警惕。

我们要正告台湾当局新领导人：“一个中国”原则是不能回避更不容挑战的，回避甚至否认“一中”原则，两岸关系就不可能有所谓“柳暗花明”，而只能是“山重水复仍无路”，唯有老老实实地正视现实，抛弃不切实际的幻想，不仅在言论上而且在行动上真正接受和承认“一个中国”原则，才是唯一的出路，才会有光明的前途。

（《文汇报》，2000/05/30）

陈水扁应向朝韩领导人学什么

陈水扁在“六·二〇”的记者会中表示：他要以南北韩两位领导人为“学习的榜样和效法的对象”，呼吁“中共领导人”江泽民和他坐下来“握手和解”，共同像南北韩领导人一样，一起“改写历史、创造历史”云云。

这番可谓充满“感情色彩”的喊话果然奏效，立即在岛内外博得不少掌声和喝彩声。在某些人士的心目中，似乎在当前海峡两岸捉摸不定的“棋局”中，陈水扁利用朝、韩领导人会晤之机，主动出招，已赢得了“先手”。

果真如此吗？

我们且不说台湾问题与朝鲜半岛的问题性质完全不同，前者乃是中国内战（或曰“人民革命”）遗留下来尚待解决的内政问题，而朝鲜问题则是和原来的东西德问题一样，是二战后根据国际协议形成的问题。因此两者不可相提并论。就拿这次朝韩领导人的会晤而言，从中给海峡两岸中国人的最大启迪究竟应当是什么？仅仅是“握手”和“和解”吗？

众所周知，朝鲜半岛虽然在二战后被国际协议人为地分割为两个独立的互不隶属的国家，而且社会制度不同，生活水平的差别也很大，然而，无论是北方还是南方，任何一方都没有借口所谓“制度”或“生活水平”的差异而反对南北未来走向统一。既没有人否认自己是“朝鲜人”和“朝鲜民族”的一分子，更没有人敢以否认南北方的文化同属于一个民族文化；双方始终都在不懈地追求国家的统一和民族的和解。正因为有此基础和前提条件，双方才有可能搁置意识形态的分歧与对立，克服种种困难，求同存异，达成此次历史性的会晤，双方毫不讳言，他们握手和解，其终极目标乃是要实现民族的和解和国家的统一。

陈水扁声称要以南北韩领导人为自己“学习的榜样和效法的对象”，请问你要“学”什么？“效法”什么东西呢？

如果陈水扁真心实意地要“学习”他们、“效法”他们，那就少说空话、少喊没用的口号，赶快宣布接受一个中国原则、公开地痛痛快快地承认自己是“中国人”和“中华民族”大家庭的一分子，放弃“台独”立场和主张，以实际行动致力于祖国和平统一的大业。若果如此，不仅海峡两岸关系自当“柳暗花明、春暖花开”，而且陈先生也就真的成了“改写历史”、“创造历史”的中华民族的不朽伟人了！否则，光是把人家的照片“挂在墙上”、“记在心里”是没有任何实际意义的！

（《大公报》，2000/06/22）

陈水扁“新中间路线”的破产

十月三日晚，唐飞以所谓“健康”原因为由，黯然宣布辞职，勉强苦撑了仅仅四个多月的“扁唐体制”终于一夕崩解。海内外观察岛内政局的人们实际上从一开始就已料定唐“内阁”只不过是过渡“内阁”，必定不会长久，但竟然会如此短命到连半年时间都未能维持，则恐怕鲜少有人能意料得到。从表面上看，唐飞的挂冠而去，是由于在是否续建“核四”厂的问题上与“总统府”和民进党理念不合，但从深层次而言，实则标志着陈水扁所标榜的所谓“新中间路线”的破产。

为赢“大选”不惜作假

陈水扁为赢得今年三月的“大选”，争取中间选民的支持，极力鼓吹他的所谓“新中间路线”。宣称他的“新中间路线”是一种“新思维”，是有别于国民党与过去民进党的传统模式的新路线，是所谓“寻求社会主流价值的第三个定位坐标”；标榜他的“新中间路线”就是“包容多元、尊重多数”、“化解对立、异中求同”，以全新的眼光建立所谓“政治中间派”，在省籍、族群、政党统“独”的矛盾冲突之间，“寻找出另一条通道”。那么，三·一八陈水扁侥幸胜选之后，他是如何实践他所鼓吹的“新中间路线”的呢？其具体措施，一是授权李远哲筹组所谓“跨党派两岸小组”，企图利用这一“小组”和李远哲的声望来凝聚虚假的所谓“全民共识”，对抗大陆，为其日后推行分裂的两岸政策背书；二是舍民进党人而不用，出乎意料地请出国民党籍的前“国防部长”唐飞出任“阁揆”，按他所标榜的“新中间路线”的理念组织所谓的“全民政府”，而实际上是他自知执政基础太过薄弱，为稳定岛内军心、民心而不得不使然。为此，他还信誓旦旦地声称他是“全民总统”而不是“民进党总统”，表示他绝对会把“全民利益”和“国家利益”放在政党利益和个人利益之上，并特意宣布辞去民进党中常委，声称今后不再参与民进党的活动等等。

漠视主流价值

然而假的毕竟是假的，伪装终不会长久。陈水扁声称“包容多元、尊重多数”，要“寻求社会主流价值”，跳脱“民进党的传统模式”，那么请问：多数台湾民众认同“台湾人是中国人”，海峡两岸是同一个民族、同一个国家，陈水扁却为何至今不承认自己是中国人，而仅仅是“华人”，而两岸仅仅是互不隶属的“华人国家”？台湾各主要在野党无论是国民党、亲民党还是新党，均认同“国统纲领”和九二年两岸两会所达成的“一中”共识，而为何陈水扁却声称“国统纲领”不是不可以修改的神圣的“图腾”，并至今拒绝接任“国统会主委”、口口声声否认九二年“共识”，宣称“统一并不是两岸未来的唯一选项”？多数台湾民众特别是工商企业界要求尽快开放两岸直接“三通”，调整李登辉时代遗留下来的保守僵化的“戒急用忍”两岸经贸政策，而陈水扁当局却至今仍寻找种种借口，蓄意阻挠拖延？再有，就拿酿成此次唐飞辞职的“核四”厂续建风波来说，据岛内民调显示，多数民众也表示支持续建，而陈水扁又为何态度如此暧昧，不“尊重多数”而屈服于民进党内的压力？……

民进党急于“全面执政”

事实证明，所谓“不偏不倚”的“新中间路线”并不存在，“全民政府”只不过是陈水扁骗人的政治把戏而已。所谓“政党轮替”的“政党政治”原则就是“责任政治”。唐飞作为老国民党员出身，其理念和政策主张无法见容于标举“台独党纲”、坚持“台独”理念和主张的民进党及陈水扁，乃是意料中之事。更何况，为争取岛内执政权而打拼了十多年的民进党人士，好不容易把国民党赶下了台，取得了执政地位，岂能容得国民党籍而且又是“外省籍”身份的唐飞“下山摘桃”，长久占据“阁揆”席位，使民进党虚有“执政之名”而无“执政之实”？眼见明年底新一届“立委”

和县市长选举日益临近，而唐飞“内阁”执政几个月来政绩不彰，民众怨声四起，长此以往，势必对民进党的选情带来极为不利的影响。而对于民进党人来说，明年底的选举事关该党能否取得“立法院”多数席位而走上真正全面、稳定执政，以及四年之后还能不能连任坐稳江山的大问题，只能胜不能败。因此，民进党人急不可耐地掀起倒唐风波乃是必然之事。陈水扁的执政权力源自于民进党，他当然不敢轻易脱离其统治基础。面对民进党的强大压力，舍弃唐飞，亲手打碎其“全民政府”的“西洋镜”，抛弃其已走入死胡同的所谓“新中间路线”，也就势所必然了。

“全民政府”垮台了，张俊雄接任新“阁揆”一职，意味着这回民进党真的是名正言顺“全面执政”了。对于这样一个少数政府的出现，对台湾政局和两岸关系的发展演变是祸是福？恐怕还不要过早地下结论，但有两点是可以肯定的：（一）台湾政局势必进入新一波更为剧烈的动荡期，国民党主控的“立法院”与民进党主控的“行政院”之间的争斗将会更加势同水火；（二）大陆对民进党全面主导的台北新政府势必愈加保持高度的警惕性，两岸关系的发展由此进入了愈加不稳定的危险期。台湾的前途命运已完全系于民进党人手中，端看民进党新贵们下一步将如何动作。

（《文汇报》，2000/10/05）

评吕秀莲承认“九二共识”

据台湾《联合报》报导，十二月八日吕秀莲在高雄县演讲时引述了一份文件，公开承认一九九二年八月一日，台湾当局“国统会”确曾依据“国家统一纲领”做成决议文，该决议文明确承诺：“海峡两岸都坚持一个中国的原则”，并称“台湾固然是中国的一部分，但大陆也是中国的一部分。”这是自“五·二〇”民进党执政以来，陈水扁当局的要员首次公开承认一九九二年两岸两会确曾达成过“一中”共识。看来吕秀莲虽然顽固坚持“台独”立场，但毕竟要比陈水扁“可爱”些，因为她比较愿意讲真话，“台独”主张如此，对岛内政坛一时争论不休的“九二共识”亦然——尽管承认得晚了些。“九二真相”由吕秀莲之口说出来，至少可以证明一点：即一九九二年大陆海协会与台湾海基会曾经达成过“一中”共识，这是千真万确的事实，撒谎骗人的不是大陆，也不是岛内在野党，而恰恰是陈水扁当局。

扁当局“西洋镜”被戳穿

自“五·二〇”陈水扁上台执政以来，上至陈水扁本人，下至“陆委会主委”蔡英文、“副主委”陈明通，乃至“行政院长”张俊雄以及扁当局的所有大小亲信幕僚，均众口一词，矢口否认九二年两岸两会曾经达成过“一中”共识，时而谎称是“没有共识的共识”，时而又称“九二年精神”云云，和世人大玩文字游戏，如今吕秀莲公开站出来，并“引经据典”，承认这确是事实，从而戳穿了扁当局的“西洋镜”，使真相大白于天下，人们倒要看看，这回陈水扁当局将如何辩解？何以自处？吕秀莲的“可爱”之处，不仅在于她承认了事实真相，更在于她说出了陈水扁当局撒谎的目的。她说：“北京的‘一中’指的是中华人民共和国，我方认知的‘一中’则是包含台湾、大陆在内。由中华民国代表全中国，全世界都知道目前绝无可能；在此情况下，任何人强迫台湾接受‘九二共识’，就是强迫接受‘一中’，也就是强迫新政府接受中华人民共和国，这是个陷阱。”原来，陈水扁当局为坚持其“台独”立场，居然下作到不得不靠撒谎度日的地步！人们不禁要问：两岸达成的协议，明明有白纸黑字记载的“承诺”，陈水扁当局出于其不可告人的政治目的，都可以轻易地以谎言耍赖不认账，这样的“政府”、这样的领导人，还有一点公信力吗？这种“政府”、这种领导人，人们还应当对其抱有一丝幻想吗？那么，大陆方面在其言论和行动上确实证明其已承接“九二共识”之前，将之列入“拒绝往来户”，不和它打交道，是不是理所当然呢？老实说，这种毫无诚信可言、靠撒谎度日的“政府”及其领导人，没有资格代表台湾人民，扁当局如若不痛改前非，重新取得大陆政府和海峡两岸人民的信任，那么，两岸对话谈判的大门将永远无法开启。

“倒退”之说荒谬至极

吕秀莲的“可爱”毕竟是有限度的。她说：“‘九二共识’是旧政府的承诺，是旧政府的事”，新政府可以不接受，因为“新政府是人民新的选择，新政府没理由再倒退八年”。此言可谓荒谬已极！

其一，台湾一向以“已建立民主体制”自居，而吕秀莲本人也素以美国哈佛大学的“法学硕士”自傲，她不应该不知：“新政府”取代“旧政府”上台执政，有责任也有义务履行“旧政府”对外签订的一切协议和承诺，打着所谓“新政府是人民新的选择”为幌子，拒绝履行“旧政府”对外签订的协议和承诺，这就是哈佛大学教给吕秀莲的“法学理论”吗？这明明是市井中的泼皮无赖行为。

其二，扁当局以不足四成的选票支持率侥幸上台执政，乃是货真价实不折不扣的“少数政府”，说什么“新政府是人民新的选择”，这完全是“打肿脸充胖子”。现实情况是：不仅台湾的主流民意包括李远哲先生都强烈要求扁当局承认和接受“九二共识”，就连美、日等国际社会也已对扁当局开始表示不满，要求其接受“九二共识”，以便重启两岸对话协商，缓和台海紧张局势。吕秀莲在她的演讲中就不打自招，称“最近美、日、北京及台北，有许多人压迫新政府接受‘九二共识’”。少数人支持下组成的政府，可以罔顾主流民意、罔顾大多数人的切身利益，为所欲为，这就是台湾某些人所津津乐道的“民主体制”吗？这种假冒伪劣的所谓“民主体制”，竟然还自夸为“台湾经验”，声称要向大陆推销，实在令大陆人民不知说什么才好！

其三，至于说接受九二年“共识”就是“倒退八年”，那要看是站在什么立场上说话，如果真正站在为台湾人民求安定、谋福祉的立场，那么，这种所谓“倒退”是完全应当的、必须的。八年来，李登辉主导下的台湾当局，内结岛内“台独”势力，外联国际反华势力，误导台湾民众，坚持走分裂路线，事实证明，这是一条危害台湾民众根本利益的走不通的死路，李登辉也因此而身败名裂，被迫黯然辞去国民党主席一职。如今殷鉴不远，陈水扁当局如果还算聪明，理应迷途知返，放弃“台独”立场，重新出发，走和平统一的光明大道。

事实上，“倒退”并非一概都是坏事，当“南辕北辙”、身处困境之时，“倒退”本身就是“前进”，就是“进步”，否则只有死路一条。大凡头脑清醒的人都无不看到，当前，陈水扁当局正处在这种困境之中，时乎已迫，何去何从，坦白地说，供陈水扁及其亲信幕僚们抉择的时间不是太多了。

（《文汇报》，2000/12/11）

玩文字游戏　无益于互信

在内外交困、危机四伏的窘境下，台北民进党当局迎来了新的千禧年。十二月三十一日，陈水扁对外发表了一篇备受各方瞩目的“元旦文告”。在两岸关系上，该文告表面上向大陆释放出了某种“善意”，予人某种“想象”空间，但明眼人一看便知，实际上这种所谓的“善意”，是陈水扁惯用的文字游戏而已，骨子里仍在坚持“台独”立场。这对于打破目前的两岸政治僵局，缓和两岸关系，不仅毫无帮助，相反却平添了人们对陈水扁当局的失望感和不信任感。

陈水扁在文告中称：“依据中华民国宪法，‘一个中国’原本并不是问题”，又说，“两岸原是一家人”云云，这两句话的关键词是“原本”和“原是”，言下之意，“一个中国”现在已成为问题，两岸现在已不是一家人。故此，他重申“五·二〇”就职演说中的说法，声称“在既有的基础上”，两岸共同来处理“未来”一个中国的问题。也就是说，“一个中国”过去有，现在没有，将来有没有还不知道，还需要双方“未来”共同来“处理”。兜了一大圈，玩了一通文字游戏之后，最终又回到了否认“一个中国”政治现实的原点。陈水扁是真有“善意”还是假有“善意”？他究竟有没有缓和两岸关系的“诚意”？看看他的文告，不难找到答案。

文告中，陈水扁极力为其否认“一中”原则辩解，将之归因于大陆未能“深入了解”台湾人民心中的“疑虑”和“尊重体谅”台湾人民“当家做主的意志”，因而使得两岸之间的“认知”产生了不必要的“落差”云云。事实上，“一个中国”原则并不是大陆方面强加给台湾的，就连陈水扁本人自己都承认，它“原本并不是问题”，后来之所以两岸之间会在这一原则问题的“认知”上产生“落差”，完全是李登辉主政十多年来与民进党为代表的岛内“台独”势力联手，营造所谓“台湾生命共同体”，误导台湾民众所带来的恶果，怎么可以倒打一耙，把责任推到大陆呢？而根据最新岛内民意调查显示，大多数台湾民众仍然认同“一个中国”，认为自己是“台湾人同时也是中国人”，强烈要求陈水扁当局承认和接受九二年两岸两会达成的“一中”共识。这可以说明，同祖国大陆在一个中国原则上“认知”有“落差”的，并非台湾的主流民意，以台湾民众的所谓“疑虑”和两岸之间“认知”上的“落差”为借口，拒绝承认“一个中国”原则，完全是站不住脚的。陈水扁一向喜欢标榜“民主”。民主的真谛是什么？就是少数服从多数。陈水扁利用其手中掌握的权力，强迫多数的台湾民众服从少数人的意志，这究竟是真“民主”还是反“民主”呢？

文告中，陈水扁还主张“从两岸经贸与文化的结合开始着手，逐步建立两岸之间的信任，进而共同寻求两岸永久和平、政治统合的新架构”。众所周知，“一个中国”原则乃是两岸和平的基础，同时也是两岸经贸与文化“统合”的前提条件。且不说陈水扁提出的“政治统合”的新概念究竟所指为何，如果不承认“一中”原则，甚至连自己是中国人都不肯承认，两岸关系的稳定与发展失去了应有的基础和前提，还侈谈什么“永久和平”？所谓“经贸与文化的统合”以及不知其所云的“政治统合”，自然也就无从谈起。陈水扁自上台以来之所以四处碰壁，搞得民怨沸腾，其根本原因就在于他所推行的内外政策违背了时代潮流，违反了台湾大多数民众的意志和利益。在“一个中国”原则这一关键问题上，如果陈水扁心存侥幸，继续和大陆玩花招，搞文字游戏，以拖待变，这不仅是不现实的，也是极其危险的。

（《文汇报》，2001/01/02 社论）

“嚣张”背后的“虚弱”与“无奈”

——评台北上演的“世台会”闹剧

近些日子来，台北的政治空气遭到重度污染——3 月 17 日至 18 日，几乎囊括了海外所有“台独”团体的所谓“世界台湾人大会”首次在台北登场，数百名从世界各地回台的独派人士麇集一堂，上演了一出极其丑陋的政治闹剧。会场上，“台独”人士情绪高涨，不断高呼“台湾国”的口号，声称自己是所谓“台湾国的国民”，数位台湾当局的“总统府资政”、“国策顾问”纷纷上台致辞呼应，某位前民进党主席、现任“总统府资政”更激动地高喊“祝台湾国早日实现”。会后，他们与岛内数千名“台独”支持者一起走上街头，游行示威。他们打着各种“台独”标语和旗帜，手舞足蹈，沿街狂呼“台独”口号，甚至围攻、殴打对他们表示不满的围观民众，气焰极其嚣张。

特别值得注意的是，大会开幕当日，台湾当局领导人亲率一批“府、院、党”头面人物出席致贺。致辞兴起处，他竟然脱稿自称是“台湾人的总统”，声称要致力维护“台湾国家的主权与尊严”，并忘情地高呼“台湾人站起来”、“台湾人一定会胜利”等口号。其“台独”真面目可谓一览无遗！

其实，海内外“台独”空前嚣张的表象，恰恰暴露其走投无路的虚弱和无奈的本质！

众所周知，“台独”运动肇端于上个世纪的 40 年代末、50 年代初，迄今已过去整整半个世纪之久，即便从 80 年代末民进党建党算起，“台独”人士为圆“独立建国”的梦也已“奋斗”了 10 多年的时间了。然而，好不容易才扳倒了国民党，夺取了岛内的执政权，岂料却迫于岛内外残酷的政治现实，而难以实践他们的“台独”梦想，其内心的痛苦可想而知。民进党上台一年来，由于顽固推行错误的内外政策，致使两岸关系僵持难解，岛内政经局势一塌糊涂，民众痛苦指数节节攀升，搞得民怨沸腾，对民进党执政日趋丧失信心，“台独”的社会基础正在剥蚀。执政一年来，“民进党人士讶异的是，台湾独派的势力竟然开始衰退”，民调显示，“在去年五二〇之后，主张统一的民众增加，主张独立的人数下降”。“台独”人士更为担心，代表他们执政的台湾当局领导人“抗压力不足”，面对海内外同胞“反独促统”的强大声势会节节后退，最终会放弃“台独”，使“台独”运动前功尽弃、半途而废。据岛内媒体报道说：这次在台北召开的首届“世台大会”上，“现场并未洋溢着喜悦的气氛”，相反，海内外的“独派”人士都忍不住批评台湾当局领导人“太软弱”、“不够坚持”，说他们“一年来实在是非常郁卒”，毫不讳言地声称，他们参与这次活动，一方面是要给身处困境中的台湾当局领导人打气，“表示支持”，另方面也是对台湾当局领导人在“台独”立场上可能发生的动摇适时“提出警告”。

台湾当局领导人果然是心有灵犀一点通！不仅在 3 月 17 日的大会致辞中，露骨地呼应死硬独派的“台独”言论和主张，而且在 19 日接见“世台会”骨干分子时语带玄机地表示：“很多事情你们可以毫不保留的说，但是我不行”，并对他在“元旦文告”中提出的“统合论”进行诠释，声称“不是‘统’就是要表示统一”，“统合论只是过程”，“同一字、同一问题我们可做有利于自己的解释”云云。这几句“私房话”，活画出了“台独”的虚弱、虚伪和无奈。岛内有识之士评论说：台湾当局领导人的这些动作，“只是为了安抚独派人士，‘统合论’根本是讲给统派人士听的”，反映出他在两岸关系上“一贯的投机立场”，抨击他“是在极度缺乏自信的情况下玩文字游戏”。

海内外同胞对台湾当局领导人“听其言、观其行”已届一年了。一年来，人们看到了什么呢？除了看到他在“一个中国”原则的关键问题上兜圈子、玩文字游戏、耍小聪明之外，实在看不出有什么进步。相反，从其两岸政策的左右摇摆中，却一次又一次地暴露出他的“台独”真面目。其结果，使原本严重缺乏互信的两岸关系雪上加霜，愈趋严峻。我们诚恳呼吁台湾当局领导人要认清形势，早日与“台独”基本教义派划清界限，坚持“台独”立场只会使自己愈来愈陷于孤立，这无异于饮鸩止渴，走上绝路。

（华夏经纬网，2001/03/20）

警惕美、日、台反华势力的新动向

近期以来，远东局势颇不平静，可谓一波未平一波又起，令人堪忧。始作俑者，乃美、日、台三方反华势力相互勾结、狼狈为奸。

美国新总统布什，早在去年竞选期间，就宣称中美两国不是“战略伙伴关系”而是“战略竞争关系”。上台伊始，即在处理军机擦撞事件过程中蛮不讲理，大耍无赖，霸权主义的面目表露无遗，使中美关系急剧恶化。

与此同时，日本森喜朗政府则因对右翼团体编写的美化侵略战争的初中历史教科书采取姑息态度，激起日本国内外强烈的批判声浪。韩国政府还为此而召回驻日大使，表示抗议。即将鞠躬下台的森喜朗尚未就此事向亚洲各国人民作出交代，紧接着又和外相河野洋平大唱双簧戏，以所谓“人道考虑”为由，不顾中国政府的多次严正交涉和警告，悍然于4月20日发给“台独”势力的总代表李登辉赴日签证，使本已紧张的中日关系雪上加霜。

日本政府在台湾问题上的动作，得到了美国布什政府的密切配合。就在森喜朗政府发给李登辉入境签证的同一天，美国政府也同时发给李登辉5月初赴美重访其母校康奈尔大学的签证，而且一口气发给了他5年多次入境的签证。这显然不是偶然的巧合，而是美、日、台三方精心策划的行动。

中国政府对美、日两国签发李登辉入境签证的强烈抗议声犹在耳边，中美之间因军机事件的争执尚未平息，4月24日，美国布什政府竟变本加厉，无视中美关系大局，公然决定向台湾出售大量高科技的武器装备，给台北撑腰打气，对抗中国大陆。

人们不禁要问：美、日两国究竟要干什么？

上述美、日反华势力的一连串动作中，台北陈水扁当局充当了很不光彩的角色。

美国政府决定对台高科技武器军售，台北喜形于色、倍受鼓舞自不待言。而对于中美军机擦撞事件，台湾当局领导人表面上保持沉默，实则内心窃喜，以为有机可乘。某军方高层人士甚至公开宣称，他们“全程监控事件发生的全过程”，“掌握有中共机员在空中对谈的录音，并已将录音磁带交给了美方”。

对于日本森喜朗蓄意姑息右翼势力，核准出版美化侵略战争的历史教科书，台北起初装聋作哑，后来迫于岛内进步舆论的压力，才不得不装模作样地在私底下向日本政府提出“交涉”，敷衍了事，与亚洲各国政府愤怒声讨森喜朗政府形成鲜明对照。

至于对李登辉赴日签证问题，台北更是上自“总统”陈水扁、“副总统”吕秀莲，下至“行政院长”张俊雄、“外交部长”田宏茂等，“倾巢而出”，口出狂言，力挺李登辉。而且种种迹象表明，这一备受争议的“签证”事件，其实是扁李合作、共同策划的政治阴谋，决非李登辉个人单纯的、孤立的政治事件。若再联系到近期以来扁当局的一系列政策宣示和政治动作，人们有理由相信，陈水扁正在调整立场，悄悄将两岸政策拉向右转。

迹象之一：3 月 18 日，陈水扁在出席海外“独派”团体所组成的“世台大会”年会中，刻意脱离讲稿自称“台湾总统”，并忘情地高呼“台湾人站起来”。会场上，有前民进党主席、现任“总统府咨政”姚嘉文致词“预祝台湾国早日实现”，有大会司仪不断率众高喊“台湾国一定胜利”。在这种特定场合陈水扁作此宣示，其政治意义已不言自明。

迹象之二：3 月 19 日，陈水扁在接见“世台大会”干部时，对他在“元旦文告”中提出的“政治统合论”首次作出“诠释”。陈水扁称：“有些人听到‘统合论’就跳起来，但同一个字、同一问题我们可以做有利于自己的解释，不是‘统’就表示要统一，大家不要玩文字游戏或被文字迷惑、吓倒”云云，由陈水扁自己出面戳穿了所谓“政治统合论”的实质。

迹象之三：3 月 23 日晚，陈水扁在玉山官邸闭门宴请一批“台独”大老。事后岛内“独派”报纸《自由时报》报导：陈水扁在餐叙中强调，“美国新政府上台后，新政策明显倾向台湾与日本”，“中国现在落入被动防守的地位”，“国际大情势对台湾正趋向相对有利”，表示要改变“过去以平稳安定为导向的做法”，“以主动积极”的态度施政，并称：“今后对杯葛者没有必要再做让步”，“也将致力于台湾意识的厚植与强化”。同时陈水扁还特别指出：“今年四、五月将是两个重要的月份”，“包括李登辉前总统访美与本人出访中南美洲国家，都将在这个时段进行”。陈水扁说，“这一连串的外交出击，预料对国家将是正面有利的结果”。很显然，陈水扁认为：布什新政府上台后，国际情势已转趋对台湾有利，他要改变策略，转守为攻，配合美国新的对华政策，主动进行“外交出击”，而李登辉的出访，便是扁当局“这一连串外交出击”的重要一环！而依照当时的设计，李登辉出访美国预定在四月份，并在返台途经日本时以“就医”为名，在日本停留，推行“过境外交”，以实现日台关系“零的突破”。只因不久后发生中美军机擦撞事件，加之美国对台军售要到四月下旬才会见分晓，时机过于敏感，故而才将访美日程延后、访日行程提前。

据日本《经济新闻》4 月 19 日报导：李登辉的亲信人士说，陈政权与日政界的关系不深，因此需要“依赖在对日关系方面与日本政治家交际很广的李登辉的人际关系”。同时还披露：接近李登辉的国民党干部说，“陈水扁偷偷访问了李登辉”。该报导评论说：以台湾前“总统”李登辉申请访日签证问题为契机，“出现了陈水扁总统与李登辉前总统在外交和内政方面进行合作的动向。一方面陈政权向日本做工作，要求发给李登辉签证，另一方面利用国民党有关人士支持陈政权的设想也浮出水面。可以认为，统帅少数执政党民进党的陈水扁总统的想法是，希望借助李登辉的力量，加强不稳定的政权基础”。

上述两篇报导所透露出来的政治信息是显而易见的。无怪乎前段时间针对李登辉赴日签证问题，陈水扁一改往日“以柔软胜刚强”的低调身段，以异乎寻常的强硬口吻，攻击大陆反对李登辉访日是在“咆哮”，并使用了“一个国家管到另一个国家”、称李登辉为“外国平民”这种具强烈暗示的“台独”语言。而与此同时，岛内政坛则盛传亲李势力正在积极运作，筹组“新政团”投入年底“立委”选举，准备选后与民进党合作，协助陈水扁当局稳定岛内政局。

迹象之四：值得重视的是，在陈水扁宴请“独派”大佬后的一周，也即 3 月 31 日，《自由时报》发表题为《布什政府对台政策转向我应主动因应》的社论，公开鼓吹陈水扁当局大陆政策右转。社论称："陈总统简单几句话，已经概括了最近亚太地区安全角势的微妙转向。我们认为，执政当局既然有此认识，便当依此新形势来思考中国政策"，抨击自扁上台以来朝野各界提出的所谓"四不一没有"、"宪法一中"、"一中各表"、"屋顶理论"、邦联制、政治统合、共同市场等等说法，"几乎都是以克林顿的'三不'政策自我设限的思考，其中充满了各式各样的失败主义甚至投降主义因素"。并危言耸听地以冷战口吻叫器："如果在布什政府转向台湾之际，台湾却逐渐向中国倾斜，偏离民主阵营的安全战略布局，其后果必然是一场空前的灾难。"主张台湾必须"在两岸和外交作为上加强主权地位"，例如停止实施调整"戒急用忍"政策等等。

这实际上是扁当局对外施放的风向标。果然，社论发表后不久，4 月 16 日蔡英文便对外宣示："陆委会 3 月底送至行政院的戒急用忍调整报告必须重新评估经济变动因素"，"政府惟有在充分掌握风险的条件下才会松绑戒急用忍"。同时还宣称：开放大陆人士来台观光，"必须考虑许多因素"，已不可能按原定计划于今年 7 月 1 日实施。至于开放两岸直接"三通"的承诺，蔡英文更是缄口不提，显然也已被扁当局无限期地打入冷宫。

上述种种，在在都说明扁当局正在调整立场，其两岸政策正在悄悄右转，以因应所谓"国际大情势"的变化，心甘情愿地充当"马前卒"，积极卖力地配合美、日反华势力"遏制"、"围堵"中国大陆。陈水扁民进党当局上台执政一年，内政方面拿不出一份像样的成绩单，民众怨声载道，面对即将到来的年底"立委"和县市长选举，陈水扁亟欲在"外交"方面取得突破，为民进党选举制造利多。然而陈水扁误判形势，舍正道不走偏走歪道，不仅坚守"台独"立场，至今拒绝承认"一个中国"原则和"九二共识"，致力于缓和、改善两岸关系，相反在两岸政策方面图谋倒退，而这样做只能是饮鸩止渴，决非 2300 万台湾人民之福，更不可能摆脱目前民进党少数政府内外交困的窘境。

人间四月，大自然正值春暖花开的季节，但伴随着中美军机擦撞事件的争执、美国对台军售案的出笼，和美、日两国政府核发李登辉入境签证，以及台北陈水扁两岸政策的转向等等，这一连串政治事件的发生，是否意味着中美、中日关系以及两岸关系的寒冬即将降临？远东局势将被引向何方？爱好和平的人们不能不深感忧虑，提高警惕，并积极寻求破解之道！

（华夏经纬网，2001/04/24）

这三副“药方”真能救得了台湾吗

陈水扁在上台执政届满一周年之际，拿不出像样的成绩单向台湾人民交代，于是一反常态，未敢举办记者招待会而改于5月18日在电视上发表讲话，明显地有回避媒体记者现场提问场面尴尬之意。可见，一向傲慢、自信、“永不服输，永争第一”的阿扁，如今面对岛内混乱的政局、经济的大幅衰退和嗷嗷待哺、怨声载道的失业大军，是再也“傲”不起来了，“自信”则虽还不能说已经丧失殆尽，但至少也已严重动摇。

陈水扁在这篇长达15分钟的电视讲话中，主要传达了三个重要信息：（一）为稳定政局，年底选举后将筹组“联合政府及国会多数的执政联盟”；（二）为挽救经济，将在“总统府”设置由他亲自主导的“经济发展咨询委员会”；（三）为表示有诚意打破两岸僵局，他向大陆喊话，希望能出席今年在上海举行的APEC会议，与江泽民主席就“三通”等议题进行直接对话，“共同缔造两岸领导人‘握手的一刻’”。

从上述讲话的内容来看，陈水扁实际上承认了当前台湾确实是得了三大重病：政局、经济和两岸问题。讲话中他还说要“对症下药”。但很可惜，他所开出来的这三副“药方”，却没有一付是“对症”的。因此，恐怕是很难医治得了当前台湾的三大重病。

如此“联合政府”，难以稳定政局

虽说筹组“联合政府”和“国会多数的执政联盟”，不失为稳定政局之一途，但关键是陈水扁想要筹组的是什么样的“联合政府”和“国会多数的执政联盟”？陈水扁在讲话中说：“我们愿意敞开心胸、展开双手、提出‘理念结合、资源共享、台湾优先、超越党派’的结盟理念，寻求朝野合作的最大空间”，“希望结合理念相同、支持改革的在野力量，形成国会的稳定多数……”从中可以看出：在陈水扁的结盟四大前提中“理念”被放在首位；另外，他并没有说要实行“党对党”的结盟，而是结合“理念相同”的“在野力量”。那么试问，在当今台湾政坛上，国、亲、新这三个主要在野党，哪一个党的主要“理念”（例如国家认同、反核等）与民进党“相同”？没有！因此，陈水扁心目中的“结盟对象”，似可做以下两种解读：

一是以政治、经济利益为诱饵，对其他党派或无党籍人士实行“招降纳叛”，并不是搞“党对党合作”。假若如此，就不是什么“理念”的结合，而是不折不扣的“利益”的结合。而这种没有政党背书、纯以利益结合的“联合政府”或“执政联盟”，即使真的能拼凑起来，也是乌合之众。一旦这些招降纳叛过来的政客利益未能得到满足，便很容易瓦解甚至倒戈相向，从而引发政局的动荡。

二是靠李登辉帮忙，唆使国民党内的亲李派本土势力分裂出走，另组新党与民进党实行“党对党合作”。从近些日子来扁、李互动的诸多迹象来看，这种可能性颇大。但问题在于：这个正在怀胎的“亲李党”究竟在未来的“立法院”中有多大实力？两党结合后有无可能超过半数席位而组成“多数”的“执政联盟”？假设两党席位相加仍无法超过半数，势必仍要“招降纳叛”，拉拢一些政客来凑数。如此一来，这些政客就成了“关键少数”，同样难以避免政局动荡。再者，如果真的按照这种戏码进行“政党重组”，很可能会酿成岛内新一波的族群对立和统“独”之争，台湾政局势必更形混乱。由上观之，陈水扁想靠筹组这样的不伦不类的“联合政府”和“国会多数的执政联盟”来稳定政局，恐怕只是一相情愿的幻想。

挽救台湾经济，措施无的放矢

陈水扁在讲话中宣布，将在“总统府”内设置超党派的“经济发展咨询委员会”，邀请朝野各党、学界智库、企业领袖、劳工朋友一起参与，“为国家经济长期的发展贡献智慧，对症下药”。表面看来这一构想似乎不错，但实际上却是无的放矢，不仅无补时艰，说不定还会乱上添乱。

其一，经济工作原本属于“行政院”的责权范围，“总统府”不应过多插手干涉才是常态。“行政院”下设有“经济建设委员会”及其他财经部门，如今又要在“总统府”内设置一个“经济发展咨询委员会”，不仅叠床架屋、多此一举，而且如果“总统府”与“行政院”各自的经济幕僚或官员意见相左，难以整合，究竟谁听谁的？岂非乱上添乱，平添“府院之争”？

其二，实际上陈水扁执政一年来之所以会把台湾经济搞得一塌糊涂，不仅因为他不懂装懂、“乾纲独断”乱指挥，而且更主要的是他违反经济规律，以意识形态“治国”、以权谋“治国”，推行泛政治化的经济政策。最典型的例子莫过于“核四厂工程”停建错误决策。由于这一错误决策，不仅给台湾经济发展酿成了无法估量的重大损失，而且也是造成岛内政局动荡、社会不安的重要原因；又如在两岸经贸政策方面，他自食其言，违背竞选承诺，以所谓“国家安全”为借口，至今仍拒绝调整“戒急用忍”政策，阻挠拖延两岸直接“三通”和开放中资入岛。闭关自守的结果，使岛内工商企业界坐失大举进军大陆市场的大好良机，从而严重窒息了台湾经济的发展。因此，陈水扁在“总统府”内设置“经济发展咨询委员会”，不可能挽救日趋恶化的台湾经济，唯有改弦更张，改善两岸关系，尽快调整泛政治化的错误经济政策，才是根本之图、希望之所在。

政治表演，无助于打破两岸僵局

陈水扁的“5.18 讲话”，再次表明了他毫无诚意缓和发展两岸关系。面对岛内外舆论强烈要求他回应“一中”原则，承认“九二共识”，尽快打破两岸僵局的呼声，他充耳不闻、视而不见，继续采用政治表演的惯用伎俩，企图转移视线，蒙蔽舆论，推卸责任。

陈水扁在讲话中不仅对“一中原则”和“九二共识”只字不提，未做任何正面回应，相反却攻击大陆“一再漠视”他的所谓“善意与诚意”，“宁可拉拢在野与民间人士，分化我们内部的团结”；同时还挑拨台湾民众与岛内外进步舆论之间的关系，呼吁台湾民众“要站稳脚步，不应该随着别人的杂音起舞”。一年来，他顽固坚持“台独”立场，推行“只做不说的‘两国论’”路线，致使两岸关系僵局依旧，危机难解，充满变量，但他却自我吹嘘，说什么“我们从来没有失分”，“事实证明，我们不只有能力，更有智慧来稳定增进两岸关系”，虚构出一个所谓的“稳定的两岸关系”，来为自己涂脂抹粉。

特别应该引起人们重视的是，陈水扁在讲话中说，“最近国际情势的发展也让我们更有信心”。短短一句话，却弦外有音，含义甚深。但只要稍微联系一下陈水扁近期以来的一些言论行动，其中的真义便可一目了然：3月23日晚，陈水扁在与一批“台独”大佬餐叙中说：“美国新政府上台后，新政策明显倾向台湾与日本”，“中国现在落入被动防守的地位”，“国际大情势对台湾正趋向相对有利”；表示要改变“过去以平稳安定为导向的做法”，“以主动积极”的态度施政；并称：“今后对杯葛者没有必要再做让步”，“也将致力于台湾意识的厚植与强化”，同时强调，要在“外交上”转守为攻，进行“一连串的出击”。

于是四、五月间，人们便看到李登辉的赴日“医疗外交”、田宏茂的秘密出访，以及陈水扁的“过境外交”和中南美洲之行等等纷纷粉墨登场。对于美、日两国不顾中国政府的严正交涉，批准李登辉的入境签证，以及美国政府同意陈水扁出访中南美洲时过境纽约和休斯顿，并允许他会见美国政府官员和国会议员，陈水扁受宠若惊、倍受鼓舞。特别是美国对台军售定案后，陈水扁当局及民进党“台独”人士更是上上下下欣喜若狂，“以武拒统”、对抗大陆的信心倍增。在这种政治气氛下，两岸关系将被引向何方已不言自明，谈何“稳定”之有？陈水扁在讲话中一方面避谈“一中原则”和“九二共识”，另方面却又提出了“民主、对等、和平”的所谓发展两岸关系的“三原则”。声称在这“三原则”之下，他愿意“随时随地与对岸展开协商和对话，不论什么议题都可以谈”，企图用他提出的这个所谓的“三原则”来对抗“一个中国原则”、对抗“九二共识”。其实，陈水扁的“三原则”并不是什么新东西，何谓“民主”？也即陈水扁及民进党一向主张的“任何台湾主权独立现状的改变，均须台湾住民以公民投票的方式决定”；何谓“对等”？即“海峡两岸互不隶属”、“台湾中国，一边一国”；何谓“和平”？就是要求大陆对台“放弃使用武力”。

所以，陈水扁的“三原则 ”是货真价实的“台独原则”，主张这些

“原则”，哪里是什么要缓和发展两岸关系，分明是要求大陆允许台湾“和平独立”。最后，说到陈水扁在讲话中表示愿意出席今年在上海举行的APEC会议，与江泽民主席直接进行“三通”等议题的对话，“共同缔造两岸领导人‘握手的一刻’”云云，则完全是一种毫无意义的政治表演和宣传，其司马昭之心可谓路人皆知。APEC国家元首高峰会，如果台北当局陈水扁同意像香港董建华先生一样，以“中国台北特别行政区首长”的身份出席，自然没有问题，请问：台北当局和陈水扁愿意吗？陈水扁此举，无非是要把不能出席APEC会议的责任推给大陆，把至今无法开放两岸“三通”的责任也推给大陆，是表演给美国人看的，是试图蒙蔽台湾民众为年底选举所施的“雕虫小技”。而一再上演这种雕虫小技，人们实在已经看腻了，不想再予以理会了。

总之，陈水扁的“5.18讲话”，诚如岛内舆论所指出的：可谓“了无新意”，他所开出的三副“药方”，可说是无一“对症”。因此，既不可能达到稳定岛内政局、挽救台湾经济的目的，对两岸关系的缓和发展也毫无助益。看来，陈水扁执政一年来所栽的筋斗似乎还嫌不够，尚不足以让其迷途知返、浪子回头，而这也正是台湾真正的悲哀！

（《大公报》，2001/05/20）

阿扁近来为何“发飙”

台湾领导人陈水扁最近一反常态，改变了他自上台一年多来在两岸问题上始终保持“低调”的姿态，突然异乎寻常的强硬起来。10 月 21 日，他在花莲县民进党的竞选造势大会上，神情激昂地公然宣称他绝不接受“一中原则”、“一国两制”和“九二共识”，并攻击岛内在野党“逼迫”他接受“九二共识”是要“出卖台湾”云云。此言一出，立即引起台湾政坛的轩然大波，给本已十分火爆的岛内选情犹如浇上了一大桶汽油，国民党、亲民党和新党的头面人物纷纷表示强烈质疑，担心阿扁完全推翻“九二共识”，会造成两岸关系的严重倒退，酿成另一场“核四”风暴。

人们不会忘记，一年前阿扁以微弱多数赢得岛内大选之后，面对当时一触即发的台海危机，为解除岛内外各方疑虑，稳定岛内政局，宣称他的两岸政策方向是所谓“让美国满意，国际社会肯定，中共虽不满意但找不到借口”。为达此目标，一年多来，阿扁和他的幕僚群苦心孤诣、搜索枯肠，和大陆大玩文字游戏。在缓和两岸紧张关系、恢复两会对话谈判的关键问题，即“一个中国原则”和“九二共识”问题上，尽管他拒不明确表态，始终采取一种模糊、回避的态度，但他毕竟没有把话说绝，把路堵死，总还给自己预留了回旋的余地，给外界多少一点“想象空间”。例如，在“一中原则”问题上，时而表示他愿意“在既有基础上”与大陆共同处理“未来一个中国”的问题，时而宣称“依照中华民国宪法，一个中国原本并不是问题”、“两岸原是一家人”等等，甚至还提出“统合论”，并表示他要以朝韩两国领导人为“效法的对象和学习的榜样”，呼吁大陆领导人江泽民主席和他一起坐下来“握手和解”，共同“改写历史、创造历史”。至于对“九二共识”，他则一再闪烁其词，时而称是“没有共识的共识”，时而又发明出所谓“九二精神”。就这样和大陆打了整整一年多的政治“太极拳”，也着实一时蒙蔽了岛内外的许多忧国忧民之士，盼着阿扁能早日认清形势、改弦更张，浪子回头。

如今不对了！面对民进党执政一年来内外交困的窘境，阿扁在“一中原则”和“九二共识”这一关键问题的认知上，不仅丝毫没有进步，相反却令人失望地来了个大倒退：他不再玩文字游戏，不再模糊和回避了，近日的有关宣示，已经把他内心对“一中原则”和“九二共识”的真实想法再明确不过地和盘托了出来；他也不再提什么“未来一中”或“宪法一中”，也不再否认有“九二共识”，只是强调如果接受“一中原则”和“九二共识”，就等于是“出卖台湾”。阿扁的这一宣示，对于大陆而言，无异于已经把话说绝、把两岸恢复对话谈判的大门完全堵死。由此而造成的对两岸关系的重大冲击，不言可喻。

问题是，阿扁近来何以如此“发飙”？目的何在？笔者有如下几点观察：

一是为转移岛内民众的视线。众所周知，今年底岛内即将举行的“立委”和县市长选举至关重要，不仅关乎选后民进党能否主导政局、稳定执政，而且将直接影响到两年后阿扁能否顺利竞选连任。然而，政党轮替一年多来，由于阿扁当局无能，治理无方，把台湾政经局势搞得一塌糊涂，致使民怨沸腾，这对民进党的整体选情显然十分不利。值此选战进入白热化的关键时刻，阿扁蓄意引爆敏感话题，在“一中原则”和“九二共识”这一重大问题上一反常态，摆出一副强硬的架势，试图挑起岛内乃至两岸之间激烈的统独争议，以此转移选民对阿扁的不满情绪，掩盖其执政一年来的种种无能与缺失。

二是为巩固和扩大民进党票源。阿扁危言耸听地给在野党扣大帽子，这与李登辉不久前指控国民党“联共卖台”如出一辙，目的无非是企图挑拨广大台湾选民与在野党的关系，并煽动省籍情结，制造族群对立分化，以凝聚、巩固和扩大民进党年底选举的票源，争取选战的胜利。

三是对上海APEC会议的情绪性反弹。阿扁“错估形势，错失时机”，试图利用10月中旬在上海召开的APEC领导人非正式会议，在代表人选问题上大做文章，与大陆较劲，以达到某种不可告人的政治目的，不料“偷鸡不成反蚀了一把米”，在如此重要的国际会议场合，不仅台湾当局的代表未能出席，而且包括美国在内的其他成员国对此默不作声、不置一词，里子和面子全失的阿扁因而恼羞成怒，利用岛内选战造势之机，在两岸问题上“发飙”，以表示台湾的存在以及对大陆乃至美国的不满。

事实说明，阿扁宣称他是“全民总统”而不是“民进党的总统”，向台湾民众信誓旦旦地说他要“拼经济”，其实都只不过是一种宣传而已，一党一己之私才是他最重要的考虑。为了民进党的江山，为了自己的竞选连任，他可以不顾一切，坚持“拼政治”、“拼选举”，至于其他，选后再说。殊不知，两岸互信在阿扁一而再、再而三的糟蹋下已经荡然无存，如今更是雪上加霜，蒙上了更大的阴影，即便选后阿扁再来个180度的大转弯，重新向大陆表示他的所谓“诚意和善意”，然而要想取得大陆对他的信任恐怕更是难上加难了。

（《大公报》，2001/10/27）

选战落幕后的台湾政局和两岸关系评析

二〇〇一年十二月一日，喧嚣了近半年之久的台湾第五届“立法委员”及县市长选举终于落下了帷幕，台湾政党格局重新洗牌：在“立委”选举部分，去年上台执政但为第二大政党的民进党获得“立法院”二百二十五总席次中的八十七席，跃升为最大政党；原为最大政党的国民党只得到六十八席，滑落为第二大政党；去年“总统”大选后才成立的亲民党初试啼声，一举抢下四十六席，成为第三大政党；原为第三大政党的新党则几乎全军覆没，只拿到一席，泡沫化已成定局；新成立的“台联党”表现不俗，不仅拿到了十三席，而且跨过了百分之五的政党门槛，成为台湾政坛的第四大政党；无党籍则从上届的二十一席大幅减少至十席。在县市长选举部分，民进党则遭受挫败，从上届的十二席减少至九席；国民党则从八席增至九席，国、民两党平分秋色；其他政治势力分据了其余的五席。

“泛绿军”实力增强，但选民基本结构未变

从总体上来看，应该说这次选举民进党获得了重大胜利，国民党则再次遭受重大失败，新党泡沫化，亲民党与“台联党”有重大突破，而无党籍则严重萎缩。更具特别意义的是，通过取得去年“总统”大选胜利而执政的民进党如愿以偿地成长为第一大党，减轻了来自于在野党的压力，掌握了“组阁”的主动权。加之以李登辉为精神领袖并在此次“立委”选举中拿到十三席的“台联党”完全站在民进党一边，以及部分无党籍“立委”倾向于民进党，在新一届“立法院”中，执政的民进党与陈水扁可掌控一百零五席左右的“立委”席次，接近二百二十五席的“半数”，比过去仅七十多席的被动局面有了很大程度的改善，相对而言，今后陈水扁的日子会比过去好过得多。

然而，冷静分析则不难发现，选举的结果并不意味着台湾的选民结构发生了根本性的变化，更不是台湾政治生态已彻底改观。

何以言之？

首先，民进党赢得八十七席“立委”，事实上主要不是靠得票率的提高，而是靠文宣造势、低额提名和强制配票等策略成功，以及国民党高额提名造成票源分散，加之文宣主轴不清、被民进党牵着鼻子走等选战策略上的失误所至。当然去年“总统”大选失败后国民党改革不力，未能放下“老大”身段积极争取选民的认同，以及面临亲民党、台联党两面夹击，票源大量流失等，也是国民党在这次选举中惨败的重要原因。照民进党此次百分之三十三多一点的得票率，民进党应该只能拿到八十三席左右“立委”席次才较为符合常理；而国民党近百分之二十九的得票率，则应该有七十二席左右才对；也就是说，国民党如果策略得当，应该最多只差民进党十二席，而不会是现在的十九席。擅长选举的民进党，打败了不谙选举的国民党；国、民两党的席次差距并不等于选民支持度的差距。

其次，由国民党、亲民党与新党组成的“泛蓝军”共获一百一十五个席位，仍然超过“立法院”总席次二百二十五席的半数。而民进党与“台联党”总共只有一百席，离总席次的半数还差十三席。如果按得票比例来计算，由民进党、“台联党”组成的“泛绿军”则会比“泛蓝军”少得更多（百分之四十一点一四比百分之四十九点九八）。

再次，民进党的得票率没有重大突破。从历次“立委”选举来看，民进党的得票率始终都在百分之三十左右徘徊，从来没有超过百分之四十，即使去年的“总统”大选陈水扁的得票率也只有百分之三十九。此次选举不到百分之三十四的得票率仍然没有超过民进党得票率的基本面，即仍仅有三分之一的选民支持民进党，至于“台联党”所拿到的近百分之八的得票，这部分选民并不能算作是认同民进党。

另外，在县市长选举部分，国民党从民进党袋囊中抢走了三个县市长，两大政党各占九席，旗鼓相当，民进党并没有明显优势。若加上亲民党、新党赢得的四个县市长席位（苗栗县由亲民党推荐），“泛蓝军”执政人口从上届的百分之二十八点四猛增到百分之四十三点八六，而“泛绿军”则从上届的百分之七十一点五骤减到百分之五十四点七，两大阵营在基层实力方面的差距已大大缩小。

因此，客观冷静分析，这次选举岛内的选民结构和政治生态并没有发生根本性的变化，选票基本上是在“泛蓝”与“泛绿”这两大阵营的内部流动，双方总体实力的对比并未发生逆转；多数台湾民众并不认同主张“台独”的“泛绿军”，他们希望有强大的在野力量来监督、制衡执政的民进党；民进党和台联党“立委”选战的胜利，并不表明岛内支持“台独”的民意已经上扬。

未来台湾政局仍将持续动荡

民进党成为第一大党，加上“台联党”和无党籍中倾向“泛绿”阵营“立委”的奥援，夺得了“组阁”的主动权与主导权，为控制“立法院”议事和展开施政创造了条件，如果再从“泛蓝军”中拉走十席以上“立委”，陈水扁即可组成超过半数“立委”支持的较为稳定的政权。当然，若能进一步分化“泛蓝军”，诱使国民党或亲民党与民进党合作，组成稳定多数的执政联盟（陈水扁美其名曰：超党派“国家安定联盟”），则更有利于陈水扁和民进党稳定执政，并为下届“总统”大选连任创造有利条件。然而，由于种种原因，陈水扁要组成稳定多数的执政联盟显然并不乐观。

首先，国民党加上同质性的亲民党、新党，在“立法院”中拥有一百一十五席“立委”，超过半数，再加上无党籍中倾向“泛蓝军”阵营的“立委”席次，理论上控制了“立法院”的议事，决定着民进党政权的稳定与否。国民党的失败并不必然会造成国民党的分裂及该党与民进党的合作。国民党内所谓“蓝中带绿”的亲李登辉势力已大量落选，除少数几席外当选者大都不认同李登辉路线，相反，全党上下因选战失利所产生的强烈危机感，将促使他们增强一致对外的凝聚力，即使少数有意从国民党队伍出走的人也不能不有所顾忌。正因为如此，国民党十二月二日举行的最高层会议，达成了不参加体制外的“国家安定联盟”、维持“在野联盟”、巩固连战领导核心等五点共识。以此观之，国民党出现李登辉、陈水扁所期望的快速分裂、瓦解的可能性并不大。

其次，从亲民党的角度来看，选举获得重大突破，为该党继续茁壮创造了有利条件，营造了良好气势，更增强了宋楚瑜角逐二〇〇四年“总统”宝座的信心。在这种情况下，亲民党与民进党合作的可能性也已大大减小，否则亲民党等于自我设限、自缚手脚替民进党和陈水扁“做嫁衣裳”。再者，从选举的经验与教训来看，“泛蓝军”只有精诚合作才有打败民进党的可能，即使连、宋俩人以及两党其他高层领导心存芥蒂，但“泛蓝军”基层民众的强烈呼声也将促使国、亲两党不能不设法寻求整合之路。选后，宋楚瑜就明确表示，亲民党要扮演强有力的监督、制衡角色，不会加入陈水扁的“国家安定联盟”。十二月六日，“连宋会”达成了国、亲两党不参加“国家安定联盟”、在“立法院”展开合作等四项共识，这样，陈水扁企图筹组由他主导的多数执政联盟事实上已经破局。

再次，选战的胜利使陈水扁主导未来政局的实力和信心大增，从目前种种迹象来看，民进党与“台联党”合作，并通过招降纳叛及争取无党籍力量的支持来筹组“联合政府”的规划事实上已经确定。事态的发展使民进党与国民党、或民进党与亲民党的合作组成所谓“国安联盟”变得愈加不可能，况且“台联党”与李登辉也决不会允许陈水扁跟“泛蓝军”做任何政治交易。选前陈水扁所设计的“国安联盟”，选后事实上也已失去了它存在的价值，成为用以打击在野党的“权谋”而已。

另外，陈水扁执政一年多来做了许多绝事（如“核四风波”和“扁宋密会”等），在选举过程中又说了许多不留余地的绝话，其与连战、宋楚瑜的互信已经荡然无存，合作愈加无望。

根据以上分析，不难得出结论，未来台湾政坛势必继续陷于“泛蓝”与“泛绿”两大阵营势均力敌的矛盾冲突与对抗之中，台湾政局仍将持续纷乱、动荡，难有宁日。

李、扁合流，未来两岸关系堪忧

为了让台湾经济走出低谷，也为了让民进党政权显现政绩，陈水扁理应调整其内外政策，当务之急是要通过缓和两岸政治关系来为台湾经济困境解套。然而，这次选举的结果却使两岸关系自一九九九年以来的僵局更无望在短期内获得突破。

首先，囿于党内的政治生态与意识形态，再加上国、亲两党拒绝加入民进党的“国安联盟”，民进党只能与“台联党”组成“命运共同体”，这样民进党及陈水扁在内外政策上势必要受到“台联党”及李登辉的巨大牵制，特别是在大陆政策上陈水扁将很难摆脱李登辉的阴影，“依美抗统”、“两国论只做不说”、利用两岸加入 WTO 试图将台湾问题进一步引向“国际化”，仍将是未来陈水扁大陆政策的基调。如此，陈水扁的大陆政策不仅不会有新的突破，反而会越来越向右转。选后次日，陈水扁声称其大陆政策不会“改弦更张”，以及十二月三日在李登辉搭台的“群策会”上，李登辉与陈水扁一唱一和、异口同声地将攻击矛头指向大陆，便是明证。

其次，陈水扁及李登辉在选举期间说过许多重话，例如陈水扁公然宣称承认“一中原则”和“九二共识”就是否定“中华民国”，就是“出卖台湾”；李登辉说“中华民国”早已不存在、“台湾就是台湾”等等；再加上民进党坚守“台独党纲”以及陈水扁的政治性格善变，这些都已对两岸关系产生了极大的冲突与伤害。毋庸讳言，两岸互信基础业已全面坍塌。因此，不仅短期内两岸关系难望好转，更有甚者，由于民进党未来在“立法院”中实力的上升，并得到了李登辉和“台联党”的力挺，再加上美日等国际反华势力的挑唆撑腰，陈水扁对抗大陆的自信心势必增强。今后，除进一步推行“实质台独”的分裂路线外，也不能完全排除其头脑膨胀、错估形势、利令智昏，在“台独立法”方面做一些比较大的动作。若果如此，两岸关系更将陷入十分危险的境地。对此，海内外所有关心中国统一与台海和平的人们不能不提高警惕，未雨绸缪。

（《大公报》，2001/12/20，与朱显龙合撰）

否定一个中国原则，等于选择“战争”

北京“和平统一、一国两制”的对台方针，自二十世纪七十年代末、八十年代初提出并正式实施以来，二十年过去了，海峡两岸同胞都已习惯于过和平安稳的日子，以为战争已然成为历史，和平乃是天经地义的常态，很少有人会体认到两岸的内战状态实际上并未结束，更少有人去思考过这种和平得以维持的真正原因究竟是什么。

事实上，这二十年的台海和平之所以得以维持是有条件的、有前提的。这个条件和前提不是别的，那就是海峡两岸都承认“一个中国”，两岸人民都承认自己是“中国人”，两岸当局都承诺要致力于未来“中国的统一”。台湾方面1991年制订的“国家统一纲领”，和两岸两会1992年达成的“一中共识”，均清楚地表明了这一点。正因为存在这一前提条件，两岸才构筑起了和平的基础和框架，北京方面也才始终坚持“和平统一”的政策，汪辜会晤和两会一系列的事务性协商谈判才得以进行。因此，平心而论，这二十年的台海和平，两岸双方都做出了各自的努力和贡献，都承担了应有的责任和义务，并非只是北京的功劳。

然而遗憾的是，在李登辉主政后期，台湾方面却逐渐背离了一个中国原则。1994年李登辉与日本右翼作家司马辽太郎的谈话、1995年李登辉在美国康奈尔大学的演讲，公开挑战一个中国原则。北京方面曾一再提出严重警告，甚至不惜以军事演习和导弹试射来表达捍卫“一中原则”的决心和能力，但李登辉却置若罔闻，坚持“向不可能的事物挑战”，在危险的道路上愈走愈远。及至1999年7月9日，公然抛出“两国论”，彻底暴露了他分裂主义的真面目。台海和平的基础遭到了台北当局单方面的粗暴践踏和破坏，这也就是何以在李登辉主政后期，两会对话谈判数度中断搁浅，两岸关系日趋紧张恶化的根本原因之所在。

一直以来都有一种说法，说是李登辉“搞台独是被中共逼出来的”。诚然，北京与李登辉打交道十多年，的确有不少经验教训值得总结和反省，但至于说李登辉搞“台独”是被中共“逼”出来的，则未免不顾事实。只需回顾一下十多年来两岸关系演变发展的曲折历程，人们便不难发现，每一次两岸关系的紧张，无一例外都是李登辉主动出招挑战“一中原则”在前，北京则是为维护“一中原则”而被动反弹在后，怎么可以倒因为果，说李登辉搞“台独”是被中共“逼”出来的呢？再说，李登辉下台之后退而不休，迫不及待地公开跳出来和死硬“台独分子”金美玲、彭明敏之流沆瀣一气，变本加厉地从事“台独”活动，那么请问这又是被谁“逼”出来的呢？“景阳岗上的老虎，你打它要吃人，不打它也要吃人”（毛泽东语），李登辉搞“台独”，乃是其本性使然，不让他搞也难。近年来李登辉相继推出的几本书，已经把他仇视中国、追求“台独”的心迹表露无遗，难怪他主政期间讲了一百三十多次“反台独”的假话没有多少人相信。坦白地说，李登辉的分裂行经，假若不是遭到北京方面的强烈反弹和海内外同胞的同声谴责，以及国际社会的普遍反对而不得不有所收敛的话，那么海峡两岸恐怕早已是战火熊熊、后果不堪设想了！当然，中国的统一或许也早已在两岸同胞付出惨痛代价之后就此达成。因此，从这一角度而言，李登辉“急独派”其实才是真正的“急统派”，——是迫使北京不得不调整和平统一方针，采取断然措施，以武力完成国家统一的“急统派”。

时序进入2000年，台湾政权终于在李登辉的强力主导下有计划、有步骤地从国民党手中“和平转移”给了主张“台独”的民进党。阿扁上台执政后，面对一触即发的台海危机，为稳住阵脚，他采取所谓“以柔弱胜刚强”的策略，表面上一改以往李登辉对大陆的强硬姿态，频频向北京示好，释出种种所谓“善意”和“诚意”，但骨子里却坚守“台独”立场毫不动摇。执政一年多了，至今不仅拒不接受“一中原则”，否认“九二共识”，声称“统一并非唯一选项”，甚至不肯承认自己是“中国人”，推行只做不说的李登辉“两国论”路线。致使两岸僵局无解，互信荡然无存，和平统一的基础进一步坍塌，台海上空的战争阴霾愈聚愈浓，有识之士为此而忧心如焚。然而阿扁却自以为得计，在他执政一周年的感言中声称，他的大陆政策“虽没有得分但也没有失分”，并把所谓“两岸关系的稳定”说成是他执政一年来的“主要政绩”之一，表示“令人非常欣慰”。民进党秘书长吴乃仁更认为，“时间站在台湾一边，中共愿意谈很好，不谈也无所谓”。呜呼！这就是民进党和陈水扁极其危险的“两岸观”。

看来阿扁和民进党过于自信，他们并不真正了解，对于民进党这样一个标举“台独”党纲的政党，和阿扁这样一个长期从事“台独”活动的人，一旦夺取台湾政权上台执政，北京方面究竟作何感受；同时，对于台湾政局的这种剧变，究竟会对两岸关系造成何种程度的冲击和影响，显然也缺乏足够的估计和认识。

毋庸讳言，2000 年 3 月台湾大选，北京最不愿意看到的正是主张“台独”的阿扁胜选和民进党的上台。这种选举结果，对于近几年来一直致力于领导全球华人进行“反分裂、反台独”斗争的北京而言，无疑是一种失败；而失败过后所陡然产生出来的那种无奈感与挫折感便可想而知；而这种无奈感和挫折感在很短的时间内更转化为早日解决台湾问题的危机感和紧迫感。

百感交集的北京高层虽然出于种种因素的考虑，很快作出了对阿扁“听其言，观其行”的因应对策，给了阿扁一个宝贵的“观察期”，也即政策调整的时间和空间。但实际上在大陆内部，无论是政府涉台工作部门抑或台湾研究界，要不要全面检讨乃至调整业已贯彻执行了二十年之久的“和平统一”方针，一时间已然成为无可回避的热门话题和争论的焦点。而且随着时间的推移，在阿扁和民进党执政当局坚守“台独”立场、拒绝调整政策的僵硬态度日趋明朗化之后，坦白地说，这种争论已经没有多大意义了。道理至明：既然台北新当局坚持拒不承认“一中原则”，否定“九二共识”，试图打破两岸关系原有的基本框架而重新建构所谓两岸为“国与国”关系的新的框架，那么，实际上就是台湾方面要改变对自己原有的定位和国家的认同。换句话说，台北当局意图单方面推翻两岸的游戏规则，取消“和平统一”的必要前提条件，在两岸战争与和平这一重大原则问题上，自觉不自觉地、愚蠢地选择了“战争”。“天要下雨，娘要嫁人”，面对这种剧变，坚持国家必须统一的北京，也就不得不相应地作出自己新的选择，调整自己的国家统一政策——这只是时间早晚的问题了。除非台北方面有一天猛然醒悟，改弦更张，浪子回头！

（华夏经纬网，2001/12/28）

陈水扁搞“台独”与“老母鸡孵小鸡”

记得两年之前，陈水扁在台湾“大选”正处于白热化之际，为拉“急独派”的选票，曾面对狂热的“台独基本教义派”民众忘情地高呼“台湾独立万岁万万岁!”与此同时，却又劝说他们“要忍耐”，说“等民进党执政，才有可能慢慢达到理想”，并反复强调他和独派团体的“理想和目标都一致”，只是“达到目标的手段有些地方不一样”而已。

如今陈水扁上台执政已近两年了，两年来我们“听其言，观其行”可以得出什么样的结论呢?——果然，陈水扁的台独“理想和目标”确实和“台独基本教义派”毫无二致，但在实现“台独”目标的“手段”上，的确要比心急火燎、赤裸裸地叫嚣“台独”的基本教义派要高出一筹。按照近日在台湾流行的时髦说法，陈水扁上台后推动台独的手段是所谓“孵蛋论”。

也就是说，陈水扁心里很明白，权衡目前的政治现实，像李登辉抛出“两国论”那样公开露骨地搞“台独”绝无成功的希望，于是他把他的两岸政策划分为内、外两层：外层是一层保护壳，这就是他上任以来多次信誓旦旦宣称的“四不一没有”，并一再虚情假意地向大陆示好，不断释出所谓缓和、改善两岸关系的“善意”和“诚意”，以便“让美国满意、国际社会肯定，中共虽不满意但找不到借口”；而内层却是处心积虑地推行“去中国化”政策，利用他手中掌握的公权力，千方百计地向台湾民众一点一滴地灌输“台独意识”，也即所谓新的“国家认同”，营造“台独”的文化、心理、社会环境。

一旦时机成熟，内层的“去中国化”达到一定程度，便如同小鸡破壳而出，透过诸如公民投票的“民主方式”，实现法理上“台独”的目标和理想。据民进党人士认为，届时一切水到渠成，蛋一孵出，等于生米做成了熟饭，中共已莫可奈何，不可能对台使用武力。由此可知，所谓“孵蛋式台独”，也就是陈水扁上台伊始曾经自鸣得意地宣扬过的“以柔弱胜刚强”对抗大陆的策略运用。有了上述对陈水扁推动“台独”的策略手段的认识，也就不难理解陈水扁上台执政两年来的所作所为了。陈水扁说“要忍耐”，“等民进党执政，才有可能慢慢达到理想”。因此，我们可以看到陈水扁搞“台独”的一大特点，就是母鸡孵小鸡式的“耐心”和不急不燥慢慢来的“慢功”，也就是所谓“渐进式”的“台独”。

你看他这两年来，今天拆除“总统府”门前广场上“三民主义统一中国”的标语，过几天再换掉“行政院”新闻局局徽上的中国地图，前不久则在台湾民众外出旅行的证件上加注“台湾”……今天搞一点，明天搞一点，化整为零，把“台独”大目标分解为一个一个“台独”的小目标，企图积“小独”为“大独”，积量变为质变，以掩人耳目、减少反弹。而且每搞一个偷鸡摸狗的小动作，都要绞尽脑汁编造一个冠冕堂皇、自以为可以向外界自圆其说的理由和借口，这也足证其搞“台独”之心虚和不得人心！不过，了解民进党发迹史的人都知道，其实这种“孵蛋式”或曰“渐进式”的“台独”，并非陈水扁所发明。早在数年前的民进党在野时期，另一位鼎鼎有名的“台独”分子张灿鍙就曾丝毫不加掩饰地说过：“台湾能否独立，不在国民党，不在民进党，也不在中共，而在台湾民众！”因此他极力主张“多在民间，透过运动，将目前已十分普遍的‘台湾意识’转化为支持‘台湾主权独立’的政治意识，为未来进行‘住民自决’铺路”。他们把这种推动“台独”的策略手法称之为“新台湾运动”。

只不过当时民进党尚未掌握政权，只能在街头或在“国会”议场上喧嚣鼓噪一番而已，实质效果和影响自然有限。如今则不同了，民进党已经成为执政党，手中掌握着公权力，“一朝权在手，便把令来行”，它不再鼓噪喧嚣，却暗度陈仓、偷梁换柱，采用各种行政手段，一步步地、慢慢地加以推动实施，而且还打着“本土化”和“主体性”的幌子，格外具有欺骗性和迷惑性，当然也就更具危险性。陈水扁、民进党搞这种“孵蛋式”、渐进式“台独”，显然是在改变“现状”，挑战一个中国，蚕食和平统一的基础。这和台湾民众求和平、求安定、求发展的主流民意是完全背道而驰的。中国政府一再表明，搞任何形式的“台独”都是不允许的，陈水扁及其民进党“台独”人士切不可误判形势，自以为得计，在错误的道路上愈走愈远，须知，“台独”破壳而出的一天，也就是其呜呼哀哉的一天。勿谓言之不予也！

（华夏经纬网专稿，2002/02/05）

“台湾前途决议文”之路，就是“台独”之路

7 月 30 日，陈水扁在他就任党主席后主持召开的第一次中执会上，公开宣布：“台湾前途决议文”是民进党目前处理两岸问题的最高指导原则。8 月 3 日，陈水扁发表的、引起岛内外轩然大波的“一边一国论”和“公投台独论”，其蓝本就出自于“台湾前途决议文”。

“一边一国论”源自于“台湾前途决议文”

所谓“台湾前途决议文”，是民进党为因应 2000 年岛内“大选”，为减轻台湾民众对民进党执政的疑虑，淡化“台独”色彩，骗取中间选票，于 1999 年 5 月 8 日在该党八届二全大会上通过的一个决议案。今年初，再经前任党主席谢长廷等人提案，将其位阶拉抬到等同于党纲。该决议文虽然迫于当时岛内外的政治现实，首次阶段性地间接承认了所谓“中华民国国号”，不再坚持该党 1991 年通过的“台独”党纲中，主张建立“台湾共和国”的急进“台独”诉求，但它所提出的七项主张，仍极其鲜明地反映了民进党的“台独”立场，是一份货真价实的“台独”纲领。

第一，鼓吹“台独”的基本理念和追求“台独”的最终目标。(1) 决议文虽然承认了“中华民国国号”，但这种承认是以认定“台湾是一主权独立国家”为前提的。该决议文反复宣称：“台湾是一主权独立国家”、“台湾主权独立，与中华人民共和国互不隶属”。(2) 该决议文界定所谓“中华民国”的领土主权范围“仅及于台澎金马及其附近岛屿，以及符合国际法规定之邻接水域”，这实际上否定了“中华民国宪法”中规定的其“固有领土”范围包括中国大陆和外蒙古。(3) 该决议文埋下了修改“宪法”、更改“国号”的伏笔。决议文称：“台湾，固然依目前宪法称为中华民国……”；又称：“台湾应尽速完成公民投票的法制化工程，以落实直接民权，并于必要时藉以凝聚国民共识，表达全民意志”。何谓“依目前宪法”？何谓“公

民投票的法制化工程”？“必要时”要借公民投票“凝聚”何种“国民共识”？“表达”什么样的“全民意志”？就是主张搞公投“入宪”、“入法”，并等待时机成熟时用“公民投票”的方式，修改“目前宪法”，更改“国号”，最终实现台湾法理上的“独立”，建立“台湾共和国”。

第二，它坚持以“一台一中”为核心的分裂中国的大陆政策。(1) 决议文视两岸为“两国”，通篇用语均称海峡两岸为“台湾与中国”。(2) 公开鼓吹“台湾应扬弃‘一个中国’的主张”，声称“‘一个中国’与‘一国两制’根本不适用于台湾”。(3) 将两岸关系的改善与发展定位在“两个国家”的框架之下，宣称“台湾与中国应透过全方位对话，寻求深切互相了解与经贸互惠合作，建立和平架构，以期达成双方长期的稳定与和平”云云，这实际上是图谋“和平独立”。(4) 号召“台湾朝野各界应不分党派，在对外政策上建立共识，整合有限资源，以面对中国的打压及野心”。也即煽动台湾民众团结起来，共同对抗大陆的和平统一。

第三，它谋求“台湾问题国际化”，试图挑战“一个中国”的国际框架。决议文鼓吹“台湾应广泛参与国际社会，并以寻求国际承认、加入联合国及其他国际组织为奋斗努力的目标”。由以上简要分析可知：“台湾前途决议文”乃是不折不扣的图谋分裂中国的“台独宣言书”。陈水扁鼓吹的“一边一国论”和“公投台独论”，其源盖出于此。

接受“一中原则”，才是唯一出路

民进党在尚未执政的在野时期，提出上述主张固然十分不智，反映了民进党的“台独”本质，但毕竟无关大局，因为它没有能力将其转化为台湾当局的大陆政策而加以推行。2000 年 3 月陈水扁上台执政之后，民进党已成为台湾政坛的执政党，但囿于当时岛内外的政治现实，为缓解台湾民众对民进党上台执政的疑惧，同时也为了“让美国满意、国际社会肯定，中共虽不满意但找不到借口”（陈水扁语），以稳定政局，陈水扁不得不“夹起尾巴做人”，对外宣称他要做“全民总统”而不是“民进党总统”，标榜自己要走所谓“新中间路线”。

为以观后效，大陆方面对陈水扁采取了“听其言，观其行”的因应对策，给了他充分的时间调整政策，真是做到了“仁智义尽”。但陈水扁却自以为得计，视大陆的忍让为软弱可欺。两年多来，他一方面不断向大陆释出种种假“善意”，在“一中原则”和“九二共识”的问题上和大陆玩文字游戏；另方面则暗度陈仓，加紧搞渐进式“台独”。对此，大陆方面和岛内外进步舆论曾一再提出警告，进行了不懈的斗争。但陈水扁却我行我素、置若罔闻。

如今，陈水扁自以为实力已非昔日可比，又有美国人在背后撑腰而有恃无恐，误判形势，为自己能竞选连任，公开撕下伪装，宣称以“台湾前途决议文”作为他大陆政策的“最高指导原则”，要把民进党在野时期鼓吹的“台独”主张，转化为“政策”加以推行，这无异于公开宣布要挑战海峡两岸关系现状，破坏台海和平，蓄意制造亚太地区的紧张局势，从而激起了海内外同胞的公愤和国际进步舆论的强烈批评。

一向善变的陈水扁自知情况不妙，又使出了他文字游戏的看家本领。说什么外界把他的话简化为“一边一国论”并不准确，他的本意是海峡两岸“主权对等”云云，闪烁其词，企图欺骗舆论，蒙混过关。试问：一国内部何来“对等”主权？包括台湾在内的中国领土主权属于海峡两岸全体中国人民，所谓“主权对等论”，其实就是要分割中国的领土主权，是“一边一国论”的另一种说词而已。如果陈水扁真有诚意缓和两岸紧张关系，真正“爱台湾”，真的是为2300万台湾民众的福祉着想，就应该尽快放弃“台湾前途决议文”的错误主张，接受“一个中国”原则。

（《大公报》，2002/08/05）

陈水扁走向“明独”所为何来

近些日子来，陈水扁一反常态，接连发飙，对大陆摆出一副异乎寻常的强硬姿态，一而再再而三地声称他“要走自己的路，走咱台湾的路，走出台湾的前途”。8 月 3 日，陈水扁更进一步，向在日本由一伙死硬“台独”份子召开的第 29 届“世台大会”年会以视讯直播方式发表贺词，愈加肆无忌惮地鼓吹“台独”。他除了再次声称“台湾要走自己的路，台湾是主权独立的国家”之外，还公然鼓吹两岸“一边一国”，这比当年的“麻烦制造者”李登辉鼓吹海峡两岸是所谓“特殊的国与国关系”愈加恶劣和露骨。更有甚者，陈水扁还煽动台湾民众要“认真思考公民投票立法的重要性和急迫性”，公然鼓吹“公投台独”，企图把 2300 万台湾人民当作他搞“台独”、对抗大陆的“人质”，彻底抛弃了他上台执政之初向世人公开承诺的“四不一没有”，撕下了他所谓“新中间路线”的骗人面纱，使其“台独”真面目自暴于天下。事实充分证明，台湾当局领导人陈水扁，已经取代李登辉成为分裂中国的“台独”势力的总代表。

陈水扁敢于如此放肆，不计后果，迈出这重要一步，显然有备而来，是事先经过周密策划的。笔者以为，其深层次的背景至少有以下几个方面：

就国际因素而言，近期以来，美国小布什政府继续奉行“倾向台湾”的短视政策，不断向“台独”份子发出错误信号。其中，尤以美国国防部抛出的所谓“中国军事实力评估报告”和国会炮制的“美中安全评估报告”至为恶劣。一时间，美国主流媒体重新热炒“中国威胁论”，主张“遏制”中国的反华势力再度嚣张；再有，美国军方近期以来对于美台军事交流、对台军售也表现得格外“积极”、“热情”和“爽快”。这种情况，使陈水扁感到台湾在美国全球战略棋盘上的地位已大为提升。有美国“山姆大叔”在背后撑腰，自然使陈水扁有恃无恐，忘记了自己究竟有几斤几两，于是就像《水浒传》里的牛二，放胆在当街撒野，甘当美国“遏制”中国的马前卒，以便“让美国满意”，继续支持他在台湾当“儿皇帝”。

从岛内因素来说：（1）经过去年底的“立委”换届选举，民进党已成为岛内政坛上的第一大党，加上有以李登辉为精神领袖的“台联党”的奥援，其执政地位已趋于稳固；（2）再者，他顺利接掌民进党主席后，党政大权一把抓。总之，他自认为实力已今非昔比，有资本向大陆“叫板”了，更有信心将一盘散沙的“泛蓝”阵营摆平了。（3）在陈水扁的心目中，“天大地大，都不如阿扁的竞选连任为大”。起初，他本想通过“拼经济”，为今年底北、高两市的选举及后年自己的竞选连任拿出一份亮丽的成绩单来。陈水扁心知肚明，要“拼经济”就必须开放两岸直接“三通”，舍此别无他途。但无奈大陆咬定两岸“三通”是“一国内部事务”。这在陈水扁看来，在目前岛内政治生态下，承认“三通”是“一国内部事务”无异于“政治自杀”，万万干不得。于是两岸“三通”难以突破，台湾经济仍如一潭死水，不仅毫无起色，且近期以来各种迹象表明，本土性的金融危机已隐然成形。如此发展下去，情况实在不妙。怎么办？于是对“拼经济”已失去信心的陈水扁，利令致昏，只好祭出险招，改“拼经济”为“拼台独”，企图效法当年的李登辉，制造两岸紧张局势，藉以煽动民粹情绪，转移岛内民众对其执政无能的不满，并可凝聚“台独”铁票，最终目的当然还是“拼选举”。这就是“大胆讲话”后，陈水扁何以对大陆突然翻脸的主因。至于这样做会对台湾经济和两岸关系造成什么样的严重后果，则对不起，顾不了那么多。这就是口口声声“爱台湾”的“台湾之子”陈水扁！

然而，陈水扁这次恐怕又打错了算盘！

首先，台湾在美国全球战略棋盘上的地位果真比大陆还重要吗？美国出于其独霸世界的野心，纵然不愿看到中国的统一强大，但恐怕更不会为保卫“台独”而不惜与中国一战。目前美国经济不景气，需要在世界各地适度制造一些紧张空气，藉以转移美国人民的视线，又可趁机大肆兜售武器装配，发展军火工业，刺激经济回升。在很大程度上，小布什政府支持台湾与大陆对抗，也可作如是观。美国认为，保持目前台海“不战不和、不统不独”适度紧张的局面，最符合它的战略利益。如今陈水扁向大陆主动出招挑衅，企图片面破坏台海现状，取代李登辉成为又一个“麻烦制造者”，难保哪一天美国人也会对陈水扁翻脸。

其次，两年多来，陈水扁以权谋治“国”、以意识形态治“国”，致使朝野政党不断恶斗，两岸关系持续紧张，经济低迷不振，失业率节节攀升，社会动荡不安，已经搞得民不聊生、殷殷望治。如今他不但不思悔改，相反却为一人一党之私，饮鸩止渴，变本加厉地推行他的错误政策，在迷途上愈走愈远。古语有云：“水可载舟，亦可覆舟”，台湾民众还能忍耐多久呢？

再次，不错！大陆方面希望两岸关系稳定发展，也不希望因台湾问题而影响中美关系大局，然而在事关国家领土主权的大是大非问题上，大陆无论哪一届领导，也不论在任何情况之下，都决不会吞下苦果，这是中共建党立政的根本，陈水扁及其“台独”同伙不可心存幻想。

我们要奉劝陈水扁，切不可误判形势，一错再错，执意蛮干的结果，到头来只能是“搬起石头砸自己的脚”！

（华夏经纬网，2002/08/06）

“一边一国”是两岸的“政治现实”吗

在陈水扁近日的“台独”言论中，有一个颇能迷惑岛内民众的谬论。他说，台湾和对岸，“一边一国”是“政治现实”。此论遭到海内外同胞的同声谴责之后，民进党的一些头面人物纷纷出来试图为其辩解“消独”，说什么台湾“是中华民国”，对岸是“中华人民共和国”，所以“一边一国”本来就是海峡两岸的“政治现实”云云。

“一边一国”果真是海峡两岸的“政治现实”吗？陈水扁及其“台独”同伙真的那么喜欢“中华民国”吗？

首先我们要诘问：如果“一边一国”真的是海峡两岸的“政治现实”，那么，如何解释1971年联合国恢复中华人民共和国合法席位时，要将台湾当局驱除出联合国？如何解释联合国下属的只有主权国家才有资格加入的所有国际组织，都拒绝接纳台湾为“会员国”？如何解释世界上所有和中华人民共和国建立外交关系的国家（包括美国），无论大小，都必须同时与台湾”断交“，并承诺只能与台湾保持非官方关系？又如何解释台湾加入WTO，只能以“中国台澎金马单独关税区”的名义而不能以“主权国家”的名义？以上事实恰恰说明：台湾是中国的一部分，海峡两岸同属于一个中国，才是国际“政治现实”。

其次，从岛内的“政治现实”来说，即使从目前台湾现行的、陈水扁上台执政时也曾举手宣誓要“效忠”的各种法律文件来看（包括“中华民国宪法”），都无不确认台湾是中国的“固有领土”。由此也说明，海峡两岸同属“一个中国”，并不是大陆单方面强加给台湾的，而是台湾现行的法律框架所承认和规定了的。

其实说穿了，陈水扁及其少数“台独”同伙所说的两岸“一边一国”，并不是指“中华民国”与“中华人民共和国”，而是他们心目中的“台湾共和国”与“中华人民共和国”。有事实为证：早在民进党在野时期，包括陈水扁本人在内的“台独”人士便一再鼓噪“台湾中国，一边一国”；上台执政后更千方百计地搞渐进式“台独”，声称要为台湾“正名”，即把所谓“中华民国”“正名”为“台湾共和国”（简称“台湾”），不久前在台湾民众外出旅行的证件上加注“台湾”字样，便是这一阴谋活动的重要一环。再拿近日陈水扁发表的一系列有关两岸政策的讲话中，通篇用语都只提“台湾与中国”。急进“台独”人士心领神会、欣喜莫名，声称陈水扁“已经用事实为台湾‘正名’”，表示“相当欣慰”。还有，陈水扁公开宣布“台湾前途决议文”是目前民进党大陆政策的“最高指导原则”。而“台湾前途决议文”明确主张：“台湾是一主权独立国家”，其主权领域“仅及台澎金马及其附近岛屿，以及符合国际法规定之邻接水域”。这明显是偷梁换柱，把所谓“中华民国”的领土主权范围“退缩”为仅仅含盖“台澎金马”，并不包括中国大陆。可见在陈水扁及其“台独”同伙的心目中，所谓“中华民国”只不过是“台湾共和国”的代名词和同义语而已。难怪8月3日陈水扁的讲话刚一结束，在日本召开的急进“台独”组织“世台大会”年会现场，死硬“台独”分子欢呼雀跃，同声高呼“台湾共和国万岁!”、“支持陈水扁‘总统’!”。

陈水扁及其“台独”同伙，多年来连做梦都想“独立建国”，无奈迫于国际“政治现实”，慑于海内外同胞“反独促统”的强大声威，始终不敢轻举妄动。如今错估形势，公然抛出“一边一国论”，又欺世盗名，侈谈什么这是海峡两岸的“政治现实”，企图蒙蔽台湾民众，混淆国际视听。俗话说：“有其父必有其子”，当年“台湾之父”李登辉抛出臭名昭著的“两国论”，引起全球公愤，未能得逞，如今自称“台湾之子”的陈水扁抛出“一边一国论”，同样也不会有好结果!

（华夏经纬网，2002/08/07）

回归“四不一没有”，两岸关系就能稳定吗

陈水扁及其“童子军”幕僚误判形势，以为“会闹的孩子有糖吃”，事先没有向美国山姆大叔请示，就贸然抛出“一边一国论”和“公投台独论”，立即引发了台海局势的又一轮新的危机，对亚太地区的稳定和平以及美国的全球战略部署构成了严重威胁。山姆大叔脸上立刻露出愠色。陈水扁毕竟还算乖巧，自知闯下大祸，一方面赶紧约见美国在台协会台北办事处处长包道格进行“解释”，表示台两岸政策“没有改变”；另方面又急忙派出他的亲信赶往美国，向白宫认错道歉。同时对外宣称：民进党不会推出任何版本的“公投法案”，“四不一没有”仍然是扁当局的两岸政策云云。山姆大叔见阿扁似有“悔意”，也就息事宁人，摸摸阿扁的头说：以后不可再犯，做什么事情“事先打个招呼才好”！

中国有句俗话：“知有今日，何必当初！”陈水扁的格局和智慧原本有限，又一向靠要小聪明吃饭，这次栽个筋斗，也在情理之中。问题是陈水扁承诺他的大陆政策重新回归“四不一没有”，两岸关系从此就能缓和稳定了吗？

首先，陈水扁一向以“善变”而著称，经此“一边一国论”风波之后，其政治人格更是大受质疑，被国际社会普遍认为是继李登辉之后的又一个“不可预测的政客”，包括美国人在内，谁敢打保票陈水扁不会哪一天又误判形势、利令智昏，在两岸问题上干出什么别的出格事来呢？

其次，实际上律师出身的陈水扁，虽然上台之初迫于当时岛内外的政治现实，为站稳脚跟，不得不“忍气吞声”，对外承诺“四不一没有”，但在用词遣句上却留下了伏笔，暗含了日后发难的玄机，只是一般人没有太注意而已。他的原话是：“只要中共无意对台动武，本人保证在任期内，不会宣布独立，不会更改国号，不会推动两国论入宪，不会推动改变现状的统独公投，也没有废除国统纲领与国统会的问题。”也就是说，他承诺“四不一没有”是有前提、有条件的。那就是“中共无意对台动武”，他的承诺才有

效，否则他可以一概不认账。这次他抛出“一边一国论”和“公投台独论”，其振振有词的“理由”就是：两年来他“持续向大陆释出善意”，但都没有得到“相应的响应”，相反“中共却一直在威胁和打压我们”，所以他的“四不一没有”承诺当然就不算数了，他就有理由搞“台独”了！

台湾是中国领土不可分割的一部份，中国政府依据宪法赋予的权力，有责任有义务捍卫台湾的领土主权不被分割和侵犯。不要说海峡两岸目前仍处于敌对状态，在这种情况下中国政府不可能承诺放弃对台动武，即便将来两岸统一了，中国政府也不会承诺放弃对台使用武力。这就如同中国政府和中国人民，无权要求美国政府承诺放弃对夏威夷使用武力，是同样的道理。因此，陈水扁以“中共无意对台动武”为前提条件所作出的“四不一没有”承诺，实际上是毫无意义的。道理很简单，因为大陆方面永远不可能宣布放弃对台动武。如此一来，陈水扁岂不随时都有“理由”在他认为时机成熟时，推翻他的承诺而再次惹是生非吗?

再次，7 月 30 日，陈水扁在他接任民进党主席后首次主持召开的中执会上，公开宣布“‘台湾前途决议文’是民进党目前大陆政策的最高指导原则”。直至近日，陈水扁仍一再宣称“绝对不会动摇和放弃”他们的理想和信念，仍然拒绝修改“台独”党纲，并声称“一边一国论”是“去头去尾、过度简化”了他的讲话，他的“本意”应该是两岸“主权对等”。众所周知：“一边一国论”和“公投台独论”其源盖出于“台湾前途决议文”；所谓“主权对等论”只不过是“一边一国论”的另一种说词而已，同样是不折不扣的“台独”谬论。诚如岛内有识之士所言：“夏威夷能和美国本土‘主权对等’吗?”可见，陈水扁迄今仍拒绝松动“台独”立场，在这种情况下，两岸关系有可能缓和与稳定吗?

再说，即使陈水扁慑于海内外同胞和国际舆论的压力，暂时收起了他“一边一国论”和“台独公投”的主张，但他和他的“台独”同伙也决不会轻易认输。一方面，由于他们拒不接受“一中原则”和“九二共识”，两岸谈判势必无法恢复，直接“三通”难望突破；另方面，他们仍会充分利用手中掌握的公权力，继续从政治、文化、教育等各个方面搞渐进式“台独”，如此一来，又势必激化岛内的“统独”之争，毒化两岸气氛。

总之，通过两年多来的较量，特别是这次围绕着“一边一国论”的尖锐冲突与斗争，使人们充分认识到了陈水扁及其同伙“台独”立场的顽固性和危险性。民进党创党已届16个年头了，事实一再验证：陈水扁及多数民进党人士政治上很不成熟，格局有限，只知一已一党之私，眼光偏于台湾一隅，对国际政治、对两岸问题都缺乏客观清醒的认识与了解，并总是过高估计自己的力量，往往一厢情愿地处理复杂的政治问题，爱走极端，喜要权术，而且往往不按牌理出牌，常常让人“跌破眼镜”。正所谓“秀才碰到兵，有理说不清”，与这样的对手打交道必须格外小心。目前岛内的政治现实是：经过李登辉主政10多年的刻意误导，有相当一部分台湾民众的国家认同已被搞乱，“台独”势力在岛内确有一定的社会基础；虽然反对“台独”、主张维持现状是当前台湾的民意主流，但却缺少一个统一的、强有力的政治力量把它组织起来，与“台独”势力进行卓有成效的斗争。因此，一般评估，陈水扁仍有可能在下届“大选”中获胜。也就是说，在未来几年之内民进党仍可能继续执政。而在目前国际国内的政治大环境下，指望陈水扁和民进党放弃“台独”立场和主张，显然是一厢情愿的幻想。由此可以预见，未来几年海峡两岸之间的统独之争仍将会十分激烈，两岸关系仍将处于动荡不定的状态，并有可能出现新的危机。

（华夏经纬网，2002/08/12）

陈水扁是货真价实的“赖政客”

陈水扁属于哪一类的政客

几年前我和一位民进党的朋友聊天。这位民进党朋友坦白而语带幽默地对我说：“我们台湾没有政治家，只有政客，大政客和小政客，好点儿的政客和赖点儿的政客，我是属于好一点儿的政客！”

何谓“政客”？《辞海》上说：所谓政客是“指从事政治活动谋取私利的人”。以此标准来衡量，说陈水扁是“政客”一点儿不冤枉。因为陈水扁位居台湾当局的最高领导人，故又可称其为台湾岛内的“大政客”；而又由于陈水扁比一般的政客都更“善变”（台湾朝野大多数问题都很难有共识，唯独“阿扁善变”有惊人的共识!），其变化之快速常常令人眼花缭乱、跌破眼镜，用“初一、十五的月亮不一样”来比喻已远远不够，经常是上午和下午不一样，晚上和白天不一样，不同的场合更不一样。诚如岛内朋友所言：阿扁是“见人说人话，见鬼说鬼话”、“翻手为云，覆手为雨”，刚刚讲过的话他可以很快不认账，赖得干干净净，而且常常自掴嘴巴，可以用他自己说过的话来批他自己。陈水扁这样做，纯为一己之私，但他却整天喊“爱台湾”、“台湾优先”、“台湾第一”。可见，陈水扁不仅是政客，是大政客，而且是货真价实的“赖政客”！

从“大胆讲话”到“一边一国论”

陈水扁自问政以来，“善变”的事例实在太多，仅举其大者、要者：1995 年陈水扁首次参选台北市长，为争取中间选票，在万人大会的造势现场，冒着失去部分民进党支持者的风险，公开从别人手中接过“中华民国国旗”，表示他“认同中华民国”。可以说，在民进党的重量级人物中，公开承认“中华民国”的，阿扁是第一人。目的无它——为了胜选。陈水扁有句名言：“台独是票房毒药”。陈水扁也因此一直被外界视为“温和独派”、“务实独派”。可是到了1998—1999年，他为了和许信良竞争“总统”候选人的党内提名，争取“台独基本教义派”的支持，却突然变成了“急独派”。他公开反对两岸政治谈判、反对开放两岸“三通”、反对台商“大胆西进”。对党主席许信良主导的民进党“台独”转型的任何举措，他几乎都无一例外地加以反对。然而，当他要尽手腕把许信良排挤出民进党，如愿以偿地被推举为“总统”候选人之后，马上又换了另一副嘴脸。为了欺骗选民，减轻岛内民众对民进党上台执政的疑惧，他重新拉起“温和”面纱，抛出所谓“新中间路线”，在两岸问题上表现得比许信良还要“温和”。这次从大担岛的“大胆讲话”到民进党的十全大会上抛出“一边一国论”，可说是陈水扁的故伎重演。

以下是刚刚过去不久的镜头回放：5月9日，陈水扁带着岛内媒体记者，跑到与福建一水之隔的大担岛，“善意”十足地隔海向大陆领导人喊话。不光是宣称“两岸‘三通’是必走之路”，而且还邀请大陆领导人到大担岛去“品茶”。隔天甚至声称“可以授权民间机构来和大陆谈判三通”云云。一时间让台湾工商企业界雀跃不已，满以为“鸿鹄将至”——“三通”很快就能实现，两岸关系可望峰回路转、柳暗花明了！

不料事隔没多久，陈水扁突然变脸。7月21日，陈水扁在接任民进党主席的大会上发表讲话，宣称两年来“持续向大陆释出善意”都没有得到“相对的响应”，所以从此“要走自己的路。走咱台湾的路，走出台湾的前途！”。7月30日，他在民进党召开的中执会上公然宣称，要把民进党“台湾前途决议文”作为大陆政策的“最高指导原则”。8月3日，他悍然声称：“台湾与对岸中国，一边一国，要分清楚。”并煽动台湾民众“要认真思考公民投票立法的重要性和迫切性”。岛内外急进“台独”分子们闻“独”起舞，一时间掀起一股“台独”恶浪。不料却遭到海内外同胞的迎头痛击和国际正义舆论的同声谴责，就连美国也对他突然发难不太谅解。于是陈水扁马上使出惯用“赖功”，倒打一耙，说外界把他的话概括为“一边一国论”是“过度简化”。

阿扁的“赖功”可谓了得！如果说这次有什么不同，那就是他把这套伎俩从岛内政坛搬到了两岸关系上，而且用得格外得心应手，手法也更加娴熟和隐蔽。故此，一时间让人摸不着头脑，难以理解他何以会如此打“政治摆子”，在这样短暂的时间里从一个极端跳到另一个极端?

“一软一硬”，所为何来

从大担岛的“柔性喊话”，到“一边一国论”的强硬姿态，陈水扁的用意是什么?陈水扁此番演出，无非是为2004年竞选连任铺路。陈水扁上台两年来，由于偏执于意识形态，他竞选时对选民的承诺几乎全部跳票，民众怨声载道，日甚一日。陈水扁深知，下届大选要有胜算，一是要破解“泛蓝阵营”的整合，二是要拿出亮丽的执政成绩单。而执政成绩单中最重要的当然是要尽快扭转仍在继续恶化中的岛内经济。于是他在去年出访中南美洲返台后。便信誓旦旦地宣称要“拼经济”。然而几个月过去了，台湾经济不但继续恶化，甚至出现了爆发本土性金融危机的种种迹象。两岸加入WTO后，岛内民调显示，开放两岸“三通”已成为主流民意。于是迫于岛内的强大压力，为笼络人心，陈水扁才有“大胆讲话”。

陈水扁的如意算盘是：试探大陆开放“三通”的政策底线，假若在不松动“台独”基本立场的情况下能够突破“三通”，自然利多；如果大陆仍坚持在“一中原则”下才能开启“三通”谈判，他就可以把两岸关系无法改善的责任推给大陆。不仅可以对岛内民众有所交代，而且他从“拼经济”转向“拼台独”也就有了充足的“理由”。

果然，当大陆方面对陈水扁的大担岛讲话很快做出响应，表示只要台湾当局把两岸“三通”看作“一国的内部事务”，就可以委托民间机构经过协商谈判，达成共识，签订协议，并由各自官方机构加以确认，很快通起来。陈水扁马上就攻击大陆为“三通”设置障碍，声称“难以接受”。此后他再也不提“三通”话题。7月21日，陈水扁突然发飙，宣称“要走自己的路”。这表明他对“拼经济”已失去信心，要开始“拼台独”了。

两岸关系还经得起考验吗

陈水扁既然是政客，就谈不上有什么“战略”，其作风就是“抄短线”，一切都是为了“拼选举”。如果说陈水扁有什么“战略”的话，“胜选”就是他的最大“战略”。从这一角度而言，这次的“台独”表演，应该说使他达到了凝聚“台独”铁票的“战略”目的。陈水扁已成功地让岛内外的“台独”势力相信他绝对不会“卖台”，会走“台独”之路。然而陈水扁明白，要想连任成功，还需要岛内工商企业界的支持。不久之后陈水扁很可能又会祭出“软”的一手，“三通”谈判的旗子又有可能会被他高高举起。但是，一再上当的台湾民众还会再上当吗？历经“一边一国论”的危机之后两岸关系还经得起考验吗？岛内外同胞不能不提高警惕！

（《台湾工作通讯》，2002/第 9 期）

纪念“汪辜会谈”，重启两岸对话

十年前（1993年）的4月27日，备受世人瞩目的“汪辜会谈”在新加坡的海皇大厦4楼会议大厅正式举行。这是自1949年以来海峡两岸高层人士的首次会晤，迈出了两岸关系发展的历史性的重要一步，具有里程碑性质的意义。两会沟通管道的建立，以及会谈签署的四项协议，开启了两岸接触沟通制度化、正常化的大门，为日后推动两岸的经贸往来和民间交流的发展，发挥了重要的促进作用。

“汪辜会谈”的成功举行，至少给我们以下两个方面的重要历史启示：

第一，“汪辜会谈”的成功举行，充分体现了两岸双方妥善处理分歧、有效打破僵局的政治智慧，它说明了海峡两岸尽管长期隔绝对峙，意识形态对立，缺乏互信，甚至充满敌意，但只要双方能够本着“求同存异、相互尊重、平等协商”的原则与精神，心平气和地坐下来谈，总是可以找到解决问题的方法。只要双方都有解决问题的诚意，海峡两岸的某些政治争议完全可以暂时搁置，并不会成为两岸关系发展进程中不可逾越的障碍。

第二，“汪辜会谈”之所以得以实现，关键在于1992年大陆海协会与台湾海基会达成了各自以口头方式表述“海峡两岸均坚持一个中国原则”的共识，并表明了两岸“努力谋求国家统一”的态度。也就是说，“九二共识”的确立，为新加坡“汪辜会谈”的顺利举行扫清了障碍；“坚持一个中国原则”和“谋求国家统一”，是两岸两会接触、对话同时也是“汪辜会谈”的基础和前提；没有这一基础和前提，就不会有“汪辜会谈”以及此后两会举行的20多次不同层级、不同议题的商谈与对话。

“汪辜会谈”虽然迈出了历史性的重要一步，为两岸关系的发展奠定了基础，但由于李登辉之所以同意举行“汪辜会谈”，乃是因为迫于内外形势、为巩固自己的权力而不得不为之，其实骨子里并无发展两岸关系、谋求国家统一的诚意，因而此后十年来，李登辉与“台独”势力狼狈为奸，互为奥援，利用手中掌握的权力，与大陆对抗，一心搞分裂，破坏两岸关系的正常发展，使两岸关系经历了许多风风雨雨，经过了一个曲折发展的过程。

举其大者、要者：

其一，正当“汪辜会谈”后两岸关系发展势头良好之际，1994 年 3 月，李登辉与日本右翼作家司马辽太郎对谈，妄称“中国这个词也是含糊不清的”，“主权是个危险的概念”，“台湾必须是台湾人的东西”，“国民党是外来政权”等等，掀起了一场轩然大波，使两岸关系发展的良好势头顿挫。

其二，1995 年 1 月，江泽民主席发表《为促进祖国统一大业的完成而继续奋斗》的重要讲话，提出了现阶段发展两岸关系、推进祖国和平统一的“八项主张”，受到海内外同胞包括台湾各界的热烈拥护和积极反响，营造起了两岸关系的良好气氛。但却使“台独”分裂势力感到格外恐慌，于是经过一番密锣紧鼓的策划与运作之后，6 月李登辉访美，在康奈尔大学大放厥词，鼓吹“中华民国在台湾”，宣称要“尽全力向不可能的事物挑战”，从而引发了第三次“台海危机”，两岸两会正在筹划中的第二次“汪辜会谈”遭到破坏，使两岸关系严重倒退。

其三，1998 年 10 月，在各方的努力下好不容易才促成了台湾海基会董事长辜振甫的大陆之行和上海的“汪辜会晤”，两会达成了包括大陆海协会会长汪道涵先生回访台湾等四项共识，开启了两岸高层政治对话的先河，为恢复两会的良性互动打下了基础。1999 年 8 月，正当两岸同胞热切盼望汪道涵会长访问台湾、两岸关系有望取得突破性进展之际，李登辉又公然抛出“两国论”的分裂主张，从而引发了第四次“台海危机”，海峡两岸濒临战争边缘，致使两岸两会协商、对话再次中断。

其四，2000 年 3 月台湾政党轮替、民进党上台执政后，台湾当局新领导人坚持“台独”立场，先是拒不承认“一中原则”，否认“九二共识”，推行“不说‘两国论’的‘两国论’”分裂路线，致使两岸政治关系持续紧张低迷，僵局难解，充满变量，与急速发展的两岸经贸往来和民间交流所导致的台湾对大陆的“投资热”、“求职热”、“求学热”、“上海热”、“购房热”、“定居热”形成了鲜明的对照，并使开放两岸直接“三通”面临临界点，对民进党当局意识形态挂帅的大陆政策构成了严重冲击。面对这种局势，忧心于自己能否竞选连任的陈水扁，不仅不思进取、改弦更张，相反为了稳固其“台独”基本票源，2002年8月，更变本加厉地鼓吹“台湾中国，一边一国论”和“统独公投论”，公然抛弃了他上台之初信誓旦旦承诺的“四不一没有”，从而引发了海峡两岸新一轮剧烈的“统独”之争，使本已十分低迷僵持的两岸关系雪上加霜，至今仍看不到一丝打破僵局的曙光。

十年来两岸政治关系曲折发展的艰难历程告诉我们：

（一）坚持“一个中国原则”，坚持“九二共识”，两岸关系就能改善，就能发展；违背一个中国原则，否认“九二共识”，两岸关系就会紧张，就会倒退。捍卫“一个中国原则”，就是捍卫台海和平；维护“九二共识”，就是维护两岸同胞的福祉。所以，坚持“一个中国原则”，坚持“九二共识”，才符合广大台湾民众“求和平、求安定、求发展”的愿望，才是真正的“爱台湾”，真正的“台湾优先”。

（二）每当两岸关系前进一步，“台独”分裂势力就急不可耐要跳出来破坏捣乱，这是它们的“台独”本性所决定了的，不让它们出来表演也不行。正因为如此，两岸关系的发展充满了变量、曲折和斗争。同时也决定了中国统一的长期性、复杂性和艰巨性。但这并不表示“台独”分裂势力的强大，相反，正说明了它们的虚弱与无奈。标举“台独党纲”的民进党虽然掌握了台湾的执政权，但迄今为止并不敢明目张胆地公开搞“台独”，这便是明证。

“一个中国”的框架是牢不可破、难以撼动的，两岸关系的发展、祖国的统一和中华民族伟大复兴毕竟是任何力量都无法阻挡的。大陆政府对主张“台独”的民进党的政策是一贯的、明确的。2002年1月，钱其琛副总理在纪念江泽民“八项主张”发表七周年的重要讲话中，曾语重心长地呼吁民进党“应该更多地为台湾人民的福祉着想，彻底抛弃‘台独党纲’，以真诚的态度发展两岸关系”，并把“广大民进党成员”与“极少数顽固的台独分子”加以区别，把广大台湾同胞要求“当家做主”与极少数人搞“台独”加以区别，“本土化”与搞“台独”也加以区别，欢迎广大民进党员“以适当身份”前来大陆参观、访问，增进了解，充分展现了祖国政府对台政策的包容性和发展两岸关系的诚意。2002年11月江泽民总书记在中共十六大上的报告，以及不久前胡锦涛主席在十届全国人大一次会议上出席台湾省代表团审议时的重要讲话，都重申了祖国大陆政府对台方针政策的一贯原则立场，向台湾方面释出了最大的善意和极大的诚意，为两岸关系的改善与发展提供了又一个新的契机。

民进党当局坚持“台独”立场，已经使其两岸政策走进了死胡同，陷入了深深的泥淖，这不仅使2300万台湾同胞的切身利益蒙受了巨大的损失，同时也成为它在2004年台湾大选中与泛蓝阵营对决、谋求保住其执政地位的一大罩门。在“汪辜会谈”十周年到来之际，我们诚恳地呼吁民进党人士能够审时度势，不要固执己见，一误再误，期望他们能抓住契机，调整不合时宜的错误立场和政策，对祖国大陆政府的善意和诚意作出积极的响应，尽早接受一个中国原则，回归“九二共识”，重启两岸两会的对话谈判，若能如是，才是两岸同胞之福，才是对“汪辜会谈”十周年的最好纪念！

（华夏经纬网，2003/04/17）

陈水扁的假“民主”、假“人权”

陈水扁鼓吹“台独公投”有一个颇能迷惑人的谬论，说什么台湾是“民主社会”，对台湾前途进行公民投票，是2300万台湾人民的“民主权力”和“基本人权”云云。其实，陈水扁鼓吹在台湾搞“台独公投”，恰恰是打着“民主”、“人权”的旗号，以少数人的所谓民主和人权，否定甚至剥夺大多数人的民主和人权，是典型的假“民主”、假“人权”。

何以言之?

其一，大陆与台湾同属一个中国，这是国际法和国内法（包括台湾现行的法律）都有明确定位的无可辩驳的事实，这与台湾是不是“民主社会”毫无关系。就如同八年抗日战争时期，中共治理下的“陕甘宁边区”实行与“蒋管区”不同的民主制度，但并不能否定陕甘宁边区是当时中华民国领土不可分割的一部分一样。因为民主本身并不能创造出主权，它只能改变一个国家或地区的生活方式；即使台湾社会再民主，也无法改变“台湾是中国领土不可分割的一部份”这一铁的事实。

其二，关于“公投”与“民主”和“人权”的关系问题。我们一向十分尊重台湾人民当家作主的愿望和民主、自由等基本权力的行使，但任何民主方式和民主权力的行使，都必须以确保国家领土主权的完整为前提，否则就必然走向民主的反面而侵犯大多数人的根本利益。众所周知，台湾是海峡两岸人民世世代代共同开发、建设和保卫的神圣领土。台湾不仅仅是2300万台湾人民的台湾，同时也是13亿大陆人民的台湾；台湾的领土主权属于海峡两岸全体中国人所共同拥有。退一步说，即使要体现“民主”和“人权”而对台湾的地位与前途问题举行“公投”，那么也必须在海峡两岸所有的中国人中进行，而不能只在2300万台湾人民中进行，否则，就等于否定甚至剥夺了大陆13亿人民的民主与人权，反而变成了无视绝大多数中国人意志的“反民主”、“反人权”之举了。

其三，陈水扁鼓吹“台独公投”，其谬误还在于：任何一个地方政权都无权搞所谓“公民投票”来决定该地区的地位与前途，这是再简单不过的道理。试问：假如台湾任何一个不满民进党执政的县市，也打着所谓“民主”、“人权”的旗号，用“公民投票”的方式，宣布脱离台北民进党当局的统治而另立一个什么“国家”，能被允许吗？如果允许，岂不天下大乱！

其四，历来岛内的各种民调都无不显示，即使就台湾地区而言，大多数民众也不赞成搞什么“统独公投”，台湾的民意主流是求和平、求安定、求发展。如果陈水扁和民进党打着维护台湾人民的“民主”和“人权”的幌子，利用他们手中掌握的公权力，执意搞“台独公投”的话，这就等于挟持着2300万台湾人民当“人质”，拿台湾人民的生命财产当赌注，肆意玩火，其本身就是践踏台湾人民“基本人权”！

从以上简要分析可知，陈水扁鼓吹“台独公投”，完全是假维护民主、人权之名，行违反民主、践踏人权之实，不仅极其虚伪，且用心险恶，不可不辩清楚也。

（华夏经纬网，2003/08/09）

陈水扁推动“公投制宪”居心何在

台湾当局领导人陈水扁近日在民进党的晚会上宣称，民进党赢得明年岛内“大选”后，将于2006年“修宪”，并再次强调明年将如期举行“公民投票”。这是继去年8月公然抛出“一边一国论”以及不久前声称要在“大选”前举办“咨询性公投”之后，陈水扁的又一露骨的“台独”宣示。

此言一出，立即引发了台湾政坛的强烈震撼，使原本僵持、充满变量的台海局势愈加诡谲不安，国际社会也表示高度关切。事实再次证明，陈水扁是继李登辉之后破坏地区稳定和平的又一个“麻烦制造者”。人们不禁要问：此时此刻陈水扁扬言要推动“公投制宪”，居心何在？

陈水扁上台后迫于岛内外的政治现实，民进党不得不淡化“台独党纲”，在“台独”主张上进行“策略转型”，陈水扁在2000年“大选”后为欺骗舆论、稳定政局，公开承诺“四不一没有”，假意推行所谓“新中间路线”。然而，事实上民进党和陈水扁从未忘情于“台独”，执政三年多来，打着“本土化”的幌子，利用他们手中掌握的公权力，采取一切可能采取的手段，在岛内极力推行“去中国化”运动，妖魔化“一个中国”，这实际上就是为日后他们认为时机成熟时，妄图通过“公投制宪”、“独立建国”创造条件。故此，陈水扁扬言要推动“公投制宪”，实际上乃是其“台独”本性使然。

此外，这也是陈水扁为主导选战议题、转移台湾民众视线、挽救选情颓势所祭出的“险招”，不择手段所下的“独药”。陈水扁上台很大程度上是靠李登辉的奥援和国民党的分裂。而他上台后却搞意识形态治政，致使两岸关系持续紧张，岛内政党恶斗，经济大幅衰退，失业率居高不下，民众痛苦指数不断攀升，社会动荡不安。民调显示，民进党的政党满意度和陈水扁的执政满意度不断下滑。民进党和陈水扁尽管多次出招，企图扭转选情颓势，但都成效不彰，眼见“大选”日近，心急火燎的陈水扁于是不顾一切，抛弃了他一向标榜的所谓“新中间路线”，祭出“公投制宪”的“独招”，企图以此赌一把。

陈水扁的如意算盘一是要主导选战主轴，激化岛内“统独”对立，转移民众对其执政无能的不满；二是企图刺激大陆，借此煽动台湾民众对抗大陆的“民粹”情绪，险中取胜。再者，近年来，卷入多起重大弊案的李登辉俨然以“台独教父”自居，疯狂从事所谓“台湾正名”活动，鼓吹“2008 台湾‘制宪建国’”。有识之士无不认为，这既是李登辉的“台独”本性使然，同时也是其与陈水扁争夺“台独”活动主导权、“拥独自保”的一着棋。而不甘被李挟制的陈水扁对此早就心存芥蒂，于是抛出“公投制宪”，以争取“台独”铁票回流。

从以上简要分析可知，尽管陈水扁口口声声“爱台湾”、“台湾优先”，开口闭口“为 2300 万台湾民众谋福祉”云云，然而他为了竞选连任，谋求一党一己之私，却不惜食言自肥，违背上台之初的“四不一没有”承诺，妄图单方面改变两岸关系现状，如果他真的这样做，必将给台湾社会和两岸关系带来极其严重的后果，而最终受害的则是台湾的经济和广大民众的福祉。

（新华网，2003/10/06）

扁李合流掀“台独”恶浪

陈水扁民进党终于剥下伪装，与急进“独派”李登辉“台联党”彻底合流了。

10月25日，正是台湾光复纪念日。这天，民进党和“台联党”联手合办了一个所谓“全民公投，催生台湾新宪法”的大游行，煽动10多万台湾民众走上街头，呼喊“公投制宪”、“台湾共和国万岁”等口号，掀起了空前的“台独”恶浪。

陈水扁背弃承诺

和上次9月6日由“台联党”单独主办的所谓“台湾正名”大游行有所不同，这次大游行是民进党和“台联”两党“联合举办”，而且陈水扁、吕秀莲等台湾当局与民进党的头面人物也不再躲躲藏藏、忸忸怩怩，而是倾巢而出、一丝不挂地上场“激情演出”。吕秀莲公开露骨地叫嚣：要用“公民投票”的方式“确立台湾主权独立、确立台湾的新国号”等等，把民进党组织这次大游行的“台独”意图和盘托出。

直到前几日，陈水扁还在好几个不同的场合一再表示：“‘公投’不涉及‘台独’”，他将信守上台时保证的不宣布“台独”、不搞“两国论入宪”、不会推动改变现状的“统独公投”等“四不一没有”承诺。这次“10·25”的“公投制宪”大游行，彻底戳穿了陈水扁的谎言，使他的“台独”真面目大白于天下。

陈水扁背弃承诺，公开与李登辉合伙推动“台独制宪”，打着各种各样欺世盗名的幌子：

一曰“以民意为依归”。“台独制宪”果真是台湾的“主流民意”吗？近几年来，岛内的历次民意调查都无不显示，不赞成“台独”、主张两岸应“维持现状”的台湾民众占绝大多数，“求和平、求安定、求发展”才是真正的台湾民意主流。就在高雄举行“公投制宪”大游行的当天，由民间自发的“反‘台独’、救台湾”大游行也在台北街头同时热烈展开，形成了南北对垒、较劲的奇异场景。陈水扁、李登辉之流企图利用手中掌握的公权力，把他们少数人的“台独”分裂图谋强加给大多数善良的台湾人民，这是典型的、不折不扣的“强奸民意”的政客伎俩。历史一再昭示我们，反动势力要从事他们的反动事业，总喜欢打着“以民意为依归”的旗号，因为他们心虚，当年的希特勒是这样，袁世凯是这样，如今台湾的李登辉、陈水扁同样是这样。不过历史也同样昭示我们，违背大多数人民的意志，终究也不会有好的结果。

美国“教训”陈水扁

二曰“民主和人权”。按照陈水扁和李登辉的“台独”逻辑，不让他们搞“台独”、搞“公投制宪”，就是违背“民主”，就是践踏“人权”。好大的帽子！然而须知：台湾不仅仅是少数“台独”分子的台湾，乃是海峡两岸包括世界上全体中国人所共同拥有的台湾。民主也好，人权也罢，都是相对而存在的，有了少数“台独”人士搞“台独”的民主，尊重了少数“台独”人士的人权，也就等于剥夺和践踏了反对“台独”的绝大多数中国人包括大多数台湾同胞的民主和人权。近期以来，就连最喜欢标榜“民主”和“人权”的美国政府及其领导人，出于其国家利益，都一再表示反对“台独”，对台湾当局推动“公投”表示严重“关切”、不以为然，强调任何解决台湾问题的方式，“都必须经过海峡两岸人民的同意”，希望台湾“不要节外生枝”等等，这实在是对陈水扁、李登辉之流侈谈什么“民主”、“人权”的极大讽刺。

“急独”祸害台湾

三曰“爱台湾”、“为了台湾的长治久安”。多么冠冕堂皇的“台独”理由！然而事实是，从李登辉主政时期开始，岛内“台独”势力就不断挑衅大陆，制造事端。陈水扁民进党上台执政后，更是利令智昏，变本加厉地以“台独”意识形态治政，致使两岸关系持续紧张，“三通”不通，岛内政党恶斗，社会动荡不安，经济急速下滑，失业率居高不下，台湾人民的切身利益蒙受了巨大的损失，早已搞得民怨涨腾。如今不思悔改，为了竞选连任，满足一党一己之私，愈加肆无忌惮地和急进“台独”势力沆瀣一气，公然抛出“台独”时间表，要搞什么“公投制宪”，妄图单方面改变两岸关系现状，分裂中国。近日，中国国家主席胡锦涛在访问澳大利亚时代表中国政府庄严宣告：“台湾问题关系到中国的国家主权和领土完整，关系到十二亿中国人民的民族感情”，“我们会尽最大努力保持台海和平，我们会尽最大努力争取以和平方式解决台湾问题，但是我们绝对不容许‘台独’”。推动“公投制宪”，就是明目张胆地搞法理“台独”。“台独”人士切不要误判形势，大陆的忍让是有限度的，北京举办奥运并没有给“台独”买下保险单”；“和平独立”只是“台独”分子一厢情愿的幻想，搞法理“台独”等于是向大陆公开宣战。届时，两岸势必兵戎相见、骨肉相残。试问，这究竟是“爱”台湾还是“害”台湾呢？是要把2300万台湾人民的生命财产绑在“台独”的战车上还是真的为了台湾的“长治久安”呢？说穿了，这些统统都是欺骗台湾人民的“独药”罢了。

“台独”阴谋活动

有必要指出的是，近期以来岛内“台独”势力露骨的“台独”鼓噪，决不单纯是为了选举造势，而是有计划、有步骤的一系列“台独”阴谋活动的重要一环！俗话说“庆父不死，鲁难未已”，“台独教父”李登辉及其徒子徒孙们是不会轻易放弃他们的“台独”努力的，所有关心台海稳定和平的有识之士切不可掉以轻心，任其胡闹。“公投制宪”之日，就是台湾灾难到来之时，我们有理由相信，绝大多数台湾同胞心明眼亮，必定会和陈水扁、李登辉之流划清界限！

（《大公报》，2003/10/27）

“丢掉幻想，准备斗争”——简评台湾“公投法”

经过朝野各派政治势力数月之久的纷纷扰扰、权谋较劲，11月27日深夜，台湾地区立法机构终于通过了备受海内外各方关注的所谓“公民投票法”。

该“公投法”排除了“急独派”提出的直接对所谓“国旗、国号、国歌、领土变更、主权”进行公投的“急独”条款，通过了设定有严格限制条件的国、亲版本的“统独公投”条款；否决了民进党提出的“公投制宪”的“台独”条款，通过了国、亲“公投修宪”的版本；同时还封杀了民进党一再坚持的在没有法源依据的情况下也可以进行“咨询性公投”的条文等。因此可以说，在这场“公投立法”的闹剧中，以陈水扁、李登辉为代表的岛内“独派”势力受到了重大挫败。“公投法”三读通过后，泛绿阵营气急败坏、内部互相指责，但曾几何时，他们还气壮如牛，又是搞所谓“台湾正名”大游行、“公投制宪”大游行，又是过境美国纽约、阿拉斯加，搞“台独之旅”等等，声称他们搞“台独”是代表台湾的“主流民意”，推动“公投立法”、“制宪”是所谓“深化民主”的“大改革”云云，然而据岛内媒体报导，在岛内外强大的政治与舆论压力下，当蔡同荣提出的“急独公投”条款在“立法院”交付表决的关键时刻，民进党籍“立委”却被迫和国、亲两党一起，几乎全数弃权，演出了民进党内部“自相残杀”的精彩戏码。至于同是绿阵营的“台联党”版的“急独”提案，民进党则根本不予置理。“公投立法”的过程与结果，恰恰反映出“台独”势力的色厉内荏，表明了“一个中国”原则不容挑战，搞“台独”不得人心，求和平、求安定、求发展才是台湾真正的“主流民意”，就连台湾当局“陆委会”近日公布的民调也显示，百分之八十的台湾民众主张两岸“维持现状”，坚持“台独”立场的、执政的民进党为了自身利益，也不能不屈服于这种政治现实。

然而，该“公投法”的通过虽然暂时缓解了海峡两岸可能发生的“立即危机”，但却为日后“台独”势力推动“台独公投”制造了法律依据，打开了突破口；“台独”虽然未能迈出一大步，却是结结实实地迈出了一小步，给未来两岸关系乃至亚太地区的稳定和平潜伏了新的更大危机，埋下了无穷的隐患。这是因为：

第一，通过的国、亲版本的“统独公投”条款虽然设定了相当高的“门槛”，如规定提案、联署必须是最近一次“总统大选”选举人总数的百分之零点五和百分之五、公投议题的认定属于“立法院”按政党席次比例推荐设置的“审议委员会”而不是台湾行政当局等，在目前台湾的政治生态下，“台独”势力要想通过这样高的“门槛”条件如愿推动“统独公投”确实很难，这也正是“公投法”通过后“台独”人士气急败坏攻击该法是所谓“鸟笼法”、“恶法”的主要原因之一。但问题是泛蓝阵营是否能够永远保住目前业已岌岌可危的相对优势已大有疑问。泛蓝阵营优势一旦失去，后果可想而知。

第二，更为严重的是，民进党提出的所谓“防御性公投”条款得以通过。该条款规定，当台湾“遭受外力威胁，致国家主权有改变之虞”时，“总统”得经“行政院会”决议，“就攸关国家安全事项，交付公民投票”。由于按照台湾现行的政治体制，所谓“行政院会”实际上完全掌控在“总统”手中，因此该条款的设定，等于赋予“总统”发动“公投”的特权，如果“总统”是个“台独”分子，只要他借口台湾“安全”、“主权”受到“威胁”，即可随意发动“统独公投”，从而随时都有可能引发台海危机。果不其然，11 月 29 日，“公投法”通过仅两天，陈水扁即妄称台湾目前正面临外力的严重“威胁”，“主权”随时都有“改变之虞”，因此他扬言要履行“总统”的“职责”，在明年 3 月 20 日发动与“大选”同步进行的所谓维护台湾“国家安全与主权”的“防御性公投”。

如此看来，陈水扁已经“吃了秤砣铁了心”，为了拉抬低迷的选情，实现竞选连任，满足一党之私和一己之利，他非要“草蜢弄鸡公”，变本加厉地挑战两岸关系现状，蓄意制造台海紧张局势，继承李登辉衣钵，已成为不折不扣的、新的、更麻烦的“麻烦制造者”。

为今之计，两岸同胞唯有“丢掉幻想，准备斗争”！

（华夏经纬网，2003/11/30）

是“防御性公投”还是“挑衅性公投”

在大陆发动的海内外反“台独”强大声威的震慑下，11月28日凌晨，台湾“立法院”三读通过的所谓“公民投票法”（简称“公投法”），排除了岛内“急独”势力提出的“急独公投”条款，暂时缓解了海峡两岸一触即发的危机。然而，“公投法”中的法律漏洞，特别是民进党提出的所谓“防御性公投”条款的通过，给日后“台独”分裂活动制造了法源依据，提供了操作空间，从而给未来两岸关系和东亚地区的稳定和平潜伏了新的危机，留下了很大的隐患。果然，“公投法”通过仅一天半，墨迹未干，国际舆论刚刚松了一口气，11月29日上午，陈水扁就在竞选造势大会上以大陆“飞弹威胁台湾”为借口，叫嚣要履行“公投法”中赋予“总统”的职权，在明年3月20日“大选”投票日同步举办“防御性公投”，“捍卫台湾主权与安全”。此言一出，立即引发了台湾政坛、社会的又一场轩然大波，台海紧张局势再度升高，国际舆论为之哗然，神经再次紧绷。

“防御性公投”条款其危害性在哪里？

“公投法”中第17条规定：“国家遭受外力威胁，致主权有改变之虞，总统得经行政院会决议，就国家安全事项交付公投”。此即所谓“防御性公投”条款。从以上条文内容可以看出：（一）该条款语义含混，模糊不清，究竟台湾“遭受”到何种程度的所谓“外力威胁”，“总统”才有权启动“防御性公投”？未作明确界定，完全由“总统”一个人说了算；（二）“防御性公投”经“行政院会”决议，即可由“总统”直接发动，无须经过“立法院”同意或“公投审议委员会”审议。而按照台湾现行体制，“行政院长”由“总统”任命，实际上只是“总统”的“幕僚长”，“行政院会”完全掌控在“总统”手中。因此，该条款等于赋予“总统”可随意发动所谓“防御性公投”的特权，留下了很大的法律漏洞。打个比方说，如果把“公投法”中设有高门槛限制的其他“公投”条款比作是“前门”，而把“防御性公投”条款比作是“后门”的话，那么就等于是“前门”堵死而

“后门”洞开！主张“台独”的“总统”只要他认为有“必要”，随时都可以绕过“立法院”和“公投审议委员会”，发动所谓“防御性”的“统独公投”。有人认为，民进党在这场“公投立法”的朝野剧烈较量中“惨败”。殊不知，所谓“防御性公投”的法制化，正是民进党现阶段大陆政策的最高指导原则——“台湾前途决议文”所追求的“台独”目标，如今这一目标在国、亲两党不负责任的错误策略的协助下得以实现，民进党何来“惨败”之有？所以“公投法”通过后，尽管以“台联党”为代表的“急独派”强烈反弹，但陈水扁仍不无得意地说：“鸟笼破了洞，鸟会飞出来”，宣称“这是台湾民主深化的历史性的第一步”，并立即加以充分利用，从发动“防御性公投”入手，掀起了新一轮的政治风暴。

众所周知，台湾问题是上个世纪四十年代中国内战遗留下来的问题，至今两岸并未结束内战敌对状态。如果说到“外力威胁”，实际上双方都还在“威胁”对方。陈水扁不就是经常叫嚣要“决战境外”，并花大笔金钱购买和自行研制大批高科技武器装备与大陆对抗？不久前台“国防部长”汤曜明不是公开放言“不排除先对大陆目标进行攻击”，一些“台独”将领也扬言要对大陆发动“点穴战”、“瘫痪战”？近日不是也有媒体披露台湾军方的所谓“毒蝎计划”，声称他们部署的中程导弹已锁定大陆北京、上海、广州、深圳、香港、天津、大连等十个大中城市甚至包括三峡大坝，在必要时进行所谓“先制打击”吗？大陆方面为谋求早日结束两岸内战状态，维护台海和东亚地区的和平与稳定，早在上个世纪的七十年代末就提出了“和平统一、一国两制”解决台湾问题的方针。二十多年来，两岸关系尽管风云变幻，“台独”势力不断干扰破坏，但大陆方面都一再克制忍让，委曲求全，始终坚持这一基本方针不动摇，这是有目共睹的事实。如今，陈水扁视大陆的克制忍让为软弱可欺，拿大陆部署导弹这一行使主权的正当行为大做文章，以所谓台湾“遭受外力威胁”为借口，扬言要搞什么“防御性公投”，这是对大陆的公然挑衅。由此可见，所谓“防御性公投”在陈水扁“台独”之流的蓄意操弄下，已成为不折不扣的破坏两岸关系现状的“挑衅性公投”、“进攻性公投”。这种“牛二式”市井无赖的丑陋表演与作为，尽管一时可能很爽，但其危险性可想而知。

那么，陈水扁此刻热炒所谓“防御性公投”目的何在？

首先，是挑战“一个中国”原则，对抗大陆，推动“台独”分裂活动的需要。陈水扁抛出“防御性公投”议题后不打自招地公开声称：“台湾民主是一步一步走出来的，如今公投法走出了第一步，明年3月20日举行防御性公投后，2006年的12月10日世界人权日，将再透过台湾的人民公投来完成一部台湾的新宪法”。可见，推动“防御性公投”绝非单纯的所谓“选举语言”，乃是陈水扁一系列“台独”分裂活动的重要组成部分，是其预谋的“台独时间表”的重要一环。他还咬牙切齿地发誓：“绝不可以让台湾成为香港，要反一中、反一国两制”，企图煽动和欺骗台湾民众心甘情愿地被他绑在“台独”战车上，向灾难的深渊一步步地前进。事实上，只要稍稍回顾一下十多年来台湾的政治发展史，人们就不难发现，“台独”势力正是充分利用了岛内举办的一次次大大小小的选举和所谓“修宪”活动，和暗藏在国民党内部的李登辉“台独派”内外勾结、狼狈为奸，不断地鼓吹“台独”理念与主张，污染台湾政坛和社会，把许多台湾民众的国家认同已经搞乱。陈水扁上台执政后，之所以利用其手中掌握的公权力，变本加厉地搞所谓“去中国化”，搞“渐进式台独”，其最终目标均是为其日后通过“全民公投”、实现脱离中国的“和平独立”创造条件，打下基础。正所谓“司马昭之心，路人皆知”！

其次，是要从泛蓝阵营手中夺回选战主导权，以便摆脱困境，拉抬自己低迷的选情。自这场被“台独”人士视为关乎其“生死存亡”的“割喉战”开打以来，面对泛蓝阵营的成功整合，陈水扁彻底抛弃了他原先一再鼓吹的所谓“新中间路线”，祭出险招，锁定“一边一国”的“台独”诉求为其选战主轴，不断地抛出高敏感度的政治议题，一直都在牵着泛蓝阵营的鼻子走。但无奈的是，无论陈水扁怎样努力，如何会主导议题打选战，但迄今为止，支持“台独”的基本盘始终难以扩张。各种民调无不显示，陈水扁不论和谁搭配，民意支持度均低于国、亲两党推出的候选人“连宋配”约十个百分点上下。过境美国的所谓“欣荣之族”，虽然着实让陈水扁风光了好一阵子，而且民调也曾一度接近甚至追上“连宋配”。但好景不长，泛蓝阵营也非全然无能之辈，统统都不是“省油的灯”，一见形势不妙突然转向，在“公投立法”等“统独”议题上改采所谓“以独攻独”的选战策略，蓝、绿两大阵营的攻防位置果然逆转，蓝营一举摆脱了被动挨打的局面，双方民调再次拉开。这就是何以在台湾政坛延宕了十年之久的“公投法”争议突然顺利通过的主因。泛蓝阵营士气为之大振，连宋趁胜追击，立即抛出五大“民生公投”议题，试图彻底摆脱泛绿阵营政治议题的纠缠，引导选战向对民进党最为不利的方向燃烧。陈水扁当然心知肚明，于是立即采取反制措施，利用刚刚通过的“公投法”的法律漏洞，抛出“防御公投”的急独议题，企图达到“一箭三雕”的政治目的，除前述重要“一雕”之外，另外“两雕”是：（一）继续高强度刺激大陆，务必引诱大陆强烈反弹，以便煽动“台湾人被中共打压”的悲情氛围和民粹情绪，夺回选战主导权，以转移台湾民众对其执政无能的不满，险中取胜；（二）对“台联党”等“急独派”有所交代，安抚其对陈水扁民进党在“立法院”表决“公投法”时“出卖”行为的不满，防止“台独”基本盘出现松动。

然而，人算不如天算，陈水扁为一人之私和一党之利，不惜玩这种极不负责任的政治飙车，决不会有什么好的结果。眼看台海局势有可能失控，危及其全球战略利益，12 月 1 日，美国政府首次公开明确表态：“反对”台湾举行“任何改变台湾地位或走向独立”的公投，警告陈水扁当局不得乱来。正在台湾小岛上自鸣得意的陈水扁立即像泄了气的皮球，除了赶忙向美国一再保证“防御性公投”不会逾越“四不一没有”、绝对无涉“统独”、不会“改变现状”之外，还表示近日会向美方知会“防御性公投”的具体议题，在取得美方“信任”后才会对外公布等等，俨然台湾已成了美国的“一个州”，而他则不过是美国一个州的“州长”而已，平日经常挂在他嘴边的用来对抗大陆的所谓台湾人的“尊严”，则统统被他丢进了太平洋。曾几何时，陈水扁为表示他的“台独”决心，还拍着胸脯气壮如牛地宣称：“台湾既不是中华人民共和国的一个省，也不是哪个国家的一个州！”似乎台湾真个是“主权独立国家”的样子。

陈水扁原本格局有限，又爱耍小聪明，喜欢玩弄文字游戏，不按牌理出牌，如今为了竞选连任，竟然不顾一切走战争边缘政策。殊不知，维持台海现状和东亚地区的稳定与和平，乃是当前中美两国共同的最大利益；求和平、求安定、求发展，才是2300万台湾同胞真正的主流民意。陈水扁罔顾政治现实，误判形势，搞急进“台独”，不仅会踩到大陆的“红线”，踩到美国的“红线”，同时也必然会踩到台湾民众心目中的“红线”。陈水扁等“台独”人士应该明白，“台独”是没有选举“假期”的，“红线”是绝对不可以踩的，玩任何花招也都是没有用的。

（华夏经纬网，2003/12/09）

拖延“三通”，失信于民

前一阵子，冷冻多时的两岸“三通”话题又在台湾岛内热炒起来了。继8月中旬台湾当局一连抛出“‘三通’三阶段论”及“直航影响评估报告”后，紧接着9月上旬又公布所谓“操之在我”的空中“货运便捷化措施”，并声言要加紧规划“海运便捷化方案”等等。与此相配合，台湾当局相关部门的负责人纷纷发表谈话，煞有介事地摆出一副似乎颇有“诚意”推动两岸“三通”的样子。事实果真如此吗？海内外进步舆论均指出，台湾当局此举，只不过是陈水扁面临明年岛内“大选”选情严峻的形势下，为骗取选票所精心策划的又一个竞选权谋而已，恰恰再次暴露了他罔顾广大台湾民众切身利益，企图继续阻挠、拖延两岸“三通”的真实用心。

众所周知，自上个世纪七十年代末祖国大陆政府贯彻实施和平统一的对台方针以来，经过海内外同胞二十多年的共同努力奋斗，两岸关系发生了历史性的巨大变化。两岸经贸、文化、人员的往来与交流，无论从广度或深度上来说都已迫切需要尽快开放两岸直接“三通”。经济快速发展的祖国大陆，是台湾经济发展的腹地；“三通”不通，已成为阻碍台湾摆脱目前经济发展困境的主要障碍。多年来，岛内的历次民调都无不显示，开放两岸直接“三通”是广大台湾民众的强烈愿望，早已是台湾的主流民意。特别是数万家在大陆投资的台资企业和100多万在大陆工作、生活的台商及其家属，更对开放两岸直接“三通”望眼欲穿。故此，在台湾，赞同还是反对开放两岸“三通”，已成为真心“推动”两岸关系发展还是“阻挠”两岸关系发展、是真“爱台湾”还是假“爱台湾”、是真“为2300万台湾人民谋福祉”还是假“为2300百万台湾人民谋福祉”的试金石和分水岭。而且每逢岛内“大选”，“三通”问题也就必然成为朝野攻防、争取选票的重要话题。

人们不会忘记，四年前的台湾“大选”期间，一向反对开放两岸“三通”、曾经鼓吹“‘三通’是台湾的最后筹码，不到最后时刻不能开放”的陈水扁，为了欺骗民众，争取选票，突然摇身一变，把开放两岸“三通”

作为他的主要竞选“承诺”之一。然而迄今陈水扁上台执政已将届满，所谓开放两岸“三通”仍然是“只听楼梯响，不见人下来”。三年多来，尽管大陆方面为推动两岸关系的改善发展，以两岸同胞的切身利益为念，在“三通”政策上不断地进行理性、务实的调整，真是做到了“仁至义尽”，受到海内外同胞的高度肯定和欢迎，但陈水扁却出于其“拒统谋独”的政治需要，在“三通”问题上一再出尔反尔，千方百计地加以阻挠、拖延。当选之初，为安抚人心、稳定政局，陈水扁曾信誓旦旦地宣称：就任后“将立即与中国大陆进行包括‘三通’议题的全方位建设性对话”，并表示他“年内施政的最大目标，就是要开放对中国大陆的‘三通’”云云。可是他就职后却把“三通”问题束之高阁、不了了之。去年5月，眼看任期已半，迫于形势，陈水扁突然又对“三通”积极起来，特意跑到与大陆一水之隔的大担岛发表讲话，声称“‘三通’是必走之路”，并表示愿意授权民间组织与大陆谈判协商。然而当大陆方面很快作出积极响应并希望台方见诸实际行动后，陈水扁就立即退缩，并于当年8月抛出“一边一国论”，刻意恶化两岸关系，于是所谓两岸“三通”谈判也就成了无稽之谈。随后，他又对岛内各界日愈高涨的要求开放两岸“三通”的强烈呼声大泼冷水，说什么“‘三通’并非经济发展的万灵丹”、“通了经济未必就好”等等。据岛内有人统计，陈水扁上任至今，14次说要“直航”，8次说反对“直航”。如此翻手为云、覆手为雨，早已让两岸同胞看破了陈水扁的手脚——原来，阻挠、拖延两岸“三通”，才是陈水扁施政的“最大目标”！

如今，陈水扁面临岛内明年的换届选举，拿不出像样的执政成绩单向选民交代；“三通”承诺跳票，已经遭到台湾民众的强烈质疑，成为他竞选连任的最大“罩门”之一。于是自以为“天纵英明”的陈水扁故伎重演，再次拿“三通”问题做文章。

陈水扁这次真的要改弦更张、有“诚意”开放两岸“三通”了吗？答案当然是否定的：

（一）“三通”既然是陈水扁四年前的主要竞选承诺，可他现在却说“还没准备好”，还需要经过“准备”、“协商”、“实施”三个漫长的阶段，直到明年底才能见分晓，试想他明年三月能否连任尚在“未定之天”，可见他的所谓“‘三通’三阶段”构想，只不过是给台湾民众“画饼充饥”而已。

（二）“直航评估报告”虽然承认两岸直航对台湾具有多方面的经济效益，但却用主要篇幅大肆渲染直航后对台湾政治、社会、经济特别是对所谓“国防安全”所带来的巨大冲击和影响，显然是刻意误导台湾民众，营造反对两岸直航的社会氛围。

（三）“评估报告”强调，两岸直航协商要“由‘政府’充分主导”、“‘国家主权’绝不退让，绝不陷入中共‘一中’、‘一个国家内部事务’之统战”。这是将两岸直航“政治化”，妄图借机落实“一边一国”的“台独”分裂主张，为两岸直航设置新的障碍。

（四）未经两岸协商，单方面宣布不具任何实质意义的所谓“货运便捷化措施”，企图嫁祸大陆。

（五）台湾当局领导人一边摆出要积极推动两岸直航的姿态，一边又在竭力鼓吹“台湾正名”、“公投制宪”等急进“台独”滥调，蓄意毒化两岸气氛。

由上简要分析可知，台湾当局炒作两岸“三通”，并无丝毫诚意可言，只不过是陈水扁在选情严峻的形势下所作的一种自以为高明、实则十分拙劣的“政治表演秀”罢了。然而，“狼来了”的把戏毕竟不能多玩，民调显示，台湾民众对扁当局的这次“激情演出”普遍反应冷淡、兴趣缺缺，就连多数民进党的支持者都认为这是陈水扁的“竞选策略”。

人们不禁要问：陈水扁明知“‘三通’是必走之路”，却又为何如此顽固地加以拖延和阻挠呢？“台独教父”李登辉说得很清楚：“‘三通’较劲是一场无硝烟的战争”，“开放‘三通’等于投降！”一来陈水扁原本主张“台独”，自然也就排拒两岸“三通”；二来陈水扁自知民进党实力不足，需要李登辉“台联党”的奥援，于是为了竞选连任，满足一党一己之私，甘心被李登辉为首的“台独基本教义派”挟制。故此，陈水扁拖延、阻挠两岸“三通”也就成了必然之事，至于台湾经济和广大民众的切身利益因此而继续蒙受巨大损失，也就不在陈水扁的考虑之列了。

不过话又说回来，罔顾民意、违背潮流、失信于民，必将受到历史的惩罚，则是确定无疑的。

（《文汇报》，2003/12/27）

台湾“大选”，鹿死谁手

台湾岛内的“大选”只剩下一个半月的时间，业已进入短兵相接的最后阶段，目前选情似乎仍处于混沌胶着状态，但长期观察岛内“大选”的人士应能看出，实际上鹿死谁手已渐趋明朗，如不出大的意外，陈吕败选已势不可免。与2000年的上次“大选”相比较，今年的台湾“大选”至少呈现出以下七个方面的不同特点，值得关注：

首先，与上次“大选”泛蓝阵营分裂为三组候选人与统一的绿营军（许信良退党参选影响甚微，无关大局）相对抗不同，这次“大选”是统一的泛蓝军与统一的泛绿军一对一对决。由于泛蓝军的基本盘原本就明显大于泛绿军，再加上陈水扁自选战开打以来，为躲避执政无能、拿不出像样成绩单的罩门，蓄意将选战主轴锁定在所谓“一边一国”对抗“一个中国”的高层次的政治议题上。而这些敏感的政治议题，诸如“台湾正名”、“公投制宪”、“和平公投”等，只能起到稳固泛绿阵营基本盘的作用，并无助于争取中间选民。故而在这场一对一的对决中，表面上陈水扁一直主导选战议题，连宋只能“拿香跟着拜”，但实际上始终都处在被动落后的不利地位，陈水扁的支持率一直都停滞在三成五左右上下徘徊，无法突破瓶颈。而泛蓝军的基本盘虽然上下浮动较大，但综合各家民调显示，连宋的支持率始终都大致维持在比陈吕多五至八个百分点左右。在仅剩下一个半月的有限时间里，如果选战继续像目前这样以较为平稳的态势发展下去，甚或近日爆出的陈由豪“政治献金案”继续发酵，那么，要想把陈吕的支持率拉高十五个百分点，从而超越连宋，达到当选所需要的五成以上选票，恐怕已经是不可能了。春节前绿营曾扬言节后将会有“大动作”，在很大程度上只不过是“虚张声势”而已。由李登辉策划主导的“2·28大游行”救不了陈水扁，充其量也只能够起到巩固“台独”铁票的作用。

其次，与上次“大选”隐性选民多数支持陈水扁不同，这次“大选”多数隐性选民倾向支持连宋。民调显示，至今尚未表态的中间选民约有二成五到三成左右，其中部分人因各种原因不会投票，其余的一般评估支持泛蓝者居多。而发生变化的主因，乃因民进党从上次“大选”的在野党变成了这次“大选”的执政党。由于岛内政治环境和社会氛围的丕变，在选情胶着、看不出在野党有必胜把握的情况下，不愿公开表态支持连宋的“隐性选民”自然会占多数。试想，一年前连宋配刚刚成型之际，支持率曾高达五成以上，此后受到各种因素的影响，其中约有十多个百分点的支持者陆续转变为不表态的“隐性选民”。在选战的最后时刻，假如连宋仍能保持目前的领先地位，那么在“西瓜偎大边”的效应下，这部分选票就有可能回流。

其三，与上次“大选”大陆台商态度冷漠、兴趣缺缺完全不同，这次“大选”大陆台商踊跃参与，态度格外积极。原因无它，陈水扁执政四年来两岸关系持续动荡，扁当局漠视台商利益，拒绝开放两岸直接“三通”，甚至污蔑台商“债留台湾，钱进大陆”、“掏空台湾”等等，早已激起了广大台商的强烈不满，决心在这次“大选”中用选票来表达自己的心声，维护自身的权益。由于近几年来大陆台商人数急剧增加，加上他们的家属，少说也有百万之众。据一般估计，台商支持蓝绿阵营的比例大致是七比三（有人认为是八比二），假如届时有十五到二十万台商及其家属返台投票，再加上可能受到台商反扁情绪影响的其他选民群体，那么对陈水扁选情的冲击便可想而知。

其四，与上次“大选”青年选票多数投给陈水扁相反，自这次“大选”开打以来，各家民调大都显示，年轻选民支持连宋的比例均超越陈吕。这种变化显然与民进党上台执政后教改失败、政党恶斗以及经济大幅滑坡，失业率居高不下，致使许多青年学生“毕业即失业”有直接关系。此外，与扁当局至今拒不采认大陆学历，激起大陆台生及其亲友、同学的不满，恐怕也不无关系。

其五，是大陆新娘问题。据粗略统计，目前生活在台湾或奔波于海峡两岸的大陆新娘将近二十万人，其中部分人已获得投票权。而由于民进党上台执政后实行歧视大陆新娘的错误政策，致使大陆新娘及其在台亲属对扁当局早已愤愤不满。不难想象，这部分选民中恐怕多数也不会愿意把票投给陈水扁。这显然也是与上次“大选”不同的新情况。

其六，这次“大选”不会再有李远哲一类具有较大社会影响力的指标性人物跳出来挺扁。人们记忆犹新，上次“大选”的最后关键时刻，以李远哲为首的所谓“国政顾问团”，其中包括张荣发、施振荣、许文龙等一批工商企业界头面人物突然跳出来公开挺扁，“临门一脚”把陈水扁送进了“总统府”。这种历史场景在今年的“大选”中不会再重演了。不久前由王永庆、李远哲、林怀民三人具名发表的公开信——《沉痛的告白》，典型地反映了台湾社会各阶层对陈水扁执政四年来由希望到失望到不满的心声，引起了强烈共鸣。施振荣接受媒体采访，呼应王永庆三人的公开信；台驻美代表程建人关键时刻请辞；而早已和陈水扁疏远的张荣发近日更转而公开表态挺连。种种迹象表明，陈水扁正面临“众叛亲离”的可悲局面。

其七，从外部因素来看，大陆调整策略，“联美制独，促美压扁”收到了成效。由于陈水扁的“急独”走向危及美国的战略利益，引起了美国布什政府的严重关切和高度警惕。近期以来，美国政府要员一再公开明确表态，反对陈水扁利用“大选”发动“公投”挑衅大陆，试图片面改变台海现状。日本、法国等国纷纷跟进，台湾当局空前孤立，使陈水扁的竞选连任蒙上了很大的阴影。这更是上次“大选”不曾出现的新情况。值得观察的是，陈水扁为一党一己之私，不惜制造台海危机，把山姆大叔的警告当作耳旁风，变换花样至今仍坚持要搞“公投”，美国真的会就此善罢甘休吗?

从上述今年台湾“大选”的七大特点可以发现，这些新情况、新问题的出现，决不单纯是陈水扁民进党“执政无能”的问题，而是其“台独”痼疾在取得执政权力之后的必然发作，要想避免也避免不了。古语有云:“失道者寡助”，“台独”危害绝大多数人的利益，决不会有出路。

（人民网，2004/02/06）

大陆反制“公投”、遏制“台独”的战略选择

——兼论两岸关系已进入不确定期

近一时期以来，大陆政府调整策略，充分利用美台之间（国际）和蓝绿之间（岛内）的矛盾和利益冲突，既联合又斗争，成功地促成了国际、国内的广泛“反独统一战线”的建立，反制陈水扁利用台湾“大选”推动“台独公投”，取得了引人瞩目的阶段性重大胜利，迫使陈水扁不得不将“3·20公投”的内容作了大幅调整；“公投”的名称也被迫一再更改，从最初的“防御性公投”改为“防卫性公投”到后来的所谓“和平公投”。然而，客观而言，反制“台独公投”虽然取得了“阶段性重大胜利”，但并没有从根本上解除目前的台海危机。由于陈水扁不顾各方的强烈质疑和反对，至今仍顽固坚持推动挑衅大陆的“3·20公投”，近日台“行政院”会已作出决议，意味着“3·20公投”已正式进入了“行政程序”、不可逆转；而大陆方面则在持续升高对台“公投”批判力度的同时，在军事上正在不动声色、扎扎实实地作好应付重大突发事变的武力准备，并加紧对美等国的外交斡旋与磋商……事实说明，目前台海局势表面平静实则暗潮汹涌、危机未解，两岸关系已进入扑朔迷离、令人捉摸不定的不确定期。

笔者以为，欲解除目前台海危机、缓和两岸关系，至少应满足以下两个基本要件之一，否则台海局势堪忧：其一，美国进一步采取具体措施，加大对台施压力度，迫使陈水扁放弃“公投”；其二，连宋继续保持目前在台湾“大选”中的领先地位，并最终赢得选举。

先说第一个要件。众所周知，台湾是美国全球战略棋盘上一颗不可或缺的棋子，轻易不会放弃，而美国的对台政策一向受到美国国内各种不同利益集团的相互牵制，加之今年美国同样面临大选，小布什在处理台海问题上格外谨慎小心，对台施压必定留有分寸、适可而止。试想，如果美台关系过分紧张乃至恶化，既不符合美国利益也必然不利于小布什的竞选连任。近期以来的种种迹象均表明，至少到目前为止，还看不出美国政府打算采取任何具

体措施对台进一步施压。而这也正是陈水扁之所以有恃无恐，至今仍敢于“顶风而上”、执意“拼公投”的最主要原因。有人甚至怀疑，不排除美台之间已在私下达成某种默契与谅解。如此看来，“打铁还得本身硬”，美国人是万万靠不住的，一味寄望美国进一步施压来帮助大陆遏制“台独”，到头来很可能会“竹篮打水一场空”。

再说第二个要件。坦白地说，自台湾“大选”开打以来，面对陈水扁的猖狂挑衅和肆无忌惮的“台独”言行，假若不是陈吕的选情并不看好，加上美国对扁施压，大陆方面恐怕早已被迫采取非常手段，出手教训不知天高地厚的陈水扁了。如今离“大选”只剩下一个多月的时间，由于连宋并无必胜把握，台海局势已进入新的危险点，笔者分析，“3·20”前后不排除大陆在两种情况下对台实施“有限度的预防性军事打击”，以遏制“台独”：

（一）选情出现重大变量，绿营翻盘，连宋胜选绝望，“公投”在即，而美国仍态度暧昧、撒手不管，于是大陆不得不果断出手，以武力制止陈吕连任。否则大陆全盘皆输，形象大损，内外压力倍增，更何以向两岸同胞以及全球爱国华侨华人交代？

（二）在选情紧绷、难分伯仲的情况下，陈吕以微弱多数侥幸胜选。届时，陈水扁必定重炒“一原则四议题”、“四不一没有”等骗人的鬼话，但“吃一堑，长一智”，大陆决不会再重复“听其言、观其行”、容忍陈水扁按照他已宣布的时间表再次上演“台独”戏码。于是，“以武制独”也就很自然地成为大陆的必然选择！当然，如果事态发展到这步田地，绝非两岸民众之福，而东亚地区各国也必定遭受池鱼之殃。

从以上简要分析可知，连宋继续保持目前在台湾“大选”中的领先地位，并最终胜选，乃是解除目前台海危机、缓和两岸关系的唯一可靠途径；在台湾“大选”尚未揭晓的这段时间里，台海危机难望解除，两岸关系将会持续处在扑朔迷离、捉摸不定的不确定状态。不过笔者相信，四年来饱受陈水扁“台独”执政之苦的广大台湾同胞，必定会作出最明智的选择。

（华夏经纬网，2004/02/09）

“独派”借“二二八”煽动两岸对立

喧嚣多时的、由“台独教父”李登辉原创发起的所谓“2·28 手护台湾”大型“台独闹剧”终于落下了帷幕。

这场闹剧早在去年“台联党”主导的“10·25 台湾正名”大游行之后即已开始精心策划。起初李登辉对外仍称之为“2·28 台湾正名”大游行，宣称要发动50万人参加。尔后又改称为“2·28 挺扁”大游行。但由于意图太过露骨，受到各方质疑，最后才更名为较为中性然而更具欺骗性的所谓“手护台湾”的活动，并由民进党强力介入，扬言要动员百万人参加，于是成为整个泛绿阵营的大型造势活动。

李登辉、陈水扁之流煽动百万民众走上街头“手牵手”，究竟用心何在？其实不必多言，从上述酝酿策划过程中活动名称的变化，便一目了然矣！

其一，打着纪念“2·28”的幌子搞“台独”分裂活动。所谓“台湾正名”，不就是“台独”基本教义派一再鼓噪的要将“中华民国”更名为“台湾共和国”吗？不就是陈水扁一再声称的要把台湾变成“完整、正常、伟大的国家”吗？

“手护台湾”旨在拉抬选情

陈水扁昨日发表专文，语带玄机地宣称：“在确立台湾的主体性之后，我们应该以更大的格局来思考，并定位台湾。”何谓“更大的格局”？如何“定位台湾”？说白了就是要推动实现陈水扁早些时候宣布的“公投”—“制宪”—“建国”的“台独时间表”。

其二，利用纪念“2·28”煽动台湾民众对大陆的对立情绪，为其搞“320 公投”制造“正当性”。所谓“反飞弹”、“手护台湾”，鼓动上百万台湾民众“手牵手”，面向大陆隔海狂呼“NO！中国”，用心何其险恶！陈水扁说，纪念“2·28”是为了“爱、宽容和反省”，声称要建立“两岸和平架构”，但却蓄意煽动台湾民众仇恨大陆，向大陆示威，挑拨两岸同胞的对立情绪，可见其虚伪之至。目的无非是为其搞“320”的“反飞弹公投”制造“正当性”和营造声势。

其三，把纪念“2·28”变成泛绿阵营大规模的竞选造势活动，藉以拉抬阿扁低迷的选情。民进党的选战操盘手李应元不打自招地说：“2·28手护台湾”，是为阿扁竞选造势的最好“包装”。泛绿阵营企图通过这一超级“大动作”来拉台声势，在巩固基本盘的基础上争取中间选民。阿扁连任成功与否，在此一举。

57年前发生的“2·28事件”，是台湾历史上极其沉痛的一页。大量史料证明，“2·28”事件本质是“官逼民反”，是台湾人民自发的反专制、反压迫的“民主自治运动”，同时也是当时中国人民民主革命的一个重要组成部分。

对二二八历史的反动

“2·28事件”发生后，不仅在台湾的中共地下组织积极参加中，并作出了很大牺牲，且当时远在延安的中共中央还专门致电声援，称“你们的胜利，就是我们的胜利！”可见两岸同胞是同呼吸共患难的“命运共同体”。

如今“台独”人士歪曲历史，打着纪念“2·28”的幌子，把矛头针对大陆，不惜煽动两岸人民的仇恨对立情绪，为其从事“台独”分裂活动铺路，这不仅是对“2·28”死难同胞的亵渎，更是不折不扣的对“2·28”历史的公然反动。

（《明报》，2004/02/29）

二二八“手牵手”真的让绿营翻盘了吗

果然如李登辉所言：阿扁“不会治国，只会选举”。“二二八手护台湾”确实展现了民进党超强的组织动员力和选战爆发力。

基本盘明显处于相对弱势的泛绿阵营，自选战开打以来支持度和看好度一直都落后于连宋的陈吕配，竟然能够煽动起一百多万狂热的支持者走上街头，组成长达数百公里的人链，为其竞选连任大规模造势。客观而言，泛蓝阵营“二二八”的造势活动规模也不能算小，但无论从动员人数还是从现场气氛来看，显然都与绿营不成比例。“二二八”后，绿军士气大振，台湾某家媒体说：蓝军人马看在眼里，“就连脚底都在透凉”。

那么，“二二八”这场“手护台湾”大规模造势活动的成功，真的能使泛绿阵营不利的选情从此翻盘吗？

实际上在“二二八”前夕，蓝绿双方围绕着究竟如何纪念“二二八”的激烈较劲过招，蓝营即已处在相对被动的守势地位。岛内大多数民调无不显示，双方支持率的差距正在逐步缩小，其中 TVBS 民调在一周之内竟然缩小了 4 个百分点，陈吕仅差连宋 3 个百分点。

不难意料，绿营“二二八”大规模造势的成功，陈吕肯定得分，双方差距势必进一步拉近，打成平手甚或陈吕超越连宋都不无可能。但这种情况的发生，并不等于选情就会翻盘。问题在于：

一、“蓝大绿小”的基本盘是否因此而真的发生实质性的逆转？一般评估，选战打到今天这个份上，距离投票日仅剩下短短的 20 天不到的时间，绝大多数选民早已“心有所属”。除去不投票的那部分选民之外，至今尚在观望还未拿定主意的“中间选民”，实际上已经不多，除非这 20 天之内发生不利于蓝营的“惊天事件”，否则“蓝大绿小”的基本盘已经很难撼动和改变。

二、自选战开打以来，尽管泛绿阵营一直在主导议题，但陈吕配却始终都处在民调落后的不利地位。在危机意识的驱动下，泛绿阵营被迫提前出招，以图拉台选情，摆脱颓势。故而，泛绿基本盘在强力动员之下已提早凝聚，纷纷公开表态支持陈吕；而相反，由于种种原因，泛蓝阵营的基本盘动员得并不充分。这便是近期以来各种民调何以显示双方差距不断缩小的重要原因之一。

三、泛绿阵营“二二八”大规模造势活动煽动起来的民粹情绪，其热度能否一直保持到三二〇的最后关键时刻也不无疑问。泛绿阵营陡然高涨的气势，固然有助于稳固其基本盘，并在一定阶段有可能会引发某种程度的“西瓜效应”。然而“西瓜效应”往往是不可靠的，也是难以持久的，而且搞得不好，反而会激起泛蓝阵营的强烈危机感，从而在客观上起到帮助泛蓝阵营催票的作用。其实，盲目乐观一直是选战开打以来泛蓝阵营的最大危险，现在若能醒悟过来为时还不算太晚。

总之，目前尚缺乏足够的理由可以令人信服地说明，“二二八”大规模造势活动的成功，能让泛绿阵营相对弱势的选情从此翻盘。断言“二二八”是这场台湾“大选”的“分水岭”，未免失之偏颇，言之过早。这场“割喉战”，好戏还在后头。

（《联合早报》，2004/03/03）

阿扁成也“公投”败也“公投”

台湾的选战打到这个份上，“三二〇公投”已经成了阿扁的最后一根“救命稻草”，即使美国一再放出狠话，阿扁还是紧抱这根稻草不放。事情明摆着的，对于阿扁来说，停办“三二〇公投”无异于公开宣布退选，唯有最后一搏，或许还有胜选机会，正所谓“有了政权才有一切，丢掉政权就失去一切”，硬着头皮他也要坚持把“公投”办下去。

“公投”与“大选”合办，本来就是泛绿绑架民意、拉抬选情的伎俩。因而“三二〇公投”发动伊始，就已经引发了是否公然违法的质疑。而面对“立委”的质询，“国防部长”的“不论公投过不过，反飞弹系统都要买”，和“陆委会主委”的“不论公投结果，都要与大陆开展谈判”，无疑是将“三二〇公投”的荒谬与破绽暴露于光天化日之下。

绑架民意　拉抬选情

在这场“自由地表达民意”的“民主大餐”中，人们所看到的只是执政者用谎言蒙骗、愚弄民众，将自己的意志强加给民众；在这场“400 年来第一次”（编按：由郑成功在 17 世纪击退荷兰人、收复台湾起计算）的“公投”闹剧中，人们所看到的只有执政者为了一己之私和一党之利而公然曲解和践踏法律。

所谓的“深化民主”的“公投”，竟然是公开的玩弄、绑架与胁迫民众；在执政当局的肆意践踏下，所谓“民主政治”的游戏规则，至此已经荡然无存。通过这场围绕着“三二〇公投”的较劲与表演，人们终于切切实实地领教了陈水扁民进党一再标榜的“民主”其内涵究竟是什么！

数年前民进党还在为走上执政打拼之时，创党元老林正杰曾经给时任民进党主席的姚嘉文写过一封公开信，他沉痛地抨击党内已形成了一种“台独”法西斯的舆论压力，违背了民主、进步的初衷。林正杰因此而愤然宣布退出了民进党。2000年阿扁侥幸赢得大选上台执政后，民进党内的“台独”法西斯不仅没有丝毫收敛，恰恰相反，“权力的傲慢”促使其变本加厉、恶性发作。

诚如台湾媒体所言：这一次的“公投”闹剧表明，民进党只是“一群不择手段地为陈水扁一人的权力护航的政治轿夫而已”。而这群民进党的政客，之所以昧着良心甘愿充当陈水扁的“政治轿夫”，当然是因为深知“一人得道”，才能“鸡犬升天”。

民主其外　独裁其中

距离台湾选举投票日只剩下半个多月，备受海内外质疑和反对的“三二〇公投”已经势在必行。陈水扁为了一党、一己之私，甘冒天下之大不韪，一条道走到黑，其反民主的独裁专制本性已经大白于天下。众所周知，民进党是一个打着“民主”旗号起家的政党。如今，民进党的“民主外衣”已经被民进党人用自己的双手撕成了碎片，甚至连最起码的“民主”遮羞布都已经被他们丢进了太平洋，展现在世人面前的是其赤裸裸的专横与无赖的本来面目。那么，在这场关系到台湾前途命运乃至台海局势和东亚地区稳定和平的选战中，究竟还会有多少台湾选民愿意受其愚弄而把手中的选票投给它呢？“三二〇公投”真能救得了阿扁吗？抑或，“三二〇公投”正是压垮阿扁的最后那根稻草？人们正在拭目以待。

（《明报》，2004/03/04）

评许信良批扁的政治意涵

三月一日上午，许信良、朱高正、林文定等近百名民进党创党大老、党员，在十七年前民进党举行成立大会的台北圆山饭店召开“相信台湾，不再相信陈水扁”记者会，发表一份《党外联合声明》，呼吁所有爱民进党的选民“唾弃陈水扁”，不能再让陈水扁“祸国殃民”。

丧失“立党之本”

近百名民进党创党元老与党员联署批扁，并非偶然。了解民进党历史的人都知道，该党乃以追求“民主”、“进步”起家，十余年来，其追随者认同与支持民进党亦正是它的“民主”、“进步”理念，而民进党能不断发展壮大也正有赖于此。然而具讽刺意义的是，随着民进党一步步接近权力殿堂，所谓的“民主”却越来越成为一种纯粹的口号。尤其是民进党执政以后，陈水扁以现任“总统”之尊兼任党主席，包山包海，独揽大权，重用亲信，打击异己，一意孤行，完全听不进不同声音，彻底破坏了党内的民主机制。民进党已失去了原有的批判意识和民主精神，变成了一人政党和个人独裁，“比当年的国民党还国民党”。

昔日的“民主斗士”，甚至公然以“政客”自诩；昔日的理想追求，已经荡然无存。更有甚者，面对落后的选情，陈水扁为了一己之私，公然践踏法律，不顾岛内各界的强烈反对和国际社会的普遍质疑，坚持要搞挑衅大陆的所谓“和平公投”，执意把“公投”与“大选”绑在一起，企图靠这种很不光彩的手段达到竞选连任的目的。为此，“行政院”助纣为虐，公然强迫“中选会”作出决议，试图在投票程序上动手脚，直到引起海内外舆论哗然才不得不稍作让步。在这场标榜“深化民主”的“公投闹剧”中，人们所看到的只是民进党执政当局的无法无天、恣意妄为，“民主”的最后一块遮羞布，已经被陈水扁之流丢进了太平洋。难怪曾担任过两届民进党主席的许信良沉痛地说："民进党失去了最可贵的资产'民主精神'，这是民进党与台湾的最大损失。"然而十分滑稽的是，陈水扁不管做出什么践踏民主、法律的事，口中念念有词的还是"民主"！

加速台湾沉沦

民进党丧失"民主进步"精神，除权力与利益的腐蚀之外，与其"台独"理念的恶性膨胀也密切相关。在民进党的发展过程中，不赞成搞"台独"或"急独"的党员一个个都被排挤出党，民进党逐渐沦为"台独党"；更有甚者，民进党竟以是否赞同"台独"来界定谁"爱台湾"谁"不爱台湾"，谁是"卖台集团"、"中共同路人"等等，实际上变成了货真价实的"台独法西斯"。

陈水扁上台之初，为了稳定政局，欺骗两岸民众和国际社会，曾一度放出"四不一没有"的迷雾。但随着民进党政权逐渐巩固，陈水扁暴露出了他的"台独"真面目，"一边一国论"等分裂主张纷纷出笼。尤其是大选临近，为了转移岛内民众对其执政无能的不满，陈水扁在危机感的驱使下迫不及待地加速了"台独"步伐，公然抛出"公投"—"制宪"—"建国"的"台独"时间表。

日本著名战略管理专家大前研一曾警告说，"独立"只能加速台湾的没落。的确，对于台湾来说，"台独"根本是一条走不通的死路。陈水扁民进党执政四年来，以"台独"意识形态"治国"，台湾人民吃尽了苦头。

如今，陈水扁操弄"一边一国"和"公投"议题，蓄意煽动民粹情绪，挑拨省籍矛盾和族群冲突，挑拨两岸人民的感情，根本就是出于凝聚"台独"铁票，以达到个人连任的目的。他口口声声"拼经济"、"爱台湾"，实际上是"拼选举"、"害台湾"。诚如台湾舆论所说：四年来"台湾没有'总统'，只有'总统候选人'"，只要能够连任，不管他操纵的议题会对经济和两岸关系造成什么样的严重后果，陈水扁都在所不惜。

事实证明，陈水扁正是台湾"向下沉沦"的罪魁祸首。在本次"大选"中，对于岛内迫切需要解决的教育、民生、农业等问题，他拿不出长远政策规划，还继续阻挠台湾经济复兴希望所在的两岸“三通”，这根本就是倒行逆施。

台湾“经济次长”尹启铭日前出书警告说，二〇〇八年前不实现两岸“三通”，台湾经济将不可避免地边缘化。让“只有私利，没有公义”的陈水扁继续执政下去，只能导致台湾社会的继续沉沦，届时，许信良等这些“党外老兵蒙羞”事小，坑害台湾2300万人民才事大。

昔日“党魂”不在

面对陈水扁的恶政，民进党内部并非没有反弹，反对将“一边一国”列为选战主轴的、唯一一位没有退党的民进党大老张俊宏，去年就已发出了“党魂何在”的质疑，近日又公开在“立法院”抨击民进党当局政绩不彰，要求陈水扁向民众道歉。

然而，面对台湾的种种乱象和急剧沉沦，陈水扁和民进党当局从来不反躬自省，而是归咎于在野党的掣肘和大陆的“打压”，归咎于国际经济景气低迷。

许信良说，“必须让陈水扁落选，民进党才有生机”，这是这位对民进党爱之深、痛之切的创党元老倾吐的肺腑之言。

（《大公报》，2004/03/11，与鲁生合撰）

陈水扁两岸政策的可能选择

台湾“大选”至今尚存很大争议，但一般舆论认为连宋翻盘的希望十分渺茫，目前各方正在高度关注、议论纷纷，如果确定陈水扁仍继续主政台湾，未来四年其两岸政策的可能走向究竟为何？

表白藏玄机

据台湾媒体报导，“3·20”过后没几天，陈水扁在与岛内企业界领袖会面时，主动谈到两岸关系，宣称他“已经没有竞选连任的压力，我也不会再选举，今年的‘3·20’是我的最后一战，所以更可以放手去做”，并且说，尽管两岸问题复杂、难解，但是“也因为困难，由我们来做，而且能够做成，才有意义、才有贡献”。陈水扁的这一番自我表白，语焉不详却内藏玄机，可以做各种不同的解读，给各方都预留下了很大的想象空间。

一曰“急统”。有人忘了陈水扁是岛内哪一派政治势力的代表，设想他胜选后没有了竞选连任的包袱，到 2008 年退下来时才 57 岁，不排除他有可能会做台湾的“尼克松”，和大陆谈统一来延续自己的政治生命。若能如此固然很好，但这只能说是一种善良美好的愿望。须知，陈水扁长期从事“台独”活动，尽管善变，但“台独”思想根深蒂固，又受到“台独基本教义派”的挟制，更何况他不能不听命于不愿意看到中国统一富强的美国。因此，寄望陈水扁放弃“台独”走统一之路，无异于缘木求鱼，是过于天真的幻想。

二是“急独”。陈水扁可能过高地估计自己的力量，过低地估计大陆捍卫领土主权完整的决心、信心与能力，容易走极端。因此，有可能会误判形势，以为这次选举获胜，拥有了台湾半数以上选民的支持，腰杆硬了许多，于是公然冒天下之大不韪，利用 2008 年北京举办奥运之机，真的按照其在“大选”时抛出的“台独时间表”搞“急独”，逼迫大陆不得不采取断然措施，用非和平手段提前解决台湾问题。这种可能性不能排除，但也不大。这是因为：

其一，“急独”将使中美两国面临武装冲突的摊牌，把美国拖下水，这并不符合美国的利益，美国不会放任这种局面的出现，从这次台湾“大选”美国对陈水扁推动“公投立法”和“3·20公投”的强烈反对态度，即可看出端倪。

其二，“求和平、求安定、求发展”，维持两岸现状是台湾的主流民意，反对“台独”的泛蓝阵营对急进“台独”将会发挥重要的牵制作用；

其三，综合国力日益增强的祖国大陆更对“台独”有强大的震慑力。

仍将游走于“战争边缘”

笔者分析，陈水扁囿于岛内外的政治现实，继续推行“拖以待变”、“战争边缘”的两岸政策可能性较大。即：政治上，对内在维持所谓“实质独立”现状的基础上，打着“本土化”和“主体性”的幌子，诱导台湾主流民意向“台独”方向转变；对大陆，一方面继续顽固坚持“台独”立场，另方面又高唱两岸和平、谈判滥调，不断释出所谓“善意”和“诚意”，采取“时软时硬，软硬兼施”的两手策略，游走于大陆动武底线的边缘。经济上，则有可能会有限度、阶段性地扩大开放两岸“三通”，适度发展两岸经贸往来，既为缓解来自各方的压力，更为厚实对抗大陆从事“台独”的经济基础，防止台湾经济边缘化。如果大陆拒绝接招，则可将两岸关系无法缓和的责任一股脑儿地推给大陆，取得舆论的同情；对美，不挑战美国的台海政策底线，以所谓“深化民主”和“增加军购”拉住美国，争取美国的支持。总之，还是陈水扁四年前的那句话：“让美国满意，国际社会肯定，中共虽不满意但找不到借口。”其总的政策目标是，希望国际局势、中美关系和大陆政局发生有利于“台独”的变化，等待时机、窥测方向、以求一逞。

（《国际先驱导报》，2004/04/02）

台湾“大选”后的政治效应

空前惨烈的台湾“大选”目前虽尚存很大争议，泛蓝阵营仍在进行剧烈抗争，但一般评估连宋翻盘的可能性已十分渺茫。近来岛内外事态反映出选后将出现以下五个方面的政治效应：

发展为政治、社会危机

一、泛蓝阵营的抗争使岛内局势已从“宪政”危机发展到政治、社会危机。沉寂多年的学生运动再度兴起，他们以绝食静坐的极端方式，喊出“要真相、反歧视、争未来”的呼声，提出五项具体诉求，说明陈水扁实施的内外政策以及这场选举的不公不正，已引发年轻一代的强烈不满，标志着选后民众的抗争运动发展到了新的阶段；加上泛蓝阵营发动的“4·10”大型抗议活动，以及国、亲“立委”在“立法院”内的抗争，均以成立“枪击事件真相调查委员会”为诉求，使这场抗争形成了街头与议场、体制内与体制外、在野政党与学生运动相互配合相互激荡的立体化态势，给扁当局予前所未有的强大压力。

泛蓝“4·10抗争活动”能否平安落幕？学生绝食静坐如何收场，规模会不会进一步扩大？“5·20”陈水扁能否顺利就职？泛蓝推动的“公投”联署能够获得多少选民的认同与支持？国、亲“立院党团”会不会真的在“新内阁”就任后毅然发动“倒阁”，从而迫使陈水扁解散“立法院”提前举办新一届的“立委”选举？……总之政局会发展到何种地步，会不会出现更严重的执政危机，目前尚难判断，仍然存在诸多变数。

泛蓝阵营抗争的目的有二

二、泛蓝阵营的抗争未必真的意在翻盘，他们心知肚明，公权力掌握在人家手里，要想翻盘无异于“与虎谋皮”，谈何容易！明摆着其坚持抗争的主要目的有二：一是展现实力并试图把陈水扁及其执政团队搞臭，让其往后四年执政的日子不好过；二是给泛蓝阵营年底的“立委”选举造势保温，累积能量，保持内部的团结合作，增强凝聚力。今年底的新一届“立委”选举是“3·20 大选”后又一场至为关键的选战。如泛蓝继续失利，丧失目前在“立法院”过半席位的优势地位，绿营气焰势必愈加嚣张，“台独”将会愈加肆无忌惮，不光泛蓝且台湾前途堪虞。目前种种迹象表明，泛蓝内部虽存在分歧并不时出现“异声”，但在“覆巢之下无完卵”的危机意识下，为避免力量分散而被各个击破，国、亲、新三党仍将会在新一届“立委”选举中继续合作而不至分裂，并不完全排除在条件成熟时从“合作”进而走向“合并”，组成统一的在野党，对执政的民进党形成强大的制衡力量，为日后东山再起打基础。

今后四年台湾难有宁日

三、经过这场一对一对决的“零合选举”，在陈水扁、李登辉这批极端自私自利的政客蓄意操弄之下，台湾已经被撕裂为“泛蓝”和“泛绿”这两大阵营严重对立的“双峰社会”。“只问立场，不问是非”已成为台湾政坛、社会的普遍现象，使原有的“族群矛盾”、“南北对立”雪上加霜。尽管选后陈水扁表示要采取措施，促进社会和谐、消弭族群分裂，但由于“权力的傲慢”和意识形态作祟，心胸狭窄的陈水扁及其民进党人不可能有效解决这一难题，所谓“族群和谐”，只是“镜中花，水中月”，可望而不可得，沦为一句空话。可以预料，今后“立法院”议场势将再度成为“武林高手”们切磋武艺的最佳场所，从而被搅得“鸡飞狗跳”，更形混乱；此外，体制外各种形式的街头抗争活动必然会此伏彼起，如雨后春笋般不断涌现。总之，今后四年台湾从政坛到社会都将难有宁日。

扁当局执政难度增加

四、这场充满争议的“肮脏选举”，使扁当局的正当性和合法性大受质疑，随之，其公权力和公信力也将大打折扣。在整个“大选”过程中，陈水扁及其竞选团队以如此露骨的选战伎俩和极不光彩的政客手腕对付竞争对手，虽然陈水扁侥幸胜选连任，但他在至少半数以上的台湾民众心目中已成为恣意玩弄权术、完全没有诚信、不值得尊敬的“窃国者”。坐实了他充其量只不过是个“只会选举，不会治国”的“选举动物”而已。今后四年，扁当局出台的任何政策宣示乃至法令、法规，其权威性势必大大削弱、窒碍难行，民进党政权有可能成为“跛脚政权”，而陈水扁本人则成为“跛脚总统”。

美对扁信任度大打折扣

五、经过这场选举，陈水扁的人格特质进一步受到岛内外的强烈质疑，从原本“善变”的政客形象更上一层楼，“升格”为一个为一党一己之私无所不用其极、不惜绑架和强奸民意、践踏民主与法制、比李登辉还麻烦的“麻烦制造者”和“不可预测的政客”。更有甚者，陈水扁为了保住自己的权位，居然连后台老板美国山姆大叔的话也敢不听。他不顾美国和小布什政府的利益，不惜损害美台传统关系，执意推动“公投立法”、推动挑衅大陆的“3・20 公投”，这恐怕都大出美国人的预料之外。山姆大叔的尊严居然栽在一个小小的阿扁手里，“西部牛仔”小布什内心的“不爽”可想而知。有证据表明，美国对陈水扁的信任度已大打折扣，对其连任后会否推动“台独时间表”将保持高度警惕，以防其片面挑战台海现状，破坏东亚地区的稳定和平，把美国拖下水。

“制度之争”宣传破产

六、这场充满争议的选举，更使得民进党人津津乐道的台湾“民主”受到岛内民众乃至国际社会的普遍质疑。陈水扁及其竞选团队为了保住执政权，达到胜选连任的目的，利用其手中掌握的公权力知法、玩法、弄法：以“大选”绑“公投”，愚弄选民；以行政命令粗暴干涉“中选会”运作，反复修改投票动线，使“中选会”变成执政党操纵下的御用工具；“3·19枪击事件”疑云重重，非法启动“国安机制”剥夺大批军警宪人员的投票权……选举的公平性与公正性荡然无存，假民主之实大白于天下。中正纪念堂绝食抗争的学生喊出了“民主已死”的悲怆口号，就连“美国之音”记者都直言台湾这场选举是“肮脏的选举”！一直以来，台湾以所谓美国式的“民主优等生”自居自傲、招摇过市，侈言两岸之争非“统独之争”而是“民主与专制”的“制度之争”云云，如今这种虚妄的宣传已经理不直气不壮、不攻自破，以后台湾再对大陆打“民主牌”就拉倒吧！

（《文汇报》，2004/04/12）

扁吕胜选不代表民心向“独”

台湾“大选”以令人“跌破眼镜”戏剧性的结果收场，泛绿阵营的陈吕配仅以二万九千多票的微弱多数竞选连任成功。尽管泛蓝阵营至今拒绝接受败选事实，目前仍在进行一波波的剧烈抗争，但一般舆论评估，连宋翻盘的几率微乎其微。

和上次“大选”不同，这次泛蓝阵营以整体的姿态联合推出连宋一组候选人出战，选举结果仍以饮恨告终。选后岛内外各方无不议论纷纷，提出各种不同版本的见解，对台湾政局的发展详加评析，见仁见智。就大陆涉台研究学者来说，其格外关注并得到广泛讨论的一个重要问题是：这次“大选”所透露出来的台湾主流民意究竟如何？陈吕的胜选能否得出结论说，岛内“蓝大绿小”的政治版图已经发生了结构性的逆转，认同与支持民进党的“台独”路线业已成为目前台湾的主流民意？

民意指导对台工作

上述问题其所以重要，乃因为能否冷静、准确地评估台湾的主流民意，将直接关系到能否科学地总结以往大陆对台工作的经验与教训，以适应台湾“大选”后出现的新形势、新问题，与时俱进，提出符合客观实际的新的对台工作政策与策略。

诚然，长期追踪观察台湾岛内政情变化的人都不无深切地忧虑，经过李登辉十二年和陈水扁四年主政下着力推动“去中国化”和“渐进式台独”，台湾的话语环境和社会氛围已经发生了结构性或曰根本性的变化：目前，承认自己是“台湾人”而不是“中国人”的人已超过半数；“一个中国”、“一国两制”、“两岸统一”已经被“污名化”和“妖魔化”；“台湾主体意识”正在不断抬头与异化，以“台湾已经是主权独立国家”等“反共反华”为基本特征的“台独”语言在台湾已经占据了“话语霸权”；“台独”势力比任何时候都更加嚣张。客观而言，这是十多年来“台独”势力执掌台湾政权的必然效应。这也正是谙于选战的陈水扁何以敢在这次岛内“大选”中把“台独”当作“票房补药”，锁定“‘一边一国’对抗‘一个中国’”为其选战主轴，猖狂挑衅大陆，而泛蓝阵营又何以会丧失中心思想和中心论述，在这次选战中步步后退，只能跟在泛绿阵营屁股后边“拿香跟着拜”，始终处于被动地位的主因。从这一角度来说，连宋败选自有其历史与现实的必然性。

不过从另一角度观察，笔者认为，台湾的话语环境和社会氛围虽然发生了根本性的转变，但目前台湾政治版图“蓝大绿小”的基本盘尚未发生结构性的逆转。这从以下两方面可以看出。

基本盘仍是“蓝大绿小”

首先从选举过程来看：自去年选战开打以来，泛绿阵营虽然表面上一直主导选战议题，但各种民调无不显示，连宋支持率和看好率始终领先陈吕，直到“三·一九枪击事件”前，陈吕都处在苦苦追赶的不利局面。

在这次“大选”中，双方阵营最得意的大型造势活动分别是“二·二八”和“三·一三”。比较这两场大型造势活动，绿营精心筹备了近半年之久所搞的“二·二八”，其规模和气势都远逊于蓝营仅用了十多天时间匆忙搞起来的“三·一三”。参加绿营组织的“二·二八”活动每人都可以领到各种名目的“补助”，而参与蓝营组织的“三·一三”则大都是“自觉、自愿、自费”。为动员更多民众参加，绿营的“二·二八”活动以“手牵手护台湾”这种较为中性和模糊化的口号诉诸选民，被迫放弃了原创者李登辉最初提出的“台湾正名”的“急独”诉求。据台湾媒体报导，在参与“二·二八”活动的大约一百五十万人之中，约有三成左右是支持泛蓝的民众。而泛蓝组织发动的“三·一三”则不同，口号十分明确：“拼经济，拼和平，换总统，救台湾”，泛绿阵营的民众不可能参加。应该说，这两场大型造势活动较为真实地反映了蓝绿双方的基本盘。

其次，从选举结果来看，“三·一九枪击事件”发生后，扁当局蓄意隐瞒和夸大陈吕伤情，煽动悲情，操弄选举，不仅使陈吕骤然赚得了大量的“同情票”，更因随之非法启动“国安机制”剥夺了约二十万军警宪的投票权。而如果在正常情况下投票，这些票理应多数会投给连宋。

扁吕以不到三万票的微弱优势险胜，与多达三十三万“匪夷所思”的废票形成了强烈反差。舆论大都认为，多数“废票”是支持连宋的。据有关方面统计，近百万大陆台商及其家属因交通不便等因，仅有约十三万人回台投票。而一般评估，这一大块票源约有七成左右应该是支持连宋的。

尽管陈水扁把“三・二〇公投”煽乎得天花乱坠，妄称对台湾意义如何如何重大，但“公投”结果两大议题均被选民无情否决，这种现象颇能说明问题。

从选后所作的民调来看，表示如果重新选举仍会把票投给连宋的人超过陈吕数个百分点。这与上次“大选”结束后陈吕的支持率跃升为超过八成形成了鲜明对照。泛蓝阵营的持续抗争和沉寂多年的学生运动的再度兴起，不仅使陈吕与台湾民众之间的“选后蜜月期”不再，而且引发了政坛和社会的剧烈动荡。

综上所述，陈吕赢得这次“大选”具有很大的偶然性。其所以胜，主要是胜在选战操作的“技术面”而非“基本面”。冷静分析，至少在目前，台湾政治版图“蓝大绿小”的基本盘并没有发生根本性的逆转。

绿营之胜非“台独”之胜

就两岸关系方面来说，陈吕的胜选并不表明台湾的主流民意已经转而认同和支持民进党的“台独”路线与主张。即使在投票给陈吕的选民中，有相当一部分也只是寄望民进党继续执政能够继续改革，扫除弊政。然而，从连宋败选的必然性方面来说，岛内事态的发展也确实应该引起人们的深切忧虑与高度警觉：搞得不好，不要说民进党长期执政，只要它再执政四年，那么台湾政治版图“蓝大绿小”的基本盘就有可能会发生根本性的逆转；认同与支持民进党的“台独”路线与主张，也将会逐步成为台湾的主流民意。

如何防止事态向我们不愿意看到的方向发展，取决于岛内外多方面因素的互动，而笔者以为，大陆对台政策策略能否与时俱进，依据岛内形势的发展变化作出符合实际的调整，则是其中十分重要和关键的一环。

（《大公报》，2004/04/14）

阿扁真想解决族群问题吗

五月二十日，陈水扁在他连任的就职演说中，开篇就大谈了一通族群问题。他说：“没有任何一个族群应该背负莫须有的历史包袱。在今日的台湾，不管你出生在广东或是台东，不管我们的母亲来自越南或者台南，每一个人都拥有同样的地位和尊严。”“不同的族群或许因为历史记忆与民族情感而有认同的差异，但是彼此应该相互包容、用心理解。”

俗话说：反派人物演惯了，忽然改演正派人物，怎么看怎么都不像。陈水扁的这些话，让人听了着实不免错愕。人们记忆犹新，在这次选举中，煽动族群分裂对立最狂热、最卖力的不是别人正是陈水扁！曾几何时，陈水扁一手操弄“爱台湾与卖台湾”议题是何等的残忍，如今他在职演说中的“广东或台东”、“越南或台南”的比喻又是何等的“温馨”。同是出自陈水扁之口，前后相较，差若天渊，在让人讶异之余，多少也让人觉得有点不伦不类。

当局操弄造成族群撕裂

在这次选举中，族群议题是由陈水扁、李登辉一手操弄起来的。如果说以前主要是通过操弄省籍矛盾来达到自己的目的，那么这次“大选”则是通过制造蓝、绿的对立，将“爱台湾”的口号意识形态化，从而达到利己的目的，选举期间轰动一时的“非常光盘”事件，就是绿营打击泛蓝阵营最明显的一个例子。

经由巧妙的操作，民进党将“本土与非本土”，“台湾与中国”，“南部与北部”等问题用简单的二分法连结在一起，以是否“爱台湾”为识别的标准，从而达到麻痹人民的目的。这种做法从根本上是反智与反民主的，是没有逻辑可言的。其实，民进党这样做的目的就是为自己制造一个虚幻的敌人，正所谓“我有敌人，故我在”。阿扁将他的“台独”理念隐含于是否

“爱台湾”之中，可见其用心之险恶。

通过贴这种政治标签，陈水扁和民进党事实上给台湾民众出了一个二选一的选择，即要么“爱台湾”，即追随民进党的意识形态，要么就是“不爱台湾”，是“中共同路人”。其“台独”理念和“爱台湾”相结合，形成了一个二位一体的新神学，诚如马英九所说：民进党发展起了“一种不容他人质疑的绝对道德，将选举当成一种窄化人心的政治运动。”

有识之士更是直接地说，现在台湾的形势是“顺我者昌，逆我者亡”，“跟我不一样的意见不能讲，讲了就是不爱台湾。”民进党就是这样强奸民意，挟持民意，绑架台湾民众，提高其所谓的政治支持。台湾社会却因此而一分二，形成了尖锐的族群对立，即泛蓝阵营与泛绿阵营的对立。

族群操弄造成社会扭曲

由于族群的割裂，现在在台湾，特别是政治人物，“只有立场，没有是非”，是非黑白已经不重要了，一切均以政治利益的得失为转移。李昌钰先生到台湾调查“三・一九枪击案”时，民进党就上演了这样一幕活剧：因为李昌钰赴台时有泛蓝的代表陪同并当翻译，民进党因此担心李昌钰做出对其不利的结论，于是大造舆论，极力夸大李昌钰与泛蓝阵营的关系，质疑李昌钰的调查能否客观、中立。等到李昌钰明确表态自己只是进行刑事侦查，最后的裁定还是由台湾司法部门来进行时，民进党看到这个事件进入自己能够控制的范围，口径竟来了个一百八十度的大转弯，大赞李昌钰为“神探”，前后的态度转变之大，真是令人瞠目结舌。

族群割裂的情形在民间同样的严重。在日常的交往中，人们在没有搞清对方是什么“颜色”之前，很少有人敢大胆讲话。社会本来应该具有的诸如公平、正义等价值判断也被族群的标签所代替。

国际著名导演侯孝贤对此深有感触，自从他公开站出来表示忧心族群对立问题后，也被戴上了帽子，被涂上了“颜色”。他感慨地说，“被戴帽子并不可怕，可怕的是随时会有一群反对你的打手来打你”。他愤怒地表示，“这根本不是文明社会的做法，而是流氓的行径。”

族群对立也影响到了人们的日常生活。人际关系因为彼此之间“颜色”的不同而产生了空前的疏离。台北市的一名医生说，平时交往甚笃的朋友，“大选”后因为支持对象不同而拒绝往来；平常会亲切打电话提醒他出诊时间到了的护士，“大选”之后因支持对象不同，从来没有再给他打过电话；走到平时常去的夜市，他甚少去政治立场相异的小吃摊去消费；而且，立场相异的小吃摊老板们再也不往来了。

至于在台湾的报纸和杂志上经常可以看到家庭成员之间因支持对象不同而导致的夫妻反目、父子成仇的报导，更是比比皆是。

就整个社会而言，台湾族群之间的严重割裂，导致社会充斥着不信任感。根据一份针对台湾一千家大企业高级经理人所进行的调查显示，百分之七十五的企业内部出现员工因蓝绿对峙而导致彼此不合的情况，甚至有因为政治理念不同而出现的另类转职潮。族群矛盾已经进入寻常百姓家，切切实实地影响到了升斗小民的生活。

扁不会舍弃这廉价工具

族群对立已经成为台湾社会的毒瘤。然而，陈水扁真的有决心、有能力解决族群对立的问题吗？

直到不久前，陈水扁还说：“台湾只有认同问题，没有族群问题。”

当然，他所说的“国家认同”是塞进了太多“台独”内容的“国家认同”，这个说法还是没有脱离对台湾民众的简单二分法，只不过是给族群动员换了一个新包装而已。但是现在他却说：“当前台湾社会确实存在认同与族群的严肃课题，我们不需要掩饰，更不能够漠视。”他前后矛盾，自打嘴巴，善变的面孔又一次暴露在世人面前。

事情明摆着的，族群议题乃是陈水扁手中的一个工具。陈水扁深知，族群对立可以用以“打天下”，但是不能用来“治台湾”。他当选后高唱仍旧是以现实的政治利益为考虑的：第一，提出这个口号有利于拉拢一批泛蓝的支持者，从而为民进党年底的“立委”选举骗取选票；第二，在民间对这次“大选”的质疑声高涨的情况下，陈水扁不得不想办法化解这种愈演愈烈的族群对立，不然，在超过一半的民众的抗议声中，他的位子如何能坐稳呢？第三，将族群问题定位为“国家认同”问题，继续向善良的台湾民众灌输其“台独”理念。

陈水扁一边大谈消弭族群矛盾，一边却对在选举中挑拨族群最卖力的人论功行赏，加官晋爵。例如，曾积极参与制作“非常光盘”的吴锦发，已升任“文建会”的副主委；以省籍议题大批明华园当家小生孙翠凤的演员江霞，将接任华视董事长的传闻也传得沸沸扬扬；而新出炉的“国策顾问”名单中，更是不乏族群问题的恶意操弄者。

在这种情况下，谁会相信陈水扁有诚意解决族群问题呢？

事实上，至少从目前的情况来看，族群动员仍是民进党所赖以生存发展的重要手段，他们根本不可能舍弃这个最廉价的工具。

至于台湾民众，则对陈水扁的这种空洞的承诺压根儿就不相信。据台湾《中国时报》在“五·二〇”当天所作的民意调查，大约有百分之六十五的民众表示不敢肯定陈水扁会去认真解决族群问题。台湾大学城乡研究所的夏铸九教授则明确表示，“可以预见，未来族群幽灵会利用国族议题继续绑死台湾人民，民众会继续被关在族群分裂的牢笼里。”

族群融合可望而不可得

台湾的族群对立已经引起了许多有识之士的深切忧虑。著名作家琼瑶沉痛地说：“一次选举，怎么会把人心撕裂到这个地步？族群隔离到这个地步？这样的对立与仇恨，要怎样化解呢？”

台湾著名作家朱天心则直接地说，面对掌握着统治机器的政客们带头用“扯谎、硬拗、扣帽子的方式粗暴地对待手无寸铁的台湾人民”，“我并不打算说我爱台湾，因为我不想在政客的逼迫下说。”他呼吁台湾民众“不要给统治者一张爱台湾的空白支票，或无额度限制的信用卡，任他花用支配到爆。”

民进党内的一些有识之士也对这种现象表示忧虑。民进党大佬沈富雄认为，对于台湾民众，应彼此尊重，不要乱戴帽子。对于外省族群问题，除了让时间消弭余恨与不平，更要以行动化解反扑与疑虑，“而这一切，都就从民进党做起。”可是沈富雄关于消弭族群问题的言论一出，立即在民进党内遭到围攻，最后他也不得不三缄其口；另一医界大佬杨思标，在提出《医界老兵告台湾同胞书》、要求停止族群对立后，也遭到了自己的学生们的“围剿”。

民进党的倒行逆施，终于使有良知的知识分子再也看不下去了。二〇〇四年四月二十七日，由“中央研究院”劳思光领衔，包括台大哲学系教授陈鼓应、台大心理学教授黄光国、电影导演侯孝贤、作家唐诺、朱天心等台湾三十多位著名知识分子，发起了“民主深化还是民粹集权”的联署活动，反对族群操弄。五月四日，他们成立“民主行动联盟”，期望以此来制衡民进党当局，为台湾的族群融合尽自己最大的努力。当然，这个联盟到底能起到多大作用，还有待观察。

陈水扁的虚情假意是骗不了人的，在民进党当局不愿放弃恶意操弄的情况下，台湾的族群融合只能像天边的彩霞，可望而不可得。政客们当然可以从中获得巨大的利益，然而台湾民众何辜，竟至遭此劫难？台湾一向以“民主”自诩，可是如此“民主”，又到底造福了谁呢？

（《大公报》，2004/05/31，与陈星合撰）

美台为何频频提出“二轨对话”

近期以来，围绕着台湾“大选”后台海紧张局势的陡然升高，美、台官方及某些智库人士纷纷对外放话或发表文章，频频提出中、美、台三方进行所谓“二轨对话”的主张：

据6月3日台“中央社”报导：美国国务院主管亚太事务的助理国务卿凯利，在众院召开的一次讨论美对亚太政策的听证会中表示，“美国强烈支持美、中、台进行第二轨道、准官方或非官方会谈”。新上任的台“陆委会副主委”兼发言人邱太三当日即热烈响应说：“对任何有助两岸关系的善意与建议”，台方都“乐观其成”，并表示，“如果双方能够坐下来谈，那是最好的”。

次日晚间，邱太三飞抵纽约，开始他上任后的首次赴美游说之旅。一下飞机他就大谈“二轨对话”问题，表示：“两岸对话过去中断，没有办法延续所造成的误解、误判，这是相当大的遗憾。关心两岸谈判的学者、专家和外国人士，也都提出‘二轨’这样的机制，只要有助于两岸的对话，政府都愿意参与和推动，大家都希望两岸赶紧建立起对话的管道”云云。并说，台方经评估后认为“‘辜汪会谈’最好，因为这已累积起一定的经验、情谊……”，报导还说，“他判断大陆不会断然拒绝台方提这样的要求”。

此前的5月27日，在陈水扁发表“就职演说”刚过一个星期，台新任“陆委会主委”吴钊燮，即公开邀请大陆海协会会长汪道涵访台，并说只要大陆同意汪访台，无论要见谁，“都可以安排”；无论要谈什么，“议题都不设限”；无论要去哪里，“都会竭诚欢迎”云云。次日，邱太三又宣称，汪道涵若来台，“不排除谈及一中议题”的可能性，摆出一副充满“善意”和“诚意”、急切希望恢复两岸接触对话的姿态。

前几日，台湾“绿营”喉舌《自由时报》又刊出美国前在台协会理事主席白乐崎的一篇文章，题为《改善美中台沟通，三方会议可考虑》，鼓吹在紧张对峙有可能持续的背景下，“两岸间以某种形式展开对话，其实是最佳的选择”。另一个可行的方案是，“美、中、台三方政府均成立一小型的两岸任务小组，并且定期或视需要会面。一开始先由美、中及美、台代表分别会面，但最终希望能促成三方会议”，强调“就先建立起一个讨论两岸议题的固定机制，实有其重要且迫切的需要”。

6 月 17 日，美国重要智库人士李侃如在北京接受台湾媒体专访时也指出，要突破两岸关系僵局，台北、北京和华盛顿三地政府，首先得自己在内部做出决定，即追求台海的稳定符合三方利益。他建议“台北和北京可以透过私下的管道先行沟通”，就“一个中国”的议题“在不公开的情况下”进行“实质严肃的讨论”。而且，“若两岸需要美国帮忙，美国亦可扮演适当角色”云云。

其实，据媒体报导，早在今年二月间美、中国防部副部长级防务磋商在北京举行时，美国国防部主管政策的次长费斯，就曾提出希望美、中国防部在部长及副部长层级建立热线电话，以便一旦有紧张状况，可以立即以安全方式联系。当时中方并未当面拒绝美方要求，仅表示双方国防部平时已有正常联系管道。

四月，台湾“大选”刚刚结束，美国副总统切尼访华，就迫不及待地正式向中方提出希望两岸恢复对话。紧接着，美方又向在华府访问的台“国防大学校长”谢建东提出中、美、台三边国防大学“一轨半”对话的构想，以讨论军事互信机制等议题。

与切尼访华相配合，为了向中方施压，敦促两岸尽快恢复对话，于是才有前述美台双方官员、智库纷纷出来“献计献策”、摇旗呐喊的热闹场景。特别是大陆发表“五・一七声明”和陈水扁“五・二〇讲话”之后，台海紧张局势未见好转，美国更急以推动恢复两岸对话。有报导说，前述美国亚太助卿凯利，已连续两次在国会作证时力促两岸恢复对话，建立所谓“互信机制”；副助卿薛瑞福也曾在答复记者问题时表示，美国将会在“有助于恢复对话上出力”。

然而人们不禁要问：一向宣称“不当两岸调人”的美国，何以近期以来一反常态，与台湾当权者一唱一和，如此心急火燎地一再呼吁恢复两岸对话，又是“一轨半”，又是“第二轨道”，又是“邀请汪道涵访台”等等，喋喋不休，不一而足，其可行性究竟如何？真实用意何在？

众所周知，始于上个世纪九十年代初的两岸两会（大陆“海协会”和台湾“海基会”）对话谈判，包括“汪辜会谈”和其后的一系列事务性和功能性协商谈判，其基础是海峡两岸均承诺坚持“一个中国”原则并表示谋求未来两岸统一（即所谓“九二共识”）。尔后两岸协商谈判之所以一再出现波折，关键就在于李登辉主政下的台湾当局在“一个中国”的原则问题上不断倒退。及至1999年7月李登辉公然抛出臭名昭著的“两国论”，彻底抛弃了“一个中国”原则，致使两岸接触、交流、对话的基础遭到破坏，第二次“汪辜会晤”和两会的正常往来才被迫中断。

2000年台湾政党轮替、具有浓厚“台独”色彩的陈水扁上台执政，大陆提出“听其言，观其行”的因应对策，给了陈水扁相当长一段时间的宝贵的“观察期”。然而，陈水扁视大陆的忍让为软弱可欺，先是拒不接受“一个中国”原则，否认“九二共识”，继续推行不说“两国论”的“两国论”分裂路线，大力推行以“去中国化”为最终目标的“文化台独”政策；继而在2002年8月公然抛出“一边一国论”，致使两岸互信基础进一步坍塌；更为恶劣的是，在去年台湾“大选”开打之后，陈水扁愈加变本加厉地挑战“一个中国”原则。他不顾各方反对，执意推动“三·二〇公投”，猖狂挑衅大陆，甚至公然提出“〇六年公投制宪”、“〇八年实施新宪”的“急独时间表”。陈水扁在“台独”道路上愈走愈远，这不仅使两岸互信荡然无存，更把台海局势推向了危险的战争边缘。

如今，美、台暗通款曲，连手炮制、上演了一出陈水扁的所谓“五·二〇就职演说”，表面退缩，实则话中有话、绵里藏针，仍然顽固坚持“台独”立场。陈水扁在“大选”中猖狂挑衅大陆，一手制造台海紧张局势之后，现在又重施四年前所谓“以柔软胜刚强”的故伎，与美国合伙共同诱迫大陆放弃“一中原则”，重启两岸对话谈判，这也未免太低估了大陆领导人的政治智能了吧！

美国和台湾的当权者理应明白，在涉及台湾的问题上，中国大陆什么都可以让，唯独在“一个中国”的原则立场上是不可能有丝毫的松动和退让的！所谓“一轨半”也好，“二轨”也罢，抑或“汪道涵访台”，两岸无论采取何种接触方式，唯有回归“一中原则”才有实现的可能，而且也才会有实际意义，否则建立所谓两岸“和平稳定架构”、“军事互信机制”等等，都无从谈起，都不过是自欺欺人的“空中楼阁”。大陆“五·一七声明”说得很清楚：“台独”没有和平，分裂没有稳定。陈水扁坚持“台独”分裂路线，何来两岸的和平和台海的稳定架构？“和平独立”只是幻想，唯有接受“一中原则”，两岸关系才会“峰回路转”、“柳暗花明”。说白了，两岸无法恢复对话谈判的症结，就在于陈水扁坚持“台独”立场，拒不接受“一中原则”。

或许有人会说：台湾方面不是已经表示“一中议题也可以谈”吗？其实，这只不过是陈水扁企图“暗度陈仓”、蒙骗世人的又一伎俩而已。须知，“大陆和台湾同属一个中国”，这是涉及“国家主权”的原则问题，作为原则问题的“主权”，是绝对不可以随便拿来当“议题”谈的。什么情况下才可能谈呢？除非一方打败了另一方，就像当年日本战败了清政府，清廷被迫“马关议和”，谈判割让台澎主权给日本。台湾当局闪烁其词，侈谈什么“一中议题”，还装出一副似乎向大陆作出了很大“让步”、仿佛很有改善两岸关系“诚意”的样子，岂非滑天下之大稽！

特别需要强调说明的是，事实上“一个中国”原则并不是大陆方面强加给台湾的，这不仅是1992年两岸双方所达成的“共识”，同时也是台湾方面现行的法律框架和一系列相关法律文件所明文规定了的。台湾现行的“法律框架”不是就连陈水扁本人也曾在上台“就职”时举手宣誓要“效忠”的吗？至于美国，不是直到最近也还一再声称其“一个中国”的政策没有任何改变吗？所以事情明摆着：如果台湾当权者真有诚意缓和发展两岸关系，就应该放弃“台独”立场，毫不含糊地接受“一中原则”；如果美国真想看到两岸恢复对话谈判和台海紧张局势的缓解，建立有效的台海危机处理机制，那么就应该向拒不接受“一中原则”、挑战两岸关系现状、制造台海地区紧张局势的真正根源——陈水扁“台独”势力施压，而不是本末倒置，反其道而行之，把施压矛头对准中国大陆。这是问题的关键所在，也是再浅显不过的道理！

其实说穿了，美国坚持“一中政策”是假，欲长久维持海峡两岸“不战不和，不统不独”的分裂局面，以便遏制中国，从中渔利是真。很明显，现阶段美国在处理台海问题上，是“只要和谈，不问一中；只要和平，不讲统一”。美国的台海政策往往自相矛盾而又极其灵活，它依据形势的变化和国内利益集团的政治需要而不断进行微调，首鼠两端，左右逢源，但无论如何调整，维护美国的国家利益这一基本立场和原则则是始终不变的。美国的这一对华战略与策略，显然与岛内“台独”势力的奋斗目标有其契合之处和相互利用的价值：为了遏制中国，美国需要台湾充当其战略棋盘上的棋子；而为了换取美国的撑腰用以对抗大陆，实现“台独”美梦，“台独”势力则心甘情愿地充当美国的棋子。

再者，从眼前的利益来看，陈水扁强渡关山胜选连任之后，面对岛内民众对其执政的“正当性”、“合法性”的强烈反弹和质疑，急切需要修补在“大选”期间被他搞坏了的美台关系，以便抱紧美国的大腿才能稳定政局。故而，台湾当权者明知回避“一中”大陆不可能应招，两岸谈判难以恢复，但为了配合美国对华政策的调整，同时也为欺骗舆论，把两岸关系无法缓和的责任推给大陆，并为日后重新推行强硬的“急独”路线制造借口，自然需要摆出一副急切希望恢复两岸对话谈判的姿态；至于美国布什，则正面临着竞选连任而选情吃紧的巨大压力，而伊拉克问题、反恐问题、朝鲜半岛的核问题等等，更使他和他的政府团队忙得焦头烂额。故此，他一方面急需陈水扁慷慨解囊购买美国的大量军火物资，以便取悦其主要支持者——美国军火商和军人，又不希望台海地区在这个节骨眼上生出事端来给他添乱，甚至把美国拉下水。明白了这个道理，人们也就不难理解，台湾“大选”过后美、台之间何以能够很快捐弃前嫌、再渡“蜜月”，布什政府要员对陈水扁的“五·二〇演说”拍手叫好、甚至情不自禁地表示“感谢”了；也就不难理解为什么近期以来美国一再向中国大陆施压，一方面要求大陆无条件恢复两岸对话谈判，另方面又由布什签署法案支持台湾加入 WHO，并宣布对台大量军售，拉住日本和台湾大搞军事演习，加紧亚太地区新的军力部署，甚至公开挑唆台湾在必要时“先发制人”、攻击三峡大坝了。人们看到，台湾“三·二〇大选”后至“五·二〇”陈水扁就职之前，美、台官方和智库人士急急奔走于大洋两岸，公开或私下接触，互动频繁，究竟做了多少见不得人的政治交易，外人当然难以知晓，但从近期以来双方的默契配合和相互“关照”，也可从中多少看出点端倪来。

事实一再证明，美国在台海问题上一贯奉行“以台制华”的利己主义的两面政策。“台独”势力之所以发展到今天这样猖獗的地步，是美国长期以来扶植、姑息、纵容的恶果。陈水扁正是山姆大叔一手惯坏了的“坏孩子”。美国在两岸争端中一向“拉偏架”，它的台海政策既不“客观”更谈不上“中立”，美国本来就没有资格充当海峡两岸的“调人”。如今美国政府继续奉行错误的台海政策，不断向岛内“台独”势力发出错误信号，到头来只能是“搬起石头砸自己的脚”。

（华夏经纬网专稿，2004/06/22）

扁李合流又搞“制宪运动”

7月1日，“台联党”等急“独”势力在台北圆山饭店举行所谓“制宪运动誓师大会”。会上，出任“总召集人”的李登辉宣读所谓“声明稿”，领头鼓噪“台湾是一个主权独立的国家，必须有一部代表台湾国家的宪法”，声称“无论是‘修宪’或是‘宪政改造’，虚有其名之‘中华民国’宪法，必须全面翻新，使其成为量身打造之台湾新宪法”，从而掀起了新一波“台独”恶浪。奇怪的是，一贯主张“制宪”、力行“台独”的民进党并没有接到邀请函，而陈水扁本人对此事也刻意保持低调。但明眼人一看便知，陈水扁与李登辉又在演双簧戏，采取“各有分工、分进合击”的策略，其最终目标就是要达到“台独制宪”的目的。

陈水扁不敢公然推动“制宪”

李登辉再次跳出来公然鼓吹“制宪”，是缘于陈水扁不敢兑现竞选承诺公开推动“制宪”的无奈。众所周知，“大选”期间陈水扁也曾极力鼓吹制定“新宪法”，但在各方的强大压力下，在“5·20演说”中他被迫改称所谓“宪政改造工程”这种较为中性、隐晦的新提法。陈水扁心知肚明，此刻如果他真的着手推动“制宪”，势必要立即面对难以承受的巨大阻力。

首先是台湾内部的压力。台湾民众都很清楚，推动以“法理台独”为取向的“制宪”举措，是对台海现状的公然挑衅，这不仅会引起岛内剧烈的朝野纷争，同时也将使两岸关系不可避免地陷入立即危机，给台湾带来灾难，故而大多数台湾民众均持反对态度。这从“3·20公投”未能过关以及选后的各种民调，都很清楚地看出台湾的这种真正的民意主流。

从目前情况来看，如果要“制宪”的话，要么走体制外的“制宪”，即把原来的“宪法”全部推翻，重新制定一部新的“宪法”。但是按照“立法院长”王金平的说法，这种方式“大家都不能接受”；要么是走体制内的

“制宪”，即在现有“宪法”的框架下通过所谓“任务型国大”来实施。但是这种方式在目前泛蓝在“立法院”席位占多数的政治生态下，显然也很难通过“制宪”的门槛。

其次是祖国大陆的强大威慑力。大陆国台办在“5·17”受权声明和“5·24”说明会上已经发出了非常明确的信息：如果“台独”势力胆敢跨过红线，将“不惜一切代价”捍卫国家的领土主权完整。因此，不管是“制宪”还是“宪改”，只要是事实上迈向“法理台独”，那就意味着“台独”点燃了两岸的战火，无异于引火自焚。陈水扁当然明白其中的厉害。

第三是美国的反对。美国认为，目前海峡两岸这种“不统不独、不战不和”的分离状态，符合美国的最大利益。更何况目前小布什正面临着竞选连任的巨大压力，不希望此刻台海地区生出事端来给他添麻烦。因此，近期以来美国一再表示，反对任何单方面改变台海现状的举措。人所共知，陈水扁从“3·20”之前狂妄叫嚣要“制宪”，不得不退缩到“5·20”的“宪改”，其本身在很大程度上就是美国施压下的结果。

故此，陈水扁如果以“执政者”的身份推动“制宪”，将会遇到的阻力可想而知。加上“3·19枪击案”至今没有破案，台湾民众对陈水扁当选的正当性不断提出质疑，泛蓝阵营“要真相”的呼声依然高涨，如果陈水扁坚持“制宪”，必然使台湾政局立即陷入剧烈动荡而不可自拔。

再者，陈水扁在“5·20演说”中信誓旦旦地表示：他“个人建议”未来“宪改”不涉及“国家主权”、“领土范围”和“统独”的议题。不管是否出于真心，如果他话音刚落、墨迹未干，就食言自肥、自打嘴巴，公然推动“制宪”，那么给泛蓝阵营提供攻击的口实事小，得罪了后台老板美国则兹事体大。

李登辉为陈水扁解套

陈水扁“5·20”只提“宪改”，不再提“制宪”，立即引起了“台独”基本教义派的强烈不满。不知就里的老牌“台独”辜宽敏气急败坏，头一个跳出来在接受媒体采访时公开大骂陈水扁“善变”、没有“诚信”。逼得陈水扁不得不在一次与“台联党”的餐会上装模作样地请求“台联”体谅他的“难处”。对于陈水扁的表态，另一位“台独”大老彭明敏心领神会，表示他可以“谅解”陈水扁的“宪改”主张，这说明彭明敏比辜宽敏确实更“聪敏”一些，他深谙陈水扁“5・20”演讲的“奥妙”之处。

据台湾媒体报导，“3・20”后扁、李曾至少“密会”三次，谈些什么外人自然不得而知，但此时李登辉公开跳出来鼓吹“制宪”，显然与老迈昏庸的辜宽敏根本不同，目的乃是为陈水扁“分忧”、“解套”：

第一，李登辉不受身份的掣肘，可以以“在野”之身大放厥词，无所顾忌。“制宪誓师大会”召开当日，陈水扁即对外声称：“台湾是民主、多元的社会，政府推动宪改，需要听取社会各种不同的声音”云云。

第二，李登辉把“急独”的旗号打出来，可以反衬出陈水扁“宪改”主张的“理性”与“务实”，从而减少陈水扁推动明为“宪改”实则“制宪”的阻力。民进党副秘书长李应元在接受媒体采访时意有所指地说：“陈总统现在已不谈制宪或修宪，只讲宪政改造，……如果一部宪法90%都是新的，这是新宪还是旧宪？大家应该很清楚”。

第三，以李登辉为“教父”的“台联党”加紧推行“急独”路线，一方面由“台联党”负责巩固“台独”基本教义派的基本盘；另方面则可以淡化民进党“台独”政党的形象，给人予民进党的政治立场向中间移动的假相，在年底的“立委”选举中争取到更多的中间选票，扩大绿营的基本盘，最终达成整个泛绿阵营在年底的“立委”选举中过半的目标。据台湾媒体报导说，“民进党高层评估，李登辉战略考虑系为巩固左翼，的确会瓜分部分深绿选票，但这个压力也会逼使民进党往中间拓展选票，整体而言是把泛绿市场的饼做大。”李应元就说：“过程或许有意见的不同，但结果最重要。”而陈水扁的新任“幕僚长”苏贞昌说得更加形象和露骨：“兄弟登山，各自努力”。

为达此目标，在这次李登辉“台联党”所主导的“制宪”动员中，仍旧不脱族群动员的方式。他们依据对“制宪”议题的不同立场和态度，总结出了所谓三条“总路线”，把朝野政党和民众划分为以下三类：一是“台湾总路线”，即是由“台联”领导，进行“全民制宪”；二是“选举总路线”，即民进党当前所执行的所谓“新中间路线”；三是“反台总路线”，指以国、亲为代表的反对“制宪”的泛蓝阵营。

很明显，在“台联党”的眼里，前两个“路线”的实践者是心心相映的，是“兄弟”，是“同盟军”，而第三条“路线”的实践者则是“反台”、“卖台”的敌人。这种动员方式仍旧沿袭了这次“大选”期间一再操弄的所谓“爱台”与“卖台”的模式，利用族群的撕裂来达到打击政敌、实现“台独”的目的。然而“台联党”无法自圆其说的是，既然有那么多实践“反台总路线”的泛蓝支持者，那么“台联党”和民进党又如何去实现凝聚“全民共识”、推行“公民制宪”这一梦寐以求的“台独”目标呢?

最终目标还是“台独”

扁、李的双簧戏虽然有相当的迷惑性，可是陈水扁的“台独教父”、凯达格兰学校的校长李鸿禧还是很快就泄露了“天机”。他在7月1日指出，“不管是制宪还是修宪，目标都一样，而且都要透过公投来决定。”这就是李登辉的“制宪”和陈水扁的“宪改”之间的关系。换句话说，他们都要搞“公投台独”，只不过一个是“明独”，另一个是“暗独”而已。

扁、李的这出双簧戏正是两种“台独”的合流。李登辉所推动的“制宪”，是明目张胆地号召推翻现有体制的“台独”，而陈水扁推动的所谓“宪改”，则是打着“中华民国”旗号下的“台独”，也即“借壳上市”式的“台独”。现在绿营把这两个方式巧妙地结合起来，各自扮演不同的角色。李登辉站在前台，创造议题，引领议题，而陈水扁则躲在幕后，运用其所掌握的公权力和各种政治资源，暗中襄助，合跳探戈。如此，既可使陈水扁免受各方压力，同时还可以营造出“制宪”所需要的“主流民意”。按照“台联党”的说法，“制宪说本来就具有教育性的意义”，“推动制宪运动的目的在于唤起国人对宪法的认知，以凝聚社会共识”，即通过炒作“制宪”议题，来愚弄民众，骗取台湾民众对“制宪”理念的认同与支持，为“台独”寻求发展空间，最终达到利用民意来实现“台独”的目的。

李登辉“台联党”的上述运作，确实替陈水扁成功地安抚了像辜宽敏这一类的死硬“台独”。近期以来，人们发现，辜宽敏之流果然“安静”了许多，不再动辄对阿扁“呛声”了。事情很清楚，李登辉“台联党”的举措，恰好呼应了陈水扁在5.20演讲中关于“主权”、“领土”、“统独”议题上埋下的伏笔。陈水扁说他“个人建议”不把这三个议题列入“宪改”，理由是目前朝野尚未达成“共识”，同时他又声称要推动“公投入宪”。如今人们看到，这三个方面的议题改由李登辉“台联党”主导下来炒作，先塑造出“制宪”所需要的“民意共识”，然后再对陈水扁进行“劝进”，届时陈水扁的“个人建议”也就可以不算数了。假如陈水扁不肯“顺应民意”举行“公投制宪”的话，岂不成了无视“主流民意”的“反民主”之举?

这便是陈水扁、李登辉的如意算盘。然而，无论扁、李的算盘打得再响、再精，有一点却可以肯定：那就是他们无法改变“台独”乃是死路一条这一政治现实。

（华夏经纬网专稿，2004/07/06，与陈星合撰）

台当局成立“特调会”意欲何为

7月6日，陈水扁邀请“五院院长”茶叙，会后宣布成立“3·19枪击案特别调查委员会”，随后又提出所谓“六项原则”：“相关机关及所属人员，不论单位是否敏感、人员职务有多高，都应全面配合，不得以任何理由拒绝。”同时他还强调：“特调会”若有必要，他“愿意接受调查、完全配合”云云。在3·19枪击案发生后109天，经千呼万唤之后，“特别调查委员会”终于出炉。

众所周知，枪击案发生之后，尽管陈水扁本人声称自己“也是受害者，比任何人都更希望查明真相”，但奇怪的是，对于社会各界呼吁成立超党派的、独立的“真相调查委员会”，以便尽快查明真相，民进党当局却宣称这将“违宪”，会破坏“司法权”，百般加以阻挠。4月份泛蓝在“立法院”提出法案要求进行“特别立法”，试图为“真调会”的成立寻求“法源”，也被绿营极力杯葛，以致该“法案”在完成二读后，被迫进入为期四个月的协商程序，形同遭到搁置。此后，成立“真调会”的呼声虽然继续高涨，但一直未能取得任何实质性的进展。

现在，一向善变的陈水扁突然宣布成立“枪击案特别调查委员会”，不但让普通民众感到费解。甚至连民进党内部也有不同的声音。民进党“立委”段宜康说，他“不赞成成立3·19特调会，为什么一开始不往成立3·19枪击调查委员会的方向规划，但在枪击案百日后才改变?”因此，他不清楚为什么要成立这个委员会，“整个事情可以说莫名其妙。”

那么，陈水扁为何突然改变态度，不顾“违宪”、不怕破坏“司法权”，要急于成立“特调会”呢？个中背景如何？确实耐人寻味！

岛内外舆论普遍认为，陈水扁此刻成立“特调会”，当然不是真的要追查枪击案的“真相”，乃是为缓解内外压力，为因应今年底的“立委”选战、夺取战略制高点所使出的又一招数而已。

吕秀莲“逼宫”的结果

各种消息无不显示，对于3·19枪击案的真相调查，吕秀莲显然要比陈水扁积极得多。前几日，吕秀莲不断公开对外放话称：“枪击案如果没有水落石出，不但影响年底立委选举，也影响陈水扁的施政和历史地位。”并说：“枪击案100天还没破，会使政治动荡不安、公权力不彰，影响台湾治安，影响国际形象。”她甚至将矛头直指民进党当局，说：“相关单位应该向社会有所交代，否则有些人应负行政责任。我可以不要真凶，但要真相大白。”

吕秀莲不光对外说出“重话”，要求行政部门尽快查明真相，另据台湾媒体报导，她还支持民间成立“真相调查委员会”，甚至对泛蓝阵营在“立法院”提案成立“真相调查委员会”也在暗中予以支持，呼吁绿营不要杯葛对这个案件的调查。近日还有接近吕秀莲的人士神秘兮兮地透露：吕秀莲早就已经安排由她掌控下的“总统府人权委员会”的律师团私底下对枪击案展开调查，“说不定已经掌握了重要线索或资料”。

同是3·19枪击案的“受害者”，吕秀莲为何与陈水扁的态度截然不同，如此急切地要查明真相？据台湾媒体说，吕秀莲此举是因为自感在枪击案中她和陈水扁的“待遇”并“不公平”：射向陈水扁的是铅弹，从技术上来说，很难让陈水扁毙命，而且现在这颗子弹还不能确定是否是在事发现场射出的；而射向她的则确确实实是在事发现场射出的、货真价实的硬铜弹。按照吕秀莲自己的话来说：“假使那天不是因为我脚伤坐在高脚凳上，这颗铜弹足以让我肚破肠流！”按照台湾现行的“选罢法”，如果她被射杀的话，这场选举仍将会如期举行，而陈水扁一旦“当选”，只要再择期“补选”一位“副总统”即可。如此情境，可想而知吕秀莲能不心有余悸，愈想愈后怕，愈想愈火大吗？

再者，3·19枪击案究竟是“刑事案件”还是“政治阴谋”，虽然现在仍众说纷纭，真相未明，但是其中种种令人“匪夷所思”的疑团，不必仔细推敲，稍有头脑的人都应该想得清楚其中的“奥妙”所在，难道唯有吕秀莲不心知肚明？但是在这个事件中，安排在陈水扁身上的是铅弹，而安排在她身上的则是铜弹。个中故事，对于吕秀莲来说，自是“寒天饮冰水，点滴在心头”。

更重要的是，对吕秀莲来讲，陈水扁现在已经没有了利用的价值，如果说在“大选”之前她要利用阿扁的地位和势力来达到连任的目的，那么现在目的已经达成，还有什么好顾忌的呢？更何况，她对“总统”的大位早就垂涎三尺、觊觎已久，她不是曾经意有所指的说过：“台湾也可以出一位‘女总统’”吗？现在何不抓住陈水扁的“软肋”，利用追查3·19枪击案真相，做一桩“稳赚不赔”的买卖？因为事情明摆着：如果枪击案能够很快告破，陈水扁势必身败名裂成阶下之囚，而她则可以顺势“黄袍加身”取而代之；退一步讲，即便枪击案最终未破，她至少亦可博得“不畏权势”、“求真务实”的美名，借此累积政治声望，为2008年的下一届“大选”猎取“总统”宝座抢占政治上的有利地形。

一向工于心计、擅要权谋的陈水扁，对于吕秀莲的“小九九”自然是“洞若观火”，看在眼中、恨在心里。于是为了摆脱被动局面，不使事态向自己无法掌控的方向恶性发展，成立一个由他主导下的所谓“3·19枪击案特别调查委员会”，便成了势所必然、不得不为之事了。这与其说是被吕秀莲“赶鸭子上架”，倒不如说是陈水扁“顺水推舟”，给自己“解套”。

介入“真相”调查，主导选战议题

除了上述他的所谓“最佳搭档、最佳辅佐”吕秀莲的“逼宫”之外，当然，陈水扁突然宣布成立“特调会”，更是近四个月来在野势力从外部施压的结果。这些压力主要来自两个方面：

一是自从“大选”过后，民间关于3·19枪击案的各种传闻沸沸扬扬，一时之间，台湾人一个个简直都成了“福尔摩斯”。而令人不解的是，作为“受害人”的陈水扁却一直保持低调，对于追查真相一再拖延，似乎并不感兴趣，这更给人以无限想象空间。目前，民间已经出现了多个不同的枪击案版本。如果这种情况继续发酵，显然对稳定岛内政局、社会相当不利。特别是至关重要的年底“立委”选举即将开跑，若不尽快安抚民众的情绪，对选民的质疑有所回应和交代，势必对民进党年底的“立委”选情造成整体上的减分效果。

二是国、亲也一直以“要真相”作为政治诉求，拒绝承认陈水扁当选的“正当性”和“合法性”，对“保皇卫权”的民进党展开猛烈的抨击。而被延宕多时的通过特别“立法”成立“真相调查委员会”议案的协商期已经快要结束，“立法院”最迟在8月上旬就可以对枪击案“真相调查委员会”的“立法”进行三读表决。以目前泛蓝阵营在“立法院”席位占多数的情况，通过这个议案并不困难。这显然对陈水扁来说是个极大的威胁。因为一旦“立法院”成立“真调会”的议案被通过，陈水扁将难以主导和控制未来对枪击事件的调查。如今陈水扁主动出击，抢先成立扁记的“特调会”，目的就在于从泛蓝手中夺取在这个议题上的主导权，既可摆脱国、亲的纠缠和年底“立委”选举中的不利地位，又能扩大自己对枪击案“真相”调查的介入程度，一箭双雕，其政治手腕，不可谓不精！

从扁记“特调会”的方案来看，不仅“真相”两个字被刻意省略，而且自相矛盾，漏洞百出。亲民党“立委”李庆华指出了几点：一、定位不清。这个委员会既不像民间组织，也不像当局的“官方”组织。虽然其成员都是“官方”人士，但是却没有“官方”应有的权力。而且，在陈水扁的表述中，它既不属于“总统府”，也不属于“行政机关”；二、扁记“特调会”方案没有提到调查权，而只是把它定位为对真相调查的“监督机构”。这更让人摸不着头脑。本来，“立法院”和“监察院”都有监督的权力，为什么又搞出这样一个监督机构呢？如果原来有监督权的机构都不能监督，谁又能保证这个委员会能完成这个使命呢？三、陈水扁作为涉案人，却由他出面来成立一个“调查委员会”，有自己既当运动员又当裁判的嫌疑。因此，这个委员会被台湾媒体讥为“四不像”。

另外，这个“特调会”同样没有“法源”。这对一直以“违宪”“违法”为由刁难泛蓝阵营主张成立“真相调查委员会”的民进党当局来说，无疑是自打嘴巴。这再一次说明，对于律师出身的陈水扁而言，法律只不过是他掌中的“玩物”和争权夺利的工具而已。

其实，陈水扁的基本策略是先把弓弦拉满，即先抛出一个方案，作为和国亲版“真相调查委员会”相对抗的讨价还价的筹码，然后再一点点后退，最后双方达成妥协，发挥自己在枪击案真相调查中的影响力。此即陈水扁用以对付政敌（包括对抗大陆）而屡试不爽的所谓“冲突—妥协—进步”的一贯伎俩。

果不其然，国民党对扁记“特调会”方案虽然提出了强烈质疑，仍坚持应以“立法”方式来成立“真调会”，身为国民党“真相调查小组”召集人的马英九表示，国民党推动“立法”、成立体制内“真调会”的行动不会改变，但却又莫明其妙地表态说：成立这两个“调查委员会”可以使真相调查“双管齐下”，“兄弟爬山、各自努力”，“看哪一个比较有效果”。而陈水扁则“表明尊重立法权”，并支持“立法院”订定“特别法”作为成立扁记“特调会”的“法源”，让“特调会”进入体制内运作。他甚至提出“以国亲版本为基准”，由“立法院”订定特别条例，透过“立法”程序，让“府方构想”与“立法院”版本合并为一。种种迹象均已显示出，国、亲这一次与陈水扁的“过招”，又将功败垂成！

从以上简要分析可知，陈水扁成立“特调会”只不过是他所要弄的新的政治权谋而已。其调查3·19枪击案是假，以退为进、为缓解各方压力、达成阻挠真相调查的最终目的是真。看官如若不信，敬请拭目以待！

（华夏经纬网专稿，2004/07/12，与陈星合撰）

当前两岸关系形势依然严峻

经过陈水扁四年来的执政特别是经历了“3·20大选”，两岸互信已经荡然无存。大陆发表“5·17声明”，遏制“台独”的决心和力度不断加强，而岛内“台独”势力仍在继续发展并加快脚步图谋分裂。目前两岸关系形势依然严峻，令人堪忧。

大陆对台工作重心转向“遏独”

台湾“大选”期间，大陆对陈水扁的“急独”挑衅采取了十分克制的态度，这主要是因为：一方面在反对“台独”的连宋配民调支持度一路领先的情况下，大陆并不想过多的介入台湾的选举；另方面也因为美国出于其自身的利益对陈水扁的“急独”言行施加了一定程度的压力，大陆“促美压扁、拉美制独”的策略确实收到了一定的成效。然而“3·20大选”之后，大陆已不得不面对陈水扁的连任和民进党有可能长期执政的现实。而美国也调整了台海政策，反过来对大陆施压，不断向“台独”势力发出错误信息。面对这种严峻形势，大陆主动出击，适时发表了“5·17声明”，在坚持“和平统一、一国两制”对台基本方针不变的前提下，对局部的政策和策略作出了必要的调整。

从目前的政策走向来看，大陆对台工作的重心已从“促统”转向“遏独”，加大了对“台独”施压的力度和强度。当然，“遏独”并不等于一味的“强硬”，因此“5·17声明”既表达了大陆方面“不惜一切代价”制止“台独”的决心，体现了捍卫国家领土主权的原则性，但同时也展现出相当大的政策灵活性，指出了台湾当权者只要回到“一个中国”立场，两岸关系就会有“无限光明的前景”。

上述大陆对台政策策略的调整及其后续出台的相关配套措施的贯彻实施，已经收到成效，岛内“台独”分裂势力受到一定程度的遏制，而两岸民间的各项经济文化交流，则仍在持续发展和扩大，势头不减。

然而，两岸关系的发展受到多重因素的制约和影响，并非仅仅取决于大陆的对台政策。目前情况表明，岛内“台独”势力虽然在一定程度上受到遏制，但各种阻碍两岸关系发展的负面因素仍在继续发挥重要作用，“台独”分裂活动有增无减、十分嚣张，台海紧张局势并无丝毫缓和改善的迹象。

岛内政局的发展不利于两岸关系的缓和

从“5·20”以来的一系列做法来看，没有了连任压力的陈水扁在内政方面比上一任期表现出了更加强硬的姿态，而岛内反对势力则因种种原因难以整合、反制乏力，更助长了陈水扁的骄横和推动“台独”、对抗大陆的信心，从而对两岸关系造成了严重的负面影响。

陈水扁“连任”后，对人事安排的变更是民进党执政以来力度最大的一次。新改组的“游内阁”实际上已成为名副其实的“台独内阁”。此外，扁当局还使尽各种手段加强对媒体的全面操控、安插亲信控制金融机构、拔擢大批将领对军队加强控制、改组“国安部门”加强对情治系统的掌控等。

通过上述运作，陈水扁渡过了选后一段时间内因“3·19 枪击案”造成的政坛与社会动荡期，逐渐巩固了自己的权力，壮大了民进党的实力，全面控制了台湾社会，为泛绿阵营打赢年底的“立委”选战创造了有利条件。

反观岛内反扁势力，虽然从“3·20”以来进行了一波又一波的抗争，但由于泛蓝领导层的软弱无能，致使这场抗争目前已成强弩之末。至于内部整合，则是“一人一把号，各吹各的调”，始终难以达成共识，以致人心涣散，严重削弱了泛蓝阵营的整体实力。从目前的情况来看，泛蓝阵营年底的“立委”选举形势不容乐观。选举结果，如果泛绿阵营在新一届“立法院”的席位首次过半，台湾政坛的力量对比将会失衡。

这种情况一旦出现，其后续效应必然是：一方面“台独”势力在岛内大行其道，对台湾民众“台独”意识形态的引导将会更加便利，成效也将愈加显着。而“台独”意识形态影响的不断扩大和深化，反过来又将迫使泛蓝阵营向“台独”进一步妥协和靠近，显然这对两岸关系的影响将是长期的、深远的，同时也是十分恶劣的。另方面，“台独”势力的发展壮大、民进党政权得以巩固，陈水扁挑战两岸现状、对抗大陆的自信心势必增强，其挟持台湾的所谓“主流民意”，推行“急独”路线的危险性必然增加。

陈水扁的两岸政策乃是“战争边缘政策”

台湾“大选”期间，陈水扁推动“公投立法”，执意搞“3·20 公投”，并公然抛出“公投制宪”的“急独”时间表，把两岸关系推向了危险的战争边缘。然而选后迫于各方压力，陈水扁却又假惺惺地不断向大陆释出所谓“善意”和“诚意”：在“5·20”演说中，他把“制宪”改为“宪改”，并建议未来“宪改”不涉及主权、领土和“统独”议题，呼吁“两岸协商建立和平稳定互动架构”；5 月底，新任“陆委会主委”吴钊燮主动出招，邀请汪道涵访台，表示“什么议题都可以谈”；6 月中旬，吴钊燮又向大陆呼吁立即展开两岸“三通”谈判；近日陈水扁出访中南美洲，更宣布取消二十号“汉光演习”，并声称“两岸同文同种，没有必要再敌对下去”等等，摆出一副急于恢复两岸谈判、缓和发展两岸关系的姿态。

然而，对陈水扁的两岸政策稍有了解的人都看得出，这只不过是他的故伎重演。陈水扁说过，他的两岸政策目标是要“让美国满意，中共找不到借口”。这种两岸政策，说穿了就是“投靠美国、对抗大陆”的政策，是不折不扣的两岸“战争边缘政策”。

“5·20”以来，陈水扁及其执政当局都做了些什么呢？

其一，在“立法院”极力推动通过“公投入宪”法案，以为日后“公投制宪”，从事“法理台独”创造条件、打下法源基础。

其二，不顾岛内广大民众的强烈质疑和反弹，执意要斥巨资 6108 亿新台币大肆采购美国高科技进攻性武器装备；举行针对大陆的大规模“汉光”军事演习，试图与美、日结成“准军事同盟”；抛出所谓“毒蝎计划”，与美国的“国防部报告”一唱一和，扬言要对大陆实施“先制打击”，攻击三峡大坝和北京、上海、广州等十大中心城市以及经济发达地区。

其三，进一步广泛、深入地推行“去中国化”运动，规定国中历史教学将台湾史与中国史、世界史分开讲授；宣布废除军中呼口号和读训（因有“完成统一大业”、“爱我中华”等内容）；要求媒体改称参加奥运的“中华队”为“台湾队”。

其四，利用出访之机，在“国号”问题上大做文章，与急进“台独”势力李登辉“台联党”密切配合，明目张胆地推行“台湾正名”运动。

其五，打着“行政改革”的幌子，试图裁撤“陆委会”，在“行政院”内另设“大陆办公室”，为日后时机成熟时落实“一边一国”的“台独”主张、将大陆工作事务纳入“外交部”预作准备。

……凡此种种，无不表明，台湾当权者罔顾大陆“5·17 声明”的严正警告，一边在施放“两岸和谈”烟幕、欺骗舆论，一边却在“台独”分裂道路上快马加鞭、愈走愈远。陈水扁推行上述两岸政策，只会进一步加深两岸裂痕，制造台海新的危机。

美国的台海政策无助于两岸和平

陈水扁当局得以延续和稳固，“台独”势力之所以如此嚣张，关键因素就在于有美国在背后撑腰。

美国不愿意看到中国的统一强大，千方百计地要遏制中国的崛起，需要利用两岸的对立和对抗来谋取自己的最大利益。根据这一原则，美国在台海两岸争端中表面“中立”，实则首鼠两端，极尽挑拨离间之能事，以对“台独”的支持来达到扩大自己利益的目的。3·20 后，布什政府不顾泛蓝阵营的抗争，公开电贺陈水扁“当选”；支持台湾加入 WHO 和北美组织；对陈水扁的“5·20”就职演说大加赞赏，极力背书；向大陆施加压力，要求无条件恢复两岸谈判；一再重申“与台湾关系法”，坚持对台大量军售；调整全球军力部署，将战略重心转向亚洲；提高美台军事交流的层级和范围，与台湾同步举行针对大陆的大规模军事演习等等，不断向“台独”发出错误信号。

很显然，美国的台海政策目标是“只要谈判，不问一中；只要和平，不问统独”。美国的台海政策与陈水扁现行的“台独”政策有很大的一致性，这等于是在鼓励“台独”对抗大陆，片面改变台海现状。所以，在两岸关系的问题上，美国是又一个关键性的因素，无论年底大选后谁入主白宫，看来美国都不会改变长期以来所推行的这种错误的两岸政策。在这种情况下，海峡两岸难望太平。

种种事实无不表明，目前台海形势依然十分严峻，人们切不可掉以轻心。

（华夏经纬网，2004/07/20）

“统一时间表”是如来佛手掌心

据香港《文汇报》报导，日前中央在北京举行了一次“极其重要”的会议，会议发出重要信息，重提解决台湾问题的“时间表”——“台湾问题不能无限期拖下去”，“虽然这个世纪的头二十年是中国发展机遇期，但不排除在这一期间解决台湾问题”。

“时间表”清晰化

一石激起千层浪，消息传开，海内外媒体议论纷纷，台湾朝野更是高度关切。国民党大陆部主任张荣恭即说：“两岸的恶性互激，将导致军事斗争不断升级”，“由于两岸政治关系渐行渐远，导致北京的危机感日高，愈加倾向对台独作出激烈反应”，他呼吁陈水扁当局“不可不慎”……

关于大陆制定解决台湾问题“时间表”的话题，几年之前就曾经一度热炒。去年陈水扁公然抛出2006年“制宪”、2008年实施“新宪”的“台独时间表”后，大陆是否会制定相应的“统一时间表”，一时间也曾引起人们的普遍关注和猜测。但是，像这次由香港《文汇报》公开出来放话，明确提出大陆解决台湾问题的“时间表”，依笔者的记忆，尚属首次。而且值得注意的是，消息披露之后，大陆官方迄今并未出面加以否认或者有所“澄清”，显见并非空穴来风。

人所共知，“台湾问题不能无限期拖下去”，这是大陆官方特别是涉台官员经常挂在嘴边的一句话。然而，至于“不能无限期拖下去”究竟是何概念？是十年，二十年，抑或五十年？却一直没有人能够说清楚。如今，这一概念清晰了：“这个世纪的头二十年是中国发展机遇期，但不排除在这一期间解决台湾问题”。

三大特点仔细琢磨

这一“时间表”，笔者认为，至少有以下三大特点：

其一是时间段上的“明确性”。既然是“统一时间表”，自然在时间上要规定一个比较明确的期限——这个世纪的头二十年，也即从2004年到2020年这16年的时间之内，“不排除在这一期间解决台湾问题”，以此强烈表达了“不能无限期拖下去”的决心和意志。这实际上等于立下了“军令状”。

其二是策略思想上的“灵活性”。“统一时间表”披露出来之后，外界不少人说大陆要在“2020年统一台湾”，这是一种错误的解读。如果真是这样，那么这等于是大陆“自缚手脚”的愚蠢举措。

其实这一“时间表”有两方面的含义：一是说“不排除”但并没有说“一定要”在本世纪头二十年解决台湾问题，也就是说时间仍有可能会延长；二是两岸统一的时间也有可能会“缩短”，即在2020年之前“这一期间”的任何一个时间点，都有可能提前解决台湾问题。因此，这一“时间表”又具有很大的“灵活性”或曰“伸缩性”。主客观形势在不断发生变化，话说得太满太死，搞得不好，不但会“自缚手脚”、“弄巧成拙”，还有可能会使自己陷于被动，反而不利于早日解决台湾问题。可见，“统一时间表”预留了回旋的余地和调整的空间，这显然是科学的实事求是的，也是最聪明的策略。

三是遏制“台独”的针对性。近几年来，岛内“台独”势力日趋猖獗，其中一个重要原因就是他们误判形势，以为大陆要“和平崛起”，要抓住本世纪头二十年的“战略机遇期”埋头苦干，一心一意发展自己，他们即便由着性子胡闹，大陆也不得不吞下苦果，一时间，“台独无害论”在岛内甚嚣尘上，欺骗了不少善良的台湾民众。更有甚者，李登辉公然声称2008年是台湾“独立建国”的关键点，这显然是针对北京举办奥运而来。而陈水扁更明目张胆地提出2006年“公投制宪”、2008年“实施新宪”的“急独时间表”。针对这种情况，大陆适时提出“统一时间表”，公开申明“虽然这个世纪的头二十年是中国发展机遇期，但不排除在这一期间解决台湾问题”。也就是说：“台独时间表”也就是“统一时间表”，“台独”势力胆敢踏大陆的底线，真的把他们在“大选”期间抛出来的“台独时间表”转换成政策加以推动实施，那么大陆将“不惜一切代价”制止“台独”，提前解决台湾问题，决不手软。这是对李登辉、陈水扁之流及其背后的怂恿者的当头棒喝，具有很强的针对性。

“战略机遇期”是“斗”来的

大陆此时此刻主动出击，提出解决台湾问题的“时间表”，从一个侧面反映了当前台海局势的严峻以及大陆对台政策策略的调整。这一政策策略的调整显然是适时的，完全符合逻辑的。它既与当前遏制“台独”的对台中心工作任务相配套，又和“以经济建设为中心”、“抓住战略机遇期发展自己”的基本国策并行不悖、相辅相成。随着时间的推移，必将愈来愈显现出它的巨大威力。

须知，“战略机遇期”是“争”来的、“斗”来的，而不是谁“恩赐”给我们的！大陆的“统一时间表”出来了，这等于是给“台独”画了个圈圈——就像是如来佛的手掌心，倒是要看你敢不敢、能不能跳得出去！

（《国际先驱导报》，2004/07/23）

李家泉新著《陈水扁主政台湾总评估》读后

大陆资深台湾问题研究专家李家泉教授的新著——《陈水扁主政台湾总评估》一书，不久前已由北京华艺出版社和台湾海峡学术出版社同时出版。值此台湾政局和两岸关系的关键时刻，该书的适时出版，无疑具有积极意义。

该书包括七大部分：（一）“变天”前后；（二）海峡风云；（三）历史纵观；（四）综合评议；（五）两岸态势；（六）专题论述；（七）台湾未来。此外还附有陈水扁主政期间的《两岸关系大事记》。

该书总的特点是，以陈水扁执政台湾四年为主线，对台湾现政权和两岸关系作了历史性、客观性、理论性和前瞻性的分析。并且对陈水扁现政权存在的诸多问题、盲点以及未来可能走向，都提出了颇有见地的分析与预测，给读者予深刻的启迪。

所谓历史性，主要是指对台湾“台独”思潮产生的历史根源和思想根源的深刻分析。例如，著作中第三部分谈到的台湾历史上包括“皇民化”运动在内的三次“去中国化”运动，“台独”活动中心的三次大变动，都是其来有自、有继承和发展的。第五部分谈到的海峡两岸两种“悲情意识”，即整个中华民族的“大悲情”和这个“大悲情”下所产生的台湾这个局部的特殊的“小悲情”，以及它们之间的对立和对抗，都是历史上形成并在后来愈益被扭曲和被某些人所利用。“大悲情”所仇恨的对象主要是外国侵略势力，而“小悲情”所仇恨的对象主要是祖国大陆，一些别有用心者，甚至把历史上的大陆统治者和大陆人民混为一谈。从李登辉到陈水扁，台湾的每一次选举，都有人利用这个“小悲情”来制造和挑动海峡两岸、本省人和外省人的相互仇视、对立和对抗，以为自己的选举捞取好处。正确地认识和对待所有这些历史问题，对化解两岸的统独之争和岛内的族群矛盾是极其重要的。

所谓客观性，主要是指对当前台湾政坛和两岸关系所出现的各种问题，都能就其内在的、外在的、历史的、现实的原因等，作出客观的、实事求是的分析。当然，这里所说的客观，也必须是持有一个基本的态度和立场，即站在维护整个中华民族根本利益的立场上，去鉴别一切是非对错。客观绝不是客观主义和自然主义。全书都贯穿着这样一个精神，即既是客观的，实事求是的，又是有强烈政治倾向性的。其所谓“政治倾向性”即为“主统反独”，著者的这一立场和态度极其鲜明，其中尤以第二部分的“海峡风云”、第四部分的“综合评议”和第五部分的“两岸态势”最为突出，李教授对“台独”分裂分子的无情鞭挞和抨击，可谓声色俱厉、一针见血！

所谓理论性，主要是指对两岸关系从历史演变到矛盾性质变化的理论分析。

书中最重要的有：第五部分中关于《两岸关系中的几个敏感问题》、《海峡两岸存在的几个大是大非问题》，以及第六部分中关于《陈水扁主政台湾以来的两岸关系》等篇什。这些文章，就都是侧重两岸关系中的主要矛盾、矛盾性质及其演变过程进行了深刻、独到的理论分析。

李家泉教授认为，两岸关系的矛盾，在台湾“两蒋”时期主要是一个中国之内的制度和意识形态之争，是由谁代表中国的所谓“正统”之争。在当时的历史条件下，自然是对抗性的敌我矛盾。但自李登辉和陈水扁主政以来，两岸关系的主要矛盾和矛盾性质均已逐渐发生了根本性变化。这主要是由于李登辉和陈水扁都推行了一条“去中国化”的分裂主义路线。这样，统一与独立、分裂与反分裂的斗争，自然也就成了主要矛盾，成了对抗性的和敌我性质的矛盾。而原来的制度和意识形态之争，则退居为次要地位，下降为非主要矛盾，即非对抗性的人民内部矛盾。在现今新的历史条件下，这后一矛盾完全可以用和平统一和“一国两制”的方法来解决。李教授的上述分析，把对两岸关系历史演变的认识引向了理论的深度。

李教授还特别指出，所谓统独之争、分裂与反分裂之争的矛盾性质，是就其总体而言的，具体到每个政党和个人，情况会各有不同。而且，这种对抗和敌我性质，在一定条件下还可能转化。就祖国大陆来讲，正在以最大的诚意、最大的耐心和最大的努力来争取这种“转化”实现的可能。

所谓前瞻性，主要是指对台湾未来和两岸关系走向的科学和客观分析。

有关这方面的特点，具代表性的文章有：第三部分中关于《台湾四代领导人大陆政策的评估》、第六部分中关于《中国四代领导人对统一中国的战略思考》、《围绕台湾问题的三个“三角关系”》，以及第七部分中的《“一国两制”是两岸统一的最佳模式》、《“一国两制”的台湾模式探讨》、《“钱八条”与“一国两制”》等。

在上述文章中，李教授把“一国两制”与101种“非一国两制”作了比较：一类是“一国一制”，主张主权与治权均统一，使权力高度和过分地集中；一类是“两国两制”，主张主权与治权都分开，是地地道道的分裂主义；而邓小平提出的“一国两制”，则主张在主权统一之下使治权相对分开，实行高度自治，这就可以避免以上两种极端的做法。也就是说，把实行单一制的国家权力结构形式和实行复合制的国家权力结构形式结合起来。它既可避免有些人主张的“邦联制”之短，又比许多人所提倡的“联邦制”更科学和符合实际。

这里还应该特别提出的是，李家泉教授在对“台独”和“台胞”上完全是爱憎分明的两种态度和两种感情。他在《自序》中引用了鲁迅先生的著名诗句：“横眉冷对千夫指，俯首甘为孺子牛”。他把诗中所说的“千夫”视为“独派”，“孺子”视为“台胞”，套用和改写过来，那就是“横眉冷对独派指，俯首甘为台胞牛”。他对于“台独”，确实是“横眉冷对”、口诛笔伐、毫不留情的，虽被指为大陆台湾研究界的“鹰派”和“强硬派”代表而始终不悔。不仅不悔，反而还一直以此为傲，引以为荣。而对于台胞，台湾人民，李教授则又完全是另一种态度和感情。不难发现，行诸笔端，跃然纸上，他总是对台湾人民充满了同胞之爱、赤子之心，总是以一种理解、同情、尊重的心态对待他们，并且心甘情愿地为他们服务。其实，这不仅仅反映了李家泉教授个人的风格与特质，也典型地体现出了一个中国传统爱国知识分子鲜明的爱憎观和是非观。

众所周知，李教授是大陆台湾研究界的前辈和“泰斗”，思考深邃，著述等身，现虽年近八旬，精力不复当年，但他“退而不休”，学术活动仍十分活跃，在研究条件简陋的情况下，仍笔耕不辍，勤于探索，与时俱进，学术影响力不减当年，其强烈的使命感和敬业精神实堪后生晚辈之楷模。可以预料，李家泉教授这部新著的出版，必定对海峡两岸学术界产生积极的影响。

（《大公报》，2004/08/26）

台当局攻击阿妹，背后有阴谋

8月5日，吕秀莲以“副总统”之尊，就台湾少数民族歌手张惠妹近日到北京开演唱会一事提出严厉质问：“两岸已经处于准战争状态，如果两岸要开战的话，阿妹是到大陆演唱重要，还是维护和捍卫2300万人的安全重要?”吕秀莲的这番话多少让人莫明其妙、摸不着头脑，如果两岸要开战的话，如何让一个歌手“去维护和捍卫台湾2300万人的安全”呢?再说了，两岸如果真的要开战的话，张惠妹怎么可能再到大陆去开演唱会呢?

吕秀莲出面还不够，台“行政院长”游锡堃同日也批评张惠妹说：“阿妹此次到中国忏悔，谨慎从事，国人心防显然有问题了。”这句话显然比吕秀莲的话要明白得多了，即要求台湾人民对祖国大陆保持“心防”，时刻和大陆保持距离，保持敌意，最好是不要和大陆打交道。

张惠妹事件被“台独”分子操弄

其实吕、游的这些言论预设的前提非常清楚，中国大陆是一个“敌对国家”，到“敌对国家”去开演唱会，在他们看来自然是不可思议的事情。吕、游二人的言论理所当然地遭到岛内进步舆论的强烈质疑，“台联党”的萧贯誉却为吕秀莲辩护说，“是到大陆赚钱重要，还是维护台湾的安全重要?”他的答案自然是后者，在这些“台独”分子看来，只要是到大陆发展，不管是出于什么理由，都是应该受到批判的。

更何况，张惠妹到了大陆之后，并没有表达自己的“国家认同”立场，没有主动和“台独”理念保持一致，也引起了“台独”分子的不满。著名“台独”打手汪笨湖就说：现在台湾很多艺人到大陆发展，“阿妹的问题，也是台湾艺人将面临的问题，不管蓝也好、绿也好，歌手当然可以有个人的政治立场”，但是“一旦出去，拿的是台湾护照，就不能没有国家观念，对于国家的认同，也应该有清楚的表态，不要模糊以对”。

所以，吕秀莲等人拿这件事大做文章，是“项庄舞剑，意在沛公”。他们真正看不得的，是台湾民众没有符合自己“台独”标准的“国家认同”。至于张惠妹，不过是吕秀莲等人推行“台独”认同道路上的牺牲品而已。吕秀莲之流之所以选择张惠妹作为攻击的目标，是因为她的名气太大，按照吕秀莲的说法就是“她是一个国际巨星”，“张惠妹的身分已经超越了原住民的身分，她的言行举止都不能以一个平凡的人来看待。”利用这样一个知名度高，而对政治的敏感度很低的少数民族歌手来作为靶子，杀鸡吓猴，吕秀莲等人认为自然可以收到理想的效果。

攻击背后的阴谋

其实，这是“台独”分子对待两岸关系一贯做法的自然延伸。而且，如果从目前两岸关系和岛内政局的现实来考虑的话，他们还有更深层的目的。

首先是制造紧张气氛，加剧两岸的对立。“台独”分子非常清楚，如果两岸的交流持续扩大发展的话，对他们的打击是致命的。两岸民众相互了解的增加，会使民进党和“台独”势力所推行的愚民政策破产，其生存空间也会遭到压缩。因此他们千方百计的阻挠两岸交流。远的不说，仅在三通问题上的反反复复就可以窥斑见豹。李登辉说，两岸“三通”的较劲是“无硝烟的战争”，“三通”一通，就等于台湾投降。而陈水扁也曾说过，“三通”是台湾的最后筹码，非到最后时刻不能通。而自他上台以来直到前一段时间释出的两岸“三通”谈判的所谓“善意”，早已被证明是政客的作秀，大陆一旦作出积极的响应，他们马上向后退缩。

这次“台独”分子对张惠妹的攻击也不脱这个窠臼。吕秀莲甚至把两岸的关系提升到了“准战争状态”，按照她的解释就是“担心他们（大陆）会在二〇〇六年以前，对台湾出手，而且我们比较认真来观察，两岸关系其实已经进入准战争状态。”其实，吕秀莲担心的不是大陆对台湾出手，而是两岸交流的扩大和两岸关系的和缓将使“台独”的社会基础逐渐动摇和剥蚀。

其次是为今年底的“立委”选举定调。年底“立委”选举将近，民进党要挟“总统”大选胜利之余威，达到在“立法院”过半数的目的。于是，两岸关系的议题自然又成了一个动员的工具。因为在目前台湾相对于祖国大陆处于劣势的情况下，这个议题是最可以动员起台湾民众的悲情，轻易的就可以造成“中共打压台湾”的印象，而“台独”分子则可以把自己塑造成“对抗中共的英雄”，从而取得民众的支持。由这次对张惠妹的攻击观之，民进党年底“立委”选举进行两岸关系的炒作已经隐然成形。

第三是为强化“台独”的话语霸权，推行“台独”路线。民进党借助于执政优势，千方百计“绿化”媒体，垄断了台湾的话语权，进而在台湾营造出了“台独”的话语霸权。这次对张惠妹的攻击就是一个鲜明的例子，其中的潜台词就是，在民进党执政的情况下，如果“国家认同”不和它的“台独”理念保持一致，就要受到攻击。换言之，不管是谁，只要是台湾人，必须明确“选边站”，不允许有政治中立的空间，即使是艺术家如张惠妹者，也概不例外。对于那些“国家认同”和民进党的“台独”理念和“台独”话语不符的民众，则马上就会被扣上“不爱台湾”、“中共同路人”的红帽子，遭到大肆攻击。民进党正是利用了这样的话语霸权，形成了少数暴政。

第四是为愚弄民众，贼喊捉贼，继续抹黑大陆。更匪夷所思的是，吕秀莲说，大陆请张惠妹到北京开演唱会，就是“要利用原住民的情结，来挑起闽南人和原住民之间的矛盾”。人所共知，在台湾“大选”期间，陈水扁、吕秀莲等绿营政客蓄意挑拨族群矛盾，使得台湾社会直到现在还处于被撕裂的痛苦之中。大陆致力于两岸关系的改善，积极推动两岸民间交流，反而被扣上了“挑动台湾族群矛盾”的帽子，这种贼喊捉贼的做法真是让人啼笑皆非。

台湾朝野反弹强烈

吕秀莲之流对张惠妹的抨击在台湾引起了轩然大波，招致了在野党的痛批。国民党主席连战认为，吕秀莲和游锡堃身为领导人，“不能光是讲，讲得人心惶惶，然后怎么办？社会会更乱。”亲民党“立委”李鸿钧表示，吕秀莲公然质问张惠妹“唱歌与保卫台湾哪个重要”，让人不禁担心，民进党会像美国50年代的麦卡锡主义一样，用政治白色恐怖来控制艺人的自由。蔡诗萍则认为，这是吕秀莲等人故意夸大外部压力，再把这种压力引入台湾社会，从而达到压制政敌的目的。

吕秀莲的话传到了张惠妹的台东老家后，乡亲们气愤的痛骂吕秀莲“神经病”，讲话不负责任。身为少数民族的无党籍团结联盟“立委”高金素梅声援张惠妹，抨击吕秀莲逼少数民族女艺人就两岸政治问题表态的发言不妥当，呼吁“政府”不要欺压少数民族。

即使是泛绿阵营内部，对吕、游的话也多有不以为然者。台联“立委”罗志明即认为，“政治人物搞政策，演艺人员专心表演，本来井水不犯河水，扯上了意识形态，真是‘何处惹尘埃’。”

至于当事人张惠妹，更是深受此事的困扰。面对指责，她说，“我想说的是，有很多事情是我不能控制的，大人世界的事，就交给大人去解决，我很单纯，只是一个歌手。”然而，有心者并不因为她的单纯就饶恕她，“立委”蔡启芳说，“没有国哪有家，难道30几岁的人还是小孩子吗？”并抨击道，“有人连自己是那一国的国民都模糊不清，这是教育的一大失败。”

因此，从北京演唱会返台后一直到现在，张惠妹形容自己一直处于“惊吓”当中，寝食难安，“不知道为什么我的名字会出现在政治新闻上？”以至于“现在都不知道说什么好，就怕又说错了话。”甚至政论节目邀请她亲自面对镜头和观众说清楚，也被她拒绝了，“因为不想越解释越模糊。”

张惠妹到北京开演唱会对两岸的交流是有利的，对缓解两岸的对立也是有利的，却遭到吕秀莲等人的无端指责，就差把她打入“卖台集团”的另册了。我们不禁要问，真正使两岸僵局难解、台海形势严峻的根本原因是什么？正是陈水扁、吕秀莲等人拒不承认“一个中国”，一心搞“台独”，把台湾推向了战争的危险边缘，他们才是两岸关系紧张的罪魁祸首。陈水扁、吕秀莲口口声声讲人权，讲民主，说要为台湾2300万人民的福祉着想，但是这种蓄意制造两岸对立、挑动两岸关系紧张的做法究竟会给台湾人民带来什么？答案自然是再清楚不过的了。

（华夏经纬网专稿，2004/08/10，与陈星合撰）

吕秀莲鼓吹“准战争”意欲何为

8月6日，吕秀莲在接受媒体访问时说：“现在是超限战争的时代，不一定要飞弹打来、军队过来才叫战争。两岸战争也不一定是船坚炮利，大陆可以用各种方式，在外交上打压台湾，在经济上掏空台湾资金。”据此，她认为两岸目前已经进入“准战争状态”，未来两岸情势会更严峻，“台湾立场要坚定，声音要清楚，捍卫台湾尊严”云云。

“准战争状态”说引起朝野反弹

吕秀莲的这番惊人之语立刻遭到了反对党的强力反弹。马英九表示，从台湾开放赴大陆探亲以来，这是他第一次听到领导人说出“准战争状态”的谈话。他认为，领导人提及两岸处于“准战争状态”，将把两岸关系带到更坏的境地，马英九质疑这种谈话有无必要？

同样，吕秀莲的话也如重炮般震得民进党“府”、“院”、党高层措手不及，却又不得不赶忙出来“灭火”。“总统府”公共事务室6日下午随即以简讯的方式澄清表示，两岸还不到所谓“准战争状态”，建构和平稳定的两岸关系是“政府”的既定目标，此一立场没有任何改变。“国防部”7日上午则表示不便评论。而相关官员私下表示，解放军目前并没有异常行动，过去也没有听过“准战争状态”的名词，不知吕氏所谓为何。

那么，吕秀莲何以再次遭到朝野的一致反弹？

吕秀莲此番并非“大嘴巴”乱讲话

吕秀莲一向自命不凡，不甘寂寞，但却经常荒腔走板，是台湾岛内人所共知的“大嘴巴”。这次吕秀莲的“准战争状态”一出炉，一般舆论大都认为她又在乱讲话。然而吕秀莲却为自己辩解说，她的讲话“是经过深思熟虑的”。

8 月 7 日，面对朝野内外的强烈质疑，吕秀莲改口说她的意思是目前两岸关系是“准战争边缘”，并说她“并非以传统战争论观点出发，而是以超限战、非典型战争的观点来观察”。保卫台湾不能只靠军事力量，除国防之外，还必须建立“心防”和“民防”，也就是“三防”并顾。如此看来，吕秀莲此番“放话”确实不是一时的心血来潮，除了出于其一向敌视大陆的“台独”本能之外，至少还有以下三方面深层次的政治考虑：

首先，是为泛绿阵营的年底“立委”选举造势。近几年来，民进党在选举中的一贯做法就是给泛蓝扣上“中共同路人”的红帽子，极尽抹黑攻击之能事，而且屡试不爽。今年底至关重要的“立委”选举将届，煽动两岸对立情绪，制造泛绿对泛蓝的攻击口实当然就十分重要。因为吕秀莲所依循的逻辑非常清楚：既然两岸关系紧张，已进入“准战争状态”或“准战争边缘”，那么大陆就是“敌对国家”，谁支持两岸交流和两岸统一谁就是台湾的“敌人”。换言之，“台独”就拥有了“合理性”和“合法性”。也就是明白地告诉台湾人民：谁不支持泛绿阵营，谁就是“不爱台湾”，就是台湾的“敌人”。吕秀莲用这种惯用伎俩诱迫台湾民众“选边站”，藉以压缩泛蓝的生存空间，实现绿营年底“立委”选举席位过半的目标。

其次，是为台湾当局的“军购案”解套。台“行政院”6000 多亿新台币史无前例的对美“军购案”，是扁当局赖以争取美国撑腰、维持其执政地位的“救命案”，但此案却在“立法院”遭到在野党的强力杯葛和民间的高度质疑而搁浅。此刻，心急火燎的吕秀莲危言耸听、蓄意制造两岸紧张空气，其实和近期以来美、台不断进行军事演习和陈水扁的“潜艇秀”如出一辙，目的之一就是为使这笔庞大的“军购案”得以尽快通过而营造台海地区的紧张气氛，以减少阻力。所不同的是，吕秀莲的“大嘴巴”太过直白，说出了不该说出来的话。所以，吕秀莲的话音刚落，“总统府”这边忙以发新闻稿“消毒”，而另一边“行政院长”游锡堃却又呼应吕秀莲说：“中国打压无所不在，人民要看清楚，不要一味反军购而无视中国打压”。可见吕秀莲的说法正中了“行政院”的下怀！

再次，是为自己日后继承“大位”累积政治资本。依照台现行的“选罢法”规定，已经连任两届的陈水扁2008年不能再竞选“总统”，因此3·20之后民进党内部的权力卡位战实际上已悄然拉开了帷幕。一向心气甚高的吕秀莲不会不明白，自己在民进党内既无班底，又无派系，想要争夺战略制高点，唯有借助于媒体。所以人们看到，3·20之后她更加不甘做“深宫怨妇”，频繁接受媒体采访，不断向媒体“放话”，极力“推销”自己，塑造自己“未来领导人”的形象。7·2水灾之后，她到中南部受灾地区作秀，也不乏这种考虑。而这番放出两岸“准战争状态”的“高论”，吕秀莲内心盘算：这既可以博得“急独”派的喝彩，又可以塑造自己“言天下人之不敢言”、“敢为天下先”的“先知”形象，可谓一举两得。

“憨人说憨话”，吕秀莲给“台独”帮倒忙

吕秀莲可谓机关算尽，然而却是百密一疏，她没有想到的是她的此番举措却犯了陈水扁的“大忌”。

事实上吕秀莲并没有说错，四年多来，陈水扁的两岸政策一直都在战争边缘上游走。按陈水扁自己的话来说，他的两岸政策目标就是要做到“让美国满意，国际社会肯定，大陆虽不满意但找不到（动武的）借口。”也就是说，他既要挑动两岸关系，但又要以不引发两岸战争为前提。因为两岸关系的紧张，不仅可以煽动起台湾民众对抗大陆的悲情意识，从而有利于他们搞“台独”，又可以转移民众对民进党政绩不彰的视线，以应付在野阵营的压力。但是他也知道，挑动两岸的紧张神经必须适度，如果操作失当，两岸真的开战的话，“台独”无异于“飞蛾扑火”、自取灭亡。

所以，陈水扁的策略是“只做不说”，或者“说一套做一套”：他一方面不断挑战一个中国原则，加快步伐搞“渐进式台独”；另方面又不断向大陆释放所谓的“善意”和“诚意”，企图以此欺骗国际舆论，欺骗台湾民众，把造成两岸关系紧张的责任推给大陆。

但是，吕秀莲却自作聪明，公然狂妄叫嚣目前两岸是“准战争状态”，使“3·20”之后陈水扁推行的两岸“战争边缘政策”破了功。难怪陈水扁对吕秀莲的讲话十分不悦，公开表示“国家大事我说了才算！”而深知阿扁

权谋的李登辉，则在回答媒体的询问时恼怒的直斥吕秀莲是“憨人说憨话”。因为扁、李都很清楚，以吕秀莲的身份发表这样的言论，存在着极大的危险性。毕竟两岸问题事关重大，吕秀莲如此率性的大放厥词，搞不好一方面会造成台湾民众的恐慌，影响所及，民众会对扁当局产生不满情绪，这对泛绿阵营年底的“立委”选举显然不利。更为重要的是，这种言论隐含着挑战两岸关系现状的企图，而美国早就一再公开警告陈水扁，反对台湾片面改变两岸现状。而大陆方面也已经数次表明严正立场：如果发生“台独”的重大事变，将不惜一切代价维护祖国的统一。如果因为吕秀莲的这番狂妄挑衅言论而被外界解读为是向大陆宣战，使本来就已十分严峻的台海局势进一步升级恶化，山姆大叔一旦怪罪下来，麻烦可就大了！

平心而论，从主观上来说吕秀莲是想帮陈水扁的忙，为攻击抹黑泛蓝阵营、实现年底“立委”选举绿营席位过半制造有利于“台独”的话语环境，因而她遭到泛蓝阵营的猛烈抨击是很自然的事。但她却因私心太重而把“独经”念过了头，以致冲撞了陈水扁所精心谋划的“台独”政策目标，反而是“越帮越忙”，因此遭到泛绿阵营的批判也属“咎由自取”。吕秀莲聪明反被聪明误，最后成了“猪八戒照镜子——里外不是人”。

（华夏经纬网，2004/08/16，与陈星合撰）

台当局为何又操弄族群议题

——从“沈富雄、汪笨湖事件”谈起

8月上旬以来，岛内“台独”阵营内部掀起了一场不大不小的风波——民进党籍的“立委”沈富雄和华视政论节目主持人、著名“台独”打手汪笨湖之间隔空交火，一连数日，双方你来我往，几度过招，互不相让，就民进党执政以及当前台湾社会的一些重大问题进行了空前激烈的争辩。由于绿营首领李登辉、陈水扁出面力挺汪笨湖，而民进党内沈富雄的同仁又一个个作“壁上观”，争辩结果，孤军奋战的沈富雄黯然败退。8月18日晚，沈富雄在他的新书发表会上沉痛地表示：“我的血已冷，心已死，台湾母亲的病我救不了”。至此，“沈、汪之争”偃旗息鼓，宣告落幕。

透视这场绿营内部“茶壶里”的风波，有以下几点颇值得人们深思。

沈富雄成了族群对立祭坛上的牺牲品

众所周知，沈富雄与陈水扁在民进党在野时期同属党内“正义联线”的派系大佬，是多年来“同一战壕里的战友”。论和陈水扁的私交，按说汪无法与沈相比。但在这次事件中，沈富雄却被自己昔日的老战友陈水扁抛弃。据台湾媒体披露，正值“沈、汪之争”白热化之际，陈水扁亲自出面暗地打电话给汪笨湖打气，安慰汪说：“委屈你了，请继续为台湾本土发声”。并强调“沈富雄的发言只是个人意见，不代表民进党立场”，甚至严词抨击沈富雄“错估了形势，和当前的政治斗争的主流文化格格不入”。

至于急“独”势力“台联党”的精神领袖李登辉，则公开邀请汪笨湖到他的鸿禧山庄共进晚餐。李登辉安慰汪说：“这没有什么好怕的，为了大局着想，为了台湾，一定要拼下去”。

李登辉“挺汪贬沈”自不必说，那么陈水扁“弃沈挺汪”原因何在？

其实，长期观察岛内政局发展的人都看得出来，陈水扁与沈富雄之间的心结其来有自，早在四年前扁上台执政之初俩人的关系就已逐渐疏远。陈水扁入主“总统府”后，民进党内上上下下为争个人权位，大都昧着良心对扁极尽逢迎拍马之能事，唯有沈富雄等极少数的民进党精英尚能保持较为客观清醒的头脑，并敢于不时在媒体的政论节目中对扁当局的施政弊端公开批评。从此，沈富雄便被党内同志视为桀骜不驯、难以节制的“异数”而备受侧目。“大选”期间，沈富雄又在“陈由豪事件”中拒绝配合民进党高层说假话维护陈水扁夫妇，差一点使阿扁的连任之路栽在沈富雄手里，更引起了绿营人士的强烈不满。在这次“沈、汪之争”中，他被汪笨湖骂为民进党内的“吴三桂”、“秦桧”，即指此而言。进而在“大选”过后，沈又召开记者会提出“四项认知”，强调维护族群和谐，反对绿营用“爱不爱台湾”来进行政治动员，从而再次遭到绿营的群起围攻。上述情况表明，沈富雄和陈水扁、民进党的关系实际上早已渐行渐远，在民进党内部日益陷于孤立。

面对“大选”后台湾政坛、社会日趋严重的对立情绪和种种乱象，沈富雄痛心疾首。出于对民进党的“恨铁不成钢”以及对年底“立委”选情的担忧，8月12日沈富雄再次召开记者会，公开痛斥台湾的七大泡沫现象，包括：统“独”被激化、滥行开发、信用卡发卡浮滥、虚耗公帑的公共建设、大学高录取、电视媒体表面拼路线实际拼收视的媒体泡沫，与独占被害者身份、妖魔化对手的族群泡沫。并感叹说，“台湾符水吃太多，现在需要的是回魂丹”，更引起了绿营铁杆们的极度不满。所以当沈富雄与汪笨湖之间的对立争吵越来越严重时，纵使部分民进党“立委”担心“弃沈挺汪”会吓跑浅绿选民，但陈水扁还是决定这样做。

事后，对陈水扁知之甚深的沈富雄说：阿扁是“有仇必报”。但这个评论显然失之肤浅，与其说陈水扁“弃沈挺汪”是出于个人恩怨，更确切地说是两人路线不合。

陈水扁鼓吹“本土意识”继续撕裂台湾

陈水扁在5·20就职演说中大谈台湾“族群和谐”，但时隔不过两个多月，他对于沈富雄痛陈目前台湾严重存在的“独占被害者身份、妖魔化对手的族群泡沫”现象，却不仅不予呼应还加以抨击，这恰好暴露出陈水扁5·20演说的十足虚伪！

陈水扁说沈富雄的发言“不代表民进党的立场”，那么民进党的立场是什么呢？显然，从陈水扁的说法中可以反衬出“民进党的立场”就是要继续鼓吹“本土意识”，利用族群对立来进行政治动员，继续坚持用“爱台湾”与“不爱台湾”的简单二分法来撕裂台湾社会，以谋取一党一己之私。

其实，沈富雄的基本立场和民进党并没有根本上的冲突，只是他头脑比一般民进党人清醒并且敢于直言。沈富雄痛感台湾的族群对立不仅伤害了台湾社会，同时也伤害了民进党。因此他主张民进党的政策要向中间靠拢，不要再煽动族群对立，即所谓丢掉“符水”、赶快“回魂”。从根本上来说，沈富雄其实是想帮民进党的忙，让民进党的江山能够坐稳坐牢。但是，这个忙却帮得不是时候，按照陈水扁的说法就是，沈富雄“错估了形势，和当前的政治斗争的主流文化格格不入”。

那么陈水扁所说的“政治斗争的主流文化”又是什么呢？人所共知，长期以来民进党以“国家认同”的不同对台湾民众进行族群二分，竭尽全力抹黑打压不支持其“台独”主张的政党和族群。尽管民进党依靠这种极不道德的族群操弄从中取得了巨大的政治利益，但却给台湾社会造成了难以弥补的伤害。当是否“爱台湾”成为台湾民众的主流论述、理性讨论的空间被压缩到几乎荡然无存之时，这种不正常的现象反过来又给族群操弄提供了更大的空间。道理很简单，仇恨越深，操弄起来就越容易。这种恶性循环，就逐渐形成了今天台湾陈水扁所说的“政治斗争的主流文化”。

沈富雄错就错在他书生气太足，“不识时务”。而在陈水扁看来，“大选”过后“族群和谐”的漂亮话固然不能不说，但面对今年底另一场至关重要的“立委”选举，民进党如果贸然向中间路线转移是十分危险的。民进党是族群对立的最大受益者，如果真向中间路线转移，中间选票不见得能争取到多少，而对情绪已被煽动起来的传统支持者却无法交待，正所谓“未获其利，先蒙其害”。目前，“台联党”的势力正在上升，不断抢食民进党的票源，民进党向中间路线移动，一部分支持民进党的选票很可能会倒向

“台联党”，从而影响民进党的“立委”选情，削弱民进党自身的实力。

正因为如此，尽管沈富雄“立论甚高，持论甚正”，在民进党内也有不少人认同沈富雄的观点，但却没有人敢于和愿意公开站出来声援他、支持他。所以，沈富雄也就只能继续当他的“孤鸟”了。

台湾政坛“只为权力不问是非”

人们看到，自民进党上台执政以来，民进党的大佬级人物不管谁说错了什么话，或是做错了什么事，受到舆论的批评，民进党人大都会“不问是非，只问立场”、一拥而上拼命地为其辩护。远的不说，如前一段时间吕秀莲与原住民的矛盾，和姚嘉文动用“海巡署”船只去绿岛观光的事件，都是在民进党的极力袒护下不了了之。

现在人们却看到了相反的情况——陈水扁和民进党毫不犹豫地抛弃了沈富雄。这就很清楚的向人们表达了民进党的政治哲学：只要能和民进党的意识形态和选举策略保持一致，追随在陈水扁鞍前马后效犬马之劳，对民进党和陈水扁取得权力和巩固权力有利，民进党就会全力维护和支持，无论捅多大的娄子也会大事化小，小事化了，否则像沈富雄那样——“胳膊肘向外拐”、“长蓝营志气，灭绿营威风”，那就会不客气！

其实，沈富雄对此也心知肚明。陈水扁致电支持汪笨湖的消息见报后，他表示并不感到意外，说：“如果他支持我的话，绿营不就乱成一团了吗?”所以，沈富雄的悲剧就在于他没有顾忌当前“政治斗争的主流文化”，竟敢直接向挑起族群对立的做法开火，这无异于是与整个民进党甚至整个绿营为敌，这自然不能见容于民进党和绿营。

何况，他所开罪的是汪笨湖，更是使他处境尴尬。汪笨湖是何方神圣?作为绿营的超级打手，多年在媒体上主持政论节目的汪笨湖号称在台湾有数百万的忠实观众和听众，特别是在南台湾的泛绿支持者中具有很大的影响力，是陈水扁、李登辉赖于制造族群对立的不可或缺的重要“喉舌”。陈水扁当然不会为了一个区区的沈富雄而去得罪“拥兵自重”的汪笨湖。

因此，对于陈水扁来说，是与非的分野并不重要，理性的价值并不是他们追求的目标，如何取得权力和巩固权力才是他们追求的终极目标。因此，原属民进党的亲民党“立委”李永萍说：“现在台湾是一个价值混淆和错乱的时代，没有核心价值，核心价值在向权力和资源靠近”，可谓一针见血地点明了现今台湾的真实情况。

于是，一夜之间沈富雄就从最“爱台湾”变成了最“不爱台湾”，成为陈水扁、李登辉蓄意制造的台湾族群对立祭坛上的牺牲品！

在这篇小文完稿之际，笔者获悉民进党“党发会”刚刚通过了一个所谓追求“族群和谐”的决议案，然而，沈富雄的遭遇，能让人们相信民进党真有诚意和能力营造台湾的“族群和谐”吗?!

（华夏经纬网专稿，2004/08/23，与陈星合撰）

陈水扁空言建立“两岸和平稳定架构”

“和平”的橄榄枝和“准战争状态”

台湾“大选”期间，陈水扁曾就两岸关系问题提出过建立“两岸和平稳定架构”、互派代表常驻台北和北京的构想，以及所谓“一个原则，四大议题”（确立和平原则，建立协商机制、对等互惠交往、建构政治关系、防止军事冲突）的主张。在“大选”过后的 5 · 20 就职演说中，陈水扁再次呼吁两岸“协商建立一个动态的和平稳定互动架构”，说只有这样“才能符合两岸人民的福祉和国际社会的期待”云云。

此后，为了证明他确有“诚意”致力于两岸和平与稳定，采取了一系列动作：5 月 28 日，新任“陆委会主委”吴钊燮主动放话，邀请汪道涵访台，表示“什么议题都可以谈”；接着，台“总统府”公布了“两岸和平稳定互动架构小组”的九人名单，并由陈水扁召集小组成员举行首次会议，宣称将透过两岸九人小组筹组“两岸和平发展委员会”，尽速订定“两岸和平发展纲领”，并宣布由陈亲自出任“委员会主委”等等。

陈水扁频频释出“善意”，不断向大陆伸出“和平”的橄榄枝，似乎真有缓和改善两岸关系“诚意”的样子。然而几个月过去了，两岸关系形势依然严峻，不仅没有缓和改善的迹象，相反却大有愈演愈烈之势。近日，吕秀莲更直言两岸已进入“准战争状态”，“未来两岸情势会更加严峻”。

陈水扁对两岸“和平”所作出的努力，何以会和吕秀莲的切身感受有如此强烈的反差？当前两岸关系形势依然严峻症结何在？

陈水扁不走“阳关道”，偏走“独木桥”

5 月 17 日，也即陈水扁发表就职演说的前三天，大陆中台办和国台办受权发表声明，指出：未来四年，台湾当权者只要承认两岸同属一个中国，摒弃“台独”，两岸关系即可展现出和平稳定发展的“光明前景”，并提出了七个方面的具体主张。其中第一条就谈到：“恢复两岸对话与谈判，平等协商，正式结束敌对状态，建立军事互信机制，共同构造两岸关系和平稳定发展的框架。”这显然是针对陈水扁提出的建立“两岸和平稳定架构”而来。

两办“声明”特别强调：“现在，有两条道路摆在台湾当权者面前：一条是悬崖勒马，停止‘台独’分裂活动，承认两岸同属一个中国，促进两岸关系发展；一条是一意孤行，妄图把台湾从中国分割出去，最终玩火自焚。”前者是“阳关道”，后者是“独木桥”，何去何从，任其选择。

大陆的上述重大举措，从四年前“听其言，观其行”的被动因应，转变为“听我言，观你行”的主动出击，但谁都看得明白，这实际上仍然给了陈水扁调整“台独”立场、改过自新的机会和空间。

然而，几个月过去了，人们看到陈水扁拒走“阳关道”，偏走“独木桥”。

且不说在“5·20 演说”中，陈水扁依然回避一中原则，重施四年前故伎，在有关两岸政策部分再次和大陆大玩文字游戏，表面退缩，实则绵里藏针、话中有话，通篇贯穿了“一边一国论”的“台独”基本理念，预埋了许多日后重回“急独路线”的伏笔，就说他所公开宣示的两岸政策目标，也和四年前毫无二致：四年前陈水扁说，他的两岸政策要“让美国满意，国际社会肯定，中共虽不满意但找不到借口”；如今他则说，他的两岸政策要“让多数国人满意，美国肯定，国际社会激赏，中共找不到借口”。

陈水扁执政四年来的种种事实，早已证明了他所推行的“让美国满意、中共找不到借口”的两岸政策，就是“投靠美国、对抗大陆”的“台独”政策。这种政策，说穿了就是不折不扣的两岸“战争边缘政策”。所不同的，只是陈水扁把四年前骗人的包装“四不一没有”，换成了今日的“两岸和平稳定架构”而已。

“5·20”之后，陈水扁当局所做的头一件大事，就是执意要斥巨资 6108 亿新台币，向美国大量采购高科技进攻性武器装备。此后台“国防部”又刻意透露所谓“毒蝎计划”，与美国国防部的“中国军力报告”隔海呼应、一唱一和，扬言在必要时对大陆实施“先制打击”，攻击三峡大坝和北京、上海、广州等十大城市和经济发达地区。近期以来，更与美国密切配合，举行针对大陆的大规模“汉光”军事演习。美台军事交流与合作日趋紧密、不断升级，实际上已经结成了遏制中国大陆的“准军事同盟”……

总之，陈水扁说一套做一套，他一边大谈建立“两岸和平稳定架构”、施放“两岸和谈”烟幕，一边却在加班加点地推行“以武拒统，以武谋独”的错误政策，甘当美国遏制中国的“马前卒”；他明明蓄意恶化两岸关系，却把自己打扮成“和平天使”。其目的无非是想欺骗国际舆论，蒙蔽台湾民众，把两岸关系恶化的责任推给大陆。这正是当前两岸关系形势严峻、难以改善的症结所在。

“台独”没有和平，分裂没有稳定。陈水扁继续推行上述两岸政策，只会进一步加深两岸裂痕，制造台海地区新的危机，给台湾人民带来灾难。

（《中国台商》，2004/9 月号）

陈水扁坚持“台独”，台海形势堪忧

据台湾媒体报导，8 月 31 日，陈水扁在出访中南美洲的飞机上宣布：鉴于大陆取消东山岛的军事演习，“为了表现台湾在两岸关系上的善意”，他已经决定取消原定的汉光二十号演习，“以展现台湾绝对的诚意”。并说，他“期盼两岸能在一个和平的原则下，走向合作发展，共创双赢”。

次日晚，陈水扁又在过境夏威夷时发表演讲表示：“台海两岸人民同文同种，没有必要再敌对下去”，说他的“终极目标是带领台湾人民，要追求两岸、世界和平”云云。

如此温馨的话语从陈水扁的嘴巴里说出来，让人不相信自己的耳朵！

陈水扁装扮成“和平鸽”

人们记忆犹新，自去年台湾“总统”选战开打以来，同是这位陈水扁，咬牙切齿、声嘶力竭地说了多少煽动仇视大陆、攻击谩骂大陆的污言秽语，做了多少蓄意挑衅大陆、破坏两岸关系的恶行恶状。正是以陈水扁为首的岛内“台独”势力，一手制造了当前台海地区的严峻局势，使两岸关系濒临战争边缘。如今，胜选连任的陈水扁把自己装扮成“和平鸽”，频频向大陆摇橄榄枝，似乎唯有他才是缔造台海和平的“天使”，这恐怕连弱智儿童都难以相信他的“善意”和“诚意”！

其他人不相信也就罢了，值得注意的是，就连“台独”阵营内部也不乏有人对陈水扁的上述宣示表示强烈质疑。民进党中央政策执行长、“台独”理论大师林浊水就很不以为然，认为陈水扁宣布取消汉光二十号演习，“宣传大于实质效果”，更“欠缺战略思维”，“只是以简单的短线作秀为得计”。另一位民进党屏东县党代表黄益盟更撰文指出：陈水扁的这番话语，“让台湾人民甫从‘中共是世界乱源’的错愕中惊醒，原来两岸本是同文同种，不该敌对”，然而，“台湾人民是否会因此认为执政当局有意改善两岸关系？是令人怀疑的”。他认为两岸关系的恶化，与执政者对中共采取敌对的态度有关，也跟民进党长期以来推动的“去中国化”运动有关。他说：“当全党上下包括支持者都被说服在‘一边一国’敌对的状态中，他们心里早已忘却了同文同种”，“‘对抗中共’早已上纲成保家卫国的不二法宝”。

意在推卸责任、讨好美国

陈水扁此举，当然不是真有缓和改善两岸关系的“诚意”，而是他盱衡形势所要弄的又一出政治权谋：

其一，是为推卸制造台海紧张局势的责任。事实上，台湾针对大陆的大规模“汉光演习”，从六月底七月初就已开始密锣紧鼓地渐次展开，其重点是“兵棋推演”、“战略跑道起降”、“海空综合演练”和“重炮操演”等，现在这些课目都已操验完毕，只剩下最后9月9日“火力展示”的尾声而已。陈水扁借出访过境美国之机，顺水推舟，装腔作势，大肆渲染所谓“取消”汉光演习，摆出一副很有“诚意”缓和两岸关系的姿态，一方面是为表明当前两岸关系之所以紧张，责任不在台方而在大陆，另方面更为他日后推动“台独”将使台海局势重现危机推卸责任而预埋伏笔。

其二，是为讨好美国，修补台美关系。台湾“大选”期间，陈水扁为了自己胜选连任，竟敢不听美国的招呼，一再猖狂挑衅大陆，给布什政府出了不少难题，找了不少麻烦，使美台关系一度跌入谷底。选后陈水扁虽然低三下四、费尽心机，好不容易才与美国重修旧好，但美国对陈水扁的信任度已经大打折扣。岂料八月下旬，缺少权谋细胞的“行政院长”游锡坤不知轻重，在出访中美洲过境纽约时凸槌演出，大放厥词，说什么“中共要突破西太平洋防线和美国对干”，并大肆鼓吹所谓“台湾，ROC”，使身陷美国大选逆境、不希望此刻在中美关系和台海问题上横生枝节的小布什甚为不悦。刚刚才从选战泥淖中爬出来的陈水扁自然“感同身受”，洞悉其中利害，于是赶忙作“危机处理”，出面替游某擦屁股，趁自己出访过境美国之机，佯装向大陆释出“善意”，主动灭火，讨好美国，讨好小布什，以免被国际社会视作危害台海和平的“麻烦制造者”。

然而，假的毕竟真不了，陈水扁的“台独”面目很快就露出了原形。

9 月 2 日，他一到中南美洲就在“国号”上大做文章，借着批评游锡坤，公然打出“中华民国（台湾）”的旗号，宣称：“中华民国国号最好、最贴切、最真实的简称是台湾”、“中华民国就是台湾”，重弹“一边一国”的“台独”滥调。

同一天，在岛内播出的陈水扁“九三军人节”电视谈话中，陈水扁攻击大陆“用尽一切手段孤立、打压台湾在国际社会的活动空间”，“企图矮化台湾，进而吞并台湾”，声称“我们绝对不会以牺牲国家主权、安全与尊严，作为改善两岸关系的代价”，甚至狂妄叫嚣：“阿扁坚信，‘畏战无法避战、止战，我们要备战才能避战、要备战才能止战”，并声称坚持对美军购，以武力对抗统一。

9 月 3 日，陈水扁再把攻击矛头指向大陆所谓即将拟定“统一法”，煞有介事地说：“中共 31 条‘统一法’里，有 11 个条文全都在写如何打台湾，很清楚的是在破坏台海和平现状”，并煽动台湾民众“绝对不能掉以轻心”。

曾几何时，陈水扁“台海两岸人民同文同种，没有必要再敌对下去”的话语犹言在耳，就再一次撕下了他的假面具，公开鼓吹“台独”，煽动对抗大陆。难怪消息传到岛内，死硬“台独”分子欣喜若狂、欢呼雀跃。“五一一台湾正名联盟”执行长王献极眉飞色舞地说：“陈总统在贝里斯的宣示，是台湾正名运动极大的进展，（时间）比我们想象的还快……对联署参与台湾正名运动的所有团体都是一大鼓舞”，他身为执行长“非常高兴，更非常振奋”，表示他有信心，“只要全民努力，台湾正名运动一定能达成国号正名的终极目标。”

台海形势依然严峻，令人担忧

大陆两办受权发表的 5・17 声明说得很清楚：“‘台独’没有和平，分裂没有稳定”、“现在，有两条道路摆在台湾当权者面前：一条是悬崖勒马，停止‘台独’分裂活动，承认两岸同属一个中国，促进两岸关系发展；一条是一意孤行，妄图把台湾从中国分裂出去，最终玩火自焚。何去何从，台湾当权者必须作出选择。”

三个多月来的种种事实表明：陈水扁不走“阳关道”，偏走“独木桥”；只要“和平”，不要“一中”；依美拒统，以武谋独；说的一套，做的一套，致使当前两岸关系形势依然十分严峻，毫无缓和改善的迹象。

更加令人堪忧的是，由于岛内国、亲两党貌合神离，内部矛盾重重，致使泛蓝阵营难以整合，士气低迷；兼之在目前岛内恶劣的政治环境下，国民党丧失理念，迷失方向，不断向陈水扁的“台独”路线妥协靠近，这无异于鼓励和助长了陈水扁继续坚持对抗大陆的“台独”立场。如果泛蓝阵营在今年底举行的新一届“立委”选举中再遭败绩，“台独”势力在“立法院”的席位首次超过半数，势将进一步增强陈水扁对抗大陆、从事“台独”分裂活动的实力和信心。那么，失去有效制衡、一向私心自用、并且国际观和两岸观均十分无知的陈水扁，在唯恐天下不乱的“急独”势力李登辉“台联党”的裹挟之下，会不会误判形势、利令智昏、食言自肥，公然启动“台独时间表”搞“法理台独”，从而出现“‘台独’重大事变”，把大陆逼向墙角，引发台海战争，使两岸同胞骨肉相残？这恐怕任谁也不敢替陈水扁打包票。

故此，证诸陈水扁执政四年多来的所作所为，为今之计，人们不能不从最好处努力，从最坏处着想，对擅要权谋、反复无常、毫无诚信可言的陈水扁保持高度警惕！

（华夏经纬网，2004/09/05）

叩关联合国，再次暴露陈水扁“台独”嘴脸

台湾当局连续十二年唆使极少数国家在联大召开之际提出台湾“参与”联合国的问题，妄图在联合国内制造“两个中国”、“一中一台”。为了配合台湾加入联合国的步调，陈水扁 15 日与联合国记者协会（UNCA）进行了视讯交流并发表了演讲。通观他的演讲，充满了“一边一国”的“台独”滥调，再次暴露了其顽固推行“台独”路线的嘴脸。

坚持台湾是一个“主权独立的国家”

陈水扁说，“像台湾这样一个自由而民主的国家，不应该成为联合国‘会籍普遍性原则’的缺口，2300 万台湾人民，失去国际认可的身份证，成为遭到‘政治隔离’的国际游牧民族。”“台湾就是台湾，台湾不能也不会去争所谓‘中国代表权’。台湾有 36000 平方公里的土地面积，代表居住在上面的 2300 万人民。”

以上其实是三段论式的逻辑：台湾是一个“自由而民主的国家”，中国不能代表台湾，所以台湾应该被联合国接纳为“会员国”。在逻辑链条的开始，陈水扁就明确地预设了前提：台湾不是中国的一个部分，而是一个“自由而民主的国家”，这已经是“台湾中国，一边一国”赤裸裸的“台独”叫嚣了。

“台湾就是台湾”，陈水扁这点倒是没有说错，但说台湾是个“国家”，那就只是陈水扁的“自说自话”了。国际社会早已认定，台湾是中国的一个省，是中国的一个部分。在这一点上，台湾和中国其他省份一样，没有任何理由和资格去争“中国代表权”。至于陈水扁所称的“台湾有 36000 平方公里的土地面积，代表居住在上面的 2300 万人民”等等，把这些说成是“台湾是个主权独立国家”的根据，按照陈水扁逻辑，那么任何一个国家的地方政府所管辖的地区，是否都可以自称为“主权独立的国家”？这岂非天

大的笑话！

同时，陈水扁还强调，“联大第2758号决议只处理了中华人民共和国在联合国及所有相关组织的代表权问题，并未赋予中华人民共和国在联合国及在所有联合国相关组织中‘代表台湾人民’的权利。”更是隐藏了要将台湾从中国剥离出去的险恶用心。联合国只承认世界上只有一个中国，台湾和大陆同属于中国，如何能说中国不能代表台湾？陈水扁将两岸因为长期人为因素而形成的隔绝和对立的状态作为其立论的依据，通过玩文字游戏的方式，间接否认一个中国的事实。

公然说谎，欺骗国际社会

为了达到挤进联合国，完成“台独建国”的目的，陈水扁公然说谎。他说“和平、尊重、平等与友善，都是联合国成立的核心价值。……台湾作为国际社会的一分子，不仅忠诚履行联合国所赋予的义务，更在全球经贸、和平维护、人道关怀，甚至民主巩固等层面，扮演不可或缺的角色。”

看看陈水扁当局这两年的所作所为，就知道台湾当局到底是如何推进“和平维护”和“人道关怀”的。众所周知，民进党当局拒不承认一个中国是引起两岸关系紧张的根本原因，大陆在今年的“5.17声明”中早已明确提出，只要台湾当局承认一个中国，两岸可以立刻“恢复对话与谈判，平等协商，正式结束敌对状态，建立军事互信机制，共同构造两岸关系和平稳定发展的框架。”

陈水扁昧于事实，却又强词夺理，妄图把自己塑造成台海的“和平维护者”，甚至把前几天装腔作势宣布的所谓取消9月9日的“汉光”军事演习的事又搬了出来，以作为“传达台海和平的善意讯息”的例证。但是，翻一下台湾报纸就知道，连台湾当局自己都说，军方已经完成了所有的演习任务，停止这次演习无损台湾战力，请问这是哪门子的“善意”？

至于说“人道关怀”，更是荒谬。“行政院长”游锡堃不久前在出访中南美过境美国时，竟煽动中美战争。为达到“台独”目的，游某居然不择手段，煽动战争，不惜牺牲千万同胞的生命，这还有什么“人道关怀”

可言？

再者，陈水扁攻击大陆在非典期间歧视台湾，更是睁眼说瞎话。2003年5月间，国务院副总理吴仪前往日内瓦出席世卫组织年会期间，主动为台北争取了出席6月中旬在新加坡召开的全球抗疫会议的5个名额，这是人所共知的事实。但是，当6月中旬高明见医生到新加坡赴会时，台湾泛绿阵营却利用媒体开始对其进行攻击，甚至上纲上线到“出卖台湾利益，为大陆张目”的地步。台湾当局蓄意拿世卫组织做政治文章搞“台独”，不惜扭曲事实，其虚伪嘴脸展现得可谓淋漓尽致。戈培尔说，“谎言重复一百遍就成了真理”，看来陈水扁学得真是到了家。

以和平、民主、人权为幌子，博取同情

陈水扁说，“联大第2758号决议却错误地被援引为将台湾排除在联合国体系外的理由，造成台湾2300万人民参与联合国工作及活动的基本人权被剥夺。这不仅违反《联合国宪章》、《世界人权宣言》，以及其他国际人权准则，更是对联合国标榜‘会籍普遍性原则’的一大讽刺。”

联大第2758号决议是否被错误引用，这种引用是否违反《联合国宪章》，这不是由陈水扁可以单方面认定的。联合国是一个只有主权国家才能参加的国际组织，“会籍普遍性原则”是指主权国家而言。台湾作为中国的一个地区，当然无权以主权国家身份参加联合国。在陈水扁及其“台独”分子看来，当年联合国通过这个决议是天大的错误，因为它阻断了“台独”分子“独立建国”的美梦，必欲去之而后快是很自然的。

其实，台湾不是不可以参加联合国的活动。同样是在“5.17声明”中，大陆方面提出，如果陈水扁当局接受一个中国，可以通过协商，妥善解决台湾地区在国际上与其身份相适应的活动空间问题，共享中华民族的尊严。换言之，是台湾当局自取其辱、自作自受，自己抛弃“尊严”，自己放弃了可以得到尊严的“国际身份证”，在国际上不断冲撞一个中国原则，最后落得个灰头土脸、可怜兮兮委屈的模样，而同时也连带殃及到2300万台湾同胞跟着受辱。然而陈水扁却不讲“因”只讲“果”，并把大陆遏制“台独”、

维护国家领土主权完整的正义之举，歪曲渲染成“打压台湾人民”。

但是，陈水扁即便巧舌如簧，联合国毕竟不是台湾岛，其中的是非曲直，国际社会自有公论。

妄图使台湾问题国际化

在这次视讯会上，陈水扁又提到了建立“两岸和平发展委员会”，并说，“如果联合国能够接纳台湾，必定能够替未来‘两岸和平发展架构’提供最有效的国际监督机制，对台海和平，甚至亚太安全都将产生决定性的作用。”

陈水扁要求联合国介入两岸事务，一方面，陈水扁图谋把台海问题变成“国际问题”，将台湾问题国际化，借此消解“两岸事务是中国的内部事务”；另一方面，陈水扁不谈前提，鼓吹无条件建立“两岸和平稳定架构”，其根本目的还是图谋“和平独立”。其实，台海地区和平稳定与否，和联合国是不是接纳台湾风马牛不相及，目前两岸关系之所以如此严峻，根源在于陈水扁坚持“台独”，妄图分裂中国。

视讯会上，陈水扁还将两岸关系与两德关系和南北朝鲜的关系进行比附，说什么“德国统一之前，东、西德都是联合国的会员国；南北韩目前都是联合国的会员国，亦无碍双方追求朝鲜半岛的统一。”但是他却故意回避了这样的事实：即两德和南北朝鲜是在二战结束后，通过签订国际条约和协议，早就已分立为两个主权独立的国家，而台海对立却是因为国共内战、人民革命遗留下来的问题。中国的领土主权从来也没有分裂，海峡两岸同属一个中国，这是基本事实。陈水扁把台湾和大陆的关系与两德关系和南北朝鲜的关系相比附，显然并非出于无知，而是企图鱼目混珠，误导国际社会。

更可笑的是，陈水扁竟提出要同国家主席胡锦涛就“台湾参与联合国”问题进行公开辩论。陈水扁也太健忘了，台湾够不够格加入联合国，联合国难道“辩论”得还算少吗？

就在陈水扁召开所谓“视讯会议”，信口雌黄企图混淆国际视听的当天，联合国经过大会“辩论”，再次否决了极少数国家提出的所谓接纳台湾

“参与”联合国的提案；而在地球的另一端，吴淑珍则在雅典被国际残奥委会取消了中国台北残奥代表团“团长”的资格。国际现实再次说明，陈水扁之流的种种“台独”努力，只能是枉费心机。

（华夏经纬网，2004/09/18，与陈星合撰）

台谍案重创不了“美台关系”

9月15日，美国前亚太事务首席副助理国务卿凯泽遭到联邦调查局逮捕，原因是“在国务院例行二次调查中，凯泽涉嫌隐瞒2003年9月访问台湾的行程，做出不实陈述”，并在今年8月1日和9月4日两度秘密会见两名台湾情报官员并交给他们档案。连日来，美国主流媒体大肆报导台湾在美收买间谍一案，台湾政坛波澜再兴。

美国意图警告台湾

这次台谍案惊爆的时间点颇值得玩味。一是中共召开十六届四中全会；二是美国随即将要举行总统大选；三是台湾岛内面临年底的“立委”选举，“台独”分子“台湾正名”的鼓噪甚嚣尘上。在这个当口美国异乎寻常地公开台谍案，当然不会是无的放矢：

第一，警告陈水扁，不要冲“台独”冲得太急，使美国冒卷入台海战争的危险。美国早就警告过陈水扁，不要把美国的支持当做一张空头支票。但是，由于美国在对台军售等许多方面又同时不断向“台独”分子发出错误信号，致使“台独”分子误判形势，吃定了美国会支持他们，因此“5·20”之后，台湾当局在“台独”的道路上迈出了实质性的三大步，即“公投入宪”、“中华民国”简称“台湾”、裁撤“陆委会”，全面推翻了陈水扁在“5·20就职演说”中所做出的承诺，使得两岸发生冲突的危险进一步增加，这种情况当然不能不令美国感到担忧。

第二，告诉陈水扁当局，台湾的一举一动都在美国的掌控之下。虽然凯泽密访台湾时由“国安局”协助，没有留下任何出入境纪录，但是仍然遭到FBI跟监。如此机密的事件都没能逃过FBI的眼睛，其他事情自不待言。至于发展间谍搞美国的情报，只是徒劳，而且可能激怒美国。

第三，美国大选将至，布什政府不希望台湾在这个节骨眼上制造新的麻烦。

第四，美国这次将台谍事件做大，也不排除向中国大陆显示其对台湾影响力的意图在内，并藉以在海峡两岸搞“平衡”。由于台湾当局近来的一系列言行对两岸关系冲击甚大，大陆一方面对美国不断向“台独”发出错误信号表达强烈不满，另一方面也对美国是否还有能力“管住”“台独”而不致使两岸局势失控产生了怀疑。今年切尼访华时已经感受到这一点，所以，美国此举有对大陆表示美国仍有能力“控制”台湾当局的意味。

“美台关系”不会有根本性变化

从去年底的“公投”争议以来，美国对台湾当局刻意挑动两岸关系的做法就充满了疑虑，陈水扁的“5·20”演说虽然得到了美国的“赞赏”，但双方关系也只是“止跌”而已。此后台湾当局冲击两岸关系的言行再度使美国增加疑虑，虽然台湾当局对通过6108亿新台币的军购预算十分卖力，企图以此修补“台美关系”，但是一直到现在这笔军购预算在“立法院”仍未过关，美国更是连定金都没有见到一毛，已经对台湾当局相当不满。

客观地说，美国在台湾有巨大的政治和经济利益，台谍事件不可能使“美台关系”产生根本性的变化，但至少已使美国国务卿鲍威尔及外交系统对台湾十分恼怒。同时，台谍案也为“台独”分子又一次敲响了警钟，再次说明，“台独”是没有出路的，即使是一直支持台湾的后台老板美国，也不希望台海局势因为“台独”分子的挑衅而进一步恶化，从而损害美国的利益。

（《国际先驱导报》，2004/09/25，与陈星合撰）

国民党发展论述对台湾政局和两岸关系的影响

经过几个月的讨论，国民党于9月22日举行的中常会上通过了“民主、和平、新台湾——我们现阶段的基本论述”，这个论述在25日举行的国民党第十六届中央委员会第四次全体会议上通过。有关“国家”名称问题，论述中表示，“中华民国不是过时、反动的标志，而是稳定两岸关系的基石、更是团结国内认同的最大公约数，爱中华民国就是爱台湾。”论述主张“今天的中华民国已经和台湾合为一体，中华民国就是台湾民主、和平的最大保证。”国民党坚持“中华民国”主权独立自主，反对改变现状的变更“国号”，也不接受丧失自主的“一国两制”。

论述还认为，两岸都应暂时搁下“主权”的无解政治争议50年，终止无止尽的军备竞赛，放弃以武力解决争议的不文明举动，尊重彼此的存在和发展，逐步建立互信基础，让政治的归政治、经济的归经济。两岸可先从“三通”开始，扩大商贸往来基础，建立经贸合作关系，进而签订自由贸易协议，“让大陆变成台湾的机会，而不是威胁”。

国民党的发展论述向右转

随着民进党的上台执政，近几年来，两岸政策和台湾定位问题成为国民党的两大罩门。能否解决这两个问题，是国民党能否进一步发展的关键，但是从国民党的发展论述来看，并不能看到解决这两个问题的气象。相反，整个论述矛盾重重，漏洞百出。

首先，在台湾的定位问题上，国民党认为，“今天的中华民国已经和台湾合为一体”，25日连战致辞时又说：“堂堂正正立足台、澎、金、马，真心诚意捍卫中华民国，中华民国就是台湾民主、和平、安定、繁荣的最大保障”。通过这些论述，国民党实际上将“中华民国”定位在了台、澎、金、马，这正好中了民进党在“中华民国”的招牌下搞“台独”的圈套。再联系到近期以来一些国民党高层人士一再建议“国民党两岸政策可考虑将独立选项纳入台湾未来选项之一”，可以说，国民党的发展论述已经足以说明其在一中立场上已大幅向后退缩。

在台湾定位问题上的大幅向后退缩，反映了国民党在国家认同问题上的混乱。在国民党的新论述中，所谓的“中华民国”已经变成了一个空壳，其中的一中意涵实际上已经被剥离殆尽。换言之，“中华民国”只剩下了符号的意义而失去了其原来的固有内涵。

国家认同的混乱和对一中立场坚持的弱化，必然引发国民党在整个政治立场上的进一步右转。影响所及，这将是以后国民党在“修宪”问题上向后退缩的先兆，例如领土条款的变更等，既然把“中华民国”定位于台、澎、金、马，那么现行“宪法”中所标明的“固有领土”范围的变更，自然也就成为“题中之义”了。

其次，国民党的所谓“新论述”在两岸政策上同样也是模糊不清的，甚至企图回避两岸的统独矛盾和争议。所谓“两岸都应暂时搁下主权的无解政治争议五十年，终止无止境的军备竞赛，放弃以武力解决争议的不文明举动”，是回避了问题的根本，即两岸目前的紧张形势是由于民进党当局一意孤行推行“台独”分裂主义政策的结果。国民党置国家民族利益于不顾，自己采取“鸵鸟政策”，不敢明确提出反对“台独”、主张统一，甚至要求大陆也一起姑息“台独”，影射攻击大陆不放弃对台使用武力是所谓“不文明举动”，更是极其荒谬。

国民党意图从两岸统独矛盾与争议中脱身，声称将“政治的归政治，经济的归经济”，从而把岛内争执的焦点引领到对国民党相对有利的经济与民生议题上来，但是这种策略已经在今年的大选中被证明是不可能奏效的。这是因为：一方面两岸统独矛盾与争议是在台湾政治发展过程中不可回避的问题，特别是在民进党坚持“台独”立场的情况下更是如此。另方面在台湾目前“台独”占据“话语霸权”的情况之下，“统独”议题对于民进党来说还有很大的市场价值，因此，国民党的上述策略完全是一厢情愿的自说自话，根本不可能被民进党当局所采纳。

国民党的论述困境，反映出台湾社会话语环境的变化和国民党的矛盾心态。在台湾的所谓“本土化”发展过程中，由于“台独”势力的蓄意误导，在很大一部分的台湾民众中对本土的认同逐渐超过了对中国的认同，因为本土认同是实实在在的，而中国认同则由于两岸的长期分离而越来越模糊。民进党利用了这种情况，通过偷换概念的方式，将本土认同与中国认同对立起来，并将本土认同与“爱台湾”联系在一起，作为认同忠诚的一个衡量标尺。在民进党长期别有用心的宣传下，似是而非的“台独”理念在台湾社会已经有了相当大的存在和发展的空间，而统一的话语空间则已经被压缩到了几乎难以存在的地步。

面对这种情况，国民党被迫将本土认同作为自己寻求选民支持的主要诉求。但是，从目前的台湾话语环境来看，这种诉求和国民党所要坚持的“中华民国”是矛盾的——最起码在中国认同淡漠的选民那里是矛盾的，因为“中华民国”的“国号”本身就具有整个中国的内涵。这也是国民党一直难以提出一个能够吸引民众的发展论述的主要原因。

国民党发展论述出现困境还有一个重要原因，就是不能坚持正确的理念而仅仅以选举为目的。正确的理念是内部整合和提高内部凝聚力的重要因素，从国民党这次所提出的发展论述中，我们难以看到其为理念而奋斗的迹象。连战在25日致辞时说，“因为不动国号，中共就无动武的借口”，更可以看出所谓的发展论述其短线操作性。另外，国民党实际上将发展论述当作选举的文宣而不是政治理念来提出，而两者是根本不在同一个层次上的问题。长此以往，国民党将很难解决“为谁而战，为何而战”的问题，内部的凝聚力也会因此而进一步下降。在这种情况下，如果不采取必要而有效措施，可以预料的是，国民党的发展论述将会随着目前台湾政治形势的发展而进一步向“台独”靠拢。

国民党的发展论述对岛内政局的影响

对年底“立委”选举的影响。国民党的论述方向转化不可能争取到泛绿的民众。因为其虽然向右靠近，但是比起民进党的论述在“台独”方向上显然还是温和得多，相对于那些比较倾向于“台独”的泛绿民众来说，民进党和“台联党”的论述显然更具有吸引力，国民党想在这个方向上着力无异于缘木求鱼。另一方面，论述方向的转化使长期支持国民党的民众产生失望情绪，在未来的选举中国民党的支持率不仅不会提升还将会进一步下滑。

另外，“立委”选举不同于“总统”大选，其主要的诉求对象是参选者长期经营的地方支持者，政党的发展论述对民众的投票取向并不具有决定性的影响。同时，台湾社会（特别是中南部）的选举往往掺杂有浓厚的人情味，反映在多席次的“立委”投票中就是只看个人不看理念，只看政党不看论述。因此，国民党的发展论述对其在这次“立委”选举中的选情虽然不利，但还不至于产生太大的影响。

但是这个论述对国民党的未来发展是既深且远的。在国民党内部，理想性的消失和以胜选为唯一的目的，将会使其整个政治价值和政治取向庸俗化。个人政治利益的争夺和整体权利的分配在国民党的价值取向中将会变得越来越重要。一旦出现这种情况，其内部利益的争夺会进一步加剧，这对国民党凝聚力的强化将是一个致命的打击。

由于整个论述转向，将会在支持国民党的民众中形成思维的混乱和对国民党的不满。对于本土派来说，这种模糊的论述和定位显然不能满足他们的要求，而对于中国意识比较强烈的民众来说，则又会使他们产生失望的情绪，从而将会使整个泛蓝阵营成为一盘散沙，失去战斗力。既然国民党自己都在弱化自己的理想，如何能让民众对其抱有希望、产生信心呢?

国民党发展论述的提出同样会对已经展开的泛蓝整合产生影响。本来，国、亲、新三党系出同门，政治理念的差异不大，但是国民党整体论述方向的右转将会扩大这种差异，从而引起泛蓝内部的理念分歧与反弹，这对泛蓝阵营的整合显然是不利的。前一段时间宋楚瑜亲民党对国、亲合态度消极游移，在很大程度上即有这方面的原因。而对新党来说，由于其主要支持者是中国意识比较强烈的群体，国民党发展论述的转向对其影响更大。尽管不久前国、亲两党签订了协议，声称将于明年二月完成“合并”，但后续发展如何，还有待观察。

假如国、亲、新三党最终无法整合，一部分不满国民党右转的民众可能会转向支持亲民党、新党或反“台独”的无党籍人士，而后者为了争取这一部分民众的支持则又会和国民党的政治立场保持一定的区隔，泛蓝各方将会在路线和立场上渐行渐远，泛蓝内部的政治板块结构也将会发生变化，这种情况的出现将会使泛蓝阵营的整合出现新的变量，也使泛蓝整合的难度进一步加大。

总体来说，国民党新的政治论述对泛绿阵营的影响不大，但是却可能会导致民进党的论述和政策更为激进。因为长期以来民进党就是通过“台独”诉求来争取民众。而当国民党的诉求右转之后，民进党只有比国民党的论述更为激进才能巩固和扩大其政治版图。换言之，民进党必须比国民党更“独”，才能够和国民党保持必要的区隔以争取民众的支持。

如果真的出现上述情况，国、民两党在“统独”诉求上进行比赛的话，将会形成恶性循环，在台湾政坛上“统独”论述失控。然而可以预料的是，在操短线、比谁更“独”的竞赛中，国民党恐怕永远也追不上民进党的脚步。总之，倒退是没有出路的，恰恰相反，国民党如果想要挽回劣势、败部复活并取得发展，唯一的出路是把自己的视野放远、放大，彻底抛弃跟在民进党屁股后面“拿香跟着拜”的错误做法，回归一个中国，坚持理想性，提出大异于民进党的政治论述，才能提高政党的吸引力，引导和争取广大台湾民众认同与支持自己的政纲，逐步壮大泛蓝阵营的力量。

国民党的发展论述对两岸关系的影响

国民党基本论述向右转对台湾民众的国家认同来说影响同样是极其恶劣的。它将使得台湾岛内坚持一个中国的力量大为减弱。相应地，如果在选举中少了对一个中国的坚持，台湾民众的国家认同将更加混乱，再加上“台独”话语的恶性传播和本土认同的畸形发展，必然进一步削弱民众的中国认同，这对两岸关系的发展和未来的统一工作，将造成严重的负面影响。

与此同时，这种情况的出现将会刺激大陆和海外华人华侨的情绪向激进的方向发展。长期以来，13 亿大陆人民和几千万海外华人华侨一直盼望台湾问题能够早日以和平的方式解决，实现国家的完全统一，不希望两岸兵戎相见、骨肉相残，但是，如果国民党右转，岛内反“台独”力量的削弱乃至消失，将会使大陆民众和海外华人华侨对台湾问题是否能以和平方式解决逐渐失去耐心甚至产生怀疑。人民的心声是政府决策的重要依据。如果台湾岛内的政治形势发展不能给大陆人民和海外华人华侨和平解决台湾问题的希望，那么可以想见，海内外同胞要求对台强硬的呼声必然会日趋高涨，到那时，恐怕大陆政府想不对台采取强硬措施都难。如果事态发展到两岸民众的敌视和对决，那将是中华民族的最大悲剧。

毋庸讳言，长期以来，作为岛内牵制“台独”的以国民党为主体的泛蓝阵营，一直是我们争取和团结的对象。只要泛蓝阵营坚持“反独”立场，无论在朝在野，都可以使台湾的政局发展被控制在可以接受的范围之内，而大陆则可以为祖国的和平统一争取到宝贵的时间。如果国民党在两岸问题的整体论述上继续向右转，将会使大陆的对台政策失去一个重要的着力点，从而使得这一努力的实质意义变得越来越小。在这种情况下，祖国大陆对台湾内部形势的整体评估必然发生重大变化，随之大陆的对台政策也势必发生重大调整，将不惜一切代价以遏阻“台独”。届时，两岸形势将会愈加严峻。

（华夏经纬网，2004/10/05，与陈星合撰）

混淆视听的“双十讲话”

陈水扁在双十讲话中，提出了诸如“以九二香港会谈为基础”推动两岸协商谈判、“管制武器”、“建立两岸军事互信机制、同步检讨两岸军备政策”、两岸“人货包机”便捷化、筹组“两岸和平发展委员会”等一大堆缓和发展两岸关系的构想与方案，在两岸关系紧绷之际，陈水扁向大陆伸出了和平的橄榄枝，但略加分析，便不难得出如下结论：

一是老调重弹。在这篇讲话中，陈水扁开篇就定下了台湾是一个“主权独立国家”的基调，声称“中华民国的主权属于2300万台湾人民，中华民国就是台湾，台湾就是中华民国”，陈水扁在这种正式的、重大的场合公开给“台湾正名”，将“中华民国”定位于台湾，明目张胆地分割中国主权。

陈水扁宣称，台湾是“原住民族、客家人、河洛人的原乡，也是外省新住民的新故乡、外籍新移民的新天地”，如此说法无非是要抹杀台湾绝大部分住民的原乡是中国大陆的事实，实际上是要割断台湾与中国大陆历史联系的脐带，塑造新的所谓“台湾生命共同体”。

陈水扁奢谈两岸“共同营造一个‘和平发展、自由选择’的环境”，宣称“未来中华民国与中华人民共和国或者台湾与中国之间，将发展任何形式的政治关系”云云，实际上就是要求大陆放弃一个中国原则，在承认“台湾与中国，一边一国”的前提下，和平发展“两国”关系。

二是故伎重演。其一是玩弄文字游戏。陈水扁说，愿在“九二香港会谈”的基础上来推进两岸协商，但“九二香港会谈”的基础是什么，他却刻意避而不提，企图以模糊的概念来否认一个中国原则，诱骗大陆放弃一个中国立场和台湾展开两岸复谈。

其二是煽动和制造悲情。陈水扁明知以“一边一国”为前提，两岸复谈、“三通”也好，建立所谓“军事互信机制”也罢，通通都无从谈起，但他仍煞有介事地一再呼吁，目的就是要营造所谓“大陆打压台湾”的氛围，一方面藉以煽动台湾民众对祖国大陆的仇恨，为其推行“台独”路线打造民意基础；另方面则是向国际社会喊话，特别是向美国有所交待，证明自己不是麻烦制造者，以求得国际社会的同情与支持。

三是颠倒黑白。首先，他用最恶毒的语言攻击大陆是威胁台海和平的“恐怖阴影和黑暗势力”，污蔑大陆是“穷兵黩武的侵略霸权”。陈水扁通过这种颠倒黑白的说法，一方面将造成当前两岸关系紧张的责任推给祖国大陆，否认“台独”是威胁台海和平的根源；另一方面则是配合国际反华势力重炒“中国威胁论”，试图混淆视听、浑水摸鱼。

其次，陈水扁一边主张“管制武器”、检讨“军备政策”、建立两岸“军事互信机制”，但同时又为6108亿对美军购案大做广告，说什么“如果我们没有自我防卫的坚定决心和能力，台海的和平、台湾的安全将会失去最后的倚靠”。他明明是在公开鼓吹“以武谋独”、对抗大陆，却要把自己装扮成保卫和平的天使。

再次，陈水扁蓄意曲解1971年联大通过的关于解决中国代表权问题的2758号决议，妄称该决议“从未赋予中华人民共和国在联合国及相关组织‘代表台湾人民’的权利”，攻击联大拒绝台湾加入“违反‘联合国宪章’”等等。只可惜对联大2758号决议的解释，全世界自有公断，并不是台湾当局可以单方面认定的。

四是欺骗舆论。陈水扁的通篇讲话贯穿着“一边一国”的主轴，是以所谓“台湾是个主权独立国家”的荒谬逻辑前提下进行论述的，但由于他戴着一副“善意”的假面具，因而颇具迷惑性和欺骗性。陈水扁在讲话中呼吁改善两岸关系，目的在于吸引海内外舆论的视线，为其推行“台独”路线打掩护。同时，陈水扁也利用这种假“善意”来美化自己，试图扭转其在大选中猖狂挑衅大陆给国际社会所造成的恶劣形象。

总之，陈水扁的“双十”讲话混淆视听，重调旧调，了无新意，适足说明他顽固坚持“台独”立场，无助于两岸关系的缓和与改善。

（人民网，2004/10/11，与陈星合撰）

布什新任期美台海政策趋“策略清晰”

鲍威尔 10 月底的北京之行已经过去半个多月了，但他在接受凤凰卫视和 CNN 专访时对“台独”说出的“重话”却至今波澜不止，并且随着小布什的胜选连任而大有持续发酵的迹象。鲍威尔明确宣示：“台湾不是主权独立国家”，并两次提到希望两岸“和平统一”，这的确耐人寻味！

长期以来，台湾当局之所以一直抗拒统一，其主要原因就在于美国为台湾提供了某种安全承诺。然而，在台海问题上，美国的政策一直是以美国国家利益最大化为依归，它是由美国人自己主导决定的，而不是“台独”分子所能左右的。笔者认为，小希什连任后，为因应台海地区日益严峻的新形势，美国的对台政策有可能在坚持既有基本原则与立场的前提下，在具体政策策略上将进行适度的调整。

首先，在新保守主义价值观主导下的美国布什政府，无论从意识形态上还是从地缘战略布局上，都不会轻易放弃台湾。在台湾问题上寄希望于美国协助中国推动两岸和平统一无异于与虎谋皮。但是，当中国的综合国力特别是国防实力发展到足以抗衡美国对台海冲突的军事介入之时，美国基于在亚太地区的现实利益，有可能会迫使美国调整其对解决台湾前途问题上的政策。

换言之，随着中国的发展，美国对中国大陆“武力统一”台湾的威慑终有一天会失效，届时，美国有可能被迫接受以“和平统一”的方式来解决两岸争端。毕竟，美国的台海政策从“和平解决”向“和平统一”的方向转换与调整，并没有想象中的那么困难。鲍威尔不久之前的北京之行，是否已露出某种端倪？值得玩味。

其次，反对“台独”，加大对台湾当局“台独”言行的约束力度和强度，将会是今后一段时期美国台海政策的侧重点。稳定台海局势，维护两岸和平符合美国在亚太地区的战略利益。近年来，陈水扁的“台独”冒险不断升级，一再试探祖国大陆和美国所能容忍的底线，台海局势大有失控之虞。近期以来，新加坡、澳大利亚等周边国家已一再公开表示深切忧虑，这自然也不能不引起美国的高度警惕。

美国已认识到，“台独”是台海现状的破坏者，是危害东亚地区稳定和平的根源，为了维护美国在这一地区的利益，有必要对陈水扁的“台独”冒险加强约束。

鲍威尔有关台湾问题的最新表述，实际上是某种形式的“预防外交”，是对陈水扁“台独”冒险的“严重警告”，这是否预示着今后美国的对台政策将从以往的“策略模糊”转向相对的“策略清晰”，以防止“台独”误判美国的政策？值得观察。

再次，促进两岸接触谈判是美国台海政策的一个既定方向。近一个时期以来，美国一直在力促两岸恢复谈判。美国认为，只有两岸谈起来，才能消除敌意，化解对抗，预防突发性冲突。这样，台海形势的发展就会重新纳入到一个可以预测的轨道之中，并使美国继续掌控主导权。

毕竟，“一个中国”是国际法和国际政治中的现实，“九二共识”是两岸复谈的最大公约数，同时也符合美国的一贯政策。可以认为，鲍威尔有关台湾问题的最新表述，“一个中国，反对‘台独’，和平统一（解决）”，应该是美国为两岸复谈确定的基调和底线。

（《国际先驱导报》，2004/11/19，与李振广合撰）

选战落幕后的台湾将走向何方

喧嚣了几个月的台湾“立委”选举终于降下了大幕，开票结果表明，泛蓝阵营获得116席，超过总数225席的半数，泛绿则获得101席。从得票率上看，泛蓝总票数近50%，泛绿为46%，绿军较三年前总得票数虽有小幅成长，但是得票率显然未如预期。另外，从席次上来看，绿军与蓝军一样，总席次各增加一席，结果是平分秋色，可以反映出双方的基本盘并没有太大的变化。但是，这次“立委”选举中所反映出来的民意的变化和走向却值得关注。

从“立委”选举看台湾民意的变化

这次“立委”选举可以说是今年“总统”大选的后续战，按照阿扁的如意算盘，泛绿过半既可摆脱各方对其当选连任“正当性”的质疑，并且借这样一个机会将泛蓝彻底边缘化，完成民进党的“全面执政”，同时陈水扁又可以挟民意的幌子，在两岸关系上采取更为强硬的立场，向大陆“呛声”，并期望通过“顺利施政”，推动其“06年公投制宪”、“08年实施新宪”的“台独时间表”，当然，当务之急就是修改阻碍其推动“公投制宪”的“鸟笼公投法”。

但是从这次“立委”选举的结果来看，泛绿阵营的支持率仅上升了大约两个百分点，可以说变化不大。虽然民进党一再坚持本次败选是因为配票不当所致，但是其实际支持率的有限增加仍然可以说明，陈水扁在“总统”大选中的获得的选票并没有在本次“立委”选举中成功地转化为对泛绿候选人的支持，这反映出在泛蓝和台湾诸多有识之士的长期努力下，“3·19枪击案”的真相在民间持续发酵，民众对陈水扁的不光彩当选已经开始反省。

同时，这个数字也说明民进党所推行的“台独”路线并没有在台湾最广大的民众中取得认同和支持，也反映出民众对陈水扁蓄意挑动两岸关系可能给台湾带来的灾难有了比较明确的认识。当然，从某种意义上说，选前美国对陈水扁“台独”言行的反制对民进党的支持率下降产生了一定的影响。但是，从根本上讲，可以认为“求和平、求发展、求安定”、“维持现状”仍然是当前台湾的主流民意。

正是基于对主流民意的错误判断，使民进党作出了高额提名的错误决策，同样的原因，也使阿扁错误地把“台独”意识形态作为这次立委选战的主轴，一个接一个地抛出“急独”的口号，这些口号虽然喊起来很爽，也能在一定程度上起到稳固基本盘的作用，但这种令人眼花缭乱的议题也使民众感到厌烦，甚至许多绿营的支持者都放弃了投票，从投票率上看，这次“立委”选举的投票率只有59.16%，比三年前的66.16%少了7个百分点。同时，民进党越来越激进的“台独”立场也吓跑了中间选民，更激发起了泛蓝阵营强烈的危机感，“捍卫中华民国”的诉求，在这次选战中显然得到了多数台湾民众的认同与支持，“泛绿过半，台湾完蛋”的口号，警醒了主张维持现状的台湾选民。可以说，民进党的“急独”口号在一定程度上起到了为泛蓝催票和固票的作用。

泛绿不过半，阿扁的如意算盘很难再按预定计划打下去，这对整个“台独”阵营不能不说是个沉重的打击。相反，近半年来泛蓝阵营一直低迷的气势大为提振，岛内反“台独”的力量仍将继续发挥强大的制衡作用，不至于让阿扁任意胡闹，把两岸同胞推向骨肉相残的灾难深渊。从这个意义上说，台湾选民的确有很高的智慧。

“立委”选举对台湾政局的影响

这次选举后形成的蓝绿力量对比和选举前大致相当，因此，原先在台湾政坛存在的政治生态会持续下去。大致说来，这次“立委”选举对台湾政局的影响有以下几个方面：

其一，“府”、“院”之争仍会继续。连战虽然喊出“泛蓝过半就要组阁”的口号，但是可以肯定陈水扁不会同意，民进党仍会维持一个少数政府。在这种情况下，泛蓝必然以“立法院”为堡垒进行反制。“府”、“院”之争会依然故我，台湾政局也会持续混乱。

其二，“立法院”会持续动荡。由于泛蓝只是少数过半，双方在“立法院”的实力差距并不大。所以在以后的“立法院”会中，通过议案时会不断出现双方强力动员的场面，而居于相对少数的民进党，一方面会加紧收买泛蓝“立委”，另一方面则会持续其一贯推行的“焦土战术”，“立法院”还会充满了对立与对抗。

其三，“立委”选举对泛蓝的影响。首先，“立委”选举使泛蓝士气大振，重新看到了希望，可以说这是一场非常及时的胜利。其次，胜选暂时掩盖了泛蓝内部的矛盾，也暂时减缓了连宋“交棒”的压力，特别是对连战来说更是这样。从目前的情况来看，连战“交棒”恐怕会延后到明年 8 月任期结束。从客观上来说，连战继续出任国民党主席对国民党来说未尝不是一件好事，因为除了连战以外，国民党内部很难找到一个可以整合各路诸侯的人选，无论是马英九还是王金平均难当此任。再次，此次“立委”选举对国亲合并会产生一定的影响。选举之后，基层对于国亲合并的压力必然增加，但是国样合并的进程却可能出现新的变量。一是因为国民党在这次选举中的亮丽成绩必然会使其对国亲整合提出新的条件，而这些条件亲民党未必能接受。二是由于在选战中国亲配票的破局，无疑使得国亲之间产生了难解的心结，这些都可能延缓国亲合并的进程。

其四，“立委”选举对泛绿阵营也会产生一定的影响。从陈水扁在选前的动作以及民进党与“台联”在选票上的争夺来看，他显然希望提高民进党席次，并企望从此摆脱李登辉牵制。但是选举结果打破了陈水扁的这个企图。虽然李登辉的影响力开始式微，“台联”表现也差强人意，但是“台联”仍是民进党在“立法院”不得不借重的盟友，所以李登辉对其牵制依然存在。未来三年，可以预期陈水扁仍然会因为李登辉的因素而无法大步向中间靠近。同时，李扁的关系会沿袭以前的模式，还是会出现新的变量，值得观察。

其五，“立委”选后，泛绿与泛蓝的关系大致会沿袭以前的模式，陈水扁在收买泛蓝本土派“立委”的同时，将会继续挑动族群议题和两岸议题，进而将大陆甚至是美国对“台独”的压力转嫁于泛蓝，将其打成“外省党”、“中共同路人”，并在台湾民众中继续营造悲情，骗取民众的同情与支持。

“立委”选举对两岸关系的影响

本次“立委”选举泛蓝过半，对两岸关系无疑具有正面意义。泛蓝阵营将继续在“立法院”中扮演“安全阀”作用，在“军购案”、尤其是在台湾“制宪”问题上继续对陈水扁当局发挥监督和牵制作用，这会使陈水扁当局不得不在处理两岸关系的策略上有所调整。同时，在选举中所体现出来的民意变化也使得民进党当局看清目前的形势，即激进的政治立场难以开拓中间选民，扩大其政治版图，这些也会使陈水扁民进党在推动“台独”时间表方面不能不有所顾虑。

从这些角度来考虑的话，两岸关系出现短暂的缓和是可能的，但是，从根本上来看，笔者认为，泛绿虽然败选，但两岸关系的发展前景仍不容乐观，泛蓝过半并不足以使陈水扁当局在“台独”立场上向后退缩。

其一，从泛绿目前的支持群来看，其基本盘并没有改变，而且民进党当局如果想要扩大政治版图，也必然以目前的基本盘为基础。这是牵制民进党政治立场向中间靠近的最主要原因。况且还有“台联”在旁边虎视眈眈盯着基本教义派的票源，更加重了民进党的顾虑。因此，在未来的三年中，姑且不论陈水扁将“台独”作为一个政治理想和政治目标而不愿放弃，即使是在现实的政治利益考虑下，陈水扁也很难松动“一边一国”的“台独”立场，更遑论承认体现一中原则的“九二共识”。因此可以预料，在未来的三年中，两岸的协商谈判不可能恢复，“三通”仍然是一个遥遥无期的海市蜃楼。

其二，陈水扁当局会继续搞“去中国化”的把戏。本次“立委”选举突显出民进党当局还是一个少数政府，还远没有形成其推行“台独”的社会基础。在他不能公开推行“台独”的情况下，未来三年中他会向影响民意、加强对民众“台独”的理念灌输方向继续努力。可以预见，“外馆正名”、加强“台独”意识形态的炒作、鼓动族群矛盾、大搞“文化台独”仍是他未来政策的方向。

其三，民进党当局会继续切香肠式的“台独”。既然在体制内搞“台独”比较困难，他会选择从体制外直接诉诸民意，利用“公投”打造“台湾新宪法”的做法。由于民进党掌握了行政权，所以泛蓝虽然可以在“立法院”牵制陈水扁当局，但是在政策执行的层次上却难以着力。况且，陈水扁经常以技术性的处理来应对泛蓝的压力。人们不应忘记，泛蓝在上届“立法院”席位过半的情况下，依然没有阻止陈水扁搞“大选绑公投”；有法源依据成立起来的“真相调查委员会”，也在扁当局的行政抑制下名存实亡。因此在新一届“立法院”中，泛蓝阵营对扁当局的制衡作用究竟能否有效发挥，仍然有待观察。

其四，不难预料，阿扁将会利用其手中掌握的行政资源，千方百计拉拢无党籍和泛蓝阵营中有案底的“立委”和国民党的本土派，带枪投靠泛绿阵营，或者在一些关键性的议题上取得他们的支持。换言之，在新一届“立法院”中，泛蓝“过半”究竟能够维持多久也有待观察。一旦绿营策反成功，新一届“立法院”的政治生态发生变化，对两岸关系的负面影响将不言而喻。

（华夏经纬网，2004/12/13，与陈星合撰）

回归“九二共识”，重启两岸谈判

台湾海基会董事长辜振甫先生病逝台北，两岸同胞同感悲恸。

在海峡两岸关系发展史上，辜振甫先生是重要的历史见证人，同时也是具指标性的值得肯定与缅怀的政治人物。1991 年台湾海峡交流基金会成立，辜先生出任董事长。他秉持“中国的、善意的、服务的”立场，与以汪道涵先生为会长的大陆海峡两岸关系协会一起，克服重重困难，为缓和发展两岸关系进行了不懈的努力，做出了重要贡献。其中，1992 年两会香港会谈所达成的体现一个中国原则的“九二共识”，1993 年在新加坡举行的“汪辜会谈”和 1998 年上海“汪辜会晤”，意义格外重大。

1992 年的香港会谈及其后两会一系列的函件往来，通过双方的努力，海协与海基会最终达成了各自以口头方式表述“海峡两岸均坚持一个中国原则”的共识，并表明了两岸“努力谋求国家统一”的态度。“九二共识”的确立，为新加坡“汪辜会谈”以及此后两会举行的 20 多次不同层级、不同议题的协商谈判奠定了基础，扫清了障碍。

1993 年的“汪辜会谈”，是自 1949 年以来海峡两岸授权的民间团体最高负责人之间首次进行的会谈，迈出了两岸关系发展的历史性的第一步，具有里程碑式的意义。两会沟通管道的建立以及会谈签署的四项协议，开启了两岸接触、沟通制度化、正常化的大门，为日后推动两岸的经贸往来和民间交流的发展，起了重要的促进作用。应该说，汪道涵先生和辜振甫先生，这两位在海峡两岸德高望重的老前辈，都为“九二共识”的达成和“汪辜会谈”的成功举行作出了卓越贡献。历史将永远铭记汪辜二老的丰功伟绩。

“九二共识”的达成和“汪辜会谈”的成功举行，充分展现了两岸双方妥善处理分歧、有效打破僵局的政治智慧。它说明了海峡两岸尽管长期隔绝，缺乏互信，甚至充满敌意，但只要双方“心存一中”，并确有诚意缓和发展两岸关系，是完全可以暂时搁置某些政治争议，找到解决问题的方法和途径的。

但是，当李登辉的权力得到巩固之后，逐渐露出了他“假统真独”的真面目。他与“台独”势力相互勾结，互为奥援，极力破坏两岸关系的正常发展，使汪辜二老苦心建立起来的两岸两会互信基础横遭践踏和破坏，两岸关系的发展也因此而经历了艰难曲折的过程。

1994 年 3 月，李登辉与日本右翼作家司马辽太郎对谈，妄称“国民党是外来政权”，“中国这个词也是含糊不清的”，“台湾必须是台湾人的东西”等等，掀起一场轩然大波，使两岸关系发展的良好势头顿挫。

1995 年 1 月，江泽民主席发表重要讲话，提出了现阶段发展两岸关系、推进祖国和平统一进程的八项主张，受到海内外同胞包括台湾各界人士的热烈拥护和积极反响，营造起了两岸关系发展的良好气氛。可是 6 月李登辉访美，却在康奈尔大学大放厥词，制造“两个中国”、“一中一台”，宣称要“尽全力向不可能的事物挑战”，致使两岸两会正在筹划中的第二次“汪辜会谈”遭到破坏，两岸关系因之严重倒退。

1998 年 10 月，在各方的努力下好不容易才促成了辜振甫先生的大陆之行。辜先生在北京分别与江泽民、钱其琛进行了历史性的会面，并在上海两度与汪道涵会晤，两会达成了包括汪老回访台湾在内的四项共识，开启了两岸高层自 1949 年以来在中国人自己的土地上进行政治对话的先河，为恢复两会的良性互动打下了基础。然而，正当两岸同胞热切盼望汪老访台、两岸关系有望取得突破性进展之际，1999 年 7 月李登辉又突然抛出“两国论”，严重毒化了两岸关系的气氛，破坏了两会接触商谈的基础，导致汪老访台受阻，两会协商对话再次中断。

2000 年民进党上台执政后，陈水扁坚持“台独”分裂路线，拒不承认一个中国原则，否认“九二共识”，甚至不承认自己是中国人，致使两岸两会的协商对话难以恢复，两岸关系持续紧张僵持。陈水扁提出“一边一国论”，大搞所谓“台湾正名”运动，并公然抛出 2006 年“公投制宪”、2008 年“实行新宪”的“台独时间表”，从而使两岸关系形势日趋严峻，台海地区的稳定和平受到空前的挑战。

回顾十多年来两岸关系风风雨雨、曲折发展的艰难历程，我们愈加珍惜当年汪辜二老主持下所达成的“九二共识”，格外怀念“汪辜会谈”所开创的历史性场景。事实说明，坚持一个中国原则，维护“九二共识”，两岸关系就能缓和、发展，台海和平就有保障；违背一个中国原则，否认“九二共识”，两岸关系就必然倒退、紧张，台海和平就势必堪忧。捍卫一个中国原则，就是捍卫台海和平；维护“九二共识”，就是维护两岸同胞的福祉；对一个中国原则和“九二共识”的态度如何，乃是考验海峡两岸每一个政党和政治人物是否真心维持台海和平，维护两岸同胞切身利益的试金石和分水岭。如果台湾当局真有诚意缓和两岸关系，恢复两岸谈判，维护台海和平和2300万台湾人民的福祉，就应该尽快抛弃“台独”立场，承认一个中国原则，回归“九二共识”，两岸关系自会柳暗花明。

辜振甫先生虽已仙逝，“汪辜会谈”也已成绝唱，但辜先生晚年始终心系中华，信守“九二共识”，念念不忘两岸关系和平健康发展，则令人感佩与景仰。两岸同胞团结起来，摒弃“台独”，致力于祖国的和平统一和中华民族的伟大复兴，这才是对辜振甫先生的最好纪念。

（《新华每日电讯》，2005/01/06）

春节包机双飞，两岸“三通”仍难

2005年1月15日下午，祖国大陆和台湾的民间业者在澳门就2005年春节包机进行了协商，达成了共识。消息传来，早已引颈以待的台商和两岸航空业者莫不额手称庆，两岸学界也均对这一事件持正面态度，认为有利于化解两岸僵局。但是笔者认为，在肯定这次春节包机的正面意义的同时，也不能过分评估其影响。

有利于两岸关系的缓和

这次春节包机协商成功，给冰封僵冻的两岸关系带来了一丝暖意。主要表现在两岸交流上的突破：一是“双向对飞”的实现，祖国大陆的飞机实现1949年以来首次在台湾土地上降落，具有很大的象征意义和历史意义；二是今年的春节包机，祖国大陆由2003年上海一个航点，增加到了上海、广州、北京三个，使这三个城市和附近的台商回家过年免去了转机的困扰；三是包机由原来的中停香港变成飞经香港航管区，但是不必降落，转弯后直飞台湾，节省了时间和成本，可以视为变向直航，虽然它不能等同于直航，但是比起2003年的春节包机毕竟有了很大的进步。

今年春节包机协商成功的意义还在于，它再次证明，只要台湾当局不以或少以政治干扰经济，两岸交流就可以顺利地发展起来，两岸关系也可以因此而得到缓和。

应该指出的是，在今年春节包机的问题上，民进党当局并没有放弃“公权力介入”的立场。邱太三1月13日还强调，“包机协商事项涉及公权力范围，应由相关部门参与”，企图以此制造两岸“政府对政府”进行谈判的假象。

同样，台湾当局一直鼓吹的以“台港模式”进行两岸协商的建议也是要求公权力介入春节包机谈判。所谓的“台港模式”，是指“台港航权谈判”模式，即2002年台港谈判两地飞行航线与航空公司班机规划，民间业者为谈判主体，但都受权于“政府”委托，台湾方面实际主谈者都是官员。但是这次春节包机协商和港台谈判是完全不同的，它只是作为个案来处理，并不涉及到航权问题。台湾当局提出这个建议就是想造成两岸“官方谈判”的结果，在事实上证明两岸是“一边一国”。台湾当局的这些做法，险些使两岸包机破局。

但是，在两岸业者和民众呼声甚高的情况下，台湾当局不得不有所收敛，不再提“台港模式”的问题，也默许了由民间业者来谈两岸包机问题，春节包机协议因此可以顺利达成。这说明两岸在政治问题上无法取得共识的情况下，通过搁置政治争议，仅以民间对民间，业者对业者的协商方式，直航是可以实现的，“三通”也是可以实现的，在此基础上形成两岸僵局解冻也是可能的。

多种因素迫使台湾当局让步

首先是祖国大陆的务实做法。针对今年的春节包机，祖国大陆提出“共同参与、直接对飞、双向载客、多点飞行”的原则，要求祖国大陆除上海外，增加北京、广州、厦门等航点，台湾除台北、高雄外，增加其他飞航点等要求。同时，为了防止两岸政治分歧干扰春节包机的协商，祖国大陆提出，两岸以民间协商方式进行包机谈判，国台办和海协会人员不参加谈判，并要求台当局“陆委会”和海基会也不要派出所属人员参加这次谈判。这种务实、积极和开放的态度对推动两岸包机协商起到了至关重要的作用。

其次是来自反对党的压力。在今年春节包机协商过程中，国民党发挥了正面的影响，不但积极推动两岸春节包机的协商，还于1月上旬组成了“春节包机考察团”赴祖国大陆考察，与祖国大陆形成了开放春节包机的一系列共识。这一举措一方面展现了在野党处理两岸关系的能力，另一方面也展示了在野党为台商福祉着想的姿态，得到了广大民众和台商的支持，也形成了对民进党的压力。在这种情况下，陈水扁当局不得不摆出主动出击的姿态，与国民党抢夺春节包机乃至大陆政策的主导权。

第三是岛内民众和广大台商的压力。这是迫使民进党在春节包机问题上让步的一个重要原因。广大台商一直强烈要求实现两岸春节包机，岛内民众和航空业者也对春节包机抱有很大的期望，对民进党以意识形态干扰经济的做法感到不耐烦。《中时晚报》的社论干脆以“受够了，直航吧！”为题指出，阻止直航和包机的理由都是推托，只要政治压力和业者压力够大，包机就可以实现。民意的压力是一向鼓吹“代表台湾民意”的民进党当局所不得不考虑的问题。

第四是美国的压力。由于陈水扁当局不断推行“急独”路线，迫使美国不得不在两岸政策上走向清晰化，公开表示反对台湾“独立”，要求两岸展开谈判，缓和紧张局势，避免陈水扁当局玩火过头引发两岸战争，将其拖下水。因此，在“立法院”选举后，美国逐渐增加逼迫台湾与大陆谈判的压力。陈水扁此次在包机问题上让步，主要是想藉以制造两岸严峻情势缓解的假象，达到减轻美方的逼谈压力之目的。

还有一个因素是，2004 年 12 月的“立委”选举，泛绿因为主张“急独”而导致选举失败，也说明了意识形态挂帅、阻碍两岸交流的做法是不得人心的。对于陈水扁一手主导“急独”议题的做法，民进党内不断传出要求检讨的声音。这种压力使陈水扁当局再难承受因坚持“台独”立场而导致春节包机破局的政治责任，因此，在春节包机协商问题上，以公权力介入的立场不得不有所收敛。

与全面“三通”相差甚远

这次春节包机对两岸关系虽然有正面意义，但也不能过分评估，不但包机协议本身有许多遗憾，而且，台湾当局还以技术性的手段限制包机的客源，使春节包机的作用和意义大大减弱。另外，春节包机的成行与祖国大陆一直奉行的直接、全面“三通”，还有很大差距。

其一，直航没有实现。祖国大陆从 2002 年起就要求实现两岸春节包机直航，但是一直没有得到民进党当局的正面响应。今年祖国大陆再一次提出了这一要求，又再次被台湾当局以“安全”为由加以拒绝。这种情况造成了春节包机的成行只具有象征的意义而经济的意义不大。据相关业者表示，从广州直飞台北只需1个半小时，比从广州经香港或澳门飞台北，至少省掉2个多小时，广州如此，北京就更不用说了。本次春节包机仍要绕航香港的做法人为地增加了飞行的成本，也浪费了乘客宝贵的时间。

其二，没有开放足够多的航点，使春节包机方便台商的目的难以达成。祖国大陆在本次协商中提出，愿意开放包括厦门在内的多个航点，同时也要求台湾当局开放台中机场，但是台湾当局仅接受大陆提出的北京、上海、广州三个航点，同时以台中机场是军民两用机场、不宜开放为由，拒绝开放。

众所周知，台商在祖国大陆分布非常广泛，不仅限于北京、上海、广州，其他地区如苏南、成都、昆明、福建等地均有人数众多的台商。他们如果要搭乘包机，必须由这些地方赶到开放包机的三个航点，反倒可能比直接乘机去香港然后转机更麻烦。而且，台商很多是来自台湾的台中地区，在现行的春节包机模式下，他们如果想搭包机回家过年的话，只能先到高雄或台北，然后再回到台中，又平添了不少困难。

第三，这次春节包机能够搭载的乘客范围仅限于台商及他们的眷属，而广大的在祖国大陆求学、探亲和旅游的台湾同胞都被排除在外。虽然这种做法在岛内引起了强烈的反弹，但是民进党当局仍是坚持“循序渐进推进两岸交流”的立场，拒绝广大台生和在祖国大陆旅游、探亲的台胞搭乘包机回家过年，使这些台湾同胞只能望机兴叹。难怪岛内有人质问，民进党当局口口声声要为台湾人民谋福利，难道这些人不属于台湾人民？

第四，民进党当局仍以技术性的手法，使包机方便台商回家过年的初衷大打折扣。两岸业者在澳门达成协议以后，台湾当局随即公布了乘坐包机乘客的认证方法。祖国大陆登机的旅客由台湾“海基会”与祖国大陆台商协会协调，由台商协会负责初审把关，班机出发前，名单送“境管局”审查，“民航局”核备；而从台湾搭包机回祖国大陆的乘客则必须准备以下资料：个人、公司、台商投资祖国大陆登记许可、雇用证明、亲属关系证明等等，虽然相关资料可以采用复印件，但必须加盖大印。

由于身份认证苛刻，手续繁琐，令人望而生畏，自然降低了台商乘坐包机的意愿。据媒体报导，自20日开始订位作业起，祖国大陆方面的台商并不踊跃。以29日将飞出的首航班机为例，虽然两岸各家航空公司均将飞出航班，估计会提供1500个机位，但20、21日两天登记搭乘的台商竟然不满100人，还凑不满一架飞机的一半！虽然希望未来情况会好转，但是两岸航空业者都普遍认为，由于“陆委会”对于搭机身份资格认证太过严苛，预估今年春节包机，机位将明显呈现供过于求的局面。

其实，台湾当局的上述种种做法目的就是要为春节包机降温，防止春节包机的范围扩大而成为两岸变相直航，全面冲击民进党当局阻碍两岸交流的一贯政策。所谓的“方便台商”、“推动两岸交流”的说辞都不过是政治考虑下的欺人之谈而已。

两岸形势依然严峻

春节包机达成协议，给人以两岸关系“春暖花开”的想象空间，但是这个估计显然是过于乐观了。总体上看，两岸局势乍暖还寒，依然严峻。

首先，陈水扁仍在推行“台独时间表”。自从2004年再次当选以后，陈水扁一直在极力推行大选期间提出的“台独时间表”。远的不说，最近，在陈水扁刚于元旦讲话中释出“善意”不久，1月5日，台“行政院”就将“立委”选举前撤案的“公投法修正草案”又排入了“院会”议程。虽然草案没有列入在野党反对的“修宪议题创制条款”，但是却增列了“领土变更案之复决”条款，按照民进党“立法院”召集人蔡煌琅的说法，“这是务实的做法，可以确认现有领土”，其实已有变更领土范围，走向实质“法理台独”的企图。同时，这个草案也将“公投”的提案门槛，由原先的5‰降为0.5‰，联署的门槛，也由原来的5%，降低为2%。台湾当局的以上做法不过是要减小“公投”的难度，为以后的“公投制宪”创造条件而已。

其次，“一边一国”的立场依然顽固。民进党“立法院”党团近期提出了所谓“捍卫中华民国主权决议案”，以反制祖国大陆《反分裂国家法》。这个议案声称：“中华民国为一主权独立国家，与中华人民共和国分离而治，互不隶属。此一现状，非经台湾人民透过民主公投方式同意，不得加以改变；亦应受到包括中华人民共和国在内之国际社会共同尊重与维护”，“任何国家挑战上述现状之意图，无论是透过立法或政策，尤其是以武力改变现状之意图，将受台湾人民严厉谴责与反对”云云。台湾当局一再重申“一边一国”的立场，是导致两岸关系紧张的根本原因。考虑到今年全国人大将会审议通过《反分裂国家法》，台湾当局肯定还会做出更加强烈的动作，使两岸关系更为紧张。

第三，继续推行“去中国化”政策。1 月 12 日，“行政院会”通过“正名方案”。这个方案包括公营事业、转投资事业、财团法人、军事院校、外馆、法规、条约等 12 项，凡有“中华”、“中国”字眼都将正名为“台湾”，这项方案将于 2006 年底前推动完成。这充分说明，所谓的“正名运动”并不是民进党当局的选举语言，而是形成了用行政权力强力推动的政策，其目的是改变台湾民众的国家认同，消灭台湾人民头脑中的祖国意识，全面塑造新的以“台湾主体性”为中心的“国家认同”，为以后进行“统独公投”、走向“独立建国”打下基础。

所以，春节包机对两岸关系的缓和虽然有正面意义，但不能估计过高。海峡两岸局势远没有发展到可以弹冠相庆的地步。由于陈水扁当局还在继续推动“台独”政策，两岸关系的严峻局面并无本质改变，对此，我们不能放松警惕。

（《统一论坛》，2005/第 1 期，与陈星合撰）

“不预设前提”是假，图谋分裂是真

近一段时间以来，陈水扁当局大要两面派手法，一边抛出“毒蝎计划”，扬言必要时要“攻击上海和三峡大坝”，搞所谓“恐怖平衡”，猖狂挑衅大陆，进行战争叫嚣；一边又宣称要“努力追求两岸和平与发展”，声称要“稳定两岸”，推动“两岸关系的正常化”，并不断发出“恢复两岸协商对话”的呼吁，把自己打扮成“和平天使”的样子。

为了欺骗舆论，陈水扁当局把两岸至今无法恢复协商对话的责任推给大陆，说什么“中共以‘一个中国’原则为前提，以‘一国两制’为结论的作法，已成为两岸恢复对话的障碍”；“只要中共放弃预设前提、预设结论的作法，立即恢复两岸对话，则两岸关系的正常化当属可期”云云。

陈水扁当局的上述说辞完全是颠倒黑白、混淆视听。

众所周知，两岸协商谈判开始于1992年的“香港会谈”。当时，海峡两岸虽然在政治上存在严重分歧，但大陆海协和台湾海基会仍然能够走上谈判桌展开协商谈判，其根本原因就在于双方均坚持一个中国原则，并承诺致力于谋求未来国家统一。不必说，祖国大陆一贯坚持一个中国的原则立场、主张两岸之间的任何协商谈判都必须在一个中国原则基础上进行。而台湾当局1991年制定的“国家统一纲领”也明确宣示：“大陆与台湾均是中国领土，促成国家的统一是中国人共同的责任。”1992年8月1日，台湾当局“国家统一委员会”曾就海基会与大陆海协商谈并签署协议时有关一个中国涵义问题通过结论，其中也表明：“海峡两岸均坚持一个中国之原则，但双方所赋予之涵义有所不同”，并称，“台湾固为中国之一部分，但大陆亦为中国之一部分”。故此，坚持一个中国原则、谋求未来国家统一，便构成了1992年“香港会谈”必不可少的前提条件和共同基础。

不久前，大陆海协会负责人就所谓“九二香港会谈基础”问题发表谈话，回顾了1992年两会香港会谈的历史过程及其成果，指出：“‘九二香港会谈’的基础就是双方都坚持一个中国原则，九二香港会谈讨论的重点之一是在海峡两岸事务性商谈中如何表述坚持一个中国原则的态度。”事实是，两会的九二香港会谈及其后双方的函件往来，最终达成了双方以口头方式表达“海峡两岸均坚持一个中国原则，努力谋求国家统一。但在海峡两岸事务性商谈中，不涉及一个中国的政治含义”的共识，这就是现在我们所说的“九二共识”。

事情很清楚，正是因为1992年两岸两会达成了体现一个中国原则的“九二共识”，才会有1993年新加坡的“汪辜会谈”及随后两岸两会一系列的事务性、功能性的协商、对话和谈判。两岸关系也因之在一定时期内得到缓和与发展。如果说，两岸的协商对话有所谓“前提”或“结论”的话，那么，这一“前提”和“结论”不是别的，就是两岸两会在平等协商的基础上所达成的“九二共识”。没有“九二共识”，两岸的协商、谈判与对话，也就成了“无源之水，无本之木”，根本不可能进行；推翻“九二共识”，两岸关系的缓和、稳定与发展，也就成了“镜中花，水中月”，可望而不可得。

自九二香港会谈十多年来，两岸关系的发展经历了一个不平凡的曲折过程。

人所共知，李登辉采取各种阴谋手段巩固了权力之后，在他主政的中后期逐渐背离和抛弃了一个中国原则，露出了“假统真独”的真面目。及至1999年7月，他公然提出“两国论”，彻底推翻了体现一个中国原则的“九二共识”，致使两岸两会接触、交流、对话的基础横遭破坏和践踏。从此两岸谈判被迫中断，两岸关系重现紧张僵持的局面。

2000年台湾政党轮替、陈水扁上台执政后，更加肆无忌惮地推行“台独”分裂路线。他拒不承认一个中国原则，否认“九二共识”，甚至抛出比李登辉的“两国论”还要独的“一边一国论”。特别是近年来，陈水扁误判形势、利令智昏，在分裂国家的道路上愈走愈远：他策动“公投立法”、推动“公投梆大选”，猖狂挑衅大陆；他大搞所谓“台湾正名”，推行以“文化台独”为基本内容的“去中国化”政策；他执意要斥巨资对美大量军购，“以武谋独”、对抗大陆；他提出“急独时间表”，妄图通过“公投制宪”，从法理上最终把台湾从中国分割出去。

李登辉、陈水扁的“台独”行径，把两岸关系几度推向了濒临战争的边缘。事实历历可证：推翻两岸谈判基础、给两岸恢复对话设置障碍、破坏两岸关系发展的不是别人，正是台湾当局的前任领导人李登辉及其继任者陈水扁。“台独”势力的日趋嚣张，已成为威胁台海和东亚地区稳定与和平的总根源。对此，近期以来包括美国在内的国际社会已经表示出严重的关切和忧虑。

然而，陈水扁当局却倒打一耙，攻击污蔑大陆“预设前提，预设结论”，给两岸恢复对话设置“障碍”，这完全是贼喊捉贼的无耻伎俩，暴露出陈水扁当局毫无缓和改善两岸关系的诚意。陈水扁当局反对两岸对话“预设前提，预设结论”是假，以恢复两岸对话为名否定一个中国原则、反对国家统一是真。所谓不预设“前提”和“结论”，其本身就是一种预设“前提”和“结论”的把戏。说穿了，陈水扁当局试图推翻原有的九二香港会谈双方所达成的两岸对话的“前提”和“结论”，其如意算盘，就是要为两岸恢复对话另设“一边一国”的“台独”前提和结论，妄图把两岸之间的对话与谈判引向“国与国”之间对话与谈判的圈套。既可向美国交代，破解国际社会的压力，又可达到以时间换空间，最终实现“和平独立”的目标。如果大陆方面拒不接受，就把两岸关系无法缓和的责任推给大陆，一箭双雕。

大陆两办在受权发表的“五·一七声明”中严正指出：“‘台独’没有和平，分裂没有稳定”。陈水扁当局唯有早日放弃“台独”立场，承认“九二共识”，两岸对话谈判才能得到恢复，两岸关系的严峻局面也才能得到缓解，任凭要什么花招都是没有用的。体现全中国十三亿人民捍卫国家领土主权坚强意志的《反分裂国家法》即将出台，何去何从，陈水扁当局务必三思。

（华夏经纬网，2005/02）

阿扁真的承认“一中架构”了吗

2月24日，炒作已久的“扁宋会”终于鸣锣登场，并达成了“10点共识”。在众所注目的“国家定位”问题上，声明宣示：“依照中华民国宪法所揭橥的国家定位，即是两岸目前在事实与法理上的现况，中华民国主权现况须受两岸及国际尊重与承认。”陈水扁也宣示“在两岸和平的前提下，”恪守“四不一没有”的承诺。在会后召开的记者会上，陈水扁对国家定位问题又进行了补充，表示“中华民国”是扁宋双方的“最大公约数”，并首度提出了“国家定位”的“三段论”：“中华民国是一个主权独立的国家；中华民国的主权属于2300万台湾人民；台湾前途任何的改变，只有2300万台湾人民才有权利，做最后的改变。”

亲民党窃喜，“急独派”抓狂

对此，岛内政治人物、学者和媒体多抱持乐观态度解读。亲民党“立法院”党团总召刘文雄表示，扁宋会“10点声明”以及会后的表态，显示“陈水扁赞成宪法一中，宪法一中的地位再次被肯定”；并且认为陈水扁在讲话中“否决公投制宪，否决改国号正名运动”。

有点出人意料的是，“独派”人士也作如是解读。台湾基督教长老会发表声明，公开宣称今后将“不再支持民进党”。而台联党则利用“立法院”开议第一天“国是论坛”的机会，对陈水扁群起攻击，痛批“扁宋会”结论“鬼话连篇”，“是向统派投降，向‘一中’屈服，背叛台湾主体意识”。台联“立委”黄适卓更声称，“这是本土政权最大的失败”，并扬言台联未来会走自己的路，台联新科“立委”尹伶瑛甚至说要发起“罢免陈水扁”。

从“急独派”抓狂的举动，基本上可以判断他们将陈水扁在“扁宋会”上所作表态当成了其将向“统独”光谱中另一端移动、放弃“台独”立场、承认“宪法一中”的标志。这反倒戏剧性地增强了人们对陈水扁向所谓

“中间路线”移动的想象空间。

然而，陈水扁真的改弦更张、放弃“台独”立场、承认“一中架构”了吗？

仍是货真价实的“台独论”

稍作分析便可发现，陈水扁的“台独”立场并没有任何改变，只不过是换了另一种表达“台独”立场的语言和方式。为了达到“政党和解”的目的，陈水扁又重新捡起了早已被其抛弃的“中华民国”招牌，来迷惑欺骗台湾民众。说到底，这仍是陈水扁为达到政治目的而玩弄的文字游戏而已。

首先，陈水扁仍将“中华民国”定位于台湾，完全阉割了“中华民国”的‘一中’意涵。10点结论中，关于“国家定位”问题的表述十分模糊，诸如“依照中华民国宪法所揭橥的国家定位，即为两岸目前在事实和法理上的现况”云云，各方可以作完全不同的解读。反倒是陈水扁的“三段论”对此表述得比较清晰。陈水扁将“中华民国”定位为一个“主权独立的国家”，然后强调“中华民国的主权属于2300万台湾人民”，也就是将“中华民国”的领土范围框定在台、澎、金、马。换言之，正如陈水扁以前经常提到的，“中华民国即台湾”，“是和大陆完全不同的两个国家”。这是陈水扁当局玩弄体制内“台独”的一贯伎俩。通过将“中华民国”定位于台湾，将“中华民国”中的中国意涵完全剥离出去，不断塞进“台独”的内容，目标所指，就是要将所谓的“中华民国”变成一个空壳，达到实质“台独”的目的。

其次，仍没有放弃“正名”和“公投”。“10点结论”中的第6点即为：“任何台海现状的改变，必须获得2300万台湾人民同意”，以及“三段论”中所谓的“台湾前途的任何改变，只有2300万台湾人民才有权力做最后的改变，”事实上还是要求在“国家定位”的问题上诉诸于“公投”，不知刘文雄何以得出结论说陈水扁已经否定了“公投台独”？

而且吊诡的是，虽然宋楚瑜宣称，“联合声明写得很清楚”，“中华民国宪法是共同确定的法理跟事实基础，也就是一中”，并说这点他和陈水扁都可以认同。但是陈水扁却绝口不提“一中”的问题，甚至在面对媒体的追问时，也是含糊其词，只是强调“中华民国是双方的最大公约数，只要在没变之前，大家都应该要遵守。”相较之下，“总统府秘书长”游锡堃则说得比较直白，他不断强调“扁宋会”的目的是“异中求同、同中求异，求同的目的是要‘存异’，所以绝不可能放弃理念。”已经明白地表达了陈水扁不可能放弃“台独”立场的态度。

论调和“台湾前途决议文”如出一辙

陈水扁强调，双方最大的“公约数”是“中华民国”，“民进党1999年通过的台湾前途决议文就提出了‘台湾依目前宪法，国号为中华民国’的主张。”似乎民进党从来也没有否定过“中华民国”一样。但是，熟悉民进党历史的人都明白，在这个“决议文”中，虽然承认了“中华民国”的称号，但是却以认定“台湾是一个主权独立的国家”为前提的，该“决议文”甚至一再强调，“台湾主权独立，与中华人民共和国互不隶属。”同时，“决议文”更将“中华民国”的领土主权范围界定为“仅及于台、澎、金、马及其附属岛屿，以及符合国际法规定的之邻接水域”。所以，在这个决议文中，“中华民国”实际上已成为“台独”的一块遮羞布。

同样，所谓“只有2300万台湾人民才能决定台湾的前途”之论调，也和“台湾前途决议文”一脉相承。该“决议文”的第一条就公开声称，“台湾是一主权独立国家，任何有关独立现状的更动，必须经由台湾全体住民以公民投票的方式决定。”现在，陈水扁不过是把“台湾前途决议文”中的有关内容改头换面重申一遍而已，其实质仍然是彻头彻尾的“台独论”，而今有人将其解读为“接受一中架构”，岂不是在帮助阿扁骗人！

欺世盗名，疗伤止痛

陈水扁这次所提出的“三段论”，虽然和以前的论调基本一致，其“台独”立场也没有丝毫软化的迹象。但是，它却具有相当大的迷惑性。

首先，陈水扁在“政党和解”的口号下提出这个论述，而且是和一向标榜反对“台独”的亲民党主席宋楚瑜达成的“共识”，其迷惑性更是往日不可相比。虽然扁宋在“中华民国”的内涵认知上南辕北辙，但是白纸黑字双方画押的“共同声明”，却让宋楚瑜不得不对陈水扁所鼓吹的“台独”理念概括承受。

其次，陈水扁在“三段论”中所提出“台湾的前途应该由台湾人民来决定”，企图将台湾人民从中国人民中切割出去，其中之谬误，当然不值一驳，但是这种论调和所谓“本土化”、“台湾主体性”的观点非常吻合，故格外能欺骗台湾民众。

第三，普通民众的国家认同很简单，对于他们而言，认同“中华民国”就是认同中国，至于陈水扁是如何将“中华民国”中的中国内涵切割出去，那是政客们所玩的游戏，普通百姓自然是难以区隔其中的差异的。

其实，陈水扁想要的就是在不改变“台独认同”的情况下，实现和亲民党的合作，营造“政党和解”的气氛，缓解因其在选举期间推行“台独”路线和族群撕裂政策给自己和民进党造成的伤害，并修补日益恶化的美台关系，以达到稳定政局、巩固自己权力的目的。

从更深的层面上来看，阿扁现在忽然放下身段和在野党谈和解，也是为推动下一波的“台独”恶浪蓄势。众所周知，祖国大陆的立法程序已经进入到最后阶段。这无疑是对“台独”的最大震慑。可以预见，《反分裂国家法》一经通过，“台独”势力必定气急败坏、强烈反弹。此际，陈水扁改变策略，刻意释出所谓“善意”，目的就在于试图争取国际舆论的同情、凝聚岛内共识，共同对抗《反分裂国家法》的出台，把“片面改变现状”的责任一股脑儿推给大陆。

宋楚瑜会不会又被阿扁“放了鸽子”

陈水扁在会前也预料到了“急独派”会强烈反弹，因而采取了一定的预防措施。据“总统府”相关幕僚透露，会前亲民党曾要求将“宪法一中”

见，是在两年前“旧四点”基础上的进一步深化和系统化。两相对照，至少有以下两点值得注意：一是“新四点”一连用了四个“决不”，语气更加坚决，更加充满自信；二是既强调了继续做台湾人民工作、尽最大努力争取和平统一的一贯政策，同时也强调了坚持一中原则、坚决反对“台独”的坚定立场，“两软两硬”，把一小撮顽固坚持“台独”的分子与广大台湾人民分开，体现了对台工作的一体两面，缺一不可。

六、对两岸问题的新提法、新思考。在“新四点”中，还有两段新的重要论述值得重视：一是胡主席提出“中国是包括2300万台湾同胞在内的13亿中国人民的中国，大陆是包括2300万台湾同胞在内的13亿中国人民的大陆，台湾也是包括2300万台湾同胞在内的13亿中国人民的台湾。任何涉及中国主权和领土完整的问题，必须由全中国13亿人民共同决定。”这显然是针对陈水扁在“扁宋会”后提出的所谓“中华民国新三段论”，不点名地进行了温和、软性的批驳。二是提出“1949年以来，尽管两岸尚未统一，但大陆和台湾同属一个中国的事实从未改变。这就是两岸关系的现状。这不仅是我们的立场，也见之于台湾现有的规定和文件。”这是对目前两岸关系现状的准确界定，即两岸目前虽然暂时处于“治权”尚未统一的状态，但从法理上来说，两岸“主权”从未分割，大陆和台湾同属于一个中国，所谓“一边一国”并非事实。这一新的提法出自中国最高领导人之口尚属首次，这不仅从根本上解决了两岸在主权问题上的争议，回答了“两岸尚未统一”又为何还要“反分裂”的质疑，同时也反映了祖国大陆愿意在平等协商的原则下恢复两岸谈判的诚意和善意。

（人民网，2005/03/08，与陈星合撰）

令“台独”胆寒的《反分裂国家法》

3月8日上午，王兆国副委员长受全国人大常委会的委托，就《反分裂国家法（草案）》作了说明。该“说明”言简意赅，对制定《反分裂国家法》的必要性和可行性、起草该法的原则和草案形成的过程以及草案的主要内容等，提纲挈领地进行了十分清晰的阐述。其中“草案的主要内容”部分，最受海内外各界的普遍关注。

从“说明”披露出来的“草案规定”内容来看，《反分裂国家法（草案）》的法条大约只有10个左右，的确如外界所称十分“宏观”和“简括”，只是把从邓小平到江泽民再到胡锦涛，这三代中国国家领导人20多年来一再对外宣示的对台工作的基本原则和立场，以及一系列的方针和政策加以“法律化”，经过全国人大的“背书”，使之提升为全民的意志和国家的意志，从而增加了它的权威性和稳定性。

这10个左右的法条，其基本内容和框架早在今年1月28日全国政协主席贾庆林在纪念“江八点”发表十周年大会上的讲话中，实际上就已经有了很清楚的说明。它可以用简单的一句话来概括：“三个规范，一个表明”。

所谓“三个规范”，即：

一、规范解决台湾问题的原则和方针；

二、规范鼓励和推动两岸人员往来和经济文化交流，促进两岸直接“三通”，保护台湾同胞的正当权益；

三、规范两岸协商与谈判，体现在一个中国原则基础上什么问题都可以谈。

所谓“一个表明”，即：

表明全中国人民捍卫国家主权和领土完整、绝不容忍“台独”分裂势力以任何名义任何方式把台湾从中国分割出去的共同意志。

从上述两方面的内容来看，毋庸置疑，其性质是一部促进两岸关系发展、推动两岸和平统一的法律，是一部维护国家主权和领土完整、反对和遏制“台独”分裂势力破坏台海地区和平稳定的法律。因此，它是“维护”两岸关系现状法，而非“改变”和“破坏”两岸关系现状法；是“和平法”而非“战争授权法”。

“草案”的以下内容格外引人注目：

其一，该法“草案”向全世界庄严宣示：“国家以最大的诚意，尽最大的努力，实现和平统一”，并规定国家将采取一系列具体措施，“维护台湾海峡地区和平稳定，发展两岸关系”。而采取“非和平方式”解决台湾问题，也只是“在和平统一的努力完全无效的情况下，不得已作出的最后选择。”这一宣示，充分表达了中国政府“和平统一即使只有一线希望，我们也要尽最大的努力争取而绝不会放弃”的最大耐心和最大诚意。

其二、“草案”规定了以下三种情况：即“‘台独’分裂势力以任何名义、任何方式造成台湾从中国分裂出去的事实，或者发生将会导致台湾从中国分裂出去的重大事变，或者和平统一的条件完全丧失”，国家得采取“非和平方式及其他必要措施，捍卫国家主权和领土完整。”所谓“任何名义、任何方式”，例如试图改变两岸关系现状的“统独公投”、搞“正名”、“制宪”等“法理台独”；所谓“重大事变”，例如“外国势力入侵台湾”、“台独武装暴动”等；“和平统一的条件完全丧失”，则可以理解为“长期拒绝和平统一谈判，企图永远维持现状”等等。总之，可以作各种不同的解读，“草案”中并未言明，刻意模糊，主动权牢牢掌握在自己手中，从而使该法遏制“台独”的效果发挥到极致。

其三、“草案”避免使用诸如“战争”、“动武”等这类刺激性同时也是单一性的字眼，而采用“非和平方式及其他必要措施”的提法，不仅讲究“策略”，同时也更加“科学”和“理性”。因为制止“台独”除了“军事进攻”手段之外，当然还可视情采取诸如经济制裁、军事封锁、外交围堵等其他各种有效手段，尽量做到“减少损失”。

其四、至于所谓“先斩后奏”的传闻，“草案”中规定：“采取非和平方式及其他必要措施，本法授权国务院、中央军委决定、组织实施，并及时向全国人大常委会报告。”其实，此项规定严格说来只能称之为“边斩边奏”，不能说是“先斩后奏”，国家执法部门应对内外重大事变，无论是

“先斩后奏”也好，“边斩边奏”也罢，古今中外皆然，何可非议之有。

再过几天，全国人大会议即将审议通过这部在中国政治生活中史无前例的《反分裂国家法》。这一重大举措令一小撮顽固坚持“台独”的人士胆寒，却让全中国十三亿人民包括几千万华人华侨拍手称快，同时我们也相信一定会得到大多数台湾民众和国际舆论的理解与支持。可以预见，这部法律必将对两岸关系和台海局势产生深远的影响。

（人民网，2005/03/09）

民进党当局执政前景蠡测

《反分裂国家法》即将通过时，台湾当局强烈反弹，陈水扁在12日召开的民进党“临全会”上再度声称“台湾前途任何的改变，只有由台湾2300万人民来决定”，并攻击祖国大陆“变本加厉企图以非和平方式，并吞摧毁台湾50年来建立的民主成果。”随后，更是鼓动百万民众参与由泛绿发起的“3·26民主和平护台湾”的大游行。至此，陈水扁抛弃了自“扁宋会”以来所苦心打造的向“中间路线”靠近的假面具，开始了新一轮“台独”飙车，未来的政策走向也已经依稀可辨。在这种背景下，观察民进党当局在“立委”选举后的政策方向以及现在的具体政策操作，或许可以更清晰地看出其政策变化脉络。

去年底的“立委”选举基本上奠定了未来几年台湾政坛的力量对比和大致格局，蓝绿对比大致仍维持在蓝略大于绿的局面。面对朝小野大的局面，民进党当局开始了政策的策略性调整。

一、民进党的“政党和解”政策目标是“疗伤止痛”。“立委”选后，民进党积极鼓吹朝野和解、不断向在野党释出“善意”，先是邀请国民党的副主席江炳坤“入阁”，组建所谓“财经内阁”，谋求与国民党的“合作”；后又向亲民党抛媚眼，试图推动“民、亲合”等等，动作频繁，不一而足。这些做法是出于现实政治环境的压力而做出的。由于陈水扁在去年的两次选举中“急独”路线冲过头，引起各方的强烈反弹。大陆方面，启动“反分裂国家法”的立法程序，形成了对民进党当局的巨大压力；美国方面，则对陈水扁不听招呼一再冲撞两岸关系底线的做法也越来越不满，放话的层级不断提高，显示了美台关系不断恶化；而台湾民众对于民进党当局只重选举而忽视经济与民生发展的做法早已厌恶，对陈水扁的施政满意度下滑到四年来的最低点。陈水扁面临着内外交困的局面，这种景况和2000年刚上台执政时相差无多。

面对压力和不利局面，和4年前一样，陈水扁又摆出了柔软的姿态。此举的目的大致有以下几个方面：首先，要向台湾民众表明自己的“全民总统”形象，消除中间立场的民众对其“台独”路线和“台独”理念的忧虑，并尽力营造改革和拼经济的形象，将民众的注意力从其政治路线的焦点上引开；其次，分化瓦解“泛蓝阵营”，摆脱“朝小野大”对施政不利的困境；第三要向美国和国际社会表明，民进党当局不会挑战两岸现状，以争取国际社会的同情与支持；第四，争夺两岸关系的主导权。

二、民进党的“台独”立场不会改变。从民进党基本支持群众的政治倾向上来看，有相当一部分处于“统独”光谱中倾向于“独”的一端。而经过了台湾当局对祖国大陆的扭曲性宣传，这种理念还在不断强化。另一方面，“台独”立场是民进党赖以区隔泛蓝的重要手段和方法，如果民进党舍弃了这一基本立场，则其赖以动员的利器会大大钝化，这显然对民进党未来的发展是致命的。所以，陈水扁虽然已经没有了连任的压力，但是党内许多有志于角逐“总统”大位的人也绝对不会答应民进党放弃“台独”立场。还有，由于泛绿阵营的其他势力特别是台联党与民进党的支持基础高度重叠，所以当陈水扁向中间路线移动时，他们就成为最有力的牵制力量。

三、朝野和解难以致远。“立委”选后，台湾政坛朝野和解的呼声越来越大，民进党选中了亲民党作为合作对象，并展开长时间的运作。这再一次反映了民进党精于政治算计的性格：选择亲民党既可以轻易破解泛蓝在“立法院”过半的局面，又可以付出比和国民党合作少得多的政治利益进行交换。

但是，这种朝野合作不可能走得太远。如前文所述，民进党不可能放弃“台独”立场与亲民党合作。对亲民党而言，也同样存在这一问题。因为亲民党的基本支持群大部分是属于深蓝的民众，如果亲民党在立场和原则上倒向民进党，则无异于自绝于支持者。因此，双方可能合作的只有和政治立场无关的民生议题。也正因为如此，这种所谓的和解只是具有形式上的意义而难具有实质性的内容。民进党企图借此摆脱内外交困的局面，而亲民党则是要在国、民两大党的夹缝中求得利益的最大化，尽量强化其作为关键少数的作用和地位。由于双方的政治立场南辕北辙，难以形成真正的共识，因此可以预期朝野和解难能致远。

四、两岸政策上，民进党重回“新中间路线”，是策略性的蛰伏。民进党在大陆《反分裂国家法》通过之前，在两岸政策上不断向大陆释出“善意”，虽然仍然顽固坚持“台独”立场，但是比起2004年的两次选举之前，调门明显小了许多。给人以其两岸政策上“台独”立场软化的想象空间。2月24日，“扁宋会”最终登场，陈水扁甚至表示，“四不一没有”的谈话，是他“重大的信诺，绝对不会改变。因此，包括正名和制宪的推动，绝对不包括更改‘国号’在内。”

这是民进党当局在两岸政策上的策略性调整，其低调因为大环境不利于“台独”的发展。所以，其做法是以退为进，积蓄力量，等待时机。一旦时机成熟，必然还会拉高“台独”调门。从当时的情势来看，民进党当局一方面要稳定岛内的形势，巩固其执政地位，敉平因为过分操纵意识形态而形成的族群撕裂和社会对立；另一方面，民进党则在观望大陆在《反分裂国家法》的立法进程。一旦《反分裂国家法》完成立法，民进党必然会强烈反弹，两岸关系势必重新紧张。因此，前段时间民进党当局的“低调”也是为反制《反分裂国家法》蓄势，以便强化其对该法案的反弹效果，取得海内外舆论的支持，将片面改变现状的责任推给大陆。现在，这种趋势已经基本浮出水面。

五、所以，可以预料的是，民进党未来的两岸政策仍会沿袭两岸“经济热、政治冷”的老招式。在经济问题上，对两岸经济交流的限制会进一步适度放宽，包括一直鼓吹的两岸货运包机问题，仍会作为向大陆释出“善意”来进行推动。因为这样可以为台湾经济起到输血打气的作用，为“台独”厚实对抗大陆的经济基础，并可以给人造成“台独”不会危害两岸关系、损害台湾人民利益的假象。但是，在两岸政治谈判问题和人员交流问题上，台湾当局仍将用“对等”、“尊严”和“安全”为借口，设置障碍、全力阻挠。

（华夏经纬网，2005/03/14，与陈星合撰）

反分裂法具长远全局战略意义

举世瞩目的《反分裂国家法》已在全国人大全体会议获审议通过。然而，这部庄严法律的意义，不仅在于遏制一段时期以来“台独”分裂活动方面所发挥的策略性作用，还在于它具有更深远的战略意义。这主要体现在以下三个方面：

非出于应急之需

首先，《反分裂国家法》的战略着眼点在于维护台海和平，为我们抓住二十一世纪头二十年这一战略机遇期实现国家现代化创造有利的战略环境。

中国当前的经济社会发展正处在一个非常关键的战略机遇期，亟需构建一个和平稳定的建设环境。经过多年来的探索和努力，我们已经为中国的现代化建设创造出一个稳定的国际环境。而在可以预见的将来，属于中国内政的台湾问题，尤其是“台独”势力试图分裂国家的行为，最有可能打乱我们的战略部署，甚至断送这一千载难逢的战略机遇期。因此，制定《反分裂国家法》，依法捍卫两岸同属一个中国这一法律现状，遏制“台独”势力的冒险行为，维护台海地区的稳定与和平，为我们在这一战略机遇期内实现现代化构建稳定的战略环境，才是该法最根本的战略意图。

以“合法”制“非法”

其次，制定《反分裂国家法》是“依法治国”的题中之义，为我们遏制“台独”提供更加权威的、明确的法理基础，掌握反分裂斗争的主导权。

制定《反分裂国家法》既是维护台海和平、防范打击“台独”分裂势力搞“法理台独”的现实需要，同时也是“依法治国”的题中之义和建设现代化文明国家的重要内容之一。《反分裂国家法》的最大意义，就在于把长期以来党和国家领导人关于解决台湾问题的政治宣示加以法律化，提升为全民的意志和国家的意志。这无疑将赋予我们的反分裂斗争以至高无上的权威性和合法性，并能够最大限度地赢得国际社会的同情、理解与支持。制定《反分裂国家法》有助于我们在这场反分裂斗争中占领法理制高点，以“合法”制“非法”、“正法”制“歪法”，全面压缩“台独”分裂势力兴风作浪的空间，预先防堵“法理台独”，把反分裂斗争的主导权牢牢地掌握在自己的手里。

第三，用法律规范“寄希望于台湾人民的方针”并把它落到实处，从而为反对分裂、促进统一开辟了新的道路。

增台胞“国家认同感”

该法用大部分的篇幅规范了如何促进两岸交流、推动两岸关系发展和保护台湾同胞的正当权益，体现了胡锦涛总书记关于“只要是对台湾同胞有利的事情，只要是对促进两岸交流有利的事情，只要是对维护台海地区和平有利的事情，只要是对祖国和平统一有利的事情，我们都会尽最大努力去做，并且一定要做好”的指示精神和庄严承诺，把“寄希望于台湾人民的方针”落到实处。这必将成为推动两岸关系发展、促进两岸和平统一的新途径和新起点。虽然“台独”势力猖獗于一时，并且目前确有相当一部分台湾民众受其煽动蛊惑而是非莫辨，但我们坚信，反“台独”的政治力量在岛内仍然有着广泛的群众基础，“求和平、求安定、求发展”和维持两岸现状是台湾的主流民意。

可以肯定的是，随着《反分裂国家法》的颁行，这一立足于长远和全局的战略举措，必将成为我们促进两岸关系发展、维护台海和平、反对“台独”分裂斗争的一个重大转折点，从而把祖国和平统一大业推向一个新的阶段。

（《大公报》，2005/03/15，与李振广合撰）

《反分裂国家法》出台：台海博弈的新起点

十届全国人大三次会议高票通过的《反分裂国家法》，和稍早胡锦涛主席提出的发展两岸关系的“四点意见”，构成了未来一个时期大陆新的对台基本方针。它既是自“江八点”发表以来大陆对台政策的继承与发展，同时也是中国新一代领导集体对台政策的新起点，必将对两岸关系和台海局势产生重大而深远的影响。

大陆抢占战略制高点

其一，新的对台政策对“一个中国”和“两岸现状”进行了准确的表述与定位。《反分裂国家法》第二条重申：“世界上只有一个中国，大陆和台湾同属一个中国，中国的主权和领土完整不容分割。”此前，胡锦涛主席在“四点意见”中也说：“1949 年以来，尽管两岸尚未统一，但大陆和台湾同属一个中国的事实从未改变，这就是两岸关系的现状。”“中国是包括 2300 万台湾同胞在内的 13 亿中国人民的中国，大陆是包括 2300 万台湾同胞在内的 13 亿中国人民的大陆，台湾也是包括 2300 万台湾同胞在内的 13 亿中国人民的台湾。任何涉及中国主权和领土完整的问题，必须由全中国 13 亿人民共同决定。”两者结合起来，对“两岸现状”和“一个中国”概念的准确界定，完全堵死了民进党当局继续利用偷梁换柱的伎俩制造所谓“台湾中国，一边一国”、“台湾是主权独立的国家”的图谋和欺骗宣传，从而构筑起了对台政策的新平台和新架构。其中，特别是由国家最高领导人首次提出“两岸尚未统一论”和“两岸同胞共同决定论”，充分展现了中国新一代领导人实事求是的作风，同时也向台湾方面释出了最大的诚意和最大的善意，从而收到了良好的效果。

其二，把贯彻“寄希望于台湾人民”的方针加以法律化，摆在了更加突出的地位。胡主席在“四点意见”中满怀深情地说：“台湾同胞是我们的骨肉兄弟，是发展两岸关系的重要力量，也是遏制‘台独’分裂活动的重要力量”，“无论在什么情况下，我们都尊重他们、信任他们、依靠他们，并且设身处地为他们着想，千方百计照顾和维护他们的正当权益。”并以国家最高领导人的身份向台湾同胞作出了“四个只要”的庄严承诺：“只要是对台湾同胞有利的事情，只要是对促进两岸交流有利的事情，只要是对维护台海地区和平有利的事情，只要是对祖国和平统一有利的事情，我们都会尽最大努力去做，并且一定要努力做好。”《反分裂国家法》第六条明确规定：国家采取五个方面的具体措施，即鼓励和推动两岸人员往来以及经济文化等各方面的交流与合作、促进两岸直接“三通”、保护台湾同胞的正当权益等，并把这些措施提高到“维护台湾海峡地区和平稳定，发展两岸关系”的战略高度来加以认识与实施。这是新一代国家领导人“以民为本”的治国理念在对台方略中的具体体现。

其三，展示了大陆遏制“台独”的决心和信心，给“台独”势力以致命的打击。近几年来，岛内“台独”人士屡屡污蔑大陆是“纸老虎”，李登辉甚至说“会叫的狗不咬人”，宣传大陆没有能力也没有胆量对“台独”采取断然措施。于是，一时间“台独无害论”在岛内甚嚣尘上，甚而至于，“台独”势力把急进“台独”当作“票房补药”，一再挑战两岸关系现状，试探大陆可以容忍的底线，把台海局势几度推向了危险的战争边缘。《反分裂国家法》将大陆一贯坚持的一个中国原则立场，和反对“台独”、捍卫国家领土主权完整的决心，用法律的形式固定下来，提升为全民的意志和国家的意志，庄严地向全世界宣示：“台湾是中国的一部分。国家不允许‘台独’分裂势力以任何名义、任何方式把台湾从中国分裂出去。”并明确规定了在三种情况下，“国家得采取非和平方式及其他必要措施，捍卫国家主权和领土完整。”胡主席更以斩钉截铁的语气表示：“反对‘台独’分裂活动决不妥协”，“在反对分裂国家这个重大原则问题上，我们决不会有丝毫犹豫、含糊和退让。”这一宣示，无异于宣判了“台独”的死刑。“台独”人士经过多年的欺骗宣传，好不容易才在岛内营造起来的“台独无害论”，一夕之间便告烟消云散、土崩瓦解。《反分裂国家法》出台后，岛内反“台独”人士皆扬眉吐气，或拍手叫好，或暗自窃喜，而死硬“台独”分子如辜宽敏者流，则老泪纵横、捶胸顿足、气急败坏，其原因盖出于此。

其四，为排除外部势力对台湾问题的干涉提供了新的法律依据。台湾问题是中国的内政问题，但长期以来却一直受到外国反华势力特别是美国的无理干涉。一直以来，美国以其非法制定的国内法——《与台湾关系法》为“依据”，在台海问题上指手画脚，一再向“台独”发出错误信号，在两岸中国人之间极尽挑拨离间、制造纷争之能事，既当“球员”又当“裁判”，从中渔利，使得台海问题越来越趋复杂。《反分裂国家法》首次以国内立法的形式，用法律条文明确强调：“台湾问题是中国内战遗留下来的问题。解决台湾问题，实现祖国统一，是中国的内部事务，不受任何外国势力的干涉。”以“合法”制“非法”、“正法”制“歪法”，从而为解决台湾问题、排除外部势力的干涉，提供了坚实的法理基础。

其五，《反分裂国家法》反映了大陆在处理台湾问题上的广阔视野，具有重要的战略意义。台湾问题固然涉及中国的国家核心利益，但解决台湾问题只是中国整个国家发展战略中的一个重要组成部分而非全部。维持台海现状、抓住千载难逢的战略机遇期一心一意谋发展、全面提升我国的综合国力，是大陆的最佳选择。然而“台独”活动的日益猖獗，却严重威胁到台海地区的稳定与和平，对中国的整个国家发展战略起到了越来越大的牵制作用。《反分裂国家法》，为“台独”分裂势力划出了三条不可逾越的红线，这实际上释出了如下信息：祖国大陆并不急于实现两岸统一，也不会和台湾当局在一些枝节问题上纠缠，只要“台独”势力知所节制，信守“四不一没有”承诺，不踩红线，那么两岸自然会相安无事；但是如果“台独”误判形势，低估大陆反“台独”的决心与能力，违背承诺，恣意妄为，一旦踩线，必将“家法伺候”，决不宽待，勿谓言之不预也。从而使《反分裂国家法》的震慑力发挥到了极致。这在一定程度上将会减轻因台湾问题对中国国家发展战略所形成的牵制作用。随着时间的推移，《反分裂国家法》的战略价值必将日益显现出来。

总之，《反分裂国家法》的出台，胡温体制下对台政策的新思维和新做法，使大陆占据了战略制高点，从根本上扭转了以往那种被动因应“台独”挑衅的不利局面，两岸关系的互动从此“攻守易位”。然而，实际上这一战略形势的重大转变，从去年“5·17声明”的发表即已开始，“春节包机”、“双亚”赴台悼唁辜振甫先生等一系列具体措施的推动，都是其中的重要一环，而《反分裂国家法》的出台，则使这一转变产生了前所未有的震撼效果。

能否维护两岸稳定，球在台北

台湾当局对《反分裂国家法》反弹强烈。如外界所料，台当局将攻击的矛头对准了该法第九条，即在“‘台独’分裂势力以任何名义、任何方式造成台湾从中国分裂出去的事实，或者发生将会导致台湾从中国分裂出去的重大事变，或者和平统一的可能性完全丧失”的情况下，采取“非和平手段”解决台湾问题的条款，从而将整个法律说成了是“侵略法”。

民进党仍然沿袭了其一贯的做法，利用民粹式的动员来反制《反分裂国家法》。陈水扁16日发表“六点声明”，表示“决不接受中共一手棍子，一手胡萝卜的两面手法，”并公开鼓动百万民众3月26日走上街头，进行抗议。同时，为了保持动员的热度，民进党当局高层一直不断放话煽动民众情绪：“陆委会主委”吴钊燮向国际媒体控诉“对岸意图以武力片面改变台海现状”；“行政院”长谢长廷宣称“两岸有发生战争之虞，已达发动防御性公投的条件”；连“国安局长”薛石民都说要去参加“3·26大游行”。

但是，陈水扁此次的表现却和以往有所不同，不但至今没有表态是否参加“3·26游行”，而且也没有提到一直被视为两岸关系导火索的“公投”议题。这实际上反映出民进党当局在“台独”立场上面临极大的困境。去年“立委”选举的结果已清楚表明，“急独”路线不得人心，民进党欲“永续执政”，必须改弦更张，向所谓“中间路线”靠近。但是，以台联党为代表的“急独”势力又对其形成了强力的牵制，这从“扁宋会”后“急独”势力的强烈反弹即可一目了然。因此，民进党出现了想“独”又不敢“独”，不“独”又不甘心的窘态。

同时，这种情况也反映出民进党当局民粹式的动员方式也面临着瓶颈。正是民进党当局一直以两岸议题和族群议题作为动员的手段，最后搬起石头砸了自己的脚，使“急独”分子对“台独”的期望值越来越高，压缩了自己在两岸议题上向中间路线调整的空间。这次也一样，如果一旦民众的情绪被调动起来，很难容得下理性的声音，民进党当局也很难控制，只有随波逐流，再度走向激进的“台独”诉求。但是由于《反分裂国家法》已经压缩了“台独”的活动空间，如果两岸情势最后到达了不能节制的临界点，则陈水扁又会成为“麻烦制造者”，面临来自美国的压力。

民进党当局已经在两岸议题上进退失据。大陆通过以统一为唯一选项的《反分裂国家法》，民进党当局不可能坐视，按照他们的话说就是，“咽不下这口气”。但希望留下具体政绩、为自己找到历史定位的陈水扁，也不得不思考下一步的两岸关系该如何走下去。不管从政治或经济角度来看，台湾都无法任由两岸关系长期陷在冰点。

陈水扁在观望。一是在观望3月26日的反《反分裂国家法》游行能动员起多少的支持力量，同时也在等待美国进一步的支持态度，但是有一点是肯定的，就是一贯推行战争边缘政策的民进党当局，不敢真的以宣布“台独”的方式来引发两岸战争。

中美在反“台独”问题上有利益共同点

《反分裂国家法》通过后，美国的反应并不如预期中的强烈。白宫发言人麦克莱伦仅说：“我们认为中国通过《反分裂法》是不幸的，这对台海和平与稳定没有帮助。”美国国务院发言人包润石说，“他们（大陆和台湾）应该朝着和平对话的方向迈进”。不过，白宫也警告台湾当局要谨慎行事。麦克莱伦指出：“我们不认为，台海任何一方应做出足以使台海紧张局势升级的单方行动或改变，”并重申：“我们不支持台湾独立。”虽然16日美国众议院通过了歪曲《反分裂国家法》立法宗旨的议案，但是参院并没有随即跟上。而且，没有国会两院共识的决议案，根本就不具法律约束力，对美国官方的政策也影响不大。

毫无疑问，美国和中国在战略上存在着巨大的利益竞争。因为中国的崛起已经对美国构建的东亚秩序和世界格局形成了挑战。

因此，从政策层面上讲，虽然双方都希望台海局势维持现状，但是，目的却是南辕北辙。美国一直认为，两岸保持“不统不独”的状态最符合其利益。所以，美国所谓的“维护现状”就是“不问统独，只要和平”，并继续将台湾作为牵制大陆的一枚棋子。而大陆的“维持现状”则是要保持台海的稳定，为和平统一争取时间。

尽管如此，双方在遏制“台独”的问题上还是具有交集。换句话说，在中国对“台独”势力保持强大压力的情况下，美、中在反对台当局在“台独”的道路上走得太远的问题上具有一致利益。战略上的冲突不影响战术上的合作。从美方对《反分裂国家法》的反应来看，双方似乎已经形成了这种默契。

美国最担心的是大陆因《反分裂国家法》的出台而加大对台动武的可能，以及台湾过头的反应而加大两岸紧张情势，使两岸关系脱轨。所以，美国采取了对双方都施加压力的做法，防止出现美国难以控制的局面。

但是，由于《反分裂国家法》强化了台湾问题是中国的内政问题的刚性，同时也大幅压缩了允许台湾当局游走于统“独”边缘的灰色地带，台湾当局的“台独”路线极易引发两岸关系的紧张，这也使美国不得不在反对“台独”的立场上更加清晰。

问题是，美国的表态清晰到什么程度，以及这种政策在多大程度上能够影响台北的决策。一旦和以前一样，美国的表态再次被曲解，被台湾当局当成支持“台独”的错误信号，那么两岸关系只能更趋紧张。

（华夏经纬网，2005/03/21，与陈星合撰）

和平统一事业的主导权必须掌握在大陆手中

从《反分裂国家法》出台到连宋成功登陆，台湾学者评论说："北京防独不再依赖美国"。举世承认，与《反分裂国家法》同时树起的是以胡锦涛为核心的中共第四代领导集体主导和平统一的战略威势地位；而连宋登陆，作为两岸中国人在自己的土地上首次排除美国插手的公开直接对话，则是中共夺回两岸关系主导权的一个重大标志。美国国务院发言人所称的"对两岸局势一直未能主控"确是事实。中共高层在世界面前一扫多年来在两岸问题上被动因应的形象，展现出了操控全局、运作大势的气魄与能力。陈水扁在手忙脚乱、穷于应付之余，也不得不哀叹胡锦涛是"厉害的对手"。

无论何时，海峡主导权不能错置！美国是海峡的重要角色，在重重矛盾压力中，大陆稍有不慎，极易出现主导权旁落于美国的情况。就台湾问题发生与存在的根源及现状而言，说白了实际上就是中美两国争夺台海局势主导权的过程。这个过程无可避免地包括"和台"（和平统一台湾）与"和美"（维护中美关系大局）两个关键战略环节。两者相连互动而原则上有别：不"和美"无以客观上"和台"，不"和台"无以主观上制美、排美。其原则的关键点是，"和美"是为促使台湾正视大陆的和平统一意志与诚意，是要在与美国的直接周旋较量中，逐步降低美国打"台湾牌"的分量，提升大陆在台湾人民心目中的威势地位，让解决台湾问题的主导权最终完全回归中国人自己手中。这个原则一旦错乱，客观上就会变成寄"遏独"希望于美国，而台湾对大陆打"美国牌"的分量就会上升，"台独"就会在心理上、物质上更倚重于美国而拒统，美国的"以华制华"心态就会在两岸中国人的不同期待中不断膨胀，海峡局势就会出现美国主导的逆向运动，产生一个个无法料知的恶果。历史证明的真理是：两岸都寄望于美国，两岸就永远不可能统一！回顾近十多年来两岸关系中的诸多波折，这是一个深刻的教训。关键时刻，如果大陆回避直接面对岛内复杂多变的政局，过分看重美国总统说了什么？美国人会怎么做？徒增美国对我打"台湾牌"的分量，既难以达到“遏独”的目的，也使自己失掉了对台岛局势的正面影响力和应对空间。

总之，以往的所有经验与教训都证明，海峡这盘多方上阵、交错对弈的大棋，角色虽多，矛盾虽复杂多变，但归根结底，主要角色应该是两岸的中国人，主导角色则应是中国大陆，这是它的历史天职，也是一个铁定的核心条件。台湾问题的最终解决，如欲达到各方都有尊严的“多赢”结局，唯有是在大陆主导下的两岸中国人的和平统一。只有这样，海峡才会真正平静，两岸中国人才会真正安宁，而中美、中日之间也才会去掉一根刺，建立起真正正常的关系，东亚乃至世界才会太平。

那么，在海峡新形势下，该如何抓住解决台湾问题的主导权呢？总结近期以来的实践，有如下五点要素需要强调：

一为谋，以全局的视野、辩证的思维，高屋建瓴，抓主要矛盾、关键点、关键人、关键时机，加以运筹，谋势导势，推动整体态势发展。

二为勇，既要看得准又要出手快，对岛内各党派内外的主要矛盾运作、对中美和中日关系中的尖锐矛盾，不能东躲西闪，也不能仅以教条式的喊话应对，要敢于正视，勇于直接交锋较量。

三为威，要言必行，行必果，软硬兼施，恩威并用，先威后恩。硬，要硬得确实，说一不二，毫不含糊；软，要软得爽快，豁达大度，仁至义尽。

四为实，务实是一切的灵魂，要始终保持务实前提下策略的灵活性和主动性，切勿为教条、主观的思维模式所束缚。

五为稳，必须有信心、耐心和恒心。

宏观上看，《反分裂国家法》的制定以及随后所采取的一系列具体的配套措施，反映出中共新一代领导人在处理台湾问题上已具备以上五种基本要素，因而收到了显著的效果。

实践让我们深刻地认知到，台湾问题放不得但也急不得。解决台湾问题毕竟与解决港澳问题有很大不同。港澳问题是如何从外人手中如期顺利收回自己国土的问题，而台湾问题则是分裂的中国人如何重归统一的问题。前者是“先统一后融合”，而后者则必须是“先融合后统一”——除非是万不得已采取“非和平手段”。和平统一的希望寄托在台湾人民身上，但历史与现实却造成了目前多数台湾民众对统一还不理解，还心存疑惧，维持现状仍是比较稳定的主流民意。对此，大陆方面只能是“慢功出细活”，做艰苦细致的争取台湾民众的工作，而切不可操之过急，否则将适得其反。

我们所追求的和平统一事业，是全球化浪潮下的中华民族伟大复兴的光荣事业。而富强、民主、统一三者相连，才是中华民族真正意义上的复兴。这是一个任重道远、持续奋斗的历史过程，是“前无古人”的艰巨事业。这一事业必须建筑在两岸中国人共同利益的基石之上，必须扫尽历史的悲情与隔阂，达至情感与灵魂的统一。唯有如此，才能经得住任何风浪的考验。据于此，积极的、渐进式的和平统一之路，理应是两岸中国人至上的选择与坚持。

（华夏经纬网，2005/06，与马淑明合撰）

大陆已掌两岸关系主导权

《反分裂国家法》的制定和实施，在大陆对台工作新的策略和策略发展中极为重要，这不仅将大陆一贯宣示的对台方针和政策提升到法律的高度，同时也成为两岸关系发展的一个新的起点。《反分裂国家法》出台，直接促成了岛内在野党领袖连宋相继访问大陆，对台湾政治气氛和政治生态，发生了微妙的影响，对缓和两岸关系起到了积极作用。

大陆对台政策的调整，从去年中台办、国台办授权发表“5·17 声明”，就已经开始。从那个时候开始到现在，这种调整都在有秩序的、有步骤的进行之中。从战略上来讲，大陆对台的整体战略，并没有改变，但是，在对台政策策略上，产生了引人瞩目的重大变化。而且，的确收到了很好的效果。

这种变化和调整的特点，可以概括为下面的一句话，就是“主动出击，夺取战略制高点，掌握两岸关系发展的主导权；软硬兼施，该硬的更硬，该软的更软；恩威并重，先威后恩，威必夺其志，恩必收其心”。

主要做法有以下几方面：第一，进一步强化了反“台独”的立场，从“5·17 声明”，贾庆林主席的讲话到胡总书记的对台工作四点意见，都在不断的补强对台政策的信度和强度。而《反分裂国家法》的出台，就是这次调整过程中的一个最为重要的关切点。

《反分裂国家法》用法律的形式，强化了大陆反“台独”的刚性，通过人大立法的形式，把大陆几代领导人一贯宣示的对台方针、政策，提升到国家的意志和全民的意志，从而为“反独”斗争，提供了坚实的法律依据和最广泛的民意基础，展示大陆对“台独”分裂活动绝不容忍的决心、信心和态度。由于法律比任何领导人的讲话都更具权威性和强制性，所以对震慑“台独”冒危活动，压缩“台独”的活动空间，发挥了更大的作用。而且，一旦发生“台独”的重大事件，如果大陆的领导人不采取断然有效的措施，加以制止，那么同样也要被追究法律责任。“台独”人士深知其中的厉害，台湾民众也深切了解到“台独”对自己的严重危害，从而一举破解了“台独”势力说“中共是纸老虎”的欺骗现象。“台独无害论”也因此彻底破产。

第二，保持对某些政策的必要模糊，为两岸关系的回暖留下转环的空间。其实大陆对台方针并没有超出以前台湾政策的基本框架，既没有统一的时间表，也没有将“台独”的概念细化，而且特意保持某种程度的模糊，这样做，一方面是为了大陆保留在台独重大事变的解释权，使两岸关系和台海局势的主导权掌握在自己的手中。但是另外一方面，也是为两岸局势缓和发展留下回转的空间，为与台湾当局打交道留下了求同存异的灰色地带。

第三，“围三缺一”，压迫陈水扁当局向中间路线移动。大陆目前的策略是以反“独”为基点，建构最广泛的国际、国内反“独”统一战线，压迫陈水扁调整两岸政策，向统“独”光谱的中间路线移动，主要做法有以下几点：一是制定“反分裂国家法”，加强遏制“台独”的强度和力度，以堵截“台独”发展的可能走向，使越来越多的台湾民众，包括“台独”人士认识到，“台独”是一条走不通的死路，是不可能实现的神话；二是充分利用美台之间的矛盾，持续做以美国为首的国际社会的工作，建立所谓国际反“独”统一战线，借助于国际社会的力量来约束“台独”，防止其铤而走险，因此有所谓的促美压扁策略；三是争取岛内的反“台独”力量，在反“台独”的共同立场上，形成以国亲两党为主的联盟，就是建立所谓的国内反“独”统一战线，这次连宋相继访问大陆，并与大陆达成反对“台独”的共识，就是这策略的重大成果；四是出台一系列具体措施，持续地做台湾人民的工作，减轻台湾人民对大陆的敌对情绪，逐步增强台湾人民对大陆的认同感，消除“台独”生存的社会土壤。与此同时，大陆并未对陈水扁赶尽杀绝，而是采取给出路的政策，虽然不是为了寄望他浪子回头，至少是防止他狗急跳墙、破罐破摔。大陆领导人一贯声明，只要承认“一个中国”，承认“九二共识”，不管什么人、什么政党，也不管他们过去说过什么、做过什么，都愿意与他们谈两岸发展关系，促进和平统一的问题。在“胡宋会”中，“两岸一中”新论述，就是为陈水扁留下下台阶的机会，这个概念，就是对“一中”的特意保持模糊。如果陈水扁真的有诚意，借坡下驴，完全可以把“一中”的概念与台湾的“宪法一中”结合起来，或者以“九二会谈”成果的概念，进行连接，从而让陈水扁和民进党当局摆脱目前两岸问题的困境。

上述措施结合在一起，可以说是沉重的打击了“台独”，有效遏止了“台独”势力发展的势头，使剑拔弩张的两岸局势，得到一定程度的缓和。

第四，准确把握台湾民意的主流，做台湾人民的工作，真正做到“入岛、入耳、入心”。近一个时期以来，大陆做台湾人民的工作，更加注意台湾人民的特点和变化规律，更加注重技巧性和细腻性。首先，制定“反分裂国家法”的本身，就是做台湾人民工作的一项重大举措。以往，我们总是片面地认为，争取台湾民心的工作，就是制定各种各样的优惠政策，给台湾人民多少多少好处。其实，对台湾人民工作是多层次、多角度的，让台湾民众真正体会到“台独没有和平、分裂没有稳定”，只有和“台独”划清界限，拒绝当“台独”的炮灰和人质，才能维护自身的安全。“反分裂国家法”的出台，正是起到这样的作用。此外，春节包机、双亚吊唁辜老，都是出人意料的举措。而开放台湾农产品到大陆销售，开放大陆旅客到台湾，以及赠送大熊猫给台湾等一系列新出台措施，都是向台湾人民释放善意的表现，得到重大影响。虽然陈水扁至今仍阻挠这些措施的落实，但越来越多的台湾人民已经感受到大陆的善意。

此外，大陆充分利用连宋来访的轰动效应，全程开放海内外媒体采访报道，借助海内外媒体的直播，使连宋“登陆”的同时，大陆领导人和大陆人民也实现了“登岛”，使广大台湾民众领略到大陆领导人的风度与气质，感受到大陆人民对台湾同胞的骨肉亲情，同时可以看到大陆的历史文化和各方面的建设成就，使他们对大陆的印象产生变化。

自从去年“5·17声明”发表以来，到“反分裂国家法”的出台，大陆调整了对台政策的策略，采取了一系列逆势操作和顺势操作相结合的措施，一举扭转了长期以来对台政策的被动局面，可以说，初步掌握了两岸关系的主导权。“反分裂国家法”出台，连宋相继访问大陆后，陈水扁当局在两岸政策上面临多重压力，形象来说，陈水扁的两岸政策上正在被“五马分尸”：

一是来自大陆越来越强的反“独”压力；二是来自泛蓝的强力制衡，

连宋访问大陆之后，强烈要求民进党当局采取有效措施，落实连宋访问大陆所取得的成果；

三是来自美国的压力，4 月 1 号新加坡内阁资政李光耀透露，美国方面已经通过了一个非常高级的渠道，严正地照会陈水扁，布什总统不希望因为台湾一再挑战极限，而迫使他必须把注意力发散到台海地区，美国已经公开表态，肯定连宋的大陆之行，并要求尽快恢复两岸的协商谈判，继续对陈水扁当局施加磋谈的压力。

四是民进党内部的强力牵制，虽然陈水扁本人已经没有了选举的压力，但是民进党内急于为二〇〇八年大选卡位的重量级人物，为争取绿营基层群众的认同与支持，一直都在阻止陈水扁向中间路线靠拢，观察近期以来吕秀莲、苏贞昌等人的有关言行便可一目了然；

五是泛绿阵营内部的裂痕扩大，危机感日益强烈的李登辉和台联党，已经宣布要和陈水扁划清界限、分道扬镳，并且曾扬言要发动绿营势力来罢免陈水扁，使得陈水扁不得不有所顾忌和防范。

众所周知，大陆的《反分裂国家法》颁布和实施之后，就连陈水扁自己都说，“台独”做不到就是做不到，李“总统”执政 12 年做不到的我阿扁也做不到，这等于公开承认“台独”是一条走不通的死路。但是，长期民粹式的“台独”动员，已经培养了一批急进“台独”分子，毒害台湾的政治文化，使“台独”理念在许多绿营支持者的心中成为神圣不可侵犯的神主牌，谁是触动这块神主牌，就像挖了他家的祖坟一样，要和你拼命，从而大大压缩了民进党两岸政策调整的空间，“台独”实际上已经成为民进党执政的一个包袱，使其在两岸政策调整的余地愈来愈小。

陈水扁在两岸议题上左右摇摆，典型地反映出民进党当局在两岸政策的这种结构性矛盾，冰冻三尺，非一日之寒，这种情况恐怕短间内很难改变。

由于陈水扁并非是一个有宏观视野、历史使命感、有魄力、有担当的政治家，而是一个一向看风使舵，不讲诚信的，具有“台独”理念的投机政客而已。主观上他不是不想拿诺贝尔奖，或许他也希望自己下台之后有一个比较好的历史定位。但是俗话说的，性格决定命运，风度决定格局，他很难摆脱客观政治环境对他的限制，在未来只剩下三年的任期之内，在前述的五种力量的相互拉扯之下，可以预料，陈水扁的两岸政策，不可能有突破性的作为，仍然会在和解与对抗之间左右摆动，既不敢提出也绝不会放弃“台独”，蹉跎剩下的3年任期而已。对此我们应该有足够的认识，充分的思想准备。

（中评社，2005/06/11）

大陆调整对台政策策略

《反分裂国家法》的制定与实施，是大陆对台工作中新的政策和策略发展中极其重要的一环。它不仅将大陆一贯宣示的对台方针和政策提升到法律的高度，同时也成为两岸关系发展的一个新的起点；《反分裂国家法》的出台，促成了岛内在野党领袖连、宋的相继访问大陆，对台湾政治气氛和政治生态的变化产生了微妙的影响，对缓和两岸关系起到了积极作用。

实际上，大陆对台政策策略的调整，从去年中台办和国台办受权发表"5・17 声明"就已经开始。从那时候起一直到现在，这种调整一直都在持续地、有步骤地进行之中。从战略上来讲，大陆的对台整体战略并没有改变，但是在对台政策策略上却发生了引人注目的变化与调整，并且收到了很好的效果。

这种变化与调整的主要特点可以概括为一句话，就是：主动出击，夺取战略制高点，掌握两岸关系发展的主动权；软硬兼施，该硬的更硬，该软的更软。

进一步强化反"台独"的立场

从"5・17 声明"、贾庆林的讲话，到胡总书记的对台工作"四点意见"，都在不断补强这一新的对台政策策略的信度和强度，而《反分裂国家法》的出台，则是这一调整过程中的一个最重要的关节点。

《反分裂国家法》用法律的形式强化了大陆反"台独"的刚性，通过全国人大立法的形式把大陆几代领导人一贯宣示的对台基本方针、政策提升到国家的意志和全民的意志，从而为反"独"斗争提供了坚实的法律依据和最广泛的民意基础，展示了大陆对"台独"分裂活动决不容忍的决心、信心和态度。由于法律比任何领导人的讲话都更具权威性和强制性，所以对震慑"台独"的冒险活动，压缩"台独"的活动空间发挥了更大的作用。而且，一旦发生了“台独”的重大事变，如果大陆领导人不采取断然、有效的措施加以制止，那么同样也要被追究法律责任。“台独”人士深知其中利害，广大台湾民众也深切感受到了“台独”对自己的严重危害，从而一举破解了多年来“台独”势力所谓“中共是纸老虎”的欺骗宣传，“台独无害论”也因此而彻底破产。

为两岸关系回暖留下转圜空间

实际上，《反分裂国家法》的内容并没有突破以前的对台政策的基本框架，既没有“统一时间表”，也没有将“台独”的概念进一步细化，而是刻意保持某种程度的模糊。这样做一方面当然是为了保留大陆方面对“‘台独’重大事变”的解释权，使两岸关系和台海局势发展的主导权牢牢地掌握在自己手中；另一方面也是为两岸关系的缓和发展预留了回旋的空间，为今后与台湾当局打交道留下了可以求同存异的灰色地带。

迫使扁当局向“中间路线”移动

大陆目前的策略是以“反独”为基点，建构最广泛的国际国内“反独”统一战线，压迫陈水扁当局调整两岸政策，向“统独光谱”的中间地带移动。

主要做法有以下数端：

一是前面所讲到的，制定《反分裂国家法》，加强遏制“台独”的强度和力度，以堵截“法理台独”的可能走向，使越来越多的台湾民众包括“台独”人士认识到：“台独”是一条走不通的死路，是不可能实现的神话。

二是持续做以美国为首的国际社会的工作，建立国际“反独”统一战线，借助于国际社会的力量约束“台独”，防止其铤而走险。因此有所谓“促美压扁”的策略，把美国当作反“台独”的间接同盟军来争取。

三是争取岛内的反“台独”力量，在反对“台独”的共同立场上，形成与国、亲两党的“战略联盟”（即建立两岸“反独”统一战线）。这次连、宋相继访问大陆，并和大陆达成了反对“台独”的高度共识，就是这一策略的重大成果。

四是出台一系列具体举措，持续做台湾人民的工作，减轻台湾民众对大陆的敌对情绪，逐步增强台湾民众对大陆的认同感，弱化“台独”生存的社会条件。

与此同时，对陈水扁当局并未“赶尽杀绝”、“一棍子打死”，而是采取“给出路”的政策。胡锦涛清楚地表示：“只要承认一个中国原则，承认‘九二共识’，不管是什么人、什么政党，也不管他们过去说过什么、做过什么，我们都愿意同他们谈发展两岸关系、促进和平统一的问题。”在胡宋“会谈公报”中“两岸一中”新论述的提出，实际上就是为陈水扁留下了一个下台阶的机会。这个概念对“九二共识”进行了重新表述，对于“一中”的政治含义刻意保持模糊。笔者以为，如果陈水扁真有诚意“就坡下驴”，完全可以把“两岸一中”的概念和所谓“宪法一中”结合起来，或者与“九二香港会谈成果”的概念进行衔接，抑或是在扁宋会“十点共识”的基础上进行衔接，从而使陈水扁和民进党当局摆脱目前两岸政策的困境。

上述措施结合在一起，沉重地打击了“台独”，有效地遏阻了“台独”势力恶性发展的势头，使剑拔弩张的两岸关系形势得到了一定程度的缓和。

做台湾人民工作“入岛入耳入心”

近一个时期以来，大陆做台湾人民的工作更加注意岛内民意的特点和变化规律，更加注重技巧性和细腻性。

首先，制定《反分裂国家法》本身就是做台湾人民工作的一项重大举措。争取台湾民心、做台湾人民工作不仅仅是制定各种“优惠政策”，给台湾人民多少“好处”；做台湾人民工作是多层面、多角度的，让台湾同胞真正体会到：“台独”没有和平，分裂没有稳定，只有和“台独”划清界限，拒绝当“台独”的炮灰和人质，才能维护自身的利益和安全。《反分裂国家法》的出台，正是起到了这样的作用。

其次，推动“春节包机”的实现、“双亚”赴台悼唁辜振甫先生，都是出人意料的举措；而开放台湾农产品到大陆销售、开放大陆游客到台湾旅游、赠送台湾大熊猫等一系列新出台的具体措施，则向台湾人民持续释放出了极大的善意，产生了重大影响。尽管民进党当局至今仍在阻挠这些措施的贯彻落实，但越来越多的台湾民众已经切实感受到了大陆的善意。

此外，大陆方面充分利用连、宋来访所形成的轰动效应，全程开放海内外媒体采访报道，借助于台湾和国际媒体特别是电视直播，在连宋“登陆”的同时，大陆领导人和大陆人民也实现了“登岛”，使广大台湾民众领略了大陆领导人的风度与气质、感受到大陆人民对台湾同胞的骨肉亲情，看到了祖国大陆悠久的历史文化以及各个方面的建设成就，对大陆的正面印象不断增加。

总之，自去年“5·17声明”发表以来，特别是围绕着《反分裂国家法》的出台，大陆调整了对台政策和策略，采取了一系列逆势操作与顺势操作相结合的措施，掌握了两岸关系发展的主导权。

（《人民日报·海外版》，2005/06/14）

陈水扁为何焦虑

陈水扁善变早已是世人的“共识”。从连战访问大陆开始，一个月多来陈水扁在大陆政策上的左右摇摆再次让世人领教了其高超的变脸术。陈水扁先以“时空错乱”对国民党大陆之行定性，随后，却又在民意和美国的压力下对连战访问大陆表示“祝福”，甚至放出“连宋大陆之行是一个序曲，两岸精彩的主戏还在后面”的信号，从而产生了两岸政策大幅向中间路线调整的想象空间。

但是陈水扁5月初在海外“访问”回来后，看到民进党内部对其表态的强烈反弹和民进党支持度的大幅下降，已经对即将到来的“国大”选举造成了不利影响，又匆忙变脸，将前面对连宋的“祝福”全部推翻。

近期，陈水扁在两岸关系上的态度又转趋强硬。表示两岸“要谈可以”，但大陆定下的谈判前提，包括“宪法一中”、“九二共识”、“两岸一中”，他一概不接受。

陈水扁两岸政策上令人眼花缭乱的变化固然反映了他的一贯风格，同时也反映了他在两岸关系问题上的焦虑，突出表现了他在权力与历史定位之间的两难选择。

未来三年中，没有了选举压力的陈水扁，最在意的是其历史定位问题。从一般的分析角度来看，可能实现其历史定位的方式大致有以下几个：一是实现其长期鼓吹的“台独建国”，二是在经济发展上实现突破，三是在两岸关系上实现突破。

从两岸关系发展的实际来看，实现“台独建国”根本是不可能的。大陆一再强调，“台独”没有和平，分裂没有稳定，《反分裂国家法》的出台更加强化了这一立场；台湾岛内也有强大的反“台独”力量，“台独建国”只能是一个可望而不可及的海市蜃楼。

台湾经济的发展绕不开两岸关系这一根本问题。一方面，大陆成为一个越来越大的市场，台湾的发展必须以大陆为腹地，但是由于台湾当局出于政治上的考虑迟迟不愿开放全面“三通”，资本外逸已经是一个越来越明显的趋势；另一方面，以主权国家为成员的东亚自由贸易区的建构与整合正在加速进行，由于台湾不是主权国家，将会被排除在这个自由市场之外。如果不能在两岸关系问题上实现突破，台湾经济的边缘化只是时间问题。

因此，不管从什么角度说，唯一可以为陈水扁留下历史定位的是在两岸关系上实现突破。而两岸关系能否实现突破关键在于民进党是否放弃“台独”立场。大陆的态度非常明确，只要台湾当局承认“一个中国”原则，什么都可以谈。而陈水扁对连宋的“祝福”也一度给人以其路线向统“独”光谱中间移动的想象空间，两岸关系的解冻似乎露出了曙光。

陈水扁摆出向中间路线移动的姿态本是想试探党内对两岸问题的态度。但是他没有想到的是，反弹远超出了他的预料。在民进党内部，陈水扁被骂得狗血淋头，有党员甚至要陈水扁退出民进党，至于“台联”党，反应更为强烈。

何以至此？民进党长期以来利用“台独”理念和“台独”口号进行政治动员。这种动员已经在民进党的支持者中培养了一批激进的“台独”分子，他们视“台独”理念为神主牌，拒绝任何“台独”路线调整的可能。民进党当局正是搬起石头砸自己的脚，当其把“台独”理念当成一种资产的同时，也画地为牢，将自己调整两岸关系的空间压缩得越来越小。

也正因为如此，民进党内部最起码有相当一部分人认为“台独”口号在其基本支持者中有可资利用和操作的空间。所以，当陈水扁一旦在两岸关系上想向中间路线移动的时候，不但遭到了来自基层的强烈反弹，同时也遭到了“后陈水扁时代”“总统”大位争夺者们的反对。苏贞昌、吕秀莲等人都会以自己的政治利益为考量，对陈水扁在两岸议题上的一举一动作具体的诠释。一旦发现陈水扁向中间靠近，必会强力牵制，陈水扁面临着提前“跛脚”的危险。

“台独”理念对陈水扁来说，由原来的资产变成了现在的包袱。他必须在现实的权力与其历史定位之间进行选择。在这种情况下，陈水扁只有坐困愁城，在“变”与“不变”中寻求平衡，实现自己的利益最大化。这实际上反映出他对实现自己历史定位问题的无力感和对民进党两岸政策制定逐渐失去控制权的沮丧。

可以预见的是，未来三年，陈水扁仍会在这种困境中挣扎，民进党当局的两岸政策也必然会不断摆荡，最有可能出现的情况是：陈水扁一方面强调“台独”立场，争取民进党及其基本群众的支持，巩固自己的权力，防止提前“跛脚”；另一方面，则在两岸关系上寻求以和平的方式实现“台独”的可能性，尽管他知道这是不可能的。

两岸关系要实现春暖花开，还有很长的路要走。

（《中国台商》，2005/7 月号，与陈星合撰）

弘扬抗战精神，共创中华未来

——写在新党纪念抗战胜利60周年大陆访问团离京之际

在国民党主席连战先生和亲民党主席宋楚瑜先生先后访问大陆、掀起两岸党际交往高潮之际，新党不失时机，组织“纪念抗战胜利60周年大陆访问团”来大陆参访，进行历史性的“民族之旅”。新党的来访，对于增进两岸同胞的民族情感、消除两岸敌意、缓和两岸关系必将起到积极的促进作用。

今年是世界反法西斯胜利60周年，中国人民抗日战争胜利60周年。新党作为一个在台湾岛内长期坚持反对“台独”的政党，选择在这个时机访问大陆，不仅仅是“民族之旅”，同时也是“追思之旅”、“精神之旅”和两岸同胞又一次重要的“交流之旅”。

追思之旅

众所周知，上个世纪三四十年代中国人民的抗日战争，是百年来苦难的中华民族抵御外国侵略所取得的第一次完全胜利。当时，面对日本法西斯的疯狂入侵，国共两党捐弃前嫌、团结合作，建立起了广泛的抗日民族统一战线，经过整整8年的艰苦抗战，终于战胜强敌，宝岛台湾也因此而重归祖国怀抱。长期以来，两岸同胞为把日本侵略者赶出中国，曾经互相支持、互相扶助，同呼吸、共患难。没有祖国大陆抗日战争的胜利，台湾也就不可能光复。抚今追昔，有助于让历史告诉未来，有助于两岸同胞认清当前形势。

抗战时期，有一批汉奸妄图拉山头，借助于日本人的势力自立小王国，自绝于民族和国家。历史充分证明，列强只是培植自己的傀儡，扶植有利于自己的势力。说到底，外来势力从来就怕中华民族的团结、中国的国家富强。“以史为镜可以知兴衰”，两岸问题之所以会发展成为今天特殊的国内问题，症结何在？大家都心知肚明。在大国格局变化频仍的当今世界，台湾民进党执政当局却试图游走于大国之间，寄希望于某些大国的撑腰与支持，试图以此保住自己的“小朝廷”，到头来只会“竹篮打水一场空”。今天，在全中国人民隆重纪念抗日战争胜利60周年的时刻，台湾民进党当局却宣称台湾“与中国抗日无关”，拒绝举办任何纪念活动，企图从历史上割断与大陆的血肉联系，并以此讨好曾经加害过台湾同胞整整半个世纪之久的日本侵略者，想借助外力来对抗祖国大陆，实现“台独”的目的。这是十分不智的，也必然为包括台湾同胞在内的全中国人民所反对。

新党的这次大陆之旅，凭吊了广州黄花岗七十二烈士墓、拜谒了南京中山陵、吊唁了侵华日军南京大屠杀遇难同胞纪念馆，参观了大连的甲午战争遗址和抗日战争遗址及纪念馆，参观了北京卢沟桥抗日战争胜利纪念馆。这一行程本身，就充分说明了新党把台湾和大陆的抗日从历史和文化的角度紧密地联系在一起了。从台湾人民抗日100周年纪念和大陆抗日战争胜利60周年这一角度寻找到了两岸抗日的共同点，这是对民进党执政当局试图“去中国化”和搞“文化台独”的呛声。它代表了台湾大多数民众反对“台独”的主流民意。

精神之旅

祖籍在上海的郁慕明主席说：“回上海祭祖不如去东北有意义”，这说明新党此次来访是民族精神层面上的沟通。抗战精神是民族团结的精神、不畏强暴的精神、同仇敌忾的精神、一致对外捍卫国家主权和领土完整的精神。

这次新党的行程从历史和文化的角度证明了两岸人民在抗日问题上，在抵御外来侵略问题的中华民族精神上是一致的。说明两岸不仅在血脉上同根同源，而且在民族立场上也是同根同源。“台独”分子们妄图借助外力抹杀两岸在抗日战争问题上的民族共性是对自立自强、救亡图存、团结抗敌的中华民族伟大精神的侮辱。“人必自侮，然后人侮之；国必自伐，而后人伐之”。中华民族的两岸儿女都应该看清楚这一点，只有奋发图强，中华民族才有出路；只有两岸同胞团结起来，摒弃“台独”，共谋国家的和平统一，中华民族才能强大腾飞。诚如郁慕明主席所言：“精神层面的共识不需要经过其他任何人同意”。

《国风·秦风·无衣》里说：“岂曰无衣？与子同袍。王于兴师，修我戈矛，与子同仇！岂曰无衣？与子同泽。王于兴师，修我矛戟，与子偕作！岂曰无衣？与子同裳。王于兴师，修我甲兵，与子偕行！”这首中国古代的“义勇军进行曲”，早就体现出了中华民族团结奋战的精神。不论在台湾还是在大陆，在抗日问题上都有民族英雄，但也出过汉奸民族败类。但汉奸毕竟是少数，而且到头来总是被丢弃到历史的垃圾堆中。“鸡有时也会比鹰飞得高，但鸡毕竟是鸡”。“台独”可能猖獗于一时，但毕竟是没有出路的，因为它违背历史潮流，损害了中华民族的根本利益。而新党此次“精神之旅”，必然有助于唤起更多台湾民众的民族认同感，将使越来越多的台湾民意汇流到中华民族的抗战精神之中，共谋“反独促统”大业，利在两岸人民，功在国家民族。

交流之旅

这次新党来访，继国、亲两党之后掀起了又一波登陆浪潮。台湾的“大陆热”和大陆的“台湾热”，有助于遏制“台独”，缓和两岸关系，这是我们所乐见的。我们希望两岸同胞加强交流，促进两岸关系朝着和平稳定的方向发展。

新党自成立以来，在岛内“台独”肆虐的恶劣政治环境下，为了国家和民族，不怕打压，不怕孤立，多年来始终坚持一个中国原则、坚持“九二共识”，主张两岸和平统一，与大陆持续交流交往，互动良好，竭尽自己之所能，做了许多有利于两岸民众福祉的好事。郁慕明主席说：“新党虽小，义不容辞”，我们为之钦佩，同时也希望岛内有更多的政党、团体和社会精英能够这样做——不管他们过去说过什么、做过什么。从两岸互动来看，只要有利于“反独促统”，只要有利于国家和民族，政党的互动是平等的；只要坚持“九二共识”，任何平等协商的模式和平台都可以建立起来。对此，大陆方面已经一再释出善意。

当前，两岸关系的局势依然严峻，“台独”势力并没有放弃他们的分裂立场，但是我们已经看到，台湾民意已经并将继续朝向有利于民族团结的方向发展。国家兴亡，匹夫有责。政党无论大小，人民无论两岸，只要大家从民族利益出发，一切问题都好商量，都好解决。追思历史，展望未来，相信海内外中华儿女所期盼的中华民族的美好未来一定能够早日到来！

（《人民日报·海外版》，2005/07/14）

论民意是“解扣化独”之本

但凡目睹过连宋登陆过程的人，无不对胡锦涛总书记以静制动、气定神闲操掌大局的风范感佩不已。然而从深层透析可知，赋予其大自信、大格局扭动两岸僵局的钥匙，是其主政以来始终突出强调的“以民为本”的理念。“民本”正是胡锦涛对台新思维的核心。这一核心，在实践中具有如下几点基本内涵：

第一，以民意为法宝，开掘逼退“台独”、推进和平统一的新动能与新空间。近期以来的实践证明了这一法宝的四点效力：一能巩固政权基石，以民意支持为坚强后盾，获得主导和平统一大业的大动力和大自信；二能冲出自身思维上的拘谨之态，将发展两岸关系的谋划，从某人、某部分人或某个党派的狭隘视野下解脱出来，真正落实到“寄希望于台湾人民”的战略基点上；三能凝聚岛内外和平统一的力量，形成抗压性更强、更稳固的抑制“台独”的反“独”防“独”联合阵线；四能直捣“台独”势力赖以生存的物质与精神巢穴，粉碎“台独”幻梦，从政治、经济、文化到情感等各个层面，把和平统一事业历史性地推向全面排“独”、化“独”、解“独”的新阶段。

民意高于天，政治家的所有谋略只有在这一底盘上运作，才能做出好的文章。回顾中国近代以来各个党派的兴衰史，都无不证明了这一点。以“民本”理念应对“台独”势力所打的似是而非的假“民主”牌，才能逐步瓦解“台独”、逼退“台独”。“台独”嚣张之日也就是和平统一迈进之时。《反分裂国家法》出台后岛内泛绿营垒的分裂、顶级绿色台商许文龙的临阵“脱绿宣示”说明了这一点；岛内民调对连战登陆的高支持率（50%）、对两岸和解交流的高期盼率（85%）、对陈水扁当局与大陆务实谈判的高希望率（68%），也充分说明了这一点。

第二，在大民意与小民意的辩证关系中，构建“一中原则”下不可抗拒的“破僵向统”大趋势。“寄希望于台湾人民”的对台方针原本是非常理性的战略决策，然而多年来岛内民调不断显示这样的残酷事实：两岸交流发展了，不承认自己是中国人的反而增多了！何以如此？原因固然很多，但一直以来大陆把“寄希望台湾人民”的文章作得过小、过窄，则恐怕是其中的一个重要原因。须知，“台湾人民”是中华民族大群体中的台湾人民，“台湾意识”是中华民族意识中的意识，如果台湾“小民意”失去了全体中国人“大民意”的支撑，甚至与全体中国人的“大民意”相悖离，自会发生向“独”的偏斜。胡锦涛以“民本”为核心的对台新思维，修正了这一点的不足。

首先重视大民意，树大民意之威，从而启动、制导小民意。多年来大陆对台争取民心的工作被某些岛内学者讥评为“把台湾人民当成磁娃娃”。然而辩证的事实是，不树大民意之威，小民意便无以正。无威无力的“示好”和“让利”，对台湾人民不仅无利反而有害。其实，明确全体中国人反独的坚定意志，引导台湾民众认知到身边“台独”之险，主动避险、化险，这原本就是大陆对台湾民众利益的最大爱护，同时也是争取台湾人民的最大前提。《反分裂国家法》在全国人大的高票通过，标志着全体中国人的“反独”意志被正式引入到解决台湾问题的变量中，并置于不可动摇的国家根本大法的历史高位，得到法律的保证、肯定与伸张。事实证明，这种铸大民意于刀锋之上的“硬”，比起以往单纯的导弹实验和宣言书式的白皮书都要有效得多，既当头截断“台独”势力向“法理台独”的疯狂冒险之路，又从根本上否定了任何外力借助其“国内法”或所谓“双边协议”插手台海事务的合理性，同时，让“寄希望于台湾人民”战略方针得到一个强有力的支撑点。正因为如此，岛内各党派、美日等国际社会，或振奋或震惊或恐慌或绝望，之后是对大陆主导两岸关系的权威、对全体中国人意志决心的正视、重视而不敢再蔑视、忽视。两岸政治僵冷之水由此才被反向启动，缓和台海紧张局势遂成为岛内外各方的共同诉求。尽管连宋登陆，双方刻意未提一句《反分裂国家法》，但客观事实已经证明：没有它重拳打出的岛内民众“避独求和”的小气候，与美日等外部力量“避独求稳”的大气候，连宋不仅无力走出自身思维、政治之网，也难以突围出“台独”围堵之网，更毋宁谈登陆成功了！

其次，以大民意为前提、为后盾，但同时也重视小民意，做深耕细作式的基础民意的争取工作。今年以来，大陆积极促成春节包机、“双亚”赴台悼辜、江丙坤登陆等，注“情”于平和务实的理性中，一步步渐入台岛，吹起化冰的和风。至连宋登陆，更是抓住契机，实现跳跃性升华：大处，重整体布局，以勇气、魄力聚焦海内外、岛内外媒体，构造岛内民众与大陆民众跨越时空正面互动的大舞台。通过这个舞台，大陆民意与中共高层的正面形象首次成功地实现了大规模的“入岛、入户、入心”。包括台胞在内的全体中国人爆发出来的血脉情感、民族意志与和平渴望，首次生动直面岛内外“台独”分裂势力，成为《反分裂国家法》正义性的最生动说明书。小处，重实质轻形式，在接待规格、细情小节上，突显平等、尊重与情意。如：接触中刻意回避不合宜的言辞与问题；沟通互动中，认真倾听、爽快接纳对方的合理要求，并及时加以推动落实。台湾水果零关税登陆、开放大陆人士去台观光、给予台湾学生学费及奖学金的平等待遇、送国宝熊猫给台湾民众等一揽子“礼物”，标志着大陆将往日对“台商”的关怀，开始全方位地释放给岛内各个阶层的普通民众。其后，对台湾少数民族前往日本讨回祖灵的壮举、对受日本海上自卫队伤害的台湾渔民的抗争给予积极支持与关注等等，都无不表明了这种深层的、基础性争取工作的渐次展开。

第三，准确把握“寄希望于台湾人民”与台湾当局直接打交道的辩证关系，对台执政党、执政当局由保守回避变为积极回应、主动出击。从去年陈水扁就职演说前的“5·17 声明”，到回应“扁宋会”，到连宋登陆中处处把持的度，以及一再突出强调的“只要承认‘一个中国’原则，承认‘九二共识’，不管什么人、什么政党，也不管他过去说过什么、做过什么，我们都愿意和他们谈发展两岸关系、促进和平统一的问题”，都显示出大陆方面对台湾当局积极主动的争取姿态。施压中释出引力，透出期待，谨防其“狗急跳墙”、“破罐破摔”。与握有公权力的执政者打交道，是最终解决问题的必由之路，问题在于采取何种有效策略，才能达到既定目标。目前岛内的政治生态，决定了民进党当局难以成为两岸关系的重大突破口，对它需要施以“外围破击”术。

事实已经证明，两岸关系的长期僵冷害莫大焉，它只会徒增互疑、养就偏激。两岸政治僵冷从1999年李登辉提出“两国论”伊始，延续至今，无法打破。对此，大陆方面以及岛内蓝绿各方，都有责任，都需要检讨。坏事好事是矛盾一体。2004年选举前后，陈李“借选升独”、“疯玩台独”，从反向进一步突显出大陆对台海局势无法逃避的主导角色，也让大陆进一步深刻认知到“听言观行”的策略已经失去了它的积极意义。两岸关系与台岛政治的独特性，决定了对台政策和策略必须摒弃机械、单一、僵化保守型，转而采取灵活、多样、积极进攻型。

总之，大陆已从往日的教训中，学会以动态、发展、联系的目光，务实地面对岛内复杂的政治生态。世间无僵死不变之物，也无僵死不变之人。对“台独意识”、“台独理论”、“台独人物”，不施以积极、正面的影响力，就等于施以消极、负面的影响力。采取积极、理性的姿态，才能在与“台独”势力争夺民意的斗争中占据主动，才能有效破解“台独意识”，化云为雨、化险为夷。

（“第十四届海峡两岸关系研讨会”论文，

2005/08/02，与马淑明合撰）

建立两岸反“独”战略联盟

连宋登陆，两个公报，公开透明，既连接起了国共、亲共、国亲间共识共信的纽带，也打开了这个联合战线开放交流的信道。建立在有如此广泛的民意基础和豁达胸怀之上，而且是举世见证的反独联合阵线，自然有旺盛的生命力，具有更强的抗压力与吸纳力。

泛蓝阵营，是岛内反“独”势力的松散联合体，具有相对的稳定性与不稳定性。大陆与这个营垒到底是什么关系？在岛内错综复杂的矛盾中，如何处理与这个营垒及营垒中左、中、右派的关系？这显然不是无足轻重的小事。

经验与教训让我们必须坚定如下三点逻辑体认：

第一，泛蓝阵营的生存态势、泛蓝与大陆的关系状况，对和平统一事业的成败具有指针性意义。

本质上说，泛蓝阵营与和平统一事业是一体存在的。泛蓝存，和平统一事业存；泛蓝长，和平统一事业长。泛蓝是全球华人反独促统联合战线中的关键部分，而大陆与泛蓝的合作状况，则是这一战线中的关键环节，从某种意义上来说，它决定着泛蓝的生存与发展，也决定着和平统一事业的兴衰。

民进党上台执政五年来，大陆与泛蓝阵营间有沟通有合作，但平心而论，总体上既少互信又少默契，并未形成合力，以至错失了不少推动两岸关系转折的良机，客观上给“台独”势力提供了进可攻、退可守的运转空间。“台独”阵营则从污蔑攻击大陆与泛蓝关系、妖魔化“中国意识”入手，分化间离两岸反独阵线，并取得了相当成功。至前年“总统”大选前数月，陈李合作，竟一改以往“渐进式台独”的小步舞，将“正名”、“公投”、“制宪”等三大工程一揽子推出，掀起席卷全岛的“台独”恶浪。

泛蓝阵营在“台独”嚣张气焰的裹胁之下，大有视“一中”为包袱的架势，面对选战的压力，不再敢提“九二共识”，国民党高层人士甚至做出了“对两岸的未来不排除任何选项”的妥协表示。

《反分裂国家法》的出台，直接促成了连宋的大陆之行。而连宋的相继“登陆”，则实现了两岸关系的一个鲜明的历史跨越。国亲高层与中共高层在海内外所有华人、国际社会面前，公开握手、并肩而立，在反对“台独”、共振中华上堂堂正正、光明磊落地站在一起。由此而宣告了“台独”手中那把斩断两岸反“独”战线、封杀泛蓝政治命脉、曾经锋利无比的“杀手锏”——“联共卖台”的红帽子，从此失灵。岛内民调对连宋登陆的高度认可，充分显示了只有合力，才能使蕴藏在台湾民众中反对“台独”的巨大能量得以释放出来。

上个世纪五十年代，毛泽东曾经断然收兵、对蒋示和，其中的一个重要战略思考，就是利用美蒋之间的矛盾，争取蒋氏成为在两岸隔绝的时空之下、抗拒美国分裂中国图谋、保卫台湾主权的前沿卫士。而今天，巩固和壮大泛蓝阵营，促其成为岛内遏制“台独”的前沿营垒，维护台海地区的稳定和平，则同样是大陆方面不可推脱的重要战略任务。这一战略任务完成得如何，不仅是对大陆领导人智能与能力的考验，更关乎两岸中国人的切身利益乃至整个中华民族的前途与命运。

第二，泛蓝阵营是大陆认识台湾政治的放大镜，是有效落实“寄希望于台湾人民”的桥梁。

岛内历经多次围绕统“独”议题的攻守阵地战，政治生态的本土化色彩已很浓，蓝绿阵营政治理念的交叉性已很强。辩证地看，这是在独特历史时空条件下台湾政治民主化的必然表现，也是两岸和平统一进程中的必经阶段。历史可能注定台湾要在民主化、本土化进程中逐渐实现对统“独”前途的再选择。或许也只有通过这个信道，台湾政治才会走出统“独”极端对立的危险地带，实现对和平统一前途的整体性认知。从这个角度来说，本土化、民主化不等于“台独”，“台湾意识不等同于分裂意识；台独分子不等同于台湾人民；本土意识不等同于分裂意识”（连战语）。在一定时期内两者内涵的重叠，势必给“求独”与“反独”都带来一定混乱。这种混乱只能在两岸经济、政治关系的深入整合中，由台湾人民自己去慢慢剥离。

这种客观状况，大陆方面一定要冷静应对。大智之选，当是重在宏观性、根本性的引导，而非小事小情的无谓纠缠；当然之策，应是与泛蓝阵营诚意、默契地合作，求同化异、放眼大局。正所谓：透蓝看绿，借蓝引绿，靠蓝促绿。争取台湾人民是一个历史的过程。这个过程可能会寻这样的轨道：从中国情深厚的泛蓝营垒各部位有机切入，逐步立体探入其他群体的特殊心理与情感世界。如：以泛蓝台商了解、引导泛绿台商；以泛蓝党派了解、影响泛绿党派等等，逐步建设起本土派台胞的中国情和中国命运观。

连宋登陆，结出了让台胞能品尝、能感受、也能正面接受的实实在在的果实，这是两岸民意相合的初步成果。通过连宋，大陆确切了解到台湾人民的需求；又通过连宋，把大陆对台湾人民的这份诚意传递给台湾人民。岛内民调所呈现的对连宋、对国亲的高支持率，充分显示了这种效果。只要坚持做下去，建筑于两岸民意基础上的这个果实，必将随着时间的推移持续发酵。

第三，对泛蓝的支持与引导，策略与战略的务实得当异常重要，否则势必适得其反。

回顾近二十年的历史，可以看出，岛内政治向多元化选举政治演变的过程，同时也是大陆在挫折中逐步体认这种独特政治的复杂多变特征，并努力探索适应这种特征的政策与策略手段的过程。事实一再说明，对台岛局势的任何简单判断或简单行动都会对和平统一事业构成损害。大陆对台岛政治风云的主导力是推不掉的，关键是怎么做才能产生正面的、健康的影响力，才能让台湾民众正确理解并区分大陆反“台独”与尊重台湾民意的决心与诚意，才能不被“台独”势力所利用，并有效抑制外力负面影响的发酵等等。

如下两点教训应该牢记：必须以真正了解、体认台湾民意为基点，不能与泛蓝结成狭窄的党派关系；必须着眼于岛内政治全局与国际政治全局，对台政策不能有过于鲜明的颜色倾向性。如此才能真正帮助泛蓝、支持泛蓝，稳固阵地，壮大和平统一声势，争取更多人的转变。

（《文汇报》，2005/08/12，与马淑明合撰）

中国发展与统一的动态平衡

60 年前，中国人民抗日战争的胜利、世界反法西斯战争的胜利，使得宝岛台湾重新回到祖国怀抱。但那时，对东亚地区一系列问题的处理，也为今天解决台湾问题、东海问题、钓鱼岛问题等留下了复杂难解的后遗症。

新中国成立后，大陆积极采取措施谋求发展经济与祖国统一。

从毛泽东开始，中共四代领导人都在动态平衡中寻找适合中国发展与统一的战略。经过半个多世纪漫长时间的探索，这一战略的平衡点到现在才终于得以基本成型。那就是：一手抓发展、一手抓统一；两手都要抓，两手都要硬。尤其在“一超多强”的国际格局出现量的变动的今天，中国的发展与统一的动态平衡无不以和平为基点。

和平与发展是中国的长远核心战略

和平发展表明了中国战略的以下取向：那就是维持国内的政治、经济和社会稳定；谋求和平的国际环境；与世界各国包括世界大国、强国以及发展中国家保持良好互动关系。良好的国内条件，是中国和平发展、民族复兴的必然要求。拥有长期的以和平和发展为主题的世界多极化、经济全球化、国际政治民主化等有利的外部环境对于中国和平发展同样重要。就国际形势看，目前的世界格局正处在大转折与大变动时期，国际格局在震荡中深度调整，世界在动荡中正酝酿着新一轮前所未有的质变。

在对当代中国发展战略的思考中，邓小平果断地领导全国人民实现了工作重心的转移，明确地提出了“以经济建设为中心”。在此基础上，邓小平提出可持续发展战略。社会可持续发展战略的主旋律是经济现代化的“三步曲”，这是邓小平的杰出贡献；世纪之交，以江泽民为核心的第三代中央领导集体宣布将可持续发展作为中国的基本发展战略；而胡锦涛提出的科学发展观，则是在新的历史条件下，在第一、二、三代领导集体发展战略基础上的延续和升华。这必将铸造中国发展的辉煌!

上述四代领导人尤其是从邓小平时代开始的发展观，其基石是和平与发展成为时代主题这一基本论断。

中国统一战略以和平为基点

中国大陆的四代领导人对这一问题都有深刻论述。早在1956年1月，毛泽东就曾在最高国务会议上讲:“只要现在爱国，国内国外一切可以团结的人都团结起来，不咎既往”;1979年1月，全国人民代表大会常务委员会发表《告台湾同胞书》，并制定了“和平统一、一国两制”的基本方针和一系列对台政策;1983年发表有“邓六条”;1995年发表有江泽民八项主张;今年3月，胡锦涛总书记又在讲话中明确提出新形势下发展两岸关系的“四点意见”。上述重要讲话和文件都贯穿了中共关于和平统一祖国的战略方针。

今年3月，中央接受海内外社会各界爱国人士的建议，在仔细考察论证的基础上，经全国人民代表大会以高票通过了《反分裂国家法》。这一法案的通过与实施，意味着大陆对台和平统一战略已从政策层面提升到法律层面。它通过法律底限设定的方式，表达了全中国人民捍卫国家领土主权的坚强意志，极大地震慑了岛内的“台独”势力，一举扭转了以往大陆相对被动的局面。与此同时，《反分裂国家法》通过与颁布实施以后，大陆为了更好地落实和平统一的战略方针，从台湾人民的福祉出发，释放出越来越多的善意，这一和平统一祖国的战略必将进一步在实践中完善，为最终解决海内外所有爱国同胞所期待的祖国统一问题发挥巨大的作用。

发展与统一的理论是动态的平衡

自世界反法西斯战争胜利以来，全世界人民都渴求和平，希望在和平中发展，和平与发展已成为世界的主题。从中国的角度来看，概括地说，这一问题可以从以下4个方面来加以论证:

第一，一个中国原则是两岸和平统一与发展的基础。

第二，两岸交流是和平这一动态平衡点的体现之一。

第三，合作与融合是中华文化的精髓之所在，也是和平的内核要素。

第四，抓住战略机遇期要求把和平作为发展与统一的纽带。

总之，发展与统一的理论是动态的平衡。这一动态平衡能否维持，端看台湾当局是否推动“法理台独”、挑战大陆的战略底线。只要台湾当局不误判形势，挑衅大陆，和平作为这一动态平衡的基点，仍将继续发挥重要的作用。

（《人民日报·海外版》，2005/09/06，与陈星合撰）

民族的光荣　历史的警策

50 年的殖民历史没能改变海峡两岸人民渴求统一的心愿，在经历了同日本殖民者血与火的顽强斗争之后，两岸人民终于实现了团聚。可惜，这种团聚却由于内战的原因很快演变为另一种分隔。国家必须统一，亲人需要团聚，这成为全世界所有华夏儿女的共同心愿。

60 年前的 10 月 25 日，台湾重新回到了祖国的怀抱，全中国人民无不为之欢欣鼓舞，这一天被定为“台湾光复节”。它是中国近代历史上的一件具有重大历史意义和现实意义的事件。

极大地振奋了中华民族精神

抗日战争的胜利是中国近代反殖民反侵略斗争取得的第一个全面性胜利，而台湾的光复，则是抗战胜利所取得的最为重要的成果之一。二战后期，中国与当时的世界主要大国美国、苏联和英国等一道，共同制定战后的世界秩序，先后参与发表了《开罗宣言》和《波茨坦公告》，明确规定日本战后归还中国的被占领土，从而使台湾光复获得了法律上的保障。这些都表明中国在当时的国际地位空前提高。而台湾的光复，极大地振奋了中华民族的民族精神，为日后中华民族的重兴与崛起孕育了全新的精神动力。

海峡两岸同胞共同抗战的结果

台湾人民从台湾被割占的那一刻起就从没有停止过对日本殖民统治的反抗，秉持着“义不臣倭”的民族气节，和日本殖民者展开了旷日持久的英勇斗争，坚守着中国意识，涌现出了大批可歌可泣的抗日英雄，如丘逢甲、徐骧、简大狮、林少猫、余清芳、罗福星、林献堂、李友邦、蒋渭水等。在长达半个世纪的艰苦斗争中，台湾人民付出了巨大的人员伤亡和财产损失。

今天，台湾当局为了达到某种不可告人的目的而刻意隐瞒这段历史的真相，甚至还别有用心地把台湾人民的抗日历史歪曲成“台独史”，这是对台湾抗日先辈的最大污蔑。

自李登辉主政以来，台湾当局对于台湾光复的纪念活动一直采取低调处理，企图让台湾人民忘掉这一原属于他们的光荣。陈水扁上台之后，台湾当局更是变本加厉，极力推行各种“去中国化”政策，妄图模糊台湾人民的历史意识，以达到其实现“台独”的目的。最近，台湾当局对于抗战胜利60周年的纪念活动表现得异常冷漠。陈水扁在舆论压力下发表的所谓“纪念专文”竟连“日本”两字也不敢提，对于抗战胜利也用日本人的口吻——“终战”来表述，这充分暴露出“台独”势力十分害怕台湾人民了解台湾抗日和台湾光复的历史真相、企图讨好和拉拢日本右翼反华势力为其实现“台独”撑腰的阴暗心理。

恢复中华文化在台湾的主体地位

日本在占领台湾后推行一系列“皇民化”政策，特别是在“七七”事变爆发后，这种政策执行得更为彻底与严酷。例如强迫台湾人民使用日语，禁用汉字，改穿和服，改用日本姓名，甚至禁止台湾人民祭拜祖神，而改为信仰日本人的大和神等等。这些政策虽然遭到了台湾人民的顽强抵制，中华文化始终在宝岛台湾绵延不绝，但不可否认，日本殖民统治长期的同化政策和奴化教育，使得一部分台湾人的国族观念发生了严重的“异化”，至今仍在岛内政坛上十分活跃的李登辉、辜宽敏、金美龄之流，正是其中的典型代表。如今，岛内的“台独”势力同样试图改变台湾人民的历史记忆和文化认同，竭力推行各种形式的“文化台独”活动。当然，我们相信，“台独”分子的“文化台独”活动最终必定会失败；但是，这种活动已经造成的岛内民众在“国家认同”上的混乱，这种严重后果我们决不能低估，应当保持高度的警惕。

台湾光复已经60周年了，然而由于众所周知的原因，台湾和祖国大陆至今还处在分裂的状态，这是两岸中国人最不能忍受的国殇。中国人追求国家统一、亲人团圆的传统是根深蒂固的。这种心愿正在转化为追求祖国统一的强大动力。今天，在海峡两岸，在世界各地，无数中国人都在为中国的统一大业而奔走呼号。

当年，日本帝国主义无法阻挡海峡两岸人民追求团圆的脚步，而在中华民族已经扬眉吐气的今天，又有什么力量能够阻挡得住包括台湾同胞在内的13亿中国人民追求祖国统一的夙愿呢！

（《人民日报·海外版》，2005/10/25，与胡文生合撰）

台海经济浪潮势不可当

近期以来，大陆方面出台了一系列对台新政策和新举措，认真贯彻落实连、宋访问大陆所达成的愿景和共识，展现了极大的诚意，这不仅使两岸关系形势趋向缓和，同时也推动了海峡两岸的经贸交流与合作进一步向纵深发展。

四次大的浪潮

自上个世纪 80 年代以来，伴随着两岸关系的演变发展，海峡两岸的经贸交流与合作，经历了四个不同的发展阶段或者说四次大的浪潮。

第一次浪潮

以 1979 年元旦大陆发表《告台湾同胞书》为开端。《告台湾同胞书》的发表，意味着祖国大陆“和平统一”对台大政方针的确立。这一大政方针的确立，是和中共十一届三中全会后，大陆推动改革开放路线、向“以经济建设为中心”进行战略性转移相配套、相适应的。由于海峡两岸同胞的共同努力，到 80 年代末，两岸的政治坚冰开始解冻，各项交流逐步开展，两岸的经贸交流也从原来的隐蔽走向公开、从非法走向合法，从而掀起了第一波的台海经济浪潮。

第二次浪潮

到了上世纪 90 年代初期，由于新加坡“汪辜会谈”的成功举行，以及其后海协海基两会进行了一系列事务性、功能性的协商谈判并达成多项协议，使两岸交流进一步走向规范化和法制化，从而极大地推动了两岸经贸的交流与合作，形成了第二波的台海经济浪潮。在此期间，虽然李登辉提出了阻挠两岸经贸往来的“戒急用忍”政策，但双方的交流与合作仍然日益热络。

第三次浪潮

从90年代后期开始，伴随着大陆对外改革开放的不断深化，经济的持续发展以及香港、澳门的回归和海峡两岸相继加入WTO，进一步刺激了两岸经贸的交流与合作。到这一阶段，两岸经贸的依存度已大幅提升，两岸的经济关系已密不可分。特别是民进党上台执政之后，以“台独”意识形态治政，致使岛内族群撕裂，政党恶斗，两岸关系持续紧张，台湾发展经济的内外环境不断恶化，尽管陈水扁拒绝开放两岸直接“三通”，并且打着“根留台湾”、“有效管理”的幌子，变相推行李登辉时代的“戒急用忍”政策，千方百计地阻挠两岸的经贸往来，但毕竟“形势比人强”，台湾经济的衰退和大陆经济的蓬勃发展，使得台湾企业界如“过江之鲫”，纷纷“西进大陆”，寻找企业发展的第二春，海峡两岸的经贸交流与合作不断地向着深度和广度发展，任凭什么力量也无法阻挡。与此同时，两岸产、学界的交流与交往也日趋密切，研究和关注的热点问题不断扩展，不同专业、各种形式、规模不等的学术研讨会和论坛蔚然成风，愈开愈多，从而掀起了第三波台海经济交流合作的新高峰和新浪潮。

第四次浪潮

去年大陆中台办和国台办受权发表了“5·17声明”，以及今年春天胡锦涛总书记发表新形势下发展两岸关系的四点意见和全国人大以高票通过《反分裂国家法》，促成了连、宋相继来大陆参访，并达成了多项推动两岸关系发展的愿景和重要共识。近期以来，大陆方面出台了一系列对台新政策和新举措，认真贯彻落实连、宋访问大陆所达成的这些愿景和共识，展现了极大的诚意，这不仅使两岸关系形势趋向缓和，同时也推动了海峡两岸的经贸交流与合作进一步向纵深发展，从而形成了第四波的台海经济浪潮。目前，这一波新的浪潮才刚刚开始，其势愈加汹涌澎湃、不可阻挡！

台海经济新特点

可以预见，第四次台海经济浪潮必将在许多方面展现出新的特点。

从地域上来讲，两岸经贸交流早已从原来单纯的台胞故乡地发展到大陆的经济中心地区。连、宋访问大陆后，以党际交流形式为支撑的两岸经贸交流，已经成为第四次台海经济浪潮中的新特色和新亮点。通过一系列交流，可以清晰地看到两岸交流的地域已经发展到长江三角洲、珠江三角洲、环渤海经济带。这些大陆东部沿海最发达的经济带已经和台湾的经济相联结，并在此基础上，正在向中国的东北、西北、西南等更广阔的地域扩展，从而推动两岸经济全方位的融合，并最终促成东亚地区的经济融合，为全球经济的发展作出重大贡献。

从领域上讲，两岸交流与合作的领域逐步拓展，已经向多领域和更高的层次上迈进。大陆经济的迅猛发展和台湾经济的转型，使得双方吸纳了对方释放出来的发展动能，牵引出一种两岸经济发展的新格局。这一格局涉及的领域包括生产、贸易、科技、资源流动与配置、消费以及经济关系等，其实质含义就是两岸经济力量的分化与重新组合。

从两岸经贸交流的政策机制上讲，两岸在交通联系机制、金融合作机制、贸易对接机制、经贸协商机制、产业合作机制、人员交流机制、城市交流机制、教育合作机制等都迫切需要研究，也是第四次两岸经济交流浪潮中需要解决的问题。

两岸经济交流合作空间广阔

两岸经济蕴含着丰富的潜能、巨大的潜效，两岸经济交流的深化和细化，是在中华民族精神纽带联结下启动的，同时也是两岸在现代化过程中所必需的。这种领域的拓展，也正是在传统与现代的交融中逐步实现的。海峡两岸的经济交流与合作，有着无限广阔的空间，必将走向更加美好的未来。

大陆同胞一向关注台湾的经济发展，希望台湾保持经济繁荣，人民安和乐利，并不愿意看到因为少数“台独”政客的错误政策而导致台湾经济的衰退和边缘化。同样，大陆在发展经济的过程中也存在不少问题亟待解决。因此，两岸产、学界理应进一步加强交流，相互切磋，就两岸经济发展所面临的各种问题进行深入探研，寻其根、溯其源，找到解决问题的根本之所在，共谋中华民族的伟大复兴与繁荣。

（《人民日报·海外版》，2005/11/08，与朱松岭合撰）

两岸携手迈入新的发展阶段

11 年前的1995 年1 月30 日，江泽民同志在中共中央台办、中国和平统一促进会等单位举办的新春茶话会上，发表了题为《为促进祖国统一大业的完成而继续奋斗》的重要讲话，就发展两岸关系，推进祖国和平统一进程的若干重要问题提出了八项看法和主张。11 年来，尽管两岸关系复杂多变，但是，江泽民同志代表第三代中央领导集体提出的这八项主张，从战略的高度把握住了两岸关系发展的基本方向，至今仍然是我们应对和解决台湾问题的纲领性文件。

对台政策的重要里程碑

自上世纪七十年代末改革开放以来，我们党和政府的对台政策有一个不断丰富和发展的过程。在这一过程中，邓小平同志在改革开放初期倡导、确立的“和平统一、一国两制”对台基本方针，江泽民同志代表第三代中央领导集体提出的“八项主张”，以及胡锦涛总书记就新形势下发展两岸关系提出的“四点意见”，和十届全国人大三次会议通过的《反分裂国家法》，构成了党和政府对台政策发展的三个重要里程碑。而江泽民同志提出的“八项主张”，是对邓小平同志关于“和平统一、一国两制”解决台湾问题思想的继承和发展，是这三大里程碑中承前启后的关键一环。“八项主张”作为中央对台工作大政方针的重要组成部分，在新世纪新阶段的对台工作中，仍将继续发挥巨大的指导作用。

两岸关系已进入新的发展阶段

2005 年是两岸关系发展取得重要突破并具有标志性意义的一年。我们在坚持“和平统一、一国两制”以及江泽民同志提出的“八项主张”的基础上，中央适时制定了一系列积极、务实、灵活而有效的对台工作重要决策和部署，使我们在反对“台独”分裂、促进两岸交流、维护台海和平方面，取得了显著的效果，把两岸关系推到了一个新的发展阶段。

首先，通过及时果断地制定《反分裂国家法》，沉重地打击了“台独”分子的嚣张气焰，使岛内一小撮“台独”分子的分裂活动受到极大的制约，压缩了“台独”势力的活动空间，为我们的反“台独”、反分裂斗争赢得了主动，有效地维护了台海地区的和平与稳定。

其次，中国国民党、亲民党、新党领导人分别应邀访问大陆，是两岸政治关系史上的一次重大突破。中国共产党与泛蓝三党就两岸以及党际关系发展所达成的一系列愿景与共识，已成为岛内反“台独”势力的巨大精神支柱，推动了岛内反“台独”政治力量的进一步壮大，初步遏制了“台独”势力的发展势头。

第三，大陆把“寄希望于台湾人民”这一政策原则落到实处，真心实意地为台湾同胞谋福祉，顺应了岛内民心，也抓住了两岸关系未来发展的根本。大陆人民对台湾同胞所展现出的巨大诚意赢得了良好的回应。

第四，在两岸经济交流不断扩大的基础上，两岸经济的互补与融合程度进一步加深。两岸经济的进一步整合，已经开始对台湾社会生态与政治生态的发展产生了重要影响。

总之，一年来，在中央对台方针政策的指引下，在海内外同胞的共同努力下，台海形势中有利于缓和的积极因素在不断增强，两岸关系有了新的重大发展，取得了可喜的成绩。

反对“台独”、促通、促统任重道远

诚然，一年来，我们的对台工作取得了可喜的成绩，但是也要看到，今后我们所面临的反对“台独”、促进全面直接“三通”、促进祖国统一的任务仍然十分艰巨。

一方面，“台独”势力仍然在岛内掌握着执政权力，他们并未放弃“台独”分裂的企图，为了维护和扩大自己的政治利益，他们还会不时地利用

“台独”蓄意制造两岸关系紧张，阻碍两岸关系的顺利发展。对此我们要有清醒的认识。

另一方面，随着两岸人员往来和经济交流的进一步扩大，以及国际形势和岛内政治生态的演变发展，我们还将不可避免地遇到一些新的问题和新的挑战。如何有效解决这些问题，化解这些可能遇到的挑战，促进两岸关系朝着和平稳定的方向发展，推动祖国和平统一进程逐步深入，仍将是一项十分艰巨的任务，这需要我们做好充分的思想准备。

今天，我们纪念江泽民同志的重要讲话，重温江泽民同志 11 年前提出的“八项主张”，正是为了更好地领会胡锦涛总书记提出的新形势下发展两岸关系“四点意见”的精神实质，在新形势下紧紧把握两岸关系的发展方向，进一步开创对台工作的新局面。

（《统一论坛》，2006/第 1 期）

评陈水扁“废统事件”

2006 年 1 月 29 日，陈水扁提出要“认真考虑”废除“国统会和国统纲领”的问题。2 月 27 日，陈水扁不顾岛内外各方的强烈反对，强行宣布“终止国统会运作”并“终止国统纲领适用”。陈水扁执意“废统”，是一场精心策划的“台独”冒险，已经并正在对岛内政局及两岸关系产生极其恶劣的影响。

一、陈水扁公然“毁诺”

2000 年 5 月，台湾地区领导人换届后，新上台的陈水扁在就职典礼中明确宣示，称在其任期内，“不会宣布独立，不会更改国号，不会推动两国论入宪，不会推动改变现状的统独公投，也没有废除国统纲领与国统会的问题”，此即陈水扁当时被称为“四不一没有”的承诺，其中的“一没有”就是：“没有废除国统纲领与国统会的问题”。2004 年连任后的陈水扁再次确认了“四不一没有”的承诺。

“国统会”（全称为“国家统一委员会”），是李登辉主政初期台湾方面于 1990 年成立的追求中国统一的机构；“国统纲领”（全称为《国家统一纲领》），则是在一个中国原则基础上，以和平方式追求中国统一的基本规划。

陈水扁多次重申“四不一没有”，这不仅是对台湾和大陆人民的公开承诺，而且也是对包括美国在内的国际社会的承诺。2005 年 3 月 4 日，中共中央总书记胡锦涛在其发表的发展两岸关系的“四点意见”中曾经指出：希望台湾当局领导人切实履行“四不一没有”的承诺，通过自己的实际行动向世人表明这不是一句可以随便废弃的空话。这说明大陆方面很严肃地看待陈水扁的这一承诺。应该说，陈水扁的这一承诺，是大陆方面对其实行“听其言，观其行”的政策依据，同时也是近几年来两岸关系虽然始终处在僵持状态，但毕竟还能维持一种相对平静局面的政治基础之一。而今，陈水扁竟然违背自己一再信誓旦旦的“四不一没有”承诺，以所谓“终止运作”、“终止适用”的方式，强行废除了“国统会”和“国统纲领”，显然，维持这种相对平静局面的政治基础已经严重动摇。

二、陈水扁“废统”只为一己之私

自担任台湾地区领导人近六年来，陈水扁毫无政绩可言。尽管连续换掉了四个“行政院长”，但在陈水扁“‘独统’放中间、民生问题放两边”的意识形态挂帅的指导下，台湾经济成长退居亚洲四小龙之末，弊案连连，贪污腐败层出不穷，人民生活水平及经济、社会安全感急剧下降。民进党在2004年的岛内“立法院”选举和2005年12月3日的“三合一”选举中一败再败，民进党内部对陈水扁的作为也颇有微词，陈水扁的民众满意度已降到只有10%左右的历史最低点。而在两岸关系方面，自2005年春连、宋访问大陆、大陆方面接连送出多项大礼以来，两岸关系的密切发展和岛内民意主流不利于“台独”的变化，使陈水扁在驾驭岛内政局和两岸关系发展方面感到越来越力不从心。岛内政治生态及两岸关系的这一发展态势，严重威胁着陈水扁个人权力的稳定。

在内外交困、危及陈水扁权力基础的情况下，陈水扁经过精心谋划，不顾大陆方面的警告、国际舆论和台湾岛内主流民意的反对，执意“废统”。其主要意图有三：

其一，借“废统”进而“制宪”，确立其在“台独”历史上的地位。

2004年陈水扁连任后已经没有了选举的压力，他开始谋求确立自己的历史地位。然而，陈水扁执政近几年来不仅毫无建树，反而是岛内经济发展、社会、族群和谐及两岸关系稳定的麻烦制造者，而贪腐问题更败坏了他和他的执政团队的道德形象，欲谋求历史地位，唯一的办法是在两岸问题上做文章。于是，陈水扁最终把谋求历史地位的希望寄托在推动“台独”上，企图通过“废统”，然后再进一步推动“宪政改革”，制定出一部所谓“合时、合身、合用的新宪法”，从而完成“台湾之父”李登辉当年未能完成的志业，以此来确立自己的历史地位。

其二，投靠“急独”势力，寻找保护伞，避免下台后被清算。

李登辉在其执政末期抛出“两国论”，下台之后更变本加厉地鼓吹“台独”，成为以“台联党”为代表的“急独”派的精神领袖。而这些“急独”份子又成为李登辉的“禁卫军”和保护伞。在台联党这批“急独分子”的保护下，再加上陈水扁的蓄意包庇袒护，李登辉在任时期所犯下的各种贪腐败弊案无人敢查，无人敢管。陈水扁一如当年的李登辉。陈水扁在任这几年，他的家人、亲信利用陈水扁的权力搞了多少贪腐弊案，例如高捷案、“总统府炒股案”等等，都是人们耳熟能详的。在台湾的这种政治生态下，陈水扁卸任后，如果没有一股政治力量做靠山，难保不被后任者依法追究。而今，一方面，李登辉已是日薄西山、来日无多，岛内“急独派”亟需像陈水扁这样的人来继承李登辉的衣钵，以便继续在岛内兴风作浪；另一方面，陈水扁要平安度过所剩下的两年任期，以及下台后不被清算，也必须找到一个保护伞，以避免像韩国的全斗焕、卢泰愚那样下台后被绳之以法。

陈水扁这次公然“废统”，事先与“急独派”密谋，事后得到“急独派”的力挺，不管最后结局如何，陈水扁都已经和“急独派”捆绑在一起，成了货真价实的“命运共同体”。从此，陈水扁的政治生命获得新的基础，势将逐步取代李登辉，成为“急独派”的新教主。

其三，挑拨统、“独”之争，转移民众视线，保住民进党的执政地位。

陈水扁深知，要避免下台后不被清算，除了要有“急独派”充当他的保护伞之外，还需要有另一个充分条件，即保住民进党的执政地位。而在目前民进党执政满意度空前低迷的困境下，无论绿营哪一位出战，要想与人气正旺的蓝营新共主马英九争锋，取得 2008 年下届大选的胜利，谈何容易！于是陈水扁在去年底“三合一选举”惨败后，经过闭关长考，决定祭出险招——强行“废统”、推动“宪改”。其用心就在于要刺激大陆，挑起剧烈的统、“独”之争，企图以此转移岛内民众的视线，主导选战议题，浑水摸鱼，乱中取胜，保住民进党的执政地位。

三、“废统事件”的影响

陈水扁制造“废统事件”，绝对是一项损人利己的自私行为，它不仅影响两岸关系、美台关系，而且还对台湾社会，民进党的政治前途都将产生严重的负面影响。

首先，对于陈水扁个人而言，“废统事件”使陈水扁摆脱了“三合一选举”失败以来民进党内部的指责与围剿，更使他暂时推迟了“跛脚危机”，重新夺回了在岛内重大政治议题上的“话语权”。与此同时，陈水扁确立了其对岛内“台独基本教义派”的领导地位。

其次，陈水扁“废统”深深影响着岛内政治生态。陈水扁执政六年来只热心于挑起政治斗争、制造意识形态对立，对岛内民生疾苦无动于衷。面对民怨日甚，陈水扁还在操弄“废统”这样的意识形态冒险，意味着在陈水扁的剩余两年的任期中，经济民生问题仍将被搁置一边。

陈水扁“废统”意在主导选战议题，维护民进党的执政地位，但实际上是饮鸩止渴。众所周知，当前，岛内蓝、绿两大政治板块已基本稳定，陈水扁的“急独”诉求只会把越来越多的中间选民推向泛蓝一边。在这种情况下，民进党要么抛弃陈水扁、在新的起点上与国民党展开竞争，要么任由陈水扁绑架民进党，葬送民进党的前途。

陈水扁“废统”对于泛蓝尤其是国民党的影响是双重的：一方面，面对陈水扁制造“独统”对立，国民党缺乏果断有力的反制措施，使人们不能不对国民党的领导能力产生疑问；另一方面，陈水扁和民进党一步步堕落，民众的不满和失望必然与日俱增，这势必在今后的选举中使国民党处于有利的地位。

第三，“废统事件”重创美台互信。虽然这次陈水扁“废统”得逞是美国姑息、纵容的结果，但是自私、权谋、没有诚信的陈水扁也给美国留下了深刻的印象。为防止陈水扁给美国制造更大的麻烦，在未来两年内美国必定会加紧看管陈水扁，以避免发生更多的“意外”，给美国的利益造成更大的伤害。

第四，陈水扁"废统"对两岸关系造成的伤害是不言而喻的。可以预见，在未来两年内陈水扁还会不断制造事端，挑衅大陆，阻挠两岸交流，破坏两岸关系的顺利发展。但两岸同胞的携手努力，必定能够挫败陈水扁的任何图谋。

（《统一论坛》，2006/第2期，与李振广合撰）

一次精心算计的冒险行为

陈水扁不顾各方强烈反对，强行“终统”，是蓄谋已久、经过精心算计的冒险行为。

陈水扁深知，就目前岛内的政治生态，任何一种政治力量都无法在现有台湾政治体制下阻止其采取这一疯狂行为。多年来的经验表明，在台湾这样一个族群撕裂、“独”统对立的非正常社会里，岛内泛蓝势力越是反制陈水扁，陈水扁就越会得到泛绿阵营特别是深绿“台独分子”的支持。陈水扁之所以敢冒险豪赌，强行“终统”，正是基于这种考量。

陈水扁也深知，美国不会轻易抛弃他。这是因为：第一、一个少数执政的、脆弱的“台独”政权，更易于控制；第二、美国需要保持台海局势的“适度紧张”，这既可以向中国大陆打台湾牌，又可说服台湾向美国购买军火物资。因此只要他不走得太远，把“香肠”一下“切光”，危害到美国的利益，即使美国一时不爽甚至动怒，但反应都是有限度的。美国人“打扁”一向是“高高举起，轻轻放下”。2002 年，陈水扁突然发难，提出“一边一国论”制造两岸紧张；2004 年，陈水扁执意“公投绑大选”，这两次公然挑衅大陆，美国都只是严厉警告，并没拿他怎样。此次“终统”，陈水扁的算计仍是如此。陈水扁早把美国看穿了，即便美国惩罚他，最终受害的是台湾人民和美国自己的利益，而非仅仅陈水扁本人，陈水扁要的就是以台湾人民为人质来换取他个人的政治利益。更何况，在美国的政治体制下美国政府的行为要受国会以及社会上某些亲台、反华保守势力的制约，也不可能任由政府重罚陈水扁。只要认清这点，便可理解陈水扁何以敢如此强硬、“顶风作案”，悍然宣布“终统”，而美国政府又何以对陈水扁强行“终统”不仅不加谴责，相反还为陈水扁背书、缓颊的根本原因。

事实一再证明，只要“台独”势力在岛内掌握执政权力，两岸关系形势就不可能有实质上的缓和。显而易见，“终统”是“台独”分裂活动升级的危险信号，“台独”香肠已经被陈水扁切到只剩下一小块，如果他继续玩弄文字游戏，通过所谓“宪改”进一步推动“法理台独”，触犯《反分裂国家法》底线，势必引起台湾内部政局、社会的强烈动荡和两岸关系的高度紧张，酿成新的更加严重的台海危机。陈水扁不仅是唯心主义者，更是一位不按牌理出牌的赌徒，不能排除他面临困境时误判形势，狗急跳墙。为此，我们不可掉以轻心，必须保持高度警惕，密切观察陈水扁的下一步动作，做好应对任何复杂局面的充分准备。

（《国际行驱导报》，2006/03/03）

美国因何为陈水扁“终统”放水

从态度强硬到最终“放水”

1月29日，陈水扁公然提出“废除国统会和国统纲领”，并要“以台湾名义加入联合国”之后，美国方面很快就对陈水扁的讲话作出强烈反应。白宫发言人史无前例地主动发表声明，重申美国的一个中国政策，表示对陈水扁制造“废统”议题“严重关切”，直指陈水扁欲以“台湾”名义推动加入联合国是意图“片面改变台海现状”。随着事态的发展，美国还通过一些媒体、专家学者甚至政府官员发表措辞严厉的讲话，甚至放出“台湾还要不要美国保护”这样的重话，以表达美国的强烈不满。应该说，在事件的起始阶段，美国在对陈水扁“废统”问题上态度相当强硬，反应也还算快。

然而，经过美台之间近一个月的“密集沟通”，美国最终与陈水扁达成了妥协，同意为陈水扁“废统”开绿灯。陈水扁玩弄辞藻，利用中、英文表达的微妙差异，以“终止国统会运作”、“终止国统纲领适用”的方式完成了他蓄谋已久的实质“废统”计划。而白宫则发表声明，认为陈水扁“没有片面改变两岸现状”，甚至掩耳盗铃，认为“国统会”和“国统纲领”只是被“冻结”，而不是被“废除”，而且还反过来要求大陆与陈水扁恢复对话。美国在关键时刻“放水”，再次向“台独”势力发出错误信号。

美国为何要给陈水扁“放水”

美国给陈水扁的“台独”挑衅行为“放水”已经不是第一次了。远的不说，2002年8月陈水扁抛出“一边一国”论、2004年陈水扁执意要“公投绑大选”，挑战两岸关系底线，在陈水扁这两次“台独”冒险过程中，美国政府的应对之策都是循着“反对——妥协——放水”这一顺序来进行的。

这次围绕“废统”问题，美国的处理方式如出一辙。

面对陈水扁的“台独”挑衅，美国屡屡“放水”是有其深刻原因的。

首先，美国对陈水扁“台独”分裂活动的冒险性、危险性认识不足。美国过于自信，总认为它有能力控制陈水扁，陈水扁不敢真的搞“法理台独”。这实际上是低估了陈水扁的能量和赌徒性格。须知，对于陈水扁这样一个执政无能、贪腐成性、形象全毁的无赖政客而言，为了巩固自己的权力地位，避免当“台湾的卢泰愚和全斗焕”，绝对是敢于不顾一切上演最后的疯狂、制造台海危机的。美国显然对这种危险性没有足够的认识。

其次，保住了美国“山姆大叔”的颜面。陈水扁推进“台独时间表”一向采取“进两步，退一步”和“切香肠”的惯用伎俩。陈水扁上台执政近6年来，一再信誓旦旦地承诺“四不一没有”，而美国也多次在重要关节点上要求陈水扁信守这一承诺。为了表示美国对陈水扁这一承诺的重视程度，白宫发言人甚至多次在记者会上把陈水扁的“四不一没有”逐字逐句地念一遍。然而，这一次面临困境的陈水扁竟公然表示要“废统”，等于公开在世人面前打了美国一记响亮的耳光，使美国颜面扫地。美国起初放出重话，向扁发飙，在相当程度上也有维护自己尊严的因素在里面。于是陈水扁开始“以退为进”，不再谈“以台湾名义加入联合国”，并且在“废统”问题上大玩文字游戏，把“废统”改为“终统”，向白宫作出表面上的“妥协”。通过这一文字游戏，双方“一终各表”、各取所需，陈水扁达到了“废统”的目的，而美国则顺势“放水”，同时也找回了点面子。

当然，美国之所以对陈水扁的“台独”行径一再“放水”，采取极不负责任的“绥靖”政策，还有更深层的原因：

其一，美国原本从内心就不愿看到中国的统一。2006年初美国发表的《四年防务评估报告》明确提出：“作为一个主要的和新兴的大国，中国最具有和美国进行军事竞争的潜力”。一些美国政客认为，台湾问题一旦解决，一个统一富强的新中国崛起于东方，对于美国而言，绝对不是“福音”。所以，陈水扁悍然“废统”，美国方面表面不悦，实则内心窃喜也。明白了这一点，也就不难理解为什么每一次美国人“打扁”，都是“高高举起，轻轻放下”，放陈水扁一马了！

其二，在美国看来，一个少数人支持的、脆弱的“台独”政权，更需要依赖美国，更易于美国控制。人们都还记得，2004 年 3 月 19 日，岛内“大选”中的两颗不明子弹扭转选举结果，引发岛内局势动荡，甚至有失控的危险。值此关键时刻，美国坚定地站在陈水扁一边，力压连宋放弃街头抗争。实际上，美国并不愿意看到甚至担心一个由多数民意支持而又主张两岸统一的政权出现在台湾。因为，一旦两岸政治上实现了和解，并加快统一步伐，美国将会丧失台海局势的主控权。

其三，美国需要维持台海地区的“适度紧张”，以便攫取自己的最大利益。在台湾问题上，美国的操作手法向来是搞“两个平衡”：台湾岛内的蓝、绿平衡和海峡两岸的统、“独”平衡，不希望任何一方占据过大的优势。故此，陈水扁“台独”冒进，美国就向扁施压，使其有所“节制”。随后就反过来向大陆施压，要求大陆方面作某些妥协。美国的如意算盘是：保留一个不时在两岸问题上制造“小”麻烦但最终受美国控制的“台独”政权，维持台海地区的“适度紧张”，唯有如此，美国才能在与中国的交往中有效地打“台湾牌”，还可以从对台军售中捞取巨大的经济利益和战略利益，而台海局势发展的主导权，则始终由美国来操控。

“放水”对美国并无好处

行文至此，传来消息说，美国要求台湾“澄清”陈水扁所言“终统”是否等同于“废统”？要求陈水扁当局公开表态“国统会”和“国统纲领”仍然存在，并未被“废除”，否则将被视为“破坏现状”云云，再次向扁施压。美国态度转趋严峻，显然因为：陈水扁强行“终统”后，大陆强力反弹，台湾和国际舆论大哗，美国处境尴尬，对其“放水”无法自圆其说，在国际社会的形象大受其损；台湾当局自以为得计，将之视为对美“外交”的一大胜利，气焰十分嚣张。岛内“急独派”更是大受鼓舞，欣喜莫名，纷纷提出“急独”的“宪改”主张，妄图趁势推进“法理台独”，蓄意挑动新一轮的台海危机。美国眼见情势发展出其所料，才不得不采取上述补救措施。但根据以往“模式”，台湾当局认为只需稍作妥协，便可再次把美国

“搞定”。美国绝不会采取任何实质性行动惩罚陈水扁，而陈水扁也吃定美国不会轻易抛弃“台独”，因此才会有恃无恐。

上述美国的台海政策行之多年，既自私且极不负责任，其实这正是“台独”分裂活动发展到今天如此猖獗地步最主要的外部原因。说白了，“台独”势力的嚣张，是美国一手扶植、纵容、姑息的结果。俗话说：“搬起石头砸自己的脚”，如果岛内“台独”势力得不到遏制，台海地区的稳定和平势必遭到破坏，到那个时候，美国就会明白什么叫做得不偿失了。

（《人民日报·海外版》，2006/03/08，与李振广合撰）

向布什叫板　陈水扁自取其辱

5月4日，陈水扁出访南美洲的所谓“兴扬之旅”终于启程。不久前刚刚作过保证，说台美之间以后不会再有“意外”的陈水扁，这一次借过境问题让美国人又着实“意外”了一次：拒绝接受美国提出的“羞辱”性过境限制，取消“过境”美国。陈水扁此举无疑是要表达对美国“打压”的不满，向布什叫板。

布什修理陈水扁

陈水扁上台以来6次“过境”美国，最风光的一次是2003年在纽约领取所谓“人权奖”，并受到数十名美国国会议员的欢迎。自2004年陈水扁不听美国的话，执意推动“公投立法”和“公投绑大选”之后，陈水扁“过境”美国的待遇就每况愈下。2004年“过境”夏威夷、西雅图，2005年“过境”关岛、安克拉治、迈阿密，一次比一次远离美国的政治经济中心，陈水扁借“过境”之机，进行政治造势捞取政治资本的空间越来越小。2006年初，陈水扁公然违背“四不一没有”承诺，宣布“废统”，试图搞乱台海局势。陈水扁这一给美国制造麻烦、扫尽美国颜面的举动，引发了美国的强烈不满。具有典型“西部牛仔”性格、一向报复心极强的布什总统，始终耿耿于怀。此次陈水扁申请“过境”美国，自然也就成了布什政府修理和教训陈水扁的一个绝好机会。

其实，早在今年2、3月间，台湾当局有关部门就开始向美国提出陈水扁的“过境”要求。陈水扁原定5月3日傍晚启程，然而，美国一直到台北时间5月2日才给台湾正式答复，并且明确建议陈水扁去程过境夏威夷檀香山，回程在阿拉斯加的安克拉治过境。而且只能加油休息，不能安排过夜或有任何公开活动。但直到台北时间5月3日下午，台湾“驻美代表”还在与美方磋商，希望至少能在美国本土的迈阿密或休斯顿“过境”。美国有关官员透露，陈水扁“过境”案这次是史无前例地由美国总统布什亲自裁决，因此不可能改变。而陈水扁不得不将启程时间推迟到5月4日早晨。

陈水扁叫板布什

美国如此羞辱性的“过境”安排，令陈水扁十分恼火。据报道，陈水扁5月2日亲自约见美国在台协会（AIT）台北办事处处长杨苏棣，坚持“如果不是纽约，我就不过境了！”两人最后不欢而散。5月3日台湾有关部门宣布，陈水扁来回“过境”美国都将在阿拉斯加的安克拉治停留、加油。美国国务院也发表简短声明说，美国了解到陈水扁将于5月4日前往巴拉圭，以及5月10日从哥斯达黎加返回台北途中，都将“过境”安克拉治。然而，几个小时之后，也就是华盛顿时间5月3日下午2点左右（台北时间5月4日凌晨），美国国务院却突然单方面宣布：刚刚获得台湾方面的通知，陈水扁自己主动取消“过境”美国，确定在前往巴拉圭途中不会“过境”美国的阿拉斯加。

陈水扁在“过境”问题上出尔反尔，捉弄美国国务院，显然是在向布什叫板。而陈水扁胆敢又一次“挺直腰杆”向布什叫板，当然不会是如台湾某些媒体所评论的那样仅仅是“意气用事”，而是另有其政治盘算：首先，这种羞辱性的“过境”安排，没有在美国进行政治造势的空间。“司马昭之心，路人皆知”，陈水扁每一次“过境”美国，其目的就是要进行政治造势，“出口转内销”，作为在台湾岛内卖弄、炫耀的政治资本，实现所谓以“过境外交拼内交”。而按照美国这次的安排，陈水扁“过境”的地点在远离美国本土、天寒地冻、人迹罕至的阿拉斯加，而且只“过境”加油，原则上不得过夜休息，陈水扁不仅不能在“过境”期间搞任何政治造势活动，甚至还不得下飞机。这种“过境”待遇，没有任何政治油水可捞，陈水扁当然难以接受。

以“过境事件”牟取政治利益

其次，陈水扁要“以攻为守”，通过制造“过境事件”牟取政治利益。美国这次给陈水扁提供的“过境”安排，是近10年来台湾当局领导人在美国“过境外交”中所遇到的最难堪的待遇，因此就连“台独”理论大师林浊水都指斥为“丢脸”。然而，一向擅长“逆势操作”的陈水扁却不那么看。在陈水扁看来，正可以利用这一事件大做文章、牟取政治利益：一方面，拒绝美国羞辱性的“过境”安排，敢于和美国对着干，摸美国的老虎屁股，在岛内民众面前或许可以挽回一点尊严，甚至能够制造出某种悲情效果，博得民众的同情，这对于正处在政治低潮期的陈水扁来说，是绝对不可放过的机会；另方面，陈水扁早就摸清了美国的脾气，这样做尽管美国一时会很生气，但也不至于为这点小事就把他怎样。更何况，关键时刻在美国国会议员中总还有几个“哥们儿”会站出来为他帮腔说话。说不定，这次向布什叫板会成为陈水扁提高身价的筹码，以便在下次“过境”美国时待遇反而会有所改善。回想“台独教父”李登辉当年，不就曾借“过境”问题发飙，因而日后才得到风风光光访问美国的意外收获吗？有其父必有其子，“台湾之子”陈水扁，也希望重温李登辉当年的旧梦。

为纠缠不清的弊案脱困

第三，意图转移岛内新闻焦点，为执政团队纠缠不清的弊案脱困。自去年以来，台湾媒体几乎是“日揭一弊”，把陈水扁上台执政后其身边亲信乃至所谓“第一家庭”成员种种以权谋私、内线交易、官商勾结的弊案、丑闻揭露得淋漓尽致，令人目不暇接、触目惊心。岛内民众对陈水扁的满意度跌至六年来的最低点，不到百分之二十。连带着民进党的政党支持度也大幅下滑。民众怨声载道，党内不满情绪日甚一日，政权基础严重动摇，执政危机四伏。陈水扁谋划出访，以“拼外交”为名，目的之一正是为了转移岛内新闻焦点，为其执政团队和“第一家庭”脱困。

从4月底台湾当局外事部门负责人黄志芳到阿联酋活动，以及这次陈水扁专机在阿联酋的阿布扎比“过境”加油可以看出，实际上陈水扁当局早就有计划、有预谋了。果然，此次故作神秘的“过境之旅”、“迷航之旅”吸引了岛内外无数关注的目光，至少在一段时间内达到了他转移新闻焦点的目的。但是，陈水扁的诚信早已破产，又自不量力地公开与美国对抗，向布什叫板，其雕虫小技、如意算盘不可能得逞，这趟所谓“兴扬之旅”，到头来恐怕只会弄巧成拙、自取其辱，变成名副其实的“扫兴之旅”。

（《文汇报》，2006/05/08，与李振广合撰）

岛内呈现两岸关系“利多”情势

自去年高捷弊案被揭露以来，涉嫌陈水扁亲信、家人的弊案接连曝光。在这一连串弊案的冲击下，民进党输掉了去年底的“三合一选举”，民意支持率不断下滑，把民进党政权推入风雨飘摇之中。陈水扁也从所谓“台湾之子”沦为“台湾之耻”，成为民进党执政的最大包袱。连串弊案更激起全民公愤，岛内反扁声浪风起云涌，在野党要求罢免陈水扁，民进党内也指责陈水扁姑息养奸，败坏了党的形象。处于穷途末路的陈水扁不得不于5月31日连夜召开党政高层会议，宣布“放权”。

陈水扁“放权”内藏玄机

紧接着，追随陈水扁多年的两位贴身幕僚马永成和林锦昌宣布辞职；6月1日，陈水扁召见王金平，透露在端午节当天吴淑珍的健康状况一度危急……显然，陈水扁的一招一式都是经过深思熟虑的，且招招都藏有玄机。

首先，以“放权”求保位。虽然陈水扁在民意压力下宣布下放权力，但是陈水扁的通篇讲话既没有对家族成员的一连串弊案表达歉意，也没有对弊案丑闻作出任何解释，有的只是推诿和“委屈”。陈水扁非常清楚，尽管目前民怨沸腾，在野党的“罢免案”和“倒阁”声浪来势汹汹，但真正致命的是民进党内部的“逼宫”已开始动摇他的统治基础。新潮流系是当前实力最强，反扁最卖力的党内派系，只要把部分权力释放给新潮流系支持的“行政院长”苏贞昌，满足其权力布局，就可平息新系的倒扁声浪。与此同时，在逼扁放权、逼退扁的两位亲信马永成、林锦昌，实现了权力中心的部分转移之后，新潮流系的阶段性目标已经达到，将会使新潮流系的政治命运与陈水扁的命运捆绑在一起，保住陈水扁，就意味着保住新系的既得利益。如此，将促使握有实权、能量强大的新潮流系反转过来谋求“巩固领导核心”。而有了新系的保驾护航，陈水扁的压力也就减轻了一大半。

其次，转移民众视线，模糊斗争焦点。陈水扁一贯善于要弄转移民众视线的伎俩。去年底“三合一选举”失败后，在弊案与失败的双重压力下，为摆脱困境，陈水扁发表宣示“急独”和紧缩两岸政策的“元旦讲话”、蓄意制造“废统”事件和“迷航之旅”，在一段时间内，成功地转移了人们的视线，让陈水扁暂时喘了一口气。然而好景不长，岛内民众反贪污、反陈水扁、反腐败政权的“三反运动”持续发展，“驸马爷”赵建铭的贪腐案像滚雪球一样越滚越大，压得陈水扁透不过气来。让陈水扁更为害怕的是，赵建铭被警方收押禁见，眼看着这把火就要烧到“皇帝娘”吴淑珍和自己的头上。于是陈水扁赶紧进行“危机管控”，故伎重演，宣布“放权”。其目的，无非是要把当前人们对弊案的关注，转移到对民进党权力的重组及蓝、绿两大阵营对决的斗争上来，从而缓解陈水扁自身的压力。

第三，再打悲情牌。陈水扁在“放权”讲话中，大谈自己和家人的“委屈”。他说他的家庭成员无法过“一般人的正常生活”，这一段时间，他和他的家人心中有“无比痛苦”，甚至还恬不知耻地把其家人涉嫌弊案归咎于外部因素，说什么为了“争取更多的支持，扩大执政基础，在选举与执政过程当中，难免会积累许多的包袱，包括人情、合作、包容等等”。为了博得社会的同情和怜悯，陈水扁还把他夫人的病情作为悲情牌来打。他透过王金平、苏贞昌对外放话，说身体一向不好的吴淑珍端午节下午心跳只剩下五十，血压收缩压仅剩四十，人一度失神，情况相当危险，幸好医生紧急抢救云云。陈水扁这一招儿关键时刻很起作用，十多年来屡试不爽。据岛内媒体报道，消息放出后，果然博得了铁杆“台独分子”的同情与谅解，蒙蔽了一些善良的台湾民众，一定程度上缓解了正在台湾社会蔓延的反扁情绪。

第四，“放权”是假，想做“太上皇”是真。陈水扁所谓“放权”，只是释放了原本就不属于他的权力，这等于不打自招地承认了他过去六年来一直都在“违宪”、滥权，是个不折不扣的独裁者。陈水扁被迫“放权”，并宣称“说到做到，坚持到底”，但据台湾《中国时报》的民调显示，只有18%的受访者相信陈水扁会说话算话，却有高达49%的人认为陈水扁只想“断尾求生”，不相信他会兑现承诺。岛内舆论普遍认为，以陈水扁对权力和利益的执着，“放权”只是暂时避避风头，缓解党内不满情绪。风头一过，他随时都可以“收回”权力，重新操控一切。更何况，苏贞昌的权力来自陈水扁，而目前检、警、调等要害部门仍然掌握在陈水扁手里，苏贞昌只不过是陈水扁手中的一个傀儡而已。就连一位绿营的重要人士都说：“依照阿扁的一贯作风，他是不可能就此松手的，要他不插手人事，这是不可能的事!”

对于两岸关系是利多

尽管陈水扁机关算尽，但一连串的贪腐弊案使陈水扁显出了原形，表明了一直标榜“清廉”、“改革”、“爱台湾”的陈水扁执政团队，实际上乃是一群掏空台湾、祸害台湾的“硕鼠”。嗜权如命的陈水扁被迫“放权”，是其陷入空前执政危机的明显标志。陈水扁困兽犹斗，试图以掩人耳目的“放权”花招作为其危机管控的“停损点”。然而形势比人强，鉴于岛内要求陈水扁下台的呼声继续高涨，已经揭发出来的各种弊案正在发酵，新的一大堆弊案则已排好了队等着一个个要曝光，说不定哪天早上一觉醒来，发现大火已经烧进了“玉山官邸”，陈水扁还能赖在“总统”宝座上多少时日，现在恐怕谁也说不准了。因此，至少就近期而言，这种情势对两岸关系发展来说应该是一个重要的利好。道理至明：

一、以目前岛内形势来看，陈水扁及其执政团队已根本无力推动、实施旨在谋求“法理台独”的所谓“宪改工程”。在一连串重大弊案的冲击下，一方面，陈水扁及其执政团队自顾不暇、穷于应付、方寸大乱，哪里还有精力去主导议题，引领风潮，推动“宪改”；另方面，重重弊案一层层地揭下了披在“台独分子”身上的画皮，暴露了这些道貌岸然的“台独分子”实际上是一群私欲熏心、罔顾台湾民众利益的无耻之徒。陈水扁政治权力的合法性与道义基础已经丧失殆尽，其政治影响力和号召力大幅削弱，迷惑台湾人民的道义本钱急剧流失，还想大张旗鼓地推动“法理台独”将面临重重困难。

二、近年来在国共两党的共同努力推动下，两岸关系发展出现了良好的势头，打下了较好的基础。目前，在民进党内“四大天王”的卡位战中，接受了陈水扁部分权力的“行政院长”苏贞昌处于最有利的地位。而苏贞昌若想卡位成功，争取更多选民的认同，就必须在两岸问题这一最容易做出政绩的领域着力，也即修正陈水扁僵化的“积极管理，有效开放”的两岸政策，代之于新潮流系所主张的“积极定位，大胆开放”政策，在两岸“三通”、经贸交流等方面适度做出调整。比如，在节日包机常态化、周末化，以及开放大陆游客赴台观光、开放农产品销售大陆等方面，采取较为理性、务实的政策。虽然受陈水扁一家及其亲信贪腐弊案拖累，但假若苏贞昌在两岸政策上做得比较好，将会与陈水扁形成鲜明对照，起到“立竿见影”的效果，那么苏的民意支持度很快就会得到提升，而陈水扁的假“放权”也就有可能“弄假成真”。种种迹象表明，苏贞昌正试图这样做。6月1日，苏贞昌对外公开强调，台湾有信心开放大陆观光客来台湾，不必“晚点名”，不必有其他管制，“其他的种种政策都可以往这个方向走”。当然，由于各种内外因素的制约，目前人们也不能幻想在民进党执政的情况下，两岸关系会有任何重大的突破性的进展。

（《人民日报·海外版》，2006/06/06，与李振广合撰）

凝聚两岸同胞，遏制“法理台独”

12 年前，江泽民发表了《为促进祖国统一大业的完成而继续奋斗》的重要讲话，就发展两岸关系、推进祖国和平统一进程的若干重要问题提出了“八项主张”。两年前，胡锦涛总书记在看望参加政协会议的民革、台盟和台联界委员时，就新形势下发展两岸关系提出了“四点意见”。江泽民同志的“八项主张”和胡总书记的“四点意见”，是在新时期新形势下指导对台工作的纲领性文献。

过去的一年来，两岸关系保持了和平稳定发展的势头，有利于遏制“台独”的积极因素增多。大陆方面继续推动实施了一系列促进两岸关系和平稳定发展的新举措，压缩了陈水扁当局“台独”分裂活动的空间。无论是两岸人员的交往和经济文化的交流与合作，都取得了历史性的突破。国际社会“一个中国”的框架进一步得到巩固，绝大多数国家反对或不支持“台独”。大陆紧紧把握住了两岸关系发展的主导权。

台海局势愈加错综复杂

然而，“树欲静而风不止”，新的一年台海局势愈加错综复杂。最近一段时间以来，陈水扁纠集岛内“台独”势力，打着“台湾主体性”的幌子，变本加厉地搞“去中国化”，更图谋通过所谓“宪政改造”，把“台湾法理独立”的活动推向实质阶段。种种迹象表明，陈水扁已经横下一条心，打算铤而走险，挑战和破坏两岸关系，制造新一波的台海危机。因此，遏制“台独”仍然是当前海内外同胞的首要任务，而制止“法理台独”则是重中之重。

必须看到，尽管台湾当局领导人谋求“法理台独”活动升级，两岸关系发展面临严峻挑战，但除少数“台独”分子外，两岸绝大多数同胞和海外华侨华人都希望维持台海局势和平稳定，维持两岸关系现状仍然是台湾民意主流，争取台海和平稳定、谋求两岸合作发展、实现互惠双赢是两岸同胞的普遍愿望，这是遏制“台独”分裂活动、保持两岸关系和平稳定发展的最基本因素。因此，团结广大台湾同胞，进一步增强两岸同胞的凝聚力，已然成为当前和今后相当长时期内反对和遏制“台独”分裂活动、促进两岸关系和平稳定发展的重要任务。

发挥中华文化整合功能

两岸同胞的凝聚力，是两岸同胞之间的吸引力和黏合力。它建立在对中华民族优秀文化传统认同和发展两岸共同文化的理念基础上，集中表现为两岸同胞为实现中华民族团结振兴的共同利益和共同目标而一致奋斗的合作行为。江泽民“八项主张”第六点明确宣示：“中华各族儿女共同创造的五千年灿烂文化，始终是维系全体中国人的精神纽带，也是两岸和平统一的一个重要基础。两岸同胞要共同继承和发扬中华文化的优良传统。”

20 世纪 80 年代以来，在祖国大陆的积极推动下，两岸关系呈现出由完全隔绝到缓和交流的良性互动局面，两岸团体和人员往来日趋热络，台商投资大陆和两岸经贸不断扩大，两岸出版、文艺、文物、书画、影视、艺术、历史、法律、医学、教育、新闻、体育、民俗、宗教等文化交流日益加强，交流品位提升，呈现活跃势头，维护了两岸同胞共同利益，增进了两岸同胞感情，成为两岸关系发展的重要基础。

然而，由于台湾当局以“台湾主权观念”对抗祖国大陆的“一国两制”；在“台湾主体意识”下拓展“台独”的社会基础；欲借“宪改”实现“法理台独”；强调“根留台湾”以遏制台商投资大陆势头；制造“去中国化”以割断两岸文化脐带……凡此种种在岛内民众中造成了极其恶劣的后果。

实现两岸统一是中国国家发展和中华民族振兴的客观要求。不管台湾问题最终如何解决，两岸同胞的凝聚力都是至关重要的。这种凝聚力植根于中国优秀文化传统，中华文化与民族凝聚力密不可分。应把弘扬民族优秀文化传统与增强两岸同胞凝聚力结合起来，充分发挥中华文化的整合和情结功能，突出以民族精神为核心的中华民族凝聚力的巨大作用，把它辐射到两岸政治、经济和社会生活的各个方面。

要增强两岸同胞凝聚力

进一步增强两岸同胞凝聚力，继续贯彻江泽民同志关于现阶段推进祖国和平统一进程的“八项主张”和胡锦涛总书记关于新形势下发展两岸关系的“四点意见”。为此，我们要：

一、继续加强与台湾反对“台独”和认同“九二共识”的政党团体的交流与对话，加强与台湾各阶层民众的交往，扎扎实实地做好台湾人民的工作，落实惠及台湾同胞的各项政策措施，把工作做得更加柔和细腻，不断增强两岸同胞的亲和力。

二、充分尊重台湾人民当家做主的愿望，采取积极措施化解他们对大陆的误解和隔阂；切实维护台湾同胞正当权益，使他们感受到两岸和平稳定发展所带来的实际利益；积累两岸同胞更多共识。

三、进一步深化两岸经贸交流与合作，改善大陆投资环境，加强农业和金融领域合作，推动两岸直航，实现客货包机常态化便捷化，在直接“三通”上取得新的突破。

四、进一步深化两岸出版艺术、学术教育、新闻体育、民俗宗教等文化交流。改善交流环境，整合文化资源，增加资金投入，创新交流机制，拓宽交流领域；定期举办两岸重要论坛和学术研讨，加强专业人员互访讲学，提高两岸学术水平；扩大两岸校际之间交流互访，互相承认学历，为两岸学生就读提供方便；做好岛内年轻人工作，让他们了解和熟悉祖国大陆；增强两岸同胞文化共识，包括共同弘扬中华民族优秀传统美德和固有精神，巩固两岸共同文化根基。

五、进一步增强祖国大陆经济实力，缩小两岸生活水平差距；发展先进文化，提高人民素质，扩大两岸共同点；加强社会主义民主政治建设，以政治清明、廉洁高效、民主法制、社会和谐的良好形象增强台湾同胞对祖国大陆的向心力。

六、进一步增强一个中国现实的国际认同，坚持在中美三个联合公报原则基础上发展中美关系，扩大共同利益，增进理解和互信；坚持在中日三个政治文件基础上改善中日关系，坚决遏制日本右翼势力插手台湾问题；实施全方位外交，发展同各国友好交往互利合作，加强与东盟10国合作，推动中非战略伙伴关系，巩固与欧盟等互利合作关系，进一步压缩“台独”活动空间，巩固有利于实现中国国家完全统一的国际环境。

七、进一步提高遏制“台独”的国防军事实力，形成维护国家安全和领土主权完整的强大保证，促使两岸关系朝着和平发展的方向前进。

所有这些都是增强两岸同胞凝聚力不可或缺的重要因素，由此势必发挥出两岸同胞凝聚力的整体效应，这对于反对“台独”、促进两岸和平统一进程具有重要性和紧迫性。

（《人民日报·海外版》，2007/01/31，与娄杰合撰）

两岸关系危机与契机同在

狗年已逝，猪年伊始，大自然春暖花开的季节已经到来，然而展望未来一年的两岸关系，势将“政治对立进一步加剧，经济关系进一步发展，民间交流进一步扩大”。换言之，危机与契机同在、对抗与缓和并存，一幅扑朔迷离、令人捉摸不定的前景。

众所周知，影响两岸关系发展的主要因素是台湾岛内的政局发展、朝野两大党的大陆政策、大陆的对台政策、美国的台海政策和台湾的主流民意。上述诸多因素的交互作用，决定了海峡两岸局势的发展变化。而台湾岛内的政局发展，则是上述影响两岸关系发展诸多因素中的一个关键因素。

政治对立进一步加剧

未来一年，岛内面临两项重大选举，即今年底的新一届“立法委员”选举和明年 3 月的“总统”大选。这两场选举的胜败，将决定蓝绿两大阵营的存亡绝续，双方都势在必得。尤其是官司缠身的陈水扁及其亲属、亲信一干人等，若民进党丢失了政权，势必成为阶下囚而受到清算。执政七年毫无政绩可言的陈水扁为了保住民进党的执政权，不惜挑动岛内族群对立、制造政党恶斗，炒作“急独”议题，挑衅两岸关系，以图转移台湾民众的视线，赢得选举。推动落实所谓“正名”、“宪改”等“台独”时刻表，是民进党既定的主导选战议题的主要工具，两岸关系已成为陈水扁保护其“身家性命”的首选牺牲品。可以预计，随着选战的日益临近和进入白热化，陈水扁民进党推动“台独”路线、挑战两岸关系的动作势必不断加码。如此，两岸政治对立必然进一步加剧，台海局势不容乐观。

自民进党上台执政以来，经过陈水扁的恶意操弄，两岸政治关系转圜的空间已经很小。未来岛内政局的发展有以下两点颇值得关注：其一，陈水扁“机要费”案司法审判的进展情况；其二，“立委”和“总统”选举选情是否对民进党有利。换言之，上述重大事件的发展只要有一项对陈水扁不利，都不排除陈水扁会狗急跳墙、破罐破摔，为求乱中脱困、火中取栗而悍然制造“台独”重大事变，从而触犯大陆《反分裂国家法》，挑起台海局势的剧烈动荡与冲突。

因此，两岸政治对立会不会进一步恶化，会不会酿成新一波的台海危机？端看陈水扁民进党推动“台独”路线、挑战两岸关系的动作幅度究竟有多大，走得有多远。当然，大陆的对台政策与策略是否运用得当，以及国内国际的“反独统一战线”能否在关键时刻发挥作用，则具有十分重要的意义。说一千道一万，但有一点不容怀疑：大陆对于任何形式的“台独”重大事变，都决不会容忍！

经济关系进一步发展

与政治对立加剧相反，未来一年两岸经济关系却有可能会进一步密切，互利互惠的经济交流交往势将持续发展。两岸经济关系进一步发展的动力主要来自以下三个方面：

一是市场经济规律。这是不依人的主观意志为转移的，过去十多年来，无论是李登辉的“戒急用忍”抑或陈水扁的“积极管理”的两岸经济政策，都无法阻挡两岸经济交流与合作的不断深入发展。据大陆商务部资料，去年两岸间接贸易首次突破一千亿美元，比前年剧增近两成。大陆已成为台湾最大的贸易伙伴和最大的贸易顺差来源地。没有人可以否认，一旦失去了大陆市场，台湾经济将立即面临绝境。

二是大陆的惠台政策与措施。近几年来，大陆调整对台政策，坚决贯彻落实胡总书记关于新形势下发展两岸关系的“四点意见”。其中，一系列操之在我的惠台政策与措施已经陆续出台或即将出台。这些政策措施的进一步贯彻落实，必将有力地推动两岸经济关系的进一步密切与发展。

三是台湾当局两岸经济政策的局部调整。坚持“台独”的陈水扁蓄意制造两岸政治上的紧张与对立，是其维系民进党政权、保护自身安全的需要。同样，台湾行政当局在两岸经济政策上作出局部的、适度的调整，以争取工商企业界和中间选民的认同与支持，也是陈水扁维系民进党政权、保护自身安全的需要。两手策略并行不悖，交互使用，目标一致。人们不难看到，自去年初苏贞昌出任“行政院长”以来，台湾“府、院”双方一个唱白脸一个唱黑脸，扮演不同角色，推行所谓“政经分离”的新的两岸政策。于是乎，节日包机常态化才得以谈判成功、台湾水果销售大陆以及一系列台资企业登陆的做法才得以推动实施。如今，包括大陆人士赴台观光、客货运包机周末化、货币清算机制、金融监理机制与台商权益保障等在内的两岸协商谈判，有的已经取得突破性进展，只待宣布实施，有的则得到大陆方面的正面回应，有望达成共识。

大陆的对台政策极具包容性与连续性，不会“因党废言”、“因人废言”，无论何党何人在台主政，无论何种政策措施，只要对缓和发展两岸关系、维护台海和平有好处，对增进两岸同胞的福祉有好处，大陆方面都会信守承诺，积极推动，努力贯彻落实，这同样也是毋庸置疑的。

民间交流进一步扩大

“求和平、求安定、求发展”是台湾的主流民意。近几年来，与“台独”势力日趋猖獗同步发展的是两岸民间交流的不断扩大。这种现象既是对陈水扁民进党推动“台独”路线、威胁台海地区和平稳定的必然反弹，同时也是两岸经济、文化关系日益密切的必然反应。以连、宋访问大陆为契机建立起来的两岸政党交流新模式、新平台，为两岸的民间交流交往注入了新的强大推动力。近年来，海峡两岸各种不同形式、不同规模、不同专业、不同族群的民间交流方兴未艾、风头正劲，人员往来如过江之鲫、络绎不绝。事实上，前述有利于两岸关系缓和发展的一系列政策措施，之所以能达成共识并得以部分贯彻落实，在很大程度上端赖于国共两党和两岸民间交流的积极推动方竟其功。可以预期，在新的一年，两岸民间交流交往必将进一步向广度与深度扩展，任凭什么力量都无法阻挡。

总之，展望新的一年，两岸关系势将呈现出一种奇特的景象：政治上危机四伏，经济上持续发展，民间交流不断扩大。乍寒还暖、时寒时暖、充满变量，将会是未来一年两岸关系的基本特点。然而我们有理由相信，经过海内外同胞的共同努力，能够消除危机，抓住契机，避免对抗，促进缓和，把两岸关系推向一个良性互动的新阶段。

（中评社，2007/02/25）

“去蒋化”包藏“台独”祸心

今年以来，陈水扁当局制造了一连串“去中国化”闹剧，挑起岛内社会对立，制造两岸关系紧张，图谋民进党在新一届“立委”和“总统”选举中获胜，实现“台独”由量变到质变。然而，陈水扁当局改变不了台湾是中国一部分的事实与法理，其谋求“台独”的野心难以得逞。

“去中国化”是“台独”的危险步骤

年初以来，陈水扁当局接二连三地上演“去中国化”闹剧：先是台北故宫删去珍藏品说明中原有“来自北平故宫”、“中央博物馆”等字样，把“中国古代”修改为“国内外”。接着他们利用“2·28”煽动排蓝情绪，深化台湾族群矛盾；台“教育部”使用经删改的新版高中历史教科书，把“本国史”改称“中国史”，把过去惯用的“我国”、“本国”、“大陆”改为“中国”，孙中山不再被冠以“国父”称呼，“武昌起义”、“广州起义”等改为中性的“武昌起事”、“广州起事”，连“南京大屠杀”都从教科书中删除，强化所谓“台湾主体意识”，加入两岸分合和“统独”内容，模糊台湾年轻一代对一个中国的概念。

在陈水扁当局的压力下，几乎有中国字样的台湾大企业都强行改名。继而又出笼“第二共和宪法草案”，放弃“五权宪法”，实行“三权分立”，彰显“法理台独”。

在此形势下，蒋介石也成为“去中国化”的重点目标。陈水扁当局下令在新台币上去除蒋介石画像，在台湾军营中移走全部228座蒋介石铜像，甚至强行把“中正纪念堂”改为“台湾民主纪念馆”，扬言要制定法律审判蒋介石。近日，民进党内激进“台独”势力更炮制“正常国家决议文”，公然提出建立“台湾国”、制定“新宪法”，推动台湾“正名”。如此等等，不一而足。

陈水扁当局推动“去中国化”行径目的有三：

一是明年初的新一届“立委”选举和“大选”临近，民进党当局为巩固其“基本盘”，蓄意推动“去蒋化”以激化省籍冲突，主导选战议题，确保民进党继续执政；二是以“去中国化”分裂手法，转移岛内广大民众对陈水扁当局执政腐败的不满情绪，转移反贪腐视线，掩盖陈水扁及其亲属、亲信贪腐弊案的丑行；三是以“去中国化”分裂活动彰显台湾是“主权独立的国家”，为推动台湾“法理独立”制造气氛，扫除障碍。

大陆2005年颁布的《反分裂国家法》规定：“‘台独’分裂势力以任何名义、任何方式造成台湾从中国分裂出去的事实，或者发生将会导致台湾从中国分裂出去的重大事变，或者和平统一的可能性完全丧失，国家得采取非和平方式及其他必要措施，捍卫国家主权和领土完整。”中国政府正在密切关注事态的发展。

“去蒋化”意在为“法理台独”扫清障碍

陈水扁当局拿去世几十年的蒋介石大做文章，打的旗号是所谓“转型正义”、反对当年蒋介石的专制独裁统治，由此而衍生到下令拆除蒋介石画像、铜像、“中正纪念堂”更名等行为，实质上陈水扁当局是把蒋介石看作台湾“去中国化”、推动“法理台独”的一大障碍，极欲彻底清除蒋家在台湾的政治影响。

众所周知，国民党退台迄今经历了“蒋介石主政”到“蒋经国主政”再到“李登辉主政”进而到“陈水扁主政”4个时期。两蒋作为台湾地区早期领导人共执政39年。他们坚持“一个中国”政策，反对“台湾独立”。李登辉主政时期，两蒋涵盖中国大陆的“一个中国”主张被修改为“中华民国在台湾”，废除台湾省建制，宣称“中华民国”实际管辖范围仅在台澎金马，俨然把台湾省变成“中华民国”。陈水扁上台以来，鼓吹“中华民国是台湾”，欲以“宪改”、“公投”的方式废除现行的以“一个中国”为基本特征和架构的“中华民国宪法”，重新制定一部所谓“合时、合身、合用的新宪法”，以实现“台湾法理独立”。可见，两蒋的“一个中国”主张是陈水扁当局“去中国化”的巨大障碍。陈水扁之流大搞“去蒋化”，实质上就是要在政治上“去中国化”，为其谋求台湾“法理独立”扫清障碍。其欺世盗名的卑劣手法，莫此为甚！

谋求“台湾独立”野心难以得逞

两岸同属一个中国的事实，绝非陈水扁当局导演“去蒋化”、“去中国化”闹剧就能改变得了。一个中国不是抽象概念，而是有特定领土、完整主权、中华民族的客观事实。中国历史上有9次“大一统”的历史，极大地促进了民族与文化的融合与进步。中国历史上也曾出现过分裂政权，但都无法在全国实行有效统治，也没有能够改变一个中国的事实。分裂中国的行径，或迟或早都会落得身败名裂的可耻下场。

中华人民共和国成立至今，香港、澳门回归祖国，目前正致力于两岸关系的和平稳定发展，促进两岸和平统一进程。台湾诸多历史遗迹和行政区划都印记着两岸历史上的统属关系，占台湾人口绝大部分的汉族与大陆更有不解之缘。清朝统一台湾时岛内少数民族只占1.7%，其他人都是从大陆移居到台湾的，就连陈水扁的祖籍也在福建。

两岸迄今尚未实现统一，但绝不等于两岸是“两个中国”的关系。两岸同属一个中国，这种关系绝不是陈水扁当局随便把台湾改个什么名称就可以改变得了的。历史上的外国侵略者也曾凭借武力妄想改变这种关系，最终都遭到了失败。当前和今后也不会有任何力量可以改变两岸间的这种关系。

（《人民日报·海外版》，2007/06/12）

兰德公司的研究报告耐人寻味

美国著名智库——兰德公司不久前在网络上公布了一篇题为《台湾地位问题解决之后的中美关系》的研究报告。这份报告是兰德公司受美国空军委托，由该公司高级研究员柯瑞杰博士和政策分析员席拉帕克撰写的。柯瑞杰博士去年4月曾来北京访问，并与笔者就中美关系和台海问题进行过深入的交谈。笔者猜测柯瑞杰博士此番中国之行，或许正是为撰写该报告所做的前期准备。故此，该报告发表后格外引起笔者的兴趣与关注。

提出解决台湾地位问题的10种模式

该研究报告共分三章。第一章对短期内台湾地位问题解决的可能性进行了预测，认为至少在今后的4、5年时间里，台湾的地位问题是难以解决的，目前这种“不统不独”的现状将继续保持不变。第二章是研究报告的重点，着重分析了未来较长一段时期内台湾地位问题的10种可能解决模式及其对中美关系的影响。最后一章提出了作者对这一研究的总结与思考。

作者在报告中将解决台湾地位问题的模式分为两大类，即和平方式解决和武力方式解决。其中和平方式解决包括“维持现状”、“统一”、“独立”、“达成妥协方案”等4种模式；而武力方式解决则有美国介入条件下的“统一”、“独立”、“不统不独”和美国不介入条件下的“统一”、“独立”、“不统不独”，共6种解决模式。

在这10种可能的模式中，柯瑞杰分别以美、中两国的经济关系、外交合作关系及战争可能性作为评估的标准。报告认为，不论台湾地位问题的解决结果为何，一旦诉诸武力，都将造成美中关系倒退，甚至造成新的冷战；而在美国介入情况下的两岸武力统一，则标志着美国在亚洲军事优势地位的终结，对于美国而言，是10种模式中最糟糕的情况，美国与中国大陆将因此走入冷战；反之，不论解决结果为何，只要过程是和平的，美中关系仍将维持和平与合作关系。

报告认为，在4种和平模式中，和平统一模式对中美关系产生的破坏性影响最小，以这一模式解决台湾的地位问题导致美中之间战争的可能性微乎其微，而中美之间仍将保持密切的经济联系和强有力的外交合作。与“统一”、“独立”或“达成妥协方案”相比，维持目前这种“不统不独”的现状，导致美国与中国大陆发生军事冲突的可能性最大。其显而易见的原因就是“台独”势力不断推动“法理台独”、制造分裂，触犯《反分裂国家法》而引发一连串反应，导致美国卷入其中。

耐人寻味的信号

美国兰德公司作为美国著名的智库，对美国政府政策的制定有着相当的影响力。兰德公司在这份军方委托的研究报告中所透露出来的某些信息，耐人寻味。

首先，作者在解决台湾地位问题的10种模式中，提出的美国不干涉条件下的武力统一模式，并假定了美国不予干涉的原因。报告认为，如果因为台湾方面无理挑衅大陆或者因此导致美台关系的破裂，而促使美国决定不再协防台湾，这样的话，中国的武力统一台湾行动尽管被认为是不受欢迎的，但却是可以理解的（甚至是必然的），而在这一情况下，不会引起中美关系的根本改变。

近几年来，陈水扁的“台独”冒险行径一直受到美国政府官员和学者的批评，特别是在当前陈水扁执意发动“入联公投”，挑衅大陆，制造两岸关系紧张的这样一个时间点上，柯瑞杰作为一名深谙美国台海政策的专家，提出上述观点不啻是对民进党当局的一种严厉警告，其背后的“潜台词”颇值得人们深思。

其次，报告明确指出，美国武力介入台湾问题的解决将得不到世界大多数国家的支持。报告认为，如果中美两国因台湾问题陷入敌对状态，亚洲国家将被迫在中美之间选边站。然而，除了日本之外，亚洲大多数国家都会认为维持与中国的良好关系，远比关心中国使用武力制止“台独”更加重要。

这些国家将顶住美国要求在中美之间选边站的压力，倾向于维持与中美双方的良好关系。报告还认为，这一逻辑对于本地区以外的那些根本不关心中国是否使用武力解决台湾问题的国家来说更为适用。而中国也有强烈的理由保持与世界其他国家的良好关系，假如在台湾问题上的敌对性行动能很快结束，那么，除了美国、日本以外，世界上绝大多数国家将很快恢复与中国的贸易和在中国的投资。报告的这一结论，将会在多大程度上影响美国白宫和五角大楼的台海政策制定者与决策者，值得观察。

第三，柯瑞杰的理性分析告诉人们，无论美国的意愿如何，在解决台湾地位问题的10种模式中，台海两岸的和平统一模式对中美关系的冲击和影响最小，也最有利于中美关系的进一步发展。众所周知，自冷战结束以来，美国作为当今世界唯一的超级大国，一直都在探讨和重新构建它与世界其他国家之间的关系模式，而美国与中国的关系模式也是在这一过程中逐渐走向清晰的。进入21世纪之后，随着中国的崛起，美国究竟要选择一种什么样的中美关系模式，这不仅对于中美关系，而且对亚太地区乃至世界政治格局都有着深远的影响，而台湾问题的解决，将是这一模式的最重要的试金石。

春江水暖鸭先知

在过去的50多年中，由于美国的强行介入和干涉，台湾问题始终未能得到解决，百年来中国人民为之奋斗企盼完成国家统一的愿望一直没有实现。而且，随着“台独”势力的发展，民进党的上台执政，台海地区的和平与稳定不断受到威胁，中美关系的健康发展也因之受到严重干扰。而今，随着中国的崛起，中国国家综合实力的大幅提升和国际影响力的日益提高，台湾问题的解决与中国实现国家最终统一的前景已经越来越明朗。面对这一不可阻遏的发展趋势，对于深谙国际政治中的实力原则，并一向基于这一典型现实主义原则制定对外政策的美国战略家们而言，未雨绸缪，将研拟解决台湾地位问题的方案提上议事日程，显然不仅十分必要而且已经具有相当程度的紧迫感。

显而易见，随着中国实力的增强，未来美国介入台海问题的成本与代价将越来越高，甚至到无法承受的程度。正如作者在报告中所提到的，随着中国在军事上的实力和信心的提高，美国试图阻止中国解决台湾问题，将变得越来越困难。如何最大限度地维护美国的利益，在尽可能不损害美国在亚太地区的地位和尊严的前提下体面地解决台湾问题，这正是柯瑞杰博士这一报告所要探讨的核心问题。柯瑞杰、席拉帕克在他们的研究报告中指出，从美中长期关系的角度着眼，美国在台湾问题上的核心利益是“和平”解决台湾问题，而不论其结果是“统”是“独”或是“不统不独”。其实，这也是中美建交以来，美国一贯坚持的政策原则。

当然，从报告的研究结果来看，虽然作者支持“和平解决”台湾的地位问题，但并不意味着一定支持中国的“和平统一”。然而，就目前及未来相当长一段时期而言，主张维护台海和平的现状，显然符合中美双方的利益。而在当前情势下，如何采取实际而有效的行动，制止台湾陈水扁当局推动破坏现状的“入联公投”、“宪改”等“台独”冒险，维护台海和平，则是中美两国必须首先面临和解决的最现实同时也是最紧迫的问题。

（《国际先驱导报》，2007/08/15，与李振广合撰）

“决议文”是“台独”重大步骤，肯定是祸

历经数月之久的党内讨论后，民进党的所谓“正常国家决议文”终于出笼了。从其炮制的全过程来看，这个“决议文”是民进党内各个派系互相妥协的结果。

“决议文”将深刻影响民进党的政策

从其内容来看，该“决议文”与民进党主席游锡堃早些时候提出的激进版本相比，虽然略显“温和”，例如游版中提出的“国号正名台湾”、“新宪国土范围界定为台澎金马”等极其露骨的“急独”主张和敏感文字，被全部删除，但其核心内容仍然是围绕着“公民投票”、“正名制宪”、推动以“台湾名义加入联合国”、彰显台湾为所谓“主权独立国家”、更改“中华民国国号”等激进的“台独”诉求而展开的。再有就是将游版中要求“立即”推动落实上述主张，改为在“适当时机”、“早日完成”这种较为含混的、没有时间表的提法，藉以欺骗海内外舆论和台湾选民。该“决议文”通过后，势必取代原来的“台湾前途决议文”，成为民进党内具有党纲性质的重要文件，从而对民进党今后的政策走向产生深刻影响。

民进党已浪子难回头

众所周知，早在1991年10月，在野时期的民进党就将“建立台湾共和国”这种“急独”的主张纳入其党纲，引起了当时海内外的强烈反弹，民进党因此还差一点被国民党当局以违反“人团法”而遭到解散。尔后在许信良、施明德担任党主席期间，曾采取各种措施推动“台独”策略转型，淡化党内“急独”主张，从而使民进党在岛内的多项重大选举中获胜，势力得到较大的发展。1999年5月，民进党为因应次年大选所提出的“台湾

前途决议文”，实际上宣示了民进党从“急独”向“温和台独”的转变，也因此而骗取了不少中间选票，陈水扁得以胜选上台。

然而，民进党上台执政后继续顽固坚持“台独”立场，以偏激的意识形态治政，致使政党恶斗、两岸关系持续紧张，社会治安败坏，经济发展停滞滑坡，7 年来毫无政绩可言，又兼陈水扁及其家人、亲信贪腐弊案缠身，民众怨声载道。面对即将举行的 2008 年大选，要想保住民进党的江山不倒，也就不得不任由全党被“台独基本教义派”绑架才能稳固“深绿”的基本盘。如今，在民进党内已经没有主张“缓独”或“温和台独”的自由，较为务实、清醒一些的有识之士事实上已被完全压制，动辄被打成“十一寇”、“西进昌”、“中国琴”。“正常国家决议文”的出笼，表明民进党作为“执政党”，在“台独”问题上已完全回归到 1991 年在野时期的激进原点，如果得不到足够的教训，已很难让这个不知天高地厚的浪子回头了！

对“决议文”不可等闲视之

有舆论认为，民进党的主事者明知“台独”目标无法达成，其出台“正常国家决议文”纯粹是一种选举花招，这种说法有失片面。

诚然，不可否认，“正常国家决议文”在这种特殊时刻出台绝非偶然，是陈水扁、民进党谋划已久的选战策略之一。代表泛蓝阵营出战参选下任台湾地区领导人的马英九在“特别费案”一审被判无罪，而民进党的参选人谢长廷目前却仍有多种弊案缠身，这使得民进党继续在未来的选战中主打“司法牌”很难占到便宜，于是挑动两岸关系的敏感神经、煽动对大陆的敌对情绪，打“统独牌”，就成了民进党唯一的一根救命稻草。但“正常国家决议文”的“急独”主张，固然能帮助民进党稳固“深绿”基本盘，却很可能会吓走部分中间选民，对民进党的选情是福是祸，尚有待实践来检验。

然而，民进党此刻推出“正常国家决议文”，对台湾民众而言则肯定是祸！它绝对不是单纯的选举招术，更是民进党推动“台独”的重大步骤，不可等闲视之。

对当代台湾政治发展史稍有了解的人都很清楚，“台独”势力之所以能发展到今天如此嚣张、危险的地步，正是近20年来，民进党在岛内历次大大小小的选举中不断鼓吹“台独”理念与主张，污染台湾社会、混淆台湾民众“统独”观念和“国家认同”的恶果。如今，岛内相当一部分民众，即便是自以为有很强“独立思考”能力、原本不赞成“台独”的部分知识分子，在“台独”刻意营造的话语霸权的多年熏陶下，都已“身在独中不知独”，在不知不觉中渐渐转变成“台独”理念的同情者，甚至是拥戴者和鼓吹者而浑然不自知。不必多加举例，眼前的事实就可资佐证：民进党的“正常国家决议文”，明明是一份不折不扣的“台独宣言书”，却因为它略加包装，岛内便鲜少听到有见地的、像样的批评声音，即使平日被归类为“泛蓝阵营”、经常上政论节目的“名嘴”们，也大都认为该“决议文”十分“温和”，有助于民进党开拓中间选票，可谓与16年前民进党抛出“台独党纲”时台湾主流舆论一片挞伐之声有隔世之感、云泥之别！如此发展下去，没有了“台独刹车皮”的整个台湾政坛和社会，就有可能被“台独”拖进万劫不复的深渊，这绝非杞人忧天、危言耸听！

如今的民进党，已经不是16年前在野时期抛出“台独党纲”的民进党了，而且也不能排除2008年民进党仍有可能赢得大选，继续执政，但有一点不必怀疑，自从大陆出台《反分裂国家法》后，世界上便有了一件可被称为“台独灭火器”的宝贝，如果民进党恣意妄为，硬要放火，而它的后台老板美国又继续明管实纵的话，那么这件“宝贝”便可派上用场了！

（中评社，2007/08/31）

浅析中共十七大报告对台政策的五大特点

胡锦涛总书记十七大政治报告，其对台政策部分的重要论述，体现了和平性、原则性、包容性、延续性、科学性五大特点。

首先是和平性。“报告”的对台政策部分不到一千字的内容，使用“和平”一词却多达十多处：诸如，实现祖国“和平统一”、争取“和平统一”努力决不放弃、牢牢把握两岸关系“和平发展”的主题、为台海地区“谋和平”、达成“和平协议”等等，比比皆是，“和平”这个词汇使用率最高，最为频繁。通篇讲话高举“和平”的旗帜，理性平和，没有咄咄逼人的威胁用语，这在当前“台独”活动猖獗，变本加厉挑衅大陆，冲撞大陆底线，两岸关系处在“高危期”的情况下，格外出人意表。这显示中共领导人对把握台海局势的充分自信；不被“台独”的刻意挑衅所左右，不轻易改变对台工作的基本战略和方针；愈加突显了“台独”是破坏两岸关系、威胁台海地区和平稳定的根源。

坚持对台战略的“和平性”不是一时权宜之计，这与中共“和平发展”的国家发展战略是相配套的、一脉相承的。道理至明：坚持“和平发展”的国家发展战略，在国内建构“和谐社会”，在国际主张“和谐世界”，两岸关系则要“牢牢把握和平发展的主题”。

坚持对台战略的“和平性”受到国内外舆论的高度肯定和赞扬，和陈水扁当局刻意制造台海紧张局势形成鲜明的对照，从而进一步孤立了台湾陈水扁当局。

其次是原则性。坚持对台战略的“和平性”并非放弃原则立场。“报告”指出，“坚持一个中国原则，是两岸关系和平发展的政治基础”；“坚持一个中国原则决不动摇”；恢复两岸之间的交流对话和协商谈判，前提是要“承认两岸同属一个中国”；协商正式结束敌对状态，达成和平协议，构建两岸和平发展框架，必须是在“一个中国原则的基础上。”

“报告”重申“反对‘台独’分裂活动决不妥协”，号召“两岸同胞要共同反对和遏制‘台独’分裂活动”；针对当前陈水扁当局打着“民主”的旗号，极力推动“入联公投”等“台独”分裂活动，严肃指出：“任何涉及中国主权和领土完整的问题，必须由包括台湾人民在内的全体中国人民共同决定”；义正词严地警告“台独”人士：“绝不允许任何人以任何名义任何方式把台湾从祖国分割出去”。

上述内容，充分体现了中共在处理台湾问题的过程中坚持“一个中国”原则的坚定立场，体现了中共捍卫国家领土主权、维护中华民族根本利益的坚强决心和鲜明态度。其潜台词是：“和平”是有原则的“和平”，“和平独立”只是“台独”人士一厢情愿的幻想，“台独”就意味着战争！

第三是包容性。“报告”坚持了一贯的原则立场，但却也展现出更大的政策“包容性”。

首先，“报告”在认定目前两岸现状是“大陆和台湾同属一个中国的事实从未改变”的基础上，盱衡岛内“求和平、求安定、求发展”以及维持两岸现状的主流民意，并不急于追求两岸很快实现统一，而是呼吁两岸同胞“携手维护好、建设好我们的共同家园”，通过协商谈判，正式结束两岸敌对状态，达成和平协议，构建两岸和平发展框架，开创两岸关系的和平发展新局面。这一政策性宣示，完全符合台湾岛内大多数民众的迫切愿望，对争取更多民心和国际舆论有主要作用。

其次，“报告”不仅使用了十分感性的语言，把十三亿大陆同胞和两千三百万台湾同胞称作是“血脉相连的命运共同体”，重申了三个“凡是”（凡是对台湾同胞有利的事情，凡是对维护台海和平有利的事情，凡是对促进祖国和平统一有利的事情，我们都会尽最大努力做好），表示“理解、信赖”台湾同胞，将继续实施和充实惠及广大台胞的政策措施，依法保护台胞的正当权益等，即使对于岛内目前仍在顽固坚持“台独”立场、推动“台独”分裂活动的政党（包括民进党和台联党），仍发出诚恳的呼吁，不管什么政党，只要承认两岸同属一个中国，“我们都愿意同他们交流对话、协商谈判。”体现了胡温体制“以民为本、执政为民”的理念，和中共“既往不咎、不计前嫌”，化消极因素为积极因素，团结一切可团结的力量，共同振兴中华的一贯思想主张。

第四是延续性。“报告”宣誓将遵循邓小平“和平统一、一国两制”的基本方针和江泽民同志任内发表的现阶段发展两岸关系、推进祖国和平统一进程的八项主张；“报告”中对台政策部分的论述，其实都是胡温体制建立近五年来对台工作的新思维、新举措，只是加于概括、总结和提炼而已。其关键问题不在于是否有“新意”，而在于它写入了如此重要的党的十七大政治报告，并通过全体代表的讨论，成为全党的意志和统一行动。

最后是科学性。“报告”的相关论述，符合“科学发展观”的理论和思想，符合岛内的实际和台海形势的实际。

总之，胡总书记的“报告”中有关对台部分是今后一段时期大陆对台工作的指导性、纲领性文献，必将大大促进对台工作的开展，对反对和遏制“台独”，促进祖国和平统一发挥重大作用，产生重大影响，具有深远意义。

（中评网，2007/10/22）

扁谢互呛是“路线之争”还是“分进合击”

明年初台湾地区两大选举临近，虽然台湾经济一片萧条、民众生活苦不堪言，但是台湾政坛的口水战、政治人物的互呛之声，却如波涛汹涌，一浪高过一浪。而在这其中，同属民进党重要角色的现任“总统”陈水扁与“总统”候选人谢长廷之间，近些日子来也连续不断地相互呛声，构成一道最为怪异的风景线。“扁、谢互呛”让许多人看了雾煞煞，不清楚陈水扁、谢长廷究竟葫芦里卖的什么药。

有人认为“扁、谢互呛”是长期以来形成的“扁、长情结”（又称“瑜、亮情结”）在作祟；而大多数人则认为扁谢之争是不同政策路线之争；只有少数人怀疑这是扁、谢二人为求得胜选所采取的“分进合击”的选战策略。总之，众说纷纭，似乎都有些道理，扁谢之争究竟属于何种性质？着实值得深入探讨。

陈水扁杠上谢长廷

陈水扁与谢长廷相互呛声，跃然成为台湾政坛上的一大奇观，是从今年10月中旬陈水扁正式回任民进党主席之后开始的。

10月底，由于国际石油价格大幅上涨，透过油价浮动调整机制与国际油价连动的台湾岛内油价，也要相应调涨。受其影响，一般大众叫苦连天，齐声要求冻结浮动油价。谢长廷趁势提出，要求台湾行政主管部门应“视民如伤”，要求冻涨油价。而陈水扁则力挺“行政院”维持涨价，表示：“‘行政院’不是在睡觉，都有在推动”，并强调说，有些事不是不做，而是推不动。外界普遍认为，陈水扁这番讲话是在暗批谢长廷。

“幸福经济”一直是谢长廷竞选理念的重要内容。11月5日谢长廷宣示，若当选将“大赦”过去违法投资大陆的台商，在18到24个月宽限期内，可自由回台投资，不会受罚。关于当前台湾企业赴大陆投资上限不得超过资本额百分之四十的规定，谢长廷批评这一门槛不合理，未来将取消上限，改采“个案审查”。对此陈水扁则宣称，在他的任内这些政策不会改变。并进而表示，经济固然重要，“但经济搞好不一定选得上”，对谢长廷进行回击。

陈水扁的话音刚落，谢长廷便反呛陈水扁称：“有人抨击开放会让台湾一无所有，但政府再这样管下去，台湾才会一无所有”。谢长廷称，“一直骂人的人，自己的党、家人、周遭的人都会衰下去。”而陈水扁则立即回应说，这是谢长廷的“选举语言”，并称，如果谢仍在“行政院长”任内，有些话是不可能说出口的。前些日子，陈水扁扬言要考虑“戒严”。谢长廷听说后要陈水扁“不要像黑道一样乱放话！”……

总之，近两个多月来，“扁、谢互呛”不断升级，毫不留情，话越说越难听，对杠意味十分浓厚，简直令人有角色错乱之感！

“扁、谢互呛”是一出“政治双簧”戏

从表面上看，近一段时间以来的“扁、谢互呛”既像是“扁、长情结”的持续发酵，又像是扁、谢不同路线之争跃上了台面。但是，笔者认为，这既不是什么“扁、长情结”，也不是什么“路线之争”，而是一出经过精心谋划、有声有色、颇见功力的“政治双簧”戏。

首先，政治利益远高于个人恩怨。对民进党历史稍有了解的人都知道，扁、谢之间在过去二十多年的党内争权斗争中，确实形成了人所共知的所谓“扁、长情结”，而且这种情结恐怕至今仍然存在，不会轻易消失。但在面临明年台湾大选的关键时刻，个人的政治利益乃至民进党的政治利益远高于扁、谢之间的个人恩怨。对于谢长廷而言，这场选举大概是他政治生涯的最后一次机会，赢则如日中天，输则大势已去。他必须赢得这场选举，以便走上个人政治生涯的巅峰。对于陈水扁而言，谢长廷赢得选举，保住民进党政权，一身弊案的他才有可能免作阶下囚，逃过法律的制裁。如果权谋得当，甚至有机会挟深绿以令谢长廷，卸任后充当民进党的“太上皇”。反之，如果谢长廷输掉选举，陈水扁及其家人、亲属、亲信都将跌入万劫不复的深

渊。因此，扁、谢之间虽然个人恩怨甚深，各怀异志，但他们谁都输不起这场选举，已经成为“命运共同体”，现实的政治利益迫使他们不能不同心协力，争取选举的胜利，“奸巧”过人如扁、谢者，岂会如此不顾大局，为了个人的恩怨而拿自己的政治前途乃至身家性命当儿戏。就此观之，以所谓“扁、长情结”来解读“扁、谢互呛”，显然是低估了扁谢二人的政治智慧。但话又说回来了，正是由于扁、谢之间长久以来确实存在人所共知的“瑜、亮情结”，因此“扁、谢互呛”这出戏码也就大大增加了它的可信度和迷惑性。

其次，扁、谢分工早有安排。人们应还记得，今年10月中旬陈水扁回锅民进党主席后，在10月17日召开的民进党中常会上，陈水扁宣布：以后正式进入“长、扁合作”的局面，两人未来的选战工作将进行“市场区隔”，未来所有党政争议由他来解决，谢长廷则主导“未来的台湾”，将选战主轴拉回政策辩论面，不再当配角。次日，也就是10月18日，陈水扁专门宴请了谢长廷和包括姚嘉文、辜宽敏、“台湾独立联盟”主席黄昭堂、长老教会牧师高俊明、罗荣光、台湾社社长吴树民、民进党仲裁委员会主委陈继盛、凯达格兰基金会董事长李鸿禧、前“总统府资政”吴澧培、前民进党主席游锡堃等在内的“独派”大佬。在陈水扁的安排下，过去立场受到“独派”质疑的谢长廷已经被这些“独派”大佬们认可。因此，尽管近一段时间以来，谢长廷的两岸政策表述有所调整，但“独派”大佬们并未表示十分担心。也正是从那时起，陈水扁与谢长廷在对外言论上开始不同调，分别扮演“黑脸”和“白脸”，在台湾政治舞台上开始上演一出“扁、谢互呛”的大戏。

当前，蓝绿竞争如此激烈，为了胜选，就连国民党和马英九都已经开始“尊李（登辉）”了，若非事先周密谋划，精心安排，谢长廷吃了豹子胆，敢向掌握着府、院、党全部选战资源、领导着深绿并且是睚眦必报的陈水扁公开呛声？

其三，扁、谢只有策略不同，绝非路线之争。“台独”是民进党的神主牌。纵观扁、谢两人长期以来在台湾政坛上的种种表现，或许在个人性格和行事风格上有所不同，并确实存在个人历史恩怨，但在坚持民进党“台独”

党纲、大力推动落实民进党的“台独”路线方面，扁、谢二人在大方向上从来都是一致的，不存在任何根本性的冲突。自陈水扁上台主政以来，谢长廷不仅当过高雄市长、民进党主席，甚至还当过“行政院长”，什么时候听说过扁、谢二人在两岸政策上存在根本分歧，公开“呛声”？更何况经过陈水扁近几年来的刻意操弄，民进党已经被“台独”基本教义派所绑架，“台独”路线已经成为民进党的止渴之鸩，就连党内“新潮流”那批人都不敢拂其缨。再从“扁谢互呛”的具体内容来看，估且不论谢长廷提出的两岸经贸开放政策在强调“台湾主体性”的前提下是否行得通，光说谢在天花乱坠地宣示他的两岸经贸开放政策的同时，从来也不忘强调其坚持“台湾主体性”这一前提，便可知谢长廷的路线与陈水扁的路线并没有什么不同，充其量只是在策略上有所区别。因为在民进党人的政治字典里，所谓“台湾主体性”，就是“台独”路线的代名词。

要准确解读谢长廷的两岸经贸政策，必须从两个层面入手：一是“开放性”，二是“权谋性”。其“开放性”是表像，更确切地说是假像，是用以欺骗台湾中间选民特别是工商企业界用的，当然也想达到向大陆释出“善意”、给美国有所交代的政治效应；其“权谋性”是实质，是指他强调这一开放政策以“台湾主体性”为前提，显然预留了政策回旋的空间，这样既可减少“台独”基本教义派的疑虑和反弹，而且假如他真的胜选上台执政，又可以大陆不尊重“台湾主体性”为借口，拒绝兑现其竞选承诺。陈水扁不就是这样干的吗？当年他信誓旦旦地承诺“四不一没有”也是有前提条件的，即所谓“只要中共无意对台动武”。此后他推翻承诺，又是“废统”，又是推动妄图改变两岸现状的“入联公投”，变本加厉搞“台独”，其振振有词的借口就是所谓“中共不肯放弃武力犯台，一直在威胁和打压我们”。至于开放“陆资入岛”、开放两岸直接“三通”，更是陈水扁历次竞选中提出的承诺，现如今如何呢？历史的教训这么容易就被人们遗忘吗?!

如意算盘未必能够得逞

由于扁、谢二人的演技的确超凡，这出“政治双簧戏”演得是如此逼真、到位，以致着实迷惑、骗倒了不少人。近来岛内各种民调显示，谢长廷的支持率稳步上升，与马英九的差距已逐渐缩小；岛内舆论界即使是偏向泛蓝的媒体，也大都对谢长廷“被陈水扁打压”表示高度同情；就连海内外不少长期观察台湾政局发展的知名专家学者，也未能逃脱扁、谢二人编织的“骗网”，一时间对“扁、谢互呛”津津乐道，大谈所谓“扁、长情结”、“路线之争”之类的话题。有舆论甚至认为，谢长廷和马英九的两岸政策“大同小异”，没有太大区别。其实，这种效果正是扁、谢二人所乐见的，说不定这会儿他们正在关起房门来暗地偷笑哩！你看，通过搏命演出这场“扁、谢互呛”双簧戏，陈水扁不仅帮助谢长廷稳住了深绿的基本盘，且进一步巩固了自己在“台独”基本教义派心目中的地位；而谢长廷呢，则赢得了不少中间选民的同情，让一些情感上支持民进党却又对陈水扁不满的人找到了新的希望。扁、谢互呛“呛”得越凶，戏演得越逼真，越突显出谢长廷的所谓“理性、务实”，其迷惑性和危害性就越大，上当受骗的人就会越多，一旦多数泛蓝阵营的支持者也把“扁、谢互呛”看成是“扁、长情结”甚至认为是“路线之争”，看不清其“分进合击”的本质，那么扁、谢二人所精心设计的这场“政治双簧”戏码也就大功告成了！

依照笔者的观察，这出“政治双簧”戏有可能以明年 1 月中旬的“立委”选举为分界线，分上、下两个半场上演。上半场由陈水扁主演，谢长廷当配角，因为“立委”选举的关键在于要催出基本盘，而不在于争取中间选民。而下半场则换成谢长廷充当主角，因为“总统”选举的关键，是要在稳住基本盘的基础上尽可能多地争取到中间选民的支持。这就是为什么最近一段时间以来，谢长廷似乎被陈水扁“边缘化”了的缘故。其实，这正是扁、谢二人为这两场重大选举所精心设计的选战节奏，从而也坐实了陈水扁的确是“治‘国’无能，选举有术”！

当然，这出“政治双簧”戏要演得好也颇不容易，而且利弊互见，因为既要稳固“台独”基本盘，又想争取到尽可能多的中间选民，其本身就是一对矛盾，操作起来难度极高，搞得不好，顾此失彼，中间选民没争取到几个，“台独”基本盘却因之无所适从、造成混乱而松动，得不偿失，全线崩溃。因此，这出“政治双簧”戏，实乃扁、谢二人在盱衡民进党面临明年这两场生死攸关的重大选举，而选情又极其艰困的情境之下，不得不采取的一种怪招同时也是险招，企图险中求胜。然而，如今岛内外的政治、社会大环境不仅和八年前迥然不同了，而且和四年前也有很大区别，光靠选举技术层面的操作就想赢得这两场选战，恐怕是没那么容易！俗话说：形势比人强，陈水扁的算盘打得再精，也总有失算的一天！

总之，好戏还在后头，还有得瞧！

（中评社，2007/12/09）

扁疯狂演出的最后机会

2008年将是决定未来两岸关系发展走向的关键年头，这也注定了它对于台海局势来说更将是一个尖锐而复杂、极不平静的一年。

随着2007年走入历史，台海局势与两岸关系在新的一年中将走向何方，不仅是台海两岸全体中国人极为关注的问题，而且也是牵动亚太周边国家和地区乃至全球局势的一个热点。

选举攸关陈水扁身家性命

陈水扁担任台湾地区领导人的任期到2008年5月20日结束。在此期间，台湾地区将举行两场重要选举，即1月12日的“立委”选举和3月22日的台湾地区领导人选举。

这两场选举，关系到岛内蓝绿两大阵营及诸多政治人物的命运与前程，对于弊案缠身的陈水扁而言，更是攸关身家性命。因此，这一段时间也将是陈水扁利用职权进行疯狂演出的最后机会。岛内政局、台海局势必将因陈水扁极力推动“入联公投”等变相“台独”、制造岛内局势动荡等行为而陷于高度危险期。陈水扁一日不下台，台湾政局与台海局势将一日不得安宁，台海发生重大危机的可能性也将始终存在。

陈水扁与民进党在岛内执政8年，把这个曾经是“亚洲四小龙之首”的台湾拖累成“四小龙之尾”，经济日益萧条，民生困苦不堪。显而易见，民进党执政无能势必对2008年上半年的这两场选举产生直接的影响。1月12日的“立委”选举是岛内第一次实行单一选区两票制。在目前这种大环境下，民进党自身，包括陈水扁、谢长廷在内，都对这场选举没有了信心。民进党提出的参选“立委”名单中都是二军，不是强棒，民进党内声誉好、真正有实力的人都没有能够出线。

台湾政治中有一种现象叫做“西瓜偎大边”，如果“立委”选举国民党胜利，对马英九将是利多，很多人会向国民党靠近，有利于马英九赢得地区领导人选举。有人提出，台湾的选举是否也会出现“钟摆效应”，即“立委”选举国民党赢，地区领导人选举可能就是民进党赢。但这次选举不会有“钟摆效应”，因为民进党和陈水扁做得太烂了。

如果“立委”选举民进党失利，将使陈水扁和民进党产生极其强烈的危机感，陈水扁为了保住民进党政权，更是为了自保，有可能会在 3 月 22 日前后一段时间里，利用一切可能的机会制造政党恶斗、挑衅两岸关系，甚至不惜把岛内政局和两岸关系推到危机的边缘。所谓的“戒严”、延后选举、故意制造流血事件、推翻选举结果等政治“奥步”（花招）将层出不穷。甚至，即使选举结果明朗，陈水扁在 5 月 20 日是否会交出权力、卸任下台也充满变量。

总之，在陈水扁下台之前，台湾政局与台海局势都将难以平静。对此，人们不能不从最坏处作好思想准备。

台湾经济复苏困难重重

经过陈水扁和民进党 8 年时间的掏空、虚耗和瞎折腾，台湾经济已经伤筋动骨，加之民进党当局在政治上敌视大陆，对台商企业进入大陆实行关、卡、压，人为阻碍了台湾经济转型与升级。

当前，岛内失业问题严重，贫富差距越来越大，一向是台湾社会主流的中产阶级在缩小，许多人成了新贫阶层。台湾社会的 M 型结构日益突出，本土企业与基层大众继续生存发展的机会受到越来越大的挤压。

作为台湾地区领导人，陈水扁和他的民进党一直忙于撕裂台湾社会、制造政治矛盾，发展经济从来不是民进党执政的重点。在 2008 年 5 月 20 日之前，陈水扁当局的“政治工作”仍非常“繁忙”，将一如既往地无暇顾及台湾经济发展问题。除了内部因素外，美国爆发的次贷危机比预期严重，2008 年全球经济景气不乐观，在诸多因素影响下，台湾经济的复苏目前还难以看到希望。

5 月 20 日台湾地区领导人更替之后，新当局若采取大幅度开放大陆游客入台观光等措施，为台湾经济注入新鲜血液，或可以暂时缓解经济困局，但是期望台湾经济迅速摆脱困境显然是不现实的。

两岸关系形势严峻

2008 年将是两岸关系面临严峻挑战的一年。除了上半年陈水扁当局将极力推动“入联公投”等变相“台独公投”及制造岛内政治动荡之外，夏季北京举办奥运会也是“台独”分子蓄谋已久、企图制造“台独”事件，干扰北京顺利举办奥运的大好时机。

2008 年上半年两岸关系动荡不宁将是不可避免的。陈水扁当局执意于明年 3 月举办“入联公投”，使台海局势处于高危期，“台独”与“反台独”之间的斗争集中体现在“入联公投”问题上，形势将十分尖锐复杂。

如果 5 月 20 日台湾政权能顺利交接，马英九成为台湾地区领导人，鉴于国共两党已有的政治共识，两岸关系逐步稳定下来将是可以预期的。马英九竞选期间宣布的两岸政策，如果能够逐步获得落实，不仅会为两岸关系带来新的转机，也将为台湾经济社会发展创造出一个更好的环境和条件。

如果谢长廷当选台湾地区领导人，从长远看，谢长廷的胜选将被绿营记在陈水扁的功劳簿上。在此情境之下，陈水扁在民进党支持者中的声望将会升高，陈水扁对谢长廷的影响会很大。因为胜选，“台独”势力将会膨胀，谢长廷将被陈水扁和深绿势力“绑架”，很难推动他在竞选时提出的两岸政策。但从短期来讲，即便如此，两岸关系也会因台湾地区领导人的更替及政策调整而获得短暂的喘息期。

美国将继续介入台海事务

中国政府希望台海稳定，不要出现动荡，这与美国在亚太地区的利益是一致的。采取一切必要的措施制止陈水扁的“台独”冒险，符合中、美两国的利益。

近一段时期以来，美国方面就台湾当局推动的“入联公投”发表了一系列的看法，包括在台协会台北处长杨苏棣、国务院副助卿柯庆生、在台协会主席薄瑞光、国务卿赖斯等在内的美国官员，都相继对台湾政局及“入联公投”说了重话。

下一步，美国将会加大介入台湾事务的力度，紧盯陈水扁的一举一动，既要防止陈水扁制造“台独重大事变”，将美国拖入战火，也要确保台湾当局的“政权可和平转移”。8 年来，陈水扁与美国之间不断斗法，曾让美国政府防不胜防、焦头烂额，十分恼怒。在很多情况下，美国对陈水扁的控制力也是有限的。陈水扁一旦决定豁出去一意孤行到底，美国其实也拿他无可奈何。但台湾在客观上毕竟是美国牵制中国的一个重要砝码，在大方向上，美国不会放弃台湾，美国也不希望局势失控，这一点是毋庸置疑的。

在台海问题上，美国与中国既有共同利益，也有利益冲突。继续支持台湾，介入台海事务，维持台海两岸“不战不和、不统不独”状态，符合美国在亚太乃至全球的战略利益。因此，我们不必也不应在反对陈水扁当局推动“入联公投”等问题上对美国抱太大的希望，但只要能在反对“台独”、维护台海和平与稳定方面发挥积极作用，无论是谁，无论是哪个国家，我们都应该表示欢迎。

（《环球杂志》，2008/01/07）

两会复谈打通两岸关系的“堰塞湖”

从两岸关系发展的历史长河来看，2008年绝对是一个具有转折性意义、值得大书特书的一年；而6月中旬海协会、海基会的复谈成功，则无疑是这一历史性转折中具指标性的重大事件。两会复谈并签署协议取得具体扎实成果，其意义远远超出了两项经济议题所涵盖的内容，它向世人宣示：自1999年7月李登辉抛出“两国论”以来，封冻了10年之久的两岸坚冰已经开始融化，两岸关系发展史翻开了全新的一页，和平稳定发展真正成为两岸关系的主题。可以说，经过多年来海内外同胞的共同奋斗，阻碍两岸关系发展的“堰塞湖”已被打通，其滚滚洪流必将一泻千里，任凭什么力量也无法阻挡！

这次两会复谈，可谓“气氛融洽、诚意十足、理性务实、成果丰硕、皆大欢喜”。真正做到了“海内外同胞满意、国际社会肯定、‘台独’势力虽不满意但无法反对”。

这次两会复谈，距马英九“5·20”宣示就职正式上台执政不到一个月，海协、海基两会完成机构改组不到20天，竟能在这样短促的时间内获得如此圆满的结局，给人予诸多重要启示：

其一，坚持“九二共识”，是两岸关系缓和、台海局势稳定和平的根本保证。10年前李登辉抛出“两国论”，否认“九二共识”，蓄意破坏两会协商谈判的基础，造成了两岸关系的倒退和台海局势的紧张；陈水扁上台执政后变本加厉，不仅拒不承认“九二共识”，更进一步提出“一边一国论”，使两岸关系持续紧张，把台海局势推向了一触即发的战争边缘。而今次两会之所以能够复谈并获得成功，正是得益于台湾政局发生重大变化，承认“九二共识”的国民党马英九重新上台执政。事实证明，否认“九二共识”，就是破坏两岸互信；唯有承认“九二共识”，才能重建两岸互信。“九二共识”不仅是两会复谈的基础，同时也是两岸关系发展、台海地区和平的根本保证。是否承认“九二共识”，乃是检验海峡两岸每一个政治势力和政治人物是否真正关心、维护两岸关系发展和台海地区和平的分水岭与试金石。

其二，“搁置争议、求同存异”，是处理好两岸关系中复杂问题、“共创双赢”的不二法门。由于历史和现实的原因，国共两党在如何处理、解决两岸问题特别是敏感政治问题上一向存在矛盾和分歧。这些矛盾和分歧并未因民进党的下台、国民党的重新执政而自然消失。相反，如果处置失当，这些矛盾与分歧就有可能会很快浮上台面，重新引起争执，从而毒化两岸气氛，使两岸关系重新回到上世纪90年代中后期那种充满变量、持续动荡的老路上去，丧失得来不易的大好局面。不说别的，光是对“九二共识”内涵的解读，两岸就存在“一中原则”还是“一中各表”的严重分歧。然而可喜的是，我们看到，两岸领导人均展现出了大格局和大智慧，他们以史为鉴，稳稳把舵，在“九二共识”内涵上求“一中”之同、存“各表”之异，模糊化处理分歧，大陆方面率先主动淡化解读，台湾方面则不再刻意强调异见，双方互谅互让，理性务实，终于使两会复谈在“九二共识”基础上得以很快实现，创造了“搁置争议、共创双赢”的成功范例。

其三，“先易后难、先经后政、循序渐进”，是推动两岸关系和平发展的必由之路。两岸关系错综复杂，经过李登辉、陈水扁主政岛内20年后，两岸的矛盾分歧愈加积重难返，需要协商谈判解决的问题一大箩筐，难以数计。今次两会复谈，大陆方面从一开始就提出“先易后难、先经后政、循序渐进”这一理性务实处理目前两岸问题的谈判方针，并选择已有很好谈判基础、最容易达成共识而且是马英九急需兑现的竞选承诺——“周末包机”和“陆客入岛观光”这两项经济议题入手，因而一拍即合，很快就达成共识并签署协议。更为重要的是，经历了这次复谈的成功，两会进一步累积了共识，培养了互信，增强了信心，营造了良好的气氛，从而为下一步的协商谈判、着手处理后续问题创造了条件，打下了基础。很难想象，如果这次复谈选择两岸分歧很大、难以在短时间内达成共识的议题来谈，结果将会如何！

其四，胸有中华民族、心有人民利益、执政为民，是两会复谈成功的深层次原因。陈水扁当局执政8年，口口声声“爱台湾”、“拼经济”、“为2300万台湾人民谋福祉”，实则心胸狭窄，只为一己一党之私，以“台独”

意识形态治政，推行“锁岛政策”，搞得岛内经济恶化、民不聊生，两岸关系乌云密布，终于被台湾民众用手中的选票赶下了台。而今马英九重新上台执政，接受陈水扁当局执政失败的惨痛教训，拨乱反正，以“拼经济”为己任，心有人民利益，放眼中华民族，主张两岸和平发展，实行开放政策，这就和大陆方面一贯主张、倡导的“以民为本，执政为民”，“努力开创两岸关系和平发展新局面”，“抓住战略机遇期，振兴中华”的治国理念相契合。在处理两岸问题上双方具有这样的高度、格局和胸襟，自然就会有谈判的诚意和善意，谈判的成功率自然就高得多。应该说，这是今次两岸两会复谈得以圆满成功的深层次原因。

万事开头难，如今两岸两会的复谈取得了圆满成功，开了个好头，阻塞两岸关系正常发展的“堰塞湖”已被打通，希望两岸双方备加努力，不畏艰险，进一步拓宽“导流明渠”，使两岸关系和平发展的时代洪流更加顺畅地向前奔流！

（《人民日报·海外版》，2008/06/24）

民进党煽动、纵容暴力必将付出代价

大陆海协会副会长张铭清，以厦门大学新闻学院院长的身份应邀赴台从事单纯的学术交流活动，竟在台南孔庙遭到一小撮民进党支持者的暴力攻击。种种事实表明，这起暴力事件绝不是单一的、偶然的事件，乃是民进党有组织、有预谋的、蓄意制造的事件。从这一事件的发生，以及事后民进党中央和某些民进党头面人物姑息纵容、倒打一耙的言论，让人们再一次见识了台湾民主进步党的“民主”与“进步”!

张铭清副会长，不仅是厦门大学新闻学院的院长，同时也是本人任职的北京联合大学台湾研究院顾问。对于本院顾问在台湾参访期间遭受到民进党的如此羞辱和不公正对待，我们全院同仁无不表示强烈的不满和愤慨!

长期以来，本人和北京联合大学台湾研究院一向重视与民进党人士的交流与接触，并和民进党内一些较为理性务实的政治人物有着良好的互动和交谊。就在不久之前，本人为支持民进党执政的高雄市明年能成功举办世运会，应当时还任高雄市副市长的邱太三兄所托，向北京有关方面极力陈情，在十分困难的情况下，千方百计为高雄市搞到 4 张北京奥运开幕式的观摩票，终于让高雄世运会筹委会官员顺利来北京取经。多年来，民进党朋友来我院参访交流，我们都一向以礼相待，奉为上宾，唯恐有所不周，怠慢了客人。而民进党又是如何对待自己的大陆同胞的呢？仅举本人的亲身经历：前年（2006 年 3 月）先慈在台中因病辞逝，民进党当局居然拒绝批准我赴台奔丧，“理由”是本人发表过对民进党当局的所谓“不当言论”！后经不少台湾朋友从中斡旋奔走，民进党当局才被迫在先慈出殡前两天允许本人入岛 7 天。事后，一位民进党有关官员竟称：“批准是会批准的，我们只是要让他（指本人）着着急!”这就是民进党当局！这就是民进党一向标榜的维护“人权”！这样的政权，不垮台没有天理!

从此次“台南孔庙暴力事件”可以看出，民进党并没有从失败中汲取到任何教训。不过，一小撮“台独”暴徒的恶劣行径，并不能代表广大善良的台湾人民，甚至也不能代表多数的民进党支持者！10 多年来，本人曾先后 10 次赴台参访、探亲，在各种不同场合接触过数不清的台湾民众，其中不乏大量民进党的支持者，他们大都善良纯朴、热情好客。即使是那一小撮言行偏执的民进党基层支持者，他们本身也是受害者——是长期被“台独”政客煽动蛊惑所愚弄、毒害、绑架的我们的一群可怜同胞！

我们要谴责的是那些“台独”政客，他们为了谋取一党一己之私，在岛内制造族群对立，在两岸挑拨仇恨，无所不用其极！此次“台南孔庙暴力事件”发生后，民进党“立院”党团中的“台南帮”以及挺扁“立委”，竟然公开叫好，声称“这算是够客气的！”“对待敌人不必客气！”，民进党中央甚至颠倒黑白，把事件的发生推给国民党，推给大陆，归罪于受害者张铭清副会长。其险恶政治用心不外乎以下几条：

一、利用这一暴力事件转移新闻焦点。近一个时期以来，民进党因陈水扁家族的贪腐弊案搞得十分狼狈，自身既无力与扁切割，便利用大陆三鹿奶粉问题大做政治文章，蓄意挑起两岸仇恨，企图转移新闻焦点，藉以摆脱困境。“台南孔庙暴力事件”的发生，民进党难辞其咎！事件发生后，面对岛内外舆论一片挞伐之声，民进党中央和民进党籍的挺扁“立委”，不仅不思检讨，采取必要措施防止事态进一步恶化，相反，却继续煽动民粹，妄图利用这一事件，达到转移新闻焦点的目的。

二、阻挠陈云林访台，破坏两岸关系的缓和发展。今年 5 月台湾政权再次政党轮替后，两岸关系发生了历史性的积极变化，两岸两会恢复了协商谈判，各项交流与合作日趋热络，两岸关系和平发展的势头强劲。为共谋抵御日益恶化的国际金融风暴，大陆海协会陈云林会长即将赴台进行历史性的访问，展开两会的第二次协商谈判，签署一系列有利于发展两岸关系、促进两岸经济合作的协议。坚持“台独”的民进党罔顾台湾民众的利益，从一党之私出发，不愿意看到两岸关系的发展，不愿意看到台湾经济的好转、马英九政权的稳定与巩固，一再放话，极力阻挠陈云林访台。“台南孔庙暴力事件”发生后，民进党继续把攻击矛头针对马英九的大陆政策，针对陈云林访台，可见其政治意图。

三、有意角逐台南市长宝座的民进党政客的“政治秀”。明年底台湾将举行新一届县市长选举，已连任两届的现任民进党籍台南市长许添财不能再选。目前有多位台南出身的民进党政客，如这次带头闹事的台南市议员王定宇、现任“立委”叶宜津、李俊毅等，均有意角逐台南市长宝座。这批“台南帮”为争一己之私，不惜煽动民粹，挑起事端，口出狂言，扩大事态，试图以此拉拢选票，在党内争夺候选人的卡位战中获得成功。

不过，两岸关系的和平发展是人心所向、大势所趋，任凭什么力量亦无法阻挡！可以肯定的是，陈云林的赴台参访和两岸两会的协商谈判决不会因为“台南孔庙暴力事件”而停摆，而民进党煽动、纵容暴力，必将付出应有的代价！

（中评社，2008/10/22）

简评陈云林会长拜会辜严倬云女士

2008年11月3日，历史将记载这一天。这一天中午11点46分，大陆海峡两岸关系协会会长陈云林率领的一行60人代表团，搭乘国航“福娃包机”抵达台湾桃园机场，开始了为期5天的历史性访问。这是海峡两岸分隔60年来，大陆赴台参访团组之中层级最高、最具实质影响力的一次访问行程。这次参访活动，海协、海基两会如能在空运直航、海运直航、邮件直航和食品卫生安全等四项设定的协商议题上顺利签署协议，并在两岸金融合作、携手对抗国际金融风暴等方面达成具体共识，为下一波两会协调谈判打下基础，必将大大增进双方互信，推动两岸关系和平发展迈上一个新的台阶。

陈云林访台首日的第一个行程，是下午到台泥大楼拜访海基会前董事长辜振甫先生的遗孀辜严倬云女士。显然，这是大陆方面精心设计的一个政治动作：

其一，通过这一动作向世人宣示：陈云林率海协代表团来台参访，完成了9年前汪道涵先生未能实现的访台遗愿，以此告慰于汪、辜二老在天之灵。从此，两岸两会的高层领导实现了世代交替，承前启后，从“汪/辜时代”正式迈入了“陈/江时代”。预示着两岸关系自此进入了全新的发展阶段。

其二，通过这一动作告诉世人：凡是对两岸关系和平发展、对中华民族的复兴与腾飞作出过贡献的人，两岸中国人都不会忘记他们，他们的英名、业绩和道德风范将永载史册！

陈云林是次访台，尽管其主调是经济和民生议题，并不涉及任何政治议题，更不会介入岛内的政治纷争，但可以预见，通过此次参访，其对两岸人民特别是台湾民众心理上的冲击和政治层面上的正面效益，必将是巨大的。而这一效益，则是无法用金钱来衡量的！

（中评社，2008/11/04）

两岸同胞携手“拼经济”

经过反复协商，11 月 4 日下午两点，大陆海协会会长陈云林和台湾海基会董事长江丙坤，分别就两岸海运直航、空运直航、邮件直达以及食品安全4 大议题正式签署了协议文本。写下了历史的一刻。两岸两会最高层级的“台北会谈”，就此大功告成！

台湾媒体报导说，上述4 项协议“都对台湾明显有利”。就连绿营媒体《自由时报》，日前也刊登出包括台湾省农会在内的台湾 14 大农产品相关公会的半版广告，罗列了两岸直航后对台湾农产品拓展大陆市场的具体效益。其中提到：（1）台湾农渔畜产品在大陆市场每年有新台币 50 亿至100 亿元的商机；（2）运输时间 8 天缩短为 4 天，运输成本减少 15% ~ 30%；（3）水果运输损耗率自 15% 降低为 5%；（4）水果上架时间可延长4 天以上；（5）农产品销往大陆的实绩将提高 20%，农民收益增加 10% ~15%。

的确，两岸关系的缓和与发展，两岸两会恢复协商谈判，为马英九执政团队兑现“拼经济”的竞选承诺，提供了必不可少的前提条件和值得期待的美好前景。

当然，4 项协议的顺利签署和贯彻实施，对于同样正在“拼经济”的大陆来说也是利多。事实将会证明，就现阶段而言，推进两岸关系和平发展，依循“先经后政，先易后难，循序渐进”的路径，最为理性务实，也最为可行。两岸同胞在建设好我们的共同家园、共享两岸关系和平发展成果的同时，必将不断加深彼此之间的了解，从而增进中华民族的向心力与凝聚力。

（《海峡导报》，2008/11/05）

陈云林会称马英九为“总统”吗

近几日来，海内外舆论围绕着“马陈会”陈云林会如何称呼马英九猜测不断，议论纷纷，将之视为检视大陆对台政策是否发生新的变化的重要标志。岛内的绿营人士更是别有用心，把陈云林如何称呼马英九，说成大陆是否“矮化台湾”、马英九是否捍卫“台湾主权”的政治上的“头等大事”，喋喋不休，蓄意制造舆论，毒化陈云林访台气氛。

陈云林会称呼马英九为“总统”吗？笔者在此大胆预测：不可能！

事情明摆着的，大陆方面一再宣示：“坚持一个中国原则决不动摇”。陈云林会见马英九称马英九为“总统”，此举无异于承认“台湾中国，一边一国”，这就从根本上违背了大陆一贯坚持的“一中原则”。对大陆对台政策真有了解的人，都知道这种事情不可能发生！

退一步说，即使大陆对台政策有所调整，也不会利用此次民间团体海协会的赴台参访来释放信息。陈云林访台首日即公开宣布：“这次两会商谈，任务非常明确，也非常单纯，不会涉及任何两岸政治问题，也不会涉及岛内政治议题”。称呼“马总统”这样敏感的两岸政治问题，陈云林绝对不会去触及，大陆官方也不可能授权他去触及。

再说了，马英九一再主张，两岸不能“相互承认”，可以做到“互不否认”。假如台湾方面要求陈云林称呼“马总统”，那就不是“互不否认”而是强求“相互承认”了。这显然违背了“搁置争议，共创双赢”的原则精神。相信马英九也不会这样做。

那么，最大的可能是什么？

实际上，在前几天的两会协商谈判中已经有迹可寻，而11月4日下午陈云林和赖幸媛的会面，则已经给我们提供了标准答案。其可能模式是：(1)“马总统”由江丙坤向陈云林介绍时说出；(2)陈云林则微笑以对，不置可否；(3)进入正式谈话后，马英九自称“总统”，而陈云林则以“马主席”、“马先生”、“英九先生”、“台湾最高领导人”、“您”等各种不同称呼交替使用，但“马总统”绝对不会从陈云林口中说出。是否如此，很快就会有答案。

两岸领导人会面的这种新模式，乃是两会此次“台北会谈”的一种创举，亦可视为大陆方面对马英九先生“互不否认”两岸政策主张的善意回应和具体落实。双方互谅互让，“各自表述”，这种模式既考虑到对方的现实处境，又不违背各自要坚持的立场和原则，不仅充满了中国人的智慧，也反映出两岸互信已经得到了大幅提升，值得肯定。

（中评社，2008/11/05）

重上街头救得了民进党吗

11 月 5 日下午召开的“街头中常会”，和当晚发生的“晶华饭店暴力事件”，标志着蔡英文所领导的民进党已经重上街头，开始推行体制外的暴力抗争路线。6 日，针对“陈马会”所发动的号称四十万人的“围城大游行”，场面失控，发生了更严重的流血冲突，把这场街头暴力抗争推向了高峰。蔡英文曾扬言，“出了事一切由我负责”！事态正在发展中，能否和平收场，人们正在拭目以待。

美国连黑人都能高票当选总统了，海峡两岸都很快要进入“大三通”了，时代早已发生巨变，而自称“民主进步”的台湾民进党，却反民主搞暴力，胡搅蛮缠，无理取闹，愈来愈退步，堕落为只会在街头打斗的市井无赖团伙！

此次陈云林率大陆海协会代表团赴台参访，任务非常明确单纯，只为两岸经济、民生议题而来。从两岸两会最终签署的 4 项协议来看，无一不是对台湾摆脱经济困境、造福两岸同胞十分有利的大好事。正因如此，得到海内外进步舆论的一致肯定和赞赏。而一向口口声声“坚持台湾主体性”、“为台湾民众谋福祉”的民进党，上至党主席蔡英文、党籍“立委”，下至地方党部主委、民意代表，却闭眼不顾事实，大加挞伐，绞尽脑汁，掀起一波又一波所谓“反中呛马”的恶浪，比赛着看谁说的话最没边！领头上街闹事闹得最厉害！

民进党已经完全丧失了建党初期的理想性和进步性。前辈艰苦打拼好不容易换来的台湾民主体制和长达八年的执政权力，却造就了一个令人不耻的陈水扁贪腐集团。被民众赶下台之后又输不起，不仅无力自省，与贪腐切割，反而违反民主常态，重新走上街头无理取闹，煽动民粹，试图用体制外的暴力手段，达到其在民主体制内无法达到的政治目的。

民进党人的价值观和是非观已经完全错乱，整个党已经被少数极端分子的非理性所裹挟。骂人的被当作“好汉”，打人的被捧为“英雄”，往日被他们踩在脚底下践踏的“中华民国国旗”一夜之间成了他们的“最爱”，就连冷战时期国民党教他们的“反共抗俄”、“反攻大陆”的歌曲，也被他们一首首翻出来唱……闹事没能得逞便召开记者会，面对镜头哭哭啼啼装可怜，大骂警察“粗暴无理”、“执法过当”……这几天台北街头、“立法院”内格外热闹，从早到晚都在乐此不疲地上演着民进党人自编、自导、自演的一出出“闹剧”！

有人说，民进党人这般胡闹是“台独意识形态”挂帅使然。其实不然，他们哪里有什么像样的“意识形态”论述！“今是昨非”、“今非昨是”、变化无常、自相矛盾，是他们的是非观；一切“为我所用”、“唯利是图”，则是他们的价值观。人们不难发现，这次闹事闹得最凶、话说得最没分寸的，大多是打算明年底参选县市长、县市议员的不入流的小政客。

关键是，民进党内早已容不得任何理性、务实的声音，更听不进任何来自外界的善意批评。这个被少数唯利是图、不入流政客所绑架的党，早已远远脱离了时代潮流和台湾的主流民意，正在急速地堕落，尽管目前气势汹汹，但色厉内荏，如若不尽快改弦更张，其“边缘化”、“泡沫化”势所难免！

（中评社，2008/11/07）

正确领会“和平发展”与“和平统一”的关系

胡锦涛总书记在纪念《告台湾同胞书》发表30周年座谈会上的重要讲话，引起了海内外舆论的强烈关注。近些日子来，各种“解读”文章纷纷在各类媒体上大量发表，其中不乏颇具功力、见解深邃的好文章，笔者如饥似渴地拜读，获益良多！然而，有些观点在笔者看来似是而非，对中共对台方针政策的解读似有偏颇，容易造成思想认识上的混乱。

有文章认为，自1949年台湾问题产生以来，中共对台方针政策经历了由“武力解放”——“和平解放”——“和平统一”——“和平发展”四个阶段、三次重大战略性调整，“和平发展”可视为中共对台政策的第三次战略性调整。有些文章虽然表述不很清楚，但也断言“胡六点”是对台工作的“战略调整”、中共对台政策已从“和平统一”向“和平发展”转变等等。照这些说法，“和平发展”与“和平统一”的关系，是前者“取代”后者的关系，也即中共对台战略已从原来的“和平统一”调整为“和平发展”。

上述“解读”如果被认为正确，势必导致如下结论：如同上世纪50年代中期中共对台战略调整为“和平解放”后就不再提“武力解放”、70年代末调整为“和平统一”后则不再提“和平解放”一样，今后中共对台战略也将放弃“和平统一”的提法而改以“和平发展”取而代之！

果真如此吗？当然不是！

胡总书记讲话中明明指出：“30年来两岸关系发展的实践告诉我们，推动两岸关系发展，实现祖国和平统一，最重要的是要遵循‘和平统一、一国两制’的方针和现阶段发展两岸关系、推进祖国和平统一进程的八项主张，坚持一个中国原则决不动摇，争取和平统一的努力决不放弃，贯彻寄希望于台湾人民的方针决不改变，反对‘台独’分裂活动决不妥协……”

胡总书记还特别强调：“我们要继续长期坚持和全面贯彻这些被实践证明是正确的大政方针，继续推动祖国和平统一进程不断向前迈进”；“以和平方式实现祖国统一最符合包括台湾同胞在内的全体中华民族根本利益，也符合求和平、谋发展、促合作的时代潮流。我们一定要以最大诚意、尽最大努力争取祖国和平统一”。

事实上，胡总书记的讲话从头到尾都贯穿着“和平统一”的政策宣示与铺陈。岛内有心人士甚至指出，“讲话”全文提到“统一”一词有 25 次之多。显见“和平统一、一国两制”是中共坚定不移的对台战略，仍然是解决台湾问题的大政方针，何来“调整”之有！

那么，“和平发展”与“和平统一”究竟是什么关系？

胡总书记在讲话中明确指出：解决台湾问题的“核心”是“实现祖国统一”；“目的”是“维护和确保国家主权和领土完整，追求包括台湾同胞在内的全体中华儿女的幸福，实现中华民族伟大复兴”；“方式”是“以最大诚意、尽最大努力争取祖国和平统一”。

胡总书记着重指出，争取“和平统一”，“首先要确保两岸关系和平发展”，并指出“和平发展”的“四个有利于”：一是“有利于两岸同胞加强交流合作、融洽感情”；二是“有利于两岸积累互信、解决争议”；三是“有利于两岸经济共同发展，共同繁荣”；四是“有利于维护国家主权和领土完整，实现中华民族伟大复兴”。

由以上引述可知：“和平发展”与“和平统一”的关系，绝对不是前者“取代”后者的关系，而是“道路”、“桥梁”与“目的地”的关系。即通过“和平发展”来促进“和平统一”、实现“和平统一”。也就是说，“和平发展”是阶段性的“过程”与“手段”，是迈向“和平统一”的必由之路，而“和平统一”则是长期奋斗的终极“目标”与“任务”，是“和平发展”的必然结果。

当然，说到底“和平统一”也不是我们的“最终目的”，诚如胡总书记所说，我们的最终目的是：“维护和确保国家主权和领土完整，追求包括台湾同胞在内的全体中华儿女的幸福，实现中华民族伟大复兴”！

客观观察，就对台方针政策的“战略”层面而言，笔者认为，中共自 1949 年以来只进行过两次大的战略性调整。第一次是上世纪 50 年代中期，中共对台战略由“武力解放台湾”调整为“和平解放台湾”；第二次是 70

年代末期，由“和平解放台湾”调整为“和平统一、一国两制”。30年来，中共解决台湾问题的这一大政方针并没有任何改变，但随着主客观形势的不断发展变化，在“和平统一、一国两制”对台战略（或曰“大政方针”）之下，其具体的政策措施却不断地与时俱进，进行务实的调整，呈现出明显的“阶段性”。

笔者认为，自《告台湾同胞书》发表30年来，中共对台工作具体政策措施的“阶段性”调整大致可作如下表述：

第一阶段：邓小平/蒋经国主政时期
“国共谈判，和平统一”
“寄希望于台湾人民，也寄希望于台湾当局”
（标志性文件：《告台湾同胞书》、“叶九条”、“邓六条”）

第二阶段：江泽民/李登辉主政时期
“两岸谈判，反独促统”
“寄希望于台湾当局，更寄希望于台湾人民”
（标志性文件：“江八点”）

第三阶段：胡锦涛/陈水扁主政时期
“反独遏独”
“寄希望于台湾人民”
（标志性文件：“五·一七声明”、“胡四点”、《反分裂国家法》）

第四阶段：胡锦涛/马英九主政时期
“两岸谈判，和平发展”
“寄希望于台湾人民，也寄希望于台湾当局”
（标志性文件：“胡六点”）

以上表述是否准确当然还可以讨论，笔者的意思无非是想说明：当前中共“和平发展”政策主张的提出和推动实施，只是《告台湾同胞书》发表以来在“和平统一、一国两制”对台战略、大政方针之下，依据形势的发展变化所进行的阶段性的政策措施的务实调整。而“胡六点”之所以重要，就在于它全面、系统、深刻地阐述了中共两岸关系“和平发展”的政策主张，提出了“和平发展”的基本框架，是今后相当长一段时期内指导中共对台工作的纲领性文件。

（中评社，2009/01/09）

电视文献片《海峡春潮》观后感

正当社会各界认真学习胡锦涛总书记在纪念《告台湾同胞书》发表30周年座谈会上的重要讲话之际，由国务院台湾事务办公室和中华文化发展促进会联合监制、中国华艺音像实业有限公司和九洲文化传播中心联合摄制的大型电视历史文献片——《海峡春潮》适时播出了。该片利用了大量十分珍贵的历史镜头和文献资料，生动形象地再现了自1979年元旦全国人大常委会发表《告台湾同胞书》30年来，台海局势的风云变幻、党的对台方针政策的发展脉络以及两岸关系发展的曲折历程。在海峡两岸30年的风雨坎坷中，笔者既是涉台问题的研究者，同时也是许多历史场景的亲历者和见证人，观看此片，心潮难平，感触良多！

一、"文献片"形象、准确地诠释了胡总书记的"讲话"精神

"文献片"《海峡春潮》谋篇合理、重点突出，站在历史的高度，提纲挈领地对30年来我党的对台工作进行了全面系统的回顾和科学的概括总结。

"文献片"共分上、下两篇。每篇播出时间约35分钟，共约70分钟。"上篇"从1978年12月党的十一届三中全会召开起，到2002年11月十六大召开前止；"下篇"则从2002年11月党的十六大召开，选举产生以胡锦涛为总书记的新一届中央领导集体起，到2008年12月31日胡总书记在纪念《告台湾同胞书》30周年座谈会上发表重要讲话止。在这70分钟的有限时间里，该片把时间跨度长达30年、历经邓小平——江泽民——胡锦涛党的三代领导核心，如何驾驭国际国内形势的变化，高瞻远瞩，抓往历史机遇，与时俱进，开拓创新，为推动两岸关系发展，谋求国家统一和民族富强，殚思极虑，率领党和全国人民奋斗不息，夺取对台工作一个又一个胜利的艰苦历程，清晰地展现在观众眼前。

该片重点撷取了30年来对党的对台方针政策具有重大影响的一系列历

史事件、党和国家的重要会议、发表的重要文告和领导人谈话的珍贵历史镜头和同期声录音，中间穿插有党和政府相关部门负责人、著名专家学者对涉台历史事件和重要文献的解读以及重要的统计数字，简明扼要地回顾总结了党在各个不同历史时期对台方针、政策措施的形成、发展过程和产生的重大影响。

可以说，该“文献片”充分利用了声、光、音、像的综合三维效果，直观、形象、准确地诠释了胡总书记“讲话”中对30年来党的对台工作所作出的科学总结。

二、邓小平——“和平统一、一国两制”伟大构想的创立者

该片“上篇”的前半部分，着重记述了上个世纪七十年代末——八十年代，以邓小平同志为核心的党的第二代领导集体，如何根据国际国内形势的发展变化，从中华民族根本利益和国家发展战略出发，在毛泽东、周恩来同志关于争取和平解决台湾问题思想的基础上创造性地提出“一国两制”伟大构想，为确立“和平统一、一国两制”的方针所作出的历史性贡献。

其中最重要的历史画面有：1978年12月18日党的十一届三中全会召开的场景、叶剑英主持人大常委会讨论《告台湾同胞书》的镜头、1979年1月1日人民日报头版头条套红发表《告台湾同胞书》的画面、同日“中美建交”，中国驻美使馆升国旗仪式的画面、徐向前宣布停止“炮击金门”、邓小平在全国政协座谈会上讲话的资料片、同年1月30日邓小平访美的画面、同年12月会见日本首相太平正芳发表重要谈话的画面、1981年9月30日“叶九条”发表的历史镜头、1982年1月11日邓小平会见美国客人首次提出“一个国家两种制度”构想的画面、1982年7月24日廖承志致信蒋经国的文献资料、同年12月五届人大五次会议“一国两制”入宪的场景、1983年6月26日邓小平会见美籍华人进一步阐述“和平统一、一国两制”构想（“邓六条”）的画面……这些珍贵的历史镜头，深刻地诠释了“和平统一、一国两制”对台方针出台的历史背景及其形成过程。画面中出现的党的第二代领导核心成员，都早已离开了我们，但他们为党为人民为国家民

族孜孜以求、鞠躬尽瘁的精神风范，却永远铭刻在我们心中！

与此同时，“文献片”还采用多组极具典型的历史镜头，例如：十一届三中全会后海内外媒体对两岸关系解冻的有关报导、中英、中葡关于港、澳协议签订及回归的历史画面、台湾“老兵返乡运动”的镜头和采访“返乡定居台湾老兵”的感人画面、台湾当局领导人蒋经国等被迫宣布开放台湾民众“返乡探亲”的文献资料、首批返乡台胞与家人团聚的动人情景，以及两岸贸易、学术、文化、科技、体育等各领域交流日益活络的画面和统计数字……生动形象、令人信服地记录了“和平统一、一国两制”对台方针出台后，对打破两岸关系坚冰、缓和台海局势和促进祖国和平统一所产生的巨大影响。

和海峡两岸许许多多骨肉分离的家庭一样，我家既是两岸长期隔绝的受害者，同时也是改革开放后我党推行“和平统一、一国两制”对台方针政策的受益者。由于某种原因，我从1岁多尚在襁褓之中就和母亲离散，其后数十年间母亲和我三个胞弟在台湾，而我和父亲却在大陆。多少个中秋月圆时，我仰望明月思母亲！曾记得1985年第一次去厦门，我独自伫立在鼓浪屿海滩，隔海向东遥望，唯见海天茫茫，不禁潸然泪下……改革开放了！台湾当局被迫开放台湾民众赴大陆探亲了！1987年夏，已经43岁的我带着妻儿终于和母亲以及从未谋面的弟弟相见。然而，遗憾的是父亲未能等到这一天，已于前一年辞世与母亲天人永隔了！当“文献片”记叙返乡台胞与家人团聚的情景时，笔者真是感同身受，不禁为之动容。

或许正因为与台湾有不解之缘，笔者注定会走进台湾研究的学术领域。回想上个世纪八十年代末、九十年代初，海峡两岸学术文化交流虽已逐步开放，但还只是“单向”交流，台湾当局只许台湾学者来大陆而不准大陆学者去台湾。即便如此，相较以往两岸隔绝学术界互不往来的情形已经是好太多了！坚冰一经打破，闸门一旦打开，便任凭什么力量也无法阻挡。20多年来，笔者出席过数百场有两岸学者参加的大大小小的研讨会、座谈会，仅赴台进行学术交流就有10次之多，结交了许多台湾朋友，获益匪浅，由笔者创建的台湾研究机构，也从研究室——研究所——研究院，不断发展壮大。可以说，笔者是两岸学术文化交流不断向广度和深度扩展的见证人。而所有这些，都离不开邓小平同志所开创的改革开放路线以及“和平统一”对台方针的贯彻与实施。

三、江泽民——“丰富和发展了对台方针政策”

该片“上篇”的后半部分，则着重记述了上世纪八十年代末——九十年代中后期，以江泽民为核心的党的第三代领导集体，面对东欧剧变、苏联解体、冷战结束后国际格局的剧烈变化，以及台湾岛内蒋经国去世后，其继任者李登辉逐步背离国民党当局长期坚持的一个中国立场，图谋分裂祖国，纵容“台独”，破坏两岸关系发展的复杂局势，毫不动摇地坚持“和平统一、一国两制”的基本方针，审时度势，创造性地提出了包括“江八点”在内的一系列对台政策主张，丰富和发展了党的对台方针政策，领导全党、全军和全国人民，调动一切积极因素，高举“反独促统”大旗，为捍卫一个中国原则，反对任何形式的“台独”分裂活动，推动两岸关系发展，促进祖国和平统一进程所作出的重大贡献。

这部分最重要的历史画面有：1989 年 6 月党的十三届四中全会选举产生以江泽民为核心的党的第三代领导集体和新一届中央政治局常委首次举行中外记者会的电视数据、台北“立法院”内打架场面、全国统战工作会议、对台工作会议和对台经济工作会议场面等、1992 年 10 月江泽民在中共十四大上作报告同期声画面、1991 年 12 月大陆“海协会”以及台湾“海基会”成立的电视数据、1992 年 11 月两岸两会谈判达成各自以口头方式表述“海峡两岸均坚持一个中国原则”的共识（即“九二共识”）及 1993 年 4 月 27 日新加坡“汪辜会谈”的影像数据、1995 年 1 月 30 日江泽民发表重要讲话（即“江八点”）的画面、台盟、台联及各地召开反“台独”座谈会画面、1995 年 6 月 8 日李登辉访美在康奈尔大学发表演讲鼓吹分裂的画面、人民日报发表“四评李登辉”以及大陆举行军事演习的画面、1997 年 10 月江泽民访美和次年 6 月克林顿访华的资料片、1997 年 9 月 12 日江泽民在党的十五大上作报告呼吁两岸进行“政治谈判”的画面、1998 年 10 月辜振甫参访大陆的电视录影、1999 年 7 月李登辉发表“两国论”的画面、2000 年 3 月陈水扁胜选的画面、大陆及海外华人华侨、美国纷纷表态反对“台独”的画面……这些珍贵的历史画面，把人们重新带回到了上个世纪九十年代两岸关系诡谲多变、台海上空乱云飞渡、极其复杂剧烈的统独斗争情境之中，可谓撼人心魄！促人沉思！

期间，笔者以民进党为研究重点，深入岛内与各界人士进行广泛交流，感受台湾的社会脉动，发表了一系列的专题研究论文和调研报告，探讨“台独”和民进党的相关问题，为反独促统和两岸关系的发展做了一些力所能及的工作。上述不少重要历史事件，笔者都是亲历者，虽然已经过去多年，但至今仍历历在目，记忆犹新。如今有幸观看该“文献片”，百感交集，倍感亲切。

四、胡锦涛——“赋予对台方针政策新的内涵”

“文献片”的“下篇”，前半部分着重回顾了党的十六大以来，以胡锦涛同志为核心的党的第四代领导集体，面对陈水扁上台执政后日益复杂严峻的台海局势，毅然担负起历史所赋予的重责大任，就对台工作做出重大决策部署，提出了一系列新思维，新主张，新举措，为党的对台方针政策注入了新的内涵，团结调动海内外一切进步力量，开展了“反独遏独”的剧烈斗争，一次次挫败了陈水扁之流的“台独”冒险，有效遏制了“台独”分裂活动，维护了台海和平稳定所作出的卓越贡献。

其中最重要的历史画面有：2002 年 11 月 14 日党的十六大新一届中央领导集体与媒体见面的情景、2004 年 5 月 17 日人民日报头版发表“5・17 声明”、2005 年 3 月 4 日胡锦涛看望出席政协会议的民革、台盟、台联委员时发表“四个决不”重要讲话的画面、2005 年 3 月 14 日十届全国人大三次会议高票通过《反分裂国家法》的场面、2005 年 4、5 月间中国国民党主席连战和亲民党主席宋楚瑜先后访问大陆与胡总书记会谈、发表共同愿景和会谈公报的画面、2006 年 4 月、10 月和 2007 年 4 月国共两党连续举行三次经贸文化论坛、大陆出台一系列惠台政策措施的场景、2007 年 3 月温家宝总理在十届人大五次会议上作政府工作报告强调坚决反对“台湾法理独立”

的场面、同年10月胡总书记作党的十七大报告，重申“四个决不”，提出“牢牢把握两岸关系和平发展主题”重要主张的画面、2008年3月22日台湾地区领导人选举结束，国民党候选人马英九、萧万长获胜、陈水扁推动的“入联公投”遭受惨败的画面……这些历史场景跌宕起伏、从危机变转机，让人看后如同洗了个“三温暖”！

在此期间，笔者作为涉台问题的研究者，撰写了不少时事评论、学术论文和研究报告，接受过大量海内外媒体的采访，出席过许多公开或内部会议（包括国、共两党举办的三届“经贸文化论坛”），提出过不少政策和对策建议，配合中央部署的“反独遏独”斗争献出了绵薄之力。为此，民进党当局居然以笔者“发表不当言论”为由，在长达四年半的时间里拒绝本人入岛探亲和参访，甚至2006年3月先慈在台中病逝，竟无理阻挠本人赴台奔丧。民进党陈水扁“台独”政权如此倒行逆施，激起天怒人怨，焉有不被赶下台之理！

“下篇”的后半部分，则记叙了国民党马英九重新上台执政后，近半年来两岸关系所发生的一系列令人鼓舞的积极变化，再现了以胡锦涛同志为核心的中央领导集体如何紧紧抓住难得的历史机遇，牢牢把握两岸关系和平发展的主题，适时出台了一系列新的对台政策措施，积极推动两岸两会恢复协商谈判，努力开创两岸关系和平发展新局面的丰功伟绩。

这部分最重要的历史画面有：2008年4月12日胡锦涛总书记在博鳌会见萧万长的情景、4月29日胡锦涛总书记在钓鱼台国宾馆会见连战的画面、5月29日中国国民党大陆访问团访问大陆、胡锦涛与吴伯雄会谈的场景、6月13日两岸两会恢复协商谈判，陈云林与江丙坤在钓鱼台国宾馆签订协议的历史镜头、胡锦涛在人民大会堂会见江丙坤一行的画面、8月8日北京奥运开幕式中华台北奥运代表团入场的热烈场景、8月13日贾庆林主席与吴伯雄、宋楚瑜到五棵松棒球场为中华台北队加油助威的画面、11月4日两会在台北会谈签署四项协议的画面、12月15日两岸直接“三通”启动仪式的感人场景、12月20日国共两党第四届两岸经贸文化论坛在上海召开的场面、国宝熊猫“团团”、“圆圆”赴台的情景、12月31日人民大会堂隆重举行纪念《告台湾同胞书》发表30周年胡锦涛发表重要讲话（“胡六点”）

的画面和同期声录音……

这些不久前才发生的重大历史场景，看了令人振奋，格外感到亲切，很好地烘托出了“文献片”的片名——《海峡春潮》的深刻寓意，增添了我们对两岸关系和平发展、实现祖国统一和中华民族伟大复兴的信心！

还应指出的是，该“文献片”中“解说词”的撰稿者，均为大陆著名的台湾问题专家，因而该片“解说词”简洁精练，高屋建瓴，富有感染力，对30年来党的对台方针政策的演变发展脉络把握准确，解读到位。当然，可能由于制作时间太过仓促，严格来说该片还有一些未尽人意有待充实提高之处。但瑕不掩瑜，该片的适时播出，必然有助于我们更好地回顾总结30年来对台工作的历史经验，深刻领会胡总书记的讲话精神，进一步贯彻落实党的对台方针政策，为开创两岸关系和平发展的新局面、为祖国和平统一和中华民族的伟大复兴作出新的更大贡献！

（中评社，2009/01/21）

绿营“国是会议”透露何种信息

由民进党主导的所谓“民间国是会议”，经过两天的喧嚣后草草收场了。这场会议打着“民间”的旗号，又号称是要“救经济”，除了绿营的政治人物，邀请了不少偏绿的财经学者参加，但唯独不见企业界的重量级代表出席。两天会议下来，给外界的强烈印象是“以经济包装政治”。会议不仅全盘否定马“政府”的财经政策，要求“刘内阁”全面改组，更集中火力炮轰两岸签订CECA，甚至扬言不惜发动民众走上街头，并提出罢免马英九案。许信良不知深浅，独排众议，主张两岸政策应更大幅开放，立即引来绿营人士的围攻，连上台发言的资格都被剥夺。由是观之，这场所谓的“民间国是会议”，实乃绿营不折不扣的“批马反中会议”。

马英九实在有够倒霉！去年5月上台后不久，便遇上全球金融风暴，原本被陈水扁执政八年搞得乱七八糟的台湾经济，因此雪上加霜。竞选时提出的口号“马上好”，不得不修改为“马上渐渐好”。岂料金融风暴愈演愈烈，以出口为导向的台湾经济遭受重创。根据台湾当局“主计处”最新预测：初步统计台湾去年全年经济成长率仅为0.12%，第四季度衰退8.36%，创下史上单月最大衰退；今年要等到第四季度才有望由负转正，全年的经济成长率已下修至负成长2.97%。“马上渐渐好”变成了“愈来愈不好”！

如此景况，使原本身陷困境的民进党绝处逢生，找到了最大的政治着力点：以“救经济”为名，攻击马英九执政团队，藉以凝聚绿营人气，煽动民众不满情绪，制造马英九执政危机。这样民进党不仅可以脱困，更可为年底县市长选举的关键一战制造利多。民进党召开“民间国是会议”，打的正是这个如意算盘！

此前民进党已宣布今年为“社会运动年”。“国是会议”闭幕时蔡英文更表示，“民进党将推动全民直接参与两岸重大议题的权利与机制；并将‘民间国是会议’结论与社会运动连接，持续与民间团体沟通、对话，推动社会共识，与社会运动连接势在必行”。蔡英文的话虽然既柔软又含蓄，但若联想到去年11月民进党暴力杯葛陈云林访台，以及此次会议期间绿营人士极力妖魔化CECA，已明确无误地透露出这样的信息：民进党今年的政治操作，将以反制两岸签订CECA为主轴，以议会抗争与街头群众运动相配合的斗争方式，强力冲击马英九的两岸开放政策。如此，绿营发动的一波波抗争风潮将会持续上演，台湾政局势必动荡不安，至于台湾经济将因此而面临何种厄运？台湾民众的生计会受到多大影响？对不起，这些都是国民党与马英九的事，不是我民进党应当关心的！

人们不免要问：马英九及其执政团队，你们准备好了吗？

（《海峡导报》，2009/02/24）

警惕陈水扁的司法“暗桩”

台湾政坛的政治连续剧真是精彩纷呈、充满悬念，让你不想往下看都不行！2月26日下午，台北地院主审法官蔡守训，突然中止审理扁案程序准备庭而改开羁押庭，使原本垂头丧气的阿扁及其律师团当庭眼睛为之一亮，精神大振，满以为经过一番“温情攻势”后有希望解除羁押，回到宝徕花园的安乐窝不必再回台北看守所受罪了。岂料经过检辩双方的一番攻防，蔡守训却让阿扁重回看守所，是否解除羁押，静候合议庭裁定。阿扁的情绪一落千丈，荡到谷底。谁知天无绝人之路，次日一觉醒来，情势再次丕变，台湾高院一纸公文，宣告撤销羁押裁定，阿扁抗告成功，重回台北地院更裁，阿扁及其律师团又是喜出望外，重燃希望。不到一天时间，阿扁的心情可谓三起三落，如同洗了个“三温暖”！

此番台湾高院的裁定书，全盘推翻了二个月前同是高等法院由另一组合议庭所作的支持羁押裁定，不仅闭眼不顾事实，独排众议，全然不理睬特侦组在起诉书中列举的大量事证，将“无罪推定原则”无限扩大化，一边倒地偏向陈水扁，质疑台北地院羁押陈水扁的理由不充分，甚至质疑特侦组和台北地院认定阿扁犯罪嫌疑重大的推论过程有违“论理法则”，这无异于未审宣判阿扁无罪。怪不得有位台湾名嘴调侃说：这份“裁定书”不像是高院法官所写，更像是由阿扁的律师捉刀！

天下怪事年年有，唯独台湾怪事殊！同一个高等法院，对同一个阿扁、同一个案件，二个月前和二个月后所作出的裁定，竟会如此南辕北辙、有云泥之别！这种奇特现象，决非不同法官组成的合议庭有不同的法理见解所至。有识之士皆云：单纯的法理见解不同，不会相差得如此离谱、如此出乎常情！唯一合理的解释，是阿扁布下的司法“暗桩”，在关键时刻发挥了作用。如此一来，蔡守训法官所要面对的压力，就不仅仅是阿扁及其律师团，而是包括他的顶头上司——高院司法“暗桩”在内的“阿扁们”了。蔡守训能否顶得住？还真是有得瞧了！

台湾有句顺口遛：“一审重判，二审减半，三审猪脚面线（即‘无罪释放’）。”台湾高院近日竟然会作出如此离谱、如此出乎常情的解除对阿扁羁押的“裁定”。这件事提醒人们：对扁珍家族贪腐弊案的审判，不可太过乐观！纵使台北地院一审判决阿扁有罪，上送高等法院二审、三审，假若再碰上主审法官是阿扁的“暗桩”，也难保阿扁不被“无罪释放”！

呜呼！台湾社会公义的最后一道防线——司法，竟也是“不问是非，只问蓝绿”吗?!

（《海峡导报》、中评网，2009/03/03）

是“台湾独立党”还是“台独挺扁党”

阿扁被关在台北看守所里还真够忙乎的！除了写书、写信、作歌，还要评审读书征文、看《基督山恩仇记》……昨天上午，柯建铭陪吴淑珍二度到看守所探扁后又传出，阿扁有三分之二的时间都在谈“国家”大事和民进党的事情，只有三分之一是在谈家务事。话题从ECFA、大陆邀吕秀莲访问，到年底县市长选举，陈水扁特别要求他昔日的搭档吕秀莲“断然拒绝大陆的邀访”；下午，“台湾教授协会会长”蔡丁贵前往看守所探扁，出来后又转述说：阿扁认为民进党一直陷在“中华民国”的泥沼里面，因此台湾需要组织一个新的反对党，而这个政党的名称就叫“台湾独立党”。

看来，阿扁被关久了，还真是得了“忧郁症”，而且病得还真不轻！先是忧自己、忧家人，忧得寻死觅活的；现在突然间“高尚”了起来，转而“忧国忧民”！不但不想死了，而且“身在狱中，胸怀天下”，要提起精神，筹组新的“台独党”，为台湾“独立建国”鞠躬尽瘁，奋斗不息！

阿扁真是“忧国忧民”、“高尚”起来了吗？非也！

话多了就不免露馅！阿扁为何突然心血来潮，急着要组“台湾独立党”呢？蔡丁贵说：“他（指阿扁）现在感觉委屈，所以关心的议题，就是台湾人权的流失。”搞了半天，阿扁哪里是在“忧国忧民”，原来他所“关心”的还是他自己的“委屈”，他自己的“人权”！为此，身陷困境的阿扁“急中生智”，趁蔡丁贵探监之机，释出了要“急独派”社团研究、讨论筹组“台湾独立党”的信息。

阿扁这一招意欲何为？“司马昭之心，路人皆知”，阿扁此举，无非是要表示对蔡英文领导的民进党“挺扁不力”的强烈不满，以筹组新的政党相要挟，展示自己对“急独派”的影响力，继续绑架民进党，防止民进党内的改革派势力坐大，鼓动党主席蔡英文与扁切割。假若蔡英文不吃这一套，阿扁势将不惜分裂绿营，另组深绿“挺扁铁卫军”。所以，无论组党成与不成，阿扁都稳赚不赔。

阿扁专挑县市长选举即将上路的关键时间点上出手，这一招不可谓不狠！

阿扁早就说过，“台独”这玩意是骗人用的，李登辉做不到他阿扁也做不到。

但阿扁也深知，“台独”还是“迷幻药”，吃多了就会糊里糊涂跟着你走！蔡丁贵之流肯定就因为吃多了扁记“迷幻药”，才会心甘情愿地供阿扁驱使，阿扁要他们干什么就干什么！故此可知，阿扁要“本土急独派”社团筹组的新党，究竟是“台湾独立党”还是“台独挺扁党”，已经不言自明矣！

早年从民进党分裂出去的“建国党”，如今安在哉？有“政治精算师”之称的李登辉所组建的“台联党”，如今又如何？阿扁的“台独挺扁党”命运会怎样？大家就等着瞧吧！

（《海峡导报》，2009/03/10）

马当局挑起争议很不妥

昨天是全国人大常委会高票通过《反分裂国家法》4 周年，满以为经过 4 年来的风风雨雨，当年曾经高调反对大陆制定《反分裂国家法》的马英九，应该对这一触碰到两岸关系敏感神经的事情会仔细拿捏，慎重处理。本人昨天上午还信心满满的在海峡之声《博东看两岸》专栏节目中作此乐观预测。不料节目刚刚下来，上“中国评论新闻网”浏览新闻，才知道本人的预测大失准头！

马当局发言人昨天上午主动召开记者会，批评大陆制定《反分裂国家法》“既无必要，也不可行”不说，“陆委会”居然还发出新闻稿称：该法中“非和平方式”的条文，不符合其“和平发展”的论调，要求大陆“废止”，并“撤除对台飞弹部署，恢复台海区域和平稳定，才能开创两岸互惠双赢新局”云云。言下之意，大陆若不“废止”《反分裂国家法》并“撤除”导弹，台海区域的和平稳定就不能“恢复”，两岸互惠双赢的新局也就不可能“开创”！

马当局如此动作，至少有以下三点不妥：

其一，主动挑起两岸敏感的政治性争议，违背了双方已经形成默契的“建立互信，搁置争议，求同存异，共创双赢”的互动精神，破坏了两岸好不容易才营造起来的良好气氛。

其二，“陆委会”的新闻稿，无视大陆制定《反分裂国家法》和部署导弹对遏制“台独”冒险所发挥的巨大作用，把破坏台海地区和平稳定的责任推给大陆，这无异于为“台独”势力张目，有刻意讨好民进党和“台独”势力之嫌！

其三，退一步说，即使马当局对大陆制定《反分裂国家法》和在特定历史背景下部署导弹有意见，也应本着双方都已认可的“先经后政，先易后难，循序渐进”的处理模式，通过两岸协商谈判，心平气和地逐步加以解决。马当局单方面出牌，隔空放话，只考虑到自身的处境而不顾大陆方面的感受，只会破坏双方互信而无助于问题的解决。

值得一提的是，台湾“中央日报”网络报3月12日发表的一篇点评文章，该文写道：反分裂法“大多数的条文都在规定两岸交流。包括规定：两岸人民往来，增进了解；推动三通，互惠互利；推动两岸文化、教育、卫生、体育交流；共同打击犯罪；鼓励有利台海和平稳定的活动；谈判台湾在国际上的活动空间等。这些规定中，有的正在实现，有的是两岸协商的议题，并无必要一味反对。”这篇点评文章还说：“该法当中的一旦出现台湾独立的情形，大陆将对台使用非和平方式，确实会令台湾不安。然而只要台湾有智慧，是完全可以避免两岸兵戎相见的。……只要维持现状，并积极协商，就合符台湾利益、国际期待、大陆底线，可达三赢。民进党执政时不思此途，在野后亦未反思，当然在两岸关系上只剩负面角色。”不能不说，“中央日报”网络报的这篇点评文章颇有见地，对大陆《反分裂国家法》的分析以及台湾应取的态度，都说得相当中肯与客观，这才是马当局应取的正确态度。

说白了，只要不搞“台独”什么事都没有!《反分裂国家法》中“非和平方式”的条文，就好像你家里的“灭火器”，只要不着火它就派不上用场，民进党老想玩火，所以才这样仇视《反分裂国家法》。

《反分裂国家法》颁布4年来的实践也充分证明，该法对遏制“台独”、推动两岸关系和平发展发挥了重大作用。人们都还记得，《反分裂国家法》通过后仅两周，国民党副主席江丙坤就率团到大陆进行“破冰之旅”，尽管当时陈水扁气急败坏，扬言要“法办”江丙坤，但终因江丙坤此行获得岛内主流民意的高度肯定，加之美国表示“关切”，陈水扁才不得不缩手而不了了之；3周之后，国民党主席连战更亲自率团访问大陆，进行“和平之旅”，与胡锦涛总书记会谈，达成了两岸关系和平发展的五项“愿景”；此后不久，亲民党主席宋楚瑜、新党主席郁慕明亦相继率团访问大陆，达成了一系列重要“共识”。从此，两岸新的党际交流平台——“国共论坛”开启了，各项民间交流日趋热络，大陆出台了一系列操之在我的惠台政策措施，海峡两岸和平发展的时代潮流从此莫之能抑!

大陆采取了“联蓝反独”、“促美遏独”的正确策略，一次次地挫败了陈水扁所推动的“公投制宪”、“入联公投”等妄图实现“法理台独”的种种冒险，有效地维护了台海地区的和平与稳定。最终，台湾民众用自己手中的选票把坚持“台独”的民进党赶下了台，迎来了如今两岸关系和平发展的新局面。

所以，《反分裂国家法》不仅不是民进党“台独”人士所污蔑的什么“战争法”，恰恰相反，它是一部促进两岸关系和平发展的“和平发展法”。它的制定与实施，具有十分重大的转折性战略意义，对于“反独遏独”、促进两岸关系的和平发展，发挥了不可磨灭的历史性作用，“既有必要，更为可行”，何来“废止”之有！

（中评社，2009/03/15）

如何解读温总理的“三个适应”

经济交流与合作是当前两岸关系发展的主旋律

尽管近些日子来马当局迫于内外压力，在两岸敏感的政治、军事议题上频频隔空放话，弹出了与当前两岸关系和平发展的不和谐之音，但展望今年两岸关系的互动态势，可以预料，依然会以经济交流与合作为主旋律。而在全球金融风暴的强刺激下，两岸协商签订经济合作协议，并建立适合两岸特点的合作机制问题，则已经提到议事日程上来，迫切需要解决。

3 月 13 日，温家宝总理在两会结束后召开的记者会上指出：“两岸要尽早协商签订综合性的经济合作协议，并且建立适合两岸特点的合作机制”；“这个协议和这个机制如果深一步来讲，应该包括‘三个适应’：第一是要适应两岸关系发展的情况；第二是要适应两岸经贸交流的需求；第三要适应两岸经济贸易的特点。总的就是要实现互利共赢。”

温总理的“三个适应”具有重要的指导意义

温总理的这“三个适应”，对两岸协商签订经济合作协议、乃至建立适合两岸特点的合作机制，无疑具有重要的指导意义。那么，如何理解并切实做到温总理所说的这“三个适应”呢?

第一，要适应两岸关系发展的情况。当前两岸关系发展的实际情况为何？可以概括为三句话：一是两岸关系渡过了高危期，迈入了协商谈判、和平发展的新阶段；二是两岸关系的结构性矛盾尚未解决，互信基础仍十分脆弱；三是两岸急需解决的问题成堆，盘根错节，千头万绪。

“要适应两岸关系发展的情况”，就是既要抓住机遇，加紧进行两岸协商谈判，而任何协商谈判又不能脱离两岸关系发展的实际，要“实事求是，循序渐进”，心急吃不了热豆腐！

第二，要适应两岸经贸交流的需求。一方面，两岸经贸交流经过三十多年来的发展，已经使两岸经济密不可分。然而，两岸经济关系的非正常状况，严重制约了两岸经济的进一步合作与发展；另方面，自去年下半年以来，两岸经济面临全球金融风暴的严重冲击，特别是主要依赖外销的台湾经济，更是哀鸿遍野，惨不忍睹。面对即将上路的亚太区域经济合作态势，假若台湾与大陆不尽快签订经济合作协议，并进而与亚太区域经济合作机制相衔接，台湾经济势将被彻底边缘化。

“要适应两岸经贸交流的需求”，就是要适应两岸经济交流与合作日益向广度与深度扩展的大趋势，及加强合作、共同应对国际金融风暴冲击的现实需要，尽快协商签订经济合作协议、探讨和建立有利于两岸的经济合作机制，真正做到“中国人帮中国人”。

第三，要适应两岸经济贸易的特点。两岸经贸至少有以下三个特点：首先是“特殊性”。它既非“国与国”之间的经贸关系，也不是大陆内部“省与省”之间的经贸关系，甚至和“内地与港澳”之间的经贸关系也不相同；其次是“政治性”。由于台湾内部蓝绿对立严重，绿营政党和政客出于其政治利益考虑，动辄将两岸原本纯经济的议题刻意“政治化”、“意识形态化”，更增加了问题的复杂性和解决问题的难度；再次是“不平衡性”。长期以来，不仅两岸贸易台湾大幅入超，投资方面则处于单向投资，至今台湾方面并未开放陆资入岛。

“要适应两岸经济贸易的特点”，就是说在协商签订经济合作协议、推动建立两岸经济合作机制时，必须要考虑到上述特点，才能做到既坚持原则立场又合情合理，达到两岸互利双赢的目的。

“先粗后细，先易后难，分两步走”

众所周知，建立两岸经济合作机制是一个庞大而复杂的系统工程，非短期内可以达成。那么，在推动建立这一庞大而复杂的系统工程的过程中，如何才能做到温总理所说的“三个适应”，达到两岸互利双赢的目的？窃以为宜采取“先粗后细，先易后难，分两步走”的方案：

第一步，经协商谈判先达成两岸经贸合作的“框架性协议”。这种协议可不涉及任何实质性内容，并可避开敏感的政治问题，仅规定今后协商的项目及达成各项具体协议的时间表。签订这个“框架性协议”的用处就在于：(1) 为下一步两岸协商签订急需解决的具体议题打下基础；(2) 为台湾与东盟及其他国家签署相关协议创造条件。

第二步，就挽救台湾经济急需解决而在岛内又较无争议项目（例如石化、纺织）的关税减让与市场开放等议题，展开协商谈判，尽快达成协议，推动实施。如此，既为日后两岸谈判累积经验、增强互信，更可为当前已陷入困境的台湾经济注入新的活力、让台湾民众感受到实实在在的利益而扩大对马当局的民意支持度，同时还可使绿营政党和政客的胡搅蛮缠失去其“正当性”与“着力点”，消弭于无形。

（《海峡导报》、中评网，2009/03/18）

蔡英文的“新本土观”救得了民进党吗

蔡英文当了这么久的民进党党主席，在遭到外界痛批民进党继续沉沦、看不出任何改革的决心和作为之后，屁股终于坐不住了，近日投书《中国时报》，大谈她的所谓“新本土观”，以表明她改造民进党的理念与决心，借以为自己辩解。

蔡英文的“新本土观”是什么货色？它救得了民进党吗？

据蔡英文说，民进党有三大责任：第一，必须有承担守护“国家”的责任；第二，必须坚持理想性；第三，必须以包容性扩大社会基础。

首先，蔡英文要“守护”的“国家”是哪一“国”？文章中没有明说，让人丈二金刚摸不着头脑！这也难怪她，说是守护“台湾共和国”吧，可它至少现在并不存在，如何“守护”？说是守护“中华民国”吧，蔡英文岂不自失立场，站到了蓝营一边！于是只好一语带过，语焉不详，“模糊化处理”！其实，蔡英文心目中的“国家”就是“台湾”，她无非是说民进党有责任“守护台湾”，监督国民党马英九不得“出卖台湾”。这明明是“台独”人士一向鼓吹的“旧本土观”，它“新”在何处？看不出来！

其次，蔡英文所说的民进党的“理想性”是什么？文章中也没说清楚，只是笼而统之地说什么“民进党跟国民党的区隔就在理想性。我们不仅治理能力要比国民党好，更要坚持理想性”、“民进党必须有理想性与使命感，承担起建构社会民主基础工程的重责大任”云云。

民进党的“治理能力”如何，不是蔡英文闭着眼睛瞎吹就算数的，曾经标榜“清廉、勤政、爱乡土”的民进党执政了整整八年，不仅造就了一个世界第一的“台湾之耻”——陈水扁贪腐集团，更把海峡两岸同胞推向了战争边缘。刚刚把民进党赶下台的台湾老百姓有那么健忘吗？

至于说到“建构社会民主基础工程”之类的“重责大任”，民进党又不是没“承担”过。什么“公投入宪”、“公投入联”、“公投制宪”等等“公投绑大选”的“民主闹剧”，民进党执政八年演出得还算少吗？民进党的所谓“理想性与使命感”，说穿了就是追求“台独”，“民主”只不过是“包装”而已。平心而论，正因为国民党缺乏民进党的“台独”理想性与使命感，多数台湾老百姓才放心把执政权交还给了国民党和马英九，两岸关系也才得以风平浪静、和平发展。近日有民调显示，如果现在重新投票，多数选民还愿意把票投给马英九。如今民进党蔡英文不思检讨，还在侈谈什么民进党的“理想性与使命感”，她的“新本土观”又“新”在哪里？

再来看蔡英文“新本土观”的所谓“包容性”。文章中这部分的篇幅最长，看来是蔡英文“新本土观”的主要内容。从表面上看，蔡英文确实批评了陈水扁执政时期民进党“排他性”的“旧本土观”。她说，“我们执政时，自知政治实力不足，必须努力累积，却走错了方向。我们用政治对抗的方式来凝聚支持的力量”，“把‘本土’窄化成一种排他性的观念”云云。于是，提出了她的所谓“多元性”、“包容性”的“新本土观”。她说，“未来的民进党必须体现移民社会与民主社会的多元性”、“可以把‘本土’重新诠释为一个包容性的观念，让这个社会所有的新旧移民不分族群都能共享‘本土’”。并进一步说，“包容性的本土观可以跟‘主权’连结。我们是生命共同体，这个生命共同体的‘主权’是我们自己的。要统要独，必须是我们自己的选择。”

问题就在于：（1）民进党一向强调“本土”，目的就是为了排斥“外来”。如果“本土”包容了“外来”，岂不大家都成了“本土”！那“本土”还有用吗？“本土”的可以骂“外来”的“中国猪”不受任何指责与惩罚，而“外来”的因为几年前骂过“本土”的“台巴子”就被痛剿与追杀，也没见蔡英文说句公道话，可见蔡英文“新本土观”的“包容性”是多么的虚伪！（2）说“包容性的本土观可以跟‘主权’连结。我们是生命共同体，这个生命共同体的‘主权’是我们自己的”，则终于露出了蔡英文的“台独”尾巴！原来蔡英文“新本土观”的真谛，就是由“本土”包容了“外省人”之后，合起伙来共同对抗大陆搞“台独”！其实，人们不会忘记，此论哪里是什么新鲜货色，正是陈水扁当年曾经贩卖过的“新中间路线”的翻版！

蔡英文的文章末尾说：“面对愈来愈复杂的两岸情势，必须以新的本土观来凝聚台湾，才能够捍卫我们的主权、民主、自由，与生活方式”。说到此处，我们终于明白，蔡英文这篇大作的题目为何叫做《以新本土观捍卫台湾》了。原来，蔡英文的“新本土观”，乃是旧瓶装新酒、换汤不换药、不折不扣的“台独观”！我们要说，当年，陈水扁鼓吹骗人的“新中间路线”未能成功，如今，民进党面临前所未有的困境，蔡英文打着“改革”的旗号又在宣扬“台独”本质的所谓“新本土观”，也同样无法挽救民进党！

（《海峡导报》、中评网，2009/03/25）

“范兰钦事件”值得反思

台湾岛内纷扰了一段时间的所谓“范兰钦事件”，在马英九亲上火线“灭火”之后终于基本上消停下来了，但这件事至今仍余波荡漾，颇值得人们反思。

反思一，郭冠英虽然是个公务员，但他并未以公务员的身份，而是匿名在网络上发表文章，却遭到如此空前的追杀和严厉的惩处。台湾一向引以为傲的所谓“言论自由”，真的存在吗？

反思二，“台独”人士不管在朝在野，也无论官大官小，成天叫嚣“台独”（陈水扁掌权时岂止“叫嚣”而已！），说这是“言论自由”；而小小公务员郭冠英却因几年前匿名发表过文章，表示他“赞成统一”，却被指责为“与身份不符”、“大逆不道”，必欲杀之而后快。台湾是否只有“台独”人士才有“言论自由”？

反思三，“台独”人士骂“外省人”是“中国猪”，动辄要他们“滚回中国去！”，从来也没有人追究；而郭冠英骂“本省人”是“台巴子”，却遭到如此凄惨下场，台湾还有没有“公平与正义”？

反思四，小小公务员郭冠英匿名说台湾是“鬼岛”，固然偏激不当，被指责为“辱台”也不算冤枉；但陈唐山当“外交部长”时公开辱骂新加坡“是个鼻屎大的国家”，“没有 LP”，这“辱人之国”是不是比“辱台”更加严重？那公开以“外长”身份侮辱别国的陈唐山，应不应当受到更加严厉的惩处才算公道？而现在陈唐山仍然拿着公家大笔的退职禄，而且还要竞选台南县长，而郭冠英不仅退职俸不发甚至连已经发给他的三月份薪水都要被追回，这是否合理？

反思五，绿营的庄国荣当“教育部”高官时公开挑拨省籍情结，台湾政治大学要解除他的教职，马英九竟亲自出面为他说项；而蓝营的“新闻局”小官郭冠英匿名发表“不当言论”，马英九却亲上火线严词指责，说“新闻局”开除郭冠英“处置得当”。这两件事性质类似，而马英九却为何态度不一、标准不同？

反思六，主张两岸统一的郭冠英“出事”后，除了李敖、石之瑜等少数正义人士敢于公开站出来说几句公道话之外，台湾主流舆论几乎不分蓝绿一概严加抨击，这又是为什么？

……

台湾真的生病了吗？从上述现象不难悟出：

其一，国民党虽然已经重新执政，政治实力远大于绿营，但奇怪的是绿营仍然掌握着台湾的话语霸权。陈云林访台是一例，CECA 是一例，如今“范兰钦事件”又是一例。就像有位学者所形容的，台湾舆论的基本形态仍然是：“绿营出题，蓝营答卷，绿营打分！”

其二，“谬论说多了也成了真理”，即便是倾向蓝营的媒体，以及大多数蓝营的政治人物和学者，经过多年来被绿营舆论所洗脑，许多观念已经被“绿化”而浑然不知。举个最简单的例子：称大陆为“中国”原本是“台独”人士的专利，而经过民进党的八年执政，现在就连大多数蓝营人士和倾向蓝营的媒体，也几乎众口一词称呼大陆为“中国”，岂不怪哉！

其三，以马英九为代表的许多蓝营“外省人”，不知何故，内心深处的“原罪感”始终挥之不去，碰到“本省人”就莫明其妙地像矮了半截，往往不问是非曲直，一味妥协退让。其结果不仅无助于“族群和解”，反而“助绿为虐”！

如此状况，实在令人担忧！依笔者看来，要想从“范兰钦事件”吸取教训，与其指责绿营嚣张，倒不如先从蓝营特别是从马英九执政团队检讨开始！

（中评社，2009/03/27）

宋楚瑜能否出线考验国民党

近年来销声匿迹的宋楚瑜，最近突然成为媒体“宠儿”。一是讨论他年底台北县选举是否可能代表泛蓝出战；二是清明节前夕宋楚瑜率团出访大陆祭拜黄帝陵，掀起一阵不大不小的旋风。这两件事之所以能成为“新闻”，其本身就说明：宋楚瑜虽早已退出政坛，但绝非等闲之辈！

宋是个不可多得的治理人才，这在台湾恐怕不管蓝绿都不否认，只可惜他生在台湾这种特殊的政治环境里，更因为他太过聪明，“聪明反被聪明误”！

早已赋闲在家的宋楚瑜，“突然”被人想起是否可能代表泛蓝出战，着实反映了今年台北县长选举国民党的困境。中时在线民调说他狂胜苏贞昌将近44个百分点固然很不可信，而几乎同一时间TVBS的民调，却又说他狂败苏贞昌19个百分点，这是怎么回事？其实动一下脑筋便知：前者是苏宋一对一的民调，反映的是蓝绿对决的基本态势；而后者则是苏一对蓝三（朱立伦、吴敦义、宋楚瑜）的民调，反映的是“团结的泛绿对分裂的泛蓝”，结果自然大不相同。TVBS民调，朱和吴只比苏少2个和4个百分点，而宋却少19个百分点，有名嘴解读为泛蓝支持者希望年轻新面孔出战苏贞昌。其实这说不通！请问：苏是“新面孔”吗？为何绿营的支持者不嫌他“老”？正所谓“说你老你就老不老亦老，说你不老就不老老亦不老”是也！问题在于，在泛蓝分裂投票的情况下，属于国民党的朱、吴两人，当然要比亲民党的宋楚瑜占便宜。但很可惜，民意普遍认为最有实力和苏贞昌一搏的国民党三员战将胡志强、朱立伦和吴敦义，似乎都“很爱惜自己的羽毛”，不肯轻易披挂上阵，打这场并无绝对把握的“北县之战”。而宋楚瑜则完全不同，他早已失去政治舞台，泛蓝若能倾全力推举他出战，则大有“咸鱼翻身”再造第二春的机会，何乐而不为之！

说宋“外省人”色彩太浓，且可能有不少“材料”掌握在绿营手里，所以宋不一定能赢苏贞昌。请问：马英九是不是“外省人”？胡志强是不是？现任的台北县长周锡玮是不是？都是！那他们为何都能高票当选？说白了，蓝营有些人很没出息，总是自己吓唬自己，跟着民进党刻意制造的舆论跑。说到“材料”之类，那就更不是理由了，两次“总统”大选及上次台北市长选举，宋的祖宗八代恐怕早已被拿显微镜查过 N 遍了，还有什么“钢鞭材料”足以击倒宋楚瑜！所以说白了，宋楚瑜能不能代表泛蓝出战，关键要看国民党和马英九有没有顾全大局的胸襟，能否不计一党一己之私，真正“礼贤下士”、“选贤与能”。而国民党和马英九能否选择宋出战，关键的关键，又要看泛蓝支持者对国民党和马英九究竟会施加多大的压力。

（《海峡导报》，2009/04/01）

马英九兼党魁是“馊主意”

国民党真是个喜欢自找麻烦、自寻烦恼的党！吴伯雄党主席当得好好的，最近突然又莫明其妙地讨论起马英九要不要兼任党主席的事情来了。

去年马团队刚刚上台执政时，国民党一时无法适应“党政分离”的新体制，施政受到一定程度的影响而使马英九萌生起兼任党主席的念头，倒也让人容易理解；然而经过这一年来的磨合，党政互动已渐入佳境，吴伯雄辅佐马英九可谓尽心尽力，颇受各界肯定。此刻正应党政同心，排除干扰，共同“拼经济”，专心打好年底县市长选战之际，居然有人跳出来主张更换党主席，实乃不折不扣的“馊主意”！

据说马英九目前的“考虑”有三：一是自己参选；二是支持代理人参选；三是力挺吴伯雄连任。种种迹象表明，此风的源头很可能来自“府方”。据报道，马英九因国民党在两席“立委”补选中出现警讯，以及党团“立法”效率不彰等问题，正在重新思考兼任党主席。面对媒体追问，“府方”发言人王郁琦和马英九本人均闪烁其词，或曰此事“现在言之过早”，或曰“五、六月之前，不会思考这个问题”。没有断然否认，其实等于默认。

谁出的这个“馊主意”并不重要，重要的是，如果真的这样做，面对当前如此复杂艰困的政经环境，国民党和马英九执政团队势必自乱阵脚。

其一，为了“拼经济”，马团队已经使出了吃奶的力气，依然是搞得焦头烂额。如今马英九的民调满意度刚有起色，又让他去兼任党主席，“党政一把抓”，他真的有这么大的能耐吗？且不说马在台北市长任上时曾经兼任过党主席，搞得顾此失彼，怨声载道；谢长廷当高雄市长时兼任民进党主席，也因南北奔波、捉襟见肘而辞去党主席；就说李登辉、陈水扁（一段时间）执政时兼任党主席，更是问题多多，至今后患无穷。殷鉴不远，岂可再犯！

其二，面对当前的艰困形势，除非万不得已，党内高层宜静不宜动。马英九若要兼任党主席自然无人与之相争；吴伯雄连任党内也不会出现什么风浪；但若由代理人参选，假如因摆不平引起党内纷争，岂不无事生非，给接下来的选举造成负面影响。

其三，“国共论坛”已成为海峡两岸不可或缺的交流平台，马英九兼任党主席则无异于拆除了这一重要平台。谁都知道，大陆领导人不可能和兼有“总统”身份的“马主席”直接打交道；即使大陆愿意，但盱衡目前岛内的政治环境，马英九本人恐怕也没有这个胆量。而失去国共交流平台，又势必对两岸关系发展带来重大负面影响。

由此观之，马英九兼任党主席之议，确实是庸人自扰、自寻烦恼的“馊主意”，未见其利而先蒙其害，奉劝马英九及其亲信幕僚们务必三思而后行！

（《海峡导报》，2009/04/10）

蔡英文漫天要价

不久前，蔡英文才刚刚发文大谈她的“新本土观”。她说：“如何扩大社会支持基础，是民进党最大的挑战。我们执政时，自知政治实力不足，必须努力累积，却走错了方向。我们用政治对抗的方式来凝聚支持的力量。完全对抗，在反对运动初期是有正当性的，因为当时的威权政权拒绝民主、也没有民意基础，对抗能够得到社会的同情。……台湾是个移民社会，移民社会最需要以包容来体现多元。如果继续以对抗来凝聚政治实力，就会不容易扩大支持”云云。

光看这段话，蔡英文说得还蛮不错，似乎对陈水扁执政时期推行对抗性、排他性的“旧本土观”有所反省与批判。然而“听其言而观其行”，事实证明她丝毫没有脱离民进党旧思维的巢穴，依然在卖力推行对抗性和排他性的政治路线。

且不说去年11月蔡英文亲上火线，煽动绿营支持者走上街头，围堵陈云林，暴力对抗“陈江会”是一例；也不必说民进党不久前大炒“范兰钦事件”，追杀围剿“外省人”郭冠英，蓄意挑拨族群对立情绪又是一例；单单就蔡英文寻找种种借口，拒绝接受马英九举行“双英会”的邀请，就足以说明问题了。

4月11日，就在她抛出“新本土观”后没几天，蔡英文又自打嘴巴，在民进党主导的所谓“民间国是会议”闭幕致词时，向马英九提出七项蛮横“要求”作为举行“双英会”的前提条件。包括：马英九应该收回台湾与中国是“地区与地区”、“两岸人民只是户籍不同”的说法；废除“国共平台”；“台湾与中国的交流应该纳入国会监督”；“台湾与中国之间任何超越WTO多边开放承诺的协议，政府应交付人民公投”，并修正“鸟笼式公投法”；收回“ECFA势在必行、愈快愈好”的说法；“要求中国承诺放弃对台湾与其他国家签订FTA的杯葛”；为防止私人利益凌驾“国家”利益，“应全面撤换与中国有利益纠葛的国安团队成员和谈判代表“等。

蔡英文对马英九的这“七项要求”，可谓漫天要价，无理至极，不值一驳！有的违背台湾的现行法律规定，有的干涉“总统”职权，有的超越“总统”权限，有的则是似是而非、无的放矢……打着“民主”和守护台湾“主权”的旗号，却完全无视台湾的主流民意和台湾人民的福祉，为反对而反对，不折不扣地继承了陈水扁时代对抗性的旧“台独”路线，其目的无非是要挑起敏感的政治争议，为掀起下一波的街头抗争“蓄势”和制造“着力点”，藉以转移台湾民众的视线，摆脱民进党当前的困境，为年底县市长凝聚绿营支持力量。然而人们不禁要问：这就是蔡英文所标榜的“多元性”、“包容性”的“新本土观”吗?!

可笑的是，民进党的对抗性、排他性的政治路线，早在去年“大选”中已经被台湾主流民意所唾弃，而蔡英文还不自知，动辄以台湾人民的“代表”自居，竟然扬言，如果马英九“一意孤行”，拒绝“向人民道歉”，就“请他在五月十七日那天竖起耳朵，聆听街头上人民的怒吼!”连陈水扁都已经不看好的“五·一七呛马大游行”，民进党究竟能够掀起多大的风浪？人们将拭目以待!

（《海峡导报》、中评网，2009/04/16）

民进党得了严重的“自闭症”

5月中旬，大陆即将在福建省举办“海峡论坛”。日前，国台办主任王毅表示，希望台湾的县市乡镇都能派代表来，不论界别，不论观点，“民进党人士愿意来，我们也欢迎”。不料王毅的话音刚落，民进党就急忙召开中常会，由党主席蔡英文作出“裁示”：下令党公职人员“一律不得参加”，并将在本周三通过“党公职人员赴中国注意事项”，对民进党人士赴大陆参访进行严格规范。

民进党封杀该党人士出席“海峡论坛”，理由据说是因为这次论坛“统战意味浓厚，政治目标明显”。

翻开民进党史不难发现，早年在野时期的民进党并非如此封闭，相反，其重量级人物很注重来大陆参访，藉以了解大陆情势，与执政的国民党争夺大陆政策的主导权。人所共知，民进党的所谓“四大天王”、“立委”和各级党务主管，包括陈水扁、谢长廷、吕秀莲、邱义仁、吴乃仁、洪奇昌、姚嘉文、张俊宏、王拓、罗文嘉……一大票人都曾多次访问过大陆，与大陆涉台官员、学者广泛接触交流，双方都获益匪浅。曾任“中国事务部主任”、现为“中国事务小组召集人”的陈忠信，来大陆参访和出席各种会议的次数，更是多到恐怕连他自己都数不清！

很奇怪！当年在野时期这些民进党人士频繁出入大陆、出席大陆主办的各种会议不怕被“统战”，也不怕大陆有什么“政治目标”，反而执政八年之后，胆子却越变越小？说穿了，民进党搞“台独”搞了二、三十年，因为脱离政治现实，越搞路越窄！越搞心胸越小！越搞越没了自信！如今，失去自信的民进党已经得了严重的“自闭症”而不可自拔！

民进党“自闭”也就罢了，那不过是民进党自家的事，充其量会严重制约民进党自身的发展壮大，永远甭想再重新执政！但偏偏这个党又十分蛮横，明明已经被台湾民众赶下了台，在“立法院”里也才不到四分之一的席位，却张口闭口说它代表“台湾”和“台湾人民”，要求现在执政的国民党和马英九也要跟着它一起“自闭”，否则就是“卖台”！就是“主权流失”！无论马英九提出什么样的两岸开放政策，也不管这些政策是否对台湾、对台湾人民有利，例如开放陆客入岛旅游也好，开放两岸直接全面“三通”也罢；签订 CECA 也好，ECFA 也罢；两岸金融合作也好，陆资陆生入岛也罢……一概反对！如若不然，就在“立法院”里闹事；“立法院”里闹事人太少不管用，于是就煽动它的支持者走上街头骂大街，进行暴力“杯葛”，非搅得你天昏地暗、不得安生、没法干事不可。你看这不，民进党又扬言 5 月 17 号要发动 30 万人上街“保台”了！

所以，民进党得的“自闭症”是变异了的“自闭症”。“异”就“异”在这种“自闭症”不光“自闭”，更强迫别人也要跟着它一起“自闭”。故此，这种变异了的“自闭症”不妨称之为“强迫型自闭症”可也。

民进党的“自闭症”还能治好吗？能！主治大夫是谁？台湾人民！

（《海峡导报》、中评网，2009/04/22）

民进党做不到的，马英九为何做到了

马英九团队上台执政即将届满一年，可谓“渐入佳境，好事连连”。你看，第三次“陈江会”刚刚在南京成功举行，今天又传来世界卫生组织邀请台湾以“中华台北”名义出席 WHA 的好消息。近日岛内民调显示，多数民众支持马英九的两岸开放政策，马团队的执政满意度正在稳步提升。

然而，依照民进党的意识形态和思维逻辑，凡是对马团队的“好消息”，就必定是对民进党的“坏消息”！第三次“陈江会”后，民进党宣称这是一个“失败的谈判”，所签订的协议是“丧权辱国的条约”！面对民进党的无端指责，“陆委会主委”赖幸媛严词驳斥说：这种说法“昧于事实”，“过去做不到的，我们做到了！”

台湾加入 WHA 的消息传来，民进党又如法炮制，攻击马团队“趁火打劫”，“对台湾的国际‘主权’地位有很大伤害”。“卫生署长”叶金川或可“师法赖主委”，理直气壮地回呛民进党：“过去做不到的，我们做到了！”

依笔者看来，马团队的官员还是太老实、太客气。应该直截了当地回呛说：“民进党做不到的，我们做到了”才对！

人们不妨回想一下，三次“陈江会”成果也好，加入 WHA 也罢，哪一项不是当年民进党“总统”候选人的“政见”？陈水扁执政八年，每年都在争取加入 WHA。开放两岸“三通”和“陆资入岛”，更是陈水扁两次大选时向选民信誓旦旦的“承诺”。大选过后却统统跳票！加入 WHA 则直到国民党马英九重新上台执政后才得以实现。

民进党执政八年做不到的，为何国民党执政不到一年就很快做到了？

首先，民进党陈水扁否认“九二共识”，顽固坚持“台独”路线，主张两岸“一边一国”，推行“封闭”的乃至“冲撞”、“挑衅”的两岸政策，不仅两会协商谈判失去了应有的基础，更使两岸剑拔弩张，互信荡然无存；而国民党马英九承认“九二共识”，反对“台独”，实行两岸“开放”政策，两会得以很快恢复协商谈判，双方努力建立互信，搁置争议，自然能够良性互动，“共创双赢”。

其次，民进党陈水扁把两岸政策“工具化”：竞选时为了骗选票，虚伪地提出一大堆诸如开放两岸“三通”、“陆资入岛”之类并不想兑现的“承诺”，选后则制造种种借口，将无法兑现的责任一股脑儿推给大陆。陈水扁执政后期，更蓄意激化两岸矛盾与冲突，不惜牺牲两岸同胞的利益，制造台海紧张局势，作为掩盖其贪腐弊案的“遮羞布”。这种“工具化”的两岸政策，播下的是“仇恨”，收获的也唯有“仇恨”；而国民党马英九的两岸政策却以“人民最大，人民利益为先”为理念，以推动两岸关系和平发展为出发点，实事求是，互谅互让，求同化异，播下的是“互信”，收获的自然是“双赢”。

失去政权已经整整一年的民进党，早已被台湾主流民意远远抛在了后边，但至今仍不思检讨，不思进取，动辄以“台独”意识形态挂帅，以台湾人民的“代表”自居，言必称“护台”、“保台”，“鸡蛋里挑骨头”，对国民党马英九的两岸开放政策横加指责，对两岸两会的协商谈判成果恶意攻击、全盘否定。如此民进党，可悲复可怜！

（中评社，2009/04/30）

谢长廷的奇怪逻辑可以休矣

当台湾以“中华台北”观察员身份被邀请出席WHA的消息传出后，民进党一如既往，不论是非曲直，先是郑文灿打头阵，称这是“另类趁火打劫，对台湾有很大伤害”，蔡英文随后表示，这次邀请“疑云重重，不具有实质意义”，极力贬低其重大政治意义。然而，与一般绿营头面人物不同，谢长廷对此事的评论却有“另类思维”。

谢长廷说：“台湾以观察员身份与会当然是好事，但马‘政府’不该有‘争功诿过’的想法”；台湾能够成为WHA观察员，民进党“政府”也长期努力争取，不应该将一切不好的推给前朝，这好比“水烧滚了是好事，但最早烧的木炭也有功劳，不是最后一块木炭的功劳”。

谢长廷的“奸巧”可谓已经到了“炉火纯青”的地步！你看，他不得罪台湾的主流民意，肯定这“当然是好事”；他也不得罪绿营的支持者，抨击马英九“争功诿过”，甚至站着说话不腰疼，要求“应要争取到世卫组织正式成员”；他更没有忘记利用此事，为自己身上“贴金”，声称这与民进党的“长期努力争取”分不开。听话听音，当过民进党主席、前“行政院长”的谢长廷，当然也应该有一份“功劳”！

谢式“奸巧”或许可以蒙骗一些人，可惜他的逻辑不通，更与事实不符。

首先，在台湾加入WHA的问题上，马“政府”与民进党“政府”完全没有“继承性”。恰恰相反，如果台湾不是政党轮替，顽固推行“台独”路线的民进党被赶下了台，重新执政的国民党马英九实行内外政策的“拨乱反正”，台湾绝对不可能被世卫组织邀请参加WHA。

其次，台湾得以加入WHA，是马英九实行开放的、和解的和善意的两岸政策，和两岸双方本着“建立互信，搁置争议，求同存异，共创双赢”的默契，进行良性互动的结果，是两岸关系迈入和平发展正确轨道的重要标志。而民进党执政八年，推行封闭的、对抗的、挑衅的两岸政策，不仅不是两岸关系和平发展的“推动者”和“建设者”，恰恰相反，是两岸关系的破坏者、台海局势持续紧张严峻的根源。当年民进党陈水扁、谢长廷之流所烧的“木炭”，和国民党马英九并不在同一个“灶”上，他们所烧的“灶”，是破坏两岸关系的“灶”，实乃两股道上开的车，南辕北辙，怎可混淆是非、颠倒黑白！如今台湾加入 WHA，民进党和谢长廷何功之有？

再次，要说饮水思源，在台湾政治人物中，对台湾加入 WHA 真正有功者，是连战、吴伯雄、江丙坤和宋楚瑜等，正是他们在民进党制造两岸对立、台海上空布满战争阴霾的关键时刻，不计毁誉，不顾风险，毅然参访大陆，进行“破冰之旅”、“和平之旅”、“搭桥之旅”，与胡锦涛达成多项“共识”与“愿景”。这些“共识”与“愿景”，其中就包括台湾加入 WHA 问题，这是世人皆知的事情。所以，“争功诿过”的不是别人，正是谢长廷自己。

谢长廷的奇怪逻辑可以休矣！

（《海峡导报》，2009/05/01）

民进党由“自闭”走向“自残”

民进党还真是会“配合演出”！不久前，笔者刚刚在本专栏发表《民进党得了严重的“自闭症”》一文，不料昨天下午，为瘫痪议事，杯葛马当局“开放大陆学历”的政策，民进党27个“立委”就在“立法院”内反锁自己长达六小时之久，真实地上演了一场“自闭”闹剧！

民进党的“自闭”，反映出该党的“内忧外患”。

先说“内忧”。陈水扁虽人在牢里，却另立“扁中央”，几乎事事给民进党出难题、唱反调。年底县市长选举，具指标性意义的台南县长候选人至今摆不平；“5·17呛马反中”大游行，本土“独派”社团又执意在高雄另辟战场，和党中央互别苗头，前景堪忧。党主席蔡英文疲于奔命，无计可施。

再说“外患”。马当局施政“渐入佳境”，兴利除弊初见成效，股市连日大涨，经济景气回暖，两岸开放政策正在开花结果。民调显示，台湾民众对马团队的支持度和满意度都在稳步提升。就连美国都一再表示放心与支持。

面对“内忧外患”，民进党不思反省，继续自恋于“台独”意识形态不能自拔，对马当局的两岸开放政策尤其恨之入骨，动辄以“卖台”、“倾中”相诋毁。道理讲不出来就骂大街、耍赖，甚至搧人巴掌，其恶形恶状自然遭到社会舆论的抨击和主流民意的唾弃。现在好了，民进党使出了新绝招，变出了大家从未见过的新花样：由“自恋”变“自闭”，民进党的“立委”们干脆把自己反锁起来，不让别人进会场。看谁还能说民进党“黔驴技穷”！

民进党的“自闭”源于失去“自信”；而失去“自信”，则因为失去了往日的“理想性”；而失去“理想性”的民进党已经破罐破摔，不知“社会观感”为何物，更不在乎主流民意对他们的所作所为是否同情与支持，一味为反对而反对，只要自己“爽”就好。

举一个早已被人淡忘的例子，便可知今日的民进党早已不是昔日有“理想性”的民进党了：十六年前也即1993年的4月15日，台湾“国大”议场上也曾上演过一出民进党籍“国代”张川田掌掴“考试院长”提名人邱创焕的闹剧。当时，以“公平、正义、自由、民主、人权”相号召、一心想“走上执政”的民进党，迫于社会舆论压力，民进党“国大党团”未敢护短，公开谴责本党同志张川田“不道德”，并施于严厉纪律处分，党主席许信良还为此公开“向全民道歉”，终于得到社会舆论的谅解。而同一个民进党，不久前该党女“立委”邱议莹，在“立法院”同样上演了掌掴国民党“立委”李庆华的闹剧，可这次上至党主席蔡英文、民进党“立法院党团”，下至该党的一般政治人物，竟然视打人者邱议莹为“女中豪杰”，举党力挺。民进党自甘堕落到如此地步，令人不胜唏嘘！

自甘堕落的民进党如今自锁“立法院”，可见其“自闭症”已经发展到了晚期，若再不省悟，继续讳疾忌医，下一步势必由“自闭”走向“自残”。如若不信，大家拭目以待！

（《海峡导报》、中评网，2009/05/06）

台版“文革”还需陆客“见证”吗

民进党发动的“5·17呛马保台大游行”已经进入倒计时。日前，民进党发言人郑文灿声言：“欢迎大陆游客到台湾体验台湾民主。”正在华府访问的民进党主席蔡英文随后表示：此议颇有“创意”，可考虑在游行当天设立“中国游客专区”，让大陆观光客“见证台湾民主”。

阿弥陀佛！难得民进党这次不同以往，没有仇视反而“欢迎”大陆同胞！

不过，去年10月，张铭清在台南孔庙被追打、座车被砸，大陆同胞已经领教了什么是“台湾民主”；11月，陈云林赴台被暴徒围困，央视女记者柴璐被踹，大陆同胞再次领教了什么是“台湾民主”。“台湾民主”还需要大陆游客“见证”吗？即将上演的“5·17闹剧”，又会让大陆游客“体验”到、“见证”到什么样的“台湾民主”呢？

民进党公开扬言，“5·17”要挑战公权力，游行过后接着静坐24小时，并且拒绝申请“路权”，不管他人权益是否因此受损，就是要“以身试法”、“打死不退”，要包围“总统府”，不惜“流血冲突”，并且蔡英文说已经作好了“坐牢的心理准备”。明明是十足的“无政府主义”，是街头流氓无赖行经，这也是“台湾民主”？

近期以来，各种资料表明，台湾经济景气正在复苏，马团队“拼经济”已初见成效，岛内民调无不显示，马英九的两岸开放政策得到多数台湾民众的肯定与支持，马团队的民意满意度正在稳步提升。民进党却闭眼不顾事实，全盘否定马团队的政绩，污蔑两岸开放政策“卖台”、“倾中”。为了给民进党年底的县市长选举造势，也为了维护党主席蔡英文的领导权威，不惜在台湾面临甲型H1N1流感入侵威胁的关键时刻，执意要搞大规模集会游行活动。明明是为一党一己之私，打着民主反民主，是少数强暴多数，这也是“台湾民主”？

民进党执政八年，造就了另一个“台湾奇迹”——世界级的陈水扁贪污家族。民进党上上下下，不仅不以扁为耻，赶快与扁切割，相反，在陈水扁的刻意操作主导下，民进党发动的这场“5・17 大游行”已经失焦变调，将变成以“呛马保台”为名，以“捍卫司法人权”为幌子，实则“挺扁救扁”的大闹剧。明明是黑白颠倒，视司法为无物，道德价值观沦丧，这也是“台湾民主”？

民进党女“立委”张花冠，名字很雅，言行举止却十分鄙劣低俗。她“创意”更足，竟然挖空心思，把高雄一所学校校名“狮甲国中”改成“中国甲狮”，绣在书包上要让她的支持者背着参加“5・17 大游行”。遭到舆论的挞伐甚至连同党同志都不敢认同，但这位张女士却我行我素，死硬到底，干脆把“中国甲狮”更改成“中国甲塞”（闽南话“甲塞”是“吃屎”的意思）。明明是寡廉鲜耻，侮辱包括台湾在内的自己的国家尚不自知，这也是“台湾民主”？……

说不客气的话，这种所谓“台湾民主”一点儿都不新鲜！人妖颠倒，意识形态挂帅，以“大民主”相标榜的十年“文化大革命”，大陆同胞早就亲身“体验”过、“见证”过了。而且与大陆“文革”相比，台湾版的“文革”只能算是“小儿科”！吃尽了“文革”苦头的大陆同胞，如今眼看着台湾重蹈大陆覆辙，民进党却还沾沾自喜，一有机会就向大陆卖力推销，不免替他们感到难过又觉着可怜！

大陆的民主确实还很不完善，需要努力改革，但如果向大陆推销台湾版的“民主”，那就不必了！

（中评社，2009/05/12）

民进党为何无法与扁“切割”

蔡英文民调满意度“惨不忍睹”

去年此夕，在台湾“大选”中惨败的民进党被迫鞠躬下台，台湾政权完成了具有历史性意义的第二次政党轮替。

台湾民众用手中选票，表达了对民进党执政八年的强烈不满，期望它下台后洗心革面，重新出发。然而一年过去了，民进党在新任党主席蔡英文的领导下不进反退。各种民调显示，民进党的支持度始终低迷不振，即使在今年初马英九民调满意度不断下滑的情况下，民进党的支持度也仍然在三成上下低空徘徊，毫无改观。至于蔡英文本人的民调满意度更是急剧流失，今年5月比去年7月整整掉了26个百分点，只剩下23%，可谓惨不忍睹！

无法与扁“切割”难以挽回民心

民进党下台一周年始终不能挽回民心，原因固然很多，但谁都否认不了，无法与陈水扁“切割”，则是其中的重要因素之一。

民进党执政八年，台湾民众最痛恨的是什么？莫过于扁珍家族的贪腐与滥权。按理说，民进党丢失政权，首先要追究陈水扁的责任，站在社会正义一边，协助检调部门清查扁家的贪腐弊案，与陈水扁彻底划清界限，展现出“革故鼎新”的气象，以求得台湾民众的宽恕与支持。

然而一年来，民进党美其名曰与阿扁“柔性切割”，实则是“柔性”有余，“切割”为虚，把“毒瘤”当“资产”，打着“捍卫司法人权”、反对“政治迫害”的幌子，对扁家含情脉脉，难舍难分，最终在陈水扁的无耻恐吓与“急独派”挺扁势力的裹挟之下，蔡英文被迫低三下四到台北看守所探监，向陈水扁妥协让步。所谓“五·一七呛马大游行”，也因此变调成“挺扁大游行”。人在牢里的陈水扁，事后竟然给党主席蔡英文打分，对

“五·一七大游行”表示“满意”，真是情何以堪！

无法与扁“切割”关键原因何在

有人简单解释为“人情”因素，其实对于政客而言，“人情”值几个铜板！关键在于：

第一，说白了，民进党内的许多头面人物，原本与陈水扁就是“共犯结构”，是一条绳上拴的蚂蚱，“一荣俱荣，一损俱损”。人们不难发现，挺扁最力者，大都是有案在身者，保扁其实就是为了保自己！有这批人在民进党内当道，还能指望民进党会和陈水扁“切割”吗？

第二，表面上看，党主席蔡英文性格软弱，难以抗拒陈水扁和“急独”派挺扁势力的威胁与裹挟，但从深层次分析，当年“两国论”炮制者之一的蔡英文，本身就是如假包换的“台独”份子，其政治理念和思想脉搏与陈水扁和“急独”派挺扁人士一脉相承、并无二致。因此，在当今“只问立场，不问是非”的台湾政党政治现实环境下，原本格局有限的蔡英文，自然难以摆脱陈水扁和“急独”派挺扁势力的绑架与裹挟，最终成为他们的政治俘虏！

可惜了蔡英文，上了李远哲的当，好好的学者不当去当政客！

（《海峡导报》、中评网，2009/05/21）

民进党不再“屁股”面对大陆

“形势比人强”

与台湾朋友交往多了，你会发现，他们口中经常挂着一句“口头禅”——“形势比人强”。

你看！民进党籍的高雄市长陈菊才刚刚访问过大陆，在绿营内部掀起一股不大不小的“旋风”，台湾媒体接着又报导，另一位民进党籍的台南县长许添财也将跟进，打算在6月底率团赴厦门参加“第一届海峡杯帆船锦标赛”；紧接着，嘉义县长陈明文在民进党中常会上“发难”，呼吁民进党“应该重新定位与论述中国路线”，不应反对党籍县市长登陆，党中央应明订登陆标准，“不要屁股对着中国”，得到不少中常委的认同；至于前一阵子曾经释出“登陆”信息，而被“急独”派和党中央“挡驾”的吕秀莲，更是借题发挥，对外放话说：“无论是民进党还是独派都必须认清政治是有机学的事实，绝对有必要与时俱进”云云……

面对党内务实派的反弹，党主席蔡英文不得不“与时俱进”，指示民进党“中国事务小组”把已经草拟好的《党公职赴中国交流注意要点》，按几位党籍县市长的“访中”经验，再做调整和修改，并于“近期内尽快提出”。

果然再次应验了台湾朋友的口头禅——“形势比人强”！

“鸵鸟政策”已难以为继

民进党下台一年来，面对急速发展变化中的两岸关系茫然不知所措。出于“台独”本能，他们对马英九的两岸开放政策一味杯葛。“逢中必反”、“逢马必呛”的结果，使得民进党的路愈走愈窄，愈走愈失去民心，愈走愈没有自信。于是只好实行“鸵鸟政策”，把头埋在沙子里，关起门来“自闭”、“自慰”！

然而，政治是非常现实的！民进党的“立院党团”可以“自闭”“自慰”，蔡英文为首的党工们也可以“自闭”“自慰”，但作为一方“父母官”的民进党籍县市长却无法“自闭”“自慰”！一年来，这些民进党籍的县市长在如何既要坚守“党籍立场”，又要顾及地方的经济发展、民众的切身利益和自身的生涯规划之间痛苦地挣扎。他们眼见国民党“独享”两岸关系和平发展的“红利”而心急如焚，早就对党中央的“鸵鸟”、“自闭”、“自慰”大陆政策内心不满，颇有微词。早先已经“登陆”的嘉义县长陈明文、云林县长苏治芬，包括公开为“孔庙暴力事件”向张铭清道歉的台南县长许添财等，实际上都是用具体行动表达了他们对民进党保守僵化大陆政策的不满与无奈。如今，借着陈菊的成功登陆而公开“发难”，与党中央“呛声”，更突显了民进党的“鸵鸟”、“自闭”、“自慰”大陆政策已经难以为继，正面临不得不进行调整的临界点！

“侧身”对大陆比“屁股”对大陆有进步

根据蔡英文的指示，民进党的《党公职赴中国交流注意要点》即将出炉，但可以预见，就像唐僧对付孙悟空一样，其中必定规定有许多“清规戒律”，用以捆绑民进党公职人员参访大陆的手脚。蔡英文说了：党公职赴大陆要进行“风险管控”；民进党中央发言人郑文灿也说：“党公职赴中国交流最重要的是不要被政治操作。”看来，民进党和大陆打交道很没自信，虽然不再“屁股”对着大陆，但侧着身子，摆出架势，处处设防。

不过这也难怪！这些年来民进党头面人物一直与大陆甚少交往，对大陆实在太不了解，又兼“台独”意识形态作怪，心存警惕亦属人之常情！更何况，即便规定许多“清规戒律”，但有条件开放党公职人员参访大陆，这毕竟是民进党的一大进步。有进步就值得肯定，应当欢迎。侧着身子面对大陆，总比“屁股”对着大陆强！

（香港《文汇报》、中评网，2009/05/29）

短期内难望民进党调整两岸政策

民进党籍高雄市长陈菊成功登陆、台南县长许添财即将跟进、《党公职赴中国交流注意要点》即将出台、务实派纷纷跳出来要求进行党内两岸政策大辩论……民进党的这一连串事件引起了岛内外舆论的热烈讨论，普遍认为民进党保守僵化的两岸政策已经难以为继，正在进行务实调整。

民进党真的开始务实调整两岸政策了吗？非也！

请看与上述相反的消息：先是党主席蔡英文亲自出面，宣称“民进党还有很多事要做，两岸政策并非重要和急迫性”，反对举办党内两岸政策大辩论；紧跟着该党“中国事务小组”也声言，“目前没有调整两岸政策的急迫性，也暂无举行中国政策辩论的需求”；近日民进党更对外宣布，决定分两阶段推动“两岸经济合作架构”（ECFA）的公投联署……

如此看来，认为民进党已经开始调整两岸政策，只不过是外界一厢情愿的幻觉！

不错！民进党对陈菊和许添财参访大陆公开放行，并制定《党公职赴中国交流注意要点》，对党公职人员赴大陆参访实行“低度管理”，相较以往，这是一个进步，值得肯定和欢迎。但据此就得出结论说，民进党已经开始调整两岸政策，则显然为时尚早！须知，民进党制定《党公职赴中国交流注意要点》，充其量只是在无法继续阻拦党公职人员“登陆”的政治现实之下，不得不采取的一种被动举措，目的正是为了“规范”而不是“鼓励”党公职人员赴大陆参访。

本人认为，民进党在短期内难以启动两岸政策调整。原因有四：

其一，缺乏“紧迫性”。今年底县市长选举是地方性选举，民进党不会为了一场纯属地方性的选举而急于调整两岸政策。陈菊登陆引发的政治效益，反而使他们认为只要有限度地开放党公职赴大陆参访，就足以争取到中间选票，扭转不利局面。再加上炒作 ECFA 公投联署，便可以稳住“基本盘”，立于不败之地。

其二，领导不力。目前民进党仍被“急独”挺扁派所绑架，党内敢以公开站出来主张调整两岸政策的务实派仍居少数；党主席蔡英文政治性格软弱、缺乏魄力，又无派系奥援，无力整合全党，推动民进党两岸政策转型。

其三，派系各有盘算。民进党内真正具政治实力的“天王”级人物盘踞在各个派系，目前他们仍在窥测方向，各怀鬼胎，各有盘算，暂难达成共识，促成民进党两岸政策转型。

其四，还存在幻想。民进党失败得还不够惨，他们还不服气，几次街头运动证明，“基本盘”还在；又兼马英九民调满意度始终低迷不振，他们还有幻想，认为不必调整两岸政策，仍有实力与蓝营一搏。

如果以上分析不谬，可以预见，民进党在日后的重大选举中如若不再惨败几次，让它多进几次“加护病房”进行抢救，逐步瓦解松动其“基本盘”，那么民进党便难以摆脱“急独”挺扁派的绑架，党内务实派也很难真正出头，成为主流。在此之前，民进党保守僵化的两岸政策，顶多作一些无关痛痒的修修补补，不可能启动真正意义上的调整与转型。

总之一句话：短期内难望民进党调整两岸政策，外界心存善念，予以“鼓励”可以，但不可过于天真！

（中评社，2009/06/02）

民进党早已堕落成“儿戏党”

日前，台湾“中央日报网络报”发表社评曰：请民进党“不要再把推动公投当作儿戏”。其实，民进党岂止把推动公投“当儿戏”，整个党都早已堕落成了“儿戏党”！

阿扁上台，民进党堕落成“儿戏党”

尽管我们一向反对民进党搞分裂，搞“台独”，但不管怎么说，早期的民进党毕竟是在为它所信仰的“理想”认真打拼。可是，自打擅要权谋、贪腐成性的政治小丑阿扁上台执政后，民进党就注定不可避免地逐渐堕落成了“儿戏党”。

回想阿扁执政八年，民进党搞的“儿戏”真是“罄竹难书”！

举其大者：“核四厂停建再复建”，是不是“儿戏”？为了骗选票，花了纳税人那么多的钱盖了那么多的“蚊子馆”和“养机场”，是不是“儿戏”？“二次金改”，“以小吞大”、图利特定财团，是不是“儿戏”？执政八年，卖官鬻爵，提拔了数百个“将军”，是不是“儿戏”？推动“公投入宪”和四次“公投绑大选”挑衅大陆，制造台海紧张局势，是不是“儿戏”？“迷航之旅”、“烽火外交”、“贿赂外交”，是不是“儿戏”？……

事实证明，在阿扁的主导之下，民进党早就堕落成了“儿戏党”！

民进党依然故我，继续“儿戏”

阿扁“儿戏”了整整八年，不仅把民进党好不容易才打下的江山给“儿戏”没了，更把台湾“儿戏”成族群对立、政党恶斗、经济大幅滑坡、两岸同胞濒临战争边缘！问题在于：民进党被赶下台后，依然故我，并未接受教训，一年来在新任党主席蔡英文的率领下，还在继续“儿戏”！

在“立法院”内动辄霸占讲台要无赖、丢鞋子、掮耳光、锁门“自闭”，是“儿戏”！“逢陆必反”，煽动民众走上街头，追打张铭清、围困陈云林，反对两岸协商谈判，是“儿戏”！“逢马必呛”，不问青红皂白，反对任何两岸开放政策，杯葛采认大陆学历、反对陆生入岛，是“儿戏”！对扁家贪腐弊案视而不见，至今拒绝与扁切割，是“儿戏”！现如今，就连攸关台湾经济是否边缘化的 ECFA 问题，民进党也要发动“公投”极力阻挠，当然是更大的“儿戏”！……而且现在看来，民进党还要再没完没了地继续“儿戏”下去。

民进党何以会变成“儿戏党”

民进党之所以被阿扁引导成“儿戏党”，关键在于阿扁的“立党为私”！在阿扁的眼里，民进党也好，“台独”也罢，统统都不过是他猎取个人、家族和亲信小集团私利的政治工具。失去了“理想性”的民进党，自然也就迷失了方向，不顾大多数人的利益，胡搞乱搞，搞得天怒人怨！“民进党”成了“民退党”，说它是“台独党”都是抬举它！下台后的民进党拒绝与扁切割，美其名曰“捍卫司法人权”，实则无法摆脱阿扁“立党为私”的荒谬路线，找不到前进的正确方向，继续在黑暗中乱冲乱撞，仍然是不折不扣的“儿戏党”！

“人”失去了理想，便会“游戏人生”，犹如“行尸走肉”；“党”失去了理想，则没有了“党魂”，变成只为少数人谋利的“儿戏党”。不言自明，失去理想的“党”，比失去理想的“人”危害更大！

民进党如何才能走出“儿戏党”的烂泥淖，重新找回“理想性”？唯有靠该党精英们及其支持者的觉醒！否则，不要说重新走上执政，能否继续生存都要打个大大的问号！

（《海峡导报》、中评网，2009/06/05）

马英九第一任内“胡马会”登场难实现

困扰国民党多时的马英九是否兼任党主席的风波，在马吴联合记者会后大概可以落幕了。围绕这场风波，不免引起人们的许多思考：

其一，本来这件事若是处理得当，应该不至于酿成这么大的风波。究其根源，盖出于国民党长期以来根深蒂固的“放话文化”的劣根性。改造国民党，是马英九兼任党主席所标榜的重要目标，但愿马英九及其亲信幕僚今后能以身作则，从改造国民党的“放话文化”劣根性做起，展现出和以往不同的新气象。唯其如此，外界才会相信，马英九真正有能力、有魄力改造国民党。

其二，有舆论认为，马英九兼任党主席的最大好处，就是“党政一元化”。未来党中央和“立法院”党团统统都得乖乖听马英九的话，配合行政团队执政，真正做到“完全执政，完全负责”。此话固然不假，但世间任何事情有利则必有弊，能否趋利除弊，关键在于“主事者”。就说李登辉和陈水扁，“党政一把抓”，究竟是“趋利除弊”还是“趋弊除利”？已经不言自明。“完全执政”的结果，变成了“完全不负责任”，害惨了台湾！

其三，不错！马英九不是李登辉，更不是陈水扁，相信他不会搞独裁、搞黑金，更不会搞“台独”、搞贪腐。但不擅与人“沟通”，则是马英九人格特质中的最大弱点，这也正是他上台之初，造成“府、院”、党配合不顺畅的重要原因之一。须知，党籍“立委”个个都是“人精”，除了少数不分区“立委”，其余大多数“立委”都是在选举中“拼杀”出来的战将，何况他们还要代表各自选区选民的切身利益，倘若以为马英九兼任了党主席，一切就会 OK，那就未免太过天真。“府、院”、党能否配合顺畅，恐怕还得从小马哥克服自身不擅与人“沟通”的弱点做起才成。

其四，马英九不擅与人“沟通”，除了“性格”使然，更在于“心态”。马英九及其亲信幕僚总以为，国民党能够重新上台执政，全靠了马英九。所以无论党中央还是“立院”党团，统统都该“唯马首是瞻”。其实，诚如蔡玮教授所言：马英九能赢回政权，“国民党上下将士用命也功不可没”！马英九的这种错误“心态”如果能从根本上得到调整，真正摆正位置，客观地看待自己，那么他不擅与人“沟通”的弱点则不难克服，而日后“府、院”、党的顺畅配合、国民党的兴旺，乃至台湾的进步与繁荣，也就不难预期。

其五，马英九兼任党主席，不仅是国民党的“家务事”，同时也是国共两党和两岸关系发展中的一件大事。有人乐观评估，马英九兼任党主席后“胡马会”很快就会登场。但本人妄断，在马英九的第一任期内“胡马会”很难实现。问题不在大陆，而在于面对来自岛内外的强大压力，以竞选连任为第一考虑的马英九有没有这样的胆略？须知，马英九下决心兼任党主席，考虑的重点在“内政”而不在“两岸”。

其六，相反，有人则担心马英九兼任党主席后，国共两党的交流与合作将会因为“胡马不能会”而大受其损，显然这是“过虑”。试想：国民党重新执政后并没有“胡马会”，何以一年来两党和两岸关系的发展却能一日千里，十分顺畅？关键就在于国民党高层在两岸政策上有高度共识，不存在分歧。故此，不必担心马英九兼任党主席后，国共两党一时间“王不见王”，而给两党和两岸关系的发展造成负面影响。

（《海峡导报》，2009/06/11）

两岸关系发展“欲速则不达”

自打马英九参选党主席的消息传出后，“胡马会”的呼声便一直不绝于耳。近日，马英九在接受媒体专访时明确表示：“国共论坛由谁参加可因时因地制宜，若当选党主席，倒不一定非要我本人参加才行。”这实际上已经证实了笔者以往的判断：至少在马英九的第一任期内“胡马会”不可能实现。

事情明摆着的，马英九在其第一任期内的最“核心”考虑，是2012年的竞选连任；竞选连任能否成功，关键在于马团队“拼经济”的绩效；“拼经济”的绩效如何，关键又在于两岸的经济交流与合作。而一年来的实践，已经证明两岸的经济交流与合作，不必通过“胡马会”即可实现。

故知，如果胡马相会，必定是涉及两岸的重大政治议题。而两岸重大政治议题的协商谈判一旦提上议事日程，便立即要面对以下三方面的挑战：（一）两岸是否已经累积起足够的互信？双方是否已经做好了谈判的充分准备？（二）台湾主流民意能否接受谈判结果？（三）美、日两国的态度如何？试想，在当前台湾的政治生态下，两岸签署ECFA尚且如此困难，不难预料，至少在马英九的第一任期内，两岸敏感政治议题的协商谈判，很难提上议事日程。这也正是大陆方面为何从一开始就提出：“建立互信，搁置争议，求同存异，共创双赢”，和“先经后政，先易后难，循序渐进”推动两岸关系发展的根本原因之所在。这一政策和策略的最大特点，就在于它强调推动两岸关系发展轻、重、缓、急的节奏感。它不是坐在办公室里凭空想象，而是吸取了以往对台工作经验教训的基础上提出来的。一年来的实践证明，这一政策策略行之有效，理应继续坚持。

须知，推动两岸经济交流合作的正常化与制度化，没有几年的功夫难以真正落实。急以推动“胡马会”，无异于主张抛弃“先经后政，先易后难，循序渐进”的正确策略，犯了政治上的“急躁症”。其病因就在于被一年来两岸关系快速发展的良好势头所迷惑，低估了处理两岸事务特别是敏感政治议题的困难度和复杂性。

实践一再证明："欲速则不达"，两岸关系发展只能是"循序渐进"，心急吃不了热包子！

有人担心，马英九兼任党主席后，"胡马会"如果短期内不能实现，等于国共论坛"降级"，势必对两岸关系发展造成负面影响。这是一种只看"表面"不看"实质"的片面观点。

要讲"实质"，自2005年"国共论坛"创立以来，国共两党何曾有过真正意义上"最高层级"的交流？"胡连会"时国民党还是在野党；"胡吴会"时吴伯雄虽贵为执政党主席，但职掌台湾当局最高行政大权的却是马英九。但尽管如此，并没有"影响"和"降低"国共论坛在推动两岸关系发展中所发挥的巨大作用。因此，笔者认为：问题的关键，并不在于是否能够早日实现"胡马会"，而在于马英九究竟抱持什么样的两岸观！

（《海峡导报》、中评网，2009/06/18）

马英九必须警惕“黑白脸论”

台湾岛内总有一些人喜欢要小聪明，在如何与大陆打交道方面，我们就常会听到一种自以为“很聪明”的理论——“黑白脸论”。

“黑白脸论”真的有那么好吗

其实，这种所谓“黑白脸论”并不新鲜，早在上世纪90年代李登辉主政时期，“黑白脸论”就很盛行。当时，以李登辉为首的国民党内“独台派”，与民进党为代表的“台独派”内外勾结，“独台派”唱“白脸”，“台独派”唱“黑脸”，互为奥援，既帮助李登辉排挤了党内异己，稳固了权力，又与大陆周旋，对抗“和平统一”，民进党也因此而不断发展壮大。其结果，两岸协商谈判中断，台海局势紧张，国民党丢失了政权，台湾也因此跌入了陈水扁“台独”贪腐政权的痛苦深渊！

2000年陈水扁民进党上台后，李登辉“退而不休”，组织“台联党”。据他自己说，他组党的目的是为了“说民进党不便说的话，做民进党不便做的事”。说穿了，就是由“急独”的“台联党”唱“黑脸”，执政的民进党唱“白脸”，狼狈为奸，共同对抗大陆搞“台独”。其结果，陈水扁执政八年，台湾族群对立，政党恶斗，官场贪污成风，经济大幅滑坡，两岸关系濒临战争边缘。最终，民进党也被台湾民众用手中的选票赶下了台。

事实说明，“黑白脸论”何曾对台湾有丝毫的“帮助”？既害惨了国民党和民进党，更害惨了台湾和台湾人民！

鼓吹“黑白脸论”，把两岸关系引向何方

重新上台执政的国民党接受教训，马英九推行两岸和解开放政策，两岸互信得以不断增强，两岸关系进入了和平发展的正确轨道，两岸人民正在共

享得来不易的和平发展带来的巨额“红利”。此时此刻，有人还在不识时务地鼓吹“黑白脸论”来对付大陆，究竟要把两岸关系引向何方？

对于主张“台独”的人鼓吹“黑白脸论”，一点儿都不奇怪，因为他们想要欺骗世人，为“台独”制造“正当性”和“合法性”。奇怪的是，近一段时间来，我们看到，居然有极少数属于“蓝营”的政治人物、名嘴或学者，他们也在隔三差五地公开推销这种错误理论，实在有够糊涂！而且，由他们出面鼓吹“黑白脸论”，更具迷惑性和危险性。

不过，“黑白脸论”的鼓吹者们太不了解大陆。在事关两岸关系的重大问题上，大陆方面是讲原则的，同时也是讲分寸、顾大局的。该让的自然会让，“中国人让中国人嘛！”但不该让的则永远不可能让。过去如此，今后也一样。双方打交道还是讲“诚信”为好，对大陆耍权谋，玩什么“黑白脸”，是不会有任何好处的！

“黑白脸论”是对抗性旧思维下的产物

须知，“黑白脸论”是在两岸对抗性旧思维下的产物，它与当前马英九的两岸和解开放政策格格不入，更违背两岸关系和平发展的时代潮流；鼓吹“黑白脸论”，无异于为“台独”势力张目、评功摆好；鼓吹“黑白脸论”的人，心胸狭窄，只知有“台湾”，不知有“中华”；如果真的效法李登辉、陈水扁，用这种谬论来对付大陆，势必破坏两岸好不容易才培养起来的政治互信，无助于两岸协商谈判达成共识，共创双赢。总之，鼓吹“黑白脸论”，表面上“为台湾”，实则“害台湾”！“害中华”！

“黑白脸论”可以休矣！我们要提醒马英九及其亲信幕僚：务必明辨是非，切勿上当！

（中评社，2009/06/25）

李登辉的“朋友论”是新版“两国论”

肯定李登辉“朋友论”，笔者不敢苟同

“姜”还真是“老的辣”！李登辉日前说了句两岸关系“你我是朋友”，就激起了岛内外舆论的热烈讨论，而且大都给予高度肯定，誉之为“与时俱进”、“台独”立场松动、为民进党点了“一盏明灯”、将会给民进党“很大压力”……

果真如此吗？笔者实在不敢苟同。

为了说明问题，我们不妨多费点笔墨，还原一下李登辉的相关谈话。据台湾媒体报导，李登辉是这样说的：“台湾的首要任务是建立一个目标，标示台湾的地位，两岸关系也应该在这个目标中定下明确位置。”他说，目前的大陆和台湾关系应该是“你是你，我是我，但你我是朋友”。对于两岸关系的改善，他认为“应该予以欢迎，但考虑到中国大陆的不确定性，要分清彼此，与中国大陆打交道才是实际的。”李登辉还表示，他不反对“台湾与中国深化交流”，在WTO的架构下，“三通、四通、五通都不要紧”，但同时务必推展“和中、亲美日政策”，并以“国家”的身份继续保有超然的地位。

李登辉的“朋友论”，是新版的“两国论”

上引李登辉的谈话，可以悟出以下四个相互关联的意涵：

第一，台湾当前的“首要任务”是明确“两岸关系定位”；

第二，目前“两岸关系定位”应该是“你是你，我是我”；

第三，在“分清彼此”的前提下，“你我是朋友”，欢迎两岸关系的改善；

第四，台湾应保有“国家”身份的“超然”地位，推展“和中、亲美

日政策”。

从上述四个层次的分析，不难得出结论：李登辉新近抛出的“朋友论”，只不过是调整了“台联党”妄图推动台湾“法理独立”、而事实早已证明走不通的“急独”路线，重新回归到1999年7月他主政时期提出的“两国论”。所谓“你是你，我是我”，主张“分清彼此”、保有台湾“国家”身份的“超然”地位，这不是“两国论”是什么呢？与陈水扁所说的“台湾中国，一边一国”又有何区别呢？

李登辉这次提出的“两国论”之所以颇受外界肯定，原因就在于它不是简单的历史重复，而是进行了精心包装后才重新上市，我们姑且可以称之为新版的“两国论”。说它是“新版的两国论”，“新”就“新”在：

（一）他使用简明扼要、老百姓一听就懂的通俗语言，来界定海峡两岸“一边一国”；用温和、感性的“朋友论”，来取代硬邦邦、冷冰冰的政治术语“两国论”。而这也正是它容易迷惑人的地方。

（二）面对中国大陆的崛起、两岸实力的此消彼长和国际政治格局的演变，李登辉与冥顽不化的民进党确实有所不同，主张台湾要适时调整策略，不要再与大陆硬抗。这也就是有人称赞他“与时俱进”的原因所在。

李登辉的“有条件朋友论”不具实际意义

然而，透过现象看本质，在“两岸关系定位”的关键问题上，李登辉的“台独”立场看不出有丝毫的改变。李登辉的两岸“朋友论”，乃是“有条件的朋友论”。这个“条件”，就是大陆必须承认海峡两岸“你是你，我是我”，互不隶属，各自具有独立的“国际人格”，也就是“一边一国”。唯其如此，台湾才可能与大陆“交朋友”、打交道。

由于民进党太让人失望，老谋深算的李登辉抛出这种“有条件朋友论”，乍听起来的确颇让人“耳目一新”，但略加揣摩，便知实属空谈，不具任何实际意义。故笔者认为，不可误导舆论，给予不切实际的评价，否则，更大的失望必将在前面等着我们！

（《海峡导报》、中评网，2009/06/30）

建议给“国共论坛”正名

民进党中央日前通过决议，封杀该党现、卸任党公职人员出席长沙“国共论坛”。据说“理由”是“‘国共论坛’是国共两党的事，跟民进党无关”；民进党不能“为国共两党背书”，沦为中共的“统战工具”云云。

其实，民进党封杀该党人士出席长沙“论坛”，心中明明另有政治盘算，却偏偏要拿“国共论坛”的“名称”做文章，当借口。

不错，“国共论坛”的确是由国、共两党共同主办，但众所周知，历次出席“论坛”的人士决非仅仅局限于国、共两党。就拿台湾方面来说，每一届“论坛”都有亲民党、新党和无党团结联盟的代表参加，另有两岸知名企业、工商团体负责人、著名专家学者出席。上届“论坛”两岸经济、金融主管部门的负责人还首次以“特邀嘉宾”、“特邀专家”的名义应邀出席。又据台湾媒体报导，在应邀出席这届长沙“论坛”的台湾方面 278 名代表中，国民党籍的只占三分之一。而大陆方面，出席历届“论坛”的除了中共人士，一些参政党派团体如民革、民进、台盟、台联等也派员参加。故知，“国共论坛”，实际上是涵盖海峡两岸各党派、无党籍人士和相关民间企事业单位、专家学者参加的范围十分广泛的交流平台，怎能说只是“国共两党的事”，出席该“论坛”就是“为国共两党背书”，会沦为中共的“统战工具”呢?!

其次，从历次“国共论坛”的主题来看：首届“论坛”主题为：“两岸经贸交流与直接通航”；第二届“论坛”主题是：“加强两岸农业合作，实现两岸农业互利双赢”；第三至第五届“论坛”的主题则分别为：“两岸经贸文化交流（直航、教育、旅游观光）”、“扩大和深化两岸经济交流与合作”、“两岸教育、文化交流与合作”。上述五届“论坛”的主题都与台湾经济文化的发展，与台湾同胞的福祉息息相关，请问民进党，贵党一天到晚说“爱台湾”，整天把“台湾人民的福祉”挂在嘴边，你们敢说这些议题都是“国共两党的事，跟民进党无关”吗?!

再来说“论坛”的名称。实际上该“论坛”的名称曾经变换过多次：首届称“两岸经贸论坛”；第二届叫“两岸农业合作论坛”；从第三届开始“论坛”才有了固定的名称，即“两岸经贸文化论坛”。国、共两党在正式场合，包括两党领导人的讲话，从来都没有把它称为“国共论坛”。“国共论坛”的叫法，实际上是媒体记者为了写稿方便给“简化”的。所以，民进党不可不顾事实，“望文生义”，把国、共两党“主办”的“论坛”，说成是国、共两党的“家务事”，“跟民进党无关”！

其实，民进党并非不了解上述情况，只因他们“台独”意识形态挂帅，心胸狭窄，罔顾台湾和台湾人民的切身利益，恶意封杀该党人士出席国、共两党“主办”的“论坛”。

为此，笔者郑重提出建议：（一）为了“名正言顺”，同时也为免继续落入民进党“口实”，从这届长沙举办的“两岸经贸文化论坛”开始，两岸媒体形成默契，不再将“两岸经贸文化论坛”简称为“国共论坛”；（二）为与今年5月在福建召开的两岸大规模民间交流平台——“海峡论坛”相对应也相区别，同时也为新闻媒体称呼方便，主办方国、共两党不妨考虑将“论坛”名称更改为“两岸论坛”。（自注：行文至此，收到一则短信，马英九居然与笔者“不谋而合”！）

（《海峡导报》、中评网，2009/07/10）

达赖访台，民进党是“大赢家”吗

马英九宣布批准达赖访台，引起了海内外的强烈震动。舆论大都认为，岛内朝野围绕着这场“88 水灾”的政治角力，民进党是“最大赢家”！

民进党不要高兴太早，恐怕未必！

其一，正当台湾社会各界倾全力援救“88 水灾”之际，民进党却正事不干，使出“歪招”，打着“人道和宗教”的幌子，邀请一贯从事分裂祖国活动的“政治喇嘛”达赖访台，已经引起岛内社会各界的强烈不满，质疑民进党不顾灾民的死活，为一党一己之私“趁着灾难进行政治操作”，其政党形象再度大受其损。

其二，民进党一向标榜台湾“本土化”、“自主性”，人所共知，台湾“本土”宗教有慈济功德会、有佛光山、法鼓山、有中台禅寺、有基督教长老教会、有道教……不乏像证严法师、星云法师、惟觉长老……这些德高望重、信徒如云的高僧。台湾的这些“本土”宗教组织及其领袖，历来在台湾救灾的关键时刻发挥出重大作用，既出钱出力，又抚慰灾民受难的心灵，深受台民拥戴。民进党舍“本土”宗教组织和宗教领袖不邀，另请“外来的政治和尚”达赖去“念经”，不知当下在救灾第一线没黑没夜、艰苦奋战的“本土”宗教领袖及其广大信众情何以堪？

其三，退一步说，即使从“纯宗教”的角度而言，此次遭受水灾死难最为惨重的多为少数民族村庄，众所周知，由于历史的原因，台湾少数民族大都信奉天主教和基督教，根本不知达赖的“藏传佛教”为何物，更听不懂达赖讲的话，即使要请外来的宗教领袖为亡者“超度”、给幸免于难的灾民“祈福”，也理应邀请天主教和基督教的教宗赴台才是正途，对此民进党不是不知，却偏偏要请达赖赴台，明摆着的是把少数民族灾民当作其谋取政治利益的工具，那么这些少数民族灾民又会作何感想？

其四，参与联署的南部绿营七个县市长，不思在各自县市的救灾第一线一心一意指挥救灾，却有闲情逸致跑到高雄凑到一起召开记者会，已被外界纷纷指责为企图转移视线，掩盖本县市防灾救灾不力的行政疏失，进行“危机管控”。然而当救灾告一段落之后，接下来“监察院”势必要追究各县市防灾救灾责任，这南部绿营的七个县市长恐怕统统都难辞其咎！故此，他们煞有介事地联署邀请达赖访台，或许一时能蒙骗民众，博取好感，一旦真相大白，被广大选民看破手脚，未必真能对今年底的县市长选举和明年的“直辖市长”选举制造利多。

人们或许已经注意到，就连当过扁朝“行政院秘书长”的民进党要角陈景峻，都发出了不同的声音。日前，陈景峻在李涛主持的“二一〇〇全民开讲”政论节目中，对南部绿营七县市邀请达赖访台公开表示反对，认为此举对民进党是“短多长空”。看来，民进党内毕竟还有清醒之士！

（《海峡导报》、中评网，2009/08/29）

吃定大陆的错误思维要不得

就连三岁小孩都看得出来，马英九批准达赖访台的错误决策，使一年多来两岸好不容易才培养起来的政治互信受到了空前伤害，令人痛心！然而，岛内某些蓝营人士却一再放出风声说，同意达赖访台“不会影响两岸关系”；甚或还有人为马团队的错误决策沾沾自喜，拍手叫好，简直是糊涂至极！

作此判断的人，如果其主要依据是8月27日国台办的新闻稿，认为这份新闻稿“批绿不批马”，那就大错特错、误判形势了！

不错！国台办的新闻稿没有直接点马英九的大名，然而试问：民进党早已鞠躬下台，台湾岛内的公权力掌握在谁的手里？谁才有权决定达赖能不能入岛？国台办严正声明，“不论什么身份或形式”，都“坚决反对”达赖访台，这能说对批准达赖访台的马英九没有表示强烈不满吗？

有人不断放话，希望大陆能有“同理心”，“体谅”马英九的难处。此言差矣！

其一，胡锦涛早就说过，“我们和达赖集团的矛盾，不是民族问题，不是宗教问题，也不是人权问题，而是维护祖国统一和分裂祖国的问题。”因此，从根本上来说，是否批准达赖访台，乃是个大是大非的原则问题。原则是不能妥协更不能拿来做交易的。即使从“中华民国宪法”的角度来看，“藏独”也是不被允许的，如果马英九真的坚守“一中宪法”，就理应和大陆一起反对“藏独”，挫败民进党的政治图谋，共同维护中华民族的整体利益。马英九舍此不为，已经铸成大错！话再说得重一点，事实上马英九此举已经违背了两岸关系和平发展的政治基础——“九二共识”。

其二，正是为顾全两岸关系大局，考虑到马英九的艰难处境，同时也给事态的后续发展留有余地，做到“有理、有利、有节”，大陆方面才隐忍不发，没有直接点马英九的名，国台办新闻稿的矛头所向，主要是针对蓄意制造事端的始作俑者——“民进党的一些人”。大陆这样做已经是很“体谅”

马英九的难处，给马英九很大的面子了！

其三，要求大陆能有“同理心”，“体谅”马英九的难处，难道台湾领导人就不该“体谅”大陆领导人的难处，不该有“同理心”吗？

“达赖访台事件”说明，两岸的政治互信十分脆弱，经不起任何风吹草动。我们还必须强调，两岸的政治互信要由两岸双方共同努力来培养和呵护！那种以为“吃定了大陆”、台湾任何时候做任何事情大陆都只能“忍”的错误思维，绝对是要不得的！

达赖已经入岛，大陆方面正在瞪大眼睛密切关注事态的发展，我们希望马英九及其执政团队能够“亡羊补牢”、好自为之，不要再误判形势，一错再错！

（中评社，2009/08/31）

批准达赖访台“方向正确”吗

毋庸置疑，批准达赖访台，酿成了马英九上台执政一年多来两岸关系的首次危机。所幸在大陆顾全大局、马团队和国民党高层小心应对之下，危机尚在可控范围内而未进一步扩大。然而，令人忧心的是，包括马英九在内的国民党决策高层，至今并未真正认识到问题的严重性和危害性。近几日来，他们还在不断放话，说什么批准达赖访台“方向正确”、今天陈菊之所以成为众矢之的，“可想而知马英九当初的决策是正确的”……陶醉于所谓“马英九的牌出手后，化险为夷，未造成台湾社会对马英九的负面观感”。

照此说法，马英九批准达赖访台没有错的话，那么错就是在大陆，是大陆领导人无事生非、无理取闹、庸人自扰了！

是这样吗？透过现象看本质，笔者认为，围绕着“达赖访台事件”所引起的两岸争端，关键在于如何看待达赖这个人物，而要害则是要不要坚持“九二共识”。

问题是明摆着的：大陆方面一再强调，“我们和达赖集团之间的矛盾，不是民族问题，不是宗教问题，也不是人权问题，而是维护祖国统一和分裂祖国的问题”，无论任何人或任何政治势力与达赖集团勾勾搭搭、眉来眼去，都被认为是对大陆的严重挑衅，不惜与之翻脸。而台湾方面则不然，“台独”人士不必说了，就连国民党决策高层也几乎众口一词，不断吹捧达赖是所谓“令人尊敬的世界级的宗教领袖”。他们向来只接受西方反华势力的歪曲报导，根本不相信达赖是暴力恐怖主义组织“藏青会”的幕后指使者和操控者。去年大陆平息西藏暴乱，马英九甚至对温家宝总理口出恶言，至今犹言在耳，令人印象深刻；他们对达赖表面上不赞成“藏独”，实则无理要求中央政府同意其建立“大西藏区”（注：所谓“大西藏区”，除了西藏自治区，还包括青海全省、甘肃省南部、四川省西部、云南西北部，总面积250万平方公里，超过中国国土面积的四分之一，并要求其他民族统统要迁出“大西藏区”），这种明目张胆妄图分裂祖国的行径视而不见、充耳不闻，似乎这只是大陆的事，和台湾无关。

殊不知，即使依照台湾现行的所谓“中华民国宪法”，西藏也是“中华民国”领土的一部分，如果马英九真的恪守“一中宪法”，坚持“九二共识”，就不该和当年李登辉、陈水扁“台独”份子一样，站在西方反华势力一边，把西藏问题视作所谓“宗教问题”和“人权问题”，批准达赖访台，给“藏独”提供从事分裂祖国活动的政治舞台。相反，理应改弦更张，和大陆一道，连手封杀达赖集团的任何政治活动和分裂国家的图谋，共同维护中华民族的整体利益。

故此，笔者日前就已撰文指出，是否批准达赖访台，不是一般的小问题，乃是涉及到要不要坚持两岸关系和平发展的政治基础——“九二共识”的大是大非的原则问题。而原则问题大陆方面是从来都不会妥协的。

马英九批准达赖访台，错就错在他放弃原则，违背“九二共识”，只顾他眼前脱困，只考虑一人一党的政治利益，罔顾中华民族的长远利益而匆忙决策，这才是两岸争端的实质和酿成当前两岸关系危机的根本原因所在。如果不能深刻地认识到这一点，进行认真的反省，还沾沾自喜于所谓“方向正确”，就不可能引以为训。即便暂时渡过了这场危机，更大更严重的两岸关系危机必将再现！

（中评社，2009/09/03）

马当局切勿助“独”为虐，一错再错

“达赖访台风波”尚在余波荡漾，两岸关系裂痕急待修补，陈菊却唯恐天下不乱，再次出招挑衅大陆。据台湾媒体报导，下月即将登场的高雄电影节，将放映吹捧“疆独”头目热比娅的纪录片《爱的十个条件》。

影片《爱的十个条件》是什么货色？就连导演都承认这是一部“失实”的、完全是为“疆独”张目的纪录片。众所周知，这部片子今年 7 月在澳大利亚播出时遭到大陆的强烈抗议，为此，当时大陆参展的影片全部退出了该电影节。

对于这样一部充满政治色彩的影片，影展的主办单位高雄电影图书馆却妄称“无关政治”，说他们挑中这部片子，单纯是因为“符合电影节的主题”。

这届高雄电影节的“主题”是什么？主办方没有明说，但高雄电影图书馆是高雄市政府辖下的官方文化机构。民进党主政下的高雄市官方机构，居然会举办“无关政治”的电影节，恐怕连弱智儿童都不会相信！

就此，国民党“立委”邱毅一针见血地指出：“陈菊刚刚搞完‘藏独’，现在又搞‘疆独’，为了给马政府添乱，无所不用其极，玩政治不要玩到走火入魔。”

我们不禁要问：值此台湾遭受百年一遇的严重水灾，急需朝野同心合力共度时艰之际，陈菊之流却一再使出歪招，蓄意挑动岛内敏感的政治神经，制造两岸冲突对立，究竟想干什么？这就是你们口口声声宣称的“爱台湾”吗？

坚持“台独”的民进党人士蓄意制造两岸对立也就罢了，因为那是他们的“本性”！问题的严重性在于：刚刚因为批准达赖访台而一手破坏两岸互信的马当局，竟然又在第一时间公开表示“支持”与“尊重”主办单位，宣称“台湾保障多元价值及言论自由，放映电影是一种很平常的事情，不需要大惊小怪。”

我们要问马当局：你们要“支持”与“尊重”坚持“台独”的主办单位明目张胆挑衅大陆，是吗？你们的“多元价值及言论自由”允许“台独”公然为分裂国家的“疆独”张目，是吗？那么，你们要不要“尊重”大陆和大陆人民？还要不要坚持两岸互信的政治基础——“九二共识”？

说穿了，马当局“食髓知味”，至今仍在自鸣得意于批准达赖访台“方向正确”，却对两岸关系因此所受到的严重伤害却视若无睹、毫无悔意。我们要郑重提醒马当局：如果你们还不尽快幡然醒悟，继续助“独”为虐，一错再错，采取必要措施制止高雄市政府的挑衅行径，断然撤销播放为“疆独”张目的影片，那么两岸互信势必荡然无存，两岸关系的裂痕必定“雪上加霜”。对此，马当局要负全责！

（《海峡导报》、中评网，2009/09/07）

“达赖模式”不可再重复

陈菊为谋取个人的政治私利，一再出招挑衅大陆，破坏两岸关系和平发展，继邀请达赖访台之后，又不顾大陆的严厉警告，悍然播放为“疆独”头目热比娅张目的纪录片，已经引起岛内各界人士的强烈质疑和反弹。

尤有甚者，“台独”人士还嫌天下乱得不够，据美国《自由亚洲》电台今日报道，台“青年反共救国团”理事长林保华证实，热比娅已接受邀请希望访台，至于能否成行，“现在要看马英九政府”。

如此一来，“台独”份子又给马当局出了一道难题：播放热比娅的纪录片高雄市政府即可决定，无需马当局核准，但是否批准热比娅夫妇入境，却是马当局的权限，无可推脱！

对于这个“烫手山药”，马当局打算如何因应，至今态度并不明朗。日前，“行政院长”吴敦义在回答民进党“立院党团召集人”蔡同荣的有关询问时说：“尚未整体评估”；“陆委会主委”赖幸媛则在回应媒体时笼统地表示：“一切依法办理。”

马当局将会如何“整体评估”热比娅的入境问题？“依法办理”的结果将会如何？依照吴敦义的说法，本周末即可揭晓，然而可以想象的是，这几日海内外一切关心两岸关系和平发展的人士都在拭目以待、忧心忡忡，端看马当局作何决策！

值此关键时刻，我们有必要提醒马当局：切不可再次误判形势，重复“达赖模式”，作出错误决策！

事情再清楚不过，“疆独”头目热比娅，即使按照台湾现行的所谓“中华民国宪法”论，也犯有罪不可赦的“内乱罪”和“外患罪”，倘若马当局只顾自身眼前的政治利益，而罔顾中华民族长远的整体利益，无视大陆的一再警告，以所谓“文化多元”、“自由社会”为借口，再度装出一副“无奈”和“可怜”的样子，配合“台独”分裂势力的政治图谋，悍然批准热比娅访台，给她提供从事分裂祖国活动的舞台，那么这无异于是蓄意毒化两岸气氛，破坏两岸政治互信，为虎作伥！果真如此的话，则可以断言，大陆的反弹势必会比达赖访台更加强烈，两岸关系因此所受到的伤害也必将会比达赖访台要严重得多。

对此，我们诚恳地呼吁马当局，对于热比娅访台问题务必坚持原则，以两岸关系大局为重，以中华民族的整体利益为重，慎之又慎，三思而后行，万不可首鼠两端，有任何“吃定大陆”的侥幸心理，铸成难以挽回的大错！

（中评社，2009/09/24）

禁热比娅入境，为马当局喝彩

在两岸同胞的携手努力下，马当局遵从主流民意，以正压邪，顶住了绿营的压力，毅然决定禁止“疆独”头目热比娅访台，避免了一场比达赖访台更加严重的两岸关系危机。马当局终于又做对了一件事！海内外一切关心两岸关系和平发展的人们，在大大松了一口气的同时，也理应对马当局的明智决策鼓掌！喝彩！

近几日来，台湾舆论界就是否应当批准热比娅访台一事纷纷发表评论，我们高兴地看到，岛内主流媒体几乎众口一词，强烈呼吁马当局应从台湾人民的切身利益出发，拒绝热比娅访台。笔者认为，其中“中央日报”9月25日的社评说得最为到位。该评论从“法理”的高度着眼，认为：“根据‘中华民国宪法’，新疆仍是我们的固有领土，‘中华民国’政府反对台独，当然也反对疆独，因此，对于任何一个试图推动疆独的人，政府当然可以拒绝其入境，根本与人权无关系”，甚至直言：“用俗话说，热比娅想要进入‘中华民国’，根本就是侵门踏户！”可谓义正辞严！铿锵有力！

马当局不是一再表示坚持“九二共识”吗？即使以马英九所说的“一中各表”的“九二共识”，“疆独”头目热比娅也理应绳之以法。禁止其入境已经算是最低标准、相当客气的了！但不管怎么说，这次马当局算是做对了。做对了就应该肯定！喝彩！

从这件事情我们亦可悟出：两岸关系和平发展是人心所向，大势所趋，谁要想破坏它、扭转它，都是痴心妄想！

然而，“台独”人士不会懂得这个道理。你看！台湾媒体又报导说，原已宣布撤展的热比娅纪录片，高雄市政府又重新决定要在10月份的影展上播出了。而马当局禁止热比娅入境的正确决策，也势必会让“台独”份子们跳脚。我们倒是要瞧瞧它们有多大能耐？就不信它们真的能把地球给弄不转了！

“台独”人士不是总喜欢侈谈什么“民意”吗？这次高雄“台独”政

府真的是大大地得罪了大陆13亿人民的民意！可以预料的是，“陈菊们”若不改弦更张，用不着北京官方发话，大陆游客必然不会再踏进高雄一步；大陆采购团必不会再采购高雄的产品；陆资将不会再投资高雄；大陆货轮将拒绝在高雄装卸货物；大陆航空公司也不排除因客源不足而停飞高雄小港机场……而所有这一切，都必须由“最有台湾人骨气”的“陈菊们”负全部责任！大陆民意使然，恐怕官方也没办法管！

何去何从，马当局已经作出了明智的抉择，“陈菊们”呢?!

（《海峡导报》、中评网，2009/09/26）

孔杰荣又在胡言乱语

纽约大学法学教授孔杰荣（Jerome A. Cohen），在哈佛时教过马英九和吕秀莲，就自以为自己是“国师公”，近几年来总喜欢对台湾内政评头论足，说三道四。大概也是因为年岁大了，有时不免说些胡话。你看，近日就马当局应不应该让“疆独”头目热比娅入境的问题上，孔老先生又在胡言乱语了！

据台湾媒体报导，本月25日，孔杰荣应邀在华府“台独”团体台湾人公共事务会（FAPA）举办的研讨会上发表专题演讲时说：马当局“指控热比娅是恐怖分子，或与恐怖组织有关，是‘很荒谬的’。因为如果这是问题，最先受到恐怖威胁的应该是美国，因为她就住在华盛顿。”

其实，“很荒谬的”不是别人，正是法学教授孔杰荣自己！

首先，马当局并未指控热比娅本人是“恐怖分子”，至于说由她担任“主席”的“世界维吾尔代表大会”与恐怖组织“东突厥斯坦伊斯兰运动”有密切关联，这是世人皆知的事实，不必多所举证！“东突”已被美国认定为恐怖组织，而热比娅的得力助手——“世维大会”秘书长多理坤·艾沙又是国际刑警组织通缉的国际恐怖分子，马当局说热比娅与恐怖组织有关，并以此为由禁止热比娅入境，何错之有?!

其次，孔杰荣说美国并未受到热比娅的“恐怖威胁”，所以认定热比娅不是“恐怖分子”，这种逻辑更是荒唐！打个比方：谁都知道狗会咬人，但却不会咬自己的主人。说白了，“疆独”头目热比娅就是美国豢养的一条恶狗！由她操控的世维大会，很大一部分活动经费来源于美国国会拨款的民主基金会资助，所以美国主子只会看到热比娅之流十分可爱地不断向它摇头摆尾，当然不会感到任何的“恐怖威胁”！不过，我们倒是要提醒美国政府：损人不一定会利己，狗也有发疯反过来咬自己主人的时候，本·拉登就是最典型的例子！

孔杰荣教授还表示，他对美国政府不让台湾“总统”、“副总统”、“行政院长”、“外交部长”及“国防部长”到华府，“感到很不高兴”；同样，他也对台湾当局不让热比娅入境“感到很不高兴”，并说希望“不要伤害到台湾的民主形象”。这种说法更是无的放矢！莫名其妙！

其一，出于“国家利益”考虑，不光是美国政府，恐怕世界上任何一个国家的政府，手中都握有一份依照情势变化而不断更动的所谓“黑名单”。大凡被列入这份“黑名单”的人，或禁止入境，或入境后需严格管控。日本政府不是曾多次拒发李登辉的访日签证吗？韩国政府不久前才刚刚拒绝恐怖分子多理坤·艾沙入境；上月美国总统奥巴马也因考虑到中美关系大局而取消了与达赖会面……例子可谓不胜枚举！这是世界各国行使“主权”的通例，与所谓“民主”、“人权”毫无关系。

其二，作为美国政府纳税人的孔杰荣先生，对于美国政府的任何政策，感到“高兴”也好，“不高兴”也好，那是他的权利；但是马当局为台湾人民的切身利益考虑，以中华民族的整体利益为重，作出禁止“疆独”头目热比娅入境的政治判断与决策，关美国人孔杰荣屁事！他爱高兴不高兴！

奉劝孔杰荣教授，胡言乱语可以休矣！

（《海峡导报》、中评网，2009/09/28）

关于两岸政治对话的六点建议

八月上旬，连战先生在接受台湾刚刚创刊的《旺报》采访时表示：“两岸关系已走上正轨，协商先易后难，也符合常理，但两岸的政治议题是避免不掉的，一定要面对。”不久前，连战先生又在美国访问期间发表演讲时指出：“政治议题无可避，迟早必须面对，以两岸的现况，除了坚持‘九二共识’与‘宪法’的一中原则，更重要的是终止两岸敌对状态及建立两岸（军事）互信机制”。对于连战先生的上述看法，笔者深以为然。开启两岸政治对话和协商谈判，此其时矣！

和平发展尚处于低级阶段

自去年5月台湾政坛再次政党轮替以来，两岸关系发生了翻天覆地的巨大变化，毋庸置疑，和平发展已然成为两岸关系的主轴。

在短短的一年多时间内，两岸关系之所以能够取得如此巨大的进步，关键在于两岸双方在坚持“九二共识”的基础上，本着“建立互信，搁置争议，求同存异，共创双赢”的互动原则，和“先经后政，先易后难，循序渐进”的务实方针，妥善处理当前的两岸事务。

然而，由于历史与现实问题的纠葛，两岸政治关系上的结构性矛盾与分歧，至今一个都没有得到解决。因此，目前两岸的政治互信依然十分脆弱，不稳定因素大量存在，一遇风吹草动，两岸关系随时都可能重趋紧张。去年八月北京奥运有关“中华台北”代表团名称的争执，以及近日发生的“达赖访台事件”和“热比娅事件”，都清楚地证明了这一点。

事实说明，和平发展虽然已经成为两岸关系的主轴，但目前尚处于低级阶段，任重而道远，两岸同胞务必认清形势，继续携手努力奋斗。

历史的经验值得注意

重温近三十年来的两岸关系发展史，吸取其中的经验教训，有助于我们认清当前形势，达成共识，作出正确决策，推动两岸关系和平发展进一步深化。

近三十年来两岸关系发展的曲折历程，给我们以下两点重要启示：

其一，体现一个中国原则的“九二共识”，是推动两岸关系发展的政治基础。承认和坚持“九二共识”，两岸互信就能不断增强、两岸协商谈判就能不断取得进展、两岸关系就能不断缓和发展。相反，违背或否认“九二共识”，两岸互信就必定遭到破坏、两岸协商谈判就必定中断、两岸关系危机就必定重现。

其二，两岸协商谈判一开始从低层次的事务性、功能性、经济性的议题着手，乃是正确的、可行的，因为只有这样才能逐步累积互信，增强信心。但政治性议题决不能刻意回避，当低层次的事务性、功能性、经济性议题的协商谈判取得进展之后，应适时地开启两岸政治性议题的对话和协商谈判。否则，事务性、功能性、经济性议题的进一步协商谈判必然会遇到障碍，进入无法突破的瓶颈。即使已经形成的“共识”，也无法签署正式的“协议”；签署了正式“协议”，也难以有效推动落实。从而使两岸事务性、功能性、经济性议题的协商谈判往往徒劳而无功、难以为继。

上世纪九十年代李登辉主政台湾时期，以上两点表现得格外典型和突出。

上述经验教训告诉我们：“先经后政”不能“光经不政”；“先易后难”不等于可以“回避难题”。经过一年多来两岸关系的良性互动，在已经初步建立起两岸政治互信的基础上，当前两岸双方在继续进行经济、文化的协商谈判和交流合作的同时，能否“知难而上”，不失时机地开启政治性议题的对话和协商谈判，已经成为推动两岸关系和平发展向更高一级阶段迈进的关键所在。

几点思考和建议

笔者认为：

1. 两岸政治性议题的对话和协商谈判，同样应该在坚持“九二共识”的基础上，遵循“先易后难，循序渐进”的务实精神，从比较容易达成共识、比较容易做到的议题谈起、做起。

2. 两岸政治性议题的对话和协商谈判，机不可失，但又不可能一蹴而就，应采取“先智库后官方；先对话后谈判”的节奏，逐步推进；注重“前期研究”，提倡“换位思考”，以诚相待，不搞权谋。

3. 当前，两岸双方应首先就政治对话的程序性商谈做出安排。通过程序性商谈，就政治对话的议题、日程、方式等问题达成双方都能接受的共识，并签订协议。

4. 两岸政治性议题的对话和协商谈判，应设定最终目标：签订两岸《和平协议》，也即两岸关系和平发展架构的确立。

5. 两岸政治性议题的对话和协商谈判，可分为以下“三步走”：

第一步：两岸就宣布“终止敌对状态”进行对话和协商谈判，并达成共识，签订协议。

第二步：两岸就建立“军事互信机制”进行对话和协商谈判，并达成共识，签订协议。

第三步：两岸就正式签署“和平协议”进行对话和协商谈判，并达成共识，签订协议。

6. 具体的政治性、军事性议题（例如，台湾方面最为关切的“扩展台湾国际活动空间”、“台湾当局的政治定位”、“导弹部署”等问题），可按照上述三个步骤的设计，依轻、重、缓、急的次序，纳入两岸政治对话和协商谈判，达成共识，逐步解决。

机不可失，时不再来，开启两岸政治对话和协商谈判，促进两岸政治关系的发展，已经客观地提到了两岸当局的议事日程，势所必然，无可回避，也不应该回避！

（中评网，2009/11/03）

阿扁“永远争第一”

无人可以否认，“永远争第一”是阿扁一生中的最大特点。你看：

从读小学到读中学直到读大学，不知经历了大大小小多少场的考试，据说阿扁场场都考“第一”！

就读台湾大学法律系时，还是个在校生的阿扁，就已经考上了海商法的律师资格，开始执业赚钱，阿扁也是“第一”！

走上从政之路后，无论是当“立法委员”还是当台北市长，历次民调或评鉴结果，据说阿扁也都是“第一”！

竞选连任台北市长落败，紧接着竞选“总统”，在谁都认为毫无胜算的情况下，居然能够一举成功，阿扁更是“第一”！

当然，阿扁的“第一”还有很多，他的创造力实在惊人，不光创下许多台湾“第一”，更刷新过多项世界纪录。请看：

在选情明显落后对手的关键时刻，阿扁竟然能够靠两粒莫名其妙的子弹翻盘而“总统”连任成功，当数世界“第一”！

当了八年“总统”，阿扁靠权钱交易，巧取豪夺，敛财上百亿，从“三级贫户”摇身变成“亿万富翁”，其贪污数额之巨，“拼经济”成效之著，当数世界“第一”！

“国库”通家库，大钱小钱全都贪，全家老少齐上阵，亲朋亲信都帮忙，各司其职，分工合作，其吃相之难看，贪污手段之高超，谁能说阿扁不是世界“第一”！

东窗事发后，面对司法，面对台湾社会，没有半点悔意，时而气壮如牛充“英雄”，时而装疯卖傻装“可怜”，宣称“绝食”竟偷吃，声言贪污为“建国”，挑动族群对立求自保，绞尽脑汁抗司法，不知人间羞耻为何物，“穷得只剩下钱”，阿扁更数世界“第一”！

……

近些日子，阿扁再创一项“世界第一”：

在苦牢里关押了三百多天已经被关怕了的阿扁，病急乱投医，竟然上诉美国军事法院，宣称台湾“乃属美国军政府管制”，他八年“总统”任内，其实只是“美国军政府在台湾的代理人”，恳求美国军事法院下令马英九撤销对他的无期徒刑判决，还他自由。阿扁卑躬屈膝告洋状，作践自己，出卖台湾，虽然没能成功，当然也不可能成功，但谁又能否认，阿扁的这一“创意”堪称“世界第一”！这不，就连美国军事法院都不无调侃地说：“‘国家元首’自贬身价，变成占领区的行政长官，法院从来没看过这种事！”

呜呼！如此“永远争第一”的阿扁！

哀哉！以“民主社会”自傲的台湾，竟然让如此阿扁当了八年“总统”！当了八年“总统”也罢，居然至今民进党还以“捍卫司法人权”为借口，拒绝与扁切割；居然还有那么一群人不问事非曲直，继续挺扁！

台湾社会真的病了，而且病得不轻！

（《海峡导报》、中评网，2009/10/12）

民进党人的奇怪逻辑

国台办发言人范丽青，日前在记者会上论及陆客减少前往高雄观光的原因时说：高雄市一些势力与“藏独”、“疆独”分裂势力合流，制造事端，冲撞大陆核心利益，伤害大陆同胞感情，大陆民众对此表达不满是很自然的。

此话一出，立即挑动到民进党一些人那根错乱的神经！他们又是召开记者会，又是在“立法院”质询，蜂拥而上，借题发挥，胡言乱语，指称国台办“干涉内政”、“打压高雄”、“以商逼政”、“伤害台湾民主和言论自由”……

民进党这些人的逻辑，真是奇怪得让人目瞪口呆！请问：

要说“干涉内政”，高雄市一些势力邀请“藏独”精神领袖达赖赴台参访、播放为“疆独”头目热比娅张目的影片，蓄意挑衅大陆，制造事端，冲撞大陆核心利益，究竟是大陆“干涉”高雄的“内政”，还是高雄“干涉”大陆的“内政”?!

要说“打压高雄”、“以商逼政”，难道要大陆官方硬逼着大陆游客去高雄观光，才不是“打压高雄”、“以商逼政”吗?!

至于说“伤害台湾民主和言论自由”，难道只有民进党人士才有权享有“民主”和“自由”，而大陆游客就没有不去高雄观光的“民主”和“自由”？大陆国台办发言人也没有就此事进行客观评论的“民主”和“自由”?!

更奇怪的是，大陆游客不去高雄不对，去了高雄也不对：钱花多了说你“猖狂”！花少了又说你“抠门儿”、“对台湾经济无补”！嘴巴长在他头上，随便他说！因为“民主”和“自由”，这是他们的专利！

民进党这批人思维错乱，行为模式总是与常人不同。

他们骨子里极端自私自利，思考问题、对人对事，一向都是“以我为圆心”，而嘴里却口口声声说他们最“爱台湾”。他们习惯于颠倒是非，“煤球”可以说成是“汤圆”，硬说公鸡会下蛋，从来不知反躬自省，更不懂得什么叫“尊重别人”、“换位思考”和“将心比心”。

他们还患有一种很难医治的怪病，叫“被迫害妄想症”。这种疾病的基本特征是：一天到晚总觉得别人都想“迫害”他、都在“迫害”他；甚至明明他迫害了别人，还“猪八戒倒打一耙”，说别人“迫害”了他；你稍一表示反抗，他就会哭天抹泪以“受虐者”自居，装出一副可怜相！

民进党这批人的思维逻辑和行为模式何以会与常人不同？会如此错乱和怪异？说穿了，症结就在于他们严重缺乏自信；而缺乏自信的根本原因，则是因为他们所从事的事业违反时代潮流，违背绝大多数民心。

笔者无意“竹杆子打翻一船人”——毕竟民进党内还有不少有识之士，只可惜在目前绿营的政治生态下他们难以出头，以至眼睁睁看着他们心爱的党在一群男女无赖政客的把持下一天天沉沦！

民进党丢掉了政权，却一点都不见长进！民进党还有救吗？我们拭目以待！

（《海峡导报》、中评网，2009/10/16）

美国吃定台湾

马当局同意大幅开放美国牛肉进口，引发了台湾政坛社会的一场风暴。据台湾媒体报导，马英九的声望近来好不容易才有所回升，这下子又暴跌了14%。这场风暴目前还在蔓延之中，后续发展如何，还有待观察。

众所周知，美国是国际卫生组织公布的疯牛症疫区。比一般牛肉更具传染性的牛内脏，连美国人自己都不吃，而美国却硬是逼着马当局同意开放进口。“己所不欲，专施于人”，这就是最讲“人权”、“人道”的美国的价值观！

问题是，美国为何能够如此予取予求、吃定台湾？

对此，台湾资深的美国问题专家陈一新教授毫不隐讳地表示：“美国总统奥巴马下个月即将访问中国，将影响台美中关系，再加上台湾希望和美国签署自由贸易协议（FTA），更期待和美方签订引渡协议，以及对台军售等议题，都是美方握在手中的筹码。如果能够藉由开放美国牛肉，换得对台湾的安全保证，就是台湾所期待的。”

陈教授更进一步说：“美国主管亚太事务的东亚助理国务卿坎贝尔在华府演讲时指出，奥巴马去大陆的时候，会利用每个机会向大陆提出对台湾的安全保证，这个比实际交换还重要，就是台湾所要的。”台湾很担心奥巴马下个月到大陆，又会对大陆做出什么秘密承诺，“但如果美国不但不对大陆做出害我们的承诺，反而要对台湾做出有利的安全承诺”，开放美国牛肉当然是很值得的。

如此说来，马当局不惜牺牲台湾民众的健康为代价，含泪同意开放进口美国牛内脏，除了经贸方面、法律方面的迫切需求之外，换得美国“对台湾的安全保证”，则恐怕是更重要的考虑。

这就涉及以下两个问题：

第一，美国的所谓“安全保证”，难道真的比台湾民众的健康还重要吗？

第二，美国为了自身的经济利益，连台湾民众的健康都可以不管不顾，它真的会给台湾提供实实在在的“安全保证”吗？

数不清的事实早已说明，美国是这个世界上最自私、最野蛮同时也是最无耻的国家！以强凌弱、以势压人、不管他人死活、美国利益高于一切，这就是它们的行为准则和亘古不变的“真理”！

然而可悲的是，为了“反共拒统”的需要，历届台湾政权从两蒋时代直到李登辉、陈水扁，都以“亲美”、“靠美”为基本“国策”。于是，美国便有了可趁之机，几十年来都吃定了台湾而台湾还不自知，甚而至于还把美国当“恩人”，感激涕零。邱义仁的一句名言：“不抱美国的大腿抱谁的大腿！”坦白得近乎“可爱”！

现在看来，马英九及其亲信幕僚们，也没能摆脱这种自甘堕落的冷战旧思维！他们骨子里依然认为：台美关系重于两岸关系；有美国人撑腰，和大陆打交道台湾才有“本钱”，才不会“吃亏”。明白了这一层道理，也就不难理解他们为何主张开启两岸政治对话和协商谈判，要事先征得美国的“同意”和“认可”了！殊不知，依赖“黑道大哥”不仅是不智的，而且是十分危险的。两岸中国人的事，还是中国人自家坐下来好好商量的好！

说一千道一万，奉劝台湾马英九当局不要再犯傻了！美国人是靠不住的！俗话说得好：“以小看大”、“见微知著”，从此番台美之间有关牛肉进口的谈判，还不足以说明问题吗？！

（《海峡导报》、中评网，2009/10/30）

台北的“政治水温”很冷

本月12日至18日，笔者应台湾太平洋文化基金会之邀，作为以郑必坚为团长的大陆学者代表团成员，赴台出席“两岸一甲子学术研讨会”。这场研讨会虽属民间性质，但由于双方出席的人员层级甚高，而且又首次纳入了敏感的政治、军事和涉外事务议题，打破了自去年马英九上台执政一年多来两岸只谈经济不谈政治的禁忌，开启了两岸智库进行政治对话的先河，因此颇具测试台北“政治水温”的味道。

那么台北的“政治水温”如何？就笔者参加政治组研讨会上的个人感受而言，目前台北的“政治水温”虽说不至于结冰，但确实很冷！

台北的“政治水温”冷就冷在，出席会议的个别绿营学者气焰十分嚣张不必说了，令人讶异的是某些蓝营学者一改在野时期的政治态度，公然否认“两岸一中”，声称如果大陆坚持“一中”，“两岸就没得谈”！一副重新上台执政后换了位子就翻脸的架势，恰好验证了台湾政坛的一句流行语：“屁股决定大脑”！

大陆学者举出李登辉主政时期台湾当局制定的“国统纲领”为例，质疑国民党在“一中原则”和“两岸统一”等重大原则问题上不断后退，台湾学者则一拥而上，辩称这是“与时俱进”，要求大陆学者理解台湾是个“民主社会”，任何政策都必须“以民意为依归”云云。在这种气氛下，一些平日写文章看起来很“一中”的台湾学者，也改唱折衷调门，“顾左右而言它”。台湾大学政治学系教授张亚中应属“异数”，在小组会上仍然推销他一向主张的“一中三宪论”，因为他也宣传“一中”，便被人私下戏称为“‘亚中’是‘一中’的弟弟”。

那么不讲“一中原则”讲什么呢？台湾学者坚持只能讲“一中各表”的“九二共识”。而听来听去，所谓“一中各表”，其实是只要“各表”而不要“一中”。“各表”的结果必然是：“海峡两岸，一边一国”，一个是“中华人民共和国”，另一个是“中华民国”，与“台独”殊途同归！大陆方面当然不能认同。

在“一中”问题上，应该说大陆方面已经很体谅台湾的处境了。最初的论述是，“台湾是中国的一部分”；近几年来调整为“大陆和台湾同属一个中国”；近年来更在多数场合模糊化地只提“九二共识”或“一中架构”。而台湾方面呢？民进党陈水扁执政时期不必提了，国民党也是“食髓知味”、“得寸进尺”，不仅完全抛弃了“一中原则”的论述，就连“九二共识”也一再强调双方有很大争议的“一中各表”，并且要求大陆方面承认，完全回到了李登辉主政中后期的老路，成为进一步深化两岸政治互信、推动两岸关系和平发展的最大障碍。

不提“一中原则”，只提模糊化的“九二共识”，目前还勉强可以混得下去。但试问，如果未来两岸签订和平协议，而这一协议只谈“和平”而回避“一中”，也不明确宣示“未来统一指向”，那么谁能担保两岸分离现状不会因为签订这一和平协议而“合法化”、“固定化”和“永久化”?!

不过，台湾毕竟还是有头脑比较清醒的人物。日前中央日报网络报发表一篇点评文章说：“以中共中央党校前任常务副校长郑必坚为团长的一批大陆‘重重量级’学者，正在台湾参与‘两岸一甲子’学术研讨会。由于涉及两岸的军事、外交等敏感议题，大陆学者不可避免地会坚持‘一个中国’立场，否则，大陆放松对台湾的军事与外交压力，就会变成鼓励偏离‘一中’，甚至鼓舞‘台独’。对于大陆的此一立场，应予理解，才能谋求两岸建立政治互信的建设性途径。”

事实上，不客气地讲，如果没有“一中原则”，就不会有一年多来两岸关系的缓和，两岸关系的和平发展也将难以为继，成为一句空话。一叶知秋，奥巴马访问大陆所传达的信息意味着什么？海内外舆论正在议论纷纷。台湾智库学者应该认清形势，真正“与时俱进”，务实与诚实地面对“一中论述”。

在重大原则问题上，大陆方面坚持的是中华民族整体的长远的利益，因此妥协是有限度的；而国民党当局只关心其一党的选举和执政利益，完全缺乏引导台湾民意的自信和作为，只会跟在民进党的屁股后边“拿香跟着拜”，还美其名曰“遵从民意”。在“引导民意”这一点上，国民党真的远不如民进党。这就是目前两岸双方在“一中”问题上难以达成共识、两岸政治互信难以进一步深化的症结所在!

（《海峡导报》、中评网，2009/11/22）

许信良“狗吠火车”

今年七月和十月，笔者连续两次赴台参访，一次是出席高雄世运开幕式，另一次是参加“两岸一甲子学术研讨会”。这两次赴台，笔者都有幸在台北与许信良先生私下会面长谈。他独到的见解，深邃的国际观和两岸观，以及他对台湾、特别是对自己曾经担任过两届党主席的民进党的挚爱，都给我留下了深刻印象。

县市长选举落幕后，许信良接受媒体采访，对民进党的劝诫，更是“苦口婆心”！

针对民进党胜选后弹冠相庆、忘乎所以，许信良清醒地说：尽管外界将此次三合一选举视为民进党的胜利，但他分析历年选票结构发现，比起四年前县市长选举，尽管绿营得票率成长，但“绝对得票数”却少了数万票；且得票率拉高主因，也是在于泛蓝支持者不愿投票所致。因此，尽管这场选举有助于鼓舞绿营士气，但不突破蓝、绿基本盘，对2012是毫无帮助，“民进党实在没有高兴的本钱”。

那么蓝、绿基本盘不变的主因是什么？许信良一针见血地指出：民进党无法突破蓝、绿六比四的版图，个中原因虽然复杂，但关键在于“中国政策”。他说：“中国已是全球认定的崛起国家，所有关心经济的人都必须面对这股浪潮，如果民进党的两岸政策过于保守，形同放弃这些选票”；“一年多来，任何两岸政策民进党一律抗争到底，如果反对有理也就算了，就怕‘为反对而反对’，真的会陷入死胡同！”许信良强调：经济选民是突破蓝、绿版图的关键，民进党如果继续在“中国政策”上停滞不前，绝对无法吸引经济选民认同，届时要拼2012恐怕是缘木求鱼。

于是，许信良提醒民进党：即将举行的第四次“陈江会”，如果民进党再次闹事，发生像去年一样的暴力事件，只会让中间选民继续支持国民党，2012年就没有希望。他说：“民进党想再次执政，就必须调整两岸政策，否则别说2012年，甚至未来二三十年，都别想再执政！”

许信良的分析可谓苦口良药、一语中的！民进党听得进去吗？

你看，选后民进党中常会已经作出决议，要在第四次“陈江会”期间，在台中搞10万人的大规模“呛声行动”；本土“急独”社团还宣称，陈云林在台期间他们将“如影随行”，甚至有人扬言要“悬赏三百万，缉拿陈云林”，气焰极为嚣张！民进党发动的这场大规模街头运动，能否平安落幕，已是未定之天，令人担忧！

看来，民进党已经被县市长选举的胜利冲昏了头，误以为一年多来他们“逢陆必反”的错误政策得到了台湾民众的肯定，不但不用改弦更张，相反还要趁势而上、继续加码。许信良先生的“苦口婆心”，也就成了“狗吠火车”！

以此观之，县市长选举的胜利，对于民进党的长远发展来说，反而变成了坏事。

外人都看得清楚，许信良是民进党不可多得的重要资产，但民进党自己却不拿他当回事，可惜！

（《海峡导报》、中评网，2009/12/12）

民进党导演的又一出“愚民闹剧”

民进党成立二十多年了，“愚民教育”一直是它的拿手好戏！说大的，“台独”诉求本身就是个不折不扣的假议题，连陈水扁自己都承认，“做不到就是做不到”，但民进党还是坚持要做，这就是最大最不负责任的“愚民”！说小的，每逢大大小小的选举，民进党总要喊出一些似是而非的口号，用来煽动民众，凝聚基本盘，以实现其争权夺利的目的。至于这样做对台湾、对台湾人民是好是坏，那都不是民进党考虑的事情！这就是一天到晚把“爱台湾”挂在嘴边的民进党！

这不，趁着第四次“陈江会”在台中举行，民进党又举全党之力，大搞“愚民闹剧”！而这番“愚民闹剧”所提出的愚民口号，则是：“破黑箱，顾饭碗”。这个口号可谓言简意赅、通俗易懂，颇具煽动性！稍有思考能力的人听了都不免大摇其头，然而民进党的头面人物，却动员大批支持民众走上街头，煞有介事地扯着脖子领着他们卖命喊叫！似乎声音愈大、口水喷得愈多，假的也会变成真的！

所谓“破黑箱”，据说是不满两岸协商谈判“黑箱作业”，“陈江会”“不透明”，没有经过“立法院”审议，没有让“台湾人民”参加，马英九有“卖台”之嫌！所以要“破黑箱”。

按照民进党的逻辑，难不成两岸谈判大陆13亿人、台湾2300万人都要上谈判桌，才叫“透明”？才不叫“黑箱作业”？协议还没有签订，你“审议”什么？再说了，民进党执政八年间，台湾与大陆也曾举行过诸如“小三通”、“春节包机”等多次协商谈判，民进党都“透明化”、事先都经过“立法院”审议了吗？“谈判”岂有事先向对方泄漏底牌之理，古今中外概莫能外，民进党人哪个不知？明知还要胡言乱语，不是蓄意“愚民”是什么?!

所谓“顾饭碗”，据说是“陈江会”签订的协议（包括ECFA），会让台湾民众大批失业，丢掉饭碗，那更是不得了！所以要“顾饭碗”。

第四次“陈江会”要签订的四项协议，包括“农产品检验合作”、“避免双重课税及加强税务合作”、“标准计量检验认证合作”、“渔船船员劳务合作”。另外，ECFA、智慧财产权保护、台商投资保障协议等议题也将纳入对话。这些议题通通都是当年民进党执政时想跟大陆谈，而因众所周知的原因未能谈起来的重大经济议题。四项协议的签订，对于规范两岸经济交流与合作、促进两岸经济发展至关重要，它造福于两岸同胞，对台湾对台湾人民有百利而无一害！民进党做不到而国民党做到了，民进党领导人却昧着良心说话，套句老百姓的话：“也不怕天打五雷轰！”至于说ECFA，这次双方只是“对话”而已，协议的内容是什么样子谁都不知道，民进党危言耸听见到黑影就开枪，更是天大的“愚民”！

说穿了，民进党搞“愚民教育”，目的无它，为选举造势，为一党一己之私！民进党手中没有真理，只好靠骗，靠愚民。但骗也好，愚民也罢，只能得逞于一时而不可能长久！

（《海峡导报》、中评网，2009/12/22）

轻舟已过万重山

在台中举行的第四次“陈江会”已经顺利落幕，连同前三次“陈江会”，两岸两会在短短的一年半时间内，总共签署了十二项协议和达成一项共识，可谓成果丰硕！

回顾四次“陈江会”的协商谈判，或可大致归纳出以下几个方面的特点和发展趋势：

其一，经济性。两会签署的十二项协定和一项共识，无一不是关乎“国计民生”，关乎两岸同胞的切身经济利益，对推动两岸经贸交流与合作、促进两岸经济发展，至关重要。随着这些协议的贯彻实施，必将让两岸同胞切切实实地分享到两岸关系和平发展的“红利”。

其二，务实性。首先，两会协商谈判之所以能在短期内达至如此丰硕成果，正是在两岸当局盱衡当前两岸政治现实的情势下，本着“建立互信，搁置争议，求同存异，共创双赢”和“先经后政，先易后难，循序渐进”的务实精神才取得的；其次，从本次“陈江会”在最后关头因技术性原因毅然放弃签订“两岸租税协议”的情况来看，也反映出两会协商谈判更加务实，更加注重追求“质量”而非“数量”。

其三，平等性。四次“陈江会”先后在海峡两岸的北京（大陆）、台北（台湾）、南京（大陆）、台中（台湾）轮流举行；双方相互尊重，以高规格接待，以诚相待；兼顾双方利益，有商有量，不强加于人，充分体现了平等协商谈判的精神。

其四，制度化与常态化。两会协商谈判不仅轮流在两岸举行，且在议题选择、幕僚作业、谈判人员选择以及谈判方式、安全保卫等各个方面，都在不断累积经验，日臻完善与成熟，这说明了两岸两会制度化、常态化的协商谈判机制业已形成。

“两岸猿声啼不住，轻舟已过万重山！”两岸两会协商谈判的上述特点和发展趋势，充分反映出一年多来在两岸同胞的共同努力下，两岸关系和平发展势头良好，尽管岛内“台独”分裂势力还会不断捣乱和破坏，在前进道路上还会有更大的困难和曲折，但任凭什么力量都已无法抗拒和逆转！诚如陈云林会长在台中市长胡志强的晚宴上所说：“历史将会告诉我们，现今两岸正在走正确的路，无论它有多少艰难万险，我们都一定会坚定地走下去！”

（《海峡导报》、中评网，2009/12/25）

曹兴诚的主张岂止“违宪”

日前，在台湾旺旺中时媒体集团主办的“两岸和平共处法”辩论会上，针对曹兴诚主张在台湾搞“统一公投”，张亚中指出：不论“台独”或统一，台湾前途由2300万台湾人民来决定，照“宪法”这是不对的。目前“宪法”与大陆“主权”重叠，“两岸和平共处法”把“主权”限缩在2300万台湾人民，从法律角度检视，“和平共处法”会变成“和平分裂法”。

记得几年前在北京华侨饭店，曹董曾邀约唐树备主任及本人，征求对“和平共处法”（时称“和平统一法”）的意见，我们当即表示该主张虽很有“创意”，本意也不能说不好，但与法不合、碍难实行。其后，该主张虽经曹董修改补充，但万变不离其宗，诚如张亚中以其专业素养一针见血所指出的那样：存在重大误区——“违宪”。道理至明，依照台湾现行的“一中宪法”架构，“中华民国主权”涵盖大陆，而曹董却公开呼应民进党的“台湾前途决议文”，主张在2300万台湾人民中搞片面的所谓“统一公投”，当然是“违宪”！

进一步而言，曹董的主张岂止“违宪”，从本质上来说，其主张更剥夺了13亿大陆人民的民主权力，不自觉地跌入了“台独”人士设下的“理论陷阱”！

何以言之？

须知，主张在2300万台湾人民中搞“统一公投”，其“立论”基础在于台湾已经是“民主社会”，台湾人民“有权力”通过“公民投票”的民主方式来决定台湾要不要与大陆统一。其实，这正是某些“台独”人士长期以来所鼓吹的一种似是而非的荒谬说法。

首先，大陆与台湾同属于一个中国，这是无可辩驳的法律与国际现实，这与台湾是不是“民主社会”毫无关系。因为“民主”本身并不能创造出“主权”，它只能改变一个国家或地区的“生活方式”。即使台湾社会再“民主”，也无法改变“台湾是中国不可分割的一部分”这一铁的事实。

其次，关于“公投”与行使“民主权力”的问题。诚然，我们应当尊重台湾人民当家做主的愿望和民主权力的行使，但任何民主方式和民主权力的行使，都必须以确保国家领土主权的完整为前提，否则就必然会走向民主的反面而侵犯大多数人民的根本利益。台湾是海峡两岸同胞世世代代共同开发、建设和保卫的神圣领土。就如同大陆不仅仅是13亿大陆人民的大陆，同时也是2300万台湾人民的大陆一样，台湾不仅仅是2300万台湾人民的台湾，同时也是13亿大陆人民的台湾。台湾的领土主权属于海峡两岸全体中国人民所共同拥有。因此，即使要体现“民主”而对台湾的地位与前途举行“公投”，那么也必须在海峡两岸所有的中国人中进行，而不能只在2300万台湾人民中进行。不然，就无异于剥夺了13亿大陆人民的民主权力，反而变成了无视绝大多数中国人意志的“反民主”之举了！

以上简要论辩，不知曹兴诚先生以为然否?!

（《海峡导报》、中评网，2010/01/31）

陈一新教授亲美太超过

美国近日宣布对台售武，外人都看得出，大陆反击的矛头主要针对美国，可作为马当局重要幕僚的陈一新教授，却公开跳出来大放厥词，对大陆反制美国说三道四，既不专业也太过嚣张！

陈教授在接受中评社专访时说："大陆采取激烈抗议行动，不仅会伤及中美关系，更会影响两岸关系，如果大陆对台湾出现不友善举动，例如推迟 ECFA 协商，恐怕年底的'五都'选举，会让民进党渔翁得利。如果国民党失利的话，2012 年'总统'大选，大陆有可能面对的是最不想看到的民进党政权"云云。

不错！美国对台售武，"不仅会伤及中美关系，更会影响两岸关系"，这正是我们所不愿意看到和坚决反对的。但责任究竟应该由谁来负？是始作俑者美国，还是受害者中国？陈教授不问是非曲直，居然站在美国的立场上指责大陆，令人匪夷所思！

更有甚者，陈教授还以美国人的口吻说，"大陆之所以反弹强烈，主要是担心台湾作为美国亚太地区飞弹防卫网的一环，套一句美国人的话说，根本就是小事一件"，但是"大陆越想干预美国，美国越不会受到干预"，举例来说，2001 年 4 月中美军机互撞，"你把美国惹毛了，布什大笔一挥就是 8 项武器（售台），所以不能得罪美国人，如果得罪的话，会让美国更火，卖给台湾更多武器！"

我们要问陈教授：美国欲将台湾作为"亚太地区飞弹防卫网的一环"，对中国大陆而言是"小事一件"吗？再有，陈教授对于美国霸权主义看来十分赞赏，而且对台湾能傍上这样的"黑道大哥"很是得意！我们要说，"亲美"是陈教授的权利，但"亲"到这种地步也实在"太超过"、太让人看不下去了！更何况，物换星移、时过境迁，中国任美国欺负而无力反制的时代已经一去不返！就连陈教授自己也说：这次大陆大动作抗议，主要是因为大陆已经"有惩罚的能力"，而以往在国际社会中，"都是美国在下指导棋，不容大陆有置喙余地”。

至于说到“民进党渔翁得利”之类，这是台湾蓝营人士“吃定大陆”的典型论调！陈教授以威胁的口吻“提醒”大陆说，如果大陆对台采取行动，“让马‘政府’年底吃败仗的话，中国大陆就必须面对2012年国民党失去政权，民进党重新执政”。对此，我们有三点回应：第一，大陆该怎么做自有章法，不劳您太过费心！第二，国民党也太没志气太缺乏自信，如果马政权像纸糊的一样因此而垮台，那也怨不得大陆；第三，再说白一点，如果国民党堕落成和民进党没什么两样，那谁上台执政对大陆来说又有何区别？所以，我们倒是要“提醒”陈教授们：别来这一套！

陈教授还辩解说，对美军购是要增强台湾自我防卫的能力，一来和大陆谈判才会有信心；二来也有应付日本、越南和菲律宾等国挑衅的需要。既然如此，那么台湾大可不必以天价向美国购买，本人出个主意：就由大陆无偿（或低价）提供给台湾自我防卫的武器装备如何?!

（《海峡导报》，2010/02/03）

替马英九当局把脉

主政不到两年的马英九，何以会陷入执政危机？岛内外议论纷纷，莫衷一是。但笔者以为，其根本原因是马当局的内外政策严重脱离了台湾的政治现实。

马英九内外政策的最大特点，是罔顾客观环境，一厢情愿地寻求各种平衡和妥协。

先说对内，马英九宣称要当“全民总统”，企图寻求蓝、绿阵营之间的平衡。为此，一年多来他不顾蓝营支持者的感受，一味向绿营妥协，讨好绿营民众。其结果，蓝营基本盘不断松动，许多支持者从“含泪投票”转而“含恨不投票”，严重削弱了执政的社会基础；而绿营的基本盘却不动如山，民进党支持者一个都没能争取过来不说，马英九还被视作软弱可欺！如此，马英九的民调急剧下滑，选举连遭失败，也就在情理之中了。

实践早已证明，在目前台湾非理性的蓝绿对立政治结构中，根本不存在走“中间路线”的可能，而只能是一种“非此即彼”的零合竞争游戏。台湾的任何一个政治人物，都难以突破这一政治结构的局限。当年陈水扁因为“少数执政”，为欺骗民众、稳定政局，宣称要当“全民总统”，最终并未能挽救其执政失败的命运。而令人匪夷所思的是，挟有 750 万张选票、在“立法院”拥有四分之三绝大多数席位为后盾的马英九，上台执政后也宣称要当“全民总统”。所不同者，陈水扁说要当“全民总统”是骗人的，而马英九说要当“全民总统”却是真心实意的！

再说对外，马当局则推行所谓“和中、友日、亲美”政策，在中（大陆）、美、日三者之间也大玩平衡游戏。这种各方都想讨好的平衡政策，不仅自相矛盾，而且超出了台湾的自身实力。其实，马英九的两岸和解政策，从一开始就遭到美、日的高度怀疑。人们不难看出，民进党“逢陆必反”，不断指责马英九“卖台”、“倾中”，极力牵制马当局的两岸开放政策，实际上其背后都有美国和日本的影子。至于大陆，虽然对马英九的两岸开放政策给以高度肯定与积极配合，但不必讳言，内部同样也存在不少疑问和担忧。

可见，马英九处处讨好的对外政策，其背后潜藏着很大危机。在各方关系相对平稳发展之际，这种平衡政策尚有一定的实施空间，但未来随着中(大陆)、美、日三者之间角力的加剧，台湾左右逢源的空间将会越来越小，势必左支右绌、难以为继。以近日引起轩然大波的对美军购为例，不仅重创了中美关系，一年多来两岸好不容易培养起来的政治互信也因之严重受损。故而从长远来看，这一对外平衡政策也注定无法成功。

人们看到，选举连遭败绩后的马英九痛定思痛，业已抛弃了“全民总统”的迷思，开始着手调整其不合时宜的对内政策，这是一种进步！然而，早已破绽百出的对外平衡游戏，马团队还要继续玩下去吗？

（《海峡导报》、中评社，2010/02/05）

苏贞昌下了一步险棋

在蔡英文的强力主导下，民进党中央本已作出决议，“五都”候选人提名延至五月再作决定。而之所以要等到五月再作决定，一是让国民党先出手，民进党要“后发制人”；二是南部“两都”民进党内抢破了头，“五都”通盘考虑有利于安抚党内各派系，避免出现以往未战先分裂的不利局面。

再者，苏贞昌是目前民进党内无人可比的“人气天王”，按照民进党中央“坐二望三争四”的战略构想，新北市是这场选举国、民两党的战略决战点，谁赢得新北市，谁就赢得了这场选举。而各项民调显示，由苏贞昌出战新北市，是最有可能获胜的最佳人选。

这下可好！苏贞昌不甩党中央和蔡英文那一套，从自身的政治利益出发，急不可耐地擅自提前宣布参选台北市长，这就不仅搅乱了民进党中央和党主席蔡英文的战略布局，实际上也给自己下了一步险棋。

律师出身、在台湾政坛打滚了多年的苏贞昌，表面上喊“冲冲冲”，实则性格投机而又一向谨慎保守，没把握的事他绝对不会轻易出手。此番他无视蔡英文的战略布局，不顾党内其他派系的不满与反弹，悍然提前宣布参选台北市长，自然是经过深思熟虑后的政治操作。

苏贞昌声称：“心中没有 2012，才会有 2012”，这种“此地无银三百两”的说辞，恰恰透露出他心中“唯有 2012”！在苏贞昌看来，如果按照蔡英文的战略布局由他出战新北市，胜则“在情理之中”，败则“无颜见江东父老”，政治生命就此结束。而出战台北市则完全不同：进可攻，退可守，一来相对而言郝龙斌要比朱立伦好对付；二来他若能攻下台北市这个国民党执政 12 年之久的“首善之区”，将给绿营立下头等大功，声望势必大大蹿升，绿营“共主”地位就此定于一尊！届时“英雄造时势”，2012 还是 2016 将由我苏某人酌情挑选；假若败选，自信亦只会“小输”，虽败犹荣，同样为绿营立下大功，回想当年陈水扁和谢长廷，不正是这样被绿营拥戴为

“总统候选人”的吗?!

苏贞昌的如意算盘，可谓“路人皆知”！然而手脚一旦被人看破，也就难以售其奸了！局外人都看得出，苏贞昌的政治算计至少有以下两个盲点：

其一，台北市的选民结构一向蓝大于绿，比例大约在六比四左右，在危机意识的驱动下，识破了“苏贞昌之心”的蓝营支持者，能给苏“胜选”甚或“小输”的机会吗?

其二，搅乱了民进党的战略布局，得罪了党中央和党内其他派系，倘若新北市和台北市民进党因此均告败选，连带而影响到2012绿营的大选成败，苏贞昌难保不会成为民进党和整个绿营的“千古罪人”!

果真如此，苏贞昌岂不是“鸡飞蛋打”！一向投机而又谨慎保守的苏贞昌，这次委实是下了一步天大的险棋!

（《海峡导报》、中评网，2010/03/05）

民进党的“政治泡沫”

回想两年前“总统”大选惨败，民进党内真是“哀鸿遍野”、溃不成军，各大天王没人肯接任党主席，收拾这个烂摊子，好在蔡英文临危受命，挺身而出，历经两年的苦心孤诣，好不容易才把民进党从加护病房里救了出来！“三合一选举”和两次“立委”补选的胜利，绿营士气大振，使两年来饱尝了“失权痛苦”的民进党天王们信心大增，一心以为“鸿鹄将至”，于是纷纷跳将出来，使出全身解数，在“五都”选举候选人党内提名中拼命卡位，务求在日后台湾政坛上再创第二春！其“吃相”之难看，就连吕秀莲都忍不住抨击说：“原形毕露！”

众所周知，经济有“经济泡沫”，其实政治也有“政治泡沫”；当“经济泡沫”出现时，有人会误以为“经济起飞”，同样，“政治泡沫”出现时，也有人会误以为“政治起飞”！

如今，民进党是正在“政治起飞”抑或“政治泡沫”？大概无人敢骤下结论，但有一点则可以肯定：倘若民进党人沾沾自喜，盲目乐观，误以为“蓝天”很快又会变成“绿地”，那恐怕会相当不妙！此话怎讲？

其一，舆论无不指出，近几场选举民进党颇有斩获，主因于马团队执政不力，改革无方，不少蓝营支持者在失望之余拒不出来投票，欲借地方选举之机“教训一下马英九”，并非民进党自身改革成功、绿营票源扩展所至。一旦国民党改革有成，蓝营支持者投票意愿升高，多数选区民进党未必能够讨到便宜。

其二，民进党内各大天王拥兵自重，历史恩怨相互纠结，派系利益高于一切，内斗一向十分惨烈，党主席蔡英文缺乏派系奥援，“小鹰”难驭一群“秃鹰”，目前“五都”候选人提名之争正在进入白热化，对日后民进党选举的负面效应如何？值得观察。

其三，目前岛内经济基本上已经走出金融危机的阴影，各项经济指标都出现好转。今年1月对外贸易创下16个月来的新高，出口较去年同比增长

75. 8%，进口同比增长 114. 7%；税收同比增长 56%；消费者物价指数同比增长 22%；失业率则由去年 9 月的 6. 3% 降到了 5. 04%。预计未来随着全球经济的回暖，台湾经济形势还将继续好转，台湾“主计处”已将今年经济增长率预测上修至 4. 72%。可见，影响国民党选情的主要负面因素——经济大环境正在改善之中。

其四，“三合一选举”特别是两场“立委”补选失利后，马团队“痛定思痛”，拧紧执政螺栓，近来在因应高雄地震以及处理“内阁”成员“凸槌”等问题时，均一改往日因迟钝拖沓而招致民怨的教训，反应都相当快速、妥适，颇受岛内舆论肯定。这表明马团队危机处理的能力已大有改观，执政渐入佳境。不难预期，假以时日马英九及其执政团队的民意满意度将会走出低谷，逐渐提升。

其五，与地方选举不同，“五都”市长选举被蓝绿阵营视为 2012 年“总统”大选的“前哨战”；而 2012 年“总统”大选更是攸关政权是否轮替的生死之战。面对绿营的咄咄逼人和志在必得，蓝营支持者的危机意识正在日益升高，“蓝绿对决”的氛围一旦出现，蓝营的投票率势必提升，届时民进党不见得就能占到上风。

如是观之，不是致力于自身的改革，而只想靠国民党的执政失误捡便宜，显然是靠不住的！眼下，民进党究竟是正在“政治起飞”抑或“政治泡沫”？还真是难说！

（中评社，2010/03/13）

吕秀莲“九六共识”玩得下去吗

日前，吕秀莲纠集了一批“急独派”团体，煞有介事地召开大会，宣布成立由她当总召集人的“九六共识推动联盟”，声称3月23日要在台北举行“车队大游行”，3月26日在高雄发动大游行。据说，该“联盟”有32个社团响应，民进党和台联也表支持，似乎来头还不小！

谁知“雷声大，雨点小”，昨天下午台北“车队大游行”，台湾媒体报导说，只有六七部车10多个“独派”团体的负责人参加，场面冷冷清清，在熙熙攘攘的台北街头根本引不起路人的注意，真是情何以堪！

“九六共识”是啥“碗糕”（闽南语，“东西”的戏称）？“九六共识推动联盟”在成立会上发表“总统民选、台湾独立”宣言称：“1996年3月23日台湾第一次‘总统’直选日，就是‘国家主权独立’纪念日。”吕秀莲说，她推动“九六共识”就是要“消弭蓝绿不必要的猜测”，并公开要求马英九今后不要再提“九二共识”。

其实呢，所谓“九六共识”不过是吕秀莲“自说自话”而已！不用说蓝营，就连绿营内部都难有共识，“独派”大佬辜宽敏就毫不客气地说：吕秀莲“推动这个是在安慰自己，太闲了！”因为事情明摆着的，如果一个地方只因其领导人出自“民选”，便可自称“独立成国”，那天底下不知会“独立”出多少个“国家”来了！所以，所谓“九六共识”只是吕秀莲一个人喊着“爽”而已！

当然，吕秀莲推动“九六共识”自有其政治图谋，绝不是“太闲了”、为了“安慰自己”：

其一，眼见“五都”选举党内各大“天王”纷纷跳出来“卡位”，而以“天后”自居、“雌心勃勃”的吕秀莲当然不能落在人后，自甘寂寞而不发声。

其二，宣布要竞选连任党主席的蔡英文，正在指挥“几个小孩子”紧锣密鼓地撰写她的“十年政纲”，目标对准2012年，谋划民进党的未来

“执政蓝图”，这意味着民进党的世代交替已经启动，“独派”大佬们若不抓住“台独论述”的制高点，势将在这场世代交替中被边缘化。阿扁的影响力已经式微，此刻正是吕秀莲以“台独教母”的身份取而代之的大好时机。

其三，面对两岸关系和平发展的滚滚洪流，新一代民进党领导人将把“台独运动”引向何方？吕秀莲等“独派”人士无不暗自疑虑，为了对民进党的发展方向施加政治影响，此刻也很有必要纠集在一起。

然而，时代不同了，两岸关系已经发生了翻天覆地的变化，吕秀莲纠集“急独派”团体搞什么“九六共识推动联盟”，不过是“蚍蜉撼大树，可笑不自量”。台北“车队大游行”的闹剧已于昨日草草收场，几天后的“高雄大游行”还能玩得下去吗?!

（《海峡导报》，2010/03/24）

“让利说”何妨改成“回馈说”

近些日子来，温总理的“让利说”在台湾岛内持续发酵，与蓝营表示欢迎截然不同，某些绿营人士跳出来大加挞伐，质疑“让利说”是谎言，是中共的“统战阴谋”，甚至抨击此说“矮化台湾”云云。“让利说”原本是大陆对台释出的最大善意，岂料在绿营人士听来却另有一番滋味在心头，恰好印证了老百姓常说的一句话：“好心被当成了驴肝肺!”

要说对台“让利”，岂只现在才开始，从2005年“胡连会”以来，大陆单方面推出的“惠台”措施多达近百项，范围涵盖台湾各个阶层各个群体。只是在民进党执政时期，为了不让在野的国民党“得分”，扁当局利用手中掌握的公权力，千方百计阻挠大陆“惠台”政策的实施，宁肯让台湾经济不断沉沦，老百姓受苦。国民党重新上台执政后，两岸两会恢复协商谈判，四次“陈江会”顺利签署了十二项协议和一项共识，大陆“惠台”措施才得以全面贯彻落实。此番两会推动商签经济合作框架协定（ECFA），民进党出于一党政治私利，刻意歪曲宣传。为排除干扰，消除岛内民众的误解和疑虑，大陆高层亲自出马，春节期间胡总书记在福建视察台湾农民创业园时释出“照顾说”，接着温总理又在两会记者会上提出“让利说”。

从“惠台说”—“照顾说”—“让利说”，大陆对台政策可谓一脉相承。这一政策从中华民族的整体利益出发，视台湾同胞为“自家兄弟”，以建设“共同家园”为理念，以两岸“双赢”为目标，展现出的是一种善意和大度。诚如国台办发言人杨毅所说：“两岸是同胞兄弟，在协商的过程中，我们会按照大陆的一贯政策，从两岸经济规模、产业结构、市场容量等具体情况出发，充分考虑台湾方面的合理诉求，尽可能地照顾台湾中小企业、广大基层民众特别是台湾农民朋友的利益，做出合理的安排。”倘若两岸不是“同胞兄弟”，具有特殊关系，双方谈判势必按照国际惯例，锱铢必较，岂有“照顾”、“让利”之有！再者，倘若两岸不是“同胞兄弟”，具有特殊关系，其他WTO成员也决不会同意大陆单方面“让利”给台湾。

然而，大陆的这种“善意和大度”，却被绿营人士曲解为“谎言”、“统战”和“矮化”。究其原因，除了“台独”意识形态作祟和五都选举的造势需要之外，绿营人士长期与大陆不相往来，对大陆充满误解与敌意，彼此严重缺乏互信，显然有着直接的关系。此外，从深层次来说，或许也是绿营人士“弱势自卑心理”被扭曲后的一种自然流露。

不过，话说回来，既然绿营人士对“让利说”如此感冒不爱听，本人倒是主张大陆不妨再大度些，将“让利说”改成“回馈说”！

众所周知，广大台商对大陆经济发展的卓越贡献，大陆一向都给予充分肯定。数据显示，从1988年到2008年二十年间，台湾对大陆投资一五二〇亿美元，仅次于港澳，居境外投资第二；同时，台商在大陆的国际贸易总额为一兆八〇五三亿美元，占同时期大陆国际贸易总额的百分之一七点七四；台商还创造了一千四百四十三万多就业机会；并在大陆纳税一一〇四亿多美元，占大陆税收的百分之三点三八。大陆经济的快速发展，台商的贡献着实不可磨灭，如今台湾经济有困难，大陆的日子比较好过了，兄弟出手相帮，也是理所当然的一种“回馈”！

本人这一建议，不知大家以为然否？

（中评社，2010/03/30）

辩论 ECFA，蔡英文底气不足

据台湾媒体报导，3 月 28 日蔡英文在出席嘉义县民进党党务巡回座谈会上说："民进党有两个最大的政治工程，一个是 ECFA，一个是 10 年政纲，民进党必须赢得'五都选举'，且唯有民进党赢得 2012 年'总统'选举，才能保住台湾。"

先不论蔡英文"才能保住台湾"的说法是不是真有道理，也不谈她尚未出笼的"10 年政纲"究竟是啥"碗糕"，既然蔡英文把 ECFA 看得如此重要，不仅事涉"五都选举"民进党的输赢，甚至提升到能否"保住台湾"的高度，那么人们就不免要问：为何半年多来蔡英文一再寻找借口，躲避和马英九辩论 ECFA 呢？

几天前事情似乎发生了转机：正当台湾媒体鼓吹由"行政院长"吴敦义与蔡英文进行 ECFA 辩论时，蔡英文突然一改往日拒绝"双英辩"的消极态度，主动出击，主张辩论必须是"党主席对党主席"才对等，直接向马英九叫板，要国民党"放马过来"，并设下高门槛：必须先由"国会"研拟并公布一份由独立机构撰写的 ECFA 评估报告；必须经过"公投"才能与大陆签署 ECFA 等。

围绕着"ECFA 双英辩"的议题，近几日岛内外媒体正在热议之中，不料蔡英文突然又改了主意！就在这次嘉义县的座谈会上，蔡英文在大谈 ECFA的重要性之后却说，"陈明文对 ECFA 非常了解，是民进党 ECFA 的'最佳辩士'"，如果马英九要找她针对 ECFA 议题进行辩论，她"一定将战帖交给陈明文，让陈明文与马英九辩论"。几天前还说只有"党主席对党主席"辩论才对等，现在却主张让一个"立法委员"和"总统"进行辩论，不知这是哪门子的"对等"！这种难以自圆其说的做法，终于让蔡英文在世人面前漏了底：

其一，原来，蔡英文自己也承认她并不"非常了解"ECFA。问题是：连在扁当局当过"陆委会主委"和"行政院副院长"的蔡英文都不是"非常了解”ECFA，难道只当过小小嘉义县长的陈明文反而“非常了解”ECFA吗？

其二，原来，蔡英文推三阻四，以种种“理由”拒绝与马英九、吴敦义辩论，继而又设下根本无法兑现的高门槛，假装同意进行“双英辩”，闹了半天都是蔡英文底气不足、怯阵的表现。高喊“放马过来”，不过是“夜行人过坟地吹口哨”——提虚劲为自己壮胆而已！

谁都知道，ECFA 目前两岸尚在协商谈判阶段，具体内容连双方参与谈判的人员都无法说清，以蔡英文为首的绿营人士却不问青红皂白，给马英九扣上“卖台”、“倾中”的大帽子，把两岸商签 ECFA 避免台湾经济边缘化的大好事刻意“妖魔化”，以为“好事骂多了也可以变坏事”！其用心蔡英文已经不打自招：为了赢得“五都选举”，争夺选战议题的主导权。所以，“保住台湾”是假，为一党之私“危害台湾”是真！

民调显示，“ECFA 双英辩”已经成为台湾多数民众的期盼，既然民进党已经把两岸签署 ECFA 宣传得如此不堪，既然蔡英文已经把 ECFA 议题设定为“五都选举”的主轴，那么尽管蔡英文底气不足，并不情愿亲自出马进行“ECFA 双英辩”，但形势发展至此，恐怕也由不得她不辩了。然而，蔡英文未战先怯，“ECFA 双英辩”胜负已定！

（《海峡导报》，2010/03/30）

赵建民的“解释”避重就轻

马当局主管大陆事务的“陆委会副主委”赵建民先生，日前在淡江大学的专题演讲引发了包括本人在内的多名大陆学者的质疑后，昨日出面接受中评社采访时说：媒体转述他的讲法“并不完全正确，有断章取义之嫌”。然而，读完中评社的采访全文，给本人的唯一感觉是：赵建民先生的“解释”避重就轻，有的没的说了一大堆，不但没能“说清楚讲明白”，反而云遮雾罩让人愈看愈糊涂：媒体的“断章取义”在何处？“不完全正确”在哪里？

其实，赵建民先生别的都不必多说，只需“说清楚讲明白”大陆学者质疑的以下三个重点：

第一，在淡江大学的演讲中，您是不是说过“台湾蓝绿阵营有共识，台湾与美国关系要优于两岸关系”？如果说过，这是否意味着公开宣示马当局早先提出的“两岸关系与台美关系要平衡发展”、“两岸关系要高于台美关系”的政策，已经作出了重大调整？

第二，在淡江大学的演讲中，您是不是说过“大陆对台湾永远是威胁”？如果说过，这算不算与绿营人士相配合，刻意渲染、煽动台湾民众对大陆的敌意？作为“陆委会副主委”，您对两年来大陆一再对台释出善意和诚意，视台湾同胞为“兄弟”，努力推动两岸关系和平发展如何评价？您对两岸关系和平发展的前景作何展望？

第三，在淡江大学的演讲中，您是不是说过“要让大陆永远想着经济”？如果说过，这是否表明马当局已经抛弃了“先经后政”的两岸政策主张，今后与大陆互动“只经不政”，“永远”只和大陆谈“经济”？

国民党重新上台执政两年来，两岸关系和平发展势头良好，目前两岸商签经济合作框架协议（ECFA）进展顺利，然而值此关键时刻，赵建民先生的演讲发出了不和谐之音，令人遗憾！更让人忧心！

赵建民先生说得不错，本人与赵先生是交往多年的好友，正因为是

“好友”，所以才相互比较了解。从赵建民先生的演讲中我们不难体察到，两岸的政治互信是如此地脆弱！在两岸互动中，冷战时期的“对抗性思维”在台湾根深蒂固，总也挥之不去，岂止绿营人士才有！“亲美”和“反共”是一对孪生兄弟，很难切割！无论美国如何欺负台湾，强迫台湾进口它的问题牛肉、花天价采购美国的武器装备，还是要“亲美”，据说因为美国是台湾的“盟邦”！而无论大陆如何向台湾“让利”，以同胞之爱相许，还是要“反共”，据说因为那都是对台湾不怀好意的“统战阴谋”！这种长期形成的错误心态倘若不发生根本性的转变，两岸的政治互信势必难以进一步增强，两岸关系和平发展也将难以深化！

我们要强调的是，赵建民先生不是一般的智库学者，是马当局主管大陆事务的重量级官员，他是以“官员”的身份应邀发表政策演讲的，讲题为《当前政府的大陆政策与两岸关系》，因此我们要郑重提醒马当局：如果只由赵建民先生本人出面轻描淡写、避重就轻地“解释”一下，对上述三个重要问题不真正“说清楚讲明白”，老实说恐怕很难让大陆方面释疑！

（中评社，2010/04/03）

中央日报社论在诡辩

中央日报网络报日前发表社论，对“赵建民事件”专门作出“澄清”。我们对台湾方面终于“有人出面”对这件事作出“澄清”表示欢迎，并对社论中明确表示“赵建民的谈话确实不妥”给予肯定。但读罢社论全文，却不能不遗憾地说：我们对该社论的某些论调不能苟同。

社论在为错误说法背书

首先，社论在批评“赵建民的说法不仅对 ECFA 的签订是一种不必要的刺激，而且也不免使大陆方面揣测，台湾是否有意改变政策？进而怀疑台当局是否授意?”之后，却又倒打一耙说：“从另一个角度看，赵建民的说法也反映不少台湾同胞的想法，因为两岸关系固然日渐和谐，但大陆瞄准台湾的飞弹，每年还以 100 多枚的速度持续增加；大陆去年 34 次军演，仍然有许多具有针对性，在这样的情形下，大陆对台湾难道不是威胁吗？因此在两岸敌对状态还未解除，和平还未真正落实之前，最好还是跟大陆谈生意，而不要碰政治。”这种论调明显是在为赵建民的错误说法背书甚至诡辩！

要说“威胁”，目前两岸尚未结束敌对状态，双方都在“威胁”对方，岂止大陆“威胁”台湾而已！要不然，台湾高价购买美国的高科技武器干什么？台湾的飞弹是否也在瞄准大陆？台湾每年军演的“假想敌”又是谁？大陆老百姓更不会忘记，民进党执政时期，扁当局的“行政院长”游锡堃曾十分嚣张地扬言：必要时台湾有能力用飞弹袭击北京、上海和三峡大坝。正因为“两岸敌对状态还未解除，和平还未真正落实”，所以大陆方面才一再主张，在两岸经济关系实现正常化、制度化后，应不失时机地着手探讨和破解敏感的政治、军事议题。诸如台湾民众十分关切的“飞弹部署”问题，完全可通过两岸协商谈判结束敌对状态、建立军事互信机制、签订和平协议加以妥善解决。我们不能不问：赵建民先生“要让大陆永远只想着经济”，难道是“要让海峡两岸永远相互威胁而让美国永远从中渔利”吗?

马当局部分官员想法令人忧

其次，大陆学者质疑的对象是赵建民先生本人而非普通台湾民众，而社论却“顾左右而言它”，大谈什么赵建民的说法“也反映不少台湾同胞的想法”、“确实是一部分台湾人民的心声”云云。我们要说的是：在目前两岸关系状况下，“不少台湾同胞的想法”也好，“一部分台湾人民的心声”也罢，我们都完全可以理解。化解台湾基层民众特别是绿营支持者对大陆的“误会”和“猜忌”需要时间！但我们难以理解的是，赵建民先生作为马当局主管大陆事务的重量级官员，对两年来大陆对台释出的多方善意和诚意理应心知肚明、感同身受，然而他却充耳不闻、视而不见，不但不利用他“陆委会副主委”的身份，以他的亲身经历和感受，设法引导台湾民众逐步消除对大陆的“误会”和“猜忌”，相反却片面指责大陆“威胁”台湾，甚至渲染大陆对台湾“永远是威胁”！这和绿营政客煽动民粹敌视大陆有何区别？说穿了，赵建民先生的错误谈话，不仅仅反映了“不少台湾同胞的想法”和“一部分台湾人民的心声”，其实也反映了马当局“不少官员的想法”和相当“一部分官员的心声”，而这才是最令人担心和忧虑的！

须尽快化解负面影响

再次，社论说“赵建民的说法当然只是他的个人之见”。但我们必须严肃指出：“政府”官员应邀在公开场合发表演讲，何来“个人之见”？更何况赵建民先生当天的演讲题目是《当前政府的大陆政策与两岸关系》，明摆着他是以“陆委会副主委”的身份代表马当局对外作公开的政策宣示。既然承认“谈话确实不妥”，认为“兹事体大”，给两岸关系造成了“不必要的”负面影响，那就应当正视它，设法尽快化解它，而不应当“顾左右而言它”，更不该“猪八戒倒打一耙”，做无法自圆其说的诡辩。

末了我们要说，我们很认同社论所说：“两岸要多多加强沟通，同时要相互体谅，才能增加互信”，但必须说清楚的是：原则问题只能“坚持”，没法“体谅”；违背“搁置争议”共识，挑起这场争论的始作俑者，并不是大陆学者！

（《海峡导报》，2010/04/06）

杨秋兴的“参选”与民进党的“假民主”

据中评社报导，权威人士披露：“高雄县长杨秋兴决定参选大高雄市长，万事已近齐备，将在8月初正式公开宣布。”消息一经传出，许多人立即会想：台湾年底的“五都”选举这下子有好戏看了！其实，好戏没准还在后头：杨秋兴决定参选，那他的“难兄难弟”台南市长许添财呢？

杨秋兴的决定参选，使“五都”选情骤然丕变，打破了原本没有什么悬念、民进党“南二都”稳赢的一派乐观预期。如果再加上台南市长许添财真的跟进，那么这番“五都”选举谁胜谁负，还真的是难说了！

杨秋兴为何敢冒绿营之大不韪而决定参选？原因很多，但从本质上来说，则是根源于民进党的“假民主”。

人所共知，民进党籍的现任高雄县长杨秋兴、台南市长许添财，以及台南县长苏焕智，在历次现任的台湾县市长评鉴或民意测验中，均名列前茅，而民进党中央亦一向沾沾自喜、津津乐道，美其名曰：“民进党的执政能力优于国民党。”然而，这几位曾经被民进党引以为傲的县市首长，却在“五都”选举党内候选人的争夺战中无一上垒，纷纷败下阵来。显然民进党有两套标准：“北三都”以“执政能力”质疑国民党的候选人，挑战其执政地位；而由民进党执政有稳赢把握的“南二都”，则视作党内派系利益分赃的禁脔，“执政能力”如何根本不在其考虑之列。更何况民进党一向“外斗内行，内斗更内行”！“秋菊”之争，其惨烈程度当事人杨秋兴用“刀刀见骨”、“受伤很重”来形容！这就是民进党的党内“假民主”！老实巴交只会做事不会搞“奥步”的杨秋兴，自然心不甘情不愿，败而不服！就此而言，谁能说杨秋兴“违纪参选”没有正当性呢?!

民进党的“假民主”其来有自，非自今日始。

话说建党之初，民进党其实是个“反国民党”的集合体，其中既有“独派”也有“统派”，而后因种种因素的作用，自称“民主进步”的民进党内逐渐“没有了主张统一的自由”，于是林正杰、朱高正等一批主张统一的创党元老被迫退出了民进党。这是民进党内“假民主”的早期范例。

其后到上世纪90年代末，曾任两届党主席、为民进党的发展壮大立下了汗马功劳的许信良，在争夺党内“总统”候选人的卡位战中，不敌当时民进党的“政治明星”陈水扁而被迫退出了民进党。过来人都不会忘记，为了逼退许信良，让陈水扁有资格代表民进党参选，民进党当时是如何修改党内的游戏规则，炮制“陈水扁条款”的。这是民进党内“假民主”的又一典型范例。

再后是民进党执政后期，陈水扁为掩盖其贪腐弊案而大搞急进“台独”，引起党内李文忠、林浊水、洪奇昌等人的忧虑、不满与批评。于是，李文忠等人便被民进党内的“急独派”冠以“十一寇”的污称。至此，民进党内连“主张温和台独的自由”都没有了，整个党被“急独派”所绑架！

民进党对内搞“假民主”，对外更不必说了！

说大的，台湾是海峡两岸全体中国人所共同拥有的台湾，而民进党却主张台湾前途由2300万台湾人民通过“公投”来决定。这种主张表面上“很民主”，但实际上却要剥夺13亿大陆人民的民主权利，是一种不折不扣的“反民主”主张。

说小的，台湾实行的是所谓的“政党政治”，“立法机构”由民主选举所组成，民主的真谛就在于“少数服从多数”，而在台湾“立法机构”占少数席位的民进党，却从一党之私出发，屡屡使用“少数暴力”，杯葛和阻挠被他们认为不利于民进党的一切法案，而全然不顾这些法案是否对台湾和台湾人民有利。近期以来，民进党无视台湾主流民意，举全党之力极力反对两岸签署ECFA、反对开放陆生陆资入台等，就是最恶劣的事例。

……

事实说明，民进党标榜的“民主”乃是如假包换的“假民主”！对绝大多数民进党人而言，所谓“民主”也和“台独”一样，哪里是他们的“信仰”，只不过是他们猎取政治利益的工具罢了！

杨秋兴毅然决定参选大高雄市长，其实是用他的“造反”行动戳破了民进党的“假民主”！

（中评社，2010/07/25）

民进党转型，需中共配合

没人能否认，国、民、共三党，是当前乃至今后相当长一段时期内海峡两岸最重要的政党。这三个党之间的互动关系如何，将在很大程度上决定两岸关系和平发展的前景，乃至中国和平统一、中华民族复兴的成败。

三党互动现状令人担忧

然而，就目前状况而言，这三个党之间的互动却令人担忧！

国、共两党可谓“哥俩儿好”！自 2005 年 4 月连战访问大陆以来，两党已经连续合办过五届“国共论坛”，两党高层互访不断，互信日渐增强，关系愈来愈“麻吉”。而民、共之间，除了少数党员“以适当身份”进行公开或私下的、低层次的交流之外，党际之间至今相互对立，“老死不相往来”。至于国、民两党，则在台湾岛内为了争夺执政权而势同水火，打得难解难分，不可开交！

显然，当前国、民、共三党之间的互动关系，乃是“不等边三角形”的关系。这种关系的形成，自然是源自于中共拒绝与坚持“台独”、否认“九二共识”的民进党打交道。这种“不等边三角形”的互动关系，是很不正常的关系，对稳定岛内政局，深化两岸关系和平发展，造成了极大危害。国、民、共三党均为此而付出了惨重的政治代价，是一种“三输”的局面。近期以来，围绕着两岸签署 ECFA 所发生的剧烈冲撞，更突显了这种不正常关系的严重危害性。

不必过分担心民进党闹“分家”

国、民、共三党之间的上述互动关系，可以打个不很确切的比方：一家三兄弟，“二哥”国民党与“小弟”民进党争夺部分“家产”的主控权

（台湾的执政权）”。为了争赢“二哥”国民党，“小弟”民进党宣称要“分家（主张“台独”）。“大哥”中共担心“小弟”民进党真的要“分家”，便和“二哥”国民党联起手来，反制“小弟”民进党。弱势的一方“小弟”民进党当然不服气，于是就破罐破摔，“逢马必反”、“逢陆必反”，闹“分家”闹得更厉害！而“二哥”国民党则利用“大哥”中共对“小弟”民进党要“分家”的担心，对“大哥”中共予取予求，“吃定大陆”！

问题在于，“大哥”中共要认清以下两点：

其一，“小弟”民进党虽然想“分家”，但也知道自己势单力薄“分”不成，所以实际上更多的是把“分家”当作和“二哥”国民党争夺台湾这份“家产”主控权的策略运用（工具）而已！

其二，“二哥”国民党已非昔日的国民党，充其量只是个不赞成“分家”的“维持现状派”！他和“小弟”民进党之间的矛盾，本质上来说，主要是争夺台湾这份“家产”主控权的矛盾，并非“分不分家”（“统独”）的矛盾。

“大哥”中共看清了上述两点，就应当充满自信，既不必过分担心“小弟”民进党闹“分家”，也不能让“二哥”国民党予取予求！并适时调整政策，与“二哥”国民党和“小弟”民进党等距离交往。如此，“小弟”民进党的气或许就能消去一半，再经过正常交往，逐渐和“大哥”中共增进了解，缓和敌意，培养感情，建立互信，从此不再“破罐破摔”。由此，“二哥”国民党和“小弟”民进党，两党竞相与“大哥”中共正常往来，这种局面才是“大哥”中共所真正乐见！

民进党转型，需中共配合

实践证明，政党之间的理性互动至关重要，它深刻地影响到各个政党政策策略的制定与实施。民进党内派系林立，相互制约，派系政治利益至上，更没有全党众望所归的领袖，其两岸政策调整，光靠民进党的内部力量已经无济于事，需要外部力量中共方面的积极配合方能有成。换言之，唯有中共认清岛内政争实质，调整对民进党的政策，与民进党正常交往，持续向民进党及其支持者释放善意，民进党才会有信心并且也才有可能说服其支持者，逐步调整其保守僵化的两岸政策。总之，中共方面应当“积极帮助”而非“消极等待”民进党转型。“守株待兔”乃是一厢情愿的幻想！

实践还证明，民进党愈是遭受重挫，被送进“加护病房”，愈容易被“台独基本教义派”所绑架。因为面对重挫，为了生存，他们需要固守基本盘，相互取暖；而当民进党摆脱困境之后，面临执政希望，则会增强自信，反而会变得相对理性务实，比较愿意正视现实，检讨其不合时宜的两岸政策，摆脱“台独基本教义派”的绑架。因为它要扩大基本盘，争取中间选民的支持。

实践还一再证明，民进党的社会基础相当牢固，是个再生能力很强的政党。这个党不会因外部力量的打压而瓦解，也不会因内部的争斗而分裂，它将在台湾政坛上长期存在，并且很可能重新上台执政。因此，唯有与民进党正常交往，将它所代表的这股岛内政治势力有效地纳入到两岸关系和平发展的轨道上来，实现国、民、共三党的理性互动，两岸关系才可能真正稳定发展。道理至明：缺少一条腿的三脚凳，不可能站得稳！

当然，民、共两党打交道，较之国、共两党难度要大得多。陈水扁执政八年，两岸政策朝令夕改，为掩盖其贪腐弊案，执政中后期更是一意孤行推行其“急独”路线，刻意挑衅大陆，制造两岸关系紧张，两党积怨已深，互信早已荡然无存。因此，“搁置争议，建立互信，先易后难，循序渐进”的务实精神，同样适用于民、共两党之间的党际互动与交往。

民、共改善关系，国民党应支持

还应当强调指出，民、共两党关系的实质改善，势必会有助于缓解目前岛内的“政党恶斗”，解开“蓝绿对立”的死结，这不仅有利于两岸关系和平发展，有利于两岸同胞，同样也有利于包括国民党在内的海峡两岸国、民、共三党，是一种“三赢”的全新局面。因此，国民党应敞开心胸，给予充分理解，不仅要“乐观其成”，更应以实际行动积极配合，大力支持。

可喜的是，近期以来有种种迹象显示，民、共两党之间的“坚冰”正在悄然融化。中共领导人在不同场合多次表示，“要牢牢把握两岸关系和平发展主题，扩大同台湾岛内有关党派团体、社会组织、各界人士和基层民众的交往”，并不再重申与民进党交往的“前提”。所谓“有关党派团体”，毫无疑问当然包括目前台湾的最大在野党民进党。而不久前民进党主席蔡英文也公开表示，在相互“不预设前提”的情况下，愿意与中共进行“直接与实质”的交流，并主张“不回避任何议题”，先从智库、民间社团和学者谈起。蔡英文主席的务实谈话，得到了中共方面的正面响应，两党出现了从未有过的“交集”，相互对立、“老死不相往来”的不正常状态，正在发生微妙变化。诚然，这种变化究竟能走多远？会不会出现反复？尚需时间检验。而民、共双方能否真正认清形势，把握机遇，诚心相许，耐心以对，则至为关键！

（两岸公评网，2010/08/09）

“九二共识”名词的由来及其意义

中评社编者按： 关于“九二共识”名词的来源，前“陆委会主委”苏起系正式提出的人，然而，“九二共识”一词的提出，确实是凝聚了两岸专家学者的思想结晶，本文有所披露。

近来台湾政坛就“九二共识”议题争辩得不可开交，这不免让我想起了11年前的有关往事。

2000年4月初，台湾大选的硝烟刚刚散去，本人承蒙淡江大学大陆研究所张五岳所长之邀，赴台进行了为期一个月的参访。其时，大陆国台办针对陈水扁即将上台发表的“听其言，观其行”的声明正在岛内发酵，两岸关系气氛微妙诡谲。所谓“听其言，观其行”，是大陆给阿扁这个主张“台独”的“坏孩子”一段宝贵的“留校察看”期，一个很重要的观察指标，就是看陈水扁在“五·二〇”就职演说中，要不要表示接受一个中国原则。

我入岛后在台北与包括民进党朋友在内的各方人士频繁接触，深切了解到此刻陈水扁根本不可能接受“一中原则”，因而对两岸关系前景深感忧虑。于是在与民进党一些重要人士的私下交流中我表示：“阿扁刚刚在选前高喊‘台独万万岁’，现在就让他马上改口接受‘一中原则’确有很大难度”，但是如果阿扁在就职演说中，能够提出“愿意按照国统纲领的精神和在两会九二年共识的基础上，与大陆恢复协商谈判”，依我的判断，“大陆虽不满意，但可勉强接受”，这样北京将结束“听其言”，而进入下一步的“观其行”阶段。我的观点得到他们的积极回应。随后在淡江大学大陆所的座谈会上和其他一些场合，我公开提出了上述观点。张五岳教授等台湾学者也颇为肯定和重视，认为很有“创意”，不失为一种替阿扁“解套”的提法。当时，全程陪同我在台参访的TVBS电视台记者李侠和复兴电台记者高大卫，还作了专题采访，但为避免对我参访活动造成困扰，我要求他们务必在我结束访台的前一天才可以对外报道。

大约过了半个月左右，4 月 28 日，在我即将离台的前两天，当时尚未卸任的“陆委会主委”苏起在接受媒体的采访中，首次公开使用了“九二共识”的用语。紧接着第二天下午，TVBS 电视台也公开报道了对我的采访（见附件）。苏起使用“九二共识”用语，是否源自于张五岳教授或是其他什么人将本人的观点上报“陆委会”后对苏起有所启发而率先公开提出，我不敢妄断，但至少我跟苏起是“不谋而合”。返回北京后不久，我在 5 月 18 日、19 日分别接受“中央社”记者刘正庆和《中国时报》记者徐尚礼的专访，再次阐述了我在岛内发表的上述观点和“九二年共识”的提法。当时这两家岛内重要媒体都有报道（见附件）。

我之所以花这么多笔墨“旧事重提”，并不是要和苏起争抢“九二共识”这个名词的“发明权”，无非是想说明：当年我们许多人有心维护两岸协商和两岸关系稳定发展的政治基础，大家都在想办法，用心良苦。我相信苏起的初衷应当也是和我一样的。

回想当年，陈水扁在“一中”原则问题上一直躲躲闪闪，但平心而论对九二年两会达成的共识并不是没有考虑予以接受。他上台后不久，在 6 月 27 日会见美国亚洲基金会会长富勒博士时就曾明确表示：“新政府愿意接受海基、海协两会之前会谈的共识，那就是‘一个中国，各自表述’”。不料想陈水扁的话音刚落，大陆国台办尚未来得及回应，扁当局新科“陆委会主委”蔡英文就在当晚紧急召开记者会加以否认，各界为之瞠目。后来两岸关系的恶化众所周知，两岸协商谈判始终无法恢复，陈水扁进而变本加厉推动“法理台独”，把台海局势推向了战争边缘。坦白地说，当年身居高位主持两岸事务的蔡英文是脱不了干系的。所幸的是，2008 年 5 月后台湾新当局重归“九二共识”，两岸关系柳暗花明。包括 ECFA 在内两岸两会达成 15 项协议，其协商谈判的政治基础正是两岸双方共同坚持“九二共识”。这见诸于两会往来的函件和两岸领导人的历次讲话之中。

因此，“九二共识”不仅是历史事实，更是活生生的政治现实。它不是国共两党谈出来的，而是经两岸官方正式授权表明的立场和态度。如今民进党蔡英文以词害意，诡称 2000 年以后才有“九二共识”这个名词，因而矢口否认 1992 年两岸两会确曾达成共识，这就是他们的逻辑！试问：某人出生10天后才起名字，难道就可以否认这个人10天之前已经出生，并且直到现在还活得好好的且结婚生子的事实吗？

忆往事看今朝，不禁令人感慨：11年过去了，一个号称民主进步的政党，在对待两岸关系的政治基础、对待历史事实的问题上，其立场和态度如故，丝毫没有进步。所不同的是，认清其“硬拗”品性、看穿其诡辩术的人，越来越多了。

出于大陆政策立场之不同，蔡英文对“九二共识”尽可明明白白地加以反对，但不可像鸵鸟一样把头埋在沙子里，闭眼不顾事实地加以否认。假如因为“九二共识”这四个字不是出自绿营人士之口而拒绝使用，那也好办，蔡英文尽可让手下的谋士们好好开动脑筋，提出一个两岸双方都能接受的新方案出来，光是提出一个空洞无物而且与大陆毫不相干的所谓“台湾共识”，却避谈两岸协商和两岸关系发展的政治基础，根本无法解决问题，也谈不上有什么“善意”。

说到“台湾共识”，2008年马英九以在“九二共识”基础上恢复两岸协商为其主要竞选政见之一诉诸民意，并通过“民主程序”获得了58.45%台湾选民的认可，而且近几年台湾民众对两岸协商的肯定和支持率一直都保持在七成左右，这算不算是某种意义上的“台湾共识”呢？总之，不管民进党蔡英文是不是愿意用“九二共识”这个词，对于历史事实、政治现实和台湾的主流民意，终究是必须诚实和务实面对的。

（中评网等，2011/09/05，内容略有修改）

附录：

关于“九二共识”名词由来的三份资料

一中解套：回到国统纲领及九二共识

TVBS记者李侠、摄影叶俊宏/台北二十九日专访：选后在台湾低调进行了一个月考察的大陆民进党研究学者徐博东，今天在接受本台记者访问时提出化解两岸在“一个中国”的原则上僵局的方法。他认为，基于目前双方在政治理念上的根本差异及现实条件，陈水扁可回到国统纲领及九二年两岸共识作为就职演说的基调。徐博东透露，他的这一观点已得到一些民进党人士的积极回应，而徐博东研判北京也会接受这样的建议。

准备明天离台返回北京，专门研究民进党的大陆学者徐博东就两岸在一个中国原则上的僵持提出他自己的看法。他认为基于陈水扁过去的台独立场及北京在一中原则上的坚持，双方应当各让一步。

徐博东透露，他的这一观点早在十几天前已经与一些民进党籍人士交流并得到共识。徐博东同时强调，陈水扁新政府应当将此作为旧政府的遗产来运用，相反而不要将台独党纲及两国论作为遗产来继承。对于北京能否接受这一建议，徐博东信心满满。

不久前正当媒体都将焦点聚集在刚刚离台的大陆学者余克礼身上时，徐博东则静悄悄地在台湾进行了一个月的学术交流及研访。他广泛的接触了国民党、亲民党、新党各党派及民间百姓，特别与民进党的决策幕僚进行了十多次的晤谈。据记者从不同管道了解，徐博东曾与陈水扁幕僚邱义仁、颜万进、林浊水等见面，交换了彼此的看法。徐博东透露，双方在交换意见中发现彼此也有观点契合的地方。但他也坦承，双方没有互信基础，需要多沟通。

（TVBS 电视台，2000/04/29 17:46 播出）

徐博东指大陆可接受台湾回到国统纲领一中内涵

“中央社”记者刘正庆北京十八日电　北京联合大学教授徐博东今天表示，要让主张台独的陈水扁一下子公开完整的接受“一个中国”原则，确实有点困难，但是如果陈水扁在五二〇就职演说中，愿意承诺回到国统纲领与九二年两岸两会第一次达成的口头共识，他研判，大陆方面有可能虽不满意，但勉强可以接受。

徐博东表示，关于陈水扁十七日谈及两岸合作才能家和万事兴，兵戎相向只会让自家人变成陌生人的说法，他认为这是陈水扁愿意缓和两岸关系的一种表达方式，应予肯定，但这仍然不够，若陈水扁一味逃避一个中国，即使表露再多的善意与诚意也是没有用处的。

这名涉台事务学者说，两岸问题要找一个双方都能够接受的方法，就是在一个中国问题上暂时可以保持某种程度的模糊化，绝不可再刻意强调大陆方面从未承认过的所谓"一个中国，各自表述"说法。他个人认为，台湾一旦回到国统纲领的内涵，事实上就是一种各自表述，因为国统纲领是台湾单方面制定的东西，大陆并未参与。他指出，假使陈水扁就职演说中，愿意承诺回到国统纲领与两会九二年口头达成的共识，对大陆而言，这只是"听其言"的部分，可以算是勉强及格，但更重要的还是下一阶段的"观其行"。如果民进党执政后，能在一系列内外政策层面上加以配合，确实体现其已经回到一个中国原则的话，那么两岸紧张关系应可得到缓解。

徐博东接着批评说，中共虽然从未承认所谓的"一个中国，各自表述"，但过去都是抱持着睁一只眼、闭一只眼的态度。而后来两岸关系之所以出现紧张，就是因为李登辉提出"两国论"，让大陆一下子对台湾失去信心。徐博东认为，只要台湾回到宪法与国统纲领所指涉的一个中国内涵，暂时以这种模糊化方式处理两岸关系，他研判大陆方面会予以接受。

徐博东强调，行动比言论更加重要，而且给陈水扁新政府的观察期，绝对不会比给当年李登辉那么长。

陈水扁是在十七日会见总统府资政谢东闽时，再次传递两岸是一家人、彼此合作才会家和万事兴的善意看法。而代表中共官方的国台办新闻局局长张铭清接受记者访问时，对两岸一个中国的认知并不愿意详谈，仅强调值此敏感时刻，台湾对一个中国不能采取回避的态度。

（中央社，2000/05/18）

对台学者：阿扁模糊承认一中北京可接受

徐尚礼/北京十九日电　台湾新任总统陈水扁即将发表就职演讲，北京对台部门密切注意，有关官员奉命在周末加班分析“五二〇”讲话。对台学者指出，北京已放弃陈水扁就职讲话全然接受“一个中国”之幻想，但如果陈水扁重申“国统纲领”或一九九二年两会共识，北京的反应将是“虽不满意，但勉强可以接受”。两岸关系随之由“听其言”进展至“观其行”阶段。

中共党机关报人民日报今天社论也表示，“台湾当局一九九一年二月制定的一份国家统一文件中，也明明白白列出追求国家统一的目标。”在新总统就任前夕，这篇社论不难看出中共当局对台湾新领导人的寄望。

甫于日前结束台湾访问，并与民进党多次接触的北大分校台湾研究室主任徐博东认为，北京目前充分认定台湾新领导人应明确回应“一个中国”立场与原则，诸如两岸是“一家人”或“手足”等说法，在北京当局看来都是没有文字根据的空话。

徐博东表示，北京方面并不寄望陈水扁一下子就全然接受“一个中国”原则，这对选前才说过“台独万万岁”的陈水扁是有些难度，但在这两者之间有一平衡点，就是模糊承认“一个中国”，“如果陈水扁提出国统纲领及一九九二年两会共识的话，可望结束北京听其言阶段”。徐博东说，比起一些空话，国统纲领具有指针意义，而且有文字根据。一九九二年两会能达成的共识就是根据国统纲领有关内容。因此，陈水扁如果在就职演讲中重申国统纲领及九二年共识，对北京领导人来说将是“虽不满意但勉强可以接受”。北京将结束对台湾新领导人“听其言”阶段，并期望新领导人就任后，按国统纲领推动两岸交流、互动。

据了解，在陈水扁即将发表就职演说的前夕，北京媒体虽然报导解放军在东海举行军事演习消息，但除了一些台部门官员奉命加班外，没有外传提升战备情形。有关官员说，释放一些军事演习消息主要目的是保持对台压力，并不意味真有所行动。

（《中国时报》，2000/05/20）

简评蔡英文“十年政纲”中的两岸政策

一、蔡英文“十年政纲”的性质

蔡英文撰写“十年政纲”原本是要突显其作为民进党新一代领导人与旧世代不同的“新思维”，但蹉跎了两年时间后才于近日推出。有人说它的位阶相当于“台湾前途决议文”，将通过党代会以举手表决的方式成为民进党在新的历史时期的行动纲领。但我个人认为，蔡英文当初或许是这样构思，但由于“歹戏拖棚”，直到她被确定为2012大选民进党的参选人之后才抛出，从出台的时间点上来看，特别是检视其基本内容，该政纲的性质实际上已经发生了变化，充其量只能算是她个人的“竞选纲领”。这点在“十年政纲”的两岸政策方面体现得尤为突出。

蔡英文民进党知道两岸政策是其赢得大选的最大“罩门”，但在大选中又无法回避，明知不能得分，只能退而求其次希望不减分或少减分，故尽量避免两岸议题成为选战“主轴”，其抛出的两岸政策也就纯为应付选举的权宜之计，内容空洞粗糙，逻辑混乱自相矛盾，给人予“应付差事”、“虚晃一枪”之感。由于该政纲的“权宜性”，严格来说它谈不上是一部严谨的、“可长可久”的民进党两岸政策纲领，即便与2000年陈水扁竞选时抛出的“中国政策白皮书”比较，也相去甚远。

检视蔡英文“十年政纲”中的两岸政策内容，或可概括为有“六大新意”和“六大特点”。

二、蔡英文两岸政策的“六大新意”

蔡英文说她的两岸政策有许多“橄榄枝与善意”，希望大陆能认真体会，不要急于拒绝和否定。哪么蔡英文所说的“橄榄枝与善意”有哪些呢?或可勉强寻找出下列六点：

1. 没有使用激烈的“台独”言论，也没有恶意攻击大陆的词句或刻意突显与大陆的矛盾分歧，刻意淡化两岸在政治、军事、外交等方面的矛盾冲突。

2. 首次公开宣称“认知”到大陆对“一个中国”原则的坚持。这在民进党的历史上是从未有过的。

3. 调整对ECFA的政策立场，承认ECFA是“既成事实”，不再主张由民进党发动“公投”决定其存废，改由“人民决定”是否对ECFA进行“公投”。

4. 对“两岸关系定位”、“台湾未来走向”和“修、制宪”等重大敏感的政治性议题刻意回避，可视为改采“开放”态度。

5. 声称“和平稳定与和平繁荣”是两岸共同的“战略利益”，倡议与大陆展开“战略对话”，以寻求两岸的“战略互利”。这点也是过去民进党从未提出过的。

6. 倡议两岸建立“和平稳定、可长可久的互动架构”。途径是先在岛内整合“台湾共识”，再与大陆谈判达成新的“共识”，以取代“九二共识”，作为两岸互动的政治基础。

从民进党的角度而言，上述六点可勉强视为对大陆释放出的所谓“善意”和伸出的“橄榄枝”，特别是其中的后三点，值得加以重视。然而，从大陆的角度而言，这只能说跟民进党近几年来“逢陆必反”的对抗性思维相比较有所调整。而且实际上其中的一些主张早在当年陈水扁执政初期即已提出来过（例如，“建立两岸和平稳定互动架构”之类），并不是什么新东西。

三、蔡英文两岸政策的“六大特点”

综观蔡英文的两岸政策，可概括为以下六大特点：

1. 分裂性：这是其“台独”意识形态使然，也是稳固其基本盘的需要。其中虽然没有使用民进党惯常使用的激烈的“台独”语言，对敏感的政治议题比如“两岸关系定位”、“台湾未来走向”和“修、制宪”等都刻意回避，但“台湾中国，一边一国”的“台独”基本立场却渗透其字里行间，丝毫未变。例如，政纲中虽然没有提“九二共识”，但蔡在回答记者提问时公然加以否认，通篇自称“台湾”而称大陆为“中国”、主张“从世界走向中国”、在 WTO 国际框架内处理两岸经贸问题等等。

2. 权宜性：（如前所述，不再重复）

3. 矛盾性：由于该纲领是因应大选的权宜之计，既要顾及绿营基本盘，又要争取中间选票扩大票源，还要考虑到大陆和美国的反应，故其提出的两岸政策漏洞百出，左支右绌，自相矛盾，难以自圆其说。例如，坚持“台独”，否认“九二共识”，毁弃两岸互动的政治基础，却又宣称接受 ECFA 的“既成事实”，幻想“政经分离”（将两岸政策分为“国家安全”和“两岸经贸”两部分，其本身就是一种“政经分离”的政策设计），继续维持两岸和平稳定局面，从大陆经济的快速发展中捞取经济利益，既不得罪“台独”基本教义派，又想争取中间“经济选民”的支持以及大陆、美国的谅解，其政策的矛盾性充斥其间，一目了然。

4. 空洞性：扁当年提出的两岸政策十分具体详尽，而蔡提出的两岸政策措施却十分模糊、空洞，给人予无限“想象空间”。例如，“台湾共识”是什么？在蓝绿对抗如此剧烈的台湾，如何整合“台湾共识”？再有，两岸“和平稳定、可长可久的互动架构”如何建立？其政治基础是什么？还有，ECFA 究竟还要不要用“公投”决定其存废？等等，在这些重大议题上都没有明确具体的态度，提出切实可行的举措（其中 ECFA 要不要“公投”，蔡很不负责任地推给“人民做决定”）。

5. 空想性：由于其充满矛盾且空洞无物，当然也就窒碍难行。例如，否认“九二共识”，要整合“台湾共识”又谈何容易？更遑论与大陆达成新的共识？两岸失去了互动的政治基础，包括 ECFA 在内两岸业已签订的十五项协议的贯彻实施尚且成为问题，后续的协商谈判又将如何维系？两岸关系停滞倒退乃至重趋紧张，所谓“从世界走向中国”，也就成为一句空话。“台独”立场拒绝进行任何实质性的检讨与调整，却幻想大陆会单方面调整对台政策，对其作出重大让步，从而与大陆达成新的共识，建立所谓“和平稳定、可长可久的互动架构”，更是一厢情愿的空想。

6. 危害性：蔡如果上台执政，这套主张如果真的变成台湾当局的政策加以推动实施，两岸关系势将严重倒退，和平发展的成果将被葬送，岛内政局也将持续动荡不安，受损害最大的将是台湾经济和台湾人民。

上述六大特点，说明蔡英文的两岸政策从本质上来说并没有摆脱民进党的旧思维和旧框框，它严重脱离两岸关系发展实际，典型地反映出民进党当前的困境。它抛出后不仅大陆表态不能接受，更遭到台湾主流民意的挞伐，就连绿营内部也有杂音，美国这一关恐怕亦不会好过。可以预料，在2012台湾“大选”中，蔡与马在两岸政策上的交锋中势必占据下风，处于被动挨打的不利地位。

（全国台联2011年“台湾民情学术研讨会”上发言稿，2011/09/21，长沙）

蔡英文的“台独”立场无任何松动

今年9月，蔡英文抛出“十年政纲”后曾经表示，她的两岸政策有许多“橄榄枝和善意”，希望大陆能“认真体会，不要急于拒绝和否定”。现在一个多月过去了，我们认真观察、“体会”的结果，不能不说：很遗憾，至少到目前为止，蔡英文所说的“橄榄枝和善意”，我们实在感受不到。相反，随着选战过程中蓝绿阵营的激烈攻防过招，人们愈来愈看清了蔡英文拒绝调整两岸政策，坚持“台独”立场，对抗大陆的真面目。

其一，蔡英文断然否认“九二共识”。一会儿说“不存在的东西没有接受不接受的问题”，一会儿又妄称“九二共识”是国共两党的共识，没有经过“台湾人民的同意”。这就从根本上推翻了两岸协商谈判和两岸关系和平发展的政治基础。

其二，蔡英文宣称“中华民国是台湾，台湾是中华民国”，这是民进党“台湾前途决议文”典型的“台独”论述。“台湾前途决议文”明载：“台湾是一主权独立国家”、“台湾，固然依目前宪法称为中华民国，但与中华人民共和国互不隶属”。明摆着，“两国论”就是蔡英文心目中的两岸关系定位。

其三，蔡英文说，台湾内部要形成“台湾共识”才能“面对中国”，并提出通过“立法”程序整合“台湾共识”。然而，当马英九在他的“黄金十年”愿景中提出签订“两岸和平协议”时，蔡英文却气急败坏，亲自披挂上阵，攻击马英九主张签订“两岸和平协议”是“出卖台湾”。她似乎完全忘记了，在民进党执政期间，正是陈水扁和她本人，一再向大陆喊话，主张建立“两岸和平稳定互动架构”，签订两岸“和平协议”或“和平条约”。怎么换了马英九就成“卖台”了呢？所以，蔡英文所说的建立“台湾共识”，只能是蓝营向绿营的理念和主张靠拢，也就是“九二共识”向“两国论”靠拢。

其四，蔡英文主张两岸“和而不同，和而求同”，但她率领绿营人马围剿马英九，挑起“两岸和平协议”争议，充分暴露了她所宣称的“两岸共同战略利益”、建立“两岸和平稳定互动架构”、“和而求同”的十足虚伪性。说穿了，蔡英文所要建立的是在“两国论”基础上的“两岸和平稳定互动架构”，而马英九主张在“九二共识”基础上签订“两岸和平协议”，她当然是如芒刺背、无法接受。蔡英文攻击马英九的“两岸和平协议”是“统一时间表”，也就反证了她的所谓“和平稳定互动架构”，是幻想大陆放弃一中原则，同意她和平实现“台独”。也就是说，蔡英文不光是要蓝营向绿营靠拢，更幻想大陆向“台独”靠拢。

其五，蔡英文“打蛇随棍上”，利用马英九出昏招，提出“公投两岸和平协议”之机，趁势提出修改“公投法”，宣称两岸签订任何协议都必须经过“全体台湾人民的同意”。再联想到她在“十年政纲”中宣示 ECFA 是否“公投”由“人民决定”，又说民进党如果执政，将会在“立法院”逐条重新审议 ECFA，这使我们深切地预感到，今后蔡英文主导下的民进党，不管是不是重新执政，仍会像当年的阿扁一样，事事打着“民主”、“民意”的幌子，动辄发动“公投”或走上街头搞民粹，动不动就在“立法院”寻衅闹事，搞得台湾政坛社会鸡飞狗跳，毒化两岸气氛，阻挠破坏两岸关系发展。

以上五条，是对近期以来蔡英文有关两岸政策言论行动“认真”观察后的粗浅“体会”和初步“解读”。尽管蔡英文不像陈水扁那样咄咄逼人搞“急独”，但她的“台独”立场却坚如磐石，一点儿也看不出有任何松动的迹象；她表面“温和”、“柔软”的背后，却蕴藏着与阿扁同样的“台独”能量；一旦她有机会上台执政，把她的两岸政策主张加以贯彻实施，其对台湾、对两岸关系和平发展所带来的危害，是显而易见、不言自明的。蔡英文及民进党人士须知，“刚性台独”也好，“柔性台独”也罢，无论什么形式的“台独”，大陆都是不允许的。阿扁执政八年，坚持“台独”，对抗大陆，祸台殃民，身败名裂，殷鉴不远。台湾“大选”在即，至今选情紧绷，鹿死谁手，尚难预料。难道，台湾真的需要再经过一次浩劫，民进党需要再经过一次甚至两次、三次的教训，才能真正醒悟过来——认识到“台独”真的是一条走不通的死路吗？

（《海峡导报》、中评网，2011/11/07）

蔡英文莫让吴汤兴蒙羞

台媒报道，从本月 7 日开始一连四天，蔡英文展开“客家妹仔做‘总统’”的造势行程，抢攻桃竹苗客家票，有客家血统的蔡英文将在当年抗日义军统领吴汤兴起事的苗栗铜锣湾天后宫前集会，发表多元族群政策谈话。

吴汤兴，字绍文，祖籍广东嘉应州（今梅州），台湾苗栗铜锣湾客家人，是台湾近代历史上反割台斗争中壮烈殉国的抗日爱国英雄。

1895 年甲午战争中国战败，清廷被迫割台畀日，台湾爱国绅民义不臣倭，各地义军蓬起，纷纷拿起武器誓死抵抗日本的武力割占。当是时，吴汤兴邀集苗栗、新竹二县姜绍祖、徐骧、丘国霖、吴镇光等诸路客籍义军，在铜锣湾天后宫前祭旗誓师，共推吴汤兴为首，自筹粮草，组成“新苗军”，在台湾中部一带阻敌南下，同日军多次交锋，浴血奋战，重创日军。侵台日军以污蔑性的词句哀叹说：“大姑陷、三角涌、中坜地方的土民属所谓的客家种族，从来为台湾第一的狞猛人种，因此，他们反抗我皇师，极尽顽梗跳梁，并非无因，士兵本是当地愚民，因而每战必顽强抵抗。”

吴汤兴不幸在彰化八卦山战斗中中弹牺牲，年仅 36 岁。其妻黄贤妹也自杀殉国。姜绍祖、徐骧、丘国霖等也都先后壮烈牺牲，为国捐躯。

吴汤兴等台湾客家爱国先贤，当年不甘当亡国奴，为抗日保台，捍卫祖国的领土完整和中华民族的尊严，不惜牺牲自己宝贵的生命，谱写了一曲曲催人泪下的爱国诗篇。如今，有“客家血统”的蔡英文及民进党人士，在当年抗日先烈祭旗起事、慷慨赴难的地方集会，理应得到何种启示？是继续坚持分裂祖国的“台独”立场，为了“客家妹仔做‘总统’”，骗取客家选票而忍心消费这些客家先贤，让台湾历史上的无数客家爱国先烈蒙羞，还是应当继承他们的光荣爱国传统，放弃“台独”立场，为两岸关系的和平发展和中华民族的伟大复兴贡献力量，以此告慰他们的在天之灵呢？

（中评网、《海峡导报》，2011/11/08）

马若败选，老宋收拾得了残局吗

日前，亲民党发言人李桐豪接受中评社专访时表示：2012“马英九如果输了‘总统’选举，国民党内部将面临分裂危机，到时候亲民党将扮演组织重整角色”。这是到目前为止，我们所看到的宋楚瑜为何明知选不上、还执意要参选的最新、也是最直率的解读了。说得再明白一点，宋楚瑜料定马英九在这场选举中难有胜算，甚至不惜自己下场参选把马英九拉下马来，造成国民党的分裂，以便亲民党“收拾残局”，宋楚瑜取代马英九成为泛蓝的“新共主”。

至此，人们终于解开了多日来纠结在心中的谜团——噢，原来如此！

旁观者清，平心而论，国、亲两党之所以会闹到今日势同水火、分道扬镳的地步，责任主要在国民党和马英九。况且，亲民党作为岛内有自主性的在野党，宋楚瑜作为一个自恃很高又长期“失业”的政治人物，其参选当然有其不容置喙的正当性。另外，我们也大可不必以“顾全大局”之类的重话来劝他退选，聪明如宋楚瑜者完全知道自己在做什么。但当本人看到李桐豪的这席话时，却忍不住要站出来说句话：宋先生“收拾残局、取马代之”的想法实在脱离现实，十有八九是一厢情愿无法实现的空想！

这话怎么说？

其一，依中华文化的传统美德，“兄弟阋墙”、“趁人之危”、“落井下石”，向来为中国人所不耻。我们且不说马英九是否真的“无能”，也不说马英九寻求连任是否真的“难有胜算”，试想，假如马英九真的败下阵来，国民党和整个泛蓝阵营的支持者还不把执意参选到底的宋楚瑜和亲民党骂翻了天！到那时你还有什么民意基础来“收拾残局、取马代之”？

其二，马英九就算真的败选，国民党就一定会“彻底分裂”吗？恐怕未必！

试想，假若马英九以微弱少数落马，而马、宋两人所得到的选票相加超过蔡英文，那么国民党和泛蓝阵营的支持者势必认为马英九“虽败犹荣”，把败选全都归罪于宋楚瑜的“搅局”。说不定届时国民党和泛蓝阵营不但不会分裂，反而会同仇敌忾，更加团结。届时，请问亲民党和宋楚瑜先生该如何自处？还有机会出来“收拾残局、取马代之”吗？

其三，任何政党和政治势力的领袖都不是自封的，而是在大风大浪中由群众拥戴产生出来的。国民党作为一个有百年光荣历史、在台湾有雄厚社会基础的大党，人才济济，经过这场选战的洗礼，即使折损了一个马英九，难保不会又涌现出别的“朱英九”、“牛英九”，出来重整旗鼓，凝聚泛蓝，再造辉煌，到那时恐怕也轮不到让泛蓝丢失江山的宋先生出来“收拾残局，取马代之”了。

专访中李桐豪还以 2001 年“立委”选举为例，预测国民党败选后将会“一蹶不振”、“面临瓦解危机”，将会“有许多国民党籍‘立委’带枪投靠”亲民党。殊不知，时过境迁，2012 年不是 2001 年，如今的亲民党和宋楚瑜也不是当年的亲民党和宋楚瑜了，台湾岛内的政治势力经过十年来的多场选举，风风雨雨，合纵连横，时空环境早已发生了重大变化，当局者迷，亲民党和宋楚瑜先生至今还沉醉在当年的辉煌历史中孤芳自赏，难以自拔，无法摆脱一厢情愿的思考盲点，实在令人扼腕叹惜！

末了，我还想再补一句：宋先生，一世英明切莫毁于一旦，现在回头还来得及！

（《海峡导报》、中评社，2011/11/11）

台湾选举的“八大看点”

日前，TVBS公布最新民调显示，“双英”获得的支持率大幅拉近，不仅马英九领先蔡英文仅剩1%，甚至在推估得票率后蔡的支持率已首度领先马。该民调公布后，蓝营一片恐慌，绿营则以为“鸿鹄将至”、喜上眉梢。民进党发言人陈其迈趁势声称，“媒体民调结果与党内评估一致”，预言“双英将出现‘黄金交叉’”。

事情果真那么简单吗？在笔者看来，其实此番难得一见的台湾政治连续剧，前面都只能算是剧情的“铺垫”，尚未真正进入高潮，精彩好戏还在后头！

何时进入高潮？本月21－25日正式登记，笔者研判，宋楚瑜铁定登记参选，随后三组候选人才会渐次进入短兵相接、捉对撕杀的高潮。“撕杀”“肉搏”的结果，势必使选情跌宕起伏、扣人心弦。民调或将呈现出“双英”支持率交替领先、或马始终微幅领先，而宋的支持率则时升时降、紧随其后只能当“小三”的基本态势。“双英”鹿死谁手，不到最后时刻，难以逆料。

在这最后两个月的时间里，主要有如下“八大看点”：

一要看国民党即将出炉的“立委”不分区名单是否漂亮，经得起台湾社会大众的严格检验。

二要看12月份四场电视辩论会各方攻防情况如何？这四场辩论必定精彩纷呈，影响选情重大。三人之中，宋的口才最为了得，身上背的包袱也最小，一宋战“双英”，“双英”都不是宋的对手，关键的关键，是要看宋的主攻方向究竟指向何方？

三要看马竞选团队出什么牌，还会不会出“昏招”？其实马团队手中还有不少好牌可打，如两岸关系牌、经济牌、夫人牌等等，端看马能否充分利用执政优势，牢牢把握选战主轴，主导选战议题，目标始终锁定争取中间选民而不受内外主客观不利因素的干扰。

四要看蔡阵营出什么牌，她的最大“罩门”两岸议题是否能有效回避？让中间选民相信她的大陆政策能稳定两岸，三年多来两岸关系和平发展获得的“红利”不会得而复失；在选战的危急关头会不会故伎重演，祭出“怪招”、“险招”，重走“奥步”？而马团队又能否有效化解、善加因应？

五要看马的行政团队会不会再出状况捅娄子，“后院着火”帮倒忙？

六要看宋是否真的“参选到底”，会不会在关键时刻全面权衡利弊得失后主动号召支持者“选择性投票”，抑或其支持者自动“弃保”选择性投票？宋绝非等闲之辈，其谋略非一般常人所能及。宋的动向，其最大意义不在于影响多少选票的流向，更关乎蓝绿两大阵营士气的消长。

七要看会不会发生人们意想不到的“突发事件”？如“维安”是否再次出现问题、某某重要指标性人物突然辞世、天灾人祸……在选情紧绷、双方差距甚微的情况下，任何哪怕是小小的“突发事件”，都将影响选情，甚至让选举翻盘。

八要看散布在大陆及世界各地的约一百五十万台商、台干及其家属究竟有多少人回台投票？据一般评估，他们之中至少有六、七成是蓝营的支持者。

如此看来，余下来的两个月时间，台湾的这场政治连续剧大片还充满悬念、大有看头，民进党所说的“黄金交叉”根本没那回事，只不过是他们的选战伎俩和一厢情愿的幻想。看官们要作好洗“三温暖”的充分思想准备，如若不信，不妨耐着性子往下瞧！

（《海峡导报》，2011/11/13）

两岸议题蔡英文回避得了吗

11月22日，蔡英文在出席美国在台商会年度大会时发表演讲，就两岸议题作出如下宣示：

她说，两岸关系发展速度远超过台美关系，她当选后的首要目标，就是调整这种不平衡发展，……两岸关系的稳定是台美关系持续发展的关键因素之一，民进党重返执政将致力维护台海和平及两岸关系的稳定。

她说，我们理解两岸关系的重要性，但在这场选战中，还有许多议题的重要性有过之而无不及，例如贫富差距、就业和经济议题。并称，她不会挑起两岸战火，不会将两岸关系操作成选战的工具。

她说，我们了解有些人对民进党的胜选感到忧虑，在不对台湾基本利益让步的前提下，我们会尽其可能去缓和这种紧张气氛，并且塑造良好的气氛，促成选后双方间的对话与互动。

蔡英文的上述表态，乍听起来十分温和理性，其用意无非是向美国表忠心、让大陆放心、台湾选民安心。同时也清楚地表明她在选战的最后关头将对两岸议题采取完全回避的策略。

问题是，蔡英文能达到目的吗？两岸议题蔡英文真的回避得了吗？

其一，大陆领导人胡锦涛、贾庆林近日来一再明确宣示：“认同‘九二共识’是两岸开展对话协商的必要前提，也是两岸关系和平发展的重要基础”，“否定了‘九二共识’，将使两岸协商不得不中断，也将使两岸关系发展的基础遭到损害”。而蔡英文不久前刚刚矢口否认“九二共识”，却在演讲中侈谈“致力维护台海和平及两岸关系的稳定”、“促成选后双方间的对话与互动”。这种空口说白话的拙劣骗术，能让有正常思维的人相信吗？

其二，蔡英文在演讲中说，“在不对台湾基本利益让步的前提下”，会尽其可能缓和两岸紧张气氛，“促成选后双方间的对话与互动”。何谓“台湾基本利益”？蔡英文含糊其辞，其实说穿了就是她平日经常挂在嘴边的所谓“台湾主权”，也即“中华民国是台湾”的“两国论”立场。既然蔡英文宣称坚持这一“前提”不让步，那么她所说的“尽其可能缓和两岸紧张气氛”、“促成选后双方间的对话与互动”，也就成了一堆天马行空、毫无意义的废话了。

其三，蔡英文说她“理解两岸关系的重要性”，但又称贫富差距、就业和经济等许多议题的重要性“有过之而无不及”。蔡英文的这一说法其实是在“卖狗皮膏药”。道理很简单，蔡英文否认“九二共识”，坚持“台独”立场，一旦她真的当选上台执政，两岸协商谈判必然停摆，两岸关系势必停滞甚至倒退，已经达成的十六项协议势将窒碍难行，三年多来台湾民众从两岸关系和平发展中所获得的“红利”或将得而复失，台湾经济必将严重受损，请问蔡英文又有何锦囊妙计解决台湾的贫富差距、就业和经济等重要问题?

其四，再说了，选战议题不是蔡英文一家就能说了算的。两岸议题乃是马英九也是宋楚瑜的强项，谁都不是傻瓜，蔡英文想躲就能躲得开吗?即将登场的四场政见电视辩论会，两岸议题是台湾民众高度关注必不可少的主议题之一，届时马、蔡、宋三家攻防必定精彩可期，就让我们拭目以待吧!

（中评社，2011/11/24）

三套"剧本"，宋楚瑜会选哪一套

台湾"大选"已进入白热化的最后冲刺阶段。目前马、蔡选情胶着，双方支持率都在40%上下难分伯仲；而宋的支持率虽然只在10%左右低位徘徊，完全看不出有胜选的可能，但无论你高不高兴，宋阵营已成为这场选举的"关键少数"。在选战的最后关头，宋采取何种策略，势将牵动整个选情，成为决定马、蔡谁胜谁负的关键因素之一。而这场选举的最终结果，不仅关乎台湾政权是否再次轮替和国、民两党实力的消长，连带着也将决定宋和他所一手创建的亲民党在今后台湾政坛上的存亡绝续。从更高层次而言，这场选举结果，必将对未来两岸关系发展乃至台湾的前途命运，产生重大而深远的影响，非同小可。

值此关键时刻，具有丰富政治经验的宋楚瑜，难道不清楚他目前正身处"风口浪尖"之上，一举一动都必须对台湾人民负责、对中华民族负责、对历史负责吗？

盱衡目前岛内战况，笔者以为宋楚瑜眼下并非只有"华山一条路"，至少有以下三套"剧本"可供他选择，继续往下精彩演出：

第一套"剧本"

如同他一再对外宣称的那样，"参选到底"。不但坚持"参选到底"，而且还"同室操戈"，把攻击矛头始终指向意识形态相近、同属泛蓝阵营的马英九，而对主张"台独"、分裂国家的蔡英文，则轻轻放过，"小骂大帮忙"。

其选举结果，有如下四种可能：

其一，马英九高票落选，宋楚瑜也同时败选，亲民党"立委"候选人全军覆没，或席次不足以在"立法院"组成党团。宋和亲民党"竹篮打水一场空"，什么也没捞着，还被泛蓝阵营视为"叛徒"，从此在台湾政坛彻底式微泡沫化。

其二，马英九高票落选，宋楚瑜也同时败选，亲民党获得的“立委”席次勉强在“立法院”组成党团，成为“关键少数”。如此，宋和亲民党尚可在台湾政坛发挥一定的影响力，暂时还不至于泡沫化。

其三，马英九险胜，宋楚瑜败选，亲民党“立委”候选人全军覆没，或席次不足以在“立法院”组成党团。宋和亲民党同样“竹篮打水一场空”，什么也没捞着，同样被泛蓝阵营视为“叛徒”，从此在台湾政坛彻底式微泡沫化。

其四，马英九险胜，宋楚瑜败选，亲民党获得的“立委”席次勉强在“立法院”组成党团，成为“关键少数”。如此，宋和亲民党也可在台湾政坛发挥一定影响力，暂时还不至于泡沫化。

宋楚瑜如果按这个“剧本”演出，照目前的选情来看，第一种的可能性最大。如果真是这样，对台湾政局和两岸关系的影响冲击也最大，宋楚瑜今后将无颜面对台湾民众，面对大陆，面对历史。

第二套“剧本”

直到投票前几日，宋仍信誓旦旦，对外宣称“参选到底”。对马、蔡均不留情面，左右开弓，把自己参选“总统”“母鸡带小鸡”的效应发挥到极致。到投票日前两天，以“胜选无望”、“顾全大局”为由，突然宣布退选，并向支持者喊话，号召他们“选择性投票”：政党票和“立委”票投亲民党，“总统”票则改投“反对‘台独’、有利于台湾政局稳定和两岸关系和平发展的候选人”。把攻击矛头直指绿营的蔡英文和民进党。

如果宋楚瑜照这个“剧本”演出，届时蓝营支持者将如梦初醒、士气大振，绿营则大呼上当、士气重挫，胶着的选情有望发生重大逆转。其政治效应在于选战的最后时刻打破僵局，鼓舞蓝营士气、提振马胜选的看好度，形成蓝绿一对一的对决态势，提高蓝营的投票率。

其选举结果，有如下两种可能性：

其一，马顺利当选，蓝营支持者感激宋在关键时刻“顾全大局”，部分选票自动流向亲民党作为回报，国、民两党“立委”席次均不过半，亲民党获得数席“立委”席次，在新一届“立法院”如愿组成党团，发挥“关键少数”作用。

其二，马顺利当选，蓝营支持者感激宋在关键时刻“顾全大局”，少部分选票自动流向亲民党作为回报，亲民党获得数席“立委”席次，但未能凑足在“立法院”组织党团的席位。而国民党“立委”席次勉强过半，涉险过关。

选后，无论哪一种结果，台湾社会都有可能形成主流民意，要求马英九启用立有战功的宋楚瑜。宋势将在日后的台湾政坛或两岸关系方面发挥其重要影响力。

不过话又说回来，这第二套“剧本”的演出对宋楚瑜来说难度很高，而且风险和成功几率各占一半。但上述两种选举结果无论哪一种，对台湾政局和两岸关系的影响都是正面的，可以接受的。

第三套“剧本”

把握节奏，逐步调整选战策略，由连署期间的“八分打马，二分宣传自己，全然不打蔡”，转而从登记参选开始，“四分打马，四分打蔡，二分宣传自己”。从12月3日第一场电视政见辩论会开始，则调整为“八分打蔡，一分打马，一分宣传自己”，形成“打蔡为实，打马为虚，对马小骂大帮忙”的局面。如此一来，宋的参选效应将大大出乎当初人们的意料，反向逆转为马阵营攻击蔡阵营的“侧翼”，出其不意，助马打赢这场选战。

换言之，宋参选的真实意图到此才真正显露出来：原来，当初宋“打马不打蔡”，目的是为了麻痹绿营，利用绿营协助其连署过关。这样，宋就成了泛蓝阵营的“伏兵”和“奇兵”，蓝营名嘴们数月以来痛骂宋和亲民党变成了“配合演出”，而蔡英文则被宋卖了还帮他“点钱”。

由此，蓝营马、宋两个方面军在选战的最后关头“殊途同归”，实现大会师、大团结，势必士气大振。而上当受骗的绿营必然气急败坏，士气顿挫。选情因此逆转，双方基本盘得以充分动员，形成蓝绿对决态势，马英九胜选的看好度大增，并最终顺利当选连任。宋则不必退选，战至最后一刻，虽败犹荣。

蓝营支持者感激宋在关键时刻“战场起义”、“反戈一击”，部分选票自动流向亲民党作为回报，国民党“立委”席次过半，亲民党也获得数席“立委”席次，在新一届“立法院”如愿组成党团，国、亲两党皆大欢喜。

选后，宋不必向马伸手，台湾社会势必形成主流民意，强烈要求马重用立有战功的宋楚瑜。宋势将在日后的台湾政坛或两岸关系方面发挥其重要影响力。

显然，这第三套“剧本”的演出虽然出人意表，让人跌破眼镜，但却顺理成章且较为稳妥，既不违背宋的政治理念，又得到了他和亲民党想要得到的东西，何乐而不为？有人可能会说，如此宋岂不“人格破产”？笔者认为，此论实乃迂腐之见！孙子有云：“兵不厌诈”，这和民进党惯用的选举“奥步”完全是风马牛不相及的两码事，不可同日而语、相提并论。

老宋何去何从，人们拭目以待

以上三套“剧本”，何优何劣，聪明如宋楚瑜者不难分辨，除非他真的老糊涂了，或是被他手下的“佞臣”呱噪得分不清东西南北了！选战仅剩下50天，老宋何去何从，究竟会挑选哪一套“剧本”演出，着实关系重大，人们不妨瞪大眼睛往下看，很快就将见分晓。

（未刊稿，2011/11/25）

蔡英文的两岸政策像四川“变脸”绝活

世界上无论哪个政党，它的政策都要有一定的稳定性，才能让人相信它，这和做人是同样的道理。如果某个人、某个政党朝三暮四，今天这样说，明天又那样说，像四川人的“变脸”绝活一样，诚信必然破产，没有谁敢和它打交道。

蔡英文和民进党就是那么个人、那么个政党！

据台湾媒体报导，蔡英文昨天在接受外国媒体专访时说：民进党在去年两岸签署 ECFA（两岸经济合作框架协议）前曾要求“公投”，但若她当选“总统”，民进党上台执政，不会废除 ECFA，也不一定会就 ECFA 新内容“公投”，会就 ECFA 后续市场的开放谈判做出谨慎处理，以保台湾利益。

天哪！这还没几天工夫，怎么蔡英文对 ECFA 的态度又变了！

人们不会忘记，一年多以前当两岸尚在对 ECFA 进行协商谈判之际，协议的条文都还没出来，八字都还没一撇，蔡英文就率领她的民进党气急败坏地表示“坚决反对”，攻击污蔑 ECFA 是“毒药”，要求与马英九“公开辩论”，甚至要求举行全民“公投”。在整个 ECFA 的谈判与签署过程中，民进党骂声不断。

ECFA 签署后，民进党拒绝“背书”，并不惜在“立法院”以集体退场的方式进行强力抗争。

蔡英文在党内初选中获胜，确定为民进党 2012“总统”候选人之初，她公开表示，当选后要重审 ECFA。但话音刚落，由于受到岛内舆论的挞伐，又赶紧由发言人陈其迈出面“澄清”，说“重审说”扭曲了蔡英文发言的“原意”云云。

由于 ECFA 签订后，台湾农、渔民以及中小企业等弱势族群因“早收清单”而获利甚丰，纷纷对 ECFA 表示欢迎，就连中南部民进党执政的地方县市长都给予肯定。于是不久前蔡英文在发表她的“十年政纲”两岸篇时，不得不表示“ECFA 是既成事实”，她当选后不会废除，但会“交付民主程序处理”。言下之意还是要对 ECFA 进行“公投”。

不料这次面对外国媒体的专访，蔡英文又改口了，不但表示 ECFA“不会废除”，还说“不一定会公投”，“民主程序”也可以不要了。

一向标榜最讲“民主”的蔡英文就此破功。原来，“民主”还是“不民主”，全由蔡英文和民进党说了算，蔡英文和民进党才是“真理的化身”！

蔡英文对 ECFA 的态度，一年之内至少变了 4 次，让人看了眼花缭乱，真不知此蔡英文与彼蔡英文是否同一个蔡英文。当然，变也不是不可以，但为什么要“变”，总要给个“说法”，不能自封为“一贯正确”。

原本形象还算不错的蔡英文，如今掉进了民进党的“政治大染缸”，似乎也已经变成了“百变阿扁”。人们有理由问一句：对待 ECFA 你们可以变来变去，那么别的你们就不会变吗？我们还敢相信你们吗？

其实，这种现象正典型地反映了蔡英文民进党的两岸政策严重脱离实际。他们的唯一出路，就是正视现实，从根本上调整“台独”立场，否则民进党永远无法摆脱这种困境。

（《海峡导报》，2011/11/26）

宋楚瑜参选，2012“大选”结果的四种可能

台湾“大选”仅剩下40多天，已进入白热化的最后冲刺阶段。目前岛内绝大多数民调都显示马、蔡选情胶着，支持率在40%上下难分伯仲；而宋的支持率虽然只在10%左右低位徘徊，完全看不出有胜选的可能，但无论你高兴不高兴，宋阵营已成为这场选举的“关键少数”。在选战的最后关头，宋采取何种策略，势将牵动整个选情，成为决定马、蔡谁胜谁负的关键因素。而这场选举的最终结果如何，不仅关乎台湾政权是否再次轮替和国、民两党实力的消长，同时连带着也将决定宋和他所一手创建的亲民党在今后台湾政坛上的存亡绝续。从更高层次而言，这场选举结果，必将对未来两岸关系发展乃至台湾的前途命运，产生重大而深远的影响，非同小可。

值此关键时刻，具有丰富政治经验的宋楚瑜，难道不清楚他目前正身处“风口浪尖”之上，一举一动都必须对台湾人民负责、对中华民族负责、对历史负责吗？盱衡目前岛内战况，如果不出现重大变数，这场选举的结果，无非有如下四种可能：

其一，马英九高票落选，宋楚瑜也同时败选，亲民党“立委”候选人全军覆没，或席次不足以在“立法院”组成党团。宋和亲民党“竹篮打水一场空”，什么也没捞着，还被泛蓝阵营视为“叛徒”，从此在台湾政坛彻底泡沫化。

其二，马英九险胜，宋楚瑜败选，亲民党“立委”候选人全军覆没，或席次不足以在“立法院”组成党团。宋和亲民党同样“竹篮打水一场空”，什么也没捞着，同样被泛蓝阵营视为“叛徒”，从此在台湾政坛彻底泡沫化。

其三，马英九高票落选，宋楚瑜也同时败选，亲民党获得的“立委”席次勉强在“立法院”组成党团，成为“关键少数”。如此，宋和亲民党尚可在台湾政坛发挥一定的影响力，暂时还不至于泡沫化。

其四，马英九险胜，宋楚瑜败选，亲民党获得的“立委”席次勉强在

“立法院”组成党团，成为“关键少数”。如此，宋和亲民党也可在台湾政坛发挥一定影响力，暂时还不至于泡沫化。

依照目前的选情发展来看，以上四种可能性之中，第一种的可能性已愈来愈大。这种选举结果，对岛内反“独”势力无疑将造成重大打击，对台湾政局和两岸关系发展必将产生重大冲击和负面影响。此时此刻，宋楚瑜必须想清楚，如果执意在这条路上走到黑，今后还有何颜面面对台湾民众，面对历史！

（《海峡导报》，2011/11/29）

否认“九二共识”，台湾之灾

众所瞩目的2012台湾“大选”首场电视辩论会已于3日下午收场，不出外界所料，两岸议题成为这场辩论会马、蔡攻防的主轴。双方炮火四射，你来我往，各不相让，蔡英文虽然巧舌如簧，但却难掩其色厉内荏的虚弱本质。

以攻为守，蔡阵营使出“怪招”

外界无不认为，此番“大选”两岸议题是蔡英文的最大罩门。不料辩论会前一晚，蔡突然紧急召开临时记者会，主动抛出两岸议题，声称她当选后将成立跨党派“两岸对话工作小组”，为两岸协商铺路，甚至表示若是马有信心，“一中各表”也可纳入“台湾共识”来加以讨论。蔡的此番动作，一时让外界议论纷纷，甚至猜测她的两岸政策是否有重大转变。

谁知不到一天工夫，蔡英文的拙劣表演就破了功！在3日下午的电视辩论会上，面对马英九和媒体代表的质疑，蔡英文露出了本来面目。她坚持一贯立场，宣称1992年“是有香港会谈，但真的没有九二共识”，让她接受一个“没有存在的东西，是不对的事情”。试问，否认了“九二共识”，蔡英文说“一中各表”也可纳入“台湾共识”，还有何实际意义可言？

至此，人们终于明白了，蔡英文在辩论会前一晚突然抛出两岸议题，乃是经过她的幕僚精心策划为因应电视辩论所祭出的“怪招”：

其一，两岸议题既然无法回避，与其被动挨打，不如主动出击，抢先抛出两岸议题，佯装向中间靠拢，或许能出其不意，搅乱马阵营的阵脚。

其二，试图主导辩论议题，转移视线，借以掩盖和闪避在辩论中对方可能提出而又难以自圆其说的“陈盈助问题”、“柿子风波问题”和“宇昌生技自肥图利问题”。

然而，假的就是假的，公然否认“九二共识”，却把蔡英文打回了原形。

“九二共识”不容否认

一直以来，蔡英文都坚持否认“九二共识”。她一边说，1992 年是有香港会谈，但“没有九二共识”，她无法接受一个并“不存在的东西”；同时又说，所谓“九二共识”是“国共两党共识”而非“两岸共识”云云。蔡英文的上述说辞，既存在明显的逻辑错误更不符合事实：

首先，蔡英文既然说“九二共识”是“国共两党共识”，这实际上等于已经承认了“九二共识”的客观存在；但又说“没有九二共识”，“九二共识”是“不存在的东西”，这岂不是自打嘴巴！换言之，蔡英文出于“台独”立场，尽可以说她“不接受‘九二共识’”，但不可以说“没有九二共识”。

其次，“九二共识”是由大陆海协会和台湾海基会于 1992 年香港会谈及其后两会往来函件所达成的，档案文件俱在，岂容否认。众所周知，无论大陆海协还是台湾海基会，均为两岸官方“授权”负责两岸协商谈判的民间团体，并非国、共两党代表，所签署的协议也必须经过两岸官方的“背书”方能生效。既然如此，担任过扁当局“陆委会主委”和“行政院副院长”的蔡英文，却妄称“九二共识”是“国共两党共识”，这就不仅仅是逻辑不通而是罔顾事实的自欺欺人之谈了！

马英九在电视辩论中批驳蔡英文说，2000 年陈水扁曾一度要承认“九二共识”，可是她却“跳出来否认”。其实，岂止陈水扁，阿扁的“最佳辅佐”吕秀莲也曾公开承认过“九二共识”。据台湾《联合报》报导，2000 年 12 月 8 日，吕秀莲在高雄县（今已合并为高雄市）演讲时引述了一份文件，承认 1992 年 8 月 1 日，台湾当局“国统会”确曾依据“国家统一纲领”做成决议文，该决议文明确承诺：“海峡两岸都坚持一个中国的原则”，并称“台湾固然是中国的一部分，但大陆也是中国的一部分”。尽管吕秀莲又妄称，“‘九二共识’是旧政府的承诺，是旧政府的事，新政府可以不接受”，但无论如何，吕秀莲毕竟要比蔡英文诚实得多！

否认“九二共识”，台湾之灾

近段时间以来，大陆领导人在各种不同场合一再表示，“九二共识”是两岸关系和平发展的政治基础，否认“九二共识”不仅两岸协商谈判难以为继，已经取得的成果也将得而复失。大陆不会介入台湾选举，但在事关大是大非的原则问题上从来不会妥协和让步。蔡英文和民进党人士不要误判大陆，更不要不负责任地误导台湾民众，以为只要夺回政权，重新上台执政，即使否认“九二共识”，大陆也不得不接受现实和他们打交道。

马英九说，ECFA 不是台湾经济的“万灵丹”，但是台湾经济的“维他命”，这话不假。须知，ECFA 还只是两岸经济合作的“框架性”协议，大部分具体协议的协商谈判才刚刚起步，其他已经达成的十五项协议也有进一步贯彻落实的问题。目前，世界经济风声鹤唳，种种迹象表明，新一波更为严重的经济大衰退势将到来。值此关键时刻，两岸合则两利，斗则两害；对台湾而言，斗则更是大害。“天要下雨，娘要嫁人”，2012 如果主张“台独”、否认“九二共识”的政党重新上台执政，坦白地说，那绝对是“台湾之灾”！

（《海峡导报》，2011/12/05）

“说谎者”究竟是马英九还是李登辉

日前，因大肠癌开刀在家静养的李登辉不甘寂寞，针对马英九说“‘九二共识’是李登辉执政时定下的根”，非常不满，跳出来澄清说：他已经公开讲过几十次，“没有九二共识”。还称，当初参与的已故海基会董事长辜振甫先生也说没有，前“陆委会主委”苏起也承认“九二共识”是他自创的。

说谎的究竟是谁？是马英九还是李登辉？这不仅涉及“人格”问题，更是大是大非的原则问题，不可不辩清楚！

首先应当说明，对于“九二共识”的具体内容，两岸官方历来有不同解读。大陆方面解读为：各自以口头方式表述“海峡两岸均坚持一个中国原则”；而台湾方面则解读为：“一个中国，各自表述”。尽管两岸双方对“九二共识”的具体内容解读不同，但不能因此而否定1992年两岸确曾达成“九二共识”。“九二共识”之所以宝贵，关键就在于其核心是“两岸一中”，而精髓则是“求同存异”。并据此而奠定了两岸关系和平发展的政治基础，促成了两岸的制度化协商谈判，达成了多项重要协议。

其次，“共识”是在1992年两岸两会香港会谈及其后双方多次交换函件所达成的，而给这个“共识”命名为“九二共识”，则是2000年4月的事情。换言之，达成共识在前，命名在后。李登辉蓄意偷换概念，把苏起承认“九二共识”这个“名词”是他自创的，说成是“苏起也承认‘九二共识’是他自创的”。李登辉为了否认“九二共识”，居然无耻到这种地步，作为当年李登辉部属的苏起先生，此时此刻不知作何感想！

至于说到辜振甫先生也说没有“九二共识”，更是弥天大谎！试举几例：

1998年5月，辜振甫在美国演讲时说：“1992年双方就‘一个中国’取得各自表述的共识”。(注：当时尚未发明“九二共识”的名词)

2000年4月29日，辜振甫表示：两岸应回到“一个中国、各自表述”，重新启动两岸谈判机制”。

2000 年 4 月 30 日，辜振甫在汪辜会谈七周年记者会称，台湾所认知的“一个中国，各自表述”概念，重点在于两岸“对等分治”。

2001 年 3 月 1 日，辜振甫答记者问时说：1992 年会谈期间两会曾先后交换十三个版本的表述方案，随后并有口头表述方案，大陆称双方已达成“两岸均坚持一个中国原则”的共识，但台湾所理解的共识是“一个中国，各自以口头表述”。

2001 年 4 月又说：“当时达成的共识是‘一个中国，各自以口头方式表述’”。

2003 年 4 月再次明确强调：“1993 年辜汪新加坡会谈能够实现，是因为九二年香港会谈的相互谅解，称为‘九二共识’”。

如今李登辉和蔡英文全都睁眼说瞎话，一口咬定辜振甫先生“也说没有‘九二共识’”，无非是欺负往生者不会说话！

岂止辜振甫先生，其实在民进党执政时期，上至陈水扁、吕秀莲，下至党主席谢长廷，包括“陆委会主委”蔡英文本人，全都不同程度地承认过“九二共识”存在的事实。例如：

2000 年 5 月 1 日，即将就任“陆委会主委”的蔡英文就说：“‘一个中国’绝对是两岸必须面对的问题，不能回避”，但“‘一个中国、各自表述’是否是唯一的解决方案，还有讨论的空间”。

2000 年 6 月 27 日，陈水扁在接见美国亚洲基金会会长富勒博士等人时表示：“新政府愿意接受海基、海协两会之前会谈的共识，那就是‘一个中国，各自表述’”。

2000 年 6 月 29 日，民进党主席谢长廷表示：“一个中国，各自表述”事实上就是台湾的政策。

2000 年 7 月 6 日，“陆委会主委”蔡英文在“立法院”答询时称：“九二年一个中国的共识”是“各自表述，一个中国”，强调的是“各自表述”。

2000 年 12 月 8 日，吕秀莲在高雄县（今已合并为高雄市）演讲时引述了一份文件，公开承认 1992 年 8 月 1 日，台湾当局“国统会”确曾依据“国家统一纲领”做成决议文，该决议文明确承诺：“海峡两岸都坚持一个中国的原则”，并称“台湾固然是中国的一部分，但大陆也是中国的一部分”。只是吕秀莲又妄称，“‘九二共识’是旧政府的承诺，是旧政府的事，新政府可以不接受”。

马英九之所以说，“‘九二共识’是李登辉执政时定下的根”，其所本正是吕秀莲当年所引述的这份台湾当局的重要文件。这份文件是在 1992 年 8 月 1 日由李登辉亲自主持召开的“国统会”上所核定的，题为《关于“一个中国涵义”的决议》。白纸黑字，证据确凿，岂容李登辉抵赖！

行文至此，台湾岛内蓝绿双方关于“九二共识”的争议，究竟说谎者是谁？是马英九还是李登辉？已是不言自明矣！

我们要说，出于“台独”立场，李登辉和蔡英文等绿营人士，尽可以不接受“九二共识”，但不可以篡改历史，否认“九二共识”。

（《海峡导报》，2011/12/10）

否认“九二共识”，两岸和平进程难以为继

在12月23日晚的电视政见发表会中，蔡英文一改往日躲闪的态度，主动出击，不仅矢口否定甚至放肆攻击、污蔑“九二共识”，让人们进一步看清了她的“台独”真面目。

不久前，贾庆林主席在纪念海协会成立二十周年大会上的重要讲话中说，“当前，两岸关系发展正处在承前启后的关键时刻。要和平不要对抗，要稳定不要动荡，要发展不要倒退，这是两岸关系发展的大势，也是两岸同胞的共同期盼。‘台独’分裂势力及其活动，是台海地区和平稳定的最大祸患，也是阻挠两岸协商谈判的最大障碍”。并强调指出，“‘九二共识’是一个客观事实，而且是一个对两岸关系发展不断发挥重大积极作用的事实。否定‘九二共识’，两岸协商就难以为继，已有的协商成果也将难以落实，两岸关系势将重现以往曾有过的动荡不安，最终伤害两岸同胞的利益。”

然而，对于大陆领导人的严正警告，蔡英文却充耳不闻，视作儿戏。

诚然，两岸官方对“九二共识”的内涵有不同解读，大陆方面解读为“各自以口头方式表述海峡两岸均坚持一个中国原则”，台湾方面则解读为“一个中国，各自表述”（简称：“一中各表”）。尽管如此，“九二共识”的核心就在于双方都承认“两岸同属一中”，而这也正是两岸两会能够上谈判桌进行协商谈判，签订一系列协议的政治基础和必要的前提条件。

二十年来两岸关系跌宕起伏，经过了艰难曲折的历程。总结其中的经验教训，其实只有一条：接受“九二共识”，两岸关系便能顺风扬帆、一日千里；否认“九二共识”，两岸关系势必猪羊变色、严重倒退。

日前，马英九在接受《中国时报》专访时指出，很多人都已经把两岸关系的改善“视为当然”，但如果蔡英文执政，两岸不仅将重新经历磨合期，甚至可能回到民进党执政时的情况。

诚哉，斯言！马英九这段话并非“选举语言”，他说出了两点真相：

其一，近几年来两岸关系的改善不是天上掉下来的“好康”，而是马英

九上台执政后，接受“九二共识”、拨乱反正的结果。

其二，如果2012年民进党赢得“大选”，否认“九二共识”的蔡英文上台执政，两岸和平进程将难以为继，陈水扁执政八年的噩梦势必重现。

蔡英文在政见发表会上以“总统”当选人的口吻说：她当选后将通过民主程序凝聚“台湾共识”，有信心有能力维护台海和平和两岸关系的稳定发展。蔡英文坚持“台独”立场，否定“九二共识”，她的所谓“台湾共识”也好，所谓“信心”也罢，只不过都是骗人的把戏和一厢情愿的空中楼阁！

台湾“大选”只剩下二十天，双英选情仍然胶着。台湾选民真的那么好骗吗？答案很快就会有了。

（《海峡导报》，2011/12/25）

台湾“大选”，美国已明显“弃蔡挺马”

本月二十二日，正当台湾“大选”进入关键时刻，双英选情紧绷胶着之际，美国奥巴马政府突然对外宣布：将台湾列入“免签证”名单。美国这一异乎寻常的“外交”动作，显然是经过深思熟虑的，它无异于向外界宣布：这场台湾“大选”，美国已明显“选边站”——弃蔡挺马。

美国决定“弃蔡挺马”，经历了一个由暗到明的过程。

蔡英文“面试”不及格

出于众所周知的原因，台湾一向以美国马首是瞻，“不抱美国的大腿抱谁的大腿！”——民进党大佬邱义仁的这句名言，典型地说出了“黑道大哥”美国与“小弟”台湾之间的暧昧关系。换言之，在当前台湾的政治环境下，无论何党何人要想在台湾站住脚跟，稳定执政，都必须抱紧美国大腿。于是人们看到，每逢台湾“大选”前夕，国、民两党的“总统”候选人，无一例外的都要远涉重洋，造访美国，向美国输诚，接受白宫的“面试”。更有甚者，2000年主张“台独”的陈水扁胜选后，他的“就职演说”还需交由美国严格“审稿”。美国一向宣称“不介入”台湾选举，恐怕连鬼都不会相信！

此番台湾“大选”自不例外。今年九月，蔡英文确定为民进党“总统”候选人之后，不久即出访华府，重点当然是向美国交代她的两岸政策有别于陈水扁，让美国放心，她当选后有能力维护台海和平，不会损害美国的国家利益。然而，蔡英文刚刚结束访美行程，英国《金融时报》随即就报道说：“一位匿名的美国资深官员表示，蔡英文让他们怀疑她是否愿意、且有能力，维持近年来区域所享有的两岸关系稳定形势。”

显然，此番“面试”，美国认为蔡英文并不及格。

美国的"忠告"不管用

其实，美国通过英国《金融时报》技术性地向外透露对蔡的"不放心"，并不表示此时美国对蔡已失去"信心"，目的无非是向蔡施加压力，给她提供"补考"的机会，逼蔡进一步明确她的两岸政策，在"九二共识"的关键问题上作出令美国满意的正面回应。然而，美国对蔡英文的"忠告"并未起作用。在首场电视政见辩论会上，蔡坚持既定立场，公开否定"九二共识"。近日，据台湾《联合晚报》报道："一位重量级的卸任美国在台协会资深官员在第二轨沟通过程中挑明说，美国已多次向蔡英文表明，接受九二共识，有助于民进党胜选后，让台湾与大陆、美国保持建设性的关系，可是蔡英文并不太理会美国友人的忠告。"

蔡英文无视美国给她的宝贵的"补考"机会，显然让老美大为不爽。

美国派高官入岛，对蔡就近施压

"大选"仅剩下三个月时，岛内各种民调无不显示，双英选情紧绷，蔡英文的胜选几率大增。美国奥巴马政府曾先后派出国际开发署署长沙赫、能源部部长丹尼尔·伯纳曼等高官访台。据悉，这是近十多年来美国访台的最高阶官员。沙赫和伯纳曼入岛后，与马英九及台重要官员频繁会晤。舆论普遍认为，美国此举可视为奥巴马政府对马英九的一种支持，意在突显国民党马英九较之民进党蔡英文更有能力处理美台关系，更受美国青睐。反过来说，美国这一动作，实际上也是意图就近对蔡施压，逼其就范。然而，蔡英文仍我行我素，拒绝在两岸政策上作任何调整，回应美国对"九二共识"的关切。老美焉能不大失所望！

美国何以化暗为明，大动作"挺马"

以下两件大事，促使美国下决心"弃蔡挺马"：

一是本月十六日，大陆高调纪念海协成立二十周年，全国政协主席贾庆林发表重要讲话，强调指出："'九二共识'是一个客观事实，而且是一个对两岸关系发展不断发挥重大积极作用的事实。否认'九二共识'，两岸协商就难以为继，已有的协商成果也将难以落实，两岸关系势将重现以往曾有过的动荡不安，最终伤害两岸同胞的利益。"值此关键时刻，贾庆林的上述讲话无异于对蔡英文的当头棒喝！预示着坚持"台独"、否认"九二共识"的蔡英文一旦当选，民进党重新上台执政，两岸关系势必严重倒退，台海局势堪虞。这种事态的发展，当然不是美国所愿意看到的。

二是本月十七日，朝鲜领导人金正日突然去世，朝鲜半岛局势骤然紧张，东亚局势不确定因素大为增加。

因连年经济低迷、实力大受其损的老美，近年来尽管不断嚷着要"重返亚洲"，但毕竟已是力有不逮。朝鲜半岛因金正日的去世，东亚局势已然诡谲难测，倘若台海局势又因蔡英文的胜选而重现紧张，两个"火药库"要是同时冒起烟来，老美如何能够有效控制局势而不出大的乱子？

朝鲜半岛美国无力插手，只能干着急；而介入台湾"大选"，影响其选举结果，美国可就有不少好牌可打，不愁不发挥作用！

以下两则消息颇值得人们加以重视：

一则是，有媒体报道说，蔡英文的重要幕僚萧美琴日前秘访美国，到华府拜会国务院亚太助卿坎贝尔等官员，表示民进党虽然乐见台湾列入"免签证候选国"，但希望美方不要在选前宣布，以免被解读为美国政府在大选中选边站。坎贝尔虽然重申了美国政府"中立"，会支持任何一位台湾民选"总统"的立场，但萧美琴前脚刚走，马英九的驻美代表很快就知道了这场私秘的会谈，甚至还掌握了会谈的具体内容。

再有，奥巴马政府二十二日宣布将台湾列入"免签证候选国"名单时，美在台协会台北办事处代理处长马怡瑞强调，"宣布时机与选举无关"，但同时却又在这十分敏感的时刻发表热情洋溢的讲话，对马英九的两岸政策给予高度肯定。而美国众议院外委会主席罗丝蕾婷娜，则在声明中毫不掩饰地指出："时机"正是问题的关键！

二则是，另有媒体披露，台美双方最近有第二轨沟通，蔡英文在电视政见会宣称，她当选后两岸关系不会倒退，但美方透过第二轨向台方传达，因为蔡不承认“九二共识”，胜选后可能破坏两岸关系稳定，也将无法与美国维持建设性关系。

老美在选战的关键时刻，故意向台方透露上述两则“秘辛”，其震撼力非同小可！美国试图透过此种方式表达其“弃蔡挺马”的意向，以影响选情，维护美国在东亚的战略利益，已不言自明矣！

（《海峡导报》，2011/12/26）

台湾“大选”年终盘点：蔡败相已露，马后势看好

台湾“大选”只剩下半个月，已进入读秒的最后冲刺阶段。目前战况可用一句话概括：双英选情依然紧绷，但蔡“黔驴技穷”，败相已露，马英九后势看好。

选情胶着，马尚未脱离危险期

近两个月来，双英竞选团队围绕着政党“立委”不分区名单、苏嘉全“豪华农舍”事件、陈盈助事件、柿子风波、“猛男艳舞”丑闻、宇昌案等议题和电视政见辩论会，进行了一波波空前剧烈的攻防，蔡阵营始终处于被动挨打的不利地位，“三只小猪”的风潮逐渐消退，马吴配始终保持微幅领先的态势，民进党引颈以待的所谓“黄金交叉”并未出现。相反，近日岛内多数民调显示，双方支持度已拉开到4—6个百分点。

然而，根据以往台湾大选的经验，马的民调支持度若领先蔡8%以下，均处于败选的危险点，双方差距拉大到8%—10%以上，才敢说有胜选把握。原因就在于蓝营支持者较为涣散，投票意愿远低于绿营，故民调支持率并不等于投票率。以此观之，目前马的民调支持度仅领先蔡4—6个百分点，如果现在投票，马并不乐观。

另一项重要观察指标是，密切关注这场选举、对台湾大选一向预测神准的老美，于本月22日突然宣布将台湾列入“免签证候选地区”名单，从一个侧面说明，老美对马的选情也并不乐观，担心蔡一旦胜选，两岸关系出现重大变数，因而不顾蔡阵营的恳求，以此大动作公开挺马。

蔡阵营“黔驴技穷”，方寸已乱

蔡阵营原定选举策略是尽量回避其两岸政策罩门，主打民生和执政能力议题，但“十年政纲”抛出后，外界反应不佳，难以主导选战议题，民调支持度最多曾落后马10个百分点以上。尽管由于马在抛出“公投两岸和平协议”政见和“经建会主委”刘忆如误植“宇昌案”文件日期后，蔡曾一度与马打成平手，似乎即将出现“黄金交叉”。但此后发生的陈盈助乌龙暴料、二元柿子风波、“猛男艳舞”丑闻、宇昌案等一连串议题，打得蔡阵营极其狼狈，民调支持度再次缓慢拉开。

为摆脱不利局面，蔡在首次电视政见辩论会前夕，突然召开紧急记者会，主动抛出两岸议题，声称她胜选后将成立“两岸对话工作小组”，“九二共识”也可纳入“台湾共识”来加以讨论。不料在次日辩论会上，蔡却因矢口否认“九二共识”而破了功。

面对“宇昌案”持续发酵，蓝营的穷追不舍，蔡束手无策，先是一味回避，后又很不策略地抛出九年前早已结案的陈年老案“富邦案”打马，试图以此抵消“宇昌案”对其选情的冲击。不料此举反而弄巧成拙，两案相比，反衬出蔡的操守和政治人格与马不可同日而语。因而“富邦案”仅打了三天，眼看大事不妙，只好鸣金收兵，草草收场。

蔡阵营出手打“富邦案”，充分暴露了蔡已“黔驴技穷”，手中实在没有其他好牌可打。

“宇昌案”继续发酵，蔡阵营为转移焦点，在“中选会”主办的首场电视政见发表会上，蔡再次主动出击，出人意料地以“台独”基本教义派面目出现，大打两岸牌。随后，蔡阵营又故弄玄虚，放话说蔡将在访问金门时有两岸政策的“重大宣示”。其结果，被骗去金门的大批随行记者失望而归。

蔡阵营明知主打民生和执政能力议题，仍是其争取中间选票、获取选战胜利的不二法门，然而蔡阵营却舍此不为，在选战的最后读秒阶段，回头大打对其最为不利的两岸议题。从昨日开始，又忽然转向，在毫无证据的情况下，高调质疑马政府“国安”、检调部门“监控”其竞选行程，马阵营动用“国家机器”打压竞争对手。这说明蔡不仅已经“黔驴技穷”，而且方寸已乱，败相已露。

马还有好牌可打，后势看好

相对于蔡阵营左冲右突，节奏混乱，马阵营则步步为营，节奏清晰。在选战的最后阶段，还有被称为“王牌”的“夫人牌”尚未真正出手，“弃保牌”也很可能会在关键时刻发酵。此外，除了“宇昌案”还在拉长战线、穷追不舍之外，近日又一连抛出苏嘉全“大鹏湾蚵农案”、邱义仁、吴乃仁的“达震案”、“台糖土地贱卖案”等议题猛攻。与此同时，在两岸议题上加强论述，强力质疑蔡的两岸政策。总之，马阵营气势上扬，后势看好，目前正在盘整队伍，摆开阵势，试图在“清廉”与“安定”这两项重大议题上，诉诸中间选民，与蔡阵营展开最后决战。

诚然，由有丰富选战经验的操盘手操盘的蔡阵营，决不是“省油的灯”。在选情紧绷、胶着的不利情况下，蔡阵营会否祭出“险招”？使出“奥步”？“李登辉牌”会怎么打？效果如何？在在都难以预测；面对复杂多变的选情，马竞选团队能否有效因应？关键时刻，行政团队会不会出乱子？也在在都充满变数。在选战的最后时刻，任何突发事件，都有可能让选情翻盘。

明年1月14日，让我们拭目以待！

（《海峡导报》，2011/12/31）

马英九胜选的三大原因

空前惨烈的新一届台湾地区领导人选举终于落下帷幕，寻求连任的国民党参选人马英九涉险过关，以获票率6%的差距打败民进党的挑战者蔡英文，保住了国民党在岛内的执政地位。

回首台湾这场选举，可谓扑朔迷离、惊心动魄，然而，马英九却能最终杀出重围，笑到最后，获得过半数台湾选民的青睐，原因何在？

一、“九二共识”打败了“台湾共识”

选战伊始，蓝、绿双方就坚持还是反对“九二共识”展开了激烈的辩论。

马英九强调，“九二共识”是两岸和平稳定的基础，正因为他上台后接受“九二共识”，两岸关系才得以缓和发展，恢复了两会的协商谈判，签署了包括ECFA在内的16项协议，实现了直接三通，开放陆客入岛旅游，“早收清单”启动等等，既促进了台湾经济的成长，同时也为区域和平与稳定作出了贡献。要求蔡英文对是否承认“九二共识”明确表态。

面对蓝营的挑战，蔡英文对“九二共识”先是企图回避，后是态度反复，自相矛盾。时而说“九二共识”是不存在的东西，“没有承认不承认的问题”；时而又说“九二共识”只是国、共两党的共识，“没有经过台湾人民的同意”，实则坚持“台独”立场，从根本上反对“九二共识”。为寻求解套，蔡英文提出“和而不同，和而求同”两岸政策诉求，遭到质疑后又提出毫无内容的所谓“台湾共识”，并辩称“台湾共识”是“一种民主程序”，等她当选后会跟大家“坐下来谈一谈”。同时她承诺当选后将成立“两岸对话工作小组”，包括ECFA在内的两岸既有协议她都“概括承受”，保证两岸关系只会前进不会倒退，等等，试图用这种完全“空心”的政策和说辞蒙混过关，欺骗选民。

大陆一向不介入台湾选举，但是否承认“九二共识”，是事关两岸关系政治基础的重大原则问题，大陆当然不能不明确表态。关键时刻，大陆国家领导人胡锦涛、贾庆林以及国台办主任王毅等，先后在多个重要场合发表讲话，就“九二共识”阐明了大陆的坚定立场。贾庆林明确指出：“‘九二共识’是一个客观事实，而且是一个对两岸关系发展不断发挥重大积极作用的事实。否定‘九二共识’，两岸协商就难以为继，已有的协商成果也将难以落实，两岸关系势将重现以往曾经有过的动荡不安，最终伤害两岸同胞的利益。”这无异于是对否定“九二共识”的蔡英文当头棒喝！

大陆的坚定立场，产生了重大影响。选战只剩下几天，面对仍然紧绷胶着的选情，一向不愿涉入政治的台湾企业界再也坐不住了，从大财团到中小企业主到科技界精英，以各种不同形式纷纷站出来挺马、挺“九二共识”。其中特别是王永庆的女儿王雪红在投票日前一天的公开表态，被台湾媒体惊呼为影响选情的“震撼弹”！

美国也坐不住了，担心坚持“台独”的蔡英文一旦当选，重现两岸紧张，损害美国战略利益。先是异乎寻常的高调宣布批准台湾为准“免签证地区”，并派出数名高官访台，以间接方式表达“挺马”。直至选前两天，前美驻台代表包道格在台北接受媒体采访，不仅公开力挺“九二共识”，更直指“美国把‘台湾共识’看成是不可能的事”，甚至说若马英九胜选，“大陆和美国都会大大松一口气”。

如此众多的台湾工商企业界人士以及美国公开站出来，旗帜鲜明地力挺某一政党的参选人，在台湾选举史上前所未见。选战后期，这种事态的发展显然使民进党和蔡英文难以招架，选情因此急转直下。“九二共识”与“台湾共识”的对决，在很大程度上决定了这场选举的成败，成为压垮骆驼的最后一根稻草。台湾媒体评论说：“九二共识”打败了“台湾共识”，准确地概括了这场选举“马胜蔡败”的最主要原因。可以这样说，通过这场选举的大辩论，“九二共识”已深入台湾人心，它不仅是“两岸共识”，更成为“国际共识”。马英九的胜选，意味着台湾主流民意对马英九两岸政策方向的肯定与背书，两岸关系和平发展乃民心所向，大势所趋，任凭什么力量也无法阻挡。

二、"要 ECFA"打败了"重新锁岛"

就两岸关系而言，政治与经济议题是一体两面无法分割的，有什么样的两岸关系定位，就会有什么样的两岸经济政策。在这场岛内重大选举中，坚持"九二共识"的马英九与反对"九二共识"蔡英文，围绕着两岸经济议题也展开了激烈的大辩论。

马英九主张两岸开放政策，执政四年来积极推动两岸经济交流与合作，通过两会协商谈判，签署了包括 ECFA 在内的 16 项协议，对促进台湾经济发展、减缓全球金融海啸和欧债危机对台湾经济的冲击，发挥了重要作用，使台湾同胞分享到实实在在的"和平红利"。试举几例：

2011 年 1—8 月，台湾外销到大陆的出口总额大幅成长，其中大陆给予台湾"早收清单"内的货品较2010 年同期增长近13%。2008 年金融海啸发生以来，全球共关闭了约 50 家晶圆厂，但台湾一家都没有关。原因主要是 2009—2011 年，大陆家电品牌厂商组团从台湾采购了 130 多亿美元的液晶体电视面板。

ECFA 的签定给台湾养殖业的农民也带来了巨大的经济利益。例如石斑鱼四年前出口到大陆只有0. 2742 万元，2010 年增至24 万元，增幅达87 倍。两岸签署虱目鱼"契作"后，不仅使台湾虱目鱼的外销有了可靠保证，光是上海一地一年就要供货 300 万台斤，更减少了以往中间商的盘剥，使每斤的收购价格比往年平均至少多了 5 元。

再说观光服务业。近三年来 351. 5 万陆客入岛旅游，已经为台湾创造了超过 1000 亿元的效益，观光业也因此增加了 1600 亿元的投资，包括旅馆、餐饮、游览车等等。导游更是供不应求，土特产品热卖，光是凤梨酥的营业额就从四年前每年 20 亿，2010 年急增至 250 亿，成长 12 倍。

然而，蔡英文从"台独"意积形态出发，一再攻击马英九的两岸开放政策是"倾中卖台"，污蔑 ECFA 是"糖衣毒药"，并曾发动绿营支持者展开大规模的街头抗争，甚至扬言要发动"公投"反对 ECFA。

选战开打后，鉴于 ECFA 得到台湾主流民意的肯定与支持，蔡英文不得不公开表态接受两岸谈判的“既有协议”，未敢再露骨地反对ECFA，但又侈谈她的两岸经济政策与马英九不同，是“从世界走向中国”，攻击大陆对台“让利”是马英九拿“主权”换来的，声称ECFA不是“万灵丹”，当选后要通过“民主程序”重新加以审查云云，预留了未来修改包括ECFA在内的两岸协商成果中她认为有伤台湾“主权”条款的回旋空间。以此同时，蔡英文又大打“阶级划分牌”，攻击马英九的两岸经济政策只是图利财团，造成贫富分化，不公不义，“站在马英九旁边的都是有钱人”等等，挑拨阶级对立，并鼓动所谓“三只小猪”风潮，把自己打扮成“弱势族群”的代言人，骗取选票。

蔡英文的上述言论表明，一旦她上台执政，台湾势将重新回到陈水扁时代所谓“积极管理，有效开放”的“锁岛”政策。面对即将到来的另一波更为凶险的欧债危机，倘若蔡英文胜选上台，失去大陆市场的依托，台湾经济不仅仅会被边缘化，更将万劫不复，后果不堪设想。

诚如马英九所言，ECFA虽然不是“万灵丹”，但是台湾经济的“救命丸”。蔡英文的两岸经济政策在这场“大选”中受到蓝营支持者的强烈质疑，通过大辩论，包括工商企业界在内的广大经济选民逐步认清了它的严重危害性和“弱势族群代言人”的虚伪，纷纷表态支持ECFA，并最终用自己手中的选票否决了蔡英文的“锁岛”政策。

三、“清廉”打败了“贪腐”

学者出身的政坛“菜鸟”蔡英文，原本给人以“形象清新”的印象，然而这场选举却把蔡的真面目暴露于光天化日之下，现了原形。她的人格特质与马英九相比，高下立判。

且不说自从蔡英文接手民进党主席以来，打着“捍卫人权”、“司法正义”的幌子，拒绝与巨贪陈水扁划清界限，彻底切割，在这场选战中，她的种种表现更令台湾民众大摇其头。

其一，为赢得选举，蔡英文不顾外界的观感，重新起用有贪腐弊案在身的扁朝高官为其出谋划策，主事操盘。蔡英文指陈马英九身边站着的“尽是有钱人”，却被马反讽其背后“尽是贪污犯”。

其二，由她主导拍板定案的民进党不分区“立委”名单，其中竟有多位涉案在身。这份名单出炉后舆论哗然，与稍后国民党提出的颇受外界好评的不分区“立委”名单形成鲜明对照。蔡英文因此大为失分。

其三，选战关键时刻揭发出来的“宇昌案”，以及围绕着这一案件的蓝、绿攻防，更让台湾民众看清了蔡英文不仅利用职权和政治影响力为其本人和家族图利自肥，还硬拗不肯道歉。其后又抛出早已定谳的陈年旧案“富邦案”，试图抵消“宇昌案”对其选情的冲击，结果是适得其反。两案相比，反而愈加突显了马的清廉自律、有错必改，和蔡的贪心自肥、死不认错。

政、经政策大方向，固然是选民检视参选人是否堪当大任的主要议题，然而，吃够了扁朝时代贪腐盛行之苦的台湾民众特别是工商企业界人士，对政治人物是否清廉自律格外看重，同样会严加检视。马英九在电视政见发表会上，痛批民进党执政八年包括陈水扁在内有 20 多名政府高官涉贪坐牢，而他执政 4 年没有一个政府官员涉贪。为了利益回避，杜悠悠之口，太太周美青等马家 4 个成员主动辞职。王雪红在选前记者会上有感而发，说：“一个清廉的政府，是可以支持的政府”，道出了广大台湾民众的心声。

担心至今拒绝与陈水扁贪腐政权切割的民进党重新上台执政，显然也是这场选举“马胜蔡败”的又一个重要原因。

这场事关台湾未来前途命运的重大选举落幕了，国民党马英九虽然赢了，但为何会赢得这样辛苦？4 年执政究竟有哪些缺失？为何比 2008 年“大选”少拿了 100 多万张选票？在投票给马的 689 万选民中，究竟有多少人对马的施政真正满意？……肩负重责大任的马英九，应当深长思之！

（《海峡导报》，2012/01/17）

北京市教育委员会科技创新平台建设项目阶段性成果
北 京 联 合 大 学 台 湾 研 究 院 文 库 第 九 辑

| 采访报道篇 |

台海风云见证录

陈雲林 二〇一一年冬

九州出版社 JIUZHOUPRESS | 全国百佳图书出版单位

1、2008年8月6日下午在北京丰台区传递奥运火炬

2、与老伴张明华参观第十七届中国花博会

3、主持第二届北京台研论坛

4、迁所庆典暨台湾“大选”选情评估座谈会

5、在维也纳纪念世界反法西斯胜利60周年暨全球促进和平统一大会上演讲

6、CCTV-4“海峡两岸”栏目嘉宾

7、接受美国驻华使馆一秘胡望中专访

1	2
	3
4	5
6	7

1	2
3	4
5	6
7	

1、接受澳大利亚学者任格瑞专访
2、接受台湾TVBS电视台采访
3、与金灿荣教授接受东森电视台采访
4、接受日本记者佐滕贤专访
5、接受德国记者专访
6、与大弟徐基东在台北探望病中的丘逢甲嫡孙女丘应棠
7、与丘逢甲侄孙女丘秀芷交谈

1	2
3	4
5	6
7	

1、与母亲和大弟基东夫妇、三弟思东一家在台中家中合影

2、2007年6月，徐博东父母的灵骨分别从北京、台中迁回广东梅州蕉岭家乡合葬

3、“我是喝这口井的水长大的”（2007年6月徐家四兄弟在蕉岭老家）

4、2012年4月徐家四兄弟回蕉岭老家扫墓

5、参观台湾葡萄种植园

6、2008年7月在北联大台研院新老院长迎送酒会上讲话

7、与学生郭庆全、费洪伟合影

序一

祝《台海风云见证录》出版

国务院台湾事务办公室原副主任　唐树备

徐博东教授的涉台文集——《台海风云见证录》，即将由九州出版社出版面世，可喜可贺！

自2008年5月以来，大陆海协和台湾海基会在“九二共识”的基础上恢复了中断九年的协商谈判，达成了一系列协议。台海两岸实现了全面直接“三通”和大陆游客赴台旅游。两岸签署了两岸经济合作框架协议（ECFA）。台通过早收清单，已为两岸同胞带来了实实在在的利益，并为两岸经济关系的正常化、制度化和规范化，确定了方向和步骤。

这是两岸关系在坚持一中原则、反对“台独”斗争取得阶段性胜利的基础上所取得的又一重大进展。

回望30多年来两岸关系的发展路程，跌宕起伏、风云变幻，上述成就的取得，可谓来之不易。能够取得这样的进步与成果，是与台海两岸各界人士的不懈努力分不开的。

徐博东教授从20世纪80年代开始，就涉入对台研究，发表了许多研究成果，为祖国的统一辛勤探索、献计献策。我在任职中央台办和国务院台办副主任、海协常务副会长、海峡两岸关系研究中心主任期间，他是被我经常咨询意见的台湾问题专家之一。

他还以民间学者的身份，接受海内外新闻媒体的采访，解读大陆的对台方针政策，无情地抨击“台独”言行，站在“反独促统”的第一线，为促进两岸关系发展不断发声，发表了大量的涉台言论，使他成为海内外媒体采访两岸热点新闻的重要对象。

徐教授在民进党研究方面，也涉入较深，他的见解和研判，使他成为声播台海两岸的大陆方面的民进党研究专家。

诚如该文集的书名《台海风云见证录》所揭示的那样，徐教授名副其实的是两岸关系20多年来发展历程的亲历者、见证者和推动者之一。

近来，徐教授把20多年来所撰写的政论文章、时事评论及接受媒体的采访报道共579篇、160余万字汇集成文集，这是徐教授本人涉台研究的集大成之作。

通览文集，博东教授笔触所及、言论所指，无不是当时两岸关系发展中的热点、难点与要点问题。既有关于祖国统一历史必然性、制定《反分裂国家法》必要性等重大问题的长篇论述，也有针砭台湾政局和政坛人物的犀利短评，从两岸关系、中美关系到台湾政局，从历史到现实，从台湾经济、政治问题到文化、军事、涉外关系，几乎无不涉猎。内容互相补充、相互佐证。它将成为后人研究两岸关系发展史的重要参考材料，相信它的出版将会受到各方面的重视和欢迎。

两岸关系已经步入以和平统一为最终目标的和平发展阶段。由于历史和现实的原因，两岸关系的和平发展决不会一帆风顺。徐博东教授虽然已经离职退休，但我期望他趁身体尚健，以文集的出版为新的起点，在台湾问题研究方面继续发挥余热，为推动两岸关系和平发展与祖国和平统一大业，做出新的贡献。

是为序。

2011年11月15日　于北京

序二

徐博东教授：大陆对台“民间发言人”

——欣闻《台海风云见证录》即将出版

海峡两岸关系协会副会长　张铭清

博东教授的个人文集《台海风云见证录》就要出版了，这是大陆涉台研究界值得庆贺的一件事。博东兄是对台工作战线上的知名老专家，从事对台研究二十余年，亲身经历、参与和见证了两岸关系发展史上的诸多大事。如今他把自己这二十余年来的研究成果结集出版，这不仅是对他个人学术生涯的一个总结，也可以让我们从一个侧面了解回顾二十余年来两岸关系发展演进的历史轨迹，给今后的对台工作以某种启迪。因此，这部文集的出版，我以为具有重要的学术价值和现实意义。

这部文集共分三个部分：政论篇（上、下册）、时事评论篇和采访报道篇。共计579篇，160余万字。这是一份沉甸甸的学术成果，它充分反映出博东教授二十余年来为学之勤、探研之精。博东兄是我的良师益友，我在台办、海协工作期间，经常向他请益，受惠良多，今天品味他的这些呕心沥血的结晶，大有“字句挟风雷、声落点金石”之感，因为他由情而文，读来则由文生情，历历往事又浮现在眼前，可谓感触良多，格外亲切。相信他的这些力作，必将在两岸关系发展史上，留下浓墨重彩的一页。

综览文集，我觉得有如下三个鲜明的特色：

其一是它的全面性和系统性。这主要体现在“政论篇”部分。可以看出，博东教授的研究领域十分广泛，包括台湾政局、两岸关系、中美关系、国际格局、大陆对台战略、政策与策略等，正是透过这种全方位多视角的深入研究，博东教授对台湾问题的把握分析才能做到如此精准和到位，蔚然成为大家。然而格外应当指出的是，博东兄的对台研究，其最重要的贡献并不在于他涉及的“面”很广，而在于他对“点”的长期追踪和探索，也即两

岸各界都一致公认的他对民进党研究的系统与深入。在“政论篇”中，约有三分之二以上的篇什是研究民进党的论文。正因为如此，博东兄的对台研究颇具特色，他不仅是著名的台湾问题专家，同时更是民进党研究专家。

其二是它的连续性和前瞻性。博东教授从八十年代末开始涉入对台现状研究，二十多年来无论遇到何种困难与挫折，他都一往无前、无怨无悔，始终保持着对台湾问题研究的高度热情和关注，承担了大量的涉台调研课题，长期笔耕不辍，因此这部文集保持了较好的时间连续性。通读文集，读者从中可以很清晰地把握近二十余年来台湾政局以及两岸关系的发展脉络。同时，博东兄的研究成果还具有较强的前瞻性，如他较早地预见到李登辉的“台独”倾向、民进党在台湾政坛上可能扮演的角色，并且在1999年就已经预见到民进党上台执政的可能性，以及它上台执政后对台湾政局和两岸关系可能带来的影响。在民进党2008年下台后，又较早地预见到民进党重新崛起、卷土重来的可能性等等。

其三是它的政策性和实践性。博东教授的学术研究不是书斋式的，而是充满实践性。台湾问题是热点问题，多年来，博东兄作为两岸知名的台湾问题专家和国台办所倚重的智囊学者，一直以自己研究成果积极为国家对台工作献计献策，并经常出席各种内部召开的咨询会议，从对台战略到政策策略，多方提供决策建言，为两岸关系的发展和祖国的和平统一做出了突出贡献。不仅如此，作为一个民间学者，他始终站在“反独促统”的第一线，每逢台海发生重大事件，博东教授往往在第一时间接受海内外媒体的采访，发言发声，并紧跟形势的发展，撰写了大量文笔犀利、发人深省的时事评论文章，针砭时势，抨击“台独”言行，解读大陆对台方针政策。因此，他被台湾媒体称之为大陆的“发言学者”，记得我也曾在私下半开玩笑地讲过，徐教授是大陆对台“民间发言人”。从这部文集的“采访报道篇”及“时事评论篇”中可以看出，这并非虚言。

博东兄对台研究能够取得这样的成就不是偶然的，除了理论功底扎实之外，再有就是他的刻苦与勤奋。台湾《中国时报》执行副总编杨宪村说：“徐教授的对台研究工作相当敬业，一直令我留下极为深刻的印象。作为一位研究民进党问题的先行者，徐博东多次来台从事交流访问，我看着他由

‘中央’到基层，由城市到乡村，不厌其烦，深入其境，想方设法与民进党人士接触，从不放过任何机会。我常因代他安排而被烦得不堪其扰，但他这种治学态度和求知的精神则令我感动……”另一位台湾知名学者尹章义教授也说：“能够像徐教授这样，案头功夫和实际调查研究都如此精深的人，可谓‘凤毛麟角’”。正因为如此，博东教授才能够比较准确地把握台湾的政情发展和社会脉动，尹章义说他的文章“灿然可观”，不少预测都相当精准，“民进党取得政权的过程、执政后的表现和给台湾所带来的严重伤害，不幸都被徐博东这个大陆学者一一料中了”，陈水扁和他的团队“只是照着徐博东事先写好的剧本表演罢了”。就此而言，博东教授的这种兢业精神是很值得年轻学者学习和传承的。

据我所知，博东兄的学术成果并没有完全体现在这部文集之中，如他对于台湾历史文化，特别是对近代台湾省籍著名反割台爱国抗日志士丘逢甲的研究，具有很高的学术价值。二十多年前他与人合著的大陆出版的第一部《丘逢甲传》，至今未有能出其右者。这部传记已先后在海峡两岸出版了四种版本，博东教授也因此被两岸史学界公认为丘逢甲研究专家。此外，博东兄还是两岸民间交流的重要平台——“海峡两岸客家高峰论坛”大陆方面的发起人，他对于客家学的研究以及推动两岸客家交流方面也做出了积极贡献。但文集中这些内容并没有能完整地反映出来。

博东兄作为一名民间学者，能够在大陆台湾研究界占有一席之地，并成为一方领军人物，是很不容易的。众所周知，台湾研究具有很强的特殊性，是一项政策性、理论性、实践性很强的工作，特别是在上世纪的八、九十年代，资料收集有很大的困难度和局限性。因此，要想在台湾研究领域取得成就，没有一点牺牲奉献精神是很难的。博东兄却知难而上，选择台湾研究作为自己的学术志业，并始终坚持不懈，孜孜以求，终有所成，这种毅力和精神确实令人感佩。而且特别值得一提的是，由他一手创建的北京联合大学台湾研究院，从无到有，从小到大，不断发展壮大，成为大陆涉台研究的重镇，一批颇具潜力的年轻研究人才已经开始崭露头角。博东教授退休之后仍然十分活跃，频繁出席各种会议，接受媒体采访，笔耕不辍，我注意到文集中有不少文章都是在他 2008 年退休之后完成的。我们衷心希望，博东兄能

够永葆学术青春，为台湾研究做出更多更大的贡献。

是为之序。

2011年11月20日　于厦门大学

序三

从路边摊到大饭店

——写在《台海风云见证录》的前面

台湾世新大学教授　王晓波

博东兄的涉台文集《台海风云见证录》即将出版，要我写序，序不敢当，以我跟博东的交情不写又不敢，只得在他大著出版之前说几句祝贺的话。但我又一生“乌鸦嘴”，没学会说“好话”，只得实话实说，也借此留下我与博东兄订交的记录。

1987 年 11 月，台湾解除戒严，开放大陆探亲，我们“台湾史研究会”即决定举办研讨会，并去函大陆中国社科院台湾研究所和厦门大学台湾研究所，请他们推荐学者来台出席会议。当时，厦大台研所推荐的是陈孔立教授，社科院台研所推荐的则是徐博东教授。但台湾当局不予批准，二人均未能成行，至为遗憾。当时我是台史会的理事长。

之后，我们“台湾史研究会”决定在 1988 年暑假期间，组织学术访问团访问大陆，并在厦大台研所和社科院台研所各举办一场学术研讨会。

1988 年寒假期间，我到南昌探亲，在香港转机，见到了陈孔立教授，讨论了台史会访问团的问题。南昌探亲毕，又到北京，也到社科院商讨台史会访问团的事宜，但在社科院台研所，并未见到博东兄。

台史会的大陆访问团遭台湾当局批驳，只准“探亲”，不准“学术访问”，所以，我们只好化整为零，各别申请“探亲”，然后机场集合行动，所以，我们的访问团变成了“不是团”。虽然如此，我还是受到禁止出境一年的处罚。

学术研讨会在北京友谊宾馆举办，众多初次见面的大陆学者中，博东兄是其中之一。90 年代后，有台湾研究会、社科院台研所和全国台联共同举办的“两岸关系学术研讨会”，到北京开会的次数多了，才和博东兄熟悉起来。

初次见面后才知道，博东兄根本不任职于社科院台研所，而是在北京联合大学任教，其本人毕业于北大历史系。他是广东客家人，其父在抗战时期，追随丘念台参加广东东区服务队从事抗日救亡活动。博东兄还写过一本《丘逢甲传》。我们台史会的信到社科院台研所，台研所学者多政治、经济专长，而无史学专业，故由李家泉副所长推荐博东兄出席我们台史会的研讨会，而挂了一个“特约研究员”的名义，以代表社科院台研所。所以，1988 年寒假到社科院台研所未能见到博东兄。

后来还知道，台湾光复后，博东兄的父母跟随丘念台到台湾，博东则留在大陆广东梅州蕉岭家乡由祖母哺养，准备父母在台湾的工作稳定下来后，祖孙二人再到台湾团聚。不料，后来博东兄的祖母病重，他的父亲只好从台湾赶回广东家乡探病。谁知这一去就没能回来，1949 年后两岸分裂，不得往来，从此家庭破裂，骨肉离散，博东和他的父亲、祖母在大陆，而母亲和三个在台湾出生的弟弟却留在了台湾。

我则是 1948 年，外婆带着我们随爸爸来台训练新兵，后来母亲来台团聚，1952 年牺牲于“白色恐怖”，父亲也以“知情不报”判处徒刑七年。我们全家五口顿时失去生活来源，而经朋友介绍，到台中育幼院，把我和大妹列名为院外生，每个月可领十几块生活补助金。意想不到，博东兄的母亲就是台中市育幼院的会计，而我和大妹每个月的生活补助金就是向她领的。

因此，我和博东兄都是国共内战、两岸分裂的受害者。博东兄是家庭离散，骨肉不得相见；我家则是相见不如不见，为了家人团聚，而在“白色恐怖”中牺牲了母亲。

我从“自觉运动”（1963）开始探索中国前途；从保钓的“台大民族主义座谈会”（1972）后，开始研究台湾近现代史和中国统一问题。

博东兄则是由李家泉推荐参加台史会开始研究台湾问题，起始博东兄只不过是联合大学的一个“单干户”；后来，成立了联大的“台湾研究室”，接着愈搞愈大，而有“台湾研究所”、“台湾研究院”。博东兄一直是推动者，也是领导者，直到退休。所以，我戏称博东兄的台湾研究是“从路边摊到大排档再到大饭店”。除了徐博东因台湾研究而扬名两岸外，北京联大

也因台湾研究而名闻两岸。

老实说，今天大陆的台湾研究是为中国统一服务的，我的台湾史研究，也是为祖国和平统一服务的。我和博东兄同为国共内战的受害人，偶然的两代交情，必然的两岸殊途，却又共同地为中国统一奋斗。

从1988年至今已经23年了，博东兄已自联大届龄荣退，但仍担任顾问，且为大陆对台工作所倚重。我也青丝成白发，从台大退休了。联大、台大的教职，只是我们的“职业”，但祖国统一却是我们的“志业”。职业需要退休，但不到中国实现统一的一天，我们的志业是永远不言退的！

博东兄，您说是吗？

2011年11月28日　于台北

序四

徐博东教授：比民进党还了解民进党的大陆学者

台湾贤德惜福文教基金会董事长　周　荃

“徐博东先生跟我一样误入歧途，都写了一本书，书名叫做《民进党研究》。我已经放弃研究民进党了，我觉得太无聊了，可是徐博东先生还在继续研究，我要恭喜他!”李敖大师在北京联合大学台湾研究所“改所建院”的时候这么说徐老师。

中国大陆只有两个“院”级的台湾研究机构，一个在南方，是与台湾一水之隔、历史悠久的福建厦门大学台研院。另一个在京城，2005 年 4 月 22 日才成立的北京联合大学台研院。祖籍广东梅州的徐老师从 1987 年起穷尽 30 年时间写台湾，他的成名之作是《丘逢甲传》。客家人的他，又从 1988 年 1 月在李家泉教授牵线下，因缘际会花了 22 年时间研究民进党，至今不坠。多年的孜孜不倦努力探索，我们仔细观察，无论大陆领导人的谈话或对台政策的许多深刻内涵，都有许多徐老师历来提出论述的影子，例如：

一、钱其琛关于一中“新三段论”的说法；

二、两岸“三通”是“战略”而非“策略”问题、界定为“经济”议题而非“政治”议题的提法；

三、“九二共识”这个用语，其实徐博东早于苏起之前即已提出。2000 年 4 月初抵台参访的他，在与民进党人士交流时即提出了“九二共识”的说法，当时他还跟 TVBS 记者约好，其事先录制好的亦即提及“九二共识”一说的个人专访，得在他月底离台前再播出；

四、2008 年 3 月马英九胜选后，徐老师更是率先提出发展两岸关系“先经后政、先易后难”说法的学者。

作为一个学者，没有比自己提出的论述、说法被政府采纳、被他人引用更令人欣慰的了。“积久功深自有得”，正贴切的形容这位出身北大历史系，

父母亲在他出生后不久即赴台，三个胞弟都生在台湾，而只留下他在大陆“打拼”的学者风范。

没有徐博东就不会有北京高校第一个台湾研究室、所、院的成立。当时更是因为徐博东决定选择较不被人重视但显然很有研究价值的“台独与民进党问题”作为主要的研究方向。我就是在他“校长兼撞钟”的时候认识他的。那时，他已是大陆上颇有见地与知名度的研究民进党的少数“特殊”学者专家。说他“特殊”实乃当时的北联大台研所基本上只是“一人所”；再者，从党外时期到创党再到2000年，连阿扁自己都不相信会完成台湾首次政党轮替。试想，一个没有人看好有一天会执政的政党，花工夫去研究它，也太没有前景了吧？

然而，事实证明，两岸关系从李登辉“两国论”、戒急用忍，陈水扁的“四不一没有”到后来的“烽火外交”，再到如今马英九签定ECFA、十五项协议……，徐老师是无役不与，一直是大陆涉台学界指标性人物，是国台办倚重的对象。

许多人研究台湾问题，往往只会简单地从蓝、绿板块移动观之，缺少对民进党的深刻了解与认识，结果不仅是对两岸问题分析不到位，当然对台湾内部问题的解读就更有缺陷。而更多人的研究工作，又因台湾“人脉”的有限与欠缺，就只能从报章杂志、电子媒体“纸上研究”做分析。正因为徐博东是：（1）学历史出身；（2）搞民进党研究的学者；（3）更不同于他人的地方是，他得从自己不可分割、无法切断的家庭历史看两岸。命运让徐老师不得不选择、更不须掩饰，他得既爱台湾也爱大陆。他思考时如此，下笔时当然更会如此。他从史观纵轴、从统独面向、从两岸高度……，也就是说，无论任何事情徐老师都必须提炼出、必须站在两岸“共同有利”的高度去思考解决的方案才成！而我的背景与徐老师即缘于此，并很自然的成了要好的朋友。

在台湾，尤其需要政治正确的台湾政坛，我都做过三届“立委”了，仍被认定为“外省第二代”。但我却是母亲台湾人（福建迁台第11代），父亲浙江人。在大陆，再好再亲的朋友与亲戚总把我归类为：“你们台湾人”。唉！还真尝尽了“两边不是人”的滋味。

看哪！多年来徐老师在台湾蓝、绿阵营里面所经营的人脉，总是“无私”的与年轻一辈分享，见他提携后进不遗余力，很令人感动。其实，谁能规定我“只能爱爸爸，不能爱妈妈”呢？我选择让自己走既爱台湾，也爱大陆的道路。这些年来我以“贤德惜福文教基金会”的名义公益两岸，行走多年，我深深体验出“无私”另一番有趣的人生，更倍觉豁达、开朗后的喜悦其味无穷！

1983年徐老师获颁“北京市教育系统先进工作者”、2004年“北京市教育系统百名优秀教师”、2005年被授予“北京市先进工作者”称号、2006年被评为“北京市有突出贡献的科学技术管理专家”，还有“北京市第八届哲社科研成果二等奖”等各种奖项30多项。徐老师不仅治学严谨，更是获奖无数，著作等身，听说九州出版社要帮他整理出版《徐博东文集》，可见他“大家”的地位。

我积极建议徐老师将他的政治类书籍，尤其是《透析台湾民进党》、《近十年来民进党大陆政策大事记》等分送给蓝、绿各阵营，甚至2012刚刚当选的113位“立法委员”，还有台湾各大学图书馆，特别是有大陆问题研究系所的学校。让台湾人了解大陆人是怎么看台湾的，让政治人物去体会大陆人眼中的两岸关系，更让民进党认识到大陆学者比你民进党还了解民进党。

近年来徐老师总是说：依照毛主席的理论，大陆对于台湾的政治势力应该划分为依靠对象、团结对象、争取对象、打击对象四个层次，不能“非友即敌”，只有两个层次。而我要说，日本侵华、英法德……八国联军侵略中国，生民涂炭、国仇家恨，如今也没见共产党不与他们往来啊！绿营就算还不能“依靠”，怎还没团结、还没争取就直接跳到“打击”对象去了呢？包括民进党在内，绿营人士就是因为不认识共产党、不了解大陆。有句话说：“不知者无罪”！绿营及支持绿营的人同样是中国人，怎么就不能往来呢？有来往、有沟通，才能有感情、有认识、有了解嘛！共产党与民进党、台联党有啥历史仇恨么？国、共内战还打了好几年哪。国民党播迁台湾，“万恶共匪”的“恐共”、“仇共”政策宣传了半个世纪，2300万台湾同胞恐怕还有1800万人没来过大陆。殊不知早先绿营支持者只是一群恨国民党、

反国民党的势力，但国民党执政及民进党 8 年政党轮替，何以 60 多年来如今还是有 45% 的选民支持绿营？说到底正是“恐共”、“仇共”这条主线贯穿嘛！而万勿以为“恐共”、“仇共”只是绿营的专利，蓝营更是“恐共”、“仇共”，过去还“反共”呢！再进一步说，绿营支持者原本与大陆共产党无冤无仇，他们“恐共”、“仇共”乃至“反共”，其实都是当年国民党教的，并不是他们生来就有的。

我就认为，化解台湾人民的“恐共”、“仇共”，唯有共产党自己去直接面对，尤其绿营人士。应该让绿营人士到大陆多走走、多看看，该“恐”的是绿营，不敢面对共产党，怎有共产党面对绿营还“恐”呢？阿扁不是也说过：“台独不可能”吗？大陆对自己要有信心，只要你是“太阳”，太阳出来了，站在旁边的“烛光”还能怎么着啊！

我以为，2012 是大陆共产党十八大换届年，未来两年内台湾方面也没有选举的复杂因素干扰，而 2012 却是两岸达成“九二共识”二十周年，2013“辜汪会谈”二十周年，因此国、共两党应该趁此机会好好缕一下这段历史。共产党也可趁此机缘建立共、民两党沟通管道，让共、民能“共鸣”，好好“倾听”绿营的声音，深入了解绿营何以会从当年的反国民党路线走到后来的“台独”路线？绿营不要“九二共识”，不要“一国两制”，那你到底要啥呢？

“倾听”是相互沟通的第一步，存在才有价值，尊重对方的存在，让双方都有机会说明。让徐老师更忙一点！哈哈……

以上是我写给徐老师的文集不能算是“序”的“序”吧！

2012 年 1 月 27 日　于台北

序五

博东，从一只孤鸟起飞

中国评论通讯社社长　郭伟峰

博东兄要我为他的巨著作序，几乎是命令式的，我也没有什么遁词，只好说，一定会写感言。浏览他电邮过来的稿目，十分感慨。敏捷于思想，勤奋于著作，《台海风云见证录》这部文集共分三个部分：政论篇（上、下册）、时事评论篇和采访报道篇。共计579篇，160余万字。煌煌巨著，硕硕精华，着实令人惊叹。

掰着手指算一算，与博东兄相交相识也有20多年了，只见博东在两岸关系及台湾问题上的研究越来越起劲，成果越来越多，涉及面越来越广，像一只孤鸟，却又带回一群大雁，在海峡两岸来来回回，不知疲倦。

记得是在1988年初，我刚从香港调职回北京，博东兄来我们编辑部见一位老记者，带着他和黄志平教授历时4年合作撰写的大陆第一部《丘逢甲传》，经介绍认识之后，他把这本书送给我。我一读之下就被深深打动了。因为我也是梅州的客家人，对丘逢甲知其名，但对其生平及历史地位知之甚少，读完《丘逢甲传》之后，我深为梅州客家人出了这么一个抗日英雄而自豪。于是我安排部属全力报道博东兄与该书。从此开启了我为他打传播工长达23年的历史。

23年来，博东兄很多思想火花，都是在我服务的媒体平台点燃的。他的很多文章，我是第一个读者。1989年5月8日，他创办了北京联合大学的台湾研究室。他一开始就啃硬骨头，全力研究民进党这个冷门领域，在当时是十分吃力不讨好的。须知，在上世纪90年代，几乎没有人会相信民进党也有执政的一天，同时大陆各界对“台独”深恶痛绝，对民进党也是一样，谁与民进党接触，谁就可能有问题。记得博东兄还曾经对我说，连他在台湾的母亲后来知道他在研究主张“台独”的民进党，都很不以为然。但

是，博东兄十足的客家人硬颈精神作怪，硬是要钻下去。后来当然很成功，博东成了知名的民进党问题专家。由我主持的《中国评论》首次称之为“南林北徐”，南林是指厦门大学的林劲教授，北徐就是指博东兄了。这么大的大陆，当时真正对民进党进行学术分析与研究的学者，就这两个人。这个称呼，很快就打响了，传诵一时。

今天翻阅博东兄的《台海风云见证录》目录，我们可以看到，其中很多精彩的篇章，都是涉及民进党的。从 1991 年到 1999 年，他都认真地撰写民进党一年来活动言行的述评，为两岸留下了极其珍贵的分析史料。大陆系统地认识民进党，说博东兄是先行者和引路人，并不为过。

博东兄的成就来之不易！他最初的日子过得很苦，除了资料匮乏之外，经费是折磨他的主因。如同当时几乎所有的学术研究机构一样，经费欠缺。博东创建的机构更是缺乏资金，需要化缘。据我所知，有好几次论文都写好了，却没有钱买火车票去出席外地召开的学术会议，只好“文到人不到”。博东兄是很善于杀熟的人，他创办研究所后，很多朋友都为他解囊相助，每次我与他见面，他都要伸出手来：“咱俩合作搞一个研讨活动，掏钱请大家吃饭就由你负责！”那个时候，我离开了原来长期服务的新闻媒体，甚至推辞了中央机构的重要职务的安排，在大家都不理解的情况下，听从汪道涵会长的召唤，到香港创办《中国评论》月刊，因为没有政府拨款，靠一点一滴经营起步，实在艰难。但是，对博东兄的要求，我是尽量满足的。所幸，博东兄也知道我的苦衷，每次的开支都还负担得起。当然，因为博东很多新的思想与意见都在《中国评论》月刊发表，影响很大，真正赚到的是我们。

资金匮乏可能不算是最大的问题，思想的超前，意见的尖锐，可能更加难容于平庸的氛围。记得有一次他过境香港赴台湾开会，为了省钱，舍不得住酒店，在我的宿舍挤了一个晚上，我们聊天到天色放亮，刚要入睡，窗外一只大鸟不断在啼鸣。我说，博东、博东，你研究台湾问题是孤军作战，以个人之力、个人之见打天下，实属罕见。我则在香港办一份两岸都不理解、不支持的杂志。你是孤鸟，我也是孤鸟啊！博东兄，这番话可曾记得？

2000 年冬天的一个晚上，博东兄在北京约我见面，从不喜欢喝酒的他却要喝酒。我这才知道，他正在着手准备把台湾研究室扩展为台湾研究所。

对此我是拼命打气的。因为我知道，如果北京联合大学台湾研究所能够建立起来，一定会成为大陆对民进党乃至台湾问题研究的重镇。当年 12 月 3 日，台湾研究所成立了，虽然人不多，实力有限，但却进入了新的轨道，引起了海峡两岸各界的关注。再过了 4 年多，2005 年 4 月 23 日，台湾研究所又升格为台湾研究院，引进了一批年轻人，分了好几个研究所，经费也充足了，接连举办了好几场大型的学术活动，一派蓬勃气象。作为老朋友的我，为此而格外高兴！

忽然有一年，记得是在 2008 年北京奥运会后，博东兄告诉我，他要退休了，语气之中，有很多无奈，也有很多遗憾。我吃了一惊，担心他会因此生病。于是我带着自己最爱的珍藏，一只树根包着石头的骆驼根雕，到他的复式新居聊天，希望以骨头硬、不会垮的寓意来激励他。虽然退休了，但不要放弃自己的最爱，一个人与两岸关系融为一体了，就没有因为退休了就放弃的理由。我对博东兄说，你看李家泉先生高龄 80 有几了，至今还在为中评网撰写评论文章呢，你算什么老啊？

一个人赤手空拳、从无到有创办了一所台湾问题研究的重镇，所有的心血、岁月都在其中，如何割舍得了？人同此心，我与同事们用了 15 年的时间，创办了《中国评论》月刊和中国评论通讯社、中评网、中国评论学术出版社等传媒机构，今天看来，它就是我的人生最大价值，是血肉相连的共同体。博东兄之于台湾研究院，又何尝不是？但是，退休是自然规律、也是制度，看得开，束缚更加小，天地之宽阔，任君翱翔。

博东兄在他的《自序》“感言与铭谢”中这样说：2008 年 10 月，本人于 64 岁超龄退休。回顾我 30 年来的学术生涯，为推动两岸关系发展和祖国统一大业作出了自己力所能及的微薄贡献。人生一世何所求，个人的力量是渺小的，然而，我为自己能与祖国统一和中华民族复兴的伟大事业紧紧地联系在一起，发光发热，感到无尚荣光、死而无憾矣！晓波兄应本人之邀为拙著撰写“序言”，末尾的一句话令我感动不已。他说，“联大、台大的教职，只是我们的‘职业’，但祖国统一却是我们的‘志业’。职业需要退休，但不到中国实现统一的一天，我们的志业是永不言退的！”这句话充分表达了我俩的共同心声。或许，我和晓波兄都不一定能够亲眼看到祖国实现统一的

那一天，但我们坚信，我们的志业是符合历史潮流的，而符合历史潮流的志业不仅是“永不言退”的，而且最终是必胜的！

见此，我的忧虑释然，博东兄，从一只孤鸟起飞，带回一群大雁，有了人生与祖国统一关系的感悟，那就不是一只平凡的鸟了。《庄子·逍遥游》说：“北冥有鱼，其名为鲲。鲲之大，不知其几千里也。化而为鸟，其名为鹏。鹏之背，不知其几千里也。怒而飞，其翼若垂天之云。是鸟也，海运则将徙于南溟。南溟者，天池也。”博东兄与两岸的有志推动两岸关系和平发展、追求最终实现祖国统一的专家学者们，他们就是怀有鲲鹏之志的必胜者！翻阅《台海风云见证录》的稿目，我要说：博东、博东，你在两岸关系找到了自己的历史定位，已经拥有了自己最大的思想财富，夫复何求？

2012年2月18日　写于北京

自序

祖国统一志业，永不言退

在众多朋友、同仁和我的学生们的鼓励、支持和大力协助下，陆陆续续花了大半年的时间，终于把我个人的文集给编辑出来了。大概是因为我受益于历史专业训练的缘故，30 年来我一向比较有意识地收集、保存自己学术活动的相关资料，否则编辑这套文集根本无从谈起。但是，毕竟由于时间跨度太长，涉及的面太广，特别是在上世纪八、九十年代个人电脑尚未普及、互联网尚未出现的那段时间，许多纸质资料都早已散失，无从寻觅了。因此，尽管我的几个学生花了很大气力到处帮我搜寻，仍难免有遗漏之憾。不过，作为我个人的文集，能够编成现在这个样子，已经是很不容易很让我释然了。

我的 30 年学术生涯

光阴荏苒，掐指算来，我的学术研究活动如果从 1979 年底我由外地调回北京到高校任教算起，迄今已逾 32 载。而我也从当年 35 岁的中年人，转眼间到今天已是退休 3 年、年近七旬的“老贼”（孔子有云：“老而不死是为贼”）了。在这 32 年中，前两年忙于教学，先是回北大进修，撰写讲稿，“站稳讲台”，所以真正开始搞科研，实际上是 1982 年以后的事情。也就是说，我的学术生涯到今年整整 30 年。

最初的科研是为了配合我讲授的中国近代史课程教学，从写一些“豆腐块”的普及性小文章求着人家发表开始，再逐步向有一定学术价值的论文发展。当尝到“甜头”之后，对科研的兴趣也就愈来愈浓而一发不可收拾了。这一阶段大约持续了将近 6、7 年的时间，直到 1988 年我碰到台湾学者王晓波。

在此期间，最值得回味而且可以聊以自慰的研究成果主要有以下两项：

一是对蔡锷是否参加过进步党，并由此而延伸出来的蔡锷在民国初年政治立场的研究（见《徐博东文选·历史篇》），在近代人物研究方面作出了小小的贡献，相关考证和观点在史学界恐怕至今无人可以推翻。

二是对近代台湾省籍反割台抗日爱国志士丘逢甲的研究。我和黄志平教授历时4年合作撰写的大陆第一部《丘逢甲传》（相关副产品见《徐博东文选·历史篇》），还历史本来面目，一举推翻了长期以来大陆史学界在左的错误路线影响下对丘逢甲先生的污蔑不实之词，受到史学界的高度肯定，并由此而奠定了我在史学界一定的学术地位。从1987年至今，《丘逢甲传》在海峡两岸已经出版了4个版本。

更重要的是，因为《丘逢甲传》的出版，从此改变了我的学术研究方向。

由于《丘逢甲传》的出版受到学术界包括大陆台湾研究界的关注，当时主持中国社科院台湾研究所工作的李家泉先生极力延揽我到该所工作。但因为我一向在学校“闲散”惯了，去每天都要坐班的台研所工作意愿实在不高，故最终没能去成。

1987年，台湾当局解除戒严，开放大陆探亲。台湾学者王晓波、尹章义教授有感于台湾史遭到“台独”的严重歪曲，牵头在台北成立“台湾史研究会”，并于是年冬，分别邀请大陆厦门大学台湾研究所和北京中国社科院台湾研究所各派一名学者，于次年1月赴台北出席由该会主办的首届“台湾史学术研讨会”，意图冲破海峡两岸学术交流的人为藩篱，挑战台湾当局保守僵化的大陆政策。但在当时的时空环境下，作为官方涉台研究机构的中国社科院台研所不可能派人入岛赴会，于是李家泉先生便推荐我以“中国社会科学院台湾研究所特邀研究员”的身份，代表该所与时任厦大台研所所长的陈孔立教授一起，应邀赴台出席是次研讨会。由于台湾当局的阻挠，“文到人不到”，孔立教授和我最终都没能去成（此事见《台海风云见证录·采访报道篇》）。但我却因此而有幸结识了于当年暑假来大陆参访的晓波兄和章义兄等一批台湾学术界朋友。

与晓波兄和章义兄的接触交流，使我对当代台湾问题研究产生了浓厚兴趣。于是从1989年开始，我陆续发表了几篇论述“台独”与祖国统一问题

的小文章。这几篇小文现在看来显然十分生涩和肤浅，却是我涉入当代台湾问题研究的值得纪念的“处女作”。

1988 年初蒋经国辞世、李登辉上台主政后，台湾当局保守僵化的大陆政策已难以为继，两岸关系的坚冰开始解冻，大陆台湾问题研究逐步升温。1989 年 5 月，在学校同仁的一再鼓励和学校领导的支持下，由我牵头成立起了北京高校的第一个台湾研究室。考虑到当时的研究条件，我们决定选择较为不被人重视但显然很有研究价值的“台独与民进党问题”作为突破口和主攻方向。从此，我的科研方向转向了当代台湾问题研究领域，直至今日。

众所周知，当代台湾问题研究意义重大，但由于理论性、政策性极强，问题复杂而敏感，涉及面很广，故这一领域的研究也极具挑战性。作为一个民间学者，要想在这一研究领域取得一点成绩可谓困难重重。特别是在上世纪八、九十年代，研究经费无着尚在其次，当时两岸双向学术交流尚未开启，资料的获得更是十分不易。在刚刚起步的头几年时间里，我只能靠着一部收音机每天大清早起来收听台湾广播，了解最新台情。想要写篇像样点儿的文章，不管春夏秋冬，那就得骑着自行车大老远跑到北京图书馆港台阅览室，或到全国台联、全国台研会等涉台单位，去借阅台湾出版的书报杂志，才能解决问题。这种情况直到九十年代中期以后才逐渐有所改善。如今研究条件之优越，与当年真是不可同日而语。

我开始涉入当代台湾问题研究，也恰好是李登辉主政台湾之始。其后 22 年来，台湾政局风云变幻，两岸关系跌宕起伏，经过了令人难忘的曲折历程，而我则以一个大陆民间学者的身份，有幸投入其中，亲身经历和见证了这一演变发展的全过程。期间，我先后 16 次入岛参访，撰写涉台调研报告和研究论文，发表时事评论文章，接受过海内外新闻媒体数不清的采访，针砭台湾时政，抨击“台独”，解读大陆对台方针政策；同时，创建和主持学校的台湾研究机构，出席和主办过大大小小数不清的研讨会、座谈会和内部咨询会议，给大陆涉台部门提供决策建言，在反“独”促统的伟大斗争中冲锋陷阵、发言发声，留下了大量的历史记录。

总括而言，30 年来我的学术生涯大致可以划分为前后两个时期：1982

年至1989年的8年间，我的科研主要是在中国近代史领域，其重点是甲午战后台湾人民的反割台斗争与丘逢甲研究；1989年以后至今的22年间，我的学术活动转而全部聚焦在当代热点问题——台湾问题研究，而重点则是民进党研究。

“文集”的编辑框架与主要内容

根据出版社的意见，“文集”的编辑分为两套丛书：一套是汇集我的所有有关当代台湾问题研究的文章以及海内外媒体对我的采访报道，并依照文章的类别编辑成《政论篇》、《时事评论篇》和《采访报道篇》，统称为《台海风云见证录》；另一套是从《台海风云见证录》各篇中挑选出较具代表性的文章，再加上我的历史研究论文，编辑成《徐博东文选》。这种编辑框架我总觉得有点怪怪的，因为后一套的“文选”肯定会和前一套的“见证录”内容大量重复。但出版社也有他们的道理，认为这样编辑既可突显当前的热点问题——当代台湾问题研究，又能体现我的主要研究成果，同时兼顾到“点”和“面”。因此，我也就只好听从出版社的意见了。按照这种编辑框架，重复的内容不计算在内，两套丛书总计收文600余篇、190余万字。

至于各篇中的具体编辑方式，两套丛书则有所不同。《台海风云见证录》是按照文章发表的时间先后顺序排列的。之所以采取这种编辑方式有两个目的：一是保持时间的连续性和内容的系统性，便于读者从一个侧面把握20多年来台湾政局和两岸关系演变发展的大致脉络；二是从中也可窥见本人在当代台湾研究方面从初期的幼稚生涩，到中后期逐步趋向较为成熟的成长过程。而《徐博东文选》则是按照文章的类别编辑的，以反映本人在某一研究领域的主要学术成果。

以下就上述两套丛书的主要内容分别作一简介：

一、《台海风云见证录》，共收文579篇，160余万字，凡4册。

《政论篇》（上、下）：收文97篇，约82万字。该篇汇集了我自1989年以来发表的能够收集到的有关台湾问题的全部研究论文和重要调研报告

（不含“对策建议”部分）。其中三分之二以上的篇幅属于民进党研究论文和调研报告，它集中体现了20多年来我在对台研究方面的主攻方向和主要成果。该篇约有半数文章曾收入到我2003年出版的首部论文集《透析台湾民进党》（台版《大陆学者眼中的民进党》）一书中。需要说明的是，其中有部分成果是与他人合作完成的，这只能在文章的末尾注明了。

《时事评论篇》：收文178篇，约37万字。该篇汇集了我自1989年以来发表的能够收集到的对台湾政局、两岸关系、中（大陆）美台关系、大陆对台方针政策等各类时事评论性短文。这些短文有别于“政论篇”中学术性较强的大块头文章，其特点是短平快，紧跟台湾政局和台海形势发展，一事一议，表达当时我对某一事件的观察、体会和看法。

《采访报道篇》：收文304篇，约40万字。该篇汇集了自1989年以来海内外媒体对我的采访报道。由于境外媒体的报道收集不易，遗漏肯定很多。特别是外国媒体的报道，除了极少数主动反馈给本人的之外，其余的只能一概弃录。再有，多年来海内外电视台、广播电台对我的采访报道为数也很不少，但因难以收录，大都作罢。已经收集到的也因篇幅所限而未能全部收录。另外还需说明的是，已经收录到该篇中的报道，有一部分是两人甚至是多人同时接受媒体采访，因无法一一征询当事人的意见，同时也是为了压缩篇幅，故收录时仅保留对本人采访的部分，他人的言论则一概删去不录。

如前所述，《台海风云见证录》各篇中收录的文章和采访报道，均按时间先后顺序排列，它们互为补充，相互印证，较为完整地体现了我20多年来的对台研究成果，从一个侧面较为清晰地反映了台湾政局和两岸关系演变发展的线索。为尊重历史，编辑时所有收录的文章和新闻报道均保持“原汁原味”，尽管今天看来其中的一些观点显然有些偏颇甚至谬误，不少论述失之肤浅而欠全面深刻，但都保留原貌，和盘托出，以完整保存历史记录，供后人研究参考。

二、《徐博东文选》（上、下），共收文155篇，约80万字，凡2卷。

该“文选”分别从“见证录”的《政论篇》中挑选了40篇、《时事评论篇》中挑选了63篇、《采访报道篇》中挑选了24篇，再加上历史类的文章28篇，总计收文155篇，约80万字，采取分类编辑的方式，编辑成上、

下两卷。应当说，该“文选”汇集了我30年来最主要的研究成果，集中体现了我的研究水平。虽然收入的文章数量不能算少，但真正满意的实在不多。

感言与铭谢

2008年10月，本人于64岁超龄退休。回顾我30年来的学术生涯，为推动两岸关系发展和祖国统一大业作出了自己力所能及的微薄贡献。人生一世何所求，个人的力量是渺小的，然而，我为自己能与祖国统一和中华民族复兴的伟大事业紧紧地联系在一起，发光发热，感到无尚荣光、死而无憾矣！晓波兄应本人之邀为拙著撰写“序言”，末尾的一句话令我感动不已。他说：“联大、台大的教职，只是我们的‘职业’，但祖国统一却是我们的‘志业’。职业需要退休，但不到中国实现统一的一天，我们的志业是永不言退的！”这句话充分表达了我俩的共同心声。或许，我和晓波兄都不一定能够亲眼看到祖国实现统一的那一天，但我们坚信，我们的志业是符合历史潮流的，而符合历史潮流的志业不仅是“永不言退”的，而且最终是必胜的！

十分可喜的是，由本人一手创建的北京联合大学台湾研究院，经过多年来的艰苦努力，一批颇具潜力的年轻研究人员正在茁壮成长，并在大陆台湾研究界开始崭露头角。联大台研院传承了民进党研究的特色，但研究的领域更加广泛和深入，每年完成的调研课题和发表的研究成果，无论数量和质量都在稳步提高。所有这些，都不是我当年“单打独斗”时能够比拟的。吾道不孤，台湾研究和祖国统一的志业后继有人，这是格外令我为之骄傲和欣慰的！

在我的30年的学术生涯中，有太多的领导、同仁和亲友给予我热忱的扶持、鼓励和帮助。特别是动过两次心脏大手术、一直体弱多病的我的老伴张明华，数十年来与我风雨同舟，同甘共苦，全心全意地支持协助我的科研工作，不仅几乎包揽了全部家务劳动，让我“饭来张口，衣来伸手”，心无旁骛地集中全副精力从事科研工作，而且早些年还要协助我搜集资料，甚至

彻夜为我打印稿件。她常常是我的研究成果的第一读者同时也是最称职的“审稿人”。如果说我的30年的学术生涯还算取得了一点成绩的话，那么一半的功劳实在应当记在她的名下。

本人这两套丛书的编辑出版花费了许多人的心血。我的几个学生郭庆全、费洪伟、徐晓宇、栗琰，想尽办法帮我搜寻到许多散失的文稿和海内外新闻媒体的采访报道，还花了大量时间帮我把纸质文稿一篇一篇打成电子稿；北联大台研院的同仁胡文生博士、陈星博士和李振广博士也为此帮过我不少忙，付出过很大的心力。如果没有他们的鼓励和协助，说实话我根本没有信心编辑这两套丛书。

再有，王毅主任、陈云林会长、孙亚夫副主任、王在希副会长、李家泉教授俯允为拙著题词、题写书名，年逾八旬的唐树备主任和工作极其繁忙的铭清、晓波、伟峰三位仁兄以及周荃董事长，欣然分别为拙著撰写序言，可谓“拉大旗做虎皮”，使拙著增色不少。他们对我的悉心爱护和鼓励，我将铭记于心；此外，北联大台研院谭文丛、刘文忠两位现任院领导，对编辑出版本人的文集高度重视与鼎力支持。我的“小老乡”——广东梅县围龙屋实业有限公司黄文献总经理慷慨解囊，资助本文集的出版。在本丛书即将出版之际，一并对他们表示衷心的感谢！

最后，还要感谢九州出版社的领导徐尚定、王杰、张万兴和具体负责编辑工作的李勇、王守兵、祝松、吴捷、习欣、郝军启、石增银，对本丛书编辑出版的重视和所付出的辛劳。

徐博东

2011年12月3日　于京北温泉花园

目　　录

1998 年

1999 年

2000 年

2001 年

2002 年

2003 年

2004 年

2005 年

2006 年

2007 年

2008 年

2009年

2010 年

2011 年

2012 年

人物专访

1988 年 ~ 1995 年

不得已的缺席，
台湾史研讨会今天揭幕，大陆两学者文到人不到

台北讯 “台湾史研究会”的第一届学术研讨会，今天下午在台大校友会馆揭幕，参加的中外学者将发表十三篇论文，并有讲评及讨论，预计进行三天。

参加这次研讨会的学者，包括国内的尹章义、石万寿、洪田浚、黄聪洲、廖仁义、蔡仁坚、韩嘉玲，旅日学者林宪、戴国辉，及两位大陆学者徐博东、陈孔立。徐博东现为“中国社会科学院台湾研究所”特约研究员、北京联合大学文法学院副教授，其论文主题是《论台湾民主国的爱国主义性质》。另一位大陆学者陈孔立，现为“厦门大学台湾研究所”所长，论文题目是《清代台湾移民社会的特点——以〈问俗录〉为中心的研究》。碍于此间的入境规定，两位大陆学者不克亲自来台，将由主持人代为宣读论文。

（中国时报，1988/01/30）

短讯：祝台湾史学术研讨会顺利成功

——中国社会科学院台湾研究所

短讯 为促进海峡两岸的学术交流，本会于去年十二月十四日正式发函邀请中国社会科学院及厦门大学的台湾研究所派员来台，参加本会第一届台湾史学术研讨会。

本会海外联络人日前接获中国社会科学院台湾研究所的回讯，表示将派出特约研究员徐博东先生参加这次研讨会，并提出论文乙篇，题目是《论台湾民主国的爱国主义性质》，同时，该所也寄来贺卡一份，预祝本会第一

届学术研讨会顺利成功。

据悉，徐博东先生除了担任该所特约研究员之外，还任教于北京联合大学文法学院。目前，他正透过各种管道，询问来台入境的可能性。

他表示：如果他不克获准入台，将尽可能以通函的方式把论文送至本会。他又表示：中国社会科学院台湾研究所在今年度也将举办各类型的学术研讨会，希望本会能够推派代表参加。

（台湾“台湾史研究会”会讯，第4期，1988/01/30）

大陆首次寄送两篇论文
共同社认为这种动向值得关注

台湾举办台湾史学术讨论会

共同社台北1月30日 中国首次向在台湾举行的学术讨论会寄送论文，寻求学术交流上的联系。

据本报记者今日获悉，1月30日开始举行的研究台湾近代史和现代史的学术讨论会收到了两名中国研究台湾问题学者寄来的学术论文。中国的研究人员向在台湾举行的学术会议提交论文这是第一次。通过同中国大陆进行学术交流上的联系，重新研究台湾的未来，这种动向值得关注。

这次举行的学术讨论会是台湾史研究会（理事长王晓波）主办的第一次台湾史学术讨论会。台湾史研究会是台湾的历史学家和新闻工作者成立的学术机构。据学术讨论的事务局说，台湾史研究会曾邀请厦门大学台湾研究所所长陈孔立和中国社会科学院台湾研究所特约研究员徐博东出席讨论会。

陈所长为出席讨论会于1月27日在香港向台湾提出入境申请，但被拒绝。因此，这两位学者向讨论会寄送了他们的论文。论文将在这次历时3天的会议上发表。

（参考消息，1988/02/01）

台湾举办台湾史学术研讨会
大陆学者直接在台发表论文

据新华社北京2月5日电　据台湾报纸报道：由台湾史研究会举办的第一届台湾史学术研讨会，近日在讨论完大陆学者陈孔立提交的论文后圆满结束。这是大陆学者第一次在台湾直接发表论文。

为时3天的台湾史学术研讨会，共邀请12位海内外学者提交论文。中国社会科学院台湾研究所的徐博东副教授和厦门大学台湾研究所的陈孔立教授被邀前去台北参加研讨会，因台湾当局不同意他们入境，只好文到人不到，由人代为宣读论文。陈孔立教授的论文是《清代台湾移民社会的特点》，引起与会者的热烈讨论。徐博东的论文未能及时寄到。

（人民日报，1988/02/06）

台局势明年仍将动荡
——大陆学者展望台湾政局

中新社记者田地　在台湾研究会今天举办的学术座谈会上，与会的大陆学者认为，九十年代第一年的台湾形势变化剧烈，各种政治、经济及社会矛盾尖锐，各派政治势力斗争激烈错综，两岸关系互动微妙，明年岛内形势仍将继续动荡不安，局面复杂。

……（略）

北京联合大学文法学院台湾研究室讲师何磊、副教授徐博东联合发言指出，今年岛内“台独”活动“升温”的特点是：民进党内两大派系公开合流；诉求方式以所谓“合法”手段为主，辅之以文宣攻势，表明民进党对国民党的“抗争”策略发生转变；“台独”从“只能说”转为“既说亦做”，公开在议会推动，也通过成立各种机构、团体制订计划、方略，具体落实；岛内外“台独”组织互相串联、密切配合，内外“台独”势力已合流。

他们认为，岛内“统、独”问题已不再单纯是两岸关系问题，已成为政党间、派系间一种争权夺利的政治筹码。“台独”活动急剧升温的主要因素有五：一，政局发展使民进党失去原有诉求目标，只剩下在两岸关系上做做文章，以向台湾民众表示它反对国民党的角色不变。二，政局变化迫使民进党急于整合内部分歧和矛盾，以因应即将到来的“宪政改革”。三，外国势力的支持和怂恿。四，国际政治格局的变化刺激了“台独”份子的幻想。五，国民党当局的姑息纵容政策使他们无所顾忌。他们认为，“台独”之路不会使他们真正弥合内部裂痕，也不会博得台湾民众的支持，赢得选举，走上执政之路，相反只能逐渐丧失政治资源，最终被历史所抛弃。

（文汇报，1990/12/25）

两岸条例，大陆法界有褒有贬

特派记者韩剑华、徐尚礼/北京三日电 “台湾地区与大陆地区人民关系条例”通过后，引起大陆法界重视，认为该条例将成为台湾今后处理两岸交往的基本规范，势必对两岸关系的发展走向，产生重大影响。大陆法界对“条例”的评论，有褒有贬，一方面称其确有不少值得肯定的积极因素，同时亦批评“条例”以政治考量出发，迫使大陆承认台湾为“对等政治实体”，强调“对等原则”、突显“法律主权”，贯彻推行“一国两府”、“两个中国”、“一中一台”的大陆政策。

……（略）

北京联合大学文法学院台湾研究室副教授徐博东指出，“条例”有灵活务实的积极面，客观上有助于两岸关系的发展；考虑到当前两岸官方关系尚处于特殊环境情况之下，徐博东对“条例”持乐观其成的欢迎态度。徐博东在“简评台湾当局的‘台湾地区与大陆地区人民关系条例’”论文中提出，“条例”确有不少值得肯定的积极因素，包括：在两岸交流方面，解除了一些民间往来的不合时宜的禁令；在民事领域部分，具体详细地规范两岸人民之间在婚姻、继承等方面法律冲突与法律适用问题；在对待大陆法律方面，原则上承认大陆民事法律；一些条文采“委任立法”方式，以因应两岸主客观形势。

（中国时报，1992/08/04）

篡改台湾史暗藏玄机

——大陆学者评“台独”史学观

新华社记者陈斌华 正在江西庐山参加“台湾史学术研讨会”的祖国大陆学者强调，应该警惕台湾和海外某些人篡改台湾史的做法，指出这当中暗藏为“台独”制造舆论，分裂祖国的政治目的。

……（略）

台湾某些学者鼓吹，日本占据台湾促进台湾早日进入现代化，为今天台湾所谓“经济奇迹”和“政治奇迹”打下基础，认为这是殖民统治的“大幸”。

北京联合大学副教授徐博东批判了这种“皇民史观”，认为这种为殖民统治历史翻案，认为殖民统治有功的观点是对历史事实的篡改。他说，“亡国先要亡史”，现在“台独”分子有一种通过篡改历史，并将其灌输给老百姓、青年一代、中小学生，从而制造“台独”意识的危险倾向，两岸中国人对此应提高警惕。

……（略）

（文汇报，1995/08/06）

1997 年

邓小平过世，大陆对台学者认为两岸关系不会有变化

记者王绰中台北/北京电话专访 在邓小平过世的消息传开之后，大陆研究对台政策的学者多认为，只要台湾方面没有明显走向独立的动作，短时间内两岸关系应该不会有大的变化。至于邓的过世对中共政局会造成何种影响，多数大陆学者都强调，江泽民权力已经稳固，中共政局并不会有大的变化。而后邓时期中共如何处理对外关系，北京研究国际关系的学者指出，为了给当前大陆改革开放提供稳定的外在环境，中共将继续贯彻全方位的外交政策，与世界主要大国维持良好的关系。

有关邓小平去世对两岸关系将会造成何种冲击，北京大学分校台湾研究室主任徐博东指出，邓小平早在三、四年前即已完全淡出政治舞台，九五年初江泽民宣布八点对台政策，即是向外表明，江泽民已经稳固地主导了中共对台政策，今后在可见的未来中共对台政策和方针，整个框架是不会改变的。而且，未来一年，中共将忙着处理香港回归问题，以及召开至关重要的党的“十五大”会议，并没有余力去处理长期陷入低潮的两岸关系，因此两岸关系的重要性将被放在后面，只要台湾不出大的状况，中共对台的政策是不会有变化的。

……（略）

至于邓后中共对台政策的重心将放在何处，徐博东表示，李登辉已经抛弃了“一个中国”的原则，并且积极在搞“两个中国”、“一中一台”，未来中共将会以各种手段和办法，使台湾走回“一个中国”的原则上来。而且，未来中共打压台湾务实外交的政策是不会改变的，不过，大陆方面仍会更加紧密地加强两岸经贸、文化和体育的交流，并且积极推动两岸“三通”政策，以减轻两岸民众的敌对意识。

……（略）

（中国时报，1997/02/22）

大陆学者：两岸僵局最快年底解冻

记者谢孟儒、康文炳北京二日电 此间的学者、专家和出席中共人大、政协会议的代表普遍认为，中共总理李鹏今年在政府工作报告中对台部分语气有所缓和，但在基本政策上并没有任何变化。在邓后时期，指导中共对台政策的仍将是邓小平的“和平统一、一国两制”和江泽民对台的“八点主张”。

不过，上述人士也认为，尽管两岸形势比诸去年已较缓和，但双边关系的解冻最快还是要在年底，即中共十五大召开后。

北京联合大学历史系教授徐博东分析说，李鹏报告的语气缓和，当然是由于两岸紧张已有缓和的关系。但更主要的是因为中共对台的基本方针仍在和平解决，如果口气强硬，“对争取岛内民心”，以及所谓“更寄希望于台湾人民”并不利。何况，中共的立场原则并没有改变，因此重点也就不在口气的强硬否。

他还说，报告中既已点出邓和江在对台政策的主张，当然有强调“江八点”乃继承邓的主张的意思，同时也有叫台湾认清北京政策一贯性的意涵。

另外，首次把政治谈判列入工作报告，也意味中共方面认为，过去两岸的事务性协商并不能解决双方的分歧，今后只有透过政治谈判才能解决问题。至于争取早日实现“三通”，则可被视为台湾是否已真回到“一个中国”的指标。

但他认为，北京的语气和缓也有为未来两岸恢复接触制造气氛的用意，但十五大前，双方最多仅能进行类似香港航运谈判的技术性、事务性接触。

……（略）

（中国时报，1997/03/03）

分裂祖国，终将失败

——北京学者评达赖台湾之行

新华社记者陈斌华特稿 此间二位学者认为，达赖赴台访问的所谓“宗教之旅”，自始至终是一次用宗教外衣包装的“政治之旅”，是“台独”与“藏独”同流合污、分裂祖国的政治活动。

他们强调，香港即将回归祖国，祖国统一已是大势所趋、民心所向，台湾当局和达赖集团的分裂行径，在全国人民的反对下终将失败。

北京大学台港澳与世界事务研究所所长李义虎、北京大学分校台湾研究室主任徐博东今天在接受记者专访时作了上述表示。

李义虎说，……（略）

徐博东指出，从达赖行程来看，他与李登辉和台湾当局其他一些官员以及民进党主席许信良等“台独”头面人物的会面，是此行的“重头戏”。由此可见所谓“宗教之旅”浓厚的政治色彩和包藏的分裂图谋。

他分析，“台独”和“藏独”势力之所以能合流，首先是因为达赖的“藏独”观念与李登辉等人的“台独”分裂观十分相似，台湾当局企图通过与达赖的勾结，把“藏独”作为“台独”势力的同盟军，以壮大自己的力量，与祖国大陆和平统一的努力相抗衡；其次，是利用达赖所具有的国际关系，推动台湾当局近来一再受挫的“务实外交”，以摆脱其四处碰壁的困境，拓展“台独”和“独台”的国际生存空间；第三，迎合国际反华势力的需要，以利今后的进一步勾结。

这两位学者指出，达赖的台湾之行，是台湾当局在分裂祖国的道路上又迈出的极其危险的一步，充分暴露了台湾当局口是心非、顽固对抗一个中国原则、蓄意恶化两岸关系的分裂本质，也暴露了自称宗教人物达赖喇嘛的政治面目。

他们强调，“台独”与“藏独”势力的这场闹剧已经收场，分裂势力的倒行逆施，违背了包括台湾同胞、藏族同胞在内全体中国人民的根本利益和共同愿望，违背了祖国统一、民族团结的历史潮流，最终逃脱不了失败的命运。

（菲律宾《世界日报》，1997/03/29）

京台湾问题专家座谈指出

一国两制香港成功实践推动两岸早日和平统一

对台当局“两个中国”政策形成强烈冲击

新华社北京二十五日电 全国台湾研究会今天邀请此间部分台湾问题专家举行座谈会，研讨香港回归对海峡两岸关系的影响。与会专家一致认为，香港回归将对海峡两岸关系产生积极影响，有利于推动祖国和平统一大业的早日完成。

……（略）

中国人民大学教授黄嘉树、北京联合大学教授徐博东、外经贸部台港澳司副司长王晖集中分析了香港回归对海峡两岸关系的近期和深远影响。

他们认为，一、香港回归将进一步加强全球华人盼望中华复兴、祖国统一的愿望，他们渴望早日解决台湾问题，实现中国的完全统一，反对台湾当局抵制、拖延统一进程的做法；二、“一国两制”在香港的成功实践，将使台湾民众逐步认同“一国两制”，增强他们的民族意识，对台湾当局制造分裂形成强大的压力；三、由于港台经济关系密切，因此香港回归后，必将推动海峡两岸经贸关系的发展和与港澳地区的市场、经济一体化；四、台湾当局所谓“国统纲领”的近程阶段已不攻自破，海峡两岸直接“三通”进程有望加快；五、“一国两制”的成功实践和香港回归后的繁荣稳定，将对国际社会对实现中国统一的可行模式日趋认同，既减少了某些国际势力干预台湾问题的可能性，也使台湾“务实外交”日益受挫。

……（略）

（澳门日报，1997/06/26）

大陆研究台湾智库人士访台

吕庭华/台北报道　多位大陆方面研究台湾问题的学者及官员指出，台湾问题已进入迫切要求两岸进行政治协商的阶段。而台湾问题在中共的眼中，其实就是中共与美两国之间较劲的问题，美国未来有可能支持中共以一国两制的和平方式来解决台湾问题。

夏潮基金会明天起将在台北举行“后九七两岸关系论坛”学术研讨会，中共方面与会人士包括新任的中国社科院台研所所长许世铨、厦大台研所所长范希周、国家计委宏观经济研究院副院长林兆木、北京大学分校台研室主任徐博东、全国台研会联络部主任修春平、中国社科院农村发展研究所所长陈吉元、数量经济与技术经济研究所副所长刘树成、农业大学前副校长靳晋、中国南方证券集团总裁助理牛仁亮等近二十人。

与会的大陆方面人士将在会中提出有关台港、中美及两岸关系十三篇论文，论文内容一般认为在相当程度上反映了中共官方的观点。

……（略）

台籍大陆学者徐博东在“香港回归对两岸关系的影响”论文中更是露骨指出，台湾问题其实就是“中”美两国实力较量问题，如同香港问题是“中”英两国实力较量一样。美国出于自身的利益，调整其对台政策，转而支持中国以“一国两制”模式和平解决台湾问题的可能性是客观存在的。

徐博东以南非宣布将与台湾断交，以及巴拿马运河会议因李登辉的出席而“质变”，说明香港回归中共的效应。他指出，随着香港的回归、中国大陆进一步改革深化、大陆总体经济实力的大幅提升，中共与美国在国际势力呈现此消彼长、逐步缩小差距，美国支持中国政府以“一国两制”模式和平解决台湾问题的可能性是存在的，并非天方夜谭。

（中时晚报，1997/08/23）

李“总统”回应江泽民报告的提法大陆不会接受

本报特派记者王绰中北京十四日专访 北京大学分校台湾研究室主任徐博东今天在接受本报专访时表示，有关李登辉在中南美洲之行回应江泽民十五大政治报告时提出了“一个中国下，大陆必须承认分裂分治的事实以及台湾是一个政治实体，两岸才能展开政治谈判”的说法，就大陆方面认为，李登辉所说的“一个中国”内容是虚的，事实上是为了应付大陆；而要大陆承认两岸分裂分治、台湾为政治实体，那么事实上还是在搞“两个中国”，大陆是不会接受的。

有关中共总书记江泽民十五大政治报告中有关两岸关系部分是否有新意的提问，徐博东表示，江泽民的政治报告指出了未来一段时间内中共对台工作的大原则和大方向，内容是继承了邓小平对台政策的主张，而且在香港回归后，台湾问题将更进一步地提到日程上来。过去提出两个寄希望（寄希望台湾当局和台湾民众），这次只提出寄希望于“有光荣爱国传统的台湾同胞”，主要是大陆方面已经不信任台湾当局，特别是李登辉。不过，为了两岸关系良性的发展，虽然公开已经不提寄希望于台湾当局，不过，私下还是希望台湾当局能够回应“江八点”和“一国两制”的主张。

至于对李登辉提出大陆必须承认两岸分裂分治和台湾为政治实体，两岸才能进行政治谈判一事，徐博东指出，李登辉同意提出“一个中国”，主要目前还是为了摒除大陆方面的疑虑，是应付大陆的，内容是虚的；而要大陆承认分裂分治和台湾为政治实体，那么就会形成两岸对等的政治实体，也就是在搞两个中国，大陆是不会接受的。就中共方面而言，如果台湾在国际上不搞务实外交和双重承认且有诚意地积极推动“三通”，在言论和行动上让大陆放心，大陆方面应该会十分愿意尽速与台湾恢复谈判。

在中共十五大后两岸关系到底会有何走向，徐博东认为，大陆对台政策基调已定，十五大后江泽民的访美是一个关键，由于“台湾问题”是“中美关系”的核心问题，到时仍要看双方谈得如何，因为美国对台政策的调整将直接影响到大陆对台政策方针的改变。事实上，十五大之后，江泽民主要面对的仍是大陆内部问题，“台湾问题”仍是比较次要的问题，但由于香港回归将加快中共推行“一国两制”的脚步，加上台湾方面一直没有实质上的妥协动作，大陆方面仍将继续对台湾施加压力，且会观察台湾方面的回应，事实上，大陆导弹已经打了，如果先妥协而不坚持既定的主张，等于大陆玩输了，因此未来两岸关系仍会僵持一段时间。不过，如果江泽民在国内问题和高层人事安排上能够处理顺利，那么将增强他的自信心，他也会更积极甚至主动采取一些新的措施来推动两岸关系的发展。

（中国时报，1997/09/15）

大陆学者认为目前形势有利两岸政治谈判

记者王绰中台北—北京电话专访 针对“人民日报”撰文希望两岸及早进行政治谈判一事，大陆对台学者表示，由于两岸对于当前僵持的局势都希望有所突破，因此目前的形势有利于两岸推动政治谈判。不过，这些大陆学者也指出，两岸恢复谈判的关键仍系于双方是否都有诚意推动，而且就算谈判恢复，可能也不会进展得很顺利，所以彼此都要有长期谈判的心理准备。

大陆社科院台研所副所长余克礼在接受访问时表示，……（略）

北京大学分校台湾研究室主任徐博东则表示，两岸进行政治谈判是大陆一贯的主张，目前两岸恢复谈判彼此都有急迫性，当然双方似乎也都有意愿，但关键仍在于“一个中国”的原则问题。他指出，近来台湾岛内情势的发展，包括台湾领导人不反对政治性谈判，以及提出“主权共享”，不是“主权分享”的主张，这已经是做出了一些让步，就大陆方面的评估，这都显示台湾方面似乎有恢复商谈的意愿。

徐博东强调，如果两岸都希望尽早展开接触恢复谈判，目前首要的课题仍是如何营造比较好的气氛，以及加强彼此间的互信。他指出，就大陆方面来说，希望台湾不要再有在国际上挖墙脚的情形发生，因为两岸外交竞争对双方都不利；另外在“三通”问题上，已经快要不是台湾的筹码，将来两岸加入WTO，台湾将很难回避这个问题，目前台湾应该拿出一些具体的措施来推动两岸“三通”；同时台湾“戒急用忍”的政策已经是台湾当局的包袱了，台湾方面应该尽早解除限制，展现恢复协商的诚意。

徐博东也指出，两岸无法恢复协商，对台湾是不利的，过去两岸在进行事务性协商时，只要面对主权问题时，谈判就会自动搁浅，如果未来恢复协商要有成果，就必须提高层次，因此政治谈判是不可能回避的。不过，他表示，由于两岸仍缺乏互信，未来进行政治谈判也不一定就能谈成，而且在谈判时两岸仍会在一些问题上较量，可能不会很顺利，两岸必须都要有长期谈判的心理准备，但是，以目前两岸关系而言，恢复谈判就是进展，双方展开政治谈判亦较以往事务性协商有进步。

（中时，1997/10/15）

县市长选举的意义

——大陆看法

本报记者杨宪村　国民党苦战，民进党有机可乘，客观情势不利国民党突破，鸭蛋新党待加油，无党选将实力受瞩目，年轻票源争逐新焦点。即将于十一月廿九日举行投开票、并被朝野政党视为“政权攻防战”的县市长选举已到关键的时刻，岛内各政党候选人无不铆足全力作最后冲刺。由于这次选举是台湾“修宪冻省”后的一次重要选举，也是明年北、高两市市长和下届“立委”选举的前哨战，更可能关系到下届“总统大选”的情势，“骨牌效应强过钟摆效应”；因此朝野主要政党莫不全力以赴。长期密切研究台湾形势发展的中共方面也高度重视此次选举所蕴含的各种意义，并已对此次选举作了初步的研判和预测。

据大陆有关方面评估指出，……（略）

在国民党方面，大陆方面普遍认为国民党的形势“极为严峻”，国民党要保住既有的成果已非常困难。北京大学分校教授徐博东表示，由于年来台湾治安情况恶化，虽然白案已告一段落，但其他重大案件却迟迟未破，加上股汇市风暴频传，两岸关系僵滞未获突破，这些不利因素的帐都会算到执政党头上；加上国民党中生代勉强维持团结假象，党内地方有实力而又未被提名者的脱党或报备参选到底；此种情况也会严重影响国民党的整体选情。他认为，国民党这次如果掉落几席，乃是客观情势所迫，也是“自己打败了自己”。

……（略）

（中时，1997/11/22）

中共对台策略将作调整

记者王绰中台北—北京电话专访 台湾县市长选举国民党大败，引起北京对台相关人士极大的关注，虽然这项结果对于未来两岸关系的发展并未有立即的影响，但他们普遍认为，中共有关部门在推动对台政策时，具体作法将会有所调整。由于民进党在岛内的影响力大增，而且极有可能执政，这些对台人士表示，未来中共对于民进党在两岸关系的政策和发言，也将更加重视。以下是数名中共对台人士接受访问的内容：

……（略）

北京大学分校台湾研究室主任徐博东：由于民进党近年来转型成功，淡化了“台独”的诉求，虽然民进党在岛内政局影响力的增加，但对于未来两岸关系的发展并不会有太大的影响，加上民进党极欲走向执政之路，必将不会违背多数台湾人反对“台独”的民意。事实上，近年来民进党的“台独”政策已趋于模糊化，如果将来执政，亦将面对大陆和美国方面的压力，它的两岸政策必将会做出理性的调整，这对未来两岸关系的发展亦是一种契机。与此同时，大陆方面的对台政策亦会做出相应的调整，虽然“江八点”的大原则不会改变，但依据岛内政局的变动，中共在对台的策略和手段上将更为灵活。

……（略）

（中时，1997/12/01）

1998 年

专访北京学者，谈裴利的“无条件”说

记者谢孟儒台北报道 美国前国防部长裴利日前一席“北京愿无条件恢复两岸谈判”的讲话在台湾引起一阵讨论，但北京研究台湾问题的重要学者昨天在受访时却都对传话内容的精准度存疑，并表示，中共强调在“一个中国”原则下尽快恢复两岸商谈的立场并未转变，台湾如果理解成北京立场松动恐怕有误，但“一个中国”的具体内涵可以讨论，台湾不应以此理由阻碍商谈恢复，否则明春是否重开谈判仍在未定之数。

前社科院台研所副所长李家泉就说，……（略）

另一位学者，北京大学分校台湾研究室主任徐博东也表示类似的看法。

徐博东首先强调，裴利的“无条件”说并未得到证实，但如果有，也不意味北京的“一个中国”立场出现松动。他说，事实上，中共在恢复两岸谈判上从未设过什么前提条件，“一个中国不是条件，而是原则”，台湾如果把“无条件”解读成“放弃一个中国原则”，恐怕方向有误，因为对此北京是绝不会放弃的。

另外，他对两岸明春恢复谈判也不表乐观，主要原因在“根本没什么交集，也没有这种气氛”，两边的动作都大多是放话性质，实质的让步还看不出来。尽管美国希望促谈，也开始施压，两岸在口头上也都表示愿意谈判，但主要还是不愿被外界或对方视为谈判障碍，实质的“善意回应”还付之阙如，这点从台湾仍坚持戒急用忍、不开放“三通”和只愿谈判事务性议题就可了解。

至于像奈伊那样要求“北京宣示放弃武力”的建议，徐博东也认为中共不可能接受。他指出，其实“江八点”对此已说得很明白，就是分两步走，也就是两岸先谈判结束敌对状态，再签署协议。故就程序而言，放弃武力是协议签订的后果，怎可能事先宣布？徐博东最后说，两岸问题的关键其实在缺乏互信，而不是缺乏渠道。因此，如果不建立互信，无论是“邦联制”或“联邦制”等任何建议都无济于事。

（中时，1998/01/19）

大陆学者：研讨会本身就是件好事

两岸是民进党是否执政关键

记者陈威傧台北/北京电话采访报道　针对民进党今天起所召开的中国政策辩论，北京联合大学台湾研究室主任徐博东表示，民进党之所以在此际进行中国政策的辩论，实乃与民进党本身认为即将执政有关。因此，必须在大陆政策上对岛内的人民、对大陆当局、对美国为首的国际有所交代，让大陆当局放心。

徐博东是中国大陆对台研究学界中，极少数研究民进党的学者之一，他自一九八九年开始就专攻民进党研究，被视为是北方的台湾民进党研究专家。有北徐之称，而南林则是厦大台湾研究所的林劲。

徐博东说，民进党各派系中对两岸问题的主张，由于对国际形势的研判掌握有认知上的落差，以致还存在很大的分歧，要通过三天的讨论就达成共识是太过苛求、太过想当然，恐怕不可能。但是若能经过三天辩论，而认认真真思考两岸问题的处理，不论有无结果，他认为这件事本身就是件好事。

（自立晚报，1998/02/13）

大陆学者肯定民进党辩论两岸政策

记者王绰中台北－北京电话采访　民进党中国政策研讨会昨天结束，大陆研究民进党的学者认为，民进党透过民主辩论程序凝聚党内共识的做法，值得肯定，大陆对台部门也应该加强与该党各派系进行接触和沟通，而经过这次辩论，未来该党如果能够认清国际情势和两岸民意，制定务实的大陆政策，对两岸人民都有好处。另外针对民进党内部分人士希望利用国际势力制衡中共的看法，大陆对台学者表示，台湾未来的安全和发展并不能依靠美、日等国，反而应该靠两岸关系的缓和。

对于民进党举行的这次辩论，大陆专研民进党事务的北京大学分校台湾研究室主任徐博东在接受本报访问时表示，民进党这次辩论展现了该党高度的民主机制，值得肯定和赞赏，也显示民进党是一个有生气和活力的政党；而且，通过这次辩论不但可以消除党内的分歧，如果未来该党能够摒除不切实际的观点整合党内共识，制定务实的大陆政策，这对两岸人民都有好处。

他指出，当前民进党在制定两岸政策时，应该以两岸人民的利益为出发点，不要采取拘限和狭隘的观点，特别是要认清国际局势和两岸民意，认真面对两岸的现实，那么未来该党转型成功是可以期待的。事实上，未来如果民进党要顺利取得政权并且长期执政，这种转型也是必须的，因为这样不但可以让台湾民众放心，也可以让大陆和美国放心。

至于许信良遭到党内派系围剿一事，徐博东强调，这种结果并不令人意外，因为美丽岛系成员与大陆方面的接触和沟通比较频繁，对大陆也比较了解，民进党其他派系则比较少与大陆沟通，彼此了解不够，所以产生了许多隔阂和敌意，一些不务实的情绪性观点也比较多，未来这些派系的领导人应该多来大陆看看，这对双方都有好处。

徐博东同时希望中共对台部门也能够加强与民进党非美系人士的接触和沟通，不要因为这些人“台独”色彩较浓不与他们往来。他甚至表示，为了促进双方的了解、化解敌意，中共对台部门反而更应该与一些积极主张“台独”的人士进行接触，消除对立。

……（略）

（中时，1998/02/16）

大陆学者：许惠祐能否访大陆，关键在目的

特派记者贺静萍/北京二十一日电 海基会已向大陆海协会具体建议举行“辜汪会晤”，并在此之前举行“许唐会晤”，对此大陆学者认为，许惠祐为何访问大陆将是关键，如果台湾方面不认为此时有必要举行正式“辜汪会谈”，或两岸气氛不佳，均会影响许惠祐能否成行。

……（略）

北京联合大学台湾研究室主任徐博东则认为，陆委会与海基会日前曾表示，在柯江会谈之前因大陆忙于处理柯江高峰会，无暇兼顾两岸事务，因此海基会在近日去函海协会，但海基会日前就来函，且对七月份海基会副秘书长詹志宏先来，八月份许惠祐率董监事团再来访，并安排辜汪会晤事宜；台湾方面在此时提出具体规划，似乎有意向国际表明，台湾对于推进两岸关系相当积极。

他认为两岸关系要真正推进，关键在双方是否有诚意改善目前气氛，如果台湾方面未来大力推进务实外交，很难评估何时会举行辜汪会谈，对于海基会主动提议，他相信大陆方面会考虑许惠祐来的目的是什么，也会考虑台湾方面对于改善两岸关系是否真有诚意，如果台湾方面只是为了国际宣传，海峡两会将不会有实质的作为。

（联合报，1998/06/22）

徐博东：中美联合记者会仿佛是“辩论会”

本报特派记者王绰中北京二十七日专电 今天中午在人民大会堂举行的“中”美联合记者会上，克林顿和江泽民在有关人权和西藏问题有着极大的

分歧，双方你来我往互不相让。北京有学者就认为，这场记者会，仿佛是“中”美双方最高层人员间就西藏和人权问题举行的“辩论会”。

在今天的“中”美联合记者会上，由于双方会谈时间延长，原定十一时举行的记者会一直拖到十二点才开始。原来在有关记者提问方面事先只安排半个小时，只能够提出四个问题，但克、江两人在谈到有关双方存在极大分歧的人权和西藏问题时，都兴致勃勃地尽力阐述彼此的立场和坚持，因此记者会也被迫延长将近半个小时。

北京联合大学教授徐博东表示，克、江在记者会上就人权和西藏问题你来我往，虽然没有任何针锋相对的语气，但彼此都各自坚定地承诺自己的立场，好像“中美间举行了一场最高层次的辩论会”。

不过，徐博东也指出，有关人权和西藏问题上，“中”美间仍存在着很大的分歧，透过面对面的沟通和磋商，总比互相指责好。他认为，从今天克林顿谈话可以发现，美国对中国大陆的人权问题比以前更为了解，也承认“中”美两国国情的不同，以及双方关系稳定的重要性，因此，他强调，“中”美有关人权问题通过交流“总是有好处的”。

……（略）

（中时，1998/06/28）

大陆学者：李“总统”谈话语意虽缓并无新意

记者王绰中台北电话采访报道 针对李登辉“总统”昨天在“国家统一委员会”上发表的谈话，大陆多位对台研究学者都认为，李登辉的谈话内容并未有太多新意，虽然有些用语较为模糊、缓和，但仍未就大陆关心的“政治性谈判”和坚持“一个中国”等问题做出说明或响应。

……（略）

专研民进党的大陆对台学者、北京联合大学台湾研究室主任徐博东则认为，李登辉的讲话并无新意，也没有进步，严格来说，他对两岸关系的看法，还不如民进党具有前瞻性。他指出，近年来，特别是今年六月北京柯江会谈后，民进党已经感受到国际形势的变化，开始认真对待并重视与大陆方面打交道，但是李登辉领导的国民党反而仍僵化不前，死守戒急用忍的政策。

徐博东同时指出，李登辉在“国统会”上的谈话仍未提大陆十分重视的坚持“一个中国”，只强调分治，这对于两岸关系的进展并无助益；至于台湾国际空间的问题，李登辉的说法虽然语气较为模糊，未明确说出要加入联合国或政府性质的国际组织，但这只是在玩文字游戏，他还是要搞“务实外交”。

他强调，当前两岸关系虽然已经不再紧张，但各项往来还是属于低层次的交流性质，包括今年九月的辜汪会晤亦是如此，未来只有进行政治谈判，两岸关系才会有所突破；目前两岸交流虽然已经恢复且较以往热络，但这主要还是大陆单方面在推动，可是台湾方面仍在许多交流上“戒急用忍”，缺乏具体诚意。

（中时，1998/07/23）

徐博东教授：“三通”和戒急忍用

台湾最终将不得不对大陆让步

北京特派员周锐鹏报道　中国北京大学分校台湾研究室主任徐博东教授说，台湾最终将不得不在“三通”和“戒急用忍”方面对大陆作出让步。

这位研究两岸关系的著名学者也说，“一国两制”在香港实行成功，已经对台湾构成巨大压力。

徐博东是接受本报专访时作上述表示。

他引述了中国国务院副总理钱其琛最近的话说，“一个中国”现在已经是国际现实。

因此，尽管台湾不会很“痛快”地让步，但形势最终会迫使台湾作出让步。

他说，台湾禁止两岸“三通”（主要是直航）并采取“戒急用忍”政策限制台商到大陆投资，对台湾工商界非常不利，台湾工商界已经越来越忍不下去了。

他指出，在东南亚金融风暴后，台湾政府的“南向政策”已经是“死路”，因此，对台商而言，目前只剩下“西进”一途。

他说，目前台湾试图以扩大“内需”的办法来因应工商界的发展需求，但受限于岛内投资环境等原因，恐怕难以解决问题。

1996 年 8 月，台湾李登辉宣布“戒急用忍”至今已经两年多。两岸原本和缓的关系在 1995 年因李登辉访问美国恶化，并引发 1996 年初的台海危机。

李登辉在当年 3 月当选民选“总统”后，决定限制台商对大陆投资。

台湾也根据《国家统一纲领》继续禁止两岸直接通航、通商、通邮。

徐博东说，因为台商普遍不满，台湾当局最近已悄悄给“戒急用忍”政策松绑，例如，原本是超过 5000 万美元（约 8250 万新元）的投资案一概不准，现在则是可以提出申请，视个案处理。另外，近日也宣布对 60 项工业产品赴大陆投资松绑等等。

他说：“这叫‘形势比人强’。”

不过，他也表示，台湾方面当然不会痛快地回应三通和取消戒急用忍的呼吁。

“因为他们认为这些是筹码，是筹码就要换东西。台湾肯定会以此寻求大陆作某些交换。”

“但台湾当局恐怕很难达到他们预定的目标”，徐博东说：“随着时间的推移，所谓‘筹码’已不再是筹码了。”

台湾方面目前一直坚持只愿意先恢复海基会与海协会的制度化协商机制，从事务性、功能性等问题谈起，待时机成熟时再进入大陆要谈的政治性议题。

不过，徐博东说，大陆已经采取更积极的做法，将事务性和经济方面的问题，例如台商权益保障问题，直接交由有关部门充分征求台商意见后制定，这类事情以后将不必再透过海协会跟海基会谈。大陆认为两会今后应该只负责政策性和政治性问题。

徐博东也认为，李登辉最近一再公开反对“一国两制”反映了他所受的压力，因为“一国两制”在国际上和台湾岛内已经获得越来越多人的理解与支持。

他说，美国克林顿总统和英国首相布莱尔先后访问香港并称赞香港回归后的成就，等于是对“一国两制”作了正面的评价。

他还特别指出，美国中央情报局早在1971年6月联合国刚刚恢复中国合法地位之初，就向当时的尼克逊总统提出解决台湾问题的两个方案：一个是促成“中国人同意一个友好的台湾独立”，另一个就是“台湾人接受在中国范围内某种形式的自治地位”。

他说，由此看来，美国原本就不排除台湾在中国范围内自治。他相信，中美实力差距逐渐缩小后，美国最终会不得不接受“一国两制”解决台湾问题。

（新加坡《联合早报》，1998/10/15）

大陆学者：两岸对辜汪会晤“不满意但都能够接受”

本报特派记者王绰中北京/厦门专访 针对辜振甫这次的大陆之行，大陆对台湾研究学者认为，这次的辜振甫大陆之行，虽然对两岸关系没有实质上的突破，双方在政治对话上也有些分歧或争执，但对未来两岸关系的稳定和发展有积极正面的意义，因此两岸对于这次的“辜汪会晤”应该“不满意但都能够接受”。

……（略）

北京大学分校台湾研究室主任徐博东也认为，这次“辜汪会晤”结束后，对当前两岸关系的发展并未有实质的改善，台湾方面所以让辜振甫成行，主要是执政的国民党鉴于岛内民众要求改善两岸关系、美国促谈压力和为年底大选创造利多所致，并不是真正有心要改变它的大陆政策。他表示，从最近台湾领导人和辜振甫一行的谈话可以看出，台湾方面“以拖待变”的大陆政策并未出现变化的趋向，两岸关系在短时间内也不会有重大的进展。

但他也指出，虽然两岸关系不会随着这次辜汪会晤的结束而有实质的改善，但两岸两会的沟通和接触将会加强，两岸关系气氛也将正式迈向缓和阶段，而台湾方面的“戒急用忍”和禁止“三通”政策亦将会受到冲击，执政当局可能会被迫做出部分的调整。

（中时，1998/10/19）

1999 年

徐博东否认罗文嘉曾向他传达陈水扁不搞“台独”的意向

本报特派记者宋秉忠北京三十一日电 去年夏天曾与罗文嘉接触的北京联合大学教授徐博东表示，罗文嘉与他见面时，只是重申民进党的“台独”党纲，以及台湾前途应由公民自决的意见；他明确否认罗文嘉曾代陈水扁传达不会推动“台独”的意向。

专研民进党问题的徐博东，九七年到台湾参加学术讨论会时，曾在陈菊办公室与罗文嘉见过面，因此，九八年夏天，辞去台北市府职务的罗文嘉从美国到北京时，即登门拜访徐博东。

双方会见时，曾就民进党未来的发展和即将举行的台北市长选举，交换意见，据徐博东回忆，罗文嘉当时对陈水扁连任台北市长，感到非常乐观；罗文嘉当时并没有向他透露曾在北京见过那些人，以及是否以民间人士身份与中共对台官员会面，只是说，会到上海、西安，然后再回到北京。

在徐博东的印象里，他曾与罗文嘉谈及民进党的“台独”党纲，而罗文嘉只是重申台湾前途应由公民自决，可以说完全没有新意。

（中时，1999/04/01）

民进党调整策略为时已晚

难以转变中共既有印象，内部分裂丧失选举优势

中央社/北京讯 民进党“八届第二次全国党员代表大会”九日在高雄闭幕，针对大会上通过的“台湾前途决议文”与“总统提名条例修正案”，

大陆专研民进党的学者徐博东表示，这两项议案都是为了台湾两千年“总统”大选的策略性调整，但为时已晚，难以转变大陆对民进党推动“台独”的刻板印象。

专注研究民进党已有十年时间的徐博东，任职北京联合大学台湾研究室主任，是大陆涉台学者中少数肯定民进党对台湾政局有一定正面评价的学者。他接受访问时，从这次民进党党代会及前主席许信良脱党事件，认为民进党的发展陷于瓶颈，而非一片坦途。

根据徐博东的看法，民进党的最大困境，在于该党多年来的教育、引导下，其主要支持者成为奉行“台独”党纲的基本教义派，使得民进党的转型面临极大的阻力。

他分析说，民进党为胜选考量，不得不推出搞文字游戏的“台湾前途决议文”，但这种转变来不及了，因民进党已成为“台独”党代名词。在大陆看来，不要说这篇决议文，就算民进党宣布放弃“台独”党纲，大陆方面一时之间也不会转变对民进党的刻板印象，而会继续观察。

他进一步指出，决议文中接受“中华民国国号”对台湾民众或许有意义，但对大陆而言，民进党要和大陆分家的基本理念没有变化。决议文中的保障独立，防止统一，暗藏了安抚“基本教义派”的内涵，所以一旦民进党执政，在适当时机还是不排除会改换“国号”。

（“中央日报”，1999/05/11）

大陆官员：不可能让陈水扁来

特派记者赖景宏/北京报道　民进党“总统”候选人陈水扁昨天提出两岸政策，中共涉台官员表示，中共不可能同意陈水扁访问大陆。大陆学者认为，陈水扁的两岸政策完全是“两国论”的延伸，中共不会接受。

……（略）

北京联合大学教授徐博东表示，陈水扁称在三项前提下与中国签订和平条约或基础条约，这完全是把台湾和大陆看做是两个国家，大陆不可能同意。大陆希望和台湾签订结束敌对状态的协议，是指结束一个国家的内战，而不是两个国家。

对于陈水扁所谓促进两岸关系全面正常化的五大主张，长期研究民进党的徐博东表示，这完全是空话，也不是站在“一个中国”的原则上提出来的。陈水扁的观点，恰恰是“两国论”的延伸，要大陆去承认台湾是一个“国家”，等于是接受“台独”，大陆做不到。

徐博东表示，陈水扁过去曾经公开说过“台湾和大陆是两个华人国家”，即使陈水扁明年当选，中共也不可能同意他访问大陆。他说，民进党的“台湾前途决议文”中明言，只是“策略性的承认中华民国国号”，最后还是要搞“台独”。这种毫不遮掩搞“台独”的政党，更甚于还遮遮掩掩的国民党。中共批判李登辉的“两国论”尚且如此严重，又怎可能接受陈水扁的来访。

（联合报，1999/09/21）

北京学者指台湾应救灾为先，不必泛政治化

本报特派记者谢孟儒北京四日专电　对于中共外长唐家璇今天再度对国际社会救援台湾强调“主权”概念、新华社也发稿指责台湾阻挠北京参与救援一事，此间涉台学者均认为，两岸本就存在政治分歧，北京也有其官方的一贯立场，台湾实不必拿来大做文章，借此阻挡大陆的善意，但他们也不讳言对今后的两岸关系持悲观态度。

……（略）

北京联合大学台湾研究室主任徐博东也呼应这种看法。他说，台湾只拿钱，却不要大陆的人员、物资救援给大陆民众的印象很差。他不解，就算救难物资不能直航，为何透过香港转运也不行？而且，大陆在抗震和防治疫情

上有丰富经验和世界级技术。

……（略）

徐博东则认为，大陆外交部和红十字会的表现原则上并没错，因为“一个中国”嘛，但坦承“策略上可以更婉转些”。但他认为，即使如此，台湾也不该以此为借口，阻挠大陆的善意。

对于今后的两岸关系，徐、李两人均持悲观态度。徐博东说，会把改善彼此关系契机的这次震灾搞成这样，很明显是因为“两国论”的阴影，台湾本就没诚意，大陆刚好又提供借口，双方关系恐难转圜。

（中时，1999/10/05）

大陆学者认为辜振甫再访大陆不可能

记者陈雪慧台北－北京－厦门电话报导 对于海基会董事长辜振甫在昨天上海辜汪会谈一周年发表谈话指出，愿意再一次赴大陆邀请海协会会长汪道涵来台访问，大陆涉台学者认为，除非台湾收回“两国论”，否则北京不可能接受辜振甫再访北京。海协会对此则尚未表示意见。

北京大学分校台研室主任徐博东表示，辜振甫的谈话“完全是宣传”，一方面是为国民党角逐“总统”大选制造利多，另一方面是应付美国的压力，把汪道涵未能访台的责任推给大陆。他说，“两国论”已经把两岸两会交流的基础给破坏，现在的问题是，如果辜汪再度会面，两岸如何定位？大陆方面不可能接受“特殊国与国关系”。

……（略）

而徐博东说，从台北对北京表示愿意援助地震救灾的反应，大陆观察台湾当局的时间将会进一步延后到明年五月之后，再看是否调整对台政策。

……（略）

（中时，1999/10/15）

大陆学者对“台湾安全加强法案”的反应

本报特派记者徐尚礼北京二十七日电 北京大学分校台研室主任徐博东表示，美国国会一旦通过“台湾安全加强法案”将不利于中共和美国关系，也不利于两岸关系缓和及稳定发展。

徐博东认为，虽然美国众院委员会通过“台湾安全加强法案”，但不代表众院、参院将通过该法案，何况只要克林顿总统不支持，两院即使通过也不能形成总统的正式法案。

他指出，“台湾安全加强法案”是美国大选年的产物，是国会占多数的共和党和行政机关占上风的民主党两党较劲，共和党这次拿敏感的美、中与台湾三角关系做文章，目的在吸引美国选民注意，即使该党上台执政，又是另一番考虑，其模式就如同克林顿当年抨击布什亲北京一样，一旦成为全美国总统又得从国家利益考虑，而不是一党之利益。

虽然“台湾安全加强法”成为克林顿政府对华政策的机会不大，但徐博东认为，在中共和美国关系从五月间“误炸”中共驻南斯拉夫大使馆逐渐修复之际，双方关系又因为中共加入世界贸易组织、寇克斯报告及麦道公司泄密案等发生新争执，“台湾安全加强法”的提出，将对中共和美国关系投下不利变量。此外，该法案可能被台湾当局制造“假象”，不利于当前低迷的两岸关系，更不利于两岸关系长远的稳定发展。

针对“台湾安全加强法案”，中共外交部发言人日前多次表示反对，表示不利于中共和美国关系发展，希望美方考虑中共和美国关系的发展大局，谨慎处理，以免为双方关系设置新障碍。

（中时，1999/10/28）

大陆学者对陈水扁经贸政策的反应

本报特派记者徐尚礼北京七日电　与民进党有过对谈的北大分校台研室主任徐博东，今天针对陈水扁提出的两岸经贸政策说，民进党提出的两岸经贸政策有新思路，比国民党“连萧配”两岸政策跨不出李登辉“阴影”先行一步，值得肯定。但有关大陆政策及经贸政策要有实质意义并获得大陆方面回应的话，必须面对两岸定位本质问题，也就是能否突破国民党提出的“两国论”范畴，因为经贸政策方面的海、空通航谈判，终究要面对两岸定位问题。

徐博东说，近来一段时间，民进党为了争取中间选民，获取选票，在大陆政策方面花了不少脑筋。诸如对“戒急用忍”的检讨及今天提出的两岸空运、航运通航问题，都比国民党候选人连萧配先行一步，这将对已经把“两国论”纳入党纲的国民党候选人构成压力，并形成严峻挑战。他说，比起国民党保守、僵化的大陆政策，民进党的新设想及新调整的大陆政策，就大陆方面来说，值得肯定及欢迎。对连萧配来说，将来能否走出李登辉大陆政策阴影，展现自主性，提出合乎时宜的大陆政策，将影响选情也决定胜败。

徐博东分析，民进党在大陆政策动脑筋看来仍属于策略性。在本质上，台湾一些选民及大陆都关心民进党是否脱离“台独”性质进行转型。就大陆方面而言，民进党是否把两岸关系视为“两国关系”是关键问题。因为，两岸谈航权问题，一定涉及两岸定位问题，届时，两岸关系是否为“两国论”成为无法回避的本质问题。徐博东认为，在这点上民进党应该比国民党拥有更大的空间，因为无所谓列入党纲的问题，即使列入党纲，事实上，对从政人员的约束仍有限。因此，民进党在提出大陆政策时，是否认真考虑转型问题，将决定其大陆政策是属于策略或是具有实际意义。

（中时，1999/11/08）

中共如何看待澳门回归对两岸关系的影响

王绰中/北京专题报道 自“澳门回归”这个话题炒热之后，北京的中共官方喉舌经常可以看到类似的字眼：“澳门顺利回归后，台湾问题的解决将日益迫切!”在中共收回澳门前夕，人民日报一篇题为“第二座里程碑”的文章就指出，历史遗留下来的“外患”根除，“内忧”待解，而这第二站的跨越，必然影响第三站，通达第三站。当然，文章“第三站”就是指的台湾问题。

……（略）

北京联合大学台湾研究室主任徐博东亦认为，香港已顺利回归，澳门也将顺利回归，大陆方面对于以“一国两制”的方式完成统一大业，已更具信心。

在北京的对台人士中，当前最让他们关注的还是澳门回归后对两岸关系到底会产生什么样的影响。长期从事对台研究的徐博东就分析说，除了大陆领导人和民众都希望统一问题能够早日获得解决外，只要港澳顺利回归维持一段时间，台湾民众到时也会看到“一国两制”其实也不是一件坏事，而且在澳门回归后，岛内一些不愿统一的人，也会感到压力倍增，国际社会也将增加对“一国两制”统一政策的支持。

不过，徐博东也表示，澳门回归后，短时间内中共“和平统一”的对台大方针并不会改变，但大陆民众对政府完成统一大业的有形和无形的压力会明显增加，中共对台工作的强度和力度也会加强。

……（略）

（中时，1999/12/20）

北京不会武力威吓台湾

北京特派员周锐鹏报道 中国官方消息透露，在2000年3月台湾“总统”选举前，大陆不会再像1996年那样对台湾施加武力威吓。

据了解，国务院台湾事务办公室、海协会、各涉台研究机构的官员、学者之中，多数倾向于“静观”台湾总统选举的结果再作反应，叫战的主要是军方。

……（略）

北京大学分校台湾研究室主任徐博东教授也说：“‘台湾总统选举前不会有军事紧张’的说法是合理的。”

不过，徐博东教授补充说，如果“不可预测的政客”李登辉在最后一刻采取激烈行动激化两岸关系，把大陆“逼到墙脚”，那就另当别论。

……（略）

徐博东说，一个月以前，可以完全排除陈水扁当选的可能，现在，则是陈水扁“有机会”当选，关键是在台湾接下来一个月的政局发展。

……（略）

（联合早报，1999/12/30）

2000 年

阿扁“台独”立场未改，图为选举打“安定牌”

本报讯/台北消息 民进党的“总统”参选人陈水扁提出他的两岸关系七项主张，台湾传媒对大陆方面对此有何看法甚为关注，纷纷向大陆对台研究学者进行采访，探取反应。多位大陆对台研究学者认为陈水扁体认到“安全问题”是他在选举中面对的最大挑战，所以主动出击，希望吸收更多“中间”票源及取得外界信心，但其“台独”本质并未改变。

北京大学分校台湾研究室主任徐博东接受台湾记者访问时表示，陈水扁对副总理钱其琛及国台办主任陈云林谈话相当敏感，很快就作出回应。但陈水扁最主要目的是在彰显他也可以打“安定牌”，主要还是为选举，不能取信于人，原因除了陈一向看场合说话外，还有一个原因是，这七项主张与民进党党纲、去年五月民进党的“台湾前途决议文”、及陈水扁的“中国政策白皮书”都有相违之处。

徐博东认为，陈水扁虽然提出许多建议，但都不具实际意义。例如陈水扁说除非北京方面意图动用武力，否则民进党执政后没有必要也绝不会片面宣布“台独”，这是一种“倒因为果”的说法；在协商议题上，陈表示两岸可以就签订和平条约展开磋商，但是按照陈水扁在去年九月“中国政策研讨会”上的说法，这是有三个前提条件的。而这三个前提条件包括中国承认台湾“对等地位”、遵守联合国“和平解决争端”原则、不预设未来走向等，都是大陆不可能接受的条件。徐博东说，民进党只要不处理“台独党纲”，不转变“台独”本质，不管陈水扁在选前表达多少“善意”，大陆方面还是不会放心。

……（略）

（大公报，2000/02/01）

“安全问题能把陈水扁打下去”

北京特派员周锐鹏报道　台湾民进党的“总统”候选人陈水扁会在3月18日脱颖而出赢得大选吗？

宋楚瑜已经因为“兴票案”以及儿子在美国有房产问题被国民党打得遍体鳞伤，但是，国民党“总统”候选人连战的民意支持率却没有超前。北京现在比以前任何时候更担忧台湾的“总统”宝座坐上一个公开喊“台独万岁”的人——陈水扁。

研究民进党问题的专家、北京联合大学台湾研究室主任徐博东教授坦言：“‘安全问题’能把陈水扁打下去。”

所谓“安全问题”，就是“台独”必须面对大陆动武的后果。

徐博东说，竞选主轴如果不转向“安全问题”，宋、连、陈三强会继续僵持，连、宋都无望领先多少。

“两国论”模糊了两党的区隔

偏偏这一次的台湾“总统”大选，台海相对平静，“安全问题”至今还没有成为竞选主轴。李登辉的“两国论”又帮助了陈水扁，模糊了国民党与民进党在“台独”问题上的区隔。

徐博东说，这与台湾现任“总统”李登辉背后主导有很大关系。但是，连战却很焦急，在强攻宋楚瑜之后倘若没有也同时把陈水扁打下去，自己就占不到好处，只能让陈水扁坐收渔利。

如果今年的“总统”大选是国民党与民进党对决，民进党必败无疑。但是，眼前的形势却是与过去完全不同。国、民两党之外，还有一个宋楚瑜，形成了三足鼎立。

徐博东说，这种全新的微妙态势，给民进党提供了入主“总统府”的“一线生机”。

在台湾的25个县市政权中，民进党占了13个，无党籍4个，国民党只有8个。来势汹汹的民进党对台湾“总统府”是觊觎已久。

但是，从过去10年台湾的各级选举结果来看，民进党往往在地方层级选举中战果辉煌，在“中央”层级选举中就不敌国民党。

徐博东认为，“黑金”对陈水扁最有利。
因此，只有竞选主轴转向“安全问题”，
陈水扁的支持率才过不了30%而无望当选“总统”

徐博东同意民进党前主席许信良的理论，“危机社会”拦住了民进党夺取台湾“中央政权”的道路。

民进党领导人也不违言“台独”主张是“票房毒药”。尽管许信良提出台湾是“危机社会”的理论，竭力淡化“台独”，主导民进党转型，但转型理论无法取得民进党基层的认同和呼应，加上党内派系和个人恩怨的纠葛，激烈斗争结果，使得民进党在转型道路上好像鹅行鸭步，一步三摇晃。最后连“转型发动机”许信良自己也不得不黯然退党。

很多民进党精英认识到这一点，想转，但又怕转得太快以致脱离了原有支持群众。

但是，在“兴票案”给宋楚瑜造成严重“内伤”后，原本一枝独秀的宋（楚瑜）张（昭雄）配民意支持率急速下滑到25%上下，让陈（水扁）吕（秀莲）配乘势展现了“生机”。

徐博东指出，民进党从去年5月抛出《台湾前途决议文》，到年底出笼《跨世纪中国政策白皮书》，明白无误地告诉人们，它仍然顽固地坚持“台独”立场。

“陈水扁标榜的‘新中间路线’，只是骗人的口号。”他说。

因此，北京领导人公告天下，“台独即战争”，《解放军报》对“台独”发出连串警告，适时“提醒”台湾民众。

“只要两岸形势依然紧张而使台湾处于‘危机社会’，“台独”势力就不可能取得台湾的中央政权。”徐博东说。

他警告，陈水扁一旦当选，等于“从地方到中央把百年老店国民党连根拔起”，使台湾首次出现“政党轮替执政”，结果势必引起岛内政局的重大质变：台湾政权将全面转移，国、民两党主客易位，民进党势必士气大振，“台独”气焰必将空前嚣张，加入民进党的人数将会剧增，民进党的资源迅速膨胀，将取代国民党成为台湾政坛社会的主流政党。

而且，徐博东说：“民进党的‘转型’，也将就此打住——别说是‘实质转型’，就连现在的低层次‘策略转型’也不必谈了。”

徐博东认为，台湾目前的竞选话题，“黑金”是主轴，这正是对陈水扁最有利的。因此，只有竞选主轴转向“安全问题”，陈的支持率才过不了30%而无望当选。

“连、宋、李都攻击台独，陈就会孤立。如果北京和华盛顿再‘配合’一下，陈就‘死定’。”

——徐博东

民进党传统选民约占三成，但是陈水扁目前的支持率始终在25%上下，只能与另二强形成拉锯战。

“连、宋、李都攻击台独，陈就会孤立。”徐博东说：“如果北京和华盛顿再‘配合’一下，陈就‘死定’。”

但他也警告，如果中美坐山观虎斗，陈可能有一线“胜机”。

陈水扁很清楚自己的困境。他最近一反常态提出开放中资进入台湾，反映了他的焦躁不安。

“反正要先让自己选上，其他以后再说。”徐博东这样看陈水扁。

如何避免让陈水扁的“生机”变成“胜机”，是连战、宋楚瑜必须考虑的，也是北京和华盛顿必须考虑的。

徐博东分析，“兴票案”估计已使宋张配流失了10个百分点的票源。不过，25%的支持率也已经是到了“谷底”，今后不会轻易动摇了。

徐博东认为，威力巨大的“兴票案”未能一举摧毁宋阵营，关键是宋阵营的选民结构相对稳定。根据台湾各项民调，宋楚瑜瓜分了国民党传统票源中的大约50%，也抢了民进党20%的支持者；新党支持者中，“挺宋”的更高达80%。政党倾向不明显者，大约60%支持宋，24%支持陈，15%拥连。而且，从支持者的年龄结构、省籍看，宋楚瑜的支持者也相当均匀。

他说，这种相对稳定的选民结构和较为理想的选民分布，对选情的变化起了某种抑制作用。

眼前，处于“两难”境地的是陈水扁。徐博东说，一方面，陈水扁担心宋阵营恢复元气，希望连、宋继续自相残杀，以坐收渔利，但另一方面又担心宋阵营崩盘，国民党传统票源向连阵营靠拢，形成国、民对决的不利于民进党的局面。

宋楚瑜的支持率一度居高不下，很大程度上是因为他兼具“改革”与“安定”的双重形象。这与当前台湾社会普遍存在的“稳中求变，变中求稳”的主流民意相一致。

因此，徐博东指出，要让台湾民众注意“安定”，让“安全问题”成为竞选主轴，陈水扁才会出局。

（联合早报，2000/02/20）

“台独”定义遭紧缩

特派记者石开明/北京报道　大陆研究台湾问题的学者指出，中共发表“一个中国白皮书”，是“一国论批两国论”，同时有提醒台湾民众“慎选领导人”的意思。

……（略）

徐博东教授表示，白皮书是“一国论批两国论”，也批判“台独”等分裂势力，但是“一国两制、和平统一”的大政方向并未变。白皮书还有一特点，就是紧缩“台独”空间，关于什么是“台独”的解释权，要由大陆来界定。如“两国论入宪”，台湾长期拖延统一进程、拒绝谈判，大陆也可以将其视同“台独”。他表示，中共这次对于武力解决台湾问题的着墨较以前多。

（联合报，2000/02/22）

大陆学者：选择“台独”，就是选择战争

特派记者石开明/北京报道 大陆学者评论台湾“大选”，中国社会科学院台湾研究所研究员李家泉认为，……（略）

中国社会科学院台湾研究所特邀研究员徐博东说，李登辉提出“两国论”后，连战的态度比较模糊，至少不是积极支持，显然连战较倾向于“一个中国，各自表述”，但连战也强调政策的连续性，加上其个人因素，即使当选，也难期望他能摆脱李登辉路线。中共也不会接受“一个中国，各自表述”。

他认为，陈水扁提了许多两岸政策主张，但都不具操作性，大陆对他比较不乐观。连战的两岸关系政策有内在矛盾，能否实践在于是否能摆脱李登辉路线。至于宋楚瑜，大陆也不能太乐观，宋的政策主张模糊，有权谋的考量，但也预留了两岸谈判的空间。即使宋楚瑜当选，他也不会在两岸关系上过于前进，因为宋的外省人身份易受质疑，美国也会担心。

（联合报，2000/02/27）

陈水扁不放弃“台独”，去不了大陆

特派记者石开明/北京报道 中共国家主席江泽民昨天针对台湾“总

统”候选人访问大陆意愿，指出凡是坚持“一个中国”，任何一个时期都欢迎。大陆研究台湾问题学者认为，如果台湾新领导人不放弃搞“台独”、搞分裂，中共不会允许其访问大陆。

北京社会科学院台湾研究所特邀研究员徐博东表示，只要台湾新领导人坚持“一个中国”的原则，任何时间中共都欢迎他访问大陆。台湾新领导人要访问大陆，就必须接受“一个中国”、不搞“台独”的前提。

他表示，陈水扁即使当选台湾“总统”，如不放弃“台独”，中共也不会允许他访问大陆。陈水扁很清楚中共的立场。

他认为，就长远而言，统一的前景是乐观的；短期是否乐观，就要看台湾民众选出什么样的领导人。如果选出主张“台独”者，两岸关系就很危险。

……（略）

（联合报，2000/03/09）

李远哲挺扁大陆学者两样情

朱建陵/北京十二日电　李远哲挺扁在台湾让弃保效应发酵，在北京也使大陆对台研究学者感到黯然。有学者认为，由于李远哲挺扁，中共对李远哲的清流评价因此改观，但也有学者对李远哲寄予厚望，希望李远哲能改变陈水扁的“台独”路线。

北大分校台湾研究室主任徐博东表示，李远哲挺扁，好像在中共“背上插一把刀”。他说，李远哲明明知道中共反对陈水扁当选的立场，却选在这个选举的关键时刻挺扁，使大陆对李远哲的印象大为改观。

据指出，过去大陆对李远哲的印象，认为他是台湾学术界的名流，政治上保持中立、超然的立场，而且对中国大陆抱持友好态度，中共对他没有任何不良印象。

徐博东表示，虽然李远哲在台北市长选举时曾经挺扁，但那还只是地方选举，这次李远哲在“总统”大选上挺扁，让大陆对他的观感产生彻底变化，甚至可以说是“非常恼火”。

……（略）

（中时，2000/03/13）

北京学者：李远哲已丧失与大陆交往资格

中央社/台北/北京十四日电 “中央研究院院长”李远哲昨天请辞并允诺出任陈水扁“国政顾问团”首席顾问，在海峡两岸学术界都引发了震撼，了解中共风向的北京研究涉台事务学者徐博东表示，李远哲此举丧失了与大陆交往的资格。

李远哲曾数次前往大陆访问，最近一次是于一九九八年五月到北京，参加北京大学建校一百周年的各项庆祝活动，并且是中共国家主席江泽民等党政领导人的座上宾。

北京联合大学台湾研究室主任徐博东指出，不论李远哲在过去如何德高望重，是杰出的诺贝尔奖得主，但是在这次台湾的选举中，他的立场将把过去与中国大陆的关系一笔勾销、一次斩断，“因为他在关键时刻砍了中共背后一刀”。徐博东批评李远哲出任陈水扁“国政顾问团”首席顾问的决定，是在大非的问题上，“公然站在‘台独’的那一边”。徐博东表示，中共从此不欢迎李远哲再到大陆谈判与对话。

（中时，2000/03/15）

海协会今开记者会加强批“独”

王绰中/北京十五日电 为了在台湾“总统”选举前加强对台湾独派势力的舆论攻势，大陆海协会明天上午将邀集六名北京著名的对台问题专家和学者举行联合记者会，据一位出席的对台学者表示，海协会突破以往方式，出面举办这项罕见的学者联合记者会，主要目的是希望透过这些对台专家向外宣示，中共不会坐视台湾“总统”选举有“倾向独立的结果出现”。

按照惯例，大陆海协会通常都会在三月举行的中共全国人大、政协会议期间，乘台湾媒体记者云集北京之际，举行记者会，宣传中共对台政策。一般出席记者会的多是海协会常务副会长唐树备。不过，在明天举行的海协会记者会上，是由海协会副秘书长李亚飞主持，由六名北京著名的对台专家和学者出席回答记者提问。

预计在明天上午九点出席记者会的学者包括北京社科院台研所所长许世铨、研究员李家泉、隶属中共外交部系统的中国国际问题研究所研究员郭震远、军方系统的和平与发展研究中心研究员辛旗、北京人民大学台港澳研究中心教授黄嘉树、专攻民进党研究的北京联合大学台湾研究室主任徐博东等六人。

谢孟儒/北京十五日电 中共涉台学者今天说，中共总理朱镕基今天有关台湾问题的强硬讲话，当然和最近陈水扁声势大涨有关，“就是为了打扁，打击‘台独’嚣张的气焰”，而未点名只是“不想抬举他而已”。

北京联合大学台湾研究室主任徐博东在接受访问时表示，外界一直以为中共在对台问题上有强硬、温和两派，“这种区别是不对的”，其实中共的对台政策是一贯的，这纯粹是策略的应用。

对于台湾记者普遍解读朱的强硬表态应是与阿扁最近声势大起有关，徐博东认为这种解读“完全没错”。他说，扁阵营和民进党一直想转移焦点，把这些话误导成“不是光针对陈水扁，也是针对连和宋”，根本是自欺欺人，稍有常识，甚至只要头脑正常的人都知道根本不对，无论是台办主任陈云林、副总理钱其琛，乃至于朱镕基的谈话，一路说的就是扁，不点名是因为“不想抬举他”，免得让“台独”分裂势力的气焰更嚣张。

他进一步表示，北京的态度其实很明确，就是绝不接受扁，未来两天选情若又有变化，照朱的暗示，他并不排除这边还会有更强硬的手段。

徐博东还说，虽然扁宣称上台后不会宣布“台独”，但无论是从他“新中间路线”坚持的“两岸是两个华人国家的特殊关系”，或“宪政白皮书”中宣称要把“国家”领土划定在台澎金马，并将公民投票“入宪”的做法来看，陈水扁就是彻头彻尾的“台独”，大陆这边都看到稍早高喊“台湾独立万万岁”的镜头，他还想狡赖吗？

（中时，2000/03/16）

严打“台独”大陆点名批判“独”派候选人

林则宏、李道成/北京报道　在台湾“总统”选举将届之际，海峡两岸关系协会十六日召集六名大陆知名对台研究学者举行记者会，以更赤裸的方式，点名批判台湾特定“总统”候选人。与会学者指出，目前台湾选情发展，已届临两岸统独、和战的关键时刻，迫使大陆方面不得不表达其立场。若具台独倾向的候选人当选，必将导致两岸情势的急遽升高。

……（略）

北京联合大学教授徐博东则强调，时间表既掌握在大陆手中，更掌握在台湾选民手中。若台湾选出一个主张“台独”的人担任新领导人，时间表就不是几年而是几小时的问题。但若选出一个能回到“一个中国原则”的领导人，则两岸可以走和平统一路线，时间表就会长一点。

……（略）

（工商，2000/03/17）

两岸关系处十字路口

本报记者北京十八日电 此间多位台湾问题专家呼吁陈水扁放弃“台独”主张，抛弃以前所鼓吹的分裂国家的言行，在“一个中国”的原则下，积极地开展两岸交流。

……（略）

北京联合大学台湾研究室主任徐博东教授指出，陈水扁当选、“台独”势力掌控台湾政权，事实上已经把两岸关系推向十字路口。如果陈水扁不放弃其“台独”主张，两岸关系前景堪虞。

这位台湾问题专家用“紧绷”二字形容选举结果揭晓后的两岸关系状态。他强调，大陆绝对不会与“台独”打交道。

他并称，大陆现在将密切注视陈水扁的一言一行，其中一个具体指标就是从现在到五月二十日期间陈水扁的讲话，大陆还将密切观察其“台独”主张是否会转化成为五月二十日“施政报告”中的具体政策。

针对陈水扁在当选后的记者会上表示愿求两岸间的和平与沟通，徐博东教授一针见血地指出，仅仅是口头表示善意是没有用的，不具任何实际意义。只有从言论到行动都回到“一个中国”的原则上来，才会对两岸关系的改善与发展起到实质性的作用。

徐博东说，陈水扁说要访问大陆，但他以什么身份来访问？同时，陈水扁会怎样处理其“台独”主张，以及“宪政白皮书”和“台独”党纲？如果陈水扁对这些不予回应，避而不谈，这说明他根本是虚情假意，只不过是在耍花招。

徐博东还强调，大陆的底线绝对不能突破，这就是“一个中国”的原则。中国政府的“白皮书”和朱镕基总理的讲话已经把这一点阐释得很清楚。

此外，徐博东教授还指出，必须警惕李登辉在陈水扁正式“就职”前的影响。因为在接下来的两个月中，也就是李登辉正式“交权”前，他是否会利用国民党主席的身份，利用国民党员在“国代会”占多数席位的优势，与民进党结合起来，联手将“两国论”修入“宪法”，这是必须高度警惕的。

（文汇报，2000/03/19）

“扁”胜不代表“独”赢 “一个中国”不可逾越

本报讯 密切注视台湾“总统”选举和海峡形势的内地台湾问题专家、学者，在获悉陈水扁当选后指出：陈水扁的得胜，不代表“台独”分裂主张得到认同；选举结果反映了台湾民众长期不满意国民党的腐败及“黑金政治”，也是李登辉“弃连保扁”效应的结果。

……（略）

北京联合大学台研室徐博东：化危机为转机看台北

北京联合大学应用文理学院台湾研究室主任徐博东在接受本报记者访问时说，陈水扁当选台湾“总统”，标志着海峡两岸关系发生了质的变化，发生了危机。能否化“危机”为“转机”，主动权在台北，而不在北京，因为北京的底线是“一个中国”原则。

徐博东还说，陈水扁上台可能在两岸经贸政策上作些调整，放弃李登辉的“戒急用忍”政策，利用两岸加入WTO扩大经贸关系，并以此表示改善两岸关系。但是，如果他不回到“一个中国”立场上来，就说明他没有诚意。希望陈水扁和他的民进党能够真正了解大陆，不要存在幻想。

……（略）

（大公报，2000/03/19）

大陆学者促陈水扁回到“一中原则”

王绰中、朱建陵/北京十八日电 针对“总统”当选人陈水扁提出的两岸关系三项主张，大陆学者认为，如果陈水扁不能回到“一个中国原则”，这些主张都不可能实现。大陆学者指出，目前球在陈水扁手上，端看陈水扁如何去做。

……（略）

北京联合大学台湾研究室主任徐博东认为，陈水扁提出的两岸签订和平协议主张，包含三项大陆无法接受的前提。

他说，陈水扁第一要大陆官方承认两岸是“对等的国家地位”，第二要以联合国和平解决争端的原则来处理两岸关系，第三是不预设未来走向。徐博东分析说，陈水扁第一个前提是要大陆方面承认两岸是两个“华人国家”，台湾是一个“主权独立的国家”；第二个前提是希望大陆放弃对台使用武力；第三个前提是要大陆不谈统一问题，在谈判过程中刻意回避统一问题。他说，这些都是大陆无法接受的条件。

（中时，2000/03/19）

徐博东：陈水扁不要存在幻想

本报记者巩双印北京十九日专电 北京联合大学应用文理学院台湾研究室主任徐博东在接受本报专访时说，北京的底线是“一个中国”原则，陈水扁和他的民进党如果不调整“台独”政策，如果把这个政策提升到政治层面上来，台湾前途堪虞。

徐教授说，李登辉上台以来走的就是“台独”路线，后来推出了“两国论”。他一直希望从法理上把他的“台独路线”确定下来。陈水扁和他的民进党的纲领就是“台独”。李登辉是国民党主席，陈水扁是新当选的“总统”，国、民两党会不会利用目前这个形势实现李登辉的“夙愿”？

他分析说，目前海峡两岸关系将有一段时期的僵持阶段，大陆的“一个中国”原则不会退让，而陈水扁也不会从实质上调整他的“台独”主张。他曾说，如果他当选，可以访问大陆，也可邀请江泽民、汪道涵访问台湾。这是没有基础的，除非民进党放弃“台独”立场，回到“一个中国”的原则立场上来。如果那样，两岸关系就会“柳暗花明”。徐教授说，他对此不抱幻想。

徐教授希望陈水扁和他的民进党能够真正了解大陆，不要存在幻想。他如果不调整“台独”政策，如果把这个政策提升到政治层面上来，台湾前途堪虞。

（大公报，2000/03/20）

如与坚持“台独”的陈水扁谈判，中国政府就是“唾面自干”

周锐鹏报道 北京联合大学台湾研究室主任徐博东教授说，除非陈水扁、民进党放弃“台独”立场，回到“一个中国”原则，否则，中国政府绝对不会妥协和陈水扁打交道，要不然便是中国政府在“唾面自干”。

徐博东接受本报采访时说，中国政府如果跟没有放弃“台独”主张的陈水扁谈判，不仅今后在国际社会上失去威信，也难以再向世界华人华侨交代，难以取信于国内和岛上的民众。

徐博东说，陈水扁胜选意味着坚持“台独”立场的人及标举“台独”党纲的政党已经“全面掌握了台湾政权”，两岸关系的性质已发生了实质性的变化。

他形容两岸关系现在是进入“新的十字路口”。

不过，他说：“既是危机，也可能是契机。但我目前不抱太大希望。”

他预测两岸关系将会在一段时间内处于僵持状态。

徐博东说：“如果陈水扁能‘真正’回到‘一个中国原则’，两岸关系会柳暗花明，但我不乐观。”

对于陈水扁提出要访问大陆，也邀请江泽民、朱镕基、汪道涵访问台湾，以及表示“两国论”不入宪、两岸“三通”等等，徐博东说：“光言词表态是不行的，陈水扁的《‘宪政白皮书’》还有效没效？那是他的‘台独’竞选主张，是大陆完全不能接受的，他还要不要？”

徐博东说，陈水扁也表示欢迎对“任何议题”进行谈判，还说愿意签署“和平协定”等等，但又提出前提条件，要两岸有“对等地位”、要按照联合国“和平解决国际纠纷”的原则、“不预设两岸未来走向”，这些都是大陆不可能接受的，因此，陈水扁要互访、谈判，都无法启动。

徐博东说，如果对“一个中国”问题陈水扁不表态支持，就说明他并没有诚意来实质改善两岸关系，中国甚至会怀疑陈水扁是要把两岸关系无法改善、持续拖延的责任推给大陆。

“这一来，两岸前途令人忧虑。因为，它符合白皮书中提到的‘第三个如果’。”

（联合早报，2000/03/21）

台湾“大选”结果跌碎大陆众多专家眼镜

王绰中、宋秉忠/特稿　“国民党两百多个政务官在选后下台，共产党几千个国民党专家也在台湾选后失业”，一位与台湾新闻界打交道将近十年的大陆媒体主管，在民进党“总统”候选人陈水扁当选后无奈地表示。

去年中台湾“总统”大选开始热身时，北京有关单位即成立连、扁、宋三人的研究小组，负责分析三人的政治倾向及当选可能性，但直到去年底，三个小组中只有连战小组配属最多研究人力，开会研商最频繁，其他两个组的运作则几近停滞。期间还发生过一段插曲：有一位女性研究员因为研究宋楚瑜而喜欢上宋楚瑜的风格，在私下谈话场合经常引用宋的名言，有一回，还因为在开会时大家不重视宋楚瑜，而当场落泪。

而在北京民间的对台研究圈中，只有联合大学教授徐博东早在去年就明确提出“扁宋对决”的看法，但一直不受决策当局重视。在兴票案后，陈水扁受益，造成三强鼎立，但多数中共对台智囊仍认为陈水扁当选机会不大。过完年后的元宵节，对台部门再度召集专家开会，虽然多数还是认为连战会当选，但已有如中国国际问题研究所研究员郭震远等人认为，必须开始认真考量陈水扁可能当选的事实，但当时也非主流意见。

即便选前三月十日李远哲出面挺扁，造成陈水扁声势大涨，中共对台部门仍根据情治系统、台湾媒体和台商的舆情反应，在十六日下午最后一场的台湾选前舆情分析会议中，认为连战仍是最有可能当选的候选人。

……（略）

（中时，2000/03/24）

“李登辉被轰下台完全是咎由自取”

北京特派员周锐鹏报道　李登辉决定今天辞去国民党主席职，中国的台湾问题专家纷纷叫好，认为李登辉被台湾民众和党员“轰下台”是“咎由自取”。

……（略）

北京联合大学台湾研究室主任徐博东教授则是把李登辉骂了一顿，始终“不能原谅”李登辉造成国民党分裂、暗助民进党陈水扁上台。

对于李登辉过去几天一直拒绝下台，徐博东大骂李登辉“不知人间羞耻，死皮赖脸”，“可谓前无古人，后无来者”。

徐博东说：“世间真是无奇不有，国民党惨败后，面对广大选民的愤怒声讨和国民党高层内部改革派的强烈反弹，李登辉硬是依然故我、‘老神在在’，不肯引咎辞职交出党权，还说什么‘姜还是老的辣’，声称要到半年后的9月份才辞去国民党主席职，甚至指使亲信叫嚣要‘巩固领导中心’。”

对于李登辉较早时拒绝辞职，徐博东认为，李登辉是“放心不下刚刚当选的陈水扁”，担心陈水扁无法应付六成不认同“台独”主张的台湾民众，也担心陈水扁是否能在宋楚瑜组成实力雄厚的反对党后顺利“组阁”，安然施政，继承他的“香火”。

徐博东揶揄说：“李摩西不仅要把约书亚‘扶上马’，而且还要再‘送一程’。”

……（略）

（联合早报，2000/03/24）

大陆学者评阿扁当选，不再提寄希望台当局

本报讯/据中央社北京二十四日消息　对李登辉今天辞国民党主席一职，北京联合大学台湾研究室主任徐博东表示，现在李登辉的动向与两岸打交道没有太大关系，但陈水扁当选后，大陆将不再提“寄希望于台湾当局”。

李登辉请辞国民党主席是否有助于台北与北京重开对话、谈判？徐博东认为，这与两岸打交道并没有太大关系，陈水扁应从李登辉的身上吸取教训，就如国务院总理朱镕基所说“搞台独是没有好下场的”。现在只有陈水扁让步的可能，大陆不可能从“一个中国”的原则上让步。评析陈水扁当选后在两岸关系上的动作，徐博东表示，陈水扁提出邀请海协会长汪道涵参加就职典礼，大陆方面认为这是个笑话，是在制造烟幕，表现他所谓“诚意”；如果大陆不回应，外界就认为大陆方面对改进两岸关系没有诚意。

针对陈水扁日前提出“一个中国”是议题不是前提的说法，徐博东指出，主权是不能谈的、不可商量的，目前为止大陆还看不出陈水扁的立场有何转变，充其量只是在策略上要花招。

徐博东谈到未来两岸关系的前景时透露，陈水扁当选后，大陆将不再提“寄希望于台湾当局”，只谈“寄希望于台湾人民”。他说，“希望大家一起给扁更强大的压力，使他改弦更张，浪子回头”。

（大公报，2000/03/25）

大陆学者徐博东：陈水扁不见得敢实践“台独”

王铭义/专访 “陈水扁的‘五二〇’就职演说，并非北京观察陈水扁大陆政策的唯一指标，其它重点还包括他对国防、外交、海陆两会的用人原则，或是否继续推动台湾加入联合国，新政府实际采行的政策走向，才是北京观察的具体指标。”陈水扁当选后，大陆涉台部门发表声明指称，北京对台湾新领导人，以及两岸关系的发展，将“听其言，观其行”。在总统大选后应邀来台参访的北京联合大学台湾研究室主任徐博东，对北京的观察取向，作了前述的诠释。

徐博东在接受本报专访时强调，大陆对于陈水扁的当选，不能说没有思想准备，但思想准备确实不够充分，大陆对台湾民意的发展趋势、政党生态的演变，以及陈水扁新政府对两岸关系的政策走向，仍待进一步探究。

徐博东是大陆涉台研究机构中，少数专研民进党问题与派系结构的大陆学者，他的有关意见相当受到中共对台部门的重视。以下是徐博东接受访问内容摘要：

问：大陆自今年初以来，先后发动四波打扁的动作，究竟北京是如何评估陈水扁的选情声势？

答：陈水扁的声势明显上扬是在选前最后十天到半个月期间，特别是李远哲宣布辞职挺扁后，我们意识到陈水扁当选的几率已大幅升高。

在选战后期，北京陆续推出了四波打扁动作，因为北京认为，陈水扁上来对两岸是最不利的发展。因此，一月二十八日钱其琛、陈云林即展开“没有点名的打扁动作”，接着二月二十一日发表一个中国白皮书，都表达了北京的忧虑。

事实上，白皮书的发表是针对李登辉的“两国论”，而非针对陈水扁，但因“三个如果”打到美国人，引起华府的反弹，选战的主轴随即转到两岸关系与“国家安全”议题，这是陈水扁比较弱势的议题，对陈水扁应是不利的。不过，全国人大会议召开期间，军方重申“台独即战争”，加上朱镕基在记者会做出激烈反应，打扁时机似乎稍晚，并可能引起反弹。尤其，李远哲、许文龙等人跳出来挺扁，因此，对打扁时机的选择与判断，并不精确。

问：北京在选前激烈打扁，选后则说“听其言，观其行”，涉台部门的考虑为何？

答：大陆认为，陈水扁在野时的政策主张，并非台湾当局的政策，但在他上台后，如果将他过去的主张上升为政策层次，北京必须做出因应。“听其言，观其行”，有继续察看，拭目以待之意，看你是否把过去的主张付诸实施。

问：北京对陈水扁“台独”色彩的疑虑始终存在，在陈水扁就职“总统”后，这种疑虑会加深吗？

答：从陈水扁的票源结构来看，他毕竟是凭靠少数当选的弱势领导人，我判断他不见得敢于把他过去的“台独”主张拿出来付诸实施。同时，在国际社会各种制约压力下，陈水扁的作为是要受到监督的。

《解放军报》曾评论说，陈的“中国政策白皮书”，无异是“台独宣言书”，这种紧绷气氛是存在的，大陆对动武并不情愿，但被逼到无可退让的地步，便只有撕破脸。能不打，当然不打。

北京对陈水扁并没有期待，但从他近日发表对北京示好的言论，可以看出他确是在改变中，虽然他并未承认“一个中国原则”，但目前看来也不致把“台独”拿出来，如果新政府审慎处理两岸问题，不激化冲突对立，台海仍可维持一段和平局面。

问：陈水扁对一个中国问题曾提议，如一个中国是“议题”，两岸应可谈谈看，但绝不能是“前提”，这项提议有发展空间？

答：民进党曾说，“国家主权是不能作为谈判标的的”，但现在又说一个中国是可谈的“议题”，至少这是民进党的调整，但大陆是绝对不会接受的。陈水扁的说法，表面上有些创意、善意，但毫无实质意义，也无法具体操作。

大陆坚持主权是不能作为谈判议题的，两岸在“一个中国”的底线上毫无交集，大陆不可能在陈水扁回避“一个中国原则”的情况下，恢复两岸的沟通对话。陈水扁如无法处理这个问题，有关领导人互访、邀汪道涵访台，根本都谈不上，两岸僵局的化解，短期来看并不乐观。

（中时，2000/04/04）

大陆学者徐博东疑扁将持续李登辉路线

夏珍/台北报道 刻正在台湾访问的大陆北大分校徐博东教授十八日指出，他看不出陈水扁的新当局确定由蔡英文接任“陆委会主委”，对两岸关系的缓和改善能发挥什么正面效果，事实上，陈水扁无视蔡英文身为李登辉“两国论”起草人之一的事实，此种任命，让他对两岸形势更加忧虑。

徐博东昨日接受访问时指出，陈水扁当选后，中共国台办和中央台办都表示对陈要“听其言，观其行”，对陈水扁会把两岸关系带向何方密切注意，“五二〇”演说是大陆方面观察的指标之一，但不是唯一的指标，新当局的用人是观察陈水扁政策方向的重要指标，特别对“外交”、“海陆”两会的人事布局，中共格外关切，因为从用人可以判断陈水扁推行的政策方向。

他表示，据闻蔡英文是李登辉“两国论”的重要幕僚，如果这是事实，中共方面对此任命会有负面评价。他强调，当前两岸正处于十字路口，中共是否调整其和平处理台湾问题的政策，正面临严峻的考验。

徐博东表示，这次新当局的人事，包括“外交部长”田弘茂因为是李登辉的大陆政策智囊，中共方面的感觉也不好，李登辉路线的主要幕僚群，新政府照单全收，陈水扁是否持续李登辉的路线，已值得怀疑。

他表示，台湾千万不要以为中共给陈水扁观察期是示弱，中共方面只想对陈水扁新政府做到仁尽义至，如果因此以为中共是纸老虎，那就大错特错，中共一贯对主权问题绝不退让，他呼吁，陈水扁和新当局不要误判形势。

（中时，2000/04/19）

大陆反对邦联制没好脸色

朱建陵/特稿　两岸关系的症结，其一在国家定位，其二在统一模式，若果“邦联制”获得中共方面的善意响应，或许就可将两岸长久以来的僵持关系毕其功于一役，一次性解决。只是大陆方面基于多种内部、外部的考量，始终不曾对“邦联制”散布出任何善意气息。

大陆反对“邦联制”的第一个原因，是内部问题。目前正在台湾进行访问的北京联合大学台湾研究室主任徐博东就说，大陆担心引起骨牌效应，如果大陆和台湾结成邦联，那么西藏、新疆、内蒙古要求比照办理时，大陆将无言以对。

如果真的把整个大陆改成邦联制国家，徐博东认为，首先是违背了中国历史过程中追求大一统的发展，其次，正好顺了许多大陆潜在敌人的心愿，让中国分裂成几块，国势因而弱化。光是这个原因，徐博东表示，大陆好不容易才把国家势力提升到目前的局面，不可能同意在两岸关系上采取“邦联”的模式。

大陆反对“邦联制”的第二个原因，在于“国家定位”问题。北京大学国际政治系教授贾庆国就说，台湾提出的各种模式，都是在“国”的问题上做文章，与大陆主张的“一国”有着本质上的区别。他说，“邦联制”以主权国家为基本单位，在性质上已经和中共主张的“一个中国”不同。

徐博东也表示，“联邦制”还可以说是一个中国，“邦联制”则不能说是一个中国。但他说，大陆从以前到现在，既没有赞成过“邦联制”，也没赞成过“联邦制”。

大陆反对“邦联制”的第三个原因，是“统一模式”问题。先前在“总统”大选期间，国民党连战阵营曾经有提出“邦联制”主张的提议，当时北京社科院台研所副所长余克礼就表示，“邦联制”是复合国家体制，这种体制不利于团结，中共方面宁愿选择拥有一个中央政府的单一国家体制。他并认为，在实质内容上，“一国两制”早已经超越了“联邦制”。徐博东也表示，“一国两制”在台湾被视为洪水猛兽，事实上“一国两制”的内涵比“联邦制”更丰富、更宽松。

对于陈水扁提出“邦联制”可以讨论，徐博东表示，陈水扁在两岸关系上的态度确实有所调整，但他认为，其一，这种态度还不能算是民进党内部的共识；其二，这还不算是根本性的调整。从大陆的角度来看，陈水扁仍在回避“一个中国”的问题。

事实上，“邦联制”在两岸关系发展的过程中，一再被提出来讨论，但以这次陈水扁以“总统”当选人身份提出最具分量，而中共对“邦联制”的反对，除去第一个现实性原因以外，以目前的状态而论，气氛的掌握，更大于实际问题的掌握。也就是说，中共在意的，是陈水扁究竟是不是回到“一个中国”的问题，而不是“邦联制”究竟属不属于“一个中国”的问题。

（中时，2000/04/22）

“一中”解套：回到国统纲领及“九二共识”

TVBS记者李侠、摄影叶俊宏/台北二十九日专访 选后在台湾低调进行了一个月考察的大陆民进党研究学者徐博东，今天在接受本台记者访问时提出化解两岸在“一个中国”的原则上僵局的方法。他认为，基于目前双方在政治理念上的根本差异及现实条件，陈水扁可回到“国统纲领”及九二年两岸共识作为就职演说的基调。徐博东透露，他的这一观点已得到一些民进党人士的积极回应，而徐博东研判北京也会接受这样的建议。

准备明天离台返回北京，专门研究民进党的大陆学者徐博东就两岸在“一个中国原则”上的僵持提出他自己的看法。他认为基于陈水扁过去的“台独”立场及北京在“一中原则”上的坚持，双方应当各让一步。

徐博东透露，他的这一观点早在十几天前已经与一些民进党籍人士交流并得到共识。徐博东同时强调，陈水扁新“政府”应当将此作为旧“政府”的遗产来运用，相反而不要将“台独”党纲及“两国论”作为遗产来继承。对于北京能否接受这一建议，徐博东信心满满。

不久前正当媒体都将焦点聚集在刚刚离台的大陆学者余克礼身上时，徐博东则静悄悄地在台湾进行了一个月的学术交流及研访。他广泛的接触了国民党、亲民党、新党各党派及民间百姓，特别与民进党的决策幕僚进行了十多次的晤谈。据记者从不同管道了解，徐博东曾与陈水扁幕僚邱义仁、颜万进、林浊水等见面，交换了彼此的看法。徐博东透露，双方在交换意见中发现彼此也有观点契合的地方。但他也坦承，双方没有互信基础，需要多沟通。

（TVBS电视台，2000/04/29 17:46播出）

徐博东指大陆可接受台湾回到国统纲领“一中”内涵

“中央社”记者刘正庆北京十八日电 北京联合大学教授徐博东今天表示，要让主张“台独”的陈水扁一下子公开完整的接受“一个中国”原则，确实有点困难，但是如果陈水扁在“五二〇”就职演说中，愿意承诺回到“国统纲领”与九二年两岸两会第一次达成的口头共识，他研判，大陆方面有可能虽不满意，但勉强可以接受。

徐博东表示，关于陈水扁十七日谈及两岸合作才能家和万事兴，兵戎相向只会让自家人变成陌生人的说法，他认为这是陈水扁愿意缓和两岸关系的一种表达方式，应予肯定，但这仍然不够，若陈水扁一味逃避“一个中国”，即使表露再多的善意与诚意也是没有用处的。

这名涉台事务学者说，两岸问题要找一个双方都能够接受的方法，就是在“一个中国”问题上暂时可以保持某种程度的模糊化，绝不可再刻意强调大陆方面从未承认过的所谓“一个中国，各自表述”说法。他个人认为，台湾一旦回到“国统纲领”的内涵，事实上就是一种各自表述，因为“国统纲领”是台湾单方面制定的东西，大陆并未参与。他指出，假使陈水扁就职演说中，愿意承诺回到“国统纲领”与两会九二年口头达成的共识，对大陆而言，这只是“听其言”的部分，可以算是勉强及格，但更重要的还是下一阶段的“观其行”。如果民进党执政后，能在一系列内外政策层面上加以配合，确实体现其已经回到“一个中国原则”的话，那么两岸紧张关系应可得到缓解。

徐博东接着批评说，中共虽然从未承认所谓的“一个中国，各自表述”，但过去都是抱持着睁一只眼、闭一只眼的态度。而后来两岸关系之所以出现紧张，就是因为李登辉提出“两国论”，让大陆一下子对台湾失去信心。徐博东认为，只要台湾回到“宪法”与“国统纲领”所指涉的“一个中国”内涵，暂时以这种模糊化方式处理两岸关系，他研判大陆方面会予以接受。

徐博东强调，行动比言论更加重要，而且给陈水扁新“政府”的观察期，绝对不会比给当年李登辉那么长。

陈水扁是在十七日会见“总统府”资政谢东闽时，再次传递两岸是一家人、彼此合作才会家和万事兴的善意看法。而代表中共官方的国台办新闻局局长张铭清接受记者访问时，对两岸“一个中国”的认知并不愿意详谈，仅强调值此敏感时刻，台湾对“一个中国”不能采取回避的态度。

（中央社，2000/05/18）

对台学者：阿扁模糊承认“一中”北京可接受

徐尚礼/北京十九日电　台湾新任“总统”陈水扁即将发表就职演讲，北京对台部门密切注意，有关官员奉命在周末加班分析“五二〇”讲话。对台学者指出，北京已放弃陈水扁就职讲话全然接受“一个中国”之幻想，但如果陈水扁重申“国统纲领”或一九九二年两会共识，北京的反应将是“虽不满意，但勉强可以接受”。两岸关系随之由“听其言”进展至“观其行”阶段。

中共党机关报人民日报今天社论也表示，“台湾当局一九九一年二月制定的一份国家统一文件中，也明明白白列出追求国家统一的目标。”在新“总统”就任前夕，这篇社论不难看出中共当局对台湾新领导人的寄望。

甫于日前结束台湾访问，并与民进党多次接触的北大分校台湾研究室主任徐博东认为，北京目前充分认定台湾新领导人应明确回应“一个中国”立场与原则，诸如两岸是“一家人”或“手足”等说法，在北京当局看来都是没有文字根据的空话。

徐博东表示，北京方面并不寄望陈水扁一下子就全然接受“一个中国”原则，这对选前才说过“台独万万岁”的陈水扁是有些难度，但在这两者之间有一平衡点，就是模糊承认“一个中国”，“如果陈水扁提出国统纲领及一九九二年两会共识的话，可望结束北京听其言阶段”。徐博东说，比起一些空话，国统纲领具有指针意义，而且有文字根据。一九九二年两会所达成的共识就是根据国统纲领有关内容。因此，陈水扁如果在就职演讲中重申国统纲领及“九二年共识”，对北京领导人来说将是“虽不满意但勉强可以接受”。北京将结束对台湾新领导人“听其言”阶段，并期望新领导人就任后，按国统纲领推动两岸交流、互动。

据了解，在陈水扁即将发表就职演说的前夕，北京媒体虽然报导解放军在东海举行军事演习消息，但除了一些对台部门官员奉命加班外，没有外传提升战备情形。有关官员说，释放一些军事演习消息主要目的是保持对台压力，并不意味真有所行动。

（中时，2000/05/20）

徐博东教授：难以期望陈水扁明确回应“一中原则”

徐尚礼/北京十九日电　北京大学分校台湾研究室主任徐博东教授说，台湾岛内、美国和国际社会目前都没有形成足够强大的压力，而中国大陆的警告又被台湾舆论当成“纸老虎”，因此，难以期望陈水扁今天就职演说会明确地回应“一个中国原则”。

这位台湾问题专家昨天接受本报专访时表示，他研判陈水扁会采取“模糊策略”，也就是扁阵营透过媒体放出的消息，所谓以“创新方式”回应一个中国原则。

台湾主张独立的民进党人陈水扁和吕秀莲今天将正式就任台湾的“总统”、“副总统”。

可能愿意回到92年两会共识

“估计陈水扁不会直接提一个中国，但可能会表示愿意回到‘1992年两岸两会达成的共识’，有限度地满足大陆的要求。”最近刚刚结束对台湾一个月访问考察的徐博东说，如果陈水扁这么做，大陆“不会满意，但可能会忍耐”。

根据海协会、海基会1992年的“共识”，两岸同意各自以口头方式表述“海峡两岸均坚持一个中国原则”。

徐博东说，台湾岛内在李登辉主政12年期间的刻意引导下，许多民众心态已变，对“一个中国原则”已经缺乏共识。在这种情况下，陈水扁敢于不讲“一个中国原则”。

而中国大陆对台湾施加压力，却在很大程度上被台湾岛内舆论解读为“纸老虎”，台湾一些舆论认为，中国大陆“不敢打、不会打”，而且认为美国会阻止大陆对台动武。

徐博东说，台湾岛内目前还未形成一股强大的主流民意要陈水扁接受“一个中国原则”，美国和国际社会也没有形成压力，反而美国政府还表扬陈水扁当选后的言行，甚至继续卖武器给台湾，因此，目前条件不足以迫使陈水扁接受“一个中国原则”。

不过，徐博东说，台湾还有传统的统派、国民党的非主流、“中华民国”情结强的人以及知识分子，认识到两岸关系目前的“危险性”，体会到大陆的“挫折感、危机感、紧迫感”，也看到两岸关系已经走到关键的十字路口。

他说，台湾军方也反对“台独”，因此，陈水扁也难以完全回避“一个中国原则”。“陈水扁要坐稳江山、在四年后连任，就必须解决两大问题，一是缓和、稳定两岸，二是实现竞选承诺，改革国民党内政弊端。”

徐博东说，“一个中国”是关键问题，如果两岸关系不稳定，陈水扁就不可能集中精力解决内政弊端。这就是陈水扁所谓的“让美国一定满意”、“让国际社会一定肯定”、“即使中共不满意，至少要让中共找不到借口说台湾挑衅、制造麻烦”。

不过，徐博东指出，如果陈水扁发表“模糊”说词暗示回到“一个中国”方向，顶多也只是在“听其言”方面勉强过关，而“观其行”方面是否“及格”，大陆会密切关注。

徐博东说，陈水扁是否会在“三通”谈判中坚持“两国论”立场；是不是肯大幅度开放两岸交流，例如开放学历采认；加入联合国行动是否还要大张旗鼓；是否还继续打着本土化旗号搞“脱中华化”；是否要搞“新台湾人运动”等等，来营造“台独”社会基础和氛围，以待有机可乘时搞“台独”，都是大陆密切观察的。

“他会不会说一套，做另一套，会不会把“台独”主张提升到政策层面，比他的言论更重要。”

徐博东说：“大陆会观察，但绝对不会比李登辉当年上台时的观察时间长。”

（中时，2004/05/20）

福建军演大陆学者认不能简单视为例行性演习

林则宏/北京报道 北京涉台学者指出，中共解放军今天起将在福建沿海进行军事演习，是在表达对于台湾新任“总统”陈水扁就职演说的不满。若陈水扁依然不响应“一个中国原则”，大陆方面将会持续加强对台施压。消息人士则透露，在美国众议院就给予中国大陆 PNTR 表决过后，中共将随即升高对台“文攻武吓”。

……（略）

北京联合大学台湾研究室主任徐博东则表示，此次军演可以说是北京方面在清楚表达对陈水扁的不满。他指出，在台湾“总统”选举之后，大陆方面即着手进行各种准备，其中即包括军事手段的准备。

徐博东认为，迫使陈水扁回到“一个中国原则”的压力可以来自三个方面：一是台湾民众：二是以美国为首的国际社会；第三则是中国大陆。以目前情势看来，台湾民众与国际社会都不可能对陈水扁造成压力，因此未来中国大陆必将持续增强对台湾文、武方面的施压，以使陈水扁早日对“一个中国原则”做出响应。

……（略）

徐博东则指出，只要陈水扁不明确回应“一个中国原则”，台湾就“难有宁日”。

（工商，2000/05/25）

北京：台海未见“柳暗花明”

本报在京举行两岸关系研讨会，台办官员吁台当局确认“一中原则”。

本报记者北京二十六日电　中共中央台办、国务院台办新闻局局长张铭清今天在此间指出，海峡两岸关系目前正处在关键时刻，“一个中国原则”是一切问题的关键。祖国大陆多次表示对台湾当局新领导人要“听其言、观其行”，这一观察期的长短，取决于台湾当局新领导人。在台湾当局模糊和迴避“一个中国原则”的情况下，看不出两岸关系“柳暗花明”。

……略

徐博东：台当局歪曲统独之争

北京联合大学台湾研究室主任徐博东教授在讲话中指出，台湾当局新领导人就职演说中说的“五不”政策，预设所谓“只要中共无意对台动武”的前提条件，不仅是本末倒置，倒因为果，更表明其为日后时机成熟时废弃“五不”，实行“五要”，预留了迴旋的余地和政策调整的空间。徐博东指出，台湾当局新领导人在演说中高唱所谓“民主”、“自由”、“人权”滥调，其实是“醉翁之意不在酒”，目的在于讨好以美国为首的西方社会，以期博得他们的同情与支持，企图将两岸的“统独之争”歪曲为意识形态之争、制度之争。

……略

（文汇报，2000/05/27）

“两国论”下绝不握手言和

本报记者北京二十一日电 针对台湾新领导人今日在“就职满月”记者招待会上的言论，此间台湾专家指出，借鉴朝韩两国的模式解决两岸统一问题是行不通的。专家并称，两会于九二年达成的一个中国共识不容否认，希望台湾当局回到“一个中国”的原则立场上来，这是解决一切问题的基础。

……（略）

台湾问题专家、北京联合大学台湾研究室主任徐博东认为，台湾新领导人今天的谈话仍然在回避两岸是“一个中国”的事实，是吕秀莲“台湾未定论”的另一种说法。到目前为止，他还在坚持“台独”立场和“台独”主张。他这是继续采取“以柔克刚”的手法，表面给人以温和、有善意的假象，呼吁两岸对话，表示要和江泽民主席见面。实际上这些坚持“独”的人不承认自己是中国人，这是根本症结所在。

台湾新领导人表示要向朝韩模式学习，以此为榜样，为效法对象。徐博东教授指出，朝韩都是联合国的成员，朝韩也没有“朝独”、“韩独”，都认为自己是大韩人、朝鲜人。中国则是因为内战造成了两岸的分离，台湾并没有被分割出去。不承认“一个中国”的前提，就是想让原本没有分割的主权像南北韩、东西德一样先分裂，再来谈所谓统一。

……（略）

（文汇报，2000/06/21）

民进党大陆政策将继续调整

特派记者汪莉绢/杭州报道 民进党执政后两岸关系将如何发展，是大陆涉台学者目前最关注的问题之一。上海市台研会副秘书长仇长根指出，虽然民进党的“台独”立场，一段时间内难以改变，但在“大陆促统，美国促和”的压力下，民进党的大陆政策将继续调整与充实。北京联合大学台湾研究室主任徐博东则认为，民进党的“新中间路线”具欺骗性和迷惑性。

今天起在杭州举行的第九届两岸关系研讨会，不少大陆学者针对民进党执政后的两岸关系发展及民进党可能执行的大陆政策，进行了评估分析。

……（略）

徐博东则批判陈水扁执行的“新中间路线”具有分裂性、权谋性、迷惑性、摇摆性。徐博东认为，“新中间路线”不仅是陈水扁阵营在台湾大选期间的文宣主轴，也是陈水扁选后的“治国立政”特别是处理两岸关系的出发点，不可忽视。他指出，“新中间路线”虽具有危险性，但陈水扁在面对内外环境发展不利时，也可能调整其政策主张，因而具有可塑性。他提出，大陆方面应警惕其危险性，但也要对其可塑性善加引导和利用，以助两岸关系缓和，有利两岸统一。

……（略）

（联合报，2000/07/12）

北京学者：大陆对台政策基调不会改变

谢孟儒/北京二十三日电 此间专研民进党的涉台学者说，中共对台政策的大政方针早已十分明确，就是坚持“一个中国原则”，如果台湾新政府或执政党以为本月底的北戴河会议在对台政策上会出现什么戏剧化的转变，恐怕是个错误的期待。当然，为了配合现实环境的变化，中共在手段上可能做些调整，但那顶多是种弹性的灵活运用，“在民进党未放弃‘台独’党纲，接受‘一中原则’前，北京是不可能改变不与民进党进行党对党接触的政策”。

针对台湾新政府表示，将俟观察北戴河会议的动向后，再决定下一步的两岸政策一事，北京联合大学台湾研究室主任徐博东认为，台北在这方面不应有不切实际的期待，中共对台的根本基调绝不可能改变，对“一中原则”扁应正视和响应，而非一再放话和逃避。

至于外传会议后，中共将对民进党采取“又拉又打”的统战策略，以“团结少数”、“联系大多数”来“打击少数”“台独”基本教义派，这位曾多次赴台，与民进党不少人士晤谈过的大陆少数的民进党专家认为，这并不意味北京将改弦易辙，在“台独”党纲尚在时就和民进党接触和会谈。

他指出，上述策略只是配合台湾新形势的灵活转变，只能看做是与民进党人的交往方针，而不能看做是和民进党交往的方针。换言之，中共可以放宽和民进党党员的交流，允许他们以学者、商人，甚至数人联合的名义来大陆参观访问，但绝不会和民进党做任何的党对党接触。

徐博东并以日前新党、国民党、台联会的访问为例，指出海协会、国台办，乃至钱其琛都一再在会谈中强调，“谁坚持‘一个中国原则’，我们就同谁谈”，换句话说，民进党若未放弃“台独”党纲，中共就不可能和它接触。当然，为了顺应变化，中共今后会更加强和民进党人的联系，也就是把党和人分开，实施既联合又斗争的统战手法。

徐博东说，其实这套策略北京早就在做了。过去，中共就允许许信良、姚嘉文、邱义仁、颜万进、罗文嘉，甚至陈水扁以个人名义访问大陆，未来也会继续下去，但范围可能旁及“立委”、党职人员和县市长，方式也将多样化，如以城市交流的方式进行。

谈到李登辉倡言“第二共和”和谢长廷就任民进党党主席，他表示，所谓“第二共和”并非李的发明，过去民进党、建国党的支持者早就提过这种说法，现在李卸任了只是把话说得更清楚，把暗独变明独，值得观察的反而是基本继承李路线的扁对此事的态度。

至于谢长廷，徐博东认为他将有场艰困的仗要打，原因是党内中国政策难统合，加上政局混沌，扁当局很难作为，想打赢明年县市长和“立委”的选战不易。

他指出，无论从扁当局两岸政策反复，或谢赴厦门访问，以及民进党未废除“台独”党纲，吕秀莲又不时否定“一中”，叫嚣台湾应“海洋立国”等纪录来看，都充分反映民进党在两岸问题上的不成熟和政策混乱。扁在两岸上拿不出对策，在岛内事务上就难有表现，在这种情况下，他个人实在不看好明年底民进党可以拿下半数席次，赢得全面执政的地位。

他并认为，联合政府的呼声意味扁“全民政府”已破产，目前只是卡在扁不愿如此，但真要实施又有困难，因为民进党在大陆政策和国家认同上和新党、亲民党和国民党分歧过大，难以合作。倒是他预期，不久将来国、亲两党可能会逐渐合作，如此一来，民进党要打赢明年选战的机会又更小了。

徐博东最后说，他认为民进党最后恐怕得跌个大跤，才会考虑放弃“台独”党纲。在此之前，中共不会考虑接触。短期内，甚至到明年底，两岸关系都不会有较大改善。

（中时，2000/07/24）

另类接触，大陆学者首度为民进党刊物撰稿

何荣幸/台北报道　民进党执政后与大陆方面的关系已更进一步，大陆学者徐博东、林毅夫、叶自成近日首度为民进党刊物《中国事务》撰稿，原本措词火爆的内容经过双方沟通“润饰”后仍然尖锐。徐博东虽然收回对陈水扁“总统”的“奸狡”形容，但仍然强调“新中间路线”不脱民进党“台独”党纲。林毅夫则表示，两岸经济如能加强整合，未来可以占据

世界中文软件市场的统治地位。

值得注意的是，大陆对台知名学者徐博东在民进党刊物中强调，“危险性”与“可塑性”是台湾新领导人陈水扁的突出特点，这一特点显然与其前任李登辉有很大不同。大陆方面对其“危险性”必须保持高度警惕，进行必要的揭露与斗争，同时又应对其“可塑性”善加引导和利用，势必有助于两岸关系的和缓、改善与发展，有利于祖国的和平统一。这也是大陆学者首度在民进党刊物中大谈“统战手法”、“祖国和平统一”的创举。

即将于明日对外发表创刊号的《中国事务》季刊，是由民进党前主席林义雄担任发行人，曾经担任陈水扁“总统”两岸关系“陈七项”主张重要执笔人的中国事务部副主任梁文杰为执行编辑。为了摆脱外界可能认定其为民进党机关刊物的印象，该季刊是由新境界文教基金会而非民进党挂名发行。

据指出，此份刊物是在民进党执政后，由林义雄下令筹办，希望进一步强化民进党在“意识形态方面的执政基础”，并且积极“培养中生代学者”，未来将朝向李登辉前“总统”的三大智库“国策研究院”、欧亚学会、台湾综合研究院看齐，努力与两岸、欧美学者建立更密切的互动关系。

据透露，民进党中央除了邀请到北京联合大学台湾研究室主任徐博东发表《浅析陈水扁的新中间路线》、北大中国经济研究中心兼香港科技大学经济系教授林毅夫发表《比较优势原则与大陆信息产业的发展》、北大国际关系学院教授叶自成发表《中美关系的互动及其对两岸关系的影响》，还曾接触大陆海协会会长汪道涵重要智囊章念驰，希望章念驰能就两岸关系发表专文，但遭章念驰以时机仍然敏感为由婉拒。

据指出，徐博东等大陆学者原本态度也相当保留，经过民进党中央多次沟通后才卸除“心防”应允撰文。徐博东等人原本措词相当强烈，对陈水扁“总统”出现“奸狡”等强烈批判，在民进党中央建议其修饰得较为和缓后，“奸狡性”才改为“灵活性”。

而在大陆学者具体观点方面，徐博东在其文章中指出，陈水扁倡导“新中间路线”的目的，在于化解岛内矛盾、凝聚共识、团结一致、共同对抗大陆的统一攻势，以维护台湾所谓的“主权独立”地位，追求经济繁荣与“国家”发展。但由于“新中间路线”并非真正的“中间”，从本质上来说仍然是“旧台独路线”，其基本逻辑思维仍不脱民进党的“台独”党纲，因而不可能实现陈水扁所欲达到的目标，为台湾开创真正美好的未来。

徐博东表示，就陈水扁个人而言，由于他有相对坚持的“台独”基本价值，又善用权谋，颇具迷惑性和欺骗性，因而也就具有相当大的危险性；但陈水扁毕竟是一位使命感相对较弱的“政客”，而“利益和需要就是一切”的政客心态和性格，又决定了他的政治行为具有典型的摇摆性，当岛内外政治环境的演变发展对其不利时，有可能会调整其政策主张，甚至在一定程度上松动其固有的理念和立场，因而又具有明显的可塑性。

徐博东强调，“危险性”与“可塑性”是台湾新领导人陈水扁的突出特点，这一特点显然与其前任李登辉有很大不同，对其“危险性”必须保持高度警惕，进行必要的揭露与斗争，同时又对其“可塑性”善加引导和利用，势必有助于两岸关系的和缓、改善与发展，有利于祖国的和平统一。

针对徐博东上述论点，民进党中国事务部副主任梁文杰强调，民进党希望《中国事务》能成为一份权威性的学术专刊，因此绝不会干涉、左右作者的立论方向，只要作者论述方式符合学术规范，民进党一定予以高度尊重。

（中时，2000/07/28）

应邀给《中国事务》季刊写文章，大陆学者“套住”民进党

周锐鹏（北京特派员） 中国大陆学者应邀写文章给台湾民进党创办的《中国事务》季刊，表面看是“捧场”，实质上却是巧妙地将“一个中国”原则套住民进党刊物。

徐博东教授：确保民进党的“中国事务”包括了“台湾问题”。

为《中国事务》创刊号撰写《浅析陈水扁的“新中间路线”》一文的北京联合大学教授徐博东受询时说：“我不是给民进党‘捧场’，我是确保民进党的‘中国事务’包括了‘台湾问题’。”

“如果让民进党办的《中国事务》季刊只刊登关于大陆事情的文章，没有台湾问题，岂非落实了‘两国论’?”

徐博东说，民进党创办的《中国事务》刊登了三名大陆学者谈论台湾问题的文章，既表示民进党的“中国事务”包括两岸，同时又让大陆学者有机会在民进党的刊物上宣传北京的观点，“何乐而不为”?

7 月 28 号在台北创刊的《中国事务》季刊，由民进党前主席林义雄担任发行人，陈水扁的重要智囊、民进党中国事务部副主任梁文杰为执行编辑，是民进党今年 3 月大选胜利执政后林义雄下令筹办的，要“强化民进党在意识形态方面的执政基础”。

在创刊号中，民进党除了邀请徐博东，还邀请到北京大学中国经济研究中心的林毅夫教授发表《比较优势原则与大陆资讯产业的发展》，以及北京大学国际关系学院叶自成教授发表《中美关系的互动及其对两岸关系的影响》。

《中国事务》执行编辑表示希望该季刊成为“权威学术专刊”。

据了解，在该刊物邀请大陆学者撰文时，多名大陆学者都有顾虑，不愿意为它执笔。

这主要是因为民进党的“中国”一词，实际仅指“大陆”范围，不包括台湾；它没有“大陆事务部”，只有“中国事务部”。这是大陆方面所不能接受的。

不过，少数学者一转念，觉得如果不写文章给它，让《中国事务》只发表台湾学者谈大陆问题的文章，对大陆反而不利。于是，就有了上述三篇文章。

据悉，季刊方面不但因此掉入大陆学者笑谈时说的“陷阱”，让“中国事务”意涵包括了大陆和台湾，还必须付出稿费给大陆学者。

“不管《中国事务》季刊以后怎么说，总之，我们已经在它的创刊号上留下了谈‘台湾问题’的文章。”徐博东自豪地说。

（联合早报，2000/07/31）

徐博东：九二精神已事过境迁不可行了

中央社记者彭思舟北京三十一日电 对于陈水扁“总统”今天提出本“九二精神”重启两岸互动，大陆研究民进党的涉台权威学者徐博东说，陈水扁如果在“五二〇”就职演说上能够提“九二共识”或“国统纲领”回应大陆，那时的两岸情势状况，大陆很可能会接受，但现在已经事过境迁，不可行了。

这位曾经来台研究，并曾与民进党大陆事务相关负责人会面讨论的大陆涉台学者说，今年四月份他在台湾期间，就曾建议民进党相关人员，在陈水扁“五二〇”就职演说中，以“九二共识”或“国统纲领”回应大陆，那时的两岸情势状况，大陆很可能会接受，但现在已经事过境迁，不可行了。

徐博东强调，目前大陆对陈水扁的信任度，已经降到最低点，如果台湾方面还想用“模糊”的方式回应大陆“一中原则”，基本上已经不可能，陈水扁要想重启两岸互动，只有明确回应“一中原则”。

关于陈水扁所提的“对话、交流、搁置争议”，徐博东说，重点在“搁置争议”方面，大陆的认知是搁置的是“一中原则”的内涵，不是原则本身，而且关于这一点，才是九二年两岸达成的共识，当初参与两会谈判的人都可以证明，除了海基会秘书长许惠祐否认外。

此外，关于陈水扁提到辜振甫是他最信赖的两岸对话代表，对此徐博东表示，现阶段两岸谁来对话不重要，因为最根本的问题及信任基础没有解决，谁来谈都没有作用。

（中央社，2000/07/31）

北京：扁仍回避“一中”议题

谢孟儒/北京三十一日电 此间官学界对陈水扁“总统”最新有关两岸关系的谈话普遍反应冷淡，评价不高，认为扁虽语气和缓、姿态颇低，但在最关键的“一个中国”问题上仍然予以回避，缺乏实质上的诚意，对改善两岸关系只怕毫无助益。

……（略）

专研民进党的北京联合大学教授徐博东则以“重弹老调，几无新意”形容扁的谈话。他表示，基本上扁今天的表现仍秉持他自“五二〇”上台后的调子，没什么改变，也就是在姿态上强调“柔弱胜刚强”，内容让“美国满意，国际接受，对岸找不到借口”，但究其实却是诚意不足，依旧回避最重要的“一个中国”。

他说，若勉强要说新义，扁这次倒是又创造了“九二精神”的新词汇，可惜依旧是文字游戏，对重启两岸对话、改善双方关系毫无帮助。因为，就大陆的观点，九二精神最重要的是“两岸均坚持一个中国原则”，而非扁所言的对话、交流和搁置争议，若舍“一中原则”，严格说来等于“阉割”了九二精神。

徐博东指出，扁老是强调自己释放了很多善意，但北京其实期望台湾新“政府”能回到旧“政府”“国统纲领”的“一中”定位，只是扁在这方面始终予以回避。他认为，按目前情况，扁虽不敢公开否认“一个中国”，但除非台湾内部对“一中原则”形成主流的多数意见，再加上美国和大陆两方的足够压力，否则扁恐怕很难真正回到“一中原则”。在此之前，谈重启对话和改善关系都是空谈。

……（略）

（中时，2000/08/01）

台当局无诚意改善两岸关系

本报记者童颖北京三十一日电 针对台湾新领导人今天在其上任以来第二次记者招待会的有关言论，此间台湾专家向记者表示，自当选到现在，台湾新领导人在两岸问题上的立场无任何改善，对发展两岸关系毫无诚意。其今天提出的所谓“九二精神”是对九二年共识的“阉割”。台湾当局的这种态度，无法打破两岸关系僵局，两岸关系还将继续保持低迷状态。

……（略）

北京联合大学台湾研究室主任徐博东教授指出，从“五·二〇”到现在，台湾新领导人关于两岸政策的基调没有任何改变，始终都在回避“一个中国原则”，搞文字游戏。

徐博东说，在这次讲话中，台湾新领导人依然没有承认九二年两会达成的共识，却提出一个所谓的“九二精神”，并将这个概念界定为两岸间的对话、交流、搁置争议云云。徐博东说，如果根本否定九二年两岸口头达成坚持一个中国的共识的话，那么对话与交流根本无从谈起，实际上所谓“九二精神”是对“九二年共识”的阉割。

谈到台湾当局目前对“三通”的态度，徐博东指出，台湾当局在大选期间出于拉选票的目的，承诺在年底要实现“三通”，以及调整国民党“戒急用忍”政策，但这只是为其当选而使用的政治手段。很明显，在当选之后，台湾当局就退缩了，无论对“宗教直航”、大小“三通”问题，还是“戒急用忍”政策的调整问题和城市交流、互访等一系列问题的态度，都显现出台湾新领导人对缓和改善两岸关系缺乏真正的诚意。

徐博东指出，事实证明，台湾当局依然在推行李登辉的“两国论”，依然在坚持“台独”分裂路线。蔡英文多次为李登辉的“两国论”辩解，她虽不再提“两国论”，但确是“两国论”的忠实执行者。

徐博东认为，目前迫使台湾当局改变错误政策的三个必要条件尚未形成。这三个条件是：第一，岛内要形成一个强烈要求新政府回到国统纲领、回到九二年共识的主流舆论；第二，美国应对台湾当局回避“一中原则”有个正确的态度。但却相反，目前美国对台湾问题的态度还处在“只问对话，不问一中；只问和平，不问统一”的立场，只会鼓励台湾新政府坚持错误政策；第三，大陆对台湾当局的压力虽是客观存在，但由于前述两个条件尚不具备，故也不足以构成让台湾新政府改弦更张的条件。

（文汇报，2000/08/01）

江泽民重申只要台湾承认“一中”什么都可谈

朱建陵/北京十四日电 中共国家主席江泽民十四日再次表示，“一个中国原则”是两岸恢复对话和谈判的前提和基础，只要台湾当局承认“一个中国原则”，两岸对话就可以恢复，什么都可以谈。

中共中央电视台晚间新闻联播节目报导，江泽民十四日下午在会见美国众议院拨款委员会主席彼尔阿彻时发表前述讲话。江泽民并表示，中共坚持“和平统一、一国两制”的立场不会改变。

据了解，江泽民今年一月间曾经表示，“一个中国原则”是两岸和平统一的基础和前提。此间分析家指出，江泽民先前提出“和平统一”问题，背后事实上隐藏了“非和平统一”的威胁，但这次的说法，把“一个中国原则”视为两岸恢复对话和谈判的前提，等于间接对台湾表达了善意。

但北京联合大学台湾研究室主任徐博东则认为，江泽民事实上只是重申了中共的一贯立场。他认为，中共目前的对台政策立场，在三月十九日陈水扁当选“总统”后一天的中台办、国台办声明中，已经说得很清楚，只有台湾放弃“两国论”、回到两岸两会一九九二年关于“一个中国”的共识情况下，才能恢复两岸的对话和谈判。

……（略）

（中时，2000/08/15）

大陆学者：扁若任“国统会”主委北京将肯定

朱建陵/北京十六日电　大陆少数专研民进党问题的学者之一徐博东表示，如果陈水扁担任“国统会”主委，大陆将予以肯定，证明陈水扁政治态度的“可塑性”，未来不排除陈水扁在理念上产生松动的可能。但他也说，即使如此，未来中共仍将对陈水扁继续采取“听其言、观其行”的态度。

徐博东现任北京联合大学台湾研究室主任，他认为，是否担任“国统会”主委的问题，事实上只是民进党新政府与国民党旧架构的基本冲突现象之一，陈水扁当局原先企图将“国统会”及“国统纲领”束之高阁，转以跨党派小组取代，但事实证明，这种作法并不符合台湾目前的政党政治及民意走向。

他认为，陈水扁具有“可塑性”及“危险性”，在“可塑性”方面，陈水扁可能被迫改变路线，接受“国统会”主委就可以是一个例证，大陆对此将给予积极评价及充分肯定。另一方面，他认为陈水扁仍具有“危险性”，因为民进党的“台独”转型并不成功，党内精英和支持者在转型问题上的认知并不一致，未来仍具有倾向“台独”的危险。

即使陈水扁同意接任“国统会”主委职务，徐博东认为，陈水扁仍然可能学习李登辉过去的模式，将“国统会”的功能弱化，所以大陆对陈水扁仍将继续“听其言、观其行”。

但他说，大陆愿意给陈水扁调整的时间，让民进党向台湾的现实低头，而不是向中共低头。此外，他呼吁民进党的党内精英应积极引导支持者的政治意识，来填补民进党党意与台湾民意之间的差距。

（中时，2000/08/17）

大陆学者：陈水扁应速走出困境拿出自己政策

朱建陵/北京专题报道 陈水扁“总统”就职至今已满三个月，虽然他一再表示，不会挑起两岸战争，但两岸关系的现状，看在大陆对台研究学者眼中，却是另外一种解读，有学者认为，陈水扁当局及台湾民众错估了中共对两岸问题的急迫性，是当前两岸关系的一大危机，未来可能因此出现大问题；更有学者预估，两岸关系从明年春天开始，就将逐步进入紧张局面。

根据大陆学者对陈水扁两岸政策的评估，主要包含主观与客观两个层面。主观层面认为陈水扁不能摆脱“台独”的阴影，甚至认为“台独”就是陈水扁的本质；客观层面，认为陈水扁政府面对台湾当前的政治环境，确实很难有所作为。但大陆学者认为，即使将这种客观情势列入对台政策考虑，“两岸关系不能久拖不决”的思考，仍将迫使中共不得不采取措施。

……（略）

据指出，大陆方面对谢长廷访问一事非常看重，除了对台决策高层为此特别前往厦门安排部署之外，中共还特别召集经常对外发言的学者，要求他们统一口径发言，以免破坏谢长廷的成行。

另一方面，北京联合大学台湾研究室主任徐博东则认为，大陆对台湾采取强硬措施，从中共、美国、台湾的三角关系来看，可能面临一些限制，因为今年是美国的大选年，美国新任总统的中国政策可能要到明年底才定型，而“永久正常贸易关系法案”、“台湾安全加强法”及大陆加入世贸组织问题等，中共仍需要在这段时间内与美国保持紧密合作关系。但他认为，尽管如此，中共仍将加强对台湾的施压，以免台湾误解中共的意图，两岸关系因此仍可能重新进入紧张局面。

他批评说，陈水扁把两岸关系中的一切交流、交往项目都视为“筹码”，“三通”是如此，大陆派遣记者至台湾采访问题是如此，甚至“小三通”这种对现状的承认作为，陈水扁当局都采取抗拒的态度，显见陈水扁并无诚意改善两岸关系，只抱持能拖就拖的态度。

……（略）

徐博东也认为，除了“台独”本质之外，陈水扁之所以不愿在两岸关系上展现诚意，其一在台湾内部对两岸关系并没有共识，其二在美国认为陈水扁对两岸关系的处理尚可接受，其三在大陆只有在非常必要情况下才会考虑对台使用武力的心态。在这三项前提都存在的情况下，他认为，陈水扁对两岸关系仍将采取“拖延”的政策态度。

徐博东说，放眼两岸关系的未来，其实寄望于陈水扁、宋楚瑜或其它台湾政治人物甚至党派，其实都是不现实的，如果台湾的民意结构不能改变，任何人、任何党派上台的结果，都将不会有太大改变，所以中共对台政策作为的主轴，应该在争取台湾人民向心的问题上多所着力。

（中时，2000/08/21）

加强民进党研究，北京联大将设台研所

王绰中/北京四日电 北京联合大学将在下个月成立台湾研究所，这个属于学术机构的新研究所，未来将专攻台湾民进党的研究，所长将由北京专研民进党的著名学者徐博东担任。长期以来，中共对台部门一直缺乏对台湾民进党的专门研究机构，在民进党的陈水扁当选“总统”后，中共方面已深刻体认到加强民进党研究的重要性。

目前正在筹备设立联合大学台湾研究所的徐博东表示，该所在今年十月成立之后，主要将集中在台湾民进党的研究，由于民进党现在已经是台湾的执政党，在两岸关系的重要性日益凸显，大陆加强对民进党的研究，将有助于未来两岸的接触，也避免大陆方面在作决策时，产生不必要的误判。

（中时，2000/09/05）

大陆学者：谢较务实但未超脱扁说法

王绰中/北京/厦门六日电 针对民进党主席谢长廷今天上午提出两岸不排除统一的说法，大陆对台研究学者和专家对此普遍认为谢长廷的说法较其他民进党领导人务实，有益未来两岸关系的发展。不过，也有大陆学者指出，谢长廷讲话的意涵，并未超脱陈水扁“统一不是唯一选项”的说法，只是让大陆感觉比较有好感。

……（略）

不过，北京联合大学台湾研究所所长徐博东则指出，谢长廷说法听起来似较温和，但实际上并未超脱陈水扁“统一不是唯一选项”的意涵，但讲法令大陆感觉比较“舒服”。他强调说，事实上，民进党领导人多已认知到搞台湾独立不可能，未来只有两个选项，一是投靠美国维持现状，一是选择两岸统一，但目前民进党的支持者不会接受统一，所以为了选票会用“拖以待变”的策略。

（中时，2000/09/07）

化解僵局，大陆学者乐观其成

王绰中/北京二十四日专访 新加坡内阁资政李光耀今天晚上与陈水扁“总统”会面，北京的中共对台智库学者多认为，李光耀此行对两岸关系僵局的化解具有正面的意义，大陆方面对于他的调停抱着“乐观其成”的态度，但由于目前两岸僵局关键是没有足够的压力让陈水扁回到“一个中国原则”上来，因此李光耀调停的成效可能不大。

……（略）

专研民进党的北京联合大学台湾研究所所长徐博东则认为，李光耀是华人，对中华民族还是有感情的，他不愿看到两岸僵持引发冲突，这是促使他再度披挂上阵担任两岸“调停者”的原因，而且他本人主张一个中国，大陆领导人对李光耀颇为信任。他指出，两岸目前处于僵持状态，双方领导人又无法见面，有人出面调解总是好的，李光耀此行对两岸关系僵局的化解是有正面意义的，大陆方面的态度当然是乐观其成。

（中时，2000/09/25）

对台学者：不接受“一中原则”讲什么都是“瞎扯淡”

亓乐义/北京十日电 对于陈水扁“总统”双十“国庆”讲话，北京反应明显不如对陈水扁就职演说热烈。中共国台办以未看到全文，不便发表评论。北京对台学者则普遍认为，陈水扁的讲话“毫无新意”，何况陈水扁被内政搞得焦头烂额，不可能再对大陆政策做出新的决定。

……（略）

对民进党有深入研究的北京联合大学台湾研究室主任徐博东，对陈水扁的“老调重弹”感到没有必要再做评论。他说，陈水扁提出以“九二精神”恢复两岸谈判，是对两岸“九二共识”的一种阉割，回避“一个中国”原则，无助于两岸局势的稳定。

徐博东说，台湾新当局在处理两岸问题上的思路很奇怪，以为维持现状，“不要引发战争”就行了，但问题和危机终究没有解决，现在不面对“一个中国”，以后还是要面对。他说，及早面对比久拖不决要好，主动调整比被迫调整要好。

（中时，2000/10/11）

徐博东：两岸僵持蓄积危险能量

施钰文/北京报道 对于两岸目前僵局，大陆研究民进党学者徐博东表示，虽然目前两岸表面平静，未出现紧张情势，但僵持的局面却蓄积危险能量，不过，目前不是中共加大对台施压的时机，明年上半年中共对台才会有大动作。

徐博东指出，中共对陈水扁虽然仍继续“听其言、观其行”，但同时也进行“一批二看三准备”，因为中共不会对现在的况状感到满意，台湾问题也不可能久拖不决，就目前情势来看，中共的必要准备工作差不多了，像近日海上与陆上的演习都是空前的，加上所谓的“听其言、观其行”已进入第二阶段，中共不可能一直忍下去。

不过，由于“中”美关系还处于不明朗的情况，除了中共可能年底无法加入 WTO 外，众议院通过的“台湾安全加强法”参议院如何审议，还有美国大选十一月才会尘埃落定，中共届时方能了解美国新领导人的对华政策，因此目前不是中共对台加大施压力度的时机。

徐博东并认为，陈水扁的新“政府”脱离了大多数民意，他想摆脱这种困境，但没有决心，因为民进党也给他很多阻力，就像陈水扁一开始想承认九二共识，但在民进党内部反弹的压力下又退缩，选前承诺会“大、小三通”、调整“戒急用忍”，但上台后又退回去，所以显得在很多问题上摆来摆去。

不过，中共对陈水扁仍有某种程度的期待，徐博东指出，像陈水扁提出的跨党派小组，他认为是希望借由李远哲的背书，推行有别于民进党的两岸政策，因为陈水扁深知民进党的“台独”理念不可能获得大多数民意认同，如果由这个观点来看，中共在陈水扁上台后加强的反“独”促统工作，反而可以用来说服民进党内的具“台独”理念精英，为陈水扁解套。

（中时，2000/10/16）

两岸复谈学者认短空长多

施钰文/北京二十九日电 对于两岸恢复政治协商、重回谈判桌，大陆海协会会长汪道涵今日表示感到“悲观”，北京联合大学台湾研究所所长徐博东认为，到明年上半年之前看不出两岸有政治接触的可能，因此短期是不乐观，但随着台湾内部、大陆与美国的压力增大，台湾新领导人陈水扁将不得不调整政策，因此长期来看是审慎乐观。

徐博东指出，两岸要进行政治接触有两个前提：一是台湾明确不搞“两国论”；二是台湾当局明确承诺坚持“九二共识”，但目前台湾当局都做不到，他认为，要让陈水扁回到“一个中国”和承认“九二共识”需要三大条件。

一是岛内对承认一个中国形成强大主流民意。徐博东说，目前台湾民意的发展确实有朝此发展的趋势，除了两岸间多次的交流与接触外，台湾三个在野党新党、亲民党与国民党都主张有“一中”共识，这会对扁当局形成压力。

此外，整个台湾经济形势的发展也对陈水扁造成压力，徐博东指出，台湾股市近来跌跌不休，加上停建核四引发的政治风暴，这些内政问题都会对扁当局形成压力，这可以从岛内气氛已在转变看出，现在岛内主张“台独”的气焰已经没有像今年三到五月时那么嚣张。

第二个条件是大陆的压力，徐博东说，大陆一直在保持压力，包括台湾方面不承认“一个中国原则”、“九二共识”，两岸两会就不恢复谈判，以及大陆持续在军事上对台施压，如日前的大军演，而且这些压力逐渐生效，现在台湾方面已不再视大陆的压力是“纸老虎”。

第三个条件是美国的压力，徐博东表示，尽管美国一直希望两岸能尽速展开和平对话，但一方面又卖武器给台湾，国会又通过台湾加入联合国议案，等于变相支持陈水扁，这个压力最不够。

徐博东指出，虽然目前陈水扁面临这三大压力，但压力都不够，因此短期内两岸复谈是悲观的。从大陆的压力来看，目前台湾民众支持承认“九二共识”的人稍占多数，只比否认“九二共识”的人多一点。大陆给陈水扁的压力也不够，因为还在“听其言、观其行”，美国现阶段不会有太大变化，因为正在进行大选。

不过，长期看是审慎乐观，徐博东说，在台湾内部方面，明年底台湾将进行县市长及“立委”选举，扁当局有选票的压力，如果新政府没有在内政或两岸问题上有作为，选完民进党还是少数，届时民进党内必有杂音，除非民进党想失去执政权，否则只有调整政策。

在大陆方面，徐博东指出，大陆不会让民进党在选举前创造利多，帮助民进党胜选，所以一定会加大施压的力度。在美国方面，美国新领导人确定后，恐怕也不允许两岸一直处于僵局，增加这个地区的危险性，到时美国的压力会增大，这也是陈水扁最在意的压力。这三个压力都会促使陈水扁回到“一中”。

（中时，2000/10/30）

北京学者：“罢免”风暴只是陈水扁的一场虚惊

针对在野党联手罢免“总统”风波闹得风风雨雨，根据《联合早报》专访北京联合大学台湾研究所所长徐博东教授表示，台湾目前卷起的罢免风暴将只是陈水扁“总统”的一场“虚惊”，李登辉在这个关键时刻不会让宋楚瑜得利，而陈水扁当局以后的日子将不会好过。

徐博东表示，从北京看这次事件，已经充分暴露陈水扁“玩弄权谋”、“毫无诚信”的本质。北京学界此看法与在野党的看法竟不谋而合。

徐博东说，尽管罢免不会成功，但执政的民进党和在野的国民党、亲民党、新党将因此结下大怨，今后陈水扁当局的“日子不会好过”。

他说，国民党内还有李登辉的残余势力，李登辉在这个关键时刻不会让宋楚瑜得利。最希望罢免案成功的当然是亲民党，即便没有罢免“总统”而只是“倒阁”以致改选“立委”，亲民党也可望从选举中崛起为大党。

徐博东说，国民党怕“倒阁”而招来陈水扁解散“立法院”，因此想直接诉诸罢免案，问题是国民党内还有大约 10 来个亲李登辉的“立委”。此外连宋两人严重不和，但陈水扁却让连战有一个冠冕堂皇的借口找宋楚瑜结盟。

徐博东评陈水扁是以权谋乱“国”，而且先乱党，用权谋手段挤掉了许信良，再用权谋来执政，又用权谋对付大陆、对付在野党、对付党内异己。

徐博东指陈水扁的作风源于性格狭隘，认为陈水扁只是一个少数“总统”，心胸狭隘又不知自己的斤两；想学李登辉总揽一切大权，但没有像李登辉那样掌握着一个大党。

徐博东说，陈水扁这场政治风暴即便是过去了，也不能保证今后的日子会好过，因为，“反对党的联盟已经形成”。至于要说国、亲两党是否可能合并，目前难判断，因为即使连宋愿意，国民党内的利益团体恐怕也不会答应。

（文汇报，2000/11/07）

台湾问题也应尊重大陆人意见

康彰荣/珠海报道 民进党籍“立委”陈忠信昨日表示，最近由民进党“立委”所提出的“统一公投”议题，确实反映民进党内部面对和解决“一个中国”问题的想法，不过仍未成熟。上海东亚研究所所长章念驰则认为，公投不是一种行之可效的解决方式，且台湾问题也应尊重到大陆人的意见。

……（略）

北京联合大学台湾研究所所长徐博东也指出，台湾前途交由台湾人民公投并不公平，当初台湾能脱离日本的殖民统治，也是牺牲许多中国人的性命换得，因此必须加上全中国大陆十几亿同胞来共同决定。曾数度访台的徐博东也认为，台湾在处理两岸问题时，不应忽视大陆高涨的民族主义情绪。

……（略）

（工商，2000/11/15）

跨党派小组共识，文字游戏，歧见犹存

徐尚礼/上海－北京二十六日电 北京对台问题专家徐博东和郭震远今天指出，台湾跨党派小组关于改善两岸关系建议只是缓兵之计，主要为陈水扁“总统”在“一个中国”问题上找下台阶。两人都认为，“建议”对改善目前两岸关系、打开两岸关系僵局，非但没有帮助，反而可能引起北京方面更多疑虑。台湾当局应当明确承诺九二年两会“一个中国”共识才是根本之道。

北京联合大学台湾研究室主任徐博东说，他以“模模糊糊，遮遮掩掩”概括跨党派小组今天的共识和建议。他说，很明显的，今天的建议是一个妥协的产物，而且是李远哲向陈水扁妥协，对改善两岸关系意义不大，无助于打开两岸关系僵局。他认为，中共在“五二〇”后发表的对台声明说得很清楚，改善两岸关系的两个要件，一是明确承诺放弃“两国论”。二是明确承认两会九二年共识，以口头支持“一个中国原则”。徐博东说，今天的建议和前述两要件相距甚远，中共当局不可能满意。

他表示，更关键的是，建议说要增设新机构或调整既有机构以改善两岸关系。在大陆看来，会引起下列疑虑。一、是否陈水扁不再兼任“国统会”主委（向独立靠近）。二、是否由更具独派色彩人士接替李远哲跨党派小组职位。此外，建议指出有关“中华民国”体制的改变要经过民主程序，取得人民的同意，在中共看来，是不是陈水扁又想搞全民公投。对于现阶段两岸关系而言，这些又是节外生枝。

……（略）

（中时，2000/11/27）

国台办记者会后大陆学者谈感受，为李远哲访大陆留伏笔

本报讯 针对中国国台办台湾事务办公室主任助理兼新闻局长张铭清，在30日举办的对台事务记者会中，对于台湾跨党派小组召集人李远哲能否到大陆访问语多保留一事，中国北京联合大学台湾研究室主任徐博东认为，李远哲以个人名义到大陆访问，“是可以接受的”。

据《东森新闻报》12月1日报道，徐博东在接受“中央社”驻北京记者访问时表示，李远哲以个人名义访问大陆，讨论双方关系发展，促进两岸和平统一，大陆是可以接受。不过，他认为，中国不可能公开邀请李远哲到大陆访问，此外还要考虑到时机上的问题。

据指出，徐博东认为北京当局不满李远哲在台湾选举期间支持陈水扁的举动，毋庸置疑，但大陆在长期观察之后，认为李远哲的国家认同和民进党的“台独”人士有着相当大的差别。

报导引述徐博东表示，李远哲在9月2日的讲话中，公开认同“一个中国、各自表述”的原则、承认两岸两会的九二年共识、反对“台独”的立场，大陆方面是肯定的。这位学者乐观地认为，李远哲到大陆访问的障碍，还是可以排除的。

（侨报，2000/12/02）

台湾研究已成大陆显学，高校也纷纷加入

徐尚礼/特稿 十年前，台湾熟知的大陆台湾研究所北有“北京社会科学院台湾研究所”，南有“厦门大学台湾研究所”。今天，如果印象仍留在

这南北台湾研究重镇，就跟不上时代发展了。因为随着台湾问题的重要性，大陆台湾研究已经成为显学，连军方及安全系统的国际关系研究机构也重视“台湾问题”。

以昨天成立的北京联合大学台湾研究所为例，其前身是台研室。昨天成立大会时，国台办副主任王在希到场祝贺，海协会会长汪道涵致送贺匾为该所题写所名。其声势浩大，不像是一个大学的研究机构。这一切只因为所长徐博东长期专研民进党，访问过台湾，在民进党未成为执政党前，就与民进党重要干部熟识。今天民进党已是执政党，成为中共当局必须打交道的“台湾当局”，徐博东昔日所掌握的冷门学科变成显学，其主持的研究单位自然水涨船高。

徐博东是广东梅县人，至今仍会说客家话，这拉近他与台湾朋友的距离，对其扩展台湾关系多少有点帮助。他对民进党的研究兴趣始于一九八九年，《论民进党对台湾政坛中的作用、局限性及其未来走向》为其第一篇探讨民进党定位文章。之后，徐博东陆陆续续发表了近二十多篇关于民进党研究的文章。一九九六年迄今，他到过台湾访问四次。不仅与民进党人士熟识，对国民党、亲民党骨干也不陌生。和台湾新闻界更保持良好关系，因而常得到第一手数据。今年台湾大选期间，他在“岛内”观察“总统”大选，回北京后提供当局第一手政情分析，供决策者参考。

由此可见，虽然是一个大学附设的台研所，但主持人作风开放，广交朋友，其功能自然能发挥，得到当局重视，厦大台研所就是先例。

在联合大学台研究所成立后，北京市（市级）共有两个台研所，即清华大学台研所，主持人是前国务院台办经济局长刘震涛，由于主持人背景，其研究方向以台湾经济为主。事实上，由于台湾问题成为热点，加上台湾问题涉及的问题，北京大学国际关系学院副院长贾庆国也是知名对台研究学者。另外，上海东亚研究所所长、台研所副所长章念驰则是海协会会长汪道涵重要幕僚，汪道涵的一些两岸观点，常先通过章念驰发表文章表达，素为两岸所重视，被台北认为较务实，调子较北京软。

位阶最高的台研所属于北京“中国社科院台湾研究所”。由于纪律使然，从所长至研究员对外发言较谨慎，因此至今仍有点神秘作风。日前台湾

“国安局”指前所长姜殿铭其实是中共国安局十五局派出人员。昨天，退休几年，目前在北联大任客座教授的姜殿铭直说没这回事。该所现任所长许世铨为资深记者出身，并不是情治人员。除北京外，上海也有社科院台研所，其位阶比北京中国社科院低。

其实，国安部自己有研究单位，并不需要绕道社科院台研所。例如“中国现代国际关系研究中心”隶属国安部。另外，军方三总部设有对台单位，国防大学则有战略研究所、军事科学院也有对台研究室。在近年对台研讨会中，军方对台学者并未缺席。昨天军事科学院副研究员罗援大校一身军装出席联合大学台研所成立大会，格外引人注目。军方对台分量加重，应当与国台办副主任王在希为总政少将转任有关。总的看来，目前大陆的台研所及台湾研究单位可谓“百花齐放”，各有各的特色及功能。

（中时，2000/12/04）

研究的重点是民进党

——在北京的大学中成立“台湾研究所”

北京三日电/山本秀也　中国负责台湾问题的共产党、政府高官、学者三日参加新的“台湾研究所”的成立。会上纷纷指责台湾的陈水扁当局没有打开两岸关系，指出“暧昧的对应，无助于问题的解决”。同时强调并正式对外宣布必须注意重视政权更迭后的台湾新形势，新研究机构重点放在执政的民进党的方针。

这天成立的“台湾研究所”设在北京联合大学。所长由研究历来被中国当局敌视的“台独”势力民进党的权威人士徐博东教授担任。徐所长说，“研究台湾的政治重点在民进党，注意岛内（台湾方面）的民情”，这样来描述研究所今后的方针。

参加仪式的高官指出，……（略）

中国的台湾研究所，历来把具有“一个中国原则”共识的竞争对手中国国民党作为研究重点。台湾方面现已出现多党体制及政权更迭，确实已经对中国的旧研究体制产生影响，成立重点放在民进党的新研究机构的诞生是这一变化的一个侧面吧。

（日本《产经新闻》译文，2000/12/04）

大陆学者：美国不是中立调停者，对美不抱期望

王绰中/北京专访　目前正在两岸穿梭的美国外交政策全国委员会访问团，他们传话的动作引起两岸当局的关注。对此，大陆研究两岸和“中”美关系的学者认为，台湾方面有意打“美国牌”来解决两岸困局，利用美国人调停的机会，对台湾当局摆脱“一个中国原则”做出有利的安排，但实际效果可能不大。

……（略）

北京联合大学台湾研究所所长徐博东就表示，虽然大陆方面都知道李侃如可能私下要求陈水扁接受两岸“九二共识”，但他们公开时却不敢说，并且继续出售武器给台湾，显然没有太大的诚意，效果应该极为有限。

他指出，台湾还是要靠自己与大陆改善两岸关系，如果想要靠美国来说项，“大陆不吃这套”，未来不管是高尔或小布什当选，美国对华政策的基本格局是不会有太大变化的，在“三不”政策上也不会松动，陈水扁单方面希望美国加上“不以武力犯台”的“第四不”，这是不符合美国利益的，因为美国不会愿意为了这个问题而刺激中国，这对美国没有好处。

……（略）

（中时，2000/12/11）

全国台湾研究会举行座谈，分析台湾政局和两岸关系

人民日报（海外版）12 月 26 日讯 全国台湾研究会今天在京举办“2000 台湾政局和两岸关系回顾与展望”座谈会。

……（略）

北京联合大学台湾研究所所长徐博东教授指出，民进党上台在思想、组织、人才等各方面都准备不足，上台之后又拒不调整其“台独”路线，在改善两岸关系、发展经济等重大问题上毫无建树，结果造成岛内政经一片混乱，台湾民众对其深表失望。台湾当局以“小三通”拖延“大三通”，实质上是营造假象，企图缓和工商界的不满，掩盖其在两岸关系上无所作为的窘况。

（人民日报·海外版，2000/12/26）

2001 年

陈水扁跨世纪新年谈话
北京学者：有善意但诚意不足

记者江今叶 2000/12/31 北京报道 陈水扁“总统”31 日晚间发表元旦谈话，首度谈及在“中华民国宪法”下“一个中国”原本不是问题。针对陈水扁的讲话，北京涉台学者普遍认为陈水扁的谈话不能说没有善意，但明显诚意不足，仍维持一贯的回避原则，并未正面回应“一个中国”问题。至于陈水扁谈及调整“戒急用忍”政策，也是迫于台湾内部的现实所不得不为的调整。

……（略）

北京联合大学台湾研究所所长徐博东则坦言，陈水扁的两岸政策确实有所松动，但也只是反映了他的无奈，他因为不愿丢了 20% 的“台独”铁票，才会至今仍无法下决心走他自己所谓的“新中间路线”，才会在 31 日的文告中显得躲躲闪闪扭扭捏捏，无法达到缓和两岸紧张的目的。

他表示，陈水扁的文告中，几次提及要求北京“尊重体谅”台湾 2300 万人民。事实上，根据台湾的一项民调显示，只有 20% 的选民主张“台独”，但他却要求其他的 80% 选民依循 20% 的少数，这根本不是民主。台湾的民意到底为何值得讨论，却也是陈水扁一再回避的问题。

……（略）

徐博东则认为，陈水扁在元旦公告上谈及的将调整“戒急用忍”政策，这对两岸经贸往来无疑是个好消息。但必须承认，陈水扁仍是受制于内部压力才会做出调整，并非主动为之，因为“戒急用忍”政策，早已被台湾工商企业界冲垮，才会被迫承认现实。

他也指出，尽管陈水扁宣布调整“戒急用忍”政策，是善意的表现，但具体实施仍得多加观察，必须考虑他“积极开放”是否为虚、“有效管理”才是为实，只是换句话来推行“戒急用忍”政策而定。更何况，他不由最为关键的政治议题着手，反而本末倒置地想由经济方面突破，这是难以获得北京的认可的。在“一中原则”没有任何突破前，两岸经贸很难在深度与广度上获得改善，仍会存在极大的局限性。

然而，徐博东也坦言陈水扁的谈话确实有些松动，他不再谈“统一不是唯一选项”，转而谈两岸的政治统合的可能性；不再大谈台湾人民福祉，改谈两岸人民的共同利益，这确实传达了一些善意，似乎展现了未来有向统一努力的机会，让北京有想象空间。

（光明日报，2001/01/01）

北京对台学者：扁谈话未具体回应“一中原则”

王绰中/北京三十一日电 陈水扁“总统”今天发表的跨世纪讲话中，有关两岸关系部分虽然对大陆方面有许多善意，但北京的对台智库学者普遍都认为，陈水扁的讲话未对大陆关切的“一中原则”和“九二共识”提出相应具体的回应，对于新世纪两岸关系的发展亦没有提供实质性和突破性的说法，因此，这项谈话对于当前两岸僵局的化解并无实质上的助益。

……（略）

北京联合大学台湾研究所所长徐博东在接受本报访问时亦认为，陈水扁的讲话表面上有让步、有松动，如“承认宪法一中架构”，但陈又提“未来一个中国”，显然是自相矛盾。他强调，陈水扁讲话仍不愿承认“一个中国”，并且试图模糊和回避“一个中国原则”，对“九二共识”也不做回应，这不但违背台湾主流民意，更无法化解当前的两岸僵局。

（中时，2001/01/01）

大陆学者：坚持“一中”，两岸复谈基础

亓乐义/北京二十二电 “国统纲领”公布至今将满十年。中共涉台学者认为，“国统纲领”中坚持“一个中国原则”的立场和态度，是两岸恢复谈判和打开僵局的基础，否则两岸关系仍有大的波折。

……（略）

北京联合大学台湾研究所所长徐博东说，十年前“国统纲领”提出时，民进党搬出“台独”党纲作为制衡，因此短期内要求民进党承认并实行“国统纲领”是“不可能的”，除非民进党受到台湾内部、美国和大陆的强大压力，而且承认“国统纲领”意味要先废除“台独”党纲，徐博东认为民进党废核四都这么费劲，遑论废除“台独”党纲。回顾历史，徐博东说，十年前“一个中国”原本不是问题，但今天为什么出现问题，主要是李登辉长期执政和民进党误导下的结果。

……（略）

（中时，2001/02/23）

徐博东表示“和平统一”仍为对台政策最上策

本报讯/据“中央社”北京五日消息 对于今日国务院总理朱镕基人大报告的两岸部分，北京联合大学教授徐博东分析称，整个报告的调子依然延续“江八点”，而且认为台湾目前已经无法突破国际上普遍承认“一中原则”的框架格局，所以至少五年内“和平统一”仍为中共对台政策的最上策。

徐博东表示，从去年北京对陈水扁“听其言、观其行”以来，已经知

道陈水扁不敢公开搞“台独”，而且台湾民众现实的压力对台湾当局的确有效，台湾方面从提出“九二精神”到“依中华民国宪法架构下，一个中国不是问题”、开放“小三通”与大陆人士赴台观光，证明了这个看法。

因此，中共有信心即使民进党未放弃“台独党纲”，以及台湾当局不明确承认“一中原则”的情况下，台湾仍无法突破中共现有“一中”的布局，所以从今年的报告看，“尽一切可能争取和平统一”，也就是仍把“和平统一”当成对台政策的最上策。

此外，这次十五计划报告与草案，都将对台部分放在“国防建设篇”与“港澳”部分后面，是否有何意义？徐博东称，这表示大陆方面认为，两岸关系尚未脱离紧张僵持状态，只有台湾当局尽快明确承认“九二共识”与“一中原则”，两岸关系才可能趋于真正的稳定。

（大公报，2001/03/06）

李登辉赴日，大陆学者：扁李“台独”势力再次合作的最佳证明

记者郑挹慧/台北报道 北京联合大学台研所所长徐博东表示，李登辉赴日是“扁李台独势力再次合作”的最佳证明，他并举出两点证明，显示这次赴日就医行动，是“总统”陈水扁早在4月初就与前“总统”李登辉商量好的一次外交出击。

徐博东表示，由于陈水扁在内政方面拿不出成绩，又担心年底的选举选不好，因此，在“外交”上结合“台独”势力的代表李登辉，先是声称赴日看病，后又将抵达美国，为的就是在“外交”上出击，为年底“立法委员”选局拿点分。

徐博东表示，大陆正在观察李登辉在日本的言行，虽然李登辉没有谈论任何有关政治言论，但是从他配合支持者的行动可以看出，李登辉日本行，

根本不是去看病，而是为“台独”宣传。

徐博东表示，李登辉赴日显然是事先与陈水扁商量好的。可以由两点看出：第一，美国新政府上台后，陈水扁便错估情势，希望以积极主动的“外交”出击，联合美、日等大国的势力达到他的政治绩效。而陈水扁知道，李登辉与日本政客关系向来良好，因此有日本媒体报道指出，陈水扁于4月初偷偷前往与李登辉密会，希望李登辉可以帮忙，以赴日就医为借口，前往日本，达到“外交”出击的第一步。

徐博东指出，第二，从陈水扁的言行可以看出，陈水扁自上台后，每当谈及两岸政策时，所用言词一直都非常小心。但是，就在李登辉申请赴日的时间点上，陈水扁“第一次”用“咆哮”等攻击性的字眼攻击中国大陆，并表示“某个外国势力管到另一国的一介平民到外国就医”的话，这充分显示，李登辉赴日的整个行动是与陈水扁商量好的事件。

徐博东最后表示，日本在外交上一直依赖美国，而在面临李登辉申请赴日就医这个敏感问题上，也是因为得到了美国布什政府的密切配合，才有两国发给李登辉入境签证在同一天的“巧合”。因此，徐博东认为，这在在都可以证明，李登辉赴日，是美、日与台湾三方精心策划的行动，而这些国家将为干涉中国内政付出代价。

（东森新闻网，2001/04/29）

陈“总统”愿两岸对话
大陆学者：“无条件说”已是前提

记者郑挹慧/台北—北京采访报道 针对陈水扁“总统”3日接受美国《今日美国报》专访时，表示希望两岸领导人可以在“没有预设条件”下进行对话一事，大陆学者徐博东表示，陈水扁这番话，完全看不出善意，因为“没有预设条件”的说法，本身就是一个条件。此外，针对有媒体传出北京订于2009年解决台湾问题一事，徐博东也表示他目前仍未见到有任何官方文件、报告明文订立此一时间表。

陈水扁“总统”3日接受美国第一大报《今日美国报》专访时表示，他不排除与中国建立直接联系管道的可能性。陈水扁并强调他非常高兴与中国国家主席江泽民主席或中华人民共和国其他领导人在不预设条件下会面，在任何地点、任何时间，诚恳坐下来就双方互利的议题进行对话。

对此，北京联合大学台研所所长徐博东表示，陈水扁表示要在“没有预设条件”下，进行两岸领导人对谈的说法，本身就是一个条件，因此，陈水扁的谈话根本就是“老调重弹”，看不出新意，更看不出善意。

徐博东更表示中国绝对不可能放弃“一个中国”的原则，放弃了“一中原则”，就根本没有谈判基础，台湾领导人应该尽速了解这个前提，认清事实，不要回避。徐博东重提“九二共识”表示，当年就是双方都承认“一中原则”，才有辜汪会谈的出现。

此外，针对媒体提到中国于今年2月12日至14日所召开的中共中央工作会议中决定，将于2009年解决台湾问题一事，徐博东也表示，他至今都没有听说或看见这份文件，因此这个说法应该是媒体的揣测，没有依据的。

据了解，中国在今年2月的中共中央工作会议中决议，不能任由台湾问题一直拖延下去，因此将在2009年以前，用尽一切和平方法，促使两岸就统一进行对话协商，但是如果再用尽一切和平方式后，台湾仍拒不承认“一个中国”，那也不排除武力诉求两岸统一。

（东森新闻网，2001/05/04）

学者谈台湾当局领导人施政：一年跳票知多少

中新网北京5月16日消息（兆震） 又到“五·二〇”，当初标榜“绿色执政，品质保证”，要带领台湾“向上提升”的台湾当局领导人上台已届周年，其执政业绩如何？记者专访了著名台湾问题专家、北京联合大学台研所所长徐博东教授。

徐博东以“绿色执政，品质无保证”对台湾领导人一年的作为进行概括，其“竞选和刚上台时的承诺大都成了空头支票”。徐博东说，台湾当局领导人长于口号、竞选，拙于务实，没有大格局，事实证明没有领导全台湾的能力：

“善意”、“诚意”只是文字游戏

台湾当局领导人自知其“台独”背景是上台的罩门，所以在选前不断表示有“善意”有“诚意”改善两岸关系，安抚台湾民众。“打拼不打仗、开放不开战、竞争不斗争”、“善意和解、积极合作、永久和平”等等，口号提了一大堆。选后，还表示愿全面检讨“三通”政策，将年内实行“三通”作为最大施政目标。

而一年来，由于台湾当局拒不承认“一个中国原则”，不承认“九二共识”，只是用模糊的语言玩弄文字游戏，使两岸对话与谈判无法恢复，政治僵局持续。在经贸关系上，由于两岸加入 WTO 拖后，“开放‘三通’和陆资入台”也都跳票了，只推出了没有什么实质意义的“小三通”。

“全民政府”早早破产

台湾当局领导人在选前选后，一再标榜要走“新中间路线”，超越党派、族群利益，要组织“全民政府”，实行“清流共治”。

然而，民进党上台后，压制要求进行政治转型的呼声，很快就暴露了意识形态领政的本色。为保住基本支持面，不肯放弃“台独”和“反核”两大“神主牌”，违背了主流民意，导致“行政院长”唐飞一百三十多天后就被迫下台。

唐飞辞职标志着“全民政府”的彻底破产，民进党开始全面执政，也引发了“朝野”之间的全面对抗。

“六大安定”化为“五大危机”

台湾当局领导人竞选时大打“安定牌”，曾提出要追求“六大安定”：“民主的安定、政治的安定、经济的安定、生活的安定、生态的安定、台湾的安定”。

而一年来，台湾始终乱象丛生，政争不断，“朝野”对抗，经济下滑，生活品质恶化。“八掌溪惨案”、“核四案”、“罢免案”、“垦丁油污案”，再加上台湾当局领导人绯闻案、吕秀莲介入绯闻案，风波不断，总之是台湾不安定。即便是民进党内部，也是政争不断，多次出现执政党攻击执政当局的怪现象。

连“副总统”吕秀莲都承认：民进党执政一年，台湾出现了信心、忠诚、伦理、财经、“国家安全”五大危机。

“向上提升”变成“全面沉沦”

台湾当局领导人在选举时曾放话说：只要他当选，“股市健全，保证上万点”。言犹在耳，股市便一路下滑，从九千多点跌破五千点，四大基金护盘亏损近一千四百亿新台币。“绿色执政”首先使股市惨绿。

高唱“经济优先”的民进党上台后，台湾经济出现了近十年来最严重的衰退。经济增长率不断下调，每日平均有四百五十四家工厂倒闭，失业率和民生痛苦指数上升。与此同时，恶性犯罪增加，社会混乱，自杀事件频频发生。

民意调查显示，高达六成四的岛内民众觉得过去一年台湾正逐步往下沉沦。

三大原因造成民进党执政焦头烂额

据徐博东分析，民进党上台一年之所以焦头烂额，虽然受台湾固有结构矛盾和世界经济环境影响，但更主要的是民进党自身的问题。

一是未做好执政准备。由于民进党提前四至八年上台，还是在野党心态；体制上搞不清到底是“以党领政”、“以党辅政”还是“政党协调”；事先没有“影子内阁”，人才贮备不足，上台后手忙脚乱，尤其财经、两岸事务、“外交”、“国防”人才严重匮乏，不得不利用李登辉的人马。

二是没有实现实质性转型，社会基础薄弱。民进党不是靠转型后赢得大多数选民支持，而是靠国民党分裂侥幸上台的。台湾社会对其执政没有思想准备，大陆、美国也准备不足。因此，民众支持率是少数，在“立法院”是少数，台湾当局领导人所属派系在民进党内也是少数，民进党并不是团结一致支持他。

三是缺乏执政经验和能力，在一些重大问题上决策失误。八掌溪事件是转折点，使“全民政府”与选民的蜜月期提前结束，支持度下降，核四问题更是关键失误，引发与在野党的全面对抗，使当局空转一百多天。

（中新网，2001/05/16）

陈水扁“有恃无恐”，台海局势更趋危险

北京特派员周锐鹏报道　在台湾的陈水扁“总统”执政一周年之际，北京联合大学台湾研究所所长徐博东教授失望地表示，美国布什政府采取敌视中国的政策，使陈水扁自认“有恃无恐”，台海局势已变得更加危险。

徐博东说，美国对华政策发生变化，明显向台湾倾斜，使陈水扁“腰杆硬了”，继续推行“两国论”，两岸在国民党执政时期本已不足的互信如今更加荡然无存。

中国鹰派势力声渐大

另一方面，中国大陆内部，要求“检讨和平统一政策”的声音已经越来越大，军界和学界有人甚至主张“先下手为强”，“鹰派”势力再难忽视。

他说：“中国大陆不愿意打仗，仍然要以经济建设为中心，但目前的敌对气氛无法排除‘擦枪走火’的可能，这种事情是不以人的意志为转移的。”

徐博东是在北京接受《联合早报》专访。他说，布什上台后不久，陈水扁于三月间会见一批“台独大老”，告诉他们，国际大形势已经“朝着有利于台湾的方向发展”，因此，台湾要改变原来以求安定、稳定为基调的政策，采取主动进攻。

徐博东认为，现在的情势是，美国欺压中国，“以独制华”，陈水扁则是历来最听美国话的台湾领导人，台湾完全沦为美国的“马前卒”；美国决定对台湾出售大量先进武器装备，把台湾视为“准盟国”，中美之间三个联合公报之一、有关美国逐步减少对台售武的“八一七公报”已形同“废纸”。

徐博东认为，陈水扁从高唱“境外决战”到购买大批武器，也证实了他毫无诚意发展两岸关系。“和平统一、一国两制”的对台政策的基础已经动摇，因此，台海局势出现更大的危险。

他说，“和平统一”的基础之一是中美关系良好、国际上没有跳出“一个中国”的框架，但现在的情势发生了变化。

（联合早报，2001/05/21）

大陆学者：台湾当局政经压力倍增

王绰中/北京专访 大陆专研民进党的对台学者徐博东今天在接受访问时表示，北京申奥成功对民进党政府退缩的两岸政策，将逐渐产生强大的压力，如果处理不好，将会危及到其执政权。徐博东同时建议，中共有关方面应该利用这个契机，争取台湾民心；民进党政府也应借机摆脱意识形态的困境，改善两岸关系。

徐博东指出，北京申奥成功，不单是唤醒了大陆民众的民族情绪，亦对台湾民众的情绪产生影响，台湾岛内“台独”势力的声势必将受到冲击。他强调，民进党执政后，虽然在政治上和法律层面上不敢公开“去中国化”，但在文化层面上则积极“去中国化”，但政治混乱和经济恶化，台湾民众支持独立的不增反减，支持“一国两制”的民众也不断攀升，这已危及到民进党执政基础。

徐博东认为，虽然民进党政府对于北京主办奥运表面上乐观其成，但私下却感受到它的错误大陆政策已面临要求调整的强大压力。他指出，随着申奥成功和年底中国加入 WTO，民进党政府已无法压制岛内要求开放“三通”和改变“戒急用忍”政策的声浪，如果不主动调整，台湾民众不满的情绪会升高；台湾民众要求民进党政府回到谈判桌上、承认“九二共识”和“一个中国原则”的压力，也会逐渐增加。

徐博东指出，大陆成功申办奥运，事实上对两岸关系的缓和也是一个契机，民进党可因势利导进行转型，摆脱党内意识形态的困境，否则陈水扁当局将陷入更大孤立，甚至会危及到未来的执政权。

他同时也建议，大陆方面可以利用这次成功申办奥运的机会争取台湾民心，例如效法南北韩共组奥运代表队，让台湾举办奥运棒球赛等几个项目。

（中时，2001/07/15）

美新政府与两岸关系研讨会今起举行

大陆学者徐博东发表论文，指布什虽调整对华政策，但不会公然放弃“一中”

温哥华讯 由加拿大海峡两岸关系研究会及香港海峡两岸关系研究中心合办的“美国新政府与两岸关系”学术研讨会，今（十六）日上午十时起在温市华埠富大酒家盛大举行。北京联合大学台湾研究所所长徐博东原应邀出席，虽因故未能成行，但已把他的论文交与大会发表，让与会人士分享。

徐博东在题为《美国对华政策的调整及其对两岸关系的影响》的论文中指出，美国对华政策的调整并非自今日始，事实上，自九〇年代初冷战结束之后，历经老布什政府及其后的两届克林顿政府，为适应全球政治格局的变化，维护美国的国家利益，其对华政策一直都在不断进行调整。只不过，小布什政府上台之后，这种调整无论从幅度和力度来说，都是以往历届政府所不可同日而语的。可以说是一次“结构性”的调整，其特色如下：

一、调整中美战略关系，将克林顿确立的致力于建立“建设性的战略伙伴关系”，重新定位为：在政治上是所谓“战略性的竞争对手”，在经济上则是“建设性的合作伙伴”。

二、调整全球军事战略，把美国的军事战略重心从欧洲转向亚洲，试图拉拢日、韩、印度和台湾，共同“围堵”和“遏制”中国，摆出一副在必要时不惜与中国进行军事对抗态势。

三、调整国家安全发展战略，宣布将原本对准俄国的部分核弹头转而对准中国，不顾各方反对，图谋单方面退出“反弹道导弹条约”，坚持大力研发和部署导弹防御系统。

四、调整对华外交战略，不再承认中国的“大国地位”，将中美关系置于其与盟国的关系之后，在外交日程安排和派遣外交人员等方面故意“冷落”中国甚至“羞辱”中国。

五、调整台海政策方向，以所谓的“战略清晰政策”取代自美国与大陆建交以来历届美国政府一贯奉行的“战略模糊政策”，公开宣称“竭尽所能”协防台湾，对台军售、美台军事合作，均有异于以往。

六、利用人权、法轮功和西藏问题加强对大陆的施压力度，试图将其“妖魔化”，为美国调整对华政策制造舆论根据和“合理性”、“合法性”。

徐博东认为，美国小布什政府既已认定中国的崛起将威胁美国独霸世界，因此无论如何其对华政策的结构性调整都已不可逆转，今后顶多在手法上会讲究策略。不过他也指出，由于美国不会公然放弃“一个中国”政策，因此中美关系的基本面不致严重恶化。

（世界日报，2001/08/16）

大陆学者：共识若成政策，是扁当局“不小的突破”

宋秉忠/专访 北京联合大学教授徐博东指出，如果经发会两岸组达成的“戒急用忍”松绑和开放两岸“三通”共识，能够化成政策，那将是扁当局在大陆政策上一次“不小的突破”，不过，阿扁也可能把实施日期拖到年底选后，如此，一方面可以化解内部“台独”基本教义派的反弹，同时也可以化解在野党的批评。

两岸组的共识能否变成扁当局的政策？徐博东表示，仍需观察，因为内部的反弹和美国的反应，都会产生影响；阿扁可能先释出松绑讯息，然后拖到年底选举完，再决定如何调整大陆政策及调整的幅度。

徐博东强调，两岸问题不只是“戒急用忍”和“三通”，要彻底化解目前的僵局，必须正视“九二共识”和“一个中国”问题，如果只是推动“三通”，不解决“一个中国”问题，也是很难恢复两岸已中断的正式管道。

徐博东建议，如果扁当局对明确接受“一中”有困难，那么可否仿效高雄市长谢长廷“根据中华民国宪法，高雄、厦门同属一个国家”的表述模式，而提出“根据中华民国宪法，台湾和大陆同属一个国家”的表述。

由于台湾不愿透过授权民间团体谈判“三通”，徐博东建议，扁当局可以先表示，“三通不是国与国的三通”，借此打破目前的谈判僵局，而且台港、台澳的航运谈判模式，可以适用于两岸“三通”。

（中时，2001/08/27）

大陆学者：钱其琛“新三段论”已展现极大诚意

亓乐义/北京十日电　中共副总理钱其琛今日在“二十一世纪中国与世界”国际会议场合上，首次向国际社会宣示，“世界上只有一个中国，大陆与台湾同属于一个中国，中国的主权和领土完整不容分割”的新三段论立场。中共涉台学者认为，大陆以往提这种“新三段论”向来只针对台湾说，这次钱其琛向国际宣示是一个重要变化，表示大陆对台立场将采“内外一致”的说法，展现大陆解决台湾问题的极大诚意和让步，值得台湾当局注意。

中共国务院台办副主任周明伟今日也参加论坛会议。他在下午论坛中场休息时间无意中被记者撞见。他不愿对钱其琛的讲话内容发表评论，他仅表示钱其琛谈到有关的台湾问题，有些内容邓小平已经说过，但有些表述是“相当有意义的”，他叫记者可以“仔细解读”。

钱其琛的讲话很快传到北京涉台学者的耳中。经过仔细推敲后，北京联合大学台湾研究所所长徐博东认为，大陆在国际场合中对台立场，向来是说“世界上只有一个中国，台湾是中国的一部分，中华人民共和国是代表中国的唯一合法政府”，因为是对国际场合说的，因此特别突出最后一句大陆的代表性。

去年钱其琛提出新的说法，即外界所称的“新三段论”，强调大陆和台湾同属于一个中国的“对等性”，不再凸显谁代表中国。但徐博东认为，这种说法以往只针对台湾说，而今在国际场合说“非常有意思”，代表大陆不再内外有别，有点向国际宣示大陆要与台湾“平等协商，共议统一”的味道，值得台湾注意。

徐博东同时认为，钱其琛谈到解决台湾问题“可以耐心等待”，和二年多前中共对台政策白皮书的“三个如果”对照来看，显示中共展现最大诚意和耐心解决台湾问题，也反应中共的自信。

一九九九年中共发表对台政策白皮书，提到对台动武的“三个如果”，如果台湾独立、如果外国势力干预，以及如果台湾长期拖延谈判等，其中“第三个如果”是新增动武条件，也最为美国和各界所关注。徐博东说，钱其琛这次做出“耐心等待”的宣示，可以达到下列三项好处。

一、有利于争取台湾岛内民心。二、有利于争取国际舆论，缓和“中”美紧张关系，因为美国对“第三个如果”最有意见，认为大陆要改变两岸平衡。三、有利于大陆集中精力搞经济建设和奥运。徐博东说，“耐心等待”可以扭转外界对中共动不动就要打台湾的负面印象。

不过，徐博东强调，大陆的“耐心等待”是有原则和条件的，即台湾当局必须回到“一个中国”的原则，这是关键也是前提，如果台湾搞“台独”，大陆“自然没有耐心”。他说，从钱其琛的致词中清楚看到，大陆坚持“一个中国，两岸谈判，迅速三通”的原则和顺位，没有“一个中国”的前提，两岸无从谈判起，也就没有所谓的“三通”。对于外传两岸加入世贸组织后，中共会在WTO的架构下与台进行“三通”谈判，徐博东说，这是一厢情愿的说法，讲得明白点是“幻想”，因为不先回到“一个中国”的原则，“三通”是国际航线还是国内航线的问题马上浮现，大陆怎么可能接受“三通”是国际航线。

（中时，2001/09/11）

台被迫松绑“戒急用忍”

北京特派员周锐鹏报道　台湾方面宣布“戒急用忍”政策松绑，北京的台湾问题学者认为，那是陈水扁和民进党在经济困顿、两岸入世在即和下个月大选等多重压力下“被逼”出来的。

与此同时，新华社也适时地转发了《人民日报》今天将刊登的署名文章，意有所指地说，“改善两岸关系是台湾经济走出困局的关键”。

北京联合大学台湾研究所所长徐博东教授受访时说，陈水扁当局宣布“戒急用忍”松绑，是因为“立法委员”和县市长选举逼近，岛内经济又每况愈下，在“撑不住”的情况下不得不做的事。

“而且，两岸本周即将相继加入世界贸易组织，‘戒急用忍’政策也等于就快‘废功’，如果现在不宣布，等入世后再宣布，连想捞选票也捞不了。”

徐博东说，陈水扁当局是“被迫”松绑的，尤其是陈水扁主导的“经发会”已达成松绑的共识，现在马上就要面对选民了，如果经发会共识一点都不落实，民进党政府就将招架不住反对党的猛烈抨击。

……（略）

徐博东认为，松绑之后，两岸经贸关系肯定扩大，更趋密切，到时候拒绝“三通”的陈水扁政府将面对越来越大的压力。

“他最终必将面对要不要回到‘九二共识’的问题，如果顽固地继续拒绝，那两岸就只能民间对民间、行业对行业地开展关系，这一来，将更显出台湾政府毫无主导权。”

（联合早报，2001/11/08）

台湾选举结果让北京惊愕不已

周锐鹏/北京通讯 陈水扁当选“总统”一年半来，岛内经济一片惨淡、政局一片混乱，但是，民进党竟然还能在选举中漂亮地打胜仗？北京的涉台官员和学者现在发觉，其实自己搞不懂。

北京联合大学台湾研究所所长徐博东教授承认：“大陆这边对台湾真正的民心掌握不准。”

连事前不排除民进党有可能超过国民党成为第一大党的徐博东，也没有料到国民党的席次跟民进党竟然差得那么多。而乐观地认定国民党能保住龙头地位的主流意见，当然更是大跌眼镜。

……（略）

对许多涉台专家来说，陈水扁故意指定要前“副总统”李元簇代表出席峰会，是完全不怀好意。获得北京同意，是得分，被北京拒绝，也同样得分。这个问题处理起来本就棘手，不料随后的几个插曲，不仅让陈水扁得分，竟然还为民进党竞选“加分”。

“外交部和国台办无法配套。”徐博东感慨地说，那是外交部的职业本能，它和台湾在国际上是玩零和游戏。例如，中国的外交官就不能完全理解台湾方面以“中共”称呼大陆者其实是抱有“一个中国”思想，只有支持“两国论”或“台独”的人才会乐于把大陆称做“中国”。结果，上海APEC会议的几场电视直播等于帮助陈水扁和李登辉煽动更大的省籍情绪、“本土”情绪。

……（略）

相反的，在12月1日之后，几乎已经没有人再认为陈水扁是跛脚“总统”。

“（两岸）情况会更坏，陈水扁会更强硬，他主导政局的能力提高了，泛蓝军对他的压力减少了，他摆脱李登辉影响也更难了。”徐博东说。

“现在，台独基本教义派成为非常重要的政治势力，民进党的转型将受到更大的牵制。”

……（略）

（联合早报，2001/12/03）

2002 年

必须警惕“渐进式台独”的分裂举动

本报北京1月15日讯 记者就台湾当局领导人近来一系列分裂言行采访了在京台湾问题专家学者。他们指出，台湾当局及岛内“台独”分裂分子的种种倒行逆施，又一次暴露了其顽固坚持“渐进式台独”分裂路线的真实面目，必将遭到包括台湾同胞在内所有中华儿女的坚决反对。奉劝台湾当局要认清形势，不要在“台独”的道路上越走越远。

……（略）

北京联合大学台湾研究所所长徐博东认为，台湾当局领导人宣称要在台湾民众旅行证件上加注“TAIWAN”，这件事的出现绝非是孤立和偶然的，而是岛内分裂势力有计划、有步骤、有目的地推行“实质台独”的重要一环。实际上可以认为，台湾当局领导人加强推行的仍然是李登辉提出的“两国论”。

徐博东说，这条“实质台独”路线是民进党尚未取得岛内政权时就逐渐形成的。民进党将“台独”主张纳入其党纲后即遭到台湾民众的强烈反对，由于形势所迫，民进党不得不搞所谓的“转型”。于是，“坚持台独理念，又要照顾现实”就成了民进党的手法。他们用“本土化”、“主体化”为包装，通过各种手段和小动作，诸如制作所谓“台湾共和国”的“护照”、“国旗”、“国徽”等等，在历史、文化、社会、心理等方面不厌其烦地宣传“台独”理念，想方设法消退和去除台湾人民心目中的中国意识，重新塑造所谓“新台湾人”的社会心理和“国民意识”。他们取得政权后，利用手中掌握的权力，加强推行“实质台独”，如去除台湾驻外机构佩挂的有中国意味的“国徽”、去除“新闻局”标识中中国地图图案、把一份学会年报上的“中国”改为“台湾”等等，一句话，在台湾凡是有“中国”二字的他们都“欲去之而后快”。

……（略）

（人民日报·海外版，2002/01/16）

大陆学者：民进党为“公投”作准备

朱建陵/北京十五日电　北京联合大学台湾研究所所长徐博东今天在评价国台办发表的声明时指出，这篇声明的调子“适中”，但不足之处，在于“不够明确”。他表示，该篇声明并未点出，民进党推动“渐进式台独”的目的，即在为未来的公民投票预作准备。

徐博东表示，民进党向来主张，台湾未来走向统一或者独立，应该以公民投票决定，但由于目前台湾主张独立者仍占少数，因此民进党希望借着“脱中国化”的种种作为，使过去推行的“新台湾运动”或者“台湾意识”，转化为“台独意识”。他表示，这是一种“慢工”，民进党自从执政以来，就不断以种种借口推动“脱中国化”。他说，包含“新闻局局徽”改变、“总统府”前“三民主义统一中国”牌楼的拆除等，总计有七八项之多，民进党都以种种借口来合理化这些作为，其实是在搞“事实台独”。

据称，大陆拥有充分信心，可以不理会民进党的这些作为。他说，基于大陆经济发展，也基于两岸的交流频繁，足可抵消民进党的“脱中国化”作为，大陆其实并不担心。但他说，这次在护照上加注台湾英文字样，由于涉及“国号”问题的改变，因此不能等闲视之。

徐博东表示，民进党此举将造成恶劣影响，其一是破坏两岸的信任度，使大陆越来越不对民进党抱持幻想，甚至中共高层在解决台湾问题的思维上，也可能因此产生转变；其次，民进党此举，更加破坏台湾内部的团结。

（中时，2002/01/16）

大陆学者评“渐进式台独”

“台湾问题是中国内政，和平解决台湾问题，实现国家完全统一，是中国政府坚定不移的政策。同时，“一个中国”政策也是美国政府的一贯立场。如果台湾当局不识时务，误判形势，一味推动‘渐进式台独’，无异于火中取栗。”大陆学者日前接受新华社记者采访时如是表示。

一个时期以来，一系列“渐进式台独”举动在岛内上演：通用多年的出境证件被加注“台湾”字样；台“新闻局”原“中国地图”标识被抹去；联署提案审议所谓“公投法”草案、提出所谓“参选总统必须限定于台湾出生的‘出生地条款’”；拟将驻外机构改名一律冠上“台湾”；提出要将台湾地方方言之一的闽南话定为“国语”……这些旨在“脱中国化”、图谋“台独”的挑衅行为，日益引起海内外的强烈关注。

北京联合大学台湾研究所所长徐博东分析指出，台湾当局的“台独理念”，是纵容和推动岛内“渐进式台独”愈演愈烈的主要根源。

徐博东说，台湾当局领导人把两岸政策划为内、外两层：外层是保护壳，这就是其上台后信誓旦旦地宣称“四不一没有”，假意释出所谓缓和、改善两岸关系的“善意”和“诚意”，以便“让美国满意、国际社会肯定，中共虽不满意但找不到借口”；内层则是处心积虑地推行“去中国化”，在岛内营造“台独”的文化、心理、社会环境，以图在“时机到来时”搞所谓“公民投票”，实现“台独”之梦。

……（略）

徐博东说，实现两岸和平的根本保障在于统一。中国政府主张和平统一，但绝不能只要和平，不要统一；排斥统一，企图“和平独立”，就不可能有两岸和平。两岸人民是骨肉同胞，中国政府和人民是最希望用和平方式解决台湾问题的，美国政府也希望两岸问题能和平解决，在这一点上，中美两国有着共同的利益；但是，岛内的“台独”活动和台湾当局推行的“渐进式台独”政策正挑衅“一个中国”的原则，蚕食和平统一的基础，对中国国家安全构成了威胁，成为台海和平最大的隐患，也严重违背了岛内求和平、求安定、求发展的主流民意。

徐博东指出，中国政府一再表明，搞任何形式的“台独”都是不允许的；如果台湾当局在“渐进式台独”的道路上越走越远的话，将给台湾同胞带来灾难性的后果。他希望台湾当局不要错估国际形势，更不要低估13亿大陆人民实现祖国完全统一的决心，万勿火中取栗。

（人民日报·海外版，2002/03/21，新华社记者 郃海）

“三通”谈判成功关键，端视民进党是否有诚意

王绰中/北京—厦门二十二日电 北京对台权威人士透露，为了加速两岸统一进程，大陆方面决定在两岸“三通”问题上，尽量采取模糊化方式处理；对于两岸以“民间对民间”方式谈判“三通”，北京对台智库学者也认为，未来只要台湾方面不以政治问题来干预，大陆方面会用极为务实的态度来推动“三通”，目前关键仍在台湾民进党政府是否有诚意。

……（略）

对此，北京专研民进党的联合大学台湾研究所所长徐博东就表示，今年初中共副总理钱其琛在“江八点”七周年的讲话，在“三通”问题上，就不再要求台湾方面必须明确承认“一个中国原则”才可以谈，未来在“三通”问题上，只要不违背“一个中国”两岸就可以通起来。

徐博东指出，两岸采取“民间对民间”谈“三通”是可行的，除非台湾方面刻意要用政治问题来干扰破坏，否则两岸是可以很快“三通”的，如果双方都务实的采取台港、台澳模式，“三通”问题在短时间内是可以突破的。

就对台策略考量来说，徐博东认为，大陆方面认为早通比晚通好，谈不上两岸“三通”是为民进党政府加分，反而是两岸双赢，大陆不存在将

“三通”问题当做筹码。强调，如果两岸明明可以通而不通，大陆会丧失台湾民心，大陆这次采取积极务实的方式回应，主要就是要突显民进党是否有诚意。

……（略）

（中时，2002/05/23）

学者指陈水扁煽动对抗大陆

本报讯/据中新社二十八日消息　台湾当局领导人日前就任民进党主席时称：“如果我们的善意得不到相对的回应，就得认真思考，走咱自己的路，走咱台湾的路，走出台湾的前途。”对此，北京联合大学台湾研究所所长徐博东教授指出，这个讲话重新拣起当年李登辉的手法，煽动台湾民粹情绪与大陆对抗，非常危险。

徐博东强调，实际上，为改善和发展两岸关系表现出更大诚意和善意的，更多的是大陆而不是台湾当局。大陆对一个中国的“新三段论”：“世界上只有一个中国，大陆和台湾同属于一个中国，中国的主权和领土完整不容分割”，这与以前相比做出了很大调整，表现了极大的灵活性和包容性。

徐博东对钱其琛副总理今年初的讲话总结出四点新意：一、关于实现两岸“三通”，没有再提前提条件，改以“当前，可由两岸民间行业组织就通航问题进行商谈”的提法；二、把广大民进党成员和极少数顽固的“台独”分子加以区别，把广大台胞要求当家作主与少数人搞“台独”加以区别，“本土化”与搞“台独”也加以区别；三、提议“建立两岸经济合作机制、密切两岸经济关系”；四、在如此重要的讲话中，没有提到“不承诺放弃使用武力”。

徐博东表示，在台湾当局领导人仍拒不承认“一个中国原则”，否认“九二共识”、甚至不肯承认自己是中国人的情况下，钱其琛的讲话不仅没有咄咄逼人的用语，相反却使用了许多充满感情色彩的语言，殷殷规劝，以诚相待，这不是极大的诚意和善意?

徐博东表示，台湾现在每年从两岸贸易中获得顺差200多亿美元，对台湾经济做出了重要贡献，大陆对此从未要求“对等”，从未打过贸易战，这同样表现了极大善意。

徐博东认为，大陆的善意不胜枚举，而台湾当局领导人的讲话却给一笔否认了。

徐博东指出，反观台湾当局领导人，从其就职演说的“四不一没有”到今年的“大担岛谈话”，表面上看具有一定善意，而实际上是或出于稳定政权的需要，或为让美国放心，或迫于岛内民众压力而不得不说的，初衷并不是改善和发展两岸关系。即便是一些有关两岸经贸和“三通”的说法，也是口惠而实不至，让岛内工商界和民众一再感到失望。

台湾当局领导人多次说过“推动两岸领导人互访”、“政党交流”之类的话。徐博东对此分析道，他明明知道在台湾当局不承认“一个中国原则”、民进党不修改“台独党纲”的情况下，这些都是不可能的，还一再这样说，显见其没有改善两岸关系的基本诚意，只是玩弄文字游戏和“作秀”。

徐博东指出，台湾当局领导人的日前讲话将其走“台独”之路的责任推给大陆，是一种威胁和挑衅，本身就是没有善意的表现。对其造成的影响，徐博东指出，这个讲话重新拣起当年李登辉的手法，煽动台湾民粹情绪与大陆对抗，非常危险。

（大公报，2002/07/29）

陈水扁“台独”言论是对“一个中国原则”的严重挑衅

新华社北京8月4日电（记者朱华颖） 北京联合大学台湾研究所所长徐博东指出陈水扁“台独”言论是对“一个中国原则”的严重挑衅。

台湾当局领导人陈水扁昨天公然宣称“台湾跟对岸中国一边一国”，并鼓吹推动“公民投票”决定“台湾前途”。对此，北京联合大学台湾研究所所长徐博东教授今天在接受新华社记者采访时指出，这是对“一个中国原则”的严重挑衅。陈水扁7月21日以来的一系列“台独”分裂言行，加剧了台湾海峡的紧张局势，将给海峡两岸关系带来新的危机。

徐博东认为，陈水扁发表的言论不是偶然的，而是经过精心策划、有预谋的行为。陈水扁在“大担关于三通的讲话”中释放出的所谓“善意”，是违背“一个中国原则”的假善意，其真实的目的就是为近期的“台独”言论做铺垫，为推卸“台独”责任找借口。

徐博东说，陈水扁昨天发表的“台独”言论，公然从“暗独”走向“明独”，是有其深刻的国际和岛内背景的。他呼应国际上的一些反华势力，挟洋自重，有恃无恐，甘当国际反华势力的马前卒。从岛内形势来看，陈水扁兼任了民进党主席，集党政大权于一身，自以为自己的实力已大大增强。而为了能在两年后的台湾地区领导人选举中胜出，需要一份好的执政成绩单，但自他上台以来，岛内经济持续低迷，政党纷争不断，社会乱象丛生，他本想通过“拼经济”来回应岛内对他执政的诟病，但是毫无成效，台湾经济继续恶化，本土型金融危机隐然成形，于是他从“拼经济”转而开始拼“台独”。什么是他的权宜之计，什么是他的最终意图是清清楚楚的。

徐博东指出，台湾经济的发展与两岸关系的改善紧密相连，陈水扁为了一己之私，企图通过挑衅“一个中国原则”来转移岛内民众的视线，来缓和目前的经济困境，完全是南辕北辙、饮鸩止渴的行为，无异于政治自杀、自残。他的“台独”言论对于台湾经济的发展没有任何好处，只能使台湾经济陷入更加恶化的境地。

徐博东强调，目前，海内外同胞都热切盼望祖国统一，岛内的主流民意是求和平、求安定、求发展，国际社会普遍期望台湾海峡稳定和平。在这种形势下，陈水扁公然鼓吹“台独”，是一个极其危险的信号。可以预见，岛内的统“独”之争将继续激化，政党恶斗、族群矛盾将会加剧，两岸关系的改善将更加渺茫，岛内工商界和广大民众将会非常失望。而且，如果因为陈水扁的言论引起两岸关系严重紧张，把美国拖下水，那么陈水扁将会成为美国眼中的另一个“麻烦制造者”。

徐博东说，陈水扁的“台独”言论已经引起了岛内民众的愤怒，最近两天，岛内在野党都在痛斥陈水扁的“台独”言论。我们对任何分裂言行都绝不会姑息、纵容。希望陈水扁不要自作聪明，继续误判形势，置岛内2300万人的福祉于不顾，将台湾拖向灾难的深渊。

（人民日报，2002/08/05）

北京台湾问题研究学者答台湾记者问

新华社北京电（记者陈斌华） 多位长期从事台湾问题研究的学者8月9日在北京指出，陈水扁和“台独”分子的言行，已使两岸局势出现紧张，台湾当局如果敢于推动“公投立法”，将给两岸关系带来更加严重的后果。

中国记协8月9日邀请和平与发展研究中心研究员辛旗、中国国际问题研究所研究员郭震远、北京大学教授李义虎、北京联合大学台湾研究所所长徐博东、中国社科院台湾研究所研究员刘红，就陈水扁抛出“一边一国”、“公投立法”对两岸关系的影响等问题，接受了在京台湾记者的联合采访。

……（略）

徐博东说，台湾当局在发现情况不妙后，忙于“消毒”，但越抹越黑，实际上还在坚持“台独”立场。“台湾前途决议文”是“一边一国论”和“公民投票”的蓝本，只要陈水扁还坚持将“台湾前途决议文”作为民进党大陆政策的最高指导原则，两岸关系就只能是越来越紧张。

……（略）

徐博东说，如果只由台湾2300万人“公投”决定台湾的前途、命运，实际上等于剥夺了大陆13亿人的民主与权利。因此，陈水扁的分裂言论本身就违反民主、践踏人权，完全是为了欺骗舆论，换取西方一些势力的欢心和支持。

针对台湾一些民调显示陈水扁“一边一国论”得到一定的支持，……（略）。徐博东补充说，也有民调显示台湾民众认为陈水扁提出“一边一国论”是不合适的。

……（略）

（人民日报·海外版，2002/08/12）

统派人士指美国反华，培植“台独”势力

“中华民族之腾飞”学术研讨，反独促统团体
誓言互相合作，年内连串活动

记者陈青洛杉矶报道　北京联合大学台湾研究所教授兼所长徐博东和台湾中国统一联盟会长王津平，18日在第七届“中华民族之腾飞”学术研讨会上分别指出，台湾问题至今未能解决，关键在美国反华势力的介入和插手。

徐博东指出，中美与台湾三角关系，是当代国际关系中最复杂的关系之一。三方任何一方政策的重大调整，不仅会打破三方之间的动态平衡，对三方关系造成重大冲击，并会影响亚洲和世界的和平。而这三角关系，说到底，是中美两国之间的实力较量问题。

徐博东指出，小布什政府上台之初，主张对中国大陆事务的强硬派占了

上风，加上军火集团的利益，使其对华政策充满了蛮横性、矛盾性和摇摆性。但“九一一”事件后，美国要建立国际反恐联盟，必须获得俄国、中国大陆和众多伊斯兰国家的支持，这正好给了中美关系改善和发展的良机。不过，徐博东指出，客观而言，中美关系还存在许多不稳定因素，不可盲目乐观。中美长期以来在国际安全、台湾问题、人权问题、武器扩散问题、导弹防御体系问题和宗教问题等分歧，没有因为九一一的反恐合作而烟消云散，即使在反恐问题上，双方也有分歧，中国大陆对美国在反恐斗争中的任意扩大化、企图打着反恐旗号，颠覆和侵略其他国家主权的做法，不能不加以反对。

而小布什政府和美国智库中，敌视中国大陆和抱持冷战思维的强硬派，还具有相当大的影响力。美国并未放弃围堵和遏制中国大陆的长期战略目标，倾向台湾的政策也未改变，今后中美关系仍会在一些重大原则问题特别是在台湾问题上，面临严峻的挑战和考验。

……（略）

（美国《世界日报》，2002/08/19）

陈水扁的拒统促“独”图谋必将失败

编者按 近日，陈水扁继抛出“一边一国”论之后，又召开了一个所谓“反恐、民主战略会议”，陈水扁两次发表谈话，肆意攻击大陆，恶化两岸关系。在谈话中，他除继续鼓吹以“公投”方式决定台湾前途外，还提出了两个蛊惑人心的论调：一是诡称两岸的最大矛盾与差异在于“民主”，宣称在“民主的台湾”没有“一国两制”的存在；二是公然将台湾与美国相提并论，把祖国大陆不承诺放弃使用武力类比为恐怖主义，歪曲大陆不承诺放弃使用武力是“对自由、民主、人权的最大威胁”，“已严重威胁台湾人民福祉”。

陈水扁的狂言滥调，激起台湾问题专家学者的极大愤慨。本报特约请部分台湾问题专家学者展开笔谈，批驳陈水扁的分裂言论。

笔谈专家学者：北京联合大学台湾研究所所长徐博东、上海台湾研究所副所长严安林、中国国际问题研究所研究员郭震远、中国社会科学院台湾研究所副研究员刘佳雁。

……（略）

徐博东：陈水扁表示“反恐”，发表什么“反恐声明”，这本身就是一个笑话。“台独”分子就曾经在美国制造过邮寄炸弹的恐怖惨剧，挑动“台独”就是恐怖活动。“反恐”只是陈水扁的借口，他妄图迎合西方的价值标准，利用西方反华势力惯用的语言讨好西方，误导西方舆论，寻求支持，以达到其“台独”的险恶目的。

陈水扁不顾事实，歪曲“一国两制”的基本方针。“一国两制”在香港和澳门的成功实践，得到了包括美国、英国在内的国际社会的认同和称赞，越来越多的台湾人民开始了解“一国两制”，认识到这充分尊重了台湾人民的意愿和选择，满足了台湾人民求安定、求发展的主流民意。台“陆委会”自己的民调也显示出赞成“一国两制”的人不断上升。在这种情况下如果还罔顾事实大放厥词，只能表明他内心的虚弱与焦虑。

陈水扁惯于打着“民主、自由”的幌子混淆视听，欺骗民众，但“台独”和民主、自由毫无关系。台湾现有法律仍然承认台湾是中国的组成部分，无论什么样的社会制度都不会允许分裂国家的行径，台湾可以选择自己的社会制度，但“台独”是走不通的。陈水扁如果妄图“绑架”2300万台湾人民实现极少数人的“台独”理念，会越来越受到包括台湾人民在内的13亿中国人的反对。

……（略）

（人民日报·海外版，2002/09/17）

2003 年

台海和解是否“春暖花开”

包机直行一波三折

“53 年——19700 多天，这是台湾民用飞行器首次抵达大陆。”徐博东教授——北京联合大学台研所所长、全国台湾研究会理事，如此描述 1 月 26 日的台商包机抵沪。他接受《南方周末》采访时，正值26 日下午3 时40 分。他背后的电视中，台湾“TVBS”新闻台现场直播着那架载有 258 位台胞的 747－400 客机，平稳降落在台湾桃园机场的镜头。中国国际问题研究所副所长苏格、清华大学台研所所长刘震涛等知名学者，同样对此次“包机”的成行表示欣喜。尽管，这与他们期待的“双向直行”有着很大差距。

……（略）

“三通”为何这么难“通”

1979 年元月，时任全国人大委员长的叶剑英元帅发布《告台湾同胞书》。文告中，公之于世 30 年的“解放台湾”被“和平统一”所代替。而“三通”的概念也就此被提出，两岸“通邮、通商、通航”，表明了大陆对台态度的转变。

……（略）

徐博东分析说，“但在技术层面，他们却屡屡设置障碍。比如这次的春节包机，就从双向直行变成了单向曲行”。徐博东认为，台湾方面对“三通”一再阻挠的原因，是惧怕“台独”失去生存的土壤。“台独产生的原因很多，但长期隔阂是重要因素之一。”他说，“两岸三通可以促进沟通，从经济上的交流进一步发展文化、政治上的交流，从而达到相互理解信任的目的。可以说，“三通”实现的那一天，就是“台独”走向没落的开始”。

从政治先行到经济先行

此次包机成行之时，恰逢江泽民《为促进祖国统一大业的完成而继续奋斗》（简称八项主张）重要讲话发表八周年。这一发表于 1995 年 1 月 30 日春节茶话会上的讲话，是邓小平“和平统一、一国两制”的基本思想的具体运用和重大发展，并成为中共解决台湾问题的纲领性文件，直至今日。

2003 年 1 月 24 日，在纪念“八项主张”发表八周年的座谈会上，国务院副总理钱其琛做了题为《两岸同胞同心携手，为完成祖国统一而努力奋斗》的讲话。这份只有几千字的讲话中，钱副总理先后提到了两岸经济合作、三通、恢复对话与谈判等问题。在谈到“三通”时他特别指出：“三通”是经济问题，以民为本、为民谋利，应当是解决这个问题的立足点和出发点。“与过去相比，今年钱副总理的讲话把经济问题放在了政治之前，强调不因两岸政治分歧而干扰经济交流。”徐博东如此解读钱其琛的讲话，“而在去年——纪念八项主张发表七周年时，大陆方面就表明了这样的观点：‘三通’商谈不是政治谈判，可以不涉及‘一个中国’的政治含义。可以通过民间对民间、公司对公司、行业对行业的方式进行协商谈判。它充分体现了大陆对台政策的务实和包容。”

新领导集体的对台政策不会大变

去年 11 月，具有重大历史意义的中共十六大在京召开。胡锦涛接替江泽民出任中共中央总书记，政治局常委也完成了新老交替。而今年 3 月即将举行的“两会”上，还要继续完成国家领导人的交接。于是，一个问题开始引人注目：中央领导集体的权力交接，是否引发对台政策的变化？

……（略）

徐博东对此也持同样观点。他说，大陆对台政策不会因领导人而异，而是根据形势的变化而变化。尽管今天距离江主席的“八项主张”发表已经八年时间，但台海形势并没有发生根本性的变化：有利形势在不断增强——

大陆经济的持续稳定发展尤其重要；而不利形势同样在增长——民进党已在海岛执政三年，两岸关系也随之紧张。

……（略）

在展望2003年年内两岸关系时，徐博东说，不要对“突破”寄予太大的希望，真正的“三通”也很难在近期实现。因为2004年台湾的“大选”临近，执政的民进党要想稳住“台独”票源——包括在“立法院”占13个席位的台联党，就必须作出阻碍两岸交流的动作。在两岸政策上就不可能做出重大的突破性调整。

事实上，两岸关系总是反反复复：例如1995年江主席“八项主张”发表几个月后，李登辉便突然访美；1999年汪道涵先生拟订访台之前，台湾当局又抛出了“两国论”。而在今天，“包机”实现之后，殊难预料台湾方面会作出什么事情。

（南方周末，2003/01/29，吴晨光）

连战“和平之旅”要过4关

海峡之声网专稿记者前方　国民党主席连战30号获得党内提名为第十一任“台湾当局领导人”候选人。台湾亲民党全委会当天下午也通过提名宋楚瑜和国民党合作参加明年台湾大选。“泛蓝”整合“连宋配”正式浮出水面。连战表示明年国民党赢得台湾大选后，他将即刻访问大陆展开“和平之旅”。

就连战30号的讲话和“连宋配”的有关问题，海峡之声记者采访了大陆台湾问题专家，北京联合大学台湾研究所所长徐博东教授。

谈到连战提出的所谓“和平之旅”，徐先生认为连战要过4关。第一，“泛蓝”要在明年的台湾大选中获胜，这是连战自己设定的访问大陆的前提；第二，连战要为自己可能的大陆之行选择恰当的身份，“台湾地区领导人”或是“国民党主席”的身份是比较合适的；第三，连战访问大陆的计划必将受到台湾岛内台联党、民进党等“台独”势力的杯葛与阻挠；第四，美国方面是不是允许台湾在两岸问题上迈开实质性步伐，也是连战将面临的难题。

关于“连宋配”，徐先生认为这是“泛蓝”在充分分析明年“大选”形势后作出的明智决定，因为单靠国民党或是亲民党都无法赢得大选。而且，在目前情况下，整合后的“泛蓝”阵营也只是以微弱的优势领先“民进党”。

徐博东先生最后强调，“泛蓝”在明年的台湾大选中获胜，可能会给目前处于僵局的两岸关系带来新的希望，但基于多年来与台湾当局打交道的经验，祖国大陆方面不会把和平统一的希望寄托在台湾某个政党或是某个政治人物的身上，而是把希望寄托在广大台湾民众的身上。

（海峡之声网，2003/03/31）

徐博东：回顾“汪辜会谈”给两岸的重要历史启示

中新社北京四月十八日电（记者曾嘉 刘舒凌） 北京联合大学台湾研究所所长徐博东今天出席全国台研会举行的纪念“汪辜会谈”举行十周年座谈会，并发表讲话回顾这一会谈的历史启示。

他说，“汪辜会谈”的成功举行充分体现了两岸双方妥善处理分歧、有效打破僵局的政治智慧，它说明了海峡两岸尽管长期隔绝、对峙，意识形态对立，缺乏互信，但只要双方能够本着“求同存异、互相尊重、平等协商”的原则与精神，心平气和地坐下来谈，总是可以找到解决问题的方法。

他认为，只要双方有诚意，海峡两岸的某些政治争议完全可以暂时搁置，并不是两岸关系发展进程中不可逾越的障碍。

徐博东说，“汪辜会谈”之所以得以实现，关键在于一九九二年海协与海基会达成了各自以口头方式表述“海峡两岸均坚持一个中国原则”的共识，并表明了两岸“努力谋求国家统一”的态度。也就是说，“九二共识”的确立，为新加坡“汪辜会谈”的顺利举行扫清了障碍。“坚持一中原则”和“谋求国家统一”是两岸及“两会”接触、对话的前提，同时也是“汪辜会谈”的基础。

（中新社，2003/04/18）

有关专家积极评价章孝严的两岸货运包机直飞方案

海峡之声网北京消息 台湾知名人士章孝严提出了两岸货运包机直飞方案，他建议不经港、澳以提升企业运营效率，不采取单向空机飞行的做法，以降低两岸运送货物的成本。就相关问题本台驻京记者采访了北京联合大学台湾研究所所长徐博东教授，他对此积极评价。

徐博东说，章孝严先生一贯对两岸关系的缓和发展积极努力，对此我表示非常的赞赏、非常的欢迎。上次春节包机直航也是在他积极推动下、大陆方面多次努力后实现的。这次他提出来推动两岸的货运包机直飞，实施时间从10月起先试行3个月，然后长期推动定期的货运包机，这是非常好的一个主意，大陆方面肯定对这个提议表示欢迎和肯定。大陆方面一再重申，凡是对两岸同胞福祉有利的事情都愿意积极推动。

徐博东说，由于台湾方面不愿意承认“一个中国”，不承认“九二共识”，“两会”商谈一直无法恢复。上次台商春节包机成行的过程充分说明，两岸直航完全可以通过民间、行业组织就技术问题进行协商，达成共识后，由各方自行取得确认的方法，先通起来。徐博东表示，这次仍可以采用这种方式进行商谈，两岸真正的货运包机直飞应该比台商春节包机的时候再前进一步。春节包机直航是单向，而且落地港澳，这和目前两岸工商企业界，特别是台商的要求有很大的距离。如果按照章孝严先生的提案，不经港澳不采取单飞，而采取双向互惠这样一个对等的方式，是符合两岸人民的利益的。据台湾媒体报道，目前正在经营海峡两岸货机运输业务的台湾华航和长荣航空公司表示如果台湾当局通过两岸货运包机直航业务的相关政策，将立即进行相关业务的运营。据统计，今年1月至5月台湾通过空运出口到大陆的货物有18983吨，业者预计7月至12月是两岸货物运输的旺季，届时两岸的货物的运输量还将会成倍增长。但是目前两岸运输往来采取的是间接方式，运输中必须经停香港、韩国等第三地，增加了货运成本，业者表示如果开展两岸货运包机直航业务，将可以减少货机的起降时间及航程，对业者和货主来说相当有利。

徐博东说，通过这两件事情再次引燃了人们对于两岸“三通”的热切盼望。对于两岸“三通”商谈，祖国大陆一贯抱持积极、务实、灵活的态度。“三通”是经济问题，“三通”商谈不是政治谈判，其协商方式可以尽量灵活，简单易行，民间对民间、行业对行业、公司对公司的协商办法是完全可行的。首先台湾方面应该有诚意才能够把这个事情真正的推向新的一个进展。我认为目前关键在于台湾方面民进党当局有没有诚意来推动这件事情，如果能够真正有所前进的话，对民进党“新经济”，对明年的“大选”都是利多的事情。希望台湾方面不要从“台独”意识形态来看问题，真正为两岸同胞、特别是台湾工商企业界的角度出发，尽快地推动两岸直接“三通”。

（海峡之声网，2003/07/07，魏文利、何伟、高伟）

徐博东评陈水扁的选举策略

海峡之声网7月11日报道　听众朋友，从今年初一直到现在，陈水扁有很多的动作，也炒作了不少的议题，正如岛内外舆论分析的，陈水扁所有这些动作都无一例外地指向一个目标，就是明年3月20号的台湾地区领导人选举。陈水扁这一系列的表演，多少也让人们看清了他大概的选举的路数。如今岛内的SARS疫情逐渐消退，而选情则在急剧升温。今天《海峡论坛》节目时间，我们就谈谈陈水扁的选举策略和选举招数。

听众朋友，明年台湾地区领导人选举，陈水扁面临两大基本形势：一是自己执政三年，几乎没有可以称道的成绩，岛内经济衰退，两岸关系紧张，人民怨声载道；二是国亲联盟、“泛蓝”整合，明年的选举将是一对一的对决。面对这种形势，陈水扁采取什么样的选举策略呢？

……（略）

刚才刘红先生已经谈到，面对明年大选，陈水扁将在两岸关系上采取“两面手法”，北京联合大学台湾研究所所长徐博东教授则将它概括为“软硬两手”。何谓“软硬两手”？为什么陈水扁会采用“软硬两手”？

徐博东教授说：“对两岸关系方面，采取软硬两手，兼而用之。所谓硬的一手就是他抛一些‘统独’方面的议题，来刺激大陆，激怒大陆，使大陆方面采取一些激烈的反弹动作，最好是有什么军事演习，骂一骂陈水扁，对‘台独’进行严厉批判啊，等等。然后他就说，是大陆‘打压台湾人’，大陆‘鸭霸’，不讲道理。这个大家已经看得很清楚，如在加入WHO的问题上，WHA的问题上，‘高明见事件’的问题上，已经使用这个手法。从目前来看，他又重新抛出‘一边一国’的议题来，‘统独公投’啊，以这些议题来刺激大陆，希望大陆能像以往一样跳起来，批判‘台独’，然后他就来煽动岛内的民粹情绪。以后在适当的时机，他还会不断抛出这样刺激大陆的议题来。目前来看主要是硬的一手。软的一手就是说，他知道岛内的中间选民，特别是工商企业界，迫切希望能够改善两岸关系，特别是“三通”问题上，已经是台湾的主流民意了，在这些方面，他在适当的时机也会来软的一手，比如说开放中资入岛啊，比如说在“三通”问题上，有一些新的小打小闹的策略性的动作出台啊，比如货机直航的问题会不会提出来啊，在金马“小三通”的问题上扩大一下到澎湖之类的。或者是其他一些方面使出一些所谓的诚意和善意来骗取中间选票。”

听众朋友，陈水扁当局一些人也表示，“拼经济第一”，“选举摆一边”。然而，对于心目中“万般皆下品，唯在选举高”的陈水扁来说，他的动机果真有这么单纯吗？对此，专家表示：“拼经济”不过是“拼选举”的另一种说法。

……（略）

徐博东教授说：“口号喊了三四年了，可以说台湾经济日益沉沦，和陈水扁当初上台时说要使台湾经济不断提升，完全是走相反的路子。这个陈水扁意识形态挂帅是主要的原因，当然他一方面是把责任推给国际经济大环境不好，另一方面把它推给在野党杯葛，掣肘他的施政，实际上主要的原因是他自己执政的无能，但是现在不管怎样他也知道，要争取中间选票，最重要的是要在拼经济方面拿出像样点的成绩单来，所以他现在一方面除了提口号外，也希望能出台一些政策措施来拉抬一下经济。他主要的目的实际上是短期的炒短线，希望在这几个月里，能够搞起经济上有所起色这样一个措施，来为他争取选举的利多，但是至于这些措施有没有配套，会不会有一些负面的作用，那不是他陈水扁所考虑的事情。”

……（略）

听众朋友，在节目开始的时候，刘红主任提到，对竞争对手“扣帽子”、“打棍子”、分化瓦解，是陈水扁选举策略的重要一环。那么，陈水扁这些手段是如何操作的呢？

……（略）

（出徐博东录音）“还有一个是分化‘泛蓝’阵营，比如说第一步我们看得很清楚，拉萧万长当他的财经幕僚，另外一方面从花莲‘县长’的选举可以看到分化泛蓝的手法。支持原来国民党籍‘县长’的夫人刘招娥代表民进党来参选，当这个目的没有达到时，又在吴国栋和谢深山之间来找空隙钻钻，让‘泛蓝’分裂成两组候选人，来分散国民党的票源。恐怕将来像花莲县选举民进党这样的策略模式还会继续使用。”

听众朋友，搞“外交出击”是陈水扁竞选策略的又一环节，徐博东教授分析认为，陈水扁下一步将会在国际上进行一系列动作。（出徐博东录音）

“在对外拓展所谓的‘国际生存空间’方面，我估计下半年陈水扁肯定会采取一些动作，来争取对外关系方面有所突破，来得分，争取中间选票。现在已经看到的，比如很快吴淑珍就要到欧洲去，带着大批的台北‘故宫’的国宝，到欧洲去展览，来增加台湾的所谓‘能见度’。另外一方面呢，可以预见，在即将召开的联合国大会上，恐怕还会炒加入联合国的问题，另外，恐怕陈水扁还会在下半年想办法‘过境’美国到中南美去访问，目的不在于真的去访问中南美，而主要是想在‘过境’美国时，希望得到美国高规格的接待，这样的话在拓展对外关系方面，来争取岛内民众的认同和支持，来得分，所以可以预见，在所谓‘外交’方面，也会不断挑战一个中国原则。”

……（略）

听众朋友，选举是人民实现民主的一种体现，本来是一件好事，但是，如果像陈水扁这样，为了自己要当选，拿岛内纳税人的钱为自己进行“政策性买票”，而不顾台湾的长远发展，而且还挑起政党恶斗，恶化两岸关系，这对台湾社会稳定、经济发展绝不是一件好事。

（海峡之声网，2003/07/11）

剖析民进党，国台办年底出书

朱建陵北京九日电 继核准第一本关于民进党研究的专书《透析台湾民进党》出版之后，消息指出，中共国台办将在今年底，台湾“总统”大选前夕，透过旗下的“九州出版社”推出系列民进党研究丛书，一套八本，从各个角度分析民进党在台崛起、发展与未来走向。

由北京联合大学台湾研究所所长徐博东撰写的《透析台湾民进党》于今年七月出版，这是大陆第一本获得台办同意出版的民进党研究专书，大陆海协会前任常务副会长、现任海峡两岸关系研究中心主任唐树备为该书作序。

消息指出，在《透析台湾民进党》之后，中共国台办下属的“九州出版社”预计在今年十二月推出一套八本的民进党研究丛书，由大陆学界八人分头执笔。

至于国台办推出这套丛书的目的，消息人士分析说，这是中共对台系统务实看待民进党及分析台湾政情发展的一环，避免重蹈过去忽视民进党在台湾政治能量的覆辙。

长期研究民进党问题的北京联合大学台湾研究所所长徐博东，在《透析台湾民进党》一书中，就提出民进党和陈水扁一向长于选战，现在又拥有庞大的资源，兼之又有台湾中南部选民的强力支持，因此，民进党仍可能赢得选举，明年台湾政权是否政党轮替仍不明朗。他说，如果民进党获胜，两岸关系将面临更多的严峻挑战。

（中时，2003/08/10）

新书出版《大陆学者眼中的民进党》徐博东新作

本报大陆组/台北报导　台湾有学院大陆所研究中国，大陆也有台湾学院研究，彼此都在了解对岸想法，现在也有一本研究台湾民进党的书出版了，不过是大陆教授徐博东著作，虽然不是台湾人，但徐博东来台多次，也会晤多位民进党人士，对民进党人、对民进党的“台独”路线了解深刻。大陆人怎么看待民进党，看了本书就知道。

这本《大陆学者眼中的民进党》，徐博东在书中指出，在这些论文中，有历年来对“台独”与民进党、台湾政局和两岸关系等一系列重大问题发展走向的评析与预测，多数已被后来的事实证明是正确的或比较正确的。比较重要的如：（一）对民进党在台湾政坛中的作用及其局限性的剖析；（二）对“戡乱”终止后“台独”与民进党因生存空间的扩大，其“台独”活动势必急剧升级的预测；（三）对民进党质变原因及其对各方面必将带来的重大影响的分析与预测；（四）对李登辉“台独”倾向的观察与预测；（五）对民进党“台独”转型的分析与预测；（六）对陈水扁当选的可能性及其对台湾政局和两岸关系的分析与预测；（七）对陈水扁“新中间路线”的剖析等等。

徐博东，男，1944 年 10 月 12 日生，广东梅州市蕉岭县客家人，1969 年北京大学历史系中国史专业毕业，现任北京联合大学台湾研究所所长、应用文理学院学术委员会委员、历史学教授。

作为一位研究民进党的先行者，徐博东多次来台从事交流访问，看着他由中央到基层、由城市到农村，不厌其烦，深入其境，想方设法与民进党人士接触，从不放过任何可以掌握信息的机会。

（东森新闻网，2003/08/13）

《透析台湾民进党》：大陆首部研究民进党论文集

中新社北京八月三十一日电（记者 黄少华） 著名台湾问题专家徐博东又一力作《透析台湾民进党》新近出版，受到两岸各方面的重视与好评。

据悉，该书这是迄今为止大陆首部较为系统的研究民进党的论文集出版问世。

徐博东，广东梅州市蕉岭县人，北京大学历史系毕业，现任北京联合大学台湾研究所所长、应用文理学院学术委员会委员、历史学教授。他一九八四年起从事台湾史研究，曾六次赴台进行学术交流。

由此间台海出版社出版的《透析台湾民进党》一书，约三十万字，按所收的三十五篇论文写作时间先后顺序编辑，可令读者从一个侧面探寻自一九八九年以来“台独”与民进党的活动轨迹，掌握其大致脉络，以及评估其对台湾政局、两岸关系等各方面所产生的重大影响，并从中总结出某些带规律性的东西。

本书的台湾繁体版书名为《大陆学者眼中的民进党》，四个月前先期由岛内海峡学术出版社出版，并受到各方重视和好评。该书的大陆简体版与繁体版相比，除书名改为现名，加入作者今年新作《关于对重要战略机遇期两岸关系的思考与展望》一文和几幅照片外，其他都保留了原貌。

海峡两岸关系研究中心主任唐树备为本书作序时，呼吁民进党的朋友们能审时度势，真正以二千三百万台湾民众的福祉为念，以中华民族的长远利益为重，为改善和发展两岸关系做些实事，和祖国大陆共谋和平统一之道，切不可一误再误，错失了良机。

（中新社，2003/08/31）

徐博东指出：台湾当局应严惩岛内“人蛇”集团

新华社记者陈键兴 9 月 2 日报道 台湾苗栗外海 8 月 26 日发生大陆私渡人员被台湾蛇头强推落海的恶性事件，引起了大陆有关方面和人士的严重关切。北京联合大学台湾研究所所长徐博东教授 1 日接受新华社记者采访时指出，发生私渡去台事件的关键原因是台湾当局对“人蛇”集团的打击力度严重不足，对私渡组织者和参与者的量刑过于宽松，甚至有的人很快便获释，这实际上是纵容了此类犯罪活动。

“8·26”惨剧发生后，台湾当局借机大作政治文章，散布荒唐言论。对此，徐博东指出，在两岸协商方面设置障碍的是台湾当局。“一个中国原则”不是大陆方面强加给台湾的，不仅是历史事实，而且是台湾现行的法律文件所明文规定的。台湾当局应放弃“一边一国”的主张，回归“九二共识”，尽快恢复两岸两会的接触与商谈，研究如何密切合作、共同打击犯罪。

徐博东认为，台湾当局利用此次不幸事件，加以政治化，甚至说落海的私渡人员是“用脚投票”，这是台湾当局的选举语言，目的是要煽动岛内民众对祖国大陆的反感情绪，制造两岸的对立。他指出，陈水扁上台3年多来，政绩乏善可陈。面对明年的台湾当局领导人选举，交不出一份像样成绩单的陈水扁寻求连任的策略之一就是制造两岸紧张气氛，挑拨岛内族群对立，从而转移岛内舆论焦点，缓解其执政无能的压力。

徐博东说，台湾方面还应考虑通过正常途径引进大陆劳工。目前，台湾当局拒绝开放大陆劳工去台工作，只有少数船员、渔工在台湾船只上工作，并且不准入岛，遭到歧视性待遇。徐博东认为，如果两岸通过协商，建立某种机制，岛内正常引进大陆劳工，即使不能完全杜绝，至少应可减缓私渡去台活动的蔓延。

（新华网，2003/09/02）

“公投制宪”就是“台独制宪”

新华社记者廖翊北京10月28日电 “所谓‘公投制宪大游行’，实质就是台湾领导人背弃其‘承诺’，公开与李登辉合伙推动‘台独制宪’。这是台湾领导人与急独派‘台联党’的彻底合流，是台湾领导人‘台独’真面目的彻底暴露。”北京联合大学台湾研究所所长徐博东教授在接受新华社记者采访时做上述表示。他说，从陈水扁、吕秀莲等台湾当局领导人与民进党头面人物在这次游行中倾巢而出，以及吕秀莲叫嚷用“公民投票确立台湾主权独立、确立台湾的新国号”等种种急不可耐、毫不掩饰的表演，不难得出这些结论。

徐博东指出，政客的表现无论如何跳离不出“谎言”与“幌子”的伎俩。这次也不例外，陈水扁在推翻了自己所谓“四不一没有”的“承诺”后，又以各种冠冕堂皇的理由推动“台独制宪”，一曰“以民意为依归”，二曰“为了台湾的长治久安”。

“只要分析岛内情况不难看出，这完全是欺世盗名的幌子！”徐博东说，近年来岛内历次民意调查无不显示，绝大多数台湾民众都不赞成“台独”，“求和平、求安定、求发展”才是台湾真正的主流民意。就在“台独”势力举行所谓“公投制宪大游行”的当天，由民间自发的“反‘台独’、救台湾”大游行也在台北街头展开。陈水扁、李登辉企图利用手中的公权力，把少数人的“台独”分裂图谋强加给大多数善良的台湾人民身上，这是典型的、不折不扣的“强奸民意”的政客伎俩。

至于以“爱台湾”、“为了台湾的长治久安”为借口推动“台独制宪”，徐博东认为这更是罔顾事实、利令智昏的玩火之举。

他指出，众所周知，这些年以来，从李登辉的“两国论”到陈水扁的“一边一国”，台湾当局任何挑衅“一个中国原则”的“台独”言论的出笼，都造成两岸关系的紧张和台湾岛内形势的动荡不安。台湾经济急遽下滑，失业率居高不下，岛内乱象难治，民生难安……凡此一切，完全是民进党执政以后，变本加厉地以“台独”意识形态治政所致。

徐博东说，而今，台湾当局领导人不思悔改，与急进“台独”势力沆瀣一气，公然抛出“台独”时间表，搞所谓“公投制宪”，企图实现“法理台独”。他表示：“搞所谓‘法理台独’无异于向“一个中国原则”宣战，其后果的严重性是可想而知的！将2300万台湾人民的生命财产绑在‘台独’战车上，这难道是为了台湾的‘长治久安’吗？这可能换来台湾的‘长治久安’吗？这究竟是‘爱台’还是‘祸台’？”

徐博东说，台湾领导人在推动其以“台独”为理念的“公投制宪”时打出的是“民主和人权”的幌子，似乎谁不让他们搞“台独”，谁就是违背“民主”，践踏“人权”，实在是荒谬至极！所有“台独”分子必须明白，台湾是海峡两岸人民共同拥有的台湾，岛内分裂势力任何单方面改变台湾属于中国一部分的企图都不可能得逞。

他最后指出，台湾领导人及岛内“台独”势力露骨的“台独”鼓噪，绝不只是单纯为了选举造势而已，而是有计划、有步骤的“台独”阴谋活动的重要一环。“庆父不死，鲁难未已”，岛内分裂势力任何时候都不会放弃他们的“台独”企图，所有关心台海稳定与和平的有识之士切不可掉以轻心。

（人民日报·海外版，2003/10/29）

专家解读大陆为何在此时对台当局言行反应强烈

中新社北京十一月十九日电（记者曾嘉） 中华全国新闻工作者协会今天就两岸关系问题举行记者招待会，数位台湾问题专家就大陆为何在此时对台湾当局“公投制宪”的言行进行强烈反应，向记者解读。

……（略）

北京联合大学台研所所长徐博东说，在一段时间内，大陆对于台湾当局言行的反应给人以低调的印象，这是出于维护两岸关系稳定的考虑，但这竟被有些人理解为软弱可欺；同时，台湾国、亲两党以前对待“公投”问题一直持反对立场，现在为了选举需要，改变了策略。这些都使得大陆不得不采取应对手段，以坚定的立场和措施，使岛内民众不受误导，使他们了解到大陆真实的立场和态度，也使国际社会了解中国政府的立场和态度。如果不反应，那是不负责任的。

几位专家在会上还表示，大陆民意也是大陆做强烈反应的重要因素。对于近期岛内形势的变化大陆民众看在眼里，很多民众向他们说，不能再坐视不理，认为大陆的领导层必须作出反应，如果不反应有可能会增添“台独”势力的幻想和冲动。

（*海峡之声网*，2003/11/19）

学者：大陆对台反应并不是要介入台明年“大选”

中新社记者曾嘉北京报道 北京联合大学台研所所长徐博东十九日在此间表示，不能认为现在大陆对台湾当局所作所为的反应是介入台湾明年的

“选举”。

中华全国新闻工作者协会昨天举行记者招待会，邀请北京的台湾问题学者就目前两岸关系的问题回答记者提问。

有台湾记者问，有人将大陆现在对台湾“公投制宪”的反应视作是对台湾明年“选举”的一种“助选”行为，对此作何评论。徐博东回答说，大陆并不在乎台湾哪个政党上台“执政”，在乎的是“台独”势力的发展，在乎台湾当局是否挑战“一个中国”的原则。不能认为现在大陆对台湾当局所作所为的反应是介入台湾明年的“选举”，这是两回事。

……（略）

（中新社，2003/11/20）

“台独”时间表也是统一时间表

11 月 20 日出版的国际先驱导报发表文章《“台独”时间表也是统一的时间表——从网络台海战争小说透视大陆反分裂决心》作者 赵穆 韩轩

……（略）

以上所摘录的并不是新闻报道，而是近日在网络上出现的一篇军事小说的内容。这段描述的是解放军采取武力手段收复台湾的前夜的几个镜头。

这种网络上的遐想有没有可能变成真实的情况？对此，北京联合大学台湾研究所所长徐博东教授的回答是：“台独”时间表也是统一时间表。

……（略）

那么未来几年内台海究竟有没有可能爆发战争呢？徐博东教授认为：“‘法理台独’符合‘三个如果’中的第一个。从长远看，战争能否爆发，这取决于‘公投宪法’的版本具体是什么内容，是否涉及‘国旗’、‘国歌’和‘国名’，是否涉及修改‘中华民国宪法的总纲’。”

对于未来五年的两岸局势，徐博东不敢抱乐观的态度。他认为，即使蓝军执政，也要考虑到它可能受到绿军的政策牵制；如果陈水扁连任，两岸关系则肯定要陷入持续动荡。不过这是否意味着战争就可能在未来五年之间爆发，“我认为暂时还不至于”，徐博东口气非常平静地告诉记者，“陈水扁即使可以不顾及大陆的反应，他也不可能无视美国的态度。”

“但是，因为只要有武力解决手段存在的必要，所以我们的部队没有一天不在做着准备。”

“如果真的开战，我们是否有足够的胜算?”这是记者最感兴趣的一个话题。

“我们的解放军对付台湾军队，是绰绰有余。我们也不会因为考虑到美国因素而放弃收复台湾。”徐教授话锋一转，“如果说我们对战争有所顾虑，更希望通过和平手段那只能说因为考虑到战争即使胜利了，战争给台湾人民带来的创伤也必须面对。”

（华夏经纬网，2003/11/21）

大陆台湾问题专家学者就台湾形势回答记者问

新华社北京11月21日电（记者廖翊） 国务院新闻办公室21日邀请大陆部分知名台湾问题专家学者举行中外记者会，就人们关心的台湾形势发表看法，并回答记者提问。

台湾当局日益加剧的“台独”分裂活动可能招致的后果以及美国反华势力纵容“台独”对中美关系的影响成为记者们提问的重点，专家、学者们对此一一作答。

中外记者最为关切的是大陆近期对台湾局势的强烈反应及可能采取的行动。与会专家学者一致表示，“和平统一、一国两制”是我们解决台湾问题的一贯政策，我们的方针是尽最大的努力、最大的诚意争取以和平的方式解决台湾问题。

……（略）

北京联合大学台研所所长徐博东教授说，只有两岸坚持“一个中国”的原则立场，台湾问题才有走向和平解决的可能。如果台湾当局推动的所谓“公投立法”是不设限的，这就使“台独”分子获得“统独公投”的“法源”依据，等于把引发台海战争的控制器握在了他们手中。他认为，大陆强烈地表达关注的立场，是一种预警的动作。

国家有权利维护自己国家的领土主权完整，这是国际法赋予一个国家最根本的、最高的支配性原则；真实的民意的表达必须由国家全体公民进行公投。

……（略）

徐博东教授说，没有什么“选举假期”，无论“台独”势力什么时候搞“台独”，祖国大陆都要做出明确的反应，表达严正的立场。他指出，如果“台独”分子将2008年北京举办奥运会视为搞“台独制宪”的契机，加紧“台独”挑衅，这不仅是对全中国人民和全球华人的挑战，也是对爱好和平的全人类的挑战，届时全世界自有公论。

从清康熙收复台湾，到美国南北战争，中外历史教训值得借鉴。

与会专家学者结合刚刚结束的纪念清廷收复台湾320周年纪念活动发表感言表示，历代中国政府绝不允许国土分裂，希望台湾当局从320年前的那段历史中考虑两岸究竟以何种方法实现统一为好。

徐博东教授说，当初康熙也想和平解决台湾问题，但郑氏却想利用这一点，大要花招，经过多次谈判无效后，清政府才不得不动用武力解决。他希望台湾当局吸取郑氏政权的经验教训，不要丧失和平统一的机会。

……（略）

专家学者一致表示，美国的两面政策鼓励和纵容了岛内“台独”势力。他们认为，台海形势的紧张和恶化，也会损害包括美国在内的许多国家的利益，严重影响亚太地区的和平与稳定，任何人都不能掉以轻心。

……（略）

徐博东教授说，美国的阿米蒂奇表示，美国的“一个中国原则”是以和平解决台湾问题为前提的。但是，中国政府和平统一的方针是以“一个中国”为前提的。在这个问题上，不能光讲和平而不讲“一个中国原则”和中国的统一。将来台海会不会发生战争，关键在于“台独”势力是不是要挑衅“一个中国原则”。

……（略）

（人民日报·海外版 2003/11/22）

大陆主动姿态遏制“台独”

本报记者黄智慧发自北京　这几天，大陆改变过去对台湾的温和政策，采取少有的强硬态度，台海局势骤然升温。在此过程中，记者从国务院的新闻发布会上，见到了北京联合大学台湾问题研究所所长徐博东的身影，同时，境外媒体也多次引用徐所长有关台湾问题的讲话。11 月 21 日，也即对中外媒体阐述大陆对台政策的次日，徐所长接受了本报记者的采访。

《青年参考》：眼下各国媒体都注意到了大陆在台湾问题上态度的转变。您认为大陆做出强硬表态的目的是什么？

徐博东：民进党是搞“台独”的政党，大陆方面一直高度警惕。以前对陈水扁为首的民进党是采取“听其言、观其行”的策略。陈水扁今年 10 月底过境美国，在纽约领取所谓“人权奖”。对于他这次美国之行，美国采取了纵容和姑息的态度。另外，他在“公投制宪”等方面的主张，逼着中国在国际上阐明自己的立场。有丑话说在前头的意思。

《青年参考》：您认为目前中国的表态有没有取得效果？

徐博东：效果是很明显的。首先，逼着美国做出了反应。11 月 20 日，美国国务卿帮办薛瑞福说，美国的立场是不支持“台独”。同时强调，反对任何一方片面改变台海现状。同时，台湾民进党和国民党的反应也相当低调。以前是污蔑大陆，破口大骂。现在只是稍微表示了不满。

《青年参考》：大陆动武是停留在口头上的，还是军方有什么具体的措施？今后还会有什么反应？

徐博东：目前来看，没有到准备动武的地步。因为台湾还没有实质性的独立措施，大陆采取了最大限度的克制。但我们很担忧民进党确立“公投”的法源基础，“台独”的可能性又进了一步。“公投立法”如果只关乎台湾的民生等问题进行“公投”，不涉及更改“国名”、“国旗”、“统独”等事项，大陆不会表态。这次表态，希望能让陈水扁当局放弃将“统独公投”纳入“新宪”。但如果台湾当局预定在2008年独立，中国也不会因为奥运会而容忍“台独”。接下来大陆肯定会有其他的反应，但要视情况的发展来决定。

结束完采访，记者又得到了陈水扁和国民党主席连战即将就“新宪议题”进行辩论的消息。看来，“统独公投”合法化议题会不会列入台湾“新宪”，很快就会有结果了。

（青年参考，2003/11/26）

徐博东评台湾的“公投立法”

编者按　2003年11月30日下午4时，北京联合大学台湾研究所所长徐博东教授做客强国论坛（www. qglt. com）与网友交流，主题是“评台湾的‘公投立法’”。

※我们从根本上就不赞成台湾制定什么“公投法”。因为“公投法”的通过不管是不是纳入有关两岸关系定位和台湾前途的条款，实际上都有可能被“台独”势力所利用。何况，这次通过的“公投法”有多个条款已经涉及到两岸关系和台湾前途的问题，实际上已经为今后“台独”势力进行“台独”活动制造了法律依据。民进党虽然迫于岛内外强大的政治和舆论压力，在关键时刻未敢支持由急独派、台联党和民进党籍的“立委”蔡同荣

提出的急独条款，在“台独”问题上未能迈出一大步，但毕竟是迈出了一小步，为未来台海危机留下了很大隐患。但比较而言，现在通过的“公投法”毕竟比急进的“公投法”要相对温和一些，两岸暂时缓解了立即的危机，使我们赢得了时间和空间。

——徐博东

主持人：各位网友，徐教授已经来到强国论坛。访谈现在开始。

徐博东：各位网友大家好！很高兴今天和大家来共同探讨台湾问题，请各位尽管发问，尽我所能回答大家的问题。

三斗：国台办发言人宣布如不设限“公投法”通过，中国政府将做出强烈反应，现在不设限“公投法”已经通过，我们是对说过的话装糊涂呢？还是应做出恰如其分的反应？

徐博东：公投法在公投的适用范围是通过国亲版，表面上是不设限的，但实际上采取了一种技术性的高门槛的办法来设限。高门槛主要有下面几点：比如说规定提案人要占最近一次所谓“总统”大选选举总人数的1%，联署人要占最近一次大选选举人总数的5%。其次，公投议题的认定，属于所谓“立法院”按政党席次比例推荐、设置的审议委员会，而排除了台湾当局，这样的门槛实际上在目前台湾的政治生态下，“台独”势力可以说根本不可能迈过这样的门槛，如愿推动“统独公投”，这就是为什么“公投法”三读通过后，台联党和民进党气急败坏、捶胸顿足攻击公投法是“鸟笼法”、是恶法的一个重要原因。实际上“公投法”应该认为是设限的一个功能，而不是不设限。

徐博东：不过，由于台湾的政治生态是不断变动的，目前虽然泛蓝阵营在“立法院”席位占优，台湾民众不赞成“台独”的也占多数。但明年底，“立法院”要重新改选，如果新的一届“立法院”泛蓝席位不能占多数的话，那么前面所说的高门槛对于“台独”势力来说就不在话下了。审议委员会就很可能由“台独”势力占优势，推动“公投”的实施就将会成为一种可能。这种前景虽然有可能，但应该说“台独”势力想达到这样的目标也不容易。

早晚要动手：所谓“民进党大败”是否合理？国亲是否是“台独”的同路人？

徐博东：台公投法通过后，台湾舆论认为国亲大胜，民进党和台联党大败，甚至有惨败的说法，我认为不能这样看。实际上所谓“公投法”是岛内各派势力折中的产物。民进党版所谓“防御性公投”条款的通过，实际上民进党长期追求的目标得到了实现。这个条款给“台独”势力今后进行“统独公投”制造了法律依据，留下了无穷的隐患。因为该条款授权“总统”，在他认为台湾遭受外力威胁，致“主权”有改变之虞时，“总统”得经“行政院会”决议，可以交付“公投”。这等于给“总统”随意进行公投的特权。只要他一个人认为台湾“主权”受到威胁，所谓台湾“主权”安全受到威胁，就可以发动“公投”。而“行政院会”往往同“总统”是同一个党派的，如果执政的是主张“台独”的政党，“总统”是“台独”分子，那么他就可以随意发动“统独公投”。所以“公投法”通过只有两天，11 月 29 日，陈水扁就以中共目前“以武力威胁台湾”，台湾随时有改变“主权”之虞，扬言要在明年 3 月 20 日发动与“总统”大选同步进行的所谓“防御性公投”。所以说，认为民进党在公投法大败或者惨败是不符合事实的。

唯恐不乱：这次“公投”是我们想要的结果吗？如果不是，强烈反应在哪？

徐博东：当然不是我们所想要的结果。我们从根本上就不赞成台湾制定什么“公投法”。因为“公投法”的通过不管是不是纳入有关两岸关系定位和台湾前途的条款，实际上都有可能被“台独”势力所利用。何况，这次通过的“公投法”有多个条款已经涉及两岸关系和台湾前途问题，实际上已经为今后“台独”势力进行“台独”活动制造了法律依据。民进党虽然迫于岛内外强大的政治和舆论压力，在关键时刻未敢支持由急独派、台联党和民进党籍的“立委”蔡同荣提出的急独条款，在“台独”问题上未能迈出一大步，但毕竟是迈出了一小步，为未来台海危机留下了很大隐患。但比较而言，现在通过的“公投法”毕竟比急进的“公投法”要相对温和一些，两岸暂时缓解了立即的危机，使我们赢得了时间和空间。

背天鹰：明年台湾举行“防御性公投”如何对付？

徐博东：首先，明年是不是陈水扁一定敢搞“防御性公投”还很难说。依我个人目前的判断，他主要是为了拉抬他的低迷的选情，实现竞选连任，有意升高两岸紧张关系和岛内的统“独”对立，以便制造所谓台湾人的悲情气氛来凝聚选票，主导选战议题，回避执政无能的弱项，转移民众的视线。

徐博东：当然，也不能排除陈水扁真的不顾一切利令智昏推动所谓“防御性公投”。届时，如果真的如此，大陆当然不会坐视不管，必定会有强烈反应。届时，美国恐怕也不能够无动于衷。现在，美国因为阿富汗战争和北朝鲜问题以及美国国内的问题，已经使它焦头烂额，小布什明年也面临着要竞选连任的问题。如果陈水扁真的这样做，将不仅会给大陆带来很大麻烦，同时也会给美国造成极大的困扰。何况岛内还有实力相当强大的不赞成“台独”的泛蓝势力。所以，我觉得他真的搞“防御性公投”，冒这样大的风险，目前来看可能性并不是很大。

笑客：徐老师：“防御性公投”是“台独”还是属于长期拖延统一？

徐博东：当然是“台独”。如果说“公投立法”只是给进行“台独”活动制造了法律依据，是“台独”的第一步。那么，如果进行“防御性公投”，实际上就是“台独”的第二步。已经开始进入了实施的步骤。当然，“公投”无非是说有是统是独的问题。不管结果如何，将会把大陆逼到墙角。台海恐怕很难避免兵戎相见，因为这实际上已经是对中国主权的严重挑战。那么，和平统一的方针恐怕就被迫要进行调整。

笑客：你认为大陆对台政策是否到了要改变的地步？

徐博东：我认为目前虽然两岸关系严峻，“台独”势力有可能会铤而走险，但实际上也从另一个角度来看，表明了“台独”是虚弱的，是焦虑的。从岛内的情况来看，主张维持现状的民众占80%，也就是说，不赞成“台独”的仍然占到多数。从国际社会来看，“一个中国”的框架仍然是稳定的。大陆是抑制“台独”的强大的政治、经济、军事的实力。基于上面几个方面，我认为还不到非要调整和平统一对台基本方针的时候。

2002年12月12日星期四：出现什么样的情况，可以认定是台湾独立了？

徐博东：认定台湾独立不一定非得说它宣布台湾已经独立。按照目前民进党的说法，台湾本来就已经独立了，不必要宣布“台独”。我认为是不是台湾独立，关键在它法理上是不是界定台湾是一个所谓主权独立国家。比如说，修改“国旗、国号、国歌”，重新界定所谓“中华民国”的领土主权范围，都可以认为它已经事实上宣布了独立。再有，如果长期坚持拒绝与大陆进行统一谈判，企图永远的维持现状，那也可以视为“台独”。

夜里挑灯：徐先生：你认为这次国亲版的“公投法”的门槛很高，是否有些自欺欺人？

徐博东：门槛很高恐怕不能否认，关键是台湾的政治生态如果发生重大变化，形势有利于“台独”势力的话，那么当然门槛也就不成为门槛。目前来说，说它门槛很高，这个事实还是应该承认，不能认为是自欺欺人。

水浑浪挥：嘉宾：是国民党无人，还是陈水扁太厉害？或者说岛内“台独”势力占上风？这种局面形成的原因是什么？

徐博东：我认为这是多种因素造成的。首先是美国因素，美国长期以来对华实行双轨政策，纵容扶持“台独”势力的发展。如果没有美国的支持，“台独”不可能嚣张到这个地步。这次陈水扁过境美国，给予高规格的接待，客观上就助长了台湾势力的气焰。国民党败据台湾之后，实行错误的对台政策，造成了严重的省籍矛盾。李登辉上台之后，和“台独”里外勾结，纵容扶持台独势力的发展，打着“本土化、民主化”的旗号，一步一步地在“一个中国原则”上后退，直至提出“两国论”，把台湾民众的国家认同意识搞乱了。陈水扁上台之后，进一步搞“文化台独”，搞“去中国化”，利用他手中掌握的公权力压制打击岛内的统派势力，使“台独”的气焰日益嚣张。

徐博东：当然，中华人民共和国成立以来，中共在许多方面也有施政上的失误，比如说文化大革命等等，使得中国现代化建设受到比较大的挫折，走了弯路，减弱了对台湾民众的吸引力。另外，在政治改革方面，也还有很多值得进一步检讨需要完善深化的地方。所以，大陆应该承认，也应负有一定的责任。另外，日本对台湾的50年的殖民统治，特别是后期搞皇民化运动，也培养了一批像李登辉这样的认贼为父的民族败类，成为“台独”的一支重要的骨干力量。战后或明或暗也在支持岛内的“台独”势力。总之，我认为负主要责任的是国民党以及美日等国反华势力。

酒精考验的人：陈水扁说大陆对台湾的威胁是现在进行时，是否意味着他可以随时进行统独“公投”？

徐博东：基本上是如此。如果说他有什么门槛的话，就是“公投法”里面所规定的要通过“行政院会”做出决议。但“行政院会”实际上是陈水扁掌控的。所以，所谓的“门槛”等于没有门槛。如果“台独”人士认为时机对他们有利，他们利用这样一个条款来发动“统独公投”，随时都可以。所以这个所谓“防御性的条款”，我认为是“公投法”里面危害台海稳定和亚太地区和平最严重的一个条款。

jiang0301：我们为什么能够肯定陈水扁只是搞选战，而不是真“台独”。人家喊的口号是真真事实的，响亮的。

徐博东：首先，我不认为陈水扁只是单纯的为了搞选战。实际上，“台独”之所以发展到今天这样的地步，就是在李登辉执政时期，通过一次一次的选战，“台独”人士不断地宣扬他们“台独”的主张，污染台湾社会，搞乱了台湾民众的思想，才发展到今天这样的地步。所以，实际上选战时期就是进行“台独”活动的一个最佳时期。但是，口号毕竟不等于行动，如果口号再加上行动，就比如说在这次选战中，陈水扁搞“公投立法”，为今后搞“法理台独”制造法律依据，就不能仅仅看成是言论，而已经是行动了。正因为如此，中国政府才把这次“公投立法”认为是一个需要严重关切的重大事件，做出了强烈反应。

老言：从人数上讲，大陆民众比台湾多出很多，如果我们也制定“公投法”，势必在法理上可以占上风，徐教授以为然否？

徐博东：我认为光制定一个“公投法”还不够，需要制定一个“国家统一纲领”。在这个统一纲领中，要有分裂国土罪的条款。依我个人的意见，这样的一个纲领和条款，应该在明年两会期间制定出来。因为美国早就有支持“台独”的所谓“与台湾关系法”，现在台湾也制定了一个可以搞“台独”的“公民投票法”，为什么我们现在不可以搞一个制止反对“台独”的“国家统一纲领”呢？我觉得时机已经成熟了。

美好美好大国家：请问教授，在对“台独”问题上，我们是不是太看重美国脸色了？是否应检讨一下这许多年来的对台方略？

徐博东：我记得邓小平曾经在七十年代讲过一句话，他说如果我们因为要解决台湾问题，使中美关系倒退的话，我们也只好接受这样的现实。这句话非常有气魄。现在面对着岛内“台独”势力的嚣张，我觉得确实有必要重温邓小平这一重要论断的时候了。

不说难受：请问嘉宾：“公投立法”的关键在于“公”投，将来这种“公”投的结果我们是否承认？

徐博东：台湾是中国领土的一部分，这是历史的事实，也是国际法和国际社会所公认的。既然如此，决定台湾前途就应该由全体中国人，包括台湾和大陆13亿的中国人，共同做出决定，才叫做“民主”和“人权”。“台独”人士打着“民主”、“人权”的幌子，在台湾地区想通过片面的“公投”来决定台湾的前途，实际上是最不民主、最不讲人权的一种做法。因为他剥夺了大陆13亿人民的民主和人权。

夜里挑灯：那么，“台独”分子的下一个最有可能的目标是什么？

徐博东：下一个目标，当然最最关键的就是陈水扁的竞选连任。有了政权，才会有一切；丧失了政权，推动“台独”的公权力就丧失了。

注册难难于上青天：我认为只要我军拥有对台优势，台湾即使举行“统独公投”也肯定被否认。你认为呢？

徐博东：首先，由台湾地区的人民来进行“统独公投”，本身就是违法的。进行这样的公投是不被允许的，不管他会不会遭到否决，都是对“一个中国原则”的严重挑战，对两岸关系现状的挑战。当然，如果现在就进行“统独公投”，就目前岛内情况来看，我认为“台独”被否决的可能性比较大。

jiang0301：时间真在我们这一边吗？台湾不会发展，美国不会改变政策，日本也永远不会改变吗？还有其他邻国？

徐博东：时间是不是在我们这一边？见仁见智。有些“台独”人士就认为时间在他们那一边。当然，时间是不是真的在我们这一边？主要取决于：我们自己是不是争气；中国的经济是不是能不能保持平稳、健康、快速的发展；中国的改革开放是不是能够进一步地深化，许多深层次的矛盾和困难是不是能够得到解决和克服，此其一。其二，从外部讲，我们是不是在处理中美关系方面能够比现在做得更好；在对台政策方面是不是能够与时俱进，根据形势的发展来灵活地调整政策。总之，既有内部因素，也有外部因素。总体来说，我本人对和平解决台湾问题还是审慎乐观的。

不说难受，非说不可：“台独”是一个过程，我们应该在过程中遏止，还是只在结果上遏止？

徐博东：“台独”既是一个过程，也是一个结果。我们当然要重视过程，但是我们一般讲如果“台独”就动武，是指它的结果。实际上大陆在1995年、1996年、2000年、2002年及目前，始终对“台独”活动的过程采取了必要的遏止手段，包括军事上的动作。但人家还没有真的搞“法理台独”触动底线，“台独”还在可以控制的范围之内，我们当然还要继续坚持和平统一的方针，战争可能会使中国的国家统一早日实现，但毕竟是民族的撕裂。如果台湾问题解决得不好，如果用军事手段、用武力去解决台湾问题，表面上实现了统一，很可能台湾问题事实上并没有得到真正的解决。

大炎：徐教授，您对宋楚瑜两岸50年内不会统一的说法有何评价？您是否认为民进党、国民两党并无本质上的区别？

徐博东：50年不会统一的说法，不知道宋楚瑜的根据是什么。恐怕大多数中国人都不会同意。依我个人的判断，如果我们很好地抓住这20年的重要战略机遇期，排除各种干扰，包括“台独”的干扰，一心一意地埋头搞建设，就有可能使这个战略机遇期也成为解决台湾问题的一个机遇。

徐博东：我认为至少到目前为止，民进党和国民两党还是有本质上的区别。民进党是不折不扣的“台独”党。从根本上就否认台湾是中国的一部分，甚至否认自己是中国人，只是个华人。但国民党从党纲、所坚持的“中华民国的宪法”以及主要领导人物的言论、行动，都不能认为他是主张“台独”的政党。当然，由于国民党坚持“中华民国”仍然存在，是和大陆对等的政治实体。正因为如此，使他和陈水扁、李登辉的“一边一国论”和“两国论”很难让台湾人民加以区分，这也是造成国民党很大困扰的一个问题。当然，国民党今后会变成什么样呢？那是另外一回事。

夜里挑灯：你认为民进党在将来是否还有掌权的机会？如果有，下来的问题如何处理？

徐博东：从目前的岛内选情来看，表面上泛蓝阵营推出的连宋配比陈水扁略占优势。但一般的评估，双方胜选的机会在五五波。所以，我们应该从最坏处着想，做好民进党继续执政的心理准备。如果民进党陈水扁真的胜选，据我个人的判断，他不敢搞急“独”，还会采取“拖以待变”的策略，也就是在维持所谓“实质独立”现状的基础上，继续搞“去中国化”，搞“渐进式台独”，通过教育、文化、宣传等各种手段，在台湾继续营造所谓新的“国家认同”，营造“台独”的社会氛围、厚实和扩大“台独”的社会基础，继续诱导台湾的主流民意向“台独”的方向转变，幻想国际局势和大陆政局会发生有利于“台独”的变化，耐心等待时机以求一逞。

徐博东：当然，也不能够完全排除“台独”真的会冒天下之大不韪，利用大陆举办奥运的机会，利令智昏、误判形势，搞“台独公投”等急独动作，如果真的发生这样的事情，大陆绝不会吞下苦果，只能提前用非和平手段解决台湾问题。如果是前者，我认为我们应该在对台工作方面抓住下面四个要点不放松。第一，从战略高度积极推动两岸“三通”早日实现。“三通”对两岸人民交流融合、消除敌意、最终实现和平统一具有重要的战略意义。其二，从战略高度重视两岸青少年的交往工作，因为实现统一，希望在青年一代。其三，从战略高度重视争取台湾民心。争取台湾民心不光是对台湾民众做一些表面工作，最重要的还是要发展自己。不光是物质文明的发展，更要重视精神文明和政治文明的建设，这样才能够增强对台胞的吸引力。其四，从战略高度重视国防和军队建设。我们要尽最大努力争取和平统一。但和平统一必须要有强大的武力做后盾，只有敢战、能战，才能避战、止战。康熙统一台湾的历史经验教训，值得我们很好研究和借鉴。

武陵过客：面对“台独”我们应有更加明确的态度，陈水扁终于按捺不住，把他的“台独”本性赤裸裸地摆在了我们世人的面前。而国亲两党的跟风态度，使我们每一个热切……但是为了领土的完整我们应该用我们人民的武装来捍卫。

徐博东：我很赞成你的看法，制止“台独”、反对“台独”，关键要靠我们自己，寄希望于广大台湾民众，而不是把希望寄托在美国人身上，也不是国民党、亲民党身上。

徐博东：我今天是第一次上网跟网友交流，谢谢大家的指教，希望以后还有机会和大家共同来关心中国的统一问题。中国人应该有智慧用和平的方式来解决台湾问题，如果不得不用战争完成国家的统一，那也只好接受这样的现实，因为统一是国家的最高利益。

（强国论坛，2003/11/30）

专家解读美对台政策

温家宝总理近日访美时，美国国务卿鲍威尔表示，美国从根本上不支持“台独”，美国总统布什更直接表示：“台湾领导人的言行表明，他可能想单方面改变现状，这是我们所反对的。”如何解读美国在台湾问题上发出的这些信息？本刊采访了著名台湾问题专家、北京联合大学台湾研究所所长徐博东教授、厦门大学台湾研究所所长刘国深教授。著名国际问题专家、清华大学国际问题研究所所长阎学通教授也对此发表看法，在此一并刊登。

徐博东：遏制台湾“急独”符合中美双方利益

这次温家宝总理访美，布什总统在全球瞩目的重要外交场合，对台湾领导人说了一些重话。布什的表态，可以看作美国在当前国际形势下，对台湾当局不听招呼，猖狂进行“台独”分裂活动的一种警告。但这是否标志美对台政策从此走向清晰和稳定，还需要听其言，观其行。

应该说，美国对台湾问题长期执行的是一种模糊的、双轨的政策，说得难听点，是左右逢源，搞两面派。美国坚持“一个中国”的政策，用中美三个联合公报来发展同中国大陆的关系，与此同时，它制定了《与台湾关系法》，在里根时代还搞了对台“六项承诺”，同台湾在军事等方面建立了实质关系，并事实上成为台湾的“保护伞”。美国寻求在两岸扮演平衡者的角色，好比对待水中的两个葫芦，哪一个浮得高一点，他就压哪个一下，不让一方占据明显优势，以此操纵两岸局势的发展变化，获取其最大的国家利益。

美国对台政策也有明显失衡的时候。主张“台独”的陈水扁上台执政后，布什总统没有对“台独”施加任何压力，反而不断向他发出错误信息：布什公开表示要“尽一切可能协防台湾”；美对台军售变得毫无顾忌，卖给台湾基德舰、爱国者导弹等大批高科技武器、进攻性武器，以至让台湾买不起；美大幅提升美台军事关系，派专家以撤侨小组等名义参与台湾军事演习，评估台湾战力，美台军方高层交流增加，台“国防部长”得以到五角大楼公开访问……这些使美台向“准军事同盟”的关系发展。美国发出的这些非常错误的信息，使“台独”分裂势力判断，美国非常支持台湾“独立”。“9·11”之后，反恐成为美国最大国家利益，并需要中国给予合作，美国对华政策、对台政策开始出现明显变化，国防部鹰派的声音减弱。但当陈水扁为了选举和推动“台独”的双重需要，不断抛出“公投”、“制宪”、“正名”等议题并明确提出其心中的“台独时间表”后，美国再次发出了错误的信息：当陈水扁过境美国时，美国提高接待规格，美在台协会理事主席夏馨全程陪同，并发表“布什总统是陈总统的守护天使”等极不得体的言论，美国还允许陈水扁公开演讲并散布其“台独”主张。这使“台独”分裂势力得到极大鼓舞，进一步坚定了美国会支持“台独”的信心。当泛蓝放弃原先反对“公投”的立场后，台湾当局通过了“公投法”，台湾分裂势力利用“公投”搞“台独”获得了法源和空间，陈水扁推动“防卫性公投”已箭在弦上。“台独”分裂活动变得如此猖狂，美国负有不可推卸的责任。

祖国大陆对台湾当局的“台独”分裂活动提出了严厉警告。温家宝总理接受美国媒体采访时坚定表示：“中国人民会不惜一切代价，维护祖国的统一。”“台独”分裂活动不仅触及大陆红线，也威胁美国的利益，因“台独”而引发战争将给美国带来极大麻烦。美国在朝核、反恐等诸多问题上正有求于中国，美国不能指望中国协助它维护其战略利益，而它可以毫不顾及中国的核心利益，毫不理会中国对台湾问题的高度关切。美国被迫对台湾当局的分裂活动表达更加清晰的态度。美国先是采取“鸭子划水”的办法，布什总统让包道格和特使莫键等给陈水扁多次传达信息，在未能取得明显效果的情况下，利用温总理访美的时机，布什亲口向台湾领导人提出了警告。

美国的这种表态，有值得肯定的地方，应该视为对中国政府反对“台独”斗争的一种支持。但美国的表态是否转化为一种稳定连续的积极政策，还有待观察。其一，美国反对台湾独立的立场是由温总理转述的，布什在听完英译后，当场点头默认。布什没有亲口说出反对“台独”，反对台湾任何形式的“公投”，为其可能的政策转变留下了余地。其二，陈水扁在布什讲话的当晚即公开表示：任何政府、政党和个人都无权干涉台湾人民的民主权利，不指名地顶撞了布什。美国到现在还没有采取任何后续的实质行动，对陈水扁执意推动“公投”施加更大压力。一些人士因此猜测美台之间可能私下已达成某种默契，是在演“双簧”，也有人怀疑美对台警告只是权宜之计。可以预计，陈水扁会不计后果继续推动“公投”，继续各种“台独”言行，美国对此采取何种立场和对策，值得密切关注。美国在台湾问题上玩两面手法已给人留下深刻印象，它是否信守对中国政府作出的承诺，还需要经受考验。

应该承认，从长远看，中美在台湾问题上存在非常严重的分歧，潜伏着冲突的可能。美国反对大陆和台湾单方面改变现状，但中国不会永远让两岸维持分裂的现状，中国最终要实现祖国的完全统一，这是中国最高的国家利益，也是全体华夏儿女神圣的历史使命。但美国不会支持中国的统一事业，它会追求其自身在台湾问题上的国家利益。对美国最有利的是台湾和平独立，这会使具有重要战略地位的台湾成为依赖于它的附庸国，大大压缩中国的战略空间，但中国绝不会容忍这种事态出现，也完全有实力粉碎“台独”势力，任何国家都阻挡不了中国强盛的势头，也阻挠不了中国的统一事业。退而求其次，美国希望两岸维持现状，不战不和、不统不独，它可以游刃有余，从中渔利，始终牵制中国，为其全球战略利益服务。美国不希望两岸统一，如果两岸非统一不可，它也宁肯是武力统一，这会使两岸两败俱伤，也会给台湾留下许多后遗症，它最不希望看到两岸和平统一，会尽力阻挠这一进程。台湾问题因此将始终成为中美之间最敏感最复杂的核心问题，也极易引发矛盾和冲突，对此我们应该始终保持清醒的头脑。大陆最终必须靠自己综合国力的提高，来迫使美国在台湾问题上与我合作，确保统一大业的完成。

在现阶段，两岸维持现状，既是台湾主流民意，也符合中美双方的利益。中国大陆正集中精力发展经济，壮大国力，并不急于统一台湾。美国有反恐等更重要的国际事务需要处理，不希望看到台海现在出现危机，两岸维持现状也有利于美国利益，它可以利用两岸适度紧张的关系卖军火给台湾，也可以遏制中国快速崛起。目前急于打破两岸现状的是台湾分裂势力，他们对“台独”事业有一种紧迫感、危机感、时机感，陈水扁推动“台独”的步子之快、胆子之大，正是这种危机感的充分反映，当然这也反映了他极其虚弱的一面。“台独”分子把希望完全寄托在美国的保护上，寄托在祖国大陆的衰弱、分裂上，但国际局势的发展和祖国大陆的迅猛发展，使他们的独立建国之梦越来越成泡影，他们害怕大陆越来越强盛，害怕美国越来越有求于中国，害怕美国最终为了其更大的战略利益，像当年牺牲李承晚、吴庭艳一样牺牲“台独”分子。李登辉、陈水扁等幻想借大陆举办 2008 年奥运会和 2010 年世博会之机，一举实现其“公投”、“制宪”建立“台湾共和国”的梦想，指望大陆吞下丢掉台湾的苦果。陈水扁急于连任，急于启动一次“公投”，急于把台湾主流民意引向“去中国化”、引向分离主义，急于用各种“台独”言行左冲右撞，测试大陆和美国的底线。陈水扁这种急于挑战两岸关系现状的“台独”行为，极易触及大陆动武的红线，也不符合美国现阶段的全球利益、战略利益，相反是对美国利益的直接威胁和损害。美国出于自身利益的考虑，会对台湾当局的“急独”活动保持警惕，会在必要的时候，同大陆联手共同压制“台独”，以维持台海和平和亚太地区的稳定。陈水扁用“民主”、“人权”等幌子包藏“台独”祸心，虽然有一定的欺骗性，在美国也有一定的市场，但美国从来都是搞双重标准，他最看重的是自己的利益，当陈水扁的言行不符合美国利益时，美国必然会出来反对。

反对“台独”，实现祖国统一，主动权必须掌握在我们自己手里。其一，解决台湾问题，维护国家领土和主权的完整统一，是我们最大的国家利益，其他利益应服从于这个利益，中美关系也应服从于这一利益。邓小平同志曾经强调，如果我们因为要解决台湾问题而使中美关系倒退，那我们也不得不接受这个事实。温家宝总理已经坚定表示：“中国人民将不惜一切代价，维护祖国的统一。”我个人理解，“不惜一切代价”包括不惜中美关系倒退的代价。在台湾问题上，美对台军售等一系列问题还有待解决。我们应继续逼美制“独”，在原则问题上不能有任何妥协和让步。其二，我们应尽快制定维护国家统一、反对分裂的法律，对“台独”分裂势力形成强大威慑。其三，我们有必要重申，台湾问题是中国内战遗留的产物，两岸目前的分裂状态、和平状态并非常态。只要台湾问题一天没有完全解决，两岸就仍然尚未结束内战状态。只有两岸中国人都承认自己是一个国家，承认最终一定要统一，台湾问题才能和平解决。现在“一个中国”、“统一”等在台湾已被妖魔化，鼓吹“台独”可以理直气壮，讲“统一”就是“卖台”，台湾分离主义势力的发展速度极快。我们必须让台湾人民明白，“台独”即意味战争，这绝不是一句空话。对死硬“台独”分子，我们更应始终保持军事威慑，随时给予迎头痛击。

……（略）

（瞭望新闻周刊，2003/12/22，记者：黄海）

陈水扁狡诈无信，否认“四不一没有”

新华社记者范丽青北京报道 12月22日台湾当局领导人陈水扁在与台湾媒体记者的座谈会上对其“四不一没有”的承诺又有了最新说词，他声称他在2000年5月20日就职演说中提到的“四不一没有”是有前提的，前提是“如果中共无意对台使用武力”，那他保证在任期之内做到“四不一没有”。陈水扁还声称，“何谓有意动武？已经瞄向台湾、针对性来做所谓飞弹试射和演习等，我们认为，这已经是很清楚的对台动武的意图，本来就没有‘四不一没有’的存在。”

针对陈水扁的说辞，2003 年 12 月 25 日北京联合大学台湾研究所举行研讨会，与会专家学者对陈水扁狡诈无信，为了个人选举私利不惜制造台海危机的言行做了充分揭露，呼吁海内外中国人团结一致，制止陈水扁“台独赌博”行为。

座谈会主持人、北京联合大学台湾研究所所长徐博东：陈水扁四年前当选后，面对海内外对其“台独”立场的质疑，曾经表示他的两岸政策保证“让美国满意，国际社会肯定，中共虽不满意但找不到借口”，后来他在就职演说中正式承诺“四不一没有”。这个承诺不仅是美国严肃看待的，也是祖国大陆方面对他“听其言、观其行”的重要指标。但现在，他却说“四不一没有早就不存在了”。陈水扁在台湾“公投法”通过后，孤注一掷要搞针对大陆的“防御性公投”，他为了回应海内外对他“制造麻烦”的质疑，曾一再声称坚守“四不一没有”承诺，现在说辞却再度反复，究竟陈水扁是何居心，是何态度，引发海内外关注。今天我们请来北京有关台湾研究和美国研究的专家进行座谈。

……（略）

徐博东总结：陈水扁最近的言行，现在是“美国不满意，国际社会质疑，大陆反对”，关键是他在向着“急独”方向滑行。这不仅是选举语言而是“台独时间表”的重要一步，他放弃“四不一没有”不是偶然的，他的做法使两岸和平统一走上了十字路口。

陈水扁同样挑战了美国的台海政策，使局势面临失控的危险，危害中国国家安全的核心利益，也危害美国全球利益。

“台独”长期是美国扶持的，“与台湾关系法”已成了为“台独”撑腰的美国国内法。陈水扁不承认“一个中国原则”，不承认是中国人，早已违背美国的“一中政策”，但美未加以制止，反而一再发出错误信号，因此陈水扁是美国宠坏的，应由美国管教。

希望美国要认清形势，不要心存侥幸，认为陈水扁不敢搞“公投台独”，会缩手，光凭说几句重话，是不可能让陈水扁缩手的，如不进一步采取必要措施，则台海局势可能失控。

（新华社，2003/12/25）

2004 年

台海战争绷在蓝绿胜败的弦上

——访谈北京联合大学台湾研究所所长徐博东教授

2月12日，徐博东在北京联合大学的新办公室，电脑和书都还没有搬过来，除桌椅和一个文件柜之外，基本上空空如也。在这样一个整洁到空旷的房间里开始与徐教授的交流，真找不到以往采访学者的书卷氛围。“这是我在这里接受的第一次采访”，他微微一笑：“因为和你们约好了，央视的节目我就推掉了。”

这真是难得一见的笑容。整个采访他都保持一种对纷繁世事袖手旁观的冷静表情，你甚至可以说他有些慢条斯理的慵懒——说到他被台湾当局封杀三年不准入岛，竟然连不屑的表情都欠奉。他只是平静地说，他们压不住我，通过别的方式我照样可以去台湾。

除陈水扁之外，民进党高层他基本都有过直接接触，从陈水扁最资深和信任的顾问到他的选举总干事等一干人物。徐博东现在做的是“民进党研究”，接触他们再平常不过了。“陈水扁我没有接触过，但他肯定知道我。”

办公室里仅有两件小饰物。一个孙悟空塑像，一手擎棒，一手搭乘凉棚远眺，“金猴奋起千钧棒，今年是我本命年，学生送我的。”他第二次笑了笑，似乎有种与人奋斗其乐无穷的意味。

另一件是一块暗红色小旗。挂在文件柜上，一行黑色美术字：1991 台湾文化青年访问团。下面白色繁体楷书：情谊永固。

被台湾当局封杀三年不准入岛的大陆学者

《齐鲁周刊》：您去过台湾几次？

徐博东：六次。如果不是台湾当局的限制，应该会是八次、九次。最早被阻挠的一次是蒋经国去世的时候。台湾史学会要冲破两岸隔绝状态，邀请我和厦门大学台湾所的陈孔立所长到台湾出席研讨会。当时我还没搞台湾现状研究，只是台湾史。本来他们是邀请中国社科院台研所的，可是中国社科院台研所没有人搞台湾史研究，所以就把我请去做他们的特约研究员，代表社科院台研所出席台北的研讨会。我们的论文第一次在台湾发表。这是自建国以来大陆学者第一次在台湾公开发表论文，曾引起不小的轰动。第一次就没去成。这在当时是不可能的。

还有一次是整个一个访问团都被取消。这次是去年二月。不但不让我去，而且封杀我三年不准入岛。原因是批判陈水扁“一边一国论”，实际上就是因为这个事情，但他们的借口是我在前年十一月份在台湾呆的一个月，违反了规定行程，还发表“不当言论”。

《齐鲁周刊》：陈水扁您接触过吗？

徐博东：陈水扁虽然没有直接接触过，但他肯定知道我。我现在就等于列入了他的黑名单。但他压不住我，我母亲和弟弟都在台湾，我可以以探亲的名义去，探亲他们没道理不让我去，我母亲都八十多岁了，他如果不让我去，我马上开记者会，你不是讲人权吗？我现在是“戒急用忍”，本来去年十二月份我就想开记者会，但一想今年陈水扁可能败选，我何必急于一时呢？

《齐鲁周刊》：我们马上就要去台湾采访，作为专家和熟悉情况的师长，您有何建议？

徐博东：现在去很敏感，选战已经进入白热化的阶段了。去了小心点，别出什么事情。你完全得按照他们规定的行程办事，现在他们盯大陆去的人盯得很紧，他们会故意找茬，没事都找茬，咱们不是抓了他们的台谍嘛，他们可能会报复大陆。

另一个台湾：中国的，亲切的

《齐鲁周刊》：走在台湾大街上，与大陆相比有何感觉？

徐博东：就两岸三地来说，如果你从香港转机去台湾，你会感觉港台完全不一样。到了台湾你会感觉和大陆没什么区别。街上接触的人说的都是国语，即普通话。到乡下，听到的是闽南话，很多老房子都是那种福建的民居。国语虽然调不准，但和香港人说的那些咿哩哇啦的香港话是不一样的，而且文字也都是中国字，只不过是繁体，所以整个感觉台湾社会的文化氛围就是中国人的。生活习俗都是和南方比如福建一样的，你感到很亲切。

台湾最近几年很萧条，当然最近好了一点。前年去的时候，感觉街道上很多商店都关门了，小工厂也倒闭了，都搬到大陆来了。歌厅等等都很萧条。

《齐鲁周刊》：两岸人士在接触时的彼此感觉，近二十年来有过变化吗？

徐博东：当然有。台湾毕竟比较富足，人均所得12000美元。真正过不下去的人很少，南部差一些，中北部比较好。但现在与十年前彼此的接触相比，已经有一个很大的不同。那时候我们比较穷，刚刚改革开放，他们有一种小岛暴发户的傲气。包括来大陆的学者，反对统一的一个理由就是，大陆太落后，我们跟你统一以后就要吃亏了。

他们那时所受到的灌输宣传就是统一了以后就共产了。所以有台湾进步学者说，国民党在台湾搞了几十年，别的不成功，但反共教育很成功。到目前为止，比喻一个人蛮横不讲理，还是说，你怎么跟中共似的。

《齐鲁周刊》：十几年前，家乡如果有谁的台湾亲戚回来探亲，一定会引起轰动性的艳羡。衣锦还乡的心情是显然的，台湾老兵都那么有钱吗？

徐博东：实际上有很多台湾老兵经济情况并不好，但又不好意思空着手回来，结果很多就不敢回来了。有的回来的，特别是到贫困地区，有的传说皮鞋也脱掉了，西装也脱掉了，几乎是光着屁股回去的。这样回去影响也不好。有一些县里干部，追着人家要赞助啊，做好事啊，修个桥补个路啊，他们哪有那个钱啊！

百变阿扁：一天变好几次

《齐鲁周刊》：谁在支持陈水扁？他们是一种什么状态？

徐博东：有些南部的人说，“肚子饿得扁扁的也要挺扁”。实际上他肚子并不扁，如果真的肚子扁了，他也就没有那个力气了。据说很多人参加那些几十万人的请愿活动，就是冲着发给帽子和衣服，或者钱去的。说实话，如果陈水扁继续执政的话，两岸关系搞不好，随着大陆不断发展，台湾经济不断边缘化，台湾的繁荣将受到更大的影响。所以有人说他连任也没什么大不了的，只会让台湾人更靠近大陆。当然他确实有一帮铁杆的“台独”支持者，我们反“台独”，震慑“台独”，就是针对他们。

《齐鲁周刊》：从您在台湾接触的各种渠道来看，陈水扁就他自己来讲，到底是什么样的一个人？

徐博东：贫困出身。他父亲靠打工度日，他自己是从台南最贫困的乡下，靠个人奋斗一步一步爬上来的。读书非常刻苦，要出人头地，再也不能像老爹一样受苦了，个人的竞争意识非常强。但骨子里也有一种自卑的情绪，他想摆脱贫困，那种家庭的贫穷记忆又让他归结为社会的不公。另外他的抗压性不够，一旦在强大的压力下，就会改变策略。而且他是律师出身，以赢官司是最重要目的，至于手段那就是其次的，这种律师的性格也导致他容易变来变去。

《齐鲁周刊》：所以叫“百变阿扁”？

徐博东：是的。他的整个政坛生活就是这样。觉得“台独”是票房毒药时，他可以是温和的态度。比如竞选台北“市长”时，别人都在那里大喊“台独”，他却接受“中华民国的国旗”，保证当选后在市府大楼里挂孙中山像、蒋介石像。因为台北的选民结构，支持统派的选民还是比较多的。当它需要拉“台独”的选票时，就会说得比谁都“独”，和李登辉比赛着“独”，巩固他的基本盘嘛！在民进党支持比较多的场子里，可以骂大陆，唱“台独”唱非常高调。在反对“台独”的一些场子里面，特别像军队，台湾的“国军”虽然长期接受反共教育，但也接受反“台独”教育，他就会高喊“中华民国万岁”。所以叫“百变阿扁”，不是三天两头变，而是一天就能变好几次，上午和下午不同，白天和晚上也不同。

《齐鲁周刊》：他怎么敢这样做呢？不怕影响自己的政治信誉和形象吗？

徐博东：这和台湾的“选民”结构有关系。根据上次“大选”的经验，他只要巩固好自己的基本盘，然后再拉一些动摇的中间选票，他就能赢。所以，他能拉多少拉多少。

《齐鲁周刊》：这次所谓台湾“大选”，陈水扁似乎表现得格外“独”，有什么特别的原因吗？

徐博东：除了推动“台独”的根本需要之外，这次如果辩论岛内的其他问题，比如经济问题，民生问题，他就会吃亏的。执政四年他根本就没有任何成绩，所以只能拉高敏感问题，搅乱台湾民众的视线，忘了他执政的失败，同时把两岸关系紧张的责任推给大陆。实际上它也确实需要拉自己的台独基本盘。所以他采取这种策略是完全可以理解的。如果四年执政很好，经济很发展，老百姓也很满意，那肯定会拼命吹牛，做了哪些事，有哪些成绩，如果继续执政，会做得更好，等等。

《齐鲁周刊》：这是台独势力的特点吗？

徐博东：应该说“台独”分子就是靠这一次次大大小小的选举和宣传，逐渐搅乱了台湾社会，误导台湾民众。此次搞“公投制宪”也好，“台湾正名”也好，都是向着“台独”方向的一步。

（齐鲁周刊，2004/02/12，宁方朋）

“台独”分子上演丑剧

台湾“总统”选举的日子越来越近了。日前，以陈水扁为首的民进党“泛绿阵营”发动了名为“‘2·28’百万人手牵手护台湾”的造势活动，利用纪念台湾“2·28起义”57周年的机会，大搞宣传攻势。在这次活动中，陈水扁又一次肆无忌惮地发表“台独”言论，并公开同李登辉和“藏独”分子沆瀣一气。对此，有台湾舆论抨击陈水扁在无计可施之际，只剩下“制造两岸敌意言行”，煽动民众仇视大陆这一招儿了。

……（略）

北京联合大学台湾研究所教授徐博东日前在接受台湾媒体采访时表示，这场“手护台湾”闹剧，无论是以“台湾正名运动”还是以“挺扁大游行”面目出现，都是百分之一百的“台独”活动。

徐博东还批驳了陈水扁2月28日发表的纪念专文。他说，陈水扁在这篇专文中语带玄机地宣称，“在确立台湾的主体性之后，我们应该以更大的格局来思考并定位台湾”，这个“更大的格局”和“定位台湾”，就是要推动实现陈水扁早些时候宣布的“公投—制宪—建国”的“台独”时间表。他指出，陈水扁声称纪念“2·28起义”是为了“爱、宽容和反省”，声称要建立“两岸和平架构”，但却蓄意煽动台湾民众仇视大陆，可见其虚伪之至。

徐博东强调，“台独”分子歪曲历史，打着纪念“2·28起义”的幌子，把矛头对准祖国大陆，为其从事“台独”分裂活动铺路，这不仅是对“2·28起义”死难者的亵渎，更是不折不扣地对历史的公然反动。

（世界新闻报，2004/03/04，余芒）

陈水扁重申“台独时间表”是破坏台海现状挑衅行为

据新华社北京3月15日电（记者朱华颖） 北京联合大学台湾研究所所长徐博东15日接受本社记者专访时指出，陈水扁3月14日在“世界台湾人大会”年会上讲话时重申“台独时间表”，声称他如果“能够连任”，将全力推动“制定台湾新宪法”，要在“2006年公投制宪、2008年实施台湾新宪法”。这说明，“3·20公投”是陈水扁蓄谋已久的、推动“台独时间表”的第一步，是试图破坏台海现状的一种挑衅行为。

徐博东指出，陈水扁抛出“3·20公投”之后，遭到了海内外的强烈质疑和反弹，使他的选情受到很大冲击。陈水扁因此不得不一度降低“公投”的“台独”调门，提出了所谓要推动“建立两岸和平稳定互动架构”的竞选承诺。直到前两天，他还信誓旦旦地向选民表示，他连任后还会重申“四不一没有”，要“保证四年内不会有战争”云云。但这次陈水扁在激进

"台独"组织"世台会"年会上的讲话，又重弹"急独"滥调，再次强调他要通过推动"制定台湾新宪法"、"公投制宪"、"实施台湾新宪法"，来完成其"公投"—"制宪"—"台独建国"的"台独时间表和路线图"，再一次暴露了他顽固坚持"台独"的真面目。

徐博东强调，陈水扁以他自己的所作所为说明："3・20公投"就是"台独公投""切香肠"的第一步。陈水扁一再给"3・20公投"披上"民主深化"的外衣，并把"公投"和选举绑在一起，不仅是为了欺骗台湾选民，拉抬自己的选情，更是为了推动"台独"，试图把广大台湾民众绑在他的"台独"战车上。

（人民日报・海外版，2004/03/16）

涉台智库：北京已备妥文武两套方案回应台选

凤凰卫视三月十八日消息　据台湾媒体报道，大陆涉台系统全面监控台湾大选，刚开完内部会议的北京涉台智库向台湾东森透露，北京方面因应大选的两套回应版本，最快选后一、两个小时公布，如果是扁连任，抑制"台独"武力警告扩大分贝；如果泛蓝胜选，以促统为基调。至于"公投"，北京评估这将是扁阵营的绊脚石。

"3・20"选情沸腾，大陆涉台系统上紧发条总动员，国台办内部密会不断，涉台智库全程盯着台湾各大电视台的实时新闻，汇整资料情报研究，面对蓝绿势均力敌，谁能登上"总统"宝座，国台办也准备好两套响应方案，大选结果一出炉，最快一两个小时会回应。

北京涉台智库徐博东指出，"如果是陈吕连任，北京这边会思考如何抑制'台独'，防止'台独'继续坐大，走向危险边际；如果是连宋当选，会以促统为基本论调。在'一个中国'的原则上不会放弃，会强化经贸促统和'三通'等两岸交流"。

比起2000年时，这一回北京方面显得格外冷静，一切低调冷处理。

而才开完涉台系统的内部会议，智库学者透露北京方面研判台湾大选伴随公投议题，反而成了泛绿阵营的绊脚石。北京涉台智库徐博东说，“‘3·13’换总统救台湾的大游行，很多支持泛蓝的应该都不会投公投，还有前几天中选会受到舆论压力看来，政策一改再改。原本陈水扁想要用公投来绑大选，争取连任，这种预期到现在看来大打折扣。”

选前黄金四十八小时内，陈由豪政治献金风暴口中的大老沈富雄现身，国台办系统也全面监控，直指这当中牵引的选情变化耐人寻味。而选前倒数，大陆掌控每项变量，评析研究因应对策。

（凤凰网，2004/03/18）

“3·20”台湾重现“蓝”天

台湾2004年“大选”进入最后冲刺阶段，究竟泛蓝阵营还是泛绿阵营能在选举中获胜？选举结果将造成什么样的影响？本报特邀内地和香港六位著名台湾问题专家，抽丝剥茧，透析陷入胶着状态的台湾选情，为你提前找到答案。

……（略）

徐博东：泛蓝将小胜3到5个百分点。

北京联合大学台湾研究所所长徐博东在接受《国际先驱导报》记者采访时认为，如果不出大的意外，泛蓝获胜大局已定。

徐博东说，“‘二·二八’牵手行动”使泛蓝阵营产生危机感，实际起到了为泛蓝催票的作用。吴淑珍说“‘三·一三’活动”只有小猫两三只，反而引起强烈反弹，激励了泛蓝士气。“‘三·一三’活动”创台湾单日政治活动人数最高纪录的300万，放到支持者一向比较狂热的泛绿来说也许不难，但对于泛蓝来讲可谓史无前例，“换总统、救台湾”得到如此多人的支持，再次充分体现了台湾求和平、求发展、求安定、再加上一个要民主的主流民意。

徐博东指出，台湾人民希望借“换总统”来“求和平”，因为陈水扁以台湾人民的生命作为延续个人政治生涯赌注；也希望借“换总统”来求发展：陈水扁上台四年以来，经济连续滑坡，其拒绝两岸直接“三通”的政策，导致台湾经济被边缘化；还希望借“换总统”来求安定：民进党上台以来，搞政党恶斗，加剧族群分裂，民心不安，仅从自杀率居高不下即可看出。再加上一个要民主：陈水扁不顾各方质疑和反对，强行将“公投”绑在“大选”上，违背了选民的自由意志，更一度要求投错票也有效，行政力介入“中选会”，这些做法暴露出民进党一旦有权，胡乱弄权的一面。

徐博东认为，“三·一三”造势的效果在选前这一周还会发酵，再加上陈由豪公布献金案证据，将把“二·二八”的“假”气势彻底压下去。之所以说它假，是因为这种气势其实质是民粹，与“三·一三”所体现的民意性质不同，后者才是真正的民声。“公投”辩论胜负明显，种种因素还将进一步发酵，由此产生西瓜效应，陈水扁大势已去。现在泛绿阵营已经露出树倒猢狲散的前兆，一个明显例子就是，连内部资料都流到泛蓝手里（即赵少康出示“国安”密件）。这一周还会继续有各种造势活动，民进党能稳住基本盘就已经很不错了，至于争取中间力量扩大选票将有很大困难。如果没有什么更大的问题，泛蓝获胜基本大局已定。但泛蓝不可能大胜，基本在3到5个百分点之间。

徐博东表示，现在令人担心的是，选情紧绷的情况下，一旦投票时发生冲突，陈水扁可能借机以选举有争议为由，宣布投票无效。泛绿的民主素养很差，惟觉法师刚表示支持泛蓝，泛绿就组织人围攻，说什么宗教不该干涉政治。这件事是一种警示，警示如果陈水扁接受不了选举的结果，很可能采取过激手段。但在台湾民主政治发展到今天这个地步，陈水扁如果一意孤行，将很难收场。

……（略）

（国际先驱导报，2004/03/19，嘉实、格美、施春等）

“公投”未过危机暂解，台湾政局不安，北京智库愁容写在脸上

记者李雅惠/北京报导 大选结果出炉，北京涉台系统苦思回应对策，涉台智库向东森表示，由于连宋提出选举无效之诉，台湾政局动荡令人忧虑；而对于两岸关系扁当局再误判形势，将走向危险边缘。而公投未过关，北京智库评估红色警戒暂时解除，但是担忧还在。

大选对决绿营险胜泛蓝两万多票，北京等涉台智库学者大感意外，再加上连宋阵营提出选举无效之诉，要求查封票柜验票，涉台智库对台湾政局以及两岸关系的变数，愁容满面全写在脸上。

北京涉台智库徐博东表示，“我对台湾政局感到忧虑，对可能造成的社会动荡，这并非是两千三百万同胞之福。”

北京方面四年前对扁当局听其言、观其行，再到认定扁当局走向“台独”分裂，如今扁阵营再度胜出，北京对扁的不信任感还是存在，又因为扁“政府”高喊制定新“宪法”等“台独”时间表，疙瘩扩大，涉台智库语重心长，对两岸的前景，打了一个大问号。

北京涉台智库徐博东指出，“我担心陈水扁如果又是误判形势，两岸关系的前景堪忧；北京这边的坚持还是‘一个中国’的政策。像是陈水扁提的两岸互派代表，其实都是骗选民的。”

对于大陆最敏感的“公投”，两道题目都未过关，北京智库认为危机已经解除，但是忧虑还在。……（略）

（东森新闻报，2004/03/21）

扁继续执政，大陆对台有四种政策可供选择

本报实习记者郑丹杨北京二十四日电 北京联合大学台湾研究所教授兼所长徐博东在谈到两岸的局势时指出，如果陈水扁继续执政，他的“台独”立场依然不会改变。在分析大陆对台政策时，他提出了四种政策可供选择。

徐博东认为，陈水扁最有可能实行的大陆政策是，政治上来软的，重演四年前的故伎。比如提出成立两岸小组，互派代表以及重新提出“四不一没有”承诺，但“台独”立场始终不变，等待台湾主流民意支持他的“台独”主张，以东山再起。经济上有限度地开放两岸“三通”，如先海后空、先货后人、单向直飞等等。其目的是为了缓和两岸矛盾，减少工商企业界、大陆台商对他的不满。而且通过有限度地开放“三通”，与大陆经济有所契合，防止经济边缘化。

徐博东指出，由于陈水扁这次以五成的得票率连任，与上次选举相比扩大了优势，所以也不排除他向大陆“叫板”的可能，真的实行二〇〇六年“公投制宪”、二〇〇八年实施“新宪”的“台独”时间表。但是徐博东认为这种可能性相比上一政策来说要小。主要原因有四：第一，“三二〇公投”被否决，说明民众不接受这样的“台独”时间表；第二，通过对选举结果的抗争，可能形成一个比较统一、团结的在野党来制衡“台独”的进一步发展；第三，美国不允许台湾片面挑战现状；第四，大陆方面绝不允许“台独”。

徐博东认为，大陆对台湾采取的政策有四种选择。

其一，在政治、外交上继续进行围堵，强化“一中原则”；军事上实施有限度、惩罚性的打击。

其二，在军事上、外交上实行封锁和围堵，在经济上推动“三通”。

其三，在政治、外交以及经济上全面封堵，进一步强化“一中原则”，不与陈水扁当局打交道。军事上加强准备，等待时机，抓住战略机遇发展自己，造成台海适度的紧张。经济上，不急于开放“三通”，使台湾经济慢慢

边缘化。

其四，淡化和模糊“一中原则”，先搞两岸的经济融合，开放“三通”。外交上也破例允许台湾加入一些非政治性的国际组织，全面改变、调整对台政策。这是最冒险的选择，因为这样做可能进一步姑息和纵容“台独”。

徐博东最后说，最终两岸双方会实行怎样的政策路线，还要看局势进一步发展。

（大公报，2004/03/25，标题有改动）

国台办：台湾局势若失控，大陆不会坐视不管

李慧玲（特派记者） 在将近一个星期静观台湾选后局势发展之后，中国国务院台湾事务办公室昨天晚上开腔警告，如果台湾局势失控，大陆将“不会坐视不管”。

有接近官方的学者指出，“‘不会坐视不管’在共产党的语言就是动用武力，是非常严重的警告”。

北京联合大学台湾研究所所长徐博东教授认为，国台办抢先在美国针对中选会公布结果发出贺电之前发表讲话，旨在警告美国不应火上加油。

此外，徐教授也告诉本报，国台办的讲话也在谴责中选会不顾台湾民众的抗争，执意公布有争议的选举结果。如果泛蓝的 3·27 大集会最后演变成蓝绿的暴力冲突，造成全岛范围的动荡，大陆不排除动用武力。

徐教授说，3·27 的事态值得密切加以观察，没有人能够保证局势不会失控。愤怒的泛蓝支持者可能冲击“总统府”，酿成流血事件。在这样的情况下，为了保护台湾民众，大陆政府只好介入。

……（略）

尽管认为动用武力是大陆“万不得已才会采取的行动”，徐博东教授相信沿海的军队已经提高戒备。

他形容“目前美国的态度很关键”。陈水扁至今对连战和宋楚瑜避而不见，事实上美国可以向他施压，至少让他接见连宋，消解泛蓝阵营的气愤。如果美国宣布中选会公布的结果无效，那也有助于平息事件。

……（略）

（联合早报，2004/03/27）

被拒入台，徐博东吁民进党心胸要开阔

王绰中/北京四日电　大陆著名民进党研究专家、北京联合大学台湾研究所所长徐博东，由于前年底访问台湾期间，被指“未按行程访问及发表不当言论”，处于三年不受理来台申请案。对此，徐博东今天表示，民进党不能形成“一言堂”，应该以开阔的心胸接纳对岸的荐言，否则等于堵死了两岸交换意见的管道。

前年十一月，徐博东和该所副所长朱显龙受邀前往台湾访问，期间曾到“立法院”会见当时的民进党“立院总召”王拓，并且在访问期间私下批评陈水扁提出的“一边一国论”。随后，在当年十二月，再度受邀来台，结果被台湾有关方面以“来台期间未按行程访问及发表不当言论”为由，拒绝其再度入境，为期三年。

由于目前两岸正处于诡异危险状态，与多位民进党党政人士熟识的徐博东今天表示，民进党不应以狭隘的心胸对待大陆，特别是对大陆学者不同意见都听不下去，民进党如果成为“一言堂”，那么将会开民主倒车。他强调，他在大陆原来是属于比较了解民进党的温和派对台学者，只是批判民进党意识形态“治国”，如果台湾就这样封杀他，等于是堵死了两岸意见交换管道。

这一年来，徐博东也曾尝试以探亲（其母亲在台湾）名义入台，但也被封杀。对此，徐博东指出，现在民进党有些人不愿意来，有些人又不能来，大陆对台人士有不同意见的就封杀，这样会阻碍两岸交流，可能会导致民进党误判两岸形势，反而对台湾本身不利。

（中时，2004/05/06）

就“5·17声明”徐博东与陈文茜对谈录

编者按 2004年5月17日凌晨，也即台湾陈水扁发表“五·二〇”“就职演说”的前三天，大陆中台办和国台办受权发表声明，就当前两岸关系的严峻局势表明了大陆方面的严正立场和态度。这一异乎寻常的举措引起了海内外的高度关注，当日下午18:30，台湾知名人士、飞碟电台“飞碟晚餐”节目主持人陈文茜小姐电话连线采访了徐博东教授，就“五·一七”声明及当前两岸关系的一系列敏感问题进行了深入、精彩的对话，现根据录音整理如下：

陈文茜：今天凌晨，中国大陆国台办正式发表“5·17”声明，台湾将重点放在“七点”上，对此我有不太相同的看法，我认为重点是如果“一中原则”不被接受，大陆将对台湾采取全面性不计代价的战争。我觉得这样一个观点是这次整个正式声明的重点，怎么来诠释今天我们看到的国台办声明？我想联系北京联合大学台湾研究所所长徐博东，徐博东教授曾同《中国时报》的副总编辑杨宪村合写了一本书，特别研究中国共产党与台湾的民主进步党，今天特别来请教他，看他如何解读今天国台办的声明。

徐所长你好！

徐博东：陈小姐好！各位听众大家好！

陈文茜：从你们的观点看，对国台办今天的声明你觉得吃惊吗？

徐博东：我一点也不吃惊，实际上，从去年“大选”以来，大陆的专家学者一再向官方提出的对策建议中，就包括这一项。过去老说大陆受制于台湾，台湾说什么话，大陆跟着说什么话。李登辉说“两国论”，大陆跟着批“两国论”；陈水扁“一边一国论”出来之后，又批“一边一国论”，还有“公投制宪”问题也是一样，按陈水扁的话来说是“拿香跟着拜”。这次完全是一种新做法，这种做法目前来看已经起到了“先发制人”、“主动出击”的效果，不再被陈水扁牵着鼻子走，现在是大陆牵着陈水扁的鼻子走了。

陈文茜：您讲的这句话，就原则问题来讲，所代表的意含是什么？我很直接的请教你，台湾股市今天大跌了294点，主要因为台湾人认为由于你们提出的“一中原则”是陈水扁政府几乎绝不可能接受的，这是第一；所以，所有七点包括“三通”是根本没有希望的，是不是如此，徐所长？

徐博东：确实如此！陈水扁想用“和平独立”的方式来推动“台独”，大陆想“和平统一”，一个要“独立”，一个要“统一”，这样对撞的情况下我想两岸总有一方要妥协，不然必然要爆发战争。

陈文茜：中国大陆常常把好话说在前头，可是在国际战争中好话经常成为废话，因为对方没有办法接受。请教徐所长，问一个非常明白的底线，什么叫“如果台湾当权者铤而走险，胆敢制造‘台独’重大事变，中国人民将不惜一切代价坚决、彻底的粉碎‘台独’分裂图谋?”我问您几个假设状况：第一，会不会因为陈水扁5·20就职演说有比较“和平”的字眼，不像过去讲“一边一国”，不像过去讲“台湾人对中国人”，不像过去讲强烈的2006年“公投制宪”，或者他用的一些字眼看起来有一点点“友善”，但是他决不接受“一中原则”，请问如果这样的“5·20就职演说”符合中国的原则，你们可以接受吗?

徐博东：我们对陈水扁不抱任何幻想，他虽然可能不会讲“一边一国”，也不会讲要改变领土主权范围的“公投制宪”，甚至可能要改成“修宪”，但大陆“听其言、观其行”四年下来，对陈水扁已经看得一清二楚，他决心要推动“台独”，暂时会包装一下“台独”主张，但整个5·20演说，不用看就知道他还会坚持“一边一国”这样一个基本理念和立场。他曾经讲过，《台湾前途决议文》是现阶段民进党大陆政策的最高指导原则，那么《台湾前途决议文》已经界定得非常清楚，他要推动“台独”的走向，恐怕已经是不可逆转。

陈文茜：再请教徐所长，“5·20”当天，有美国军事专家同台湾军事专家分析，中国大陆不排除会“下点小雨”，所谓“小雨”的意思指的是会有局部军演，有没有可能？你认为，中国大陆会不会用这种非常明显而清楚的政治动作告诉台湾社会：大陆对陈水扁的任何谈话都已经没有了幻想，而可能在“5·20”前后举行小规模但是对台湾没有立即军事威胁的军事演习，会不会？

徐博东：本人对这样高度机密的情况并不了解，所以我不能作任何预测。但是刚才你念的那段话讲得非常清楚，对于任何重大“台独”事变大陆都会作出强烈反应，我想至少如果陈水扁在2006年真的推行“大选”期间提出来的搞“公投制宪”，或者2008年实行“新宪”，“制宪”也好，“新宪”也好，如果涉及主权问题，大陆恐怕就不是光“下点小雨”的问题了。

陈文茜：我再请教一下徐所长，由于陈水扁是一个非常擅长玩细节的政治人物，所以我问的问题可能很细。中国大陆对于一些实质的状况反应会是什么？举例来讲，关于2006年“公投制宪”的问题，现在陈水扁嫡系里有一些青壮派的“立法委员”在帮他找台阶，告诉民进党的支持者，“国号”是不用改的，甚至必要的时候只改政府体制，所有总纲里边不只是“国号”不要改，领土条款都不要改，你们会不会因为民进党青壮派“立法委员”提出了“新文化论述”等等，而因此觉得民进党有调整“台独”路线的空间，所以你们在“听其言、观其行”，在看整个民进党的发展，在判断是否需要把陈水扁2006年“公投制宪”当作选举语言来看待，你们是这样看吗？

徐博东：我们也注意到了这样一个情况，但陈水扁的诚信度可以说是零，所以大陆方面包括美国，实际上对陈水扁的警惕性是相当的高，他可以今天这样讲明天又那样讲，上午这样讲下午又那样讲，白天这样讲晚上又那样讲，如果对陈水扁的压力不够，他就以为他可以胡作非为，可以乱来，所以必须保持压力，必须随时提醒陈水扁，如果要乱来，大陆绝不会容许。所以我觉得看陈水扁不要光看现在，他一到压力减少时，一旦认为没有危险时，就可以变成另外一个样子。

陈文茜：我再来请教徐所长一个问题，如果2006“公投制宪”的时候，陈水扁虽然提出了“公投制宪”的版本，但是他交付“公投”的时候民众没有给予他支持，中国大陆仍然打吗？

徐博东：那恐怕是另外一个样子，说明台湾民众并不支持这样一个“台独”走向，但我觉得如果陈水扁有诚意改善并缓和两岸关系的话，他就应该通过体制内的方式来进行“修宪”，而不是直接诉诸台湾的选民，直接诉诸台湾选民，实际上等于是向大陆施加压力，等于说我这个“宪法”已经不是原来的“宪法”，是抛弃原来“中华民国”旧有的“法统”，是通过台湾人民直接投票决定的“宪法”，用这样的方式来挑衅大陆，来宣誓台湾是一个所谓“主权独立的国家”。

陈文茜：我想请教徐所长一个简单的问题，是不是中国大陆会等陈水扁交付“公投制宪”之后的结果才决定对台行动，还是只要陈水扁一提出来，你们无法再等“公投”的结果就直接动手？

徐博东：恐怕得到时候再仔细的分析，现在这样来预测前景我目前没有办法直接给您满意的回答。

陈文茜：我请教徐所长，您刚才特别提到，从北京的观点来看，陈水扁是一个毫无诚信的人，早上说一套下午做一套，如果2006公投不“制宪”，2008“公投要制宪”，或者2008直接走向法理上的“台独”，那中国大陆的奥运会怎么办？

徐博东：奥运宁肯不办也要捍卫中国国家领土主权完整，这点已经在国台办的声明中说得很清楚——“不惜一切代价”。什么叫“不惜一切代价”？我认为包括奥运不办，包括跟美国闹翻，都可以是“不惜一切代价”的解读。

陈文茜：我这样直接请教徐所长，可能对你而言这是一个不礼貌的问题，台湾有相当多长期观察两岸关系的学者，特别是民进党内部的人士，还有一些“台独”方面的一些政治理论者，还有一些美国军事专家，直言现在的中国的领导者不能也没有胆量作出攻打台湾的决定，因为你们的领导者都是工程师、技术官僚出身的，你们现在没有邓小平，所以是只“纸老虎”，没有人真的敢拍板定案打台湾，这个评估你觉得是对的吗？

徐博东：这恐怕是对中共历史不了解，也对中共现在的领导人不了解，大概现在的温家宝也好，胡锦涛也好，看来温文尔雅，也很理性，很务实，但是一旦面临这种状况，不是他们可以回避的，全中国13亿人民，包括全世界华人华侨都会形成强大的压力，不是个人的意志可以转移的，到那时候，如果中国领导人在那种情况下还睁一只眼闭一只眼，采取一种“鸵鸟政策”，恐怕连他自己的领导地位都不能够维持了。

陈文茜：我想请教徐所长，在2004年之前，台湾民众经历了好几次重要的两岸危机，像1996年的军事演习，李登辉说是“空包弹”，后来证明真的是空包弹，虽然你们最后处理了内部发生的台谍案的间谍等等，但是它给台湾民众的历史经验就是中国大陆很多话说得很大声，动作其实不怎么样。所以在2004年选举之前，我看过一个重要的民意调查，认为两岸将来陈水扁走“公投制宪”而可能爆发战争的比例不到20%，请问你有什么评论？

徐博东：所以这就是一件很悲哀的事情，在95、96年的时候，如果不是9·21大地震的话，恐怕当时就已经发生严重的军事冲突。其实中共领导人很不愿意对台使用武力，中国人打中国人毕竟是民族的悲剧，所以一再忍让，但忍让是有限度的，如果台湾的领导人以为中共是纸老虎，中共说我是不是纸老虎，请看吧，真正拿出真格的来，到那时就后悔莫及了。

陈文茜：有的人这么分析，现在美国深陷伊拉克战争，美国在当地有13万军队，而且布什个人面临连任的重大困境，他们需要中国大陆的帮忙，再加上他们有能力跟中国大陆在东亚作战，等到伊拉克战争结束，换句话说，到了2006的时候，那个时候美国的局面可能并不相同，尤其等到2007的时候，台湾对美国军事采购，开始启动军事合作机制，那个时候，台湾再来搞很多两岸的问题可能会好很多。因此有两派的见解：有一派的见解认为2006要“公投制宪”，另外有一派说要拖过2006再说。徐所长你如何看待呢？你认为中国大陆在2006之前可能动手吗？还是会拖过2006之后民进党也有更多的空间？

徐博东：我想中国大陆对台是不是用非和平手段来解决，这个问题主要是看当时的各方面的形势，但是有一条是不会改变的，如果真的搞“法理台独”的话，大陆13亿人民是不会答应的。现在台湾领导人动不动就说大陆伤害台湾人民的感情，但是他们搞“台独”伤害的是13亿大陆人民感情和全球几千万华人华侨的感情，那个时候这种压力将不得不迫使大陆采取一种非和平的手段，这是很悲哀的事情，台湾领导人不要误判形势。至于军事上准备如何，大家想想，朝鲜战争，你们叫韩战，那个时候中共刚刚建国，百废待兴，但是中共仍然是毫不犹豫的出兵朝鲜，打了非常惨烈的一仗，要了解中国在国家领土主权问题上是绝不会妥协退步的，这是中共建国立政的根本。

陈文茜：我请教一下徐所长，据你所了解，现在对台工作小组的负责人是江泽民，当然胡锦涛、温家宝都是其中重要成员。许多人谈到中国内部的政治领袖，他们做出攻打台湾的决定其实有政治权力上的自我考虑，他们担心解放军重返更高的政治舞台，因此基于现在中国领导权的平衡，攻打台湾的决策是做不出来的，徐所长你如何判断？

徐博东：我觉得这完全是一种误判，我刚才一再强调，如果出现这样一个形势，大陆的老百姓、全球华人华侨，不会允许大陆采取这种忍让政策姑息“台独”，声明里说得很清楚：“决不容忍”！这是非常明确的信息，所以台湾方面政治人物、“台独”人士不要轻信李登辉和陈水扁这些骗人的谎言。

陈文茜：我想请教徐所长，我们来问几个定义上的问题，什么叫法理上“台独”？假设“公投制宪”不改“国号”，还是维持“中华民国国号”，只有改领土的条款，对你们而言就是第四条，“中华民国依其固有之疆域为其领土”，这个条款只要一动你们就认为是法理上的“台独”吗？你们对“法理上的台独”的基本定义要说清楚，要台湾民众知道出现什么状况会有战争？什么状况不会有战争？

徐博东：当然，我不是搞宪法的学者，我个人粗浅的认识，我认为比如说把现在的“中华民国宪法”第四条：“中华民国固有之领土，非经国民代表大会决定，不得变更之”，如果把这一条删掉或者改成“现有领土不得变更”等等，变成主权问题修改的话，或者说把“国旗”、“国号”等等宣誓主权、表示主权的议题拿来“公投”也好、或修改也好，我想恐怕都属于

“法理台独”的范畴之一。

陈文茜：如果到时候陈水扁说他把“固有”改成“现有”，事实上我认为这是他最可能改的方向，因为他改成“台、澎、金、马”对他来讲是所谓太明目张胆的“法理台独”，如果他光是把“固有”改成“现有”，而且他可以告诉大家说，连你中国大陆都不承认蒙古是中国的领土了，我们现在“中华民国”的“宪法”连外蒙古都算这不是笑话吗？我讲“现有”是有模糊的，他也是“一中各表”的概念，难道中国大陆就为了一个“固”字改成“现”字，为了一个文字发动战争吗？你们会怎么回答？

徐博东：不是的，“现有”的就是指现在所有的，实际上他已放弃了大陆主权，等于“中华民国”现有的领土范围就是台、澎、金、马，等于已脱离中国这样一个框架，一字之差谬于千里，所以我觉得看来是很小的变动，实际上已经作了重大变动。

陈文茜：如果“领土条款”根本不要了，改成叫“治权条款”，“中华民国”“治权”仅于台、澎、金、马之现有疆域，也就是说，他用“治权条款”而不是“主权条款”来取代“领土条款”，你们认为这也是实质的“法理台独”行动吗？

徐博东：我认为这根本就不是个“宪法”，因为它根本不知道自己的“国家”到底领土范围在哪里，故意删掉这一条，这已经是莫名其妙的“宪法”。

陈文茜：从陈水扁搞“防御性公投”的做法跟我们一向看他的经验，他就是这样的一个政治领袖，你如何看他这样的一种做法？

徐博东：他删掉这一条本身已经明确宣誓他已经改变了领土范围，只不过没有明说出来它的领土范围在哪里而已。如果光说“治权”在台、澎、金、马，实际上主权已经很清楚，表明“中华民国”的“领土主权”就在这儿。

陈文茜：我们看到国台办今天凌晨所发表的声明，当然它把七点写在前头，但是我认为比较重要的是声明的核心原则：“台独没有和平，分裂没有稳定”，最后一句话中共坚持一个中国原则的立场决不妥协，我请教徐所长，你们对“一个中国”的原则如何定义？你们希望陈水扁在5·20要说

“一个中国”，在“公投制宪”时不能违反“一个中国”，到底“一个中国”可以给予多少宽松的空间？

徐博东：实际上 5·17 声明里说得很清楚，并不是先说“七条”，而是先说有“五决不”，然后对“一个中国”作了明确的界定，即只要承认“世界上只有一个中国，大陆和台湾同属一个中国”，实际上这就是“一个中国”的内涵，1991 年李登辉上台初期所制定的“国家统一纲领”里边，就是这样一个提法。

陈文茜：台湾有四个主要报纸，《自由时报》、《联合报》、《中国时报》还有《苹果日报》，对于 5·17 声明，其中《自由时报》登了一个很小的新闻，《联合报》、《中国时报》都在头版头条，但是它们转述的内容并没有对“一个中国”提出一个非常清楚的定义，就是说到底这个原则必须承诺得多么清楚。

徐博东：实际上“一个中国”的内涵早在几年前钱其琛副总理在任时就已经讲得很清楚了，钱在纪念“江八点”七周年时曾正式对外说：“世界上只有一个中国，大陆和台湾同属一个中国，中国的领土主权不容分割”，这三句话就是目前中共关于“一个中国”内涵的界定，在这次 5·17 声明中再次提到，只不过有些人不怎么注意或者说故意不当回事。要知道这个正式声明不光是国台办和中台办的声明，它是受权发表，所谓“受权”，是指中台办和国台办“接受”中共中央和国务院的委托发表的，是最高的党、政领导拍板的声明，只不过是授权给中台办和国台办来发表而已。

陈文茜：我再请教一下徐博东所长，回顾过去两年关于“三通”的一些谈话，你们会说在“一个中国”原则下，因此可以交由非官方的民间管道去谈判“三通”，今天台湾股市大跌 294 点，就是认为在这样的情况下“三通”是没有希望的。我们把它说的更细一点，如果陈水扁现在说不管你这个原则，我们两个就来谈“三通”，就来由非官方机构直接接触，同意开始重启谈判，你不要设前提，我愿意跟你重启谈判，没有什么不可以谈的，包括“一中原则”，请问徐博东所长，这样的谈话你们接受吗？

徐博东：以我个人的判断，大陆方面不会接受这样的一个没有前提下两岸接触和商谈，现在可以说陈水扁任何情况下都要强调他的“一边一国”，即使上谈判桌他也会故意制造两岸的“三通”是“国与国”之间的“三通”，或者叫作“一边一国”的“三通”等等，如果这种情况下上谈判桌，大陆等于是放弃了自己一贯坚持的立场，上了陈水扁的当，所以大陆在“台独”如此嚣张、陈水扁坚持“台独”路线的情况下，大陆对“一个中国”只会强调不可能淡化和回避。

陈文茜：我想请教您，在92年的时候曾经有一个“九二共识”，对于“九二共识”现在各方的解读不太相同，中国大陆首先对“九二共识”中“一中各表”有不同的意见，假设真有这样的一个口头协议你可不可以判断，现在经过12年之后，对北京来讲“一个中国”原则没有“各自表述”的空间，必须按照你们的方法来表述？

徐博东：实际上在李登辉提出“两国论”之前，大陆方面对于台湾这样的解读是睁一只眼闭一只眼，没有直接给予驳斥和反对，采取一种互相理解、互相谦让的态度。但李登辉的“两国论”抛出来之后，迫使大陆不得不在“一个中国”原则问题上加强这样的宣传和坚持。所以不是大陆方面作了任何改变，大陆方面20多年来一直坚持“和平统一、一国两制”，变化的恰恰是台湾方面，从李登辉后期到陈水扁一直在不断地变化，越变越“独”。

陈文茜：如果现在陈水扁跟你说我可以同意“一中各表”你们会接受吗？

徐博东：“一中各表”要大陆公开、正式接受，我看不可能，你自己解读自己的可以。据我所掌握的资料，连吕秀莲都说确实有“九二共识”，不少文件都已经证明了这样一个情况。非要解读为“一中各表”。有些国民党人士说“各表一中”，究竟“一中各表”还是“各表一中”，台湾方面这样解释那样解释，大陆方面随便你解释好了，但你只要承认还是“一中”，这就是一个共识。

陈文茜：台湾很多人认为说，杀了陈水扁他也没有办法接受“一中原则”，如果这是一个前提的话，我想请教一下徐所长，我们先不要谈战争的问题，你可不可以大胆的说，“三通”是不是绝对没有可能性？

徐博东：依我看是不可能。

陈文茜：现在再请教最后一个问题，在中国大陆今天早上国台办所发表的声明，我们称为3·20之后最清楚的官方定调，这是不是告诉台湾这是一个战争的最后通牒，这是台湾今天的解读，你同意这个判断吗？还是你觉得还不到这么坏的状况。

徐博东：今天发表的声明，尽管很强硬，但强硬之中有软的部分，是"有软有硬"，其实给了台湾方面一个回旋的余地，给台湾方面指出了如果接受"一中原则"的话，两岸关系会是一个什么样的光明前景，声明中提出了七个方面的主张和前景。现在两岸关系面临新的十字路口的关键时刻，陈水扁当局如果在这方面有任何松动的话，两岸关系并不难解决。如果说"杀了陈水扁他也不能承认一中原则"，他仍然顽固坚持"一边一国"，那么两岸关系恐怕如你所说的，就很难有回旋的余地了。

陈文茜：非常感谢徐所长从北京和我们连线，谢谢！

（飞碟电台，2004/05/17，根据录音整理）

徐博东与郭正亮、罗志明隔海辩论实录

编者按 大陆两办受权发表"5·17"声明的当晚21:00—22:20，徐博东教授应台湾TVBS电视台之邀，通过电话连线方式，以嘉宾身份参与了由李涛主持的"2100全民开讲"节目，就当前两岸关系等敏感问题与郭正亮（民进党籍"立委"）、罗志明（台联党"立委"）进行了激烈的隔海辩论。同场参与节目的嘉宾还有吴敦义（国民党前高雄市长）和张显耀（亲民党政策中心主任），现根据录音整理刊出。

李涛：大陆对台办今天12点钟正式发表声明，很多解读都说非常强硬，只有一个方向，如果陈水扁接受一个中国的原则，其他任何事情都好谈，否则将会面临战火，从这个角度欢迎大家特别关注（今天要谈的话题）。首先介绍在台湾的四位来宾：吴敦义市长，郭正亮先生、张显耀张主任，罗志明罗委员，还有（在北京和我们现场电话连线的）北京联合大学台湾研究所所长徐博东，欢迎一起加入我们。先从台湾四位来宾，从罗志明委员请教起，走向台湾独立必须面临两岸之间的战火？

罗志明：今天的新闻稿，显然中国（注：“台独”人士称大陆为“中国”）已经了解半夜出新闻，让你无法去回应，然后隔天鸡飞狗跳（的招数）。毕竟“一个中国”目前在台湾是没有市场，希望中国更了解台湾民意的需求；第二，这一次是中国对阿扁“总统”的第一次回应，毕竟他已经拿到50.11%的选票，中国已经正视他的“总统”地位。这也是说中共已了解翻盘没有希望，这点国亲应向中国共产党学习。2000年两岸关系的一个重要指标“四不一没有”，TVBS曾经做过民调，台湾民众的满意度达到百分之七十。四年来阿扁没有改变现状，他也没有宣布台湾独立，台湾“制宪运动”没有改变，但是台湾的国际空间不断遭到打压，“邦交国”不断被撕裂，也没有得到善意的回应，今天中国以更强硬的手段对待5·20阿扁就职演说，希望能够得到你的最大满意度，这样讲不通。因为你有恶意在先，没有善意的回应，叫台湾如何走下去。

李涛：请教徐所长，台湾民意无法接受这样一个状况。

徐博东：一个中国原则实际上并不是大陆强加给台湾的，请大家看一看陈水扁就职时自己宣誓要效忠的“中华民国宪法”就是一中架构，另外李登辉主政时主持制定的“国家统一纲领”也是一中原则，白纸黑字写的，并不是大陆强加给台湾方面的，是台湾在变而不是大陆在无理取闹。

李涛：目前状况，台湾民众各种解读，如果台湾感受到是威胁的话，得到的回应刚好是相反的。

徐博东：违背“中华民国宪法”，不是中国大陆方面是台湾自己在违背自己的“宪法”，指责的应是台湾和陈水扁自己。刚才罗志明讲，“台湾正名”是台联搞的，“台湾正名”大游行，陈水扁为主席的民进党大力支持，动员自己的党员和支持民众参加，陈水扁当时躲到台南，说：如果我不是“总统”身份的话，我不但会参加，而且还会带着安安（注：陈水扁的外孙）去参加，说明他的理念就是要搞这个，他是“台湾正名”运动的幕后推动者。

罗志明：“宪法一中”目前很难为台湾人民所接受，因为过去“宪法”所设立的背景根本没有让台湾人民真正参与，所以阿扁才提出2006年“制宪运动”。李前“总统”在宣布终止“动员戡乱时期”时，已经承认台湾的治权只在台澎金马，承认中共（政权）不是一个叛乱集团，是一个治权在大陆的国家。现在已经很清楚，现在所谓的中国是中华人民共和国，“中华民国”和中华人民共和国是不一样的。

李涛：台湾民众不接受一中？（指向张显耀，请张回答）

张显耀：台湾民调70% -80%的民众接受“中华民国”，“中华民国”不叫一中那叫什么？关于北京今天国台办发表声明，给陈水扁两条路选择：第一个从头到尾走“台独”，那你就告诉台湾民众，你要很明确告诉我们2006年就是“台独制宪”，“台独建国”；第二个就是一中，北京对一中解释已经放宽了，今天的声明没有提到“一国两制”，大陆跟台湾都是中国的一部分，不再提到台湾是中国的一部分，同时对未来两岸关系的底线也已经提出来了，提到悬崖勒马、玩火自焚。1998年“两国论”出来的时候，这两个词也都出来了，对岸军机和战舰已经越过海峡中线，两岸的情势很紧张。过去两个礼拜以来，美国方面一直提醒我们不要忽视大陆动武的可能性。再来看民进党的态度，记者问民进党中央党部要不要回应，民进党副秘书长说要等政府回应之后，民进党再回应；“陆委会”说等“总统府”有交待再来回应，“总统府”不想让阿扁站在第一线，请“陆委会”先回应。结果“府”、“院”、党三方到现在都没有回应这么严肃的问题。只有两个人，一个黄志芳，一个林佳龙，这两个人对整个两岸的问题完全不清楚，在状况之外，回答的问题非常可笑。这么严肃的问题，如果说民进党你的路线很清楚，你就应该出来回应，不要再拖，要提出新的论述。

李涛：请教郭委员，北京当局把所有的状况讲得非常清楚，要不然这样，要不然就摊牌。

郭正亮：我觉得（要了解）声明的性质，民进党确实应先了解它的背景。2000年的时候，北京的立场是“听其言，观其行”，现在对陈水扁过去四年做了一个定性，民进党完全没有诚信。大陆觉得泛蓝已经崩盘，四年前泛蓝是“国会”多数。（大陆）也要透过美国来影响台湾。（大陆）已经完全不信任陈，已经站在第一线，声明的危险性就在于此，把很多情况解释成最极端的状况，把自己逼到一个角落，好像他（大陆）只能这样做。说过去四年来陈水扁是完全推翻“四不一没有”，真的是这样吗？陈水扁做过哪几件事，是不是“四不一没有”真的被推翻？至少我们认为没有完全推翻“四不一没有”，但北京认为是这样；第二个对于2006年“公投制宪”，2008年要实施新“宪法”，到底“公投制宪”的性质是什么？程序是什么？哪些议题“立法院”没有办法处理，必须交有人民来表决？被北京理解为“台独时间表”的东西，必须要有说明，你已经不可能回应一中，你总要有一个说法。如果情况是这样，吕秀莲也讲过一个中华，民盟也在说一个中华。中华可以文化的，也可以是社会的，我们应该努力做，整理出一些东西，才有办法有效回应。“公投制宪”要讲清楚。

李涛：需要时间做整理回应？请教徐教授。

徐博东：时间难道还少吗？已经四年了！不是时间不时间的问题，是有没有诚意的问题。关键是陈水扁的立场究竟是“台独”立场还是“一中”立场，刚才说“一中”不被接受，请看现在台湾出版的“中华民国地图”是什么形状？大陆现在不相信陈水扁不是大陆没有诚意，大陆没有办法相信陈水扁说一套做一套，今天一套明天一套，上午一套下午一套，白天一套晚上一套，这个场合一套，那个场合又另一套。即使交朋友也要互相有信任度，何况是两岸这样一个重大问题，涉及国家民族的重大问题。陈水扁必须用自己的行动来证明他是值得信任的。现在台湾社会被撕裂为两大块，本身也是这样一个问题。民进党经常讲大陆“伤害了台湾人民的感情”，动不动就打着台湾人民如何如何（的幌子），实际上民进党和陈水扁并不能代表全体台湾人民。

李涛：下面请教吴敦义市长，这次台湾对（5·17声明）有各种各样的解读，你的看法如何？

吴敦义：三点扼要的分析。第一个，这个声明立场非常坚定，态度其实还是两手策略，宽中有柔，松中有紧，也是刚柔并济，软硬兼施。如果选择一意孤行那就是玩火自焚。又提出七项美好的愿景呼吁台湾能够选择他所希望的。台湾有两种态度其实都很可怕，一个是中共只要咳嗽，我们就发烧，股市好像风雨欲来；另外一个中共干什么，我都像山一样闻风不动，我也不是被吓大的人。李登辉前“总统”就是最大的代表，甚至用“狗”来说明中国大陆的声明，这样的态度，恐怕也会陷入可怕的困境。第二要看与中国大陆的争议是什么?（中国大陆）可能担忧2006年“制宪”，“制”就是创造一个新“国家”，一个新“政体”。为什么不找一个名跟实相符，用一个“新”字?陈水扁说即便是“制宪”，也不会变更“国名”，不会改“国号”，不会改“国旗”，那其实就不是搞一个新“国”家。连宋竞选“总统”的“新宪三部曲”，避开那个“制”字可能产生的疑惑，只要你捍卫“中华民国”这个“国名”，就是可以两全的事。

李涛：台湾民众可能会变成两种状况，中国人不信邪，台湾有人会说不怕死，李登辉在稍早也提过“会叫的狗反而不会咬”，类似这样的状况，是台湾实质上确实有的这种情形，如何面对和解决这个问题?

罗志明：中国（大陆）把台湾的“四不一没有”解释权掌握在他的手中，这也是很莫明其妙。中国（大陆）完全是在操纵（台湾）不能这样做不能那样做，那台湾人的权力在哪里?解释权应该互相尊重；第二可能中国（大陆）没有选过“总统”，不知道在台湾不像吴委员所讲的，为政者是要经过人民选出来，反映民意，今天的台湾民意，是受深化民主的影响，今天阿扁提出怎样的政策，获取了多少选票，对这样的民意要深入理解，所以过去他是39%胜，现在是50. 1%胜，这个成长里民主声望是有影响的。

徐博东：首先，“四不一没有”的承诺是否已经作废，陈水扁自己在“大选”期间就已经说过“四不一没有”早就不存在了，大家不会健忘的。“大陆不武，台湾不独”，实际上是倒因为果，你“不独”大陆就“不武”，现在陈水扁要走“独”的道路，所以两岸的战火就很难避免。不是解释权在大陆，而是陈水扁用自己的行动进行了解释。另外说民意不承认一中，也不能成立，刚才张显耀先生已经讲了，台湾70%的民众都认同一中，只不过“一中”解释为“中华民国”而已，你可以“反共”但是不能“反华”，反共又反华这是陈水扁当局的一大特点。现在还打着“中华民国”的旗号，但“中华民国”只是个招牌，推动的是走向“独立”的道路，非常危险，大陆保持高度的警惕并给予提醒。

郭正亮：让事实讲话，张显耀刚才说70%支持“中华民国”，“中华民国”不等于一个中国，台湾大部分人认为“中华民国”是一个独立存在的、跟中华人民共和国是互不隶属的两个国家，很多人认知是这样。把很多民进党的行动，统统解释成“台独”，“3·20公投”的题目是什么？是两岸协商的问题，是撤飞弹的问题，这跟“独立”有什么关系？“台湾正名”运动，是台湾在野力量必然会存在的一种社会性的运动。即使民进党不去搞，台湾社会还会有人去搞，台湾这种运动到处都会存在，台湾的“台独”永远要存在。对“台独”要有严格的界定，法理上有没有改“国号”？是不是更改领土范围？如果北京不是这样认知“台独”，就已经把自己逼到了墙角，他这样搞国际社会也不会同意。

李涛：徐所长，因为两岸之间过度的、狭隘性的解释“台湾独立”，反而让北京当局自己没有办法，自己把自己逼到角落里？

徐博东：回应第一点，大陆没有把一中说成只是大陆，不包括台湾，声明里非常清楚的界定了一个中国的内涵：世界上只有一个中国，大陆和台湾同属一个中国，中国的主权和领土完整不容分割。这就是大陆关于一中的内涵，包括大陆和台湾。请翻看一下李登辉上台初期所制定的“国家统一纲领”，基本上字句都差不多：台湾固然是中国的一部分，大陆也是中国的一部分，这个内涵基本同台湾的“国统纲领”差不多，现在陈水扁说他没有废除“国统纲领”的问题，但他用事实和行动废除了。第二点，“台独”的解释权问题，并不是陈水扁民进党自己解释“台独”的问题，“台独”是全世界包括美国包括台湾民众都看在眼里，是不是在搞“台独”？民进党早就承认自己在搞“台独”，1991年民进党前主席说我们是“台独党”，我们不但是“台独党”而且是“建国党”，民进党许信良当党主席时，曾经一再推动“台独”转型，当时在场的郭正亮先生写过一本书《民进党转型之痛》，“转型之痛”当然也包括“台独转型”。至于标准，各方有自己的解释，大陆有大陆的解释。另外台湾民进党政府是不是搞“台独”？陈水扁是不是在推动“台独”？从今天大陆国台办受权发表声明来看，台湾股市大跌了将近300点，说明台湾的股民也认定陈水扁在搞“台独”，要不然他们为什么会恐慌？股市会大跌？

李涛：台湾民众是否能够坚持自己的意志？

张显耀：民进党包括陈“总统”在内过去到现在是不是在搞“台独”，我想问一下台湾每一个老百姓，没有一个人相信民进党过去不是在搞“台独”，现在也不会搞“台独”，未来也不会搞“台独”。台湾老百姓很可怜，大家都需要安居乐业，我们希望两岸能和平相处。可今天这个事情一爆发，陈“总统”告诉我们台湾要走自己的道路，那是走哪个道路？你是要告诉我们继续走“台独”的道路，还是现在就悬崖勒马，否则玩火自焚？我们现在回过来还是要走“中华民国”的道路，“中华民国”是唯一保护两岸之间的一个有共识的最大公约数。民进党由于陈“总统”要把“中华民国”去掉，到今天不能把未来的路跟老百姓说清楚，从美国到北京到周边甚至台湾有一半的人不相信陈水扁。未来两岸关系怎么能和平？民进党面对这个情况内部要展开大辩论，到底走1991年“台独党纲”，还是走1994年妥协性的“前途决议文”？

李涛：为什么国亲不能跟民进党合起来，面对北京当局提出来这样一个说法，跟大陆配合唱一出戏。整个一个状况，大家能不能来面对、正视。

吴敦义：台湾现在要去决定“统独”的问题，很痛苦。台湾现在跟大陆统一可能吗？国内（台湾）所有的民调，连“一国两制”台湾都有80%的民众反对，统还有市场吗？谈到“独”，不是我们宣布“独”就“独”，可以设身处地替北京想，如果允许台湾“独”，那新疆、西藏怎么办？马上有可能兵戎相见。说我们台湾够大够强，跟美国一样、中国（大陆）一样大和强，有可能不在乎人家。彼此要体会自己，也设身处地替对方想，这中间一定有很多可以拿到最大公约数的地方。我在2002年联合73个委员在“立法院”通过了我们的提案，希望不要说北京宣布不统，我才宣布我不“独”，阿扁则说你先宣布你不武，我才不“独”。约同一个时段北京跟台北同时宣布不“独”不武，一次解决。至于两岸今后如何处理，现在也没有一个定律，一个国家有多个民族，一个国家拥有一个民族的也很多，也许30年后大陆政治经济都开放，国民所得也很接近，两岸两相情愿，有什么不好？20、30年后双方觉得大家只要不打仗不流血，不必现在就一翻两瞪眼，用最大的耐心寻求最大公约数。

郭正亮：还是回到一个关键问题，刚才吴委员说用不“独”来换不武很好。问题是什么叫“不独”？北京就是把“台独”极大化，把很多行为都认为是“独”。民进党在很努力地把“台独”运动和现状做结合。阿扁讲“一边一国”，说我是对现状的描述，我们没有在搞改变“国号”式的“台独”。问题是如何界定“台独”？北京把“不独”进行极大化解释，会有什么后果，等于台湾做一个小“公投”也叫做“台独”，李登辉也讲过，连我呼吸时也在搞“台独”。如果这样搞政治到时候就没完没了，我一点也不否认民进党主张“台湾独立”。现在这个现状就已经是主权“独立”的事实。在这个事实上我们再谈两岸如何交往，在野力量搞“正名运动”也说是搞“台独”，可他并没有上升到改变“国号”，如果在野的群众运动构成“台独”，台湾是民主国家，如何制止？

罗志明：阿扁“总统”的演讲稿基本上分成三个部分：一个阿扁自己的理想，他可以自己去完成；另外一种是他和人民合作去完成；另外一种是要人民自己的意志力去完成。推动“台湾正名”，要更改“国号”，但是阿扁不可以更改“国号”，因为中国共产党讲不可以更改“国号”，美国讲不可以更改“国号”。我们说这是人民的权利，是由人民来决定台湾的自主权，是人民通过“公投”来完成的。刚刚徐教授所讲的，国际上认同一个中国，实际上是虚构的。你说的一个中国不是现状，“一边一国”才是现状，徐教授你是也学过宪法的专家，今天台湾有自己的“政府”、领土，自己管辖的人民，为什么我们不算一个主权“独立”的国家？吴市长显然不是软脚虾，他也认为“中华民国”是一个“独立自主”的国家，只是现在叫“中华民国”，把“中华民国”去掉就算是“台独”。阿扁“总统”没有把“中华民国”去掉，但是我们台联认为应该去掉，退出联合国那一天开始的话我们“中华民国”的名字就不见了。

徐博东：我想罗先生一再讲台湾的主流民意，我所看到的资料，台联党并不代表台湾的主流民意。民进党也好，台联党也好，都说代表台湾主流民意，我觉得不符合台湾的现实。讲到“一边一国”是不是现实的问题，是不是两岸同属一个中国是虚构的问题，我觉得不管是国际法也好，还是国际社会的承认度也好，都看得很清楚，连美国到目前为止还仍然坚持一个中国的原则，一再提醒台湾领导人不要去改变现状，现状并不是“一边一国”，现状是两岸同属一个中国，这才是事实。中国大陆这么多的省，不是也有它们管辖的领土和管辖的人民吗？如果这样讲的话，各个省都可以称自己是一个“国家”了！问题的关键在于法律地位究竟如何界定，不是自己单方面认定自己是什么就是什么，要得到两岸人民共同承认，虚构的恰恰是台联党这些论述。

李涛：陈水扁先生必须要履行他自己对人民的承诺，5·20 就职演说里，没有立即的改变，接受一中等等，陈水扁必须要面对、承担。

徐博东：如果这有什么压力的话，是陈水扁包括李登辉在内这么多年来一再的误导台湾民众所造成的压力，不是大陆给他强加的。如果他不承认一中，不承认两岸同属一个中国的话，恰恰是他“违宪”，真正爱台湾的政党也好，人民也好，应该给予质疑。

李涛：台湾内部提出不要伤害台湾人民的感情，您是怎么看呢？

徐博东：台湾人民的感情，并不是单一的，是很复杂的。如果赞成了“台独”，那么就可能伤害了反对“台独”的人，据我所知大多数台湾民众不赞成“台独”，即使在 50% 投票支持陈水扁当选的民众中情况也很复杂，并不表明 647 万投票给他的人都是支持“台独”的，其中有很大一部分是出于对国民党的黑金、腐败的痛恨，有一些人是希望继续改革，还有就是“枪击事件”造成的同情票。另外，由于启动“国安机制”没有去投票的军警宪系统的人，和几十万上百万没有回台投票的台商，据台湾媒体评估，多数人支持连宋。因此，陈水扁的当选并不能说明台湾的主流民意支持陈水扁的“台独”路线。

郭正亮：徐教授刚才的一番话是两个地方两套标准。第一他讲一个中国，他说世界上的法理定位等等现在还没有被改变，但他面对台湾的时候他说你们已经改变了，他说你们在搞“台独”。如果台湾在法理上的定位没有被改变，怎么可以说民进党在搞“台独”呢？这个不是互相矛盾吗？所以当他在讲法理的时候，讲到一个中国就用最严格的法理来讲，讲到台湾就开始极大化，说你这也是“台独”，那也是“台独”。还有另外一点，我觉得他还有另外一套标准叫内外有别，对台湾人民的时候他讲，台湾与大陆同属一个中国，我们是一样平等的。对外时你怎么不这样讲呢？为什么只有你有代表权我们没有呢？

徐博东：我想大陆今天发表的声明，不光是对台湾讲的，也是对全世界、对国际社会讲的，这个说话是算数的，“大陆和台湾同属一个中国”，没有什么内外之别，过去的提法依我个人的观察，现在已经有调整，包括在国际场合，中国的外交部长讲话都有调整，这是事实，郭正亮先生你应该能看到这个调整。至于你说“台独”已经是“现状”，这恐怕不会被国际社会承认。

郭正亮：现在正在开 WHA，北京这次来特别运作巴基斯坦去当主席，是对台湾最硬的。当他（中国大陆）讲到国际社会，他（中国大陆）讲国际就是实力问题，中华人民共和国当然代表中国，这个时候怎么不去讲台湾和大陆都同属中国，都有平等的代表权呢？

李涛：现在回最关键的问题，请教吴敦义先生，时局走到这里，现在最核心的问题是如何去面对解决？

吴敦义：做“中华民 S 国”的台湾领导人的确是很为难，要确保“中华民国”独立自主的“国格”，又要维持两岸的和平稳定，又要促进台湾 2300 多万人经济的繁荣，政治、社会的清明安定，台湾不可能孤立于全世界，不可能对两岸关系所起的波澜丝毫没有警觉性，这是不可以的。任何一个有智能有能力的领导人一定要维持和平稳定的两岸关系。光人家发一个声明，股市就崩溃了，假如中国大陆再采取更恶严的手段，可以想见对台湾的冲击就非常大了。如何在最大公约数上求得你的改进，比如说“中华民国的国名”，我看陈水扁已经有一个照片，戴一个纪念章，底下有民进党的党旗，底下有陈水扁的人头像，可能代表陈水扁“总统”有所觉悟。最近又讲，现在虽然不会提“四不一没有”，但是 2006 年“制宪”不会更改“国名”，不会更改“国号”，也许会受到台联给他不同的压力，若陈水扁坚持，或许就是民进党可能将来走的路线，也许是台湾比较大的公约数，也不会触动两岸极为敏感的神经。

李涛：请教罗先生，从过去将近有一个半月的时间，美国几乎违反“外交”惯例，在我们的“外交部”中发出严重警告，显然台湾或者是陈水扁先生相当程度的对警告有所回应。北京当局也了解5·20就职演说的大概内容，在昨天深夜今天清晨发表了几乎是摊牌的声明。同时请教北京的徐先生，“总统”也提出只要任何人正视“中华民国”，陈水扁在未来的一段时间内就坚持拥护“中华民国”，而拥护“中华民国”被视同北京所指两条路中间的一条。

徐博东：陈水扁的说法又在玩弄文字游戏，他所指的“中华民国”究竟是一个什么概念，它是“中华民国”现行“宪法”中讲的概念还是“台澎金马”的概念，是“一边一国”的概念还是一个中国的概念，是台湾是一个“主权独立”的“国家”的代名词，还是什么，关键在于别看现在他讲正视“中华民国”，不知道他的“中华民国”是什么概念。“中华民国”过去突然没有了最近突然又增多了，恐怕又有策略的考虑，他需要“中华民国”的时候，就把“中华民国”当做宝贝，不需要“中华民国”的时候，就把“中华民国”的招牌扔到一边，使人没有办法相信他究竟要做什么，恐怕台湾人民自己都搞不清楚。

李涛：假设未来陈水扁四年的任期里，都是照他目前所说的，坚定的来维持“中华民国”，这是不是会有改变？

徐博东：“中华民国”的概念是什么概念，究竟是不是现行的台湾出版的地图里的那种“中华民国”的概念，“宪法”里所界定领土范围里的“中华民国”，还是他心目中的“台湾前途决议文”所界定的“台澎金马”的概念，这是很关键的，如果还是国民党当政时期的概念，恐怕两岸还有得谈，毕竟两岸还承认是同一个国家。

罗志明：徐所长这样的讲法，我觉得是企图加速分裂的一个想法。国亲跟你们是同一国的，因为你们所主张的“中华民国”跟中华人民共和国就是一个中国，在座的包括张显耀，吴市长是不会承认的，说“中华民国”是你一个中国，过去是一个分治的“国家”，如果这样操作下去，可能会走向分裂的“国家”，统一不仅没有市场，统一在人民心目中也没有时间表。可能未来是，但现在还很遥远。国际社会虽然承认一个中国，但是解决台湾问题国际社会要求不能用任何外力片面去改变，包括武力。国际社会不同意你们这样做，现在最大的公约数，就是永久的和平的台湾海峡。希望维持现状。

张显耀：目前两岸的问题就是维持现状，维持现状的“国号”就是叫“中华民国”，过去四年特别在这一年，陈水扁“总统”他不断把台湾议题极大化，故意曲解变成“台独”议题，使“台独”议题不断扩大，从“公投”、“正名”到现在2006年要“制宪”，把“台独”的时间表也弄出来了，美国已经提出警讯，把两岸原来“统独”的问题搁在一边，十年二十年再来处理，现在两岸已经变成一个联合游戏，双方一触即发，我们台湾人民仅有的一点点对这块土地的未来的希望，将一切统统没有了。

李涛：因为“台独”的时间表，北京当局把它极大化，说“台独”时间表已经开始启动。我要说的是让两岸之间有一个含糊的空间，让大家继续往前面发展，目前所有的含糊的空间消失，在最近半年到一年的时间里，要变成一个明确的统一的时间表出来。目前的执政者陈水扁应该真实的告诉国人该做哪些事。

郭正亮：阿扁已经试图在回应，他在讲要正视“中华民国”。美国不会背书“台湾是主权独立的国家”，大国在做外交活动时要很明确，不能像北京有时候是这样有时候是那样，连“中华民国”都在怀疑。成熟的大国不会这样做外交。把“台独”极大化，把我们推动的很多行动都说成是“台独”，这样如何做外交？

李涛：请教吴敦义先生，北京当局为什么对陈水扁当局过度的不信任？

吴敦义：比如我们两个初做生意，等到现款汇进来我再给你发货。但等到信用建立了以后，说不定一个电话我可能就发货。建立互信需要一点时间需要一点时机。如果陈水扁真有诚意，有“中华民国”的存在，一切都好。既然用“中华民国宪法”做基础，这中间留一点点空间，我们要尊重分治的事实，虽然在台湾的老百姓很多人认为“中华民国宪法”能实施的区域只有在“台澎金马”，但是这并没有斩断跟中国大陆之间的历史渊源。至于未来“统独”，不要这个时候摊牌，现在摊牌是痛苦的，20年、30年、50年又何妨？世界上没有规定一个民族只能搞一个国家。只要不打仗有什么不好？

李涛：大家各自的做一个清楚的诠释。徐博东先生，陈水扁先生提出，只要正视“中华民国”，用一个和平的两岸原则来取代一个中国的概念，你的回应是什么？

徐博东：我想现在两岸的互信已经荡然无存了，这个责任在于陈水扁四年来说的和做的完全是两回事。互信确实是关键，关键只能由陈水扁自己用行动来解套，而不是用语言可以糊弄过去的。大陆看他今后究竟如何走，是不是把他在大选期间抛出的要对大陆进行“圣战”、对抗大陆的好多言论和宣示化为政策来推动。“球”不在北京而在陈水扁一边。

罗志明：中国可能不了解台湾民主的意涵，阿扁要服膺台湾人民的意志，台湾人民选他做“总统”，他今天不会说是服膺中国（大陆），如果这样同台湾的民主制度是相违背的，也不能被接受的；我希望中国（大陆）对台湾所做出的动作是应该朝向和平统一，但现在所做的都是在分化台湾人民和你们之间的爱。全世界都讲爱，那现在股票大跌，台湾人民怪你恐吓造成大跌。台湾投资在中国（大陆）那么多，动不动说宏观调控，就让台湾股票大迭崩迭了将近1000点。今天WHA第七条就可以规定，可以透过协商让台湾变成观察员，你却一年一年百般阻挡。台湾今天地震你们的关爱在哪里，甚至连国外要透过你这个国家过来你都打压。

徐博东：罗志明先生根本不了解大陆，所举的好多例子都不是事实。比如说WHA问题，实际上大陆欢迎台湾派出代表参加中国代表团，你自己非要成立一个“中华民国”的代表团，大陆当然不能接受。关于地震的问题刚才讲的也不是事实，当时是李登辉在任时故意歪曲事实来诬蔑大陆，把非事实说成事实，说多了以后成了真理。分化台湾人民这种说法也不是事实，分化台湾人民的恰恰是台联党，包括台联党的李登辉先生，不要关起门来做皇上，要了解大陆，了解国际形势。

李涛：这些问题最终如何解决？

张显耀：两岸要互信，现在确实严重互信不足。如何建构两岸的互信、同美国的互信和台湾朝野的互信，陈“总统”必须拿出诚意，台湾人选他当“总统”不是要他利用我们对他的信任把整个台湾的前途在这次全部糟蹋掉了。

李涛：让台湾2300万民众感觉到陈水扁是非常稳定的，又可以计划未来四年的状况？

郭正亮：本来两岸稳定是“总统”的使命之一，我们可以面对国际社会的要求，北京不要两面做人，不要对内处处说好话，对外说靠实力，台湾人民是不能接受的。

李涛：是不是两面做人？

徐博东：大陆一贯的立场和原则是有目共睹的，世界所公认的，大陆的立场原则从来是不会动摇的，但可以根据形势的变化，端看陈水扁究竟怎么走，大陆会做出灵活的策略调整。

吴敦义：包容、体贴、诚信这三个词是成功化解两岸僵局的最重要的因素。

李涛：非常谢谢这么多的观众朋友，明天股市很多人会关心不知道会怎么样，最主要反映到台湾人民的信心，整个“中华民国”未来走势是如何，大家是不是都能有共识，所有的领导人是不是都能够会说真话，真心的关心到2300万人的福祉。

（TVBS电视台“全民开讲”，2004/05/17晚）

徐博东：对阿扁就职演说，大陆“兴趣不大”

《联合早报》北京特派员孙传炜：台湾“总统”陈水扁本周四的就职演说，能否给两岸关系带来转机？在大陆台湾问题专家徐博东看来，答案是不可能。他直言，大陆对陈水扁520讲话“一个是不抱太大的兴趣，一个是不抱太高的希望”。

……（略）

在北京联合大学台湾研究所担任所长、经常被当局咨询意见的徐博东不否认，陈水扁看来会提出一些看似善意的讯息，虽然不一定会重提“四不一没有”，但讲话中还是会按照美国的要求，体现“四不一没有”的精神。另外，陈水扁也可能在讲稿中一再强调“中华民国”，来赢得美国的肯定和争取泛蓝选民，尤其是浅蓝选民的认同。

“四年前陈水扁的（就职）演说很少提‘中华民国’，都是说台湾如何如何，这次恐怕会多使用‘中华民国’。”徐博东说。

不过，徐博东判定：“这也没什么意思了，不管他说什么，说得多好听，台独的不归路看来他还是要走下去。”

为什么下这样的结论？徐博东提出两个理由，一是陈水扁代表“台独基本教义派”的利益，在他们的“裹胁之下”已经不可能回头；二是陈水扁不可能没有看到，自己的诉求暗合美国的利益，美国虽然不希望台海发生战争导致它必须介入，但也同样不愿意两岸统一。

针对陈水扁去年提出“公投制宪”导致台海局势一度紧绷，美国政府近几个月来一再强调反对任何单方面旨在改变台海现状的言行。徐博东相信，陈水扁会因此在讲话中强调要维持现状，以台湾已是“主权独立国家”为由，说明现状无需改变，再等待有利时机，实现修改“国旗、国号、国歌”等主张。

危险就出在这里。在台海的现状究竟是什么的问题上，陈水扁的表述和大陆的认知完全不同，陈水扁坚称没有改变现状，但大陆看来可能并非如此。徐博东虽然认定陈水扁只会“能走到哪一步就尽量往前走”，没有胆量真的如自己所说那样“不惜一战”，但他也担心，陈水扁对中共和大陆的不了解，极可能造成误判。

大陆有对台新思维吗？

既然大陆对陈水扁已经“不抱幻想”，那会不会出台“对台新思维”呢？

在徐博东看来，尽管大陆国台办发言人李唯一近日刚表明大陆仍会坚持“和平统一、一国两制”的基本方针，但不会改变的其实只是大陆对台战略。

在战术层面当局已大大增强了武力实现统一的物质和思想准备，以应对“不测之需”。这一点可以从今年解放军军费出现双位数增长，和近来“统一法”的讨论等方面看出。

即使在战略表述上，徐博东也嗅出了火药味。他指出，过去一年，大陆领导人和官员在强调希望用和平手段实现统一时，经常采用的一个论述是

“只要还有一线希望，就不会放弃和平解决台湾问题的努力”。

“实际上已经表达出来了，和平统一只是还有‘一线希望’而已，已经很渺茫了。”徐博东说，陈水扁没有看到大陆领导人在内部面对13亿民众反独压力。对两岸关系发展，这名学者坦言，“怕很难乐观”。

（联合早报，2004/05/17）

陈水扁要走“台独”之路，就等着打仗吧

新华网2004/05/19　5月17日，中共中央台湾工作办公室、国务院台湾事务办公室受权就当前两岸关系问题发表了对两岸关系的声明。这一措辞强硬的声明一发布就引起了海内外的强烈反响。这一声明的背后有哪些内涵、对于两岸关系的发展又将有哪些重大影响呢？北京联合大学台湾研究所所长徐博东教授在19日下午3点来到《新华访谈》栏目就这一话题和网友进行了交流。

访谈实录：

“受权”是中央的英明决策

主持人：网友们对5·17声明的反响非常热烈，对今天的访谈也非常关注，现在已经提了好多的问题了。其中许多网友都注意到了这次声明是中台办和国台办“受权”发布的，很想知道应该如何理解“受权”这两个字？

徐博东：如果我记忆不错的话，在4年前的5月20日，台湾当局的新“领导人”陈水扁就职讲话之后，中台办、国台办也是“受权”发表了一个重要的声明。这次是第二次用“受权”的方式。所谓“受权”，说明这个“声明”是中央最高领导层拍板的，是代表中央的。

主持人：时隔四年之后再次用受权声明的方式阐述对两岸关系的观点，

为什么时隔四年之后再次出现受权？

徐博东：说明四年前两岸关系，由于主张“台独”的民进党，具有“台独”思想的陈水扁上台执政，使两岸关系处在新的重大十字路口或者说有重大变数，所以当时最高层发表了重要声明。现在陈水扁经过四年的执政，虽然目前岛内对于这次选举结果还有很大争议，应该说不能认为已经完全落幕，只能说选举告一段落，下面还要进行法律程序的诉讼。但是不管怎么说，这个诉讼时间比较长，在打官司的过程中还由陈水扁执政，民进党继续在台上。

这次陈水扁在大选中挑战一个中国原则，坚持它的“一边一国”立场，提出了“台独”时间表，特别是提出 2006 年搞所谓“公投制宪”，在 2008 年实行“新宪”。也就是说又面临两岸关系新的十字路口的关键时刻。如果陈水扁真的把大选期间抛出来的“台独时间表”变成政策在今后推动实施的话，那么两岸关系将面临一个非常严重的局面。所以受权声明里讲到了形势严峻，需要在这个时候发表这样一个严正声明，把我们的对台政策说清楚、讲明白，是在这样一个形势下，中央作出这样一个判断。

因为已经涉及到对东亚和台海和平稳定的重大问题，正因为如此，各方非常关注。明天就是 5 月 20 日，我们也不讳言，这个声明是针对陈水扁，对陈水扁施加必要的压力，也是给台湾民众听的，给国际社会特别是美、日听的，表明中国政府的严正立场，在两岸关系这样一个重要时刻，究竟我们是什么态度，将来会实行什么样的对台政策。

“不怕鬼、不信邪”表明我们应对严峻形势的强烈意志和决心

主持人：还有网友如“超级军刀”、“还算好办”等等网友都提到了“中国人民不怕鬼、不信邪”这句话，他们很想知道应该如何理解，鬼是指的什么，邪是指的什么？

徐博东：中国人民不怕鬼、不信邪，表达了中国政府、中国人民在目前两岸关系面临着非常严峻的形势之下表达的强烈意志和决心，也就是说我们有决心、有能力应付这样的局面，遏制“台独”。岁数大一点的人都记得，

“不怕鬼、不信邪”是五六十年代的用语，无非是说不怕任何艰难险阻，不怕恶势力对我们的打压，敢于斗争，敢于胜利，多年来都已经不用这个词了。我记得上中学时还专门出过一本书，叫做《不怕鬼的故事》，把历史上谈鬼的好多资料编辑成一本书，当时是三年困难时期，苏联对我们实行制裁、打压，出这本书无非是鼓励中国人民不畏艰难困苦、不畏苏联制裁、打压的意思。今天用这个词，我个人理解，意思是我们解决台湾问题，确实有相当大的难度，形势非常复杂严峻，并不是轻而易举的事情，涉及到方方面面，现在台湾岛内“台独”在掌权，而且继续执政的可能性非常大，非常猖狂。

从国际方面来说，美国表面上坚持一个中国政策，也给“台独”施加了一定的压力，但是骨子里边是支持“台独”的，比如“与台湾关系法”实际上成了支持“台独”的法律。“不怕鬼、不信邪”，无非是表明为了捍卫国家的领土主权，我们不会畏惧退缩，将不惜一切代价，采取一切手段，包括军事手段，各个方面的困难都想到了。我是这样理解的。

“台独”你再往前迈一步就是万丈深渊

主持人：“田野大地”、“停车看枫红”“木子123”网友说，有媒体称：声明中“悬崖勒马”一词非同寻常，因为当年中国警告美国要“悬崖勒马”之后一个月，志愿军就跨过了鸭绿江。请问现在使用“悬崖勒马”一词有没有特定的含义？

徐博东：悬崖勒马，老祖宗发明这个词非常形象，马跑得非常快，让它停下来非常不容易。跑到悬崖边了，再迈一步就是万丈深渊。“台独”就是这样，你再往前迈一步就是万丈深渊，面临非常危险的状况。说白了，这个悬崖就是制止“台独”的信心和能力，如果再不听我们的劝告，拿我们的警告不当一回事，下一步就意味着不得不用军事手段，来制止“台独”。悬崖勒马这个词在这个时候用非常及时、非常准确。

“台独”重大事变就目前能够预见的来说，就是陈水扁在“大选”期间提出的“台独”三部曲，3·20公投是第一步，第二步是2006年“公投制宪”，第三步就是2008年实行“新宪”。而且他已经指定由他在台湾大学读书时的老师，一个叫李鸿禧的“台独”分子来召集“宪法”起草小组，就是说他不但说，而且已经开始运作了。

“制宪”的基本内容在以前就已经抛出来过，如果2006年真的实行“制宪”，我认为就是“台独”重大事变，“制宪”会不会涉及到“国体”的问题，也就是“国旗、国号、国土”范围。根据所谓“中华民国宪法”，“国土”范围包括大陆，甚至包括外蒙古的，都是“中华民国的国土”范围。就是说它承认大陆和台湾同属一个国家，它的法律架构还是一中架构。“中华民国宪法”对于搞“台独”的人来说，是一个重大障碍，是眼中钉、肉中刺。

李登辉几次“修宪”，最后也不敢动“宪法”的第四条，这一条的基本内容是这样：“中华民国的固有领土，非经国民代表大会决议，不得变更之”。要把“中华民国”固有领土改成不包括大陆，只是台澎金马，那就是用法律的最高形式、“宪法”的形式界定两岸不是一个国家，而是“一边一国”了。我们管它叫“法理台独”，“国体”的改变就是“制宪”了，等于把原来的“法统”丢掉了，重新制定一个新的“法统”。现在陈水扁说不搞这个东西了，但是不是真缩回去难说，陈水扁经常变来变去，今天这样说，明天那样说，是一个没有诚信的政客，是不是到时候时机对他有利，他又拿出来搞，很难说。

所以我们必须严正的告诉陈水扁，如果你真走这一步，就是“台独”的重大事变。另外他用公投这种形式，来表示他是一个“主权独立的国家”，表明我们台湾搞“宪法”，跟大陆毫无关系。“制宪”本来就是改朝换代才叫“制宪”，重新改造、打造。如果不涉及到“国体”问题，比如说是实行“总统制”还是“内阁制”等内部政治体制问题，“修宪”就可以了，为什么叫“制宪”呢？就是要从“宪法”最高层次界定台湾脱离大陆的重大举动。这样的重大事件就是一个明显的“台独”步骤，大陆当然不能接受，不能坐视不管，要坚决制止。

“听其言，观其行”改成“听我言，看你行”

主持人：陈水扁是一个言而无信的人，如果打着“修宪”的旗号做“制宪”的事情，我们应该怎么办？

徐博东：关键在于它的内容，还有它的形式。“修宪”也好，“制宪”也罢，本来应该由现行的“立法机构”来执行，怎么会交给他的老师，把“立法机构”撇在一边，因为他没有信心能够在“立法机构”通过方案，因为里边的在野党会提出不同版本的“修宪”条款。所以他用这样一种方式，实际上也想宣示这个“宪法”是通过台湾人民制造出来的，跟大陆没关系，这本身就是搞“台独”的形式。另外就是内容，是不是动“国本”这部分，从法理上制造一个跟大陆毫无关系的法律条文。

主持人：这个声明是不是可以从另一个角度来解读，现在不是看陈水扁说什么，而是看他做什么。

徐博东：四年前国台办回应陈水扁就职演说的声明，提出对陈水扁“听其言，观其行”、“拭目以待”。这次在5.20陈水扁发表就职演说之前就发表声明，这是新的举措，四年前是“后发制人”，你说什么我再来回应，现在是我们说，让你来回应，叫“先发制人”。这当然完全不一样，我们采取主动的措施，主动出击。“听其言，观其行”改成“听我言，观你行”，有言在先，丑话说在前面，看你究竟怎么做，我要观察，不再听你说什么，要看你的行动。两条路摆在前面，一个阳光大道，一个独木桥，你是走阳光道还是独木桥，你瞧着办，你美国也瞧着办。所以美国现在很着急。

声称“台湾是主权独立的国家”就是“台独”

网友朴刀：假如陈水扁在2006年“制宪”但不涉及到“国土、国号、国旗”的问题，这算不算重大事变？如果陈水扁以“一个和平”来回应“一个中国”，并继续声称台湾现状就是“主权独立的国家”，这算不算“台独”？

徐博东：如果“国土、国号、国旗”他不敢涉及，也就是说“国体”部分他不敢涉及。就我个人理解，根据“一国两制”这样的构想，你内部爱怎么搞怎么搞，你想搞什么样的“政体”，你随便搞，只要台湾人民同意。但是如果涉及到“国体”问题，就涉及到两岸究竟是不是同属于一个国家，台湾是不是中国一部分的问题，那性质就确实不一样了。

但是如果他修的这些内容虽然不涉及到“国体”部分，但是仍然说我这是“制宪”或者用公投这种直接诉诸选民的方式试图突显它是所谓“主权独立的国家”，我看也应该给予严厉的批判，宣称“台湾是主权独立国家”，其本身就是“台独”的主张和立场，怎么不算“台独”呢？台湾怎么能算是一个“主权独立国家”，它只是中国的一部分。一个中国内涵界定是大陆和台湾同属一个中国，如果说台湾是一个“主权独立国家”或者说“现状就是一个主权独立国家”，等于说台湾跟中国毫无关系，当然是“台独”。

承认“一个中国”才会有和平，不承认一个中国，甚至公开的用法律的手段制造“一边一国”的话，哪来的和平？在受权声明里说得很清楚，“台独”不会有和平，分裂不会有稳定。所以一个中国是根本的原则问题，如果不承认“一个中国”搞“台独”就不会有和平。

文字游戏恕不奉陪，闪烁其词兵戈相见

网友太空宇航员：您说5·17受权声明着重于制止“台独”和遏制“台独”，维护台海的和平稳定，其主旨是摆在台湾当权者面前的两条路，台湾当权者必须作出选择。怎么叫选择？如果“台独”对这两条路都不选择应该怎么办？

徐博东：有可能面临今后四年台湾的政权是陈水扁“政权”，而且陈水扁已经提出了“台独”时间表，甚至说不惜冒着战争的风险都要推行“台独”时间表。面对这样的情况，当前对台工作的基本重心就不是“促统”，而是“反独”。

这次声明重心就是给“台独”压力，表明中国政府制止“台独”的信

心和能力。给陈水扁指明两条路，我看只有这两条路，没有第三条路，不是承认一个中国，就是继续搞他的“一边一国”，我看没有别的选择，我想不出来还有第三条道路可走。陈水扁可能会在5·20谈话里闪烁其词，但不管变换什么样的手法，都逃脱不了要么搞“台独”，要么承认一个中国，回到一个中国的立场。

我想他还会是“一边一国”的调子，但不会用“一边一国”这个词。如果回避要害问题，跟大陆要花腔，那就说明他们仍然要走“台独”之路。我看那他就准备跟大陆打仗吧，大陆不会再跟他玩文字游戏。如果说四年前曾经给他一个宝贵的观察期，恐怕现在这个观察期很短了，独立是不可能通过和平的手段得到的，从世界历史上来看，要想独立，就必须打一场独立战争，大陆可以说做好了这方面的充分准备，如果陈水扁不悬崖勒马，后果可想而知。

如果回到一个中国原则的立场上来，声明里的七点前景是摆在前面。台湾民众提出好多改善两岸关系的愿望，包括政治上、经济上的，都可以逐步得到实现。包括陈水扁提出建立两岸军事互信机制，甚至岛内民众非常关心的导弹部署问题，包括建立什么两岸和平架构等，想得非常细，包括台湾中南部农业区的农产品过剩，卖不出去，都愿意台湾的农产品来大陆销售，那台湾的人民就会受益很多。现在通过走私，一个是量很少，一个是中间受到盘剥，农民利益受到很大影响。

包括其他政治上，比如台湾的国际空间问题，都是可以谈的。有人提出来，奥运会能不能两岸共办的问题，甚至台湾人特别喜欢棒球比赛，拿出一部分奥运项目到台湾去办，也不是不可以商量。办奥运会的主旨就是和平，前景是非常光明的，端看陈水扁走什么路，要把台湾引向何方，是不是真的爱台湾，是不是台湾优先，是不是以2300万民众的福祉作为最高利益。

据我个人了解，军事准备一直在加班加点

网友红鞋跟：每次针对台湾问题的解决，都是雷声大、雨点小，这次声明是不是标志着我们开始真正的部署统一台湾的具体事宜呢？

徐博东：大陆几十年来一直在谋求统一，统一应该是一个过程，各个阶段有各个阶段的重点，目前来说反对“台独”就是对台的工作重点，也是最紧迫的任务。反独的最终目标是为了统一。至于这位网友的意思是不是指军事上的部署，据我个人了解，军事准备可以说没有一天不在加班加点的进行。

海湾战争的时候，我们已经感到需要高科技的军事力量。驻南联盟大使馆被炸时，这种刺激更强烈。1995 年李登辉与日本右翼作家司马辽太郎谈话，公开暴露出他的“台独”面目，特别是 1999 年“两国论”抛出来的时候，军事斗争的紧迫感更进一步加强。那个时候对台斗争已经进入到“文攻武备”这样一个新的阶段。

2000 年，陈水扁上台以后，我们对台动武的准备，更充分了。而且军事上的准备不光是面对台湾，而且还要面对美国可能的军事干涉问题。攻取台湾并不是难事，问题是我们要从最坏处打算，可能面临美国的介入。因为美国老说他“有义务协防台湾”，“与台湾关系法”这本来是美国的国内法，他以国内法来干涉中国的内政，这是非常霸道，非常不讲道理的。

说明我们还需要努力加强经济实力和综合国力，特别是军事上的高科技研发、引进，不然我们中国总是受欺负。现在我们还不够强大，所以还受美国的欺负。

迫于现实，“台独”不往前走亦有可能

网友木子123：现在大家对陈水扁已经毫无信任和兴趣，大多数网友都认为陈水扁是一个“死胡同爬到底”的家伙，您认为怎么才能有效遏制“台独”？即将制定的“国家统一法”，您个人怎么看？

徐博东：我们已经“听其言、观其行”四年了，对陈水扁是什么样的人了然于胸，对他不抱有任何幻想。这次我们采取的是“先发制人”，把话说到前头，先礼后兵。如果你不听劝告，最终还是要往那条路上走的话，到时候我们动武就有了充足的理由，也得到世界人民的同情和支持，两岸同胞也看在眼里，到底谁是谁非。当然我们不希望走到这一步，希望通过各个方

面的压力，迫使陈水扁纵然有一千个一万个不情愿，也不得不止步，不敢往前走了。

陈水扁是美国多年来纵容、惯坏的一个“坏孩子”，走到今天这个地步，美国确实有责任施加对陈水扁的影响，不然美国的国家利益也会受损，所以美国着急。现在美国自己都自顾不暇，面临着伊拉克、阿富汗以及国内的一些问题，布什自己也面临着在国内竞选不利的态势。所以他不希望台海发生战事给他找麻烦。所以这个时候，美国也好，台湾岛内也好，大陆也好，全世界的华人华侨，大家共同来遏制“台独”。

台湾有一句话叫“形势比人强”，迫于现实，不往前走还是有可能性的。并不是我们对陈水扁有幻想，而是寄希望于两岸人民和国际社会来制止和遏制“台独”。对于“国家统一法”，我个人完全赞成。温总理在出访期间响应华侨提出的建议，国台办李维一在回答台湾记者提问时也做了正面的回应。

实际上据我所知，早在八九年前，涉台研究方面的学者就已经提出来了，建议通过立法制定一个“国家统一法”或者是“分裂国土罪”这样的条款。去年台湾搞“公投法”的时候，我们又提出这个建议，美国用“与台湾关系法”国内法支持“台独”。台湾又制定了“公投法”，使搞“台独”也有了法律依据了，反而大陆没有一个法条或者是法律来制止“台独”，何况除了“台独”，我们还面临疆独、藏独等问题。

《统一法》若出台，两岸都应严守

民主工程：“统一法”能起多大的作用？对震慑“台独”和实现祖国的完全统一起到什么样的作用？

徐博东：温总理在出访期间回应华侨提出来要制定法律这样一句话说出来之后，台湾受到很大的震动。我认为用法律手段来处理台湾问题，不用怀疑，是非常重要的一个手段，法律手段应该说是最高手段。有了法以后，谁违法都不行，你要搞“台独”，违反了“国家统一法”，要制裁你，大陆领导人如果不按这样的法律来办事，也是违法。

中国人民解放军采取军事手段解决台湾问题，也是按照法律办事。所以我觉得是非常重要的手段。世界上很多国家都有这样类似的法律，中国作为一个重要的大国，这样复杂的多民族国家，面对着不少分裂势力和活动，我认为早就应该立法。虽然现在已经有点晚，但是“亡羊补牢，犹为未晚”，目前“台独”势力这么猖獗，“统一法”的制订已经是迫在眉睫，温总理说“非常重要，要认真考虑”，我认为这恐怕不是随便说说。

“和平独立”是一种幻想

网友无情道：您认为目前和平统一的可能性还有多少？

徐博东：这样说吧，近一段时间以来，我个人在各种会议上，都提出这样一个观点，这个观点是不是有道理，供大家思考。我说民进党陈水扁、李登辉要搞和平独立，这是一种幻想。要独立就必须打独立战争，打败了大陆，大陆屈服了，你就独立了。和平独立面对着大陆这样的综合国力，可能吗？

现在陈水扁想搞和平独立，但是大陆绝不同意，绝不允许，谁要是允许台湾独立，谁就会成为千古罪人，他在大陆恐怕也站不住脚。中共建国立政的根本就是捍卫中国的领土主权，才得到人民的拥护。尽管中共建国以来，有过不少这样那样的失误，包括“文化大革命”这样的失误，但是人民还是拥护中国共产党，为什么？其中一个重要原因就是在捍卫国家主权这方面，中共始终是坚定不移的。朝鲜战争、中越边境反击战，包括珍宝岛之争，都是历历可数的。

和平统一是一种希望、一种愿望，也是最符合两岸同胞、中华民族最根本利益的。但是这个愿望能不能实现，不是靠大陆单方面想这么做就能做到的，必须台湾方面给予配合。现在“台独”想和平独立，抵制大陆的和平统一，反对一个中国原则，现在陈水扁要继续连任，继续走“台独”时间表的话，我想和平统一也有可能是幻想。温总理说尽最大的努力，争取和平统一，只要和平还有一线希望，我们就不放弃和平统一。说“一线希望”也好，或者说“尽最大努力”也好，说明“和平统一”构想已经面临着非常严峻的挑战。

邓小平说：如果解决台湾问题会使中美关系倒退，我们也不得不接受这样的现实

网友清风明月刀：据凤凰网报道，美国对台办声明作出强烈反应，声称拒绝接受“武力威胁”部分，您对此有何评论？我感到非常气愤，一个动辄对他国用兵、肆意践踏国际法准则的国家，有什么资格对中国内部事务说三道四？从美国的反应来看，我觉得台办的声明触动了美国的神经，坚决支持台办的声明。为了国家的统一，我愿意牺牲自己的生命，只可惜我只能牺牲一次生命！

徐博东：这位网友的话我非常赞成，是一个热血的爱国青年。我们遏制“台独”，捍卫中国领土主权的决心，我们有决心、有信心，民心可用。陈水扁动不动说我有多少选票，好得大陆不得不和他打交道。实际上大陆13亿人，全世界几千万华人华侨，都坚决反对“台独”。美国是“台独”的后台老板，没有美国的撑腰，“台独”一天也不能存在。“台独”之所以发展到今天这样猖狂的地步，最重要的国际因素就是美国。

再具体点，美国动不动就搬出他的“与台湾关系法”，要“协防”台湾。两办发表严正声明之后，美国甚至派出“小鹰号”航空母舰在台海附近游弋，甚至说大陆动用武力反对“台独”，这是没有帮助的，还威胁说这对中国也是没有好处的等等。声明里说得很清楚，中国人民“不怕鬼，不信邪”，实际上已经预见到美国会有这样强烈的反应。

我们跟美国也不是没有交过手，美国也应该对中国人民刚强的意志有所了解，中国人不是被吓大的，美国如果在这个时刻还向“台独”发出错误信息，等于又是纵容“台独”。陈水扁为什么还强硬，就是他认为美国不会抛弃他，他认为他是美国全球战略的一个重要棋子。美国在这个时候真正聪明的话，应该和中国政府站在一边制止“台独”，否则的话，美国的国家利益也会受到损害。中国政府不会害怕美国的武力威胁，而任凭“台独”猖狂下去。所以我觉得声明里讲“不怕鬼，不信邪”，恐怕就包含这样的

意思。

邓小平同志在70年代末讲过一个非常重要的论述，他说如果我们因为要解决台湾问题而使中美关系倒退的话，我们也不得不接受这样的现实。这话说得非常深刻，我觉得现在我们应该重温这句话。因为我们把台湾问题作为中国核心的国家利益，谁挑战了我们国家的核心利益，不管是谁，陈水扁也好，李登辉也好，日本也好，美国也好，我们绝不后退。国家的核心利益就好像人的心脏、生命一样，绝不能够在美国的威胁之下妥协，中国人在很穷困的情况下，国力很衰弱的情况下都没有屈服，何况是今天。所以美国别来这一套。

美国真正聪明的话，应该是把这个宠坏了的“坏孩子”陈水扁教训教训才对。现在是表面上教训，实际又卖武器给台湾，在加入WHO（世界卫生组织）问题上又支持台湾。所以美国人搞两面三刀，说一套、做一套。

“台独”势力“绑架奥运”是对全中国、全人类的挑战

网友中国力量：现在国内很多学者喜欢强调奥运可以不搞，经济可以不发展，为什么大家不针对“台独”势力绑架奥运、绑架中国内地经济发展的目的来进行揭露呢？直接说“台独分子”反人类、反和平，妄图利用奥运做文章，是卑鄙无耻的行为，这样的说法不是更加有力吗？

徐博东：同样一个意思，可以不同的角度、不同的语言来表达。我曾经在去年上网与网友交流时也讲过，我说“台独分子”想利用北京搞奥运来挑战一个中国，他应该想一想，奥运是什么？奥运不光是中国人民的奥运，是全球人民的嘉年华会，是盛会，他利用奥运搞“台独”，不仅挑战中国，而且挑战了全人类，破坏奥运就是以全世界人民为敌。从这个角度来说，揭露“台独”反人类、反和平的面目，“台独”成为全球的麻烦制造者，奥运的麻烦制造者，这位网友说得非常好，非常有见地，我非常赞成。现在不光是奥运问题，还有上海2010年世界博览会问题。

世博会比奥运时间还长，“台独”会不会认为世博会又是一个机会，这样一个全球活动也是世界人类的重要活动。如果在这个时间点上，“台独”

不顾一切挑衅大陆，肯定会受到全球的谴责。

假民主不能制止疯狂，反而助长了疯狂

网友血浪：原来我以为民主多少能制止疯狂，但是现在来看疯狂到了极点就能绑架民主。在民主与疯狂的对决中，依靠台湾人民是否还有现实性？

徐博东：这位网友语言很有哲学的味道。民主，同样是这两个字，实际上有不同的理解和内涵，台湾也说他民主，而且是学习西方民主的优等生，一向以来都这样自居。如果过去对台湾的民主还认识得不够深刻，这次大选暴露出来的所谓民主，完全是假民主，已经暴露无遗。这样的假民主不但不能够制止疯狂，反而是助长了疯狂。

陈水扁利用他掌权的机会煽动民粹情绪，打着民主的旗号，来压制另外一部分民众和政党，挑衅大陆，他把公投说成“和平公投”，明明是挑衅大陆又说“和平公投”。3. 20 在一半民众反对的情况下，还要搞所谓的“就职大典”，而且弄这么多人来参加大典。所以民主在台湾实际上只不过是一种包装、骗人的东西，能够制止什么疯狂呢？当然不能制止。现在台湾人民对自己的民主也很失望，现在我们看到在抗议的场合里，有人打出了“民主已死”大字标语。所以台湾民众已经开始觉醒了，他们正在思考台湾是不是在搞真正的民主？这是很大的进步。

他们提出“救民主，救台湾”，学生静坐示威、绝食示威抗议，特别是年轻一代的抗议，我觉得对台湾民众还是寄希望的。现在反“台独”的台湾同胞都是我们应该依靠的力量，尽管一部分人受到蒙蔽，跟着他走，尽管有 50% 的民众投了他选票，但实际上其中只有 20% 的人支持“台独”。前一段时间台湾有一个民调，只有 3. 3% 的民众支持“急独”，84% 的民众主张维持现状。说明台湾的主流民意不是像李登辉、陈水扁说的那样要搞“台独”，求和平、求安定、求发展，才是台湾的主流民意。

民进党也不是铁板一块　不能一竿子打翻一船人

网友名可名： 请问民进党内部有多少铁杆的“台独分子”，比例是多少？今日台海关系有无柳暗花明的可能？

徐博东： 实际上民进党也是一个很复杂的党，内部派系很多。有所谓的激进独派、温和独派，甚至有一部分是不赞成“台独”的，特别是民进党现在是执政党，有人加入民进党是为了找工作、当官，保住自己的利益，不一定赞成“台独”。从各种角度来考虑。自从民进党执政以后，发展膨胀的非常快，我相信不是所有的民进党党员都是赞成“台独”的，钱其琛副总理就曾经讲过，我们要把“台独”和台湾人民区别开来，要把民进党党员和搞“台独”的死硬分子区别开来，做这样的区别是非常重要的，不能一竿子打翻一船人。

刚才我说民调的例子，只有3.3%的人支持搞“急独”，民进党内支持“台独”的人比例相对高一些，但也不是多数，大多数人还是主张维持现状。民进党也不是铁板一块，也是有不同情况的。

“5·20就职演说”可能会软里藏硬，绵里藏针

主持人： 明天就是陈水扁所谓的“总统”就职仪式，从您个人来看，您对明天陈水扁将会说些什么或者未来台海关系的发展，您怎么评价？

徐博东： 我个人判断，陈水扁明天在这样的强大压力下，我想他不敢公开地、露骨地讲“一边一国”、台湾是“主权独立的国家”这样的激进的“台独”语言，但是也决不可幻想他会承认“一个中国”，也有可能说一个中国是一个“议题”，或者说一个中国不是现在时，是将来时，或者说是可以讨论的。总之他要包装他的“台独”。但是在他的通篇谈话里可能会表现出比较克制，不会像大选时那样猖狂，但是他“台独”的立场还会继续坚持，绝不会动摇。因为他动摇的话，他的基本支持者会反应很强烈。

从他目前新政府的人选来看，包括所谓的“外交部长”、“教育部长”

等几乎所有“部会”的头头脑脑，都是“台独”激进分子。从他用什么样的人就可以看出他会走什么样的路线。所以我对明天陈水扁讲什么，确实不感兴趣，关键看他心里边想什么，将来他要做什么。形势对他不利的时候，他可能收敛一些。他认为形势对他有利的时候，他就会非常嚣张。而且他今天说一些软话也好，表达所谓的善意也好，实际上往往是为今后采取强硬的路线作铺垫，这四年来就是这样的循环，他说几句软话，但是有一条不变，就是回避、对抗“一个中国”。他假善意的目的是他将来推动“台独”的借口。

所以我研判他明天的话里会软里藏硬，绵里藏针，会为他将来推动“台独”留下借口。现在是“听我言，观你行”，我们有言在先，先礼后兵，先把丑话说前头。将来我们不得不提前解决台湾问题、动武的时候，不是我们事先没有把话说清楚。

（新华网，2004/05/19）

台湾问题专家指出：台湾当权者没有第三条路可选

中新社北京五月十九日电（记者刘舒凌） 北京联合大学台研所所长徐博东表示，“五・一七受权声明”就是要给“台独”压力，台湾当权者只有两种选择，没有第三条路可选。

徐博东十九日应邀作客新华网，在与网友就中台办、国台办发表的“五・一七受权声明”及两岸关系问题进行交流时作上述表示。

徐博东说，“五・一七受权声明”的重心就是给“台独”压力，表明中国政府反对“台独”的决心、信心和能力。陈水扁想在“五・二〇”谈话里闪烁其辞，但不管变换什么样的手法，都逃脱不了要么搞“台独”，要么承认一个中国、回到一个中国立场的选择。

徐博东说，明天就是五月二十日，陈水扁将发表所谓“就职演说”。我想他还会是“一边一国”的调子，但不会用“一边一国”这样的字眼。如果继续回避要害问题，跟大陆耍花腔，那就说明他仍然要走“台独”之路，大陆不会再跟他玩文字游戏。

徐博东表示，如果说四年前祖国大陆曾经给陈水扁一个宝贵的观察期，恐怕现在这个观察期就要结束了。从世界历史上来看，“独立”不可能是通过和平手段得到的。如果陈水扁不悬崖勒马，后果可想而知。

（中国新闻网，2004/05/19）

扁2006搞“制宪”就是“台独”重大事变

中新网5月19日电 北京联合大学台研所所长徐博东今日下午在新华网与网友交流时指出，陈水扁当局若在2006年实行“制宪”之举就是非常重大的“台独”重大事变。

徐博东指出，陈水扁提出的“台独三部曲”中，“3.20公投”是第一步，第二步是2006年“公投制宪”，第三步就是2008年实行“新宪”。并且陈水扁已经指定由他在台湾大学读书时的老师，一个叫李鸿禧的“台独”分子来召集“宪法”起草小组，这意味着是说他不但说，而且已经开始运作了。

徐博东指出，陈水扁“制宪”的基本内容在以前都已经抛出来过，如果2006年真的实行“制宪”，我认为就是非常重大的“台独”重大事变。

对于“制宪”会不会涉及到“国体”的问题时，徐博东分析说，这个“国体”问题也就是“国旗”、“国号”、“国土范围”，“国体”的改变就是“制宪”。而根据所谓的“中华民国宪法”是承认大陆和台湾同属一个国家，它的法律架构还是一中架构。而这个“宪法”对于搞“台独”的人来说是一个障碍，眼中钉、肉中刺。所以我们必须严正的告诉陈水扁，如果你真走这一步，就是“台独”的重大事变。

而另外一个重大事变，包括他搞“公投”这种形式，也表示他是一个“主权独立的国家”，就是要从宪法最高层次整个脱离大陆的重大举动。徐博东说，这样的重大事件就是一个明显的“台独”步骤，大陆当然要坚决制止。

（中新网，2004/05/19）

专家分析从“听其言，观其行”到“听我言，观你行”

中新网5月19日电 北京联合大学台研所所长徐博东今日下午在新华网与网友交流时指出，对台政策从四年前的“听其言，观其行”到这次的“听我言，观你行”变化，是主动出击先发制人。

徐博东指出，过去是“后发制人”，你说什么大陆再来回应，现在是我们先说，让你来回应，叫“先发制人”。这完全不一样，我们采取主动的措施，主动出击。“听其言，观其行”改成了“听我言，观你行”，究竟怎么走，两条路摆在前面，一个“阳光大道”，一个“独木桥”，你是走“阳光道”还是“独木桥”，你瞧着办，你美国也瞧着办。

对于有网友问为什么不在5.20后再回应陈水扁时，徐博东指出，这是因为大陆已经“听其言、观其行”四年了，对陈水扁是什么样的人了然于胸，对他不抱有任何幻想。也就是说我们采取的是先发制人，把话说到前头，先礼后兵。如果你不听劝告，最终还是要往那条路上走的话，到时候我们动武就有了充足的理由，也能得到世界人民的同情和支持，两岸同胞也看在眼里，到底谁是谁非。当然我们不希望走这一步。

徐博东指出，台湾有一句话叫“形势比人强”，迫于现实，陈水扁不敢往前走还是有可能性的。并不是我们对陈水扁有幻想，而是寄希望于两岸人民和国际社会看到这个问题的严重性，来制止和遏制“台独”。

（海峡之声网，2004/05/20）

台湾飞碟电台主播李永萍专访徐博东实录

就陈水扁发表“5·20”就职演说，当天下午徐博东教授接受台湾飞碟电台“飞碟晚餐”节目主持人李永萍的专访，现根据录音整理如下：

李永萍： 在陈水扁演说结束之后，台北股市不涨反跌，是不是两岸本来紧张的态势在中共国台办方面发表声明之后，担心今天陈水扁的讲话更加刺激中共，还是确实有所缓解？中共方面到底如何看待今天陈水扁的5·20就职演说？我们连线北京联合大学台湾研究所徐博东所长。徐所长你好！

徐博东： 永萍小姐好，各位听众好

李永萍： 徐所长，您长期对台湾方面特别是陈水扁的各种言论和思维作了很多研究，5·17国台办的声明使得两岸关系面临一个相当紧张的情势，而今天陈水扁的讲法，是不是马上有纾解的情势，台湾的听众朋友最关心，今天陈水扁的演说没有提到“一边一国”，对于“公投制宪”的程序作了大幅度的修正，而且修正到同国民党主席连战在选前所说的程序已经一模一样，这是不是可以化解两岸危机？

徐博东： 我全程看了台湾电视，我的感觉是应该这么评估：陈水扁今天的演说“暂时缓解”了两岸的“立即危机”，但是并没有真正“解除”危机。未来两岸关系仍然会充满变数，僵持的局面难以打破。

李永萍： 徐所长当您提到两岸关系“立即危机”的时候，据你的理解，当时中共国台办发表5·17声明的时候，确实两岸关系是处于相当紧张的状态吗？

徐博东： 那是不言而喻的！声明里说得很清楚，要求陈水扁悬崖勒马，摆出两条路要他选，要么走“阳关道”，要么走“独木桥”，形势确实非常严峻，声明里说得非常清楚。

李永萍： 大家注意的是他那些东西没说，他今天没有重申“四不一没有”，但也没有讲“一边一国”，他的“公投制宪”的讲法显然是作了修正，他也没有说是否回到“一中原则”，他讲如果大家可以用最大的善意，未来

不管是“中华民国”、中华人民共和国或者是台湾，和中国建立什么样的关系他觉得都是可以讨论的。这样的状况北京当局中共的领导人他们会作怎样的解读，可不可以接受陈水扁这样的想法？

徐博东：我猜测或者预估大陆官方的态度会是“三不一看”。“三不”就是不满意、不接受、不回应；“一看”就是看陈水扁今后的具体作为、具体行动究竟要干什么？这是我对大陆官方目前的一个判断。就我个人的看法，这篇演说是：似曾相识、故伎重演。四年前我曾经评论过陈水扁的5·20就职演说，我现在把这篇文章翻出来看，简直不用作什么改动，可以用原来的话搬过来写一篇文章评论陈水扁今天的讲话都可以。我给他的评估叫做：软中有硬，话中有话，绵里藏针。它的要害就是回避一个中国，大陆一再要求他回到一个中国原则上来，两岸关系才能柳暗花明，才可能有光明的前景，两岸关系才能真正突破僵局，但是他回避了；另外一个要害是，虽然他没有用“一边一国”这个词，但是他的讲话通篇都贯穿了“一边一国”的台独理念和主张，他丝毫没有放弃他的台独立场，他在悬崖上是勒马了，没敢往下跳，但是这个马并没有回头，他也不想回头，仍然想等待时机，再往下跳，这是我个人的观察和评论。

李永萍：徐所长是北京台湾问题的专家，台湾方面的两岸问题专家学者都认为陈水扁今天的就职演说已经释放了一些善意了，徐所长您表达的是北京当局方面的角度的话，显然的这个善意并没有让北京感受到，你谈到北京的领导人对于陈水扁今天的讲法可能会采取“三不一看”的态度，看他未来作什么动作，这几年不是只有陈水扁方面没有改变，北京方面也没有改变，从2000年后就对陈水扁六个字：“听其言，观其行”。现在5·17国台办发表了一个声明，认定陈水扁是“台独”分子，不愿意再“听其言，观其行”，到底这是不是调整或者是没调整？

徐博东：我认为这就是调整。如果说四年前，中共方面还对陈水扁寄有希望，希望他能够放弃“台独”立场，回到一个中国原则，以两岸民众的福祉为念，当时中共确实有这样的期待，并且给了他四年的观察期，台湾学者说等于大陆给陈水扁“留校察看”，两办5·17受权发表的声明，实际上把这四年来的“听其言，观其行”做了一个总结，对“留校察看”的学生作了一个评审。为什么提前发表这样一个声明，而不是5·20之后再来回应？其实是表达了这样的意思：我不要再听你说什么了，知道你没有诚信，听了也没用，我也知道你要说什么，现在我只想看你做什么，把“听其言，观其行”改成了“听我言，观你行”。无论陈水扁说什么，到时候他都可以推翻，关键是要看他干什么。你观察3·20后他组成的政府团队，已经看得很清楚，他的“内阁”人选，不是他的亲信就是急独派人士，用什么样的人就可以知道他将来要推行什么样的路线和政策，要走什么路子，这不是你说几句好听的话就能蒙骗得了人的，大陆也不都是傻瓜。为什么对他不抱希望？不是光听他说了什么，而是要看他干了什么。陈水扁今天的演讲，美国很满意，但是美国不要以为它跟陈水扁合起伙来骗大陆，大陆就会上当，这一点要引起台湾民众的高度警惕，两岸关系并没有因此而真正渡过危机，股市今天没有涨，反而下滑，说明台湾民众是非常聪明的。

李永萍：本来5·17国台办声明之后，台海情势是一触即发，一开始你承认，中共当局方面和大陆的普遍看法，不管陈水扁说什么，重点是看他做什么，总是也承认今天他这样的讲法是有助于缓和这个情势的吧？

徐博东：陈水扁也是无可奈何，迫于国际和岛内的政治现实，不得不低头妥协，也说明陈水扁和“台独”人士一再宣扬说台湾是一个“主权独立的国家”并不是事实，并不是现状，是陈水扁和李登辉虚构出来的，没有人接受这个所谓的政治现实。这种情况十分说明问题。陈水扁一贯采用的伎俩是所谓“冲突——妥协——进步”。他先是把两岸关系搞得很紧张，统独对决态势摆出来，然后各方压力到位后，再假装受了委屈，他就来妥协，妥协之后，他发现实际上又前进了一步。他现在前进了一步在什么地方？他搞了一个“公投法”，而且搞了“3·20公投”，他现在在演说里说，他将来还要搞“公投入宪”，他已经得到他所要的东西，不排除他将来认为时机成熟时仍然会背弃他今天所作的承诺，继续推行他的“急独”路线，他的策略还是先软后硬，软硬兼施，软是为了后边的硬做铺垫的。

李永萍：您这样的分析表示出来中国大陆对台湾情势的相当程度非常深入的了解，但某个程度同时也承认陈水扁的这一招也是有用的，他每一次好像把你逼到那个临界点，他并没真正越过去这一点，他马上又回来妥协，在这“冲突—妥协—进步”的过程中，他其实在慢慢往前推进。

徐博东： 所以叫它“渐进式台独”，他不敢搞“急独”。

李永萍： 但是不管如何，即使你叫“渐进式台独”，从中国大陆的角度他还是在搞“台独”，照您这样的分析对他有什么办法？

徐博东： 我看办法多得很，恐怕下一步大陆有大陆的策略和办法来对付他，不要以为他搞这一套就沾沾自喜，以为得计了。

李永萍： 您是不是可以分析一下，5・20 演说之后，就台湾的民众来讲，比较要注意的是哪些部分？从大陆方面预测会有什么样的状况是大家要注意的？

徐博东： 我不是中共官方，不可能参加高层的决策和了解内幕，但我个人对两岸关系的观察，对中共政策的理解，使用非和平手段或者说军事手段来处理这个危机暂时是缓解了，但是还会保持高度的警惕，随时观察陈水扁的作为再作出因应，军事上的准备，也一直在加班加点，毫不放松。一旦陈水扁敢于踩红线，大陆绝不会客气，绝不会妥协，这一点是无疑的；另外第二方面，很可能会采取经济上的手段，对那些到大陆投资发了财、赚了钱，回去后支持“台独”的台商，要动动刀子，这样的办法有可能会采取。

李永萍： 非常谢谢北京联合大学台湾研究所徐所长给我们所做的解析。徐所长的讲法，特别给听众朋友作一个参考，我们在台湾思考两岸问题的时候，千万不要陷入一个迷思与盲点，从单方面的角度一厢情愿来看待这个问题，因为两岸的不确定性以及两岸相关的互动，甚至可不可能危机冲突到兵戎相见，其实对岸的思维、对岸的态度、对岸的考虑与角度都是非常需要关注的，如果我们不能正确的面对对岸的判断与影响，我们担心可能会有误判。不管如何，今天我们看到，台湾的专家、对岸的专家与美国方面的看法，都认为陈水扁今天的演说，对两岸非常紧张的情势都是有舒缓作用的，只是这样的舒缓的情况可以维持多久？台湾的政局又会有怎样的变化？未来几天的“飞碟晚餐”还会跟大家作解析。再见！

（2004/05/20，陈星/武丽萍根据录音整理）

精心包装，欺骗舆论

——台湾问题专家徐博东评陈水扁“5·20讲话”

新华网北京5月21日电（记者陈键兴 陈斌华）“陈水扁的‘5·20讲话’尽管进行了精心的包装，但与4年前他上台时的讲话在‘台独’本质上是换汤不换药。他故伎重演，目的就是要欺骗舆论，继续走‘台独’路线。”北京联合大学台湾研究所所长徐博东教授说。

在陈水扁发表“5·20讲话”后，徐博东接受了新华社记者专访。他说，陈水扁的“5·20讲话”乍一听来似乎语句较为温和，用词谨慎，尽量不刺激大陆，但实际上是“话中有话，埋下钉子”，其要害就是仍旧回避一个中国原则，用隐蔽的手法推销其“一边一国论”的分裂主张。

徐博东分析说，陈水扁的“5·20讲话”虽然没有出现“一边一国”四个字，但是通篇游荡着“一边一国论”的“幽灵”。他在讲话中多次采用“台湾与中国”的说法，这是明显的“一边一国论”的表述。陈水扁实际上仍在卖力推销其“一边一国论”的分裂主张。

“陈水扁仍然顽固坚持‘台独’立场。”徐博东说，陈水扁宣称台湾要迈向“新的国家共同体”，宣扬传统的国家主权观“已经过时”，还有“台湾的前途由2300万台湾人民决定”等等，都是极其露骨的“台独”主张。此外，陈水扁突出强调台湾与美、日等国的“价值同盟”关系，鼓吹要提升台湾“自我防卫”的能力，要求某些国家“协助维护台海的和平与亚太地区的稳定”，实际上就是希望外力能成为“台独”的保护伞。

针对陈水扁声称要恢复两岸对话、扩大两岸交流等说法，徐博东指出，陈水扁大念“和平经”，但是却完全回避了一个中国原则这一两岸关系稳定与发展的基础。陈水扁大谈要建立“两岸和平稳定互动架构”、成立“两岸和平发展委员会”、拟定“两岸和平发展纲领”，实际上是又在玩毫无意义的文字游戏，企图再次欺骗岛内民众和国际舆论。只要他不承认台湾与大陆同属一个中国，台海地区就不会有真正的“和平”，两岸关系就难以得到稳定和发展。陈水扁所表达的不是“善意”而是“伪善”，只要对他过去4年的所作所为有所了解的人，都能轻易识破他这些并不高明的骗术。

徐博东指出，陈水扁宣称“涉及国家主权、领土及统独的议题”，不宜纳入在他即将推动的所谓他个人建议的“宪改”范围之内，这是他迫于内外强大压力不得不作出的退让，同时也恰好说明“台独”昧于政治现实，是一条走不通的死路。但是，要注意他同时使用了很多限定词，诸如“目前在台湾社会尚未形成绝大多数的共识”、“个人建议”等等埋了伏笔。他又宣称要“公投入宪，为未来人民公投复决国会宪改提案奠定开阔的基石”。这就是说，迫于无奈陈水扁或许在他的第二个任期内不敢公然搞“急独”，但是他所急于推动的所谓“宪改工程”，其终极目标仍是为“台独”铺路。

“经过4年来的观察，可以认定陈水扁是个毫无诚信、不可预测的政客。”长期研究民进党问题的徐博东说，陈水扁此次虽然不得不在策略上采取一些包装手法，但根据其一贯的“冲突—妥协—进步”的“政治哲学”和“先软后硬，软硬兼施”的政客伎俩，他会在认为形势对其有利、条件成熟的情况下再次脱下假面具，继续往“台独”的方向走。陈水扁目前暂时藏起了他的“急独”尾巴，改采“软”的策略，只不过是为其日后搞“急独”铺路，寻找和制造借口。对此，我们必须保持高度警惕，不能对他抱有任何不切实际的幻想。

徐博东指出，中共中央台办、国务院台办“5·17受权声明”已经为陈水扁指出了两条道路，但是他不走“阳关道”，偏走“独木桥”。因此，两岸关系未来不容乐观。遏制“台独”、维护台海和亚太地区的和平与稳定，仍然是今后相当长时间内两岸同胞和全球华侨华人的迫切任务。

（人民日报·海外版，2004/05/22）

大陆学者：遏制“台独”是当务之急

华夏经纬网7月29日讯 两岸关系论坛昨日进行了分组讨论，大家在会上各抒己见，发表看法，气氛异常热烈。

北京联合大学台湾研究所长徐博东认为，陈水扁“5·20”演说中有关两岸政策部分，表面上退缩，实则绵里藏针，埋下了许多日后重回“急独”路线的伏笔。在陈水扁当局施放“两岸和谈”的烟幕背后，人们所看到的却是实实在在的“以武拒统、以武谋独”。

徐博东认为，从目前的政策走向来看，大陆对台工作的重心显然是“遏独”重于“促统”。道理至明：对于两岸关系来说，“遏独”既是“促统”的题中之意，同时也是“促统”的基础和必要前提。在目前岛内“台独”势力坐大、两岸关系严峻的情况下，大陆把经济交流作为两岸交流和两岸关系发展的一个主要渠道来加以推动。早日实现两岸直接三通，扩大两岸经贸和文化交流、扎扎实实地做好“寄希望于台湾人民”的工作。遏制“台独”是最为有效的途径和手段。

（华夏经纬网，2004/07/29）

徐博东：“三通”前景不乐观

本报北京新闻中心记者廖雅猛3日电 北京联合大学台研所所长徐博东近日在分析两岸关系和大陆对台政策时表示，在目前两岸政治僵局无法打开的情况下，大陆把经济交流作为两岸交流和两岸关系发展的一个主要渠道来加以推动。

对于两岸政治僵局下的“三通”前景，徐博东说，陈水扁把“三通”

议题作为欺骗舆论、捞取政治红利的工具，“在可见的时间内，两岸‘三通’的前景，并不如预期的那么乐观”。

这位著名的台湾问题专家表示，陈水扁“连任”以来在处理内政问题上比上一任期表现得更为强势。岛内当前的政局有三方面情况值得注意：一是陈水扁强势主导，台湾政权出现全面“绿化”；二是反对势力难以整合，无法对民进党形成有效制衡；三是泛绿阵营极力扩大“台独”基本盘。这些情况对于两岸关系产生了极大影响。

大陆对台因应策略去年以来进行一定程度的调整，徐博东表示，整体来说，大陆一方面加大了对“台独”的施压力度，另一方面也展现出相当大的政策灵活性，“5·17”声明所展示的内涵，集中体现了大陆政策的调整。

徐博东分析，从大陆目前的政策走向来看，大陆对台工作的重心显然是“遏独”重于“促统”。而早日实现两岸直接“三通”、扩大两岸经贸和文化交流、扎扎实实做好“寄希望于台湾人民”的工作，是遏制“台独”最为有效的途径和手段。

（文汇报，2004/08/04）

北京学者：认清陈水扁“假和平、真台独”面目

多位从事台湾问题研究的学者日前在接受新华社记者专访时指出，陈水扁在10月10日发表的讲话不仅没有任何新意、善意和诚意，反而鼓吹“一边一国论”，污蔑、抹黑祖国大陆，他表现出的“台独”的嚣张气焰将使两岸关系更加恶化。

北京联合大学台湾研究所所长徐博东指出，陈水扁的这一讲话通篇贯穿的都是“一边一国”的“台独”论调，完全回避了“5·17受权声明”要求台湾当权者回到一个中国原则这一根本问题。

他说，陈水扁在讲话中公开宣示“台湾就是中华民国，中华民国就是

台湾”，实际上是进行了一次变相的“台湾正名”、“口头制宪”。陈水扁借集会的场合为“台独”大造舆论，企图扩大“台独”的社会基础，在推动“台独时间表”上又迈出了一步。

……（略）

几位学者还指出，国务院台湾事务办公室对陈水扁讲话所作的回应是正确、恰当的，陈水扁继续在“台独”道路上执迷不悟，已经使两岸关系更加严峻，台海和平回旋的空间正越来越小。

（新华网，2004/10/19，陈键兴、陈斌华）

徐博东：美担心台误判其政策，谈话显示战略清晰

北京联合大学台研所所长徐博东30日指出，从美国国务院这项谈话明显看出，美国现在对台政策已从“战略模糊”走向“战略清晰”，防止台湾改变台海现状。

徐博东指出，从美国国务卿10月底访问北京明确说出“台湾不是一个主权独立的国家”这段话，就可以看出来美国布什总统第二任的对台政策将从“战略模糊”转变为“战略清晰”。他表示，美国国务院针对“公投制宪”的说法作出回应，主要是对台海局势愈来愈感到忧心，台湾独立将引发美国与中国的军事冲突，造成地区动荡，不符合美国的国家利益。

徐博东强调，美国忧心台湾误判美国的对台政策，以为台湾独立，美国一定会力挺到底，甚至为“台独”与中国武力冲突，其实这是美国最为忧虑之处，所以现在必须采取“战略清晰”政策，明确告知台湾有关美国的立场。

陈水扁11月27日称，将于2006年透过“公投”复决第一部台湾新“宪法”，2008年5月20日正式实施。

（文汇报，2004/12/01）

2005 年

学者：日美修防约意在影响《反分裂国家法》立法

来自日本官方的消息披露，日本准备与美国修改日美防卫合作指针，以“台海冲突”为着眼点，以中国为假想敌，研究双方在实施联合作战的情况下各自如何应对等问题。舆论认为，日美双方试图将“台海危机”写入新的“日美防卫合作指针”，无疑是在为日本日后一旦介入“台海冲突”提供“法律依据”。

北京一些学者在接受香港大公报专访时表示，日美防卫合作指针的修改虽然根本原因在于两国军事战略发展的要求，但从另一个层面来说，中国大陆激活《反分裂国家法》的立法程序，也刺激了日美军事同盟关系的进一步提升。

……（略）

北京联合大学台湾研究所所长徐博东表示，日本修改日美防卫合作指针的动作，仍是中国大陆激活《反分裂国家法》立法程序之后在国际上的后续反应之一，“美国对台海两岸，仍是惯用的两边施压，这次就是通过修改日美防卫指针向中国威慑，并不等于台海一旦发生战事，就采取具体的军事行动。”

他说，全国政协主席贾庆林在纪念“江八点”十周年的讲话中，已经明确说明了《反分裂国家法》的原则、精神、架构和主要内容，“当然，大陆制定《反分裂国家法》的方方面面都会考虑到，包括国际社会的反应，也许在具体法条的表述上会更加周全，让人抓不住把柄。”他说，美日的反应在大陆的意料之中，而且比中国大陆原来预料的反弹更小一些。

……（略）

这些专家表示，从美国的角度来说，中国制定《反分裂国家法》是依法治国，走向法治国家的表现，在《反分裂国家法》的具体内容披露之前，美国很难对制定《反分裂国家法》行为本身直接表态反对。但《反分裂国家法》的制定的确让美国有一种担心，“如果说没有《反分裂国家法》，大陆同样可以通过各种手段反‘台独’，但有了《反分裂国家法》，如果台湾出现大陆所认为的‘法理台独’，大陆的反应就可能自动地进入法律程序，而不能人为控制，采取军事手段就成为大陆最可能的反应之一。”

徐博东认为，日美防卫安全指针的修改在大陆的意料范围之内，但此举却给了“台独”分子错误的信号，反而无助于台海局势的稳定。他说，《反分裂国家法》遏制“台独”，目的也在于维护台海和平。

徐博东表示，中、美、日在台海地区有共同利益，应该共同联合起来遏制“台独”才是正途。大陆《反分裂国家法》本身就是为了维护台海和平，防止“台独”分子挑动战争，日本修改日美防卫安全指针，不仅不必要，还会发出错误信号，反而无助于台海和平。

（中新网，2005/02/04）

包机落幕，“三通”还有多远？

2月20日21时28分，2005年台商春节包机最后一个航班，由台北飞返北京。两岸民航飞机56年来首次实现双向对飞，为农历乙酉年的春节平添了喜气。虽然，此次包机还存在着不少的遗憾，但两岸交流已势不可挡。

……（略）

对此，两岸多位专家学者指出，此次春节包机乃特例和个案，虽对两岸关系的缓和有正面意义，但不可过度评价，两岸形势依然严峻，“三通”前景在近期内仍不乐观。

北京联合大学台湾研究所所长徐博东认为：此次台商春节包机得以成行，是多方面因素共同作用的结果。大陆方面务实、积极和开放的态度对推动两岸包机协商起了至关重要的作用。台湾岛内民意、“在野党”和国际社会的压力，迫使台湾当局一直坚持的以“公权力”介入的立场不得不有所收敛。

但这并不代表陈水扁当局阻碍两岸交流、推行“台独”的立场有所改变。徐博东等专家认为：陈水扁仍在推行“台独时间表”，“一边一国”的立场依然顽固，“去中国化”的步伐愈走愈快。台湾方面对“三通”一再阻挠的原因，就是惧怕“台独”失去生存的土壤。两岸“三通”可以促进沟通，从经济上的交流进一步发展文化、政治上的交流，从而达到相互理解信任的目的。对这一点，李登辉看得十分清楚，他说“两岸‘三通’的较劲是一场‘无硝烟的战争’，‘三通’一通，等于台湾‘投降’”。陈水扁也说过，“三通”是台湾的最后筹码，不到最后时刻不能开放。可以说，“三通”实现的那一天，就是“台独”走向没落的开始。所以，每当台商提出两岸应尽快直航的诉求，极端“台独”势力总要跳出来，叫嚷要提防大陆“以通促统”、不能“太过躁进、冒进”。“不过，陈水扁的算盘打得很精。”

……（略）

（海峡之声网，2005/02/21，人民日报记者王尧）

徐博东解读胡锦涛对台四点意见体现新意深意

中新社北京三月四日电（记者董会峰）“胡锦涛总书记的四点意见，充分展现了祖国大陆维护两岸关系稳定及发展的诚意，同以前相比新意多，也富有深意。”

北京联合大学台湾研究所所长徐博东今天傍晚接受本报记者专访，第一时间对中共中央总书记、国家主席、中央军委主席胡锦涛在政协联组会上的重要讲话作出解读。

徐博东说，两年前的三月，胡锦涛总书记在参加十届全国人大一次会议台湾代表团审议时，就做好新形势下的对台工作谈了四点意见：一是要始终坚持一个中国原则；二是要大力促进两岸的经济文化交流；三是要深入贯彻寄希望于台湾人民的方针；四是要团结两岸同胞共同推进中华民族的伟大复兴。今天，他参加政协民革、台盟、台联届联组会听取建言后，就新形势下发展两岸关系也提出四点意见：第一，坚持一个中国原则决不动摇；第二，争取和平统一的努力决不放弃；第三，贯彻寄希望于台湾人民的方针决不改变；第四，反对“台独”分裂活动决不妥协。

徐博东说，两个“四点意见”相比，不难看出变化。今天用四个“决不”，语气更加坚决。可以说，这次的表述，更加系统、完整、严谨、务实、有针对性，是对当前两岸关系现况的反映，阐述了大陆关于两岸关系的基本政策，体现了大陆对台新思路、新策略，也在一定意义上表明了《反分裂国家法》的要旨。

“通读胡锦涛总书记的新四点意见，不难看到大陆发展两岸关系的极大诚意。比如，他说‘只要和平统一还有一线希望，我们就会进行百倍努力’，‘将进一步陆续出台解决台湾同胞关心的问题、维护台湾同胞正当权益的政策措施。只要是对台湾同胞有利的事情，只要是对促进两岸交流有利的事情，只要是对维护台海地区和平有利的事情，只要是对祖国和平统一有利的事情，我们都会尽最大努力去做，并且一定努力做好’，诸如此类的表述，字里行间透着真诚。”

徐博东指出，新四点意见给他印象最深的一句话是：“对于台湾任何人、任何政党朝着承认一个中国原则方向所作的努力，我们都欢迎。”依据他个人理解，这是对二月二十四日“扁宋会”的某种回应。

第四点，胡锦涛强调反对“台独”分裂活动决不妥协，他同时说：“我们希望，台湾当局领导人切实履行二月二十四日重申的‘四不一没有’的承诺和不通过‘宪改’进行‘法理台独’的承诺，通过自己的实际行动向世人表明这不是一句可以随意背弃的空话。”对此，徐博东认为，这也含有深意，向台湾当局领导人表明，“浪子回头金不换”，只要改弦更张，信守“扁宋会”后所作的承诺，从现在起用实际行动证明放弃“台独”，大陆可以“既往不咎”，两岸关系可以有大的发展空间。

徐博东说，胡锦涛总书记的新四点意见，尚需时间细读、体味。机不可失，台湾当局领导人应该正视大陆释出的“橄榄枝”，不要在“反《反分裂国家法》”上作夸大、无谓、无益的文章了。

“其实，《反分裂国家法》是和平之法，是针对‘台独’重大事变的，绝非针对台湾同胞。”

徐博东说，胡锦涛在阐述四点意见之前说：“当前，两岸关系中出现了一些有利于遏制‘台独’分裂势力及活动的新的积极因素，台海紧张局势出现了某些缓和的迹象，但反对‘台独’分裂势力及其活动的斗争仍然是严峻的、复杂的。”这是对当前两岸关系准确而清醒的表述，实际上也回答了某些人的问题：为什么要坚持制订《反分裂国家法》?

（凤凰网，2005/03/05）

对台政策新思路刚柔并济

汪道涵给辜振甫的唁电中充满感喟的一句：“两岸之道，唯和与合，势之所趋，事之必至。”似乎对两岸未来提供了参照系。

……（略）

北京联合大学台湾研究所所长徐博东分析认为，反“独”是为了促统，最终还是希望台湾民众能够认同、理解大陆的政策，包括和平统一、一国两制的大政方针。因此，力促春节台商包机、吊唁辜振甫，这些举动都着意于此。

“特别是吊唁辜振甫，派出高层级人员，明确地表示大陆对于那些对两岸关系作出贡献、承认‘九二共识’的人给予高度评价和赞赏。这一举措在国际社会影响良好。”

这位多年从事对台政策研究的专家告诉《瞭望东方周刊》，新一届政府表现得更加务实、理性和有胆识，“工作做得更加扎实，有声有色。”

国台办主任陈云林在纪念“江八点”发表10周年文章中提到，过去10年间反“台独”进行了4次重大斗争。

曾亲身经历和参与这4次斗争的徐博东说，过去10年给他的强烈印象就是，“台独”是制造两岸紧张局势的根源，“同时也提示我们，不应被动因应，而是应该主动出击。”

……（略）许多专家都更愿意将大陆对台政策的新变化前推至2004年“5.17”声明的发表。2000年是陈水扁发表“5.20”就职演讲之后大陆再表态，叫“听其言，观其行”；2004年则是在陈水扁就职演讲前几天，大陆就发表声明，“听我言，观你行”，有言在先。

徐博东说，目前大陆对台工作有新气象新局面，一个重要标志就是将主导权牢牢掌握在手中。从台商春节包机、吊唁辜振甫，到制订《反分裂国家法》，大陆都掌握了主导权。“从过去‘台独’主动出招，大陆被动因应，到现在大陆主动出招，‘台独’因应，已经发生了‘攻守易位’。”有评价认为，这反映出中国新领导层对国际和台海局势思虑深详、布局宏远、出手迅捷的政策风格。

……（略）

徐博东评价说，这是对台湾问题认识不断深化的结果。只有准确判断形势，才能提出更加理性务实的政策。

……（略）

未来几年，两岸关系最重要的观察指标包括：2006年台湾“公投制宪”；2006年台湾县市长选举和2008年“总统”选举；岛内蓝绿之间的力量对比变化走势。专家认为，未来两三年，两岸围绕统“独”议题上的斗争将越来越严峻和激烈。

徐博东认为，我们要正确认识和把握台湾问题与中国国家发展战略之间的辩证关系，把“台独”分离主义的严峻挑战，转化为在实现中国和平发展过程中一个可资利用的因素。他说，在短期内条件尚不成熟的情况下，从服务于国家发展总体战略目标的角度出发，积极应对台海形势的发展，应该是一种必然的选择。

“对台工作的思路，应该把重点放在如何化不利因素为有利因素，为实现我国的国家发展战略目标服务，并进而使本世纪头20年也能够成为解决台湾问题、实现国家完全统一的战略机遇期。”

（海峡之声网，2005/03/06，《瞭望东方周刊》记者程瑛）

专家:《反分裂国家法》已提升为全民和国家意志

中新社香港三月九日电 大陆两位知名台湾问题专家就全国人大审议《反分裂国家法》草案接受香港《大公报》记者采访，指出该法案已将对台政策“提升为全民和国家意志”。

中国社科院台湾研究所所长余克礼表示，……（略）

北京联合大学台研所教授兼所长徐博东指出，《反分裂国家法（草案)》的确如外界所称十分“宏观”和“简括”，只是要把从邓小平到江泽民再到胡锦涛等中国国家领导人二十多年来一再对外宣示的对台工作的基本原则和立场，以及一系列的方针和政策加以“法律化”，使之提升为全民的意志和国家的意志，从而增加了它的权威性和稳定性。

他认为，这部法律可以概括为：“三个规范，一个表明”。“三个规范”即：规范解决台湾问题的原则和方针；规范鼓励和推动两岸人员往来和经济文化交流，促进两岸直接“三通”，保护台湾同胞的正当权益；规范两岸协商与谈判，体现在一个中国原则基础上什么问题都可以谈。“一个表明”即：表明全中国人民捍卫国家主权和领土完整、绝不容忍“台独”分裂势力以任何名义、任何方式把台湾从中国分割出去的共同意志。

徐博东将《反分裂国家法》定性为是一部促进两岸关系发展、推动两岸和平统一的法律；是一部维护国家主权和领土完整、反对和遏制“台独”分裂势力破坏台海地区和平稳定的法律。因此，它是“维护”两岸关系现状法，而非“改变”和“破坏”两岸关系现状法；是“和平法”而非“战争授权法”。

（海峡之声网，2005/03/09）

徐博东：反分法以法律规范寄希望于台湾人民方针

中新社北京三月十五日电（记者路梅、胡振家） 北京联合大学台湾研究所所长徐博东今天表示，《反分裂国家法》用法律规范了“寄希望于台湾人民”的方针，并把它落到实处，为反对分裂、促进统一开辟了新的道路。

徐博东在此间全国台湾研究会和社科院台湾研究所举办的《反分裂国家法》座谈会上发言表示，《反分裂国家法》用主要的篇幅规范了如何促进两岸交流、推动两岸关系发展和保护台湾同胞的正当权益，体现了胡锦涛主席关于“只要是对台湾同胞有利的事情，只要是对促进两岸交流有利的事情，只要是对维护台海地区和平有利的事情，只要是对祖国和平统一有利的事情，我们都会尽最大努力去做，并且一定要做好”的指示精神和庄严承诺，把“寄希望于台湾人民”的方针落到实处。这必将成为推动两岸关系发展、促进两岸和平统一的新途径和新起点。

徐博东认为，解决台湾问题，实现祖国的统一，无论是以和平方式抑或最终不得不采用“非和平方式”，广大台湾同胞都是我们必须争取和依靠的力量。就目前而言，反对和遏制“台独”的斗争要取得预期的效果，最终也将取决于台湾人民的态度与政治取向。我们相信，反“台独”的政治力量在岛内有着广泛的群众基础，“求和平、求安定、求发展”和维持两岸现状是台湾的主流民意。大陆将积极促进两岸的交流与交往，让台湾人民分享祖国大陆经济腾飞带来的好处，促进两岸的共同发展繁荣。

同时，《反分裂国家法》是“依法治国”的题中之意，为遏止“台独”提供了更加权威、明确的法理基础。制定《反分裂国家法》不是仅仅出于一时反“台独”的应急之需，而是总结了多年来的对台工作经验，针对“台独”分裂势力的特点与发展趋势，为促进两岸关系发展，维护台海长期稳定所采取的一个具有长远战略意义的重大举措。

徐博东指出，《反分裂国家法》必将成为我们促进两岸关系发展、维护台海和平、反对“台独”分裂斗争的一个重大转折点，从而把祖国和平统一大业推向一个新的阶段。

（中国台湾网，2005/03/16）

徐博东："台独"是癌症，"中药"治不了

中国台湾网消息 3月23日，来自国防大学防务学院高级指挥班的30名外籍军官来到中国台湾网参观，并就他们所关心的台湾问题同与会专家进行咨询和交流。有外籍军官表示，武力解决台湾问题是下策，并用形象的比喻，询问中国政府是否找到根治台湾问题的"中药"。北京联合大学台研所所长徐博东表示赞成他的观点，但指出，"台独"如若发展成癌症，"中药"无计可施，使用非和平手段就在所难免。

徐博东说，中国人打中国人毕竟是民族的悲剧。所以中国政府一贯坚持和平统一的基本方针。即使是制定了《反分裂国家法》，目的也是为了遏制"台独"，维护台海地区的和平和稳定。"台独"是引起地区动荡、紧张的根源，遏制"台独"是维护台海和平的手段和目的。

徐博东提到，前几天中国国家领导人胡锦涛主席讲过，只要和平还有一线希望，我们就要进行百倍的努力。所以非到万不得已，是不会轻易使用非和平手段的。即使是需要使用非和平手段的时候，也并不一定就要使用军事进攻的手段，可以采用其他方式，尽量减少损失。

中医确实能治很多病，但是治不了癌症，"台独"如果变成癌症就很难除了，现在问题是台湾当局不承认两岸同属于一个国家，认为两岸是"一边一国"，在这种情况下，两岸不能进行官方的接触谈判，责任完全在台湾方面。甚至他连（自己是）中国人都不承认。

最后徐博东总结，两岸关系困难的症结之所在，就在于台湾方面不承认"一个中国"原则，只要承认"一个中国"原则，两岸立即就可以恢复协商谈判，两岸关系很快就可以取得突破性进展，就能缓和下来。所以"球"

不在北京而在台北。

（中国台湾网，2005/03/25，吴灿）

徐博东教授建议国家文物局批准“丘逢甲故居”为全国重点文物保护单位

新华社记者陈斌华报道　去年3月14日，十届全国人大二次会议期间在人民大会堂举行的中外记者会上，温家宝总理满怀深情地吟诵了近代台湾著名爱国诗人丘逢甲的《春愁》一诗：“春愁难遣强看山，往事惊心泪欲潸，四百万人同一哭，去年今日割台湾。”阐明了两岸同胞血脉相连的骨肉关系。同年5月，温总理在出访德国接见华侨、华人和留学生时，再次引用了丘逢甲的这首诗。温总理接连两次引用丘逢甲的诗，在海内外产生了重大影响。

在今年刚刚结束的全国政协十届三次会议期间，台盟中央又提案建议：在广州市正在规划中的“万木草堂康梁纪念广场”，应再增建“丘逢甲纪念广场”（注：“万木草堂”即“丘家祠”，是丘逢甲在广州活动期间的故居）。该提案已获得有关方面的重视。

近日，记者走访了丘逢甲研究专家、大陆第一部《丘逢甲传》作者——北京联合大学台湾研究所所长徐博东教授，就丘逢甲的话题进行了深入的访谈。访谈中记者才得知，去年温总理在中外记者会上引用丘逢甲的诗，向中央提出这一重要建议的正是这位多年研究台湾问题的专家徐博东教授。

徐教授很有感慨地说，二十多年前他刚刚涉入丘逢甲研究时，“左”的倾向在史学界还颇有市场，对丘逢甲的评价很不公允，对他甲午中国战败、马关割台后倡建“台湾民主国”以及“兵败内渡”大陆等问题，仍存在着许多是似而非的不实贬抑之词。他和黄志平合撰的为丘逢甲翻案的《丘逢甲传》，因此还差一点在大陆无法出版。徐教授说，经过多年来史学界同仁的共同努力，作为近代台湾省籍的这位著名的抗日爱国志士、爱国诗人和爱国教育家，才逐渐被人们所认识和肯定。去年，温家宝总理在如此重要的场合吟诵丘逢甲的爱国诗篇，正是对丘逢甲为代表的广大台湾同胞爱国主义光荣传统的最大褒扬和充分肯定。

徐博东教授说，丘逢甲先生留给我们的最重要的精神遗产，就在于在丘逢甲的心目中，“爱国（中国）”和“爱乡（台湾）”是完全一致的。他抗日事败内渡大陆后，始终把“强祖国”与“复土雪耻”紧密地联系在一起，为了国家民族的富强与统一，穷其一生，身体力行，奔走呼号，与时俱进，从服膺康梁维新保皇到拥护、追随孙中山先生领导下的资产阶级民主革命，可谓“鞠躬尽瘁，死而后已”。徐教授认为，在当前“台独”肆虐、两岸关系形势处于重要的历史关键时刻，我们来缅怀和纪念丘逢甲先生的爱国主义精神，对于反对和遏制“台独”，促进祖国的和平统一，具有格外重要的现实政治意义。

据徐教授介绍，为了纪念丘逢甲，1983 年广东省政府曾拨出专款在丘逢甲祖籍蕉岭县修缉丘逢甲故居、丘逢甲墓，并建有丘逢甲陈列室和纪念亭等；在台湾的丘氏后裔也曾多次返乡，出资捐建了“逢甲学校”和“逢甲路”等。蕉岭县虽然地处穷困山区，筹资不易，但县委县政府一向十分重视对丘逢甲故居及相关文物、纪念物的维护和管理。1989 年，丘逢甲故居批准为“广东省重点文物保护单位”；2000 年 4 月，被命名为首批“广东省爱国主义教育基地”。

2002 年，广东省文化厅向国家文物局推荐丘逢甲故居为“第五批全国重点文物保护单位”。据悉，专家组已审查通过，但最终却未能被核准。近日，国家文物局“第六批全国重点文物保护单位”的评审工作即将进行，广东省文化厅再次上报丘逢甲故居的推荐材料。

为此，徐博东教授特提出紧急呼吁：为了配合当前中央统一领导下的遏制“台独”的斗争，弘扬台湾同胞的爱国主义光荣传统，表达祖国政府和大陆同胞对丘逢甲先生的景仰和推崇，进一步加强对丘逢甲故居的维护和管理力度，充分发挥其涉台教育基地的重要作用，希望有关方面这一次能够批准丘逢甲故居为“全国重点文物保护单位”。同时，也呼吁广州市有关部门对台盟中央在全国政协十届三次会议上提出的关于对“增建丘逢甲纪念广场”的提案加以重视和采纳。

（新华社，2005/04/03）

北京联大台湾研究院揭牌仪式在京隆重举行

中国台湾网北京4月23日消息 北京联合大学台湾研究院建院揭牌仪式，今天上午在北京隆重举行。继去年的今天厦门大学台湾研究院成立之后，北京联合大学又建立了第二家台湾研究院，这充分显现了当前海峡两岸关系在祖国大陆所受到的重视，也体现了全中国人民热切期盼台湾问题早日解决，希望加强和深化对台湾问题研究的愿望。

海峡两岸关系协会会长汪道涵为北京联合大学台湾研究院题写了院名，全国人大常委会副委员长许嘉璐以及北京市、涉台研究部门、教育部门有关负责人出席了今天的揭幕仪式，国务院台办副主任孙亚夫、中共北京市委副书记龙新民、原国台办副主任唐树备出席了今天的揭幕仪式并发表祝词。中国台湾网负责人作为合作单位的代表，也以嘉宾的身份出席了今天的揭幕仪式。

全国人大副委员长许嘉璐等为北京联大台研院学术顾问和客座教授颁发了聘书，国台办副主任孙亚夫、北京市委副书记龙新民为研究院揭牌。

为适应当前两岸关系形势发展的需要，加强对台研究，在国台办及北京市台办、市教委的大力支持下，经过近一年的积极筹备，北京联合大学台湾研究院正式建院。原国台办副主任唐树备担任名誉院长，著名台湾问题专家、北京联大教授徐博东担任院长；该院并聘请了海峡两岸著名专家学者89人担任学术顾问和客座教授，从而汇集了当前国内研究台湾问题的精英，形成了一支涉台研究的生力军。

北京联大台研院下设两岸关系研究所、台湾经济研究所、台湾文史研究所、涉台事务研究所及办公室。研究重点为当代台湾政治和两岸关系、中美日关系等，并兼顾研究台湾经济、社会和历史文化等领域的重大问题。同时研究院还将担负总结祖国大陆涉台事务工作经验、培训涉台工作干部、培养台湾问题研究人才、加强京台两地各项合作交流、为政府涉台部门提供政策与对策咨询等任务。

北京联合大学台湾研究院的前身是1989年5月成立的北京联合大学文法学院台湾研究室，2000年12月，该研究室升格为北京联合大学台湾研究所。经过10多年的发展，北京联大台研所已成为北京涉台调研基地和国台办重点咨询单位之一。在过去的几年中完成了一批高水平的研究课题，接受了上千次新闻媒体的采访，宣传了祖国大陆的对台政策，在反“独”促统斗争中做出了贡献，在海内外享有相当高的知名度和影响力，并使台湾研究所成为北京联合大学对外学术交流的一个重要窗口。

北京联大台研院院长徐博东在讲话中指出，台湾研究院的成立为加强对台研究提供了一个新的、更好的平台。但同时也对未来的对台研究提出了更高的要求。如何培养自己的学术骨干，如何在扩大规模的同时保证研究质量，引导台湾研究院走可持续发展之路，都是全新的课题。

出席今天揭幕仪式的还有来自海峡两岸的知名人士、专家学者及台商代表200多人，台湾中国国民党中评会主席团主席饶颖奇、国民党中央常委朱凤芝、前民进党主席许信良、前副秘书长钟佳滨，台湾著名学者王晓波等，以个人身份出席了今天的仪式。远在台湾的岛内知名人士郁慕明、邱太三、李文忠、张显耀、李永萍、苏起、张荣恭、李敖、陈文茜、赵少康等，也以个人名义通过录影的方式向台研院建院表示祝贺。美国、巴西等国的华人华侨团体也纷纷发来贺电。

此前，中国台湾网负责人在与台湾研究院新任院长徐博东教授洽商时，双方达成了良好的合作意向。

（中国台湾网，2005/04/23，吴彤）

北京联大台湾研究院揭牌

大公报记者王德军北京二十三日电 北京联合大学台湾研究院今天揭牌，这是大陆继去年厦门大学台湾研究院成立之后，第二家在高等院校中设立的台湾研究院。海峡两岸关系协会会长汪道涵为台湾研究院题写院名，原国台办副主任唐树备担任名誉院长，台湾问题专家徐博东担任首任院长。

在今天的揭幕仪式上，有多位民进党成员以不同方式恭贺这所台研机构改所建院，包括前“陆委会”副主委邱太三和民进党“立委”李文忠，都通过录像向研究院表示祝贺。

而前民进党副秘书长钟佳滨更是现身主席台，与全国人大副委员长许嘉璐、中台办副主任孙亚夫、中台办前副主任唐树备、前民进党主席许信良、前国民党中央政策会执行长兼“立法院”副院长饶颖奇，以及国民党“立委”朱凤芝等坐在一起，相当引人注意。虽然钟佳滨本人相当低调，面对记者围追堵截，只是“谢谢”不断，没有丝毫回应记者“民进党中央有没有同意你来”等敏感问题。倒是向传媒一个不落地派发印有“中华文化复兴运动总会副秘书长”头衔的名片，似乎在说明他此行的民间身份。

才刚卸任的“陆委会副主委”邱太三，透过录像跨海祝贺。邱太三说：“过去两岸碍于一些因素，无法直接接触相互了解，以致彼此间好像隔层薄纱，无法精确的了解对方……”现场形成了大陆官员听民进党前政务官谈话的有趣画面。

唐树备对传媒表示，“我希望有更多的民进党朋友，以这样那样的名义到大陆来”。

……（略）

（大公报，2005/04/24）

台研院：从“路边摊”到“大饭店”

本报北京新闻中心记者钟雪冰、刘凝哲、轶玮、实习记者赵珊 北京联合大学台湾研究院前身是1989年成立的文法学院台湾研究室，2000年升格为台湾研究所。经过10多年的发展，台研所已成为北京市涉台调研基地和国台办重点咨询单位之一，宣传大陆的对台政策，在“反独促统”的斗争中做出了贡献。

院长徐博东介绍说，台研所成为研究院适应了当前两岸关系形势的发展，为加强对台研究提供了新的、更好的平台。研究院重点研究当代台湾政治和两岸关系、中美日关系等，并兼顾研究台湾经济、社会和历史文化等领域的重大问题。同时，还担负总结大陆涉台事务工作经验、培训涉台工作干部、培养台湾问题研究人才、加强京台两地各项合作交流、为政府部门提供政策与对策咨询等任务。

成为台研院客座教授的台湾大学哲学系著名教授王晓波，更称从前的台研室只有徐博东一个人，如同“路边摊”；后来升格到台研所，可说是“大排档”；现在成立台研院，可以叫做“大饭店”了。

（文汇报，2005/04/24）

谈钟佳滨以适当身份及适当名义现身北京

新华澳报2005年4月24日报道 在中国国民党主席连战、亲民党主席宋楚瑜分别启程前往祖国大陆进行具有重大历史及现实意义的“和平之旅”、“两岸政治对话之旅”的前夕，北京联合大学台湾研究院举行揭牌仪式。尽管北京联合大学台湾研究所升格为“学院”级学术单位，成为继厦门大学台湾研究院（也是由台湾研究所升格为台湾研究院）之后，大陆地区的第二个“学院”级的台湾研究院所，是早已企划之事（毕竟向上级主管单位报批需要一段时间），与连宋“登陆”并无任何直接的关联，但在揭牌仪式上，赫然出现了一位“神秘嘉宾”——曾任民进党副秘书长的钟佳滨，尽管他颇为低调，只是以“谢谢”来应对台湾媒体的提问，但仍让台湾媒体产生“陈水扁密使”的疑问，甚至有媒体侃调称，民进党抢在连宋“登陆”之前派出“密使”与大陆高层会晤，要破连、宋“登陆”的“头香功”。

其实，北京联合大学台湾研究院的揭牌仪式，不但是邀请到钟佳滨出席，而且还获得“陆委会前副主委”邱太三、“立委”李文忠的录像致贺，其致贺录像带在揭牌仪式上播放，当做是嘉宾致词。一般相信，把台湾研究院院长徐博东视为“可爱、可恶、可敬的朋友和对手”的邱太三，如果不是因为筹划参选台中县长而忙得难以分身的话，他也有可能像钟佳滨那样，亲身前往北京向这位曾多次分别在北京、台北见面的“老朋友”致贺。而值得注意的是，亲莅北京致贺的钟佳滨，和录像致贺的邱太三、李文忠，都是“新潮流系”的骨干。从中也可一窥徐博东这位大陆地区的“民进党研究专家”，对民进党尤其是“新潮流系”的研究之深，并非浪得虚名。

实际上，徐博东是大陆地区的台湾问题专家中，最早研究民进党的一位，因而才有“北徐南林”之称。而有趣的是，其中“南林”所指的林劲教授，其所服务的厦门大学台湾研究所，已早北京联合大学台湾研究所一步，于去年八月间升格为“台湾研究院”。徐博东早在“八五计划”期间，就已完成了国家教委重要科研课题《“台独”与民进党研究》，后来又单独或与人合撰《透视台湾民进党》、《世纪交锋——民进党如何与共产党打交道?》等书稿。因此，他能与民进党尤其是“新潮流系”骨干交朋友，早有渊源所在。

今次民进党“新潮流系”骨干钟佳滨现身北京，当然是受到徐博东邀请，以“适当身份”——中华文化复兴运动总会副秘书长〔注意：苏进强月前在出任台联党主席之前，是任中华文化复兴运动总会秘书长〕、“适当名义”——参加台湾研究院揭牌仪式，并与之进行学术交流的，完全符合国台办主任陈云林关于北京与民进党交往的谈话所开列的条件。但陈云林四月十五日接受新华社记者的专访谈话，还提及到其前提是：广大民进党成员与极少数顽固的“台独”分子是有区别的。按照这个说法，曾任“外独会”秘书长的钟佳滨，已被北京视为不再是“台独”分子。

实际上，所谓“外独会”，其全称就是“外省人台湾独立协进会”，参加者全部是台湾“外省人”的第二代。“外独会”的发起人及首届领导机构成员，后来基本上都参加了民进党。他们中现在仍活跃在政坛上的，有林向恺、周威佑、范云、段宜康、马永成、陈师孟、刘一德、钟佳滨等人。“外独会”的“成立大会宣言”〔一九九二年八月二十三日〕就声称，“本会会员都不认为自己是外省人”，“台湾是台湾，中国是中国，真正认同台湾的人，心中除了台湾以外别无祖国”，“我们必须尽力保护台湾主权独立，积极争取台湾地位国际化”。另外，钟佳滨也是“学运世代”，曾与林佳龙、马永成、郭文彬、周奕成、颜万进、田欣、陈俊麟、李文忠、赖劲麟、王雪峰、郭正亮、罗文嘉、沈发惠、段宜康、郑文灿、刘坤鳢、范云、徐永明、刘一德等现在的民进党权贵，一同参加过“野百合学运”。

不过，他们都是民进党的“第三代”。与民进党的“第一代”林义雄、黄信介、姚嘉文等人受过“白色恐怖”镇压，因而心中充满“悲情”，是“台独”原教旨主义者；“第二代”陈水扁、谢长廷、张俊雄、苏贞昌、游锡堃等人，未有受到“白色恐怖”镇压，也没有经过日本殖民者的皇民化教育，因而虽然支持“台独”，但并非“台独”原教旨主义者——所不同的是，他们大多是在“野百合学运”之后参加社会政治活动的，更是远离“白色恐怖”及日本皇民化教育，相反多数曾出洋留学，较为了解世界潮流，故他们的“统独观”是最容易跟随着国际政治现实调适的。也正因为如此，近年钟佳滨等人已较少发表“台独”言论，尤其是李文忠、钟佳滨、段宜康等“新潮流系”中的新一代，倒是经常批评陈水扁的某些做法，包括指责陈水扁在去年底“立委”选举中大玩“台湾正名”牌，必须对败选负责。因此，徐博东今次借北京联合大学台湾研究院揭牌仪式的机会，邀请民进党人尤其是“新潮流系”成员“以适当名义”到访，是深刻领悟及灵活运用了陈云林的有关谈话内容的。因此才有当台湾媒体问及到邀请钟佳滨一事时，徐博东回以“我们乐于与民进党内非顽固的人士接触”之说。

至于钟佳滨这次赴京，是否如台湾媒体所猜测的那样，担任陈水扁“密使”的角色？现在没有足够的资料可以证实。但既然他到了北京，是免不了会与大陆涉台官员接触交谈的。或许，以钟佳滨在民进党内三线人物的身份，未必会直接接受陈水扁的委托授权，去向大陆涉台官员转达什么信息。但是，以他是“新潮流系”骨干的身份，却极有可能会在行前被“新潮流系”大老邱义仁授予“锦囊”，好与大陆涉台官员周旋。而邱义仁目前任“国安会”秘书长，正是陈水扁大陆政策的最主要决策智囊，尤其是在今次陈水扁对连宋“登陆”问题的前倨后恭态度变化中，起到重要的促变作用。因此，不排除钟佳滨可能会衔邱义仁之命，向大陆涉台官员传达台方的“先连宋后阿扁”的建议。

实际上，“先连宋后阿扁”，是有实际需要，也是应有的发展趋向。在海峡两岸方面，都已强调连、宋二人作为在野党的领袖，他们在“登陆”时与北京达成的任何共识，都不具法律效能，但将会为未来两岸正式接触对话铺垫气氛，打好基础。因此，才有中国社会科学院台湾研究所所长余克礼“目前打破两岸僵局条件还不成熟，虽然在野党和民间交流频繁，但关键还是在民进党的立场”之说，也才有陈水扁的“如果连宋访陆成功，依法行事，与中共人士交换意见，或许可提供我方第一手信息，可为两岸关系投石问路”之语。这一发展趋向也符合美国人的期待，即是两岸接触对话最终应是在两岸当政者之间进行。而民进党当局之所以发生从抹红、恫吓连战“登陆”，到在“两原则”前提下支持连战“登陆”的一百八十度变化，也正是因为美国公开表态支持连战“登陆”，而经由“国安会”据此进行研判，向陈水扁提出“转向”建议的。因此，倘钟佳滨如有趁赴京之机向大陆涉台官员转达邱义仁的建议讯息，那将是并不出奇。

（新华澳报，2005/04/25，富权）

国共达成“共同愿景”民进党有压力

人民网澳门5月2日电 北京联合大学台研院院长徐博东在接受澳门日报采访时表示，面对得到台湾岛内大多数民意支持的国共两党达成的“两岸和平发展共同愿景”，民进党如何操作，将面对关键的历史时刻。

徐博东认为，国共两党上月二十九日在北京达成“两岸和平发展共同愿景”，但除第五项，其余四项的文字表述都是用“促进”的字眼，是因为国民党在岛内属在野党，不具有公权力，达成的“愿景”，仍须岛内的公权力来配合推动和执行。鉴于国民党的在野身份，这些共识能否真正落实，他认为仍有待观察。但是国民党仍可利用在岛内最大在野党的影响力，透过民间或其他方式，来促进“愿景”的落实，其中的一个可行的方法就是利用国民党在“立法院”的八十一个席位，再加上亲民党及其他无党籍“立委”，共同在“立法院”通过一些立法程序，要求岛内的行政当局来遵守执行。

徐博东指出，“愿景”落实与否，同时将对民进党当局及其执政地位形成压力。首先，国共两党达成的“愿景”，正是台湾岛内的主流民意，特别是“建立两岸经济合作机制”，包括大陆将对台湾农产品开放市场，令因加入WTO后萎缩的台湾农产品市场重新焕发生命力。若掌握公权力的民进党利用公权力阻挠“共识”的落实，将引起台湾低下层农民的强烈反弹，在即将到来的任务型“国大选举”及年底的县市长选举，可能对民进党不利。

另方面，推动两岸透过对话、以和平方式解决台海问题，一直是国际社会的呼声，国际社会亦欢迎“愿景”的达成，因此，若民进党完全不推动落实，或对“愿景”采取拒抗态度，将无法向岛内的民众、国际社会交待。

徐博东指出，若民进党顺势而为，推动和落实国民党和接着而来的亲民党与中共达成的党对党的会谈成果，最后的功劳仍是属于民进党的。他认为连战“投石问路”已将两岸未来发展方向的光明大道“问”清楚，若民进党执意拒走“光明大道”，是非常愚蠢的。若运用“反向思维”，回归“九二共识”，积极推动“两岸和平发展共同愿景”的落实，远离“台独”主张，把握其“政治转型”的机遇，可能比国民党或亲民党得更多的分，亦会得到大陆的重新认识。

（海峡之声网，2005/05/02）

专家称不送熊猫言之尚早，沪动物园未闻此事

凤凰卫视5月2日消息 据香港文汇报报道，国民党大陆访问团在京期间未获“熊猫礼物”，不禁引起媒体诸多揣测。台湾问题权威专家徐博东教授分析指出，访问团行程尚未结束，否定“熊猫礼物”言之尚早，有关方面仍在商议之中。他认为，由上海送出这一特殊礼物更为适宜。

由上海送出比北京适宜

北京联合大学台湾研究院院长徐博东分析送“熊猫礼物”的时机、方式及意义。他表示，首先，连战一行尚未结束大陆行程，访问团离开北京就立即否定了“熊猫礼物”，不免言之过早。他说，余下两日可拭目以待。

其次，从“送礼”方式上看，由上海送出比北京送出更适宜、更妥当。徐博东表示，国宝熊猫是大陆人民送给台湾人民的礼物，也可视为上海与台北两座城市友好交流的纽带。上海市动物园可经国家批准，将熊猫送给台北动物园。这样有助于两个城市的动物管理机构进一步交流沟通。

台民众有权分享“国宝”

此外，徐博东指出，台湾是中国一部分，与大陆同属于一个中国。熊猫

作为中国国宝，也有台湾人民的份，台湾人民有权力、有理由分享“国宝”。

他说，目前大陆很多大城市的动物园都有熊猫，台湾人民却无法近距离观赏、接触自己的国宝。但从气候、环境、食物和技术能力上看，台湾完全具备饲养熊猫的能力，其技术能力更不亚于大陆任何城市。

徐博东表示，正如台北市市长马英九所言，台湾是否接受熊猫礼物不是技术问题，而是政治障碍。

（凤凰网，2005/05/02）

专家：台湾意识与华夏情怀可接轨

大公报记者马浩亮、郑曼玲、实习记者周丽娜北京十一日电 亲民党主席宋楚瑜在清华演讲中，指出不要把台湾意识跟“台独”划上等号，并表示亲民党在具有台湾意识的同时，同样具有华夏情怀。北京涉台学者认为，台湾意识与华夏情怀完全可以接轨，对台湾意识中的积极因素应该充分利用。

北京联合大学台湾研究院院长徐博东指出，台湾意识中包含有积极成分，在反抗外敌入侵、维护中华民族尊严等历史进程中都发挥过积极作用，这是值得肯定的。因此一方面不应该将其视作“台独”，一方面应予引导。如果不认同大中国、中华民族，台湾意识就可能变成狭隘的地方意识，这些消极部分就有可能被“台独”利用。所以应该采取一些措施以化解消极成分。应该像国亲两党一样，将台湾意识和中华民族意识接轨，变消极因素为积极因素。

……（略）

（大公报，2005/05/12）

“5·17声明”是对台新思维的真正开端

——“新闻中国”五月论坛

……（略）

徐博东：“5·17声明”是对台新思维的真正开端

最近，特别是连宋访问大陆以来，仿佛整个对台局面开朗了，出现了新局面。这是什么原因？这个局面的出现不是偶然的，而是我们这么多年一贯的对台政策累积起来的结果。胡锦涛总书记亲自主导对台工作后，在政策和策略上有一个新的做法和新的思维，但是这种转变不是突变，而是正好在这个时间点上发生了质的变化，或者说呈现了一种新的变化。

新的思路，新的做法，有些人认为是从《反分裂国家法》开始的，而我个人认为应该是从“5·17声明”开始，“5·17声明”是一个新的政策的开端。我们这么多年以来的对台工作，一直是在接招。“5·17声明”反过来了，我们先出招，让他们应付我们。过去是“听其言，观其行”，现在是“听我言，观你行”。这样一个策略变化，出乎台湾的意料之外，特别是出乎陈水扁的意料之外。从“5·17声明”出台后，接下来所有的做法我认为都没有超出“5·17声明”的范畴。最近关于农产品的一些做法，大家津津乐道，说这是一个好主意，对争取台湾民众，特别是中南部的农民起了很好的效果。但实际上，“5·17声明”里边就有农产品销售大陆和春节包机等内容。有些比如春节包机的措施，并不是因为阿扁上台，我们就不出台这些政策。也就是说，我们并不那么在乎什么人执政，只看他推动什么政策。

……（略）

（中国新闻周刊，2005/第18期）

大陆学者：张俊雄难以打破僵局

中评社香港 6 月 3 日电 大陆涉台学者针对台湾任命张俊雄为海基会董事长评论指出，张俊雄这项任命难以打破两岸僵局。上海台湾研究所常务副所长严安林接受中评社记者采访时表示，两岸关系能不能向好的方向发展，并不在于谁当海基会董事长，“有没有共识才是最重要，这个共识就是‘九二共识’”。

……（略）

北京联合大学台湾研究院院长徐博东则认为，海基会董事长出缺已很长时间，此时任命，是台湾想恢复两岸谈判的迹象，值得欢迎。

他认为，张俊雄在台湾政界历练丰富，是温和的独派，希望他能秉持辜振甫先生的一贯主张，为两岸做切切实实的事。不过，他也表示，张能否建功立业，要看陈水扁能否在“九二共识”上想通。如果陈水扁仍是左顾右盼，不积极回应，无论谁接任，都没用。

……（略）

（中评社，2005/06/03）

不敢“急独”也不弃“台独”，扁两岸政策“五马分尸”

据大公报报道，北京联合大学台湾研究院教授兼院长徐博东昨日在一个研讨会上说，陈水扁只是一个抗压力很差，一向看风使舵、不讲诚信、具有“台独”理念的投机政客。“性格决定命运”，他预期，陈水扁在其余下三年的任期中，其两岸政策不可能有突破性的作为，但仍会在“和解”与“对抗”之间左右摆荡，既不敢“急独”，也绝不会放弃“台独”。

徐博东表示，从战略上说，大陆的对台整体战略并没有改变，但在对台政策策略上却发生了引人注目的变化与调整，并收到了很好的效果。这些变化与调整的主要特点是：“主动出击，夺取战略制高点，掌握两岸关系发展的主动权；软硬兼施，该硬的更硬，该软的更软；恩威并重，先威后恩，威必夺其志，恩要收其心”。

徐博东指出，主要做法包括第一，进一步强化反“台独”的立场；第二，保持对某些政策的必要模糊，为两岸关系的回暖留下转圜的空间；第三，“围三缺一”，压迫陈水扁当局向“中间路线”移动；第四，准确把握台湾的主流民意，做台湾人民的工作真正做到“入岛、入耳、入心”。

他说，自《反分裂国家法》出台、连宋相继访问大陆后，陈水扁当局在两岸政策上面临多重压力，“目前，陈水扁当局两岸政策上正在被‘五马分尸’”。

徐博东指出，这些压力包括：来自祖国大陆越来越强大的反“独”压力；来自泛蓝阵营的强力制衡；来自美国的压力；民进党内部的强力牵制；及泛绿阵营内部裂痕扩大。

在上述多股压力相互拉扯下，徐博东相信，陈水扁很难摆脱客观政治环境对他的限制，故在其余下三年的任期中，其两岸政策不可能有突破性的作为，但仍会在“和解”与“对抗”之间左右摆荡，既不敢“急独”，也绝不会放弃“台独”，因为“陈水扁并非是个有宏观视野、历史使命感、有魄力、有担当的政治家，而仅仅是个抗压力很差，一向看风使舵、不讲诚信、具有‘台独’理念的投机政客”。

（中新网，2005/06/13）

陈水扁近期言行大陆失望

民进党“立委”张俊雄日前接掌台湾“海基会”，引发外界关注。此间涉台智库专家徐博东就此指出，大陆并非对张俊雄接掌“海基会”失望，关键是对陈水扁最近行径感到失望。徐博东认为，纵观陈水扁日前各方面动作，大陆都无法感到扁有任何希望两岸和解的迹象。

连宋登陆后，陈水扁曾一度耐不住“寂寞”表示，“主戏即将上演”，而这些“暧昧”的态度在近日却荡然无存。著名涉台问题专家、北京联合大学台研院院长徐博东表示，大陆并非对民进党“立委”张俊雄接掌“海基会”感到失望，也不在乎谁掌舵“海基会”，关键是在于背后的陈水扁是否有诚意改善两岸关系，但是陈水扁最近的行为却让大陆失望。

徐博东表示，陈水扁对亲民党宋楚瑜的“两岸一中”拒不接受，这说明其不愿回到“一个中国”原则上来，而这样两岸官方的谈判就不能恢复。对于连宋与大陆达成的共识及成果，陈水扁不但不积极推动，更不断宣示所谓台湾“主权”，大陆看出扁有任何希望改善关系的迹象。陈水扁所推的第二阶段“宪政改造”，也让大陆丝毫感觉不到台湾当局希望调整其两岸政策。

大陆短时间内邀请连宋登陆，本意希望可巩固泛蓝阵营，甚至促进国亲合并，但国亲两党间的分歧却不断增大。徐博东就此表示，虽然大陆本意希望国亲团结，但并不是邀请连宋访问就能决定的。虽然国亲两党目前尚有矛盾，但经过大陆之行后，两党反对“台独”的立场比以前更加明确。

（文汇报，2005/06/14）

专家："胡扁会"不会在"第三国"举行

对于陈水扁声称"胡扁会"不排除在"第三国"进行的说法，大陆学者认为，就目前的情况而言，"胡扁会"的可能性不大，因为陈水扁最近一系列言行仍无诚意，大陆更不会同意在"第三国"举行"胡扁会"，不会给台当局制造"主权独立"的口实，也不会把台湾问题进一步国际化。

……（略）

此外，大陆学者徐博东日前也认为，大陆方面不可能接受这样的提议，因为安排在第三地会晤，就是承认两岸是"国与国关系"。

北京联合大学台湾研究院院长徐博东表示，在第三地安排"胡扁会"，和承认两岸是"国与国关系"没有两样，大陆绝对不可能接受。徐博东表示，一个中国原则并非大陆强加给台湾的，因为"中华民国宪法"本身就是一中架构，而且陈水扁"四不一没有"的承诺，包括不废除"国家统一纲领"，而如果没有一中架构，那当初为何制定"国统纲领"？徐博东认为，一个中国原则是大陆的最后底限，大陆方面绝对不可能放弃。

（*海峡之声网*，2005/06/29）

新党主席将访大陆，台湾大陆热难冷却

继不久前国民党主席连战对大陆的"和平之旅"和亲民党主席宋楚瑜的"搭桥之旅"后，台湾第三个在野党新党主席郁慕明也将于七月六日至十三日在大陆展开"民族之旅"。同时，与执政的民进党同属绿色阵营、支持"台独"的台联党也在近日表示希望能与大陆进行政党交流，令民进党大呼"错愕"。北京联合大学台湾研究院院长徐博东认为同大陆交往是台湾的主流民意，但不看好台联党会真正调整其一贯的两岸政策。台湾政治大学外交系的刘德海教授也表示与大陆改善关系乃台湾的民意所向，民进党也很难阻挡这种趋势。下面请听记者丁榕的报道。

……（略）

北京联合大学台湾研究院院长徐博东教授表示，新党即将进行的大陆访问反映了台湾岛内的主流民意。他对这次“民族之旅”给予了高度评价。

“自从连（战）宋（楚瑜）访问大陆之后，在岛内引起了台湾民众的高度关注。这符合台湾求安定求发展这样的主流民意，对缓和两岸关系应该说起到了积极的作用。所以连宋两位主席回到台湾之后，两岸的各个方面的交流包括经贸交流、人员交流都越来越热络。这是正面的发展。但是台湾当局陈水扁并不愿意真正看到两岸关系的缓和改善。包括在落实推动连宋访问大陆之后的一系列共识上，都是采取了阻挠和拖延的办法。新党作为岛内第三个反对“台独”的在野党在这个时候来访问大陆，有助于把两岸交流好的发展势头继续保持下去。说明民进党方面想冷却大陆热是做不到的。”

……（略）

日前，台湾“总统”陈水扁提出可以在“第三国与中国国家主席胡锦涛见面”。大陆回应说，如果会见，见面的地点应该在“自己家园的土地上”。徐博东教授认为“第三国”的提法本身就体现了民进党“一边一国”的立场，大陆当然不会接受。

……（略）

（澳洲广播电台，2005/06/30）

徐博东：国民党会分派，不会分裂

中评社香港7月14日电/(记者郭惟嘉) 国民党主席由谁当选16日就揭晓。北京联合大学台湾研究院院长徐博东接受中评社记者采访时说，虽然从目前的民调来看，马英九比较占优，但由于这些民调是针对台湾全民的调查，所以很难作准，甚至有人认为，马英九主要靠形象，可能有许多“空气票”在里面；反观王金平有基层的支持，可得到不少扎实的票源。因此马英九的领先并不能完全说明他的优势，王马之争很难说谁胜谁负。

徐博东指出，连战访问大陆以后，国民党的两岸政策已经明确，且在国民党内部得到广泛的支持，不论是王还是马，都很难动摇这条路线。但毕竟王马两人的风格不同，两人主政也会有不同的特点。不过，比起连战，王马都没有大陆经验，连战在大陆出生，加上大陆之旅建立起的互动，这些都是王马所不及的。两人在缺乏经验的情况下，不管谁接手连战的两岸政策，都难免会出现走调的现象。

徐博东分析，由于马英九被戴上“外省人”的帽子，在这样的政局下，为了表明自己“爱台湾”，可能在两岸政策上面会比较谨慎；而王金平就没有这个忧虑。加上两人的处事风格也不同，马英九喜欢讲法律，比较书生气。另外，马英九和基层的联系不深，且有一种所谓政坛的洁癖，从他一贯在两岸政策上的表态看来，他对大陆的态度不够友善；反观王金平做事较为圆融，说话比较柔软，不会刺激对方。

但他同时指出，也应该考虑到王金平与李登辉的密切关系，李登辉和民进党都比较容易接受王金平，所以王金平会不会受到绿营和李的影响，还有待观察。这一段时间虽然王金平对大陆表示出友善的态度，但有可能只是选举需要而为。总的来说，王马不敢也不会抛弃连战的两岸政策路线，但在风格上、具体策略上会有所不同。

至于这次选举可能会造成国民党党内分裂的说法，徐博东认为不可能，因为谁也没有分裂的本钱，在新的选制之下，小党没有出路。这次竞争虽然激烈，但目前为止都还没有扯破脸。这样的情势发展下去，国民党可能会分派，但不会分裂，实际上国民党内部形成派系的可能性已隐然成形。但这对国民党来说，不一定完全是坏事，也是无可避免的。选举之后，泛蓝的整合还要看国民党内部的互动。

徐博东说，马英九若当选，要兼顾台北市市长和国民党主席会有一定的难度，民进党也一定会百般干扰。但王金平有被指和一些弊案有瓜葛，这一点很容易被民进党利用。所以说，王马二人都有罩门。

另外，如果马英九当选，宋楚瑜更不可能回到国民党，因为他们两人都是外省人，宋绝不肯屈居马之下，反而王金平当选，亲民党还有可能与国民党合作。

至于年底的县市长选举，徐博东认为王马无论谁胜出，都不会扯对方的后腿，因为两人有国民党的共同利益，且这种做法也不会见容于党内。

徐博东指出，王金平早前表示党主席不一定是选“总统”的人选，但这很难令人相信，这只是王金平的选举策略而已。这次选举实际上就是为2008年的“总统”选举作准备。

徐博东认为，由马英九代表国民党参选“总统”较好，赢面也较大。马英九青年票源较多，而三年之后会多不少年轻选票。如果王金平当选，会令许多中间选民感到国民党没有完全脱离黑金、老人政治，不能给人清新的、改革的、年轻化的形象。所以这一次选举是国民党改变形象的一个关键。

（中评社，2005/07/14）

专家：带回岛内最缺的民族精神

本报实习记者贾磊北京十三日电　北京联合大学台湾研究院院长徐博东评价新党“民族之旅”说：“民族精神是台湾岛内最缺的东西。”新党“民族之旅”有别于国亲两党来大陆参访活动。新党找到了新的角度，新的切入点。按郁慕明主席的话说，要把中华民族的民族精神带回岛内去。

他认为，李登辉主政十二年和陈水扁主政五年多，通过去“中国化”、“文化台独”等手段，使很多台湾民众对中华民族自豪感，对国家的认同感都已淡化。台湾当局甚至为了对抗大陆，不惜引狼入室，和日本及其他反华势力勾结，漠视日本对钓鱼岛的觊觎、对台湾渔民的欺侮，因此在这个时刻，带回这种民族精神比什么都宝贵。谈到泛蓝整合问题，徐博东认为，泛蓝整合关键在于宋楚瑜和亲民党。假如亲民党真的能从大局出发，应该放弃一党之私，和国、新合作，整合成一个拳头，才能有力。

徐博东不看好国亲两党合并的前景。他强调，连战不再参选党主席后，亲民党宋楚瑜回国民党、国亲合并的可能性相当渺茫。马英九如当选党主席，这种可能性会更渺茫。

（大公报，2005/07/14）

大陆学者：马英九以国民党主席身份访大陆障碍小

中新网7月17日电　马英九如愿当选中国国民党党主席，引起北京各界高度关注。大陆涉台问题专家认为，马英九当选对国民党的两岸政策影响不大，但其具体政策并不能排除“变调”的可能。至于其何时访大陆，有专家认为，马英九明年卸任台北市长后，单纯以国民党主席的身份来大陆的障碍相对小些。

据香港文汇报报道，北京联合大学台研院院长徐博东接受该报采访时指出，对于北京来讲，王马两人各有利弊。马英九虽然有很浓的“一个中国”情结，但由于他并非很有魄力的政治人物，所以在岛内压力过大等情况下，马英九为了避免被扣“红帽子”，很可能显示出对大陆的强硬作风。另外，在包括《反分裂国家法》等问题上，马对大陆的表现相当强硬，甚至做出攻击大陆的姿态，这也让北京相当担心。

徐博东还指出，马英九虽然高票当选，但其处境相当困难。首先，马英九要团结王派人马，化解国民党内部因选举产生的心结。在这个基础上，马英九还要整合泛蓝，而这一点相当困难，亲民党和宋楚瑜绝对不会甘心让马英九领导，这样一来，国亲合并基本不可能，整合泛蓝的任务更加艰巨。

……（略）

徐博东则认为，尽快到大陆参访对于马来讲是非常重要的事情，但短期看可能性却相当小。

（华夏经纬网，2005/07/17）

桩脚选举时代结束言之过早

大公报记者王德军北京二十五日电　在马英九以高达七成的得票率击败有着多位泛蓝大老力挺的王金平后，台湾有评论认为，岛内传统的“桩脚选举”时代已经结束，新的“直销”式的民主选举时代已经到来。不过，北京学者却对此种结论谨慎看待，认为不能因为国民党主席这次特殊的选举，就轻易推翻台湾选举传统的游戏规则。“这种结论言之过早，或者说有点冒险，最起码要再观察一下年底的县市长选举”，北京联合大学台湾研究院院长徐博东说。

徐博东表示，国民党主席选举和岛内其他大选不完全一样，国民党主席选举有其特殊性，不能一概而论。也有可能年底县市长选举中，桩脚仍然起关键作用。要看到，王金平的对手是马英九这样一个特殊人物，如果两个人的同质性比较高，情况可能又会是另外一种结果。

……（略）

（大公报，2005/07/26）

徐博东：大陆“以民为本”理念扭动两岸僵局

北京联合大学台湾研究院院长徐博东在此间举行的第十四届海峡两岸关系研讨会上表示，中共中央总书记胡锦涛主政以来强调的“以民为本”理念，成为扭动两岸僵局的钥匙。“民本”正是胡锦涛对台新思维的核心，民意是“解扣化独”之本。

徐博东认为，以民意为法宝，开拓了逼退“台独”、推进和平统一的新动能与新空间。将发展两岸关系的谋划，从某人、某部分人或某个党派的狭隘视野中解脱出来，真正落实到“寄希望于台湾人民”的战略基点上，凝聚岛内外和平统一的力量，从政治、经济、文化到情感等各个层面，把和平统一事业推向全面“排独”、“化独”、“解独”的新阶段。

他说，《反分裂国家法》出台后岛内泛绿阵营的分裂，岛内民调对连战访大陆的高支持率和对两岸和解交流的高期盼率，以及对台湾当局与大陆务实谈判的高期望率，都充分说明了以“民本”为核心，才能逐步瓦解和逼退“台独”。

徐博东指出，明确全体中国人“反独”的坚定意志，引导台湾民众认知到身边“台独”之险，主动避险、化险，是大陆对台湾民众利益的最大爱护，也是争取台湾人民的最大前提。《反分裂国家法》的出台，标志着全体中国人的“反独”意识被正式引入到解决台湾问题的变量中，并置于不可动摇的国家法律的高位。事实证明，这种铸大民意于刀锋之上的“硬”，有效地截断了“台独”势力向“法理台独”的冒险之路，从根本上否定了任何外力借助其“国内法”或所谓“双边协定”插手台海事务的合理性。同时，给予“寄希望于台湾人民”的战略方针一个强有力的支撑点。两岸政治僵冷之水由此被反向激活。

他表示，今年以来，大陆注“情”于平和务实的理性中，连宋“登陆”更开拓了两岸政党交流的新局面。台湾水果零关税登陆、开放大陆人士赴台观光、给予台湾学生学费及奖学金的平等待遇、赠送大熊猫给台湾民众等一揽子“礼物”，标志着大陆将往日对台商的关怀，开始全方位地释放给岛内各个阶层的普通民众。

徐博东指出，连宋“登陆”结出了让台湾人民能品尝、能感受、也能正面接受的实实在在的果实，这是两岸民意相合的初步成果。通过连宋“登陆”，大陆确切了解到台湾人民的需求，并把大陆对台湾人民的诚意传递到岛内。

（中新网，2005/08/03）

“反分裂法”反向激活两岸关系“僵冷之水”

正在郑州召开的第十四届海峡两岸关系研讨会上，《反分裂国家法》的出台及其对台海关系走向的影响成为与会的两岸学者讨论的焦点课题。

北京联合大学台湾研究院院长徐博东教授提出，《反分裂国家法》出台后，两岸关系发生了重大变化，预示着和平统一事业新局的开启。这些变化给出了许多启示，其一就是民意为“解扣化独”之本。

徐博东认为，《反分裂国家法》在全国人大高票通过，标志着全体中国人的“反独”意志被正式引入到解决台湾问题的变量中，并置于不可动摇的国家法律的高位。事实证明，这种大民意的凝聚，既截断了“台独”势力向“法理台独”的疯狂冒险之路，也从根本上否定了任何外力插手台海事务的合理性，同时让“寄希望于台湾人民”战略方针得到了一个强有力的支撑点。他说，两岸政治僵冷之水由此被反向激活，缓和台海紧张局势遂成为岛内外的主流诉求。

徐博东认为，以民意支持为坚强后盾，可获得主导和平统一大业的大动力和大自信，可将发展两岸关系的谋划真正落实到“寄希望于台湾人民”的战略基点上，可凝聚岛内外和平统一的力量，从而开掘出逼退“台独”、推进统一的新动能和新空间。

（新华每日电讯，2005/08/03）

学者指出：反“台独”形势依然严峻，需防患于未然

中国台湾网9月24日消息 据港媒报道，多名台湾问题专家、学者23日在北京座谈指出，当前两岸局势虽出现遏制“台独”分裂活动的有利因素，两岸关系有所缓和，但反“台独”工作依然严峻，仍需继续加强两岸民间交流和互信。

北京联合大学台湾研究院院长徐博东强调，对两岸局势不可盲目乐观，应从最坏处着眼，防患于未然，做好各种因应的准备。

他解释，陈水扁素来“言而无信”，经常反口覆舌，也看不到他有放弃“台独”的迹象，故在“台独”势力执政的情况下，两岸关系不可能有实质性的缓和，随时可能重现危机及出现不稳定因素。如年底的台湾县市长选举，陈水扁有可能为了争胜，摆出台湾被大陆打压的姿态，“对陈水扁可能冲击反分裂法的底线，大陆要做好因应准备。”

（中国台湾网，2005/09/24）

台当局拒绝陈云林赴台，暴露出民进党执政困境

本报讯/记者王连伟报道 台湾当局日前宣称，拒绝中共中央台办主任陈云林赴台出席国共两党论坛。对此，大陆台湾问题专家指出，这一结果虽

然不出意料，但台湾当局想把责任推给大陆的做法却相当令人耻笑。他们认为，台湾当局拒绝陈云林赴台，进一步暴露了民进党当局妄想利用此事制造“一边一国”的企图，同时也凸显了台当局现阶段的执政困境。

据悉，台湾“陆委会”11 月 18 日以大陆拒绝台湾“官方协商”要求为由，驳回国民党提出的中台办主任陈云林率团赴台参加“国共两党经贸论坛”申请案，并表示中台办高级官员集体赴台的要求，“现阶段没有必要”。

北京联合大学台湾研究院院长徐博东在接受记者电话采访时表示，有关陈云林入岛参加国共两党论坛一事，民进党当局多次的表态前后不一，自相矛盾。先是陈水扁断然拒绝，后又以王金平参加 APEC 为条件企图“交换”，后来又有人提出以“陆委会”主要负责人登陆为交换条件，再后来则是通过台湾海基会两次致函大陆海协会，要求大陆方面派人协商或台湾方面派人来大陆沟通。

……（略）

徐博东认为，国共两党为改善两岸关系、促进两岸经贸交流采取了一种全新的形式——两党论坛，台湾当局对此事先毫无准备，显得方寸大乱，无法回应。他们只能左支右绌、毫无章法地搞出一些前后矛盾的小伎俩，妄想在不承认“九二共识”的前提下，实际恢复两会协商机制。他们这样做，一方面想对国际舆论有所交代，另一方面，也是为了拉抬民进党不断下滑的选情。由此可以看出，他们除了顽固坚持“台独”立场之外，对于改善两岸关系毫无诚意可言。

……（略）

（人民日报·海外版，2005/11/21）

徐博东：两年内两岸关系难突破

中评社香港 12 月 26 日电　北京联合大学台湾研究院院长徐博东今天在台湾认为，两年内的两岸关系虽难有大突破，但不至于会兵戎相见。近期内也可能在某些具体的两岸交流事项获得进展，包括开放大陆旅客来台观光及包机扩大等议题。

据中央社报道，北京联合大学台湾研究院团员一行下午出席台湾的世界自由民主联盟总会举办的“两岸政经发展研讨会”。徐博东认为，台湾朝野对立无法获致所谓“和解共生”，症结就在两岸关系。台湾的民进党政府频搞政治斗争，不知道唯有两岸交流，共同拼经济，解决直接三通的问题，才能使台湾人民受惠。

他说，尽管台湾的领导人想在剩下的任期中创造历史定位，但他怀疑陈水扁有魄力摆脱各方压力的拉扯，突破两岸现有的僵局。

徐博东认为，要民进党政府释出组阁权给蓝军，恐怕很难；要筹组大联合政府，恐怕也很不容易；要“立法院长”王金平重蹈前“行政院长”唐飞的覆辙，更是难上加难。

（中评社，2005/12/26）

2006 年

北京学者：陈水扁挑动两岸，挽救威信

中评社香港1月30日电 联合报报道，针对陈水扁考虑废除“国统会”及“国统纲领”，北京学者表示，中共一定会对此“作出反应”，大陆涉台官员则说将密切关注扁接下去是否制定去除“一中”框架的新“宪法”。

北京联合大学台湾研究院院长徐博东指出，陈水扁上任后从未开过一次“国统会”，从未承认“国统纲领”中规定的“台湾、大陆都同属中国的一部分”。

徐博东表示，陈水扁还剩两年多任期，面临提前跛脚的压力，此时挑动两岸关系，是宣示自己仍大权在握、有能力主导两岸议题，尚未跛脚；其次，继续向民进党基本教义派靠拢，重申支持“台独”，以巩固内部；第三，继续挑动两岸关系以缓解台湾内部压力，挽救日益低落的统治威信。

徐博东表示，大陆一向把陈水扁“四不一没有”的承诺，看作是现阶段两岸相对平静的基础，现在陈水扁在公开场合否定自己五年来的承诺，“大陆肯定会有反应”。大陆会向国际社会表明，引起两岸重新紧张的不是大陆，而是台湾；而在美国不断强调“不允许任何一方挑动现状”下，美国也应不会坐视。

徐博东表示，陈水扁此举会把两岸的路愈走愈窄，不但脱离了台湾主流民意，连民进党内部也有许多不满的声浪。台湾民众对其执政失望，从去年“三合一”选举大败、游锡堃选党主席只有百分之二十的投票率，可见一斑。

（中评社，2006/01/30）

“废统”论再露“台独”险恶用心

新华网北京2月21日电（记者茆雷磊） 针对台湾当局领导人近期有关“思考废除‘国统会’及‘国统纲领’”的种种言论，著名台湾问题专家、北京联合大学台湾研究院院长徐博东教授21日在接受新华社记者专访时指出，这些言论是彻头彻尾的“台独”言论，再度暴露了台湾当局领导人蓄意破坏两岸关系、企图冒险推动“台独”的险恶用心。

台湾当局领导人曾两度正式承诺“四不一没有”，其中的“一没有”就是“没有废除‘国统会’及‘国统纲领’的问题”。徐博东认为，“四不一没有”是近年来两岸关系维持相对稳定的基础之一。中共中央总书记胡锦涛曾经表示：希望台湾当局领导人切实履行“四不一没有”的承诺，通过自己的实际行动向世人表明这不是一句可以随意背弃的空话。这说明大陆很严肃地看待这个承诺。但是，现在台湾当局领导人公然背弃自己的承诺，这充分证明他是一个毫无诚信可言的政客，是岛内政局动荡的根源，也是两岸关系和地区和平稳定的麻烦制造者和破坏者。

徐博东指出，台湾当局领导人提出要废除“国统会”及“国统纲领”，是企图挑动岛内的族群对立和统“独”之争，刺激大陆方面，制造两岸关系的紧张，以此煽动民粹情绪，纠集“独派”势力，为下一步推动所谓“宪改”、搞“法理台独”作舆论准备。对于这一将两岸关系推向危险边缘的“台独”冒险行径，国务院台办新闻发言人在本月上旬已就此表明了大陆方面的严正立场，可以预见，大陆方面将对事态的发展继续保持高度警惕，绝不会让“台独”图谋得逞。

刚从岛内开展学术交流归来的徐博东说，台湾当局领导人声称要废除“国统会”及“国统纲领”，还有一个目的，就是为了转移台湾人民对民进党“执政”6年来贪污腐败、施政无能的强烈不满，重新夺回岛内政局和两岸议题的主导权。但从岛内外的反应来看，台湾当局领导人这次是“偷鸡不成蚀把米”，他不仅遭遇到岛内主流民意的强烈抵制和舆论的强烈批评，即使是在民进党内部，也有反对和质疑的声音，而且还遭到美国等国家和国际舆论的批评与质疑。

徐博东说，台湾当局领导人如果不尽快改弦更张，他只会陷于越来越不利的境地，最终被岛内民意所唾弃。

（新华网，2006/02/21）

北京智囊透露：北京对扁“废统”已有预案

台联建议将“废统”时间表定在大陆通过反分裂法一周年，也就是 3 月 14 日，据台湾传媒指出，“总统府方面其实也正思考，将废统时间表定在 3 · 14”。

国务院台办昨日在新闻发布会上重申国台办主任陈云林的讲话，表示大陆密切关注事态发展，并随时准备应对可能出现的复杂局面。涉台问题专家徐博东则表示，中央对此早有预案，“见招拆招，台湾闹到什么地步，大陆自有办法应对”，即使美国不管，大陆也必会制止台湾局势恶化。

……（略）

扁为“宪改”造气氛

另讯，台湾当局“废统”，持续引发两岸各界关注。此间著名涉台问题专家徐博东向本报指出，“废统”议题是台当局走向红线危险、严重的一步。他认为，“废统”是陈水扁在为“宪改”制造气氛，若“宪改”内容涉及主权问题就是踩到大陆的红线。

岛内“立法院”台联党团建议陈水扁，将“废统”时间订在 3 月 14 日，也就是大陆《反分裂国家法》颁布一周年纪念日。

针对大陆届时将出台何种因应措施，北京联合大学台研院院长徐博东表示，中央对此早有预案，“见招拆招，台湾闹到什么地步，大陆自有办法应对”。

徐博东认为，如果目前大陆“反应过度”就中了“陈水扁的圈套”，“国台办这次拿捏得很好”。

大陆不急躁静观其变

大陆官方在批判“废统”的同时，并不忘高调推动各项惠及台湾民众的措施。徐博东认为，这是根据《反分裂国家法》和“胡四点”的要求操作，可以看出，目前“大陆不急不躁，静观其变”。

徐博东在接受中评社采访时也强调，对陈水扁的警告从国台办发言人李维一升级到主任陈云林，显出北京对台局势有关反应正逐步升级。而就陈云林谈话内容观察，按照历来大陆对外用词算是比较严厉的，带有预警味道。

希望扁不要误判形势

徐博东表示，希望陈水扁不要误判形势，以为没有连任的选举压力，就可一意孤行。也不要认为可以吃定美国，认为美国不会丢下台湾不管。即使美国不管，大陆必然会制止台湾局势恶化。

徐博东说，大陆反分裂法有 13 亿人民背书，北京领导人如果不依法行事就算犯法。因此，陈云林说“随时准备应对可能出现的复杂局面”，就大陆对台方针而言，当然包括一切可运用的手段，“这些都不用明说的”。

（文汇报，2006/02/25）

美国之音：美对扁“终统”最终反应并未就此终结

人民网3月3日电 对于陈水扁宣布终止“国统会”和“国统纲领”以及美国的反应，有分析人士认为，美国对陈水扁这个决定的最终反应并没有就此终结。

据《美国之音》报道，美国国务院发言人厄立解释了美国政府对陈水扁宣布终止“国统会”和“国统纲领”的看法。厄立说，根据美国的理解，陈水扁并没有废除“国统会”，而且陈水扁重申了“台湾不改变现状”的承诺，美国非常重视这个承诺，并且将认真关注他的后续行动。

星期三，香港《南华早报》报道了几名中国学者的看法。北京联合大学台湾研究院院长徐博东认为，美国回避批评陈水扁，因而再次向台湾的挺“独”力量发出错误的信息，并且向反对“台独”的人士泼了冷水。他说，美国这样的反应再次证明，中国要靠自己找到解决台湾问题的办法，而不要冀望于美国。

……（略）

（人民网，2006/03/03）

学者：大陆要保持高警惕

大公报记者王德军北京四日电 徐博东说，反分裂法和“胡四点”使大陆牢牢把握住了两岸关系的主动权，过去由于陈水扁的“台独”挑衅频频，大陆处于接招应付的状态。而现在则争取到岛内在野党在“遏独”上的合作，可以说两岸形成了“反独”统一战线，就连国民党主席连战在访问大陆演讲时都公开表态，国民党不是“联共卖台”，而是“联共制独”。

从国际上来说，大陆围绕美国做了很多外交上的努力，使美国认识到维持台海现状最符合美国的利益，而“台独”是两岸现状最大的破坏力量。可以说，陈水扁想夺回两岸关系的主导权，美国也想抢夺两岸关系主动权，三方都有自己对“台海现状”的解释。而陈水扁“终统”在大陆和美国方面碰钉子，说明台湾当局在抢夺两岸关系主动权方面败下阵来。

徐博东说，今后两年，陈水扁还会走战争边缘政策，推动“宪改”等还会出台，不排除激进“台独”的“修宪”版本出笼，对此，大陆要保持高度警惕，陈水扁虽然承诺不会进行体制外的“宪改”，这就等于承诺“宪改”不涉及“主权”问题，而且“四不”并不是陈水扁职权范围内能够做的事，但陈水扁诚信度已经破产，所以需要高度警惕，并做好最坏的打算。同时，继续出台惠及台湾同胞的各种政策，争取台湾民众对大陆的好感，使岛内主流民意始终不利于“台独”的发展。

（大公报，2006/03/05）

《反分裂国家法》冲击“台独”话语霸权

《反分裂国家法》正式出台一年来，在两岸关系中发挥了怎样的作用？在今后两岸关系中将会扮演什么样的角色？就此，本报记者专门采访了北京联合大学台湾研究院院长、全国台湾研究会理事徐博东教授——

主导两岸关系走向

去年，《反分裂国家法》的出台和“胡四点”的提出，是新时期祖国政府处理两岸关系的新思路、新起点，也是分界线。我们可以看到以此为界点，去年以来两岸关系有了可喜的发展，可以说《反分裂国家法》直接促成了去年两岸关系中的高潮——连、宋来访，创建了两岸之间党际交流的新平台，起到了主导两岸关系走向的作用。去年连、宋来访之后两岸关系缓和，还达成了一系列的共识，这是两岸人民的福祉。

冲击“台独”话语霸权

《反分裂国家法》对“台独”话语霸权有很大的冲击，过去台湾当局动不动就以“卖台湾”、“丧主权”等等名义打压与大陆交流的人，现在来看这些“台独”话语霸权在台湾已经不能起什么作用了，因为在两岸之间展开交流是众望所归，连战访大陆后，在台湾的支持率一直在升高，就是一个明证。

去年台湾国亲在“三合一”选举中的大胜，这一方面是民众对陈水扁当局的失望，另一方面与去年国亲两党在两岸关系中积极作为是分不开的。去年，从台湾农产品零关税登陆、台湾学生同等收费，再到去年年底的春节包机，这一系列政策得到台湾民众热情追捧，就是对“台独”话语霸权最好的冲击。

在两岸关系中起基础作用

《反分裂国家法》不是“台独”宣传的所谓“战争法”，我们可以看到在《反分裂国家法》十条内容中，前七条都是在立足促进两岸交流发展。我们要反“台独”，我们更要发展，不能只是歪曲地解读第八条的“非和平手段”，这仅仅是我们家里的救急“灭火器”，不着火时我们是用不着的，同时也是对“火灾”的预防。

（海峡导报，2006/03/14）

急于摆脱弊案困扰怕美施压，扁拿“统一条件”骗人

陈水扁近日接受法国最大报纸《费加罗报》专访时，出人意料地提出包括要求大陆宣布放弃对台使用武力、取消《反分裂国家法》等在内的“统一条件”。虽然这看起来像是有关“统独”的“重大论述”，在岛内却没有引起什么动静，台湾媒体对此相当冷淡，台湾的《中国时报》与《联合报》都只在不显眼的位置登了小块新闻，是台湾媒体界所说的“邮票大新闻”。有人评论说，台湾媒体对此事的重视程度，连对待一个“立委”的发言都不如。

……（略）

北京联合大学台湾研究院院长徐博东看到陈水扁所谓“统一条件”的论调后，第一反应就是陈水扁是想以此来影响“胡布会”，同时也是对两岸经贸论坛和第二次“胡连会”的反扑。徐博东说，很明显，从陈水扁的讲话中人们看不到一丝诚意和善意，真想缓和与发展两岸关系，应当求同存异才对，应当拿出务实的措施来才对，可陈水扁呢，恰恰相反，他刻意强调敏感的意识形态分歧，摆出的完全是一副对抗的姿态，嘴上还说是“不排除最终统一”，骨子里根本就是在坚持“台独”。

徐博东说，陈水扁现在已陷入了政治上的困局。岛内，拼经济他没有能力，家人亲信又弊案连连；两岸问题上，他不断挑衅，制造紧张，充分暴露了一个毫无诚信可言的政客的嘴脸，民进党内部的很多人都在抛弃他，他正在失去岛内政局的主导权。怎么办？他就玩弄一贯的伎俩来转移民众的注意力，又来操作“统独”议题，还口口声声代表2300万台湾人民，以陈水扁目前十几个百分点的支持率，他现在还能代表谁？事实上，陈水扁已经大大失去了中间选民的信任，他自己对中间选民也没有了信心，只能玩命地向深绿方向靠拢，要和李登辉争夺“深绿共主”的地位，再度公然表明和大陆对抗，也有这方面的图谋。但即使是这样，深绿也未必接纳他。显然，陈水

扁正在沦落为孤家寡人，他心有不甘，还要挣扎，如此而已。

……（略）

（环球时报，2006/04/20 萧师言、程刚）

北京联大台研院举行建院一周年庆典

人民网北京4月24日讯 4月23日，北京联合大学台湾研究院建院一周年庆典在北京举行。国务院台湾事务办公室副主任孙亚夫，全国台湾同胞联谊会会长梁国扬，原国台办副主任、该院名誉院长唐树备以及中央和北京市有关部门的负责人出席了庆典。台湾新党主席郁慕明、中国国民党中评委主席团主席饶颖奇、台湾海峡两岸和平统一促进会会长郭俊次等来自台湾地区的知名人士出席了庆典。

全国人大常委会副委员长许嘉璐发来贺电，中共中央台湾工作办公室、国务院台湾事务办公室发来贺电，大陆多家涉台单位与研究机构也以各种不同的方式对台湾研究院建院一周年表示热烈祝贺。海内外知名人士以及华人华侨团体纷纷发来贺电、赠送花篮等表示祝贺。

建院之初，台湾研究院就本着“立足北京、服务中央、发展联大、突出应用”的宗旨，制定了三年发展规划，明确了发展目标，即将台湾研究院建设成为北京市的对台“学术研究与交流中心；政策和对策研究与咨询中心；宣传、教育与培训中心”，为下一步建设成为国家级的对台科研基地创造条件、打好基础。

建院一年来，台湾研究院在北京市委、市政府和相关部门的大力支持下，在人才队伍建设、科研、两岸交流等方面都取得了较大的成绩。目前，该院人员已扩展到近20人，研究梯队逐步形成，研究实力大为增强。去年，完成各类科研课题10多项，发表文章100多篇。目前在研的课题10余项，其中《大国格局变动中的两岸关系》课题，是该院成立后承担的国家社科基金“十五”规划重点项目。明年，该院将开始招收硕士生。

一年来，海峡两岸的政党交流、民间交流取得了突破性进展，两岸关系进入了一个崭新的发展阶段。台湾研究院紧紧抓住这一历史机遇，大力推动与台湾各界的交流与合作。除了派遣本院研究人员赴台参访、调研外，还接待了一大批台湾朋友来院参访、交流，举办或参加了数十场规模不等的学术研讨会，接受了100多次海内外重要媒体的采访。该院已经成为海峡两岸民间学术交流和大陆涉台宣传的一个重镇和亮点。

台湾研究院院长徐博东教授在讲话中指出，建院一年来，在各级领导和各界朋友们的关怀与支持下，台湾研究院的建设迈出了踏踏实实的一步，初步构建了一支有活力的、朝气蓬勃的学术团队，台湾研究院的未来发展充满了希望。

在庆典大会上，国台办、北京市等有关方面领导，以及来自海峡两岸的嘉宾、专家学者代表10多人发表了热情洋溢的讲话，对台湾研究院建院以来取得的进步与成就表示祝贺，同时也对台湾研究院的未来发展及其在推动两岸学术交流方面发挥更大作用寄予了厚望。庆典结束后，台湾研究院将举办为期两天的第一届《北京“台研论坛”》学术研讨会，来自海峡两岸的著名专家学者80多人出席这届论坛。

（人民网，2006/04/24，仲计水）

中共关注两岸，升高对台研究

中央日报、中央社北京2006/04/30讯 中共国家主席胡锦涛上任以来，中共方面不但在处理两岸关系上的手法出现了明显的变化，在对台研究上，也呈现新形式，逐渐形成北、中、南三大研究基地。

此间不愿透露姓名的分析人士表示，在对台研究上，过去中共方面曾有南北派之分。笼统而言，北派是指以中国社会科学院台湾研究所为核心的各种官方及民间机构；南方则以厦门大学台湾研究所为主。

早期由于福建省比较接近台湾，厦大台研所是中国大陆民间对台研究的重要智囊，出了不少知名学者专家如陈孔立及范希周（已去世）等。

但前中共总书记江泽民上任后，厦大台研所的地位却似乎沉寂下来。期间，上海在研究对台问题上变得相对突出，已故海峡两岸交流协会会长汪道涵，是个中的佼佼者。

不过，分析人士指出，江泽民时代的这种态势似乎正在变化。最近的一些迹象显示，厦大在研究台湾问题上重新受到重视。

譬如，厦大台研所于二〇〇四年四月初升格为研究院。在中国大陆，研究院的地位肯定高于研究所，厦大台研所的地位获得提升，背后反映出北京高层的某些意向。

事实上，据说是胡锦涛人马的卢展工于二〇〇四年担任福建省长后（现为福建省委书记），福建又恢复了其在七、八十年代对台统战上所拥有的重要地位。卢展工为促进福建及两岸经济发展而提出的“海峡西岸经济区”，近来再度引起了中共中央高度关注。

去年十月，中共十六届五中全会通过了《中共中央关于制定国民经济和社会发展第十一个五年规划的建议》，明确把“支持海峡西岸和其他台商投资相对集中地区的经济发展，促进两岸经济技术交流和合作”写进了“两岸关系”部分。

分析人士指出，与此同时，北京在对台研究上的地位还是那么受重视。除了社科院外，北京联合大学台湾研究院逐渐成为当地较重要的民间对台研究机构。

联大台研院前身是研究所，二〇〇五年四月才升格为研究院，由专精于研究台湾民主进步党的徐博东担任院长；而该院聘请的顾问和客座教授，几乎囊括了北京知名的台湾问题专家，包括唐树备、李家泉、王建民、辛旗、许世铨及郭震远等。

此外，该院也聘请了上海及台湾的学者专家担任客座教授。

最近，联大台研院为庆祝该院成立一周年，举行了第一届北京“台研论坛”，邀请两岸、香港及澳门数十位学者专家与会。期间，联大台研院再邀聘一批与会的台、港学者专家担任客座教授，包括在港居住、与台湾关系密切的江素惠和石齐平等。

分析人士说，联大台研院这样做，显然是要扩大对台研究，并要广纳海外人士的意见。尽管它的重要性还是无法与官方的社科院相比，但已发展成为北京民间对台研究机构的重心。

至于上海，分析人士说，当地的对台研究工作并未因为江泽民下台及汪道涵的去世而有所改变，且拥有一批相当熟悉台湾事务的学者专家。

综合而言，分析人士认为，在胡锦涛上任以后，中共在对台研究工作上已形成北、中、南三大版块。

（中央日报、中央社，2006/04/30）

民进党台北高雄市长初选投票延续党内颓势

海峡之声网（吕品） 5月28号是民进党籍台北、高雄两市市长候选人初选的日子。在台北，由于民进党内无人登记参选，使得初选流产。而在民进党的票仓高雄，由于受到一系列弊案的影响，士气大挫，投票率也只有5成左右。台湾《联合报》评论说，这是民进党史上“最耻辱的一场初选，结果惨不忍睹”。而相较于前一天，国民党举行的台北市长和高雄市长初选，虽然在高雄市的人选还没有最终确定，但是对于已经结束的台北市长初选，党主席马英九认为这是一次很成功选举，证明实施近七年的党内初选制度已真正落实，觉得很欣慰。那么，如何来看国民党和民进党举办的党内初选？是哪些原因导致民进党党内初选出现这种尴尬的局面？记者连线采访了北京联合大学台湾研究院院长徐博东先生，以下是访谈录音：

记者：徐教授，您好！27号国民党进行了台北、高雄两市长的初选，对于台北市长选举，党主席马英九在选后认为这是一次很成功的选举，那么您如何来看国民党台北市长的选举的呢？

徐博东：我认为基本上是圆满成功的，因为你看，台北市一开始有意愿出来参选的泛蓝阵营的候选人那么多，后来相继都退选了，就只剩下丁守中和郝龙斌来竞争，按照国民党的游戏规则，采取民调占70%，党内党员占30%这样一个选举的办法，最后郝龙斌虽然在党内党员投票方面大大落后于丁守中，但是由于郝龙斌的台北中间选民、甚至是绿营里面的支持度很高，所以就大比分的胜出。马英九认为这个圆满也是出于这样的一个遵守游戏规则来做事，我想总体上来说，应该还是圆满成功的；而且它最大的意义就在于凸显了国民党在通过党内初选制度改革之后进行的首次成功实践，凸显了民进党反而在党内民主这个问题上落后于国民党，而这个游戏规则原来是民进党发明的，现在民进党自己不按照这个游戏规则做事，这在选民中间造成了一种印象，认为国民党的改革还是有成效的。

记者：应该说，就这次选举来说他应该是比较成功的，那么而且通过您的分析可以看出他的成功之处，主要是他的民主选举的机制在国民党内进行了一个成功的延续，而且发挥了一个很重要的作用，那么相对于前一天国民党举行的党内初选，民进党28号党内初选却似乎并不尽如人意，台湾的联合报甚至用“这是民进党历史上最耻辱的一次初选”，甚至用“惨不忍睹”来形容这次选举，那么您如何来看待媒体的这种评论呢？

徐博东：“惨不忍睹”确实是准确的形容了这次民进党北高市长候选人的初选，看出来民进党废弃党内原有的初选游戏规则，是为自己2008年的胜选打算的，并不考虑整个党的长远发展，或者是除了个人利益之外就是为了派系的利益，所以造成今天民进党到目前为止，越是喊要团结就证明他们很不团结，面临着这样一个困境，仍然没有人来考虑党的整体的长远的利益，更不用说全台湾民众的利益了。

记者：应该说，这一次民进党在台北、高雄两市长的选举结果是党内颓势的一种延续，能不能这样来理解呢？

徐博东：对。长期以来民进党打的“为2300万民众谋利益”，什么“爱台湾”，全都是骗人的，我们从事实上可以看到，实际上考虑的都是个人的利益，派系的利益，全然不顾台湾整体的利益，更不要说两岸人民的利益了。当一个政治人物、一个政党、一个派系光考虑局部的、狭隘的利益的时候，他的大多数政策策略就会脱离大多数民众的要求，当然就是失去民心。我随便举个例子，比如说：大陆在一年多来推出了一系列的有利于台湾民众的政策措施，可民进党说这都是连宋访问大陆跟大陆达成的共识，如果要推动落实这些共识的话，得分的将会是泛蓝阵营，会是连宋，所以拒绝推动落实。其实这不是说哪个政党或政治人物得分，而是台湾民众得利，如果这样来考虑，就应当不管是谁跟大陆达成的共识，都应该去积极推动这些政策措施的落实才对。可以民进党政府并不是这样考虑问题的，所以说民进党人心中只有狭隘的政党利益、个人利益，结果这样的话当然就不可能获得民心，所以我觉得民进党到现在还没有接受教训，为什么执政六年来让贪腐集团为所欲为，把整个党都赔进去了。它还没有接受任何教训，如果还不警醒的话，民进党内那些真正有远见的、清流势力还不能出头的话，那么未来民进党的发展令人不看好，前途就很难预测了。

记者：目前民进党已经有了这样一个初步的结果，那么您觉得这种结果对后续年底的即将进行的北、高市长的选举会产生哪些影响呢？

徐博东：现在是游锡堃在当民进党的主席，他说要“抢攻台北”，我看台北是不可能“抢攻”下来了，搞得不好的话连高雄能不能稳住也都难说，如果泛蓝阵营在高雄能够整合出一组人马来竞争的话。因为这样一个大气候，民进党在这场选举中能不能够胜选显然要打个大的问号了。

记者：确实像台湾媒体所分析的，目前关于北、高两市的人选出来之后是非常看好国民党，对于民进党方面确实非常担忧，认为民进党在这次初选之后已经输了一半了，对于后续的年底的北、高市长选举、民进党的选情是很不看好。好，谢谢您的分析。

（海峡之声网，2006/05/31）

扁“放权”是权谋，对两岸则是利多

中评社香港6月1日电（记者 潘星薇） 北京联合大学台湾研究院院长徐博东今天接受中评社专访时指出，陈水扁昨晚的“放权”讲话“全篇都是权谋”，他不打自招的承认过去六年是独裁者；他避重就轻、空话连篇的目的就是为了自保，保“第一家庭”特别是吴淑珍；他的动作关键是想灭火，以稳住基本支持者；陈水扁所谓的“放权”说，恐怕还涉及到是否私相授受的问题，民进党四大天王将斗得更激烈、台面化。

徐博东说，岛内的民意还要再观察，还有要求陈水扁下台的强大呼声，目前应该还不是陈水扁的“停损点”，在形势比人强的境况下，如果陈水扁又玩假的，苏贞昌将加快“切割”，即使陈水扁想玩假的，也有可能“弄假成真”。

徐博东指出，这对两岸关系是个利多。以目前形势看，陈水扁根本已经无力搞“宪改”。苏贞昌为了得到更多支持者，为2008年卡位，有可能在两岸交流、经贸方面做出调整。比如，至少在包机节日化、周末化方面，以及开放大陆游客赴台观光方面，这将有助苏的政绩，赢得民心。若苏作得比较好，与陈水扁形成对照，苏的民意很快就会上来，“不要小看民进党起死回生的活力”。

徐博东认为，苏贞昌以前怕“枪打出头鸟”，但现在在民进党四大天王中苏处于最有利地位，近期苏已有展示出新气象的苗头。而这将使蓝营面临压力，因为等于民进党的2008候选人提前出线，支持度会很快上升，原来马英九的“躺着选上”的评估就不乐观，因此，“戏还有得看。”

（中评社，2006/06/01）

徐博东：大陆对台湾政局变化已准备各种预案

中评社香港 6 月 13 日电（记者 陈巧聪） 北京联合大学台湾研究院院长徐博东今天接受中评社专访时表示，对于台湾政局最近的变化，大陆这段时间已密集地召开各种内部研讨会、台情评估会，各种预案都做了准备。但大陆目前无意对台湾岛内做过多的评论，只会静观其变，冷静观察。

徐博东认为，泛蓝阵营提罢免陈水扁案，重视的是罢免这个过程，对于罢免陈水扁，蓝军也没有把握。除非是相关的弊案有新的证据，让绿营没办法招架，否则很难罢免成功。但透过罢免案可以保持蓝军的士气，而且一攻一守，主动权就掌握在蓝军手里，北、高市长选举对蓝军就很有利。

如果罢免不行，蓝营还可以说绿营是在保护一个贪腐政权，令绿营在接着下来的“立委”选举也很不利。若到时蓝营再推倒阁案，主动权还是掌握在蓝军手里，绿营始终处于被动挨打的状态。

他指出，蓝营做罢免、倒阁的举动关键还是要主导议题。这样一来，将把陈水扁原来设计的 06 年提出“宪改”版本、07 年“公投新宪”、08 年实施“新宪”整个时间表给打乱。

徐博东说，大陆原来最担心的就是陈水扁推动“法理台独”，现在绿营陷入被动挨打局面，大陆应该乐观其成。“台独势力早一天垮台，就少给大陆找麻烦，何乐而不为。”

他也强调，虽然大陆对各种预案都做了准备，对可能出现的各种变数都已心中有数，但大陆无意对台湾岛内的政局变化做过多的评论，毕竟那是岛内的事情，做过多的评论可能会适得其反，成为绿营攻击的口实。

（中评社，2006/06/13）

刺杀马英九就是“台独”重大事变

中评社香港6月13日电（记者 陈巧聪） 北京联合大学台湾研究院院长徐博东教授今天接受中评社专访时指出，如果台湾绿营刺杀国民党主席马英九，这就是“台独重大事变”，对于台湾同胞自相残杀，大陆绝不会坐视不管，大陆的《反分裂国家法》将自动启动。

国民党和亲民党提案罢免陈水扁，近日台湾南部有地下电台公然煽动绿营“敢死队”刺杀马英九。对此，徐博东教授向中评社记者表示，绿营地下电台煽动搞刺杀，这是“台独法西斯”的行为。

他说，“绿营死硬份子，有几个就够了，宁肯命都不要了，就是要干掉马英九，有几个人就够了，如果出现这种状况，你把蓝军里面有机会胜选的人给干掉，蓝军里边也有一些死硬份子，双方互相干起来，局势有可能失控，就会发生大规模流血事件。”

他说，这种大规模流血事件就算是“台独重大事变”，到时候大陆的《反分裂国家法》就会自动启动。

根据《反分裂国家法》第八条，“台独”分裂势力以任何名义、任何方式造成台湾从中国分裂出去的事实，或者发生将会导致台湾从中国分裂出去的重大事变，或者和平统一的可能性完全丧失，国家得采取非和平方式及其他必要措施，捍卫国家主权和领土完整。

台湾南部有地下电台于本月9日在广播中煽动“勇敢的台湾人揭竿起义”，趁机杀死马英九等“中国代言人”。结果马英九取消了原定10日南下参加“呛扁”活动的行程。台南县警察局当天即要求各单位监听地下电台言论，同时警方也加强保护马英九的安全。

（中评社，2006/06/13）

徐博东台上批“台独”，林浊水台下梦周公

中评社香港6月15日电（记者 沙庠） 大陆专攻“台独理论”的北京联合大学台湾研究院院长徐博东，今天与台湾“台独理论大师”林浊水在香港举行的“香江两岸和平发展论坛”中碰上。徐博东坐在讲台上明言，就是因为有林浊水的参加，他才决定参与这次论坛，要好好向林浊水讨教。

由香港台湾工商协会及香江文化交流基金会合办的“香江两岸和平发展论坛”今天下午于香港会议展览中心举行。讲者之一的徐博东一发言就讲明是“冲着林浊水而来”。他又说，因为他早前在台湾发表过批评民进党政府及“台独”的讲话后，遭到封杀不得入岛，让他发现，台湾所谓的言论自由是假的。

不过，正当徐博东在台上猛批“台独”时，林浊水却闭目仰头靠在椅上，似乎不想听下去，同一个动作维持半个小时，到徐博东差不多讲完，他才坐直身来。

（中评社，2006/06/15）

徐博东接受中评社专访分析台湾政局

中评社香港6月27日电（记者 陈巧聪） 北京联合大学台湾研究院院长徐博东日前接受了中评社记者的专访，对于台湾当前的政治生态、大陆和美国的对台态度等问题作了详细的分析。以下是专访全文：

问：台湾在野党推动罢免陈水扁案，罢免案门槛很高，很难成功，但在罢免过程中，对蓝绿阵营的实力消长有何影响，又会对岛内的政党生态带来什么样的影响？

答：目前台湾处于关键时刻，不管是对于整个台湾人民的命运，乃至于各个党派，甚至于台湾的政治人物都处在关键时刻。按理说，这是一个是还是非、清廉还是贪腐的是非之争，不是统独、也不是蓝绿之争，在一个正常的社会，像陈水扁这种贪腐的团队早被民众赶下台了，在台湾这种特殊的社会，像前民进党主席许信良所说的危机社会，长期以来都把是非混淆，变成什么都是爱台湾或是卖台湾，是蓝还是绿，按台湾人的话来说：只有立场，没有是非。

本来因为揭弊案，这个事情已经有点变化，很多支持民进党的人、支持阿扁的人都已经看到，自从阿扁上台以来，对他的行政团队、“第一家庭”的贪腐已经受不了了，所以陈水扁的满意度已经下降到5.8%，民进党的满意度也下降到18%左右，说明老百姓对民进党，包括他的支持者很多都已经失望了，甚至绝望了。

相反的我们看到苏贞昌的民意支持度，跟陈水扁、民进党的支持度反而有逆向，苏贞昌的民调最高达48%。因为苏贞昌不接触两岸事务，认真做实事，所以我觉得，本来这已经显现出台湾民众开始走向理性，有希望了；现在，陈水扁要了个计谋，所谓的“放权”，把他的命运和苏贞昌、游锡堃的命运绑在一起，苏贞昌这阵子一改以前不接触两岸事务、不攻击泛蓝阵营的态度，反而成了代替陈水扁在那讲一些敏感的议题，把清廉与贪腐的是非问题，转移成捍卫本土政权。我觉得现在好像已经变了调。

前一阵子台联党已开始与陈水扁切割，包括李登辉都在喊“领导人做不好就该下台”，“台湾之子不只是一个人，大家都是台湾之子”，台联党当初抛出5.8%的支持度肯定是有水分，但反映出台联党是想跟陈水扁切割。现在，陈水扁把焦点都转移了，他还是相当厉害的人物。他放了一些本来不属于他的权力，放了下去，又把他的命运和民进党的某些政治人物拴在一块，所以现在应该说是与非的斗争有可能被他扭曲成蓝绿的对决，甚至是政权保卫战，或者政争和夺权这样的问题。所以有没有可能使台湾民众，特别是中间选民、浅绿民众能否回归到理性层面上，去认识这个问题是非常关键的，要把被扭曲的议题扭转回来。

除了放权之外，当然，陈水扁和“第一亲家”赵玉柱、女婿赵建铭关系切割，舍亲家，保“第一家庭”，现在这个能不能保住，还要观察。

未来的发展，我看民气能不能够继续高涨，这是一个非常关键的问题，光是蓝军民气高涨还不够，还要绿营民众也把它看成是贪腐问题，而不是政争。民气高涨之后，检调部门的一些人恐怕会从观望站到反贪腐的一边，才能把弊案的重要资料提供给蓝军，或者反贪腐的“立委”，像国民党“立委”、揭弊天王邱毅或台湾政论员张友骅等人。如果这些东西被揭发出来，我觉得，还是有可能使弊案向深入的方向发展，我不认为已经到此为止了，没有办法了。

如果有新的事证，更加厉害的资料被揭露出来的话，还是有可能继续凝聚民气，如果就目前这些资料来看的话，我觉得还是有点担忧。当沈富雄公开向媒体表示，当年的陈由豪案是真的，他当时很后悔没有公开承认这回事，马英九就应该抓住这个机会，因为吴淑珍曾公开讲，如果有收陈由豪的政治献金，扁、珍就永远退出政坛。马英九就应该在第一时间抓住这个时机，现在已经有点晚了。

现在的SOGO礼券案，检调部门如果真的将该收押的收押，硬起来办，像侦办赵建铭案的那种做法，还是有可能突破，当然是不是敢收押吴淑珍，还得打个问号，如果民气高涨起来的话，有可能迫使检调部门进一步采取行动。依我看，目前双方还处于僵持阶段，更重要的问题被揭发出来，才可能会有突破。

还有，陈水扁的家庭医师黄芳彦逃到美国不回来这说明有问题。另外，陈由豪会不会回来，陈由豪要是像梁柏熏那样宁肯坐牢也要把陈水扁拉下马来，这会把陈由豪案重新炒热，那沈富雄不能再缩回去了，他已经公开向媒体承认了，他不可能再不承认了，那陈由豪案有可能成为一个焦点。

所以，我看陈由豪案能否重新炒起，还有太平洋百货SOGO礼券案，阿扁曾在出访时公开召开记者会表示，如果有拿SOGO礼券就退出政坛，因为罢免案提出来，陈水扁要到“立法院”去答辩，绿营怎么应战？怎么帮阿扁来解套？我看“绿委”这场战也不好打。

问：如果罢免案不过，泛蓝提出“倒阁案”，你认为，绿营会采取什么策略去应战？

答：罢免案，我看蓝军也没有多大的信心，重视的是罢免这个过程，除非确实出现了新的重要事证，要不然很难罢免成功。通过提出罢免案，把蓝军的士气能够保持下去，保持下去之后，一攻一防，整个议题的主导权在蓝军手中，对蓝军台北、高雄市长选举是很有利的。

罢免案不过，蓝营会说绿营袒护贪腐政权，若再提“倒阁案”，整个议题还是掌握在蓝军手里，未来绿营还是处于被动挨打的局面。所以蓝营设计这3部曲，关键还是在主导议题，这样的话，非常重要的一个后果就是：把陈水扁原来设计的06年提出“宪改”版本、07年“公投新宪”、08年实施“新宪”整个时间表给打乱。

其实，大陆方面最担心的是陈水扁原来要推动的06年提出“宪改”版本、07年“公投新宪”、08年实施“新宪”的这个时间表，造成“法理台独”的局面，这会把大陆逼到墙角。依我看，现在绿营处于被动挨打局面，蓝军难得可以主动的主导政局，大陆应该乐观其成，“台独”势力早一天垮台，就少给大陆找麻烦，何乐而不为。多年来，都是蓝军挨打，现在是绿营被挨打，虽然看起来像反扑，一招一招都出来，我看是陈水扁困兽犹斗，并不是真的有什么不得了的招数，可以扭转这种被动的局面。

问：你说陈水扁现时是困兽犹斗，开始反扑，他会不会像过去一样再拿出两岸议题再炒作？

答：我看，陈水扁现在应付弊案，怎么解套，都已经自顾不暇了，泥菩萨过江了，他还有精力、能力、能量能主导议题，引领风潮，能够把焦点转移到对大陆的对抗这方面议题？我看很难。再一个是陈水扁的道德基础丧失殆尽，不管是否与他本人有关系，公信力已经塌陷，现在还能出什么招与大陆对抗、使两岸关系紧张的话，我看很难。除非陈水扁推动“宪改”，但谁还会去关注“宪改”？本来民进党内部对“宪改”意见分歧，新潮流就反对搞“宪改”，陈水扁当时想推动“宪改”，是为了历史定位，现时陈水扁放权给苏贞昌，苏贞昌不是要什么历史地位，关键是要在2008年卡位成功，能够胜选，推动“宪改”，充其量只能够凝聚绿营支持者的基本盘，就算巩固绿营的基本盘，也不可能胜选，还要靠争取中间选民，中间选民肯定对陈水扁挑衅大陆、搞“宪改”不感兴趣，必须在两岸问题上着力，才有可能争取到中间票。

但是在两岸问题着力，就要调整陈水扁的紧缩两岸政策，所以前一阵子大陆人士入岛旅游观光说要开放，原来说1000人，现在变成1500也可以，还有好多不合理的规定都说可以改，可以调整，那其他政策也如此。除了入岛之外，春节包机的常态化、节日化及周末化，他也提出来，甚至说大陆十一黄金周大陆人士可以入岛旅游了。在此情况下，说不准熊猫议题也可以“起死回生”了。苏贞昌的背后支持者是新潮流，新潮流是主张开放两岸“三通”，开放入岛旅游，反对阿扁的紧缩两岸政策的，苏贞昌目前还不太敢跟阿扁划清界限，把阿扁换掉，苏贞昌也麻烦，苏也还在观察，但总会找个时间点，他要跟阿扁切割。

问：这段时间美国的态度也很微妙，例如美国不让陈水扁过境，到早前美国在台协会理事主席薄瑞光访台，有人解读美国已默认陈水扁把“一没有”拿掉；另一种解读是美国到最后也是支持陈水扁。你对此有何看法？

答：当然，一个脆弱的政治人物或政党，更需要美国给它撑腰，也容易受美国控制，美国在关键时刻适当的撑一下阿扁，阿扁会更听美国的话，更不敢出手挑衅两岸关系给美国找麻烦。

听起来美国好像在支持陈水扁，相信他重申“四不”，不会去推动“宪改”，触动主权问题，我的解读是：美国现在还在观望岛内政治，并没有说一定会支持陈水扁，美国在看陈水扁是否能挺得住；再一个是担心陈水扁在这一紧要关头狗急跳墙、破罐破摔，所以美国要安抚一下陈水扁，防止他狗急跳墙找麻烦，所以美给阿扁一个安心，表美国并没有真的要把你抛弃。

但是到了一定时间点，并不是说美国一定不会抛弃陈水扁，美国是将陈水扁与民进党切割开来的，美国可以抛弃陈水扁，但不会抛弃民进党，现在就目前来说，美国很大程度上是怕陈水扁会在危急关头狗急跳墙，所以美国策略性的安抚一下，让陈水扁还有盼头，不要以为我美国已经把你抛弃了。

当然，美国也怕陈水扁被弄下台，由吕秀莲代理“总统”，美国更难掌握，所以吕秀莲前些天也出来讲话释出“三点”，她说会按照“中华民国”的体制来办事，不会乱来，只是个看守政府，让美国放心，让大陆放心，岛内反扁势力也放心。所以，我并不认为美国已经铁了心一定要把一个处于困境中的陈水扁支撑到底，美国在密切观察事态的发展，美国人不会那么傻，是非常狡猾的，如果一旦认为陈水扁已经保不住了，美国人不会为了得罪另一个即将上台的政治人物和政治势力来死保到底，不会是这样的！

美国现在对台湾最重要的策略是如何使岛内政治不要混乱，不要引起两岸局势的紧张，甚至把美国拖下水，美国的国家利益是最重要及最关键的，至于哪个政治人物上台或下台，不是美国最重要的考虑，只是从对美国国家利益最有利来做出决定，所以有说美国会对陈水扁死保到底，我不同意这个观点。

到了一定时间点的话，美国抛弃外国的一个政治人物，就像抛弃一件垃圾一样，美国会毫不犹豫的。实际上，美国前一阵子已经做好各方面的可能准备，包括把马英九请去，给予高规格的接待，包括薄瑞光访台之后，他第一个去见的人就是苏贞昌，前一阵子苏贞昌要出访的时候，美国同意他去纽约，对不对？不让陈水扁去纽约，而让苏贞昌去，是美国就近、零距离地观察马英九和苏贞昌，等于是亲自面试一样，由美国高级官员来摸一下他们的底，他们究竟将来会实行怎样的政策，所以说，美国人是非常灵活的。

问：你说美国可能已经做好各种可能的准备，那么，你认为大陆是否也要做些什么准备？

答：当然，大陆前一阵子内部密集地开各种研讨会，台情评估会，各种议案都有了，都做好准备了，大概出现某种变数的情况下，心中有数，虽然是冷静观察，但更重要的是要有所准备。

问：好像大陆方面对倒扁过程报道很多，评论很少。

答：大陆方面目前不宜对岛内做过多的评论，还是静观其变。我估计是外松内紧的，毕竟是岛内的事情，过多的评论和干涉，有时候会适得其反，民进党会说蓝军和大陆勾结起来，共同来整我们台湾人，来推倒我们的本土政权，那何必落他们的口实。

台湾问题非常复杂，变数非常多，大陆最好是扎扎实实地做好各种应变准备，未来两年可能出现最坏的情况，比如说台湾南部地下电台公开号召绿营“敢死队”刺杀马英九。公开号召啊！“台独法西斯”的行为，叫多了，绿营死硬份子，有几个就够了，宁肯命都不要了，就是要干掉马英九，有几个人就够了，出现这种状况，蓝军里边也有一批死硬份子，你把蓝军里面有机会胜选的人给干掉，蓝军这些人就会跑出来和绿军拼命，双方互相干起来，局面就很可能失控，大规模流血事件如果出现，你大陆怎么办？

我认为，如果出现大规模流血事件就算是“台独重大事变”，到时候大陆的《反分裂国家法》就会自动启动，大陆政府绝不会坐视不管。

还有就是要提防陈水扁故意制造海峡两岸的军事冲突，转移焦点，也不能排除，如果出现这些事，陈水扁就可以宣布停止选举，进入紧急状态。

（中评社，2006/06/27）

陈水扁不会辞职，会垂死挣扎

环球在线消息 随着陈水扁的“家庭弊案”日渐被揭露，台湾的倒扁风潮日渐汹涌，而今，倒扁势头刚有些趋缓之时，陈水扁妻子卷入弊案被起诉的事实，再次将陈水扁逼上了“风口浪尖”，是辞职还是“垂死挣扎”，台湾未来的走势将会出现什么变局？带着这些问题，记者采访了北京联合大学台研院院长徐博东。

记者：您认为陈水扁妻子吴淑贞被起诉这件事会对台湾未来的政治走向产生什么影响？

徐博东：这件事会导致台湾政坛大地震，让台湾所有的政客都面临考验。因为吴淑贞涉案，意味着陈水扁也同时涉案，只不过他目前还受到所谓的“宪法”保护，暂时不予起诉。

记者：这种所谓的“豁免权”能真正保护他吗？能保护多久？

徐博东：暂不起诉并不等于一笔勾销，待他下台之后，会接受侦办，陈水扁将要面临巨大的风暴。

记者：那么您认为陈水扁会面临什么样的风暴呢？民进党又会受到什么样的影响呢？

徐博东：首先，民进党可能会面临分裂，一部分民进党人将会支持倒扁，他们不想被陈水扁拖累；另外一部分民进党人将会继续保护陈水扁，支持他。

记者：在风暴迭起的倒扁运动中，苏贞昌又会持何立场呢？

徐博东：至于苏贞昌，他曾经说过要在定案之后才表态，他现在应该是在小心观望着，不排除他倒扁的可能，他也要考虑自己的政治前途嘛！这次事件对于民进党来说也许是个机遇，它可以将不利的状况变为有利于自己的状况，如果它能够划清和陈水扁这些贪腐集团的关系，那么就能够证明自己的清廉，重新获得民众的支持。

记者：那么对于马英九呢？也是个机会吗？

徐博东：其次，对于马英九所在的蓝营，也是一种巨大的考验，因为此事之后必将掀起新一轮的倒扁风潮，施德明将会重新走向街头，马英九作为台北市长如何应对街头游行也是很难的，应对妥当的话，北、高两市的选举蓝旗将会获利。

记者：在这种越来越强烈的风暴面前，陈水扁能坚持多久？您觉得他会选择辞职吗？

徐博东：他这一关很难过，但是他一定不会辞职，他一定会“垂死挣扎”。

（中评社，2006/11/04）

花莲巨石落户北京，海峡两岸客家高峰论坛今闭幕

中国台湾网11月14日北京消息 14日上午，为期四天的第一届“海峡两岸客家高峰论坛”在北京联合大学校园圆满落下帷幕。

北京联合大学台湾研究院徐博东院长在闭幕式上总结说，此次“论坛”

加深了“两岸客家，同祖同根，同源同心，同文同种，同是中国人；血脉相连，血浓于水，休戚与共，同是炎黄子孙、龙的传人”的共识。时值经贸全球化，两岸经贸互动、人员交流日益密切之际，两岸客家精英史无前例地齐聚于京都，共商两岸客家文化交流大计，并且就客家台商在大陆投资权益、两地产业交流等相关问题，提供了许多具体可行的合作开发意见和建议，达成了互惠互利，共生、共存、共荣的伟大愿景。

在闭幕式上，中华海峡两岸客家文经交流协会特别将产自台湾花莲的“花莲巨石”捐献给2008北京奥运。中国奥委会副主席、北京奥组委主席助理屠铭德和中华海峡两岸客家文经交流协会理事长饶颖奇共同为这块“花莲巨石”揭幕。

……（略）

（中国台湾网，2006/11/14，于晓亮）

徐博东：以高峰论坛推动两岸客家文化经济发展

中国台湾网11月14日北京消息　采访北京联合大学台湾研究院院长徐博东是一件很“困难”的事情，作为“第一届海峡两岸客家高峰论坛”主办单位的主要负责人，他的忙碌可想而知。在记者的多番“出击”下，徐院长终于在论坛休息间隙接受了采访，为我们解答了客家人为何如此爱好统一，何为“高峰”，论坛成果等问题。

身为客家人的徐院长，对客家人的特点十分了解，他介绍说，台湾客家人虽然是大陆迁移过去的，基本上保持了客家人的生活习惯、语言、饮食等文化传统，但台湾是以闽南人为主体的移民社会，所以在适应、融合的过程当中，台湾客家人也产生了区别于祖居地的差异：在语言、发音等方面很明显已经有闽南音在其中了，在居屋方面，客家的围屋和土楼在台湾已经很少见了，大都和闽南建筑比较接近；因为台湾潮湿的海岛气候，台湾客家人饮食也比祖居地清淡了不少。

“但这些改变并不能改变台湾客家乡亲‘两岸统一、一个中国’的理念。”他说，在台湾支持“台独”的客家人不是没有，但在比例上是极其少数的。正所谓“不认同一个中国就不是客家人”。所谓“客家人”是相对当地土著人而言的，是指从外地迁徙过来的人。当时北方战乱、异族入侵，不甘受统治、奴役的汉人只能从经济繁荣、水土肥美的中原地区迁徙到南方草莽之地，去开拓新的家园，捍卫自己的文化和民族尊严。从那时起客家人就养成了“国家、民族、爱国、爱乡的观念”。改革开放之后，大量客家人回馈家乡、投资建设、做公益、祭祖，他们都没有忘记自己是中国人，两岸是一家。

他还介绍说，通过这些年两岸客家人之间的交流逐步深入，两岸对客家文化的研究也各有成就、互相依存。大陆这些年主要是利用考古、文献、甚至 DNA 鉴定的方式研究客家族群的源流问题，目前大家比较认同的说法是：客家人是北方中原南迁的大部分的汉人和南方小部分少数民族结合繁衍而成的。也有少数人认为，客家人是北方中原小部分的汉人和南方大部分少数民族结合繁衍而成的。而台湾方面，因为他们身处在闽南文化的包围中，是相对“弱势族群”，有一种危机感，所以他们更多致力于客家文化保存工作的研究。

作为一个客家人，徐院长深刻地感受到：“刚过去的 21 届世界客家恳亲大会虽然对增进两岸客家乡亲的亲情、乡情起了重要的作用，但它毕竟是全球性的不是海峡两岸的客家恳亲大会，已经满足不了目前两岸经济合作、文化交流的大趋势的要求。因此我们主办了这次‘海峡两岸客家高峰论坛’。”

他告诉记者，我们主要是强调“高峰”，用高层次的交流为客家文化经济发展尽力。一是与会人员的层次比较高，能起到切实的领导、带动作用。二是研究客家文化的专家学者、客籍的文艺工作者，都是其领域的精英分子。第三，与以往在客家聚居地举行的恳亲大会不同，这次“论坛”在我国的政治、经济、文化中心的首都举行，本身就突显了其高端地位。而且“论坛”开幕正时逢孙中山先生诞辰 140 周年、胡锦涛总书记发表讲话之际，其本身就是纪念客家先驱人物孙中山先生的活动。中央派出全国人大常委会副委员长许嘉璐、国务院台湾事务办公室常务副主任郑立中、中共中央统战部副部长陈喜庆，以及中共北京市委、台办的领导出席论坛、亲自参与，可见中央对两岸客家交流的重视。

最后，他还向记者透露，这次“论坛”之后他正在思考，以联合大学的名义牵头成立一个客家文化研究中心，吸纳散落在京的各个单位客家专家做客家文化的研究工作。并且由于此次“论坛”的成功举办，厦门、龙岩、梅州等地现在都在“争抢”做下次论坛的东道主。许嘉璐副委员长也表示，“首届海峡两岸客家高峰论坛在北京举办是理所应当的，希望下一届能在客乡举办。”目前下届“论坛”的主办地正在协商之中。

（中国台湾网，2006/11/14，于晓亮）

2007 年

陈水扁元旦讲话未提“宪改”是两手策略

中评社香港 1 月 2 日电 针对陈水扁的元旦讲话，北京涉台学者认为，陈水扁的谈话显示出两手策略，一方面讨好中间派，一方面安抚“基本教义派”，目的是帮民进党在二〇〇八年确保政权。而陈水扁虽然元旦没提“宪改”，但未来仍有可能重提。

中国时报报道，北京联合大学台湾研究院院长徐博东表示，陈水扁的谈话是两面手法。一方面支持苏贞昌的两岸经贸政策，一方面又强调台湾“主体性”。显示陈水扁与苏贞昌在唱双簧，陈扮黑脸，苏扮白脸；由陈水扁稳固基本教义派，由可能参选“总统”的苏贞昌争取中间选票。

至于陈水扁没有提到“宪改”的问题，徐博东认为，是因为受到美国的压力而暂时未提，此次未提也不表示以后不会重提，特别是在“台独基本教义派”的场合以及讲稿不需要美国审稿的情况下，陈水扁很有可能再度抛出“宪改”议题。

徐博东也认为，二〇〇七年两岸关系并非没有缓和的可能。民进党一方面会在政治关系上挑战两岸关系，但是为二〇〇八年参选而卡位的民进党人士，在两岸关系方面可能也会做出比较务实的举措。不过，做出务实举措并不会一次就大步前进，毕竟民进党还是必须考虑“基本教义派”的反弹。

……（略）

（中评社，2007/01/02）

台北故宫岂能“去中国化”
专家：对文物粗暴践踏

本报北京1月25日讯/记者陈晓星报道 凭借着凝聚中华民族5000年文明精华的馆藏宝物，源自北京故宫的台北故宫博物院一直是世界瞩目之地。近日，台湾行政机构竟通过一项“决议”，称要修改台北故宫博物院“组织条例”，将故宫藏品说明中原有的“宝物来自‘北平故宫’与‘中央博物院’”等文字完全删除。两岸专家指出，台湾当局这一“去中国化”动作，不仅是对博物馆研究及文物研究的扭曲与践踏，在政治上也是极其危险的。

……（略）

北京联合大学台湾研究院院长徐博东教授说，台湾当局拿台北故宫做文章由来已久。因为台北故宫是两岸文化一脉相承的重要标志。“如果说，‘中华民国’的法律文件是法律层面的标志，那么台北故宫就是文化层面的标志。李登辉时期几次‘修宪’都不敢触动，但如今民进党当局妄图通过‘宪改’从法律层面上搞‘台独’，要在故宫文物上配套搞‘文化台独’，这是非常触动我们民族情感的”。

徐博东说：“我至少去过3次台北故宫。每次都看到很多台湾青少年在参观。台北故宫文物给台湾青少年以‘我是中国人’的巨大影响，激发他们作为中国人的自豪感。而这些都是‘台独’分子不愿意看到的，他们要从根上让台湾青少年忘掉自己是中国人的事实。”

徐博东认为，要提醒人们警惕，“下一步，台湾当局很有可能给台北故宫‘改名’”，通过更名把中国大陆变为“外国”，“用心极其险恶和狭隘”。

……（略）

（人民日报·海外版，2007/01/26）

民进党搞“正名”，省去统一后改名麻烦

中评社香港2月10日电 台湾近来推动“国营”企业“正名”行动，北京联合大学台湾研究院院长徐博东认为，民进党政府推动的“本土化”，是在把台湾“地方化”，不必看得太严重。他又认为，民进党的做法，可以为未来两岸统一后的机构名称问题省去麻烦，“先改了也好。”

徐博东接受“中央社”记者采访表示，台湾当局所属企业“正名”无疑是民进党当局推动“台独”与“去中国化”的步骤，主要是为营造台湾的“本土意识”氛围，主导台湾的选举议题，为2008年“总统”大选造势。

不过，他表示，中国大陆重视的关键是法律层面、涉及领土范围等面向的“宪政”改造，这些小动作不可能达到“台独”目的，“不值得大惊小怪。”

徐博东说，民进党当局推动的所谓“本土化”就像广东、福建等省份的“地方化”，可以为未来两岸统一后的机构名称问题省去麻烦，“先改了也好。”

……（略）

至于两岸协商顺利的大陆观光客赴台与包机周末化，会不会受到正名议题影响？徐博东说，这些协商属于推动两岸互动交流与关系发展的事，无论哪个政党在台湾执政，中国大陆都会积极推动，不会受到台湾当局近来的动作影响。

……（略）

（中评社，2007/02/10）

“第二共和宪草”实质是谋求“法理台独”

据新华社北京电（记者张勇、茆雷磊） 全国台湾研究会常务副会长许世铨指出，“台独”分裂势力近日通过几个学者抛出所谓“中华民国第二共和宪法草案”，其实质就是谋求“台湾法理独立”，妄图改变两岸同属一个中国的事实，把“两岸一边一国”的分裂主张法理化。

……（略）

北京联合大学台湾研究院院长徐博东在接受记者专访时说，所谓“第二共和宪法草案”充分反映了“一边一国论”、“两国论”等典型的“台独”观点。草案提出在“台湾海峡两岸终局政治安排未协商完成前”，“原宪法相关章节条文及增修条文停止适用”，已经不是“冻结”，而是完全推翻了台湾地区施行的所谓“宪法”，形同“制宪”。如果民进党当局将这一草案作为党版提交台湾地区“立法机构”进行审议的话，那么就是赤裸裸地推进“台湾法理独立”活动的挑衅动作。

徐博东也认为，这个草案绝不只是几个学者的个人意见，在他们背后充当“傀儡戏牵线人”的是民进党当局。他说，陈水扁上台以来，一再抛出“宪政改造”、“修宪”、“制宪”、“新宪”等话题试探舆论，“第二共和宪法草案”是陈水扁谋求“台湾法理独立”的又一动作。陈水扁、民进党当局此举不只是为了骗选票，而且还想实质性地推动“台湾法理独立”活动，两岸同胞、港澳同胞、海外华侨华人和国际社会对“台独”分子这一举动绝不可掉以轻心。如果任由这样一个“台独宪法草案”招摇过市，必将造成台海局势的剧烈动荡，严重冲击两岸关系。

……（略）

（人民日报·海外版，2007/03/29）

大陆媒体：马英九新中间主义，北京须应对

中评社香港5月4日电 最新一期《南风窗》周刊载文指出，如果马英九主政台湾，大陆如何从理论上阐明马英九的“人民决定论”与“台独”的区别，如何从法理上批驳马英九两岸关系主张中内存的“台独可能选项”，对大陆的理论工作者和从事对台工作的实务人员来说，仍是一项艰巨的任务。

对此，北京联合大学台湾研究院院长徐博东表示，马英九接受“九二共识”，只要在这个基础上坐上谈判桌，所有问题未来都可以透过谈判处理。

……略

北京联合大学台湾研究院院长徐博东表示，马英九如果主政台湾，和民进党的一个根本性差异是马英九接受“一个中国”、“九二共识”，两岸因此可以在这个基础上坐上谈判桌。他强调说，两岸之间的任何问题都没有这个问题重要。

但对于马英九两岸政策态度中隐藏的“人民决定论”，徐博东表示，如果马英九表达出这种立场，那就偏离了他主张的“一个中国”。徐博东表示，大陆主张由“两岸人民”来决定，而不是“台湾人民”，这种立场美国总统布什也是认同的，他说，马英九应该认清这个事实。

（中评社，2007/05/04）

北京：“第二共和”触及“台独”

东方日报专讯 中国已向美国发出清晰讯息，台湾制订“第二共和宪

法”，被北京视为“台独”的“重大事变”，一旦出现立法的动向，《反分裂国家法》将启动，给予应对。台湾《中国时报》昨引述华盛顿消息人士透露，国台办主任陈云林上月秘密访美，专门就此事与美国行政部门会谈，明示“第二共和宪法”触及“台独”红线的立场，希望美国发挥影响力，避免台湾朝这个危险方向走去。

……（略）

中国和美国双方均未证实上述消息。不过，北京联合大学台湾研究院院长徐博东教授认为，根据报道内容，陈云林向美国交底，符合大陆一贯立场。认为台湾所谓的“第二共和宪法”是“台独”行为，其他国家领导人亦曾有过相同的表述。如台湾将“第二共和宪法”提交“立法院”或进行“公投”，属于“台独”重大事变，“反分裂国家法”应该自动启动，用非和平手段遏止“台独”行为完全合法。

徐博东指出，中国政府提醒美国认识到问题的严重性，也十分必要。中美需共同对付“台独”，否则对美方也会造成重大损失。

……（略）

（东方日报，2007/05/08）

一份什么样的“决议文”？

民进党扰攘了数月的“正常国家决议文”日前完成了起草，并将交由民进党中执会通过。民进党为何在此时推出这份“决议文”？它对岛内政局乃至两岸关系有何影响？8月29日，记者为此采访了北京联合大学台湾研究院院长徐博东教授和中国社科院台湾研究所研究员刘红，请他们剖析这是一份什么样的“决议文”？

骨子里仍不改“台独”本质

记者：民进党“正常国家决议文”完成起草，这一版本内容与本月初游锡堃主导推出的“党版（草案）”，有什么不同？

徐博东：所谓“正常国家决议文”已经酝酿了3个月，由游锡堃等人起草的老版本，经过民进党各派系代表人物重新讨论修改，形成新版本。表面上，新版本淡化了“急独”色彩。旧版“国号正名为台湾”、“纪元改为公元”、“新宪国土范围定为台澎金马”等“急独”的敏感内容被删除。旧版要求立即执行“正名制宪”，新版则改成“早日完成正名制宪，并在适当时机举行公民投票”，不提时间表，较具欺骗性。

新版本企图淡化“急独”色彩，说明民进党内部对露骨激进的“台独”路线有所疑虑，怕吓跑中间选民，但其本质仍然是“台独决议文”，依然要“正名制宪”，加入联合国，彰显“国家独立”。这表明民进党的政治路线再次回到了1991年制订的“台独党纲”。民进党曾一度淡化“台独”路线，1999年制订“台湾前途决议文”，而现在转了一圈又回到了“急独”原点。1991年民进党只是在野党，现在是执政党，这一“急独”路线就变得非常危险，值得高度重视，

……（略）

民进党企图一石二鸟

记者：民进党为什么选择此时抛出“正常国家决议文”，有何目的？

……（略）

徐博东：民进党起草“正常国家决议文”的目的，一是主导议题，吸引选民关注。民进党执政7年毫无政绩可言，只好靠操弄敏感政治议题，挑衅大陆，制造两岸紧张，“明知不可为而为之”，故意撞个头破血流，制造悲情气氛来博取选民同情。

同时，“决议文”谋求改变大陆与台湾同属一个中国的现状，是民进党

蓄谋已久，走向“法理台独”的严重步骤。这反映出民进党已经彻底被“台独基本教义派”所控制，不但“没有主张统一的自由”，连主张“温和台独”的自由都失去了，民进党内理性的声音已经消失，不附和“台独”主张的人，都会被打成“十一寇”、“中国琴”、“西进昌”。今后民进党的“台独”，只会越走越急，越飚越高，走上不归路。

大陆不会投鼠忌器

记者：“正常国家决议文”的抛出，对岛内政局和两岸关系会产生何种影响？

……（略）

徐博东：“决议文”不可能达到目的。选举方面，岛内的主流民意是和平稳定，威胁到两岸和平的主张，不会受到多数选民认可。民进党希望以此主导选战主轴，破坏蓝营拼经济的选战主轴，国民党也不会受骗上当。

两岸关系方面，“决议文”对大陆是严重的挑衅，两岸关系正处在关键、严峻的时期，爆炸的边缘。大陆对危害国家主权的行为绝不容忍。选举不是“台独假期”，奥运会也不是，大陆不会投鼠忌器，定会给“台独”迎头痛击，民进党不要误判形势，自食恶果。

民进党走到今天推出“正常国家决议文”，美国要负重要责任。美国有很多筹码，有足够的能力来制止民进党“台独”行径，美国要维护其台海利益，不能再仅仅是“温和劝说”，而应该拿出实质手段。

（人民日报·海外版，2007/08/30）

学者：十七大报告显示两岸关系主题仍是和平发展

中新社北京十月十五日电（记者刘舒凌） 北京联合大学台湾研究院院

长徐博东教授十五日在接受中新社记者采访时表示，中共十七大报告对台工作部分论述，显示两岸关系发展的主题仍是和平发展，相信对今后大陆对台工作具有重要的指导作用。

中国共产党第十七次全国代表大会十五日开幕，总书记胡锦涛在政治报告第十部分中论述了对台工作。

对此，徐博东教授认为，报告中对台工作的内容总结了近几年来党的对台政策方针，谈得很全面，本身具有重要意义。

他表示，岛内“台独”势力加紧推动分裂活动，两岸关系面临新的形势、处于高危险期，在此关键时刻把大陆对台政策方针进行全面阐述，也是对当前两岸关系发展的重要宣示，对维护当前台海局势、推动两岸关系发展具有现实意义；今后一段时间，对台工作将坚持报告所总结的政策方针。

徐博东说，这份政治报告是“谈大事”，主要是谈原则性的政策方针，而且对台新思维经过近年的实践证明行之有效，是正确的，好的做法需要坚持，应当保持相对的稳定性。

徐博东注意到报告中“我们理解、信赖、关心台湾同胞，将继续实施和充实惠及广大台湾同胞的政策措施”的论述。他表示，这一论述在当前是很重要的。

他认为，报告显示，两岸关系发展的主题仍然是和平发展。尽管当前“台独”势力猖獗，报告还是提到贯彻寄希望于台湾人民的方针，相信祖国完全统一一定能实现。

（中新社，2007/10/15）

十七大报告对台政策五大特点

中评社北京10月21日电（记者谭栩锐 陈巧聪 郭倩雯） 北京联合大学台湾研究院院长徐博东20日下午出席中国评论主办的“思想者论坛”时

指出，胡锦涛总书记十七大政治报告对台政策部分的论述体现了和平性、原则性、包容性、延续性、科学性五大特点。他表示，对台政策论述是今后一段时期大陆对台工作的指导性、纲领性文献，必将大大促进对台工作的开展，对反对和遏制“台独”，促进祖国和平统一发挥重大作用，产生重大影响，具有深远意义。

首先是和平性。对台政策部分不到一千字的内容，使用“和平”一词却多达十多处：诸如，实现祖国“和平统一”，争取“和平统一”努力决不放弃，牢牢把握两岸关系“和平发展”的主题、为台海地区“谋和平”，达成“和平协议”等等，比比皆是，“和平”这个词汇使用率最高，最为频繁。通篇讲话高举“和平”的旗帜，理性平和，没有咄咄逼人的威胁用语，这在当前“台独”活动猖獗，变本加厉挑衅大陆，冲撞大陆底线，两岸关系处在“高危期”的情况下，格外出人意表。

徐博东指出，这显示中共领导人对把握台海局势的充分自信；不被“台独”的刻意挑衅所左右，轻易改变对台工作的基本战略和方针；愈加突显了“台独”是破坏两岸关系、威胁台海地区和平稳定的根源。

他表示，坚持对台战略的“和平性”不是一时权宜之计，这与中共“和平发展”的国家发展战略是相配套的、一脉相承的。道理至明：坚持“和平发展”的国家发展战略，在国内建构“和谐社会”，在国际主张“和谐世界”，两岸关系则要“牢牢把握和平发展的主题”。

坚持对台战略的“和平性”受到国内外舆论的高度肯定和赞扬，和陈水扁当局刻意制造台海紧张局势形成鲜明的对照，从而进一步孤立了台湾陈水扁当局。

其次是原则性。坚持对台战略的“和平性”并非放弃原则立场。

“报告”指出，“坚持一个中国原则，是两岸关系和平发展的政治基础”；“坚持一个中国原则决不动摇”；恢复两岸之间的交流对话和协商谈判，前提是要“承认两岸同属一个中国”；协商正式结束敌对状态，达成和平协议，构建两岸和平发展框架，必须是在“一个中国原则的基础上。”

“报告”重申“反对‘台独’分裂活动决不妥协”，号召“两岸同胞要共同反对和遏制‘台独’分裂活动”；针对当前陈水扁当局打着“民主”的旗号，极力推动“入联公投”等“台独”分裂活动，严肃指出：“任何涉及中国主权和领土完整的问题，必须由包括台湾人民在内的全体中国人民共同决定”；义正词严地警告“台独”人士：“绝不允许任何人以任何名义任何方式把台湾从祖国分割出去”。

他表示，上述内容，充分体现了中共在处理台湾问题的过程中坚持“一个中国”原则的坚定立场，体现了中共捍卫国家领土主权、维护中华民族根本利益的坚强决心和鲜明态度。其潜台词是：“和平”是有原则的“和平”，“和平独立”只是“台独”人士一厢情愿的幻想，“台独”就意味着战争！

第三是包容性。“报告”坚持了一贯的原则立场，但却也展现出更大的政策“包容性”。

首先，报告在认定目前两岸现状是“大陆和台湾同属一个中国的事实从未改变”的基础上，盱衡岛内“求和平、求安定、求发展”以及维持两岸现状的主流民意，并不急于追求两岸很快实现统一，而是呼吁两岸同胞“携手维护好、建设好我们的共同家园”，通过协商谈判，正式结束两岸敌对状态，达成和平协议，构建两岸和平发展框架，开创两岸关系的和平发展新局面。这一政策性宣示，完全符合台湾岛内大多数民众的迫切愿望，对争取更多民心和国际舆论有主要作用。

其次，报告不仅使用十分感性的语言，把十三亿大陆同胞和两千三百万台湾同胞称作是“血脉相连的命运共同体”，重申了三个“凡是”（凡是对台湾同胞有利的事情，凡是对维护台海和平有利的事情，凡是对促进祖国和平统一有利的事情，我们都会尽最大努力做好），表示“理解、信赖”台湾同胞，将继续实施和充实惠及广大台胞的政策措施，依法保护台胞的正当权益等，即使对于岛内目前仍在顽固坚持“台独”立场、推动“台独”分裂活动的政党（包括民进党和台联党），仍发出诚恳的呼吁，不管什么政党，只要承认两岸同属一个中国，“我们都愿意同他们交流对话、协商谈判。”体现了胡温体制“以民为本、执政为民”的理念和中共“既往不咎、不计前嫌”化消极因素为积极因素，团结一切可团结的力量，共同振兴中华的一贯思想主张。

第四是延续性。“报告”宣誓将遵循邓小平“和平统一、一国两制”的基本方针和江泽民同志任内发表的现阶段发展两岸关系、推进祖国和平统一进程的八项主张；二、“报告”中对台政策部分的论述，其实都是胡温体建立近五年来对台工作的新思绪、新举措，只是加于概括、总结和提炼而已。其关键问题不在于是否有“新意”，而在于写入了如此重要的党的十七大政治报告，通过全体代表的讨论，成为全党的意志和统一行动。

最后是科学性。“报告”的相关论述，符合“科学发展观”的理论和思想，符合岛内的实际和台海形势的实际。

总之，胡总书记的“报告”中有关对台部分是今后一段时期大陆对台工作的指导性、纲领性文献，必将大大促进对台工作的开展，对反对和遏制“台独”，促进祖国和平统一发挥重大作用，产生重大影响，具有深远意义。

（中评网，2007/10/21）

民进党为维护政权可以不择手段

民进党近来极力推动“入联公投”，该党大老似乎在争相攀比谁在“台独”的悬崖上能够跳得更远，对由此引发的极其险恶的海峡危机故意视而不见，原本要参加明年大选的主角也因此至今还是在扮演配角。那么，民进党主导者的意图是什么？冲撞大陆红线的动作到底要做到什么程度？特约记者日前在北京专访了北京联合大学台湾研究院院长、两岸问题专家徐博东，请他给出自己的预测与判断。

谢长廷必然回归“台独”路线　不应对民进党抱有幻想

郭至君：您对民进党研究得比较透彻，向您请教：谢长廷一直在表现对大陆的善意，似乎更注意采取比较理性的选举策略，谢长廷的政策能够得到民进党的支持吗？会有什么改变吗？

徐博东：你刚刚提到的谢长廷，他的表现似乎比较务实与理性，特别是对“宪法一中”的问题，高雄和厦门两市交流，“一个国家、两个城市”这些概念的提出，都显得他对两岸关系的态度比较务实，不少人对他抱有希望，认为他上台之后，两岸关系会有比较大的突破，认为他和国民党马英九的两岸政策相差不多，甚至相似。

我对这种看法要打个问号。我认为，观察任何一个政治人物，不能把他看成单独的个人，而要把他看做是社会的人。因为每个政治人物的背后都有他代表的政治势力、利益集团、社会群体的利益和立场，既然谢长廷是靠民进党推举出来的候选人，他如果能当选的话，由于他的权力来源于支持“台独”至少是不反对“台独”的台湾民众，所以只能代表他们的愿望和利益，其政策必然会回到“台独”的路线上，否则他的权力不可能稳固。

当初陈水扁也不是个激进的“台独”分子，被认为是民进党内的“温和独派”代表人物之一。二〇〇〇年台湾“大选”时，他曾经讲过一旦当选之后，会像打破中美关系坚冰的尼克松一样，做一个打破两岸关系僵局的台湾的“尼克松”，他还讲过“台独是票房毒药”，还提出开放两岸直接“三通”之类非常理性、温和的说法，但是他当选之后表现得怎么样呢？历史的经验值得注意。谢长廷本人有可能也想打破两岸僵局，在历史上留下他的定位，或许他是真心实意的，但他如果真的当选，不要幻想他在两岸关系上会有什么大的突破，他背后的政治势力会牵制他，不允许他放弃“台独”路线，除非民进党已经转型。

二〇〇〇年民进党是在没有准备好的情况下靠国民党的分裂侥幸拿到政权的。但民进党的领导人并没有认识到这一点，反而胜利冲昏头脑，以为不放弃“台独”，照样可以拿到政权，没有意识到坚持“台独”是没有前途、不会有出路的，因为坚持“台独”在两岸关系上就不可能有突破，岛内政局也不可能稳定。但民进党不但没有在“台独”问题上进一步推动转型，反而不断倒退，逐渐被“台独基本教义派”所裹挟和绑架，在“台独”道路上愈走愈远。在这种情况下，即使谢长廷能够当选，最后还是不得不回过头来重复过去，妥协于民进党目前的政治生态。从二〇〇〇年我就一直宣扬这种观点，在民进党实现“台独”的实质转型之前，不要对它的大陆政策抱有任何幻想。

民进党内不是没有清醒人物　可惜清醒者不占主流

郭至君：民进党真的会实施“台独”吗？党内没有清醒的人物了吗？两岸关系究竟面对什么样的危险性？

徐博东：民进党内比较清醒的人物还是有的，像是新潮流的一些人，如果新潮流的意见能够成为主流的话，民进党会很厉害，可惜目前新潮流的意见在民进党内不但不占主流还遭到围剿，在民进党内已经没有了主张务实、温和“台独”的自由。目前，民进党内的头面人物，大都在国际观和两岸观上很不成熟的，所以不能排除他们会误判形势，制造新一波的台海危机。此其一。

另有更重要的是，民进党执政七年多了，拿不出一个像样的政绩单来，台湾民众很失望，但又想要继续维持政权，怎么办？只好在极端意识形态这样敏感的问题上来做文章，一来巩固“台独”基本盘，二来通过挑衅大陆，制造两岸危机来转移视线，主导选战议题。陈水扁和他的亲属、亲信贪腐弊案缠身，一旦失去政权，他和他的家族成员统统都可能被投入监狱，所以他必须要保住政权。保住政权就是保住了自己的身家性命，不管使用什么样的手段。所以他这次推动“入联公投”看来是吃了秤砣铁了心了，不管美国说什么他都不听，因为对他来说，两岸关系也好，美台关系也罢，都不是他所关心的。所以在这种情况下，二〇〇八年是非常危险的一年。

民进党为了保住政权　明年很可能会不择手段

郭至君：2004 年大选时陈水扁用“枪击案”来改变选票，根据你的分析，明年“大选”时民进党是否还有什么致命的竞选花招？

徐博东：首先要看到，2004 年枪击案之所以能对扭转选情起重要作用不是偶然的，说明民进党对选情评估、民意趋向掌握得很准。台湾的选民结构最最关键，蓝绿双方基本盘相差不多，两颗子弹在选票上影响一两个百分点就能使选举结果发生逆转。2008 年选举，从选民结构来看，蓝营的基本盘还是要稍多一些，问题是蓝营投票的意愿向来比绿营低，所以稍大一些的基本盘优势很难发挥出来。投票率很关键，尤其是大陆的台商，但是他们大部分都不回去投票，所以很难起作用。再不要说民进党还掌握着行政资源，可以通过买票、作票等各种见不得人的办法来获得选票。

明年的选举民进党为了保住政权肯定还会出更多的阴招、损招，除了“入联公投”之外，甚至不排除在台湾海峡制造军事冲突，或在岛内制造流血事件等等。

陈水扁是个市井无赖，就像《水浒传》里描写的牛二，不断挑衅，很有可能非逼得大陆忍无可忍祭出《反分裂国家法》来他才会彻底舒服，所以 2008 年始终是很关键的时间点。

郭志君：国民党要夺得二〇〇八年选举胜利的话，内部需要克服哪些问题？形势对泛蓝有利吗？

徐博东：当然首先是内部的团结和斗志。一年多以前在马英九声势如日中天的时候，国民党人士大都一片盲目乐观情绪，认为躺着选都能赢，就开始抢位子了；马英九被起诉后，遇到困难又开始走极端，悲观失望，选战还没开打失败主义情绪已笼罩全党，没点出息！我个人始终认为双方还有得一争，都有希望但都没把握。从岛内主流民意来看，希望再次政党轮替，这和二〇〇四年显然不同，现在就看双方选举怎么操作以及内部是否团结。目前整个形势对蓝营是有利的，关键是如何把有利形势保持下去并设法转变成选票。

郭志君：您是最早开始研究民进党的大陆学者之一，当时的动机是什么？最近有什么新的论著出版？谈谈您的学术规划吧。

徐博东：具体来说，刚开始涉入对台研究的时候民进党刚刚成立，国民党还在执政，很多人都不看好民进党未来的发展前景。当时大陆研究国民党已经是很深很透了。我们如果再去研究国民党的话，恐怕不会有多大作为，而且我们认为民进党的出现有其必然性，值得花力气对它进行研究，所以我们就决定把民进党作为我们研究的一个突破口。

现在回头来把十多年来陆续发表的论文收集在一块出版，按照台湾学者的话来说是整个一个民进党的发展史，台湾这十几年的政局发展史。但只能说我对民进党的研究起步比一般人稍早了一些，真是不敢说有什么不得了的深度。看来也可能是歪打正着，事实证明我们的选择是对的。二〇〇〇年民进党上台执政之后，大家都在研究民进党了，研究的深度和广度都已经是大为提高。

台湾研究院成立后，引进了一批年轻的研究人员，现在我的主要工作已转向行政管理，培养新人，培养一批人比个人的学术论著更加重要，个人本事再大，也不如一批人的作用大，因为那已经变成了一个研究“团队”或者说“平台”。另外，目前我正在主持一个国家十五规划的重点课题以及国台办、市台办委托的几个涉台调研课题，研究工作没有也不会停顿。

（中国评论，2007/11 月号）

北京联大台研院举行研讨会

中国台湾网 12 月 1 日北京消息　由北京联合大学台湾研究院举办的“当前台湾政局与两岸关系”学术研讨会，12 月 1 日在京举行。来自学术界的台湾问题知名专家及北京联大台研院的学者们一致认为，和平与发展仍是当前两岸关系发展的主题；陈水扁当局在岛内推行的“入联公投”是赤裸裸的“台独”分裂行径。

……（略）

著名台湾问题专家、北京联合大学台湾研究院院长徐博东教授表示：陈水扁当局在岛内推动的“入联公投”是走向“法理台独”的重要步骤，将使未来的台海局势处于高危期。但是，祖国大陆的快速发展和我们反对“台独”的坚决斗争、两岸人员往来和经济文化交流的发展、国际社会普遍承认一个中国等因素的综合作用，将更有力地遏制“台独”分裂活动，也将更有利于我们推动两岸关系朝着和平统一方向发展。

与会的知名专家与客座教授，对北京联合大学台湾研究院新崛起的一批年轻学者的锐气表示充分肯定和赞赏。

据悉，从现在起到明年初，北京联大台研院将举行一系列学术研讨会，就台海局势与两岸关系进行研讨。

（中国台湾网，2007/12/01）

美国驻华使馆一秘胡望中专访徐博东院长纪要

近日，美国驻华大使馆政治处一等秘书胡望中（MICHAEL W. HALE）拜访北京联合大学台湾研究院院长徐博东教授。徐博东院长就当前台湾政局、2008 年岛内新一届“立委”和“总统”选举形势、马英九与谢长廷的两岸政策、陈水扁与谢长廷之争、陈水扁推动“入联公投”、中美关系和美台关系，以及未来两岸关系发展走向等一系列重大问题发表了自己的看法。

以下是两人对话纪要（胡：胡望中，徐：徐博东）：

胡：民进党对柯庆生 12 月 6 日讲话会有何反应？

（背景：12 月 6 日上午、台北时间六日深夜，美国负责东亚事务的助理副国务卿柯庆生，专门针对台湾媒体举行记者会重申，美国反对台湾举办“入联公投”，并说陈水扁推动这项公投的谈话，等于制造了一次要台湾人民选择“统独”的机会，因而违反陈水扁 2000 年上台时所做的承诺。）

徐：对柯庆生的谈话，民进党内部会有不同的看法和反应。谢长廷作为民进党的候选人，会比较重视美国的态度和观点，但是陈水扁不会理睬美国的态度。陈水扁没有选举的压力，而且弊案缠身，希望乱中脱困，以便维持民进党的政权。陈水扁认为美国无权阻止台湾人民的民主要求，他不认为美国真心反对“入联公投”，认为这只是美国在应付大陆的压力所作出的姿态。陈水扁已经公开表示，“入联公投”不会撤销。关于这一问题，民进党内部会有分歧，但慑于陈水扁的淫威和个人的政治利益，许多人不敢公开出来表态。

胡：台湾的选民态度如何？

徐：如果能够加入联合国，台湾民众当然愿意，如果“入联公投”引起美国强力反对，引起台海局势紧张，那么台湾的理性选民，特别是中产阶级会考虑得失，认真思考柯庆生的讲话和美国的态度，而台湾的深绿选民则会对美国产生反感，但这毕竟是少数。台湾传统上是个亲美的社会，和韩国不同，不存在普遍的反美情绪。美国持续坚持正确的态度，表达高度关切，甚至采取更有力的反制措施，台湾社会反对陈水扁推动“入联公投”的压力会更加强烈。所以美国下一步的反应非常关键。台湾的知识精英知道，台湾离不开美国的支持，他们也希望维持美台之间的友好关系，美台关系对台湾来说至关重要。

胡：选举结束后，马英九当选会对陈水扁怎样处理？

徐：或许马英九个人会出于宽宏大量，为了蓝绿矛盾的和解，想宽大处理陈水扁。但是，由于陈水扁做得太过分，他的贪污腐败引起台湾社会的极度不满，马英九如果特赦陈水扁有可能会引起强烈的反弹声浪，因此我认为马会不得不依法行事，处置陈水扁。如果过于宽容，反而会对马英九的执政地位非常不利。如果谢长廷选输了，民进党丢掉了政权，民进党内部长期被压抑的反扁情绪有可能会暴发出来，要求追究陈水扁的领导责任，整个台湾社会舆论会对陈水扁非常不利，陈水扁将成为“过街老鼠”，人人喊打！但我不认为民进党会分裂，相反，受到深刻教训的民进党倒是有可能会真正反省和检讨，党内有识之士才有可能出头。因此，从长远来看，丢掉了政权反而对民进党的发展有很大好处。

胡：关于台湾一阶段、二阶段投票问题会怎么解决？

徐：在这个问题上，不排除陈水扁利用选举争议制造动乱，以便借口宣布选举无效，或采取其他更大的动作，是陈水扁蓄意挑起这个争议，不然很难理解。蓝营也是出于胜选目的，为了选票，也会坚持二阶段投票。所以我看双方很难协调，最终要看谁更坚决。国民党执政的 18 个县市会执行国民党的指示。在明知道会影响选举结果的关键问题上，双方都很难做出让步，这是一场对双方来说都是生死攸关的选举，双方都输不起。

美国要高度重视这场选举，防止出现重大意外事件。我们最担心的是会不会引起大规模的动乱。如果出现重大流血事件和动荡，我想中国政府不会坐视不管，有权力也有责任出面保护台湾民众的生命财产安全。

胡：陈水扁会不会有戒严或其他措施出现？

徐：对于陈水扁这样的无赖政客决不能掉以轻心，他经常说话不算数，是一个毫无诚信的人，他什么事都做得出来，只要对他自己有利。要对其戒严说保持高度警惕。如果他认为民进党会丢掉政权，自己将面临韩国卢泰愚那样的命运，他就有可能采取戒严或紧急命令等措施，拒绝交出政权。美台关系也好，两岸关系也好，都不在他考虑的范围，政权和身家性命才是陈水扁最重要的。

胡：如果谢长廷当选，陈水扁对谢的影响会有多大？谢长廷当选会对海峡两岸关系有什么样的影响？

徐：我个人认为，如果谢长廷打败马英九当选，民进党支持者会认为第一功劳是陈水扁的，会认为是陈水扁帮助谢长廷赢得了选举。在这种情况下，陈水扁在民进党支持者中的声望会进一步升高，地位会更加稳固，他的弊案不会再被追究，陈水扁对谢长廷的影响会很大，谢长廷会很难兑现他竞选时提出的较为理性务实的两岸经贸开放政策。他要和解共生，要蓝绿和解也将会很难做到。因为胜选，“台独”势力会进一步膨胀，谢长廷会被深绿绑架。谢长廷现在讲了一些开放两岸经贸政策方面的话，但他始终不忘提出一个前提：坚持台湾的“主体性”和所谓“对等、尊严”之类。这显然是为他将来推动两岸政策留有回旋余地，一方面对支持者有个交代，另一方面一旦无法推动便把责任推给大陆，这和当年陈水扁一样。

而马英九不一样，他承认“九二共识”，背后支持他的是反对“台独”至少是不赞成“台独”的政治势力。如果他当选，两岸协商谈判可以很快恢复，马的两岸政策会真正得到推行。

胡：您对1月12日的“立委”选举怎么看？

徐：明年1月12日的“立委”选举，看来陈水扁和谢长廷都没有信心，这从近期以来他们的言论行动中可以看出来他们十分焦虑。民进党提出的“立委”名单大都不是强棒，是二军出战，民进党内知名度高、真正有实力的人很多都没有能够出线。从目前情况来看，选情对民进党很不利，国民党有可能会取得较大胜利，席次比可能在65席比40席左右，剩下10来席由无党籍或其他小党瓜分。

胡：“立委”选举结果会不会对3月的“总统”大选产生影响？

徐：肯定会有很大影响。“立委”选举如果蓝营大胜，民进党的气势会受到打击，而蓝营会气势大振。台湾政治中有一种现象叫做“西瓜偎大边”，如果“立委”选举国民党大胜，很多人会看好马英九当选而向国民党靠拢、输诚，这对马英九将是利多。有人提出所谓“钟摆效应”，但我不认为在这次选举中会有“钟摆效应”。另外一个观察指标是，谢长廷近来称，如果他当选“总统”会组织“联合政府”，这说明他对“立委”选举确实缺乏信心，所以他期待“钟摆效应”。

胡：你认为陈水扁与谢长廷的关系会怎样发展？两人是否在扮演黑白脸？

徐：20多年来扁、谢两人矛盾不断，个人恩怨很深。在台北市市长竞选、党主席、两岸政策等方面有很多竞争和分歧，形成一种所谓的“瑜亮情结”。但他们两人原本在民进党内都是“务实独派”，在“台独”问题上差别不大，或者说都是“工具台独派”。现在陈水扁弊案缠身，便越来越“独”，想让急独派来保护自己。现在两人在一些政策上特别是在两岸经贸政策上不同调，其实是一个扮白脸，一个扮黑脸。给外界造成的印象是他们两人的政策路线不同。因为演得很像，使得很多人都被他们骗过了。这一招虽然有一定效果，但也有自身的罩门，谢会被认为即使选上也不过是陈水扁的儿皇帝。选举中两人不同调，民进党的支持者也会无所适从，搞不清楚方向，造成思想混乱，这会有很大的隐忧。本来应该由候选人谢长廷来主导选战，现在只看见陈水扁在跳，这并不利于谢长廷的选举。现在大的环境对民进党非常不利，台湾民众要求再次政党轮替的呼声很强烈。

我比较看好马英九，但前提是马英九阵营在今后还剩下不到四个月的选战中不犯大的错误，而且选举过程不出现意外的大的变数，但这谁也无法预料。因此，马英九是“有希望，但没把握”。

胡：最后，您对我有什么问题要问的或要说的？

徐：希望美国对陈水扁保持高度警惕，不要因为这个无赖乱搞而造成整个局面不可收拾。大陆希望保持台海地区稳定和平，不要出现动荡，这与美国的利益是一致的。中美双方要采取一切可能的措施来制止陈水扁的“台独”冒险。柯庆生先生在昨晚的台湾记者会上已经明确指出，“入联公投”等同于“独统公投”，是企图“改变台海现状”。既然如此，美国应该发挥自己对台湾的影响力，拿出实际行动来加以制止。

胡：美国对台湾有影响力，但是对陈水扁没有影响力，因为他不听我们美国的。

徐：美国除了发表批扁言论之外，还应采取某些更具体的实际行动和措施。现在美国发出的信号却是相反的。例如，近期以来向台湾出售大批高科技武器装备、小鹰号航母穿越台湾海峡向中国大陆示威、布什总统不顾中方反对在白宫会见达赖、美国国会给达赖颁发金奖等等。这无异于向陈水扁发出错误信号，让陈水扁觉得美国批评他是玩假的，只不过是为了应付一下大陆，并不真正反对“台独”。因此，在制止陈水扁的“台独”冒险上，美国应该言行一致，拿出更严厉、更有效的具体措施和行动。即使是在言论上，也需要提高层级，从柯庆生提高到布什总统，恐怕才会有效。

徐：大陆现在很克制，一再忍让。但忍让是有限度的，大陆中央政府也面临着很大的压力。大陆之所以忍而不发，是希望美国能履行诺言，出于美国的利益对陈水扁施加更大的压力。如果美国的压力不够，不愿意出重手，不仅陈水扁会死硬到底，甚至国际舆论还会认为美国有意纵容“台独”，和陈水扁唱黑白脸。现在美国的一些动作让陈水扁抱有很大幻想，认为无论他怎么闹，美国都不会拿他怎样。希望美国认识到问题的严重性，防止局势失控，如果美国真心要做，现在还来得及。你们美国有的是筹码，不是真的拿陈水扁没办法。如果美国不愿管或管不了，那大陆只好自己来管了。

胡：中国现在的政策很明智，美国也不希望局势失控。

（中评社，2007/12/12）

2008年

徐博东院长接受日本经济新闻社记者专访纪要

1月4日上午，北京联合大学台湾研究院院长徐博东接受了日本经济新闻社中国总局记者佐藤贤的专访，徐院长就台湾岛内即将举行的“立委”和“总统”选举及其对台湾政局、两岸关系、美台关系、日台关系的可能影响等许多重要问题回答了记者的提问。现将本次专访的主要内容整理如下：

佐藤贤：请您预测一下1月12日台湾“立委”选举和3月22日“总统”大选的可能结果。

徐博东：首先我要说我不是“算命先生”，预测本身是一件很危险的事情，尤其是对台湾的选举进行预测更加危险，因为台湾的选举变数更大、更复杂。

当然，台湾这两场选举的发展趋向也是有迹可寻的。根据我长期的观察，我认为，当前岛内主流民意已经发生了重大变化，希望再次政党轮替的愿望非常强烈，有点像2000年选举之前的情形。民进党执政后顽固坚持推行“台独”路线，意识形态挂帅，致使政党恶斗、经济萧条，社会动荡不安，失业严重、民进党贪腐成性、两岸关系恶化等等，让台湾民众越来越失望，包括大批绿营支持者，“给民进党一个教训”，已经成为台湾的民意主流。2004年上次大选民进党还可以说它执政时间太短，只有4年，许多改革都还没来不及做，可以欺骗不少选民，现在已经执政8年了，却做得越来越烂，民进党已经无话可说，找不到任何借口了。

另外，就“立委”选举而言，“单一选区两票制”这一新的选举制度对民进党也很不利。这种选举主要是靠打“组织战”而不是“议题战”，而民进党一向擅长制造议题而不擅长打组织战，国民党则恰恰相反，擅长打组织战而不擅长制造议题。因此从这点来看，“立委”选举对国民党也有利。民进党炒作“去蒋”、对两蒋进行近乎“鞭尸”的做法得不到多数台湾民众的支持。依我看“立委”选举国民党赢定了，只是赢多赢少的问题。现在离

“立委”选举只有十来天，民进党内部已经开始相互埋怨、指责，有些人批评谢长廷辅选不积极。我个人判断，这次“立委”选举民进党的席位大概在35－40席之间，国民党可能能拿到65－70席或者再稍多一点。

“立委”选举结果对台湾政局的影响将是非常深远的。首先，国民党大胜会使蓝营士气大振，绿营士气大挫，这对马英九的选情非常有利。谢长廷希望“立委”败选后出现所谓“钟摆效应”是不可能的，相反我判断会是“西瓜效应”，不少“观望票”、“投机票”会倒向马英九。而且国民党选赢后，各县市胜选的“立委”会乘胜追击，竞选总部都不用撤，转而继续为马英九辅选。而许多民进党的“立委”候选人败选后势必会像泄了气的皮球，竞选总部关门大吉！不相互指责就很不错了，谁还有心思再替谢长廷辅选？另外，国民党赢得“立委”选举，如果再加上无党籍联盟、新党等，整个泛蓝阵营的席位达到三分之二以上的话，不仅对马英九选胜后稳定岛内政局是利多，而且对未来“立法院”通过有利于缓和发展两岸关系的政策、法案将会非常有好处，所以这对台海局势的缓和也将会是利多。

佐藤贤：第二个问题，三月份的“总统”选举呢？

徐博东：三月份的“总统”选举目前看来对马英九相当有利，但不能说稳赢，更不可盲目乐观。这是一场对双方来说都是生死攸关输不起的选举，民进党必定战至最后一刻，决不会轻易认输，必定会使出浑身解数来对付国民党和马英九，甚至不排除民进党会采取一些难以预料的花招（选举奥步）来搅乱选举。这几天，民进党控制下的“中选会”强行撤换台北市、台北县和台中市这三个人口最多县市的地方选委会主委，就是个很值得重视的警讯，岛内舆论议论纷纷，担心这是陈水扁在为民进党选情不利时制造岛内政局混乱预埋下的伏笔。搞不好很可能又会像上次大选一样打选举官司。民进党可是和国民党不同，胡搅蛮缠起来能量大得很，国民党怕是很难顶得住。所以，这场选举充满不确定性，是否能平顺地举行，平顺地交接，都很难说。

另外，离投票日还有两个多月，还要保证国民党、马英九不犯大的错误、出昏招。从目前情况来看，国民党、马英九似乎头脑还算清醒，没有盲目乐观。比如前一段时间，原民进党大老沈富雄宣称，“立委”民进党会惨败，只能拿到35席上下，国民党会大胜，可以拿到75席甚至更多；马英九赢得选举已毫无疑问。但国民党高层并没有自我陶醉，马上出来“消毒”。好几次选举国民党都因盲目乐观而吃了大亏，这次或许学乖了，不会再出错。

总体而言我的看法是：马英九“有希望，但没把握”。几个月前我预估马、谢之间的胜选几率是五五波，现在看来应该修正为4.5（谢）∶5.5（马）。有人认为4（谢）∶6（马），可能过于乐观了。

佐藤贤：第三个问题：三月份的选举结果对台美、台日、两岸关系的影响？

徐博东：先来谈马英九与谢长廷的两岸政策。有人认为马谢两人的两岸政策大同小异，没有多大区别。这种看法是错误的。在2000年的时候，陈水扁宣称他要走“新中间路线”，开放两岸直接“三通”、陆资入岛云云，煞有介事，也有人认为陈水扁与连战、宋楚瑜的大陆政策差不多，寄希望于陈水扁打破两岸僵局，充当台湾的“尼克松”，结果怎么样？现在谢长廷换了个词，讲什么“台湾维新”，主张开放两岸经贸政策等等，又有不少人对谢寄予厚望。持这种观点如果不是无知就是健忘！

要知道，两岸关系的发展是有原则的，其政治基础就是一个中国原则。陈水扁和谢长廷所宣传的两岸“和平”也好，“开放”也罢，其实都是想图谋“和平独立”和国与国之间的“开放”。谢长廷在宣示他的两岸政策时，从来不忘记说“在坚持台湾主体性的前提下”。所以谢长廷的两岸“开放”政策同样也是有原则的，这就是“台独”原则。由于一中原则与“台独”原则根本对立，毫无交集，所以谢和扁的两岸政策一样，根本行不通。而马英九不同，马英九也讲“开放”，也讲两岸和平，那是在承认“九二共识”基础上的两岸开放与和平。这就和大陆的对台政策有交集，可以接上轨。所以，如果马英九能上台执政，海协、海基两会马上就可以上谈判桌恢复协商谈判，什么都可以谈，包括两岸和平架构、军事互信机制、台湾当局的政治地位等等，以及直接“三通”、大陆游客入岛观光旅游等一系列缓和发展两岸关系的政策措施很快都可以推动实施。当然，马英九不会和大陆谈统一，他说得很清楚，他现阶段的两岸政策是“不统、不独、不武”。其实大陆也不急于谋求两岸统一，双方都在承认一中原则的基础上维护目前台海现状，两岸关系自然会得到缓和发展。

如果谢长廷胜选，由于他的两岸政策以“台独”意识形态为基础，仍然是死路一条。也许小的方面会有所突破，例如节日包机常态化、周末化、大陆观光客入岛等，但两岸谈判将难以恢复，两岸政治僵局难以打破，全面直接“三通”难以实现。道理很简单，谢长廷如能当选，陈水扁将是第一大功臣，陈背后是“急独”势力，谢长廷的一举一动都会受制于陈水扁，受到这股势力的强力牵制而动弹不得。谢想要推行比较理性、务实的两岸政策，除非民进党“台独”转型成功。但如果谢长廷胜选，民进党的“台独”转型也将成为不可能，相反，只会愈来愈独。这将对两岸关系、台海局势构成更大的挑战。

至于美台关系，无论马英九还是谢长廷当选，都会设法修补目前被陈水扁严重伤害的美台关系。美台关系比较容易修复，当然，美国会担心马英九在发展两岸关系方面走得太快。但可以肯定的是马英九不会在这一问题上走得太快，也不可能太快。因为，一方面是台湾主流民意是要维持现状，另一方面是民进党在“立法院”虽然居于劣势，但民进党作为在野党是很合格的。再者说，大陆也不急于统一。如果马当选，那么中国大陆、台湾、美国在维持台海现状上是有交集的。马英九绝对是个亲美派，会很重视发展与美国的关系。目前问题的关键在于陈水扁要挑衅台海现状。

美国和大陆都会对谢长廷“听其言，观其行”。谢长廷要修补美台关系也非易事。美国对陈水扁很不满意，山姆大叔的面子受到很大的伤害，美国对谢长廷抱有希望，会在一段时间里观察谢长廷，看他在访问美国期间说的话算不算数，会不会成为第二个陈水扁，因此修补需要时间。况且美国正在忙于选举，无暇它顾，因此台湾选后半年内美台关系不会有太大的进展。美国在全球有很多事情要做，美台关系低谷期还会延续一段时间。

关于日台关系。几天前贵国福田首相访问中国，公开表示不支持“台独”，不支持“两个中国”或“一中一台”，不支持台湾的“入联公投”。对此，民进党当局对福田政权是不满意的，日台关系也需要修补。谢如果上台执政，由于他很难放弃“台独”政策，台海局势也就不可能风平浪静，这同样会危害日本的国家利益。所以台日关系我看也不会有太大的改观。

如果马英九上台，日本可能不太放心，担心台湾与大陆的关系走得太快，担心两岸统一。另外，在钓鱼岛问题上马英九的言论也让日本不放心。这恐怕也是马英九访问日本的原因。第一个担心前边我已经讲过，不必重复。至于钓鱼岛问题，我想马英九搞过“外交”，而且国民党里“外交”人才很多，处理台日关系应该会比较稳健，不会乱来，日本方面大可放心。所以，无论从哪个角度来看，马英九上台执政对各方都有好处，而谢长廷上台，民进党继续执政，则仍然会很麻烦。这点日本方面不可不察！

佐藤贤：第四个问题，日本提出不支持台湾“入联公投”，您如何评价？

徐博东：美国方面公开反对“入联公投”，日本方面则表示不支持台湾“入联公投”，虽然在强度和力度上和美国的态度有所区别，但福田首相选择在访华期间当着中国领导人的面公开作此宣示，还是应该给予肯定和赞赏。

佐藤贤：第五个问题，如果“入联公投”通过，在什么样的情况下中国会采取军事行动？

徐博东：“入联公投”本身就是公然挑衅，试图改变两岸现状，是走向“法理台独”的严重步骤，是变相的“统独公投”。大陆方面为维护台海和平一忍再忍。我个人判断，大陆方面已经做好了一切必要准备因应复杂局面。如果“入联公投”没有通过，谢长廷又败选，那危机就可能自然解除；如果“入联公投”虽然通过，但马英九当选，大陆会比较放心，因为“公投”的效应将会因两岸关系的缓和发展而逐渐消弭于无形；最糟糕的情况是：“入联公投”通过，谢长廷也当选，如果出现这种情况，依我个人的判断，大陆方面绝对不会吞下这个苦果，必定会采取某种对“台独”的惩罚措施，决不容忍“台独”再走一步。至于会采取什么样的措施，达到何种程度，有什么样的预案，你不必问我，因为这不是我所能够知道的。

我特别要强调的一点是，遏制“台独”冒险，维护台海地区的和平与稳定，符合包括中国、美国、日本在内的各方的共同利益，因此，这就不光是中国一国的事情，美国、日本以及海峡周边的所有国家都有责任、有义务携起手来，共同制止陈水扁当局的“台独”冒险。特别是美国，陈水扁是美国一手宠坏了的“坏孩子”，所以美国有责任采取进一步的实际行动来制止陈水扁的“入联公投”，防止出现我们大家都不愿意看到的局面。

佐藤贤：第六个问题：陈水扁在1月1日说，大陆部署的针对台湾的导弹有1300多枚，比2006年多了300多枚，你怎么看？

徐博东：陈水扁知道这么准确的数字，很是匪夷所思。部署导弹恐怕是真的，但有多少不是随便可以知道的。陈水扁危言耸听主要在于宣扬大陆“威胁台湾”、“打压台湾”，企图制造悲情，转移视线。这是倒因为果、贼喊捉贼。大陆部署导弹是为了防止“台独”狗急跳墙，根源在于“台独”，如果没有大陆强大的军事威慑，“台独”会走得更快更远。不要忘了，台湾当局对着大陆也部署了不少导弹，还曾经扬言有能力攻击北京、上海和三峡大坝等等。

佐藤贤：关于“海峡中线”问题，您怎么看？

徐博东：大陆方面从来不承认所谓的“海峡中线”。台湾是中国的一部分，台湾海峡是中国的内海。只是由于历史的原因，大陆方面一般不轻易越过“海峡中线”，但决不会承认这条线。“海峡中线”的说法是美国和台湾方面在20世纪50年代提出的概念，如果大陆方面承认这个概念，等于是承认“海峡两岸，一边一国”、“划峡而治”。

（中评社，2008/01/7）

徐博东：“西瓜”较“钟摆”几率大

北京联合大学台湾研究院院长徐博东本月4日接受媒体专访，针对台湾即将举行的“立委”、“总统”选举所造成的影响进行分析与批判；徐博东认为，台湾的主流民意已发生了重大变化，民众希望再次政党轮替的意愿很强烈，而谢长廷期望的“钟摆效应”不会发生，“西瓜效应”较有可能。

本月 12 日将举行"立委"的选举投票，徐博东预测民进党的席位约在 35 至 40 席之间、国民党可能会拿到 65 至 70 席。他说，"立委选举将至，民进党内部已经开始相互埋怨、指责，……谢长廷希望"立委"败选后出现所谓'钟摆效应'是不可能的，相反的我判断是'西瓜效应'，不少观望票、投机票会倒向马英九。"

徐博东表示，民进党近来强行撤换台北市、台北县和台中市 3 个人口最多县市的地方选委会主委，造成台湾内部舆论议论纷纷，有可能是陈水扁在为民进党选情不利时制造政局混乱的伏笔；只是他认为目前这场"总统"大选仍充满不确定性，是否能平顺地举行与交接，都是未知数。

另一方面，2008 年"总统"选举的结果，对美国与台湾之间的关系又有何影响？徐博东认为，无论是哪一方当选，都会设法修补目前被陈水扁严重伤害的美台关系。若是马当选，马英九向来重视与美国之间的关系；若是谢当选，美国也将会用一段时间观察谢长廷，观察他访美期间的言论是否算数，是否会成为第 2 个陈水扁。

至于选举结果对日本与台湾之间关系的影响，徐博东认为，如果是谢长廷当选，由于他很难放弃"台独"政策，台海局势不可能风平浪静，因此危害日本国家利益，台日关系不会改善；若马英九当选，钓鱼台的问题恐怕也会成为马英九访问日本的原因。

此外，徐博东强调，"'入联公投'本身就是公然挑衅，试图改变两岸现状，是走向'法理台独'的严重步骤，是变相的'统独公投'……倘若入联公投通过，谢长廷胜选，依我个人判断，大陆方面绝对不会吞下这个苦果。"徐博东也对媒体呼吁美国以实际行动制止陈水扁的"入联公投"。

（中时，2008/01/07）

推动两岸客家交流合作，弘扬中华文化

中国台湾网 1 月 12 日北京消息　大陆第一家以台湾客家族群为主要研究对象的客家研究中心，11 日在北京联合大学台湾研究院揭牌成立，北京联大台研院院长兼客家研究中心主任徐博东教授在揭牌仪式上表示，成立客家研究中心，就是要使之成为两岸民间交流的知名品牌，为推动客家研究，弘扬中华文化，增进两岸客家同胞的乡情与亲情，为促进祖国和平统一与世界文化发展做出贡献。

徐博东教授介绍，现在全世界客家人约有一亿三千万，分布在全国十九个省市以及世界五大洲八十多个国家和地区。在台湾，客家人约有 460 万，是仅次于闽南人族群的台湾的第二大族群，在台湾的政治、经济、社会文化生活中发挥着重要作用和广泛影响。台湾客家人的祖先来自大陆，与大陆客家同宗同脉，同源同根。早在清初，他们就背井离乡，冒险犯难，横渡台湾海峡，为开发宝岛，促进台湾经济文化的发展做出了不可磨灭的重大贡献。近代，面对东西方列强的野蛮入侵，台湾客家同胞又拼死抗争，为捍卫祖国的尊严和领土主权的完整奔走呼号，抛头颅洒热血，涌现出了像丘逢甲、吴汤兴、徐骧、姜绍祖等一大批杰出的爱国英雄人物。如今，尽管海峡两岸尚未统一，岛内“台独”势力猖獗，但绝大多数的台湾客家同胞，仍情系故乡，在为反对“台独”，推动两岸关系和平发展，促进祖国和平统一贡献力量。

徐教授说，客家文化是一支颇具中国特色和风格的优秀文化，是世界文化的瑰宝。若干世纪以来，台湾客家自觉维护着这一文化传统，为保留客家文化传统，也就是汉族的文化传统，做出了积极贡献。客家有些文化传统在大陆一些客家地区已经逐渐淡化乃至消失，但在台湾客家人的聚居地，却得到了较好的传承与发展，令人十分欣喜。所以，针对整体客家研究，应点面结合，以点促面，加强海峡两岸乃至全球各地客家乡亲、客家研究学者之间的交流与交往，共享资讯，互相切磋。

徐博东教授表示，正是基于以上初衷，联大台研院与台湾中华海峡两岸文经交流协会于2006年11月共同创办了“海峡两岸客家高峰论坛”，搭建了海峡两岸客家乡亲，特别是客家研究学者进行民间学术交流的新平台。此次成立客家研究中心，目的之一就是要把这一平台打造得更加完善，成为两岸民间交流的知名品牌，为推动客家研究，弘扬中华文化，增进两岸客家同胞的乡情与亲情，从而为发展两岸关系，促进祖国的和平统一与世界文化的发展做出应有贡献。

（中国台湾网，2008/01/12，钟宝华）

儒学是两岸人民共同的文化基础

中评社香港1月22日电　中国台湾网消息，由北京联合大学台湾研究院主办的“儒学与海峡两岸文化根基”学术研讨会今天上午在京开幕，北京联大台研院院长徐博东教授在开幕式上讲话表示，目前，儒学是台湾社会文化的主流，也是我们海峡两岸同胞的文化遗产和宝贵的精神财富。

徐博东说，从历史上看，伴随着大陆移民的陆续涌入，中华传统文化逐渐在台湾各地拓展、承传并扎根下来。儒学在台湾的传播与发展，是台湾文化发展的一次巨大飞跃，促进了台湾文化的成熟，成为整体中国历史文化中的延伸和一个重要有机组成部分。海峡两岸同文同种，同宗同源，经过几个世纪的孕育与熏陶，中华传统文化潜移默化地渗入岛内政治、法律、道德、文学、史学、哲学及社会生活等各个方面，并深入到台湾民众日常生活、言谈举止和思维模式之中，代代相传，生生不息。一言以蔽之，儒学已经成为海峡两岸人民共同的文化基础。

徐博东说，儒学，从本质上说是一种道德人文主义哲学，它有自强不息、厚德载物的进取精神与宽广胸怀，它在本质上是一种追求和平发展的中庸哲学。目前，儒学是台湾社会文化的主流，中华传统文化与传统伦理对台湾社会的影响根深蒂固。近十年来，他曾有9次机会访问台湾，在台湾，儒学的影响随处可见。台北市内的一些街道就是以“忠孝”、“仁爱”、“信义”、“和平”、“四维”、“八德”等命名的，至于“尊师重教”、“敬老爱幼”、“扶弱济贫”等良好的社会风气更是给人以十分深刻的印象。

徐博东表示，儒学，毕竟是海峡两岸同胞共同的文化遗产和宝贵的精神财富。今天，对儒学怀有深厚感情的两岸学界同仁、专家学者聚会一堂，共同来研讨“儒学与海峡两岸文化根基”这一问题，具有十分重大的现实意义。这不仅能进一步促进中华儒学的发扬光大，而且也有助于我们进一步认清“台独”反文化、反道德、反社会的本质，促进两岸关系的和平发展、中华民族的振兴与腾飞。

（中评社，2008/01/22）

乐见2008年两岸“三通”有较大突破

中国台湾网1月24日北京消息　由中国台湾网、人民网、东南卫视和搜狐网联合推出的“2007年两岸关系十大新闻”评选活动结果即将揭晓，借此时机，中国台湾网记者专访了北京联合大学台湾研究院院长徐博东。徐博东对2008年两岸关系的走势持乐观态度，表示两岸“三通”方面可能会有较大突破。

徐博东针对此次评选活动中“胡锦涛在中共十七大报告中强调：牢牢把握两岸关系和平发展的主题”这一备选新闻，重点谈了2008年两岸关系的走势和展望。

徐博东分析指出，2008年是贯彻胡锦涛总书记在中共十七大报告中提出的今后一个时期对台工作指导思想和总体要求非常重要的一年。尽管目前两岸形势相当严峻，高危期并未真正度过，但大陆方面认清并把握住了台湾岛内求和平、求安定、求发展的主流民意，并坚信这样的主流民意，不会让任何想捣乱两岸关系的少数政治势力和政治人物得逞。所以，2008年大陆方面的对台工作，仍然会牢牢把握两岸关系和平发展这一主题。

徐博东表示，随着2008年台湾岛内政治形势的日渐明朗，大陆方面的一系列惠台政策有望得到进一步落实推动。2008年刚刚开始，只要大陆单方面能够落实的，都已经在积极地推动，需要台湾方面配合的，也在积极进行谈判协商。比如2008年两岸春节包机，已经很顺畅的确定下来，马上就要启动。

“今年我比较乐观的，两岸在‘三通’方面可能会有比较大的突破。至少就包机周末化这一点而言，不管岛内政治形势如何变化，得到落实的可能性很大。”徐博东认为，多年来大陆方面对这一工作的持续推动，今年可能会有比较大的突破，目前看到了曙光。

徐博东进一步分析指出，两岸“三通”如果能够实现上述突破，对台胞到大陆探亲访友、两岸青年交流等方面，将是一个非常利好的消息，能彻底解决目前通过香港等第三地转机带来的种种麻烦。一是降低了消费成本，为台湾民众特别是经济条件较差的台湾中南部民众创造了往来大陆的可能；二是简化了行程和手续，极大减轻了台湾中老年人回大陆探亲访友时自身的顾虑和家人的担忧，使他们单独出行更简便安全；三是更能满足台湾年轻群体喜欢旅游的消费需求。成本的降低，让他们囊中不再显得羞涩，路上的时间大大缩短，几十分钟到福建，几个小时到北京，周末就可以到福建武夷山、北京长城等地转一圈。由此可以想见，两岸人员往来会急速地增加，假以时日，台湾民众会更加了解大陆，两岸民众的误解会逐步消除。

徐博东最后表示，将来回顾和评价2008年的两岸关系，很可能是一个重要转折点：“台独”势力由盛转衰的转折点，两岸关系由高危期向缓和与快速发展期的转折点，“总体上来说，2008年的两岸关系，我是比较乐观的。”

（中国台湾网，2008/01/24，钟宝华）

大陆或同意台以“中华台北”身份参与世卫

环球时报环球网消息 据香港《文汇报》31日报道，北京联合大学台湾研究院院长徐博东30日向该报表示，在认同“九二共识”的前提下，台湾未来有可能得以用“中华台北”身份，作为观察员参与世界卫生组织。

徐博东说，马英九在竞选过程中和正式就职后，都表示认同“九二共识”，并提出要以“中华台北”身份作为观察员参与世卫。在“九二共识”前提下，大陆方面未来可能会同意甚至协助台湾参与世卫。

他预料，大陆可能会先同意台湾以“中华台北”身份作为观察员参与世卫大会（WHA），之后再同意台湾以“中华台北”身份作为观察员加入世卫组织（WHO）。

他说：“一步到位就不能保证，但我对明年五月台湾以‘中华台北’身份作为观察员参与世卫大会比较乐观。”

徐博东称，台湾目前已经以“中华台北”身份参与了奥运会和亚行，这已是一种既有模式。他说，目前大陆正在调整策略，相信未来可能还会逐步放开台湾以“中华台北”身份更多参与其他国际活动。

（华夏经纬网，2008/06/02，环球网周选彬）

两岸关系已和平发展？徐博东：过于乐观

中评社香港6月2日电（记者 罗德仪） 马英九胜选、国民党重新上台执政后，学者普遍认为，两岸关系已进入了和平发展新时期。对此，北京联合大学台湾研究院院长徐博东质疑说，这一判断欠准确，过于超前和乐观。他认为，目前两岸只能说是进入了“转折期”或“过渡期”。

徐博东今天在港出席香江论坛，发表“化独维和，努力开创两岸关系和平发展新局面”的专题演讲。他表示，界定两岸关系是否已经进入了和平发展的新时期，最重要的标志是看制度性框架是否已经建立起来。

他解释，两岸和平发展框架一天没有建立起来，两岸关系将经不起风吹草动。民进党的倒台、“台独”势力的式微，并没有也不可能使两岸之间原本存在的所有政治上的矛盾与分歧自然而然地消除，而只是在性质上发生了变化。

徐博东指出，两岸和平发展制度性框架的建立，有赖于在九二共识的基础上通过两岸的协商谈判，宣布“结束敌对状态”、建立“军事互信机制”、签订和平协议。不过，他坦承，目前时机还不成熟。

对于两岸发展新机遇，大陆对台工作应如何把握？徐博东提出，大陆对台工作的重心应适时进行战略调整，从“反独遏独”转向“化独维和”。所谓“化独”，就是采取一切可能举措，以“柔性”的方式来“化解台独”；所谓“维和”，也即千方百计维护得来不易的两岸和平局面。

其次，他说，两岸应贯彻“建立互信、搁置争议、求同存异、共创双赢”的16字方针。他举例说，对九二共识的解读，两岸就存在“一中原则”还是“一中各表”的严重分歧，“现在我们高兴地看到，双方在这一关键问题上已经能够搁置争议，‘求’一中’之同，存‘各表’之异，建立起互信。”

（中评社，2008/06/02）

马英九两岸政策未受李登辉影响而倒退

中评社香港6月3日电（记者 罗德仪） 马英九上台后不少人对他心生疑虑，担心他在两岸政策上倒退，北京联合大学台湾研究院院长徐博东表示，马英九的两岸政策理念务实，这些担心都是不必要的。他同时指出，马英九挑选赖幸媛出任“陆委会主委”，是做“表面文章”，并无实质意义。

徐博东2日在香港出席香江论坛时表示，马英九近年来不再谈两岸“终极统一”，只讲“现状”，推行“不统、不独、不武”的两岸政策。此外，有台湾媒体报道说他向李登辉承诺今后要少提“九二共识”，多讲“一中各表”，并挑选李登辉的亲信赖幸媛出任“陆委会主委”。

对此，徐博东认为这些担心都是不必要的。他指出，只要大陆与台湾能本着“搁置争议、求同存异”的精神去做，并加强对话与交流，不断增进相互之间的了解，就不难处理好这些问题。

徐博东并指出，大陆方面从来不担心台湾是否“反共”，只在乎台湾是否“反华”。马英九与陈水扁最根本的区别，恰恰就在于陈水扁反华、马英九不反华。仅从马英九对中日两国在钓鱼岛主权争议中所持的鲜明立场与态度，就可知其“大中国意识”是毋庸置疑的。

对于马英九不再谈“终极统一”，提出“不统、不独、不武”，徐博东指出，这正是马英九一种“正视现实”的理性、务实政策，与大陆现阶段所主张的“和平发展是两岸关系的主题”相呼应，不需指摘和担心。

他表示，马英九如能在几年任期内，建筑起两岸关系和平发展的制度性框架，特别是把台湾民众“中华民族”的观念重新树立起来，那么其本身就是很好地完成了他的历史使命。

马英九此前挑选曾主张“台独”的前台联党籍“立委”赖幸媛出任“陆委会主委”，又宣称要当“全民总统”、扩大其两岸政策的“社会基础”。徐博东说，马的本意虽然不能说不好，但却是“表面文章”，并无“实质意义”。

“想当年陈水扁用唐飞当‘行政院长’，陈水扁就真的成了‘全民总统’了吗？他的政策的‘社会基础’就因此而扩大了吗？答案显然是否定的！”徐博东指出，欲扩大两岸政策的“社会基础”，关键并不在于用什么样的人，而在于是否推行符合时代潮流、符合台湾大多数人愿望和利益的两岸政策。

至于“少提‘九二共识’，多讲‘一中各表’”这个问题上，他认为，马英九在5·20就职演说中虽然提到“一中各表”，但他更强调“在九二共识的基础上，尽早恢复协商”，“在中华民国宪法的框架下，维持台海现状”，称“两岸人民同属中华民族”，称“大陆13亿人民为同胞”，这说明马英九的两岸政策理念并未受到李登辉的影响而有所动摇和倒退。

徐博东补充说，退后一步来看，“赖幸媛事件”和“九二共识事件”激起泛蓝阵营和岛内媒体的强烈反弹声浪，赖幸媛被迫数度公开表态早已放弃“台独”立场，至少也说明了一点：马英九上任后即使想要在两岸政策上倒退，恐怕也不是那么容易。

（中评社，2008/06/03）

两会复谈开启两岸协商新模式

中国台湾网 6 月 13 日北京消息 大陆资深台湾问题研究专家、北京联合大学台湾研究院院长徐博东教授今日表示，海协会与海基会复谈以九二共识为基础，创造出了两岸全新的协商模式，是两岸关系发展上的一个重要标志性事件，非常有历史意义。两岸直航由此向前迈出了一大步。

徐博东说，此次两会之所以能恢复商谈，是因为有“九二共识”做为谈判基础。双方秉持“建立互信、搁置争议、求同存异、共创双赢”的精神，“先易后难，先经后政，循序渐进”，务实解决两岸同胞关心的问题。

可以看出，这次两会复谈参与人士的层级很高，海协会会长陈云林和海基会董事长江丙坤亲自领军，谈判团队由两会的副会长、副董事长、副秘书长以及航空业的高层组成。是两岸关系发展上的一个重要标志性事件，非常有历史意义。

徐博东认为，此次两会就两岸周末包机和大陆居民赴台游达成了共识，并在北京正式签署了《海峡两岸关于大陆居民赴台湾旅游协议》及《海峡两岸包机会谈纪要》，两岸由此创造了一个全新的两岸协商模式，学界称之为“北京模式”。

徐博东说，两岸周末包机能够达成协议完全是意料之中的事情。周末包机的成行使得两岸直接通航又向前迈进了一大步，这一系列的变化是非常值得欣慰的事情。

徐博东表示，两会就周末包机、大陆赴台游签署协议是一个成果，同时也是一个新的起点，此次以“九二共识”做为基础的复谈，会为今后两岸关系的正常发展打下一个很好的基础，可以很乐观的预期，经过两会的努力，在不久的将来，两岸会实现完全正常化的通航，有了这次谈判的基础，未来两岸间更多的课题也会更加顺利的解决。

（中国台湾网，2008/06/13，李学斌）

两会复谈的启示

开启两岸双赢机会之窗

记者：海协会和海基会中断对话近10年，终于迎来复谈之日，如何评价两会复谈的历史意义？

徐博东（北京联合大学台湾研究院院长、教授）：两会复谈本身就是两岸关系史上里程碑式的事件。1999年李登辉抛出“两国论”，两会对话的基础遭到破坏，两岸关系10年间遭严重伤害。今天两会能够复谈，是两岸关系转折性、指标性的事件，得来不易。这是两岸同胞和海内外华侨华人反“独”遏“独”的决定性胜利，两岸同创双赢的机会之窗由此开启。

……（略）

为岛内经济注入强心剂

记者：两会复谈将为两岸带来什么利多？

徐博东：此次两会复谈，谈的主要是经济，但最重要的收获是政治利益，即恢复了两岸制度性的协商谈判，营造了和平气氛，为东亚地区乃至世界和平做出了重要贡献。

经济方面，8年来岛内民生凋敝，经济滑坡，而两会复谈达成的两项协议必定对岛内经济注入强心剂，恢复台湾民众对两岸关系缓和的信心以及对马英九团队的信心。

……（略）

双方充满诚意善意理性务实

记者：8年来民进党当局百般阻挠，令两岸交流时刻如鲠在喉，愈显两会复谈来之不易。请问对此次两会复谈印象如何？

徐博东：对此次两会复谈的印象是双方充满诚意，气氛良好，理性务实，成果丰硕，皆大欢喜。

从国共开辟两党交流平台以来，两党已经建立起互信基础，所以两会商谈，顺理成章地承袭这一基础，气氛非常良好。在磋商和会晤中，双方没有小动作，不随便放话伤害对方感情，处处相互尊重，展现双方诚意。双方撇开难处理的、分歧大的问题，从最容易达成共识的两个议题着手，自然水到渠成，是为务实理性。

……（略）

搁置争议求同存异走向共荣

记者：两会复谈，两岸间冰寒十载，也可以一朝迎来雨过天晴，从中能得到什么启示？

徐博东：两会复谈的启示是，第一，“台独”是两岸关系紧张的根源，没有“台独”，两岸关系就能缓和，就能发展。第二，两岸双方在处理两岸关系时，必须理性务实，拿出诚意，应搁置而非强调争议。第三，两岸谈判要想成功，需从最容易的地方着手，这才能一点一滴建立互信，为以后解决更难的问题乃至政治问题打下基础。

……（略）

（人民日报·海外版，2008/06/14）

两会复谈：台海局势拐点？

6月11日，中断十年的海协会与海基会的商谈将在北京重开。海内外舆论界都认为这是两岸关系发展的一件大事，甚至将影响未来一段时间内两岸间互动的格局。

本报就此专访了大陆资深台湾问题研究专家、北京联合大学台湾研究院院长徐博东教授，请他就两会复谈作一番解读。

“机会之窗”

《21世纪》：已中断十年的两会谈判，在“胡吴会”后十五个小时就高调宣布恢复，很多人觉得“超出了预期”。您是何时得知这一消息的？又作何感想？

徐博东：我也是在消息公布之后才知道的。但两会很快会复谈，对于我们这些长期研究台湾问题的学者而言，都是可以预见到的。

马英九在参加台湾地区领导人竞选时，曾提出一个时间表，其中就包括7月份实现两岸周末包机直航和大陆观光客来台两项。假如他不能兑现其第一张竞选支票的话，对于稳定岛内政局非常不利，马英九也很难集中精力来处理两岸关系问题。

从目前两岸互动格局分析，大陆方面肯定会急马英九之所急、急台湾民众之所急，积极配合马英九实现其竞选时所提出的“拼经济”的竞选承诺。因为现在是两岸关系和平发展的一个“机会之窗”，机不可失、失不再来。

其实，马英九当初是单方面抛出这个时间表的，事先并没有与大陆方面沟通，但大陆方面却给予积极的回应，并很快改组海协会、敲定两会复谈时间、组成谈判团队，可见大陆方面对于推动两岸关系发展是非常有诚意的。

《21世纪》：那么，您认为两会复谈的基础是什么？

徐博东：1999年7月，台湾领导人李登辉突然抛出“两国论”，两会协商谈判失去了基础，从此中断了10年的时间。陈水扁上台后又提出“一边一国论”，拒绝承认“九二共识”，推动“法理台独”，两岸之间的互信已经荡然无存，两会复谈自然不可能。5·20之后，台湾再次实现政党轮替，国民党重新上台执政，马英九在其就职演说中公开承认“九二共识”，于是两岸两会复谈的基础得以重新恢复。

《21世纪》：大陆方面为什么这么看重马英九所强调的“九二共识”？

徐博东：这还要从两会谈判的历史说起。从一开始，两岸对于1992年香港会谈及其后两会的换文所达成的共识在内涵的表述上就存在分歧。大陆方面认为是“各自以口头方式表达海峡两岸均坚持一个中国原则”，而台湾则认为是“一个中国，各自表述”。鉴于双方表述中均承认“一中”，为了能使谈判继续下去，大陆方面虽然并不同意台湾方面的表述，但并未公开否定。岂料后来李登辉在一个中国原则立场上不断后退，及至1999年7月抛出“两国论”，“各表”被李登辉表成了“两个中国”，大陆方面才公开反对台方以“一中各表”来片面概括“九二共识”。两会也因此而中断了会谈。到了民进党执政时期，陈水扁连“一中各表”都拒绝承认，宣称“台湾中国，一边一国”。如今国民党重新执政，马英九承认“九二共识”，虽然他仍认为“九二共识”就是“一中各表”，但双方毕竟又在“一中”的原则立场上有了交集，可以在“搁置争议、求同存异”的精神下重新走上谈判桌。

所以我们看到，不久前召开的博鳌论坛上，大陆率先不再提“一中原则”，充分展现出搁置分歧的诚意。虽然马英九在其就职仪式上仍技巧性地提到“一中各表”，但他更强调“在九二共识的基础上，尽早恢复协商”。这个表态，就成为了两会复谈的一个最重要的前提。

在这个问题上，两岸可谓是“求‘一中’之同，存‘各表’之异”。这一共识达成本身，就体现了两岸搁置争议的谈判原则。

《21世纪》：此前，两岸官方就曾授权民间有关团体已就观光客、包机直航等议题进行了多次协商，甚至达成了一定的共识。有专家表示，陈水扁时代这些方面没有进一步的推进，是由于大陆有意在这些议题上踩刹车，不愿意给陈水扁买单。您怎么看？

徐博东：是的。其实，在民进党执政时代，相关的议题已经开始以“行业对行业、公司对公司、民间对民间”的模式进行协商了。2004年两岸航运业民间团体首次在澳门就两岸春节包机问题达成协议，创造出所谓“澳门模式”，随后发展为“节日包机”；2005年10月28日，国家旅游局局长邵琪伟就曾以大陆“旅游协会”的名义应台湾观光协会的邀请，率团赴台考察台湾旅游的接待路线和服务状况。随后，两岸的旅游业也开过多次会议来研究这个问题。相关协议最后的敲定，实际上只差临门一脚了。但是，民进党执政时代，陈水扁坚持“台独”立场，不断挑衅大陆，两岸关系持续紧张，并且在两岸“三通”、大陆观光客入岛等问题上蓄意制造障碍，所以上述这些议题虽然在技术层面早已解决，但却因为政治因素而一直无法得到落实。这不是大陆方面的责任，谈不上愿不愿意为谁“买单”的问题。

两会复谈

《21世纪》：海基会董事长江丙坤此前在接受岛内媒体采访时，曾表示“两会复谈可先从经济议题谈起”，议题包括“金融、观光、直航、投资保障”等。但从目前掌握的消息来看，此次两会复谈，焦点将集中在大陆观光客入岛和周末包机直航这两个议题上。为什么在议题的设定上，前后会有所出入？

徐博东：江丙坤所提出的诸多议题，都属两岸目前急待解决的问题。但是，如果会谈双方一下子提出太多的议题，协商的过程就会比较的复杂，需要的时间也会比较长。而大陆观光客入岛和周末包机直航这两个议题过去两岸间已进行过多次的协商，打下了很好的基础，很快就可以达成共识和协议。此外，这两项议题都属于经济范畴，对于岛内摆脱目前通胀的经济困境会比较快地见到成效，至少对于岛内经济的发展有所刺激。不久前，岛内“经建会主委”陈添枝曾表示，透过扩大内需、周末包机直航和陆客来台两方案，可增加经济成长率0.92个百分点，全年可达4.8%的经建目标，甚至可达5%。而且，两会复谈，双方在谈判桌上还可以继续提出一个后续问题的清单来，供日后进一步磋商。

总之，在两会复谈这个问题上要掌握好节奏，要“先经后政，先易后难，循序渐进”，不要想“一口吃个胖子”，应该把注意力放在率先解决最迫切、最容易解决的问题之上，只有这样才能“建立互信，共创双赢”，否则欲速而不达。

《21世纪》：对于大陆观光客入岛和周末包机直航这两个议题的协商结果，您作何预判？您是否认为这两个议题在本次两会上能够最终敲定？

徐博东：我个人认为没有任何问题，双方目前在这两个问题上已不存在什么大的障碍了，实际上早就已经有了草案。这次会谈，可能主要还是针对文字表述以及一些具体的执行细节等进行协商，看是否要根据目前最新的情况有所调整等等。

《21世纪》：此次两会复谈之前，双方的负责人都有所更迭，陈云林与江丙坤分别出掌海协会与海基会，您怎样看待这样的人事架构？与此前汪辜时代主导下的两会谈判，又有何不同？

徐博东：国台办和“陆委会”都属于政府公权力部门，两会则是民间机构，扮演着前者“白手套”的角色。当年主导两会商谈的汪辜二老，都是德高望重的老前辈，两人同属两岸指标性、象征性的人物。汪辜会谈时期，二老其实很少在谈判桌上直接谈具体的问题。如今两会复谈，陈云林与江丙坤与前辈相比有了很大的不同。二人此前都是长期进行两岸交流接触的一线人物。陈云林曾任国台办负责人长达十余年。江丙坤虽然没有出任过“陆委会”的职位，但在李登辉时代亦曾在经济方面主导过两岸事务。国民党下台后，江丙坤也一直活跃在两岸之间，多次来大陆，对于大陆的情况非常熟悉，跟大陆许多政府官员都打过交道，结下了友谊。因此，两人都具备处理两岸事务的丰富经验，再加上年纪也并不算大，可以将两会复谈的具体协商过程管的更细些、更具体些。我个人认为，如今由陈江二人主导两会复谈，可以使得谈判更直接的切入主题，所取得的成效也会更大。

《21世纪》：随着两会复谈的展开，马英九将其定位于两岸协商的“第一管道”，并委之以重任。有种声音随之而起，认为此前曾扮演过重要角色的国共两党平台已完成其历史使命，可以就此退隐幕后。您如何评价这种观点？您认为国共平台存在的价值何在？两个管道之间又将是怎样的一种关系？

徐博东：两个管道各有特点，可以相辅相成。目前仅依靠国共平台来推进两岸发展，显然是不现实的，因为两党之间的渠道毕竟不是体制内的，国共两党不能签订任何实质性的协议，只能谈愿景与理念。否则，岛内民进党势力肯定会反弹。而两会则属于政府部门的“白手套”，分别经过了国台办和“陆委会”的授权，可以签定正式协议，谈判得出的具体成果具有公权力的性质，两岸政府是要认账的。

国共平台虽有一定的限制，但又具备两会平台所没有的一些优势。比如，国共平台因为不是公权力部门，在谈判议题上可以不受民进党的制约，两党之间想谈什么就可以谈什么；另外，由于国民党是执政党，在“立法院”又占有绝对多数席位，国民党可以通过其在“立法院”的党团贯彻其意志，在立法时发挥重要作用；而国共平台的交流也可以涵盖更广的范围，除了党中央这一层级之外，两党之间的地方党部也可以进行交流，国民党的地方党部可以跟中共各省的党组织开展沟通与交流；最后，国共平台的存在，还可以拉高两岸的谈判态势，营造出良好的互动氛围。因此，会有两党最高领导人先会面，达成某种共识，扫清障碍，再进行两会谈判，这样顺理成章，两会谈判会更加顺畅，富有成效。由此看见，国共平台还是很重要的，应该继续发挥它的功能与作用。

“不急不缓”

《21世纪》：6月3日，海协会第二届理事会第一次会议在北京人民大会堂召开。会议开始前，中共中央政治局常委、全国政协主席贾庆林会见代表时表示，海协会在协商过程中要秉着“先经后政，先易后难，循序渐进”，务实解决两岸同胞关心的问题，推动两岸协商谈判。这十二个字应该就是大陆方面对于两会协商的一个指导思想吧？

徐博东：是的，这十二个字应该就是大陆现阶段对台工作的指导方针。其实，这一方针我们大陆涉台研究学者几个月前马英九胜选后就已经向中央提出来了。事实证明，中央接受了我们涉台学者的建议。

《21 世纪》：我注意到，早在贾庆林讲话的前一日，6 月 2 日，您就在香港举行的“香江论坛”上发表了一个题为《“化独维和”，努力开创两岸关系和平发展新局面》的主题演讲。在演讲中，您提出了一个十六个字的方针：“先经后政、先易后难、不急不缓、循序渐进”。您的提法与中央的提法相比，多出了“不急不缓”四个字，您为什么要强调“不急不缓”呢？

徐博东：首先要明确一点：说到底，政党政治是选票政治，政治人物主张什么，关键取决于其背后的支持力量。如果能够通过大陆的工作，台湾 500 多万张支持谢长廷的选票中的大部分能够转向不支持“台独”的话，台湾那些独派政治人物也必须跟着形势走。所以，大陆不应只将目光盯着个别的政治人物身上，而是更应该着眼于政治人物背后的社会势力。如何松动乃至瓦解“台独”的社会基础，使那部分支持民进党“台独”路线的台湾民众转向不支持、不赞成甚至反对民进党的“台独”路线，这应该是我们争取台湾民心的重中之重，同时也是我们一切对台工作的根本出发点和落脚点。

大陆对于马英九的态度，应该是“拉”而不是“推”。拉着马英九，帮他在岛内营造一个于两岸政策上只能往前走而不能往后退的一种政治态势和社会氛围。如果你“推”他，就可能把他推到绿营一边去了。大陆应在不丧失原则的前提下，尽可能为马英九提供帮助，而且还要帮他去做岛内各派政治势力的工作，让那些政治势力不向“台独”的方向滑动，这样岛内的社会氛围就不会拉着马英九向“台独”的方向发展，也为两岸关系和平发展的大方向提供了保障。

所以，我建议大陆涉台部门目前处理两岸问题应区分轻、重、缓、急，掌握好节奏，有的要“急”，不能拖，机不可失，时不再来；有的则急不得，要“缓”，逐步解决。对于目前分歧较大、处理起来比较困难的问题，特别是涉及到主权方面的高难度的敏感的政治议题，就急不得。有的操之在我，可以先做，主动让步，不必当作筹码；有的要抓紧研究，尽快拿出方案，通过协商谈判，妥善处理；有的则须暂时搁置，水到渠成之后再来解决。

《21 世纪》：马英九在就职演讲中，曾明确向对岸喊话：“未来我们也将与大陆就台湾国际空间与两岸和平协议进行协商”。是否给台湾以一定的国际的空间，一直是一个比较敏感的问题。您在不久前接受香港媒体采访时曾提出一个思路：大陆可先同意台湾以“中华台北”身份作为观察员参与世卫大会（WHA），之后再同意台湾以“中华台北”身份作为观察员加入世卫组织（WHO）。您做出这样预判的依据是什么？

徐博东：国际空间问题因为牵扯到主权问题，的确比较的敏感，但还是可以找出一些解决之道。在我看来，同样是国际空间问题，解决起来也是有难易之分，大陆应分清轻重缓急，先从容易处入手做起，尽快建立互信。前提是台湾不能以主权国家名义参加，这是原则，不会动摇。所以，台湾要想加入联合国及其下设的许多政治性很强的机构是很困难的，需要认真仔细的研究，找到双方都能接受的妥协方案，这恐怕短期内很难解决。但是台湾要加入WHA（世界卫生大会）、WHO（世界卫生组织）相对比较好处理一些，因为参加这个组织的具“观察员”身份的不一定都是主权国家，这已有先例。在此底线上，大陆方面甚至可以主动提案协助台湾加入。另外，有些国际组织的章程中明确规定必须要主权国家才能加入，中国可以利用目前自己在国际社会上的影响力来促使国际组织修改章程，从而让台湾不以主权国家的身份也有机会加入到这些国际组织中来。大陆主动做出这些让步，向国际社会展现一个大国的大气度、大胸襟与大格局，这样做也必将十分有利于争取台湾民心。

《21世纪》：近期两岸互动频繁，不久前举行的胡吴会，以及即将展开的两会复谈，让很多人对于未来的台海局势表现得十分乐观。不少论者认为，以马英九的胜选、国民党的重新上台执政为开端，两岸关系已经进入了和平发展的新时期。您对此作何判断？

徐博东：我认为这一判断似乎不够准确，过于超前和乐观。界定两岸关系是否已经进入了和平发展的新时期，最重要的“标志”就是要看两岸和平发展的制度性框架是否已经建立起来了。两岸和平发展的制度性框架一天没有建立起来，两岸关系的发展就仍然存在许多不稳定的因素，两岸关系就仍然十分脆弱，经不起风吹草动。虽然已经“雨过天晴”，但随时都有可能“飘来几片乌云”。所以，我不认为现在可以高枕无忧了，目前双方的互信是非常脆弱的。两岸能否真正做到“建立互信、搁置争议、求同存异、共创双赢”还有待在实践中进一步检验。而两岸和平发展制度性框架的建立，则有赖于在“九二共识”的基础上通过两岸的协商谈判，宣布“结束敌对状态”、建立“军事互信机制”、签订和平协议。而这一问题的解决，目前显然时机还不成熟。

因此，我认为准确地讲，目前两岸关系只能说已经进入了和平发展的“转换期”或称“转折期”、“过渡期”，并未真正进入稳定的和平发展的新时期。正因为如此，胡锦涛总书记说：我们要“努力开创两岸关系和平发展的新局面”。对于两岸关系新形势的判断是否清醒、准确，是否符合客观实际，至关重要，它将直接影响到两岸双方在处理两岸问题上的战略和战术决策。

《21 世纪》：6 月 14 日，持续四天的两会复谈将告一段落。您认为年内两会间还会举行新的会谈吗？有台湾媒体曾预测，随着两会会谈的不断深入，两岸间互动格局日趋向好，不排除在短时间内，胡锦涛主席将会以中共总书记的身份赴台，您认为其可能性有多大？

徐博东：两会双方要看还有什么具体的内容要谈，如果有特别急迫的议题，希望年内能有所定案的，不排除下半年换个地方去谈，比如说台北。所以，很可能下半年第二次两会会谈会在台北召开，陈云林也可能以海协会会长的名义赴台参加会谈，这个都要看现实的发展变化了。经过 10 年的中断，两岸需要处理、解决的问题实在太多。所以，以后两会层级较低的事务性、功能性的接触商谈，恐怕会是家常便饭，成为常态。

至于说胡锦涛何时能以中共总书记的身份赴台访问，我觉得暂时来看可能性不大。这除了要考虑岛内绿营人士的接受程度之外，恐怕还要考虑到美、日两国的感受。美、日两国若觉得两岸互动步伐过快的话，会产生疑虑，很可能会出手加以阻挠破坏，反而不利于两岸关系的发展。所以，我认为，短期内看不出胡锦涛入岛参访的可能性。

（21 世纪，2008/6 月号，马晖）

徐博东退，联大台研院“政党轮替”

彭志平/北京报导 北京涉台研究重镇之一的北京联合大学台湾研究院领导人事更迭，创院院长徐博东卸任，由大陆全国社科院台研所研究员刘红接任。徐博东专研民进党，刘红则研究国民党，此番院长变动是否与台湾政党轮替有关，引发联想。

五日晚间联大台研院为徐博东、刘红举办了迎新送旧酒会。包括国台办副主任孙亚夫以及国台办若干局级官员，北京涉台学界重量级人士许世诠、李家泉、朱卫东、黄嘉树、王建民，涉台军事专家罗援、王卫星等人都参加了这场酒会。

徐博东在发言时略带自嘲的表示：“民进党下台了，研究民进党的徐博东也下台了；国民党重新执政了，研究国民党的刘红也上台了。不过，民进党交给国民党的是一个烂摊子，我交给刘红的可不是个烂摊子。”这番谈话引起现场一阵哈哈大笑。

不过，徐博东指出，他交棒给刘红和蓝绿轮替“只是巧合吧!”“阿扁是灰溜溜下台，我是功成名就下台。”徐博东今年六十四岁，已超过退休年龄四岁；而刘红今年五十四岁，距离退休年龄还有六年。徐博东说：“六年足以培养院里的第三任接班人。”

徐博东一路将联合大学对台研究从个体户式的研究室发展到研究所，最后再升格为研究院，院内人员从一开始的几乎是徐博东自己“校长兼撞钟”，发展到现在有五所二中心，目前已成国台办、北京市涉台单位的重要智库之一。目前大陆各大学中虽有许多台研所，但只有两所大学设有台研院，北方是联合大学，南方则是厦门大学。

民进党执政时期，由于徐博东的立场被归类为大陆对台的“鹰派”，因此，徐博东提出的涉台申请屡遭驳回。徐博东还自嘲说，“民进党执政八年，我被禁了四年半。”

不过，最让徐耿耿于怀者，是〇六年三月他长居台湾的母亲过世，直到出殡前一个星期民进党政府才同意徐赴台，而且只允许他在台湾呆一个星期。徐博东说，“连立法院长王金平都出面帮忙，民进党政府才同意的。”刘红虽然以研究国民党为主，但对民进党也有研究，二〇〇四年即著有《民进党执政状况研究》。

（中时，2008/07/07）

两岸目前不可能签和平合作协议

针对前海基会副董事长邱进益今天在杭州举行的一场两岸研讨会中呼吁两岸签署和平合作协议，北京联合大学台湾研究院创院院长徐博东说，两岸不可能在目前签署这样的协议。

曾担任台湾海基会副董事长兼秘书长，并参与一九九三年两岸“辜汪会谈”的邱进益今天在杭举行的一场两岸研讨会中提出他的“台湾海峡两岸和平合作协议”草案，呼吁两岸“外交休兵”，在国际上携手合作，并互设代表团。

邱进益的提议在会中引起两岸学者专家的热烈讨论，徐博东便表达反对意见。

徐博东在晚间告诉“中央社”记者，推动两岸关系一定要从实际出发、实事求是，处理两岸问题要思考如何做才能有成效，千万不要“欲速则不达”。

他说，“两岸关系在经过李登辉、陈水扁的二十年执政，多数人都不承认自己是中国人，连两岸统一都不敢讲，‘一个中国’也不敢讲。”在这种情况下，如何签订两岸和平合作协议？邱进益的讲法“太过超前了”。

徐博东说，两岸应该先结束敌对状态，才能建立军事互信机制。按照邱进益所提，两年时间做签订两岸和平合作协议的准备，表示马英九在第一任期内想要完成签订两岸和平合作协议，这是一厢情愿的想法，根本不可能。

他说，台湾想要跟大陆签订和平合作协议，是不可能没有任何基础或条件的，一定要在“一个中国、未来统一”的基础下来签。根据邱进益的两岸和平合作协议，两岸如果签下去，就是永久的“维持现状”，大陆根本不会同意的。

徐博东说，处理两岸关系应该先易后难，循序渐进，许多大陆学者持着跟他一样的看法。

他强调：“大陆不会没有原则的签署两岸和平合作协议的”，如果签下两岸和平合作协议就是代表了两岸关系的重大突破，两岸关系因此有了稳定基础。

徐博东说，现在的两岸关系还是太不稳定了，非常脆弱，例如北京奥运的“中国台北”与“中华台北”名称争议就是一例。

他说，马英九在第一任期内不可能签两岸和平合作协议，能否在他的第二任期内签署还要看两岸关系发展的情势而定。

徐博东说，两岸现在要做的是建立互信，增进双方的了解，先从简单的做起，再做难的。

（中央社，2008/07/11）

研台专家徐博东遗憾圣火未至台岛

本报讯　台湾问题研究专家徐博东，对于能作为北京火炬传递的第301棒火炬手感到非常自豪，他告诉记者，这是他人生中最光荣的50米。唯一的遗憾就是火炬没有在他所熟悉的台湾传递。徐博东表示，火炬经过万水千山的传递到达自己手中，第一次触摸祥云火炬，内心就有一种神圣的感觉。在徐博东接受本报访问时，不时有热情的民众上前合影，抚摸火炬。

（文汇报，2008/08/07，江鑫娴、罗洪啸）

徐博东：北京奥运加强民族凝聚，巩固两岸互信

中国台湾网 8 月 8 日北京消息 北京奥运会召开在即，掀动的热潮亦成为两岸间关注焦点。著名台湾问题专家、前北京联大台研院院长徐博东教授日前在接受本网记者专访时表示：北京奥运会的举办对两岸关系的缓和和中华民族凝聚力的增强，贡献巨大。由大陆海协会与台湾海基会两会复谈而培养的互信积累的信心，在奥运热潮中可得到进一步巩固，势必将在后奥运时期的两岸关系中发挥更强的作用。

徐博东认为：北京奥运会是中华民族百年来的梦想与期待，是包括大陆民众、台港澳同胞，以及全球华人的期盼，更是中华民族扬眉吐气的重要标志和民族实力得到国际认可的象征。"当何振梁和吴经国在莫斯科流泪拥抱在一起的时候，我相信反映出的是两岸同胞共同的心情。"

"从奥运的申办和筹备过程来看，海峡两岸的中国人都做出了极大努力。大家期盼奥运能在中华大地上举办的心情是一样的。奥运的商机吸引了大批台商投资，水立方的建造是包括台湾同胞在内的全球华人踊跃捐款的结晶。此外，大陆发挥在体育方面的优势，提供优秀教练无偿协助台湾运动员长期在大陆训练，促进了两岸的体育交流和友谊深化。这个过程，对两岸关系的缓和和中华民族凝聚力的增强，贡献巨大。"徐博东说。

包括中国国民党主席吴伯雄、荣誉主席连战以及亲民党主席宋楚瑜、新党主席郁慕明等台湾岛内政党主席，皆成为获邀出席北京奥运开幕式的座上宾。徐博东表示：本届奥运会能有如此多台湾党政高层人士前来共享荣光，不仅是奥运的巨大魅力所在，也是两岸关系持续良好发展的结果。

至于奥运后的两岸关系有何发展，徐博东认为：两岸关系在奥运之后还将成为热点议题。从两岸关系发展的历史长河来看，2008 年是一个具有转折性意义、值得大书特书的年份。在经历了十多年的阴霾后，两岸关系有了突破性的进展，由两会复谈培养的互信和积累的信心，在奥运热潮中可得到

进一步巩固，势必将在后奥运时期发挥更强作用。

（中国台湾网，2008/08/08，李徽）

徐博东答中评社：奥运后两岸怎么办

著名台湾问题专家、北京联合大学台湾研究院创院院长徐博东表示，奥运对于巩固两岸关系和营造更好的气氛，起了承前启后的作用。他说，两岸的体育交流在两岸交流中是非常重要的一环，2008 年北京奥运会成功举办，台湾方面也有功劳。两岸同胞体现出血浓于水的感情，对同胞的热爱和与生俱来的自豪感，表露无遗。他预期，北京奥运会之后两岸关系会有比较快速的发展。

徐博东 21 日接受中评社专访时表示，民进党想对这次奥运的细节找茬儿，但是岛内的气氛让它的风凉话没有生存的地位。民进党人“岛气”十足，不能从全球发展、全中华民族发展的大势出发，只关心它眼皮底下那点事情，只顾自己小集团的利益、本政党的利益，不顾台湾民众的整体想法。他指出，民进党若想真正浴火重生，首先要和陈水扁切割，治理贪腐。第二就是改变两岸政策，放弃没有市场的“台独”意识形态。

对于奥运之后的两岸关系发展，徐博东认为，一方面是加强两会的沟通和接触，另一方面要利用国共两党的平台，双方一定要多沟通、接触、交流，不要再像李登辉和陈水扁时代那样，单方面出牌，应该有商有量才行。他指出，两岸关系发展应该分三步走：第一步是两岸结束敌对状态，第二步是建立军事互信机制，第三步才是签订“两岸和平协议”。

以下为专访全文：

记者：这次的奥运赛果证明了中国大陆的体育水平是一流的，您认为两岸在体育方面有多大的合作空间？

徐博东：两岸体育方面的交流，在九十年代初期已经开始了。大陆体育的总体水平要比台湾高很多，但台湾方面也有它的长处。两岸运动员体育之间的交流，除了比赛，可能一般的老百姓都不太了解。如台湾的教练把他们的运动员送到大陆进行训练，像举重、游泳、篮球、乒乓球等一些项目，台湾运动员都比较早地接受了大陆教练的指导。同样，台湾对大陆的运动方面的帮助也不少，例如棒球，一些台湾退役的运动员就到大陆来协助大陆棒球运动的发展，天津的棒球队就是聘请的台北教练。每逢比赛时，观众们只要遇到大陆和台湾的运动员，都非常热烈地加油助威。大陆第一次恢复参加奥运会是在美国洛杉矶的那一届，台湾民众看到大陆运动员夺得金牌都高兴。两岸同胞从运动会中体现出血浓于水的感情，对同胞的热爱和与生俱来的自豪感，表露无遗。

两岸的运动合作可谓常来常往，2004 年雅典奥运会之后获得冠军的大陆运动员就曾访问过台湾，在台湾受到热烈欢迎。两岸的体育交流在两岸的所有方面的交流里是非常重要的一环，对两岸运动员的友谊，甚至两岸老百姓的交流联系，都起到了很好的作用。2008 年北京奥运会成功举办，也是有台湾方面的功劳的，台湾同胞对于能在中华大地上举办奥运会，圆了百年的梦想，也是欢欣鼓舞的。在北京奥运会开幕式前，高金素梅带领的台湾表演团使用歌曲向全世界宣布：“我们和大陆是一家人！”但可惜的是，由于民进党的节外生枝，火炬在岛内传递的计划没能成功。如今民进党下台，两岸关系进入了一个新时期，从奥运角度来看，对两岸关系起到巩固和推动的作用。期间还有一些曲折，像是“中国台北”与“中华台北”的称谓之争，但是最后的妥协表现了大陆的诚意，大陆作了很大的让步，台湾运动员顺利参赛，中华台北队进场的时候也受到大陆观众的热烈欢迎，台湾运动员充分享受到了主场的优势。

台湾媒体对奥运的报道也是空前的，据说比雅典奥运会投入的经费增加了 19%，派到大陆来的记者也比任何一届奥运会的都多。台湾民众对北京奥运的关注度也是空前的，民调显示上班族 74% 的人都在密切关注奥运赛事。台湾媒体的报道中都掩饰不住对中国队金牌榜首位的自豪感。所以奥运对两岸关系的发展确实起到很好的作用，民进党想对北京奥运会的细节找茬儿，但是整个岛内的气氛让它的风凉话没有生存的地位。在奥运之后，两岸关系中高层的来往会更加密切。

记者：您是大陆研究台湾问题学者中的奥运火炬手，请您谈谈您作为火炬手时的心情？

徐博东：首先我感到非常光荣，我是北京市教委推荐的，是代表北京市教育系统的。作为一个老教师，感到很激动，作为对台湾问题研究的学者，我感到很高兴，这是对我工作的肯定，也是北京联合大学对我们台湾研究院的肯定。在百年圆梦的奥运会上作为奥运火炬手，是发自内心的激动，奥林匹克精神是：爱、奉献与和平。作为一个老教师，一个研究台湾问题的退休学者，我的目的也就是为国家，为民族奉献自己的一份力量。两岸同胞血浓于水，不应该因为政治分歧而发生悲剧。应该借助奥运的东风把两岸关系推向更好的阶段，这符合中华民族的理念。虽然我已年过花甲，但是仍然要发挥余热，关注两岸关系，为其发展尽自己的绵薄之力。传递火炬从“传承”的角度来讲也有它的意义，大陆学者也是要不断培养新的一代。

记者：奥运开幕前后，民进党做了一些小动作，请您分析一下为什么他们会这样做？

徐博东：民进党的这一批人很聪明很优秀，但是有一个很大的问题就是国际观欠缺，说白了就是“岛气”十足。民进党人不能从全球发展、全中华民族发展的大势出发，就只关心它眼皮底下那点事情。还有就是他们只顾自己小集团的利益，本政党的利益，不顾台湾民众的整体想法。像陈水扁，可能当台北市长很优秀，当一个“立委”很优秀，你让他当一个全台湾的领导人，他的格局观念，他的素质就不够了。陈水扁考虑问题非常自私，都是个人和家族的利益，最多就是政党利益。当政党利益和他的个人利益冲突的时候，还是以他个人私利为主的。当政党和全民的利益冲突时，政党利益为主。所以民进党的问题不能以一般的正常的角度来分析它。“台独”对于陈水扁来说是理念还是工具？绝对是工具。他摇摆不定，一会儿激进“台独”，一会儿温和“台独”，也是根据需要来变。甚至后来为了保护他家族的利益，掩盖他贪渎的目的，倒向急独派。所谓奥运问题等两岸关系问题，他都是作为工具在利用。民进党对北京奥运会做小动作，就充分表明民进党仍然继承陈水扁路线，不做切割。

记者：陈水扁海外洗钱弊案对台湾的政党政治有何重大影响？

徐博东：民进党如果在选后果断地和陈水扁切割，应当说是很好的一个机会。我当初以为民进党大败的话，一定会追究陈水扁八年执政的问题，然而他们没有这样做。现在陈水扁海外洗钱证据确凿，应该切割了吧？民进党开始表现出要切割了，可是又戛然而止。有人讲是陈幸好发飙，点了谢长廷、苏贞昌、陈菊的名，意指这些人是共犯，如果他们跟陈水扁切割的话，就会把他们背后的事情全抖搂出来。有人告诉我，“切割不容易”。民进党如果不能跟陈水扁切割的话，是没有希望的，但是这个切割很难，几乎每个人都有辫子。

台湾整个司法机构曾经都变成了保护陈水扁的工具，洗钱资料竟然可以压着不办，这叫什么法治？陈水扁是一票票选出来的，竟然可以选出这样一个贪腐的、糟糕的领导人，中国人的社会应该走什么样的民主化道路，值得好好探讨。

一个陈水扁，使台湾的社会发展走了弯路，极好的形势没有抓住。陈水扁在任八年，到底搞了什么事，现在才刚刚开始查。民进党如果不与陈水扁切割，就没有前途，最终有可能会走向泡沫化。如果说两岸问题属于意识形态，那么贪腐不属于统独问题吧，任何人都痛恨贪腐。台湾的政党政治真正要走上正常的发展阶段，还早着呢！

记者：这次民进党遭受空前巨大的冲击，它可以如何自救？

徐博东：有民进党人说过，民进党应该“检讨、整合、团结”。然而民进党并没有检讨，派系还在互斗并未整合，卡位还互不相让，怎么可能走向团结？我对民进党的未来，很不乐观。

本来蔡英文出任民进党主席是一个很不错的选择，现在看来她也未必是一个能够把民进党带进新的发展道路的好的领头人。她是城市里的精英，缺乏草根性，现在包围着她的，还是那批旧的民进党势力。再加上各派系，包括新潮流在内，都是民进党执政时期的受益者，很难与陈水扁切割。理念性比较强、比较有风骨的人，在民进党里面又没有市场。

民进党若想真正浴火重生，首先要和陈水扁切割。还有，中国大陆越来越强大，各个大国都不得不正视中国崛起的现实，“台独”已经没有市场、没有出路了，民进党死抓“台独”，能有什么前途？从奥运就能看出来，民进党还抱着原来的意识形态不放，没有任何检讨。其实，检讨民进党丢掉政权的原因，就可以找到未来发展的妙药。我认为，民进党第一是需要治理贪腐，第二是需要改变两岸政策。

记者：奥运之后，两岸关系的发展将成为新的热点。两岸关系发展的重点是什么，您对此有何好建议？

徐博东：奥运这段时间，对于巩固两岸之间的关系、营造更好的气氛、推动两岸发展，起了一个承前启后的作用。奥运之后，两岸将进行第二轮协商，加上国际油价下降、国际经济环境好转，至少台湾经济将会有一个比较大的起色。我预期，奥运之后两岸关系会有比较快速的发展。值得关注的是十月底十一月初陈云林访台，届时两会协商会加快，比如包机、海运直航、截弯取直、陆客入岛等问题，无论谈出什么协议，都将对岛内经济发展有很大的影响。明年这些措施逐步出台之后，岛内政局会走向稳定，大陆方面也会配合马英九的一些政策，比如加入 WHA 的问题，明年五月可望拿出解决措施。马英九推动两岸关系发展这条路走对了，但是需要有一个过程。

至于推动两岸关系，我认为还是要把握“先经后政、先易后难”的思路，政治上的分歧先搁在一边，求同存异、共创双赢。两岸之间的互信，通过这一段时间的运作，比原来前进了一步。当然，两岸关系发展也不会一帆风顺，还会有摩擦。

要有力促进两岸关系发展，一方面要加强两会的沟通和接触，另一方面就是要利用好国共两党的平台，双方一定要多沟通、接触、交流，不要再像李登辉和陈水扁时代那样，单方面出牌，应该有商有量才行。目前总体上来说，两岸双方都比较注意对方的感受，对于得来不易的两岸和平发展的形势，还是非常珍视，所以我是比较乐观的。

两岸政治关系发展应该分三步走：第一步是两岸结束敌对状态。第二步是建立军事互信机制。第三步签订和平协议，我建议，第一步结束敌对状态，可以比较快地处理。第二步建立军事互信机制，应该放在马英九第一任期，至于第三阶段的签订和平协议，则要等待时机成熟。

（中评社，2008/08/22）

台湾问题专家徐博东的台湾收藏

中评社北京 8 月 22 日电（记者刘晓丹、郭至君） 著名台湾问题专家、北京联合大学台湾研究院创院院长徐博东的家里可谓琳琅满目，在他众多的收藏中，有几件“特色藏品”，它们都来自宝岛台湾。

徐博东曾先后九次赴台，与不少台湾同胞结下了深厚友谊。他是大陆台湾研究界的领军人物之一，也是研究民进党的权威学者，国台办前新闻发言人张铭清就曾说过：徐博东是台湾问题的“民间发言人”。

他对台湾不仅了解至深，还有一份很深的情结。他出生的时候，负责接生的正是大名鼎鼎的台湾抗日英雄丘逢甲的孙女丘应棠，以及台湾抗日领袖蒋渭水的养女蒋碧玉。徐博东说，自己一辈子都与台湾有着不解的情缘。

在徐博东的收藏架上，有珍贵蝴蝶标本、宝马玻璃雕塑、五色花瓶等，都是台湾朋友赠与他的。一幅富有台湾本土特色的原住民文化祭纪念品很抢眼，那是当时身为台北市长的陈水扁于 1997 年送给徐博东的。书柜前，一列具有特殊意义的 T 恤一字排开，其中包括“倒扁红衫军”T 恤和保钓 T 恤等，每一件的背后都有一个故事。徐博东还兴致勃勃地向记者展示他的“战利品”，从一个大纸袋中掏出台湾各次选举的宣传品，从小旗子到大横幅，从徽章到公仔……徐博东的家似乎是一个迷你博物馆，讲述着近二十几年来的台湾政治故事。

（中评社，2008/08/22，组图省略）

连战任特使有利两岸关系发展

台湾当局派连战作为 APEC 特使，截至记者发稿时，大陆还没有回应，但北京联合大学台湾研究院前院长徐博东在接受本报记者采访时表示，以他个人的观察，由连战出任 APEC 特使，两岸事先应有默契。此举是对国民党上台后积极发展两岸关系、促进双方经贸交流的一种善意回应，也是对连战先生本人多年来致力于推动两岸关系健康发展的肯定，对增进双方互信、推动两岸关系进一步向前发展有着重要的意义。

徐博东指出，由连战出任特使，岛内舆论与民众普遍将此事件看成是一种“突破”，因为以往历届 APEC 会议，代表台湾出席的多为工商界或者经济界人士，级别在台湾民众眼中是有点“低”，而如今由连战出任特使，这在以前是不可想象的。从大陆方面而言，由连战出任特使，这个结果也是可以接受的。连战以前虽担任过公职，但是早已退休，目前不具有任何公职身份，所以由他出任特使并没有违反大陆的底线，应是大陆在坚持基本立场前提下的一种灵活变通，也是大陆多次提到“通过协商，妥善解决台湾地区在国际上与其身份相适应的活动空间问题”的一次实践，此举也定能得到多数岛内同胞的认同。

（海峡导报，2008/10/30，薛洋、燕子）

陈云林圆了汪老的梦，但绝不是简单历史重复

中新网 2008 年 11 月 2 日电　大陆海协会会长陈云林 3 日起即将赴台访问，北京联合大学台湾研究院前院长徐博东认为，“他（陈云林）真正圆了汪老的梦，但绝不是简单的历史的重复，而是往前迈出了一大步。”

两岸知名专家学者接受《瞭望》新闻周刊采访表示，这将是两岸关系发展中一个指标性、历史性的突破。台湾各界都呼吁马英九及其执政团队能把握陈云林到台时机，和大陆建立更为紧密的经贸互助合作关系和管道。

“他真正圆了汪老的梦，但绝不是简单的历史的重复，而是往前迈出了一大步。”北京联合大学台湾研究院前院长徐博东认为，陈云林赴台访问的

经济效应将在几个月内逐步显现，同时在国际金融危机当前，两岸携手所形成的命运共同体意涵值得关注。

……略

徐博东和郑又平都认为，两会协商中断长达9年之久，海协会会长能够第一次到台湾去参访，这本身就是一个突破。

1993年4月，海协会会长汪道涵与海基会董事长辜振甫在新加坡举行会谈，签署4项协议；1998年10月，辜振甫率团到上海、北京参访，并进行两会对话，其后，两会商定汪道涵于1999年秋天访问台湾。但因为李登辉抛出“两国论”，汪道涵访台未能如愿。

当时为汪道涵会长赴台准备讲稿成员之一的徐博东认为，陈云林如愿赴台不仅具有象征意义，更具有实质作用。

此次陈云林率团访问台湾，将与海基会董事长江丙坤进行会谈，协商两岸海运直航、空运直航、邮政合作、食品安全等议题，签署协议；并就如何增加大陆居民赴台旅游人数、两会下轮协商议题安排、加强两会联系与交流等问题交换意见、作出规划。

徐博东说：“虽然9年期间两岸关系遭受了很大波折，但陈云林此次赴台将要协商和签署的几项协议，是9年前很难想象的突破，可以说是迈出了一大步。”

……略

“可以预见，两岸商谈的机制将日趋成熟与完善。”徐博东说，遵循“先易后难”的原则，目前两岸通过交往沟通建立互信，将来不排除从经济到政治，从简单到复杂，循序渐进，才能让两岸和平发展。

（中新网，2008/11/02）

陈云林访台是震撼之旅，同胞爱将消反弹情绪

海协会会长陈云林 11 月 3 日至 7 日将率协商代表团赴台湾访问，10 月 30 日，陈云林接受本社记者在内的两岸及香港的十二家媒体联合采访。他说希望此次两会将签署的四项协议可以增进两岸同胞的利益。

……略

北京联合大学台湾研究院前院长徐博东认为，“虽然绿营的民进党、台联党还处在冷战思维，还以各种借口来杯葛、反对陈会长访台，但我想这不符合岛内大多数民众愿望，是违反主流民意的，陈会长赴台，岛内进步舆论和大多数民众会积极支持欢迎，少数人反对的声音没有着力点，会处于尴尬局面。民进党为反对而反对，嘴里说顾及所谓的‘主权’，实际上只是喊喊口号而已，真正关心的是个人和一党之私，不是真正从台湾人民利益来考虑。民进党脱离了台湾的主流民意是没有前途的。如果它们不调整两岸政策，会被台湾民众所抛弃，多数台湾民众会从事实上看到马英九的两岸政策是符合他们的利益的。”

……略

（华夏经纬网，2008/11/2）

一篇没有完成的演讲稿：
徐博东忆汪老未能赴台始末

北京联合大学台湾研究院前院长徐博东，不但见证了自汪辜“上海会谈”以来整整 10 年间两岸关系发展的起起落落，还参与了汪道涵那次未成行“台湾之旅”发言稿的起草。

辜振甫于1998年亲赴上海与汪道涵再度举行会谈，会上，辜振甫邀请汪会长在适当时候访问台湾，汪老愉快地接受了邀请。经过“两会”的一系列后续磋商，汪老赴台日期也基本敲定，时间初定在1999年10月中下旬。徐博东说，当时，中央对那次台湾之行非常重视，对汪老在台湾各种场合应如何发言也花了很多心思，还成立专门的“发言稿起草班子”。这个班子由时任海协会副秘书长的孙亚夫牵头，从大陆涉台领域权威的官员与学者中挑选9人作为写作班子成员，当时徐博东就是其中一员。徐博东透露，这个班子成员的理论与文字功底都比较深厚，整个起草工作也很严谨，甚至达到字斟句酌、锱铢必较的程度，并且针对岛内局势的最新进展不断做出修改。到了1999年6月，已经改到第三稿了，很快就要定稿了。

让人始料未及的是，7月9日，李登辉突然发表了“两国论”，汪道涵的台湾之行，最终没能成行。徐博东非常惋惜地表示，“我们写作班子的劳动成果白费事小，而两岸关系向后倒退事大”。

2000年民进党上台，陈水扁又发表“一边一国论”，两岸关系更是经历长达八年的低潮期，两会复谈遥遥无期。

如今，国民党重新执政，两岸局势逐渐缓和，两会领导人再次聚首成为可能，这次陈云林会长赴台访问，更是历史的突破。

徐博东表示，“陈云林此行绝不是简单的历史重复，而是更高层次上的交流与合作，如果说以前汪辜会谈，务虚的成分多些，而此次陈会长赴台，给台湾同胞带去的是许多实实在在的利益，相信陈江会之后两岸关系必将往前迈出一大步。”

（海峡导报，2008/11/04）

徐博东：国共论坛更具实效、再进一步

台海网12月20日讯（海峡导报记者 薛洋） 对于今日开幕的第四届国共论坛（两岸经贸文化论坛），北京联合大学台湾研究院教授徐博东在接受本报记者采访时表示，本届论坛最大的特点，就是国民党拿回执政权后的首次参与，也是两岸执政党首次合办这种活动，意义远胜以往。

同时，两党利用成熟、灵活的党际交流平台，也可以针对两岸热点议题进行先期沟通、协商，为明年的两会会谈做准备。国共两党通过本届论坛达成的共识，虽然仍会以“建议”方式转达给台当局，但因为国民党在岛内有了执政优势，这些建议被采纳、实施的可能性就大大增加，国共论坛将凸显更具实效的一面。

徐博东表示，在国际金融危机的冲击下，岛内经济走势低迷，台当局目前面对着强大的“拼经济”压力，国民党通过参与国共论坛寻求两岸经贸的深入合作，有利于营造出两岸联手抵御金融风暴的气氛和决心，这对稳定岛内民心有很大意义。他强调说，本届国共论坛既是今年以来两岸关系持续正面发展的重要一步，也是构建“两岸命运共同体”的重要一步。

（台海网，2008/12/20）

和平协议须以统一为终极目标

——本报独家专访台湾问题专家徐博东

本报记者王德军北京三十一日电 著名台湾问题专家、北京联合大学台湾研究院顾问徐博东在接受本报记者采访时表示，两会协商谈判必须遵循“先易后难、先经后政”的原则循序渐进地推进，虽然今年两岸关系发生了重大的积极变化，但对解决台湾问题仍要有长期性、复杂性和曲折性的思想准备，急于求成是不可能的。“我认为，两岸签署和平协议必须满足两个基本条件：一是一个中国原则明确无误地宣示，其次是未来两岸关系发展必须以统一为终极目标。”

徐博东认为，从三十年前全国人大发表《告台湾同胞书》至今，两岸关系、国际形势、岛内政局都发生了很大的变化。对大陆来说，有必要总结三十年来推动两岸关系发展的经验教训，使下一步对台工作做得更加扎实，推动两岸关系和平发展能够更加顺畅。

从台湾来讲，今年“台独”分裂势力遭受重创，再次上台执政的可能性大大降低，这也为两岸关系和平发展创造了条件。“民进党下台，国民党重新执政，本身就是‘反独遏独’取得重大胜利的标志。说明台湾民众不能接受民进党推行的‘台独’路线，不能接受民进党挑衅两岸关系，制造两岸紧张，造成台湾经济大幅滑坡，社会动荡，蓝绿恶斗的情况。民进党如果不调整路线的话，最多只能取得百分之三十到百分之四十的票源，不可能再有突破性成长。除非国民党自己分裂。”

徐博东说，经过三十年努力，今年两岸终于实现了直接双向“三通”，这对两岸同胞消除敌意，促进两岸经贸文化交流、人员往来具有重大意义，也必将进一步促进两岸关系和平发展。至于两会开始政治议题的接触和协商谈判，乃至最终签订和平协议，不能急于求成，必须做好长期性、复杂性和曲折性的思想准备。“先易后难”不光是指“先经后政”，在进行经济问题、政治问题协商时，同样都要遵循这个原则逐步推进。

签署和平协议要三步走

“我认为，两岸签署和平协议必须满足两个基本条件：一是一个中国原则明确无误地宣示，其次是未来两岸关系发展必须以统一为终极目标。”而现在台湾主流民意还无法接受这两个条件，如果贸然签署，必然引起岛内强烈反弹。“如果签订一个不明确‘一中’原则，两岸关系发展不以统一为终极目标的协议，意味着有可能使两岸分裂现状合法化、永久化和固定化，大陆是绝对不会答应的。”

徐博东表示，两岸达成和平协议应该分三步完成：首先是宣布结束敌对状态，给历史一个交代。“两岸敌对状态是国共内战的历史遗留问题，必须给两岸中国人一个交代，宣布结束敌对状态也比较简单。”其次是建立两岸军事互信机制。军事互信机制所包括的内容应更加全面、更加丰富。“这两步都是只要在“九二共识”基础上就可以开展的工作。”第三步才能进入和平协议和协商谈判阶段，这是最高层次的，协议内容必须明确“两岸一中”和未来两岸统一的终极目标。

徐博东认为，台湾的国际活动空间问题，也应遵循“先易后难”的原则，从最容易处理的“个案”做起，不可能一揽子解决。“台湾当局急于回应岛内民意的诉求，这是可以理解的。但要看到，在台湾参与国际活动空间问题上，两岸还存在一些分歧，甚至还有一些结构上的矛盾，而且也不是大陆单方面可以说了算的。这就需要双方先建立互信，不要急于求成。台湾当局不应该挟民意不断给大陆制造压力，甚至拉国际舆论向大陆施压，这反而无助于建立互信。现在国共两党、两会机制化协商的平台都已经建立，要利用这些平台进行敏感问题的讨论，不要单方面放话，这只会造成两岸互信的丧失和双方情绪上的不满。”

加强港台关系空间大

徐博东指出，香港作为“和平统一、一国两制”构想的示范性安排，具有重要的指标性意义。“现在香港面临全球金融海啸的冲击，但得到了中央政府的全力支持。这对台湾民众、台湾当局有潜移默化的影响”。

从港台关系来看，徐博东认为，香港政府应该积极协助中央推动两岸关系发展，起到香港应该起到的正面作用，在这个问题上，香港还有很多空间可以发挥。“香港与台湾方面在李登辉、陈水扁时代不可能有更多作为，现在应该更积极发展港台关系，起到北京所起不到的作用，应该进一步加强港台间交流互访，加强政治、经济、文化等方面的交流交往，大陆不便做、做不到的事情，香港完全可以积极主动先做。”

（大公报，2008/12/31）

2009 年

徐博东判断吴淑珍会出庭并有可能部分认罪

近日，海峡之声广播电台新开辟的政论专栏节目——《博东看两岸》正式开播，大陆著名台湾问题专家徐博东教授在该栏目首播中，就有关陈水扁家族弊案回答了主持人和听众现场扣应提出的一系列问题。

陈致中夫妇要求“认罪协商”是扁家策略

主持人：自2月3日以来，台湾特侦组连续对陈水扁家族四大弊案召开准备程序庭。目前，已经陆续传唤“白手套”蔡铭杰、蔡铭哲、前陈水扁办公室出纳陈镇慧、力麒建设董事长郭铨庆和吴淑珍的哥哥吴景茂、嫂子陈俊英，接下来将传唤马永成、林德训等人。在已经传唤的几名被告中，除陈镇慧部分不认罪外，包括陈致中、黄睿靓，吴景茂、陈俊英，蔡铭哲、蔡铭杰、李界木等人都表示认罪。自此，涉及扁家弊案的被告认罪人数已达10名。请问徐教授，陈水扁家族弊案被告为什么会像“多米诺骨牌”一样纷纷表示认罪呢?

徐博东：这个问题很简单！经过特侦组半年多来的密集侦查，扁家弊案已经越来越清晰，事证愈来愈明确，相关被告自知已无可逃遁，他们不甘心成为扁家的殉葬品，不得不为自己考虑，为求脱身自保，至少可以争取从轻发落，纷纷表示认罪完全在情理之中。

主持人：最先提出“认罪协商”的是陈水扁儿、媳陈致中夫妇，这让很多人“大跌眼镜”。有人认为陈致中夫妇要求“认罪协商”是对扁、珍的最大打击，为此吴淑珍律师李胜雄还主动解除了委任关系。但是陈致中随后却对媒体表示，他“认罪协商”已经得到陈水扁的谅解，陈水扁还鼓励他“从头开始”。那么，徐教授，您认为陈致中夫妇要求“认罪协商”是个人的行为，还是像有些媒体所说的是“弃车保帅”的策略?

徐博东：可以肯定，陈致中夫妇要求“认罪协商”绝对不会是个人行为，而是扁家事先商量好的诉讼策略。这是关系到扁家身家性命的大事，怎么可能是陈致中夫妇小两口的单独行为？不过，这不是“弃车保帅”，而是吴淑珍企图“救夫保子”的一种策略手法。

大家应该还记得，原来陈致中夫妇一直声称自己只是“人头”，是被“支配”的角色，但是随着特侦组对扁家弊案调查的深入，这种说法明显已经站不住脚了，于是他们就想通过承认部分犯罪事实，来掩盖更多更大的罪行，争取从轻量刑。这样，夫妇俩坐上几年牢出来之后，还可以继续享用没被发现的更多的赃款。而陈水扁呢，则会坚持死不承认有任何犯意和犯行，把罪责全都推到吴淑珍头上。也就是说，罪行由吴淑珍一人来扛，进行上下切割。而吴淑珍则因为身体有病，可以不用坐牢，这样就可以达到刚才我所说的“救夫保子”的目的。当然，扁家的这个如意算盘能不能如愿，最终还是要看法官如何认定。

吴淑珍会出庭并有可能部分认罪

台湾听众甲：2月10号、11号法院将传讯吴淑珍，已经17次请假的吴淑珍会不会出庭？如果出庭，她会不会认罪？台湾法院对身患疾病的吴淑珍会怎样量刑？是否会因为她是病人而有其他裁量？

徐博东：根据目前情况来判断，吴淑珍一定会出庭。案情发展到现在，吴淑珍已经改变了以前“拖以待变”的策略，希望早点判决。因为陈水扁被关在看守所里，儿子、儿媳也想早一点“认罪协商”，而只有一审判决之后，陈水扁才能放出来，全家才能回归正常生活，以便更好地应付后边的官司。

吴淑珍这次出庭，有可能会对证据确凿、无法抵赖的那部分不得不认罪，例如已经被特侦组掌握的非选举期间所收受的贿款、珠宝等，以及非法汇往海外的那部分赃款。而且，在她承认的部分罪行中，吴淑珍很可能会单独扛下，说是她的个人行为，是瞒着陈水扁干的，陈水扁、陈致中夫妇完全不知情，和他们没有任何关系，以便达到“救夫保子”的目的。

目前谈对吴淑珍如何量刑还为时尚早，因为除了“国务机要费案”、洗钱案、南港展馆案、龙潭购地案等四大弊案之外，还有二次金改、“外交机密案”等几个案件都还在侦查之中，只能一个一个量刑，但有一点是可以确定的：吴淑珍肯定被判重刑无疑！至于吴淑珍身患疾病如何服刑？有两种可能：一是“保外就医”、限制自由，这个可能性最大；二是台湾曾有人出过这样的主意：在监狱医院里专辟一间病房，作为关押她的牢房，让吴淑珍在监狱的医院里服刑，但这个可能性较小。

台湾听众乙：如果陈幸妤没有参与扁家弊案，而又享受了扁家的贪污所得，她是否也会牵涉到刑责部分？

徐博东：我认为，这要从两个层面来看：一个是司法层面，如果经过调查，陈幸妤确实没有涉及扁家弊案，那就很难在法律上判她有罪。当然，随着案情的发展，如果有确凿证据证明陈幸妤在一些问题上知情甚至有不同程度的参与，则另当别论。另一个是道德层面，即使她跟弊案无关，但她毕竟是扁家成员，在陈水扁八年执政期间，她跟着吃香喝辣，享受“公主”待遇，弊案揭发出来后，她不但不和她爹妈划清界线，相反态度十分恶劣，社会观感极差。所以，法律层面不一定能抓得住她的辫子，但在道德层面上应该受到谴责，丝毫不值得同情。

民进党错过了与陈水扁切割的最佳时机

主持人：陈水扁家庭弊案发生后，陈水扁和特侦组展开一系列“攻防战”，先是退出民进党，陆续演绎“温暖之旅”、“两度禁食”、“狱中出书”等手段。最近还对今年年底台湾县市选举下“指导棋”，这可让部分民进党人士极为恼火，有人建议民进党应该和陈水扁彻底切割。那么，民进党和陈水扁家是否可以做完整切割？又应该如何看陈水扁在民进党中的影响力？

徐博东：首先，陈水扁当了八年台湾的最高领导人，而且担任过民进党主席，他已经成为民进党历史的一部分。从这个角度来说，陈水扁的贪污弊案不可能跟民进党切割，想切割也切割不了。其次，现在我们所谈的“切割”，是指民进党要不要和陈水扁划清界线的问题。我说，民进党和陈水扁划清界线的最佳时机已经过去，在百万红衫军倒扁的时候，民进党就应当毅然决然和陈水扁切割，但很可惜，民进党没有这种道德勇气，相反，当时全党都在力挺陈水扁，少数几个主张切割的民进党人如李文忠、林浊水等还被骂成“十一寇”。后来还有几次“切割”的机会，比如去年大选惨败后，或陈水扁被特侦组正式起诉后，都是民进党和陈水扁切割的大好时机，但民进党都没有这样做。不仅没有这样做，相反还打着所谓捍卫“司法人权”的幌子，继续挺扁。原因就在于，在陈水扁执政期间，很多民进党的重要人士都受过陈水扁的恩惠，已经形成利益集团，成为共犯结构，有些人实际上本身就陷入弊案不可自拔。另外，很多民进党重要人物在陈水扁执政期间享受荣华富贵，感情上也难以和陈水扁切割。

现在民进党处于非常尴尬的境地，从党的利益出发，需要切割，但又没有这种道德勇气。蔡英文出任党主席后，本来她很有条件和陈水扁切割，但她没有这种胆识和魄力。于是，陈水扁就加以充分利用，继续兴风作浪，对民进党施加影响力来保自己。不过，这种情况不会维持太久了，随着时间的推移，案情的进一步发展，肯定会有越来越多的民进党人士及其支持者抛弃陈水扁，从目前来看，陈水扁在民进党内的影响力正在急速减弱之中。

马英九会不会特赦陈水扁

主持人：随着对陈水扁家弊案侦办的逐渐深入，离接近真相的时间越来越近了，扁家海角资金图逐渐明晰，涉案资金越查越大，已经超过20亿新台币。有关如何判决陈水扁成为人们关注的话题。有台湾法律专家认为，陈水扁最少被判30年徒刑，也有人认为，马英九会考虑特赦陈水扁。请问徐教授，您认为马英九特赦陈水扁的可能性有多大？

徐博东：马英九是个非常讲“法治”的政治人物，在案件审理过程中他不会去干涉司法，会让司法走完所有程序，等待三审定谳之后，他会观察岛内政治气氛再决定要不要对陈水扁进行特赦。另外，也不排除陈水扁被关押一段时间之后，再找个适当的时机实行特赦。总之，宣判后如果马上特赦，恐怕很难对台湾社会交代，更不用说没走完法律程序就特赦，因为扁家的犯行实在是太恶劣、太超过了！

（海峡之声网，2009/02/09）

民进党正处在十字路口

2 月 14 日，北京联合大学台湾研究院徐博东教授在海峡之声电台《博东看两岸》专栏节目中，就民进党的路线问题回答了主持人和现场听友的提问。

主持人：民进党日前召开临时中常会，扩大检讨民进党的路线和定位等议题。此前，民进党主席蔡英文宣示今年为“社会运动年”，并将现有“社会发展部”改回在野时期的“社会运动部”。那么，徐教授，民进党主席蔡英文是在什么背景下宣示今年为“社会运动年”的？这是否意味着民进党重新回归 2000 年执政前所走的“街头运动路线”？

徐博东：民进党之所以在这个时候宣示今年为“社会运动年”，是因为当前民进党面临着这样的大环境、大背景：一方面马英九执政半年多来，虽然两岸关系得到缓和发展，大多数台湾民众对于马英九的两岸政策给予肯定和支持。但是，面对国际金融危机，台湾经济急剧下滑，失业率大幅攀升，“拼经济”的绩效不彰，民众对马英九和他的执政团队的满意度和支持度都在不断下跌。而另一方面，去年民进党大选惨败后，并没有抓住时机认真检讨败选原因，新任党主席蔡英文被寄予厚望，但却无力领导全党摆脱困境。民进党在“立法院”席位太少，在体制内难以发挥影响力主导议题和政局，民调显示，民进党的政党支持度始终处于低迷状态，基本盘出现松动迹象，不断萎缩。而今年年底的县市长选举，非常关键，如果民进党再败的话，民进党很可能从此一蹶不振，不知道多少年之后才能重新爬起来。所以面临这样一个大的环境，经过党内的讨论，蔡英文宣示民进党今年要进入“社会运动年”。

所谓“社会运动”，应该是关注台湾社会弱势族群的切身利益，针对包括人权、环保、就业、劳工福利等民生问题所进行的抗争活动。蔡英文说，“社会运动年”不等于“街头运动年”。这种说法固然不错，因为“街头运动”只搞“街头抗争”，而“社会运动”的形式则更为多样化；“街头运动”抗争的范围很广，政治性议题也包括在内，而“社会运动”则主要是关切弱势族群的经济利益等民生议题。但是，我们很难说民进党要搞的“社会运动”，真的是关注弱势族群的切身利益，还是打着关怀弱势族群的旗号，一心只是想利用社运团体和弱势族群，来凝聚和扩大民进党的基本盘，为年底县市长选举造势，谋取自己的政党利益。另外，民进党的所谓“社会运动”会不会被“台独”基本教义派所裹挟和把持，变成“挂羊头卖狗肉”——重回单纯的“街头抗争”路线，甚至像去年 11 月陈云林访台期间那样，不惜搞街头“暴力抗争”？总之，民进党能不能重新振作起来，今年是个非常关键的年份，它所提出的“社会运动年”究竟是一个什么样的操作模式？还有待观察。

主持人：蔡英文宣示今年为社会运动年之后，在民进党内再次引发路线之争，这次争论的主要焦点在那里，反映了民进党内部什么样的政治势力格局？重走“街头运动路线”能否把民进党带出当前的困境？

徐博东：实际上观察整个民进党发展史，究竟是走“街头路线”还是体制内的抗争，始终都存在争论，就看哪一派占上风。建党初期，主张“街头运动”的“新潮流”占据了上风，因为当时在体制内民进党的实力非常弱小，难以和国民党抗争，所以街头群众运动成为民进党的主要抗争模式。后来民进党逐渐发展壮大，夺取了一些县市的执政地位，在“立法院”的席位也不断增加，因此主张在体制内抗争的“美丽岛系”取得了主导地位。民进党在野的中后期，实际上走的是“议会斗争为主，街头抗争为辅”的路线。2000 年民进党上台执政后，它仍然没有忘情于街头运动，8 年执政期间不断发动街头抗争，“当家闹事”，执政党发动自己的支持者走上街头，这在世界各国政党政治发展史上来看，也是一个很奇怪的现象。原因就在于民进党属于少数执政，需要通过街头运动来凝聚人气，压制强大的在野党，配合执政团队的政策推动。另外，陈水扁所推行的急进“台独”路线，也需要通过街头运动来煽动民粹情绪，对抗大陆。去年“立委”选举和“总统”选举连遭惨败后，民进党不仅重回在野，而且在“立法院”内只剩下20多个席位，在台湾政治版图上，其实力已急速跌落到建党初期的水平。面对这种困局，民进党内的路线之争自然也就浮上了台面：“台独基本教义派”主张重回街头，不过，民进党内较为理性务实的人士则认为，关键问题首先是要清算陈水扁执政八年来所推行的错误路线，与“陈水扁们”彻底切割，重新找回民进党的“党魂”，加强论述，找到正确的政治方向，唯有如此，民进党才可能重新出发，否则将难以摆脱当前的困境。

主持人：民进党路线可能会向什么方向发展？是偏重“街头路线”还是所谓“议会”路线？

徐博东：去年11月5日，民进党召开“街头中常会”，当晚即发生“晶华饭店暴力事件”，标志着蔡英文所领导的民进党将重上街头，推行体制外的暴力抗争路线。次日，又针对“马陈会”发动号称四十万人的“围城大游行”，场面失控，发生了更严重的流血冲突，民进党因此受到社会舆论的强烈谴责。此后，民进党内对究竟是走“议会路线为主，街头路线为辅”，还是两者并重？存在分歧，举棋不定。如今，蔡英文既然已经宣布今年是“社会运动年”，我估计它会向街头路线和体制内抗争相结合的方向发展，两者交替使用，互相配合，不同时期会有不同的侧重面，很难说会以哪个为主，哪个为次。不过，“街头抗争”的频率、强度与力度必定会比以往大幅提升，台北的街头和议场又将鸡飞狗跳，没有宁日。

台湾听友甲：街头抗争目的是凝聚人气，我关心的是在3月28日台北市“立委”补选之前，民进党是否会组织大型街头抗争活动？

徐博东：可以预见，民进党可能首先要发动基层，到基层走透透的方式来酝酿、发动人气，宣传鼓动，选择适当的议题来发动街头运动，积蓄能量。民进党已经放话，要在520马英九上台一周年时发动罢免马英九的抗争活动。很可能从两个方面操作：一方面批判马英九所谓过度“亲中”路线，“出卖”台湾主权；另方面抓住马团队“拼经济”政绩不彰、失业率攀升等经济民生议题大做文章。从这里可以看到，前一个议题主要靠基层深绿选民的支持才能搞起来，而后一个议题则在消费券发下去之后，社会反应不错，接着马英九选举时提出的“爱台12项建设”将渐次展开，再加上大陆经济有可能在今年第二、三季度开始逐渐复苏，这些都会对台湾经济有刺激作用，可以预见，下半年以后，台湾经济可能会有所起色。这样，民进党以经济民生议题所发动的街头运动恐怕会逐渐失去着力点，很难提出足以感动人心的口号。那么，民进党很可能还得靠操作政治性议题来造势。比如二二八马上就要到了，会不会再拿二二八做文章？刚才听众朋友说的3·28台北市大安区“立委”补选，民进党已经扬言要追究李庆安的“双重国籍案”。即将举行的第三次“江陈会”和下半年的第四次“江陈会”以及国共两党论坛，还有加入联合国的问题等等，民进党都有可能发动民众走上街头，进行政治操作。当然，这些议题是不是符合台湾主流民意？有多少人会在民进党的鼓动下走上街头？从目前情况来看，恐怕很难乐观。

大陆听友乙：陈水扁弊案越查越深，又传出在澳洲有几十亿新台币，而且开了18家超市，每年盈利4亿新台币，我想请教一下徐教授，陈水扁弊案发展趋势可能怎么样？陈水扁是否会认罪？

徐博东：这个问题不是今天谈话节目的主题，但也有一定的联系。经过特侦组几个月的侦办，陈水扁弊案是越来越清晰，事证越来越明确了，连吴淑珍都不得不做选择性认罪，不光是澳洲投资问题，包括在美国、日本的账户，还有在岛内藏匿的珠宝等等，都会逐渐浮出水面，陈水扁弊案肯定会水落石出，不管陈水扁会不会认罪，都已无可逃遁。问题是，民进党至今还对陈水扁含情脉脉，无力切割，已经严重伤害了民进党的整体形象。在社会观感极差的情况下，民进党要搞社会运动，又有何道德力量来动员、号召台湾民众跟着它走？

大陆听友丙：民进党四大天王是否会重出江湖？他们对蔡英文会有哪些压力？

徐博东：在去年大选中惨败后，民进党的四大天王政治生命应该说处于日薄西山的状态，陈水扁不必说了，谢长廷曾公开表示退出政坛，苏贞昌、吕秀莲也一度沉寂，但马英九上台执政后民调满意度大幅滑落，他们认为又有了机会，再加上民进党中生代目前还很难有全岛性的影响力，于是他们又开始蠢蠢欲动。苏贞昌想出来选台北县长，党内也有一股势力要拱苏贞昌，不过从近日苏的对外发言来看，他意在选下届“总统”，放出选台北县长的风向球无非是要试探民意。而谢长廷再选什么恐怕都很难了，加上身体又不好，但他不甘心他的派系就此沉沦，他还要发挥余热，利用自己的影响力，为他的子弟兵谋取政治利益，所以他自食其言，重出江湖，上电台主持政论节目。吕秀莲更是不甘寂寞，为创办《玉山午报》积极奔走，近日还向大陆频放秋波，公开表示愿意访问大陆，但吕没有自己的派系，其性格和格局也决定了她难有更大作为。蔡英文虽然是党主席，形象也很不错，但她没有自己的班底，是各派系妥协的产物，实际上无法完全主导民进党，民调显示，对她的满意度和支持度都在下滑。游锡堃原本能力有限，现已淡出政坛，很少曝光。总之，民进党人才匮乏，老天王光芒已经黯淡，中生代又不足于接班，处于青黄不接的状态。未来对蔡英文能真正构成威胁的只有苏贞昌，而蔡、苏俩人能否真诚合作，则还有待观察。

主持人：其实当前民进党除了有路线争议之外，还有两岸政策的困局。根据民进党内部各派系实力的此消彼长，徐教授，请您分析一下，今后民进党在两岸政策上是继续走“台独”路线还是改为“中间”路线？

徐博东：民进党内一直存在要求调整急进“台独”路线的声音，但这些声音都始终无法成为民进党的主流。在“台独”基本教义派的裹挟下，李文忠、林浊水、洪奇昌、沈富雄等较为理性务实敢讲真话的人被打成“十一寇”、“西进昌”、“中国琴”，统统被边缘化，“台独”路线仍然是民进党的神主牌。党内不允许不同声音的存在，已经丧失了讨论问题的有效机制和空间，一味回避矛盾。党主席蔡英文受制于党内派系势力，又缺乏胆识和魄力，短期内看不出有调整“台独”路线的可能。民进党目前正处在十字路口，却不知道应该向什么方向走。

（海峡之声网，2009/02/15）

两岸签订 CECA 大势所趋，民心所向

2 月 20 日上午，北京联合大学台湾研究院徐博东教授在海峡之声电台《博东看两岸》专栏直播节目中，就两岸签署“综合性经济合作协议”（CECA）问题发表了看法。

台湾经济已经进入严重衰退期

主持人：受这一轮金融危机的影响，台湾出口连续下降，上个月达到百分之四十，失业率节节攀升，达到百分之七。台湾经济成长率也不容乐观，台湾行政部门主计处最新公布数据显示，今年台湾经济成长率的预测为负百分之二点九七。那么，徐教授，您在台湾参访期间，感觉台湾民众的生活受金融危机的影响大不大？据您了解，哪些产业受到的冲击比较大？

徐博东：去年九月中下旬我曾经随团到台湾参访。这是我 10 多年来第 10 次到台湾考访，半个月的时间，绕了全岛一圈，还去了一趟澎湖。这次去的地方大部分过去我都去过好几次了，但这一次给我印象最深的：一是无论在城市或是在旅游景点，人都少了许多，台北、高雄这两个大城市，市内交通、商店都不像以前那么拥挤了。著名风景区太鲁阁、垦丁、阿里山，还有那么漂亮的澎湖，游客都很少，冷冷清清，稀稀落落，完全不像大陆的旅游景点，总是人满为患；二是许多店铺都关了门，特别是高雄，关门的店面更多，有台湾朋友说十有五六，我看即使没那么严重恐怕也相差不多了。这种现象说明，台湾经济和台湾民众的生活，确实受到金融风暴的影响很大。根据台湾当局行政部门主计处前几天公布的统计数字：台湾民间消费去年创下历史上最大的负成长，达负百分之〇・二九，这是自有统计以来首次民间消费负成长。而民间消费之所以趋缓，主要是因台湾失业率攀升。去年十二月失业人数高达五十四・九万人，创下历史新高（如果加上隐性失业者，则多达一百多万人）。同时，台湾薪资则创新低，去年十一月的经常性薪

资，创下近二十年来同期的最大减幅。所以，小市民在失业和减薪的双重威胁下，很难拿钱出来消费。

至于台湾哪些产业受到的冲击最大？大家知道，台湾是全球最依赖出口的经济体之一，所以受到国际金融风暴的影响和冲击也就最大。台湾当局主计处几天前宣布：由于自去年七月起全球景气重挫速度和幅度超乎预期，台湾的出口业和制造业受到重创，外销订单骤减，去年第四季出口实质负成长高达 19.75%，预计今年出口第一季还要衰退 24.19%，第二季衰退 17.56%。台湾学者说，这是台湾几十年来从未见过的，可见问题的严重性。

两岸签订 CECA 是台湾经济的生路

主持人：应该说，出口下滑是台湾经济成长率不断下滑的主要原因，为了促进台湾商品出口，台湾六大工商团体日前向当局大声疾呼，希望台湾当局尽快与大陆签订“两岸综合性经济合作协议”，也就是常说的 CECA，并表示，若当局如果再不出手，台湾经济可能就要“进太平间了”。台湾六大工商团体提出两岸签署 CECA 后，立即引起各方关注并持续发酵。徐教授，如果两岸不能签署 CECA 将会给台湾经济带来那些负面影响？

徐博东：如果两岸不能签署 CECA，将会给台湾经济带来灾难性的后果！原因很简单，这正如台湾六大工商团体日前向当局大声疾呼的：明年东南亚国家协会加上中国大陆、日本和韩国的自由贸易市场（即所谓“十加三”）将开始运作。其中互免关税一项，将使以出口为导向的台湾面临相当大的冲击。其冲击强度甚至不亚于当前的国际金融风暴。这是因为，亚洲已经成为台湾出口的主流，占出口比例高达百分之六十五。其中大陆和东盟分别位居台湾出口前 2 名。

台塑董事长李志村日前说：“东协加一（中国大陆）前，已经有国家零关税，对出口的伤害会很大，塑化、机械与纺织将首当其冲”；“目前石化业纯利约 6%，出口关税约 5.5% 至 6.5%，已经不太能够负担；零关税将使石化业受到很大冲出，两岸签订 CECA 不能再等，……如果等到企业因为裁员再来签订，就来不及了”。

台湾塑胶公会理事长洪福源说得更明白："现在全球产业链变了，各国形成的自由贸易区趋势，使得美国 SM 不再来台湾，台湾成品也不再卖往欧、美。如果台湾无法跨入东协十国加三（中国、日本、韩国）的贸易区内，将遭排挤在各主要区域经济之外，沦为经济正式边缘化的窘境"。

台湾纺拓会董事长蔡昭伦也说：去年台湾纺织业"贸易顺差只剩 82 亿美元；但眼看东协明年将加一或加三，之间关税将为零，台湾仍除外的话，要付出平均百分之十一的关税，连中国大陆市场都打不进去，怎么打贸易这场仗？"

联成总经理柯衣绍更是忧心忡忡地表示："倘若东协加三问题不解，外销市场不见了，台湾经济重伤程度势必远胜其他国家，企业关闭、失业暴增，都是令人堪虑的严重危机。"

上面所列举的台湾企业家的话并不是危言耸听。台湾当局主计处最新预测：初步统计去年全年经济成长率为 0. 12%、第四季度衰退 8. 36%，创下史上单月最大衰退；今年全年成长率下修至负成长 2. 97%，要等到第四季度才有可能由负转正。台湾《中国时报》惊呼："台湾正面临史上最长的经济衰退期！"

那么，台湾经济的出路何在？就连著名英国媒体《经济学人》也刊文认为："台湾是目前全球最'衰'的一个经济体，受到金融海啸的打击最惨重，加强与中国大陆的联系合作是台湾经济的一条生路。"

民进党抹黑 CECA，只为拖垮国民党马英九政权

主持人：台湾经济遭遇金融危机的冲击后，CECA 这个话题再次在岛内引起持续发酵。但是就是这项能解决台湾企业经营困局的协议，却遭到民进党的反对。徐教授，您是如何看待民进党反对两岸签署"两岸综合性经济合作协议"也就是 CECA 的？"两岸综合性经济合作协议"有没有台湾被"矮化"的问题？

徐博东：民进党反对两岸签订"两岸综合性经济合作协议"也就是 CECA，有几个所谓的"理由"：一是 CECA 这个英文名称和 CEPA（即大陆

与香港签订的“更紧密经贸安排”）很相近，只有一个英文字母之差，所以他们说，签这样的协议等于把台湾“香港化”，是“矮化台湾”、“出卖台湾”；二是签订 CECA 后会让台湾“产业与资金大量西进，可能产生‘反就业’效果”，让台湾成为大陆的“附庸”云云，所以坚决反对。民进党主席蔡英文甚至威胁说：“若是在没有社会共识下去进行这项工作，将会引起争议，造成社会对立”。她还说，人民没有给马英九“这么大的授权”，要求举行“公民投票”来决定等等。

其实，民进党的这些所谓“理由”，完全站不住脚。

其一，台湾有媒体评论说：按照马英九的想法，CECA 是介乎于 FTA（即国与国的“自由贸易协定”）与 CEPA 之间的第三条路，既可规避“国与国”的争议，也不会有所谓“台湾主权”被“矮化”的联想。民进党“将 CECA 与 CEPA 划上等号，事实上除了 E 代表经济外，其余每一个字母所代表的英文单词都不一样。……CEPA 是一国两制的安排，CECA 比较像是东协与大陆所签的框架性协议，在性质上也较接近大家所熟知的 FTA，只是避开了比较敏感的政治问题而已”。对于马英九的这一竞选政见，大陆方面给予了积极的响应，国家领导人胡锦涛、贾庆林一字未改地全盘接受了马英九的提法。对此，就连不久前来我院（北京联合大学台湾研究院）参访的台湾学者赵春山等人都说：“大陆表达了极大的善意和诚意！”

其二，说两岸签订 CECA，会让台湾“产业与资金大量西进，可能产生‘反就业’效果”，让台湾成为大陆的“附庸”，更是无稽之谈！就 CECA 的具体内容而言，无非是包括了关税减让、排除非关税壁垒，以及两岸服务业的合作等等。台湾有媒体分析说：“事实上，在两岸签署了 CECA 之后，两岸的产业合作可以根据双方各自的优势，更广泛以及更深入的来推动。举例来说，台湾在文化创意产业方面以及服务业方面，有非常优秀的人力与经验，而且长年来与国际接轨，如果能够进入大陆的市场，将可创造另一种型式的台湾奇迹。又例如台湾的面板产业，长期以来与韩国竞争，而大陆虽有广大的家电市场，但没有属于自己的面板产业，如果双方能够合作，不仅可解台湾面板产业之危，甚至于化危机为转机，再创面板产业的春天”。

其实，蔡英文等民进党人士并不是不懂得这些很浅显的道理，但他们硬是要“睁眼说瞎话”，蓄意抹黑CECA，欺骗台湾民众，不顾台湾人民的死活，为反对而反对，目的就是想挑起岛内社会的对立，搞垮台湾经济，拖垮国民党马英九政权，破坏两岸关系的缓和发展，以便他们可以从中渔利。

两岸签订CECA，岛内工商界急、学界急、官员不急

主持人：在台湾工商界的集体呼吁下，国民党副秘书长、大陆事务部主任张荣恭以及台湾当局安全部门秘书长苏起都明确表示，两岸未来签署CECA的政策已经定调，倾向两岸签署“两岸综合性经济合作协议”，但台湾政府的有些部门似乎态度并不十分积极。那么，徐教授，民进党反对签署CECA是因为意识形态作怪，为反对而反对，那么，台湾方面的有些行政部门为什么好像态度也不太积极呢？

徐博东：是的！从近些日子来看，台湾当局的有些行政部门对签订CECA的确有“异声”。比如苏起明明向企业界下了保证，说签订CECA政府已经“定调”，将会努力推动。主管经济的尹启铭也作了明确表态，要支持。但尹启铭的下属贸易部门却显然持保留态度；还有主管大陆事务的“陆委会”几天前还说，签订CECA“不能贸然从事”，并传出在一次内部会议上，“陆委会”以担心“台湾被矮化”为由，对CECA“猛踩刹车”的消息；这几天“陆委会”的官员果然在要不要用英文CECA，以及是签订“协定”还是“协议”，这样一些名称问题上打转转、做文章，却不见他们用心地向台湾民众进行政策宣导，更谈不上对民进党的“台独”论调据理批驳，甚至还有相互呼应之嫌！岛内媒体有评论说：“台湾目前的情况是工商界急、学界急、官员不急”，“有关行政部门对CECA不理解、不积极、不着急是一个基本态度”，“最大的原因，是各个行政部门缺乏共识”。而之所以会“缺乏共识”，依我看，关键就在于某些行政部门的官员，本身就和马英九的理念并不完全一致，存在着一定程度的分歧。

CECA 今年难签署，但前景乐观

主持人：那么，您对两岸签署“综合性经济合作协议”的前景有何展望?

徐博东：媒体报道，2 月 19 日，台湾海基会副董事长兼秘书长高孔廉在香港称：“两岸洽签‘综合性经济合作协定’CECA 没有时间表，但有急迫性，需要两岸双方都拿出极大的诚意。”他指出，协商中将触及一些“敏感”的领域，例如台湾不可能完全开放农产品市场，这可能会对协商构成一些障碍。所以他主张，“现阶段应该从其他双方共同关心的问题入手，从不敏感的问题谈起”。

同一天，马英九表示：两岸签订综合性经济合作协议（CECA）是他竞选时的政见，他当选后当然要实现，至于内容以及用什么方式来签，大家可以发表意见。

几乎在同一时间点，大陆国台办常务副主任郑立中也指出：两岸签署 CECA，需时间铺成，累积双方意见，三次“陈江会”暂时不会触及签署 CECA 问题。

按照媒体报道的情况，依来看，双方乃至内部，在不少问题上恐怕还存在分歧，还远没有准备好，如果没有大的变数，今年两岸不太可能签署 CECA，但有可能在一些比较容易处理而又迫切需要解决的议题上先进行沟通，达成共识，签署协议；建立更多的互信之后，下半年再看是否有可能转入较为敏感的、困难的议题进行沟通，协商谈判，至于何时才能达成共识，并最终签署 CECA，还有待观察。总之，以往的经验告诉我们，两岸之间的问题，欲速则不达，还是得“先易后难”，心急吃不了热豆腐。但“长江毕竟东流去”，签订 CECA 有利于两岸合作共同应对金融风暴，有利于建设好、维护好我们中国人的共同家园，是两岸双赢的大好事，是大势所趋，民心所向，民进党再怎么反对都没有用，只是快些还是慢些签订的问题。对此，我表示乐观!

（海峡之声网，2009/02/21）

陈水扁的“暗桩”给弊案判决布下悬念

2月28日上午，北京联合大学台湾研究院徐博东教授在海峡之声电台《博东看两岸》专栏直播节目中，就陈水扁弊案审理进展发表了看法并在线回答了听众的提问。徐博东认为，台湾高院近日出笼的撤销对陈水扁羁押的“裁定书”说明，对陈水扁弊案的最终判决难以让人乐观。

陈水扁依赖“暗桩”，死不认罪

主持人：本月24日到26日起，台北地方法院连续3天针对陈水扁弊案召开程序准备庭，陈水扁虽然每次都按时出庭，但对所有弊案拒不认罪。徐教授，在陈镇慧等10名被告已经认罪，甚至连陈致中夫妇都要求“认罪协商”、吴淑珍也都已经部分认罪的情况下，陈水扁为什么还要坚持拒不认罪呢？

徐博东：陈水扁到现在还拒不认罪，我看主要是他至今还存在很大的幻想。为什么他会有幻想？一是他评估自己在台湾政坛、社会还有不小的政治影响力，比如说在民进党中常会和民进党的“立院党团”里，都有他不少亲信。另外在地方上特别是在台湾南部，还有不少挺扁民众相信他，愿意站出来挺他；二是陈水扁在交出政权之前，已经在台湾检调司法部门布下了不少“暗桩”。他相信这些“暗桩”在关键时刻会起作用。所以现在他还相当自信，认为只要策略运用得当，还是有希望最终脱罪。所以到目前为止，他还像茅坑里的石头又臭又硬，死不认罪，硬抗。

主持人：陈水扁不但不认罪，还在台北的地方法庭上，使出了一系列干扰法庭审理案件的做法，请问徐教授，陈水扁和他的律师团都采取了哪些手段来干扰法庭办案呢？

一推二赖三诬陷，“下三烂”伎俩干扰审理进度

徐博东：陈水扁的最终战略目标是要脱罪，逃避法律的制裁，他采取的策略手段可以总结为六项：一是“推”，就是要赖，把所有的罪行通通的推到他老婆吴淑珍头上，说他什么都不知道，都是他老婆吴淑珍瞒着他干的。所以，即使吴淑珍已经选择性的部分认罪，他也说跟他没关系。扁家的如意算盘是：吴淑珍是残疾人，又不是公务员，由她一肩扛下罪责，既容易解脱，又不必坐牢；二是“拖”，拖以待变，等待台湾政局发生有利于他的变化，他认为这是目前最好的策略；三是把司法案件说成是对他的“政治迫害”，他是“为台湾扛十字架”。把贪污勒索来的钱说成是“政治献金”，洗钱则是要建立“台独建国基金”。他说他坐的是“巴士底狱”，煽动台湾民众“攻占巴士底狱”。他甚至告洋状，在看守所里接受英国《金融时报》的专访，污蔑大陆指使马英九陷害他，妄图把扁案引向“国际化”，最好是由国际人权组织、大赦国际之类的或是有外国政要出面来为他讲话；第四，就是恐吓他的同党同志以及案件相关被告和证人，比如说他募集到的“政治献金”给了谢长廷两千万，李应元一千五百万，其他所有选“立委”的人每人都给了一百多万。甚至让他的亲信对外放话，说蔡英文很让他“失望”，他坐牢跟蔡有很大关系，暗示他手中握有对蔡英文不利的资料等等。他对相关被告和证人进行恐吓更不手软！比如指使他的律师公布侦讯光盘，对辜仲谅、李界木和陈镇慧等被告公开施压。证人杜丽萍因为受到的压力太大而自杀未遂。他采取这些手段，目的当然是要他们通通闭嘴，不敢跟他切割，不敢站出来作证；五是“打乱仗”，拉人下水，要死大家一块死。比如他说李登辉拿了大陆的钱二、三亿，说有光盘证明马英九的性向有问题等等。使用这种“乌贼战术”、“泼粪战术”是想把水搅浑，转移视线；第六，就是打“悲情牌”，装可怜，博同情。他应对主审法官蔡守训的程序准备庭，“一哭、二爆、三绝食”，都是围绕着上面所说的策略所使用的花招。

主持人：徐教授，陈水扁的这些做法在台湾社会产生了哪些影响呢？您认为他的这些花招会不会干扰陈水扁案情的审理进程呢？

徐博东：这个很明显！陈水扁使用这样下三烂的手法，应该说蓝绿双方有不同的反响。蓝营方面当然对他这种做法非常不齿，但是绿营方面包括中间选民，反应并不一致，有人认为他们选出来的“总统”怎么是这样的德性！怎么这么赖皮！贪了这么多钱！对他已经非常反感。当然也还有一部分人同情他，或仍然被他所迷惑，他的一些亲信仍然在公开为他说话。但是总的来说，陈水扁已经在台湾社会越来越被人看不起，挺扁的民众，到监狱去看他的人越来越少了，说明陈水扁的这些策略虽然有些效果，但已经是强弩之末了。

主持人：那么会不会干扰案件的审理进程呢？

徐博东：应该说这是显而易见的。因为陈水扁的这些做法，使得法庭的审理不能顺畅进行，无论进度和难度都大为增加，直到现在都无法进入实质的审理程序。2 月 27 日台湾“高等法院”还突然裁定，要求台北地方法院重新审理是不是还要继续羁押陈水扁。可以预料扁案的审理过程必然会非常的漫长，所以他的这些手法起到了一定的效果，对于干扰法庭的审理已经产生了很大的负面作用。

民进党被陈水扁弊案绑架难于轻装前进

主持人：非常感谢徐教授的分析。徐教授，现在有听众给我们打来电话参与我们的节目，我们来听一下！

听友：徐老师你好，我想请您给我们讲讲陈水扁家族弊案对于台湾的政治、特别是对民进党有什么影响？

徐博东：当然，陈水扁是民进党的代表人物，他曾经代表民进党执政长达八年时间，还当过民进党的主席，是民进党的灵魂人物，虽然他已经退出民进党，但对民进党的影响仍然很大。那么民进党如果想要摆脱目前的困境，应该和陈水扁彻底切割，划清界线，这样的话才能改变党的形象，重新出发。但是，由于陈水扁采取了一系列的手法，拖着民进党很难下决心跟他切割，目前民进党的头面人物、中常委里面、“立院”党团里面，都有他好几个亲信，经常出面挺他，为他说话，包括党主席蔡英文在内，他们究竟和陈水扁有什么瓜葛，外人还真是搞不清楚！这些人都在起作用，整个党都被陈水扁所绑架，无法摆脱目前的困境轻装前进，所以说陈水扁弊案的确对民进党产生了非常大的负面影响。

听友：那么它对于民进党在台湾的选举也势必会造成影响吧？

徐博东：那当然！台湾民众看着民进党对这样贪腐的陈水扁还采取这样同情的态度，甚至还有相当一部分民进党的重要人物还在公开挺他，心里面是非常不赞成的，特别是中间选民，对民进党非常失望。这对民进党的整体形象，党的凝聚力，都产生了严重的负面影响。这样，对后边的选举，比如说今年底的县市长选举，乃至对2012年台湾地区领导人的选举，都非常不利。当然，目前民进党内也有不同声音，特别是随着案件的逐渐明朗化，要求和陈水扁切割的声音相信会逐渐地壮大起来。

听友：目前民进党对陈水扁的弊案有什么对策？

徐博东：我看不出它有什么对策！到目前为止就只好那么等着看，静候司法审判的进展情况，如果一审判决陈水扁有罪，民进党有可能会宣布开除他的党籍，以示划清界线。但即使这样，恐怕党内仍然会有一番剧烈斗争。党内的不同声音，不同步调，蔡英文既没有魄力和勇气，也没有能力来整合，所以现在党内可以说是各吹各的号，各唱各的调。包括年底的县市长选举，究竟推出什么样的人参选，陈水扁还在幕后指挥，特别明显的是台南县和台北县的候选人，陈水扁一直在插手，至今无法定案。所以有人说，民进党现在有两个中央：一个是蔡英文为首的“党中央”，另一个是在台北看守所的“扁中央”，两个中央在较劲。

听友：那会不会造成民进党内部的瓦解和力量的分散呢？

徐博东：力量分散是肯定的，至于会不会分裂瓦解，目前还看不到这样的趋向，但是至少是把民进党、把绿营的力量给分散了，没有办法拧成一股绳，共同来和国民党竞争。

听众：24－26号三天审理时间已经很长，但是陈水扁还是使用以前的策略，最后审理也没有结果。请问徐教授，以后台湾当局司法部门会采取什么措施来应对陈水扁“能拖则拖”的做法呢？

徐博东：陈水扁采取这样的策略，台湾法律部门也不会坐视不顾。这几天主审法官蔡守训顺应了陈水扁“拖”的做法，给其充分的发言机会，陈水扁的律师在法庭上轮番念起诉书的内容，一念就念好几个钟头，主审法官也不予制止，就是让他把话说尽，做到“仁至义尽”。而且，程序准备庭为此可以一次一次地开，直到问题搞清楚，再进入正式审理和相互诘问阶段。看来蔡守训对审理扁案很有耐心，胸有成竹，充满自信。陈水扁“拖”的策略和他想要早日解除羁押的目的是相互矛盾的，因为在这种情况下，案件的审理会变得冗长，但是陈水扁已经习惯了前呼后拥、养尊处优的生活，一直被羁押在看守所里当然很难忍受。蔡守训充分利用了扁的这一心态，因此，这种做法其实对陈水扁本人是非常不利的。

听众：也就是说，陈水扁自己也是拖不起的。

徐博东：是的，外界说他的判断力已经开始下降，身心也十分疲惫，甚至精神上都已经出了问题。

陈水扁“暗桩”关键时刻起作用

主持人：一连三天，陈水扁和他的律师团在法庭上是一再申请解除羁押，那么在26号下午，主审法官蔡守训突然中止了程序准备庭，而改开羁押庭。但是经过检辩双方的攻防，还是决定将陈水扁继续羁押在台北看守所，等待合议庭作出决定是否延压，陈水扁大失所望。不过在27号上午，台湾高院突然做出裁定，认为羁押陈水扁的理由已经不复存在，发回台北地院重审。那么徐教授，您判断台北地院重审会解除对陈水扁的羁押吗？另外，您能否对陈水扁案件的审理进程做一下预测？

徐博东：根据我对主审法官蔡守训的观察，实际上他接此案已有两年时间，在审理机要费案时，蔡守训已经领教了陈水扁耍赖的手段，所以我在这里大胆判断，蔡守训对于扁案究竟应该如何判？早已经有了“心证”，只不过现在要按规定走完法律程序。同时我也认为，蔡守训不会轻易解除对陈水扁的羁押。但是陈水扁的律师团肯定还会继续抗告，根据台湾以往的案例，有些抗告甚至可以达到五六次之多。陈水扁的亲信、急“独”派势力还会不断地施加压力，特别是蔡的顶头上司高院的撤销羁押裁定，将对蔡守训构成非常大的压力。他能不能顶得住？在没有进入实质审理阶段就解除对陈水扁的羁押，这就很难说了。另外，即使台北地院一审判决陈水扁有罪，那么二审、三审会是什么结果也很难说，因为地方法院判完后二审要待高等法院来审，而高院最新出炉的撤销羁押裁决书，显然对陈水扁非常有利的，不仅全盘否定了特侦组、台北地院蔡守训合议庭的法律见解和对扁珍犯罪的事实认定，甚至与一个月前同是高等法院的另一组合议庭的对扁羁押裁定书南辕北辙，有天壤之别。可见陈水扁在高院布下的“暗桩”，果然在关键时刻起了作用！所以，二审、三审就要看在高院会碰上什么样的主审法官，如果恰好碰到陈水扁布下的“暗桩”，那判决就很难让人乐观。以前，我对扁案的最终判决一直表示乐观，但现在我不能不转趋审慎，不再敢打包票了！不过，如果真的碰上“暗桩”，并胆敢宣判扁珍无罪释放，那么台湾政坛、社会必将顷刻大乱，这倒是不难预料的！

（海峡之声网，2009/03/01）

台吁“外交休兵”，大陆间接配合

香港《文汇报》北京3月4日报道 收买、利诱、挑衅，曾几何时，“金援外交”、“烽火外交”在台湾曾是丑闻不断，一再上演。而如今，如何与大陆实现所谓的“外交休兵”，已成为马英九上台后台媒的热点话题。徐博东指出，大陆不可能公开表态支持台湾方面提出的所谓“外交休兵”，但会有原则地在一定程度上予以配合，并且实际上也正在这么做。

“邦交国”欲与大陆发展关系

徐博东说，如果大陆没有诚意开创两岸和平发展新局面，近半年来，大陆恐怕至少已经挖走了台湾2、3个“邦交国”。说得更准确一点，不是大陆主动要去“挖”台湾的所谓“邦交国”，而是这些国家基于自己的国家利益考虑，急于要与大陆发展关系，但大陆方面顾及两岸关系大局，都回以“戒急用忍”而婉言劝阻了，表现了对台湾方面的极大善意和诚意。这点台湾执政当局应当心知肚明。

台参与国际组织宜以个案解决

至于台湾参与国际组织及其活动问题，徐博东认为，一是要在不伤害一中原则的前提下合情合理地来处理这个问题；二是不可能采取一揽子解决的办法，可以视不同性质和不同情况，以“个案”方式逐步加以解决。他建议，两岸相关学者可先沟通对话，进行个案研究，在建立共识和增强互信的基础上，分清不同性质，按照轻、重、缓、急的先后顺序，妥善处理，逐步解决，但绝不能在国际上造成“两个中国”或“一中一台”的局面。

具体到台湾参与世界卫生组织问题上，徐博东认为，要先从简单容易的做起。他说，前段时间，台湾已被纳入世卫条例的运作体系，今年5月，台湾有望以“中华台北”名义作为“观察员”身份参与世卫大会。但未来台湾要加入世卫，就涉及到世卫章程是否允许等问题，这就不仅需要两岸之间进行协商，还需要与世卫组织等方面进行沟通与协商。徐博东认为，这在短期来看，时机还不成熟。

（文汇报，2009/03/04）

分三步走，建构两岸和平发展框架

《文汇报》北京3月4日报道　从连战的“破冰之旅”到海协、海基两会的历史性复谈，从大陆居民赴台游到两岸实现“大三通”。近年来，两岸关系呈现出一系列可喜变化。但知名台湾问题专家徐博东提醒说，绝不能认为两岸关系和平发展就能自然而然地走向统一，如果没有和平统一这一奋斗目标和相关理论来指导，结果可能就是永远维持现状，甚至走向和平分裂和“台独”。

结束敌对状态　建立军事互信

徐博东表示，两岸关系和平发展是两岸迈向和平统一的必经之路，但他对当前两岸是不是已真正进入和平发展轨道仍存在疑问。他说，两岸还尚未宣布结束敌对状态，还没有建立军事互信机制，导弹还在相互瞄准对方，双方的互信基础还十分脆弱。

徐博东认为，准确冷静地评估当前的两岸关系，可说是仍属于“和平发展的初期阶段”，未来两岸应由易到难、分三步走建构两岸和平发展的框架：

一是协商谈判后公开宣布结束两岸敌对状态，对历史、对国内外有个明确交待。这一步现在就可以做。

二是在宣布结束敌对状态、在进一步增加互信的基础上，两岸协商签署军事互信机制。这一机制涉及面很广，应涵盖导弹部署、军演相互透明化、军事人员交流、共同维护中国领土和领海主权完整，还有台湾要不要继续购买美国武器等多项内容。

三是转入两岸和平协议的协商与签订，建立更高层次的互信，真正建立起两岸和平发展的框架。

须以和平统一为最终目标

那么，两岸签署和平协议后，是否会令两岸统一问题无限期拖下去呢？对此，徐博东表示，前两步，由于目前在岛内执政的国民党当局承认“九二共识”，可以相对比较容易达成，但第三步只靠“九二共识”是不够的，因为两岸目前对“九二共识”有不同理解和解读，作为最高层次的和平协议是容不得半点模糊的。如果两岸要签署和平协议，其中必须明确写入

“两岸同属一个中国”和“两岸和平发展的终极目标是实现国家统一”这两项重要内容，否则将可能导致两岸目前的分裂现状长期化、合法化和固定化。

“一中”是两岸和平发展底线

但徐博东同时加重语气提醒说，“从短期来讲，我看不出台湾方面有胆识写入这两点。”

徐博东认为，作为最高层次的两岸和平协议的签订，并不是一件容易的事情，需要两岸扎扎实实地做工作，关键是要转变台湾的主流民意，把被李登辉主政12年、陈水扁主政8年搞乱了的台湾民众的国家认同观念重新纠正过来，这需要经过长期的努力才能水到渠成。

至于两岸关系和平发展的底线问题，这位知名专家强调指出，两岸关系和平发展，“一中”是政治基础，没有“一中”的前提，两岸就不能最终实现和平统一。“绝不能认为两岸关系和平发展就能自然而然地走向统一，如果没有和平统一这一奋斗目标和统一的理论来作指导，结果可能就是永远维持现状，甚至走向和平分裂和台湾的独立。”

徐博东提醒，两岸关系和平发展，并不意味着未来两岸关系不再存在变量。由于目前还看不出民进党有放弃“台独”的可能，而日后蓝营是否还会像2000年那样再次出现分裂而导致绿营重新上台执政？“台独”势力是否还会挑起重大事变？这些都很难准确预料。

大陆并无统一时间表

在被问及大陆是否有统一时间表时，徐博东表示他相信没有时间表这一说。他认为，在和平统一目标指导下的两岸和平发展究竟需要走多长时间，不是人的主观意志可以决定的，要视乎两岸的共同努力和国际形势的发展变化，特别是中美实力的此消彼长。

徐博东说，说到底台湾问题是中美两国之间的实力较量问题，就如同香港问题的最终解决是中英之间的实力较量的结果是一样的。美日一直担心两岸统一，对台湾问题的干涉仍然很多很深，而中国的实力与美日相比还有很大差距。但徐博东也充满自信地强调，近期的全球金融海啸再次说明：时间将站在中国的一边！

（文汇报，2009/03/04）

大陆提 CECA，先商石化纺织

——本报专访台湾问题专家徐博东：两岸经合宜“先易后难”

且不论最终的名称是叫 CECA（综合性经济合作协议）还是其他，两岸到底要不要签订经济合作协议？如果签，是分步走、还是要一步到位？已成为当前岛内最热门的议题，同样也在北京的两会成为热点。知名台湾问题专家徐博东接受本报专访时指出，现在的困难和问题主要在台湾方面，大陆则对此早已深入调研和评估，并形成了一定共识。他认为，两岸要在短期内就经贸合作达成一揽子协议并不现实，双方可以本着“先易后难、循序渐进”原则，先就台湾迫切需要解决的石化、纺织等议题，达成个别单项协议。

早在 CECA 提出之初，岛内蓝绿阵营间就已开始了一场激烈争辩。这其中，既有台湾工商界的大声疾呼，也能听到绿营泛政治化的强烈质疑。有蓝营人士主张，“愈快签愈好”。但绿营方面就批评 CECA“出卖台湾”，将台湾“香港化”。对此，徐博东表示，绿营说法简直是无稽之谈，虽然 CECA 与 CEPA 只有一个字母之差，但却差别巨大。事实上，CECA 接近于 FTA（自由贸易协议），但回避了敏感的政治议题。

绿营将经济问题泛政治化

他批评说，“台湾有些人并不是真糊涂，而是要鸡蛋里头挑骨头，是不顾台湾企业和民众的利益，人为地将经济问题泛政治化。”

事实上，两岸协商签署 CECA 一事最早由马英九去年 4 月在竞选台湾“总统”期间提出。当年 12 月，全国政协主席贾庆林和中共中央总书记胡锦涛对此先后做出积极响应。胡锦涛在纪念《告台湾同胞书》发表 30 周年的座谈会上明确表示，两岸可以为此签订综合性经济合作协议，建立具有两岸特色的经济合作机制，以最大限度实现优势互补、互惠互利。

回应马政见，大陆显诚意

徐博东认为，马英九的当选说明大多数台湾民众是接受马英九的主要经济政策取向的，而大陆方面是看到了台湾的困难，急台湾之所急，才接受了马英九的提议，展现出了极大的诚意和善意。

徐博东指出，通常来讲，只有经严谨评估之后，大陆方面才有可能由胡锦涛出面来响应马的政见。所以，在两岸签署 CECA 问题上，目前大陆方面的问题应该不会太大。“只要对台湾有利的，大陆都会努力去做，而且会尽量做好。现在主要的问题在台湾方面，CECA 不仅被绿营泛政治化，即使在蓝营和马执政团队内部，恐怕也尚未完全达成共识。”

三年达成 CECA 较可行，浅入深防“过敏”

鉴于全球金融危机冲击下台湾经济状况的日趋恶化，岛内六大工商团体不久前发出联合声明，催促马英九当局尽速与大陆签署 CECA，并借此能分享大陆与东盟（10 + 1）合作平台。一些人士甚至预言，若不签订协议，将迫使岛内厂商外移、产业空洞化，失业加剧，台湾将彻底陷入被边缘化境地。

徐博东认为，尽管台湾工商界和学者很着急，但相信台湾内部要真正就此达成共识还需要一段时间。“当然，一个政策的推动不可能让全社会都同意，也需要政策推动者的魄力和胆识。政策推动者要向民众进行宣传说明，争取多数民众的理解与支持。”

至于未来如果两岸签署 CECA，会包括哪些内容，是要分步走、还是要一步到位，徐博东表示，CECA 是一项复杂的系统工程，很难一下子就全部达成共识，其中有些内容可能相对简单容易，但有些就敏感复杂，双方的利益都要顾到，所以两岸需要先易后难，先在一些方面取得成效，以培养更多的互信和争取更大的支持，然后再转向比较困难和敏感的问题。

明年 1 月，大陆与东盟间进口关税率在 10% 以下项目将有望随着一体化而全部降至零。2012 年，台湾出口的两个最大对手日本与韩国，也有望纳入这一框架之中，全面享受关税日渐归零的好处，而台湾的相关产品，却可能还要被课以至少 6% 以上的关税，这无疑会令台湾产品的竞争力大大下降，使台湾经济雪上加霜。

徐博东认为，两岸今年年内可能先就台湾迫切需要解决的石化业、纺织业、机械业等关税议题，达成个别单项协议，但要一下子达成一揽子协议目前还不成熟。

两岸经合　对台大利多

此前，台湾方面曾有官员提出两岸三年达成 CECA 的愿望。徐博东认为，期以三年是比较现实的。他说，CECA 涉及到台湾摆脱经济困境问题，但同时也是欲速则不达。两岸在未来谈判中可能还会遇到其他事先预想不到的变量和分歧，毕竟两岸间政治结构性矛盾并没有得到根本解决，一旦接触到具体问题可能就会暴露出来。

徐博东强调，台湾的市场毕竟太小，台湾企业的发展受到很大限制，与大陆进行经济整合对台湾而言将是大大利多，否则台湾企业在中日韩与东盟关税以及更多经贸互惠的大框架下，难免会被边缘化，甚至可能受到灾难性打击。

（文汇报，2009/03/04）

蔡英文呼吁马英九“特赦”陈水扁是弄巧成拙

海峡之声网讯（亿锋、柏松、张自芳、车璐） 民进党主席蔡英文日前表示，马英九应该对陈水扁家弊案做适当处理，好好考虑包括特赦陈水扁在内的各项处理措施的可能性，以避免陈水扁案变成社会对立的爆发点。这是蔡英文首次呼吁马英九特赦陈水扁。

对此，北京联合大学台湾研究院徐博东教授指出，所谓“特赦”，只有在已经犯罪的前提下，才能用“特赦”的办法来处理。蔡英文要求马英九特赦陈水扁，实际上等于承认陈水扁已经犯罪了。

……（略）

徐博东教授认为，蔡英文这种表态是病急乱投医弄巧成拙。因为“特赦”的说法等于承认陈水扁有罪，这和挺扁民众的看法是不一致的。最后民进党的发言人只好出来圆场，说这不是民进党的共识，那就等于说是蔡英文个人的意见了。所以，蔡英文这次表态实际上是对蔡英文个人威信是一个打击。蔡英文以后可能不会再提“特赦”这个事了！

（*海峡之声网*，2009/03/06）

高调邀请吕秀莲，大陆释出重大政策调整信息？

北京联合大学台湾研究院徐博东教授3月7日在海峡之声电台《博东看两岸》专栏直播节目中发表看法，认为温家宝总理在政府工作报告中没有像往年一样重申坚持“和平统一、一国两制”的基本方针，颇值得玩味。这是否意味着大陆释出了一个重大信息：未来两岸政治性议题的接触交流，包括“一国两制”统一模式的“提法”在内，愿意听取台湾方面的不同意见，预留了讨论空间？此外，全国政协台联组近日高调邀请吕秀莲参访大陆，这是否意味着大陆释出了另一个重大信息：将大幅开放绿营人士到大陆参访，扩大和加强与绿营人士的接触、沟通与交流？这一重要举措，犹如投下了一颗“震撼弹”，必将对绿营、对岛内政局乃至两岸关系产生重大影响。

温总理报告的“变”与“不变”

主持人：徐教授，您好！3月5日，在国务院总理温家宝一年一度的全国人大政府工作报告中因为没有反对“台独”等字眼引起境内外舆论的高度关注。请您分析一下今年政府工作报告中的涉台内容与往年相比有哪些相同点与不同点？

徐博东：先说“不同点”。首先，今年温总理报告与往年报告的一个最大的不同点，也就是海内外各方面都注意到了的，报告中没有使用反对“台独”的字眼。前几年的政府工作报告在谈到台湾问题时，反对“台独”是其中必不可少的重要内容。例如：2006年报告中温总理表示：“反对‘台独’分裂活动决不妥协”；2007年则表示：“坚决反对‘台湾法理独立’等任何形式的分裂活动”；去年措辞更加强硬，温总理在报告中三次提到反对和遏制“台独”。一次是在谈到“港澳台工作和外交工作”时提出：“坚决反对和遏制‘台独’分裂活动，捍卫国家主权与领土完整，维护台海和平”；另两次则出现在报告即将结束时，温总理再次强调：“坚决反对‘台独’分裂活动，绝不允许任何人以任何名义任何方式把台湾从祖国分割出去”。

之所以会有这个重大变化，原因很简单：自去年5月台湾政权更迭、国民党重新上台执政后，“台独”势力遭受重创，“反独遏独”斗争已经取得了重大胜利，两岸关系发生了转折性的重大变化，两岸“统独矛盾”已退居为次要地位，台海局势已渡过了“高危期”。因此，今年对台工作的重心很自然地也随之作出重大调整，从前几年的“反独遏独”，转向推动两岸关系的和平发展。“两岸猿声啼不住，轻舟已过万重山”，尽管“台独”势力不甘心失败，仍在不断“呛声”，捣乱破坏，但两岸关系和平发展的时代潮流已然势不可挡！

其次，温总理的报告没有像往年一样，重申“坚持‘和平统一、一国两制’的基本方针”，而代之于：“我们要继续坚持发展两岸关系、促进祖国和平统一的大政方针。”和“要在一个中国原则的基础上，努力增强两岸双方政治互信。”众所周知，总理的政府工作报告一向字斟句酌、反复推敲，所以这一变化绝非偶然，颇值得玩味！这是否意味着温总理的报告释出了一个重大信息：依照“在一个中国原则的基础上，什么问题都可以谈”的政策精神，以及考虑到“一国两制”统一模式的“提法”在岛内已经被“妖魔化”，未来两岸政治性议题的接触交流，包括“一国两制”统一模式的“提法”在内，愿意听取台湾方面的不同意见，可以进行深入探讨，预留了讨论空间？从而展现出了前所未有的极大包容性。

当然，还可以举出好几个不同点，但我个人认为以上两点最为重要，也最为关键。

再说相同点。与往年相比，温总理报告的最大“相同点”，或者说始终不变的内容有以下四点：一是坚持“一个中国原则”不变，也永远不可能变；二是“继续坚持发展两岸关系，促进祖国和平统一的大政方针”不变；三是坚信“祖国完全统一、中华民族伟大复兴”的目标一定能够实现，从未动摇，从未改变；三是关心爱护台湾同胞，一心一意为台湾同胞谋福祉的善意和诚意始终不变。事实上，不管两岸关系如何风云变幻，这四个“不变”，都始终贯穿在历年来全国人大的“政府工作报告”中，只是在用词上略有变化而已。

以上所说的“变”与“不变”，充分说明了大陆的对台工作，既坚持一贯的原则立场和政策的稳定性，同时又与时俱进，依据形势的发展变化不断地调整政策和策略，具有很大的灵活性。

台湾参加 WHA 问题，今年有望解决

主持人：每年政府工作报告中的涉台内容都是中央对台政策以及两岸关

系的风向标。那么，透过这份报告，我们应该如何解读09年中央对台政策呢？另外，您对09年的两岸关系有哪些展望？

徐博东：2009年中央的对台政策，在温总理的政府工作报告中已经讲得非常清楚，非常明确了。他说："在新的一年里，我们要继续坚持发展两岸关系，促进祖国和平统一的大政方针，牢牢把握两岸关系和平发展的主题，积极构建两岸关系和平发展框架，努力开创两岸关系和平发展新局面。"当然，这是从宏观上来讲的。从中我们可以抓住以下几个关键词，即：坚持—促进—构建—把握—开创。

具体来讲，2009年中央的对台工作重点是："继续全面加强两岸经济合作，共同应对金融危机"。这部分内容占去了报告中涉台工作部分将近小一半的篇幅，可见是"重中之重"。其具体措施：一是"积极推进两岸金融合作，支持在大陆的台资企业发展，对符合条件的提供融资服务，鼓励企业自主创新和转型升级"；二是"加强两岸双向投资和产业合作，拓展和深化农业合作"；三是"支持海峡西岸和其他台商投资相对集中地区的经济发展"；四是"加快推进经济关系正常化，推动签订综合性经济合作协议，逐步建建立具有两岸特色的经济合作机制"。十分具体务实，其中有不少措施正在努力做，或正在积极酝酿推动之中。

其次，2009年中央对台工作的另一重点是："加强两岸人员往来，扩大社会各界交流，大力弘扬中华文化，巩固两岸精神纽带"。其中，扩大和加强与民进党和绿营人士的交流与接触，应是可以预见的重要举措。

再次，"在一个中国原则基础上，增强两岸政治互信，并在此基础上通过协商对台湾参与国际组织活动问题作出合情合理安排"；"探讨两岸政治、军事问题，为结束敌对状态、达成和平协议创造条件"。由此可以推断，有关台湾参加WHA的问题、军事互信机制问题及其他一些较低层次的政治性议题，今年有望提到议事日程上来进行研究和探讨，个别难度较小的问题有可能达成共识，乃至得到解决（例如台湾参加WHA的问题）。这样一来，两岸关系发展，势将步入"以经济交流合作为主，政治与军事问题探讨为辅"的新阶段，从而为日后向更高层次的政治与军事问题（例如结束敌对状态、建立军事互信机制、达成和平协议）的协商谈判打下基础，创造条件。

下半年“陈江会”，不排除两岸达成经济合作框架性共识

主持人：温家宝在政府工作报告中再次提到将“推动签订两岸综合性经济合作协议，逐步建立具有两岸特色的经济合作机制”。对此，马英九办公室发言人王郁琦回应表示，两岸如能够持续释出善意，对两岸关系往和平方向迈进应该有帮助。马英九6日也表示希望把“两岸经济合作架构协议”纳入第三次陈江会讨论。那么，徐教授，马英九所提出的“两岸经济合作架构协议”与“两岸综合性经济合作协议”究竟是中文提法的不同还是有内涵上的区别？另外，您是如何看待第三次陈江会纳入两岸综合性经济合作协议话题的可能性的？

徐博东：我个人认为，所谓“两岸经济合作架构协议”与“两岸综合性经济合作协议”，在性质上和内涵上并没有多大区别。如果硬要说有什么区别的话，前者强调的是“合作架构”，而后者则主要强调“综合性”。似乎前者有“分步走”的意思，而后者则容易给人予“一步到位”的感觉。以此观之，我以为马英九的新提法——“两岸经济合作架构协议”，似乎更为确切，更具可操作性，也更有利于争取岛内舆论的理解与支持。

至于今年上半年的第三次“陈江会”，根据最新信息，我个人判断有望就这一议题进行初步的意见交换，签订协议恐怕是来不及操作了。而在下半年的第四次“陈江会”中，不排除会达成某种框架性共识，并在一些较为紧迫而又相对容易处理的问题上签订协议。

高调邀请吕秀莲参访，大陆释出重大政策调整信息？

主持人：在全国政协会议中，我们还注意到全国政协台联组与吕秀莲也有一番互动。针对吕秀莲有以“玉山午报”创办人的身份访问大陆想法，全国政协台联组前天主动释出讯息，表示大陆欢迎吕秀莲以“午报社长”身份访问大陆，全国台联或台湾同学会将出面接待。徐教授，根据你长期以

来对民进党的观察研究，您对吕秀莲方面和全国政协台联组这种一来一往的呼应是如何看待的？

徐博东：这是一个值得充分肯定的事情！对两岸关系而言，这绝对是正面发展的大好事！这一现象，或者说这一最新动向，至少说明了以下两点：

第一，两岸关系发展的新形势，以及民进党当前所面临的困境，正在促使民进党内像吕秀莲这样还算比较理性务实的政治人物深入思考：究竟应该怎样做才最符合他们的最大利益？继续抱残守缺，与大陆对抗？抑或有新思维、新对策，放下意识形态偏执，与大陆接触交往，和国民党争夺两岸关系发展的主导权，从而走出困境，找到一条新的出路？实际上，民进党内有不少人内心正在痛苦挣扎，也有一些民进党重要人物经常访问大陆，只是他们一般都很低调，缩头缩脑，不敢曝光，而吕秀莲的性格一向“我行我素”，政治生涯也已到达顶点，没有了包袱，这使她敢于敲锣打鼓公开表示愿意访问大陆。我以为，无论吕秀莲最终能否成行，都说明了近一段时间以来，大陆对民进党等绿营人士持续释出的善意和诚意，已经初见成效，得到了回报。

第二，全国政协台联组前天公开主动释出讯息，表示大陆欢迎吕秀莲以“午报社长”身份访问大陆，并将由全国台联或台湾同学会出面接待。对如此重大而敏感的政治问题，回应如此之快，如此具体，前所未见，应是官方的刻意安排，决非儿戏。再联想到不久前国台办发言人范丽青对这一问题的明确表态，这是否又透露出另一个重要信息：大陆方面将大幅开放绿营人士来大陆参访，加强与绿营人士的接触、沟通与交流，以期努力化解绿营人士对大陆的误解与敌意。这一重要举措，犹如投下了一颗“震撼弹”。吕秀莲是绿营具指标性的政治人物，如能成功访问大陆，必将为日后绿营人士公开访问大陆打开一个大的突破口，这势必对绿营、对岛内政坛乃至对两岸关系发展产生巨大和深远的影响。

对此，目前绿营内部已经产生分歧，务实派支持吕出访，深绿则强力反弹。吕秀莲能否成行？无非有三种可能：一是像当年谢长廷拟访问厦门一样，面对深绿派的强大压力，知难而退；二是“我行我素”，顶住压力，毅然出访；三是绿营内部经过一番争论之后，务实派占据上风，支持吕秀莲出访，这对于民进党改变政党形象，摆脱困境，无疑是一个绝好的机会。但依据最新情况判断，民进党继续被深绿所绑架，务实派声势微弱，形不成气候，党主席蔡英文更缺乏胆识和魄力！因此，第一种可能性已变得愈来愈大。果真如此，这绝对是民进党的重大损失，当然，也是两岸关系发展的一个损失！

主持人：感谢徐教授。我们的节目进行到这里，我们来接进热线电话来听一下两岸听众有哪些关心的问题想要和我们的徐教授来一起探讨。首先，我们接进来的是一位台湾吴先生的电话。

台湾听友：第一个问题是：以目前来讲，台湾的老百姓究竟对大陆能释放出的旅游资源的部分上，我们老百姓何时能够感受得到这部分所带给台湾人民的实实在在的利益？第二个问题：吕秀莲能代表《午报》的业者身份去参访，同样的大陆会不会也同样欢迎像谢长廷、苏贞昌这样曾经高唱“台湾主权”的政治人物去大陆交友访问？

徐博东：第一个问题，就各方面报道看到，应该说大陆开放对台湾的旅游市场已经有相当一部分台湾民众得到了实惠。大陆游客赴台从最初每天只有二三百人已经发展到现在的一千多人。大陆和台湾两边旅游部门正在进一步加强各方面措施，包括安利（中国）日用品有限公司的“万人团”，在昨天已由海陆空三个方向向台湾进发，据估算此行在台湾的直接消费可超过6亿元新台币。而且前两天前国家旅游局副局长张希钦，也在全国政协会上发表意见说，北京不是“万人团”，而是要组织“百万人团”游台湾！据他估算，北京推出“百万人游台专案”，可为台湾带来500亿元新台币的大商机，旅游、观光及零售业者都将直接受惠。所以，随着两岸旅游部门的进一步努力，我想会逐步增加大陆游客到台湾旅游的数量。当然台湾方面还要进一步改进他们的旅游设施和有关措施，吸引到更多的大陆游客到台湾去访问。这样的话台湾各个方面民众的切身利益将会逐步的更强烈的感受到。目前人数还比较少，所以许多台湾民众感受还不够深。

第二个问题，关于苏贞昌、谢长廷甚至蔡英文，我认为只要是以适当的身份来参访，观光旅游、探亲访友也好，寻根问祖也好，大陆方面都会积极的热情的欢迎。至于说他们过去说过什么，做过什么，从事过什么活动，那都不是什么问题，吕秀莲过去说得少吗？做得少吗？只要现在有诚意与大陆交往，愿意为推动两岸关系和平发展出力，大陆都会不计前嫌，热忱欢迎，这一点大陆方面的政策一向很明确。吕秀莲以《玉山午报》创办人的身份来大陆，这就是一个很好的身份。当然，如果像有些人主张的非要用什么台湾卸任“副元首”的身份，或者扬言要到大陆来召开国际记者会，鼓吹“台独”，那就不是来做客、来和解的，而是来吵架的了。我相信，大陆同胞包括广大台湾同胞，对这样的没有诚意来做客的做法，都不会表示赞成。

主持人：非常感谢徐教授回答这位来自台湾吴先生的两个问题。下面我们接听一位来自福建听众朋友的电话，听听他有什么样的问题想要和徐教授进行探讨。刘先生，您好，您有什么问题要和我们探讨？

大陆听友：徐教授我是您节目的忠实听众，我有两个问题想请教您一下。温总理在政府工作报告中讲到，探讨两岸政治、军事问题，为结束敌对状态、达成和平协议创造条件，那么我的第一个问题是，如果结束敌对状态，达成了和平协议后，将对台海局势带来什么样的影响？

徐博东：温总理的报告，他讲是“为结束敌对状态、达成和平协议创造条件”。今年在这方面我想只是对这两个问题，包括军事问题进行研究和探讨的初级阶段，还谈不上达成这个方面的共识，至于签订和平协议则更是比较远的事情了，目前条件还不成熟。当然，如果两岸能够宣布结束敌对状态，建立军事互信机制，达成和平协议和平，那么两岸关系和平发展的框架就可以说已经扎扎实实的建立起来了，这将是两岸关系发展的重大突破，同时祖国和平统一也将迈出最重要的、关键的一大步。到那时，整个台海地区将会真正实现和平稳定，这对两岸各方面的进步与发展都是极大的利多，对世界和平也将做出重大贡献。

刘先生：第二个问题，我想请教您一下，温总理在报告中说通过协商对台湾参与国际组织活动问题作出合情合理安排，您个人认为哪些是合情合理的安排？

徐博东：参加国际组织不光是两岸协商就能解决的问题，因为涉及国际组织的章程是怎么规定的，还有参与这些国际组织的其他国家的态度如何。现在马英九在这方面的政策比较理性务实，和大陆进行探讨、协商，争取大陆方面的同意与支持。如何才叫“合情合理”？比如说台湾以“中华台北”的名义和以“观察员”的身份参与世界卫生组织大会（即 WHA），这应该就是一种“合情合理”的安排，这样难度会比较低一些，我评估今年 5 月会有所突破。但是如果要加入 WHO，也就是说要成为世界卫生组织正式成员的话，那就涉及到世界卫生组织章程是不是要求必须“主权国家”才能参加的问题了。所以，台湾如何参与国际组织及其活动，应当要区分不同性质、不同的类别，由两岸学者先进行深入探讨，看哪些组织可以加入？哪些组织不可能加入？前提是不能在国际上造成“两个中国”或“一中一台”。至于涉及到章程的修改，那是非常困难的事情，台湾方面应该理性务实，不能一味责怪大陆，蓄意误导台湾民众。这种合情合理的态度，充分展现了大陆对台工作的新思维，台湾执政当局和台湾民众也都已经感受到了大陆的诚意和善意。

（海峡之声网，2009/03/08）

两岸签经合协议　徐博东：今年可望达共识

北京涉台学者徐博东分析，由今年的中国政府工作报告可看出，台湾加入 WHA 的问题今年有望展开探讨，而两岸签订经济合作协议一事也不排除在年内达成框架性共识。

中国总理温家宝 5 日在全国人大会议发布 2009 年中国政府工作报告。北京联合大学台湾研究院教授徐博东日前对媒体分析报告中涉及台湾的政策走向。

报告提到，“在一个中国原则基础上，增强两岸政治互信，并在此基础上通过协商对台湾参与国际组织活动问题作出合情合理安排”以及“探讨两岸政治、军事问题，为结束敌对状态、达成和平协议创造条件”。

徐博东分析，由此可推断，有关台湾参加世界卫生大会（WHA）、军事互信机制，以及其他较低层次的政治性议题，今年有望提到议事日程进行研究与探讨。

徐博东强调，“个别难度较小的问题有可能达成共识，甚至获得解决。”

他表示，如此一来两岸关系发展势将步入“以经济交流合作为主，政治与军事问题探讨为辅”的新阶段，进一步为日后迈向更高层次政治与军事问题的协商谈判打下基础并创造条件。

此外，温家宝在报告中再次提到将“推动签订两岸综合性经济合作协议，逐步建立具有两岸特色的经济合作机制”；而马英九“总统”则在稍后表态盼将台湾提出的“两岸经济合作架构协议”排入第3次“江陈会”。

对此，徐博东认为，根据最新信息，上半年登场的第3次“江陈会”有望就两岸经济合作议题初步交换意见，但要签订协议恐怕来不及操作了。

但是他判断，下半年举行的第4次“江陈会”中，则不排除在两岸经济合作协议上达成某种框架性共识，并在较为紧迫而又相对容易处理的问题上签订协议。

对于台湾提出的“两岸经济合作架构协议”与北京所指的“两岸综合性经济合作协议”，徐博东表示，这两项协议在性质与内涵并无多大区别。他说，“如果硬要说有什么区别的话，前者强调的是合作架构，而后者主要强调综合性。似乎前者有‘分步走’的意思，而后者则容易给人‘一步到位’的感觉。”

（中国时报、中央社，2009/03/09）

马“政府”挑起争议很不妥

3月14日是全国人大常委会高票通过《反分裂国家法》4周年，北京联合大学台湾研究院徐博东教授在海峡之声广播电台《博东看两岸》下午版节目中就马英九当局批评大陆制定《反分裂国家法》认为，马“政府”

主动挑起争议很不妥。

徐博东开始满以为，经过4年来的风风雨雨，当年曾经高调反对大陆制定《反分裂国家法》的马英九先生，应该对这一触碰到两岸关系敏感神经的事情会仔细拿捏，慎重处理。他在昨天上午还信心满满的在海峡之声《博东看两岸》专栏节目中作此乐观预测。不料上午版节目刚刚下来，上“中国评论新闻网”浏览新闻，才知道他的预测大失准头！

“马政府”发言人昨天上午主动召开记者会，批评大陆制定《反分裂国家法》“既无必要，也不可行”不说，“陆委会”居然还发出新闻稿称：该法中“非和平方式”的条文，不符合其“和平发展”的论调，要求大陆“废止”，并“撤除对台飞弹部署，恢复台海区域和平稳定，才能开创两岸互惠双赢新局”云云。言下之意，大陆若不“废止”《反分裂国家法》并“撤除”导弹，台海区域的和平稳定就不能“恢复”，两岸互惠双赢的新局也就不可能“开创”！

马“政府”如此动作，至少有以下三点不妥：

其一，主动挑起两岸敏感的政治性争议，违背了双方已经形成默契的“建立互信，搁置争议，求同存异，共创双赢”的互动精神，破坏了两岸好不容易才营造起来的良好气氛。

其二，“陆委会”的新闻稿，无视大陆制定《反分裂国家法》和部署导弹对遏制“台独”冒险所发挥的巨大作用，把破坏台海地区和平稳定的责任推给大陆，这无异于为“台独”势力张目，有刻意讨好民进党和“台独”势力之嫌！

其三，退一步说，即使“马政府”对大陆制定《反分裂国家法》和在特定历史背景下部署导弹有意见，也应本着双方都已认可的“先经后政，先易后难，循序渐进”的处理模式，通过两岸协商谈判，心平气和地逐步加以解决。马政府单方面出牌，隔空放话，只考虑到自身的处境而不顾大陆方面的感受，只会破坏双方互信而无助于问题的解决。

值得一提的是，台湾《中央日报》网路报3月12日发表的一篇点评文章，该文写道：反分裂法“大多数的条文都在规定两岸交流。包括规定：两岸人民往来，增进了解；推动三通，互惠互利；推动两岸文化、教育、卫生、体育交流；共同打击犯罪；鼓励有利台海和平稳定的活动；谈判台湾在国际上的活动空间等。这些规定中，有的正在实现，有的是两岸协商的议题，并无必要一味反对。”这篇点评文章还说：“该法当中的一旦出现台湾独立的情形，大陆将对台使用非和平方式，确实会令台湾不安。然而只要台湾有智慧，是完全可以避免两岸兵戎相见的。……只要维持现状，并积极协商，就合符台湾利益、国际期待、大陆底线，可达三赢。民进党执政时不思此途，在野后亦未反思，当然在两岸关系上只剩负面角色”。不能不说，“中央日报”网路报的这篇点评文章颇有见地，对大陆《反分裂国家法》的分析以及台湾应取的态度，都说得相当中肯与客观。这才是马政府应取的正确态度。

说白了，只要不搞“台独”什么事都没有！《反分裂国家法》中“非和平方式”的条文，就好像你家里的“灭火器”，只要不着火它就派不上用场，民进党老想玩火，所以才这样仇视《反分裂国家法》。

《反分裂国家法》颁布4年来的实践也充分证明，该法对遏制“台独”、推动两岸关系和平发展发挥了重大作用。人们都还记得，《反分裂国家法》通过后仅两周，国民党副主席江丙坤就率团到大陆进行“破冰之旅”，尽管当时陈水扁气急败坏，扬言要“法办”江丙坤，但终因江丙坤此行获得岛内主流民意的高度肯定，加之美国表示“关切”，陈水扁不得不缩手而不了了之；3周之后，国民党主席连战更亲自率团访问大陆，进行“和平之旅”，与胡锦涛总书记会谈，达成了两岸关系和平发展的五项“愿景”；此后不久，亲民党主席宋楚瑜、新党主席郁慕明亦相继率团访问大陆，达成了一系列重要“共识”。从此，两岸新的党际交流平台——“国共论坛”开启了，各项民间交流日趋热络，大陆出台了一系列操之在我的惠台政策措施，海峡两岸和平发展的时代潮流从此莫之能抑！

大陆采取了“联蓝反独”、“促美遏独”的正确策略，一次次地挫败了陈水扁所推动的“公投制宪”、“入联公投”等妄图实现“法理台独”的种种冒险，有效地维护了台海地区的和平与稳定。最终，台湾民众用自己手中的选票把坚持“台独”的民进党赶下了台，迎来了如今两岸关系和平发展的新局面。

所以，《反分裂国家法》不仅不是民进党“台独”人士所污蔑的什么“战争法”，恰恰相反，它是一部促进两岸关系和平发展的“和平发展法”。它的制定与实施，具有十分重大的转折性战略意义，对于“反独遏独”、促进两岸关系的和平发展，发挥了不可磨灭的历史性作用，“既有必要，更为可行”，何来“废止”之有！

（海峡之声网，2009/03/15）

对重查“3·19枪击案”审慎乐观

在“3·19枪击案”5周年之际，国民党、民进党、吕秀莲、陈水扁还有犯罪嫌疑人陈义雄家属在内的台湾各方面，都表示希望重启“3·19枪击案”真相调查。为何在枪击案发生5年的时候，台湾各方都要求重启调查真相呢？各自的目的又是什么呢？北京联合大学台湾研究院的徐博东教授在海峡之声广播电台《博东看两岸》专栏中一一给大家做出解读。

陈水扁、吕秀莲“各怀鬼胎”

主持人：徐教授，受到枪击案牵连而自杀的嫌疑犯陈义雄的家属不用说，他们一直认为陈义雄是被“冤枉”的，国民党要求重启“3·19枪击案”真相调查，大家也都能理解，因为就是那两颗子弹使国民党在2004年大选中失利。那么，陈水扁和吕秀莲是因为这起案件取得政权的直接获利人，为什么也公开呼吁重启“3·19枪击案”真相调查呢？同样是“呼吁”，陈水扁和吕秀莲又有什么不同？

徐博东：如果不发生“3·19枪击案”，陈、吕5年前就败选下台了，陈、吕是那场枪击案的直接获利者。也正因为这样，枪击案发生后，不管是陈水扁还是吕秀莲，他们都对侦办这个案子态度很不积极。陈水扁不仅不积极，甚至利用他手中掌握的权力，千方百计对侦办此案加以阻挠，这也是为什么社会各界多数人都怀疑枪击案是陈水扁“自导自演”的很重要原因。

吕秀莲虽然是枪击案的“受害者”，按她自己的话来说“命都差一点没了!”但实际上她更是“受益者”之一，不然她后来哪还能再做4年的“副总统”，享尽荣华富贵！所以，5年前虽然她对枪击案很愤怒，一直耿耿于怀，也很想知道事情的真相，但她对查办这个案子态度也不积极。因为一旦查出来的确是陈水扁“自导自演”的苦肉计，或者是绿营选战操盘手搞的鬼，那么按照台湾《选举罢免法》的规定，这场选举将被宣布“无效”，吕的“副总统”也就当不成了！所以说，吕秀莲表面上给人予“直来直去”、性格“直率”的感觉，实际上她的“直率”是“选择性”，同样是一个政治算盘打得很精、私心很重的不折不扣的政客！她当时是位高权重的“副总统”，又是“命都差一点没了”的受害者，如果她坚持要彻查真相，恐怕陈水扁也挡不住！

现在5年过去了，时过境迁，他们都已经下台了，为什么却对侦查“3·19枪击案”突然感兴趣起来？大权在握时不认真追查，没权了反而要查，岂不怪哉！其实，他们俩人的出发点有很大不同。

先说吕秀莲。吕秀莲是把“3·19枪击案”当作自己的“政治资本”来加以利用的！她这个人自视甚高，不甘寂寞，不甘心就此退出政坛，甚至还想在台湾政坛上再造第二春，更上一层楼。但她不像其它绿营“天王”，比如苏贞昌、谢长廷，有自己的“班底”给他抬轿。吕秀莲自知政治实力不如人家，于是就独辟蹊径，另打主意。所以近几个月来，你看她又是张罗着筹办《玉山午报》，又是释放出她想要访问大陆的信息，这几天又出书，以“受害人”的身份，要求重新侦办“3·19枪击案”，目的就是为了保持她在台湾新闻媒体上的“能见度”和在台湾政坛上的影响力。应该承认，吕秀莲炒作得很成功，的确达到了她的预期目的。“3·19枪击案”重新侦办，不管最终能否真相大白，对她来说都是“稳赚不赔”的买卖！

至于陈水扁，为什么他也说希望重启侦办“3·19枪击案”呢？依我看，陈水扁完全是“言不由衷”！一来是想表示自己的“清白”，你们看我心里没鬼，随便你查；再有就是经过他四年时间千方百计掩灭证据，他相信查也查不出个所以然来，所以他敢说这个大话。但我相信他实际上心虚得很，生怕真的查出真相来！

而民进党呢？则一边抨击国民党“转移焦点”，但也表示“乐观其成”。因为民进党很矛盾：一方面，国民党重查“3·19枪击案”，显然是想通过“凌迟”陈水扁，来打击曾因此案获益而至今无力与扁切割、甚至仍袒护陈水扁的民进党，争夺年底县市长选战议题的主导权，这对民进党来说当然很不利。但另方面，如果真的查出真相来，对民进党也不见得是坏事，正好趁此机会和陈水扁彻底切割，甩掉这个最大“负债”和最沉重的“包袱”，从此可以轻装前进。同时还可假国民党之手摧毁“扁中央”，把扁派势力重新收编回营，免得陈水扁老是给民进党出难题、找麻烦、捣乱！

国民党意在年底县市长选举

主持人：徐教授，国民党重新上台执政已经10个月了，那么，为什么不早不晚偏偏在这个时候提出来要重启调查“3·19枪击案”呢？

徐博东：“3·19枪击案”真正最大的“受害者”是谁？首先是台湾！是台湾人民！其次是国民党，是连战、宋楚瑜。不然的话，早在5年前国民党和连战、宋楚瑜就已经上台执政了。所以国民党和连战、宋楚瑜最想查明真相。但为什么不早不晚，国民党偏偏在这个时候提出来要重查“3·19枪击案”？当然不是偶然的。我想主要是居于以下几点：第一，国民党重新上台执政后，一开始忙于接收政权，进行内部权力分配，再加上党、政高层之间磨合了相当长的一段时间才慢慢适应新的体制，这就担耽了不少时间；第二，马英九很倒霉，上台后不久就碰上全球性金融风暴，为抢救台湾经济忙得焦头烂额。而司法部门还要集中精力侦办扁家贪腐弊案，一时腾不出手脚来重启侦办“3·19枪击案”也在情理之中。这两条是客观原因。再有第三，马英九一心想搞“族群和解”。这本身并没有错，但马英九在认识上有“盲点”或者说有“误区”：他错误地把重新查办“3·19枪击案”与“族群和解”对立起来，生怕重查“3·19枪击案”会激起绿营支持者的反弹，造成社会的动荡不安。马政府迟迟未重新查办“3·19枪击案”，至少有上面这三条主客观原因。

那么，为什么现在国民党提出来要重新侦办呢？不必讳言，当然有它的政治考虑！大家都知道，年底的县市长选战很快就要开打，可是，台湾民众对马英九执政团队的满意度始终拉抬不起来，各种民调都显示，保持在不到30%的低水准。原因固然很多，但其中一个重要原因，就是有相当一部分的蓝营支持者认为，马英九上台后“兴利无能，除弊无胆”，让他们大失所望。所谓“除弊无胆”，当然是指侦办扁家弊案硬不起来，进度太慢；再有就是迟迟不重新查办“3·19枪击案”。近日民调显示，有88%的人支持重启调查。马团队执政不力，作为执政党的国民党当然要“概括承受”。不久前，历来是国民党“铁票区”的苗栗县补选“立委”，国民党竟然意外失利，这已经是个很大的警讯。这个月的月底，同样也是国民党“铁票区”的台北大安区“立委”补选，选情也不乐观。以无党籍身份参选的姚立明，与国民党候选人蒋乃辛的民调差距不断缩小，已经在误差范围之内。这说明有相当一部分原本支持国民党的民众，这次想用选票来教训教训马英九和国民党！国民党如果再不出手，台北大安区“立委”补选有可能再次失利不说，影响所及，年底的县市长选举更将处于十分不利的地位。所以，国民党中央再也坐不住了！在这个节骨眼上提出来要重新查办“3·19枪击案”，不用说，目的当然是要和民进党争夺选战议题的主导权，重新收揽泛蓝民心，为选举制造利多。

重启调查对台湾有利

主持人：目前，台湾大部分民众都不相信“3·19枪击案”的调查结果，有88%的台湾民众支持重启调查。你认为从案情本身考虑，有没有必要重启真相调查？疑点究竟在哪里？

徐博东：我认为，马英九政府不应该从选战的需要，而应该从案情本身考虑，从促进台湾社会“族群和谐”出发，也必须尽快重启调查“3·19枪击案”。“3·19枪击案”疑点实在太多，88%的台湾民众支持重启调查，说明就连很多绿营的支持者都不相信“3·19枪击案”的调查结果。这个案件影响巨大，不仅改变了许多人的命运，更改变了台湾的历史！如不早日让它真相大白，将永远是台湾的悲哀！台湾民众心头之痛！真相一天不查清楚，我看所谓“台湾民主”、台湾社会的“公平正义”、“蓝绿和解”、“族群和谐”等等，通通都不过是空话！

这个案件的疑点随便举就是一大堆！比如说：陈义雄究竟是不是真正的“凶手”？就很值得怀疑；姚立明前两天还拿出几张照片，怀疑弹孔造假！另外，弹道的比对是不是准确？查出的所谓改造“手枪”和“子弹”究竟是不是真的由唐守义所造？当时在现场执勤的“国安局”特勤中校陈永峻，前几天为何突然在阳明山离奇自杀？按理说如果陈水扁心里没鬼，他对追查枪击案应该最积极才对，但他为什么不合情理地千方百计阻挠查案？还有，现场负责维安的人员为何不但没有受到任何惩处，相反还一个个升官晋爵？等等，疑点实在太多，如果不认真调查清楚，无法向台湾社会交代！向历史交代！

台湾听友：国民党、吕秀莲、陈水扁，不管是谁，重启调查到底对谁有利？

徐博东：对谁有利？我觉得重新追查“3·19枪击案”首先是对台湾有利！对台湾人民有利！当然其次，对于最大受害者国民党来说也是有利的，说明民进党选战搞歪门邪道，不是公平公正地竞争。如果查明2004年那场选举民进党和陈水扁确实搞鬼，当时就应该下台的，这对民进党的政党形象将是重大打击！其次对马英九执政团队也应该是有利的，因为马英九团队之所以支持度不断下滑，其中一个重要原因就是前面我们已经讲到的“除弊无胆”，直到现在如果3·19再不好好认真追查，对于泛蓝民众来说，对于要求真相、要求公平正义的广大台湾民众来说，都是不能接受的。所以，如果现在能够开始认真追查，也不失为“亡羊补牢”，这对于提升马英九的民意支持度是有好处的。

对重查“3·19枪击案”审慎乐观

主持人：国民党中央已经正式作出决议，要求马英九政府针对5年前的

“3·19枪击案”重启调查，各方也都表达了呼吁，那么，徐教授，您认为马英九政府会同意重启调查吗？如果重启调查，您认为会有令人信服的结果吗？

徐博东：依我看形势已到了必须立即重起调查的时候了，你想高达近九成的民众都认为应该重启调查，马英九敢违抗吗？再加上马英九的屁股后面有国民党中央用鞭子抽着，他也不能无动于衷，否则不顾民意、党意，马政府的权力基础势必动摇，不想再混下去了！再说他也没必要违抗，重启调查，真正“硬起来”，只会拉抬他的民意支持度，稳定政局，巩固他的权力，何乐而不为?!

至于调查的结果会怎样？能不能得出令人信服的结论？这个假设性的问题很难回答。有人悲观，有人乐观。比如国际刑事鉴识权威李昌钰教授就很乐观。他最近说：“肯尼迪总统遇刺逾40年，美国仍重新调查，希望还原真相；3·19案虽同属‘冷案’，但许多关键当事人如陈水扁、吕秀莲及当时在场者，至今都还健在，重新调查找出真相几率更大”。还说，“现在重启3·19案调查，因现场已无法重建，可从物证、人证、资料库、动机推理等方面下手，查出是否有新的物证、人证、相关资料；譬如被认定为开枪者陈义雄部分，疑点不少，是否可能找到有关他的新物证？在作案土制手枪部分，也可进一步追查当时52把土制手枪每一把的去处”。

要问我本人，我是既不悲观也不完全乐观，而是“审慎乐观”！之所以“审慎”，一是陈水扁执政四年，肯定已经做足了手脚，调查起来难度必定很大；二是从侦办扁家贪腐弊案来看，本人对马团队的执行力和台湾检调部门的办案能力实在不敢恭维！何况在台湾的检调司法部门里，蓝绿问题也很严重，能不能认真办案，真正一心一意、公平公正地进行调查？也不免令人存疑！

台湾听友：以陈水扁和吕秀莲一贯善意权谋的人为什么他不把“3·19枪击案”背后的主使者引导到大陆这边？

徐博东：5年前案发当时，台湾南部亲绿的地下电台的确大肆造谣，说中共是枪击案的“主谋”，大陆“派人来杀我们台湾人的总统”，或者说是大陆“勾结”国民党干的等等，当然这些都是无稽之谈！是绿营地下电台为了配合选举蓄意煽动民粹情绪。所以，很多人都合理怀疑这是绿营事先作过“沙盘推演”的选举奥步。而且这个“奥步”在当时确实收到了很大的成效，促使那场选举翻盘。不过，“奥步”毕竟是“奥步”，拿不出任何哪怕是一丁点儿证据，谣言因此也就不攻自破没有人再提了。如果现在陈水扁也好，吕秀莲也好，还这样讲的话，不但没有人会相信，还会让人笑掉大牙！

台湾听友：检察官为何不在当时第一阶段马上验尸做出一个完整的报告，而是在现在才决定是否要检验出他是否中毒身亡还是其他可能性的他杀嫌疑，原因何在？是否有司法介入或者受到某些程度的压力？

徐博东：陈义雄被认定为凶手确实是存在很多疑问。陈义雄本身是会游泳的人，但却说他是不小心掉到水里淹死的，这本身就令人怀疑。另外，尸体发现后很快就火化了，没有很好的验尸，这是为什么？现在重新查验骨灰，能不能验出是否中毒死亡？或者是其他原因，是被他杀而不是自杀？这些都是常识，不需要专业都知道的，为什么办案人员却如此“疏忽”？显然背后有强大压力使然，不然讲不通！现在时过境迁，很多事证都淹没了，重新查办难度确实很大，就看台湾的检调部门办案的水平究竟怎样，办案是不是真的认真了！

台湾听友：台湾人民心知肚明，“3・19 枪击案”不是普通的刑事案件，有非常复杂的政治因素，里面有很多疑点，台湾的领导人出来的路线，所有的措施，包括台湾的六大情治单位布线非常严密，三步一岗，没有办法可以进入到内卫的地方。老百姓希望能够查得清清楚楚，到底真相如何？

徐博东：刚才我说了很多了，我本人对“3・19 枪击案”也是密切观察，我个人相信是陈水扁“自导自演”，至少是当时绿营的选战操盘手预谋制造出来的政治事件。当然，最终还需要台湾的司法检调部门来认真追查，还台湾老百姓真相！

（海峡之声网，2009/03/22）

宋楚瑜能否演绎与苏贞昌“天王对决”？

3月28日，台北大安区“立委”补选，国民党的蒋乃辛只以不到1万票的优势当选，这场被看成台湾县市长选举前哨战的“立委”补选“小胜即输”的结果对国民党提出那些警讯呢？在台湾年底县市长选举中，国民党是否会让宋楚瑜出马与苏贞昌对决？在台南县长民进党提名候选人中，蔡英文最终定夺的又会是谁？北京联合大学徐博东教授在海峡之声广播电台《博东看两岸》节目中一一解读。

大安区“立委”补选国民党“小胜即输”

主持人：台北市大安区“立委”补选结果28日傍晚揭晓，国民党提名候选人蒋乃辛当选，共获得4万6千零63票，民进党提名的周柏雅获得3万6千4百66票，至于新党推荐的姚立明，则获得9千8百77票。台北市大安区是国民党的铁票区，在上一届“立委”选举中，国民党候选人李庆安是以5万多票的绝对优势击败民进党的罗文嘉。那么，应该如何看待这次蒋乃辛以不到1万票的优势当选呢？又给国民党带来哪些警讯呢？

徐博东：国民党的候选人蒋乃辛应该说是小胜，小胜的主要原因是投票率过低，还不到4成的投票率，这说明很多蓝营的支持者这次没有出来投票，这不仅是因为今天台北的潮湿阴冷的阴雨天气不出来，更重要的是对马英九执政的不满意，对所谓“兴利无能，除弊无胆”表示不满。幸好“范兰钦事件”中，绿营的操作过当，形成蓝绿对决局面，因而弄巧成拙，促使一部分蓝营的票回流，否则也很危险。

另外，马英九亲自出马力挺蒋乃辛，吴伯雄多次到大安区助选，国民党所有“立委”包括台北市长郝龙斌、国民党秘书长吴敦义等都为蒋乃辛站台。更重要的是各里长竭力为蒋乃辛拉票。使出了全力才赢了不到1万票，这对于国民党来说是一个很大的警讯。本来大安区是国民党的铁票区，上次

“立委”选举李庆安赢了5万1千多票，而这次不到1万，说明很多铁票已经流失。这个警讯应该引起国民党高度的重视，否则，年底县市长选举在其他蓝营优势并不明显的县市丢掉一些席位也未可知。

当然，坏事也可以变成好事，对于民进党来说，虽然败选，但从得票来说还是比较满意的，在大安区选区能得到如此多票还是第一次，也说明他们尽力了。至于对国民党的警讯。一方面，马英九团队应该好好地在“除弊”“兴利”两件大事上努力，虽然有大环境的问题，但如果更好地努力，政策更加准确到位，对台湾经济也有更好的促进作用。当然有些政策出台之后要经过一段时期才会见成效，或许到第三、第四季度，台湾的经济会有所起色，对年底的国民党参加县市长选举也会有一定好处。更重要在“除弊”方面，审理陈水扁家族的贪腐弊案仍要加油，让台湾民众对司法审判更加满意。

“天王对决”还须等待出牌

主持人：离台湾年底县市长选举还有半年的时间，国民党与民进党各自的提名工作就充满了火药味。台北县长提名就很耐人寻味，双方都迟迟乔不定。有民进党力推苏贞昌回炉参选台北县长，徐教授，苏贞昌回炉参选的可能性大不大？如果苏贞昌真的回炉参选，谁能代表国民党与苏贞昌对决？有蓝营人士说让亲民党主席宋楚瑜出山与苏贞昌演绎天王对决，您认为，国民党会让宋楚瑜代表蓝营参选吗？

徐博东：苏贞昌回炉参选台北县县长基本上已经确定，目前之所以刻意不明确表态，一是要故意制造新闻张力来造势；二是要给蓝营造成压力，让其举棋不定，自乱阵脚。不过，如果蓝营方面真的派宋楚瑜出战，苏贞昌会受到极大的威胁，不排除会动摇苏参选的决心。因为“宋苏对决”，苏没有把握，甚至很可能输。而苏的真正目标是2012或2016，如果今年败选，则对他日后政治前途非常不利。

至于“天王对决”能否上演，据我个人观察，不管国民党还是马英九，都不会轻易地把一个如此重要的县市长的席位让给亲民党的宋楚瑜。但是假设苏贞昌确定参选，而国民党又找不到有足够把握胜过苏贞昌的人选，国民党和马英九就不得不考虑宋楚瑜代表蓝营与苏贞昌来对决。

这其中的关键在于双方的民调。现在宋楚瑜的民调远远超过苏贞昌，61.1%的台北县民众愿意投票给宋楚瑜，愿投票给苏贞昌的只有17.5%。也就是说宋楚瑜有绝对的把握胜过苏贞昌。所以，马英九在最后关键时刻不排除被迫在蓝营支持者的巨大压力之下同意宋楚瑜出战。总之，双方都还在等对方出牌，采取“后发制人”的策略。

台南县长选举国民党有坐收渔翁之利的机会

主持人：台南县一直是民进党的地盘，民进党一直把台南县长看成囊中之物。但这次民进党台南县长提名人遭遇难产。“立委”叶宜津、陈水扁办公室主任陈唐山以及谢系“立委”李俊毅正在争夺提名权。就在各方相互较劲的关键时刻，陈水扁却对叶宜津抛出“立委补选挺县长”的交换条件，引来轩然大波。那么，台南县长提名人争执主要是那些力量参与角逐？陈水扁为什么要提出“立委补选挺县长”的交换条件？这个条件能否促成台南县长提名人尽快产生？

徐博东：从目前来看，产生民进党台南县长提名人应该是在叶宜津和李俊毅两人之间，而如果绿营分裂成两派来参选，那么国民党就有可能获得渔翁之利。

陈水扁提出“立委补选挺县长”的交换之后，陈唐山处在非常不利的境地，蔡英文主张“世代交替”，台南县应该让更年轻的人来选，陈唐山已经74岁，再加上“立委”补选交换县长破局之后，陈唐山应该确定已经不会代表民进党出战了。因此，民进党提名人选应该在叶宜津和李俊毅两人之间来挑选。日前曾传出谢延长廷已劝退李俊义，但叶宜津在这次“立委换县长”风波中实际上也多少受了伤，所以现在很难预估叶、李俩人谁会出线。

至于选举结果，如果陈唐山坚持不退选，绿营分裂成两派，那么民进党无论提名叶宜津还是李俊毅都必败无疑，国民党将坐收渔翁之利。上次

“总统”大选，马英九在台南县获得的票数超过绿营的候选人谢长廷，这说明蓝营在台南县并非不堪一击，还是有一搏的机会的。

台湾县市长选举对两岸关系影响不大

主持人：今年年底举行的县市长选举被舆论看成是台湾民众对马英九执政的中期考试。徐教授，您预测一下台湾民众这次会给马英九什么样的成绩？国民党能否保住既有的县市执政？另外，这次选举结果对马英九今后的两岸政策会带来哪些影响？

徐博东：从选举看台湾主流民意走向是一个指标，也可以看成是2012年台湾“总统”选举的一个前哨战，所以争夺非常激烈，现在我的看法是双方各有利弊。

从大环境来说，由于金融风暴的影响，马英九团队执政成绩单不理想，另外对司法调查扁家贪腐弊案不力也不满，认为马团队“兴利无能，除弊无胆”民调始终拉抬不起来；而民进党则因陈水扁家贪腐弊案受到极大牵连，民众对于民进党败选之后至今不思检讨，不与陈水扁切割还力保陈水扁也十分不满，民调支持度也很低。所以从大环境来看谁都没便宜可沾。

从组织上来说，国民党一向组织严密而占优，这次县市长选举基本上还是比较团结的，有麻烦但不太大；但是民进党方面，组织系统比较松散。再加上国民党重新执政后，很多地方派系又倒向国民党。

另外，国民党有执政优势，资源丰厚；民进党虽然在野，但它擅长文宣，选战经验丰富。所以两党是各有利弊，各有长处与短处。这次县市长选举双方保持平盘的可能性较大，关键还在于台北县蓝营会不会丢失，其他县市多一席少一席都无关大局。

如果选举结果平盘，对两岸关系影响应该不大；如果国民党大胜，多赢一两个席位甚至更多，这说明民众对马英九执政仍然抱着很大信心，愿意支持马英九团队，中期考试顺利过关。这样民进党对两岸政策的牵制将会削弱。马团队推动两岸开放政策将更有信心和决心；如果国民党败选或者丢失的席位比较多，会鼓舞绿营的士气，今后对于牵制马英九执政、对推动两岸政策的负面影响也会比较大，甚至将会影响到下届“总统”大选的走势。

民进党免不了又要搬出“本土意识”操弄民粹的策略

主持人：经过大选失败以及弊案缠身的民进党这场选举还会采取“本土意识操弄民粹”的策略吗？

徐博东：经过大选失败以及弊案缠身的民进党，在今年的台湾县市长选举中再也输不起，但又不思检讨和改革，所以民进党免不了又要搬出“本土意识操弄民粹”的老套策略来打选战：一个是挑动族群矛盾，炒作“范兰钦事件”就是一个信号；另一个是“反中”，指责马英九“卖台”，抵制第三次“陈江会”和 CECA 的协商谈判是可以预见的；再有当然更要指责马团队的执政无能等等。民进党没有别的招数，这种策略仍会继续采取。

由于蓝绿基本盘不会有多大变化，关键在于催出自己的基本盘去投票，还有是争取中间选民。民进党的上述选举招数愈来愈不管用了，边际效果正在递减之中，继续操作这些议题将会引起中间选民的反感。面对如此形势，民进党恐怕已拿不出更好的办法，仍然会处在比较被动和不利的地位，如能守住基本盘就已经算是不错了。

（海峡之声网，2009/03/29）

马英九连出两招意在凝聚泛蓝

4 月 11 日，北京联合大学台湾研究院徐博东教授，在海峡之声电台《博东看两岸》专栏节目中指出，马英九最近连出两招，祭出“肃贪牌”和“蒋经国牌”，相辅相成，大造舆论，目的是为了争取民心，凝聚泛蓝力量，促进社会和谐，巩固国民党政权，更好地推行其施政理念与政策。

全文如下：

主持人：徐教授，您好！亚洲政经风险顾问公司所日前所做的报告指出，在17个国家和地区贪污排行榜中，台湾排名第8，比中国大陆排名前一位。马英九对此表示痛心疾首，亲上火线召开记者会打出“肃贪牌”。马英九还要求司法部门“不分蓝绿、不论官阶高低”，限期三个月内进行肃贪查弊。与此同时，台湾“府、院、党”10日隆重纪念蒋经国百年诞辰。首先，请您谈谈您是如何看待马英九重新打出“肃贪牌”这种行动的？

徐博东：应该肯定的是马英九不回避责任的态度和“肃贪”的决心。马英九为什么在这种时候亲上火线表达其“肃贪”的决心呢？我个人认为主要是以下两方面：第一，马英九一向是以清廉自持，他在“法务部”任职期间最在意的就是“肃贪”。他在竞选台湾“总统”的时候，“肃贪”也是他最重要的政见之一，也是他胜选的关键政见。但如今，马英九上任快满一年了，除了在侦查扁家弊案之外，还没有别的像样的成绩。所以这次马英九看到亚洲“政经风险顾问公司”日前排出的贪污排行榜，台湾竟然名列第八，比中国大陆排名前一位。这件事让马英九感到脸上无光、痛心疾首，由吃惊到愤怒。这是使得马英九决定亲自站上火线督促办案的导火线。

另外，台湾年底县市长选举临近，这是对马英九执政以来的“中期考试”。但是，马英九的民调满意度一直低迷不振，其中一个重要原因就是“肃贪”进度迟缓，民众普遍不满，认为马英九对此束手无策。这样，国民党年底县市长选举这一仗很难打，不久前苗栗县和台北大安区的两场“立委”补选已经发出了警讯，马英九对此也非常的着急，所以打出了“肃贪牌”，下决心要在除弊方面做出成绩来回应选民。

主持人：徐教授，“肃贪牌”曾经是马英九的“王牌中王牌”，但这次好像不灵验了。马英九的“肃贪牌”不但遭到绿营的反弹，连台湾民众都不看好，根据中时电子报的一份民调显示，有将近60%台湾民众对马英九肃贪没有信心。这是怎么回事呢？

徐博东：这样的民调结果不是偶然的。马英九上台执政后，本应该在除弊方面表现出雷厉风行的作风，但这一年来，扁家弊案进展迟缓不说，更重要的二次金改弊案和“外交机密弊案”到目前为止连查办都还没有开始。查办扁家贪腐案也问题很多，涉案情节重大的陈致中夫妇至今不予羁押，逍遥法外，民众意见很大。扁家弊案的关键被告之一的黄芳彦至今仍滞留美国未归，导致许多重要事证查办困难。这都让台湾民众感到不解。还有，陈水扁虽然人在狱中却气焰十分嚣张，不断出书爆料，召开记者会，还扬言要组党、选县长、选“立委”等等，民众对此观感非常差，认为马政府太软弱，拿陈水扁这个无赖毫无办法。

负责指挥侦办扁案的“检查总长”陈聪明是陈水扁任命的，民众普遍认为查办扁家弊案进展迟缓，根本原因就在这里，质疑陈聪明和黄芳彦暗通款曲，蓄意纵放黄芳彦出逃；对于如此怠乎职守的“检查总长”，“法务部长”王清峰居然公开表态认为他表现“还可以”。再有就是台湾“肃贪”的立法进度严重滞后，到目前为止“立法院”《肃贪特别条例》尚未通过，甚至连“财产来源不明罪”的相应法律都没有，肃贪的力度严重不足。所以，民调将近60%对马英九肃贪没有信心不是偶然的。

主持人：我们还注意到，台湾军中最近也爆出“买官卖官”事件，说一些将军肩上扛的星星是用钱买来的。针对台湾种种贪腐行为，您认为马英九这次反贪腐的力度有多大？能真正做到“不分蓝绿、不论官阶高低、不分军内军外”吗？

徐博东：马英九这次动作很大，引起不小的震动，我想还是会有一些效果。在马英九召开记者会的第二天，“法务部”就端出了“国家廉政建设行动方案”，提出了一系列加紧办案的“办法”送到“行政院”审查。“国防部”也组成了一个“廉政建设行动专案编组”，提出了军中办案的一系列具体措施。而特侦组近期也经过改组增派了人手，应该会绷紧神经加班加点办案，否则乌纱帽将会不保。

当然，也很可能最后是“雷声大雨点小”。要知道“肃贪”是非常复杂的问题，说起来容易做起来难。目前在台湾，贪腐案件积重难返，案子多如牛毛，可是历经李登辉、陈水扁20年执政之后，台湾社会的价值观、道德观以及官僚体系都遭到了严重的扭曲和破坏。司法本来是社会公平正义的最后一道防线，但也已经相当腐败，检调司法部门内部甚至存在蓝绿对立的情况，而且士气非常低落。前特侦组检察官吴文忠说：“谁敢配合‘总统’？保命要紧！配合‘总统’是笨蛋！”可见检察官对办案是何种态度。

军中办案就更加难了。因为军中办案是靠军检系统，而军检系统的军阶都比较低，军中是最讲资历和军阶的，让下级军官去查办现役将军，很难查出个所以然来。据台湾媒体报道，军中买官卖官的问题早在几年前就有人检举，根本就不敢办，一直压着，并不是现在才发现。实际上台湾的官场官官相护的现象非常严重，谁都不愿意得罪人，给自己留条后路。

所以我说，在马英九发飙亲自下了“军令状”之后可能会有些效果，但效果究竟有多大？不能太乐观，还有待观察。

主持人：另外，昨天是蒋经国诞辰100周年，国民党举行了口述历史座谈会，开启所谓“府院党”扩大蒋经国百岁冥诞纪念的系列活动。马英九特别出席致词，蒋经国的旧部属、亲友，蒋家人都受邀出席。另外，国民党中央党部还挂出蒋经国过去下乡视察的照片，突显蒋领导台湾经济建设的作用。那么，徐教授，在当前台湾蓝绿分裂以及金融危机的背景下，国民党为什么要隆重纪念蒋经国百岁冥诞？

徐博东：马英九在这个时候高调纪念蒋经国的百年冥诞，当然有他深层次的政治目的。我想他至少有下面四个方面的用意：

首先，借纪念蒋经国来突显国民党马“政府”的施政理念和风格，同时反衬民进党陈水扁执政时的种种劣行与不堪。正所谓传承蒋经国先生当年勤政爱民、重视台湾建设、清廉反贪以及两岸和解、反对“台独”的作风。蒋经国当年讲过，“我是中国人也是台湾人”。在纪念蒋经国百年诞辰座谈会上，马英九说：“两岸关系的解冻是蒋经国先生踏出了第一步”，把他的两岸开放政策和蒋经国当年解冻两岸关系进行了有机的连接，以此强调马政府两岸开放政策的传承性与合法性。

第二，通过“忆蒋”系列活动促进泛蓝大和解、大团结，提振泛蓝士气，增强泛蓝阵营的凝聚力和向心力。通过纪念蒋经国百年诞辰，马英九、吴伯雄、亲民党主席宋楚瑜、新党主席郁慕明，甚至连李登辉都不能不坐在了一起，显示要继承蒋经国先生优良传统的气氛。这对团结泛蓝，增进蓝营的向心力和凝聚力确实起到了很好的作用。

第三，对李登辉、陈水扁执政二十年来造成台湾社会价值观、道德观、国家认同观等方面的扭曲和混乱进行拨乱反正。从李登辉到陈水扁，推行

“台独”分裂路线，大搞黑金政治，官商勾结，贪污腐败，把台湾民众的国家认同观、社会价值观、道德观严重扭曲了，马政府借由纪念蒋经国先生的活动，弘扬中华民族的优良道德观、价值观和国族观，与民进党争夺话语权，大造反贪腐、促两岸和解的舆论。

第四，蒋经国生前致力于台湾的建设和族群的融合，深得台湾民心，借着各种形式的纪念活动，激起台湾民众对蒋经国先生的怀念之情，以图化解目前台湾的族群矛盾和蓝绿对立，促进社会和谐。

总之，马英九连出两招，祭出“蒋经国牌”与“肃贪牌”是相辅相成的，目的都是为了巩固国民党政权，更好地推行他的施政理念与政策。

（海峡之声网，2009/04/12）

关于当前两岸关系的几个问题

——答某国驻华使馆官员问

中评社北京 4 月 18 日电　近日，北京联合大学台湾研究院徐博东教授应某国驻华使馆官员之约，就当前两岸关系的几个重要问题回答了该位官员的提问。现将谈话主要内容整理如下：

问：您认为马英九执政一年来，两岸关系取得了哪些进展？

徐博东：去年 5 月马英九国民党重新上台执政，是两岸关系发展的一个分界线，或者说是分水岭。一年来两岸关系发生了历史性的转折。大家都知道，在此之前，台海局势非常“严峻”，处在“高危期”。原因就在于陈水扁当局顽固推行“台独”路线，所以我们说“台独”是台海局势不稳定的根源。国民党重新上台执政后，他们反对“台独”，承认“九二共识”，实行两岸开放政策，所以两岸关系发生了转折性的变化，逐步走上了和平发展的轨道。

这一年来，可以说是六十年来两岸关系的最好时期，有几个重要标志：

第一，两岸两会恢复了协商谈判。1999 年两会之所以终止了协商谈判，是因为李登辉提出“两国论”，破坏了协商谈判的基础。陈水扁上台后，提出“一边一国论”，情况更加严重，所以两会中断协商谈判长达 10 年之久。直到去年马英九上台，承认“九二共识”，两会协商谈判才得以恢复。到目前为止，两岸双方经过二次“陈江会”已经达成了六项重要的经济方面的协议，对于推动两岸关系发展起到了非常重要的作用。第三次“陈江会”预定在本月底召开，也将签订四项重要协议。一年之内一连举行三次两会的协商谈判，这在过去是不可想象的。这是两岸关系发生转折性变化的一个重要标志。

第二个重要标志，就是两岸直接“三通”的基本实现。两岸直接“三通”大陆三代领导人为此整整努力了三十年的时间，经过两岸同胞的共同奋斗，终于在去年基本实现了。这是一步一步走出来的，从春节包机到节日包机到周末包机，一直到包机常态化，从绕道港澳到“截弯取直”。其中马英九上台执政后半年之内走了后两步，可以说步子迈得很快。不久将要举行的第三次“陈江会”，将会签订两岸定期航班的协议，这样两岸“三通”就将实现完全正常化。“三通”的实现具有十分重大的战略意义。这是两岸关系发展的又一个重要标志。

第三个标志，就是大陆的游客可以入岛旅游。过去台湾当局只允许台湾同胞来大陆旅游，大陆同胞除了探亲、奔丧和专业技术人员允许到台湾参访，进行学术交流之外，普通民众绕道去台湾旅游观光是不合法的，而且人数也很少。马英九上台后，开放大陆游客入岛，一开始才几百人，现在每天都有二三千人到台湾旅游观光，越去越多，在台湾走到哪都能看到大陆游客。两岸同胞有来有往，不光是游山玩水，促进台湾经济发展，更重要的是两岸同胞通过近距离的接触，可以加强相互了解，逐步消除敌意，增进同胞感情，有助于两岸关系的和平发展。

第四个很重要的标志是，两岸高层人士的往来愈来愈越频繁和密切。过去只有台湾方面像国民党主席（现任名誉主席）连战、吴伯雄、亲民党主席宋楚瑜等高层人士来大陆参访，大陆方面连部一级的领导去台湾的都很少。现在情况发生了变化，不久前前全国人大副委员长许嘉璐、全国政协副主席黄孟复，顺利地踏上了台湾的土地，还有前全国人大副委员长、全国台联会会长林丽韫最近也返台探亲祭祖。再有就是前国台办主任、现任海协会会长陈云林去年十一月也成功访台，举行了第二次“陈江会”。陈云林是到目前为止访台的现任官员中层级最高的。陈云林访台不光完成了汪道涵生前的遗愿，1999 年汪道涵计划访台的主要目的是进行政治对话，并没有谈判和签订协议的任务，而陈云林访台签订了四项协议，是一次重要的工作访问。可以预期，随着两岸关系的进一步发展，两岸高层往来会成为家常便饭，层级也将会越来越高。

第五个重要标志是，民间交流越来越广泛深入，各种各样的学术交流会议、经济合作会议越开越多。比如不久前在台北圆山饭店召开了第三届“海峡两岸客家高峰论坛”，在广西玉林召开了“两岸农业合作论坛”，还有规模更大的“海峡论坛”也即将召开。其他各样形式和内容的两岸学术交流会议多得数不清，记都记不住。我们北京联合大学台湾研究院参与首创的“海峡两岸客家高峰论坛”，前两届都只能在大陆召开，国民党重新上台执政后，第三届才得以在台北顺利召开，这也是两岸关系缓和发展的重要标志之一。

当然，受制于两岸关系的现实和特点，目前两岸协商谈判和学术交流主要还是以经济文化的议题为主，这是按照大陆方面提出的“建立互信、搁置争议、求同存异、共创双赢”这样的思路，和“先经后政，先易后难，循序渐进”的模式，来稳健地推动两岸关系的和平发展。没有人可以否认，现在已经取得了可喜的成效。这样的发展趋势，不仅符合海峡两岸人民的利益，也符合地区和世界的利益，所以得到两岸人民和国际社会的充分肯定。

问：你对台湾成为世界卫生会观察员和两岸签订 CECA 的看法？

徐博东：现在已经发展到不光是经济议题，因为经济议题本身就隐藏着许多政治性议题，比如 CECA 要不要签订的问题，本身是经济问题，但它又难以回避两岸经济是两个国家还是一个国家内部的或属于两岸特殊的一种关系。CECA 民进党坚决反对，它认为签了这个会伤害台湾的主权。另外，世界卫生组织大会 WHA 本是属于民生问题的涉及到台湾卫生方面的一些事情。但也会涉及到台湾加入会不会伤害到一个中国原则的问题，所以这也是敏感的政治问题，但也不能回避。现在我们按照国台办主任王毅和政协主席贾庆林“先易后难、先经后政”，从经济议题开始进行交流接触合作，但我们也不回避敏感问题，因为你想回避也回避不了，因为有些议题已经提到议事日程，必须解决。我们谈到 WHA、CECA 两岸经济合作的议题时，实际上无可回避地涉及到两岸是什么关系，两岸关系的定位问题，所以，现在我的看法是，两岸关系的发展已经走到了以经济议题为主以政治议题为辅，这样的新的阶段，因为前面比较好处理，比如陆客要不要进入台湾旅游，周末包机要不要变成包机常态化，开通直接“三通”，还比较好处理。先易后难，现在容易处理的问题都基本快解决了，那当然后边要解决的问题会越来越难。比如台湾方面非常关切的世界卫生组织大会，如何解决这个问题，我看到最新消息，双方经过前一阶段的接触谈判协商，双方已经达到高度共识。有可能世界卫生组织很快就会给台湾发出观察员的邀请函。应该说大陆方面做出很大的让步妥协，对推动两岸关系的和平发展表达了高度的诚意和善意。台湾方面把它作为两岸关系是不是真正改善的重要指标。这个问题能够达成共识很不容易。经过多年的探讨，大陆方面为台海和平做了很大的努力，应该说存在一定风险，风险在于有些学者所担心的一个是台湾方面会不会得寸进尺，加入 WHA 后，下一步就要加入世界卫生组织。也就是不光是参加大会，还要加入 WHO，然后在加入 WHO 后，那联合国下属的国际组织也要加入，以此为第一步。有些可以通过协商来处理解决，有些加入的话恐怕会涉及到一个中国原则，所以大陆方面过去有人担心，现在是非常务实、非常理性，非常善意诚意探讨研究以后，认为世界卫生组织大会的观察员身份，以中华台北这样的身份加入以争取台湾民心，不被排斥在世卫之外，应该是有利的。除了这样的担心之外，后来还有人担心，现在是民进党垮台，国民党执政，那将来如果是国民党又下台了，民进党又重新执政，那它又有可能利用这样一个世界舞台来搞“台独”，怎么办？能把民进党政府的代表从世卫组织赶出来吗？不可能的，所以有人担心。但是大陆方面也是经过了很多内部讨论，为了推动两岸关系和平发展，不愿把它作为和台湾达成共识的一个障碍。今年 5 月份台湾方面以中华台北身份参加世卫大会，应该说由王毅讲的审慎乐观，现在应该是比较乐观，如果《中国时报》的报导不是错误的新闻的话，应该说是能解决的。像从前大陆方面提出来的逐年来管控，今年你参加了明年还要再申请，不是一次性到位，台湾方面当然不同意，大陆方面据说也放弃了这样的要求或做法，表达了务实理性和善意。因为这个加入 WHO、WHA 不仅是两岸的问题，也是世卫组织组委会同意的问题，还要看其他世卫成员什么态度，对于马当局能在这么短时间内加入世卫组织大会，在对外关系上，他取得非常重要的一个进展或者是很大成绩，将会起到重要影响。民进党也在瞪着眼睛看你今年能不能解决问题，如果这个消息没有什么出入的话那是一个好消息。

问：你对两岸定期航班与两岸交流效果的看法？

徐博东：目前，两岸直航基本是包机性质的，还不是班机。包机是随时可以取消的，比如成本太高了，赔本我不干了，航线不跑了，或其他政治原因可取消的，但班机涉及到航权的问题，定下来后不能随便取消的。第三次陈江会谈就要举行，举行就会解决这个问题，原来说 6 月份，现在提前到 5 月份，说不定还要提前，共同应对金融危机，要加紧谈判的脚步，所以如果变成班机，两岸“三通”就基本实现了。现在应该说预备性的协商基本结束了，在上海，海基会的秘书长高孔廉带队，谈得很满意。

普通的台湾民众对带来的经济好处并不那么振奋，确实是这样一个问题。因为普通的老百姓不从事经贸，他们的感受是间接的不是直接的。台湾当局有义务在这方面进行宣传，因为开放政策给老百姓带来的好处，应该自己多进行宣传，老百姓才能了解真正的意义。但在过去做得不够，包括它的陆委会，包括经济部门，现在已开始加强这方面的宣传了。比如旅游业从大陆游客到台后，普通老百姓会感受的直接一些。因为每天有几千人进去，至少十天甚至半个月，按照岛内一天进 2000 人，10 天就几万人，这十几天几万人到处跑，他们是要买东西的。不久前去了一万人的安利团，没想到大陆的游客这么高的购买力，当然，安利这些人都是有钱的白领阶层。

大陆游客入岛观光一开始的效益并不太好，现在已经逐步显现出来对台湾经济的刺激作用。民进党当初看到效果并不是很明显，就起来攻击抹黑，现在也不讲话了。因为旅游业也不光是旅游点的那些人，也有对其他商业购买力的刺激，对于建筑业，像旅馆、交通，它会涉及到一系列的部门。所以，开放大陆游客到台湾已逐渐显现出刺激经济的作用。当然也有个别的杂音，说大陆游客太嚣张。

安利团带来的商机有6亿台币，另外如CECA签订了，据台湾方面估算对台湾GDP成长带来1.3个百分点，如果说台经济成长率下降2个百分点，如果和大陆签订了CECA，它可能会下降到零点几个百分点，其中影响最大的是石化业，因为如不和大陆签订协议，它的关税要达到10%，签订后是零关税，这影响太大了。它解决的就业问题是十几万人。这十几万人要宣传，反正我过去没工作，现在有工作了，他不会想到是因为两岸经济关系加强给他带来的福利。实际上，如果不签订协议他们就没有工作。这个方面台湾当局要宣传。

还有纺织业，按工会的讲法，它的关税是5到6点几，现在如果是零关税，对它的生存发展至关重要的，而且像石化、纺织业它的大量外销都在东南亚地区，所谓"10+3"、"10+1"东盟，所以，CECA的签订对台湾来说有某种生死存亡的重要意义，所以马当局下定决心顶住了民进党的压力，而民进党处于意识形态上的考虑，坚决抵制CECA签订，我看马当局已经下了决心，因为它涉及台湾的生存问题，现在抓紧进行宣传，跟大陆进行积极协商，第三次的陈江会谈有可能在南京召开，除了说其他议题外，这个议题提前到这次陈江会来交换意见，有可能在年底之前签订某种协议。这个协议要签订下来的话，将是两岸关系的重大成果。两岸关系不再是个案的协议，而是进入经济合作的制度化阶段，按照协议来推动两岸的经济合作，比如说这些大的框架协议有了以后，一个个小的框架分门别类的进行谈判，恐怕以后按照协议来推动实现两岸关系的正常化、机制化。台湾民众应该会逐步体会到两岸关系和平发展给他们所带来的好处。

问：签订CACA对台湾经济会有何影响？

徐博东：签订CECA后，对于台湾摆脱当前的经济危机将起到重要推动作用。台湾是全球受经济危机影响最大的一个地区。因为它的经济是外向型的，主要靠外销。外销大幅缩减后，对它的经济当然是一个大的损害。台湾方面自己评估，今年的GDP成长率负增长二点几个百分点，也是近十年来最严重的一次衰退，但CECA的签订有可能使它的经济衰退有所减慢，那么，台湾民众也会逐步体会到大陆方面帮助他们抢救台湾经济，作出的这些努力。根据现在的情况，大陆的经济应该说是全球经济复苏最快的一个国家。大陆经济如复苏比较快，那对台湾经济来说会有直接的影响。台湾老百姓会逐步体会到两岸经济合作给他们带来的好处。

目前，从民调来看，马当局的总体民调是比较偏低的，近期的民调好像还有所起色。对他主要的不满的地方，一个是他在解决经济上没有好的办法，特别是他在除弊方面，处理陈水扁的弊案进展太迟缓。但对马的推动两岸开放方面，对两岸关系发展方向是支持和肯定的，如果 WHA 的问题再解决的话，恐怕民调会有进一步提升。所谓的“外交休兵”，争取扩大“国际空间”方面，也有新进展。

问：你认为金融危机对中美关系及两岸关系会产生哪些影响？

徐博东：金融危机，肆虐全球，中国大陆和台湾不可能置身事外，都受到很大影响，特别是台湾属于外向型经济。大陆方面，没有完全地采取像美国的自由经济做法，金融方面的管控还比较严格，大陆方面不存在金融危机，而是经济受到金融危机的影响，表现在出口贸易方面，萎缩或者跟出口贸易相关的一些企业、部门。那么中国政府采取了多种措施已经收到成效。根据今年一季度特别是 3 月份的资料来看，已经开始回升了。温总理在泰国接受香港媒体采访，公开地对外宣布的。

应该说，在金融危机中，中国的国际地位得到了提升。中国的经济如果能比较快的回暖，那对世界经济来说是一个福音。中国采取了很负责任的态度来帮助美国度过金融危机，而且还继续购买美国的国债，采取合作的态度应对危机。中国还派出采购团到欧洲等等，所以有助于中国的国际地位的提升。经过 30 年改革开放后，中国积累了大量的资金，经济实力大幅提升的基础，不是天上掉下来的，美国也发现她自己经济上不是无懈可击的，也不是那么稳固的。应该说它从中也应看到以后全球经济发展也不是就美国一家就能解决问题，大家都是命运共同体，所以美国也感到很多问题离不开中国的支持合作，不光是朝核问题，武器禁运的问题，也不光是走私贩毒或其他一些问题，包括经济方面也是这样。美国已经越来越感到中国的重要性，不光是政治上的，也包括经济方面的。中美关系应该是现在世界上最重要的关系。中美关系是不是稳定发展涉及到美国的切身利益，而且影响到世界的政治经济。目前，这场经济危机已经使中美关系在共同应对危机的同时加强了合作，增进了互相了解，使中美关系进入了最好的时期。过去，美国政府在换届时，特别是由民主党变成共和党执政时，或共和党变成民主党执政时，它都要在对华政策上进行激烈的辩论。这次基本上没有。奥巴马上台之后，和中国的关系没有什么任何不愉快的事情发生，说明两国关系经过这么多年的风风雨雨，中美关系已经越来越成熟了。中国政府不是以损人利己的政策，而是既要兼顾自己国家利益，也考虑别国利益这样的外交政策。是实事求是的、讲道理的，美国方面应该是会感同身受。所以，中美关系的发展总体上来说，是乐观的。

两岸关系，经过金融危机坏事可以变成好事。例如“三通”问题，按马英九竞选时承诺，他上台一年之后要直接实行“三通”，实际半年不到，为什么？因为金融危机的需要。大陆游客入岛，也是上来就赶快推行，因为也是经济的需要。又比如，CECA的签订，也是台湾的经济受创太严重，它需要大陆给予经济方面的支持。大陆方面从大陆角度考虑，根本不是很着急的事，但为支持马英九，稳定他的政权，大陆愿意配合台湾方面早日签订综合性贸易协议。胡锦涛总书记在胡六点里讲的，只要对台湾人民的福利有好处，只要对两岸和平发展有好处都愿意予配合支持。台湾方面应该感受到了大陆方面的善意，诚意。两岸签订的六项协议里面，大部分都是有利于台湾的。大陆帮助台湾来摆脱目前的困境，这样的话，对于两岸的领导人之间加深了解，消除敌意，以及台湾民众对大陆了解，消除对大陆的敌意都有好处。第三次陈江会在南京召开，重要的是如何进行金融合作的问题。金融合作主要是帮助台湾。这些经济上的合作越来越紧密之后，你中有我，我中有你，谁也离不开谁，必然会在政治上产生影响。政治是经济的集中体现，所以我们在共同建设中国人的家园过程之中，在共同应对金融危机的过程之中，必然会在政治上收到他的成效，消除敌意，形成命运共同体。所以必然会在政治关系上反映出来，是潜移默化的，或说是有一个过程，不是一下子就能看出来的。所以两岸关系由于金融危机加快了脚步往前推进。如果没有金融危机，恐怕很多事情不会这么快达成协议。所以，坏事往往变成好事，如果不是金融危机，CECA 的签订台湾方面不会下大决心顶住民进党的压力，尽快来和大陆进行协商谈判，如果不是金融危机，大陆游客入岛也不会这么快推动，直接“三通”也不可能这么快实现，所以金融危机对两岸关系的和平发展反而起到一个推动力，把危机变成了转机。

（中评社，2009/04/18，根据录音整理）

博鳌论坛已成为两岸高层交流的重要平台

4 月 18 日上午，北京联合大学台湾研究院徐博东教授在海峡之声电台《博东看两岸》专栏节目中，就正在举行的博鳌亚洲论坛年会、两岸金融合作和即将举行的第三次“陈江会”等相关话题发表看法。徐博东认为，博鳌论坛已经成为两岸高层接触交流的重要平台和第二轨道；马英九有关推动两岸关系发展的新“十六字诀”积极进取、友善乐观；“坏事变好事”，国际金融危机促进两岸金融合作加快了步伐。通过两岸金融合作，共同应对金融危机，“中国人帮中国人”，建设好中国人的共同家园，使两岸同胞真正成为“命运共同体”，必将对两岸和平发展产生不可估量的影响；第三次“陈江会”意义重大，必将对台湾经济摆脱目前困境，进而实现全面复苏发挥积极作用。

全文如下：

博鳌论坛台湾代表团有两大特点

主持人：17 日，博鳌亚洲论坛年会在海南小镇博鳌举行。在本届博鳌论坛上，台湾方面派出了以钱复为团长的历届最大的代表团出席，您认为台湾方面是如何考虑的？另外，博鳌亚洲论坛能否被看成两岸交流的第二轨道？

徐博东：台湾方面这次派出的参加博鳌论坛的代表团有两个重要特点。这两个重要特点反映出马英九对这届博鳌论坛非常重视：

第一个特点是人数多、层级高。除了团长钱复，另有接替萧万长新任两岸共同市场基金会董事长詹火生、台湾金控董事长张秀莲、国泰金控董事长蔡宏图、富邦金控董事长蔡明忠、台湾证交所董事长薛琦、阳明海运董事长卢海峰等，包括产学、金融界代表总共 34 人，网罗了台湾金融界的一批精英，是台湾出席历届博鳌亚洲论坛年会规模最大、层级最高的代表团。

第二个特点是挑选钱复担任代表团团长很有深意。钱复是何许人也？他年轻时曾与连战、陈履安、沈君山一道，被称为台湾政坛“四大公子”，曾任“国大议长”、“监察院长”、“外交部长”等重要职务，层级不低于连战和萧万长。更重要的是，钱复在担任“外交部长”期间，曾极力反对李登辉访问美国，他说“这会破坏两岸关系”。钱复认为，“‘大陆政策’的位阶高于‘外交政策’”，因为“外交”只是台湾政策的一个环节，而大陆政策却攸关台湾的未来走向与兴亡。

试想，在第三次“陈江会”即将登场、台湾参加 WHA 的问题两岸正在协商谈判的关键时刻，马英九派出这样的代表团出席博鳌论坛，他想向大陆传递出什么样的信息？已经是“不言自明”！

关于博鳌论坛能否看成是两岸交流的第二轨道？答案是肯定的。我认为，事实上博鳌论坛已经是两岸高层接触交流的重要平台和管道。去年大陆邀请尚未就职“副总统”的萧万长率团出席博鳌论坛，胡总书记和他会面，对后来两岸关系的发展打下了良好的基础，产生了巨大的推动作用，发挥了特殊的功能。这届论坛两岸双方金融界、产学界代表将进行广泛接触，还要举行以“国际金融危机与两岸金融合作”为主题的论坛，直接进行面对面的沟通和深入探讨；此外，19 日温家宝总理还将会见钱复。虽然钱复在接受媒体采访时说：谈些什么问题现在“还不能说”，但可以肯定的是，“温钱会”必定会对两岸关系发展产生积极的正面影响。所以我说，博鳌论坛实际上已经成为两岸高层接触交流的重要平台和第二轨道。

马英九“十六字诀”积极进取、友善乐观

主持人：在钱复一行出发前，马英九特别会见了代表团，要求钱复将“同舟共济，相互扶持；深化合作，开创未来”16字理念带给大陆。马英九这16字理念透露出那些信息？

徐博东：钱复昨天在接受媒体采访时，否认有所谓马英九的“十六字诀”要捎给大陆的报道。看来钱复很谨慎，担心民进党会见缝插针、无事生非！但我个人判断这应该不会是空穴来风。去年马英九给出席博鳌论坛的台湾代表团也是“十六字诀”。两者比较一下，调子很不一样，内容有很大变化。

去年的“十六字诀”是：“正视现实，开创未来；搁置争议，追求双赢”。

今年的“十六字诀”是：“同舟共济，相互扶持；深化合作，开创未来”。

前者“话中有话”、语带保留；后者积极进取、友善乐观。这实际上反映出马英九心态上的变化。很显然，经过这一年来的良性互动，两岸互信大为增强，马英九对他的两岸开放政策更有信心更加乐观了！两岸两会已成功举行了二次“陈江会”，签署了六项对台湾经济摆脱困境十分有利的协议。第三次“陈江会”预备性磋商进展顺利，即将于近期举行。民调显示，多数台湾民众对马政府的两岸政策表示满意。就连美国也一再表示支持与肯定。我想，马英九对于大陆方面的善意和诚意，应该会有切身体会。所以，马英九能够提出更加积极进取的推动两岸关系发展的新“十六字诀”，绝不是偶然的！

“坏事变好事”，金融危机促进两岸金融合作

主持人：两岸金融合作是本届论坛的一项重要内容，您是如何看待两岸金融合作的意义与前景的？

徐博东：本届论坛的“压轴戏”是19日下午3点到5点半举行的“国际金融危机与两岸金融合作”议题。把两岸议题纳入博鳌论坛这是往届所没有的，十分罕见！可见主办方大陆方面对两岸金融合作的高度重视。两岸双方都由重量级的财金主管和产学界精英出席会议。除了前面提到的台湾方面的重量级财金人士与会外，大陆方面包括中国人民银行行长周小川、国资委主任李荣融、中国银监会主席刘明康、国家发改委主任张平、商务部长陈德铭、国台办主任王毅、国家旅游局局长邵琪伟等，可谓双方财金主管、精英云集，并且由博鳌论坛首席顾问陈锦华与钱复共同主持会议。双方将深入探讨金融风暴下两岸如何合作应对危机，以及两岸金融合作的前景及展望。召开这样层级的重要会议可以说“前所未有”，我想其本身就意义重大！这场会议可视为为即将举行的第三次“陈江会”“暖身”，并将提出一系列具专业性和权威性的意见，供双方协商谈判时参考，为今后两岸金融合作、共同应对金融危机打下基础。可以这样说：两岸金融合作因为这次国际金融危机而加快了步伐，正所谓“坏事变好事”、“危机变转机”。日前，台湾海基会最新一期的《两岸经贸》月刊，发表了一篇题为《为何要签两岸金融合作协议》的专文，探讨两岸金融合作的必要性和紧迫性。其中谈到，两岸金融合作应该多元，包括独资、合资、子银行、分行；业务则应全面开放，包括人民币业务，放宽营业据点；银联卡在台使用也应开放等，还提出了一系列其他具体详尽的主张，态度积极务实，方案具体可行，形势使然，我们对两岸金融合作的前景，有充分的理由表示乐观。更重要的是，通过两岸金融合作，共同应对金融危机，“中国人帮中国人”，建设好中国人的共同家园，使两岸同胞真正成为“命运共同体”，必将对两岸和平发展产生不可估量的影响！

第三次“陈江会”意义重大

主持人：不久就会进行第三次“陈江会谈”，国台办副主任郑立中也已经赴台湾进行预备性磋商，商定两会领导人第三次会谈的时间、地点，并就海基会代表团来访行程安排与会谈议题及协议内容交换意见。海基会建议在南京举行，您是怎么看待的？

徐博东：台湾方面特别建议第三次“陈江会”在南京举行，我想可能是基于以下两方面的考虑：

第一，大家都知道，历史上南京曾经是“中华民国”的首都，又是孙中山先生遗体“奉安”之所在，台湾方面建议在南京举行两会协商谈判，是否暗含有马英九当局是“中华民国法统”的传承者、孙中山先生遗志的继承者的政治味道在里面？

第二，在南京举行“陈江会”，胡锦涛可以不必会见江丙坤，由国台办主任王毅出面会见就可以了。这样，今年底陈云林到台湾去出席第四次“陈江会”，也可以照此办理，选择不在台北召开，届时马英九也可不必会见陈云林，由“陆委会主委”赖幸媛出面会见陈云林即可，避免像去年那样，造成陈云林如何称呼马英九的不必要困扰，从而使民进党“台独”人士失去攻击马团队的着力点。

可谓“一箭双雕”，国民党很会打算盘！

主持人：第三次陈江会谈将会涉及哪些议题？另外，对“两岸经济合作架构协议”的讨论前景会怎么样？

徐博东：根据媒体报道，第三次“陈江会”的主要议题：包括“定期航班”、“金融合作”、“共同打击犯罪和司法互助”、“陆资入岛”这四项议题。前三项将会分别签署协议，后一项“陆资入岛”议题因为涉及的范围太广、太过复杂，双方不会签署正式协议，采取类似“共同声明”的方式，对外说明两岸的各自规范以及希望优先开放的项目。另外，关于“两岸经济合作协议”，将会进行“意见交换”，并不纳入正式协商讨论，只是为年底举行第四次“陈江会”时协商谈判这一议题打基础。依我个人判断，今年底举行第四次“陈江会”时，协商谈判“两岸经济合作协议”已是势在必行。

从第三次“陈江会”的四项议题来看，意义重大，可以说都是台湾方面迫切需要解决的重要问题：“定期航班”的开通，将实现两岸“三通”全面正常化，有利于两岸人员往来和经贸发展，对刺激台湾经济将会起到重要作用；“金融合作”，对缓解台湾受国际金融风暴造成的冲击也十分有利；“共同打击犯罪和司法互助”，则对台湾社会的治安与稳定、改善投资环境至关重要；“陆资入岛”，更可以协助马英九推动落实“爱台十二项建设”，必将对台湾经济摆脱目前困境，进而实现全面复苏发挥积极作用。

（海峡之声网，2009/04/18）

第三次“陈江会”协议内容具有必要性与迫切性

北京联合大学徐博东教授日前在海峡之声《博东看两岸》节目中，就第三次“陈江会”与马英九回应“胡六点”发表评论指出：两岸空中定期航班、两岸金融合作、两岸共同打击犯罪及司法互助问题是两岸经济交流合作中迫切需要解决的问题；大陆资本赴台湾投资因涉及面广，只能暂时交换意见发表声明；两岸签订经济合作协议形势乐观；民进党反对失去正当性；马英九回应“胡六点”态度积极。

主持人：第三次陈江会谈26日在江苏南京举行，双方就两岸空中定期航班、两岸金融合作、两岸共同打击犯罪及司法互助等三项议题达成协议，并就大陆资本赴台湾投资事宜交换意见。那么，应该如何看待这些议题在两岸关系发展中的作用呢？

徐博东：第三次陈江会就两岸空中定期航班、两岸金融合作、两岸共同打击犯罪及司法互助等三项议题达成协议，但陆资入岛问题涉及面比较广，问题比较复杂，所以以声明的方式表现。另外，第三次的“陈江会”会谈到和总结前两次“陈江会”所达成的六项协议的执行情况。此外，还有就台湾方面急切要求的两岸经济合作问题进行初步的交换意见。所以，这次“陈江会”的内容相当的丰富，也非常的重要。

这次“陈江会”之所以重要是因为，四项议题都有各自的必要性。第一，定期航班问题。因双方往来人员的需要，是迫切需要解决的问题。因为在大陆有一百万人以上的台胞，包括台商、台资干部及家属。他们以前往返两岸都是比较麻烦，要通过香港、澳门转机。自从开放大陆游客到台湾旅游以后，虽然包机常态化，但要乘飞机的人数也大为增加，现在已经是一票难求。所以不只要开放定期航班还要增加航班的班次，要增加三分之二的航班，还要增加大陆的航点。这样，对于两岸人员的往来就更加便捷了；第二，打击犯罪和司法互助问题。有利于台湾社会的安定和稳定，对于优化台湾的投资环境、维护两岸经贸来往的秩序，特别是打击包括经济犯罪在内的刑事犯罪，都是非常重要的措施；第三，金融合作的银行、证券保险、货币清算机制协议的签订，对于共同面对金融风暴对两岸的经济的冲击将会起到非常重要的作用。第四，陆资入岛，对于活络台湾经济，协助马英九“爱台十二项建设”，起到缓解资金困难的作用。

总而言之，这次“陈江会”的议题是非常重要的，都是当前两岸迫切需要解决的重大经济问题和司法问题。会谈结果对于强化前两次“陈江会”成果，深化两岸合作，协助台湾渡过目前的经济危机，中国人帮中国人，对台湾经济的全面复苏提供条件。当然对大陆经济的好转也有重大意义的。这次“陈江会”的协议内容将会产生深远的影响。

主持人：业界关注的两岸经济合作协议没有列入这次会谈的议题，但双方将就这个话题进行对话。对于这样的安排您是如何看待的？您认为，第四次陈江会能否签订两岸经济合作协议？

徐博东：第三次“陈江会”就两岸经济合作协议进行初步交换意见符合当前两岸的经济交流和发展需求的实际情况。此前，在协商第三次“陈江会”议题时并没有涉及这个议题，因为去年十一月份，金融危机还不是特别厉害，台湾经济衰退还没有现在那么严重，随着金融风暴的肆虐，外向型的台湾经济受金融风暴的影响越来越严重，台湾非常急切的需要在明年“东盟10+3”或“10+1”机制启动下不至于让台湾经济雪上加霜。所以，台湾方面希望大陆能够在第三次“陈江会”把这个话题纳入交换意见范围。

但是，两岸经济合作议题遭到民进党的强烈反弹，民进党打出“捍卫台湾主权”的旗号。后来，台湾执政当局不断进行宣导和解释，指明签订两岸经济合作协议对台湾经济的好处，从现在的民调来看已经发生了很大变化，多数台湾民众支持两岸签订经济合作协议。但在时间上第三次“陈江会”不可能就这个议题进行协商谈判了。根据双方达成的共识，只能在这次“陈江会”上进行初步的意见交换，为下一步协商谈判“暖身”、打下基础。今后，有关部门再进行相关细节的协商。相信在下半年第四次“陈江会”上会进行正式的协商谈判。这也是大陆方面急台湾方面之所急，就台湾经济的需要表达出极大的善意和诚意。

两岸经济合作框架性协议涉及的内容庞杂，不可能一步到位，有可能在签订框架性协议的同时，双方就台湾急切需要解决的石化业、纺织业、机器制造业的关税问题先进行谈判，签署有关的协议，这样可以提高台湾的竞争力，协助马英九“政府”拼经济。依我看总体形势还是乐观的。

主持人：针对第三次“陈江会”，民进党主席蔡英文表示，民进党不排除有激烈抗争行动。您认为民进党还有反对第三次陈江会的理由吗？

徐博东：现在民进党的抗争已经丧失了正当性，台湾的主流民意对于两岸举行第三次“陈江会”是抱赞成和支持的态度。根据台湾“陆委会”先前委托“博客市场研究顾问公司”进行问卷调查，八成左右民众赞成马英九政府继续推动与各方签订经济合作协议，有民众认为两岸签订经济合作协议以后，有助于台湾地区和其他国家签订自由贸易的相关协定。相关调查还显示，七成民众认为这几年两岸经贸发展对于推动台湾经济复苏具有重要作用。另外台湾工商建研会在4月23号调查结果，有九成民众认为两岸直航对台湾经济有帮助，超过五成的民众认为“大三通”对台湾经济是有助力的，另外，超过九成的建研会会员认为陆客来台对台湾经济有帮助。台湾的主流民意已经非常支持马英九的两岸开放政策，如果民进党再说他们是代表台湾民众反对马英九的两岸开放政策那就说不过去了。民进党已经失去正当性，它的游行活动能动员多少台湾民众参加并不乐观。

主持人：就在第三次陈江会举办前夕，马英九正式对胡锦涛在纪念《告台湾同胞书》发表30周年座谈会上提出的六点建议作出回应。这是时隔四个月后，马英九正式回应“胡六点”，您是如何看待的？

徐博东：我倒不认为马英九是对“胡六点”进行了全面正式的回应，

马英九回应“胡六点”是采取一种新的模式，即陆续的、零星的、非正式的回应方式，不是一揽子的回应而是逐步的回应。实际上，马英九在“胡六点”发表之后第二天就作了一些回应。比如，马英九对“胡六点”谈到两岸签订经济合作协议给予肯定。另外对于“胡六点”说“爱台爱乡意识不等于‘台独’意识”，马英九也予以充分肯定。马英九 4 月 22 日接受《中国时报》采访第一次提出，“两岸再从事内战是中华民族的悲剧”，实际上也是对“胡六点”中谈到的第一点——两岸不是主权的分割，而是内战遗留下来的政治对立“内战观”的回应，这和“台独”路线划清了界限。马英九跟李登辉的“两国论”、陈水扁的“一边一国论”是完全不一样的一种态度，他承认“九二共识”，说两岸同属一个中国，只是对于一个中国的表述不一样而已，这也是对“胡六点”的回应。“九二共识”是两岸和解的核心，这个问题肯定下来以后，两岸才有可能坐下来谈判，两岸两会的协商才可以恢复。

另外，马英九的回应里谈到在未来的三四年里应该专门谈经济议题，对于军事和比较敏感的政治问题，他认为目前还不宜接触，应该先进行短期的深入研究，不会有具体的动作，这实际上也是对“胡六点”的回应。这符合大陆方面提出来的“建立互信、求同存异、共创双赢”和“先经后政、先易后难、循序渐进”发展两岸关系的思路。马英九这种态度，对于当前进一步推动两岸关系的和平发展是正面的积极的。

（海峡之声网，2009/04/26）

台湾参加 WHA 有助两岸合作防治 H1N1

北京联合大学台湾研究院徐博东教授，日前在海峡之声电台《博东看两岸》专栏节目中指出，第三次“陈江会谈”的成功举行，为两岸两会之间增强了互信，为下一步进入更难、更为敏感的议题包括政治性议题的协商谈判打下了很好的基础；台湾以“中华台北”观察员的身份参加世界卫生大会，将有助于两岸共同防治目前正在蔓延的甲型“H1N1”流感，同时，这也将对未来台湾参与其他国际组织活动具有指标性的意义。

全文如下：

第三次“陈江会谈”意义重大

主持人：第三次“陈江会谈”4 月 26 日在南京成功举行，双方签署了空中定期航班、金融合作、共同打击犯罪与司法互助等三项协议。你如何来评价这三项协议？

徐博东：第三次“陈江会谈”意义重大。第一，空中定期航班协议。实际上它的签订是对海峡两会已经签署的多个空运协议的重要补充，它标志着空中的直航更加完善，更加规范化。这项协议的签订为今后两岸的往来迎来了一个新的局面。从表面上来看，这个协议所增加的航班数其实是不够的，昨天马英九说应该有五百多次的航班才够用，新增的航点也不是很多，但我认为至少有三个方面的重大突破：第一个突破是从包机提升到了定期航班，把两岸空中客运的常态化固定下来了，今后除了发生战争等严重事件，两岸都不能以任何借口停飞；第二个突破是彻底实现了“截弯取直”，这不仅缩短了双方往来的航程，而且突破了从前台湾军方所谓“国防安全”的借口。另外，新航路的开通也为未来继续增加新的航点提供了基础；第三个突破是既满足了台湾民航业增加航班的迫切要求，纾解了目前两岸往来“一票难求”的紧张状态，另外也照顾到了香港和澳门两地的航空业，使他们不至于受到太大的损失。

第二，两岸金融合作方面的协议。这项协议的签订，标志着两岸的经济交流合作已经从原来的实体经济发展到了更高层次的金融领域，迈出了一个新的步伐，有了新的突破，为今后两岸的金融合作提供了可靠的基础。同时也为人民币走向国际化铺垫好了气氛，而且，货币的相互承认与兑换，实际上已经触及到敏感的政治议题，这也是一个很重要的突破。

第三，关于共同打击犯罪和司法互助的问题。这个协议的签订意义也非常重大，它标志着两会的协商已经从经济性的议题扩展到了社会性的议题，丰富了两岸协商的新内涵，为日后两岸合作打击跨境犯罪行为奠定了法制基础，有利于维护两岸人员往来和社会秩序的稳定，优化两岸投资环境。

总之，这三个协议的签订有非常重大的意义，在前两次“陈江会”六项协议的基础上，两岸的合作交流进一步深化了，两岸两会之间增强了互信，也为下一步进入更难更为敏感的议题包括政治性议题的协商谈判，打下了很好的基础，标志着两岸关系的和平发展迈入了正确的轨道。这也说明“建立互信、搁置争议、求同存异、共创双赢”的精神和“先经后政、先易后难、循序渐进”的工作思路是完全正确的。

两岸经济融合，已不可逆转

主持人：在第三次陈江会谈中，两会还就大陆资本赴台投资事宜达成原则共识，台湾将在政策制度上首度允许大陆资本进入岛内开展投资。允许大陆资本到台湾投资，这将对台湾经济产生哪些影响？

徐博东：“陆资入岛”因为它的范围太广泛，涉及的内容太多，所以只是达成了原则性的共识声明。这个共识声明是台湾方面首次允许大陆资本进入岛内进行投资，从而结束了长达三十年来台湾单方面向大陆投资的不正常局面，开启了两岸双向投资的新局面，成为两岸经济往来实现正常化和制度化的标志。

从短期效应来看，大家知道台湾是外向型经济，这次金融风暴对台湾经济造成的伤害最大，“陆资入岛”有助于缓解金融风暴对台湾的冲击，刺激台湾经济的活络，协助马英九“拼经济”，兑现“爱台十二项建设”的竞选承诺，提升马英九团队的民意支持度。从长远来看，“陆资入岛”打破了长期以来台湾方面一直担心的“资金安全”的心理障碍，两岸经济的融合，已不可逆转。

股市是反映股民信心的重要标志，是经济的橱窗。“共识声明”发表之后，台湾的“大陆概念股”大涨。4 月 30 日，传出大陆的“中国移动”将要买下台湾远传电信 12% 股权的消息，台北股市一扫多年来的阴霾，早上

10 点多，上涨了 370 多点。这可以看出，“陆资入岛”对台湾经济的刺激已经开始显现。

主持人：徐教授，在上周应该说是 2009 年两岸关系发展的十分热络的一周，在海基会董事长江丙坤结束“陈江会谈”以及对大陆的参访行程后，台湾民众十分关注的参与世界卫生组织活动也有了新的进展。世界卫生组织总干事 4 月 28 日致函邀请“中华台北卫生署”派员以观察员身份参加世界卫生大会，消息一出，立即引起舆论的高度关注，认为这是台湾参与国际组织活动的一大突破，那么，取得这一突破的关键因素有哪些？

徐博东：马英九在前几天对这个事情做了很好的总结。马英九认为台湾这次能够顺利的以“中华台北观察员”的身份参加 WHA，原因有几个方面，他认为主要原因是因为大陆方面释出了善意，他特别提到胡总书记去年 12 月 31 日纪念“江八点”时提出的“胡六点”精神，他认为这是一个主要的原因。另外，马英九还提到国际社会的支持和台湾各界的努力，当然也包括 WH0 的帮忙协助。这几个方面都是促成台湾顺利加入 WHA 的原因，但是他特别强调主要原因是大陆方面释出了善意。我认为马英九的评论是非常客观正确的。胡锦涛总书记就台湾参加 WHA 的问题发表过多次重要讲话，作过多次重要的指示，是促成取得这一突破的关键因素。这也是国际社会都有的共识，包括美国和日本方面的评论都是非常正面的。

合作防治“H1N1”，两岸关系将进入新境界

主持人：目前甲型“H1N1”流感正在全球蔓延，而在此时，“中华台北”获邀参加本月 18 日至 27 日举行的第 62 届世界卫生大会，这对两岸携手共同防治甲型“H1N1”流感会有哪些帮助？

徐博东：过去民进党执政的时候，两岸关系处于紧张状态，大家都还记忆犹新，碰到 SARS 疫情两岸不仅不能很好的合作，共同应对，相反还互相指责，这是非常可惜的事情。但是这次不同了，由于两岸关系的缓和，双方已经建立起了互信，特别是恰逢这时候台湾参加 WHA 的问题得到了妥善解决，所以我们看到这次的气氛完全不一样了。大陆在这个方面已经做了很好

的表率。4月29日，国台办发言人李维一在记者会上主动向媒体报告，表示大陆方面将和台湾方面保持密切沟通与合作，共同防治甲型“H1N1”流感的蔓延。大陆的卫生主管部门已经在4月27日傍晚，通过中国疾病防预控制中心，向台湾疫病管制机构主动通报了大陆目前没有发生人感染猪流感的情况，并且介绍了大陆方面的防控措施，供台湾方面参考。

我相信经过双方的共同努力，一定能够渡过这个难关，双方在这方面的合作，必定能够使两岸真正成为“命运共同体”，两岸关系将会进入一个新的境界，这是值得两岸中国人高兴的事情。

务实协商，才能妥善解决敏感问题

主持人：这次世界卫生大会邀请台湾以“中华台北”的身份参加，台湾各界对此予以积极评价，那么，这对未来台湾参与国际组织活动具有哪些指标性的意义？

徐博东：马英九先生在这方面也有很理性、务实、冷静的谈话。他说，在争取国际参与的过程中，台湾方面要以务实弹性的态度，要循序渐进不宜躁进，不宜有务实以外的目标。也就是说，只有务实，只有跟大陆进行很好的协商，才能够解决这方面的争论和问题。我认为，今后还是有继续本着“建立互信、搁置争议、求同存异、共创双赢”这样的精神，和“先易后难、先经后政、循序渐进”的工作思路，在台湾扩大国际活动空间的问题上，只有通过两岸的协商，而不是像民进党执政的时候那样，用冲撞的、挑衅的，想在国际上制造“两个中国”或“一中一台”，这样只会制造和扩大分歧。

比如2007年，民进党就以“台湾”的名义申请加入世界卫生组织，结果遭到空前的惨败，表决的时候178票反对，只有17票赞成，这17票还是台湾花钱买来的。去年，世界卫生组织干脆连陈水扁的信函都拒绝接收，直接退回台湾。这说明想在国际上制造“一中一台”是不可能得到国际社会认同的，只有像马英九这样，和大陆进行务实协商，在不违背“一个中国”原则，不造成国际社会“一中一台”、“两个中国”的前提之下，共同努力，才有可能妥善解决这方面的敏感问题。所以，我觉得这是具有指标性意义的重要启示，是值得今后借鉴的一个发展趋势。

（海峡之声网，2009/05/03）

蔡英文已经“骑虎难下”

北京联合大学台湾研究院教授徐博东，昨日在海峡之声电台《博东看两岸》专栏节目中指出：江丙坤请辞事件是国民党“茶壶里的风暴”。这场风暴虽已过去，但已经造成了不良的后遗症，充分暴露出国民党的内部团结存在严重问题，虽然现在暂时隐蔽下来，但难保遇到适当气候不会复发。如何妥善处理，仍将是马英九的一道难题；由于台湾经济回暖，民进党“517呛马保台大游行”的正当性和着力点已经流失。但为了平息“急独派”的质疑，并为年底的县市长选举关键一役造势，蔡英文已经骑虎难下，虽然“凶多吉少”，但“箭在弦上，不得不发”。

全文如下：

主持人：长期关注两岸时事的听众朋友在本周三的上午突然听到这样一个消息，那就是台湾海基会董事长江丙坤先生请辞，应该说，这个消息一出，立即震撼了台湾政坛。经过马英九的全力慰留，江丙坤表示同意完成阶段性任务。不过，大家都想知道，为什么这个时候江丙坤要请辞呢？台湾各界对此都有怎样的看法？这一事件会不会影响到两岸之间达成的各项协议？

徐博东：昨天下午5点，马英九专程前往海基会慰留江丙坤，对江丙坤的贡献给予了高度肯定和称赞，江也表示愿意留下来继续打拼，完成阶段性的任务。所以，这场请辞风波应当已经过去，可以说“来得快去得也快”。

从性质上说，这场风波不是路线斗争和分歧，只是国民党内部权力斗争的反映。台湾媒体分析说，马英九对国民党中央和“立法院党团”配合行政团队的执政不满意，因而想自己亲自兼任党主席，早日实现国民党的世代交替，理顺党政关系，使自己的理念和政策更加顺畅地推动。六月份，国民党就要决定下一届党主席是否换人，有媒体报道说，马英九要换掉吴伯雄，但吴伯雄卸任后如何安排？于是就有人出来放风，说吴将接替江丙坤担任海基会董事长的职务。但江丙坤干得好好的，要他卸任总得有理由哇，于是近一段时间以来，台湾媒体和坊间便开始传播有关江丙坤的负面新闻，说他利用职务之便，为儿子在大陆做生意大开后门、捞钱，还传说江丙坤花了一、二亿新台币在台北大直买了三套豪宅，有收受贿赂之嫌疑等等。这些不实传言引起江丙坤的强烈不满，他觉得自己这把年纪了，一年来辛辛苦苦为两岸事务奔波努力，不但得不到肯定还遭到抹黑，受到绿营的攻击也就算了，还要遭到自己人的抹黑，所以心灰意冷，很自然的萌生出“不如归去”的情绪，于是决定采取高姿态，大动作辞去海基会董事长的职务。

岛内舆论认为，马英九要进行世代交替，本身不能说有什么不对，但政治操作痕迹太明显，动作太过粗糙，而且选择的时间点也完全不对，更没有经过党内的正常沟通与协调，恶意放话，中伤自己的同志，认为这对江丙坤来说很不公平。国民党一向“内斗内行，外斗外行”，这是国民党的“老毛病”了，至今没有长进。这场风波引起国民党内部上上下下的强烈反应，大都为江丙坤鸣不平，为此吴伯雄还说了重话，连“混蛋”都说出了口。所幸马英九在第一时间处理得还比较好。至此，这场风暴已经过去，但是已经造成了不良的后遗症，充分暴露出国民党的内部团结存在严重问题，现在只是暂时隐蔽下来了，但难保遇到适当气候不会复发。所以马英九团队跟国民党中央和“立法院党团”的关系如何妥善处理，仍将是一道难题。

主持人：徐教授，本周民进党的一系列表现成功博得了媒体的版面。民进党籍民意代表连续几天大闹民意机构，霸占主席台、把会议室的门反锁等等，以此来阻扰民意机构审议“开放大陆学生入台、大陆学历认证”等草案，那么，民进党上演这出“闹剧”幕后的真正目的是什么？民进党用这样的方式来阻挠民意机构的议程，是不是能够阻挠相关草案审议通过？

徐博东：近来，民进党在“立法院”内强烈杯葛几项涉及到马团队两岸开放政策的议案，其势汹汹，甚至扬言不惜流血抗争到底。民进党的这种表现的确博得了台湾媒体的不少版面，但这与台湾的主流民意是背道而驰

的。我们可以看到，除了绿营媒体，台湾的主流媒体大多是负面报道。舆论普遍认为，民进党无理取闹，是为反对而反对，

民进党之所以这样闹，当然是其“台独”立场使然，动辄从“台独”意识形态出发，攻击马英九的两岸开放政策“卖台”、“倾中”，给马英九扣“红帽子”，全然不顾这些政策是不是对台湾有利，对台湾人民有利。

而民进党在“立法院”这样闹的近期目的，则是要与街头运动相配合，也就是要为所谓“5·17 呛马保台大游行”热身，积蓄能量，制造着力点和正当性。但是，这样的做法只能一时起到干扰的作用，由于民进党在“立法院”的席位不足四分之一，如果蓝营下决心要通过这些议案，民进党根本无法阻挠。

主持人：如果翻看民进党在民意机构里挑起的各种冲突，以往似乎没有这么长时间的对抗，但是这次冲突持续的时间尤其长，民进党为什么这次改变了策略呢？

徐博东：主要原因是目前民进党正在组织发动 5 月 17 日的“呛马保台”大游行。但是，现在岛内的大环境出现了不利于民进党的发展趋势，那就是发动这场大游行的正当性和着力点已经流失，民进党提出的“呛马保台”的所谓“理由”已经没有了说服力。

第一，最近岛内经济逐渐回暖，例如，休无薪假的人越来越少，有招聘意愿的企业越来越多，台湾的汽车销售量也呈现上涨趋势等等。包括外资、陆资进入台湾股市的前景正在看好，所以台湾这几天的股市连日上涨，加权指数昨天已经到了 6500 多点，涨幅是世界第一，股民乐不可支，民进党这样“瞎搞”，大多数台湾民众并不赞成。

第二，三次“陈江会”成功举行，大陆的一系列惠台政策陆续出台，再加上台湾以“中华台北”观察员的身份应邀请参加 WHA……，在这些接踵而至的利好消息下，民调无不显示，台湾民众高度肯定和支持马英九的两岸政策，就连美国也一再表态支持。

在这种情况下，民进党发动“5·17 游行”很难引起台湾社会的共鸣，形成一股气势。因此，民进党就想在“立法院”里升高抗争的力度与强度，以期引起蓝绿双方的激烈对抗，最好出现流血冲突，借以动员尽量多一些的

绿营支持者5·17那天能够走上街头。民进党这么长时间的维持抗争热度和强度，就是想营造这样的气氛，制造这样的着力点。

但是蓝营也不是省油的灯，早就看穿了民进党的这个把戏，决定延后审理有关法案，或同意作一些修改，表面上看是“示弱”，实际上是不“配合演出”，这就使得民进党没有办法维持抗争热度。由此我们也可以看出，民进党不顾台湾民众的死活，不顾台湾经济是不是会受到影响，完全是为一党一己之私来进行政治操作。

主持人：民进党主席蔡英文已经下令，在“5·17大游行”中，民进党的所有公职人员要跨夜静坐，也要做好被关的心理准备。徐教授，民进党在甲型H1N1流感蔓延的时刻还执意举行大规模的游行，您认为，民进党想要达到什么目的？

徐博东：“5·17大游行”民进党中央强力动员，甚至扬言不惜“以身试法”，实际上是反映了绿营的内斗，那就是“急独派”和民进党中央的对抗。

和以往不同，这次“5·17游行”“急独派”采取了与民进党中央不合作的态度。民进党中央准备在台北市搞一场大规模的游行，但是“急独派”却执意要在高雄另外搞一场同样的“呛马大游行”，以此来表达对蔡英文为首的民进党中央的不满。“急独派”一直认为，蔡英文“挺扁”不力，对马英九的态度也不够强硬。

民进党中央尽管意识到，在当前岛内的大环境下“呛马保台”的正当性已经流失，而且台湾正在面临着甲型H1N1流感疫情的威胁，民进党内也有人主张延缓游行，但是蔡英文已经“骑虎难下”。因为蔡英文不能在“急独派”面前示弱，更不能在蓝营面前示弱。如果气势输掉，蔡英文的领导权威将受到重创，所以硬着头皮她也要搞下去。进一步来说，这场大游行不仅仅关系到蔡英文的领导权威，还将影响民进党年底的县市长选举气势，十分“关键”。如果年底县市长选举打了败仗，那么民进党将更加弱化，甚至走向泡沫化的窘境。这将是蔡英文的无法承受之重。

因此，“5·17呛马保台大游行”，无论对民进党还是对蔡英文来说，都已经是“箭在弦上、不得不发”，它涉及到民进党的整体气势和未来的实力消长。但是现在看来，这场游行“凶多吉少”：

第一，陈水扁最近要求法院解除对他的羁押，采取了再度绝食等大动作，已经成功地吸引了媒体的注意力，民进党发动的“5·17 呛马保台”大游行，很可能会失去媒体的关注。

第二，前面我们已经讲到，由于台湾经济正在复苏，“呛马保台”的正当性已经流失。5 月 17 日民进党到底能够动员多少人上街，是一个未知数。

第三，“5·17 大游行”即便能够搞起来，但这场活动会不会“失焦”，成了“挺扁”大游行？民进党岂不是“花钱替别人娶媳妇”！

第四，如果台北民进党中央动员的人数不如高雄，那么蔡英文将会受到“是否有能力领导民进党”的强烈质疑，绿营“共主”的地位不保。

（中评社，2009/05/10）

5·17 大游行，陈水扁路线复辟？

北京联合大学台湾研究院徐博东教授 16 日在海峡之声“博东看两岸”专栏节目中，就民进党主席蔡英文探视陈水扁以及民进党举行“5·17 呛马大游行”发表看法。徐博东指出，一向说要与陈水扁贪腐切割的蔡英文率民进党要员探视陈水扁，标志着蔡英文所标榜的“后扁时代路线”已经彻底失败；“5·17 大游行”，是否意味着“旧陈水扁路线”的卷土重来？在台湾股市与马英九支持率不断上扬的背景下，民进党发动的“5·17 呛马保台大游行”已经失去正当性和着力点，如果万幸能和平落幕，可能唯一能给人留下深刻印象的只有“挺扁”，也即民进党“挺贪腐”！全文如下：

蔡英文的“后扁时代路线”彻底失败

主持人：5 月 14 日，蔡英文率领民进党重量级人物苏贞昌、李俊毅等人大阵仗赴台北看守所探视陈水扁，这是陈水扁被羁押 130 天之后蔡英文首次探视陈水扁。而在此前，蔡英文一直说要和陈水扁贪腐切割。徐教授，你是如何看待民进党主席蔡英文率领民进党要员这次探视陈水扁的动机。

徐博东：蔡英文主动到台北看守所探视陈水扁，表明了她出任民进党主席时所标榜的“后扁时代路线”彻底失败。蔡英文率领苏贞昌和台南市市长候选人李俊毅到台北看守所首次探视陈水扁，他们对外所说的理由是所谓“关心陈水扁的健康”、声援陈水扁的“司法人权”等等。但很多人都提出质疑，说陈水扁在看守所绝食已经是第三次了，前两次蔡英文、苏贞昌都没去探视，为什么偏偏这次绝食他们却要去关心他的健康，声援他的司法人权？显然蔡英文的所谓“理由”说不通。

其实呢，在这个时间点到台北看守所来探监，关键是由于民进党发动的“5・17 呛马保台”大游行面临着绿营严重分裂的大麻烦，因为急独派本土社团认为她挺扁不力，对马英九“太软弱”，所以这次故意要和民进党作对。本来 5・17 民进党中央要在台北搞一场大规模的“呛马游行”，展现绿营的士气，但是激独派偏要同一时间在高雄另搞一场，分庭抗礼，来表达他们对蔡英文和民进党中央的不满，这样就势必使绿营的力量分散，甚至有可能造成台北的场子还没有高雄人多的尴尬局面，这对蔡英文的领导威信来说是严重的伤害，而且会直接影响到整个绿营的士气，对于民进党今年底县市长选举非常不利。在这样大的压力下，没有派系奥援、没有基层实力的“光杆司令”蔡英文被迫向陈水扁妥协，放弃和陈水扁切割，转而向陈水扁求救。我认为，这个政治动作标志着蔡英文的“后扁时代路线”已经开始转向，转而重新拥抱陈水扁，这等于承认绿营的“共主”仍然是陈水扁而不是蔡英文。

民进党大佬探扁“各怀鬼胎，各有盘算”

主持人：另外我们还注意到同样跟陈水扁贪腐切割的有“扁长之争”的谢长廷，他在蔡英文之前也到看守所去看陈水扁。那，原来表示要和陈水扁切割的民进党大佬，为什么都纷纷放弃原来的坚持又都来看守所来看望陈水扁呢？

徐博东：台湾媒体对此进行了很多分析。有人认为这是他们事先商量好的，由谢长廷打头阵，蔡英文和苏贞昌跟进。为什么要由谢长廷来打头阵呢？大家都知道，陈水扁和谢长廷一向有所谓“瑜亮情结”，不久前陈水扁出书还专门针对谢长廷说了很难听的话，现在谢长廷都能“不计前嫌”、“相忍为党”，主动到看守所探视陈水扁。这样的气氛营造出来之后，蔡英文和苏贞昌跟进探监也就“名正言顺”，可以堵住外界的“悠悠之口”了。我觉得这样的分析还是挺有道理的。

至于为什么这些曾经主张要与陈水扁切割的民进党大佬，这次都到台北看守所来“朝拜”陈水扁呢？这里有深层次的原因，实际上在这之前，罗文嘉已经去过了，但被陈水扁拒见。大家应当还记得，前段时间陈水扁事事都和民进党对着干，后来发现这个办法还是无法达到目的，转而调整策略，使出更狠的招，扬言要抛出他手中掌握的民进党的黑材料。于是陈水扁办公室主任刘导，就在《自由时报》上发表了一篇题为《为阿扁说几句话》的文章，说陈水扁这些年来总共给民进党的候选人捐献了13亿新台币，“不要问我谁有拿，要问我谁没拿”。他认真想过，全党“只有两个人没跟他拿过钱”，“今天骂他最厉害的也是拿钱最多的”。这是个重磅炮弹！如果陈水扁真的把清单抛出来，抖出这些实情的话，将对民进党的这些政治人物造成非常大的伤害。也就是说：你们说我陈水扁“贪腐”，要和我切割，但你们同样也拿了这些钱。而且拿了钱的人并没有按照“选罢法”的规定对外公布，这些钱到哪儿去了？究竟是怎么花的？真的抖落出来不得了！所以这篇文章一出来，过去从来没去看过陈水扁的罗文嘉、谢长廷、苏贞昌这些人都赶快去探监。我认为这才是问题的关键所在——怕陈水扁爆料，抖出他们的内幕。

当然，他们去看扁也是各怀鬼胎，各有盘算。台湾媒体说，罗文嘉是想选桃园县长，而谢长廷、苏贞昌和蔡英文则是为2012年“总统”大选作准备，他们都要卡位，一旦被爆料，自己的政治生命将会受到影响。所以他们各自都有政治利益的考虑，都想得到陈水扁的加持和挺扁势力的支持，主动向扁示好，缓和他们之间的矛盾，也就不难理解了。因此，民进党这些大佬近些日子来纷纷去台北看守所探监，绝不是为“关心扁的健康”、声援扁的“司法人权”，也不仅仅是为“5·17 呛马大游行”，其实更多的是为自己的政治利益考虑！

“旧陈水扁路线”卷土重来？

主持人：你刚才提到的这种情况是“项庄舞剑意在沛公”，那么在相关的探视消息出来之后，据说陈水扁跟蔡英文都说“‘5·17 呛马大游行’一定要成功！”那么陈水扁和蔡英文为什么都这样重视这场呛马大游行？这场游行会不会变成一次挺扁的大游行呢？

徐博东：蔡英文和陈水扁都说“‘5·17 呛马大游行’只许成功，不许失败”，但他们也是各有盘算。

先说蔡英文。5 月份不仅是马英九上台一周年，同时也是她出任民进党主席一周年。蔡英文说，搞 5·17 大游行是给马英九执政一周年进行“总体检”，其实，又何尝不是对蔡英文主掌民进党一周年的“总体检”呢？所以，5·17 大游行能不能搞成功，对蔡英文来说非常关键，也就是关系到她在民进党内的领导权威能不能巩固？能否重新鼓动起绿营的气势，打赢年底县市长选举这一仗，成为绿营真正的“共主”？当然也是对她日后能否成为民进党“总统”候选人的重要的指标。

再说陈水扁。他很清楚自己要想从目前的司法中“脱困”，只有把“司法问题”操作成“政治迫害”、“人权问题”，这样的话才有可能进行“政治解决”。而要想达到这样的目的，就必须利用民进党，这正如谢长廷所说：民进党好，陈水扁也就会好。所以陈水扁对民进党采取“又打又拉”的策略，前一阵子说要另立“新党”，现在说要重新加入民进党，目的就是要和民进党捆绑在一起，“一荣俱荣，一损俱损”。

蔡英文和陈水扁互相需要、一拍即合，这样，“5·17 呛马大游行”变调成“挺扁大游行”也就成为势所必然了！此前的游行，民进党中央明令禁止打出挺扁标语、呼喊挺扁口号，但这次不同了，公开宣布不再禁止挺扁标语和口号。这种情况，说明以蔡英文为首的民进党已经被陈水扁彻底绑架，无论民进党怎样打着“捍卫司法人权”的幌子，都不能改变它“挺扁就是挺贪腐”的既成事实！如果说蔡英文探监是“后扁时代路线”失败的标志，那么“5·17 挺扁大游行”，是否意味着“旧陈水扁路线”卷土重来的开始？这势必对民进党的政党形象造成严重伤害，使民进党丧失广大中间选民的同情与支持，对民进党的未来发展极为不利。

“5·17 大游行”失去了正当性和着力点

主持人：在马英九民调满意度不断上升的背景下，民进党的“呛马大游行”还有它原有的意义与影响力吗？

徐博东：实际上“5·17 呛马保台大游行”已经失去了它的正当性和着力点。民进党组织这场大游行，原本是要对马英九执政一年来台湾经济滑坡、失业率增加、所谓与大陆签订 CEFA 是“卖台”、“倾中”等进行诉求，但是近来台湾经济景气开始复苏，股市连日大涨，失业率也在下降，与大陆签订 CEFA 从民调来看也大都表示赞成。再加上台湾被世界卫生组织接纳为 WHA 的观察员，90% 的民众表示满意。从最近几个民调来看，对马英九和刘兆玄执政团队的满意度都在大幅提升。所以，在这种情况下民进党执意要搞所谓“呛马保台”大游行完全违背主流民意，已经失去它的正当性与着力点。

由于经济上的诉求已经失去了正当性与着力点，所以又加上了“反对集游恶法”、“反对政治迫害”、“捍卫司法人权”（即“挺扁救扁”）、“反对开放陆生来台和承认大陆学历”等等，什么样的诉求都有！什么样的口号都喊！什么样的人都可以参加！这样，这场游行实际上就成了“大杂烩”。诉求不明等于没有诉求，搞不清楚你游行到底要干什么，为反对而反对。所以，民进党主导的这场“5·17 大游行”，其政治意义和影响力必将大打折扣，如果万幸能和平落幕，可能唯一能给人留下深刻印象的只有“挺扁”，也即民进党“挺贪腐”！

（中评社，2009/05/18）

陈菊参访大陆难能可贵

北京联合大学台湾研究院徐博东教授21日在海峡之声电台《博东看两岸》专栏中，就民进党籍高雄市长陈菊率团参访大陆发表看法。徐博东认为，陈菊这趟大陆之行，必定经过认真的沙盘推演，是权衡利弊得失之后的政治动作；可以肯定，绿营和民进党内部必定会引起一场激烈的两岸政策大辩论，理性务实派能否占上风还需要观察。但一叶知秋，从历史发展的角度来看，陈菊这趟“破冰之旅”，对于民进党来说，毕竟迈出了可贵的具有历史意义的一步。

全文如下：

陈菊大陆之行有政治盘算

主持人：徐教授，你认为陈菊这次为什么能够冲破深绿团体的阻挠最终实现“大陆之行”呢？

徐博东：近几个月来，本人在报刊杂志和贵台专栏节目中，对民进党及蔡英文多有批评，特别是对她的两岸政策批评更多。而这次民进党放行陈菊到大陆访问，我却给予高度的肯定与称赞。这次陈菊来大陆参访，几经波折，经过痛苦的挣扎，最终能够顶住深绿团体的强大压力而成行，这的确要冒相当的政治风险，需要有很大的政治勇气的。

这次民进党能够对陈菊到大陆访问放行，反映出民进党保守僵化的两岸政策面临困境，进入了死胡同，已经走到了尽头，必须做出某种调整。不久前，民进党籍的云林县县长苏治芬，也来大陆推销水果；张铭清事件发生后，台南市市长许添财为吸引大陆游客到台南观光，也不得不屈从民意，公开向张铭清道歉；其他民进党籍的县市长，也大都主张调整民进党的两岸政策，这都反映了当前民进党的两岸对抗政策不符合台湾主流民意，与现实严重脱节，和民众的利益相矛盾，已经面临着不能不调整的临界点。

高雄港是重要的国际港口，十年前它的吞吐量是世界前几名，民进党执政后掉到二十几名，自从去年马英九执政以来，由于两岸关系的缓和发展，今年高雄港的吞吐量比去年成长了一倍，有望重新回到世界前几名的地位。这当然都是陈菊亲身感受的。另外，大陆游客给台湾带来的庞大商机也是有目共睹的，而民进党保守僵化的两岸政策已经严重伤害了民进党执政县市民众的利益，民意主流要求他们必须改变这种状况。陈菊这次来大陆有句话说得很深刻，他说“我是民进党员，但我也是高雄市长”，意思是作为民进党党员要站在民进党的立场，但我又是民选出来的高雄市长，不能不顾及高雄市市民的利益和高雄市的经济发展，所以她要来大陆参访，推销高雄的旅游和即将举行的世运会。

当然，陈菊下决心参访大陆有她的政治盘算。大家知道，明年北、高市长要进行换届选举，国民党虎视眈眈要“光复”高雄市。由于马英九的两岸开放政策，国民党站在有利的竞争位置，这对有意竞选连任的陈菊来说当然压力很大，陈菊唯有到大陆走一趟，才有可能争取到中间选民的支持，与国民党一搏。我想陈菊这一趟大陆之行，必定经过认真的沙盘推演，是权衡利弊得失之后的政治动作，当然，也是得到蔡英文和民进党中央首肯的。

陈菊大陆之行将对民进党两岸政策产生重大冲击

主持人：我们知道，前不久，吕秀莲也曾表示要访问大陆，但最终没能成行，而作为目前民进党员中位阶最高的官员陈菊去却成功“登陆”，您认为，这在民进党内将会产生什么样的冲击？对民进党的两岸政策又将会带来哪些影响？

徐博东：吕秀莲也非常想访问大陆，到现在她也没放弃这个想法，但她毕竟在深绿急“独”团体的反对之下，被迫暂时放弃了这个想法。但吕秀莲一定很后悔没能抢到“头香”，我判断她肯定憋不住了很快也会成行！你看她昨天公开在记者会上说：如今情势“今非昔比”，民进党应当“调整”而非“切断”两岸关系，甚至教训急独派要“与时俱进”，“面对现实”，不能“闭门造车”。

这次陈菊能成行，如同给民进党给绿营投入了一颗“震撼弹”，产生了强大的冲击波，势必引起绿营内部关于两岸政策的严重分歧和激烈斗争，影响肯定是非常深远的。

由于陈菊的大陆之行，从今往后，绿营再攻击马英九“卖台”、“倾中”已经是不能成立、无法自圆其说了。特别是下一步民进党要推动 CEFA 公投、罢免马英九，不要说对中间选民，就是对绿营支持者来说都已经失去了号召力和正当性，民进党“逢中必反”的大陆政策已经难以为继。

不过，陈菊这次大陆之行毕竟是个“个案”，因为她不是以民进党的名义而是以“高雄市长”的身份来大陆参访的；另外，可以肯定，绿营和民进党内部必定会引起一场激烈的两岸政策大辩论。辩论结果，理性务实派的主张能不能占上风，成为民进党内的主流，还需要观察，不能过于乐观。但是，一叶知秋，从历史发展的角度来看，陈菊这趟“破冰之旅”对于民进党来说，毕竟迈出了可贵的具有历史意义的一大步。

陈菊大陆之行将对两岸关系产生积极影响

主持人：针对陈菊这次大陆之行对两岸关系的影响，中国国民党发言人李建荣表示具正面意义。那么，您是如何看待陈菊这次大陆之行对两岸关系影响的？

徐博东：陈菊这次大陆之行，除了深绿团体和民进党内的保守派之外，各方都给予了积极正面的评价。我认为，对两岸关系发展至少具有以下几方面的积极意义：

第一，这次陈菊大陆之行，打破了绿营“逢中必反”的魔咒。以往，绿营对于凡是跟大陆交往的政党或个人，都认为是可疑的，都有“卖台”、“倾中”之嫌，都要反对。从今之后，这种魔咒被打破了，也就是说，民进党保守僵化的两岸政策已经破了一个大洞。闸门一旦打开，将会势不可挡，难以再关闭。

第二，陈菊的大陆之行，将促使民进党政治人物进行认真思考，今后再也不能死守岛内，闭门造车。这有利于促进绿营的政治人物包括他的基层支持者，今后更多的来大陆参访和交流，这对于他们了解大陆，逐步缓解对大陆的敌意和对抗情绪，将会产生潜移默化的影响。

第三，由于陈菊大陆之行所造成的上述政治效应，岛内朝野之间在两岸政策上有可能会逐步产生一定程度的交集点；绿营对马英九两岸开放政策的杯葛与反弹力道将会逐步减轻。这样，马英九推行两岸政策将会更有底气，更具信心。

第四，陈菊在北京对大陆官员说："希望你们也要听听与国民党不同的声音"，这是否释放出了民进党日后将加强与大陆接触沟通、不让国民党"专美"两岸事务的信息？如若这种判断不谬，那么从发展角度来看，今后国、民两党有可能在大陆政策方面逐步进入良性竞争阶段。

无疑，所有这些都对两岸关系和平发展将产生积极影响。

（中评社，2009/05/24）

对话两岸学者：海峡局势一年之变

2009 年 5 月 13 日，中共中央总书记胡锦涛向中国国民党主席吴伯雄发出邀请，第二次"胡吴会"即将在京召开。

5 月 16 日，近年来两岸民间最大的交流活动——首届海峡论坛开幕，中共中央台办、国务院台办主任王毅 17 日在论坛大会上宣布了八项惠台新政策。

5 月 20 日，是台湾当局领导人马英九上台一周年的日子。对于一年来两岸高潮迭起、充满活力的交流与发展，两岸专家学者们是如何看待的呢？两岸人士对这次"胡吴会"又有什么样的期待？就这些问题，《环球》杂志专访了北京联合大学台湾研究院前院长、顾问徐博东教授和台北大学政治经济研究中心主任郑又平先生。

两岸关系缓和发展“目不暇接”

《环球》：您如何评价这一年来两岸关系的发展？

徐博东：一年来，两岸关系的缓和发展可以用“目不暇接”四个字来形容。在这一年内，一共举行了三次“陈江会”，达成了九项协议和一项共识，可以说是“9 +1”。自从上个世纪90年代初期达成“九二共识”以来，这么多年也没有达到这样的成就，更不要说民进党执政的八年，所以说这一年是历史性的转折一点也不为过。

郑又平：……略

《环球》：最近岛内有一些人说，两岸关系发展过快了，你如何看待这种观点呢？

徐博东：这是一种错误的解读。这一年之所以会有这么大的变化、签订这么多协议，是因为民进党执政八年，包括李登辉主政后期，两岸关系不正常，累积下了很多问题没有解决。两岸关系在这一年内的发展，是两岸交流的形势需要，根本不是什么快了。实际上在现在的发展中还有很多问题有待处理，发展速度并不快。

之所以还有很多问题没有处理，一是因为有些问题比较有难度，要先易后难，从比较容易处理的问题做起，有难度的要靠后；二是毕竟才过了一年，不可能做太多的事情，还是要循序渐进。现在处理的问题基本上还属于经济议题，而且经济议题实际上也还没有处理完。按照三个步骤，先是事务性的协商，然后进入制度化，制度化再往上是机制化。现在，制度化都还没有完全实现，更不要说两岸政治上的议题还没有进入协商处理的阶段，所以两岸关系应该说还属于和平发展的初级阶段。

郑又平：……略

《环球》：两岸关系在这一年得到了改善，除了台湾岛内政治形势发生变化外，还有其他的一些什么原因呢？

徐博东：首先是由于大陆方面的积极推动。胡锦涛总书记将原来的“胡四点”发展为了“胡六点”，指明了两岸关系进一步发展的方向。其实，大陆关于两岸关系和平发展的政策、构想和理论早就形成了，只不过是在民进党在台当权期间没有条件推动。现在，马英九上台之后，有了推动和实施的客观条件。

两岸发展到今天这样的一个状态，是双方共同努力的结果，是两岸关系发展的形势使然，也是民众迫切的愿望，是国际社会对台海局势的期盼，是顺乎潮流，顺乎民意的。

郑又平：……略

“主流民意支持两岸友好”

《环球》：刚才你提到了岛内仍存在蓝绿对立。民进党在5月17日举行了“呛马”的游行。民进党对两岸政策的所谓抗争，对两岸关系发展会造成什么样的影响呢?

徐博东：不利的影响肯定还是有的，但是要看台湾民意的主流。经过这一段时间，台湾有关方面，包括“陆委会”或其他单位对签订两岸协议进行积极的密集沟通和解释，我们从民调上可以看出来，已经有越来越多的台湾民众表示赞成，主流民意逐渐地向正确的、好的方向发展，反对的声浪不能代表主流民意。

郑又平：……略

《环球》：最近江丙坤请辞一事以及中国国民党内对下一任党主席人选的猜测等事情，会不会对两岸关系的发展造成一定影响呢?

徐博东：不会有任何影响，因为这是国民党内部的事务，不管是支持哪一个人的，都支持马英九的两岸路线，对江丙坤参加陈江会签订的这些协议，也没有什么不同的声音。这不是路线之争，也不是政策之争。

郑又平：……略

海峡论坛“能量是不可预估的”

《环球》：5月17日以“扩大民间交流、加强两岸合作、促进共同发展”为主题的首届海峡论坛在厦门开幕。这种民间交流有什么意义，会对两岸关系有什么样的促进作用呢?

徐博东：海峡论坛是两岸交流的新的、大的平台。这个平台是民间性的大交流，参与者更多是基层的人，像台湾的乡里长、县市长，这些人对岛内的政治发展很有影响力，因为台湾是选举政治，靠县市长、靠乡里长来影响最基层的民众。这些人参与民间交流，对于了解大陆、消除双方敌意、加强对两岸关系和平发展的认识，都非常重要。

郑又平：……略

《环球》：两岸交流下一步较大的事件就是即将举行的第二次“胡吴会”，这次两党领导人的会面将会如何推动两岸关系的进一步发展?

徐博东：两党领导人再次见面，会对目前两岸关系和平发展的大好形势注入新的活力，除了总结前一段两岸关系和平发展的经验之外，还会为下一步向深度、广度发展交换意见，使两岸关系的发展进一步制度化。

郑又平：……略

（环球，2009/06/01，乐艳娜、李梦）

短期内马英九会参访大陆吗?

北京联合大学台湾研究院徐博东教授，日前在海峡之声电台《博东看两岸》专栏节目中，就吴伯雄这次大陆之行的背景、成果和重大意义，以及马英九如果兼任党主席是否会在短期内访问大陆等一系列问题发表看法。

全文如下：

第二次“胡吴会”成果丰硕，意义重大

主持人：首先请你介绍一下第二次“胡吴会”是在什么样的背景下举行的，或者说，中共中央总书记胡锦涛这次邀请吴伯雄来大陆访问是要解决那些问题?

徐博东：第二次“胡吴会”是国共两党交往中的大事，同时也是今年两岸关系发展中的一件大事。大家知道2005年4月前任国民党主席连战首次到大陆进行历史性的访问，开启了60多年来国共两党领导人的第一次会面。去年国民党重新执政后，新任党主席吴伯雄先生以执政党身份再次率团到大陆参访，进行了重要的第一次“胡吴会”。两党领袖越来越密集的会见，凸显了两岸关系和平发展的势头。

这次“胡吴会”要解决的问题，我想用八个字来概括，那就是：“总结以往，规划未来”。一年来，两岸关系由于国民党的重新上台执政产生了历史性的转折，和平发展的势头越来越猛烈，两岸两会连续成功地进行了三次协商谈判，达成了九项协议和一项共识，国共两党“论坛”也已举行过四届，不久前又刚刚在福建举行了大规模的民间性的“海峡论坛”，两岸关系的发展变化可以用“目不暇接”四个字来形容。那么如何总结经验，更好的规划两岸关系和平发展的未来，这是两党共同面临的重要议题。所以，胡锦涛总书记说“欲穷千里目，更上一层楼”，在新的起点上，把两岸关系持续推向更加稳妥、健康和更高层次的方向发展。

再有，目前海峡两岸共同面临的紧迫问题，是如何应对国际金融风暴对两岸经济造成的重大冲击，特别是对台湾经济的重大冲击。所以，探讨如何更好地进行合作，共同抗击金融风暴，也是这次“胡吴会”的重要议题之一。

另外，不可讳言，最近岛内盛传马英九有可能接替吴伯雄兼任国民党主席，我想大陆方面对此也一定非常关注，因为这将涉及到“国共论坛”等一系列重要问题，对两岸关系的持续稳定发展至关重要，也一定很希望透过这次吴主席的来访，了解国民党方面的想法，获得更多、更准确的信息，增进彼此的互信。

主持人：我们知道，第二次“胡吴会”是吴伯雄这次来访的最重要行程。在这次会谈中，胡锦涛就进一步推动两岸关系发展提出了六点意见，包括在对外事务中避免内耗。你是如何看待第二次“胡吴会”的成果的？

徐博东：5月26日胡总书记与吴伯雄主席举行了重要会谈。双方就新形势下如何推动两岸关系的和平发展进一步深入交换了意见，会谈非常成功，达成了多项共识，取得了非常重要的成果，对于增进国共两党政治互信，促进两岸良性互动，进一步推动两岸关系和平发展，具有非常重要的意义。

国台办发言人杨毅指出，会谈取得了以下五个方面的成果：

第一，双方都表示要继续推动落实“两岸和平发展的共同愿景”，不断促进两岸关系和平发展；第二，都认为要维护反对“台独”、坚持“九二共识”的共同政治基础，不断增强和深化互信；第三，都强调要加强两岸经济合作，尽快商谈两岸经济合作协议，以利于建立两岸经济合作机制；第四，都赞同要积极促进两岸文化教育交流，举办以文教交流为主题的两岸经贸文化论坛，开始探讨协商两岸文化教育交流方面的协议；第五，都主张在两岸在涉外事务中减少不必要的内耗，增进中华民族的整体利益。从这五个方面的成果来看，都非常重要的。

除了字面上看得到的这些成果之外，我认为还有两个看不见的重要成果：一个是两党会谈进一步正式化、制度化了。也就是说，以后无论两党领导人是否更迭，都不会影响两党高层领导人的互动。有舆论特别注意到，这次“胡吴会”和上次“胡吴会”地点上也有变化，第一次是在人民大会堂的北京厅进行的，这次特意改在东大厅，作为正式会谈举行，这显示两党的会谈更加重要，更加正式化、制度化了。二是通过这次会面，进一步加深了两党领导人个人之间的了解、互信和友谊，这对于今后推动两党的进一步合作，将会起到非常重要的作用。吴伯雄是国民党的重要资产，即使他不再担任国民党的主席，今后在台湾政坛必定还会有十分重要的影响力。

总之，我认为这次“胡吴会”是又一次非常成功、非常重要的会谈，它书写了两党、两岸关系发展史上新的一页，必将推动两党、两岸关系的发展迈向新的局面。

吴伯雄参访行程有深刻意涵

主持人：我们还注意到，吴伯雄这次还有几项行程令媒体关注，那就是走访蒋介石行宫、参访连横纪念馆、出席孙中山先生奉安中山陵80周年纪念活动，你是如何看待这几项活动安排的？

徐博东：我看这些行程，一个是参观八年抗战中的历史遗迹；另外像参观连横纪念馆跟台湾历史文化有关；再有就是国民党创始人孙中山先生奉安的中山陵。安排这些密集的参访，一是对国共两党合作，共同抗击日本帝国主义入侵的历史回顾，二是缅怀台湾爱国先驱连横先生也就是连战的祖父的爱国精神，再有就是缅怀国共两党共同崇敬、共同怀念的中国革命先行者孙中山先生。总的意义在于启示人们：在新的历史时期，国共两党如何继承发扬前辈为国家、民族合作奋斗的精神，共同反对“台独”，为两岸的和平发展，为中华民族的伟大复兴共创新的辉煌！

“国共论坛”移师台北为期不远

听友甲：我想请问徐教授，前四次的“国共论坛”在地点的选择上都是北京，在下一次“国共论坛”地点的选择上有没有在台湾的可能性？

徐博东：前四次的“国共论坛”也不都是在北京举办的，例如第二次“国共论坛”原本是要在台北举行的，但当时民进党当局拒绝陈云林率团入境，只好临时改在海南的博鳌举行。现在国民党重新上台执政，我想随着两岸关系和平发展进程的加快，“国共论坛”移师到台北举行的一天不会太晚了！但考虑到岛内的政治局势，目前还不适合在台湾举行，这点我想大家回忆一下张铭清和陈云林访台时的情形，便会明白。所以今年七月即将举行的“国共论坛”，地点已经定在大陆的长沙。

吴伯雄将继续发挥积极重要作用

主持人：另外，吴伯雄虽然人在大陆，但岛内有关他去留中国国民党主席的猜测非常多。根据你对岛内政局的观察，吴伯雄返回台湾后，他的位置可能会有那些变化？他在今后两岸关系发展中还会扮演那些角色？

徐博东：前一段盛传马要兼任国民党的主席，吴伯雄会转任海基会的董事长，引起江丙坤的主动请辞，发生了一场不大不小的风波，后来江丙坤被马英九出面慰留。依我个人的判断，江丙坤至少会留任到今年底举行第四次“陈江会”后，因为江丙坤的专长是经济，目前两岸很快要进行经济合作架构协议（ECFC）的协商谈判，主要是解决经济上的合作交流问题，由江丙坤继续主持海基会更为合适。如果马英九接任国民党主席，不排除吴伯雄先被安排出任国民党的荣誉主席，赋闲一段时间，好好治治病，两岸跑一跑，更多地了解熟悉情况，养精蓄锐，再选择一个比较合适的时间点安排接任海基会董事长。但是，不管吴伯雄是不是会出任海基会董事长，我想他在未来两党和两岸关系发展中，都将会继续发挥积极的重要作用。

马英九短期内参访大陆不太可能

听友乙：如果马英九兼任国民党主席的话，会不会来大陆？他会不会对国共两党的发展或两岸关系带来什么变化？

徐博东：总体上来说，吴伯雄、马英九，包括连战在内，对于推动两岸关系和平发展、反对“台独”都是有共识的，是一致的。所以，不必担心马英九兼任党主席对国共两党的发展，或对两岸关系和平发展会带来什么负面影响。当然，马英九是台湾地区的领导人，如果他又兼任国民党的主席话，有可能在短期内不能够到大陆来参访，但随着两岸关系和平发展的进一步推进，随着民进党两岸政策可能发生的调整变化，不久的将来马英九到大陆参访，实现历史性的“胡马会”并非不可能。至于在马英九的第一任期内能否实现，这要看形势的发展，关键在于是否对马英九竞选连任有利，但至少目前时机还不成熟。

（中评社，2009/06/01）

陈水扁能重新加入民进党吗？

北京联合大学台湾研究院徐博东教授，昨天在海峡之声电台《博东看两岸》专栏节目中，就陈水扁能否重新入党、民进党反对采认大陆学历、开放陆生入岛和大陆广告，以及民进党为何无法就《党公职人员赴中国交流注意事项》达成共识等一系列重要问题进行了深入分析。

全文如下：

陈水扁企图继续绑架民进党

主持人：徐教授，去年，陈水扁在受到检调单位调查之后，曾退出民进党，现在司法调查还没有结束，他为什么急着要重新入党呢？

徐博东：陈水扁有"百变阿扁"之称，一向变来变去，不要奇怪！他先前说要筹建新党，随后又申请重新加入民进党；他先是想方设法拖延司法审判，现在又急于完成一审判决。所有这一切，都是为了达到他官司脱困所采取的政治操作。而目前他政治操作最重要目的，就是要早点解除羁押，并且以民进党员的身份介入今年年底的县市长选举。

今年年底的台湾县市长选举，是陈水扁必须掌握的"政治杠杆"，无论如何他都不能错过。为了要介入县市长选举，陈水扁在台南县安插了他的亲信陈唐山参与竞争，至今打死不退。陈水扁早就说过，台南县是民进党年底县市长选举的"震央"，如果他能够重新入党，并且在选举到来之前出狱，就可以到处辅选，施加他的影响力，影响部分县市的选情朝着对他的亲信有利的方向发展，以此进一步凝聚和壮大挺扁势力，借以要挟民进党中央，继续绑架民进党，作为他向党中央"叫板"的政治资本，防止民进党和他切割，最终目的是为自己日后能够司法脱困作准备。所以，现在陈水扁急于重新加入民进党，是他在台北看守所里冥思苦想设计出来的一系列政治操作的重要一环。

陈水扁难以重回民进党

主持人："陈水扁重新入党申请案"在民进党内引起极大争议，那么，陈水扁提出重新入党对民进党来说有哪些难题？根据您的判断，6月10日，民进党再入党审查小组能否通过"陈水扁再入党申请案"？

徐博东：陈水扁要求重回民进党的确给民进党中央出了一个大难题。如果民进党同意陈水扁重新入党，台湾舆论必定大哗，对民进党的形象必然造成极大的伤害，这无论是对今年年底的县市长选举，还是日后的一系列选举乃至民进党今后的发展，都会带来十分不利的影响。有台湾媒体评论说：如果允许陈水扁重新入党，那民进党就等着"关门大吉吧"！再有，根据目前司法进展情况来看，一审判决可能很快就会有结果，根据民进党的党规，一审判决有罪，就必须开除党籍，如果陈水扁刚刚被批准重新入党又被开除，那绝对是民进党的天大政治笑话！

而如果民进党不批准陈水扁重新入党，则会惹怒偏激的"挺扁派"，阿扁的徒子徒孙们肯定会暴跳如雷，大骂蔡英文和民进党中央，造成绿营的分裂。"挺扁派"估计约占绿营基本盘的三分之一左右，实力不可小视，绿营的分裂，势必也会对民进党年底的选情造成重大负面影响。

总之，陈水扁要求重新入党，确实使民进党左右为难，成了烫手山芋！

按照民进党的规定，退党的党员要重新入党，要由3人组成的"重新入党审查小组"来审定。这3个人是台南市长杨秋兴、中常委罗文嘉和蔡宪浩，他们的压力很大，本来6月3日要开会作出决定，杨秋兴借故不出席，结果会没开成，改为6月10号再开。照目前情况来看，3人小组很可能不敢作出决定，将矛盾上交给中常会或中执会。但中常会和中执会内部也有"挺扁派"和"反扁派"之分，肯定会吵得不亦乐乎。

最后无非有三种可能：一是经过投票被否决；二是在高度争议下投票勉强过关；三是经过激烈争论后达成共识，等待一审判决结果再作处理。我判断第三种结果的可能性最大。而现在看来，陈水扁很难逃脱法律对他的制裁，如果一审判决有罪，那陈水扁不但不可能重新入党，还有可能会按照规定，被民进党追加除名，即开除党籍。但不管最后结果如何，都会引起民进党的激烈内斗。

台湾政党政治是畸形的政党政治

主持人：这档《博东看两岸》节目一直受到广大听众朋友的关注和喜爱，下面我们接进一位听友的电话，看看这位朋友有什么问题要请教徐教授。

听友：我想请问徐教授，在陈水扁提出要重回民进党以后，民进党就成立了一个审查小组。如果这个小组通过了陈水扁重回民进党的申请，那么，这件事对日后民进党会有什么样的影响？

徐博东：这3人“重新入党审查小组”早先就已经成立了，不是陈水扁提出重新入党申请后才成立的。前面我已经讲过，这3个人很难达成共识，可能会将矛盾上交，由民进党的中常会或中执会审查。岛内各种民调都显示，认为陈水扁没有犯罪的只是一小部分人，绝大多数包括绿营的一些民众都认为他有罪，所以民进党不敢掉以轻心，随便批准他重新入党。但如果民进党不同意陈水扁重新入党，又会惹怒“挺扁派”，造成绿营的分裂，同样也会给民进党年底县市长选举造成负面影响。“挺扁”势力的票源占绿营基本盘的三分之一左右，民进党不会轻易放弃这部分票源，这就是民进党左右为难的关键，也是陈水扁吃定民进党的根本原因。

听友：陈水扁现在已经是弊案缠身，那为什么民进党内还会有人支持他重回民进党？

徐博东：“急独挺扁派”只问“立场”不讲“是非”，他们认为陈水扁是“台湾人的总统”，再有错也要支持，所谓“肚子扁扁也要挺阿扁”！而且陈水扁谎称他A钱是要建立“台独建国基金”，一般人不会相信这种鬼话，但“急独挺扁派”却会当真，而且把它作为继续挺扁的理由。而这也正是台湾政治最悲哀的地方！全世界没有任何一个国家或地区的人民会同情支持贪污罪行的。所以说，现在的台湾社会是一个不正常的社会，台湾的政党政治是畸形的政党政治。

“逢中必反”，民进党继续失去民心

主持人：“开放大陆学历”、“大陆广告”、“大陆学生赴台就学”这些得到多数台湾民意支持的选项，民进党为什么还要强烈反对？

徐博东：民调显示，“采认大陆学历”、开放“大陆学生赴台就学”和“大陆广告”开放政策，确实得到大多数台湾民众的支持。其实在民进党执政时期，蔡英文当“陆委会主委”的时候也曾经做过评估，认为这三项政策应该朝开放的方向推动。但是民进党下台后却昨是今非，极力反对马团队实施这三项开放政策，真不知道蔡英文如何自圆其说！

民进党反对的“理由”都是无法成立的。反对“采认大陆学历”，说是为了避免大陆学生抢夺台湾学生的工作机会。这明明是在误导台湾民众，实际上承认大陆学历是为了让在大陆学习的台湾学生可以回到台湾就业。而按照台湾的规定，大陆的学生根本就不允许到台湾去找工作；民进党说开放“大陆广告”和“大陆学生赴台就学”是中共的“统战阴谋”，这更是无稽之谈！实际上台湾的教育资源过剩，学校生源严重不足，开放陆生入岛，正可以解决这一难题，有利于台湾教育的持续发展。而开放大陆广告纯属商业行为，更是与政治不沾边。民进党却说这是“植入性营销”，会控制台湾舆论，进行“统战宣传”等等。

民进党之所以“逢中必反”，一方面是民进党根深蒂固的“反共”、“恐共”情结作祟，“台独”意识形态挂帅，完全没有自信，害怕两岸交流特别是青年学生的交往，动摇“台独”的社会基础；另方面是年底的县市长选举临近了，民进党不愿意让马英九“政府”加分，认为放行这三项开放政策，对国民党选情有利。所以我们说，民进党是一个极端自私自利的政党，为了一党之私，不惜损害台湾老百姓的利益。民进党这样做只会继续失去民心，不会有好的结果。不过民进党不可能阻拦这三项开放政策在“立法院”过关，国民党采取的对策是“以退为进”、“后发制人”的策略，先让民进党充分表演，有多数民意撑腰，国民党马英九信心满满。

民进党需再惨败，才会调整两岸政策

主持人：在高雄市长陈菊等绿色县市长访问大陆之后，民进党对公职人员赴大陆参访曾有松动的迹象，表示不反对与大陆的交流。那么，为什么到了关键时刻又收回去了呢？

徐博东：民进党现在要调整它的两岸政策，难度非常大。针对是否要修改大陆政策，目前民进党内形成了“三驾马车”互相制衡的态势：

一是南部的县市长，比如说高雄市长陈菊和台南县长许添财，他们出于地方的经济利益，出于地方民意的压力，主张开放民进党的公职人员到大陆参访。这些县市长中有的要争取连任，有的将来要选“立委”或是想当党主席，也就是说从自己的生涯规划着想，他们现在就必须要做出政绩来，累积自己的政治资本。而要做出政绩，就必须跟上两岸开放的步伐，从两岸交流中获取政治和经济利益，所以要求开放赴大陆参访。

二是一些民进党的“立法委员”和“急独挺扁派”，坚决反对开放两岸政策。原因是他们现在还没有选举的压力，还不到需要讨好选区选民的时候。相反，通过杯葛马英九的开放政策，包括反对本党调整两岸政策，可以争取媒体的曝光率，增加自己的知名度，便于自己日后参选站在比较有利的位置。

三是以新潮流为主的党内一些比较理性务实的人士，支持调整大陆政策，可是目前这些人是少数，不是党内主流，声音也很难得到正视。

至于党主席蔡英文，她所需要考虑的，则是整个党的发展和自己“党主席”成绩单的好坏。面对“三驾马车”相互拉扯的局面，蔡英文苦于没有自己的班底和派系作奥援，再加上她缺乏“草根性”和政治魄力，所以往往采取折中的、抹稀泥的领导方式。对于蔡英文来说，年底选举的胜败是关键。“稳定压倒一切”！任何不利于选举的事都不能做，所以她一方面对陈菊和许添财参访大陆放行，另方面又断然拒绝李文忠等人提出的“中国政策大辩论”的主张，而当她裁示制定《党公职人员赴中国交流注意事项》遭到抵制后就立即喊卡，也就不难理解了。

总之，目前民进党内各派政治势力各怀鬼胎，各有盘算，难以达成共识。而民进党之所以很难走出两岸政策的困境，关键就在于“时间点”未到。所谓“时间点”主要是指年底的县市长选举。在此之前，民进党不愿意在两岸政策方面暴露出他们的矛盾和分歧，以免影响党的团结，对于党籍县市长参访大陆，也只能改采“便宜行事”的临时手段，推迟出台“注意事项”。依我个人的判断，民进党的“中国政策大辩论”已是势在必行，不可避免，但“时间点”最快也得推迟到今年底的县市长选举之后，在这之前很难形成辩论的态势。至于民进党两岸政策要作出真正具有实质意义的重大调整，如果不再惨败几场，则完全看不出有任何的可能性！

（中评社，2009/06/07）

北京专家认为“胡马会”仍要视时机而定

中评社香港 6 月 11 日电　马英九若出任国民党主席，“胡马会”是否会随之登场？届时国共平台将如何运作？对此，国台办发言人范丽青 10 日回应指出，“国民党主席换届选举是国民党内部的事务，我们予以尊重。至于谁当选主席，当选后怎么样，目前属于假设性问题，我暂时不作回答。”北京台湾问题专家就断言，“胡马会”短期内不可能实现。

……（略）

著名台湾问题专家徐博东向香港《文汇报》指出，马英九参选党主席应主要出于其“内政”考虑，旨在整合资源，更好施政。知名台湾问题专家李家泉向文汇报表示，从台湾政治局势分析看，马英九兼任国民党主席虽然有利有弊，但总体利大于弊。

针对马英九当选党主席后“胡马会”的可能性问题，徐博东相信，“胡马会”在马英九第一任期内不太可能。他形容，“胡马会”这一“石破天惊”之举，将会令马在岛内面临巨大压力，并会引起美日等国担忧，马英九在第一任期内应该还“不敢”面对这一问题。李家泉也认为，“胡马会”仍要视时机而定，但现在条件仍不成熟。

（中评社，2009/06/11）

专家称民进党力量正弱化，两岸关系发展不能“心急”

中新网6月18日电 自马英九决定参选国民党主席，有关胡马会话题以及两岸未来走向一直成为传媒谈论焦点。时事专家认为，马英九上任一年来，民进党主导台湾政局和阻碍两岸关系发展的力量正在弱化，但两岸关系发展只能是“循序渐进”，心急吃不了热包子，“欲速则不达”。马英九未来两年的精力，相信将放在国民党内部整合的问题上，为2012年“大选”做准备。

……（略）

对于各界关注的“胡马会”，北京联合大学台湾研究院徐博东教授分析说，如果胡马相会，必定是涉及到两岸的重大政治议题。而两岸重大政治议题的协商谈判一旦提上议事日程，便立即要面对以下三方面的挑战：一、两岸是否已经累积起足够的互信？双方是否已经作好了谈判的充分准备？二、台湾主流民意能否接受谈判结果？三、美、日两国的态度如何？试想，在当前台湾的政治生态下，两岸签署ECFA尚且如此困难，不难预料，至少在马英九的第一任期内，两岸敏感政治议题的协商谈判，很难提上议事日程。

……（略）

（华夏经纬网，2009/06/18 林川）

吕秀莲和许添财敢来大陆访问吗?

北京联合大学台湾研究院徐博东教授，昨天在海峡之声电台《博东看两岸》专栏节目中，就海内外舆论备受关注的吕秀莲与台南市长许添财能否顺利“登陆”、民进党中央日前定调“三不一没有”大陆政策，以及民进党为何难以调整“台独”路线等一系列重要问题，进行了深入的分析。

全文如下：

吕秀莲访问大陆为何迟迟不能成行?

主持人：*在今年3月份，就有吕秀莲访问大陆的说法，但她到目前都还没有成行，反而是高雄市长陈菊先行访问大陆，行销世运会观光。那么，吕秀莲访问大陆迟迟不能成行的原因在哪里呢?*

徐博东：我认为，吕秀莲的大陆之行之所以迟迟不能成行，有两方面的原因：第一，民进党中央不赞成。目前民进党并不鼓励党内重量级的政治人物到大陆参访。大家都知道，吕秀莲不仅当过“副总统”，还担任过民进党的代主席，在台湾政坛是具有重要指标性的政治人物，一旦她成功“登陆”，对民进党现行大陆政策造成的冲击，绝对比陈菊“登陆”要大得多；第二，“急独挺扁派”的极力反对。吕秀莲创办《玉山午报》的主要经济来源是“急独挺扁派”，她多次到台北看守所探视陈水扁，就是希望陈水扁支持她创办《玉山午报》。吕秀莲想要“登陆”的消息传出后，陈水扁明确表示反对，“急独挺扁派”甚至召开记者会威胁说，如果吕秀莲执意参访大陆，就不再投资《玉山午报》，也就是说要断了她的“金脉”。上面所说的两条原因之中，我认为后者比前者最为重要。

吕秀莲真心想到大陆访问吗?

听友甲：吕秀莲祖籍地在福建省的南靖县，我想问吕秀莲是真心想到大陆来看一看、走一走吗?

徐博东：近几个月来吕秀莲多次接受媒体采访，表达希望来大陆参访，依我看她是真心想来，不像是假意炒作。前两天她公开表示：从事民主政治改革，长期关注台湾前途的任何人，都应严肃看待中国的政经社会变化。今天的中国已不是1989年的中国，今天的共产党也不是三十年前的共产党了；她说，如果有适当的方式和时机，她愿前往中国访问，实地考察中国的变化；她目前仍采取以静制动的观望态度，7月初访问美加两国回台后再做具体评估。类似的话她最近已经讲过好几次。我认为吕秀莲的政治态度确实已经有不小的变化，比以前要理性务实了，值得加以肯定。

有舆论认为，吕秀莲在政治上并没有死心，还想“更上一层楼”。她创办《玉山午报》也好，想参访大陆也罢，都是在为下届“总统大选”精心布局。即使不能如愿，她也不会甘心就此退出政治舞台，还想在台湾政坛上继续发挥影响力。依我看吕秀莲是目前民进党内难得的主张“与时俱进”的政治人物之一，我相信她是真心想来大陆参访。

吕秀莲何时可能访问大陆?

主持人：针对吕秀莲访问大陆带来的纷扰，她目前出面证实，最近确实有香港、福建的相关团体与管道，直接或间接地邀她前往访问，但因牵涉复杂，何时受邀访问大陆，她将在访问美国、加拿大两国之后再作具体评估。您认为，吕秀莲会等到什么时候才会访问大陆呢?

徐博东：现在是有几股力量在拉扯着她，我看她现在还在观望，还没有最后下决心。为什么她先要到美国和加拿大访问？当然不会是去游山玩水，我判断她先访问美国和加拿大有两个目的：一是寻求美国、加拿大有关方面和人士的支持；二是为《玉山午报》寻找新的更多更大的“金主”，扩大资金来源。总之，她现在所做的一切，都是在为自己累积政治能量。

至于吕秀莲参访大陆的时间点，我想主要要考虑以下两方面的因素：一是要看她能否说服民进党中央特别是绿营的“急独挺偏派”大老?——《玉山午报》的金主们，对她参访大陆的态度是否能“软化”；二是要看她跟大陆方面的沟通协商进展情况如何；总之，她要认真仔细地评估参访大陆的利弊得失，毕竟今年底台湾还有一场重要的县市长选举。“心动”不一定敢“行动”，她究竟是否有足够的政治勇气，顶住压力，排除干扰，下决心“登陆”，还有待观察。依我的初步判断，吕秀莲今年下半年成行的可能性虽然不是说完全没有，但难度相当大。

许添财会来大陆参访吗?

主持人：除了吕秀莲之外，台南市长许添财也曾预计7月登陆，参加厦门举行的“第一届海峡杯帆船锦标赛”开幕典礼，但同样遭到深绿社团以及扁系人马的反弹，您判断许添财能否与陈菊一样，冲破深绿团体的阻挠来大陆参访?

徐博东：许添财已是两届台南市市长，今年底他已经不能再竞选连任了。对于访问大陆，我想许添财会有两方面的考虑。一方面，许添财作为一方“父母官”，想要在他有限的任期内给台南市的经济发展做出努力和贡献，争取民意对他的最大支持与肯定。这样做的目的，当然也是为他自己日后的政治生涯累积政治资本；另外，据岛内媒体报道，许添财下一步有意竞选民进党的主席。如果许添财真想当民进党主席，那恐怕就不能不顾及民进党当前“不鼓励”参访大陆的政策。另外，也不能和“急独挺扁派”的关系搞僵了。所以他现在也是被两股势力拉扯着，左右为难，使他原本早就准备好的“大陆之行”添加了变数。不过，陈菊参访大陆之后，绿营内部也不敢拿她怎么样，而且民调显示，高雄市民众对她的支持度和满意度都有大幅的提升，这对许添财下决心“登陆”不能不是一大“诱因”。因此我判断，许添财在衡量了利弊得失之后，有可能会选择到大陆来参访。

“三不一没有”体现出民进党大陆政策何种思路？

主持人：大陆政策对于民进党来说是烫手山芋，内部争议不断。民进党中央日前定调“不辩论、不订注意事项、不陷入政治操作、没有鼓励赴大陆交流”等“三不一没有”原则。徐教授，您是如何看待这“三不一没有”政策的？它体现了民进党在处理大陆事务上有什么思路？

徐博东：民进党中央明定所谓“三不一没有”政策，这说明民进党目前不想对它现行的大陆政策作任何调整，采取是一种“拖字诀”的消极办法。因为民进党认为，年底的县市长选举毕竟只是地方性的选举，没有必要为一场地方性的选举调整大陆政策，也就是说民进党并没有调整大陆政策的“急迫感”。今年底的县市长选举，民进党已经确定以“ECFA 公投”作为它选战的主轴和诉求；另外就是以“声援阿扁司法人权”为幌子，拉住“急独挺扁势力”，试图与蓝营争夺选战议题的主导权。因此，民进党认为，目前绿营最重要的是“团结”。明定所谓“三不一没有”政策，目的就是要稳定内部，不要因为大陆政策步调不一而引起内部的矛盾与争斗，影响县市长选举。所以它目前并不急于处理大陆政策问题，采取“拖”的办法。

民进党为何难以调整大陆政策？

听友乙：台湾的主流民意都是偏向于跟大陆沟通交流，民进党的大陆政策为什么总是停滞不前呢？

徐博东：民进党不肯调整保守僵化的大陆政策，我认为有以下几方面的原因：

第一，民进党输得还不够惨，败的次数还不够多，还不服气，并不认为它的大陆政策是造成它失败的主要原因之一。上届“立委”选举惨败，它认为主要是“单一选区两票制”这种选举制度对民进党不利；而“总统”选举中惨败，则是因为党内初选时“排蓝条款”造成了绿营内部的不团结等等。另外，下台一年来民进党搞了几次大规模的街头抗争运动，感觉自己的动员能力还相当强，基本盘还在，并没有松动流失。再加上民调显示，马英九的民调满意度一直低迷不振，这给他们带来很大的幻想，党内主流并不认为“台独”路线有什么调整的必要。

第二，民进党内部派系林立，几大“天王”各拥山头，他们都只为本派系的政治利益着想，而不是为民进党的整体发展考虑，只会明争暗斗，对民进党的改造没有人真正关心，也很难达成共识。

第三，党主席蔡英文没有自己的派系班底，政治性格又比较软弱，很难整合各派系矛盾，没有能力推动民进党进行路线转型。

第四，民进党内的“理性务实派”一盘散沙，难以形成党内主流，推动民进党的改革。

第五，只占绿营基本盘百分之十五左右的“急独挺扁势力”，人数虽然不占多数，但能量却很大，而且斗性十足，目前由蔡英文所领导的民进党，无力摆脱这股保守急独势力的绑架。

总之，各方面的原因造成了目前民进党难以调整“台独”错误路线，它的保守僵化的大陆政策也就只能“停滞不前”，维持现状。

蔡英文为何不赞成进行党内大陆政策大辩论？

主持人：民进党这项“三不一没有”原则在民进党内部也引起争议。扁系人马认为“辩论才是王道”，前民进党副秘书长陈其迈直言，他对不辩论感到失望，他建议举办路线大辩论或扩大中执会讨论。扁系人马为什么主张在民进党内部针对大陆政策进行辩论？而民进党中央又为什么不进行辩论呢？

徐博东：民进党内要求进行大陆政策大辩论的主要有两股力量：一是“理性务实派”，比如说李文忠等，他们最早提出这个主张，目的是想改造民进党；后来扁系亲信，例如陈其迈、高志鹏也主张进行大辩论，不过他们的出发点完全不同。扁系人马在这个时候主张“大辩论”，主要是想争夺民进党的主导权，防止民进党和陈水扁切割，最终目的当然是要“保扁”。而对于蔡英文为首的民进党中央来说，眼前最主要的目标就是要打赢年底的县市长选战，而选战的主轴就是炒作“ECFA公投”，如果在这个时候进行党内大陆政策大辩论，就等于要扭转选战主轴，放弃主导选战议题。而且搞得不好的话，还可能让“急独挺扁派”占了上风，进一步绑架民进党，甚至引起绿营的分裂，给年底县市长选举带来负面影响。所以，民进党中央在这个时间点上当然不会允许在党内进行大陆政策大辩论。蔡英文的策略很清楚，对陈水扁采取一种“若即若离”的态度：既不完全切割也不完全挺扁，以不得罪挺扁势力为原则，尽力维持绿营内部的团结，先打好年底县市长选举这场硬仗再说。

（中评社，2009/06/21）

蔡英文真能让阿扁解除羁押吗？

由蔡英文发起的学者连署挺扁活动25日下午公布结果，共有10人签字，扣除蔡英文本人只有9人，包括前台湾“中央研究院院长”李远哲、“中研院”研究员陈建仁、“中研院”研究员瞿海源、台湾大学教授萧新煌、政治大学教授顾忠华、政治大学法学院院长陈惠馨、妇运领袖李元贞、律师顾立雄、黄瑞明。针对蔡英文连署活动，北京联合大学徐博东教授在海峡之声《博东看两岸》节目中指出，蔡英文连署活动“弊大于利”，对营救陈水扁也无济于事，而李远哲等人在台湾更是起了很坏的示范作用。

全文如下：

蔡英文连署挺扁，是“饮鸩止渴”

主持人：蔡英文曾经刻意回避对陈水扁贪腐问题表态，但最终顶不住深绿团体的压力而发起挺扁的连署运动，引来了媒体正反两面评价。您觉得蔡英文发起这个联署活动对她今后树立政治威信是利多还是弊多？

徐博东：蔡英文不分是非，如此大动作“挺扁”当然是弊大于利！

所谓“利”，只是暂时缓解了“挺扁急独派”势力对她的不满情绪。“挺扁急独派”原来对她非常不满，认为她挺扁不力，这次蔡英文公开领头大动作连署挺扁，他们会一时的高兴，这对于维持绿营的内部团结，支持蔡英文打好年底县市长选举有好处。

但是更多是“弊”，蔡英文等人连署要求解除对陈水扁的羁押，打的是所谓“捍卫司法人权”的幌子，但台湾舆论普遍认为，这是公开干涉司法独立，干扰司法办案，因为所谓“捍卫司法人权”，和“挺扁”、“挺贪腐”是没有办法进行切割的。岛内媒体质疑，在民进党执政时期，这些人大都手握大权，为什么那时他们不出来“捍卫司法人权”？认为台湾的羁押制度有问题，那时他们为什么不主张改革？包括刘泰英、王令麟等在内的许多高官和企业界人士涉案，有的被羁押长达一年之久，短的也有一二百天的，但也没见这些人出来说话，现在却为陈水扁的“个案”公开跳出来批评台湾的“司法人权”，完全是“选择性”的呛声！

一年前蔡英文出任民进党主席时，台湾舆论包括民进党内的改革派，对她都抱有很大的期望，希望民进党在她的领导下有新的气象，走出一条新路来。当时蔡英文也说，民进党已经进入了“没有陈水扁的时代”，要对扁进行“柔性切割”。她对外发言时，凡是涉及到扁案都很谨慎，并曾下令党籍人士不许公开参与“挺扁”活动。但不到一年，蔡英文在“急独挺扁派”的挟裹下一步步地妥协退让，跟主流民意背道而驰，愈走愈远，现在更是不分是非，带头连署挺扁，还公开扬言“豁出去了”，一头掉进了绿营的大酱缸！她这样做，虽然一时得到“急独挺扁派”的喝彩，但却势必失去广大中间选民甚至包括浅绿选民的支持，民进党内的改革派也肯定很失望，对她本人政治威信的提升和年底的县市长选举都很不利。从岛内民调来看，一年前蔡英文刚上任时，满意度曾经有一段时间远远超过马英九，当时外界一度认为，2012 年蔡英文是马英九连任的“最大威胁”。但好景不长，今年以来蔡英文的满意度不断下滑，现在反过来马英九的满意度大大超过了蔡英文。前两天 TVBS 的民调，台湾 10 名政治人物的满意度，倒数第一名的是陈水扁，蔡英文倒数第二，真是“情何以堪”！

可见，蔡英文的政治威信滑落得有多快了。所以我认为，蔡英文大动作连署挺扁是“饮鸩止渴”，捡了芝麻丢了西瓜，得不偿失。

李远哲参与连署，再次给“诺贝尔奖”蒙羞

主持人：在25号总共有10个人签字参与这项连署活动，除了蔡英文本人只有9人。有媒体报道说，有学者拒绝在连署书上签字，而蔡英文说，她口袋里只有签字的这些人。那么，这9人蔡英文是以什么样的标准选择出来的？

徐博东：关于连署要求解除对陈水扁的羁押，造势就用了整整一个星期的时间，外界都在“引颈以待”，猜测蔡英文会拿出什么样的连署名单，不料名单拿出来却是“小猫两三只”，包括蔡英文本人在内只有10个人，真可谓“雷声大雨点小”，冷冷落落！是不是有学者不愿同流合污，拒绝参与连署，蔡英文不说，那就只有天才晓得了！

再来看名单，李远哲和萧新煌是2000年台湾大选时公开站出来挺扁的“国政顾问团”成员，是把陈水扁送进“总统府”的关键人物；而顾立雄曾经是陈水扁的御用律师，替陈水扁打官司的；陈建仁则是“扁朝”的卫生署署长……这些人不是阿扁的“国策顾问”，就是“前朝高官”或是绿营学者，全都是与陈水扁“利益相关者”，一向以“铁杆挺扁派”著称。所以说，这些人早已丧失了社会公信力，给社会的观感是“自己人挺自己人”。蔡英文拿出这样的连署名单，可说是“自曝其短”，恰好说明蔡英文连署要求解除对陈水扁的羁押，得不到社会大众的响应和稍有良知的学者的支持。

主持人：原陈水扁委任律师顾立雄与前台湾“中央研究院院长”李远哲参与连署引起了媒体的关注。被称为台湾社会“意见领袖”的李远哲曾经帮助陈水扁当选台湾地区领导人，陈水扁贪腐案件暴发后，他遭到台湾社会的诟病，为此他呼吁陈水扁下台。现在，他又参与声援陈水扁的连署活动。徐教授，被称为“社会贤达”的李远哲在对待陈水扁的态度上为何如此反复？李远哲在台湾社会究竟要扮演什么角色？

徐博东：李远哲是诺贝尔化学奖的得主，在他的化学专业领域是世界一

流的专家，这点我们给予尊重和尊敬。但依我看，李远哲头顶诺贝尔奖的光环后有点“忘乎所以”，按台湾舆论所说的是不知道自己究竟有“几斤几两”了！他自以为自己什么都懂，什么都会，所以他什么都要插一手，似乎自己得的是“万能型的诺贝尔奖”：李登辉时期，李远哲不仅是“中研院长”，还曾经主持过“9·21”大地震的重建工作；2000年“总统大选”时，李远哲在选前关键时刻组织所谓阿扁“国政顾问团”，公开领头站出来挺扁，美其名曰要让台湾“向上提升”，而把陈水扁送进了“总统府”；陈水扁执政后李远哲主导教育改革，结果改得是一塌糊涂，另外他还帮助陈水扁规划过两岸政策……。其结果，陈水扁执政8年台湾不是向上“提升”而是向下急剧“沉沦”。对此，台湾主流民意早已对李远哲相当不满，但他从来没有表示过自己有任何的“失误”和“后悔”，一有机会李远哲还是非常喜欢指手划脚、高谈阔论。陈水扁明明犯有贪污重罪，事证也愈来愈清楚，但不久前他却轻描淡写地说：“阿扁既然有错就要向社会大众‘道歉’，把汇到海外的钱汇回来”云云，如今更公开参与连署挺扁，台湾的主流舆论都颇不以为然。其实李远哲对政治、对司法一窍不通，但却又喜欢参与政治、干涉司法。他顶着诺贝尔奖光环，但很可惜，骨子里却是个不分是非的挺扁派。

顾立雄参与连署，法学界做了最坏示范

主持人：参与这次连署的还有原陈水扁委任律师顾立雄，因为他此前已经同陈水扁解除了委任关系，但这次参与连署并与蔡英文一同出席记者会引起媒体不解。徐教授，您是如何看待顾立雄这个举动的呢?

徐博东：在这10个参与连署的人当中，顾立雄本来应当是最有法律素养的一个，而且他对扁案也最为了解。当初他之所以会主动解除跟陈水扁的委任关系，是因为陈水扁并没有跟他讲实话，欺骗了他，他觉得自己没有办法再为他辩护下去了。而现在却又公开站出来要求解除对陈水扁的羁押，完全是一个没有原则、没有格调的律师。顾立雄很清楚，按照台湾的现行法律，羁押的要件：一是犯有“重罪”；二是有“逃亡之虞”；三是有“串供

和灭证之虞”。陈水扁这三条“要件”一件都不少，而且最近揭发出更多的事证，证明陈水扁不仅“串供和灭证”，还企图“逃亡”。从法律专业的角度来看，顾立雄明明知道陈水扁被延押完全是“无可挑剔”，但他还要昧着法律人的良知参与连署，面对舆论的质疑，他还想“自圆其说”，进行狡辩，可说在法学界做了最坏的示范。

连署活动难以掀起大浪，陈水扁会继续延押

主持人：蔡英文说，接下来将扩大连署范围，号召更多的人声援陈水扁。您认为，10 人连署活动究竟有多大的号召力量？蔡英文的这次连署活动能有多大规模？

徐博东：这 10 名连署人早就丧失了公信力了，何来号召力？从这几天台湾媒体的报道来看，也就是少数深绿社团和挺扁民众在叫好，整个台湾社会反应平淡，包括绿营在内都激不起热情。原来民进党扬言要发动“一人一信”，要求解除对陈水扁的羁押，现在他们改变了策略，变成在互联网上通过 E－Mail 的方式签名，这说明他们对连署能否成功缺乏信心。大家都知道，采取这种形式很容易造假，而且难以查证。民进党的网络投票部队，可以在二十四小时之内不间断地往里灌票，造成签名人数很多的假象。可以想见，这样连署出来的统计数字，能有社会公信力吗？我看这样的连署活动只不过是虚张声势，自己“爽”而已，很难掀起什么大的风浪！

主持人：这次连署活动能否达到目的，使陈水扁解除羁押？

徐博东：我预估这次的连署行动根本就是“瞎子点灯白费蜡”，不可能达到解除陈水扁羁押的目的！因为到目前为止，羁押的要件不但一样都没有消失，相反近日还有新的实证不断出现。比如说，近日前“总统府”办公室秘书陈心怡爆料，陈水扁曾经在下台之前指示她以“最速件”的方式为他办护照；前“总统府”资政吴澧培也证实，陈水扁曾告诉他，卸任后会很快出国，而且在卸任前三个月托他把一笔 191 万美元汇出海外；另外，林德训还当庭证实，扁家弊案暴发后，陈水扁曾召集“司法院”、“法务部”先进到“总统府”研商，帮他出主意如何脱困；再来就是最近美国已经冻

结了扁家八十亿新台币的洗钱赃款等等。总之，陈水扁的案情已经逐渐明朗，逃亡和灭证、串供的嫌疑也更加充分。在这种情况下，承审法官虽然受到绿营方面的很大压力，但是台湾的主流民意他们能不在乎吗？法律的良知他们可以不要了吗？依我大胆判断：陈水扁很可能会继续延押。

（海峡之声网，2009/06/28）

陆资入岛是两岸关系发展的重大突破

台湾当局经济主管部门6月30号正式公布“大陆地区人民赴台投资许可办法”，同时开放大陆资金赴台开设分公司或办事处，开放大陆资金赴台投资也正式实施。随后，台湾当局经济主管部门公告开放192项大陆资金可投资项目。就相关话题，7月4日，北京联合大学台湾研究院徐博东教授在海峡之声电台《博东看两岸》节目中，做了详细分析与解读：

陆资入岛开启了两岸“双向投资”的新时代

主持人：自1991年开放台商对大陆地区投资，到现在大陆资金赴台投资正式实施，已经过去了18个年头，过程可谓漫长。而从今年4月26日第三次“陈江会”最终达成共同推动陆资入岛投资的共识，到6月30号台湾当局最终开放陆资入岛，推进的速度不可谓不迅速。一个漫长、一个迅速，这个转变是什么因素促成的？这个转变对两岸经济合作交流有什么意义？

徐博东：开放陆资入岛是两岸关系发展史中的一件大事，从此开启了海峡两岸“双向投资”的新时代。尽管仍然有很多限制，开放的幅度并不大，但这毕竟是两岸经济合作交流向正常化道路上迈出了重要的一步，是两岸关系发展的重大突破！

从1991年开始开放台商到大陆投资，到现在已经整整十八个年头了，但陆资入岛却一直没有开放，始终都处于“单项投资”的不正常状态；而从今年4月26号第三次“陈江会”达成了陆资入岛的共识之后，到6月30号台湾当局宣布开放陆资入岛只用了两个多月的时间。“一个漫长，一个迅速”，其转变的根本原因是，国民党重新上台执政之后，承认“九二共识”，两岸两会恢复了协商谈判，两岸关系迈入了和平发展的正确轨道。经过一年来的良性互动，两岸互信不断增强，这是转变的根本原因。

再从客观上讲，在全球金融风暴的刺激之下，双方迫切需要加强合作，共同对付金融风暴对两岸经济的冲击，使得两岸形成命运共同体。特别是台湾经济属于外向型经济，完全靠外销维持经济的成长，国际金融风暴对台湾经济的冲击更大更严重，大陆急台湾之所急，希望通过配合落实马英九“拼经济”的政策，帮助台湾摆脱目前的经济困境。所以，开放陆资入岛政策，是两岸经济发展的客观需要使然。

但是，这项政策的实施说“快”也“不快”，因为按理说这些开放措施早就该做了，但是由于李登辉执政十二年，陈水扁执政八年，意识形态挂帅，顽固推行所谓“戒急用忍”、“积极管理”的两岸经济政策，一直拒绝开放陆资入岛，以至于两岸经贸交流呈现出“不对称”的局面。据台湾官方统计，到今年5月为止，台商对大陆的投资，累计核准金额超过771亿美元，但由于陆资不能入岛，导致两岸资金流动失衡，两岸产业资源的配置及流通受阻，两岸经济整合丧失了很多宝贵的时间和机会，现在我们所做的只是抓紧时间“补课”而已，要把失去的时间“抢”回来，尽最大的努力弥补以往的损失。所以从这个角度来看，目前两岸经济关系的发展根本谈不上“快”，开放陆资入岛只是迈向“正常化”的第一步，下一步更重要的是要实现“机制化”或者说是“制度化”，那就是两岸签署经济合作架构协议（ECFA）。这样，两岸的经济合作交流才能稳定发展，真正做到“可长可久”，共创双赢，造福于两岸同胞。

开放陆资入岛必将提振台湾经济景气

主持人：台湾当局开放陆资入岛对台湾经济有怎样的提振作用？

徐博东：股市是经济的“晴雨表”，5 月初开放陆资入岛的消息传出后，台湾的股市就不断上涨，现在已经突破了 6300 点，向 7000 点挺进。台湾许多企业家和经济方面的专家都认为，开放陆资入岛对提振台湾的经济景气非常有好处：

第一，可以增加台湾的就业机会，增强台湾民众摆脱当前经济困难的信心；

第二，这些开放措施有助于增加台湾产业资金以及活络台湾的金融市场；

第三，通过双向投资，将扩大两岸的经济合作领域，两岸经济可以优势互补，相互合作，共同开拓国际市场，两岸同胞携起手来共同赚外国人的钱；

第四，向国际社会显示了台湾是一个高度开放的经济体，让外资重新找回陈水扁执政时期对台湾经济失去的信心，有利于台湾吸引外资。

总体来说，开放陆资入岛对台湾抵御国际金融风暴、提升国际竞争力将发挥重要作用。当然，这还仅仅是一个开始，可以确定的是，在台湾尝到陆资入岛的甜头之后，能够更好的说服台湾民众，支持马团队进一步加大开放的幅度，假以时日，这一开放政策对台湾经济发展的好处才会真正显现出来。

首波开放陆资入岛的幅度偏小

主持人：我们还注意到，在目前公布的 192 项大陆资金可投资项目中，其中制造业开放 64 项，服务业开放 117 项，公共建设开放 11 项。对于大陆企业希望来台投资的中草药、面板、半导体和营造业等，都不在第一阶段开放清单当中；需要专业证照的律师和会计师等暂缓开放；公共工程的承揽部分也暂不开放。这些限制，会不会影响陆资来台投资的积极性？

徐博东：积极性肯定会受到一定程度的影响。大家都知道，近年来大陆企业界不断入岛考察台湾的投资环境，寻找投资的机会，以因应台湾当局开放陆资入岛政策的实施，表现出很高的意愿和热情。但是目前开放 192 项大陆资金来岛投资的项目，主要集中在制造业和服务业这两个方面，特别是服务业占了总数的二分之一强；而公共建设只开放了 11 项，特别是大陆企业希望投资的中草药、面板、半导体和营造业，都不在第一拨的开放名单内；另外在 138 家大陆国营大企业中，台湾认为有 9 家是军方投资的企业，也不得参与岛内投资，对于这 9 家大型企业来说当然也很失望；公共工程的承揽部分，也暂不开放。实际上台湾在这方面也很需要有资金的投入，但是岛内资金在这方面投资意愿并不高，而大陆有充足的资金想投资公共工程却暂不开放。所以这种开放是“有限度的开放”、“小打小闹的开放”。这反映出马政府受制于岛内的政治环境，畏首畏尾，缩手缩脚。

这使我想到了去年刚刚开放大陆游客到台旅游的情景，由于对陆客限制过多，规定各种清规戒律，许多大陆民众虽然非常想到台湾旅游，但望而却步。当然，刚刚开放台湾方面有所顾忌，加上绿营的反弹而不敢迈开大步也情有可原，但限制过多，管得太死，毕竟是违反市场规律。总之，台湾方面还需要有更大的格局和胆略，来推动两岸经济的交流与合作，不是“限制”，而要像大陆那样，为了吸引台商投资，采取各种措施千方百计地“鼓励”陆资入岛投资，才能充分调动陆资入岛投资的积极性。

民进党反对陆资入岛是“台独”意识形态作祟

主持人：日前，有民进党人士建请党中央全力要求冻结“陆资赴台”相关政策与办法。民进党主席蔡英文还表示，陆资赴台投资机场、港口等，将让台湾安全大门洞开；民进党将全力阻止这种不设防的开放。民进党这样说是否有道理？他们又为什么要这么说？对马英九的政策会不会造成影响？

徐博东：民进党的这些说法完全是没有道理可言的。刚才讲到，其实第一波的开放是有很大局限性的，限制很多。比如说公共建设部分，规定：“民用航空站及其设施”须位于航空站陆侧且非管制区，并明订陆资持股比率限制；“港埠及其设施”，明订陆资持股比率限制及投资总额下限等待。总之，各种开放措施完全在台湾政府部门的限制、管理之下，何来“大门洞开”？按照民进党的说法，似乎台湾的公权力完全不起作用，陆资入岛如入“无人之境”，投资不受任何管理和约束，好像台湾已经是被大陆接管了一样，这种草木皆兵、言过其实的说法，非常可笑。实际上这是民进党的反共情结作祟，“台独”意识形态挂帅，蓄意误导台湾民众，目的是为年底县市长选举制造议题，争取选票。

我们回想一下，其实陈水扁在2000年竞选台湾领导人时，就曾经承诺他当选后要“开放陆资入岛”，而且在他执政八年的时间里也曾多次提到要“开放陆资入岛”，但陈水扁只不过是为了缓解工商企业界的压力、骗选票说说而已，他内心从来都不想开放陆资入岛。正因为民进党顽固推行这种保守僵化的“锁岛”政策，才导致了台湾经济不断下滑，从亚洲“四小龙”排名第一跌落到倒数第一。

想当初大陆刚刚引进外资时也有人有各种担心，但后来大量外资到大陆来投资，对大陆经济的起飞和发展起了非常重要的作用，大陆因此而“大门洞开”、被外资“掌控”了吗？台湾也引进有大量的外资，那么也没有看到台湾被外国人“控制”而丧失“主权”？所以，民进党杯弓蛇影、故弄玄虚，把开放陆资入岛“妖魔化”，纯粹是无稽之谈、别有用心！

绿营方面极力反对陆资入岛，以莫须有的罪名来误导台湾民众，对马英九执政团队来说当然会造成一定的压力，产生一定程度的影响。比如说，5月初传出大陆中国移动要加盟台湾远传公司的消息后，台湾股市立马大涨，但由于绿营方面的强力反弹，马英九团队不得不调整政策，最终电信行业的开放也就只好作罢了。这说明马英九的抗压性还有待进一步提高，对有关政策的宣导还需要进一步加强。我们相信，当大多数台湾民众切身感受到马英九的大陆开放政策给他带来的好处，更多地分享到两岸关系和平发展的“红利”之时，民进党也就无以售其奸了！

（海峡之声网，2009/07/05）

“正视现实”要正视两岸同属一个中国的现实

中国台湾网8月4日南京消息　著名台湾问题专家徐博东教授在第18届海峡两岸关系研讨会上表示，“正视现实”是大陆的一贯主张，正视现实就是要正视两岸同属一个中国的“政治现实”和“法律现实”。

近来在两岸关系中，“正视现实”这句话常被频繁提及，参加在南京举办的海峡两岸关系研讨会的学者们，就此展开了热烈讨论。原北京联合大学台湾研究院院长徐博东就此发表了自己的看法。

徐博东指出，“正视现实”是大陆的一贯主张。早在1978年的10月8日，邓小平在会见日本文艺评论家江藤淳的谈话里就表示：“如果实现祖国统一，我们在台湾的政策将根据台湾的现实来处理。”1979年元旦，全国人大常委会发表《告台湾同胞书》，文告有4个要点，其中第1个要点就强调在解决祖国统一问题时，一定要考虑台湾的现实情况，尊重台湾的现状和台湾各界人士的意见，采取合情合理的政策和办法，不使台湾人民蒙受损失。

上个世纪70年代，邓小平同志提出的“和平统一、一国两制”解决台湾问题的科学构想，90年代江泽民同志提出的8点意见，以及本世纪初胡锦涛总书记提出的6点意见，都是在正视现实的基础上提出来的。2005年4月，第一次“胡连会”的时候，胡锦涛总书记更明确提出“正视现实，开创未来”。

针对怎样看待两岸现实，徐博东表示，在胡锦涛总书记提出的进一步发展两岸关系6点意见中已有明确定位。1949年以来，大陆和台湾尽管尚未统一，但不是中国领土和主权的分裂，而是上个世纪40年代中后期中国内战遗留并延续的政治对立，这没有改变大陆和台湾同属一个中国的事实。两岸复归统一，不是主权和领土再造，而是结束政治对立。

徐博东指出，不管过去、现在还是未来，两岸同属一个中国，这才是海峡两岸的政治现实，也是海峡两岸的法律现实。无论是联合国及其下属组织，还是国际社会的主要国家，都承认海峡两岸同属一个中国，一个中国框架在国际社会是牢不可破的。所以正视现实就是要正视两岸同属一个中国的现实。

徐博东特别强调指出，不能借口“正视现实”，搞“两个中国”、“一中一台”甚至搞“两国论”。假如这样，两岸好不容易争取到的和平发展大好形势将会葬送，成为不可得，两岸又要重新回到相互对抗和对立的老路上去了。这是两岸同胞都不愿意看到的情况，所以两岸需要在“正视现实”这个关键问题上达成共识，才能够建立胡锦涛总书记所说的“深化两岸政治互信”。

第18届海峡两岸关系研讨会昨天开幕式后，进入为期2天的论文发表和讨论交流阶段。百余名专家学者围绕会议主题“两岸关系和平发展的机遇与挑战”，就目前及未来两岸关系的发展进行了深入广泛的探讨和交流。

（中国台湾网，2009/08/05）

大陆学者：民进党人邀达赖访台纯粹是政治操作

中评社北京8月27日电　民进党部分人士26日邀请达赖喇嘛于月底访台，长期从事两岸问题研究的大陆知名学者27日表示，此举是纯粹的政治操作，背后隐藏着“台独”分子不可告人的政治目的。

新华社报道，北京联合大学台湾研究院教授徐博东认为，民进党部分人士蓄意邀请达赖访台，意图是“一箭双雕”。一方面，民进党此举意在制造两岸关系紧张气氛，一旦大陆方面对达赖访台作出强烈反应，就可大肆炒作，冲淡大陆在此次风灾中全力救援台湾受灾同胞，在台湾同胞中所树立起来的善意形象。

另一方面，民进党趁马英九当局因救灾失分时抛出一个两难的政治议题，是要让马英九难堪。民进党打着“为受创土地与人民祈福”的旗号，使得马英九如果说“行”，将在两岸关系上失分；如果说“不”，则恐怕引起部分绿营民众的反弹。

“众所周知，达赖是分裂祖国的‘政治喇嘛’，并不是纯粹的宗教人物。台湾也有很多德高望重的高僧大德，完全可以为灾民祈福。”徐博东说，“可见，民进党此举不过是借救灾进行政治操作。”

……（略）

（中评社，2009/08/27）

民进党邀请达赖的政治算计

达赖喇嘛8月30日抵台，9月1日在高雄举办法会。连日来，达赖所到之处，沿路民众抗议呛声不断。邀请达赖来台的民进党，能达到自己的政治目的吗？达赖访台会对两岸关系造成多大影响？人民日报海外版记者分别采访了两岸的专家学者——

民进党策动达赖访台，很明显是政治操作

徐博东（北京联合大学教授）：民进党邀请达赖访台，很明显是政治操作。如果说要超度亡灵、抚慰灾民，台湾的宗教人士完全可以胜任，而且岛内灾民多数信仰基督教天主教，对藏传佛教毫无所知，听不懂达赖的语言，请达赖来根本毫无理由。

人所共知，达赖是分裂祖国的政治人物，而不是真正的宗教领袖，民进党明知道达赖是“政治和尚”，偏偏要邀他访台，目的之一显然是要为两岸和平发展制造麻烦。其次，也是为了煽动岛内蓝绿对立，为年底县市长选举争取票源，制造利多局面。最后，这次台湾受灾县市集中在中南部，民进党这样做，也是为摆脱执政县市救灾不力的形象。

……（略）

民进党自以为得计，但很快发现台湾人民并不欢迎

……（略）

徐博东：民进党在救灾重建的关键时刻搞政治议题，捞取政治利益，非常不负责任，暴露出这个党嘴里说“爱台湾”，实际上只顾一党一己之私。它不光是两岸关系麻烦制造者，也是岛内政局的麻烦制造者，还是台湾抗拒自然灾害的麻烦制造者！这一点已经逐渐被台湾主流民意所认识。

民进党邀请达赖访台，一开始以为不管马当局批不批准达赖入台都“稳赚不赔”，为之沾沾自喜。现在台湾舆论已经逆转，民进党骑虎难下，内部开始争吵，推卸责任。应该说，民进党邀请达赖访台，不可能达到既定政治目的，相反会对其政党形象再次造成严重损害，对今后选举更加不利。

……（略）

达赖访台对两岸关系产生威胁，损害台湾民众利益

……（略）

徐博东：不论达赖在岛内是否有政治言论，入岛本身就是政治动作，使“藏独”和“台独”有机会在一起搞政治活动。马迫于绿营压力，在原则问题上妥协，允许达赖入岛，非常不智，对两岸关系产生不可弥补的损失。两岸的互信对两岸关系和平发展至关重要，两岸要共同维护共同培养。两岸已经不是李登辉时代，有国共平台，应该有商有量，我觉得大陆理所应当表示坚决反对。

希望马英九执政团队不要光从个人或国民党的角度考虑问题，也要考虑到大陆和大陆人民的感受，从整个中华民族的高度考虑问题。达赖在岛内还有几天行程，马当局应该尽量把损失缩减到最低。我认为，马英九当局要像维护自己的眼珠一样维护两岸和平发展的大好局面。从长期看，这对国民党的执政、对台湾人民的利益都有利。

（人民日报·海外版，2009/09/02）

徐博东之议，具六个维护和平的因素

中评社快评 著名的两岸关系专家徐博东今天在中评社发表了《关于两岸政治对话六点建议》的重要文章，提出了具体的六点建议，值得关注。六点建议为：

1. 两岸政治性议题的对话和协商谈判，同样应该在坚持“九二共识”的基础上，遵循“先易后难，循序渐进”的务实原则，从比较容易达成共识、比较容易做到的议题谈起、做起。

2. 两岸政治性议题的对话和协商谈判，机不可失，但又不可能一蹴而就，应采取“先学者后官方；先对话后谈判”的节奏，逐步推进；注重“前期研究”，提倡“换位思考”，以诚相待，不搞权谋。

3. 当前，两岸双方应首先就政治对话的程序性商谈做出安排。通过程序性商谈，就政治对话的议题、日程、方式等问题达成双方都能接受的共识，并签订协议。

4. 两岸政治性议题的对话和协商谈判，应设定最终目标：签订两岸《和平协议》，也即两岸关系和平发展架构的确立。

5. 两岸政治性议题的对话和协商谈判，可分为以下“三步走”：

第一步：两岸就宣布“终止敌对状态”进行对话和协商谈判，并达成共识，签订协议；（低级）

第二步：两岸就建立“军事互信机制”进行对话和协商谈判，并达成共识，签订协议；（中级）

第三步：两岸就正式签署《和平协议》进行对话和协商谈判，并达成共识，签订协议。（高级）

6. 具体的政治性、军事性议题（例如，台湾方面最为关切的“扩展台湾国际活动空间”、“台湾当局的政治定位”、“导弹部署”等问题），可按照上述三个步骤的设计，依轻、重、缓、急的次序，纳入两岸政治对话和协商谈判，达成共识，逐步解决。

不管两岸当局如何看待这六点建议，我们一定要对这样的积极建议表示高度赞赏。因为这六点建议中体现出了六个对两岸都有利的因素：一、平等的因素；二、互利的因素；三、共识的因素；四、稳妥的因素；五、有序的因素；六、成功的因素。

我们知道，两岸如果不签订《和平协议》，和平的局面不见得可以长期维持，和平发展的势头不见得可以长期推进，台湾面临的很多国际空间问题也不可能得到有效解决。

（中评社，2009/10/03）

马英九须知难而上

中评社澳门10月23日电（记者 黄晓南专访） 马英九被指有意回避、拖延两岸政治对话，北京知名学者徐博东认为，过去一年多来两岸经济互动卓然有成，累积了相当的共识，但谁都知道政治问题和经济问题不可能完全分割，面对切实地存在着的分歧，不可漠视而须“知难而上”，否则可能使双方的进一步经济合作陷入停滞。

“澳台关系十周年研讨会”21日在澳门开幕，为时3天，近150名来自两岸四地的专家、学者应邀与会。知名两岸关系专家、北京联合大学台湾研究院徐博东教授昨天在会场接受中评社记者专访时，强调了两岸尽快开展政治对话的重要性及迫切性。

徐博东说，自去年5月台湾政党轮替，这一年多来，两岸关系确实出现了新局面，开始进入和平发展的轨道。但他说，正如国务院台办主任王毅21日在研讨会开幕式上强调，我们要清醒地看到，两岸关系的进程仍然面临各种挑战，必须逐步探索如何破解政治分歧等难题。

要破解政治分歧，不能不进行政治对话。针对马英九近日被指有意回避和拖延两岸政治对话，徐博东指出，两岸进行交往，在一开始时采取“先易后难”方式，慢慢累积共识，是完全正确的做法，过去一年多来两岸关系获得良好发展，已经证明了这一点。

但他强调，所谓“先易后难”，说的是容易的事情先办，复杂的事情后办，这是“先做后做”的问题，但肯定不可以“光说不做”，漠视切实地存在着的分歧。

他说，过去一年多来，两岸进行经济合作互动卓然有成，通过这些互动，双方也已经累积了相当的共识，现在需要逐步转向政治性议题的对话，借以破解双方分歧、建立互信。他强调，在这时候，马英九政府需要“知难而上”，否则有可能使双方的进一步经济合作陷入停滞，因为说到底，谁都知道政治问题和经济问题是不可能完全分割开来的。

在政治对话的层面，徐博东说，“先易后难”的原则同样可以适用，例如在议题方面，可以先谈比较实务性的、可望较早获得解决的问题。此外，就算两岸官方、两会（海协会、海基会）未能立刻进行协商以至谈判，但两岸民间的智库、学者，大可以就着相关议题先进行接触与讨论，以作为官方对话的参考。

问题是，他说，这种民间智库、学者的交流目前确已逐步展开，但政府亦需要作出支持并且引导舆论，因为政治人物不可以作为群众的尾巴，而必须主动带领群众走向正确的方向。可是现在马英九连这一点的努力都没有展示出来。

有指马英九是顾虑到2012年的大选选情，徐博东则说，台湾几乎每一年都有选举，怎可说为了一党一派的私利，而忽略了推动两岸和平发展、造福两岸民众的重要性？他举例说，若两岸能有效开展政治对话，包括达赖访台、奥运“中华台北”称谓、大陆《反分裂国家法》等许多不容回避的政治问题，都可以通过对话妥善解决，把潜在的危机消灭于萌芽，避免擦枪走火。

此外，就着澳台关系问题，徐博东表示，王毅在21日的开幕式上，提出澳门在两岸关系中的四大作用，即“先行先试的探索作用、沟通两岸的桥梁作用、反独促统的阵地作用、‘一国两制’的示范作用”，实在是切中要点，非常准确、到位。

在四大作用中，徐博东特别在意的是，“‘一国两制’示范作用”。这一点，往往受到误解和忽略。他认为，“一国两制”可以是很好地解决两岸统一问题的一个模式，但是台湾执政当局却出于一党一派的私利，从蒋经国起，尤其是在李登辉、陈水扁时期，不断地对“一国两制”这字眼进行妖魔化，台湾民众根本不能充分了解它的意涵，却受到政客的驱动而作出反对。其实，他解释，“一国两制”可以对台湾很有利，因为在“一中”的原则之下，什么都可以谈，怎样的内容都可以讨论，台湾当局以至学界实在应该好好对之进行研究。

（中评社，2009/10/23）

专访徐博东：政治对话两岸智库先行

大陆重量级智囊学者代表团访台，首度参加在台北举行的“两岸一甲子”学术研讨会，与会的北京联合大学台湾研究院教授徐博东在接受中评社专访时强调，两岸已经进入一个新的阶段，光是经济而不进行政治上的沟通是不行的。

徐博东表示，他已经到台湾 13 次，这次是两岸交流以来，首度在台湾就政治议题进行学者之间的公开对话，打破了两岸不谈政治议题的禁忌，等于是新的起点。两岸之间“先经后政、先易后难”，先从经济议题开始协商谈判，马上第四次陈江会要解决 4 个问题，但越是往后，比较容易做的事情已经解决的差不多，一些经济上的难题，如果在政治上不赶快交换意见和对话，消除双方分歧，达成共识，有可能会陷入瓶颈。

“过去两岸关系发展历史告诉我们，光是经济而不进行政治上的沟通是不行的”，徐博东认为，两岸已经进入一个新的阶段，政治对话包括军事、涉外方面事务，现在就应该开始进行预先对话，否则两岸的分歧矛盾如果得不到沟通对话，很容易出问题。

徐博东指出，如果能先由学者、智库进行沟通，了解双方的观点和看法，寻找共识，为下一阶段进一步推动两岸关系和平发展向深度、广度发展预做准备，所以应该“先民后官”、“先智库后官方”，现在只是探讨和研究阶段，“这次到台湾来，只是听听对方的观点，各自进行研究，然后共同研究”。

“所以两岸一中应该是两岸和平发展的政治基础”，徐博东说，这个基础如果不打牢的话，还是不稳定充满变数，所以两岸之间的政治对话主要还是如何在两岸和平发展的基础上要打牢。

以台湾要求大陆撤除对台部署导弹为例，徐博东认为，导弹是军事部署问题，不光大陆针对台湾，台湾也针对大陆，这要通过双方在军事上结束敌对状态、建立军事互信机制，以协商谈判的方式来解决，“作为前提条件，撤了才跟你谈，这种说法本身就没有诚意”。

徐博东指出，现在海基和海协两会已经有沟通的平台，也有国共平台，如何在不违背一中原则找出合理安排，都需要双方政治对话，包括军事和涉外事务方面的对话，达成共识，双方先从学者开始探讨、研究起，达成共识之后交由双方的执政当局形成政策，现在已经到了这样的阶段无可回避，如果回避的话，推动两岸关系和平发展将会进入瓶颈。

徐博东表示，这次大陆学者到台北，首度进行包括政治议题和涉外、安全事务的沟通，由民间学者先做起，这是一个很好的起点，也是两岸关系到了目前阶段，不能不做的事情。

（中评社，2009/11/13）

研讨会闭幕，学者期待明年大陆接手办

中评社台北11月14日电（记者 康子仁、倪鸿祥） 受到海峡两岸高度瞩目的“两岸一甲子”学术研讨会，昨天下午举行闭幕典礼，这次研讨会创下两岸交流以来，层级最高、参与人数最多的纪录，不少与会的学者对于

研讨会讨论的议题和过程相当肯定，具体建议这一次在台北举办，下一次可以换由大陆接手举办。

……（略）

北京联合大学台湾研究院教授徐博东认为，这次举行两岸一甲子记者会，出席人员的代表性和层级之高都是空前的，讨论的议题也具有综合性，并且带有突破性，首度在台湾公开讨论政治议题，打破两岸过去一年多只谈经济不谈政治，相当具有开创性，讨论的过程当中，具有融洽性、和谐性，非常坦承的交换意见，充满两岸同胞的亲情，所有参与者都是在创造历史。

（中评社，2009/11/14）

2010 年

台湾问题专家：和平发展深得两岸民意，是民心所向

中国台湾网1月8日北京消息 由中国台湾网、东南卫视主办，腾讯网独家协办的“2009年两岸关系十大新闻”评选结果揭晓，两岸共同应对金融危机、海峡论坛成功举办、两会协商取得一系列积极成果等反映2009年两岸重要合作交流的新闻内容纷纷入选，中国台湾网就此专访台湾问题专家徐博东教授予以点评。

徐博东教授认为：2009年，“胡六点”得以很好贯彻落实，两岸关系和平发展的轨道总体上健康良好并深得两岸民意，两岸共同应对金融危机取得显著成效，经贸关系更加紧密，民间交流空前热络，两会协商机制进一步形成，两岸同胞充分分享了和平发展的红利。展望2010年，他认为，商签两岸经济合作框架协议，势必将成为又一重要举措，也将是台湾经济防止进一步边缘化，重新起步的契机。

贯彻“胡六点”第一年　两岸和平发展大局健康良好

2009年是贯彻胡锦涛总书记在纪念告台湾同胞书30周年座谈会上发表重要讲话的第一年，徐博东表示，在这一年，“胡六点”得到了很好的贯彻落实，两岸各项交流取得实质进展，虽然受到“台独”势力、达赖访台等事件的干扰和影响，但两岸关系和平发展大局基本上保持了健康良好的发展趋势。

他分析说，2009年两岸两会进行了两次协商，签署了6项协议；召开了第五届两岸经贸文化论坛和首届海峡论坛；大陆居民赴台旅游人数突破60万；“两岸一甲子学术研讨会”也把敏感政治议题在岛内进行探讨，小有突破……这些都是对“胡六点”的具体贯彻和落实，对两岸关系和平发展有非常重要的推动作用。

“‘胡六点’应该看成今后相当长一段时间内，大陆方面推动两岸关系和平发展的行动纲领和基本方针。”徐博东教授认为，只要两岸坚持和平发展的道路，本着“建立互信、搁置争议、求同存异、共创双赢”的原则和“先经后政、先易后难、循序渐进”的基本思路来推动，就不会因为一些小事而有任何动摇或改变。

共御金融危机　两岸经贸关系逐步迈向深入

2009 年是两岸加强合作，共同应对全球性金融危机的关键年。徐博东引用胡锦涛总书记的讲话表示，“中国是两岸同胞的共同家园，两岸同胞理应携手维护好、建设好我们的共同家园。”台湾和大陆是两岸中国人的共同家园，面临汹涌全球的金融危机，理应互相帮助。

徐博东说，金融危机固然使两岸经济、特别是台湾经济面临重大挑战，但是两岸在共同应对危机的互动合作过程中，建立起更多的互信，使坏事变好事，比如两会签署的 6 项协议，除推动两岸经贸合作的本意之外，很大程度上也有共同应对金融危机的目标在内，“这对于两岸经贸关系迈向深入起到非常重要的作用，也为未来两岸经贸关系最终走向正常化、制度化打下了重要基础”。

两岸民间交流热络　说明和平发展轨道深得民意

对于 2009 年两岸热络的民间交流往来，徐博东认为，这得益于两岸重回“九二共识”的政治基础重新建立，两岸关系走上和平发展的正确轨道。

徐博东说，包括海峡论坛、赴台旅游、自然灾害面前的血浓于水互帮互助，这些基础工作都对加强两岸民众交流、增进了解、消除敌意，联络感情起着非常重要的作用。只要两岸关系和平发展的轨道健康良好，两岸民间交流定会进入新的阶段。

“任何政策都要得到两岸民众的积极拥护和赞成，才能够往前推动。”徐博东说，和平发展是关乎人心向背的民心工程，应以两岸民意作为基础，而一年来两岸民间交流往来如此之热络的实践证明，和平发展的轨道深得两岸民意，是人心所向。

商签两岸经济合作框架协议　台湾经济重新起步的契机

今年“东盟与中国自由贸易区”已经启动，东亚区域整合走出重要一大步，势必对台湾经济带来非常大的冲击。徐博东分析指出：大陆急台湾之所急，加紧与对岸进行 ECFA 的协商和谈判，这也是大陆和台湾共同维护好、建设好共有家园，帮助台湾经济走出困境的又一具体举措。

徐博东认为，目前的两岸经济关系，迫切需要一个整体性的、彼此共同遵守的框架，而 ECFA 的商签，正是为可长可久的两岸经济领域的往来制定一个制度性框架，如此，两岸关系和平发展的基础就会更加稳固，有规律可循。

徐博东说，对台湾而言，ECFA 的商签适应其经济的发展，对其经济有利，可有效防止台湾经济进一步边缘化。“这是台湾经济重新融入东亚经济大环境的契机，是其经济重新起步的契机”。

“我对两岸今年签订 ECFA 是乐观的。”徐博东说，这是台湾经济必须走的一条路，也是两岸大势所趋。

（中国台湾网，2010/01/08，钟宝华）

2010 年将是两岸关系稳定推进的一年

春节期间，中共中央总书记胡锦涛在福建龙岩、漳州、厦门等地考察并同在福建的台湾同胞共度新春佳节的举动，引起了两岸舆论的持续关注。2 月 24 日，北京联合大学台湾研究院顾问徐博东教授在海峡之声广播电台《博东看两岸》专栏中指出，胡锦涛春节期间的政治动作释放出非常清晰和强烈的信息：在新的一年里，中共中央的重点工作方向之一，就是要进一步推动两岸关系的和平发展；而签订两岸经济合作框架协议，让台湾同胞在两岸关系和平发展中得到实惠，争取台湾民心，特别是争取中南部农民对两岸关系和平发展的拥护与支持，则是对台工作的重心。

主持人：台湾《工商时报》发表社论称，依照中共惯例，中共主要领导人春节时通常不在自己家里围炉，而是远赴大江南北的某个地方，和当地干部及群众一起过新年，而每年这个地方之选定，显然具有高度的政策意涵。那么，徐教授，今年胡锦涛总书记选择在福建并和在福建的台湾同胞共度新春佳节，您认为有哪些政治涵义呢？

徐博东：台湾《工商时报》的社论观察大陆领导人的活动非常准确、非常到位！确实，大陆国家领导人有一个很好的传统，每年新春佳节的时候，都要下到基层去和当地干部群众共度新春佳节，与民同乐。而且还不仅仅是与民同乐的问题，选择到什么地方都是很有讲究的，实际上有很高的政治意涵，它在很大程度上表明了中共中央在新的一年里的工作重心和工作方向。今年春节，胡锦涛总书记专门挑选到福建考察，并与福建干部群众共度新春佳节，显然也有很强的政治意涵，它释出了非常清晰和明确的政治信息。

大家都知道，福建与台湾一水之隔，地缘相近、血缘相通、语言习俗相同。这次胡锦涛考察的地点有闽西的龙岩市、闽南的漳州市和厦门市。

龙岩是革命老区，也是客家人的聚居地。胡锦涛分别赴龙岩古田会议旧址和世界文化遗产永定客家土楼考察，依我个人观察，包含以下三层意思：一是饮水思源；二是建构和谐社会；第三，从对台工作的角度来看，胡锦涛在龙岩客家聚居地考察，我作为一名客家子弟，心里都暖烘烘的，而台湾有四五百万人的客家族群，我想，台湾客家乡亲也必定会和我一样感到很“窝心”！

除了考察客家聚居地龙岩，胡锦涛总书记还奔赴闽南的漳州与厦门考察。闽南是台湾同胞根之所系，大部分台湾居民祖先都来自福建闽南。在漳州，胡锦涛赴漳浦台湾农业创业园看望当地台商，胡锦涛称赞从来没有见过这么好看的兰花，并说：“凡是对台湾同胞有利的事情，我们都会尽最大努力去办，而且说到做到”。“说到做到”这四个字非常重要也非常关键，充分表明了中共最高层兑现承诺的诚意与决心。胡锦涛还说到：“两岸经济框架协议商谈过程中，我们一定会充分考虑台湾同胞特别是台湾农民兄弟的利益”，这句话说到台湾农民的心坎上去了。

厦门是对台民间交流的最前沿。胡锦涛在厦门考察了两岸货运直航的海天码头，和担负与台湾进行“小三通”的海峡游轮中心码头，还在海峡游轮中心大厅与回乡过年的台胞握手致意，进行零距离的接触，并亲切地说道：“两岸同胞本来就是一家人，应该常来常往，加强交流”。大年初一，胡锦涛还观赏了厦门与金门同放烟花的盛况。

所有这些举动都很有针对性，都无不释放出一个非常强烈的政治信息：在新的一年里，中共中央的重点工作方向之一，就是要进一步推动两岸关系的和平发展；而签订两岸经济合作框架协议，让台湾同胞在两岸关系和平发展中得到实惠，争取台湾民心，特别是争取中南部农民对两岸关系和平发展的拥护与支持，则是对台工作的重心。

主持人：徐教授，您刚才也已经提到，特别令台湾媒体关注的是胡锦涛这次在漳州市漳浦台湾农民创业园里的讲话，胡锦涛当着多位农业台商说，“凡是对广大台湾同胞有利的事情，我们都会尽最大努力去办，而且说到做到”，“两岸经济合作框架协议商谈过程中，我们会充分考虑台湾同胞特别是台湾农民兄弟的利益”。在两岸正在就两岸经济合作框架协议进行商谈的关口，胡锦涛做出这样的表态，您认为有哪些政治标示意义？

徐博东：两岸经济合作框架协议，是建立两岸经济交流合作的制度化机制化的协议。这一协议的签订，对于台湾摆脱当前金融危机冲击下的经济困难具有非常重要的作用。但是，以民进党为首的绿营出于政治私利，不断杯葛抹黑两岸经济合作框架协议的协商谈判，说签订这个协议会对台湾经济产生很多负面影响，特别是对台湾农业造成非常大的冲击，大陆农产品将会涌入台湾，造成台湾大量失业等等。胡锦涛这次照顾“台湾农民兄弟”的讲话，向台湾释放出极大的善意，那就是今后大陆农产品不但不会大量涌进台湾，还会保护台湾农民兄弟的利益，这对于消除岛内对签订两岸经济合作框架协议的疑虑、破解民进党的恶意宣传，将会起到重要作用。

胡锦涛总书记的讲话，也透露出大陆将把签订两岸经济合作框架协议作为今年对台工作的重点。近期以来，有外界评论认为，受美国对台军售等因素的影响，大陆方面有可能会“放慢”甚至“停摆”两岸经济合作框架协议的商签。通过胡锦涛考察福建与台湾同胞共度春节这样的政治动作，说明外界的这种担心完全是多余的。这不仅给马英九执政团队送去了利多，同时也是给两岸的谈判团队打气。

总之，胡总书记的这个政治动作，可以说给台湾马英九当局、给广大台湾同胞特别是台湾农民兄弟吃了一颗定心丸，释出了最大的善意和诚意。

主持人：春节期间，马英九、吴敦义等台湾地区领导人也对两岸关系以及两岸经济合作架构协议纷纷表态，马英九 2 月 22 日还在台湾海基会举办的大陆台商春节联谊活动中表示，与大陆签署经济合作架构协议，绝对有必要，而且要快。

徐教授，马英九等人的表态能否看成是对胡锦涛福建之行的回应？照这样的趋势，您预测一下 2010 年两岸关系将会在哪些议题上进行互动？

徐博东：马英九、吴敦义等台湾领导人的谈话，很明显的是对胡锦涛春节讲话的一种积极回应。实际上，胡锦涛这样的政治动作，已经给了马英九团队很大的鼓励和鞭策，让他们看到商签两岸经济合作框架协议，仍然是大陆今年推动两岸经济交流合作的重中之重。而且依我个人的大胆预测，从目前的谈判进度来看，很可能在今年上半年就会见分晓，取得突破性的进展。

其次，海峡西岸经济区的建设也会加大力度，作为今年两岸扩大经济合作交流的工作重心。因为海西经济区建设是两岸经济交流的“试验田”，很多政策可以“先行先试”，取得经验之后再逐步推广。这也说明今年推动两岸关系发展仍然会遵循“先经后政、先易后难、循序渐进”的工作思路。

此外，继续贯彻落实陈江会签署的十二项协议，也将会是今年推动两岸关系发展重要内容。因为这些协议要经过一段时间的贯彻落实才可以见到成效，在推动过程中会不断发现问题，也就需要不断解决问题。

再有，两岸政党交流方面，国共两党主导的“经贸文化论坛”，今年已经确定在大陆举行，而且会扩大邀请岛内各界人士参加，双方正在就具体的时间、地点和议题进行协商。2009 年，大陆有两个省的省委书记率团赴台湾参访，其中江苏省委书记梁宝华率团赴台采购额超过41亿多美元。据悉，2010年至少有三个省的省委书记将率团赴台参访、商品采购和进行文化交流活动。可以预见，2010年两岸政党交流也会相当热络并且会保持较高的层级。

所以说，新的一年两岸关系肯定会进一步推进，如果说2009年是两岸关系全面改善的一年，那么，2010年将会是两岸关系稳定推进的一年。

（海峡之声网，2010/02/24）

败选是国民党改革付出的必要代价

中评网3月3日报道　台湾四席“立委”补选民进党大胜，国民党再败，民进党赢得嘉义、桃园、新竹三席，国民党只赢得花莲一席。对此，北京联合大学台湾研究院顾问徐博东教授，日前在海峡之声广播电台《博东看两岸》专栏中指出，这是分裂的蓝营与团结的绿营对垒，国民党改革所付出的必要代价；同时也说明蓝营支持者对马英九执政团队兴利除弊不力等不满情绪并没有消除；国民党在提振经济、坚持改革及整合泛蓝力量等方面要作深入检讨，继续努力；国民党的败选并不等于是民进党的“进步”，民进党不可盲目乐观，从长远来看，无论国民党还是民进党，不下决心改革都不会有出路。

现根据录音整理如下：

主持人：徐教授，您好，在台湾27日举行的四席民意代表补选中，国民党仅保住花莲1席，民进党则夺得新竹、嘉义、桃园3席，您是怎么看待这次选举结果输赢的？

徐博东：在台湾四席“立委”补选中，按照评估，除了嘉义是绿营基本盘远大于蓝营基本盘、国民党候选人难有胜算之外，其他像桃园、新竹和花莲三地都是蓝营基本盘大于绿营基本盘。可选举结果除了花莲险胜之外，另两个选区国民党都败给了民进党。这样的选举结果完全在人们的意料之中，因为这三个地方的选举都是分裂的蓝营与团结的绿营对垒，岂有不败之理！选前有人甚至作出国民党四席全丢这样悲观的评估，国民党能够保住花莲这一席，已经算是阿弥陀佛可以“聊以自慰”了。蓝营的分裂根源于国民党改革提名制度对地方势力产生了强烈冲击，因此在候选人提名和地方势力整合方面很不顺利，致使蓝营不仅票源分散而且投票率很低。

除了蓝营分裂这一主要原因之外，大环境对国民党也不利，蓝营支持者对马英九执政团队一年多来兴利除弊不力等不满情绪并没有消除。尽管去年底县市长选举失利后，马英九团队撤换了“检察总长”陈聪明，“八八风灾”和“美牛事件”也已经过去一段时间，经济景气正在回升，失业率也有所降低，但人们对马英九团队执政的失望与不满并没有发生根本变化，许多蓝营支持者不愿意出来投票。

另外，蓝营支持者缺乏危机感，认为这场选举无关政权更替，国民党在“立法院”有那么多的席位，少几席也无关大局，不影响执政地位，再加上天气不好，出门投票的积极性不高。再有就是刚过完年，很多在外地工作的选民返乡投票的意愿也不高。这些因素都会使投票率降低。

主持人：选前，蓝绿双方都认为这是一场输不起的选战，都铆足了劲，而且都把桃园、花莲作为争夺的焦点地区。在选前一夜，国民党秘书长金溥聪固守花莲，而马英九则固守桃园，结果花莲保住了，而桃园却失掉了。台湾民视就报道说，金溥聪固守的花莲拿下了，而马英九没有固守住桃园。徐教授，花莲、桃园的选举结果与是否是金溥聪或者马英九固守有关吗？您是如何看待花莲胜选，桃园败选的？

徐博东：我认为不能这样看，花莲和桃园毕竟有所区别。金溥聪到花莲坐镇，马英九在选前头一晚到桃园造势，看来这两地是国民党认为最可能胜选的地方，结果是一胜一败。花莲之所以能赢，我想主要是因为很多上次支持傅昆其选县长的蓝营支持者觉得亏欠了国民党，所以面对来势汹汹、知名度很高的民进党“空降兵”萧美琴，花莲的蓝营选民不愿意看到国民党再败，把这一席丢给民进党，所以自动弃保，最终放弃傅昆其所支持的无党籍候选人，把票投给了国民党。但也相当惊险，国民党的候选人王廷升只赢萧美琴6000多票，这说明花莲的政治版块已经发生了很大变化。

至于桃园，不仅是马英九，国民党的很多重量级人物包括吴敦义、朱立伦等都曾去辅选，桃园败选的关键是国民党没能整合地方派系。国民党籍候选人陈学圣虽然有马英九全力加持，最后只以2000多票的些微差距输给了民进党的候选人黄仁杼。但如果把脱党参选的吴余东和林香美的8000多票加上，蓝营总得票数还是超过绿营，可惜蓝营未能整合成功，最终让民进党拣了便宜。可见，蓝营的地方派系势力根本不听国民党中央的指挥，说明马英九的光环已经不再。

主持人：刚才您提到，在这次“立委”补选中，蓝营没有完成整合是导致国民党大败的原因，那么，国民党为何不能完成整合呢？

徐博东：能否成功整合是能否胜选的关键，否则分裂的蓝营和团结的绿营对垒，吃亏是必然的。前面已经讲到，蓝营整合难度加大，重要原因之一就是马英九的光环褪色，领导权威动摇，过去一呼百应的局面已经不存在了，一些地方派系根本不听从国民党中央的指挥。桃园、花莲如此，而新竹的几个地方派系在国民党中央的运作下表面上整合成功，只推出郑永堂一人参选，但实际上却“貌合心不合”，派系头头们虽然在酒桌上高喊“团结”，但只是装装样子，基层并没有真正整合，票自然投不出来，结果郑永堂差1万多票败选。

蓝营之所以不能成功整合，和国民党改革提名制度有关。国民党一再表示要推出具有清新形象的候选人，对于负案在身、形象不佳的人坚持不推选，但实际上又不能完全做到。例如在新竹，实际上还是向地方派系做了妥协，协调出前任县长郑永金的弟弟郑永堂出来参选，试图在派系之间搞平衡，结果还是败选。而在桃园，国民党虽然坚持改革理念，推出形象清新和能力也很不错的前任“立委”陈学圣参选，却无法成功整合，也同样是输。所以，国民党要很好地总结，如何坚持改革理念，不要给外界“双重标准”的不良观感。

主持人：2009年以来，台湾总共举行了三场选举，其中一场县市长选举，两场民意代表补选，三场选举都是国民党选败，反观民进党，却是人气不断上升，深层次的原因是什么？

徐博东：尽管新竹、桃园、花莲这三个选区蓝营的基本盘都占优势，但国民党选得都非常艰困，这说明很多蓝营选民对马英九执政团队仍然不满，还要再教训一下马英九，让马英九再痛一次，使他真正找到败选的原因，让他知道不要以为深蓝选民永远都会“含泪投票”。

另外，这场选举的落败，在很大程度上是国民党改革选举提名制度所带来的“阵痛”，所必需付出的“代价”。因为选举提名制度的改革，势必损害到某些地方派系的利益，所以地方派系的反弹是必然的。不听从党中央指挥，坚持脱党参选，在日后的地方选举中恐怕还会不断发生，对此，国民党高层应有足够的思想准备。但国民党的败选，并不等于是民进党的“进步”，民进党不可盲目乐观，从长远来看，无论是国民党还是民进党，不下决心改革都不会有出路。

主持人：徐教授，您具体分析一下这次民意代表补选结果对台湾年底“五都”选举和台湾政局将会带来哪些影响？

徐博东：我认为，这次“立委”补选对国民党五都选举的提名影响不大，但对民进党有可能产生比较大的影响，一些原本信心不足的人物有可能会更愿意跳出来参选，这样绿营的内斗有可能会加剧。比如苏贞昌，他是参选新北市还是台北市，还是直接投入 2012 年“大选”？一直在犹疑不决。这次“立委”补选民进党大胜，给绿营很大的鼓舞，有可能会认为新北市不用苏贞昌亲自出马民进党也能取胜，从而减轻了对苏贞昌的压力，因此我估计他有很大可能会下决心投入台北市的选举，而他的真正目标其实是 2012 的大选。

另外，这次“立委”补选可能对蓝营内部也会带来一定冲击。首先是马英九的领导权威进一步受损，国民党内部的“杂音”会不会因此而增强？再有就是亲民党和新党的动向值得关注。亲民党和新党对国民党不照顾他们的利益一向都很不满，特别是对马英九两岸政策走向不明朗、兴利除弊不力等有颇多疑虑和指责，他们一直在选择适当时机试图东山再起。因此，亲民党与新党是否会在“五都”选举中联手与国民党竞争，造成泛蓝的分裂？如果这样的情势出现的话，将会增加国民党在“五都”选举中的难度，整合泛蓝又要花相当大的力气。

再有，这次“立委”补选使“立法院”的生态也发生了微妙变化。原来国民党占了“立法院”席位的四分之三，一党独大，民进党连提案权都没有。年初三席“立委”补选之后，这种局面已经被打破，现在民进党又增加了三席，国民党在“立法院”的席位已经下降到只占三分之二。这样，在下一个会期民进党可以增加两个召集委员，这意味着今后民进党对国民党的牵制作用势必会进一步增强，从而增加马英九的执政难度，甚至有可能会影响到与推动两岸关系发展有关的法案能否顺利通过。

总之，今后泛蓝要实现大团结，除了国民党地方派系要进一步整合之外，亲民党与新党整个泛蓝阵营的团结也要引起重视。如何进一步激发整个泛蓝阵营的气势，恐怕马英九及其执政团队在执政愿景、领导能力与领导风格上都要作深入检讨，并且要坚持改革不动摇，不要误以为“吃定了”蓝营选民，不能光想让泛蓝支持者“含泪投票”。当然，最关键的还是马英九执政团队应该拿出亮丽的成绩单，在提振经济景气、降低失业率方面取得更大成效，使台湾民众对马英九团队更有信心，这无疑对即将举行的“五都”选举乃至2012年“大选”都至关重要。

（中评社，2010/03/03）

“五都”选举国民党“坐一望三争四”

海峡之声网3月14日报道 目前，国民党与民进党两党内部都在角逐台湾五都选举登记提名，北京联合大学台湾研究院顾问徐博东教授日前在海峡之声广播电台《博东看两岸》专栏中指出，郝龙斌、朱立伦、胡志强代表国民党出战没有悬念，民进党方面除了苏贞昌捷足先登宣布参选台北市长之外，其他都市提名工作恐将难产。在年底“五都”选举中，国民党可能“坐一望三争四”，民进党只能“坐二争四”。现根据录音整理如下：

主持人：徐教授，您看目前国民党与民进党两党内部都在角逐台湾

“五都”选举登记提名。国民党方面，自从台北县长周锡玮宣布退出新北市选举之后，舆论有关国民党的提名猜测立即火爆起来。有媒体还给郝龙斌、朱立伦、胡志强等国民党人气王卡位。不过目前国民党提名工作还没有正式定案，徐教授，您认为国民党方面会如何布局？

徐博东：国民党“五都”选举候选人的提名工作虽然还没有最终定案，但是近期各种信息表明，实际上国民党在中部和北部三个都市候选人的提名，基本上已经没有什么悬念了。

首先我们谈台北市。前一阵子国民党现任“立委”丁守中表示要参选，但最近已经对外宣布退出竞选全力支持现任市长郝龙斌，所以国民党台北市的候选人已经没有悬念。郝龙斌的主要问题是：第一，当初马英九主政台北市时留下的让台北市民不满意的一些问题，比如说“猫空缆车”问题和“内湖捷运”问题，他都必须概括承受。不过，经过一年多的努力，“猫空缆车”很快就会重新启运，民怨很快就会去除。至于“内湖捷运”，也已经有了相当大的改观；其次，郝龙斌主持台北市政这几年，虽然做了很多实事，但过去对这些政绩宣导得很不够，民众不太了解。不过现在郝龙斌已经意识到这点，近来亲自上媒体出面加强宣导，也逐步受到台北市民的肯定；另外，“世界花卉博览会”很快就要在台北市举办，“花博世”的成功举办也有助于郝龙斌声望的提高；再有，大家都知道，蓝营基本盘在台北市占相当大的优势，所以郝龙斌选赢的希望还是比较大的。当然，和郝龙斌竞争的是民进党的最强棒苏贞昌，苏的选战爆发力很强，而且获得不少中间选民的认同，绝不是省油的灯，可以预期，台北市的选情会相当紧绷，郝龙斌即使能赢，也会选得非常辛苦，关键是蓝营的投票率能不能冲高。

再说台中市。台中市国民党的候选人更没有悬念，蓝营都认为现任市长胡志强最合适的、也是最强的一棒。不过也不是没有一点问题，台中县和台中市合并之后，台中县的一些地方派系对胡志强是不是真的服气，如何安抚他们而不留后遗症，让他们全力辅选胡志强？现在看到的消息，经过金溥聪亲自出马与地方派系协调后，已经取得很大成功。所以，胡志强出战台中市已经没有悬念，而且各项民调显示，不管绿营派谁出战，恐怕都很难选赢他。

另外是新北市。原来外界猜测民进党会派苏贞昌出战，新北市将成为国、民两党决定胜负、势在必得的超级战区。国民党为保住新北市，专门劝退了现任台北县长周锡玮，打算派强棒朱立伦迎战苏贞昌。朱立伦是现任的“行政院副院长”，还当过八年的桃园县长，但他要想将来在台湾政坛上更上一层楼，需要经过更大场域的选战洗礼，才有利于他今后政坛上的发展。所以，虽然朱立伦目前还没有正式表态参选新北市，但舆论都认为这已经是铁板钉钉的事情了。有人说他是“空降”新北市，但这不是大问题，当年苏贞昌也是从宜兰跑到台北县来选的，而且一战而胜。朱的问题是，如何在只有八九个月的时间里获得新北市选民的认同，让国民党的地方桩脚肯为他抬轿。再有就是如何安抚感到伤心、委屈的县府团队和支持周锡玮的选民，让他们心甘情愿地为他拉票，这才是胜负的关键。

再说南部两市——大高雄市和大台南市，国民党比较麻烦，赢的机会不大，因为这两个地区民进党的势力相当强大，蓝营的基本盘要小于绿营的基本盘。但是也并非不可一争，比如说大高雄市，上次陈菊也只不过是几千票的微弱优势赢了国民党的候选人，如果大高雄市国民党能够派出强棒出战，也是有一争的。比如前几天传出消息，说国民党有可能派现任“立委”、知名度相当高的“打扁战将”邱毅出战高雄。邱毅出身高雄，如果真的由邱毅代表国民党出战的话，或许还真是有得一争。但问题是已经表态参选的现任“立委”黄昭顺等人，在高雄经营多年，国民党能不能成功劝退，并进行有效整合，目前来看并不乐观，所以现在还看不出到底谁能出线。

至于大台南市国民党更加麻烦，因为大台南市绿营的优势更大，愿意出战的李全教实力毕竟太弱。被点名的另外两个“中央官员”，其中一个是现任“教育部长”吴清基，他拒绝参选的态度非常坚决。所以，大台南市究竟谁出战，目前还很不明朗。看来，大高雄市和大台南市，如果国民党派不出强棒出战的话，恐怕就只能是“重在参与”了。现在就要看金溥聪有什么能耐，找出能够被地方派系接受、愿意共同相挺的强棒来和绿营对垒。

所以，国民党方面五都选举的布局，目前已经明朗的是台北市、新北市和台中市，也就是郝、立、强这三个，南部的大高雄市和大台南市看来都有可能“难产”。

主持人：徐教授，接下来我们再来看一下民进党，自从苏贞昌宣布参选台北市长之后，民进党五都选举的提名争夺也是进入了白热化的阶段。民进党天王纷纷抛出风向球，连曾宣布退出政坛的谢长廷也有所动作。您认为民进党方面可能作出怎样的布局呢？

徐博东：民进党方面，这次五都选举早就开始规划，而各大天王个个也都在摩拳擦掌。台北市原来没有人愿意出来选，因为台北市蓝大于绿的基本盘让民进党很难得手。原台北县长苏贞昌，如果出战新北市赢面最大，不料想他从个人的私利出发，提前宣布要参选台北市，这样一来民进党很可能会丢掉新北市，从而引起绿营内部其他派系的强烈不满。两天前独派大老辜宽敏拱出陈师孟和苏贞昌竞争，另外又跳出一个民进党籍的台北市议员周柏雅，也宣布要参选台北市。民进党内大都认为，苏贞昌不该选台北市，而由党主席蔡英文出战最合适。究竟怎么办？到目前为止民进党中央还没有表态，看来蔡英文对苏贞昌不把党中央放在眼里心里很不高兴。不过，苏贞昌既然已经宣布参选台北市，恐怕没有人可以和他争锋，苏贞昌选台北市应该也是铁板钉钉了。

苏贞昌宣布不选新北市后，紧接着另一个天王游锡堃正式表态要选新北市。已经公开表态要选新北市的还有尤清、陈景峻。实际上谢长廷也很想选新北市，但是由于他在两年前参选“总统”时曾经公开承诺：“如果败选，永远退出政坛”，所以虽然他非常想选，但不敢公开表态，只能干着急。有人主张蔡英文去选新北市，因为如果蔡英文 2012 年想参选“总统”的话，她必须要经过一场较大选战的洗礼，这与国民党的朱立伦有相似之处。但是目前看来，蔡英文对“五都”选举兴趣缺缺，这几天正忙着制定她的《十年政纲》，很可能要继续当她的党主席。

台中市民进党已经公开宣布参选的是林佳龙，上次败选之后他留在台中已经经营了好几年时间了，志在和胡志强一拼，争回上次惨败的面子。但是林佳龙毕竟太弱，和胡志强相拚难有胜算。现在有可能参选台中的还有谢长廷，几个天王之中谢长廷最“可怜”，新北市和台北市已经被人抢去了，南部又不可能回去，所以只能被动地盼着党中央“征召”他。而到没有其他天王愿去的艰困选区台中市，很可能是他的最后出路，毕竟他比林佳龙实力要强，有机会和胡志强一争。但是，也有人主张蔡英文到台中市选。

所以现在看来，民进党在北部和中部的三个都市，除了苏贞昌参选台北市基本定案之外，新北市和台中市都还是未知数，特别是蔡英文，三个都市都有人点名要她参加。最有趣的是谢长廷，他哪儿都想选，但哪儿都没他的份。他自己给自己套住了，曾经承诺“退出政坛”不说，最近几天还揭露出他曾经是调查局的“线民”，二十多年前出卖过党外运动，这对他的形象无疑是一大重创，所以他现在处在一个非常尴尬的境地。目前来看，民进党在中北部的部局，比较可能的是除了台北市苏贞昌，新北市很可能是游锡堃，台中市则有可能会以“征召”的方式由谢长廷出战。

至于大高雄市和大台南市，这是民进党最有把握的两个选区。大高雄市的“秋菊”之争，各种民调显示，现任高雄市长陈菊占优。而大台南市，民进党已经登记参选的除了现任台南市长许添财、台南县长苏焕智，还有现任“立委”赖清德、李俊毅、叶宜津 5 个人，挤破了头，各不相让。从民进党历次选举来看，尽管一开始竞争会非常剧烈，但最终还是能协调出候选人来与国民党对垒，问题是这一次的内斗实在是过于惨烈，会不会因此而伤筋动骨，让国民党捡到便宜，还有待观察。

总之，从目前来看，民进党“五都”市长候选人，除了台北市苏贞昌、新北市游锡堃、台中市可能是谢长廷之外，大高雄很可能是陈菊，大台南现在很难判断，许添财、苏焕智、赖清德这三个人中出线的可能性较大。

主持人：国民党与民进党都把年底“五都”选举看成 2012 年台湾地区领导人选举的前哨战。徐教授，您是如何预测这次“五都”选举的选情的？

徐博东：刚才我在分析国民党和民进党“五都”选举布局的时候，实际上已经谈到了我的一部分看法。进一步来说，本来民进党的目标是“坐二望三争四”，也就是他们认为大高雄、大台南稳拿，所以是“坐二”；“望三”，是认为新北市由苏贞昌出战，赢面很大，很有“希望”；“争四”则是指台北市，民进党也有机会与郝龙斌一争高低。他们最没有信心的是台中市。

现在苏贞昌表态不选新北市而要选台北市，这就全盘打乱了民进党中央的规划，“望三”的难度大增，“坐二望三争四”变成了“坐二争四”，失去了“望三”的机会。“坐二”，当然还是指大高雄和大台南；“争四”，是指台北市和新北市都必须派出强棒力争，才能保住民进党在这场选举中获胜。这样，就势必会使民进党的辅选力量分散，其结果很可能只得个平盘，也就是只保住了南部的大高雄和大台南，中北部三都一席都拿不到。

国民党方面，原来的预估是“坐二争三”。所谓“坐二”，就是台北市和台中市，这两都有把握保住；“争三”，派出朱立伦出战苏贞昌，民调显示朱立伦有机会与苏贞昌一拼，所以是“争三”。但是，由于苏贞昌弃选新北市，国民党在新北市朱立伦胜选的希望大增，而台北市郝龙斌胜选的几率则相对下降，所以现在变成了“坐一望三争四”。“坐一”’是指台中市，胡志强应当稳拿；“望三”，台北市、新北市也很可能保住；甚至大高雄和大台南如果国民党能派出强棒，而民进党因内斗造成严重内伤的话，并不排除有“争四”的机会。所以，苏贞昌参选台北市，虽然使国民党失去了“坐二”的把握，却多了“望三争四”的新希望，总体上来说，由于苏贞昌的“帮忙”，形势转而对国民党比较有利。也正因为如此，民进党内许多人对苏贞昌弃选新北市很不满，有人甚至认为如果因此而丢掉新北市，即使苏贞昌在台北市胜选，民进党也得不偿失，更何况苏并无把握一定能赢郝龙斌。

以上是目前阶段对岛内“五都”选情的基本分析与评估。当然，未来还有九个月的时间，台湾的选举历来千变万化，现在只是初步的观察而已。

主持人：徐教授，我最后想问您一个问题就是：您觉得这次“五都”选举对台湾政局以及今后的两岸关系可能带来哪些方面的影响？

徐博东：不管蓝营还是绿营，都把年底的“五都”市长选举看成是2012年“总统”大选的前哨战。因为这场选举无论谁胜谁负，都将会对双方的气势产生相当大的影响，从而影响到2012年更重要的“总统”大选。比如对民进党来说，去年底“三合一选举”和今年初两场“立委”的补选，都选得相当成功，绿营因此士气大振，一扫两年前“总统”大选惨败的阴霾，如果“五都”选举再胜，那就不光是“止跌回升”而是“重新崛起”的重要标志。所以，“五都”市长选举对民进党来说将会是一个大的考验，检验民进党是否已经重新获得多数选民的认同。“五都”若能拿到“三都”，对民进党来说就是重大胜利。特别是如果能够“光复”新北市或台北市，那将是对绿营的极大鼓舞。这样的话，乘胜追击 2012 年就有可能把马英九拉下马。所以，“五都”选举是关系到民进党能否重新上台执政的关键一战。

对于国民党来说同样如此，“五都”选举被认为是对马英九执政的“期中考试”，如果这场考试能够保住现有的三席，南部二都只要得票率还不算太难看的话，就算打个平手，说明马英九的执政满意度已经止跌回升，这对他 2012 竞选连任将会是很大的鼓舞。现在问题的关键是，马英九执政团队是不是能够痛定思痛，接受“八八风灾”、“美牛事件”等经验教训，在未来九个月的时间里面，拧紧执政螺栓，在处理突发事件等方面展现出比较大的进步。近段时间以来，马团队在应对高雄地震和“卫生署长”和“法务部长”请辞风波中的表现，看来确有比较大的改进。另外一个关键因素，是台湾经济能不能有比较大的好转。现在来看，台湾经济基本上已经度过了金融危机的冲击，各项经济指标都大有好转，对外贸易的成长率相当高，失业率也有所下降。如果再过几个月经济情况进一步好转的话，有助于减少民怨，对于国民党的“五都”市长选举无疑将是一个利多。所以，现在关键要看后几个月各方面的发展变化，依我个人评估，形势将会向有利于国民党的方向发展。如果“五都”选举国民党能够选得比较好，这对于稳定岛内政局，对于 2012 年马英九连任，国民党保住执政权至关重要。反过来说，如果国民党败选，2012 年台湾再次政党轮替的可能性将会大增。

再说两岸关系方面，“五都”选举虽然不像“总统”选举那样重要，但是它毕竟又不同于地方县市长选举和“立委”补选，是都会区的比较大型的选举，参与投票的选民占全台选民的 60%，是仅次于“总统”大选的一次重大选举。这场选举不可避免会涉及到两岸政策议题，民进党肯定会在马英九所谓“卖台”、“亲中”这方面做文章，而国民党的候选人则会质疑民进党保守僵化的两岸政策。不久前苏贞昌宣布参选台北市长时，郝龙斌就已经首先发难，利用 ECFA 问题向苏贞昌叫阵，质问他对签署 ECFA 究竟是支持还是反对，选战还没开打，就已经闻到了火药味。另外，蔡英文这段时间正在密锣紧鼓地炮制她的《十年政纲》，听说八月份就要定案，九月份要在民进党全代会上通过。《十年政纲》不能不涉及到民进党的两岸政策，蔡氏的两岸政策究竟是什么“碗糕”？岛内外都在拭目以待。可见，两岸关系将会成为“五都”选举的重要议题之一，其中特别是ECFA，因为两岸两会预定于今年6月份签署，必定会成为这次“五都”选举中最热门的话题，近日台联党已结合民进党决定要联署搞“公投”。

但是，我认为不会对两岸关系产生太大的影响，因为两年来大多数台湾民众对马英九的两岸开放政策感到满意，即使是ECFA问题，经过这段时间马团队的密集宣导，台湾民众已经越来越清楚台湾如果不跟大陆签ECFA，台湾经济只有死路一条。所以，我认为“五都”选举两岸关系问题肯定会涉及，但对于蓝营来说不一定是负面的，这方面绿营不但占不到便宜，说不定还会成为他们的“罩门”。

（海峡之声网，2010/03/14）

回馈台湾，大陆要有此心

中评社快评 徐博东教授今日在《海峡导报》撰文指出：众所周知，广大台商对大陆经济发展的卓越贡献，大陆一向都给予充分肯定。数据显示，从1988年到2008年二十年间，台湾对大陆投资一五二〇亿美元，仅次于港澳，居外资第二；同时，台商在大陆的国际贸易总额为一兆八〇五三亿美元，占同时期大陆国际贸易总额的百分之一七点七四；台商还创造了一千四百四十三万多就业机会；并在大陆纳税一一〇四亿多美元，占大陆税收的百分之三点三八。大陆经济的快速发展，台商的贡献着实不可磨灭，如今台湾经济有困难，大陆的日子比较好过了，兄弟出手相帮，也是理所当然的一种“回馈”！

我们认为，如徐教授所言，大陆在经济改革开放初期，台资台商鼎力相助，增加了发展动力，居功甚伟。今天，大陆的经济成长到了一定的程度，的确要感激台资台商的相助，要有回馈之情。徐教授提出用“回馈说”代替“让利说”，用心良苦。

我们也认为，两岸和平发展时期最大的特点就是，两岸之间要和睦相处，互相帮助，共同进步，让利也好，回馈也罢，大陆要有与台湾共同发展之心，就好！

（中评社，2010/03/30）

台湾方面应有人出面说清楚

中评网 4 月 2 日报道　台湾“陆委会副主委”赵建民 3 月 31 日在淡江大学作“当前政府的大陆政策与两岸关系”专题演讲时说，大陆对台湾永远是威胁，台湾与美国关系要优于两岸关系……对此，中评社记者专访了北京联合大学台湾研究院专家徐博东。

徐博东说，赵建民作为台湾当局负责大陆事务的重要官员，这个讲话令人匪夷所思：

第一，赵建民说，台美关系优于两岸关系，因为美国是盟邦。这是不是代表台湾当局对近两年来大陆政策的一个新的思考？因为马英九曾经讲过，两岸关系和台美关系要平衡发展，甚至两岸关系要高于台美关系。现在赵建民作为“陆委会”官员讲出这样的话，是不是意味着台湾当局的两岸政策、对美政策作出了一个重大修改？是不是还要执行“亲美仇陆”的错误政策？

第二，赵建民作为“陆委会”官员，公开讲大陆对台湾“永远是威胁”。大陆这两年来可以说对台湾释出了非常多的善意和诚意，可是赵建民作为“陆委会”的官员却在渲染对大陆的敌意。

徐博东说，胡总书记也好，温总理也好，都不断地讲台湾是我们的同胞，是我们的兄弟，释出了“照顾说”、“让利说”，可是台湾的“陆委会”官员却把大陆说成是“台湾永远的威胁”，渲染这样的一个仇视大陆的讲法，是令人不能接受的。

另外，赵建民说，要让大陆永远只能想着经济。言下之意，台湾当局是“只经不政”；大陆讲的是“先经后政”，并不是说永远地回避敏感的两岸政治问题。赵建民说，永远要大陆只想着经济，也就是说永远不要去触及两岸的政治议题，只想着在经济上从大陆得到好处。那么我要告诉这位先生，在ECFA 谈判的当口，讲出这样的话，对于两岸协商谈判、签署 ECFA 是非常负面的一个讲法，是毁互信、拆墙脚的说法。讲这样的话是何用意？台湾方面应该有人出面说清楚讲明白。

（中评社，2010/04/02）

专家评今年大陆高官访台：零距离、低姿态、更务实

最近一段时间，大陆部分省市和一些部委负责人陆续率团访台。北京联合大学台湾研究院教授徐博东 24 日在接受新华社记者专访时说，今年以来，大陆省市一把手、部委负责人率团赴台访问继续保持热络，呈现出新特点，那就是注重与台湾民众零距离接触、平等交流，姿态更低、态度更务实。

本月，大陆高级干部访台热潮未减。先是农业部副部长危朝安以海峡两岸农业交流协会名誉会长身份访台，随后中共四川省委书记刘奇葆 23 日开始率团在岛内展开“天府四川宝岛行”。在此之前，商务部副部长姜增伟和上海、湖北、福建、贵州、青海等多个省市负责人率团赴台交流访问。

“务实、低调、与台湾民众平等相待，是今年以来大陆高官率大型团组赴台参访的突出特点。”徐博东说，例如，上海市市长韩正与台湾学生亲切交流，坐捷运、逛书店夜市、吃牛肉面；福建省省长黄小晶参观族谱展、祭拜妈祖，和台湾民众零距离接触；危朝安到田间地头和台湾农民、农业协会深入交流，实地了解基层一手情况；刘奇葆实地了解台湾高速公路建设和管

理经验。

“这样的交流，使两岸和平发展有了日益深厚的民意基础，有利于加强两岸基层民众的了解，消除敌意，增进民族情感，共同塑造命运共同体。”他说。

徐博东认为，大陆省市、部委负责人过去主要在各自工作岗位上接待台胞，没有亲自到台湾去了解宝岛，现在这么多主管官员零距离看台湾，形成直观印象，对于今后在各自岗位上推动和台湾的合作交流，有更好更积极的作用。此外，他们还能带动两岸基层交流，例如他们所率领的参访团中，有地方、部委基层干部，还有企业家、学者。这些人也从各个角度和台湾民众接触，形成全方位、日益深入广泛的交流态势，对于夯实两岸和平发展基础具有非常重要的意义。

“高官访台，作为两岸交流新模式，将对推动两岸和平发展发挥越来越重要的作用，这是可以预期的。”他说。

（新华网，2010/05/24）

学者呼吁民进党鼓励党员及支持者参加两岸交流

北京联合大学台湾研究院教授徐博东 14 日在北京接受新华社记者专访时提出，民进党应鼓励和支持党员、支持者参加两岸交流活动。“这有利于民进党提出更务实、更有利于台湾民众福祉的政策措施，促进其在岛内健康发展。否则，其两岸政策会越来越脱离台湾民意。”

第二届海峡论坛即将在福建举行，这位长期研究民进党问题的专家指出，民进党出于意识形态考虑，反对党公职出席海峡论坛，这样做是很不明智的。

……略

徐博东说，两岸民众特别是福建、台湾居民具有一水相隔、渊源深厚的特点，加强互相来往能增进了解、消除敌意、加深感情，同时也有助于加强双方文化和经济交流，实现双赢发展。

……略

徐博东建议，要鼓励更多人参与两岸民间大交流，真正夯实两岸民众民意基础，促进两岸基层交流常态化。

（新华网，2010/06/14）

大陆学者徐博东：海峡论坛最大程度反映两岸民意

新华网厦门6月23日电（记者任沁沁 张晨岑） 正在此间参加第二届海峡论坛的北京联合大学台湾研究院教授徐博东23日接受新华社记者采访时表示，海峡论坛发挥了其他论坛所不能取代的特殊作用，是两岸交流非常重要的组成部分。论坛使两岸民意得到最大程度的关注和放大，也有助于这些民意得到很好的反映和落实。

“两岸基层民众在第二届海峡论坛中提出了很多很好的建议，这些意见会后应该好好归纳总结落实。”徐博东说，他参加的两岸客家高峰论坛中，来自两岸的客家乡亲就为加强两岸客家文化、经济、教育等各方面交流与合作提出了很多意见，这些意见都很具体，具有可操作性。

他认为，海峡论坛还有更多的提升空间。虽然本届论坛参与的台胞有六成以上来自中南部基层，但大部分还是支持蓝营的多，与会绿营人士还是少；交流更多是持相同意见、同质性高的群体在进行，如果有更多有隔阂、有分歧的人士加入进来进行交流，就会更具实效。

徐博东建议，今后海峡论坛要进一步扩大参与界别，在地域上更多吸引中南部基层民众；要鼓励更多年轻人来参加，因为年轻人是两岸关系发展的希望；要鼓励更多绿营支持民众到大陆走走、看看，和大陆同胞沟通交流，增加了解，增进感情，共谋两岸关系和平发展，共同为中华民族的伟大复兴献计献策。

“民进党之所以给海峡论坛抹黑，实际上是看到论坛很大程度上冲击了他们不合时宜的两岸政策。”这位长期研究民进党问题的专家说，如果民进党还想在岛内得到民众更多的支持，唯一的出路就是要推出一套符合台湾主流民意的政策措施，而不是逆潮流而动。他认为，两岸民间交流是两岸关系和平发展的基石。两岸民众对和平发展有了更多共识和强有力的支持，才能为两岸双方更好地营造协商谈判的气氛。

（新华网福建频道，2010/06/23）

要让台湾民众享受到两岸发展的红利

中评网 7 月 19 日报道 梅州《客家围龙屋》画报社日前就两岸交流等问题采访了北京联合大学台湾研究院顾问徐博东教授。

全文如下：

1. 您是参加完“第四届海峡两岸客家高峰论坛”后抽空回来的，请问您对这次大会有何感想？

徐：我在这届“论坛”的主题演讲中谈到过我出席这次大会的感想，我的原话是这样说的：“本人作为一个出生于梅州市蕉岭县的客家子弟，一个长期关注海峡两岸客家人发展与交流的学者，尤其是作为‘海峡两岸客家高峰论坛’的发起人之一，看到经过短短几年的努力，‘海峡两岸客家高峰论坛’已经发展成为当今两岸文经交流中的一个知名品牌，成长为两岸交流与合作百花园中一朵瑰丽的奇葩，我感到由衷的高兴！”

这的确是我的真情实感！“海峡两岸客家高峰论坛”自 2006 年 11 月创办以来，五年间已经先后在北京、厦门、台北、龙岩轮流举办了四届，为两岸客家人的文经交流与合作，为两岸关系和平发展发挥了积极的推动作用。回想当年，由我担任院长的“北京联合大学台湾研究院”和饶颖奇先生主持的台湾“中华海峡两岸客家文经交流协会”通力合作，一起为两岸客家乡亲搭建的这个平台，不仅得到了两岸高层的重视和支持，受到两岸及海外客家乡亲的关注和支持，也引起了两岸重要媒体的广泛报道。如今，无论从规模、规格还是从实际效果来看，“海峡两岸客家高峰论坛”都越办越好，影响也越来越大。特别是这届“客家高峰论坛”能够纳入“海峡论坛”，成为本届“海峡论坛”的分会场，这不仅说明了两岸民间交流正在不断向纵深发展，同时也显示出我们客家族群在推动两岸关系和平发展中所具有的重要地位。

我们看到，随着两岸关系和平发展新阶段的到来，大陆各级地方政府都在积极谋划如何抓住这一难得的历史机遇，借助两岸关系和平发展的强劲东风，加强与台湾的经济文化联系，推动本地区的经济社会发展，扩大本地区的社会政治影响。“海峡两岸客家高峰论坛”正是提供了这样一个非常合适、非常重要的平台。大陆许多客属地方政府、民间团体都在积极、踊跃地申办这一“论坛”，就可以看出这一“论坛”的重要性。

几天来，五六百位来自海峡两岸的客家乡亲，在客家祖地龙岩欢聚在一起，共叙乡情、亲情，共谋两岸客家经济文化的合作与发展大计，提出了许多十分宝贵的意见和建议。通过这种零距离的深入交流，加强了相互的了解，增进了彼此的感情，促进了两岸客家乡亲的大团结。因此我相信，“海峡两岸客家高峰论坛”将会在两岸关系和平发展的进程中发挥愈来愈大的作用，成为两岸客家乡亲大交流、大合作的不可或缺的重要平台。

2. 您是大陆台湾问题著名专家，请问两岸的和平发展会不会再次因为谁当选而变化？甚至倒退？

徐：您这个担心是有道理的，也是有根据的！我明白您所说的“因为谁当选”是指主张“台独”的民进党重新上台执政。大家知道，再过两年也就是2012年，台湾地区将再次进行领导人的换届选举，如果届时国民党败选，民进党重新上台执政，两岸关系势必会发生重大变化，甚至不排除会严重倒退。因为道理很简单，民进党主张“台独”，不承认“九二共识”，也就是不承认“海峡两岸同属于一个中国”，这样，两岸关系和平发展的政治基础也就没有了，目前海峡两岸正在进行的各项交流与合作都可能停滞不前甚至倒退，已经签订的协议有可能不再算数，中止执行。比如说，两岸刚刚签订的“经济合作框架协议”，民进党就坚决反对，现在就已经扬言，如果他们重新执政，要通过“公投”的方式加以“废除”。

不过话又说回来了，如果我们的工作做得好，让广大台湾民众（包括民进党的支持者）充分享受到两岸关系和平发展的“红利”，民进党还继续坚持它的保守僵化的两岸政策，那就不可能得到多数台湾选民的支持，重新走上执政。即使侥幸重新上台执政，它也不敢乱来，重新回到陈水扁执政时期那条走不通的死路上去。从目前情况来看，民进党内部有一股较为清醒的力量正在缓慢聚集之中，他们认识到民进党的两岸政策早已严重脱离现实，主张进行“改革”、“调整”。我们希望这股力量能够成为民进党的主流。当然，台湾政坛上的事情很复杂，牵挂到方方面面，尤其“台独”是民进党的“神主牌”，要从根本上进行“改革”和“调整”很不容易，困难重重，至少在短期内还看不出有这种可能性。

3. 家乡梅州展开两岸交流有什么必要性？

徐：梅州展开两岸交流有什么必要性？这要看你从什么角度出发来回答这个问题。答案可以说出一大堆，但今天我只想从宏观的、全局的角度来回答你的问题。

俗话说：“凡是有阳光照耀的地方都有中国人，凡是有中国人的地方就有客家人”。经过千年迁徙，当今约有近一亿客家人遍布在全世界的每一个角落。其中在大陆约有五六千万人，而仅有二千三百万人口的台湾岛上，客家人也有四、五百万之多。多年来，两岸客家人在推动两岸交流与合作方面扮演了十分重要的角色，为两岸关系发展做出了巨大贡献。当前，两岸关系在实现历史性转折的基础上，形成了前所未有的和平发展的良好局面。两岸经贸、文化交流与合作高潮迭起，一浪高过一浪，正处在一个承前启后、继往开来的重要历史阶段。两岸和平发展正在向更深、更广、更紧密的层次迈进。这也是两岸同胞密切交流、共商未来两岸经济、文化交流合作大计的关键时刻。在这样一个谱写两岸和平发展新篇章的历史时代，两岸客家人作为中华民族大家庭的重要成员，有着义不容辞的责任。而且，我们也有能力有智慧进一步发挥客家人举足轻重的影响力。因此，海峡两岸的客家人应当发挥我们的优势和强项，为两岸关系和平发展和中华民族的伟大复兴做出我们客家人独有的贡献。更何况，我们梅州一向以“世界客都”自况，姑且不论这种说法是否妥当，然而这种“自况”，至少说明了梅州人深知自身责任的重大和无可推卸。

总之，思考两岸交流问题，要跳脱出局部利益和狭隘的地方观念，眼光要看深看远，要有两岸关系和平发展的大格局！中华民族伟大复兴的大气魄！

4. 对梅州来说展开两岸交流的最佳切入点或比较好的方法是什么？

徐：大陆有不少地方的领导对两岸交流存在一种“误区”，单纯的把两岸交流误认为就是“招商引资”，换句话说只讲“经济效益”，不重视更深层次的东西。其结果，可能在一段时间内得到一些“经济效益”，但却十分有限且不能持久。

所谓“深层次的东西”是什么？我以为是文化。文化是两岸交流的“核心”因素。两岸交流有了文化这一“核心”因素作为支撑和纽带，才能不断增进两岸同胞的感情，以“建设两岸中国人共同家园”的心态，积极投入两岸的经济交流与合作，共创双赢，并在增进感情、累积互信的基础上逐步向政治层面推进，破解两岸政治难题。我们高兴地看到，长期以来梅州市委市政府一直都十分重视两岸文化交流，充分利用梅州市有深厚的客家文化底蕴的优势，与包括台湾在内的海内外客家乡亲展开各种形式的文化交流，取得了很大成绩，做出了重要贡献。

当然，随着两岸关系发展进入新的阶段，我以为梅州市在两岸交流方面还可以发挥更大的作用，做出更多更大的贡献。你问我“最佳切入点或比较好的方法是什么?”，我觉得还是要在“客家文化”交流方面多动动脑筋，做足做够！因为共同的文化背景最能够拉近彼此的距离，消除敌意，“一通百通”，事半功倍。在这方面可以做的事情很多，比如说，可以充分利用两岸空中直航后以及闽粤赣高速公路、铁路即将开通的有利条件，加上汕头国际机场明年底即将落成，梅州应该和临近的客家县市密切合作，打造“大客家文化旅游区”，大力倡导和扶植发展客家文化创意产业，开发与客家文化相关的旅游产品，包括客家的饮食文化、民间音乐、戏剧等。梅州地区的客家山歌享誉全球，围龙屋和闽西土楼各有千秋，应当加大力度维护、宣传，吸引更多的台湾客家乡亲和海内外对客家文化感兴趣的游客来“大客家文化旅游区”寻根问祖、观光游览。从这个角度来说，我很希望梅州市能够积极申办第五届“客家高峰论坛”，因为“客家高峰论坛”是行销梅州客家文化难得的机会和最好的平台。

另外，梅州地区有许多重要历史人物和台湾有深厚渊源，比如说有“抗日三杰”之誉的丘逢甲、罗福星、谢晋元，都是我的家乡蕉岭县人。据我所知，现在国台办正在审批建立“海峡两岸交流基地”（不久前台儿庄抗战纪念馆揭幕，成为首个“海峡两岸交流基地”，国民党荣誉主席连战亲往出席剪彩），我认为蕉岭县就完全有条件建设成为“海峡两岸交流基地”。这样，梅州市不仅在两岸客家文化交流方面可以发挥自己的独特优势，在与台湾进行“历史链接”、型塑两岸“命运共同体”方面也将会大有作为。

5. 您经常来往两岸，您了解在台梅州籍乡亲对家乡有什么期待？

徐：由于工作性质的关系，二十多年来我接触过大量的台湾同胞，其中有不少梅州籍的客家乡亲，他们有老有少，有学有专精的教授学者，也有政坛上的风云人物、企业界的精英，也有普普通通的老百姓或青年学生，多数人都还没有机会回梅州寻根问祖，有的甚至祖籍在梅州什么地方也说不清楚，但我发现他们有一个共同的特点：都以自己祖籍在梅州为荣，对家乡梅州充满了感情，也充满了期待。回过梅州寻根问祖的大都对家乡的发展变化津津乐道，希望再度回乡探亲访友，见证家乡的发展与进步！没有回过梅州祖籍的也大多盼望有朝一日能够成行，了却心愿。他们听说现在返乡交通已十分便捷，都很高兴。不过，也有少数早期返乡探亲的乡亲由于有过不太愉快的经历（如亲友强索金钱财物等），视再次返乡为畏途，经一再解释说明，也大都能够理解，并且相信类似不太愉快的事情今后不至于再发生。

（中评社，2010/07/19）

徐博东吁抢救罗福星故居

中央社记者冯昭北京9日电 大陆研究台湾的知名专家徐博东日前在参观同盟会成员、黄花岗起义志士罗福星的广东故居后，向大陆媒体投书指出，罗福星的故居快塌了，疾呼抢救罗福星故居。

新华网今天刊出徐博东投书全文，以及他参观罗福星故居拍摄的照片。故居大门口满是荒草，房舍残破，屋顶处处是破洞，二楼围墙似乎随时有塌下的危险，房间内的积水快成了池塘。

在投书中，徐博东表示，参观完罗福星故居心情沉重，因为罗福星的故居快塌了。

徐博士趁着参加在福建省举办的学术论坛，就近回到广东省蕉岭县家乡，参观罗福星故居。

徐博东指出，蕉岭有丘逢甲、谢晋元和罗福星等“抗日三杰”，前两人的故居已被核定为国家级、省级文物保护单位，但罗福星故居连省级文保单位都不是，产权移转和修缮都无法可循，蕉岭县又是穷县，拨款修缮也力不从心。

徐博东指出，罗福星在台湾民间、特别是在客家人中有广泛影响，抗日烈士、爱国英雄的形象深植人心。

徐博东认为，文物不可再生，抢救罗福星在广东蕉岭的故居，尽快列为文物保护单位，对促进两岸交流、加强两岸历史链接、融合两岸同胞感情意义重大，已经到了刻不容缓的地步。

（中央社，2010/08/09）

许添财会脱党参选吗？

中评网8月15日报道 高雄县长杨秋兴日前自行退出民进党，以无党籍身份参加年底高雄县市合并后的大高雄市长选举，给民进党甚至是台湾五都选举投下一颗震撼弹。那么，杨秋兴破釜沉舟的决定终将如愿以偿还是昙花一现？杨秋兴参选，国民党提名人黄昭顺是得利还是被边缘化？大台南的许添财会跟进吗？北京联合大学台湾研究院顾问徐博东教授，日前在海峡之声广播电台《博东看两岸》节目中回答了主持人的上述提问。

全文如下：

杨秋兴参选，民进党五都选情逆转

主持人：徐教授，您认为，杨秋兴脱党参选将会给民进党以及台湾五都选举蓝绿选情带来哪些冲击？

徐博东：杨秋兴脱党参选沸沸扬扬传了很长时间，早些时候我评估他将有可能脱党参选，果然被我言中。杨秋兴决定脱党参选，对台湾五都选情造成的冲击是巨大的，包括民进党都非常在意这件事。

杨秋兴的决定首先使民进党在五都选举中由原来“坐二望三争四”，甚至后来扬言“五都”全拿这种乐观预计突然发生逆转。现在后院着火，连他们原来认定稳拿的大高雄和大台南地区都有危险。目前，大台南地区的许添财还没有最后决定，但也是一副岌岌可危的样子。

杨秋兴决定脱党参选，使整个选情发生了重大变化，最主要的后果并不在于杨秋兴能否选上，而在于将整个绿营营造的五都选举的乐观气势被打破了。相反，对蓝营气势倒是有提升作用。

绿营在南二都出现险情，特别是现在杨秋兴出来参选大高雄，使得陈菊能否当选已经产生了变数。因为杨秋兴不是一个弱棒，而是相当强势的一棒。如果大高雄出现剧烈拉锯战的话，虽然杨秋兴现在民调还落后陈菊很多，但是我相信随着选情日益紧绷，落后的差距会逐渐缩小。这样使得原先把主要辅选精力放在北二都和台中市的民进党中央，要重新分配辅选资源。同时，也使得参选新竹市的蔡英文自顾不暇，自己要参选，还要负责南二都辅选工作。现在不要光看南二都，实际上杨秋兴的决定对五都选情都会产生大的震荡。五都选举比原来想象的要热闹多了。

国民党候选人黄昭顺可能被边缘化

主持人：民进党大高雄选举出现内讧，对国民党提名人黄昭顺选情是有加分作用还是进一步被边缘化？

徐博东：杨秋兴参选对国民党候选人黄昭顺来说并不是一个利好消息，黄昭顺可能会选得更加辛苦。杨秋兴之所以毅然出来冒这个险，就是因为看准了国民党的候选人黄昭顺实力太弱。蓝营的人很多也并不看好黄昭顺，蓝营在高雄市存在派系之争，蓝营一些地方派系并不支持黄昭顺，这也是黄昭顺民调始终低迷不振的重要原因。杨秋兴在高雄县已经执政了九年时间，政绩相当不错，九年里四次被评选为五星级县长。而且他调整意识形态，竞选策略是蓝绿通吃，拉中间选票。蓝营里面恐怕有相当一部分会倒向杨秋兴。特别是中间选民，支持杨秋兴的可能会比较多。民进党内部派系跟陈菊关系有隔阂有矛盾的，比如陈哲男就已表态支持杨秋兴，杨秋兴如果逐步赶上陈菊的支持度，黄昭顺就有可能被逐渐边缘化。

有人认为，当蓝绿政党对决这样一个态势出现的时候，黄昭顺有可能会赶上，反而杨秋兴会被边缘化，我觉得这样的评估值得商榷。持这种看法的人说，施明德、张博雅也曾经参选高雄市长，结果只得了一万上下的票，选得非常难看。原因就在于最后关头，蓝绿政党对决时就把他们边缘化了。但这次恐怕不能这么看，因为杨秋兴虽然脱党，没有政党奥援，但他和施明德、张博雅不一样，他们是空降到高雄参选的，而杨秋兴在高雄县扎根了九年，而且得到部分地方派系、蓝营人士、宗教界、企业界的广泛支持，这是和施明德、张博雅完全不一样的。我个人大胆预测，黄昭顺有可能会被边缘化，成为被弃的对象。

杨秋兴瞄准中间选民有胜选机会

主持人: 有舆论认为,民进党选举往往是“选党不选人”,杨秋兴为什么要拿自己后半生的政治生命做赌注脱党参选?杨秋兴的优势在哪里?又有多大胜选把握?

徐博东: 我前边已经谈到,杨秋兴和施明德、张博雅不一样,虽然台湾的选民往往是选党不选人,但杨秋兴看重的不是民进党的票而是中间选票,你看这几天他已经开始调整意识形态,认为不能像过去一样看待中国大陆,而且对 ECFA 公开表态有条件支持,这都有利于拉中间选票。另外还有原属于蓝营的企业界、宗教界大老如郭台铭、林义守、星云法师等人都力挺杨秋兴。这样看来,优势还是相当明显的。尽管现在和陈菊民调支持度比起来差很多,但估计过一段时间有可能会追上来,并不是毫无希望。当然,能否胜选还有很多变数,要看选情的发展变化,要经过艰苦努力。总之,这场选战不容易评估。

许添财与杨秋兴处境不同,跟进的可能性不大

主持人: 杨秋兴脱党参选,许添财的动向也备受关注。您认为许添财可能会做出什么样的抉择?

徐博东: 许添财对民进党中央非常不满,这几天一直在猛烈地抨击民进党中央,当然对他初选时的对手赖清德更加不满。他的情况和杨秋兴不太一样,因为大台南地区可以说是深绿的选民占多数的一个选区,不像大高雄比较多的中间选民,还有部分绿营甚至蓝营地方派系以及宗教界、企业界对杨秋兴的支持。所以,许添财要作出像杨秋兴这样的决定恐怕更加困难。尤其,他的派系色彩在民进党内算扁系的,陈水扁已经公开表态,不希望许添财和杨秋兴脱党参选,认为民进党应该团结,五都才能胜选。陈水扁是出于自己的利益考虑,盼着民进党五都选举全胜,2012 年“总统”选举再获胜,他就能脱困,当然他这是痴心妄想。但是大台南地区扁迷还是相当多的,因

此，陈水扁的表态对许添财十分不利。现在民进党正集全党之力做许添财的工作，许添财的压力非常大，而他则正在等待民进党给他端出更多更大的“牛肉”。依我个人评估，他要作出脱党参选这个决定虽然不能说完全没有，但可能性不是很大，他与杨秋兴的处境有很大差别。

（中评社，2010/08/15）

中时：两岸关系进入经热政冷局面

中评社台北9月12日电 两岸经济合作架构协议（ECFA）今天起生效，标志着两岸经贸进入一个新的历史阶段；而今天也是两岸签署第一个协议——金门协议20周年的日子，意义非比寻常。不过北京也弥漫一种氛围，忧心两岸的经济热，恐怕很难传导到政治层面，未来两岸关系恐怕将进入“经济热、政治冷”的局面。

中国时报报导，ECFA在政治方面的效应，大陆涉台学者认为，或许对国民党五都选举有所加分，但可能也不是很明显。北京联合大学台湾研究院教授徐博东指出，ECFA生效后一些企业可以马上感受到好处，对于国民党五都选情应该有帮助，尤其是在北台湾陷入苦战的台北市长郝龙斌，会是一场及时雨。

……（略）

至于ECFA生效后的两岸关系走势，徐博东认为，ECFA只是一个框架，后续要协商、要充实的议题很多，双方本着先经后政、先易后难的原则，要进入政治议题还不到时候。他认为，即使马有第2任期，也不可能和大陆谈和平协议，因为和平协议必须要有“终极统一”的目标才有意义。

……（略）

徐博东和谢郁也都认为，两岸要进入政治议题还早，有的话也只是智库和学者的意见交流，所以目前大陆希望商签文化协议，开展制度化、常态化的文化交流。文化的交流有助对中华民族的认同。

(中评社,2010/09/12)

郝龙斌还有胜选的希望吗?

中评社北京9月17日电 国民党台北市长参选人郝龙斌选情堪忧,据台湾TVBS最新民调,郝龙斌的支持率首次落后于民进党籍参选人苏贞昌3个百分点,出现了蓝营最不想看到的交叉点。北京联合大学台湾研究院徐博东教授,12日在海峡之声广播电台《博东看两岸》节目中指出:郝龙斌对基层“组织战”陌生以及泛蓝不团结是导致选情逆转、被动挨打的主要原因;要想改变这种被动局面,只有主动出击,转守为攻,严格检验苏贞昌在台北县执政期间的政绩,夺回议题的主导权,并最终形成蓝绿对决的态势,激发泛蓝支持者的危机意识,提升蓝营的投票率,方有可为。

全文如下:

主持人:徐教授,有舆论认为,郝龙斌支持率不断下滑主要是受到“花风暴”的冲击。您是否同意这样的观点?

徐博东:根据TVBS的最新民调,原来微幅领先的郝龙斌,首度落后苏贞昌3个百分点,郝龙斌42%,苏贞昌45%,出现了蓝营最不想看到的交叉点。这肯定和这次“花风暴”有直接的关系。但我认为,这只是最近的一次冲击而已。实际上很长时间以来,郝龙斌都只是处于微弱领先的态势。现在这种情况,是长期以来一点一滴积累下来的问题。

其一,基层“组织战”陌生。郝龙斌的新党背景使他不善于打国民党擅长的组织战。有媒体说,郝龙斌不太深入基层,在台北当政4年,竟然连很多里长他都还不认识,这等于放弃了长期以来国民党组织战的那一套战法。

其二,“宣传战”也不力。按说新党出身的郝龙斌,应当擅长打“议题战”、“宣传战”，可是当了一届的台北市长，到底有哪些政绩，连他自己都说不太清楚，更甭说被好好地宣传。对苏贞昌的议题攻势也一直起不来，始终处于被动防守的态势。

所以“花风暴”确实是导致其选情下挫的重要原因，但不能光看这个原因，长期以来基层组织战以及主导议题两个方面郝团队都存在严重问题。

主持人： 您是如何看待郝龙斌团队和蓝营在应对这次“花风暴”中的表现的？

徐博东： 郝团队应对这次所谓“花风暴”的表现显然是差强人意。其一，在这场选战中，郝龙斌团队危机意识不强，危机出现后应对能力又太差。在“五都”选举投票前办花博，其本身就是非常危险的事情，而郝龙斌却光想到好的一面，没有想到事情有两面性，办得好可以助选，出了问题则会拖累选举。几个月前我曾经指出过这个问题，现在不幸被我言中。现在离花博会开幕还有一段时间，包括在花博会期间，不排除还可能出现问题。事情发生后，郝团队没有在第一时间有效灭火，只是回应说这是对手的“政治抹黑”。这样的回应是不能解决问题的。选战本身就是互相斗争，对手肯定要抹黑，芝麻要说成西瓜，没有的都要说成有，何况确实出了问题。

其二，泛蓝内部不团结。“花风暴”事件爆发后，泛蓝阵营不但没有帮郝龙斌，反而抛出所谓“四人帮”决策模式，指责郝龙斌团队决策圈太小；近日甚至有泛蓝名嘴公开呼吁郝龙斌退选，主张阵前换将。泛蓝阵营自乱阵脚，使郝龙斌选情雪上加霜。直到发现情况不妙，才赶紧整合内部，抢救“郝大兵”！

主持人： 为何郝龙斌团队老是被动挨打，民进党难道就没有软肋吗？

徐博东： 苏贞昌当然也有软肋。苏贞昌曾当过两任台北县长，第二任还没当完就去当“行政院长”，任期内并没有多大作为，只是擅长作秀，嘴巴能言善辩。按常理，善打“议题战”的郝龙斌团队应该抓住苏贞昌在台北县执政期间的弊端穷追猛打，唤起台北市民对苏执政能力的质疑。实际上，苏贞昌当台北县长时还不如周锡玮实实在在做了不少事情。但郝团队没有抓住这些重要议题，反而被人家抓住辫子被攻得喘不过气来，显得非常被动。

另外，苏贞昌参选台北市合理性也备受质疑。外界都认为他参选新北市比较合乎情理，民进党中央也希望他选新北市，但他不顾民进党的整体利益，跑到台北市来参选，显然目标是未来“总统”大选，并不是真心为台北市民服务。

这些都是苏贞昌的软肋，但郝龙斌并没有抓住。郝龙斌不善于作秀，但是要想在台湾政坛混，光会做事不会作秀是绝对不行的。

主持人：离台湾五都选举投票还有2个多月的时间，照这样趋势发展下去，郝龙斌能否保住泛蓝大本营台北市的执政地位？国民党有可能挽回目前的被动局面吗？

徐博东：目前郝龙斌的选情的确是岌岌可危。在这种情况下，泛滥名嘴还提出要阵前换将，这是兵家大忌。不过现在还不能说郝龙斌已经输定了，苏贞昌只是微幅领先，尚在可控范围。如果郝龙斌能够及时总结经验教训，有新的作为，还是完全有可能翻转过来的。

其一，郝龙斌团队该认错就要认错，该检讨就要检讨，该反击就要反击。要加强危机意识和应对能力，才能争取流失的中间选民和浅蓝民众；

其二，泛蓝内部一定要顾全大局，团结一致，共同对敌，不能自行其是，给郝团队添乱；

其三，郝龙斌应勤跑基层，充分利用国民党的基层组织，打好国民党一向擅长的“组织战”；

其四，全力办好花博会，不能再出任何纰漏；

其五，转守为攻，主导议题，严格检验苏贞昌在台北县执政时的政绩；

其六，逼迫苏贞昌出手，形成政党对决的态势，激发蓝营支持者的危机意识，提高蓝营的投票率。

只有这样才有可能扭转战局。

主持人：如果郝龙斌选输，对2012年台湾“大选”将会造成哪些影响？

徐博东：如果国民党丢掉了台北市，影响肯定是很大的。目前有三种观点：其一是“钟摆效应”，认为郝龙斌选输对国民党不见得是坏事，到2012选民自然会同情失败者，摆向国民党；第二种观点完全相反，认为会出现“骨牌效应”，如果台北市选输了，下次“立委”选举和“总统”大选会继续输下去；第三种观点是所谓“板块移动”，认为如果郝龙斌败选，说明蓝营在台北的政治版图已经不占优势。这三种观点都还需要进一步观察，但我比较认同第三种看法。这样的投票结果会让蓝、绿阵营的气势产生重大消长，蓝营士气重挫，绿营士气大振。当然，毕竟距离 2012 年大选还有一年多的时间，随着岛内政经形势的发展变化，政治板块也还会发生变化，不会是一成不变的。

另外一个重大影响是，苏贞昌如果赢了台北，2012 年就不可能再参选，这是他信誓旦旦的承诺，不敢推翻，否则会被选民唾弃，这有谢长廷的前车之鉴。而蔡英文则不然，她至今对是否参选 2012 没有明确表态，显然是留有余地。因此，蔡英文在新北市不管是输是赢，届时绿营必定会营造出一种 2012“非蔡不可”的态势，这反而使未来绿营“总统”候选人的争夺单纯化。这样一来，2012“蔡马对决”的态势将会提早明朗化。

（中评社，2010/09/17）

徐博东：民进党不放弃“台独”路线，难执政

中评社深圳 12 月 7 日电（记者 刘晓丹 陈晓） 北京联合大学台湾研究院教授徐博东接受中评社专访时表示，过去人们（包括我在内）都认为，民进党只有惨败、被打趴下的时候，才会调整其两岸政策。事实证明并非如此。民进党越是面对困境，为了保住基本盘不散，越收缩两岸政策。相反，它在面临有可能执政的情况下，反而更重视调整两岸政策，以扩大票源，争取中间选民。

他认为，蔡英文在党内的“共主地位”基本确立，未来她或将把民进党的两岸政策向理性、务实、中道的路线调整。

不过，他也强调，民进党调整两岸政策，并不意味着就能助其 2012 年翻身执政。只要不放弃“台独”路线，它难以重新执政，就算侥幸上台，

也难以稳定执政。民进党唯有从根本上改变其“台独”立场，才有可能成功。这种调整必须是路线上、实质的调整，然而目前看不到这种可能性。

不同意蓝营基本盘发生松动

由中华文化发展促进会与中国评论通讯社联合主办的“两岸关系和平发展学术研讨会”日前在深圳举行。徐博东在研讨会期间接受中评社记者专访时表示，不能拿这次“五都”选举跟2008年的大选相比，第一“五都”选举不是全台湾性的选举，第二非一对一对决，第三也与“总统”大选不同层级。

分析这次“五都”选举的结果，他认为应该看作蓝营取胜。在马英九的支持率不断下滑等负面因素影响下，国民党能够保住北北中三都已经很不容易了。这次惨胜，至少能够避免蓝营气势进一步下滑，避免党内分裂内斗，也为马英九进一步推动党内改革争取到了时间和空间。至于得票率低于民进党，国民党也将更努力地打下一场选战，反而比大胜之后沾沾自喜、盲目乐观要好。

国民党真正的警讯是没有认真经营南二都，也没有在南部培养政治人物，从一开始就放弃南部。如果国民党在南部真的强棒出击，得票率不会这么低。选举结果跟候选人有关系。

徐博东指出，“基本盘”的概念需要厘清，蓝六绿四这样的分割是不正确的。应该说在各种情况下都会投各自阵营的票的、相对稳定的，才算是基本盘。他认为，蓝绿各有至少10%的得票率是摇摆的，党派政见、候选人情况等多种因素都能够影响这些票投向哪里。比如杨秋兴拿的41万票，至少30万票是国民党的。

因此，有人说这次国民党的基本盘发生松动，徐博东不完全认同，他认为只是中间选票有些移动，可以说此次选举两党基本平盘。

民进党方面，这次选举得票率确实有所增长，但在徐博东看来，这未必意味着明年“立委”选举和后年的“总统”大选民进党会延续这种优势。

他说，绿营比早前的乐观预估出现一些落差，选后党内马上开始追究败选责任，“基本教义派”群起而攻之，甚至要蔡英文下台云云。为了因应党内内斗，民进党在选后造出舆论说一颗子弹影响了选情。而我认为，蔡英文不过是在推卸责任，没有这颗子弹，国民党可能也能赢，只是赢不了那么多，险胜而已。

蔡英文共主地位基本确立　老天王退居二线

民进党“两只老虎”双双落选，下一步将马上面临2012“大选”候选人卡位争夺的问题。

徐博东认为，民进党的“老天王们”要基本退居二线了，他们的剩余价值就是如何扶持本派系的新兴势力。苏贞昌现在明显处于劣势，基本出局。他当初执意参选台北市，蔡英文被迫选新北市，最后一起落败，苏贞昌要负一定的责任。至于谢长廷，早就出局了。吕秀莲虽然自我感觉良好，但其实根本没有选“总统”的实力。

“通过这次选举，民进党基本上完成了世代交替。”徐博东说，民进党未来站在第一线的政治人物基本浮现出来了。蔡英文在新北市一举拿下100多万票，南都也在她这位党主席的带领下取得好成绩，她在党内的“共主地位”基本确立。其他还包括虽败犹荣的苏嘉全、较年轻的赖清德，以及陈菊，后者受年龄和健康限制未必能更上一层楼，但至少可以在现在的位置好好完成使命。

他推测，2012年民进党很可能推出“蔡苏（苏嘉全）配”参加“大选”。

不从根本上改变“台独”立场　民进党难以重新执政、难以稳定执政

这位长期研究民进党问题的专家对中评社记者详述了他的一项重要的观察与思考：“过去人们（包括我在内）都认为，民进党只有惨败、被打趴下的时候，才会调整其两岸政策。事实证明并非如此。”

他认为，民进党越是面对困境，为了保住基本盘不散，反而越收缩两岸

政策。相反，民进党在面临有可能执政的情况下，反而更重视调整两岸政策。因为它很清楚，基本盘不足以赢得政权，为了扩大票源，争取中间选票，不能执行激进的路线，其两岸政策反而会向理性、务实、中道的路线调整。

2008 年大败之后，民进党被基本教义派绑架，并未调整其两岸政策；而在刚刚举行的五都选举中，民进党在北二都刻意回避两岸问题。这些事实都证明了徐博东的观察是正确的。

徐博东认为，蔡英文或将选择向中道靠拢，实行比较积极的两岸政策。一旦民进党在两岸问题上转向积极，国民党自然可以更放心大胆地执行开放的两岸政策。这将有利于两岸关系进一步深化发展。

徐博东指出，民进党调整两岸政策，并不意味着就能助其 2012 年翻身执政。关键问题在于，民进党目前只会作策略上的调整，不可能放弃“台独”路线，因为目前主观和客观因素都不具备，特别是党内还没有形成一个足以成为主流意见的共识。

他说，选民不是傻瓜，都知道国民党主导的两岸政策更有利于两岸发展。不仅大陆、美国、台湾的蓝营选民担忧，连台湾的中间选民都会担忧，民进党会不会回到陈水扁时代的激进路线？因此，民进党想通过表面上的策略调整，就想重新夺取政权，难度是相当大的。

万一国民党出现什么大的变数，比如蓝营再度分裂，不过有了 2000 年的惨痛教训，这种机会微乎其微，致使民进党重新执政，它也不可能稳定执政。

徐博东说，中共是很讲原则的。只要民进党继续执行“台独”路线，不承认“九二共识”，两会马上就面临失去了对话协商的基础。如果两岸关系倒退，协商谈判终止，两岸和平发展的趋势受挫，对台湾的经济绝对是重大打击，台湾民众不会答应的。因此民进党不能有效地执政，会面临着非常大的危机。届时它要么调整路线，要么干一届就再次被台湾民众赶下台。

徐博东强调，民进党唯有从根本上改变其“台独”立场，才有可能成功。这种调整必须是路线上、实质的调整，然而我目前看不到这种可能性。

（中评社，2010/12/07）

徐博东：不签署“两岸投资保障协议”对陈江会没影响

海峡之声网12月18日报道 第六次陈江会将于本月21日在台北举行，确定将签署两岸医药卫生合作协议，而两岸投资保障协议则无法签署。那么，两岸投资保障协议为何不能签署？这是否会对本次“陈江会”造成影响？北京联合大学台湾研究院顾问徐博东教授在海峡之声广播电台《博东看两岸》节目中指出，两岸投资保障协议是一项非常复杂的议题，谈起来比较困难，第六次陈江会不能签署，很正常。随着商谈的深入，商谈的次数越来越多，越单纯越好，两会会谈逐步进入常态化和单纯化意义重大。

主持人：徐教授，您是如何看待“两岸投资保障协议”不能如期在第六次“陈江会”中签署这件事的？

徐博东：两岸“两会”今年签署的“两岸经济合作框架协议”已经生效，根据这一框架协议的相关规定，“两会”对后续议题进行了深入研讨。“两岸经济合作框架协议”就像新盖的一座房子，里面的“家具电器”都没有搬进去。后续要商谈的议题很多，有些议题比较复杂，商谈起来时间会长一点；有些比较简单，耗时就可能会短一点，这都是非常正常的事情，什么时候商量好了就什么时候签。最重要的是这些协议能给两岸民众带来实实在在的好处，对两岸关系的和平发展有积极的正面的作用。

“两岸投资保障协议”是其中一项非常复杂的议题，所以谈起来就比较困难，涉及投资保障机制、投资透明度、如何逐步减少投资相互限制以及促进投资便利化等等具体的事宜，涉及面很广，谈起来非常复杂，而且还涉及到各自企业界的切身利益，这些都需要沟通、协调，在这么短的时间内很难确定下来，没有赶上第六次陈江会签署也是很正常的。

主持人：过去在台湾举行“陈江会”时，民进党都有抗争活动，不过在这次“陈江会”举行之前，民进党方面称不会发生抗争行为。那么，为什么民进党这次没有抗争活动呢？

徐博东：民进党这次没有打算发动街头运动，这是民进党比较理性的做法。过去，绿营发动街头运动都和选举有极大关系。现在“五都”选举已经结束，离明年“立委”和2012年的台湾领导人选举还很远，民进党通过抗争活动来凝聚基本盘，提高知名度显然已经没有了操作的政治空间。另外我们可以看到，在“五都”选举中，绿营也不再炒作ECFA议题，因为民进党发现这些议题都是台湾民众所支持的，如果再继续抗争可能适得其反。民进党调整策略，不再对两岸议题剧烈抗争，对两会商谈转趋理性务实，应予肯定和欢迎。

当然也不排除一些激进的“台独”基本教义派或者个别地方人士不死心，想通过小规模的抗争提高自己的知名度，比如在陈云林参观台北故宫和花博的时候进行所谓“如影随形”的小规模抗争，仅此而已。

主持人：针对“两岸签署投资保障协议”，国台办发言人杨毅在接受记者采访时指出，两岸投资保护协议当然应当有投资保障条款，但是也应当包括促进双方相互投资的内容。台湾行政部门负责人吴敦义认为，两岸投资保障协议涉及人身的安全和增收两项重要议题，这两样都是投资保障当中非常重要的部分，假如发生有争议的时候要适用什么，应该是有引入国际仲裁的或者是国际诉讼的需求，但两岸在这一点上还没有共识。

主持人：徐教授，从双方的表态来看，您认为要顺利签署两岸投资保障协议需要双方作出努力解决哪些问题？

徐博东：“两岸投资保障协议”涉及双方的利益，特别是双方企业界的利益，谈起来确实非常复杂。之所以现在不能签，双方还是有很大的分歧和争议。国台办发言人杨毅说：“一方面投资保障协议应该有投资保障的条款，但也应该包括有促进双方相互投资的内容”。从这里面可以闻出一种味来：台湾方面只关心台商在大陆投资保障的条款，而对陆资入台方面却关注不够，不肯放宽限制，双方恐怕在这方面还有相当的落差。

针对“两岸投资保障协议”，台湾方面有三个关注点：一是世界各地的投保架构要一致；第二考量台商的需要；第三假如发生争议应该引入国际仲裁的或者是国际诉讼的需求。但大陆方面提出，“两岸投资保障协议”不是两国之间的协议，而是具有两岸特色的投资保障协议，不能签成国与国之间的协议，否则就违背了两岸会谈的基本原则和基础。

在会谈中，还涉及到具体的技术问题，比如在协商的过程中怎样提高陆资的待遇，台商在大陆的安全保障，涉及台商拆迁补偿待遇问题等等。这些都需要双方沟通协调、互谅互让，“心急吃不了热包子”，需要时间才能达成共识。

主持人：“两岸投资保障协议”不可能在这次陈江会上签署，马英九和陈云林这次也不会会面。有舆论就提出疑问，“两会”会谈是不是进入了困难时期？两岸关系是否进入调整期？徐教授，陈江会已经进行了六次，民众应该以怎么样的心态来看待两会会谈？

徐博东：认为两岸会谈进入“困难期”或者两岸关系进入“调整期”的观点都不很准确，本来推动两岸关系发展的思路就是“先经后政，先易后难”，比较容易解决的议题解决之后，就要开始面对困难议题。所以签署什么协议、签署多少协议都是正常的。至于马英九和陈云林会面问题，第二次两会在台北举行会谈时两人已经会过面，当时由于双方对会见地点、议程、称谓等问题上都存在分歧，民进党曾以马英九和陈云林会面为借口举行暴力抗争活动，为了防止不必要的冲突和摩擦，我看两会会谈单纯化更好，不一定每次都要和马英九见面。所以这次马英九和陈云林不会面也是很正常的。

随着商谈的深入，以后两岸商谈次数会越来越多，越单纯越好，两会会谈逐步进入常态化和单纯化意义重大，民进党煽动群众的热情也会逐步递减，失去操作空间。

（海峡之声网，2010/12/18）

2011 年

饶颖奇、徐博东称赞客家文化底蕴深厚

梅州时报3月21日报道 3月19日至20日，中华海峡两岸客家文经交流协会理事长饶颖奇、北京联合大学台湾研究院教授徐博东等参加第五届海峡两岸客家高峰论坛筹备工作会议的领导嘉宾一行16人，在市委副书记陈小山的陪同下，参观考察我市客家人文旅游景区景点，深入了解梅州的客家文化。

饶颖奇、徐博东一行先后参观了丘逢甲故居、谢晋元故居、叶剑英纪念园、雁鸣湖旅游度假村、灵光寺、中国客家博物馆、院士广场、归读公园、客天下旅游产业园等地。蕉岭县委书记周章新、县长林健雄，梅县县委书记李远青分别陪同活动。

参观途中，嘉宾们边看、边听、边谈，纷纷赞叹梅州深厚的文化底蕴和经济社会发展取得的显著成效。他们一致认为，通过实地亲身体验，梅州的绿化非常成功，到处青山绿水，犹如置身于一幅美丽的风景画卷。梅州市委、市政府对文化建设特别重视，把著名人物的故居、客家人文风貌等保护得很好。随着区位条件的改善，外来人到梅州观光旅游将越来越便捷，海峡两岸的客家人也将进一步加强交往。嘉宾们对梅州的发展前景充满信心，表示将一如既往关心支持梅州各项事业的发展，共同助推海峡两岸客家经济文化的交流与合作。

（梅州日报，2011/03/21，作者：夜色光明）

梅州日报记者专访论坛发起人饶颖奇、徐博东

日前，第五届海峡两岸客家高峰论坛筹备工作会议在梅州召开，会议商

定，第五届海峡两岸客家高峰论坛将于今年6月20日至22日在我市举行。在梅期间，参加筹备会议的领导、嘉宾还兴致勃勃地参观考察了我市景区景点，体验客家民俗风情。行程中，梅州日报记者就海峡两岸客家高峰论坛发起的原因、背景以及本届客家高峰论坛的有关细节，采访了海峡两岸客家高峰论坛的两位发起人—中华海峡两岸客家文经交流协会理事长饶颖奇和北京联合大学台湾研究院教授徐博东。

……（略）

希望办成高深层次的论坛

记者：徐教授，您好！您能给我们回忆一下首届论坛的盛况吗？

徐博东：那时候我任北京联合大学研究院院长，我也希望两岸的客家乡亲多接触、多交流。因此就在北京组建了第一届海峡两岸客家高峰论坛，论坛的举办得到了国台办、北京市政府、北京市台办、北京联合大学党委等多部门的大力支持。全国人大常委会副委员长许嘉璐、国务院台湾事务办公室常务副主任郑立中、中共中央统战部副部长陈喜庆，以及中共北京市委、台办的领导都出席了开幕式。预定参加人数一百人左右，最后参加论坛的达到130多人，开得隆重、热烈，引起两岸新闻媒体的关注和报道。

记者：此次论坛在梅州召开，您有什么意见建议吗？

徐博东：大家知道，世界客家乡亲还有一个更大规模的团会叫恳亲大会。我们的论坛命为客家高峰论坛，所谓高峰，就是要比一般的论坛层级更高，这层级包括邀请的客家乡亲要以客家精英为主，让他们唱主角，另外参加人数不能太多，因为它毕竟不是大拜会，主要是研究深层次的客家文化、经济合作等议题。这几年举办的论坛，规模越来越大，已经有点变调。所以此次在梅州召开的第五届筹备会也提出来，本届在梅州召开的论坛不能走人多的路线，希望本届能够回归到原来设想的高深层论坛，真正探讨如何传承和保护客家文化，加强经济合作等问题，能够为两岸政府当局提出意见建议，围绕这些主旨来发挥论坛应有的功能。

探讨客家文化是重要议题

记者：目前有没有明确的论题，比如说本届论坛主要讨论哪方面的话题？

徐博东：随着两岸和平发展的不断深入，今年应该说两岸交流已进入了文化层次，主要在文化和教育领域，当然经济合作还要继续深化，但文化教育方面是两岸关系和平发展的核心问题，它涉及两岸客家人感情的进一步加深、融合，所以今年我们建议在文化教育方面应该加重探讨，我们请来的专家学者，在这方面会有所侧重，我们设想今年要围绕两岸关系和平发展的大背景来设计，再加上梅州是世界客都，所谓客都就是文化方面集大成的地方，文化方面的探讨应该是作为重要的议题。

众多一流专家将云集梅州

记者：对本届论坛，你们有没请到一些重量级人物？能不能提前透露一下？

徐博东：去年我参加龙岩客家高峰论坛时就提出，饶颖奇先生是客家高峰论坛之父，还有客家高峰论坛之母，就是被饶先生称为客家之友的前全国人大常委会副委员长许嘉璐，他从第一届开始就一直积极支持这个论坛，他虽然很忙，但肯定会出席。另外还有请到大陆方面有关部门的领导，比如说国台办、海协等领导。大陆方面重量级的研究客家方面的专家学者大多数会应邀前来，还有一部分是研究台湾问题的学者，筹委会让我列出了 15 位大陆一流的研究台湾问题的专家，相当一部分会应邀前来。

（梅州日报，2011/03/23，丘利彬）

海峡两岸同时推出新版《丘逢甲传》

新华网北京 4 月 2 日电（记者 李寒芳） 弘扬近代台湾省籍著名抗日爱国先贤丘逢甲的学术专著——新版《丘逢甲传》，新近在海峡两岸同时出版。

丘逢甲 1864 年（清同治三年）出生于台湾省苗栗县，是著名的爱国志士、进步教育家和杰出的爱国诗人。《马关条约》签订后，为抗击日本对台湾的侵占，丘逢甲亲率义军，与日军浴血奋战。护台失败后，他内渡大陆，广兴新学，以图强国复台，并积极参与辛亥革命。1912 年，丘逢甲病逝于家乡，至死不忘复台。

丘逢甲爱国的一生，受到两岸人民的共同敬仰。2004 年 3 月，国务院总理温家宝在十届全国人大二次会议中外记者招待会上，朗诵的“春愁难遣强看山，往事惊心泪欲潸。四百万人同一哭，去年今日割台湾”，就是丘逢甲的诗作《春愁》。

据介绍，由大陆学者徐博东、黄志平合撰的首部《丘逢甲传》自 1987 年面世以来，迄今已有二十多年。期间虽然先后在北京与台北两地再版，但在市面上早已售罄。随着两岸文化学术交流的深入开展，丘逢甲的思想文化遗产日益受到两岸同胞和学术界的高度重视，相关研究成果也日趋丰富。作者积极吸纳近年来的相关研究成果，对旧版做了不少补充修正，全书增加了近 3 万字的篇幅。

徐博东说，新版《丘逢甲传》依据新发现的史料和近年来学术界的最新研究成果，对丘逢甲的生平、家世做了重要补正，对近年来丘氏研究中的某些似是而非的观点进行了评析，对丘诗的艺术成就和丘诗中的“台湾情结”，进行了更为具体深入的分析与挖掘。

他表示，以《丘逢甲传》为蓝本讴歌丘逢甲爱国事迹的电视连续剧正在积极筹拍之中；今年 6 月在丘逢甲祖籍广东梅州市举办的“第五届海峡两岸客家高峰论坛”上，新版《丘逢甲传》将作为赠送与会嘉宾的礼品之一。

（新华社，2011/04/02）

徐博东：否九二共识，民进党难稳定执政

中评社台北4月21日电（记者 康子仁专访） 2012“大选”可望于明年1月选举，正在台湾访问的北京联合大学台研院顾问徐博东接受中评社专访时表示，如果民进党胜选，一定要面对“九二共识”，也无法回避一个中国议题。如果不愿意面对，两岸协商谈判一定会受挫，无法处理好两岸关系，民进党即使赢得2012，也很难稳定执政。

在马英九和胡锦涛主政期间，两岸关系产生重大变化，众所瞩目的胡锦涛和马英九会面，未来是否可能登场？徐博东认为，两岸领导人见面绝对是天大的事，“胡马会”可能性虽然不能排除，但机会可能不大，假如胡马会有机会登场，时间应该在明年1月台湾大选之后。一旦马英九胜选，到520就任之前，具有“总统”当选人身份，届时胡锦涛也面临交棒，希望在两岸关系上能够有重大突破，此时较有可能。

在台展开拜会行程的徐博东指出，他判断“胡马会”机会不大，主要的原因是“两人见面要谈什么”，总不能只是单纯打招呼，理应端出牛肉，提出对两岸关系有进展的实质内容才有意义，例如两岸和平协议或军事互信机制等。但这些敏感议题势必要在“总统”大选之前，双方事先磋商，台湾下半年即将进入选举热季，两岸关系不可能在这个时候有重大突破，很难端出让人期待的牛肉。“马英九以什么身份与胡锦涛见面，也是一大难题”，徐博东分析，马英九以国民党主席身份与胡锦涛见面，并非不可以，大陆方面考量的是，两岸领导人见面的历史意义，和避免让国际社会产生“两国论”的负面影响，两者的得与失到底哪个大，应该是大陆方

面考量的重点。

明年初的“总统”大选，两岸关系是否为决定因素？徐博东观察，两岸关系虽然是重大选举议题，但未必是决定性因素，台湾内部问题恐怕才是决战关键，包括经济议题、失业率和贫富差距等，可能会影响选举的程度，应该会比两岸关系还大。

徐博东分析，如果两岸关系能够左右这次选举的话，马英九的两岸政策获得大多数民众支持，理应遥遥领先民进党的对手。但和民进党可能的候选人比较，看不出民调支持度有任何优势，至今选情陷入胶着，不但没有大幅领先，甚至有的民调，还是民进党的参选人领先，代表的是两岸关系虽然非常重要，但并非台湾民众认为是最重要的部分。

在民进党“总统”初选参选人的两岸政策部分，苏贞昌提出“台湾共识”；蔡英文主张“和而不同、和而求同”，但对于最关键的“九二共识”，始终不愿意承认。徐博东认为，假如民进党重回执政，不太可能会回到陈水扁时代的激进“台独”路线，凸出两岸的分歧矛盾，应该会采取温和“台独”路线，在经济上持续向大陆要求好处，但是在“九二共识”方面，看不出有接受的可能性。

徐博东强调，“九二共识”是两岸协商谈判与两岸关系和平发展的政治基础，大陆在这个问题上不可能让步，也不可能妥协，即使民进党2012胜选，想要稳定执政，两岸关系稳定发展，从两岸关系和平发展当中获取利益，一定要处理“九二共识”这个问题，不一定用这个词，但对于一个中国议题总得处理，回避不了。如果民进党不愿意面对，两岸协商谈判一定会受挫，如果民进党无法处理好两岸关系，很难走向执政，即使赢得2012，也很难稳定执政。

徐博东观察，民进党的领导人不是不知道这些问题，但他们一旦转弯，就会失去选票，所以有些民进党政治人物，平常的言论还算温和，但是一到选举，就会出现偏激言论，希望争取选票，尤其是中南部特别明显。

徐博东断言，一旦民进党取得执政，两岸关系肯定不会像现在平稳、热络，因为民进党与大陆之间，根本没有任何互信，在陈水扁执政8年期间，将彼此之间的互信破坏殆尽，如果要重新建立互信，必须要相当长的关系，但国共两党之间，从2005年开始，已经有相当的互信基础，尤其是这3年来的磨合，双方更加了解对方的思路。

假如马英九连任成功，徐博东认为，两岸关系有望持续向前迈进，但是在他第二任的4年任期当中，两岸不太可能签订和平协议，顶多是签署军事互信机制，因为和平协议属于两岸最高层级的协议，一旦签署之后，意谓两岸关系和平发展的整个框架，从经济到政治都已经齐备。

（中评社，2011/04/21）

马英九蔡英文两岸政策有四大不同

海峡之声网（朱乐、赵媛媛、蔡亿锋） 23日马英九在出席金门八二三炮战53周年纪念追思祈福活动时强调，如果推翻“九二共识”，两岸关系必然陷入不确定状态，对两岸都会有很大的冲击，对台湾的影响尤其重大。同一天，民进党2012大选参选人蔡英文阐述两岸政策时指出，“九二共识”是一个不存在的东西，没有所谓承认或不承认或接受不接受问题；民进党对“九二共识”的态度已经相当清晰。北京联合大学台湾研究院顾问徐博东教授在海峡之声《博东看两岸》节目中指出，马英九和蔡英文的两岸政策至少有四个不同点：政治基础不同；社会基础不同；措施和路径不同；可行性不同。

主持人：徐教授，您认为在23日的讲话中马英九透露出的两岸政策的着重点在哪里？

徐教授：23日，马英九出席“金门八·二三炮战53周年纪念追思和祈福活动”，蔡英文也在当天公布其两岸政策，这是台湾地区2012国、民两党的两位候选人在两岸政策方面的互相较劲。从马英九在金门讲话的内容来看，马英九讲话的重点有两个。一是强调两岸和平的重要性，突显两岸关系有今天这样的和平发展来之不易，要倍加珍惜，他特意邀请了“诺贝尔和平奖”得主、南非前总统戴克拉（De Klerk）及“国际反地雷组织”青年亲善大使、柬埔寨被地雷炸伤的女孩宋可邵来参加祈福活动，共同敲响用当年炮战的炮弹残片铸成的和平钟，以这种方式来警醒大家，同时也是要表明两岸今天的和平是他马英九的政绩。第二，更重要的是强调两岸和平发展不是凭空得来的，是有基础的、有前提的。他说，“3 年多来，不统、不独、不武的政策与九二共识有效维系台海的和平与稳定，受到台湾人民广泛的支持与国际社会的高度肯定；如果被推翻，两岸关系必然陷入不确定状态，对两岸都会有很大的冲击”，他虽然没点名，但一听就明白是冲着蔡否认“九二共识”去的，实际上就是提醒大家，蔡英文的两岸政策不可行，不利于推进两岸的和平发展。同时，也强调了在两岸政策上他跟蔡英文最重要的区别。

主持人：蔡英文在同一天公布了她的两岸政策，您认为蔡英文处理两岸关系的核心思路是什么？他对“九二共识”和 ECFA 后续处理的真实态度如何？

徐教授：表面上来看蔡英文用词比较和缓，而且承认 ECFA“既成事实”，似乎比较理性务实，没有像以前那样攻击 ECFA 是“毒药”、“祸国殃民”、“亲共卖台”，也没公开表示要通过“公投”决定 ECFA 的存废。但表面上的温和并不能掩盖蔡英文的“台独”立场和本质。通篇都称大陆为“中国”，其核心思路是坚持“台湾中国，一边一国”的“台独”理念。她强调，“和而求同”是说两岸有共同的和平的战略利益，但她讲的是两岸“一边一国”的和平，核心思路还是要“和平独立”，永远维持所谓的“实质独立”现状。

在“九二共识”和 ECFA 后续处理的问题上，蔡英文的态度是各界评论的焦点。陈水扁执政初期，陈水扁曾一度想接受“九二共识”，但遭到时任“陆委会主委”蔡英文的坚决否认。如今蔡英文说“九二共识”这个名词是国民党的苏起发明的，从否定“九二共识”这个词入手，进而否认“九二共识”的事实存在。这是蔡英文和民进党的一贯态度。否认“九二共识”，意味着两岸协商谈判的基础也就不存在了，而且 3 年多来两岸达成的 15 项协议，包括 ECFA 在内也都成了问题。

对ECFA后续处理的态度，蔡英文表面上认同ECFA已既成事实，但是对未来要不要继续实施，她并没有明确表态，只说对此人民有要不要“公投”的权力，用“人民决定论”把这个问题推给了人民。同时又表示要通过民主程序“检视”已经达成的15项协议，实际上暗含给未来是否要用“公投”决定ECFA存废留下了想象空间。这也反映出民进党知道“ECFA”在此次选举中是对蔡英文很不利的一个议题。

主持人：徐教授，刚才您分别分析了马英九和蔡英文两人的两岸政策，那么比较起来看，您认为这两人有哪些主要的不同点呢？

徐教授：马英九和蔡英文的两岸政策我觉得至少有四个方面的不同点：首先，政治基础不同。马英九的两岸政策是建立在反对“台独”、承认“九二共识”的政治基础上的。而蔡英文的两岸政策则是建立在两岸“一边一国”的“台独”立场和理念上。这是最重要也是最根本的区别。

其次，社会基础不同。历次民调显示，马英九的两岸政策符合台湾主流民意，得到大多数台湾民众的认同与支持。而蔡英文两岸政策的社会基础是“台独”势力，是绿营各个派系妥协下的产物，多数台湾民众并不认同，所以才躲躲闪闪，左支右绌，矛盾百出。所以说两者的社会基础是完全不同的，如果蔡英文上台执政，必然要反映她背后支持者的政治立场和利益。

第三，措施和路径不同。马英九的两岸政策以两岸和解、谋求两岸和平发展为出发点，采取了“先易后难，先经后政”的政策措施和路径，不断累积两岸互信，循序渐进地向两岸和平发展的方向迈进。蔡英文民进党的两岸政策，表面上看起来比较务实理性，但实际上是坚持“一边一国”的台独立场，仍然是采取对抗思维的做法，而且空洞无物，没有具体可行的措施。

第四，可行性和结果不同。蔡英文在回答记者提问时一再讲，“中国必须要思考，要跟台湾维持一个什么样的关系，如果说中国坚持自己的原则最重要，不惜与台湾人民的主流思想和意志相冲突，对中国是不是一件好事?”幻想着大陆放弃“一中原则”，放弃“九二共识”。要求大陆调整政策，而自己则坚持“台独”立场，这完全是行不通的。坚持“台独”不可能有稳定的两岸关系。既想维持和平，从大陆捞取经济利益，又否认“九二共识”，不肯放弃“台独”立场，如果蔡英文真的上台执政，其结果两岸关系必然严重倒退，受损害最大的将是台湾民众。

（海峡之声网，2011/08/24）

专家：大陆冀两岸早签和平协议

本报记者王德军北京九日电　北京涉台专家表示，胡锦涛“终结两岸对立，抚平历史创伤”的提法及高调强调“统一”、“九二共识”等表明，大陆希望与台湾签署两岸和平协议。

台湾问题专家徐博东接受记者采访时表示，胡锦涛借辛亥百年的契机和两岸人民对孙中山共同的认同感，试图将两岸历史和共同命运进行连接。两岸人民应继承辛亥精神和孙中山未竟事业，携手共创民族复兴，而不要再内斗下去。同时也向台湾和部分国民党人士间接喊话：不要忘记国民党光荣的历史，特别是孙中山有关统一的遗训。

徐博东指出，大陆领导人近年有关两岸问题的讲话较少正面提及“统一”和“九二共识”，台湾部分人就认为大陆现在只讲两岸和平发展而不讲统一了。实际上，大陆从来没有放弃过国家统一的最终目标。关于终结两岸对立，当然就要结束敌对状态，建立军事互信机制，乃至最终签署两岸和平协议。

徐博东认为，结束敌对状态是对多年国共内战有一个交代；军事互信机制是保证两岸关系和平发展，因为两岸关系发展不能光靠善意和诚意维持，必须要有机制保证；和平协议，必须以国家统一为最终目标，两岸关系发展的最终目标不是维持现状。

……（略）

（大公报，2011/10/10）

大陆："中华民国就是台湾"说法

蔡英文是"借壳上市"搞"台独"

台湾内部有舆论与大陆学者的看法相近，认为蔡英文从不承认"中华民国"到承认"中华民国"看似重大改变，实质上并未脱离"台独"论述。

北京特派员沈泽玮报道：中国国务院台湾事务办公室发言人杨毅日前表示，"中华民国就是台湾，台湾就是中华民国"的说法，是"借壳上市"的"台独"主张，两岸关系过去、现在、将来都不是，也不可能是"国与国"的关系。

国台办再次明确地向民进党传达大陆的底线：一切回归"九二共识"、承认一个中国。

杨毅昨天在国台办例行记者会上回答媒体提问时指：蔡英文的说法混淆概念，是"借壳上市"的"台独"主张，即使以台湾"现行的相关规定来衡量"，这种说法也是站不住脚的。

……（略）

接受本报访问的北京联合大学台湾研究院前院长徐博东说，蔡英文过去说"中华民国是外来政权"，那是一种深独的观点，现在说"中华民国是台湾"，只是回归到民进党的"台湾前途决议文"而已。

民进党最初主张建立一个独立的"台湾共和国"，为因应2000年"总统"大选，民进党1999年通过"台湾前途决议文"，表示暂时接受"中华民国"的国号，但仍强调要建立以台湾为名的"主权独立国家"。

徐博东分析说，蔡英文的"中华民国"和马英九的"中华民国"不是一回事。蔡英文的"中华民国是台湾"，是"一边一国"的"两国论"的观点。"中华民国"和"中华人民共和国"被民进党当做是"国与国"的关系看待，而马英九的"中华民国在台湾"讲的是治权只能统治台澎金马这一块，但"中华民国"的"宪法"把大陆也当做是"中华民国"的一部分，所以马英九才有"一国两区"——大陆地区和台湾地区的说法。

两种不同观念就产生两个不同的“中华民国”。徐博东认为，“马英九的‘中华民国’是百年，民进党的‘中华民国’顶多是62年”。

……（略）

徐博东在受访时也指出，“两岸是同一个国家，一个中国是非常重要的两岸协商谈判基础”，“你可以不用‘九二共识’这四个字，但不能说两岸是‘一边一国’”。徐博东说，如果认为两岸是两国的话，海协会和海基会三年多来所达成协议的基础就坍塌了，“原来已经达成的十五项协议都将窒碍难行”，更不要说是谈未来协商的问题了。

（联合早报，2011/10/13）

马提和平协议意在主导选举议题

——访台湾问题专家徐博东

本报记者王德军专访 台湾地区领导人马英九近日提出未来十年两岸签署和平协议议题引发各界高度关注。在被绿营批为“迈向统一”后，马英九随后又补充说如果未来要推和平协议，一定会先交付人民“公投”。台湾问题专家徐博东在接受记者专访时认为，马英九提出和平协议话题，最主要的目的还是主导选举话题，具体效果如何尚需观察。不过他认为，马英九即便连任，两岸在马英九第二个任期内签署和平协议的难度颇高，一个更加可行的选择是，两岸首先在“九二共识”的基础上结束敌对状态。

“公投”话题节外生枝

徐博东表示，马英九所谓签和平协议有三个条件：“台湾需要”、“民意支持”、“‘立法院’监督”，其实就是一项：岛内民意赞成。因为“国会”代表民意，台湾没有人不要和平，想要战争，绿营也需要和平。“关键在于和平协议的内容是什么。绿营反对的是在一个中国的前提下签署和平协议，而不是不要和平。绿营要的是和平‘台独’，‘一边一国’的两岸和平。”

对于“在绿营轮番攻击的压力下，马英九又提出‘公投’”，徐博东认为此举是画蛇添足。“打出和平协议议题是不错的，至于和平协议什么内容，可以说：这需要两岸今后共同探讨。这样就比较空泛，绿营就很难攻击。蔡英文提出‘台湾共识’，至于共识是什么内容，她说：大家来进行讨论。而马英九后来又加上‘公投’就节外生枝、画蛇添足了。因为‘公投’不仅没必要，而且很危险，容易变调，搞不好的话容易引发两岸关系紧张。如果两岸有高度共识，有‘立法院’监督和民意支持，就可以签署了。这说明马英九抗压性不够，掌舵能力还很欠缺。”

协议须明确“两岸一中”

马英九抛出和平协议话题后，大陆并未立即表态，而是保持沉默至今。徐博东认为，大陆当然了解马英九是为了选战需要抛出的议题，不会真心实意要在第二任期推动签署和平协议。而且，马英九所提出的和平协议具体内容都没有，大陆没必要认真回应，否则反而容易将自己搅入岛内选战口水仗中。“大陆所需要的不仅是和平，而必须要满足两个条件：一是和平协议内容必须明确‘两岸一中’；二是和平不是目的，最终要通过和平发展走向统一。所以关键的问题不是马英九说签就能签，而必须是两岸达成高度共识，水到渠成后才有可能签署和平协议。”

徐博东认为，签和平协议是否可行，关键是要看签什么样的和平协议。“如果和平协议光是要结束敌对状态，不打仗了，两岸要在‘九二共识’基础上结束敌对状态，中国人不再自相残杀。这实际上是属于结束敌对状态的内容，如果马英九继续执政的话，还是比较容易达成共识来签署的。但大陆所愿意签署的和平协议，必须满足明确‘两岸一中’、统一是最终目标两个前提条件。光用‘九二共识’是不够的，必须明确两岸是一个中国。第二，必须明确两岸未来的走向是统一。如果不满足这两项条件，目前两岸分离现状就可能永久化、固定化、合法化。这绝对不是大陆所需要的。”

签和平协议需“三步走”

徐博东表示，一个现实的选择是两岸可以首先结束敌对状态，第二步建立军事互信机制，第三步才是最高端的和平协议。“结束敌对状态是最低端的，无非是对历史做个交代，对两岸中国人做个交代，明确目前对立状态是因为国共内战造成的，现在两党、两岸不打了。‘九二共识’就可以解决这个问题。军事互信机制是在不结束两岸敌对状态情况下，两岸如何军事透明化，增加军事交流，甚至可以解决大陆导弹对准台湾的问题、停止美国对台军售等议题。这都是可以在‘九二共识’的基础上签署的，这属于中端的。高端的才是和平协议，两岸建立和平发展机制，这也是最难的。当然，结束敌对状态，对‘九二共识’还需要进一步明确化。台湾现在强调‘一中各表’。所以要明确‘两岸一中’。”

（大公报，2011/10/25）

马英九推“公投”北京忧虑

记者纪硕鸣报道 台湾新一任选举白热化，马英九在畅谈“黄金十年，国家愿景”时，突然抛出“在国家需要、民意支持与国会监督”的三个前提下推动签署“两岸和平协议”。在蓝营叫好，绿营开骂的巨大争议声中，马英九又抛出未来若要推动此一协议一定会交付人民公投，若公投未过就不会推动签署，且签署协议无时间表。马英九让“和平协议”绑上“公投”，成为本次台湾选举的又一齣重头戏。

……（略）

事实上，马英九绑上“公投”的“和平协议”构想出笼，明显令北京担忧，甚至不满，但无论是代表中共政府的国台办发言人还是官方媒体均没有公开表示态度。即使是总部设在香港的半官媒中评社的评论文章大多也是“出口转内销”，由台湾的专家学者发表比较倾向北京的评论。北京官方意愿明确，无论发生什么情况，绝不在台湾大选期间“搅和”，连大陆专家学者也甚少在内地报刊发表意见。北京联合大学台湾研究院前院长徐博东教授接受亚洲周刊访问时表示：马英九的两岸和平协议是空的，什么都没有，不知道他要什么样的和平协议？协议的内容、条件、程序和时机完全未经讨论，突然抛出来，“和平协议没有具体内容怎么回应”？

提出未来两岸签署和平协议是二○○五年，国国民党主席连战率团和平之旅中，在胡连会后达成的“胡连会五项愿景”中的一条：“促进终止敌对状态，达成和平协议”，也是马英九○八年大选时提出的政见之一。徐博东指出，马英九当了三年多的台湾地区领导人，还要继续四年，他对两岸问题不表态回应难以交待，马英九“讲黄金十年，我想，他一个考虑是十年中要有所动作；后来又解释他的和平协议是要将两岸的现状固定化，讲了几个‘化’，看来不能完全看成是马英九的选举语言，是他的理念。依我看，两岸和平大陆也是赞成的，但两岸目前这种分离分裂要固定化的话，那不是大陆所要的了，也不是全球主张祖国统一的华人华侨希望看到的。未来两岸不能光要和平，和平发展的最终目标是要国家统一。马英九希望把两岸分裂现状固定化，合法化，永久化，那大陆绝对和他有不同的看法，有很大的分歧。”

也有评论家认为，马英九推出两岸签和平协议是主导选举议题的一招，因为两岸议题是绿营候选人蔡英文的罩门，刻意回避谈两岸议题，而马英九相反，他认为两岸议题是他的强项，要积极谈两岸问题。徐博东认为，蔡英文在抛出台湾共识后，马英九要再往前迈一步，要主导两岸议题，显然也是他的选举的策略之一，不可否认。但徐博东觉得：“你抛出‘台湾共识’，我主打‘和平协议’，等于蓝营和绿营在两岸问题上作出区隔。但问题是，马英九又迈出一步，增加了‘公投’，他已经谈了主流民意有共识、国家需要、国会监督等签署和平协议有三个条件。这一下又画蛇添足，节外生枝了。”徐博东批评，三个条件中，国家需要是废话，哪个国家不需要和平？国会监督本身就是民意监督，立法委员都是一票一票选出来的。这三个门槛已经是诉之民意了。“如果明年你选上，国民党可以继续执政，选你继续作为台湾领袖，就是承认你的政见，你诉诸公投不就是画蛇添足了，节外生枝？公投是很敏感的问题，很可能造成岛内分歧和两岸冲突。马英九在绿营压力下想强调民意，完全是没有必要。”

徐博东觉得马英九提出“公投”并不聪明，绿营又打蛇随棍上，马上要求修改公投法，提出“公投”绑“大选”等。“反而挺好的形势又变成了被动的局面，我看是策略上的臭招。”徐博东认为，这些问题完全是选后来谈的事，而且我个人认为，商谈和平协议不是那么简单的事，“大陆有大陆的考虑，大陆要的和平协议和马英九要的和平协议，恐怕有很大的分歧。能不能在他的任期谈成，我存疑”。而马英九是在坚持“不独、不统、不武”的三不下推行和平协议，徐博东认为，这决定了马英九推行的是不讲统一的和平协议，是要把分裂现状固定化、合法化的和平协议，“如果这样的和平协议，我判断，大陆绝对不会签。没有未来统一的宣示的和平协议，是将现状变成固定化、合法化了，那会酿成大错。

大陆官方对马言论和民进党回击的一些尴尬与敏感论调，几乎都采取低调、回避、隐忍等方式，淡然冷却处理，以免引发波折，给民进党以及国际势力找到攻击和指控的借口和机会。国台办主任王毅和海协会会长陈云林，在刚结束的两岸两会第七次会谈受访时，仅回以“两岸先经后政、先易后难、先缓后急的来进行交流，共同和平发展两岸关系，以利未来两岸进一步的交流互动……”惯常的基本论调。

……（略）

（亚洲周刊，2011/11/06）

徐博东畅谈两岸客家文化交流

中国台湾网11月7日北京消息　11月4日，由中国台湾网和中国网络电视台联合推出的"两岸大交流、你我共参与"涉台专家学者系列访谈节目，邀请著名台湾问题研究专家、北京联合大学台湾研究院教授徐博东，畅谈两岸交流故事，回顾两岸关系发展、两岸客家文化交流历程。

从上个世纪90年代中期至今，徐博东16次赴台探亲访友、开展两岸同胞交流活动，给他印象最深的是两岸民众间的互相了解不断加深，互信正在建立。

徐博东提到，他2008年之前去台湾，与普通台湾民众交流时比较拘谨，担心触发个别民众的抵触情绪，最近几年这种情况有了很大改善。随着两岸关系和平发展的局面不断稳固，两岸民众间的交流日益深入，徐博东感到与台湾同胞间的共同话题越来越广泛，沟通也越来越顺畅。

作为客家人，徐博东对两岸客家文化交流事业情有独钟，多年来一直致力于为大陆与台湾的客家乡亲搭建沟通、互动平台。据徐博东了解，台湾共有450万到500万客家人，占总人口的12%，他们对宝岛的开发做出了很大的贡献。他表示："两岸的客家人这么多，为我们开展两岸客家乡亲间的交流提供了丰厚的土壤。"

访谈中，徐博东饶有兴致地回顾了"海峡两岸客家高峰论坛"从创办到茁壮发展的历程。从2006年徐博东与台湾客家大佬、中国国民党中评会主席团主席饶颖奇共同提出定期举办两岸客家高峰论坛以来，这项论坛已经成功地举办了5届。近些年来，两岸客家高峰论坛的影响力不断扩大，岛内的参会人数由第一届的100多人发展到现在的800多人，对增强两岸民众的认同感，联结历史文化纽带起到了巨大的作用。

徐博东说，两岸客家乡亲越来越广泛的沟通、交流是近年来两岸关系大发展的缩影，"作为一个长期关注两岸问题与客家人交流的学者，现在两岸关系的良好局面让我欣喜，也让我对未来的发展充满了希望。"

（中国台湾网，2011/11/07，陈佳慧）

大陆学者："九二共识"胡乱塞，大陆不满意

联合报记者赖锦宏/台北－北京报道 北京联合大学教授徐博东表示，

中共总书记胡锦涛在连胡会上对“九二共识”做出三点补充解释，既是对蔡英文说的，也是对马英九说的。深刻提醒台湾未来领导人，无论谁当选，都要遵守“九二共识”，这是两岸合作的基础。

徐博东指出，首先，蔡英文不久前公开表示拒绝接受“九二共识”，甚至否认其存在，她是台湾政党领袖，而且是参选“总统”的候选人，大陆当然要强调“九二共识”。

胡锦涛强调“九二共识”，明白告诉蔡英文，这是两岸关系的政治基础，若不承认，合作就不存在了。蔡如果当选，反对“九二共识”，两岸关系肯定大倒退。届时，不仅两岸协商的基础没了，十六项协议也将难以为继。

徐博东说，胡锦涛讲“九二共识”也是说给马英九听的。最近，马英九把“九二共识”胡乱解释，塞了很多原本不存在的内容进去，大陆很不满意。他表示，马将“不统、不独、不武”都放进去，大陆不能接受。

（联合报，2011/11/13）

大陆学者：若造成马英九败选

宋楚瑜参选或“里外不是人”

北京特派员沈泽玮报道　台湾亲民党主席宋楚瑜通过连署门槛，确定有资格参加2012总统选举，这周登记参选已箭在弦上，在选举中抢占“造王者”位置后，宋楚瑜接下来怎么出招，势成蓝绿胜败的关键。

受访的北京联合大学台湾研究院院长徐博东认为，如果宋楚瑜参选造成马英九败选，宋将“里外不是人，蓝营视他为罪人，绿营不可能用他，大陆不会原谅他，美国不会高兴”。

须观察宋楚瑜是否打蔡

徐博东不排除宋楚瑜登记参选后调整策略，一个重要观察点是宋在电视政见辩论会上是否从打马换成打蔡（蔡英文），攻击蔡的两岸政策罩门，对马则是“小骂大帮忙”，实际成为马的侧翼。

中国人民大学台港澳研究中心名誉主任张同新则认为，宋的参选如果导致马败选也不会影响宋与大陆的关系，因为两者应该分开来看。厦门大学台湾研究院院长刘国深则说，国亲两党现在要谈合作已太艰难，但理论上什么变化都可能发生，“当事人怎么处理，将是一念之差的事”。

政治的确无绝对。2006 年台北市长选举中惨败并宣布退出政坛的宋楚瑜，不仅没有退下，反而更往前冲。为了争取更多“立委”议席，让亲民党和自身能够在政坛继续发挥影响力，宋楚瑜先发制人、以战逼和，以参选“总统”作为讨价还价的最大谋略。

在得不到马英九和国民党足够的善意回应后，69 岁的宋楚瑜不得不继续冲，力求站稳进可攻、退可守的“造王者”位置。而双英民调紧咬，甚至可能进入交叉状况，正好给宋楚瑜提供操作政治杠杆的空间，从大部分民调判断，他大约可争得 10% 至 15% 的选票。

学者徐博东认为，宋楚瑜已经到了骑虎难下的状况，但不排除以宋的灵活和聪明，选情可能出现新变数，一个可能性是宋在正式参选之后调整策略，反而成为蓝营一张很好的牌。

台湾“总统”大选自 2000 年起举行电视政见发布会，2004 年开始首次进行电视政见辩论会，这届选举的首场辩论确定在下个月 23 日举行。徐博东认为宋楚瑜在电视辩论中的表现，将是观察他是否改变策略的重要指标。

他说：“要观察宋楚瑜的矛头所向是冲着马还是冲着蔡？是真正打蔡英文两岸政策的弱项，然后只对马英九进行‘小骂大帮忙’？如果他照样批评马执行力不行，但攻击蔡英文如果不承认‘九二共识’，两岸关系无法稳定，造成台湾经济急速下滑，这可能变成对马英九有利，蓝营反而感谢宋楚瑜。”

另一个可能是宋在观察马会不会崩盘，然后自己可以接收蓝营的选票。还有一个可能是宋知道自己没有机会取代马，就号召支持者，选择性投票，“总统票投马英九，政党票和立委票投亲民党，成功不在我”，绿营士气将大挫，蓝营将受到极大鼓舞。

徐博东认为，这是对宋楚瑜最好的结果，“蓝营会感激他帮助马英九赢得选举，欠了宋楚瑜和亲民党这么大的人情，选后会迫使马英九不得不释出一个位子给宋楚瑜，用不着他要，整个社会气氛就要求马英九和国民党，你不能不给他”。

“蓝营的汪精卫绿营的吴三桂”

2000 年的“总统”选举，已脱离国民党的宋楚瑜以独立人士身份参选，和国民党的连战鹬蚌相争，让民进党的陈水扁渔翁得利。2012 年的选举是否重演 2000 年的历史？有绿营名嘴已将宋楚瑜形容为“蓝营的汪精卫、绿营的吴三桂”。

受访的三位大陆学者一致认为，虽然宋楚瑜参选将吸走马蔡两边的部分选票，但对马的杀伤力会更大。徐博东分析说：“在台湾，蓝营将把他视为马英九、国民党败选的罪人，至少半数以上的台湾选民会强烈指责他，他很难再立足；绿营也不可能用他，因为他的两岸政策和理念不会让绿营放心；大陆当然也不会原谅他，造成这样的后果；从美国方面来说，可从维基解密里看出，其实美国人也不希望台湾岛内政局出现太多的变动。美国认为马英九的两岸政策基本上还是符合美国的需要，所以如果造成大变动，无疑给美国找麻烦，美国也不会满意。”

另一大陆学者张同新则认为，应该把台湾选举状况和宋楚瑜对两岸关系的态度分开看待，即使因为宋的参选而导致马英九败选，宋与大陆的关系也不会受影响，亲民党和大陆的交往也照常。张同新说，关键原因是亲民党承认“九二共识”，而宋和亲民党在两岸关系上做过很大努力。

（联合早报，2011/11/21）

大陆学者徐博东解读台湾“大选”八大看点

核心提示：凤凰网与中国网联合推出“2012 台湾‘大选’观察”系列访谈。第一期，对话资深台湾问题研究专家、北京联合大学台湾研究院创院院长徐博东。徐博东提出 2012 台湾“大选”有八大看点，选举后期，对马英九有利。但他也指出马英九民调只有领先 10 个百分点以上，才有获胜的把握。

徐博东指出，由于台湾仍是一个危机社会，蓝绿对立、意识形态至上，大选结果充满了不确定性。陈水扁执政八年，将台湾搞得一团糟，但民进党却很快翻身；马英九比陈水扁做得要好得多，但民调三年多来一直低迷。“这是不正常的所谓民主选举制度”，徐博东分析与台湾中南部本土居民对早期国民党独裁统治的厌恶有关，一定要拥护“本省人”当领导人。往往一个突发事件就可能导致整个选情翻盘，“比如李登辉，拖着病体上台公开露面，故意咳嗽几声，突然晕倒在台，都可能起作用”。

宋楚瑜为何坚持参选？其目的很明确，争取政党票和“立委”席位，扩大其政治影响力。他之所以最后宣布参选，实乃骑虎难下，有那么多人连署，不能不选；加之被蓝营大骂，也有情绪化因素。徐博东认为，连署过后，宋楚瑜打马为虚、打蔡为实。如果因宋楚瑜参选造成马英九败选，宋将里外不是人，蓝营视他为罪人，绿营不可能用他，大陆不会原谅他，美国不会高兴。因此，徐博东分析宋楚瑜参选到底的可能性不大，他会等待合适的时机退选。

马英九若当选，两岸关系是否会有所突破？徐博东认为仍会是先经后政的路子，两岸如何加强合作，应付经济危机，是重中之重。也不排除文化、教育、新闻方面签订一些协议。但“两岸和平协议”签署的可能性不大。

对话嘉宾：徐博东，资深台湾问题研究专家，北京联合大学台湾研究院创院院长、顾问，曾主持《“台独”与民进党研究》、《大国格局变动中的两岸关系》等重大课题研究。

对话主持：陈芳

一、影响台湾“大选”的因素有哪些?

“台湾仍是个危机社会，是一个蓝绿对立、意识形态至上、只有颜色没有是非的社会。所谓民主制度、选举制度是非常不健康的，大选结果也充满了不确定性。”

凤凰网、中国网：根据您的研究和观察，影响台湾大选的因素有哪些?

徐博东：台湾不是一个国家，是中国的一个地区，而且是非常特殊的地区。用民进党前主席许信良的话讲，“台湾是一个危机社会”（编者注：许信良认为台湾是一个分裂社会、危机社会，族群、“统独”对立十分严重）。

首先，台湾蓝绿对立严重，实则在“国家认同”上存在着很大的分歧。蓝营认同大中国，根据“中华民国宪法”承认“两岸一中”，承认九二共识；绿营则主张“台湾和大陆是两个国家”。蓝绿对立，对岛内政治、两岸关系都产生着非常深刻的影响。

第二，由于历史原因，中美建交之后，美国的军事力量虽然退出了台湾地区，但在政治、思想上还深刻影响着台湾的政治发展，或明或暗地介入台湾政治。

一般来讲，内部政策是影响选情最主要的因素，但台湾并不如此，不仅仅是政策，还在很大程度上受意识形态即“国家认同”的影响。

台湾大选难免受到这些因素的制约和影响，因此，台湾民主到目前实质上仍是畸形发展，选举制度也是不健康不成熟的，充满了非常大的不确定性。

此外，选举策略、选举技巧亦不可小觑。绿营实力实际不如蓝营，但由于民主发展不充分，每年大选中，能够让“台独”势力倾向的政党通过不光彩的手段，即奥步，夺取政权，比如 2004 年大选中的“两颗子弹”。因此，台湾的选举非常难以预测，往往一个突发事件就可能导致整个选情翻盘，不到最后时刻，很难准确评估选举结果。

凤凰网、中国网：台湾这几年的民主进程您怎么评价？

徐博东：陈水扁执政八年，经济大幅滑坡，投资环境恶化；贪腐集团招来众怒，20多个政府官员被起诉，陈水扁坐牢，其家人全部涉案；挑战两岸关系，造成台海地区紧张局势，迫使中美两国联手遏制“台独”。

按理说，民进党垮台后应好好反省，但目前我们没有看到，只是换了一个党主席，内部派系仍把持着权力，也没有与陈水扁进行切割，蔡英文甚至跑到监狱探访陈水扁。两岸关系也没有很好的检讨，到现在还在坚持“台独”党纲，坚持“两国论”。

可是，这个党，居然能够在很短的时间内重新崛起，“五都”选举，从席次上，蓝3绿2，保持了原来的版图，但是得票率上，绿营却打败了国民党。而这次“大选”，也让马英九如此紧张。这难道正常吗？这是不正常的所谓民主选举制度。

凤凰网、中国网：为什么会出现这样的结果？与民众意识有关，还是被政党操控？

徐博东：关键在中南部的农业区，以及中低收入群体。一方面，他们知识结构比较低；另一方面这个群体以台湾本土居民为主，这就和国民党五六十年代实行严酷的“白色恐怖”有关，造成了很多冤假错案，使台湾一些老百姓对国民党专制独裁统治深恶痛绝，“台独”开始主要是反国民党。

为什么李登辉到现在还有那么大的影响力？他们觉得他是台湾人的第一个“总统”；陈水扁搞得这么差，为什么还能有那么多人拥护他？支持者曾经说过“肚子扁扁也要拥护阿扁，犯再大错也是我们台湾人的总统，要打要骂也是我们自己人的权力”。这种纠结的心态如果不转变，台湾政治就总是处在一种没有是非的境地，民进党再怎么乱搞，还是有它那么大的根基，不会松动。

凤凰网、中国网：台湾历次选举，包括台北市长选举，有一个奇特的现象，在位者往往很难守住位置，当然2004年陈水扁那一次是例外，因为两颗子弹改变。

徐博东：是这样。吴敦义在高雄当市长，连任时，面临着谢长廷的挑战，就是因为一个录音磁带，说他跟女记者有绯闻，结果饮恨败选，最后调查根本没这回事儿。不要说“总统大选”，有很多这样的事情。

一个录音磁带、一个造假的 VCD 盘就可以导致翻盘。台湾的选举现在很难评估，谁也不要吹牛，说什么人就能够赢，只能评估现在，但不能保证一个多月以后还是这样。像 2004 年，选前几天国民党还有 8% 的领先率，结果两颗子弹打下来以后，第二天一下子就翻盘了。

陈水扁执政四年，把台湾搞得一塌糊涂。2008 年选举，很多人评估民进党会惨败，连许信良都说，“没有 20 年民进党恐怕很难爬起来”。尽管如此，2008 年台湾“大选”，谢长廷这一组代表民进党的人马还能拿到 42% 的选票。现在，台湾就开始面临国民党会不会在 2012 年败选、民进党是否重新上台执政的问题。

按理说马英九比陈水扁好，多清廉的一个政治人物；再看“第一夫人”，周美青与吴淑珍相比，差距可见；经济上，困难情况之下，依然实现了高增长；两岸关系至少不像陈水扁执政时期那么剑拔弩张，ECFA 签订，直接“三通”实现，陆客大量入岛。但马英九民调，三年多来很难爬起来，一直很低迷，这次选举居然那么辛苦。这是很不正常的，就是跟上面讲的几方面有很大关系。

台湾选举往往会大跌眼镜，就在于它是个危机社会，是一个蓝绿对立、意识形态至上、只有颜色没有是非的社会，所谓民主制度、选举制度是非常不健康的。台湾“大选”就像一部非常精彩的政治电视连续剧，高潮迭起。

二、2012 台湾“大选”有哪些看点？

“要看选战会出什么突发事件，突发事件随时都可能影响选情，甚至导致选情翻牌。比如李登辉，拖着病体上台公开露面，故意咳嗽几声，突然晕倒在台，也可能起作用。”

凤凰网、中国网：这次“大选”，从您目前观察到的选举情况，有哪些看点？

徐博东：2012 年台湾大选，有八大看点。

第一，看国民党拿出来的不分区“立委”名单是不是漂亮，能不能经得起台湾社会严格的检验。从目前来看，国民党做得不错。但正面效应被民进党的奥步有所削弱，民进党为什么要抛出陈盈助事件、两元柿子事件？民进党的不分区名单引起台湾社会严重诟病，所以在国民党抛出不分区名单的同一天，民进党抛出陈盈助事件，接着柿子风波，就是为了掩盖国民党的新闻效应。但不管怎样，国民党的效应还在那里，占了先。

第二，要看 12 月份的几场“总统”电视辩论会，很关键。从目前看，马英九领先。

第三，要看宋楚瑜的攻击点，主攻马英九还是主攻蔡英文。宋的口才非常好，而且没有任何包袱。现在看来，宋楚瑜并不像原来人们所预估的打马，而是左右开弓。依我观察，宋楚瑜打蔡比打马更厉害，比如他肯定 ECFA，实际上就是批蔡英文。我觉得宋打马为虚打蔡为实。前一段时间打马，因为他需要利用绿营的人帮忙连署，不但要过关，还要尽量多一点连署人。现在连署过关，没必要继续讨好绿营。这场辩论，实际上宋楚瑜是做球给马英九的，问的问题也是故意让马英九讲政绩。

第四，要看马英九的执政团队会不会再出问题，会不会后院着火帮倒忙，现在看他的执政团队还是比较谨慎小心的。

第五，看马英九竞选团队会出什么样的招，会不会继续出昏招。现在看这一段还不错，前一段提出“公投两岸和平协议”，真是昏招。也要看其面对绿营的奥步怎么因应，陈盈助事件、柿子风波，因应得不错。

第六，看民进党竞选团队会出什么招，能不能让台湾老百姓放心，其上台后两岸关系不会回到陈水扁时代，能够保证和平发展的红利不会丢失。现在看来，民进党执政团队一连出了几个臭招，陈盈助事件搬石头砸自己的脚，柿子风波搞得很狼狈。

这一阶段，其竞选团队并没有发挥正面作用，台湾选民并没有因“十年政纲”的抛出，消除对蔡英文上台的疑虑。蔡英文在辩论会前一天晚上，临时举行记者会，说明他们很清楚两岸问题肯定是第二天辩论的重点，与其被动挨打，不如主动出击，事先抛出新思维，表面看像转变，但辩论中还是老样子，不过是竞选团队的一个伎俩。至少到目前，我看民进党的竞选团队不像 2004 年那么厉害，吴乃仁、邱义仁还是那一套选举花招，台湾老百姓已经厌恶了，而且这种花招被戳穿后，对方已经有充分的应对准备。

第七，要看选战会出什么突发事件，突发事件随时都可能影响选情，甚至导致选情翻牌。比如李登辉，前一段时间做手术，身体不是很好，假如他病情恶化，或者最后拖着病体上台公开露面，故意咳嗽几声，突然晕倒在台，都可能起作用。突发事件仍然是影响台湾选情非常重要的一个因素，很难想象有哪些东西会出来。

第八，要看大陆台商回去投票的人有多少。在支持率如此接近的情况下，大陆100多万的台商，包括在海外的台湾人能回多少，这很重要。2004年的时候，很多台商没有回去非常后悔，这一次会有危机感。

三、怎么看选前民调？

观察历年来的选举，十个百分点之内，马英九都处于一种危险状态；五个百分点以内肯定是输；只有超过10%的领先幅度才有赢的把握，十个百分点也只是险胜，大概12到15个百分点就有把握了。

凤凰网、中国网：目前的各种民调能多大程度上反映真实选情？民调差距在多少范围是安全的？

徐博东：今天（2011年12月7日）最新民调显示，马英九领先，并且领先7个左右百分点。

台湾选举不到最后一刻很难预测，只能说现在。如果今天投票的话，我敢说只有六七个百分点的领先，马英九仍然是输的。观察历年的选举，十个百分点之内，马英九都处于一种危险状态；五个百分点以内那肯定是输；只有超过10%的领先幅度才有赢的把握，就是十个百分点也只是险胜，大概12到15个百分点就有把握了。

为什么？打个比方，民调调查我们三个人，有两个人说支持马英九，但不等于两个人都去投票。蓝营的投票意愿不如绿营高，绿营是刮风下雨，都要去投票的，投票率历来都高于蓝营八个百分点左右。

四、马英九 VS 蔡英文，各自胜算几何？

蔡英文背负“台独”与陈水扁贪腐的包袱。从后续发展来看，马英九比较有利。马英九的夫人牌，执政优势牌、以及宋楚瑜最后可能弃选都对马英九有利。

凤凰网、中国网：根据现在的观察，马英九竞选团队和蔡英文团队，各自的优劣在哪里？胜算几何？

徐博东：绿营很会打文宣战，擅长用媒体、文宣、电台等等，很会煽动民粹情绪，不惜造假。民进党是草根性的政党，能够很好地把握台湾社会的脉动，容易从中下层那里获得选票，来摆脱政治势力相对弱小的不利局面。他们认为结果是最重要的，只要能达到那个结果，采取什么手段都可以。因此，民进党的民调往往显得比较低，但一到选举时刻，拿到的票却很高。

蓝营组织战打得比较好，但文宣不如绿营，不过这一次国民党的文宣并不输民进党，金溥聪还是比较重视文宣，对民进党反制比较及时，发言人就有 15 个，都是年轻人，帅哥、美女。

但国民党内部往往是分裂的，2000 年就因为分裂，宋楚瑜从国民党出走，另组一组人马参选，结果票源分散，导致陈水扁夺得政权。

此次“大选”中，就蔡英文来讲，有两个包袱。第一，到目前看不出她有办法让台湾老百姓、特别是企业界人士对她放心，大多对其能否稳定两岸关系表示怀疑。她提出“台湾共识”，至今没有清晰的表述，她也不敢把“两国论”拿出来，很难让台湾老百姓对她上台以后能够放心，能够稳定两岸关系，并继续享受和平发展红利。

第二，看不出她与陈水扁有真正的切割。蔡英文在辩论中说执政之后的团队不等于现在的竞选团队，同时还被揭发蔡英文为家族企业——宇昌生技公司，谋好处，图利自肥。估计很快就会开始发酵。而且邱毅还爆出蔡英文牵涉“国安密账”弊案。恐怕后边这个问题会谈得更清楚，很快就会发酵。蔡英文曾经说，虽然我的竞选团队是陈水扁的，关键要看领导人如何，意思是说她很清廉，但别以为蔡英文多清廉，图利自肥的事被揭发，其清廉形象被打破。

刚才分析的八大看点，从后续发展来看，马英九比较有利。此外，马英九还有一张大牌——夫人牌没有打。周美青这张牌很有效的，现在周美青的辅选只是刚刚开始。再有就是马英九的执政优势，最后一个多月时间里，还可以出台一些民生政策来拉选票，台湾人叫“政策买票”，执政就有优势。

最后，有利于马英九的还有宋楚瑜的动态。

五、宋楚瑜是否会参选到底?

“他参选目的就是要保住政党票和‘立委’席位。我始终不认为宋楚瑜会参选到底，宋楚瑜是在观察，密切算计弃选时机，要看什么时间点最好、最合适、最符合他自己的利益。”

凤凰网、中国网：宋楚瑜究竟为什么参选？而且开始态度很是坚决。

徐博东：他说得很清楚，就是想在“立法院”有亲民党的党团，继续在台湾政坛上有其影响力。要想有“立法院”党团，光靠“立委候选人”是不行的，要造势，就要参选。开始时宋称有一百万他才选，实际上给自己留了一个下台阶的梯子，但后来由于各种因素，包括蓝营名嘴一天到晚骂他到狗血淋头，大概有点动气。

形势的变化发展，导致他后来骑虎难下，不能那么多人连署，你却突然不选了。所以他要把这张牌发挥到极致，等最后关键时刻。

凤凰网、中国网：宋楚瑜是否会参选到底？

徐博东：我始终不认为宋楚瑜会参选到底。即使他真参选到底，如果在策略上发生变化，由打马，到马蔡均打，虚打马，实打蔡，整个形势就发生变化了。这样一个变化，会对蓝营的士气有很大提升。实际上宋参选并没有什么坏处，反而帮助了马，辩论的时候其实在做球给马，打马是轻轻打两下，打蔡是要害上打。

如果选前一天或选前两天，看民调始终低迷不可能选上，宋楚瑜会开放投票，只要保住政党票和“立委”的席位。这样，对国民党来说，士气上会有一个大变化，不在于多少个百分点转向马，而在于整个士气发生变化，马英九的看好度会大幅提升，举棋不定的可能就会投给马。

如果最后阶段宋楚瑜还有七八个百分点的支持率，现在看来绿营的已经全部回去，这其中有四个百分点是宋楚瑜死忠票的话，也有三四个百分点可能变化。一种变化无非不选，还有两个百分点可能回转投马，两个百分点就二十多万票。我一开始就说，不在于多少选票，重要的在整个士气发生变化。

这样，对宋楚瑜来说，马英九即使输也赖不着我了；赢了，我立一大功，而且很多蓝营支持者可能会觉得欠了宋楚瑜一个人情，在“立委”选举中，政党选票会自动流向亲民党。大陆也没得罪，美国人也觉得宋楚瑜最后关键时刻保了马，对他也没有什么反感。这样就是一个双赢的局面，要我是宋楚瑜，我很可能就这样做，何必明明知道自己选不上，最后弄得自己里外不是人？宋楚瑜是何等人物？他不知道算盘怎么打啊？意气用事最后弄得鱼死网破？我看他没那么笨。如果说一开始有点意气用事，形势发展逼得他下不了台，冷静下来思考，他不会算不好这笔政治账的。

我估计宋楚瑜是在观察，密切算计弃选时机，要看什么时间点最好、最合适、最符合他自己的利益。

六、马英九若当选，两岸关系有无可能突破？

即使马英九赢了，第二任期也不可能签订“和平协议”。既没有两岸“一中原则”的明确规定，也不设定未来两岸终极统一走向，这样的“和平协议”，大陆是绝对不可能接受的。这两条，马英九即使连任，四年能够做得到吗？他讲得很清楚，“不统、不独、不武”。

凤凰网、中国网：怎么看马英九在选举前抛出的两岸主张？尤其前一段时间，对两岸关系的强硬表态，以及后来的松动？这是一种选举策略还是其政见？

徐博东：既是他的选举策略，也不能说不是他的政见。比如“两岸和平协议”，恐怕是他的政见，但“公投”不见得是其事先设计好的。和平协议出来后，绿营反弹迫使其用“公投”消除绿营和中间选民的疑虑。

凤凰网、中国网：如果马英九当选，两岸关系前景如何？政治层面会不会有突破？

徐博东：马英九如果连任，恐怕还是先经后政。明年经济恐怕又会面临新一波经济危机，两岸如何加强合作，应付经济危机，是重中之重。ECFA还有很多具体协议没有谈。当然不排除文化、教育、新闻方面签订一些协议。

我个人评估，即使马英九赢了，第二任期也不可能签订“和平协议”。因为马英九所说的“和平协议”和我们所要的和平协议不是一回事。马英九的“和平协议”说白了就是维持现状，并将现状固定下来。

大陆怎么可能希望两岸这种分裂局面固定化？不但固定化还法制化吗？要搞清楚他的“和平协议”是什么。我们所要的和平协议至少要满足两个条件：

第一，明确两岸同属一个中国的原则，现在马英九是“一中各表”，未来四年马英九能不能在两岸定位上有明确的表态，我始终打个问号。

第二，和平协议必须明确未来统一的走向，终极统一。签和平协议不是使现状固定化，而是要谋求未来国家的统一。和平发展只是过程，最终要实现国家统一。

既没有两岸“一中原则”的明确规定，也不设定未来两岸终极统一走向，这样的“和平协议”，大陆是绝对不可能接受的。这两条，马英九即使连任，四年能够做得到吗？他讲得很清楚，“不统、不独、不武”，我看不出这种可能性。

有人认为马英九第一任期不敢提，是因为他有连任压力，第二任期没有压力就可以放开手脚。我不这样认为，马英九虽然没有连任压力，但国民党还有连任压力呢，他不能因为自己让国民党丢掉政权。不能光考虑马英九个人有没有连任压力，还要考虑国民党继续执政的问题，照样有压力。

第二任期恐怕仍是经济为主。不要认为马英九上台就什么都OK了，两岸关系就可以大步向前迈了，这种看法太过于乐观了，欲速而不达。

凤凰网、中国网：有学者认为马英九对“台独”，对绿营有一些过于妥协？

徐博东：对，我也是这么认为的，而且有些是无原则的妥协。

这么多年来，民调始终低迷，马英九有一个很错误的认识，他要当“全民总统”，很在乎绿营那一批人的意见，绿营的人一旦反弹马上妥协。为什么对大陆时不时说一些硬话？就是表态给绿营看，外省人的原罪感，表示他这个外省人不会卖台的。

这样他就把自己的基本盘——深蓝阵营得罪了，深蓝的人看着很不舒服，最终统一也不敢说了，绿营一反弹就软。他想搞蓝绿之间的平衡，这是失策。实际上哪里有“全民总统”？你要反映支持你上台的那一批人的利益，反映他们的诉求，谁赢谁就通吃，我的政见你赞成就投我的票，不赞成就投另外一组人，都不赞成，你就可以不投票。

凤凰网、中国网：这他个人的问题还是代表了国民党的一种倾向？

徐博东：恐怕整个国民党都有这个问题。马英九当选党主席之后，国民党党纲中就把“终极统一”这一条给删了，不再提未来两岸统一，只有和平发展，胡连会的五项愿景写进去，但把党纲里“谋求国家统一”这一条删掉了。马英九曾经说过终极统一，被绿营一批就再也不敢谈了。

台湾国民党，现在已经失去了理想性，不再将两岸的统一作为自己的最高目标。因此有人讲“国民党民进党化”，使台湾老百姓分不清楚国民党和民进党有什么根本区别。

凤凰网、中国网：马英九如果当选，有没有可能以党主席身份访问大陆？

徐博东：不可能了，马英九已经讲了这番话，这个可能性已经不存在了。即使以国民党主席身份访问大陆，也会被解读为台湾地区领导人的身份。因此，不大可能。

（凤凰网/中国网，2011/12/08）

2012 年

坚持“九二共识”两岸才能共享和平红利

中国台湾网1月9日北京消息 由中国台湾网、中央电视台新闻中心、人民日报海外版主办，腾讯网协办的“2011年两岸关系十大新闻”评选活动将于明日揭晓。作为本次活动的评审专家之一，北京联合大学台湾研究院徐博东教授在点评去年的两岸关系时表示：2011年两岸之间政治互信进一步增强，只有坚定不移地坚持“九二共识”，两岸关系才能稳定良好地继续发展。

2011两岸政治互信进一步增进

2011年，“两岸经济合作框架协议”（ECFA）中早收清单正式实施；两岸经济合作委员会成立；大陆居民赴台个人游如期正式启动……此外，两岸警方联手摧毁了多个特大跨境电信诈骗团伙，共抓获两岸犯罪嫌疑人1600多名……另一方面，2011年大陆“十二五”规划首次把两岸关系列为专章加以阐述，指明了今后几年两岸经济关系的发展方向。

徐博东认为，所有这些，都为两岸合作拓展了新的领域，为下一步商谈签署协议、深化互利合作打下了坚实的基础。一年来两岸签署的各项协议得到了切实履行，两岸经济合作制度化取得了重要进展，彼此的互信进一步增进。

在高层往来方面，本年度中共中央总书记胡锦涛就推动两岸关系发展提出4点意见、对“九二共识”作出3点重要阐述；第七届两岸经贸文化论坛形成了4点共识，提出了19条“共同建议”。徐博东认为，两岸高层的交往和重要宣示，对于促进相互了解，增强两岸政治互信，都起到了重要作用。

徐博东认为，加强两岸政治互信，有赖于两岸双方良好互动：一是要信守各自的承诺，切实履行两岸两会业已签署的各项协议；二是要照顾到彼此的关切，按照“先易后难，先经后政”的工作思路，推进新的协商谈判，扩大交流合作；三是要加强两岸高层的交流交往，增进彼此的了解。他认为，2011 年在上述 3 个方面两岸做得都很不错。

坚持“九二共识”两岸同胞才能共享和平“红利”

对于如何进一步加强两岸政治互信，徐博东认为，“九二共识”是最核心的基础。20 多年来，台海风云跌宕起伏，两岸关系经过了艰难曲折的历程。事实证明，坚持“九二共识”，两岸协商谈判才能维系，两岸关系才能稳定发展，两岸和平才有保障，两岸同胞也才能共享和平“红利”。

他强调，“九二共识”是一个客观事实，而且是一个对两岸关系发展不断发挥重大积极作用的事实。未来两岸关系发展中需要通过协商谈判解决的问题还很多，今后台湾不管什么政党也不管什么人执政，都必须严肃面对“九二共识”，承认和接受“九二共识”。只有这样，两岸双方既有的政治互信基础才能得到巩固和增强，两岸协商谈判才能够开辟更广阔的领域，不断取得新的更大成就，更好地造福于两岸同胞。而否认“九二共识”，不仅两岸协商谈判难以为继，已有的协商成果也将难以落实，两岸关系势将重现曾经有过的动荡不安，最终伤害两岸同胞尤其是台湾同胞的利益。

两岸关系继续发展——寄望坚持“九二共识”与开放政策

对于 2012 年两岸关系走向，徐博东认为，坚持“九二共识”和两岸开放政策，两岸关系可望在既有的基础上进一步稳定向前发展。

首先，面对即将到来的世界经济衰退，两岸将会加快步伐推进 ECFA 的后续协商，为深化两岸经济合作提供更有效的制度保障，为台湾企业提供更广阔的发展空间，为台湾经济提供更多的有益支持，为两岸共同应对经济衰退、促进经济共同繁荣提供更有利的条件。两岸协商将会优先解决事关两岸同胞切身利益的重要问题，积极考虑广大基层民众、中小企业和青年人的需求，使协商成果更加有利于扩大两岸交流合作，更加广泛地惠及两岸民众。

与此同时，两会将会推动商签两岸文化、教育、新闻、出版等方面的交流合作协议。再有就是对台湾同胞一向十分关心的有关台湾参与国际活动的问题，展开两岸协商，作出合情合理的安排。总之，在今后的几年中，两岸互信将会进一步增强，两岸关系和平发展将会提升到一个更高的层次。但“先易后难，循序渐进，把握节奏”，仍然是必须遵循的原则。

徐博东也表示，假如否认“九二共识”，那么两岸协商的政治基础丧失，这样不仅两岸两会的协商势必中断，已经达成的16项协议也将因为失去原有的政治基础而成为无源之水和无本之木，无法有效贯彻落实。两岸政治互信的丧失，两岸协商的中断，势必使两岸关系充满变数，很可能倒退到陈水扁时期动荡不安的局面，受伤害最大的必将是台湾经济和台湾同胞。

十大新闻评选有助于促进两岸同胞交流理解

“两岸关系十大新闻评选”自2005年推出至今已经连续举办了6届，每一年都有台湾问题专家学者与广大关注两岸关系发展的网友一道，评选出当年最具影响力的两岸关系十大新闻事件。同时，也以此为线索回顾与梳理一年来两岸关系的发展。

徐博东表示：这一活动有助于引导广大网民认真回顾一年来两岸关系发展的全过程及所取得的成果，关心两岸关系发展，关心民族复兴大业。这对于促进两岸同胞的交流交往、相互理解和感情的融洽具有重要意义。应当坚持办下去，并且希望它愈办愈好。

据悉，本次评选活动将于1月10日公布评选结果。

（中国台湾网，2012/01/09，记者栗琰）

大陆对台“无影手”力量日强

新加坡联合早报/北京特派员沈泽玮报道 北京联合大学台湾研究院徐

博东教授认为，以台湾大企业纷纷挺“九二共识”的举动来看，大陆对台政策在过去几年取得非常大的成就，说明“‘九二共识’已通过这场选举深入民心”。

台湾“总统”选举总避不开两岸关系和中国大陆因素。随着两岸经贸关系日益紧密，大陆所能发挥的无影手力量也日益增强。

虽然大陆一再强调“不介入”台湾选举，但在承认“九二共识”的国民党候选人马英九和不承认“九二共识”的民进党候选人蔡英文之间，中国大陆更希望看到前者当选，却是毋庸置疑的。

梳理2005年至2012年间国共两党为推动两岸关系所做的铺陈，不难发现这次台湾选举不仅是对马英九的信任投票，也是对大陆对台政策的一次检验。

2005年，时任国民党主席连战展开历史性破冰之旅，与中共总书记胡锦涛订下五项愿景。三年后的2008年，国共终于等到马英九上台，同年恢复两会（海协会、海基会）制度性协商、启动历史性的“大三通”，又签署了包括降低关税的“两岸经济合作架构协议”（ECFA）在内的16项协议。再三年后的2012年，面对又一次的台湾“大选”，大陆是收割2005年以来耕耘的成果，还是一夕回到12年前民进党上台执政的局面？

有舆论称，两岸关系突破是胡锦涛任内的重大成就，如果马英九败选，大陆惠台政策可能面对来自内部的质疑，被迫转向较强硬的对台政策。此外，由于中共今年将召开“十八大”，若台湾政局在大陆领导层更替前出现新变化，那胡锦涛将无法在其任内留下他推动两岸关系进程的“政治遗产”，也可能影响大陆政局的人事安排。

受访大陆学者对此看法不以为然。

中国国际问题研究所研究员郭震远指出，大陆对台政策的基本特点是“延续性、稳固性”，在具体做法上若因应台湾主政者态度上的改变而做调整，也是很正常的。至于大陆要随台湾领导人出现更迭而追究责任的说法，郭震远形容，这种解读“让人匪夷所思”。

北京联合大学台湾研究院徐博东教授认为，台湾选举的结果不能与大陆对台政策画等号，如果说马英九赢了，大陆对台政策就取得重大胜利，输了就是政策错了，这样看问题是“幼稚的、片面的、错误的”。

他说，台湾选举的输赢，有其内部的规律性，尽管两岸关系是影响台湾选举和政治发展的重要领域，但它不是决定性领域，主要还是台湾的民生议题。

相反的，徐博东认为，以台湾大企业纷纷挺“九二共识”的举动来看，大陆对台政策在过去几年取得非常大的成就，说明“九二共识已通过这场选举深入民心”。

“九二共识”是近来在两岸新闻中曝光率很高的关键词，台湾方面认为其核心精神为“一个中国，各自表述”。对于“一个中国”，中共的认知为一个中华人民共和国；国民党的认知为“一个中华民国”，中共强调“一中”，国民党紧抓“各表”。

坚持“一中原则”或“九二共识”是大陆的底线。大陆对台湾选举的高度关注，也反映在官方和学者屡次强调“九二共识”是两岸恢复制度性协商的重要前提，并多次告诫台湾否定“九二共识”后果严重。

从中国全国政协主席贾庆林、国台办主任王毅、海协会会长陈云林到国台办发言人杨毅和范丽青等人，几乎没有一人不在公开场合把“九二共识”挂在嘴边。

在海协会成立20周年纪念大会上，贾庆林甚至列出台湾否定“九二共识”的四个后果：

一、两岸协商“难以为继”；

二、已有的协商成果“难以落实”；

三、两岸关系势将重现以往曾有过的“动荡不安”；

四、两岸人民利益将“受伤害”。

学者：大陆对蔡英文不会听其言观其行

受访大陆学者认为，如果蔡英文上台，大陆对她连“听其言、观其行”的过程也不会有，因为她对“九二共识”的态度已经很明显，难有回旋余地。若蔡不肯承认“一中原则”，那两会协商极可能中断，台湾在经贸和国际空间等问题上恐怕再度受挫，今年 5 月份能否以观察员身份参加世界卫生大会（WHA），是个重要观察指标。

在台湾选情胶着的时候，大陆一边严词警告台湾不得搞“台独”，一边继续向台湾释放利好诱因，出手争取台湾民心的工作仍不间断。

惠台政策从农产品、旅游、文化到金融方方面面都有，包括宣布开放台湾人到大陆 9 个省市设立“个体工商户”、开放台湾梨进口、扩大对台企的融资支持度、计划增加试点自由行城市、承诺加快两岸合拍剧的审批等。

大陆海协会执行副会长李亚飞去年底还告诉驻京台媒，两岸关系和平发展今年若能顺利持续，台湾参与国际活动的项目与空间会更宽广，大陆也会推出更多对两岸民众更有利的措施，包括采购台湾稻米等。

民进党创党大老：大陆“以商围政”奏效

台湾与大陆的经贸联系紧密，大陆市场占台湾出口市场的 40.2%，是台湾最大的出口目的地。两岸关系回暖、放宽大陆游客赴台自由行也给台湾旅游业注入更多活水，去年赴台观光客持续增长，其中大陆旅客占了 29.3%。不管是马或蔡上台，肯定都无法逆转两岸经贸关系愈走愈近的趋势。

民进党创党大老、台湾产经建研社理事长洪奇昌上周在一个座谈会上指出，从大咖（重量级）台商包括郭台铭、尹衍樑和张荣发等一个个跳出来支持“九二共识”来判断，中国大陆对台“以商围政”的政策已经奏效。

尽管经济上获得大陆释放的经济善意，但“陆委会”去年 12 月公布的民调显示，在统独议题上，主张“广义维持现状”的台湾民众仍高达 86.6%。面对如此强大的民意，再加上马英九此次选举如果只能低空掠过，那两岸关系能否在他第二个任内取得新突破？

郭震远评估，两岸关系肯定有“新的重大进展”，但重大到什么程度，要看两岸怎么互动。

徐博东从整体形势分析指出，若马英九胜选，第一步还是经济，如何加快 ECFA 协商以因应欧债危机的冲击；第二步是推动商签两岸文化、教育、新闻出版等方面的合作协议，到了马英九第二任期的中后期，政局比较稳定时，两岸政治对话才可能提到议事日程。

徐博东说：“结束敌对状态、军事互信机制，比较低阶和中阶的政治议题，有没有可能达成一些协议？但是较高阶的两岸和平协议，我个人评估，在马英九的任期内，不可能达成任何协议。不要有过高的期待，08 年那样的得票率，马英九都不敢迈大步，怎么奢望他在第二任期得票率远远少于第一任期的情况下，会迈大步？”

（新加坡《联合早报》，2012/01/12，沈泽玮）

要不要“九二共识”，投票结果给出了答案

人民日报·海外版报道 2012 年台湾地区领导人选举尘埃落定，马英九以 79 万多张票胜选连任。这样的结果传递了怎样的信息？台湾民众如何看待两岸关系？民进党前景如何？1 月 15 日，北京联合大学台湾研究院邀请专家学者各抒己见。

……（略）

北京联合大学教授徐博东说，此次选举台湾工商企业界无论是财团还是中小企业，一边倒地公开挺马、挺“九二共识”，台湾的渔民、农民对 ECFA、“九二共识”朗朗上口，有台湾媒体说这次选举是“九二共识”打败了“台湾共识”，其实，也可以说是发展经济打败了重新“锁闭”。这次民进党在南部流失了票源，没有预估选得好，应该是有 ECFA 的效应，这个效应随着后续协商的深入，会产生更大的凝聚力量。

……（略）

有专家在研讨会上指出，民进党虽然输了这场选举，但从投票数上可以看出，民进党的基本支持者还在，今年的得票数比 2008 年还有所上升。民进党能否重新洗牌，彻底改革，现在是一个机会。

民进党将如何面对未来？徐博东分析说，民进党在此次选举中主打民生

议题，极力想回避两岸议题，这说明民进党自知两岸议题是“罩门”。而且民进党不再敢打“急独”议题，策略已经进行了调整，向中间靠拢。但两岸政策想回避是回避不了的，回避就会自相矛盾，这次选举暴露出民进党对“九二共识”自相矛盾，对 ECFA 态度不明，对“台湾共识”说不清楚，这个困境是目前民进党难以克服的。对民进党来说，这场选举是教训，也为日后转型打下了基础，党内理性务实的声音有可能重新再起。

（人民日报·海外版，2012/01/16）

从经贸协商到政治商谈，可分三步走

海峡导报记者林芃/杨思萍报道　马英九的成功连任，让未来两岸关系的发展有了更大的想象空间。在过去的四年里，两岸“三通”了，陆客赴台自由行了，ECFA 也签订了，两岸商品的关税也降低了；在未来的四年里，两岸又会在哪些问题上取得突破性的进展呢？对此，导报记者访问了台湾问题权威专家、北京联合大学台湾研究院前院长徐博东，请他为我们畅想一下未来的两岸关系。

赞赏马英九签 ECFA 有魄力

导报记者（以下简称“记者”）：选后，您发文说这次选举是“九二共识”打败了“台湾共识”、“发展经济”打败了“重新锁岛”，您如何评价马英九上任以来在两岸关系上的表现？

徐博东：坚持“九二共识”是马英九获胜的最大王牌。“九二共识”使得两岸的协商谈判很快得到恢复，推动两岸“三通”、开放陆客赴台，最重要的是和大陆签订 ECFA。ECFA 的签订，是国民党顶住了民进党的强大压力，在民进党的强烈反对下签订的，可以说，马英九有这种胆识和魄力，是很不容易的。

然而，民进党却把ECFA污蔑为“糖衣毒药”，蔡英文从“台独”意识形态出发，发动大规模的街头群众运动，一再攻击马英九的两岸开放政策是“倾中卖台”，甚至扬言要发动“公投”反对ECFA，但是，马英九顶住了这样的压力。

从六成以上的民调支持度来看，其中近四成是对马英九本人的满意度，另外是民众对马英九处理两岸关系的肯定。可以看出，对两岸关系的态度是马英九执政四年来，所取得的最大政绩。

观察“九二共识”更加深入人心

记者：通过这次选举，“九二共识”在台湾是不是更加深入人心？未来4年，国民党如果再推动这种两岸议题，会不会阻力小一点？

徐博东：是的，通过这次选举可以看出，岛内的民众通过各种选举造势场合的拉票、电视辩论的宣传，更深刻地认识了“九二共识”，使得“九二共识”成为了真正的“台湾共识”。预计国民党再推动这类两岸议题时，所遇的阻力会比上一个任期小一些。

我估计，通过这次败选的深刻教训，以及在强大的民意压力之下，民进党可能会调整自身的一些做法，不会像以前那样，动不动就不近情理地剧烈反弹。因为，民进党要想重新执政，就不得不正视“九二共识”，仔细检讨两岸政策上出了什么问题，否则很难再上台执政。

但是，我不敢奢望民进党有很大的改变。

两岸政策大调？民进党内还难达共识

记者：说到改变，蔡英文在败选后也强调会检讨民进党的两岸政策，您觉得民进党会修改他们的“台独纲领”吗？

徐博东：相比往年败选后，把失败的原因归结为一些细枝末节上的不足，今年的败选，民进党的检讨态度明显好多了，开始正视两岸政策。但是，民进党能否进行实质性的调整，还有待观察。

之所以这么说，是因为民进党内的意见存在很大的分歧。虽然民进党意识到，已经到了不得不调整两岸政策的时候了，但其认识程度参差不齐，党内还无法达成一个共识。无论是陈水扁的“激进台独”，还是蔡英文包装起来的“柔性台独”，都是无法争取到多数台湾民众的认同与支持的。

民进党光认识到两岸关系是其罩门还不够。民进党应该认识到，其“台独纲领”必须作实质性的改变，而非策略性的。

所以，在短期内，我们不能奢望民进党在“台独”问题上有实质性的转型。我们要看未来民进党对马英九的态度，是否还像原来一样，很不理性地逢马必反、逢陆必反，还是有所改变。

建议从经济到政治三步走

加快 ECFA 后续协商、签订两岸“文教 ECFA”、结束敌对状态、建立军事互信

记者：在两岸关系上，马英九在第一任期内基本上集中在经贸、文化领域，下一任期会在政治层面上有所突破吗？两岸能否正式结束敌对状态，实现军事互信？

徐博东：我认为两岸要想从经济层面走向政治层面，在马英九任期内，要分三步。

第一，马英九虽然连任，恐怕还是先经后政。今年全世界恐怕又会面临新一波经济危机，即欧债危机。以台湾出口导向型的经济模式来看，欧债危机或将给台湾带来重创。马英九胜选后，如何加强两岸合作，一同应付欧债危机的冲击，是其工作的重中之重。因此，马英九要加快 ECFA 的后续谈判，像“投资保障协议”就是其中之一。

第二，文化、教育等方面签订协议，加以制度化的事宜也应提上议事日程，提升两岸的文教交流和文化产业合作的水平。文教协议涉及国家认同问题，是两岸关系发展的核心问题—我称之为“文教 ECFA”。

就我评估，马英九在第二任期内也不可能签订“和平协议”。因为马英

九所说的“和平协议”和大陆所要的和平协议不是一回事。马英九的“和平协议”，说白了就是维持现状，并将现状固定下来。大陆怎么可能希望两岸这种分裂局面固定化，不但固定化还法制化呢？大陆所要的和平协议至少要满足两个条件：首先，明确两岸坚持“一个中国”的原则，现在马英九是“一中各表”，未来四年马英九能不能在两岸定位上有明确的表态，我始终打个问号；其次，和平协议必须明确两岸未来统一的走向，即终极统一。签和平协议不是使现状固定化，而是要谋求未来国家的统一。和平发展只是过程，最终要实现国家统一。

既没有两岸“一中原则”的明确规定，也不设定未来两岸终极统一走向，这样的“和平协议”，大陆是绝对不可能接受的。马英九讲得很清楚，“不统、不独、不武”，所以在下一个任期内，他不可能迈很大步子。

第三，结束两岸敌对状态，实现军事互信，这要到马英九第二任期的中后期才有可能进行。两岸可以先签订一个框架协议，再逐步填充内容。或者双方相互邀请观摩军演、讨论如何共同维护南海主权等等。两岸结束敌对状态是初级阶段，建立军事互信机制是中级阶段，最终目标是签订和平协议。

（海峡导报，2012/01/18，记者林芃/杨思萍）

人物专访

徐博东：中国大陆民进党研究的拓荒者

近年来，随着台湾问题的突出和两岸关系的发展，台湾研究逐渐成为中国大陆的一门显学，各种涉台研究机构纷纷成立。但是，在这股台湾研究热中，对民进党的研究仍是一个薄弱和相对被忽视的环节。去年陈水扁当选和民进党执政后，少数长期从事民进党研究的学者，身价倍增，成为政府重要的咨询对象，北京联合大学台湾研究所所长徐博东教授，是大陆为数不多的民进党研究的拓荒者之一。

出生于一九四四年十月十二日的徐博东教授，是广东梅州市蕉岭县客家人。他从北京大学历史系毕业后，在贵州、河北农村担任过十年的中学教师；调回北京后从事中国近代史和台湾史的教学和研究；二十世纪八十年代后期转向台湾现状之研究。鲜为人知的是，他父母曾在台湾工作多年，他父亲回到大陆后，长期从事对台宣传研究工作，徐博东研究台湾的兴趣，与其特别的家庭背景尤其是父亲长期的影响分不开。用他自己的话说，是“子承父业”。

长期从事台湾史研究的徐教授，之所以走上研究台湾现状之路，于一九八八年一月中国社科院台湾研究所聘请其为特约研究员，代表该所出席在台北举办的首届“台湾史学术研讨会”有直接关系。虽然由于台湾当局的阻挠未能成行，但徐教授和另一位大陆著名学者、时任厦门大学台研所所长的陈孔立教授提交给研讨会的论文，却成为自一九四九年以来大陆学者首次在台湾公开发表的学术论文，并引起当时海内外舆论的广泛报导。徐教授也从此开始了对台湾现状的关注和研究，并于一九八九年五月在北京联合大学文法学院成立台湾研究室，成为北京地区高校第一个台湾研究学术机构。由于当时大陆对台湾政局及国民党等已有很深入的研究，但对新生的民进党却很少人关注，可供参考的资料和研究成果也不多，徐教授却独辟蹊径，选定其为切入点，开始了台湾现状的研究。

值得一提的是，徐教授开始民进党研究之初，不仅相关的研究资料相当缺乏，研究条件相当简陋，而且还要冒一定的政治风险。一九八九年五月台湾研究室成立时，正值大陆动乱期间，徐教授因在此时成立台湾研究室，研究主张台湾独立的民进党，是需要相当勇气的，原先与其一起有志于台湾问题研究的同仁，后来大都先后转向别的学科的研究或调走或出国去了，最后仅剩徐教授一人坚持下来。在过去条件较差和信息不发达的年代，徐教授主要是通过每天收听台湾广播了解最新台情，十几个春夏秋冬的坚持，其中的酸甜苦辣，只有他自己知道。

不过，徐博东教授常说，研究工作虽然很清苦，但苦中有乐，当研究成果发表、出版，特别是当一些政策建议得到国家相关部门的重视和采纳，或者某项预测事后证明是对的时候，都会感到由衷的欣慰，有种说不出来的成就感。

徐教授一九九〇年四月发表的研究民进党的第一篇文章，题为《试论民进党在台湾政坛中的作用、局限性及其未来走向》，据称这是大陆第一篇敢于较全面论述民进党在台湾政坛上作用的文章。徐教授当时认为，民进党在台湾政坛上的正面作用有四个，即对台湾政治转型的推动；对国民党独裁统治的挑战；对台湾民众民主意识的影响；对台湾政权结构的冲击。至于局限性和消极影响，则有民进党的分离意识、“台独”诉求、派系纷争、阶级属性等。

徐教授多次赴台参访、探亲及从事学术文化交流，足迹几乎遍及全台各县市，结识了不少朋友，包括许多民进党的朋友。徐教授认为，这些交流交往活动，对其增加对台湾社会的了解，以及更客观地研究问题，很有助益。

民进党执政后，加强对民进党的研究自然成为大陆亟须加强的工作。在政府相关部门和学校的大力支持下，徐教授将原先的台湾研究室扩建为北京联合大学台湾研究所，于二〇〇〇年十二月三日成立，并担任所长，希望以此进一步加强对台湾政治和两岸关系，特别是对民进党的研究。在谈到新的研究团队时，徐博东感到特别自豪的是，他物色到了一位有十多年台湾研究经验，尤其是对民进党和台湾军事、两岸关系都有深入研究的年轻学者朱显龙为搭档，担任副所长，从而使这个研究所一诞生，就有相当的研究实力，为这个研究所成为北京地区对台调研的重镇奠定了基础，也因此而颇受海内外的关注。

徐教授著有《丘逢甲传》、《台湾传统文化探源》等书，发表专业论文近百篇，新著《台独与民进党研究》（书名暂定）也将于不久后出版。

（中国评论编辑部，2001/5 月号）

徐博东——力主和统台湾的温和“鹰派”

江湖上有“北徐南林”之称的民进党研究专家、北京联合大学台湾研究所所长徐博东教授力主和平促统。其亦“鹰”亦“鸽”的立场被台湾《中国时报》副总编辑杨宪村界定为“务实的鹰派”。而这位大陆第一本有关台湾民进党研究专著的作者，对此称谓亦颇感满意。

沧桑传奇家世　结缘台湾研究

在北京联合大学台湾研究所的花园里，徐博东与笔者品茗对谈。

祖籍广东梅州市蕉岭的徐博东，出生于一九四四年抗日战争年代。在大学时代的一篇优秀作文中，徐博东这样介绍自己：徐乃随父徐森源（中央人民广播电台对台广播元老）姓。博，指博罗县。徐博东出生在博罗县罗浮山上的冲虚观中，这里是抗日救亡组织东区服务队的据点，凡在此出生之婴儿，起名时男必带“东”，女必带“区”。

徐博东的父母均是其中骨干。抗日胜利后，两人随东区服务队队长、台湾著名爱国人士丘逢甲的公子丘念台去接收光复后的台湾，将刚满一周岁的徐博东交与老家的母亲抚养。夫妇二人原本打算待工作和生活安定下来后再将祖孙二人接到台湾，岂料不久台湾就发生了震动中外的“二·二八”事变，政局一片混乱。及至一九四九年，家乡传来母亲病重，徐父只身匆匆离台返乡，不想从此却又与爱妻及在台所育三子一水永隔。

而徐博东与母亲在香港会面则是四十年后的一九八七年。太长久的分离，母子二人已对痛苦麻木，并未出现抱头痛哭的场面。直到一九九〇年母亲来到北京八宝山拜祭父亲时，才痛哭流涕，积压了几十年的辛酸、委屈一下爆发出来。弟弟告诉徐博东，以前再难，也从来没见过母亲流泪。

徐森源调到北京筹建对台广播后，徐博东便一直与父亲生活在一起。平日常听父亲讲起台湾，讲起反对割台的爱国志士丘逢甲。一九七九年徐博东调回北京，进入大学从事近代史教学与研究，于一九八四年选择丘逢甲研究作为课题方向。

从此，徐博东与台湾研究的缘分一发而不可收。一九八七年，完成填补大陆台湾史研究空白的成名之作《丘逢甲传》后，他受到中国社科院台研所副所长李家泉教授的赏识，本欲将徐调入台研所，却未果。

翌年，社科院台研所接到台湾大学王晓波教授主持成立的“台湾史研究会”邀请函，请派专家参加一九八八年在台北举办的首届“台湾史学术讨论会”。这在当时是两岸关系的“大事件”。李家泉此时推荐了正在北京联合大学执教的年轻副教授徐博东，并以社科院台研所“特邀研究员”身份聘请他出席。

当然，受时局的影响，徐博东并未成行，但，这份大陆学者的论文还是首次在岛内公开发表。海外媒体纷纷以大字标题《文到人未到》，报道了这一轰动当时的事件。

经历此次事件，徐博东对台湾问题真正产生兴趣，被“拉下了水”。他还因此结识两位台湾好友：台大哲学系教授王晓波和辅仁大学历史系教授尹章义。无巧不成书，徐博东与王、尹二人偏偏渊源极深。七十年代徐博东夫妇二人在贵州遵义县农村工作生活过七年的地方恰巧是王晓波的祖籍；在五十年代的台湾“白色恐怖”中，王晓波兄妹因其母涉嫌“匪谍案”而落难，流浪街头，每个月都要去台中市育幼院领一点可怜的院外救济金，勉强度日，而恰巧徐博东的母亲当时就在育幼院当主管会计，负责发放救济金；而且，王晓波、尹章义和徐博东在台湾出生的三个弟弟，都曾经在台中市的同一所中学里读书。

世事弄人，几十年不同的生活环境，使徐博东和他在台湾长大的三个亲弟弟往往在不少问题上看法迥异，至今兄弟见面仍会为一些政治问题争得面红耳赤。不过，徐教授也不无欣慰地告诉笔者：“但他们全都反对‘台独’，相信总有一天两岸会实现统一”。

六入宝岛腹地　民进党研究拓荒

作为一个民间学者研究台湾问题，而且在四十余岁才起步，的确无法与大型国家研究机构相比。一九八八年投身台湾研究的徐博东选择了“台独”和民进党这个当时比较“冷僻”的课题，在北京联大的支持下成立了北京高校第一个台湾研究室，成为大陆最早研究民进党的学者之一。

“丘逢甲看到清政府出卖台湾，毅然离台寻找光复宝岛之路，但他始终热爱祖国，毕生都期待着台湾回归祖国怀抱的一日，是将清政府与祖国分开来看待的。而‘台独’分子却将近代台湾的磨难不能与整个中国联系起来，把怨恨之心移到祖国头上，不肯承认自己是中国人。究竟是为什么?”

徐博东带着最初的追问，一干就是十余年，发表论文百余篇，并著有多部著作，主持完成国家教委八五重点科研课题《“台独”与民进党研究》及国台办、北京市台办、全国台研会等对台调研课题十多项。最近，徐博东更推出第一本大陆学者的民进党研究专著《透析台湾民进党》（台湾版名《民进党研究——大陆学者眼中的民进党》），立时引起海峡两岸强烈反响。

确如尹章义所评“积久功深自有得”。迄今为止，徐博东已六次赴台参访，其逗留岛内的时间加起来已超过半年。在岛内，徐博东的行动是受当局严密监视的，但他仍在台湾朋友杨宪村、尹章义和弟弟等亲友的陪同下足迹遍及全台各县市，上及台湾各党派高官要人、著名学者专家，下至乡间农舍、果园、茶园，与各阶层台湾民众进行了广泛深入交流。一九九六年，徐博东在尹章义陪同下深夜拜访四大竞选总部，并在投票前一晚到竞选造势现场感受大选气氛。徐博东甚至还出现在大陆军事演习发射导弹当天台湾“立法院”的公听会上……这些，都成为徐博东无可比疑的研究优势。

与民进党如此近距离接触，徐博东的看法是：“民进党并不是铁板一块，在他们当中，也有统派。‘台独’对于大多民进党人来说，既是目的，也是手段。在私下交谈时，他们也接受不了美国对台湾像主子对奴才似的态度，也希望能在某些方面与大陆合作，脱离美国的控制。

如徐博东这般案头工夫和实际调查研究皆精深之人，可谓“凤毛麟角”，其预测更是大多精准。从民进党取得政权的过程，到执政后的表现和给台湾所带来的严重伤害，都被他一一料中，以至于尹章义赞他像导演，而陈水扁和民进党则按他的指示一一上演。当然，预测中徐博东也有出于个人主观的良好愿望而失算的时候。他说：“预测本身就是一件危险性很大的事，但也是必须做的前瞻研究，这对研究是考验、挑战。但无论对错都会使研究更成熟。”

政府对台智囊　力主和平统一

民进党执政以来，徐博东的研究益发受到政府重视，他本人也是政府对台重要智囊人物，身兼国台办新闻局对台宣传专家组和对台政策咨询专家组专家等职。徐博东经常参加各种会议，评估岛内情势，提供对策、建议。前年台湾遭纳莉台风袭击，损失惨重，他夜不能眠，凌晨三点去电国台办，建议慰问、救助台胞。今年海峡两岸 SARS 肆虐期间，台湾当局借机攻击大陆，煽动民粹情绪，徐博东也及时给有关部门提出多条对策建议……

而徐博东对政府影响和贡献最大的还在于整体思路和战略上。近些年来，大陆对台工作更趋理性、务实，相继出台了一系列新的政策。例如，关于一个中国内涵的“新三段论”；关于进一步加强与民进党人士接触、沟通的方针；关于将两岸“三通”界定为经济问题与政治议题脱钩的政策等等，这些重大政策的决策过程，徐博东在其中都起了重要作用。

另外，徐博东提出应将“三通”作为战略而非策略的思想也受到中央高度重视。目前，内地政府已能将政治和经济分别对待，对于春节包机之类的“小三通”虽不满意，但也积极配合。

徐博东认为，“三通实现之日，就是台独消亡之始”。他说“民进党并不太了解中国历史，他们民族意识薄弱、受日本占领时期的皇民化教育影响。在他们眼中，中国是被妖魔化的。一旦加强与大陆交往，大陆的发展事实必定能消除他们的误解，从而消解“台独”产生和生存的根本基础。

徐博东力主“和平促统”，既出于徐博东个人对台湾的特殊感情，也出于整个中华民族的考虑。徐博东通过与台湾民众的接触，更深刻感受到同胞之情、骨肉连心。他说：“武力统一或许时间会短一些，但其后遗症对整个国家民族的伤害将是难以估量的。两岸中国人应有自信打破历史的宿命，并非一定要兵戎相见、骨肉相残，才能实现国家统一。”

徐博东分析说：“不论泛蓝泛绿明年谁胜，只要执政者坚持错误的两岸关系，就会继续给台湾经济带来伤害，不与大陆融合，台湾经济只会被边缘化。而台湾对抗大陆的根本就是雄厚的经济实力，如今这一筹码、资本正在萎缩。”

所以，徐博东对于和平促统仍持乐观态度：“发展是最具说服力的，只要大陆对自己未来发展有坚定信心，今后把扭转岛内主流民意作为重点工作。眼光要放长远，我们应有信心十几、二十年后让统一成为主流民意！”

充满坎坷人生　患难伉俪情深

一九六九年毕业于北京大学历史系的徐博东，在文革时与同是“可教子女”的妻子张明华被发配到贵州遵义。

一九七二年，有严重心脏病的张明华不顾危险坚持要把孩子生下来，于是夫妻二人回到北京就医。在签了生死状的情况下，终于平安产下一子。但孩子却只得寄养在同学家，直到三岁时才回到他们身边。

父母平反后，徐博东为了妻子的健康，费尽周折调回离北京一百多里的河北涞水县当起中学教师。直到一九七九年才回到北京，进入中国人民大学第二分校执教近代史，一九八四年并入北京联合大学。妻子则进入北京图书馆工作。

几十年患难与共的夫妻俩，也是学术上的好搭档。妻子本是低他一级的学妹，徐博东的许多著作中都有她的辛勤劳动，查数据、编校文稿、提修改意见。体弱多病的妻子从来都是徐博东著作的“第一读者”。

生活中最让徐博东挂心的就是妻子的身体，年前她才刚做过第二次心脏大手术。采访中，自外归来的张明华带着心爱的小京巴“宝宝”过来打招呼，像个孩子似的笑说“不用理我，我不给你们捣乱”就转身离开了。

“我已经给她签了四五次手术同意书。”徐博东说话时，满眼关切地望着妻子的背影，直到她走进门洞。

在充满坎坷的人生之路上，徐博东靠着顽强的毅力，后发而先至，成就了学术上的辉煌，但他或许更愿意用任何成功来换取妻子的健康。

（镜报，2003/10 月号，特邀记者 张远心）

从普通“教书匠”，到著名台湾研究专家

探索教学改革，在教育岗位上发光发热

徐博东教授 1970 年从北京大学历史系毕业后，曾先后在贵州、河北农村任教 10 年，那个时候他就是一位在当地颇受人尊敬的出色的中学教师。1979 年调入北京走上大学讲坛后，他刻苦进修，努力提高专业素养，从教 35 年来，积累了丰富的教学经验，逐渐形成了自己的教学风格。

徐教授主讲中国近代史，注重钻研教学内容，努力探索教学方法的改革，重视学生独立思考、理论分析能力的培养和政治思想素质的提高。为了调动学生学习的积极性和主动性，徐教授常组织学生进行课堂讨论或辩论，自掏腰包买纪念品给优胜者发奖；他还带学生外出参观，进行现场教学，承德避暑山庄、清东、西陵、圆明园等，都成了他的教学基地；有时他还请专家来校讲座。这种“走出去，请进来”的教学模式和“启发式”的课堂教学方法，收到了很好的效果，学生感慨地说：“徐老师讲课深入浅出，幽默风趣，课堂讨论十分活跃，不仅学到了历史知识，而且还受到了爱国主义教育”；有位学生这样写道：“过去每当我唱起‘妈妈教我一支歌，没有共产党就没有新中国’时，我总在想，何时这支歌才真正由我发自内心地唱出

来呢？学完中国近代史，百年来中国人民可歌可泣的英勇斗争事迹，使我为之倾倒。现在我再唱这支歌时，才真正有了深切的体会。”

根据多年的教学实践，徐教授曾先后撰写了《在中国近代史课堂教学中应用“历史比较法”的尝试》和《我从事中国近代史教学的几点体会》两篇教学研究文章，前文发表后被评为校级优秀教研论文一等奖。校领导对徐教授教学方法的改革实践给予了高度评价，一位前联大主管教学的副校长在学校召开的“教学法研讨会”上说：“改革教学内容必须相应地改革教学方法才能提高教学质量。徐博东讲授的中国近代史，改变了注入式的教学方法，在讲课及课堂讨论中，不是教师把结论硬灌给学生，而是引导学生分析研究，比较鉴别，自己得出结论，这样的讲课学生听起来有味道，理解深，掌握牢，不仅学到了知识，而且学会了分析研究问题的方法，培养了解决问题的能力。”1999 年，由徐教授主讲的中国近代史课被学院评选为优秀课程。

徐教授开设台湾问题的课程后，利用赴台参访的机会，收集了大量有关台湾历史文化等方面的实物、图片和音像资料，用以课堂教学。讲授台湾同胞的爱国传统，他在课堂上展示台湾统派人士“保钓运动”时使用过的标语、横幅和穿过的 T 恤衫；为了使学生对“宝岛台湾”留下深刻印象，在讲授台湾是“水果之乡”时，不仅在讲堂上挂起台湾印制的精美的水果挂历让大家“看”，还把从台湾带回来的果脯给学生们“尝”。这种独特的课堂教学方法，还因此引起当天来校检查教学的外校专家的误解——他们批评说徐教授竟然允许学生在课堂上吃零食。

由于徐教授努力探索教学改革，1983 年度曾被授于北京市教育系统先进工作者称号，受到政府的表彰，并多次被学校评为优秀教师和优秀共产党员。

以科研促教学，成为台湾问题研究专家

徐教授一向十分重视科研工作，他常说：“能搞科研的教师未必是个好教师，但不搞科研的教师必定不是个好教师”。他在认真教好每一堂课的同

时，花了大量精力搞科研。凭借严谨治学的态度，扎实的专业功底和刻苦勤奋的精神，几十年坚持下来，成果斐然，他由一个普通的“教书匠”，逐渐成长为海内外著名的台湾研究专家。

1987 年徐教授与人合作、积 4 年之功撰写出版的《丘逢甲传》，填补了大陆台湾史研究的一项空白，受到两岸学术界的高度肯定，他被公认为“丘逢甲专家”。该书多次再版，至今未有能出其右者，成为了解、研究近代台湾抗日爱国志士丘逢甲的必读之作。徐教授的另一部著作《台湾传统文化探源》，也是大陆最早出版的研究台湾传统文化的专著之一，受到学术界的重视。这两部著作曾获得多项奖励。

从 1988 年开始，伴随着两岸关系的解冻，徐教授的研究兴趣转向当代台湾问题，主攻“台独”与民进党研究。1989 年他主持创建全国高校最早的台湾研究机构之一“北京联合大学文法学院台湾研究室”。2000 年该研究室升格为“北京联合大学台湾研究所”，徐教授任所长至今。10 多年来，徐教授先后主持完成了国台办、教育部等涉台重点科研课题 10 多项，出版发表了 300 多万字颇具影响的专著、论文和时事评论文章。研究成果受到各种奖励 30 多项，被海峡两岸公认为“民进党专家”，港台媒体誉之为“中国大陆民进党研究的拓荒者”，学术界有所谓“北徐南林”之称（“林”为厦大台湾研究院的林劲教授）。

2003 年春夏，徐教授在海峡两岸同时出版了《透析台湾民进党》（论文集）一书，这是大陆公开出版的第一部较为系统地研究民进党的学术专著，同时也是他 10 多年来潜心研究民进党心血的结晶。该书出版后海内外重要媒体纷纷予以报道或刊出书评，成为了解和研究台湾问题特别是“台独”与民进党问题的重要参考书。前国台办副主任唐树备为该书作序说：“徐教授对民进党的研究起步早、持续时间长，而且他的研究力求全方位、多角度”；这些论文“充分反映出他对民进党冷静、理性和入微的观察与思辨，给人以启迪”，称赞他“善于捕捉问题的实质，对台情颇为熟稔，对岛内政局特别是对民进党的分析有不少独到见解……”。台湾知名教授尹章义在评价该书时则写道：“大陆学者一般都透过新闻媒体认识台湾，就像台湾人透过好莱坞表演认识美国一样；少数人能接触一些访问大陆、言不由衷的台湾各党派政治人物，极少数人能到台湾目睹耳闻，而能像徐教授这样，案头功夫和实际调查研究都如此精深的人，可谓‘凤毛麟角’，不说绝无仅有，怕也是少之又少。因此，他的文章灿然可观，乃理所必至，不少预测也相当精准”。

随着两岸往来的不断密切，徐教授先后六次赴台参访，进行实地调研交流。台湾《中时晚报》总编辑杨宪村这样评价徐教授和他的著作：“徐教授的对台研究工作相当敬业用功，一直令我留下极为深刻的印象。作为一位研究民进党问题的先行者，徐博东多次来台从事交流访问，我看着他由‘中央’到基层，由城市到乡村，不厌其烦，深入其境，想方设法与民进党人士接触，从不放过任何可以掌握信息的机会。我常因代他安排而被烦得不堪其扰，但他的这种治学态度和求知的精神则令我感动；我认为这是理解民进党、台湾意识及‘台独’思想重要的一步，徐教授无愧地应是目前大陆方面对民进党人物贴身采访下工夫最深的一位。透过这样的接触，从而使他获得了充分交流了解的机会，取得不少第一手资料，更不断深化了他的论文和观点。由他书里各篇可以看出，他对民进党有着相当确切的认知，批评都很道地”。

徐博东教授以其出色的研究成果受到中央有关部门的高度重视和学术界同仁的充分肯定。他应聘为国台办专家组成员和海峡两岸关系研究中心特邀研究员、教育部高等学校政治学学科教学指导委员会委员，中国社科院台湾研究所特邀研究员和台湾史研究中心常务理事，全国台湾研究会理事等10多个社会兼职，经常应邀出席各种重要学术会议和政府部门的内部咨询会议，到各单位作台情报告，为兄弟院校指导和评审有关台湾问题研究的博士、硕士论文。近几年来，随着联大台研所在海内外知名度的不断提升，来所进行学术交流、采访的海内外学者和媒体记者络绎不绝。目前，由徐教授主持的北京联合大学台研所已成为大陆涉台研究、宣传、学术交流和政策与对策咨询的“重镇”之一，为反对“台独”、促进海峡两岸的学术交流和祖国的统一大业，同时也为提升北京联合大学的知名度和学术地位做出了突出贡献。

（北京联合大学报，2004/12/15，崔国辉撰稿）

客家心、台湾情、盼统一

——访徐博东教授

最近，记者和梅州市琅玛文化传播事业有限公司董事长、正在筹拍的30集大型电视连续剧《丘逢甲》制片人李琅玛座谈时，得知著名学者、北京联合大学台湾研究院院长、电视连续剧《丘逢甲》的顾问徐博东教授，近期将回蕉岭家乡办理家事，便相约到时去拜见他，面对面深入了解这位还不为家乡人所熟知的乡贤。日前，徐博东教授回到蕉岭，他在繁忙的事务中专门抽出时间来接受采访，我们便在轻松愉快的气氛中进行了访谈。

一道海峡隔开亲人几十年

记者（以下简称记）：徐院长，听说你这次办理的家事是很多分居台湾海峡两岸的家庭都有的很典型的事例，能请你说说吗？

徐博东（以下简称徐）：是啊，此事说来非常令人伤感！我的父母亲分居台湾海峡两岸，他们分别于1986年和去年去世。我们兄弟四人这次是特意分别从北京、台湾两地敬奉父母的骨灰回家乡合葬。

记：这里面还有一个曲折的故事吧？

徐：我父亲徐森源、母亲潘佩卿中学时代即积极投身抗日救亡活动。中学毕业后分别加入由丘逢甲（我国近代抗日保台爱国英雄、著名教育家、诗人）的儿子丘念台先生所创建和领导的抗日救亡团体“东区服务队”，在梅州、博罗、惠州等地组织发动民众抗日救亡。我父母在博罗县的罗浮山上相识相爱，1943年结婚，次年10月生下了我。我的名字“博东”，就是取博罗的“博”字和东区服务队的“东”字组成的。

1945年日本投降、台湾光复后，我父母跟随丘念台东渡台湾从事台湾的接收和复兴工作。那时候还不知道刚刚光复的台湾什么样子，父母就把才不到一岁的我送回蕉岭老家，托付给祖母抚养，打算等他们在台湾安定下来之后再把我们接过去。但还没等我和祖母去台湾，1949 年 10 月，父亲因故仓猝只身回到大陆，而我母亲及三个在台湾出生的弟弟却滞留在台湾。1987 年台湾当局开放大陆探亲后，我才得以和母亲、弟弟在香港相见，而我的父母亲却已天人永隔，直到现在他们才终于在家乡“团聚”！

研究台湾有特殊的家族渊源

记：看来你研究台湾问题是有很深的渊源的。听说你们家和丘逢甲家族有些关系，不知你会不会介意讲给我们听?

徐：是的，而且除了我们家庭分居台湾海峡两岸这个重要原因之外，还有其他不少渊源。

实际上我是“子承父业”，我和我父亲两代人都搞了一辈子的对台工作。我父亲徐森源离开台湾后，先是在香港搞了三年的对台调研，然后调到上海华东人民广播电台从事对台宣传，后来又奉调到北京参与创办中央人民广播电台的对台广播部门，此后他在那里整整工作了 30 多年，可以说，我父亲是大陆对台广播的“元老”。我在蕉岭长到 12 岁，在乐群小学读到初小毕业，才被接到北京与父亲团聚。父亲经常和我讲台湾那边的情况，记得那时候父亲的床底下堆满了一捆捆装订好的厚厚的对台广播稿件。

记：所以，你从小就耳濡目染了很多有关台湾的信息，逐渐引起了你的兴趣。

徐：没错！那时候我们家的书架子上摆的大都是有关台湾的书。平常听大人们聊天也大多是讲有关台湾的事。

另外，我可以告诉你们一个一般人都不知道的“秘密”：我父亲跟丘逢甲的孙女（丘念台的女儿）丘应棠还谈过恋爱哩！日本帝国主义发动侵华战争后，全国各地的学生掀起了抗日救亡运动。当时我父亲和丘应棠同在梅县东山中学读书，在梅县中共地下党的领导下，东山中学的学生抗日宣传活动十分活跃，我父亲和丘应棠都是其中的积极分子。丘应棠很喜欢他，后来据说因为一些客观原因最终没有能结合在一起，但他们俩的情谊很深。我父亲离开台湾后，我母亲和我三个弟弟幸亏得到丘念台父女的保护和经济上的资助，才得以渡过难关。应棠阿姨还把我的大弟弟基东认作干儿子，资助他去美国留学，在台湾两家人经常有来往。1987 年我到香港与母亲、弟弟会面，应棠阿姨专程赶到香港来见我。我告诉她说，我是在父亲的鼓励下写《丘逢甲传》的（与黄志平合著），《丘逢甲传》是我父亲生前审的最后一份稿件，而且是带着病审的。1987 年《丘逢甲传》出版，父亲于 1986 年去世。应棠阿姨听了我说的这些话后，动情地说："我没有白交这个朋友（指我父亲）！"

所以，受父亲和家庭的影响，我对研究丘逢甲和台湾问题有一种说不出来的特殊感情，可以用"感同身受、责无旁贷"这八个字来概括！

与人合著《丘逢甲传》

记：说到丘逢甲，我们都知道你和黄志平教授合著的《丘逢甲传》，是大陆地区出版的第一部而且也是迄今为止最权威的丘逢甲传记，对于正确了解、宣传和研究丘逢甲发挥了很重要的作用。请问当时你们合作撰写此书是出于怎样的缘由，怎样的经过？

徐：1964 年我中学毕业后考上北京大学历史系，在父亲的影响下我比较喜欢阅读有关台湾历史方面的书。"文化大革命"开始后我父亲因当年从台湾跑回大陆来而被怀疑是叛徒、特务，而我则因为父亲的事成了"可教子女"，和同是"可教子女"的女朋友（次年结婚）被"发配"到贵州遵义县农村。我父亲和我妻子的母亲平反后，我们夫妻俩先是从贵州调到河北农村当中学老师，三年后才调回北京工作。我在中国人民大学二分校任教（后来成为"北京联合大学"的一部分），由于我教的课程是中国近代史，要讲到中日甲午战争和台湾人民的反割台斗争，这样就和丘逢甲挂上了钩。

记：这是你正式开始接触和研究丘逢甲和台湾问题吧？大概是哪一年？

徐：正式开始是 1984 年。那一年在蕉岭隆重举行纪念丘逢甲诞辰 120 周年活动，我和父亲联名写了一篇论文应邀参加丘逢甲学术研讨会。我和同是蕉岭籍的黄志平教授住在同一个房间。那时候黄志平研究丘逢甲已经有好几年了，并写出了七八万字的《丘逢甲传》初稿，他把初稿拿给我看。看了之后我对他说："我俩是不是来合作，把初稿交给我扩充和修改。我是搞历史的，你是搞文学的，研究丘逢甲既要懂历史，又要读得懂他的诗，我们可以优势互补。"黄志平欣然同意。一年之后我拿出了二十多万字的修改稿，后来我俩先后在湖南、北京两地往来奔波，一遍一遍地修改补充，1987年夏，大陆的第一部《丘逢甲传》终于在北京出版问世。

其实呢，黄志平教授的家庭和我家十分相似。他父亲带着另外4个儿子在台湾，黄志平和母亲、妹妹则是在大陆。他的姑姑是丘逢甲的弟弟丘树甲的儿媳妇。所以我和黄志平教授合著《丘逢甲传》不仅是搞研究工作，尊重和还原历史，更有一种在台湾情结驱动下的使命感，还带有一种同是客家人、同是梅州蕉岭人的情感，觉得应该好好宣传我们客家先贤丘逢甲先生，弘扬他的爱国爱乡精神，纠正大陆史学界长期以来在"极左"思潮影响下对他的误解。现在看来，应该说我们实现了初衷，丘逢甲先生在中国近代史上的杰出地位得到了应有的肯定和褒扬。温家宝总理曾经两次在重要场合引用丘逢甲先生的爱国诗篇，充分地说明了这一点。

转向研究台湾现状

记：那么后来你又是怎样转向研究台湾现状的呢？

徐：台湾著名学者王晓波教授有感于"台独"人士歪曲台湾历史，1987年秋在台北牵头成立了"台湾史研究会"，并定于1988年初由该会在台北举办首届台湾史学术研讨会，邀请大陆的厦门大学台湾研究所和中国社会科学院台湾研究所派人出席。但当时的中国社科院台湾研究所派不出合适的人选出席。那时我们的《丘逢甲传》刚刚出版，引起了学术界的重视和肯定，于是中国社科院台研所就聘请我为特约研究员，代表该所赴台参加是次研讨会。当时两岸学术交流尚未开放，台湾当局拒绝我和厦大台研所所长陈孔立教授入境，但论文却都邮寄过去了，并在研讨会上由他人代为宣读。这是1949年以来大陆学者第一次在台湾公开发表论文，引起了海内外媒体和舆论的强烈关注，认为这是两岸交流的突破性事件。

当年夏天，王晓波教授率团来大陆参访到了北京，我受邀出席研讨会，我和晓波教授一见如故，从此成了好朋友。此后，我便从研究台湾历史转向研究台湾现状，陆续撰写了一些文章在报刊上发表。学校领导见我研究台湾问题弄出了点“名堂”，就支持我于 1989 年 5 月成立了北京高校中的第一个专门研究台湾问题的学术机构——北京联合大学文法学院台湾研究室。

记：徐院长，你是大陆研究台湾民进党的开拓者和权威专家。民进党不断发展，已经在台湾连续两次执政，事实证明你当初选择这个课题很有前瞻性。请问你是如何作出这样的选择的？

徐：台湾研究室成立后要选择研究方向和研究课题，大陆对国民党的研究已经很多、很深入了，依我们当时的研究条件，在这个领域我们很难超越人家。而根据对台湾政局的分析，我们敏锐地感觉到成立于 1986 年的民进党是一个不可忽视的政党，但当时大陆并没有多少人研究它，于是我们决定把民进党作为主要研究课题。

研究工作引起高度重视

记：你们的研究机构后来是怎样发展壮大和引起重视的呢？

徐：随着台湾政局的演变，民进党不断发展，2000 年 3 月赢得台湾地区领导人的选举，上台执政。这下子民进党研究就成了热点问题。我们的研究工作引起中央和北京市有关部门、新闻媒体和我们学校的关注和重视。从那时开始，海内外新闻媒体经常采访我，上电视成了家常便饭，应邀出席各种会议，忙得整天不着家。

2000 年 12 月，在学校领导的支持下，院级的“台湾研究室”升格为校级的“台湾研究所”，由我任所长，研究经费增加了，还有了专职的编制，研究条件有所改善。2004 年陈水扁竞选连任，民进党继续执政。根据形势发展和研究工作的需要，在校党委和国台办、北京市台办、市教委的大力支持下，2005 年 4 月，北京联合大学台湾研究所又升格为“台湾研究院”，经费和人员编制都大为扩充，研究实力大为增强。这是继厦门大学台湾研究院之后在大陆高等院校中设立的第二家台湾研究院。当时的海峡两岸关系协会会长汪道涵为我们台湾研究院题写院名，国务院台湾事务办公室原副主任唐树备担任名誉院长，我任院长。建院揭牌仪式十分热烈隆重。我们研究院已经成为国台办等中央和国家有关部门研究涉台问题和对策的重点咨询单位之一、北京市涉台调研基地。

王晓波在建院庆典上形象地比喻说：北京联合大学的台湾研究机构从“路边摊”发展到“大排档”，现在变成了“五星级大饭店”了。经过两年多的努力，现在我们台湾研究院已经发展到有专职人员 20 人，其中教授、副教授 6 人，具有博士学位的 8 人、硕士 6 人，并被北京市教委评选为“科技创新团队”。现在我的主要精力转向做好行政管理工作，培养年轻的台湾研究人才。

推进祖国统一　客家人不能缺席

记：去年你们研究院参与成功举办了第一届“海峡两岸客家高峰论坛”，请问你的初衷是什么？

徐：客家人向来最讲国族观念。客家人为什么会从中原地区来到南方？其中很重要的原因是不愿意接受异族的统治。从历史上看，客家人出过很多爱国志士。目前“台独”势力十分猖獗，我们更要继承和发扬客家人的优秀传统，团结海峡两岸的客家乡亲共同遏制“台独”，推进祖国统一和民族复兴。

我是客家人，有浓厚的客家情结，有责任也有条件来推动这项工作。反“台独”、遏制“台独”，就要努力争取台湾民心。客家人占台湾总人口的大约 12%，仅祖籍蕉岭的就有大约 46 万人，是蕉岭本土人口的一倍。做台湾客家人的工作，争取他们的支持很重要。台海和平和祖国统一攸关中华民族的复兴，客家儿女不能置身度外，不能缺席！所以我跟台湾的“中华海峡两岸客家文经交流协会”理事长饶颖奇先生（祖籍福建武平）“一拍即合”，在各级领导的大力支持下，去年 11 月在北京联合创办了首届“海峡两岸客家高峰论坛”，以两岸客家文化和经贸交流合作为主题，进行深入探讨。今后论坛将每年举办一届，轮流在大陆和台湾的客家人聚居地举行。

记：第一届“论坛”举办的情况怎样？成效如何？

徐：筹办论坛的时候，我跟饶颖奇先生商定，大陆和台湾各组织 50 人出席。没想到台湾的客家乡亲非常踊跃，争着抢着要来参加，最后来了 110 多人，加上其他地方来的代表，总共有 170 多人参加论坛。

我们创办“海峡两岸客家高峰论坛”，主要是强调“高峰”，用高层次的交流为推动海峡两岸的客家文化和经济发展尽力。第一，与会人员的层次比较高，能起到切实的领导、带动作用；第二，与会人员都是研究客家文化的专家学者、客籍的文艺工作者和工商企业界名流等，是其所在领域的精英分子；第三，这届“论坛”在我国的政治、经济、文化中心首都北京举行，本身就凸显了其高端地位。中央对这次论坛很重视，全国人大常委会副委员长许嘉璐、国台办常务副主任郑立中、中央统战部副部长陈喜庆，以及北京市委的领导出席了论坛。当时的中国国民党主席马英九、荣誉主席连战、副主席吴伯雄（祖籍福建永定客家人）都发来了贺函。在这次论坛上，与会人员对推进两岸文化和经济交流合作提出了许多切实可行的建议和主张，海内外很多新闻媒体纷纷前来采访报道，产生了广泛影响，取得了很好的成果。

今年下半年由福建方面主办第二届论坛，厦门市和龙岩市争着要承办。作为祖籍梅州的客家人，我希望有机会在“世界客都”梅州举办这个论坛。

寄望梅州为“反独促统”作出更多更大贡献

记：徐院长，自从你 12 岁离开家乡以后，回来过几次？对梅州的印象和感觉如何？对梅州的发展或你关心的方面有什么看法和建议？

徐：我 1956 年去北京，1966 年“文化大革命”大串联时第一次回家乡，后来又陆陆续续回来过至少有 10 次。改革开放之后，梅州的变化实在是太快、太大了！每次回来都感觉不一样，高楼越来越多，交通越来越方便，经济越来越发展……不过，前几年因发展经济所带来的后遗症——环境污染很令人担忧！近两年我再回到家乡，发现环境大有改善，山绿了，水清了，空气也清新了许多，鱼和鸟也开始多起来了，说明治理污染见了成效，很令人欣慰。希望能坚持下去。

梅州是台胞、台属集中的地区，光是蕉岭籍的台胞就有46万人。希望梅州市发挥这一独特优势，在重视发展经济的同时，更加重视对台工作，多与台胞、台属沟通交流，帮助他们解决困难和问题，做好争取台湾民心的工作，为“反独促统”作出更多更大的贡献！

记：现在梅州市琅玛文化传播事业有限公司正在筹拍30集大型电视连续剧《丘逢甲》，很多人非常关注。你是该剧的顾问，请问你怎样看这部剧？有何期待？

徐：丘逢甲的一生是非常好、非常难得的电视剧题材，绝对不要浪费了这样好的题材！这个剧应该是一个历史正剧，不能戏说历史，千万要慎重，一定要拍好。现在剧本还在认真编写之中。剧本剧本，乃“一剧之本”，我非常赞赏李琅玛小姐对剧本的严谨态度。她很不容易，很令人敬佩！有志者事竟成。希望梅州市各级各有关部门能一如既往支持她、鼓励她。希望更多的人共同来关注这个剧，支持这个剧。我相信，在各方面的大力支持下，电视连续剧《丘逢甲》一定能够拍成一部震撼人心的精品巨制！

（梅州日报，2007/06/25 王伟金、涂永平）

徐博东高擎火炬，在两岸关系研究上继续奔跑

中评社北京8月10日电 著名台湾问题专家徐博东教授今年64岁，但当高擎火炬奔跑在艳阳之下，有力地挥舞手臂之时，精神矍铄得竟让人丝毫感觉不到他已年过花甲。

中国台湾网今天报道，不久前，这位大陆台湾问题研究界的领军人物之一卸掉了北京联合大学台湾研究院院长职位，8月6日，他扮演起了一个新角色——北京奥运会的火炬手。

就在火炬接力的前一天，他还参与了一场官方组织的内部咨询研讨会议。对两岸关系局势与发展进行观察与思考是他的工作内容之一。徐博东思

维异常活跃敏捷。“大战略讨论我参与，出妙招小主意也积极。”这也让官方机构某位官员曾说：“徐博东教授是给我们出主意最多的学者”。

北京奥运会火炬手——这份殊荣，或许可视作对这位倔强学者一路走来取得成就的最好表彰。

“不走寻常路”

徐博东有着中国传统知识分子的一种傲骨，和一种“不走寻常路”的倔强。从年轻时候在中学教书，他的教学风格就独树一帜。从不照本宣科是宗旨。为了教好历史课，他曾经辗转北大、人大、北师大等重点院校听不同风格的历史课程，以求博采众长。“我不聪明，但愿意动脑子，更看重以勤补拙。做什么都要力争做到一流。”

徐博东教中国近代史，带着学生去清东西陵、颐和园、圆明园，甚至住到承德避暑山庄里，进行“现场教学”。“天蒙蒙亮的时候，我和学生们爬到山上，看着文津阁前湖面上升腾的雾气，给他们讲近代历史的风云消长。”他讲火烧圆明园，竟然把学生们讲得泪流满面。多少年后，还有当了老师的学生回来朝徐博东索要教案讲稿。

在讲甲午战争讲台湾时，徐博东还特别把从台湾带回的果脯、水果挂历、台币硬币拿出来跟学生分享。以至于有视察学校的上级领导以为徐博东纵容学生上课吃零食。

“讲中国近代史，一定要把感情融入，中华民族在五千年历史上，从来没有过那样屈辱和辛酸的经历，而今，我们早已摘掉了东亚病夫的帽子，在体育竞技上可以和美国一争高下，在国际上的大国地位也越来越稳固。”

民进党研究的拓荒者

这种“不走寻常路”的态度，在后来也如出一辙地投射到了徐博东的台湾问题研究工作上。

徐博东与台湾研究的渊源或许要追溯到他出生之时。母亲生他的时候，接生的正是大名鼎鼎的台湾抗日英雄丘逢甲的儿媳，而另一个接生的人是另一位大名鼎鼎的台湾抗日领袖蒋渭水的养女。与丘家的特殊渊源和深厚交情也使他后来因研究丘逢甲而一鸣惊人成为了顺理成章的事情，并带有或多或少的宿命色彩。

虽然是在 80 年代以研究丘逢甲踏入台湾研究领域，但徐博东真正在两岸打开知名度却是始于对台湾民进党的深入研究。“那个时候学界的研究热潮都集中在国民党，没有多少人看得起民进党，根本想不到他们会拿到政权。”

台湾大学教授王晓波就曾撰文写道：不知道是徐博东独具慧眼还是因为热门的国民党研究抢不过别人，竟然选择了坐研究民进党的“冷板凳”。

徐博东认为：由于当时国民党研究是热门，“从资料获取到人脉都无法与官方研究机构匹敌”，“不想跟着别人后面做研究”的想法让他选择以研究民进党为切入口。“更重要的原因在于，民进党的发展势头，社会基础以及当时民众对国民党长期执政的压力反感都预示改朝换代的气息。”

1987 年，徐博东应台湾王晓波教授主持的“台湾史研究会”之邀准备赴台研讨。40 多岁的他以“平均每天只睡三四个小时，屁股经常坐麻在椅子上”的精神在短短一周内完成了两篇一两万字的论文。虽最终由于局势与环境未能成行，但“文到人不到”，徐博东的文稿成为了 1949 年以来大陆学者首次在岛内公开发表的学术论文，一下子引起了轰动。

治学岁月筚路蓝缕

与官方研究机构相比，作为民间研究学者的徐博东面对的困难可想而知。那个时候资讯收集远不如现在方便，连看台湾报纸的机会都很难，关于民进党的参考资料更是少之又少。徐博东用老旧的收音机坚持每天收听台湾中广新闻网的广播作为第一时间了解岛内时局的渠道。

徐博东每次赴台交流访问，都想方设法与民进党人士接触，从“中央”到基层、从城市到农村，从不放过任何掌握信息的机会，他的一些台湾朋友甚至被他烦得“不堪其扰”，但仍被他“这种治学态度和求知精神所感动。”

在这种条件下，徐博东以一己之力在北京联合大学创办台湾研究室，而最终升级为台湾研究院。堪称白手起家，筚路蓝缕。由于经费困难，他甚至掏不出路费到外地参加学术会议，好几次都是提交会议的文章已经寄给了主办方，人却无法到达，“文到人不到”的窘迫经历不一而足。

家里的传真机、打印机、录音电话、收音机，都是他为了做研究自掏腰包。一台收音机就曾经花费掉一个半月的薪水。“台研室最初的10个人，后来出国的出国、考研的考研，还有干脆不干的”，可见条件之艰苦。徐博东回忆起那段岁月，也不禁感慨：“能一路坚持下来，需要一些精神。”

2000年以后成立了北京联合大学台湾研究所，徐博东成为了联大的一块招牌。但“墙里开花墙外香”，北京联合大学的校长甚至连他长什么样子都不知道，为此还亲自登门。当校长问起徐博东的困难，徐教授抱出了个票据盒子，里面是几万元的发票，辛酸苦辣，不言自明。

光荣交棒　两岸关系研究上继续奔跑

民进党上台后，研究民进党亦成为热门，研究者趋之若骛。北京联合大学台研所的名声也越来越大，终于在2005年升级为研究院。台研院成立之时，台湾岛内知名学者，名流悉数到场，灿然可观。一位涉台官方机构的官员就曾说：徐博东作台湾研究，从“路边摊”，做到“大排档”，最后竟做成了“大饭店”。但其中甘苦，却难以尽表。

多年来研究民进党积累下的人脉，让徐博东成为了民进党一些人士与大陆方面交流的一个便捷渠道。就在不久之前，他还为民进党籍的邱太三等人的奥运会之行帮忙出力，让他们有机会如期赴京观摩。

而永远以独树一帜为追求的徐博东近年来研究领域也逐渐转向两岸关系、岛内政党政治和中美与台湾地区多边关系。作为“入世”的学者，他更始终积极地为中央对台决策部门建言献策，为两岸关系谋划蓝图，提出的建议很多都被中央重视和采纳。对政策和局势的精准把握和精辟分析也使他成为了媒体最愿意“关照”的学者。国台办前新闻发言人张铭清就曾说过：徐博东是台湾问题的“民间发言人”。

近几年来，搭建良好平台培养接班人，是徐博东作为院长的主要工作。如今，北京联合大学台研院拥有二十几人学者队伍，年轻一代也渐渐与大陆官方和岛内缔结了深厚的人脉关系。“早已过了困难的时候，告别了单打独斗。如今团队的承接课题能力，是当初一个人打拼无法相提并论的。”

“台湾问题研究需要积累，没有五到十年的磨炼就不能称为合格的学者。除了勤奋，还要有深厚的理论基础和强烈的政治敏感度，并且对台湾的大陆政策、大陆对台政策熟悉和国际关系相当熟悉，还要拥有历史的眼光来把握宏观大局。因此研究起来，也是如履薄冰”。

今年，徐博东从一手创办，奋战十多年的联大台研院（所）光荣交棒，以研究国民党擅长的社科院台湾研究所资深研究员刘红接掌帅印。有台媒戏称：北京联大台研院“政党轮替”。徐博东认为：退休后管理的担子卸下轻松不少，可有更多时间留给自己全心埋头研究。当然，当过火炬手的他会安排比以往更多的时间去锻炼，保持着矍铄的精神，继续为台湾问题与两岸关系研究不停地奔跑。

（中评社，2008/08/10）

我与台湾的不解之缘

——专访徐博东教授

2011 年 6 月，“第五届海峡两岸客家高峰论坛”将在世界客都梅州召开。赶在论坛开幕之前，在京北一处闹中取静的寓所花园中，我采访了论坛创始人之一、著名台湾问题研究专家徐博东教授。

在我到之前，徐教授已提早为我泡好了一杯茶，待我坐下，便说：“尝尝这个客家茶，看合不合口味?”这个细节令人放松，于是我们的谈话便随着袅袅客家茶香，从徐教授带有传奇色彩的身世开始了。

春愁难遣强看山　徐家两代人与丘逢甲的传奇情缘

徐博东从出生的那一天起，就与台湾、与丘逢甲结下了不解之缘。

徐博东的父亲徐森源、母亲潘佩卿在中学时代便积极投身抗日救亡活动，中学毕业后加入了抗日保台爱国英雄、著名教育家、诗人丘逢甲的儿子——丘念台创建和领导的抗日救亡团体“东区服务队”，在广东梅州、博罗、惠州等地组织发动民众进行抗日救亡运动。两位年轻人1943年结婚，次年10月，徐博东出生在“东区服务队”的据点——博罗县罗浮山的冲虚观。按照约定，凡在此出生的婴儿，起名时男必带“东”，女必带“区”。“博东”这个名字，就是取博罗的“博”字和东区服务队的“东”字组合而成。特别要提到的是，给徐博东接生的，一个是有台湾孙中山之誉的蒋渭水的养女蒋碧玉，另一位是丘念台的夫人梁云端。

抗战胜利后，徐博东父母作为东区服务队的骨干，随队长丘念台去接收光复后的台湾。由于当时台湾情况不明，便将还不到一岁的徐博东送回蕉岭老家，由祖母抚养。夫妇二人原本打算待工作和生活安定后再将祖孙二人接到台湾，岂料不久台湾就发生了震动中外的“二・二八”事变，政局一片混乱。1949年，因祖母病重，徐父只身匆匆离台返乡。谁知，从此，徐博东和父亲与留在台湾的母亲和三个弟弟一水分隔，竟达四十多年……

“春愁难遣强看山，往事惊心泪欲潸。四百万人同一哭，去年今日割台湾。”徐博东一家，切切实实体验了丘逢甲诗中的家国之恨！

父亲徐森源离开台湾后，先是在香港搞了三年的对台调研，然后调到上海华东人民广播电台从事对台宣传，后又调到北京参与创办中央人民广播电台的对台广播，此后他在那里工作了30多年一直到去世，可以称得上是大陆对台广播的“元老”和“创始人”之一。徐博东在蕉岭家乡长到12岁，才被接到北京与父亲团聚。那时，家里的书架上摆的大都是有关台湾的书，床底下堆满了一捆捆装订好的厚厚的对台广播稿件，大人们聊起天来话题也总是离不开台湾……

这样耳濡目染的熏陶，对日后徐博东选择的专业有密不可分的关系，而父亲常向儿子提到的一个名字——丘逢甲，更是在少年心里留下了深刻的印记。那时的徐博东并不知道，在海峡那头的母亲和三个弟弟，正是得到丘逢甲之子丘念台夫妇的保护和资助，才得以一次次渡过难关。

1964 年，徐博东考入北京大学历史系，开始接触更多的有关台湾的书。但在随之而来的“文化大革命”中，徐博东被当成“可教子女，”与同为“可教子女”的女朋友一起，被“发配”到贵州遵义县的乡下接受贫下中农的再教育。随后被分配到当地农村中学当老师。七年后，徐博东夫妇先是调到河北涞水县的农村中学，三年后才调回北京，在中国人民大学二分校任教，讲授中国近代史。这一教便不可避免地涉及到中日甲午战争、台湾人民反割台斗争，“丘逢甲”这个名字再次出现在徐博东眼前。1984 年，丘逢甲诞辰 120 周年的纪念活动在蕉岭举行，徐博东与父亲联名写了一篇论文返乡参加活动，认识了同为蕉岭籍、对丘逢甲颇有研究的黄志平教授。更巧的是，黄教授的家庭与徐家竟是十分相似——黄志平的父亲带着另外 4 个儿子在台湾，黄志平和母亲、妹妹则是在大陆，黄教授的姑姑是丘逢甲的弟弟丘树甲的儿媳妇。

至此，徐博东发觉，与黄志平教授合著《丘逢甲传》已经不仅是在搞研究工作，尊重和还原历史，更有一种在共同的台湾情结驱动下的使命感，还带有一种同是客家人、同是梅州蕉岭人的浓厚情感，觉得应该好好宣传客家先贤丘逢甲先生，弘扬他的爱国爱乡精神，纠正大陆史学界长期以来在“极左”思潮影响下对他的曲解。经过他俩千辛万苦的研究写作，当《丘逢甲传》终于出版问世之后，各界的反响也说明，他们确实实现了初衷，丘逢甲先生在中国近代史上的杰出地位得到了应有的肯定和褒扬。温家宝总理曾经两次在重要场合引用丘逢甲先生的爱国诗篇，更充分地说明了这一点。

丘逢甲著名的爱国诗《春愁》的第一句，便是“春愁难遣强看山”，对当时的徐博东来说又何尝不是如此？海峡那头的母亲和弟弟，一直到 1987 年才得以与徐博东团聚。那是在香港，一家人见面，并没有抱头痛哭，太久的离别使得骨肉亲情几近麻木，而那几十年的春去春来，终于在那样的见面中化成了融融暖意。然而，令人痛心的是徐博东的父亲没能等到这一天，已于 1986 年病逝。两年后，当徐博东陪同母亲到北京八宝山公墓祭扫父亲时，性格一向坚强的母亲失声痛哭，面对天人永隔，积攒了几十年心头的思念与委曲终于禁不住倾泻而出。又过了十多年，徐家四兄弟将父母的灵骨分途从北京和台湾奉返蕉岭家乡，举行了简朴而隆重的合葬仪式，“生前无法团聚，逝后终可同眠！”说到这里，刚刚还谈笑风生的徐博东哽咽了……

积久功深自有得　研究台湾是没出生就安排好的命运

《丘逢甲传》出版发行后，得到社会各界的肯定和赞赏，徐博东与台湾研究的缘分一发而不可收。1988 年，中国社科院台研所接到台湾大学著名学者王晓波教授主持成立的“台湾史研究会”邀请函，邀请大陆学者出席在台北举办的首届“台湾史学术讨论会”。但当时的社科院台研所派不出合适的人选，于是就聘请徐博东为特约研究员，代表该所赴台参加研讨会。当时两岸学术交流尚未开放，徐博东和另一位应邀的厦门大学台研所所长陈孔立教授被台湾当局拒绝入境。但人虽被拒，论文却都邮寄过去了，并在研讨会上由他人代为宣读。这是 1949 年以来大陆学者第一次在台湾公开发表论文，引起了海内外媒体和舆论的强烈关注，认为这是两岸交流的突破性事件。

当年夏天，王晓波教授率团来大陆参访到了北京，徐博东受邀出席研讨会，与王晓波教授和辅仁大学历史系教授尹章义成了好朋友。此后，徐博东被“拉下了水”，对台湾问题产生了浓厚兴趣，研究方向也从台湾史研究转向台湾现状研究，在报刊上陆续发表文章，并在北京联合大学领导的支持下于 1989 年 5 月成立了北京高校中的第一个专门研究台湾问题的学术机构——北京联合大学文法学院台湾研究室，成了大陆最早研究民进党的青年学者之一。

而历史总是惊人的巧合，徐博东与王晓波、尹章义二人也有极深的渊源——七十年代徐博东夫妇二人在贵州遵义县农村工作生活过七年的地方，恰巧是王晓波的祖籍；在五十年代的台湾“白色恐怖”中，王晓波兄妹因其母涉嫌“匪谍案”而落难，流浪街头，每个月都要去台中市育幼院领一点可怜的院外救济金勉强度日，而恰巧徐博东的母亲当时就在育幼院当主管会计，负责发放救济金；还有，王晓波、尹章义和徐博东在台湾出生的二弟基东，都曾经在台中市的同一所中学里读书……

说到这里，徐教授忍不住笑了，“也许，研究台湾问题，真的是从我没出生就安排好的事情。”

所以他没法离开他的使命。

“清政府出卖台湾，丘逢甲投笔从戎率众抗日保台事败，毅然离台寻找光复宝岛之路，但他始终热爱祖国，毕生都期待着台湾回归祖国怀抱的一日。而‘台独’人士却不能将近代台湾的磨难与整个近代中国的苦难联系起来看，把怨恨之心发泄到祖国头上，不肯承认自己是中国人。究竟是为什么?”

徐博东带着这最初的追问，将目光盯在主张“台独”的民进党上，一干就是二十年，发表论文和时评数百篇，完成研究课题数十项，并著有多部著作。其中，第一本公开出版的大陆学者研究民进党的专著《透析台湾民进党》（台湾版名《民进党研究——大陆学者眼中的民进党》），一经推出，立时引起海峡两岸的强烈反响，成为了解民进党和研究台湾问题的必读之作。

确如尹章义所评，“积久功深自有得”。迄今为止，徐博东已十六次赴台参访或探亲，其逗留岛内的时间加起来已近一年。在台湾朋友或弟弟的陪同下，徐博东的足迹遍及全台各县市，上及台湾各党派高官要人、民意代表、著名学者专家，下至乡间农舍、果园、茶园，与各阶层台湾民众进行广泛深入的交流，难得的是还交了不少民进党的朋友。一九九六年，徐博东在尹章义教授的陪同下深夜拜访四大竞选总部，并在投票前一晚到竞选造势现场感受大选气氛。徐博东甚至还出现在大陆军事演习发射导弹当天台湾“立法院”的公听会上……这些，都成为徐博东无可比疑的研究优势。

与民进党如此近距离接触，徐博东的看法是：“民进党并不是铁板一块，‘台独’对于多数民进党人士来说，既是‘理念’，更是‘工具’。在私下交谈时他们也表示，接受不了美国对台湾像主子对奴才似的态度，也希望能与大陆改善关系，脱离美国的控制。”

“如徐博东这般案头工夫和实际调查研究皆精深之人，可谓凤毛麟角，其预测更是大多精准。从民进党取得政权的过程，到执政后的表现和给台湾所带来的严重伤害，都被他一一料中”，以至于尹章义称赞他像“导演”，而陈水扁和民进党则“按他的指示一一上演”。当然，徐博东也有失算的时候。他说：“预测本身就是一件危险性很大的事，特别是预测台湾的选举，但也是必须要做的前瞻性研究，这对研究是一种考验和挑战。但无论对错都会使研究更趋于成熟。”

两岸情谊割不断 “三通”实现之日，就是“台独”消亡之始

民进党执政以后，徐博东的研究益发受到大陆官方的重视，他本人也成为政府对台重要智囊人物，经常参加各种内部咨询会议，评估岛内情势，提供对策建言，并经常接受海内外媒体采访，解读大陆对台政策，发表对岛内政局和两岸关系的看法，台湾媒体称之为大陆的“发言学者”。台湾遭纳莉台风袭击，损失惨重，他夜不能眠，凌晨三点去电国台办，建议慰问、救助台胞。海峡两岸 SARS 肆虐期间，台湾当局借机攻击大陆，煽动民粹情绪，徐博东也及时给有关部门提出多条对策建议……

而徐博东对政府影响和贡献最大的还在于整体思路和战略上。近十年来，政府对台工作更趋理性、务实，相继出台了一系列新的政策。例如，关于一个中国内涵的“新三段论”；关于制定《反分裂国家法》；关于进一步加强与民进党人士接触、沟通的方针；关于将两岸“三通”界定为经济问题、与政治议题脱钩的政策等等，这些重大政策的决策过程，徐博东在其中都起了作用。

另外，徐博东提出应将“三通”作为战略而非策略的思想也受到中央高度重视。徐博东认为，“三通实现之日，就是台独消亡之始”。他说“‘台独’人士并不了解中国历史，民族意识薄弱、受日本占领时期的皇民化教育影响。在他们眼中，中国是被妖魔化的。一旦加强与大陆交往，大陆的发展事实必定能逐步化解他们的敌意和误解，从而动摇‘台独’产生和生存的基础。”

徐博东力主“和平促统”，既出于徐博东个人对台湾的特殊感情，也出于整个中华民族的考虑。徐博东通过与台湾民众的接触，更深刻感受到同胞之情、骨肉连心。他说：“武力统一或许时间会短一些，但其后遗症对整个国家民族的伤害将是难以估量的。两岸中国人应有自信打破历史的宿命，并非一定要兵戎相见、骨肉相残，才能实现国家统一。”

所以，徐博东对于和平促统持乐观态度：“发展是最具说服力的，只要大陆对自己未来发展有坚定信心。今后应该把扭转岛内主流民意作为对台工作的重中之重，眼光要放长远，慢工出细活，我们应该有信心经过努力，在一二十年后让统一成为台湾的主流民意！”

老骥伏枥再出发　进军客家文化研究的新领域

2008 年徐博东于六十四岁时退休，但他“退而不休”，三年来仍活跃在涉台研究领域，频繁出席各种大小会议，赴台参访调研，撰写时事评论文章，指导研究生撰写毕业论文……，老骥伏枥，忙得不亦乐乎，继续发挥他的影响力。不过，有浓厚客家情结的徐博东在采访中向我“透露”，趁着身体尚健，晚年他将会把更多的精力投入到客家文化研究领域，以回馈家乡对他的养育之恩。

在“第五届海峡两岸客家高峰论坛”筹办期间，梅州市委书记李嘉曾与徐博东围绕如何传承好、保护好、利用好客家文化竟夜倾谈，颇有“相见恨晚”之感！鉴于梅州市即将被国台办批准为“海峡两岸客家文化交流基地”，徐博东建议在梅州设立“海峡两岸客家文化研发中心”、“海峡两岸客家文化创意产业园区”和“海峡两岸客家青年交流项目基金”等，作为支撑“基地”的实体和平台，加大力度发掘和利用梅州的客家文化宝藏。比如，梅州的围龙屋就是尚未得到充分重视的宝藏之一。永定土楼早已蜚声世界，但知道梅州围龙屋的不要说老外，连中国人都不多。而即将建成的揭阳国际机场，以及高速公路、铁路的贯通，将使梅州成为闽粤赣三省交界处的交通枢纽。交通便捷了，旅游业肯定会得到相应的快速发展，形成其他地区所没有的、独具特色“客家文化旅游走廊”。到那时，梅州要给世界各地的客人看的，就不是所谓“与国际接轨”的各种“洋玩意儿”，而应该是受到精心维护和适度开发的客家本土文化资源。除了围龙屋之外，客家历史名人故居，客家的相关文物，都应该加强保护，因为这些东西是等不起的，一旦破坏了就将永远消失，而这里面恰恰就是客家文化赖以寄托、赖以存活的重要载体。再有，梅州地区环境优美，山青水秀，植被茂密，是天然氧吧，要悉心保护，可适度发展休闲旅游业，吸引大城市里的人来我们梅州度假。至于客家特色的饮食、服饰……都理应得到很好的发掘利用。非物质文化遗产如客家山歌、汉剧、汉乐、节日风情等，更要进一步深入挖掘、传承，使之发扬光大，向来自海内外的游客充分展示，这也是我们客家人的骄傲！

作为蕉岭籍的客家人，谈到客家文化，徐博东仍是一派严谨而务实的学者作风。“我是研究台湾史和台湾现状的，虽然身为客家人，但研究客家文化对我来说却是一个新的领域，也是新的挑战”。而已经成功举办四届的“海峡两岸客家高峰论坛”，正是徐博东拓展新的研究领域的重要阵地。本届论坛，梅州市将隆重举行“海峡两岸客家文化交流基地”的挂牌仪式。这样，梅州将成为全国唯一的海峡两岸客家文化交流基地，这无疑会进一步巩固梅州作为“世界客都”的地位，进一步加强梅州与世界的相互联系。此外，开展两岸农业、产业交流与合作，也是本届论坛的重要议题，尤其值得一提的是此届论坛还增加了“海峡两岸青年论坛”，专门邀请了100名台湾客家青年学生到嘉应大学来开展联谊活动。文化的传承和发展寄托在青年人身上，让两岸的客家青年人之间加强相互了解，增进亲情，无疑会对两岸关系和平发展起到重要的促进作用。

在规模上，第五届论坛是往届论坛中最大的，台湾与会者将达600人，到会总人数要超过1000人。与会者层次也将高于往届，影响会更大。为保证论坛的质量和可持续性，此次论坛还要完成的一个重要任务，就是要使论坛常态化、机制化。为此，将考虑成立论坛理事会或秘书处，邀请海峡两岸各个客家地区派代表参加，并确定下一届论坛召开的时间、地点和主要任务。

每年一届的“海峡两岸客家高峰论坛”，已经成为两岸客家乡亲交流合作的重要平台和共叙亲情、乡情的盛会，论坛的机制化和常态化，必将为加强两岸同胞的相互了解，消除敌意，增强台湾同胞的寻根意识和国族认同，推动两岸关系和平发展，做出两岸客家人独特的贡献。

（客家人，2011/第 2 期，潇雅）